BROCKHAUS ENZYKLOPÄDIE

BROCKHAUS ENZYKLOPÄDIE

Neunzehnte,
völlig neu bearbeitete Auflage

Band 30
Ergänzungen
A – Z

F. A. Brockhaus Mannheim

Namen und Kennzeichen, die als Warenzeichen bekannt sind und entsprechenden Schutz genießen, sind beim fettgedruckten Stichwort durch das Zeichen ® gekennzeichnet. Handelsnamen ohne Warenzeichencharakter sind nicht gekennzeichnet. Aus dem Fehlen des Zeichens ® darf im Einzelfall nicht geschlossen werden, daß ein Name oder Zeichen frei ist. Eine Haftung für ein etwaiges Fehlen des Zeichens ® wird ausgeschlossen.
Das Wort BROCKHAUS ist für Bücher aller Art für den Verlag F.A. Brockhaus GmbH als Warenzeichen geschützt.

Dieser Band enthält die Schlüsselbegriffe

AIDS · deutsche Einheit · ethnische Konflikte
europäische Integration · Fremdenfeindlichkeit
Fundamentalismus · Korruption · Kulturgesellschaft
Multimedia · öffentliche Schulden

Die Deutsche Bibliothek – CIP-Einheitsaufnahme

Brockhaus-Enzyklopädie. – 19., völlig neu bearb. Aufl. – Leipzig; Mannheim: Brockhaus.
18. Aufl. u.d.T.: Der große Brockhaus
ISBN 3-7653-1100-6 Hldr.
Bd. 30. Ergänzungen A – Z. – 1996
ISBN 3-7653-1131-6 Hldr.

Das Werk einschließlich aller seiner Teile ist urheberrechtlich geschützt. Jede Verwertung außerhalb der engen Grenzen des Urheberrechtsgesetzes ist ohne Zustimmung des Verlages unzulässig und strafbar. Das gilt insbesondere für Vervielfältigungen, Übersetzungen, Mikroverfilmungen und die Einspeicherung und Verarbeitung in elektronischen Systemen.

© F. A. Brockhaus GmbH, Mannheim 1996. ISBN für das Gesamtwerk: 3-7653-1100-6, für Band 30: 3-7653-1131-6
Schutzumschlag und Einband nach Entwurf von Peter Plasberg, Hamburg
Typographische Beratung: H.P. Willberg, Eppstein
Satz: Bibliographisches Institut & F. A. Brockhaus AG (PageOne Siemens)
Druck: ColorDruck, Leimen
Papier: 120g Offsetpapier holzfrei mattgestrichen, chlorfrei, der Papeteries de Condat, Paris
Einband: Großbuchbindereien
Lachenmaier, Reutlingen und Sigloch, Künzelsau
Printed in Germany

VORWORT

Mit diesem Nachtragsband wird das in der ›Brockhaus-Enzyklopädie‹ dargebotene Stichwortmaterial aktualisiert, einmal durch Fortführung der im Grundwerk vorhandenen Artikel, zum anderen durch neuaufgenommene Begriffe, Biographien und Sachverhalte. Dabei wurden die in den Bänden 6, 12, 18 und 24 erschienenen Nachträge eingearbeitet, so daß sich ein weiteres Nachschlagen dort erübrigt.

Analog zum zeitlichen Abstand zwischen den ersten Bänden und dem Ergänzungsband beanspruchen die Stichwörter des Alphabetanfangs in diesem Band vergleichsweise viel Platz. Die Anzahl (oft auch der Umfang) der Nachträge nimmt mit dem Alphabetfortgang – und dem geringen Zeitabstand zum Erscheinen des entsprechenden Hauptbandes – ab. Deutlich werden in einem Nachtragsband auch die Gebiete, die relativ schnell einer Ergänzung oder gar einer Neufassung bedürfen. Der Anteil der aktualisierungsbedürftigen Artikel ist jedoch – bezogen auf die gesamte ›Brockhaus-Enzyklopädie‹ – vergleichsweise gering.

Eine Besonderheit für die redaktionelle Arbeit an diesem Ergänzungsband liegt darin, daß sich die fundamentalen Veränderungen in Europa und der ehemaligen Sowjetunion ereigneten, als die ›Brockhaus-Enzyklopädie‹ etwa zur Hälfte erschienen war. Dies hatte zur Folge, daß die Redaktion die grundlegenden Veränderungen in den Folgebänden berücksichtigen konnte. Dies bedeutet aber auch, daß der Stichwortbestand der ersten Hälfte einer stärkeren Überarbeitung und Aktualisierung bedarf, als bei einem Nachtragsband sonst üblich. Inhaltlicher Schwerpunkt dieses Bandes ist neben den Neuerungen in Technik und Wissenschaft die Zeitgeschichte, wobei insbesondere die Bereiche Deutschland (unter diesem Stichwort findet der Leser den Staatenartikel) und Europa ausführlich behandelt werden.

Wie im Grundwerk findet der Leser im Ergänzungsband auch Schlüsselbegriffe. Neben Schlüsselbegriffen zu den Schwerpunkten Deutschland (›deutsche Einheit‹) und Europa (›europäische Integration‹) wurden von der Redaktion auch die Stichwörter ›AIDS‹, ›ethnische Konflikte‹, ›Fremdenfeindlichkeit‹, ›Fundamentalismus‹, ›Korruption‹, ›Kulturgesellschaft‹, ›Multimedia‹ und ›öffentliche Schulden‹ als Begriffe von zentraler Bedeutung für unsere Zeit ausgewählt. Umfangreich aktualisiert wurden u. a. auch Artikel wie Arbeit, Arbeitslosigkeit, Asylrecht, Ausländer, Datenschutz, Kriminalität, Drogenpolitik, Fernsehen, Hochschulen, Laseranwendungen, Mikrosystemtechnik, Naturkatastrophen, Nord-Süd-Konflikt und Rundfunk sowie über die Kunst und Literatur einzelner Länder.

Artikel des Grundwerks, die aktualisiert wurden, sind mit einem Stern (*) vor dem Stichwort gekennzeichnet. Bei Verweisen auf Artikel innerhalb des Nachtragsbands wurde der übliche Verweispfeil (→), bei Verweisen auf Artikel im Grundwerk das Verweiszeichen ▷ verwendet. Redaktionsschluß ist Ende November/Anfang Dezember 1995, für Sterbedaten (und außergewöhnliche Ereignisse) Ende Februar 1996.

Mannheim, im März 1996   F. A. BROCKHAUS

AAD, Abk. für **a**naloge Aufnahme, **a**naloge Bearbeitung, **d**igitale Wiedergabe, eine Kennzeichnung von CD und DAT, mit der die techn. Verfahren dokumentiert werden, die bei Aufnahme, Bearbeitung (Schnitt, Mischung) und Wiedergabe (Überspielung) eingesetzt wurden. Bei AAD wurde also ein analoges Gerät für Aufnahme und Bearbeitung, aber ein digitales zur Wiedergabe eingesetzt.

***AAFCE:** Wurde im Rahmen der Veränderung der NATO-Kommandostruktur am 1. 7. 1993 umbenannt in →AIRCENT.

Abacha [-tʃa], Sani, nigerian. Offizier und Politiker, *Kano 20. 9. 1943; urspr. enger Weggefährte des Militärmachthabers I. BABANGIDA, setzte dann im Aug. 1993 dessen Rücktritt durch. Nach dem Scheitern einer von ihm dominierten zivilen Reg. proklamierte er sich am 18. 11. 1993 zum Staatsoberhaupt.

***Abbado,** Claudio, italien. Dirigent und Pianist: War 1979–88 Chefdirigent des London Symphony Orchestra. 1991 beendete er seine Tätigkeit als Musikdirektor der Wiener Staatsoper, blieb aber dem Haus weiterhin als künstler. Leiter verbunden. 1990 wurde er Chefdirigent der Berliner Philharmoniker und übernahm daneben 1995 die Leitung der Salzburger Osterfestspiele.

***Abbado,** Michelangelo, italien. Violinist: † Brescia 24. 9. 1979.

***Abbagnano,** Nicola, italien. Philosoph: † Mailand 9. 9. 1990.

ABB Asea Brown Boveri AG [- braʊn -], Abk. **ABB,** durch Zusammenschluß von Allmänna Svenska Elektriska A. B. (ASEA) und Brown, Boveri & Cie. AG (BBC) 1988 entstandenes Elektro- und Verkehrsunternehmen, an dem beide Gesellschaften mit je 50 % beteiligt sind; die Konzernzentrale ist in Zürich. Großaktionäre sind die Familie Wallenberg (ASEA) und STEPHAN SCHMIDHEINY (*1947; BBC). Die rd. 1 300 Gesellschaften sind in 45 Unternehmensbereiche und fünf Sparten gegliedert. Der Bereich Eisenbahntechnik wurde 1995 in ein gemeinsames Unternehmen mit der →AEG Aktiengesellschaft eingebracht. – Umsatz (1994): 29,7 Mrd. US-$, Beschäftigte: rd. 207 000.

Abchasi|en, Abchasische Autonome Republik, bis 1991 offiziell ▷ Abchasische Autonome Sozialistische Sowjetrepublik, Teilrepublik im NW Georgiens, 8 600 km², (1993) 506 000 Ew., Hauptstadt ist Suchumi. Die Bev. setzte sich 1989 aus Georgiern (44 %), Abchasen (17 %, ein zur nordwestl. Gruppe der Kaukasusvölker gehöriges Volk), Russen (16 %) und Armeniern (15 %) zusammen. Nach der Auflösung der UdSSR (Dez. 1991) rief das Parlament am 21. 7. 1992 die staatl. Unabhängigkeit A.s aus und löste damit einen militär. Konflikt mit der Regierung →Georgiens aus. Während der Kämpfe zw. den nach Unabhängigkeit strebenden Abchasen und georg. Interventionstruppen (1992–93) wurde die georg. Bev. vertrieben, hauptsächlich nach Sotschi am Schwarzen Meer; der ehemals blühende Fremdenverkehr kam zum Erliegen. Nach einem Vertrag im Herbst 1994 zw. der georg. Regierung und den Abchasen können die Flüchtlinge wieder zurückkehren. Im Dez. 1994 verabschiedete das abchas. Parlament eine Verfassung.

***Abe,** Kōbō, japan. Schriftsteller: † Tokio 22. 1. 1993.

***Abellio,** Raymond, frz. Schriftsteller: † Nizza 26. 8. 1986.

***Abensberg:** In der Nähe wurden 1988 die Ausgrabungen eines Feuersteinbergwerks aus dem 5./4. Jahrtsd. v. Chr. abgeschlossen. Die jungsteinzeitl. Bergleute gruben die Schächte mit ihren Steinwerkzeugen bis zu acht Meter tief durch Kies- und Sandschichten; eingekerbte Baumstämme dienten als Leitern. Vermutlich wurden im Lauf von Jahrhunderten etwa 200 t Feuerstein gefördert und in der Nähe zu kostbarem Feuersteinwerkzeug verarbeitet; mit diesem wurde anscheinend bis in das Gebiet des heutigen NW-Deutschland, Thüringen und Böhmen Handel getrieben.

***Abernathy,** Ralph David, amerikan. Baptistenpfarrer und Führer der schwarzen Bürgerrechtsbewegung: † Atlanta (Ga.) 7. 4. 1990.

***Abfallbeseitigung:** Zunehmend wandelt sich die konventionelle A. in eine **Abfallwirtschaft,** die Abfälle nicht nur beseitigt, sondern die Reststoffe aus Produktion und Konsum als Sekundärrohstoffe in den Wirtschaftskreislauf zurückführt.

In Dtl. rechnet man heute mit einem jährl. Abfallaufkommen von 340 Mio. t (zusätzlich rd. 260 Mio. t landwirtschaftl. Abfälle). Der Anteil der neuen Bundesländer am Abfallaufkommen beträgt 23 %. 1990 wurden insgesamt 144 Mio. t Abfälle in öffentl. Anlagen angeliefert, 71 Mio. t hiervon waren Bauschutt und 55 Mio. t Siedlungsabfälle (Hausmüll), der Rest waren Klärschlämme und Gewerbeabfälle. Weitere 63 Mio. t Bauschutt sowie 43 Mio. t Industrieabfälle wurden in privaten Anlagen entsorgt. Hinzu kommen noch 89 Mio. t Abräummaterial aus dem Bergbau sowie 64 Mio. t Altstoffe, die an weiterverarbeitende Betriebe gegeben wurden.

Z. Z. stehen mit der Deponierung und der Abfallverbrennung zwei großtechnisch erprobte Verfahren der A. zur Verfügung. Der Anteil der Deponierung von öffentlich entsorgten Abfällen betrug 1990 in den alten Bundesländern 86,7 % und in den neuen Bundesländern 99,5 %. In den alten Bundesländern wurden 8,0 % der Abfälle verbrannt. In Zukunft wird der Anteil der Verbrennung jedoch steigen, da nur noch unproblemat. Abfälle abgelagert werden sollen. Auch die bisher nur in einer einzigen Anlage praktizierte Pyrolyse von Abfällen wird voraussichtlich an Bedeutung gewinnen. Weitgehend gescheitert ist hingegen die großtechn. Kompostierung von Hausmüll in zentralen Kompostwerken. Der gewonnene Kompost war mit Schadstoffen stark belastet und ließ sich selbst als Deponieabdeckung kaum absetzen. Getrennt gesammelter Biomüll wird hingegen zunehmend in dezentralen Anlagen kompostiert und zunehmend erfolgreich vermarktet.

Ablagerung auf Deponien: Die Anzahl der Hausmülldeponien hat sich in den letzten Jahren stark verringert. Während es vor dem Inkrafttreten des Abfall-Ges. bis Anfang der 70er Jahre 50 000 Müllkippen gab und noch 1975 4 415 Hausmülldeponien in Betrieb waren, gab es 1993 in den alten Bundesländern nur noch 263 zentrale Hausmülldeponien. In den neuen Bundesländern gab es vor der Vereinigung mehr als 10 000 Müllabladeplätze, 1993 wurden lediglich noch 283 als Hausmülldeponien weiterbetrieben. Die Ablagerung von Siedlungsabfällen wird in Dtl. in der TA Siedlungsabfall geregelt; ihr zufolge müssen Hausmülldeponien speziellen Ansprüchen genügen, z. B. kombinierten Deponiebasisabdichtungssystemen und Deponieoberflächenabdichtungssystemen.

Verbrennung und Pyrolyse: Die Abfallverbrennung ist das z. Z. wichtigste Verfahren der therm. Abfallbehandlung. Sie ist das teuerste Beseitigungsverfahren, hat aber den geringsten Flächenverbrauch, weshalb sie zunächst v. a. in Ballungsgebieten eingesetzt wurde. Nach der Verbrennung müssen allerdings noch 10% des ursprüngl. Abfallvolumens (30% des Gewichts) deponiert werden. In Dtl. gibt es derzeit 49 Hausmüllverbrennungsanlagen (alle in den alten Bundesländern) und elf Klärschlammverbrennungsanlagen (eine davon in den neuen Bundesländern). Auch die Anforderungen an die Abfallverbrennungsanlagen sind in den letzten Jahren erheblich verschärft worden. So darf der Grenzwert von 1 ng/m^3 bei Dioxinen und Furanen nicht überschritten werden. Im bayer. Landkreis Günzburg wird die erste Pyrolyseanlage in Dtl. betrieben. In der Anlage, die einen Jahresdurchsatz von 35 000 t hat, wird Hausmüll und Klärschlamm unter Luftabschluß bei 500 °C zersetzt.

Abfallpolitik: Die in den letzten Jahren erlassenen Rechtsvorschriften zum Abfall-Ges. und freiwillige Selbstverpflichtungen der Industrie markieren den Übergang von der A. zur Abfallwirtschaft. Eine der wichtigsten VO ist die Verpackungs-VO aus dem Jahr 1991, die für Transport-, Verkaufs- und Umverpackungen eine weitgehende stoffl. Verwertung vorschreibt und die zur Gründung des →Dualen Systems Deutschland GmbH durch Handel und Industrie geführt hat. Entwürfe von VO werden von der Bundesregierung auch als Druckmittel eingesetzt, um die Industrie zum Abschluß von Selbstverpflichtungen zu drängen, so im Bereich Batterien und graph. Papiere. Der endgültige Wandel von der A.-Politik hin zur A.-Wirtschaft soll 1996 vollzogen werden, wenn das bereits beschlossene Kreislaufwirtschafts-Ges. in Kraft tritt, das das Abfall-Ges. von 1986 ablöst.

B. BILITEWSKI u. a.: Abfallwirtschaft (^{2}1994); Kreislaufwirtschaft statt Abfallwirtschaft. Optimierte Nutzung u. Einsparung von Ressourcen durch Öko-Leasing u. Servicekonzepte, hg. v. K. HOCKERTS u. a. (^{2}1995).

Abfallsteuer, →Altlastenbeitrag, →Verpackungsteuer.

Abformverfahren, Abdruckverfahren, *Verfahrenstechnik:* techn. Prozeß, bei dem die dreidimensionale Struktur eines Körpers auf eine Abformmasse dauerhaft übertragen wird. Der Körper, der als ›Vorlage‹ dient und die Ausgangsstruktur enthält, heißt **Form** oder **Formwerkzeug** (oft auch ›Master‹ gen.), der neu entstandene Körper **Formteil**. Das Formteil besitzt eine zum Formwerkzeug komplementäre Struktur und ist gewissermaßen ihr dreidimensionales Negativ; A. stellen damit das dreidimensionale Gegenstück zu den Drucktechniken dar. Vorteile der Abformung liegen in der Standardisierung der Formteile und der Wirtschaftlichkeit für die Massenfertigung. Zudem erschließt sich eine Materialvielfalt für die Formteile, die mit anderen Bearbeitungsmethoden nicht zu erzielen wäre.

Die Abformung besteht aus den Schritten Formfüllung und Entformung. V. a. die Eigenschaften der Formmasse und deren Beeinflußbarkeit durch physikal. Größen (Druck, Temperatur) legen die Prozeßparameter und deren Veränderung während dieser beiden Schritte fest. So können bei keram. Massen (▷Keramik) aufgrund ihrer hohen Viskosität die Formteile oft schon entformt werden, bevor durch Ändern der Prozeßparameter die Formmasse ihre endgültig gewünschte Konsistenz und ihre entsprechenden Eigenschaften erhalten hat; dieses erfolgt dann in einer Nachbehandlung dieser sogenannten Grünkörper durch Brennen.

Große Bedeutung haben A. bei der Verarbeitung von Kunststoffen. Hier sind v. a. das ▷Spritzgießen und seine Abarten zu nennen, aber auch das Reaktionsgießen, bei dem zwei flüssige Ausgangsstoffe erst in der Form gemischt werden und sich dort chemisch verbinden. Neuerdings können auch Spritzgußmassen verarbeitet werden, die metall. oder keram. Pulver in hoher Konzentration enthalten. Die Formteile werden nach der Entformung in einem Nachbearbeitungsschritt zu reinen Metall- bzw. Keramikteilen umgewandelt. Zur Herstellung metall. Formteile dienen Gießverfahren (▷Gießerei) und Elektroformung (▷Galvanoplastik).

Abhörgerät: Durch Änderung der StPO (§ 100 c, Ges. vom 15. 7. 1992) darf außerhalb von ▷Wohnungen das nichtöffentlich gesprochene Wort zur Bekämpfung bestimmter schwerer Straftaten durch A. abgehört und aufgezeichnet werden.

Abitur: Die Kultusministerkonferenz beschloß am 1. 10. 1987 ergänzende Abmachungen zu den Vereinbarungen über die gymnasiale Oberstufe von 1972 und 1977, die ihren Niederschlag in der Änderungsfassung der (Bonner) Vereinbarung über die Neugestaltung der gymnasialen Oberstufe vom 11. 4. 1988 fanden. Soweit es in einzelnen Ländern nicht schon Praxis war, sollten die Bestimmungen spätestens für die am 1. 8. 1989 in die gymnasiale Oberstufe eintretenden Schüler aller Länder gelten (in Hamburg teilweise erst ab 1996). Bei der Punktebewertung für das A. (Gesamtpunktzahl fortan 840) gehen zugunsten der nun 22 Grundkurse die beiden Leistungskurse nur noch im Verhältnis 2 : 1 (statt 3 : 1) in die Gesamtbewertung ein. Das Gewicht der naturwissenschaftl. Fächer und des Fachs Geschichte (oder fester Anteile des Fachs im Rahmen von gesellschaftswissenschaftl. Fächern) werden im Pflichtbereich (als Grundkurse) verstärkt, sie müssen mit je vier Halbjahreskursen eingebracht werden. Doppelt qualifizierende Bildungsgänge (Kollegschulen) müssen die übl. Bestimmungen der gymnasialen Oberstufe erfüllen, damit ihr A. von allen Ländern als allgemeine Hochschulreife anerkannt wird. Das bedeutet, daß die Kollegschulzeit i. d. R. von drei auf vier Jahre verlängert wird; die beiden Abschlußprüfungen (berufl. Qualifikation und A.) müssen getrennt werden.

Das A. und die gymnasiale Oberstufe sind gegenwärtig erneut Gegenstand einer Reformdiskussion. Ein wesentl. Anstoß kam von seiten der Hochschulen mit ihrer Kritik der fehlenden Studierfähigkeit von Abiturienten. Das polit. Zusammenwachsen Europas gab ebenfalls Stoff für den Bildungsbereich betreffende Diskussionen. Im Vertragswerk von Maastricht vom 7./8. 2. 1992 ist die Europ. Gemeinschaft ausdrücklich für die Bildungspolitik für zuständig erklärt worden, ohne daß davon die Verantwortung der Mitgl.-Staaten für die Lehrinhalte und die Gestaltung des Bildungswesens berührt wird. Somit hat die Gemeinschaft unterstützende und ergänzende Aufgaben (Subsidiaritätsprinzip); jegliche Harmonisierung der Rechts- und Verwaltungsvorschriften der Mitgl.-Staaten ist ihr untersagt. Bezüglich des A. ist eine Angleichung der i. d. R. dreizehnjährigen Schulzeit in Dtl. an die zwölfjährige Schulzeit in anderen europ. Staaten vorgeschlagen worden. Die neuen Bundesländer, in denen der zwölfjährige Bildungsgang Tradition ist, erklärten mit Ausnahme von Brandenburg, an der Ablegung des A. bereits nach 12 Jahren festhalten zu wollen. Zu den Gründen hierfür gehört auch das personelle und finanzielle Problem der Aufstockung des

Lehrpersonals. Die Kultusministerkonferenz beschloß 1993 die gegenseitige Anerkennung des A. mit den unterschiedl. Schulzeiten in den alten und neuen Bundesländern bis 1995 und verlängerte dieses Moratorium 1994 bis zum Jahr 2000. Danach sollen vergleichende Leistungsbewertungen vorgenommen werden. Ein entsprechender Schulversuch wurde in zwei Bundesländern gestartet.

Die Kultusministerkonferenz ist übereingekommen, zunächst die inhaltl. Kriterien einer allgemeinen Hochschulreife zu überprüfen und festzulegen. In ihrer Erklärung vom 25. 2. 1995 hat sie Grundsätze und Ziele für die Qualitätssicherung der allgemeinen Hochschulreife und die Weiterentwicklung der gymnasialen Oberstufe bestimmt. Notwendig erscheint die Festigung einer vertieften allg. Bildung mit einem gemeinsamen Grundbestand von Kenntnissen und Fähigkeiten, die nicht erst in der Oberstufe erworben werden. Dabei kommt dem Erwerb einer fachbezogenen, aber auch fächerübergreifenden Kompetenz in Deutsch, einer Fremdsprache und Mathematik eine besondere Bedeutung zu. Verstärkte Beachtung soll die Ausbildung von ›Schlüsselqualifikationen‹ finden, d. h. die Herausbildung von Einstellungen und Verhaltensweisen für selbständiges Lernen, die Erprobung und Entwicklung von fächerverbindendem und fächerübergreifendem Lernen und Arbeiten sowie die Stärkung der sozialen Kompetenz und Kooperationsfähigkeit.

*ABM-System: Im Zuge des Forschungsprogramms der ›Strateg. Verteidigungsinitiative‹ (▷ SDI) bemühten sich die USA in der 2. Hälfte der 80er Jahre, mit der Sowjetunion eine Übereinstimmung bezüglich einer großzügigen Auslegung des ABM-Vertrages zu erzielen, um so die Stationierung von SDI-Systemen möglich zu machen. Die Sowjetunion beharrte dagegen auf einer weiterhin engen Vertragsauslegung und machte hiervon den Abschluß des START-Vertrages abhängig. Schließlich wurde beim amerikan.-russ. Gipfeltreffen im Juni 1992 vereinbart, bei der Entwicklung eines begrenzten Raketenabwehrsystems (Global Protection Against Limited Strikes, Abk. GPALS) zusammenzuarbeiten und in diesem Zusammenhang auch den ABM-Vertrag zu überprüfen.

Abramović [-tç], Marina, jugoslaw. Performancekünstlerin, * Belgrad 30. 11. 1946; lebt in Amsterdam. Nach künstler. Ausbildung und Lehrtätigkeit in Belgrad und Novi Sad wurde sie bes. ab 1976 (Biennale von Venedig) durch Performances bekannt, in denen sie und ihr Partner ULAY (eigtl. UWE F. LAYSIEPEN, * 1943) mittels hochgradiger Konzentration unbewegt oder in äußerst langsamen und sich wiederholenden Bewegungsabläufen im Raum körperl. Belastbarkeit und geistige Grenzerfahrung vermitteln. Die experimentellen Vorführungen der beiden international gefragten Künstler werden auch mit der Videokamera und in Filmen dokumentiert. U. a. erschien die Performance ›Biography‹ als Buch (1994).

M. A., hg. v. F. MESCHEDE, Ausst.-Kat. (1993).

*Abravanel, Maurice, amerikan. Dirigent span.-portug. Herkunft: † Salt Lake City (Ut.) 23. 9. 1993.

*Abrüstung: Mit dem Machtwechsel in der UdSSR zu M. S. GORBATSCHOW (1985) kam Bewegung in die internat. A.- und Rüstungskontrolldiplomatie. Einen grundlegenden Durchbruch stellt der Abschluß der Stockholmer Konferenz über vertrauens- und sicherheitsbildende Maßnahmen in Europa (KVAE I) 1986 dar, bei der von sowjet. Seite erstmals ›Inspektionen vor Ort‹ zugelassen wurden. Hierauf aufbauend konnte im INF-Vertrag (▷ INF) am 8. 12. 1987 zw. den USA und der UdSSR vereinbart werden, sämtl. landgestützten Mittelstreckenraketen mit einer Reichweite von 500 bis 5 500 km beider Seiten sowie deren Abschußvorrichtungen innerhalb von drei Jahren zu

Marina Abramović: Dragon Vert; 1990 (Privatbesitz)

verschrotten und auf die Neuproduktion von Raketen dieser Reichweiten zu verzichten. Durch gegenseitige ›Inspektionen vor Ort‹ wurde die Einhaltung des Vertrages überwacht. Diesem ersten wirkl. A.-Vertrag der Geschichte folgten in kurzen Abständen weitere Abkommen im Kernwaffenbereich, der ›START-I-Vertrag‹ (31. 7. 1991) und der ›START-II-Vertrag‹ (3. 1. 1993), in denen die Reduktion strateg. Waffensysteme vereinbart wurde (→START). START II verringert die Anzahl der nuklearstrateg. Waffen entscheidend und bringt in Verbindung mit den 1991 und 1992 verfügten einseitigen A.-Schritten den Prozeß der Rüstungsmodernisierung im nuklearen Bereich fast zum Erliegen. Er sieht vor, bis 2003 die Anzahl der strateg. Gefechtsköpfe von jeweils über 10 000 auf 3 000 bis 3 500 zu verringern. Dies entspricht etwa einer Halbierung der bei START I erlaubten Potentiale. Bes. hervorzuheben sind die qualitativen Einschränkungen: START II verbietet alle landgestützten Interkontinentalraketen mit Mehrfachsprengköpfen. Damit Rußland, das den Zerfall der UdSSR (Ende Dez. 1991) deren Rechtsnachfolge angetreten hatte, diesem Punkt zustimmte, fanden sich die USA bereit, ihre atomaren Sprengköpfe auf U-Booten um etwa die Hälfte zu verringern. Dies ist allerdings fraglich, wann Rußland START II ratifizieren wird, da es dies zunächst von der Umsetzung von START I und neuerdings vom Verzicht der NATO auf eine ›Osterweiterung‹ abhängig gemacht hat. START I war noch von der UdSSR unterschrieben worden, betraf aber außer Rußland auch die UdSSR-Nachfolgestaaten Kasachstan, Weißrußland und Ukraine; letztere ratifizierte erst 1994 den Vertrag. Ein wichtiges Problem stellte die Entsorgung der Sprengköpfe, bes. des Plutoniums, dar. Trotz dieser nuklearen A.-Erfolge stand die UN-Konferenz (New York, April/Mai 1995) zur Verlängerung des Kernwaffensperrvertrags vor dem Problem, daß sehr viele Nichtkernwaffenstaaten v. a. der dritten Welt gegen dessen unbefristete Verlängerung stimmten, weil die Kernwaffenstaaten ihrer im Kernwaffensperrvertrag perspektivisch gegebenen Zusage auf eine vollständige nukleare A. nicht nachkommen. Für 1996 wurde der Abschluß eines Teststoppabkommens in Aussicht genommen.

Nach dem Scheitern der ab 1973 geführten Verhandlungen über ▷ MBFR fanden parallel zum Wiener KSZE-Folgetreffen (▷ Konferenz über Sicherheit und Zusammenarbeit in Europa, KSZE; 1994 umgewandelt in die →Organisation für Sicherheit und Zusammenarbeit in Europa, OSZE) ab 1989 zw. sämtlichen Mitgl. der NATO und des Warschauer Pakts Verhandlungen über konventionelle Streitkräfte in Europa (▷VKSE) statt, die am 19. 11. 1990 zum ›KSE-I-Vertrag‹ führten: Dieser sieht eine ausgewogene Verringerung der Hauptwaffensysteme (Kampfpanzer, gepanzerte Kampffahrzeuge, Artillerie, Kampfhubschrauber und Kampfflugzeuge) in den versch. Zonen Europas vor, wobei die für jede Staatengruppe festgelegte Höchstzahl von Waffensystemen noch einmal in ›nat. Anteilshöchstgrenzen‹ aufgeteilt wurde. Obwohl eine wichtige Grundlage des Vertrages, das Bestehen eines militär. Gleichgewichts zweier Blöcke, mit dem Ende des Warschauer Pakts entfallen ist, wurden seine Bestimmungen bis 1994 termingerecht eingehalten. Außerdem wurde am 10. 7. 1992 ein Vertrag über die Personalstärken der konventionellen Streitkräfte in Europa (KSE I a) abgeschlossen. Da Rußland an seiner Südflanke (Kaukasus) mehr bewaffnete Streitkräfte stationieren will als ihm nach dem KSE-I-Vertrag erlaubt ist, dringt es auf dessen Änderung, die überdies unabwendbar werden würde, wenn frühere Warschauer-Pakt-Staaten in die NATO aufgenommen würden.

Vom 13. bis 15. 1. 1993 wurde in Paris nach langjährigen Verhandlungen der ›Vertrag über das weltweite Verbot der Entwicklung, Herstellung, Lagerung und des Einsatzes chemischer Waffen und über die Vernichtung solcher Waffen‹ von 130 Staaten unterzeichnet (Ende März 143 Staaten). Er kann in Kraft treten, sobald 65 Staaten ihre Ratifikationsurkunden hinterlegt haben.

*Abs, Hermann Josef, Bankfachmann: † Bad Soden am Taunus 5. 2. 1994.

*Abschiebung 2): →Ausländer.

*Abstammungslehre: →Australopithecinen.

*Abstimmung 3): Der Einsatz von Mikroprozessoren hat zur Vereinfachung und Erweiterung der Möglichkeiten der A. geführt. So lassen sich nach ihrer Frequenz vorgegebene oder empfangene Sender speichern, beliebig oft abrufen oder auch löschen. Der Sendername und z. T. auch die Programmart sind auf einem Display ablesbar. Von mehreren dasselbe Programm ausstrahlenden Stationen kann selbsttätig die jeweils am besten zu empfangende ausgewählt werden.

*Abuja: Am 12. 12. 1991 wurde die nigerian. Stadt offiziell zur Bundeshauptstadt proklamiert.

Abuladse, Tengis, georg. Filmregisseur, * Kutaissi 31. 1. 1924, † Tiflis 6. 3. 1994; begann als Neorealist und war später Vertreter der stilisierten Parabel; entlarvte in seinen Filmen nat. Mythen.

Filme: Das Gebet (1968); Eine Halskette für meine Liebste (1971); Der Baum der Wünsche (1977); Die Reue (1984).

*Abwasser: Die Gesamtabwassermenge in Dtl. wird für das Jahr 1991 auf 46,8 Mrd. m³, davon 43,4 Mrd. m³ in den alten Bundesländern, geschätzt. Für die alten Bundesländer bedeutet dies einen Rückgang von 8,9% gegenüber der A.-Menge aus dem Jahr 1987. Das anfallende A. bestand zu 61% aus Kühlwasser, zu 18% aus industriellen und zu 21% aus häusl. Abwässern einschließlich indirekt eingeleiteten gewerbl. Abwässern.

In den alten Bundesländern sind 90% der Bev. an biolog. oder weitergehende Kläranlagen angeschlossen, in den neuen Bundesländern ist dies erst 31%. Während der Anschlußgrad an biolog. Kläranlagen in den alten Bundesländern somit den weltweit höchsten Standard aufweist, liegt der Anschlußgrad in den neuen Bundesländern deutlich unter dem der westl. Industrieländer (USA 59%, Frankreich 65%, Italien 49%, Großbritannien 79%). Der Investitionsbedarf zur Modernisierung der kommunalen Kläranlagen in den neuen Bundesländern wird vom Bundesumweltministerium mit 30 Mrd. DM angegeben. Hinzu kommen noch einmal Investitionen in gleicher Höhe für die Sanierung des Kanalnetzes.

*Abwasserabgabe: Das A.-Gesetz wurde seit 1986 mehrfach novelliert, zuletzt 1994. Wichtige Änderungen: Der Abgabesatz ist von (1986) 40 DM auf (1993) 60 DM gestiegen; ab 1. 1. 1997 beträgt der Abgabesatz 70 DM; die Ermäßigung der A. für Einleiter, die Mindestanforderungen nach § 7 a Wasserhaushalts-Ges. erfüllen, beträgt nunmehr 75%; die früher häufig kritisierte Möglichkeit einer fast vollständigen Befreiung von der A. bei 50%iger Unterschreitung der Mindestanforderung besteht nicht mehr. Die 1987 in Kraft getretene Möglichkeit der Verrechnung der geschuldeten A. mit Aufwendungen für Abwasserbehandlungsanlagen ist fortlaufend ausgebaut worden und betrifft nunmehr nicht nur emissionsmindernde Investitionen in Kläranlagen, sondern auch Aufwendungen für den Bau und die Sanierung der Kanalisation; Sonderregelungen bestehen für Investitionen in den neuen Bundesländern. Das den Bundesländern zustehende Aufkommen der A. ist demzufolge von (1983) 249 Mio. DM auf (1988) 432 Mio. DM zunächst gestiegen und dann bis 1991 auf 346 Mio. DM zurückgegangen. Einschließlich der neuen Bundesländer beträgt das Aufkommen (1993) 433 Mio. DM.

Abwicklung, im Zuge der dt. Vereinigung entstandene Bez. für die ersatzlose Auflösung einer Beschäftigungsstelle im Bereich des öffentl. Dienstes. Der Einigungsvertrag vom 31. 8. 1990 (Anlage I, Kap. XIX, Sachgebiet A, Abschnitt III Nr. 1 Abs. 4 Ziffer 3) erlaubt die ordentl. Kündigung eines Arbeitsverhältnisses in der öffentl. Verwaltung u. a. dann, wenn die bisherige Beschäftigungsstelle ersatzlos aufgelöst wurde oder bei Verschmelzung, Eingliederung oder wesentl. Änderung des Aufbaus der Beschäftigungsstelle die bisherige oder eine anderweitige Verwendung nicht mehr möglich war. Grundnorm bildet Art. 13 des Einigungsvertrages, der den ›Übergang und die A.‹ der Einrichtungen der öffentl. Verwaltung und Rechtspflege regelt.

*Abydos 1): In der nördlich des Tempels von Sethos I. gelegenen Nekropole wurden die Nachuntersuchungen der Königsgräber der 1. und 2. Dynastie abgeschlossen und die meisten Anlagen, auch der Grabkomplex des Ka, des letzen Königs der 1. Dynastie (um 2850 v. Chr.), wieder zugeschüttet. Zu den wichtigsten Funden gehört ein Nekropolensiegel, das eine bislang nicht gesicherte Folge von Königsnamen der 1. Dynastie enthält, nämlich Aha, Djer, Wadj

Abydos 1): Blick auf die Grabanlage des Königs Den aus der 1. Dynastie

Abzahlungsgeschäft – adaptive Optik **Adap**

und DEN (früher DEWEN), sowie eine Siegelabrollung des ersten Königs der 2. Dynastie, HETEPSECHEMUI; beide bezeugen, daß er für die Bestattung seines Vorgängers KA gesorgt hat. Damit ist geklärt, daß zw. den beiden frühen Dynastien kein Bruch vorliegt. 1993 wurde begonnen, eine unterird. Grabanlage der 1. Dynastie, die des Königs DEN, zugänglich zu machen. Die Anlage (53 × 40 m) besteht aus einer zentralen Königskammer, die an ihren vier Seiten von Räumlichkeiten umgeben ist. Die dicken, luftgetrockneten Schlammziegelmauern bedürfen nur einiger Ausbesserungen, die Deckenstützen und die Abdeckung aus Rundhölzern müssen dagegen rekonstruiert werden.

***Abzahlungsgeschäft:** Das Abzahlungs-Ges. vom 16. 5. 1894 ist mit Wirkung vom 1. 1. 1991 durch das ▷ Verbraucherkreditgesetz vom 17. 12. 1990 ersetzt worden.

academixer, 1966 in Leipzig an der Karl-Marx-Universität gegründetes politisch-satir. Kabarett; gehörte mit ausschließlich eigenen Texten von JÜRGEN HART (*1942), CHRISTIAN BECHER (*1943), GUNTER BÖHNKE (*1943) und BERND-LUTZ LANGE (*1944) zu hochschul- und kulturpolit. Themen zu den führenden Amateurkabaretts der Dt. Dem. Rep.; ist seit 1976 ein Berufskabarett, seit 1980 mit eigener Spielstätte im Messehaus Dresdner Hof (›academixer‹-Keller); seit 1993 Kabarett GmbH.

***Achromejew,** Sergej Fjodorowitsch, sowjet. Marschall: Trat im Dez. 1988 als sowjet. Generalstabschef zurück; war anschließend persönlicher militär. Berater M. S. GORBATSCHOWS; beging nach dem gescheiterten Putsch vom 19.–21. 8. 1991 Selbstmord († Moskau 24. 8. 1991).

***Achttausender:** Die Höhe des Mount Everest wurde nach der im Sept. 1992 durchgeführten Neuvermessung auf 8846 m ü. M. korrigiert. Als erster Bergsteiger hat R. MESSNER zw. 1970 (Bezwingung des Nanga Parbat) und 1986 (Makalu und Lhotse) die Hauptgipfel aller A. bestiegen, stets ohne Sauerstoffgerät.

Acker [ˈækə], Kathy, amerikan. Schriftstellerin, *New York 18. 4. 1947; verfaßt als engagierte Feministin avantgardist. Punkromane, die sich konventionellem Erzählen verweigern, die vielmehr aus einem Geflecht von Einzelelementen bestehen, das Pornographie, Punkprovokation und Plagiate enthält und das der Leser selbst zu einem Sinngefüge zusammensetzen muß. *Werke: Romane:* Blood and guts in high school (1978; dt. Harte Mädchen weinen nicht. Ein new-wave-Roman); Kathy goes to Haiti (1978; dt. Kathy auf Haiti); Great expectations (1982; dt. Große Erwartungen. Ein Punk-Roman); My death, my life, by Pier Paolo Pasolini (1984; dt. Mein Tod, mein Leben. Die Geschichte des Pier Paolo Pasolini); Don Quixote, which was a dream (1986; dt. Die Geschichte des Don Quixote. Ein Traum); Empire of the senseless (1988; dt. Im Reich ohne Sinne); Hannibal Lecter, my father (1991).

Ackroyd [ˈækrɔɪd], Peter, engl. Schriftsteller, *London 5. 10. 1949; verfaßte krit. und kulturgeschichtl. Studien sowie Gedichte (›London lickpenny‹, 1973; ›Country life‹, 1978); als Biograph trat er hervor mit ›Ezra Pound and his world‹ (1980), ›T. S. Eliot‹ (1984; dt.) und ›Dickens‹ (1990). Seine Romane knüpfen an literar. Vorlagen an und untergraben deren Wirklichkeitsanspruch; so gibt ›The great fire of London‹ (1982) sich als Fortschreibung eines Dickens-Romans, ›Hawksmoor‹ (1985; dt. ›Der Fall des Baumeisters‹; verfilmt) stellt Konventionen des histor. Romans bloß und ›Chatterton‹ (1987; dt.) thematisiert die Erfahrung biograph. Schreibens im Spannungsfeld zwischen authent. Fakten, Fälschungen und eigener Imagination.

Weitere Werke: Romane: The last testament of Oscar Wilde (1983); First light (1989; dt. Die Uhr in Gottes Händen); English music (1992); The house of Doctor Dee (1993).

ACS [eɪsiˈes], Abk. für Association of Caribbean States, die →Vereinigung karibischer Staaten.

ADA, Abk. für Auto Directional Antenna, ein automat. Richtantennensystem für Autoradios, das seine Richtwirkung durch den elektron. Abgleich von vier festinstallierten Einzelantennen erreicht. Die Empfangselektronik von den Antenneneingängen bis zur Zwischenfrequenzstufe wird auf vier getrennte Tunerzweige aufgeteilt, die gemeinsam einen Beitrag zur Empfangsqualität leisten. Damit zw. den Tunerzweigen keine gegenseitigen Störungen auftreten, werden Phase und Amplitude der Einzelsignale durch eine Steuerautomatik überwacht und ggf. korrigiert.

***ADA:** Im Febr. 1995 wurde von der ISO für die Programmiersprache ADA der neue objektorientierte Standard Ada 95 verabschiedet.

Adamowitsch, Adamovič [-tʃ], Ales, eigtl. **Aleksandr Michajlowitsch A.,** weißruss. und russ. Schriftsteller, Literaturwissenschaftler, *Konjuchi (Geb. Minsk) 3. 9. 1927; war auch als Journalist tätig, wurde 1987 Direktor des Allunions-Forschungsinstituts für Filmkunst in Moskau. A. behandelt in seinem Werk v. a. die Zeit des Zweiten Weltkriegs, den er als 14- bis 16jähriger Junge bei den Partisanen erlebte, z. B. in dem Roman ›Chatynskaja Povest‹ (1973; dt. ›Stätten des Schweigens‹) über die Einäscherung russ. Dörfer samt ihren Bewohnern durch dt. Soldaten und in ›Blokadnaja kniga‹ (1977, mit D. GRANIN; dt. ›Das Blokkadebuch‹) über die Belagerung Leningrads. Thema des Kurzromans ›Poslednjaja pastoral‹ (1987; dt. ›Die letzte Pastorale‹) ist die atomare Katastrophe, deren drei Überlebende, auf einen Urzustand der Zivilisation zurückgeworfen, ihre unsinnig gewordenen Verhaltensweisen und Denkstrukturen beibehalten.

Weitere Werke: Romane: Partizany (1963); Karateli (1981; dt. Henkersknechte).

Ausgabe: Sobranie sočinenij, 4 Bde. (1981–83).

Adams [ˈædəmz], Gerard (Gerry), nordir. Politiker, *Belfast 6. 10. 1948; war zunächst in der nordir. Bürgerrechtsbewegung aktiv, schloß sich dann der Sinn Féin an. 1971–72 und 1973–77 war A. wegen des Verdachts der Terrortätigkeit in Haft. Er wurde zum Vordenker der Sinn Féin, war ab 1978 deren Vize-Präs., seit Nov. 1983 deren Präs. und hatte 1983–92 ein Abg.-Mandat für das brit. Unterhaus. Seit 1993 bemüht sich A., der ein Ende der brit. Herrschaft in Nordirland anstrebt, verstärkt um eine polit. Lösung des Nordirlandkonflikts. A. trug wesentlich zum Zustandekommen des von der IRA Ende Aug. 1994 verkündeten Waffenstillstands bei, eine Voraussetzung für die von der brit. und der irischen Reg. vorgesehenen Friedensgespräche bildete.

Adamski, Hans-Peter, Maler und Bildhauer, *Kloster Oesede (heute zu Georgsmarienhütte) 7. 5. 1947; gehört zu den Vertretern der ›Neuen Malerei‹; ab 1981 stellt er zus. mit der Kölner Künstlergruppe ›Mülheimer Freiheit‹ (WALTER DAHN, *1954; JIRI GEORG DOKOUPIL, *1954; PETER BÖMMELS, *1951) aus. In seinen Gemälden, Papierarbeiten und Collagen entwickelt er eine Formensprache, die assoziativ figurative Zeichen mit abstrakten Elementen kombiniert. Inhaltlich beschäftigt er sich ironisch mit den Themen Geschichte, Erotik und Tod. Seit Mitte der 80er Jahre fertigt er Eisenplastiken, Holzskulpturen und Objekte, die das maler. Formenvokabular in die Dreidimensionalität erweitern. BILD S. 12.

A., hg. v. D. KUSPIT, Ausst.-Kat. (1991).

***adaptive Optik:** Dieses Verfahren zur Kompensation durch atmosphär. Turbulenzen verursachter Wellenfrontstörungen und damit zum Erreichen der beugungsbegrenzten Auflösung von Spiegelteleskopen wurde astronomisch erstmals Ende 1989 im infraroten Spektralbereich erfolgreich angewendet. Seit Frühjahr 1993 betreibt die Europäische ▷ Südstern-

Gerard Adams

11

Adap Adaptronik – Adygien

Hans-Peter Adamski: Hiroshima; 1981 (Privatbesitz)

warte (ESO) ein adaptives opt. System an ihrem 3,60 m-Teleskop auf dem Berg La Silla in Chile. Das System enthält einen verformbaren Spiegel mit 52 Stellgliedern (Aktoren); es arbeitet im Wellenlängenbereich von 1 bis 2,3 µm, mit Korrekturfrequenzen bis 25 Hz. Das Teleskop ist weltweit das erste mit a. O., das Astronomen allg. für Beobachtungsprogramme zur Verfügung steht. Die an ihm gemachten Erfahrungen sollen auch für die Verwendung einer a. O. am →Very Large Telescope der ESO genutzt werden. (→aktive Optik)

Adaptronik [Kw. aus adaptiv und Elektronik], Bez. für ein interdisziplinäres Forschungsgebiet, das sich mit multifunktionellen techn. Strukturen und Systemen beschäftigt. In ein derartiges System sind alle Funktionselemente eines geschlossenen Regelkreises (Sensoren, Aktoren, Steuerung) integriert, wobei jedes Element mehrere Funktionen übernehmen kann. Das System ist damit in der Lage, sich wechselnden Betriebsbedingungen anzupassen; man spricht daher auch von adaptiven oder ›intelligenten‹ Systemen. Ein großes Einsatzpotential für adaptive Systeme wird in der Sicherheitstechnik (z. B. Schwingungsüberwachung), der Schwingungsdämpfung und der adaptiven Optik gesehen. Wichtige Impulse für die A. kommen v. a. aus der Werkstofforschung, die Materialien mit geeigneten Eigenschaften entwickelt.

Dazu gehören u. a. die schon länger bekannten und vielseitig anwendbaren ▷ Memory-Legierungen sowie seit neuerem auch Polymer- und Keramikwerkstoffe mit Gedächtniseffekten. Bestimmte Flüssigkeiten, deren Viskosität von einem äußeren elektr. Feld abhängt (›elektroviskose‹ Fluide), können z. B. Stöße nach Bedarf stärker oder schwächer dämpfen. Weitere interessante Werkstoffgruppen sind ›elektrochrome‹ Materialien, die ihr Reflexions- und Durchlaßvermögen für Licht abhängig von einer angelegten elektr. Spannung verändern und als variable Spiegel und selbstabdunkelnde Fenster verwendet werden können, sowie piezoelektr. Materialien (▷ Piezoelektrizität), die als aktive Schwingungs- oder Schalldämpfer und als Stellmechanismen dienen.

ADD, Abk. für **a**naloge Aufnahme, **d**igitale Bearbeitung, **d**igitale Wiedergabe, eine Kennzeichnung von CD und DAT, mit der die techn. Verfahren dokumentiert werden, die bei Aufnahme, Bearbeitung (Schnitt, Mischung) und Wiedergabe (Überspielung) eingesetzt wurden. Mit ADD wird gekennzeichnet, daß eine ursprünglich analoge Aufnahme digitalisiert und auf einem digitalen Gerät bearbeitet und dann auf einen digitalen Tonträger überspielt wurde.

***Addams,** Chas, amerikan. Karikaturist: † New York 5. 10. 1988.

***Aden 1):** Mit der Vereinigung von Nord- und Süd-Jemen verlor A. seine Funktion als Hauptstadt, wurde jedoch zum wirtschaftl. Schwerpunkt des vereinigten Jemen; freie Produktionszone seit 1991.

Ad-hoc-Publizität, die Verpflichtung jedes Emittenten von zum Handel an einer inländ. Börse zugelassenen Wertpapieren (amtl. Handel und geregelter Markt), alle neuen Tatsachen, die in seinem Tätigkeitsbereich eingetreten und nicht öffentlich bekannt sind, unverzüglich zu veröffentlichen. Diese Verpflichtung gemäß § 15 Wertpapierhandels-Ges. vom 26. 7. 1994 besteht aber nur dann, wenn die Tatsachen wegen ihrer Auswirkungen auf die Vermögens- und Finanzlage oder auf den allgemeinen Geschäftsverlauf des Emittenten geeignet sind, den Kurs des zugelassenen Wertpapiers erheblich zu beeinflussen, oder wenn bei zugelassenen Schuldverschreibungen die Gefahr besteht, daß der Emittent seinen Verpflichtungen nicht mehr nachkommen kann. Veröffentlicht werden müssen die Tatsachen nach vorheriger Information der Geschäftsführungen der entsprechenden Börsen und des →Bundesaufsichtsamts für den Wertpapierhandel in einem überregionalen Börsenpflichtblatt oder über ein elektronisch betriebenes, allgemein zugängl. Informationssystem. Die besondere Publizitätspflicht soll das Geschehen an den Finanzmärkten transparenter machen und dazu beitragen, den widerrechtl. Gebrauch von Insiderinformationen zu bekämpfen.

***Adler,** H. G., Schriftsteller: † London 21. 8. 1988.

***ADN 1):** Wurde am 28. 6. 1990 GmbH und von der Treuhandanstalt übernommen, die sie zum 31. 7. 1992 an die Besitzerin der →ddp verkaufte.

***Adonias Filho,** brasilian. Schriftsteller und Kritiker: † bei Itajuípe (Bahia) 26. 7. 1990.

***Adorf,** Mario, Bühnen- und Filmschauspieler dt.-italien. Herkunft: Trat auch als Erzähler (›Der Mäusetöter‹, 1992; ›Der Dieb von Trastevere. Geschichten aus Italien‹, 1994) hervor und hatte großen Erfolg mit dem vierteiligen Fernsehfilm ›Der große Bellheim‹ (1992).

Adscharien, Adscharische Autonome Republik, bis 1991 ▷ Adscharische Autonome Sozialistische Sowjetrepublik, Teilrepublik Georgiens im SW Transkaukasiens, 3 000 km², (1993) 386 400 Ew., Hauptstadt ist Batumi. Die Bev. besteht (1989) zu 82,8 % aus Georgiern, von ihnen sind etwa 160 000 Adscharen (muslim. Georgier), zu 7,7 % aus Russen und zu 4 % aus Armeniern.

Advanced Photo System [ədˈvɑːnsd ˈfəʊtəʊ ˈsɪstəm, engl. ›fortgeschrittenes Photosystem‹], Abk. **APS,** →Photographie.

Adygi|en, Adygeia, Adygeische Republik, bis 1991 ▷ Adygeisches Autonomes Gebiet, Teilrepublik der Russ. Föderation zw. dem NW-Abhang des Großen Kaukasus und dem Fluß Kuban in der Schwarzmeerniederung, 7 600 km², (1992) 442 000 Ew., davon 22 % Adyge (Eigenbezeichnung der Tscherkessen) und 68 % Russen; Hauptstadt ist Maikop. 1991 löste sich A. aus der Region Krasnodar und erklärte sich zur

AEG Aktiengesellschaft – Afghanistan **Afgh**

Adygeischen Republik innerhalb der Russ. Föderation. Bei den Parlamentswahlen setzte sich die Gruppe der früheren KP-Funktionäre durch, die mit ASLAN DJARIMOW auch den Staatspräs. stellt. In Opposition zur ›alten‹ kommunist. Herrschaftsgruppe bildeten sich nationale Sammlungsbewegungen, z. B. die ›Adyge Chasä‹ und die russisch orientierte ›Union der Slawen‹. Polit. Spannungen entstanden aus dem Konflikt zw. den Adygen und den in A. lebenden Kubankosaken. Seit 1991 haben sich zahlreiche Flüchtlinge und Übersiedler aus anderen Teilen des Kaukasus in A. niedergelassen.

*AEG Aktiengesellschaft: 1988 wurde der AEG-Kapitalanteil der Daimler-Benz AG auf 80,2% erhöht sowie ein Beherrschungs- und ein Gewinnabführungsvertrag (letzterer mit Wirkung zum 1. 1. 1992) abgeschlossen. Die Firmen-Bez. wurde zum 1. 4. 1994 in **AEG Daimler-Benz Industrie** geändert. Im Nov. 1991 wurde der Schienenfahrzeugbau der Lokomotivbau-Elektrotechn. Werke Hennigsdorf GmbH erworben. Der Geschäftsbereich Hausgeräte wurde 1994 an die schwed. Elektrolux AB verkauft. Mit Wirkung zum 1. 1. 1996 haben der ABB-Konzern und AEG ihre Unternehmensgebiete Eisenbahntechnik in das gemeinsame Unternehmen ABB Daimler-Benz Transportation Systems, Berlin, mit rd. 22 000 Beschäftigten in 40 Ländern eingebracht. Umsatz der AEG (1994): 10,2 Mrd. DM (11 % des Daimler-Benz-Konzernumsatzes), Beschäftigte: 45 000 (14 % der Beschäftigten).

*Aeroflot: Unter dem neuen Namen Aeroflot – Russian International Airlines (ARIA) ist die bisherige Fluggesellschaft 1994 in ein privatrechtlich organisiertes Unternehmen in Form einer AG umgewandelt worden. ARIA ist jetzt die russische nat. Fluggesellschaft für internat. Flüge und Rechtsnachfolger der alten Aeroflot.

Aeroflot

A|e|ro|gele, disperse Systeme (▷Gel) mit Luft als Dispersionsmittel. A. dienen aufgrund ihrer hervorragenden Wärmedämmung u. a. als Isolationswerkstoffe in der Bautechnik (z. B. Dämmstoff in Wänden und zw. Fensterscheiben) und wegen ihrer großen Oberflächen als Trägersubstanz für hochwirksame Katalysatoren in der Verfahrenstechnik.

Zur Herstellung von A. aus Quarzsand werden Schwefelsäure und Wasserglas aus Düsen in eine Waschlösung versprüht, in der das Wasserglas zu einem voluminösen Gel, einem gallertartigen Silikatbrei, ausflockt. Um zu verhindern, daß bei der anschließenden Trocknung das Volumen auf ein Bruchteil des Ausgangsvolumens zurückgeht, wird in einem Austauschprozeß das Wasser in den Hohlräumen durch Alkohol ersetzt. In der nachfolgenden überkrit. Trocknung wird der Masse unter hohem Druck und starker Erhitzung der Alkohol entzogen, so daß mit Luft gefüllte Aerogelkügelchen als dreidimensionale filigrane Silikatnetzwerke von nur wenigen Millimetern Durchmesser entstehen. Bei einem in den USA entwickelten Verfahren wird anstelle des Alkohols flüssiges Kohlendioxid eingesetzt. Das hat den Vorteil, daß der Energieverbrauch niedriger ist als bei der überkrit. Trocknung und gleichzeitig die Explosionsgefahr der Anlage herabgesetzt wird.

*AFCENT: Im Rahmen der Veränderung der NATO-Kommandostruktur wurden die dem Kommando AFCENT unterstehenden Stäbe zum 1. 7. 1993 reduziert: Die Heeresgruppen CENTAG und NORTHAG wurden zum neuen Kommando →LANDCENT zusammengefaßt, aus AAFCE wurde das Kommando →AIRCENT; andererseits kam mit Wirkung vom 1. 1. 1994 der Befehlsbereich ▷BALTAP hinzu.

Afeweṛki, Isayas, Politiker in Eritrea, *Asmara 1945; schloß sich als Student der Ingenieurwissenschaften in Addis Abeba 1966 dem Widerstand gegen das kaiserliche äthiop. Regime an; 1966–68 militär. Ausbildung in der VR China; wurde 1969 militär. Oberbefehlshaber der Eritrean Liberation Front. Unter seiner Führung spalteten sich 1970 die ›People's Liberation Forces‹ ab, aus denen die →Eritrean People's Liberation Front (EPLF) hervorging. Deren Programm prägte A. maßgeblich; seit 1987 ist er ihr GenSekr. Seit 24. 5. 1993 ist A. der erste Staatspräs. Eritreas.

*Afghanistan, amtl. Namen: Paschto **De Afghanistan Djumhurijjet,** Dari **Jomhori-e Afghanistan;** dt. **Republik A.,** Binnenstaat im Übergangsbereich von Vorder- zu Zentralasien.

Hauptstadt: Kabul. *Amtssprachen:* Paschto und Dari. *Staatsfläche:* 652 090 km². *Bodennutzung (1992):* 80 540 km² Ackerland, 300 000 km² Dauergrünland, 19 000 km² Waldfläche. *Einwohner (1994):* 21,968 Mio., 34 Ew. je km². *Städtische Bevölkerung (1991):* 19 %. *Durchschnittliches Bevölkerungswachstum pro Jahr (1985-93):* 2,5 %. *Bevölkerungsprojektion für 2000:* 26,8 Mio. Ew. *Ethnische Gruppen (1983):* 52,3 % Paschtunen, 20,3 % Tadschiken, 8,7 % Usbeken, 8,7 % Hazara, 2,0 % Turkmenen, 1,0 % Belutschen, 7,0 % andere. *Religion (1992):* Muslime (der Islam ist Staatsreligion), und zwar 84 % Sunniten, 15 % Schiiten. *Altersgliederung (1995):* unter 15 Jahre 40 %, 15 bis unter 65 Jahre 57,4 %, 65 und mehr Jahre 2,6 %. *Lebenserwartung der Neugeborenen (1993):* männlich 44 Jahre, weiblich 43 Jahre. *Analphabetenquote (1991):* insgesamt 70,6 %, männlich 55,9 %, weiblich 86,1 %. *BSP je Ew. (1991):* 990 US-$. *BIP nach Sektoren/Produktionsstruktur (1989):* Landwirtschaft 53 %, Industrie 34 %, Dienstleistungen 13 %. *Währung:* 1 Afghani (Af) = 100 Puls (Pl). *Internationale Mitgliedschaften:* UNO, Colombo-Plan.

Afghanistan

Staatswappen

Verfassung: Die gegenwärtige Verfassungslage A.s beruht auf der Verf., die am 29./30. 11. 1987 von der Obersten Versammlung der Stämme angenommen und im Mai 1990 geändert wurde. Durch den gegenwärtigen polit. Zustand des Landes kann die Verf. keine Wirkung entfalten.

Wappen: Zunächst (am 30. 11. 1987) wurde das alte Wappen modifiziert: Die sozialist. Elemente Stern und Zahnrad sowie des aufgeschlagenen Buches entfielen. Das 1993 eingeführte Wappen nimmt auf das alte, vor 1978 gültige Wappen Bezug und ist somit wieder eindeutig islamisch geprägt. Es zeigt im Zentrum eine beflaggte Moschee mit Gebetsnische auf grünem Grund, umrandet von Getreideähren und überwölbt von einem in Gold gehaltenen arab. Schriftzug auf weißem Grund mit dem Bekenntnis: ›Es gibt keinen Gott außer Allah, und Mohammed ist sein Prophet‹, unter der Moschee im unteren Teil des Wappens befindet sich ein weiterer arab. Schriftzug: ›Gott ist allmächtig‹. Das Wappen wird von zwei gekreuzten Krummsäbeln eingefaßt.

Geschichte: Im Nov. 1987 verabschiedete die ›Loya Jirga‹, eine Versammlung der Stammesältesten, die Verf., in der die ›Demokrat. Volkspartei A.s‹ offiziell auf die Festschreibung ihres Führungsanspruchs verzichtete und den Namen des Staates in ›Republik A.‹ änderte. Nach längeren ›indirekten Gesprächen‹ zw. A. und Pakistan in Genf über Lösungsmöglichkeiten des A.-Konflikts schlossen beide Staaten sowie als Garantiemächte die UdSSR und die USA unter Vermittlung eines UN-Beauftragten ein Abkommen (15. 4. 1988) über den Abzug der sowjet. Truppen aus A. (Beginn: 15. 5. 1988). Nachdem diese A. bis zum 15. 2. 1989 verlassen hatten, rief Staatspräs. M. NAJIBOLLAH (seit 1987) am 18. 2. 1989 im Kampf gegen die aufständ. Mudjaheddin den Ausnahmezustand aus und bildete einen Militärrat. Mit seinem Sturz am 16. 4. 1992 brach das kommunist. Staats- und Gesellschafts-

Isayas Afewerki

13

system endgültig zusammen. Am 28. 4. 1992 übernahm ein Rat der Mudjaheddin die Macht und rief die ›Islam. Republik A.‹ aus. Ein am 28. 6. 1992 gebildeter ›Höchster Rat‹ (aus den Vors. der mächtigsten Mudjaheddingruppen) bestimmte BURHANUDDIN RABBANI (*1940) zum Übergangs-Präs.; ethn. und religiöse Gegensätze lösten jedoch immer wieder Kämpfe zw. den verfeindeten islam. Gruppen v. a. um die Kontrolle Kabuls aus; dabei trat bes. der Paschtune GULBUDDIN HEKMATYAR (*1950 oder 1951) mit seinen schwerbewaffneten Milizen hervor. Am 30. 12. 1992 wählte die ›Große Schura‹ (›Meli Shura‹) RABBANI zum Staatspräs. (für zwei Jahre). Ein am 7. 3. 1993 zw. den verfeindeten Mudjaheddingruppen geschlossenes Friedensabkommen, auf dessen Grundlage HEKMATYAR formal das Amt des MinPräs. übernahm, beseitigte die Gegensätze zw. den versch. religiösen und ethn. Gruppen nicht. Nachdem General ABDUL RASCHID DOSTAM (*1955), der sich als Führer der usbek. Minderheit in Nord-A. in der Region um die Stadt Mazar-e Sharif einen eigenen Herrschaftsbereich geschaffen hatte, Präs. RABBANI seine Gefolgschaft entzogen und mit HEKMATYAR ein Bündnis geschlossen hatte, verschärfte sich Anfang Jan. 1994 nicht nur der Kampf um den Einfluß in Kabul, sondern der Bürgerkrieg weitete sich nunmehr auch auf den N des Landes aus. Die Bemühungen der UNO, vertreten durch den tunes. Diplomaten MAHMOUD MESTIRI (*1929), einen Waffenstillstand zu vermitteln, scheiterten bisher. Auch Bemühungen Irans, Pakistans und der Islam. Konferenz, in Verhandlungen mit den streitenden Gruppierungen den innerafghan. Konflikt beizulegen, blieben ergebnislos. Unter dem Eindruck der neuen Kämpfe ließ sich RABBANI vom Obersten Gerichtshof bis Ende 1994 entgegen den Vereinbarungen vom 7. 3. 1993 als Staatspräs. bestätigen, trat aber auch nach diesem Zeitpunkt nicht zurück. Mit der radikalislam. Taliban-Bewegung trat unter ihrem Anführer Mullah MOHAMMAD OMAR ACHUNDZADAH im Herbst 1994 eine neue militärisch-polit. Kraft im Bürgerkrieg in Erscheinung. Von Kandahar im S des Landes ausgehend, konnten ihre Milizen bis 1995 große Teile des S unter ihre Kontrolle bringen.

Die bisherige Hinterlassenschaft des Bürgerkrieges (3 Mio. Flüchtlinge in den Nachbarländern; bis 1994 12 000 Tote; 10 Mio. verlegte Minen) und seine Fortsetzung verhinderten nicht nur einen Wiederaufbau des Landes, sondern lähmten darüber hinaus auch die Wirtschaftstätigkeit. Nach Angaben der UNO entwickelte sich A. zu einem der größten Heroinproduzenten der Erde (1993: 2 000 t Opium); es ist zugleich Transit- und Bestimmungsland des Waffenschmuggels.

J.-H. GREVEMEYER: A. Sozialer Wandel u. Staat im 20. Jh. (1990); M. POHLY: Krieg u. Widerstand in A. Ursachen, Verlauf u. Folgen seit 1978 (1992); S. M. SAMIMY: A. – Gefangener seiner eigenen Widersprüche? (1993).

*AFNORTH: Wurde im Rahmen der Veränderung der NATO-Kommandostruktur nach Einrichtung des neuen Befehlsbereichs AFNORTHWEST zum 1. 7. 1994 aufgelöst.

AFNORTHWEST [ˈæfnɔːθˈwest], Abk. für **Allied Forces Northwestern Europe** [ˈælaɪd ˈfɔːsɪz nɔːðˈwestən ˈjʊərəp], im Rahmen der Veränderung der NATO-Kommandostruktur am 1. 7. 1994 neugeschaffener Befehlsbereich, der das Territorium Norwegens und Großbritanniens umfaßt. Die Kommandobehörde AFNORTHWEST ersetzt die aufgelösten Stäbe AFNORTH, Oberbefehlshaber Ärmelkanal (CINCHAN) und Brit. Luftverteidigungsregion (UKAIR).

*African National Congress: Seit 1984 residierte die Exilführung in Lusaka (Sambia). Im Febr. 1990 wurde das Verbot des ANC in der Rep. Südafrika aufgehoben; in der Folgezeit wurde er zum wichtigsten Verhandlungspartner der weißen Minderheits-Reg. beim Übergang zu einer pluralist. und gemischtrass. Demokratie. Am 5. 7. 1991 wurde der 1990 aus der Haft entlassene N. MANDELA zum Präs. des ANC gewählt; er führte bis Ende 1993 die Verhandlungen mit Präs. P. W. DE KLERK über das Ende der Apartheid zum Erfolg. Bes. seit 1992 wurde der ANC in heftige Konflikte mit einzelnen Homeland-Reg., die der Wiedereingliederung nach Südafrika widerstrebten, und der →Inkatha yeNkululeko yeSizwe, die den Führungsanspruch des ANC unter den Schwarzen (v. a. unter den Zulu) bestritt, verwickelt. Bei den ersten freien und gleichen Wahlen im April 1994 erreichte der ANC 62,6% der Stimmen, sein Vors. MANDELA wurde im Mai 1994 zum Staatspräs. gewählt. In sieben von neun Provinzen stellt der ANC den Regierungschef.

F. ANSPRENGER: Der African National Congress, ANC. Gesch. u. aktuelle Politik einer Befreiungsbewegung für die Rep. Südafrika (1987); H. HOLLAND: ANC. Nelson Mandela u. die Gesch. des A. N. C. (a.d. Engl., 1990).

*Afrikanische Spiele: Die 4. A. S. fanden im Aug. 1987 in Nairobi, die 5. A. S. (Panafrikan. Spiele gen.) im Aug. 1991 in Kairo, die 6. A. S. im Aug. 1995 in Harare statt.

Afrikanische Wirtschaftsgemeinschaft, →Organization of African Unity.

AFTA, Abk. für ASEAN Free Trade Area, →ASEAN.

Agnelli [aˈɲɛlli], Susanna, italien. Politikerin, *Turin 24. 4. 1922; 1974–84 Bürgermeisterin von Monte Argentario (Prov. Grosseto); als Mitgl. der Republikan. Partei 1976–83 Abg., 1986–91 Staatssekretärin im Außenministerium, wurde im Jan. 1995 Außenministerin.

*Agosti, Guido, italien. Pianist; † Mailand 2. 6. 1989.

*Agrarmarktordnungen der EG: Im Rahmen einer 1992 beschlossenen Reform der Gemeinsamen →Agrarpolitik wurden in einigen Marktordnungen grundlegende Änderungen vorgenommen. Für Getreide wurde der Interventionspreis im Zeitraum 1993/94–1995/96 schrittweise um insgesamt 33% gesenkt. Dafür erhalten die Erzeuger Ausgleichszahlungen je Hektar, die sich an dem Durchschnittsertrag einer Region orientieren. Bei Ölsaaten und Hülsenfrüchten wurden die Preise – bei Ausgleichszahlungen je Hektar – auf das Weltmarktniveau gesenkt. Mit Ausnahme sogenannter Kleinerzeuger werden die Ausgleichszahlungen nur gewährt, wenn ein bestimmter Anteil der mit diesen Kulturen bestellten Flächen (1995: 12%) stillgelegt wird, wofür eine Stillegungsprämie gezahlt wird. Für Ölsaaten gilt außerdem eine spezielle Obergrenze, bei deren Überschreitung die Ausgleichszahlungen um den gleichen Prozentsatz gekürzt werden. Für Rindfleisch wurde der Orientierungspreis schrittweise um 15% gesenkt. Dafür wurden Ausgleichszahlungen eingeführt, die auf 90 Tiere je Betrieb und eine Besatzdichte, die von 3,5 auf 2,0 Vieheinheiten je Hektar Hauptfutterfläche reduziert wird, begrenzt sind.

*Agrarpolitik: In der Landwirtschaft haben sich in den alten Bundesländern die langfristigen Entwicklungstendenzen weiter fortgesetzt. Die Zahl der Betriebe sank auf (1994) 550 900, die durchschnittl. Fläche stieg auf 21,41 ha. Die Zahl der Familienarbeitskräfte reduzierte sich auf (1994) 1,2 Mio. (davon 290 000 vollbeschäftigt und 880 000 teilbeschäftigt), die der Lohnarbeitskräfte auf 78 000 (davon 55 000 vollbeschäftigt und 23 000 teilbeschäftigt). 1993/94 betrug (bei einer gewerbl. Vergleichslohn von 48 576 DM) der Gewinn je Unternehmen in den kleineren Betrieben 29 230 DM, in den mittleren 42 301 DM, in den größeren 59 221 DM und im Durchschnitt 41 962 DM.

Susanna Agnelli

Mit der Wirtschafts-, Währungs- und Sozialunion wurden am 1. 7. 1990 die Agrarmarktordnungen der EG auf dem Gebiet der Dt. Dem. Rep. wirksam, und die Preise der alten Bundesländer traten an die Stelle der dort wesentlich höheren Erzeugerpreise, was umfangreiche Liquiditäts- und Anpassungshilfen erforderlich machte. Mit der Vereinigung wurden fast alle agrarpolit. Gesetze der Bundesrep. Dtl. auf die neuen Länder übergeleitet. Die →Landwirtschaftlichen Produktionsgenossenschaften mußten bis Ende 1991 eine neue Rechtsform gefunden haben. Rücknahme von Flächen zur Eigenbewirtschaftung, Verkauf oder Verpachtung wurde möglich. 1994 gab es 27 783 landwirtschaftl. Betriebe, davon 22 505 Einzelunternehmen (mit 20% der Fläche), 2 379 Personengesellschaften (mit 20% der Fläche) und 2 899 jurist. Personen (mit 60% der Fläche). Die Zahl der Beschäftigten in der Landwirtschaft, die 825 000 betragen hatte, war auf 157 200 (11 300 vollbeschäftigte und 32 700 teilbeschäftigte Familienarbeitskräfte, 103 400 vollbeschäftigte und 9 800 teilbeschäftigte Lohnarbeitskräfte) gesunken. Die mit der Bodenreform 1945-49 enteigneten Flächen, für die laut Einigungsvertrag die Rückgabe des Eigentums nicht vorgesehen ist, wurden verpachtet und sollen später durch Verkauf privatisiert werden.

In den übrigen Ländern, die sich in einer wirtschaftl. Umstrukturierung befinden (ehem. RGW-Länder), wurden die staatl. Preiskontrollen aufgehoben, inzwischen aber wieder einige Stützungsmechanismen eingeführt. Die Privatisierung des Bodens, der dort – mit Ausnahme Polens – fast ganz in Kollektiveigentum überführt worden war, bereitet Schwierigkeiten, da sowohl die Art (Verkauf oder Vergabe von Anteilsscheinen) als auch die Regelung alter Vermögensansprüche noch nicht geklärt ist.

In der EU trat 1993 die 1992 beschlossene Reform der Gemeinsamen A. (GAP) in Kraft, durch die für wichtige Produkte die garantierten Preise gesenkt und zum Ausgleich von Einkommensverlusten bei den Landwirten Ausgleichszahlungen eingeführt wurden; →Agrarmarktordnungen der EG. In der im April 1994 abgeschlossenen Uruguay-Runde des GATT haben sich alle Länder verpflichtet, ihre interne Stützung des Agrarsektors gegenüber 1986-88 bis zum Jahr 2001 um 20% zu senken, alle Einfuhrbelastungen in Zölle umzuwandeln und diese im Durchschnitt um 36% zu senken, sich gegenseitig einen von 3% auf 5% ansteigenden Mindestmarktzugang zu gewähren sowie die Exporterstattungen um 36% und die mit Erstattungen exportierten Mengen um 21% zu reduzieren.

*Ägypten, arab. Misr, amtlich **Djumhurijjat Misr al-Arabijja**, dt. **Arabische Republik Ä.**, Staat im äußersten NO des afrikan. Kontinents; erstreckt sich von der Mittelmeerküste 1 063 km weit nach S und grenzt im O an das Rote Meer. Im NO umfaßt es noch die zu Vorderasien gehörende Halbinsel Sinai.

Hauptstadt: Kairo. *Amtssprache:* Arabisch. *Staatsfläche:* 1 001 449 km² (ohne Binnengewässer 995 450 km²), davon bewohnt und kultiviert 55 088 km². *Bodennutzung (1992):* 26 430 km² Ackerland, 310 km² Waldfläche. *Einwohner (1994):* 57,285 Mio., 57 Ew. je km² (bezogen auf bewohnte und kultivierte Fläche 1 040 Ew. je km²). *Städtische Bevölkerung (1993):* 44%. *Durchschnittliches Bevölkerungswachstum pro Jahr (1985-93):* 2,3%. *Bevölkerungsprojektion für 2000:* 64,8 Mio. Ew. *Ethnische Gruppen (1983):* 99,8% Ägypter, 0,2% andere. *Religion:* 90% Muslime (Sunniten); der Islam ist Staatsreligion. *Altersgliederung (1995):* unter 15 Jahre 37,9%, 15 bis unter 65 Jahre 57,9%, 65 und mehr Jahre 4,2%. *Lebenserwartung der Neugeborenen (1992):* männlich 60 Jahre, weiblich 63 Jahre. *Analphabetenquote (1991):* insgesamt 51,6%, männlich 37,1%, weiblich 66,2%. *BSP je Ew. (1993):* 660 US-$. *BIP nach Sektoren/Produktionsstruktur (1993):* Landwirtschaft 18%, Industrie 22%, Dienstleistungen 60%. *Währung:* 1 Ägypt. Pfund (ägypt£) = 100 Piasters (PT) = 1 000 Milliemes. *Internationale Mitgliedschaften:* UNO, Arab. Liga, OAPEC, OAU.

Geschichte: Nach seiner Wiederaufnahme in die Arab. Liga (Mai 1989) und seiner Teilnahme am 2. Golfkrieg (Jan. bis Febr. 1991) konnte Ä. die seit seinem Friedensschluß mit Israel (1979) stark gestörten Beziehungen zu vielen islam. Staaten (bes. zu Libyen, Syrien, Saudi-Arabien) wieder verbessern. Vor dem Hintergrund seiner Beteiligung am 2. Golfkrieg erließen die wirtschaftlich führenden Nationen der westl. Welt (v. a. die USA) sowie verschiedene arab. Staaten (mehrere Emirate am Pers. Golf und Saudi-Arabien) als Gläubigerländer Ä. einen großen Teil seiner Schulden und gewährten Finanzhilfe. Im Nahostkonflikt bemühte sich Präs. H. MUBARAK um eine schrittweise Annäherung zw. der PLO und Israel. Im Herbst 1991 förderte er die Einberufung der Madrider Nahostkonferenz. Dank der intensiven Vermittlungstätigkeit MUBARAKS seit Sept. 1993 konnten Israel und die PLO mit der ›Erklärung von Kairo‹ (4. 5. 1994) die Realisierung des Gaza-Jericho-Abkommens (→Nahostkonflikt) einen entscheidenden Schritt weiterführen.

Im Innern bestätigte Präs. MUBARAK jeweils nach seiner Wiederwahl (1987 und 1993) den seit 1986 amtierenden MinPräs. ATEF SIDKI (*1930). Bei den Wahlen von 1990 blieb die Nationaldemokrat. Partei stärkste Partei (79,6% der abgegebenen Stimmen und 348 Mandate im Abgeordnetenhaus). Die stärksten Oppositionsgruppen, die Neo-Wafd (liberal-konservativ), die Partei der Liberalen und die Tajammu-Partei (nasseristisch-marxistisch), boykottierten die Wahl.

Seit 1992 verschärften die islam. Fundamentalisten ihren Kampf für die Errichtung eines islam. Gottesstaates. Mit Attentaten auf hohe staatl. Funktionsträger (bes. auf MUBARAK und SIDKI), Sicherheitskräfte und öffentl. Einrichtungen suchen sie die innere Ordnung zu erschüttern, mit Mordanschlägen auf Touristen die Wirtschaftskraft des Landes zu schwächen. Ausländ. und ägypt. Banken, die das Zinsverbot des Islam nicht beachten, wurden das Ziel religiös motivierter Sprengstoffanschläge. Mit Razzien und Massenverhaftungen sucht die Regierung den terrorist. Aktivitäten zu bekämpfen. Die gespannte innenpolit. Situation verschlechterte die Beziehungen zu Iran und Sudan, denen Ä. vorwirft, die ägypt. Fundamentalisten finanziell und militärisch zu unterstützen. Der Konflikt mit Sudan wird durch den Grenzstreit um das Gebiet von Halaib noch zusätzlich gesteigert.

M. WILLE: Spielräume polit. Opposition in Ä. unter Mubarak (1993).

*Ahidjo, Ahmadou, Politiker in Kamerun: † Dakar 30. 11. 1989.

Ahtisaari ['ah-], Martti Oiva, finn. Politiker, *Wyborg 23. 6. 1937; 1973-76 Botschafter in Tansania; erwarb sich 1976-82 als UN-Hochkommissar für Namibia Verdienste um den Unabhängigkeitsprozeß dieses Landes. Er wurde im Febr. 1994 zum finn. Präs. gewählt (Amtsantritt: 1. 3. 1994).

*Aicher, Otl, Graphiker und Designer: † Leutkirch im Allgäu 1. 9. 1991.

Aidjd, Mohammed Farah Hasan, somal. Politiker, *Belet Huen (somal. Schreibweise Beled Weyne) 1935; war unter italien. Kolonialherrschaft Polizeioffizier, danach Armeeoffizier; seit Ende der 1980er Jahre militär. Führer des United Somali Congress

Martti Oiva Ahtisaari

Aids AIDS

(USC) im Kampf gegen Präs. S. BARRE. Nach der Vertreibung BARRES 1991 zerfiel der USC in versch. Gruppierungen; seither lieferten sich seine Truppen heftige Kämpfe mit rivalisierenden Milizen. A. war 1993/94 hauptsächlich für das Scheitern der UN-Befriedungs- und Hilfsaktion verantwortlich.

Schlüsselbegriff

AIDS [eɪdz], Abk. für **Acquired Immune Deficiency Syndrome** [əˈkwaɪəd ɪmˈjuːn dɪˈfɪʃnsɪ ˈsɪndrəʊm, engl. ›erworbenes Immunschwäche-Syndrom‹], frz. **SIDA** [siˈda], Abk. für **Syndrome d'Immunodéficience Acquise** [sɛ̃ˈdrɔm dimynodefiˈsjɑ̃s aˈkiːz(ə)], durch das Retrovirus HIV hervorgerufene Erkrankung des menschl. Immunsystems, das im Verlauf der Infektion immer stärker die Fähigkeit verliert, Erreger abzuwehren.

Entdeckung

AIDS breitet sich erst seit wenigen Jahrzehnten aus. Die älteste erhaltene Blutprobe, in der das HI-Virus nachgewiesen wurde, stammt aus dem Jahr 1950. Nicht eindeutig geklärt wurde bisher die Vermutung, HIV habe sich aus einem harmlosen Virus in Zentralafrika entwickelt, wo AIDS seit 1959 verbreitet ist. 1981 wurde die bis dahin unbekannte Krankheit erstmals in den USA beschrieben, wo bei fünf jungen, bis dahin gesunden homosexuellen Männern eine seltene, PcP genannte Form der Lungenentzündung diagnostiziert wurde; 26 Homosexuelle litten an dem sonst nur bei älteren Männern im Mittelmeerraum auftretenden Hautkrebs Kaposi-Sarkom. Die Erkrankung wurde zunächst als GRIDS (Gay Related Immune Deficiency Syndrome, ›schwulenassoziiertes Immunschwäche-Syndrom‹) bezeichnet, bis sie 1982 den Namen AIDS bekam. Im Jahr darauf stellte sich heraus, daß AIDS durch ein Virus ausgelöst wird, das 1984 durch den frz. Virologen L. MONTAGNIER am Pariser Institut Pasteur isoliert werden konnte. Kurze Zeit später gelang seinem amerikan. Kollegen R. GALLO die Anzüchtung einer Viruskultur. Daraufhin beanspruchten beide Forscher die Entdeckung des Virus für sich. MONTAGNIER behauptete, GALLO habe das Virus aus einer vom Institut Pasteur zur Verfügung gestellten Probe gezüchtet, was dieser bestritt. Der Streit, bei dem es auch um die Rechte an Einnahmen aus dem HIV-Test ging, wurde 1994 durch die Einigung beigelegt, daß beide als Entdecker zu betrachten seien.

Virologie und Pathogenese

Das hervorstechende Merkmal des HI-Virus ist, daß es gerade jene Zellen befällt, die vom Organismus zur Abwehr eindringender Krankheitserreger eingesetzt werden. Diese sogenannten T-Helferzellen, die für die Bildung von Antikörpern sorgen, besitzen Rezeptoren, an denen die Viren andocken können. Diese bauen ihre Erbinformationen in die Helferzellen ein und zwingen sie so, neue Viren zu produzieren. Viele der neuen Viren weisen dabei eine veränderte Hülle auf und sind so für Antikörper schwerer zu erkennen. Die HIV-infizierten Zellen stören außerdem das komplexe Zusammenspiel der vielfältigen Formen der Immunantwort; eingeschränkte, fehlgeleitete oder überschießende Abwehrreaktionen sind die Folge. Ein Immundefekt liegt vor, wenn drei Elemente der Immunantwort gestört sind: die Fähigkeit, das Virus direkt zu zerstören, es zu neutralisieren sowie seine Neuproduktion zu verhindern. Dieser Prozeß wird von der Anzahl der im Blut befindlichen T-Helferzellen widergespiegelt, die im gesunden Organismus i. d. R. bei etwa 1 000 pro Mikroliter liegt; sinkt sie auf unter 200, gilt dies als ungefährer Anhaltspunkt dafür, daß das Risiko opportunist. Folgekrankheiten (d. h. von Krankheiten, die nur auftreten, wenn der Organismus bzw. das Immunsystem geschwächt ist) gegeben ist.

Testverfahren: Wenige Monate nach der Entdeckung des Virus wurden Testverfahren zugelassen, die den Erreger indirekt über Antikörper nachweisen können. Standardtest ist der sogenannte ELISA, der Antikörper auf HIV nachweist. Lassen sich durch den ELISA Antikörper finden, spricht man von einem positiven Ergebnis. Um einen falsch positiven Befund auszuschließen, wird er durch einen Bestätigungstest, üblicherweise durch den sogenannten Western-Blot, überprüft, der die viralen Einzelkomponenten, gegen die die Antikörper gerichtet sind, identifizieren kann. Die Kombination beider Testverfahren erreicht eine Sicherheit von 99,5 % in Bev.-Gruppen mit niedrigem HIV-Risiko und 99,7 % in hochgefährdeten Gruppen. Die Verfahren sagen jedoch nichts darüber aus, wie weit eine Infektion fortgeschritten ist. Ein Problem bleibt die ›diagnost. Lücke‹, die dadurch gegeben ist; daß die Bildung von Antikörpern gegen das Virus erst nach etwa 12–16 Wochen nachgewiesen werden kann. Ein Test während dieser Zeit fällt negativ aus, obwohl eine Infektion stattgefunden hat. Mit Hilfe der →Polymerase-Kettenreaktion (PCR) läßt sich eine Infektion bereits nach wenigen Tagen feststellen. Diese hochempfindl. Methode weist die Präsenz einzelner HIV-Genabschnitte nach, kann aber durch kleinste Genverunreinigungen im Labor leicht zu falsch positiven Resultaten führen. Ein Test auf HIV-Antikörper wird in Dtl. anonym und i. d. R. kostenlos von den Gesundheitsämtern durchgeführt, er ist auch bei Ärzten und in Kliniken möglich und darf ohne ausdrückl. Zustimmung der zu testenden Person nicht durchgeführt werden. Nach der seit 1987 geltenden Laborberichtspflicht sind positive Befunde dem AIDS-Fallregister des Robert-Koch-Instituts in anonymisierter Form zu melden.

Infektionsverlauf und Krankheitsbild: Wenige Wochen nach einer Ansteckung bilden rd. 20 % der Infizierten einen Primäraffekt mit diffusen grippeähnl. Symptomen aus, die bald wieder abklingen. Es folgt eine symptomlose Latenzzeit, über deren Dauer noch keine wissenschaftlich exakten Angaben gemacht werden können. Sie schwankt zw. wenigen Monaten und vielen Jahren; in der Fachliteratur werden häufig symptomlos Infizierte beschrieben, deren Infektion nachweislich zw. 1978 und 1982 erfolgte. 10 Jahre nach der Infektion weist etwa die Hälfte der Infizierten noch keine Symptome auf, 12 Jahre danach ist noch ein Drittel symptomfrei. Für die Diagnose von AIDS gilt die Falldefinition des Center for Disease Control (CDC) in den USA als international anerkannt. Danach liegt die Erkrankung u. a. dann vor, wenn eine oder mehrere Indikatorkrankheiten auftreten, für die es keine andere Ursache als HIV gibt. In Europa wird zusätzlich der Nachweis von Antikörpern verlangt. Das Virus verursacht direkt versch. Erkrankungen des Zentralnervensystems (etwa die sogenannte AIDS-Demenz) und löst indirekt die Abwehrschwäche gegen weitere virale oder bakterielle Erreger und die Bildung von Tumoren und Pilzerkrankungen aus, zu denen versch. Lungen- und Hirnhautentzündungen sowie Darmerkrankungen gehören. Auch Tuberkulose, Toxoplasmose, Herpes und Zytomegalie treten häufig auf. Wieviel Prozent aller HIV-Infektionen tödlich verlaufen, läßt sich wegen der zu kurzen Beobachtungszeit von AIDS nicht exakt angeben.

Therapie und Prophylaxe

Obwohl AIDS zu den am intensivsten erforschten Erkrankungen zählt, hält der überwiegende Teil der Wissenschaftler die Entwicklung eines Heilmittels oder Impfstoffs vor dem Jahr 2000 für wenig realistisch. Therapeut. Erfahrungen mit antiviralen Substanzen wie AZT (Azidothymidin), ddC (Didesoxycytidin) und ddI (Didesoxyinosin) zeigen, daß diese – hauptsächlich wegen der Bildung resistenter Virusstämme – lediglich den Ausbruch der Krankheit verzögern und ihren Verlauf verlangsamen können. Das größte Hindernis einer erfolgreichen Impfung besteht in der Fähigkeit des Virus, ständig seine Erbinformationen und damit seine Hülle zu verändern. Auch die 1993 gestarteten Versuche, mit gentechnisch hergestellten Proteinen aus der Virushülle die Immunantwort bereits Infizierter zu stimulieren, brachten nicht die gewünschten Resultate. Hingegen sind in der Prophylaxe und Behandlung der einzelnen opportunist. Infektionen Erfolge zu verzeichnen, die die Lebenserwartung und -qualität HIV-Infizierter beträchtlich verbessern.

Übertragung und Schutzmöglichkeiten: Das HI-Virus ist in hoher Konzentration in Blut, Sperma oder in der Vaginalflüssigkeit Infizierter enthalten. Es kann übertragen werden, wenn eine dieser Körperflüssigkeiten in die Blutbahn eines anderen Menschen gelangt. Der häufigste Infektionsweg ist ungeschützter Geschlechtsverkehr; HIV kann beim Analverkehr durch die hochempfindliche Darmschleimhaut oder beim Vaginalverkehr durch Verletzungen der Vagina eindringen. Risikoreich ist auch die gemeinsame Benutzung von Injektionsbestecken beim intravenösen Drogenkonsum (i. v.-Drogenkonsum, i. v. = Abk. für intravenös). Infizierte Frauen können das Virus während einer Schwangerschaft, bei der Geburt oder beim Stillen an ihr Kind weitergeben. Die Viruskonzentration in Körperflüssigkeiten ist kurz nach der Infektion und im fortgeschrittenen Stadium der AIDS-Erkrankung am höchsten, in der symptomlosen Zeit vor Ausbruch der Krankheit ist sie geringer. Das Risiko einer Infektion steigt mit der Virusmenge in den Körperflüssigkeiten. In Tränenflüssigkeit, Speichel oder Präejakulat (Vorsamenerguß) ist HIV zwar nachweisbar, die Konzentration gilt jedoch für eine Ansteckung als nicht relevant. In der internat. Fachliteratur werden wenige Einzelfälle diskutiert, bei denen eine Infektion auf diesem Wege nicht mit Sicherheit auszuschließen ist. Für an der Bluterkrankheit Erkrankte in Dtl. ist heute das Risiko, sich an Medikamenten zur Blutgerinnung, die aus Blutplasmakonzentrat hergestellt werden, zu infizieren, faktisch ausgeschlossen. Seit 1985 werden die sogenannten Faktor-VIII-Präparate (blutgerinnungsfördernde Mittel) auf HIV getestet und darüber hinaus Verfahren zur Virusinaktivierung angewendet. Auch alle Vollblutspenden für Transfusionen werden getestet; allerdings bleibt hier aufgrund der ›diagnost. Lücke‹ das Restrisiko einer Infektion; es ist mit 1 : 1 000 000 angegeben. Als Schutzmaßnahmen vor einer HIV-Infektion werden die sexuelle Enthaltsamkeit, der Verzicht auf riskante Sexualpraktiken oder die Verwendung von Kondomen (Safer Sex) genannt. I. v.-Drogenkonsumenten sollten Injektionsnadeln nicht gemeinsam benutzen, sondern sterile Einwegspritzbestecke verwenden.

Statistische Angaben

Europa: Der WHO wurden bis zum 31. 12. 1994 für Europa 127 886 AIDS-Fälle gemeldet. Bei den Hauptübertragungswegen ergeben sich dabei signifikante Unterschiede: In NW-Europa sind ungeschützte homo- und bisexuelle Sexualkontakte am häufigsten für die Infektion verantwortlich, während es im S und O der i. v.-Drogenkonsum ist. In Spanien, das im Verhältnis zur Bev. die meisten AIDS-Fälle zu verzeichnen hat, waren 1994 zwei Drittel der Neuerkrankungen auf den gemeinsamen Gebrauch benutzter Spritzen zurückzuführen. Bis auf Schweden, das AIDS rigoros nach den strengen Regelungen des Seuchengesetzes behandelt wird und die Reg. eine restriktive Drogenpolitik betreibt, begegnet man der Erkrankung in N- und W-Europa mit liberalen, schadensbegrenzenden Ansätzen; im S und O herrscht dagegen häufig noch eine Politik der Ignoranz, Ausgrenzung und Bestrafung vor. Spanien hat erst 1990 eine intensive Safer-Sex-Kampagne gestartet; dabei wurde verkannt, daß Homosexuelle in geringerem Maß (10,2 % der Neuerkrankungen im Jahr 1994) von AIDS betroffen sind als i. v.-Drogenkonsumenten, für die eine Aufklärung über die Gefahren gemeinsamer Benutzung von Injektionsbesteck wichtiger wäre; in Italien stehen bisher nur 700 Krankenhausbetten für rd. 26 000 Erkrankte zur Verfügung, und in Prag gab es 1994 bei 30 000 i. v.-Drogenkonsumenten kein Spritzenaustauschprogramm und nur einen Arzt, der Substitutionstherapie anbietet, wobei er die Kosten dafür selbst tragen muß. – Zum 31. 3. 1995 wurden in *Dtl.* 12 808 AIDS-Kranke registriert, davon 1 282 Frauen. Insgesamt 7 917 der Erkrankten waren bereits verstorben. Dazu kommen rd. 60 000 HIV-Infizierte. Da bei etwa 10 % der Infektionsmeldungen keine Angaben über das Geschlecht und bei nur 30 % Angaben über den vermuteten Infektionsweg gemacht werden, liegen über diese Zahlen nur Schätzungen vor. Danach haben sich rd. zwei Drittel durch homosexuelle Sexualkontakte und 20 % durch verseuchte Injektionsnadeln infiziert. Kontinuierl. Erhebungen seit 1988 zeigen, daß sich Homosexuelle in ihrem Sexualverhalten immer stärker an der Infektionsvermeidung orientieren, ihr Anteil an den Neuinfektionen sank in den letzten Jahren beständig. Hingegen nehmen die Neuinfektionen, die durch ungeschützten heterosexuellen Geschlechtsverkehr verursacht werden, zu.

International: Bis Ende 1994 wurden der WHO weltweit 1 025 073 AIDS-Fälle gemeldet; die Zahl lag damit um 20 % höher als im Vorjahr. Die Organisation geht jedoch davon aus, daß tatsächlich etwa 4,5 Mio. Menschen erkrankt sind. Seit Beginn der Pandemie haben sich rd. 18 Mio. Erwachsene, von denen die Hälfte jünger als 25 Jahre ist, und 1,5 Mio. Kinder infiziert; nach Schätzungen kommen pro Stunde über 400 neue Infektionen dazu. Mit rd. 8 Mio. Infizierten sind die Länder südlich der Sahara am stärksten betroffen. In Malawi, Ruanda, Uganda, Sambia und Simbabwe sind zw. 7 und 9 % der Bev. HIV-positiv, in Großstädten bis zu 25 %. Hauptübertragungsweg ist der heterosexuelle Geschlechtsverkehr, dazu kommt die weite Verbreitung von Geschlechtskrankheiten, wodurch die Übertragung begünstigt wird. In Afrika, wo zwei Drittel der Neuinfizierten Frauen sind, gelten Armut, Unterversorgung, mangelnde Bildung und Aufklärung über Infektionsrisiken sowie traditionelle Strukturen als Motor der Seuche. Häufig suchen Wanderarbeiter, die sich wegen mangelnder Erwerbsmöglichkeiten auf dem Land in der Stadt aufhalten, ungeschützte sexuelle Kontakte mit Prostituierten; zur Familie zurückgekehrt, verkehren sie mit ihrer Ehefrau weiterhin ohne Kondom; zum einen sind diese fernab der Städte kaum erhältlich, zum anderen lehnen Männer deren Gebrauch oft ab, weil die Zeugung vieler Kinder zur sozialen Absicherung der Familie nötig ist oder als Beweis für

Aids AIDS

Männlichkeit gilt. Ist die Frau infiziert, überträgt sie das Virus möglicherweise auf die danach geborenen Kinder. Die schlechte Ernährungslage beschleunigt den Ausbruch der Krankheit, die sich in Afrika überwiegend in Form einer Tuberkulose manifestiert. Medikamente sind zu teuer. Hinzu kommt, daß auch immer mehr Mitglieder der Großfamilie, die sich nach dem Tod der Eltern um die zurückbleibenden Kinder kümmern muß, sterben. Bei der wachsenden Zahl der AIDS-Waisen überschreiten die Überlebenden rasch ihre wirtschaftl. Grenzen. In manchen Dörfern verdoppelt sich die Rate der elternlosen Kinder innerhalb eines Jahres.

Die WHO rechnet damit, daß SO-Asien bald mehr AIDS-Fälle zu beklagen haben wird als Afrika. Im Jahr 1993 ist dort die Zahl der AIDS-Kranken um das Achtfache – von 30 000 auf 250 000 – gewachsen. In Birma, Thailand und Indien verbreitet sich das Virus explosionsartig. Hauptursachen sind i. v.-Drogenkonsum und Prostitution. Während viele Politiker die Pandemie noch weitgehend ignorieren, hat die thailänd. Reg. die Notwendigkeit zu handeln eingesehen, nachdem bereits rd. 700 000 Einwohner infiziert waren. 1994 investierte Thailand 50 Mio. US-$ für eine umfassende Präventionskampagne. Radiosender strahlen stündlich Informationen über AIDS aus, Polizisten und Taxifahrer verteilen Aufklärungsbroschüren und Präservative, auch in den Hotelzimmern der Sextouristen werden sie ausgelegt. Da z. Z. weder Heilmittel noch Impfstoff in Aussicht stehen, bleibt für die WHO Prävention das einzig erfolgversprechende Mittel. Ein Jahresbudget von 3 Mrd. US-$ würde nach WHO-Berechnungen ausreichen, um in den Entwicklungsländern eine effiziente Krankheitsverhütung zu organisieren. Tatsächlich stehen der WHO jedoch nur 200 Mio. US-$ zur Verfügung.

Gesellschaftliche Reaktionen und AIDS-Politik in Deutschland

In Dtl. hat sich nach heftigen Debatten Mitte der 1980er Jahre eine AIDS-Politik durchgesetzt, deren oberste Ziele die Vermeidung von Neuinfektionen durch Information und Aufklärung über Schutzmöglichkeiten sowie der solidar. Umgang mit Betroffenen unter weitgehendem Verzicht auf seuchenrechtl. Zwangsmaßnahmen sind. Um dies zu gewährleisten, wurde in enger Kooperation mit den AIDS-Hilfen ein dichtes Netz von Beratungs- und Hilfsangeboten installiert. Die 1983 von Homosexuellen gegründete Deutsche AIDS-Hilfe (DAH) hat sich zum Dachverband von mittlerweile rd. 130 regionalen AIDS-Hilfen entwickelt, die sich als Selbsthilfeorganisation und polit. Interessenvertretung Betroffener verstehen. Seit 1986 wird die DAH aus Mitteln der Bundeszentrale für gesundheitl. Aufklärung (BZgA), einer Einrichtung des Bundesgesundheitsministeriums, gefördert. Während die BZgA für die Aufklärung der Allgemeinbevölkerung zuständig ist, entwickelt die DAH Präventionskampagnen und Beratungsangebote für die hauptsächlich von AIDS betroffenen Gruppen der Homosexuellen und der i. v.-Drogenkonsumenten. Grundsatz dieser Maßnahmen ist die Akzeptanz der Lebensweisen dieser Gruppen. Besteht mit der Bundes-Reg. auch Übereinstimmung in den Zielen der AIDS-Politik, so warnen die AIDS-Hilfen vor durch Sparmaßnahmen hervorgerufenen Defiziten in der Umsetzung. Der Etat des Bundesgesundheitsministeriums für Maßnahmen zur AIDS-Bekämpfung wurde sukzessive von 120 Mio. DM (1989) auf 20 Mio. DM (1994) gekürzt.

Die Befürchtungen der AIDS-Hilfen, die anfängl. Berichterstattung der Massenmedien (›Geheimnisvolle Krankheit unter Homosexuellen‹, ›Schwulenkrebs‹, ›Homoseuche‹) könne den Standpunkt in der Gesellschaft konsensfähig machen, AIDS sei die Strafe für unmoral. Lebenswandel, erwiesen sich als unbegründet. Durch eine offensive Öffentlichkeitsarbeit von BZgA und DAH gelang es, die offene Diskriminierung und Ausgrenzung der Hauptbetroffenengruppen zu verhindern. Nur vereinzelt wird berichtet, daß Mietern aufgrund ihrer HIV-Infektion gekündigt wird, daß Ärzte die Behandlung betroffener Patienten und Bestattungsunternehmer die Beisetzung von AIDS-Toten verweigern. Allerdings scheinen sich Ängste gegenüber HIV-Infizierten gehalten zu haben. In einer Studie von 1991 gab jeder Fünfte an, daß er einen betroffenen Freund nicht berühren möchte, und immerhin 12 % sprachen sich dafür aus, daß AIDS-kranke Kinder von öffentl. Schulen ausgeschlossen werden.

Versch. Untersuchungen zum Sexualverhalten belegen, daß auch bei einem allg. hohen Wissensstand der Bevölkerung über Infektionswege mit Angst und Verdrängung auf AIDS reagiert wird. So geben je nach Studie zw. 20 % und 30 % der Befragten an, aus Furcht vor der Ansteckung schon einmal auf etwas verzichtet zu haben, Kondome werden jedoch von rd. 75 % selten oder nie verwendet und von nur 15 % häufig oder immer. Eine vergleichende Studie, die 1993 präsentiert wurde, zeigt auf, daß Jugendliche heute mehr Wert auf Treue legen und Sexualität stärker im Kontext von Liebe sehen als noch 1970. Dabei glaubte ein Drittel der Befragten, die AIDS-Gefahr werde als moral. Druckmittel eingesetzt, um Jugendliche sexuell einzuschränken. Gemeinsam ist der Situation von HIV-Infizierten und AIDS-Kranken, daß der überwiegende Teil im produktiven Alter (70 % der Erkrankten sind jünger als 45 Jahre) arbeitsunfähig wird, keine ausreichende Rente erhält und auf Sozialhilfe angewiesen ist; diese Probleme verschärfen sich, wenn Angehörige und Freunde sich von ihnen distanzieren. Darüber hinaus ergeben sich für die einzelnen Gruppen der Hauptbetroffenen bedeutende Unterschiede: Homosexuelle finden ein weites Netz von Beratungs- und Betreuungseinrichtungen der AIDS-Hilfe-Organisation vor, die urspr. rein an ihren Bedürfnissen orientiert waren; durch die gemeinsame Bedrohung rückten die Homosexuellen enger zusammen und entwickelten ein starkes Solidaritätsgefühl. Nur allmählich öffneten sich die AIDS-Hilfen für i. v.-Drogenkonsumenten, deren Alltag neben dem permanenten Verstoß gegen das Betäubungsmittelgesetz zusätzlich von Beschaffungskriminalität geprägt ist. Zögernd begann ein Umdenken in der staatl. Drogenpolitik, das von der Kriminalisierung und Ausrichtung auf Abstinenz wegführte und sich an schadensbegrenzenden Ansätzen orientierte. Seit Anfang der 1990er Jahre wird die Substitutionsbehandlung Heroinsüchtiger mit der Ersatzdroge Methadon als Infektionsprophylaxe akzeptiert und von vielen Kommunen angeboten; die Stadt Frankfurt am Main richtete im Febr. 1995 einen zweiten Konsumraum ein, in dem Fixer unter hygien. Bedingungen Heroin injizieren können, und im April 1995 kündigte der Hamburger Justizsenat einen Modellversuch zur Vergabe steriler Einwegspritzen in den Gefängnissen an.

Nach Einschätzung der DAH ist es für infizierte Heterosexuelle bes. schwer, sich als Minderheit in einer von Randgruppen dominierten Situation zurechtzufinden. Sie sind oft darauf bedacht, ihre Infektion am Arbeitsplatz und in der Nachbarschaft zu verbergen, die auf sie zugeschnittenen Angebote der AIDS-Hilfen nutzt nur ein geringer Teil; Pflegebedürftige wenden sich lieber an eine kommunale Sozialstation als an AIDS-Spezialpflegedienste, auch um mit Rücksicht auf vorhandene Kinder so lange wie möglich das Bild einer Krankheit aufrechtzuerhalten, die nicht mit Vorurteilen belegt ist. Im Aug. 1992 richtete die DAH ein Frauenreferat ein, das in seinen Informationsbroschüren und Präventionskonzepten auf spezif. Bedürfnisse und Ängste infizierter und kranker Frauen, z. B. hinsichtlich Kinderwunsch und Schwangerschaft, eingeht und die Frauen befähigen will, besser mit ihrer Infektion umzugehen. Im Nov. 1992 wurde das ›Netzwerk Frauen und AIDS‹ gegründet. Die rd. 50 Mitgliedsorganisationen sehen sich als polit. Forum und als Ort für Beratung, Betreuung und Erfahrungsaustausch.

Die Zahl der registrierten HIV-Infektionen und AIDS-Fälle ist in den Großstädten um ein Vielfaches höher als in ländl. Regionen. Im Raum Frankfurt am Main waren am 31. 3. 1995 rd. 5 700 Infektionen gemeldet; im übrigen Bundesland Hessen – die Städte über 100 000 Ew. ausgenommen – waren es 978. Gerade Homosexuelle ziehen vom Land in die Großstädte, wo sie eine ausgeprägte Subkultur vorfinden; i. v.-Drogenkonsumenten können sich hier leichter der polizeil. Kontrolle entziehen und ohne großen Aufwand Heroin erwerben. In den Städten sind nach dem Beginn der Pandemie zahlreiche auf HIV und AIDS spezialisierte Hilfseinrichtungen entstanden, die stark genutzt werden; dagegen berichten AIDS-Hilfen in ländl. Gebieten von Schwellenängsten ihrer Klientel. Betroffene und ihre Angehörigen verbergen sich oft hinter Krankheiten wie Krebs oder Leukämie und meiden den Kontakt zur AIDS-Hilfe, um nicht als homosexuell oder drogensüchtig stigmatisiert zu werden.

Dimensionen einer Krankheit – AIDS, hg. v. M. FRINGS (1986); Ach, wär's doch nur ein böser Traum! Frauen u. AIDS, hg. v. M. WALTER (1987); Leben mit Aids leben, hg. v. J. KORPORAL u. a. (1987); Aids – was eine Krankheit verändert. Sexualität u. Moral, der Einzelne u. die Gesellschaft, hg. v. S. R. DUNDE (11.–13. Tsd., 1988); Aids – eine Forschungsbilanz, hg. v. C. LANGE (1993); Strategien gegen Aids. Ein internat. Politikvergleich, hg. v. D. KIRP u. a. (a. d. Engl., 1994).

*Ailey, Alvin, amerikan. Tänzer und Choreograph: † New York 1. 12. 1989.

*Ain Dara: Bei dem erstmals 1956, seit 1980 in jährl. Ausgrabungskampagnen durch den Direktor der Altertümer und Museen in Damaskus erforschten Ruinenhügel nordwestlich von Aleppo handelt es sich nach der Hypothese des Ausgräbers wahrscheinlich um die Hauptstadt des Aramäerstaates Bit Agusi, also um das in Schriftzeugnissen belegte Arpad. Die Bauphasen des Tempels reichen bis ins 13. Jh. v. Chr. zurück, er wurde um 1000 v. Chr. erneuert und erhielt in der dritten Phase (900–740) die Orthostatenreliefs mit Löwen und Sphingen. Der Löwe ist ein altoriental. Symboltier der Göttin Ischtar (der Sphinx Begleittier ihrer phönik. Form Astarte). Es wurde auch eine Stele der krieger. Göttin gefunden, der offenbar der Tempelkult galt. Motive der Bauplastik weisen darauf hin, daß sie als Herrin des Gebirges verehrt wurde, eine auch sonst belegte nordsyr. Form der Göttin. Trotz der Zerstörung war die Stätte im 7.–1. Jh. v. Chr. besiedelt, eine offenbar geplante Restaurierung des Tempels wurde aber nicht durchgeführt. In der Römerzeit verlassen, war der Hügel vom 7.–14. Jh. n. Chr. nochmals besiedelt.

'A. ABU 'ASSAF: Der Tempel von 'Ain Dara (1990).

Ain Ghasal [arab. - ra'zal], Ain Gasal, En Gazal [-za-], Ausgrabungsstätte im N von Amman, Jordanien. 1978 fanden erste Notgrabungen der durch Straßenbau angeschnittenen neolith. Großsiedlung statt, die seit 1982 systematisch vorgenommen wurden (Leitung GARY O. ROLLEFSON, Direktor der archäolog. Museen in Amman). Inzwischen wurde die Ausdehnung festgestellt (um 6000 v. Chr. über 10 ha) und anhand der Untersuchung von etwa 300 m^2 die Siedlungsdauer bestimmt (7250–5000). Die Häuser waren in der Hauptphase von 7250 bis 6500 zw. 35 und 50 m^2 groß, besaßen Steinfundamente und z. T. bemalte Kalkfußböden, die Dächer aus Ast- und Schilfrohrgeflecht waren mit Lehm überstrichen. Seine Bedeutung erhält der Fundort bes. durch die Funde von bis etwa 1 m hohen Statuetten sowie Statuetten aus gebranntem Kalk sowie von mit Kalk übermodellierten Schädeln aus dem 8. und 7. Jahrtsd. In ihnen wurden offenbar Ahnen verehrt. Unter den Tierfiguren (aus Ton) überwiegen Rinder; in einer der Tierfiguren stecken zwei Feuersteinklingen, was auf Rinderopfer weist. Um 5500 besaß die Siedlung fast nur noch die Hälfte an Einwohnern, sie mußten die jetzt unfruchtbare Gegend (Rodung, Auslaugung der Böden) mit ihren Herden monatelang verlassen. Die ältesten Tongefäße sind ebenfalls um 5500 zu datieren.

Aira, César, argentin. Schriftsteller, * Coronel Pringles (Prov. Buenos Aires) 1949. Seine Romane und Erzählungen zeichnen sich aus durch absurden Humor und subtile Vexierspiele von Geschichte und Aktualität, Realität und Fiktion; auf die Literatur und Geschichte Argentiniens im 19. Jh. verweisen teils parodistisch die Romane ›Moreira‹ (1979), ›Ema, la cautiva‹ (1981) und ›La liebre‹ (1991).

Weiteres Werk: *Roman:* El bautismo (1991).

*Airbag: Bis Mitte der 1990er Jahre setzte sich der A. auch bei kleineren Fahrzeugen als Serienausstattung durch. Neben dem A. nach amerikan. Sicherheitsstandard (›US-A.‹) wurde als Variante der kleinere **Eurobag** eingeführt, der in Verbindung mit dem in Europa obligator. Sicherheitsgurt den erwünschten Schutz bietet, aber preiswerter ist. Der Eurobag hat den Vorteil, daß sich im Ggs. zum US-A. Steuerelektronik und Luftsack zus. ins Lenkrad oder Armaturenbrett integrieren lassen und somit auch Altfahrzeuge nachgerüstet werden können. Eine neuere Entwicklung ist der **Seiten-A.**, der in der seitl. Polsterung der Rückenlehne eingebaut ist und zusätzl. Schutz bei einem Schräg- oder Seitenaufprall bietet.

Der A. wird durch mechan. oder elektron. Aufprallsensoren ausgelöst, deren Auslöseempfindlichkeit auf die bei einem Crash auftretenden Beschleunigungen von 5 g und mehr (g Fallbeschleunigung) abgestimmt

Airbag: LINKS Schematische Zeichnung eines Kraftfahrzeugsitzes mit Seitenairbag; RECHTS Rohkarosserie eines Volvo 850 mit aufgeblähtem Seitenairbag am Fahrersitz

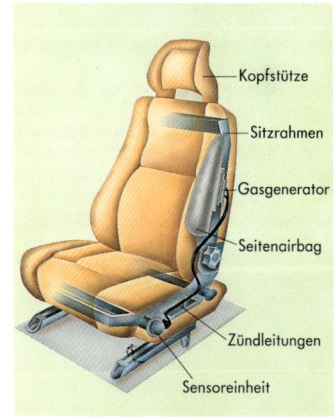 

Airb Airbus – Akademien der Wissenschaften

Airbus: LINKS Airbus A 340 der Lufthansa; RECHTS Blick ins Cockpit

ist. Bei einem Zusammenstoß bläst ein pyrotechn. Gasgenerator den Fahrer-A. (Volumen 60 bis 80 *l*) in 30 bis 35 ms, den Beifahrer-A. (rd. 150 *l*) in etwa 50 ms mit Stickstoff auf; die Entleerungsdauer beträgt etwa 100 ms. Die geometr. Abmessungen müssen so auf die Vorverlagerung der Insassen beim Aufprall ausgelegt sein, daß diese den A. erst berühren, wenn er vollständig gefüllt ist und gerade beginnt, sich wieder zu entleeren. Der Seiten-A. faßt rd. 12 *l* und wird in etwa 12 ms aufgeblasen.

***Airbus:** Seit 1992 findet in Hamburg die Endmontage des Kurz- und Mittelstreckenflugzeugs A 321 statt, einer verlängerten Version des A 320, womit erstmals seit 1945 wieder ein großes Passagierflugzeug in Dtl. fertiggestellt wird; die Erstauslieferung erfolgte im Jan. 1994. Als kleinstes Modell der A.-Familie wird seit 1995 auch der neue A 319 in Hamburg endmontiert. Die Montage der übrigen A.-Modelle (A 300, A 310, A 320, A 330, A 340) verbleibt weiterhin in Toulouse.

Für den Transport der A.-Großbauteile nach Toulouse und Hamburg wurde auf Basis des A 300-600 das Frachtflugzeug ›Beluga‹ entwickelt, das bei einem Innendurchmesser von 7,1 m Nutzlasten bis zu 45,5 t transportieren kann und Ende 1995 seinen Dienst aufnahm. – Nachdem die Messerschmitt-Bölkow-Blohm GmbH 1989 vom Daimler-Benz-Konzern übernommen wurde, liegt die dt. Beteiligung (37,9 %) an der A. Industrie S. A. nunmehr bei der Daimler-Benz Aerospace Airbus GmbH (Sitz: Hamburg).

AIRCENT [ˈeəsent], Abk. für engl. **Air Forces Central Europe** [ˈeəˈfɔːsɪz ˈsentrəl ˈjʊərəp], im Rahmen der Veränderung der NATO-Kommandostruktur am 1. 7. 1993 unter Umbenennung aus dem Kommando AAFCE hervorgegangene Kommandobehörde mit Sitz in Ramstein-Miesenbach (wie bisher); führt nach gleichzeitiger Auflösung der Takt. Luftflotten (2. und 4. ATAF) die alliierten Luftwaffengroßverbände in Zentraleuropa direkt.

Airlift-Reaktor [ˈeə-], *Verfahrenstechnik:* Fermenterbauform (▷ Fermenter) mit rein pneumat. Durchmischung der Flüssigkeit, bei der der Energieeintrag nur über Düsen oder Lochplatten am Reaktorboden, also ohne mechan. Elemente (Rühren), erfolgt. Der Flüssigkeitsumlauf wird durch vertikale Anordnung von zwei konzentr. Rohren, von denen eins begast wird (innerer Umlauf), oder durch nebeneinander angeordnete vertikale Rohre mit Überströmen erreicht (äußerer Umlauf). Durch den Dichteabfall im begasten Bereich steigt dort die Flüssigkeit nach oben, entgast im Kopfteil des Reaktors und sinkt außen wieder nach unten (Prinzip des ▷ Mischluftheber).

***Aizanoi:** In den 1990er Jahren wurde eine in Trümmern gelegene, aber gut erhaltene, in der 1. Hälfte des 5. Jh. n. Chr. errichtete Säulenstraße der antiken Stadt

O-Mysiens entdeckt und freigelegt; die Kolonnaden einer etwa 35 m langen Strecke der Prachtstraße werden seit 1993 nach und nach wieder aufgerichtet. Die 1992 bei Entdeckung der Straße vor der Nordosthalle zerborsten aufgefundene Satyrstatue (Ende des 2. Jh. n. Chr.) wurde restauriert und in das Museum von Kütahya gebracht.

***Ajneya,** ind. Schriftsteller: † Delhi 4. 4. 1987.

***Akademien der Wissenschaften:** Entsprechend den Empfehlungen des Wissenschaftsrates zur Evaluation wurde eine Koordinierungs- und Abwicklungsstelle für die Institute und Einrichtungen der ehemaligen ›Akademie der Wissenschaften der DDR‹ eingerichtet; ab 1. 1. 1992 nahmen viele Institute ihre Arbeit im Rahmen bestehender wiss. Gesellschaften

Askar Akajew

Akihito, Kaiser von Japan

Aizanoi: Die 1992 gefundene Satyrstatue (Ende des 2. Jh. n. Chr.) nach ihrer Restaurierung (Kütahya, Museum)

(Fraunhofer-Gesellschaft zur Förderung der angewandten Forschung e. V., Max-Planck-Gesellschaft zur Förderung der Wissenschaften e. V., Dt. Archäolog. Institut u. a.) grundsätzlich auf. Am 14. 5. 1992

Akajew – Aktie **Akti**

Airbus: Technische Daten der Modellfamilie						
Typ	Länge in m	Spannweite in m	Triebwerke	Reichweite in km	Sitzplätze	Indienststellung
A 300	53,62	44,84	2	2 600	292	1974
A 300-600	53,62	44,84	2	6 850	267	1985
A 310-200	46,70	43,90	2	8 200	220	1983
A 319	33,84	34,10	2	3 525	124	1996
A 320	37,60	34,10	2	5 500	150	1988
A 321	44,51	34,10	2	4 350	186	1994
A 330	63,66	60,30	2	8 760	335	1993
A 340-200	59,39	60,30	4	14 000	262	1993
A 340-300	63,66	60,30	4	12 500	295	1993

schlossen die Länder Berlin und Brandenburg den Staatsvertrag zur Neukonstituierung einer ›Berlin-Brandenburgischen A. d. W.‹ ab, dem die Landesparlamente zustimmten. In das Vermögen der Akademie gingen die Infrastruktureinrichtungen der aufgelösten ›A. d. W. der DDR‹ ein und deren gesamtes übriges Vermögen sowie das Vermögen der ehemaligen ›Preuß. A. d. W.‹ in den alten Bundesländern; Sitz ist Berlin. Die ›Berlin-Brandenburgische A. d. W.‹ ist seit Dez. 1993 das 7. Mitgl. der ›Konferenz der dt. A. d. W.‹ (neben der ›A. d. W. in Göttingen‹, der ›Bayer. A. d. W.‹ in München, der ›Heidelberger A. d. W.‹, der ›A. d. W. und der Literatur‹ in Mainz, der ›Nordrhein-Westfäl. A. d. W.‹ in Düsseldorf und der im Dez. 1991 aufgenommenen ›Sächs. A. d. W. zu Leipzig‹). Neben den sieben A. d. W. bestehen die mit wenigen Ausnahmen, v. a. der 1977 gegründeten Arbeitsgemeinschaft Forschungseinrichtungen, jetzt Wissenschaftsgemeinschaft Blaue Liste (→Blaue Liste), in der Bundesrep. Dtl. seit ihrem Beginn installierten großen ▷ Wissenschaftsorganisationen sowie eine Reihe weiterer wiss. Akademien und Gesellschaften der Wissenschaften, darunter (1995) die ▷ Deutsche Akademie der Naturforscher Leopoldina, die ›Akademie gemeinnütziger Wissenschaften zu Erfurt e. V.‹, das ›Aspen-Institut Berlin‹, das ▷ Wissenschaftskolleg zu Berlin – Institute for Advanced Study und das ›Wissenschaftszentrum Nordrhein-Westfalen‹ in Düsseldorf.

Die ›A. d. W. der UdSSR‹ wurde 1991 aufgelöst; die meisten ihrer Einrichtungen wurden auf die 1992 gegründete ›Rußländ. A. d. W.‹ übertragen.

Akajew, Akaev [-'kajef], Askar, kirgis. Politiker, * 10. 11. 1944; schlug nach dem Studium der Physik die wiss. Laufbahn ein. Er war Mitgl. des ZK der KPdSU und (gegen Ende der 1980er Jahre) Präs. der Kirgis. Akademie der Wissenschaften. Als Präs. des Obersten Sowjets der Kirgis. SSR (1990–91) unterstützte er die Reformpolitik von M. S. GORBATSCHOW bes. auch in der Zeit des (gescheiterten) Putsches reformfeindl. Kräfte (Aug. 1991). Im Okt. 1991 wählte ihn die Bev. in das neugeschaffene Amt des Präs. der Republik. Innenpolitisch bemüht er sich um das friedl. Zusammenleben der versch. Volksgruppen in seinem Land, gesellschaftspolitisch u. a. um die Gründung privater landwirtschaftl. Höfe.

Akashi [-ʃi], Yasushi, japan. Diplomat, * Akita 19. 1. 1931; arbeitete 1957–74 im Polit. Sekretariat der UNO. 1974–79 war er dort Botschafter seines Landes. 1979 erhielt er den Rang eines Unter-GenSekr. der UNO für Öffentl. Information, 1987 für Abrüstungsfragen. 1992–93 leitete er die UNO-Mission in Kambodscha; 1993–95 war er UN-Sonderbeauftragter in Bosnien und Herzegowina.

*****Akihito**, japan. Kronprinz: Bestieg nach dem Tod seines Vaters HIROHITO im Jan. 1989 den Thron unter der Devise ›Heisei‹ (›Frieden und Eintracht‹). Zum 50. Jahrestag der japan. Kapitulation am 15. 8. 1995 bedauerte A. die Greueltaten, die von Angehörigen der japan. Armee im Zweiten Weltkrieg in den besetzten Gebieten begangen worden sind.

Akmola, Aqmola, Gebietshauptstadt in Kasachstan, hieß bis 1961 **Akmolinsk**, bis 1992 ▷ Zelinograd, (1990) 281 000 Ew. – A. soll laut Beschluß des kasach. Parlamentes vom 8. 7. 1994 bis zum Jahre 2000 neue Landeshauptstadt werden.

*****AKP-Staaten:** Zu den AKP-S. zählen (1994) 70 Entwicklungsländer aus Afrika (47), der Karibik (15) und dem Pazifik (8). Neu aufgenommen wurden (1990) die Dominikan. Rep., Haiti und Namibia sowie (1994) Eritrea. (→Lomé-Abkommen)

Aktau, Aqtaū, 1964–91 **Schewtschenko, Ševčenko** [ʃɛfˈtʃ-], Stadt in Kasachstan, am O-Ufer des Kasp. Meeres, (1989) 159 000 Ew. (1967: 28 000 Ew.); Verw.- Sitz des Gebietes Mangystan; wichtigste Stadt des Erdölfördergebietes auf der Halbinsel Mangyschlak; Kunststoffwerk, Kernkraftwerk mit Meerwasserentsalzungsanlage; Hafen, Endpunkt einer Erdölpipeline und einer Eisenbahnlinie. – Seit 1963 Stadt.

*****Aktie:** Im Zusammenhang mit dem 2. Finanzmarktförderungs-Ges. vom 8. 7. 1994 wurde das Aktien-Ges. u. a. auch dahingehend geändert, daß der Mindestnennbetrag von 50 DM auf 5 DM reduziert wurde. Dadurch sollen optisch als teuer erscheinende A. auch für den privaten Kleinanleger attraktiver und das A.-Sparen populärer gemacht werden. Inzwischen haben einige Großunternehmen (z. B. Dt. Bank AG, Dresdner Bank AG, Schering AG, Metallgesellschaft AG) den Nennbetrag ihrer A. auf 5 DM verringert. Im

Aktie: LINKS Verteilung des Aktienbesitzes (Anteile am Grundkapital der deutschen Aktiengesellschaften in Prozent); RECHTS Aktienumlauf (Nominalwerte in Milliarden DM jeweils am Jahresende, 1995 im Januar/Februar)

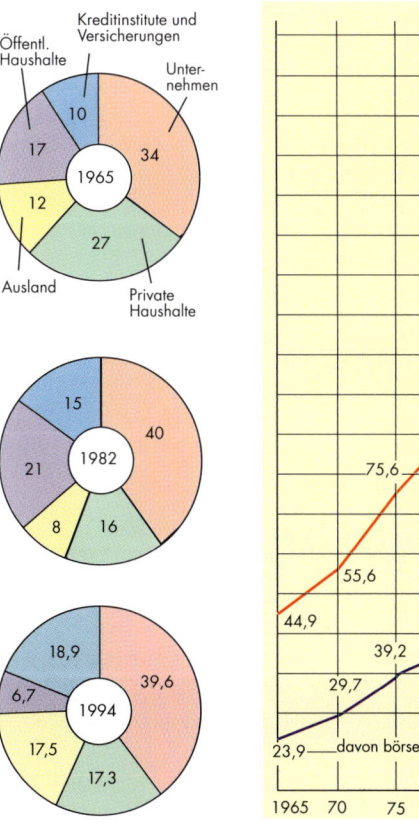

Akti Aktienindex – Albanien

Aktienindex: Jahresdurchschnittswerte (Ende 1980 = 100)				
Jahr	insgesamt	verarbeitendes Gewerbe	Bauindustrie	Kreditinstitute	Versicherungsgewerbe
1985	209,2	206,2	198,7	178,7	421,3
1986	295,7	278,8	281,9	271,5	669,7
1987	257,5	256,8	212,9	217,9	488,1
1988	217,9	214,5	171,9	174,0	411,2
1989	278,5	274,3	357,3	216,6	530,0
1990	326,3	314,2	644,3	247,1	631,0
1991	295,6	286,0	626,3	225,6	580,1
1992	287,6	271,0	571,7	236,8	544,8
1993	308,4	275,8	578,4	271,4	645,1
1994	351,9	332,9	586,0	279,5	679,6
1995 (Juni)	336,5	313,2	477,2	264,3	661,4

Quelle: Deutsche Bundesbank

internat. Vergleich ist in Dtl. der Anteil der Aktionäre an der Gesamtbevölkerung mit (1994) 5,4% sehr niedrig (Japan 9,0%, Frankreich 10,1%, Großbritannien 17,5%, USA 21,1%).

A. SCHOREIT u. R. HECK: Aktien. Wertpapiergeschäfte in der Bundesrep. Dtl. (²1989); F. RAPF: Alles über Aktien (Neuausg. 1994).

*Aktienindex: Aktienindizes unterscheiden sich nicht nur nach der Anzahl der einbezogenen Aktien (Gesamtindex, Teil- bzw. Branchenindex), sondern auch nach der Art der Gewichtung (z.B. mit dem Grundkapital) und nach der Berücksichtigung von Dividendenabschlägen. So gibt es Preisindizes, die allein auf die Aktienkurse abstellen, und Performance-Indizes, die darüber hinaus Dividendenzahlungen berücksichtigen und somit durch die Ausschüttung eintretende Kursabschläge korrigieren.

In Dtl. am bekanntesten ist mittlerweile der 1988 eingeführte →Deutsche Aktienindex. Das Statist. Bundesamt hat zum 30. 6. 1995 seine Statistik der Aktienmärkte eingestellt. Für internat. Vergleiche aufschlußreich sind die **MSCI-Indices (Morgan Stanley Capital International Indices),** zu denen ein Welt-A., regionale Aktienindizes (z. B. für Europa, Nordamerika, Pazifik), Länderaktienindizes und internat. Branchenindizes zählen.

A.-S. RÜHLE: Aktienindizes in Dtl. (1991); H.-J. RICHARD: Aktienindizes (1992).

aktive Optik, bei Spiegelteleskopen allg. Bez. für das opt. System, wenn dieses so ausgelegt ist, daß seine Abbildungseigenschaften während des Betriebs laufend niederfrequent korrigiert werden können; i. e. S. Bez. für das entsprechende Korrektursystem selbst. Zweck der a. O. ist die Korrektur von Deformationen des Hauptspiegels, die durch dessen Lageveränderungen verursacht werden, z.B. beim Positionieren und Nachführen des Teleskops; niederfrequent bedeutet dabei, daß weniger häufig als etwa einmal pro Sekunde (1 Hz) korrigiert wird. Realisiert wird die a. O. durch Lagerung des Hauptspiegels auf einem System computergesteuerter Aktoren, die erforderl. Korrekturen werden vom Computer aus den Abweichungen des Bilds eines Referenzsterns von dessen Idealbild errechnet. Ein großer Vorteil eines solchen Systems ist, daß bis zu einem gewissen Grad auch Aberrationen (▷ Abbildungsfehler) korrigiert werden können.

Die Anwendung des Prinzips der a. O. ermöglicht eine beträchtl. Kostenersparnis beim Bau großer Spiegelteleskope, weil Spiegel mit a. O. erheblich dünner sein können als konventionelle, starre Spiegel. Infolge der hierauf beruhenden Gewichtsersparnis können sowohl die Teleskopstruktur als auch die Montierung wesentlich weniger aufwendig gestaltet werden, als es andernfalls möglich wäre. Das erste Teleskop mit a. O. war das 1989 von der Europ. ▷ Südsternwarte (ESO) in Betrieb genommene ›New Technology Telescope‹ (NTT). Mit ihm wurde eine bis dahin nicht gekannte Bildqualität erreicht. Sein Spiegel mit einem Durchmesser von 3,58 m hat eine Dicke von nur 24 cm. Im Vergleich dazu beträgt die Dicke des Hauptspiegels des konventionellen 3,60-m-Teleskops der ESO 60 cm. Die Kosten für den Bau des NTT betrugen mit 24 Mio. DM nur etwa ein Drittel der Kosten des etwa gleich großen 3,60-m-Teleskops. Auch das z. Z. im Bau befindliche →Very Large Telescope der ESO wird eine a. O. haben. – Das Prinzip der a. O. unterscheidet sich von dem verwandten Prinzip der →adaptiven Optik v. a. durch die bei dieser erforderl. höheren Frequenzen der Korrekturoperationen.

*AKZO N. V.: 1993 fusionierte A. mit Nobel Industrier AB unter der neuen Bez. **Akzo Nobel.**

*Aland, Kurt, ev. Theologe: † Münster 13. 4. 1994.

*Albanien, alban. **Shqipëri,** amtl. **Republika e Shqipërisë,** dt. **Republik A.,** Staat in SO-Europa, an der W-Küste der Balkanhalbinsel.

Hauptstadt: Tirana. *Amtssprache:* Albanisch. *Staatsfläche:* 28 748 km² (ohne Binnengewässer 27 398 km²). *Bodennutzung (1992):* 5 750 km² Ackerland, 4 030 km² Dauergrünland, 10 460 km² Waldfläche. *Einwohner (1994):* 3,362 Mio., 117 Ew. je km². *Städtische Bevölkerung (1993):* 37%. *Durchschnittliches Bevölkerungswachstum pro Jahr (1985-93):* 1,8%. *Bevölkerungsprojektion für 2000:* 4 Mio. Ew. *Ethnische Gruppen (1989):* 98% Albaner, 1,8% Griechen, 0,1% Makedonier, 0,1% andere. *Religion (1992):* etwa 65% Muslime sunnit. Glaubensrichtung, 20% alban.-orthodoxe Christen, 13% Katholiken, 2% andere. *Altersgliederung (1995):* unter 15 Jahre 31,5%, 15 bis unter 65 Jahre 62,7%, 65 und mehr Jahre 5,8%. *Lebenserwartung der Neugeborenen (1993):* männlich 70 Jahre, weiblich 76 Jahre. *BSP je Ew. (1993):* 340 US-$. *BIP nach Sektoren/Produktionsstruktur (1993):* Landwirtschaft 40%, Industrie 13%, Dienstleistungen 47%. *Arbeitslosenquote (1993):* 44,5%. *Währung:* 1 Lek = 100 Qindarka. *Internationale Mitgliedschaften:* UNO, Europarat, OSZE.

Verfassung: Die kommunist. Verf. von 1976 ist durch das ›Ges. über die Hauptvorschriften der Verf.‹ vom 29. 4. 1991 außer Kraft gesetzt worden, das mit späteren Änderungen seither als provisor. Verf. mit rechtsstaatlich-demokrat. Charakter gilt. Der Entwurf einer gänzlich neuen Verf. wurde im Nov. 1994 in einem Referendum abgelehnt. Die Staatsorganisation beruht auf den Grundsätzen des parlamentar. Regierungssystems. Die gesetzgebende Gewalt liegt bei der Volksversammlung (›Kuvendi Popullor‹), die auch die Richtlinien der Politik bestimmen soll. Nach dem Wahl-Ges. vom 4. 2. 1992 werden ihre 140 Abg. letztlich nach dem System der personalisierten Verhältniswahl gewählt. Zwar werden 100 Abg. in Einzelwahlkreisen nach Mehrheitswahl gewählt, aber die Verteilung der Mandate erfolgt im Verhältnis der für die einzelnen Parteien landesweit abgegebenen Stimmen, wobei die restl. 40 Abg. über Landeslisten in die Volksversammlung gelangen.

Die Legislaturperiode beträgt vier Jahre. Der Präs. der Rep. wird vom Parlament auf die Dauer von fünf Jahren gewählt und kann nur einmal unmittelbar wiedergewählt werden. Die Rechtsstellung des Staatspräs. ist vergleichsweise stark. Ihm steht das Recht der Gesetzesinitiative zu, er kann gegen Gesetzesbeschlüsse binnen 15 Tagen ein suspensives Veto einlegen und Dringlichkeitsverordnungen erlassen, die allerdings der ministeriellen Gegenzeichnung bedürfen und anschließend dem Parlament zur Genehmigung vorgelegt werden müssen. Er verfügt über die wesentl. Notstandsbefugnisse. Die Volksversammlung kann er nach Anhörung des Parlaments-Präs. auflösen, wenn

Albanien

Staatswappen

Nationalflagge

die parlamentar. Mehrheitsverhältnisse nach seiner Einschätzung die Ausübung der parlamentar. Funktionen nicht erlauben und ein Regieren des Landes unmöglich machen.

Die gewöhnl. Regierungsarbeit ist Aufgabe des Ministerrats und seines Vorsitzenden. Der Reg.-Chef und auf dessen Vorschlag die Min. werden vom Präs. ernannt. Die Reg. ist vom Vertrauen des Parlaments abhängig. Ein Verfassungsgericht hat seine Arbeit im Sommer 1992 aufgenommen.

Parteien: Unter öffentl. Druck ließ die Regierung die Gründung neuer Parteien zu. Mit ihrer Umbenennung in Sozialist. Partei A.s (Juni 1991) suchte sich die PAA von ihrer stalinist. Tradition zu lösen. Mit der Wahl von FATOS THANAS NANO (* 1952) bemühte sie sich auch um eine personelle Erneuerung. Aus der Studentenbewegung gegen die PAA ging noch im Dez. 1990 die Demokrat. Partei (Abk. DP; Vors.: 1990–92 S. BERISHA, seitdem EDUARD SELAMI) hervor. Im Jan. 1991 konstituierte sich die Republikan. Partei (RP), im April 1991 die Sozialdemokrat. Partei A.s (Abk. SDP). Die Union für Menschenrechte vertritt die griech. Minderheit in A. Zahlreiche weitere Parteien bildeten sich. Die 1992 gegründete Alban. Bewegung für Verständigung und Frieden erstrebt u. a. auch, die Albaner im früheren Jugoslawien politisch zu organisieren.

Wappen: 1992 wurden die sozialist. Symbole entfernt.

Verwaltung: A. ist in 37 Kreise eingeteilt, die sich in 43 Städte und 310 Gemeinden gliedern. Mit der Einführung der kommunalen Selbstverwaltung anstelle der zentral geleiteten örtl. Staatsverwaltung fanden im Juli 1992 erstmals demokrat. Kommunalwahlen statt. Ende 1992 wurden Präfekturen eingerichtet, die die Kommunalaufsicht ausüben.

Recht: 1992 ist eine umfassende Justizreform in Angriff genommen worden, in deren Ergebnis neben der dreistufigen ordentl. Gerichtsbarkeit nur eine besondere Militärstrafgerichtsbarkeit existiert. Die ordentl. Gerichtsbarkeit, die auch für Arbeits- und in Einzelfällen für verwaltungsrechtl. Streitigkeiten zuständig ist, gliedert sich in Kreisgerichte, Appellationsgerichte und das Kassationsgericht. Die Richter sind unabhängig. Die zentralistisch aufgebaute Staatsanwaltschaft, bei der eine besondere Militärstaatsanwaltschaft besteht, ist in erster Linie für die Strafverfolgung zuständig, sie kann aber im öffentl. Interesse auch in andere Gerichtsverfahren eingreifen.

Geschichte: Unter dem Eindruck zunehmender Massendemonstrationen gegen die Partei der Arbeit (Abk. PAA), die im Dez. 1990 von der Univ. Tirana ausgingen, leitete die kommunist. Partei- und Staatsführung unter R. ALIA 1990/91 Reformen ein (Wiedereröffnung von Kirchen und Moscheen; Zulassung unabhängiger Parteien und Gewerkschaften). Aus den ersten freien Wahlen (seit 1923) am 31. 3. 1991 ging die Sozialist. Partei, die frühere Partei der Arbeit, als stärkste Gruppe hervor. Am 29. 4. 1991 verabschiedete das neue Parlament eine Übergangs-Verf. auf der Grundlage von Pluralismus und Marktwirtschaft und wählte am 1. 5. 1991 ALIA zum Staatspräs. Unter dem Druck von wirtschaftl. Not kam es im Febr. und Juni 1991 zu einer Massenflucht von Albanern nach Italien, das jedoch die Flüchtlinge wieder nach A. abschob. Am 23. 3. 1992 errang die bisher in der Opposition stehende Demokrat. Partei einen hohen Wahlsieg (Zweidrittelmehrheit). Das Parlament wählte nunmehr deren Vors., S. BERISHA, am 9. 4. 1992 zum Nachfolger von Präs. ALIA (dieser wurde 1994 u. a. wegen Veruntreuung von Staatsvermögen verurteilt). Die Unterstützung der Albaner im Kosovo durch A. führte zu Spannungen mit ›Restjugoslawien‹; albanisch-griech. Differenzen über die Rechte der in A. lebenden Griechen lösten einen polit. Konflikt mit Griechenland aus.

Außenpolitisch wandte sich A. stärker den westl. Demokratien zu: Seit 1991 ist es Mitgl. der KSZE (jetzt OSZE), 1994 trat es der NATO-Initiative ›Partnerschaft für den Frieden‹ bei, im Juli 1995 dem Europarat.

A. im Umbruch. Eine Bestandsaufnahme, hg. v. F.-L. ALTMANN (1990).

Albert II., König der Belgier (seit 1993), * Schloß Stuyvenberg (bei Brüssel) 6. 6. 1934; zweiter Sohn König LEOPOLDS III. und dessen Frau ASTRID, folgte seinem älteren Bruder BAUDOUIN I. auf den Thron; ⚭ seit 1959 mit PAOLA RUFFO DI CALABRIA (* 1937).

*Albertville 1): 1992 Austragungsort der Olymp. Winterspiele.

*Albertz, Heinrich, ev. Theologe und Politiker: † Bremen 18. 5. 1993.

*Albrecht, Ernst, Politiker: Trat nach der Niederlage der CDU bei den Landtagswahlen vom Mai 1990 als MinPräs. zurück. Seit Dez. 1990 ist er in Thale/Harz unternehmerisch tätig.

*Albrecht, Gerd, Dirigent: Wurde 1988 Generalmusikdirektor der Hamburgischen Staatsoper, 1993 daneben Chefdirigent der Tschechischen Philharmonie in Prag.

Alcatel Alsthom S. A. [- sɔsjeˈte anɔˈnim], frz. Energie-, Fahrzeugbau- und Telekommunikationskonzern, größtes frz. Industrieunternehmen, entstanden 1991, indem die frz. Reg. die ▷ Compagnie Générale d'Électricité (CGE) und den Telekommunikationsbereich des Thomson-Konzerns zusammenlegte; Sitz: Paris. Über Zwischenholdings ist A. A. in versch. Bereichen tätig: Alcatel CIT (Kommunikationstechnik, v. a. für die Post), GEC Alsthom (Kraftwerke, Züge, z. B. TGV), Cegelec (Anlagenbau), Saft (Akkumulatoren). A. A. hat 1995 seine über die Générale Occidentale und die Beteiligung an der C.E.P. Communication betriebenen Aktivitäten im Zeitungs- und Zeitschriftengeschäft (›L'Express‹, ›Le Point‹) sowie im Verlagswesen (Groupe de la Cité) an die Havas SA abgegeben und wird dafür mit einer Beteiligung von 21 % größter Aktionär der Havas. Dt. Tochterunternehmen sind u. a. Alcatel SEL (▷ SEL Alcatel) und Kabel Rheydt. Umsatz (1994): 167,6 Mrd. FF, Beschäftigte: 197 000. - 1994 wurde A. A. beschuldigt, die France Télécom um 200 Mio. DM betrogen zu haben. Der wegen Betrug, Bestechung, Untreue und persönl. Bereicherung angeklagte Präs. von A. A., PIERRE SUARD (* 1934), wurde im April 1995 gerichtl. amtsenthoben.

Aleksij II., eigtl. **Aleksej Michajlowitsch Ridiger,** Patriarch von Moskau und ganz Rußland (seit 1990), Primas der russ.-orth. Kirche, * Reval 23. 2. 1929; wurde 1961 Bischof von Reval und Estland, 1964 zudem Geschäftsführer des Moskauer Patriarchats, 1986 Metropolit von Leningrad und Nowgorod bei gleichzeitiger Weiterverwaltung der Diözese Reval, 1989 auch Abg. im Obersten Sowjet der UdSSR. Seit 1964 ist er in versch. Funktionen an führender Stelle der Konferenz Europ. Kirchen tätig (seit 1987 Vors. des Präsidiums). A. II. wurde als erster russ.-orth. Patriarch in freier und geheimer Wahl gewählt.

Aleschkowskij, Aleškovskij [-ʃ-], Jus, eigtl. **Iossif Jefimowitsch A.,** russ. Schriftsteller, * Krasnojarsk 21. 9. 1929; war als Autor von Kinderbüchern und Drehbüchern für Film und Fernsehen tätig, trat (inoffiziell) auch als Sänger eigener Lieder auf; lebt seit 1979 in den USA. Seine Prosa, die auf jegl. Anpassung verzichtet, konnte in der Sowjetunion nur im Samisdat verbreitet werden (›Nikolaj Nikolajevič‹, geschrieben 1970, veröffentlicht Ann Arbor, Mich., 1980). Der sprachlich eigenwillige Roman ›Ruka‹ (1980; dt. ›Die Hand. Geständnisse eines Henkers‹) schildert anhand

Albert II., König der Belgier

Aleksij II.

des Monologs eines sowjet. Staatssicherheitsobersten vor einem Angeklagten die geistige Atmosphäre der Stalinzeit.

Weitere Werke: *Romane:* Maskirovka (1980); Kenguru (1981); Sinen'kij skromnyj plateček (1982); Karusel' (1983); Smert' v Moskve (1985); Blašinoe tango (1986).

*Alessandri Rodríguez, Jorge, chilen. Politiker: † Santiago de Chile 31. 8. 1986.

*Alexiu, Elli, neugriech. Erzählerin: † Athen 28. 9. 1988.

*Alfonsín, Raúl, argentin. Politiker: A. war bis 30. 6. 1989 Staatspräs. (vorzeitiger Rücktritt zugunsten des neugewählten Präs. C. S. MENEM).

*Alfred-Döblin-Preis: Weitere Preisträger sind 1987 LIBUŠE MONÍKOVÁ (*1945); 1989 E. HILSENRATH, EINAR SCHLEEF (*1944); 1991 PETER KURZECK (*1943), NORBERT BLEISCH (*1957, Förderpreis); 1993 REINHARD JIRGL (*1953), ANDREAS NEUMEISTER (*1959, Förderpreis); 1995 KATJA LANGE-MÜLLER (*1951), INGO SCHULZE (*1962, Förderpreis).

*Alfrink, Bernhard Jan, kath. Theologe: † Nieuwegein 17. 12. 1987.

*Alfvén, Hannes, schwed. Physiker: † Djursholm (bei Stockholm) 2. 4. 1995.

Alfvén [al've:n], Inger, schwed. Schriftstellerin, *Stockholm 20. 2. 1940; beschreibt mit Einfühlungsvermögen zwischenmenschl. Beziehungen unter z. T. ungewöhnl. äußeren Bedingungen, wobei sie sich v. a. Problemen des Zusammenlebens von Mann und Frau widmet.

Werke: *Romane:* Vinbergssnäckan (1964); Lena-Bell (1971); Ta ner månen (1972); Städpatrullen (1976); Dotter till en dotter (1977); s/y Glädjen (1979); Arvedelen (1981); Ur kackerlackors levnad (1984); Elefantens öga (1992; dt. Wie Muscheln am Strand). – *Erzählung:* Tusentals äpplen (1969).

*Algerien, arab. **Al-Djazair,** amtlich **Al-Djumhurijja al-Djazairijja ad-Dimukratijja ash-Shabijja,** dt. **Demokratische Volksrepublik A.,** Staat in NW-Afrika, grenzt an das Mittelmeer.

Hauptstadt: Algier. *Amtssprache:* Arabisch. *Staatsfläche:* 2 381 741 km². *Bodennutzung (1992):* 76 530 km² Ackerland, 310 000 km² Dauergrünland, 40 500 km² Waldfläche. *Einwohner (1994):* 27,815 Mio., 12 Ew. je km² (ohne Saharagebiete 50 Ew. je km²). *Städtische Bevölkerung (1992):* 54%. *Durchschnittliches Bevölkerungswachstum pro Jahr (1985–93):* 2,6%. *Bevölkerungsprojektion für 2000:* 32,7 Mio. Ew. *Ethnische Gruppen (1983):* 82,6% Araber, 17,0% Berber, 0,4% andere. *Religion (1992):* 99,1% Muslime (Sunniten; der Islam ist Staatsreligion). *Altersgliederung (1995):* unter 15 Jahre 41,4%, 15 bis unter 65 Jahre 56,9%, 65 und mehr Jahre 1,7%. *Lebenserwartung der Neugeborenen (1993):* männlich 66 Jahre, weiblich 68 Jahre. *Analphabetenquote (1991):* insgesamt 42,6%, männlich 30,2%, weiblich 54,5%. *BSP je Ew. (1993):* 1 650 US-$. *BIP nach Sektoren/Produktionsstruktur (1992):* Landwirtschaft 15%, Industrie 47%, Dienstleistungen 38%. *Arbeitslosenquote (1991/92):* 21,1%. *Währung:* 1 Alger. Dinar (DA) = 100 Centimes (CT). *Internationale Mitgliedschaften:* UNO, Arab. Liga, OAU, OPEC und OAPEC.

Verfassung: In einem Referendum hat die alger. Bev. am 23. 2. 1989 einer Verf.-Änderung zugestimmt, die das Einparteiensystem beseitigte und die Gewaltenteilung etablierte. Die Streitkräfte wurden auf die alleinige Aufgabe verwiesen, die Landesverteidigung zu gewährleisten (bis dahin: ›Schutzschild des Sozialismus‹). Den Bestimmungen der Verf. zufolge ist Staatsoberhaupt der vom Volk für fünf Jahre gewählte Präs. Er ist Vors. des Hohen Sicherheitsrats und des Ministerrats. Er ernennt den MinPräs., der zus. mit dem von ihm ernannten Kabinett die dem Parlament gegenüber verantwortl. Reg. bildet. Das Parlament (eine Kammer) wird in allgemeinen Wahlen für fünf Jahre gewählt.

Die Bestimmungen dieser Verf. stimmen mit der tatsächl. Verf.-Lage nicht mehr überein, nachdem am 4. 1. 1992 das Parlament durch präsidiales Dekret aufgelöst und seit dem 15. 1. 1992 die Befugnisse des Staatspräs. durch ein fünfköpfiges Gremium, den Hohen Staatsrat, wahrgenommen werden.

Geschichte: Aufgrund des drast. Rückgangs der Öleinnahmen kam es seit Mitte der 1980er Jahre zu einer Krise in der wirtschaftl. Entwicklung des Landes. Das BSP pro Kopf der Bev. ging zurück, damit verbunden stieg die Arbeitslosigkeit, es kam zu wachsender Einkommensungleichheit und Korruption. Die daraus folgenden sozialen Spannungen, v. a. unter den zunehmend arbeitslosen Jugendlichen, führten im Okt. 1988 zu Straßenunruhen, aufgrund deren sich Präs. CHADLI BENDJEDDID (wiedergewählt im Jan. 1989) und die von ihm ernannten Regierungen Merbah (von Nov. 1988 bis Sept. 1989) und Hamrouche (seit Sept. 1989) gezwungen sahen, polit. und gesellschaftl. Reformen einzuleiten. Mit 73% der abgegebenen gültigen Stimmen billigte die Bev. in einem Referendum eine neue Verfassung.

Nach Ausschreitungen des fundamentalist. →Front Islamique du Salut (FIS) im Juni 1991 verhängte Staatspräs. CHADLI den Ausnahmezustand und ließ etwa 8 000 Fundamentalisten verhaften. MinPräs. wurde SID AHMED GHOZALI (*1937). Bei den ersten allgemeinen Wahlen nach Einführung des Mehrparteiensystems errang der FIS im ersten Wahlgang am 26. 12. 1991 einen hohen Wahlsieg. Nach dem Rücktritt CHADLIS (11. 1. 1992) übernahm der nach der Verf. nur mit beratender Funktion ausgestattete Oberste Sicherheitsrat am 12. 1. die Macht, setzte den für den 16. 1. vorgesehenen zweiten Wahlgang aus und übertrug am 15. 1. dem Hohen Staatsrat die Vollmachten des Staatspräs.; Vors. des Hohen Staatsrates und amtierender Staatspräs. wurde am 16. 1. 1992 MOHAMMED BOUDIAF (*1919, †1992).

Mit der Verhängung des Ausnahmezustands am 9. 2. 1992 (verlängert am 7. 2. 1993), der weiteren Verhaftung und Internierung von Fundamentalisten, dem Verbot des FIS (4. 3. 1992) und der Verhängung zahlreicher Todesurteile suchte die Führung A.s den Islamismus zu unterdrücken und die zunehmenden terrorist. Aktivitäten der extremist. Anhänger des FIS zu unterbinden. Nach der Ermordung BOUDIAFS (29. 6. 1992) wurde am 2. 7. 1992 ALI KAFI (*1928), am 30. 1. 1994 L. ZÉROUAL Vors. des Hohen Staatsrats und damit Staatspräs.; MinPräs. wurde im Juli 1992 BELAÏD ABDESSALAM (*1928), im Aug. 1993 RIDA MALIK (*1931) und im April 1994 MOKDAD SIFI (*1940). Die Auseinandersetzungen zw. der Staatsmacht und dem islamist. Untergrund weiteten sich zu einem Bürgerkrieg aus, dem bis Mitte 1995 rd. 40 000 Personen zum Opfer fielen. Versuche der Staatsmacht, ihre eigene Stellung durch Einbeziehung nichtislamist. oppositioneller Gruppen in die polit. Willensbildung besser zu legitimieren (Allparteienkonferenzen unter Ausschluß des FIS, 1994), scheiterten an der unversöhnl. Haltung der Hauptkonfliktparteien ebenso wie der Versuch zahlreicher oppositioneller Gruppen, den FIS in einen polit. Dialog mit der Reg. einzubeziehen (Konferenz in Rom, Jan. 1995). Der fortdauernde Bürgerkrieg führte statt dessen zu einer weiteren Verhärtung der Fronten. Dabei kam es auf seiten der Islamisten zur Herausbildung bes. aggressiver Gruppen (z. B. Bewaffnete Islam. Gruppe, GIA), die den Konflikt durch gezielte Morde an Ausländern und durch Flugzeugentführungen zu internationalisieren trachten. Sowohl die bewaffneten Gruppen der Islamisten als auch die staatl. Sicherheitskräfte ließen sich zahlreiche Menschenrechtsverletzungen und Morde (von seiten der Islamisten v. a. auch an Journalisten und Intellektuellen) zuschulden kommen. Im Sommer 1995 schien die Reg. ihre eigene Position so weit gesichert, daß sie Präsidentschaftswahlen für den 16. 11. 1995 ansetzte, in denen Präs. ZÉROUAL mit großer Mehrheit bestätigt wurde.

Am 12. 1. 1995 trat A. dem Kernwaffensperrvertrag bei. Trotz weiterer Kredite durch Weltbank und Internat. Währungsfonds sowie einer erfolgreichen Umschuldung der Auslandsschulden in der ersten Jahreshälfte 1995 gelang es, u. a. auch aufgrund der bürgerkriegsähnl. Unruhen, bislang (Mitte 1995) nicht, die wirtschaftl. Entwicklung entscheidend zu beleben und so den radikalen Islamisten die soziale Basis zu entziehen. Ausländ. Unterstützung erfährt die alger. Regierung v. a. durch die ehem. Kolonialmacht Frankreich, die aufgrund der hohen Zahl in Frankreich lebender Algerier in besonderem Maße von dem Konflikt betroffen ist und für den Fall eines Sieges der Islamisten eine große Flüchtlingswelle befürchtet.

*Alijew, Gejdar Ali Rsa Ogly, sowjet. Politiker: War bis 1987 Mitgl. des Politbüros. Nach dem Zerfall der UdSSR (Dez. 1991) wurde er 1993 Präs. von Aserbaidschan.

*Alkoholabgabe: Die österr. A. wird seit 1993 nicht mehr erhoben.

*alkoholbedingte Fahrunsicherheit: Nach einer Entscheidung des BGH vom 28. 6. 1990 ist von Rechts wegen bei Kraftfahrern bereits bei einem Blutalkoholgehalt von 1,1‰ (bei Radfahrern bei 1,6‰) ohne Rücksicht auf die Umstände des Einzelfalls die absolute Fahruntüchtigkeit anzunehmen, die die Strafbarkeit begründen kann, wenn ein Kraftfahrer in diesem Zustand ein Kfz führt.

*Alkoholismus: Die Zahl der behandlungsbedürftigen Alkoholkranken wurde im geeinten Dtl. 1993 auf 2,5 bis 3 Mio. geschätzt. Nach einer gesamtdt. Übersicht von 1991 tranken ein Viertel der dt. Männer fast täglich Bier, einmal wöchentlich mindestens 71%, bei den Frauen 23%. Wein oder Sekt wurde mindestens einmal wöchentlich von einem Viertel sowohl der Männer als auch der Frauen getrunken, Spirituosen von 19% der Männer und 7% der Frauen. 1992 war Dtl. mit einem Pro-Kopf-Verbrauch von 12,1 *l* reinem Alkohol erstmals weltweit führend. Zudem werden die Alkoholabhängigen immer jünger. Nach einer 1993 veröffentlichten Studie des Bielefelder Jugendforschers KLAUS HURRELMANN (* 1944) sind 0,5 Mio. Kinder und Jugendliche in Dtl. stark alkoholgefährdet bzw. alkoholabhängig. Bereits mit zehn Jahren greifen die ersten zum Bier, jeder fünfte Gymnasiast trinkt täglich Spirituosen. – Vor dem Hintergrund, daß durch Alkohol verursachte Unfälle in Dtl. jährlich mehr als 30 Mrd. DM an Kosten verursachen, wird seit 1994/95 zunehmend auf Bundes- und Länderebene die Senkung der Promillegrenze von 0,8 auf 0,5 diskutiert.

Allais [a'lɛ], Maurice, frz. Volkswirtschaftler, * Paris 31. 5. 1911; zunächst Ingenieur bei der staatl. frz. Bergwerksverwaltung, 1944–88 Prof. für Wirtschaftsanalyse an der École nationale supérieure des mines, außerdem 1947–68 Prof. für Wirtschaftstheorie an der Pariser Univ., Direktor beim Centre National de la Recherche Scientifique (seit 1954) und Direktor des Centre d'analyse économique (1965–80). A. beschäftigt sich v. a. mit der Mikroökonomie, der Entscheidungstheorie, der Geld- und Kapitaltheorie. Für seine Arbeiten zu den mathemat. Grundlagen der Gleichgewichtstheorie (A. vertiefte v. a. die Aussagen von L. WALRAS und V. PARETO zur Verflechtung der Märkte und zum allgemeinen Ausnutzung des natürl.

Ressourcen erhielt er 1988 den Nobelpreis für Wirtschaftswissenschaften.

Werke: À la recherche d'une discipline économique (1943); Économie et intérêt, 2 Bde. (1947); La théorie générale des surplus, 2 Tle. (1981).

*Allegret, Yves, frz. Filmregisseur: † Asnières-sur-Seine 31. 1. 1987.

*Allemann, Beda, Germanist: † Bonn 19. 8. 1991.

Allfinanz-Gruppen, Bez. für die seit der Mitte der 1980er Jahre entstandenen Gruppen von Dienstleistungsunternehmen, die neben Bankdienstleistungen auch Versicherungsprodukte, Bausparverträge und gelegentlich Immobilienvermittlungen anbieten und auf umfassende Beratung in Fragen der privaten Vermögensbildung spezialisiert sind.

*Allianz AG: 1990 erwarb die A. von der Reg. der Dt. Dem. Rep. zunächst 51% der neugegründeten, ehemals staatl. Dt. Versicherungs-AG und kaufte von der Treuhandanstalt später auch die übrigen Anteile, was einem Volumen von rd. 30 Mio. Verträgen entspricht. Weitere wichtige inzwischen erworbene Versicherungsunternehmen sind u. a. Cornhill (London, 1986), Fireman's Fund (Novato, Calif., 1991), Hungária (Budapest, 1991), Dt. Krankenversicherung (Köln, 1992), Elvia (Zürich, 1995), Lloyd Adriatico (Triest, 1995). – Das Kapital der A. betrug (1995) 1,114 Mrd. DM, die Beitragseinnahmen (1994) 61,1 Mrd. DM, die Beschäftigtenzahl rd. 68 000. (→Versicherung)

*Alliierte Streitkräfte: Nach Wegfall der Kommandobehörde ›Oberbefehlshaber Ärmelkanal‹ (CINCHAN) 1994 werden die A. S. der NATO nur noch vom SACLANT und vom SACEUR geführt.

*Alma-Ata: Hauptstadt von Kasachstan, heißt seit 1992 offiziell Almaty und hat (1993) 1,198 Mio. Ew. – Bis zum Jahr 2000 soll laut Beschluß des kasach. Parlamentes vom 6. 7. 1994 das 850 km nordwestlich von A. liegende Akmola neue Landeshauptstadt werden.

*Almirante, Giorgio, italien. Politiker: † Rom 22. 5. 1988.

Almodóvar, Pedro, span. Filmregisseur, * Calzada de Calatrava (Prov. Ciudad Real) 24. 9. 1952; seine Filme, die die Trostlosigkeit Madrider Vororte ins Bild setzen, sind absurd, derb und komisch, sie behandeln die Beziehungsprobleme zw. Mann und Frau.

Filme: Labyrinth der Leidenschaften (1982); Womit hab ich das verdient? (1984); Matador (1986); Das Gesetz der Begierde (1986); Frauen am Rande des Nervenzusammenbruchs (1987); Fessle mich! (1990); High Heels (1991); Kika (1993).

*Alonso, Dámaso, span. Literaturwissenschaftler, Kritiker und Lyriker: † Madrid 25. 1. 1990.

*Alpen: Der Gletscherschwund in den A. hält weiter an. Seit Mitte des 19. Jh. haben die A.-Gletscher durch Schmelzvorgänge 30 bis 40% ihrer Fläche und etwa die Hälfte ihres Volumens verloren. Die Schmelzgeschwindigkeit in den Jahren 1980 bis 1990 hat sich gegenüber dem Jahrhundertmittel verdoppelt. Mit dem Rückgang des Eises ist eine Zunahme der Murenabgänge verbunden, da große Mengen nicht verfestigter Moränenmassen in steiler Hanglage freigegeben werden und sich die Stabilität der Bergflanken, auch durch das Auftauen von Dauerfrostböden, ändert. Die Gefahr von Bergrutschen steigt somit an.

Zur Verringerung der Belastungen durch den Transitschwerverkehr (A.-Transit) ist vorgesehen, den Güterverkehr zunehmend auf die Schiene zu verlagern. Auch nach dem EU-Beitritt *Österreichs* 1995 bleibt das Transitabkommen zw. Österreich und der EU von 1993 zur Begrenzung des Güterverkehrs gültig, seine Laufzeit ist jedoch davon abhängig, ob die Schadstoffreduzierung um 60% tatsächlich erreicht wird. Das Ziel der Verkehrsverlagerung steht allerdings im Konflikt mit dem Ziel der Verringerung der Straßenbenutzungsgebühr im Zuge der Vereinheitlichung der EU-Bestimmungen. Außerdem setzt es den Aus- bzw.

Gejdar Ali Rsa Ogly Alijew

Maurice Allais

Alph   Alpha Jet – Altlasten

Neubau von Tunnels voraus. Geplant sind der Bau des (Eisenbahn-)Semmering-Basistunnels (geplante Fertigstellung 2002) und des Brenner-Basistunnels (geplante Fertigstellung 2005). – In der *Schweiz* sprach sich die Bev. in einem Volksbegehren am 20. 2. 1994 (**A.-Initiative**) für eine Verlagerung des Verkehrs auf die Schiene aus. Mit dem Bau der ›Neuen Eisenbahn-Alpentransversale‹ (NEAT), die zwei Eisenbahnbasistunnel (am Gotthard und am Lötschberg) vorsieht, soll die entsprechende Infrastruktur bis zum Jahr 2010 geschaffen werden. Im Interesse der Harmonisierung der europ. Verkehrspolitik will die EU, daß das Nachtfahrverbot für Lkw im Transitverkehr in Österreich und der Schweiz sowie die Beschränkung auf Lkw bis 28 t Nutzlast in der Schweiz aufgehoben werden.

****Alpha Jet:** Im Zuge der Umstrukturierung der Bundeswehr wurden die mit dem A. J. ausgerüsteten Luftwaffengeschwader aufgelöst und die Maschinen selbst bis 1994 außer Dienst gestellt (mit Ausnahme einiger Maschinen für Ausbildungszwecke).

****Alsop,** Joseph Wright, amerikan. Publizist: † Washington (D. C.) 28. 8. 1989.

Altai, Teilrepublik der Russ. Föderation in Südsibirien, ging im Okt. 1990 aus dem Autonomen Gebiet ▷ Gorno-Altajsk hervor und hieß bis 1992 Republik Gorno-Altajsk; 92 600 km², (1992) 198 000 Ew., Hauptstadt ist Gorno-Altajsk. Etwa 60% der Bev. sind Russen, 31% sind Altaier (ein türksprachiger Stamm), 4% sind Kasachen.

****Altenbourg,** Gerhard, Zeichner, Graphiker und Schriftsteller: † (Unfall) Altenburg (Thüringen) 30. 12. 1989.

****Altenburg 2):** Der seit 3. 10. 1990 zum Land Thüringen gehörende Landkreis A. ging am 1. 7. 1994 im Kr. Altenburger Land auf.

****Altenburg,** Wolfgang, General: Trat Ende Sept. 1989 in den Ruhestand. 1992 wurde er erster Präs. der Bundesakademie für Sicherheitspolitik.

Altenburger Land, Landkreis in Thüringen, 569 km², (1995) 121 600 Ew.; Kreisstadt ist Altenburg. Das Kreisgebiet, das an Sachsen und Sachs.-Anh. grenzt, liegt im fruchtbaren Altenburg-Zeitzer Lößhügelland (170–295 m ü. M.). Der südl. Teil wird durch die landschaftlich reizvollen Täler von Pleiße und Sprotte geprägt. Angebaut werden Weizen, Zuckerrüben, Futterpflanzen und Kartoffeln. Naherholungsgebiete sind u. a. der See an der Talsperre Windischleuba in der Pleiße und der Hainbergsee in Meuselwitz. Kreisstadt ist Altenburg (1994: 46 700 Ew.). Weitere Städte im Landkreis sind Schmölln, Meuselwitz, Lucka und Gößnitz. – Der Kreis wurde am 1. 7. 1994 aus den früheren Kreisen Altenburg und Schmölln gebildet.

****Altentreptow 2):** Der seit 3. 10. 1990 zum Land Meckl.-Vorp. gehörende Landkreis A. ging am 12. 6. 1994 im Kr. Demmin auf. Die Stadt Altentreptow ist damit nicht mehr Kreisstadt.

****Alter:** *öffentl. Dienstrecht:* 1) →Altersgrenze. 2) In der *Schweiz* steht das aktive und passive Stimm- und Wahlrecht seit dem 1. 1. 1996 den mindestens 18jährigen zu. Das Volljährigkeits-A. wurde ebenfalls von 20 auf 18 Jahre gesenkt; ein davon abweichendes Ehefähigkeits-A. gibt es nicht mehr. Das Ende der Wehrpflicht für Mannschaften, Unteroffiziere, Subalternoffiziere und (i. d. R.) Hauptleute soll auf das 42., für Stabsoffiziere auf das 52. Lebensjahr vorverlegt werden; wann das entsprechende Gesetz in Kraft tritt, steht noch nicht fest. Durch Referendum vom 25. 6. 1995 wurde das Ges. angenommen, das die Altersrente für Frauen ab 2001 mit 63, ab 2005 mit 64 Jahren neu festlegt.

****Altersentlastungsbetrag:** Der einkommensteuerrechtl. A. ist durch das Steuerreformgesetz 1990 unter gleichzeitiger Aufhebung des →Altersfreibetrags auf höchstens 3 720 DM angehoben worden (§ 24 a EStG). Im Falle der Zusammenveranlagung von Ehegatten kann der A. nur von dem über 64 Jahre alten Ehegatten beansprucht werden, der eigene Einkünfte bezieht, so daß sich nicht eine automat. Verdoppelung des A. ergibt.

****Altersfreibetrag:** Durch das Steuerreformgesetz 1990 ist der A. aufgehoben worden, so daß er letztmalig für den Veranlagungszeitraum 1989 beansprucht werden konnte. Dafür ist der →Altersentlastungsbetrag um 720 DM erhöht worden.

****Altersgrenze:** Seit dem 1. 1. 1992 können Beamte und Richter ihre Versetzung in den Ruhestand beantragen, wenn sie das 62. Lebensjahr vollendet haben.

Alterssicherung der Landwirte. Zum 1. 1. 1995 wurde die **Altershilfe für Landwirte** aufgehoben und im Rahmen der sogenannten Agrar-Sozialreform (Ges. vom 29. 7. 1994) durch die A. d. L. ersetzt. Die Altershilfe für Landwirte wurde in den 1990er Jahren beträchtlich verbessert, v. a. durch höhere Alterssicherungsleistungen (erhöhte Grundbeträge der Altershilfe – für Verheiratete ab 1. 7. 1993 monatlich 703,70 DM – und erhöhte Höchstbeträge – 1 147,10 DM für Verheiratete), gezielte Beitragsentlastungen für kleine und mittlere Betriebe, die Ausrichtung der Beiträge an der Beitragsentwicklung der gesetzl. Rentenversicherung, erhöhte Bundeszuschüsse, die Gewährung von Altersrenten für die etwa 180 000 Haupt- und Nebenerwerbsbäuerinnen, den Ausbau der Unfallversicherung für Landwirte und die Übertragung der Altershilfe auf die neuen Bundesländer. Mit dem 4. Agrarsozialen Ergänzungsgesetz (1991) wurde auch die Förderung der Einstellung der landwirtschaftl. Erwerbsarbeit in den alten Bundesländern für mindestens 55jährige Landwirte ausgebaut (Produktionsaufgaberente).

Alters|teilzeitarbeit, eine bis Ende 1992 wählbare Form der Teilzeitarbeit für Arbeitnehmer, die das 58. Lebensjahr vollendet hatten. Dabei wurde die wöchentl. Arbeitszeit auf die Hälfte reduziert (wöchentl. Arbeitszeit jedoch mindestens 18 Stunden). Um das Arbeitsentgelt auf 70% des bisherigen Vollzeitentgelts zu erhöhen und um die Rentenversicherungsbeiträge auf den Betrag anzuheben, der 90% des bisherigen Entgelts entsprach, zahlte das Arbeitsamt dem Arbeitgeber entsprechende Zuschüsse. Voraussetzung war, daß der freiwerdende Teilzeitarbeitsplatz mit einem Arbeitslosen besetzt wurde. Die A. löste die 1984 eingerichtete und 1988 ausgelaufene bisherige Vorruhestandsregelung ab.

Alters|übergangsgeld, Sozialleistung für mindestens 55jährige Personen, die in der Zeit vom 3. 10. 1990 bis 31. 12. 1992 aus einem Beschäftigungsverhältnis in Ost-Dtl. ausschieden und Anspruch auf 32monatige Zahlung von Arbeitslosengeld hatten. Das A. sollte das vorzeitige Ausscheiden aus dem aktiven Arbeitsleben ermöglichen und somit den Arbeitsmarkt entlasten. Es beträgt 65% des durchschnittl. Nettoarbeitsentgeltes der letzten drei Beschäftigungsmonate und wird längstens fünf Jahre gewährt. A. erhielten (1994) 523 600 Personen.

****Althusser,** Louis, frz. marxist. Philosoph: † Paris 22. 10. 1990.

****Altlasten:** Seit 1988 wird der Begriff verwendet für Altablagerungen und Altstandorte, von denen eine konkrete Gefährdung der menschl. Gesundheit oder der Umwelt ausgeht. Unter **Altablagerungen** versteht man stillgelegte Deponien und wilde Müllkippen. **Altstandorte** sind stillgelegte Fabriken und Anlagen, in denen mit umweltgefährdenden Stoffen umgegangen wurde. Zusammenfassend werden Altablagerungen und Altstandorte als **A.-Verdachtsflächen** bezeichnet. Sonderfälle der A. sind Rüstungs-A. aus der Kriegs- und Rüstungsproduktion sowie militär. A. auf aufgegebenen militär. Liegenschaften.

Nach einer Erhebung des Umweltbundesamtes wurden bis Ende 1994 in den alten Bundesländern 73 559 und in den neuen Bundesländern bis Ende 1993 69 693 A.-Verdachtsflächen erfaßt. Die Gesamtzahl der A.-Verdachtsflächen wird auf 250 000 geschätzt. Hinzu kommen noch über 5 000 Rüstungsaltlastenverdachtsflächen und Verdachtsflächen auf militär. Liegenschaften. Schätzungen, wie viele dieser A.-Verdachtsflächen tatsächlich sanierungsbedürftige A. sind, gehen von bis zu 10% der Altablagerungen und bis zu 48% der Altstandorte aus. Die Gesamtkosten der Sanierung werden unter der Annahme von 23 600 zu sanierenden A. je nach Sanierungsverfahren auf 184 bis 925 Mrd. DM berechnet.

In einigen Bundesländern wurden, angelehnt an Vorbilder aus den USA, Sanierungsfonds aus Abgaben auf Sonderabfälle gebildet, um die Sanierung von A. zu finanzieren. In anderen Bundesländern existieren Kooperationsmodelle, Abgaben- und Lizenzgebührenlösungen. Der Entwurf eines Abfallabgabengesetzes wird seit Anfang der 1990er Jahre diskutiert, eine bundeseinheitl. Lösung besteht jedoch bis heute nicht.

Die Erfassung altlastenverdächtiger Flächen erfolgt systematisch mittels histor. Recherchen und multitemporaler Luftbildinterpretation (Auswertungen von zeitlich nacheinander aufgenommenen Luftbildern) in A.-Katastern. Nach einer Erstbewertung und chemisch-analyt. Untersuchungen werden Sanierungsprioritäten gebildet, wobei in den einzelnen Bundesländern versch. Bewertungsmodelle entwickelt wurden, die die A.-Verdachtsflächen nach komplexen Punktesystemen in meist drei Prioritätsstufen einteilen. Als Vorbild gilt das amerikan. ›Uncontrolled Hazardous Waste Ranking System‹ (HRS). Bis zur beabsichtigten Verabschiedung eines umfassenden Bodenschutzgesetzes wird in Dtl. mangels Verfügbarkeit einheitl. Grenzwertlisten vielfach die ›Holland-Liste‹ zur Einschätzung des Sanierungsbedarfes herangezogen.

Bei der Sanierung von A. wird zw. ›In-situ‹-Verfahren, die in der A. selbst, ›On-site‹-Verfahren, die am Standort der A., und ›Off-site‹-Verfahren, die fernab vom Standort der A. angewandt werden, unterschieden. Es wurden bisher biolog., chem., therm. und mechan. Verfahren der Sanierung entwickelt. Von der Sanierung zu unterscheiden sind Sicherungsmaßnahmen wie Einkapselung oder Grundwasserabsenkung.

A. Hb. zur Ermittlung u. Abwehr von Gefahren durch kontaminierte Standorte, Beitr. v. D. BARKOWSKI u. a. (⁴1993).

Altlastenbeitrag, in *Österreich* seit 1990 erhobene Bundesabgabe auf das Deponieren und die Ausfuhr von Abfällen sowie auf das Zwischenlagern von Abfällen nach Ablauf eines Jahres. Das Aufkommen dieses zu den Abfallsteuern zählenden A. (1994: 250 Mio. öS) ist zweckgebunden v. a. zur Förderung von Maßnahmen zur Sicherung und Sanierung von Altlasten.

Altman [ˈɔltmən], Sidney, kanad. Biochemiker, * Montreal 8. 5. 1939; arbeitet seit 1971 (seit 1980 als Prof.) an der Yale University in New Haven (Conn.). A. und seine Mitarbeiter zeigten 1977, daß ein aus dem Bakterium Escherichia coli gewonnenes Enzym (Ribonuklease P), das die Spaltung einer Phosphodiesterbindung in t-RNS-Molekülen katalysiert, aus einer Protein- und einer RNS-Komponente besteht, und wiesen 1983 nach, daß unter bestimmten Bedingungen die katalyt. Spaltung durch den RNS-Anteil allein bewirkt werden kann. Für diese Entdeckung, die zur weiteren Erforschung katalytisch wirksamer Ribonukleinsäuren (Ribozyme) führte, erhielt A. (mit T. R. CECH) 1989 den Nobelpreis für Chemie.

Altmarkkreis Salzwedel, Landkreis im Reg.-Bez. Magdeburg, Sachs.-Anh., 2 294 km², (1995) 105 900 Ew.; Kreisstadt ist Salzwedel. Das an Ndsachs. grenzende Kreisgebiet reicht am N-Rand ins Hannoversche Wendland, am W-Rand in die Lüneburger Heide, im SW in den Naturpark Drömling (Wiesenniederung). In der Altmark finden sich auf sandig-lehmigen Böden Ackerflächen (Kartoffel-, Roggen-, Futterpflanzenanbau), in den feuchten Niederungen an Jeetze, Purnitz und Milde Grünlandwirtschaft, auf sandigen Böden Forste (z. B. in der Colbitz-Letzlinger Heide). Im Raum Salzwedel wird Erdgas gewonnen. Die Stadt Salzwedel (1995: 22 300 Ew.) ist Standort von metallverarbeitender und Nahrungsmittelindustrie (Salzwedeler Baumkuchen) sowie einer Kerzenfabrik, Gardelegen (14 800 Ew.) hat Baustoffindustrie; Arendsee (Altmark) ist Luftkurort. Weitere Städte sind Kalbe (Milde) und Klötze. – Der Kreis wurde am 1. 7. 1994 aus dem früheren Kr. Salzwedel sowie aus Gebietsteilen der ehem. Kreise Gardelegen, Klötze und Osterburg gebildet.

*****Altöl:** Die A.-Abgabe wird seit dem 1. 1. 1989 nicht mehr erhoben.

Altschewsk, Alčevs'k [-tʃ-], Stadt in der Ukraine, hieß 1931–61 **Woroschilowsk**, bis 1992 ▷ **Kommunarsk**.

Altschulden, nach der dt. Vereinigung verwendete Bez. für verschiedene Verbindlichkeiten der Dt. Dem. Rep. (u. a. Schulden des Staatshaushalts, Verbindlichkeiten der volkseigenen Betriebe). Urspr. wurden in der Bundesrep. Dtl. verschiedentlich die Reichsschulden und Ausgleichsforderungen auch als A. bezeichnet. (→öffentliche Schulden)

Altstoffe, in der *Abfallwirtschaft* Bez. für Stoffe wie Altglas oder Altöl, die wiederverwertet werden. In der *Chemie* bezeichnet der Begriff A. Chemikalien, die vor dem Inkrafttreten des Chemikalien-Ges. (Erstfassung 1980), das eine Prüfungspflicht auf gefährl. Eigenschaften vorschreibt, auf den Markt kamen. A. dürfen heute aufgrund des Chemikalien-Ges. auf ihre Umweltverträglichkeit überprüft werden.

*****Alvarez,** Luis Walter, amerikan. Physiker; † Berkeley (Calif.) 1. 9. 1988; entdeckte 1980, daß sich in der Erdkruste zw. Kreide und Tertiär das Element Iridium häuft, und schloß hieraus, daß das Aussterben zahlreicher Tier- und Pflanzenarten (u. a. der Saurier) zu jener Zeit auf den Einschlag von Planetoiden o. ä. zurückgeführt werden könne.

*****Alzheimersche Krankheit:** Die Ursachen für die Entstehung der A. K. sind bislang (Stand 1995) nicht geklärt, ein höheres Erkrankungsrisiko scheint neueren Forschungen zufolge v. a. an eine Veränderung am Chromosom 19 gebunden zu sein; frühere Forschungsergebnisse hatten bereits ergeben, daß auch Auffälligkeiten der Chromosomen 14 und 21 im Zusammenhang bes. mit dem frühen Auftreten der A. K. (vor dem 60. Lebensjahr) stehen. Einer neueren Hypothese zufolge wird vermutet, daß die genet. Veränderungen zur Synthese eines fehlerhaften Proteins führen, das durch sein fehlerhaftes Funktionieren letztlich zum Absterben der Nervenzellen führt, wobei es Hinweise auf die Beteiligung von →G-Proteinen an diesem Prozeß gibt. Die immer in den Gehirnen von an der A. K. verstorbenen Patienten gefundenen Ablagerungen (Plaques) des fehlerhaften Proteins werden als Nebenprodukt dieses patholog. Geschehens gesehen. – 1994 gab es in Dtl. rd. 800 000 an der A. K. Erkrankte.

A. M., Abk. für →Aserbaidschan-Manat.

*****Amadeus-Quartett:** Das seit seiner Gründung 1947 in derselben Besetzung spielende brit. Streichquartett hat sich nach dem Tod von PETER SCHIDLOFF (15. 8. 1987) aufgelöst.

*****Amalgame:** Die für Zahnfüllungen verwendeten Quecksilberlegierungen (**Zahn-A.**) standen in den letzten Jahren zunehmend im Verdacht, durch freigesetztes und vom Organismus aufgenommenes Quecksilber vielfältige Gesundheitsstörungen (z. B. Kopf-

Sidney Altman

Aman — Amann – amerikanische Kunst

schmerzen, Nierenschäden, Störungen des Nervensystems, starker Haarausfall) zu verursachen. Eine einwandfrei nachweisbare Schädigung durch A.-Füllungen tritt bei der – jedoch selten vorkommenden – Quecksilberallergie auf. Nachgewiesen ist auch, daß Personen mit A.-Füllungen höhere Quecksilberkonzentrationen u. a. im Urin aufweisen als Personen ohne A.-Füllungen. Befürworter von A.-Füllungen sehen keine wiss. Nachweise für die allgemein schädigende Wirkung von Zahn-A., außerdem stehe kein gleichwertiger Ersatz zur Verfügung. – Grundsätzlich sollen jedoch nur noch sogenannte gamma-2-freie A. verwendet werden, und zwar ausschließlich für Füllungen im Backenzahnbereich. 1995 verabschiedete der Bundesausschuß der Zahnärzte und Krankenkassen eine Richtlinie, wonach A.-Zahnfüllungen nur noch in wenigen Ausnahmefällen und bei Frauen im gebärfähigen Alter überhaupt nicht mehr eingesetzt werden sollen.

Amann, Jürg Johannes, schweizer. Schriftsteller, *Winterthur 2. 7. 1947; schreibt Dramen, Hörspiele und Erzählprosa, worin er u. a. versucht, Persönlichkeiten v. a. der Literatur (F. KAFKA, GOETHE, NOVALIS, R. WALSER), aber auch der Geschichte (KASPAR HAUSER) von innen heraus zu begreifen.
Werke: *Erzählungen:* Hardenberg. Romant. Erzählung nach dem Nachlaß des Novalis (1978); Die Kunst des wirkungsvollen Abgangs (1979); Die Baumschule (1982); Nachgerufen. 11 Monologe u. 1 Novelle (1983); Fort (1987); Tod Weidigs (1989). – *Romane:* Verirren oder das plötzl. Schweigen des Robert Walser (1978); Über die Jahre (1994). – *Essays:* Das Symbol Kafka (1974; auch u. d. T.: Franz Kafka); Robert Walser (1985). – *Prosa:* Patagonien (1985). – *Novelle:* Zwei oder drei Dinge (1993).

*Amapá: Seit 1988 Staat Brasiliens.

*Amateurfunk: Die Lizenz für Funkamateure wird von der für den Wohnort zuständigen Außenstelle des Bundesamts für Post und Telekommunikation erteilt. Für den A. sind in Dtl. bestimmte Frequenzbereiche zugelassen.

Amato, Giuliano, italien. Politiker, *Turin 13. 5. 1938; Prof. für Verf.-Recht an der Univ. Rom, Mitgl. des PSI, seit 1983 Abg., 1983–87 Staats-Sekr. im Amt des MinPräs., 1987–88 stellv. MinPräs., 1987–89 Schatz-Min. und 1992–93 Ministerpräsident.

amerikanische Kunst: Michael Graves, ›Team Disney Building‹ in Burbank, Calif.; 1985–91

*Ambesser, Axel von, Schriftsteller, Schauspieler und Regisseur: † München 6. 9. 1988.

***American Ballet Theatre:** 1990 übernahm JANE HERMANN (* 1935) die Leitung des Ensembles.

***America's Cup:** Anfang 1987 gewann der Amerikaner DENNIS CONNER den Wettbewerb mit der Jacht ›Stars and Stripes‹, 1988 mit dem gleichnamigen Katamaranboot. 1992 errang die amerikan. Jacht ›America 3‹ den A.'s C., 1995 erstmals Neuseeland mit dem Boot ›Black Magic‹.

Amerikanische Freihandelszone, engl. **Free Trade Area of the Americas** [friː treɪd ˈɛərɪə ɒv ði əˈmerɪkəz], Abk. **FTAA,** eine den gesamten amerikan. Kontinent (mit Ausnahme Kubas) umfassende Freihandelszone. Die Staats- und Regierungschefs von 34 nord- und lateinamerikan. sowie karib. Staaten beschlossen auf ihrer Konferenz am 11. 12. 1994 in Miami (Fla.), Verhandlungen über die Schaffung der FTAA bis zum Jahre 2005 aufzunehmen.

Für den Amateurfunk in Deutschland zugelassene Frequenzbereiche	
1 815 – 1 835 kHz	1 240 – 1 300 MHz
1 850 – 1 890 kHz	2 320 – 2 450 MHz
3 500 – 3 800 kHz	3 400 – 3 475 MHz
7 000 – 7 100 kHz	5 650 – 5 850 MHz
10 100 – 10 150 kHz	10 – 10,5 GHz
14 000 – 14 350 kHz	24 – 24,25 GHz
18 068 – 18 168 kHz	47 – 47,2 GHz
21 000 – 21 450 kHz	75,5 – 81 GHz
24 890 – 24 990 kHz	119,98 – 120,02 GHz
28 – 29,7 MHz	142 – 149 GHz
144 – 146 MHz	241 – 250 GHz
430 – 440 MHz	

amerikanische Kunst: In den 1980er Jahren gewannen in den Vereinigten Staaten die Architekten im Zeichen der Postmoderne die Vorhand gegenüber einer spätmodernen oder rationalen Architektur in Fortführung des internat. Stils. Neben R. VENTURI und C. MOORE wandten sich nun auch einige der Gruppe ›The New York Five‹, v. a. M. GRAVES, sowie R. A. M. STERN, J. C. PORTMAN, P. C. JOHNSON, A. ISOSAKI u. a. dem histor. Formenrepertoire der Architekturgeschichte einschließlich ihrer Banalisierungen zu, getragen von Überlegungen zur Wohnlichkeit, sei es im Haus oder im Raum der Öffentlichkeit. V. a. in den 90er Jahren fanden aber auch in der Tradition der Spätmoderne stehende vielbeachtete Lösungen, ebenso Architekten, die unter dem architekturtheoret. Begriff einer Neomoderne zusammengefaßt werden. Dazu zählen z. B. strenge (›klass.‹) funktionale Werke von R. A. MEIER, von I. M. PEI und seinen Mitarbeitern, von HENRY COBB und JAMES INGO FREED (Holocaust Memorial in Washington, D. C., 1993), von der Gruppe →Arquitectonica und von CHARLES GWATHMEY (1938), aber auch eine Reihe von neueren Werken postmoderner Architekten (C. MOORE) und der in den 80er Jahren extrem farbenfreudigen Dekonstruktivisten, etwa von F. O. GEHRY, P. D. EISENMAN, J. HEJDUK, H. JAHN, THOMAS GORDON SMITH (* 1948), Eric Owen Moss (* 1943), der Gruppe ›Morphosis‹ und JOSH SCHWEITZER, Schüler von GEHRY. Als bes. avantgardist. Architekt und Designer gilt P. STARCK. Neben diesen großen Strömungen arbeitet eine Reihe davon mehr oder weniger unberührter Architekten, zu denen ANTOINE PREDOCK (* 1936) zählt, der an F. L. WRIGHT und häufig an die der Umwelt angepaßten indian. Bautraditionen des Südwestens der Vereinigten Staaten anknüpft, oder auch die Gruppe ›Site‹ (JAMES WINER u. a.) mit natur- und umweltbewußten Projekten.

Die vielgestaltige Kunstszene um 1980 erprobte im Zuge der Postmoderne verschiedenste künstler. Ausdrucksweisen. So findet man neben Graffitikünstlern wie K. HARING und J.-M. BASQUIAT Vertreter einer neuen Figuration wie ERIC FISCHL (* 1948), R. LONGO und D. SALLE. Gleichzeitig entwickeln einige Künstler wie PHILIP TAAFFE (* 1955) und PETER HALLEY (* 1953) eine konzeptuell-abstrakte Bildsprache, die sich mit den Zeichensystemen einer Medienwelt auseinandersetzt. Ab Mitte der 80er Jahre wird die amerikan. Szene von einer Post-Pop-Kunst beherrscht, die sich formal auf die Kunst der 60er Jahre beruft. Künstler wie J. KOONS, M. KELLEY, RICHARD PRINCE (* 1949) nutzen die schon von der Pop-art entwickelten Bildstrategien, um die Charakteristika einer postindustriellen Wahrnehmungsindustrie mit ihren verschwimmenden Grenzen zur Banalität in Szene zu setzen. Ähnliches versuchten die Vertreter einer Kunstrichtung, die wie SHERRIE LEVINE, MIKE BIDLO (* 1953) oder RONNIE CUTRONE (* 1948) fremde Kunstwerke der zurückliegenden Jahre imitieren und so die Aura des Originals ironisieren. Seit Beginn der 90er Jahre steht eine künstler. Richtung im Mittelpunkt der Diskussionen, die sich explizit auf gesellschaftl. Probleme bezieht und dabei die Folgen des Phänomens der ›Political correctness‹ berücksichtigt. So thematisieren Künstlerinnen wie BARBARA KRUGER und JENNY HOLZER in ihren Installationen soziale Erscheinungen wie Gewalt, Entfremdung, Krieg, Geschlechterverhältnisse und Drogenmißbrauch. Die Künstlerin KIKI SMITH entwirft in ihren Plastiken ein Menschenbild, das von Leid, Schmerz und Zerstörung gezeichnet ist.

P. FRANK u. M. MCKENZIE: New, used & improved. Art for the 80's (New York 1987); C. JENCKS: Die Postmoderne. Der neue Klassizismus in Kunst u. Architektur (a. d. Engl., ²1988); C. JENCKS: Die neuen Modernen. Von der Spät- zur Neo-Moderne (a. d. Engl., 1990); E. LUCIE-SMITH: Art in the eighties (Oxford 1990); A. K. im 20. Jh. Malerei u. Plastik 1913–1993, hg. v. C. M. JOACHIMIDES u. a., Ausst.-Kat. (a. d. Engl., 1993); Contemporary American architects, hg. v. P. JODIDIO u. a. (Köln 1993); Los Angeles architecture. The contemporary condition, bearb. v. J. STEELE (Stuttgart 1993).

amerikanische Literatur: Postmodernismus, feminist. Literatur und die Literatur ethn. Minderheiten galten in den letzten Jahrzehnten als bes. produktive Tendenzen der a. L. Dieser Trend hat auch weiterhin Bestand, so in den Dramen des Chicano-Amerikaners L. VALDEZ und des chin.-amerikan. Autors DAVID HENRY HWANG (1957). Die mexikanisch-amerikan. Literatur erhielt Impulse u. a. von TOMÁS RIVERA (* 1935, † 1984), RUDOLFO A. ANAYA (* 1937), OSCAR Z. ACOSTA (* 1936), RON ARIAS (* 1941). Auch die Literatur amerikan. Indianer beanspruchte ihren Platz in der ethn. Vielfalt, so mit Werken von N. S. MOMADAY, LESLIE MARMON SILKO, J. WELCH, LINDA HOGAN (* 1947), LOUISE ERDRICH. Bes. in der Lyrik verschafften sich weibl. Stimmen Gehör, v. a. auch Vertreterinnen ethn. Minderheiten (GWENDOLYN BROOKS, * 1917; SONIA SANCHEZ, * 1934; NIKKI GIOVANNI; AUDRE LORDE; ELIZABETH BISHOP); dies gilt ebenso für das erzähler. Werk von MAYA ANGELOU und ALICE WALKER sowie v. a. TONI MORRISON. Mit ihr erhielt 1993 eine Autorin den Nobelpreis für Literatur, in deren Werk sich Feminismus, postmoderne Formen und das Bewußtsein der ethn. Minderheit der Afroamerikaner vereinen.

Antirealist. Tendenzen verstärkten sich in jüngerer Zeit im Drama, v. a. im ›Theatre of images‹ von RICHARD FOREMAN (* 1937), LEE BREUER (* 1937) und dem bes. in Europa bekanntesten Vertreter dieser Richtung R. WILSON. – Neuere Entwicklungen eines veränderten Realismus (›dirty realism‹) zeichnen sich ab in den Erzählwerken von R. CARVER, R. FORD, J. MCINERNEY und BRET EASTON ELLIS (* 1964).

amerikanische Kunst: Robert Longo, ›Wir wollen Gott‹; 1983/84 (Privatbesitz)

Literaturkritik und Literaturtheorie standen bereits seit dem New criticism der 1940er und 1950er Jahre in engem Zusammenhang mit der Entwicklung der Literatur. Mit der Ausdifferenzierung verschiedener literaturtheoret. Richtungen und unter dem Einfluß von literaturkrit. Strömungen, die sich an versch. Kombinationen der Kategorien Rasse, Klasse und Geschlecht orientieren, entbrennt auch der Streit immer heftiger, welche Werke gelesen und analysiert werden sollen; ein Kanon wichtiger Werke läßt sich immer schwerer etablieren.

Auch an einflußreichen Anthologien der a. L. läßt sich die Ausweitung und Differenzierung des Kanons ablesen: ›The American tradition in literature‹, hg. v. G. PERKINS u. a. (2 Bde., ⁷1990); ›The Heath anthology of American literature‹, hg. v. P. LAUTER u. a.

amerikanische Kunst: Jenny Holzer, Ausschnitt aus einer elektronischen Laufschriftinstallation im Guggenheim-Museum in New York; 1989

(4 Tle., 1990); ›The Norton anthology of American literature‹, hg. v. N. Baym u. a. (2 Bde., [4]1994).

Wichtige Strömungen dieser die Literatur beeinflussenden literaturtheoret. und literaturkrit. Diskussion sind u. a. Formalismus (Strukturalismus, Poststrukturalismus, Narratologie; Tzvetan Todorov, *1939; Paul de Man, *1919?, †1983), Dekonstruktionismus (J. Hillis Miller, *1928; P. de Man; Geoffrey H. Hartman, *1929), Psychoanalyse (Harold Bloom, *1930; G. H. Hartman; Juliet Mitchell, *1940), Neomarxismus und Ideologiekritik, Feminismus (Elaine Showalter, *1941; Juliet Mitchell), Hermeneutik und Rezeptionstheorie.

J. Blanck: Bibliography of American literature, auf mehrere Bde. ber. (New Haven, Conn., [1-4]1967ff.); Columbia literary history of the United States, hg. v. E. Elliott (New York [2]1988); American playwrights since 1945. A guide to scholarship, criticism, and performance, hg. v. P. C. Kolin (New York 1989); The Columbia history of the American novel, hg. v. E. Elliott (New York 1991); G. Ahrends: Die amerikan. Kurzgeschichte ([2]1992); A. Hornung: Lex. a. L. (1992); The Columbia history of American poetry, hg. v. J. Parini (New York 1993); G. A. Richardson: American drama from the Colonial period through World War I (New York 1993); E. J. Sundquist: To wake the nations. Race in the making of American literature (Cambridge, Mass., 1993); The Cambridge history of American literature, hg. v. S. Bercovitch u. a., auf mehrere Bde. ber. (Cambridge 1994ff.).

Andenpakt: Wirtschaftsdaten der Mitgliedsländer			
Bruttosozialprodukt je Einwohner 1993	durchschnittliche Wachstumsrate[1] 1980–93 in %	jährliche Inflationsrate 1980–93 in %	Schuldendienst[2] in % der Ausfuhr 1993
Bolivien 760	–0,7	187,1	59,4
Ecuador 1 200	0,0	40,4	25,7
Kolumbien 1 400	+1,5	24,9	29,4
Venezuela 2 840	–0,7	23,9	22,8
Peru 1 490	–2,7	316,1	14,9

[1]) Wachstumsrate des Bruttosozialprodukts je Einwohner. – [2]) Zins- und Tilgungszahlungen für die Auslandsschulden. Quelle: Weltbank

*amerikanische Philosophie: Die letzten Jahrzehnte standen im Zeichen zunehmender Diversifizierung – sowohl, was das Themenspektrum, als auch, was die Methoden und Darstellungsstile betrifft. Im Zuge der Kritik und Selbstkritik des log. Empirismus bzw. Positivismus (P. Feyerabend, T. Kuhn, W. Van O. Quine, H. Putnam u. a.) hat die analyt. Philosophie ihre method. Ideale modifiziert und ihren themat. Horizont erweitert; so werden heute analyt. Ethik (W. Frankena, J. Rawls u. a.), Ästhetik (N. Goodman, Arthur Coleman Danto, *1924, u. a.), Metaphysik (R. M. Chisholm, David Kellog Lewis, *1941, u. a.), Religionsphilosophie (Alvin Plantinga, *1932, u. a.) ebenso betrieben wie analyt. Erkenntnistheorie (Gilbert Helms Harman, *1938, Barry Stroud, Alvin I. Goldman u. a.) und Wissenschaftstheorie (Wesley C. Salmon, Bas C. van Fraassen u. a.). Neben die analyt. Richtung treten anders orientierte oder sogar gegenläufige Strömungen, z. T. von der europ. Vernunftkritik (F. Nietzsche, M. Heidegger, J. Derrida) inspiriert; als Vermittler zw. den Traditionen übt R. Rorty großen Einfluß aus. Die Geschichte der Philosophie und die außeramerikan. Entwicklungen finden insgesamt stärkere Beachtung als in den Jahrzehnten zuvor. – Ein viele Richtungen verbindendes Charakteristikum ist das erneute Interesse am Pragmatismus. Freilich werden dabei heterogene Begriffe von Pragmatismus ins Spiel gebracht. Bemüht sich eine Richtung um die Einbeziehung pragmat. Wahrheits- und Erkenntniskonzeptionen in die analyt. Erkenntnistheorie (N. Rescher, Putnam, Susan Haack u. a.), so versucht eine andere die klassische a. P. gegen die von Europa ausgegangene analyt. Richtung auszuspielen und eine ›postanalyt.‹ Philosophie zu begründen.

In der theoret. Philosophie arbeiten viele an dem Projekt einer systemat. Theorie der Bedeutung (D. Davidson u. a.). Goodman hat eine allgemeine Symboltheorie entworfen und ihre erkenntnistheoret. Konsequenzen aufgezeigt. Bes. produktiv ist die Philosophie des Geistes, die in enger Kooperation mit den Kognitionswissenschaften und der Hirnforschung rasche Fortschritte erzielt hat (D. C. Dennett, Jerry A. Fodor u. a.). In der Erkenntnis- und Wissenschaftstheorie sowie der Bedeutungstheorie stehen sich realist. und antirealist. Positionen gegenüber (Michael Devitt, Putnam, Goodman, in Großbritannien: M. Dummett). Bes. in der Erkenntnistheorie (Quine, Goldman, Stephen Stich) und in der Philosophie des Geistes (Paul M. Churchland, Patricia Smith Churchland, *1943) werden die Aussichten und Grenzen des Naturalismus ausgelotet. In den Bemühungen um eine Theorie der Rationalität werden die Vor- und Nachteile pluralist. und relativist. Positionen kontrovers diskutiert.

In der prakt. Philosophie hat das Interesse an Tugendethik (A. MacIntyre u. a.) und an moralpsycholog. Fragen zugenommen. Utilitarist. und vertragstheoret. Ethikkonzeptionen werden auf der Ebene formalisierter Theorien diskutiert (Amartya K. Sen u. a.). Sprunghaft angestiegen ist die Nachfrage nach angewandter Ethik: Medizin- und Bioethik (Hugo Tristram Engelhardt, *1941; Tom L. Beauchamp), Tierethik (Tom Regan, Peter Singer), Umweltethik, Wirtschaftsethik usw. und nach ›applied philosophy‹ überhaupt.

American philosophy, hg. v. M. G. Singer (Cambridge 1985); J. Passmore: Recent philosophers (London [2]1988); J. P. Murphy: Pragmatism. From Peirce to Davidson (Boulder, Colo., 1990); R. Rorty: Consequences of pragmatism. Essays 1972–1980 (Neuausg. New York [2]1992); N. Rescher: American philosophy today (Lanham, Md., 1994).

*Amis, Sir (seit 1990) Kingsley, engl. Schriftsteller: † London 22. 10. 1995.

*amtsgerichtliches Verfahren: Nach der neuen Regelung des §495a ZPO kann das Gericht sein Verfahren bis zu einem Streitwert von 1 500 DM nach billigem Ermessen bestimmen. Das Urteil bedarf keines Tatbestandes; auch Entscheidungsgründe sind entbehrlich, wenn sie in das Terminprotokoll aufgenommen werden.

*Analphabetismus: Das Jahr 1990 wurde von der UNESCO zum ›Internat. Alphabetisierungsjahr‹ erklärt. Für 1990 ging die UNESCO davon aus, daß in Asien und im Pazifikraum etwa 1 377 Mio. Erwachsene (definiert als Personen über 15 Jahre) weder lesen noch schreiben können, in Afrika südlich der Sahara mindestens 168 Mio., d. h., jede dritte Frau und jeder fünfte Mann der Erdbevölkerung sind nicht im Besitz von Schriftsprache. Dazu kommen im Bezugsjahr etwa 125 Mio. Kinder zw. sechs und elf Jahren, die keine Schule besuchen. Den Hauptanteil an Analphabeten stellen die ärmsten und bevölkerungsreichsten Länder der Erde. Selbst wenn die Alphabetisierungsrate prozentual zunimmt (in Afrika südlich der Sahara betrug die Analphabetenquote 1970 z. B. etwa 70 %, 1989 etwa 64 %), wachsen doch die absoluten Zahlen der Nichtalphabetisierten. Zu den Gründen gehören das Bevölkerungswachstum, die zunehmende Armut der Länder, die bei vielen Regierungen zu Restriktionen in der Schulpolitik führt (Stagnation oder gar Abbau der Anzahl der Schulen, der Lehrer und der Lehrergehälter), die oft fehlende Einsicht der Regierungen in die Notwendigkeit von Schulen für die Entwicklung des Landes sowie auch die fehlende Hoffnung der Bev., daß die Alphabetisierung wirtschaftl. Perspektiven mit sich bringt, ferner nicht selten auch die Sprachpolitik (z. B. die Festlegung einer einzigen Unterrichtssprache in einem mehrsprachigen Staat).

Auf der Weltbildungskonferenz in Thailand (1990), zu der die UNESCO gemeinsam mit der Weltbank, UNICEF und dem Entwicklungsprogramm der Vereinten Nationen (UNDP) einlud, einigten sich 155 Staaten darüber, daß in den nächsten zehn Jahren die Grundbildung Vorrang in der Bildungs- und Entwicklungspolitik haben soll.

Auf der 42. Erziehungskonferenz der UNESCO in Genf (1990), an der 123 Staaten teilnahmen, wurde u. a. eine Verstärkung des europ. Engagements bei der Bewältigung der Alphabetisierungsprobleme in den Entwicklungsländern gefordert und das Thema des funktionalen A. auch in den Industrieländern behandelt. Für 1990 gab es beispielsweise folgende Schätzungen: Spanien 36,4%, Italien 23%, Griechenland 23,3% der über Zehnjährigen, Kanada 24% der mehr als Achtzehnjährigen, Vereinigte Staaten 13% der mehr als Siebzehnjährigen. In Dtl. (nur alte Bundesländer) geht man (1990) von 3 Mio. funktionalen Analphabeten aus.

*Andenpakt: Die Mitgliedschaft Perus ruht seit dem 26. 8. 1992. Nachdem der Integrationsprozeß in den 1980er Jahren stagnierte, läßt sich seit 1989 durch die Wiederaufnahme regelmäßiger Präsidententreffen eine Reaktivierung des A. beobachten. Neben der Liberalisierung des Handels zw. den Mitgl.-Ländern wird seit einiger Zeit verstärkt die Integration der Andenregion in die Weltwirtschaft gefördert. Formal besteht seit dem 1. 1. 1992 eine Freihandelszone. Eine Einigung über gemeinsame Außenzölle scheiterte aber bisher an Meinungsverschiedenheiten zw. den Mitgl.-Ländern. Urspr. sollte bis 1995 ein gemeinsamer Markt gebildet werden (**Andean Common Market**, Kw. ANCOM). Durch die innenpolit. Entwicklung in Peru seit 1992 und Grenzstreitigkeiten mit dem Nachbarland Ecuador geriet das Bündnis 1994–95 erneut in eine schwere Krise.

*Anders, Günther, Schriftsteller: † Wien 17. 12. 1992.

*Anderson, Carl David, amerikan. Physiker: † San Marino (Calif.) 11. 1. 1991.

*Anderson, Laurie, amerikan. Performancekünstlerin: In den 80er Jahren verlagerte sie ihre Auftritte zunehmend von Museen und Galerien in Konzerthallen und auf Theaterbühnen. Breiter bekannt wurde sie durch ihre versch. Gemeinschaftsprojekte mit Popmusikern und bes. durch die Inszenierung des siebenstündigen Multimediaschauspiels ›United States I–IV‹, dessen endgültige Fassung von ihr erstmals 1983 aufgeführt wurde. 1986 entstand das auch auf der documenta 8 gezeigte Videotape ›What You mean we‹, in dem ihr das Experiment gelingt, einen Klon von sich herzustellen; dieses (männliche) Alter ego übernimmt dann alle ihre aktiven und kreativen Funktionen. Als weitere Performances entstanden ›Empty Places‹ (1990/91), ›Halcion Days‹ (1992/93) und ›The Nerve Bible‹ (1993–95), eine Analyse der Lähmung der Sensibilität der Fernsehgesellschaft.

*Anderson, Lindsay, brit. Film- und Theaterregisseur: † im Périgord 30. 8. 1994.

*Anderson, Marian, amerikan. Sängerin: † Portland (Oreg.) 8. 4. 1993.

Andersson, Claes, finnlandschwed. Schriftsteller, *Helsinki 30. 5. 1937; Psychiater; als Lyriker, Erzähler und Dramatiker scharfsinniger Beobachter der Probleme des menschl. Miteinanders; auch als Übersetzer tätig. Seit April 1995 ist A. Kultur-Min. in der finn. Regierung.

Werke: *Romane:* Bakom bilderna (1972); Den fagraste vär (1976); En mänska börjar likna sin själ (1983). – *Lyrik:* Ventil (1962); Staden heter Helsingfors (1965); Som lyser mellan gallren (1989).

Andersson, Lars Gunnar, schwed. Schriftsteller, *Karlskoga 23. 3. 1954. A. hatte seinen ersten Erfolg mit dem Roman ›Brandlyra‹ (1974) und erzielte mit dem Roman ›Snöljus‹ (1979; dt. ›Schneelicht‹) den literar. Durchbruch. Von Marxismus und Existentialismus beeinflußt, setzt er sich mit den sozialen und existentiellen Bedingungen der Freiheit auseinander und gestaltet die Identitätssuche des Menschen in einer Mischung von Realismus, Mythos und Utopie. Daneben ist A. Essayist.

Weitere Werke: *Romane:* Vi lever våra spel (1976); Bikungskupan (1982; dt. Der Eistaucher); Pestkungens legend (1988). – *Novelle:* Gleipner (1977).

***Andorra,** frz. **Andorre,** amtlich katalan. **Principat d'Andorra,** dt. **Fürstentum A.,** Binnenstaat in Europa, in den östl. Pyrenäen.

> *Hauptstadt:* Andorra la Vella. *Amtssprache:* Katalanisch. *Staatsfläche:* 453 km². *Bodennutzung (1992):* etwa 10 km² Ackerland, rd. 250 km² Dauergrünland, rd. 100 km² Waldfläche. *Einwohner (1994):* 48 000, 106 Ew. je km². *Städtische Bevölkerung (1990):* 62,5%. *Durchschnittl. Bevölkerungswachstum pro Jahr (1985–93):* 4,6%. *Bevölkerungsprojektion für 2000:* 73 000 Ew. *Ethnische Gruppen (1993):* 46,4% Spanier, 28,3% Andorraner, 11,1% Portugiesen, 7,6% Franzosen, 1,8% Briten, 4,8% andere. *Religion (1990):* 90% Katholiken. *Lebenserwartung der Neugeborenen (1990):* männlich 74 Jahre, weiblich 81 Jahre. *BSP je Ew. (1991):* 23 680 US-\$. *Währungen:* 1 Diner = 100 Centimes, span. Peseta (Pta) und Frz. Franc (FF). *Internationale Mitgliedschaften:* UNO, Europarat.

Verfassung: Mit der Annahme einer demokrat. Verf. durch das Referendum vom 14. 3. 1993 ging die Souveränität des Landes auf das Volk von A. über; der frz. Staatspräs. und der Bischof von La Seu d'Urgell (Seo de Urgel) bleiben jedoch als ›Co-Fürsten‹ Staatsoberhäupter. – Am 28. 7. 1993 wurde A. Mitgl. der UNO, im Nov. 1994 Mitgl. des Europarats.

*Andrade, Carlos Drummond de, brasilian. Lyriker: † Rio de Janeiro 17. 8. 1987.

Andrade, Eugénio de, eigtl. José Fontinha [-ɲa], portug. Lyriker, *Póvoa da Atalaia (Distr. Castelo Branco) 19. 1. 1923; herausragender, keiner gängigen Stilrichtung zuzuordnender portug. Lyriker der 2. Hälfte des 20. Jh.; verfaßt seit den 1940er Jahren Lyrik, seit den 1970er Jahren auch Reflexionen über Kunst und menschl. Grundsituationen in Kurzprosa; thematisiert häufig die Sprache selbst sowie myth. Vorstellungen vom erdgebundenen Ursprung des Menschen und seiner Welt. Die Musikalität seiner Sprache und die häufige Verwendung des Parallelismus erinnern an den portug. Symbolismus (C. PESSANHA) und die Tradition der altgalicischen Lyrik.

Werke: *Lyrik:* As mãos e os frutos (1948); Ostinato rigore (1964); Obscuro domínio (1971); Escrita da terra e outros epitáfios (1974); O peso da sombra (1982); Branco no branco (1984); Rente ao dizer (1992). – *Prosa:* Os afluentes do silêncio (1968); A sombra da memória (1993).

Ausgabe: Poesia e prosa, 2 Bde. (⁴1990).

21 ensaios sobre E. de A., hg. v. M. A. VALENTE (Porto 1971); Ó. LOPES: Uma espécie de música. A poesia de E. de A. (Lissabon 1981).

Andrault [ã'dro], Michel, frz. Architekt, *Montrouge 1926. Sein Entwurf eines kon. Baukörpers sowie der Entwurf von PIERRE PARAT (*1928) gewannen den Wettbewerb von 1957 für die Kirche Madonna delle Lacrime in Syrakus (die erst 1969 erbaut wurde); seitdem (1958) gemeinsames Architekturbüro. Sie schufen mehrere Wohnviertel oder -komplexe, in den 60er Jahren v. a. für versch. Universitäten (Cité universitaire in Le Mans, in Orléans-La

Source, in Angers), aufgrund eines Wettbewerbsieges (1971) bes. bekannt die Wohnbebauung Ville nouvelle von Évry als Terrassenanlage. Die Verbindung von Glasfassaden und Metall, aber auch dazu kontrastierender Materialien kennzeichnet ihre Hochhaus- und Verwaltungsbauten (Agentur Havas, Neuilly-sur-Seine, 1971–73; Faculté des lettres, Paris, 1971–72; ›Tour Totem‹, ebd., 1975) sowie Vielzweckhallen, die in der Pariser Bürostadt La Défense (Neugestaltung der CNIT-Ausstellungshalle) und Paris-Bercy (Sport- und Rockpalast) errichtet wurden; das mit allen techn. Mitteln ausgestattete POPB (Abk. für Palais Omnisports de Paris-Bercy) für 17 000 Zuschauer errichteten sie in Form einer stumpfen Pyramide.

*Andrei, Stefan, rumän. Politiker: War bis 1985 Außen-Min., 1985–87 Sekr. des ZK der rumän. KP und 1987–89 stellv. Ministerpräsident.

*Andreotti, Giulio, italien. Politiker: Bis 1989 Außen-Min., 1992–93 MinPräs., wurde (März 1993) des Kontakts mit der Mafia und (April 1993) der Korruption beschuldigt. Im Mai 1993 hob der Senat die Immunität A.s als Senator auf. Am 26. 9. 1995 wurde die Hauptverhandlung (wegen langjähriger Unterstützung der Mafia) eröffnet.

*Andronikos, Manolis, griech. Archäologe: † Saloniki 30. 3. 1992.

*Andropow: Stadt in der Russ. Föderation, (1991) 252 600 Ew., heißt seit 1989 wieder **Rybinsk**.

*Androsch, Hannes, österr. Politiker: War bis 31. 1. 1988 Vorstands-Vors. der Creditanstalt-Bankverein AG.

*Anfinsen, Christian Boehmer, amerikan. Biochemiker: † Randallstown (Md.) 14. 5. 1995.

Angelaki-Rooke [- ruk], Katerina, griech. Lyrikerin, *Athen 22. 2. 1939. In ihrer Dichtung faszinieren die leidenschaftl. Expressivität der Sprache und die herbe Poesie bei der Schilderung unerfüllter Liebesvisionen sowie die ungewöhnlich provozierenden Bilder bei der Darstellung seel. Nöte und Abgründe. Sie trat auch mit zahlreichen Übersetzungen aus dem Englischen, Französischen und Russischen hervor (u. a. von Werken SHAKESPEARES, S. BECKETTS, W. W. MAJAKOWSKIJS und A. A. WOSNESSENSKIJS).

Werke (griech.): *Lyrik:* Wölfe u. Wolken (1963); Gedichte 1963–69 (1971); Magdalena, das große Säugetier (1974); Die verstreuten Papiere der Penelope (1977); Der Triumph des sicheren Verlustes (1978); Widerliebe (1982); Die Freier (1984); Wenn der Körper (1988); Abschließender Wind (1990).

Michel Andrault: Palais Omnisports de Paris-Bercy in Paris; 1981–84 (zusammen mit Pierre Parat)

Angelopulos, Theo, griech. Filmregisseur und -autor, *Athen 27. 4. 1936; war Filmkritiker und Mitherausgeber einer Filmzeitschrift. Seine kunstvollen Filme haben zeitgeschichtl. Themen.

Filme: Rekonstruktion (1970); Die Tage von '36 (1972); Die Wanderschauspieler (1975); Die Jäger (1977); Der große Alexander (1980); Die Reise nach Kythera (1984); Der Bienenzüchter (1986); Landschaft im Nebel (1988); Der schwebende Schritt des Storches (1991); Der Blick des Odysseus (1995).

*Angermünde 2): Der Landkreis A. kam am 3. 10. 1990 zum Land Brandenburg und ging am 6. 12. 1993 im neugebildeten Landkreis Uckermark auf. Die Stadt Angermünde ist damit auch nicht mehr Kreisstadt.

*Angola, amtlich portug. **República de A.,** Staat im südwestl. Afrika, grenzt an den Atlant. Ozean.

Hauptstadt: Luanda. *Amtssprache:* Portugiesisch. *Staatsfläche:* 1 246 700 km². *Bodennutzung (1992):* 34 500 km² Ackerland, 290 000 km² Dauergrünland, 519 500 km² Waldfläche. *Einwohner (1994):* 10,674 Mio., 9 Ew. je km². *Städtische Bevölkerung (1990):* 28%. *Durchschnittliches Bevölkerungswachstum pro Jahr (1985–93):* 2,9%. *Bevölkerungsprojektion für 2000:* 13,1 Mio. Ew. *Ethnische Gruppen (1983):* 37,2% Mbundu, 21,6% Ndongo-Ngola, 13,2% Kongo, 4,2% Chokwe, 23,8% andere. *Religion (1992):* 88,5% Christen. *Altersgliederung (1995):* unter 15 Jahre 47,1%, 15 bis unter 65 Jahre 50,0%, 65 und mehr Jahre 2,9%. *Lebenserwartung der Neugeborenen (1992):* 46 Jahre. *Analphabetenquote (1990):* insgesamt 58,3%, männlich 44,4%, weiblich 71,5%. *BSP je Ew. (1991):* 1 555 US-$. *BIP nach Sektoren/Produktionsstruktur (1991):* Landwirtschaft 10%, Industrie 63%, Dienstleistungen 27%. *Währung:* 1 Neuer Kwanza (NKz) = 100 Lwei (Lw). *Internationale Mitgliedschaften:* UNO, OAU, Südafrikan. Entwicklungsgemeinschaft.

Geschichte: Gedrängt von der UdSSR, schlossen A., Kuba und die Rep. Südafrika unter Vermittlung der USA am 22. 12. 1988 ein Abkommen, das die Entlassung Namibias in die Unabhängigkeit sowie den Rückzug der südafrikan. und kuban. Streitkräfte aus A. regelte. Nachdem die Rep. Südafrika im Aug. 1988 ihre Truppen aus A. abgezogen hatte, verließen unter der Aufsicht der ›United Nations Angola Verifications Mission‹ (UNAVEM) seit Jan. 1989 die zuletzt 50 000 kuban. Soldaten bis Ende Mai 1991 das Land. Am 26. 6. 1989 vereinbarten Präs. J. E. DOS SANTOS und J. M. SAVIMBI, der Vors. der aufständ. UNITA, einen Waffenstillstand und die Aufnahme von UNITA-Mitgl. in die Regierung. Am 31. 5. 1991 unterzeichneten sie ein Friedensabkommen, um den trotz Waffenstillstandsabkommen (1990) anhaltenden Bürgerkrieg zu beenden.

Seit 18. 2. 1992 ist A. keine VR mehr. Die Verf. wurde geändert; u. a. wurde ein Mehrparteiensystem eingeführt. Auf der Grundlage des Friedensabkommens von 1991 fanden am 29. und 30. 9. 1992 Wahlen statt: Bei der Wahl des Staatspräs. gewann der bisherige Amtsinhaber DOS SANTOS (MPLA) im ersten Wahlgang 49,5% der Stimmen gegenüber SAVIMBI (UNITA) 40%; die MPLA erzielte bei den gleichzeitig stattfindenden Parlamentswahlen mit 53,7% der Stimmen die absolute Mehrheit. Ein zweiter Wahlgang bei den Präsidentschaftswahlen kam nicht zustande, da die UNITA das Wahlergebnis nicht anerkannte und den Bürgerkrieg fortsetzte. Internat. Vermittlungsversuche scheiterten zunächst. Heftige Kämpfe entbrannten v. a. um die Städte Huambo und Soyo. In dem mit schweren Waffen geführten Krieg starben mehr als 100 000 Menschen, etwa 3 Mio. Menschen flohen aus den umkämpften Gebieten. Beide Seiten erhielten Waffenhilfe, die Reg. Dos Santos u. a. von Rußland und Großbritannien, die UNITA-Bewegung urspr. v. a. von den USA, die jedoch im Mai 1993 die Reg. Dos Santos anerkannten.

Nach mit wechselhaftem Erfolg geführten Kämpfen, bei denen nach großen Anfangserfolgen der UNITA-Verbände letztlich die Regierungstruppen die Oberhand behielten, kam es, nach langen Verhandlungen, am 20. 11. 1994 in der samb. Hauptstadt Lusaka zum Abschluß eines Friedensvertrags, der eine Regierungsbeteiligung der UNITA vorsieht. Im Febr. 1995 beschloß der UN-Sicherheitsrat die Entsendung einer 7 600 Mann starken Blauhelmtruppe zu dessen Überwachung. Im Mai 1995 wurde ein Abkommen über deren Stationierung zw. der UNO und der angolan. Reg. geschlossen, nachdem die Führung der UNITA zuvor die angolan. Reg. unter Präs. DOS SANTOS offiziell anerkannt hatte (6. 5. 1995) und die Militärführungen beider Seiten Vereinbarungen über Truppenentflechtungen geschlossen hatten. Im Aug. 1995 akzeptierte SAVIMBI seine Ernennung zum Vize-Präs. unter Staatspräs. DOS SANTOS.

Anhalt-Zerbst, Landkreis im Reg.-Bez. Dessau, Sachs.-Anh., 1 225 km², (1994) 79 500 Ew.; Kreisstadt ist Zerbst. Das an die kreisfreie Stadt Dessau und an Brandenburg grenzende Kreisgebiet reicht von der S-Flanke des Hohen Fläming bis in die Elbniederung, die z. T. zum Biosphärenreservat Mittlere Elbe (Auwälder) gehört. Verbreitet sind Kiefernforste. Auf Ackerflächen werden vorwiegend Roggen, Ölfrüchte und Futterpflanzen angebaut, um Zerbst Gemüse. In der Elbniederung wird Grünlandwirtschaft betrieben. Die Tierhaltung ist v. a. auf Milchvieh und Schweine ausgerichtet. Größte Stadt ist Zerbst (1994: 17 300 Ew.), weitere Städte sind Roßlau (Elbe), Coswig (Anhalt), Oranienbaum, Loburg, Wörlitz und Lindau. Gefördert wurde die Ansiedlung von kleinen und mittelständ. Unternehmen im Dessorapark Oranienbaum, im Gewerbegebiet Klieken-Coswig (Anhalt), am Industriehafen von Roßlau (Elbe) sowie im Zerbster Gewerbegebiet Frauentormark. Anziehungspunkte des Fremdenverkehrs sind v. a. der Wörlitzer Park sowie die Schlösser in Oranienbaum und Leitzkau. – Der Kreis wurde am 1. 7. 1994 aus den früheren Kreisen Roßlau und Zerbst gebildet; eingegliedert wurden die Städte Oranienbaum und Wörlitz sowie acht weitere Gemeinden des früheren Kr. Gräfenhainichen.

Animation, *Informatik:* →Computeranimation.

*****Anklam 2):** Der seit 3. 10. 1990 zum Land Meckl.-Vorp. gehörende Landkreis A. ging am 12. 6. 1994 im Kr. Ostvorpommern auf, dessen Kreisstadt Anklam wurde.

*****Anlegerschutz:** Mit dem am 1. 1. 1995 in Kraft getretenen Wertpapierhandels-Ges. vom 26. 7. 1994 ist auch der A. als Verbraucherschutz bei der Anlageberatung verbessert worden. Den Wertpapierdienstleistungsunternehmen (v. a. Banken) werden dabei Verhaltensregeln, Aufzeichnungs- und Aufbewahrungspflichten auferlegt, die vom Bundesaufsichtsamt für den Wertpapierhandel überwacht werden. Zuwiderhandlungen werden mit Geldbußen bis zu 100 000 DM geahndet. Die Kreditinstitute sind insbesondere verpflichtet, ihre Beratungsdienstleistungen mit der erforderl. Sorgfalt, Sachkenntnis und Gewissenhaftigkeit im Interesse des Kunden zu erbringen, von ihren Kunden Angaben über deren Erfahrungen oder Kenntnisse im Wertpapiergeschäft zu verlangen und dem Anleger alle zweckdienl. Informationen über die mögl. Geschäfte (z. B. über die Risiken) mitzuteilen. Auch müssen Aufzeichnungen über die Beratungsgespräche angefertigt und sechs Jahre lang aufbewahrt werden.

*****Annaberg 3):** In den seit 3. 10. 1990 zum Land Sachsen gehörenden Landkreis A. wurden am 1. 8. 1994 die Städte Ehrenfriedersdorf und Thum sowie drei weitere Gemeinden (früher Kr. Zschopau) eingegliedert. Der neugebildete Landkreis A. im Reg.-Bez. Chemnitz umfaßt 438 km² und (1995) 92 300 Ew.; Kreisstadt ist Annaberg-Buchholz. Das im Westerzgebirge gelegene Kreisgebiet reicht bis zum Erzgebirgskamm, auf dem die Grenze zur Tschech. Rep. verläuft. Von Oberwiesenthal führt eine Seilschwebebahn auf den Fichtelberg, den zweithöchsten Berg des Erzgebirges (1 214 m ü. M.; Wintersportzentrum). Beliebte Kletterfelsen sind die Greifensteine. Auf kargen Böden werden überwiegend Futterpflanzen angebaut. Der Landkreis ist geprägt durch den ehem. Bergbau (seit 1240), vorwiegend auf Silber, Kobalt und Zinn, später Uran; der Zinnerzbergbau in Ehrenfriedersdorf wurde am 27. 9. 1990 eingestellt. Vorhanden sind Schaubergwerke. Hauptwirtschaftszweige sind Industrie, v. a. Metall-, Kunststoffverarbeitung und Textilindustrie (Tradition hat die Posamentenherstellung), und Fremdenverkehr. Größte Stadt ist Annaberg-Buchholz (1995: 23 100 Ew.). Fremdenverkehr haben die Städte Geyer, Jöhstadt, Scheibenberg und v. a. Oberwiesenthal (Kurort). Weitere Städte sind Ehrenfriedersdorf, Elterlein, Schlettau und Thum.

*****Anouilh,** Jean, frz. Dramatiker: † Lausanne 3. 10. 1987.

Anrechnungszeiten, *Rentenversicherung:* Bez. für Zeiten, in denen der Versicherte keine Beiträge geleistet hat, die aber bei der Wartezeit und bei der Rentenberechnung berücksichtigt werden, v. a. Schul- und Hochschulausbildung, Krankheit und Arbeitslosigkeit. Durch die Rentenreform von 1989 wurde die bisherige Bez. ▷ Ausfallzeiten durch A. ersetzt. Außerdem werden seither Zeiten der Schul- und Hochschulausbildung nach vollendetem 16. Lebensjahr bis zu sieben Jahren angerechnet.

*****Anrufbeantworter:** Die modernsten Geräte sind volldigitalisierte A. mit Signalprozessoren, die eine Komprimierung der digitalisierten Anrufe vornehmen und damit eine längere Aufzeichnungsdauer ermöglichen. Die Reduzierung der Datenraten von 30 auf 10 KByte/s führt allerdings zu einer verschlechterten Tonqualität bei der Wiedergabe. Volldigitalisierte A. zeigen z. B. die Anzahl der gespeicherten Gespräche an, vermerken über eine Sprachausgabe Tag und Uhrzeit des Anrufs, ermöglichen eine Fernabfrage oder eine Rufweitermeldung an eine einprogrammierte Rufnummer. Eine eingebaute VIP-Funktion wählt aus den eingehenden Gesprächen nach einem programmierten Code bestimmte Anrufe aus und leitet sie an das Telefon weiter, auch wenn der A. eingeschaltet ist, bzw. aktiviert danach die Rufweitermeldung.

Antall [ˈɔntɔl], József, ungar. Politiker, *Budapest 8. 4. 1932, † ebd. 12. 12. 1993; Archivar, auch Lehrer; am Volksaufstand in Ungarn 1956 beteiligt, nach dessen Niederschlagung zeitweilig in Haft. Im Zuge des Demokratisierungsprozesses (seit etwa 1987) wurde er im Okt. 1989 Vors. des Demokrat. Forums; nahm an den Beratungen des Runden Tisches teil. Ab April 1990 war A. Ministerpräsident.

*****Antarktis:** Der A.-Vertrag ist u. a. durch die Konvention über die Ausbeutung von Bodenschätzen in der A. vom 2. 6. 1988 und durch das Madrider Umweltschutzprotokoll vom 4. 10. 1991 ergänzt worden. Letzteres erklärt die A. zum Naturreservat des Friedens und der Wiss. und verbietet für 50 Jahre den Abbau dort vermuteter Bodenschätze.

*****Antigua und Barbuda,** amtlich engl. **Antigua and Barbuda,** Staat im Bereich der Westind. Inseln, Kleine Antillen.

József Antall

Hauptstadt: Saint John's. *Amtssprache:* Englisch. *Staatsfläche:* 442 km². *Einwohner (1992):* 66 000, 149 Ew. je km². *Städtische Bevölkerung (1991):* 31%. *Durchschnittliches Bevölkerungswachstum pro Jahr (1985-92):* 1,0%. *Bevölkerungsprojektion für 2000:* 66 000 Ew. *Ethnische Gruppen:* Schwarze 94%, Mulatten 4%, Weiße 1%. *Religion:* Anglikaner 45%, andere Protestanten 42%, Katholiken 10%, Rastafarier 1%. *Lebenserwartung der Neugeborenen (1992):* 74 Jahre. *Analphabetenquote (1985):* 10%. *BSP je Ew. (1993):* 6 390 US-$. *BIP nach Sektoren/Produktionsstruktur (1991):* Landwirtschaft 4%, Industrie 19%, Dienstleistungen 77%. *Währung:* 1 Ostkarib. Dollar (EC$) = 100 Cents. *Internationale Mitgliedschaften:* UNO, CARICOM, Commonwealth of Nations, OAS.

Geschichte: Die Wahlen am 8. 3. 1994 gewann die ALP; neuer Premier-Min. wurde LESTER BIRD, Sohn des bisherigen Amtsinhabers VERE CORNWALL BIRD.

*Antisatellitenwaffen: Nachdem die Sowjetunion nach einer Reihe erfolgreicher Versuche ihre Experimente mit ›Killersatelliten‹ Mitte der 80er Jahre eingestellt hatte, beendeten auch die USA im März 1988 bis auf weiteres ihr A.-Programm. Die Funktionsfähigkeit des amerikan. ASAT-Systems war noch im Sept. 1985 durch den Abschuß eines in 555 km Höhe umlaufenden Sonnenwindsatelliten über eine Entfernung von 8 000 km nachgewiesen worden.

*Antisemitismus: Noch immer stimmen beachtl. Teile der dt. Bev. einzelnen antijüd. Aussagen zu, doch verdichten sich diese Zustimmungen nur bei einem ›harten Kern‹ (der von Einstellungsforschern übereinstimmend auf 15% geschätzt wird) zu einem geschlossenen antisemit. Vorurteilskomplex. Dieser hat jedoch seine Motivation und Trägerschicht geändert. Es geht bei ihm heute nicht primär um Gruppenkonflikte, also um rechtl. Gleichstellung in Staat und Beruf, religiöse Toleranz oder wirtschaftl. Konkurrenz, sondern um ein Ressentiment, das sich als ›sekundärer A.‹ aus den Problemen im Umgang mit der nat.-soz. Vergangenheit Dtl.s, bes. mit dem Holocaust, ergibt.

Die öffentl. Konflikte in den vergangenen Jahren (die Gefallenenehrung in Bitburg anläßlich des Staatsbesuchs des amerikan. Präs. R. REAGAN, 1985, die geplante Uraufführung des Stücks ›Der Müll, die Stadt und der Tod‹ von R. W. FASSBINDER, 1985, der Historikerstreit 1986, die Waldheim-Affäre 1987 u. a.) spiegeln die Dominanz dieser neuen Konfliktstruktur wider. Die polit. und kulturellen Eliten streiten um den richtigen öffentl. und polit. Umgang mit der Erinnerung an den Nationalsozialismus und den Holocaust. Der gegen den A. gerichtete Konsens und eine Politik, die dt. Vergangenheit als negative Folie für ihr Handeln in der Gegenwart begreift, sind öffentlich nicht mehr strittig; die Konflikte verschieben sich deshalb auf die Fragen des Stils, der Glaubwürdigkeit, des richtigen Umgangs mit der Vergangenheit und auf konsequente und energische staatl. Reaktionen auf antisemit. Erscheinungen. In diesen Auseinandersetzungen geht es nicht mehr so sehr um den offenen, aggressiven A., sondern um die sensible Wahrnehmung indirekter Diskriminierungen der Juden durch einen falschen Umgang mit der nat.-soz. Vergangenheit und ihren Verbrechen.

Vor dem Hintergrund des Nahostkonflikts entwickelte sich im Bereich der Linken, bes. jedoch in der kommunist. Staatenwelt, aus der Kritik an Israel ein ›Antizionismus‹, der sich in der polit. Auseinandersetzung nicht immer klar vom A. abhob. Seit Anfang der 1980er Jahre erlebte die Bundesrep. Dtl., wie ganz Westeuropa, einen Aktivitätsschub des Rechtsextremismus, wobei neben einer Zunahme von Gewalttaten gegen Migranten durch neonazist. und rassist. Gruppen v. a. unter Jugendlichen (Fußball-Hooligans) antisemit. Äußerungen, Grabschändungen und Schmierereien gehäuft auftraten. Die zunehmende Aktivität rechtsextremer Gruppierungen sowie deren Konzentration auf die Leugnung des Mordes an den europ. Juden im Zweiten Weltkrieg führten zu neuen Gesetzen, zur strafrechtl. Verfolgung der →Auschwitz-Lüge. Seit 1988 haben rechtsextremist. Kräfte eine neue Formel gefunden, mit der sie den Judenmord leugnen und die kriminelle, menschenverachtende Energie des Nationalsozialismus relativieren wollen. Pseudowissenschaftl. Gutachten (›Leuchter-Report‹, ›Rudolf-Gutachten‹) wollen den Beweis erbringen, daß es technisch nicht möglich gewesen sei, Menschen in den Vernichtungslagern zu vergasen. Diese weltweit forcierte Propaganda der Revisionisten findet Resonanz in Dtl., den USA und den arab. Ländern, aber auch christl. Fundamentalisten greifen diese verworrenen Vorstellungen auf.

Nach einer ersten Mobilisierungsphase des Rechtsextremismus flaute dieser wieder ab, um dann mit der Gründung und ersten Wahlerfolgen neuer Rechtsparteien, begünstigt vom Wiederaufleben nationalist. Tendenzen im Gefolge des Zusammenbruchs des kommunist. Systems und vor dem Hintergrund der dt. Vereinigung, ab 1990 einen neuen und gewalttätigen Höhepunkt zu erreichen. V. a. Skinheads und Anhänger neonazist. Organisationen sind für die Anschläge auf Asylbewerber, Ausländer und jüd. Einrichtungen verantwortlich. Mit der Präsenz von rechtsextremen Parteien nimmt die Zahl der antisemit. Skandale und Publikationen zu, da sich in diesen Parteien ein starkes antisemit. Meinungspotential sammelt und öffentlich artikuliert. Die Isolierung der Rechtsextremen und der staatl. Repressionsdruck auf Neonazis haben einen unerwünschten Nebeneffekt: Antisemit. Verschwörungstheorien leisten die Aufgabe, das rechte Spektrum zu integrieren und die eigene Erfolglosigkeit den mächtigen ›Feind‹ zuzurechnen.

Parallel zu den international auftretenden Wellen antisemit. Mobilisierung nimmt die internat. Vernetzung (mittels moderner Kommunikationstechniken) des A. zu. Der arab. Terrorismus, der mit Anschlägen auf jüd. Einrichtungen in aller Welt, auch vielen Menschen das Leben kosten, den Friedensprozeß im Nahen Osten stören will (z. B. das Bombenattentat auf ein von jüd. Organisationen genutztes Bürogebäude am 18. 7. 1994 in Buenos Aires mit 76 Toten), bleibt international, auch im Bündnis mit dem islam. Fundamentalismus, eine anhaltende Gefahr.

W. BERGMANN u. R. ERB: A. in der Bundesrep. Dtl. Ergebnisse der empir. Forschung von 1946–1989 (1991); R. S. WISTRICH: Antisemitism. The longest hatred (New York 1991); The extreme right in Europe and USA, hg. v. P. HAINSWORTH (London 1992); H.-G. JASCHKE: Die ›Republikaner‹. Profile einer Rechtsaußen-Partei (³1994); M. W. KLOKE: Israel u. die dt. Linke. Zur Gesch. eines schwierigen Verhältnisses (²1994); Neonazismus u. rechte Subkultur, hg. v. W. BERGMANN u. a. (1994); A. in Dtl. Zur Aktualität eines Vorurteils, hg. v. W. BENZ (1995).

Antisense-Technologie [ænti'sens-, engl., zu sense ›Sinn‹], *Gentechnologie:* Verfahren zur Unterdrückung der Ablesung der genet. Information der Zelle durch die Einführung einer natürl. oder synthet. Nukleotidsequenz, die komplementär zu einer vorhandenen Nukleotidsequenz ist. Die Vorstellungen zur Wirkung der A.-T. sind u. a., daß 1) die Antisense-Sequenz an die m-RNS (Botenmolekül zur Übertragung der genet. Information vom Zellkern in das Zytoplasma) bindet, die dadurch nicht mehr abgelesen werden kann; 2) ein vorzeitiger Abbau der m-RNS stattfindet oder 3) ein vorzeitiger Ablesestopp bei der Synthese der m-RNS erfolgt. Diese Art der Genregulation ist für Prokaryonten nachgewiesen. Offen ist, ob diese Methode als therapeut. Ansatz in der Humanmedizin einsetzbar ist, da es zu einer Vielzahl von nicht vorhersagbaren Wechselwirkungen in der Zelle (z. B. Modifikationen anderer Zellfunktionen durch Bindung an Proteine) kommen kann. Im Unterschied dazu wurden bei der Analyse von Genfunktionen der Zelle außerhalb des lebenden Organismus bereits erfolgreiche Untersuchungen durchgeführt.

Antunes [-ʃ], António Lobo [-bu], portug. Schriftsteller, *Lissabon 1. 9. 1942; Arzt, Militärdienst in Angola, dann illegale Arbeit gegen A. SALAZAR und Gefängnishaft; schreibt seit den 70er Jahren Essays und in seiner Heimat sehr erfolgreiche Romane mit autobiograph. Hintergrund (›Os cus de Judas‹, 1979; dt. ›Der Judaskuß‹).

Weitere Werke: Romane: Memória do elefante (1979); Conhecimento do inferno (1980); Explicação dos pássaros (1981; dt. Die Vögel kommen zurück); Fado Alexandrino (1983); Auto dos danados (1985; dt. Reigen der Verdammten); As naus (1988); Tratado das paixões da alma (1990; dt. Die Leidenschaften der Seele); A ordem natural das coisas (1992); A morte de Carlos Gardel (1994).

Anyonen [Kw., zu engl. any ›irgendwelche‹ gebildet], *Quantenphysik:* theoret. Konzept von Teilchen, die auf zwei Raumdimensionen beschränkt und weder Bosonen noch Fermionen sind. Bei A. liefert die Vertauschung zweier nichtunterscheidbarer Teilchen einen allgemeinen Phasenfaktor exp (iπv) für die Wellenfunktion, woraus sich versch. besondere Eigenschaften ergeben; als Spezialfälle sind dabei Bosonen ($v=0$, Phasenfaktor +1) und Fermionen ($v=1$, Phasenfaktor −1) enthalten. Da reale Teilchen stets Bosonen oder Fermionen sind, sind A. nur denkbar als Anregungszustand (d. h. als ▷Quasiteilchen) in näherungsweise zweidimensionalen physikal. Systemen, deren Ausdehnung in einer Raumdimension vernachlässigt werden kann. Als derartige quasi-zweidimensionale Systeme werden u. a. Halbleiterheterostrukturen mit extrem dünnen Schichten diskutiert, in denen A. im Zusammenhang mit dem fraktionalen ▷Quanten-Hall-Effekt eine Rolle spielen könnten.

*****Apartheid:** Nach Lockerungen unter Präs. P. W. BOTHA (1984–89) hob Präs. F. W. DE KLERK seit 1990 die meisten A.-Gesetze (v. a. Einwohnerregistrierung, getrennte Wohngebiete) auf. Mit dem Inkrafttreten der zw. der weißen Minderheitsregierung und bes. dem African National Congress ausgehandelten Übergangsverfassung im April 1994 wurde die A.-Gesetzgebung insgesamt endgültig außer Kraft gesetzt.

APEC, Abk. für **Asian-Pacific Cooperation** [ˈeɪʃn pəˈsɪfɪk iːkəˈnɒmɪk kəʊəpəˈreɪʃn], **Asiatisch-Pazifische wirtschaftliche Zusammenarbeit,** Bez. für das seit 1989 (Konferenz der Außen- und Handelsminister in Canberra vom 4.–7. 11. 1989) bestehende Gesprächsforum von urspr. zwölf Staaten des Pazifikraums (neben den ASEAN-Staaten Brunei, Indonesien, Malaysia, Philippinen, Singapur und Thailand auch Australien, Japan, Kanada, Süd-Korea, Neuseeland und die USA) zur Förderung von Wachstum und wirtschaftl. Zusammenarbeit in dieser Region. Weitere Mitgl. sind seit 1991 Hongkong, Taiwan und China, seit 1993 Mexiko und Papua-Neuguinea sowie seit 1995 Chile.
Ziele sind Liberalisierung der multilateralen Handelsbeziehungen, industrielle Kooperation und Technologietransfer sowie gemeinsame Interessenvertretung im Rahmen internat. Organisationen wie der Welthandelsorganisation oder der UNCTAD. Die Schaffung einer Freihandelszone bis zum Jahr 2020 wurde 1994 beschlossen.
Organisation: Oberstes Organ ist die Konferenz der Außen- und Handelsminister. Seit 1993 finden auch Gipfeltreffen der Staats- und Regierungschefs statt. Der 1993 geschaffene Ausschuß für Handel und Investitionen berichtet jährlich über bestehende Handelshemmnisse zw. den Mitgl.-Ländern. Sitz des Sekretariats ist Singapur (seit 1992).

*****Apel,** Hans, Politiker: Wurde 1990 Vors. des Aufsichtsrates der Energiewerke Schwarze Pumpe AG in Brandenburg.

*****Apel,** Willi, amerikan. Musikforscher dt. Herkunft: † Bloomington (Ill.) 14. 3. 1988.

*****Apolda 2):** Der seit 3. 10. 1990 zum Land Thüringen gehörende Landkreis A. ging am 1. 7. 1994 im Kr. Weimarer Land auf, dessen Kreisstadt Apolda wurde.

*****Apothekenhelfer:** Die Berufs-Bez. wurde 1993 umbenannt in **pharmazeutisch-kaufmännischer Angestellter.**

*****Apotheker:** In der neuen Bundesapothekerordnung vom 19. 7. 1989 wurde eine Gesamtausbildungszeit von vier Jahren zuzüglich Famulatur von acht Wochen und Praktikum von zwölf Monaten festgelegt.

*****Appenzell 2):** Die Landsgemeinde des Kantons A.-Außerrhoden hat am 30. 4. 1989 das Frauenstimmrecht auch in Gemeindeangelegenheiten beschlossen (Art. 50 und 105 der neuen Verf. vom 30. 4. 1995).
Durch sofort vollziehbaren Beschluß des Bundesgerichts vom 27. 11. 1990 wurde im Kanton **A.-Innerrhoden** das Stimm- und Wahlrecht für Frauen auf kommunaler und kantonaler Ebene eingeführt. Die entsprechende Änderung des Art. 16 der Verf. wurde von der Landsgemeinde am 26. 4. 1994 angenommen.

APS [eɪpiːˈes], Abk. für engl. **A**dvanced **P**hoto **S**ystem (→Photographie).

*****Äquatorialguinea,** amtlich span. **República de Guinea Ecuatorial,** Staat in Westafrika, am Golf von Guinea.

Hauptstadt: Malabo. *Amtssprache:* Spanisch. *Staatsfläche:* 28 051 km². *Bodennutzung (1992):* 2 300 km² Ackerland, 1 040 km² Dauergrünland, 12 950 km² Waldfläche. *Einwohner (1994):* 389 000, 14 Ew. je km². *Städtische Bevölkerung (1991):* 37%. *Durchschnittliches Bevölkerungswachstum pro Jahr (1985–93):* 2,3%. *Bevölkerungsprojektion für 2000:* 448 000 Ew. *Ethnische Gruppen (1983):* 82,9% Fang, 9,6% Bubi, 7,5% andere. *Religion (1983):* 80% Katholiken. *Altersgliederung (1995):* unter 15 Jahre 43,3%, 15 bis unter 25 Jahre 52,4%, 65 und mehr Jahre 4,3%. *Lebenserwartung der Neugeborenen (1993):* männlich 50 Jahre, weiblich 54 Jahre. *Analphabetenquote (1990):* insgesamt 50%, weiblich 63%. *BSP je Ew. (1993):* 360 US-$. *BIP nach Sektoren/Produktionsstruktur (1991):* Landwirtschaft 50%, Industrie 7%, Dienstleistungen 43%. *Währung:* 1 CFA-Franc = 100 Centimes. *Internationale Mitgliedschaften:* UNO, OAU.

Geschichte: Staatspräs. T. O. N. MBASOGO wurde 1989 durch Wahlen mit angeblich 99% der Stimmen im Amt bestätigt. 1991 trat eine neue Verf. in Kraft, die ein Mehrparteiensystem etablierte, zugleich jedoch die Fortführung der Amtszeit des Präs. ohne jegliche Amtsenthebungsmöglichkeiten beinhaltete. Bei den ersten Parlamentswahlen seit dem Putsch von 1979 erzielte die 1987 durch Präs. MBASOGO gegründete Reg.-Partei (Partido Democrático de Guinea Ecuatorial, PDGE) im Nov. 1993 die Stimmenmehrheit, nachdem die meisten Oppositionsparteien ebenso wie die Mehrheit der Wähler die Wahl wegen des Wahlrechts, das faktisch alle prominenten Oppositionspolitiker ausschloß, boykottiert hatten. Die danach gebildete Reg. wird weiterhin vom Präs. und seiner Familie beherrscht. Präsidentschaftswahlen sind für 1996 vorgesehen.

*****Aquino,** Corazon Cojuangco, philippin. Politikerin: Suchte mit einem Landreform-Ges. (1988) der ungleichen Verteilung von Grund und Boden entgegenzuwirken. Ein von ihr abgeschlossenes neues Stützpunktabkommen mit den USA (1988) – in Verknüpfung mit sehr starker amerikan. Wirtschaftshilfe – stieß auf den Widerstand des Senates, der es auch 1991 zu Fall brachte. A. sah sich im Laufe ihrer Amtszeit mit versch. Putschversuchen konfrontiert. 1992 verzichtete sie auf eine erneute Kandidatur für das Amt des Staatspräs. und begünstigte F. RAMOS als ihren Nachfolger.

Arab Arabische Liga – Arbeit

*Arabische Liga: Im Mai 1989 kehrte Ägypten in die A. L. zurück. Aufgrund eines Vetos von seiten Marokkos ist die Demokratische Arab. Republik Sahara (DARS) bisher nicht Mitglied. Nach einem Beschluß der A. L. (Sept. 1990) wurde ihr Sitz wieder nach Kairo verlegt. Am 15. 5. 1991 wurde der Ägypter AHMED ESMAT ABD AL-MAGID (*1923) als Nachfolger des Tunesiers C. KLIBI GenSekr. 1994 trat die Islam. Bundesrepublik der Komoren der A. L. bei.

Der Überfall Iraks auf Kuwait (Aug. 1990) löste unter den Mitgl.-Staaten tiefgreifende Spannungen aus. Im Mai 1993 bemühte sich eine Delegation der A. L. vergeblich um einen Waffenstillstand im jemenit. Bürgerkrieg. Auf ihrer 100. Sitzung (19.–20. 9. 1993) verabschiedeten die Außen-Min. der A. L. eine Resolution, die eine friedl. Lösung des Nahostkonfliktes auf der Basis der UN-Resolutionen 242, 338 und 425 unterstützt. Angesichts der zeitlich unbegrenzten Verlängerung des Kernwaffensperrvertrages (1995) kritisierte die A. L. die Tatsache, daß Israel diesem Vertrag bisher nicht beigetreten ist.

*arabische Literatur: In jüngerer Zeit haben moderne Autoren und Autorinnen in Lyrik, Prosa und Drama weitere Eigenständigkeit in formaler Gestaltung und sensibler psycholog. Durchdringung landesbezogener Inhalte entwickelt. Seit die Irakerin NASIK AL-MALAIKA und ihr Landsmann BADR SCHAKIR AS-SAYYAB (*1926, †1964) Ende der 1940er Jahre, in Abkehr von jahrhundertelang übl. formalen Traditionen von Monoreim und Monometrum, freie Rhythmen in der Poesie populär machten, ist diese lyrischer geworden, spricht stärker als früher von individuellen Gefühlen, Träumen, Sehnsüchten zur Überwindung einer frustrierenden Realität. Sie ist auch Ausdruck harscher Kritik an sozialem Unrecht, beißender Ironie angesichts polit. und sozialer Mißstände (AL-BAYATI, *1926, Irak) oder brilliert in sprachspieler. Surrealismus (ADONIS) in der literar. Spiegelung von Schönheit und Grauen in der heutigen Welt. Lyriker wie Erzähler knüpfen an Gestalten der islam. Geschichte wie den Mystiker HUSAIN IBN MANSUR AL-HALLADJ an, der 922 in Bagdad gekreuzigt wurde, als Symbol für freies Denken und Widerstand gegen Orthodoxie sowie gegen religiöses und polit. Establishment, auch an Gestalten der literar. Tradition wie Scheherazade als Urbild weibl. Klugheit und Emanzipation sowie an den span. Dichter F. GARCÍA LORCA im Kampf für polit. Freiheit. Christl. Metaphern und säkularisierte religiöse Bilder symbolisieren Leiden und Freiheitswillen der Palästinenser (MUIN BESSIESSU, *1930; M. DARWISCH).

In der Roman- und Erzählliteratur wird z. B. durch Intertextualität mit klass. Texten die Allgemeingültigkeit menschl. Erfahrungen verdeutlicht, Geschichte mit Gegenwart verwoben (GAMAL AL-GHITANI, *1945, Ägypten), und es werden, meist symbolhaft, oft kafkaesk, auch in der ›ganz kurzen Geschichte‹ (MUHAMMAD AL-MACHSANGI, *1950, Ägypten) und im Roman polit. und soziale Repressionen und ihre Folgen für das Individuum (FUAD AT-TIKIRLI, *1928, Irak; HANNA MINA, *1924, WALID ICHLASSI, *1935, Syrien) ebenso dargestellt wie die Überbürokratisierung der Gesellschaft und die psychosozialen Gegensätze zw. Stadt- und Landbevölkerung (JUSUF AL-KAID, *1944, Ägypten). Autorinnen als Betroffene behandeln zunehmend mit viel psycholog. Gespür Frauenfragen und Geschlechterbeziehungen (Hauptthema der modernen a. L. seit Beginn) in einer extrem patriarchal. Gesellschaft (z. B. NAWAL AS-SAADAWI und ALIFA RIFAAT, *1930, Ägypten; FATIMA MERNISSI, Marokko; LAILA AL-OSMAN, *1945, Kuwait; HANAN ASCH-SCHEIKH, *1945, Libanon). Das Ende des Junikriegs 1967 zw. Israel und seinen arab. Nachbarstaaten führte zur ›Literatur der Niederlage‹ (Adab an-Naksa), einer Literatur der Selbstbefragung und des Selbstzweifels. Die kritisch-engagierte nat. und individuelle Identitätssuche durch Literatur setzte sich auch nach dem Jom-Kippur-Krieg 1973 fort und fand einen Höhepunkt u. a. in EMIL HABIBIS (*1919, Palästina) iron. Roman ›Der Peptimist oder von den seltsamen Vorfällen um das Verschwinden Saids des Glücklosen‹ (1974; dt). ABD AR-RAHMAN MUNIF (*1932), jahrelang als saudiarab. Staatsbürger und Erdölingenieur in Irak tätig, jetzt in Syrien lebend, stellte in mehreren Romanen (u. a. ›Die Salzstädte‹, 7 Tle., 1984–89) die psych. und sozialen Probleme von Gesellschaften dar, die aus dem Nomadentum unmittelbar zur Erdölwirtschaft übergingen, ein Thema, das auch libysche Autoren in Erzählungen behandeln.

Das Drama als Gattung, die, bei entsprechender Gestaltung, auch Analphabeten ansprechen kann, wird, bes. von dem Syrer SAADALLAH WANNUS (*1941), seit etwa 1970 für das ›Theater der Politisierung‹ genutzt. Dramaturg. Mittel, die auf B. BRECHT und E. PISCATOR zurückgehen, in Verbindung mit traditionellen, aber aktualisierten Topoi, etwa aus Tausendundeiner Nacht, sollen polit. Repression und Machtbesitz als generell korrumpierend bewußt machen. In Marokko wird die Kunst der Makame, des mittelalterlichen arab. Schelmenromans, für die Bühnendarstellung, daneben auch das traditionelle Schattenspiel aktualisiert. Surrealist. Versdramen von SALAH ABD AS-SABUR sind reine Lesedramen.

Zeitgenöss. arab. Lyrik, hg. v. A. SCHIMMEL (1975); 28 iráq. Erzähler, hg. v. W. WALTHER (Berlin-Ost 1985); M. M. BADAWI: Modern Arabic drama in Egypt (Cambridge 1987); Modern Arabic literature, hg. v. M. M. BADAWI (Cambridge 1992); W. WALTHER: Neuere Entwicklungen in der zeitgenöss. arab. narrativen u. dramat. Lit., in: Grundr. der arab. Philologie, hg. v. W. FISCHER, Bd. 3 (1992); M. M. BADAWI: A short history of modern Arabic literature (Oxford 1993).

Arabischer Kooperationsrat, engl. **Arab Cooperation Council** [ˈærəb kəʊəpəˈreɪʃn ˈkaʊnsl], Abk. **ACC** [eɪsiːˈsi], von Ägypten, Irak, Jordanien und Jemen (Arab. Rep.) am 16. 2. 1989 in Bagdad gegründete Wirtschaftsgemeinschaft (Sitz: Amman) zur Schaffung eines gemeinsamen Marktes. Der ACC steht allen arab. Ländern offen, die nicht dem Golfrat oder der Maghreb-Union angehören. Aufgrund des 2. Golfkriegs 1990/91 gerieten die Mitgl.-Staaten in eine Gegnerschaft, die zur weitgehenden Einstellung der Zusammenarbeit im ACC führte.

*Arafat, Jasir Mohammed, palästinens. Politiker und Guerillaführer: Wurde im April 1989 vom Palästinens. Nationalrat zum Präs. des im Nov. 1988 proklamierten Staates Palästina ausgerufen. In Geheimverhandlungen mit Israel erreichte er (in das Gaza-Jericho-Abkommen (13. 9. 1993) die Anerkennung der PLO durch Israel sowie eine begrenzte Autonomie der palästinens. Araber im Gazastreifen und im Gebiet von Jericho. Im Okt. 1993 billigte der Nationalrat der PLO das Abkommen und ernannte A. zum Leiter der ›Palästinens. Behörde‹. 1994 erhielt A. mit I. RABIN und S. PERES den Friedensnobelpreis; im Jan. 1996 zum Präs. der palästinens. Autonomierats gewählt.

Araiza [-sa], Francisco, mexikan. Sänger (Tenor), *Mexiko 4. 10. 1950; gastiert an den führenden Opernhäusern der Welt; trat bes. als Mozart-Interpret sowie mit Partien aus Opern des italien. Repertoires hervor; auch Lied- und Konzertsänger.

*Aralsee: Bis 1991 war die Wasserfläche des A.s auf 37 100 km² geschrumpft, der Seespiegel auf 38,12 m ü. M. gesunken. Der Salzgehalt liegt heute bei 30 %.

*Arbeit: Die für die 1980er Jahre konstatierten innergesell., europ. und globalen Tendenzen der Entwicklung der ›Arbeitsgesellschaften‹ (HANNAH ARENDT) haben in den 1990er Jahren ihre Bedeutung nicht verloren, zugleich aber haben sich (welt)polit.

Francisco Araiza

und ökolog. Rahmenbedingungen in z. T. kaum vorherzusehender Weise geändert. Hierzu zählt v. a. das durch die Auflösung des ›Ostblocks‹ und der UdSSR zu Beginn der 1990er Jahre eingetretene Ende des Ost-West-Konflikts, damit verbunden auch das Ende eines Denkens im Schema von Systemkonkurrenz und bipolaren Strukturen. Konnte dies zunächst als Bestätigung des ›westlich‹-liberalen Modells der Industriegesellschaft und ihrer A.-Organisation gedeutet werden, so haben die gleichfalls durch die veränderte Weltsituation gegebenen neuen Aufgaben und Probleme ein solches Ausmaß angenommen, daß nun auch die möglichen Grenzen des bisher erfolgreicheren ›westl.‹ Modells in den Blick treten. Dazu kommt, daß die im Sinne nachholender Modernisierung in den 1960er Jahren für die Entwicklungsländer vorgestellten Entwicklungsprogramme nirgendwo die erwünschten Erfolge erbracht haben. Dort wo Modernisierung greift, etwa in SO-Asien, geschieht dies gerade auf der Grundlage nichtwestlich geprägter kultureller, polit. und sozialer Voraussetzungen. Schließlich sind im Laufe des 1980er Jahre auch die ökolog. Verwerfungen der modernen A.-Gesellschaften deutlicher in ihren zerstörer. Konsequenzen in Erscheinung getreten. – Folgende Tendenzen der Entwicklung von A. sind zu beobachten:

1) Die zunehmende Globalisierung von A.-Märkten, und zwar bei allen beteiligten Faktoren: Investitionen, A.-Kräften, Produktionsformen, Teilfertigung, Lagerhaltung, Logistik, Vertrieb und Verkauf. Dabei wird der bestehende A.-Markt in fortgeschrittenen Industriegesellschaften von zwei Seiten bedrängt: durch den Zugang von A.-Migranten aus Ländern mit niedrigeren Lohnniveaus und durch die Verlagerung von Produktionen oder Teilfertigungen in Länder mit deutlich geringeren A.-Kosten (oder auch mit weniger strengen gesetzl. Regelungen bezüglich der A.-Sicherheit, der Umweltemissionen oder der Forschungsethik).

2) Der für fortgeschrittene Industriegesellschaften bereits in den 1950er Jahren beobachtete Vorgang einer Verlagerung der Beschäftigung von der Industrieproduktion zu den Dienstleistungen (›Tertiarisierung‹) wird auch über das 20. Jh. hinaus anhalten. (▷ Dienstleistungsgesellschaft)

3) Fortschreitende Rationalisierung und die Umsetzung neuer Managementkonzepte (→Lean management, →Qualitätsmanagement, →Reengeneering) stellen weitergehende Anforderungen an die Qualifikation und die Qualifikationsmöglichkeiten der Arbeitnehmer, führen zugleich aber auch zur Ausgrenzung weniger qualifizierter oder weniger mobiler A.-Kräfte. Steigende A.-Produktivität (etwa 2–3 % jährlich) steht so neben einer vergleichsweise hohen Dauer- bzw. Langzeitarbeitslosigkeit, die sich in der Bundesrep. Dtl. auf etwa zehn Prozent eingependelt hat. Für die Situation hier ist auf die Besonderheit hinzuweisen, daß sich die ökonom. und soziale Ungleichheit zw. den Gebieten der ›alten‹ Bundesrep. Dtl. und der ehem. Dt. Dem. Rep. im Bereich der A. (Qualifikationsprofile, A.-Motivation, Arbeitslosigkeit, Produktivität) wiederfinden läßt.

4) Sowohl gesellschaftlich als auch individuell haben sich Bewertung und objektive Bedeutung der A. dahingehend verändert, daß sich die Grenzen eines Modells der A.-Gesellschaft, in der die soziale Geltung des Menschen nahezu ausschließlich von seiner lebenslangen berufl. Tätigkeit abhängig ist, verdeutlicht haben. Damit wird das Orientierungsmodell ›A. als Lebenssinn‹ nicht gänzlich in Frage gestellt, allerdings sind die Ansprüche der einzelnen Menschen an eine jeweils von ihnen selbst deutlicher bestimmbare Form der Tätigkeit gewachsen. Diese ›normative Subjektivierung der A.-Verhältnisse‹ (M. BAETHGE) hat

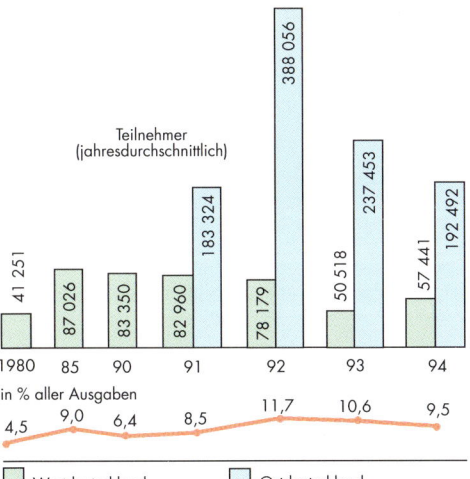

Arbeitsbeschaffung: Teilnehmer an Arbeitsbeschaffungsmaßnahmen im Jahresdurchschnitt und Anteil der Ausgaben für Arbeitsbeschaffungsmaßnahmen an den Gesamtausgaben der Bundesanstalt für Arbeit in Prozent

auch zur Folge, daß sich nicht nur die subjektiven Ansprüche an Art und Gestaltung der A. verstärkt haben (Teilzeitarbeitsplätze, flexiblere A.-Zeiten, Mitspracherechte, Betriebsklima, Enthierarchisierung, Team-A.), sie enthält auch Anreize für stärkeres Engagement, z. B. in der berufl. Weiterbildung, und verstärkt die Tendenz einer zunehmenden Individualisierung von A. auch in gleichen Tätigkeitsbereichen und vergleichbaren Arbeitseinheiten.

5) Nicht zuletzt die größere Flexibilität von A.-Verhältnissen spiegelt die wachsende und sich fortsetzende Integration von Frauen in den A.-Markt wider, wobei dieser eben nicht mehr unbedingt dem Grundmodell der A.-Organisation der ›klassischen‹ Industriegesellschaft (Vollzeit-, Lebenszeit-A., Verbleib in einem Tätigkeitsbereich) entspricht.

6) Anhaltende Arbeitslosigkeit und die vielfach modifizierten Bedürfnisse betriebl. Planung haben in vielen Gesellschaften zu Ansätzen der Deregulierung von A.-Formen (Haustarifverträge, Subunternehmertum, ›ungeschützte Arbeitsverhältnisse‹) und entsprechenden Gesetzen (Arbeitszeitrechts-Ges., →Arbeitszeit, →Arbeitsvermittlung, →Beschäftigungsförderungsgesetz) geführt.

7) Die Formen des A.-Verhaltens der Individuen haben sich vervielfältigt; größere Gruppen der Bev. erlauben sich wechselnde A.-Verhältnisse, wobei die Orientierung an einem möglichst hohen Einkommen nicht mehr unbedingt im Vordergrund des A.-Verhaltens steht.

8) Der in den 1970er Jahren vertretene Ansatz einer ›Humanisierung der A.‹, die auf die Förderung von Selbständigkeit, Mitsprache, Team-A. und freundl. A.-Umwelt zielte, wird in bestimmten Bereichen der großindustriellen Produktion aufgenommen, auch wenn er international durch die entgegengesetzt organisierte Fertigung japan. Fabriken unter Konkurrenzdruck geraten ist. Ebenso läßt sich eine Requalifizierung der A. in kleineren Betrieben beobachten.

9) Eine zunehmende Überalterung auch der A.-Kräfte wird neue Anforderungen an das Berufs- und Qualifikationsprofil von Arbeitnehmern stellen, wobei das Ausmaß der fehlenden bzw. erforderten A.-Kräfte durchaus umstritten ist. Außerdem wird damit eine zunehmende Einwanderung als sinnvoll begründet.

Arbe Arbeitnehmerpauschbetrag – Arbeitskosten

10) Durch die veränderten Arbeitsformen und -verhältnisse werden schließlich auch die Grundlagen der modernen Industriegesellschaft selbst erneut in den Mittelpunkt der Diskussion gerückt: einmal in der Fragestellung, ob sich die grundlegende Existenzsicherung der Bürger weiterhin an ihre Lage im A.-Zusammenhang binden läßt (›Grundeinkommen‹ ohne Bezug zur A. als Gegenmodell, R. DAHRENDORF), zum anderen wird eine ›Spiritualisierung‹ der A. gefordert in dem Verständnis, daß der Mensch zwar der A. bedarf, um sich selbstbewußt entwickeln zu können, daß er aber zugleich nicht in der A. seinen einzigen Bezugsbereich finden soll. Hierbei wird das Ende der A.-Gesellschaft auch unter der Frage gesehen, ob mit den verminderten Anforderungen betrieblich normierter A. nicht der Bereich einer umfassenderen, selbstbestimmteren ›Tätigkeit‹ eine größere Chance erhalten könnte. Anhand der Stellung und Bewertung der A. lassen sich somit aktuelle Gesellschafts- und Menschenbilder (unterschiedl. ›Ökonomien‹, O. NEGT) festmachen: die Ökonomie zweckrationaler Verfügung und Planung, innerhalb derer der Mensch als Mittel zum Zweck fungieren soll, und die Ökonomie eines umfassenderen, konkreten Lebenszusammenhangs, innerhalb dessen der Mensch zum selbständigen und selbsttätigen ›Selbstzweck‹ (I. KANT) zu werden vermag.

C. OFFE u. R. G. HEINZE: Organisierte Eigenarbeit (1990); M. KRONAUER u. a.: Im Schatten der A.-Gesellschaft (1993); A. der Zukunft – Zukunft der A., hg. v. der Alfred-Herrhausen-Gesellschaft für Internationalen Dialog (1994); Umbrüche gesellschaftl. A., hg. v. N. BECKENBACH u. a. (1994).

Arbeitnehmerpauschbetrag, *Einkommensteuerrecht:* in § 9 a EStG 1990 verankerter pauschaler Abzug in Höhe von 2 000 DM für Werbungskosten bei Einkünften aus nichtselbständiger Arbeit. Der A. ersetzte mit Wirkung vom 1. 1. 1990 den alten Werbungskostenpauschbetrag in Höhe von 564 DM, den Arbeitnehmerfreibetrag und den Weihnachtsfreibetrag. (→Einkommensteuer)

*Arbeitnehmerüberlassung: A. an Betriebe des Baugewerbes ist für Arbeiten unzulässig, die üblicherweise von Arbeitern verrichtet werden. Das Bundesverfassungsgericht hat diese Einschränkung 1987 in einem Urteil als verfassungsgemäß erklärt. – Mit dem →Beschäftigungsförderungsgesetz 1994 wurden die Möglichkeiten erweitert, Anträge auf A. zu genehmigen oder zu verlängern. Die Überlassungsdauer war schon zuvor durch Novellierung des A.-Gesetzes von sechs auf neun Monate verlängert worden.

*Arbeitsbeschaffung: Maßnahmen zur A. (ABM) sollen prinzipiell nur in Arbeitsamtsbezirken durchgeführt werden, deren Arbeitslosenquote über der des Bundesdurchschnitts liegt (bis Ende 1995 sind anstelle des Bundesdurchschnitts die Durchschnitte jeweils des alten und neuen Teils des Bundesgebietes getrennt zugrunde zu legen).

Seit 1. 1. 1995 beziehen sich die Lohnkostenzuschüsse der Bundesanstalt für Arbeit nicht mehr auf das tarifl. bzw. ortsübliche Arbeitsentgelt, sondern auf das ›berücksichtigungsfähige Arbeitsentgelt‹ (höchstens 90 % der Arbeitsentgelte für gleiche oder vergleichbare, nicht geförderte Tätigkeiten). Grundsätzlich werden Zuschüsse in Höhe von 50 bis 75 % dieses Entgelts gewährt (Regelförderung), in Ausnahmefällen auch bis zu 90 % oder bis zu 100 %.

In Ost-Dtl. wurde die A. in ungleich stärkerem Maß als in den alten Bundesländern eingesetzt. Ursache war das Bestreben der Bundes-Reg. und der ostdt. Landesregierungen, u. a. durch forcierte ABM rasch und mit vorzeigbarem Erfolg auf die stark schrumpfende Beschäftigung, die hohe Arbeitslosigkeit sowie die Vernachlässigung der Infrastruktur und des Umweltschutzes in den neuen Bundesländern zu reagieren. Deshalb werden dort ABM bis Ende 1995 zu günstigeren Bedingungen (z. B. leichterer Zugang zum 100 %igen Lohnkostenzuschuß bei ABM von →Beschäftigungsgesellschaften und Gewährung von Sachkostenzuschüssen) gefördert. In Ost-Dtl. diente der rapide Ausbau der ABM der Finanzierung von 402 000 Personen (2. Hälfte 1992), wobei der Frauenanteil an der A. programmgemäß zunahm (1994: 60,2 %; 1991: 35,6 %). Seit 1992 wurde die ABM-Förderung in Ost-Dtl. wegen Etatkürzungen bei der Bundesanstalt für Arbeit vermindert (1994: 192 000). →Beschäftigungsförderungsgesetz. BILD S. 37.

Arbeitseinkommensquote, ▷Einkommensverteilung.

Arbeitsförderungsgesellschaft, die →Beschäftigungsgesellschaft.

*Arbeitsgemeinschaft der Verbraucher: Die AgV heißt seit 1986 wieder (wie 1953–71) **Arbeitsgemeinschaft der Verbraucherverbände e. V.** Der AgV gehören (1995) 37 Mitgliedsverbände und -institutionen an; 1990 wurden die fünf Verbraucherzentralen in den neuen Bundesländern Mitglieder. Im Rahmen der Europ. Union entsendet die AgV Vertreter in den Beratenden Verbraucherrat der EU-Kommission (Conseil Consultatif des Consommateurs) und in den Wirtschafts- und Sozialausschuß der EU.

*Arbeitsgerichtsbarkeit: In der *Schweiz* wurde der Streitwert für einfache und rasche Verfahren auf 20 000 sfr erhöht (Art. 343 OR i. d. F. v. 18. 3. 1988).

*Arbeitskosten: In der Bundesrep. Dtl. sind die A. nach dem Zweiten Weltkrieg ständig gestiegen, wobei die Tendenz der stärkeren Zunahme der Arbeitsnebenkosten im Vergleich zu den Arbeitsgrundkosten

---

Arbeitskosten je Arbeitnehmer im produzierenden Gewerbe*)

Jahr	Arbeitskosten insgesamt in DM	davon Arbeitsgrundkosten in DM	Arbeitsnebenkosten in DM	Arbeitsnebenkosten in %	Arbeitsnebenkosten in % der Arbeitsgrundkosten
Westdeutschland					
1981	46 728	26 630	20 098	43,0	75,5
1984	53 987	30 130	23 857	44,3	79,2
1988	62 057	34 383	27 674	44,6	80,5
1992	75 197	41 671	33 526	44,6	80,5
1993	77 450	42 950	34 500	44,5	80,3
1994	80 200	44 500	35 700	44,5	80,2
Ostdeutschland					
1992	41 494	24 957	16 537	39,9	66,3
1993	49 000	29 380	19 620	40,0	66,8
1994	55 340	32 980	22 360	40,4	67,8

*) Unternehmen mit mindestens 10 Beschäftigten; ab 1993 Schätzungen des Instituts der deutschen Wirtschaft.
Quelle: Statistisches Bundesamt.

Arbeitskosten in der verarbeitenden Industrie (1994)

	gesamte Arbeitskosten je Stunde in DM	davon Arbeitsgrundkosten in DM	Arbeitsnebenkosten in %	Arbeitsnebenkosten in % der Arbeitsgrundkosten
USA	27,97	8,41	30,1	43,0
Schweiz	41,47	14,24	34,3	52,3
Westdeutschland	43,97	19,76	44,9	81,6
Italien	27,21	13,67	50,2	101,0
Japan	36,01	14,73	40,9	69,2
Frankreich	28,92	13,92	48,1	92,8
Österreich	35,19	17,43	49,5	98,1
Großbritannien	22,06	6,31	28,6	40,1

Umrechnung in DM: Jahresdurchschnitt der amtlichen Devisenkurse.
Quelle: Institut der deutschen Wirtschaft.

Arbeitslosenversicherung – Arbeitslosigkeit **Arbe**

sich fortsetzte. In den 1990er Jahren hat sich in West-Dtl. der Anteil der Arbeitsnebenkosten an den Arbeitsgrundkosten bei rd. 80% stabilisiert, während er in den neuen Bundesländern 1992–94 leicht auf 67,8% stieg. Die A. in den neuen Bundesländern erreichten (1994) 69% der A. in West-Dtl. (1992: 55%). Bei der Struktur der Arbeitsnebenkosten sind bes. die tarifl. und betriebl. Arbeitsnebenkosten (z.B. Urlaub, Urlaubsgeld, betriebl. Altersversorgung) niedriger als in den alten Bundesländern. Im internat. Vergleich der industriellen A. pro Stunde belegt West-Dtl. 1994 zum sechsten Mal hintereinander die erste Position. Deutlich niedrigere A. als die westl. Industrieländer weisen Entwicklungs- und Schwellenländer auf. So betrugen 1993 die A. in Singapur 23,3%, in Taiwan und Süd-Korea 19,9% und in Thailand 6,2% der westdt. Arbeitskosten.

Arbeitslosenversicherung: Mit der zunehmenden →Arbeitslosigkeit wuchsen die Aufwendungen für die A. und die aktive Arbeitsmarktpolitik in der Bundesrep. Dtl. kräftig (Gesamtausgaben der Bundesanstalt für Arbeit 1993: 109,5 Mrd. DM, 1989: 39,8 Mrd. DM). Zur Finanzierung wurde der Beitragssatz zur A. ab 1. 4. 1991 von 4,3% auf 6,8%, 1992 auf 6,3% und ab 1993 auf 6,5% (bis zur Höhe der Beitragsbemessungsgrenze der Rentenversicherung für Arbeiter und Angestellte) festgelegt. Zusätzlich wurden Einsparungen an der A. vorgenommen und die mißbräuchl. Inanspruchnahme von Versicherungsleistungen verstärkt bekämpft. Im Rahmen der Spar- und Konsolidierungspolitik wurden in der A. zum 1. 1. 1994 folgende Leistungen gekürzt (in Prozent des Nettoarbeitsentgelts, in Klammern Zahlen für Leistungsempfänger ohne Kind): Arbeitslosengeld, Kurzarbeitergeld und Schlechtwettergeld von 68% (63%) auf 67% (60%), Arbeitslosenhilfe und Eingliederungshilfe von 58% (56%) auf 57% (53%), Übergangsgeld (im Rahmen der Berufshilfe) von 80% (70%) auf 75% (68%) und Unterhaltsgeld (ausgenommen laufende Fälle) von 73% (65%) auf 67% (60%). – Die Höhe der Leistungen der A. ist nach Dauer der Beschäftigungszeit und der Lebensjahre bei Anspruchsbeginn gestaffelt: Eine Beschäftigung von mindestens 1 920 Kalendertagen und 54 Jahre bei Anspruchsbeginn ergab 1994 eine Anspruchsdauer von 832 Kalendertagen. – Das Schlechtwettergeld wird in der Periode 1995/96 nur noch für einen verkürzten Zeitraum (die Monate Jan. bis März 1996 sind gestrichen) gezahlt und fällt dann gänzlich weg.

Österreich: Der Beitragssatz beläuft sich auf 6% (Stand Mai 1995). Für ältere Arbeitnehmer ist die Höchstdauer für Leistungen der A. 39 Wochen; sie umfassen bis zu 58% des monatl. Nettogehalts der letzten sechs Beschäftigungsmonate. Seit dem 1. 7. 1990 beträgt der Elternkarenzurlaub zwei Jahre.

Schweiz: In der 1. Hälfte der 90er Jahre ist die A. weiter ausgebaut worden: U.a. wurde die Höchstbezugsdauer ab 1. 4. 1993 von 300 auf 400 Tage verlängert.

Arbeitslosigkeit: Seit Mitte der 1970er Jahre und im Gefolge der Rezession Anfang der 1990er Jahre ist die A. in fast allen Industrieländern ständig gestiegen. In der EG waren (1994) 11,5% der Erwerbspersonen arbeitslos (1990: 8,2%). In den OECD-Ländern stieg die Arbeitslosenquote von (1990) 6,2% auf (1994) 8,1%. Die Werte streuen allerdings von (1994) 2,7% in Luxemburg bis 24,1% in Spanien.

Deutschland

Im wiedervereinigten Dtl. stieg die Zahl der Arbeitslosen im Jahresdurchschnitt von (1991) 2,6 Mio. auf (1994) 3,7 Mio.; dies entspricht Arbeitslosenquoten von 8,4% bzw. 10,6%. Damit ist allerdings die Unterauslastung des Arbeitskräftepotentials nicht hinrei-

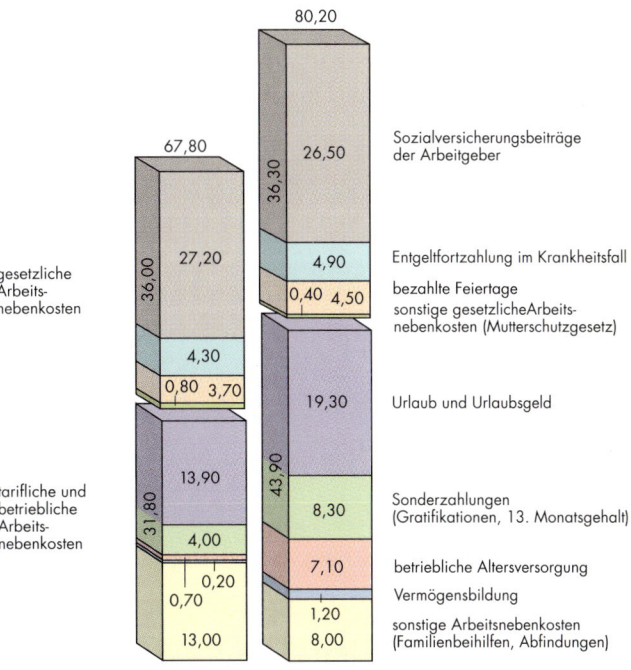

Arbeitskosten: Arbeitsnebenkosten je Arbeitnehmer im produzierenden Gewerbe (Unternehmen mit mindestens 10 Beschäftigten) in Ostdeutschland (links) und in Westdeutschland (rechts) in DM je 100 DM Arbeitsgrundkosten 1994

chend beschrieben. Neben den 3,7 Mio. registrierten Arbeitslosen sind auch diejenigen Erwerbspersonen zu nennen, die der stillen Reserve zugerechnet werden (1,6 Mio.) oder – v. a. in den neuen Bundesländern – durch besondere arbeitsmarktpolit. Maßnahmen vor direkter A. bewahrt wurden (1,8 Mio.; davon 1,2 Mio. in den neuen Bundesländern). Die Unterauslastung des Produktionsfaktors Arbeit ist damit im Jahresdurchschnitt auf 7,1 Mio. Personen zu beziffern.

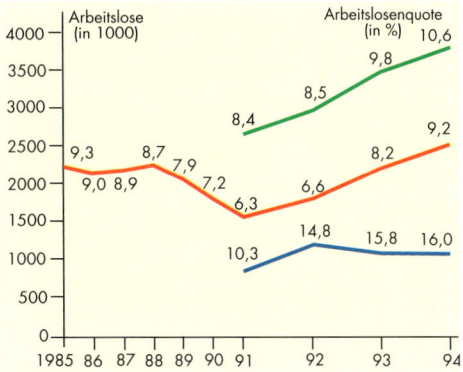

Arbeitslosigkeit: Entwicklung der Arbeitslosigkeit 1985–94 in den alten (rote Kurve) und den neuen Bundesländern (blaue Kurve) sowie in Gesamtdeutschland (grüne Kurve)

Knapp ein Drittel der Arbeitslosen ist weniger als 3 Monate ohne Arbeit (alte Bundesländer 1994: 31,1%; neue Bundesländer: 27,0%). Dies bedeutet, daß die Gesamtzahl der im Jahresverlauf von A. betroffenen Personen erheblich höher ist als die jahresdurch-

Arbe Arbeitslosigkeit

Arbeitslosigkeit: Regionale Arbeitslosenquoten in Deutschland

	1991	1992	1993	1994
	\multicolumn{4}{c}{jeweils Jahresdurchschnitte (in %)}			
Schleswig-Holstein	7,3	7,2	8,3	9,0
Hamburg	8,7	7,9	8,6	9,8
Niedersachsen	8,1	8,1	9,7	10,7
Bremen	10,7	10,7	12,4	13,7
Nordrhein-Westfalen	7,9	8,0	9,6	10,7
Hessen	5,1	5,5	7,0	8,2
Rheinland-Pfalz	5,4	5,7	7,5	8,4
Saarland	8,6	9,0	11,2	12,1
Baden-Württemberg	3,7	4,4	6,3	7,5
Bayern	4,4	4,9	6,4	7,1
Berlin (Teil West)	9,4	11,1	12,3	13,3
Bundesgebiet (West)	**6,3**	**6,6**	**8,2**	**9,2**
Mecklenburg-Vorpommern	–	16,8	17,5	17,0
Brandenburg	–	14,8	15,3	15,3
Sachsen-Anhalt	–	15,3	17,2	17,1
Sachsen	–	13,6	14,9	15,7
Thüringen	–	15,4	16,3	16,5
Berlin (Teil Ost)	–	14,3	13,7	13,0
Bundesgebiet (Ost)	–	**14,8**	**15,8**	**16,0**

Quelle: Bundesanstalt für Arbeit.

schnittl. Arbeitslosenzahl. So wurden in Dtl. 1994 im Jahresverlauf 6,08 Mio. Personen arbeitslos; zus. mit dem Bestand an Arbeitslosen zum Jahresbeginn (3,69 Mio.) waren 9,77 Mio. Personen von A. betroffen. Gleichzeitig schieden 6,21 Mio. Personen aus der A. aus, da sie einen neuen Arbeitsplatz fanden (3,12 Mio.; knapp die Hälfte durch Vermittlung der Arbeitsämter) oder in die Nichterwerbstätigkeit bzw. die stille Reserve abwanderten (3,08 Mio.), so daß sich die Arbeitslosenzahl zum Jahresende 1994 lediglich um 129 000 auf 3,56 Mio. verringerte.

Bei der anhaltend hohen A. kommt es zunehmend zu Verlagerungen der Leistungen der Arbeitslosenversicherung vom Arbeitslosengeld zur Arbeitslosenhilfe und weiter zur Sozialhilfe sowie zu neuen Formen der →Armut. Die durchschnittl. jährlich den öffentl. Haushalten entstehenden Kosten der A. für Empfänger von Arbeitslosengeld werden auf (1993) 43 800 DM in den alten und 29 300 DM in den neuen Bundesländern geschätzt. Multipliziert man diese Beträge mit den Arbeitslosenzahlen, wird deutlich, daß diese Kosten der A. rd. 146 Mrd. DM betrugen (112 Mrd. DM in den alten und 34 Mrd. DM in den neuen Bundesländern). Hinzuzurechnen wären noch die Kosten für Arbeitslose, die Arbeitslosenhilfe oder Sozialhilfe erhalten. Dies führt zu der Forderung, Arbeit statt A. zu finanzieren, d.h., verstärkt eine aktive Arbeitsmarktpolitik zu betreiben und die Ausgaben dafür zu steigern (→Arbeitsmarkt).

Alte Bundesländer: Trotz des 1982 einsetzenden und bis Anfang der 1990er Jahre anhaltenden Wirtschaftsaufschwungs verharrt die A. auf relativ hohem Niveau. Allerdings verlief die Entwicklung regional und sektoral unterschiedlich: Traditionelle Industriestandorte im Saarland, dem Ruhrgebiet und in Küstenregionen fielen weiter hinter Regionen in Bad.-Württ. und Südbayern mit vergleichsweise modernen Produktionsstrukturen (Fahrzeug-, Maschinenbau, Elektroindustrie) zurück. Die dt. Vereinigung führte wegen der hohen nachfragewirksamen Transfers dazu, daß sich die Ende der 1980er Jahre weltweit beginnende Rezession erst ab 1992 auf dem westdt. Arbeitsmarkt niederschlug. Die Arbeitslosenzahl stieg seither wieder an und erreichte mit (1994) 2,56 Mio. einen neuen Höchststand.

Die regional höchsten Arbeitslosenquoten wurden 1994 auch im norddt. Küstenregionen (z. B. Wilhelmshaven 14,7%, Bremerhaven 14,3%, Leer 13,0%, Emden 12,8%), der niedersächs. Automobilregion (z. B. Helmstedt 14,4%, Hannover 12,4%), dem Saarland (z. B. Saarbrücken 13,5%) und dem Ruhrgebiet gemeldet (z. B. Duisburg 15,4%, Dortmund 14,9%, Gelsenkirchen 14,2%, Bochum 14,0%). Bes. niedrige Arbeitslosenquoten weisen einige Arbeitsamtsbezirke in Südbayern auf (z. B. Freising 4,7%, Donauwörth 4,9%). Nach Bundesländern sind Erwerbspersonen in Bad.-Württ., Bayern und Hessen am wenigsten von A. betroffen.

Das Risiko, arbeitslos zu werden und zu bleiben, wird stark von persönl. Merkmalen beeinflußt. Viele Arbeitnehmer sind nicht ausreichend oder dem Bedarf entsprechend ausgebildet. So beträgt der Anteil der Nichtfacharbeiter und einfachen Angestellten an der Zahl der Arbeitslosen (1994) 57,9%; der Anteil der Arbeitslosen ohne abgeschlossene Berufsausbildung ist leicht rückläufig (1994: 46,3%). Als Problemgruppen, die bes. von →Langzeitarbeitslosigkeit betroffen sind, werden Behinderte, ausländ., gering qualifizierte und ältere Arbeitnehmer angesehen. Analysen der Arbeitsmarktforschung zeigen, daß dem Alter das größte Gewicht bei der Wiedereingliederung zukommt. So war 1994 jeder fünfte Arbeitslose älter als 55 Jahre; der Anteil hat sich von (1975) 10,2% auf (1994) 21,3% mehr als verdoppelt. Dabei bleibt unberücksichtigt, daß eine größere Zahl älterer Arbeitsloser mit vollendetem 60. Lebensjahr das vorgezogene Altersruhegeld beantragt und aus dem Erwerbsleben ausscheidet sowie 58jährige auf Vermittlungsbemühungen der Arbeitsämter verzichten können und nicht mehr als Arbeitslose gezählt werden. Überdurchschnittlich von A. betroffen waren 1985–93 auch Frauen. Bis 1990 lag die Arbeitslosenquote der Frauen um etwa 2% über der Quote der Männer. Seit-

Arbeitslosigkeit: Arbeitslosenquoten im internationalen Vergleich

Jahr	Arbeitslosenquote (in %)
Deutschland	
1990	6,2
1994	9,6
Österreich	
1990	3,2
1994	4,4
Schweiz	
1990	0,5
1994	4,7
Frankreich	
1990	8,9
1994	12,5
Großbritannien	
1990	6,9
1994	9,6
Italien	
1990	11,5
1994	11,7
Japan	
1990	2,1
1994	2,9
USA	
1990	5,5
1994	6,0
EU (12 Staaten)	
1990	8,2
1994	11,5

Quelle: OECD.

her haben sich die Quoten mehr und mehr angeglichen und waren 1994 gleich hoch. Die Arbeitslosenquote der Ausländer liegt mit (1994) 16,2% deutlich über der Durchschnittsquote.

Neue Bundesländer: Die A. entwickelte sich hier in kürzester Frist von einer planwirtschaftl. Vollbeschäftigung (9,75 Mio. Erwerbstätige im Herbst 1989) in einem Umfang, der auch Größenordnungen in vergleichbaren mittel- und osteurop. Transformationsstaaten übertraf. Für den raschen Abbau von Arbeitsplätzen waren mehrere Gründe maßgebend. Die mit der Wirtschafts-, Währungs- und Sozialunion vom 1. 7. 1990 verbundene starke währungspolit. Aufwertung der Wirtschaft der Dt. Dem. Rep. setzte die Betriebe unter starken Anpassungsdruck. Die in der Folgezeit vereinbarte relativ schnelle Angleichung der ostdt. Löhne und Gehälter an die westdt. verschärften die Situation, da keine ähnlich hohen Produktivitätsfortschritte folgten. Hinzu kam, daß die sektorale Struktur der Wirtschaft der Dt. Dem. Rep. jener der alten Bundesländer in den 1960er Jahren entsprach, wodurch in kürzester Frist ein grundlegender Strukturwandel zu vollziehen war. Der Wegfall der traditionellen Märkte nach dem Zusammenbruch des Rats für gegenseitige Wirtschaftshilfe (1991) sowie die Notwendigkeit, sich nun auf den gesamtdt. und internat. Märkten behaupten zu müssen, zwang die Unternehmen, in erhebl. Maß Arbeitsplätze abzubauen. Bis 1993 gingen 3,47 Mio. Arbeitsplätze, das sind 35% der 1989 existierenden Arbeitsplätze, verloren. Die Zahl der Arbeitslosen stieg 1989–94 allerdings nur um 12,5% von 913 000 auf 1,14 Mio. Dies war nur möglich durch den massiven Einsatz arbeitsmarktpolit. Maßnahmen wie Kurzarbeit (auch Kurzarbeit von null Stunden), Fortbildung und Umschulung, Arbeitsbeschaffungsmaßnahmen, Vorruhestands- und Altersübergangsgeld. Außerdem wurde durch Abwandern und Pendeln von Ost- nach West-Dtl. der ostdt. Arbeitsmarkt bis Ende 1991 um 1,2 Mio. Erwerbstätige entlastet.

Auch in den neuen Bundesländern ist die A. regional oder nach persönl. Merkmalen unterschiedlich verteilt. Regional streuen die Arbeitslosenquoten zw. (1994) 12,1% in Potsdam und 21,2% in Dessau. Hohe Quoten haben auch Annaberg (Sachsen) mit 20,3%, Altenburg (Thüringen) mit 20,2%, Sangerhausen (Sachs.-Anh.) mit 20,1% und Neubrandenburg (Meckl.-Vorp.) mit 19,7%. Vergleichsweise günstig schneiden die Ballungsgebiete Dresden (12,1%), Leipzig (13,7%), Halle (13,7%) und als Sonderfall Ost-Berlin ab (13,0%).

Die Hauptlast der Arbeitslosigkeit in den neuen Bundesländern tragen die Frauen. Ihr Anteil an der Gesamtzahl der Arbeitslosen stieg von (1992) 64,7% auf (1994) 66,9%. Auch unter den Langzeitarbeitslosen findet man überwiegend Frauen (77%). Die Frauen-A. ist mehr als doppelt so hoch wie in den alten Bundesländern (Arbeitslosenquote der Frauen 1994: 21,5% gegenüber 9,2% in den alten Bundesländern). Dagegen spielt das Kriterium der Qualifikation eine eher untergeordnete Rolle, da die Erwerbstätigen in der Dt. Dem. Rep. formalisierte Berufsausbildungen mit entsprechenden Abschlüssen hatten. Deshalb liegt der Anteil der Arbeitslosen ohne abgeschlossene Berufsausbildung nur bei 20,5% (alte Bundesländer: 46,3%). Auch die Altersstruktur der Arbeitslosen in den neuen Bundesländern stellt sich günstiger dar. Der Anteil der über 55jährigen an den Arbeitslosen liegt bei (1994) 10,3% (alte Bundesländer: 21,3%); 1992 lag er sogar nur bei 6,2%. Dies hängt damit zusammen, daß viele ostdt. Arbeitnehmer von den Möglichkeiten des Bezugs von Vorruhestands- und Altersübergangsgeld Gebrauch machten und damit aus der Erwerbstätigkeit ausschieden.

Transformations- und Entwicklungsländer

In den ehem. Staatshandelsländern mit sozialist. Planwirtschaft (Transformationsländer) trat beim Übergang von der Plan- zur Marktwirtschaft nach 1989 die verdeckte A. offen zutage. In dem Maße, wie sich die privatisierten Unternehmen im internat. Wettbewerb behaupten müssen, werden ineffiziente Produktionsstrukturen abgebaut und in erhebl. Umfang Arbeitskräfte bei i. d. R. noch unzureichend ausgebauten sozialen Sicherungssystemen arbeitslos. Die Quote der registrierten Arbeitslosen schwankt 1994 zw. 3,2% in der Tschech. Rep. und 16,2% in Polen.

Arbeitslosigkeit: Entlastung des Arbeitsmarkts durch ausgewählte Maßnahmen der Bundesanstalt für Arbeit (Jahresdurchschnittswerte in 1000)

Art der Maßnahme	alte Bundesländer			neue Bundesländer		
	1992	1993	1994	1992	1993	1994
Kurzarbeit[1]	88	229	90	193	83	46
Arbeitsbeschaffung	78	51	57	388	225	192
produktiver Lohnkostenzuschuß	–	–	–	–	34	88
Fortbildung und Umschulung[2]	250	238	226	422	345	241
Vorruhestandsgeld	–	–	–	295	213	126
Altersübergangsgeld	–	–	–	516	639	524
insgesamt[3]	605	754	601	1 821	1 551	1 230

[1] Der auf Vollzeit umgerechnete durchschnittliche Arbeitsausfall der Kurzarbeit. – [2] Vollzeitmaßnahmen. – [3] genannte Maßnahmen zuzüglich Teilnehmer an berufsfördernden Bildungsmaßnahmen (berufliche Rehabilitation), Sprachlehrgänge (v. a. für Aussiedler) und Leistungsempfänger nach § 105c Arbeitsförderungsgesetz. Quelle: Bundesanstalt für Arbeit.

Arbeitslosigkeit: Kosten für Empfänger von Arbeitslosengeld im Jahresdurchschnitt (in DM)

	alte Bundesländer	neue Bundesländer
geleistete Ausgaben	25 561	18 207
Arbeitslosengeld	17 041	12 277
Sozialhilfe, Wohngeld	242	168
Beiträge zur Renten- und Krankenversicherung	8 278	5 726
entgangene Einnahmen	18 247	11 095
Beiträge zur Rentenversicherung	5 026	3 227
Beiträge zur Krankenversicherung	875	382
Beiträge zur Arbeitslosenversicherung	2 983	2 024
Lohnsteuern	7 870	4 374
Verbrauchssteuern	1 493	1 088
Kosten insgesamt	43 808	29 302

Quelle: Institut für Arbeitsmarkt- und Berufsforschung.

Die statist. Erfassung der A. in Entwicklungsländern ist unzureichend, obwohl A. eine der drängendsten sozialen und wirtschaftl. Probleme ist. Die Internat. Arbeitsorganisation verwendet für die meisten Entwicklungsländer nicht den Begriff A., sondern spricht überwiegend von Unterbeschäftigung und Armut. Grundlegende Unterschiede zur A. in Industrieländern bestehen v. a. darin, daß soziale Sicherungssysteme kaum vorhanden sind und daß die versteckte die registrierte A. bei weitem übertrifft. So wird z. B. für Peru eine offizielle Arbeitslosenquote von (1992) 9,4% ausgewiesen, die Quote der Unterbeschäftigung aber auf 75,9% geschätzt.

M. CARLBERG: Theorie der A. Angebotspolitik versus Nachfragepolitik (1988); HANS SCHMID u. a.: Vollbeschäftigungspolitik. Der Wille zum Erfolg (Bern 1993); Systemumbruch, A. u. individuelle Bewältigung in der Ex-DDR, hg. v. T. KIESELBACH u. a. (²1993); H. FRIEDRICH u. M. WIEDEMEYER: A. – ein Dauerproblem im vereinten Dtl.? Dimensionen, Ursachen, Strategien. Ein problemorientierter Lehrtext

Arbe   Arbeitsmarkt – Arbeitszeit

(²1994); S. HUCKEMANN u. U. VAN SUNTUM: Beschäftigungspolitik im internat. Vergleich, 2 Bde. (1994); U. STASCHEIT u. E. TURK: Leitfaden für Arbeitslose. Der Rechtsratgeber zum AFG (¹¹1994); U. ENGELEN-KEFER u. a.: Beschäftigungspolitik. Wege zur Vollbeschäftigung im Europ. Binnenmarkt (³1995).

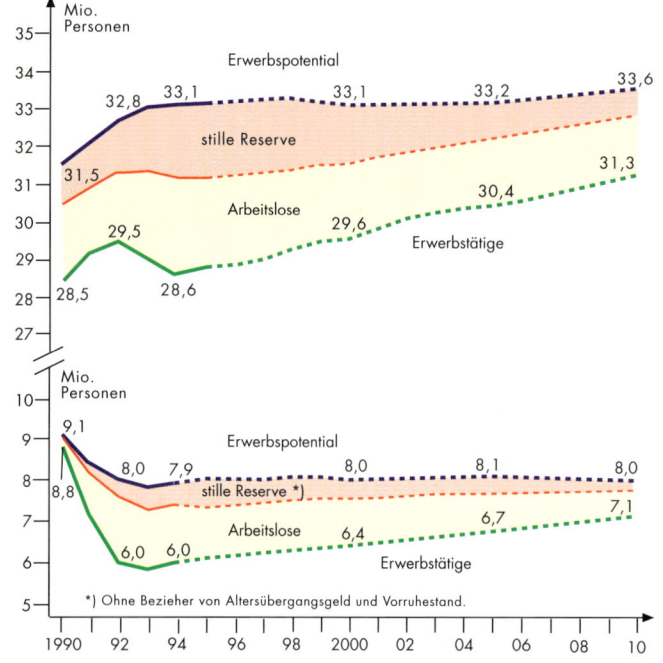

Arbeitsmarkt: Arbeitsmarktbilanz von Westdeutschland (oben) und Ostdeutschland (unten) 1990 bis 2010 (1990 bis 1994 effektive Werte)

Arbeitsmarkt: Seit 1984 stieg die Erwerbstätigkeit in den alten Bundesländern kontinuierlich an und erreichte 1992 mit 29,5 Mio. Erwerbstätigen den höchsten Stand seit 1945. Im Zeitraum 1984–92 wurden 4,2 Mio. zusätzl. Arbeitsplätze geschaffen. Da das Erwerbspersonenpotential aber in ähnl. Größenordnung anstieg (v. a. durch Zuwanderung), sank die Zahl der Arbeitslosen nur um 450 000. Im Zeitraum 1992–94 ging die Zahl der Erwerbstätigen um rd. 800 000 auf (1994) 28,6 Mio. zurück bei gleichzeitigem Anstieg der Arbeitslosenzahl um rd. 750 000 auf 2,6 Mio. Auf dem Gebiet der neuen Bundesländer begann

Arbeitszeit: Internationaler Vergleich der tariflichen Jahresarbeitszeit (jeweils linke Säule) und der tariflichen Wochenarbeitszeit (rechte Säule) eines Industriearbeiters/Arbeiters im verarbeitenden Gewerbe 1994 in Stunden

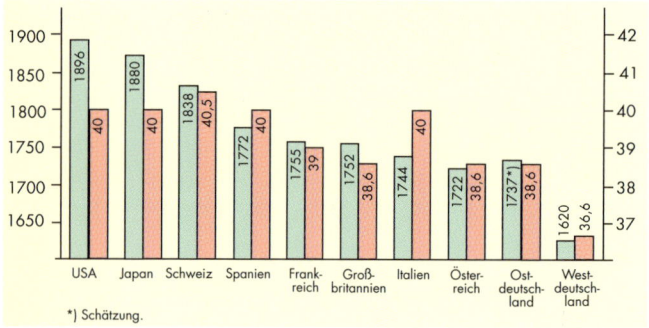

1990 ein rapider Abbau von Arbeitsplätzen, der sich aufgrund arbeitsmarktpolit. Maßnahmen nur z. T. in entsprechenden Veränderungen der Beschäftigten- und Arbeitslosenzahlen niederschlug. Der Tiefpunkt der Beschäftigung wurde 1993 mit 6,2 Mio. Beschäftigten erreicht und überwunden. Insgesamt sank die Anzahl der Beschäftigten in Dtl. von (1991) 36,5 Mio. auf (1994) 34,9 Mio., während sich die Zahl der Arbeitslosen von (1991) 2,6 Mio. auf (1994) 3,7 Mio. um 42 % erhöhte.

Unter den arbeitsmarktpolit. Maßnahmen werden neben der Senkung der Arbeitskosten und berufl. Qualifizierungsmaßnahmen neuerdings verstärkt Arbeitszeitmodelle (z. B. Ausbau der Teilzeitarbeit, befristete Verkürzung der Wochenarbeitszeit, Entkopplung von Arbeitszeit und Maschinenlaufzeit, Samstagsarbeit) sowie der Ausbau eines ›zweiten A.‹ diskutiert. Unter diesem Schlagwort werden Maßnahmen zusammengefaßt, mit denen Arbeit statt Arbeitslosigkeit finanziert werden soll. Dazu zählen Maßnahmen der Arbeitsbeschaffung und Lohnkostenzuschüsse. So erhalten nach §§ 249 h und i des Arbeitsförderungsgesetzes seit 1993 in Ost-Dtl. und seit 1995 auch in West-Dtl. Arbeitgeber, die in den Tätigkeitsfeldern Umweltsanierung, soziale Dienste und Jugendhilfe bisher Arbeitslose einstellen, für höchstens drei Jahre einen Lohnkostenzuschuß in Höhe der durchschnittl. Arbeitslosenunterstützung einschließlich der Beiträge zur Renten- und Krankenversicherung. Damit soll erreicht werden, daß Arbeitsplätze geschaffen werden, die im Zeitablauf wettbewerbsfähig werden, so daß nicht nach Wegfall des Zuschusses die Beschäftigten wieder arbeitslos werden. Kritisiert wird, daß dadurch Arbeitsplätze mit untertarifl. Bezahlung entstehen. Darüber hinaus sind als neue Träger der A.-Politik in Ost-Dtl. →Beschäftigungsgesellschaften gegründet worden.

HANS SCHMID u. D. VON DOSKY: Oekonomik des A., 2 Bde. (Bern 1990–91); W. SESSELMEIER u. G. BLAUERMEL: A.-Theorien. Ein Überblick (1990); A.-Politik kontrovers. Analysen u. Konzepte für Ost-Dtl., hg. v. R. NEUBÄUMER (1993); W. FRANZ: Der A. Eine ökonom. Analyse (1993); Reform der A.-Politik. Herausforderung für Politik u. Wirtschaft; mit Vorschlägen zur Änderung des AFG, hg. v. H. SEIFERT (1995).

*Arbeitsvermittlung: In Fortsetzung ihrer Politik der Arbeitsflexibilisierung und in Erwartung höherer Vermittlungseffizienz privater Vermittler hat die Bundesregierung mit dem →Beschäftigungsförderungsgesetz vom 26. 7. 1994 den Zugang zur A. für gewerbsmäßige Vermittler erleichtert und somit das A.-Monopol der Bundesanstalt für Arbeit zum 1. 8. 1994 aufgehoben.

*Arbeitszeit: Am 1. 7. 1994 ist das Gesetz zur Vereinheitlichung und Flexibilisierung des A.-Rechts vom 6. 6. 1994 in Kraft getreten (Arbeitszeitrechts-Ges.). Es setzt die Arbeitszeitordnung (AZO) aus dem Jahre 1938, die Vorschriften zur Sonn- und Feiertagsruhe in der Gewerbeordnung von 1891 und weitere 26 Gesetze und Verordnungen außer Kraft. Mit diesem Gesetz will die Bundes-Reg. die Sicherheit und den Gesundheitsschutz der Arbeitnehmer gewährleisten und zugleich die Rahmenbedingungen für flexible und individuelle A.-Modelle ›zukunftsorientiert‹ verbessern.

Das als Mantelgesetz ausgelegte Arbeitszeitrechts-Ges. (ArbZRG) enthält als Kern im Art. 1 das neue **Arbeitszeitgesetz** (ArbZG). Das ArbZG regelt den öffentlich-rechtl. Arbeitsschutz neu, v. a. die gesetzl. Höchstarbeitszeiten (acht Stunden werktags, bei entsprechendem Ausgleich bis zu zehn Stunden, 48 Stunden pro Woche), Mindestruhepausen und -zeiten sowie den Nachtarbeitnehmerschutz. Es gilt grundsätzlich für alle Arbeitnehmer in sämtl. Beschäftigungszweigen (Ausnahmen u. a. für Bäckereien, Kauffahr-

Arbeitsmarkt: Entwicklung von Angebot und Nachfrage an Arbeitskräften in Deutschland 1985–94 (in 1 000)										
	Angebot an Arbeitskräften				Nachfrage nach Arbeitskräften				Überschuß an Arbeitskräften	
Jahr	Erwerbspersonenpotential[1]			Erwerbspersonen[2]	Erwerbstätige[3]						
	insgesamt	Deutsche	Ausländer		insgesamt	beschäftigte Arbeitnehmer		Selbständige[6]	insgesamt	registrierte Arbeitslose[4]	stille Reserve[5]
						zusammen	darunter Ausländer[4]				
alte Bundesländer										
1985	29 982	27 729	2 253	28 793	26 489	23 455	1 732	3 034	3 493	2 304	1 189
1986	30 307	28 007	2 300	29 084	26 856	23 806	1 744	3 050	3 451	2 228	1 223
1987	30 513	28 162	2 351	29 279	27 050	24 034	1 752	3 016	3 463	2 229	1 234
1988	30 762	28 334	2 428	29 503	27 261	24 260	1 786	3 001	3 501	2 242	1 259
1989	30 935	28 456	2 479	29 696	27 658	24 647	1 860	3 011	3 277	2 038	1 239
1990	31 526	28 947	2 579	30 362	28 479	25 453	1 964	3 026	3 047	1 883	1 164
1991	32 200	29 367	2 833	30 879	29 190	26 136	2 078	3 054	3 010	1 689	1 321
1992	32 758	29 576	3 182	31 260	29 452	26 385	2 224	3 067	3 306	1 808	1 498
1993[7]	33 043	29 636	3 407	31 264	28 994	25 930	2 372	3 064	4 049	2 270	1 779
1994[7]	33 116	29 634	3 482	31 196	28 636	25 579	2 324	3 057	4 480	2 556	1 924
neue Bundesländer										
1991	8 961	–	–	8 234	7 321	6 950	–	371	1 640	913	727
1992	8 906	–	–	7 633	6 463	6 046	–	417	2 443	1 170	1 273
1993	8 768	–	–	7 422	6 273	5 821	–	452	2 495	1 149	1 346
1994	8 605	–	–	7 465	6 323	5 845	–	478	2 282	1 142	1 140

[1]) Erwerbspersonen und stille Reserve. – [2]) Erwerbstätige und registrierte Arbeitslose. – [3]) Nach dem Inländerkonzept (ständiger Wohnsitz im Bundesgebiet) in der Abgrenzung der volkswirtschaftlichen Gesamtrechnungen. Jahresdurchschnitte. – [4]) Jahresdurchschnitte. – [5]) Alle Personen, die sich bei Arbeitslosigkeit nicht beim Arbeitsamt arbeitslos melden oder bei ungünstiger Arbeitsmarktlage entmutigt die Arbeitssuche aufgeben, die aber bei besserer Arbeitsmarktlage wieder eine Arbeit aufnehmen würden. – [6]) Einschließlich mithelfender Familienangehöriger. – [7]) Vorläufige Zahlen.

teischiffe). Durch Art. 2 des ArbZRG wird der gesetzl. Mindesturlaub nach dem Bundesurlaubs-Ges. ab 1. 1. 1995 von 18 auf 24 Werktage erhöht. Weiter regelt das ArbZRG auch den Frauenarbeitsschutz nach dem Grundsatz der Gleichbehandlung von Frauen und Männern neu. So wurden u. a. die Beschäftigungsverbote und -beschränkungen für Frauen weitgehend aufgehoben. Außerdem wurde das Nachtarbeitsverbot für Arbeiterinnen durch einheitl. Schutzvorschriften für alle Nachtbeitnehmer ersetzt. Durch Anpassung der Vorschriften über die Arbeitsruhe an Sonn- und Feiertagen an die techn. und soziale Entwicklung eröffnet das Gesetz neue Möglichkeiten für Sonn- und Feiertagsarbeit.

Die Neugestaltung des A.-Rechts ist Teil der Politik der A.-Flexibilisierung der CDU/CSU-FDP-Reg. Mit ihr soll der Wirtschaftsstandort Dtl. gestärkt und die Arbeitslosigkeit abgebaut werden. Zu dieser Politik gehören außerdem das →Beschäftigungsförderungsgesetz, der 1989 gesetzlich eingeführte Dienstleistungsabend, die attraktivere Gestaltung der Teilzeitarbeit und die erweiterte Teilzeitbeschäftigung und Beurlaubung von Beamten, Richtern und Soldaten (u. a. 11. Gesetz zur Änderung dienstrechtl. Vorschriften vom 20. 5. 1994).

Im Bemühen um weitere A.-Verkürzung haben einzelne Gewerkschaften inzwischen die 35-Stunden-Woche erreicht, z. B. die IG Metall in der Eisen- und Stahlindustrie zum 1. 5. 1994 und die IG Medien in der Druckindustrie zum 1. 4. 1995. Im Interesse einer größeren A.-Flexibilisierung wurden auch vermehrt Betriebsvereinbarungen abgeschlossen, die unter bestimmten Bedingungen (z. T. befristet) weitergehende A.-Verkürzungen zulassen. Die Diskussion über A.-Verkürzung zur Sicherung bzw. Schaffung von Arbeitsplätzen wurde durch den Tarifvertrag von 1994 über die Viertagewoche im VW-Konzern stark belebt. Die tarifl. Wochen-A. ist in den neuen Bundesländern durchschnittlich um zwei Stunden höher als in den alten Bundesländern. Zw. den Wirtschaftsbranchen gibt es beträchtl. Unterschiede in der A. So beträgt z. B. die tarifl. Jahres-A. in der westdt. Landwirtschaft 1 789 Stunden, im westdt. Bergbau jedoch nur 1 548 Stunden (Ende 1994).

*Arbó, Sebastián Juan, span. Schriftsteller: † Barcelona 4. 1. 1984.

Archaeopteryx: Der sechste Fund aus den Solnhofener Plattenkalken, der 1987 bei der Präparation als Archaeopteryx erkannt wurde (Solnhofen, Bürgermeister-Müller-Museum)

*Archaeopteryx: 1987 wurde ein sechster Fund bei der Präparation als A. erkannt; er befand sich seit langem in einer Sammlung in Solnhofen, war aber bisher für einen Dinosaurier gehalten worden. Diese Verwechslung weist auf die Abstammung der Vögel von den Dinosauriern hin. Das 1992 entdeckte siebte A.-Individuum ließ erstmals ein verknöchertes Brustbein (entsteht erst beim erwachsenen Tier aus Knorpel) erkennen, an dem die Flugmuskulatur ansetzte; er

Arch archäologische Denkmalpflege – Argentinien

wurde einer eigenen Art (**A. bavarica**) zugeteilt. A. konnte offensichtlich wesentlich besser fliegen als bisher vermutet. (▷ Vögel, Stammesgeschichte)

archäologische Denkmalpflege, eine eigenständige Sparte der Denkmalpflege, befaßt sich mit dem materiellen Erbe, über das mit archäol. Methoden Erkenntnisse gewonnen werden. 1990 wurde die ›Charta für den Schutz und die Pflege des archäol. Erbes‹ formuliert und auf der IX. Generalversammlung der ICOMOS in Lausanne beschlossen. Im Rahmen des Europarats wurde sie von 23 Staaten, darunter Dtl., unterzeichnet und trat im Mai 1995 in Kraft. Für den Schutz des archäog. Erbes, soweit es Bestandteil von Architektur ist, gilt zudem die ›Charta von Venedig‹ von 1964 über die Konservierung und Restaurierung von Denkmälern und Ensembles. Besondere Berücksichtigung fand auch das archäol. Erbe, das noch Teil lebendiger Traditionen autochthoner Völker ist. Es wird darauf abgehoben, daß die Beteiligung lokaler Volksgruppen nicht nur recht und billig, sondern für Erschließung und Pflege des jeweiligen Erbes von Bedeutung ist.
HARTWIG SCHMIDT: Wiederaufbau (1993).

*__Archipow,__ Iwan Wassiljewitsch, sowjet. Politiker: War bis Okt. 1986 Erster stellv. Ministerpräsident.

Ardant [arˈdã], Fanny, frz. Schauspielerin, * Saumur 22. 3. 1949; begann ihre Schauspiellaufbahn 1975 an der Bühne, 1979 beim Film, wo sie unter der Regie von F. TRUFFAUT Berühmtheit erlangte.
Filme: Die Frau nebenan (1981); Auf Liebe und Tod (1983); Die Familie (1987); Angst vor der Dunkelheit (1990); Jenseits der Wolken (1995).

Fanny Ardant

Ardipithecus ramidus, 1992/93 bei Aramis, NO-Äthiopien, in 4,4 Mio. Jahre alten Ablagerungen gefundene Fossilien eines Hominiden (Zähne, Schädelfragmente, Armknochen). Aufgrund der von Australopithecus afarensis abweichenden, entwicklungsgeschichtlich primitiveren Merkmale (u. a. relativ größere Eckzähne und dünnerer Zahnschmelz) wurden die neuen Funde einer eigenen Gattung zugeordnet. Sie steht dem gemeinsamen Vorfahren von Mensch und Menschenaffen wesentlich näher. Bemerkenswert ist auch, daß dieser älteste bekannte Hominide in einem bewaldeten Gebiet lebte, d. h., die Entwicklung der Hominiden begann anscheinend nicht, wie bisher angenommen, erst in einer Savanne, die infolge Austrocknung aus dem Wald hervorgegangen war. Fraglich ist mangels Becken- und Oberschenkelfunden noch, ob sich A. r. auf zwei Beinen fortbewegte.

Arditti String Quartet [- - kwɔˈtet], 1974 in London gegründetes, auf zeitgenöss. Musik spezialisiertes Streichquartett, das sich seit 1980 bes. mit zahlreichen Uraufführungen neuester Werke einen Namen gemacht hat. In der heutigen Besetzung spielen IRVINE ARDITTI (* 1953, 1. Violine), GRAEME JENNINGS (* 1968, 2. Violine), GARTH KNOX (* 1956, Viola) und ROHAN DE SARAM (* 1939, Violoncello).

*__Ardon,__ Mordechai, israel. Maler: † Jerusalem 18. 6. 1992.

*__Arenas,__ Reinaldo, kuban. Schriftsteller: † (Selbstmord) New York 7. 12. 1990.

*__Argan,__ Giulio Carlo, italien. Kunsthistoriker: † Rom 11. 11. 1992.

*__Argentinien,__ amtl. span. **República Argentina,** Staat im südl. Südamerika.

Hauptstadt: Buenos Aires. *Amtssprache:* Spanisch. *Staatsfläche:* 2 766 889 km². *Bodennutzung (1992):* 272 000 km² Ackerland, 1 421 000 km² Dauergrünland, 591 000 km² Waldfläche. *Einwohner (1994):* 33,875 Mio., 12 Ew. je km². *Städtische Bevölkerung (1992):* 87%; in städt. Agglomerationen mit 1 Mio. und mehr Ew. leben 50% der Stadt-, 43% der Gesamtbevölkerung. *Durchschnittliches Bevölkerungswachstum pro Jahr (1985–93):* 1,2%. *Bevölkerungsprojektion für 2000:* 36 Mio. Ew. *Ethnische Gruppen:* Etwa 90% europ. Herkunft, Mestizen etwa 10%, wenige Indianer. *Religion (1992):* 91% Katholiken. *Altersgliederung (1995):* unter 15 Jahre 28,3%, 15 bis unter 65 Jahre 62,1%. *Lebenserwartung der Neugeborenen (1992):* männlich 68 Jahre, weiblich 75 Jahre. *Analphabetenquote (1991):* insgesamt 4,7%, männlich 4,5%, weiblich 4,9%. *BSP je Ew. (1993):* 6 390 US-$. *BIP nach Sektoren/Produktionsstruktur (1992):* Landwirtschaft 6%, Industrie 31%, Dienstleistungen 63%. *Währung:* 1 Argentin. Peso (arg$) = 100 Centavos. *Internationale Mitgliedschaften:* UNO, Lateinamerikan. Integrationsvereinigung, OAS.

Geschichte: Begleitet von innenpolit. Protesten trat 1987 ein Gesetz in Kraft, das Angehörige des Militärs bis zum Rang der Brigadegenerals amnestierte, die in der Zeit der Diktatur (1976–83) in schwere Menschenrechtsverletzungen verstrickt waren. 1987 kam es zu einer ersten, im Jan. und Dez. 1988 zu zwei weiteren Militärerhebungen gegen Präs. R. ALFONSÍN (UCR). Der Popularitätsverlust der UCR setzte sich nach den Kongreß- und Gouverneurswahlen im Sept. 1987 auch bei den Präsidentschaftswahlen am 14. 5. 1989 fort. Der Kandidat des ›Partido Justicialista‹, C. S. MENEM, wurde neuer Staatspräs.; er trat sein Amt vorzeitig am 8. 7. 1989 an. Erste Reg.-Maßnahmen zielten auf die Bekämpfung des hohen Staatsdefizits, der Hyperinflation (1989: 3 080%) und der Korruption, v. a. durch Abwertung des Austral, ›Einfrieren‹ von Löhnen, Preisen und Tarifen sowie gesetzgeber. Initiativen, um u. a. Privatisierungen vorzunehmen. Während sich die ökonom. und soziale Krise zunächst noch verschärfte, gelang es der Reg. Menem, u. a. mit der Ablösung des Austral durch den Peso als Währungseinheit zum 1. 1. 1992 und seine feste Bindung an den US-Dollar, zumindest eine hohe Geldwertstabilität herzustellen (Inflationsrate 1994: 3,9%). Bereits 1992 konnte MENEM das durchschnittl. Pro-Kopf-Einkommen auf rd. 6 900 US-$ steigern, womit A. auf den ersten Platz unter den lateinamerikan. Ländern rückte; andererseits führte die neoliberale Wirtschaftspolitik Anfang Nov. 1992 zum ersten Generalstreik gegen die Regierung.

Bei den Parlaments- und Gouverneurswahlen am 3. 10. 1993 verfehlten die Peronisten mit 43,1% der Stimmen die Zweidrittelmehrheit, die MENEM für eine zweite Verf.-Änderung benötigt hätte, um für eine zweite Amtsperiode kandidieren zu können. Nachdem der Senat im Okt. 1993 das Gesetz zur Verf.-Reform gebilligt hatte, stimmte ihm auch Oppositionsführer ALFONSÍN Mitte Dez. zu. Auf der Grundlage der neuen Verf. (in Kraft seit 24. 8. 1994), die MENEM eine Wiederwahl für vier Jahre ermöglichte (nunmehr als Direktwahl durch das Volk), ging er in einem ersten Wahlgang am 14. 5. 1995 erneut als Gewinner aus der Präsidentschaftswahl hervor; im Kongreß errangen die Peronisten die absolute Mehrheit. Zusagen von Weltbank und IWF im März 1995 über Kredite in Höhe von 9,4 Mrd. US-$ halfen MENEM, das v. a. durch die mexikan. Währungskrise (Dez. 1994) ausgelöste Staatshaushaltsdefizit zu überbrücken.

Starke Kritik rief MENEMS Bestätigung einer Amnestie am 10. 10. 1989 für ranghohe Offiziere hervor, die während der Militärdiktatur gegen die Menschenrechte verstoßen hatten oder an den Putschversuchen gegen ALFONSÍN beteiligt gewesen waren, sowie die Begnadigung der Diktatoren J. R. VIDELA und R. VIOLA am 30. 12. 1990. Im April 1995 bekannten sich einige Angehörige der Streitkräfte öffentlich zu den während des Militärregimes begangenen Verbrechen. Seit Mitte der 80er Jahre war die Gesamtstärke der Streitkräfte etwa um die Hälfte verringert worden; im Sept. 1994 folgte die Abschaffung der Wehrpflicht.

Im Febr. 1992 beschloß die Reg., bislang geheime Nachkriegsarchive über führende Nationalsozialisten, die nach 1945 nach A. geflüchtet waren, zu öffnen. Aufschlüsse, u. a. über M. BORMANN, sollten durch die Mitte März 1993 eingeleitete Veröffentlichung aller Archive, v. a. der Unterlagen des Außenministeriums, ermöglicht werden. Die dadurch in A. ausgelöste Debatte berührte u. a. die Rolle J. PERÓNS.

Außenpolitisch suchte MENEM, u. a. durch die Beteiligung am 2. Golfkrieg im Frühjahr 1991 und bei der Intervention in Haiti im Sept. 1994, eine Annäherung an die USA und die westl. Industriestaaten. Im Sept. 1991 erklärte er den Austritt A.s aus der Bewegung blockfreier Staaten und den Verzicht seines Landes auf B- und C-Waffen. Mit Brasilien wurde im Dez. 1991 ein Kontrollabkommen über die friedl. Nutzung der Kernenergie in beiden Ländern unterzeichnet. Am 18.1.1994 wurde A. Vollmitglied des Vertrags von Tlatelolco, am 10. 2. 1995 trat es dem Kernwaffensperrvertrag bei. Das argentin.-brit. Verhältnis wurde u. a. mit der Aufnahme diplomat. Beziehungen im Febr. 1991 wieder normalisiert, doch bekräftigten beide Seiten ihren Anspruch auf die Falklandinseln. – A. ist Mitgl. des →Mercosur.

D. ROCK: Argentina, 1516–1982. From Spanish colonization to the Falklands war (London 1986).

*Ariane, europ. Trägerrakete: Erst 16 Monate nach dem fehlgeschlagenen 18. Start (am 31. 5. 1986) wurde das Flugprogramm im Sept. 1987 wieder aufgenommen. Im Juni 1988 kam erstmals die verbesserte Version A.-4 zum Einsatz. Bis Ende Nov. 1995 wurden insgesamt 80 A.-Raketen gestartet – davon sieben erfolglos – und über 120 Satelliten in Erdumlaufbahnen gebracht. Der erste Start der neuen Version A.-5 (51 m Höhe, 725–735 t Startmasse insgesamt) ist 1996 geplant. A.-5 besteht aus der Hauptstufe mit zwei Feststoffboostern (27 m, je 265 t), der Steuerungseinheit, der Oberstufe und dem Nutzlastträger. Sie kann auf die geostationäre Bahn bis zu 6,9 t, auf niedrige Umlaufbahnen bis zu 23 t Nutzlast bringen und gehört damit zu den weltweit leistungsstärksten Trägersystemen.

Die Raketenteile von A.-4 und A.-5 werden in 13 europ. Staaten, u. a. in Frankreich, Dtl. (durch die Daimler-Benz-Tochtergesellschaft Dasa), Österreich und der Schweiz, hergestellt. Das Unternehmen Aria-nespace (Sitz: Évry), das seit 1984 Produktion, Vermarktung und Starts der A. abwickelt, konnte seinen Weltmarktanteil an kommerziellen, zivilen Satellitenstarts auf mehr als 50% steigern.

*Arias Navarro, Carlos, span. Politiker: † bei Madrid 27. 11. 1989.

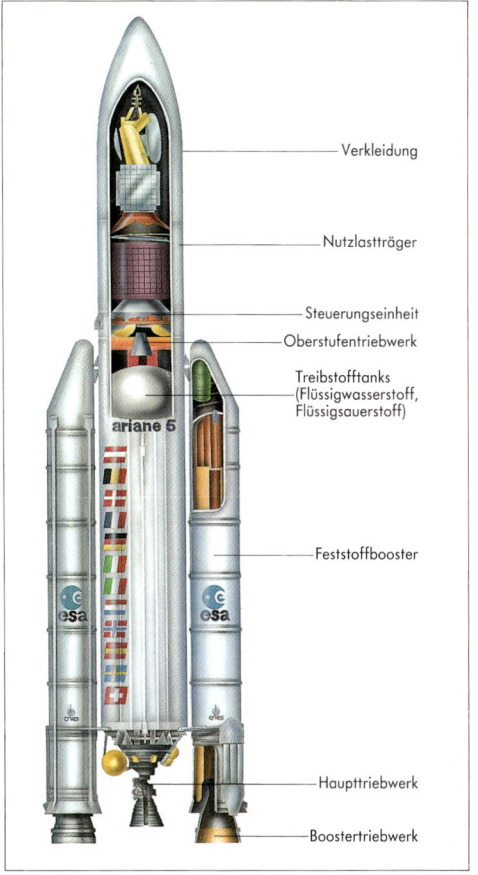

Ariane: Schematische Schnittzeichnung der Ariane-5 mit Benennung der einzelnen Teile

Ariane: LINKS Schematische Darstellung der verschiedenen Ariane-Grundtypen; RECHTS Haupttriebwerk der Ariane-5 auf dem Prüfstand

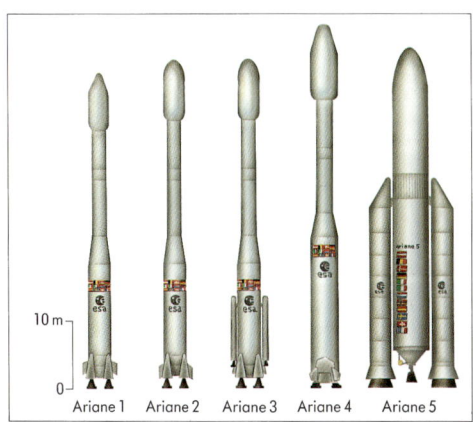

Aría   Arías Sánchez – Armenien

Arías Sánchez [-tʃɛs], Oscar, costarican. Politiker, *Heredia 13. 9. 1941; Rechtsanwalt; schloß sich politisch dem ›Partido de la Liberación Nacional‹ (PLN) an, dessen GenSekr. er 1979–84 war. 1972–77 Planungs-Min., 1978–81 Abg. im Parlament. Als Präs. seines Landes (1986–90) setzte sich A. S. mit einem eigenen Friedensplan (**A.-Plan**) für den Frieden in Zentralamerika, bes. in Nicaragua, ein (am 7. 8. 1987 von A. S. und den Präs. Nicaraguas, El Salvadors, Honduras' und Guatemalas unterschrieben). Dafür erhielt er 1987 den Friedensnobelpreis.

Aristide [aris'tid], Jean-Bertrand, haitian. Politiker und Theologe, *Port-Salut (bei Les Cayes) 15. 7. 1953. Im Salesianerorden zum Priester ausgebildet, studierte er mit dessen Unterstützung im Ausland Theologie, Philosophie und Psychologie. A. wandte sich zunehmend der Befreiungstheologie zu und wurde 1988 wegen seines polit. Engagements aus dem Orden ausgeschlossen. An der Spitze des Front National pour le Changement et la Démocratie (FNCD), einer Koalition linker Splitterparteien, gewann er am 16. 12. 1990 als Vertreter eines US-kritischen und gegen den ›Duvalierismus‹ und den Einfluß des Militärs gerichteten Kurses sowie als Vorkämpfer für soziale Gerechtigkeit die Präsidentschaftswahlen. Am 30. 9. 1991 wurde A. durch einen Militärputsch abgesetzt und mußte ins Exil gehen. Die von A. geforderte Wiedereinsetzung in sein Amt, die auf internat. Druck hin für den 30. 10. 1993 vereinbart worden war, scheiterte zunächst an der Mißachtung des Abkommens durch die Militärs. Unter dem Druck der bevorstehenden multinat. Intervention unter amerikan. Führung (19. 9. 1994) erklärten die Militärs ihre Abdankung zum 15. 10. 1994, und A. kehrte an diesem Tag als Präs. Haitis in sein Land zurück. Seine Amtszeit endete im Febr. 1996.

Arjouni [-'juː-], Jakob, Schriftsteller, *Frankfurt am Main 8. 10. 1964. Der unter dem Pseudonym A. schreibende Schriftsteller hatte bereits mit seinen ersten Romanen ›Happy birthday, Türke!‹ (1985, 1991 verfilmt) und ›Mehr Bier‹ (1987) großen Erfolg. Die Kriminalromane um Kemal Kayankaya, einen Detektiv türk. Abstammung, knüpfen mit genauer Milieuzeichnung und sozialkrit. Zügen an die Werke D. HAMMETTS und R. CHANDLERS an. A. schreibt auch Hörspiele und Theaterstücke.

Weitere Werke: Roman: Ein Mann, ein Mord (1991). – *Dramen:* Die Garagen (Urauff. 1988); Nazim schiebt ab (Urauff. 1990).

*****Arletty,** frz. Bühnen- und Filmschauspielerin: † Paris 23. 7. 1992.

*****Ärmelkanal:** Der Eisenbahntunnel unter dem Ä. wurde am 6. 5. 1994 eingeweiht (→Eurotunnel).

Armenien

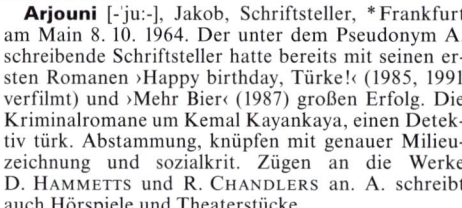

Fläche: 29 800 km²
Einwohner: (1994) 3,65 Mio.
Hauptstadt: Jerewan
Amtssprache: Armenisch
Nationalfeiertage: 28. 5. und 23. 8.
Währung: 1 Dram (ARD) = 100 Luma (Lm)
Uhrzeit: 15⁰⁰ Jerewan = 12⁰⁰ MEZ

Armeni|en, amtlich armenisch **Hayastani Hanrapetut'yun,** dt. **Republik A.,** bis 23. 8. 1990 ▷ Armenische Sozialistische Sowjetrepublik, Binnenstaat in SW-Asien, mit 29 800 km² kleinster Mitgliedstaat der GUS, (1994) 3,65 Mio. Ew., Hauptstadt ist Jerewan. Grenzt im SW und W an die Türkei, im N an Georgien, im NO, O und SO an Aserbaidschan und im S an Iran; im SW schiebt sich die aserbaidschan. Exklave Naxçıvan (früher Nachitschewan) in den Grenzraum ein. Amtssprache ist Armenisch. Währung ist seit 22. 11. 1993 der Dram (ARD) zu 100 Luma (Lm), der den Rubel ersetzt. Uhrzeit: 15⁰⁰ Jerewan = 12⁰⁰ MEZ.

STAAT · RECHT

Verfassung: Durch Referendum vom 5. 7. 1995 ist eine neue Verf. verabschiedet worden, die ein präsidentiell-parlamentar. Reg.-System etabliert hat. Zugleich wurde ein neues Parlament gewählt, von dessen 190 Abg. 150 im Mehrheitswahlsystem in Einzelwahlkreisen und 40 im Verhältniswahlsystem, bei dem eine Sperrklausel von 5 % gilt, gewählt wurden. Die Legislaturperiode beträgt vier Jahre. Der Staatspräs. wird unmittelbar für fünf Jahre vom Volk gewählt, wobei Stichwahl erforderlich ist, wenn im ersten Wahlgang alle Bewerber die absolute Mehrheit verfehlen. Der Präs. ernennt den Reg.-Chef und auf dessen Vorschlag die Min. Die Normenkontrolle obliegt dem Verfassungsgericht.

Parteien: Führende polit. Organisation ist die ›Armen. Pan-Nationale Union‹, 1990/91 die treibende Kraft der Loslösung A.s von der UdSSR. Die armen. KP organisierte sich 1991 nach ihrer Selbstauflösung als ›Demokrat. Partei A.s‹ neu.

Wappen: Nach Abschaffung des 1937–92 gültigen Wappens der Armen. SSR ist seit 1992 wieder das alte Wappen von 1919 Staatswappen von A. Der vierschildige Wappenaufbau zeigt im Herzschild den Berg Ararat mit der Arche Noah, auf den übrigen Feldern Embleme verschiedener früherer Herrschergeschlechter. Schildträger sind ein blauer Adler und ein roter Löwe, darunter befinden sich ein Schwert und Zweige mit einem Band in den Nationalfarben.

Nationalfeiertage: 28. 5. (Tag der Unabhängigkeit) und 23. 8. (Proklamation der Republik).

Verwaltung: In A. ist noch die aus der Sowjetzeit überkommene Verwaltungsgliederung (u. a. 37 Bezirke) vorhanden.

Recht: Es gilt zum großen Teil noch sowjet. Recht, ebenso existiert noch der frühere Justizaufbau.

Streitkräfte: Die Gesamtstärke der Wehrpflichtarmee (Dienstzeit 18 Monate) soll nach Abschluß der Aufbauphase 50 000 Mann betragen. Abgesehen von einem bereits aufgestellten Fallschirmjägerregiment sollen je zwei Panzer- und motorisierte Infanteriedivisionen, mehrere Artilleriebrigaden und eine etwa 10 000 Mann starke Luftwaffe formiert werden. Im Rahmen des KSE-Vertrages (▷VKSE) wurden A. u. a. 220 Kampfpanzer und 100 Kampfflugzeuge zugestanden.

Internat. Mitgliedschaften: UNO, GUS.

LANDESNATUR · BEVÖLKERUNG

Landesnatur: A. ist ein im Mittel 1 800 m ü. M. gelegenes Bergland in Transkaukasien. Es umfaßt im N die staffelarig hintereinandergeschalteten Gebirgsketten des Kleinen Kaukasus, die überwiegend aus kreidezeitl. bis tertiären Sedimenten aufgebaut sind. An versch. Stellen dringen jungvulkan. Effusivgesteine an die Oberfläche. Die teilweise über 3 000 m hohen Gebirgsketten, u. a. im N die Pambakkette, im Zentralteil die Schachdagh- und im O die Karabachkette, sind von einem dichten Netz tief eingeschnittener Täler durchzogen. Der größere Landesteil wird vom nordöstl. Ararathochland eingenommen, das zu einem großen Teil aus jungvulkan. Gesteinen besteht. Das Hochland gliedert sich in einzelne Becken (z. B. das 600 bis 1 000 m hoch gelegene Becken von Jerewan und das 1 900 m hohe Becken des Sewansees), Gebirgsketten und Bergmassive. Höchste Erhebung ist der Aragaz (4 090 m ü. M.); der 5 137 m hohe Ararat,

---

Armenien

Staatswappen

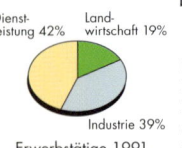
Nationalflagge

Armenien **Arme**

Wahrzeichen für viele Armenier, liegt auf türk. Staatsgebiet. Zahlreiche tekton. Störungszonen durchziehen das Land und sind verantwortlich für die häufig auftretenden Erdbeben. Beim letzten schweren Erdbeben im Dez. 1988 wurde die Stadt Gümri (früher Leninakan) zur Hälfte zerstört, mehr als 25 000 Menschen fanden den Tod. Der in einem tekton. Becken gelegene, etwa 1 200 km² große Sewansee verliert durch übergroße Wasserentnahme für Kraftwerke und Bewässerungsmaßnahmen ständig an Volumen. Im SW hat A. noch Anteil an der tief eingesenkten Araratebene am Grenzfluß Araks. Die (nicht schiffbaren) Flüsse gehören zum Einzugsgebiet des Kaspischen Meeres.

Klima: Obwohl in der subtrop. Zone gelegen, zeigt das Klima bes. im Ararathochland kontinentalen Charakter mit strengen Wintern und heißen Sommern bei meist wolkenarmem Himmel und einer geringen relativen Luftfeuchtigkeit. Nach Höhenstufung und Exposition zeigen sich gewisse Abwandlungen. Das Klima der Vorgebirge und Täler ist durch trockene, heiße Sommer und kalte, schneearme Winter gekennzeichnet (Julimittel 24–26 °C, Januarmittel –5 °C, 200–400 mm Jahresniederschläge); auf den Plateaus und in mittleren Höhenlagen ist es gemäßigt (Julimittel 18 °C, Januarmittel –2 bis –8 °C bei hoher Schneedecke, 600–800 mm Jahresniederschläge). In den Becken und Tälern liegt das Niederschlagsmaximum im Frühjahr und das -minimum in den Sommermonaten. Ein sekundäres Minimum tritt infoge der antizyklonalen Witterung im Winter auf. In den Gebirgen ist das Klima feuchter bei relativ gleichmäßig über das Jahr verteilten Niederschlägen.

Vegetation: Teile des Ararathochlandes, die auch als Winterweide genutzt werden, weisen Halbwüsten- und Steppenvegetation auf. Die unteren Hänge der Berge sind mit xerophyt. Gebirgsvegetation bedeckt. Kaum mehr als 10 % der Fläche A.s sind mit Sträuchern und lichten Kiefern-, Hainbuchen-, Eichen-, Buchen- und Wacholderwäldern bedeckt. Wälder sind v. a. im NO und SO des Landes anzutreffen. Die mit Almen bedeckten oberen Gebirgslagen werden zum großen Teil als Sommerweiden genutzt.

Bevölkerung: Den weitaus größten Teil der Bev. bilden nach der letzten Zählung von 1989 mit 93,3 % die Armenier, ein seit dem 7. Jh. in diesem Gebiet ansässiges indogerman. Volk. Fast alle der 2,6 % Aserbaidschaner haben infolge der krieger. Auseinandersetzungen zw. A. und Aserbaidschan seit 1990 das Land verlassen (A. mußte im Gegenzug etwa 250 000 armen. Flüchtlinge aus Aserbaidschan aufnehmen). Außerdem leben Kurden (1,7 % der Gesamtbevölkerung) und Russen (1,5 %) im Land. Der Anteil anderer Volksgruppen (Griechen, Ukrainer) liegt insgesamt bei 0,9 %. Spannungen bestehen zw. Armeniern und den muslim. Kurden; eine Minderheit der armen. Kurden sind Anhänger der Religionsgemeinschaft der Jesiden.

Mit Ausnahme der Gebirge und der hochgelegenen Plateaus ist die Bevölkerungsdichte in A. recht hoch (1994: 122 Ew. je km²). 68 % der Bevölkerung leben in Städten, die meisten in und um Jerewan, der größten Stadt des Landes (1991: 1,283 Mio. Ew.). Weitere größere Städte sind Karaklis (159 000 Ew.), Gümri (120 000 Ew.), Rasdan (56 000 Ew.) und Etschmiadsin (53 000 Ew.). Dichter besiedelt sind auch das Gebiet um den Sewansee und das Tiefland am Araks.

Religion: Die größte Religionsgemeinschaft ist die christl. Kirche von A., an deren Spitze der Katholikos in Etschmiadsin steht. Er ist Oberhaupt der armen. (Gregorian.) Diözesen in aller Welt. Daneben gibt es u. a. die mit Rom unierte armenische Kirche, deren Gläubige dem Armenisch-kath. Patriarchat von Kilikien unterstehen. (▷ armenische Kirche)

Bildungswesen: 58 % der Erwachsenen (über 15 Jahre) besaßen 1989 einen mittleren und weitere 14 % einen höheren Bildungsabschluß. Die Schulpflicht wird an der differenzierten Gesamtschule in elfjähriger Schulzeit abgegolten, 1991/92 wurde sie von 592 000 Kindern und Jugendlichen besucht. Russisch wird als Zweitsprache gelehrt, Unterrichtssprache ist überwiegend Armenisch (1988: 80,5 % der Schüler an der allgemeinbildenden Schule), daneben Russisch (15,1 %) und Aserbaidschanisch (4,4 %). Auch in den Hochschuleinrichtungen wird v. a. in armen. Sprache gelehrt. Schulreformen mit Lehrplanrevisionen wurden in den 90er Jahren begonnen, wobei die eigene Kultur und Gesch. stärker ins Blickfeld gerückt wird. Die insgesamt 69 teils vierjährigen mittleren Fachschulen, teils dreijährigen berufl. techn. Schulen haben (1991/92) 40 600 Schüler, die 10 Hochschuleinrichtungen, darunter Univ. und TU in Jerewan, 66 100 Studenten. Forschung ist an der Armen. Akademie der Wissenschaften sowie den Staatsunternehmen organisiert. Die Ausgaben für das Bildungswesen beliefen sich (1992) auf 2,5 Mrd. Dram (7,8 % des öffentl. Haushalts).

Publizistik: Presse: Anfang 1991 gab es neben 60 Zeitschriften 45 überregionale und 37 lokale Zeitungen; zu den wichtigsten gehören das Parlamentsorgan ›Hayastani Hanrapetut'yun‹ (›Republik A.‹, gegr. 1990), ferner das Organ der Armen. Pan-Nationalen Bewegung ›Hayk‹ (›Armenien‹) sowie ›Hazatamart‹ (›Freiheitskampf‹), das Blatt der Armen. Revolutionären Föderation, die alle in Jerewan erscheinen. – *Nachrichtenagentur:* ›Armenpress‹ (staatlich), Jerewan. – Der *Rundfunk* untersteht dem ›Staatl. Komitee für Fernseh- und Radioübertragungen‹. ›Radio Jerewan‹ verbreitet drei Hörfunkprogramme in Armenisch, Russisch und Kurdisch; das Fernsehen sendet in Armenisch und Russisch.

Oscar Arías Sánchez

Jean-Bertrand Aristide

Klimadaten von Jerewan (907 m ü. M.)				
Monat	Mittleres tägl. Temperaturmaximum in °C	Mittlere Niederschlagsmenge in mm	Mittlere Anzahl der Tage mit Niederschlag	Mittlere tägl. Sonnenscheindauer in Stunden	Relative Luftfeuchtigkeit nachmittags in %
I	1,2	23	9	2,9	78
II	3,3	24	9	4,2	70
III	12,2	29	8	5,5	64
IV	17,8	42	11	7,1	55
V	24,4	50	13	9,1	56
VI	29,1	26	8	11,1	50
VII	31,8	13	5	11,6	45
VIII	32,7	9	3	11,4	44
IX	27,8	12	3	10,0	49
X	20,5	26	7	7,9	60
XI	13,2	28	7	4,8	72
XII	5,9	22	8	2,9	78
I–XII	18,3	304	91	7,4	60

WIRTSCHAFT · VERKEHR

Wirtschaft: Hatte sich in den letzten Jahren vor dem Zusammenbruch der Sowjetunion die ökonom. Situation in A. schon zunehmend verschlechtert, so hat sich seit der Unabhängigkeit A.s im Jahr 1991 die Lage noch erheblich verschärft. Gründe dafür sind nicht nur der Konflikt mit Aserbaidschan um die Region Bergkarabach, sondern auch die Kämpfe im Nachbarland Georgien und die polit. Haltung der Türkei. – A.s Bruttosozialprodukt (BSP) ging im Zeitraum 1985–92 um jährlich 8,2 % zurück. Gemessen am BSP je Ew. von (1993) 660 US-$ gehört A. zu den Entwicklungsländern mit mittlerem Einkommen. Hatte sich A. zu-

Arme Armenien

Armenien: LINKS Das im 11. bis 13. Jh. errichtete Agarziner Kloster in der Nähe von Dilischan; RECHTS Blick auf den 1 905 m hoch gelegenen Sewansee

nächst für einen Verbleib in der Rubelzone ausgesprochen, führte es Ende 1993 eine eigene Währung, den Dram, ein. Die jährl. Inflationsrate stieg im Zeitraum 1990–93 von 10% auf 1 820%. 1992 wurden erstmals einige Preise freigegeben.

Landwirtschaft: 1991 arbeiteten 19% der Erwerbstätigen im Agrarbereich. Wichtigste Anbaupflanzen sind Kartoffeln, Getreide, Hülsenfrüchte und Obst. Bis Ende 1992 sind bereits 90% des landwirtschaftlich genutzten Bodens privatisiert worden.

Bodenschätze: In dem rohstoffarmen Land werden nur geringe Mengen Gold, Silber, Kupfer, Molybdän- und Eisenerz abgebaut.

Energiewirtschaft: 1990 bezog A. 99% seiner benötigten Energie aus Rußland und anderen Sowjetrepubliken (allein 85% aus Aserbaidschan), v. a. Erdöl und Erdgas. Seit Einstellung der aserbaidschan. Energielieferungen gibt es nur noch eine Pipeline, die über Georgien Erdgas nach A. bringt, und diese ist seit 1993 durch eine Serie von Anschlägen immer wieder unterbrochen.

Industrie: Das produzierende Gewerbe (einschließlich Bergbau) als dominierender Sektor der armen. Wirtschaft beschäftigte (1991) 39% der Erwerbstätigen und trug (1992) 48% zur Entstehung des Bruttoinlandsprodukts (BIP) bei. Die Industrieproduktion ging 1992/93 um 11% zurück, hauptsächlich wegen fehlender Energielieferungen. Bedeutendster industrieller Teilbereich ist die Leichtindustrie, v. a. das Textil- und Ledergewerbe. Weitere wichtige Branchen sind der Maschinenbau und die Metallproduktion. Im Ggs. zum Agrarsektor wurden bisher erst wenige Industriebetriebe privatisiert.

Außenwirtschaft: Seit 1991 ist die Außenhandelsbilanz durchweg negativ (Einfuhrwert 1993: 87 Mio. US-$, Ausfuhrwert: 31 Mio. US-$). Wichtigste Ausfuhrwaren sind (1990) Produkte der Leichtindustrie (43% des Gesamtexports), Maschinenbau- und Metallprodukte sowie Nahrungsmittel. Die ehem. Sowjetrepubliken, v. a. Rußland und Weißrußland, sind weiterhin die wichtigsten Handelspartner. Nicht zuletzt aufgrund der Wirtschaftsblockade Aserbaidschans versucht A., die Wirtschaftsbeziehungen insbesondere zu den Nachbarländern Türkei und Iran zu intensivieren.

Verkehr: Das Verkehrsnetz A.s befindet sich in einem schlechten Zustand. Das (1992) 825 km lange Eisenbahnnetz hat Anschluß an die jeweiligen Netze der Nachbarstaaten Türkei, Iran, Georgien und Aserbaidschan; allerdings ist die Verbindung nach Aserbaidschan seit 1989 wegen dessen Wirtschaftsblockade unterbrochen. Rd. 40% des 7 700 km langen Straßennetzes sind in schlechtem Zustand.

GESCHICHTE

In der 2. Hälfte des 20. Jh. entwickelte sich die Armen. SSR zum Kernland der Armenier. Im Dez. 1988 wurde A. von einem schweren Erdbeben heimgesucht. Die Auseinandersetzungen mit Aserbaidschan um das Autonome Gebiet →Bergkarabach entwickelten sich seit 1989 zu einem militär. Konflikt, in den die sowjet. Streitkräfte schlichtend einzugreifen versuchten. Nachdem die ›Armen. Pan-Nationale Bewegung‹ bei den Wahlen zum Obersten Sowjet der Armen. SSR gesiegt hatte, wählte das Parlament am 4. 8. 1990 LEWON TER-PETROSJAN (* 1945) zum Vors. des Obersten Sowjets. Am 23. 8. 1990 verfügte dieser den Übergang zur staatl. Unabhängigkeit und gab dem Land den Namen ›Republik A.‹. Nach dem (gescheiterten) Putschversuch orthodox-kommunist. Kräfte v. a. in Moskau (Aug. 1991) stimmte die Bev. A.s am 21. 9. 1991 mit 94,4% der abgegebenen Stimmen der Unabhängigkeit ihres Landes zu, und das Parlament löste am 23. 9. 1991 A. förmlich aus dem Staatsverband der UdSSR. Am 16. 10. wählte die Bev. TER-PETROSJAN zum Staatspräs. Am 21. 12. 1991 beteiligte sich A. an der Gründung der GUS und wurde im März 1992 u. a. Mitgl. der UNO und der KSZE. Infolge des Krieges mit Aserbaidschan und der nicht greifenden Reform der Wirtschaft brachen seit 1992 die Versorgungsstrukturen zusammen. Wegen Rohstoff- und Energiemangel ist die Industrieproduktion stark rückläufig. Mit dem Ziel, dieser Entwicklung und damit der drohenden innenpolit. Destabilisierung entgegenzuwirken und zugleich seine außenpolit. Isolierung als christl. Staat in einem islamisch bestimmten Umfeld zu neutralisieren, näherte sich A. stärker der Russ. Föderation. Im Jan. 1993 schloß es mit dieser ein Abkommen über Freundschaft und Zusammenarbeit (Gewährung russ. Hilfe bei der Versorgung mit Rohstoffen, Energie und Lebensmitteln), im März 1995 einen Stützpunktvertrag (Stationierung russ. Truppen in A.). Rußland verstärkte damit wieder seinen Einfluß in Transkaukasien. Unter russ. Vermittlung schlossen A. und Aserbaidschan im Mai 1994 ein Waffenstillstandsabkommen. Im Okt. 1994 trat A. der von der NATO angebotenen →Partnerschaft für den Frieden bei. Wegen des Konflikts mit Aserbaidschan um

Bergkarabach sind die Beziehungen zur Türkei gespannt. Bei Gedenkfeiern für die Opfer des türk. Genozids an den Armeniern vor 80 Jahren sprach sich Präs. TER-PETROSJAN im April 1995 jedoch für eine Verbesserung der türkisch-armen. Beziehungen aus.

T. HOFMANN: Die Armenier. Schicksal, Kultur, Gesch. (1993).

Armleder, John M. (Michael), schweizer. Künstler, * Genf 24. 6. 1948. Nach Anfängen im Umkreis der Fluxus-Bewegung entwickelte er seit den 80er Jahren eine konzeptuell geprägte Kunst, in der er sich mit Hilfe verschiedenster Medien wie Malerei, Plastik, Objektinstallation und Environment mit den Möglichkeiten einer abstrahierenden Ideenkunst auseinandersetzt. In den die Stile kombinierenden Arbeiten persifliert er die Kühle und Strenge einer systemat., konstruktiven Kunst durch eine Inszenierung, die das banale Umfeld in das jeweilige Werk integriert.

J. M. A., bearb. v. D. SCHWARZ, Ausst.-Kat. (Baden 1987).

*__Armut:__ In den letzten Jahren hat sich eine differenzierte A.-Forschung etabliert. Dabei werden enge gesellschaftspolit. Bezüge der A.-Forschung sichtbar, ohne die weder die Definition von A. noch die Festlegung von A.-Grenzen noch die Ermittlung des A.-Potentials möglich ist.

Vor dem Hintergrund einer zunehmenden Zahl von Sozialhilfeempfängern (→Sozialhilfe) haben neuere Untersuchungen der A. in Dtl. gezeigt, daß viele Menschen kurzfristig in ihrem Leben in A. geraten (23% der westdt. Bev. waren 1984-91 mindestens einmal von A. betroffen) und daß auf Dauer arm zu sein, eine seltenere A.-Situation darstellt. Nach Angaben des Dt. Instituts für Wirtschaftsforschung (DIW) gelten 10-12% der Bev. in West-Dtl. als arm. Die Hälfte dieser Menschen lebe in ›strenger A.‹ (weniger als 40% des Durchschnittseinkommens). Insgesamt sind 18-20% der Westdeutschen von ›relativer A.‹ betroffen (weniger als 60% des durchschnittl. Einkommens). Offensichtlich hat sich das A.-Risiko mehr auf Kinder und Jugendliche verlagert.

Die 1990 ausgelösten gesellschaftl. Transformationsprozesse in Ost-Dtl., v. a. die mit dem grundlegenden wirtschaftl. Strukturwandel verbundene Arbeitslosigkeit und die zunächst auf der Basis der hier vergleichsweise geringen Löhne und Gehälter berechneten sozialen Transferleistungen (Arbeitslosengeld, Altersübergangsgeld), führten für Teile der Betroffenen zu einem A.-Risiko, das in dieser Form in der Dt. Dem. Rep. nicht bekannt war. So ergibt sich unter Verwendung westdt. A.-Grenzen in Ost-Dtl. ein höheres A.-Potential als im Westen. Nach Angaben des DIW stieg die Zahl der Personen mit relativer Einkommens-A. in Ost-Dtl. 1990-94 von 3,5% auf 8,9%. Werden jedoch die A.-Grenzen am jeweiligen west- und ostdt. Durchschnittseinkommen orientiert, dann besteht in Ost-Dtl. weniger A. als in West-Dtl., wobei jedoch v. a. die wirtschaftlich strukturschwachen Regionen und bestimmte Personen- und Altersgruppen (arbeitslose und/oder alleinziehende Frauen, Arbeitnehmer über 50 Jahre) einem wachsenden A.-Risiko ausgesetzt sind.

Ein vergleichsweise hohes A.-Potential besteht in den osteurop. Ländern, in denen die Einführung marktwirtschaftl. Bedingungen durch zahlreiche Übergangsschwierigkeiten des wirtschaftl. Strukturwandels begleitet wird, z. T. zunächst mit erhebl. Arbeitslosigkeit, die klass. Systeme der sozialen Sicherung jedoch nur auf sehr geringem Niveau oder z. T. noch gar nicht vorhanden sind. Dies beeinträchtigt in beträchtl. Maße die Akzeptanz des polit. Transformationsprozesses.

In den USA lag die A.-Quote 1993 bei 15,1%, was rd. 39,3 Mio. Menschen entspricht. Die trotz sinkender Arbeitslosigkeit gewachsene A. geht z. T. auf das niedrige Lohnniveau zurück, das es einem Teil der Erwerbstätigen nicht ermöglicht, über ein Einkommen über der A.-Grenze zu verfügen (›working poor‹). – Die Weltbank schätzt die Zahl der Armen für die 1990er Jahre auf weltweit eine Milliarde Menschen.

R. HAUSER: Arme unter uns, 2 Tle. ($^{1-2}$1993); A. in Dtl., hg. v. W. HANESCH u. a. (11.–18. Tsd. 1994); A. in Entwicklungsländern, hg. v. H.-B. SCHÄFER (1994); Einmal arm, immer arm? Neue Befunde zur A. in Dtl., hg. v. M. M. ZWICK (1994); P. BUHR: Dynamik von A. Dauer u. biograph. Bedeutung von Sozialhilfebezug (1995); Sozialpolit. Strategien gegen A., hg. v. W. HANESCH (1995).

John M. Armleder: Ohne Titel; 1987 (Acryl auf Leinwand, mit rundem Tisch; Privatbesitz)

*__Arnstadt 2):__ Der seit 3. 10. 1990 zum Land Thüringen gehörende Landkreis A. ging am 1. 7. 1994 im Ilm-Kreis auf, dessen Kreisstadt Arnstadt wurde; die Gem. Crawinkel wurde dem Kr. Gotha eingegliedert.

Aromatherapie, die Anwendung von aus Pflanzen oder deren Teilen gewonnenen äther. Ölen zu Heilzwecken. Mit Hilfe der äther. Öle sollen die Lebenskraft und die Selbstheilungskräfte geweckt und gestärkt und eine seel. Umstimmung erreicht werden. Im Rahmen der alternativen Medizin hat die A. zunehmend Verbreitung gefunden.

Arpad, Arpadda, ehem. Hauptstadt des Aramäerstaats Bit Agusi; im 9.–7. Jh. v. Chr. Sitz eines assyr. Provinzstatthalters. Die Stadt wurde bislang in dem Ruinenhügel Tell Rifat gesucht, 25 km nördlich von Aleppo, Syrien. Jetzt wird die Hypothese vorgebracht, daß die Ruinenstätte →Ain Dara mit dem alten A. zu identifizieren ist.

Arquitectonica [a:kɪtekˈtəʊnɪka], amerikan. Architekturbüro in Miami (Fla.), 1977 gegr. von BERNARDO FORT-BRESCIA (* 1951) und seiner Frau LAURINDA HOPE SPEAR (* 1950). Sie gruppieren häufig mehrere, oft farbig gefaßte oder mit Glasbausteinen verkleidete Baukörper mit ungewöhnl. und überraschenden Winkeln, Schrägen und Krümmungen, dabei sind sie sorgfältig auf funktionale Zusammenhänge bedacht. BILD S. 50.

Werke: Apartmenthaus ›The Atlantis‹, Miami (1980–82); Banco de Credito, Lima (1983–88); Mulder House, ebd. (1983–85); Center for Innovative Technology (CIT), Herndon, Va. (1985–88).

*__Arrau,__ Claudio, chilenisch-amerikan. Pianist: † Mürzzuschlag 9. 6. 1991.

Arru Arrupe – ASDEX

Arquitectonica: Das Apartmenthaus ›The Atlantis‹ in Miami (Fla.); 1980–82

*****Arrupe,** Pedro, Generaloberer der Jesuiten: † Rom 5. 2. 1991.

ARTE, Abk. für **A**ssociation **R**elative à la **T**élévision **E**uropéenne, von ARD, ZDF und dem frz. Sender La Sept-ARTE (Paris) betriebener europ. Fernsehkanal, Sitz: Straßburg bzw. Baden-Baden (für ARTE Deutschland TV GmbH); Sendebeginn 30. 5. 1992. Der mit dem Anspruch eines ›Europ. Kulturkanals‹ konzipierte Sender wird über Kabel und seit 1. 1. 1995 auch über den Satelliten Astra 1 D ausgestrahlt.

ARTE

*****Artemis-Verlag:** Wurde zum 1. 4. 1995 vom Patmos Verlag übernommen (→Cornelsen Verlag).

*****Artenschutz:** Mit der Bundesartenschutzverordnung vom 19. 12. 1986 (Neufassung 18. 9. 1989) wurden detaillierte Bestimmungen zum Schutz bes. gefährdeter wildlebender Tier- und Pflanzenarten erlassen; sie enthält neben der Unterschutzstellung v. a. Bestimmungen für die Ein- und Ausfuhr der betreffenden Arten. Auf der Konferenz der Vereinten Nationen zum Thema ›Umwelt und Entwicklung‹ 1992 in Rio de Janeiro wurden in einer internat. Konvention zum Schutz der biolog. Vielfalt versch. Maßnahmen zum Schutz der gefährdeten Arten und Biotope erstmals auf internationaler Ebene vorgesehen. Diese Konvention wurde von 163 Staaten unterzeichnet, jedoch bis Mitte 1994 erst von 58 Staaten (u. a. Dtl. im Dez. 1993) ratifiziert.

*****Artern 1):** Der seit 3. 10. 1990 zum Land Thüringen gehörende Landkreis A. ging am 1. 7. 1994 im Kyffhäuserkreis auf; die Gemeinden Bilzingsleben und Kannawurf wurden dem Kr. Sömmerda eingegliedert.

*****Arunachal Pradesh:** Das Unionsterritorium im NO Indiens erhielt am 20. 2. 1987 den Status eines Gliedstaates.

*****Arzneimittel:** Die Neuregelung im Leistungsrecht gemäß Gesundheitsstruktur-Ges. legte für alle verordneten Arznei- und Verbandmittel Zuzahlungen durch die Patienten fest. Diese bemessen sich seit 1994 nach der Packungsgröße. Ist für A. ein Festbetrag nach §35 SGB V festgesetzt, trägt die Krankenkasse die Kosten nur bis zur Höhe dieses Betrages. Zuzahlung und Festbetrag sollen zu sparsamerer Verschreibung und Inanspruchnahme sowie zu preisgünstigerem Angebot von A. beitragen.

*****Asbest:** Mit der Novellierung der Gefahrstoff-VO von 1993 wird neben der Herstellung und Verwendung von A. und asbesthaltiger Erzeugnisse auch das Inverkehrbringen von A. verboten. Durch das Verbot von asbesthaltigen Kanal- und Druckrohren, Dichtungen, Isolierstoffen und Dämmstoffen soll eine fast vollständige Reduzierung des A.-Verbrauches erreicht werden.

*****Aschersleben 2):** Der seit 3. 10. 1990 zum Land Sachs.-Anh. gehörende Landkreis A. ging am 1. 7. 1994 im Landkreis →Aschersleben-Staßfurt auf; fünf Gemeinden wurden dem Kr. Quedlinburg eingegliedert.

Aschersleben-Staßfurt, Landkreis im Reg.-Bez. Magdeburg, Sachs.-Anh., 655 km², (1994) 110 900 Ew.; Kreisstadt ist Aschersleben. Im äußersten SW reicht das Kreisgebiet in den Unterharz. Das nordöstl. Harzvorland und jenseits der Bodeniederung beginnende Magdeburger Börde sind fruchtbare Schwarzerdegebiete mit Anbau von Weizen, Zuckerrüben, Sonderkulturen und Futterpflanzen. 1851–1982 wurde in Staßfurt Stein- und Kalisalzbergbau betrieben. Der industrielle Sektor umfaßt v. a. Werkzeugmaschinen- und Fahrzeugbau, Nichteisenmetallurgie, Rohrleitungs- und Anlagenbau, Elektro- und Elektronik- sowie chem. Industrie. Die Städte des Kreises sind Aschersleben (1994: 30 400 Ew.) und Staßfurt (24 000 Ew.) sowie Cochstedt, Egeln, Ermsleben, Hecklingen und Hoym. – Der Kreis wurde am 1. 7. 1994 aus den früheren Kreisen Aschersleben (mit Ausnahme von fünf Gemeinden) und Staßfurt (mit Ausnahme der Städte Güsten und Kroppenstedt sowie drei weiterer Gemeinden) gebildet; eingegliedert wurden fünf Gemeinden des früheren Kr. Hettstedt.

*****ASDEX:** Der Betrieb von ASDEX wurde 1990 nach zehnjähriger Betriebsdauer beendet. Mittels einer Induktionsstromheizung (›Ohmsche Heizung‹) und leistungsstarken Zusatzheizungen lieferte ASDEX eine Heizleistung von über 4 MW. In Entladungen von mehreren Sekunden Dauer wurden Einschlußzeiten von über 0,1 s, Temperaturen von über 50 Mio. K und Teilchendichten von über $10^{20}\,m^{-3}$ erreicht (nicht alle Werte gleichzeitig).

Seit 1990 wird ebenfalls am Max-Planck-Institut für Plasmaphysik in Garching b. München das Nachfolgeexperiment **ASDEX Upgrade** betrieben. ASDEX Upgrade unterscheidet sich von ASDEX durch die Zielsetzung, die Wirksamkeit des ▷Divertors in einer reaktorrelevanten Konfiguration zu demonstrieren (z. B. Verlegung der Divertorspulen aus dem Torusgefäß in den Außenraum, elliptischer Plasmaquerschnitt). 1994 gelang in ASDEX Upgrade der Nachweis, daß durch kontrollierte Zufuhr von Edelgas in den Divertor die Energieflußdichte auf die Wärmeaustauscherplatten in den Divertorkammern erheblich gesenkt wird. Wesentlich dabei ist, daß dieser Zustand stationär aufrechterhalten werden kann, ohne daß der Plasmaeinschluß sich verschlechtert und die zugeführten

ASEAN: Wirtschaftsdaten der Mitgliedsländer

	Bruttosozialprodukt je Einwohner 1993 in US-$	durchschnittliche Wachstumsrate[1] 1980–93 in %	jährliche Inflationsrate 1980–93 in %	Schuldendienst[2] in % der Ausfuhr 1993
Brunei	14 000[3]	–	–	–
Indonesien	740	+4,2	8,5	31,8
Malaysia	3 140	+3,5	2,2	7,9
Philippinen	850	−0,6	13,6	24,9
Singapur	19 850	+6,1	2,5	–
Thailand	2 110	+6,4	4,3	18,7

[1]) Wachstumsrate des Bruttosozialprodukts je Einwohner. – [2]) Zins- und Tilgungszahlungen für Auslandsschulden. – [3]) Geschätzt.   Quelle: Weltbank.

Gasatome sich im Plasmainnern als Verunreinigungen ansammeln. In dieser Betriebsweise wird der aus dem Plasma in den Divertor strömende Energiefluß durch Anregung der Gasatome weitgehend in elektromagnet. Strahlung umgewandelt und damit auf größere Raumbereiche verteilt. Dies gilt als wichtiger Schritt zur Beherschung von Energie- und Teilchenflußdichten im Randbereich zw. Plasma und Gefäßwand eines Fusionsreaktors.

Asea Brown Boveri [- braʊn -], →ABB Asea Brown Boveri AG.

*ASEAN: Beobachterstatus haben Papua-Neuguinea (seit 1984), Laos (1992), Kambodscha (1993) und Birma (1994). Vietnam (seit 1992 Beobachterstatus) wurde im Juli 1995 Vollmitglied. Die ASEAN-Gruppe setzt sich aus Ländern zusammen, die im weltweiten Vergleich über eine sehr hohe Wachstumsdynamik verfügen. Im Zeitraum 1985–93 lag das reale Wirtschaftswachstum bei jährlich rd. 7%, das der westl. Industrieländer dagegen nur bei 2,4%. Das Bruttosozialprodukt pro Kopf der (1992) 328 Mio. Ew. betrug durchschnittlich 1143 US-$. Von den ASEAN-Staaten wurden mit (1992) 379 Mrd. US-$ rd. 1,7% des Weltsozialprodukts erwirtschaftet.

Die Mitgl.-Länder vereinbarten auf der 5. ASEAN-Gipfelkonferenz (27.–28. 1. 1992) in Singapur die Schaffung der **Asiatischen Freihandelszone (ASEAN Free Trade Area,** Abk. **AFTA)** als Gegengewicht zu den regionalen Handelsblöcken in Europa (EG) und Nordamerika (Nordamerika. Freihandelszone) bis zum Jahr 2008. Das Abkommen trat am 1. 1. 1993 in Kraft. Zunächst sind lediglich Malaysia und Singapur Mitgl. der AFTA, die anderen ASEAN-Staaten nahmen das Recht in Anspruch, den Beitritt bis maximal drei Jahre aufzuschieben. So ist Brunei 1994 der AFTA beigetreten, Thailand und die Philippinen wollen 1995, Indonesien 1996 folgen.

Als erster Schritt wurde zum 1. 1. 1993 ein gemeinsames Zollabkommen geschlossen, das zunächst Zollvergünstigungen im Handel mit industriellen Gütern, landwirtschaftl. Fertigprodukten und Rohstoffen vorsieht, sofern diese Waren zu mindestens 40% aus heim. Stoffen oder Rohstoffen aus anderen ASEAN-Ländern produziert wurden. Außer Singapur haben die anderen Mitgl.-Staaten erst am 1. 1. 1994 mit dem Zollabbau begonnen. Allerdings soll der Abbau der Zölle 1995 beschleunigt werden, um bereits 2003 die Freihandelszone zu verwirklichen (für Vietnam gilt 2006).

Aserbaidschan
Fläche: 86 600 km²
Einwohner: (1994) 7,39 Mio.
Hauptstadt: Baku
Amtssprache: Aserbaidschanisch (Azeri)
Nationalfeiertag: 28. 5.
Währung: 1 Aserbaidschan-Manat (A. M.) = 100 Gepik (G)
Uhrzeit: 15⁰⁰ Baku = 12⁰⁰ MEZ

Aserbaidschan, amtlich aserbaidschan. **Azärbaycan Respublikasi,** dt. **Aserbaidschanische Republik,** bis 30. 8. 1990 ▷ Aserbaidschanische Sozialistische Sowjetrepublik, Staat in SW-Asien, 86 600 km², (1994) 7,39 Mio. Ew., Hauptstadt ist Baku; grenzt im W an Armenien, im NW an Georgien, im N an Rußland (Dagestan), im O an das Kasp. Meer und im S an Iran. Zu A. gehören als Exklave an der S-Grenze Armeniens die Teilrepublik →Naxçıvan (früher Nachitschewan), die im S mit dem Araks an Iran grenzt. Innerhalb A.s liegt das von Armenien beanspruchte Autonome Gebiet →Bergkarabach. Amtssprache ist Aserbaidschanisch (in lat. Schrift); alleinige Währung ist seit 15. 6. 1994 der Aserbaidschan-Manat (A. M.) zu 100 Gepik. Uhrzeit: 15⁰⁰ Baku = 12⁰⁰ MEZ.

STAAT · RECHT

Verfassung: Die Praxis des bestehenden autoritären Präsidialregimes findet in der trotz zahlreicher Änderungen noch geltenden sowjet. Verf. vom 22. 4. 1978 nur einen unvollkommenen Ausdruck. Eine neue Verf. wird vorbereitet. Die Exekutivgewalt liegt in den Händen des vom Volk gewählten Staatspräs., dem ein Ministerkabinett mit einem Reg.-Chef an der Spitze zur Seite steht. Die reduzierten Befugnisse der Legislative werden anstelle des 350köpfigen Obersten Sowjets von einer aus 50 Abg. bestehenden Nationalversammlung (Milli Madschlis) ausgeübt.

Parteien: Die ›Volksfront A.s‹, gegr. 1989, 1990/91 die treibende Kraft der Loslösung von der UdSSR, vielfach als islamisch-fundamentalistisch charakterisiert, versteht sich selbst als laizistische polit. Kraft. Außenpolitisch wendet sie sich der Türkei sowie den islam. Staaten der Region zu. Die Partei ›Neues A.‹, gegr. 1992, unterstützt die Politik Präs. G. ALIJEWS. Neben diesen beiden Gruppierungen gibt es die Aserbaidschan. Nationale Unabhängigkeitspartei und die Aserbaidschan. Sozialdemokratische Gruppe.

Wappen: Das 1993 eingeführte Wappen zeigt in einem runden, in den Farben Grün, Rot, Blau und Gold gehaltenen Schild einen silbern umrandeten weißen achteckigen Stern, in dessen Mitte sich eine rote Flamme befindet. Darunter liegt eine in Grün gehaltene Landkarte mit den Umrissen A.s und eine goldene Kornähre, die sich an den unteren Teil der rechten Schildhälfte anlehnt.

Nationalfeiertag: 28. 5. (Tag der Republik).

Verwaltung: Auf der lokalen Ebene ist A. in 65 Kreise und neun kreisfreie Städte eingeteilt. Regionale Einheiten bilden daneben die Teilrepublik Naxçıvan (eine Exklave) und das Autonome Gebiet Bergkarabach. Allerdings hat sich das überwiegend von Armeniern bewohnte Bergkarabach im Zuge der seit 1988 andauernden Kämpfe von A. losgesagt und seinen Herrschaftsbereich über die Gebietsgrenzen hinaus ausgedehnt.

Recht: Zum großen Teil gilt noch das ehem. sowjet. Recht fort.

Streitkräfte: Die Gesamtstärke der im Aufbau befindl. Armee soll schließlich etwa 30 000 Mann betragen; gemäß KSE-Vertrag (▷VKSE) ist dem Land der Unterhalt von 220 Kampfpanzern und 100 Kampfflugzeugen erlaubt.

Internat. Mitgliedschaften: UNO, GUS.

LANDESNATUR · BEVÖLKERUNG

Landesnatur: A. liegt im östl. Teil Transkaukasiens; es erstreckt sich vom östl. Großen Kaukasus im N (im NO über ihn hinausgreifend) bis ins Ararathochland im SW und zum Ufer des Kasp. Meeres im O. Höchste Erhebung ist der Bazardüzü mit 4466 m ü. M. im Hauptkamm des Großen Kaukasus. Im NO fächern sich die Gebirgsketten des Großen Kaukasus in eine Reihe niedriger Gebirgsrücken auf, die auf der Halbinsel Apscheron weit ins Kasp. Meer ragen. Zentraler Raum sind das Kuratal und die Kura-Araks-Niederung, den die mittleren und östl. Teil der transkaukasischen Senke bilden. Der südl. Zipfel der Kura-Araks-Niederung, das Tiefland von Länkäran (Lenkoran), wird vom staffelartig zum Meer hin abfallenden Talyschgebirge begrenzt, das bis in iran. Staatsgebiet hineinreicht. Der die NO-Flanke des Ararathochlandes bildende Kleine Kaukasus stellt ein kompliziertes System von Faltengebirgen dar, zw. deren südl.

Asea Brown Boveri – Aserbaidschan **Aser**

Aserbaidschan
Staatswappen

Nationalflagge

Internationales Kfz-Kennzeichen

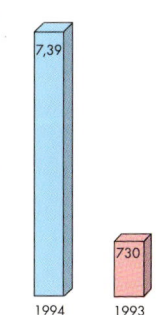
7,39 730
1994 1993
Bevölkerung (in Mio.) Bruttosozialprodukt je Ew. (in US-$)

Stadt 54% Land 46%
Bevölkerungsverteilung 1991

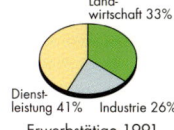
Landwirtschaft 33%
Dienstleistung 41% Industrie 26%
Erwerbstätige 1991

Aser Aserbaidschan

Aserbaidschan und Armenien: Übersichtskarte

und westl. Ketten sich das vulkan. Hochland von Karabach erhebt. Nach SW anschließend trennt das südl. Staatsgebiet Armeniens, durch das hier (zum großen Teil) das Sangesurgebirge (bis 3 904 m ü. M.) verläuft, die Teilrepublik Naxçıvan als Exklave im Ararathochland ab.

Die Flüsse gehören zum Einzugsgebiet des Kasp. Meeres. Die größten, Kura, Araks und Alasani, werden zur Bewässerung und Energiegewinnung genutzt und sind z. T. gestaut, die Kura u. a. zum Stausee von Mingäçevir (605 km²). Das Wasser des früher in den Araks mündenden Arpa wird durch einen Tunnel unter dem Wardenisgebirge in den Sewansee in Armenien umgeleitet, um dessen starke Wasserverluste etwas auszugleichen.

Klima: Hauptsächlich in der subtrop. Zone gelegen, hat A., bedingt durch die starke Reliefvielfalt, ein sehr unterschiedl. Klima. In den Niederungen und im Becken von Naxçıvan herrscht Halbwüsten- und Steppenklima (Julimittel 25–27°C, Januarmittel 0–3°C, 200 bis 1300 mm Jahresniederschlag), im Gebirge ist je nach Höhenlage gemäßigt kaltes bis kaltes, feuchteres Klima anzutreffen. Die größten Niederschläge fallen in der Länkäranniederung und auf der S-Seite des Talyschgebirges sowie im Großen Kaukasus. Bes. niederschlagsarm ist die Halbinsel Apscheron; Anbau ist hier nur bei künstl. Bewässerung möglich.

Vegetation: Im Tiefland herrscht auf oft salzhaltigen Böden Halbwüsten-, stellenweise Wüstenvegetation, die mit zunehmender Höhenlage in Steppenvegetation übergeht. Subtrop. Vegetation mit Reliktpflanzen wie Buchsbaum und Eibe findet sich in der Länkäranniederung. Die S-Abdachung des Großen Kaukasus, teilweise auch die Hänge des Kleinen Kaukasus und des Talyschgebirges, sind bewaldet (Eichen-, Buchen-, Hainbuchen- und Kastanienwälder, im Talyschgebirge auch Akazien), in ungünstigeren Lagen gehen die Wälder in Strauchformationen über. Oberhalb von 2 200–2 500 m ü. M. breiten sich subalpine und alpine Matten aus.

Bevölkerung: 1989 setzte sie sich zu 82,7 % aus Aserbaidschanern (Azeri), einem den Türken nahestehenden Volk, 5,6 % Russen, 5,6 % Armeniern (heute zum großen Teil nach Armenien geflüchtet), 2,4 % Lesgiern sowie 3,7 % Angehörigen anderer Nationalitäten (Awaren, Ukrainer, Tataren) zusammen. Im Nationalitätenkonflikt mit Armenien um Bergkarabach gibt es bis heute latente Kampfhandlungen. Die im Grenzgebiet zu Dagestan lebenden Lesgier fordern, auch von Dagesten ausgehend, eine Republik Lesgistan, A. erhebt dagegen Ansprüche auf Dagestan. Auch die als weitgehend assimiliert geltenden Talyschen im südöstl. Grenzgebiet zu Iran möchten ihre Eigenständigkeit besser wahren. Von aserbaidschan. Seite wird eine offene Grenze gegenüber dem iran. Süd-A. gewünscht.

Klimadaten von Länkäran (19 m ü. M.)

Monat	Mittleres tägl. Temperaturmaximum in °C	Mittlere Niederschlagsmenge in mm	Mittlere Anzahl der Tage mit Niederschlag
I	11	119	12
II	12	84	8
III	17	94	12
IV	21	66	9
V	26	38	7
VI	30	23	2
VII	32	28	2
VIII	31	46	2
IX	28	218	11
X	25	213	8
XI	17	196	11
XII	15	127	10
I–XII	33	1253	94

Mit 85 Ew. je km² ist A. trotz des hohen Anteils an Gebirgen (knapp 50 %) recht dicht besiedelt. Das natürl. Bevölkerungswachstum lag 1992 bei 1,85 %. 55 % der Bevölkerung lebten 1993 in Städten. Am dichtesten besiedelt sind die Halbinsel Apscheron (bes. die Region um Baku) sowie die industrialisierten Gebiete der Kura-Araks-Niederung und der Vorgebirgszone von Großem und Kleinem Kaukasus. Größte Städte sind (1991) neben der Hauptstadt Baku (1,081 Mio. Ew.) Gäncä (früher Kirowabad; 282 200 Ew.), Sumqayıt (236 200 Ew.), Mingäçevir (90 900 Ew.) Şäki (63 200 Ew.) und Äli Bayramlı (61 500 Ew.). Die größte Dichte ländl. Bev. haben die im Tiefland von Länkäran gelegenen Bezirke von Länkäran und Massaly.

Religion: 1993 waren 62 % der Bev. schiit. Muslime, 26 % sunnit. Muslime; außerdem gibt es u. a. orth. Christen.

Bildungswesen: A. unternimmt erhebl. Anstrengungen, den tradierten guten allgemeinen Bildungsstandard zu verbessern. Die (zehnjährige) differenzierte Gesamtschule wird von (1991/92) 1,4 Mio. Schülern besucht, Unterrichtssprache ist überwiegend Aserbaidschanisch (1991: 86,1 %), die insgesamt 77 teils dreijährigen berufl. techn. Schulen, teils vierjährigen mittleren Fachschulen haben 60 100 Schüler, die 10 Hochschuleinrichtungen, darunter Univ. und TU in

Klimadaten von Gäncä (303 m ü. M.)

Monat	Mittleres tägl. Temperaturmaximum in °C	Mittlere Niederschlagsmenge in mm	Mittlere Anzahl der Tage mit Niederschlag	Mittlere tägl. Sonnenscheindauer in Stunden
I	14	12	8	3,5
II	17	14	6	4,1
III	20	17	8	4,2
IV	26	39	11	5,4
V	31	38	11	7,4
VI	35	51	11	9,5
VII	36	26	6	9,2
VIII	35	17	6	8,7
IX	31	25	7	6,7
X	27	26	8	5,2
XI	22	11	6	3,8
XII	19	18	7	3,1
I–XII	36	294	95	5,9

Baku, haben insgesamt 108 000 Studenten. Russisch ist hier als Fachsprache noch stärker vertreten (1991: 30,7%). Die Ausgaben für das Bildungswesen betragen (1992) 18,9 Mrd. Rubel (27,5% des öffentl. Haushalts).

Publizistik: Presse: 1989 erschienen 151 registrierte Zeitungen in A., davon 133 in Azeri, außerdem 95 Zeitschriften (55 in Azeri). Die vier wichtigsten Zeitungen (die alle in Baku erscheinen) sind ›Azadlyg‹ (›Freiheit‹), Organ der Volksfront (gegr. 1989; Auflage: 142 000), ›Azerbaijan‹ (1989; 124 000), ›Azerbaijan Ganjlyari‹ (›Jugend von A.‹, 1919; 161 000) sowie das früher kommunist. Blatt ›Khalg Gazeti‹ (1919; 254 000). – *Nachrichtenagentur:* ›Azerinform‹, Baku. – *Rundfunk:* ›Radio Baku‹ (gegr. 1926) sendet u. a. in Azeri, Russisch, Arabisch, Persisch und Türkisch, das 1956 gegründete Fernsehen ›Baku Television‹ verbreitet Programme in Azeri, Russisch und Armenisch.

WIRTSCHAFT · VERKEHR

Wirtschaft: Die seit 1988 andauernden Kämpfe um die in A. liegende, v. a. von Armeniern bewohnte Region Bergkarabach verschärften die aufgrund des Zerfalls der Sowjetunion ohnehin angespannte ökonom. Situation. So sank das Bruttoinlandsprodukt (BIP) 1993 gegenüber dem Vorjahr um 13%. A. gehört, gemessen am Bruttosozialprodukt (BSP) je Ew. von (1993) 730 US-$, zu den Entwicklungsländern mit mittlerem Einkommen. Die Inflationsrate stieg von 87% im Jahr 1991 auf 1 100% in 1992; 1993 lag sie bei 380%. 1994 verließ A. die Rubelzone, und der Aserbaidschan-Manat wurde alleiniges Zahlungsmittel. Wegen umfangreicher Rohstoffvorräte (v. a. Erdöl) hat A. günstige Voraussetzungen, die wirtschaftl. Situation erheblich zu verbessern.

Landwirtschaft: 1991 arbeiteten 33% der Erwerbstätigen im Agrarbereich. Wichtigste Anbauprodukte sind Weizen, Obst, Gemüse und Baumwolle. Bei Weintrauben lag A. 1992 mit einer Erntemenge von 1,1 Mio. t weltweit auf den 14. Rang. In der Viehhaltung dominieren die Rinder- und Schafzucht. Mitte 1992 waren 40 von insgesamt 1 200 Staatsbetrieben privatisiert. Die Agrarproduktion ging 1992/93 um 17% zurück.

Bodenschätze: Etwa 80% der Erdölförderung in Höhe von (1992) 11,2 Mio. t sind auf die Off-shore-Felder vor der Hauptstadt Baku im Kasp. Meer konzentriert. Die Off-shore-Förderung bedingt erhebl. Umweltprobleme, v. a. bezüglich der Verschmutzung des Wassers des Kasp. Meeres. Die Erdgasförderung ist demgegenüber – trotz großer Vorräte im Kasp. Meer – noch unbedeutend. – Weitere mineral. Rohstoffe, die abgebaut werden, sind Eisen-, Kobalt-, Molybdänerz, Alunit und Baryt. – Wasserkraft ist jedoch die wichtigste Energieform zur Elektrizitätserzeugung.

Industrie: Wichtigste Branchen sind die erdölverarbeitende und chem. Industrie, die Eisen- und Stahlerzeugung, der Maschinenbau (Ausrüstungen für die Erdölindustrie) sowie die Textil- und Nahrungsmittelindustrie. 1992/93 ging die Industrieproduktion um 7% zurück.

Außenwirtschaft: A. konnte trotz der militär. Auseinandersetzungen mit Armenien in den Jahren seit der Unabhängigkeit einen Außenhandelsüberschuß erzielen (Einfuhrwert 1993: 240 Mio. US-$, Ausfuhrwert: 350 Mio. US-$). Bei den Ausfuhrwaren dominieren Textilien (1991: 55% des Gesamtexports), Erdöl und Erdgas sowie Maschinen und Metallwaren. 1991 waren Rußland und die Ukraine mit zusammen 68% des gesamten Außenhandelsvolumens die bedeutendsten Handelspartner.

Verkehr: Das aserbaidschan. Eisenbahnnetz weist eine Gesamtlänge von (1991) 2 100 km auf. Die Hauptlinien verbinden Baku mit Tiflis (Georgien), Machatschkala (Rußland) und Jerewan (Armenien). Letztere ist jedoch seit 1989 unterbrochen. Gleiches gilt für die Eisenbahnlinie zur Enklave Naxçıvan, die durch arm. Gebiet führt. Durch Naxçıvan führt die Strecke Täbris (Iran)–Jerewan, deren N-Abschnitt ebenfalls unterbrochen ist. 95% des (1990) 26 700 km langen Straßennetzes sind befestigt. – Über das Kasp. Meer gibt es von Baku aus Schiffsverbindungen nach Turkmenbaschi (Turkmenistan) sowie zu den iran. Hafenstädten Bender Ansali und Nowschahr. Der internat. Flughafen liegt nahe der Hauptstadt Baku.

Aserbaidschan: Hochgebirgsweide an der Südabdachung des Großen Kaukasus bei Zaqatola

GESCHICHTE

Im Zeichen der Reformpolitik des GenSekr. M. S. GORBATSCHOW in der UdSSR steigerte sich in A. die Suche nach nat. Identität, bes. durch den Konflikt mit Armenien um das Autonome Gebiet Bergkarabach. Unter dem Druck der ›Volksfront A.s‹ (gegr. 16. 7. 1989) verabschiedete der – nach wie vor – von der KP beherrsche Oberste Sowjet A.s am 23. 9. 1989 ein Ges. ›Über die Souveränität der aserbaidschan. Unionsrepublik‹. Nach Pogromen extremist. Gruppen der ›Volksfront A.s‹ (gegen Armenier) entsandte die sowjet. Staatsgewalt im Jan. 1990 Truppen nach A. (blutige Zusammenstöße mit Volksfrontmilizen). Bei den Wahlen zum Obersten Sowjet von A. (Präs. AJAS MUTALIBOW) im Juni 1990 konnten die Kommunisten ihre Position gegen das Wahlbündnis ›Demokrat. Forum‹ behaupten. Am 6. 2. 1991 nannte sich die Aserbaidschan. SSR in ›Aserbaidschan. Republik‹ um. Nachdem diese bis zum Putschversuch orthodoxkommunist. Kräfte bes. in Moskau (19.–21. 8. 1991) an der Zugehörigkeit zur UdSSR festgehalten hatte, erklärte A. am 30. 8. 1991 seine Unabhängigkeit.

Schwere militär. Rückschläge im Kampf mit Armenien um Bergkarabach (seit 1991) lösten innere Unruhen aus. Der im Juni 1992 zum Präs. gewählte ALBUFAS ELTSCHIBEYS wurde im Juni 1993 durch eine Militärrevolte gestürzt. Am 3. 10. 1993 wählte die Bev. GEJDAR ALIJEW, einen Angehörigen der alten kommunist. Machtelite, zum Staatspräs. Am 21. 9. 1993 hatte das Parlament nachträglich den Beitritt A.s zur GUS (21. 12. 1991) gebilligt. Mit verstärkten Kontroll- und Regulationsmechanismen sucht die Reg. der Versorgungskrise und der wachsenden Verarmung der Bev. Herr zu werden. Im Spannungsfeld protürk. und proruss. Strömungen sucht Präs. ALIJEW sein Reg.-System zu behaupten. Im Febr. 1994 schloß er einen

Aser Aserbaidschan-Manat – Assessment-Center

Freundschaftsvertrag mit der Türkei. Im Mai 1994 unterzeichnete die Reg. das NATO-Dokument →Partnerschaft für den Frieden. Gegen den Protest Rußlands schloß A. im Sept. 1994 einen Vertrag mit zehn vornehmlich westl. Gesellschaften (u. a. aus Großbritannien, den USA, Norwegen, der Türkei und Saudi-Arabien) über die Förderung von Erdöl und dessen Export. Im Okt. 1994 und im März 1995 scheiterten Putschversuche gegen Präs. ALIJEW.

Aserbaidschan-Manat, Abk. **A. M.,** seit 1994 nat. Währungseinheit Aserbaidschans, 1 A. M. = 100 Gepik.

*Ashby, Hal, amerikan. Filmregisseur: † Malibu (Calif.) 27. 12. 1988.

*Ashcroft, Dame Peggy, engl. Schauspielerin: † London 14. 6. 1991.

*Ashkenazy, Vladimir Davidovich, island. Pianist russ. Herkunft: In den 1980er Jahren zunehmend auch als Dirigent tätig, wurde er 1989 Chefdirigent des Radio-Sinfonieorchesters Berlin.

*Ashton, Sir Frederick William Mallandaine, brit. Choreograph und Tänzer: † Eye (Cty. Suffolk) 18. 8. 1988.

Asiatische Freihandelszone, →ASEAN.

ASIC [ˈeɪsɪk, Abk. für engl. Application-specific integrated circuit ›anwendungsspezifische integrierte Schaltung‹], *Elektronik:* allg. Bez. für jede hochintegrierte Digitalschaltung, deren Funktion letztlich vom Kunden bestimmt wird, sei es durch die Art der Software (Programm in einem Speicher, z. B. beim Mikroprozessor) oder durch die Art der Hardware (Verdrahtung); i. e. S. Bez. für diejenigen solcher Schaltungen, deren Funktion nur durch ihre Verdrahtung festgelegt wird. Diese Schaltungen werden auch als **Kundenschaltungen** bezeichnet. Von ihnen unterschieden werden die **Standardschaltkreise.**

Bei den Kundenschaltungen unterscheidet man zwei große Gruppen. Bei einer **Voll-Kundenschaltung** bestimmt der jeweilige Kunde alle Entwurfs- und Herstellungsschritte. Die Voll-Kundenschaltungen weisen dementsprechend optimales Verhalten, höchstmögl. Integrationsgrad, maximale Ausbeute und geringste Kosten je Funktionselement auf, sie können aber wegen der hohen Entwurfs- und Herstellungskosten nur in Stückzahlen über etwa 100 000 wirtschaftlich hergestellt werden. Bei einer **Semi-Kundenschaltung** werden weitgehend vorentworfene oder -gefertigte Funktionseinheiten verwendet, und der jeweilige Kunde trägt nur einen Teil der Gesamtkosten. Die einfachsten derartigen Schaltungen sind Gate-Arrays (▷ Gate-Array-Bausteine), die schon ab Stückzahlen von etwa 1 000 kostengünstig hergestellt werden können; sie haben aber den Nachteil relativ geringer Packungsdichte, und überdies werden meist nicht alle ihre Funktionseinheiten ausgenutzt. Zu den Semi-Kundenschaltungen gehören u. a. auch die ▷ PLD sowie das ▷ ROM i. e. S. und das ▷ PROM. Der wesentl. Unterschied zw. den beiden letztgenannten ist, daß beim ROM die Information vom Hersteller lithographisch ›einprogrammiert‹ wird (›Maskenprogrammierung‹), beim PROM dagegen vom Kunden selbst auf elektr. Weg (›Feldprogrammierung‹). Maskenprogrammierung und Feldprogrammierung sind auch bei den übrigen ASICs die vorherrschenden Verfahren der Funktionsfestlegung.

Aşıklı Hüyük [aʃ-], Ruinenstätte 25 km südöstlich von Aksaray, Türkei, am Melendiz; Siedlungshügel des akeramischen Neolithikums mit neun Bauschichten, der seit 1989 untersucht wird. Die aus Lehmziegeln, in den älteren Schichten aus Stampflehm in agglutinierender Bauweise errichteten Bauten besaßen ein bis drei Räume sowie Herd- und Feuerstellen. Die Innenwände waren gelb, hellrötlich oder rot bemalt, der Fußboden eines größeren repräsentativen Gebäudes mit rot bemaltem Stuck überzogen. Die Geräte, zumeist Klingen, wenige Geschoßspitzen, sind aus lokalem Obsidian; es gibt auch geschliffene Beile sowie aus erhitztem und gehämmertem Naturkupfer hergestellte Perlen. Haustierhaltung ist noch ungesichert. Eine zeitl. Einordnung schwankt zw. 7800 und 7400 v. Chr. (Radiokarbondaten); A. H. gehört damit der jüngsten Phase des vorkeram. Neolithikums B an.

Der Ort vermittelt einen Einblick in die früheste neolith., noch in erster Linie auf Jagd und Sammelwirtschaft beruhende Dorfkultur Zentralanatoliens, deren Entwicklung von der des übrigen SW-Asien zu trennen ist; sie verrät eher Zusammenhänge mit der Ausbildung früher seßhafter Gemeinschaften in SO-Europa.

*Asimov, Isaac, amerikan. Biochemiker und Schriftsteller: † New York 6. 4. 1992.

Äskulap: Unter den Darstellungen des Heilgottes tauchen seit dem zweiten Drittel des 2. Jh. n. Chr. Statuetten, Medaillen und Münzen auf, bei denen über dem Schlangenstab ein Ei dargestellt ist. Dieses neue Attribut des Asklepios Glykon genannten Typus schlüsselte 1994 der Archäologe GÜNTER E. GRIMM (1945) auf, indem er einen satir. Bericht von LUKIAN heranzog. Das Ei symbolisiert die Wiedergeburt des von Erzählungen von Zeus durch Blitz getöteten Asklepios und verdankt seine Symbolik einem Betrug, der aber von den Gläubigen nicht durchschaut

Äskulap: Statuette mit Schlangenstab und Ei; 2. Drittel des 2. Jh. v. Chr., gefunden bei Alexandria (Sammlung des Archäologischen Instituts der Universität Trier)

wurde. Ein Priester aus Abonuteichos in Bithynien veranlaßte zuerst die Auffindung von angebl. Bronzetafeln des A., auf denen dieser verkündet, daß er mit seinem Vater in Abonuteichos residieren wolle, und dann die Auffindung eines von ihm präparierten Gänseeis, in das er eine kleine Schlange gesteckt hatte. Abonuteichos wurde eine reiche Kult- und Orakelstätte, die bald in Ionopolis umbenannt wurde, und der Kult des gleichzeitig alten und neuen Gottes und Heilands breitete sich im ganzen Röm. Reich aus, bis Kaiser KONSTANTIN I. der mit dem Christentum konkurrierenden Heilslehre durch Zerstörung des Asklepiosheiligtums von Agai in Kilikien ein Ende setzte.

*Asmara: Seit 1993 Hauptstadt des unabhängigen Staates Eritrea.

Assessment-Center [əˈsesmənt ˈsentə; engl. ›Beurteilungszentrum‹], in der Personalauswahl und -entwicklung eingesetztes eignungsdiagnost. Instrument, bei dem Berufssituationen möglichst realitätsnah in standardisierten Spiel- und Testsituationen simuliert werden. Charakteristisch ist die Methodenvielfalt der Verfahrensbausteine. Eingesetzt werden v. a. Postkorbübungen (z. B. Bearbeitung von Briefen, Notizen und Telefonaten), Gruppendiskussionen, Rollenspiele, Unternehmensplanspiele und Fallstudien, aber auch Einzelinterviews sowie Persönlichkeits-, Fähigkeits- und Kenntnistests. Üblich sind zwei- bis dreitägige A.-C. mit sechs bis zwölf Teilnehmern.

Association of Caribbean States [əsəʊsɪˈeɪʃn əv kæˈrɪbjən steɪts], Abk. **ACS,** die →Vereinigung karibischer Staaten.

*Astaire, Fred, amerikan. Filmschauspieler: † Los Angeles (Calif.) 22. 6. 1987.

*Asteroiden: Diese aus dem Englischen stammende Bez. für die →Planetoiden setzt sich im allgemeinen Sprachgebrauch immer mehr durch und wird auch in der wiss. Literatur zunehmend verwendet.

Astra [lat. ›Sterne‹], Name eines Systems europ. Rundfunksatelliten, die bei 19,2° ö. L. auf der geostationären Umlaufbahn positioniert sind. Die in Direktausstrahlung gesendeten Programme können vom Nutzer mittels Parabolantenne empfangen werden. Als erster Satellit nahm der im Dez. 1988 gestartete A. 1 A im Febr. 1989 seinen Betrieb auf. Es folgten A. 1 B (1991), 1 C (1993), 1 D (1994) und A. 1 E (Okt. 1995), in Vorbereitung sind A. 1 F (1996) und 1 G (1997). Die analog arbeitenden A. 1 A–D stellen je 16 Fernsehkanäle zur Verfügung, die zusätzlich mit jeweils bis zu acht Hörfunkprogrammen belegt werden können. A. 1 E–G sind leistungsstärker ausgelegt und werden jeweils 80 bis 90 digitale Programme ausstrahlen können.

Nachdem 1990 3sat als erste öffentlich-rechtl. Anstalt ein Programm über A. sendete, strahlen auch ARD und ZDF seit 1993 ihre Hauptprogramme über A. aus. – A.-Betreibergesellschaft ist die Société Européenne des Satellites (SES, Luxemburg), deren Kapitaleigner u. a. die Dt. Telekom AG, Satellitenhersteller, Programmanbieter und Banken sind; zwei öffentliche luxemburg. Banken haben eine Sperrminorität.

Astro [Abk. für engl. **Astr**onomy **o**bservatory, ›astronom. Observatorium‹], wiederverwendbares amerikan. Weltraumobservatorium, das in der Ladebucht des amerikan. Raumtransporters Space-shuttle installiert wird und aus ca. 350 km Höhe Beobachtungen von astronom. Objekten (Quasare, Galaxien, Supernovae, Sterne, Planeten, Mond) im ultravioletten Spektralbereich durchführt; hierzu dienen zwei Teleskope und ein Polarimeter. Der Erstflug vom 2. bis 11. 12. 1990, bei dem zusätzlich ein Breitband-Röntgenteleskop mitgeführt wurde, litt unter mehreren techn. Pannen. Beim zweiten Einsatz vom 2. bis 18. 3. 1995 arbeiteten die (verbesserten) Instrumente fehlerfrei.

Astro-**SPAS** [SPAS Abk. für **S**huttle **P**allet **S**atellite], wiederverwendbarer dt. Satellit, der als freifliegende Forschungsplattform im Weltraum dient. A.-SPAS (Masse 3,2–3,6 t, Länge/Höhe je 4 m, Breite 2–3 m) wird mit dem amerikan. Raumtransporter Space-shuttle gestartet, vom Manipulatorarm aus der Ladebucht in eine Erdumlaufbahn ausgesetzt, nach mehreren Tagen autonomen Flugs (bis zu 120 km hinter dem Space-shuttle) wieder geborgen und auf die Erde zurückgebracht.

Die erste Mission ORFEUS-SPAS-1 (**O**rbital **R**etrievable **F**ar and **E**xtreme **U**ltraviolet **S**pectrometer) fand vom 13. bis 19. 9. 1993 statt und arbeitete im wesentlichen mit einem Teleskop von 4 m Länge und 1 m Spiegeldurchmesser, das Beobachtungen interstellarer Gaswolken und zur Sternentstehung durchführte. Die zweite Mission war CRISTA-SPAS-1 (**Cr**yogenic **I**nfrared **S**pectrometer **a**nd **T**elescope for the **A**tmosphere) vom 4. bis 12. 11. 1994. Die durch flüssiges Helium auf –268 °C gekühlten Infrarotteleskope nahmen globale Messungen von Spurengasen der mittleren Atmosphäre (10–150 km Höhe) vor, z. B. Ozon, Stickstoff, FCKW. Beide Flüge in etwa 300 km Höhe wurden von einer mobilen dt. Kontrollstation in Florida überwacht. Eine dritte und vierte Mission sind für Dez. 1995 und Sept. 1996 vorgesehen.

Astro-SPAS: Mit dem Manipulatorarm wird ORFEUS-SPAS aus der Ladebucht des Space-shuttle ausgesetzt; in der Mitte ist das noch verschlossene, 4 m lange Teleskop zu sehen

***Asylrecht:** Das GG der Bundesrep. Dtl. gewährt als eine der wenigen Verf. der Erde unter bestimmten Voraussetzungen jedem politisch Verfolgten einen gerichtlich durchsetzbaren Anspruch auf Asyl (Art. 16 a GG). Die Voraussetzungen, die den Begriff des politisch Verfolgten bestimmen, haben sich ebensowenig geändert wie die verfahrensrechtl. und inhaltl. Prinzipien, wonach ein Asylbewerber schon vor seiner Anerkennung als politisch Verfolgter für die Dauer des Asylverfahrens grundsätzlich ein Bleiberecht besitzt und politisch Verfolgte in Ausübung des A. ein Recht auf Aufenthalt sowie Möglichkeiten einer berufl. und persönl. Entfaltung erwirbt. Angesichts steigender Asylbewerberzahlen zu Beginn der 1990er Jahre und aufgeschreckt durch eine Welle von Fremdenfeindlichkeit und polit. Anschlägen, die sich vornehmlich gegen Asylbewerber richteten, im gerade vereinigten Dtl. versuchte der Gesetzgeber sowohl der ständig steigenden Zahl von Asylbewerbern als auch der langen Dauer der Asylverfahren mit verfahrensrechtl. Änderungen zu begegnen.

Aufgrund weiter stark steigender Asylbewerberzahlen (1991: 256 112; 1992: 438 191) war allerdings bereits wenige Monate nach Verabschiedung des Asylverfahrensgesetzes von 1992 abzusehen, daß das Gesetz nicht mehr ausreiche, die grundsätzl. Probleme der Kontrolle des Ausländerzuzugs über das Asylverfahren zu lösen. Aufgrund einer Vereinbarung zw. den Bundestagsfraktionen von CDU/CSU, FDP und SPD vom 6. 12. 1992 (›Asylkompromiß‹) wurde im Juni 1993 eine GG-Änderung und – darauf basierend – eine Neuregelung des Asylverfahrensrechts im Bundestag verabschiedet. Der Kern der Neuregelung besteht in der Beibehaltung des bis dahin in Art. 16 Abs. 2 Satz 2 GG geregelten individuellen A. (›politisch Verfolgte genießen Asylrecht‹) im neuen Art. 16 a Abs. 1 GG, das aber im Ggs. zur bisherigen Regelung mit Einschränkungen in den nachfolgenden Absätzen verse-

Asyl Asylrecht

hen ist. Einschränkungen ergeben sich insbesondere aus der Drittstaatenregelung (Abs. 2), der gesetzl. Festlegung sicherer Herkunftsstaaten (Abs. 3) sowie aus den erweiterten Möglichkeiten zur Vollziehung aufenthaltsbeendender Maßnahmen (Abs. 4). Die GG-Änderung und die Neuregelung des Asylverfahrensrechts traten am 30. 6. bzw. 1. 7. 1993 in Kraft. Zugleich ist mit dem Asylbewerberleistungsgesetz die Gewährung von Sozialhilfe an Asylbewerber eingeschränkt und im Grundsatz auf Unterbringung und Sachleistungen beschränkt worden. Eine abschließende polit. und rechtl. Würdigung, ob die vorgenommenen Änderungen noch den Kerngehalt des Art. 16 ausreichend erkennen lassen, steht noch aus. Polit. Kritik an den Änderungen spielt dabei ebenso eine Rolle wie die Beunruhigung von Teilen der Öffentlichkeit über Unstimmigkeiten etwa hinsichtlich der Festlegung sicherer Drittstaaten und nicht zuletzt eine noch zu erwartende Beurteilung durch das Bundesverfassungsgericht; eine diesbezügliche Entscheidung wird für 1996 erwartet.

Drittstaatenregelung

Nach Art. 16a Abs. 2 GG kann sich auf das A. nicht berufen, wer aus einem Mitgliedstaat der Europ. Union (EU) oder aus einem anderen sicheren Drittstaat einreist, in dem die Anwendung des Abkommens über die Rechtsstellung der Flüchtlinge und der Konvention zum Schutze der Menschenrechte und Grundfreiheiten sichergestellt ist. Für EU-Mitgliedstaaten steht diese Sicherheit kraft der grundgesetzl. Bestimmung fest, andere Staaten werden als sichere Drittstaaten durch den Bundestag mit Zustimmung des Bundesrates gesetzlich bestimmt.

Asylbewerber, die aus sicheren Drittstaaten einreisen, können sich gemäß § 26a Asylverfahrensgesetz in Verbindung mit Art. 16a Abs. 2 GG auf das A. nicht berufen. Grundgedanke dieser Regelung ist, in einem europ. Rechtsraum, der auf einheitl. Grundprinzipien über den Schutz von Flüchtlingen nach der Genfer Flüchtlingskonvention und der Europ. Menschenrechtskonvention (EMRK) beruht, eine unkontrollierte Weiterwanderung von Flüchtlingen zu vermeiden. Jedem Asylsuchenden soll daher im ersten Aufnahmeland ein rechtsstaatl. Verfahren und eine faire Chance zur Prüfung seines Asylbegehrens gewährt werden.

Als sichere Drittstaaten werden z. Z. (außer den EU-Mitgliedstaaten) angesehen: Norwegen, Polen, die Schweiz und die Tschech. Republik. De facto bedeutet das, daß kein Asylbewerber, der aus einem Nachbarland Dtl.s einreist, sich auf das A. berufen kann. Die vom Gesetzgeber festgestellte Sicherheit im Drittstaat ermöglicht eine sofortige Zurückweisung, Zurückschiebung oder Abschiebung, ohne daß auf die vorgebrachten Verfolgungsgründe inhaltlich eingegangen werden muß. Von Kritikern wird hierin eine Abkehr der vom GG gebotenen Prüfung der individuellen Rechts- und Verfolgungslage gesehen.

Damit hat sich der Gesetzgeber vom bisherigen, rein innerstaatlich definierten A.-Verständnis gelöst. War bisher im Prinzip jeder politisch Verfolgte asylberechtigt, so wird nunmehr die Schutzgewährung in einen weiteren europ. Kontext einbezogen. Im Bereich der EU-Mitgliedstaaten sind daher nach dem Sinn des neuen Art. 16a GG Schutzgewährung und Asyl der Verantwortlichkeit des jeweiligen EU-Mitgliedstaates übertragen.

Die gleichartige Gewährleistung elementarer Rechte schutzsuchender Flüchtlinge (individuell und verfahrensrechtlich) in den EU-Mitgliedstaaten und den sogenannten sicheren Drittstaaten soll den Schutz der Menschenwürde für Flüchtlinge wahren. Auf der Grundlage europ. Standards ersetzt daher die europ. A.-Harmonisierung eine ausschließlich national geprägte Schutzkonzeption.

Sichere Herkunftsstaaten

Art. 16a Abs. 3 GG sieht vor, daß durch Gesetz diejenigen Staaten als ›sichere Herkunftsstaaten‹ bestimmt werden können, bei denen gewährleistet erscheint, daß dort weder polit. Verfolgung noch unmenschl. oder erniedrigende Bestrafung oder Behandlung stattfindet. Ob diese Voraussetzungen gegeben sind, wird anhand eines umfangreichen Kriterienkatalogs geprüft. Kriterien sind dabei u. a. die Höhe der Anerkennungsquote in den vergangenen Jahren, die allgemeine polit. Lage und Stabilität des Landes und die Achtung der Menschenrechte. Welche Staaten als sichere Herkunftsstaaten gelten, wird durch Gesetz, das der Zustimmung des Bundesrates bedarf, festgelegt. Als sichere Herkunftsstaaten hat der Gesetzgeber bestimmt: Bulgarien, Ghana, Polen, Rumänien, Senegal, die Slowak. Rep., die Tschech. Rep. und Ungarn. An dieser Festlegung insgesamt, bes. aber an der Einbeziehung von Rumänien, Senegal und Ghana, wurde von Amnesty International ebenso wie von seiten der christl. Kirchen und von Flüchtlingshilfsgruppen (›Pro Asyl‹) z. T. heftige Kritik geübt.

Umgesetzt wird Art. 16a Abs. 3 GG durch § 29 Asylverfahrens-Ges. Danach wird der Asylantrag eines Ausländers aus einem sicheren Herkunftsstaat als offensichtlich unbegründet abgelehnt, es sei denn, die von dem Ausländer angegebenen Tatsachen oder Beweismittel begründen die Annahme, daß ihm in Abweichung von der allgemeinen Lage im Herkunftsland polit. Verfolgung droht. Grundsätzlich ist also das abgekürzte Verfahren in Fällen offensichtlich unbegründeter Asylanträge anzuwenden, doch bleibt die Möglichkeit der Einzelfallprüfung bestehen, wenn der Tatsachenvortrag des Asylbewerbers die Durchbrechung der Verfolgungssicherheit im konkreten Fall glaubhaft erscheinen läßt.

Flughafenregelung

Die Einreise auf dem Luftwege erwies sich 1991/93 in steigendem Maße als Einfallstor für illegale Einwanderung. Diese Entwicklung soll dadurch aufgefangen werden, daß bei Ausländern aus einem sicheren Herkunftsstaat, die über einen Flughafen einreisen wollen und bei der Grenzbehörde um Asyl nachsuchen, das Asylverfahren *vor* der Entscheidung über die Einreise durchzuführen ist, soweit die Unterbringung auf dem Flughafengelände während des Verfahrens möglich ist.

Zur Durchsetzung des Verfahrens können Asylbewerber nach der Antragstellung bis zu 19 Tage auf einen Aufenthalt auf dem Flughafengelände verwiesen werden. Lehnt die Außenstelle des Bundesamtes für die Anerkennung ausländ. Flüchtlinge am Flughafen den Asylantrag als offensichtlich unbegründet ab, so ist dem Asylbewerber die Einreise zu verweigern. Der Asylbewerber kann in diesem Fall mit einem Antrag an das zuständige Verwaltungsgericht im Wege des vorläufigen Rechtsschutzes um Gewährung der Einreise nachsuchen. Bleibt dieser Antrag ohne Erfolg, so wird die Zurückweisung nach Tschech. Republik vollzogen.

Das Asylverfahren wird unmittelbar auf dem Flughafengelände, bei der Außenstelle des Bundesamtes durchgeführt, die der Grenzkontrollstelle zugeordnet ist. Der Ausländer kann hier seinen Asylantrag stellen und wird unverzüglich nach Antragstellung durch das Bundesamt angehört. Das Bundesamt muß innerhalb von zwei Tagen über den Asylantrag entscheiden, andernfalls wird dem Asylbewerber die Einreise gestattet. Vom Normalverfahren unterscheidet sich die Flughafenregelung lediglich insoweit, als das Verfahren bereits vor der Einreise auf dem Flughafengelände durchgeführt wird und besonderen Verfahrensgrundsätzen bezüglich der gerichtl. Überprüfung unterliegt. Die Drittstaatenregelung erscheint als Ausweitung einer bereits im europ. Einigungswerk angelegten A.-Konzeption, die eine unkontrollierte Weiterwanderung von Asylsuchenden verhindern soll und den Asylsuchenden prinzipiell auf den Schutz in dem nächstgelegenen sicheren Erstaufnahmeland verweist. Zugrunde gelegt wird dabei die Beachtung eines einheitl. Mindeststandards über die Behandlung von Flüchtlingen, der sich aus der Genfer Flüchtlingskonvention und der EMRK ableiten läßt. Ob dies in der Praxis immer gewährleistet ist, ist umstritten, wobei sich u. a. Vertreter des Hochkommissariats für Flüchtlinge der Vereinten Nationen (UNHCR) sowie der Kirchen in die Stimmen der Kritiker eingereiht haben. Im Bereich der EU ist dieses Konzept durch das Abkommen von Dublin und die im Maastrichter Vertrag festgelegten Kooperationspflichten verankert.

Das deutsche Asylrecht im europäischen Rahmen

Dtl. hat an der europ. Harmonisierung des A. ein besonderes Interesse, weil es seit Mitte der 80er Jahre einen hohen Anteil aller in der EG um Asyl nachsuchenden Flüchtlinge aufnimmt. Im Jahre 1992 waren dies 78,76% aller in der EU um Asyl nachsuchenden Personen. Ursächlich hierfür sind zum einen die geograph. Lage Dtl.s nach dem Wegfall der Reisebeschränkungen in den früheren Ostblockstaaten, zum anderen die traditionell günstigen rechtl. und sozialen Rahmenbedingungen für Asylsuchende. Mit Art. 16a Abs. 5 ist nunmehr die Möglichkeit geschaffen worden, Asylbewerber, deren Asylgesuch bereits in einem anderen EU-Staat anhängig bzw. geprüft und negativ beschieden worden ist, an diesen Staat zurückzuweisen bzw. abzuschieben. Umgekehrt ist die Bundesrep. Dtl. verpflichtet, Asylbewerber, die sich in einem anderen EG-Mitgliedstaat aufhalten, zur Prüfung des Asylbegehrens zu übernehmen, wenn sie nach den vertraglich vereinbarten Regeln hierfür ausschließlich zuständig ist. Die Zuständigkeit ergibt sich aus der Gewährung eines Einreise- bzw. Aufenthaltsrechts oder aus der ersten illegalen Einreise über die Grenzen dieses Staates. Die Rechtsgrundlage für ein europ. Zuständigkeitssystem ist für die Staaten der EU mit dem Abkommen von Dublin über die Bestimmung des zuständigen Staates für die Prüfung eines in einem Mitgliedstaat der EG gestellten Asylantrags vom Juni 1990 geschaffen worden. Ähnl. Regeln sieht das Schengener Abkommen vom Juni 1990 vor. Im Ggs. zum Dubliner enthält das Schengener Abkommen darüber hinausgehende Regeln, u. a. über grenzüberschreitende polizeil. Zusammenarbeit und über einheitl. Grenzkontrollen an den Außengrenzen der Gemeinschaft. Das Dubliner Abkommen legt Zuständigkeitsregeln fest und sichert dadurch zugleich, daß jeder Asylbewerber die Gelegenheit erhält, in einem der Vertragsstaaten nach den Regeln der Genfer Konvention einen Asylantrag zu stellen. Im Grundsatz beruht das Abkommen auf der gegenseitigen Anerkennung von Asylentscheidungen. Ein Vertragsstaat ist allerdings nicht gehindert, trotz Ablehnung in einem anderen EU-Staat einen Asylbewerber aufzunehmen und ihn als Asylberechtigten anzuerkennen.

Eine weitergehende materielle und verfahrensrechtl. Harmonisierung des A. ist von den für Einwanderung zuständigen Min. der EG bereits im Dez. 1991 beschlossen und durch den Maastrichter Vertrag zur Gründung der Europ. Union auf eine vertragl. Grundlage gestellt worden. Auf ihrer Londoner Tagung vom Dez. 1992 haben sich die Min. auf eine Reihe von Entschließungen zur Frage des A. geeinigt, u. a. über die Behandlung offensichtlich unbegründeter Asylanträge, über ein einheitl. Konzept in bezug auf Aufnahme durch Drittländer und über die Schaffung eines Informationszentrums für Asylfragen. Im Dez. 1994 hat der Rat der EU Empfehlungen über einen Musterentwurf eines bilateralen Rückübernahmeabkommens zw. einem Mitgliedstaat der EU und einem Drittstaat, im Frühjahr 1995 Entschließungen über Mindestgarantien für das Asylverfahren verabschiedet. Mit Drittstaaten sind Vereinbarungen über den Abschluß von Abkommen in Gang, die die Rückführung von aus diesen Staaten illegal eingereisten Asylsuchenden vorsehen und Rückübernahmepflichten definieren. Als Pilotabkommen kann das von den Staaten des Schengener Abkommens mit der Rep. Polen geschlossene Abkommen betreffend die Rückübernahme von Personen mit unbefugtem Aufenthalt vom März 1991 angesehen werden. Dtl. hat darüber hinaus u. a. mit Polen und der Tschech. Rep. bilaterale Rückübernahmeabkommen geschlossen, die neben der Rückführung illegal eingereister Asylbewerber finanzielle und administrative Hilfe vorsehen.

Entwicklung der Asylbewerbersituation

Seit Inkrafttreten der Neuregelung des A. sind die Asylbewerberzahlen in Dtl. erheblich zurückgegangen. Beim Bundesamt für die Anerkennung ausländ. Flüchtlinge haben im Jahre 1994 127 210 Ausländer Asylantrag gestellt. Gegenüber dem Vorjahr (322 599) ist damit die Zahl der Asylsuchenden um 60,6 % zurückgegangen. Hauptherkunftsländer im Jahre 1994 waren: (Rest-)Jugoslawien, Türkei, Rumänien, Bosnien und Herzegowina, Afghanistan, Sri Lanka, Togo, Iran, Vietnam, Bulgarien.

Aus den Staaten O- und SO-Europas kamen 1994 insgesamt 58 043 Asylbewerber (45,6 % aller Asylbewerber). 1993 entfielen auf diese Staaten noch 66,2 % aller Asylbewerber (213 558 Personen). Der Anteil der Europäer an der Gesamtzahl der Asylbewerber betrug 1994 60,7 % (77 170 Personen). Ein Großteil der Asylbewerber stammte 1994 aus dem ehemaligen Jugoslawien. Von insgesamt 39 281 Asylbewerbern kamen 1 038 aus Makedonien, 539 aus Kroatien, 4 aus Slowenien, 7 296 aus Bosnien und Herzegowina und 30 404 aus (Rest-)Jugoslawien.

Das Bundesamt hat 1994 über die Anträge von 352 572 Personen entschieden. Als asylberechtigt anerkannt wurden 25 578 Personen (7,3 %). Abgelehnt wurden die Anträge von 238 386 Personen (67,6 %). Sonstwie erledigt (z. B. durch Rücknahme des Antrags) wurden die Anträge von 78 622 Personen (22,3 %). Die Zahl der offenen Verfahren beim Bundesamt betrug Ende 1994 107 820.

Insgesamt ist in der Bundesrep. Dtl. die Zahl der hier lebenden Flüchtlinge von 610 000 im Jahre 1985 auf 2 Mio. im Jahre 1993 angestiegen. Dies entspricht 1985 einem Anteil von 13,9 % und 1993 einem Anteil von 29,1 % aller Ausländer. Unter den 2 Mio. Flüchtlingen des Jahres 1993 waren 238 500 Asylberechtigte und Familienangehörige von Asylberechtigten (11,9 % aller Flüchtlinge), 52 500 Kontingentflüchtlinge (2,6 %), 22 000 heimatlose Ausländer (1,1 %), 755 000 De-facto-Flüchtlinge (37,8 %), 550 000 Asylbewerber (27,5 %) und 400 000 Bürgerkriegsflüchtlinge (20 %). Als Kontingentflüchtlinge sind im Rahmen humanitärer Hilfsaktionen aufgenomme Flüchtlinge zu verstehen. Ihnen wird ein dauerhaftes Bleiberecht in Dtl. gewährt, ohne daß sie sich zuvor einem Anerkennungsverfahren unterziehen mußten. Für Kriegs- und Bürgerkriegsflüchtlinge ist durch die Änderung des Ausländer-Ges. vom Juli 1993 die Möglichkeit einer vorübergehenden Aufnahme ohne Einzelfallprüfung geschaffen worden. Da noch keine Einigung auf eine Kostenverteilung zw. Bund, Ländern und Gemeinden erzielt worden ist, ist das Gesetz bislang nicht umge-

Asyl Asylrecht

ATLAS: Die Instrumentenplattform von ATLAS-1 bei den Startvorbereitungen über der geöffneten Ladebucht des Spaceshuttle

setzt worden. Nach wie vor gibt es daher zahlreiche Bürgerkriegsflüchtlinge, die aus Kostengründen ein Asylverfahren durchlaufen. De-facto-Flüchtlinge stellen zahlenmäßig die größte Flüchtlingsgruppe dar. Diese Personen haben entweder keinen Asylantrag gestellt, oder ihr Asylantrag ist abgelehnt worden. Ihre Abschiebung wurde vorübergehend ausgesetzt, weil im Herkunftsland eine erhebl. konkrete Gefahr für Leib, Leben oder Freiheit besteht oder weil dringende humanitäre bzw. persönl. Gründe ihre vorübergehende weitere Anwesenheit im Bundesgebiet erforderlich machen. Für die Gewährung genereller Abschiebestopps sind die Innen-Min. der Länder zuständig. Eine über sechs Monate hinausgehende Verhängung eines Abschiebestopps setzt jedoch die Zustimmung des Bundesinnen-Min. voraus.

Einigkeit besteht im wesentlichen darüber, daß als Folge der Neuregelung des A. die Zahl der Asylbewerber erheblich zurückgegangen ist, wenngleich auch für die Jahre 1994 und 1995 ein konstant hoher Zugang von Asylsuchenden nach Dtl. zu verzeichnen ist. Die Annahme, die Neuregelung des A. werde zu einer ›Abschottung‹ Dtl.s von Asylsuchenden führen, hat sich damit nicht bewahrheitet. Auch die Befürchtung, die Neuregelung des A. werde zu einer erhebl. Steigerung der illegalen Einreisen führen, wird durch die fakt. Lage nicht bestätigt. Seit Inkrafttreten der Neuregelung ist die Gesamtzahl der erkannten illegalen Einreisen von etwa 35 000 im 1. Halbjahr 1993 signifikant zurückgegangen. Erheblich ausgewirkt hat sich auch die Regelung über die sicheren Herkunftsstaaten. Die Zahl der Asylsuchenden aus sogenannten sicheren Herkunftsstaaten ist drastisch zurückgegangen, wie z. B. im Falle Bulgarien von etwa 25 500 im 2. Halbjahr 1992 auf etwa 2 500 im 2. Halbjahr 1993. Die Flughafenregelung hat einen Rückgang der Asylgesuche auf den Flughäfen von etwa 4 000 im 2. Halbjahr 1992 auf etwa 1 600 im 2. Halbjahr 1993 bewirkt. Die Abschiebungen abgelehnter Asylbewerber sind als Folge der Neuregelungen des Asylverfahrensrechts und administrativer Maßnahmen erheblich gestiegen. Wurden im Jahre 1992 nur insgesamt 10 798 ehemalige Asylbewerber abgeschoben, so steigerte sich die Zahl der Abschiebungen bereits 1993 auf 36 165 und 1994 auf 36 183. 1995 deutete sich eine rückläufige Tendenz an.

Österreich

In Österreich gelten für die Einreise von Asylbewerbern die Bestimmungen des Paß-Ges. von 1992 und des Fremden-Ges. von 1992 sowie des Asyl-Ges. von 1991. Österreich folgt danach dem ›Grundsatz des sicheren Erstasyllandes‹. Die Gestattung der Einreise und die Erteilung einer vorläufigen Aufenthaltsberechtigung für Asylbewerber setzen voraus, daß der Asylsuchende direkt aus einem Verfolgerstaat gekommen ist. Diese Vermutung wird in der Praxis dann als nicht gegeben angesehen, wenn der Asylsuchende auf seinem Weg nach Österreich vorher durch einen als sicher angesehenen Drittstaat eingereist ist, in dem die Möglichkeit bestanden hat, Schutz vor Verfolgung im Heimatstaat zu erlangen. Nach der Praxis der österr. Behörden kommt es nicht darauf an, ob der Asylbewerber in einem Drittland Kontakte mit den Behörden hatte oder ob der Aufenthalt des A. bekannt war oder von den Behörden geduldet oder gebilligt wurde. Die für Asylbewerber vorgesehene formlose Einreisegestattung wird somit in der Praxis nur bei einer Einreise auf dem Luftweg gewährt, da sämtliche an Österreich grenzenden Staaten nach offizieller Auffassung sichere Drittstaaten sind.

Gegen eine Zurückweisung oder Zurückschiebung kann ein vorläufiger gerichtl. Rechtsschutz begehrt werden. Dagegen ist es im Falle der Abschiebung möglich, ein eigenes gerichtl. Feststellungsverfahren darüber einzuleiten, ob die Abschiebung in einen bestimmten Staat das Refoulement-Verbot (Abweisungsverbot) verletzen würde.

Schweiz

Das Asylgesetz ist umfassend am 22. 6. 1990 mit dem dringl. Bundesbeschluß über das Asylverfahren (AVB) revidiert worden. Die Revision bezweckt im wesentlichen eine Beschleunigung der erstinstanzl. Asylverfahrens angesichts der stets steigenden Asylbewerberzahlen. Die enorm steigende Zahl von Asylsuchenden in den Jahren 1988 und 1989, die wachsende Zahl nichterledigter Verfahren sowie die lange Dauer der Asylverfahren veranlaßten den Gesetzgeber zu einer umfassenden Neugestaltung des Asylverfahrensrechts. Im Juni 1993 beschloß die Reg. die Einsetzung einer Expertenkommission, die mit der Vorbereitung der Überführung des AVB in das ordentl. Recht beauftragt wurde. Als eine erste Maßnahme einer weiteren Reform des A. wurde am 18. 3. 1994 das Bundes-Ges. über Zwangsmaßnahmen im Ausländerrecht beschlossen. V. a. im Hinblick auf die Probleme der Drogenkriminalität im Asylbereich sieht das Ges. erheblich erweiterte Möglichkeiten vor, ausländ. Staatsangehörige, die sich in der Schweiz illegal aufhalten, in Vorbereitungs- oder Ausweisungshaft zu nehmen, wenn sie bestimmte Mißbrauchstatbestände erfüllen. Die Behörden erhalten außerdem die Befugnis, einer ausländ. Person ohne Anwesenheitsberechtigung vorzuschreiben, ein ihr zugewiesenes Gebiet nicht zu verlassen oder eine bestimmte Zone nicht zu betreten.

Nachdem die Zahl der Asylsuchenden im Jahr 1991 mit 42 000 Gesuchen einen Rekordwert erreicht hatte, ist die Zahl der Asylbewerber im Jahre 1994 auf etwa 16 000 zurückgegangen. Wesentlich wird diese Entwicklung auf die Verabschiedung neuer gesetzl. Maßnahmen, gekoppelt mit einer Personalverstärkung im Asylbereich, zurückgeführt. Von den im 1. Halbjahr 1993 eingereichten Asylgesuchen wurden 64% innerhalb von drei Monaten, 88% innerhalb von sechs Monaten und weitere 8%, also 96% innerhalb von neun Monaten entschieden.

Mit der Revision von 1990 ist eine Dreiteilung des Asylverfahrens eingeführt worden. Möglichst frühzeitig soll im Asylverfahren zw. klar positiven, klar negativen und noch näher abzuklärenden Asylgesuchen unterschieden werden. In bestimmten Fällen braucht in eine nähere Prüfung des Asylgesuchs nicht eingetreten zu werden, u. a. wenn der Asylbewerber seine Identität verheimlicht oder in ein Land ausreisen kann, in dem ein Asylgesuch bereits anhängig ist oder das für die Durchführung des Verfahrens zuständig ist. Ablehnende Entscheidungen können durch eine unabhängige, gerichtsähnl. Kommission überprüft werden. Dabei ist für offensichtlich unbegründete Beschwerden die Einführung eines vereinfachten Verfahrens vorgesehen. Nach Auffassung der schweizer. Bundes-Reg. haben sich die Grundzüge dieser Regelung im wesentlichen bewährt. Ein Regelungsbedarf wird jedoch gesehen für die Aufnahme von ›Gewaltflüchtlingen‹, die für die Dauer eines Kriegs oder Bürgerkriegs vorübergehend in der Schweiz aufgenommen werden sollen.

Österr. A. unter bes. Berücksichtigung der Rechtsprechung des Verwaltungsgerichtshofes, bearb. v. J. W. STEINER (Wien 1990); W. TREIBER: Die Asylrelevanz von Folter, Todesstrafe u. sonstiger unmenschl. Behandlung (1990); Flucht – Asyl – Migration. Die rechtl. u. fakt. Bewältigung von Flüchtlingsproblemen in Österreich u. im internat. Vergleich; Flüchtlingsbegriff, Sichtvermerkserteilung, Zurückweisung an der Grenze, Abschiebung, Integration (1991); H.-J. PAPIER u. E. KUTSCHEIDT: Asyl – Rechtsfragen im Spannungsfeld von Verfassungsrecht, Verwaltungsrecht u. Politik (1992); K. HAILBRONNER: Reform des A. Steuerung u. Kontrolle des Ausländerzuzugs (1993).

ATAF: Im Rahmen der Veränderung der NATO-Kommandostruktur wurden am 1. 7. 1993 die im Bereich Europa-Mitte eingesetzten Stäbe der 2. und 4. ATAF aufgelöst, ihre Aufgaben von der Kommandobehörde →AIRCENT übernommen.

Atassi, Nureddin al-A., syr. Politiker: † Paris 3. 12. 1992.

Atemtherapie, grundlegendes Prinzip der chin. Medizin, meist als Bestandteil einer philosoph. Meditationslehre, über die Kontrolle von Ein- und Ausatmen in Verbindung mit Bewegungsübungen den Menschen in einen Zustand innerer Konzentration zu versetzen und so eine innere Umstimmung und Heilungsprozesse in die Wege zu leiten. Die A. findet heute vielseitige Anwendung auf heilpädagog. Gebiet, bei der Rehabilitation, bei Verhaltenstherapien und in der künstler. Ausbildung.

Äthiopien, amhar. **Ityopia,** Binnenstaat in NO-Afrika.

Hauptstadt: Addis Abeba. *Amtssprache:* Amharisch. *Staatsfläche:* 1 130 139 km². *Bodennutzung (1992):* 139 300 km² Ackerland und Dauerkulturen, 448 500 km² Dauergrünland, 270 000 km² Waldfläche. *Einwohner (1993):* 51,98 Mio., 46 Ew. je km². *Städtische Bevölkerung (1993):* 13 %. *Durchschnittliches Bevölkerungswachstum pro Jahr (1985–93):* 3,0 %. *Ethnische Gruppen (1983):* 37,7 % Amhara, 35,3 % Oromo, 8,6 % Tigrinja, 3,3 % Gurage, 2,4 % Sidamo, 12,7 % andere. *Religion (1992):* 52,5 % Angehörige der monophysitischen äthiop. Kirche, 31,4 % Muslime. *Altersgliederung (1995):* unter 15 Jahre 46,5 %, 15 bis unter 65 Jahre 50,7 %, 65 und mehr Jahre 2,8 %. *Lebenserwartung der Neugeborenen (1992):* männlich 47 Jahre, weiblich 50 Jahre. *Analphabetenquote (1990):* 37,5 %. *BSP je Ew. (1993):* 100 US-$. *BIP nach Sektoren/Produktionsstruktur (1993):* Landwirtschaft 59 %, Industrie 10 %, Dienstleistungen 31 %. *Währung:* 1 Birr (Br) = 100 Cents (ct.). *Internationale Mitgliedschaften:* UNO, OAU.

Geschichte: Die von der Militär-Reg. vorgelegte marxistisch-leninist. Verf. wurde in einem Referendum im Febr. 1987 angenommen. Mit dem Inkrafttreten dieser Verf. ging im Sept. 1987 die Militärherrschaft in ein ziviles Reg.-System über; die Nationalversammlung wählte MENGISTU HAILE MARIAM zum Staatspräs. Mit der Erklärung Eritreas, Tigres, Ogadens, Diredauas und Assabs zu autonomen Regionen im Sept. 1987 suchte die Reg. vergeblich, separatist. Bestrebungen entgegenzuwirken. In einem Abkommen (5. 4. 1988) nahmen Ä. und Somalia nach elf Jahren Krieg die diplomat. Beziehungen wieder auf. Im Jan. 1989 leitete die →Eritrean People's Liberation Front (EPLF) eine Offensive gegen die Reg.-Truppen ein (Einnahme der tigrin. Hauptstadt Makale). Im Mai 1989 scheiterte ein Putschversuch von Teilen der Armee.

Im Febr. 1990 eroberte die EPLF die Hafenstadt Massaua. Im Zuge des Aufstandes gegen die Reg. unter MENGISTU HAILE MARIAM eroberten Truppen der ›Ethiopian People's Revolutionary Democratic Front‹ (EPRDF; dt. ›Äthiop. Revolutionäre Demokrat. Volksfront‹) Ende Mai 1991 Addis Abeba. Nach Übernahme der Regierungsgewalt durch die EPRDF verabschiedete eine nat. Konferenz am 5. 7. 1991 eine ›Nationalcharta‹, auf deren Grundlage ein Repräsentativrat geschaffen wurde. Am 22. 7. 1991 wurde der GenSekr. der EPRDF, M. ZENAWI, zum Staatspräs. gewählt. Die neue Reg. erkannte den Anspruch Eritreas auf Unabhängigkeit an, und Ende Mai 1993 schied Eritrea endgültig aus dem äthiop. Staatsverband aus. 1992 hatte Ä. ein neues Wappen eingeführt.

Im Juni/Juli 1994 wurde eine Verfassunggebende Versammlung gewählt, in der die EPRDF die Mehrheit (484 von 547 Sitzen) stellte. Eine neue Verfassung wurde am 7. 12. 1994 verabschiedet. Danach ist Ä. eine föderale Rep.; die Exekutive liegt in den Händen des MinPräs. und seiner Reg., während das Amt des Staatspräs. im wesentlichen auf repräsentative Befugnisse beschränkt ist. Bei der von den meisten großen Oppositionsgruppen boykottierten Parlamentswahl im Mai 1995 errang die EPRDF 90 % der Sitze im neuen Parlament. Am 23. 8. 1995 wurde ZENAWI in das Amt des MinPräs. gewählt. Neuer Staatspräs. wurde NEGASSO GIDADA.

Nach mehr als dreijähriger Vorbereitungszeit wurde am 13. 12. 1994 in Addis Abeba der unter internat. Beobachtung stehende Prozeß gegen den im Exil lebenden ehem. Präs. MENGISTU HAILE MARIAM und die ersten der mehr als 1 300 inhaftierten Verantwortlichen des früheren Terrorregimes wegen Völkermords und Verbrechen gegen die Menschlichkeit eröffnet.

P. PONGRATZ: Revolution u. kommunist. Gleichschaltung in Ä. (1989); G. HASSELBLATT: Ä. am Rande des Friedens. Tigre, Oromo, Eritreer, Amharen im Streit; Streiflichter u. Dokumente (1992); T. KACZA: Ä.s Kampf gegen die italien. Kolonialisten (1993).

ATLAS, Abk. für engl. **A**tmospheric **L**aboratory for **A**pplications and **S**cience, amerikan.-europ. Programm für wiss. und angewandte Atmosphärenforschung, bei dem auf einer Reihe von Space-shuttle-Flügen versch. Instrumente (auf Spacelab-Paletten der ESA) aus der geöffneten Ladebucht hauptsächlich die Erdatmosphäre und den Sonneneinfluß auf Klima und Umwelt untersuchen. I. d. R. findet (seit 1992) jedes Jahr eine ATLAS-Mission statt (Erdumlaufbahn in 295 km Höhe, Neigungswinkel zum Äquator 57°). Innerhalb des elfjährigen Sonnenzyklus sind insgesamt bis zu zehn Flüge vorgesehen. Einzelne Experimente werden bei jedem Flug wiederholt und z. B. aus Brüssel ferngesteuert (Telescience). Ein belg. und ein frz. Instrument messen die ▷ Solarkonstante für numer. Klimamodelle und -prognosen. Das dt. Instrument MAS (Abk. für Millimeterwellen-Atmosphären-Sondierer; Masse rd. 200 kg) bestimmt Temperatur, Druck, Wasserdampf-, Ozon- und Chlormonoxidgehalt in 10–100 km Höhe.

Äthiopien
Staatswappen

ATM   ATM – Aufladung

ATLAS-1 fand vom 24. 3.–2. 4. 1992 statt, ATLAS-2 vom 8.–17. 4. 1993, ATLAS-3 vom 3.–14. 11. 1994. Ergänzend wurden dabei Satelliten ausgesetzt und wieder geborgen, bei ATLAS-2 der amerikan. Spartan-201, der Sonnenwind und -korona untersuchte, bei ATLAS-3 der dt. CRISTA-SPAS-1 (→Astro-SPAS) zur Atmosphärenforschung. Zus. mit amerikan. Astronauten nahmen die ESA-Astronauten DIRK FRIMOUT (* 1958; Belgien) an ATLAS-1 und JEAN-FRANÇOIS CLERVOY (* 1941; Frankreich) an ATLAS-3 teil.

ATM [eɪti·ˈem; Abk. für engl. **A**synchronous **t**ransfer **m**ode ›asynchroner Übertragungsmodus‹], vom CCITT als Standard vorgeschlagenes Übertragungsverfahren für Breitbanddienste in der Telekommunikation, von der Dt. Telekom AG vorgesehen für das Breitband-ISDN. Da Breitbanddienste vom Bildtelefon über Fernunterricht bis zum Abruf von Videofilmen im einzelnen sehr unterschiedl. Anforderungen an die Übertragungssysteme stellen, sind synchrone Kanäle mit festen Bandbreiten nicht gut geeignet. Asynchrone Verfahren erlauben demgegenüber eine variable Bandbreite, da die Nutzdaten in Form von Paketen mit einer festen Länge übertragen und vermittelt werden, deren Anzahl variieren kann.

G. SIEGMUND: ATM – die Technik des Breitband-ISDN (1993).

Atrazin®, Handelsname für **2-Chlor-4-ethylamino-6-isopropylamino-1,3,5-triazin**, das 1958 von der Geigy AG (heute Ciba-Geigy AG) als ▷ Herbizid gegen Unkräuter v.a. für den Mais- und Zuckerrohranbau sowie den Weinbau eingeführt wurde. Das weiße, in Wasser schwer lösl. Pulver hat zwar nur geringe akute Toxizität, ist aber gegenüber dem biolog. Abbau im Boden relativ stabil (Halbwertszeit einige Monate). Nachdem A. in Spuren im Grundwasser gefunden wurde, ist seine Anwendung in Dtl. seit März 1991 verboten. Die Entfernung aus Trinkwasser ist durch Adsorption an Aktivkohle oder Oxidation im ultravioletten Licht möglich.

Atxaga [atˈʃaga], Bernardo, eigtl. **Joseba Irazu Garmendia**, baskisch-span. Schriftsteller, * Asteasu (Guipúzcoa) 27. 7. 1951; Journalist; hervorragendster Erneuerer der bask. Literatur; verfaßt seine Werke (Romane, Erzählungen, Lyrik, Theaterstücke, Jugendbücher) in bask. und span. Sprache. Der literar. Durchbruch gelang ihm mit dem Erzählband ›Obabakoak‹ (1988; dt. ›Obabakoak oder das Gänsespiel‹), der in der span. Fassung 1989 den Premio Nacional de Literatura erhielt. Der Roman ›Un hombre solo‹ (1994) schildert den Kampf. Widerstand gegen das Franco-Regime der 1960er Jahre.

Weiteres Werk: *Erzählung:* Beht euskaldun baten memoriak (1992; dt. Memoiren einer baskischen Kuh).

Atyrau, Stadt in Kasachstan, hieß bis 1992 ▷ Gurjew.

*****Atzmon**, Moshe, israel. Dirigent: Wurde 1991 Generalmusikdirektor an den Städt. Bühnen Dortmund.

*****Auaris**: Die österr. Ausgrabungen der Hyksosmetropole führten jüngst zu überraschenden Befunden, die auf weitreichende mittelmeer. Kontakte hinweisen. Es wurden ein kanaanäischer Palast aus der Zeit der 13. ägypt. Dynastie aufgedeckt und in einem Festungsareal aus der Zeit der 18. Dynastie zahlreiche Fragmente minoischer Fresken geborgen. Die in das Ägypt. Museum Kairo gelangten Funde wurden, ergänzt durch Objekte aus anderen Museen, 1994 in Wien präsentiert.

*****Aubert**, Pierre, schweizer. Politiker: War bis zum 31. 12. 1987 Mitgl. des Bundesrates.

Audiotex, Bez. für telefon. Ansagedienste, bes. in den Bereichen Information und Unterhaltung. Von der herkömml. Telefonansage (Uhrzeit, Fahrpläne u.a.) unterscheiden sie sich dadurch, daß über die Zifferntastatur des Telefons eine gewisse Auswahl aus den (zunehmend auf Computern) gespeicherten Ansagen möglich ist und und daß dafür deutlich höhere Entgelte erhoben werden. Einen Teil dieser mit der Telefonrechnung erhobenen Entgelte erhalten die Informationsanbieter. In Dtl. wurden A.-Dienste (hier auch als 190er-Nummern bekannt) 1993 von der Dt. Bundespost Telekom eingeführt. Umstritten sind v.a. Ansagedienste mit pornograph. Inhalt.

*****Aue 2)**: Der seit 3. 10. 1990 zum Land Sachsen gehörende Landkreis A. ging am 1. 8. 1994 im Westerzgebirgskreis, seit 1. 1. 1995 Kr. Aue-Schwarzenberg, auf, dessen Kreisstadt die Stadt Aue wurde. Die Stadt Zwönitz wurde dem Kr. Stollberg eingegliedert.

*****Auerbach 2)**: Der seit 3. 10. 1990 zum Land Sachsen gehörende Landkreis ging zum 1. 1. 1996 im neugebildeten Landkreis Vogtland auf. Die Stadt Auerbach/Vogtl. ist damit nicht mehr Kreisstadt.

Aue-Schwarzenberg, 1. 8. bis 31. 12. 1994 **Westerzgebirgskreis**, Landkreis im Reg.-Bez. Chemnitz, Sachsen, 528 km², (1995) 152 100 Ew.; Kreisstadt ist Aue. Vom mittleren Westerzgebirge (400–600 m ü. M.) steigt das Kreisgebiet an bis zum Erzgebirgskamm, auf dem die Grenze zur Tschech. Rep. verläuft. Höchste Erhebung ist der Auersberg (1 019 m ü. M.). Der Landkreis ist geprägt durch den Bergbau (Silber, Eisenerz, Kobalt, Kaolin); der jüngere Uran- und Zinnerzbergbau wurde 1991 eingestellt. Mit dem Niedergang des Altbergbaus entwickelten sich die Zweige des heutigen verarbeitenden Gewerbes: Maschinen- und Werkzeugbau, Formenbau, Metallerzeugung, Eisen-, Blech- und Metallwarenindustrie, Haushaltgerätebau, Preßspanherstellung, Holzverarbeitung, Spitzenklöppelei. 1970–81 wurde das Pumpspeicherwerk Markersbach (Leistung 150 MW) gebaut; seit 1982 staut die Talsperre Eibenstock die obere Zwickauer Mulde. Die größten Städte sind Aue (1995: 21 900 Ew.) und Schwarzenberg/Erzgeb. (19 400 Ew.); weitere Städte sind Eibenstock, Grünhain, Johanngeorgenstadt, Lauter/Sa., Lößnitz und Schneeberg. Die Kammregion um Eibenstock, Carlsfeld, Johanngeorgenstadt bis Rittersgrün ist traditionelles Erholungs- und schneesicheres Wintersportgebiet. Zu den Anziehungspunkten des Fremdenverkehrs gehören außerdem Schaubergwerke, Volkskunst (Schnitzerei, Klöppelei, Drechslerei) und Weihnachtsbräuche. – Der Kreis wurde am 1. 8. 1994 aus den früheren Kreisen Aue (mit Ausnahme der Stadt Zwönitz) und Schwarzenberg gebildet.

*****Aufbau-Verlag**: Wurde 1991 privatisiert (Hauptgesellschafter BERND F. LUNKEWITZ); bildet heute u.a. mit Rütten & Loening, Gustav Kiepenheuer und Sammlung Dietrich eine Verlagsgruppe.

*****Aufenthaltserlaubnis**: *Ausländerrecht:* →Ausländer.

*****Aufladung 2)**: Zur A. von Kraftfahrzeugmotoren werden neben dem Abgasturbolader (▷ Abgasturbine) v.a. Druckwellenlader und mechan. Lader eingesetzt. Diese Typen besitzen Vorteile durch verzögerungsfreies Reagieren auf Lastwechsel und hohe Verdichtungen auch bei niedriger Drehzahl (kein ›Turboloch‹). Die zwar konstruktiv einfachen mechan. Lader führen wegen der vom Motor aufzubringenden Verdichterleistung aber zu höherem Kraftstoffverbrauch.

Unter den mechan. Ladern dominieren Lader nach Verdrängerbauart. Beim **Spirallader** (wegen der Gehäuseform auch **G-Lader** gen.) trägt eine als Verdränger dienende Platte auf beiden Seiten eine Spirale, die in die ebenfalls mit Spiralen besetzte jeweilige Gehäusehälfte greift. Über einen Exzenter gesteuert, führt die Trägerplatte eine kreisende Schwingbewegung aus, so daß sich die Spiralzwischenräume periodisch zum Füllen, Transport und Ausschieben öffnen und schließen. Der Antrieb erfolgt mittels Keilriemen durch die Kurbelwelle. – Der **Druckwellenlader** besteht aus einem Rotor (Zellenrad), das zur Synchronisation mit der Motordrehzahl von einem Keilriemen durch die Kurbelwelle angetrieben wird und in einem zylindr. Gehäuse gelagert ist. An den Stirnseiten münden die Ein- und Auslaßkanäle für Frischluft an der einen und Abgas an der anderen Seite. Die angesaugte Luft trifft während der Drehung im Zellenrad auf das mit hoher Geschwindigkeit an der gegenüberliegenden Stirnseite eintretende Abgas, wird von diesem verdichtet und ausgeschoben; durch die Rotordrehung wird der Ladeluftauslaß dabei durch die Gehäusewand wieder verschlossen, bevor das Abgas nachströmen kann. Dieses entweicht anschließend zur Auspuffleitung und saugt Frischluft für den nächsten Ladezyklus nach.

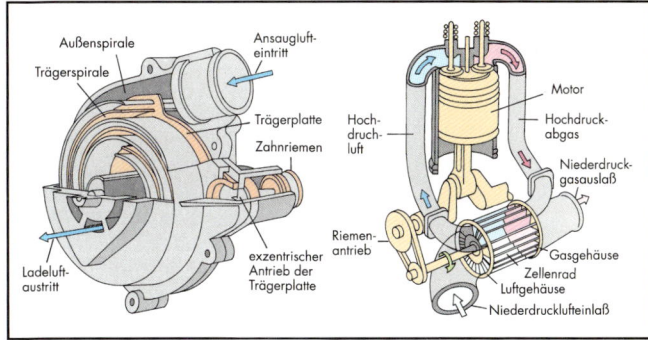

Aufladung 2): Prinzip eines Spiralladers (links) und eines Druckwellenladers (rechts)

*****Aufsichtsratsteuer:** In *Österreich* wird die A. seit 1989 nicht mehr erhoben.

*****Auger,** Pierre Victor, frz. Physiker: † Paris 24. 12. 1993.

*****Augér,** Arleen, amerikan. Sängerin: † Amsterdam 10. 6. 1993.

August, Bille, dän. Regisseur, * Kopenhagen 9. 11. 1948; zunächst Kameramann und Regisseur beim Fernsehen. Mit seinen Spielfilmen erlangte er internat. Anerkennung.
Filme: Flitterwochen (1978); Buster, der Zauberer (1984); Twist & Shout (1984); Zappa (1984); Pelle, der Eroberer (1987); Die besten Absichten (1992); Das Geisterhaus (1993).

Aum shin-rikyō [o:m ʃin-; dt. ›Erhabene Wahrheit‹], japan. Erlöser- und Endzeitsekte des halbblinden Gurus ASAHARA SHŌKO (eigtl. MATSUMOTO CHIZUO, * 1955) mit rd. 40 000 Anhängern, die für die Giftgasanschläge auf die Tokioter U-Bahn am 20. 3. 1995 verantwortlich gemacht wird, wobei zwölf Menschen getötet und mehr als 5 000 verletzt wurden. Bei Großrazzien der Polizei, die sich v. a. auf das Sektendorf Kamikuishiki in Zentraljapan konzentrierten, wurden riesige Chemikalienlager und technolog. Anlagen entdeckt. Weitere Giftgasanschläge in Yokohama im April 1995, die mehrere hundert Verletzte forderten, führten schließlich zur Verhaftung führender Sekten-Mitgl.; ASAHARA SHŌKO wurde im Mai 1995 verhaftet. Im Okt. verfügte die japan. Reg. die Auflösung der Sekte.

Aung San Suu Kyi [-dʒi], birman. Politikerin, * 1945; Tochter von AUNG SAN; Mitgründerin (1988) und GenSekr. (1988–91) der National League for Democracy (NLD), führend in der Opposition gegen das diktator. Reg.-System der birman. Militärjunta, 1989 bis Juli 1995 unter Hausarrest, erhielt 1991 den Friedensnobelpreis. Wurde unter dem Druck der Militärjunta aus der NLD ausgeschlossen.

*****Ausbildungsförderung:** Höhe, Struktur und Voraussetzungen der Vergabe von staatl. A. an Studenten und Schüler wurden 1990 und 1992 im Änderungs-Ges. zum BAföG abgeändert. Das 12. Änderungs-Ges. trat zum 1. 7. 1990 in Kraft. 1992 erhielten im Westen 29% aller Studenten an wiss. Hochschulen und 44% aller Studenten an Fachhochschulen sowie 92 000 Schüler BAföG und in den neuen Bundesländern rd. 75% aller Studierenden. 1993 wurde v. a. über eine Begrenzung der Höchstdauer der Förderung diskutiert. 1994 scheiterte eine Vorlage zur Erhöhung der Bedarfssätze um 4% im Bundestag (Fraktionen der Regierungskoalition). Ab Herbst 1995 erhöhten sich die Sätze für die Berechtigten und die Elternfreibeträge um 4%, danach beträgt der Höchstsatz in den alten Bundesländern 990 DM, in den neuen 980 DM.

Ab 1996 haben angehende Handwerksmeister, Techniker, Fachkaufleute und sonstige Fachkräfte, die sich auf vergleichbare Abschlüsse vorbereiten, in Anlehnung an die A. für Studierende einen gesetzl. Anspruch auf Zuschüsse und Darlehen, wenn sie eine Vollzeit- oder Teilzeitausbildung an einer Fachschule oder sonstiger anerkannter Fortbildungseinrichtung aufnehmen (›Meister-BAföG‹). Von dieser ›Meisterförderung‹ wird u. a. erhofft, daß sich mehr selbständige Meisterbetriebe gründen.

Für die Kreditvergabe (die Hälfte der A.) wurde anstelle der bisher üblichen zinslosen Darlehen ein Bankenfinanzierungsmodell mit marktübl. Zinsen (etwa 8,5%) vorgestellt, was einer Verdoppelung der Rückzahlungen gleichkommt (nach der Karenzzeit von vier Jahren wären für den, der den Höchstsatz bezogen hat, etwa 25 Jahre lang monatlich etwa 300 DM aufzubringen, insgesamt etwa 70 000 DM). Die vom Bund dabei eingesparten Mittel (bis 1999 etwa 1,6 Mrd. DM) sollen v. a. in den Hochschulausbau und die Forschungsförderung fließen.

*****Ausbildungsfreibetrag:** Der A. beträgt je Kalenderjahr seit 1988 bei auswärtiger Unterbringung 1 800 DM, wenn das Kind das 18. Lebensjahr noch nicht vollendet hat; für Kinder, die das 18. Lebensjahr vollendet haben, beträgt der A. pro Kalenderjahr 2 400 DM und im Falle auswärtiger Unterbringung pro Jahr 4 200 DM (§ 33a EStG).

*****Auschwitz-Lüge:** Nach langen Diskussionen wurde im Rahmen des Verbrechensbekämpfungs-Ges. vom 28. 10. 1994 (in Kraft seit 1. 12. 1994) der Straftatbestand der →Volksverhetzung (§ 130 StGB) neu gefaßt. Danach ist nunmehr mit Freiheitsstrafe bis zu fünf Jahren oder mit Geldstrafe bedroht, wer die unter nat.-soz. Herrschaft begangenen Verbrechen, die den Tatbestand des Völkermords (§ 220a StGB) erfüllen, öffentlich und in den öffentl. Frieden störender Weise billigt, verharmlost oder leugnet.

*****Ausfallzeiten:** →Anrechnungszeiten.

*****Ausländer:** Während die Zahl zuwandernder ausländ. Arbeitnehmer stagniert bzw. rückläufig ist, wobei allerdings Saisonarbeit (zumeist von Osteuropäern) und illegale Arbeitsverhältnisse zugenommen haben, ist die Zahl der ausländ. Wohnbevölkerung aufgrund demograph. Entwicklungen (zweite, dritte Generation) gestiegen und drückt sich seit Beginn der 1990er Jahre auch in steigenden Beschäftigungszahlen aus. Ebenso ist eine Zunahme der grenzüberschreitenden Mobiliät von Fach- und Führungspersonal (v. a. im Bereich von Banken und multinationalen Konzernen) und bes. von EU-Bürgern, verstärkt nach dem

Bille August

Aung San Suu Kyi

Ausl Ausländer

Wegfall von innereurop. Beschäftigungsschranken, nach 1994 zu verzeichnen. Eine weitere Gruppe von A., die in dem genannten Zeitraum häufig Gegenstand polit. Auseinandersetzung war und auch Opfer gewalttätiger Übergriffe bis hin zu Mordanschlägen sowie vielfältiger Ressentiments wurde, stellen Flüchtlinge und Asylbewerber dar; die Zahlen stiegen hier v. a. dadurch an, weil die Grenzöffnung nach Osteuropa erweiterte Mobilitätsanreize mit sich brachte und krieger. Auseinandersetzungen (z. B. im ehemaligen Jugoslawien) viele Menschen zur Flucht trieben.

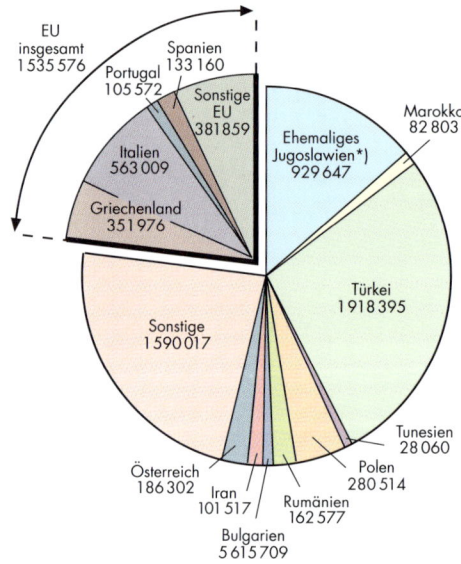

*) Ohne Bosnien-Herzegowina, Kroatien, Slowenien, Makedonien.

Ausländer: Ausländische Wohnbevölkerung in Deutschland nach ausgewählten Staatsangehörigen (Stand 1. Januar 1994)

Zum 1. 1. 1991 ist ein neues *A.-Recht* in Kraft getreten. Sein Ziel ist es, die Voraussetzungen für eine wirksame Kontrolle der Einwanderung durch die stärkere Differenzierung des Aufenthaltsrechts je nach Aufenthaltszweck zu schaffen. Darüber hinaus sollen der dauerhaft im Bundesgebiet lebenden ausländ. Bev. Rechtssicherheit und Integrationsmöglichkeiten geboten werden. Zu diesem Zweck hat das Ges. bisher bestehende Ermessensspielräume in vielen Fällen durch Rechtsansprüche abgelöst (z. B. Familiennachzug, eigenständiges Aufenthaltsrecht für Ehegatten, Wiederkehroption für jugendl. Ausländer, Einbürgerung). Eine häufig zw. den Bundesländern uneinheitl. Praxis ist durch die Einführung von obligator. und ›Regel‹-Ausweisungsgründen und die detaillierte Regelung der Vollzugshindernisse bereinigt worden. Im Asyl- und Flüchtlingsrecht sind mit der Einführung des ›Familienasyls‹, der Erweiterung der Kompetenz des Bundesrats zur Prüfung des ›kleinen Asyls‹ und der Regelung des Aufenthaltsrechts von Flüchtlingen aus humanitären Gründen (z. B. Bürgerkriegsopfer) kleine Änderungen zu verzeichnen.

Die Grundlagen des neuen Ausländergesetzes

1) *Begrenzung der Zuwanderung:* Das neue A.-Gesetz (AuslG) geht von der ausländerpolit. Leitlinie ›Die Bundesrep. Dtl. ist kein Einwanderungsland‹ aus, auch wenn dieser Grundsatz – wie verschiedentlich gefordert – ausdrücklich im Ges. nicht verankert worden ist. Der häufig mißverstandene Grundsatz besagt, daß die Bundesrep. Dtl. sich prinzipiell nicht als Einwanderungsland versteht, sondern von dem öffentl. Interesse an einer Begrenzung der weiteren Zuwanderung ins Bundesgebiet ausgeht. Dies soll der gleichberechtigten Zielsetzung, die Integration der dauerhaft im Bundesgebiet lebenden ausländ. Bev. zu fördern, nicht entgegenstehen.

A. bedürfen für Einreise und Aufenthalt im Bundesgebiet grundsätzlich einer Aufenthaltsgenehmigung. Das bestehende System der Ausnahmen vom Visumzwang ist wie bisher der Regelung durch Rechts-VO überlassen. Ungeachtet des Wortlauts von § 6 AuslG (Anspruch auf Aufenthaltsgenehmigung) besteht grundsätzlich kein Anspruch auf Einreise und Aufenthalt, sofern nicht ausnahmsweise ein solcher Anspruch ausdrücklich vorgesehen ist. Gegenüber dem alten Rechtszustand ist eine gesetzl. Konkretisierung dadurch eingetreten, daß nunmehr ›Regelversagungsgründe‹ (Ausweisungsgrund im Sinne von §§ 45 ff.; mangelnde Sicherung des Lebensunterhalts; Beeinträchtigung der Interessen der Bundesrep. Dtl.) im Ges. aufgeführt sind. Im Vergleich zum bisher geltenden System (§ 2 AuslG alter Fassung) ergibt sich hieraus eine flexiblere Handhabung des Ermessens, die Ausnahmen bei atyp. Situationen ermöglicht.

Die Neuregelung des § 10 AuslG, wonach der Bundes-Min. des Innern ermächtigt wird, in einer Rechts-VO festzulegen, wer zum Zweck unselbständiger Erwerbstätigkeit ins Bundesgebiet einreisen kann, erbringt inhaltlich keine wesentl. Änderungen gegenüber dem bisherigen Recht. Bislang war aufgrund von zw. Bund und Ländern abgestimmten Verwaltungsvorschriften die Reichweite des Anwerbestopps festgelegt worden. Der Gesetzgeber erlaubt nunmehr ausdrücklich Beschränkungen auf bestimmte Berufe, Beschäftigungen und bestimmte Gruppen von A., die Festlegung von Art und Geltungsdauer der Aufenthaltsgenehmigung und v. a. die Beschränkung oder den Ausschluß einer Aufenthaltsverfestigung. Von der Zielvorstellung einer wirksamen Einwanderungsbegrenzung aus erschien es folgerichtig, der Exekutive die Möglichkeit zu einer flexiblen Handhabung der A.-Beschäftigungspolitik mittels befristeter Aufenthaltsrechte zu geben. Den Befugnissen des Parlaments ist dadurch Rechnung getragen worden, daß der Bundestag jederzeit die Aufhebung der Rechts-VO verlangen kann.

2) *Die verschiedenen Aufenthaltsrechte:* Das AuslG von 1965 hatte sich als nicht ausreichend erwiesen, für die durch anhaltende Zuwanderung geschaffenen vielfältigen Probleme angemessene Lösungen zu bieten. Das Ges. differenziert nunmehr zw. verschiedenen Aufenthaltstiteln nach Zweck und Ausmaß der aufenthaltsrechtl. Verfestigung. Dadurch soll einerseits dem A. von vornherein klargemacht werden, ob ihm ein Aufenthalt nur auf Zeit oder auf Dauer bewilligt ist oder ob das Aufenthaltsrecht für eine Verfestigung zu einem Daueraufenthaltsrecht offen ist. Andererseits soll der unkontrollierte Übergang vom temporären zum Daueraufenthaltsrecht im Interesse einer wirksamen Einwanderungskontrolle verhindert werden.

An die Stelle der bisherigen einheitl. Aufenthaltserlaubnis treten nunmehr unter dem Oberbegriff ›Aufenthaltsgenehmigung‹ (§ 5 AuslG) die Aufenthaltserlaubnis, die Aufenthaltsberechtigung, die Aufenthaltsbewilligung und die Aufenthaltsbefugnis. Die **Aufenthaltserlaubnis** ist unverändert als allgemeines Aufenthaltsrecht ohne Bindung an einen bestimmten Aufenthaltszweck, d. h. zugleich offen für eine Verfestigung zum Daueraufenthaltsrecht ausgestaltet (§§ 15, 17 AuslG). Neu ist dagegen die **Aufenthaltsbewilligung** für einen bestimmten, seiner Natur nach lediglich vorübergehenden Zweck (z. B. als Student, Auszubildender oder Werkvertrags- bzw. Saisonarbeitnehmer). Die Aufenthaltsbewilligung wird für längstens zwei Jahre erteilt und kann nur für jeweils zwei Jahre verlängert werden. Ein Übergang zur Aufenthaltserlaubnis ist nur im Falle eines gesetzl. Anspruchs (z. B. bei Ehegatten) oder wenn es im öffentl. Interesse liegt möglich (§§ 28, 29 AuslG). Die **Aufenthaltsberechtigung** wird – in Anlehnung an die bisherige Rechtslage – als Daueraufenthaltsrecht erteilt.

Die **Aufenthaltsbefugnis** ist als neue Form eines zweckgebundenen Aufenthaltsrechts für A. ausgestaltet, denen aus völkerrechtl. oder aus dringenden humanitären Gründen oder zur Wahrung polit. Interessen der Aufenthalt erlaubt werden soll oder bei denen die Abschiebung aus rechtl. oder tatsächl. Gründen unmöglich ist.

Die Aufenthaltsbefugnis kann – anders als die Aufenthaltsbewilligung – prinzipiell in ein Daueraufenthaltsrecht, d. h. in eine unbefristete Aufenthaltserlaubnis (nach acht Jahren Aufenthalt) oder in eine Aufenthaltsberechtigung (nach drei Jahren unbefristeter Aufenthaltserlaubnis) übergehen (§§ 27, 35 AuslG).

3) *Gesicherte Aufenthaltsrechte (unbefristete Arbeitserlaubnis; Aufenthaltsberechtigung):* In Anlehnung an die bisherige Praxis werden nunmehr gesetzl. Ansprüche auf eine stufenweise Verfestigung der Aufenthaltserlaubnis bis zur unbefristeten Aufenthaltserlaubnis bis zur Aufenthaltsberechtigung gewährt. Dafür gelten weitgehend die schon in der Verfestigungsregelung von 1978 aufgestellten Integrationsvoraussetzungen (Besitz der Aufenthaltserlaubnis; Grundkenntnisse der dt. Sprache; ausreichender Wohnraum).

4) *Familiennachzug:* Wie im Falle der gesicherten Aufenthaltsrechte bestehen gesetzlich verbriefte Rechtsansprüche auf Erteilung der Aufenthaltserlaubnis zum Nachzug von Ehegatten und minderjährigen Kindern, die das 16. Lebensjahr noch nicht vollendet haben. Die allgemeinen Nachzugsvoraussetzungen (Sicherung des Lebensunterhalts; ausreichender Wohnraum) stimmen mit der bisherigen Rechtslage überein. Bei Vorliegen eines Ausweisungsgrundes gegen den Familienangehörigen kann der Nachzug verweigert werden. Entsprechendes gilt, wenn der A. sonstige ausländ. Familienangehörige im Bundesgebiet bereits Sozialhilfe in Anspruch nimmt (§ 17 Abs. 5 AuslG).

Für den Ehegattennachzug sind die bisher geltenden einjährigen Ehebestandszeiten entfallen, während die sonstigen Integrationsvoraussetzungen (Aufenthaltsberechtigung bzw. für volljährige A. der zweiten Generation unbefristete Aufenthaltserlaubnis und achtjähriger Aufenthalt) weitgehend unverändert gelten. Neu ist die Einräumung eines Nachzugsrechts ohne Rücksicht auf die Aufenthaltsdauer, wenn der A. schon bei seiner Einreise den Bestand der Ehe angegeben hatte (§ 18 Abs. 1 Nr. 3 AuslG).

Ein privilegiertes Nachzugsrecht genießen im Bundesgebiet geborene oder als Minderjährige ins Bundesgebiet eingereiste A. Ihnen kann der Ehegattennachzug auch dann gestattet werden, wenn sie in der Lage sind, den Lebensunterhalt aus eigener Erwerbstätigkeit oder eigenen Mitteln zu bestreiten.

Das neue Recht gibt im Falle der Aufhebung der Ehe dem Ehegatten ein eigenständiges, vom ursprüngl. Nachzugszweck unabhängiges Aufenthaltsrecht nach vierjähriger Ehe im Bundesgebiet (§ 19 Abs. 1 AuslG) oder unabhängig von der Ehedauer im Falle des Todes.

5) *Wiederkehroption:* Mit einer Wiederkehroption für diejenigen A., die nicht selten gegen ihren Willen mit ihren Familien in die Heimat zurückgekehrt waren, obwohl sie bereits einen erhebl. Teil ihrer Schulzeit oder Ausbildung im Bundesgebiet absolviert hatten, wird einem immer wieder vorgetragenen Reformanliegen Rechnung getragen.

6) *Aufenthaltsbeendende Maßnahmen:* Das neue Ausweisungsrecht gibt der Verwaltung durch die Unterscheidung zw. ›Ist-Ausweisung‹, ›Regelausweisung‹ und ›Kann-Ausweisung‹ und durch die gesetzl. Aufzählung der Ausweisungsgründe erheblich detailliertere Vorgaben. Die als Auffangtatbestand dienende Ermessensausweisung ist an die Beeinträchtigung der öffentl. Sicherheit und Ordnung oder die Beeinträchtigung sonstiger erhebl. Interessen der Bundesrep. Dtl. (bisher ›erhebl. Belange‹) geknüpft (§ 45 Abs. 1 AuslG). Der Begriff der Interessen ist mit dem der Belange sachlich identisch.

Eine als überfällig erachtete Korrektur hat das Ges. mit dem Übergang zur obligator. Ausweisung bei schwereren Straftaten oder wiederholten Straftaten (Freiheitsstrafen von fünf Jahren bzw. acht Jahren) vorgenommen. Der neue Typ der ›Regelausweisung‹ ist eine obligator. Ausweisung mit der Möglichkeit von Ausnahmen bei atyp. Interessenlagen. Regelmäßig ist beim Handel mit Drogen oder bei einer Verurteilung zur Freiheitsstrafe ohne Strafaussetzung zur Bewährung auszuweisen (§ 47 Abs. 1 AuslG).

Der Kreis der einen besonderen Ausweisungsschutz genießenden A. ist über § 11 AuslG alter Fassung hinaus (bisher Aufenthaltsberechtigte; Asylbewerber; Asylberechtigte) in Anlehnung an die bisherige Verwaltungspraxis auf mit Deutschen verheiratete A. und die im Besitz einer unbefristeten Aufenthaltserlaubnis befindl. A. der zweiten Generation erweitert worden (§ 48 AuslG). Eine Ausweisung ist bei diesem Personenkreis nur bei Vorliegen schwerwiegender Gründe der öffentl. Sicherheit und Ordnung zulässig.

Der schon bisher aufgrund uneinheitl. Länderverwaltungsvorschriften gewährte Ausweisungsschutz für minderjährige A. und im Bundesgebiet aufgewachsene Heranwachsende ist nunmehr erheblich gesetzlich erweitert worden. Ausgewiesen wird demnach nur noch, wenn dieser Personenkreis serienmäßig nicht unerheblich vorsätzl. Straftaten, schwere Straftaten oder eine bes. schwere Straftat begeht (§ 48 Abs. 2 AuslG).

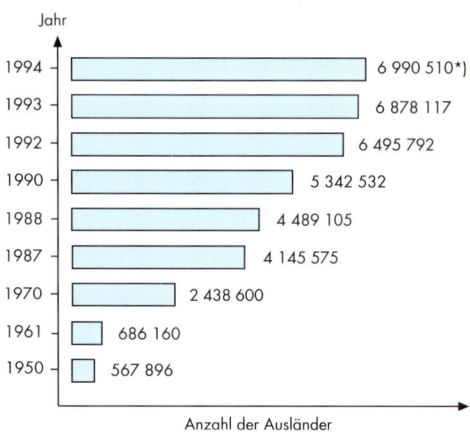

Ausländer: Entwicklung der Anzahl der Ausländer in der Bundesrepublik Deutschland; die Zahl von 1994 entspricht etwa 8,4 % der Gesamtbevölkerung

Mit dem Verbrechensbekämpfungs-Ges. vom 28. 10. 1994 sind die §§ 47, 48 modifiziert worden. Bei den Regelausweisungstatbeständen wegen gravierender strafgerichtl. Verurteilung ist nunmehr die Verurteilung zu einer Jugendstrafe der Verurteilung zu einer Freiheitsstrafe gleichgestellt. Eine Verurteilung wegen einer vorsätzl. Drogenstraftat (bei Jugendlichen) zu

Ausl Ausländer

einer Jugendstrafe von mindestens zwei Jahren oder (bei Erwachsenen) zu einer Freiheitsstrafe führt i. d. R. zur Ausweisung.

Das Ges. regelt nunmehr detailliert die unterschiedlichen obligator. und fakultativen Abschiebungshindernisse (§ 53 AuslG) und die Duldung (§ 55 AuslG).

Unter den zwingenden Abschiebungshindernissen ist die konkrete Gefahr der Todesstrafe neu, die allerdings bereits nach der Rechtsprechung des Bundesverwaltungsgerichts im Rahmen der Güterabwägung bei Abschiebungen und Ausweisungen zu berücksichtigen war.

Die schon in der bisherigen Praxis übl. Abschiebungsaussetzung aus humanitären Gründen, die nach geltendem Recht nicht obligatorisch ist, ist nunmehr in §§ 53 Abs. 6, 54 AuslG ausdrücklich gesetzlich geregelt.

Die bisherigen Fälle der Duldung, z. B. von Bürgerkriegsopfern, sind nunmehr durch eine Ermächtigung zu einer generellen Abschiebungsaussetzung für bestimmte Kategorien von A. im Wege des Erlasses durch die oberste Landesbehörde geregelt.

Die Duldung wird im neuen AuslG schließlich auf ihre eigentl. Funktion der zeitweiligen Aussetzung der Abschiebung zurückgeführt.

Einbürgerung

Ein zentraler Punkt der Neuregelung ist die Erleichterung der Einbürgerung für die A. der ersten und zweiten Generation. Erstmals wird ein gesetzl. ›Regelanspruch‹ für junge A. im Alter von 16 bis 23 Jahren eingeräumt. Der Regelanspruch bedeutet in der Praxis keine allzu gewichtige Abschwächung. Die Behörde muß, wenn sie von der Regelsituation abweichen will, besondere Umstände darlegen, die eine atyp. Interessenlage begründen. Obwohl die Forderung nach Aufgabe der bisherigen Staatsangehörigkeit eines der Haupthindernisse der Einbürgerung darstellt, hat der Gesetzgeber im Grundsatz an der Forderung nach Aufgabe der bisherigen Staatsangehörigkeit festgehalten (§ 85 Abs. 1 Nr. 1 AuslG).

Wie schon nach der bisherigen Praxis wird freilich die Mehrstaatigkeit ausnahmsweise in Kauf genommen, wenn der A. seine bisherige Staatsangehörigkeit nicht oder nur unter bes. schwierigen Bedingungen aufgeben kann.

Weitere Integrationsvoraussetzungen sind nach § 85 ein achtjähriger Aufenthalt und sechsjähriger Schulbesuch im Bundesgebiet und das Vorliegen von Straffreiheit.

Erstmals im Gesetz ist auch ein Regel-Einbürgerungsanspruch für A. verankert, die sich seit 15 Jahren rechtmäßig im Bundesgebiet aufhalten, sowie für deren Ehegatten und minderjährige Kinder. Der Anspruch ist an die Aufgabe der alten Staatsangehörigkeit, die Sicherung des Lebensunterhalts und Straffreiheit geknüpft. Vom Erfordernis der Sicherung des Lebensunterhalts kann auch bei diesem Personenkreis abgesehen werden, wenn der A. unverschuldet von der Sozialhilfe oder Arbeitslosenhilfe abhängig ist.

Das Ausländerrecht in Österreich

In Österreich unterliegt der Aufenthalt von A. (Fremden) dem Fremden-Ges. vom 29. 2. 1992. Danach benötigen A. i. a. zur Einreise und zum Aufenthalt einen gültigen Reisepaß und einen Sichtvermerk, soweit nicht zwischenstaatlich anderes vereinbart wurde.

1) *Aufenthaltsbewilligung:* Die Begründung eines Hauptwohnsitzes, jedenfalls aber ein Aufenthalt, der länger als sechs Monate pro Kalenderjahr dauert, oder die Aufnahme einer Erwerbstätigkeit ist i. d. R. nur mit einer Bewilligung nach dem Aufenthalts-Ges. vom 31. 7. 1992 zulässig. Die Zahl dieser Bewilligungen wird jährlich von der Bundes-Reg. durch VO nach Maßgabe des Arbeits- und Wohnungsmarktes, der allgemeinen demograph. Entwicklung, der Zahl der A. und der Asylbewerber sowie anderer Faktoren festgelegt. Sie kann zunächst befristet für höchstens sechs Monate erteilt und unter bestimmten Voraussetzungen immer wieder verlängert werden. A., die ohne Unterbrechung seit fünf Jahren eine Bewilligung haben, kann eine unbefristete Bewilligung erteilt werden.

2) *Familiennachzug:* Minderjährigen Kindern und Ehegatten von Österreichern oder A., die seit mehr als zwei Jahren ihren rechtmäßigen Wohnsitz in Österreich haben, muß unter bestimmten Voraussetzungen eine Aufenthaltsbewilligung erteilt werden. Die Erteilung einer Bewilligung für Ehegatten setzt voraus, daß die Ehe bereits mindestens ein Jahr besteht. Die genannten Fristen können jedoch unter bestimmten Voraussetzungen verkürzt werden.

3) *Beschäftigungsbewilligung:* Die Beschäftigung von A. setzt eine Bewilligung durch die regionale Geschäftsstelle des Arbeitsmarktservices (A.-Beschäftigungs-Ges. vom 20. 3. 1975) voraus. Nach dem Aufenthalts-Ges. zum Aufenthalt berechtigten A. ist die Beschäftigungsbewilligung bei Vorliegen bestimmter, im Ges. einzeln aufgezählter Voraussetzungen zu erteilen.

4) *Ausweisung/Aufenthaltsverbot:* A. sind auszuweisen, wenn sie sich nicht rechtmäßig im Bundesgebiet aufhalten. Darüber hinaus können A. im Interesse der öffentl. Ordnung, etwa wenn sie innerhalb eines Monats nach der Einreise entweder straffällig wurden oder die Mittel zu ihrem Unterhalt nicht nachzuweisen vermögen oder bei einer nach dem A.-Beschäftigungs-Ges. verbotenen Beschäftigung angetroffen werden, ausgewiesen werden.

Bei Gefährdung der öffentl. Ruhe, Ordnung und Sicherheit droht A. ein Aufenthaltsverbot.

Würde durch eine Ausweisung oder ein Aufenthaltsverbot in das Privat- und Familienleben des A. eingegriffen, so ist ein solcher Entzug der Aufenthaltsberechtigung nur zulässig, wenn dies zur Erreichung der im Art. 8 Abs. 2 der Konvention zum Schutz der Menschenrechte und Grundfreiheiten genannten Ziele dringend geboten ist.

Überdies gelten das Non-refoulement-Verbot (Verbot der Abschiebung eines A. in einen Staat, in dem er Gefahr läuft, unmenschlich behandelt oder Strafe, insbesondere Todesstrafe, unterworfen zu werden) und die Gewährleistungen des Art. 3 der Europ. Menschenrechtskonvention.

5) *Einbürgerung:* Die ▷ Einbürgerung von A. bemißt sich weiterhin nach den Regeln des Staatsbürgerschafts-Ges. vom 19. 7. 1985.

Das Ausländerrecht in der Schweiz

Die Bestimmungen über Aufenthalt und Niederlassung der A. sind in der Schweiz durch Bundes-Ges. vom 18. 3. 1994 über Zwangsmaßnahmen im A.-Recht verschärft worden. Das Ges. soll den Vollzug von Wegweisungen (Ausweisungen) bei A., die keine Aufenthalts- oder Niederlassungsbewilligung haben, sicherstellen. Zu diesem Zweck können A. für höchstens drei Monate in Vorbereitungshaft genommen werden, wenn sie sich im Asyl- oder Wegweisungsverfahren weigern, ihre Identität offenzulegen, wenn sie eine Einreisesperre mißachtet haben oder wenn sie wegen eines Delikts gegen Leib und Leben strafrechtlich verfolgt werden. Nach Eröffnung eines erstinstanzl. Weg- oder Ausweisungsentscheids kann die Behörde zur Sicherstellung des Vollzugs eine Ausschaffungshaft von höchstens drei Monaten anordnen; diese Haft darf mit Zustimmung einer richterl. Behörde um höchstens sechs Monate verlängert werden. Ferner kann die Behörde einem A. ohne Aufenthalts- oder Niederlassungsbewilligung zur Auflage machen, ein bestimmtes Gebiet nicht zu verlassen oder nicht zu betreten; eine solche Auflage ist nur zulässig, wenn der A. insbesondere durch widerrechtl. Drogenhandel die öffentl. Sicherheit und Ordnung stört oder gefährdet.

Das Einbürgerungsrecht ist durch Änderung des Bürgerrechts-Ges. 1992 berührt worden. So erstreckt sich die Einbürgerung nicht mehr von Gesetzes wegen auf den Ehegatten des Antragstellers. Vielmehr müssen beide Ehegatten ein Einbürgerungsgesuch stellen, wobei der eine Ehegatte nur fünf Jahre Wohnsitz in der Schweiz nachweisen muß, sofern der andere die Regeldauer von 12 Jahren erfüllt. Ob die im Bürgerrechts-Ges. festgelegten Mindestvoraussetzungen erfüllt sind, prüft nunmehr das Bundesamt für Polizeiwesen. Die erleichterte Einbürgerung begünstigt unter bestimmten Voraussetzungen u. a. ausländ. Ehegatten von Schweizer Bürgern sowie ausländ. Kinder (auch erwachsene) eines schweizer. Vaters, der mit der ausländ. Mutter nicht verheiratet ist.

Statistik und soziologische Aspekte

Im Jahr 1994 lag der Anteil von A. an der Wohn-Bev. in der Bundesrep. Dtl. bei 6,9 Mio., das entspricht ca. 8,4% der Bev. (im Gebiet der alten Bundesrep. ca. 9,5%, im Gebiet der ehem. Dt. Dem. Rep. ca. 1,3%). Nach einem leichten Rückgang in der 1. Hälfte der 1980er Jahre, u. a. aufgrund von Rückkehrhilfen, ist zu Beginn der 1990er Jahre der Anteil von A. an der Bev. Dtl.s wieder gestiegen. Neben der Suche nach Schutz etwa vor polit. Verfolgung (Asyl) stellt die Suche nach Arbeit immer noch die Hauptursache für die Migration nach Dtl. dar. Dies drückt sich auch in der räuml. Verteilung aus; so liegt der A.-Anteil in den Großstädten und in industriellen Ballungszentren wesentlich höher (über 20% in Frankfurt am Main, Offenbach am Main, Stuttgart und München) als in strukturschwachen ländl. Gebieten. Die meisten A. sind im erwerbsfähigen Alter und männl. Geschlechts. Auch der Anteil von Frauen (1961: 31%, 1992: 43%) und Kindern (1992: 23,4% unter Achtzehnjähriger) ist im Laufe des zurückliegenden Jahrzehnts gestiegen. 59% der A. hielten sich 1992 zehn Jahre oder länger in der Bundesrep. Dtl. auf, was deutlich darauf hinweist, daß es sich bei dieser Verstetigung der Mobilität um Einwanderung handelt, auch wenn die Möglichkeiten zum Erwerb der dt. Staatsbürgerschaft häufig nicht genutzt werden, da sie i. d. R. den Verzicht auf die bisherige Staatsbürgerschaft voraussetzen. Im Bereich schul. Bildung und berufl. Ausbildung ist der A.-Anteil im Laufe der 1980er Jahre gestiegen (am Gymnasium 1992: 9,9%; in den Grund- und Hauptschulen 1992: 67%; bei den Auszubildenden 1992: 7,2%). Während sich im Laufe der 1980er Jahre auf der einen Seite Migrantenkulturen, soziale, religiöse und polit. Organisationen ausländ. Mitbürger verfestigten (bis hin zu erweiterten Partizipationsmöglichkeiten am polit. Leben der Bundesrep. Dtl. in Form der ›Ausländerbeiräte‹), haben auf der anderen Seite verstärkt seit der dt. Einigung von 1990 ausländerfeindl. Straftaten und fremdenfeindl. Einstellungen (IBM-Studie 1992) in einem erhebl. Maße und mit besonderer Brutalität (Hoyerswerda 1991; Rostock-Lichtenhagen 1992; Solingen 1993) zugenommen. Das Konfliktpotential zw. ›Gastarbeitern‹ und Deutschen wird in Ost- und West-Dtl. gleichermaßen von etwa 50% der Bev. als hoch eingestuft (Stand 1992). Auf der polit. Ebene, in der öffentl. Meinung und auch in den Sozialwissenschaften wird die Frage weiterer Zuwanderung ausländ. Arbeitnehmer unter wirtschaftl. Gesichtspunkten (Arbeitsmigration als Ausgleich angesichts einer steigenden Überalterung der Gesellschaft und einer sinkenden Bev.-Zahl), unter polit. Aspekten (›Staatsbürgerrecht‹, Einwanderungsgesetze) und unter der Perspektive des gesellschaftl. Zusammenlebens sowie der möglicherweise damit verbundenen Konflikte (multikulturelle Gesellschaft) diskutiert, wobei sich Konflikt- und Konsenslinien (Nationalstaat – Wohlfahrtsstaat – Einwanderungsgesellschaft) quer durch alle polit. Parteien und wirtschaftl. Interessenvertretungen verfolgen lassen.

Generation u. Identität. Theoret. u. empir. Beitr. zur Migrationssoziologie, hg. v. H. ESSER u. a. (1990); M. AREND: Einbürgerung von A. in der Schweiz (Basel 1991); J. COULON: A. im österr. Recht (Wien 1991); A.-Recht. Komm., bearb. v. K. HAILBRONNER, Losebl. (1992ff.); F. WEBERNDÖRFER: Schutz vor Abschiebung nach dem neuen A.-Ges. (1992); Deutsche im Ausland – Fremde in Dtl. Migration in Gesch. u. Gegenwart, hg. v. K. J. BADE (³1993); R. KUGLER: A.-Recht (1993); Das Manifest der 60. Dtl. u. die Einwanderung, hg. v. K. J. BADE (1993); G. RENNER: A.-Recht, begr. v. W. KANEIN (⁶1993); A., Aussiedler, Asyl in der Bundesrep. Dtl., hg. v. K. J. Bade (³1994).

*Ausländer, Rose, Schriftstellerin: † Düsseldorf 3. 1. 1988.

*Ausschuß 1): Durch Ges. vom 21. 12. 1992 ist Art. 45 GG geschaffen worden, dem zufolge der Dt. Bundestag einen A. für die Angelegenheiten der Europ. Union bestellt.

Ausschuß der Regionen, mit dem Vertrag über die Europ. Union geschaffenes Gremium (Art. 198 a–d EG-Vertrag). Der Ausschuß ist ein beratendes Organ, mit dem die regionalen und lokalen Gebietskörperschaften an den Meinungsbildungs- und Entscheidungsprozessen auf Gemeinschaftsebene im Sinne eines ›Europa der Regionen‹ beteiligt werden sollen. Ihm gehören 222 Mitgl. an, die Vertreter der regionalen und lokalen Gebietskörperschaften der EU-Länder sind (Dtl., Frankreich, Großbritannien und Italien je 24, Spanien 21, Belgien, Griechenland, die Niederlande, Portugal, Österreich und Schweden je 12, Dänemark, Irland und Finnland je 9, Luxemburg 6). Der Ausschuß muß von der Kommission und dem Rat zu allen Entscheidungen gehört werden, die die regionalen Interessen der Mitgl.-Länder berühren.

*Außenhandel: Weltweit wächst der A. schneller als das Sozialprodukt. Zwar hat sich die Wachstumsdynamik in den 1980er Jahren abgeschwächt, so daß die durchschnittl. jährliche Wachstumsrate der welt-

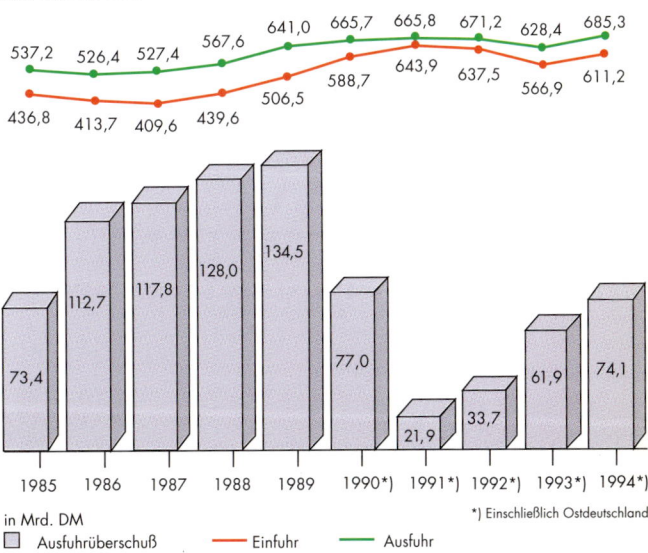

Außenhandel: Die Entwicklung des Außenhandels in Deutschland 1985 bis 1994

Außе Außenhandelsmonopol – Auster

weiten Exporte im Zeitraum 1980–92 lediglich 4,9 % gegenüber 6,6 % im Zeitraum 1965–80 betrug; sie lag damit aber noch immer deutlich über der Wachstumsrate des Weltsozialprodukts (1980–92: 3,0 %; 1965–80: 4,0 %). Zur Förderung des A. werden zunehmend regionale überstaatl. Gemeinschaften (z. B. EG, Nordamerikan. Freihandelszone, Mercosur) gebildet, deren wichtigstes Ziel der Abbau von Zöllen und Handelshemmnissen im Handel zw. den Mitgl.-Ländern ist. Eine stärkere außenhandelspolit. Zusammenarbeit wird auch durch die Weiterentwicklung multilateraler Vertragswerke (z. B. vom GATT zur →Welthandelsorganisation) angestrebt.

Die Bedeutung des Außenhandels für ausgewählte Industrieländer

Länder (Auswahl)	Anteil der Einfuhr und der Ausfuhr am Bruttoinlandsprodukt (in %) Einfuhr 1960	1992	Ausfuhr 1960	1992	Außenhandel in DM je Einwohner 1992 Einfuhr	Ausfuhr
Deutschland*)	15,4	32,7	17,4	32,6	7913	8331
Frankreich	10,9	21,8	11,9	23,1	7044	6797
Italien	14,8	19,7	11,5	19,9	5097	4811
Niederlande	40,7	47,8	36,2	52,3	15191	14477
Belgien/Luxemburg	31,4	67,0	29,9	70,1	19840	18578
Großbritannien	18,0	25,0	14,6	23,5	6002	5061
Dänemark	30,1	29,4	24,5	37,0	10479	12167
Irland	40,8	52,1	29,1	64,3	9742	12651
Griechenland	23,3	33,0	6,7	23,2	3561	1456
Portugal	24,1	38,8	14,3	29,1	4656	2811
Spanien	12,6	20,4	7,1	17,6	3869	2741
USA	3,0	11,1	4,2	10,6	3375	2564
Japan	6,9	7,8	9,7	10,2	2923	4256

*) 1960 nur früheres Bundesgebiet.

Die Bedeutung des A. für einzelne Länder fällt zwar insgesamt sehr unterschiedlich aus, hat aber im Zeitraum 1960–92 in fast allen westl. Industrieländern (z. T. deutlich) zugenommen. Bes. groß ist die Bedeutung des A. für die meisten kleineren westeurop. Länder (z. B. Belgien, Irland, Niederlande). Auch für Dtl. ist der A. (v. a. der Export) sehr wichtig für die binnenwirtschaftl. Entwicklung. Die Bundesrep. Dtl. weist seit 1950 einen positiven A.-Saldo (Handelsbilanzüberschuß) auf, während der A.-Salden Österreichs und der Schweiz durchweg negativ ausfallen.

H. WIENHOLT: A.-Betriebslehre (1989); K.-D. SCHROTH: Das kleine Lex. des Außenwirtschaftsverkehrs (1993).

*Außenhandelsmonopol: Ein A. galt in den kommunist. Staaten als notwendige Ergänzung zur zentralen Planwirtschaft, da es eine weitgehende warenmäßige Anpassung der Einfuhr an die Erfordernisse der zentralen Wirtschaftsplanung ermöglichen sollte. Nach deren Zusammenbruch Ende der 1980er Jahre und der Auflösung des Rats für gegenseitige Wirtschaftshilfe (RGW) 1991 wurden die A. in fast allen ehem. RGW-Staaten aufgehoben.

*Außenhandelsstatistik: Seit 1993 sind die Warenkontrollen an den EU-Binnengrenzen weggefallen. Seither wird der Handel mit den EU-Mitgliedstaaten (**Intrahandel**) als Primärstatistik unmittelbar bei den Meldepflichtigen erhoben, während der Handel mit den Staaten, die nicht zur EU gehören, wie bisher als Sekundärstatistik erhoben wird.

*Aussiedler: In das Gebiet der Bundesrep. Dtl. kamen zw. 1985 und 1990 (ab 1. 11. 1990 einschließlich neue Bundesländer) rd. 1,1 Mio. A. (allein 1990 über 397 000), davon 601 000 aus Polen, 308 000 aus der UdSSR und 185 000 aus Rumänien. Im Zeitraum von 1991 bis 1994 wanderten weitere 894 000 A. zu, wobei der Großteil mit 763 000 aus den Ländern der ehem. Sowjetunion kam, darüber hinaus aus Polen 66 000, aus Rumänien 61 000. Die Gründe für die Ausreise sind nicht nur wirtschaftl. Art (der Lebensstandard der dt. Familien in allen Nachfolgestaaten der UdSSR ist überdurchschnittlich), sondern liegen v. a. in der die dt. Sprache in den Hintergrund drängenden Sprachenpolitik, der fehlenden Möglichkeiten zum Kulturerhalt sowie der Angst vor Nationalitätenkonflikten.

Die Aufnahme von A. erfolgt seit dem 1. 7. 1990 nach dem Aufnahmeverfahren aufgrund des A.-Aufnahme-Ges. sowie nach dem Kriegsfolgenbereinigungs-Ges. (KFB; in Kraft seit 1. 1. 1993), wobei letzteres im Interesse einer Verstetigung der A.-Zahlen den Zuzug auf jährlich 225 000 A. begrenzt und finanzielle Integrationsleistungen festlegt.

Seit 1993 erhalten A. statt der Eingliederungsleistungen der Bundesanstalt für Arbeit eine Eingliederungshilfe (→Eingliederungsgeld); diese wie auch Sprachkurse (maximal sechs Monate) werden aus Bundesmitteln finanziert. Spätaussiedler erhalten für bis zu sechs Monaten eine Eingliederungshilfe, die der Arbeitslosenhilfe entspricht.

Darüber hinaus unterstützte die Bundes-Reg. (1990–94 mit über 750 Mio. DM) die Angehörigen der dt. Minderheiten (geschätzte Anzahl u. a. in der Russ. Föderation 900 000, in Kasachstan rd. 600 000, Polen 600 000, Ungarn 200 000, Rumänien 85 000 Personen) gemeinsam mit den dortigen Reg. durch Hilfsprogramme, um ihre Perspektiven in den Wohnsitzländern zu verbessern (Aufbauhilfe). Gefördert werden u. a. muttersprachlicher dt. Schulunterricht, dt.-sprachige Medien, Aus- und Fortbildung, Begegnungsstätten, die Schaffung von Wohnraum und Arbeitsplätzen, Musterprojekte im handwerkl., landwirtschaftl. und kleingewerbl. Bereich.

Auster [ˈɔːstə], Paul, amerikan. Schriftsteller, *Newark (N. J.) 3. 2. 1947; veröffentlichte neben Übersetzungen moderner frz. Lyrik bedeutende Gedichtsammlungen und Erzählungen. Bekannt wurden v. a. seine die Grenze zw. Fiktion und Realität ver-

Außenhandel der Bundesrepublik Deutschland*) im General- und Spezialhandel 1993 (in Mio. DM)

Einfuhr		Ausfuhr	
1. Einfuhr in den freien Verkehr	507 304	1. Ausfuhr aus dem freien Verkehr	573 982
2. Einfuhr zur Veredelung (aktive Veredelung)		2. Ausfuhr nach Veredelung (aktive Veredelung)	
Eigenveredelung	15 060	Eigenveredelung	43 325
Lohnveredelung	5 655	Lohnveredelung	2 552
3. Einfuhr nach Veredelung (passive Veredelung)	10 132	3. Ausfuhr nach Veredelung (passive Veredelung)	8 628
4. unmittelbare Einfuhr	538 151	4. unmittelbare Ausfuhr/Spezialhandel	628 387
5. Einfuhr auf Lager	37 832	5. Ausfuhr aus Lager	9 533
6. Generalhandel (4+5)	575 983	6. Generalhandel (4+5)	637 920
7. Einfuhr aus Lager in das Zollgebiet	28 345	7. Saldo im Spezialhandel	
8. Spezialhandel (4+7)	566 495	(Ausfuhrüberschuß +, Einfuhrüberschuß −)	+61 891

*) Nach dem Gebietsstand seit dem 3. 10. 1990.

Die Entwicklung des Außenhandels in Österreich
1985–1993 (in Mrd. öS)

Jahr	Einfuhr	Ausfuhr	Ausfuhr-überschuß
1985	431,0	354,0	−77,0
1986	408,0	342,5	−65,5
1987	411,9	342,4	−69,4
1988	451,4	383,2	−68,2
1989	514,7	429,3	−85,4
1990	556,2	466,1	−90,2
1991	591,9	479,0	−112,9
1992	593,9	487,6	−106,4
1993	564,9	467,2	−97,7

Die Entwicklung des Außenhandels in der Schweiz
1985–1993 (in Mrd. sfr)

Jahr	Einfuhr	Ausfuhr	Ausfuhr-überschuß
1985	74,8	66,6	−8,1
1986	73,5	67,0	−6,5
1987	75,2	67,5	−7,7
1988	82,4	74,1	−8,3
1989	95,2	84,3	−10,9
1990	96,6	88,3	−8,4
1991	95,0	87,9	−7,1
1992	92,3	92,1	−0,2
1993	89,8	93,3	3,5

wischenden New-York-Romane, in denen er apokalyptisch anmutende Endzeitsituationen in einer sterbenden Großstadt entwirft (›In the country of last things‹, 1987; dt. ›Im Land der letzten Dinge‹), das Schicksal skurriler Existenzen schildert (›Moon palace‹, 1989; dt. ›Mond über Manhattan‹) und Erzählkonventionen des Kriminalromans durch Einbezug der eigenen Person durchbricht (›The New York trilogy‹, 1987; dt. ›Die New-York-Trilogie‹).

Weitere Werke: Romane: The music of chance (1990; dt. Die Musik des Zufalls); Leviathan (1992; dt.); Mr. Vertigo (1994). – *Autobiographisches:* The invention of solitude (1982; dt. Die Erfindung der Einsamkeit).

*Austral: Die Währungseinheit Argentiniens wurde zum 1. 1. 1992 durch den Argentin. Peso abgelöst.

*Australier: In Shepparton, rd. 180 km nördlich von Melbourne, wurde im Juni 1984 das ›Shepparton International Aboriginal Village‹ als erstes National Aboriginal Museum eingerichtet (Kunst, materielle Kultur u.a.). 1989 wurde in einem Vertrag zw. der Bundes-Reg. und dem Chief Minister des Northern Territory den auf Großfarmen lebenden A. das Recht zugestanden, hier eigene Landparzellen zu besitzen. Nachdem das austral. Verf.-Gericht im Juni 1992 den Rechtsanspruch der Aborigines auf Land bestätigt hatte, gelang der Reg. Keating in einer gesetzl. Regelung im Dez. 1993 (in Kraft seit 1. 1. 1994) ein Kompromiß zw. den Interessen der Aborigines und der weißen Land- und Minenbesitzer, der den Ureinwohnern einen gesetzl. Anspruch auf Gebiete einräumt, zu denen sie traditionelle Bindungen nachweisen können.

*australische Literatur: Zu den bedeutendsten austral. Romanciers zählen heute ELIZABETH JOLLEY (*1923), deren Ruf sich mit ›My father's moon‹ (1989) und ›Cabin fever‹ (1990) gefestigt hat, so wie es THEA ASTLEY mit der Thematisierung des Schicksals der Ureinwohner in ›Beachmasters‹ (1984), mit ›It's raining in Mango. Pictures from the family album‹ (1987) sowie mit dem ›feministl.‹ Roman ›Reaching Tin River‹ (1990) gelang. Des weiteren gehören zu den wichtigen Autoren der Gegenwart neben D. IRELAND

und D. MALOUF auch R. HALL mit seinen gesellschaftskrit. Romanen, zuletzt ›Captivity captive‹ (1988), P. KENEALLY, der u. a. als Folge der erfolgreichen Verfilmung seines Romans ›Schindler's ark‹ (1982) Weltruhm erlangte, GERALD MURNANE (*1939) mit den poetolog. Romanen ›The plains‹ (1982), ›Landscape with landscape‹ (1985) und ›Inland‹ (1988) und v. a. P. CAREY mit ›Oscar and Lucinda‹ (1988), ›The tax inspector‹ (1991) und ›The unusual life of Tristan Smith‹ (1994). Jüngere Schriftsteller, die auf sich aufmerksam machten, sind KATE GRENVILLE (*1950), JANINE BURKE (*1950), NICHOLAS JOSE (*1952) und TIM WINTON (*1960). MUDROOROO NAROGIN, Autor von fünf Romanen über Einzel- und Stammesschicksale der Ureinwohner, gilt als der prominenteste der schwarzaustral. Schriftsteller. – In der Lyrik hat sich L. MURRAYS dichter. Ruhm eindrucksvoll bestätigt (›Dog fox fields‹, 1990; ›The paperbark tree‹, 1992; ›Translations from the natural world‹, 1992). – Unter den heutigen Dramatikern ist mit bisher 13 Stücken v. a. D. WILLIAMSON zu nennen.

K. L. GOODWIN: A history of Australian literature (Basingstoke 1986, Nachdr. ebd. 1988); The Penguin new literary history of Australia, hg. v. L. HERGENHAN (Ringwood 1988); J. MCLAREN: Australian literature. An historical introduction (Melbourne 1989, Nachdr. ebd. 1990); M. NAROGIN: Writing from the fringe. A study of modern aboriginal writing (Melbourne 1990); B. HODGE u. V. MISHRA: Dark side of the dream. Australian literature and the postcolonial mind (Sydney 1991); The Oxford literary guide to Australia, hg. v. P. PIERCE u. a. (Neuausg. Melbourne 1993).

*Australischer Bund, amtlich engl. **Commonwealth of Australia,** aus dem Kontinent Australien, der Insel Tasmanien und zahlreichen kleinen Inseln bestehender Staat.

Hauptstadt: Canberra. *Amtssprache:* Englisch. *Staatsfläche:* 7 713 364 km² (ohne Binnengewässer 7 644 440 km²). *Bodennutzung (1992):* 468 770 km² Ackerland, 4 158 850 km² Dauergrünland, 1 060 000 km² Waldfläche. *Einwohner (1994):* 18 090 Mio., 2 Ew. je km². *Städtische Bevölkerung (1992):* 85 %; in städt. Agglomerationen mit 1 Mio. und mehr Ew. leben 72 % der Stadtbevölkerung (das sind 61 % der Gesamtbevölkerung). *Durchschnittliches Bevölkerungswachstum pro Jahr (1985–93):* 1,5 %. *Bevölkerungsprojektion für 2000:* 19,6 Mio. Ew. *Ethnische Gruppen (1986):* 95 % Weiße, 1,5 % Aborigines (1991: 257 300), 1,3 % Asiaten. *Religion (1992):* 26,0 % Katholiken, 23,9 % Anglikaner und 13,8 % andere Protestanten, 2,7 % orth. Christen. *Altersgliederung (1995):* unter 15 Jahre 21,7 %, 15 bis unter 65 Jahre 66,7 %, 65 und mehr Jahre 11,6 %. *Lebenserwartung der Neugeborenen (1994):* männlich 75 Jahre, weiblich 81 Jahre. *BSP je Ew. (1993):* 17 510 US-$. *BIP nach Sektoren/Produktionsstruktur (1992):* Landwirtschaft 3 %, Industrie 30 %, Dienstleistungen 67 %. *Arbeitslosenquote (1994):* 9,7 %. *Währung:* 1 Australischer Dollar ($A) = 100 Cents (c). *Internationale Mitgliedschaften:* UNO, Colombo-Plan, Commonwealth of Nations, OECD, South Pacific Forum.

Geschichte: Unter Führung des Premier-Min. R. HAWKE gewann die Labor Party auch die Wahlen von 1985, 1987 und 1990. Vor dem Hintergrund einer schweren Rezession geriet die Reg. jedoch in eine Führungskrise. Am 19. 12. 1991 wurde HAWKE nach einer Kampfabstimmung von seinem Herausforderer P. KEATING als Vors. der Labor Party und damit als Premier-Min. abgelöst. Unter dessen Führung ging die Labor Party nach Niederlagen bei den Wahlen zu den Parlamenten der Gliedstaaten Tasmania, Victoria und Western Australia Herbst 1992/Anfang 1993 aus den vorgezogenen Parlamentswahlen im März 1993 überraschend als Siegerin hervor (80 von 147 Sitzen).

Aust   Australopithecinen – Avedon

Mit Maßnahmen wie der Deregulierung (z. B. des Bankenwesens), Privatisierung und Reformen in staatseigenen Betrieben erreichte die Reg. Keating – bei jedoch weiterhin hoher Arbeitslosigkeit – die positive Wirtschaftsentwicklung, die sie sich als primäres Ziel gesetzt hatte. In der Frage des Rechtsanspruchs der Aborigines auf Land gelang ihr im Dez. 1993 ein Kompromiß zw. den Interessen der Aborigines und der weißen Land- und Minenbesitzer; als Gegner des Abkommens will der Gliedstaat Western Australia jedoch eine eigene Landrechtsgesetzgebung einführen.

Außen-, sicherheits- und wirtschaftspolitisch orientierte sich der A. B. seit Ende des Ost-West-Konflikts verstärkt nach SO- und O-Asien. Daneben bemühte er sich um den weiteren Abbau der konstitutionellen Bindungen an Großbritannien (u. a. Ausarbeitung einer neuen Verf. bis 1. 1. 2001) und um eine Verbesserung des Verhältnisses zu den USA. In Abkehr von der traditionellen strategisch orientierten Südpazifikpolitik machte der A. B. seit Juni 1994 Hilfeleistungen an die dortigen Staaten von deren Bereitschaft zur Bekämpfung ihrer sozialen, wirtschaftl. und ökolog. Probleme abhängig.

The Oxford history of Australia, hg. v. G. BOLTON, auf 5 Bde. ber. (Melbourne 1986 ff.); J. H. VOIGT: Gesch. Australiens (1988); T. GRIFFITHS: Beautiful lies. Australia from Kokoda to Keating (Kent Town 1993).

Autostereogramm: Shiro Nakayama, ›Der Rubin-Pokal‹; liegt der Fixationspunkt beim Betrachten des Stereogramms hinter der Papierebene, so sieht man in der Bildmitte einen Pokal; liegt er vor der Papierebene (schielendes Betrachten), sieht man zwei einander zugewandte Köpfe im Profil

*****Australopithecinen:** 1995 wurden die Funde des bisher ältesten bekannten Australopithecus veröffentlicht. Die bei Kanapoi und Allia Bay nahe dem Turkanasee, Kenia, entdeckten Knochenreste verschiedener Individuen werden auf 3,9–4,2 Mio. Jahre datiert: **Australopithecus anamensis** soll ein direkter Vorfahr von Australopithecus afarensis sein. Schienbein und Oberarmknochen beweisen den aufrechten Gang, Kiefer und Zähne entsprechen dagegen eher einem älteren Entwicklungsstand. (→Ardipithecus ramidus).

Austromir, *Raumfahrt:* →Mir.

Ausweisung: →Ausländer.

*****Autobahn:** Seit 1989 werden auch A.-Ausfahrten, A.-Kreuze sowie A.-Dreiecke von Norden nach Süden und Westen nach Osten numeriert. Die Netzlänge der Bundes-A. erreichte (1994) 11 080 km (davon in Ost-Dtl. 1 895 km). Der Bundesverkehrswegeplan 1992 sieht u. a. im Rahmen der ›Verkehrsprojekte Dt. Einheit‹ den Neubau von 500 km A. und den Ausbau von 2 190 km A. (auf sechs bis acht Fahrstreifen) bis zum Jahr 2010 vor. (→Straßenverkehrsabgaben).

*****Autoradio:** Moderne Entwicklungen bringen eine Integration verschiedener Techniken. So ist z. B. über das Display des A. auch der Anschluß von Navigationssystemen, des Mobiltelefons und von Videofunktionen bis hin zur Rückfahrkamera möglich. Das konventionelle A.-Display wird dabei durch einen LCD-Bildschirm (▷ Flüssigkristallanzeige) ersetzt. Auf dem Bildschirm können der Name des gerade empfangenen Senders, Zusammenstellungen von weiteren, über Cursor auswählbaren Sendern sowie die Funktionen von CD- und Kassettenlaufwerk, von Verstärker und Equalizer dargestellt werden. Auf dem Bildschirm werden auch die Routenempfehlungen des Navigationssystems gezeigt. Das →RDS sorgt für das automat. Umschalten des Empfangs auf den jeweils stärksten Sender. Innerhalb der Reichweite eines Senders ermöglicht das **ADA** (Auto **D**irectional **A**ntenna System mit elektron. Richtantennenwirkung) einen klaren Empfang. Ein in den Digital Audio Amplifier integriertes Meßprogramm stimmt den Empfang automatisch auf die Akustik des Autoinnenraums ab.

*****Autorenverlag:** Die Syndikat Autoren- und Verlagsgesellschaft mbH ist 1995 auf die Europ. Verlagsanstalt übergegangen und ist kein A. mehr.

Autostereogramm, bildl. Darstellung, in die durch geeignete Phasen- oder Frequenzmodulation eines horizontal period., ansonsten aber weitgehend beliebigen zweidimensionalen Musters die für das ▷ stereoskopische Sehen erforderl. Bildinformation codiert ist. Ein A. unterscheidet sich von einem herkömml. Stereogramm, das aus zwei separaten, ein Stereopaar bildenden Bildteilen besteht, v. a. dadurch, daß in ihm das Stereopaar in nur einer Darstellung vereinigt ist. Wenn man so auf ein A. blickt, daß der Fixationspunkt, d. h. der Schnittpunkt der Sehachsen der beiden Augen, in passendem Abstand vor oder hinter dem Muster liegt, kommen zwei benachbarte Perioden des Musters zur ›Fusion‹. Wichtig für den Eindruck der räuml. Wahrnehmung ist dabei, daß man Augenstellung und Akkommodation ›entkoppelt‹, indem man nicht versucht, im Fixationspunkt scharf zu sehen.

Es liegt in der Natur der A., daß in ihnen die räumlich gesehenen Strukturen immer mit dem Hintergrundmuster bedeckt sind. Das Prinzip des A. wurde 1979 von CHRISTOPHER W. TYLER erfunden. Grundlage dafür war das 1960 von BELA JULESZ erfundene Zufallspunkte-Stereopaar. Das Phänomen der Stereoskopie im Zusammenhang mit A. wurde Anfang der 1990er Jahre durch zahlreiche Druck-Erzeugnisse sehr populär und dabei als **Magisches Auge** oder – zutreffender – als **Magischer Blick** bezeichnet.

*****Autumn Forge:** Findet seit 1989 nicht mehr statt.

Avedon [ˈævədən], Richard, amerikan. Photograph, * New York 15. 5. 1923; neben seinen dynamisch komponierten Auftragsarbeiten für Zeitschriften wie ›Vogue‹ und ›Elle‹ sind es v. a. die sachlich gehaltenen, dokumentar. Porträtaufnahmen amerikan. Stars, Literaten und Politiker, die ihn bekannt machten. 1959 veröffentlichte er den ersten Retrospektivband (›Observations‹), der von T. CAPOTE eingeleitet wurde. 1964 erschien der zus. mit dem Schriftsteller J. BALDWIN konzipierte sozialdokumentar. Photobuch ›Nothing personal‹ (dt. ›Im Hinblick‹). 1985 folgte der Sammelband ›In the American West: 1979–1984‹, in dem A. seine Porträtaufnahmen von Typen des amerikan. Mittelwestens zusammenfaßte.

Averkamp – Azúa **Azúa**

Neuere Arbeiten zeigt A. in großen Retrospektiven (u. a. in Köln 1994 und in London 1995).
 Evidence 1944–1994, R. A., hg. v. M. SHANAHAN, Ausst.-Kat. (a. d. Amerikan., 1994).

Averkamp, Ludwig, kath. Theologe, *Velen 16. 2. 1927; Studium in Münster und Rom; ab 1965 Leitung des Theologenkonvikts Collegium Borromäum, ab 1971 Regens des Priesterseminars in Münster; 1973 Bischofsweihe (Regionalbischof für den Niederrhein in Xanten), ab 1987 Bischof von Osnabrück. Im Zuge der Neugliederung der kath. Bistümer nach der Wiedervereinigung Dtl.s und der damit verbundenen Errichtung der Kirchen-Prov. Hamburg wurde A. im Jan. 1995 zum Erzbischof von Hamburg ernannt.

*****AWACS:** 1989 beschloß die NATO die Modernisierung des E-3A-Systems, bis 1997 wird v. a. die elektron. Ausstattung entsprechend neuerer technolog. Möglichkeiten verbessert. – Seit 1992 verfügt die NATO zusätzlich zu der in Geilenkirchen stationierten AWACS-Flotte über einen zweiten operationellen Frühwarn-Einsatzverband: die brit. 8. (Airborne Early Warning) Staffel mit sieben E-3D-Maschinen, stationiert in Waddington, Cty. Lincolnshire.

*****Awami-Liga:** 1990 war die A.-L. maßgeblich am Sturz Präs. H. M. ERSHADS beteiligt. Bei den Wahlen vom Febr. 1991 wurde sie mit 92 von 330 Parlamentssitzen stärkste Oppositionspartei. Sie setzt sich für die Rückkehr zur Gründungsverfassung des Landes von 1972 und für die Rechte der Arbeiter ein und ist stärker islamisch ausgerichtet als die regierende Bangladesh Nationalist Party. 1994 organisierte sie Streiks und Massendemonstrationen und begann – zus. mit anderen Oppositionsparteien – einen Parlamentsboykott, den im Dez. 1994 ein Gericht in Dhaka für illegal erklärte.

*****Awolowo,** Obafemi, nigerian. Politiker: † Ikene (bei Oyo) 9. 5. 1987.

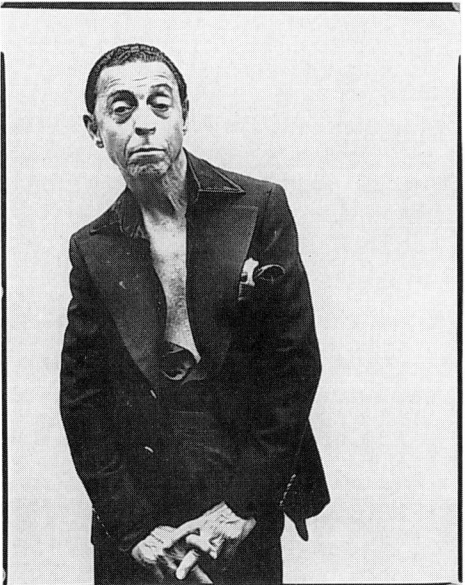

Richard Avedon: Der Modeschöpfer James Galanos; 1975 (Privatbesitz)

Ax [æks], Emanuel, amerikan. Pianist poln. Herkunft, *Lemberg 8. 6. 1949; studierte an der Juilliard School of Music in New York, debütierte 1969 in Südamerika und ist seit seinem Durchbruch 1974 in New York v. a. in den USA und in Europa zu hören. Neben der Pflege des traditionellen Repertoires bemüht er sich bes. um die Interpretation zeitgenöss. Musik.

*****Axen,** Hermann, Politiker: † Berlin 15. 2. 1992; wurde im Nov. 1989 von seinen Partei- und Staatsämtern entbunden; aus der SED ausgeschlossen und im Jan. 1990 verhaftet, jedoch nach kurzer Zeit aus Gesundheitsgründen wieder auf freien Fuß gesetzt. Im März 1991 erhob die Berliner Staatsanwaltschaft wegen ›Vertrauensmißbrauch zum Nachteil sozialist. Eigentums‹ (Strafrecht der Dt. Dem. Rep., d. h. Beschäftigung von Bauarbeitern zu privaten Zwecken) Anklage gegen ihn, zum Prozeß kam es jedoch nicht mehr.

Axt, Renate, Schriftstellerin, *Darmstadt 9. 8. 1934; veröffentlichte 1984 den vielbeachteten Prosaband ›Und wenn du weinst, hört man es nicht‹, eine nachdenkl. Dokumentation über die Befindlichkeit von Frauen vor, während und nach einem Gefängnisaufenthalt. A.s teilweise bis zum Aphorismus verdichtete Lyrik thematisiert vorwiegend die Ambivalenz des Lebens; sie schreibt auch Hörspiele, Theaterstücke und Kinderbücher.
 Weitere Werke: *Lyrik:* 365 Tage (1971); Ohne Angst (1981); Jede Sekunde leben (1984); Lichtpunkte (1986). – *Kinderbücher:* Töle sagt: ›Ich schaff' das schon‹ (1981); Florian, du träumst zuviel (1986); Die Reise mit dem Wunderauto (1990). – *Drama:* Jeder in seiner Nacht (1980).

*****Ayala,** Francisco, span. Schriftsteller: Erhielt den Premio Miguel de Cervantes 1991.

*****Ayer,** Sir Alfred Jules, brit. Philosoph: † London 28. 6. 1989.

*****Ayers Rock:** Heute offiziell nach dem ursprüngl. Namen der Aborigines **Uluru** genannt, 1987 von der UNESCO zum Weltnaturerbe erklärt.

Aylwin Azócar [-a'zɔkar], Patricio, chilen. Politiker, *Santiago 26. 11. 1918; Jurist; trat 1945 der Falange Nacional bei; 1965 in den Senat gewählt, 1971–72 dessen Präs.; 1973–76 und 1987–91 Vors. des PDC. In Verhandlungen mit dem Volksfrontbündnis S. ALLENDES, das auf die Stimmen des PDC im Kongreß zur Bestätigung ALLENDES angewiesen war, forderte A. Verf.-Garantien auf polit. und wirtschaftl. Gebiet. A.s anfänglich zustimmende Haltung zum Militärputsch von 1973 wandelte sich zu einer entschiedenen Gegnerschaft gegen das Militärregime. 1988 leitete A. die Plebiszitkampagne gegen eine weitere achtjährige Präsidentschaft A. PINOCHETS. Als Führer der stärksten Partei des oppositionellen Wahlbündnisses ›Concertación de Partidos por la Democracia‹ ging er aus den Präsidentschafts- und Parlamentswahlen am 14. 12. 1989 als Sieger hervor (Amtsantritt: 11. 3. 1990). Während seiner Amtszeit (bis März 1994) setzte sich A. für die Sicherung der Demokratie und eine innenpolit. Aussöhnung ein.

Aznar López [aθ'nar 'lopeθ], José María, span. Politiker, *Madrid 25. 2. 1953; Finanzinspektor, 1982–87 GenSekr. der Alianza Popular (AP), 1987–89 MinPräs. der Autonomen Region Kastilien-León, 1989–90 stellv. Vors., seit 1990 Vors. des Partido Popular (PP), einer Nachfolgeorganisation der AP. In Abkehr vom traditionellen Zentralstaatsprinzip fördert A. den Autonomieprozeß in den Provinzen. 1993 bewarb er sich um das Amt des Ministerpräsidenten.

Azúa [a'θua], Félix de, span. Schriftsteller, *Barcelona 30. 4. 1944; schreibt experimentelle Lyrik und anspruchsvolle Prosa; Übersetzer von S. BECKETT. Sein Roman ›Cambio de bandera‹ (1991; dt. ›Fahnenwechsel‹) handelt mit stark fiktiven Elementen und iron. Distanz vom Span. Bürgerkrieg und der bask. Autonomiebewegung.
 Weitere Werke: *Romane:* Las lecciones de Jena (1972); Mansura (1984); Historia de un idiota contada por él mismo, o, El contenido de la felicidad (1986; dt. Geschichte eines Idioten von ihm selbst erzählt oder vom Wesen des Glücks); Diario de un hombre humillado (1987). – *Lyrik:* Poesía 1968–1988 (1989).

Ludwig Averkamp

Patricio Aylwin Azócar

B

B-1B: Anfang 1988 wurde die Produktion des Bombers eingestellt. An den 100 ausgelieferten Maschinen wurden techn. Veränderungen vorgenommen, durch die die Fähigkeit zum extremen Tiefflug verbessert, jedoch die Geschwindigkeit auf Mach 0,8 im Tiefflug und auf Mach 1,2 in 12 000 m Höhe vermindert wurde.

B-2, Advanced Technology Bomber [əd'vɑ:nst tek'nɔlədʒɪ 'bɔmə], Abk. **ATB** [eɪti:'bi:], unter Anwendung der ▷ Stealth-Technik von der Northrop Corporation gebauter vierstrahliger Bomber der amerikan. Luftstreitkräfte. Erstflug am 17. 7. 1989. Besonderes Kennzeichen der Maschine ist die bumerangartige Form, die zus. mit den verwendeten Spezialmaterialien die Reflexion von Radarstrahlen minimiert. Die Spannweite beträgt 52,4 m, die Länge im Verhältnis hierzu nur 21 m; max. Abfluggewicht 168,5 t, Schub 4 × 84,5 kN, Aktionsradius (im Flugprofil hoch-tief-hoch) 8325 km; Höchstgeschwindigkeit Mach 0,75 auf Meereshöhe und Mach 0,9 in 15 000 m Höhe.

Babangida, Ibrahim, nigerian. General, * Minna 17. 8. 1941. B. wurde u. a. in Großbritannien und den USA ausgebildet, 1983 zum Generalmajor ernannt. 1983 war er am Sturz Präs. Shehu Shagaris (* 1925), 1985 an dem Präs. Mohammed Buharis (* 1942) beteiligt. Seit 1985 Chef des Militärrates und Staatspräs., begann er zunächst eine vorsichtige Demokratisierung des Landes, verweigerte dann jedoch 1993, trotz vorheriger Präsidentschaftswahlen, den Übergang zu einer Zivil-Reg. Am 26. 8. 1993 mußte er, durch heftigen Widerstand der Opposition geschwächt, auf Druck der Militärführung seine Ämter niederlegen.

*Babel, Issaak Emmanuilowitsch, russ. Schriftsteller: Wurde nach neuen Erkenntnissen aus den Archiven des KGB schon am 27. 1. 1940 in Haft (Moskau) erschossen.
  V. Chentalinski: La parole ressuscitée. Dans les archives littéraires du KGB (a. d. Russ., Paris 1993); A. Piroshkowa: Ich wünsche Ihnen Heiterkeit. Erinnerungen an B. (a. d. Russ., 1993).

Baby-Akti|e ['beːbi-, engl. 'beɪbɪ-], umgangssprachl. Bez. für eine Aktie mit niedrigem Nennwert (→Kleinaktien).

Bach-Blütentherapie, von dem brit. Homöopathen E. Bach (* 1896, † 1936) entwickeltes System aus 38 Essenzen, die nach einem genau vorgeschriebenen Verfahren v. a. aus Blüten u. a. Pflanzenteilen hergestellt werden. Durch deren Einnahme sollen definierte seelisch-geistige Zustände beeinflußt werden. Bach-Blütenkonzentrate sind in Dtl. bislang als Arzneimittel weder registriert noch zugelassen, die B.-B. findet jedoch zunehmende Verbreitung.

*Bachér, Ingrid, Schriftstellerin: Wurde 1995 zur Präsidentin des ›P. E. N.-Zentrums Bundesrep. Dtl.‹ gewählt.
  Weiteres Werk: Erzählung: Assisi verlassen (1993).

Bachmann, Guido, Pseudonym **Lilananda,** schweizer. Schriftsteller, Schauspieler und Pianist, * Luzern 28. 1. 1940; wurde bekannt durch seine Romantrilogie ›Zeit und Ewigkeit‹ (›Gilgamesch‹, 1966; ›Die Parabel‹, 1978; ›Echnaton‹, 1982); artist. Erzählstil zeigen auch B.s Erzählungen und Novellen.

Weitere Werke: Romane: Dionysos (1990); Die Wirklichkeitsmaschine (1994). – *Novellen:* Die Kriminalnovellen (1984); Der Basilisk (1987). – *Drama:* Selbander. Ein Stück für zwei Personen (1988).

*Bachtiar, Schapur, iran. Politiker: † (ermordet) Suresnes 6. 8. 1991.

*Bäck, Sven-Eric, schwed. Komponist, Violinist und Dirigent: † Stockholm 10. 1. 1994.

*Bacon, Francis, engl. Maler: † Madrid 28. 4. 1992.

*Baden-Württemberg, Land im Südwesten Dtl.s, 35 751 km^2 (10,0% der Fläche Dtl.s), Landeshauptstadt ist Stuttgart.

Bevölkerung: Die (1994) 10,234 Mio. Ew. machen 12,6% der Bev. Dtl.s aus. Der Anteil der weiblichen Bev. beläuft sich auf (1994) 51,1%. Im Zuge der Binnenwanderung ließen sich 1993 insgesamt 113 500 Menschen aus anderen Bundesländern in B.-W. nieder, gegenüber den Fortzügen ergibt sich ein Defizit von 4600 Personen. Am 31. 12. 1993 wohnten 1,120 Mio. Ausländer in B.-W. (12,3% der Landes-Bev.), davon waren 336 500 Türken, 310 500 Menschen aus dem früheren Jugoslawien, 175 400 Italiener, 85 300 Griechen, 28 600 Österreicher, 23 100 Polen, 22 300 Spanier, 22 200 Portugiesen, 17 400 US-Amerikaner, 233 200 sonstige Ausländer; die Staatsangehörigkeit von Ländern der EU (Stand 1993) besaßen insgesamt 353 200 Ausländer. Von den (1993) 4,565 Mio. Privathaushalten sind 36,4% Einpersonenhaushalte. – Die Geburtenrate beträgt (1993) 11,6‰, die Sterberate 9,7‰. 1994 waren 17,1% der Bev. unter 15 Jahre alt, 69,5% 15 bis unter 65 Jahre alt, 14,3% 65 Jahre und älter.

Landtagswahlen in Baden-Württemberg 1988 und 1992 (Sitzverteilung und Stimmenanteil der Parteien)		
Parteien	20. 3. 1988	5. 4. 1992
CDU	66; 49,0%	64; 39,6%
SPD	42; 32,0%	46; 29,4%
Die Grünen	10; 7,9%	13; 9,5%
FDP/DVP	7; 5,9%	8; 5,9%
Republikaner	–; 1,0%	15; 10,9%
Andere	–; 4,1%	–; 4,9%

Die Bev.-Dichte lag 1994 bei 286 Ew. je km^2. In Großstädten (100 000 Ew. und mehr) leben (1994) 19,4% der Bev., in Gemeinden zw. 50 000 und 100 000 Ew. 9,6%, zw. 10 000 und 50 000 Ew. 38,3%, unter 10 000 Ew. 32,7%. Größte Städte (1994) sind: Stuttgart (594 400 Ew.), Mannheim (318 000 Ew.), Karlsruhe (278 000 Ew.), Freiburg im Breisgau (197 400 Ew.), Heidelberg (139 400 Ew.), Heilbronn (122 400 Ew.), Pforzheim (117 500 Ew.), Ulm (114 800 Ew.) und Reutlingen (107 600 Ew.).

Wirtschaft: Das Land B.-W. liegt mit einem Bruttoinlandsprodukt (BIP) je Ew. von (1994) 47 200 DM und einem BIP je Erwerbstätigem von 103 900 DM mit an der Spitze aller Flächenländer (Durchschnitt alte Bundesländer: 45 200 DM bzw. 104 050 DM). In B.-W. werden (1994) 14,6% des BIP Dtl.s erwirtschaftet (484,0 Mrd. DM). Außerdem ist B.-W. mit Ausfuhren im Wert von 10 323 DM je Ew. (1993) das Flächenland mit dem höchsten Exportanteil (alte Bundesländer: 7 860 DM). Das produzierende Gewerbe (Industrie und Bauwirtschaft) hat ein höheres Gewicht als in allen anderen Bundesländern. In diesem Bereich waren (1993) 45,1 % (Bund: 38,8 %) aller Erwerbstätigen beschäftigt. Der Anteil an der Bruttowertschöpfung liegt bei 42,0 % (Dtl.: 35,5 %). Demgegenüber lag der Anteil der Erwerbstätigen im Dienstleistungssektor mit (1993) 51,8 % unter dem Bundesdurchschnitt von 57,7 %. Der Anteil des gesamten Dienstleistungssektors an der Bruttowertschöpfung beträgt (1994) 57,0 % bei einem Bundesdurchschnitt von 63,4 %.

B.-W. durchlief 1993 die schwerste Rezession der Nachkriegszeit mit einem Rückgang des realen BIP um 2,8 %. Dabei zeigten sich auch strukturelle Defizite. Die führenden Industriebranchen des Landes, Maschinenbau, Elektrotechnik und Straßenfahrzeugbau, hatten teilweise Kostennachteile von bis zu 40 % und mehr gegenüber der Weltmarktkonkurrenz. Außerdem wurden Schwächen bei der Erschließung neuer Markt- und Produktfelder erkennbar. Schließlich erwiesen sich Defizite bei der Infrastruktur und bei den wirtschaftl. Rahmenbedingungen immer mehr als Wachstumshemmnis. Mit der von der Landes-Reg. 1992 entwickelten Initiative ›Wirtschaft und Politik‹ sollen unter Einbeziehung von Wirtschaft und Gewerkschaften bestehende Arbeitsplätze gesichert und der Strukturwandel aktiv gestaltet werden (u. a. Förderung von Forschung und Technologietransfer sowie von Existenzgründungen bes. im Dienstleistungssektor).

Obwohl 1994 wieder ein reales Wachstum von mehr als 2 % erzielt wurde, setzte sich 1994 der bereits 1992/93 begonnene Abbau industrieller Arbeitsplätze fort. Insgesamt ging die Zahl der Arbeitsplätze in der Industrie des Landes zw. 1992 und 1994 um 260 000, d. h. um 20 % zurück. Der Verlust industrieller Arbeitsplätze konnte kurzfristig durch den Beschäftigungszuwachs im Dienstleistungssektor nicht ausgeglichen werden. Daher stieg die Zahl der Arbeitslosen von (1992) 192 000 auf (1994) 334 500; dies entspricht Arbeitslosenquoten von 4,4 % bzw. 7,5 %. Trotz dieses Anstiegs bleibt die Arbeitslosigkeit in B.-W. unter dem Durchschnitt der alten Bundesländer von 6,6 % bzw. 9,2 %.

Geschichte: Nachdem MinPräs. L. SPÄTH 1990 in den (von ihm bestrittenen) Verdacht der Vorteilsnahme im Amt geraten war, trat er am 13. 1. 1991 zurück. Sein Nachfolger wurde E. TEUFEL (CDU). Bei den Landtagswahlen vom 5. 4. 1992 verlor die CDU ihre absolute Mehrheit im Landtag. An der Spitze einer Reg.-Koalition aus CDU und SPD wurde TEUFEL am 11. 6. 1992 erneut zum MinPräs. gewählt. Mit dem Standortsicherungsprogramm von 1992 sollen Infrastrukturdefizite beseitigt und die wirtschaftl. Rahmenbedingungen verbessert werden. Mit der für Verf.-Änderungen notwendigen Zweidrittelmehrheit beschloß der Landtag im Febr. 1995, seine Amtsperiode von bisher vier auf künftig fünf Jahre zu verlängern. Mit der Konstituierung der Oberrheinagentur (Febr. 1995) schuf die Landes-Reg. eine Behörde, die im Rahmen eines ›integrierten Rheinprogramms‹ Hochwasserschutz mit Auenrenaturierung verbinden soll.

*Badings, Henk, niederländ. Komponist: † Maarheeze (Prov. Nordbrabant) 26. 6. 1987.

*BAföG: →Ausbildungsförderung.

*Bagatellsachen: Nach der 1991 eingeführten neuen Regelung des §495a ZPO kann das Amtsgericht sein Verfahren nach billigem Ermessen bestimmen und muß nur auf Antrag mündl. Verhandlung anordnen, wenn der Streitwert (seit 1993) 1 200 DM nicht übersteigt. Das Urteil bedarf dann keines Tatbestandes, bei Protokollierung des wesentl. Inhaltes auch keiner Entscheidungsgründe.

*Bagatellsteuern: Durch die Abschaffung der Börsenumsatz-, Gesellschaft- und Wechselsteuer zum 1. 1. 1992 sowie durch die Abschaffung der Leuchtmittel-, Salz-, Tee- und Zuckersteuer im Zuge der EG-Steuerharmonisierung zum 1. 1. 1993 gibt es keine B. auf Bundesebene mehr.

*Baggio, Sebastiano, italien. Kardinal: † Rom 21. 3. 1993.

*Bagrjana, Elissaweta, bulgar. Lyrikerin: † Sofia 24. 3. 1991.

*Bahamas, amtlich engl. **The Commonwealth of the B.,** Staat im nördl. Bereich der Westind. Inseln im Atlant. Ozean.

> *Hauptstadt:* Nassau. *Amtssprache:* Englisch. *Staatsfläche:* 13 878 km². *Bodennutzung (1989):* 139 km² Ackerland, 28 km² Dauergrünland, 4 500 km² Waldfläche. *Einwohner (1992):* 272 000, 20 Ew. je km². *Städtische Bevölkerung (1990):* 64,3 %. *Durchschnittliches Bevölkerungswachstum pro Jahr (1985–93):* 1,8 %. *Bevölkerungsprojektion für 2000:* 298 000 Ew. *Ethnische Gruppen (1988):* 80 % Schwarze, 10 % Mischlinge, 10 % Weiße. *Religion:* etwa 26 % Katholiken, 21 % Anglikaner und 48 % andere Protestanten. *Altersgliederung (1995):* unter 15 Jahre 27,1 %, 15 bis unter 65 Jahre 68,6 %, 65 und mehr Jahre 4,3 %. *Lebenserwartung der Neugeborenen (1994):* männlich 68 Jahre, weiblich 75 Jahre. *Analphabetenquote (1986):* 5,0 %. *BSP je Ew. (1993):* 11 500 US-$. *Anteil der Landwirtschaft am BIP (1991):* 5 %. *Währung:* 1 Bahama-Dollar (B$) = 100 Cents (c). *Internationale Mitgliedschaften:* UNO, CARICOM (ohne Mitgliedschaft im Karib. Gemeinsamen Markt), Commonwealth of Nations, OAS.

Geschichte: Bei den Parlamentswahlen am 19. 8. 1992 gewann die bis dahin oppositionelle Free National Movement (FNM); dessen Vors. HUBERT ALEXANDER INGRAHAM (* 1947) löste LYNDEN OSCAR PINDLING (* 1930) als Premier-Min. ab.

*Bahnpolizei: →Bundesgrenzschutz.

Bahnreform, Strukturreform der Bundeseisenbahnen in Dtl., die am 1. 1. 1994 in Kraft trat und angesichts ständig steigender Betriebsverluste das Ziel verfolgt, die Wirtschaftlichkeit und Wettbewerbsfähigkeit des umweltfreundlicheren Schienenverkehrs zu erhöhen. Im Rahmen der Neuordnung wurden zunächst die Sondervermögen Dt. Bundesbahn (DB) und Dt. Reichsbahn (DR) zu einem einheitl. **Bundeseisenbahnvermögen** (BEV) zusammengefaßt. Der unternehmer. Bereich wurde als →Deutsche Bahn AG (DB AG) ausgegliedert. Gleichzeitig gingen hoheitl. Aufgaben auf das neuerrichtete Eisenbahn-Bundesamt, Bonn, über. Die nach Ausgliederung der DB AG verbleibenden Verwaltungsaufgaben (z. B. Schulden- und Personalverwaltung) werden in der Institution BEV wahrgenommen. Die früheren Bundesbahn- und Reichsbahndirektionen wurden aufgelöst. Mit der B. wurde die EG-Richtlinie 91/440/EWG von 1991 umgesetzt, die die unternehmer. Unabhängigkeit der Eisenbahnen, ihre finanzielle Sanierung, eine Trennung von Infrastruktur und Transport sowie die Öffnung des Schienennetzes für Wettbewerber fordert.

Nach frühestens drei bis spätestens fünf Jahren sind mindestens die Bereiche Personenfernverkehr, -nahverkehr, Güterverkehr und Fahrweg aus der DB AG auszugliedern, zunächst unter dem Dach einer Holding. Diese kann durch Gesetz aufgelöst werden.

Im Rahmen der Regionalisierung des öffentl. Personennahverkehrs übernehmen die Länder zum 1. 1. 1996 die Aufgaben- und Finanzhoheit für den Schienenpersonennahverkehr.

*Bahrain, amtlich arab. **Daulat al-Bahrain,** dt. **Staat B.,** Inselstaat in Vorderasien, im Pers. Golf, vor der Küste der Arab. Halbinsel.

Bahr Bahrdt – Bakteriorhodopsin

Hauptstadt: Menama. *Amtssprache:* Arabisch. *Staatsfläche:* 678 km². *Bodennutzung (1990):* 20 km² Ackerland, 38 km² Dauergrünland. *Einwohner (1994):* 563 000, 830 Ew. je km². *Städtische Bevölkerung (1991):* 88%. *Durchschnittliches Bevölkerungswachstum pro Jahr (1985–93):* 3,1%. *Bevölkerungsprojektion für 2000:* 654 000 Ew. *Ethnische Gruppen (1981):* 68,0% Bahrainer (Araber), 4,1% Araber aus anderen Staaten, 24,7% Iraner, Inder und Pakistaner, 2,5% Europäer, 0,7% andere (1991: insgesamt 30,0% Ausländer). *Religion (1981):* insgesamt 85% Muslime (davon 60% Schiiten und 40% Sunniten); der Islam ist Staatsreligion), 7,3% Christen. *Altersgliederung (1995):* unter 15 Jahre 35,3%, 15 bis unter 65 Jahre 62,3%, 65 und mehr Jahre 2,4%. *Lebenserwartung der Neugeborenen (1992):* 70 Jahre. *Analphabetenquote (1991):* insgesamt 22,6%, männlich 17,9%, weiblich 30,7%. *BSP je Ew. (1993):* 7870 US-$. *BIP nach Sektoren/Produktionsstruktur (1992):* Landwirtschaft 0,9%, Industrie 40%, Dienstleistungen 59,1%. *Währung:* 1 Bahrain-Dinar (BD) = 1000 Fils. *Internationale Mitgliedschaften:* UNO, Arab. Liga, OAPEC.

Geschichte: Streitigkeiten über den Verlauf der Seegrenze zu Katar gipfelten gelegentlich in militär. Zusammenstößen beider Staaten. Nach der irak. Invasion in Kuwait (Aug. 1990) unterstützte B. die Wirtschaftssanktionen der UNO gegen Irak und gestattete den USA die Stationierung von Truppen und Kampfflugzeugen auf seinem Territorium. Darüber hinaus beteiligte es sich im 2. Golfkrieg (Jan. bis Febr. 1991) an der Bodenoffensive des im Auftrag der UNO gegen Irak kämpfenden Expeditionsheeres. Im Okt. 1991 schloß B. ein Militärabkommen mit den USA. Unter dem Eindruck der beiden Golfkriege wurde die Mannschaftsstärke der Armee mehr als verdoppelt, die Ausrüstung modernisiert.

Ungeachtet des im Jan. 1993 erstmals zusammengetretenen Konsultativrates entstand eine v. a. von der schiit. Bev.-Mehrheit getragene Oppositionsbewegung, die bes. die Wiedereinsetzung des 1975 von Emir Isa Ibn Salman al-Chalifa (*1953) suspendierten Parlaments fordert. Die Verhaftung von Oppositionssprechern, u. a. von Scheich Ali Salman und Scheich Mansur al-Djamri, lösten bes. im schiit. Bev.-Teil im Dez. 1994 und im April 1995 Unruhen aus.

*Bahrdt, Hans Paul, Soziologe: † Göttingen 16. 6. 1994.

Baier, Lothar, Schriftsteller, * Karlsruhe 16. 5. 1942; trat in erster Linie als Kritiker und Essayist hervor (›Französische Zustände‹, 1982; ›Die große Ketzerei‹, 1984; ›Gleichheitszeichen‹, 1985). B. veröffentlichte 1985 sein erstes literar. Werk, die Erzählung ›Jahresfrist‹, in der ein dt. Intellektueller der 68er-Generation, der aus der dt. Geregeltheit ausgebrochen ist, in Frankreich Fuß zu fassen versucht, dabei aber scheitert.

Weitere Werke: Essays: Un Allemand né de la dernière guerre (1985); Volk ohne Zeit. Essay über das eilige Vaterland (1990); Die verleugnete Utopie (1993).

*Baikonur: Das russ. Raumfahrtzentrum in Kasachstan wurde 1994 für 20 Jahre von Rußland gepachtet.

*Baj, Enrico, italien. Maler und Bildhauer: B. machte sich in den 1980er und 1990er Jahren auch als Journalist und Kunsttheoretiker einen Namen. 1978–83 entstand seine ›Apokalypse‹ aus bemalten Holzschablonen mit einer Gesamtlänge von 60 m, in der er seine bis in die frühen 50er Jahre zurückgehende Beschäftigung mit der nuklearen Bedrohung (›Manifesto della pittura nucleare‹) noch einmal in großem Maßstab künstlerisch formulierte. Erscheinungen und Analyse des Alltagskitsches behandelt er erneut 1988 und 1990 in Serien (›Metamorfosi e metafore‹ und ›Mitologia del Kitsch‹).

E. B. Testa a testa, Texte v. U. Eco (Padua 1981); J. Baudrillard: E. B. Transparence du Kitsch (Paris 1990); I Baj ceramisti, hg. v. L. Caprile u. a., Ausst.-Kat. (Florenz 1991).

*Baker, Chet, amerikan. Jazzmusiker: † Amsterdam 13. 5. 1988.

Baker [ˈbeɪkə], James Addison, amerikan. Politiker, * Houston (Tex.) 28. 4. 1930; Rechtsanwalt, schloß sich zunächst den Demokraten, ab 1970 den Republikanern an. 1975 war B. stellv. Handels-Min., 1976 führte er den Präsidentschaftswahlkampf für G. Ford und 1980 bzw. 1984 für R. Reagan, unter dem er 1981–85 Stabschef im Weißen Haus und 1985–88 Finanz-Min. (Steuergesetzgebung, Versuche zur Reduzierung des Haushaltsdefizits) war. 1988 Leiter des Präsidentschaftswahlkampfs für G. Bush, wurde B. 1989 Außen-Min. Im Aug. 1992 trat er von diesem Amt zurück und übernahm erneut als Stabschef des Weißen Hauses die Leitung des Präsidentschaftswahlkampfs für Präs. Bush.

Bakteriorhodopsin [Kw. aus Bakterium und Rhodopsin], ein Protein in der sogenannten Purpurmembran von Halobakterien; techn. Interesse an dem Farbstoffmolekül B. besteht im Zusammenhang mit der Entwicklung von organ. Speichermedien. Dabei macht man sich den Photozyklus zunutze, mit dem das Halobakterium über die Anregung von B.-Molekülen durch Licht Energie gewinnt, um an der Membranwand ein elektr. Potential aufzubauen, das wiederum als Energiequelle für den Stoffwechsel dient. Werden nun B.-Moleküle in eine dünne Kunststoffolie eingebracht, kann mit Hilfe eines Lasers zw. bestimmten Zuständen des Photozyklus hin- und hergeschaltet werden. Hinsichtlich der Stabilität der einzelnen Zustände und der einsetzbaren Wellenlängen wird das verwendete B. zuvor gezielt gentechnisch verändert. Mit künstl. B. präparierte Folien gelten z. Z. als aussichtsreiches Material für einen opt. oder holograph. Speicher mit einer extrem hohen Speicherdichte und Zugriffsgeschwindigkeit.

James A. Baker

Enrico Baj: General; 1961 (Privatbesitz)

Balaguer, Joaquín, dominikan. Politiker: B. trat 1990 und 1994 eine weitere Amtszeit als Staats- und Regierungschef an.

***Balden,** Theo, Bildhauer: † Berlin 30. 9. 1995.

***Baldwin,** James, amerikan. Schriftsteller: † Saint-Paul-de-Vence (Dép. Alpes-Maritimes) 1. 12. 1987.

Balkenhol, Stephan, Bildhauer, *Fritzlar 10. 2. 1957; gilt als der Protagonist der dt. Holzbildhauerei der Gegenwart. In Zweiergruppen und vielfigurigen Reihen, die Menschen, Tiere und Dinge sowohl lebensgroß als auch miniaturisiert darstellen, beschäftigt sich der Künstler mit allgemein-skulpturalen Problemen wie dem Verhältnis von Sockel und Figur (oft ein menschl. Kopf) oder der opt. Achsenbildung zw. selbständigen, immer frontal ausgerichteten Skulpturen. Durch den Verzicht auf Posen, Pathos und Gefühl, auch auf jede Interaktion verleiht der Künstler den scheinbar individuellen Figuren eine Anonymität, die eine fast minimalist. Plazierung und Reihung der Skulpturen ermöglicht.

S. B., Ausst.-Kat. (Basel 1989); S. B. Skulpturen, Ausst.-Kat. (1994).

Balladur [bala'dy:r], Édouard, frz. Politiker, *İzmir 2. 5. 1929; war nach dem Studium des Rechts und der polit. Wiss. ab 1957 im Staatsdienst tätig. Er schloß sich den Gaullisten an und gehörte ab 1964 dem Stab des Premier-Min., dann des Staatspräs. G. POMPIDOU an. 1974–86 arbeitete B. in leitenden Funktionen in der Wirtschaft und war zugleich seit 1984 Mitgl. des Staatsrats, seit 1986 Abg. im Parlament. In der Reg. Chirac führte er 1986–88 das Wirtschafts- und das Finanzministerium (bes. Reprivatisierung der verstaatlichten Unternehmen). Als Mann des Ausgleichs geschätzt, wurde B. nach der Wahlniederlage der Sozialisten im März 1993 Premier-Min. einer bürgerl. Reg. (zweite ›Cohabitation‹ unter dem sozialist. Staatspräs. F. MITTERRAND). Während B. in der Außen- und Sicherheitspolitik die Kontinuität betonte, zielte seine Innenpolitik v. a. auf die Belebung der Wirtschaft, die Verbesserung der Verw., Stärkung der inneren Sicherheit sowie die Verschärfung der Einwanderungs- und Asylpolitik. 1995 bewarb sich B. als Nachfolger MITTERRANDS um das Amt des Staatspräs., erreichte jedoch im ersten Wahlgang (23. 4.) mit 18,5 % nur den dritten Rang und schied damit als Kandidat für den entscheidenden zweiten Wahlgang (7. 5.) aus. Am 10. 5. 1995 trat er als Premier-Min. zurück.

Ballhaus, Michael, Kameramann, *Berlin 5. 8. 1935; arbeitete u. a. für R. W. FASSBINDER (ab 1974); 1984 gelang ihm der internat. Durchbruch mit M. SCORSESE in den USA.

*****BALTAP:** Im Rahmen der Veränderung der NATO-Kommandostruktur wurde der Befehlsbereich BALTAP mit Wirkung vom 1. 1. 1994 aus dem Kommandobereich AFNORTH herausgelöst und dem für Mitteleuropa zuständigen Kommando AFCENT unterstellt.

*****Balthasar,** Hans Urs von, schweizer. kath. Theologe: † Basel 26. 6. 1988. B. war am 29. 5. 1988 zum Kardinal ernannt worden, starb jedoch zwei Tage vor seiner feierl. Aufnahme ins Kardinalskollegium.

*****Bălţi,** Stadt in Moldawien: Hieß bis 28. 6. 1990 ▷ Belzy; (1991) 164 900 Einwohner.

Baltischer Rat, zwischenstaatl. Organ der Staaten Litauen, Lettland und Estland, gegr. am 12. 5. 1990 in Anknüpfung an die ›Balt. Entente‹ (gegr. 1934 von denselben Staaten), berät gemeinsame Probleme v. a. bei der Sicherung der staatl. Unabhängigkeit und bei der Entwicklung der Wirtschaft. Der B. R. besteht aus der ›Balt. Versammlung‹, gebildet aus Abg. der balt. Parlamente, und dem ›Balt. Ministerrat‹, dem die Ministerpräsidenten der drei Republiken angehören.

*****Bamberg 3):** Erzbischof ELMAR MARIA KREDEL trat am 1. 4. 1994 aus Gesundheitsgründen von seinem Amt zurück; im März 1995 wurde KARL BRAUN, Bischof von Eichstätt, zum Erzbischof von B. ernannt.

*****Bamberger Dom:** Nach neueren Forschungsergebnissen ist im **Bamberger Reiter** keine histor. Figur zu sehen, sondern der in Jerusalem einziehende Endzeitkaiser. Die bislang als hl. ELISABETH gedeutete weibl. Figur stellt die den Endzeitherrscher prophezeiende Sibylle dar. Ihre Aufstellung neben MARIA und dem Verkündigungsengel wie überhaupt die Auf-

Bamberger Dom: Figur der den Endzeitherrscher verkündenden Sibylle aus der ›Heimsuchungsgruppe‹

stellung der Figuren ist vermutlich darauf zurückzuführen, daß das ursprüngl. Bildprogramm nicht fertiggestellt wurde. Offenbar wurde es schon im weiteren Verlauf des MA. nicht mehr allg. verstanden und daher umgedeutet.

L. ABRAMOWSKI: Der Bamberger Reiter. Vom Endzeitkaiser zum hl. König Stephan von Ungarn, in: Ztschr. für Kirchengesch., Jg. 98 (1987).

*****Banana,** Canaan Sodingo, Politiker in Simbabwe: Wurde am 31. 12. 1987 als Staatspräs. von R. G. MUGABE abgelöst.

*****Banane:** Zum 1. 7. 1993 wurde von der EG eine Marktordnung für B. eingeführt, die die Importmenge von B. aus mittel- und südamerikan. Ländern (›Dollar-B.‹) von jährlich 2,5 auf 2,0 Mio. t reduzierte und mit einem Zoll von 20 % belegte. Diese Regelung bezweckt, den Absatz der teureren B. aus den mit der EU assoziierten AKP-Ländern, aus Spanien und Griechenland sowie aus den frz. Überseegebieten zu unterstützen. Die B.-Marktordnung wurde als protektionist. Maßnahme und Verstoß gegen das GATT-Abkommen kritisiert und führte in Dtl., das Hauptimporteur lateinamerikan. B. ist, zu Preiserhöhungen für B. Eine Klage der Bundes-Reg. vor dem Europ. Gerichtshof gegen die B.-Marktordnung wurde im Okt. 1994 abgewiesen.

*****Banda,** Hastings Kamuzu, Politiker in Malawi: Unterlag bei den ersten freien Präsidentschaftswahlen im Mai 1994 dem Kandidaten der Opposition, B. MULUZI, woraufhin er zurücktrat; im Jan. 1995 wurde Mordanklage gegen ihn erhoben.

*****Bandaranaike,** Sirimavo, Politikerin in Sri Lanka: Nach dem Wahlsieg der People's Alliance (PA), eines linksorientierten Parteienbündnisses, im Aug. 1994 wurde sie in der Reg. ihrer Tochter C. KUMARATUNGA Min. ohne Geschäftsbereich.

Édouard Balladour

Band   Bandbreite – Banken

*Bandbreite 4): Die 1979 im →Europäischen Währungssystem vereinbarten B. im Umfang von ±2,25 % – Ausnahmen in Form einer B. von ±6 % existierten nur für die italien. Lira (bis Jan. 1990), die span. Peseta (ab Juni 1989), das brit. Pfund (ab Okt. 1990 bis zum Ausscheiden aus dem Wechselkursmechanismus im Sept. 1992) und den portug. Escudo (ab April 1992) – wurden im Zuge heftiger Devisenkursspekulationen im Herbst 1992 und im Sommer 1993 ab Aug. 1993 auf ±15 % erweitert.

*Bangemann, Martin, Politiker: War bis Okt. 1988 Bundes-Vors. der FDP, bis Dez. 1988 Bundeswirtschafts-Min. und MdB, ist seit Jan. 1989 Mitgl. der EG-Kommission; bis Jan. 1995 zugleich einer ihrer Vizepräsidenten.

*Bangladesh, amtlich Bengali **Gana Prajatantri Bangladesh,** dt. **Volksrepublik B.,** Staat in Südasien, grenzt an den Golf von Bengalen.

Hauptstadt: Dhaka. *Amtssprache:* Bengali. *Staatsfläche:* 143 998 km² (ohne Binnengewässer 130 170 km²). *Bodennutzung (1992):* 91 370 km² Ackerland, 6 000 km² Dauergrünland, 18 910 km² Waldfläche. *Einwohner (1994):* 125,201 Mio., 869 Ew. je km². *Städtische Bevölkerung (1993):* 17 %; in städt. Agglomerationen mit 1 Mio. und mehr Ew. leben 51 % der Stadtbevölkerung (das sind 9 % der Gesamtbevölkerung). *Durchschnittliches Bevölkerungswachstum pro Jahr (1985–93):* 2,2 %. *Bevölkerungsprojektion für 2000:* 144,27 Mio. Ew. *Ethnische Gruppen (1983):* 97,7 % Bengalen, 1,3 % Biharis, 1,0 % Chakma, Garo, Khasi, Santal und andere. *Religion (1992):* 86,7 % Muslime, 12,1 % Hindu, 1,2 % Sonstige. *Altersgliederung (1995):* unter 15 Jahre 40,3 %, 15 bis unter 65 Jahre 56,7 %, 65 und mehr Jahre 3,0 %. *Lebenserwartung der Neugeborenen (1992):* männlich 55 Jahre, weiblich 56 Jahre. *Analphabetenquote (1991):* insgesamt 64,7 %, männlich 52,9 %, weiblich 78,0 %. *BSP je Ew. (1993):* 220 US-$. *BIP nach Sektoren/Produktionsstruktur (1993):* Landwirtschaft 30 %, Industrie 18 %, Dienstleistungen 52 %. *Währung:* 1 Taka (Tk.) = 100 Poisha (ps.). *Internationale Mitgliedschaften:* UNO, Colombo-Plan, Commonwealth of Nations.

Geschichte: Mit dem Gesetz vom 9. 6. 1988 wurde der Islam zur Staatsreligion erhoben. – Angesichts zunehmender Proteste gegen sein Regime verhängte Präs. H. M. ERSHAD im Nov. 1990 den Ausnahmezustand. Nachdem sein Zehnpunkteplan zur Beendigung der Unruhen auf die Ablehnung der Opposition gestoßen war, trat er am 6. 12. 1990 zurück und übergab die Amtsgeschäfte an den Obersten Richter. Zuvor hatte er das Parlament aufgelöst, wodurch der Weg für Neuwahlen frei geworden war. Die Parlamentswahlen am 27. 2. 1991 gewann die Bangladesh Nationalist Party unter Führung von KHALEDA ZIA, die am 19. 3. 1991 als erste Frau im islam. B. das Amt des MinPräs. antrat. Unwetterkatastrophen im Frühjahr 1991 forderten nahezu 500 000 Menschenleben. Im April 1991 wurde ERSHAD unter dem Vorwurf der Korruption und des Machtmißbrauchs inhaftiert und im Juni 1991 zu zehn Jahren Gefängnis verurteilt.

Mit der im Sept. 1991 in Kraft getretenen Verfassungsänderung kehrte B. zur parlamentar. Demokratie zurück. Staatsoberhaupt ist der vom Parlament (›Jatiya Sangsad‹) auf fünf Jahre gewählte Präs., dessen Amt sich auf repräsentative Aufgaben beschränkt. Die Exekutivgewalt liegt beim MinPräs., der wie die übrigen Kabinettsmitglieder dem Parlament verantwortlich ist. Legislativorgan ist das Parlament (330 auf fünf Jahre gewählte Abg., darunter 30 für Frauen vorbehaltene Sitze).

Im Okt. 1991 wählte das Parlament ABDUR RAHMAN BISWAS zum Staatspräs. Begleitet von Streiks und militanten Demonstrationen boykottieren die Oppositionsparteien, v. a. die Awami-Liga, seit Anfang 1994 das Parlament, um die Reg. zum Rücktritt zu bewegen und Neuwahlen zu veranlassen. – Auf weltweiten Protest stieß das 1993 von einem ›Islam. Gericht‹ (›Salishi‹) ausgesprochene Todesurteil gegen die Schriftstellerin TASLIMA NASRIN wegen ›Gotteslästerung‹.

Bank Austria AG, eines der größten Kreditinstitute Österreichs, entstanden rückwirkend zum 1. 1. 1991 durch Fusion der Österr. Länderbank AG, Wien, und der Zentralsparkasse und Kommerzialbank AG, Wien, Sitz: Wien. Die Geschäftsaufnahme des 1. 8. 1993 als ›Z-Länderbank Bank Austria AG‹ firmierenden Kreditinstituts erfolgte am 7. 10. 1991. Hauptaktionäre: Anteilsverwaltung Zentralsparkasse (45,6 %), Rep. Österreich (20,4 %). →Banken (ÜBERSICHT).

*Banken: Die Entwicklung der B.-Tätigkeit der letzten Jahre ist geprägt durch Liberalisierung, Systematisierung, Konzentration, Internationalisierung und Automatisierung. Die Liberalisierung der Finanzmärkte hat v. a. das Börsengeschäft verändert und zahllose Finanzinnovationen (v. a. Derivate) hervorgebracht und in diesen Märkten die Konkurrenz belebt. Außerdem wurden in Europa vermehrt B. privatisiert. Durch die Verbriefung von Kreditforderungen (Securitization) wird das B.-Geschäft einerseits standardisierter, kostenorientierter und systematischer, andererseits geht damit eine sogenannte Disintermediation einher, weil die Bedeutung der B. als Geldsammel- und -verteilstellen abnimmt. Die Globalisierung des Kreditsystems und wachsende länderübergreifende Devisen- und Börsentransaktionen verstärken die Internationalisierung der B.-Geschäfte. Eine Despezialisierung (auch Allfinanz-Strategie gen.) findet statt, indem Spezial-B. vermehrt zu Universal-B. werden und zusätzlich bislang versicherungstyp. Geschäftsfelder besetzen.

In *Deutschland* wurde 1990 das westdt. Finanzsystem weitgehend auf die neuen Bundesländer übertragen und das Kreditwesen-Ges. (KWG) zum 1. 7. 1990 auch dort in Kraft gesetzt. Die Dt. Bank und die Dresdner Bank übernahmen die rd. 190 Filialen der aus der ▷ Staatsbank der Deutschen Demokratischen Republik (die am 1. 10. 1994 auf die Kreditanstalt für Wiederaufbau übertragen wurde) ausgegliederten Dt. Kreditbank im Verhältnis von etwa 2:1; die WestLB gründete eine Tochtergesellschaft mit der Dt. Außenhandelsbank AG, die Dt. Girozentrale – Deutsche Kommunalbank (DGZ) wurde zur Zentralkasse der rd. 200 Sparkassen der Dt. Dem. Rep. mit ihren rd. 3 000 Zweigstellen und gliederte sie dem Verbund der Sparkassenorganisationen ein.

Der Europ. Binnenmarkt bewirkte eine wesentl. Änderung der Wettbewerbsbedingungen: EU-Richtlinien erleichtern die Niederlassung ausländ. Kreditinstitute und lösen für dt. B. Anpassungsprobleme hinsichtlich der Eigenkapitaldefinition und des Solvabilitätskoeffizienten aus. Grenzüberschreitende Konkurrenz wirkt sich bes. im Großkunden- und im Wertpapiergeschäft aus.

Vollzogen sich in der Vergangenheit Konzentrationsprozesse überwiegend auf nat. Ebene, so hat sich dies seit den 70er Jahren geändert. Mit der Vollendung des Europ. Binnenmarktes und der Globalisierung der Wirtschaft durch multinat. Unternehmen haben sich die Groß-B. zu international tätigen Finanzkonzernen entwickelt. So hat z. B. die Dt. Bank die bedeutende Morgan Greenfell Bank (London) und die Banca d'America e d'Italia (Mailand) übernommen. Umgekehrt sind ausländ. B. vermehrt in Dtl. tätig: Ein Beispiel ist die Übernahme der Mehrheit an der Bank für Gemeinwirtschaft (heute BfG Bank AG) zum 1. 1. 1993 durch die frz. Crédit Lyonnais.

Banken **Bank**

Kreditinstitute der Bundesrepublik Deutschland (Stand 1994, Auswahl[1])

Institut, Sitz	Bilanzsumme in Mio. DM[2]	Geschäfts- stellen[3]	Mit- arbeiter[3]	Instituts- gruppe[4]
Deutsche Bank AG, Frankfurt am Main (10)	573 022	1 483	50 216	p
Dresdner Bank AG, Frankfurt am Main (23)	400 134	1 215	36 579	p
Westdeutsche Landesbank Girozentrale, Düsseldorf (28)	378 573	15	7 040	ö
Commerzbank AG, Frankfurt am Main (29)	342 057	964	26 641	p
Bayerische Vereinsbank AG, München (32)	318 169	423	14 206	p
Bayerische Landesbank Girozentrale, München (37)	281 059	17	5 261	ö
Bayerische Hypotheken- und Wechsel-Bank AG, München (40)	275 446	494	15 281	p
Kreditanstalt für Wiederaufbau, Frankfurt am Main (44)	256 212	8	1 615	ö
DG Bank Deutsche Genossenschaftsbank, Frankfurt am Main (46)	248 165	31	4 775	g
Bankgesellschaft Berlin AG, Berlin (47)	246 154	3	760	p
Norddeutsche Landesbank Girozentrale, Hannover (60)	189 565	190	4 875	ö
Südwestdeutsche Landesbank Girozentrale, Stuttgart – Mannheim (69)	168 138	4	2 431	ö
Landesbank Hessen-Thüringen Girozentrale, Frankfurt am Main (78)	141 566	8	2 888	ö
Deutsche Pfandbrief- und Hypothekenbank AG, Wiesbaden (94)	120 626	20	690	p
Landesbank Berlin Girozentrale, Berlin	113 827	205	7 283	ö
Landeskreditbank Baden-Württemberg, Karlsruhe	102 752	12	1 588	ö
Deutsche Postbank AG, Bonn	93 350	36	17 156	p
Deutsche Girozentrale – Deutsche Kommunalbank, Frankfurt am Main	91 079	2	444	ö
Landesbank Schleswig-Holstein Girozentrale, Kiel	82 354	13	1 813	ö
Hamburgische Landesbank Girozentrale, Hamburg	76 304	7	1 618	ö
Deutsche Kreditbank AG, Berlin	68 100	16	440	p
Deutsche Siedlungs- und Landesrentenbank, Bonn–Berlin	65 801	16	779	ö
Deutsche Ausgleichsbank, Bonn	64 942	2	685	ö
BfG Bank AG, Frankfurt am Main	64 609	183	5 275	p
Landesbank Rheinland-Pfalz Girozentrale, Mainz	63 215	7	1 775	ö
Deutsche Hypothekenbank Frankfurt AG, Frankfurt am Main	63 003	25	663	p
RHEINHYP Rheinische Hypothekenbank AG, Frankfurt am Main	60 954	21	608	p
Berliner Handels- und Frankfurter Bank, Frankfurt am Main	58 104	18	2 781	p
Landwirtschaftliche Rentenbank, Frankfurt am Main	51 270	1	175	ö
Westdeutsche Genossenschafts-Zentralbank eG, Düsseldorf	46 794		1 118	g
Berliner Bank AG, Berlin	46 482	135	3 737	p
Bremer Landesbank Kreditanstalt Oldenburg – Girozentrale, Bremen	44 649	2	1 125	ö
Deutsche Genossenschafts-Hypothekenbank AG, Hamburg	43 355	16	739	g
SGZ Bank Südwestdeutsche Genossenschafts-Zentralbank AG, Frankfurt am Main	41 756	3	761	g
IKB Deutsche Industriebank AG, Düsseldorf–Berlin	40 351	9	836	p
Frankfurter Hypothekenbank AG, Frankfurt am Main	38 139	18	494	p
Hamburger Sparkasse, Hamburg	37 620	218	6 176	ö
Deutsche Centralbodenkredit-AG, Berlin–Köln	36 786	20	479	p
Bayerische Handelsbank AG, München	34 919	1	304	p
Landesgirokasse öffentliche Bank und Landessparkasse, Stuttgart	33 281	226	4 697	ö
Westfälische Hypothekenbank AG, Dortmund	33 224	16	294	p
Berliner Hypotheken- und Pfandbriefbank AG, Berlin	28 268	1	169	p
Sal. Oppenheim jr. & Cie. KGaA, Köln	28 166	4	687	p
Vereins- und Westbank AG, Hamburg	27 859	189	4 267	p
Genossenschaftliche Zentralbank AG, Stuttgart	27 160	17	572	g
AKA Ausfuhrkredit-Gesellschaft mbH, Frankfurt am Main	26 638	1	116	p
Hypothekenbank in Hamburg AG, Hamburg	25 765	13	236	p
Süddeutsche Bodencreditbank AG, München	24 447	12	272	p
Stadtsparkasse Köln, Köln	23 715	132	3 546	ö
Frankfurter Sparkasse, Frankfurt am Main	23 396	126	3 253	ö
Württembergische Hypothekenbank AG, Stuttgart	23 338	12	235	p
Bayerische Landesanstalt für Aufbaufinanzierung, München	23 315	1	312	ö
Münchener Hypothekenbank eG, München	23 290	15	333	g
Baden-Württembergische Bank AG, Stuttgart	22 568	61	2 252	p
Hypothekenbank in Essen AG, Essen	22 376	7	84	p
Braunschweig-Hannoversche Hypothekenbank AG, Hannover	22 147	11	196	p
Allgemeine Hypothekenbank AG, Frankfurt am Main	21 338	6	144	p
Westdeutsche Landesbank (Europa) AG, Düsseldorf	21 088	10	491	ö
Deutsche Hypothekenbank (Actien-Gesellschaft), Hannover–Berlin	20 761	10	202	p
Nürnberger Hypothekenbank AG, Nürnberg	20 568	1	219	p
Deutsche Apotheker- und Ärztebank eG, Düsseldorf	20 426	61	1 902	g
Deutsche Bau- und Bodenbank AG, Berlin	20 259	29	905	p
Nassauische Sparkasse, Wiesbaden	20 053	338	2 716	ö
Landesbank Sachsen Girozentrale, Leipzig	19 549	3	243	ö
Stadtsparkasse München, München	17 447	117	3 432	ö
Deutsche Bank Lübeck AG vormals Handelsbank, Lübeck	16 563	35	839	p
Kreissparkasse Köln, Köln	16 072	132	2 648	ö

[1] In Klammern jeweils Rangplatz unter den 100 weltgrößten Banken. – [2] Konzernabschluß, soweit vorliegend, ansonsten Einzelabschluß. – [3] Bei Konzernabschluß Geschäftsstellen bzw. Mitarbeiterzahl der Muttergesellschaft. – [4] p = privat, ö = öffentlich-rechtlich, g = genossenschaftlich.

Bank Bankenaufsicht

Banken des Auslands (Stand 1994, Auswahl*)

Name, Sitz	Bilanzsumme in Mrd. US-$	Name, Sitz	Bilanzsumme in Mrd. US-$
Belgien		Asahi Bank, Tokio (15)	313,4
Generale Bank, Brüssel (56)	126,9	Bank of Tokyo, Tokio (21)	271,2
Crédit Communal de Belgique (67)	99,9	**Kanada**	
Kredietbank, Brüssel (89)	83,6	Royal Bank of Canada, Montreal (59)	123,4
Frankreich		Canadian Imperial Bank of Commerce, Toronto (65)	106,3
Crédit Agricole, Paris (12)	328,2	Bank of Montreal, Montreal (68)	99,6
Crédit Lyonnais, Lyon (13)	327,9	Bank of Nova Scotia, Toronto (74)	94,7
Société Générale, Paris (19)	278,0	**Niederlande**	
Banque Nationale de Paris, Paris (20)	271,6	ABN-AMRO Bank, Amsterdam (18)	290,8
Compagnie Financière de Paribas, Paris (27)	242,5	Rabobank Nederland, Utrecht (48)	155,1
Union Européenne de CIC, Paris (71)	97,8	ING Internationale Nederlanden Bank, Amsterdam (58)	125,3
Banque Indosuez, Paris (96)	76,3	**Österreich**	
Großbritannien		Bank Austria, Wien	58,7
HSBC Holdings, London (14)	314,9	Creditanstalt-Bankverein, Wien	55,6
Barclays Bank, London (22)	254,1	GiroCredit Bank AG der Sparkassen, Wien	29,4
National Westminster Bank, London (26)	247,3	Bank für Arbeit und Wirtschaft, Wien	20,1
Abbey National, London (53)	147,4	Raiffeisen Zentralbank Österreich, Wien	18,8
Lloyds Bank, London (55)	127,1	Die Erste österreichische Spar-Casse – Bank, Wien	18,5
Royal Bank of Scotland, Edinburgh	71,6	**Schweiz**	
Italien		CS Holding, Zürich (17)	298,4
San Paolo Bank Holding, Turin (51)	153,1	Schweizerische Bankgesellschaft, Zürich (25)	248,9
Cassa di Risparmio delle Provincie Lombarde, Mailand (64)	107,8	Schweizerischer Bankverein, Basel (45)	161,8
Banca Nazionale del Lavoro, Rom (70)	98,7	Zürcher Kantonalbank, Zürich	41,5
Banca di Roma, Rom (76)	93,4	Berner Kantonalbank, Bern	15,0
Banca Commerciale Italiana, Mailand (77)	92,6	Banque Cantonale Vaudoise, Lausanne	14,8
Monte dei Paschi di Siena, Siena (82)	87,7	St. Gallische Kantonalbank, St. Gallen	12,4
Credito Italiano, Genua (97)	74,8	Luzerner Kantonalbank, Luzern	12,0
Banco di Napoli, Neapel (98)	74,1	Banque Cantonale de Genève, Genf	11,4
Japan		**USA**	
Sanwa Bank, Ōsaka (1)	582,2	Citicorp., New York (24)	250,5
Dai-Ichi Kangyō Bank, Tokio (2)	581,6	BankAmerica Corp., San Francisco (31)	215,5
Fuji Bank, Tokio (3)	571,1	Chemical Banking Corp., New York (41)	171,4
Sumitomo Bank, Ōsaka (4)	566,0	NationsBank, Charlotte (42)	169,6
Sakura Bank, Tokio (5)	559,5	JP Morgan & Co., New York (49)	154,9
Mitsubishi Bank, Tokio (6)	547,8	Chase Manhattan Corp., New York (63)	114,0
Industrial Bank of Japan, Tokio (7)	433,3	Bankers Trust New York Corp., New York (73)	97,0
Norinchukin Bank, Tokio (8)	429,3	Banc One Corp., Columbus (Ohio) (79)	88,7
Long-Term Credit Bank of Japan, Tokio (9)	371,6	First Union Corp., Charlotte (95)	77,3
Tokai-Bank, Nagoya (11)	348,0		

*) In Klammern Angabe des Rangplatzes der jeweiligen Bank unter den 100 größten Banken der Erde.

Im Zusammenhang mit erhebl. Verlusten der DG-Bank Dt. Genossenschaftsbank aus Wertpapierpensionsgeschäften mit ausländ. B. (1991) und durch die Vergabe von Milliardenkrediten an die in Konkurs geratene Bauunternehmensgruppe Schneider durch die Dt. Bank und andere B. ist die Diskussion über die (vermeintl.) Macht der B. in jüngster Zeit erneut entbrannt. Der Zusammenbruch von →Baring Brothers & Co. Ltd. ließ das zunehmende Risiko von speziellen B.-Geschäften deutlich werden. Den B. wird vorgehalten, daß sie sich durch hohen Besitz von Kapitalanleihen, das Depotstimmrecht, Aufsichtsratsmandate und informelle Kontakte der nur unzulänglich kontrollierten Manager einen überdurchschnittl. Einfluß in anderen Unternehmen sicherten. Andererseits haben gerade die Groß-B. ihren Anteil an bankfremden Kapitalgesellschaften in den letzten Jahren reduziert.

In der Schweiz hat die Schaffung der →CS Holding bei den Groß-B. Verschiebungen bewirkt. Durch das Verbot von Kartellabsprachen sowie aufgrund nationaler und internat. Unternehmenskrisen wurde in den letzten Jahren insbesondere die Stellung der Kantonal-B. und der Regional-B. geschwächt.

In O-Europa kommt der Transformationsprozeß (Zerschlagung des vormals einstufigen B.-Systems, Aufbau von Noten-B. und funktionsfähigen Geschäfts-B.) nur langsam voran. Konkurse, Zusammenbrüche und Korruption hemmen die Bereitschaft, die neuen B.-Systeme anzunehmen. Außerdem waren die (überstürzte) Einführung neuer Währungen und damit verbundene Währungsschnitte in einigen GUS-Staaten für die Sparer mit beträchtl. Verlusten ihrer Einlagen verbunden. Als am weitesten fortgeschritten gilt die Umgestaltung in Estland, Lettland, Slowenien, Polen, Ungarn sowie in der Tschech. Republik.

**Bankenaufsicht:* Neben dem Bundesaufsichtsamt für das Kreditwesen gibt es für den Bereich der

Banknote: Sicherheitsmerkmale der neuen deutschen Banknoten

76

Bank für Gemeinwirtschaft AG – Barcelona **Barc**

Wertpapierhandelsgeschäfte seit 1994 das →Bundesaufsichtsamt für den Wertpapierhandel.

*__Bank für Gemeinwirtschaft AG:__ Zum 1. 1. 1993 erwarb die frz. Bank Crédit Lyonnais 50% und eine Aktie des inzwischen als **BfG Bank AG** firmierenden Unternehmens.

*__Bank für Internationalen Zahlungsausgleich:__ Die Tätigkeit der BIZ als Agent für den Europ. Fonds für währungspolit. Zusammenarbeit (EFWZ) endete mit der Auflösung des EFWZ zum 31. 12. 1993. Mit Wirkung vom 1. 1. 1994 gingen die Aktiva und Passiva sowie die Aufgaben des EFWZ, gemäß den Regelungen des Vertrags über die Europ. Union, auf das →Europäische Währungsinstitut (EWI) über. Zw. EWI und BIZ wurde vereinbart, daß die BIZ die Aufgaben, die sie bis Ende 1993 für den EFWZ wahrgenommen hat, ab 1994 zu den gleichen Bedingungen – übergangsweise – als Agent für das EWI übernimmt. – Weiterhin ergaben sich Änderungen bei den Aktionärsnotenbanken. So wurde 1992 der Status der drei baltischen Notenbanken von Estland, Lettland und Litauen nach über 50 Jahren als Mitgl.-Notenbanken reaktiviert. 1993 wurde die Mitgliedschaft der Notenbank der 1992 aufgelösten Tschechoslowak. Föderalist. Republik auf Antrag der beiden Nachfolgestaaten annulliert und dafür eine entsprechende Anzahl neuer Aktien an die tschech. und an die slowak. Notenbank ausgegeben.

*__Bankgeheimnis:__ Der früher nur als Selbstbindung der Finanzverwaltung im ›Bankenerlaß‹ des Bundesfinanz-Min. geregelte Schutz der Bankkunden wurde im Zusammenhang mit der Einführung der Quellenbesteuerung von Zinsen durch Ges. vom 25. 7. 1988 in die AO aufgenommen (§ 30 a).

Bankgesellschaft Berlin AG, Holdinggesellschaft für versch. Berliner Banken, gegr. 1994; Sitz: Berlin. Zur B. B. gehören die Berliner Bank AG, die **Landesbank Berlin Girozentrale,** LBB, gegr. 1990 im Wege der Gesamtrechtsnachfolge aus der Sparkasse der Stadt Berlin (West) unter Integration der ehem. Sparkasse der Stadt Berlin (Ost; die B. B. hält an ihr eine atyp. stille Beteiligung von 75,01%, das Land Berlin 24,99%) und die Berliner Hypotheken- und Pfandbriefbank AG. Großaktionäre der B. B. sind das Land Berlin (56%) und die Gothaer Versicherungsgruppe (26%). →Banken (ÜBERSICHT).

*__Banknote:__ Die Dt. Bundesbank hat ab Okt. 1990 neue B. in Umlauf gebracht; im Okt. 1992 wurde die Ausgabe der neuen B. abgeschlossen. Die alten B. werden allerdings auch nach der Außerkurssetzung am 30. 6. 1995 nicht wertlos, da die Dt. Bundesbank sie weiterhin zum Nennwert einlöst. Die neuen B. haben u. a. neue bzw. verbesserte Echtheitszeichen (z. B. aluminiumbeschichteter Sicherheitsfaden), maschinenlesbare Merkmale und ertastbare Kennzeichen für Sehbehinderte sowie je nach Wert unterschiedl. Formate. Neu eingeführt wurde eine 200-DM-B. Die abzubildenden Persönlichkeiten wurden von der Dt. Bundesbank u. a. mit einer dreiköpfigen Historikerkommission ausgewählt. Dargestellt sind: BETTINA VON ARNIM (5-DM-B.), C. F. GAUSS (10-DM-B.), ANNETTE VON DROSTE-HÜLSHOFF (20-DM-B.), B. NEUMANN (50-DM-B.), CLARA SCHUMANN (100-DM-B.), P. EHRLICH (200-DM-B.), MARIA SIBYLLA MERIAN (500-DM-B.), W. und J. GRIMM (1000-DM-B.).

Im Okt. 1995 begann die Schweizer. Nationalbank mit der Ausgabe neuer, u. a. mit versch. Sicherheitsmerkmalen gekennzeichneter B. (Abschluß im Okt. 1998). Auf den neuen B. sind dargestellt: LE CORBUSIER (10-sfr-B.), A. HONEGGER (20-sfr-B.), SOPHIE TAEUBER-ARP (50-sfr-B.), A. GIACOMETTI (100-sfr-B.), C. F. RAMUZ (200-sfr-B.) und J. BURCKHARDT (1000-sfr-B.).

Banknote: Die neu eingeführte Banknote zu 200 DM mit Paul Ehrlich auf der Vorderseite (oben) und einem Mikroskop auf der Rückseite (unten); Originalbreite 162 mm, Originalhöhe 77 mm

BAPT, Abk. für →**B**undes**a**mt für **P**ost und Telekommunikation.

Bär, Olaf, Sänger (Bariton), * Dresden 19. 12. 1957; sang 1966–75 im Dresdner Kreuzchor und wirkte anschließend im Ensemble der Dresdner Staatsoper (bis 1991). Daneben gastierte er an vielen europ. Bühnen. Den Schwerpunkt seiner interpretator. Arbeit bilden neben dem Opernrepertoire v. a. die Bachschen Oratorienpartien und das Lied des 19. Jahrhunderts.

*__Barbados,__ Staat im Bereich der Westind. Inseln, östlichste Insel der Kleinen Antillen.

Hauptstadt: Bridgetown. *Amtssprache:* Englisch. *Staatsfläche:* 430 km². *Bodennutzung (1992):* 215 km² Ackerland. *Einwohner (1994):* 260 000, 605 Ew. je km². *Städtische Bevölkerung (1990):* 37,9%. *Durchschnittliches Bevölkerungswachstum pro Jahr (1985–93):* 0,3%. *Bevölkerungsprojektion für 2000:* 266 000 Ew. *Ethnische Gruppen (1988):* 80% Schwarze, 16% Mischlinge, 4% Weiße. *Religion (1990):* 32,9% Anglikaner, 12,6% Anhänger der Pfingstbewegung, 5,9% Methodisten, 4,5% Siebenten-Tags-Adventisten, 4,4% Katholiken; 39,7% teilen sich über 90 versch. Konfessionen und Sekten. *Altersgliederung (1995):* unter 15 Jahre 23,4%, 15 bis unter 65 Jahre 64,7%, 65 und mehr Jahre 11,9%. *Lebenserwartung der Neugeborenen (1995):* männlich 73 Jahre, weiblich 78 Jahre. *Analphabetenquote (1985):* 2,0%. *BSP je Ew. (1995):* 6 240 US-$. *BIP nach Sektoren/Produktionsstruktur (1991):* Landwirtschaft 4,8%, Industrie 15,1%, Dienstleistungen 80,1%. *Währung:* 1 Barbados-Dollar (BDS$) = 100 Cents. *Internationale Mitgliedschaften:* UNO, CARICOM, Commonwealth of Nations, OAS.

Geschichte: Nach dem Tode E. BARROWS wurde E. SANDIFORD (* 1937) am 1. 6. 1987 dessen Nachfolger als MinPräs. Aus den vorgezogenen Neuwahlen am 6. 9. 1994 aufgrund eines Mißtrauensvotums gegen ihn ging die Barbados Labour Party mit ihrem Vors. OWEN ARTHUR (* 1949) als Sieger hervor.

*__Barbu,__ Eugen, rumän. Schriftsteller; † Bukarest 7. 9. 1993.

*__Barcelona 1):__ Im Rahmen des Stadterneuerungsprogramms in den 1980er und 90er Jahren entstanden rd. 60 neugestaltete Anlagen, deren Charakter von Objekten bekannter Künstler (J. MIRÓ, A. TÀPIES,

Bard Bardeen – Baring Brothers & Co. Ltd.

Barcelona 1): Blick auf den ›Palau Principal‹, die Haupthalle der olympischen Sportstätte ›Palau San Jordi‹ von Arata Isosaki auf dem Montjuich; 1985–90

E. CHILLIDA, R. SERRA) geprägt wird. B. war Austragungsort der Olymp. Sommerspiele 1992. Auf dem Montjuich (katalan. Montjuïc) wurde das Stadion der Weltausstellung von 1929 erweitert. Das Olymp. Dorf entstand entlang der Küste und ist Teil eines Ausbauprogramms für die gesamte Küstenregion der Stadt (Nova Icària). Weitere bedeutende neue Bauten sind der originalgetreu wiederaufgebaute Weltausstellungspavillon von L. MIES VAN DER ROHE (1929; 1984–86), die Anlage der Plaça del Universo (1991) am Messegelände, die Brücke an der Straße Felip II. über die Nordbahn (1984–87; S. CALATRAVA), das Museum für zeitgenöss. katalan. Kunst (1989 ff.; RICHARD MEIER) und der Fernmeldeturm (1989–92; N. FOSTER) auf dem Tibidabo; der Flughafen Prat wurde von R. BOFILL erweitert (1991).

B. City and architecture. 1980–1992, bearb. v. O. BOHIGAS u. a. (New York 1990); P. DUTLI u. a.: Neue Stadträume in B. (1991).

Ina Barfuss: Opfergabe (Vom Selbst zum Es); 1986 (Privatbesitz)

*Bardeen, John, amerikan. Physiker: † Boston (Mass.) 30. 1. 1991.

*Barenboim, Daniel, israel. Pianist und Dirigent: War bis 1989 Chefdirigent des Orchestre de Paris; wurde 1991 Chefdirigent des Chicago Symphony Orchestra und übernahm daneben 1992 die künstler. Leitung der Berliner Staatsoper Unter den Linden.

Barentskooperation, internat. Vereinbarung, geschlossen am 11. 1. 1993 in Kirkenes zw. Finnland, Norwegen, Rußland und Schweden, begründet völkerrechtlich die Zusammenarbeit der vier Staaten auf dem Gebiet des Umweltschutzes und der wirtschaftl. Erschließung im Bereich der nordpolaren Barentssee. Anlaß zur Gründung der B. war zum einen die Notwendigkeit der Entsorgung von Atommüll, den die Marine der früheren UdSSR dort weitgehend ungesichert versenkt hat (darunter auch U-Boote mit Nuklearantrieb), zum anderen die Regelung der Nutzung ergiebiger untermeerischer Gasfelder und der Bodenschätze auf der Halbinsel Kola.

Barfuss, Ina, Malerin, *Lüneburg 20. 2. 1949. Aus dem Umfeld der ›Neuen Malerei‹ stammend, kombiniert sie in einer aggressiv-expressiven Bilderwelt die Klischees der zeitgenöss. Medien mit archetyp. Zeichen, die dem Umfeld der Psychologie entnommen sind, um Themen wie Sexualität, Geschichte, Tod, Gewalt in einer die Extreme betonenden Formensprache darzustellen. Die gesellschaftskritisch orientierte Künstlerin arbeitet seit den 70er Jahren eng mit dem Maler THOMAS WACHWEGER (* 1943) zusammen.

I. B., Thomas Wachweger, die Kunst der Triebe. Arbeiten von 1980–1985, hg. v. W. M. FAUST, Ausst.-Kat. (1985); I. B. – Thomas Wachweger. Ausstellung in 2 Folgen. Gemälde, Zeichnungen, Gemeinschaftsarbeiten 1978–1986, bearb. v. T. KEMPAS, Ausst.-Kat. (1986).

*Bargeld: Der B.-Umlauf hat sich von (1985) 114,7 Mrd. DM über (1990) 179,7 Mrd. DM auf (1994) 250,9 Mrd. DM erhöht. Der Anteil des Banknotenumlaufs am B.-Umlauf stieg in diesem Zeitraum von 91,9 % auf 94,1 %.

*Bargmann, Wolfgang Ludwig, Anatom: † Kiel 20. 6. 1978.

Baring Brothers & Co. Ltd. [ˈbeərɪŋ ˈbrʌðəz ənd ˈkʌmpəni ˈlɪmɪtɪd], älteste engl. Merchant Bank, gegr. 1762; Sitz: London. Das auch als Baring Bank bezeichnete Kreditinstitut (Bilanzvolumen Ende 1993: 7,8 Mrd. US-$) erlitt durch fehlgeschlagene Spekulationen mit Derivaten durch seinen Mitarbeiter NICK LEESON (* 1967) in Singapur im Febr. 1995 Verluste, die das Eigenkapital der Bank überstiegen und die Einstellung des Betriebs erzwangen. Im März 1995 wurde B. B. & Co. Ltd. von der niederländ. Finanzgruppe ING Internationale Nederlanden Groep übernommen.

Bargeldumlauf in der Bundesrepublik Deutschland (in Mrd. DM)			
Jahr	Banknoten	Münzen	Umlauf insgesamt
1990	166,9	12,8	179,7
1991	181,3	13,3	194,6
1992	213,4	13,9	227,3
1993	224,3	14,3	238,6
1994	236,2	14,7	250,9
Quelle: Deutsche Bundesbank			

J. RAWNSLEY: Der plötzl. Bankentod. Barings – die Insider-Geschichte (a. d. Engl., 1995).

*Barischnikow, Michail Nikolajewitsch, amerikan. Tänzer und Ballettdirektor russ. Herkunft: Die künstler. Leitung des American Ballet Theatre hatte er bis 1989. 1990 gründete B. das White Oak Project, das v. a. mit zeitgenöss. Choreographen arbeitet.

*Bar-Jossef, Jehoschua, hebr. Erzähler: † 1992.

*Barker, George Granville, engl. Schriftsteller: † Itteringham (Cty. Norfolk) 27. 10. 1991.

Bârlad [bir-], seit der Rechtschreibreform 1992 Schreibung der rumän. Stadt ▷ Bîrlad sowie des Flusses Bîrlad.

*Barnard, Marjorie, austral. Schriftstellerin: † Gosford 8. 5. 1987.

Barnes [bɑːnz], Julian Patrick, engl. Schriftsteller, * Leicester 19. 1. 1946. Erste Beachtung fand sein autobiograph. Züge aufweisender Roman ›Metroland‹ (1980; dt.). Seine folgenden experimentellen Romane ›Flaubert's parrot‹ (1984; dt. ›Flauberts Papagei‹) und ›A history of the world in 10½ chapters‹ (1989; dt. ›Eine Geschichte der Welt in 10½ Kapiteln‹) thematisieren die Ergebnislosigkeit der Suche nach objektiver biograph. bzw. histor. Wahrheit innerhalb literar. Konventionen, die er parodistisch verfremdet. Unter dem Pseudonym **Dan Kavanagh** schreibt B. außerdem Kriminalromane um die Figur des bisexuellen Detektivs Duffy.

Weitere Werke: *Romane:* Before she met me (1982; dt. Als sie mich noch nicht kannte; auch u. d. T. Vor meiner Zeit); Staring at the sun (1986; In die Sonne sehen); The porcupine (1992; dt. Das Stachelschwein).

*Barnet, Charlie, amerikan. Jazzmusiker: † San Diego (Calif.) 4. 9. 1991.

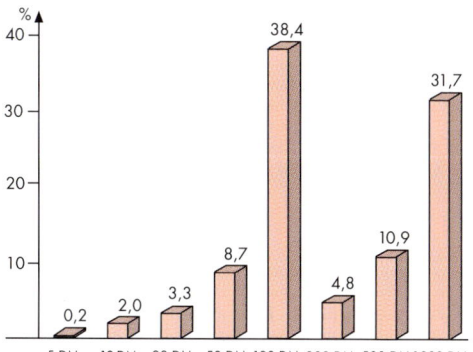

Bargeld: Stückelung des Banknotenumlaufs 1994 (Anteile in Prozent)

Barnim, Landkreis in Brandenburg, 1 495 km², (1995) 150 100 Ew.; Verw.-Sitz ist Eberswalde. Das Kreisgebiet umfaßt den weitl. größeren Teil des Barnim, die NW-Ecke des Oderbruchs sowie die südl. Uckermark mit dem Biosphärenreservat Schorfheide-Chorin (1 292 km²). Die Oberflächenformen wurden vom weichseleiszeitl. Inlandeis geprägt. Das Barnimer Land mit seinem Mosaik aus Sand- und Lehmplatten sowie feuchten Niederungen und Rinnenseen wird von Wäldern und Ackerflächen eingenommen. Die größten Seen in der flachwelligen, wald- und wildreichen Schorfheide und im stärker gegliederten Choriner Endmoränenbogen sind Werbellinsee und Parsteiner See. Oder-Havel-Kanal mit Schiffshebewerk bei Niederfinow und der parallel verlaufende ältere Finowkanal folgen dem Thorn-Eberswalder Urstromtal. Die vorwiegend im südl. Kreisgebiet betriebene Landwirtschaft ist auf die Versorgung des nahegelegenen Berlin mit Kartoffeln, Obst, Gemüse, Fleisch und Eiern ausgerichtet. Die Industrie konzentriert sich in den Städten Bernau b. Berlin und Eberswalde; Oderberg und Biesenthal sind mehr landwirtschaftlich orientiert, Joachimsthal ist Erholungsort. – Der Landkreis B. wurde am 6. 12. 1993 aus den Landkreisen Bernau und Eberswalde sowie zwei Gemeinden des Landkreises Bad Freienwalde gebildet.

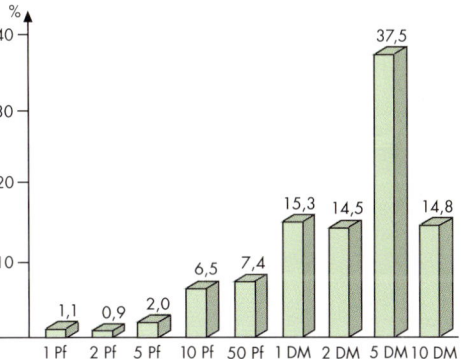

Bargeld: Stückelung des Münzumlaufs 1994 (Anteile in Prozent)

Barra [ˈbarɑ:], Ray, eigtl. **Raymond Martin Barallobre**, amerikan. Tänzer, Choreograph und Ballettdirektor, * San Francisco (Calif.) 3. 1. 1930; tanzte zunächst beim San Francisco und beim American Ballet Theatre, 1959–66 als Solist beim Stuttgarter Ballett und wurde dort einer der profiliertesten Protagonisten J. CRANCOS. Als Ballettmeister an der Deutschen Oper Berlin, in Frankfurt am Main und Hamburg tätig, wurde er 1985 Direktor des Span. Nationalballetts Madrid, choreographierte für das Bayer. Staatsballett München ›Don Quixote‹ (1991) und ›Schwanensee‹ (1995) und leitet seit 1994 interimistisch das Ballett der Deutschen Oper Berlin.

*Barrault, Jean-Louis, frz. Schauspieler und Regisseur: † Paris 22. 1. 1994.

*Barre, Raymond, frz. Politiker und Wirtschaftswissenschaftler: Nahm ab 1982 neben seinem Abg.-Mandat (zuletzt 1993 wiedergewählt) seine Lehrtätigkeit wieder auf; war 1986–91 Mitgl. des Regionalrats für die Region Rhône-Alpes; gründete im Nov. 1988 nach erfolgloser Kandidatur bei den Präsidentschaftswahlen im Frühjahr die ›Convention Libérale Européenne et Sociale‹ (CLES) als eigene polit. Organisation.

Schriften: Réflexions pour demain (1984); Au tournant du siècle (1988); Questions de confiance (1988).

Barschel, Uwe, Politiker: † (tot aufgefunden) Genf 11. 10. 1987; erklärte am 25. 9. 1987 seinen Rücktritt als MinPräs., nachdem sein früherer Medienreferent REINER PFEIFFER (1939) im Rahmen einer Veröffentlichung des ›Spiegel‹ den Vorwurf erhoben hatte, gemeinsam mit ihm eine Verleumdungs-

Bart Bartergeschäft – Basken

kampagne gegen den damaligen Spitzenkandidaten der SPD B. ENGHOLM bei den Landtagswahlen vom 13. 9. 1987 geplant und durchgeführt zu haben (›B.-Pfeiffer-Affäre‹). Nachdem B. bis zu seinem Tode seine persönl. Verantwortung in Abrede gestellt hatte, stellte ein Untersuchungsausschuß des schleswig-holstein. Landtags diese im Febr. 1988 in einem ersten Schlußbericht fest, hielt jedoch im Okt. 1995 in einem zweiten Schlußbericht (›Schubladenaffäre‹, →Schleswig-Holstein) B.s persönl. Beteiligung an den Aktivitäten PFEIFFERS für unbewiesen, bejahte allerdings seine polit. Verantwortung für die gegen die SPD gerichteten Wahlkampfmethoden. Die Qualifizierung des Todes von B. als Selbstmord durch ein Genfer Gericht wird durch die Lübecker Staatsanwaltschaft seit Dez. 1994 im Hinblick auf eine mögl. Ermordung B.s überprüft.

***Bartergeschäft:** Der Abwicklung von B. dienen in Dtl. neuerdings auch **Barterclubs**. Dies sind Tauschringe zur Beschaffung und zum Absatz von Waren und Dienstleistungen, denen Unternehmen verschiedener Branchen angehören, damit ein möglichst umfassender Tauschhandel zw. den Mitgliedern stattfinden kann. Die Zentrale eines Barterclubs übernimmt die Clearing-Funktion und erhält für ihre Tätigkeit eine vom Transaktionsvolumen abhängige Provision. Ursprungsland der zunächst auf den Binnenhandel konzentrierten Barterclubs sind die USA.

***Barthelme,** Donald, amerikan. Schriftsteller: † Houston (Tex.) 23. 7. 1989.
Weitere Werke: *Erzählungen:* Amateurs (1976; dt. Amatöre). – *Roman:* Paradise (1986; dt. Paradiesische Zustände).

Barthelme [bɑː'θelmɪ], Frederick, amerikan. Schriftsteller, *Houston (Tex.) 10. 10. 1943; Bruder von DONALD B.; Literaturstudium bei J. BARTH an der Johns Hopkins University. B. gehört mit seinen meist in den Südstaaten angesiedelten Kurzgeschichten und Romanen, die die Einsamkeit der Menschen und die durch die weibl. Emanzipation veränderten Geschlechterbeziehungen thematisieren, zu der konventionelle Mittel fiktionalen Erzählens ignorierenden minimalist. Bewegung in den USA. Bekannt wurden v. a. die Kurzgeschichten ›Moon deluxe‹ (1983; dt. ›Moon de luxe‹) und die eine Dreiecksbeziehung eines Mannes mit seiner geschiedenen und einer anderen Frau schildernden Romane, die glücklich (›Second marriage‹, 1984; dt. ›Zweitehe‹) bzw. in Verzweiflung (›Tracer‹, 1985; dt. ›Leuchtspur‹) enden.
Weitere Werke: *Romane:* Two against one (1988); Natural selection (1990). – *Kurzgeschichten:* Chroma (1987; dt. Koloraturen).

Bartholomaios I., früher **Dimitrios Archondonis,** orth. Theologe, *İmroz 29. 2. 1940; Studium u. a. in München, Paris und Rom; ab 1973 Titularmetropolit von Philadelphia (Pa.), 1990 Metropolit von Chalkedon; wurde im Okt. 1991 als Nachfolger von DEMETRIOS I. zum Erzbischof von Konstantinopel und Ökumen. Patriarchen gewählt.

***Bartoszewski,** Władysław, poln. Publizist und Historiker: War von Sept. 1990 bis März 1995 Botschafter in Wien und danach bis Dez. 1995 Außen-Min. Zum 50. Jahrestag des Endes des Zweiten Weltkrieges hielt B. eine aufsehenerregende, auf Versöhnung bedachte Rede vor dem Dt. Bundestag.

***Bartsch,** Kurt, Schriftsteller: Wurde am 25. 11. 1989 wieder in den Schriftstellerverband der DDR aufgenommen und rehabilitiert.

***Barzel,** Rainer Candidus, Politiker: War bis 1987 Bundestagsabgeordneter.

***Basargan,** Mehdi, iran. Politiker: † Zürich 21. 1. 1995.

Baschkortostan, Baschkiri|en, bis 1991 ▷ Baschkirische Autonome Sozialistische Sowjetrepublik, Teilrepublik Rußlands im Südl. Ural, 143 600 km^2, (1992) 4,01 Mio. Ew., Hauptstadt ist Ufa. Von der Bev. sind (1989) 39,3% Russen, 28% Tataren, 21,9% Baschkiren (Turkvolk), 3% Tschuwaschen, 2,7% Mari und 5,1% Sonstige. – In der sowjet. Reformära unter M. S. GORBATSCHOW entstanden zahlreiche nat. Bewegungen: bei den Baschkiren das ›Volkszentrum Ural‹, bei den Tataren ein regionaler Zweig des ›Tatar. Gesellschaftl. Zentrums‹, bei dem russ. Bev.-Teil die ›Gesellschaftl. Vereinigung Rus‹. Unterschiedl. Auffassungen bestehen zw. diesen Kräften v. a. in der Sprachenfrage (gleichberechtigte Dreisprachigkeit oder Baschkirisch als einzige Amtssprache), in Fragen der Ämterbesetzung und des Zugangs zum höheren Bildungswesen (Chancengleichheit ohne Ansehung der Nationalität oder Quotierung zugunsten der Titularnation). Im Okt. 1990 erklärte sich die Baschkir. ASSR zur souveränen Sozialist. Sowjetrepublik (SSR) innerhalb der UdSSR. Nach deren Auflösung (Dez. 1991) wurde sie im März 1992 unter dem Namen B. eine autonome Republik der Russ. Föderation. Die polit. Führung der Republik liegt noch weitgehend in den Händen der alten kommunist. Führungsschicht, die auch das ökonom. Potential der Republik kontrolliert. Unter national übergreifenden Gesichtspunkten vereinigten sich bestimmte Gruppierungen (u. a. auch der regionale Zweig des Tatar. Gesellschaftl. Zentrums oder die Volkspartei Freies Rußland) 1993 zur Bewegung ›Für Bürgerkonsens und Fortschritt‹; sie tritt für Wirtschaftsreformen ein.

***Basel 3):** Durch den Anschluß des Bez. Laufen aus dem Kt. Bern am 1. 1. 1994 vergrößerte sich die Kantonsfläche von 428 km^2 auf 518 km^2, die Einwohnerzahl beträgt (1994) 254 200. – Die revidierte Verf. des Halbkantons B.-Landschaft vom 17. 5. 1984 ist am 1. 1. 1987 in Kraft getreten.

***Basel 4):** Durch Volksabstimmung vom 12. 6. 1988 wurde im Halbkanton B.-Stadt das Wahlalter (Stimmberechtigung) auf das 18. Lebensjahr herabgesetzt.

Başer ['baʃ-], Tevfik, türk.-dt. Filmregisseur, *Çankırı 1951; lebt seit 1980 in Hamburg. In seinen Filmen beleuchtet B. das schwierige Leben seiner türk. Landsleute in Deutschland.
Filme: 40 qm Deutschland (1985); Abschied vom falschen Paradies (1988); Lebewohl, Fremde (1990).

Bashir ['baʃ-], Omar Hasan Ahmad **al-B.,** sudanes. General und Politiker, *Hosh Banga (bei Shandi, Nordregion) 1944; stieg bis Mitte der 1980er Jahre in die Führungsränge der sudanes. Armee auf. Am 30. 6. 1989 stürzte er in einem unblutigen Putsch die Zivil-Reg. unter S. SADDIK AL-MAHDI und ernannte sich zum Staatsoberhaupt, Reg.-Chef, Verteidigungs-Min. sowie Oberkommandierenden der Streitkräfte. In der Folge verstärkte B. die Islamisierungstendenzen. Dies führte zum Bruch mit dem Westen, zur Intensivierung des Bürgerkriegs im Südsudan und zu einer zunehmenden Isolierung des Landes.

Basinger ['beɪzɪndʒə], Kim, amerikan. Schauspielerin, *Athens (Ga.) 8. 12. 1953; spielte in Fernsehfilmen, ehe sie 1981 zum Film kam und dort zum Star avancierte.
Filme: Sag niemals nie (1983); 9 $^1\!/_2$ Wochen (1984); Fool for Love (1985); Die blonde Versuchung (1991); Eiskalte Leidenschaft (1991); Prêt-à-Porter (1995).

Basis|anschluß, *Telekommunikation:* ein ISDN-Anschluß mit zwei Basiskanälen (B-Kanäle) und einem Kanal (D-Kanal) für die Übertragung der Steuerinformationen. Die beiden B-Kanäle können unabhängig voneinander gleichzeitig zur Datenübermittlung genutzt werden. Ein B. bietet daher prinzipiell die Möglichkeiten von zwei konventionellen analogen Telefonanschlüssen. Der D-Kanal steht für die Nutzung durch den Teilnehmer nicht zur Verfügung.

***Basken:** Eine 30 Jahre dauernde genhistor. Großuntersuchung der europ. Völker (1992 beendet) durch die Stanford University kommt zu dem Ergebnis, daß die B. in direkter Linie von den europ. Cro-Magnon-Menschen abstammen.

Basquiat [bas'kja], Jean-Michel, amerikan. Maler haitianisch-puertorican. Abkunft, * New York 22. 12. 1960, † ebd. 12. 8. 1988. Um 1977 begann der in Brooklyn lebende B. als Graffitisprayer unter dem Pseudonym **Samo** (Same old shirt). B. entwickelte

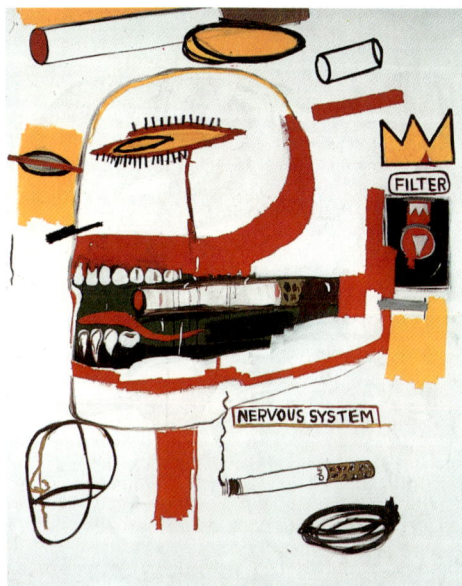

Jean-Michel Basquiat: Tabac; 1984 (Privatbesitz)

eine authent. Bildsprache, in der er Elemente der Art brut mit skripturalen Zeichen und Comicfiguren kombinierte. In seinen Gemälden setzte sich der Künstler mit der urbanen Umwelt, mit sozialen Widersprüchen und Rassenfragen auseinander. 1984 fertigte er zus. mit A. WARHOL eine Bilderreihe, in der sie Pop-art-Techniken mit imaginierten afrikan. Chiffren collagierten. B. gilt heute als einer der Protagonisten einer eigenständigen Kunst schwarzer Amerikaner.

J.-M. B. Une rétrospective, Ausst.-Kat. (Marseille 1992).

*****Basra:** Ein neuer Flughafen wurde 1988 fertiggestellt und in Betrieb genommen.

*****Bastian,** Gert, Generalleutnant a. D. und Politiker: † Bonn 1. (?) 10. 1992. War MdB bis 1987; am 19. 10. 1992 mit seiner Lebensgefährtin PETRA KELLY tot aufgefunden. Angenommen wird, daß B. zuerst PETRA KELLY und dann sich getötet hat.

Bastille-Oper [bas'ti:j(ə)-], frz. **Opéra de la Bastille** [ɔpe'ra də la -], seit 1994 **Opéra Nationale de Paris** [ɔpe'ra nasjɔ'nal də pa'ri], 1990 in Paris eröffnetes Opernhaus an der Place de la Bastille; gilt mit seinem gigant. Bühnenkomplex derzeit als das technisch bestausgestattete Musiktheater. Architekt war der Kanadier CARLOS OTT (* 1946). Neben dem Hauptsaal mit 2 700 Plätzen verfügt die B.-O. noch über einen weiteren 1 000-Personen-Saal und ein Studio mit 280 Plätzen. Der dem künstler. Bereich angegliederte Gebäudetrakt enthält daneben u. a. eine Bibliothek und ein Opernmuseum.

*****Batmunch,** Shambyn, mongol. Politiker: War bis 1990 GenSekr. der MRVP und Staatsoberhaupt.

Battle [bætl], Kathleen, amerikan. Sängerin (Sopran), * Portsmouth (Oh.) 13. 8. 1948; debütierte 1972 als Oratoriensängerin in Spoleto, 1975 als Opernsängerin in Detroit (Mich.). Seither singt sie an zahlreichen großen Opernhäusern, so an der Metropolitan Opera in New York (Debüt 1978), bei den Salzburger Festspielen (Debüt 1982) und am Covent Garden in London (Debüt 1985). Ihr Repertoire umfaßt v. a. Partien von W. A. MOZART, G. ROSSINI und R. STRAUSS.

*****Baudissin,** Wolf Stefan Traugott Graf von, Generalleutnant a. D.: † Hamburg 5. 6. 1993.

*****Baudouin I.,** König der Belgier: † Motril (Spanien) 31. 7. 1993.

*****Baudrier,** Yves, frz. Komponist: † Paris 9. 11. 1988.

*****Bauer,** Wolfgang, österr. Schriftsteller: Erhielt 1994 den Großen Österr. Staatspreis.

*****Bauer-Gruppe:** 1995 erschienen in Dtl. 28 Publikumszeitschriften, neu hinzugekommen sind u. a. ›Bravo Girl‹, ›Laura‹, ›Yoyo‹, ›TV Movie‹ sowie in Beteiligungsunternehmen ›Coupé‹, ›Blitz Illu‹. ›Quick‹ wurde 1992 eingestellt. Von der Condor Verlagsgruppe, die zu 75% der Bauer-Tochtergesellschaft Verlagsunion Pabel Moewig KG gehört, werden Comics herausgegeben. Über Pabel Moewig gehört der Paul Zsolnay Verlag seit 1990 zur B.-G. Mit der ›Magdeburger Volksstimme‹ wurde 1991 in Ost-Dtl. eine Tageszeitung erworben. Die B.-G. hält Beteiligungen im Privatfunk an den Sendern Radio Hamburg (25%), RTL 2 (33,1%), TM 3 (50%) und an der TV-Produktionsgesellschaft Me, Myself and Eye. Umsatz (1994): 2,84 Mrd. DM, Beschäftigte: 7 300.

*****Baugewerbe:** Die Beschäftigtenzahl im Bauhauptgewerbe blieb mit (1994) 1,08 Mio. um fast 200 000 Personen niedriger als zu Anfang der 80er Jahre. In den neuen Bundesländern entwickelt sich das B. dynamisch: Die Produktion im Bauhauptgewerbe stieg 1991–94 jährlich um rd. 25% und die Zahl der Beschäftigten im gleichen Zeitraum um rd. 100 000 Personen auf 429 000.

*****Baukindergeld:** Das B. beträgt je Kind 600 DM, 750 DM oder 1 000 DM jährlich, je nachdem, ob das Wohnobjekt vor 1990, 1990 oder nach 1990 angeschafft oder fertiggestellt wurde bzw. wird. Das B. kann acht Jahre lang von der Steuerschuld abgezogen werden. In den neuen Bundesländern kommt das B. nur für die nach 1990 angeschafften oder hergestellten Wohnobjekte in Betracht. Mit der Umstellung der Wohnungseigentumsförderung auf ein Zulagensystem (→Eigenheim) tritt zum 1. 1. 1996 an die Stelle des B. eine (erhöhte) Kinderzulage von 1 500 DM.

Bastille-Oper: Außenansicht der 1990 eröffneten Opéra Nationale de Paris an der Place de la Bastille in Paris; erbaut von Carlos Ott

Bauman [-mæn], Zygmunt, brit. Soziologe poln. Herkunft, * Posen 18. 11. 1925; war 1964–68 Dekan der soziolog. Fakultät in Warschau; trat 1967 im Zusammenhang mit antisemit. Kampagnen in Polen aus der kommunist. Poln. Vereinigten Arbeiterpartei aus. Mit L. Kołakowski u. a. verlor B. 1968 seine Professur und wanderte nach Israel aus. Lehrte 1968–71 an der Univ. von Tel Aviv, 1971–91 an der Univ. von Leeds. Besonderes Aufsehen erregte B. mit seinen Studien zu den soziol. und kulturhistor. Voraussetzungen der Vernichtung der europ. Juden im Holocaust, den er als die Spitze eines die Moderne beherrschenden Kampfes gegen Mehrdeutigkeit und Ambivalenzen interpretiert.

Werke: Legislators and interpreters (1987); Freedom (1988); Modernity and the Holocaust (1989; dt. Dialektik der Ordnung. Die Moderne u. der Holocaust); Thinking sociologically (1990); Modernity and ambivalence (1991; dt. Moderne u. Ambivalenz); Intimations of postmodernity (1992); Mortality, immortality, and other life strategies (1992); Postmodern ethics (1993; dt. Postmoderne Ethik).

*Baumann, Hans, Schriftsteller: † Murnau a. Staffelsee 7. 11. 1988.

*Baunsgaard, Hilmar, dän. Politiker: † Gentofte 30. 6. 1989.

*Baur, Fritz, Jurist: † Tübingen 2. 5. 1992.

*Bausch, Hans, Publizist: † Bühlerhöhe (Gem. Bühl) 25. 11. 1991. B. war bis Jan. 1990 SDR-Intendant.

*Bautzen 2): In den seit 3. 10. 1990 zum Land Sachsen gehörenden Landkreis B. wurden am 1. 8. 1994 der frühere Kr. Bischofswerda (außer Großröhrsdorf und Pulsnitz sowie vier weiteren Gemeinden) sowie die Gemeinden Cunewalde, Weigsdorf-Köblitz und die damals selbständige Gem. Breitendorf (früher Kr. Löbau) eingegliedert. – Der neugebildete Landkreis B. im Reg.-Bez. Dresden, der an die Tschech. Rep. grenzt, umfaßt 954 km² und (1995) 163 200 Ew., darunter Sorben. An das fruchtbare Lausitzer Gefilde (Getreideanbau) schließt im S das Lausitzer Bergland (Valtenberg 587 m ü. M.) mit Fichtenwäldern und landwirtschaftlich genutzten Tälern an, im N das Oberlausitzer Teichgebiet (traditionelle Fischzucht), in dem das Biosphärenreservat Oberlausitzer Heide- und Teichlandschaft eingerichtet wurde. Die Spree wird seit 1975 durch die Talsperre Bautzen zum ›Oberlausitzer Meer‹ (5,6 km²) gestaut. Hauptindustriestandort ist die Kreisstadt Bautzen (1995: 46 000 Ew.; Maschinen- und Waggonbau, Werk für Fernmeldetechnik). Die anderen Städte sind Bischofswerda (Textil- und keram. Industrie, Maschinenbau, Schirgiswalde (Erholungsort), Weißenberg, sorb. Wóspork, und Wilthen (Weinbrennerei). In Neukirch/Lausitz existiert eine Fahrradfabrik, in Obergurig (sorb. Hornja Hórka) ein Mähdrescherwerk, in Weigsdorf-Köblitz werden Traktoren produziert. Im Lausitzer Bergland gibt es Standorte der Textilindustrie und Natursteingewinnung (Lausitzer Granit, Basalt).

Bayati, Abd al-Wahab al-B., irak. Lyriker, * Bagdad 1926; wirkte 1959–61 als Kulturattachée in Moskau, wo er anschließend (als Kommunist im Exil) eine akadem. Lehrtätigkeit ausübte; 1964 ging er nach Kairo, heute lebt er in Madrid. In seiner Lyrik besingt er in freien Rhythmen und in Anlehnung an progressive oriental. (darunter myst.) und europ. Traditionen, zunächst mit stark ›linkem‹ Engagement, polit. und persönl. Freiheit sowie (Heimat-)Liebe und schmäht Demagogie, Unterdrückung und Opportunismus sowie das manchmal ungeliebte (als licht- und lieblos erscheinende) Europa.

Ausgabe: Zeitgenöss. arab. Lyrik, hg. v. A. Schimmel (1975; Ausw.).

*Bayerische Motoren Werke AG: Seit Gründung des von BMW beherrschten Gemeinschaftsunternehmens BMW Rolls-Royce GmbH, Oberursel (Taunus), am 1. 7. 1990 entwickelt und baut BMW wieder Flugzeugtriebwerke. Anfang 1994 erwarb BMW von British Aerospace 100% der Anteile der Rover Group, wobei Honda seine Überkreuzbeteiligung mit Rover auflöste. Für die Bentley- und Rolls-Royce-Autos der Rolls-Royce Motor Cars Limited fertigt BMW seit 1995 die Motoren. Seit Herbst 1994 produziert BMW in einem neuen Werk im amerikan. Spartanburg (S. C.). 1994 stellte BMW rd. 573 000 Kfz sowie 44 400 Motorräder und Rover (ab Konsolidierungsdatum 18. 3. 1994) 376 000 Kfz her; Umsatz (1994): 42,1 (davon Rover 10,2) Mrd. DM, Beschäftigte: 109 000 (Rover: 36 000).

Bayerisches Staatsorchester: Generalmusikdirektor ist seit 1993 Peter Schneider (1939).

*Bayern, Freistaat im Süden Dtl.s, umfaßt 70 554 km² (19,8% der Fläche Dtl.s), Landeshauptstadt ist München.

Bevölkerung: Die (1995) 11,922 Mio. Ew. machen 14,7% der Bevölkerung Dtl.s aus. Der Anteil der weiblichen Bev. beläuft sich auf (1995) 51,2%. Im Zuge der Binnenwanderung ließen sich 1992 insgesamt 137 350 Menschen aus anderen Bundesländern in B. nieder, gegenüber den Fortzügen ergibt sich ein Überschuß von 34 437 Zuzügen. Am 31. 12. 1992 wohnten 991 900 Ausländer in B. (8,4% der Landes-Bev.), davon waren 244 400 Türken, 187 600 Menschen aus dem früheren Jugoslawien, 86 300 Österreicher, 77 600 Italiener, 64 100 Griechen, 36 200 Polen, 26 500 US-Amerikaner, 10 300 Spanier, 4 800 Portugiesen, 209 500 sonstige Ausländer; die Staatsangehörigkeit von Ländern der EU (Stand 1992) besaßen insgesamt 201 400 Ausländer. Von den (1992) 5,069 Mio. Privathaushalten sind 33,6% Einpersonenhaushalte. – Die Geburtenrate beträgt (1992) 11,4‰, die Sterberate 10,3‰. 1993 waren 16,2% der Bev. unter 15 Jahre alt, 68,7% 15 bis unter 65 Jahre alt, 15,1% 65 Jahre und älter. Die Bev.-Dichte lag 1995 bei 169 Ew. je km². In Großstädten (100 000 Ew. und mehr) leben (1995) 21,6% der Bev., in Gemeinden zw. 50 000 und 100 000 Ew. 5%, zw. 10 000 und 50 000 Ew. 27,0%, unter 10 000 Ew. 46,4%. Größte Städte (1995) sind: München (1,245 Mio. Ew.), Nürnberg (498 800 Ew.), Augsburg (262 100 Ew.), Würzburg (127 900 Ew.), Regensburg (125 600 Ew.), Ingolstadt (110 900 Ew.), Fürth (107 800 Ew.) und Erlangen (101 500 Ew.).

Wirtschaft: Der Strukturwandel setzte sich in der bayer. Wirtschaft fort. Land- und Forstwirtschaft verloren weiter an Gewicht und tragen (1994) nur noch 1,1% zur Bruttowertschöpfung bei (Anteil an den Erwerbstätigen 1993: 5,8%). Das produzierende Gewerbe konnte seine Bruttowertschöpfung in den zurückliegenden zehn Jahren zwar um fast 20% steigern, verzeichnete aber einen relativen Bedeutungsverlust von (1985) 41,7% auf (1994) 36,1% (Anteil an den Erwerbstätigen 1993: 40,2%). Unter besonderem Anpassungsdruck standen dabei Verbrauchsgüterbranchen wie Textil-, Bekleidungs-, Glas- und Porzellanindustrie. Die stärkste Rolle auf den Weltmärkten spielen nach wie vor die Investitionsgüterhersteller. Gemessen an Umsatz und Beschäftigung bilden Elektroindustrie, Straßenfahrzeugbau und Maschinenbau die drei wichtigsten Industriezweige. In zukunftweisenden Hochtechnologiebereichen wie der Informationstechnik gehört B. zu Dtl.s führenden Standorten. Weiter an Bedeutung zugenommen hat der tertiäre Sektor, der im Zeitraum 1985–94 um rd. zwei Drittel wuchs und seinen Anteil an der Bruttowertschöpfung von 56,4% auf 62,8% ausweiten konnte. Bes. dynamisch entwickelten sich produktionsorientierte Dienstleistungen, das Gesundheitswesen und der Medienbereich. 1993 waren 54,0% aller Erwerbstätigen im Dienstleistungssektor tätig.

Das reale Wachstum des Bruttoinlandsprodukts (BIP) in B. lag auch in der jüngsten Vergangenheit deutlich über dem Bundesdurchschnitt (1994: 2,9%; Durchschnitt alte Bundesländer: 2,3%). Hierdurch erhöhte sich der Anteil am BIP West-Dtl.s von (1985) 17,7% auf (1994) 19,0%. Mit (1994) 512,2 Mrd. DM erwirtschaftete B. 17,0% des BIP Dtl.s (zweite Stelle hinter NRW). Das BIP je Ew. übertrifft seit 1986 den westdt. Durchschnitt; mit (1994) 47 540 DM lag B. an zweiter Stelle unter den Flächenländern. Das BIP je Erwerbstätigem wird mit (1994) 102 500 DM ausgewiesen und liegt etwas unter dem Durchschnitt der alten Bundesländer (104 050 DM). Mit 7,1% wies B. 1994 erstmals die niedrigste Arbeitslosenquote in ganz Dtl. auf (1990: 5,1%). Die strukturschwächeren Regionen konnten wirtschaftlich weiter aufholen. Dementsprechend sind beispielsweise die Unterschiede bei der Arbeitslosigkeit (1994: 361 000 Arbeitslose) geringer geworden (höchste Arbeitslosenquote in Schweinfurt mit 10,4%; niedrigste Arbeitslosigkeit in Freising mit 4,7%). Die Arbeitslosenquote liegt weiterhin unter dem westdt. Durchschnitt (1994: 7,1%; Durchschnitt: 9,2%). Im Mittelpunkt der Wirtschaftspolitik stehen die Förderung strukturschwacher Regionen sowie kleiner und mittlerer Unternehmen, der Ausbau der Infrastruktur (z. B. Inbetriebnahme des Rhein-Main-Donau-Großschiffahrtswegs und des Flughafens München II 1992) sowie die Forschungs- und Technologiepolitik (z. B. Errichtung von Technologietransferzentren und Förderung von Forschungsverbundprojekten u. a. in den Bereichen Mikroelektronik, neue Werkstoffe und Biotechnologie).

Geschichte: Nach dem Tod von F. J. STRAUSS (3. 10. 1988) wählte der Landtag den bisherigen Finanz-Min. (1977–88) M. STREIBL am 19. 10. 1988 zum MinPräs. Bei den Landtagswahlen vom 14. 10. 1990 sowie vom 25. 9. 1994 konnte die CSU ihre absolute Mehrheit behaupten.

Die Reg. unter STREIBL, der am 24. 10. 1990 erneut das Amt des MinPräs. übernommen hatte, beantragte im Juli 1992 gemeinsam mit 249 Abg. des Bundestages beim Bundesverfassungsgericht die Überprüfung des Schwangeren- und Familienhilfs-Ges. auf seine Ver-

Landtagswahlen in Bayern 1990–1994
(Sitzverteilung und Stimmenanteil der Parteien)

Parteien	14. 10. 1990	25. 9. 1994
CSU	127; 54,9%	120; 52,8%
SPD	58; 26,0%	70; 30,1%
Die Grünen	12; 6,4%	14; 6,1%
FDP	7; 5,2%	–; 2,8%
Republikaner	–; 4,9%	–; 3,9%
Andere	–; 2,5%	–; 3,2%

fassungsmäßigkeit (→Schwangerschaftsabbruch). Angesichts des in Teilen der Öffentlichkeit erhobenen Vorwurfs der Bestechlichkeit im Amt (›Amigoaffäre‹; u. a. Vorwurf der Vorteilsnahme auf Kosten befreundeter Unternehmer: Gratisreisen gegen zinsverbilligte Darlehen durch die STREIBL als Finanz-Min. unterstehende Landesanstalt für Aufbaufinanzierung) sah sich STREIBL am 27. 5. 1993 zum Rücktritt gezwungen. Am folgenden Tag wählte der Landtag E. STOIBER zu seinem Nachfolger als MinPräs. (wiedergewählt am 21. 10. 1994). – Seit Okt. 1994 führt RENATE SCHMIDT, im Landtagswahlkampf 1994 Spitzenkandidatin der SPD für das Amt des MinPräs., die Fraktion ihrer Partei im Landtag.

In Fragen der inneren Sicherheit folgt die bayer. Landes-Reg. einem betont restriktiven Kurs und fordert in europapolit. Fragen ein stärkeres Mitspracherecht der dt. Bundesländer. Im Mai 1994 schloß die Reg. Stoiber mit der thüring. Landes-Reg. einen Staatsvertrag (u. a. Bildung kommunaler Arbeitsgemeinschaften und Zweckverbände) und ein Verwaltungsabkommen (u. a. Zusammenarbeit bei Landesentwicklung und Regionalplanung). Eine im Nov. 1994 von einer ›Bürgeraktion‹ auf den Weg gebrachte Volksinitiative ›Mehr Demokratie in B.‹ will die Bürger stärker an den Entscheidungen der Gemeinden teilnehmen lassen.

*****Bayr,** Rudolf, österr. Schriftsteller: † Salzburg 17. 10. 1990.

*****Bazin,** Germain, frz. Kunsthistoriker: † Paris 2. 5. 1990.

*****Beadle,** George Wells, amerikan. Biologe: † Pomona (Calif.) 9. 6. 1989.

*****Beamte:** Im Recht der B. sind Fortentwicklungen v. a. durch das Europarecht, die dt. Einigung und die Privatisierung von Post und Bahn veranlaßt worden. Die nach der Rechtsprechung des Europ. Gerichtshofs auch für B. geltende Arbeitnehmerfreizügigkeit fand in der Änderung von §4 Abs. 1 Nr. 1 Beamtenrechtsrahmen-Ges. durch das Ges. vom 20. 12. 1993 Ausdruck. Der Zugang zum dt. öffentl. Dienst steht danach ebenso den Angehörigen der Mitgliedstaaten der EU offen, es sei denn, das Amt sei mit bestimmten enger abgrenzbaren Hoheitsbefugnissen im Sinne von Art. 48 Abs. 4 EG-Vertrag ausgestaltet.

Die öffentl. Bediensteten der Dt. Dem. Rep. hatten keinen B.-Status. Art. 20 Einigungsvertrag (EV) vom 31. 8. 1990 sieht vor, daß die Wahrnehmung von Hoheitsaufgaben so schnell wie möglich B. zu übertragen ist. Die bestehenden Dienstverhältnisse werden grundsätzlich als Angestellten- oder Arbeitsverhältnisse der Einrichtung fortführenden Körperschaft (Bund oder Land) fortgeführt; sie ruhen, soweit die Einrichtung nicht fortgeführt wird. Der EV sieht außerdem weitgehende Rechte zur ordentl. oder außerordentl. Kündigung vor (Kapitel XIX, Anlage 1 EV), deren Verfassungsmäßigkeit das Bundesverfassungsgericht, von Randkorrekturen abgesehen, im wesentlichen bejaht hat. Ähnliches gilt für Soldaten der Nat. Volksarmee, die grundsätzlich mit dem Beitritt Soldaten der Bundeswehr geworden sind. Die neuen Bundesländer haben die Überprüfung der zu übernehmenden Bediensteten insbesondere im Hinblick auf Verstöße gegen Grundsätze der Menschlichkeit und Rechtsstaatlichkeit bei der früheren Tätigkeit in unterschiedl. Weise vorgenommen.

Die nach Art. 87 e und Art. 87 f GG in versch. Stufen erfolgende Privatisierung der Bundeseisenbahnen und der Bundespost berührt auch die Rechtsverhältnisse der bisherigen Bahn- und Post-B. Art. 143 a Abs. 1 und Art. 143 b Abs. 3 GG haben die Grundlage dafür geschaffen, daß aufgrund von Durchführungsgesetzen die bestehenden B.-Verhältnisse fortgeführt werden; der Bund bleibt weiterhin Dienstherr. Die Dienstherrenbefugnisse werden aber von den privatrechtlich organisierten Unternehmen ausgeübt, denen diese B. zugewiesen werden.

*****Beauvais,** Peter, Regisseur: † Baden-Baden 17. 12. 1986.

Becher, Bernhard, Photograph, *Siegen 20. 8. 1931; seit 1959 Arbeitsgemeinschaft mit HILLA WOBESER (*1934; seit 1961 HILLA B.); sie dokumentieren in photograph. Reihen Industrieanlagen und Häuser in den Industriegebieten W-Europas. In den konzeptuell geprägten Serien erarbeitet das Künstlerpaar eine Typologie unterschiedl. Industriebauten. Begleitet wird die systemat. Erfassung, die oft als industrielle Archäologie bezeichnet wird, durch ein umfangreiches Archiv, in dem der histor. Kontext der Bauten bewahrt wird. Seit 1976 lehrt B. an der Staatl. Kunstakademie in Düsseldorf. BILD S. 84

S. LANGE: B. u. Hilla B., Häuser u. Hallen (1992).

Bech Becher–Bednorz

Bernhard und **Hilla Becher:** Wassertürme in Deutschland; 1965–80

Ulrich Beck

*****Becher,** Ulrich, Schriftsteller: † Basel 15. 4. 1990.

*****Beck,** Conrad, schweizer. Komponist: † Basel 31. 10. 1989.

Beck, Kurt, Politiker (SPD), * Bad Bergzabern 5. 2. 1949; Funkelektroniker, seit 1979 MdL, seit 1993 Vors. der SPD in Rheinl.-Pf. Am 26. 10. 1994 wählte ihn der dortige Landtag als Nachfolger von R. SCHARPING zum Ministerpräsidenten.

Beck, Ulrich, Soziologe, * Stolp 15. 5. 1944; wurde 1979 Prof. für Soziologie in Münster, ab 1981 in Bamberg, seit 1992 in München. B. begann mit Arbeiten zur Berufs- und Bildungssoziologie sowie mit Studien zur sozialen Ungleichheit und zum sozialen Wandel. B. ist insbesondere durch seine Studien zur ▷ Risikogesellschaft auch einer breiteren Öffentlichkeit bekannt geworden.
Werke: Objektivität u. Normativität (1974); Risikogesellschaft. Auf dem Weg in eine andere Moderne (1986); Individualisierung sozialer Ungleichheit. Zur Enttraditionalisierung der industriegesellschaftl. Lebensformen, 2 Tle. (1987); Gegengifte. Die organisierte Unverantwortlichkeit (1988); Die Erfindung des Politischen. Zu einer Theorie reflexiver Modernisierung (1993); Reflexive modernization. Politics, tradition and aesthetics in the modern social order (1994; mit A. GIDDENS u. S. LASH). – **Hg.:** Die soziale Konstitution der Berufe, 2 Bde. (1977; mit M. BRATER).

*****Beckenbauer,** Franz, Fußballspieler: Die dt. Fußballnationalmannschaft errang mit B. als Teamchef 1990 den Weltmeistertitel; trat anschließend zurück (Nachfolger: HANS-HUBERT VOGTS) und wurde im Okt. 1990 Trainer – später ›Techn. Direktor‹ – bei Olympique Marseille (bis Mitte 1991). Anfang 1994 wurde B. Trainer des FC Bayern München und führte die Mannschaft zur dt. Meisterschaft. Im Herbst 1994 wurde er zum Präs. des FC Bayern gewählt.

*****Becker,** Boris, Tennisspieler: Gewann 1988 das Masters Tournament und 1989 zum dritten Mal das Herreneinzelturnier in Wimbledon sowie mit der dt. Mannschaft 1988 und 1989 den Davis-Pokal. Bei den Olymp. Spielen 1992 holte B. gemeinsam mit M. STICH die Goldmedaille im Doppel, 1992 und 1995 wurde er ATP-Weltmeister (→Masters Tournament).

*****Becker,** Friedrich Eberhard, Astronom: † München 25. 12. 1985.

Becker [ˈbekə], Gary Stanley, amerikan. Volkswirtschaftler, * Pottsville (Pa.) 2. 12. 1930; Prof. an der Columbia University (1960–70) und an der University of Chicago (seit 1970, lehrt dort seit 1983 neben Wirtschaftswissenschaften auch Soziologie). Im Mittelpunkt seiner Arbeiten steht die Theorie des zweckgerichteten und optimierenden menschl. Verhaltens (›ökonom. Ansatz‹). Für seine Verdienste um die Ausdehnung der mikroökonom. Theorie auf den weiten Bereich menschl. Verhaltens und menschl. Zusammenarbeit, auch außerhalb von Märkten, erhielt B. 1992 den Nobelpreis für Wirtschaftswissenschaften. Mit seinen Arbeiten beeinflußte B. u. a. die wiss. Methodik in den Sozialwissenschaften.
Werke: The economics of discrimination (1957); Human capital (1964); The allocation of time and goods over the life cycle (1975, mit G. R. GHEZ); The economic approach to human behavior (1976; dt. Der ökonom. Ansatz zur Erklärung menschl. Verhaltens); A treatise on the family (1981).

*****Becker,** Hellmut, Jurist und Bildungspolitiker: † Berlin 16. 12. 1993.

*****Becker,** Jurek, Schriftsteller: Als Drehbuchautor der Fernsehserie ›Liebling – Kreuzberg‹ mit M. KRUG in der Hauptrolle gewann B. Ende der 1980er Jahre große Popularität. 1992 veröffentlichte er den Roman ›Amanda herzlos‹, der anhand einer Liebesgeschichte die Lebensverhältnisse in der Dt. Dem. Rep. aufarbeitet.

*****Beckett,** Samuel Barclay, irischer Schriftsteller: † Paris 22. 12. 1989.
Weitere Werke: Worstward ho (1983; dt. Aufs Schlimmste zu); Stirrings still (1988; Illustrationen von L. LE BROCQUY).

*****Beckmann,** Joachim, ev. Theologe: † Düsseldorf 19. 1. 1987.

*****Becsi,** Kurt, österr. Schriftsteller: † Wien 10. 1. 1988.

Bédié [beˈdje], Henri Konan, afrikan. Politiker in der Rep. Elfenbeinküste, * Dasiékro 5. 5. 1934; stand zunächst im diplomat. Dienst Frankreichs, gehörte dann seit der Unabhängigkeit der Elfenbeinküste (1961) zu deren diplomat. Dienst. 1965–77 war er Min. für Wirtschaft und Finanzen, 1978–80 Sonderberater des Präs. der Weltbank für afrikan. Angelegenheiten. Seit seiner Rückkehr 1980 war B. Abg. und als Parlamentspräsident der zweite Mann im Staat. Nach dem Tod von Präs. HOUPHOUËT-BOIGNY im Dez. 1993 trat er verfassungsgemäß dessen Nachfolge an. Im Okt. 1995 wurde er in Wahlen bestätigt.

Bednorz, Johannes Georg, Mineraloge, * Neuenkirchen 16. 5. 1950; arbeitet seit 1982 am IBM-Forschungsinstitut in Rüschlikon auf dem Gebiet der Materialforschung. Zus. mit KARL ALEX MÜLLER entdeckte B. 1986, daß ein aus Kupfer-, Lanthan- und Bariumoxid bei 950 °C gesinterter Mischkristall mit Perovskit-Struktur (d. h. einem schichtweisen Aufbau) schon bei 35 K (−238 °C) supraleitend wird. Für diese Entdeckung erhielten B. und MÜLLER 1987 den Nobelpreis für Physik. Sie lösten damit weltweite Forschungsaktivitäten zur Herstellung weiterer keram. Hochtemperatursupraleiter (▷ Supraleiter) aus.

Beeskow 1): Die Stadt B. in Brandenburg (1995: 9 300 Ew.) ist seit 6. 12. 1993 Kreisstadt des Landkreises Oder-Spree.

Beeskow 2): Der ehem. Landkreis B. in Brandenburg ging am 6. 12. 1993 in den neugebildeten Landkreisen Oder-Spree auf (mit Plattkow sowie Stadt und Amt Lieberose) Dahme-Spreewald auf.

Begin, Menachem, israel. Politiker: † Tel Aviv-Jaffa 9. 3. 1992.

Behinderte: Um die Situation von B. im Berufsleben, in der Schule und in vielen weiteren Bereichen des gesellschaftl. Lebens zu verbessern, kam es, da die Bestrebungen nach einer Integration von B. in die Gemeinschaft in der Praxis nach wie vor auf eine weithin ausweichende, ablehnend oder auch aggressive Haltung stoßen, auf gesetzl. Ebene zu einem →Diskriminierungsverbot. Auf internat. Ebene verabschiedeten die Vereinten Nationen 1993 Rahmenbestimmungen für die Herstellung der Chancengleichheit für Behinderte.
Statistisch wurden erfaßt (1991, früheres Bundesgebiet): 5 371 960 schwerbehinderte Personen mit gültigem Ausweis; an Rehabilitationsmaßnahmen (1990) über 1 Mio. medizin., rd. 348 000 berufsfördernde und rd. 72 000 Maßnahmen zur sozialen Eingliederung. In 3 367 Sonderschulen wurden (1991, gesamtes Bundesgebiet) 344 006 behinderte Kinder und Jugendliche betreut. Zu den Hilfen zur Erziehung sind seit 1. 1. 1991 (Ges. zur Neuordnung des Kinder- und Jugendhilferechts, KJHG) Maßnahmen der Eingliederungshilfe zu rechnen, d. h., seelisch behinderte Kinder und Jugendliche sind seitdem der Jugendhilfe zugeordnet. Hilfen für die Persönlichkeitsentwicklung können seitdem auch junge Erwachsene i. d. R. bis zum 21. Lebensjahr erhalten, es bedarf dazu keiner vor dem 18. Lebensjahr begonnenen Maßnahme zur schul. oder berufl. Bildung mehr.

Behrend, Siegfried, Gitarrist: † Hausham 20. 9. 1990.

Beig, Maria, Schriftstellerin, * Senglingen (heute zu Meckenbeuren) 8. 10. 1920; stammt aus einer Bauernfamilie, war Hauswirtschaftslehrerin, lebt seit 1954 in Friedrichshafen. Ihre Erzählungen und Romane spielen in ihrer schwäbisch-alemann. Heimat und schildern in nüchternem, lapidarem Stil, z. T. von alemann. Mundartwendungen durchsetzt, den Alltag der Menschen.
Werke: Romane: Rabenkrächzen (1982); Hochzeitslose (1983); Minder oder zwei Schwestern (1986); Die Törichten (1990). – *Erzählungen:* Hermine – ein Tierleben (1984); Urgroßelternzeit (1985); Jahr u. Tag (1993); Töchter u. Söhne (1995).

Béjart, Maurice, frz. Choreograph und Ballettdirektor: Leitet seit 1987 das B. Ballett Lausanne, dem seit 1992 das Rudra École Atelier als Ausbildungszentrum angeschlossen ist. 1993 wurde er Principal Guest Choreographer an der Dt. Staatsoper Berlin.

Bekker, Gerriet, Schriftsteller, * Hamburg 23. 10. 1943. B.s Erzählungen sind geprägt von seiner Heimat, der Ostsee und der Küste Schleswig-Holsteins; das Schweigen der Menschen wird bei ihm nur durch störendes, aufwühlendes, schlechte Ziele verfolgendes Reden unterbrochen, das die Empfindung latenter Gefahr auslöst. B. schreibt auch Gedichte.
Werke: Erzählung: Petersens Meerfahrt (1982); Die Nacht nach Betti Hagen (1985). – *Lyrik:* Wachsflügels Furcht (1982); Leichte Beichte. Gedichte u. Bilder (1991). – *Roman:* Farbe der Schatten (1992).

Belarus, weißruss. Name der Rep. ▷Weißrußland.

Belgien, amtl. Namen: frz. **Royaume de Belgique,** niederländ. **Koninkrijk België,** dt. **Königreich B.,** Bundesstaat in Westeuropa, grenzt an die Nordsee.

Hauptstadt: Brüssel. *Amtssprachen:* Französisch, Niederländisch und Deutsch. *Staatsfläche:* 30 519 km². *Bodennutzung (1992):* 8 180 km² Ackerland, 7 020 km² Dauergrünland, 7 000 km² Waldfläche. *Einwohner (1994):* 10,101 Mio., 331 Ew. je km². *Städtische Bevölkerung (1992):* 96%. *Durchschnittliches Bevölkerungswachstum pro Jahr (1985–93):* 0,3%. *Bevölkerungsprojektion für 2000:* 10,08 Mio. Ew. *Ausländer (1991):* Anteil an der Gesamtbevölkerung 9,1% (241 200 Italiener, 141 700 Marokkaner, 94 300 Franzosen, 84 900 Türken, 65 300 Niederländer, 52 200 Spanier, 225 000 sonstige Ausländer). *Religion (1992):* 90,0% Katholiken, Rest Protestanten, Juden und Moslems. *Altersgliederung (1993):* unter 15 Jahre 18,2%, 15 bis unter 65 Jahre 66,4%, 65 und mehr Jahre 15,4%. *Lebenserwartung der Neugeborenen (1992):* männlich 72 Jahre, weiblich 79 Jahre. *BSP je Ew. (1993):* 21 210 US-$. *BIP nach Sektoren/Produktionsstruktur (1992):* Landwirtschaft 2%, Industrie 30%, Dienstleistungen 68%. *Arbeitslosenquote (1994):* 12,6%. *Währung:* 1 Belgischer Franc (bfr) = 100 Centimes (c). *Internationale Mitgliedschaften:* UNO, EU, Europarat, NATO, OECD, OSZE, WEU.

Geschichte: Nach den wegen eines Sprachenkonflikts zw. Flamen und Wallonen vorgezogenen Neuwahlen im Dez. 1987, die die christlich-liberale Reg. Martens deutlich schwächten, bildete sich 1988 unter W. MARTENS eine Mitte-Links-Reg., die jedoch im Herbst 1991 am erneut aufgebrochenen Sprachenstreit scheiterte. Anlaß waren u. a. Waffenexporte und wirtschaftspolit. Kompetenzen. Bei den vorgezogenen Neuwahlen im Nov. 1991 erlitten die Christl. Demokraten und die Sozialisten in Flandern und Wallonien sowie die fläm. Volksunie schwere Verluste, gestärkt wurden v. a. der rechtsradikale Vlaams Blok in Flandern (6,6%) und die Grünenpartei Ecolo in Wallonien (5,1%). Premier-Min. der im März 1992 erneut von Christl. Demokraten und Sozialisten gebildeten Reg. wurde J.-L. DEHAENE (CVP).

Nachdem 1988 im Zuge einer Verf.-Änderung den drei Regionen Flandern, Wallonien und (der zweisprachigen Hauptstadt) Brüssel Aufgaben übertragen worden waren, die bis dahin von der gesamtstaatl. Reg. wahrgenommen worden waren (z. B. Wirtschafts-, Finanz-, Arbeits-, Energie-, Umweltpolitik), wurde B. mit dem Abschluß der Verf.-Reform im April 1993 (in Kraft seit 8. 5. 1993) endgültig in einen Bundesstaat mit weitgehender Autonomie für die Regionen umgewandelt. Zugleich erhielt die zu Wallonien gehörende größere Autonomie in den Bereichen Kultur, Jugend, Bildung und Tourismus. Das Abgeordnetenhaus des Bundes wurde von 212 auf 150, der Senat von 182 auf 71 Mitgl. verkleinert. Neben der Vollendung der Verf.-Reform stellte die Reg. Dehaene einen Globalplan zur Sanierung der Wirtschaft auf. Gegen das damit verbundene Sparprogramm, das dem Abbau des hohen Haushaltsdefizits diente, organisierten sozialist. und christl. Gewerkschaften im Nov. 1993 erstmals seit 1936 einen Generalstreik.

Bei den vorgezogenen Neuwahlen im Mai 1995 behaupteten sowohl die Christdemokraten unter DEHAENE als auch die Sozialisten trotz vieler Affären – insbesondere der Aufdeckung der Zahlung von Bestechungsgeldern durch den italien. Agusta-Konzern an die fläm. Sozialisten Ende der 1980er Jahre zur Sicherung eines Lieferauftrags von Militärhubschraubern an B. (Agusta-Affäre) – ihre Position. – Ende Juli 1993 starb König BAUDOUIN I., Nachfolger wurde sein Bruder ALBERT.

Im Okt. 1993 trat B. dem von Dtl. und Frankreich gegründeten Eurokorps bei. Mit eigenen Truppen

Gary S. Becker

Georg Bednorz

Belg belgische Kunst – Bels

beteiligte sich B. auch am UN-Einsatz in Somalia sowie an den UN-Friedensmissionen im ehemaligen Jugoslawien und in Ruanda. Bis 1997 wird die Zahl der Soldaten der belgischen Streitkräfte auf 40 000 sinken. Im Zusammenhang mit der Umstrukturierung der Armee beschloß die Regierung 1992 die Abschaffung der Wehrpflicht, die offiziell am 1. 3. 1995 endete.

M. ERBE: B., Niederlande, Luxemburg. Gesch. des niederländ. Raumes (1993).

*belgische Kunst: Respektvollen Umgang mit dem weitgehend erhaltenen Baubestand zeigen Eingriffe zur Stadterneuerung (Lüttich, 1976 ff.), Restaurierungen und dem traditionellen Baustil auf moderne Weise angepaßte Neubauten, hervorzuheben die Univ.-Klinik des Sart-Tilmann-Campus bei Lüttich (1986) von CHARLES VANDENHOVE (*1927); den Univ.-Campus in Kortrijk (KULAK) strukturierte STÉPHANE BEEL (*1955) mit minimalist. Mitteln neu (1991–94); im Stadtzentrum entstand 1991–93 die Wirtschaftshochschule von BRUNO ALBERT (*1941). In Antwerpen ist BOB VAN REETH (*1941) zu nennen. Ideenreiche Lösungen zeigen u. a. auch PAUL ROBBRECHT (*1950) und HILDE DAEM (*1950), GEORGES BAINES (*1925), MAURICE CULOT (*1938), Architekturbüro AUSI A. & P. von MICHEL BENOIT (*1941) und THIERRY VERBIEST (*1942), JO CREPAIN (*1950), BERNARD HERBECQ (*1950) und LUC SCHUITEN (*1944).

Seit 1980 wurde in Belgien eine aktuelle Kunst entwickelt, die sich konzeptuell mit den Strukturen der Kunstrezeption auseinandersetzt. Künstler wie GUILLAUME BIJL (*1946), THIERRY DE CORDIER (*1954), LILI DUJOURIE (*1941), JAN FABRE (*1958), MICHEL MOUFFE (*1957), JAN VERCRUYSSE (*1948) und DIDIER VERMEIREN (*1951) befragten in den meist raumgreifenden Objektinstallationen das Material und die Präsentation auf ihre Möglichkeiten, eine Aura des Künstlerischen zu inszenieren. Typisch ist dabei die Beschäftigung mit der jüngeren Kunstgeschichte, den museumsdidakt. Konzeptionen der 1970er Jahre und den ästhet. Verfremdungen alltägl. Situationen.

L'art en Belgique depuis 1980, bearb. v. M. VINCENT, Ausst.-Kat. (Brüssel 1993).

belgische Kunst: Guillaume Bijl, Freiluftinstallation ›Sculpture trouvée‹; 1987

belgische Kunst: Jan Fabre, Installation ›Hand to listen‹ auf der documenta IX in Kassel 1992

*Belize, Staat in Zentralamerika, an der O-Küste der Halbinsel Yucatán.

Hauptstadt: Belmopan. *Amtssprache:* Englisch. *Staatsfläche:* 22 965 km². *Bodennutzung (1992):* 570 km² Ackerland, 480 km² Dauergrünland, 10 120 km² Waldfläche, Rest überwiegend Sumpf und Savanne. *Einwohner (1994):* 206 000, 9 Ew. je km². *Städtische Bevölkerung (1992):* 46,6 %. *Durchschnittliches Bevölkerungswachstum pro Jahr (1985–93):* 2,6 %. *Bevölkerungsprojektion für 2000:* 230 000 Ew. *Ethnische Gruppen:* 40 % Schwarze und Mulatten (Creoles), 33 % Mestizen, 9,5 % Indianer (Maya), 7,5 % Garifuna (Schwarze Kariben), 4 % Weiße, 2 % Inder. *Religion (1986):* Etwa 62 % Katholiken, etwa 28 % Protestanten (Anglikaner, Methodisten, Siebenten-Tags-Adventisten, Mennoniten u. a.), etwa 0,8 % Bahai. *Lebenserwartung der Neugeborenen (1993):* 74 Jahre. *Analphabetenquote (1991):* 7 %. *BSP je Ew. (1993):* 2 440 US-$. *Anteil der Landwirtschaft am BIP (1993):* 19 %. *Währung:* 1 Belize-Dollar (Bz$) = 100 Cents (c). *Internationale Mitgliedschaften:* UNO, CARICOM, Commonwealth of Nations, OAS.

Geschichte: Die Anerkennung B.s als eigenständiger Staat durch Guatemala 1991/92 und die Aufnahme diplomat. Beziehungen (rechtskräftig ab Juni 1993) entschärften den langjährigen Konflikt zw. beiden Ländern. Die vorgezogenen Parlamentswahlen vom 30. 6. 1993 beendeten die fast 20jährige Reg.-Zeit von GEORGE PRICE (*1919; PUP; zuletzt 1989–93); neuer Premier-Min. wurde MANUEL ESQUIVEL (*1940; UDP).

Belli [ˈbeji], Gioconda, nicaraguan. Schriftstellerin, *Managua 1948; beteiligte sich aktiv am Widerstand gegen die Somoza-Diktatur; trat zunächst als Lyrikerin, u. a. mit ›Línea de fuego‹ (1978), hervor. Ihr erster Roman ›La mujer habitada‹ (1988; dt. ›Bewohnte Frau‹) schildert die sandinist. Revolution, collagiert mit lyr. Passagen aus der Zeit der span. Conquista.

Weitere Werke: Lyrik: De la costilla de Eva (1987; dt. einer Rippe Evas). – *Roman:* Sofía de los presagios (1990; dt. Tochter des Vulkans).

Ausgaben: Zauber gegen die Kälte. Erot. Gedichte (²1993; span. u. dt.); In der Farbe des Morgens. Gedichte (³1994; span. u. dt.); Wenn du mich lieben willst. Ges. Gedichte (Neuausg. ²1994).

Bels, Alberts, eigtl. **Jānis Cīrulis** [ˈtsiː-], lett. Schriftsteller, *Ropažciems (bei Riga) 6. 10. 1938; war während der sowjet. Okkupation Lettlands einer der ersten Prosaautoren, die sich in der Tauwetterperiode von der Bevormundung durch die kommunist. Partei emanzipierten. Seit 1963 erschienen Erzählungen (›Spēles ar nažiem‹, 1966) und Romane (›Izmeklētājs‹, 1967; ›Būris‹, 1972; ›Saucēja balss‹, 1973, dt. ›Deckname »Karlsons«‹. Histor. Roman‹), in denen in einer von inneren Monologen durchsetzten, bisweilen lyrisch überhöhten realist. Sprache allgemeinmenschl. Probleme, bes. aus der Sicht des Künstlers, behandelt werden. B. ist auch als Drehbuchautor hervorgetreten.

Belševica [-ʃevitsa], Vizma, lett. Schriftstellerin, *Riga 30. 5. 1931; zeigt sich – nach mehrjähriger Tätigkeit als Journalistin und zahlreichen in Zeitschriften publizierten Gedichten und Erzählungen – seit 1966 durch ihre Gedichtbände (›Jūra deg‹, 1966; ›Gadu gredzeni‹, 1969; ›Kamola tinēja‹, 1981; ›Dzeltu laiks‹, 1987; ›Ievziedu aūkstums‹, 1988) und Erzählungen (›Nelaime mājās‹, 1979) als eine der bedeutendsten lett. Lyrikerinnen und Erzählerinnen der Gegenwart; ist auch als Dramatikerin, Autorin von Drehbüchern und als Übersetzerin hervorgetreten. Ihre vielschichtigen Texte zeichnen sich durch große Themenvielfalt, einen reichen, häufig ungewöhnl. Wortschatz, den sie durch Anleihen aus der älteren lett. Literatur ergänzt, und durch eine expressive Semantik aus.

Belting, Hans, Kunsthistoriker, *Andernach 7. 7. 1935; 1969 Prof. in Heidelberg, 1980 in München, seit 1992 in Karlsruhe. B. betrachtet Kunstwerke in ihrem histor. Kontext und untersucht Zusammenhänge von Form, Funktion und Gesellschaft. Seit 1980 widmet er sich v. a. den Fragen einer medienübergreifenden, ihre eigenen Kriterien reflektierenden Kunstwissenschaft. Fragen zur Geschichte der dt. Kunstgeschichtsschreibung sind Thema in ›Die Deutschen u. ihre Kunst. Ein schwieriges Erbe‹ (1992).

Weitere Werke: Das Bild u. sein Publikum im MA. Form u. Funktion früher Bildtafeln der Passion (1981); Das Ende der Kunstgesch.? (1983); Max Beckmann (1984); Giovanni Bellini, Pietà. Ikone u. Bilderzählung in der venezian. Malerei (1985); Bild u. Kult. Eine Geschichte des Bildes vor dem Zeitalter der Kunst (1990); Die Erfindung des Gemäldes. Das erste Jh. der niederländ. Malerei (1994); Das Ende der Kunstgesch. Eine Revision nach zehn Jahren (1995).

***Beltsee:** Mit einer Spannweite von 1 624 m (Gesamtlänge 6 790 m) ist die Brücke über den Großen Belt zw. Fünen und Sprogø die Hängebrücke mit der größten bisher bei diesem Brückentyp realisierten Spannweite. Eine weitere Besonderheit dieser Brücke weisen die 254 m hohen Pylonen (Brückenpfeiler) auf. Bei ihnen wurde bewußt auf eine Stahlbauweise verzichtet, da der notwendige Korrosionsschutz gegen das aggressive Seewasser sehr aufwendig wäre. Die Pylonen wurden deshalb in einer Stahlbetonbauweise errichtet, bei der der Armierungsstahl durch die Betonaußenhaut vor dem Seewasser geschützt wird. Die Fundamente der Pylonen wurden in Trockendocks vorgefertigt, als Caissons (Schwimmkästen) mit Schleppern zur Baustelle transportiert und dort mit hoher Lagepräzision abgesenkt. Bei den Bauarbeiten an dem Eisenbahntunnel zwischen dem Großen Belt zw. den Inseln Seeland und Sprogø gelang am 15. Oktober 1994 nach fünfjähriger Bauzeit der Durchstich. Die beiden parallel verlaufenden, 7,7 km langen Tunnelröhren gehören zus. mit der Hängebrücke über den Großen Belt und der Brücke zw. Fünen und dem Festland zur Großen-Belt-Querung, die ab 1998/99 für den Eisenbahn- und Kraftfahrzeugverkehr fertiggestellt sein soll.

Beltz, Matthias, Kabarettist, *Wohnfeld (heute zu Ulrichstein) 31. 1. 1945; war während des Jurastudiums 1964–69 in der Studentenbewegung aktiv; 1976 Mitbegründer des ›Karl Napp's Chaos Theaters‹, 1982 des ›Vorläufigen Frankfurter Fronttheaters‹, 1988 des Varietés ›Tigerpalast‹ in Frankfurt am Main; trat ab 1986 in Duo-Programmen mit HEINRICH PACHL (*1943) auf; ist seit 1990 v. a. Solokabarettist.

***Belzig 2):** Der seit 3. 10. 1990 zu Brandenburg gehörende Landkreis ging am 6. 12. 1993 im neugebildeten Landkreis Potsdam-Mittelmark auf, dessen Kreisstadt die Stadt Belzig wurde.

***Belzy:** Stadt in Moldawien, heißt seit 28. 6. 1990 **Bălţi.**

Ben Ali, Zine el-Abidine, auch **Sain ad-Din Ibn Ali,** tunes. Politiker, *Sousse 3. 9. 1936; war 1977–80 Leiter des nat. Sicherheitsdienstes, 1980–84 Botschafter in Warschau, 1984–87 Innen-Min., seit 1987 GenSekr. der Reg.-Partei ›Rassemblement Constitutionnel Démocratique‹ (RCD). Als MinPräs. (Okt. bis Nov. 1987) setzte er im Nov. 1987 den langjährigen Staatspräs. H. BOURGUIBA ab und übernahm selbst dessen Amt; 1989 und 1994 wurde er durch Wahlen als Staatspräs. bestätigt.

Benchmarking [ˈbentʃmaːkɪŋ; engl., zu benchmark ›Höhenmarke‹, ›Maßstab‹] *das, -(s), Betriebswirtschaft:* in den USA entwickelte Informationstechnik des strateg. Controllings. B. ist ein kontinuierl. Prozeß, bei dem Wertschöpfungsprozesse, Managementpraktiken, Produkte oder Dienstleistungen über mehrere Geschäftseinheiten hinweg in systemat. und detaillierter Form verglichen werden. Ziel des B. ist es, Leistungslücken aufzudecken und Anregungen für Verbesserungen zu gewinnen.

R. C. CAMP: B. (a. d. Engl., 1994).

Benchmark-Test [ˈbentʃmaːk-; engl. bench-mark ›Höhenmarke‹, ›Maßstab‹], *Datenverarbeitung:* v. a. im Zusammenhang mit Personalcomputern (PC) übl. Bez. für Prüfverfahren zur Ermittlung der Rechengeschwindigkeiten unter Verwendung bestimmter mehr oder weniger standardisierter ›Bewertungsprogramme‹ (engl. bench-mark programs). Die mittleren Geschwindigkeiten von Computern hängen nicht nur von deren jeweiligen ▷ Zykluszeiten ab, sondern u. a. auch davon, wie schnell komplexere Operationen ausgeführt werden (z. B. Ein-/Ausgabe-Operationen oder Multiplikationen in Gleitpunktdarstellung) oder wie lang die Antwortzeiten sind (Summe von Warte- und CPU-Zeiten). Da versch. Computertypen die einzelnen Aufgaben meist unterschiedlich schnell lösen, hängen die Ergebnisse von B.-T. i. d. R. stark von den jeweils verwendeten Bewertungsprogrammen ab. Ergebnisse von B.-T. sind nur dann wirklich aussagefähig, wenn die jeweiligen Testbedingungen genau bekannt sind.

***Bender,** Hans, Parapsychologe: † Freiburg im Breisgau 7. 5. 1991.

***Bendery:** Stadt in Moldawien, heißt seit 1990 **Tighina.**

***Bendix,** Reinhardt, amerikan. Soziologe dt. Herkunft: † Berkeley (Calif.) 28. 2. 1991.

***Benedetti-Michelangeli,** Arturo, italien. Pianist: † Lugano 12. 6. 1995.

***Benet Goitia,** Juan, span. Schriftsteller: † Madrid 5. 1. 1993.

***Bengtson,** Hermann, Althistoriker: † München 2. 11. 1989.

Weitere Werke: Griech. Staatsmänner des 5. u. 4. Jh. v. Chr. (1983); Philipp u. Alexander d. Gr. (1985); Die Diadochen (1987); Die hellenist. Weltkultur (1988).

***Benin,** amtlich frz. **République du Bénin,** Staat in Westafrika, grenzt an den Golf von Guinea.

Hauptstadt: Porto Novo. *Amtssprache:* Französisch. *Staatsfläche:* 112 622 km². *Bodennutzung (1992):* 18 700 km² Ackerland, 4 420 km² Dauergrünland, 34 200 km² Waldfläche. *Einwohner (1994):* 5,235 Mio., 46 Ew. je km². *Städtische Bevölkerung (1992):* 40%. *Durchschnittliches Bevölkerungswachstum pro Jahr (1985–93):* 3,2%. *Bevölkerungsprojektion für 2000:* 6 Mio. Ew. *Ethnische Gruppen (1992):* 39,8% Fon, 12,2% Yoruba, 8,7% Bariba, 6,6% Somba, 5,6% Fulbe, 27,1% andere. *Religion (1992):* 18,5% Katholiken, 15,2% Muslime, über 60% sind Anhänger traditioneller afrikan. Religionen. *Altersgliederung (1995):* unter 15 Jahre 47,3%, 15 bis unter

Benin

Staatswappen

Nationalflagge

65 Jahre 49,8%, 65 und mehr Jahre 2,9%. *Lebenserwartung der Neugeborenen (1992):* männlich 49 Jahre, weiblich 52 Jahre. *Analphabetenquote (1991):* insgesamt 76,6%, männlich 68,3%, weiblich 84,4%. *BSP je Ew. (1993):* 420 US-$. *BIP nach Sektoren/Produktionsstruktur (1992):* Landwirtschaft 37%, Industrie 13%, Dienstleistungen 50%. *Währung:* 1 CFA-Franc = 100 Centimes. *Internationale Mitgliedschaften:* UNO, OAU, Wirtschaftsgemeinschaft westafrikan. Staaten.

Geschichte: 1989/90 erzwangen v. a. wirtschaftlich bedingte Massenproteste die Abkehr vom Marxismus-Leninismus und die Einführung eines Mehrparteiensystems. Es kam zur Bildung einer Nationalversammlung, die alle gesellschaftlich relevanten Kräfte umfaßte. Diese setzte sich zum Souverän ein, entließ die Reg. und suspendierte die Verfassung. In einem Referendum votierten die Bürger am 2. 12. 1990 für die Annahme einer neuen Verf., mit der das Militärregime durch ein Präsidialsystem abgelöst und ein Mehrparteiensystem etabliert wurde (B. heißt seither ›République du Bénin‹). Zum ersten Staatspräs. wurde am 24. 3. 1991 der bisherige reformorientierte Premier-Min. N. SOGLO gewählt. Zuvor war bereits im Febr. 1991 ein neues Parlament (auf vier Jahre) gewählt worden; ihm gehörten Abg. (v. a. aus der städt., intellektuellen Elite) aus 21 Parteien an. Seit Juni 1993 gibt es ein Verfassungsgericht. 1993/94 kam es v. a. aufgrund der mit der wirtschaftl. Konsolidierungspolitik der Reg. verbundenen sozialen Härten zu zahlreichen Streiks. Bei den Parlamentswahlen von 1995 erreichten die den Präs. unterstützenden Parteien 38 der 64 Sitze.

G. JOERGER: B. (1988).

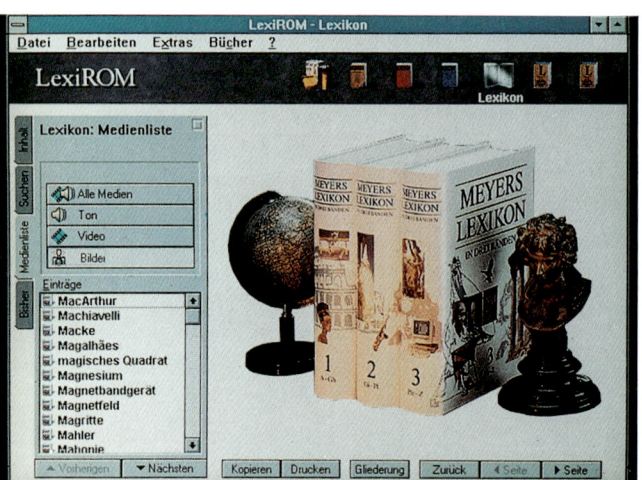

Benutzeroberfläche des elektronischen Nachschlagewerks ›LexiROM‹ auf CD-ROM, das mehrere Wörterbücher und ein Lexikon zur Informationssuche enthält; ausgewählt ist gerade das Lexikon, in dem nach Artikeln gesucht werden soll, die durch Bilder ergänzt sind; die Auswahl der Artikel erfolgt über das linke Fenster ›Medienliste‹, in dem die Alternative ›Bilder‹ aktiviert ist; das Auswählen der verschiedenen Objekte und das Betätigen der Tastschalter erfolgen mit Hilfe der ›Maus‹ (hier nicht abgebildet)

Benjamin [ˈbendʒəmɪn], George, brit. Komponist und Pianist, *London 31. 1. 1960; studierte in London und ab 1978 in Cambridge bei A. GOEHR, daneben 1976–78 bei O. MESSIAEN in Paris. B. errang mit dem Orchesterwerk ›Ringed by the flat horizon‹ (1979/80) internat. Ansehen. Seit 1988 lehrt er am Royal College of Music in London. Seine Werke zeigen eine Vorliebe für impressionist. Klangstrukturen (›Cascade‹ für Orchester, 1990).

*****Benjamin,** Hilde, Politikerin: † Berlin (Ost) 18. 4. 1989.

Ben Jelloun [-dʒəˈluːn], Tahar, marokkan. Schriftsteller frz. Sprache, *Fès 21. 12. 1944; lebt in Paris und Tanger. In seinen Werken prangert er die sozialen und polit. Mißstände des postkolonialen Maghreb an: verdrängte Sexualität und Unterdrückung der Frau in ›Harrouda‹ (1973; dt.), religiöse Intoleranz und polit. Verfolgung in ›Moha le fou, Moha le sage‹ (1978; dt. ›Der Gedächtnisbaum‹), die emotionale und sexuelle Misere maghrebin. Arbeitsemigranten in Frankreich in ›La réclusion solitaire‹ (1976) und die Korruption im modernen Marokko in ›L'homme rompu‹ (1994; dt. ›Der korrumpierte Mann‹). In der surrealistisch-traumhaften Darstellungsweise verschmelzen Anleihen bei der europ. Moderne mit Elementen der maghrebin. Mythologie und der arab. Erzähltradition, bes. in ›L'enfant de sable‹ (1985; dt. ›Sohn ihres Vaters‹) und ›La nuit sacrée‹ (1987; dt. ›Die Nacht der Unschuld‹).

Weitere Werke: *Romane:* La prière de l'absent (1981; dt. Das Gebet an den Abwesenden); L'écrivain public (1983; dt. Der öffentl. Schreiber); Jour de silence à Tanger (1990; dt. Tag der Stille in Tanger); Les yeux baissés (1991; dt. Mit gesenktem Blick). – *Erzählungen:* Le premier amour est toujours le dernier (1995). – *Lyrik:* À l'insu du souvenir (1980); La remontée des cendres (1991); Poésie complète. 1966–1995 (1995). – *Essays:* La plus haute des solitudes (1977; dt. Die tiefste der Einsamkeiten); Hospitalité française (1984); L'ange aveugle (1992; dt. Der blinde Engel); La soudure fraternelle (1994). – *Theater:* La fiancée de l'eau (1984). – *Lyrik u. Prosa:* Les amandiers sont morts de leurs blessures (1976; dt. Die Mandelbäume sind verblutet).

Benni, Stefano, italien. Schriftsteller und Journalist, *Bologna 12. 8. 1947; Verfasser zeitkrit. und satir. Erzählungen und Romane. Während in den Erzählungen von ›Bar Sport‹ (1976) das Ambiente einer Bar charakterisiert wird, fungieren die Besucher von ›Il bar sotto il mare‹ (1987; dt. ›Die Bar auf dem Meeresgrund‹. Unterwassergeschichten‹) als Erzähler unterschiedlichster Geschichten. Der Roman ›Terra!‹ (1983; dt.) ist eine Mischung aus Science-fiction- und Abenteuerroman, ›Comici spaventati guerrieri‹ (1986; dt. ›Komische Krieger‹) ein tragikom. Kriminalroman mit offenem Ende, der im großstädt. Ballungsraum spielt. In ›Baol. Una tranquilla notte di regime‹ (1990; dt. ›Baol oder die mag. Abenteuer einer fieberhaften Samstagnacht‹) wird der illusor. Kampf des Titelhelden um die Wahrheit in einem korrupten Staat beschrieben; ›La Compagnia dei Celestini‹ (1992) entwirft die apokalypt. Vision eines gescheiterten gesellschaftl. Aufbruchs. ›I meravigliosi animali di Stranalandia‹ (1984) ist ein phantast. Bestiarium.

*****Benning,** Achim, Schauspieler, Regisseur und Intendant: War 1989–92 künstler. Direktor des Schauspielhauses Zürich.

*****Bense,** Max, Philosoph: † Stuttgart 29. 4. 1990.

Benutzeroberfläche, *Datenverarbeitung:* Bez. für die jeweilige Realisierungsweise der Kommunikations- bzw. Interaktionsmöglichkeiten zw. einem Rechner (Computer) und dessen Benutzer oder Anwender, bes. in Verbindung mit einem Bildschirm; wenn der Bildschirm im Graphikmodus arbeitet, spricht man auch von einer **graphischen Benutzeroberfläche**.

Jedes Programm, das nicht selbständig abläuft, sondern die Eingabe bestimmter Daten oder Informationen erfordert, muß den jeweiligen Bearbeitungszustand, die Art der benötigten Information sowie die Möglichkeit und Form für deren Eingabe in verständl. und zweckmäßiger Weise darstellen. Die Darstellungsweise kann prinzipiell bei jedem Programm anders sein, auch wenn die jeweiligen Informationen oder Aktionen gleichartig oder gar gleich sind. Zur Erleichterung der Anwendung versch. Computer oder Programme werden diese zunehmend mit einheitl. B. ausgestattet, auf der Ebene des Betriebssystems z. B. mit der Darstellung einer Schreibtischoberfläche auf dem Bildschirm und der Nachahmung bestimmter Tätigkeiten unter Verwendung entsprechender Sinnbilder (engl. icons); durch deren Anklicken mit der Maus werden die gewünschten Prozesse aktiviert.

*Benya, Anton, österr. Gewerkschafter und Politiker: War bis Okt. 1987 Präs. des ÖGB; sein Nachfolger wurde F. VERZETNITSCH.

*Benziger Verlag: Wurde 1993 vom Patmos Verlag (Cornelsen Verlagsgruppe) übernommen; Sitze sind jetzt Solothurn und Düsseldorf.

*Bergbadachschan: Seit 1992 autonome Republik innerhalb Tadschikistans, im Pamir, 63 700 km^2, (1990) 164 300 Ew., Hauptstadt ist Chorog; 89,5 % der Bev. sind Tadschiken und 6,7 % Kirgisen.

*Bergbau: Der Anteil des B. am Bruttoinlandsprodukt Dtl.s ist (1991) auf 0,5 %, die Zahl der Beschäftigten auf 162 000 zurückgegangen. Die Ruhrkohle AG ist mit einer Steinkohleförderung von 42 Mio. t (1994) auch heute das größte Unternehmen des dt. Steinkohle-B.s. Insgesamt ist die Steinkohleförderung in Dtl. auf (1993) rd. 58 Mio. t zurückgegangen. Die Zahl der Beschäftigten sank auf 106 300. Die Braunkohleförderung, zu der jetzt auch das Revier in der Lausitz zählt, wuchs auf 222 Mio. t; der techn. Entwicklung entsprechend ging die Belegschaft zurück und stagniert bei rd. 53 700 Mitarbeitern. Auch die Förderung des Kalibergbaus ist gestiegen (1993: 30,4 Mio. t), während die Belegschaft auf 12 000 Beschäftige schrumpfte. Der Erz-B. ist nur noch von marginaler Bedeutung.

Die *Weltförderung* belief sich 1993 auf folgende Mengen (Mio. t): Steinkohle 3 483, Braunkohle 953, Eisenerz 939, Kupfererz 9,5, Bleierz 2,8, Zinkerz 6,8, Zinnerz 0,2, Erdöl 3 164,8 Mio. t Erdöläquivalent, Erdgas 1 888 Mio. t Erdöläquivalent.

In den letzten Jahren haben sich der Verbrauch und das Preisniveau im Welt-B. wieder deutlich erholt, und die Überkapazitäten sind weitgehend abgebaut, wenngleich in Rußland der Prozeß der Anpassung der Kapazitäten an den gesunkenen Bedarf noch nicht abgeschlossen ist.

*Berger, Erna, Sängerin: † Essen 14. 6. 1990.

Berger ['bə:gə], John, engl. Schriftsteller, *London 5. 11. 1926; studierte Kunst, war Zeichenlehrer und Maler; lebt seit vielen Jahren in einem Dorf in Hochsavoyen. Sein sozialistisch orientiertes Interesse an Kunst wird in zahlreichen theoret. Arbeiten deutlich (›The success and failure of Picasso‹, 1965, dt. ›Glanz und Elend des Malers Pablo Picasso‹; ›Ways of seeing‹, 1972, dt. ›Sehen. Das Bild der Welt in der Bilderwelt‹; ›Keeping a rendezvous‹, 1991, dt. ›Begegnungen und Abschiede‹). Indirekt geht die dort zentrale Frage nach der richtigen künstler. Sehweise auch in B.s experimentelle Romane ein, wobei bes. der metahistor. Roman ›G‹ (1972; dt.) sowie das aus einer Montage versch. Textsorten bestehende Werk ›Pig earth‹ (1979; dt. ›Sau-Erde. Geschichten vom Lande‹) Möglichkeiten und Grenzen persönl. Freiheit sowie das Problem der Realitätswiedergabe in der Literatur reflektieren. Die Fortsetzungen ›Pig earth‹, die Erzählsammlungen ›Once in Europa‹ (1987; dt. ›Spiel mir ein Lied. Geschichten von der Liebe‹) und ›Lilac and flag‹ (1990; dt. ›Flieder und Flagge‹), ergründen poetisch eindringlich ländl. Lebensweisen und Erfahrungswelt. B. schrieb auch Drehbücher (mit A. TANNER).

Weitere Werke: *Romane:* A painter of our time (1958; dt. Die Spiele); Corker's freedom (1964). – *Drama:* Goya's last portrait (1989; mit N. BIELSKI).

Berger, Peter Ludwig, Soziologe, *Wien 17. 3. 1929; Schüler von A. SCHÜTZ, ab 1954 Prof., seit 1981 an der Boston University. B. schrieb populäre Einführungen in die Soziologie und stellte unter dem Einfluß phänomenolog. und wissenssoziolog. Denkens die Erfahrung der Alltagswelt sowie das religiöse Denken als soziale Konstruktionen in den Mittelpunkt seiner Untersuchungen. Zus. mit T. LUCKMANN verfaßte er ›The social construction of reality‹ (1966; dt. ›Die gesellschaftl. Konstruktion der Wirklichkeit‹).

Weitere Werke: The sacred canopy. Elements of a sociological theory of religion (1967; dt. Zur Dialektik von Religion u. Gesellschaft); A rumor of angels. Modern society and the rediscovery of the supernatural (1969; dt. Auf den Spuren der Engel); Sociology. A biographical approach (1972, mit B. Berger; dt. Individuum u. Co., auch u. d. T. Wir u. die Gesellschaft); Pyramids of sacrifice. Political ethics and social change (1974; dt. Welt der Reichen, Welt der Armen); The capitalist revolution (1986; dt. Die kapitalist. Revolution); A far glory. The quest for faith in an age of credulity (1992; dt. Sehnsucht nach Sinn).

*Berghaus, Ruth, Regisseurin und Theaterleiterin: † Zeuthen (Kr. Dahme-Spreewald) 25. 1. 1996.

*Bergkarabach, Nagorno-Karabach: autonomes Gebiet in Aserbaidschan am Ostabfall des Kleinen Kaukasus, 4 400 km^2, (1991) 193 000 Ew. (v. a. Armenier), Hauptstadt ist Stepanakert (aserbaidschan. Xankändi). Das zw. Armenien und Aserbaidschan umstrittene Gebiet sucht sich, angestoßen von der innersowjet. Diskussion über den Umbau der sowjet. Gesellschaft, unterstützt von Armenien, seit 1988 aus dem aserbaidschan. Staatsverband zu lösen. Während Armenien B. als ein armenisch geprägtes Kulturland (armen. Bez. ›Arzach‹) betrachtet, sieht Aserbaidschan B. als einen untrennbaren Bestandteil seines Territoriums an (Erklärung vom 23. 9. 1989). Mit der Entsendung von Streitkräften (1988) suchte die zentrale sowjet. Partei- und Staatsführung den verfassungsrechtl. Status quo (Verbleib B.s bei Aserbaidschan) aufrechtzuerhalten. Es gelang diesen Truppen auf Dauer jedoch nicht, Kampfhandlungen zw. Armenien und B. auf der einen Seite und Aserbaidschan auf der anderen Seite zu verhindern. Nach dem Zusammenbruch der Sowjetunion (Ende Dez. 1991) zog die russ. Reg. ihre Truppen 1992 aus diesem Krisengebiet zurück. Unter Vermittlung Irans schlossen Armenien und Aserbaidschan im selben Jahr einen Waffenstillstand. Der Krieg flammte jedoch immer wieder auf. Mitte Dez. 1993 leitete die aserbaidschan. Armee eine Großoffensive ein, in der beide Seiten hohe Verluste zu verzeichnen hatten. Im Mai 1994 vermittelte Rußland einen Waffenstillstand, der jedoch auch nicht zur Lösung des Konfliktes führte. Im Nov. 1994 beschloß die Konferenz über Sicherheit und Zusammenarbeit in Europa (KSZE), eine Friedenstruppe (geplante Stärke 3 300 Mann) in das umstrittene Gebiet zur Aufrechterhaltung des Waffenstands zu entsenden, jedoch konnte zw. den Interessen Rußlands und den Vorstellungen der KSZE (OSZE) allgemein über die nationale Zusammensetzung dieser Friedenstruppe keine Einigung erzielt werden.

*Berglar, Peter, Schriftsteller, Mediziner, Historiker: † Köln 10. 11. 1989.

Bergner, Christoph, Politiker (CDU), *Zwickau 24. 11. 1948; Agraringenieur, wiss. Mitarbeiter am Institut für Biochemie der Pflanzen in Halle (Saale), schloß sich in der Zeit des Umbruchs in der Dt. Dem. Rep. 1989/90 zunächst dem Neuen Forum, dann der CDU an. Von Dez. 1991 bis Dez. 1993 war er Fraktions-Vors. der CDU im Landtag von Sachs.-Anh.; als MinPräs. führte er von Dez. 1993 bis Juli 1994 eine Reg.-Koalition aus CDU und FDP. Seit Juli 1994 ist B. erneut Fraktions-Vors. seiner Partei im Landtag, seit Okt. 1995 auch stellv. Vors. der CDU.

*Berio, Luciano, italien. Komponist: Initiierte die Gründung des Experimentalstudios ›Tempo Reale‹ in Florenz 1987 und lehrte 1993/94 an der Harvard Uni-

Christoph Bergner

Beri Berisha – Berlin

Sali Berisha

versity. In seinen Werken spielen zunehmend live-elektron. Techniken eine Rolle.

Weitere Werke: Formazioni (1987; für Orchester); Ofanin (1988, Neufassung 1992; für Frauenstimme, zwei Kinderchöre, Instrumentalgruppen und Live-Elektronik); Continuo (1990; für Orchester); Compass (1995; Ballett).

Berisha [-ʃa], Sali, alban. Politiker, *Tropojë (N-Albanien) 11. 7. 1944; Herzchirug, in der Zeit des kommunist. Reg.-Systems Funktionär im Gesundheitswesen und Leibarzt E. HOXHAS, früher Mitgl. der kommunist. Partei der Arbeit, trat im Dez. 1990 der oppositionellen Demokrat. Partei bei (seitdem ihr Vors.). Am 9. 4. 1993 wählte ihn das Parlament zum Staatspräsidenten.

*Berlin 1): Mit der Vollendung der Einheit Dtl.s am 3. 10. 1990 ist die ▷ Berlinfrage gelöst. Aufgrund des Zwei-plus-Vier-Vertrages (12. 9. 1990) und einer Erklärung der Außen-Min. der Siegermächte (1. 10. 1990) endeten an diesem Tag die Rechte und Verantwortlichkeiten der Vier Mächte in bezug auf B. und Dtl. als Ganzes. Außerdem wurde durch den Einigungsvertrag bestimmt, daß mit diesem Tag die 23 Bezirke von B. das Land B. bilden und daß B. die Hauptstadt Dtl.s ist (→Berlin/Bonn-Gesetz). B. umfaßt 889 km² und (1994) 3,475 Mio. Ew. und ist damit nach Fläche und Bev. die größte Stadt Deutschlands.

Berlin 1)
Stadtwappen

Hauptstadt Deutschlands
·
3,475 Mio. Ew.
·
1989 Öffnung der Mauer
·
seit 3. 10. 1990 vereinigte Stadt
·
seit 1994 Amtssitz des Bundespräsidenten
·
Bundestag und Regierung ziehen später von Bonn um
·
starke Bautätigkeit
·
drei Universitäten drei Opernhäuser
·
Kfz-Zeichen: B

Verfassung und Verwaltung

Verfassung: Auf der konstituierenden Sitzung des ersten Gesamtberliner Abgeordnetenhauses am 11. 1. 1991 wurde beschlossen, die Geltung der Verf. von 1950 auf ganz B. auszudehnen. Die durch das Abgeordnetenhaus 1995 beschlossene überarbeitete Verf. (durch Volksabstimmung am 22. 10. 1995 angenommen) enthält jetzt auch Staatsziele und plebiszitäre Elemente.

Legislativorgan ist das Abgeordnetenhaus mit mindestens 150 (nach der Wahl vom 22. 10. 1995 tatsächlich 206) Abgeordneten.

Über Verf.-Fragen entscheidet der 1992 errichtete Verf.-Gerichtshof (neun vom Abgeordnetenhaus gewählte Richter).

Wappen: Am 24. 1. 1991 beschloß das Landesparlament von B. die Übernahme des Wappens von B. (West) für ganz Berlin.

Verwaltung: Die Berliner Verwaltung wird vom Senat und den ihm nachgeordneten Behörden (Hauptverwaltung) sowie den 23 Bezirksverwaltungen wahrgenommen. Dabei werden staatl. und gemeindl. Tätigkeiten nicht getrennt. Aufgaben, die nicht ausdrücklich der Hauptverwaltung zugeordnet sind, sind Bezirksaufgaben.

Recht: Bereits durch Ges. vom 28. 9. 1990 wurde das bis dahin nur in B. (West) geltende Recht mit bestimmten Maßgaben auf den bisherigen Ostteil der Stadt ausgedehnt (Ges. über die Vereinheitlichung des Berliner Landesrechts).

Stadtgebiet und Bevölkerung

Stadtgebietsfläche: B. hat eine max. Ausdehnung von 45 km in O–W-Richtung und 38 km in N–S-Richtung. Von der Fläche B.s (1993) sind 43,6% bebaut (213 km² in B.-West, 175 km² in B.-Ost), 8,5% sind Straßen und Plätze (60 km² in B.-West, 16 km² in B.-Ost), 3,8% Bahnanlagen und Flugplatzgelände (22 km² in B.-West, 12 km² in B.-Ost), 17,5% Wälder (76 km² in B.-West, 79 km² in B.-Ost), 10,6% Parks und Friedhöfe (54 km² in B.-West, 43 km² in B.-Ost), 1,4% Sportplätze und Freibäder (6 km² in B.-West, 7 km² in B.-Ost), 6,4% Wasserflächen (33 km² in B.-West, 24 km² in B.-Ost), 6,7% landwirtschaftl. und gärtner. Nutzflächen (18 km² in B.-West, 41 km² in B.-Ost), 1,5% Flächen anderer Nutzung (4 km² in B.-West, 9 km² in B.-Ost). Zu den 83 km² Parkanlagen gehören Zoolog. Garten und Tierpark Friedrichsfelde.

Bevölkerung: Die (1994) 3,475 Mio. Ew. machen 4,3% der Bevölkerung Dtl.s aus; der Anteil der weibl. Bev. beläuft sich auf 52,1%. Im Zuge der Wanderungen über die Stadtgrenze ließen sich 1993 über 122 000 Menschen in B. nieder; rd. 51 000 Personen kamen aus anderen Bundesländern, 71 000 Personen aus dem Ausland. Gegenüber den Fortzügen ergibt sich insgesamt ein Überschuß von rd. 22 000 Zuzügen, im Bev.-Austausch mit den anderen Bundesländern allerdings ein Überschuß von rd. 7 000 Fortzügen.

Am 1. 1. 1994 wohnten 406 600 Ausländer in B. (11,7% der Stadt-Bev.), davon 353 200 im West- und 53 400 im Ostteil. Von den Ausländern waren 138 500 Türken, 70 300 Menschen aus dem früheren Jugoslawien, 26 000 Polen, 16 300 Menschen aus Rußland und europ. Teilen der früheren Sowjetunion, 9 900 Griechen, 9 500 Italiener, 9 100 US-Amerikaner, 8 400 Briten, 8 000 Franzosen, 7 600 Vietnamesen, 6 800 Österreicher, 6 600 Iraner, 6 200 Libanesen, 4 200 Thailänder, 4 200 Bulgaren, 3 100 Rumänen, 3 000 Chinesen, 2 500 Ungarn, 2 000 Menschen aus Sri Lanka, 1 900 Israeli, 1 800 Menschen aus Süd-Korea, 1 500 Ghanaer und 1 300 Ägypter; die Staatsangehörigkeit von Ländern der EU besaßen insgesamt 46 100 Ausländer. Eingebürgert wurden 1945–93 in B. 89 209 Personen, darunter waren nach ihrer bisherigen Staatsangehörigkeit 15,1% Polen, 13,4% Türken, 8,8% Israeli und 3,9% Menschen aus dem früheren Jugoslawien.

Von den (1993) 1,804 Mio. Privathaushalten (1,173 Mio. in B.-West, 0,631 Mio. in B.-Ost) sind 45,9% Einpersonenhaushalte (49,8% in B.-West, 38,6% in B.-Ost). – Die Geburtenrate beträgt (1993) 8,3‰ (9,8‰ in B.-West, 5,8‰ in B.-Ost), die Sterberate 11,9‰ (13,3‰ in B.-West, 9,6‰ in B.-Ost). – 1993 waren 15,7% der Bev. unter 15 Jahre alt (14,0% in B.-West, 18,6% in B.-Ost), 70,5% 15 bis unter 65 Jahre alt (70,3% in B.-West, 70,7% in B.-Ost), 13,8% 65 Jahre alt und älter (15,7% in B.-West, 10,7% in B.-Ost).

Religion: Am 1. 1. 1994 zählten die Ev. Landeskirche 1,09 Mio. Gemeindemitglieder, die röm.-kath. Kirche 340 300 Gemeindemitglieder, die Islam. Gemeinde zu B. 166 200, die griech.-orth. Gemeinde 12 000, die jüd. Gemeinde 9 500, die serb.-orth. Kirchengemeinde 8 000 und die Zeugen Jehovas 7 700 Mitglieder.

Bildungswesen: Grundlage für den Aufbau des Schulwesens ist das Schul-Ges. für B. vom 20. 8. 1980 (seit 1. 8. 1991 auch in den östl. Bezirken gültig; letzte Fassung: 26. 1. 1993), das Schulverfassungs-Ges. vom 5. 2. 1979 (letzte Fassung: 26. 1. 1993), für die Privatschulen ein Ges. vom 13. 10. 1987 (letzte Fassung: 8. 7. 1992) sowie das Ges. über die Neuorganisation der Schulaufsicht und eines Landesschulamts in B. vom 26. 1. 1995. Vor die sechs Klassen der Grundschule ist eine Vorklasse gelegt, die nicht auf die Schulpflicht anrechenbar ist. In einem langfristigen Schulversuch werden die Vorschulklasse und das erste Grundschuljahr zu einer Einheit ›Eingangsstufe‹ zusammengefaßt. In den östl. Bezirken werden gemäß Senatsbeschluß vom 30. 6. 1992 die Schulhorte an den Klassenstufen der Grundschule (für 1991/92 rd. 42 600 Kinder) und entsprechende Sonderschuleinrichtungen beibehalten. In den westl. Bezirken sind die Schulhorte in die Kindertagesstätten integriert und der Jugendhilfe zugeordnet; rd. 6 000 Schüler werden in Ganztagsschulen betreut. Die Grundschule bietet ab Klasse 5 eine Fremdsprache an (ebenso Gymnasien, soweit sie mit der 5. statt der 7. Klasse beginnen).

Unter den Begriff ›Berliner Oberschule‹ fallen alle Jahrgangsstufen von der 7. bis 10. Klasse in Haupt-, Real-, Gesamtschule und Gymnasium. Für ausländ. Jugendliche, die beim Zuzug aus dem Ausland nach B. 14 oder 15 Jahre alt sind, sind an einigen Oberschulen Eingliederungslehrgänge von ein- bis zweijähriger

Verwaltungsgliederung Berlin
Größe und Bevölkerung (1994)

Bezirk	Fläche in km²	Einwohner zum Jahresende 1990	1991	1992	1993	Ew je km² (1993)
Charlottenburg	30,3	185 000	185 000	184 400	183 700	6 063
Friedrichshain	9,8	107 900	106 600	107 200	107 800	11 000
Hellersdorf	28,1	120 900	126 300	133 300	135 100	4 808
Hohenschönhausen	26,0	118 400	118 900	119 600	119 500	4 596
Köpenick	127,4	109 900	108 100	108 100	108 800	854
Kreuzberg	10,4	153 900	156 000	156 200	156 800	15 077
Lichtenberg	26,4	167 400	168 100	167 600	167 300	6 337
Marzahn	31,5	167 400	165 400	164 800	163 500	5 190
Mitte	10,7	79 900	80 300	82 200	82 000	7 664
Neukölln	44,9	307 200	309 400	312 000	313 600	6 984
Pankow	61,9	107 300	107 100	107 200	107 300	1 733
Prenzlauer Berg	10,9	143 300	144 700	146 800	148 200	13 596
Reinickendorf	89,4	249 600	249 400	249 900	251 300	2 811
Schöneberg	12,3	156 900	156 800	156 900	156 700	12 740
Spandau	91,9	222 500	223 300	223 900	223 100	2 428
Steglitz	32,0	190 100	190 800	191 500	192 300	6 009
Tempelhof	40,8	187 800	188 400	189 400	190 600	4 672
Tiergarten	13,4	95 000	94 600	94 700	93 900	7 007
Treptow	40,6	102 300	104 100	105 400	106 600	2 626
Wedding	15,4	164 900	167 300	169 600	170 300	11 058
Weißensee	30,1	51 700	51 600	51 700	52 900	1 757
Wilmersdorf	34,4	147 000	146 300	145 800	145 900	4 241
Zehlendorf	70,5	98 500	97 500	97 500	98 200	1 393
Berlin	889,1	3 433 700	3 446 000	3 465 700	3 475 400	3 909
Berlin (West)	485,7	2 158 000	2 164 900	2 171 700	2 176 500	4 481
Berlin (Ost)	403,4	1 275 700	1 281 100	1 294 000	1 298 900	3 220

Dauer eingerichtet; sie treten an die Stelle des Besuchs der Hauptschule, wenn die Jugendlichen nach ihrem Bildungsstand den Hauptschulabschluß (nach dem 9. Schuljahr) nicht innerhalb von zwei Jahren erreichen können. Der erweiterte Hauptschulabschluß nach erfolgreichem Abschluß des 10. Schuljahrs kann bei entsprechendem Leistungsstand des Schülers als dem Realschulabschluß gleichwertig bestätigt werden. Die Realschule kennt im Wahlbereich fünf Richtungen und bietet gymnasiale Aufbauzüge ab der 9. oder 11. Klasse an. Bei den Gesamtschulen werden leistungsdifferenzierte Fachleistungskurse angeboten, über die der Zugang zur gymnasialen Oberstufe erfolgt. Die Gesamtschulen sind überwiegend in sogenannten Bildungszentren, z. T. mit Ganztagsbetrieb, eingerichtet. Die gymnasiale Oberstufe beginnt nach Abschluß der Klasse 10; diese ist seit 1991/92 aufgeteilt in eine Einführungsphase (Jahrgangsstufe 11), in der die Schüler weiterhin im Klassenverband arbeiten, und eine anschließende Kursphase; es gibt sie an Gymnasien, Gesamtschulen und (1991 an 19) berufsfeldorientierten Oberstufenzentren (OSZ); in letzteren werden nach Berufsfeldern Berufsschule, Berufsfachschule, Fachoberschule (Voraussetzung für den Besuch ist ein Realschulabschluß) und gymnasiale Oberstufe mit berufsfeldbezogenem Profil zusammengefaßt. Die im Gebiet von B. (Ost) übernommenen Berufsschulen werden bis zu ihrer Umstrukturierung übergangsweise als Filialen der OSZ geführt.

Im Hochschulbereich bestehen die FU (gegr. 1948; 1993/94: 59 967 Studenten) mit versch. Kliniken, die TU (gegr. 1799, TH seit 1879, als TU neueröffnet 1946; 1993/94: 37 431 Studenten), die ▷ Humboldt-Universität zu Berlin (1993/94: 22 221 Studenten) mit Kliniken, ferner die ▷ Europäische Wirtschaftshochschule (1993/94: 105 Studenten) sowie versch. Kunsthochschulen: die Hochschule der Künste (gegr. 1975 durch Zusammenschluß der Staatl. Hochschulen für Bildende Künste und für Musik und Darstellende Kunst; 1993/94: 5 435 Studenten), im Ostteil der Stadt die Kunsthochschule (1993/94: 349 Studenten), die Hochschule für Musik ›Hanns Eisler‹ (1993/94: 814 Studenten) und die Hochschule ›Ernst Busch‹ für Schauspielkunst (1993/94: 164 Studenten). Auf der Ebene der Fachhochschulen (FH) bestehen (Studenten jeweils 1993/94) die Techn. Fachhochschule (7 910), die Fachhochschule für Technik und Wirtschaft (4 750), die für Verwaltung und Rechtspflege (3 229), die für Wirtschaft (2 585), die des Bundes (Fachbereich Sozialversicherung; 2 063 Studenten), die für Sozialarbeit und Sozialpädagogik (1 091) sowie, ebenfalls für den sozialen Bereich, eine Ev. (580) und eine Kath. Fachhochschule (310 Studenten). B. ist auch Sitz der Fachhochschule der Dt. Telekom (547 Studenten). 1993 nahm die neuerrichtete Berufsakademie ihre Arbeit auf.

Berlin: Lebendgeborene und Gestorbene 1990–1993

	insgesamt 1990	1991	1992	1993	je 1000 Ew. 1990	1991	1992	1993
Lebendgeborene								
Berlin	37 596	30 562	29 667	28 724	11,0	8,9	8,6	8,3
Berlin (West)	22 150	21 850	21 888	21 202	10,3	10,1	10,1	9,8
Berlin (Ost)	15 446	8 712	7 779	7 522	12,1	6,8	6,0	5,8
Gestorbene								
Berlin	44 066	43 654	42 004	41 273	12,9	12,7	12,2	11,9
Berlin (West)	30 292	29 890	29 007	28 819	14,1	13,8	13,4	13,3
Berlin (Ost)	13 774	13 764	12 997	12 454	10,8	10,8	10,1	9,6

B. hat als Sitz außeruniversitärer Forschungseinrichtungen seit Beginn der 1990er Jahre ein stark verändertes Gesicht bekommen. Neben der Großforschungseinrichtung Hahn-Meitner-Institut Berlin GmbH (mit 1991 in Betrieb genommenen Forschungsreaktor), das Fritz-Haber-Institut der Max-Planck-Gesellschaft, das Dt. Archäolog. Institut (DAI), das Wissenschaftskolleg zu Berlin – Institute for Advanced Study, das DIN Dt. Institut für Normung e. V., das Dt. Institut für Wirtschaftsforschung, das Wissen-

Berl Berlin

schaftszentrum Berlin für Sozialforschung (WZB), das Dt. Institut für Urbanistik, das Fraunhofer-Institut für Produktionsanlagen (IPK) sowie das Institut für Werkmaschinen und Fertigungstechnik (IWF) der TU Berlin (seit 1986 gemeinsam im 1982–86 von GERD FESEL und PETER BAYERER am Spreeufer errichteten Produktionstechn. Zentrum, PTZ) u. a. schon länger bestehende Einrichtungen sind getreten: das Wissenschaftsforum Berlin, das Institut für Angewandte Analysis und Stochastik (IAAS) im Forschungsverband Berlin e. V. sowie andere Institute der Blauen Liste, die Großforschungseinrichtung Max-Delbrück-Centrum für Molekulare Medizin (MDC) in B.-Buch, in dem drei Zentralinstitute (für Krebsforschung, für Herz-Kreislauf-Forschung und für Molekularbiologie) der ehem. Akademie der Wissenschaften der DDR aufgingen, die Max-Planck-Institute (MPI) für Infektionsbiologie, für Wissenschaftsgeschichte und (z. T. unmittelbar jenseits der Stadtgrenze, in Teltow) für Kolloid- und Grenzflächenforschung sowie das Institut für angewandte Chemie in B.-Adlershof. Ebenfalls in Adlershof wird →BESSY II errichtet. 1992 wurde die Grundlage für die Errichtung der Berlin-Brandenburg. Akademie der Künste mit Sitz in B., in der unter großen Schwierigkeiten die ehem. Westberliner und die ehem. Akademie der Künste zu B. der Dt. Dem. Rep. personell zusammengeführt wurden, und der Berlin-Brandenburg. Akademie der Wissenschaften (→Akademien der Wissenschaften), ebenfalls mit Sitz in B., gelegt.

Publizistik: Presse: 1995 erschienen zehn Tageszeitungen in B., davon fünf mit einer Sonntagsausgabe. Auflagenstärkste Zeitung ist die ›B. Z.‹ (Auflage: 314 000, Axel Springer Verlag), es folgen die Kaufzeitung ›Berliner Kurier‹ (253 000) und als führende Abonnementzeitung die ›Berliner Zeitung‹ (238 000, beide Gruner + Jahr), ferner die ›Berliner Morgenpost‹ (197 000, Springer), ›Bild Berlin/Brandenburg‹ (144 700, Springer) und ›Der Tagesspiegel‹ (129 000, Holtzbrinck). Überregional verbreitet sind ›Die Welt‹ (212 000), das PDS-Organ ›Neues Deutschland‹ (80 000) sowie die beiden links-alternativen Blätter ›die tageszeitung‹ (taz; 58 000) und ›Junge Welt‹ (25 000). Hinzu kommen zwei überregionale (›Wochenpost‹, 107 000 und ›Freitag‹, 18 000) sowie zwei regionale Wochenzeitungen (›Der Nord-Berliner‹, 37 000 und ›Berliner Linke‹, 10 000) sowie die wöchentlich erscheinende Wirtschaftszeitung ›Die Wirtschaft‹ (30 000). – *Rundfunk:* Vom SFB wird inzwischen auch das Fernsehprogramm ›B 1‹ verbreitet. RIAS wurde um →DeutschlandRadio abgelöst. Zahlreiche lokale private Hörfunksender, darunter ›Hundert,6 – Das private Radio‹ (Sendestart 10. 4. 1987), ›ABV-Radio‹ (1. 10. 1991), ›104,6 RTL‹ (1. 9. 1991), ›r. s. 2 – eine freie Stimme‹ (1. 6. 1992) konkurrieren um Hörer und Werbeeinnahmen. Lokale Fernsehsender sind ›IA Brandenburg‹ (Sendestart 28. 11. 1993), ›FAB – Fernsehen aus Berlin‹ (1. 2. 1991) und der türkisch-deutschsprachige Kabelkanal ›TD 1‹ (28. 8. 1985) sowie sechs weitere, sich einen Mischkanal teilende Kabelsender. In B. ansässige bundesweit verbreitete Privatfernsehsender sind ›n-tv‹ und der türk. Sender ›TRT-INT‹.

Administrative und kulturelle Einrichtungen: B. ist seit Anfang 1994 Amtssitz des Bundes-Präs. (Schloß Bellevue). Die Verlegung des Bundestags- und des Reg.-Sitzes von Bonn nach B. soll möglichst bis zum Jahr 2000 erfolgt sein. Ein Beschluß über die Verlegung des Bundesratssitzes von Bonn nach B. steht noch aus. Ihren Sitz in B. haben zahlreiche nachgeordnete Bundesbehörden, außerdem der Bischof der Ev. Kirche in B.-Brandenburg sowie der kath. Erzbischof der Erzdiözese Berlin. Von den (Ende 1993) 370 Bibliotheken sind die ▷ Staatsbibliothek zu Berlin –

Preußischer Kulturbesitz und die ▷ Amerika-Gedenkbibliothek die größten. B. besitzt zwei Planetarien (Zeiss-Großplanetarium, Planetarium am Insulaner) und zwei Sternwarten (Wilhelm-Foerster-, Archenhold-Sternwarte).

Die kulturelle Bedeutung spiegelt sich weiterhin im Reichtum der Stadt an Theatern (Spielzeit 1992/93: 13 staatl. und 25 private) und Opernhäusern (Dt. Oper B., Dt. Staatsoper Unter den Linden, Kom. Oper) sowie in den (1992) 119 Museen und Sammlungen, darunter die ▷ Staatlichen Museen zu Berlin – Preußischer Kulturbesitz. Wechselausstellungen finden außer im (seit 1987 restaurierten) Martin-Gropius-Bau und dem ehem., zum Jubiläumsjahr 750 Jahre Berlin (1987) dafür hergerichteten Hamburger Bahnhof (seit Herbst 1995 Dauerausstellung zur Nachkriegskunst – Sammlung Marx) sowie im 1989 eröffneten Haus der Kulturen der Welt (d. i. nach dem Einsturz ihres Schalendaches wiederhergestellte ehem. Kongreßhalle am Tiergarten) statt. In B. besteht das dritte indische Kulturzentrum in Europa (nach London und Moskau) und das dritte brasilian. außerhalb Südamerikas (nach Rom und Barcelona). Internat. Rang behaupten die Berliner Philharmoniker, 1987 wurde der Kammermusiksaal neben der Philharmonie von H. SCHAROUN eröffnet und im folgenden Jahr endgültig fertiggestellt (Architekt: EDGAR WISNIEWSKI nach Entwürfen von SCHAROUN).

Wirtschaft und Verkehr

Wirtschaft: Die Wiedervereinigung Dtl.s, die Öffnung der Grenzen nach Osteuropa sowie die Vollendung des Europ. Binnenmarkts stellen B. und sein Umland vor vielfältige wirtschaftl. und verkehrspolit. Herausforderungen. Nach dem Wegfall der künstl. Trennung vom Umland muß der Westteil B.s seine Verflechtungsbeziehungen zu den Nachbarregionen wieder aufbauen. Darüber hinaus war B. durch die geopolit. Lage vor der Vereinigung von der Unterstützung des Bundes abhängig. Nach der Vereinigung sind diese Maßnahmen abgebaut worden, was bes. bei den Unternehmen dazu führt, sich mit weniger Subventionen unter neuen Bedingungen im Wettbewerb behaupten zu müssen.

Mit (1994) 141,1 Mrd. DM (davon 107,2 Mrd. DM im West- und 33,9 Mrd. DM im Ostteil) werden in B. 4,2 % des Bruttoinlandsprodukts (BIP) Dtl.s erwirtschaftet. Für den Ostteil wird ein BIP je Ew. von 26 099 DM, für den Westteil von 49 129 DM ausgewiesen. B. liegt damit über dem Durchschnitt der neuen bzw. alten Bundesländer mit 22 015 DM bzw. 45 295 DM. Die Arbeitslosenquote im Westteil ist mit (1994) 13,3 % (1992: 11,1 %) erstmals höher als die Arbeitslosenquote im Ostteil der Stadt (13,0 %; 1992: 14,3 %). Die Arbeitslosenquote im Westteil ist höher als der Durchschnitt der alten Bundesländer (9,2 %), im Ostteil niedriger als die Quote der neuen Bundesländer (16,0 %). Während 1994 im Ostteil der Stadt ein reales Wachstum des BIP von 7,3 % erreicht werden konnte (Durchschnitt neue Bundesländer: 9,2 %), ging das BIP im Westteil um 1,0 % zurück (Durchschnitt alte Bundesländer: 72,3 %).

Seit Überwindung der Teilung der Stadt befindet sich die Berliner Wirtschaft im Umbruch, was sich in der rückläufigen Entwicklung des industriellen Sektors widerspiegelt. In der Industrie sind 1989–94 knapp 200 000 Arbeitsplätze, überwiegend im Ostteil, verlorengegangen. Demgegenüber konnten Dienstleistungssektor und Handwerk sowie die Bauwirtschaft überdurchschnittl. Steigerungsraten erzielen. Große Hoffnungen werden an den Umzug der Bundesreg. und den Zusammenschluß der Bundesländer B. und Brandenburg geknüpft. Dies betrifft u. a. die Neuansiedlung von Industrie- und Dienstleistungsunterneh-

Berlin: Stadtplan (Namenregister)

Straßen und Plätze

Adenauerplatz C 4
Alboinstraße E 6
Alexanderplatz G 2
Alt Moabit DE 2
Alt Tempelhof F 6
Amrumer Straße D 1
AVUS A 5-4
Bachstraße D 3
Bamberger Straße D 4
Bayerischer Platz D 5
Bergmannstraße FG 5
Berliner Allee H 1
Berliner Straße CD 5
Bernadottestraße A 5-B 6
Bernauer Straße F 2-1
Beusselstraße C 2
Birkenstraße D 2
Bismarckstraße BC 3
Blissestraße C 5
Blücherstraße F 4-G 5
Boelckestraße E 5-6
Brandenburgische Straße C 4-5
Breitenbachplatz C 6
Breite Straße B 6
Brunnenstraße F 1-2
Budapester Straße D 4-3
Bülowstraße E 4
Bundesallee C 6-D 4
Bundesplatz CD 5
Chausseestraße E 1-F 2
Clayallee A 6
Columbiadamm FG 5
Dudenstraße EF 5
Eberswalder Straße G 1
Elsterplatz B 5
Englerallee BC 6
Ernst-Reuter-Platz C 3
Fehrbelliner Platz C 4-5
Fennstraße E 1
Flughafenstraße GH 5
Föhrer Straße D 1
Franklinstraße C 3-2
Friedrichstraße F 2-4
Friedrich-Wilhelm-Platz C 6
Fürstenbrunner Weg A 2-B 3
Germaniastraße F 6
Gitschiner Straße FC 4
Gleimstraße F 1
Gneisenaustraße F 4-5
Goerdelerdamm B 2-C 1
Goethestraße C 3
Grazer Damm D 6
Greifswalder Straße G 2-H 1
Grellstraße GH 1
Grenzallee H 6
Großer Stern D 3
Grunewaldstraße DE 5
Güntzelstraße CD 4
Hagenstraße AB 5
Hardenbergstraße C 3
Hasenheide G 5
Hauptstraße D 6-E 5
Heckerdamm A-C 1
Heerstraße A 3
Hegelallee G 2-3
Heidelberger Platz C 5
Heinrich-Heine-Straße G 4-3
Helmholtzstraße C 2
Hermannplatz G 5
Hermannstraße G 5-H 6
Hohenstaufenstraße D 4
Hohenzollerndamm B 5-C 4
Hohenzollernplatz C 4
Holzmarktstraße G 3
Hubertusallee B 5-4
Hubertusbader Straße AB 5
Hussittenstraße F 1
Innsbrucker Platz D 5
Invalidenstraße EF 2

Jakob-Kaiser-Platz B 1-2
Joachimstaler Straße D 4
Jungfernheideweg A 1
Kaiserdamm B 3
Kaiser-Friedrich-Straße B 3
Kaiserin-Augusta-Allee C 2
Kantstraße BC 3
Karl-Marx-Allee H 3
Karl-Marx-Straße G 5-H 6
Kochstraße F 3
Koenigsallee A 6-B 4
Kollwitzstraße G 2-1
Kolonnenstraße E 5
Königin-Elisabeth-Straße B 3
Konstanzer Straße C 4
Köpenicker Straße G 3-H 4
Kottbusser Damm G 4-5
Kreuzbergstraße EF 5
Kufsteiner Straße D 5
Kurfürstendamm B-D 4
Kurt-Schumacher-Damm B 1
Lahnstraße H 6
Landsberger Allee H 2
Laubacher Straße C 6-5
Leibnizstraße C 4-3
Leinestraße G 6
Leipziger Platz E 3
Leipziger Straße F 3
Leopoldplatz E 1
Lepsiusstraße C 6
Levetzowstraße D 2-3
Lichtenberger Straße G 3-2
Lietzenburger Straße CD 4
Lindenstraße F 4-3
Luisenstraße E 2-F 3
Lützowplatz D 4
Manteuffelstraße E 6
Marchstraße E 3
Martin-Luther-Straße D 5-4
Mecklenburgische Straße B 6-C 5
Mehringdamm F 5-4
Mehringplatz F 4
Messedamm A 4-B 3
Michaelkirchplatz G 3-4
Mierendorffplatz C 2
Möckernstraße F 4
Monumentenstraße E 5
Mühlenstraße H 3-4
Naumannstraße E 6-5
Neue Kantstraße B 3
Nollendorfplatz DE 4
Nonnendammallee A 1
Oberbaumbrücke H 4
Oberlandstraße G 6
Oranienplatz G 4
Oranienstraße F 3-G 4
Ostseestraße H 1
Otto-Braun-Straße G 2
Otto-Suhr-Allee BC 3
Pacelliallee B 6
Pankstraße E 1
Pannierstraße H 5
Paradestraße EF 5
Paulsborner Straße B 5-C 4
Paulstraße E 2
Perleberger Straße D 2-E 1
Pestalozzistraße BC 3
Petersburger Straße H 2-3
Platz am Wilden Eber B 6
Platz der Luftbrücke F 5
Platz der Republik E 3
Platz der Vereinten Nationen GH 2
Podbielskiallee B 6
Potsdamer Platz E 3
Potsdamer Straße E 4-3
Prenzlauer Allee G 2-1
Prenzlauer Berg G 1
Priesterweg E 6
Prinzenstraße G 4
Putlitzbrücke D 2-1

Quitzowstraße D 2-E 1
Rathenower Straße DE 2
Reichsstraße A 2-3
Reinhardtstraße F 2
Reinickendorfer Straße E 1
Rheinbabenallee B 5-6
Rheinstraße D 6
Rohrdamm A 1-2
Rosenthaler Platz F 2
Rubensstraße D 5-6
Rüdesheimer Platz C 6
Rudolf-Wissell-Brücke 2
Saatwinkler Damm A-C 1
Sachsendamm E 5-6
Schildhornstraße C 6
Schillingstraße G 3
Schloßplatz F 3
Schloßstraße (Charl.) B 3
Schloßstraße (Steglitz) C 6
Schönhauser Allee G 2-1
Schwedter Straße F 1-G 2
Seesener Straße B 4-5
Seestraße D 1
Senefelderplatz G 2
Siemensdamm A 1-B 2
Silbersteinstraße G 6
Skalitzer Straße GH 4
Sonnenallee G 5-H 6
Sophie-Charlotte-Platz B 2
Spandauer Damm A 2-B 3
Spittelmarkt F 3
Stadtring B 5
Stauffenbergstraße E 3
Storkower Straße H 1-2
Straße des 17. Juni CE 3
Strausberger Platz G 3
Stresemannstraße E 3-F 4
Stromstraße D 2
Suarezstraße B 4-3
Südstern G 5
Südwestkorso C 6-5
Swinemünder Straße F 1
Tauentzienstraße D 4
Tegeler Weg B 2
Tempelhofer Damm F 6-5
Theodor-Heuss-Platz A 3
Theodor-Wolff-Straße G 2
Thorwaldsenstraße D 6
Tiergartenstraße E 3
Torgauer Straße E 5
Torstraße FG 2
Turmstraße E 2
Uhlandstraße C 5-3
Unionsplatz 2
Unter den Linden F 3
Urbanstraße F 4-G 5
Viktoria-Luise-Platz D 4
Vinetaplatz F 1
Voltastraße F 1
Vorarlberger Damm DE 6
Walther-Schreiber-Platz C 6
Warschauer Straße H 4-3
Wasserturmplatz G 2
Westfälische Straße BC 4
Wichertstraße G 1
Wiener Straße H 4
Wiesbadener Straße BC 6
Wilhelmstraße F 3-4
Wilmersdorfer Straße C 3-4
Wittenbergplatz D 4
Yorckstraße EF 4

Gebäude, Anlagen u. a.

Abgeordnetenhaus von Berlin F 3
Amerika-Gedenkbibliothek F 4
Anhalter Bahnhof F 4
Antikenmuseum B 3
Aquarium D 3

Bahnhof Friedrichstraße F 2-3
Bahnhof Schöneberg D 5
Bahnhof Zoo D 3
Bauhaus-Archiv D 3
Berliner Dom F 3
Berliner Kammerspiele D 2
Bode-Museum F 2
Brandenburger Tor E 3
Bröhan-Museum B 3
Bundesaufsichtsamt für das Versicherungswesen C 4
Bundesdruckerei F 3
Bundesrechnungshof C 2
Bundeswehrkrankenhaus E 1
Centrum Judaicum F 2
Charité E 2
Dahlem B 6
Deutsche Oper C 3
Deutscher Dom F 3
Deutsche Staatsoper Unter den Linden F 3
Deutsches Theater und Kammerspiele F 2
Deutsche Stiftung für Internationale Entwicklung D 3
Deutschlandhalle A 4
Deutschlandradio D 5
Dianasee A 5
Dom F 3
East Side Gallery G 3-H 4
Europa-Center D 4
Fernsehturm G 2
Flughafen Tempelhof FG 5-6
Französischer Dom (Frz. Friedrichstadtkirche) F 3
Freie Universität (FU) B 6
Friedenau CD 6
Friedrichshain, Volkspark GH 2
Friedrichstadtpalast F 2
Fritz-Schloß-Park E 2
Funkturm A 3
Gedächtniskirche D 4
Gedenkstätte Plötzensee C 1
Gedenkstätte Deutscher Widerstand E 3
Geheimes Staatsarchiv B 6
Gropiusbau F 3
Großmarkt C 1-2
Grunewald A 5
Halensee AB 4
Hansaviertel D 3
Hasenheide, Volkspark G 5
Hauptbahnhof H 3
Haus der Kulturen der Welt E 3
Haus des Rundfunks A 3
Hebbel-Theater F 4
Hedwigskathedrale F 3
Herthasee A 5
Hochschule der Künste C 3
Hohenzollernkanal A-C 1
Hubertussee AB 5
Humboldthain F 1
Humboldt-Universität F 3
ICC (Internationales Congress Centrum) B 3
Internationales Handelszentrum F 3
Jagdschloß Grunewald A 6
Japanisch-Deutsches Zentrum E 3
Jüdisches Gemeindehaus CD 4
Jungfernheide, Volkspark AB 1
Kaiser-Wilhelm-Gedächtniskirche D 4
Koenigssee A 5
Komische Oper F 3

Kriminalgericht Moabit DE 2
Kulturforum Tiergarten E 3
Kulturzentrum der GUS F 3
Kunstgewerbemuseum E 3
Landwehrkanal C 3-H 4
Lehrter Bahnhof E 2
Lietzensee B 3-4
Maria Regina Martyrum B 1
Marienkirche G 2-3
Märkisches Museum G 3
Martin-Gropius-Bau F 3
Messegelände A 3-4
Moscheé C 5
Museum für Naturkunde der Humboldt-Universität EF 2
Museum für Verkehr und Technik E 4
Museumsinsel F 2-3
Musical-Theater C 4
Nationalgalerie F 2
Neue Nationalgalerie E 3
Neuer See D 3
Neue Synagoge-Centrum Judaicum F 2
Nordbahnhof F 2
Nordhafen E 1
Palast der Republik F 3
Panke E 1-F 2
Patentamt F 4
Pergamonmuseum F 2-3
Philharmonie E 3
Physikalisch-Technische Bundesanstalt C 3
Plötzensee CD 1
Polizeipräsidium F 5
Prenzlauer Berg GH 1
Rathaus, Berliner G 3
Rathaus Charlottenburg C 3
Rathaus Friedenau D 6
Rathaus Kreuzberg F 4
Rathaus Neukölln H 5
Rathaus Schmargendorf C 5
Rathaus Schöneberg D 5
Rathaus Tempelhof F 6
Rathaus Tiergarten E 3
Rathaus Wedding E 1
Rathaus Wilmersdorf C 5
Rehberge, Volkspark CD 1
Reichstagsgebäude E 3
Robert-Koch-Institut N 1
Rundfunkmuseum A 3
Schinkelmuseum (Friedrichwerdersche Kirche) F 3
Schloß Bellevue E 3
Schloß Charlottenburg B 2
Sender Freies Berlin A 3
Siegessäule D 3
Siemensstadt A 1
Staatsbibliothek zu Berlin — Preußischer Kulturbesitz E 3 u. F 3
Synagoge C 3, D 4
 (Adass Jisroel) D 2
 (Jugendsynagoge) G 4
 (Rykestraße) G 1
Technische Fachhochschule (TFH) D 1
Technische Universität (TU) CD 3
Theater des Westens C 3
Tiergarten E 3
Universitätsklinikum Rudolf Virchow D 1
—, Standort Charlottenburg AB 2-3
Urbanhafen G 4
Viktoriapark EF 5
Wedding DE 1
Westhafen D 1
Zionskirche F 2
Zoologischer Garten D 3

Berlin: Stadtplan

Berlin: Stadtplan

Berl Berlin

Berlin 1): Modellphoto des preisgekrönten Entwurfs für die architektonische Neugestaltung des Parlaments- und Regierungsviertels vom Architektenteam Torsten Krüger, Christiane Schuberth und Bertram Vandreike

men sowie von Verbänden und sonstigen Organisationen und die damit verbundene Schaffung von Arbeitsplätzen. Bes. gefördert werden auch Forschung und Entwicklung v. a. in bestehende und neu geschaffene Technologiezentren (z. B. WISTA – Wissenschafts- und Wirtschaftsstandort Adlershof).

Im produzierenden Gewerbe einschließlich Bauwirtschaft erwirtschaften (1993) knapp 29% der Erwerbstätigen 35,6% der Bruttowertschöpfung (Westteil 38,4%, Ostteil 25,0%). 1994 waren in der Industrie (in Unternehmen mit mehr als 20 Beschäftigten) rd. 166 600 Menschen tätig (133 450 im West- und 33 150 im Ostteil). Wichtigster Industriezweig ist die Elektroindustrie (31,3% der Industriebeschäftigten), gefolgt von der Nahrungs- und Genußmittelindustrie (12,8%), dem Maschinenbau (10,5%) und der chem. Industrie (8,3%). Im Handwerk arbeiten in rd. 25 000 Betrieben rd. 52 000 Personen.

Im Dienstleistungssektor waren insgesamt 953 000 Personen beschäftigt, davon 604 000 im Westteil. Dies entspricht einer Beschäftigungszunahme von 17%. Im Ostteil der Stadt ist die Beschäftigtenzahl hingegen rückläufig. Knapp 21% der Beschäftigten des Dienstleistungssektors entfallen auf den öffentl. Sektor (Anteil an der Bruttowertschöpfung: 19,8%). Die höchsten Zuwachsraten im Westteil verzeichnen die Bereiche hochwertiger produktionsnaher Dienstleistungen sowie Banken und Versicherungsunternehmen mit knapp 40% sowie der Bereich Handel, Verkehr und Nachrichtenwesen mit 21,3%. Die Anteile an der Bruttowertschöpfung liegen bei 31,9% bzw. 12,6%. Zunehmend an Bedeutung gewinnt B. als Messe- und Kongreßzentrum sowie als tourist. Ziel.

Verkehr: Seit Beendigung der Teilung müssen sich Verkehrsplanung und -politik für die Region B. auf eine neue bzw. wiedererlangte verkehrsgeograph. Situation einstellen. Zur verbesserten Erschließung des Umlands wurde mit dem Ausbau des Schienennahverkehrs bereits begonnen. Wichtigstes Verkehrsmittel neben dem Pkw ist im Ostteil die Straßenbahn, im Westteil sind es U-Bahn und Bus. Der öffentl. Personennahverkehr wird ausgebaut (z.B. Inbetriebnahme des Südabschnitts der S-Bahn und der U-Bahn zw. Bahnhof Zoo und Alexanderplatz 1993).

Im Eisenbahnverkehr wird B. in das europ. Hochgeschwindigkeitsnetz eingebunden. Der Durchgangsverkehr auf der Straße wird auf drei Autobahnringen um die Innenstadt herumgeführt. Zur Bewältigung des zunehmenden Straßengüterverkehrs werden als Anlauf-stellen außerhalb der Stadt Güterverteilzentren (Großbeeren, Wustermark und Spreeau-Freienbrink) und innerhalb der Stadt Subzentren aufgebaut.

Im Okt. 1995 wurde mit dem Bau des Tiergartentunnels begonnen, zu dem ein 3,4 km langer viergleisiger Eisenbahntunnel und ein 2,7 km langer Autotunnel für den Durchgangsverkehr zählen. In der Diskussion der Regierungen von B. und Brandenburg befindet sich der Bau eines internat. Flughafens, der den Anforderungen des Flugverkehrsaufkommens gerecht wird und das bisherige System innerstädt. Flughäfen ersetzt (Neubau in Sperenberg, südlich von Zossen, Kr. Teltow-Fläming oder Ausbau des Flughafens Schönefeld an der südl. Stadtgrenze).

Stadtbild

Nach dem am 14. 3. 1995 vom Bundeskabinett beschlossenen Konzept für den Umzug der Reg. von Bonn nach B. sollen die Ministerien vorläufig in Altbauten untergebracht werden, die über die Stadtmitte verstreut sind. Das Gebäude des ehem. Reichstags, das vom 17. 6. bis 6. 7. 1995 unter großer Anteilnahme der Öffentlichkeit nach der Konzeption von →Christo und seiner Frau JEANNE-CLAUDE als ästhet. Ereignis und Zeichen für einen Neuanfang verhüllt war, soll als Sitz des Parlaments umgebaut werden; die beiden ersten Preisträger des Architekturwettbewerbs sind S. CALATRAVA und N. R. FOSTER, der den Auftrag erhielt. Für das Bundeskanzleramt wird im Spreebogen nahe dem Reichstagsgebäude ein Neubau errichtet (Entwurf AXEL SCHULTES und CHARLOTTE FRANK). Das an diesem Platz aufgebaute Kulturzentrum ›Tempodrom‹ soll anderweitig (Gelände des ehem. Anhalter Bahnhofs?) wieder entstehen. Den ersten Preis im Wettbewerb und 1994 den Zuschlag für das Stadtquartier am Lehrter Bahnhof (Gelände überwiegend im Besitz der Dt. Bahn AG) erhielt O. M. UNGERS. Der Auftrag für den Bahnhof selbst, den neuen Zentralbahnhof, ging an das Architekturbüro von M. VON GERKAN, V. MARG und Partner, das in B. seit 1965 über 50 Projekte gebaut hat. Die Projektleitung und Weiterplanung für den Ausbau der Bauten des Kulturforums wurde nach dem Rücktritt von R. GUTBROD (1984) CHRISTOPH SATTLER und HEINZ HILMER übertragen: Nach ›Piazzetta‹ (1991) und der Haupteingangshalle der Museen mit dem Gebäude für das Kunstkabinett mit Kunstbibliothek (1993) wird die Gemäldegalerie gebaut. 1993 wurde der restaurierte ›Berliner Dom‹ wieder seiner Bestimmung übergeben, während in der seit 1980 restaurierten Friedrich-Werderschen Kirche 1987 das Schinkelmuseum (Teil der Nationalgalerie) eröffnet wurde. Als eine der größten Baustellen unter den vielen Großprojekten in B. gilt der Potsdamer Platz: Die Gesamtleitung für den ›Debis-Bau‹ (Daimler-Benz InterServices) haben R. PIANO und CHRISTOPH KOHLBECKER; beteiligte Architekten: A. ISOSAKI, H. KOLLHOFF, U. LAUBER und W. WÖHR, RAFAEL MONEO und R. G. ROGERS. Den Sony-Komplex baut H. JAHN. Den Auftrag für die das Brandenburger Tor flankierenden beiden Bauten ging (1994) an den Wettbewerbssieger J. P. KLEIHUES. DANIEL LIBESKIND baut (als Wettbewerbssieger 1989) den Erweiterungstrakt Jüd. Museum als integrierten Bestandteil des B. Museums (1992–96). 1995 wurde die umgestaltete und teilweise restaurierte Neue Synagoge in der Oranienburger Straße als Centrum Judaicum ihrer Bestimmung übergeben. Bei dem Wettbewerb für ein Holocaustdenkmal nahe dem Brandenburger Tor wurden 1995 zwei erste Preise vergeben (an eine Berliner Gruppe um die Berliner Malerin CHRISTINE JACKOBS-MERKS und an den amerikan. Architekten SIMON UNGERS), die Entscheidung über den Auftrag steht noch aus. An die Bücherverbrennung vom 10. 5. 1933 erinnert ein unterird. Mahnmal des israel. Künstlers MICHA ULLMAN auf dem Bebelplatz: Durch eine Glasplatte blickt der Betrachter in eine

Berlin 1): Spontane Inbesitznahme der Berliner Mauer am Brandenburger Tor durch West- und Ostberliner Bürger nach der Öffnung der Grenzen am 9. November 1989

Berlin 1): Manfred Stolpe und Eberhard Diepgen nach der Unterzeichnung des Staatsvertrages über den Zusammenschluß der Länder Berlin und Brandenburg am 2. April 1995

Gruft, die sich als leere Bibliothek darstellt (1995). Nat. Gedenkstätte ist seit Nov. 1993 die Neue Wache zw. Humboldt-Univ. und Zeughaus.

Geschichte

In **B. (West)** wurde am 10. 10. 1987 anläßlich der 750-Jahr-Feier der Stadt die ›Akademie der Wissenschaften zu B.‹ eröffnet. Am 29. 1. 1989 fanden in B. (West) Wahlen zum Abgeordnetenhaus statt, aus denen CDU und SPD gleich stark hervorgingen. Nach Bildung eines Senats aus Vertretern von SPD und AL wurde W. MOMPER (SPD) als Nachfolger E. DIEPGENS (CDU) zum Regierenden Bürgermeister gewählt.

Im Zuge der revolutionären Veränderungen in der Dt. Dem. Rep. kam es seit Okt. 1989 auch in **B. (Ost)** zu Massendemonstrationen, u. a. am 3. 11. 1989. Am 9. 11. 1989 öffnete die Reg. der Dt. Dem. Rep. für Bürger der Dt. Dem. Rep. die Berliner Mauer und die Grenzen nach B. (West): Höhepunkt war die Eröffnung von Übergängen am Brandenburger Tor am 22. 12. 1989. Die Zahl der Übergänge in B. wurde in der folgenden Zeit stark erweitert. Im Dez. 1989 beschlossen beide Stadt-Reg. die Erstellung eines regionalen Entwicklungsplans.

Bei den ersten freien Kommunalwahlen in B. (Ost) am 6. 5. 1990 wurde die SPD mit 34,0% stärkste Partei, gefolgt von der PDS (30,0%), der CDU (17,7%), dem Bündnis 90 (9,95%) und den Grünen (2,7%). Gestützt auf ein Reg.-Bündnis mit der CDU, stellte die SPD mit TINO SCHWIERZINA (* 1927) den Oberbürgermeister. Im Einigungsvertrag vom 31. 8. 1990 wurde B. zur Hauptstadt Dtl.s bestimmt. Am 2. 10. 1990 endete der Viermächtestatus. Mit der Vereinigung von B. (West) und B. (Ost) am 3. 10. 1990 wurde auch die polit. Einheit B.s wiederhergestellt.

Bei den Gesamtberliner Wahlen vom 2. 12. 1990 wurde die CDU stärkste Partei. Seit dem 24. 1. 1991 führt DIEPGEN eine große Koalition aus CDU und SPD. 1993 scheiterte die Bewerbung B.s, die Olymp. Sommerspiele im Jahre 2000 auszutragen. Seit Anfang 1994 ist B. Amtssitz des Bundes-Präs. Am 31. 8. 1994 wurden die (gesamten) russ. Streitkräfte unter Anwesenheit des russ. Präs. B. JELZIN, am 8. 9. 1994 die in B. stationierten Truppen der Westmächte unter Anwesenheit des frz. Staatspräs. F. MITTERRAND, des brit. Premier-Min. J. MAJOR und des amerikan. Außen-Min. W. M. CHRISTOPHER offiziell von dt. Seite verabschiedet. Am 2. 4. 1995 unterzeichneten M. STOLPE, MinPräs. von Brandenburg, und DIEPGEN einen Staatsvertrag über die Fusion ihrer beiden Länder, dem das Abgeordnetenhaus und der brandenburg. Landtag am 22. 6. 1995 zustimmten; die endgültige Entscheidung – auch über den Zeitpunkt des In-

Wahlen zum Abgeordnetenhaus in Berlin 1989–1995 (Sitzverteilung und Stimmenanteil der Parteien)			
Parteien	29. 1. 1989[1]	2. 12. 1990[2]	22. 10. 1995[2]
CDU	55; 37,0%	101; 40,4%	87; 37,4%
SPD	55; 37,3%	76; 30,4%	55; 23,6%
PDS	–; –	23; 9,2%	34; 14,6%
FDP	–; 3,9%	18; 7,1%	–; 2,5%
AL	17; 11,8%	12; 5,0%	–; –
Bündnis '90/Grüne	–; –	11; 4,4%[3]	30; 13,2%
Republikaner	11; 7,5%	–; 3,1%	–; 2,7%
Andere	–; 1,7%	–; 0,4%	–; 6,1%

[1] Wahlgebiet: Berlin (West). – [2] Wahlgebiet: Gesamt-Berlin. – [3] Aufgrund der vom Bundesverfassungsgericht gebotenen Teilung des Wahlgebietes in Berlin (Ost) und Berlin (West) errang die Gruppe Bündnis '90/Grüne in Berlin (Ost) 5,2% der dort abgegebenen gültigen Stimmen und konnte damit im Abgeordnetenhaus Mandate erringen.

krafttretens (1999 oder 2002) – bleibt einer Volksabstimmung in beiden Bundesländern (5. 5. 1996) vorbehalten. Bei den Wahlen vom 22. 10. 1995 konnte die

Berl Berlin – Bernburg

CDU ihre Position – unter Einbußen – als stärkste Partei behaupten; die SPD als zweitstärkste polit. Kraft erlitt schwere Stimmenverluste. (→Deutsches Reich 2) Statist. Jb. B., hg. vom Statist. Landesamt Berlin (1952 ff.; früher unter anderem Titel); Topograph. Atlas B. Entwicklung u. Struktur der Stadt B., bearb. v. C. PAPE u. a. (1987); B. (Ost) u. sein Umland (³1990); B. HOFMEISTER: B. (West). Eine geograph. Strukturanalyse der 12 westl. Bezirke (²1990); W. HAUS: Gesch. der Stadt B. (1992); Metropolis B. B. als dt. Hauptstadt im Vergleich europ. Hauptstädte 1871–1939, hg. v. G. BRUNN u. a. (1992); B.-Hb., hg. vom Presse- u. Informationsdienst des Landes Berlin (²1993).

__Berlin 2):__ Bischof ist seit 1989 GEORG STERZINSKY (1936). Das Bistum wurde im Zuge der Neugliederung der kath. Bistümer nach der Wiedervereinigung Dtl.s im Juli 1994 zum Erzbistum erhoben; zur Kirchenprovinz B. gehören neben Berlin die Bistümer Dresden-Meißen und Görlitz. (→ katholische Kirche, ÜBERSICHT)

*__Berlin,__ Irving, amerikan. Komponist: † New York 22. 9. 1989.

*__Berlinabkommen:__ Mit dem Inkrafttreten des ▷ Zwei-plus-Vier-Vertrages am 15. 3. 1991 wurde das B. gegenstandslos.

__Berlin/Bonn-Gesetz,__ am 27. 4. 1994 in Kraft getretenes Bundesgesetz zur Umsetzung des Bundestagsbeschlusses vom 20. 6. 1991 über den Parlaments- und Regierungsumzug von Bonn nach Berlin. Sitz von Bundestag und Bundesregierung ist die Bundeshauptstadt Berlin. Vollzogen wird der Sitzwechsel, sobald in Berlin die organisator. Voraussetzungen dafür hergestellt sind. Bundesministerien befinden sich nach dem Umzug sowohl in Berlin als auch in Bonn. Der Bundeskanzler bestimmt, welche Ministerien ihren Sitz in Bonn behalten. Die nach Berlin wechselnden Ministerien sollen einen Dienstsitz in Bonn behalten, die in Bonn verbleibenden Ministerien einen Dienstsitz in Berlin erhalten. Der größte Teil der Arbeitsplätze soll in Bonn verbleiben. Daneben sind Ausgleichsmaßnahmen für die Region Bonn vorgesehen. Bonn (die Stadt erhielt die Bez. ›Bundesstadt‹) soll insbesondere als Wissenschafts- und Kulturstandort sowie als Standort für Entwicklungspolitik und supra- und internationale Einrichtungen gefördert werden. Folgende Einrichtungen des Bundes werden künftig ihren Sitz in Bonn haben: Bundeskartellamt, Bundesversicherungsamt, Bundesaufsichtsamt für das Kreditwesen, Bundesaufsichtsamt für das Versicherungswesen, Bundesamt für Ernährung und Forstwirtschaft, Bundesanstalt für landwirtschaftl. Marktordnung, Bundesrechnungshof, Bundesinstitut für Berufsbildung, Zentralstelle für Arbeitsvermittlung sowie Zentralstelle Postbank.

__Berliner Ensemble:__ M. WEKWERTH gab 1991 die Leitung des B. E. ab; neue Leiter waren ab 1992 P. ZADEK (bis 1995), HEINER MÜLLER († 30. 12. 1995), FRITZ MARQUARDT (1928; bis 1995), P. PALITZSCH (bis 1995), M. LANGHOFF (bis 1993) sowie 1994–95 EVA MATTES. 1996 wurde der Schauspieler MARTIN WUTTKE (* 1962) als künstler. Direktor eingesetzt.

*__Berliner Mauer:__ Im Verlauf der Umwälzungen in der Dt. Dem. Rep. öffnete deren Reg. die B. M. am 9. 11. 1989 für die Bürger der Dt. Dem. Rep.; seit dem 24. 12. 1989 durften Bürger der Bundesrep. Dtl. und von B. (West) ohne Visum und Zwangsumtausch die B. M. (und die Grenzen zur Dt. Dem. Rep.) passieren. Im Febr. 1990 begann der endgültige Abriß.

*__Berliner Philharmoniker:__ Chefdirigent des Orchesters ist seit 1990 C. ABBADO.

*__Berlinförderungsgesetz:__ Die Vergünstigungen wurden nach der dt. Vereinigung seit 1991 schrittweise abgebaut. Zum 1. 1. 1995 entfielen als letzte Stufe die Ermäßigung bei der veranlagten Einkommensteuer (urspr. 30%, 1994: 6%) und Körperschaftsteuer (zuletzt 4,5% bzw. 2%) sowie bei der Lohnsteuer (urspr. 30%, 1994: 6%). Zugleich fiel auch die Berlinzulage

Silvio Berlusconi

zum Arbeitslohn (urspr. 8%, 1994: 2%) weg. Die Steuervergünstigung für Berlindarlehen zur Finanzierung des Berliner Wohnungsbaus wird nur noch für vor dem 1. 1. 1992 gezeichnete Darlehen gewährt.

*__Berlioz,__ Hector, frz. Komponist: 1993 wurde die verschollene ›Messe solennelle‹ für Soli, Chor und Orchester in Antwerpen wieder aufgefunden.

__Berlusconi,__ Silvio, italien. Unternehmer und Politiker, * Mailand 29. 9. 1936; baute seit 1961 eine Holdinggesellschaft im Baubereich auf, die im Mailänder Raum Satellitenstädte und Handelszentren errichtete. In den 1970er Jahren konzentrierte er seine unternehmer. Aktivitäten v. a. auf den Werbe- und Medienbereich. Mit dem privaten Fernsehsender ›Canale Cinque‹ verfügte er bald über ein landesweit verbreitetes Medium. In den 1980er Jahren dehnte er als Eigentümer von Verlagen, Zeitungen, Bau-, Dienstleistungs- und Immobilienunternehmen seinen Einfluß in Italien aus. B. übernahm die TV-Sender ›Italia Uno‹ (1983) und ›Rete Quattro‹ (1984). Zahlreiche unternehmer. Aktivitäten auf dem Medien- und Dienstleistungssektor konzentrierte er in der Holdinggesellschaft →Fininvest S.p.A., Mailand. Vor dem Hintergrund der zu Beginn der 1990er Jahre einsetzenden Staatskrise organisierte er 1993 die im rechten Feld des Parteienspektrums angesiedelte ›Forza Italia‹ (FI, dt. ›Vorwärts, Italien‹). Im März 1994 verbündete sich die von ihm geführte FI im Rahmen einer rechtsgerichteten ›Freiheitsallianz‹ mit der ›Lega Nord‹ und der aus dem neofaschist. MSI/DN hervorgegangenen ›Alleanza Nazionale‹ (AN, dt. ›Nat. Allianz‹). Nach dem Wahlsieg dieses Parteienbündnisses wurde B. im Mai 1994 MinPräs. Von der Mailänder Staatsanwaltschaft der Beihilfe zur Bestechung verdächtigt, sah sich B. unter wachsendem Druck der Öffentlichkeit im Dez. 1994 zum Rücktritt als MinPräs. gedrängt (im Amt bis Jan. 1995). Viele Kritiker sehen in seiner wirtschaftl. Machtstellung eine Gefahr für die italien. Demokratie. Im Juni 1995 lehnte die Bev. mehrere Volksbegehren ab, die B.s Besitz an Fernsehkanälen und seinen Einfluß auf die Meinungsbildung beschränken sollten. Dem Vorwurf des Interessenkonflikts zw. seiner polit. und seiner unternehmer. Tätigkeit suchte er durch den Verkauf eines Teiles seiner Zwischenholding Mediaset S. p. A. entgegenzuwirken.

*__Bern 2):__ Nach dem Kantonswechsel des Bez. Laufen in den Kt. Basel-Landschaft am 1. 1. 1994 verringerte sich die Kantonsfläche von 6050 km² auf 5961 km², die Einwohnerzahl beträgt (1994) 956600. Für den geplanten Übertritt der Gem. Vellerat in den Kt. Jura (frühestens 1996) hat die Berner Kantonsregierung ein eigenes Gesetz erlassen. Die Berner Kantons-Bev. hat in einer Volksabstimmung vom 24. 9. 1989 die Reduzierung der Zahl der Regierungsräte von neun auf sieben beschlossen sowie in einer weiteren Abstimmung am 26. 11. 1989 das Stimmberechtigungsalter auf 18 Jahre herabgesetzt.

*__Bernau 1):__ Der seit 3. 10. 1990 zu Brandenburg gehörende Landkreis ging am 6. 12. 1993 im neugebildeten Landkreis Barnim auf; die Stadt __Bernau b. Berlin__ ist damit nicht mehr Kreisstadt.

*__Bernburg 1):__ In den seit 3. 10. 1990 zum Land Sachs.-Anh. gehörenden Landkreis B. wurde am 1. 7. 1994 die Stadt Güsten (früher Kr. Staßfurt) eingegliedert. – Der neugebildete Landkreis B. im Reg.-Bez. Dessau umfaßt 414 km² und (1995) 74 200 Ew.; Kreisstadt ist Bernburg (Saale). Das Kreisgebiet liegt beiderseits der schiffbaren Saale im fruchtbaren nordöstl. Harzvorland (Lößbedeckung). Wichtige Produkte der Landwirtschaft sind Getreide, Hackfrüchte und Ölsaaten. Abgebaut wird Steinsalz. Die Industrie erzeugt Soda, Zement, Zucker, Mehl und Arzneimittel. Außer Bernburg (Saale) haben Alsleben (Saale), Güsten, Könnern (1993 wurde hier eine neu. Zuckerfabrik in Betrieb genommen) und Nienburg (Saale) Stadtrechte.

*Bernhard, Thomas, österr. Schriftsteller: † Gmunden 12. 2. 1989. – Das fast ausschließlich dramat. Spätwerk B.s rief mit seiner zeitkrit. Tendenz und den tagespolit. Stellungnahmen Skandale und den Vorwurf der Nestbeschmutzung hervor. Einen Höhepunkt der Auseinandersetzungen stellte 1988 die Uraufführung des Stücks ›Heldenplatz‹ dar, das den ›Anschluß‹ Österreichs an das nat.-soz. Dtl. thematisiert. In Reaktion auf die öffentl. Vorwürfe verfügte B. testamentarisch, daß nach seinem Tod in Österreich 70 Jahre lang keines seiner Werke aufgeführt, publiziert oder vorgetragen werden dürfe.
Weitere Werke: Dramen: Elisabeth II. Keine Komödie (1987); Der dt. Mittagstisch (1988); Claus Peymann kauft sich eine Hose u. geht mit mir essen. Drei Dramolette (1990). – *Prosa:* In der Höhe. Rettungsversuch, Unsinn (1989).
Ausgabe: Ges. Gedichte, hg. v. V. BOHN (1991).

*Bernsdorf, Wilhelm, Soziologe: † Berlin 18. 6. 1990.

Bernstein, F. W., eigtl. **Fritz Weigle,** Zeichner und Schriftsteller, * Göppingen 4. 3. 1938; studierte Kunst und Germanistik in Stuttgart und Berlin, unterrichtete Kunst an der Univ. Göttingen. B. arbeitete mit R. GERNHARDT und F. K. WAECHTER an der Beilage ›Welt im Spiegel‹ (Karikatur, Satire, Nonsense-Gedichte) der Zeitschrift ›Pardon‹ (Buchausgabe ›Welt im Spiegel‹. WimS 1964–1976‹, 1979) und verfaßte mit beiden die fiktive Künstlerbiographie ›Die Wahrheit über Arnold Hau‹ (1974). Mit GERNHARDT dichtete und zeichnete er auch das Buch ›Besternte Ernte. Gedichte aus fünfzehn Jahren‹ (1976). Daneben schuf B. auch Kinderbücher.
Weitere Werke: Lyrik: Reimwärts (1981); Lockruf der Liebe (1988). – *Kinderbuch:* F. W. B.s Sag mal Hund! Ein Kinderbuch mit 10 Bildergeschichten u. 9 Hundestunden (1982). – *Hg.:* Unser Goethe. Ein Lesebuch (1982; mit E. HENSCHEID).

*Bernstein, Leonard, amerikan. Komponist, Dirigent und Pianist: † New York 14. 10. 1990.

*Berry, Walter, österr. Sänger: Wurde 1990 Prof. für Gesang an der Hochschule für Musik und Darstellende Kunst in Wien.

*Bertelsmann AG: Der B.-Konzern wurde 1994 nach Produktlinien neustrukturiert. 1) ›Buch‹: Übernahme der Dt. Buch-Gemeinschaft (1990), des Bücherbundes Wien (1989), des Dt. Bücherbundes (1992) sowie des Coron Verlags (Vertrieb; 1994), die drei letzteren von Holtzbrinck, Erwerb der Chronik-Buchreihe von Harenberg (1993). 2) ›BMG Entertainment‹ (Bertelsmann Music Group): seit 1988 wurden die Übertragungsrechte an versch. Sportveranstaltungen erworben, 1990 die Mehrheit an der Trebitsch Film- und Fernsehproduktion und 1994 an der Musikfirma Ricordi. Zus. mit CGE gründete B. die Defa Film (1992), vereinbarte eine strateg. Allianz mit →Canal Plus S. A. (1994) und 1995 ein Joint-venture mit America Online zum Betrieb eines Online-Dienstes. Beteiligungen im Hörfunk und im Privatfernsehen sind Antenne Bayern (1988; 16%), Klassik Radio (1990; 70%), Premiere (1991; 37,5%), VOX (1993; 24,9%), RTL 2 (1992; 7,8%) CLT-Gesellschafter Fratel (14,3%). 3) ›Gruner+Jahr‹: Beteiligung an Berliner Verlag (1990 bzw. 1992), Dresdner Druck- und Verlagshaus (Sächs. Zeitung; 1991). 4) ›Industrie‹: Erwerb von Graph. Großbetrieb Pößneck (1990).

REINHARD MOHN gab 1991 den Vorsitz des Aufsichtsrats auf und übernahm den Vorsitz der Bertelsmann-Stiftung (gegr. 1977), an die er 1993 seinen Kapitalanteil (68,8%) übertrug. Konzernumsatz 1994/95: 20,6 Mrd. DM (davon zwei Drittel Auslandsumsatz); 57000 Mitarbeiter (Ende 1995); Aktionäre an der B. AG sind (1995) die Bertelsmann Stiftung (68,8%, indirekt), die Familie Mohn (20,5%, indirekt)

und die Zeit-Stiftung (10,7%). →Medienkonzerne (ÜBERSICHT).

*Bertini, Gary, israel. Dirigent und Komponist: War bis Ende 1990 Intendant der Frankfurter Oper, bis 1991 Chefdirigent des Kölner Rundfunk-Sinfonieorchesters; seit 1994 Leiter der New Israeli Opera in Tel Aviv.

*Berufsakademie: B. als Bestandteil des tertiären Bildungswesens nach dem Muster der B. in Bad.-Württ. mit Abschlüssen, die denen der Fachschule gleichgestellt sind, nach zwei bzw. drei Jahren führten Sachsen 1991 und Berlin 1993 ein. Die Abschlüsse nach drei Jahren lauten in diesen drei Bundesländern Diplom-Betriebswirt (BA), Diplom-Ingenieur (BA) und Diplom-Sozialpädagoge (BA) in Entsprechung zu den Diplomtiteln der Fachhochschulen, bei denen die Angabe (FH) anzuhängen ist.

*Berufsausbildungsvertrag: Die Ausbildungsquote, d.h. der Anteil der in berufl. Ausbildung Beschäftigten zu den sozialversicherungspflichtig Beschäftigten insgesamt, ist gesunken (1994: 5,6%, 1989: 7,7%, 1984: 8,5%). Angebot an und Nachfrage nach B., der ›Lehrstellenmarkt‹, entwickelte sich unter-

Anzahl der jährlich neu abgeschlossenen Berufsausbildungsverträge in Deutschland

Jahr	Neu abgeschlossene Verträge	Angebot[1] an Ausbildungsplätzen	Nachfrage[2] nach Ausbildungsplätzen	Angebots- (+) bzw. Nachfrageüberhang (–)[3]	
Alte Bundesländer					
1990	545 562	659 435	559 531	+99 904	+17,9
1991	539 466	668 000	550 671	+117 329	+21,3
1992	499 985	623 363	511 741	+111 622	+21,8
1993	471 169	554 824	486 010	+68 814	+14,2
1994	450 210	502 977	467 666	+35 311	+7,6
Neue Bundesländer					
1992	95 230	98 462	96 449	+2 013	+2,1
1993	98 951	101 033	101 869	–836	–0,8
1994	117 630	119 015	119 144	–129	–0,1

[1]) Neu abgeschlossene Berufsausbildungsverträge plus unbesetzte Ausbildungsstellen. – [2]) Neu abgeschlossene Berufsausbildungsverträge plus noch nicht vermittelte Bewerber. – [3]) Absolut und Überhang in Prozent der Nachfrage.
Quelle: Berufsausbildungsbericht 1995, hg. vom Bundesminister für Bildung und Wissenschaft.

schiedlich. Während in West-Dtl. das Angebot an Ausbildungsstellen größer war als die Nachfrage (allerdings mit abnehmendem Überschuß), war es in Ost-Dtl. umgekehrt. Aufgrund der fehlenden Ausbildungsbereitschaft wäre der Nachfrageüberhang hier noch stärker ausgefallen, wenn nicht verstärkt außerbetriebl. Ausbildungsplätze durch öffentl. Mittel geschaffen worden wären.

*Berufung 2): Im Zivilprozeßrecht beträgt die B.-Summe (Wert der Beschwer) seit 1. 3. 1993 1 500 DM.

*Beschäftigungsförderungsgesetz: Die urspr. nur bis 1989 vorgesehene Möglichkeit, auf 18 Monate befristete Arbeitsverträge abzuschließen, wurde mit dem B. 1990 bis Ende 1995 und mit dem B. 1994 vom 26. 7. 1994 weiter verlängert bis zum 31. 12. 2000. In Fortführung der Politik der Arbeitszeitflexibilisierung wurde das Monopol der Bundesanstalt für Arbeit zur →Arbeitsvermittlung aufgehoben, ferner ist die Gründung von Gesellschaften zur →Arbeitnehmerüberlassung unter Beteiligung von Sozialpartnern, Kommunen und Arbeitsämtern ermöglicht, die Zahlung von Überbrückungsgeldern (sechs Monate) für Arbeitslose, die eine selbständige Tätigkeit aufnehmen, eingeführt und die Kürzung der Zuschüsse zu ABM-Maßnahmen (→Arbeitsbeschaffung) auf 90% möglich. Weitere auf mehr Wachstum und Beschäftigung zielende Maßnahmen des B. sind die Erleichterung der Arbeitnehmerüberlassung für Schwervermit-

Besc Beschäftigungsgesellschaft – Beteiligungsgesellschaft für Gemeinwirtschaft

telbare, die Weitergewährung von Arbeitslosenhilfe für die Beschäftigung von Arbeitslosen in gemeinnützigen Arbeiten, die kein Arbeits- oder Beschäftigungsverhältnis begründen, sodann die Verlängerung des Struktur-Kurzarbeitergeldes bis Ende 1997 und die Gewährung von Kurzarbeitergeld an übernommene Auszubildende, sofern deren Übernahme zwingend notwendig ist.

Beschäftigungsgesellschaft, Arbeitsförderungsgesellschaft, jurist. Person des öffentl. und/oder privaten Rechts, mit deren Hilfe die Beschäftigung von Arbeitnehmern gesichert werden soll. B. basieren auf in den 1980er Jahren in den alten Bundesländern entwickelten gewerkschaftl. Konzeptionen, Einrichtungen zur Förderung des Strukturwandels in Krisenunternehmen und -regionen und zur Verhinderung drohender Entlassungen zu schaffen. Diese Institutionen spielen als **Gesellschaften zur Arbeitsförderung, Beschäftigung und Strukturentwicklung** (Abk. **ABS**) zur Überwindung der hohen Arbeitslosigkeit in den neuen Bundesländern eine besondere Rolle. Die ABS sind i. d. R. als Verein oder gemeinnützige Gesellschaft organisiert und erhalten während ihres befristeten Bestehens öffentl. Mittel in Form von Lohn- und Sachkostenzuschüssen.

B. zielen als Bestandteil des ›zweiten Arbeitsmarktes‹ darauf ab, drohende Arbeitslosigkeit der Beschäftigten zu verhindern und ihre Eingliederung in den ›ersten Arbeitsmarkt‹ über Instrumente der Bundesanstalt für Arbeit wie Kurzarbeitergeld, Maßnahmen zur Arbeitsbeschaffung und zur berufl. Qualifizierung (Ausbildung, Fortbildung, Umschulung) zu ermöglichen und zu beschleunigen. Dies kann u. a. dadurch geschehen, daß durch die Herausbildung neuer selbständiger Betriebe aus den B. (›Ausgründungen‹) Dauerarbeitsplätze geschaffen werden.

CHRISTA MÜLLER: B. (1992).

*****Beschwerde 5):** Im Zivilprozeß ist die B.-Summe auf 200 DM angehoben worden.

Besson [bəˈsɔ̃], Luc, frz. Filmregisseur, * Paris 18. 3. 1959; drehte nach Kurzfilmen und Werbespots (ab 1978) 1982 seinen ersten Spielfilm. B. ist eine der interessantesten Erscheinungen des neuen frz. Kinos.

Filme: Dernier Combat (Die letzte Schlacht) (1982); Subway (1985); Im Rausch der Tiefe – The Big Blue (1987); Nikita (1990); Atlantis (1991); Léon – der Profi (1994).

*****BESSY:** Im Juli 1993 stimmten die Bundes-Reg. und das Land Berlin dem Bau des Elektronenspeicherrings **BESSY II** zu, der auf dem Gelände der ehem. Akademie der Wiss. in Berlin-Adlershof errichtet wird und 1998 den Nutzbetrieb aufnehmen soll. Langfristig soll BESSY II die Anlage BESSY I in Berlin-Wilmersdorf ersetzen.

BESSY: Technische Daten		
	BESSY I	BESSY II
Umfang des Speicherrings	62,4 m	240 m
Elektronenenergie	800 MeV	1,7 GeV
Elektronenstrom	0,5 A	0,4 A
Ablenkmagneten	12	32
Spektralbereich der Synchrotronstrahlung	0,4–200 nm	0,04–200 nm
Injektor (Synchrotron)	800 MeV	1,7 GeV
Vorbeschleuniger (Mikrotron)	20 MeV	50 MeV
Nutzbetrieb	seit 1982	ab 1998

BESSY II besitzt einen Umfang von 240 m und ist für eine Speicherenergie von 1,7 GeV ausgelegt. Als Injektor für den Speicherring dient ein Synchrotron (1,7 GeV), das wiederum von einem Mikrotron (50 MeV) als Vorbeschleuniger gespeist wird. An 14 Stellen werden ▷ Wiggler und Undulatoren in den Ring eingebaut. Gegenüber BESSY I wird eine 10^4-fache Brillanz (Leuchtdichte) und ein breiteres Spektrum der erzeugten Synchrotronstrahlung erzielt, das vom Ultravioletten bis in den Bereich der Röntgenstrahlung reicht. Neben dem Einsatz in der Grundlagenforschung soll mit Hilfe einer Informations- und Koordinierungsstelle auch die Industrie für eine umfassendere Anwendung von Synchrotronstrahlung gewonnen werden.

*****Bestechung:** Durch das 28. Strafrechtsänderungs-Ges. vom 13. 1. 1994 wurde der Tatbestand des § 108 e in das StGB aufgenommen. Diese Strafnorm stellt die Person unter Strafe, die unternimmt, für die Wahl oder die Abstimmung im Europ. Parlament oder in einer Volksvertretung des Bundes, der Länder, der Gemeinden oder Gemeindeverbände eine Stimme zu kaufen oder zu verkaufen. Wird der Täter zu einer Freiheitsstrafe von über sechs Monaten verurteilt, kann das Gericht ihm die Fähigkeit, Rechte aus öffentl. Wahlen zu erlangen, ebenso aberkennen wie das Recht, an öffentl. Wahlen oder Abstimmungen teilzunehmen. Durch diese Regelung wurde die strafrechtl. Lücke, der zufolge der Stimmenkauf straffrei blieb, geschlossen. (→ Korruption)

*****Betäubungsmittel:** I. w. S. ist B. ein rein jurist. Sammelbegriff für Substanzen unterschiedl. Herkunft, Zusammensetzung und Wirkung, die im Ges. über den Verkehr mit B. (BtMG vom 28. 7. 1981; → Drogenstrafrecht) in den Anlagen I–III aufgeführt sind. Dazu gehören weit über 150 natürlich vorkommende, halbsynthet. und vollsynthet. B., so z. B. Cannabis, Opiate, Amphetamine, Kokain und versch. Halluzinogene (▷ Rauschgifte). Der Verkehr mit B. unterlag früher der Erlaubnis und Überwachung durch das Bundesgesundheitsamt, heute durch das Bundesinstitut für Arzneimittel und Medizinprodukte. Über Einrichtungen und Personen des Gesundheitswesens (z. B. Apotheken, Ärzte) bestehen Sonderbestimmungen (z. B. Abgabe von B. der Anlage III nur aufgrund ärztl. Verschreibung). Es besteht ein grundsätzl. Werbeverbot für Betäubungsmittel.

Zu den B. im engeren Sinne zählen die natürl. und halbsynthet. betäubenden Mittel der Opiate (Opium, Morphin, Heroin) und vollsynthet. Mittel der Opioide (Pethidin/Prodin, Methadon, Fentanyl u. a.).

W. KATZUNG: Drogen in Stichworten (1994); B. G. THAMM u. W. KATZUNG: Drogen – legal – illegal (²1994).

*****Beteiligungsgesellschaft:** Der Begriff wird nicht nur als Synonym für eine Holdinggesellschaft verwendet, sondern auch als Bez. für eine Gesellschaft, die Unternehmen befristet Eigenkapital zur Verfügung stellt, indem sie Minderheitsbeteiligungen (unter 50%) auf Zeit eingeht. Nachdem bereits in den 1970er Jahren **gemeinnützige B.** zur Förderung von Klein- und Mittelbetrieben errichtet worden waren, haben in den vergangenen Jahren **erwerbswirtschaftliche B.** an Bedeutung gewonnen. Zielgruppen der B. sind v. a. Existenzgründer und andere Unternehmen mit wachstumsbedingt hohem Kapitalbedarf, Unternehmen im Vorfeld ihrer Börseneinführung sowie Manager, die ihr bisheriges oder ein fremdes Unternehmen erwerben möchten (▷ Unternehmensübernahme). Gesellschafter der B. sind v. a. Banken, Versicherungs- und größere Industrieunternehmen sowie Industrie- und Handelskammern, Verbände und z. T. Bundesländer.

*****Beteiligungsgesellschaft für Gemeinwirtschaft AG:** Die BGAG änderte ihren Namen 1994 in **BGAG Beteiligungsgesellschaft der Gewerkschaften AG.** Der BGAG wurde 1986 von ihren Anteilseignern die Aufgabe übertragen, die Probleme der nicht zu ihr gehörenden Neuen Heimat zu lösen, wozu sie Anteile an Beteiligungsunternehmen verkaufen mußte. So wurden u. a. die Anteile an der Bank für Gemeinwirtschaft (heute BfG Bank) auf knapp 25% reduziert und die Beteiligung an der Volksfürsorge-Versicherungsgruppe schließlich gänzlich aufgegeben.

Beteiligungs-Managementgesellschaft mbH [-'mænɪdʒmənt-], eine Nachfolgeorganisation der →Treuhandanstalt.

Betreuung, durch das Ges. zur Reform der Vormundschaft und zur Pflegschaft (B.-Ges.) vom 12. 9. 1990 mit Wirkung zum 1. 1. 1992 eingeführter Begriff. Das Ges. änderte die §§ 1896 ff. BGB und führte die B. als neuen Titel in das BGB ein.

Die B. regelt die Rechtsstellung volljähriger Personen, die psychisch krank oder körperlich, geistig oder seelisch behindert sind und aus diesem Grunde ihre Angelegenheiten ganz oder teilweise nicht besorgen können. Das Rechtsinstitut der B. ersetzt das Recht der Erwachsenenvormundschaft und der Gebrechlichkeitspflegschaft. Die Entmündigung ist ganz abgeschafft worden.

Kann ein Volljähriger in der genannten Weise seine Angelegenheiten nicht besorgen, so bestellt auf seinen Antrag oder, falls er seinen Willen nicht entsprechend kundtun kann, auch von Amts wegen das Vormundschaftsgericht einen Betreuer. Die bisherigen Begriffe bzw. Tatbestandsmerkmale, die die Voraussetzungen für die Entmündigung bildeten, nämlich Geisteskrankheit, Geistesschwäche, Verschwendung, Trunksucht oder Rauschgiftsucht, verwendet das Ges. nicht mehr. Ausschlaggebend ist allein die Hilfsbedürftigkeit der betroffenen Personen. Der Umfang des Aufgabenbereichs des Betreuers richtet sich danach, was im konkreten Einzelfall erforderlich ist, was also der Betreute selbst nicht mehr erledigen kann. Die B. ist nicht erforderlich, soweit die Angelegenheiten des Betroffenen durch einen von ihm ernannten Bevollmächtigten oder durch andere Hilfen, seien sie privater oder öffentl. Art, ebenso gut wie durch einen Betreuer besorgt werden können.

Die B. als solche berührt die Geschäftsfähigkeit des Betreuten nicht, die sich vielmehr, wie z. B. die Testierfähigkeit, nach allgemeinen Grundsätzen bemißt. Allerdings hat das Ges. einen Einwilligungsvorbehalt verankert (§ 1903). Das bedeutet, das Vormundschaftsgericht kann anordnen, daß der Betreute zu einer Willenserklärung, die den Aufgabenkreis des Betreuers betrifft, dessen Einwilligung bedarf, soweit dies erforderlich ist, um eine erhebl. Gefahr für die Person oder das Vemögen des Betreuten abzuwenden. Dieser Vorbehalt erstreckt sich aber wiederum nicht auf bestimmte, sehr persönl. Rechtsgeschäfte, bes. Eheschließungen oder letztwillige Verfügungen, für die unveräußerl. Rechtskreis des Betreuten verbleiben und der geschäftsfähige Betreute selbständig vornehmen kann.

Zum Betreuer bestellt das Vormundschaftsgericht eine natürl. Person, die geeignet ist, in dem gerichtlich bestimmten Aufgabenkreis die Angelegenheiten des Betreuten zu besorgen und ihn hierbei im erforderl. Umfang persönlich zu betreuen. Auch mehrere Personen können für den gleichen Betreuten zu Betreuern bestellt werden. Schlägt der zu Betreuende selbst eine Person vor, die zum Betreuer bestellt werden kann, so ist diesem Vorschlag zu entsprechen, wenn es dem Wohl des Betreuten dient.

Kann der zu Betreuende durch einen oder mehrere natürl. Personen nicht hinreichend betreut werden, bestellt das Gericht einen anerkannten B.-Verein (›Vereins-B.‹) zum Betreuer, wobei die Bestellung der Einwilligung des Vereins bedarf. Unter vergleichbaren Voraussetzungen ist auch eine Behörden-B. möglich, die sich nach dem B.-Behörden-Ges. vom 12. 9. 1990 sowie nach ergänzendem Landesrecht richtet.

Der Betreuer hat die Angelegenheiten des Betreuten so zu besorgen, wie es dessen Wohl entspricht, wobei dessen Wünschen und Fähigkeiten, und zwar unabhängig von seiner Geschäftsfähigkeit, zu entsprechen ist. Soweit sein Aufgabenkreis reicht, vertritt der Betreuer den Betreuten gerichtlich und außergerichtlich. Bestimmte Maßnahmen, denen der Betreuer zugestimmt hat, bedürfen der Genehmigung des Vormundschaftsgerichts, so v. a. gefährl. ärztl. Heilbehandlungen, die Sterilisation, die mit Freiheitsentzug verbundene Unterbringung in Heilanstalten und die Kündigung eines Wohnraummietverhältnisses (§§ 1904 ff.).

Die B. ist ganz oder teilweise aufzuheben, wenn ihre Voraussetzungen entfallen. Ist der Betreuer auf Antrag des Betroffenen bestellt worden, ist die B. auf dessen Antrag aufzuheben, es sei denn, die B. ist von Amts wegen erforderlich. Den Antrag kann auch ein geschäftsunfähiger Betreuter stellen.

Das Vormundschaftsgericht hat den Betreuer zu entlassen, wenn seine Eignung, die Angelegenheiten des Betreuten zu besorgen, nicht mehr gewährleistet ist oder ein anderer wichtiger Grund für die Entlassung vorliegt. Der Betreuer kann seine Entlassung verlangen, wenn Umstände eintreten, aufgrund deren ihm eine B. nicht mehr zugemutet werden kann.

Das Verfahren des Vormundschaftsgerichts in B.-Sachen ist in den §§ 65 ff. des Ges. über die Angelegenheiten der freiwilligen Gerichtsbarkeit (FGG) geregelt. In diesem Verfahren ist der Betroffene unabhängig von seiner Geschäftsfähigkeit verfahrensfähig, notfalls hat das Gericht jedoch einen Verfahrenspfleger für ihn zu bestellen. Das Gericht muß den Betroffenen grundsätzlich persönlich anhören und sich einen unmittelbaren Eindruck von ihm verschaffen. Gegen die Entscheidungen des Gerichts sind Rechtsmittel (Beschwerde, § 69 g FGG) möglich, die von dem Betroffenen selbst, seinem Ehegatten sowie Angehörigen eingelegt werden können.

B.-Ges. u. B.-Vereine, hg. v. B. JASPERT ([2]1991); B.-Ges. auf dem Prüfstand, hg. v. M. WIENAND u. a. (1992); W. BIENWALD: Vormundschafts- u. Pflegschaftsrecht in der sozialen Arbeit ([3]1992); GERD SCHMIDT u. F. BÖCKER: B.-Recht ([2]1993); M. WIENAND: B.-Recht ([2]1993); H. DEINERT: Hb. der B.-Behörde ([2]1994).

Betriebskampfgruppen: Laut Beschluß der Reg. der Dt. Dem. Rep. (Dez. 1989) wurden alle B. bis zum 30. 6. 1990 vollständig aufgelöst.

Betriebsrat: Die reguläre Amtszeit des B. ist auf vier Jahre verlängert worden (seit 1990).

Betriebsverfassungsgesetz: Das B. vom 15. 1. 1972 i. d. F. der Bekanntmachung vom 23. 12. 1988 ist durch Art. 34 des Ges. vom 18. 12. 1989 und durch das Ges. zur Durchsetzung der Gleichberechtigung von Frauen und Männern vom 24. 6. 1994 geändert worden. Aufgrund des Vertrages vom 18. 5. 1990 zw. der Bundesrep. Dtl. und der Dt. Dem. Rep. über die Schaffung einer Währungs-, Wirtschafts- und Sozialunion hat die Dt. Dem. Rep. das B. mit Wirkung vom 1. 7. 1990 übernommen, so daß es in den neuen Bundesländern schon vor der dt. Vereinigung wirksam wurde.

Bettelheim, Bruno, amerikan. Psychologe österr. Herkunft: † (Selbstmord) Silver Spring (Md.) 13. 3. 1990.

Beweissicherung: Seit 1991 ist die B. ein Unterfall des neu eingeführten ›selbständigen Beweisverfahrens‹ (§§ 485 ff. ZPO). Dabei ist die Zulässigkeit der Begutachtung von Sachen, aber auch von Personenschäden durch Sachverständige stark erweitert worden; ein rechtl. Interesse daran ist v. a. dann anzunehmen, wenn die Feststellungen dazu dienen, einen Rechtsstreit zu vermeiden. Auch das Verfahren ist teilweise geändert worden.

Beyer, Frank Michael, Komponist und Organist: Gründete 1990 an der Berliner Hochschule der Künste ein Institut für Neue Musik. Neuere Werke u. a. ›Geburt des Tanzes‹ (1988; Ballett), ›Das Fenster‹ (1991; Ballett), ›Musik der Frühe‹ (1993; für Violine und Orchester).

Beyse, Jochen, Schriftsteller, * Bad Wildungen 15. 10. 1949. Nach seinem Erstlingswerk ›Der Ozeanriese‹ (1981) veröffentlichte er 1985 die Novelle ›Der Aufklärungsmacher‹, in der Moritz Nicolai, Sohn des die Berliner Aufklärung bestimmenden C. F. NICOLAI, einen Gegenentwurf zu dogmat. Vorstellungen des Vaters entwickelt. B. versucht dabei, in der Beschreibung der Einsamkeit des modernen Menschen zw. Vernunft und Verstand einerseits und Gefühl und Empfindsamkeit andererseits zu vermitteln.

Weitere Werke: *Erzählungen:* Das Affenhaus (1986); Ultraviolett (1990). - *Roman:* Larries Welt (1992).

Bhagat, Manjul, ind. Schriftstellerin, * Delhi 22. 6. 1936; Verfasserin mehrerer Romane und Kurzgeschichtenbände, meist in Hindi. Alle ihre Arbeiten spiegeln ihre Sensibilität für soziale und wirtschaftl. Ungerechtigkeit und ihr Einfühlungsvermögen in die Lage der Betroffenen, bes. der Frauen, die sie darstellt. Ihr mehrfach ausgezeichneter Roman ›Anaro‹ (1977; dt.) schildert die Lebensumstände, den Kampf um Selbstachtung und um soziale Würde der Titelheldin und ihrer Familie in den Slums von Delhi.

Benazir Bhutto

*****Bhagvan-Bewegung:** Der von C. M. RAJNEESH geleitete Ashram in Pune – in ›Osho Commune International‹ umbenannt (▷ Osho) – wird seit seinem Tod 1990 von einem Leitungskollektiv weitergeführt. Die Bewegung tritt in versch. ›Osho Meditation Centers‹, Therapiegruppen und spirituellen Gemeinschaften in Erscheinung (Anhänger in Dtl.: etwa 5 000).

F.-W. HAACK: Die ›Bhagwan‹-Rajneesh-Bewegung (³1984); E. FLÖTHER: Der Todeskuß. Wahn u. Wirklichkeit der Bhagwan-Bewegung (1985); Hb. religiöse Gemeinschaften, hg. v. H. RELLER (⁴1993).

Bharatiya Janata Party [bærəˈtiːjə dʒæˈnɑːtə ˈpɑːtɪ], Abk. **BJP,** dt. ›Ind. Volkspartei‹, 1951 von SHYAMAPRASAD MUKHERJEE unter der Bez. ›Bharatiya Jan Sangh‹ (Abk. BJS, dt. ›Indvolksbund‹) als parlamentar. Arm des ›Rashtriya Swayam Sevak Sangh‹ (Abk. RSS, dt. ›Nat. Selbsthilfebund‹) gegründet; vertritt radikal-hinduist. Forderungen. 1977 schloß sich der BJS der Janatapartei an und stellte zwei Min. in der von dieser gebildeten Bundes-Reg. Nach der Wahlniederlage der Janatapartei (1980) trat er aus diesem Parteiverbund aus und nannte sich jetzt BJP. Bei den Wahlen von 1989 ging diese mit der Janatapartei eine Wahlallianz ein und errang zum ersten Mal eine beträchtl. Zahl von Mandaten. Die BJP konnte 1991 in vier Gliedstaaten (Uttar Pradesh, Himachal Pradesh, Madhya Pradesh und Rajasthan) die Reg. bilden, die alle 1992, nach dem Abriß der Moschee von Ayodhya (Uttar Pradesh), von der Bundes-Reg. suspendiert wurden (→indische Geschichte). Bei den nachfolgenden Wahlen in diesen Gliedstaaten (1993) erlitt die BJP starke Verluste. In Maharashtra jedoch konnte sie im Frühjahr 1995 in Koalition mit der lokalen Partei ›Shiv Sena‹ die Reg. stellen.

Jan Krzysztof Bielecki

*****Bhutan,** amtlich Dzongkha **Druk Yul,** dt. **Königreich B.,** Binnenstaat im Übergangsbereich von Süd- zu Zentralasien, im östl. Himalaya.

Hauptstadt: Thimphu. *Amtssprache:* Dzongkha. *Staatsfläche:* 47 000 km². *Bodennutzung (1992):* 1 320 km² Ackerland, 2 710 km² Dauergrünland, 25 610 km² Waldfläche. *Einwohner (1994):* 1,689 Mio., 36 Ew. je km². *Städtische Bevölkerung (1992):* 6%. *Durchschnittliches Bevölkerungswachstum pro Jahr (1985–93):* 2,2%. *Bevölkerungsprojektion für 2000:* 2 Mio. Ew. *Ethnische Gruppen (1993):* 50% Bhotia, 35% Gurung, 15% Sarchokpha. *Religion:* etwa 69% Anhänger des Lamaismus, etwa 24% Hindus, etwa 5% Muslime. *Altersgliederung (1995):* unter 15 Jahre 40,8%, 15 bis unter 65 Jahre 55,8%, 65 und mehr Jahre 3,4%. *Lebenserwartung der Neugeborenen (1993):* männlich 51 Jahre, weiblich 50 Jahre. *Analphabetenquote (1991):* insgesamt 61,6%, männlich 48,7%, weiblich 75,4%. *BSP je Ew. (1993):* 170 US-$. *BIP nach Sektoren/Produktionsstruktur (1992):* Landwirtschaft 42%, Industrie 27%, Dienstleistungen 31%. *Währung:* 1 Ngultrum (NU) = 100 Chetrum (CH, Ch.); gesetzl. Zahlungsmittel ist auch die Indische Rupie. *Internationale Mitgliedschaften:* UNO, Colombo-Plan.

Geschichte: Seit 1985 (Revision des Staatsbürger-Ges.) und v. a. seit 1989 wurden Maßnahmen verstärkt, die die alteingesessene, dem Buddhismus anhängende Bev. gegen die hinduist. und ethnisch nepales. Bev.-Teile stützen sollte. Deren ausgangs der 80er Jahre gegründete illegale, von Indien bzw. Nepal aus agierende Organisationen verschärften die ethn. Spannungen, die sich seit 1991 in wiederholten terrorist. Anschlägen entluden.

*****Bhutto,** Benazir, pakistan. Politikerin: Übernahm, gestützt auf eine (relative) Mehrheit ihrer Partei, der PPP, im Dez. 1988 als MinPräs. die Führung der Reg., wurde jedoch im Aug. 1990 unter der Beschuldigung des Amtsmißbrauchs und der Korruption abgesetzt. Am 14. 10. 1990 erklärte das Oberste Prov.-Gericht in Lahore die Absetzung B.s als MinPräs. für rechtmäßig. Nachdem ihre Partei bei den Wahlen vom 24. 10. 1990 eine Niederlage erlitten hatte, führte sie die Opposition im Parlament. Seit dem Wahlsieg ihrer Partei am 6. 10. 1993 ist sie wieder MinPräs. ihres Landes.

*****Bialas,** Günter, Komponist: † Glonn (Kr. Ebersberg) 8. 7. 1995. Von seinen neueren Werken sind u. a. zu nennen ›Aus der Matratzengruft‹ (1992; szen. Liederspiel nach H. HEINE), Cellokonzert (1993), Trauermusik (1994; für Viola und Orchester).

*****Białostocki,** Jan, poln. Kunsthistoriker: † Warschau 25. 12. 1988.

*****Bibliothèque Nationale:** 1990–95 wurde das neue Gebäude der B. N. von D. PERRAULT mit vier Büchertürmen und unterird. Lesesälen errichtet.

Biebrza [ˈbjɛbʒa] *die,* rechter Nebenfluß des Narew, im NO Polens, 164 km lang. 1993 wurde die nahezu unberührte Schwemmlandebene des Flusses mit Sümpfen und Moorwäldern zum Nationalpark erklärt, mit 592 km² (Kernzone) die größte in Polen.

*****Biedenkopf,** Kurt, Wirtschaftsjurist und Politiker: Bis Jan. 1990 MdB, seit 1990 Prof. für Wirtschaftspolitik an der Univ. Leipzig; wurde nach dem Wahlsieg der sächs. CDU bei den Landtagswahlen vom Okt. 1990 im Nov. 1990 MinPräs. Er leitete den Aufbau eines demokrat. Verfassungsstaates ein und förderte beim Aufbau einer marktwirtschaftlich ausgerichteten Wirtschaftssystems. Vorhaben der gewerbl. Wirtschaft. Von Dez. 1991 bis Okt. 1995 war auch Vors. der sächs. CDU. Dank seines hohen Ansehens in der sächs. Bev. konnte die CDU 1994 ihre absolute Mehrheit im Landtag ausbauen.

Bielecki [bjɛˈlɛtski], Jan Krzysztof, poln. Politiker, * Bromberg 3. 5. 1951; Wirtschaftswissenschaftler; beriet 1980 die Gewerkschaft Solidarność; gründete 1985 ein Wirtschaftsberatungsunternehmen; war nach dem Umbruch von 1989/90 von Jan. bis Dez. 1991 Ministerpräsident.

*****Bielka,** Erich, österr. Diplomat und Politiker: † Wien 1. 9. 1992.

*****Bienek,** Horst, Schriftsteller: † München 7. 12. 1990.

Bienert, Bernd Roger, österr. Tänzer, Choreograph, Bühnen- und Kostümbildner, * Perchtoldsdorf 17. 1. 1962; tanzte im Ballett der Wiener Staatsoper und beim Nederlands Dans Theater, begann 1982 für versch. Ensembles zu choreographieren und wurde

1991 (bis voraussichtlich 1996) Ballettdirektor am Opernhaus in Zürich.

Choreographien: ltrazoM (1986); Sacre du printemps (1991); Raymonda (1993); Autumn sketches (1995).

***Biermann,** Wolf, Schriftsteller und Liedermacher: Nach der ›Wende‹ in der Dt. Dem. Rep. trat B. häufig mit krit. Stellungnahmen und Polemiken gegen einzelne Autoren der Dt. Dem. Rep. und zur weiteren Entwicklung der dt. Vereinigung an die Öffentlichkeit; für sein Werk erhielt er u.a. 1991 den Georg-Büchner-Preis.

Werke: Klartexte im Getümmel. 13 Jahre im Westen. Von der Ausbürgerung bis zur November-Revolution (1990); Über das Geld u. andere Herzensdinge (1991); Der Sturz des Dädalus oder Eizes für die Eingeborenen der Fidschi-Inseln über IM Judas Ischariot u. den Kuddelmuddel in Dtl. seit dem Golfkrieg (1992).

Ausgaben: Alle Lieder (²1991); Alle Gedichte (1995).

J. ROSELLINI: W. B. (1992).

***Bihać:** Die Stadt B. ist Zentrum der muslim. Enklave B. im serbisch kontrollierten NW der Rep. →Bosnien und Herzegowina. Die Einwohnerzahl stieg durch rd. 65000 muslim. Flüchtlinge stark an. Mit Beginn des Bürgerkrieges in Bosnien und Herzegowina geriet B. in das Zentrum serb. Angriffe. Die von bosnisch-muslim. Autonomisten unter der Führung von FIKRET ABDIĆ im Sept. 1993 ausgerufene Autonomie wurde im Aug. 1994 von bosnisch-muslim. Reg.-Truppen wieder unterdrückt.

***Bilák,** Vasil, tschechoslowak. Politiker: Trat im Dez. 1988 als Sekr. des ZK und Mitgl. des Präsidiums der KP zurück.

***Bildfernsprechen:** Seit 1993 werden von der Telekom Bildtelefonverbindungen nach analogem und digitalem Prinzip angeboten. Das analog arbeitende Bildtelefon **Xitel,** das an normale Telefonleitungen angeschlossen wird, verfügt über einen aufklappbaren kleinen Bildschirm, auf dem der Gesprächsteilnehmer gesehen werden kann, wenn beide Teilnehmer die Bildtaste betätigen. Die Bildfrequenz beträgt 7,5 Bilder pro Sekunde. Dadurch können Bewegungen nur ruckweise dargestellt werden. Bei dem Bildtelefon mit digitaler Übertragung wird das digitale Kommunikationsnetz ISDN genutzt. Neben der eigentl. Telefonausrüstung gehören zum digitalen Bildtelefon noch Kamera mit Monitor sowie ein Wandler (Codec) zur Umformung der analogen in digitale Signale und umgekehrt.

***Bildschirmtext:** Das bisherige Btx-Netz wurde aufgegeben; dafür wurden bis Ende 1993 schrittweise dezentrale Zugangsrechner eingesetzt, die für zielgruppenorientierte Anwendungspakete geeignet sind, außerdem wurde für deren Nutzung ein Zeittakt eingeführt. Btx wurde für die allgemeine Datenkommunikation geöffnet, wobei das Btx-Zugangsnetz die Rolle eines allgemeinen Datenmehrwertdienstes übernimmt. Dadurch können bislang nur über Datex-P erreichbare Datenbankangebote auch über Btx abgerufen werden. Zur Abgrenzung von den Btx-Anwendungen erhielt das neue Dienstangebot zunächst die Bez. Datex-J (J steht für jedermann). Es wurde 1995 in T-Online (T steht für Telekom) umbenannt, zugleich wurde der Zugang zum Internet geschaffen. Es richtet sich v. a. an PC-Besitzer und ist gelegentl. Nutzung von Datendialogverbindungen (→Datexnetz).

Bildt, Carl, schwed. Politiker, *Halmstad 15. 7. 1949; seit 1979 Abg. im Reichstag, seit 1986 Vors. der konservativen ›Moderata Samlingspartiet‹, 1991–94 MinPräs. an der Spitze einer bürgerl. Minderheits-Reg., trat entschieden für den Beitritt Schwedens zur Europ. Union ein. 1995 übernahm B. die Rolle eines Vermittlers der EU in dem Bosnienkonflikt.

***Bildungsurlaub:** Anspruch auf B. haben Arbeitnehmer inzwischen auch im Saarland, in Schlesw.-Holst. sowie in Rheinland-Pfalz.

Bildverarbeitungssystem, *graphische Technik:* Bez. für Einrichtungen zur elektron. Aufbereitung von Strichzeichnungen oder Halbtonvorlagen in der Druckvorstufe, v. a. im Zusammenhang mit →digitalen Drucksystemen von Bedeutung. Die Bildvorlagen werden über einen Flachbett- oder Trommelscanner in Pixel (Bildpunkte; engl. dots) zerlegt. Mit Trommelscannern sind Abtastauflösungen zw. 2000 und 24000 dots per inch (Bildpunkte pro Zoll) möglich. Die Farben der Bildvorlagen werden durch Filter in die drei additiven Grundfarben Rot, Grün und Blau getrennt und in Verbindung mit den Helligkeitsstufen (Grauwerten) innerhalb jeder Farbe digital gespeichert. Mit einem Bildbearbeitungsprogramm können die Einzelfarben elektronisch retuschiert werden, d. h., Farbfehler, Kratzer, Flecke können beseitigt oder gewünschte Effekte verstärkt werden. Die kleinste zu beeinflussende Einheit bei der elektron. Retusche ist dabei das Pixel. In diesem Stadium ist auch das **Photocomposing,** das Zusammenstellen versch. Bildelemente am Bildschirm, möglich. Im Anschluß daran wird die Text-Bild-Integration (Ganzseitenumbruch) mit einem Layoutprogramm durchgeführt. Das Ergebnis ist dann eine in digitalisierter Form vorliegende komplette Druckseite.

***Bill,** Max, schweizer. Maler, Plastiker, Designer und Kunsttheoretiker: † Berlin 9. 12. 1994.

***Billetdoux,** François, frz. Schriftsteller, Schauspieler und Regisseur: † Paris 26. 11. 1991.

binäre Optik, →diffraktive Optik.

Bintley [ˈbɪntlɪ], David Julian, brit. Tänzer, Choreograph und Ballettdirektor, *Huddersfield 17. 9. 1957; wurde 1976 zunächst Tänzer beim Sadler's Wells Ballet, 1986 beim Royal Ballet. 1983 wurde er zum Hauschoreographen des Sadler's Wells ernannt, arbeitete ab 1986 als Resident Choreographer beim Royal Ballet und als Gast für München und Stuttgart. Seit 1995 ist B. Direktor des Birmingham Royal Ballet.

Choreographien: The Swan of Tuonela (1982); ›Still Life‹ at the Penguin Café (1988); Hobson's choice (1989); Edward II. (1995).

***biologisch 2):** Bez. für Lebensmittel, die aus ökolog. Anbau stammen und daher weniger mit Giften aus der Anwendung von Agrochemikalien belastet sind; gebräuchlich sind auch die Bezeichnungen ›ökologisch‹ oder ›Bio-Lebensmittel‹. Im Juni 1992 trat eine EG-Verordnung in Kraft, nach der pflanzl. Produkte nur dann mit der Bez. b. oder ökologisch oder gleichsinnig versehen werden dürfen, wenn sie nach von der EG festgelegten Richtlinien zur ökolog. Landwirtschaft angebaut wurden. Seit 1. 1. 1993 können Bio-Lebensmittel innerhalb der EG mit dem Hinweis ›Ökolog. Agrarwirtschaft – EWG Kontrollsystem‹ gekennzeichnet werden, unter der Voraussetzung, daß ein solches Produkt zu 95% aus ökolog. Anbau stammt (seit 1994 wird von der Mehrheit der EG-Länder eine Herabsetzung dieser Grenze auf 70% befürwortet). Die EG-Verordnung Ökolog. Landbau wurde seit ihrer Verabschiedung mehrfach ergänzt und verändert, u. a. durch Verordnungen über Zutaten, Zusatzstoffe und Verarbeitungshilfen in Bio-Lebensmitteln sowie über zum ausnahmsweisen Einsatz im ökolog. Landbau zugelassene Düngemittel und Bodenverbesserer. Ein Regelungsteil für tier. Produkte im Rahmen der EG-Verordnung Ökolog. Landbau wird z. Z. (1995) erarbeitet.

***biologische Kampfmittel:** Eine Sonderkonferenz der Unterzeichnerstaaten des ▷B-Waffen-Abkommens von 1972 bekräftigte im Herbst 1994 auf einer Konferenz in Genf die Notwendigkeit, Kontrollmechanismen zu entwickeln, die sicherstellen, daß sich alle Unterzeichnerstaaten an das Verbot der Entwicklung, Herstellung und Lagerung bakteriolog. Waffen und Toxinwaffen halten. Im Jan. 1995 nahm eine Ar-

Carl Bildt

Biol biologischer Landbau – Biotechnologie

beitsgruppe die Beratung von Verifikationsmöglichkeiten auf, die auf einer weiteren Sonderkonferenz im Herbst 1996 den Unterzeichnerstaaten des B-Waffen-Abkommens zur Entscheidung vorgelegt werden sollen.

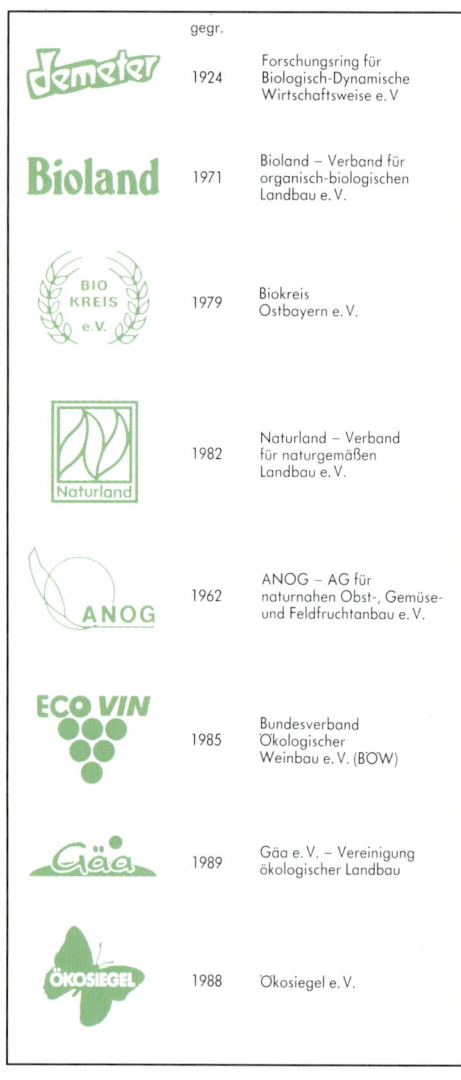

biologischer Landbau: Mitgliedsverbände der Arbeitsgemeinschaft Ökologischer Landbau (AGÖL; Stand 1994)

*biologischer Landbau: Allg. gebräuchlich ist heute v. a. die Bez. ökologischer Landbau und in geringerem Umfang auch organischer Landbau.

1995 gab es im Bereich des b. L. in Dtl. 5 800 landwirtschaftl. Betriebe mit insgesamt rd. 290 000 ha Fläche (das entspricht 1,5 % der landwirtschaftlich genutzten Fläche in Dtl.). Inzwischen ist der b. L. auch in Lehre und Forschung verankert; EG-Förderprogramme nutzen ihn als konsequentes Mittel der Extensivierung der Agrarerzeugung. Seit 1991 regelt die ›Verordnung (EWG) über den ökolog. Landbau und die entsprechende Kennzeichnung der landwirtschaftl. Erzeugnisse und Lebensmittel Nr. 2092/91‹ Erzeugung, Kontrolle und Kennzeichnung im b. L. Über die Einhaltung dieser Richtlinien wachen staatlich zugelassene Kontrollstellen.

Die Erzeugerverbände, die sich den Richtlinien für den b. L. verpflichtet haben, sind in der Bundesrep. Dtl. in der 1988 gegründeten ›Arbeitsgemeinschaft Ökolog. Landbau‹ (Abk. AGÖL) zusammengeschlossen. Sie verstehen unter ökolog. Landwirtschaft nicht nur den Verzicht auf Chemie, sondern berücksichtigen auch den Zusammenhang zw. landwirtschaftl. Erzeugung, gesunder Ernährung und Erhalt der Kulturlandschaft. Die AGÖL sieht ihre Aufgabe darin, den b. L. gegenüber Wiss. sowie Behörden und Verbänden national und international zu vertreten, Erkenntnis- und Erfahrungsaustausch zu ermöglichen sowie Aus- und Fortbildung zu fördern.

biomimetisch [zu griech. mímēsis ›Nachahmung‹], bezeichnet die Nachahmung biolog. Systeme in der Technik, z. B. die Übertragung der chem. Struktur bzw. des Bauprinzips natürl. Organismen auf techn. Bauteile und das Nachbilden biolog. Prozesse für neue Technologien. Man spricht von biomimetischen Werkstoffen, biomimetischen Verfahren usw.

***Biosphärenreservat:** 1990 waren weltweit rd. 300 B. ausgewiesen, in Dtl. 1994 folgende: Bayer. Wald, Berchtesgaden, Hamburg. Wattenmeer, Mittlere Elbe, Niedersächs. Wattenmeer, Pfälzerwald, Rhön, Schleswig-Holstein. Wattenmeer, Schorfheide-Chorin, Spreewald, Südost Rügen, Vessertal-Thüringer Wald, Oberlausitzer Heide- und Teichlandschaft.

***Biotechnologie:** Die erhebl. Ausweitung des Methodenspektrums zur Manipulation des genet. Materials (Genklonierung, Zelltransformation, Zellfusion, Polymerase-Kettenreaktion) und der Kenntnisse über dessen Funktionsweise erlauben heute die gezielte Veränderung der Genome von Mikroorganismen sowie der komplexeren pflanzl. und tier. Zellen. Dadurch sind nicht nur Produkte zugänglich, die sonst von Zellen nur in Spuren gebildet werden, sondern darüber hinaus können Zellen durch die Ausstattung mit in-vitro-rekombinierten Nukleinsäuren zur Bildung fremder Proteine veranlaßt werden. Bakterien wurden so z. B. zu Produzenten menschl. Blutgerinnungsproteine (Faktor VIII), Hormone (Insulin) oder Zytokine (Interferon), Pflanzen resistent gegen Herbizide oder Insektenfraß und tier. Zellen zu effizienten Antikörperproduzenten (monoklonale Antikörper). Zunehmend werden auch Veränderungen an den zellulären Produkten selbst möglich, die ein freies Design von Biomolekülen erlauben, die in der Natur nicht vorkommen. So können die großen, mehrkettigen Antikörpermoleküle derart abgewandelt werden, daß sie nur die Antigenbindungsstelle auf einer einzigen Polypeptidkette enthalten oder sogar katalytisch aktiv und damit als Enzyme einsetzbar sind. Entsprechend der Ausweitung des Methodenspektrums haben sich die Einsatzbereiche biotechnologisch gewonnener Enzyme und Proteine sehr erweitert. In der medizin. Diagnostik finden Immuntests (Radioimmuno-tests, Enzymimmunotests) breite Anwendung, bei denen biotechnologisch hergestellte Indikatorenzyme und monoklonale Antikörper eingesetzt werden, ebenso wie spezif. Nukleinsäuren, die als molekulare Sonden Verwendung finden. Monoklonale Antikörper spielen auch eine wichtige Rolle in der experimentellen Tumortherapie. Substitutionstherapien nutzen ebenfalls von Mikroorganismen gebildete Makromoleküle, so u. a. zur Therapie von Hormonmangelkrankheiten und Hämophilien.

In der Landwirtschaft werden das eingesetzte Saatgut und die zur Fleischgewinnung gehaltenen Haustiere zunehmend zum Objekt der B. Der Einsatz genetisch manipulierter Pflanzen mit Resistenzen gegen Herbizide, Viren und Insektenschädlinge und mit geringeren Ansprüchen an Umweltbedingungen erlauben die Erwirtschaftung höherer Erträge und die Einsparung arbeits- und materialaufwendiger Pflegebe-

Ökologisch bewirtschaftete Vollerwerbsbetriebe im Vergleich (Berichtsjahr 1993/94)		
	Vollerwerbsbetriebe (Betriebsgröße 30–40 ha LF*)	
	ökologisch	konventionell
Zahl der Betriebe	112	8 434
Erträge:		
Weizen in 100 kg/ha	38,3	67,0
Kartoffeln in 100 kg/ha	171	328
Milchleistung in kg/Kuh	4 044	5 116
Unternehmensertrag in DM/ha LF*	4 814	5 424
Unternehmensaufwand in DM/ha LF*	3 681	4 327
darunter:		
Düngemittel in DM/ha LF*	29	164
Pflanzenschutz in DM/ha LF*	4	101
Gewinn in DM/ha LF*	1 133	1 097
Aufwand-Ertrags-Relation 1 zu	1,30	1,25

*) LF = Landwirtschaftsfläche.
Quelle: Agrarbericht 1995 der Bundesregierung (Ergebnisse einer freiwilligen Testbuchführung).

handlungen der landwirtschaftl. Kulturen. Der Nährwert von Getreide läßt sich durch Erhöhung des Gehaltes an essentiellen Aminosäuren verbessern, und transgene Tiere können in kürzerer Zeit zur Schlachtreife kommen. Ein völlig neues Anwendungsgebiet der B. in der Landwirtschaft ist die Bildung pharmazeutisch interessanter Produkte durch Pflanzen oder Tiere: Antikörper lassen sich in Pflanzen in großen Mengen produzieren, die Bildung humaner Proteine und die Ausscheidung dieser Proteine in der Milch ist bei transgenen Tieren schon erreicht worden.

Patentrecht: In den USA wurde 1980 ein Patent für den ersten gentechnisch veränderten Organismus, ein ölabbauendes Bakterium, erteilt. In den folgenden Jahren kamen Hunderte Bakterien, Viren und Pflanzen mit fremdem Erbgut zur Anmeldung, bis 1988 auch ein Patent für ein genmanipuliertes Tier, die sogenannte Krebsmaus, in den USA erteilt wurde. Eine Reihe von Entwicklungen in der jüngsten Zeit lassen erwarten, daß die Schutzfähigkeit biotechnolog. Ergebnisse v. a. unter eth. Gesichtspunkten überprüft werden muß. Nukleinsäuren sind in Form von isolierten Genen oder DNS-Sequenzen bereits patentierbar. Sie stellen spezifische pharmazeut. Produkte dar, die für diagnost. oder therapeut. Zwecke Anwendung finden können. 1991 wurden in den USA aber relativ kurze Sequenzen (sogenannte ESTs: expressed sequence tags), die im Rahmen des ›Human Genome Project‹ als partielle cDNS-Sequenzen gefunden wurden, zum Patent angemeldet, ohne daß eine spezif. Anwendbarkeit für diese Nukleinsäuren angegeben wurde. Entsprechende Patentanmeldungen sind mittlerweile auch beim Europ. Patentamt in München eingegangen. Die Möglichkeit oder Unmöglichkeit dieser Art der Anmeldung wird in der Zukunft zu klären sein.

Wirtschaft: Die seit Jahren unangefochtenen Führungspositionen in der B. nehmen die USA und Japan ein. In diesen Ländern führten zahlreiche Unternehmensgründungen in den 1970er und 80er Jahren zu einer breiten Vermarktung biotechnolog. Forschungsergebnisse in enger Kooperation mit akadem. Institutionen. Als 1987 in der Bundesrep. Dtl. die erste B.-Aktie eingeführt wurde, wurden in den USA und Japan bereits etwa 200 Unternehmen an der Börse notiert. 1994 wurden in Europa insgesamt 386 biotechnologisch orientierte Firmengründungen registriert, von denen ein Drittel auf Großbritannien entfällt.

Große dt. Chemiefirmen konzentrieren bislang ihre biotechnolog. Aktivitäten in Forschung und Entwicklung sowie zunehmend auch in der Produktion bevorzugt im Ausland, v. a. in den USA. Mit der zunehmenden Bedeutung gentechn. Methodik in der B. hat sich dieser Trend noch verstärkt, da die in Dtl. fehlende öffentl. Akzeptanz der Gentechnik, die weitverbreitete Besorgnis über deren Risikopotential sowie eine vergleichsweise strenge gesetzliche Reglementierung als Standortnachteile empfunden werden.

Der B.-Weltmarkt hatte 1990 bereits ein Umsatzvolumen von über 400 Mrd. DM. Die biotechnolog. Entwicklungen lassen v. a. im medizin. Bereich und auf dem Pharmasektor in den kommenden Jahren weitere beträchtl. Steigerungsraten erwarten. Neben der Biomedizin weisen der Energiesektor (›Bioenergie‹) und der Umweltschutz das größte Wachstumspotential in der B. auf.

***Bioy Casares,** Adolfo, argentin. Schriftsteller: Erhielt den Premio Miguel de Cervantes 1990.

Birkin [ˈbəːkɪn], Jane, frz. Sängerin und Schauspielerin, *London 14. 12. 1946; wurde bes. bekannt durch den Film ›Jane B.‹ (1988) von AGNÈS VARDA. *Weitere Filme:* Slogan (1969); Dust (1985); Die Zeit mit Julien (1988); Daddy Nostalgie (1990); Die schöne Querulantin (1991); Schläfst du noch? (1992; Regie).

***Bîrlad:** Stadt in Rumänien, wird seit der Rechtschreibreform 1992 wieder Bârlad geschrieben.

***Birma,** engl. **Burma,** birman. **Myanmar,** amtlich **Pyidaungsu Myanma Naingngandaw,** dt. **Union Myanmar,** Staat in SO-Asien, im NW Hinterindiens, am Golf von Bengalen und an der Andamanensee.

Jane Birkin

Hauptstadt: Rangun (Yangon). *Amtssprache:* Birmanisch. *Staatsfläche:* 676 578 km² (ohne Binnengewässer 657 540 km²). *Bodennutzung (1992):* 100 570 km² Ackerland, 3 580 km² Dauergrünland, 323 970 km² Waldfläche. *Einwohner (1994):* 45,573 Mio., 67 Ew. je km². *Städtische Bevölkerung (1993):* 26%. *Durchschnittliches Bevölkerungswachstum pro Jahr (1985–92):* 2,2%. *Bevölkerungsprojektion für 2000:* 52 Mio. Ew. *Ethnische Gruppen:* 69% Birmanen, 8,5% Shan, 6% Karen, 4,5% Arakaner (Rakhiner), außerdem Mon, Chin, Kachin u. a. *Religion (1992):* 89,5% Buddhisten, 4,9% Christen, 3,8% Muslime. *Altersgliederung (1995):* unter 15 Jahre 37,4%, 15 bis unter 65 Jahre 58,5%, 65 und mehr Jahre 4,1%. *Lebenserwartung der Neugeborenen (1993):* männlich 57 Jahre, weiblich 60 Jahre. *Analphabetenquote (1992):* insgesamt 18%. *BSP je Ew. (1991):* 523 US-$. *BIP nach Sektoren/Produktionsstruktur (1993):* Landwirtschaft 63%, Industrie 9%, Dienstleistungen 28%. *Währung:* 1 Kyat (K) = 100 Pyas (P). *Internationale Mitgliedschaften:* UNO, Colombo-Plan.

Geschichte: Im Juni 1988 entstand eine Protestbewegung gegen die Einparteienherrschaft der BSPP. Im Juli 1988 mußten Parteichef NE WIN und Staatspräs. SAN YU zurücktreten; Staats- und Parteichef wurde SEIN LWIN, im Aug. 1988 MAUNG MAUNG. Die Protestbewegung gipfelte im Aug. und Sept. in der Ausrufung eines Generalstreiks für die Wiederherstellung der Demokratie. Am 18. 9. 1988 übernahm das Militär die Macht und stellte das Land unter Kriegsrecht; die Armee wurde in der Folge erheblich ausgebaut und modernisiert. Die Militärjunta unter General SAW MAUNG stellte für Mai 1990 freie Wahlen in Aussicht. Trotz zahlreicher Restriktionen durch die Militärregierung ging bei diesen Wahlen die Oppositionspartei National League for Democracy (NLD) unter ihrer Generalsekretärin AUNG SAN SUU KYI als Gewinnerin hervor; dennoch blieben die Militärs an der Macht. Unter Führung von SEIN WIN bildete die Opposition eine Gegenregierung.

Im April 1992 wurde General SAW MAUNG als Staats- und Reg.-Chef von THAN SHWE (* 1933) abgelöst. Das Regime berief 1993 einen Nationalkonvent

Birt Birtwistle – Blarr

Michael J. Bishop

Lothar Bisky

Sir James Black

Antony (Tony) Blair

aus eigenen Vertretern und von ihr bestimmten Exponenten der Opposition ein, der am 9. 4. 1994 den Entwurf einer neuen Verf. verabschiedete. Unklar ist, inwieweit seine Bestimmungen tatsächl. Wirkung entfalten werden, da sich das Regime von vornherein vorbehalten hat, das Land für weitere fünf bis zehn Jahre zu regieren. Um der Oppositionsführerin AUNG SAN SUU KYI den Zugang zum höchsten Exekutivamt zu versperren, darf nach dem Entwurf der Reg.-Chef weder von Ausländern abstammen noch mit einem Ausländer verheiratet sein.

*Birtwistle, Harrison, brit. Komponist: War erfolgreich mit der Urauff. der neuen Oper ›The Second Mrs. Kong‹ (1994).

Bischkek, Biškek [biʃ-], Hauptstadt von Kirgistan, (1991) 631 300 Ew., hieß bis 14. 12. 1990 ▷ Frunse.

*Bischofswerda 2): Der seit 3. 10. 1990 zum Land Sachsen gehörende Landkreis B. ging am 1. 8. 1994 im Kr. Bautzen auf; die Städte Großröhrsdorf und Pulsnitz sowie vier weitere Gemeinden wurden dem Kr. Kamenz eingegliedert; die Stadt B. ist damit nicht mehr Kreisstadt.

Bishop [ˈbɪʃəp], Michael John, amerikan. Mediziner, * York (Pa.) 22. 2. 1936; arbeitet seit 1968 an der University of California; erhielt (mit H. E. VARMUS) für die Entdeckung des zellulären Ursprungs retroviraler Onkogene (Krebsgene) 1989 den Nobelpreis für Physiologie oder Medizin.

Bisky, Lothar, Kommunikationswissenschaftler und Politiker (PDS), * Zollbrück (heute Korzybie, bei Rummelsburg) 17. 8. 1941; ab 1963 Mitgl. der SED, lehrte 1980–86 Kulturtheorie an der Akademie für Gesellschaftswissenschaften beim ZK der SED, war ab 1986 Prof. für Film- und Fernsehwissenschaft an der Hochschule für Film und Fernsehen in Potsdam-Babelsberg; wurde 1990 Fraktions-Vors. der PDS im Landtag von Brandenburg; seit Jan. 1993 PDS-Bundesvorsitzender.

*Bismarck, Klaus von, Publizist und Sozialpolitiker: Schied 1989 als Präs. des Goethe-Instituts aus.

Biswas, Abdur Rahman, Politiker in Bangladesh, * Verw.-Gebiet Barisal Sept. 1926; Jurist und Bankier; vertrat 1967 Ostpakistan bei der UNO; seit 1977 Mitgl. der Bangladesh Nationalist Party (BNP); 1979 Min. für Jute, 1981–82 Min. für Gesundheit und Bevölkerungskontrolle; während des Regimes von General H. M. ERSHAD maßgeblich an Aktionen der verbotenen BNP beteiligt; nach den Wahlen von 1991 Speaker des Parlaments, am 8. 10. 1991 zum Staatspräs. gewählt, nimmt nach der Verf.-Änderung vom Sept. 1991 im wesentlichen repräsentative Aufgaben wahr.

*Bittel, Kurt, Archäologe: † Heidenheim an der Brenz 30. 1. 1991.

*Bitterfeld 2): In den seit 3. 10. 1990 zum Land Sachs.-Anh. gehörenden Landkreis B. wurden am 1. 7. 1994 vier Gemeinden des früheren Kr. Gräfenhainichen eingegliedert. Der neugebildete Landkreis B. im Reg.-Bez. Dessau, der an die kreisfreie Stadt Dessau und im S an Sachsen grenzt, umfaßt 504 km^2 und (1995) 120 000 Ew. Das Kreisgebiet hat Anteil an der nördl. Leipziger Tieflandsbucht (z. T. ertragreicher Ackerbau), an der Dübener Heide (Kiefernwälder) sowie – an der unteren Mulde – am Biosphärenreservat Mittlere Elbe (Auwälder). 1839–1992 wurde im Großraum Bitterfeld Braunkohle abgebaut. In einem der stillgelegten Tagebaue entstand 1976 der Muldestausee (Stauraum 15 Mio. m^3). Die Kreisstadt Bitterfeld (1995: 17 000 Ew.) und die Stadt Wolfen (43 000 Ew.) sind Standorte der chem. Industrie, Bitterfeld auch von Industrieanlagenbau. Weitere Städte sind Brehna, Jeßnitz, Raguhn und Zörbig.

*Biya, Paul, kamerun. Politiker: Sah sich seit Beginn der 1990er Jahre vermehrt mit Forderungen nach

einer Demokratisierung konfrontiert. So mußte er 1992 u. a. Präsidentschaftswahlen abhalten lassen, wobei er nur durch massive Manipulationen und ein fragwürdiges Wahlgesetz wiedergewählt wurde. Die daraufhin ausbrechenden Unruhen ließ er gewaltsam niederschlagen.

Black [blæk], Sir (seit 1981) James Whyte, brit. Pharmakologe, * in Schottland 14. 6. 1924; arbeitete 1958–64 bei den Imperial Chemical Industries Ltd. (ICI) in London, wo er die ersten therapeutisch verwendbaren Betarezeptorenblocker entwickelte; wurde 1973 Prof. am Londoner University College, 1978 Direktor der Abteilung für therapeut. Forschung an den Wellcome Forschungslaboratorien in Beckenham (Greater London), 1984 Prof. an der King's College Hospital Medical School der Univ. London. 1988 erhielt B., dessen Forschungsarbeiten auch zur Entwicklung des ersten Magensäureblockers Cimetidin führten, mit GERTRUDE B. ELION und G. H. HITCHINGS den Nobelpreis für Physiologie oder Medizin.

Blair [ˈbleə], Anthony (Tony) Charles Lynton, brit. Politiker, * Edinburgh 6. 5. 1953; Rechtsanwalt; seit 1975 Mitgl. der Labour Party, seit 1983 Abg. im Unterhaus, war Oppositionssprecher für Finanzen (1984–87), für Handel und Industrie (1987–88) und für Beschäftigungspolitik (1989–92). Seit 1992 innenpolit. Sprecher der Labour Party, wurde B. im Juli 1994 als Nachfolger des verstorbenen J. SMITH zum neuen Parteiführer gewählt. Sein vorrangiges Ziel ist – in Fortführung des Erneuerungskurses seiner Vorgänger N. KINNOCK und SMITH – die Umwandlung der Labour Party in eine moderne, weniger dogmat. Mitte-Links-Partei, um so auch die breite Mittelschicht anzusprechen. Im März/April 1995 setzte B. gegen den Widerstand des linken Parteiflügels und der Gewerkschaften, die um ihren Einfluß fürchteten, die Aufhebung der Klausel 4 des Parteiprogramms zur Verstaatlichung von Produktionsmitteln durch. B. gilt auch als engagierter Befürworter der europ. Integration.

*Blakey, Art, amerikan. Jazzschlagzeuger: † New York 16. 10. 1990.

Blandiana, Ana, eigtl. **Otilia Coman,** rumän. Schriftstellerin, * Temesvar 25. 3. 1942; lebt seit 1967 in Bukarest. Bereits nach ihren ersten Lyrikbänden – ›Persona întîia plural‹ (1964) und ›Călciul vulnerabil‹ (1966) – wurde B. zu einer der bedeutendsten Stimmen einer jungen Dichtergeneration, die, vom ›Frühling‹ des damaligen Kulturlebens in Rumänien hervorgebracht, die Abkehr vom sozialistisch-realist. Kunstdogma vollzog. Streben nach eth. Reinheit, Reflexion, Naturliebe, eine äußerst schamhaft selbstverleugnende Erotik zeichnen B.s nächste Schaffensperiode aus. Sie offenbart die gefühlvolle, von selbstiron. Akzenten durchzogene Versenkung in die mythisch-archaische Welt der rumän. Spiritualität (›Somnul din somn‹, 1977). Die Wirklichkeit des damaligen polit. Regimes, dem sie zunehmend mißfiel (bis zum Publikationsverbot 1989), stellt B. in ihrer Prosa dar (Erzählungen ›Proiecte de trecut‹, 1982, dt. Auszug u. d. T. ›Kopie eines Alptraums‹; Roman ›Sertarul cu aplauze‹, 1992, dt. Auszug u. d. T. ›Die Applausmaschine‹): Obwohl ins Komisch-Absurde gesteigert oder durch Phantasie und Traum gefiltert, tritt hier die Dämonie kommunist. Macht – Unrecht, Verfolgung, Verelendung und Verachtung der Menschen – unmißverständlich in Erscheinung.

Ausgabe: EngelErnte. Gedichte, übers. v. F. HODJAK (1994; rumän. u. dt.).

*Blankenhorn, Herbert, Diplomat: † Badenweiler 10. 8. 1991.

Blarr, Oskar Gottlieb, Organist und Komponist, * Bartenstein (Polen) 6. 5. 1934; studierte in Hannover Kirchenmusik, wurde 1961 Organist in Düsseldorf, wo er sich v. a. mit zeitgenöss. Orgelbearbeitungen einen Namen machte und daneben seine Kompositionsstudien u. a. bei B. A. ZIMMERMANN und K. PENDERECKI vertiefte. 1990 wurde er Prof. für Komposition an der Düsseldorfer Musikhochschule. Nach anfängl. seriellen Arbeiten entwickelte B. einen persönl., von humanem polit. Engagement geprägten Stil, in dem fernöstl., v. a. aber Elemente der jüd. Kultur eine bedeutende Rolle spielen.

Werke: *Oratorien*: Salut für Dr. Martinus (1983); Jesuspassion (1985); Jesu Geburt (1991; Weihnachtsoratorium). – *Orchesterwerke*: En karem concerto (1987); Kol ha neshama (1988); Passacaglia Janusz Korczak (1992); Jerusalem (1995). – *Kammermusik*: Quartetto super Thema Regium (1979); Die Kürbishütte (1982; für Klarinettenquartett); Inselkanon (1988; für Bläsersextett).

Blasformen, *Kunststofftechnik*: Fertigungsverfahren zur Produktion von Hohlkörpern (z. B. für Verpackungen) aus thermoplast. Kunststoffen, z. B. Polyvinylchlorid, Polyethylen, Polypropylen oder Celluloseacetat. Das Ausgangsmaterial wird dabei in einem Extruder aufgeschmolzen und zu einem Rohr geformt. Dieses Rohr wird in eine Negativform des Hohlkörpers gedrückt und über einen Blasdorn mit Luft zum Endprodukt aufgeblasen. Für dünne Folien wird aus einem schmalen ringförmigen Spalt ein Schlauch extrudiert, der nach dem Austreten durch Überdruck verstreckt wird, wobei sich die Wanddicke des Schlauches weiter verringert.

Blaue Liste, Organisationsform staatlich geförderter Forschung in Dtl., Zusammenschluß von Institutionen in freier Trägerschaft von überregionalem und gesamtstaatlichem wiss. Interesse; Grundlage bildet die Rahmenvereinbarung zw. Bund und Ländern über die gemeinsame Förderung der Forschung von 1975. Im März 1995 wurde die bisherige ›Arbeitsgemeinschaft B. L.‹ umstrukturiert und umbenannt in **Wissenschaftsgemeinschaft Blaue Liste e. V.** (Sitz: Berlin). Wesentl. Ziele der neuen Satzung sind der Ausbau im Sinne wiss. Selbstverwaltung und der Wille zum gemeinsamen öffentl. Handeln in einer kompetitiven Forschungslandschaft neben der Max-Planck-Gesellschaft, der Fraunhofer-Gesellschaft und den Großforschungseinrichtungen. Die B. L. (die erste Mitgl.-Liste wurde 1977 auf blauem Papier gedruckt) wurde bes. bekannt nach der dt. Vereinigung, als zahlreiche ostdt. Einrichtungen, v. a. Institute der ehem. Akademie der Wissenschaften der DDR, hier integriert wurden. 1994 umfaßte die B. L. 82 Einrichtungen in vier Sektionen.

***Blech**, Hans Christian, Bühnen- und Filmschauspieler: † München 5. 3. 1993.

***Blin**, Roger, frz. Regisseur: † Paris 21. 1. 1984.

***Blockbau 1)**: Die Bautechnik reicht viel weiter zurück als bislang angenommen. 1991 wurde in Kückhoven in der Jülicher Börde bei Erkelenz, NRW, ein einst 15 m tiefer Brunnen entdeckt, dessen Schacht in der Jungsteinzeit im 6. Jahrtsd. v. Chr. (nach dendrolog. Befund 5300 v. Chr.) in B.-Weise aus Eichenholzbalken errichtet wurde. Der Brunnen dürfte, wie aus den Keramikscherben zu schließen ist, zu einem Dorf der Bandkeramiker, das 5300–4900 v. Chr. bestand.

***Blockheizkraftwerk**: Der Markt für die technisch mittlerweile ausgereiften B. erlebte eine rasante Entwicklung. 1991/92 wurden in den alten Bundesländern 319 neue Anlagen (bei insgesamt 1 139 installierten Anlagen) mit einer elektr. Gesamtleistung von 148,2 MW (insgesamt 568 MW) in Betrieb genommen. Durch ▷ Kraft-Wärme-Kopplung erzielen diese Anlagen im optimalen Betriebspunkt eine Brennstoffausnutzung von 80 bis 85 %.

Der wirtschaftl. Betrieb eines B. hängt vom Wärme- und Strombedarf des zu versorgenden Objekts ab. Ein Einsatz ist bes. dort sinnvoll, wo ein möglichst gleichmäßiger Strom- und Wärmebedarf gleichzeitiger auftritt. Für die Auslegung des B. maßgebend ist jedoch i. d. R. der Wärmebedarf; überschüssiger Strom wird in das Netz der öffentl. Stromversorgung abgegeben, höherer Strombedarf aus diesem gedeckt. Die gängigen Einsatzbrennstoffe sind Erdgas und Mineralöl. Mit ihnen wird ein Verbrennungsmotor betrieben, der um einen Heizkessel (Spitzenkessel) ergänzt ist. Die Motoren stammen meist aus dem Lastkraftwagen- oder Schiffbau. Neben dem fossil befeuerten werden in geringem Umfang auch B. für sogenannte Abfallgase (Deponie-, Klär- und Biogas) eingesetzt.

***Blomeyer**, Arwed, Rechtslehrer: † Berlin 8. 5. 1995.

***Blondin**, Antoine, frz. Schriftsteller: † Paris 7. 6. 1991.

***Blum**, Lisa-Marie, Schriftstellerin und Malerin: † Hamburg 16. 3. 1993.

***Blüm**, Norbert, Politiker: War bis 1987 Vors. der CDU-Sozialausschüsse; im Mai 1987 löste er K. BIEDENKOPF als Vors. der vereinigten CDU-Landesverbände von Westfalen-Lippe und Rheinland ab. Als Bundes-Min. für Arbeit und Sozialordnung leitete B. Reformen im Gesundheitswesen und im Rentenrecht ein und setzte im Rahmen der Sozialversicherung die Pflegeversicherung durch.

***Bobek**, Hans, österr. Geograph: † Wien 15. 2. 1990.

***Bocheński**, Joseph Maria, schweizer. Philosoph poln. Herkunft: † Freiburg im Üechtland 8. 2. 1995.

***Bock**, Fritz, österr. Politiker: † Wien 12. 12. 1993.

***Böckle**, Franz, schweizer. kath. Theologe: † Glarus 8. 7. 1991.

***Böckmann**, Paul, Literarhistoriker: † Köln 22. 4. 1987.

***Bodenschutz**: Während der B. urspr. v. a. auf den Schutz vor Bodenerosion in der Land- und Forstwirtschaft begrenzt war, werden heute darunter vielfältige Maßnahmen zur Erhaltung der natürl. Funktionen des Bodens verstanden. Dazu zählen neben dem Erosionsschutz die Erhaltung des Bodens als Wasserspeicher, die Begrenzung des Schadstoffeintrags, die Sanierung von Bodenverunreinigungen und Altlasten sowie der Schutz des Bodens als Ökosystem. Bes. auffallende Umweltveränderungen, wie sie sich aufgrund der gestiegenen Bodenversiegelung in den letzten Jahren häufenden ›Jahrhunderthochwasser‹, Nitratbelastungen des Grundwassers aufgrund übermäßiger Düngung sowie das Waldsterben, als dessen Ursache u. a. durch sauren Regen veränderter Stoffhaushalt des Bodens diskutiert wird, verdeutlichen nachdrücklich die Notwendigkeit, B. als sektorübergreifende, integrierte Maßnahmen zu verstehen. Der Wiss. Beirat ›Globale Umweltveränderungen‹ der Bundes-Reg. befürchtet, daß die weltweite Bodenzerstörung in zwei bis drei Jahrzehnten die Klimaveränderung an Tragweite übertrifft, und fordert in seinem Jahresgutachten 1994 internat. B.-Konventionen.

Der 1993 von der Bundes-Reg. vorgelegte Entwurf eines B.-Gesetzes ist weniger umfassend als noch die B.-Konzeption von 1985 und wird deshalb von Umweltverbänden stark kritisiert. Zu einer Verabschiedung des B.-Gesetzes kam es wegen Abstimmungsschwierigkeiten zw. Bund und Ländern bisher nicht.

Hb. des B. Bodenökologie u. -belastung. Vorbeugende u. abwehrende Schutzmaßnahmen, hg. v. H.-P. BLUME (²1992); H. KAMIETH: Ökolog. Bodenmanagement (1995).

***Bodensee**: Nach Neuvermessungen der drei Anrainerstaaten Dtl., Österreich und Schweiz 1994 ist der B. 571,5 km² groß, bis 254 m tief und hat eine Wassermenge von rd. 49 Mrd. m³. Die Uferlänge beträgt 273 km.

***Boff**, Leonardo, brasilian. kath. Theologe und Franziskaner: Im April 1986 hob der Vatikan das gegen B. verhängte ›Schweigegebot‹ auf. 1991 wurde ihm die Chefredaktion der wichtigsten kath. Zeitschrift

Bogd Bogdanov – Bonaventura

Brasiliens, ›Revista Voces‹, entzogen und gegen ihn ein Lehrverbot für das Priesterseminar in Petrópolis verhängt. Im Juni 1992 kündigte B. an, sein Priesteramt aufzugeben und aus dem Franziskanerorden auszutreten.

Bogdanov [bɔgˈdænɔf], Michael, brit. Regisseur und Theaterleiter, * London 15. 12. 1938; ab 1980 Kodirektor am National Theatre London, 1986 Gründer der Wanderbühne The English Shakespeare Company, 1989–91 Intendant des Dt. Schauspielhauses in Hamburg; bedeutend (aber umstritten) durch seine modernen polit. Shakespeare-Inszenierungen.

*****Bogza**, Geo, rumän. Schriftsteller: † Bukarest 13. 9. 1993.

Bohl, Friedrich, Politiker (CDU), * Rosdorf 5. 3. 1945; 1970–80 MdL von Hessen, seit 1980 MdB, 1989–91 Erster Parlamentar. Geschäftsführer der CDU/CSU-Fraktion im Bundestag; seit 1991 Bundes-Min. für besondere Aufgaben.

Friedrich Bohl

Bohley [-laɪ], Bärbel, Künstlerin und Bürgerrechtlerin, * Berlin 24. 5. 1945; freischaffende Malerin und Graphikerin, die in ihren Gemälden einen lyr. Realismus in bewußter Opposition zum sozialist. Realismus formulierte. Die aus lasierend aufgetragenen Farbflächen komponierten Figurenbilder, die zu existentiellen Themen Stellung beziehen, sind oft stark abstrahiert. B. trat schon früh in Initiativgruppen der Friedensbewegung in der Dt. Dem. Rep. hervor (›Frauen für den Frieden‹, ›Frieden und Menschenrechte‹). 1983–84 und 1988 war sie in Haft; 1989 war sie eine der Mitbegründerinnen des ▷ Neuen Forums.

*****Bohm**, David Joseph, amerikan. Physiker: † 27. 10. 1992.

Böhme, Ibrahim, Politiker, * Leipzig 1944; in versch. Funktionen tätig (u. a. als Heimerzieher, Hilfsbibliothekar und Dramaturg), zeitweilig Mitgl. der SED, trat in der Öffentlichkeit als Sympathisant der Reformer um den ›Prager Frühling‹ und der poln. ›Solidarność‹ hervor und gewann dadurch bes. im Kreis oppositioneller Intellektueller großes Vertrauen. Seit Ende der 60er Jahre als ›Informeller Mitarbeiter‹ (IM) für die Stasi aktiv, lieferte er dieser Berichte über Personen seines berufl. und privaten Umfeldes (z. B. über R. Kunze). Am 7. 10. 1989 beteiligte er sich maßgeblich an der Gründung der Sozialdemokrat. Partei der DDR (SDP; Anfang 1990 in Sozialdemokrat. Partei Deutschlands, SPD, umbenannt). Im April 1990 trat er als SPD-Vors. (ab Febr. 1990) zurück, als seine Aktivitäten für die Stasi offenkundig wurden. Im Juli 1992 wurde B. aus der SPD ausgeschlossen.

Bärbel Bohley

*****Böhme**, Kurt, Sänger: † München 20. 12. 1989.

*****Bohner**, Gerhard, Tänzer und Choreograph: † Berlin 13. 7. 1992.

Bohrium [nach N. Bohr] das, -s, chem. Symbol **Bh**, 1995 von der Nomenklaturkommission der IUPAC vorgeschlagener Name für das chem. Element 107. Urspr. war 1992 diesem Transuran von der Gesellschaft für Schwerionenforschung in Darmstadt der Name Nielsbohrium verliehen worden (→ Transurane).

*****Boileau**, Pierre Louis, frz. Schriftsteller: † Beaulieu-sur-Mer (Dép. Alpes-Maritimes) 16. 1. 1989.

*****Bois**, Curt, Schauspieler: † Berlin 25. 12. 1991.

*****Bokassa**, Jean-Bedel, zentralafrikan. Politiker: Wurde im Juni 1987 wegen mehrfachen Mordes zum Tode verurteilt, im Febr. 1988 zu lebenslanger Zwangsarbeit begnadigt, im Sept. 1993 freigelassen; die polit. Betätigung blieb ihm untersagt.

*****Bolet**, Jorge, amerikan. Pianist: * San Francisco (Calif.) 16. 10. 1990.

Bolger, James Brendan, neuseeländ. Politiker, * New Plymouth 31. 5. 1935; Farmer, seit 1972 Abg. der National Party, 1977 Fischerei- und stellv. Landwirtschafts-Min., 1978–81 Min. für Einwanderung, 1978–84 Arbeits-Min., seit März 1986 Vors. der National Party, seit Okt. 1990 Premier-Min., im Nov. 1993 durch den knappen Wahlsieg seiner Partei in seinem Amt bestätigt. B.s Politik zielt v. a. auf den Abbau des Haushaltsdefizits und der Auslandsverschuldung sowie die Belebung der Wirtschaft.

*****Bolivien**, amtlich span. **República de Bolivia**, Binnenstaat in Südamerika.

> *Hauptstadt:* Sucre (Regierungssitz ist La Paz). *Amtssprachen:* Spanisch, Ketschua und Aimara. *Staatsfläche:* 1 098 581 km² (ohne Binnengewässer 1 084 380 km²). *Bodennutzung (1992):* 23 580 km² Ackerland, 265 500 km² Dauergrünland, 555 300 km² Waldfläche. *Einwohner (1994):* 7,888 Mio. 7 Ew. je km². *Städtische Bevölkerung (1993):* 59 %. *Durchschnittliches Bevölkerungswachstum pro Jahr (1985–93):* 2,3 %. *Bevölkerungsprojektion für 2000:* 9 Mio. Ew. *Ethnische Gruppen:* 30 % Mestizen, 25 % Ketschua, 17 % Aimara, 15 % Weiße. *Religion (1992):* 92,5 % Katholiken. *Altersgliederung (1995):* unter 15 Jahre 39,7 %, 15 bis unter 65 Jahre 56,4 %, 65 und mehr Jahre 3,9 %. *Lebenserwartung der Neugeborenen (1993):* männlich 60 Jahre, weiblich 65 Jahre. *Analphabetenquote (1991):* insgesamt 22,5 %, männlich 15,3 %, weiblich 29,3 %. *BSP je Ew. (1993):* 770 US-$. *Anteil der Landwirtschaft am BIP (1991):* 24 %. *Arbeitslosenquote (1991/92):* 7,3 %. *Währung:* 1 Boliviano (Bs) = 100 Centavos (c). *Internationale Mitgliedschaften:* UNO, Andenpakt, Lateinamerikan. Integrationsvereinigung, OAS.

Geschichte: Da bei den Wahlen am 7. 5. 1989 kein Präsidentschaftskandidat die absolute Mehrheit erzielen konnte, bestimmte das im Mai gleichzeitig neugewählte Abg.-Haus am 6. 8. 1989 J. Paz Zamora (MIR) zum neuen Präs. in einer Reg.-Koalition aus PDC (Partido Demócrata Cristiano), MIR und der ADN des ehem. Diktators H. Banzer Suárez. Nachfolger von Paz Zamora wurde nach einer Stichwahl am 6. 8. 1993 G. Sánchez de Lozada, der Kandidat des oppositionellen MNR. Die Reg. Sánchez de Lozada mit Min. aus MNR, MBL (Movimiento Bolivia Libre) und UCS (Unión Cívica Solidaridad) ist wie die ihres Vorgängers mit den Folgen des Niedergangs der Zinnwirtschaft seit Mitte der 1980er Jahre konfrontiert, denen mit einer exportorientierten ›Schockpolitik‹ begegnet wird. Mitte April 1995 verhängte die Reg. als Reaktion auf eine vom Gewerkschaftsdachverband ausgelöste Welle von Streiks (für Lohnerhöhungen) und Protesten (gegen die Vernichtung von Koka-Anbaugebieten) den Ausnahmezustand (bis Okt.), der sich zugleich gegen Autonomieforderungen der Mehrzahl der Prov. richtete.

Durch die Überlassung von Nutzungsrechten an der peruan. Hafenstadt Ilo mit Freihandelszone für zunächst 50 Jahre und der Verpachtung eines 5 km langen Küstenstreifens erhielt B. 1993 erstmals seit 1879 wieder Zugang zum Pazifik. Am 15. 3. 1994 setzten die Präs. B.s und Paraguays einen endgültigen Schlußstrich unter den Chacokrieg (1932–35).

L. Peñaloza Cordero: Nueva historia económica de Bolivia, 7 Bde. (La Paz ¹⁻³1981–87).

*****Bollnow**, Otto Friedrich, Philosoph und Pädagoge: † Tübingen 7. 2. 1991.

*****Bolschoi-Ballett:** J. N. Grigorowitsch leitete das B.-B. bis 1995. Seither ist W. W. Wassiljew Direktor und Künstler. Leiter des Theaters, W. M. Gordejew Ballettdirektor.

*****Bolt**, Robert Oxton, engl. Dramatiker: † bei Petersfield (Cty. Hampshire) 20. 2. 1995.

*****Bonaventura**, Pseudonym des unbekannten Verfassers des romant. Romans ›Nachtwachen. Von Bonaventura‹: Neue Textfunde haben für den Roman die Autorschaft von E. A. Klingemann wahrscheinlicher gemacht.

James Bolger

***Bondartschuk,** Sergej Fjodorowitsch, russ. Schauspieler und Filmregisseur: † Moskau 20. 10. 1994.

***Bondy,** Luc, schweizer. Regisseur: 1985–88 Mitgl. des Direktoriums der Berliner Schaubühne, an der er weiterhin als Regisseur arbeitet.

***Bongo,** Omar, gabun. Politiker: Obgleich B. nach anfängl. Widerstand 1990 Oppositionsparteien zulassen mußte, gelang es ihm auch nach den von der Reg.-Partei gewonnenen Parlamentswahlen 1991 und seiner eigenen Wiederwahl 1993, alle Schaltstellen der Macht mit Angehörigen seiner Familie und sonstigen Vertrauten besetzt zu halten.

***Bonn:** Mit knapper Mehrheit entschied der Bundestag am 21. 6. 1991, seinen Sitz und den der Bundes-Reg. von B. nach Berlin zu verlegen. Der Bundesrat bleibt laut Beschluß (5. 7. 1991) in B., das den Titel ›Bundesstadt‹ erhielt. (→Berlin/Bonn-Gesetz)

Bonnaire [bɔˈnɛːr], Sandrine, frz. Filmschauspielerin, * Paris 31. 5. 1967; kam 1981 zum Film und feierte 1985 ihren ersten internat. Erfolg.

Filme: Auf das, was wir lieben (1983); Vogelfrei (1985); Die Verlobung des Monsieur Hire (1989); Johanna die Jungfrau (1994); Biester (1995).

Bookbuilding [ˈbʊkbɪldɪŋ, engl.], *Bank- und Börsenwesen:* →Emission 1).

***Booker-Preis:** Preisträger ab 1987 sind PENELOPE LIVELY (* 1933; 1987), P. CAREY (1988), KAZUO ISHIGURO (* 1954; 1989), ANTONIA SUSAN BYATT (1990), B. OKRI (1991), M. ONDAATJE und BARRY UNSWORTH (* 1930; beide 1992), RODDY DOYLE (* 1958; 1993), JAMES KELMAN (* 1946; 1994), PAT BARKER (* 1942; 1995).

S. RUSHDIE, der den Preis 1981 für seinen Roman ›Midnight's children‹ (1981; dt. ›Mitternachtskinder‹) erhalten hatte, wurde 1993 mit einem eigens geschaffenen ›Booker of Bookers‹ für das beste bisher ausgezeichnete Buch geehrt.

***BophuthaTswana:** Die Führung des Homelands lehnte 1993/94 die Rückgliederung des Landes in die Rep. Südafrika ab. Nach Unruhen (März 1994) marschierten südafrikan. Truppen ein; die Reg. Mangope wurde abgesetzt und B. der südafrikan. Rep. wiedereingegliedert; seit Errichtung der neuen südafrikan. Provinzen verteilt sich das Gebiet von B. auf die Provinzen Nordwest, Oranje-Freistaat und Gauteng.

Borchert, Jochen, Politiker (CDU), *Nahrstedt (Kr. Stendal) 25. 4. 1940; Ökonom, im Westfälisch-Lipp. Landwirtschaftsverband tätig, seit 1980 MdB, wurde im Jan. 1993 Bundes-Min. für Landwirtschaft, Ernährung und Forsten.

Bördekreis, Landkreis im Reg.-Bez. Magdeburg, Sachs.-Anh., 880 km^2, (1995) 81 000 Ew.; Kreisstadt ist Oschersleben (Bode). Das Kreisgebiet, das an die Landeshauptstadt Magdeburg und an Ndsachs. grenzt, erstreckt sich in der fruchtbaren Magdeburger Börde (Schwarzerde) und im hügeligen Harzvorland (Lößlehmboden). Verarbeitendes Gewerbe, Land- und Forstwirtschaft, Handel sowie Baugewerbe bilden die Grundlage der Wirtschaftsstruktur. Der Braunkohlentagebau und das Braunkohlekraftwerk bei Harbke (an der niedersächs. Grenze) wurden nach 1990 stillgelegt. Größte Stadt ist mit (1995) 16 000 Ew. Oschersleben (Bode), weitere Städte sind Wanzleben, Gröningen, Großalsleben, Kroppenstedt, Hadmersleben und Seehausen. – Der B. wurde am 1. 7. 1994 aus den früheren Kreisen Oschersleben und Wanzleben sowie der Stadt Kroppenstedt (früher Kr. Staßfurt) gebildet.

Borges [ˈbɔrxes], Jacobo, venezolan. Maler und Zeichner, *Caracas 1931; mischt in einer eigenwilligen Ikonographie Zeichen des Todes und der Lust mit einer naturalist. Wirklichkeitsabbildung, die seinen kalkulierten Kompositionen oft surreale Züge verleiht. 1965–71 arbeitete B. mit einem Filmteam zu-

Jacobo Borges: Rotes Kammermusikensemble; 1986 (Monterrey, Museo de Monterrey)

sammen, um seine Bildsprache in den multimedialen Bereich hinein zu erweitern. Seit den 1980er Jahren werden die auf einer zweiten Ebene oft allegor. Gemälde des Künstlers von einem Pinselduktus geprägt, der das Bildmotiv in einen informell anmutenden Farbenwirbel einbindet.

J. B., bearb. v. D. ASHTON u. a., Ausst.-Kat. (1987).

Borja Cevallos [ˈbɔrxa keˈβajɔs], Rodrigo, ecuadorian. Politiker, *Quito 19. 6. 1935; Rechtsanwalt und Prof. für Politologie in Quito; gründete 1974 die linksdemokrat. Izquierda Democrática (ID), für die er bei den Präsidentschaftswahlen 1978, 1984 und 1988 vergeblich kandidierte. Erst in der Stichwahl am 8. 5. 1988 konnte er sich durchsetzen. Während seiner Präsidentschaft (bis Aug. 1992) verfolgte er eine moderate, z. T. erfolgreiche Sparpolitik, die jedoch zu sozialen Spannungen führte. Seit 1983 einer der Vize-Präs. der Sozialist. Internationale.

***Borna 2):** Der seit 3. 10. 1990 zum Land Sachsen gehörende Landkreis B. ging am 1. 8. 1994 im Kr. Leipziger Land auf; die Gem. Steinbach wurde dem Muldentalkreis eingegliedert. Die Stadt Borna ist damit nicht mehr Kreisstadt.

***Bornefeld,** Helmut, Komponist: † Heidenheim an der Brenz 11. 2. 1990.

***Bornkamm,** Günther, ev. Theologe: † Heidelberg 18. 2. 1990.

***Borris,** Siegfried, Komponist und Musikpädagoge: † Berlin (West) 23. 8. 1987.

***Börsen:** Das internat. B.-Wesen ist gekennzeichnet durch stark wachsende Umsätze, eine zunehmende Globalisierung der Finanzmärkte mit steigendem Wettbewerb der internat. Finanzplätze, die Schaffung neuer Börsenprodukte (→Derivate) sowie eine zunehmende Computerisierung des Börsenhandels. Zudem entstanden in den vergangenen Jahren eine Vielzahl neuer B.-Plätze (→Emerging markets).

In Dtl. wurden zum 1. 1. 1993 alle wichtigen B.-Dienstleistungen und B.-Institutionen unter dem Dach der →Deutschen Börse AG integriert. Zusammen mit der Weiterentwicklung elektron. Handelssysteme soll dadurch die internat. Wettbewerbsfähigkeit gestärkt werden. Die Dt. Börse AG ist u. a. Trägerin der Frankfurter Wertpapierbörse und der 1990 gegründeten →Deutschen Terminbörse GmbH. Die Kooperation der B. in Frankfurt am Main, Düsseldorf, Berlin und München mit einer einheitl. Festsetzung der Eröffnungs-, Kassa- und Schlußkurse trat am 1. 1. 1996 in Kraft.

Jochen Borchert

Rodrigo Borja Cevallos

Börs Börsenblatt für den Deutschen Buchhandel – Bosnien und Herzegowina

Börsen: Umsätze im Kassahandel in Deutschland (Kurswert in Mrd. DM und Anteil am Gesamtumsatz in %)

Jahr	insgesamt	Aktien insgesamt		inländische Aktien		ausländische Aktien		Optionsscheine		Renten insgesamt		inländische Emittenten		DM-Auslandsanleihen	
	Mrd. DM	Mrd. DM	%	Mrd. DM	%	Mrd. DM	%	Mrd. DM	%	Mrd. DM	%	Mrd. DM	%	Mrd. DM	%
1987	2 035	849	41,7	671	33,0	58	2,9	120	5,9	1 186	58,3	1 113	54,7	73	3,6
1988	2 557	716	28,0	615	24,1	39	1,5	62	2,4	1 841	72,0	1 720	67,3	121	4,7
1989	3 293	1 377	41,8	1 182	35,9	60	1,8	134	4,1	1 916	58,2	1 814	55,1	102	3,1
1990	3 624	1 820	50,2	1 621	44,7	35	1,0	163	4,5	1 805	49,8	1 712	47,2	93	2,6
1991	3 449	1 358	39,4	1 259	36,5	27	0,8	72	2,1	2 091	60,6	1 980	57,4	111	3,2
1992	4 584	1 415	30,9	1 337	29,2	22	0,5	56	1,2	3 169	69,1	3 014	65,8	155	3,4
1993	6 867	1 986	28,9	1 839	26,8	43	0,6	104	1,5	4 881	71,1	4 556	66,3	325	4,7
1994	7 497	2 018	26,9	1 871	25,0	48	0,6	99	1,3	5 479	73,1	5 215	69,6	264	3,5

Quelle: Deutsche Bundesbank.

Bosnien und Herzegowina

Staatswappen

Nationalflagge

Internationales Kfz-Kennzeichen

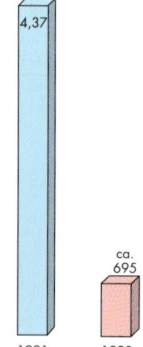

4,37 · 1991 Bevölkerung (in Mio.)
ca. 695 · 1993 Bruttosozialprodukt je Ew. (in US-$)

Die Computerisierung des B.-Handels führt zunehmend weg von dem traditionellen Treffen der B.-Teilnehmer an einem bestimmten Ort (B.-Saal, B.-Parkett) zu einer festgelegten B.-Zeit (**Präsenzbörse, Parketthandel**) hin zu vollelektron. Handelssystemen (**Computerbörse**). In Dtl. wurde der traditionelle B.-Handel am 5. 4. 1991 durch das Integrierte Börsenhandels- und Informationssystem (Abk. IBIS) ergänzt, so daß seither ein duales System von Präsenz- und Computer-B. besteht. IBIS ermöglicht zw. 8.30 und 17 Uhr bundesweit den elektron. Wertpapierhandel mit ausgewählten Aktien, Anleihen und Optionsscheinen (der Handel an der Präsenzbörse findet montags bis freitags von 10.30 bis 13.30 Uhr statt), seit 5. 12. 1995 auch mit Pfandbriefen und Kommunalobligationen (IBIS-R). Die Präsenz-B. wurde ebenfalls elektronisch unterstützt durch das Börsen-Order-Service-System (Abk. BOSS). Die Computerisierung umfaßt auch die Abwicklung der B.-Geschäfte sowie versch. Service- und Informationsdienste für B.-Makler und Banken. Weiterhin geplant ist die Einführung eines einheitl. Elektron. Handelssystems (Abk. EHS).

Rechtsgrundlage des B.-Handels ist neben dem B.-Gesetz das Wertpapierhandels-Ges. vom 1. 8. 1994. Die Rechts- und Handelsaufsicht über die B. wird durch die B.-Aufsichtsbehörden der jeweiligen Landes-Reg. ausgeübt; zudem wurde 1994 das →Bundesaufsichtsamt für den Wertpapierhandel geschaffen. Eine unabhängige Handelsüberwachungsstelle als Organ der B. dient der Ermittlung, Erfassung und Auswertung der Handelsdaten.

Eine ähnl. B.-Struktur und eine ähnl. Form der Computerisierung wird in der *Schweiz* mit der Schaffung der **Elektronischen Börse Schweiz** (Abk. **EBS**) angestrebt. Die techn. und einige rechtl. Voraussetzungen (Revision des Zürcher Wertpapier-Ges. vom 1. 1. 1993) sind bereits geschaffen. Allerdings ist das Bundes-Ges. über die B noch nicht in Kraft.

H.-P. PFAFFINGER: B. international, 2 Bde. (1990); E. ROHDE: Banken, B., Währungen (1990); U. BESTMANN: B. u. Effekten von A–Z. Die Fachsprache der klass. u. modernen Finanzmärkte (1991); E. ERLENBACH u. F. GOTTA: So funktioniert die Börse ([9]1991); S. BEER: Die wichtigsten B. Europas (1992); Dt. B.-Gesch., Beitr. v. R. GÖMMEL u.a. (1992); H. E. BÜSCHGEN: Das kleine B.-Lex. ([20]1994); W. H. GRÜN: Mehr Geld verdienen mit Aktien. B.-Chancen für jedermann ([19]1994); W. HARTER: Fachbegriffe des B.- u. Wertpapiergeschäfts ([2]1994); R. SCHÄTZLE: Hb. Börse 1995 ([9]1994).

*Börsenblatt für den Deutschen Buchhandel: Seit 1. 1. 1991 erscheint es als gemeinsame Frankfurter und Leipziger Ausgabe mit Sitz in Frankfurt am Main und einem Redaktionsbüro in Leipzig.

***Bortoluzzi,** Paolo, italien. Tänzer, Choreograph und Ballettdirektor: † Brüssel 16. 10. 1993.

Bosch, Manfred, Schriftsteller, * Bad Dürrheim 16. 10. 1947; beschäftigt sich mit polit. Literatur und Fragen der Arbeiterliteratur. Seine frühen Gedichte stehen der konkreten Poesie nahe, die spätere Lyrik ist in alemann. Mundart verfaßt. In dem Roman ›Der Zugang‹ (veröffentlicht in dem Sammelband ›Geschichten aus der Provinz‹, 1978) verarbeitet B. Eindrücke aus seiner Zivildienstzeit in einem Altersheim.

Weitere Werke: Lyrik: Konkrete Poesie (1969); Lauter Helden. Westerngedichte (1971); lautere helden. neue westerngedichte (1975); Mir hond no gnueg am Aalte (1978); Wa sollet au d Leit denke (1983); Was willst du mehr? Epigramme (1991). – *Reisebericht:* Zu Gast bei unseren Feinden. Bericht von einer Reise in die Sowjetunion (1986). – *Hg.:* Nie wieder! Texte gegen den Krieg (1981).

***Bose,** Hans-Jürgen von, Komponist: Wurde 1992 Prof. für Komposition an der Hochschule für Musik in München. Neuere Werke, u. a. ›Labyrinth I‹ (1987; für Orchester), ›63. Dream Palace‹ (1990; Oper), ›Medea‹ (1994; Ballett).

***Bose-Einstein-Kondensation:** 1994 gelang einer Forschergruppe um ERIC A. CORNELL in Boulder (Colo.) erstmals die Beobachtung der B.-E.-K. eines nahezu idealen Teilchengases. Dazu wurde ein Vielteilchenensemble aus rd. tausend Rubidium-87-Atomen zunächst mittels Laserkühlung vorgekühlt und dann in einer magnet. Falle mit Hilfe der sogenannten Verdampfungskühlung auf 170 nK weitergekühlt und gleichzeitig auf eine Dichte von mehr als $3 \cdot 10^{18} \, m^{-3}$ komprimiert; durch adiabat. Expansion konnten (bei geringerer Dichte) sogar 20 nK erreicht werden. Unter diesen Bedingungen bilden die ^{87}Rb-Atome Cooper-Paare, die im Grundzustand des Systems kondensieren; der Nachweis des Kondensats erfolgte durch Momentaufnahmen mit Laserlicht. Eine andere Gruppe in Houston (Tex.) konnte wenig später in einem ähnl. Experiment die B.-E.-K. von Lithiumatomen herbeiführen.

***Boskovsky,** Willi, österr. Violinist und Dirigent: † Naters (Kt. Wallis) 21. 4. 1991.

***Bosl,** Karl, Historiker: † München 18. 1. 1993.

Bosnien und Herzegowina

Fläche: 51 129 km²
Einwohner: (1991) 4,37 Mio.
Hauptstadt: Sarajevo
Amtssprache: Bosnisch
Nationalfeiertag: 29. 2./1. 3.
Währung: Bosnisch-Herzegowinischer Dinar (BHD)
Zeitzone: MEZ

Bosni|en und Herzegowina, amtlich serbokroatisch **Republika Bosna i Hercegovina** [-ˈhɛrtsɛ-], Staat in SO-Europa, grenzt im S, W und N an Kroatien, im O an (Rest-)Jugoslawien, 51 129 km², auf Bosnien entfallen 42 010 km², auf die Herzegowina 9 119 km², (1991, Volkszählung vor Ausbruch des Krieges) 4,366 Mio. Ew. Die Hauptstadt Sarajevo liegt in Bosnien; wichtigste Stadt der Herzegowina, des kleineren, südl. Teils der Rep., ist Mostar. Amtssprache ist Bosnisch, Währung ist der Bosnisch-Herzegowinische Dinar (BHD). Zeitzone: MEZ.

STAAT · RECHT

Verfassung: Formell gilt noch die Verf. der jugoslaw. Teilrepublik B. u. H. vom 25. 2. 1974, die seither zahlreichen Änderungen unterzogen worden ist. Sie geht von einer multi-ethn. Staatskonzeption aus, nach der die drei staatstragenden Volksgruppen die Bosnier (Muslime), Serben und Kroaten sind. Das Parlament, die ›Skupština‹, besteht aus zwei Kammern, und zwar aus der nach landesweiten Parteilisten durch Verhältniswahl bestellten Bürgerkammer (›Vijeće građana‹) mit 130 Abg. und aus der in Einzelwahlkreisen durch Mehrheitswahl bestellten Gemeindekammer (›Vijeće općina‹) mit 110 Abg. Die staatsleitenden Aufgaben werden vom urspr. siebenköpfigen Präsidium (›Predsjedništvo‹) ausgeübt, dessen Mitgl. im Nov. 1990 unmittelbar vom Volk gewählt wurden, und zwar dergestalt, daß auf jede Volksgruppe mindestens zwei Vertreter entfallen mußten. Ende 1992 wurde das Präsidium unter Einbeziehung des Reg.-Chefs, des Armeechefs und des Parlaments-Präs. auf zehn Personen erweitert. Zu seinem Vors., der die Funktionen eines Staatsoberhaupts ausübt, bestellte das Präsidium im Dez. 1990 A. IZETBEGOVIĆ (SDA), der seither regelmäßig in seinem Amt bestätigt worden ist. Die Aufgaben der Verw.-Führung werden von der Reg. wahrgenommen, an deren Spitze der Reg.Präs. steht.

Im Rahmen des Föderationsvertrages vom März 1994 zw. B. u. H., der Kroat. Republik Herceg-Bosna und Kroatien wurde die Föderation Bosnien-Herzegowina gegründet. Nach dem Friedensabkommen von Dayton besteht der bosn. Staat aus der Föderation Bosnien-Herzegowina (51% des Staatsgebiets) und der Serbischen Rep. in Bosnien (49%) mit Sarajevo als Hauptstadt. Vorgesehen sind Zentral-Reg., gemeinsames Zweikammerparlament, Präsidentschaft, Verf.-Gericht und Notenbank (gemeinsame Währung).

Parteien: Die Partei der Demokrat. Aktion (SDA) vertritt den bosnisch-muslim., die Serbische Demokrat. Partei (SDS) die bosnisch-serb. und die Kroatische Demokrat. Gemeinschaft (HDZ) den bosnisch-kroat. Bev.-Teil. Sie bilden heute die polit. Plattform der drei auf dem Territorium von B. u. H. bestehenden Staatlichkeiten unterschiedl. Legitimation. Die gesamtjugoslaw. polit. Kräfte haben ihre Bedeutung verloren. Auf der Grundlage der Verf. der jugoslaw. Teilrepublik B. u. H. fanden im Nov./Dez. 1990 erstmals freie Wahlen zum Parlament statt. Dabei entfielen von den insgesamt 240 Mandaten auf die SDA 86, auf die SDS 72 und auf die HDZ 44 Mandate, von den zu diesem Zeitpunkt noch bedeutsamen gesamtjugoslaw. orientierten Parteien erhielten der Bund der Kommunisten (Sozialist. Demokrat. Partei) 19 und der Bund der Reformkräfte 13 Sitze.

Das 1992 eingeführte *Wappen* geht auf die Zeit des Königreiches Bosnien unter der Dynastie der Kotromanići im 14. Jh. zurück; es zeigt auf blauem Grund sechs goldene Lilien und einen weißen Diagonalbalken. Der *Nationalfeiertag* ist der 29. 2./1. 3. zur Erinnerung an die Erlangung der Unabhängigkeit 1992.

Streitkräfte: Angesichts der militär. Situation sind exakte Angaben zu den Streitkräften der beteiligten Bürgerkriegsparteien nicht möglich. Die mehrheitlich muslim. Regierungstruppen (›Armee der Rep. B. u. H.‹, Abk. ABiH) umfassen einschließlich der im Einsatz stehenden Reservisten zw. 200 000 und 260 000 Mann; die Ausrüstung besteht v. a. aus leichten Waffen, hinzu kommen 40 Kampfpanzer und einige Hubschrauber. Eine selbständige Luftwaffe gibt es nicht. Der ›Verteidigungsrat der bosn. Kroaten‹ (Hvo) verfügt über 50 000 Soldaten mit 100 Kampfpanzern. Die bosn. Serben – etwa 80 000 Mann – sind mit rd. 350 Kampfpanzern sowie je 20 Hubschraubern und Kampfflugzeugen ausgestattet. Das schwere Gerät der Konfliktgegner stammt v. a. aus dem Bestand der alten jugoslaw. Armee; die in den letzten Jahren v. a. von Muslimen und Kroaten beschafften leichten Waffen kommen aus unterschiedl. Ländern.

Internat. Mitgliedschaften: UNO, OSZE.

LANDESNATUR · BEVÖLKERUNG

Mit Ausnahme des Anteils an der Savenniederung im N (▷ Posavina), einem fruchtbaren Acker- und Obstbauland, wird die Rep. von Gebirgsland eingenommen. Die größtenteils aus Schiefer und Sandsteinen, im W aus Kalken aufgebaute zentrale Gebirgsmasse ist reich bewaldet. Den S durchzieht die waldarme Hochkarstzone des Dinar. Gebirges, mit Gebirgsstöcken (z. T. über 2 000 m hoch) und Hochflächen (um 1 700 m ü. M.), in die große fruchtbare Becken (Poljen) eingesenkt sind. Zur Schieferzone des Dinar. Gebirges gehört das Bosn. Erzgebirge zw. oberem Vrbas und oberer Bosna, in der Vranica bis 2 107 m hoch. Es besitzt neben großen Eisenerz- und Braunkohlenlagerstätten auch Vorkommen von Silber-, Chrom-, Mangan- und Bleierz. Im S der Rep. erstreckt sich die Herzegowina, ein dünn besiedeltes, verkarstetes Gebirgsland. Verkehrsleitlinie ist das Neretvatal, das einzige Tal, das die Hochkarstzone in mehreren Schluchten quert. Zum Adriat. Meer gibt es nur inmitten kroat. Staatsgebiets einen schmalen Zugang südlich der Neretvamündung bei dem Ort Neum.

Klimadaten von Sarajevo (537 m ü. M.)					
Monat	Mittleres tägl. Temperatur-maximum in °C	Mittlere Niederschlags-menge in mm	Mittlere Anzahl der Tage mit Niederschlag	Mittlere tägl. Sonnen-scheindauer in Stunden	Relative Luft-feuchtigkeit nachmittags in %
I	3,0	71	12	2,0	80
II	5,3	69	10	3,2	75
III	9,9	50	13	4,0	68
IV	15,1	69	13	4,5	66
V	19,5	84	16	5,4	68
VI	23,5	86	13	6,9	68
VII	25,9	68	9	7,7	66
VIII	26,8	62	8	7,8	63
IX	22,5	71	11	6,0	69
X	15,9	84	13	3,5	79
XI	9,5	98	15	2,3	80
XII	6,0	87	15	1,8	81
I–XII	15,2	899	148	4,6	72

Klima: Das vorwiegend östlich der als Klimascheide wirkenden Kammzone des Dinar. Gebirges gelegene Land hat ein mitteleurop., in großen Teilen gemäßigt kontinentales Klima. Lediglich die zum Mittelmeer entwässernde Herzegowina weist mediterrane Einflüsse im Klima und auch in der Vegetation auf.

Bevölkerung: Die Bev. des Landes setzt sich aus früher in einem eng verzahnten Siedlungsmuster miteinander lebenden Angehörigen der verschiedensten Nationalitäten und Religionen zusammen, was nach Auflösung der früheren Föderativen Rep. Jugoslawien zu erhebl. Spannungen und letztlich zu krieger. Auseinandersetzungen geführt hat. Nach der Volkszählung vom März 1991 lebten hier 1,9 Mio. muslim. Bosnier (43,7% der Gesamtbevölkerung), 1,3 Mio. Serben

Bosn Bosnien und Herzegowina

(31,4 %), 756 000 Kroaten (17,3 %). 240 000 Menschen (5,5 %) bezeichneten sich als ›Jugoslawen‹ (Offiziere, Beamte, auch Angehörige aus Mischehen), die übrigen Ew. setzen sich aus Montenegrinern, Roma u. a. zusammen. Die Bev.-Verteilung hat sich durch den Krieg völlig verändert. Bis Nov. 1994 waren mehr als 2,7 Mio. Menschen aus ihren Heimatdörfern und -städten geflohen bzw. wurden vertrieben oder zwangsumgesiedelt, die Hälfte von ihnen sind Binnenflüchtlinge, die andere Hälfte lebt im Ausland.

40 % der früheren Bev. lebten in Städten. Größte Städte waren (1991) Sarajevo (415 600 Ew.), Zenica (145 600 Ew.), Banja Luka (142 600 Ew.), Tuzla (131 900 Ew.), Mostar (126 100 Ew.).

Religion: Wichtigste Religionsgemeinschaft sind (1991) die sunnit. Muslime (1,905 Mio.); es folgen serbisch-orth. sowie kath. Christen (Kroaten). Kath. Bischofssitze befinden sich in Banja Luka und Mostar.

Publizistik: Presse: Die meisten Periodika waren im 1992 beginnenden Bürgerkrieg und während der Belagerung von Sarajevo gezwungen, ihr Erscheinen einzustellen. Ohne Unterbrechung erschien ›Oslobodjenje‹ (gegr. 1943; Auflage: 50 000), weitere in der Hauptstadt erscheinende Zeitungen sind ›Sarajevske novine‹ (16 000), ›Večernje novine‹ (1964; 61 000) und ›Večernje novosti‹ (20 000); eine lange Tradition haben Regional- und Lokalblätter wie z. B. ›Glas‹ (Tuzla; gegr. 1943), ›Sloboda‹ (Mostar; gegr. 1945) und ›Krajina‹ (Bihać; gegr. 1946). – *Nachrichtenagenturen:* ›Herzeg-Bosna News Agency‹ (gegr. 1993), Mostar; ›Zapadno Bosanska Informativna Agencija‹ (ZBIA, gegr. 1993), Velika Kladuša. – *Rundfunk:* Hörfunk (gegr. 1945) und Fernsehen (gegr. 1967) arbeiten gemeinsam als eine Institution ›Radio Televizija Bosne i Hercegovine‹ (RTV BiH). Verbreitet werden vier Hörfunk- und zwei Fernsehprogramme sowie ein lokales TV-Programm für Sarajevo.

WIRTSCHAFT · VERKEHR

Wirtschaft: Vor dem Zerfall des Vielvölkerstaates trug B. u. H. (1989) 13 % zum jugoslaw. Bruttosozialprodukt (BSP) bei. Die ab 1990 beschrittene Entwicklungsweg von der sozialistisch zur marktwirtschaftlich geprägten Wirtschaftsform wurde durch den Bürgerkrieg jäh unterbrochen, und die ökonom. Aktivitäten des Landes kamen fast vollständig zum Erliegen. Die Zerstörung wichtiger Wirtschafts- und Verkehrseinrichtungen und der Abbruch des ökonomisch bedeutsamen Fremdenverkehrs führten zu chaot. Zuständen in weiten Wirtschaftsbereichen. Darüber hinaus forcierte die Seeblockade der kroat. Häfen, die die Ölversorgung B. u. H.s sicherten, die wirtschaftl. Probleme des Landes. Nach Schätzungen der Weltbank ist das BSP je Ew. im Zeitraum 1990–92 von 1 600 US-$ auf unter 675 US-$ gesunken.

Landwirtschaft: Trotz umfangreicher Landwirtschaft (weitgehend auf privater Basis) ist B. u. H. auf Nahrungsmittellieferungen (bis 1992 aus Serbien) angewiesen. Neben dem Anbau von Mais, Weizen, Tabak, Kartoffeln sowie dem Obst- (v. a. Erdbeeren, Himbeeren) und Weinbau ist die Viehzucht (Schafhaltung in den Karstgebieten, Schweine- und Rinderzucht im N) bedeutsam.

Industrie: B. u. H. verfügt über umfangreiche Boden- und andere Naturschätze (Braunkohle, Eisen-, Zink-, Bleierze, Bauxit, Salz, Holz, Wasserkraft), die nach 1945 eine nachhaltige Industrialisierung begünstigten. In deren Verlauf entstanden Betriebe zur Eisenerzverhüttung, Kohleverarbeitung, des Maschinenbaus, der Erdölverarbeitung und der chem. Industrie. Gleichzeitig wurden traditionelle Gewerbezweige wie Holzverarbeitung, Textil- und Nahrungsmittelindustrie ausgebaut. Wichtige Industriestandorte waren Sarajevo, Tuzla, Zenica, Jajce, Vareš, Banja Luka. Im innerjugoslaw. Vergleich jedoch gehörte B. u. H. zu den am wenigsten industrialisierten Regionen. Ende 1992 waren bereits rd. 80 % sämtlicher Industrieanlagen zerstört.

Außenwirtschaft: Im Jahr des Austritts aus dem jugoslaw. Staatsverband (1991) wurden Güter im Gesamtwert von 2,2 Mrd. US-$ ausgeführt. Wichtigste Exportprodukte waren Eisenerz, Holzkohle, Steinsalz, Blei, Zink, Mangan und landwirtschaftl. Erzeugnisse wie Tabak und Obst.

Verkehr: Als Binnenland mit relativ verkehrsfeindlichen topograph. Verhältnissen besaß B. u. H. schon vor Beginn des Bürgerkriegs keine gut ausgebaute Verkehrsinfrastruktur (1 350 km Autostraßen, 1 035 km Eisenbahnlinien).

GESCHICHTE

Nachdem Slowenien und Kroatien im Juni 1991 ihre staatl. Unabhängigkeit erklärt hatten, verkündete das Parlament von B. u. H. am 15. 10. 1991 die Souveränität innerhalb des bisherigen jugoslaw. Staatsverbandes, betonte aber, daß B. u. H. keiner Staatenverbindung in Zukunft angehören werde, der nicht auch Kroatien und Serbien angehören würden. Vor diesem Beschluß hatten die bosnisch-serb. Abg. das Parlament verlassen, da sie befürchteten, daß der bosnisch-serb. Bev.-Teil in einem souveränen Staat B. u. H. in eine Minderheitenposition geraten könnte. Am 29. 2. und 1. 3. 1992 fand ein Referendum über die Unabhängigkeit des Landes statt, das jedoch vom serb. Bev.-Teil boykottiert wurde. Bei einer Abstimmungsbeteiligung von 64,4 % sprachen sich 99,4 % der Abstimmenden für die Unabhängigkeit aus. Auf dieser Grundlage wurde am 3. 3. 1992 förmlich die Unabhängigkeit ausgerufen. Die Sozialist. Republik B. u. H. nannte sich am 8. 4. 1992 in Republik Bosnien-Herzegowina um. In der Folgezeit brachen Kämpfe zw. den einzelnen Volksgruppen B. u. H.s aus: zw. den Muslimen (Bosniern), den bosn. Serben und den bosn. Kroaten. Während sich die Muslime (Bev.-Anteil: 43,7 %) als staatstragende Gruppe betrachten, verfechten die bosn. Serben die Idee der Sammlung aller Serben in einem Staat. Bei einem Bev.-Anteil von 31,4 % erhoben diese einen Anspruch auf 65 % des Staatsgebiets; ihr Parlament rief am 7. 4. 1992 die Serb. Republik Bosnien-Herzegowina als integralen Bestandteil Jugoslawiens aus und setzte ein Staatspräsidium unter Präs. R. KARADŽIĆ und eine Reg. ein. Am 1. 11. 1992 vereinigte sich diese Republik mit der in den serbisch besetzten Gebieten Kroatiens gegründeten Republik Serbische Krajina. Die kroat. Volksgruppe in B. u. H. proklamierte am 3. 7. 1992 im SW des Landes die Kroat. Gemeinschaft Herceg-Bosna, die etwa 10 % des Staatsgebiets umfaßt. Ihr Parlament setzte ebenfalls ein Staatspräsidium unter Führung von M. BOBAN ein, und eine Exekutive unter K. ZUBAK, und eine Exekutive ein. Im Ergebnis all dieser Sezessionsvorgänge beschränkte sich die v. a. von der muslim. (bosn.) Volksgruppe getragene Staatsgewalt in B. u. H. (Staatspräs. A. IZETBEGOVIĆ) tatsächlich auf ein Fünftel des ursprüngl. Staatsgebiets.

Unterstützt von der Rep. Jugoslawien (›Rest-Jugoslawien‹: Serbien und Montenegro), suchten die bosn. Serben eine möglichst breite Landverbindung von Serbien über O- und N-Bosnien (ersatzweise durch Zentralbosnien) bis zur serbisch kontrollierten Krajina in Kroatien herzustellen; sie eroberten strategisch wichtige Städte (u. a. Bosanski Brod, Jajce), belagerten die muslim. Enklaven Srebrenica und Goražde in O-Bosnien, v. a. jedoch die Hauptstadt Sarajevo und griffen im N den muslim. Region um Bihać an. Die Armee Rest-Jugoslawiens hatte sich zwar im Mai 1992 formal aus B. u. H. zurückgezogen, hatte aber den Großteil ihrer Mannschaften und Waffen der neuge-

Bosnien und Herzegowina **Bosn**

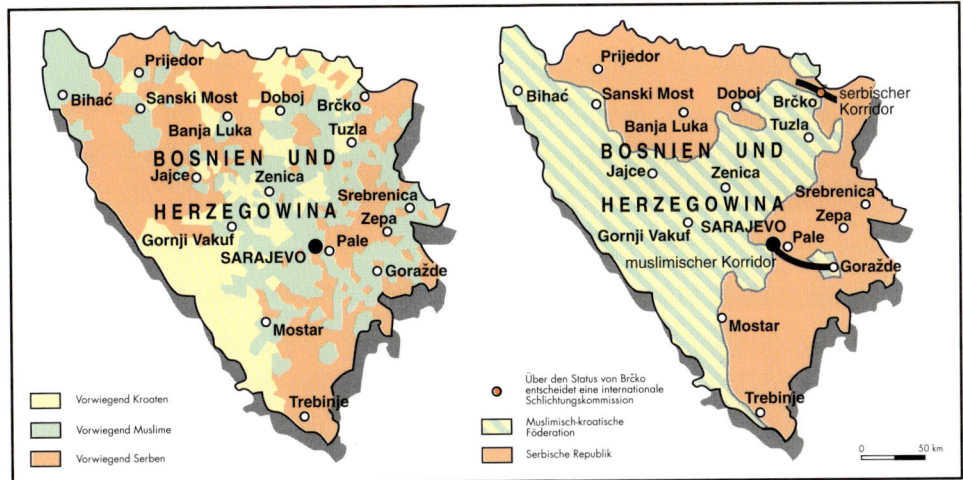

Bosnien und Herzegowina: LINKS Ethnische Gliederung des Gebiets vor Beginn des Bürgerkriegs 1992; RECHTS Im Friedensabkommen von Dayton (Oh.) am 21. November 1995 vereinbarte Aufteilung des Landes

gründeten bosnisch-serb. Armee überlassen. Binnen weniger Monate brachten die bosn. Serben aufgrund ihrer militär. Überlegenheit bis Okt. 1992 etwa 70% des Staatsgebiets von B. u. H. unter ihre Kontrolle. Seit Anfang 1993 kam es auch zu schweren Kämpfen zw. den zunächst gemeinsam operierenden militär. Kräften der bosn. Muslime und der bosn. Kroaten v. a. in Zentralbosnien (um Travnik und Zenica) sowie in der Herzegowina um Mostar. Die bosn. Serben zogen den Belagerungsring um Sarajevo ab 1993 immer enger und beschossen die Stadt ohne Rücksicht auf die Zivil-Bev. mit schwerer Artillerie.

Unter dem Schlagwort ›ethn. Säuberungen‹ vertrieben die bosn. Serben, aber auch die bosn. Kroaten die jeweils anderen Nationalitäten aus den von ihnen eroberten Gebieten. Alle kämpfenden Parteien richteten Gefangenen- bzw. Internierungslager ein. Kampf und Vertreibung lösten eine große Flüchtlingswelle aus. In den belagerten Städten brachen Hungersnöte aus. Es kam zu schweren Greueltaten an der Zivil-Bev. Im Sommer 1992 übernahm der poln. Politiker T. MAZOWIECKI das Amt eines Sonderbeauftragten der UNO für die Feststellung von Menschenrechtsverletzungen in B. u. H. (im Juli 1995 zurückgetreten). Vorwiegend Angehörige serb. Milizen vergewaltigten in speziell zu diesem Zweck eingerichteten Lagern systematisch muslim. Frauen. Im Dez. 1992 verurteilte der UN-Sicherheitsrat diese Handlungen als ›Akte unaussprechl. Brutalität‹ und beschloß am 22. 2. 1993 die Errichtung eines internat. →Kriegsverbrechertribunals in Den Haag. Der Bürgerkrieg führte den Staat B. u. H. an den Rand seiner Existenz.

Angesichts der logist. Unterstützung der bosn. Serben durch die Reg. Milošević in Belgrad verhängten Ende Mai 1992 EG (EU) und UN-Sicherheitsrat gegen die Rep. Jugoslawien ein Handelsembargo. Im Juni 1992 dehnte der UN-Sicherheitsrat das Einsatzgebiet der bis zu diesem Zeitpunkt nur in Kroatien stationierten Friedenstruppen, der UNPROFOR (▷Vereinte Nationen, ÜBERSICHT), auf das Gebiet von B. u. H. aus (besondere Schwerpunkte: Sarajevo, Bihać). Seit März 1992 flogen amerikan., seit Juli 1992 auch brit., frz. und dt. Flugzeuge Hilfsgüter (Nahrungsmittel, Medikamente) in das Kriegsgebiet; Kriegsschiffe und AWACS-Flugzeuge der NATO überwachen seitdem die Einhaltung des Handelsembargos und des im Okt. 1992 von der UNO ausgesprochenen Flugverbots über dem Kriegsgebiet.

Anfang Sept. 1992 begann unter dem Vorsitz von D. A. OWEN und C. VANCE bzw. T. STOLTENBERG in Genf eine Konferenz, die den kriegführenden Parteien Friedenspläne unterbreitete (→Genfer Jugoslawienkonferenz). Im Mai 1993 richtete der UN-Sicherheitsrat Schutzzonen für die muslim. Bev. und die Abschottung der Grenze Bosniens gegen Serbien ein. Im Aug. 1993 billigte der NATO-Rat Pläne, im Auftrag der UNO Kampfflugzeuge der NATO zu Luftangriffen gegen Stellungen der bosn. Serben einzusetzen. In diesem Sinne stellte er Anfang 1994 den bosn. Serben ein Ultimatum, ihre schweren Waffen aus ihrem Belagerungsring um Sarajevo zurückzuziehen.

Im März 1994 einigten sich Vertreter von B. u. H., der Kroat. Republik Herceg-Bosna und Kroatien auf die Gründung einer Föderation Bosnien-Herzegowina. Die Parlamente der drei Vertragspartner stimmten dem Föderationsvertrag zu. Auf der Grundlage einer am 31. 5. 1994 verabschiedeten Verf. wurde im März 1994 Präs. der Rep. Herceg-Bosna ZUBAK Präs. der Föderation, der MinPräs. von Bosnien-Herzegowina H. SILAJDŽIĆ Regierungschef. Im April 1994 beauftragte die EU den dt. Politiker H. KOSCHNICK mit der Koordination des Wiederaufbaus von Mostar.

Im weiteren Verlauf der krieger. Aktivitäten kam es jedoch immer wieder zu Angriffen der bosn. Serben auf Sarajevo und die anderen UN-Schutzzonen. Nach bosnisch-serb. Angriffen auf die UN-Schutzzone Goražde griffen NATO-Kampfflugzeuge im April 1994 bosnisch-serb. Stellungen in diesem Raum an. Nach ihrem ersten Zusammentritt in London (April 1994) legte eine ›Kontaktgruppe‹ für B. u. H., der Vertreter der USA, Rußlands, Großbritanniens, Frankreichs und Dtl.s angehören, im Juli 1994 einen Friedensplan vor, der jedoch auch v. a. an dem Widerstand der bosn. Serben scheiterte. Unter der Wirkung der Wirtschaftssanktionen der UNO und EU brach die Rep. Jugoslawien im Aug. 1994 offiziell ihre polit. und wirtschaftl. Beziehungen zu den bosn. Serben ab. Im Dez. 1994 vermittelte der frühere amerikan. Präs. J. E. CARTER einen viermonatigen Waffenstillstand, der am 1. 1. 1995 in Kraft trat, jedoch immer wieder durch Kämpfe an versch. Fronten (bes. in der Region um Bihać) gebrochen und nach dem 1. 5. 1995 nicht verlängert wurde. Nachdem die bosnisch-serb. Streitkräfte am 25. und 26. 5. 1995 ein UN-Ultimatum (Rückzug der schweren Waffen aus dem Raum um Sarajevo) hatten verstreichen lassen, griffen NATO-Kampfflug-

Bosn   bosnische Literatur – bosnische Sprache

zeuge Munitionslager im Raum Pale an. Als Reaktion darauf nahmen die bosn. Serben eine große Zahl von Blauhelmsoldaten zeitweilig als Geiseln. Angesichts dieser Entwicklung beschlossen die Außen-Min. der NATO im Juni 1995 die Aufstellung einer ›Schnellen Eingreiftruppe‹ zum Schutz der UNPROFOR-Truppen. Im Juni 1995 wurde der schwed. Politiker C. BILDT Vermittler der EU im Bosnienkonflikt.

Nach der Eroberung der UN-Schutzzonen Srebrenica und Žepa durch bosnisch-serb. Truppen (Juli 1995) unternahm die NATO als Antwort auf einen weiteren Artillerieangriff auf Sarajevo mit zahlreichen Opfern (28. 8.) ab dem 30. 8. 1995 massive Luftangriffe auf bosnisch-serb. Feuerstellungen im Raum Sarajevo, Tuzla und Pale. Als im Aug. 1995 kroat. Streitkräfte die Abspaltung serbisch besiedelter kroat. Gebiete (bes. der Krajina) rückgängig machten, geriet die Kriegführung der bosn. Serben in die Defensive. In dieser Situation unternahmen die USA (Unterhändler: RICHARD HOLBROOKE, *1941) eine neue Friedensinitiative. Nach dem Inkrafttreten eines Waffenstillstands am 12. 10. 1995 trat in Dayton (Oh.) eine Friedenskonferenz zusammen, auf der die Präs. B. u. H.s, Kroatiens und der Rep. Serbien am 21. 11. 1995 ein Friedensabkommen paraphierten, das die staatl. Einheit und Souveränität des Landes wahrt und ihm eine Verf. gibt (Unterzeichnung in Paris am 14. 12. 1995). 1996 sollen Präsidentschafts- und Parlamentswahlen unter internat. Aufsicht stattfinden. Bereits am 23. 11. hatten der UN-Sicherheitsrat und wenig später die EU das Handelsembargo gegenüber (Rest-)Jugoslawien aufgehoben. Im Rahmen des Friedensvertrags von Dayton wurde ab Anfang Dez. 1995 in B. u. H. sowie in Kroatien unter Führung der NATO und unter Beteiligung russ. Einheiten eine Internat. Friedenstruppe (›Implementation Force‹, IFor) aufgebaut; sie soll für etwa 12 Monate vor Ort den Friedensprozeß sichern. Am 20. 12. löste die IFor die Blauhelme der UNPROFOR ab.

bosnische Literatur. Auf dem Territorium Bosniens und der Herzegowina hat es seit dem MA. slaw. Schrifttum gegeben, das sowohl im Verhältnis zur kroatisch-glagolit. als auch zur serbisch-kyrill. Tradition Besonderheiten aufwies (Entwicklung besonderer Schriftformen, etwa der ›Bosančica‹). Aus dem Umkreis der ketzerischen ›bosn. Kirche‹ (Bogomilentum) sind nur wenige Denkmäler erhalten (›Hvalov rukopis‹, 1404; ›Mletački zbornik‹ 14./15. Jh.). Mit dem Fall des Königreichs Bosnien (1463) und der nun einsetzenden Bildung städt. Zentren unter den Osmanen entwickelte sich jener kulturelle Pluralismus, der die b. L. in der Folgezeit geprägt hat und als ihr besonderes Kennzeichen (›Multiliterazität‹) gelten kann. Zu einer reichhaltigen Literatur in oriental. Sprachen (Türkisch, Arabisch, Persisch) traten die literar. Bestrebungen der bosn. Franziskaner und der Serben (v. a. in den orth. Klöstern) in kroat. und serb. Sprache. Nach dem Ankunft der aus Spanien vertriebenen Sephardim entfaltete sich hebräisches Schrifttum (DAVID PARDO, 18. Jh.). Weit verbreitet war das sog. Aljamiado-Schrifttum (serbokroat. Texte in arab. Schrift). Nach der österr.-ungar. Okkupation 1878 entstand ein vielgestaltes multiliterar. Leben, das sich v. a. in literar. Gesellschaften und um Zeitschriften wie die offiziöse ›Nada‹, die serb. Zeitschriften ›Bosanska vila‹ und ›Zora‹ sowie die muslim. Zeitschriften ›Behar‹ und ›Biser‹ rankte.

Im Umkreis der Moderne traten Lyriker wie der Kroate S. S. KRANJČEVIĆ, die Serben J. DUČIĆ und A. ŠANTIĆ, die Muslime SAFVET-BEG BAŠAGIĆ-REDŽEPAŠIĆ (*1870, †1934) und MUSA ĆAZIM ĆATIĆ (*1878, †1915) auf. Beiträge zur realist. Erzählliteratur lieferten serb. (P. KOČIĆ, SVETOZAR ĆOROVIĆ, *1875, †1919) und muslim. Schriftsteller (EDHEM MULABDIĆ, *1862, †1954). Die Bewegung der ›Mlada Bosna‹ (Jung-Bosnien), an der I. ANDRIĆ, MILOŠ VIDAKOVIĆ (*1891, †1915) u. a. teilnahmen, war proserbisch bzw. ›jugoslawisch‹ gestimmt. In der Zwischenkriegszeit brachte die b. L. in allen Einzelsträngen beachtl. Erzähler hervor (I. SAMOKOVLIJA, AHMED MURADBEGOVIĆ, *1898, †1972; HAMZA HUMO, *1895, †1970; B. ĆOPIĆ u. a.). In ANDRIĆS Erzählungen und Romanen dominierte zwar das bosn. Thema, doch nahm er mehr und mehr einen Standpunkt ›von außen‹ ein. Nach 1945 gestaltete M. SELIMOVIĆ in seinem philosophisch ausgerichteten Erzählwerk, ĆAMIL SIJARIĆ (*1913) in Gesellschaftsromanen und DERVIŠ SUŠIĆ (*1925) in satir. Werken die Besonderheiten der bosn. Welt. Die Lyrik vertraten MAK DIZDAR (*1917, †1971), der die bogomil. Tradition belebte, IZET SARAJLIĆ (*1930) mit zeitbezogenen Gedichten sowie in der jüngeren Generation S. TONTIĆ, IRFAN HOROZOVIĆ (*1947) u. a.

Seit Ausbruch des bosn. Krieges 1992 zeichnet sich eine stärkere Akzentuierung der muslim. Traditionen und mitunter sogar ihre Gleichsetzung mit der b. L. ab. Ob das multiliterar. Konzept künftig aufrechterhalten werden kann, muß bezweifelt werden. Während des Krieges emigrierten viele bosn. Autoren.

M. BRAUN: Die Anfänge der Europäisierung in der Lit. der moslim. Slaven in Bosnien u. Herzegowina (1934); P. PALAVESTRA: Književnost Mlade Bosne, 2 Bde. (Sarajevo 1965); K. GEORGIJEVIĆ: Hrvatska književnost od XVI do XVIII stoljeća u sjevernoj Hrvatskoj i Bosni (Zagreb 1969); W. LEHFELDT: Das serbokroat. Aljamiado-Schrifttum der bosnisch-hercegovin. Muslime. Transkriptionsprobleme (1969); Književnost Bosne i Hercegovine u svjetlu dosadašnjih istraživanija, hg. v. M. BEGIĆ (Sarajevo 1977); M. RIZVIĆ: Književni život Bosne i Hercegovine između dva rata, 3 Bde. (Sarajevo 1980); Pisana riječ u Bosni i Hercegovini od najstarijih vremena do 1918. godine. The written word in Bosnia and Herzegovine from earliest times up to 1918, hg. v. A. ISAKOVIĆ u. a. (Sarajevo 1982); M. HUKOVIĆ: Alhamijado književnost i njeni stvaraoci (Sarajevo 1986).

bosnische Sprache, offizielle Bez. für die Sprache der in Bosnien und Herzegowina lebenden Muslime, bosn. Serben und Kroaten. Bis zum Beginn des 20. Jh. war die b. S. die Sprache der bosn. Muslime. In der Sozialist. Föderativen Rep. Jugoslawien wurde die Amtssprache der Rep. Bosnien und Herzegowina als ›serbokroat. bzw. kroatoserb. Sprache ijekavischer Aussprache‹ bezeichnet (▷ serbokroatische Sprache). Die jugoslawisch-serb. Sprachpolitik förderte eine serbokroat. Standardsprache mit einer östlichen (serb.) und einer westlichen (kroat.) Variante, die jeweils etwa 5% Eigenheiten (in Phonetik, Grammatik, Lexik) aufwiesen. Dieser Standardsprache kam die bosnisch-herzegowin. Variante, in der Besonderheiten der serb. und kroat. Varianten z. T. parallel existierten, am nächsten.

Jüngere Bestrebungen zur Charakteristik der b. S. heben neben der bes., durch Turzismen und eigene Entwicklungen geprägten Lexik folgende Merkmale hervor: ikavischer neben ijekavischem Reflex des alten ě; Gebrauch des h nicht nur in türk. Lehnwörtern (lahko statt kroat. und serb. lako); h statt k in griech. Lehnwörtern (hemija statt kemija); Rückkehr zu ć für altes tj statt št (opći statt opšti); gleichberechtigte Verwendung der Verbalsuffixe -isati und -irati (kroat.) zur Bez. des Infinitivs: reformisati, organizirati; Deklination der maskulinen Eigennamen auf -o nach der femininen a-Deklination (Mujo, Muje u. a.); der syntakt. Unterschied zw. Infinitiv (kroat. Ne mogu spavati) und da + Präsenskonstruktionen (serb. Ne mogu da spavam) wird stilistisch genutzt; gleichberechtigte Schreibung der serb. und kroat. Formen des Futur I der Verben auf -ti (radiću und raditi ću).

A. ISAKOVIĆ: Rječnik karakteristične leksike u bosanskome jeziku. Dictionary of characteristic words of the Bosnian language (Sarajevo 1992, Nachdr. Wuppertal 1993); O. KRON-

STEINER: Plädoyer für die Sprachbez. bosnisch, in: Die slaw. Sprachen, Bd. 33 (Salzburg 1993).

*Bosporus 1): Am 3. 7. 1988 wurde die zweite Hängebrücke (größte Spannweite 1 090 m, Gesamtlänge 1 480 m) über den B. eröffnet.

*Boss, Medard, schweizer. Psychiater: † Zollikon 21. 12. 1990.

Bosse, Jürgen, Theaterregisseur und Schauspieldirektor, *Quakenbrück 4. 11. 1939; ab 1975 Regisseur, ab 1977 Schauspieldirektor des Mannheimer Nationaltheaters, ab 1988 Leiter des Stuttgarter Staatsschauspiels, seit 1992 Intendant des Schauspiels Essen.

Bossi, Umberto, italien. Politiker, *Cassano Magnago (Prov. Varese) 19. 9. 1941; Radiotechniker, gründete 1981 die regionalistisch eingestellte Lega Lombarda als Sammelbecken unzufriedener Kaufleute, Kleingewerbetreibender und Handwerker. Von seinen polit. Gegnern als Separatist angegriffen, fordert er die Gliederung Italiens in autonome Großregionen (Nord-, Mittel- und Süditalien), die in einer Konföderation miteinander verbunden werden sollen. Unter seiner Führung vereinigte sich die Lega Lombarda mit den in anderen Regionen N-Italiens entstandenen autonomist. Ligen 1991 zur Lega Nord. Vor dem Hintergrund der italien. Staatskrise seit Beginn der 1990er Jahre und des Zerfalls des traditionellen Parteienspektrums beteiligt sich diese 1994/95 an der Reg. Italiens. B. fordert bes. als Voraussetzung der Regierungsbeteiligung der Lega Nord den Umbau Italiens zu einem föderalist. Staat.

*Botha, Pieter Willem, südafrikan. Politiker: Trat im Febr. 1989 als Vors. der Nationalen Partei, im Sept. 1989 als Staatspräs. zurück.

Bötsch, Wolfgang, Politiker (CSU), *Bad Kreuznach 8. 9. 1938; Jurist, im Staatsdienst tätig, seit 1976 MdB, 1989–93 Vors. der Landesgruppe der CSU im Bundestag, wurde im Jan. 1993 Bundes-Min. für Post und Telekommunikation.

*Botswana, amtlich engl. **Republic of B.,** Binnenstaat im südl. Afrika.

Hauptstadt: Gaborone. *Amtssprachen:* Tswana und Englisch. *Staatsfläche:* 581 730 km² (ohne Binnengewässer 566 730 km²). *Bodennutzung (1992):* 14 000 km² Ackerland, 330 000 km² Dauergrünland, 109 000 km² Waldfläche. *Einwohner (1994):* 1,392 Mio., 2 Ew. je km². *Städtische Bevölkerung (1993):* 26 %. *Durchschnittliches Bevölkerungswachstum pro Jahr (1985–93):* 3,4 %. *Bevölkerungsprojektion für 2000:* 2 Mio. Ew. *Ethnische Gruppen (1989):* 85,0 % Tswana, 10,0 % andere Bantuvölker, 2,4 % Buschmänner, 2,6 % andere. *Religion (1980):* 49,2 % Anhänger traditioneller afrikan. Religionen, 29,0 % Protestanten, 11,8 % Mitglieder unabhängiger afrikanischer christl. Kirchen, 9,4 % Katholiken. *Altersgliederung (1995):* unter 15 Jahre 44,9 %, 15 bis unter 65 Jahre 51,8 %, 65 und mehr Jahre 3,3 %. *Lebenserwartung der Neugeborenen (1992):* männlich 66 Jahre, weiblich 70 Jahre. *Analphabetenquote (1991):* insgesamt 26,1 %, männlich 16,3 %, weiblich 34,9 %. *BSP je Ew. (1993):* 2 590 US-$. *BIP nach Sektoren/Produktionsstruktur (1993):* Landwirtschaft 6 %, Industrie 47 %, Dienstleistungen 47 %. *Währung:* 1 Pula (P) = 100 Thebe (t). *Internationale Mitgliedschaften:* UNO, Commonwealth of Nations, OAU, Südafrikan. Entwicklungsgemeinschaft.

Geschichte: 1985–89 sah sich B., obgleich es sich nicht am aktiven Kampf gegen das Apartheidsregime in der Rep. Südafrika beteiligte, wiederholt mit militär. Übergriffen der südafrikan. Armee gegen Einrichtungen des ANC im Lande konfrontiert. Dies führte u. a. zu einem starken Ausbau der militär. Infrastruktur und zu einer Vergrößerung der Armee. Im

Bosporus – Bottle-Pack-System **Bott**

Mario Botta: Kathedrale von Évry bei Paris; vollendet 1994

März 1992 geriet die Reg. aufgrund der Rücktritte zweier der Korruption und des Amtsmißbrauchs verdächtiger Minister in Bedrängnis. Bei der Parlamentswahl vom Okt. 1994 gewann die seit der Unabhängigkeit 1966 regierende Botswana Democratic Party dennoch 26 von 40 Sitzen in der Nationalversammlung; Präs. MASIRE wurde danach im Amt bestätigt.

Wirtschaftspolitisch bemüht sich die Reg. v. a. darum, die Abhängigkeit des Landes von der Diamantenproduktion zu verringern. Dazu sollen u. a. weitere Rohstoffvorkommen erschlossen (z. B. Sodaasche), die verarbeitende Industrie (z. B. Fleisch, Häute, Baumwolle) ausgebaut und der Tourismus angekurbelt werden.

B. Entwicklung am Rande der Apartheid, hg. v. R. HASSE u. a. (1989); B. Vom Land der Betschuanen zum Frontstaat; Wirtschaft, Gesellschaft, Kultur, hg. v. G. ALTHEIMER u. a. (1991).

*Botta, Mario, schweizer. Architekt: Seit den 1990er Jahren ist B. auch als Kirchenarchitekt hervorgetreten. Ausgangspunkt war sein Entwurf (1986) für eine Bergkirche in Mogno (Gem. Fusio) im Val Lavizzara (Kt. Tessin), die zugleich als Bollwerk gegen Lawinen gedacht ist; der Rundbau aus Granit mit abgeschrägtem Dach (aus Glas, zugleich die Belichtung des quadrat. Hauptinnenraums) wurde 1992–94 erbaut. Anschließend entstanden die große Kathedrale in der Neustadt von Évry (1994), ebenfalls ein Rundbau, sowie das San Francisco Museum of Modern Art (1989–95). Weitere kleine Kirchen und Kapellen, so in Merate (Prov. Como), Pordenone und am Monte Tamaro am Lago Maggiore (letztere mit Innenausstattung von E. CUCCHI) folgten.

Weitere Werke: Casa Rotonda in Stabio (1982); Einfamilienhaus in Morbio Superiore, Kt. Tessin (1984); Banca del Gottardo in Lugano (1988); Wohn- und Geschäftsbereich vereinigender offener Rundbau in Bellinzona (1991); Wohn- und Ladenbereich vereinigendes Haus in Paradiso, bei Lugano (1991); Haus in Schiffsbugform in Hanglage, in Daro, Gem. Bellinzona (1992).

M. B.: La tenda = Das Zelt, bearb. v. T. CARLONI u. a. (Bellinzona 1991); M. B. Das Gesamtwerk, hg. v. E. PIZZI, auf 3 Bde. ber. (a. d. Italien., Zürich 1993 ff.); M. B.: Projekt für eine Kirche in Mogno, hg. v. J. PETIT (Lugano 1993).

Bottle-Pack-System [ˈbɔtlpæk-; engl. bottle ›Flasche‹ und pack ›Packung‹], *Verpackungstechnik:* automatisiertes Verpackungssystem für fließfähige Produkte, bei dem die Verpackungsherstellung und die Produktabfüllung in eine Anlage integriert sind. Der granulierte Ausgangsstoff des Verpackungsmittels (Kunststoff) wird in einem Extruder aufgeschmol-

Umberto Bossi

Wolfgang Bötsch

Botw Botwinnik – bovine spongiforme Enzephalopathie

zen und über eine Ringdüse als Kunststoffschlauch in ein zweiteiliges Werkzeug gedrückt, das innen die Oberflächenkontur der Verpackung aufweist. Der Schlauch wird beim Schließen des Werkzeugs vom Strang abgetrennt und im Werkzeug zusammen mit dem Einfüllen des Produkts über eine Einblaskanüle aufgeblasen. Nach deren Entfernen verschließt sich diese Öffnung selbsttätig. Etiketten und Beschriftungsfolien werden jeweils automatisch vor dem Einführen des Kunststoffschlauchs in das Werkzeug eingelegt und verbinden sich mit der heißen Kunststoffoberfläche.

Louise Bourgeois: Naturstudie: Augen; 1984 (Buffalo, N. Y., Albright-Knox Art Gallery)

*Botwinnik, Michail Moissejewitsch, sowjet. Schachspieler: † Moskau 5. 5. 1995.

Boudjedra [budʒɛˈdra], Rachid, alger. Schriftsteller frz. Sprache, * Ain Beida (Verw.-Bez. Oum al-Bouaghi) 5. 9. 1941; lebt in Paris und Algier. Seit dem Skandalerfolg seines Romans ›La répudiation‹ (1969; dt. ›Die Verstoßung‹) gilt er als ›enfant terrible‹ der modernen alger. Literatur, die er thematisch und formal radikal erneuert hat. Mit besessener Offenheit bricht er die Tabus der postkolonialen, traditionellen alger. Gesellschaft, ihre sexuellen und sozialen, polit. und religiösen Verkrustungen und Widersprüche auf. In seinen Texten werden individuelle Traumata aufgearbeitet, die als Chiffren für Kollektivwunden stehen: bedingt durch Krieg, Rassismus, koloniale Vergewaltigung wie durch archaische religiöse Riten. Bestimmend sind die Solidarisierung mit der unterdrückten Frau und die Demontage histor. Mythen. B.s Sprache verbindet weitausgreifende Syntax, sensuelle Metaphorik, aggressiven Lyrismus sowie ausgefeilte Montage- und Collagetechnik. Seit 1981 publiziert er seine Werke meist zuerst in arab. Sprache.

Weitere Werke: *Romane:* L'insolation (1972; dt. Der Sonnenstich); Topographie idéale pour une agression caractérisée (1975; dt. Ideale Topographie für eine offenkundige Aggression, auch u. d. T. Topographie); L'escargot entêté (1977; dt. Die hartnäckige Schnecke); Les 1 001 années de la nostalgie (1979; dt. Der Vainqueur de coupe (1981; dt. Der Pokalsieger); Le démantèlement (1982; arab. 1981); La macération (1985; arab. 1984); La pluie (1987; dt. Der Regen; arab. 1985); La prise de Gibraltar (1987; dt. Die Eroberung von Gibraltar; arab. 1986); Le désordre des choses (1991; dt. Die Unordnung der Dinge; arab. 1990); Timimoun (1994; dt.; arab. 1994). – *Essays:* Journal palestinien (1972; dt. Das Palästina-Tagebuch); FIS de la haine (1992; dt. Prinzip Haß); Lettres algériennes (1995).

Boutros Boutros Ghali

*Boulding, Kenneth Ewart, amerikan. Volkswirtschaftler: † Boulder (Colo.) 19. 3. 1993.

*Boulez, Pierre, frz. Komponist und Dirigent: War bis 1991 Leiter des von ihm gegründeten IRCAM in Paris. B. war wesentlich beteiligt an der Entstehung der 1995 in Paris eröffneten Cité de la Musique.

Bourdieu [burˈdjø], Pierre Félix, frz. Soziologe, * Denguin (Dép. Pyrénées-Atlantiques) 1. 8. 1930; seit 1982 Prof. für Soziologie am Collège de France. B. ist Mitinitiator des ›Appell au vigilance‹ vom 13. 7. 1993 (Unterstützung verfolgter alger. Schriftsteller). Mit seinen Konzepten des Habitus, des ›sozialen Raumes‹, der sozialen Konstitution von symbol. Formen und mit seinen Untersuchungen zur Bildungssoziologie und zur Bedeutung und Verteilung unterschiedl. ›Bildungskapitalien‹ und deren symbol. und polit. Repräsentationen hat er einen theoretisch einflußreichen Beitrag zur Analyse von individuellem Handeln, von kulturell vermittelten Handlungsmustern und der sozioökonom. Macht- und Chancenverteilung geleistet.

Werke: Le métier de sociologue (1967, mit J.-C. CHAMBOREDON u. J.-C. PASSERON; dt. Soziologie als Beruf); La distinction (1979; dt. Die feinen Unterschiede); Questions de sociologie (1980; dt. Soziolog. Fragen); Le sens pratique (1980; dt. Sozialer Sinn); Choses dites (1987; dt. Rede u. Antwort); Les règles de l'art (1992); The field of cultural production. Essays on art and literature (1993). – Hg.: La misère du monde (1993).

Ausgabe: Zur Soziologie der symbol. Formen (1970; Teilsamml.).

Bourgeois [burˈʒwa], Louise, amerikan. Plastikerin frz. Herkunft, * Paris 25. 12. 1911; heiratete nach einer künstler. Ausbildung in Paris 1938 den amerikan. Kunsthistoriker ROBERT GOLDWATER (* 1907, † 1973) und zog 1939 nach New York (1951 amerikan. Staatsbürgerin). In ihrem Alterswerk formuliert die Künstlerin das Thema einer angstbesetzten weibl. Sexualität in aggressiven Inszenierungen psycholog. Verstörungen und einer assoziativen Formensprache, die in raumgreifenden Werken die Pole zw. Sehnsucht und Gewalt auslotet.

L. B. The locus of memory, works 1982–1993, Beitr. v. C. KOTIK u. a., Ausst.-Kat. (New York 1994).

*Bourguiba, Habib Ben Ali, tunes. Politiker: Wurde im Nov. 1987 als Staatspräs. abgesetzt.

Boutros Ghali [ˈbʊtrɔs ˈgaːli, arab. -ˈraːli], Boutros, ägypt. Politiker, * Kairo 14. 11. 1922; stammt aus einer kopt. Familie; Rechts- und Politikwissenschaftler, 1949–77 Prof. für internat. Recht und internat. Beziehungen an der Univ. Kairo, ab 1975 Präs. des Instituts für strateg. und polit. Studien, 1977–91 Staats-Min. für auswärtige Angelegenheiten, stand politisch Präs. A. AS-SADAT nahe, unterstützte dessen Ausgleichspolitik mit Israel und begleitete diesen 1977 auf seiner Reise nach Jerusalem. Nach der Ermordung SADATS (1981) bestimmte B. G. auch unter dessen Nachfolger Präs. H. MUBARAK maßgeblich die ägypt. Politik mit. Von Mai bis Nov. 1991 war er stellv. MinPräs. (mit der Zuständigkeit für Außenpolitik). Am 3. 12. 1991 wählte ihn die Generalversammlung der UNO zum GenSekr. (seit dem 1. 1. 1992 im Amt). Angesichts des Endes des Ost-West-Konflikts suchte er die Rolle der UNO v. a. mit der Einleitung von Friedensmissionen (u. a. in Kambodscha, Somalia, im früheren Jugoslawien) als friedenserhaltende und friedensschaffende Macht zu stärken.

Die Agenda für den Frieden. Analysen u. Empfehlungen des UN-Generalsekretärs; Forderungen an die dt. Politik, bearb. v. B. BORTFELDT (1992).

*Bovet, Daniel, italien. Pharmakologe schweizer. Herkunft: † Rom 8. 4. 1992.

bovine spongiforme Enzephalopathie [lat.-griech. ›schwammbildende Gehirnkrankheit der Rinder‹], Abk. **BSE,** umgangssprachl. Bez. ›Rinderwahnsinn‹, eine 1986 in Großbritannien erstmals aufgetretene Rinderseuche, die neuropathologisch der Traberkrankheit bei Schafen (Scrapie) und beim Menschen der Creutzfeldt-Jakobschen Krankheit (CJD) und Kuru gleicht. Die befallenen Tiere zeigen Verhaltensänderungen wie Aggressivität oder Ängstlichkeit und können Bewegungsabläufe nicht mehr koordinieren; die Krankheit endet immer tödlich. Mikroskopisch lassen sich Eiweißablagerungen im Gehirn nachweisen, die zu dessen schwammartiger Erweichung führen. Als Verursacher werden infektiöse Eiweißpartikel (▷ Prionen) und ungewöhnl. Viren diskutiert. Es gilt als sicher, daß sich die Rinder durch Futter (Tiermehl von mit Scrapie infizierten Schafen) angesteckt haben. Außerhalb Großbritanniens (etwa 140 000 Fälle) trat BSE bisher nur in Irland und der Schweiz mit jeweils mehr als zehn Fällen auf, in der Bundesrep. Dtl. mit vier Fällen (1994). – Ein direkter Erregernachweis ist z. Z. nicht möglich; erst nach Verenden der Tiere kann BSE durch die mikroskop. Gewebeuntersuchung festgestellt werden. Inzwischen steht einwandfrei fest, daß BSE auf etwa 50 versch. Tierarten übertragbar ist; die Frage der Gefährlichkeit für den Menschen ist bislang ungeklärt.

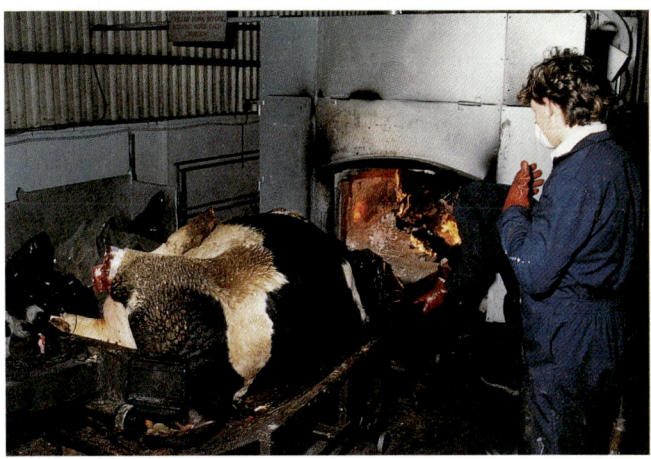

bovine spongiforme Enzephalopathie: Beseitigung von an BSE zugrunde gegangenen Rindern in einem speziellen Verbrennungsofen in Großbritannien

***Boxen:** In Dtl. wurde 1995 das Frauen-B. bei den Amateuren mit eigenen Regeln offiziell zugelassen. Die internat. Organisation für das Frauen-B. heißt ›Women's International Boxing Federation‹.

***Boyle,** Kay, amerikan. Schriftstellerin: † Mill Valley (Calif.) 27. 12. 1992.

Boyle [bɔil], Mark, schott. Künstler, * Glasgow 11. 5. 1934; gründete zus. mit der Künstlerin JOAN HILLS (* 1936) das ›Institute for Contemporary Architecture‹ und das ›Sensual Laboratory‹, dessen Aktivitäten Theaterinszenierungen, Lichtenvironments, Körperkunst und Wahrnehmungsstudien umfassen. Neben der Werkreihe ›Earth probes‹ führen B. und HILLS seit 1968 als ›B. Family‹ mit ihren Kindern SEBASTIAN (* 1962) und GEORGINA (* 1964) bis heute die ›Welt-Serie‹ kontinuierlich fort, bei der zufällig ausgewählte Landschaftsausschnitte erfaßt werden.

Down to earth. B.family in New Zealand, Ausst.-Kat. (Auckland 1990).

Boyle [bɔil], T. (Tom) Coraghessan, eigtl. **Thomas John B.,** amerikan. Schriftsteller, * Peekskill (N. Y.) 2. 12. 1948; Verfasser humorist. Kurzgeschichten, in denen er den Einbruch des Bizarr-Phantastischen in die normale Alltagswelt darstellt (›Descent of man‹, 1979, dt. ›Tod durch Ertrinken‹; ›Greasy Lake & other stories‹, 1985, dt. ›Greasy Lake und andere Geschichten‹), sowie von Romanen, in denen histor. Material, Mythen und Legenden als Folie für die satir. Sicht der Gegenwart dienen. So verbindet ›Water music‹ (1982; dt. ›Wassermusik‹) histor. Afrikaexpeditionen mit den skrupellosen Praktiken eines Betrügers; ›World's end‹ (1987; dt. ›World's End‹) kontrastiert das Leben holländ. Kolonisten im 17. Jh. in New York mit den Geschichte wiederholenden Verhaltensweisen ihrer Nachfahren im 20. Jh.; ›Budding prospects‹ (1984; dt. ›Grün ist die Hoffnung‹) verpflanzt einen enttäuschten Lehrer von der Schule auf eine Marihuanafarm.

Weitere Werke: *Erzählungen:* If the river was whiskey (1989; dt. Wenn der Fluß voll Whiskey wär); The road to Wellville (1993; dt. Willkommen in Wellville; verfilmt). – *Roman:* East is East (1990; dt. Der Samurai von Savannah).

***Bozen-Brixen:** Bischof ist seit 1986 WILHELM EMIL EGGER (* 1940).

Brabcová [-tsova:], Zuzana, tschech. Schriftstellerin, * Prag 23. 3. 1959; thematisiert in ihrer experimentellen Prosa das Trauma der nach 1968 kulturell isolierten Generation (›ohne Anker, da ohne Meer‹). Existentialist. Züge verbinden das Werk B.s mit der Prager Literatur des Absurden (F. KAFKA, F. WEINER). Die extensive Montage von Fiktionsebenen läßt eine starke Affinität zur literar. Phantastik, zu Symbolismus, Surrealismus und dokumentar. Literatur erkennen. B.s Roman ›Daleko od stromu‹ (1984 im Untergrundverlag Edice Petlice; dt. ›Weit vom Baum‹), in der Schreibweise symptomatisch für die tschech. ›Alternativkultur‹, ist als pulsierender Bewußtseinsstrom komponiert. Mit hoher Sensibilität verarbeitet die Erzählerin ihre Lebenssituation (Entfremdung und Sinnauflösung). Der labyrinth. Diskurs hebt die raum-zeitl. Kausalbezüge auf und schafft seine eigene ›höhere‹ Logik. Autoreflexivität und Intertextualität (Zitate aus Bibel und Weltliteratur) verbinden das Werk B.s mit der Postmoderne.

Mark Boyle und **Joan Hills:** Holland Park Avenue Study; 1967 (London, Tate Gallery)

Branagh [ˈbrænaːg], Kenneth, brit. Regisseur und Schauspieler, * Belfast 10. 12. 1960; schon 1983 Mitgl. der Royal Shakespeare Company; differenzierter Darsteller in Filmen, in denen er (z. T.) auch Regie führt.

Filme: Henry V. (1989); Schatten der Vergangenheit (1990); Peter's Friends (1992); Viel Lärm um nichts (1993); Mary Shelley's Frankenstein (1994); Ein Winternachtstraum (1995).

***Brandauer,** Klaus Maria, österr. Schauspieler: Profilierte sich mit den Filmen ›Georg Elser – Einer

Bran Brandenburg

aus Deutschland‹ (1989) und ›Mario und der Zauberer‹ (1994) auch als Regisseur.

Brandenburg, Land im O Dtl.s, 29 476 km², (1995) 2,537 Mio. Ew.; die durchschnittl. Bev.-Dichte ist mit 86 Ew. je km² die zweitniedrigste der dt. Bundesländer (nach Meckl.-Vorp.). B. grenzt im O an Polen, im N an Meckl.-Vorp., im äußersten NW an Niedersachsen (Elbgrenze), im W und SW an Sachs.-Anh. und im S an Sachsen. Das Land Berlin wird von brandenburg. Gebiet umschlossen. Hauptstadt ist Potsdam.

STAAT · RECHT

Verfassung: Die Verf. des Landes B. vom 20. 8. 1992 wurde am 14. 4. 1992 als Entwurf vom Landtag verabschiedet und am 14. 6. 1992 in einem Volksentscheid gebilligt. Sie löste das ›Ges. über die vorläufige Sicherung der Arbeit des Landtages und der Reg. des Landes B.‹ vom 1. 11. 1990 ab, das bis dahin die Grundlage für das Handeln der obersten Organe bildete.

Die Gesetzgebung liegt in erster Linie beim Landtag, aber auch Volksentscheide sind möglich. Der Landtag umfaßt 88 Abg., die für fünf Jahre gewählt werden. Er kann sich durch Beschluß von mindestens zwei Dritteln seiner Mitgl. selbst auflösen. Gesetzesvorlagen können von den Abg. selbst, der Landes-Reg. sowie durch Volksbegehren eingebracht werden. Die Landes-Reg. besteht aus dem mit Richtlinienkompetenz ausgestatteten MinPräs. und den (z. Z. elf) Ministern. Der MinPräs. wird vom Landtag gewählt, er ernennt und entläßt die Min. und kann durch konstruktives Mißtrauensvotum gestürzt werden. Die Verf. enthält in Art. 25 Minderheitenrechte zugunsten der Sorben (Wenden).

Wappen: Das am 30. 1. 1991 eingeführte Landeswappen geht auf das 12. Jh. zurück, der märk. Adler ist 1170 auf einem Siegel von Markgraf OTTO I. († 1184), seine rote Farbe auf weißem oder silbernem Feld seit dem späten MA. belegt. Das Landeswappen zeigt auf einem in Weiß gehaltenen Schild einen nach rechts schauenden roten Adler, der auf den Schwingen mit goldenen Kleestengeln geziert ist und goldene Bewehrung besitzt.

Verwaltung: Seit 6. 12. 1993 ist das Land B. in 14 Landkreise und vier kreisfreie Städte gegliedert.

Recht: Die Umstrukturierung der Gerichtsorganisation wurde zum 1. 12. 1993 abgeschlossen. In B. bestehen ein OLG (Sitz: Brandenburg an der Havel), vier Land- und 25 Amtsgerichte, ein Landesarbeits- und ein Landessozialgericht (beide in Potsdam) sowie sieben Arbeits- und vier Sozialgerichte, ein Oberverwaltungsgericht in Frankfurt (Oder) und drei Verw.-Gerichte sowie ein Finanzgericht.

LANDESNATUR · BEVÖLKERUNG

B. liegt im Bereich des Norddt. Tieflandes. Die von eiszeitl. Ablagerungen bedeckte Oberfläche ist hügelig bis eben. Im N erstreckt sich von NW nach SO ein schmaler Streifen des zum Jungmoränengebiet gehörenden Balt. Landrückens mit bis 153 m ü. M. liegenden Endmoränen und dem südöstl. Ausläufer der Mecklenburg. Seenplatte (um Templin). Der größte Teil seiner südl. Abdachung, zu der im NW die zur Elbe abfallende Prignitz gehört, besteht v. a. aus trockenen Sanderflächen mit ausgedehnten Forsten. Zw. Havel und Oderniederung liegt der südl. Teil der Uckermark mit der wald- und waldreichen Schorfheide. Im SW und S breitet sich das Altmoränengebiet mit dem Fläming (im Hagelberg, der höchsten Erhebung des Landes, 201 m hoch) und dem Lausitzer Grenzwall aus. Den größten Teil von B. nehmen die in W-O-Richtung ziehenden Urstromtäler ein (von N nach S Thorn-Eberswalder, Warschau-Berliner und Glogau-Baruther Urstromtal), die voneinander durch höhergelegene größere (z. B. Barnim, Teltow) und kleinere Platten (›Ländchen‹) getrennt sind. In den Urstromtälern, die von den z.T. seenartig erweiterten Flüssen Havel, Spree, Rhin, Dahme und Elbe (Grenzfluß zu Niedersachsen und anschließend zu Sachs.-Anh.) durchflossen werden, bildeten sich bei entsprechend hohem Grundwasserstand Feuchtgebiete (Rhinluch, Havelländ. Luch, Spreewald, Oderbruch) aus. – Erholungsgebiete sind v. a. die seen- und waldreichen Landschaften, so die Ruppiner Schweiz um Neuruppin und Rheinsberg, die Seenlandschaft um Templin, die Schorfheide mit dem Werbellinsee, der Scharmützelsee, die Märk. Schweiz um Buckow und der Spreewald. Als Biosphärenreservate ausgewiesen sind Schorfheide-Chorin (1 291 km²) und der Spreewald (479 km²); das Untere Odertal (Brandenburger Teil 227 km²) ist Teil eines deutsch-poln. Nationalparks.

Klima: Das sehr unterschiedl. Witterungsverhältnissen unterliegende gemäßigte Klima wird durch zunehmende Kontinentalität von W nach O bestimmt. Potsdam hat eine mittlere Jahrestemperatur von 8,7 °C und Monatsmitteltemperaturen von 17,9 °C im Juli und −0,2 °C im Jan.; die mittlere Jahresniederschlagsmenge beträgt 590 mm.

Bevölkerung: Die Bev. des Landes B. verringert sich seit 1989 ständig. Den seit 1992 zu verzeichnenden leichten Wanderungsgewinnen steht ein anhaltender Geburtenrückgang gegenüber. Die Wanderungsbewegung der meist jüngeren Bev.-Schicht ist mehr in die alten Bundesländer als nach Berlin gerichtet. Bes. stark von der Abwanderung betroffen sind die Prignitz, die Uckermark und das stark umweltgeschädigte sowie von Arbeitsplatzabbau stark betroffene Braunkohlengebiet in der Niederlausitz. Wanderungsgewinne zeigen die Umlandgemeinden von Berlin, wenn auch nicht in einem so starken Ausmaß wie z. B. bei westdt. Metropolen. Die größte Bev.-Dichte ist daher auch im Nahbereich von Berlin sowie im Industriegebiet der Niederlausitz anzutreffen. Ende 1993 lebten 11,7 % der Bev. in Dörfern mit weniger als 500 Ew., 14,5 % in Gemeinden mit 500 bis 2 000 Ew.,

Brandenburg Landeswappen

Brandenburg: Verwaltungsgliederung

33,0 % in Gemeinden mit 2001 bis 20000 Ew., 40,8 % in Städten mit mehr als 20000. Die größten Städte sind die kreisfreien Städte Potsdam (1995: 138300 Ew.), Cottbus (125600 Ew.), Brandenburg an der Havel (87700 Ew.) und Frankfurt (Oder) (82000 Ew.), gefolgt von Eberswalde (49900 Ew.), Schwedt/Oder (48600 Ew.) und Eisenhüttenstadt (47800 Ew.).

Die Siedlungsstruktur B.s wird von der im Zentrum des Landes liegenden Bundeshauptstadt Berlin geprägt. Die durch die frühere Insellage (West-)Berlins bedingte scharfe Siedlungskante zum Umland hin beginnt sich allmählich zu verwischen. Die in den letzten Jahren stark gestiegenen Grundstückspreise in Berlin haben zu einer Verlagerung des produzierenden Gewerbes, aber auch des Handels ins Umland (also nach B.) geführt. Gleichzeitig entstanden dort auch neue Gewerbeparks, Einkaufszentren und flächenintensive Freizeiteinrichtungen, bes. Golfplätze. Die durchweg gute Verkehrsanbindung dieses Raumes durch den Berliner Autobahnring begünstigt diese Entwicklung. Einen gewissen Bedeutungsverlust haben die im nahen Umland von B. liegenden Mittelstädte wie Wittenberge, Prenzlau, Guben und Finsterwalde hinnehmen müssen.

Im Südosten B.s, in der Niederlausitz, lebt ein Teil der Minderheit der ▷ Sorben.

Religion: Verbreitetste Konfession ist der Protestantismus (1992: 689 413 Kirchen-Mitgl.). Die prot. Christen gehören i. d. R. zur Ev. Kirche in Berlin-Brandenburg. Der wesentl. Teil der Katholiken (1992: 52 211 Kirchen-Mitgl.) gehört zum Erzbistum Berlin und – im SO – zum Bistum Görlitz, ein kleiner Teil zum Bistum Magdeburg.

Bildungswesen: Im Rahmen der Schulgesetzgebung von 1991 strukturierte B. sein allgemeines Schulsystem in der Schularten vierjährige Grundschule (alle Daten Schuljahr 1993/94: 56 Schulen mit 185 604 Schülern), Integrierte Gesamtschule (292 Schulen mit 112 910 Schülern), Gymnasium (13 Schuljahren; 101 Schulen mit 62 046 Schülern), Realschule (79 Schulen mit 20 756 Schülern) sowie Förderschule (für lernbehinderte Kinder). Anstelle der auslaufenden Polytechn. Oberschule (1991 15 OS mit 50 596 Schülern) gibt es seit 1994/95 die voll ausgebaute gymnasiale Oberstufe (GOST) an Gymnasien und Oberstufenzentren (33 111 Schüler). Der zweite Bildungsweg (Volkshochschule, Abendschule, Kolleg und Telekolleg) hat (1994/95) 1427 Teilnehmer. Das berufl. Schulwesen umfaßt Teilzeitberufsschulen mit (1994/95) 52 005 Schülern, Vollzeitberufsschulen mit 1358 Schülern, Berufsfachschulen mit 1112 Schülern, Fachoberschulen mit 1457 Schülern sowie Fachschulen (mit z. Z. abnehmender Schülerzahl). Fachgymnasien, an denen nach dem Vorbild der nordrhein-westfäl. Kollegschulen doppelqualifizierende Abschlüsse abgelegt werden können, also neben einem beruflichen Abschluß in einer zweiten Prüfung auch die allgemeine Hochschulreife erworben werden kann, hatten (1991) 1562 Schüler.

An Hochschulen sind (1994/95) drei Univ. – TU Cottbus, Europa-Univ. Frankfurt (Oder), Univ. Potsdam-Babelsberg – mit zus. 11 792 Studierenden, eine Kunsthochschule (Hochschule für Film und Fernsehen ›Konrad Wolf‹) sowie sieben Fachhochschulen einschließlich zwei Verwaltungsfachhochschulen mit zus. 5 027 Studierenden zu nennen.

WIRTSCHAFT · VERKEHR

Wirtschaft: Bis zur dt. Vereinigung am 3. 10. 1990 war die Wirtschaftsstruktur auf dem Gebiet des heutigen Bundeslandes B. von der Land- und Forstwirtschaft auf der einen und großen, auf einen Bereich konzentrierten Industriestandorten auf der anderen Seite gekennzeichnet. Durch den Umbau der bis 1989 vorhandenen sozialist. Planwirtschaft zu einer Marktwirtschaft vollzog sich nach 1990 ein rascher Strukturwandel, in dessen Verlauf die Zahl der Erwerbstätigen um ein Drittel auf rd. 1 Mio. zurückging. Bes. drastisch war der Beschäftigungsrückgang im verarbeitenden Gewerbe, wo die Zahl der Erwerbstätigen von (1991) 219000 auf (1994) 86000 sank. Gleichzeitig stieg die Zahl der registrierten Arbeitslosen von (1991) 141 172 auf (1994) 178 842, was Arbeitslosenquoten von 10,3 % bzw. 15,3 % entspricht. Ohne die verschiedenen arbeitsmarktpolit. Maßnahmen wäre die Zahl der Arbeitslosen mehr als doppelt so hoch.

Die Wirtschaftsleistung gemessen am Bruttoinlandsprodukt (BIP) stieg 1992 gegenüber dem Vorjahr um real 8,0 %, 1993 um 5,1 %, 1994 um 7,6 % und liegt (1994) bei 57,7 Mrd. DM. Dies entspricht einem BIP je Ew. von 22 800 DM (1991: 13 900 DM; Durchschnitt neue Bundesländer 1994: 22 100 DM). Mit einem realen BIP je Erwerbstätigen von (1994) 42 500 DM hat B. vor Sachs.-Anh. den höchsten Wert aller neuen Bundesländer. Der Anteil am BIP Dtl.s liegt bei (1994) 1,7 % (bei einem Bevölkerungsanteil von 3,2 %).

Das Land setzt bei seinen Bemühungen um den Aufbau v. a. auf die Neuorientierung industrieller Kerne, auf den Ausbau einer leistungsfähigen techn. Infrastruktur sowie auf die Konzentration öffentl. Hilfen auf Entwicklungsschwerpunkte. Ein bes. großes Problem ist die Bewältigung der Folgen des Abzugs der russ. Streitkräfte (1994 übernahm B. 92000 ha ehemals militärisch genutztes Gelände).

Landwirtschaft: 1989 bestanden auf dem Gebiet des heutigen Landes B. 1092 landwirtschaftl. Betriebe, darunter 870 Landwirtschaftl. Produktionsgenossenschaften (LPG) und 122 Volkseigene Güter (VEG) mit einer durchschnittl. Größe von etwa 1210 ha. Durch Umwandlung in GmbH u. ä. blieben die vormaligen LPG und VEG weitgehend erhalten. Ende 1994 gab es noch 851 Betriebe in der Rechtsform einer jurist. Person (die mit einer Durchschnittsfläche von 1016 ha je Betrieb 66,6 % der Fläche bewirtschaften) und 5646 Betriebe natürl. Personen (Durchschnittsfläche je Betrieb: 441 ha, alte Bundesländer: 19 ha).

1994 wurden insgesamt 1,3 Mio. ha landwirtschaftl. Nutzfläche bearbeitet (44,2 % der Landesfläche). Die natürl. Standortbedingungen sind durch die vorherrschend grundwasserfernen Böden und geringe Niederschläge gekennzeichnet. Der Ackerbau (Anteile an der Anbaufläche: Getreide 42 %, Ölfrüche 21 %, Feldfutter 16 %, Kartoffeln 1,6 %, Zuckerrüben 1,4 %) kon-

Verwaltungsgliederung Brandenburg
Größe und Bevölkerung (1995)

Verwaltungseinheit	Größe (in km²)	Ew. (in 1000)	Ew. je km²	Verwaltungssitz
Kreisfreie Städte				
Brandenburg an der Havel	205	87,7	428	–
Cottbus	150	125,6	838	–
Frankfurt (Oder)	148	82,3	556	–
Potsdam	109	138,3	1 269	–
Landkreise				
Barnim	1 495	150,1	100	Eberswalde
Dahme-Spreewald	2 261	142,8	63	Lübben (Spreewald)
Elbe-Elster	1 890	137,9	73	Herzberg (Elster)
Havelland	1 707	129,5	76	Rathenow
Märkisch-Oderland	2 128	170,6	80	Seelow
Oberhavel	1 795	167,9	94	Oranienburg
Oberspreewald-Lausitz	1 217	158,5	130	Senftenberg
Oder-Spree	2 243	189,0	84	Beeskow
Ostprignitz-Ruppin	2 511	116,2	46	Neuruppin
Potsdam-Mittelmark	2 683	175,8	66	Belzig
Prignitz	2 123	102,7	48	Perleberg
Spree-Neiße	1 662	153,0	92	Forst (Lausitz)
Teltow-Fläming	2 091	146,8	70	Luckenwalde
Uckermark	3 058	162,0	53	Prenzlau
Brandenburg	**29 476**	**2 536,7**	**86**	**Potsdam**

Bran Brandenburg

zentriert sich auf die relativ fruchtbaren Lehmböden der Grundmoränen im NW der Prignitz und NO der Uckermark, auf die Flottsandzone im SW (Fläming) und auf Teile des Niederlausitzer Landrückens im S. Die Feuchtgebiete des Spreewalds und des Oderbruchs sind Schwerpunkte des Gemüsebaus, im Auengrünland der Elster im SW ist Grünlandwirtschaft vorherrschend. Um Werder (Havel) liegt ein bedeutendes Obstbaugebiet. Die Viehbestände wurden seit 1989 um 50–70% reduziert, der Rinderbestand von (1990) 1,07 Mio. auf (1994) 698 000, der Schweinebestand von (1990) 2,05 Mio. auf (1994) 792 000.

Forstwirtschaft: Mit einem Anteil von über 10% an der gesamten Waldfläche Dtl.s liegt B. hinter Bayern (24%) und Bad.-Württ. (12%) an dritter Stelle; 37% der Fläche B.s sind Wald (1,1 Mio. ha). Schwerpunkte der Forstwirtschaft sind im NO der Barnim und die westl. Uckermark um Eberswalde, im SO das ostbrandenburg. Heide- und Seengebiet um Beeskow, im W des westl. Fläming um Belzig und im S der Südrand des Niederlausitzer Landrückens. Vorherrschende Baumart ist die Kiefer (1993: 79,7%).

Fischerei: B. zählt mit seinen über 3 000 Seen und 27 000 km Flußläufen zu den gewässerreichsten Bundesländern (Umfang der Oberflächenwasser insgesamt: 95 000 ha; 4% an der Landesfläche). In der traditionellen Teich- und Seenfischerei wurden (1992) 2 300 t Speisefisch gefangen.

Bodenschätze: Wichtigster Rohstoff ist Braunkohle. Die Vorräte (v. a. in der Lausitz) belaufen sich auf 6,4 Mrd. t (40% der Braunkohlevorräte in den neuen Bundesländern). Daneben weist B. große Lagerstätten für Sande, Kiese und Quarzsande auf sowie eine sehr ergiebige Kalksteingrube bei Rüdersdorf b. Berlin. Im Havelland und am südl. Spreewaldrand wird Torf gestochen.

Energiewirtschaft: Aus Gründen schwindenden Absatzes und des Umweltschutzes hat die Braunkohlewirtschaft erhebl. Einbrüche erfahren (Fördermenge 1989: 114 Mio. t, 1994: 46 Mio. t). Nur drei der ehemals zwölf Tagebaue werden langfristig weitergeführt. Die versch. Energieträger hatten 1992 folgenden Anteil am Primärenergieverbrauch: Braunkohle 50%, Erdöl 35%, Erdgas 7%, Steinkohle 6%. B. exportiert rd. 30% seiner Primärenergieproduktion.

Die *Industrie* ist in fünf Standortbereichen konzentriert. Größte Bedeutung hat die Stadtzrandzone von Berlin (›Speckgürtel‹) mit Hennigsdorf (Walzwerk, Maschinenbau), Oranienburg, Potsdam, Teltow (Elektronik), Stahnsdorf (Elektrotechnik), Ludwigsfelde (Fahrzeugbau) und Wildau (Schwermaschinenbau). In diesem Industriebereich entstanden nach der Wende bes. viele Gewerbeflächen mit der Ansiedlung neuer Unternehmen. Die übrigen Industriegebiete liegen im W im Bereich von Brandenburg an der Havel (Getriebeproduktion), Premnitz (Chemiefaserherstellung) und Rathenow (opt. Industrie), im NO im Gebiet von Prenzlau, Schwedt/Oder (Erdölchemie sowie Papier- und Pappeherstellung) und Eberswalde (Maschinenbau), im O im Bereich Frankfurt (Oder) (elektrotechn. Ind.), Eisenhüttenstadt (Stahlerzeugung), Guben (Chemiefasererzeugung) und Forst (Lausitz) sowie im S im Lausitzer Industriedreieck Finsterwalde, Lauchhammer (Metallindustrie, Maschinenbau), Senftenberg und Schwarzheide-Spremberg (chem. Industrie). Umsatzstärkster Zweig im produzierenden Gewerbe ist die Nahrungs- und Genußmittelindustrie mit einem Anteil von (1994) 17,6% am Gesamtumsatz der Industrie, gefolgt vom Bergbau (13,3%), der eisenschaffenden Industrie (8,4%), dem Stahl- und Schienenfahrzeugbau (7,7%) und der elektrotechn. Industrie (7,6%). Das Baugewerbe ist rasch zum stärksten Wirtschaftszweig geworden (Umsatz 1994: 9,3 Mrd. DM).

Dienstleistungssektor: Dieser Sektor ist durch zahlreiche Existenzgründungen gekennzeichnet, bes. im Handel und bei den freien Berufen. Großer Nachholbedarf besteht in den wirtschaftsnahen Dienstleistun-

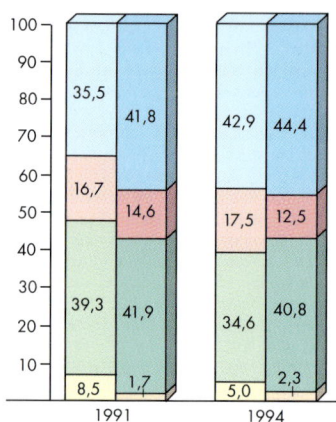

Brandenburg: Erwerbsstruktur (Erwerbstätige nach zusammengefaßten Wirtschaftsbereichen in Abgrenzung der volkswirtschaftlichen Gesamtrechnung in Prozent) und Produktionsstruktur (Beiträge zusammengefaßter Wirtschaftsbereiche zur Bruttowertschöpfung in jeweiligen Preisen in Prozent)

gen (Rechtsanwälte, Wirtschaftsprüfer, Steuerberater, Werbung). Der Medienwirtschaft mit dem traditionellen Filmstandort Potsdam-Babelsberg (→DEFA) kommt eine große Bedeutung zu.

Tourismus: Wegen seines Wald- und Seenreichtums (etwa 3 000 Seen sind größer als 1 ha) hat B. günstige Voraussetzungen für den Fremdenverkehr und ist ein wichtiger Naherholungsbereich für Berlin. Fremdenverkehrsregionen sind im W das Havelländ. Luch, im NW das Ruppiner Land und die Elbtalauen, im N die Uckermärk. Seenplatte, im NO das Biosphärenreservat Schorfheide-Chorin und der deutsch-poln. Nationalpark Unteres Odertal, im O die Märkische Schweiz und das Oderbruch, im SO das Oder-Spree-Seengebiet und das Biosphärenreservat Spreewald sowie im SW der Höhenzug des Fläming mit seinem Dreiburgenland. Die Schlösser und Gärten in Potsdam (Park von Sanssouci, Neuer Garten, Babelsberg) gehören zum von der UNESCO anerkannten Weltkulturerbe.

Landtagswahlen in Brandenburg 1990 und 1994 (Sitzverteilung und Stimmenanteil der Parteien)		
Parteien	14. 10. 1990	11. 9. 1994
SPD	36; 38,2%	52; 54,3%
CDU	27; 29,4%	19; 18,7%
PDS	13; 13,4%	17; 18,2%
Bündnis 90/Grüne	6; 9,3%	–; 3,0%
FDP	6; 6,6%	–; 2,2%
Andere	–; 3,1%	–; 3,6%

Außenwirtschaft: Lag der Anteil B.s an den Exporten aller neuen Bundesländer 1991 (12,1%) noch deutlich unter seinem Bevölkerungsanteil (16%), so bestritt B. 1994 bereits 22% aller Exporte Ost-Dtl.s (Exportwert 1994: 2,8 Mrd. DM; Importwert: 5,1 Mrd. DM). Die größten Handelspartner sind Rußland, die

Niederlande, Polen, Belgien und Großbritannien. Trotz zweistelliger Zuwachsraten ist die außenwirtschaftl. Verflechtung B.s (Anteil des Außenhandels am BIP 1994: 18%) noch weitaus geringer als die der alten Bundesländer.

Verkehr: Sternförmig auf Berlin zulaufende Verkehrswege sind kennzeichnend für die Infrastruktur. Der Berliner Ring umgibt die Metropole auf Brandenburger Gebiet als vier- bis achtspurige Autobahn in einem Durchmesser von bis zu 45 km. Bes. an seinen Kreuzungspunkten entstehen große Logistikzentren. Das überörtl. Straßennetz hat eine Gesamtlänge von (1994) 11 574 km (766 km Autobahnen, 2 743 Bundesstraßen, 6 284 km Landes- und 1 781 km Kreisstraßen). Problematisch gestaltet sich der Grenzverkehr mit Polen, da die Übergänge dem sprunghaft wachsenden Handel noch nicht gewachsen sind. B. ist dabei, ein leistungsfähiges Regionalbahnnetz aufzubauen, das Berlin und Potsdam mit allen städt. Zentren des Landes verbindet. Entlang der aus Berlin weit ins Brandenburger Umland führenden S-Bahnen liegen weitere Entwicklungsachsen. Neun der 1991 vom Bundestag beschlossenen 17 Verkehrsprojekte ›Deutsche Einheit‹ führen durch B., darunter die neue ICE-Strecke Hannover–Stendal–Berlin und der Ausbau des Elbe-Havel-Kanals. Mit mehr als 900 km Bundeswasserstraßen verfügt B. über eines der längsten Wasserstraßennetze der dt. Länder. Die schiffbaren Flüsse Oder, Spree, Havel und Elbe sind durch Oder-Havel-, Oder-Spree- und Elbe-Havel-Kanal miteinander verbunden. Bedeutendster Binnenhafen ist Königs Wusterhausen, gefolgt von Wittenberge, Brandenburg an der Havel und Potsdam. In der Diskussion der Regierungen von B. und Berlin befindet sich der Bau eines internat. Flughafens (Ausbau des Berliner Flughafens Schönefeld oder Neubau in Sperenberg, südlich von Zossen).

GESCHICHTE

Im Zuge der polit. Veränderungen in der Dt. Dem. Rep. seit Okt. 1989 entstand auf der Grundlage des von der Volkskammer am 22. 7. 1990 verabschiedeten Ländereinführungs-Ges. mit Wirkung vom 3. (urspr. 14.) 10. 1990 das Land B. neu. Mit dem Beitritt der Dt. Dem. Rep. am 3. 10. 1990 wurde es Bundesland der Bundesrep. Dtl. Bei den Landtagswahlen am 14. 10. 1990 wurde die SPD stärkste Partei und stellte mit M. STOLPE den MinPräs., der am 1. 1. 1990 an der Spitze einer Koalition aus SPD, Bündnis 90 und FDP (›Ampelkoalition‹) vom Landtag in dieses Amt gewählt wurde. Finanziell unterstützt vom Bund, leitete die Reg. in den folgenden Jahren einen tiefgreifenden wirtschaftl. Strukturwandel durch. Mit Hilfe von NRW und Berlin baute sie die Verwaltung, Polizei und Justiz neu auf. Seit dem 20. 8. 1992 ist die neue Verf. in Kraft. Am 1. 4. 1993 verabschiedete der Landtag die gesetzl. Grundlagen für die Kreisgebietsreform. MinPräs. STOLPE sah sich zunehmend wegen seiner früheren Kontakte zum Ministerium für Staatssicherheit der DDR sowohl von seiten der Opposition (CDU) als auch aus den Reihen seines Koalitionspartners Bündnis 90 scharf kritisiert. Im Streit um diese Kontakte schied Bündnis 90 im März 1994 aus der Reg. aus, so daß B. bis zum Ende der Legislaturperiode von einem Minderheitskabinett (aus SPD und FDP) regiert wurde. Mit seinem am 29. 4. 1994 vom Landtag verabschiedeten Abschlußbericht sprach der vom Landtag eingerichtete Untersuchungsausschuß STOLPE vom Vorwurf der Zusammenarbeit mit der Stasi zum Nachteil der ev. Kirche und ihrer Mitgl. frei.

Bei den Landtagswahlen vom 9. 9. 1994 errang die SPD die absolute Mehrheit. An der Spitze eines von der SPD gestützten Kabinetts wurde STOLPE am 11. 10. 1994 erneut zum MinPräs. gewählt. Nach dreijährigen Verhandlungen einigten sich am 2. 4. 1995 Vertreter der brandenburg. Landes-Reg. und des Senats von Berlin auf einen Staatsvertrag zur Fusion beider Bundesländer, dem der brandenburg. Landtag und das Berliner Abgeordnetenhaus am 22. 6. 1995 zustimmten. Die Bev. beider Länder soll am 5. 5. 1996 jeweils in einer Volksabstimmung über den Zusammenschluß befinden, der 1999 oder 2002 in Kraft treten soll. – Zur früheren Geschichte ▷ Brandenburg 2).

***Brandenburg 1):** Der seit 3. 10. 1990 zu Brandenburg gehörende Landkreis ging am 6. 12. 1993 im neugebildeten Landkreis Potsdam-Mittelmark auf.

***Brandenburg 3):** Die kreisfreie Stadt B. an der Havel (1995: 87 700 Ew.) im Land Brandenburg ist seit 6. 12. 1993 nicht mehr Sitz einer Kreisverwaltung. Das Stahlwerk wurde Ende 1993 stillgelegt.

***Brandenburger Tor:** Wieder geöffnet am 22. 12. 1989. Im April und Mai 1990 wurde die Berliner Mauer im Bereich des B. T. abgerissen.

***Brand-Erbisdorf 2):** Der seit 3. 10. 1990 zum Land Sachsen gehörende Landkreis B.-E. ging am 1. 8. 1994 im Kr. Freiberg auf; die Stadt Brand-Erbisdorf ist damit nicht mehr Kreisstadt.

***Brandstaetter,** Roman, poln. Schriftsteller: † Posen 28. 9. 1987.

***Brandt,** Hermann, Gewerkschafter: Wurde als DAG-Vors. 1987 von ROLAND ISSEN (* 1938) abgelöst.

***Brandt,** Willy, Politiker: † Unkel 8. 10. 1992; war bis Sept. 1992 Vors. der Sozialist. Internationale.

***Branntweinsteuer:** In *Österreich* wurden mit dem Alkoholsteuer- und Monopolgesetz 1995 das Branntweinmonopol und die Branntweinbesteuerung neu geordnet. Der bisherige **Branntweinaufschlag** (Aufkommen 1993: 165,7 Mio. öS) entfällt, und an die Stelle des **Monopolausgleichs Branntwein** (Aufkommen 1993: 297,3 Mio. öS) tritt eine **Alkoholsteuer,** deren Aufkommen (Soll 1995: 400 Mio. öS) zw. Bund (38,601%), Ländern (33,887%) und Gemeinden (27,512%) geteilt wird.

***Brasilien,** amtlich portug. **República Federativa do Brasil,** dt. **Föderative Republik B.,** Staat im östl. Südamerika, am Atlant. Ozean.

Hauptstadt: Brasília. *Amtssprache:* Portugiesisch. *Staatsfläche:* 8 511 965 km² (ohne Binnengewässer 8 456 510 km²). *Bodennutzung (1992):* 613 500 km² Ackerland, 1 855 000 km² Dauergrünland, 4 905 000 km² Waldfläche. *Einwohner (1994):* 159 Mio., 19 Ew. je km². *Städtische Bevölkerung (1993):* 71%; in städt. Agglomerationen mit 1 Mio. und mehr Ew. leben 46% der Stadtbevölkerung (das sind 38% der Gesamtbevölkerung). *Durchschnittliches Bevölkerungswachstum pro Jahr (1985–93):* 1,9%. *Bevölkerungsprojektion für 2000:* 173 Mio Ew. *Ethnische Gruppen:* etwa 54% Weiße, 40% Mischlinge (Mulatten, Mestizen, Cafusos), 5% Schwarze, 0,5% Asiaten (Japaner), 0,2% Indianer. *Religion (1992):* 87,8% Katholiken, 6,1% Protestanten. *Altersgliederung (1991):* unter 15 Jahre 43,2%, 15 bis unter 65 Jahre 62,8%, über 65 Jahre 3,0%. *Lebenserwartung der Neugeborenen (1992):* männlich 64 Jahre, weiblich 69 Jahre. *Analphabetenquote (1991):* insgesamt 18,3%, männlich 17,9%, weiblich 18,8%. *BSP je Ew. (1993):* 3 020 US-$. *BIP nach Sektoren/Produktionsstruktur (1992):* Landwirtschaft 11%, Industrie 37%, Dienstleistungen 52%. *Währung:* 1 Real (R$) = 100 Centavos. *Internationale Mitgliedschaften:* UNO, Lateinamerikan. Integrationsvereinigung, OAS.

Brasilien
Staatswappen

Geschichte: Bei den ersten direkten Präsidentschaftswahlen seit 1960, am 17. 12. 1989, gewann F. COLLOR DE MELLO, der Kandidat des ›Partido da Reconstrução Nacional‹ (PRN), im zweiten Wahlgang

Brat Brattain–Bremen

Algirdas Brazauskas

die Präsidentschaftswahlen, nachdem am 15. 11. kein Kandidat die absolute Mehrheit erzielt hatte. Mit seinem Amtsantritt löste er am 15. 3. 1990 J. SARNEY ab, in dessen Amtszeit die Verf.-Reform von 1988 fiel. Ende Mai 1992 wurde ein Untersuchungsausschuß, am 3. 9. ein Sonderausschuß des Abg.-Hauses eingesetzt, die den gegen Präs. COLLOR DE MELLO erhobenen Vorwürfen der Bestechlichkeit und Verletzung der Amtspflichten nachgingen. Am 29. 9. beschloß die Abg.-Kammer, ein Verfahren zur Amtsenthebung einzuleiten. Das Kabinett trat am gleichen Tag zurück. Am 2. 10. übernahm Vize-Präs. I. FRANCO das Amt von COLLOR DE MELLO für zunächst 180 Tage. Nachdem der Senat am 2. 12. den Bericht des Untersuchungsausschusses gebilligt hatte, wonach der Präs. offiziell angeklagt und das abschließende Verfahren zu seiner Amtsenthebung eingeleitet wurde, trat COLLOR DE MELLO am 29. 12. 1992 zurück; die Präsidentschaft übernahm FRANCO. Sein Nachfolger für die nächsten vier Jahre (aufgrund der Verf.-Änderung vom März 1994) wurde nach den Wahlen am 3. 10. 1994 F. CARDOSO (PSDB), der Kandidat von PSDB, PFL und PTB.

Zu den zahlreichen Maßnahmen zur Überwindung der Wirtschaftskrise und insbesondere der Hyperinflation gehörte in der Zeit von 1989 bis 1994 die viermalige Einführung einer neuen Währungseinheit; mit dem zuletzt, am 1. 7. 1994, eingeführten ›Real‹ gelang es, die Inflation im 2. Halbjahr 1994 von monatlich rd. 35–40 % auf etwa 2 % zu senken. Im Zuge der von CARDOSO verfolgten Wirtschaftspolitik beschloß das Parlament Anfang Juni 1995 die Zulassung ausländ. Gesellschaften auf dem brasilian. Erdölmarkt und die Aufhebung des staatl. Monopols der Telekommunikation. Im April 1991 wurde mit den Gläubigerbanken ein Abkommen getroffen, das die Wiederaufnahme der 1989 gestoppten Zinsrückzahlung der Auslandsschulden vorsah. Im Jan. 1992 gewährte der Internat. Währungsfonds (IWF) B. einen Beistandskredit von 2,1 Mrd. US-$. Im Febr. und Juli 1992 sowie im April 1994 kamen Umschuldungsabkommen mit dem Pariser Klub und den Gläubigerbanken B.s zustande. – 1991 vereinbarte B. mit Argentinien, Paraguay und Uruguay die regionale Wirtschaftsorganisation →Mercosur.

Im Sept. 1991 erklärten B., Argentinien und Chile ihren Verzicht auf B- und C-Waffen, im Febr. 1994 ratifizierte B. ein Atomkontrollabkommen mit Argentinien und der Internat. Atomenergiebehörde (IAEO). – Vom 3. bis 14. 6. 1992 fand in Rio de Janeiro ein Umweltgipfel (→UNCED) mit Teilnehmern aus 170 Staaten statt.

Brazil. Empire and republic, 1822–1930, hg. v. L. BETHELL (Cambridge 1989); B. Die Unordnung des Fortschritts, hg. v. D. SCHELSKY u. a. (1994); B. heute. Politik, Wirtschaft, Kultur, hg. v. D. BRIESEMEISTER u. a. (1994).

*Brattain, Walter Houser, amerikan. Physiker: † Seattle (Wash.) 13. 10. 1987.

*Braunkohle: Im vereinigten Dtl. wurde die B.-Förderung seit Ende der 1980er Jahre mehr als halbiert. Mit rd. einem Viertel der Welterzeugung ist Dtl. immer noch der weltgrößte Produzent. 1994 wurden in Dtl. 207 Mio.t B. gefördert, wovon 105 Mio.t auf die westdt. Reviere (davon Rheinland 101 und Helmstedt 3,8 Mio. t) und 102 Mio. auf die ostdt. Reviere (davon Lausitz 79 und Mittel-Dtl. 22 Mio. t) entfielen. Stark geschrumpft sind die Förderung (1989: rd. 300 Mio. t) und die Beschäftigtenzahl (von 1989 rd. 139 000 auf 1995 rd. 28 000) v. a. in Ost-Dtl. Die anderen führenden B.-Länder förderten 1993 (in Mio. t): ehem. Sowjetunion 134, ehem. Tschechoslowakei 81, USA 75, Polen 66, Griechenland 52, weltweit 953; die Weltvorräte betrugen 517 Mrd. t, wovon auf die ehem. Sowjetunion 137, Polen 128 und Dtl. 56 Mrd. entfielen.

Brazauskas [-z-], Algirdas, litauischer Politiker, * Rokiskis 22. 9. 1932; führend in der staatl. Planwirtschaft der Litauischen SSR, Mitgl. des ZK der KPdSU, seit 1988 Erster Sekretär der litauischen KP-Organisation, löste diese Ende 1989 aus der KPdSU. Nach der Entlassung seines Landes in die Unabhängigkeit (1991) setzte er die Neuformierung seiner Partei als Demokrat. Partei der Arbeit mit einer sozialdemokrat. Programmatik durch. Am 14. 2. 1993 siegte er bei den Präsidentschaftswahlen über V. LANDSBERGIS; am 23. 2. 1993 trat B. sein Amt an.

Brecker [ˈbrekə], Mike (Michael), amerikan. Jazzmusiker (Tenorsaxophon, Multiinstrumentalist), * Philadelphia (Pa.) 29. 3. 1949; begann in Universitäts-Big-Bands und Rockgruppen; wurde in den 1970er Jahren mit seinem pluralist. Stilkonzept einer der wichtigsten Vertreter des Funk-Rock.

*Breit, Ernst, Gewerkschafter: Wurde 1990 als DGB-Vors. von H.-W. MEYER abgelöst.

*Breitkopf & Härtel: Der enteignete Verlag wurde 1991 zurückgegeben; 1992 wurde B. & H. Eigentümer des Dt. Verlags für Musik, Leipzig.

*Breker, Arno, Bildhauer: † Düsseldorf 13. 2. 1991.

*Brekke, Paal Emanuel, norweg. Schriftsteller und Literaturkritiker: † Oslo 2. 12. 1993.

*Bremen 1): Als kleinstes Land Dtl.s ist die Freie Hansestadt B. 404 km² (0,1 % der Fläche Dtl.s) groß; sie umfaßt die Stadt Bremen mit (1993) 554 400 Ew. und die Stadt Bremerhaven mit 131 400 Ew. Sitz der Landes-Reg. ist Bremen.

Bevölkerung: Die (1993) 685 800 Ew. machen 0,8 % der Bevölkerung Dtl.s aus. Der Anteil der weibl. Bev. beläuft sich auf (1993) 51,9 %. Im Zuge der Binnenwanderung ließen sich 1992 insgesamt 20 803 Menschen aus anderen Bundesländern im Land B. nieder, gegenüber den Zuzügen ergibt sich ein Defizit von 1 103 Personen. Am 31. 12. 1992 wohnten 75 700 Ausländer im Land B. (11,0 % der Gesamt-Bev. B.s), davon waren 29 700 Türken, 6 500 Polen, 3 500 Menschen aus dem früheren Jugoslawien, 2 300 Portugiesen, 1 600 Italiener, 1 300 Griechen, 1 100 US-Amerikaner, 1 000 Spanier, 900 Österreicher, 22 000 aus anderen Staaten; die Staatsangehörigkeit von Ländern der EU besaßen insgesamt 9 200 Ausländer. Von den (1992) 343 000 Privathaushalten sind 41,4 % Einpersonenhaushalte. – Die Geburtenrate beträgt (1992) 9,8‰, die Sterberate 12,1‰. 1993 waren 13,5 % der Bev. unter 15 Jahre alt, 69,1 % 15 bis unter 65 Jahre alt, 17,4 % 65 Jahre und älter.

Wirtschaft: Mit fortschreitendem Strukturwandel hin zu wachstumsträchtigen Sektoren gelang es B., Mitte der 80er Jahre wieder den Anschluß an die allgemeine Wirtschaftsentwicklung in Dtl. zurückzugewinnen (reales Wachstum des Bruttoinlandsprodukts, BIP, 1986–94: B. und West-Dtl. jeweils 2 %). An einem BIP von (1994) 38,6 Mrd. DM hat B. einen Anteil von 1,2 % am dt. BIP. Die weiterhin vorhandene brem. Wirtschaftsstärke dokumentiert das BIP je Erwerbstätigen, das mit (1994) 107 800 DM etwa 5 % über dem westdt. Durchschnitt liegt. Das BIP je Ew. liegt bei (1994) 56 586 DM (alte Bundesländer: 45 295 DM). Die wirtschaftl. Aufwärtsentwicklung führte in B. seit 1986 zu rd. 12 000 zusätzl. Arbeitsplätzen (Erwerbstätige 1994: rd. 358 000). Gleichwohl ist die Arbeitslosigkeit immer noch überdurchschnittlich hoch (Arbeitslosenquote 1994: 13,7 %; West-Dtl.: 9,2 %).

B. und Bremerhaven sind nach wie vor als Hafen- und Handelsstandorte zu bezeichnen; so ist die Wirtschaftsstruktur auch weiterhin durch die Bereiche Handel und Verkehr gekennzeichnet, auf die 1994 rd. 27 % der brem. Gesamtbeschäftigung entfielen und in denen 27,3 % der Bruttowertschöpfung erwirtschaftet wurden. Der Anteil der Brem. Häfen am Güterumschlag aller dt. Seehäfen liegt mit (1994) 30,9 Mio. t bei rd. 16%. Im industriellen Sektor arbeiten 24% der Erwerbstätigen (Anteil an der Bruttowertschöpfung: 31,4%). Das exportorientierte Investitionsgütergewerbe dominiert. Dies ist vornehmlich durch den in den letzten Jahren stark expandierten Bau von Straßen-, Luft- und Raumfahrzeugen bedingt. Mit größerem Abstand folgen die traditionell starke Nahrungs- und Genußmittelindustrie, die Elektrotechnik, der Maschinenbau, der ehem. dominierende Schiffbau sowie die Stahlindustrie. Zudem entwickelt sich B. immer mehr zu einem Dienstleistungszentrum; 1994 arbeitete bereits gut jeder fünfte brem. Beschäftigte im privaten Dienstleistungssektor (außerhalb von Handel und Verkehr; Anteil an der Bruttowertschöpfung 28,7%). Im gesamten Dienstleistungssektor werden 68,3% der Bruttowertschöpfung erwirtschaftet. Neben der Sicherung der industriellen Kerne ist die brem. Wirtschaftsstrukturpolitik darauf ausgerichtet, die Voraussetzungen für den Ausbau moderner privater Dienstleistungsbereiche mit überregional ausstrahlendem Charakter zu verbessern.

Geschichte: Bei den Bürgerschaftswahlen vom 13. 9. 1991 verlor die SPD ihre absolute Mehrheit in der Bürgerschaft. Im Dez. 1991 bildete K. WEDEMEIER eine Reg.-Koalition aus SPD, Grünen und FDP, die jedoch ein 1995 an einem Konflikt zw. FDP und Bündnis 90/Die Grünen zerbrach. Bei den vorgezogenen Neuwahlen vom 14. 5. 1995 mußte die SPD erneut starke Stimmenverluste hinnehmen; die FDP scheiterte an der Fünfprozentklausel der Wahl-Ges. und verlor damit ihre Repräsentanz in der Bürgerschaft. Die von der SPD abgespaltene Gruppe ›Arbeit für B.‹ (AfB) erzielte auf Anhieb große Stimmengewinne. WEDEMEIER trat als Bürgermeister zurück. Im Rahmen einer parteiinternen Befragung am 11. 6. 1995 entschieden sich die Mitgl. der Bremer SPD für H. SCHERF als Nachfolger WEDEMEIERS und für die Bildung einer großen Koalition aus SPD und CDU. Auf dieser Basis wählte die Bürgerschaft SCHERF am 4. 7. 1995 zum Bürgermeister und Präs. des Senats.

*Brennelement: Seit der kommerziellen Einführung der Leichtwasserreaktoren in Dtl. gab es eine Fülle von Detailentwicklungen, bes. mit dem Ziel, die Abstände zu den Auslegungsgrenzen zu erhöhen bzw. zu erhalten und Schäden zu vermeiden. Mit zunehmender Verteuerung des Entsorgungswegs ergab sich zudem der Zwang, den Mengendurchsatz zu reduzieren. Die dafür notwendigen längeren Standzeiten und damit höheren erzielbaren Entladeabbrände der B. wurden durch Erhöhung der Anfangsanreicherung an U 235 und durch verbesserte Neutronenökonomie in der Beladestrategie (›Low-Leakage-Beladung‹) erreicht. So konnten die Entladeabbrände von früher ca. 33 000 MWd/t auf über 50 000 MWd/t erhöht und der jährl. Mengendurchsatz um ca. 25 % reduziert werden. Wesentl. Voraussetzung war die Entwicklung von Stabhüllrohren mit verbesserten Korrosionseigenschaften. Das Duplexhüllrohr bei B. für Druckwasserreaktoren besteht aus Zirkaloy-4 mit einer korrosionsbeständigen Außenschicht. Das B. selbst ist ein Bündel von bis zu 18×18 Stäben, die Steuerstäbe bewegen sich in Führungsstäben innerhalb dieses Gitters. Bei B. für Siedewasserreaktoren wird ein Zirkaloy-4-Hüllrohr nach einem speziellen Herstellungsverfahren (z. B. ›Late-Beta-Quench-Verfahren‹) verwendet. Das aus einem Bündel von bis zu 10×10 Stäben zusammengesetzte B. ist von einem Zirkaloy-Kasten umgeben. Die kreuzförmigen Steuerstäbe bewegen sich in den Wasserspalten außerhalb, d. h. zwischen den B. Zur verbesserten Neutronenökonomie sind die zentralen Stabpositionen freigehalten.

*Brennstoffzelle: Die B. wird gegenwärtig wegen der erzielbaren hohen Wirkungsgrade und der schadstoffarmen Technik als bes. zukunftsträchtige Energiequelle eingestuft. Neuere Entwicklungen sollen v. a. die Wirtschaftlichkeit der B., die bisher nur in Nischenanwendungen gegeben ist, erhöhen. Für den Betrieb in kleinen Blockheizkraftwerken zur gleichzeitigen Objektwärme- und Stromversorgung z. B. können phosphorsaure B. (PAFC-B.; H_3PO_4 als Elektrolyt, Betriebstemperatur ca. 200 °C) dienen. Drei solcher Anlagen mit einer elektr. Leistung von jeweils 200 kW werden z. Z. in Dtl. betrieben (Stadtwerke Düren/Thyssengas zur Schwimmbadversorgung, Stadtwerke Bochum/Ruhrgas sowie HEAG Darmstadt zur Versorgung von Betriebsgebäuden) und erreichen im optimalen Betriebspunkt eine Brennstoffausnutzung von über 85 %. Im Labormaßstab werden Hochtemperatur-B. wie Schmelzkarbonat-B. (MCFC-B.; $CaCO_3$ als Elektrolyt, Betriebstemperatur ca. 650 °C) und Festelektrolyt-B. (SOFC-B; ZrO_2, ca. 950 °C) erprobt. Bisher konnten für MCFC-B. Leistungen in Höhe von einigen hundert Kilowatt realisiert werden, für SOFC-B. im Kilowattbereich. Diese B. werden insbesondere auf eine spätere Verwendung in Großkraftwerken, z. B. in Verbindung mit einem Gas- und Dampfturbinenkraftwerk, hin untersucht. Als Option ist hierfür auch der Einsatz von synthetisch erzeugtem Kohlegas als Brennstoff vorgesehen.

| Bürgerschaftswahlen in Bremen (1987–1995) ||||
| (Sitzverteilung und Stimmenanteile der Parteien) ||||
Parteien	13. 9. 1987	29. 9. 1991	12. 5. 1995
SPD	54; 50,5%	41; 38,8%	37; 33,4%
CDU	25; 23,4%	32; 30,7%	37; 32,6%
Die Grünen[1]	10; 10,2%	11; 11,4%	14; 13,1%
AfB[2]	–; –	–; –	12; 10,7%
FDP	10; 10,0%	10; 9,5%	–; 3,4%
Liste D/NPD	–; 3,4%	–; –	–; –
Deutsche Volksunion	–; –	6; 6,2%	–; 2,5%
Republikaner	–; 1,2%	–; 1,5%	–; 0,3%
PDS	–; –	–; –	–; 2,4%
Andere	–; 1,1%	–; 1,9%	–; 1,0%

[1] 1995: Bündnis 90/Die Grünen. – [2] Arbeit für Bremen, gegr. 1995.

Brennwerttechnik, modernes Verfahrensprinzip der Heizungstechnik, bei dem der Wärmeinhalt des Abgases zur Erhöhung des Wirkungsgrads eingesetzt wird. Das Abgas wird dabei durch das Heizungsrücklaufwasser bis unter den Taupunkt von etwa 57 °C gekühlt, so daß der Wasserdampf des Abgases kondensiert. Die bei der Kondensation freiwerdende Energie wird über Wärmetauscher an den Heizkreislauf abgegeben (das Kondenswasser muß über korrosionsfeste Leitungen abgeführt werden). Mit Brennwertkesseln wird gegenwärtig ein Normnutzungsgrad von 108 % erreicht. Der Normnutzungsgrad nach DIN 4702 ist ein Maß für die nutzbare Wärme eines Heizgeräts auf der Grundlage des eingesetzten Energieträgers. Für die Festlegung des Heizwerts wiederum wird nur die Energie berücksichtigt, die ohne Abgaskondensation nutzbar ist. Bei konventioneller Heiztechnik (auch bei der Niedertemperaturtechnik) mußte man davon ausgehen, daß die Kondensationsenergie für den Heizkreislauf verloren ist. Da aber bei der B. die Kondensationsenergie weitgehend in den Heizkreislauf eingebracht wird, sind Normnutzungsgrade (nicht Wirkungsgrade) über 100 %, bezogen auf den unteren Heizwert, möglich.

*Breschnew, Stadt in Tatarstan, Russ. Föderation, heißt seit Jan. 1988 wieder **Nabereschnyje Tschelny.**

*Bresgen, Cesar, österr. Komponist; † Salzburg 7. 4. 1988.

Breṭh, Andrea, Theaterregisseurin, * Darmstadt 31. 10. 1952; arbeitete 1986–90 in Bochum, wo ihr sensationelle Inszenierungen gelangen; seitdem führt sie

Bret Bretscher – Bruton

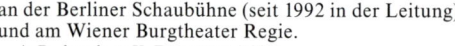

an der Berliner Schaubühne (seit 1992 in der Leitung) und am Wiener Burgtheater Regie.

A. B., bearb. v. K. DERMUTZ (1995).

***Bretscher,** Willy, schweizer. Publizist und Politiker: † Zürich 12. 1. 1992.

Breuel, Birgit, Politikerin (CDU), * Hamburg 7. 9. 1937; Einzelhandelskauffrau, 1970–78 Abg. in der Hamburger Bürgerschaft, 1978–86 Wirtschafts- und 1986–90 Finanzministerin in Ndsachs.; seit 1982 Mitgl. des CDU-Bundesvorstandes. Am 1. 10. 1990 trat sie ihr Amt als Vorstands-Mitgl. der →Treuhandanstalt an und leitete diese vom 13. 4. 1991 – in Nachfolge des ermordeten D. C. ROHWEDDER – bis zu deren Auflösung am 31. 12. 1994. Mit Wirkung vom 1. 4. 1995 wurde B. Beauftragte der Bundes-Reg. für die Expo 2000 in Hannover.

***Briefsendungen:** Die Beziehungen zw. der Dt. Post AG und ihren Kunden sind wegen der Privatisierung des Post- und Fernmeldewesens nicht mehr in der Postordnung, sondern in Allgemeinen Geschäftsbedingungen der Dt. Post AG (AGB) geregelt. Die bisherige B. Drucksache wurde von der →Infopost abgelöst. Für Päckchen sind folgende Sendungsarten neu definiert: ›Post-Paket‹, ›Päckchen‹, ›Infopost-Schwer‹ und ›Blindensendung-Schwer‹. Im Briefdienst gibt es vier sogenannte Basisprodukte: 1) den Standardbrief (Gewicht bis 20 g, Größe bis 235 × 125 mm, Dicke bis 5 mm), 2) den Kompaktbrief (Gewicht bis 50 g, Größe bis 235 × 125 mm, Dicke bis 10 mm), 3) den Großbrief (Gewicht bis 500 g, Größe bis 353 × 250 mm, Dicke bis 20 mm) sowie 4) den Maxibrief (Gewicht bis 1 000 g, Größe bis 353 × 250 mm, Dicke bis 50 mm).

***Brink,** Charles Oscar, klass. Philologe: † Cambridge 2. 3. 1994.

***Brinkmann,** Roland, auch **R. Brinckmann,** Geologe: † Hamburg 3. 4. 1995.

***Britische Rheinarmee:** Nach Abzug des größeren Teils der B. R. und der RAF-Germany seit Anfang der 1990er Jahre wurden die übriggebliebenen Truppenteile unter dem neuen Namen ›British Forces Germany‹ (BFG) zusammengefaßt.

***British Aerospace Corporation:** →Bayerische Motoren Werke AG.

***Brocken:** Nach Abzug der russ. Truppen 1994 ist der Gipfel des B. (mit Ausnahme des botan. Schutzgebietes Brockengarten) wieder uneingeschränkt begehbar; es bestehen eine Wetterstation und eine Sendestelle der Telekom. Seit Juni 1992 verkehrt zw. Wernigerode und dem B.-Gipfel die schmalspurige B.-Bahn.

Brockhouse [ˈbrɔkhaʊs], Bertram Neville, kanad. Physiker, * Lethbridge 15. 7. 1918; war nach seiner Promotion 1950 an der Universität von Toronto bis 1962 in den Chalk River Nuclear Laboratories (in Chalk River) tätig, zuletzt als Leiter der Abteilung für Neutronenphysik. Von 1962 bis zu seiner Emeritierung 1984 war er Prof. an der McMaster University in Hamilton (Ontario). Er erhielt gemeinsam mit C. G. SHULL den Nobelpreis für Physik 1994 für die Entwicklung von Neutronenstreuungstechniken zur Untersuchung kondensierter Materie. Der Schwerpunkt seiner Tätigkeit lag dabei auf dem Gebiet der Neutronenspektrometrie (Entwicklung eines ›Dreiachsenspektrometers‹).

***Brockmann,** Hans Heinrich, Chemiker: † Göttingen 1. 5. 1988.

***Brodskij,** Iossif Aleksandrowitsch, amerikanisiert **Joseph Brodsky,** russ. Lyriker: † New York 28. 1. 1996. Erhielt 1987 den Nobelpreis für Literatur.

Werke: Lyrik: Uranija (1987; dt. An Urania); V okrestnostjach Atlantidy (1995). – Prosa: Ufer der Verlorenen (dt. 1991). – Drama: Mramor (1984; dt. Marmor).

Ausgabe: Izbrannye stichotvorenija 1957–1992 (1994).

Broeck [bruːk], Walter van den, fläm. Schriftsteller, * Olen (Prov. Antwerpen) 28. 3. 1941; zunächst Lehrer, seit 1987 freier Schriftsteller. Bekannt wurde B. mit sozial engagierten Theaterstücken; als Prosaautor steht er mit sozialhistor. Darstellungen in experimentellen Formen in der Tradition L.-P. BOONES. In dem Prosawerk ›Aantekeningen van een stambewaarder‹ (1977) sowie in der Romantetralogie ›Het beleg van Laken‹ (1985–92) verbindet er die eigene Familiengeschichte mit der Geschichte Belgiens und dem Werdegang des belg. Königshauses.

Broek [bruːk], Hans van den, niederländ. Politiker, * Paris 11. 12. 1936; Jurist; 1976–81 Abg. in der Zweiten Kammer, zunächst für die Kath. Volkspartei (KVP), ab 1980 für den Christlich Demokrat. Appell (CDA), war 1981–82 Staats-Sekr. im Außenministerium, Nov. 1982 bis Jan. 1993 Außen-Min. B. trat bes. als Befürworter der europ. Einigung und zugleich als Verfechter der atlant. Allianz hervor. Seit Jan. 1993 EG- bzw. EU-Kommissar, zuständig für Außen- und Sicherheitspolitik, ab Jan. 1995 auch für mittel- und osteurop. Länder.

***Brooks,** Cleanth, amerikan. Literaturwissenschaftler und -kritiker: † New Haven (Conn.) 10. 5. 1994.

***Broszat,** Martin, Historiker: † München 14. 10. 1989.

***Bruch,** Walter, Elektroingenieur: † Hannover 5. 5. 1990.

***Brugger,** Walter, Philosoph: † München 13. 5. 1990.

***Brunei,** amtlich malaiisch **Negara Brunei Darussalam,** Staat in Südostasien, an der NW-Küste von Borneo.

Hauptstadt: Bandar Seri Begawan. *Amtssprache:* Malaiisch. *Staatsfläche:* 5 765 km². *Bodennutzung (1992):* 70 km² Ackerland, 60 km² Dauergrünland, 2 150 km² Waldfläche. *Einwohner (1994):* 282 000, 49 Ew. je km². *Durchschnittliches Bevölkerungswachstum pro Jahr (1985–93):* 3,2%. *Bevölkerungsprojektion für 2000:* 334 000 Ew. *Ethnische Gruppen:* 69% Malaien, 18% Chinesen, 5% Iban u. a. Ureinwohner, ferner u. a. Inder. *Religion (1991):* 67% Muslime (der Islam ist Staatsreligion), 13% Buddhisten, 10% Christen. *Altersgliederung (1995):* unter 15 Jahre 32,2%, 15 bis unter 65 Jahre 62,9%, 65 und mehr Jahre 4,9%. *Lebenserwartung der Neugeborenen (1993):* männlich 69, weiblich 73 Jahre. *Analphabetenquote (1986):* insgesamt 14,9%, männlich 9,1%, weiblich 21,3%. *BSP je Ew. (1992):* 14 650 US-$. *BIP nach Sektoren/Produktionsstruktur (1988):* Landwirtschaft 3%, Industrie 48%, Dienstleistungen 50%. *Währung:* 1 Brunei-Dollar (BR$) = 100 Cents (¢). *Internationale Mitgliedschaften:* UNO, ASEAN, Commonwealth of Nations.

Brunk, Sigrid, Schriftstellerin, * Braunschweig 14. 9. 1947; beschreibt desillusionierend Situationen aus der Alltagswelt und dem Berufsleben.

Werke: Romane: Ledig, ein Kind (1972); Das Nest (1975); Der Besiegte (1977); Der Magier (1979). – Erzählungen: Irische Erzählung (1967); Flammen (1981).

***Brunner,** Adolf, schweizer. Komponist: † Thalwil 16. 2. 1992.

***Brunner,** Fritz, schweizer. Pädagoge und Jugendschriftsteller: † Zürich 3. 1. 1991.

***Brunner,** Guido, Diplomat und Politiker: Bis 1992 Botschafter in Madrid.

***Brunner,** Karl, schweizer. Volkswirtschaftler: † Rochester (N.Y.) 9. 5. 1989.

Bruton [bruːtn], John Gerard, irischer Politiker, * Dublin 18. 5. 1947; Landwirt; seit 1969 als Vertreter von Fine Gael Mitgl. des Repräsentantenhauses, war Oppositionssprecher für Landwirtschaft (1972–73, 1977–81), Finanzen (1981) Industrie und Handel (1987–89) sowie Erziehung (1989–90); Staats-Sekr.

Birgit Breuel

Bertram Neville Brockhouse

Iossif Aleksandrowitsch Brodskij

John Bruton

124

u. a. des Erziehungs-Min. (1973–77). 1981–82 und 1986–87 war B. Finanz-Min., 1982–83 Industrie- und Energie-Min., 1983–86 Min. für Industrie, Handel und Tourismus. 1987–90 stellv. Vors. von Fine Gael und seit 1990 Partei-Vors., führte B. seine Partei auf den traditionellen rechtsliberalen Kurs zurück. Im Dez. 1994 wurde er nach dem Auseinanderbrechen der Reg. Reynolds zum Premier-Min. einer Koalitions-Reg. aus Fine Gael, Labour Party und Democratic Left (1992 aus der Worker's Party hervorgegangen) gewählt. Trotz größerer Zurückhaltung gegenüber Sinn Féin hält auch B. an der Fortführung des Friedensprozesses in Nordirland fest.

Buchhandel. Titelproduktion in der Bundesrepublik Deutschland*)			
Jahr	Erstauflage	Neuauflage	insgesamt
1986	50 219	13 460	63 679
1987	48 366	17 314	65 680
1988	50 786	17 825	68 611
1989	48 370	17 610	65 980
1990	44 779	16 236	61 015
1991	48 879	19 011	67 890
1992	48 836	18 441	67 277
1993	49 096	18 110	67 206
1994	52 767	17 876	70 643

*) Seit 1991 einschließlich der neuen Bundesländer.
Quelle: Börsenverein des Dt. Buchhandels e.V.

BSE, Abk. für →bovine spongiforme Enzephalopathie.

*****Buber-Neumann,** Margarete, Schriftstellerin und Publizistin: † Frankfurt am Main 6. 11. 1989.

Bubis, Ignatz, Unternehmer, * Breslau 12. 1. 1927; seit 1983 Vors. des Vorstandes der jüd. Gemeinde in Frankfurt am Main, wurde im Sept. 1992 zum Vors. des Zentralrats der Juden in Deutschland gewählt. In zahlreichen öffentl. Veranstaltungen tritt B. mahnend gegen alle Erscheinungsformen der Fremdenhasses und des Antisemitismus auf. Politisch schloß er sich der FDP an (seit 1992 im Bundesvorstand).

*****Bucerius,** Gerd, Verleger und Publizist: † Hamburg 29. 9. 1995.

*****Bucharin,** Nikolaj Iwanowitsch, sowjet. Politiker und Theoretiker: Der Oberste Gerichtshof der UdSSR sprach im Febr. 1988 B. nachträglich von den Verbrechen frei, deren ihn die stalinist. Justiz 1938 bezichtigt hatte.

*****Büchergilde Gutenberg:** Seit 1994 ist die BGAG Beteiligungsgesellschaft der Gewerkschaften 100%ige Eigentümerin der B. G. Diese hat die Buchläden der B. G. zum 1. 7. 1994 an einen privaten Lizenznehmer verkauft. Die B. G. hat 1994 sämtl. Anteile des Bund-Verlags, Köln, erworben.

*****Buchhandel:** Gegenstände des B. sind inzwischen auch Hörbücher, Kassetten, Spezialvideos, CD-ROM sowie CD-I. – Das ›Adreßbuch 1995/96 für den deutschsprachigen B.‹ weist für Dtl. 21 733 Einzelfirmen aus, die im weitesten Sinne dem B. zuzurechnen sind. Die Zahl derjenigen Firmen, die ausschließlich oder überwiegend Bücher und Zeitschriften herausgeben oder damit Handel betreiben, ist wesentlich geringer. Die Mehrzahl dieser Firmen gehört dem Börsenverein des Dt. B. e. V. oder einem seiner Landesverbände an, so daß deren Mitgl.-Zahlen repräsentativ für die dt. Buchbranche sind. Der Börsenverein vertritt die Interessen von insgesamt 6 601 buchhändler. Betrieben, 2 091 Firmen des herstellenden B., 4 745 Firmen des verbreitenden B., 90 Firmen des Zwischen-B. und 71 Verlagsvertretern (Stand: Mai 1995). – Das Adreßbuch des österr. B. enthält 2 174 Firmen (496 Firmen mit beschränkter Gewerbeberechtigung), davon entfallen 578 auf Verlage und 1 596 auf den verbreitenden B. Im Schweizer B.-Adreßbuch finden sich 1 561 Eintragungen: 450 Verlage, 1 050 Buchhandlungen und 61 Firmen des Zwischenbuchhandels (Daten jeweils für 1994).

1994 belief sich der Umsatz der buchhändler. Betriebe in Dtl. zu Endverbraucherpreisen (geschätzt) auf 15,975 (1990: 12,742) Mrd. DM, von denen 60,7% (1990: 60,2%) im Sortiments-B. erzielt wurden.

*****Buckwitz,** Harry, Intendant und Regisseur: † Zürich 27. 12. 1987.

*****Buczkowski,** Leopold, poln. Schriftsteller: † Warschau 27. 4. 1989.

Bufalino, Gesualdo, italien. Schriftsteller, * Comiso (Prov. Ragusa) 15. 11. 1920. Nach langjähriger Lehrtätigkeit im Schuldienst (bis 1976) gelang ihm mit dem Roman ›Diceria dell'untore‹ (1981; dt. ›Das Pesthaus‹, Premio Campiello 1981), in dem autobiograph. Erfahrungen eines Sanatoriumsaufenthalts in der Nachkriegszeit verarbeitet werden, ein durchschlagender literar. Erfolg, den er durch zahlreiche weitere Publikationen (Romane, Erzählungen, Lyrik, Aphorismen, lokalhistor. Texte über Sizilien) festigen konnte.

Weitere Werke: Romane: Argo il cieco ovvero I sogni della memoria (1984; dt. Mit blinden Argusaugen oder Die Träume der Erinnerung); Le menzogne della notte (1988; dt. Die Lügen der Nacht); Qui pro quo (1991; dt. Klare Verhältnisse). – *Erzählungen:* Museo d'ombre (1982; dt. Museum der Schatten. Geschichten aus dem alten Sizilien); L'uomo invaso e altre invenzioni (1986; dt. Der Ingenieur von Babel). – *Essays:* Cere perse (1985); La luce e il lutto (1988). – *Prosa:* Calende greche. Ricordi d'una vita immaginaria (1992); Bluff di parole (1994).

Ausgaben: Opere 1981–1988, hg. v. M. Corti u.a. (1992); Bitterer Honig. L'amaro miele. Frühe Gedichte, hg. v. W. Schlenker (1995).

*****Buganda:** Im Juni 1993 wurde die Monarchie mit der Wahl Ronald Muwendas (* 1955) als Mutebi II. zum Kabaka wiedereingeführt. B. gilt als Zentrum der auf eine Föderalisierung Ugandas drängenden Kräfte. Dies zeigte sich abermals im Frühjahr 1995: Nachdem sich die ugand. Konstituante auf eine zentralstaatl. Verf. geeinigt hatte, kam es zu gewaltsamem Widerstand, der v. a. in B. verwurzelt ist.

W.-K. Füsser: Rebellion in B. Eine Staatskrise im vorkolonialen Ostafrika (1989).

*****Bukowski,** Charles, amerikan. Schriftsteller: † San Pedro (Calif.) 9. 3. 1994.

Erik Bulatow: Sonnenaufgang oder Sonnenuntergang; 1989 (Aachen, Neue Galerie – Sammlung Ludwig)

Ignatz Bubis

Bula   Bulatović – Bulgarien

*Bulatović, Miodrag, serb. Schriftsteller: † Igalo (Rep. Montenegro) 14. 3. 1991.

Bulatow, Bulatov, Erik, russ. Maler, *Swerdlowsk (heute Jekaterinburg) 5. 9. 1933; arbeitete 1956–89 hauptberuflich als Buchillustrator. In seiner Malerei mischt er Elemente einer naturalist. Landschaftsmalerei mit Zeichen und Symbolen. Die Kombination von Schrift und Abbild erlaubt dem Künstler, die Wahrnehmungsmechanismen sowohl des sozialist. Realismus als auch der westl. Reklamewelt zu ironisieren bzw. die damit transportierten Ideologien als Scheinwirklichkeiten zu charakterisieren. BILD S. 125, weiteres BILD ▷ russische Kunst.

E. Boulatov, Ausst.-Kat. (Paris 1988).

*Bulgarien, amtlich bulgar. **Republika Balgarija,** Staat in O-Europa, auf der Balkanhalbinsel.

Bulgarien
Nationalflagge

Hauptstadt: Sofia. *Amtssprache:* Bulgarisch. *Staatsfläche:* 110 912 km² (ohne Binnengewässer 110 550 km²). *Bodennutzung (1992):* 43 260 km² Ackerland, 18 330 km² Dauergrünland, 38 730 km² Waldfläche. *Einwohner (1994):* 8,903 Mio., 80 Ew. je km². *Städtische Bevölkerung (1993):* 70 %. *Durchschnittlicher Bevölkerungsrückgang pro Jahr (1985–93):* 0,8 %. *Bevölkerungsprojektion für 2000:* 8 Mio. Ew. *Ethnische Gruppen (1992):* 85,8 % Bulgaren, 9,7 % Türken, 3,4 % Roma, 1,1 % Sonstige. *Religion (1992):* etwa 80 % bulgarisch-orth. Christen, 12,7 % Muslime (Türken und Pomaken), 0,8 % Katholiken, etwa 0,1 % bulgar. Katholiken des byzantin. Ritus, etwa 0,1 % Anhänger der Pfingstbewegung. *Altersgliederung (1994):* unter 15 Jahre 19,5 %, 15 bis unter 65 Jahre 66,4 %, 65 und mehr Jahre 14,1 %. *Lebenserwartung der Neugeborenen (1992):* männlich 68 Jahre, weiblich 75 Jahre. *Analphabetenquote (1992):* 4 %. *BSP je Ew. (1993):* 1 160 US-$. *BIP nach Sektoren/Produktionsstruktur (1993):* Landwirtschaft 13 %, Industrie 38 %, Dienstleistungen 49 %. *Arbeitslosenquote (1993):* 16 %. *Währung:* 1 Lew (Lw) = 100 Stótinki (St). *Internationale Mitgliedschaften:* UNO, Europarat, OSZE.

Verfassung: Die am 12. 7. 1991 vom Parlament angenommene Verf. entspricht demokratisch-rechtsstaatl. Grundsätzen. Der Grundrechtskatalog verkörpert den internat. Menschenrechtsstandard; allein der Minderheitenschutz erscheint nicht hinreichend gewährleistet. Die Staatsorganisation beruht auf den Grundsätzen des parlamentar. Reg.-Systems. Die gesetzgebende Gewalt liegt bei der Volksversammlung (Narodno sabranie), deren 240 Abg. im Verhältniswahlsystem gewählt werden, wobei eine 4%-Sperrklausel besteht. Die Legislaturperiode beträgt vier Jahre. Der Präs. der Rep. wird auf die Dauer von fünf Jahren vom Volk gewählt und kann nur einmal wiedergewählt werden. Zugleich wird der vom Präsidentschaftskandidaten nominierter Vize-Präs. gewählt, der im Falle vorzeitigen Ausscheidens als Präs. an seine Stelle tritt. In der Praxis hat sich die Stellung des Präs. als stärker erwiesen, als es seine begrenzten verfassungsrechtl. Befugnisse vermuten lassen. Seine Akte bedürfen mit wenigen Ausnahmen der ministeriellen Gegenzeichnung. Gegen Gesetzesbeschlüsse kann er ein Veto einlegen, das nur mit der absoluten Mehrheit aller Abg. zurückgewiesen werden kann. Die Exekutivgewalt liegt in erster Linie beim Ministerrat unter der Leitung des MinPräs. Der Reg.-Chef wird auf Vorschlag des Staatspräs. und anschließend die vom Reg.-Chef vorgeschlagene Reg. vom Parlament mit der Mehrheit der anwesenden Abg. gewählt. Mißlingt die Regierungsbildung, so setzt der Präs. eine Interims-Reg. ein, löst das Parlament auf und schreibt innerhalb von zwei Monaten Neuwahlen aus. Die parlamentar. Verantwortung der Reg. kann durch Mißtrauensvotum und Vertrauensfrage geltend gemacht werden und bedarf jeweils der absoluten Mehrheit. Sowohl das gelungene Mißtrauensvotum als auch die gescheiterte Vertrauensfrage lösen die automat. Rücktrittsverpflichtung der Reg. aus.

Ende 1991 hat das Verfassungsgericht seine Tätigkeit aufgenommen, dessen zwölf Richter zu je einem Drittel vom Parlament gewählt, vom Staatspräs. ernannt und von der Vollversammlung der Richter am Obersten Kassationsgericht und am Obersten Verwaltungsgericht gewählt werden. Die Amtszeit beträgt neun Jahre, eine Wiederwahl ist unzulässig. Obwohl seine Kompetenzen im wesentlichen auf abstrakte Normenkontrollen und Organstreitigkeiten beschränkt sind, hat das Verfassungsgericht schon bedeutsame Entscheidungen getroffen und durch seine maßvolle Rechtsprechung wesentlich zur Beruhigung der polit. Lage beigetragen.

Parteien: Die stärksten polit. Kräfte sind: die 1990 aus der Bulgar. KP (BKP) hervorgegangene ›Bulgar. Sozialist. Partei‹ (BSP), die 1989 aus der Bürgerrechtsbewegung heraus entstandene ›Union Demokrat. Kräfte‹ (dt. Abk. UDK) und die ›Bewegung für Rechte und Freiheiten‹ (dt. Abk. BRF; gegr. 1989), die v. a. die Rechte der türk. und muslim. Minderheit vertritt. Außerdem konstituierte sich 1994 der ›Bulgar. Business-Block‹ (BBB). Weitere Parteien kamen nur über Listenverbindungen mit der BSP in die Nationalversammlung, so die Bulgar. Bauernpartei ›Aleksandar Stambolijski‹ und der polit. Klub ›Ekoglasnost‹. Neben diesen Gruppierungen bestehen zahlreiche nationalist. Organisationen.

Streitkräfte: Die Armee wurde insgesamt um ein Drittel verkleinert, die Wehrdienstdauer auf 18 Monate reduziert. Das Heer hat nun 60 000, die Luftwaffe 22 000 und die Marine 4 000 Mann.

Geschichte: 1986 trat G. FILIPOW zugunsten von GEORGI ATANASSOW (* 1933) als MinPräs. zurück.

Die unter GenSekr. T. SCHIWKOW verschärfte Politik der Zwangsbulgarisierung der türk. Minderheit löste in den von ihr bewohnten Gebieten im Mai 1989 schwere Unruhen aus; Hunderttausende von bulgar. Türken flohen in die Türkei.

Orientiert an den Reformbemühungen in der UdSSR, in Polen und Ungarn, erzwangen am 10. 11. 1989 oppositionelle Kräfte innerhalb und außerhalb der Bulgar. KP (BKP) den Rücktritt SCHIWKOWS; PETAR MLADENOW (* 1936), sein Nachfolger als GenSekr. der BKP und Staatschef, suchte unter Verkündung eines ›neuen Kurses‹ die sich formierende Reform- und Bürgerrechtsbewegung zu beeinflussen. Oppositionelle Gruppen und Parteien schlossen sich am 7. 12. 1989 in der ›Union Demokrat. Kräfte‹ (UDK) unter dem Vorsitz von S. SCHELEW zusammen. Auf einer außerordentl. Sitzung ihres ZK sprach sich die BKP für einen Dialog mit den Oppositionsgruppen aus, sie trat für polit. und wirtschaftl. Reformen ein und schloß den früheren Staats- und Parteichef SCHIWKOW aus der Partei aus. Im Verlauf des Monats Dez. forderten zahlreiche Massendemonstrationen freie Wahlen, den Rücktritt der Regierung und den Verzicht der BKP auf ihre Führungsrolle. Am 27. 12. verständigten sich Regierung und Opposition nach poln. Vorbild auf Gespräche am ›Runden Tisch‹. Die Anerkennung des Rechts der türk. Minderheit auf Ausübung der Religionsfreiheit und freie Namenswahl (Aufhebung der Zwangsbulgarisierung, 29. 12. 1989) durch das ZK der BKP und durch die Regierung löste nationalistisch motivierte Demonstrationen aus. Am 15. 1. 1990 strich das Parlament die Führungsrolle der BKP aus der Verfassung. Unter dem Namen ›Demokrazija‹ erschien am 12. 2. die erste oppositionelle Tageszeitung. Anfang Febr. wählte die Nationalversammlung den Reformer ANDREJ LUKANOW (* 1938) zum MinPräs. Am 23. 2. gab die Regierung offiziell

bulgarische Literatur **Bulg**

die Auflösung des Amtes für Staatssicherheit bekannt. Nach mehreren Sitzungen des ›Runden Tisches‹ unterzeichneten Vertreter der Regierung und der Opposition am 12. 3. einen Vertrag über den friedl. Übergang B.s zu einem demokrat. System (Trennung von Partei und Staat, Einführung eines Mehrparteiensystems). Im April 1990 nannte sich die BKP in ›Bulgar. Sozialist. Partei‹ (BSP) um. Bei den Wahlen im Juni 1990 gewann diese knapp die absolute Mehrheit, gefolgt von der UDK. MinPräs. LUKANOW leitete radikale Reformen zur Einführung der Marktwirtschaft und zur Überwindung der Wirtschaftskrise ein. Nach dem Rücktritt des im April von der Nationalversammlung zum Staatspräs. gewählten MLADENOW wählte diese im Aug. SCHELEW zu seinem Nachfolger. Im Sept. trat B. der Weltbank und dem Internat. Währungsfonds (IWF) bei. Am 15. 11. stimmte die Nationalversammlung dem neuen Staatsnamen ›Republik B.‹ zu. Unter dem Eindruck eines Generalstreiks und zahlreicher Protestversammlungen, die sich v. a. gegen die BSP und ihre kommunist. Vergangenheit richteten, trat MinPräs. LUKANOW Ende Nov. zurück. Am 7. 12. 1990 wählte die Nationalversammlung mit großer Mehrheit den parteilosen früheren Richter DIMITAR POPOW (*1927) zum Reg.-Chef an der Spitze einer Mehrparteienkoalition, der sich auch die bisher in Opposition stehende UDK anschloß. Vor dem Hintergrund der schwersten Wirtschaftskrise B.s seit dem Zweiten Weltkrieg schrieb ein Abkommen aller in der Nationalversammlung vertretenen Parteien am 3. 1. 1991 den ›friedl. Übergang zur Demokratie in B.‹ fest. Die Privatisierung der Wirtschaft wurde am 23. 1. als Kernstück der Wirtschaftsreformen von der Regierung herausgestellt. Ende Febr. erhielt B. einen ersten Kredit des IWF von 87 Mio. US-$. Am 22. 2. verabschiedete die Nationalversammlung ein Land-Ges., das die Rückgabe kollektivierten Landes ermöglicht, am 23. 5. ein ›Ges. zum Umbau der Wirtschaftsordnung‹, demgemäß ausländ. Investoren bis zu 100% Anteile bulgar. Unternehmen übernehmen können. Am 12. 7. nahm das Parlament eine neue Verf. an. Aus den Wahlen zur Nationalversammlung am 13. 10. ging die UDK als stärkste Gruppierung hervor, gefolgt von der BSP und der türkisch-muslim. ›Bewegung für Rechte und Freiheiten‹ (BRF). Am 8. 11. 1991 wählte die Nationalversammlung den Vors. der UDK FILIP DIMITROW (*1955) zum MinPräs. an die Spitze einer Minderheits-Reg. Bei den Präsidentschaftswahlen im Jan. 1992 bestätigte die Bev. den bisherigen Staatspräs. SCHELEW im Amt. Nachdem die Reg. Dimitrow im Okt. durch ein Mißtrauensvotum des Parlaments gestürzt worden war, wurde der parteilose LJUBEN BEROW (*1925) am 30. 12. 1992 MinPräs. Wirtschaftlich hatte seine Reg. mit großen Schwierigkeiten zu kämpfen. Bes. der Übergang zu marktwirtschaftl. Strukturen verlief nur mit großen Verzögerungen. Nur 20% des Bodens wurden bis Mitte 1993 an die früheren Eigentümer zurückgegeben. Hintergrund des im Zeichen wachsender Lähmung stehenden gesellschaftl. Reformprozesses waren der zunehmende Einfluß der BSP auf die Regierung, Spaltungstendenzen unter den Reformkräften und zahlreiche Fälle persönl. Bereicherung. Nach dem Rücktritt der Reg. Berow (Sept. 1994) und monatelangen vergebl. Bemühungen um die Bildung einer Regierung gewann die BSP bei den Parlamentswahlen im Dez. 1994 die absolute Mehrheit und stellt seit Jan. 1995 mit SCHAN WIDENOW (*1959) den Ministerpräsidenten.

Vor dem Hintergrund der Auflösung des Rats für gegenseitige Wirtschaftshilfe und des Warschauer Pakts (1991) sucht B. seine Beziehungen zu den Nachfolgestaaten der UdSSR, den früheren Ostblockstaaten sowie zur westl. Staatenwelt neu zu bestimmen. Nachdem die Nationalversammlung am 1. 8. 1990 beschlossen hatte, den Freundschaftsvertrag von 1967 mit der UdSSR nicht zu erneuern, vereinbarte Präs. SCHELEW mit dem russ. Präs. B. JELZIN im Okt. 1991 – d. h. noch zur Zeit des Bestehens der UdSSR – die Aufnahme diplomat. Beziehungen; B. erkannte damit als erster Staat Rußland als eigenständiges völkerrechtl. Subjekt an. Nach dem Zerfall der UdSSR (Ende 1991) sprach es auch gegenüber den anderen Nachfolgestaaten der UdSSR seine Anerkennung aus. Am 4. 8. 1992 unterzeichneten die Präs. SCHELEW und JELZIN einen bulgarisch-russ. Freundschaftsvertrag mit einer Laufzeit von zehn Jahren. Seit der Wende des politisch-gesellschaftl. Systems (1989/90) suchte die neue bulgar. Außenpolitik intensive Beziehungen zu den Demokratien des Westens, und zwar auf wirtschaftl., polit. und militär. Gebiet. Am 23. 12. 1990 beschloß die bulgar. Parlament, einen Antrag auf Mitgliedschaft in der EG zu stellen. Im März 1993 schloß B. ein Assoziierungsabkommen mit der EG. Im Febr. 1994 trat es dem NATO-Programm ›Partnerschaft für den Frieden‹ bei. Seit Beginn der Golfkrise (Aug. 1990) unterstützt B. die Politik der UNO, bes. die Resolutionen ihres Sicherheitsrats gegenüber Irak.

Auf zwei- und mehrseitiger Ebene sucht B. seine Beziehungen zu seinen Nachbarstaaten neu auszurichten. Am 20. 12. 1991 schloß es ein Abkommen mit der Türkei über Vertrauensbildung im militär. Bereich. Auf den Konferenzen der Balkanstaaten und der Anrainer des Schwarzen Meers nimmt die bulgar. Außenpolitik aktiven Anteil. Mit der Rep. Makedonien bestehen starke Differenzen über die Frage einer Existenz einer makedon. Minderheit in Bulgarien.

*bulgarische Literatur: Die b. L., in der Nachkriegszeit straff organisiert durch den Bulgar. Schriftstellerverband, hielt länger am Dogma des sozialist. Realismus fest als die anderen Literaturen des Ostblocks. Erst im Laufe der 80er Jahre kam es allmählich zu einer Belebung der themat. und formalen Kriterien, was sich alsbald in der Erzählliteratur und im Drama ausdrückte. Psycholog. Analyse (DIMITAR KORUDSCHIEW, *1941), private zwischenmenschl. Beziehungen (KONSTANTIN ILIEW, *1937; STANISLAW STRATIEW, *1941), Ökologie (NIKOLAJ CHAJTOW, *1919; J. RADITSCHKOW u. a.) drängten in den Vordergrund. Dokumentation und Phantastik brachten den Wiederanschluß an die Entwicklungen westl. Literaturen. Eine ›weibl. Poetik‹ zeichnete sich bei BLAGA DIMITROWA, RADA ALEKSANDROWA (*1943), EKATERINA TOMOWA (*1946), RADA PANTSCHOWSKA (*1949) u. a. ab, die eine neue Sensibilität und Sichtweise in die Lyrik hineintrugen. Mehrere Literaten (BLAGA DIMITROWA, S. SCHELEW) waren 1988 an der Bildung des ›Klubs zur Stärkung der Transparenz und Umgestaltung in Bulgarien‹, der ersten Oppositionsbewegung im Lande, beteiligt. Auf dem VI. Kongreß des Bulgar. Schriftstellerverbandes im März 1989 setzte scharfe Kritik am sozialist. Realismus und an der polit. Gängelung durch den Verband ein. Nach der Wende versagten im marktwirtschaftl. System die alten Methoden der Buchproduktion und -distribution. Älteren Autoren fiel die Umstellung schwer, während die jungen die neuen künstler. Chancen rasch nutzten. So waren in einem Nachholprozeß in den letzten Jahren sowohl Formen der Neoavantgarde (visuelle Poesie bei IWAN KULEKOW, *1951) als auch der Postmoderne zu verzeichnen. Hier profilierten sich als Erzähler WIKTOR PASKOW (*1949) mit ›Balada za Georg Chenich‹ (1987) und ›Germanija, mrăsna prikazka‹ (1992), in der Lyrik BOJKO LAMBOWSKI (*1960) und MIRELLA IWANOWNA SAREWA (*1963).

R. LAUER: Lit., in: Südosteuropa-Hb., hg. v. K.-D. GROTHUSEN, Bd. 6: Bulgarien (1990); Rečnik po nova bălgarska literatura 1878–1992, hg. v. M. ŠIŠKOVA (Sofia 1994).

Buli, Abk. für besondere →Liquiditätspapiere.

***Buna:** Das bis 1990 zweitgrößte Chemiekombinat der Dt. Dem. Rep. (18 000 Beschäftigte) wurde zum 1. 6. 1995 privatisiert und von der ▷ Dow Chemical Company erworben (80%), 20% hält die Bundesanstalt für vereinigungsbedingte Sonderaufgaben. Dow Chemical führt B. im Verbund mit der Sächs. Olefinwerke GmbH, Böhlen, und der Leuna-Polyolefine GmbH unter dem Namen Buna Sow Olefinverbund GmbH (BSL) weiter.

***Bund der Evangelischen Kirchen in der DDR:** Vors. war seit Febr. 1990 der Bischof der Ev. Kirche der Kirchenprovinz Sachsen, CHRISTOPH DEMKE (* 1935). Im Febr. 1991 beschlossen die Synoden des Kirchenbundes und der →Evangelischen Kirche in Deutschland (EKD) ein Kirchengesetz zur Herstellung der Einheit der EKD, dem danach alle einzelnen Synoden der acht Gliedkirchen des Kirchenbundes zustimmten; das Gesetz trat im Juni 1991 in Kraft.

***Bund der Sozialdemokratischen Parteien der Europäischen Gemeinschaft:** Die europ. Parteienföderation hat (1993) 16 Voll-Mitgl. und zahlreiche Beobachter. Die Mitgl. beschlossen auf ihrem Kongreß vom 9. bis 10. 11. 1992 die Umwandlung des lockeren Verbundes in die Sozialdemokrat. Partei Europas.

Bündelfunk, *Telekommunikation:* zellular aufgebauter mobiler Fernmeldedienst für Kommunikationsverbindungen innerhalb definierter Wirtschaftsräume (Ballungsgebiete). Die Funkzellen decken, sich überlappend, Gebiete bis zu Durchmessern von 150 km ab. Dem B.-Teilnehmer wird vom Netzbetreiber ein Frequenzbündel zur Verfügung gestellt. Für die Dauer eines Gesprächs wird dem eingebuchten Teilnehmer vom Zentralrechner des Netzes nach Prüfung der Zugangsberechtigung ein freier Kanal zugewiesen, und beide Funkgeräte werden auf diesen freien Kanal geschaltet.
Der Aufbau von B.-Netzen begann in Dtl. 1990 durch die Dt. Bundespost Telekom, deren Unternehmen DeTeMobil den B.-Dienst **Chekker** betreibt. Neben dem 1992 durch Zusammenschluß gebildeten überregionalen B.-Dienst Regionet gibt es noch zahlreiche regionale und sogar lokale B.-Anbieter. Bis 1993 mußten die privaten Anbieter die Übertragungswege zw. den Funkstationen von der Telekom mieten, seither dürfen sie eigene Übertragungsstrecken aufbauen.

Bundesakademie für Sicherheitspolitik, am 1. 1. 1992 gegr. Fortbildungseinrichtung, die Führungskräften aus den Bereichen Politik, Wirtschaft, Wissenschaft, Publizistik und Gesellschaft die langfristigen sicherheitspolit. Interessen der Bundesrep. Dtl. vermitteln soll. Organisatorisch ist die B. f. S. (Sitz: Bonn) dem Bundes-Min. der Verteidigung zugeordnet, ihre Aufgabe führt sie nach grundsätzl. Weisungen eines vom Bundeskanzler geleiteten Kuratoriums durch.

***Bundesamt:** Im Zuge der dt. Vereinigung, aber auch infolge neuer Aufgabenstellungen sind versch. B. und vergleichbare Institutionen neu geschaffen, aufgelöst, umstrukturiert oder mit ihrem Sitz verlegt worden.

***Bundesamt für Ernährung und Forstwirtschaft:** →Bundesanstalt für Landwirtschaft und Ernährung.

***Bundesamt für gewerbliche Wirtschaft:** Die Bundesoberbehörde wurde 1986 in **Bundesamt für Wirtschaft** (Abk. **BAW**) umbenannt. Mit der Errichtung des →Bundesausfuhramts zum 1. 4. 1992 wurden die Aufgaben des BAW im Exportbereich auf die neue Behörde übertragen. Hinzugekommen sind Aufgaben im Bereich der Filmförderung.

Bundesamt für Naturschutz, am 28. 1. 1994 eröffnete, dem Bundesumwelt-Min. unterstehende Bundesoberbehörde (Sitz: Bonn), in der alle den Natur- und Artenschutz betreffenden Aufgaben zusammengefaßt sind, die bisher zum Zuständigkeitsbereich des Bundesamts für Ernährung und Forstwirtschaft, des Bundesamts für Wirtschaft und der Bundesforschungsanstalt für Naturschutz und Landschaftsökologie gehörten. Das B. f. N. soll Forschung leisten und die Bundes-Reg. beim Artenschutz sowie über gefährdete Lebensräume wissenschaftlich beraten und insbesondere an der Verwirklichung der EU-Richtlinie zur Erhaltung natürl. Lebensräume wildlebender Tiere und Wildpflanzen mitwirken.

Bundesamt für Post und Telekommunikation, Abk. **BAPT,** im Zuge der Trennung betriebl. und hoheitl. Aufgaben im Rahmen der Postreform I vom Bundes-Min. für Post und Telekommunikation 1990 eingerichtete zentrale Ausführungsbehörde für den hoheitl. Aufgabenbereich; Sitz: Mainz. Das BAPT ist ein international tätiges Bundesamt, das 55 Außenstellen im gesamten Bundesgebiet hat. Seine Aufgaben sind: Ausstellen von Einzelgenehmigungen für das Errichten und Betreiben von Fernmelde- bzw. Funkanlagen, Überwachung der Dienstleistungsqualität im Monopolbereich sowie Preiskontrolle, Lizenzvergabe, Standardisierung, Erstellung von techn. Vorschriften, Erarbeitung von Zulassungsvorschriften, Funkfrequenzmanagement.

Bundesamt für Seeschiffahrt und Hydrographie, Abk. **BSH,** seit 1. 7. 1990 neuer Name für ▷ Deutsches Hydrographisches Institut.

Bundesamt für Sicherheit in der Informationstechnik, durch Ges. vom 17. 12. 1990 errichtete Bundesoberbehörde, Sitz: Bonn; sie untersteht dem Bundes-Min. des Innern. Zu ihrem Aufgabenfeld gehören u. a. die Untersuchung von Sicherheitsrisiken bei Anwendung der Informationstechnik, die Prüfung und Bewertung der Sicherheit von informationstechn. Systemen oder Komponenten, die Erteilung von Sicherheitszertifikaten an Hersteller solcher Systeme.

Bundesamt für Strahlenschutz, am 1. 11. 1989 eröffnete Bundesoberbehörde (Sitz: Salzgitter), gehört zum Geschäftsbereich des Bundes-Min. für Umwelt, Naturschutz und Reaktorsicherheit und soll u. a. die Endlager des Bundes für radioaktive Abfälle errichten und betreiben sowie Transport und Aufbewahrung von Kernbrennstoffen genehmigen.

Bundesamt für Zulassungen in der Telekommunikation, Abk.**BZT,** dem Bundes-Min. für Post und Telekommunikation unterstellte Bundesoberbehörde (seit 1989), gegr. 1982 unter der Bez. Zentralamt für Zulassungen im Fernmeldewesen (ZZF), jetziger Name seit dem 10. 3. 1992; Sitz: Saarbrücken. Es ist u. a. zuständig für die Zulassung von Telekommunikationssendgeräten, Funkanlagen und Hochfrequenzgeräten.

Bundesamt zur Regelung offener Vermögensfragen, Abk. **BARoV,** Bundesoberbehörde im Geschäftsbereich des Bundes-Min. der Finanzen, gegr. 1. 7. 1991, Sitz: Berlin. Hauptaufgaben sind: Gewährleistung der einheitl. Durchführung des Ges. zur Regelung offener Vermögensfragen in Zusammenarbeit mit den **Landesämtern zur Regelung offener Vermögensfragen** in den neuen Bundesländern und Berlin (▷ Vermögensgesetz), Verwaltung und Bewirtschaftung des Entschädigungsfonds im Rahmen des Entschädigungs- und Ausgleichsleistungs-Ges., Entscheidung über die Rückübertragung von Vermögenswerten von Parteien und Massenorganisationen der ehem. Dt. Dem. Rep. im Einvernehmen mit der unabhängigen Kommission zur Überprüfung des Vermögens der Parteien und Massenorganisationen der Dt. Dem. Rep. Unterstützt wird die Arbeit des Bundesamts seit Sept. 1993 durch einen unabhängigen Beirat, dem je ein Vertreter der neuen Bundesländer und Berlins, vier Vertreter von Interessenverbänden, vier Sachverständige und ein ständiger Gast angehören.

Bundesanstalt für Arbeitsmedizin, Abk. **BAfAM,** dem Bundes-Min. für Arbeit und Sozialordnung zugeordnete Institution zur Bearbeitung aller Fragen des medizin. Arbeitsschutzes, gegr. 1991; Sitz: Berlin. Sie beobachtet und analysiert die Arbeitsbedingungen und ihre Auswirkungen auf die Gesundheit der Beschäftigten in Betrieben und Verwaltungen. Sie fördert die Anwendung der (u. a. aus eigener Forschung) gewonnenen Erkenntnisse und Grundsätze in der Praxis u. a. durch Veröffentlichungen und gezielte Aus-, Weiter- und Fortbildungsveranstaltungen.

*****Bundesanstalt für Flugsicherung:** Die BFS wurde zum 1. 1. 1993 aufgelöst und durch die Dt. Flugsicherung GmbH, Kelsterbach, abgelöst.

*****Bundesanstalt für landwirtschaftliche Marktordnung:** →Bundesanstalt für Landwirtschaft und Ernährung.

Bundesanstalt für Landwirtschaft und Ernährung, Abk. **BLE,** durch Zusammenlegung von **Bundesanstalt für landwirtschaftliche Marktordnung** und **Bundesamt für Ernährung und Forstwirtschaft** zum 1. 1. 1995 entstandene Anstalt des öffentl. Rechts; Sitz: Frankfurt am Main (wird infolge des Umzugs der Bundes-Reg. nach Bonn verlegt). Die Neuordnung erfolgte, weil die EG-Agrarreform einen nachhaltigen Wandel der bisherigen Marktordnungsstellen verursacht hat.

Bundesanstalt für vereinigungsbedingte Sonderaufgaben, Abk. **BVS,** eine Nachfolgeorganisation der →Treuhandanstalt.

*****Bundesaufsichtsamt für das Versicherungswesen:** Aufgrund des durch den EG-Binnenmarkt 1994 eingeführten Prinzips der Sitzlandaufsicht gehört zu den Aufgaben des BAV nun auch die Aufsicht über die Tätigkeit von Versicherern aus Drittstaaten.

Bundesaufsichtsamt für den Wertpapierhandel, Abk. **BAWe,** selbständige Bundesoberbehörde im Geschäftsbereich des Bundes-Min. der Finanzen, errichtet aufgrund des Wertpapierhandels-Ges. vom 26. 7. 1994 (Geschäftsaufnahme zum 1. 1. 1995), Sitz: Frankfurt am Main. Hauptaufgabe des BAWe ist die Sicherstellung der Funktionsfähigkeit der dt. Märkte für Wertpapiere und ‑Derivate, wobei bes. Aspekte des Anlegerschutzes, der Markttransparenz und der fairen Marktbedingungen eine Rolle spielen. Um seine Hauptaufgabe zu erfüllen, hat das BAWe nach dem Wertpapierhandels-Ges. u. a. das Verbot von →Insidergeschäften, die →Ad-hoc-Publizität börsennotierter Unternehmen, die Mitteilungs- und Veröffentlichungspflichten bei wesentl. Beteiligungen sowie Wohlverhaltensregeln für Wertpapierdienstleistungsunternehmen (v. a. Banken und Börsenteilnehmer) zu überwachen und mit ausländ. Wertpapieraufsichtsbehörden zusammenzuarbeiten. Beim BAWe besteht ein Wertpapierrat. In diesem Beratungsorgan ist jedes Bundesland mit einem Mitgl. vertreten.

Bundesausfuhramt, Abk. **BAFA,** Bundesoberbehörde im Geschäftsbereich des Bundes-Min. für Wirtschaft; gegr. 1. 4. 1992, Sitz: Eschborn. Das B. erledigt v. a. Verwaltungs- und Überwachungsaufgaben im Zusammenhang mit dem Außenwirtschafts-Ges., dem Kriegswaffenkontroll-Ges. und dem Atom-Ges. (z. B. Ausfuhrgenehmigungen, atomrechtl. Einfuhr- und Ausfuhrgenehmigungen, Überwachung von Herstellung, Transport und Verkauf von Rüstungsgütern). Diese Aufgaben hat das B. vom →Bundesamt für gewerbliche Wirtschaft übernommen.

*****Bundesbeteiligungen:** Durch ▷ Privatisierung sind eine Reihe von B. seit 1987 vollständig entfallen:

Bundesämter (B), Bundesanstalten (BA), Bundesforschungsanstalten (BFA), Bundesinstitute (BI) oder Einrichtungen mit ähnlichem Status
(Auswahl; geordnet nach den Geschäftsbereichen der Bundesministerien und unter Berücksichtigung von Veränderungen; Jahreszahlen in Klammern: Jahr der Neuerrichtung)

Bundesrepublik Deutschland

Arbeits- und Sozialordnung

BA für Arbeitsschutz, Dortmund (bis 1983 BA für Arbeitsschutz und Unfallforschung)

Ernährung, Landwirtschaft und Forsten

Biolog. BA für Land- und Forstwirtschaft, Berlin und Braunschweig
BA für Landwirtschaft und Ernährung, Bonn (Übernahme der Aufgaben, die bisher der BA für landwirtschaftl. Marktordnung und dem B für Ernährung und Forstwirtschaft übertragen waren, 1994)
BA für Getreide-, Kartoffel- und Fettforschung, Detmold und Münster (Neustrukturierung der BFA für Getreide- und Kartoffelverarbeitung und der BA für Fettforschung, 1991)
BA für Züchtungsforschung an Kulturpflanzen, Quedlinburg (1992)

Finanzen

B. zur Regelung offener Vermögensfragen, Berlin (1991)
Bundesaufsichtsamt für den Wertpapierhandel, Frankfurt am Main (1994)

Inneres

BI für die ostdeutsche Kultur und Geschichte, Oldenburg (1989)
B für Sicherheit in der Informationstechnik, Bonn (1991)
B für die Anerkennung ausländischer Flüchtlinge, Nürnberg (Sitzverlegung von Zirndorf)
BA ›Die Deutsche Bibliothek‹, Frankfurt am Main und Leipzig (1990)

Post- und Telekommunikation

B für Zulassungen in der Telekommunikation, Saarbrücken sowie
B für Post- und Telekommunikation (beide errichtet im Zuge der Postreform I, 1990)

Umwelt, Naturschutz und Reaktorsicherheit

B für den Strahlenschutz, Salzgitter (1989)
B für Naturschutz, Bonn (1994)

Verkehr

B für den Güterverkehr, Köln (Umwandlung der vormaligen BA für den Güterfernverkehr, 1994)
B für Seeschiffahrt und Hydrographie, Hamburg (Zusammenlegung des Dt. Hydrograph. Instituts und des B. für Schiffsvermessung, 1990)

Verteidigung

Militärgeschichtliches Forschungsamt, Potsdam (Sitzverlegung von Freiburg i. Br.)

Wirtschaft

B für Wirtschaft, Eschborn (Umbenennung, 1986; vormals: B für gewerbl. Wirtschaft)
BA für Materialforschung und -prüfung, Berlin (Umbenennung, 1987; vormals: BA für Materialprüfung)

Aufgelöst wurden:
Gesamtdeutsches Institut, Bonn
Bundesgesundheitsamt, Berlin

Österreich

Öffentliche Wirtschaft und Verkehr

Post- und Telegraphendirektionen (Innsbruck, Graz, Linz, Wien, Klagenfurt)

Arbeit und Soziales

Bundeseinigungsamt beim Min. für Arbeit und Soziales, Wien
Bundessozialämter (Klagenfurt, Linz, Salzburg, Graz, Innsbruck, Bregenz, Wien)

Wirtschaftliche Angelegenheiten

Wasserstraßendirektion, Wien
Beschußämter, Wien und Ferlach

VIAG AG (1988), Volkswagen AG (1988), Salzgitter AG (1989), Dt. Pfandbrief- und Hypothekenbank AG (1991).

*****Bundesbetriebe:** In *Österreich* brachte der Bund das Hauptmünzamt zum 1. 1. 1989 in eine von der Österr. Nationalbank gegründete ›Münze Österreich AG‹ ein. Die Österr. Bundesbahnen wurden 1994 aus dem Bundeshaushalt ausgegliedert.

Bund Bundesdruckerei – Bundesrepublik Deutschland

***Bundesdruckerei:** Die B. wurde zum 1. 7. 1994 in eine GmbH umgewandelt; sie ist zu 100 % im Besitz des Bundes.

***Bundesgesundheitsamt:** Aufgrund des Skandals um HIV-verseuchte Blutkonserven im Herbst 1993 wurde das BGA mit Wirkung vom 30. 6. 1994 aufgelöst. Die Mehrzahl seiner Aufgaben übernahmen drei unmittelbar dem Bundes-Min. für Gesundheit unterstellte, aus den früheren Instituten des BGA neugebildete Bundesoberbehörden: das **Robert-Koch-Institut – Bundesinstitut für Infektionskrankheiten und nicht-übertragbare Krankheiten** (Sitz: Berlin), das **Bundesinstitut für gesundheitlichen Verbraucherschutz und Veterinärmedizin** (Sitz: Berlin) und das **Bundesinstitut für Arzneimittel und Medizinprodukte** (Sitz: zunächst Berlin, später Bonn). Das frühere BGA-Institut für Wasser-, Boden- und Lufthygiene wurde dem Umweltbundesamt angegliedert.

***Bundesgrenzschutz:** Gemäß dem ›Ges. zur Übertragung der Aufgaben der Bahnpolizei und der Luftsicherheit vom 23. 1. 1992 übernahm der B. am 1. 4. 1992 die Aufgaben der Bahnpolizei, die aus dem Ressort des Bundesverkehrs-Min. aus- und in das des Bundesinnen-Min. eingegliedert wurde. Das Berufsbild des B. wird dem der Polizei der Länder angenähert.

***Bundesimmissionsschutzgesetz:** Das B. ist mit dem 3. Gesetz zur Änderung vom 11. 5. 1990 novelliert worden. Es erfolgten umfangreiche Änderungen der gesetzl. Grundlage. U. a. wurde das System der Prüfung und Überwachung von Industrieanlagen durch die Bestellung von Störfallbeauftragten und Betriebsbeauftragten für den Immissionsschutz ergänzt, ein Abwärmenutzungsgebot eingeführt und gebietsbezogene Verkehrsbeschränkungen ermöglicht. Der Boden, das Wasser, die Atmosphäre und die Kulturgüter wurden ausdrücklich in den Schutzgüterkreis des Gesetzes aufgenommen.

***Bundeskammer der gewerblichen Wirtschaft:** Wurde zum 1. 1. 1995 umbenannt in **Wirtschaftskammer Österreich**.

Bundesrepublik Deutschland: Ausreisewillige Bürger der Deutschen Demokratischen Republik auf dem Platz vor der deutschen Botschaft in Prag im Herbst 1989

***Bundesministerium:** Im Zuge der Reform der Dt. Bundespost wurde das B. für das Post- und Fernmeldewesen 1988 in **B. für Post und Telekommunikation** umbenannt. Im Zusammenhang mit der dt. Vereinigung wurde laut Organisationserlaß des Bundeskanzlers vom 18. 1. 1991 das **B. für innerdeutsche Beziehungen** aufgelöst. Anstelle des B. für Jugend, Familie, Frauen und Gesundheit wurden mit demselben Erlaß errichtet: das **B. für Familie und Senioren**, zuständig für den Schutz der Familie, für Ehe- und Familienrecht, Fragen der Familienpolitik (in bezug auf Steuer-, Sozial- und Wohnungswesen), Kindergeldgesetzgebung; das **B. für Frauen und Jugend**, das sich der Jugendhilfe, dem Jugendschutz, Frauenfragen und der Gleichberechtigung sowie dem Zivildienst widmete, sowie das **B. für Gesundheit** mit den Bereichen Gesundheitspolitik, Krankenversicherung (aus dem B. für Arbeit und Sozialordnung ausgegliedert), Human- und Veterinärmedizin, Arzneimittel, Apothekenwesen, Verbraucherschutz. Im Rahmen der Kabinettsbildung im Nov. 1994 wurden das B. für Familie und Senioren und das B. für Frauen und Jugend zum **B. für Familie, Senioren, Frauen und Jugend**, das B. für Forschung und Technologie und das B. für Bildung und Wiss. zum **B. für Bildung, Wissenschaft, Forschung und Technologie** zusammengefaßt. – Der Stelle des Bundes-Min. für besondere Aufgaben und Chef des Bundeskanzleramtes ist kein B. mit eigenem Verwaltungsunterbau zugeordnet.

In *Österreich* bestehen nach dem Bundesministerien-Ges. 1986 in der geltenden Fassung 16 B.: Das **Bundeskanzleramt** (Regierungspolitik, Verfassungs- und Verwaltungsfragen, Dienstrecht); das **B. für auswärtige Angelegenheiten**; das **B. für wirtschaftliche Angelegenheiten** (Gewerbe und Industrie, Bergbau, Preisregelung, Energiewesen, Hoch-, Straßen- und Wasserbau); das **B. für Arbeit und Soziales** (Sozialpolitik, Sozialversicherung, Arbeitsrecht, Arbeitsmarkt); das **B. für Finanzen**; das **B. für Gesundheit und Konsumentenschutz**; das **B. für Inneres** (Sicherheitswesen, Staatsbürgerschaft, Personenstandswesen, Zivildienst); das **B. für Jugend und Familie**; das **B. für Justiz**; das **B. für Landesverteidigung**; das **B. für Land- und Forstwirtschaft** (Agrarpolitik, Wasserrecht, Weinrecht); das **B. für Unterricht und kulturelle Angelegenheiten**; das **B. für öffentliche Wirtschaft und Verkehr** (Verkehrspolitik, Post, Bundesbahn, verstaatlichte Unternehmen); das **B. für Wissenschaft, Forschung und Kunst** (Hochschulen); das **B. für Frauenangelegenheiten**.

***Bundespräsident:** Die Amtszeit R. von Weizsäckers endete 1994. Zu seinem Nachfolger wählte die Bundesversammlung am 23. 5. 1994 in Berlin R. Herzog. – In *Österreich* verzichtete K. Waldheim auf eine erneute Kandidatur. Zu seinem Nachfolger wurde am 24. 5. 1992 T. Klestil gewählt.

***Bundesrat:** Aufgrund des Einigungsvertrags vom 31. 8. 1990 und infolge der Überwindung der dt. Teilung wurde die Zusammensetzung des Dt. B. geändert (Art. 51 GG): Der B. hat 69 Stimmen, die sich auf die 16 Länder verteilen; es entfallen auf Bad.-Württ., Bayern, Ndsachs. und NRW je sechs, auf Hessen (seit 18. 1. 1996) fünf, auf Berlin, Brandenburg, Rheinl.-Pf., Sachsen, Sachs.-Anh., Schlesw.-Holst. und Thüringen je vier, auf Bremen, Hamburg, Meckl.-Vorp. und das Saarland je drei Stimmen.

In *Österreich* hat der B. 64 Mitgl. (1995; die Zahl wird vom Bundes-Präs. nach jeder allgemeinen Volkszählung festgesetzt).

***Bundesrepublik Deutschland:** Am 11. 3. 1987 wählte der Bundestag H. Kohl – an der Spitze einer erneuerten Koalition aus CDU, CSU und FDP – wieder zum Bundeskanzler. Nach dem Rücktritt des langjährigen Vors. der SPD W. Brandt wählte ein Sonderparteitag H.-J. Vogel zu seinem Nachfolger. Auf Vorschlag von CDU/CSU, SPD und FDP bestätigte die Bundesversammlung am 23. 5. 1989 mit großer Stimmenmehrheit R. von Weizsäcker als Bundes-Präs. für eine zweite Amtszeit.

In der Innenpolitik standen bes. die Bekämpfung der Arbeitslosigkeit, Reformen im Steuersystem, Neu-

Bundesrepublik Deutschland **Bund**

Bundesrepublik Deutschland: Unterzeichnung des Abschlußdokuments des Zwei-plus-Vier-Vertrags am 12. September 1990 in Moskau durch die Vertreter der vier Siegermächte des Zweiten Weltkriegs und der beiden deutschen Staaten; von links James Baker (USA), Douglas Hurd (Großbritannien), Eduard Schewardnadse (UdSSR), Roland Dumas (Frankreich), Lothar de Maizière (Deutsche Demokratische Republik), Hans-Dietrich Genscher (Bundesrepublik Deutschland)

ordnungsprojekte im sozialen Bereich, die Frage der Kernenergie und deren Entsorgungsprobleme sowie die Notwendigkeit einer weltweiten Abrüstung und Rüstungskontrolle im Vordergrund der meist kontrovers geführten Diskussion zw. Regierung und Opposition (SPD, Die Grünen). Die Stillegung von Stahlwerken, die auf europ. Ebene im Hinblick auf den Abbau von Überkapazitäten der Stahlproduktion im EG-Bereich beschlossen worden war, führte auch in der B. D. zu sozialen Unruhen: Mit Streiks, Kundgebungen und Verkehrsblockaden demonstrierten Stahlarbeiter im Ruhrgebiet für den Erhalt ihrer Arbeitsplätze. Mit den Stimmen der Koalitionsfraktionen setzte die Regierung versch. heftig umkämpfte Gesetze durch: das Steuerreform-Ges. (1988 und 1990), das Ges. zur Reform des Gesundheitswesens (1988) und das Postreform-Ges. (1989). Mit den Stimmen der Reg.-Parteien und der SPD verabschiedete der Bundestag 1989 die Gesetzentwürfe über die Neuordnung der gesetzl. Alterssicherungssysteme. Im Zuge der anhaltenden öffentl. Debatte um die Nutzung der Kernenergie und angesichts eines frz. Alternativangebots verzichteten Industrie, Bundes-Reg. und bayer. Staats-Reg. im Juni 1989 auf den Bau der atomaren Wiederaufarbeitungsanlage Wackersdorf.

Der steigende Strom von Übersiedlern aus der Dt. Dem. Rep. und von deutschstämmigen Aussiedlern aus O- und SO-Europa konfrontierte die B. D. mit wachsenden Problemen der Unterbringung und Eingliederung. Angesichts der weiteren Zunahme der Zahl von ausländ. Arbeitnehmern und Asylbewerbern verstärkten sich rechtsradikale, fremdenfeindl. Strömungen (→Fremdenfeindlichkeit). Im Zuge dieser Entwicklung errangen die Republikaner (Abk. REP) bei Landtags- und Kommunalwahlen starke Gewinne. Der oft ausufernde Kampf um Ämter und Einfluß in und zw. den demokratisch tragenden Parteien förderte in der Bev. eine starke ›Politikverdrossenheit‹.

Unter Betonung ihrer sicherheits- und deutschlandpolit. Interessen unterstützte die B. D. die entspannungspolit. Bemühungen der Welt- und Großmächte. Bei der innenpolit. Diskussion in der B. D. um den von den USA und der UdSSR verhandelten Abbau ihrer Mittelstreckenraketen spielte die Frage einer ›doppelten Nullösung‹ (▷ INF, →Abrüstung) eine entscheidende Rolle. Unter maßgebl. Mitwirkung von Bundesaußen-Min. H.-D. GENSCHER entwickelten sich in den 1980er Jahren die Nachfolgekonferenzen der KSZE zu einem wichtigen Instrument bei der Überwindung des Ost-West-Konflikts. Mit dem Ziel der Schaffung eines Europ. Binnenmarktes und der Europ. Wirtschafts- und Währungsunion beteiligte sich die B. D. maßgeblich an den Plänen zu einer Erweiterung der Europ. Gemeinschaft (EG) zu einer Europ. Union (EU).

In der mit der Entspannungspolitik eng verbundenen Deutschlandpolitik spielte der offizielle, in Teilen der westdt. Öffentlichkeit nicht unumstrittene Besuch einer Delegation der Dt. Dem. Rep. unter Führung des Staatsrats-Vors. E. HONECKER im Sept. 1987 eine herausragende Rolle. Mit dem von SPD und SED erarbeiteten Dokument ›Der Streit der Ideologien und die gemeinsame Sicherheit‹ (Aug. 1987) suchte die SPD über ihre sicherheitspolit. Erwägungen hinaus auch die Annäherung beider dt. Staaten zu fördern.

Neben der begrenzten Möglichkeit für Bürger der Dt. Dem. Rep., ihr Land offiziell zu verlassen, entwickelte sich seit der Öffnung der ungar. Grenze nach Österreich (2. 5. 1989) im Sommer 1989 eine Massenfluchtbewegung von Bürgern der Dt. Dem. Rep. über Ungarn und Österreich in die B. D.; seit dem 11. 9. 1989 ließ die ungar. Reg. Flüchtlinge aus der Dt. Dem. Rep. offiziell in Richtung Westen die ungar. Grenze passieren. Nach langwierigen Verhandlungen zw. der B. D. und der Dt. Dem. Rep. durften andere Gruppen von Flüchtlingen aus der Dt. Dem. Rep., die die Botschaften der B. D. in Prag und Warschau besetzt hatten, ab Anfang Okt. 1989 in die B. D. einreisen.

Die Bundes-Reg. und die Bundestagsfraktionen, die bereits mit unterschiedl. Akzenten den polit. Reformbestrebungen in der UdSSR, in Polen und Ungarn positiv gegenüberstanden, begrüßten die im Okt. 1989 begonnene polit. Umwälzung in der Dt. Dem. Rep. und unterstützten deren Fortgang. Nach Öffnung der Grenzen der Dt. Dem. Rep. zur B. D. (9. 11. 1989) trat in der nat. und internat. Diskussion die Frage eines vereinten dt. Staates und seiner historisch-polit. Problematik immer stärker in den Vordergrund. Ausgehend von der Vorstellung einer engen

Bund Bundestag – Bundeswehr

›Vertragsgemeinschaft‹ zw. der B. D. und der Dt. Dem. Rep., die MinPräs. H. MODROW vorgeschlagen hatte, stellte Bundeskanzler H. KOHL am 28. 11. einen Zehn-Punkte-Plan auf, dem zufolge die Einheit auf dem Weg über die Schaffung konföderierter Strukturen zw. beiden dt. Staaten erreicht werden sollte. Am 19. 12. traf sich KOHL mit MODROW in Dresden, am 13.–14. 2. 1990 in Bonn zu Gesprächen über die Ausgestaltung der dt.-dt. Beziehungen. Im Febr. begannen die Reg. der beiden dt. Staaten Gespräche über eine Währungsunion auf der Basis grundlegender Reformen in der Dt. Dem. Rep. (v. a. Einführung der Marktwirtschaft). Mit dem Eingreifen von Politikern der B. D. in den Wahlkampf zur Wahl der Volkskammer der Dt. Dem. Rep. am 18. 3. intensivierte sich die Verflechtung der polit. Entwicklung in beiden dt. Staaten. Nach vorbereitenden Gesprächen auf der Ebene der polit. Beamten im März begannen am 5. 5. 1990 offiziell die ›Zwei-plus-Vier-Verhandlungen‹ über den Prozeß der dt. Einheit und seine Einbettung in ein europ. Sicherheitskonzept. Nachdem die B. D. mit der Dt. Dem. Rep. Eckdaten zu einer Währungsunion vereinbart hatte (2. 5.), unterzeichneten beide Staaten am 18. 5. einen Staatsvertrag über die Schaffung einer Wirtschafts-, Währungs- und Sozialunion als einen wesentl. Schritt zur Herstellung der staatl. Einheit nach Art. 23 GG der B. D. (in Kraft seit dem 1. 7. 1990). Bei grundsätzl. Bejahung des Einigungsprozesses forderte die SPD ›Nachbesserungen‹ dieses Staatsvertrages, ließ ihn aber trotz Bedenken in Detailfragen bei der Abstimmung im Bundestag (21. 6.) passieren. Am 31. 8. unterzeichneten die Regierungen der B. D. und der Dt. Dem. Rep. den →Einigungsvertrag, der die Modalitäten der Vereinigung beider dt. Staaten staatsrechtlich festlegte. Im Juli sicherte der sowjet. Staatspräs. M. S. GORBATSCHOW einer Delegation der B. D. zu, daß das vereinigte Dtl. in der Wahl seiner Bündnisse frei sei. In engem Zusammenhang mit dem dt. Einigungsprozeß stand die Frage der dt. Ostgrenze: Während sich der Bundestag am 8. 11. 1989 zur Endgültigkeit der Oder-Neiße-Linie bekannt hatte und diese Auffassung am 8. 3. 1990 bestätigte, vertrat bes. Bundeskanzler KOHL zunächst die These, erst ein gesamtdt. Parlament könne, völkerrechtlich gesehen, in letzter Instanz die dt.-poln. Grenze entlang der Oder-Neiße-Linie festlegen, eine These, die sowohl in beiden dt. Staaten als auch international starke Kritik hervorrief. Bei der Fortsetzung der ›Zwei-plus-Vier-Gespräche‹ im Juli, an denen auch der Außen-Min. teilnahm, legte sich auch die Bundes-Reg. auf die völkerrechtlich endgültige Anerkennung der Oder-Neiße-Linie als dt.-poln. Grenze fest. Mit dem Abschluß des ▷ Zwei-plus-Vier-Vertrags am 12. 9. schufen die vier Siegermächte des Zweiten Weltkriegs sowie die beiden dt. Staaten die völkerrechtl. Grundlagen der dt. Vereinigung. Am 3. 10. 1990 trat die Dt. Dem. Rep. dem GG der B. D. bei. Mit der Einbindung des vereinigten ›Deutschland in den europ. Einigungsprozeß sollte zugleich seine europ. Orientierung in seiner zukünftigen Außenpolitik festgelegt werden. Im Prozeß des Zusammenwachsens beider Bev.-Teile ergaben sich zahlreiche Probleme (→deutsche Einheit).

__Bundestag 2):__ Die gesetzl. Mitgl.-Zahl des Dt. B. beträgt seit der 12. Wahlperiode 656 Abg.; im 12. B. traten sechs, im 13. B. (seit 1994) 16 Überhangmandate hinzu, so daß dem 13. B. 672 Abg. angehören.

In der polit. Diskussion wird die zahlenmäßige Größe des Dt. B. – nicht zuletzt wohl auch aus Kostengründen – für zu stark gehalten und eine Reduzierung der Abg.-Zahl auf etwa 500 Abg. (was der Größe des Dt. B. vor der dt. Vereinigung entsprechen würde) vorgeschlagen.

Mit der Behauptung, die Verteilung der 16 Überhangmandate verstoße gegen den Grundsatz der Wahlgleichheit, wurde die Rechtmäßigkeit der Sitzverteilung im 13. B. vor dem Bundesverfassungsgericht, v. a. durch eine Organklage der Reg. von Ndsachs., angegriffen. Eine inhaltl. Entscheidung des Gerichts steht noch aus.

__Bundesversorgungsgesetz:__ Zum 1. 1. 1991 wurde das B. in den neuen Bundesländern in Kraft gesetzt.

__Bundeswehr:__ Die polit. Umwälzungen in O-Europa 1989/90 und die sich daraus ergebende völlige Veränderung der sicherheitspolit. Lage in Europa lösten zu Beginn der 90er Jahre eine tiefgreifende Umstrukturierung der dt. Streitkräfte aus. Wichtige Einflußgrößen hierbei waren die durch den Zusammenbruch des Warschauer Paktes geringer gewordene militär. Bedrohung Dtl.s, v. a. aber die aufgrund des Finanzbedarfs nach der Herstellung der dt. Einheit knapp gewordenen Gelder. Letzteres – in Verbindung mit der Erwartung einer ›Friedensdividende‹ – ließ den Anteil des Verteidigungsetats am Bundeshaushalt von rd. 20 % rasch auf etwa 10 % (1994/95) sinken.

Parallel zu Personalreduzierung, Standortabbau und Strukturveränderung in West-Dtl. vollzog sich unter Übernahme von Angehörigen der mit Wirkung vom 3. 10. 1990 aufgelösten ▷ Nationalen Volksarmee (NVA) der Aufbau der B. in Ost-Dtl., begleitet vom Abzug der dort stationierten sowjet./russ. Streitkräfte (→Gruppe der sowjetischen Truppen in Deutschland). Weitgehend unbeachtet von der Öffentlichkeit führte die B. einen Materialabbau in immensem Ausmaß durch, der z. T. über die durch den KSE-Vertrag (▷ VKSE) auferlegten Verpflichtungen noch weit hinausging. Überdies wurden zahlreiche neue Waffenprojekte in der Entwicklung gestoppt oder deren Beschaffungszahl verringert. Erheblichen Einfluß auf das Selbstverständnis der dt. ›Nachkriegsstreitkräfte‹ insgesamt sowie des einzelnen Soldaten hatten die Diskussionen um Auslandseinsätze der Bundeswehr.

Unter dem Eindruck der sich nach Unterzeichnung des INF-Vertrages Ende 1987 abzeichnenden Entspannung in Europa (→ Abrüstung) verzichtete man 1989 weitgehend auf die z. T. schon eingeleiteten Maßnahmen zur Beibehaltung der Friedensstärke von 495 000 Mann, so v. a. auf die zum 1. 6. 1989 vorgese-

Bundestag 2): Blick in den am 30. Oktober 1992 eingeweihten 1230 m² großen Plenarsaal im neuen, von Günter Behnisch entworfenen Parlamentsgebäude des Deutschen Bundestags in Bonn; aufgenommen nach der 301tägigen Zwangspause (Ausfall der Lautsprecheranlage) am 22. September 1993

hene Verlängerung des Grundwehrdienstes von 15 auf 18 Monate. Vor dem Hintergrund der den Prozeß der dt. Vereinigung außenpolitisch begleitenden Zwei-plus-Vier-Gespräche vereinbarten Mitte 1990 Bundeskanzler H. KOHL und der sowjet. Präs. M. S. GORBATSCHOW, daß ab 1995 die Friedensstärke der B. 370 000 Mann nicht überschreiten solle. Eine entsprechende Verpflichtungserklärung von dt. Seite (die auch Gegenstand des Zwei-plus-Vier-Vertrages ist) wurde am 30. 8. 1990 bei den Verhandlungen über konventionelle Streitkräfte in Europa (VKSE) abgegeben, was mit zum raschen Abschluß des KSE-Vertrages beitrug. Zus. mit dem etwa gleichzeitig getroffenen Beschluß bezüglich der Übernahme von Teilen der NVA (im Zuge der dt. Vereinigung am 3. 10. 1990) war damit der grobe Rahmen für die neu zu gestaltende Struktur der B. gegeben.

Als eine der ersten Maßnahmen zur Personalreduzierung verkürzte man den Grundwehrdienst – nachdem er in der Dt. Dem. Rep. nach der ›Wende‹ auf 12 Monate festgesetzt worden war – ebenfalls auf ein Jahr, die letzten der 15 Monate Wehrdienst Leistenden wurden am 30. 9. 1990 entlassen. Die Stärke der westdt. B. betrug damit Anfang Okt. 1990 noch 435 000 Mann. Mit dem Vollzug der dt. Vereinigung am 3. 10. 1990 übernahm der Bundes-Min. der Verteidigung unmittelbar die Befehls- und Kommandogewalt über die gesamten dt. Streitkräfte, deren Stärke sich unter Einschluß von zunächst noch 90 000 Mann NVA-Personal auf 525 000 Soldaten belief.

Hinsichtlich der Anpassung der Streitkräftestruktur an den geringer werdenden Umfang (Heer 257 400, Luftwaffe 83 200, Marine 29 000 Mann) wurden folgende Entscheidungen getroffen: Fusion von Feld- und Territorialheer, bes. durch Zusammenlegung der Stäbe auf den Ebenen Korps/Territorialkommando und Division/Wehrbereichskommando (dadurch u. a. Verringerung der Anzahl der Divisionen von 12 auf 8), Verringerung der Anzahl der Brigaden von 48 (einschließlich der 12 Heimatschutzbrigaden) auf 28 (später 26, davon 2 voll gekadert); Reduzierung des Präsenzgrades auf etwa 60 % in der Mehrzahl der Großverbände; in der Luftwaffe Verminderung der fliegenden Verbände um ein Drittel und Kaderung der bodengebundenen Luftverteidigung in beträchtl. Ausmaß; bei der Marine Reduzierung der schwimmenden Einheiten bis zum Jahr 2005 auf die Hälfte auf etwa 90 Schiffe und Boote; Differenzierung des Präsenzgrades der Verbände, d. h. Aufteilung in aktive ›Krisenreaktionskräfte‹ und teilaktive ›Hauptverteidigungskräfte‹; Reduzierung des Verteidigungsumfangs auf unter 900 000 Mann.

Am 3. 8. 1992 begann die B. damit, militär. Großgerät im Rahmen der Vereinbarungen des KSE-Vertrages zu zerstören. Insbesondere mußte hierbei fast der gesamte Materialbestand der NVA vernichtet werden, v. a. Kampf- und Schützenpanzer, Geschütze, Kampfflugzeuge, Schiffe und Munition. An ›westl. Gerät‹ wurden – nachdem bereits bis Ende 1991 im Rahmen des INF-Vertrages die Pershing-1-A-Raketen der Luftwaffe verschrottet worden waren – u. a. die Flugzeuge Alpha Jet und RF-4E Phantom sowie der Kampfpanzer M-48 ausgesondert.

Noch bevor Ende 1994 mit der Rückführung auf die vertraglich vereinbarten 370 000 Soldaten und dem Vollzug der NATO-Assignierung der Masse der B.-Truppenteile in Ost-Dtl. (am 1. 1. 1995) die erste Phase der B.-Reform als abgeschlossen gelten konnte, hatten bereits zu Beginn des Jahres 1994 nochmalige kurzfristige Einsparungen im Verteidigungshaushalt neue Überlegungen notwendig gemacht. Im April 1994 legte Verteidigungs-Min. V. RÜHE das Konzept einer weiteren Streitkräftereduzierung auf 340 000 Mann vor, die im Ressortkonzept zur Anpassung der Streitkräftestrukturen, der territorialen Wehrverwaltung und der Stationierung vom 6. 6. 1995 umgesetzt wurden.

Die Gesamtstärke der B. wird im Frieden auf 340 000 verringert. In diesem Umfang sind 3 000 Wehrübungsplätze enthalten, auf denen pro Jahr 140 000 Reservisten üben können. Die Streitkräftestruktur wird so ausgelegt, daß im Frieden ›bei Bedarf‹ (d. h. in einer Krise) jederzeit das Aufwachsen auf 370 000, im Krieg auf bis zu 700 000 Soldaten möglich ist. Der überwiegende Teil der B. besteht aus den ›Hauptverteidigungskräften‹ (HVK; meist teilaktive Truppenteile), etwa 15 % (53 600 Mann) bilden die ›Krisenreaktionskräfte‹ (KRK); HVK und KRK werden z. T. innerhalb der Großverbände eng miteinander verzahnt, um eine ›Zweiklassenarmee‹ zu vermeiden.

Bundeswehr: Verschrottung von Panzern im Rahmen der Vereinbarungen über konventionelle Streitkräfte in Europa (VKSE)

Das Zivilpersonal der B. wird auf unter 140 000 Mitarbeiter reduziert, die Zahl der Kreiswehrersatzämter auf 83 verringert. Der Grundwehrdienst dauert ab dem 1. 1. 1996 zehn Monate (der zivile Ersatzdienst 13 Monate), kann aber von den Wehrpflichtigen freiwillig flexibel auf bis zu 23 Monate bei entsprechend höherer finanzieller Vergütung verlängert werden.

Das *Heer* wird auf 233 400 Mann reduziert. Die Führungsstruktur ab Division aufwärts wurde bereits bis 1994 reorganisiert. Unterhalb des Führungsstabes des Heeres gibt es nun neben dem Heeresamt – analog zu Marine und Luftwaffe – ein ›Heeresunterstützungskommando‹ und ein ›Heeresführungskommando‹ (HFüKdo; Sitz: Koblenz). Das HFüKdo führt das nationale IV. Korps in Potsdam sowie die dt. Anteile der im NATO-Befehlsbereich AFCENT nun durchweg bi- oder multinational zusammengesetzten Korps; auf die urspr. geplante Fusion der Korps mit den Territorialkommandos wurde verzichtet, die Auflösung der letzteren (TerrKdoNord und TerrKdoSüd) erfolgte 1994. Auf der Ebene der Divisionen/Wehrbereichskommandos (Div/WBK) wurde deren paarweise Verschmelzung zu acht Stäben vollzogen, nach Verzicht auf ein weiteres entsprechendes Kommando werden künftig sieben Div/WBK übrigbleiben. Die Zahl der aktiven Kampfbrigaden wird von 24 auf 22 vermindert, 4 weitere können in einer Krise kurzfristig aufwachsen. Trotz Reduzierung um die Hälfte bilden auch künftig die nun 16 mechanisierten Panzer-/Panzergrenadierbrigaden den Kern des Heeres. Hinzu kommen 1 Gebirgsjäger- und 2 Luftlandebrigaden, die dt.-frz. Brigade sowie als neu zu formierende Großverbände eine

Bund Bundeswehr

Auslandseinsätze der Bundeswehr (seit April 1991)			
Einsatzort	Missionsbezeichnung	Auftrag des Bundeswehrkontingents	Zeitraum des Einsatzes
Türkei/Iran	Kurdenhilfe	Beteiligung an der internat. Luftbrücke und Betreiben eines Feldlazaretts zur Versorgung kurdischer Flüchtlinge	April bis Juni 1991
Arabischer Golf	internationale Minenräumaktion	Zerstörung von Seeminen durch den dt. Minenabwehrverband Südflanke	April bis Juli 1991
Irak	United Nations Special Commission (UNSCOM)	Bereitstellung von Lufttransportraum für UN-Abrüstungsexperten bei der Suche nach Massenvernichtungswaffen und deren Produktionsstätten	seit August 1991
Kambodscha	UN Transitional Authority in Cambodia (UNTAC)	Betreiben eines Feldhospitals für das internat. UNTAC-Personal in Phnom-Penh	Mai 1992 bis Oktober 1993
Ehemaliges Jugoslawien	Luftbrücke Sarajevo	Beteiligung an der internat. Luftbrücke nach Sarajevo	Juli 1992 bis Januar 1996
Adria	Embargoüberwachung in der Adria	Unterstützung der Maßnahmen der internat. Embargoüberwachung gegen das ehemalige Jugoslawien mittels Überwasserkampfeinheiten und Seefernaufklärern	ab Juli 1992
Bosnien und Herzogewina	Überwachung und Durchsetzung des Flugverbots über Bosnien	Beteiligung an der Luftraumüberwachung mittels Einsatz dt. Besatzungsmitglieder in AWACS-Flugzeugen	seit Oktober 1992
Somalia	UN Operation Somalia (UNOSOM II)	Unterstützung der UN-Operationen zum Wiederaufbau Somalias v. a. mittels Einsatz eines verstärkten Nachschub- und Transportbataillons in Belet Uen	August 1993 bis Februar 1994
Georgien/ Abchasien	Observer Mission in Georgia (UNOMIG)	Sanitätsdienstliche Unterstützung der internat. UNOMIG-Beobachtermission	seit März 1994
Ruanda	Assistance Mission in Ruanda (UNAMIR)	Beteiligung an der internat. Luftbrücke nach Goma/Kigali/Bukavu zur Versorgung der dortigen Flüchtlinge	Juli 1994 bis Dezember 1994
Ehemaliges Jugoslawien	German Contingent UN Peace Forces (GECONUNPF)	Logistische, sanitätsdienstliche und luftaufklärerische Unterstützung der schnellen Eingreiftruppe, später der internat. Implementation Force (IFor)	ab August 1995 bzw. Januar 1996

luftmechanisierte Brigade und eine gemischte Jägerbrigade. Nach Umstrukturierungen im Bereich der Logistik-, Kampfunterstützungs- und Führungstruppenverbände verfügen die Korps über je 1 Logistik-, Sanitäts- und Führungsunterstützungsbrigade, die Div/WBK über je 1 Pionierbrigade. Dem HFüKdo unterstehen je 1 Führungsunterstützungs- und Fernmeldeelektron. Aufklärungsbrigade. Nach Auflösung der TerrKdos und der 80 Verteidigungskreiskommandos 1994 bleiben als einzige territoriale Kommandobehörden die Verteidigungsbezirkskommandos (VBK) übrig. Da deren Zahl von 46 auf 27 reduziert wird, umfaßt künftig jedes VBK das Gebiet von zumeist zwei Regierungsbezirken. Zusätzlich werden 50 Verbindungskommandos in denjenigen Landkreisen eingerichtet, in denen die B. nicht mehr präsent ist. Die Kampftruppen des früheren Territorialheers wurden ebenso wie die noch in den letzten Jahren formierten Jägerregimenter der Div/WBK bis auf 1 Heimatschutzbataillon pro VBK aufgelöst. Hinsichtlich des Materials erfolgte bei den meisten Waffensystemen ein leichter Abbau, die Stückzahl des Kampfpanzers Leopard 2 erhöhte sich jedoch mit Abschluß der Beschaffung auf 2050 Stück. Die Beschaffungsprogramme für den Kleinpanzer Wiesel und das Mittlere Artillerieraketensystem MARS liefen Ende der 80er Jahre wie geplant an, wurden jedoch zeitmäßig gestreckt und bezüglich der Stückzahl verringert.

Die *Luftwaffe* wird auf 77400 Soldaten verringert. Ihre Kommandostruktur bleibt in ihrer Grobgliederung unverändert. Das Luftwaffenführungskommando (früher ›Luftflottenkommando‹) hat vom Luftwaffenamt die Führung des Lufttransport- und des Luftwaffenführungsdienstkommandos übernommen. Ferner sind ihm die zwei neuen Luftwaffenkommandos Nord (Kalkar) und Süd (Meßstetten) mit je 2 Luftwaffendivisionen unterstellt. Die frühere Unterscheidung zw. Luftangriffs- und Luftverteidigungsdivisionen wurde zugunsten einer gemischten Großverbandsstruktur aufgegeben. An Verbänden werden künftig unterhalten: 5 Jagdbomber- und 1 Aufklärungsgeschwader mit 260 Tornado (davon 35 Stück in der Version ECR, Abk. für **E**lectronic **C**ombat and **R**econnaissance), 4 Jagdgeschwader mit 150 F-4 F Phantom und 24 MiG-29 (in diesem Bereich ist ab Ende der 90er Jahre der Ersatz durch das European Fighter Aircraft, früher ›Jäger 90‹, geplant), 6 gemischte Flugabwehrraketengeschwader mit den Systemen Roland, HAWK und Patriot (hat wie geplant das System Nike ersetzt), Flugbereitschaft BMVg, 3 Lufttransportgeschwader, 6 Luftwaffenversorgungssowie je 2 Radarführungs-, Fernmelde- und Luftwaffenausbildungsregimenter sowie 4 Schulen.

Die Stärke der *Marine* wird 27 200 Mann betragen. Die Kommandostruktur bleibt im wesentlichen erhalten, Schwerpunkte des bereits 1991 eingeleiteten, langfristig-kontinuierlich ablaufenden Strukturprogramms ›Marine 2000‹ waren bzw. sind die Reduzierung der Stützpunkte, die Konzentration der Schulen (von 14 auf 5) sowie der Wegfall der Geschwaderebene bei schwimmenden Einheiten. Dem Flottenkommando unterstehen nach Auflösung der Marinefliegerdivision, der Amphibischen Gruppe und der Versorgungsflottille jetzt folgende Flottillen, die jeweils in ›typgebundenen‹ Stützpunkten zusammengefaßt werden: Die Zerstörerflottille mit 15 Einheiten (8 Fregatten der Bremen-, 4 Fregatten der Brandenburg- und 3 Zerstörer der Lütjens-Klasse) sowie 10 Unterstützungseinheiten in Wilhelmshaven und (noch einige Jahre) in Kiel; die Schnellbootflottille mit 36 (nach Wegfall der Klasse 148 bis 2001 nur noch 20) Schnellbooten und 3 Tendern in Warnemünde; die Flottille der Minenstreitkräfte mit 10 Minensuch- und Minenjagdbooten und 3 Tendern in Kappeln-Olpenitz (6 Boote der Klasse 351 bleiben noch einige Jahre in Wilhelmshaven in Dienst); die U-Boot-Flottille mit 10, später nur noch 6 Booten der Klasse 206 A (die ab 2003 durch die in der Entwicklung befindl. Boote der Klasse 212 ersetzt werden sollen) in Eckernförde (ab 1997); die Flottille der Marineflieger in Nordholz (Kr.

Cuxhaven) mit einem Marinejagdbombergeschwader Tornado (65, langfristig nur noch 46 Maschinen) und einem Geschwader, in dem die U-Jagd- und Seefernaufklärungsflugzeuge Breguet Atlantic (16, langfristig nur noch 10 Maschinen) sowie die Seenotrettungs- und Bordhubschrauber zusammengefaßt sind.

In den ›Verteidigungspolit. Richtlinien‹ vom 26. 11. 1992 legte der Verteidigungs-Min. den neuen ›erweiterten Auftrag der B.‹ fest. Danach ist Hauptaufgabe der B. weiterhin die Landesverteidigung sowie die Verteidigung der Bündnispartner (›erweiterte Landesverteidigung‹); neu sind die Aufträge im Rahmen von friedenserhaltenden bzw. friedenschaffenden Einsätzen internat. Sicherheitssysteme sowie im Rahmen humanitärer Aktionen.

Zur Frage der Auslandseinsätze: Seit Überwindung des Ost-West-Gegensatzes stellte sich die Frage, inwieweit die Bundesrep. Dtl. an militär. Maßnahmen teilnehmen kann oder sogar muß. Die mit der Frage der Auslandseinsätze ausgelöste polit. Diskussion – durchsetzt mit völker- und staatsrechtl. Überlegungen – beschäftigte auch das Bundesverfassungsgericht (BVerfG). Als Mitgl. der UNO hat Dtl. die völkerrechtl. Verpflichtung übernommen, die Beschlüsse des Sicherheitsrates anzunehmen und durchzuführen. Längere Zeit blieb jedoch strittig, ob das Grundgesetz (GG) militär. Einsätze der B. außerhalb des Bündnisgebiets der NATO zuläßt. Vertreter einer engeren Auslegung beriefen sich auf Art. 87a Abs. 2 GG, wonach ›der Bund Streitkräfte zur Verteidigung aufstellt‹; hierdurch seien militär. Einsätze im Ausland nicht legitimiert. Die herrschende Expertenmeinung hob dagegen ab auf Art. 24 Abs. 2 GG, dem zufolge sich Dtl. zur Wahrung des Friedens in ein ›System kollektiver Sicherheit‹ einordnen kann. In den Parteien wurden Vorschläge erarbeitet, wie das GG in den betreffenden Artikeln zu ändern bzw. zu ergänzen sei. Am 12. 7. 1994 entschied das BVerfG schließlich den Streit im Sinne der Mehrheit der Völker- und Staatsrechtler. Demnach sind bereits aufgrund der heutigen Verfassungslage alle Arten von Auslandseinsätzen der B. gemäß Art. 24 GG im Rahmen eines Systems kollektiver Sicherheit zulässig. Die Formulierung des Art. 87 GG, wonach die Streitkräfte außer zur Verteidigung nur eingesetzt werden dürfen, soweit es das GG ausdrücklich zulasse, stehe dem nicht entgegen. Vorbedingung für einen Einsatz sei allerdings eine grundsätzlich vorausgehende Zustimmung des Bundestags mit einfacher Mehrheit. Dies leitete das BVerfG her aus der dt. Verfassungstradition und der Stellung der Streitkräfte im System des GG. Das Gericht stellte auch klar, daß die Zustimmung des Bundestags unabhängig von den versch. Einsatzformen von Friedenstruppen einzuholen sei, da die Grenzen zw. traditionellen ›friedenserhaltenden‹ Blauhelmeinsätzen und bewaffneten ›friedenschaffenden‹ Einsätzen in der Realität fließend geworden seien.

*Bundeszentralregister: Die Eintragungsfähigkeit von Entmündigungen ist seit 1992 entfallen.

Bund-Future [-fju:tʃə], ein Zins-Terminkontrakt auf eine fiktive dt. Bundesanleihe mit einer Restlaufzeit zw. 8,5 und 10 Jahren und einem Nominalzinssatz von 6%. Jeder Kontrakt hat einen Wert von 250 000 DM. Der Kurs wird in Prozent des Nominalwertes angegeben. Gehandelt werden B.-F. v. a. an den Terminbörsen in Frankfurt am Main (Dt. Terminbörse, Abk. DTB; seit 1990) und London (London International Financial Futures Exchange, Abk. LIFFE; seit 1988). Der Kurs des B.-F. hat eine wichtige Signalwirkung für den gesamten dt. Kapitalmarkt, da er die Erwartungen der Börsenteilnehmer über die zukünftige Zinsentwicklung in Dtl. widerspiegelt.

Seit 1991 werden an der DTB auch Kontrakte auf eine fiktive dt. Bundesobligation mit 5jähriger Lauf-

zeit und einem Zinssatz von 6% gehandelt (**Bobl-Future**) sowie Optionen auf den Bund-Future.

Bündnis 90, Zusammenschluß versch. Bürgerrechtsbewegungen der früheren Dt. Dem. Rep., gegr. am 7. 2. 1990, umfaßte u. a. das ›Neue Forum‹, ›Demokratie Jetzt‹ und ›Initiative Frieden und Menschenrechte‹; errang bei den Wahlen zur Volkskammer (18. 3. 1990) zwölf Sitze. Im Aug. 1990 schloß es sich mit den Grünen der Dt. Dem. Rep. zusammen (**Bündnis 90/Grüne**). Nach dem Beitritt der Dt. Dem. Rep. zur Bundesrep. Dtl. nach Art. 23 GG, den es in dieser Form ablehnte, errang B. 90/Grüne bei den gesamtdt. Bundestagswahlen am 2. 12. 1990 im Wahlgebiet der früheren Dt. Dem. Rep. acht Mandate. Im Mai 1993 erfolgte der Zusammenschluß mit den westdt. Grünen zur Partei Bündnis 90/Die Grünen.

Bündnis 90/Die Grünen, Partei, gegr. 1993, Zusammenschluß der Partei Die →Grünen, hervorgegangen aus der Ökologiebewegung in der Bundesrep. Dtl., und der Gruppierung Bündnis 90/Grüne (→Bündnis 90), fußend in der Bürgerrechtsbewegung in der früheren Dt. Dem. Rep., strebt programmatisch – über die Ziele ihrer Gründungsparteien hinaus – einen ›fairen Lasten- und Interessenausgleich zw. West- und Ost-Dtl.‹ an. Die Partei fordert u. a. einen ökolog. Umbau des Steuersystems, Arbeitszeitverkürzungen als Mittel gegen die Arbeitslosigkeit, mittelfristige Abschaffung der Bundeswehr, die Ablösung der Sozialhilfe durch eine ›soziale Grundsicherung‹, einen gesetzl. Mindestlohn und eine Rückkehr zum früheren Asylrecht. Die Partei ist auf Gemeinde-, Kreis-, Landes- und Bundesebene organisiert. Höchstes Organ zw. den Bundesparteitagen ist der Länderrat. Auf Bundesebene wird B. 90/D. G. nach außen von zwei gleichberechtigten Sprechern repräsentiert. Die Mitgl., die der Partei aus der Gruppe Bündnis 90/Grüne zugefallen sind, genießen für eine Übergangszeit Minderheitenschutz. Seit Jan. 1994 besteht mit dem **Grün-Alternativen Jugendbündnis** ein nahestehender, aber politisch und organisatorisch unabhängiger Jugendverband.

Bündnis 90/
Die Grünen

Bündnis 90/Die Grünen: Photo vom ›Vereinigungsparteitag‹ 1993 in Leipzig; von links die gleichberechtigten Sprecher des Vorstands Ludger Volmer und Marianne Birthler, daneben der Schatzmeister Henry Selzer sowie die parlamentarische Geschäftsführerin Heide Rühle

Die Partei B. 90/D. G. ist 1995 in zahlreichen Landtagen, vielfach als drittstärkste polit. Kraft, vertreten sowie in Hessen und Sachs.-Anh. im Rahmen einer ›rotgrünen‹ Koalition an der Regierung beteiligt. Bei den

Bünn Bünning – Burkina Faso

Bundestagswahlen vom 16. 10. 1994 gewann sie 7,3% der Zweitstimmen und ist im Dt. Bundestag mit 49 Abg. vertreten. Gleichberechtigte Fraktionssprecher sind dort J. FISCHER und KERSTIN MÜLLER. Als Vertreterin ihrer Fraktion gehört ANTJE VOLLMER als Vizepräsidentin dem Präsidium des Dt. Bundestages an.

*****Bünning,** Erwin, Botaniker: † Tübingen 4. 10. 1990.

*****Bunshaft,** Gordon, amerikan. Architekt: † New York 6. 8. 1990.

*****Bunyoro:** Das 1967 zwangsweise aufgelöste Königreich B. wurde 1993 wiedererrichtet.

Buran [›Schneesturm‹], russ. →Raumtransporter.

*****Burck,** Erich Wilhelm, klass. Philologe: † Kiel 10. 1. 1994.

*****Burda GmbH: B.** firmiert seit 1995 als **Burda Holding GmbH & Co. KG.** [- ˈhaʊldɪŋ -]. Nach unüberbrückbaren Meinungsverschiedenheiten mit HUBERT BURDA haben sich FRANZ und FRIEDER BURDA aus dem Unternehmen zurückgezogen. Die Beteiligung an der Axel Springer Verlag AG wurde 1988 aufgegeben. Zum 1. 1. 1995 wurde der Konzern (29 Tochter- und Enkelgesellschaften) in 17 rechtlich selbständige und dezentrale Profit-Center umstrukturiert, u. a.: Focus Magazin Verlag (›Focus‹), Senator Verlag (›Super Illu‹, seit 1990), Bunte Verlag, Internet Magazin Verlag (›Holiday‹, 1988), Elle Verlag (›Elle‹, 1988, ›Elle Decoration‹, 1990), FMC Magazin Verlag, M. I. G. Medien Innovation (›Lisa‹, 1994), Burda Opal Verlag, LVD Landesverlags- und Druck GmbH (›Schweriner Volkszeitung‹, ›Norddt. Neueste Nachrichten‹, ›Prignitzer‹, ›Express‹), Verlag Aenne Burda, Burda New Media. Die Lizenzausgabe von ›Forbes‹ wurde 1995 eingestellt sowie die Kooperation mit ▷ Rizzoli-Corriere della Sera bekanntgegeben.

Die Rundfunkbeteiligungen sind in der Burda Broadcast Media zusammengefaßt (u. a.: ›Antenne Bayern‹ 16% Anteil, ›Radio Arabella‹ 15%, ›Klassik Radio Bayern Belcanto‹ 25,5%). Seit 1995 betreibt B. Online-Dienste wie ›Focus Online‹ und ›Europe-Online‹. Mit Blockbuster (Viacom) baut B. seit 1995 eine Video- und Multimedia-Ladenkette auf.

*****Burg 1):** Der seit 3. 10. 1990 zum Land Sachs.-Anh. gehörende Landkreis B. ging am 1. 7. 1994 im Kr. Jerichower Land auf, dessen Kreisstadt die Stadt **Burg** (seit 1990 ohne Zusatz) wurde.

Burgenlandkreis, Landkreis im Reg.-Bez. Halle, Sachs.-Anh., 1 042 km², (1995) 152 000 Ew.; Kreisstadt ist Naumburg (Saale). Das an Thüringen und Sachsen grenzende Kreisgebiet, das sich zw. Thüringer Becken und Leipziger Tieflandsbucht erstreckt, wird überwiegend von flachwelligem Hügelland eingenommen. Verbreitet sind Lößböden mit Anbau von Weizen, Zuckerrüben und Futterpflanzen. An den Talhängen von Saale und Unstrut wird Weinbau betrieben (▷ Saale-Unstrut). Größere Waldflächen beschränken sich auf den Bereich der Finne (bis 359 m ü. M.) und der Weißen Elster (Forst Nickelsdorf). Im O gibt es Braunkohlentagebaue (Zeitz-Weißenfelser und Zeitz-Meuselwitzer Revier) und Kohleveredlungsbetriebe (v. a. in Deuben). Hauptindustriestandort ist Zeitz (1995: 37 600 Ew.; mit Hydrierwerk). Anziehungspunkte des Fremdenverkehrs sind Naumburg (Saale), Freyburg (Unstrut), das Solbad Bad Kösen und der Luftkurort Bad Bibra. Weitere Städte sind Eckartsberga, Laucha an der Unstrut, Nebra, Osterfeld und Stößen. - Der Kreis wurde am 1. 7. 1994 aus den früheren Kreisen Naumburg, Nebra (mit Ausnahme der Gem. Branderoda) und Zeitz gebildet; eingegliedert wurden die Stadt Stößen und drei weitere Gemeinden des früheren Kr. Hohenmölsen sowie ein Ortsteil des früheren Kr. Weißenfels.

*****Burger,** Hermann, schweizer. Schriftsteller: † (Selbstmord) Brunegg (Kt. Aargau) 1. 3. 1989. In seinen Frankfurter Poetikvorlesungen ›Die allmähl. Verfertigung der Idee beim Schreiben‹ von 1986 deutete B. sein Schaffen als spiraliges Kreisen um immer den gleichen Punkt, der in B.s Spätwerk in immer stärkerem Maße von dessen persönl. Todesproblematik gebildet wurde. Der auf vier Bände angelegte Roman ›Brenner‹ blieb unvollendet; Band 1 ›Brunsleben‹ erschien 1989, Band 2 ›Menzenmang‹ als Fragment 1992.

Weiteres Werk: Tractatus logico-suicidalis. Über die Selbsttötung (1988).

Salü, Hermann. In memoriam H. B., hg. v. K. ISELE (1991); M. GROSSPIETSCH: Zw. Arena u. Totenacker. Kunst u. Selbstverlust im Leben u. Werk H. B.s (1994).

Bürgerforum, Bürgerrechtsgruppe in der Tschechoslowakei, gegr. am 19. 11. 1989, faßte u. a. die Gruppe Charta 77, das tschechoslowak. Helsinkikomitee, Künstlerverbände und Vertreter der Kirchen zusammen, entwickelte sich zum Kristallisationskern und Sprachrohr der Demokratiebewegung in der Tschechoslowakei, erzwang u. a. durch Massenmonstrationen und Aufruf zum Generalstreik die Aufnahme nichtkommunist. Reformpolitiker in die Reg., die Einleitung demokrat. Reformen, den Rücktritt des Staatspräs. G. HUSÁK und die Wahl V. HAVELS zu seinem Nachfolger.

Bürgergeld, Bürgersteuer, Variante des Konzepts einer →negativen Einkommensteuer.

*****bürgerliche Gesellschaft:** Sahen Zukunftsentwürfe der 1980er Jahre einerseits eher die Transformation der b. G. in eine von Experten oder anderen Eliten geleitete Technokratie und andererseits die Aufhebung dieser Gesellschaftsform in einem wie auch immer konkretisierbaren ›Sozialismus‹ voraus, so haben die polit. Ereignisse zum Ende der 1980er Jahre die b. G. zu einem derzeit offensichtlich alternativlosen Grundmuster werden lassen, dessen Bedeutung in vier unterschiedlich gelagerten Aufgabenkomplexen zur Debatte steht: 1) in der Umgestaltung der vormals staatssozialist. Gesellschaften Osteuropas zu Demokratien westl. Zuschnitts; 2) im Zusammenhang von Demokratisierungsprozessen in Entwicklungsgesellschaften der vordem sogenannten ›dritten Welt‹; 3) in der Diskussion um die Weiterentwicklung der fortgeschrittenen Industriegesellschaften westl. Zuschnitts (›Zivilgesellschaft‹, ›multikulturelle Gesellschaft‹); schließlich 4) in der Frage einer auch politisch verantwortlich handelnden und kontrollierbaren Völkergemeinschaft.

U. HALTERN: B. G. Sozialtheoret. u. sozialhistor. Aspekte (1985); Europa u. die Civil Society, hg. v. K. MICHALSKI (1991); D. OBERNDÖRFER: Die offene Republik. Zur Zukunft Dtl.s u. Europas (1991); Perspektiven der Demokratisierung in Entwicklungsländern, hg. v. R. TETZLAFF (1992); C. OFFE: Der Tunnel am Ende des Lichts. Erkundungen der polit. Transformation im neuen Osten (1994).

*****Burgess,** Anthony, engl. Schriftsteller: † London 25. 11. 1993.

Burjatien, Burjatische Republik, bis 1990 ▷ Burjatische Autonome Sozialistische Sowjetrepublik, Teilrepublik der Russ. Föderation südlich und östlich des Baikalsees, 351 300 km², (1992) 1,059 Mio. Ew., Hauptstadt ist Ulan-Ude. Die Bev. setzt sich (1989) v. a. aus 69,9% Russen und 24% Burjaten zusammen. - Am 8. 10. 1990 erklärte die Burjat. ASSR ihre Unabhängigkeit innerhalb des föderativen Systems des russ. Staates. 1993 erklärte die burjat. Regierung die 1937 erfolgte Abtrennung der Burjat. Autonomen Kreise Aginskoje und Ust-Ordynskij (jetzt Ust-Orda), für ungültig.

*****Burkina Faso,** Binnenstaat in Westafrika.

Hauptstadt: Ouagadougou. *Amtssprache:* Französisch. *Staatsfläche:* 274 200 km² (ohne Binnengewässer 273 800 km²). *Bodennutzung (1992):* 35 630 km²

Ackerland, 100 000 km² Dauergrünland, 65 400 km² Waldfläche. *Einwohner (1994):* 10,069 Mio., 37 Ew. je km². *Städtische Bevölkerung (1993):* 23%. *Durchschnittl. Bevölkerungswachstum pro Jahr (1985-93):* 2,8%. *Bevölkerungsprojektion für 2000:* 11,83 Mio. Ew. *Ethnische Gruppen (1985):* 48% Mosi, 10% Fulbe, 7% Lobi, 7% Samo und andere Mandestämme, 7% Bobo, 6% Senufo, 5% Grusi, 5% Gurma, 5% andere. *Religion (1992):* 43,0% Muslime, 12,2% Christen. *Altersgliederung (1995):* unter 15 Jahre 44,9%, 15 bis unter 65 Jahre 52,0%, 65 und mehr Jahre 3,1%. *Lebenserwartung der Neugeborenen (1992):* männlich 47 Jahre, weiblich 50 Jahre. *Analphabetenquote (1991):* insgesamt 81,8%, männlich 72,1%, weiblich 91,1%. *BSP je Ew. (1993):* 300 US-$. *BIP nach Sektoren/Produktionsstruktur (1992):* Landwirtschaft 44%, Industrie 20%, Dienstleistungen 36%. *Währung:* 1 CFA-Franc = 100 Centimes. *Internationale Mitgliedschaften:* UNO, OAU, Wirtschaftsgemeinschaft westafrikan. Staaten.

Geschichte: Um ihre polit. Ziele durchzusetzen, griff die Reg. seit 1984 zunehmend zu repressiven Methoden, und da die das Regime unterstützenden linken Gruppen keinen Modus zur geregelten Austragung ihrer Gegensätze fanden, entstand eine Atmosphäre allgemeinen gegenseitigen Mißtrauens bewaffneter Gruppen. In dieser Situation kam es am 15. 10. 1987 zu einem Militärputsch gegen Staats- und Reg.-Chef T. SANKARA und zu dessen Ermordung. Sein ehem. Weggefährte und Freund B. COMPAORÉ übernahm dessen Funktionen; das Reg.-Programm wurde beibehalten, jedoch ohne die repressiven Elemente. Aus weiteren Auseinandersetzungen innerhalb der Führung ging COMPAORÉ 1989 als alleiniger Machthaber hervor. In der Folge öffnete sich die Reg. gegenüber der Opposition und den Gewerkschaften. Im März 1991 rückte die Reg.-Partei offiziell vom Marxismus-Leninismus ab. Am 2. 6. 1991 nahm die Bev. eine neue Verf. an, die ein Mehrparteiensystem etablierte. Sie beschreibt das Land als ›revolutionäre, demokrat., einige und säkulare‹ Vierte Rep. unter B. F. Staatsoberhaupt und Vors. des Kabinetts ist der vom Volk für sieben Jahre gewählte Präs., der den Reg.-Chef und die Reg.-Mitgl. ernennt. Die Abg. des Parlaments werden vom Volk für fünf Jahre gewählt. Gegen die Ernennung des Reg.-Chefs kann das Parlament sein Veto einlegen. Am 1. 12. 1991 wurde COMPAORÉ in einer freien Wahl als Staatspräs. bestätigt. Die Parlamentswahl vom 24. 5. 1992 brachte der Reg.-Partei, auch aufgrund der Zerstrittenheit der Opposition, eine deutl. Mehrheit. Die unter Einbeziehung von Oppositionspolitikern und unabhängigen Technokraten von Juni 1992 bis März 1994 amtierende Reg. verfolgte eine an Vorgaben der Weltbank orientierte Wirtschaftspolitik und sah sich ebenso wie ihre Nachfolgerin in heftige verteilungspolit. Konflikte mit den Gewerkschaften verwickelt.

Burnham, James, amerikan. Soziologe und Publizist: † Kent (Conn.) 28. 7. 1987.

Burnout-Syndrom [bəːnˈaʊt-; engl. to burn out, eigtl. ›ausbrennen‹], Krankheitsbild, das Personen aufgrund spezif. Beanspruchungen entwickeln können und das mit dem subjektiven Gefühl verbunden ist, sich verausgabt zu haben, ausgelaugt und erschöpft zu sein (›Sich-ausgebrannt-Fühlen‹). Es kommt zu einer Minderung des Wohlbefindens, der sozialen Funktionsfähigkeit sowie der Arbeits- und Leistungsfähigkeit. Erklärungsansätze basieren v. a. auf streßtheoret. Konzepten (▷ Streß), in denen Burnout als Belastungsreaktion beschrieben wird, die durch Stressoren hervorgerufen und durch mangelnde Bewältigungskompetenzen begünstigt wird.

Burri, Alberto, italien. Maler: † Nizza 13. 2. 1995.

Burschenschaft: In der Dt. Dem. Rep. waren die B. verboten; ehemalige ostdt. Verbindungen wurden in der Zeit der dt. Teilung an westdt. Univ. weitergeführt. Nach 1990 entstanden die B. an den meisten ostdt. Univ. neu. Erstmals tagte 1991 wieder der Verband der dt. B. in Eisenach (Dt. Burschentag).

Burundi, amtl. Namen: Rundi **Republika y'Uburundi,** frz. **République du B.,** Binnenstaat in Ostafrika, am NO-Ende des Tanganjikasees.

Hauptstadt: Bujumbura. *Amtssprachen:* Rundi und Französisch. *Staatsfläche:* 27 834 km² (ohne Binnengewässer 25 650 km²). *Bodennutzung (1992):* 13 500 km² Ackerland, 9 150 km² Dauergrünland, 670 km² Waldfläche. *Einwohner (1994):* 6,168 Mio., 222 Ew. je km². *Städtische Bevölkerung (1993):* 7%. *Durchschnittl. Bevölkerungswachstum pro Jahr (1985-93):* 2,9%. *Bevölkerungsprojektion für 2000:* 7 Mio. Ew. *Ethnische Gruppen (1983):* 83,9% Hutu, 13,5% Tutsi, 1% Twa, 1,6% andere. *Religion (1992):* 78,3% Katholiken. *Altersgliederung (1995):* unter 15 Jahre 46,3%, 15 bis unter 65 Jahre 50,8%, 65 und mehr Jahre 2,9%. *Lebenserwartung der Neugeborenen (1992):* männlich 46 Jahre, weiblich 50 Jahre. *Analphabetenquote (1991):* insgesamt 50,0%, männlich 39,1%, weiblich 60,2%. *BSP je Ew. (1993):* 180 US-$. *BIP nach Sektoren/Produktionsstruktur (1993):* Landwirtschaft 52%, Industrie 21%, Dienstleistungen 27%. *Währung:* 1 Burundi-Franc (F. Bu.) = 100 Centimes. *Internationale Mitgliedschaften:* UNO, OAU.

Geschichte: Nach der Absetzung des Präs. J. B. BAGAZA durch einen Militärputsch (3. 9. 1987) wurde Major PIERRE BUYOYA (* 1949) an der Spitze eines ›Comité Militaire pour le Salut National‹ (CMSN; dt. ›Militärkomitee für nat. Wohlfahrt‹) Staatschef; die Verf. wurde außer Kraft gesetzt. Im Aug. 1988 kam es zu Ausschreitungen der von der Tutsi-Minderheit beherrschten Armee gegen die Hutu-Mehrheit der Bev. mit Tausenden von Toten. Am 5. 2. 1991 nahm die Bev. in einer Abstimmung mit 89,2% die ›Charta der Nat. Einheit‹ an, die ein Mehrparteiensystem etablierte.

Auf der Basis der Verf. vom 13. 3. 1992, die die bisherige Einparteienvorherrschaft durch ein Mehrparteiensystem ersetzt, fanden am 1. 6. 1993 die ersten freien Präsidentschaftswahlen statt, bei denen MELCHIOR NDADAYE (* 1953, † 1993), ein Hutu, gestützt auf den ›Front pour la Démocratie au Burundi‹ (FRODEBU), zum Präs. gewählt wurde (Amtsantritt: 10. 7. 1993). Am 21. 10. 1993 kam es zu einem blutigen Militärputsch gegen Präs. NDADAYE, der dabei selbst mit anderen ermordet wurde. Obgleich der Putsch niedergeschlagen werden konnte, flohen mehr als 1 Mio. Menschen vor den blutigen Unruhen nach Ruanda, Tansania oder Zaire. Am 13. 1. 1994 wählte das Parlament den Hutu CYPRIEN NTARYAMIRA (* 1955, † 1994) zum Staatspräs. (Amtsantritt: 5. 2. 1994), der eine Reg. der nat. Einheit bildete. Am 6. 4. 1994 kam Präs. NTARYAMIRA zus. mit seinem ruand. Kollegen JUVENAL HABYARIMANA (* 1937) beim Abschuß ihres Flugzeugs in der ruand. Hauptstadt Kigali ums Leben. Danach kam es erneut zu Unruhen zw. Hutu und Tutsi. Die Amtsgeschäfte des Staatspräs. übernahm der Präs. der Nationalversammlung SYLVESTRE NTIBANTUNGANYA (* 1956), der am 30. 9. 1994 vom Parlament als Staatspräs. bestätigt wurde. Er bildete eine Reg. unter Einschluß der Opposition. Die Lage im Land blieb jedoch, nicht zuletzt auch aufgrund der Auswirkungen des ruand. Konflikts auf B., instabil, und es kam weiterhin zu Massakern mit zahlreichen Todesopfern. Die Situation eskalierte Anfang 1995, nachdem es radikalen Tutsi mit Hilfe des Drucks ihrer Milizen und der Armee gelungen war, den moderaten Parlaments-Präs. und den MinPräs. zum Rücktritt zu zwingen und sowohl das Parlament als auch den Staatspräs. faktisch zu entmachten. Seither kommt es verstärkt zu ›ethn. Säuberungen‹ gegen die Bev.-Gruppe der Hutu sowie zur systemat. Ausschaltung moderater Politiker beider Bevölkerungsgruppen.

Busek, Erhard, österr. Politiker, * Wien 25. 3. 1941; Jurist, 1975–76 GenSekr. der ÖVP, 1975–78 Mitgl. des Nationalrats, 1978–87 Vizebürgermeister von Wien; 1980–91 stellv. Bundesobmann der ÖVP, war 1991–95 ihr Bundesobmann, 1989–95 Wissenschafts-Min., 1991–95 auch Vizekanzler.

*****Bush,** George Herbert Walker, amerikan. Politiker: Nach seinem Sieg bei den Präsidentschaftswahlen 1988 (54%) über den Kandidaten der Demokrat. Partei M. DUKAKIS (46%) trat B. im Jan. 1989 sein Amt als 41. Präs. der USA an; dabei sah er sich einer demokrat. Mehrheit im Kongreß gegenüber. Den Schwerpunkt seiner Amtszeit bildete die Außen- und Sicherheitspolitik. Er bemühte sich um die internat. Bekämpfung des Drogenhandels, unterstützte die Vereinigung der beiden dt. Staaten (1990) und begrüßte die Reformen in O-Europa. Große Popularität trug ihm die entschiedene Verurteilung des irak. Überfalls auf Kuwait und die Formierung einer internat. Allianz ein, die unter Führung der USA im internat. Streitmacht zur Durchsetzung der UN-Resolutionen gegen Irak entsandte (→Golfkrieg). Im Nov. 1990 unterzeichnete B. den KSE-Vertrag über konventionelle Streitkräfte in Europa, im Juli 1991 den START-I-Vertrag und im Jan. 1993 den START-II-Vertrag zur Reduzierung strateg. Atomwaffen. Innenpolitisch setzte er sich v. a. den Abbau des Haushaltsdefizits zum Ziel, geriet jedoch wegen der anhaltend schlechten wirtschaftl. und sozialen Situation zunehmend unter Druck und unterlag bei den Präsidentschaftswahlen 1992 dem demokrat. Gegenkandidaten W. J. CLINTON.

Busi, Aldo, italien. Schriftsteller, * Montichiari (Prov. Brescia) 25. 2. 1948; schrieb sich in den 1980er Jahren mit umstrittenen, teilweise autobiographisch geprägten Romanen und Reisetagebüchern in die erste Reihe der neueren Literatengeneration Italiens. Besonderes Aufsehen wegen vermeintl. Obszönität erregte er mit dem Roman ›Sodomie in corpo 11‹ (1988); auch Übersetzer (u. a. GOETHE, L. CARROLL).

Weitere Werke: Romane: Seminario sulla gioventù (1984; dt. Seminar über die Jugend); La delfina bizantina (1986); Le persone normali (1992); Vendita galline km 2 (1993). – *Essay:* Manuale del perfetto gentiluomo (1992; dt. Handbuch für den perfekten Gentleman).

Business reengineering [ˈbɪznɪs rɪendʒɪˈnɪərɪŋ, engl.], →Reengineering.

*****Busta,** Christine, österr. Schriftstellerin: † Wien 3. 12. 1987.

*****Butenandt,** Adolf Friedrich Johann, Biochemiker: † München 18. 1. 1995.

*****Buthe,** Michael, Künstler: † Bonn 15. 11. 1994.

*****Buthelezi,** Gatsha Mongosuthu, Politiker in der Rep. Südafrika: War bis zu dessen Auflösung 1994 Chefminister des Homelands KwaZulu. Als Führer der →Inkatha yeNkululeko yeSizwe steht B. der nach dem ANC zweitstärksten polit. Gruppierung der Schwarzen in der Rep. Südafrika vor, die er zielstrebig zu seiner polit. Basisorganisation ausgebaut hat. Beim Kampf um die Macht in Südafrika und v. a. in KwaZulu(-Natal) scheute er in der Phase des Umbruchs auch vor einer Zusammenarbeit mit extremist. Kräften innerhalb des weißen Minderheitsregimes gegen den ANC nicht zurück. Nachdem er seinen Widerstand gegen die v. a. zw. ANC und der weißen Minderheits-Reg. de Klerk ausgehandelte Übergangsverfassung kurz vor den Wahlen im April 1994 aufgegeben hatte, wurde er in der neuen südafrikan. Übergangs-Reg. Innen-Min. Im Frühjahr 1995 kam es zum Bruch zw. B. und dem bis dahin mit ihm eng zusammenarbei-

tenden Zulukönig ZWELITHINI GOODWILL (* 1948), der die Führerschaft B.s innerhalb des Volkes der Zulu in Frage stellte.

Butō, Butoh, zeitgenössischer japan. Tanz, 1959 als Ankoku-B. (Tanz der Finsternis) von HIJIKATA TATSUMI (* 1928, † 1986) in einem Stück von MISHIMA YUKIO vorgestellt und als ›Rebellion des Körpers‹ charakterisiert; nimmt zwar Einflüsse des dt. Ausdruckstanzes auf, entwickelte sich in der Folgezeit aber als eigenständige, improvisator., regelfreie Ausdrucksform, die sich auf die religiösen Ursprünge des japan. Theaters besinnt, seine Rituale wiederaufnimmt und zugleich die Erfahrung der ersten Atombombenexplosionen verarbeitet. Zu den wichtigsten Vertretern zählen neben HIJIKATA v. a. ŌNO KAZUO (* 1906), ISHII MITSUTAKA (* 1939), TANAKA MIN (* 1945) und die Gruppe Sankai Juku.

*****Butter:** Durch die Neufassung der B.-Verordnung vom 16. 12. 1988 wurden die Bestimmungen über Verpackung, Begriffsbestimmung der Sorten und die Handelsklassen geändert. Die Verwendung einer der drei Handelsklassen ist nun freiwillig. Als neue Sorten-Bez. gibt es ›mildgesäuerte B.‹, die als solche ausdrücklich gekennzeichnet werden muß, wenn sie mit Milchsäurekonzentrat oder Milchsäure hergestellt wird. Zugelassen ist es nun auch, B. verschiedener Herkunft und Herstellungspartien zu mischen.

Büttner, Werner, Maler, * Jena 15. 3. 1954; wurde in den 80er Jahren im Umfeld der ›Neuen Wilden‹ bekannt. In einer die Elemente der Realität und der Massenmedien frei kombinierenden und spontanen

Werner Büttner: Pflege Deine Zähne wie Deine Waffen; 1986 (Privatbesitz)

Malweise beschäftigt er sich mit den zeitgenöss. Vorstellungswelten. In die Titel zu seinen Bildthemen (Kindesmißbrauch, Onanie, Alkoholismus, Massenmord, Geburt) bezieht B. umgangssprachl. Redensarten oder Schlagzeilen der Boulevardpresse mit ein. Seine Gemälde spiegeln den Dualismus zw. den existentiellen Kräften einer künstler. Ethik und einer von grenzenloser Selbstsucht geprägten Zeit.

W. B. Bilder u. einige Skulpturen, hg. vom Kunstverein München u. a., Ausst.-Kat. (1987).

***Bützow 2):** Der seit 3. 10. 1990 zum Land Meckl.-Vorp. gehörende Landkreis B. ging am 12. 6. 1994 in den Kreisen Güstrow und Bad Doberan (Stadt Schwaan und sieben weitere Gemeinden) auf. Die Stadt Bützow ist damit nicht mehr Kreisstadt.

Byatt [ˈbaɪət], Antonia Susan, engl. Schriftstellerin, * Sheffield 24. 8. 1936; Schwester von MARGARET DRABBLE. Nach dem konventionellen Bildungsroman ›Shadow of a sun‹ (1964) verknüpft B. in ›The game‹ (1967) den Konflikt zweier Schwestern mit Anspielungen auf den Garten Eden sowie auf die Geschwister BRONTË. Der erste Teil einer geplanten Tetralogie über die Zeit seit der Krönung ELISABETHS II. (1952), der Roman ›The virgin in the garden‹ (1978), verweist auf einer zweiten Ebene auf das Zeitalter ELISABETHS I. (Fortsetzung: ›Still life‹, 1985). In dem Roman ›Possession‹ (1990; dt. ›Besessen‹) ist Gegenwartsbewußtsein auf fiktive Texte des 19. Jh. bezogen.
Weitere Werke: *Romane:* Angels and insects. Two novellas (1992; dt. einzeln u. d. T. Morpho Eugenia u. Geisterbeschwörung).

C

*C 7):** Eine wesentl. Erweiterung hat die Programmiersprache 1986 durch objektorientierte Ergänzungen erfahren. Diese neue Sprache heißt **C++** (++ ist der Inkrementierungsoperator für Variablen in C). Die wichtigste Neuerung ist das Klassenkonzept: Datentypen, also Wertemengen zus. mit den darauf erlaubten Operationen, definiert man durch eine Klassendeklaration. Objekte innerhalb der Klasse kann man der Umgebung bekanntmachen oder vor der Umgebung verbergen. Ferner kann man zu einer Klasse Unterklassen bilden. Alle Deklarationen der Oberklasse vererben sich dann auf die Unterklassen. Klassenkonzepte mit Vererbung bilden das Grundprinzip der objektorientierten Programmierung.

Caballero Calderón, Eduardo, kolumbian. Schriftsteller: † Bogotá 3. 4. 1993.

Cabrera Infante [kaˈβrera inˈfante], Guillermo, kuban. Schriftsteller, * Gibara 22. 4. 1929; lebt seit 1965 im Exil in London; seit 1979 brit. Staatsbürger. Sein Hauptwerk, der Roman ›Tres tristes tigres‹ (1967; dt. ›Drei traurige Tiger‹), der in den letzten Monaten der Batista-Diktatur spielt, kreist in kunstvoller Verschachtelung von Handlungsfragmenten um das Verhältnis von Sprache und Realität. Autobiographisch ist der Roman ›La Habana para un infante difunto‹ (1979). C. I. ist auch als Filmkritiker und Drehbuchautor hervorgetreten.
Weitere Werke: *Erzählungen:* Así en la paz como en la guerra (1960). - *Roman:* Vista del amanecer en el trópico (1974; dt. Ansicht der Tropen im Morgengrauen). - *Essays:* O (1975); Exorcismos de esti(l)o (1976); Arcadia todas las noches (1978); Holy smoke (engl. 1985; dt. Rauchzeichen). - *Essays und Artikel:* Mea Cuba (1992).

Cache [kæʃ; engl. ›Versteck‹] *der, -/-s, Datenverarbeitung:* bei Rechnern (Computern) hoher Rechengeschwindigkeit ein schneller ▷ Speicher 2), der in der ▷ Speicherhierarchie zw. dem Hauptspeicher (Arbeitsspeicher) und den Registern steht (obwohl er, ebenso wie diese, häufig zu den Speichern 0. Ebene gerechnet wird). Er hat beim Programmablauf die gleiche Funktion wie der Hauptspeicher, ist aber wesentlich schneller als dieser, weswegen der Datenverkehr mit dem Rechnerkern (▷ Zentraleinheit) möglichst weitgehend über ihn läuft. Die Stellung des C. bezüglich des Hauptspeichers entspricht etwa der Stellung des Hauptspeichers bezüglich des Sekundärspeichers (Plattenspeicher) beim Seitenaustauschverfahren (▷ Seite), d. h., der C. enthält immer Kopien von einer oder mehreren Folgen von Speicherplätzen des Hauptspeichers (›Seite‹). Da logisch aufeinanderfolgende Anweisungen und Daten im Hauptspeicher meist räumlich dicht beieinanderliegende Speicherplätze belegen, liegt die Wahrscheinlichkeit dafür, daß ein Speicherzugriff des Prozessors über den C. läuft, meist über 0,9. Bei Rechnern mit Mikroprozessoren kann der C. je nach Typ entweder auf dem Prozessor-Chip liegen oder auf einem Speicher-Chip. Es gibt aber auch zweistufige Ausführungen, bei denen der (schnellere) C. der obersten Hierarchiestufe beim Prozessor angeordnet ist und der C. der nächsten Stufe beim Hauptspeicher. Bei Personalcomputern (PC) wird eine Speicherkapazität der C. von 64 kByte heute als Standard angesehen, der sich z. Z. aber bereits stark zu 256 kByte hin verschiebt.

*CAD:** Mit dem urspr. 2D-System war nur eine zweidimensionale Darstellung (und entsprechende Speicherung) von Objekten möglich (z. B. Querschnitt, Auf- und Grundriß). Bei $2^1/_2$ D-Systemen kann ein weiterer Parameter verwendet werden, z. B. die Tiefe oder Stärke eines Objekts; moderne leistungsfähige 3D-Systeme erlauben es, dreidimensionale Objekte als solche mit den notwendigen Daten im Speicher abzulegen. Diese Objekte können dann unter versch. Perspektiven, um beliebige Achsen und Winkel gedreht und in beliebigen Ebenen geschnitten dargestellt werden. Große 3D-Systeme erlauben am Bildschirm auch die Integration komplexer Objekte aus ihren Einzelteilen und ihre photorealist. Darstellung, z. B. mittels →Raytracing. Umgekehrt lassen sich häufig per Knopfdruck Explosionsdarstellungen erzeugen.

*Cage,** John, amerikan. Komponist und Pianist: † New York 12. 8. 1992. Nach dem Zufallsprinzip ausgewählte Bruchstücke aus der Opern- bzw. Kunstgeschichte bestimmen collagehaft seine letzten größeren Werke, u. a. die Musiktheaterstücke ›Europeras 1 & 2‹ (1987) und ›Museumcircle‹ (1991).

*Çağlayangil,** Ihsan Sabri, türk. Politiker: † Ankara 30. 12. 1993.

*Cahen,** Claude, frz. Orientalist: † Savigny-sur-Orge (Dép. Essonne) 18. 11. 1991.

Calatrava, Santiago, span. Architekt, * Valencia 28. 7. 1951; nahm nach Kunst- und Architekturstudien in Valencia ein Ingeniurstudium an der ETH in Zürich auf, wo er 1981 sein Büro eröffnete. Er erreicht in seinen Ingenieurbauten aus Stahl und Beton (Brücken und Bahnhöfe) wie in seinen preisgekrönten Entwürfen (Kirche Saint John the Devine in New York; Ausbau und Kuppel für den Reichstag in Berlin, 1992) eine Verbindung von techn. Präzision mit einer organ., leichten und freien schwebenden Wirkung der Konstruktion.
Werke: Bach-de-Roda-Brücke, Barcelona (1987); Bahnhof Stadelhofen, Zürich (1985-90); Bahnhof Lyon-Satolas

Cala Calau–Cannabis

Rafael Caldera Rodríguez

(1989–92); Flughafen Sondica und Uribitarte-Fußgängerbrücke, Bilbao (1991 ff.); Bahnhof Berlin-Spandau (1994 ff.).

***Calau 2):** Der seit 3. 10. 1990 zu Brandenburg gehörende Landkreis ging am 6. 12. 1993 im neugebildeten Landkreis Oberspreewald-Lausitz auf. Die Stadt Calau ist damit nicht mehr Kreisstadt.

***Caldera Rodríguez,** Rafael, venezolan. Politiker: Am 5. 12. 1993 wurde er als Kandidat des Oppositionsbündnisses ›Convergencia Nacional‹ erneut zum Staatspräs. gewählt (Amtsantritt: 2. 2. 1994).

Calderón Fournier [-fur'njɛr], Rafael Angel, costarican. Politiker, *Diriamba (Nicaragua) 14. 3. 1949; war 1978–80 Außen-Min. in der Reg. von R. CARAZO ODIO; 1983 Mitbegründer des PUSC, als dessen Vors. und Kandidat (wie bereits 1982 und 1986) er 1990–94 Staats- und Regierungschef war.

Calderón Sol, Armando, salvadorian. Politiker, *San Salvador 24. 6. 1948; 1985 Abg., ab 1988 Oberbürgermeister von San Salvador. Im zweiten Wahlgang der Präsidentschaftswahlen, am 24. 4. 1994, setzte er sich als Kandidat der rechtsgerichteten ARENA-Partei klar gegenüber dem Kandidaten eines Linksbündnisses, RUBÉN ZAMORA, durch (Amtsantritt: 1. 6. 1994).

Armando Calderón Sol

***Callaghan,** Morley, kanad. Schriftsteller: † Toronto 25. 8. 1990.

Callejas Romero [ka'jexas -], Rafael Leonardo, honduran. Politiker, *Tegucigalpa 14. 11. 1943; studierte in den USA Agronomie und Sozialwissenschaft. Bekleidete versch. Ämter in Wirtschaft (u. a. 1967–81 im Nat. Obersten Rat für Wirtschaftsplanung) und Politik (u. a. 1975–80 Min. für Bodenschätze). Als Präsidentschaftskandidat des Partido Nacional war C. R. nach den Wahlen am 26. 11. 1989 1990–94 Staats- und Regierungschef.

***Calloway,** Cab, amerikan. Jazzmusiker (Sänger und Bandleader): † Hockessin (Del.) 18. 11. 1994.

***Calvo Sotelo,** Joaquín, span. Dramatiker: † Madrid 7. 4. 1993.

***Camaj,** Martin, alban. Schriftsteller: † München 12. 3. 1993.

***Camaro,** Alexander, Maler: † Berlin 20. 10. 1992.

***Camdessus,** Michel, frz. Bankfachmann: C. war bis Ende 1986 Präs. der frz. Zentralbank und ist seit 1. 1. 1987 geschäftsführender Direktor des Internat. Währungsfonds als Nachfolger von J. DE LAROSIÈRE (wiedergewählt 1991).

Rafael Callejas Romero

***Camenzind,** Josef, schweizer. kath. Geistlicher und Schriftsteller: † Küssnacht am Rigi 19. 9. 1984.

***Caminos,** Ricardo Augusto, amerikan. Ägyptologe argentin. Herkunft: † London 26. 5. 1992.

Camon, Ferdinando, italien. Schriftsteller und Literaturkritiker, *Urbana (Prov. Padua) 14. 11. 1935; entwirft in seiner Lyrik (›Fuori storia‹, 1967; ›Liberare l'animale‹, 1973, Premio Viareggio 1973) und in seinen Romanen (›Il quinto stato‹, 1970, dt. ›Der fünfte Stand‹, auch u. d. T. ›Der verlorene Stand‹; ›La vita eterna‹, 1972, dt. ›Das ewige Leben‹; ›Un altare per la madre‹, 1978, dt. ›Ein Altar für die Mutter‹, Premio Strega 1978) vor dem Hintergrund der bäuerl. Gesellschaft des Veneto Formen sozialer wie spiritueller Erstarrung und deren mögl. Überwindung. C. ist Herausgeber der Reihe ›La nuova critica‹ (seit 1968).

Michel Camdessus

Weitere Werke: *Essayist. Schriften:* La moglie del tiranno (1969); Avanti popolo (1977); Il santo assassino. Dichiarazioni apocrife (1991). – *Romane:* Occidente (1975); La malattia chiamata uomo (1981); Storia di Sirio (1984); Il canto delle balene (1989; dt. Jeder Mann braucht ein Geheimnis, Premio Campiello 1989); Il Super-Baby (1991); Mai visti sole e luna (1994).

Câmpia Turzii [kim-], seit der Rechtschreibreform 1992 Schreibung der rumän. Stadt ▷ Cîmpia Turzii.

Câmpina ['kim-], seit der Rechtschreibreform 1992 Schreibung der rumän. Stadt ▷ Cîmpina.

Campion ['kæmpjən], Jane, neuseeländ. Filmregisseurin, *Wellington 30. 4. 1954. Nach Kurzfilmen trat C. ab 1989 mit erfolgreichen Spielfilmen hervor.

Filme: Sweetie (1989); Ein Engel an meiner Tafel (1990); Das Piano (1992).

Câmpulung [kim-], seit der Rechtschreibreform 1992 Schreibung der rumän. Stadt ▷ Cîmpulung.

Canal plus S. A. [ka'nal plys sɔsje'te anɔ'nim], frz. Medienkonzern, gegr. 1984; Sitz: Paris. C. p. ist der älteste und erfolgreichste private frz. Fernsehveranstalter. C. p. entwickelt die meisten der über Kabel und Satellit verbreiteten Spartenprogramme, ist an den großen privaten Kabelnetzen (Compagnie Générale de Videocommunication, CGV, 20%) beteiligt, produziert Fernsehserien und Spielfilme und ist durch Erwerb von Rechten wichtiger Finanzier der frz. Spielfilmproduktion. In Dtl. ist C. p. an Premiere (37,5%) und Vox (rd. 25%) beteiligt. Hauptaktionäre von C. p. sind Havas (23,5%), die Compagnie Générale des Eaux (CGE, 20,1%) und die mit ihr verbundene Bank Société Générale (5,1%); Umsatz (1994): 9,57 Mrd. FF.

***Candilis,** Georges, frz. Architekt griech. Abkunft: † Paris 10. 5. 1995.

***Canetti,** Elias, Schriftsteller span.-jüd. Herkunft: † Zürich 14. 8. 1994.

Canetti, Venetia (Veza), geb. **V. Toubner-Calderón,** Pseudonyme **V. Magd, Martha Murner, Veronika Knecht,** Schriftstellerin, *Wien 20. 11. 1897, † London 1. 5. 1963; heiratete 1934 ELIAS C., mit dem sie 1938 nach London ins Exil ging. Erst Ende der 1980er Jahre wurden ihre sozialkrit. Erzählungen, die sie u. a. in der Wiener ›Arbeiter-Zeitung‹ (1932–34), in der Anthologie ›Dreißig neue Erzähler des neuen Dtl.‹ (1932) und in der Prager Exilzeitschrift ›Neue dt. Blätter‹ veröffentlicht hatte, wiederentdeckt und in Buchform herausgegeben.

Werke: *Roman:* Die gelbe Straße (hg. 1990). – *Theater:* Der Oger (hg. 1991).

Ausgabe: Geduld bringt Rosen. Erzählungen (Neuausg. 1994).

***Cannabis:** Neben dem wiss. Namen für die Pflanzengattung ▷ Hanf ist C. auch Synonym für die weibl. Pflanze von Cannabis sativa ssp. Ihr Kraut (Marihuana), ihr Harz (Haschisch) und C.-Konzentrat (Haschisch-Öl) sind als Rauschmittel weltweit verbreitet (▷ Haschisch).

In Dtl. unterliegen alle C.-Produkte als ›nicht verkehrsfähige Betäubungsmittel‹ dem Betäubungsmittel-Ges. (BtMG i. d. F v. 28. 7. 1981), was in der vierten Änderung der Betäubungsmittelrechtl. Vorschriften vom 23. 12. 1992 auch für den C.-Anbau gilt. Über Jahrzehnte hinweg wurde C. eine Schrittmacherfunktion als sogenannter Einstiegsdroge auf dem Weg zu ›harten‹ Drogen zugesprochen, obwohl z. Z. der ersten Novellierung des alten Opium-Ges. zum BtMG (1971) die exakten biochem. Vorgänge im Körper bei C.-Gebrauch nicht bekannt waren. Eine Neubewertung von C. in der →Drogenpolitik wurde durch einen Beschluß des Landgerichts (LG) Lübeck vom 19. 12. 1991 eingeleitet, das bestimmte Bestimmungen des BtMG, die die Einfuhr, die Abgabe und den Erwerb von C.-Produkten, soweit dies erlaubniswidrig geschieht, für unvereinbar mit dem GG erachtete. Das Gericht war der Ansicht, die Bestimmungen des BtMG über C. seien unter dem Gesichtspunkt, daß Handel und Konsum anderer gesundheitsgefährdender Stoffe wie Nikotin und Alkohol straffrei seien, mit Art. 3 Abs. 1 GG (Gleichheitsgrundsatz), Art. 2 Abs. 1 GG (Recht auf freie Entfaltung der Persönlichkeit) und Art. 2 Abs. 2 Satz 1 GG, woraus das Gericht ein ›Recht auf Rausch‹ ableitete, verfassungswidrig. Nach der Entscheidung des Bundesverfassungsgerichts (BVG) vom 28. 4. 1994 (sogenanntes Haschisch-Urteil) kann aus dem GG zwar kein ›Recht auf Rausch‹ abgeleitet werden, und auch der Umgang mit Haschisch bleibt grundsätzlich strafbewehrt, doch sind die Bestimmungen des BtMG, die den Umgang mit C. unter Strafe stellen, am Maßstab des Art. 2 Abs. 1 und 2 GG zu messen. Das bedeutet, daß die Strafverfolgungsbehörden von der gesetzl., das Legalitätsprinzip durchbrechenden Möglichkeit, von der Strafverfolgung abzusehen, Gebrauch machen müssen, wenn es sich um Fälle gelegentl. Eigenverbrauchs geringer Mengen von C.-Produkten ohne Fremdgefährdung handelt und Unrecht der Tat und Schuld des Täters gering sind.

Die Bundesländer werden angehalten, Begriffe wie den der ›kleinen Menge‹ zur Vereinheitlichung der Verfahren bei der Einstellung der Strafverfolgung durch Vorschriften zu ergänzen. Dennoch schwanken die Grenzwerte 1995 in den Bundesländern zw. 0,5 g (Brandenburg) und 30 g (Schlesw.-Holst.). Die zunehmende gesetzl. Neubewertung von C. führte in der Drogenpolitik zur Diskussion über die Trennung der illegalen Drogenmärkte und damit zur Diskussion um die Entkriminalisierung von Cannabis.

Im Zusammenhang damit wurde in Dtl. ab 1993 unter ökonom. und ökolog. Gesichtspunkten die Verwendung von Hanf als Biorohstoff diskutiert, so als Celluloselieferant für die Papierherstellung, als Textilrohstoff, als Öllieferant, als Grundstoff für die Bauindustrie. Schon Ende 1993 hatten die ersten Landwirte beim Bundesgesundheitsamt den Antrag gestellt, C. zur Fasergewinnung anzubauen, was etwas später auch vom Dt. Bauernverband gegenüber dem Bundeslandwirtschaftsministerium unterstützt wurde. Im Dez. 1994 wurde das erste dt. Hanfmuseum in Berlin eröffnet und im April 1995 das erste dt. ›HanfHaus‹ ebenfalls in Berlin, gefolgt von ›HanfHäusern‹ in anderen Städten Dtl.s, die sich der Geschichte des Faserhanfs und dem Verkauf von Hanfprodukten (keine Rauschsubstanzen) widmen.

Ab 1994 wird verstärkt die Verwendung von C. als Heilmittel zu medizin. Zwecken diskutiert: Bei mehreren Krankheiten besteht nach Forschungsergebnissen insbesondere aus den USA eine ernstzunehmende Indikation für die Wirkstoffe des Hanfs (insbesondere Canasol).

C. RÄTSCH: Hanf als Heilmittel (Solothurn 1992); H.-G. BEHR: Von Hanf ist die Rede. Kultur u. Politik einer Droge (Neuausg., 23.–25. Tsd. 1994); H. HAI: Das definitive dt. Hanf-Hb. (Neuausg. 1994); L. GRINSPOON u. J. B. BAKALAR: Marihuana. Die verbotene Medizin (a. d. Amerikan., ⁵1995); Die Wiederentdeckung der Nutzpflanze Hanf, Cannabis Marihuana, hg. v. M. BRÖCKERS (³⁰1995).

Cap [kæp; engl. ›Kappe‹] *der, -s/-s, Börsenwesen:* vertraglich vereinbarter Höchstzinssatz bei Krediten oder Anleihen.

*****Capra,** Frank, amerikan. Filmregisseur italien. Herkunft: † La Quinta (Calif.) 3. 9. 1991.

Capriolo, Paola, italien. Schriftstellerin, * Mailand 1962; konfrontiert in den Erzählungen von ›La grande Eulalia‹ (1988; dt. ›Die Frau aus Stein‹) Kunst und Leben als sich ausschließende Bereiche miteinander, wobei die Entsagung an die Welt die Voraussetzung zum künstler. Ausdruck darstellt. In ihren Romanen ›Il nocchiero‹ (1989), ›Il doppio regno‹ (1991), ›Vissi d'amore‹ (1992; dt. ›Ich lebte für die Liebe‹) und ›La spettatrice‹ (1995) entwirft G. geheimnisvolle Phantasiewelten, in denen die Grenzen zw. Außen und Innen verwischt und die Dimensionen von Raum und Zeit zugunsten eines unbestimmten Zeitkontinuums in irrealen Räumen aufgehoben sind.

*****Caravaggio,** italien. Maler am Beginn des Barock: Ein lange verschollen geglaubtes Gemälde aus dem schmalen Œuvre des Künstlers (rd. 60 Bilder) wurde 1990 von einem Restaurator in Dublin trotz einer auf

Caravaggio: Die Gefangennahme Christi; vor 1606 (Dublin, The National Gallery of Ireland)

G. H. VAN HONTHORST weisenden Rahmenbeschriftung identifiziert. Das restaurierte Bild ›Die Gefangennahme Christi‹ wurde 1993–94 in der Dubliner Nationalgalerie, die es vom Besitzer, einem Jesuitenkolleg, als Dauerleihgabe erhielt, gezeigt. Das Bild enthält auch ein Selbstporträt des gerüchteweise als klein und häßlich geltenden Künstlers. Durch eine Beschreibung von 1672 ist der Auftraggeber und erste Besitzer des Bildes, der röm. Marchese ASDRUBALE MATTEI, bekannt. Das Gemälde ist also in Rom entstanden und wird, da C. 1606 die Stadt verlassen mußte, vor 1606 datiert. Aufgrund der Beschreibung entdeckte der Kunsthistoriker R. LONGHI eine ganze Reihe von Kopien des Bildes, von denen eine in Odessa von anderen sogar als Original angesehen wurde.

Cardella, Lara, italien. Schriftstellerin, * Licata 13. 11. 1969; beschreibt in ihren z. T. trivialen, stark erot. Romanen in lebendiger Sprache Erfolg und Scheitern vorwiegend weibl. Selbstfindungsprozesse. Unter Verwendung autobiograph. Elemente, aber auch mytholog. Chiffren geht es ihr dabei um die Bloßlegung von Strukturen gesellschaftl. wie innerfamiliärer Unterdrückung und Gewalt, um die Entlarvung von geistlosem Konsumverhalten und sozialer Angepaßtheit auch der jüngeren Generation.

Werke: *Romane:* Volevo i pantaloni (1989; dt. Ich wollte Hosen); Intorno a Laura (1991; dt. Laura); Fedra se ne va (1992; dt. Fedra); Una ragazza normale (1994; dt. Ragazza).

*****Cardenal,** Ernesto, nicaraguan. Lyriker: Trat 1990 von seinem Posten als nicaraguan. Kulturminister zurück; im Okt. 1994 sagte er sich von den Sandinisten los. 1993 erschien eine Auswahl aus seinem 1989 erschienenen Gedichtband ›Cántico cósmico‹ in dt. Übersetzung u. d. T. ›Wir sind Sternenstaub‹, 1995 die vollständige Übersetzung dieses Werkes in 2 Bänden u. d. T. ›Gesänge des Universums‹.

Cardoso, Fernando Henrique, brasilian. Politiker und Soziologe, * Rio de Janeiro 18. 6. 1931; war nach dem Militärputsch 1964–67 Dozent an verschiedenen Univ. im Ausland, 1968 wurde er Prof. für Polit. Wiss. in São Paulo. Nach dem Entzug der Bürgerrechte 1969 ging C. bis Mitte der 1970er Jahre ins Exil, während dessen er sich als Begründer der ▷ Dependencia-Theorien einen Namen machte. 1980 begründete er den Partido do Movimiento Democrático Brasileiro

Jane Campion

Fernando Henrique Cardoso

Care Carey – Casablanca

(PMDB) mit, für den er als Vertreter des Staates São Paulo 1986 in den Senat einzog; 1987/88 Mitgl. der verfassunggebenden Versammlung. 1988 trennte sich C. vom PMDB und gehörte zu den Gründungs-Mitgl. des Partido da Social Democracia Brasileira (PSDB). 1992 wurde er Außen-Min.; als Finanz-Min. (Juni 1993 bis März 1994) konnte er mit einer Währungsreform die Inflation drastisch senken. Aus den Präsidentschaftswahlen am 3. 10. 1994 ging er bereits im ersten Wahlgang mit 54,3% der Stimmen als Sieger hervor (Amtsantritt: 1. 1. 1995).

Schriften: Cuestiones de sociología del desarrollo en América Latina (1968); Ideologías de la burguesía industrial en sociedades dependientes... (1971); As ideias e seu lugar (1980).

Carey [ˈkæri], George Leonard, anglikan. Theologe, * Gurney (Cty. Berkshire) 13. 11. 1935; wurde 1987 Bischof von Bath und Wells, 1990 als Nachfolger von R. RUNCIE Erzbischof von Canterbury und Primas der Kirche von England.

Ingvar Gösta Carlsson

*****Carlsson**, Ingvar Gösta, schwed. Politiker: Setzte mit seiner Reg. 1990 eine Steuerreform durch. 1991 überreichte er in Brüssel das Beitrittsgesuch seines Landes zur EG (EU). Nach der Niederlage der Sozialdemokraten bei den Reichstagswahlen vom Sept. 1991 mußte er als MinPräs. zurücktreten. Als Oppositionsführer trug er 1992 Einschnitte in das System des Wohlfahrtsstaates mit. Nach dem Wahlsieg seiner Partei im Sept. 1994 wählte ihn der Reichstag erneut zum MinPräs. Ende 1995 kündigte er seinen Rücktritt als Reg.-Chef und Partei-Vors. an.

Carlucci [kaːˈluttʃi], Frank, amerikan. Politiker, * Scranton (Pa.) 18. 10. 1930; seit 1956 im Staatsdienst tätig (u. a. Auswärtiger Dienst), zuletzt 1978–81 stellv. Direktor der CIA; 1981–82 stellv. Verteidigungs-Min., als Nachfolger C. W. WEINBERGERS 1987–89 Verteidigungsminister.

Frank Carlucci

*****Carl-Zeiss-Stiftung:** Die in der Dt. Dem. Rep. als VEB geführten Zeiss-Werke wurden 1990 in eine GmbH umgewandelt, 1991 privatisiert und in drei Unternehmen aufgeteilt: Carl Zeiss Jena GmbH (Carl Zeiss Oberkochen 51%), Jenaer Glaswerke GmbH (Schott Glaswerke 51%) und Jenoptik GmbH, die im Besitz des Landes Thüringen ist und an den beiden erstgenannten Unternehmen jeweils die restl. 49% erhielt. 1995 hat Jenoptik ihren Anteil an Carl Zeiss Jena an die Carl Zeiss Oberkochen abgetreten. Wirtschaftl. Probleme haben 1995 zu einer Umstrukturierung und zum Arbeitsplatzabbau in der Zeiss-Gruppe geführt. Umsatz (1993/94): Schott-Gruppe 2,54 Mrd. DM, Zeiss-Gruppe 2,53 Mrd. DM; Beschäftigte: 17 200 bzw. 15 600.

*****Carmi,** T., Pseudonym des hebr. Schriftstellers Charmi Charney: † Nov. 1994.

*****Carrington,** Peter Alexander, 6. Baron C., brit. Politiker: War bis 30. 6. 1988 GenSekr. der NATO; Sept. 1991 bis Aug. 1992 Sonderbeauftragter der EG zur Vermittlung im Jugoslawienkonflikt.

*****Cars,** Guy des, frz. Schriftsteller: † Paris 21. 12. 1993.

Car-sharing [ˈkaːʃeərɪŋ; engl. ›sich ein Auto teilen‹] *das,* -(s), eine Form der Pkw-Nutzung durch mehrere Personen, die über einen Verein organisiert wird. Personen, die einen hohen Mobilitätsbedarf mit dem Auto haben (weniger als 10 000 km pro Jahr), soll so die vergleichsweise unwirtschaftl. und umweltbelastende Haltung eines eigenen Kfz erspart werden. Die Mitgl. im C.-s. können die vereinseigenen Autos gegen eine Gebühr (errechnet aus Nutzungszeit und gefahrener Strecke) benutzen. Bei Vereinsbeitritt muß eine Kaution gezahlt werden. 1995 gab es C.-s.-Organisationen in etwa 50 dt. Städten; die erste wurde 1988 in Berlin gegründet.

*****Carstens,** Karl, Jurist und Politiker: † Meckenheim 30. 5. 1992.

Cărtărescu [kərtə-], Mircea, rumän. Schriftsteller, * Bukarest 1. 6. 1956. Mit den Gedichtbänden ›Poeme de amor‹ (1983) und ›Totul‹ (1985), an die sich 1994 ›Dragostea‹ anschloß, veröffentlichte C. eine bemerkenswerte Trilogie. In betont antilyr. Ton beschwört er den alles vereinenden Eros, während die unübersehbare Fülle literar. Verweise, Zitate und Parodien kontrapunktisch den ironisch-intellektuellen Duktus seiner Dichtung offenlegt. Eine postmoderne Konzeption liegt dem burlesken Epos ›Levantul‹ (1990) zugrunde. In dem Erzählungsband ›Visul‹ (1989, vollständige Ausgabe 1993 u. d. T. ›Nostalgia‹) und in dem Roman ›Travesti‹ (1994) tauchen Motive der traditionellen Phantastik in moderner, ästhetisch anspruchsvoller Erzählform auf, wobei das Geschilderte, d. h. die Bukarester Welt der 80er Jahre, eine unverminderte Authentizität bewahrt.

*****Carter,** Angela, engl. Schriftstellerin: † London 16. 2. 1992.

*****Carter,** James (Jimmy) Earl, 39. Präs. der USA (1977–81): War nach Ablauf seiner Amtszeit als Univ.-Lehrer tätig und initiierte versch. Hilfsprogramme für Notleidende in den USA und für die dritte Welt. Ab 1989 trat C. mehrfach als internat. Vermittler und Beobachter hervor (Äthiopien 1989, Panama 1989, Nicaragua 1990, Dominikan. Rep. 1990, Haiti 1990 und 1994, Nord-Korea 1994).

Schriften: Turning point. A candidate, a state and a nation come of age (1992); Talking peace. A vision for the next generation (1993).

The C. years. The president and policy making, hg. v. M. G. ABERNATHY u. a. (New York 1984); E. C. HARGROVE: Jimmy C. as president. Leadership and the politics of the public good (Baton Rouge, La., 1988); B. I. KAUFMAN: The presidency of J. E. C., Jr. (Lawrence, Kans., 1993).

Carver [ˈkɑːvə], Raymond, amerikan. Schriftsteller, * Clatskanie (Oreg.) 25. 5. 1938, † Port Angeles (Wash.) 2. 8. 1988; schildert in seinen Gedichten und Kurzgeschichten das Leben der Arbeiter im Nordwesten der USA. Am gelungensten sind seine auch persönlicher Erfahrung entstammenden soziolog. und psycholog. Beobachtungen menschl. Zusammenlebens in der Kurzgeschichtensammlung ›Cathedral‹ (1983; dt. ›Kathedrale‹).

Weiteres Werk: *Kurzgeschichten:* What we talk about when we talk about love (1981; dt. Wovon wir reden, wenn wir von Liebe reden).

Ausgabe: The short stories of R. C. (1985).

*****Casablanca:** Die direkt am Strand im neomaur. Stil erbaute Große Moschee Hasan II. wurde Ende

Casablanca: Die 1991 fertiggestellte Große Moschee Hasan II. mit dem 180 m hohen Minarett

1991 fertiggestellt (1992 eingeweiht). Der Gesamtkomplex (mit Bädern, Bibliothek, Koranschule) umfaßt 40 000 m²; der 20 000 m² große Betsaal (prachtvoller Dekor) ist der größte der Erde und faßt über 20 000 Gläubige; vom 180 m hohen Minarett leuchtet nachts ein Laserstrahl in Richtung Mekka.

CASE [keɪs; Abk. von engl. **C**omputer-**a**ided **s**oftware-**e**ngineering ›computerunterstütztes Software-Engineering‹], Sammel-Bez. für Software-Werkzeuge (spezielle Computerprogramme) des ▷ Software-Engineerings in allen seinen Phasen. Dazu gehören – neben herkömml. Werkzeugen wie Texteditoren, Übersetzern oder Testhilfen – insbesondere auch Werkzeuge für die Anfangsphasen der Software-Entwicklung, wie Wirtschaftlichkeits- und Durchführbarkeitsprüfung oder spezielle Editoren für Datenflußpläne, Petri-Netze o. ä. Werden mehrere (oder besser: genügend viele) kompatible Werkzeuge mit gemeinsamen Schnittstellen und einheitl. Benutzungsschnittstelle zu einem Software-Paket integriert, dann wird diese ›Software-Entwicklungsumgebung‹ als **CASE-Umgebung** bezeichnet.

Cash-flow-Steuer [ˈkæʃ ˈfloʊ-; engl. cash ›Bargeld‹ und flow ›Fluß‹], ein in jüngerer Zeit in der Finanzwissenschaft diskutiertes Konzept der Unternehmensbesteuerung, bei dem sich die Steuer nicht nach dem Gewinn, sondern nach der Differenz zw. Zahlungseingängen und Ausgaben (laufende Ausgaben und Investitionsausgaben) bemißt. In der Grundvariante werden nur die realwirtschaftl. Zahlungsüberschüsse von Unternehmen der (proportionalen) Steuer unterworfen, Zinszahlungen sind nicht abzugsfähig, Zinseinnahmen bleiben generell steuerfrei. Eine solche Steuer wäre im Vergleich zur Besteuerung nach dem Jahresgewinn erheblich einfacher zu berechnen und hätte gewichtige allokative Vorteile: Die Periodisierung von Aufwand und Ertrag entfällt, eine Bewertung des Vermögens ist nicht mehr erforderlich, komplizierte Abschreibungsregeln sind überflüssig, und das Problem der Scheingewinnbesteuerung tritt nicht auf, da Investitionsausgaben sofort und in voller Höhe bei der Ermittlung der Steuerbemessungsgrundlage abzuschreiben sind. Während die geltende Körperschaftsteuer die Selbstfinanzierung gegenüber der Fremd- und der Beteiligungsfinanzierung benachteiligt, werden bei der C.-f.-S. alle Finanzierungsformen steuerlich gleichbehandelt (Finanzierungsneutralität).

Casken [ˈkæskən], John, brit. Komponist, * Barnsley 15. 7. 1949; studierte u. a. in Warschau bei W. LUTOSŁAWSKI, lehrt seit 1981 an der Univ. von Durham. Seine Werke, die z. T. auch mikrotonale und aleator. Techniken miteinbeziehen, zeichnen sich aus durch klare Formung und ein Gespür für nuancierte Farbtongebung. Schrieb die Oper ›Golem‹ (1989), Orchesterwerke (›Tableaux des trois âges‹, 1977; Klavierkonzert, 1981; ›Orion over Farne‹, 1984; Cellokonzert, 1991; ›Still mine‹ für Bariton und Orchester, 1992), Kammermusik (Streichquartett, 1982; ›Piano quartet‹, 1990), Chorwerke.

*****Cassavetes,** John, amerikan. Filmregisseur und -schauspieler: † Los Angeles (Calif.) 3. 2. 1989.

*****Cassinari,** Bruno, italien. Maler: † Mailand 26. 3. 1992.

CASTOR-Behälter [CASTOR Abk. für engl. **Ca**sk for **s**torage and **t**ransport **o**f **r**adioactive material ›Behälter für Lagerung und Transport radioaktiven Materials‹], *Kerntechnik:* Spezialbehälter für den Transport hochradioaktiver Abfälle oder bestrahlter Brennelemente sowie deren ▷ Zwischenlagerung in einem Trockenlager (bis zu 40 Jahren). Der Mantel mit einer Wandstärke von etwa 44 cm besteht aus einer Legierung aus Gußeisen und Kugelgraphit (Sphäroguß) und ist innen zur Verhinderung von Korrosion mit Nickel beschichtet. In der Wandung des Gußkörpers befinden sich durchgehende axiale Bohrungen, die zur Neutronenabschirmung mit Kunststoffstäben gefüllt sind. Ähnl. Neutronenabsorber müssen auch im Dek-kel bzw. Bodenbereich vorhanden sein. Längslaufende Kühlrippen an der Außenwand dienen zur Abstrahlung (bis zu 42 kW Wärmeleistung) der im Innern entstehenden Zerfallswärme. Bis zu 28 in Stahl einge-

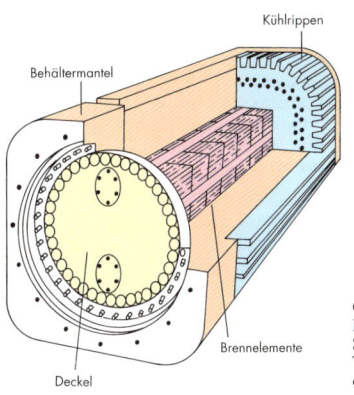

CASTOR-Behälter: Schematische Teilschnittdarstellung

schweißte Glaskörper (Kokillen) mit hochradioaktiven, verfestigten Spaltprodukten aus der Wiederaufarbeitung von Brennelementen oder bis zu 10 t bestrahlte Brennelemente können je Behälter in dafür geeigneten Gestellen untergebracht werden. Der Inhalt wird trocken in einem Vakuum von $<10^{-7}$ bar gelagert und durch ein Mehrfachdeckelsystem verschlossen. Es besteht aus einem etwa 34 cm starken Primärdeckel sowie einem etwa 13 cm starken Sekundärdeckel aus Edelstahl (›Doppelbarriere‹). CASTOR-B. gibt es in versch. Größen. Der größte besitzt eine Länge von etwas über 6 m und einen Außendurchmesser von ca. 2,5 m. Sein Gewicht (unbeladen) beträgt ca. 120 t.

CASTOR-Behälter: CASTOR II a beladen und fertig zum Abtransport auf einem Transportfahrzeug der Deutschen Bahn im Kernkraftwerk Philippsburg

Für den Transport von CASTOR-B. bedarf es einer verkehrsrechtl. und zur Zwischenlagerung einer atomrechtl. Genehmigung; für beide ist das Bundesamt für Strahlenschutz zuständig. Der Behälter muß folgende Schutzziele gewährleisten: Sicherheit gegen Kritikalität, ausreichende Wärmeabfuhr, ausreichende Abschirmung der radioaktiven Strahlung und dichter Einschluß der radioaktiven Stoffe auch bei Hochwasser, Explosionen, Feuer, Erdbeben, Flugzeugabsturz oder Absturz des Behälters aus großen Höhen. Z. Z.

Cast Castorf – Centesimus annus

Frank Castorf

Anibal Cavaco Silva

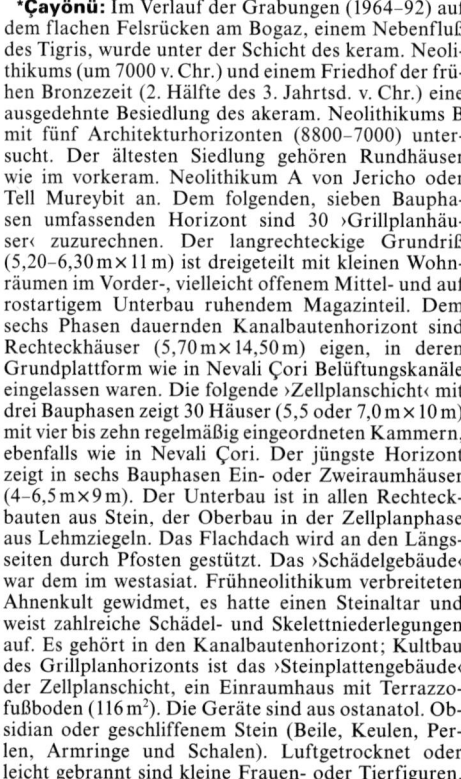
Thomas R. Cech

Camilo José Cela

dienen CASTOR-B. vorwiegend zum Transport ausgebrannter Brennelemente aus dt. Kernkraftwerken in die Wiederaufarbeitungsanlagen Cap de la Hague (Frankreich) und Sellafield (Großbritannien). Ab Sommer 1994 kam es zu monatelangen polit. und jurist. Streitigkeiten zw. der Bundes-Reg. und der niedersächs. Landes-Reg. um die erste Einlagerung ausgebrannter Brennelemente in das seit 1983 betriebsbereite Zwischenlager Gorleben. Begleitet von massiven Protesten und Aktionen durch Kernkraftgegner fand der erste CASTOR-Transport vom Kernkraftwerk Philippsburg am 24./25. 4. 1995 unter aufwendigen Sicherheitsvorkehrungen statt.

Castorf, Frank, Theaterregisseur und Intendant, * Berlin (Ost) 17. 7. 1951; begann 1976 mit der Theaterarbeit, die schon in der Zeit der Dt. Dem. Rep. wild-anarch. Charakter hatte und mit polit. Opposition gleichzusetzen war; ab 1990 Regisseur am Dt. Theaters Berlin, seit 1992 ebd. Intendant der Volksbühne am Rosa-Luxemburg-Platz.

***Cattenom:** Seit 1991 sind in der frz. Kernkraftgroßanlage alle vier Reaktorblöcke in Betrieb.

***Cau,** Jean, frz. Schriftsteller: † Paris 18. 6. 1993.

Cavaco Silva [-ku-], Anibal, portug. Wirtschaftswissenschaftler und Politiker, * Boliqueime (Distr. Faro) 15. 7. 1939; Prof. für Wirtschafts- und Finanzwissenschaften, übernahm 1979 einen Lehrstuhl an der Neuen Univ. in Lissabon. 1980 war er Wirtschafts- und Finanz-Min.; 1985 wurde C. S. Vors. des Partido Social Democrata (PSD). Als MinPräs. (1985–95) führte er eine an marktwirtschaftl. Vorstellungen orientierte Reform der Wirtschaftsstruktur Portugals durch und setzte die Mitgliedschaft seines Landes in der EG durch. Bei den Präsidentschaftswahlen am 14. 1. 1996 unterlag er F. BRANCO DE SAMPAIO.

***Cayatte,** André, frz. Filmregisseur: † Paris 6. 2. 1989.

***Çayönü:** Im Verlauf der Grabungen (1964–92) auf dem flachen Felsrücken am Bogaz, einem Nebenfluß des Tigris, wurde unter der Schicht des keram. Neolithikums (um 7000 v. Chr.) und einem Friedhof der frühen Bronzezeit (2. Hälfte des 3. Jahrtsd. v. Chr.) eine ausgedehnte Besiedlung des akeram. Neolithikums B mit fünf Architekturhorizonten (8800–7000) untersucht. Der ältesten Siedlung gehören Rundhäuser wie im vorkeram. Neolithikum A von Jericho oder Tell Mureyelt an. Dem folgenden, sieben Bauphasen umfassenden Horizont sind 30 ›Grillplanhäuser‹ zuzurechnen. Der langrechteckige Grundriß (5,20–6,30 m × 11 m) ist dreigeteilt mit kleinen Wohnräumen im Vorder-, vielleicht offenem Mittel- und auf rostartigem Unterbau ruhendem Magazinteil. Dem sechs Phasen dauernden Kanalbautenhorizont sind Rechteckbauten (5,70 m × 14,50 m) eigen, in deren Grundplattform in Nevali Çori Belüftungskanäle eingelassen waren. Die folgende ›Zellplanschicht‹ mit drei Bauphasen zeigt 30 Häuser (5,5 oder 7,0 m × 10 m) mit vier bis zehn regelmäßig eingeordneten Kammern, ebenfalls wie in Nevali Çori. Der jüngste Horizont zeigt in sechs Bauphasen Ein- oder Zweiraumhäuser (4–6,5 m × 9 m). Der Unterbau ist in allen Rechteckbauten aus Stein, der Oberbau in der Zellplanphase aus Lehmziegeln. Das Flachdach wird an den Längsseiten durch Pfosten gestützt. Das ›Schädelgebäude‹ war dem im westasiat. Frühneolithikum verbreiteten Ahnenkult gewidmet, es hatte einen Steinaltar und weist zahlreiche Schädel- und Knochenniederlegungen auf. Es gehört in den Kanalbautenhorizont; Kultbau des Grillplanhorizonts ist das ›Steinplattengebäude‹ der Zellplanschicht, ein Einraumhaus mit Terrazzofußboden (116 m²). Die Geräte sind aus ostanatol. Obsidian oder geschliffenem Stein (Beile, Keulen, Perlen, Armringe und Schalen). Luftgetrocknet oder leicht gebrannt sind kleine Frauen- oder Tierfiguren.

Anzeichen der ältesten Metallurgie sind durch die Verformung oder durch Hämmern des kalten oder erhitzten Malachits gewonnene Perlen, Anhänger, Nadeln und Haken. Lebensgrundlage war die Jagd. In der jüngeren Siedlung kam Haustierhaltung und Bodenbau auf.

***CCITT:** →Internationale Fernmelde-Union.

CD-I, Abk. für Compact Disc Interaktiv (→Compact Disc).

CD-ROM, Abk. für Compact Disc Read Only Memory (→Compact Disc).

***Ceauşescu,** Elena, rumän. Politikerin: † (hingerichtet) 25. 12. 1989. Am 23. 12. 1989 zus. mit ihrem Mann NICOLAE verhaftet; wurde am 25. 12. 1989 von einem geheim tagenden Militärgericht unter Anklage ›bes. schwerer Verbrechen‹ gegen Rumänien zus. mit ihrem Mann zum Tode verurteilt und erschossen.

***Ceauşescu,** Nicolae, rumän. Politiker: † (hingerichtet) 25. 12. 1989. Während er lange Zeit in der internat. Öffentlichkeit wegen seines auf rumän. Eigenständigkeit gegenüber der UdSSR bedachten außenpolit. Kurses Ansehen besaß, verlor er v. a. in den 80er Jahren innenpolitisch immer stärker an Rückhalt; durch Einbeziehung seiner Familie in die Machtpositionen des Partei- und Staatsapparates sowie durch die Ausbildung der Geheimpolizei ›Securitate‹ zum persönl. Unterdrückungsinstrument suchte er seine Herrschaft zu sichern. Am 22. 12. 1989 wurde C. durch einen Volksaufstand gestürzt, zus. mit seiner Frau ELENA am 23. 12. verhaftet und am 25. 12. 1989 unter der Anklage ›bes. schwerer Verbrechen‹ gegen Rumänien in einem geheimen Militärprozeß zum Tode verurteilt und erschossen. C. wurde anschließend u. a. des Völkermordes, der Unterwanderung des Staates und des Diebstahls öffentl. Vermögenswerte beschuldigt.

Cech [setʃ], Thomas Robert, amerikan. Biochemiker, * Chicago (Ill.) 8. 12. 1947; seit 1983 Prof. für Chemie und Biochemie an der University of Colorado in Boulder. C. und seine Mitarbeiter fanden 1981 bei der Untersuchung der ribosomalen RNS des Wimpertierchens Tetrahymena pyriformis, daß auch Ribonukleinsäuren katalytisch wirken können und ohne Mithilfe von Enzymen beim Vorgang des RNS-Processing definierte Bereiche aus den Kettenmolekülen der RNS heraussschneiden sowie die beiden Molekülenden in richtiger Weise wieder verbinden können. Für diese Entdeckung, die ein neues Arbeitsgebiet der Biochemie, die RNS-Katalyse, eröffnete, erhielt C. (mit S. ALTMAN) 1989 den Nobelpreis für Chemie.

CEFTA, Abk. für Central European Free Trade Agreement (→Visegrád-Gruppe).

CEI [seːˈi, frz.], Abk. für Communauté des États Indépendants (→Gemeinschaft Unabhängiger Staaten).

***Cela,** Camilo José, span. Schriftsteller: Erhielt 1989 den Nobelpreis für Literatur, 1995 den Premio Miguel de Cervantes. 1993 erschien seine Autobiographie u. d. T. ›Memorias, entendimientos y voluntades‹.

***Celaya,** Gabriel, span. Lyriker und Essayist: † Madrid 18. 4. 1991.

***Celio,** Nello, schweizer. Politiker: † Bern 29. 12. 1995.

***CENTAG:** Wurde im Rahmen der Veränderung der NATO-Kommandostruktur am 30. 6. 1993 aufgelöst. (→LANDCENT)

Centesimus annus [lat. ›das hundertste Jahr‹], am 2. 5. 1991 zum 100. Jahrestag der Enzyklika ▷ Rerum novarum veröffentlichte Sozialenzyklika Papst JOHANNES PAULS II. Sie warnt – angesichts des Umsturzes im früheren Ostblock – vor den Gefahren eines ›ungezügelten Kapitalismus‹, empfiehlt die soziale Marktwirtschaft, ohne diesen Begriff direkt zu gebrauchen, und fordert für die dritte Welt eine Entwicklung ohne Ausbeutung und ökolog. Zerstörung.

Central European Free Trade Agreement ['sentrəl jʊərə'piːən friː treɪd ə'griːmənt; engl. ›Mitteleurop. Freihandelsabkommen‹], Abk. **CEFTA,** →Visegrád-Gruppe.

Centroamericana 4 [sen-], Abk. **C4,** am 22. 4. 1993 geschlossenes Abkommen zw. den zentralamerikan. Ländern El Salvador, Guatemala, Honduras und Nicaragua zur Bildung einer Freihandelszone. Diese Länder sind ebenfalls Mitglieder des SICA (▷ Zentralamerikanisches Integrationssystem), dem als weitere Länder Costa Rica und Panama angehören. Ziel des C 4 ist eine möglichst schnelle wirtschaftl. Integration. Nach anfängl. Schwierigkeiten und Verzögerungen soll die Freihandelszone schrittweise bis zum Jahr 2000 realisiert werden. Costa Rica und Panama wollen sich bislang nicht dem C 4 anschließen.

***CEPT:** Aufgrund der Liberalisierung im Bereich Telekommunikation befaßt sich die CEPT seit 1992 ausschließlich mit hoheitl. und regulator. Fragen. Die Aufgabe der techn. Harmonisierung ist 1988 auf das Europ. Institut für Telekommunikationsstandards, ETSI, übertragen worden. Der CEPT gehören heute die Regulierungsbehörden von 43 west-, mittel- und osteurop. Staaten an (Stand: Sept. 1995).

***CERN:** 1990–93 stieg die Zahl der CERN-Mitgl. mit Finnland, Polen, Ungarn, der Tschech. Rep., der Slowak. Rep. und Rußland auf nunmehr 19 Staaten. – Experimente am Speicherring LEP zeigten 1991 die Existenz von nur drei Neutrinoarten (→Hochenergiephysik). Anfang 1995 wurde der Bau des Proton-Speicherrings LHC verabschiedet (→LEP). Mit dem Speicherring LEAR (**L**ow **E**nergy **A**ntiproton **R**ing) gelang im Sept. 1995 erstmals die Erzeugung von Antiwasserstoffatomen (bestehend aus einem Antiproton und einem Positron) mit ca. 4 · 10⁻¹¹ s Lebensdauer.

CE-Zeichen [CE Abk. für frz. Conformité européenne ›europ. Einheitlichkeit‹], Zeichen zur Kennzeichnung von Produkten, die innerhalb der EU hergestellt werden. Mit dieser ab 1. 1. 1995 verbindlich eingeführten Kennzeichnung bestätigt der Hersteller, daß das betreffende Erzeugnis die Sicherheits- und Normvorschriften der jeweiligen EG-Richtlinie (Europa-Normen) erfüllt. Durch diese Richtlinien werden techn. Vorschriften harmonisiert und damit auch techn. Handelshemmnisse beseitigt. Der Warenaustausch zw. den EU-Staaten und auch innerhalb des Europ. Wirtschaftsraums wird durch die Anbringung des CE-Z. erleichtert, die Arbeit der EU-Aufsichtsbehörden vereinfacht. Bisher bestehen EG-Richtlinien und entsprechende Kennzeichnungspflichten u. a. für Maschinen, Spielzeug, Telekommunikationseinrichtungen und medizintechn. Produkte.

***Chadli,** Bendjeddid, alger. Politiker: 1988 trat C. von seinem Amt als GenSekr. des FLN zurück, um dem Vorwurf der Ämterhäufung entgegenzutreten. Im Dez. 1988 wurde er abermals durch Wahlen als Staatspräs. bestätigt. Nachdem die Islamisten bei den von ihm geförderten Mehrparteienwahlen vom Dez. 1991 im ersten Wahlgang einen unerwartet überwältigenden Sieg errungen hatten, trat C. am 11. 1. 1992, wohl auf Druck der Armee, die in der Folge die Wahlen annullierte und ein kollektives Staatsoberhaupt installierte, als Staatspräs. zurück.

Chakassien [xa-], **Chakassische Republik,** bis Juli 1991 ▷Chakassisches Autonomes Gebiet, Teilrepublik der Russ. Föderation in Südsibirien, 61 900 km², (1992) 581 000 Ew., meist Russen, nur etwa 10 % Chakassen (mehrere türksprachige Ethnien). Hauptstadt ist Abakan. – Im Juli 1991 wurde die Autonome Region innerhalb der Region Krasnodar durch Gesetz der Russ. SFSR zu einer souveränen Rep. innerhalb der Russ. SFSR. Nach dem Zerfall der UdSSR (Dez. 1991) unterzeichnete C. am 31. 3. 1992 den Föderationsvertrag mit Rußland.

Chamoiseau [ʃamwa'zo], Patrick, frz. Schriftsteller aus Martinique, *Fort-de-France 3. 12. 1953; prägte u. a. den Begriff der ›créolité‹, der die karib. Identität als ethnisch und kulturell komplexes, aus versch. Einflüssen zusammengesetztes Mosaik betrachtet. In seinen Romanen verarbeitet er anhand vorwiegend symbol. Figuren die Identitätssuche als neokoloniale Auseinandersetzung zw. kreol. Kultur und den dominanten europ. Werten.

Werke: *Romane:* Chronique des sept misères (1986); Solibo magnifique (1988); Texaco (1992; dt.). – *Studie:* Lettres créoles. Tracées antillaises et continentales de la littérature: Haïti, Guadeloupe, Martinique, Guyane: 1635–1975 (1991, mit R. CONFIANT). – *Erinnerungen:* Antan d'enfance (1990).

Chamorro [tʃa-], Violeta **Barrios de,** nicaraguan. Politikerin, *Rivas 18. 10. 1929; 1950 ∞ mit PEDRO JOAQUÍN C., Chefredakteur der zur Diktatur A. SOMOZAS in Opposition stehenden Tageszeitung ›La Prensa‹. Nach der Ermordung ihres Mannes (1978) übernahm C. die Zeitung als Herausgeberin und entwickelte sie zur größten des Landes und zum Sprachrohr der rechtskonservativen Opposition gegen die Sandinisten; nach dem Sturz SOMOZAS vorübergehend (1979–80) als Vertreterin des bürgerl. Lagers Mitgl. der ›Junta des nat. Wiederaufbaus‹. Als Kandidatin der ›Unión Nacional Opositora‹ (UNO) ging C. am 25. 2. 1990 aus den Wahlen als neue Präsidentin Nicaraguas hervor. Ihre Zusammenarbeit mit dem polit. Gegner (u. a. Verpflichtung des sandinist. Verteidigungs-Min. HUMBERTO ORTEGA bis Febr. 1995) führte zum Verlust der parlamentar. Unterstützung durch die Mehrheit der UNO im Jan. 1993. Im Unterschied zu ihrer Wirtschaftspolitik konnte C. Erfolge bei der Befriedung und Demilitarisierung ihres Landes erzielen.

***Chamoun,** Camille Nimer, libanes. Politiker: † Beirut 7. 8. 1987.

***Chandrasekhar,** Subrahmanyan, amerikan. Astrophysiker ind. Herkunft: † Chicago (Ill.) 21. 8. 1995.

***Chaostheorie:** Im wiss. Denken gewinnt die C. zunehmend an Bedeutung. In der modernen *Physik* und *Mathematik* steht der mathematisch präzisierbare Chaosbegriff im Mittelpunkt: Das langfristig unvorhersagbare bzw. unberechenbare Verhalten streng determinierter Systeme wird dabei als **determinist. Chaos** bezeichnet. Obwohl zahlreiche determinist. chaot. Phänomene bekannt sind (z. B. Wetterdynamik, Himmelsmechanik, Populationsdynamik, Wirtschaftsturbulenzen), gibt es keine einheitl., disziplin- und theorieübergreifende Definition des determinist. Chaos. Präzise Definitionen und exakte mathemat. Beweise für das Vorliegen von determinist. Chaos konnten bisher nur für einfache mathemat. Modelle (wie z. B. die ›logist. Gleichung‹) formuliert werden.

Dennoch können einige grundlegende Eigenschaften des von E. N. LORENZ in numer. Untersuchungen der theoret. Meteorologie Anfang der 1960er Jahre entdeckten und von T.-Y. LI und J. YORKE 1975 als Begriff in der modernen Physik etablierten determinist. Chaos identifiziert werden: erstens die hohe Sensitivität von Systemen gegenüber kleinsten Störungen, die ein explosionsartiges Anwachsen von Meß- oder Rechenfehlern zur Folge hat. So führten in den Untersuchungen von LORENZ kleinste Änderungen der Anfangsbedingungen in einem Gleichungssystem mit drei Variablen zur Modellierung der Wetterdynamik zu langfristig völlig unterschiedlichen numer. Berechnungsresultaten: Die dynam. Auswirkung eines Flügelschlags eines Schmetterlings irgendwo in der Atmosphäre kann es, um jede Langzeitprognose der Wetterdynamik ein hoffnungsloses Unterfangen werden zu lassen (›Schmetterlingseffekt‹). Die beiden weiteren grundlegenden Eigenschaften sind der hohe

CE-Zeichen

Violeta Barrios de Chamorro

mathemat. bzw. computernumer. Aufwand, der für eine verläßl. (Langzeit-)Vorhersage notwendig ist, und der Zusammenbruch der Vorhersagbarkeit für große Zeitintervalle. (Determinist.) Chaos wird in diesem Zusammenhang zum Synonym für langfristige Nichtberechenbarkeit, die bereits in dynam. Systemen mit sehr wenigen Freiheitsgraden (≥ 3) auftreten kann. Dieses Ergebnis steht im Ggs. zu den lange Zeit in der Physik unternommenen Versuchen, kompliziertes Lösungsverhalten in der Dynamik mit Hilfe linearer Stabilitätsanalysen zu charakterisieren. Stillschweigend wurde dabei davon ausgegangen, daß Systeme mit nur einigen wenigen Freiheitsgraden kein sehr kompliziertes Verhalten zeigen könnten, d. h., daß sie alle langfristig berechenbar und vom Phänomen des ›Schmetterlingseffekts‹ frei sein sollten. Die mittlerweile sehr umfangreiche Literatur zur C. zeigt, daß diese Annahme unzutreffend ist.

Mit der ›gähnenden Leere‹ des griechisch-antiken Chaosbegriffs oder dem hebr. Tohuwabohu des bibl. Schöpfungsberichts oder dem kosmogon. Chaosbegriff als Bez. des ›einfachsten phys. Zustands (des Kosmos), der auf das Nichts folgen kann‹ (KANT), u. ä. hat der moderne Chaosbegriff nur noch die grundsätzl. Vorstellung sehr komplizierten Systemverhaltens gemeinsam, das nun allerdings mathematisch präzisierbar und numerisch, d. h. computerexperimentell überprüfbar wird (z. B. ›Beschattungslemma‹ von E. COVEN u. a., 1988).

Die Physik unterscheidet aus method. Gründen zw. **Hamiltonschem Chaos** (z. B. in der Himmelsmechanik), **dissipativem Chaos** (z. B. turbulente Strömungen, ›seltsame chaot. Attraktoren‹) und **Quantenchaos** (in der Quantenmechanik). Mathematisch führt das determinist. Chaos auf Probleme der Berechenbarkeit und log. Unentscheidbarkeit: Chaot. Systeme können für beliebig lange Zeitintervalle nicht mittels algorithm. Computerprogramme berechnet werden, die informationstheoretisch wesentlich kürzer sind als die Systementwicklung selbst; einzelne chaot. Systeme sind berechnungstheoretisch der logisch-mathemat. Unentscheidbarkeit (K. GÖDEL) äquivalent; mathemat. Eigenschaften des determinist. Chaos können für ein gegebenes System i. a. nicht bewiesen werden.

Erst in den Jahren zw. 1954 und 1964 konnten die versch. Resultate über Stabilitäts- und Berechenbarkeitsfragen bestimmter Klassen von Differentialgleichungssystemen durch die mathemat. Physiker A. N. KOLMOGOROW, V. I. ARNOLD und J. MOSER (teilweise) bewiesen werden (›KAM-Theorem‹). Diese Resultate sind neben den Stabilitätsproblemen der Himmelsmechanik auch für Stabilisierungsprobleme in Elementarteilchenbeschleunigern von Bedeutung.

Erkenntnistheoretisch-philosophisch kann die C. in der Physik in die Reihe der grundlegenden Umwälzungen physikal. Theorienbildung im 20. Jh. eingereiht werden: Die Relativitätstheorie hat die Newtonsche Vorstellung einer absoluten Zeit und eines absoluten Raums eliminiert, die Quantentheorie den Newtonschen Traum eines vollständig kontrollierbaren Meßprozesses; die C. eliminiert die Laplacesche Utopie der determinist. langfristigen Vorhersagbarkeit. Im Unterschied zur Relativitäts- oder zur Quantentheorie konstituiert die C. keine neue physikal. Theorie, die neuartige ›fundamentale‹ Wirklichkeitsbereiche der Makro- oder Mikrokosmos erschlösse; sie stellt jedoch eine Reihe von grundlegenden Voraussetzungen einer wissenschaftlich-mathematisierten Weltbeschreibung in Frage: Die C. bricht mit klass. Kausalitäts- und Determinismusbegriffen, gemäß denen strenge eindeutige Determiniertheit (›schwacher Determinismus‹) auch exakte, langfristige Vorhersagbarkeit bzw. Vorausberechenbarkeit impliziere; die C. impliziert in den mathematisierten Naturwissenschaften in zahlreichen Situationen drast. Beschränkungen der effektiven Berechenbarkeit. Die C. zeigt, daß das physikal. Universum, selbst wenn sein Entwicklungsverlauf im Sinne der klass. Mechanik mathematisch vollständig determiniert wäre, kein vollständig berechenbares Uhrwerk ist. Das determinist. Chaos zeigt, daß es im Rahmen der mathematisierten Naturwissenschaften keinerlei Inkonsistenz zw. Determinismus und Zufälligkeit (engl. randomness) gibt: Die Bewegungsdynamik deterministisch chaot. Systeme kann ebensogut durch stochast. Zufallsprozesse beschrieben werden.

In ethischer, entscheidungs- und verantwortungsprakt. Hinsicht findet die chaostheoret. Einsicht in die aus Effektivitätsgründen eingeschränkte Berechenbarkeit und Beherrschbarkeit der Natur ihren Niederschlag in jeweils kontextabhängig zu definierenden Verantwortungsbegriffen mit beschränkter Reichweite. Einen Freiheitsbegriff kann die C. allenfalls im Sinne eines deterministisch-dezisionist. Modells stützen.

Neuerdings wird versucht, Aussagen der C. auch auf *ökonom. Modelle* zu übertragen, insbesondere in den Bereichen Konjunkturtheorie, Evolutionsökonomik und Regionalökonomik. Auch wurde mit der C. die Hoffnung verbunden, daß sich Gesetzmäßigkeiten für die Kursentwicklung an Aktienmärkten ermitteln ließen. Doch kann sich ein chaostheoret. Ansatz ebenfalls nur auf die bekannten vergangenen Entwicklungen stützen, so daß eine auch zeitlich genaue Prognose der Kursentwicklung nicht möglich ist.

***Char**, René, frz. Dichter: † Paris 19. 2. 1988.

Charette [ʃaˈrɛt], Hervé de, eigtl. **H. de C. de la Contrie** [-kɔ̃ˈtri], frz. Politiker, * Paris 30. 7. 1938; trat nach Abschluß der Verwaltungshochschule École nationale d'administration (ENA) 1966 in den Staatsdienst ein (u. a. 1977 Leiter der Einwanderungsbehörde); seit 1976 Mitgl. des Parti Républicain (stellv. Vors. seit 1979), 1988–93 Abg. der UDF im Parlament; seit 1989 Bürgermeister von Saint-Florent-le-Vieil (Dép. Maine-et-Loire); in der Reg. Balladur 1993–95 Wohnungs-Min., wurde C. unter Premier-Min. A. JUPPÉ im Mai 1995 Außenminister.

Charitonow [x-], Mark Sergejewitsch, russ. Schriftsteller, * Schitomir 31. 8. 1937; urspr. Lehrer und Redakteur; konnte nur der Perestroika nur die Powest ›Den‹ v fevrale‹ (1976, erweiterte Ausgabe 1988) veröffentlichen, da er sein Hauptthema, Wesen und Rolle des Künstlers in der Gesellschaft, ohne Rücksicht auf die Zensur behandelte. Der Roman ›Linii sud'by‹, ili sunduček Milaševiča‹ (entstanden 1981–85) über die Hinterlassenschaft eines vergessenen Schriftstellers setzt sich mit der Frage der Vorherbestimmung des Menschen auseinander. C. übersetzte auch dt. Autoren (H. HESSE, F. KAFKA, S. ZWEIG).

Ausgabe: Izbrannaja proza, 2 Bde. (1994).

Charpak [ˈxarpak, frz. ʃarˈpak], Georges, frz. Physiker poln. Herkunft, * Dąbrowica (heute Dubrowista, Gebiet Rowno, Ukraine) 1. 8. 1924; seit 1959 am CERN, seit 1984 Prof. an der Pariser Hochschule für Physik und Chemie; entwickelte einen Teilchendetektor zur präzisen Bestimmung der Bahn eines ionisierenden Teilchens, der wesentlich zur Entdeckung des Charms und intermediärer Bosonen sowie zum erstmaligen Nachweis von Quarks beitrug. 1992 erhielt er hierfür den Nobelpreis für Physik.

Georges Charpak

Chasanow [x-], **Chazanov** [xaz-], Boris, eigtl. **Gennadij Moissejewitsch Fajbussowitsch**, russ. Schriftsteller, * Leningrad 16. 1. 1928; verbrachte die Jahre 1949–55 in sowjet. Lagern; war ab 1961 als Arzt tätig; übersetzte philosoph. und theolog. Texte aus dem Deutschen und Französischen. Seine literar. Texte konnten nur im Samisdat veröffentlicht werden. 1982 emigrierte er nach Dtl. Seine z. T. autobiographisch bestimmte (›Antivremja. Moskovskij roman‹, 1985; dt. ›Gegenzeit. Ein Moskauer Roman‹), reflektor. Prosa kreist um das Verhältnis von Russentum, Judentum und Christentum und fragt nach der Stellung der jüdisch-russ. Intelligenz.

Weitere Werke: *Essays:* Mif Rossija (1986; dt. Mythos Rußland. Betrachtungen aus dt. Zuflucht). – *Erzählungen:* Čas korolja (1976; dt. Die Königsstunde). – *Roman:* Unten ist Himmel. Ein Roman aus Rußland (dt. 1993).

Chatwin [ˈtʃætwɪn], Bruce, engl. Schriftsteller, * Sheffield 13. 5. 1940, † Nizza 18. 1. 1989. In seinen Reisebüchern (›In Patagonia‹, 1977, dt. ›In Patagonien‹; ›The songlines‹, 1987, dt. ›Traumpfade‹) mischen sich Bericht und Fiktion, Autobiographisches, philosoph. Reflexion und ethnolog. Information. Sein Roman über einen brasilian. Sklavenhändler ›The viceroy of Ouidah‹ (1980; dt. ›Der Vizekönig von Ouidah‹) wurde von W. Herzog u. d. T. ›Cobra Verde‹ (1987) verfilmt. Der letzte Roman ›Utz‹ (1988; dt.; verfilmt) über einen besessenen Kunstsammler in Prag ist gleichzeitig eine Reflexion über die Kunst als Gegenwelt zur Lebensrealität.

Weitere Werke: *Roman:* On the black hill (1982; dt. Auf dem schwarzen Berg). – *Reisebuch:* What am I doing here (1989; dt. Was mache ich hier).

Chauvet-Höhle [ʃoˈvɛ-], zunächst **Combe d'Arc** [kɔbˈdark, ›Bogenschlucht‹], im Dez. 1994 entdeckte Höhle mit altsteinzeitl. Felsbildern bei Vallon-Pont-d'Arc am Eingang zur Ardècheschlucht, etwa 30 km südwestlich von Montélimar, Frankreich. Die von drei frz. Höhlenforschern unter Leitung von Jean-Marie Chauvet entdeckte Höhle weist etwa 300 ausgezeichnet erhaltene Malereien auf, überwiegend in rötl. Okker oder Schwarz ausgeführte Tierdarstellungen: Nashörner, Raubkatzen (Löwinnen oder Leoparden) und Bären, ferner Steinböcke, Mammuts, Hirsche, Pferde, Bisons sowie Hyänen und Eulen. Auch Handabdrücke und Punktfelder treten auf. Abgesehen von den sonst nicht im Mittelpunkt von Höhlenmalereien stehenden Tieren (Bär, Wildkatze und Nashorn) wird von frz. Experten wie Jean Clottes die Hintereinanderstaffelung der Tiere als stilistisch ungewöhnlich hervorgehoben. Das Alter dieser Felsbilder wird nach neuesten Radiokarbondaten auf 30 340 bis 32 410 Jahre geschätzt, sie sind danach 10 000 bis 15 000 Jahre älter als die vergleichbaren Felsbilder z. B. in den Höhlen von Altamira und Lascaux.

Grotte Chauvet. Altsteinzeitl. Höhlenkunst im Tal der Ardèche, Beitr. v. J.-M. Chauvet u. a. (a. d. Frz., 1995).

*chemische Elemente: Bei der GSI (Gesellschaft für Schwerionenforschung) in Darmstadt ist es im Nov. und Dez. 1994 gelungen, die Elemente 110 und 111 zu erzeugen. Namen wurden für sie noch nicht vorgeschlagen.

*chemische Industrie: Bei einem Produktionswert der c. I. von (1994) 165,0 Mrd. DM entfielen auf die bedeutendsten Sparten folgende Anteile: Pharmazeutika 19,9 %, organ. Produkte 15,8 %, Kunststoffe 15,8 %, anorgan. Produkte 5,6 %, Körperpflegemittel 5,5 % und Lacke 4,9 %.

In Dtl. wurde 1994 in 1 830 Betrieben mit rd. 570 000 Beschäftigten ein Umsatz von rd. 175,2 Mrd. DM (10,3 % des Gesamtumsatzes des verarbeitenden Gewerbes) erzielt. Davon waren 76,3 Mrd. DM Auslandsumsatz. Im Export nahm die deutsche c. I. 1994 vor den USA und vor Japan die erste Stelle ein. Im Außenhandel wurden 1994 folgende Werte (in Mrd. DM) erzielt: mit EU-Ländern (Import 34,3; Export 47,7), EFTA-Staaten (8,6; 13,0), Nord- und Mittelamerika (5,4; 8,7), Japan (2,6; 4,0), den übrigen Industrieländern (2,7; 5,8), asiat. Staatshandelsländern (0,6; 0,7), Entwicklungsländer (ohne OPEC; 1,6; 10,8). – In *Österreich* gab es (1994) 622 Betriebe der c. I., die 49 000 Personen beschäftigten und einen Produktionswert von 87,5 Mrd. $ erreichten. – In der *Schweiz* produzierten 1994 rd. 70 000 Beschäftigte in 334 Arbeitsstätten chem. Erzeugnisse. Bezogen auf die Beschäftigtenzahl ist die c. I. die zweitgrößte Industriebranche der Schweiz.

Chauvet-Höhle: Drei mit Holzkohle gezeichnete Pferdeköpfe auf der durch Kalzitablagerungen rötlich gefärbten Wand einer Felsnische in dem nach Christian Hillaire, einem der Entdecker, benannten Saal

*chemische Kampfmittel: Ende 1987 begannen die USA mit der Produktion binärer Munition, da die Genfer Verhandlungen über c. K. bis dahin nicht zum Abschluß eines entsprechenden Abrüstungsvertrags geführt hatten. Mitte 1990 wurden die in der Bundesrep. Dtl. gelagerten amerikan. c. K. abgezogen und zur Vernichtung auf das Johnstonatoll im Pazifik verbracht. Nach Abschluß des amerikan.-sowjet. Abkommens zur Produktionseinstellung und Beseitigung von C-Waffen (Juni 1990) verabschiedete die UN-Vollversammlung am 30. 11. 1992 die internat. Konvention zum Verbot und zur Zerstörung aller Chemiewaffen in der Welt; die Unterzeichnung durch 130 Staaten erfolgte am 13. 1. 1993 in Paris (Ende 1994: 159 Signatarstaaten). Die Konvention tritt erst in Kraft, wenn sie von 65 Signatarstaaten ratifiziert worden ist (Mitte 1995: von 20 Staaten ratifiziert). Die Vernichtung aller Vorräte an c. K. ist innerhalb von zehn Jahren vorgesehen, in Ausnahmefällen ist eine Frist von 15 Jahren zulässig.

Chemnitz [k-], kreisfreie Stadt in Sachsen, hieß von 1953 bis 1. 6. 1990 ▷ Karl-Marx-Stadt, war bis Okt. 1990 Bezirkshauptstadt und ist jetzt Sitz des Reg.-Bez. Chemnitz.

Chemnitz [k-], Landkreis in Sachsen, der 1953–90 Karl-Marx-Stadt hieß; ging am 1. 8. 1994 in den Kreisen Chemnitzer Land, Mittweida, Stollberg und Mittlerer Erzgebirgskreis (eine Gemeinde) auf.

Chemnitz [k-], Reg.-Bez. in Sachsen (→Sachsen, Verwaltungsgliederung).

Chemnitzer Land [k-], Landkreis im Reg.-Bez. Chemnitz, Sachsen, 369 km², (1994) 150900 Ew.; Kreisstadt ist Glauchau. Das Kreisgebiet an der Zwickauer Mulde im hügeligen bis bergigen Vorland des Westerzgebirges (250–450 m ü. M.) grenzt an die kreisfreie Stadt Chemnitz und an Thüringen. In der Landwirtschaft überwiegen der Futterpflanzen- und Getreideanbau, im industriellen Sektor der Maschinen- und Fahrzeugbau, gefolgt von der Textil- und Bekleidungsindustrie. Die Städte des Kreises sind Glauchau (1994: 28 100 Ew.), Hohenstein-Ernstthal, Lichtenstein/Sa., Limbach-Oberfrohna, Meerane, Oberlungwitz und Waldenburg. – Der Kreis wurde am 1. 8. 1994 aus den bisherigen Kreisen Glauchau (mit Ausnahme von zwei Gemeinden) und Hohenstein-Ernstthal sowie Gebietsteilen (u. a. Limbach-Oberfrohna) des bisherigen Kr. Chemnitz gebildet.

* **Chen Boda,** chin. Politiker; † Peking 20. 9. 1989.

Cheney [ˈtʃeɪnɪ], Richard (Dick) Bruce, amerikan. Politiker, * Lincoln (Nebr.) 30. 1. 1930; 1969–70 im Amt für Wirtschaftsförderung, 1971–73 im Rat für Lebenshaltungskosten tätig, unter Präs. G. FORD 1975–77 Stabschef im Weißen Haus; 1979–89 Abg. der Republikaner im Repräsentantenhaus; unter Präs. G. BUSH 1989–93 Verteidigungsminister.

Chen Kaige [tʃ-], chin. Filmregisseur, * Peking 12. 8. 1952; gehört zu den großen derzeit arbeitenden, international anerkannten chin. Filmregisseuren.

Filme: Gelbes Land (1985); König der Kinder (1987); Die Weissagung (1991); Lebewohl, meine Konkubine (1992).

* **Chéreau,** Patrice, frz. Regisseur: Gab 1990 die Leitung des Théâtre des Amandiers in Nanterre ab.

* **Cherkassky,** Shura, amerikan. Pianist russ. Herkunft: † London 27. 12. 1995.

* **Cherry,** Don, amerikan. Jazzmusiker; † Alhaurín el Grande (Prov. Málaga) 19. 10. 1995.

Cherubini-Quartett [k-], 1979 gegr., eines der führenden Streichquartette in Dtl.; bekannt v. a. durch Interpretationen der großen Quartettliteratur des 19. Jh. Es spielen CHRISTOPH POPPEN (* 1956, 1. Violine), ULF GUNNAR WALLIN (* 1960, 2. Violine), HARIOLF SCHLICHTIG (* 1950, Viola) und CHRISTOPH RICHTER (* 1957, Violoncello).

* **Chicago Symphony Orchestra:** Chefdirigent ist seit 1991 D. BARENBOIM.

Childs [tʃaɪldz], Lucinda, amerikan. Tänzerin und Choreographin, * New York 26. 6. 1940; tanzte nach ihrem Studium bei MERCE CUNNINGHAM und HANYA HOLM bei versch. Kompanien, bevor sie 1970 ein eigenes Ensemble gründete. Stark von der Minimal art geprägt, entwickelte sie ein freies, rhythmisch vielschichtiges Bewegungs- und Bühnenkonzept, das dem von LAURA DEAN vergleichbar, aber variabler ist.

* **Chile,** amtlich span. **República de Chile,** Staat im SW Südamerikas, am Pazif. Ozean.

Hauptstadt: Santiago. *Amtssprache:* Spanisch. *Staatsfläche:* 756 626 km² (ohne die Binnengewässer 748 800 km²). *Bodennutzung (1992):* 43 840 km² Ackerland, 135 500 km² Dauergrünland, 88 000 km² Waldfläche. *Einwohner (1994):* 14,026 Mio., 19 Ew. je km². *Städtische Bevölkerung (1993):* 85 %. *Durchschnittliches Bevölkerungswachstum pro Jahr (1985–93):* 1,6 %. *Bevölkerungsprojektion für 2000:* 15,3 Mio. Ew. *Ethnische Gruppen:* über 90 % Mestizen, etwa 7 % Indianer (Araukaner), Europäer. *Religion (1992):* 80,7 % Katholiken. *Altersgliederung (1995):* unter 15 Jahre 30,5 %, 15 bis unter 65 Jahre 63,1 %, 65 und mehr Jahre 6,4 %. *Lebenserwartung der Neugeborenen (1992):* männlich 69 Jahre, weiblich 76 Jahre. *Analphabetenquote (1991):* insgesamt 6,6 %, männlich 6,5 %, weiblich 6,8 %. *BSP je Ew. (1993):* 3 070 US-$. *BIP nach Sektoren/Produktionsstruktur (1992):* Landwirtschaft 8,3 %, Industrie 36,1 %, Dienstleistungen 55,6 %. *Arbeitslosenquote (1992):* 4,4 %. *Währung:* 1 Chilenischer Peso (chil$) = 100 Centavos. *Internationale Mitgliedschaften:* UNO, Lateinamerikan. Integrationsvereinigung, OAS.

Geschichte: Seit Mitte der 1980er Jahre gelang es der Oppositionsbewegung, gegen das diktator. Reg.-System A. PINOCHETS eine wachsende Zahl von Menschen politisch zu mobilisieren. Unter ständigem innen- und außenpolit. Druck sah sich die Reg. zur Einleitung eines polit. Reformprozesses gezwungen. 1987 verabschiedete ein neues Parteiengesetz, das die Bildung von Parteien und deren Aktivitäten legalisierte. Seither wird die Parteienlandschaft auf dem rechten Spektrum v. a. geprägt von der ›Renovación Nacional‹ (RN; dt. ›Nat. Erneuerung‹, gegr. 1987), der ›Unión Demócrata Independiente‹ (UDI; dt. ›Unabhängige Demokrat. Union‹, gegr. 1989). Die stark zersplitterte polit. Mitte setzt sich zusammen aus der ehem. aktivsten oppositionellen Gruppe gegen das Militärregime, dem heute dominierenden PDC (gegr. 1957), dem sozialdemokratisch orientierten ›Partido por la Democracia‹ (PPD; dt. ›Partei für die Demokratie‹), der ›Izquierda Cristiana‹ (IC; dt. ›Christl. Linke‹), der ›Alianza Humanista-Verde‹ (dt. ›Humanistisch-Grüne Allianz‹) u. a. Zum linken Lager gehören u. a. der orthodoxe ›Partido Comunista de Chile‹ (PCCh; legalisiert 1990), von dem sich 1992 die ›Participación Democrática de Izquierda‹ (PDI; dt. ›Demokrat. Beteiligung der Linken‹) abspaltete, und der ›Movimiento de Izquierda Democrática Allendista‹ (MIDA; dt. ›Bewegung der Demokrat. Allende-Linken‹, gegr. 1991).

Nachdem das chilen. Volk in einer Abstimmung (5. 10. 1988) die Verlängerung der Amtszeit des Präs. verworfen hatte, billigte es in einem weiteren Referendum (31. 7. 1989) zahlreiche Vorschläge für eine Verf.-Änderung. Danach wurde die Amtszeit des Präs. zunächst von acht auf vier Jahre verkürzt, im Dezember 1993 auf sechs Jahre festgesetzt; er verliert das Recht, chilen. Staatsbürger ins Exil zu schicken oder die Abg.-Kammer aufzulösen. Generelle Änderungen, die das Militär oder die Sicherheitsorgane betreffen, sind nicht mehr durch Dekret möglich. Künftige Verf.-Änderungen bedürfen der Zustimmung von zwei Dritteln der Mitgl. des Parlaments. Die Zahl der Mitgl. des Senats wurde auf 38 erhöht, jedoch verändert sich die Zahl der von der Reg. ernannten Senatoren nicht. Der Nat. Sicherheitsrat wurde um ein ziviles Mitglied erweitert.

Entgegen den Forderungen der Opposition wurde PINOCHET nach seinem Rücktritt als Staatschef eingeräumt, bis 1997 Oberbefehlshaber der Streitkräfte zu bleiben; ferner blieb er Mitgl. des Nat. Sicherheitsrats. In der letzten Phase des Militärregimes gelang es PINOCHET, den Handlungsspielraum der künftigen Reg. durch weitreichende Maßnahmen v. a. in der Wirtschaft und der Judikative einzuschränken.

Am 14. 12. 1989 wurde P. AYLWIN AZÓCAR, Einheitskandidat des 17 Parteien umfassenden Oppositionsbündnisses ›Concertación de Partidos por la Democracia‹ (CD), zum neuen Präs. gewählt. Seine Initiative für eine Verf.-Änderung, die ihn berechtigt hätte, die Befehlshaber der Teilstreitkräfte auszuwechseln, scheiterte im März 1993 im Kongreß. Bei den Parlaments- und Präsidentschaftswahlen am 11. 12. 1993 setzte sich der Kandidat der CD, E. FREI RUIZ-TAGLE (PDC), klar gegen seine Konkurrenten durch; im Abg.-Haus verteidigte die CD, im Senat behielten die Oppositionsparteien die Mehrheit. – Der Oberste Gerichtshof beschloß am 6. 9. 1994 die Auflösung der unter dt. Führung stehenden Colonia Dignidad, eines Folterzentrums der Geheimpolizei PINO-

Chiluba – chinesische Geschichte **Chin**

chinesische Geschichte: LINKS Demonstration chinesischer Studenten für Menschenrechte und Demokratie auf dem Platz des Himmlischen Friedens in Peking im April 1989; RECHTS Menschenmenge im Stadtzentrum von Peking nach der blutigen Niederschlagung der Demonstrationen durch die chinesische Armee am 3./4. Juni 1989

CHETS in den 1970er Jahren. Im Mai 1995 wurde MANUEL CONTRERAS, der ehem. Geheimdienstchef der DINA (Dirrección de Inteligencia Nacional), wegen des Auftrags, den ehem. Außenminister ORLANDO LETELIER zu ermorden, zu einer Haftstrafe verurteilt.

Im Frühjahr 1993 schlossen C. und Bolivien, die seit 1879 keine diplomat. Beziehungen unterhielten, ein Wirtschafts- und Handelsabkommen; die Frage eines bolivian. Zugangs zum Meer belastet nach wie vor die Beziehungen zw. beiden Ländern. Am 18. 1. 1994 wurde C. Voll-Mitgl. des Vertrags von Tlatelolco.

C. Gesch., Wirtschaft u. Kultur der Gegenwart, hg. v. T. HEYDENREICH (1990).

Chiluba [tʃ-], Frederick, samb. Politiker, * Kitwe 30. 4. 1943; seit den 60er Jahren Gewerkschaftsaktivist, entwickelte sich C. von einem Anhänger des Marxismus-Leninismus zum Verfechter einer pluralist. Demokratie mit sozialer Marktwirtschaft. Obgleich er als Vors. des samb. Gewerkschaftsdachverbandes (1974–90) erhebl. Druck zum Eintritt in die Einheitspartei und die Reg. ausgesetzt war, bewahrte er sich seine Unabhängigkeit. Nach der Zulassung eines Mehrparteiensystems 1990 wurde er Vors. der stärksten Oppositionspartei, der Bewegung für Mehrparteiendemokratie (›Movement for Multiparty Democracy‹; MMD). Als deren Kandidat für das Präsidentenamt ging C. aus den Präsidentschaftswahlen am 31. 10. 1991, ebenso wie die MMD aus den gleichzeitigen Parlamentswahlen, als Sieger hervor.

*China, amtlich chin. in lat. Buchstaben **Zhonghua Renmin Gongheguo**, dt. **Volksrepublik C.**, Staat in O-Asien.

Hauptstadt: Peking. *Amtssprache:* Chinesisch. *Staatsfläche:* 9 572 900 km². *Bodennutzung (1992):* 956 540 km² Ackerland, 4 000 000 km² Dauergrünland, 1 265 150 km² Waldfläche. *Einwohner (1994):* 1,2 Mrd., 126 Ew. je km². *Städtische Bevölkerung (1993):* 29%; in städt. Agglomerationen mit 1 Mio. und mehr Ew. leben 37% der Stadtbevölkerung (das sind 11% der Gesamtbevölkerung). *Durchschnittliches Bevölkerungswachstum pro Jahr (1985-93):* 1,4%. *Bevölkerungsprojektion für 2000:* 1,31 Mrd. Ew. *Ethnische Gruppen (1990):* 92% Han (Chinesen), 1,4% Zhuang, 0,9% Mandschuren, 0,8% Hui, 0,7% Miao, 0,6% Uiguren, 0,6% Yi, 0,5% Tujia, 0,4% Mongolen, 0,4% Tibeter, 0,2% Buyi, 0,2% Koreaner, 1,3% Sonstige. *Religion (1992):* 20,1% Anhänger chin. Volksreligionen, 6,0% Buddhisten, 2,4% Muslime. *Altersgliederung (1995):* unter 15 Jahre 27,3%, 15 bis unter 65 Jahre 66,4%, 65 und mehr Jahre 6,3%. *Lebenserwartung der Neugeborenen (1992):* männlich 68 Jahre, weiblich 71 Jahre. *Analphabetenquote (1991):* insgesamt 22,2%, männlich 13%, weiblich 31,9%. *BSP je Ew. (1993):* 480 US-$. *BIP nach Sektoren/Produktionsstruktur (1993):* Landwirtschaft 19%, Industrie 48%, Dienstleistungen 33%. *Arbeitslosenquote (1992):* 2,3%. *Währung:* 1 Renminbi ¥uan (RMB.¥) = 10 Jiao = 100 Fen. *Internationale Mitgliedschaften:* UNO.

***chinesische Geschichte:** 1987 trat HU YAOBANG als GenSekr. der KP zugunsten von ZHAO ZIYANG zurück; im selben Jahr wurde LI PENG Min.-Präs., 1988 YANG SHANGKUN Staatsoberhaupt. Unter der Schirmherrschaft DENG XIAOPINGS setzten Partei und Regierung die auf wirtschaftl. Reformen gerichtete Politik fort. Durch Verf.-Änderung vom 12. 4. 1988 wurde ausdrücklich die ›komplementäre Rolle‹ der Privatwirtschaft in der Verf. verankert und das Privateigentum an Grund und Boden zugelassen. Ein neues Unternehmens-Ges. (1988) erweiterte in den Betrieben die Befugnisse der Unternehmensführung auf Kosten der Macht der Parteisekretäre.

Wie vorgesehen wurde nach 1985 die Gesamtstärke der Armee um 25% auf etwa 3 Mio. Mann verringert. Eine weitere Reduzierung auf 2,5 Mio. Soldaten scheint im Gang zu sein. Bes. das Heer (jetzt 2,3 Mio. Mann) war von den Reorganisationsmaßnahmen betroffen, es weist nun eine gestraffte Gliederung auf. Die Anzahl der Kampfpanzer wurde auf 10 000 Stück verringert. Bei der Marine sank zwar ebenso wie beim Heer die Zahl der Soldaten um etwa ein Viertel (jetzt 260 000 Mann), der Bestand an Schiffen jedoch nur unwesentlich (Ausnahme: Reduzierung der veralteten konventionellen U-Boot-Flotte auf 85 Einheiten). Kopfzahlmäßig kaum geschmälert ist die Luftwaffe (470 000 Soldaten), die allerdings rd. 700 Kampfflugzeuge außer Dienst stellte.

Anläßlich der Begräbnisfeierlichkeiten für den früheren GenSekr. HU YAOBANG (Mitte April 1989), der sich in seiner Amtszeit auch polit. Reformen gegen-

Chin chinesische Kunst

über aufgeschlossen gezeigt hatte, kam es zu student. Massendemonstrationen auf dem ›Platz des Himml. Friedens‹ in Peking für mehr Freiheit und Demokratie; die Protestbewegung, der sich auch andere Bev.-Teile anschlossen, griff auf weitere Städte über. Die Reformbemühungen des sowjet. Staats- und Parteichefs M. S. GORBATSCHOW in seinem Land, der im Mai 1989 mit einem Staatsbesuch in Peking den jahrzehntelangen ideolog. Streit mit der chin. Partei- und Staatsführung beilegen wollte, übten auf die chin. Bürgerrechtsbewegung zusätzlich einen großen Einfluß aus. Am 18. 5. 1989 fand in Peking auf dem ›Platz des Himml. Friedens‹ eine Demonstration mit über 1 Mio. Teilnehmern statt. Auf Initiative DENG XIAOPINGS, LI PENGS und YANG SHANGKUNS unterdrückten am 3./4. 6. 1989 Armee-Einheiten in einer blutigen Militäraktion die Protestbewegung; die Angaben über die Anzahl der Toten schwanken zw. 3000 und 20000. ZHAO ZIYANG, der sich gegen die Militäraktion gewandt hatte, mußte als GenSekr. der KP JIANG ZEMIN weichen. 1991 wurden zahlreiche Teilnehmer der student. Reformbewegung zum Tode oder zu hohen Gefängnisstrafen verurteilt. Nach Feststellungen der Menschenrechtsorganisation Asia Watch wurden in den folgenden Jahren (bes. 1993) in steigendem Maße Verhaftungen aus polit. Gründen vorgenommen und entsprechende Prozesse durchgeführt. Demonstrationen für die Unabhängigkeit Tibets (Mai 1993) entwickelten sich dort zu schweren Unruhen.

Angesichts des Zusammenbruchs der kommunist. Herrschaftssysteme in Europa hielt China nachdrücklich an den Grundlinien kommunist. Staats- und Gesellschaftsverständnisses fest. Allerdings ersetzte der Nat. Volkskongreß, der JIANG ZEMIN zusätzlich zu seiner Funktion als Parteichef zum Staatspräs. wählte, am 29. 3. 1993 in der Verf. den Begriff ›Planwirtschaft‹ durch ›sozialist. Marktwirtschaft‹. Damit wurde die Entwicklung C.s zu einem gemischtwirtschaftl. System nachvollziehbar und insbesondere die Privatisierung des landwirtschaftl. Bereichs verfassungsrechtlich abgesegnet. Im Nov. 1993 verabschiedete das ZK der chin. KP ein ›Reformprogramm zum Aufbau einer sozialist. Marktwirtschaft‹ (z. B. Globalsteuerung des Wirtschaftsprozesses statt direkter staatl. Eingriffe, Entlohnung nach Leistung, Reform u. a. von Bankwesen, Finanzen und Steuern). Angesichts dieser Zielvorgaben sucht die chin. Partei- und Staatsführung die Wirtschafts- und Handelsbeziehungen zu den Industrienationen Europas (z. B. zu Dtl. und Frankreich) und Nordamerikas stark zu intensivieren. Gegen krit. Stimmen in der Öffentlichkeit ihrer Länder verzichten diese Staaten darauf, die Ausweitung ihrer Wirtschaftsbeziehungen direkt mit der Forderung nach Verbesserung der Menschenrechtssituation in der VR China zu verbinden. Auch mit Rußland schloß die Regierung Verträge zur Ausweitung der beiderseitigen Wirtschafts- und Handelsbeziehungen.

Außenpolitisch unterstützte die VR China 1990/91 die Resolutionen des UN-Sicherheitsrats gegen Irak im Konflikt um Kuwait. 1992 trat es formell dem Kernwaffensperrvertrag bei. 1992/93 kam es zu erheblichen britisch-chin. Spannungen wegen der Demokratisierungsbestrebungen der brit. Gouverneure in Hongkong. Mit den Nachbarstaaten Indien, Laos, Rußland und Vietnam schloß die chin. Partei- und Staatsführung 1994 bilaterale Verträge über Truppenrückzug und Öffnung von Grenzübergängen.

Konfuzianismus u. die Modernisierung Chinas, hg. v. S. KRIEGER u.a. (1990); A. FEEGE: Internat. Reaktionen auf den 4. Juni 1989 in der VR China (1992); T. REICHENBACH: Die Demokratiebewegung in China 1989 (1994).

*chinesische Kunst: Seit Beginn der 1970er Jahre hat sich in der VR China neben der offiziellen Propagandakunst eine Kunstszene entwickelt, die relativ frei von den Kunstdoktrinen der kommunist. Partei moderne Kunstformen aufgreift und in eigenständiger, spezifisch chin. Weise weiterträgt. 1989 veranstaltete die Nationalgalerie Peking zum ersten Mal

chinesische Kunst: Chen Zhen, ›Das Gewicht/ Die Leere‹; Installation, 1990

eine große Ausstellung von Arbeiten der Avantgarde, die vorher und erneut wieder seit 1991/92 nur in mehr oder weniger privatem Rahmen zu sehen sind. 1993 wurde in Europa (Berlin, Rotterdam, Oxford und Odense) eine Ausstellung gleichen Titels, ›China Avantgarde‹, gezeigt, in der Arbeiten von 16 chin. Künstlern (darunter acht der Pekinger Ausstellung) vorgestellt wurden, im Katalog zur Ausstellung sind Daten zu weiteren 45 Künstlern zu finden. Bilder, Performances, Objekte und Rauminstallationen setzen sehr genaue Kenntnis der westl. modernen Kunstentwicklung bis heute (v. a. in den Vereinigten Staaten und in Frankreich) voraus, die die Künstler in China nur mittelbar über Büchern und Zeitschriften aus dem Bestand der Bibliotheken und durch Vermittlung der Gäste aus dem Westen erwerben konnten.

Die abstrakte Formensprache wurde von Künstlern wie DING YI (*Schanghai 1962), dem seit 1984 in Paris lebenden WANG KEPING (*Peking 1949), dem seit 1989 in Berlin lebenden TAN PING (*Chengde 1960) und dem seit 1987 in Europa, seit 1990 in New York lebenden MA KELU (*Schanghai 1954) im Sinne einer meditativen und ornamentalen Reduktion fortgeführt. Im Bereich der Performance und der Aktionskunst führen Künstler wie der seit 1988 in Berlin lebende QIU PING (*Wuhan 1961), der heute in Paris lebende WU SHANZUAN (*1960), ZHANG HUAN (*Prov. Henan 1965) in Peking mit Aktionen zum Thema Gewalt, der seit 1986 in Berlin lebende ZHU JINSHI (*Peking 1954) oder seine seit 1988 dort lebende Frau QIN YUFEN (*Tsingtau 1954), die beide auch mit Installationen hervorgetreten (bes. bekannt QINS ›Wäsche-Zen‹, 1991 ff.), die Tradition einer vom Zenbuddhismus und Fluxus geprägten Avantgarde fort. Der wichtige Bereich der Rauminstallationen wird repräsentiert von GU DEXIN (*Peking 1962), LIN YILIN (*Kanton 1964), der seit 1986 in Frankreich lebenden CHEN ZHEN (*Schanghai 1955), dem seit 1989 in New York lebenden GU WENDA (*Schanghai 1955) und TANG SONG (*Hangzhou 1960) sowie dem seit 1990 in den USA lebenden XU BING (*Chongqing 1955). Mit den Kunsttraditionen des alten China wie dem China des 20. Jh., von der Kalligraphie bis zum sozialist. Realismus und der heroisch-idealistischen sozialist. Propagandakunst, wie sie in China durch Jahrzehnte bis heute offizielle Anerkennung genießt, setzen sich viele Künstler in sehr unterschiedl. Weise auseinander, z. B. WANG GUANGYI (*Harbin 1956), der auch die neue Konsum- und Warenwelt einbezieht, LIU WEI (*Peking 1963), YAN PEI MING (*Schanghai 1960), YU HONG (*Peking 1966), YU YOUHAN (*Schanghai 1943), ZHAO BANDI (*Peking 1963), CHEN HAIYAN (*Fushun 1955) und der seit 1991 in Amsterdam lebende ZHAO JIANREN (*Shaoxing 1960). In manchen Bildern jüngsten Datums könnte man auch die Lähmung der chin. Gesellschaft gespiegelt sehen, z. B. in den großformatigen Werken mit überdimensionalen Köpfen von FANG LIJUN (*Peking 1964), der außer in der Avantgardeausstellung 1993 auch auf der Biennale von Venedig ausgestellt wurde.

China Avantgarde, hg. v. W. PÖHLMANN, Ausst.-Kat. (1993).

*chinesische Literatur. Die Niederschlagung der Proteste junger Intellektueller in Peking und anderen chin. Städten am 4. 6. 1989 führte zu einer grundlegenden Wandlung der literar. Szene. Einerseits entwickelte sich eine Exilliteratur durch die Flucht vieler Schriftsteller, darunter v. a. in letzter Zeit hervorgetretener pessimist. hermetischer Dichter (BEI DAO, *1949), in die Vereinigten Staaten, nach Europa und Australien, die aber, weil ausschließlich in Chinesisch geschrieben, allenfalls unter Auslandschinesen und in Taiwan eine begrenzte Wirkung erzielte. Andererseits verbreitete sich im Lande die ›Reportageliteratur‹, die verdeckt Gesellschaftskritik äußerte und ihren Autoren oft Verfolgungen eintrug (z. B. LIU BINGYAN, *1925, DAI QING, *1941). Am entscheidendsten war aber die immer noch fortschreitende massive Hinwendung zur reinen Unterhaltungsliteratur, die von der Staatsführung mindestens indirekt gefördert wurde und sehr viele bis dahin traditionell von polit. Ethos und Eifer erfüllte Schriftsteller ihre öffentl. Mission vergessen läßt. Durch die Umsetzung ihrer Werke in Film und Fernsehen erringen gerade manche von ihnen große Breitenwirkung und hoch bewerteten finanziellen Erfolg, so z. B. WANG SHUO (*1958). Nur wenige verfolgen trotz öffentl. Kritik und Unterdrückung weiterhin gesellschaftl. Anliegen, wie der auch im Westen durch seine Filme (›Das rote Kornfeld‹, 1987, nach der gleichnamigen Kurzgeschichte, 1986) berühmt gewordene MO YAN (*1956). Bemerkens-

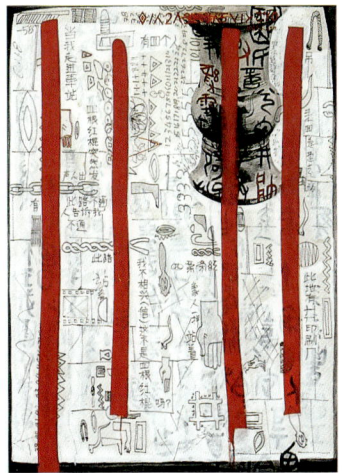

chinesische Kunst: Zhao Jianren, ›Lose But No. IV‹; 1988 (Privatbesitz)

wert sind in diesem Zusammenhang die explosionsartige (als eine ungefähr. Äußerung von Freiheitsverlangen zugelassene) Ausbreitung erot. Literatur (u. a. JIA PINGWA, *1953), Tendenzen zum ›absurden Theater‹ und zu einer existentialist. Lebensauffassung (LIU SUOLAS, *1955, zum Slogan gewordener Roman ›Du hast keine Wahl‹, 1985). Daneben mehren sich aber Stimmen, die gegenläufig die Sorge um moral. Auflösung, um den Verlust der eigenen Geschichte sowie eine merkwürdige, diffuse Angst vor der kommenden Jahrhundertwende artikulieren.

chinesische Kunst: Fang Lijun, ›Gruppe Zwei Nr. 11‹; 1992 (Privatbesitz)

*Chipkarte: C. lassen sich nach ihrem Verwendungszweck, ihrer Hardware oder ihrer Software in versch. Klassen einteilen, wobei die Anforderungen an Hard- und Software weitgehend vom Verwendungszweck bestimmt werden. Hinsichtlich des Verwendungszwecks ist das wesentl. Unterscheidungsmerkmal, ob die C. nur anonyme Daten trägt (z. B. als Telefonkarte oder ›elektron. Geldbörse‹ Guthaben an Telefoneinheiten bzw. Bargeld) oder individuelle bzw. persönl. Daten (z. B. zur Identifikation, zur Zugangsberechtigung oder als Krankenversicherungsausweis). Bezüglich ihrer Hardware kann man die C. zum einen danach unterscheiden, ob sie nur einen (passiven) Speicherchip enthalten (Speicherkarten) oder einen (aktiven) Mikroprozessor (Smart Cards), zum andern danach, ob die Lese- und Schreiboperationen nur über elektr. Kontakte oder aber kontaktlos durchgeführt werden können. In letzterem Fall verfügt die C. über Antennen, die nicht nur den Datenverkehr mit einem externen Sender und Empfänger ermöglichen (im Megahertzbereich, z. B. bei 13,56 MHz), sondern aus der elektromagnet. Strahlung des Senders auch die für die Funktion des Chips erforderl. Leistung beziehen.

Bezüglich der Sicherheit von C. sind vier Aspekte von Interesse: 1) die Echtheit der C.; 2) die Echtheit der Lese- und Schreibautomaten, d. h. seine Berechtigung zum Datenverkehr mit der C.; 3) die Rechtmäßigkeit des C.-Besitzes; 4) die Authentizität der in der C. enthaltenen Daten. Zur Sicherheitsüberprüfung von C. sind versch. Strategien und kryptograph. Algorithmen entwickelt worden, und vorzugsweise ihretwegen werden C. mit Prozessorleistung ausgestattet. Daneben ist für vielseitige Verwendbarkeit auch die Erhöhung der Speicherkapazität von Interesse.

*Chirac, Jacques, frz. Politiker: War bis 10. 5. 1988 Premier-Min.; unterlag als Kandidat der Gaullisten

Chir   Chirokitia – Christlich Demokratische Union Deutschlands

bei den Präsidentschaftswahlen 1988 dem amtierenden Präs. F. MITTERRAND. Mit einem Programm, das innenpolitisch bes. die Eindämmung der Arbeitslosigkeit, den Abbau der Staatsverschuldung und die Währungsstabilität hervorhob, bei gleichzeitig stärkerer Mitsprache der nat. Parlamente als ein außenpolit. Ziel nannte, trat C. 1995 erneut bei den Präsidentschaftswahlen an. Im ersten Wahlgang (23. 4.) gewann er 20,8% der Stimmen. Am 7. 5. siegte er im zweiten Wahlgang mit 52,6% der abgegebenen gültigen Stimmen über den sozialist. Kandidaten L. JOSPIN. Nur wenige Wochen nach seinem Amtsantritt gab C. die Fortsetzung des frz. Atomtestprogramms bekannt und löste damit weltweite Proteste aus.

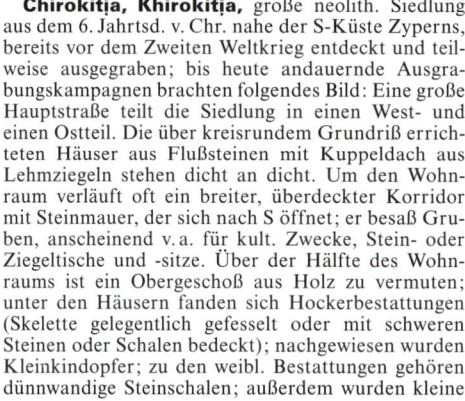

Jean Chrétien

Chirokitia, Khirokitia, große neolith. Siedlung aus dem 6. Jahrtsd. v. Chr. nahe der S-Küste Zyperns, bereits vor dem Zweiten Weltkrieg entdeckt und teilweise ausgegraben; bis heute andauernde Ausgrabungskampagnen brachten folgendes Bild: Eine große Hauptstraße teilt die Siedlung in einen West- und einen Ostteil. Die über kreisrundem Grundriß errichteten Häuser aus Flußsteinen mit Kuppeldach aus Lehmziegeln stehen dicht an dicht. Um den Wohnraum verläuft oft ein breiter, überdeckter Korridor mit Steinmauer, die nach S öffnen sich Gruben, anscheinend v. a. für kult. Zwecke, Stein- oder Ziegeltische und -sitze. Über der Hälfte des Wohnraums ist ein Obergeschoß aus Holz zu vermuten; unter den Häusern fanden sich Hockerbestattungen (Skelette gelegentlich gefesselt oder mit schweren Steinen oder Schalen bedeckt); nachgewiesen wurden Kleinkindopfer; zu den weibl. Bestattungen gehören dünnwandige Steinschalen; außerdem wurden kleine

Chirokitia: Grundmauern neolithischer Rundhäuser

Idole und Kopfidole aus Stein oder aus Lehm gefunden. Ernährungsgrundlage der Bev., die vermutlich aus Nordmesopotamien oder von der Levanteküste eingewandert war, waren Ackerbau und Viehhaltung. Handelsgüter kamen selbst aus Inneranatolien. – Aus C. stammen die frühesten Belege (frühes 6. Jahrtsd.)

für die Domestikation der Katze (obwohl es auf Zypern keine Wildkatzen gab).

Chişinău [kiʃinˈəu], Hauptstadt von Moldawien, hieß bis 1992 ▷ Kischinjow.

Chissano [ʃiˈsanu], Joaquim Alberto, Politiker in Moçambique, *Chibuto 22. 10. 1939; war als Student der Medizin in Paris 1962 bereits an der Gründung der Befreiungsfront ›Frente de Libertação de Moçambique‹ (FRELIMO) beteiligt und gehörte seit 1963 deren Führung an. In der ersten Übergangs-Reg. nach Erlangung der Unabhängigkeit war er MinPräs., danach Außen-Min. unter dem Vors. der FRELIMO, SAMORA MACHEL (*1933, †1986). Nach dessen Tod bei einem Flugzeugabsturz wurde C. am 3. 11. 1986 sein Nachfolger als Partei- und Staatschef. C. näherte sich nun dem Westen an und suchte seit 1989 einen Ausgleich mit der Rebellenbewegung RENAMO, der 1992 zu einem Waffenstillstand führte. Bei den als Abschluß des Friedensprozesses im Okt. 1994 unter UN-Aufsicht durchgeführten Parlaments- und Präsidentschaftswahlen wurde C. im Amt bestätigt.

*Chladek, Rosalia, österr. Tänzerin, Choreographin und Tanzpädagogin; † Wien 3. 7. 1995.

*Cholera 1): Schwere C.-Epidemien traten in den letzten Jahren in Peru (1991) und Ruanda (1994) auf.

Chrétien [kreˈtjɛ̃], Joseph Jacques Jean, kanad. Politiker, *Shawinigan (Prov. Quebec) 11. 1. 1934; Rechtsanwalt; 1963–86 und seit 1990 Abg. der Liberal Party. 1967–68 Min. im Kabinett Pearson; leitete unter Premier-Min. P. TRUDEAU 1968–74 das Ressort für Indianerfragen und Entwicklung Nordkanadas, 1974–76 das Schatzamt; war 1976–77 Min. für Industrie und Handel, 1977–79 Finanz-Min., 1980–82 Justiz-Min. und Staats-Min. für soziale Entwicklung, 1982–84 Min. für Energie, Bergbau und Bodenschätze; trat als entschiedener Verfechter der nat. Einheit Kanadas hervor und war maßgeblich an der Durchsetzung der Verf.-Reform 1982 beteiligt. In der Reg. Turner Außen-Min., war er nach dem Wahlsieg der Konservativen im Sept. 1984 Mitgl. des Schattenkabinetts. Seit Juni 1990 Führer der Liberalen, wurde er nach dem Wahlsieg seiner Partei im Okt. 1993 Premier-Min. C., der als linksliberal gilt, strebt innenpolitisch bes. nach einer Belebung der Wirtschaft, Abbau des Handelsdefizits durch sozialverträgl. Einsparungen staatl. Ausgaben und einer Modernisierung des Sozialstaats; sein außenpolit. Kurs betont v. a. den Vorrang der Handelspolitik und das Bestreben nach größerer Eigenständigkeit Kanadas gegenüber den USA.

*Christlich Demokratischer Appell, niederländ. Partei: Erhielt bei den Wahlen im Mai 1994 nur noch 22% der Stimmen (34 von 150 Sitzen, 1989: 54 Sitze) und ist seitdem nicht mehr an der Reg. beteiligt.

*Christlich Demokratische Union Deutschlands, Abk. **CDU:** Am 1. 10. 1990 konstituiert sich die CDU unter Aufnahme der CDU-Landesverbände in den fünf neuen Bundesländern als gesamtdt. Partei. Bundes-Vors. wurde H. KOHL, sein Stellv. zunächst (Okt. 1990) L. DE MAIZIÈRE, dann (Dez. 1991) ANGELA MERKEL. Im Okt. 1992 wählte der CDU-Parteitag zusätzlich H. EGGERT, N. BLÜM und E. TEUFEL zu Stellvertretern KOHLS im Parteivorsitz. P. HINTZE folgte im April 1992 V. RÜHE als GenSekr. der CDU. Anstelle EGGERTS wurde 1995 C. BERGNER stellv. Vorsitzender.

Programmatisch gab das ›Dresdener Manifest‹ (Dez. 1991) dem Aufbau Ost-Dtl.s Vorrang vor anderen Aufgaben. In ihrem ›Grundsatzprogramm‹, verabschiedet im Febr. 1994, fordert die Partei u. a. die Ergänzung der sozialen Marktwirtschaft um die ökolog. Dimension, die Rückführung der Staatsquote und die Förderung von Zukunftstechnologien. Nach kontroverser Debatte lehnte der Parteitag vom Okt. 1995 die

Einführung eines Frauenquorums bei der Besetzung der Parteiämter ab.

Aus den ersten gesamtdt. Wahlen am 2. 12. 1990 ging die CDU mit 36,7% der Stimmen als stärkste Partei hervor und stellte – in Fraktionsgemeinschaft mit der CSU sowie in Koalition mit der FDP – mit KOHL wieder den Bundeskanzler (gewählt am 17. 1. 1991). Nach den ersten Landtagswahlen in den fünf neuen Bundesländern (14. 10. 1990) stellte sie in Meckl.-Vorp., Sachsen, Sachs.-Anh. und Thüringen den MinPräs. Die mit massiver Arbeitslosigkeit verbundene Umstellung der Wirtschafts- und Sozialordnung im östl. Dtl. sowie die mit stark steigender Arbeitslosigkeit (auch im westl. Dtl.) verbundene Strukturkrise der Wirtschaft kostete die CDU in ganz Dtl. starke Einbußen an polit. Sympathien. Bei vielen Landtagswahlen seit 1991 mußte sie große Stimmenverluste verzeichnen. Vor dem Hintergrund des Scheiterns der FDP an der Fünfprozentklausel des Wahl-Ges. in mehreren Bundesländern oder des Mehrheitsverlustes für eine CDU/FDP-Koalition ging die Partei mehrfach eine große Koalition mit der SPD ein (z. B. in Bad.-Württ., Thüringen, Meckl.-Vorp. und Bremen), oder sie sah sich in die Oppositionsrolle verwiesen (u. a. bereits 1991 in Hessen und 1994 in Sachs.-Anh.). Entgegen diesem Trend konnte sie v. a. bei den Europawahlen (12. 6. 1994) ihren Stimmenanteil von 29,5% (1989) auf 32,0% steigern.

Nach dem Scheitern der von KOHL stark geförderten Kandidatur des sächs. Justiz-Min. S. HEITMANN für das Amt des Bundes-Präs. schlug die CDU gemeinsam mit der CSU den damaligen Präs. des BVerfG R. HERZOG als ihren Kandidaten für dieses Amt vor. Am 23. 5. 1994 konnte sich dieser in der Bundesversammlung im dritten Wahlgang gegen J. RAU (SPD) durchsetzen. Bei den Bundestagswahlen vom 16. 10. 1994 gewann die CDU 34,2% der Stimmen. Mit äußerst knapper Mehrheit konnten CDU/CSU und FDP am 15. 11. 1994 die Wiederwahl KOHLS zum Bundeskanzler durchsetzen.

*Christlich-Demokratische Union Deutschlands, Abk. CDUD: Unter dem Eindruck der Reformbewegung in der Dt. Dem. Rep. (seit Okt. 1989) wählte der Hauptausschuß der CDUD L. DE MAIZIÈRE als Nachfolger G. GÖTTINGS im Nov. 1989 zum Parteivorsitzenden. Die CDUD war seitdem Mitgl. der Regierungskoalition unter H. MODROW (SED). Am 4. 12. 1989 verließ sie den Verband der Blockparteien. Sie hob nunmehr ihren Charakter als christl. Weltanschauungspartei hervor und bekannte sich zum Sozialstaatsprinzip im Rahmen einer sozialen Marktwirtschaft. Im Febr. 1990 bildete sie – jetzt unter der Abk. CDU – mit der Dt. Sozialen Union (DSU) und dem Demokrat. Aufbruch (DA) das Wahlbündnis ›Allianz für Dtl.‹. Bei den Wahlen zur Volkskammer am 18. 3. 1990 erreichte sie mit 40,59% der Stimmen und 163 Mandaten die Mehrheit. Mit DE MAIZIÈRE stellte sie von April bis Okt. 1990 den (letzten) MinPräs. der Dt. Dem. Rep. Am 1. 10. 1990 traten ihre Landesverbände, die sich nach der Wiedererrichtung der Länder im Bereich der Dt. Dem. Rep. neu konstituiert hatten, der bis dahin nur in der Bundesrep. Dtl. tätigen →Christlich-Demokratischen Union Deutschlands (CDU) bei.

*Christlich Soziale Union in Bayern, Abk. CSU: Nach dem Tod von F. J. STRAUSS (3. 10. 1988) wählte der Parteitag am 19. 10. 1988 T. WAIGEL zum Parteivorsitzenden. GenSekr.: bis 1988 GEROLD TANDLER, 1988–94 ERWIN HUBER, seit 1994 BERND PROTZNER. Bei den Landtagswahlen von 1990 und 1994 konnte die CSU ihre absolute Mehrheit behaupten und stellt den bayer. MinPräs. Versch. Affären, bes. die ›Amigoaffäre‹, brachten die CSU in große Schwierigkeiten (→Bayern).

Im Zuge des dt. Einigungsprozesses unterstützte die CSU die deutschlandpolit. Linie des Bundeskanzlers. Innerhalb des Parteienfeldes verfolgte sie zeitweilig mit der Unterstützung (1990–93) der in Ost-Dtl. (1990) entstandenen Dt. Sozialen Union (DSU) eine eigene parteistrateg. Linie. In verfassungspolit. Fragen (z. B. in der Gesetzgebung zum Asylrecht und zum Schwangerschaftsabbruch) vertritt sie einen betont konservativen Kurs. Im Okt. 1993 verabschiedete der Parteitag ein neues Parteiprogramm. Im Sinne der sozialen Sicherung soll dem einzelnen Bürger einerseits mehr Verzicht, andererseits mehr Leistung zugemutet werden (›Umbau vor Ausbau‹ der sozialen Sicherungssysteme). Die CSU lehnt die multikulturelle Gesellschaft im Grundsatz ab und fordert europapolitisch ein ›Europa der Regionen‹.

Christo & Jeanne-Claude: Wrapped Reichstag, Project for Berlin (Verhüllter Reichstag, Projekt für Berlin; 1971–95)

*Christo, amerikan. Künstler bulgar. Herkunft: Nahm Anfang 1994 gemeinsam mit seiner Frau JEANNE-CLAUDE (geb. DE GUILLEBON, *Casablanca 13. 6. 1935) den Künstlernamen C. & Jeanne-Claude an, um der Gleichwertigkeit ihrer beider Arbeit an den von ihnen verfolgten Projekten Ausdruck zu geben. Das bereits 1971 ins Auge gefaßte Projekt der Verhüllung des Reichstagsgebäudes in Berlin konnten C. und JEANNE-CLAUDE nach mehreren vergebl. Anläufen (abgelehnt 1977, 1981, 1987) 1995 verwirklichen. Als Befürworterin der Verhüllung hatte Bundestagspräsidentin RITA SÜSSMUTH am 22. 3. 1993 die Ausstellung eines maßstabgerechten Modells im Bundeshaus in Bonn eröffnet; nach vielen Einzelgesprächen mit den beiden Künstlern stimmten die Bundestagsabgeordneten am 25. 2. 1995 mehrheitlich (292:223 Stimmen bei 9 Enthaltungen) für das Projekt, das dann vom 17. 6. bis 6. 7. 1995 zu besichtigen war: Der in einen lichtreflektierenden, aluminiumbeschichteten Stoff verhüllte Reichstag überragte mit der Spree und das Brandenburger Tor als eine je nach Lichtverhältnissen weiß, silbern und/oder stumpfgrau oder nachts golden leuchtende monumentale Plastik von einer eigenen Würde, Schönheit und Symbolik.

Weitere Werke: The Gates, Central Park in New York (1980–95); The Umbrellas, gleichzeitig in Japan und den USA (1984–91); Over the River, am Arkansas River, USA (1992–95); Verhüllte Böden und Treppen, verhängte Fenster (1995; Museum Würth, Künzelsau).

J. BAAL-TESHUVA: C. & Jeanne-Claude (a.d. Amerikan., 1995).

*Christodulu, Dimitris, neugriech. Lyriker, Erzähler und Dramatiker: † Athen 5. 3. 1991.

*Christoff, Boris, bulgar. Sänger: † Rom 28. 6. 1993.

Chri Christopher – Citylogistik

Warren M. Christopher

Carlo Azeglio Ciampi

Tansu Çiller

Christopher [ˈkrɪstəfə], Warren Minor, amerikan. Politiker, *Scranton (N. D.) 27. 10. 1925; Rechtsanwalt, ab 1950 in Los Angeles (Calif.) tätig; war in den Reg. Kennedy und Johnson Handelsbeauftragter, 1961–65 Sonderberater des stellv. Außen-Min., 1967–69 stellv. Justiz-Min., unter Präs. J. E. CARTER 1977–81 stellv. Außen-Min. und Koordinator für die amerikan. Menschenrechtspolitik. 1977 leitete C. die Gespräche über die Panamakanalverträge. 1980/81 bemühte er sich erfolgreich um die Freilassung amerikan. Geiseln in Iran. Seit Jan. 1993 ist er Außen-Min. der Reg. Clinton; C. war maßgeblich an der Friedensvermittlung im Nahen Osten (1993/94) sowie am Abschluß des Friedensabkommens zw. den bosn. Konfliktparteien (1995) beteiligt.

Chromosomenmarker [k-], Bez. für in ihrer Sequenz bekannte Abschnitte des genet. Materials (DNS), die einem bestimmten Chromosom eindeutig zugeordnet werden können. C. sind u. a. DNS-Abschnitte eines bestimmten Gens (so z. B. aus dem Gen für die Mukoviszidose auf Chromosom 7 oder aus dem Gen für die Muskeldystrophie vom Typ Duchenne auf dem X-Chromosom) oder einer anonymen Sequenz, die eindeutig lokalisiert sind. Anonyme Sequenzen, die C. der neuen Generation, sind kurze DNS-Abschnitte (meist 2–4 Nukleotide lang) mit unterschiedl. Zahl von Wiederholungseinheiten (Mikrosatelliten) auf den beiden Homologen eines Chromosomenpaares. Diese sind damit hochinformativ für eine genet. Analyse z. B. zur Pränataldiagnostik und zur Genlokalisation. Bestimmte C. können zur direkten Genlokalisation mittels Hybridisierung auf Chromosomen eingesetzt werden. Das Prinzip besteht in einer Markierung der chromosomenspezif. DNS-Sequenzen mit fluoreszierenden Molekülen. Durch die Hybridisierung finden diese markierten Sequenzen das die Zielsequenz tragende Chromosom, das im Fluoreszenzmikroskop darstellbar ist.

Chuan Leekpai [tʃ-], thailänd. Politiker, *Prov. Trang 28. 7. 1938; Jurist; seit 1969 Abg. der Demokrat. Partei, seit 1976 verschiedentlich Min.: 1980 für Justiz, 1981 für Handel und Wirtschaft, 1981–83 und 1990–91 für Landwirtschaft und Kooperativen, 1983–86 für Bildung, 1988 für Gesundheit; war von Sept. 1992 bis Juli 1995 MinPräs. einer Reg. der Mitte.

Chudschand [x-], **Chudžand** [-dʒ-], tadschik. **Chodschent,** Stadt in Tadschikistan, seit 1991 wieder Name von ▷ Leninabad.

*****Chun Doo Hwan**, südkorean. General und Politiker: War bis Febr. 1988 Staatspräs.; im Dez. 1995 unter dem Vorwurf der Meuterei (im Zusammenhang mit seinem Aufstieg zum Präs.) verhaftet.

Chung [tʃʊŋ], Myung-Whun, amerikan. Dirigent korean. Abstammung, *Seoul 22. 1. 1953; studierte u. a. an der Juilliard School of Music in New York, war 1978–81 Assistent von C. M. GIULINI beim Los Angeles Philharmonic Orchestra, 1984–90 Chefdirigent des Sinfonieorchesters des Saarländischen Rundfunks und 1989–94 Direktor der Opéra de la Bastille in Paris. Er trat auch als Pianist hervor.

*****Chur 2):** Bischof ist seit 1990 WOLFGANG HAAS (*1948).

*****Church,** Alonzo, amerikan. Mathematiker und Logiker: † Hudson (Oh.) 11. 8. 1995.

Ciampi [ˈtʃampi], Carlo Azeglio, italien. Bankfachmann und Politiker, *Livorno 9. 12. 1920; seit 1979 Gouv. der Bank von Italien; modernisierte die italien. Notenbank und setzte sich für den Eintritt der italien. Lira in das Europ. Währungssystem (EWS) ein. Er erreichte 1981 die Trennung der Notenbank vom Schatzministerium und erhielt 1992 die alleinige Entscheidungsgewalt über Veränderungen der Leitzinsen. Von April 1993 bis Jan. 1994 führte C. eine Regierung, die Voraussetzungen zur Lösung der italien. Staatskrise schaffen sollte (→italienische Geschichte).

*****Cikker,** Ján, slowak. Komponist: † Banská Bystrica (Neusohl) 21. 12. 1989.

Çiller [ˈtʃilər], Tansu, türk. Politikerin, *Istanbul 1946; Wirtschaftswissenschaftlerin, Prof. an der Istanbuler Bogaziçi-Univ. Von S. DEMIREL gefördert, schloß sie sich 1990 der ›Partei des rechten Weges‹ an. 1991 wurde sie Staats-Min. für Wirtschaft (bis 1993), im Juni 1993 Vors. ihrer Partei und MinPräs. Als Befürworterin marktwirtschaftl. Prinzipien bemüht sie sich bes. um die Privatisierung von defizitären Staatsbetrieben; ferner tritt sie ein für die Gleichberechtigung der Frau in der türk. Gesellschaft und für die Verteidigung der staatl. Einheit. Nach den vorgezogenen Parlamentswahlen vom 24. 12. 1995 bildete sie im März 1996 eine Koalitions-Reg. mit der Mutterlandspartei unter M. YILMAZ (→Türkei).

*****Cîmpia Turzii:** Stadt in Rumänien, wird seit der Rechtschreibreform 1992 wieder Câmpia Turzii geschrieben.

*****Cîmpina:** Stadt in Rumänien, wird seit der Rechtschreibreform 1992 wieder Câmpina geschrieben.

*****Cîmpulung:** Stadt in Rumänien, wird seit der Rechtschreibreform 1992 wieder Câmpulung geschrieben.

*****Cioran,** É. M., Schriftsteller rumän. Herkunft: † Paris 20. 6. 1995.

CIS [siːɑːˈɛs, engl.], Abk. für **C**ommonwealth of **I**ndependent **S**tates, →Gemeinschaft Unabhängiger Staaten.

CISC [sɪsk; Abk. von engl. **C**omplex **i**nstruction-**s**et **c**omputer, ›Computer mit komplexem Befehlssatz‹], Gattungs-Bez. für Computer, deren Maschinensprache (und die entsprechende Assemblersprache) eine verhältnismäßig große Anzahl von Befehlen (Instruktionen) für z. T. komplexe Operationen umfaßt (z. B. Division von Gleitkommazahlen, im Ggs. zu Computern, die unter der Gattungs-Bez. →RISC zusammengefaßt werden. Obwohl sich diese beiden Gattungen nur aufgrund des Umfangs der Befehlssätze nicht scharf gegeneinander abgrenzen lassen, spricht man von CISC-Architekturen i. d. R. bei Computern mit Befehlssätzen von mehr als etwa hundert Befehlen. Ein wichtiges Merkmal solcher Architekturen ist die ▷ Mikroprogrammierung.

*****Ciskei:** Anfang März 1990 übernahm nach einem Putsch das Militär die Macht. Mit dem Ende des Apartheidsystems in der Rep. Südafrika 1994 ging das Gebiet der C. in der neuen Provinz Ostkap auf.

Cité de la Musique [siˈte də la myˈzik; frz. ›Musikstadt‹], nach zehnjähriger Bauzeit im Park La Villette im NO von Paris 1995 eröffnetes Musikzentrum, in unmittelbarer Nachbarschaft der bereits 1990 fertiggestellten Konservatorien für Musik und Tanz. Die ›Cité‹ (Architekt CHRISTIAN DE PORTZAMPARC) besteht aus einem muschelförmigen Gebäudekomplex mit großem Konzertsaal (variabel: 800 bis 1200 Plätze), einem Studiosaal (250 Plätze), diversen Informations- und Dokumentationszentren v. a. zur zeitgenöss. Musik sowie einem Musikinstrumentenmuseum. Es gibt zahlreiche Übungsräume und Appartements für Musikstudenten; die ›Cité‹ ist in Zukunft auch das Stammhaus des 1976 von P. BOULEZ gegründeten Ensemble InterContemporain.

Citylogistik [ˈsɪti-; engl. city ›Stadt‹], alle Tätigkeiten, die sich auf die bedarfsgerechte, nach Art, Menge, Zeit, Raum und Umweltfaktoren abgestimmte, effiziente Bereitstellung (bzw. Entsorgung) von Realgütern in einer Stadt beziehen; damit kann die gleiche Menge an Lieferungen mit weniger und vielfach emissionsärmeren Lkw und geringeren Fahrleistungen abgewickelt werden. C. wird meist durch ein unabhängiges Unternehmen betrieben.

Cityruf [ˈsɪtɪ-; engl. city ›Stadt‹], *Telekommunikation:* ein drahtloser Funkrufdienst zur Übermittlung von Ziffern, kurzen Texten oder Tonsignalen über Telefon an ein bestimmtes Funkruf-Empfangsgerät (Pager). Dtl. ist in 50 C.-Zonen eingeteilt. Bei C. regional stehen dem Teilnehmer drei Rufzonen zur Auswahl zur Verfügung. Rufnummern mit ident. Anfangsziffer sind zu acht übergeordneten Zonen (Superzonen) zusammengefaßt. Der Anrufer muß die Kennung der gewünschten Superzone an die eigentl. Funkrufnummer anhängen, der Anruf wird dann an jede der zur Superzone gehörenden Funkrufzonen weitergeleitet.

1991 wurde das national begrenzte C.-System zu C. international erweitert, mit dem auch Pager in Frankreich, Großbritannien, Italien und der Schweiz angewählt werden können. Voraussetzung ist allerdings, daß der Servicedienst des C. mitgeteilt wird, wo und wie lange man in den genannten Staaten für Anrufe erreichbar sein soll. (→Scall)

Claes [klɑːs], Willy, belg. Politiker, * Hasselt 24. 11. 1938; Politikwissenschaftler; seit 1968 Abg. der fläm. Sozialisten, legte als deren Vors. (1975–77) die Grundlage für die Erneuerung der sozialist. Partei in Flandern. C. war ab 1972 mehrfach Minister, 1979–81 und 1988–94 zugleich stellv. MinPräs. Seit Juli 1992 ist er Vors. der Union sozialist. und sozialdemokrat. Parteien in der EG/EU, seit Nov. 1992 Vors. der Partei Europ. Sozialdemokraten. Ab Okt. 1994 GenSekr. der NATO, trat C., nachdem er im Zusammenhang mit der Agusta-Affäre (→Belgien, Geschichte) als früherer Wirtschafts-Min. wegen des Verdachts der Korruption, des Betrugs und der Urkundenfälschung angeklagt worden war, im Okt. 1995 von diesem Amt zurück.

Cité de la Musique im Park La Villette in Paris von Christian de Portzamparc; 1986–94

Clarke [klɑːk], Kenneth Harry, brit. Politiker, * Nottingham 2. 7. 1940; Rechtsanwalt; seit 1970 Abg. der Konservativen im Unterhaus; war 1973–74 als Whip zuständig für Europafragen, 1974–76 Sprecher der Opposition für Soziales, 1976–79 für Industrie. Nach dem Wahlsieg der Konservativen 1979–82 in einflußreichen Positionen im Transportministerium tätig, war C. u. a. 1982–85 (ohne Kabinettsrang) und 1988–90 Gesundheits-Min., ab 1985 Arbeits-Min., ab 1987 Min. für Handel und Industrie sowie innerstädt. Angelegenheiten, ab 1990 Erziehungs-, ab 1992 Innen-Min. Im Zuge der Reg.-Umbildung im Mai 1993 übernahm er das Finanzministerium.

*****Clayton**, Buck, amerikan. Jazzmusiker: † New York 8. 12. 1991.

*****Clemen**, Wolfgang, Anglist: † Bad Endorf i. OB 16. 3. 1990.

Clementine [ˈklɛməntaɪn], amerikan. Testsonde des Ballistic Missile Defense Office (früher SDI),

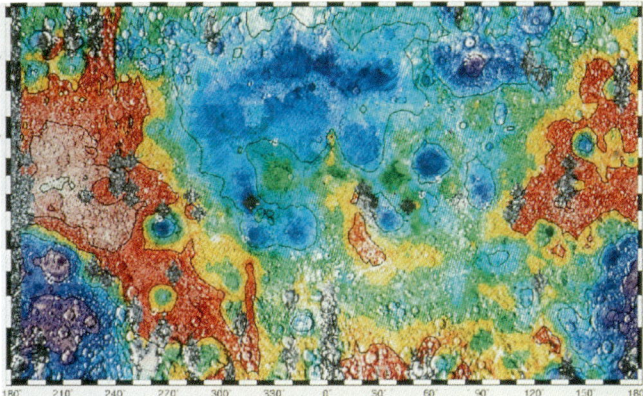

Clementine: Aus den Aufnahmen der Sonde erzeugte topographische Karte des Mondes in Falschfarbendarstellung

Masse 413 kg, Höhe 1,8 m, Breite 1,1 m. Der Start von C.-1 am 25. 1. 1994 führte zunächst in eine Erdumlaufbahn, ab 2. 2. begann die Annäherung an den Mond in langellipt. Bahnen. Dabei photographierte C. ihre abgetrennte Antriebsstufe, um Kameras zum Erkennen von Raketen im All zu testen. Am 20. 2. trat C. in eine polare Bahn um den Mond ein und übermittelte aus rd. 400 km Höhe 1,5 Mio. Bilder der Mondoberfläche (bis zu 20–30 m Auflösung) im sichtbaren, infraroten und ultravioletten Spektralbereich. Daraus wurden im Rahmen des ›Deep Space Program Science Experiment‹ erstmals die ganze Oberfläche erfassende Karten der Geologie und Mineralogie des Monds erstellt. Nach den C.-Daten besteht die Mondkruste überwiegend aus Feldspat. Am 3. 5. verließ C. den Mond wieder. Ein Fehler im Computerprogramm der Sonde vereitelte die für Sept. 1994 geplanten Nahaufnahmen vom Planetoiden Geographos. Flugverfolgung und Funkverkehr dieses ersten amerikan. Mondflugs seit 1972 oblagen der NASA.

Client-Server-System [ˈklaɪənt ˈsəːvə-; engl. client ›Klient‹, ›Kunde‹ und server, eigtl. ›Bediener‹, zu to serve ›dienen‹], *Datenverarbeitung:* spezielle Architektur eines Rechnernetzes (▷ Netz 3), bei der ein meist leistungsfähigerer Rechner, der Server, bestimmte Leistungen erbringt oder bereitstellt, die von den übrigen Rechnern des Netzes, den Clients (heute meist Personalcomputer oder Workstations), benötigt oder angefordert werden. Zu den von den Servern erbrachten oder bereitgestellten Leistungen gehören v. a. Verwaltung und Bereitstellung von Dateien und Datenbanken (File-Server), Verwaltung des Rechnernetzes, Bereitstellung von Druckern (Drucker-Server), besonderer Rechenleistung und spezieller Programme.

Clinton [ˈklɪntən], William (Bill) Jefferson, 42. Präs. der USA (seit 1993), * Hope (Ark.) 19. 8. 1946; lehrte nach dem Politik- und Jurastudium an den Univ. Georgetown (Washington, D. C.), Oxford und Yale 1973–76 an der Univ. in Fayetteville (Ark.) Jura. C. gehört der Demokrat. Partei an. 1974 scheiterte er nur knapp bei den Wahlen zum Repräsentantenhaus, 1976 wurde er in Arkansas zum Generalstaatsanwalt und Justiz-Min. gewählt. Als Gouv. von Arkansas (1979–81 und 1984–92) erwarb er durch eine Deregulierungspolitik im Bereich der Wirtschaft und einer fortschrittl. Umweltgesetzgebung breite Anerkennung; in seiner zweiten Amtszeit setzte er sich bes. für die Reform des Bildungswesens ein.

Mit einem Wahlprogramm, das bes. die Wiederbelebung der Wirtschaft, Sanierung der Staatsfinanzen sowie die Reform des Bildungs- und Gesundheits-

Willy Claes

William (Bill) J. Clinton

Clos Close – Collor de Mello

wesens in den Mittelpunkt rückte, gewann C. im Nov. 1992 (43 % der Stimmen) die Präsidentschaftswahlen gegenüber dem amtierenden Präs. G. BUSH und dem unabhängigen Kandidaten HENRY ROSS PEROT (* 1930). Trotz einiger Erfolge bei der Umsetzung seines stark innenpolitisch ausgerichteten und mit einer aktiveren Rolle des Staats verbundenen Reg.-Programms (v. a. in den Bereichen Wirtschaft, Schußwaffenkontrolle, Verbrechensbekämpfung), aber auch in der Außenpolitik (z. B. Vermittlung im Nahostkonflikt, Intervention in Haiti zur Wiedereinsetzung des demokratisch gewählten Präs., Einigung im Atomstreit mit Nord-Korea) geriet C. zunehmend unter Druck. 1994 konnte er seine Vorstellungen einer umfassenden Gesundheitsreform, eines Kernstücks seines Reg.-Programms, nicht gegen den Widerstand des Kongresses durchsetzen. Seit dem Sieg der Republikaner bei den Kongreßwahlen im Nov. 1994 sieht sich C. zu stärkerer Kooperation mit der neuen, einen streng konservativen Kurs verfolgenden republikan. Kongreßmehrheit gezwungen. Im Nov. 1995 kam auf C.s Vermittlung ein Friedensabkommen zw. den bosn. Konfliktparteien zustande.

Close [kləʊs], Glenn, amerikan. Filmschauspielerin, * Greenwich (Conn.) 19. 3. 1947; spielte zunächst am Theater, auch am Broadway (Hauptrolle im Musical ›Sunset Boulevard‹, 1994, von A. LLOYD WEBBER); seit 1982 ein Charakterstar des amerikan. Films.

Filme: Garp und wie er die Welt sah (1982); Eine verhängnisvolle Affäre (1987); Gefährl. Liebschaften (1988); Die Affäre der Sunny von B. (1990); Das Geisterhaus (1993); Die Grete Cammermeyer Story (1995).

Glenn Close

CLT [seɛl'te], Abk. für **Compagnie Luxembourgeoise de Télédiffusion** [kɔ̃paˈɲi lyksɑ̃buʀˈʒwaz də teledifyˈzjɔ̃], luxemburg. Medienkonzern, gegr. 1929 auf Initiative der Agence Havas, seit 1954 heutiger Name; Sitz: Luxemburg. Bis Ende der 1980er Jahre erzielte CLT den überwiegenden Teil des Umsatzes aus der europaweiten Ausstrahlung von mehrsprachigen Hörfunkprogrammen (heutige Sender: RTL, RTL 4, Bel-RTL). Den größten Verdienst aus seinen zahlreichen Fernsehbeteiligungen – in Dtl.: RTL (49,9 %), RTL 2 (19,5 %) – erwirtschaftet CLT mittlerweile in Dtl.; Umsatz (1993): 3,6 Mrd. DM.

***Club of Rome:** Mitte der 1980er Jahre gab sich der C. of R. eine formale Struktur mit einem Präs. an der Spitze, einem Vorstand (8 Mitgl.) und einem Rat (12 Mitgl.). Auch die Stelle eines GenSekr. wurde geschaffen und der Sitz nach Paris verlegt. Mit der Verabschiedung einer Charta (1987) wurden die inzwischen 29 Landesverbände auf allen Kontinenten als offizielle ›Verbände des C. of R.‹ anerkannt. Die Mitgl. des C. of R. kommen derzeit aus 53 Staaten. Die inhaltl. Schwerpunkte wurden auf die Themen Regierbarkeit, Frieden und Abrüstung sowie Einschätzung der Folgen des Fortschritts in Wiss. und Technik erweitert. Weitere Berichte an den C. of R.: E. PESTEL: ›Jenseits der Grenzen des Wachstums‹ (1988); D. H. MEADOWS u. a.: ›Beyond the limits‹ (1992; dt. ›Die neuen Grenzen des Wachstums‹). 1991 wurde erstmals ein Bericht des Rates des C. of R. veröffentlicht (A. KING und B. SCHNEIDER: ›The first global revolution‹; dt. ›Die erste globale Revolution‹). 1995 erschienen ›Taking nature into account‹ (hg. v. W. VAN DIEREN; dt. ›Mit der Natur rechnen. Der neue C.-of-R.-Bericht. Vom Bruttosozialprodukt zum Ökosozialprodukt‹) und E.-U. VON WEIZSÄCKER u. a.: ›Faktor vier. Doppelter Wohlstand – halbierter Naturverbrauch‹.

C-Netz, *Telekommunikation:* ▷ Mobilfunk.

CNN International [siɛnˈen ɪntəˈnæʃnl; CNN Abk. für engl. Cable News Network], →Privatfernsehen (ÜBERSICHT).

Coaching [ˈkəʊtʃɪŋ; engl. to coach ›auf eine Prüfung vorbereiten‹, ›trainieren‹] *das, -(s),* Bez. der Betriebswirtschaftslehre i. w. S. für die Förderung von Mitarbeitern in Betrieben durch ihre Vorgesetzten. In diesem Sinne dient C. der Anlagenentfaltung, der Verbesserung der individuellen Motivation und der Produktivitätssteigerung. I. e. S. bezeichnet C. die individuelle, meist längerfristige Beratung von Führungskräften der Wirtschaft bei psych. Nöten (z. B. Isolation, persönl. Konflikte, Probleme im Kommunikations- und Führungsverhalten, Burnout-Syndrom) sowie bei Schwierigkeiten im persönl. Arbeitsverhalten (z. B. Zeitmanagement). Dieses C. beinhaltet neben Wahrnehmungssensibilisierung und umfassendem Informieren der hilfesuchenden Führungskraft meistens auch Anleitungen zum Erlernen neuer Denk- und Verhaltensmuster.

Coase [kəʊs], Ronald Harry, brit. Volkswirtschaftler, * Willesden (heute zu London) 29. 12. 1910; Dozent an der London School of Economics (1935–51), danach Prof. in Buffalo, N. Y. (1951–58), Richmond, Va. (1958–64) und Chicago, Ill. (seit 1964). C. gilt als Begründer der Theorie der Transaktionskosten und der Institutionenökonomie und lieferte Beiträge zur Wohlfahrts- und Umweltökonomie (▷ Coase-Theorem). Für die Entdeckung und Klärung der Transaktionskosten und der Eigentumsrechte für Struktur und Funktionsweise eines Wirtschaftssystems erhielt C. 1991 den Nobelpreis für Wirtschaftswissenschaften.

Werk: The firm, the market and the law (1988).

Ronald H. Coase

Co-Branding [ˈkəʊ ˈbɹændɪŋ, ›mit einem weiteren Markenzeichen versehen‹], Marketingstrategie, bei der ein Anbieter eines Markenartikels seine Produkte mit einem zusätzl. Markenzeichen eines anderen Unternehmens kennzeichnet, um durch die Verknüpfung zweier Markenzeichen auch das mit beiden Marken verbundene Produktimage für eine Ware oder Dienstleistung zu nutzen. Beispiele sind die Kooperation der Kreditkartenorganisation Visa mit ihren Lizenznehmern oder die zusätzl. Kennzeichnung eines etablierten Reiseführers mit dem Logo eines Versicherungsunternehmens. Eine weitere Form eines solchen Markentransfers ist die Übertragung eines Markennamens auf neue Produkte ganz anderer Produktgattungen (z. B. die Übertragung des Markenzeichens einer Zigarette auf Bekleidungsartikel).

Colberg-Heldburg, Bad C.-H., 1993 durch Vereinigung von ▷ Heldburg, Bad Colberg und weiteren Gemeinden gebildete Stadt im Kr. Hildburghausen, Thüringen, (1994) 2 500 Einwohner.

Colette [kɔˈlɛt], Künstlername einer in New York und München lebenden Amerikanerin, * Tunis 1947, die sich seit 1970 unter dem Pseudonym C. als ›lebendes Kunstwerk‹ darstellt. Sie inszeniert in ihren Installationen, Kostümserien und Photoarbeiten eine märchenhafte Welt, in der Reales und Irreales einander durchdringen. Gemäß ihrem Motto ›Phantasie ist Wirklichkeit‹ entwirft sie mit den Materialien Seide und Satin, Spitzen, Rüschen, Brokat und Goldflitter einen alternativen Kosmos, den sie in Schaufenstern, auf der Straße und bei Performances vorstellt.

***Collande,** Volker von, Schauspieler, Regisseur und Intendant: † Hannover 29. 10. 1990.

Collar [ˈkʌlə; engl. ›Kragen‹] *der, -s/-s, Börsenwesen:* Bandbreite zw. einem vereinbarten Mindest- und Höchstzinssatz bei Krediten oder Anleihen.

Collor de Mello, Fernando Affonso, brasilian. Politiker, * Rio de Janeiro 12. 8. 1949; Jurist; 1982–86 Abg. des Bundeskongresses, 1987–89 Gouv. im Bundesstaat Alagoas; 1979–82 Bürgermeister von Maceió, wo er im Okt. 1989 den ›Partido da Reconstrução Nacional‹ gründete, als dessen Präsidentschaftskandidat er im zweiten Wahlgang im Dez. 1989 siegte. Am 29. 12. 1992 trat C. de M., der am 2. 10. 1992 zeitweise von seinem Amt suspendiert worden war, infolge eines gegen ihn eingeleiteten Amtsenthebungsverfahrens vom Amt des Präs. zurück. Anfang Dez. hatte der Senat einen Bericht des Untersuchungsausschusses gebilligt, der C. de M. Korruption und Amtsmißbrauch vorwarf. Danach wurde das abschließende Verfahren zu seiner Amtsenthebung eingeleitet und seine Immunität aufgehoben; ferner entzog ihm der Senat bis zum Jahr 2001 das passive Wahlrecht. Am 13. 12. 1994 wurde C. de M. vom Obersten Gerichtshof aus Mangel an Beweisen vom Korruptionsvorwurf freigesprochen.

*Colombo, Gianni, italien. Künstler: † Mailand 3. 2. 1993.

*Colombo-Plan: Die Zahl der Mitgl.-Länder hat sich von 26 auf 24 reduziert, da sich Anfang der 90er Jahre die beiden Geberländer Großbritannien und Kanada aus dem Programm zurückgezogen haben.

Commercial paper [kəˈməːʃl ˈpeɪpə; engl., eigtl. ›Handelspapier‹] *das, -s/-s,* Abk. **CP** [siːˈpiː], Bez. für kurzfristige Wertpapiere, mit deren Ausgabe sich nach amerikan. Vorbild insbesondere große Industrieunternehmen seit Anfang 1991 auch in Dtl. finanzieren **(DM-C.-p.).** Sie vereinbaren jeweils mit einer Bank (Arrangeur), daß diese – allein oder gemeinsam mit anderen Banken (Plazeure) – für die Höhe eines bestimmten Gesamtbetrags kurzfristige Schuldverschreibungen des Emittenten bei Anlegern unterbringt. Die Papiere werden von den Plazeuren nicht fest, sondern auf ›Best-effort‹-Basis übernommen: Das Plazierungsrisiko trägt also der Emittent. Mit der Vereinbarung eines solchen C.-p.-Programms erhält der Emittent das Recht, innerhalb des festgelegten Rahmens jederzeit Papiere mit ihm genehmer Laufzeit zu begeben. Die übl. Laufzeit liegt zw. sieben Tagen und zwei Jahren, geht aber meist nicht über drei Monate hinaus. Die Zinsen werden i. d. R. als Abschlag vom Nennbetrag vergütet (Abzinsungspapier). Plaziert werden die Papiere bei Großanlegern wie Versicherungsunternehmen und Investmentgesellschaften. Die zu den Geldmarktpapieren zählenden C. p. sind für die Emittenten ein flexibles, individuell gestaltbares Finanzierungsinstrument mit im Vergleich zu Bankkrediten günstigen Konditionen, für die Käufer eine ertragreiche Anlagemöglichkeit für kurz- bis mittelfristig verfügbare Gelder bei wenig Risiko (die Emittenten müssen eine hohe Bonität aufweisen).

Commonwealth of Independent States [ˈkɔmənwelθ əv ɪndɪˈpendənt steɪts, engl.], Abk. **CIS**, →Gemeinschaft Unabhängiger Staaten.

*Commonwealth of Nations: Namibia wurde im März 1990 als 50. Mitgl. aufgenommen. Nach der Hinrichtung von neun Bürgerrechtlern wurde die Mitgliedschaft Nigerias im Nov. 1995 bis zu einer Demokratisierung des Landes innerhalb von zwei Jahren ausgesetzt, danach droht der endgültige Ausschluß.

Communauté des États Indépendants [kɔmynoˈte dezeˈta ɛdepɑ̃ˈdɑ̃, frz.], Abk. **CEI** [seːeːiː], →Gemeinschaft Unabhängiger Staaten.

*Compact Disc: Als Speichermedium für Computer hat sich die **CD-ROM (CD R**ead **O**nly **M**emory, nur lesbarer CD-Speicher) gegen die Diskette aufgrund ihrer hohen Speicherkapazität als externer Datenträger (z. B. für Lexika, Wörterbücher oder Adreßverzeichnisse) zunehmend durchgesetzt. Die hohe Speicherkapazität erlaubt auch den multimedialen Einsatz z. B. in Nachschlagewerken. Dort ist dann neben der Wiedergabe von Textinformationen am Bildschirm auch die Darstellung bewegter Bilder oder das Abspielen von Tonaufnahmen möglich.

Die Anordnung der Spuren und die log. Datenstruktur für CD-ROM wird durch die Norm ISO 9660 vorgeschrieben. CD-ROM können daher von allen ISO-9660-kompatiblen Laufwerken (CD-Laufwerken) von Computern gelesen werden. Die Voraussetzung dafür ist, daß in der PC-Hardware ein Anschluß für das CD-Laufwerk vorhanden ist und ein zum betreffenden Betriebssystem kompatibler Software-Treiber für das Laufwerk installiert wurde. Da CD-ROM völlig berührungslos mit einem Laserstrahl abgetastet werden, kann praktisch keine Beschädigung beim Abspielen auftreten. Sie sind daher sehr sichere Datenträger, zumal auch elektromagnet. Felder die gespeicherten Daten nicht beeinflussen können. Die Speicherkapazität liegt bei 63 min Laufzeit bei 600 MByte (Mode I) bzw. 680 MByte (Mode II). Bei CD-ROM mit Laufzeit 73 min betragen die Speicherkapazitäten entsprechend 680 bzw. 780 MByte. Eine CD-ROM ist nach ISO 9660 in 333 000 Sektoren zu je 2 048 Byte unterteilt. Bei Mode I werden davon jedoch 280 Byte je Sektor für Fehlerkorrektur- und Kontrollbits verbraucht, somit stehen nur 600 MByte für die eigentl. Speicherung zur Verfügung. Für weniger fehleranfällige Daten ist die Speicherung nach Mode II möglich, bei der jeweils die volle Sektorenkapazität von 2 048 Byte zur Datenspeicherung genutzt werden kann.

Für den Einsatz im Unterhaltungs- und Multimediabereich eignet sich v. a. die **CD-I** (Abk. für **CD-Interaktiv**), die Ton und Bild mit Software-Anwendungen verknüpft. Die Wiedergabe erfolgt über Fernseher oder Stereoanlage. Dabei kann der Benutzer interaktiv mit Hilfe von Maus oder Joystick in den Programmablauf eingreifen und z. B. die Reihenfolge der Programmteile verändern oder wiederholen.

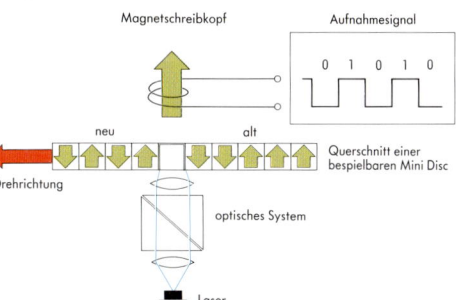

Compact Disc: Funktionsprinzip der bespielbaren Mini Disc (MD); ein Laser erwärmt punktuell die Magnetschicht, so daß diese vom Schreibkopf entsprechend dem Aufnahmesignal magnetisiert werden kann; das digital codierte am Magnetschreibkopf eintreffende Aufnahmesignal führt in der Magnetschicht der MD zu einer der digitalen Sequenz entsprechenden magnetischen Ausrichtung; der digitalen 0 des Aufnahmesignals entspricht der breite abwärtsgerichtete Pfeil und der 1 entspricht der nach oben gerichtete Pfeil im Querschnitt der MD

Die **Mini Disc (MD),** im Tonträgersektor als Konkurrenz zur Kompaktkassette konzipiert, hat einen Durchmesser von nur 6,4 cm und eine max. Spieldauer von 74 min und ist in einem Kunststoffgehäuse untergebracht, ähnlich wie die Mikrodiskette. Die Mini Disc gibt es auch als beliebig oft bespielbare **CD-MO** (MO, Abk. für **M**agneto **o**ptical). Bei der Aufnahme wird die magnetoopt. Speicherschicht der MD punktweise (Durchmesser ca. 1 μm) mit einer Laserdiode auf etwa 250 °C erwärmt und mit Hilfe eines Magnetschreibkopfs magnetisch ausgerichtet. Die Abtastung erfolgt mit polarisiertem Laserlicht, das in Abhängigkeit von der magnet. Orientierung bei der Reflexion in seiner Polarisationsrichtung gedreht, durch ein Polarisationsfilter geführt und von der Photodiode des Tonnehmersystems registriert wird. Bei der Aufnahme nimmt der MD-Recorder eine Datenreduktion auf rd. 20 % der Eingangsdaten vor. Dabei werden die aufgezeichneten Toninformationen in Ab-

Comp Compagnie Générale d'Électricité – Computer

stimmung mit der Hörschwelle und der Frequenzempfindlichkeit des Gehörs entsprechend verringert. Dadurch kann die Spieldauer der MD derjenigen einer normalen Musik-CD angeglichen werden.

Im August 1995 wurden auf der Berliner Funkausstellung die **Multimedia-CD (MMCD)** und die **Super-Density-Disc (SD-Disc)** vorgestellt. Die techn. Unterschiede sind allerdings nicht sehr groß, da beide Systeme mit der Datenkompression nach dem Standard MPEG-2 arbeiten, der auch beim digitalen Fernsehen eingesetzt wird. Dabei handelt es sich um eine Weiterentwicklung des 1992 vereinbarten Standards der Motion Picture Expert Group (MPEG), ein Zusammenschluß von Herstellern und Anbietern von Programmen und Computern, der festlegt, wie Bild- und Tondaten auf einer CD gespeichert werden. Im Ggs. zur bisherigen Video-CD, die nur 74 min. Film in Videorecorderqualität abspielen kann, erlauben es die neuen Formate erstmals, einen kompletten Spielfilm auf einer 12-cm-CD unterzubringen. Zudem bleibt genügend Raum für Klang in Dolby-Surround-Stereo (Kinoqualität), versch. Sprachversionen und Untertitel. Die einseitig zweischichtige MMCD erreicht bei einer Speicherkapazität von 7,4 GByte sogar eine Spielzeit von 4,5 Std. Die zweiseitig zweischichtig beschriebene SD-Disc weist mit 18 GByte eine noch höhere Speicherkapazität auf. Beide Systeme sind abwärts kompatibel, d.h., auf den MMCD- und SD-Disc-Spielern laufen auch konventionelle CD.

*Compagnie Générale d'Électricité: →Alcatel Alsthom S.A.

Compagnie Générale des Eaux [kɔ̃paˈɲi ʒeneˈral dɛˈzo], Abk. **CGE** [seʒeˈe], in den Bereichen Baugewerbe, Wasserversorgung, Abfallwirtschaft, Energiewesen sowie Medien tätiger frz. Konzern, gegr. 1853, Sitz: Paris. CGE besitzt zahlreiche Medienbeteiligungen, u.a. Canal Plus (20,1%). Über die Compagnie Immobilière Phénix (CIP) ist CGE an der Studio Babelsberg GmbH (→DEFA) beteiligt; Umsatz (1994): 156,2 Mrd. FF, Beschäftigte: 215 000.

Compagnie Luxembourgeoise de Télédiffusion [kɔ̃paˈɲi lyksaburˈʒwaz də teledifyˈzjɔ̃], luxemburg. Medienkonzern, →CLT.

Compaoré [kɔ̃paoˈre], Blaise, Offizier und Politiker in Burkina Faso, *1951; Offizier in der Fallschirmtruppe, war 1983 an der Machtergreifung von THOMAS SANKARA (*1950, †1987) beteiligt; als Mitgl. des nat. Revolutionskomitees und Staats-Min. galt er als der zweite Mann hinter Staatschef SANKARA. Nachdem es 1987 zu heftigen Auseinandersetzungen zw. den Mgl. der Junta gekommen war, unternahm C. einen blutigen Putsch, bei dem u.a. auch Präs. SANKARA ermordet wurde, und erklärte sich zum Staatsoberhaupt. Durch Ausbalancierung der versch. das Regime stützenden Gruppen und Ausschaltung v.a. linker Konkurrenten gelang es C. bis 1989, seine Macht zu konsolidieren. Zugleich verfolgte er einen Kurs wirtschaftl. Liberalisierung und polit. Öffnung, der Burkina Faso außenpolitisch wieder dem Westen annäherte und innenpolitisch zur Abkehr vom Marxismus-Leninismus und zu einer Demokratisierung führte. Am 1.12.1991 wurde C. in einer freien Wahl als Staatspräs. bestätigt.

J. R. GUION: B. C., réalisme et integrité (Neuausg. Paris 1991).

*Computer: Mit dem Aufkommen der integrierten Schaltungen (IC; 1959) setzte – insbesondere seit der Markteinführung des ersten Personalcomputers (PC) der IBM Corporation 1981 – auf dem Gebiet der C.-Technik eine stürm. Entwicklung ein, die bis heute nichts von ihrer Dynamik verloren hat. Techn. Grundlage dieser Entwicklung war die ständige Erhöhung des Integrationsgrads der IC, d.h. die Erhöhung von Anzahl und Dichte der Funktionselemente, so daß ein Chip – je nach Art – heute auf einer Fläche von etwa 1 cm^2 bis zu über 10 Mio. Transistoren enthalten kann.

Da diese Entwicklung sich sowohl auf dem Gebiet der Mikroprozessoren als auch auf dem der Bausteine für die Hauptspeicher (RAM, ▷ Speicher 2) – den beiden für die Leistung eines C. wichtigsten Arten von IC – vollzog, waren v.a. drei versch. Entwicklungslinien im modernen C.-Bau zu verzeichnen: 1) Die Leistungsfähigkeit von C. in der Baugröße von PC wuchs beständig, so daß solche C. heute die Leistung von Groß-C. aus der Zeit des ersten IBM-PC ohne weiteres übertreffen können. – 2) Die Baugröße von C. konnte immer weiter verringert werden, so daß tragbare, netzunabhängige C. (Laptops, Notebooks, Notepads und auch Taschenrechner) heute z.T. weitaus leistungsfähiger sind als die ersten PC. – 3) Durch das Zusammenschalten sehr vieler hochintegrierter Schaltungen, v.a. von Prozessor- und Speicherbausteinen, konnten sogenannte massiv parallele →Supercomputer entstehen, deren gewaltige Rechenleistungen vor 20 Jahren noch unvorstellbar gewesen wären.

Die wirtschaftl. Voraussetzung für diese Entwicklung war die große Marktakzeptanz der PC, sowohl durch private Haushalte als auch durch Wirtschaftsunternehmen, aus der sich eine starke Stellung der PC samt der für ihn benötigten Hardwarekomponenten und Softwareprodukte auf dem EDV-Markt ergab, mit anhaltend hohen Zuwachsraten. Die Firmen Intel und Microsoft als Hersteller von IC (v.a. Mikroprozessoren) bzw. Softwareprodukten (v.a. Betriebssystemen) gehören heute zu den weltweit erfolgreichsten, den Markt beherrschenden Unternehmen.

Aus der Wechselwirkung von wirtschaftl. Erfolg und techn. Entwicklung resultierten sowohl eine Veränderung des C.-Einsatzes in Unternehmen als auch eine große Palette neuer Anwendungen. In den Unternehmen werden heute einerseits allgemein Arbeitsplatzrechner (PC und Workstations) für Tätigkeiten eingesetzt, die früher mit anderen Mitteln bewerkstelligt wurden (z.B. Bürotätigkeiten wie Textverarbeitung, Herstellung von Druckerzeugnissen, Konstruktion, Fertigung, Lagerhaltung), andererseits haben vernetzte PC und Workstations, v.a. als Client-Server-Systeme, Groß-C. aus vielen früheren Anwendungsbereichen verdrängt. Unter den neuen Anwendungen sind v.a. die Möglichkeit des Zugangs über entsprechende Schnittstellen (u.a. Modems) zu anderen C. bzw. zu von diesen zur Verfügung gestellten Ressourcen (Daten, Bilder, Programme) zu nennen, zunehmend über globale Datennetze wie Internet, ferner der Einsatz für audiovisuelle Zwecke (Musik, Computeranimation, Videoaufzeichnungen), alles zusammengefaßt unter dem neuen Schlagwort →Multimedia.

Multimediale Anwendungen setzen zunächst voraus, daß alle Informationen, optische und akustische, in digitale Daten umgewandelt werden, sodann, daß Medien zur Verfügung stehen, die geeignet sind, die dabei anfallenden hohen Datenraten und großen Datenmengen zu übertragen bzw. zu speichern, und schließlich, daß C. vorhanden sind, deren Rechenleistung groß genug ist, um die großen Datenmengen mit für die jeweiligen Zwecke genügender Geschwindigkeit, d.h. oft: in Echtzeit, zu verarbeiten. Während die Umsetzung analoger Signale in digitale Zeichen mit Hilfe von Analog-Digital-Umsetzern seit langem erfolgreich angewendet wird, wurden die techn. Voraussetzungen zur Bewältigung der übrigen Probleme erst in jüngerer Zeit geschaffen. Neben der bereits erwähnten, v.a. auf der Schnelligkeit der Prozessoren und der Größe der Hauptspeicher beruhenden Rechenleistung moderner C. gehören dazu insbesondere die Speicherkapazität und Schnelligkeit von Sekundärspeichern (Magnetplattenspeicher, magnetoopt. Platten und CD-ROM) und die Bandbreite und Übertragungsgeschwindigkeit moderner Datennetze (›Datenautobahnen‹, →Infobahn), letztere v. a. auch durch den Einsatz von Lichtwellenleitern (Lichtleitern).

Nach Größe, Leistung und Anwendungsgebiet lassen sich C. heute in folgende Kategorien einteilen: 1) Super-C. (für Aufgaben, die außerordentlich großen Rechenaufwand erfordern, wie Wettervorhersagen, Strömungssimulationen, Klimamodelle, Berechnungen in Quanten- und Astrophysik). – 2) Großrechner; Einsatz in Rechenzentren mit Bedienung durch spezielles Personal. – 3) mittlere Datentechnik; Abteilungsrechner; teils zentral, teils verteilt, z. B. als Client-Server-Systeme; die Leistungsgrenzen einerseits nach oben zu Großrechnern und andererseits nach unten zu Workstations können nicht exakt angegeben werden. – 4) Workstations werden meist für rechenintensive techn. und wiss. Zwecke verwendet, i. d. R. durch nur einen Benutzer. Sie haben typischerweise leistungsstarke Mikroprozessoren in RISC-Architektur, große, hochauflösende Graphikbildschirme und laufen meist unter dem Betriebssystem UNIX. – 5) Personalcomputer, kommerziell und privat vielfältig genutzt, sind die mit Abstand am weitesten verbreiteten C. Sie überspannen einen weiten Leistungsbereich, der sich nicht scharf gegen den der Workstations abgrenzen läßt. Je nach Anwendung werden sie einzeln oder vernetzt eingesetzt. – 6) Laptops und Notebooks, für den mobilen, meist auch netzunabhängigen Einsatz konzipiert, in ihrer Leistungsfähigkeit dem PC und künftig wohl auch den Workstations vergleichbar. – 7) Noch kleinere C., z. T. für spezielle Verwendungen als Notizbuch, Kalender, Telefonverzeichnis, Terminplaner o. ä. (Notepad; Palmtop; PDA, persönl. digitaler Assistent).

Zur ungefähren Orientierung auf einem rasch sich ändernden Gebiet seien einige Daten für Workstations genannt: Hauptspeicher etwa 32 bis 512 Megabyte; Festplatte etwa 500 Megabyte bis 2 Gigabyte; Rechengeschwindigkeit etwa 30 bis 80 Mio. Befehle in Maschinensprache pro Sekunde.

Computeranimation [kɔmˈpjuːtər-], in Anlehnung an die engl. Bez. für Trickfilm (animated pictures, ›beseelte, belebte Bilder‹) geprägte Bez. für computergenerierte oder mit Computerunterstützung erzeugte Bildfolgen, deren Wiedergabe mit der richtigen Bildfolgefrequenz wie bei der Wiedergabe von Film- und Videoaufzeichnungen die Illusion der Wahrnehmung eines bewegten Vorgangs hervorruft. Die C. reicht vom einfachen Verschieben längs gerader oder beliebiger Linien über Bewegungen von Objekten in sich (z. B. rotierende Räder) und Verformungen in sich, Einfügen von Figuren oder Elementen in vorhandene Hintergründe bis zur Erzeugung virtueller Realität. Letzteres großteils unter Verwendung von Techniken des CAD und des →Morphing. Für die dafür erforderl. Bildfolgen müssen die entsprechenden Anfangs- und Endsituationen spezifiziert oder eingegeben werden (z. B. durch Scannen), während der Computer die Zwischenbilder in der geforderten Anzahl errechnet. Die Anwendungen der C. reichen von einfachen Computerspielen bis zu aufwendiger Produktwerbung und Spielfilmen, in denen der Unterschied zw. der Wiedergabe realer Objekte oder Situationen und an Computern erzeugten Bildfolgen kaum mehr zu erkennen ist. Die Herstellung solcher Erzeugnisse erfordert sehr leistungsstarke Rechner.

***Computerkunst:** Die C. entwickelt sich in zwei grundlegenden Richtungen: Die am Konstruktivismus orientierte Gruppe verfolgt einen systematischlog. Weg der Bildherstellung, bei dem zur Steigerung der ästhet. Spannung gern Zufallsgeneratoren benutzt werden. Meist werden die mit Hilfe eines Computers gewonnenen Ergebnisse in einem zweiten Schritt in Malerei, Zeichnung oder Skulptur umgesetzt. Zu dieser Richtung zählen GEORG NEES (* 1926), A. MICHAEL NOLL (* 1939), MANFRED MOHR (* 1938), VERA MOLNÁR (* 1924), KENNETH MARTIN (* 1905, † 1984), HORST BARTNIG (* 1936), ZDENĚK SÝKORA, CHRISTIAN CAVADIA (* 1933), ROGER VILDER (* 1938), PIETER STRUYCKEN (* 1939), SHIMOMURA CHIHAYA (* 1941), CHRISTOPH NAHRGANG (* 1951), YVARAL (* 1934), RAIMUND VAN WELL (* 1953) und KENNETH C. KNOWLTON (* 1931).

Die andere Richtung der C. beschäftigt sich mit den simulator. Möglichkeiten des Mediums. Hier werden v. a. die realitätserzeugenden und -abbildenden Eigenschaften der Computerprogramme untersucht. In diesem Fall zählt meist das auf dem Bildschirm sichtbare Bild bzw. der Bilderablauf als Kunstwerk. In diesem Sinne arbeiten JEAN-FRANÇOIS COLONNA (* 1947), CHRIS FRENCH (* 1942) und HAROLD COHEN (* 1928). Ihre Forschungstätigkeit ist nur ein Experimentierfeld neben der im industriellen (▷ CAD, ▷ High-Tech 1) und militär. Rahmen stattfindenden Forschung, deren Ziel die prakt. Anwendbarkeit ist.

Mit der Entwicklung der Multimedia-Computer Anfang der 80er Jahre erweitert sich der Bereich der computerunterstützten Kunst ständig. Bes. im Bereich der interaktiven Medien und Videokunst werden häufig Computerprogramme u. ä. genutzt, um das Publikum in das ästhet. Geschehen als Handelnden einzubeziehen. Zu den Vertretern dieser Position gehören INGE GRAF (* 1949) und ihr anonymer Mitarbeiter mit der Chiffre ZYX (* 1950), MONIKA WEHRENBERG (* 1942) und JEFFREY SHAW (* 1944).

H. W. FRANKE: Computergraphik – C. (²1985); Der Prix ars electronica. Internat. Kompendium der Computerkünste, hg. v. H. LEOPOLDSEDER (Linz 1990 ff., jährl.); E. STELLER: Computer u. Kunst (1992); MultiMediale 3. Das Medienkunstfestival des ZKM Karlsruhe, bearb. v. S. SCHUCK, Ausst.-Kat. (1993); F. POPPER: Art of the electronic age (New York 1993).

***Conable,** Barber Benjamin jr., amerikan. Jurist und Finanzpolitiker: War bis Aug. 1991 Präs. der Weltbank; sein Nachfolger wurde L. T. PRESTON.

***Conde,** Carmen, span. Schriftstellerin: † Madrid 8. 1. 1996.

Condé [kɔ̃ˈde], Maryse, frz. Schriftstellerin aus Guadeloupe, * Pointe-à-Pitre 11. 2. 1937; schildert eindrucksvoll die sozialen und kulturellen Probleme ihrer Landsleute zw. ihrer Tradition als Nachfahren verschleppter Sklaven und einer aggressiven Moderne. Ihr zweibändiger Roman ›Ségou‹ (Bd. 1: ›Les murailles de terre‹, 1984, dt. ›Segu. Die Mauern aus Lehm‹; Bd. 2: ›La terre en miettes‹, 1985, dt. ›Wie Spreu im Wind‹) zeichnet die Geschichte einer westafrikan. Familie im 18./19. Jahrhundert.

Weitere Werke: Traversée de la mangrove (1989; dt. Unter den Mangroven); La colonie du nouveau monde (1993).

***Congar,** Yves, frz. Dominikaner: † Paris 22. 6. 1995.

Coninck, Herman de, fläm. Schriftsteller und Journalist, * Mechelen 21. 2. 1944; seit 1984 Chefredakteur des ›Nieuw Wereldtijdschrift‹; debütierte mit Kolumnen, deren iron. und relativierender Grundton auch für seine Lyrik kennzeichnend ist. Die Verknüpfung einfacher Reflexionen über das tägl. Leben mit überraschenden Formulierungen und Einsichten verhalf seinen Gedichten zu breitem Erfolg. 1991 erschien ›Die Mehrzahl vom Glück‹, eine zweisprachige Anthologie seiner Gedichte.

Weitere Werke: Lyrik: De lenige liefde (1969); Zolang er sneeuw ligt (1976); Met een klank van hobo (1980); De hectaren van het geheugen (1985). – Essays: Over de troost van pessimisme (1983); Over Marieke van de bakker (1987).

Conlon [ˈkɔnlən], James, amerikan. Dirigent, * New York 18. 3. 1950; debütierte 1971 in Europa bei den Festspielen in Spoleto, 1974 mit den New Yorker Philharmonikern. 1983–91 war er Chefdirigent der Rotterdamer Philharmoniker. 1989 wurde er zum Musik-

Cono Conodonten – Coop Himmelblau

direktor der Kölner Oper und 1991 zum Chefdirigenten des Gürzenich-Orchesters der Stadt Köln ernannt.

***Conodonten:** In den letzten Jahren wurden zus. mit C. die fossilen Reste von etwa zehn bis maximal über 10 cm langen Weichkörpern mit knollenförmigem Kopf und einem Schwanz mit asymmetr. Flossensaum entdeckt. Sie werden urtüml. Chordatieren zugeordnet; der von Muskelsegmenten gegliederte Körper war von einer chordaähnl. Achse durchzogen. Die C. saßen in der trichterförmigen Mundöffnung und im Schlund. Aufgrund von Abriebspuren werden sie als Zähne gedeutet. Da sie aber von außen durch Auflagerung von Lamellen wuchsen, müßten sie während des Wachstums von einem lebenden Gewebe umgeben gewesen sein.

Coop Himmelblau: Papierbeschichtungsfabrik Funder Werk 3 in Sankt Veit an der Glan; 1988/89; links die Energiezentrale mit ›tanzenden Kaminen‹

***Constantine,** Eddie, frz. Filmschauspieler amerikan. Herkunft: † Wiesbaden 25. 2. 1993.

Conté [kɔ̃'te], Lansana, Offizier und Politiker in Guinea, * Koya 1934; seit 1955 Offizier in der frz. Kolonialarmee; nach der Unabhängigkeit Guineas 1958 am Aufbau einer eigenen Armee beteiligt, in der er unter Staatschef A. S. TOURÉ bis Anfang der 80er Jahre zum ranghöchsten Offizier aufstieg. Nach dessen Tod 1984 ergriff er durch einen Militärputsch selbst die Macht, die er 1985 durch Ausschaltung konkurrierender Offiziere festigte. In der Folge kam es zu einer Liberalisierung der Wirtschaft und zu demokrat. Reformen, die jedoch Rücksicht auf die Privilegien der führenden Militärs nehmen. Im Dez. 1993 wurde C. in Wahlen als Staatspräs. bestätigt.

Contracting [kən'træktɪŋ; engl. to contract ›einen Vertrag schließen‹] *das, -s,* Bez. für Drittfinanzierungsmodelle bei Investitionsprojekten zur Effizienzverbesserung im Energiebereich. C. umfaßt die Planung, Finanzierung und Realisierung von Energieeinsparmaßnahmen durch Dritte (Contractor). Daneben können zusätzlich auch die Wartung und der Betrieb neuer oder sanierter energet. Anlagen Bestandteil eines C.-Vertrags sein. Durch C. sollen eigentlich wirtschaftl. Energiesparinvestitionen, die beim Nutzer bisher aus versch. Gründen unterblieben sind (fehlendes Know-how oder Kapital, hohe Amortisationserwartungen, fehlende Risikobereitschaft usw.), vom Contractor realisiert werden. Durch die Spezialisierung verfügt der Contractor über die erforderl. integrierten und optimierten Lösungskonzepte. Die Investitions- und Betriebskosten des Contractors amortisieren sich durch die Energiekosteneinsparung.

Das **Anlagen-C.** beinhaltet schwerpunktmäßig die Finanzierung effizienter Energieerzeugungstechnologien, wie z. B. Blockheizkraftwerke oder Einführung von Brennwertkesseln. Das **Einspar-C.** zielt auf die systemat. Erschließung effizienter Energiesparmaßnahmen bei der Umwandlung von End- und Nutzenergie in Energiedienstleistungen (z. B. warme oder gekühlte Räume, effiziente Beleuchtung). Contractor können Energieversorgungsunternehmen, Energieagenturen, spezielle C.-Unternehmen, Banken, Anlagenplaner und -hersteller und Handwerksbetriebe sein.

***Conzelmann,** Hans, ev. Theologe: † Göttingen 20. 6. 1989.

Cooper [´ku:pə], Imogen, brit. Pianistin, * London 28. 8. 1949; studierte am Pariser Conservatoire sowie bei A. BRENDEL in Wien; debütierte 1973 in London und konzertierte seitdem in zahlreichen europ. Ländern, in Japan und in den USA. C. machte sich v. a. als Schubert-Interpretin einen Namen.

*›**co op**‹**-Gruppe:** Die Handelsgruppe aus co op AG und den Konsumgenossenschaften besteht seit 1988/89 nicht mehr. Der drohende Konkurs der co op AG im Sept. 1989 konnte verhindert werden, indem 143 Gläubigerbanken des hochverschuldeten Konzerns einem außergerichtl. Vergleich zustimmten, mit dem sie auf 75 % ihrer ungesicherten Forderungen in Höhe von 1,8 Mrd. DM verzichteten. Im Dez. 1989 wurde von der Hauptversammlung der co op AG ein Sanierungskonzept beschlossen, das eine Kapitalherabsetzung auf 14 000 DM und eine anschließende Kapitalerhöhung auf rd. 70 Mio. DM beinhaltete. Für die Kleinaktionäre (v. a. ehemalige Konsumgenossenschafts-Mitgl.) bedeutete dies den weitgehenden Verlust ihrer Anteile. Die DG Bank Dt. Genossenschaftsbank und die Bank für Gemeinwirtschaft (heute BfG Bank) übernahmen das erhöhte Kapital im Verhältnis 75:25. Beide Banken stellten außerdem einen Kredit von 540 Mio. DM zur Befriedigung der Gläubiger zur Verfügung. 1990 verkaufte die BfG ihren Anteil an die DG Bank, die die von ihr auf rd. 11 Mrd. DM auf 4 Mrd. DM Umsatz und von 46 000 auf 18 000 Beschäftigte geschrumpfte co op-AG an die Asko Dt. Kaufhaus AG (Tochtergesellschaft der Metro-Gruppe) für 800 Mio. DM verkaufte. Große Teile des Absatzgebiets sowie Unternehmen und Beteiligungen wurden veräußert; die co op AG wurde 1992 in Dt. SB-Kauf AG umbenannt.

Im sogenannten **Co op-Prozeß** (1992–94), einem der komplexesten Wirtschaftsstrafprozesse seit 1945, waren der für den Zusammenbruch verantwortl. co op-Vorstand mit dessen Vors. BERND OTTO (* 1940) sowie der Aufsichtsrats-Vors. der co op-AG und frühere Vorstands-Vors. der Beteiligungsgesellschaft für Gemeinwirtschaft AG (BGAG AG) ALFONS LAPPAS (* 1929) wegen mehrerer Vergehen angeklagt (u. a. wegen Vermögensgefährdung, Untreue bzw. Beihilfe zur Untreue). Nach seinem Teilgeständnis wurde das Verfahren gegen OTTO auf wenige Anklagepunkte beschränkt und vom Hauptverfahren abgetrennt. Wegen Untreue in drei Fällen und Verletzung der Fürsorgepflicht wurde er schließlich zu viereinhalb Jahren Gefängnis verurteilt. Angesichts des auf rd. 2 Mrd. DM geschätzten Schadens und des prozessualen Verlaufs stieß das Urteil auf erhebl. Kritik. LAPPAS wurde wegen Untreue in vier Fällen zu zwei Jahren Gefängnis auf Bewährung verurteilt.

***Coop Himmelblau:** Die beiden Architekten fanden sowohl durch programmat. Präsentationen zum Aufbrechen von Bau- und Sehgewohnheiten in einer medial bestimmten Welt (›The dissipation of our bodies in the towns‹, 1988; New York, Storefront Gallery) als auch durch offene Architekturkonzepte sowie realisierte Entwürfe viel Aufmerksamkeit: Der im wesentlichen als exzentr. Glaskonstruktion konzipierte Dachausbau für ein Anwaltsbüro in Wien, Falkestraße (1983–89), wurde als Musterfall dekonstruktivist. Bauens apostrophiert. Die Fabrikanlage Funder Werk 3 in Sankt Veit an der Glan (ihr erster Großauftrag, 1988–89) erhielt durch Abgrenzungen, Verbindungen, Verdrehungen, Verkippungen und ›tanzende‹ Architekturelemente (Kamine) eine unverwechselbare Identität. Ihr Entwurf (1987) für den Umbau des Ronacher Theaters in Wien integriert Bühne, Nebenbühnen und Freilichtbühne auf dem Dach mit variablen Zuschauerräumen. 1988 gründete C. H. eine Niederlassung in Los Angeles (Calif.). In Zusammenarbeit mit anderen Architekten entstand 1992–94 das Kunstmuseum in Groningen. Auf der Biennale von Venedig 1995 verwandelten sie eine einfallsreiche Umhüllung das neoklassizistische österr. Ausstellungsgebäude von 1934 (Architekt J. HOFFMANN) in ein dekonstruktivist. Zeichen, das Offenheit und Willen zum Wandel signalisiert.

C. H., 6 projects for 4 cities (Darmstadt ²1993); Die Faszination der Stadt = The power of the city, hg. v. C. H. (²1993); Architekten – C. H., bearb. v. U. STARK (³1994).

*Coordinating Committee for East-West-Trade-Policy, Abk. **Cocom:** Seit dem Zusammenbruch des Rats für gegenseitige Wirtschaftshilfe (RGW) und dem Ende des kalten Krieges Anfang der 90er Jahre war der Fortbestand des Cocom heftig umstritten, weil es sich um kein reines Waffenembargo handelte, sondern um ein Embargo für ›strateg. Güter‹, d. h. um Industriegüter, die üblicherweise den zivilen Bereich abdecken (z. B. Telekommunikation, Maschinenbau, Datenverarbeitung), die aber auch für militär. Zwecke eingesetzt werden können (›dual use goods‹). Die meisten Reformländer Mittel- und Osteuropas benötigen diese Güter dringend zum Aufbau und zur Modernisierung ihrer Volkswirtschaften.

Am 1. 7. 1990 wurden zunächst 30 Positionen aus der Cocom-Industrieliste gestrichen. Im Juni 1992 beschloß der Cocom-Ausschuß eine weitere Lockerung der Ausfuhrbestimmungen, um den Nachfolgeländern der Sowjetunion einen weitgehend ungehinderten Zugang zur modernen Telekommunikationstechnik zu ermöglichen. Nur unwesentlich gelockert wurden zunächst die Ausfuhrbestimmungen für computergesteuerte Werkzeugmaschinen und für Supercomputer. Am 1. 5. 1992 wurde Ungarn als erstes Land von der Cocom-Länderliste gestrichen.

Auf der Konferenz am 30./31. 3. 1994 in Den Haag beschlossen die 17 Mitgl.-Länder (NATO-Länder ohne Island, außerdem Japan und Australien) die endgültige Auflösung der Pariser Cocom-Überwachungsstelle zum 1. 4. 1994. Als Nachfolgeorganisation soll ein Cocom-Koordinationsforum dienen, dem zusätzlich die neutralen Länder Schweden, Österreich, Finnland, Irland und die Schweiz sowie die bisherigen Gegner Rußland, China, Polen, Ungarn, die Tschech. Republik und die Slowakische Republik angehören.

*Copland, Aaron, amerikan. Komponist, Pianist und Dirigent: † Westchester (N.Y.) 2. 12. 1990.

Corey [ˈkɔːrɪ], Elias James, amerikan. Chemiker, * Methuen (Mass.) 12. 7. 1928; seit 1959 Prof. an der Harvard University in Cambridge (Mass.); trat durch zahlreiche Arbeiten zur Synthese organ. Verbindungen, v.a. komplexer Naturstoffe, hervor. C. führte viele neuartige Reaktionen und Reagenzien (u.a. metallorgan. Verbindungen) in die organ. Synthese ein, fand systemat. Synthesewege zum Aufbau komplizierter Verbindungen und entwickelte synthet. Verbindungen, die – ähnlich wie die Enzyme in der Natur – zu stereospezif. Produkten (chiralen Verbindungen, Enantiomeren) führen (›Chemzyme‹). Große Bedeutung hatten seine Arbeiten für die medizin. Forschung wichtigen Untersuchungen über die im Körper aus Arachidonsäure entstehenden, hormonartig wirkenden Leukotriene, Prostaglandine und Thromboxane sowie deren Synthese. Für diese Arbeiten erhielt C. 1990 den Nobelpreis für Chemie.

Cornelsen Verlag, einer der größten dt. Schulbuchverlage und durch Zukäufe bedeutende Verlagsgruppe; gegr. 1946; Sitz: Berlin. Das Programm umfaßt neben dem klass. Schulbuch u.a. auch Unterrichts- und Lernsoftware. Zur C. V.-Gruppe gehören eine Druckerei und die Verlagsauslieferung C. Verlagskontor, Bielefeld, und die Verlage Volk und Wissen Verlag, Kamp Schulbuchverlag (gegr. 1909), Bochum, Cornelsen & Oxford University Press (50%), PZV-Pädagog. Zeitschriftenverlag (50%) und der **Patmos Verlag** (75%), Düsseldorf, der u.a. theolog. und religionspädagog. Titel herausgibt.

Correia [kuˈrrɐjɐ], Natália, portug. Schriftstellerin, * Ponta Delgada (Azoren) 13. 9. 1923, † Lissabon 16. 3. 1993; wurde wegen ihrer Herausgebertätigkeit (›Antologia de poesia portuguesa erótica e satírica‹, 1965) und ihrer krit. Theaterstücke (›O encoberto‹, 1969) von der Diktatur verfolgt. Setzte sich später als unabhängige Abgeordnete im Parlament für Frauenrechte und gegen den Konservativismus ein. C. schrieb in den 1960er Jahren Lyrik unter dem Einfluß des Surrealismus, später bewußt in der Tradition der Romantik, wandte sich zuletzt mit ihren ›Sonetos românticos‹ (1990) gegen die ›Erosion des Dionysischen‹ in der zeitgenöss. Lyrik, der sie das ›Apollinische‹ des Sonetts entgegensetzte. C. war auch Essayistin und Chronistin.

Weitere Werke: Lyrik: Rio de nuvens (1947); Cântico do país emerso (1961); Poemas a rebate (1975); O dilúvio e a pomba (1979); O armistício (1985). – *Drama:* O progresso de Edipo (1957). – *Roman:* A madona (1968). – *Essays:* Somos todos hispanos (1988).

Ausgabe: O sol nas noites e o luar nos dias, auf 2 Bde. ber. (1993 ff.).

Ćosić [ˈtɕɔsitɕ], Bora, serb. Schriftsteller, * Zagreb 4. 5. 1932; war als Zeitschriftenredakteur und Dramaturg beim Film (1961–63) tätig; danach freier Schriftsteller; verließ 1992 Serbien und lebt heute in Rovinj. Ć. begann mit ›schwarzen‹ Romanen in der Nachfolge von M. BULATOVIĆ (›Kuća lopova‹, 1956; ›Svi smrtni‹, 1958). Sein Collageroman ›Uloga moje porodice u svetskoj revoluciji‹ (1969; dt. ›Die Rolle meiner Familie in der Weltrevolution‹) beschreibt den Alltag einer heruntergekommenen Belgrader Familie während und nach dem Zweiten Weltkrieg. Seine spätere Prosa nutzt spieler. Formen und Mystifikationen aus, so in einer erdachten Autobiographie M. KRLEŽAS (›Doktor Krleža‹, 1988), in dem Roman ›Intervju na Ciriškom jezeru‹ (1988; dt. ›Interview am Zürichsee‹) und in dem fiktiven ›Notizbuch‹ R. MUSILS (›Musilov notes. Jedan tršćanski roman‹, 1989; dt. ›Musils Tagebuch. Ein Roman aus Triest‹).

Elias J. Corey

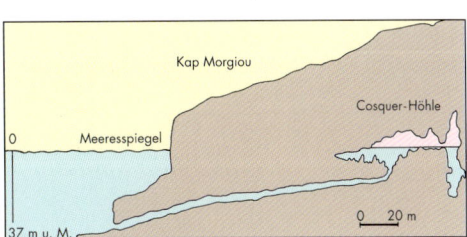

Cosquer-Höhle: Schnittzeichnung; der 175 m lange Gang endet in einer horizontalen Engstelle, nach dieser Kluft (Diaklase) steigt der Höhlenraum über den Meeresspiegel empor

Cosquer-Höhle [kɔsˈkɛːr-], von dem frz. Vorgeschichtsforscher HENRI COSQUER (* 1950) entdeckte (und nach ihm benannte) Höhle an der südfrz. Küste am Kap Morgiou in der Nähe von Cassis mit altsteinzeitl. Felsbildern. Der bereits 1985 gefundene Höhlen-

Coss Cossiga – Cottbus

eingang liegt mittlerweile unter dem Meeresspiegel, war aber während des Jungpaläolithikums aufgrund des zu dieser Zeit erheblich tiefer liegenden Spiegels des Mittelmeers trocken. Es wird angenommen, daß die erst 1991 entdeckten Zeichnungen und Ritzungen in zwei Phasen entstanden sind, um 22 000 und um 14 000 v. Chr. Mit Holzkohle und Braunstein sind Pferde, Rinder, Hirsche, Vögel sowie Negativabdrücke von Händen wiedergegeben. Einer dieser Negativabdrücke ist anscheinend schon auf 27 100 v. Chr. zu datieren und wäre damit eines der ältesten bisher bekannten Bildzeichen des Jungpaläolithikums.

Grotte Cosquer bei Marseille. Eine im Meer versunkene Bilderhöhle, Beitr. v. J. CLOTTES u. a. (a. d. Frz., 1995).

*__Cossiga,__ Francesco, italien. Politiker: Übte in den letzten Jahren seiner Amtszeit als Staatspräs. oft scharfe Kritik am polit. System seines Landes. Unzufrieden mit dem innenpolit. Echo auf seine Reformvorschläge, trat er am 28. 4. 1992 vorzeitig als Staatspräs. zurück.

__Costa__ [ˈkɔʃta], Maria __Velho da__ [ˈvɛʎu -], eigtl. __Maria de Fátima Bivar,__ portug. Schriftstellerin, *Lissabon 26. 6. 1938; veröffentlichte 1972 zusammen mit MARIA TERESA HORTA (* 1937) und MARIA ISABEL BARRENO (* 1939) die linksfeministischen ›Novas cartas portuguesas‹ (dt. ›Neue portugiesische Briefe‹), die einen literarischen Skandal auslösten. C. thematisiert in ihren Romanen insbesondere die Situation der Frau in der portug. Gesellschaft; kennzeichnend sind Techniken der experimentellen Literatur, graduelle Fokussierung des Geschehens, vielfältige Perspektivenwechsel, in dem Roman ›Casas pardas‹ (1977) auch die Mischung literar. Gattungen, stilist. Minimalismus zur Hinterfragung der bürgerlichen Kultur.

__Weitere Werke:__ *Erzählungen:* O lugar comum (1966). - *Romane:* Maina Mendes (1969); Desescrita (1973); Cravo (1975); Lúcialima (1983); Missa in Albis (1988). - *Lyrik:* Corpo verde (1979; dt. Ausw. u. d. T. Corpo verde. Körper, grün).

Kevin Costner

*__Costa Rica,__ amtlich spanisch __República de Costa Rica,__ Staat in Zentralamerika, zwischen Nicaragua und Panama, Pazifischem Ozean und Karibischem Meer.

Hauptstadt: San José. *Amtssprache:* Spanisch. *Staatsfläche:* 51 100 km² (ohne Binnengewässer 51 060 km²). *Bodennutzung (1992):* 5 290 km² Ackerland, 23 300 km² Dauergrünland, 16 400 km² Waldfläche. *Einwohner (1994):* 3,347 Mio., 65 Ew. je km². *Städtische Bevölkerung (1993):* 49%. *Durchschnittliches Bevölkerungswachstum pro Jahr (1985-93):* 2,7%. *Bevölkerungsprojektion für 2000:* 4 Mio. Ew. *Ethnische Gruppen:* etwa 87% Weiße, 7% Mestizen, 3% Schwarze und Mulatten, 2% Asiaten (Chinesen), 1% Indianer. *Religion (1992):* 88,6% Katholiken. *Altersgliederung (1995):* unter 15 Jahre 35,0%, 15 bis unter 65 Jahre 60,3%, 65 und mehr Jahre 4,7%. *Lebenserwartung der Neugeborenen (1992):* männlich 74 Jahre, weiblich 79 Jahre. *Analphabetenquote (1991):* insgesamt 7,2%, männlich 7,4%, weiblich 6,9%. *BSP je Ew. (1993):* 2 160 US-$. *BIP nach Sektoren/Produktionsstruktur (1993):* Landwirtschaft 15%, Industrie 26%, Dienstleistungen 59%. *Arbeitslosenquote (1992/93):* 4,1%. *Währung:* 1 Costa-Rica-Colón (¢) = 100 Céntimos (c). *Internationale Mitgliedschaften:* UNO, CACM, OAS.

Geschichte: Aus den Parlaments- und Präsidentschaftswahlen am 4. 2. 1990 ging R. A. CALDERÓN FOURNIER (PUSC) als Sieger hervor. Sein Nachfolger wurde nach den Wahlen am 7. 2. 1994 der Kandidat des oppositionellen PLN, J. M. FIGUERES OLSEN.

Am 5. 4. 1994 unterzeichneten C. R. und Mexiko ein Freihandelsabkommen, das am 1. 1. 1995 in Kraft trat.

J. ROVIRA MAS: C. R. en los años '80 (San José 1987).

__Costner__ [ˈkɔstnə], Kevin, amerikan. Filmschauspieler und -regisseur, *Los Angeles (Calif.) 18. 1. 1955; entwickelte sich ab 1982 zum großen Star des amerikan. Films.

__Filme:__ The Untouchables – Die Unbestechlichen (1986); No Way Out – Es gibt kein Zurück (1986); Feld der Träume (1989); Der mit dem Wolf tanzt (1989; auch Regie); JFK John F. Kennedy – Tatort Dallas (1991); Bodyguard (1992); Wyatt Earp (1994); Waterworld (1995).

__COSY__ [ˈkoːzi], Abk. für engl. __C__ooler __Sy__nchrotron (›Kühlersynchrotron‹), 1993 am Forschungszentrum Jülich in Betrieb gegangene Beschleuniger- und Speicherringanlage zur Erzeugung gekühlter Protonenstrahlen mit Energien bis zu 2,5 GeV. Als Vorbeschleuniger dient das Jülicher Isochronzyklotron JULIC, mit dem zunächst Ionen versch. Teilchensorten (v. a. Protonen) erzeugt, auf 40 MeV beschleunigt und in den COSY-Speicherring injiziert werden. Dieser besteht aus zwei je 52 m langen Bögen und zwei 40 m langen geraden Strecken. Im Strahlgang befinden sich 24 Ablenkmagnete und 56 Fokussierungsmagnete. Mittels ▷ Strahlkühlung wird die transversale und longitudinale Bewegung der Protonen minimiert, wobei sowohl Elektronenkühlung als auch stochast. Kühlung zur Anwendung kommen. Die Geraden enthalten die Elektronenkühler, die Beschleunigungsstruktur, die Strahldiagnostik und Targetplätze für interne Experimente. Der Protonenstrahl kann wahlweise zu den versch. Experimentierplätzen gelenkt werden. COSY dient in erster Linie der Grundlagenforschung in der Mittelenergie-, Kern- und Atomphysik, bietet aber auch neue Möglichkeiten für die Medizin.

*__Côtes-du-Nord:__ Dép. in Frankreich, heißt seit 1990 __Côtes-d'Armor.__

*__Cottbus 1):__ C. ist nicht mehr Bez.-Hauptstadt und seit Ende 1993 nicht mehr Verw.-Sitz des Landkreises Cottbus (wurde aufgelöst); es ist jetzt kreisfreie Stadt in Brandenburg, (1994) 127 200 Ew.; eine neugegründete TU ist im Ausbau; Sitz der sorb. Dachorganisation Domowina, Niederlausitzer Landesmuseum, Museum für zeitgenöss. Kunst, Fotografie und Plakat. 1995 fand in C. die Bundesgartenschau statt.

COSY: Blick in die Experimentierhalle der Beschleuniger- und Speicherringanlage am Forschungszentrum Jülich

***Cottbus 2):** Der seit 3. 10. 1990 zu Brandenburg gehörende Landkreis C. ging am 6. 12. 1993 im neugebildeten Landkreis Spree-Neiße auf.

***Cottbus 3):** Der Bezirk C. wurde aufgelöst. Seit 3. 10. 1990 gehört der größte Teil des Gebietes zum Land Brandenburg, die Landkreise Hoyerswerda und Weißwasser (jetzt im Niederschles. Oberlausitzkreis aufgegangen) kamen zum Land Sachsen, der Landkreis Jessen (im Landkreis Wittenberg aufgegangen) zum Land Sachsen-Anhalt.

***Cotten,** Joseph, amerikan. Filmschauspieler: † Los Angeles (Calif.) 6. 2. 1994.

Cotti, Flavio, schweizer. Politiker, *Muralto (bei Locarno) 18. 10. 1939; Rechtsanwalt, Mitgl. der CVP, gehörte 1975–83 dem Tessiner Staatsrat an und leitete 1976–84 das Tessiner Büro für Tourismus. 1984–87 war er Bundes-Vors. seiner Partei. Im Dez. 1986 wurde er in den Bundesrat gewählt, führte dort bis 1993 das Departement des Inneren, seitdem das Departement für auswärtige Angelegenheiten.

Countertrade [ˈkaʊntətreɪd, engl.] der, -(s), Außenwirtschaft: Sammel-Bez. für Handels- oder Tauschgeschäfte, bei denen sich die Geschäftspartner verpflichten, gegenseitig Waren oder Dienstleistungen zu erbringen, abzunehmen oder für ihre Abnahme zu sorgen. Zum C. zählen u. a. die versch. Formen von Kompensationsgeschäften und Schuldel-Schwapgeschäfte wie der ▷ Debt equity swap.

***Cournand,** André Frédéric, frz.-amerikan. Mediziner: † Great Barrington (Mass.) 2. 2. 1988.

***Cowley,** Malcolm, amerikan. Schriftsteller und Literaturkritiker: † Sherman (Conn.) 28. 3. 1989.

Crack [kræk; engl., eigtl. ›Knall‹, ›Krach‹] der, -s, mit Alkalien wie Natriumcarbonat oder Ammoniak behandeltes Kokain-Hydrochlorid (wobei aus dem Salz die freie Base entsteht). So wird z. B. Kokain-Hydrochlorid mit Backpulver und Wasser vermischt erhitzt (verbacken) und der entstehende Kuchen (›Pancake‹) zerkleinert. Wegen der Luftempfindlichkeit wird C. in kleine Glas- oder Plastikamphiolen portioniert verschlossen. C. wird meist in speziellen Pfeifen geraucht. Das über die Lunge aufgenommene C. gelangt in wenigen Sekunden aus dem Blut über die Hirnschranke in das zentrale Nervensystem. Der schnelle und heftige Wirkungseintritt kann zu pathol. Herz-Kreislauf-Reaktionen bis hin zum tödl. Kollaps führen; charakteristisch für C. sind starke Dosissteigerung ohne Toleranzentwicklung, keine phys. Abhängigkeit trotz starker somat. Symptomatik, dafür starke psych. Abhängigkeit. – Erstmals tauchte die Droge 1983/84 unter dem Namen ›Rock‹ an der Westküste der USA auf; 1986 hatte sie die Ostküste erreicht, wo sie in New York den Namen C. bekam. Als billige Kokainvariante war sie in der entstandenen Drogensubkultur der ›Crack Houses‹ unter mehr als 1 Mio. Menschen verbreitet. Als ›Free Base‹ (aus alkalisch-wäßriger Lösung mittels Ethylether ausgefälltes basisches Kokain) ist C. seit den 1980er Jahren auch in Europa bekannt.

B. C. WALLACE : C. cocaine. A practical treatment approach for the chemically dependent (New York 1991); S. BELENKO: C. and the evolution of anti-drug policy (Westport, Conn., 1993); Cocaine and crack. Supply and use, hg. v. P. BEAN (New York 1993); B. G. THAMM u. W. KATZUNG: Drogen – legal – illegal (²1994).

Cragg [kræg], Tony, brit. Plastiker, *Liverpool 9. 4. 1949; seit 1988 Prof. an der Kunstakademie Düsseldorf; formuliert in seinen Wandgestaltungen aus mosaikartig zusammengesetzten Plastikfragmenten, die er als Selbstporträts bezeichnet, eine skulpturale Selbsterkenntnis, nach der der Mensch in den von ihm hergestellten Dingen vermutet wird. Besonderes Merkmal seiner Wand- und Bodenarbeiten ist der Gleichklang von Einzelelement und Gesamtform.

T. C. Eine Werkausw., bearb. v. A. WILDERMUTH (1990).

Cram [kræm], Donald James, amerikan. Chemiker, *Chester (Vt.) 22. 4. 1919; seit 1950 Prof. an der University of California in Los Angeles. Seine Forschungen betrafen v. a. die zu Beginn der 60er Jahre von C. J. PEDERSEN, einem amerikan. Chemiker norweg. Herkunft, mit der Entdeckung der Kronenäther begründete ›Wirt-Gast-Chemie‹, die heute praktisch alle Bereiche der Chemie berührt und bis in die Pharmazie und Medizin reicht. C. und der frz. Chemiker J.-M. LEHN synthetisierten eine Vielzahl dieser neuartigen kronen-, käfig- oder kugelartigen zykl. Verbindungen, deren Moleküle in ihrem Hohlraum ein ›Gastteilchen‹ (v. a. Kationen, aber auch Anionen und neutrale Moleküle) aufnehmen und unterschiedl. Komplexe bilden; sie konnten mit ihnen z. B. verunreinigte Stoffe von Schwermetallionen befreien und wichtige biochem. Prozesse nachahmen. Insbesondere gingen beide Forscher auch der Frage nach, welche Bedingungen die Hohlräume dieser Moleküle erfüllen müssen, um eine ähnl. Selektivität ihrer Bindungsstellen zu besitzen, wie sie an komplizierten biochem. Systemen (z. B. bei der Bindung von Enzymen an Rezeptoren oder bei Transportvorgängen durch Membranen in Ionenkanälen) festgestellt wurde. 1987 erhielten C., LEHN und PEDERSEN für die ›Entwicklung und Verwendung von Molekülen mit strukturspezif. Wechselwirkung hoher Selektivität‹ den Nobelpreis für Chemie.

Werke: Organic chemistry (1959, mit G. S. HAMMOND u. a.; dt. Die Reaktionsmechanismen in der organ. Chemie); Fundamentals of carbonion chemistry (1965); Elements of organic chemistry (1967, mit J. H. RICHARDS u. G. S. HAMMOND); The essence of organic chemistry (1978, mit J. M. CRAM).

Donald J. Cram

*** Craxi,** Benedetto (Bettino), italien. Politiker: Nach Aufdeckung des Mailänder Bestechungsskandals wurden dort mehrere Gerichtsverfahren gegen ihn und

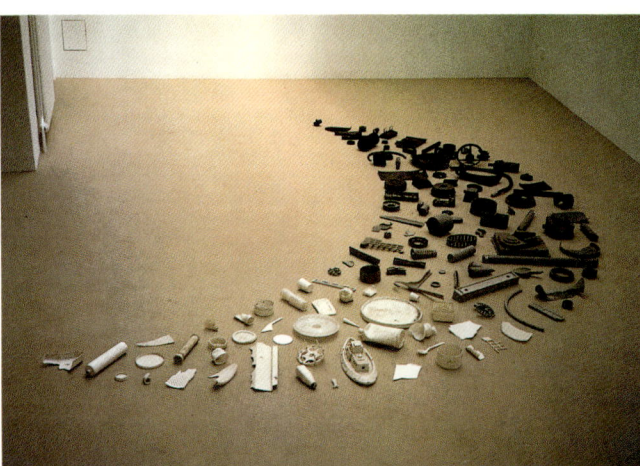

Tony Cragg: Grauer Mond; 1984 (Privatbesitz)

eine Anzahl weiterer namhafter Mgl. des PSI eröffnet. Im Febr. 1993 trat C. als GenSekr. des PSI zurück. Im Juli und Dez. 1994 wurde C. wegen Bestechung in Abwesenheit zu mehrjährigen Haftstrafen verurteilt.

*** Crédit Lyonnais:** Wegen Verlusten von mehreren Mrd. DM in den letzten Jahren konnte C. L. nur aufgrund der finanziellen Unterstützung durch die frz. Reg. vor dem Konkurs bewahrt werden. Ursachen sind v. a. notleidende Kredite, insbesondere auch im Immobiliensektor.

*** Cremer,** Fritz, Bildhauer und Graphiker: † Berlin 1. 9. 1993.

Cres   Cresson – Dagestan

Édith Cresson

Cresson [krɛˈsɔ̃], Édith, frz. Politikerin, * Boulogne-Billancourt 27. 1. 1934; Agrarwirtschaftlerin, seit 1971 Mitgl. des Parti Socialiste, ab 1979 MdEP, 1981–83 Landwirtschafts-Min., 1983–86 Min. für Außenhandel, 1988–90 Europa-Min. C. war von Mai 1991 bis April 1992 Premier-Min.; sie bemühte sich v. a. um die Stärkung der Wettbewerbsfähigkeit der frz. Wirtschaft. Seit Jan. 1995 ist sie EU-Kommissarin für Forschung und Ausbildung.

Cristiani [k-], Alfredo Félix, salvadorian. Politiker, * San Salvador 22. 11. 1947; studierte in den USA Betriebswirtschaft; seit 1984 Mitgl. der ARENA und Abg.; 1989–94 Staats- und Regierungschef.

Croissant [krwaˈsã], Michael, Bildhauer, * Landau in der Pfalz 7. 5. 1928; war 1966–88 Prof. an der Städelschule in Frankfurt am Main. Sein Werk mit den Leitthemen Kopf und Figur bestand bis Ende der 70er Jahre aus Metallgüssen, die auf tödl. Verletzungen verweisen und in die die Verpuppungen (›verhüllte Figuren‹) der 60er Jahre münden. Nach zunehmender Formvereinfachung setzte C. in den 80er Jahren Metallbleche, meist zwei hochformatige Platten, in geschwungenen Linien gegeneinander und verschweißte sie miteinander zu einer Hohlform, einem ›Gefäß‹ (wie C. es formulierte); auch Collagen und Zeichnungen.
M. C. Retrospektive 1958–1989, hg. v. P. Weiermair, Ausst.-Kat. (1990); M. C. Plastiken u. Zeichnungen 1990–1995, hg. vom Kunstverein Ludwigshafen, Ausst.-Kat. (1995).

Cronenberg [ˈkrəʊnənbəːg], David, kanad. Filmregisseur, * Toronto 15. 5. 1943; begann mit Kurz- und experimentellen Filmen. In seinen folgenden Spielfilmen entwirft er Horrorszenarien.
Filme: Parasiten-Mörder (1974); Rabid – Der brüllende Tod (1976); Die Brut (1979); Scanners – Ihre Gedanken können töten (1980); Videodrome (1982); Dead Zone (1983); Die Fliege (1985); Die Unzertrennlichen (1988); Naked Lunch (1991); M. Butterfly (1993).

Tom Cruise

Cruise [kruːz], Tom, amerikan. Schauspieler, * Syracuse (N. Y.) 3. 7. 1962; amerikan. Filmstar, der 1981 seine erste Rolle übernahm.
Filme: Top Gun – Sie fürchten weder Tod noch Teufel (1986); Rain Man (1988); Geboren am 4. Juli (1989); Die Firma (1993); Interview mit einem Vampir (1994).

*****Cruise-Missile:** Bis zur Unterzeichnung des INF-Vertrags im Dez. 1987 waren 256 der urspr. geplanten 464 GLCM in Europa stationiert. Sowohl die bereits stationierten als auch weitere 123 in den USA fertiggestellte Systeme wurden bis 1991 in Umsetzung des INF-Vertrags verschrottet. Die mit einem konventionellen Gefechtskopf ausgestatteten C.-M. vom Typ Tomahawk wurden von den US-Streitkräften 1991 gegen Irak und 1995 gegen die bosn. Serben eingesetzt.

Paul Crutzen

Crutzen [ˈkrytsə], Paul Joseph, niederländ. Meteorologe, * Amsterdam 3. 12. 1933; arbeitete 1974–80 am National Center for Atmospheric Research in Boulder (Colo.), seit 1977 als Forschungsdirektor; seit 1980 ist C. Direktor des Max-Planck-Instituts für Chemie in Mainz. Im Rahmen seiner Arbeiten zur Chemie der Atmosphäre wies C. 1970 nach, daß die Stickstoffoxide NO (Stickstoffmonoxid) und NO_2 (Stickstoffdioxid) katalytisch, also ohne selbst verbraucht zu werden, mit Ozon reagieren und dadurch zu einer Verringerung des Ozongehaltes beitragen. Dieser Nachweis war ein grundsätzl. Schritt zum Verständnis der Chemie der Ozonschicht. C.s Untersuchungen photochem. Prozesse in Troposphäre und Stratosphäre trugen dazu bei, das Feld der modernen Luftchemie zu begründen. Für seine Untersuchungen zur Chemie der Ozonschicht wurde C. – zus. mit M. J. Molina und F. S. Rowland – mit dem Nobelpreis für Chemie 1995 ausgezeichnet.

CS Holding [-ˈhəʊldɪŋ], global tätige schweizer. Finanzdienstleistungsgruppe, gegr. 1982; Sitz: Zürich. Zur CS H. gehören die Schweizer. Kreditanstalt, die Schweizer. Volksbank und die in der ›Privatbank-Gruppe‹ zusammengefaßten Kreditinstitute (u. a. Bank Leu, Bank Hofmann, Claridenbank), Fides Informatik sowie CS Life (beide nahezu zu 100%), außerdem die Investmentbank CS First Boston (65%, Stimmen: 100%) und eine Beteiligung an der Elektrowatt AG (44%). Hauptaktionär ist die Faminta AG, die treuhänderisch die Aktien von Direktions-Mitgl. der CS H.-Gruppe hält (4,2%); Umsatz (1994): 4,94 Mrd. sfr., Beschäftigte: rd. 53 200. (→Banken, Übersicht)

*****Curie,** Marie, frz. Chemikerin und Physikerin poln. Herkunft: Am 20. 4. 1995 wurden ihre Gebeine gemeinsam mit denen ihres Mannes Pierre C. im Beisein von Staatspräs. F. Mitterrand in das Pariser Panthéon überführt. C. ist die erste Frau, der diese Ehrung aufgrund eigener wiss. Verdienste zuteil wurde.

*****Curling:** Bei nat. und internat. Meisterschaften hat jedes Spiel nun zehn Durchgänge (Ends); bei klarer Führung kann ein Spiel bereits vor dem 8. End beendet werden.

*****Curtis,** Jean-Louis, frz. Schriftsteller: † Paris 11. 11. 1995.

Cyberspace [ˈsaɪbəspeɪs; Kw. aus engl. cybernetics ›Kybernetik‹ und space ›Raum‹] das, -s/-s, Bez. für künstl. Computerwelt (▷ virtuelle Realität).

*****Cyrankiewicz,** Józef, poln. Politiker: † Warschau 20. 1. 1989.

*****Czeszko,** Bohdan, poln. Schriftsteller: † Warschau 21. 12. 1988.

*****Cziffra,** Géza von, Filmregisseur: † Dießen a. Ammersee 28. 4. 1989.

*****Cziffra,** György, frz. Pianist ungar. Herkunft: † Paris 15. 1. 1994.

D

DAB, Abk. für engl. **D**igital **A**udio **B**roadcasting, →digitaler Hörfunk.

Dactyl [nach den Daktylen], →Planetoiden.

Dafoe [dəˈfəʊ], Willem, amerikan. Schauspieler, * Appleton (Wis.) 22. 7. 1955; interessierte sich für experimentelles Theater, ehe er 1980 zum Film kam.
Filme: Die Lieblosen (1980); Platoon (1986); Die letzte Versuchung Christi (1988); Body of Evidence (1992).

Dagestan [türk.-pers. ›Land der Berge‹], **Republik D.,** bis 1991 ▷ Dagestanische Autonome Sozialistische Sowjetrepublik, Teilrepublik in der Russ. Föderation, an der NO-Abdachung des Großen Kaukasus und am Kasp. Meer, 50 300 km^2, (1992) 1,89 Mio. Ew., Hauptstadt ist Machatschkala. In D. leben außer Russen (1989: 9,2%) mehr als 40 Völkerschaften, die v. a. zur ostkaukas. Völker- und Sprachenfamilie, aber auch wie die Kumücken, Aserbaidschaner und Nogaier (2%) zu den Turkvölkern gehören. Größte Völkergruppen sind die Awaren (28%), die Darginer (16%), die Kumücken (13%), die Lesgier (11%), die Laken (5%), die Tabassaraner und die Aserbaidschaner (jeweils 4%). Rund ein Viertel der Industriebetriebe leidet unter dem Rückgang der Rüstungsaufträge für die militär. Produktion. – Mit dem Zerfall der Sowjetunion wurde aus der Dagestan. ASSR die Dagestan. SSR, später die Rep. D. Aufgrund der vielfältigen ethn. Gliederung der Bev. ist das Konfliktpotential (z.B. Streit um Verfügungsrechte über Weideland) sehr hoch. Mit ihrer Forderung nach nat. Souveränität geraten u. a. die Kumücken, Laken und Nogaier bes. in Konflikt mit den Awaren, die im bestehenden gesellschaftl. Machtgefüge starke Positionen innehaben. Am unteren Terek suchen sich militärisch-territoriale Einheiten der russ. Kosaken zu reorganisieren.

Walter Dahn: Philosophie der Freiheit II; 1983 (Bonn, Städtisches Kunstmuseum)

*Dahl, Roald, engl. Schriftsteller: † Oxford 23. 11. 1990.

*Dahlhaus, Carl, Musikwissenschaftler: † Berlin (West) 13. 3. 1989.

Dahme-Spreewald, Landkreis in Brandenburg, 2261 km², (1995) 142800 Ew.; Kreisstadt ist Lübben (Spreewald). Der N-Teil des Kreises gehört zum Ostbrandenburg. Heide- und Seengebiet und ist ein wichtiges Berliner Naherholungsgebiet. Die Orte haben teilweise Vorstadtcharakter. Zw. Mittenwalde und Schönefeld (Flughafen) intensive Landwirtschaft mit Milchvieh- und Geflügelhaltung. Das Glogau-Baruther Urstromtal bildet die Grenze zur Niederlausitz im S, in die der Spreewald eingeschaltet ist. Die Lübbener Schwelle markiert die Grenze zw. Ober- und Unterspreewald, im W begrenzt von kuppigen Endmoränenzügen, die in den Krausnicker Bergen 144m ü. M. erreichen. Fremdenverkehrsorte im Unterspreewald sind Lübben (Spreewald), auch Industriestandort mit Kartonagenfabrik, Baustoffindustrie und Gurkenverarbeitung, und Märkisch-Buchholz. Den S-Teil des Kreises bildet der nördl. Lausitzer Grenzwall. Um die ehem. Kreisstadt Luckau werden Obst und Gemüse, Getreide, Kartoffeln und Rüben angebaut, die dort z.T. verarbeitet werden. Die wenigen Industriebetriebe sind in den Städten Golßen, Lieberose, Mittenwalde und Wildau konzentriert, Teupitz und Bestensee sind Erholungsorte. Königs Wusterhausen besitzt einen Binnenhafen an der Dahme. – Der Landkreis D.-S. wurde am 6. 12. 1993 aus den Landkreisen Königs Wusterhausen, Lübben und Luckau (ohne Dahme) gebildet.

Dahn, Walter, Maler und Bildhauer, *Sankt Tönis (heute zu Tönisvorst) 8. 10. 1954; war 1979–81 Mitgl. der Kölner Künstlergruppe ›Mülheimer Freiheit‹, die den Neuen Wilden zugeordnet wird. Nach dieser Phase eines expressiven Malstils konzentriert sich D. seit den 80er Jahren auf die Erfindung eines formal reduzierten Zeichenvokabulars, mit dem er in Zeichnungen, Siebdrucken, Objekten und Rauminstallationen existentielle und polit. Fragen, aber auch die Kunst als Kunst betreffende Fragen anspricht.

W. D. im Gespräch mit Wilfried Dickhoff, Bettina Pauly u. Johannes Stüttgen (1993).

*Dahrendorf, Ralf Gustav, Soziologe und Politiker: War bis 1988 Vors. der Friedrich-Naumann-Stiftung und Mitgl. der FDP, schloß sich in Großbritannien den Sozialliberalen an. 1993 wurde D. als ›Baron D. of Clare Market in the City of Westminster‹ Mitgl. des brit. Oberhauses.

Werke: The modern social conflict (1988; dt. erw. u. d. T. Der moderne soziale Konflikt); Betrachtungen über die Revolution in Europa in einem Brief, der an einen Herrn in Warschau gerichtet ist (1990); Liberale u. andere. Portraits (1994).

Gesellschaft, Demokratie u. Lebenschancen. Festschr. für R. D., hg. v. H. PEISERT (1994).

*Daimler-Benz AG: 1989 und 1990 wurde der Konzern unter der jetzigen Holdinggesellschaft D.-B. AG in vier Bereiche umstrukturiert (in Klammern Anteil am Umsatz bzw. den Beschäftigten 1994): 1) Mercedes-Benz AG: Pkw und Nutzfahrzeuge (66%; 60%); 2) Daimler-Benz Aerospace AG (bis Ende 1994 Dt. Aerospace AG, Dasa): faßt die bisherigen Luft- und Raumfahrt- sowie Rüstungsaktivitäten von Telefunken System Technik GmbH (bisher AEG), Dornier GmbH und MTU Motoren- und Turbinen-Union München GmbH zusammen und schließt auch die 1989 – trotz massiver öffentl. Bedenken (gegen den Einspruch des Bundeskartellamtes und erst mit ministerieller Ausnahmegenehmigung) – übernommene Messerschmitt-Bölkow-Blohm GmbH ein (16%; 23%); 3) →AEG Aktiengesellschaft: Elektrotechnik und Elektronik (10%; 14%), die seit 1996 nur noch eine Holding ohne operatives Geschäft ist; 4) Daimler-Benz InterServices (debis) AG: Dienstleistungen wie EDV, Leasing, Marketing und Handelsgeschäfte (8%; 3%). In den letzten Jahren wurden zahlreiche Unternehmen gekauft und mehrere Kooperationen beschlossen; z.B. brachte die D.-B. AG 1992 ihre Hubschrauberfertigung in das Gemeinschaftsunternehmen Eurocopter S. A. mit der frz. Aérospatiale ein und erwarb 1994 die Mehrheit an der niederländ. Flugzeugbaufirma Fokker. Nach Übernahme von Kässbohrer, Ulm, 1995 wurden die Omnibus-Aktivitäten von D.-B. unter der Firmen-Bez. EvoBus (Evo Abk. für Evolution) zusammengefaßt. In Ludwigsfelde (ehemaliges IFA-Kombinat) und Rastatt verfügt die D.-B. AG über neue Automobilwerke. Die D.-B. AG produzierte (1994) rd. 590000 Pkw sowie 292000 Nutzfahrzeuge und erzielte mit ihren 331000 Beschäftigten einen Umsatz von 104,1 Mrd. DM.

Geschichte: Als eines der ersten Unternehmen befaßt sich D.-B. in seiner Unternehmensgeschichte mit dem Thema Zwangsarbeiter in der nat.-soz. Zeit. In einer 1994 veröffentlichen Studie über diese Periode wird festgestellt, daß D.-B. als Folge der Aufrüstung die Produktion erheblich ausweitete und hohe Gewinne erzielte. Unbestritten ist weiterhin, daß D.-B. Zwangsarbeiter (zivile Ausländer, Kriegsgefangene und KZ-Häftlinge) aus eigenem Antrieb angefordert hat. Aufgrund einer bereits früher vorgelegten Studie hat D.-B. 1988 eine Art kollektuel Entschädigung von 20 Mio. DM an das Rote Kreuz und andere gemeinnützige Einrichtungen, die sich um NS-Opfer kümmern, gezahlt.

Dala   Dalai-Lama – dänische Kunst

Zwangsarbeit bei D.-B., Beitr. v. B. HOPMANN u. a. (1994); S. LEINKAUF: Sternstunde. Die Gesch. der Mercedes Aktiengesellschaft Holding (1995).

*__Dalai-Lama:__ Der 14. D.-L., TENZIN GYATSO, erhielt den Friedensnobelpreis 1989 v. a. für seine Bemühungen, Tibet auf friedl. Wege aus der Herrschaft der VR China zu lösen. Seine Autobiographien, in denen er sich mit der Geschichte Tibets und den polit. Entwicklungen der letzten Jahrzehnte auseinandersetzt, fanden in den 1990er Jahren im Westen größere Beachtung.
   Werke: *Autobiographien:* My land and my people (1962; dt. Mein Land u. mein Volk); Freedom in exile (1990; dt. Das Buch der Freiheit).
   C. B. LEVENSON: D. L. Die autorisierte Biographie des Nobelpreisträgers (a. d. Frz., ²1994).

*__Dalí,__ Salvador, span. Maler und Graphiker: † Figueras 23. 1. 1989.

dänische Kunst: Holzhäuser der Feriensiedlung Ebeltoft von Knud Friis und Elmar Moltke; 1987–88

Dammertz, Viktor, eigtl. Josef D., kath. Theologe, *Schaephuysen (heute zu Rheurdt, Kr. Kleve) 8. 6. 1929; Benediktiner (seit 1953); Kirchenrechtler; ab 1975 Erzabt des Klosters St. Ottilien (Gem. Eresing, Kr. Landsberg a. Lech), ab 1977 Abtprimas der Benediktinerföderation in Rom; seit 30. 1. 1993 als Nachfolger J. STIMPFLES Bischof von Augsburg.

*__Dänemark,__ amtlich dän. **Kongeriget Danmark,** dt. **Königreich D.,** Staat im Übergangsraum zw. Mitteleuropa und Skandinavien.

Hauptstadt: Kopenhagen. *Amtssprache:* Dänisch. *Staatsfläche:* 43 077 km² (ohne Binnengewässer 42 390 km²). *Bodennutzung (1992):* 25 580 km² Ackerland, 2 120 km² Dauergrünland, 4 930 km² Waldfläche. *Einwohner (1994):* 5,197 Mio., 121 Ew. je km². *Städtische Bevölkerung (1992):* 85%. *Durchschnittl. Bevölkerungswachstum pro Jahr (1985–93):* 0,2%. *Bevölkerungsprojektion für 2000:* 5,2 Mio. Ew. 1991 lebten 160 700 Ausländer in D., u. a. 29 700 Türken, 10 200 Norweger, 10 000 Briten, 8 400 Deutsche, 8 200 Schweden, 4 700 Polen, 4 500 US-Amerikaner, 3 000 Marokkaner, je 2 000 Franzosen, Italiener und Niederländer. *Religion (1992):* 88,9% Mitgl. der ev.-luther. Kirche. *Altersgliederung (1993):* unter 15 Jahre 17,0%, 15 bis unter 65 Jahre 67,5%, 65 und mehr Jahre 15,5%. *Lebenserwartung der Neugeborenen (1992):* männlich 72 Jahre, weiblich 78 Jahre. *BSP je Ew. (1993):* 26 510 US-$. *BIP nach Sektoren/Produktionsstruktur (1993):* Landwirtschaft 4%, Industrie 27%, Dienstleistungen 69%. *Arbeitslosenquote (1994):* 12,1%. *Währung:* 1 Dänische Krone (dkr) = 100 Øre. *Internationale Mitgliedschaften:* UNO, EU, Europarat, NATO, Nordischer Rat, OECD, OSZE.

Geschichte: Im April 1988 beschloß das Folketing mit den Stimmen der Linksparteien gegen das Votum der bürgerl. Reg. unter MinPräs. P. SCHLÜTER, ausländ., mit Kernwaffen ausgerüsteten Schiffen den Aufenthalt in dän. Gewässern zu untersagen. Angesichts des sich abzeichnenden Endes des Ost-West-Konfliktes einigte sich die Reg. 1991 mit den oppositionellen Sozialdemokraten auf eine dreiprozentige Kürzung des Militäretats. Bei den Parlamentswahlen vom Dez. 1990 waren die Sozialdemokraten zwar stärkste Partei geblieben, doch konnte der Konservative SCHLÜTER in der Folge eine Minderheits-Reg. aus Konservativen und Liberalen bilden. Sie bemühte sich, durch eine Stärkung der Binnenwirtschaft die dän. Position im EG-Binnenmarkt auszubauen. Entgegen dem zustimmenden Votum des Folketing (13. 5. 1992) zu den Verträgen von Maastricht lehnte die Bev. in einer Volksabstimmung am 2. 6. 1992 diese Verträge mit 50,7% ab. Nachdem eine Gipfelkonferenz der EG-Mitgliedsstaaten im Dez. 1992 D. Sonderkonditionen eingeräumt hatte (u. a. in Fragen der geplanten Währungsunion und der Verteidigungszusammenarbeit), stimmte nicht nur das Folketing den Maastrichter Verträgen (erneut) zu (30. 3. 1993), sondern in einer zweiten Volksabstimmung am 18. 5. 1993 auch die Bev. mit 56,8% der Stimmen. Zuvor war am 14. 1. 1993 MinPräs. SCHLÜTER zurückgetreten. Am 25. 1. 1993 bildete der Sozialdemokrat P. N. RASMUSSEN die erste dän. Mehrheits-Reg. seit 1971 aus Sozialdemokraten, Sozialliberalen, Zentrumsdemokraten und Christl. Volkspartei, die jedoch im März 1994 mit dem Ausscheiden der Zentrumsdemokraten ihre parlamentar. Mehrheit wieder verlor. Nach den Wahlen vom 21. 9. 1994, bei denen die Sozialdemokraten stärkste Partei blieben, die bürgerl. Opposition bes. durch den Zugewinn der Liberalen jedoch gestärkt wurde, übernahm MinPräs. RASMUSSEN die Führung einer Koalitions-Reg. aus Sozialdemokraten, Sozialliberalen und Zentrumsdemokraten.

In seiner Außenpolitik unterstützt D. seit 1991 die balt. Staaten Litauen, Lettland und Estland (diplomat. Anerkennung im Aug. 1991). Auf Initiative D.s und Dtl.s gründeten die Anrainerstaaten der Ostsee am 6. 3. 1992 den Rat der Ostseestaaten. Vom 6. bis 12. 3. 1995 fand in Kopenhagen eine von der UNO veranstaltete Konferenz über die wirtschaftl. und soziale Lage der Welt-Bev. statt (›Weltsozialgipfel‹).

*__Daniel,__ Julij Markowitsch, russ. Schriftsteller: † Moskau 30. 12. 1988.

*__dänische Kunst:__ In der Architektur wurde die Tradition A. JACOBSENS von HANS DISSING und OTTO WEITLING, die 1979 sein Büro übernahmen, weitergeführt (Kunstsammlung NRW in Düsseldorf, 1976–86). Allg. überwiegt die Tradition der klass. Moderne, daneben spielen regionale, traditionelle und postmoderne Elemente eine Rolle (z. B. abgesetzte weiße Ränder an den dunkelfarbigen Holzhäusern der Feriensiedlung Ebeltoft von KNUD FRIIS und ELMAR MOLTKE, 1987–88). Selbst die exponiertesten Vertreter der Postmoderne bauen jetzt neomodern: KIM HERFORTH NIELSEN und LARS FRANK NIELSEN vollendeten 1992 das Gerichtsgebäude von Holstebro und gewannen 1994 den Wettbewerb für den Hauptsitz der dän. Architektenvereinigung in Kopenhagen. 1992 schlossen JOHANNES und INGE EXNER die Modernisierung von Schloß Koldinghus ab, während das Architekturbüro KHR auf der Expo '92 in Sevilla den dän. Pavillon präsentierte. BOJE LUNDGARD und BENTE AUDE bauten 1988–89 das Kunstmuseum von Trapholt (Gem. Kolding), LUNDGARD und LENE TRANBERG u. a. das Heizkraftwerk in Horsens (1989–90). Neomodern ist auch das Kunstmuseum von Bornholm von Fogh und Følner (1991–93), traditionsverbunden ihre ev. Kirche in Egedal (Amt Vejle; 1990).

Ähnlich wie in den anderen westeurop. Ländern reagierten die Künstler Dänemarks in den 1980er Jahren auf die bis dahin dominierenden Kunstrichtungen Concept-art und Minimalismus mit einer am Sinnlichen orientierten Malerei. Ende der 80er Jahre gaben die meisten Künstler die gestische Malerei wieder auf und entwickelten jeweils eigene Kunstformen. Künstler wie CLAUS CARSTENSEN (* 1955), PETER BONDE (* 1958), ERIK A. FRANDSEN (* 1957), SØREN ULRIK THOMSEN (* 1956) und ELISABETH TOUBRO (* 1956) formulieren in komplexen Bild-Material-Installationen eine erweiterte Auffassung von Skulptur und Malerei, deren Ikonographie von der individuellen Mythologie bis zum polit. Statement reicht. Mit eher traditionellen Methoden und Mitteln arbeiten Künstler wie ANE METTE RUGE (* 1955), MICHAEL KVIUM (* 1955) oder NINA STEN-KNUDSEN (* 1957), die in photograph. und maler. Inszenierungen, oder VIBEKE GLARBO (* 1946) und ØIVIND NYGÅRD (* 1948), die in plast. Werken in Beton oder Polyester die heutigen Bedingungen ästhet. Weltwahrnehmung ausloten.

"Wo liegt Dänemark?" Tendenzen u. Strömungen zeitgenöss. d. K., bearb. v. A. JÜRGENSEN, Ausst.-Kat. (1990); Inferno, bearb. v. L. GOTTLIEB, Ausst.-Kat. (Kopenhagen 1993); Dänemark!, hg. vom Mannheimer Kunstverein, Ausst.-Kat. (1995).

dänische Kunst: Michael Kvium, ›Black Me‹, ›White Me‹; 1994 (Privatbesitz)

dänische Kunst: Øivind Nygård, ›Metrolegeme‹; Höhe 230 cm, 1992 (Privatbesitz)

__dänische Literatur:__ In den späten 1980er und frühen 90er Jahren traten insbesondere die Anhänger postmoderner Literatur hervor, die u. a. die Grenzen zw. ›hoher‹ und ›trivialer‹ Literatur zu verwischen suchten, ohne dabei aber ein polit. Engagement auszuklammern; zu diesen zählen JOHANNES MØLLEHAVE (1937), HERDIS MØLLEHAVE (* 1936), LISE NØRGAARD (* 1917), POUL-HENRIK TRAMPE (* 1944), JØRGEN THORGAARD (* 1939), KIRSTEN THORUP, JØRGEN CHRISTIAN HANSEN (* 1956, † 1989), KLAUS LYNGGAARD (* 1956), JENS CHRISTIAN GRØNDAHL (* 1959) oder JENS-MARTIN ERIKSEN (* 1955). Auch der histor. Roman kam zu neuen Ehren, etwa bei METTE WINGE (* 1937). Zu den Vertretern der Postmoderne gehören auch jüngere Lyriker wie PIA TAFDRUP, BO GREEN JENSEN (* 1955), MICHAEL STRUNGE (* 1958, † 1986), THOMAS BOBERG (* 1960), SØREN ULRIK THOMSEN (* 1956), NIELS FRANK (* 1963), F. P. JAC (* 1955), CAMILLA CHRISTENSEN (* 1957) und CARSTEN RENÉ NIELSEN. Einige Autoren der jüngsten d. L., z. B. POUL VAD, P. HULTBERG und P. HØEG, haben auch internationale Aufmerksamkeit gefunden.

DARA, Abk. für **D**eutsche **A**gentur für **R**aumfahrt**a**ngelegenheiten GmbH, Sitz: Bonn; im April 1989 von der Bundes-Reg. gegründete nat. Raumfahrtbehörde, die am 17. 7. 1989 ihre Arbeit aufnahm und alle dt. Raumfahrtaktivitäten zentral koordiniert. Zu den Aufgaben der DARA gehören die Erstellung der dt. Raumfahrtplanung (Verabschiedung durch die Bundes-Reg.), die Durchführung der dt. Weltraumprogramme einschließlich Verteilung der Haushaltsmittel, die Auftragsvergabe an Industrie und Wiss. sowie die Wahrnehmung der dt. Raumfahrtinteressen im internat. Bereich (u. a. Vertretung der Bundes-Reg. im ESA-Rat und Zusammenarbeit mit anderen Raumfahrtorganisationen). Die DARA finanziert sich aus den Haushalten versch. Ministerien. Nach der dt. Vereinigung übernahm sie auch die Raumfahrtbelange der neuen Bundesländer. DARA-Generaldirektor war zunächst WOLFGANG WILD (* 1930), der 1993 von JAN-BALDEM MENNICKEN (* 1935) abgelöst wurde.

*__Dart,__ Raymond Arthur, südafrikan. Anatom und Anthropologe: †Johannesburg 22. 11. 1988.

Datenautobahn, umgangssprachl. Bez. für →Infobahn, meist schlagwortartig verwendet.

*__Datenbank:__ Aufgrund der weitverbreiteten und immer noch zunehmenden Anwendung von D. hat sich eine terminolog. Differenzierung als zweckmäßig und notwendig erwiesen. Man unterscheidet danach zw. **Datenbasis** oder **D. i. e. S.**, **Datenmodell** oder **D.-Modell** und **D.-System** (Abk. **DBS**) oder **Datenbank-Management-System** (Abk. **DBMS**). Während man in diesem Sinn mit ›D.-Modell‹ die formale Struktur einer D. bezeichnet, versteht man unter DBS oder DBMS das jeweilige System von Programmen, das über eine Benutzerschnittstelle den Betrieb eines Informationssystems unter Verwendung einer D. ermöglicht. Dazu gehören alle Arbeitsmittel, die zur Anlage, Verwaltung, Pflege und Anwendung einer D. erforderlich sind, darunter insbesondere die jeweilige **D.-Sprache**. Unter D. i. e. S. oder Datenbasis wird dann ein (nach einem bestimmten Datenmodell) angelegter und in einer Datenverarbeitungsanlage (auch einem Rechnernetz) installierter Datenbestand verstanden, der die für den jeweiligen Zweck benötigten Informationen enthält. Obwohl diese Differenzierung zur Vermeidung von Mißverständnissen und zur Präzisierung von Problemstellungen unverzichtbar ist, hat sich daneben noch ein Sprachgebrauch erhalten, nach dem unter der Bez. D. in einer mehr oder weniger vagen Weise die Datenbasis einschließlich des jeweiligen Datenmodells und des DBMS verstanden wird.

Als D.-Modell hat insbesondere die **relationale D.** weite Verbreitung gefunden, in Verbindung mit der speziell für sie entwickelten D.-Sprache SQL (Abk. von engl. **S**tructured **Q**uery **L**anguage). Relationale D. bestehen aus mehreren oder vielen, häufig sehr umfangreichen, durch bestimmte Einträge verknüpfbaren Tabellen, d. h. zweidimensionalen Schemata, die

DARA

Date Datenfunk – Datenschutz

nach Zeilen und Reihen angeordnete Dateneinträge (sogenannte Relationen) enthalten. Ein noch weitgehend im Forschungs- und Entwicklungsstadium befindl. Konzept sind die **objektorientierten D.** Vielfach sind die zu speichernden Gegenstände und Strukturen der realen Welt zu komplex, um sie mit den klass. Datenmodellen angemessen beschreiben zu können. Hier setzen objektorientierte D. an. Mit ihnen kann man unter Verwendung objektorientierter Konzepte wie Klassen, →Vererbung usw., wie sie aus entsprechenden Programmiersprachen bekannt sind, Objekte der realen Welt auch als strukturierte Objekte darstellen.

D̩atenfunk, *Telekommunikation:* mobile Datenübertragung über Funktelefonnetze des Mobilfunks, bei dem kein Sprechfunk möglich ist. In Dtl. ist von DeTeMobil der am 1. 7. 1993 eingeführte, im Halbduplexverfahren arbeitende D. **Modacom** (Abk. für engl. **Mo**bile **da**ta **com**munication) weitgehend flächendeckend ausgebaut worden. Ein zweiter, im Duplexverfahren arbeitender D.-Dienst, der von der Gesellschaft für Datenfunk (GfD) unter der Bez. **Mobitex** errichtet wird, befindet sich (1995) in der Pilotphase.

Modacom arbeitet im Frequenzbereich zw. 417 und 427 MHz und hat eine Datenübertragungsrate von max. 9 600 Bit/s. Das Halbduplexverfahren bedingt, daß nur abwechselnd gesendet und empfangen werden kann. Der Datenaustausch erfolgt zw. fester Basisstation und mobilen Terminals, die stets geschlossene Gruppen (z. B. die ›Flotte‹ von Transportunternehmen) bilden. D. kann z. B. in Verbindung mit dem 1995 komplett installierten Global positioning system (▷GPS) zur Routenplanung von Nutzfahrzeugen oder zur Überwachung von Fahrzeugen eingesetzt werden. Außendienstmitarbeiter von Firmen können in Verbindung mit einem Laptop oder Notebook mit Hilfe des D. von unterwegs unmittelbar auf den Hauptrechner zugreifen.

D̩atenkompression, D̩atenkomprimierung, Veränderung der digitalen Darstellungsform einer gegebenen Datenmenge bzw. der Zeichen für einen gegebenen Informationsinhalt mit dem Ziel der Verringerung des Bedarfs an Speicherplatz oder der Erhöhung der ▷ Übertragungsgeschwindigkeit.

Die jeweils angewendete Art der D. hängt stark von der Art der Daten bzw. von deren Verwendung ab: Es gibt praktisch ebenso viele D.-Verfahren, wie es Datenformate (Datenarten) gibt. Während man bei abstrakten Daten für die D. ohne Informationsverlust nur die Möglichkeit der nichtredundanten Codierung hat, kann man bei Informationen, die unmittelbar für die Wahrnehmung bzw. Interpretation durch den Menschen bestimmt sind (z. B. Sprache, Musik, Bilder, zusammenhängende Texte), auch die Eigenheiten der Sinnesphysiologie, der Wahrnehmung und der Kognition des Menschen ausnützen und von dem gesamten Informationsinhalt nur die wesentl. Teile berücksichtigen, die unwesentl. also verwerfen (bei gesprochenen Mitteilungen z. B. die sehr hohen und die sehr niedrigen Frequenzen; ▷ Übertragungsbereich). Die D. kann sowohl mittels Software (i. d. R. off-line) als auch mittels Hardware (meist on-line, d. h. in Echtzeit) durchgeführt werden. Für die Datenübertragung z. B. gibt es besondere D.-Bausteine am Anfang der Übertragungsstrecke und entsprechende Dekompressionsbausteine an deren Ende.

Bezogen auf das ursprüngl. Darstellungsform wird üblicherweise eine D. um 25 % bis 70 % erreicht, in vielen Fällen um bis zu 90 %. Bei manchen Bild-Datenformaten ist eine D. auf $1/25$ möglich. Allg. gilt: Je höher die D., um so größer der erforderl. Rechenaufwand.

***Datenschutz:** Bundes- und Landesgesetze konkretisieren die Prinzipien und Standards des D.-Rechts und regeln die Datenverarbeitung in versch. Zweigen von Verwaltung und Wirtschaft bereichsspezifisch. Den größten Anwendungsbereich hat das Bundesdatenschutz-Ges. (BDSG), das am 20. 12. 1990 in einer vollständigen Neufassung verkündet wurde. Es gilt für die Erhebung, Verarbeitung und Nutzung personenbezogener Daten sowohl durch öffentl. Stellen (des Bundes) als auch – in eingeschränktem Maße – durch nichtöffentl. Stellen, also natürl. und jurist. Personen und Personenvereinigungen des privaten Rechts. Die inhaltlich sehr beieinanderliegenden Landesdatenschutz-Ges. gelten für die Behörden und sonstigen öffentl. Stellen der Länder.

Bereichsspezif. Sondervorschriften finden sich u. a. im BDSG selbst für die Datenverarbeitung durch Forschungseinrichtungen und die Medien, ferner im Sozialgesetzbuch, in Steuergesetzen wie der Abgabenordnung, im Melderechtsrahmen-Ges., im Personalausweis-, Paß- und Wahlrecht, in Statistikgesetzen und in der Telekommunikationsordnung, aber auch im Beamtenrecht (z. B. für Personalakten) und im Straßenverkehrsrecht (für das Kraftfahrt-Bundesamt) sowie in den Gesetzen über die Polizei und andere Sicherheitsbehörden (Verfassungsschutz, Militär. Abschirmdienst und Bundesnachrichtendienst). Die Landes-Ges. enthalten z. T. weitere Spezialnormen über Datenverarbeitung für wiss. Forschungszwecke, öffentl. Auszeichnungen und Begnadigungen sowie über neue techn. Entwicklungen wie z. B. die Videoüberwachung.

In zahlreichen europ. und außereurop. Staaten sind inzwischen ebenfalls D.-Gesetze beschlossen worden. Mit dem Durchführungsübereinkommen von 1990 zum Schengener Abkommen ist erstmals eine D.-Regelung mit erheblicher internat. Wirkung geschaffen worden. Das darauf beruhende Schengener Informationssystem wurde am 26. 3. 1995 gleichzeitig mit der Öffnung der Grenzen zw. den Vertragsstaaten in Betrieb genommen. Demnächst werden auch Richtlinien der EU über D.-Mindeststandards und D. bei der Telekommunikation in Kraft treten.

Grundregeln des Datenschutzrechts

Die urspr. recht abstrakt gehaltenen Bestimmungen der D.-Gesetze sind in einer zweiten Welle der D.-Gesetzgebung seit den späten 80er Jahren vielfach verfeinert und ausgefächert worden. Für die öffentl. Stellen gilt D. nunmehr ohne Rücksicht darauf, ob sie in Dateien (strukturierten und nach bestimmten Merkmalen auswertbaren Datensammlungen) verarbeitet oder aus Dateien übermittelt werden; damit unterliegen jetzt z. B. auch Akten dem D. Folgerichtig wird in manchen Gesetzen statt des technisch geprägten Begriffs ›Daten‹ der umfassendere Begriff ›Informationen‹ verwendet.

Grundregel des D. ist, daß die Verarbeitung und Nutzung personenbezogener Daten nur aufgrund einer Einwilligung des Betroffenen oder einer gesetzl. Erlaubnis oder Anordnung zulässig ist. Die Erlaubnis kann im BDSG oder in Landesdatenschutz-Ges. oder – was zunehmend der Fall ist – in einem der zahlreichen Spezialgesetze enthalten sein.

Bestimmungen für den öffentlichen Bereich

Öffentl. Stellen dürfen personenbezogene Daten nur erheben, wenn ihre Kenntnis zur Erfüllung der Aufgaben der erhebenden Stelle erforderlich ist. Grundsätzlich sind die Daten beim Betroffenen zu erheben; dieser ist dann über den Zweck und die Rechtsgrundlage bzw. die Freiwilligkeit zu unterrichten. Das Speichern, Verändern oder Nutzen der Daten ist zulässig, wenn es zur Erfüllung der Aufgaben der speichernden Stelle erforderlich ist und für die Zwecke erfolgt, für die Daten erhoben bzw. gespeichert worden sind. Von dieser Zweckbindung darf nur unter bestimmten Voraussetzungen eine Ausnahme gemacht werden, z. B. wenn es offensichtlich ist, daß die Zweckentfremdung im Interesse des Betroffenen liegt und kein Grund zu der Annahme besteht, daß er in Kenntnis des anderen Zwecks seine Einwilligung verweigern würde, oder wenn es zur Abwehr erhebl. Nachteile für das Gemeinwohl oder einer sonst unmittelbar drohenden Gefahr für die öffentl. Sicherheit erforderlich ist (so das BDSG; die Landes-Ges. formulieren z. T. etwas anders). Ähnlich ist die Datenübermittlung an öffentl. und nichtöffentl. Stellen geregelt. Zusätzl. Beschränkungen sind bei Daten zu beachten, die unter ein Berufs- oder besonderes Amtsgeheimnis fallen, z. B. Patientendaten bei Ärzten.

Das Auskunftsrecht des Betroffenen über die zu seiner Person gespeicherten Daten ist durch die neuen Gesetze erweitert worden. Es umfaßt nunmehr auch die Angaben über Herkunft und Empfänger dieser Daten sowie den Zweck der Speicherung. Die Auskunft ist jetzt unentgeltlich. Auch Sicherheitsbehörden dürfen die Auskunft nur verweigern, wenn im konkreten Fall im Ges. umschriebene, schwerwiegende Nachteile für ihre Aufgabenerfüllung eintreten würden. Nach Landesrecht wird u. U. auch Akteneinsicht gewährt. Falls personenbezogene Daten unrichtig oder bestritten sind oder ihre Speicherung unzulässig oder nicht mehr erforderlich ist, hat der Betroffene Anspruch auf Berichtigung, Ergänzung, Löschung oder Sperrung. Bei unzulässiger oder unrichtiger automatisierter Datenverarbeitung ist nach dem BDSG und einigen Landesgesetzen Schadensersatz zu leisten, ohne daß es auf ein Verschulden ankommt (Gefährdungshaftung). Bei schweren Verletzungen des Persönlichkeitsrechts ist auch immaterieller Schaden in Geld zu ersetzen (Schmerzensgeld).

Grundregeln für den nichtöffentlichen Bereich

Die Anwendung des BDSG im nichtöffentl. Bereich (nichtöffentl. Stellen und öffentlich-rechtl. Wettbewerbsunternehmen) ist insofern gegenüber dem öffentl. Bereich eingeschränkt, als nur Datenverarbeitung oder Nutzung in oder aus Dateien erfaßt ist; die Verarbeitung muß außerdem geschäftsmäßig oder für berufl. oder gewerbl. Zwecke erfolgen; rein private Informationssammlung und -verwertung bleibt ungeregelt.

Die Zulässigkeit der Datenverarbeitung richtet sich im nichtöffentl. Bereich wie bisher nach der Zweckbestimmung eines Vertragsverhältnisses oder vertragsähnl. Vertrauensverhältnisses mit dem Betroffenen oder ergibt sich aus einer Abwägung der berechtigten Interessen der einen mit den schutzwürdigen Belangen der anderen Seite. Das BDSG erlaubt unter bestimmten Voraussetzungen auch die Nutzung personenbezogener Daten für Zwecke der Werbung, Markt- und Meinungsforschung und der wiss. Forschung, darüber hinaus die geschäftsmäßige Datenverarbeitung zugunsten von Adreßbuchverlagen, Auskunfteien und Detekteien. Allerdings bestehen Sondervorschriften über eine Pflicht zur Benachrichtigung der Betroffenen und die Ansprüche auf Auskunft, Berichtigung, Löschung und Sperrung. Nichtöffentl. Stellen unterliegen nicht der Gefährdungshaftung bei unrichtiger oder unzulässiger Verarbeitung, aber sie tragen die Beweislast, wenn streitig ist, ob ein Schaden die Folge eines von der speichernden Stelle zu vertretenden Umstandes ist.

Datenschutzbeauftragte

Auf Bundes- und Landesebene sind unabhängige D.-Beauftragte eingesetzt worden, nach verschiedenen Landes-Verf. sogar obligatorisch. Sie kontrollieren bei der öffentl. Verwaltung die Einhaltung der Vorschriften über den D., nehmen dazu auch Beschwerden und Hinweise entgegen und beraten Parlamente, Reg. und Verwaltungsbehörden in D.-Fragen. Zu diesem Zweck haben sie Auskunfts-, Einsichts- und Zutrittsrechte und Anspruch auf Unterstützung. Sie können Beanstandungen aussprechen, aber nicht selbst in die Verwaltung eingreifen. Die regelmäßigen Berichte der D.-Beauftragten wirken insbesondere durch ihre Publizität erheblich auf die Entwicklung des D. in Gesetzgebung und Vollzug ein. Die Unabhängigkeit des Bundesbeauftragten für den D. wird seit der BDSG-Neufassung dadurch betont, daß er vom Bundestag mit qualifizierter Mehrheit gewählt wird; Entsprechendes gilt in verschiedenen Ländern.

Im wesentlichen unverändert sind die Bestimmungen über die Beauftragten für den D. im nichtöffentl. Bereich. Die Stellung der Aufsichtsbehörde wurde gestärkt.

Datenschutz in Österreich und der Schweiz

Das *österr.* Sicherheitspolizei-Ges. 1991 bestimmt, daß die Sicherheitsbehörden verpflichtet sind, beim Verwenden personenbezogener Daten das Verhältnismäßigkeitsprinzip und die Wahrung schutzwürdiger Interessen der Betroffenen an der Geheimhaltung der Daten zu beachten. Die programmgesteuerte Verknüpfung von Daten wird ihnen teilweise verwehrt. Sie sind ferner mit einer zentralen Informationssammlung betraut, für deren Daten zeitlich befristete Sperr- und Löschungsvorschriften bestehen. Für gefahrengeneigte Anlagen haben die Sicherheitsbehörden eine Umweltevidenz sowie für bestimmte Verwaltungsübertretungen (Polizeidelikte) eine Verwaltungsstrafevidenz zu führen. Das Auskunftsrecht nach dem D.-Gesetz gilt auch für alle polizeilich ermittelten und gespeicherten Daten, sofern nicht die Auskunft die Fahndung oder die Abwehr gefährl. Angriffe oder der Kriminalität erheblich erschweren würde.

In der *Schweiz* regelt das Bundes-Ges. vom 19. 6. 1992 über den Datenschutz (DSG) die Bearbeitung von Daten. Daten dürfen nur rechtmäßig beschafft und unter Wahrung der Verhältnismäßigkeit bearbeitet werden; Betroffene haben Anspruch auf Berichtigung unzutreffender Daten und verfügen über ein allgemeines Auskunftsrecht. Datenbearbeitung durch Private darf die Persönlichkeit der Betroffenen nicht verletzen; für Klagen und Maßnahmen verweist das DSG auf die Persönlichkeitsschutzbestimmungen des Zivilgesetzbuchs. Datenbearbeitung durch Bundesorgane ist nur zulässig, wenn dafür eine gesetzl. Grundlage besteht; nicht mehr benötigte Personendaten müssen anonymisiert oder vernichtet werden. Ein D.-Beauftragter überwacht die Einhaltung des Gesetzes; er kann Abklärungen vornehmen und Empfehlungen aussprechen. Eine Eidgenöss. D.-Kommission wirkt als Schieds- und Rekursbehörde. Neben dem DSG bestehen auch kantonale Regelungen. Die ersten kantonalen D.-Bestimmungen wurden Ende der 70er Jahre erlassen (1979: Basel-Stadt, Basel-Landschaft, Solothurn).

H. G. ZEGER: D. in Österreich (Wien 1991); D.-Recht, Beitr. v. L. BERGMANN u. a., Losebl. (Neuausg. 1992ff.); H.-J. ORDEMANN: Bundes-D.-Ges., bearb. v. R. SCHOMERUS u. a. ([5]1992); H. AUERNHAMMER: Bundes-D.-Ges. ([3]1993); Der D.-Beauftragte im Unternehmen, hg. v. E. EHMANN (1993); D. FOHR: D. im Betrieb (1993); H. H. WOHLGEMUTH: D.-Recht ([2]1993); D. = Protection des données = Data protection, hg. v. U. MAURER (Basel 1994); Praxis-Hb. für den betriebl. D.-Beauftragten, bearb. v. H. ABEL (1994ff.).

*Datexnetz: Das Datexangebot der Dt. Telekom wurde Anfang der 1990er Jahre um zwei neue Dienste erweitert. **Datex-J** (J Abk. für **j**edermann) ist ein seit 1993 angebotener, auf dem Bildschirmtext aufbauender Datenmehrwertdienst, der sich v. a. an PC-Besitzer mit gelegentl. Nutzung von Dialogverbindungen richtet und eine Verbindung zu den bislang nur über

Daum — Daume–Déby

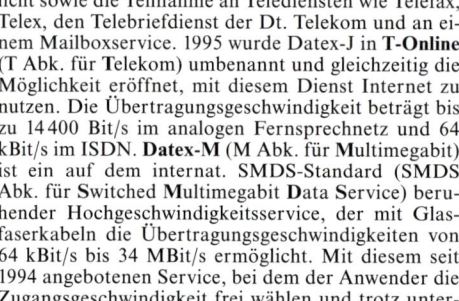

DCC: Schematischer Aufbau des DCC-Tonkopfs mit digitalem und analogem Teil

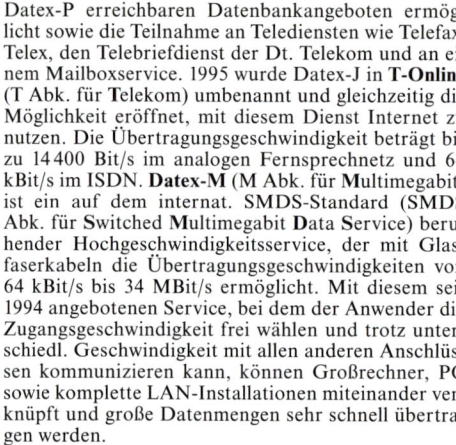

Luciano De Crescenzo

Karl Dedecius

Datex-P erreichbaren Datenbankangeboten ermöglicht sowie die Teilnahme an Telediensten wie Telefax, Telex, den Telebriefdienst der Dt. Telekom und an einem Mailboxservice. 1995 wurde Datex-J in **T-Online** (T Abk. für **T**elekom) umbenannt und gleichzeitig die Möglichkeit eröffnet, mit diesem Dienst Internet zu nutzen. Die Übertragungsgeschwindigkeit beträgt bis zu 14 400 Bit/s im analogen Fernsprechnetz und 64 kBit/s im ISDN. **Datex-M** (M Abk. für **M**ultimegabit) ist ein auf dem internat. SMDS-Standard (SMDS Abk. für **S**witched **M**ultimegabit **D**ata **S**ervice) beruhender Hochgeschwindigkeitsservice, der mit Glasfaserkabeln die Übertragungsgeschwindigkeiten von 64 kBit/s bis 34 MBit/s ermöglicht. Mit diesem seit 1994 angebotenen Service, bei dem der Anwender die Zugangsgeschwindigkeit frei wählen und trotz unterschiedl. Geschwindigkeit mit allen anderen Anschlüssen kommunizieren kann, können Großrechner, PC sowie komplette LAN-Installationen miteinander verknüpft und große Datenmengen sehr schnell übertragen werden.

***Daume,** Willi, Sportfunktionär: Schied 1991 als IOC-Mitgl. aus (danach Ehren-Mitgl.); trat 1988 als Präs. der Dt. Olymp. Gesellschaft, 1992 als Präs. des Nat. Olymp. Komitees für Dtl. (danach Ehren-Präs.) zurück.

***Davie,** Donald Alfred, engl. Dichter und Literaturkritiker: † Exeter 18. 9. 1995.

***Davies,** Dennis Russel, amerikan. Dirigent: War 1987–95 Generalmusikdirektor an der Oper der Stadt Bonn, daneben ab 1990 Chefdirigent des Brooklyn Philharmonic Orchestra in New York. 1995 wurde er Chefdirigent des Stuttgarter Kammerorchesters.

***Davies,** Peter Maxwell, brit. Komponist und Dirigent: 1987 in den Adelsstand erhoben (›Sir‹); wurde 1986 Präs. der brit. Composer's Guild. Neuere Werke u. a. 4. (1989) und 5. Sinfonie (1994).

***Davies,** William Robertson, kanad. Schriftsteller: † bei Toronto 2. 12. 1995.

***Davis,** Bette, amerikan. Filmschauspielerin: † Paris 6. 10. 1989.

***Davis,** Sir Colin, brit. Dirigent: Seit 1995 Chefdirigent des London Symphony Orchestra.

***Davis,** Miles Dewey, jr., amerikan. Jazzmusiker: † Santa Monica (Calif.) 28. 9. 1991.

***Davis,** Sammy, jr., amerikan. Popsänger, Tänzer und Instrumentalist: † Beverly Hills (Calif.) 16. 5. 1990.

***Davis-Pokal:** 1988, 1989 und 1993 wurde der D.-P. von der Bundesrep. Dtl. gewonnen. Seit 1988 werden Sätze beim Stand von 6 : 6 mit einem Tie-Break beendet. Ausgenommen von dieser Regelung bleibt der 5. Satz.

DAX®, Abk. für →Deutscher Aktienindex.

DCC [Abk. für **D**igital **C**ompact **C**assette; engl. ›digitale Kompaktkassette‹], ein digitales Tonbandsystem, das mit der analogen Kompaktkassette kompatibel ist (Abwärtskompatibilität). DCC-Recorder verfügen über einen geteilten Tonkopf mit einem digitalen Teil für die DCC und zwei analogen Leseköpfen zum Abspielen konventioneller Kassetten. Der digitale Tonkopf zeichnet auf neun Spuren auf, acht Hauptspuren für den Ton, für Fehlerkorrekturen und Systeminformationen sowie einer Hilfsspur mit Zeitcodes und Bandmarkierungen für die Bedienungsfunktionen. Wegen der geringeren Datendichte der DCC reduziert der Recorder die digitalen Toninformationen bei der Aufnahme auf etwa ein Viertel der Datenmenge einer CD, wobei solche Frequenzen und Lautstärken eliminiert werden, die vom menschl. Gehör ohnehin nicht erfaßt werden. Im Handel erhältl. bespielte DCC weisen einen Kopierschutz auf, der zwar ein unbegrenzt häufiges Abspielen erlaubt, bei Kopien jedoch erhebl. Störgeräusche hervorruft.

DCS-1800-Standard [DCS Abk. für **D**igital **C**ommunications **S**tandard; engl. ›digitaler Kommunikationsstandard‹], *Telekommunikation:* ein 1991 von der europ. Normierungsbehörde, dem European Telecommunications Standards Institute (ETSI), geschaffener Standard für den digitalen Mobilfunk, der im Frequenzbereich von 1 805 bis 1 880 MHz sendet. Für das E-Netz (→Mobilfunk) wird dieser Standard verwendet.

DDD, Abk. für **d**igitale Aufnahme, **d**igitale Bearbeitung, **d**igitale Wiedergabe (Überspielung), eine Kennzeichnung von CD oder DAT, mit der die techn. Verfahren dokumentiert werden, die bei Aufnahme, Bearbeitung (z. B. Schnitt, Mischung) und Wiedergabe eingesetzt wurden. DDD bedeutet, daß ein digitales Tonbandgerät in allen Stadien verwendet wurde.

***ddp:** 1990 Umwandlung in eine GmbH; nach Erwerb der ADN durch den ddp-Besitzer Effecten-Spiegel AG übernahm die ADN die geschäftl. Tätigkeit von der ddp, der Agenturname wurde in **ddp ADN** geändert. Sitz: Berlin. Seit Dez. 1994 ist ddp ADN im Besitz des Verlegers WOLF ECKHARD SCHNEIDER (*1949).

Richard Deacon: Grenzen der Sinne; Höhe 3 m, 1987 (Privatbesitz)

Deacon [ˈdiːkən], Richard, brit. Plastiker, *Bangor (Wales) 1949. Nach Anfängen als Performance- und Prozeßkünstler arbeitet D. seit Mitte der 70er Jahre an sowohl formal als auch strukturell organ. Werkreihen, in denen er sich programmatisch mit den Möglichkeiten der heutigen Skulptur auseinandersetzt.
R. D., hg. v. J. SKIPWITH, Ausst.-Kat. (London 1988).

Dean [diːn], Martin R. (Ralph), schweizer. Schriftsteller, *Menziken (Kt. Aargau) 17. 7. 1955; studierte Germanistik und Philosophie, lebt als freier Schriftsteller in Basel. D. gehört der literar. Gruppe ›Olten 82‹ an; sein Erzählstil tendiert zum Surrealistischen und Rätselhaften.
Werke: *Romane:* Die verborgenen Gärten (1982); Die gefiederte Frau. 5 Variationen über die Liebe (1984); Der Mann ohne Licht (1988); Der Guayanaknoten (1994).

Déby [deˈbi], Idriss, tschadischer Offizier und Politiker, *Fada 1952. In den Bürgerkriegswirren der 70er

Jahre schloß sich D. der Gruppierung von HISSÈNE HABRÉ (* 1942) an. 1982 war er maßgeblich an der Eroberung N'Djamenas durch die Verbände HABRÉS beteiligt. Nachdem dieser Staatspräs. geworden war, ernannte er D. zum Oberbefehlshaber der regulären Streitkräfte. In den folgenden Jahren von Präs. HABRÉ zunehmend als Konkurrent empfunden, mußte D. 1989 nach Libyen und danach in den Sudan flüchten, wo er eine neue Truppe aufbaute und Ende 1990 N'Djamena eroberte. Am 4. 3. 1991 wurde er als Präs. vereidigt. Im Jan. 1993 setzte er einen Demokratisierungsprozeß in Gang.

De Carlo, Andrea, italien. Schriftsteller, * Mailand 11. 12. 1952. Nach Literaturstudium und mehrjährigen Auslandsaufenthalten (u. a. in den USA) gelang ihm 1981 mit seinem ersten, die Amerikaerfahrungen in iron. und bewußt oberflächl. Sprache verarbeitenden Roman ›Treno di panna‹ (dt. ›Creamtrain‹) ein großer Publikumserfolg, der ihn zu einem führenden Vertreter der jungen Autorengeneration (›giovani scrittori‹) Italiens werden ließ; auch Arbeiten als Regieassistent bei F. FELLINI und journalist. Tätigkeit.

Weitere Werke: *Romane:* Uccelli da gabbia e da voliera (1982; dt. Vögel in Käfigen und Volieren); Macno (1984; dt.); Yucatan (1986; dt.); Due di due (1989; dt. Zwei von zwei); Tecniche di seduzione (1991; dt. Techniken der Verführung); Arcodamore (1993; dt.).

Decker, Willy, Opernregisseur, * Köln 8. 9. 1950; wurde nach Assistentenjahren in Essen und Köln 1985 Oberspielleiter an der Kölner Oper. Als Gastregisseur inszenierte er u. a. 1980 die Urauff. von H. W. HENZES ›Pollicino‹ in Montepulciano, 1990 die Weltpremiere von A. BIBALOS ›Macbeth‹ in Oslo und 1992 die Urauff. von A. REIMANNS ›Das Schloß‹ an der Dt. Oper Berlin. Seit 1992 inszeniert D. regelmäßig an der Dresdner Staatsoper (u. a. 1995 B. A. ZIMMERMANNS ›Die Soldaten‹).

De Crescenzo [de kreʃ'ʃɛntso], Luciano, italien. Schriftsteller, * Neapel 20. 8. 1928; bis 1978 Ingenieur bei IBM. Schreibt unkonventionelle philosophisch-erzähler. Werke: ›Così parlò Bellavista‹ (1977; dt. ›Also sprach Bellavista‹; 1987 Verfilmung mit De C. als Drehbuchautor, Regisseur und Hauptdarsteller), ›Storia della filosofia greca‹ (2 Bde., 1983–86; dt. ›Geschichte der griech. Philosophie‹), ›Oi dialogoi‹. I dialoghi di Bellavista‹ (1985; dt. ›Oi dialogoi‹. Über die Kunst miteinander zu reden‹), ›Panta rei‹ (1994; dt. ›Alles fließt, sagt Heraklit‹). Die leitmotivisch miteinander verknüpften Texte entwickeln anekdotisch eine moderne epikureische ›Philosophie der Dialektik von Liebe und Freiheit‹. Zentrale Figur der aktuellen Alltagsgeschichten und philosoph. Diskussionen ist Bellavista, ein fiktiver Weiser aus Neapel, der wie SOKRATES im antiken Athen den Dialog als ›Kunst, miteinander zu reden‹, zur wesentl. Maxime moderner Existenzerfüllung im Sinne einer spezifisch ›neapolitanisch-epikureischen Lebenseinstellung‹ macht.

Weitere Werke: *Romane:* Zio Cardellino (1981; dt. Zio Cardellino. Der Onkel mit dem Vogel); Elena, Elena, amore mio (1991; dt. Helena, Helena, amore mio); Croce e delizia (1993; dt. Meine Traviata). – *Erinnerungen:* Vita di L. De C. scritta lui medesimo (1989; dt. Im Bauch der Kuh. Das Leben des L. De C. von ihm selbst erzählt).

*****Dedecius,** Karl, Übersetzer und Schriftsteller: Erhielt den Friedenspreis des Börsenvereins des Dt. Buchhandels 1990.

Werk: Poetik der Polen. Frankfurter Vorlesungen (1992). – Hg.: Wb. des Friedens. Ein Brevier (1993).
Suche die Meinung. K. D., dem Übersetzer u. Mittler, zum 65. Geburtstag, hg. v. E. GRÖZINGER u. a. (1986).

*****Dedijer,** Vladimir, jugoslaw. Historiker und Publizist: † Boston (Mass.) 1. 12. 1990.

*****DEFA:** Die Treuhandanstalt hat die DEFA 1990 übernommen und in mehrere Teile gespalten. 1992 wurden die DEFA-Filmstudios für 150 Mio. DM an die Compagnie Immobilière Phénix (Tochtergesellschaft der Compagnie Générale des Eaux, CGE) verkauft. Geschäftsführende Gesellschaft ist die **Studio Babelsberg GmbH,** die u. a. von V. SCHLÖNDORFF geleitet wird. 1995 wurde auf dem Potsdamer Filmgelände ein neues Fernsehzentrum (›Medienstadt Babelsberg‹) errichtet. Betreiber ist eine Gesellschaft, an der Studio Hamburg, der ORB und Studio Babelsberg beteiligt sind. Letztere sind zus. mit der Stadt Potsdam Träger des Vorhabens. Das Fernsehzentrum und ein Medienhaus werden vom Land Brandenburg und der EU-Kommission mit 33 Mio. DM gefördert. Auf dem Gelände wird außerdem das Verwaltungsgebäude der Ufa gebaut.

Babelsberg. Das Filmstudio, hg. v. W. JACOBSEN (³1994); Filmstadt Babelsberg. Zur Gesch. des Studios u. seiner Filme, hg. v. A. GEISS (1994); Das zweite Leben der Filmstadt Babelsberg. DEFA-Spielfilme 1946–1992, bearb. v. R. SCHENK (1994).

*****Degischer,** Vilma, österr. Schauspielerin: † Wien 3. 5. 1992.

*****Degrelle,** Léon, belg. Politiker: † Málaga 31. 3. 1994.

Dehaene [də'ha:nə], Jean-Luc, belg. Politiker, * Montpellier 7. 8. 1940; Jurist und Wirtschaftswissenschaftler; seit 1963 Mitgl. der fläm. Christl. Volkspartei (CVP), seit 1972 im Nat. Büro der CVP, 1972–81 in versch. Ministerien tätig, u. a. 1979–81 Kabinettschef des MinPräs. W. MARTENS; war 1982–87 Senator; seit 1987 Abg. in der Kammer; 1981–88 Min. für Soziales, 1988–92 Min. für Kommunikation und Verkehr und stellv. MinPräs., zugleich 1981–92 Min. für institutionelle Reformen, seit März 1992 MinPräs. einer christdemokratisch-sozialist. Koalitions-Reg. (bestätigt durch die Wahlen vom 21. 5. 1995). D. setzte 1992/93 u. a. die Vollendung der belg. Staatsreform durch und bemühte sich verstärkt um einen Abbau des Haushaltsdefizits. 1994 bewarb er sich erfolglos als Nachfolger J. DELORS' um das Amt des Präs. der Europ. Kommission.

Jean-Luc Dehaene

Dehmelt, Hans-Georg, amerikan. Physiker dt. Herkunft, * Görlitz 9. 9. 1922; nach Kriegsdienst Studium in Göttingen, ab 1952 in den USA (Duke University, N. C., seit 1955 an der University of Washington in Seattle). D. beschäftigt sich v. a. mit der Speicherung von subatomaren Teilchen und mit ihrer Präzisionsmessung (u. a. Bestimmung des magnet. Moments des Elektrons). Er erhielt 1989 den Nobelpreis für Physik (mit N. F. RAMSEY und W. PAUL).

Hans-Georg Dehmelt

Deisenhofer, Johann, Biophysiker, * Zusamaltheim (Kr. Dillingen a. d. Donau) 30. 9. 1943; ab 1971 Mitarbeiter am Max-Planck-Institut für Biochemie in Planegg-Martinsried (bei München), seit 1988 Prof. am Howard Hughes Medical Institute der University of Texas in Dallas. D. arbeitete zw. 1982 und 1985 in der von R. HUBER geleiteten Arbeitsgruppe über die Strukturaufklärung der an der Photosynthese beteiligten membrangebundenen Proteine. Durch seine Untersuchungen, die wesentlich zur Verbesserung der Röntgenstrukturanalyse und zur Verkürzung der Rechenzeiten beitrugen, gelang es ihm mit HUBER, die dreidimensionale Struktur des photosynthet. Reaktionszentrums eines Bakteriums aufzuklären. Hierfür erhielt D. (mit HUBER und H. MICHEL) 1988 den Nobelpreis für Chemie.

Dekonstruktivismus, *allg.* und in der *Wissenschaftstheorie* Bez. für eine im Anschluß an um wiss. Objektivität bemühten Theorien des ▷ Strukturalismus und in Auseinandersetzung mit ihnen entstandene überdisziplinäre Wissenschaftsströmung. Der D. beruht auf dem von J. DERRIDA geprägten Verfahren der ▷ Dekonstruktion.

In der *Architektur* bezeichnet D. seit Mitte der 1980er Jahre eine Richtung, in deren Entwürfen das

Johann Deisenhofer

Delb Delblanc – Delors

Dekonstruktivismus: Frank O. Gehry, ›American Center‹ in Paris; 1990–94

Verhältnis von Tragen und Lasten sowie traditionelle stat. Verhältnisse aufgelöst werden. Der unvermittelte Zusammenstoß unterschiedl. Materialien, Räume und Richtungen wirkt im Sinne konventioneller Sehgewohnheiten unharmonisch. Dekonstruktivist. Architektur greift formal auf den russ. Suprematismus (K. MALEWITSCH) oder auf die Ideen des russ. Konstruktivismus zurück (z. B. ZAHA HADID; P. D. EISENMAN), bezieht sich in ihrem theoret. Ansatz (B. TSCHUMI) auf DERRIDA und artikuliert insbesondere das Unbehagen an der normierten Umgebung (B. SCHINDLER). Realisiert wurden z. B. Parc de la Villette, Paris (1987, TSCHUMI), Funderwerk 3, Kärnten, und Dachgeschoßausbau in Wien von der Architektengruppe Coop Himmelblau, Hysolar-Institut in Stuttgart (1987, G. BEHNISCH), Vitra Design Museum in Weil am Rhein (1988–89), das skulpturale Gebäude der Kunsthochschule der Univ. von Toledo, Oh. (1990–92), American Center in Paris (1990–94), Festival Disney in Marne-la-Vallée (1992), Walt Disney

Dekonstruktivismus: Daniel Libeskind, Modell des geplanten Erweiterungstrakts des Jüdischen Museums in Berlin; Baubeginn 1996

Concert Hall, Los Angeles, Calif. (1992 ff., alle von F. O. GEHRY); der Bau des Jüd. Museums in Berlin (DANIEL LIBESKIND) wurde 1993 begonnen.

Dekonstruktivist. Architektur, hg. v. P. JOHNSON u. a. (a. d. Engl., 1988); D. Eine Anthologie, hg. v. A. PAPADAKIS (a. d. Engl., 1989); Architektur im Aufbruch. Neun Positionen zum D., hg. v. P. NOEVER (1991).

*__Delblanc,__ Sven, schwed. Schriftsteller: † Stockholm 16. 12. 1992.

*__Deleuze,__ Gilles, frz. Philosoph: † (Selbstmord) Paris 4. 11. 1995.

__Del Giudice__ [-'dʒu:ditʃe], Daniele, italien. Schriftsteller, * Rom 11. 1. 1949. Sein erster, mehrfach preisgekrönter Roman ›Lo stadio di Wimbledon‹ (1983; dt. ›Das Land vom Meer aus gesehen‹), der die vergebl. Suche eines jungen Mannes nach Spuren des Triestiner Literaten ROBERTO BAZLEN (* 1902, † 1965; ›der Dichter, der nie schrieb‹) beschreibt, kreist v. a. um die Frage nach dem Verhältnis von Leben und Literatur. Im Mittelpunkt des Romans ›Atlante occidentale‹ (1985; dt. ›Der Atlas des Westens‹) steht dagegen das Problem der Verantwortung des modernen Naturwissenschaftlers. D. G., der auch als Literaturkritiker hervorgetreten ist, gilt als der intellektuell anspruchsvollste Vertreter der jungen Autorengeneration (›giovani scrittori‹) Italiens.

__Weitere Werke:__ *Roman:* Nel museo di Reims (1988). – *Prosatexte:* Staccando l'ombra da terra (1994).

*__Delibes,__ Miguel, span. Schriftsteller: Erhielt den Premio Miguel de Cervantes 1993. 1990 wurde sein Roman ›377A, madera de héroe‹ (1987) u. d. T. ›Das Holz, aus dem die Helden sind‹ ins Dt. übersetzt.

__Weitere Werke:__ *Romane:* Señora de rojo sobre fondo gris (1991; dt. Frau in Rot auf grauem Grund); Diario de un jubilado (1995).

__DeLillo__ [də'lıləʊ], Don, amerikan. Schriftsteller, * New York 20. 11. 1936; erfaßt in seinen Romanen und Kurzgeschichten die vielfältigen Aspekte des amerikan. Gegenwartslebens. In seinen weitgehend realist. Erzählungen parodiert er bekannte Romanmuster und bemüht sich um sprachl. Präzision. Postmoderne Techniken bestimmen den Roman ›Ratner's star‹ (1976). In neueren Romanen setzt D. Fiktion als Medium der Erkenntnis ein, um mögl. zukünftige Ereignisse wie z. B. die nukleare Zerstörung der Erde beschwörend zu bannen (›White noise‹, 1985; dt. ›Weißes Rauschen‹) oder Vergangenes aufzuarbeiten, so die Ermordung J. F. KENNEDYS (›Libra‹, 1988; dt. ›Sieben Sekunden‹).

__Weitere Werke:__ *Romane:* End zone (1972); The day room (1987); Mao II (1991).

Introducing D. D., hg. v. F. LENTRICCHIA (Durham 1991).

*__Delitzsch 2):__ In den seit 3. 10. 1990 zum Land Sachsen gehörenden Landkreis D. wurde am 1. 8. 1994 der frühere Kr. Eilenburg (mit Ausnahme von fünf Gemeinden) eingegliedert. – Der neugebildete Landkreis D. im Reg.-Bez. Leipzig, der an Sachs.-Anh. grenzt, umfaßt 779 km^2 und (1994) 96 300 Ew. Das Kreisgebiet liegt im Leipziger Tieflandsbucht und reicht östlich der Mulde in den Naturpark Dübener Heide. Stadtrechte besitzen neben der Kreisstadt Delitzsch (1994: 26 200 Ew.) Eilenburg und Bad Düben. Die Wirtschaft wird durch Betriebe der Bau- und Baustoffindustrie, der Metallverarbeitung, des Maschinen- und Anlagenbaus, der Nahrungsmittel-, chem. und Möbelindustrie sowie der Landwirtschaft bestimmt. Finn. Investoren errichteten 1994 eine Papierfabrik bei Eilenburg. Die drei Braunkohlentagebaue wurden stillgelegt. Die Kurstadt Bad Düben verfügt über eine Rehabilitationsklinik.

*__Del Monaco,__ Giancarlo, italien. Regisseur und Theaterleiter: Ab 1992 Intendant der Oper in Bonn, die er 1997 verlassen will.

*__Delors,__ Jacques Lucien, frz. Politiker: Erhielt 1992 den Internat. Karlspreis zu Aachen. Obwohl D. als aussichtsreichster Kandidat für die Nachfolge des frz. Staatspräs. F. MITTERRAND galt, verzichtete er im Dez. 1994 auf eine Kandidatur. Im Jan. 1995 endete seine Amtszeit als Präs. der EU-Kommission.

DELTA, Abk. für **D**ortmunder **E**lektronen-**T**estspeicherring-**A**nlage, Elektronenspeicherring zur Erzeugung von ▷ Synchrotronstrahlung, der im Okt. 1994 an der Univ. Dortmund eingeweiht wurde. Als Vorbeschleuniger dient ein Linearbeschleuniger (80 MeV), ein Booster-Synchrotron bringt die Elektronen auf ihre Endenergie von 1,5 GeV (Strahlstrom max. 500 mA). Danach werden sie in den Speicherring injiziert, der einen Umfang von 115 m besitzt und 20 Ablenkmagnete aufweist. DELTA soll weniger als reine Strahlungsquelle, sondern vorwiegend für Forschung am Beschleuniger selbst eingesetzt werden. Entsprechende Maschinenexperimente sind u. a. ein supraleitender ▷ Wiggler und ein ▷ Free-Electron-Laser.

***Delvaux,** Paul, belg. Maler und Graphiker: † Veurne 20. 7. 1994.

Delz, Christoph Andreas, schweizer. Pianist und Komponist, *Basel 3. 1. 1950, † Riehen 13. 9. 1993; studierte in Köln u. a. bei ALOYS KONTARSKY (Klavier) und K. STOCKHAUSEN (Komposition), zeitweise auch bei H. POUSSEUR in Lüttich, und lebte danach als freischaffender Komponist und Pianist überwiegend in Köln. Sein eigenwilliges kompositor. Schaffen beruht auf dem von ihm selbst so bezeichneten Verfahren der ›Transkomposition‹: Vorgefundene musikalisierbare Phänomene – vom Bach-Zitat bis zu Menschen-, Tier- oder Umweltlauten – werden auf musikal. Wege umgesetzt.

***Demarco,** Hugo Rodolfo, argentin. Künstler: † Paris 28. 11. 1995.

***Demetrios I.,** orth. Theologe: † Istanbul 3. 10. 1991.

***De Mille,** Agnes George, amerikan. Tänzerin und Choreographin: † New York 8. 10. 1993.

***Demirel,** Süleyman, türk. Politiker: Nach dem Staatsstreich vom Sept. 1980 zus. mit anderen Politikern zeitweilig in Haft genommen und einem Verbot polit. Betätigung unterworfen, wurde er nach Aufhebung dieses Verbots 1987 zum Vors. der ›Partei des rechten Weges‹ (türk. Abk. DYP) gewählt. 1991 wurde er MinPräs., 1993 Staatspräs. D. sucht auf marktwirtschaftl. Grundlage die wirtschaftl. Entwicklung der Türkei zu verbessern und sein Land näher an die EU heranzuführen. Als Gegner eines Autonomiestatuts für die Kurden in der Türkei bekämpft er den kurd. Aufstand im SO des Landes auch unter Einsatz militär. Mittel. Mit großer Entschiedenheit verteidigt D. die international sehr umstrittenen militär. Operationen der türk. Armee (1995) gegen die Rückzugspositionen der türkisch-kurd. Aufständischen in Nordirak.

***De Mita,** Ciriaco, italien. Politiker: War von April 1988 bis Mai 1989 MinPräs., bis Febr. 1989 polit. Sekretär der Democrazia Cristiana (DC).

Demme [ˈdemɪ], Jonathan, amerikan. Filmregiseur, *Rockville Centre (N. Y.) 22. 2. 1944. D.s Unterhaltungsfilme zeichnen sich durch hohe Inszenierungskunst aus. International erfolgreich wurden v. a. ›Das Schweigen der Lämmer‹ (1989) und ›Philadelphia‹ (1993).
Weitere Filme: Das Zuchthaus der verlorenen Mädchen (1974); Melvin und Howard (1979); Stop Making Sense (1984); Die Mafiosi-Braut (1988).

***Demmin 2):** In den seit 3. 10. 1990 zum Land Meckl.-Vorp. gehörenden Landkreis D. wurden am 12. 6. 1994 die früheren Kreise Malchin (mit Ausnahme der Gem. Schwinkendorf) und Altentreptow eingegliedert. Der neugebildete Landkreis D. hat 1921 km^2 und (1995) 99 500 Ew. Nördlich der Mecklenburg. Seenplatte gelegen, umfaßt das Kreisgebiet schwachwellige Grundmoränenplatten der jüngsten pleistozänen Vereisung (Weichsel-Eiszeit) und Niederungen an Peene, Tollense und Trebel. Im SW hat der Kreis Anteil am Endmoränengebiet der Mecklenburg. Schweiz (bis 123 m ü. M.). Durch eine pleistozäne Gletscherzunge wurde das z. T. vermoorte Malchiner Becken mit dem Malchiner See (W-Teil im Kr. Güstrow) und dem Kummerower See geschaffen. Hauptwirtschaftszweig ist die Landwirtschaft. In den Städten gibt es vielfach Nahrungsmittelindustrie. Größte Städte sind die Kreisstadt Demmin (1995: 14 800 Ew.) und Malchin, es folgen Stavenhagen, Altentreptow, Loitz, Dargun, Jarmen und Neukalen. Malchin, Demmin, Loitz und Jarmen sind über die schiffbare Peene mit der Ostsee verbunden.

***Democrazia Cristiana,** Abk. **DC:** Im Febr. 1989 löste A. FORLANI C. DE MITA, im Okt. 1992 MINO MARTINAZZOLI (*1931) FORLANI als polit. Sekretär der Partei ab. Unter dem Vorwurf parteipolit. Verflechtungen mit der organisierten Kriminalität in Italien und persönl. Verstrickungen von DC-Politikern in Korruptionsvorgänge löste sich die DC am 18. 1. 1994 offiziell auf. Aus ihr gingen Ende Jan. 1994 der Partito Popolare Italiano (PPI) und das Centro Democratico Cristiano (CDC) hervor.

***Demokraten '66,** Abk. **D '66:** Nach ihrem Erfolg bei den Parlamentswahlen im Mai 1994 (15,5 % der Stimmen, 24 von 150 Sitzen) beteiligten sich die linksliberalen D'66 ab Aug. 1994 erstmals an der Reg. und stellen mit ihrem Vors. H. VAN MIERLO im Koalitionskabinett Kok den Außenminister.

***Demokratische Bauernpartei Deutschlands,** Abk. **DBD:** Wählte 1987 G. MALEUDA zu ihrem Vors.; unter seiner Führung suchte sie seit Nov. 1989 aus der ideolog. Führung der SED zu lösen; sie war seitdem Mitgl. der Koalitionsregierung unter MinPräs. H. MODROW (SED). Am 13. 11. 1989 wählte die Volkskammer MALEUDA zu ihrem Präs. Bei den Volkskammerwahlen am 18. 3. 1990 erreichte die DBD 2,17 % der Stimmen und neun Mandate. Gegen innere Widerstände fusionierte sie im Sommer 1990 mit der CDU.

***Demokratische Partei:** Mit W. J. CLINTON, der als ›neuer‹ (moderater) Demokrat mit einem Konzept des inneren Wandels warb, stellten die Demokraten ab 1993 wieder den Präs. Bei den Kongreßwahlen im Nov. 1994 verloren sie jedoch erstmals seit 1954 die Mehrheit in beiden Häusern (Repräsentantenhaus: 204 von 435 Sitzen, Senat: 47 von 100 Sitzen).

Denar [aus gleichbedeutend lat. denarius, zu deni ›je zehn‹] der, -s/-e, Abk. **Den,** Währungseinheit der Rep. Makedonien (Frühere Jugoslaw. Rep. Makedonien), 1 D. = 100 Deni.

***Denard,** Michaël, frz. Tänzer: Seit 1993 Ballettdirektor an der Deutschen Staatsoper Berlin.

Dene, Kirsten, Schauspielerin, *Hamburg 16. 3. 1943; spielte (ab 1961) in Essen, Frankfurt am Main und Berlin; 1972 begann ihre wichtige Zusammenarbeit mit C. PEYMANN bis 1979 in Stuttgart, dann in Bochum und seit 1986 am Wiener Burgtheater.

***Deng Xiaoping,** chin. Politiker: Trieb die Modernisierung der Wirtschaft im Sinne einer sozialist. Marktwirtschaft entschlossen voran, lehnte jedoch ebenso entschieden eine stärkere Demokratisierung von Staat und Gesellschaft ab. Im Bündnis mit Min.-Präs. LI PENG und Staatspräs. YANG SHANGKUN ließ er die bes. von Studenten getragene Demokratiebewegung Anfang Juni 1989 durch die Armee niederschlagen. Im Nov. 1989 trat er als Vors. der Zentralen Militärkommission der KP zurück, galt aber – nunmehr ohne führendes Amt – weiterhin als der mächtigste Mann in Partei und Staat.

Deni, kleine Währungseinheit der Rep. Makedonien, 100 D. = 1 Denar (Den).

***Denktasch,** Rauf Raschid, türkisch-zypriot. Politiker: Bei den Präsidentenwahlen von 1985, 1990 und 1995 wurde D. von der Bev. als Staatspräs. der Türk. Republik Nord-Zypern bestätigt.

Don DeLillo

Süleyman Demirel

Ciriaco De Mita

Kirsten Dene

*Denneborg, Heinrich Maria, Puppenspieler: † Neggio (bei Lugano) 1. 11. 1987.

De Palma [-ˈpælmə], Brian, amerikan. Filmregisseur, ▷ Palma, Brian De.

*Deponie: Während bislang die Form der Gruben-D. überwog, werden wegen deren umwelttechn. Nachteile (schwieriges Abdichten der Wände, ständiges Abpumpen des Sickerwassers von der Sohle) heute zunehmend Halden-D. errichtet. In versch. Ländern (z. B. Japan) wird die Verpressung des Mülls zu Ballen praktiziert. Dies verringert die Transportkosten zur D., wo die Ballen mit Radladern zu einer **Ballen-D.** gestapelt werden. In der **Inert-D.** werden nur mineralische (inerte) Materialien ohne auslaugbare Schadstoffe abgelagert. Es ist Ziel der Abfallpolitik, den Anteil der Inert-D. gegenüber den anderen Betriebsformen der D. zu steigern. **Sonderabfall-D.** nehmen ▷ Sondermüll auf. Es wird zwischen oberird. und Untertage-D. unterschieden. An beide werden in der TA Luft besondere Anforderungen gestellt. Bes. gefährl. Sondermüll wie z. B. PCB-haltige Abfälle dürfen nur in Untertage-D. abgelagert werden, hierbei handelt es sich eigtl. um eine Lagerung, da es möglich sein muß, die Sonderabfälle wieder zurückzuholen, falls in Zukunft umweltgerechte Aufarbeitungstechniken entwickelt werden. (→Abfallbeseitigung, →Kompostierung)

V. Gossow: Umwelt- u. Entsorgungstechnik. Entsorgungspraxis, Bau- u. Verfahrenstechnik (²1993).

*Deregulierung: D.-Möglichkeiten in der Bundesrep. Dtl. wurden von einer von der Bundes-Reg. 1988 eingesetzten unabhängigen Expertenkommission zum Abbau marktwidriger Regulierungen (**D.-Kommission**) für versch. Wirtschaftszweige aufgezeigt. Die 1990 und 1991 vorgeschlagenen Maßnahmen zum Abbau bürokrat. Hemmnisse, z. B. im Bau-, Sozial-, Arbeits- und Umweltrecht, zur Abschaffung wettbewerbl. Ausnahmebereiche sowie zur (Re-)Privatisierung sind jedoch nicht unumstritten.

*Derewjanko, Wladimir Iljitsch, sowjet. Tänzer: Seit 1994 Ballettdirektor an der Sächs. Staatsoper Dresden.

Derivate [zu lat. derivare ›ableiten‹, *Sg.* **Derivat** *das, -(e)s,* **Derivative, derivative Finanzinstrumente, Finanzderivate,** zusammenfassender Begriff für Swaps, Optionen, Futures und andere neue Finanzinstrumente, die seit den 80er Jahren an den →Finanzmärkten eine stark wachsende Bedeutung erlangt haben. Gemeinsam ist ihnen, daß sie von den traditionellen Finanzbeziehungen wie Krediten, Aktien, Anleihen oder von abstrakten Formen wie Aktienindizes abgeleitet sind und der Steuerung von Preisänderungsrisiken dienen. Entsprechend folgt ihre Bewertung der Preis- bzw. Wertentwicklung des jeweiligen Bezugsobjekts. D. sind nicht Bestandteil des Geldflusses zw. Kapitalgeber und Kapitalnehmer, sondern auf diese traditionellen Instrumente ausgerichtete neue Vertragsbeziehungen. Im wesentlichen handelt es sich bei Verträgen über den zukünftigen Kauf oder Verkauf traditioneller Finanzinstrumente zu bereits am Tag des Vertragsschlusses vereinbartem Preis (Terminkontrakt, ▷ Termingeschäfte) oder um Verträge über zukünftigen Kauf oder Verkauf (Optionen, ▷ Optionsgeschäft). Der Einsatz von D. erlaubt es Kapitalgebern wie Kapitalnehmern, insbesondere Zins- und Währungsrisiken separat zu steuern, d. h. unabhängig von der ursprüngl. Forderung oder Verbindlichkeit. Die vornehmlich an Terminbörsen (z. B. Dt. Terminbörse) gehandelten D. können jedoch auch zu hochspekulativen Zwecken eingesetzt werden und sind deshalb in Verbindung mit spektakulären Fehlentwicklungen in Verruf geraten (›Baring Brothers & Co. Ltd.‹). Bedenken der Bankenaufsicht beziehen sich auf die ungeklärte rechtl. und steuerl. Bewertung der D. sowie auf die Bilanzunwirksamkeit der D.-Geschäfte.

*Dermota, Anton, österr. Sänger: † Wien 22. 6. 1989.

*Derycke [ˈdeːreikə], Erik, belg. Politiker, * Waregem 28. 10. 1949; Jurist, Mitgl. der Socialistische Partij; 1981 stellv. Vors. des Prov.-Rats von Westflandern, seit 1984 Mitgl. des Abgeordnetenhauses; auf europ. Ebene Mitgl. der Beratenden Versammlung des Europarats und der Versammlung der WEU; seit März 1995 Außen-Min. in der Reg. Dehaene.

*Desai, Morarji Ranchhodji, ind. Politiker: † Bombay 10. 4. 1995.

*Designerdrogen, synthetische Drogen, Abk. **SyDros:** Durch immer neue Syntheseverfahren und Verwendung neuer Substanzen läßt sich die Molekularstruktur eines Stoffes (sein ›Design‹) und damit auch seine Wirkung(en) in vielfacher Weise ändern. Die Variationsmöglichkeiten sind dabei unüberschaubar. Verwendete Ausgangssubstanzen in illegalen Drogenlabors sind häufig die Wirkstoffe von Arzneimitteln, insbesondere Schmerzmittel mit betäubender Wirkung sowie Aufputschmittel.

Die D. können in drei Hauptgruppen eingeteilt werden: 1) Derivate synthetischer Amphetamindrogen mit drei Untergruppen: a) Amphetamine mit stimulierender Hauptwirkung, z. B. Methamphetamin (Pervitin; rauchbare Form: Ice, Glass); b) Methoxyamphetamine mit halluzinogener Hauptwirkung, z. B. DOM (Dimethoxymethylamphetamin), DOB (Dimethoxybromamphetamin), DOET (Dimethoxyethylamphetamin), PMA (para-Methoxyamphetamin), TMA (Trimethoxyamphetamin) und DMA (Dimethoxyamphetamin); c) Methylendioxyamphetamine mit entactogener Hauptwirkung, z. B. MDA (Methylendioxyamphetamin), MDE (Methylendioxyethylamphetamin), MDMA (in der Drogensubkultur als →Ecstasy bekannt) und MMDA (Methoxymethylendioxyamphetamin). – 2) Halluzinogene und Entactogene (d. h. der Tiefenpsyche öffnende Substanzen) mit zwei Untergruppen: a) Phencyclidine, z. B. PCP (Phencyclidin, ›Engelstaub‹ oder ›Angel Dust‹); b) kurzwirkende Tryptamine, z. B. DMT (Dimethyltryptamin). – 3) Derivate betäubender Schmerzmittel (Narkoanalgetika) mit morphinähnl. Struktur und Wirkung, mit zwei Untergruppen: a) Narkoanalgetika vom Prodin/Pethidin-Typ, z. B. MPPP (Methylphenylpropionoxypiperidin). Bei unsachgemäßer Synthese können Nervengifte entstehen, die durch irreversible Zerstörung bestimmter Nervenstrukturen im Gehirn u. a. die Parkinsonsche Krankheit verursachen oder auch den Tod herbeiführen können. Die opioide Wirkung der Ausgangsstoffe wird weit übertroffen (z. B. MPPP wirkt rd. 25mal stärker als Pethidin). b) Narkoanalgetika vom Fentanyl-Typ, z. B. AMF (alpha-Methylfentanyl, ›China White‹) und 3-MF (3-Methylfentanyl, ›Persian White‹). Diese Derivate sind um Größenordnungen, z. B. um das 300- bis 7 500fache stärker analgetisch wirksam als Morphin.

W. Katzung: Drogen in Stichworten. Daten, Begriffe, Substanzen (1994); B. G. Thamm u. W. Katzung: Drogen – legal – illegal. Von Kaffee bis Koks, von Alkohol bis Amphetamin. Daten, Fakten, Hintergründe (²1994).

Designer food [dɪˈzaɪnə ˈfuːd, engl. ›Designerlebensmittel‹] *die, -,* andere Bez. für →Novel food.

*Desintegration 4): In den 1990er Jahren ist D. auch in den Sozialwissenschaften zu einem zentralen Begriff geworden bei der Erforschung bzw. Erklärung von Fremdenfeindlichkeit, Gewaltbereitschaft und rechtsextremist. Orientierungen v. a. im Zusammenhang mit den sozialen Veränderungen in der Lebenswelt von Jugendlichen. D. beschreibt somit die negative Seite eines fortschreitenden Modernisierungsprozesses heutiger Gesellschaften. Der mit D. bezeichnete Vorgang bezieht sich dabei aber auf einen die gesamte Gesellschaft betreffenden Prozeß. Im wesentlichen werden dabei drei Bereiche, die als soziale, berufl. und polit. D.-Prozesse bestimmt werden können, ins Auge gefaßt. Hierbei handelt es sich erstens um Auflösungserscheinungen in persönl. Lebenszusammenhängen und Beziehungen, zu denen z. B. Familien und Ehen, Freundschaften, Lebensgemeinschaften und Altersgruppen, aber auch soziale Milieus gezählt werden. Zweitens nehmen Bereitschaft und Interesse an polit. Partizipation ab, was sich z. B. in der Form von Wahlenthaltung und am sinkenden Interesse an der Mitwirkung in polit. oder gesellschaftl. Institutionen zeigt. Schließlich gerät die Verständigung über wichtige gemeinsame Normen und Wertvorstellungen in wachsende Schwierigkeiten. Bes. für die Arbeitsgebiete staatsbürgerl. und schul. Bildung (Sozialisation) stellen D.-Erfahrungen eine zentrale Herausforderung dar, da diese die bisherigen Vorstellungen über Zielvorgaben und Selbstverständnis gesellschaftl. Integration in Frage stellen und damit die zentrale Basis innergesellschaftl. Konfliktregelungsmuster und Entscheidungsstrukturen gefährden.

Die Brisanz der D.-These besteht darin, daß sie die Ursachen für die als Folgen von D. auftretenden Erscheinungen in der gesamtgesellschaftl. Selektions- und Konkurrenzmechanismen verortet und damit darauf hinweist, daß sich die genannten negativen bzw. unakzeptablen Entwicklungen nur durch eine Änderung gesellschaftl. Grundmuster bekämpfen lassen. Die Kritik am Konzept der D. weist zum einen darauf hin, daß der hier formulierte Ausgang von einer zentralen Problemlage der Komplexität der genannten Erscheinungen nicht ausreichend Rechnung trägt, zum anderen wird diesem Erklärungsmodell der Vorwurf gemacht, durch die Anbindung z. B. von Fremdenfeindlichkeit an die ›Verlierer‹ in den Selektionsmechanismen der liberalen marktwirtschaftl. Gesellschaften (Modernisierungsverlierer) spezifische ideolog. Orientierungen wie den Rassismus der gesellschaftl. Mittelschichten und Eliten zu verharmlosen und so zur ›Täterentlastung‹ (BIRGIT ROMMELSPACHER, * 1945) beizutragen.

<small>Ungewollte Selbstzerstörung. Reflexionen über den Umgang mit katastrophalen Entwicklungen, hg. v. H. P. DREITZEL u. a. (1990); Das Gewalt-Dilemma. Gesellschaftl. Reaktionen auf fremdenfeindl. Gewalt u. Rechtsextremismus, hg. v. W. HEITMEYER (1994).</small>

*****Dessau:** Die Stadt D. gehört seit 3. 10. 1990 zum Land Sachs.-Anh., sie ist kreisfreie Stadt und Verw.-Sitz des Reg.-Bez. Dessau.

Dessau, Reg.-Bez. in Sachs.-Anh. (→Sachsen-Anhalt, Verwaltungsgliederung).

*****Deutsch,** Karl Wolfgang, Politikwissenschaftler: † Cambridge (Mass.) 1. 11. 1992.

Deutsche Agentur für Raumfahrtangelegenheiten GmbH, Abk. →DARA.

*****Deutsche Ausgleichsbank:** Der gesetzlich definierte Aufgabenkatalog hat sich nach der 6. Vereinigung und dem Umbruch in Osteuropa erweitert. Die DtA fördert Existenzgründungen im gewerbl. Mittelstand und in den freien Berufen auch in den neuen Bundesländern, in Osteuropa und in Entwicklungsländern (z. B. ERP-Existenzgründungsprogramm, Eigenkapitalhilfeprogramm für neue Bundesländer), unterstützt private und öffentl. Umweltschutzinvestitionen (z. B. ERP-Umweltschutzprogramme) und wirkt bei sozialen Finanzierungsaufgaben mit (z. B. Programm ›Humanitäre Soforthilfe‹ für HIV-Infizierte und AIDS-Kranke). Die Finanzierungsmittel der DtA stammen jeweils rd. zur Hälfte aus dem ERP-Sondervermögen und Kreditaufnahmen am Kapitalmarkt und werden zum Großteil in Form zinsgünstiger Finanzhilfe den Darlehensnehmern zur Verfügung gestellt. Das Grundkapital der DtA in Höhe von (1995) 715 Mio. DM wird vom ERP-Sondervermögen (53,3%), der Bundesrep. Dtl. (40,6%) und dem Sondervermögen Ausgleichsfonds (6,1%) gehalten (Bilanzsumme 1994: 64,9 Mio. DM).

*****Deutsche Außenhandelsbank AG:** →Banken.

Deutsche Bahn AG, Abk. **DB AG,** privates Unternehmen des Eisenbahnwesens, gegr. am 1. 1. 1994 im Zuge der →Bahnreform; Sitz: Berlin, Zentrale: Frankfurt am Main. Die neue Organisationsstruktur für neun Geschäftsbereiche mit eigener Resultatsverantwortung ersetzt den alten dreistufigen Behördenaufbau. Die DB AG betätigt sich als Eisenbahnverkehrs- und gleichzeitig als Eisenbahninfrastrukturunternehmen. Von den Nutzern ihres Streckennetzes (rd. 41 000 km) erhebt sie Trassenpreise. Der diskriminierungsfreie Zugang von Eisenbahnverkehrsunternehmen auf das Schienennetz ist gesetzlich verankert. Der Bund gewährleistet gemäß Eisenbahnneuordnungs-Ges. eine ausreichende Schieneninfrastruktur. Der Personalbestand lag Ende 1995 bei rd. 280 000 Mitarbeitern, darunter mehr als 90 000 ›zugewiesene‹ Beamte.

Deutsche Bahn AG

Die DB AG wird von einem Vorstand in unternehmer. Eigenverantwortlichkeit geleitet; für das Verhältnis des Eigentümers Bund zu seinem unternehmen DB AG gelten die Bestimmungen des Aktien-Ges. Dem Bund obliegt die Gesetzgebung und die Eisenbahnverkehrsverwaltung. Die unternehmer. Verantwortung der DB AG umfaßt sämtl. Aktivitäten zur Beförderung von Gütern und Personen und das Betreiben und die Vermarktung der Eisenbahninfrastruktur sowie interne organisator. Entscheidungen. Durch die strikte Trennung hoheitlich-staatlicher von unternehmer. Funktionen hat die DB AG die Möglichkeit, am nat. und internat. Wettbewerb teilzunehmen.

Durch das Sanierungskonzept hat der Bund die DB AG von Schulden und Altlasten befreit und sie weitgehend vom Abschreibungsaufwand entlastet. Die DB AG hat die Beteiligungen der Dt. Bundesbahn übernommen und auch neue Beteiligungsgesellschaften gegründet. Dazu gehören u. a. abr – amtliches bayerisches Reisebüro GmbH (100%), Ameropa-Reisen GmbH (100%), Bahnreinigung GmbH (BRG, 51%), DE-Consult, Dt. Eisenbahn Consulting GmbH (74%), Dt. Reisebüro GmbH (50,1%), MITROPA Mitteleurop. Schlafwagen- und Speisewagen Aktien-Gesellschaft (100%), Transfracht Dt. Transportgesellschaft mbH (100%), BahnTrans GmbH (50%).

*****Deutsche Bank AG:** Der D. B.-Konzern hatte 1995 eine Bilanzsumme von 632 Mrd. DM, das Kreditvolumen betrug 346 Mrd. DM, die Zahl der Kunden rd. sieben Mio.; in seinen 2 478 Niederlassungen in über 50 Ländern (davon 1 722 Geschäftsstellen in Dtl.) wurden rd. 72 500 Personen beschäftigt.

Nach Gründung einer eigenen Lebensversicherungs AG (1989) erwarb die D. B. 1992 die Mehrheit an der Versicherungsgruppe Dt. Herold und beteiligte sich am Gerling-Konzern; 1993 wurde der Banco de Madrid und eine Mehrheitsbeteiligung an der Banca Popolare di Lecco übernommen. Letztere fusionierte zum 1. 12. 1994 mit der seit 1. 10. 1994 in Dt. Bank S. p. A. umbenannten Banca d'America e d'Italia S. p. A. – 1995 gehörten weitere Gesellschaften zum D. B.-Konzern: Banken: Morgan Grenfell & Co. Ltd., Bank 24 (Direktbank); Kapitalmarkt- und Kapitalanlagegesellschaften: Dt. Immobilien Anlagegesellschaft mbH, DWS Dt. Gesellschaft für Wertpapiersparen mbH; Realkredit- und Bausparschäft: Lübecker Hypothekenbank AG, Europ. Hypothekenbank S. A.; Absatzfinanzierung und Leasing: GEFA Gesellschaft für Absatzfinanzierung mbH, ALD AutoLeasing D GmbH, Dt. Immobilien Leasing GmbH; Versicherungen: Globale Krankenversicherungs-AG;

Deut   Deutsche Bibliothek – Deutsche Demokratische Republik

Analyse- Beratungs- und Vermittlungsgesellschaften: DB Research GmbH Gesellschaft für Wirtschafts- und Finanzanalyse, Bonnfinanz AG, Roland Berger & Partner Holding GmbH. Die von den Konzerngesellschaften gehaltenen Beteiligungen mit mehr als 5% des Grundkapitals haben einen Marktwert von zus. 22,1 Mrd. DM (Stand 31. 12. 1994).

In einer zum 125jährigen Bestehen der D. B. herausgegebenen Studie wurden erstmals Teile ihres Archivs ausgewertet, die erst durch die dt. Vereinigung wieder zugänglich geworden waren. Darin kommt der brit. Historiker HAROLD JAMES zu dem Ergebnis, daß die D. B. in der nat.-soz. Zeit wirtschaftlich und politisch keine einflußreiche Rolle spielte, sie jedoch mit ihrer Beteiligung an der ›Arisierung‹ eine schwere moral. Schuld auf sich geladen und im besetzten Europa dem nat.-soz. Staat die Realisierung seiner rassenpolit. Ziele erleichtert habe.

Die D. B., bearb. v. L. GALL u. a. (1995); H. PFEIFFER: Sieger der Krise. Der D.-B.-Report (1995).

Deutsche Bibliothek, Die, seit 11. 12. 1990 gemeinsamer Name der ▷ Deutschen Bibliothek, Frankfurt am Main (gegr. 1947; jetzt Sitz der neuen Generaldirektion), der ▷ Deutschen Bücherei, Leipzig (gegr. 1912) sowie des Deutschen Musikarchivs, Berlin (gegr. 1970). Die neue Institution ist eine rechtsfähige bundesunmittelbare Anstalt des öffentl. Rechts. Seit 1991 werden die bisher parallel erscheinenden bibliograph. Verzeichnisse zur ›Dt. Nationalbibliographie‹ zusammengefaßt.

Die D. B. Jahresbericht (1974 ff.); Die D. B. Einblicke – Ausblicke, bearb. v. R. GÖMPEL u. a. (1994).

Deutsche Börse AG, im Rahmen der Neustrukturierung des dt. Börsenwesens zum 1. 1. 1993 durch Umfirmierung der Frankfurter Wertpapierbörse AG (Abk. FWB; gegr.: 1990) gegründete Gesellschaft mit Sitz in Frankfurt am Main. Ziel ist die Stärkung der internat. Wettbewerbsfähigkeit dieses Finanzplatzes, v. a. durch die Weiterentwicklung elektron. Handelssysteme und die Integration einzelner Börsendienstleistungen (z. B. Kassa- und Terminhandel). Gesellschafter sind die Kreditinstitute (71% dt. Banken, 10% ausländ. Banken), die Kurs- und Freimakler (9%) sowie die Dt. Börsen Beteiligungsgesellschaft mbH als Zusammenschluß der Träger der sieben Regionalbörsen (10%). Die D. B. ist Trägerin der FWB und der →Deutschen Terminbörse sowie Eigentümerin der Dt. Wertpapierdaten-Zentrale GmbH. Als Alleinaktionärin der Dt. Kassenverein AG (▷ Wertpapiersammelbanken) ist sie zudem indirekt zu 100% an der Dt. Auslandskassenverein AG beteiligt. (→Börsen)

*Deutsche Bundesbahn: →Bahnreform, →Deutsche Bahn AG.

*Deutsche Bundesbank: Als Folge der dt. Einheit kam es zu einer Neuordnung der Bundesbankstruktur. Insbesondere wurde von der bis dahin geltenden Praxis abgegangen, in jedem Bundesland eine Landeszentralbank (LZB) als Hauptverwaltung der D. B. zu unterhalten. Das neue Bundesgebiet wurde vielmehr in neun Landeszentralbankbereiche eingeteilt mit der Folge, daß es seit dem 1. 11. 1992 nur noch neun, z. T. für mehrere Bundesländer zuständige →Landeszentralbanken gibt. Eine weitere Änderung betraf die Anzahl der Mitgl. des Direktoriums der D. B. Dem Zentralbankrat als oberstem Gremium gehören neben den neun LZB-Präsidenten nur noch bis zu acht (vorher bis zu zehn) Direktoriumsmitglieder an (einschließlich Präs. und Vize-Präs. der D. B.). Bevor diese Neuordnung der Bundesbankstruktur durch eine Änderung des Bundesbank-Ges. zum 1. 11. 1992 in Kraft trat, wurde das gesamte Beitrittsgebiet von einer durch die D. B. in Berlin errichteten vorläufigen Verwaltungsstelle mit 15 Filialen betreut, aus der dann die LZB in Sachsen und Thüringen hervorging. (→Europäische Zentralbank)

*Deutsche Bundespost: Durch die Postreform I wurde die DBP 1988 in die organisatorisch selbständigen öffentl. Unternehmen ›D. B. Postdienst‹ (›gelbe Post‹ für Briefe, Päckchen und Pakete), ›D. B. Postbank‹ und ›D. B. Telekom‹ (Fernmeldewesen) aufgeteilt, die mit der Postreform II zum 1. 1. 1995 unter den Firmennamen →Deutsche Post AG, →Deutsche Postbank AG und →Deutsche Telekom AG in jurist. Personen des Privatrechts umgewandelt wurden.

Deutsche Bundesstiftung Umwelt, aus dem Privatisierungserlös der Salzgitter AG am 18. 7. 1990 von der Bundesrep. Dtl. gegründete Stiftung mit dem Ziel, Vorhaben zum Schutz der Umwelt unter besonderer Berücksichtigung der mittelständ. Wirtschaft zu fördern (Sitz: Osnabrück). Die Umweltstiftung ist mit einem Stiftungskapital von 2,7 Mrd. DM nach der Volkswagen-Stiftung die zweitgrößte dt. Stiftung. Seit 1991 wurden aus den Erträgen des Stiftungskapitals insgesamt rd. 1 600 Projekte mit rd. 800 Mio. DM unterstützt, v. a. in den Bereichen Umweltvorsorge, Umweltforschung sowie Umweltbildung. Weiterhin vergibt die Umweltstiftung seit 1993 jährlich den mit 1 Mio. DM dotierten **Deutschen Umweltpreis** für besondere Leistungen im Bereich des Umweltschutzes.

*Deutsche Demokratische Republik:
Verfassung: Die Verf. der Dt. Dem. Rep. erlebte in der Zeitspanne von Nov. 1989 bis zum 3. 10. 1990, dem Untergang des Staates, eine Übergangsphase (Verfassungstransitorium), die sich in die Elemente vordemokrat. Übergangsphase (bis zur Volkskammerwahl am 18. 3. 1990), demokrat. Übergangsphase und dt. Vereinigung unterteilen läßt.

Für die verfassungsrechtl. Bewältigung der Übergangsphase boten sich drei Alternativen an: 1) Fortgeltung der Verf. von 1968/74 unter ›Revolutionsvorbehalt‹ und ihre teilweise Änderung im Bedarfsfall, 2) Wiederinkraftsetzung der Gründungs-Verf. von 1949, 3) Verabschiedung einer neuen Übergangs-Verf. Von diesen Alternativen setzte sich die erste durch.

Die durch die Öffnung der ungar. Grenze für Flüchtlinge aus der Dt. Dem. Rep., das Entstehen oppositioneller Bürgerbewegungen und Massendemonstrationen, vornehmlich in Leipzig und Dresden, ausgelöste vordemokrat. Übergangsphase traf auf eine zunehmend konzeptionslos handelnde Staatsführung, deren Legitimations- und Machtverlust sehr bald sämtl. Verfassungsorgane erfaßte. Am 1. 12. 1989 wurde das Führungsmonopol der SED aus der Verf. gestrichen. Der Nationale Verteidigungsrat verschwand.

Wahlen zur Volkskammer (18. 3. 1990[1])

Partei/Wahlbündnis	%	Mandate
Christlich-Demokratische Union Deutschlands (CDU[2])	40,59	163
Sozialdemokratische Partei Deutschlands (SPD)	21,76	88
Partei des Demokratischen Sozialismus (PDS)	16,32	66
Deutsche Soziale Union (DSU[2])	6,27	25
Bund Freier Demokraten[3]	5,28	21
Bündnis 90[4]	2,90	12
Demokratische Bauernpartei Deutschlands (DBD)	2,17	9
Grüne Partei/Unabhängiger Frauenverband (UFV)	1,96	8
Demokratischer Aufbruch (DA[2])	0,93	4
National-Demokratische Partei Deutschlands (NDPD)	0,38	2
Demokratischer Frauenbund Deutschlands (DFD)	0,33	1
Aktionsbündnis Vereinigte Linke (AVL[5])	0,18	1
Andere	0,45	–

[1] Amtl. Endergebnis. – [2] Wahlbündnis Allianz für Deutschland ohne gemeinsame Liste. – [3] Wahlbündnis von Freier Demokratischer Partei (FDP), Liberal-Demokratischer Partei Deutschlands (LDP) und Deutscher Forum-Partei (DFP). – [4] Wahlbündnis von Neuem Forum, Demokratie Jetzt und Initiative für Frieden und Menschenrechte. – [5] Wahlbündnis von Die Nelken und Vereinigte Linke.

Für die nachfolgende Entwicklung war die auf Initiative der ev. Kirchen erfolgte Einberufung eines Zentralen Runden Tisches am 7. 12. 1989 von maßgebender Bedeutung, an dem je zur Hälfte Vertreter der etablierten Parteien und Massenorganisationen bzw. der überwiegend die Konzeption eines ›dritten Weges‹ der eigenständigen Dt. Dem. Rep. vertretenden oppositionellen Bürgerbewegungen beteiligt waren. Am Runden Tisch wurden bis zur Schlußsitzung am 12. 3. 1990 vornehmlich verfassungspolit. Fragen des demokrat. Übergangs und später auch die mögl. Vereinigung beider dt. Staaten erörtert; von seinen vordemokratisch legitimierten Beschlüssen ging ein zunehmender Einfluß auf die Gesetzgebung der amtierenden Volkskammer aus. In Vorbereitung der zum 18. 3. ausgeschriebenen Volkskammer- und der für den 8. 5. 1990 anberaumten Kommunalwahlen setzte nunmehr eine Gesetzgebung zur Schaffung der rechtsstaatlichdemokrat. Übergangsstrukturen ein. Zur Ausgestaltung der politisch relevanten Freiheitsrechte ergingen am 5. 2. der Medienbeschluß der Volkskammer, am 21. 2. das Vereinigungs- und das Parteiengesetz und am 7. 3. das Versammlungsgesetz. Durch Verf.-Änderung vom 20. 2. wurde die Nat. Front, in der alle Parteien unter der Führung der SED zum Blocksystem zusammengeschlossen waren, aufgehoben, die Legislaturperiode der Volkskammer von fünf auf vier Jahre verkürzt und die Anzahl ihrer Abg. von 500 auf 400 gesenkt. Die Lösung der Gewerkschaften aus ihrer Unterordnung unter die SED und die Einführung des Streikrechts wurden durch Verf.-Änderung vom 6. 3. abgesichert. Durch das Wahlgesetz vom 20. 2. wurde für die Volkskammerwahlen die reine Verhältniswahl nach dem Wahlzahlverfahren Hare-Niemeyer, ohne Sperrklausel, festgelegt. Dem Kommunalwahlgesetz vom 6. 3. lag das System der personalisierten Verhältniswahl zugrunde, das jedem Wähler drei Stimmen mit der Möglichkeit des Kumulierens und Panaschierens gab.

Die demokrat. Übergangsphase begann mit den Volkskammerwahlen vom 18. 3. 1990, aus denen die für die Wiedervereinigung eintretenden Parteien mit einem Stimmenanteil von 78 % als Sieger hervorgingen. In Anbetracht dieses Votums lehnte die Volkskammer die Befassung mit dem Entwurf einer Verf. der Dt. Dem. Rep. ab, der Anfang April von einer Arbeitsgruppe des Zentralen Runden Tisches vorgelegt worden war. In ihrer konstituierenden Sitzung am 5. 4. beschloß die Volkskammer eine Verf.-Änderung, durch die der Staatsrat abgeschafft und sein Aufgabenbereich dem Präsidium der Volkskammer übertragen wurde. Mit der Regierungsbildung wurde L. DE MAIZIÈRE beauftragt, dessen Kabinett von der Volkskammer am 12. 4. bestätigt wurde. Nach den Kommunalwahlen wurde am 17. 5. die ›Kommunalverfassung‹ verabschiedet, die auf Gemeinde- und Landkreisebene die kommunale Selbstverwaltung und eine am Modell der unechten Bürgermeisterverfassung orientierte Organisationsstruktur einführte. Für die verfassungsrechtl. Entwicklung waren die am 17. 6. verabschiedeten ›Verfassungsgrundsätze‹ von entscheidender Bedeutung, die den ›Revolutionsvorbehalt‹ insofern aktualisierten, als sie der Grundprinzipien eines ›freiheitl., demokrat., föderativen, sozialen und ökologisch orientierten Rechtsstaats‹ verbindlich proklamierten und alle Rechtsvorschriften, die auf ideolog. Blankettbegriffe mit der kommunist. Diktatur Bezug nahmen (›sozialist. Staats- und Rechtsordnung‹, ›demokrat. Zentralismus‹, ›sozialist. Gesetzlichkeit‹, ›sozialist. Rechtsbewußtsein‹), global außer Kraft setzten. Die gleichen Wertentscheidungen lagen dem ›Staatsvertrag‹ vom 18. 5. zugrunde, dem die Volkskammer am 21. 6. zustimmte. Durch ihn wurde mit Wirkung vom 1. 7. eine Währungs-, Wirtschafts- und Sozialunion zw. beiden dt. Staaten errichtet, die die Einführung des westdt. Wirtschaftsrechts in der Dt. Dem. Rep. zur Folge hatte. Die Auflösung der 14 Bezirke der Dt. Dem. Rep. und die Wiederherstellung der fünf mitteldt. Länder wurden durch das Ländereinführungsgesetz vom 22. 7. angeordnet und durch die dt. Vereinigung am 3. 10. realisiert. Die Landtagswahlen fanden am 14. 10. nach den Bestimmungen des Länderwahlgesetzes vom 22. 7. statt, dem das bei Bundestagswahlen angewandte System der personalisierten Verhältniswahl mit einer 5%-Sperrklausel zugrunde lag.

Die zum Untergang der Dt. Dem. Rep. führende dt. Vereinigung erfolgte zum 3. 10. 1990 in dem in Art. 23 Satz 2 GG vorgesehenen Beitrittsverfahren. Die Beitrittserklärung wurde von der Volkskammer am 23. 8. mit 294 Ja- und 62 Neinstimmen bei sieben Enthaltungen beschlossen. Der →Einigungsvertrag, in dem die Einzelheiten und darunter einige beitrittsbedingte Änderungen des GG geregelt wurden, wurde am 31. 8. unterzeichnet und später auf Wunsch der Dt. Dem. Rep. durch eine Ergänzungsvereinbarung vom 18. 9. komplettiert.

Deutsche Demokratische Republik: Montagsdemonstration in Leipzig im Herbst 1989

Geschichte: Der polit. Druck einer wachsenden Zahl von ausreisewilligen Bürgern der Dt. Dem. Rep. auf die Staatsführung, ihnen offiziell das Verlassen des Landes (für immer) zu gestatten, sowie die Bildung unterschiedlich orientierter Bürgerrechtsorganisationen veranlaßten die Sicherheitsorgane des Staates, v. a. das Ministerium für Staatssicherheit (MfS, kurz ›Stasi‹) und die Staatsanwaltschaft, dieser Entwicklung mit Vorladungen, Hausdurchsuchungen oder Verhaftungen entgegenzuwirken. Im Nov. 1987 wurden Mitgl. der ›Umwelt-Bibliothek‹ der Zionsgemeinde in Berlin (Ost) verhaftet, im Jan. 1988 jedoch aufgrund wachsender Proteste in anderen Städten der Dt. Dem. Rep. wieder entlassen. Im Jan. 1988 wurden Mitgl. von Bürgerrechtsgruppen (›Kirche von unten‹ und ›Initiative Frieden und Menschenrechte‹), die am Rande einer offiziellen Demonstration (zum Gedenken an die Ermordung von ROSA LUXEMBURG und K. LIEBKNECHT) ihre Staatsführung unter Berufung auf ROSA LUXEMBURG zur Beachtung der Bürgerrechte aufgefordert hatten, wegen ›landesverräter. Beziehungen‹ festgenommen, jedoch später – z. T. gegen ihren Willen – in die Bundesrepublik Deutschland abgeschoben.

Deut   Deutsche Demokratische Republik

Mit dem Rücktritt E. HONECKERS (18. 10. 1989) als GenSekr. der SED sowie als Vors. des Staatsrats und des Nat. Verteidigungsrats der DDR begann ein Prozeß der Umgestaltung, der v. a. durch die Reformbemühungen in der UdSSR unter GenSekr. M. S. GORBATSCHOW beeinflußt war. Unter dem Schutz und gesellschaftl. Beistand v. a. der ev. Kirchen verstärkte sich die Reform- und Protestbewegung, die die aktive Beteiligung der Bürger an der Gestaltung von Staat und Gesellschaft auf der Basis der Meinungsfreiheit forderte. Die massive Manipulation der Kommunalwahlen (7. 5. 1989) durch SED-gesteuerte Staatsorgane sowie die wachsende Fluchtbewegung von Bürgern der Dt. Dem. Rep. über die Ständige Vertretung in Berlin (Ost) und die Botschaften der Bundesrep. Dtl. in Budapest, Prag und Warschau (seit Sept. 1989) lösten zunächst bes. in Leipzig Demonstrationen aus (›Montagsdemonstrationen‹). Als Motor und Kristallisationskern der Protestbewegung trat v. a. das ›Neue Forum‹ hervor, später kamen andere Vereinigungen hinzu (z. B. der ›Demokrat. Aufbruch‹). Mit brutalen Einsätzen und Verhaftungen (›Zuführungen‹) suchten Polizei und Stasi, v. a. anläßlich der Feiern zum 40. Jahrestag der Dt. Dem. Rep. (7. 10. 1989), die Bürgerrechtsbewegung zu unterdrücken. Nach der Wahl von E. KRENZ zum GenSekr. der SED (18. 10.) sowie zum Vors. des Staatsrates und Nationalen Sicherheitsrates (24. 10.) nahmen die Demonstrationen in Leipzig und Berlin (Ost) Massencharakter an. Ziele der Menschen waren v. a. Reisefreiheit, freie Wahlen, Aufgabe des Machtmonopols der SED und Auflösung der Stasi. Unter dem Druck der Massendemonstrationen, der anhaltenden Fluchtbewegung von Bürgern (über die vorgenannten Botschaften) in die Bundesrep. Dtl. und des Scheiterns eines Reisegesetzes öffnete die Partei- und Staatsführung der Dt. Dem. Rep. am 9. 11. die Grenzen zur Bundesrep. Dtl. und Berlin (West); es kam zu einem Massenbesuch von Bürgern der Dt. Dem. Rep. in Berlin (West) und den grenznahen Städten der Bundesrep. Dtl.; neue Grenzübergänge wurden geschaffen. Bis Ende Febr. 1990 kamen in die Bundesrep. Dtl. rd. 482 000 Übersiedler.

Deutsche Demokratische Republik: Konferenz des im Dezember 1989 konstituierten ›Runden Tischs‹, an dem Vertreter der Parteien, der Kirche und der Bürgerrechtsbewegungen teilnahmen

Am 13. 11. 1989 wählte die Volkskammer H. MODROW (SED) zum Nachfolger W. STOPHS als Vors. des Ministerrates (MinPräs.); er leitete eine Regierungskoalition aus der SED und den bisherigen ›Blockparteien‹ (CDUD, LDPD, NDPD und DBP), die sich jedoch zunehmend aus der polit. und organisator. Abhängigkeit von der SED lösten. In seiner Regierungspolitik zielte MODROW zunächst darauf ab, im Rahmen einer engen ›Vertragsgemeinschaft‹ mit der Bundesrep. Dtl. v. a. eine Reform der Wirtschaftsstruktur der Dt. Dem. Rep. zu verwirklichen.

Am 1. 12. 1989 strich die Volkskammer die Festschreibung der führenden Rolle der SED aus der Verfassung. Unter der Last weitreichender Vorwürfe der Korruption und des Amtsmißbrauchs gegen frühere Spitzenfunktionäre der SED (HONECKER, STOPH, G. MITTAG, E. MIELKE, H. TISCH u. a.) trat am 3. 12. das gesamte ZK und das seit dem 18. 10. mehrfach umgebildete Politbüro zurück (damit auch KRENZ als GenSekr.). Auf einem Sonderparteitag zw. dem 9. und 17. 12. gab sich die SED ein neues Statut (Wahl G. GYSIS zum Partei-Vors.) und suchte sich programmatisch neu zu profilieren; sie nannte sich seitdem SED-PDS, seit Febr. 1990 nur noch PDS (Abk. für ›Partei des Demokrat. Sozialismus‹).

Auf der staatl. Ebene trat KRENZ am 6. 12. auch als Vors. des Staatsrates und des Nationalen Sicherheitsrates zurück; amtierender Staatsrats-Vors. wurde M. GERLACH (LDPD bzw. LDP); der Nat. Verteidigungsrat wurde aufgelöst. Zur Kontrolle der Reg. Modrow konstituierte sich am ›Runder Tisch‹, an dem neben Vertretern der SED und der bisherigen Blockparteien wichtige Organisationen sowie Oppositionsgruppen (Neues Forum, Demokrat. Aufbruch, Demokratie Jetzt, Sozialdemokrat. Partei, Initiative Frieden und Menschenrechte) unter der Gesprächsleitung von Vertretern des Bundes der Ev. Kirchen in der DDR teilnahmen. Dieses Gremium setzte für den 6. 5. 1990 Volkskammerwahlen an (später vorgezogen auf den 18. 3.). Am 19. 12. 1989 trafen sich in Dresden Min.-Präs. MODROW und Bundeskanzler H. KOHL zu Besprechungen über die Ausgestaltung der dt.-dt. Beziehungen. Während MODROW zu diesem Zeitpunkt noch von der Unabhängigkeit beider Staaten auch für die Zukunft ausging, machte KOHL seinen Zehnpunkteplan (28. 11. 1989) zur Grundlage seiner Verhandlungsführung, der sich längerfristig die staatl. Einheit Dtl.s zum Ziel setzte. Beide vereinbarten – unter der Voraussetzung freier, geheimer und gleicher Wahlen in der Dt. Dem. Rep. – eine umfassende wirtschaftl. Zusammenarbeit zw. beiden Staaten, visafreien Reiseverkehr ohne Zwangsumtausch zum 24. 12. von West nach Ost und die Eröffnung eines Grenzübergangs am Brandenburger Tor zum 22. 12. 1989. Im Zuge einer in der Bev. der Dt. Dem. Rep. sich ständig steigernden Forderung nach Schaffung eines einheitlichen dt. Staates trat im Jan./Febr. 1990 die Notwendigkeit einer Wirtschaftsreform (Übernahme marktwirtschaftl. Grundsätze) und einer Währungsunion (Einführung der D-Mark in der Dt. Dem. Rep.) als Voraussetzung der staatl. Einheit Dtl.s in den Vordergrund. In enger Verknüpfung mit den Problemen der Neuorganisation von Wirtschaft und Währung stand die Notwendigkeit einer sozialen Absicherung der Menschen gegenüber den Folgen der gesellschaftl. Neuordnung in der Dt. Dem. Rep. (z. B. Sicherung der Renten und Spartguthaben). Diese Probleme bestimmten immer stärker die dt.-dt. Gespräche, z. B. beim Besuch MODROWS in Bonn (13./14. 2. 1990; Forderung nach einem Solidarbeitrag der Bundesrep. Dtl. von 15 Mrd. DM). Im März 1990 begannen die Verhandlungen der beiden dt. Staaten und der vier Siegermächte des Zweiten Weltkriegs über die Modalitäten des Einigungsprozesses und seine internat., bes. europ. Einbettung. Am 18. 3. 1990 fanden in der Dt. Dem. Rep. die ersten freien Wahlen ihrer Geschichte statt, aus denen die CDU im Rahmen der ›Allianz für Dtl.‹ (mit DSU und DA) als Gewinner hervorging. Im Wahlkampf waren die Parteien der AfD, die SPD und die Liberalen von Politikern der Bundesrep. Dtl. unterstützt worden.

Am 12. 4. 1990 wählte die Volkskammer L. DE MAIZIÈRE (CDU) zum MinPräs. an der Spitze einer großen Koalition (AfD, SPD und Liberale).

Am 6. 5. 1990 fanden (erstmals) auf dem Gebiet der Dt. Dem. Rep. Kommunalwahlen nach den Prinzipien der freien und geheimen Wahl statt. Seit ihrem Amtsantritt schlug die Reg. unter DE MAIZIÈRE einen polit. Kurs ein, der sich als Endziel die Vereinigung der Dt. Dem. Rep. mit der Bundesrep. Dtl. (nach Art. 23 GG der Bundesrep. Dtl.) setzte. Am 21. 6. 1990 verabschiedete die Volkskammer den dt.-dt. Staatsvertrag über die Wirtschafts-, Währungs- und Sozialunion (am 1. 7. 1990 in Kraft getreten). Mit dem Ländereinführungs-Ges. (22. 7. 1990) wurden – in modifizierter Form – die bis 1952 bestehenden Länder Brandenburg, Mecklenburg (jetzt Mecklenburg-Vorpommern), Sachsen, Sachsen-Anhalt und Thüringen wiedererrichtet und die Landtagswahlen auf den 14. 10. 1990 festgesetzt. Am 23. 8. 1990 beschloß die Volkskammer den Beitritt der Dt. Dem. Rep. zum GG der Bundesrep. Dtl. zum 3. 10. 1990. Am 31. 8. 1990 unterzeichneten die Reg. der Bundesrep. Dtl. (Bundesinnen-Min. W. SCHÄUBLE) und der Dt. Dem. Rep. (Staatssekretär G. KRAUSE) den Einigungsvertrag, der am 20. 9. 1990 von der Volkskammer verabschiedet wurde. Am 3. 10. 1990 erfolgte der Beitritt der Dt. Dem. Rep. zur Bundesrep. Dtl. (→deutsche Einheit, →Deutschland).

deutsche Einheit, der Prozeß der äußeren Vereinigung der beiden dt. Staaten und des inneren Zusammenwachsens der Deutschen.

Rechtsfragen der deutschen Einheit aus der Sicht der Bundesrepublik Deutschland und der Westmächte

In ihrer Gründungsphase sah sich die Bundesrep. Dtl. vor die Aufgabe gestellt, die gesetzl. Grundlage für eine polit. Ordnung zu schaffen, die aufgrund der Nachkriegsbedingungen in Dtl. lediglich für einen Teil des Territoriums des Dt. Reiches, das Gebiet der Westzonen, gelten konnte. Zugleich gingen die Verfassungsgeber bei den Beratungen zur Konzeption des Grundgesetzes (GG) davon aus, daß das gesamtdt. Staatsvolk und die gesamtdt. Staatsgewalt innerhalb des Staatsgebietes des Dt. Reiches – nach dem Stand vom 31. 12. 1937 – fortbestehen. ›Deutschland‹ (das Dt. Reich) war als Staats- und Völkerrechtssubjekt trotz Kapitulation und dt. Teilung nach dem Staats- und Verfassungsrecht der Bundesrep. Dtl. nicht untergegangen. Als Gesamtstaat blieb Dtl. jedoch handlungsunfähig, da durch die sowjet. Besatzungspolitik und die Gründung der sozialistischen Dt. Dem. Rep. einem großen Teil des dt. Volkes die Ausübung des freien Selbstbestimmungsrechts versagt blieb. Das GG als Verf. der Bundesrep. Dtl. wurde aus diesem Grunde bewußt als Provisorium konzipiert und das Ziel der Wiedervereinigung der Deutschen in Freiheit zur verfassungsmäßigen Staatszielbestimmung erhoben. Das Bundesverfassungsgericht hat in seiner Rechtsprechung – umfassend in seinem Urteil zum Grundlagenvertrag vom 31. 7. 1973 – die deutschlandpolit. Positionen des GG konkretisiert und die Verfassungsorgane der Bundesrep. Dtl. darauf verpflichtet, das Ziel der staatl. Einheit zu verfolgen.

Bei ihren deutschlandrechtl. Überlegungen konnten sich die Verfassungsgeber, abgesehen von staats- und völkerrechtl. Grundsätzen, auf Vereinbarungen der vier Siegermächte des Zweiten Weltkriegs (USA, Großbritannien, Frankreich, UdSSR) stützen, grundlegend auf die Berliner Erklärung vom 5. 6. 1945 und das Potsdamer Abkommen. Daraus geht hervor, daß die Siegermächte von einer Fortexistenz des Staates ›Deutschland als Ganzes‹ ausgingen und sich bis zu einer friedensvertragl. Regelung Rechte und Entscheidungen in bezug auf Gesamt-Dtl. vorbehielten. Der auf diesen Rechten begründete Viermächtestatus wurde durch Verträge zw. den Siegermächten, zw. diesen und den beiden dt. Staaten sowie zw. der Bundesrep. Dtl. und der Dt. Dem. Rep. – bis zur Unterzeichnung des Zwei-plus-Vier-Vertrags am 12. 9. 1990 – ausdrücklich nicht berührt. In Art. 7 des Deutschlandvertrags vom 26. 5. 1952 erklärten die Bundesregierung und die drei Westmächte die Wiedervereinigung Dtl.s in Freiheit und eine ›zw. Dtl. und seinen ehem. Gegnern frei vereinbarte friedensvertragl. Regelung für ganz Dtl.‹ zum gemeinsamen Ziel und bekräftigten, ›daß die endgültige Festlegung der Grenzen Dtl.s bis zu dieser Regelung aufgeschoben werden muß‹. Im Harmelbericht von 1967 bekundeten die Mitgl. der NATO, daß eine ›endgültige und stabile Regelung in Europa‹ ohne eine ›Lösung der Deutschlandfrage‹ – durch Aufhebung der Teilung Europas – nicht möglich ist.

Rechtsfragen der deutschen Einheit aus der Sicht der Deutschen Demokratischen Republik und der UdSSR

Während die verfassungsrechtl. Positionen der Bundesrep. Dtl. zur dt. Frage seit ihrer Gründung konstant blieben, erfolgten in der Dt. Dem. Rep. mehrere verfassungsrechtl. Positionswechsel. Die erste Verfassung der Dt. Dem. Rep. beanspruchte gesamtdt. Geltung und erweckte den Anschein, als ob sich das gesamte dt. Volk in allen Besatzungszonen diese Verfassung gegeben hätte. Die d. E. bestand danach weiterhin fort, Wiedervereinigung war keine Aufgabe. Die Dt. Dem. Rep. sah sich in ihrer Gründungsphase identisch mit dem 1945 nicht untergegangenen dt. Staat. Sie faßte ihre eigene Staatsordnung als Kern des wieder zu organisierenden dt. Staates auf.

Eine Neuorientierung erfolgte ab Mitte der 50er Jahre. Die Dt. Dem. Rep. ging nunmehr von der Existenz zweier dt. Staaten aus und bezeichnete sie als Nachfolger des – nach ihrer eigenen Rechtsauffassung – untergegangenen Dt. Reiches. Ende der 50er Jahre hob die Führung der Dt. Dem. Rep. die dt. Frage auf die völkerrechtl. Ebene und sah die Möglichkeit einer Aufhebung der dt. Teilung ausschließlich in der Bildung einer völkerrechtl. Staatenverbindung, in einer Konföderation beider dt. Staaten. Diesem Selbstverständnis entsprach es, als 1967 im Staatsbürgerschaftsgesetz eine eigene Staatsbürgerschaft der Dt. Dem. Rep. festgestellt wurde. 1968 wurde die Verfassung der Dt. Dem. Rep. von 1949 abgelöst: ›Die Dt. Dem. Rep. und ihre Bürger erstreben ... die Überwindung der vom Imperialismus der dt. Nation aufgezwungenen Spaltung Dtl.s, die schrittweise Annäherung der beiden dt. Staaten bis zu ihrer Vereinigung auf der Grundlage der Demokratie und des Sozialismus.‹

Im Zuge der Verfassungsänderung vom 7. 10. 1974 wurden alle gesamtdt. Bezüge und Hinweise auf die dt. Nation aus Präambel und Text gestrichen. Es hieß nunmehr: ›Die Dt. Dem. Rep. ist ein sozialist. Staat der Arbeiter und Bauern.‹ Bereits Anfang der 70er Jahre wurde von der SED der Versuch unternommen, der Zweistaatentheorie eine Zweivölkertheorie zur Seite zu stellen, der zufolge es zwei Staatsvölker in den beiden dt. Staaten gebe. Diese Auffassung unterstrich die schon zu früheren Zeitpunkten geäußerte Position der SED, die Zukunft der dt. Frage als rein völkerrechtl. Angelegenheit zu betrachten. Im Ggs. zur Position der Bun-

Schlüsselbegriff

Deut   deutsche Einheit

desrep. Dtl. und im Widerspruch zum Wortlaut des Grundlagenvertrags bezeichnete die DDR-Führung diesen als ›definitive völkerrechtl. Regelung der Beziehungen zw. zwei souveränen Staaten‹ (E. HONECKER).

Während die Dt. Dem. Rep. bei der UdSSR und den anderen sozialist. Verbündeten hinsichtlich der Zweistaatentheorie schon lange vor dem Grundlagenvertrag Unterstützung fand, ging die UdSSR nie davon ab, die Dt. Dem. Rep. zugleich auf ihre Teilhabe an der Viermächteverantwortung über Dtl. hinzuweisen. In allen wichtigen Abkommen mit der Dt. Dem. Rep. hat die UdSSR ihre aus den Vereinbarungen mit den drei Westmächten resultierenden Rechtspositionen beibehalten. Der Versuch der Führung der Dt. Dem. Rep., gesamtdt. Rechtsbezüge zu leugnen, ist von der UdSSR völkerrechtlich nie sanktioniert worden.

Westbindung und Wiedervereinigung: Die Deutschlandpolitik der Bundesrepublik Deutschland 1949-1966

Die Deutschlandpolitik der Bundesregierungen gründete sich seit 1949 auf das Selbstbestimmungsrecht des dt. Volkes und das Präambel-Gebot des GG, die Einheit und Freiheit Dtl.s zu vollenden. Dazu gehörte in strikter Einhaltung und voller Anwendung des Viermächteabkommens über Berlin die Konsolidierung und Entwicklung der Bindungen (West-)Berlins an den Bund und die Wahrnehmung der Außenvertretung (West-)Berlins. Erstmals konnten die Berliner Abgeordneten am 21. 6. 1990 ihr volles Stimmrecht ausüben. Die drei Westalliierten hatten zuvor die Vorbehalte gegen das Stimmrecht formell aufgehoben.

Für die Reg. Adenauer ergaben sich mehrere prakt. Aufgaben der Deutschlandpolitik: die westl. Alliierten auf das Ziel der Wiedervereinigung zu verpflichten, die vier Siegermächte unter keinen Umständen aus ihrer Verantwortung für Dtl. als Ganzes zu entlassen, jegl. Sanktionen des Status quo zur Verhinderung der Teilung zu verhindern, keine Lösung zuzulassen, die nicht letztlich die freie Zustimmung des dt. Volkes fand. Das Ziel der Freiheit rangierte vor dem der Einheit. In den deutschlandpolit. Debatten ging es inhaltlich in den 50er Jahren zunächst um die kontrovers diskutierte Frage von Westbindung und Integration, Westbindung als Wertbindung. Die Westintegration gehörte zur Maxime der Adenauerschen Politik. Nur die solidar. Einbindung der Deutschen in eine europ. Gemeinschaft konnte das Vertrauen zurückgewinnen. Die Bundesrepublik Deutschland wurde eingebettet in europäisch-atlant. Bündnissysteme. Die Westverankerung war eine Absage an eine Schaukelpolitik zw. West und Ost. Der normative Kern der Westbindung – eine neue geistig-polit. Standortverankerung – ging jedoch noch über diese politisch-strateg. Überlegungen hinaus.

Die Bundesregierung unter K. ADENAUER verfolgte gegenüber der Dt. Dem. Rep. eine ›Politik der Stärke‹. Ferner erhob sie einen Alleinvertretungsanspruch für ganz Deutschland. Die Dt. Dem. Rep. wurde als Staat nicht anerkannt. Außenpolitisch wurde diese Position durch die Hallsteindoktrin untermauert. Ende der 50er Jahre zeigte sich, daß die ›Politik der Stärke‹ eine Stagnation in der Deutschlandpolitik bewirkt hatte. Nach dem Bau der Mauer 1961 gewann in der deutschlandpolitischen Strategiediskussion zunehmend die Auffassung Zuspruch, daß eine Intensivierung der innerdeutschen Kontakte dem nationalen Zusammenhalt dienlicher sei als eine Politik der Nichtanerkennung.

Statusfragen und Aussöhnung: Deutschlandpolitik der Bundesrepublik Deutschland 1966-1982

Ende der 60er und Anfang der 70er Jahre markierten das Statusthema – Anerkennung der Dt. Dem. Rep. und Vertragsabschlüsse – sowie die Verständigung mit dem Osten die Argumentationsschwerpunkte der dt. Frage. Auf der Grundlage des Status quo versuchte die Bundesregierung der großen Koalition ab Ende 1966, in bilateralen Abkommen mit den Staaten des Ostblocks das Prinzip des gegenseitigen Gewaltverzichts zu verankern, ohne dabei die Oder-Neiße-Linie anzuerkennen. An dem Alleinvertretungsanspruch und der Politik der Nichtanerkennung der Dt. Dem. Rep. hielt auch die Reg. Kiesinger/Brandt fest. Zugleich versuchte sie, menschl. Erleichterungen im gespaltenen Dtl. zu erreichen.

Mitte der 60er Jahre wurden in der öffentl. Diskussion die offiziellen Positionen der Deutschlandpolitik zunehmend in Frage gestellt. Aus dem Wunsch heraus, die Stagnation in den dt.-dt. Beziehungen zu überwinden, wurde vermehrt die Anerkennung der Dt. Dem. Rep. gefordert. In den Vordergrund rückten nun das Statusrecht, Annäherungsbemühungen und die Aussöhnung mit dem Osten. Vor dem Hintergrund der neuen Entspannung in den Ost-West-Beziehungen verfolgte die sozialliberale Koalition seit 1969 ihre Ost- und Deutschlandpolitik. Im Zentrum stand dabei die Bereitschaft, die Existenz der Dt. Dem. Rep. als zweiten dt. Staat anzuerkennen. Der 1972 unterzeichnete Vertrag über die Grundlagen der Beziehungen zw. beiden dt. Staaten (Grundlagenvertrag) markierte einen tiefgreifenden Einschnitt: Der Alleinvertretungsanspruch der Bundesrep. Dtl. wurde aufgegeben, an seine Stelle rückte das Prinzip der Gleichberechtigung zw. beiden Staaten, verbunden mit dem Ziel, normale, gutnachbarl. Beziehungen zu entwickeln.

Freiheit und Menschenrechte: Die Deutschlandpolitik der Bundesrepublik Deutschland 1982-1989

Die Regierung unter der Kanzlerschaft H. KOHLS hat seit 1982 diese Deutschlandpolitik modifiziert fortgeführt. V. a. wurde die innerdt. Vertragspolitik intensiviert mit dem Ziel, die menschl. Kontakte zw. den beiden dt. Staaten zu erleichtern. Dazu gehörten Verbesserungen im Reiseverkehr, bei grenznahen Besuchsmöglichkeiten, Städtepartnerschaften und Sportbegegnungen sowie der Ausbau der kulturellen Beziehungen auf der Grundlage des Kulturabkommens. Diese Politik wurde flankiert durch Verweise auf die Rechtspositionen, die von einer formellen Offenheit der Zukunft Dtl.s als Ganzes ausgingen. Zugleich verfocht die Regierung das Konzept einer europ. Einordnung der dt. Frage. Die westeurop. Einigung wurde als bedingungsloser Teilschritt zur Vereinigung Dtl.s erachtet. Die Weiterentwicklung der Vertragspolitik und vertrauensbildende Maßnahmen wie die im Juni 1983 gewährte Bürgschaft für einen Milliardenkredit waren nur möglich, weil die Reg. Kohl unmißverständlich den normativen Kern des Dissenses zw. beiden Staaten betonte: Freiheit hier und Unfreiheit dort; Verwirklichung der Menschenrechte im Westen und fehlende Durchsetzung der Menschenrechte in der Dt. Dem. Republik.

Vor dem Hintergrund der sowjet. Reformpolitik seit Mitte der 80er Jahre unter M. S. GORBATSCHOW erweiterte sich der Handlungsspielraum in den dt.-dt. Beziehungen. Am 7. 9. 1987 besuchte

HONECKER die Bundesrep. Dtl. Dieser auf Einladung von Bundeskanzler HELMUT SCHMIDT geplante Gegenbesuch war 1984 am Widerspruch der sowjet. Führung gescheitert. Bundeskanzler KOHL betonte im Rahmen des Besuchs die fortbestehenden Auffassungsunterschiede beider Staaten. Zugleich wiederholte er jedoch die Bereitschaft der Bundesregierung zu pragmat. Verhandlungen mit der Dt. Dem. Rep. Im Zusammenhang mit dem Honecker-Besuch wurden die dt.-dt. Beziehungen weiter ausgebaut: Es konnten Abkommen über Umweltschutz und über die Ausweitung der wissenschaftlich-techn. Zusammenarbeit werden, und der innerdt. Reiseverkehr intensivierte sich.

Im Bereich der polit. Kultur zeigten sich seit Abschluß des Grundlagenvertrags von 1972 in den 70er Jahren und vehement seit Beginn der 80er Jahre politisch-kulturelle Akzentverschiebungen der dt. Frage in der Bundesrep. Dtl. Anerkennung und Selbstanerkennung, statusrechtl. Probleme, Fragen des Systemgegensatzes wandelten sich zu Selbstverständnisdebatten und Identitätsfragen. Es ging um das Verhältnis der Bundesrep. Dtl. zu sich selbst und die dt. Rolle in der internat. Politik; die Frage nach der Ost-West-Koordination der Bundesrep. zw. Westbindung, Ostverbindung und Mittellage tauchte auf; Traditionslinien dt. Standorte wurden mit der Identitätssuche aktiviert. Die sich dabei mit vermischenden kultur- und zivilisationskrit. Strömungen waren jedoch weniger Ausdruck des Unbehagens an der Nation als an der Verfaßtheit der westdt. Gesellschaft. Die dt. Frage wurde so seit Mitte der 70er Jahre stärker als vorher unter Bezugnahme auf subjektive Lebensformen, Werte, Bedürfnisse, Identitätsansprüche formuliert. Sie wurde zunehmend als Thema der polit. Kultur diskutiert. Auch in der Dt. Dem. Rep. gab es fast zeitgleich das Bemühen, das sozialist. Vaterland nicht nur mit gesellschaftspolitisch-ideolog., sondern auch mit geschichtl. Inhalt auszufüllen. Das Konzept der Herausbildung der sozialist. Nation in der Dt. Dem. Rep., durch die die dt. Frage endgültig beantwortet sei, wandelte sich.

›Zwei deutsche Nationen‹:
Die Deutschlandpolitik der Deutschen Demokratischen Republik 1949–1989

In ihrer Gründungsphase hat die Dt. Dem. Rep. ausdrücklich gesamtdt. Anspruch erhoben. Die Bundesrep. Dtl. wurde als westdt. Separatstaat bezeichnet. Fernziel war die Ausdehnung des Systems der Dt. Dem. Rep. auf das gesamte Dtl. In diesem Sinne erfolgte eine aktive Politik, die mit dem Anspruch auf Wiedervereinigung verbunden war. Doch waren weder die Führung der Dt. Dem. Rep. noch die UdSSR bereit, die ›sozialist. Errungenschaften‹ dafür preiszugeben.

1950 schlug die Dt. Dem. Rep. einen ›Gesamtdt. Konstituierenden Rat‹ vor, der paritätisch besetzt werden sollte und der Dt. Dem. Rep. somit ein überproportionales Gewicht verschafft hätte. Freie Wahlen hingegen betrachtete die Führung der Dt. Dem. Rep. nachrangig. Der seit 1952 betriebene ›planmäßige Aufbau des Sozialismus‹ wurde von einer deutschlandpolit. Propaganda begleitet, die sich direkt an die Bev. der Bundesrep. wandte – unter dem Motto ›Deutsche an einen Tisch‹. Ende 1956 schlug W. ULBRICHT ›im Interesse der Wiedervereinigung‹ eine Konföderation zw. beiden dt. Staaten vor – als sozialist. Staatenbund. Anfang der 60er Jahre – verstärkt nach dem Bau der Mauer – sah die Führung der Dt. Dem. Rep. demgegenüber nur noch eine sehr langfristige Perspektive für eine Wiedervereinigung. Das Ziel friedl. ›Koexistenz zw. der sozialistischen Dt. Dem. Rep. und dem kapitalist. Dtl.‹ rückte nunmehr in den Vordergrund.

Im Grundlagenvertrag zw. beiden dt. Staaten vom 21. 12. 1972 konnte sich die Dt. Dem. Rep. mit ihrem Anspruch nicht durchsetzen, als souveräner Staat völkerrechtlich anerkannt zu werden. Ihre Regierung versuchte fortan, gesamtdt. Bezüge kategorisch zu negieren. In der Verfassung von 1974 fand sich kein Hinweis mehr darauf. Die Regierung der Dt. Dem. Rep. sprach von ›zwei dt. Nationen‹, bei denen sich die ›histor. Tendenz der Abgrenzung‹ durchgesetzt habe. Offiziell wurde die Bundesrep. Dtl. als ›imperialist. Ausland‹ bezeichnet. Vorrangige polit. Forderung der Dt. Dem. Rep. gegenüber der Bundesrep. Dtl. blieb bis zum Ende der Ära Honecker die völkerrechtl. Anerkennung durch den westdt. Staat.

Politik unter Zeitdruck:
Der innenpolitische Weg zur deutschen Einheit 1989–1990

Die Ursachen des Umbruchs in der Dt. Dem. Rep. sind vielschichtig. Die Unzufriedenheit der Menschen mit den Auswirkungen des alltägl. Sozialismus, die wirtschaftlich desolate Situation, der Protest gegen weitere Beschränkungen der Reisefreiheit und der Menschenrechte gehörten zu den entscheidenden Auslösern des Umbruchs. Ohne die von GORBATSCHOW in der UdSSR und dem gesamten Ostblock eingeleiteten Reformen wäre die Gesamtentwicklung nicht möglich gewesen. Als Katalysatoren der revolutionsähnlich verlaufenden Wende in der Dt. Dem. Rep. sind die Öffnung der ungarisch-österr. Grenze am 11. 9. 1989 und die Massenflucht von Tausenden von Bürgern der Dt. Dem. Rep. einzuordnen. Der Massenflucht folgte der Massenprotest: die Montagsdemonstrationen bes. in Leipzig, Dresden und Berlin (Ost). Mit dem Fall der Mauer am 9. 11. 1989 war der Weg zur staatl. Einheit unumkehrbar. Die tägl. Übersiedlerzahlen und das große Wohlstandsgefälle zw. West- und Ost-Dtl. ließen zu einer schnellen Vereinigung keine Alternative, wollte man nicht dt.-dt. Grenzkontrollen aufrechterhalten. Es gab zwei Ziele innerhalb des Massenprotests, die phasenverschoben nacheinander folgten: Zunächst sollte das SED-Regime gestürzt werden (›Wir sind das Volk!‹); dann, als der Sog der Bundesrep. Dtl. sich vergrößerte und die Destabilisierung der Dt. Dem. Rep. täglich zunahm, wurde daraus ›Wir sind ein Volk!‹.

Die nach der ersten freien Volkskammerwahl in der Dt. Dem. Rep. vom 18. 3. 1990 konstituierte Koalitionsregierung unter der Führung von Min.-Präs. L. DE MAIZIÈRE hatte das Ziel, wieder einen föderativen Staatsaufbau zu schaffen und die Vereinigung nach Verhandlungen mit der Bundesrep. auf der Grundlage des Art. 23 GG, der anderen Teilen Dtl.s den Beitritt ermöglicht, konkret vorzubereiten. DE MAIZIÈRE bestand darauf, Rechte und Ansprüche der Bürger der Dt. Dem. Rep. im vereinten Dtl. durch verbindl. Festschreibungen zu sichern. Die Schaffung einer Währungs-, Wirtschafts- und Sozialunion (Staatsvertrag vom 18. 5. 1990) schuf die Voraussetzungen für die Übernahme des Prinzips der sozialen Marktwirtschaft. Dieser Staatsvertrag war die Vorstufe zur Vereinigung und trat am 1. 7. 1990 in Kraft. Der Wahlvertrag vom 3. 8. 1990 versuchte die Formen der polit. Legitimation in beiden dt. Staaten aufeinander zu beziehen. Das Bundesverfassungsgericht verhinderte die Festschreibung einer einheitl. Fünfprozentklausel für das gesamte Wahlgebiet. Auf der Grundlage dieses Wahlvertrags erklärte schließlich die Volkskammer der Dt. Dem. Rep. am 23. 8. 1990 ihren Beitritt zum

Geltungsbereich des GG nach Art. 23 GG mit Wirkung zum 3. 10. 1990. Doch die Volkskammer formulierte gleichzeitig Vorbehalte: Zunächst mußten die Verhandlungen zum Einigungsvertrag abgeschlossen und die außenpolit. Fragen geklärt sein. Die rechtl. Grundlagen für die Vereinigung wurden im Vertrag zw. der Bundesrep. Dtl. und der Dt. Dem. Rep. über die Herstellung der Einheit Dtl.s vom 31. 8. 1990 gelegt (→Einigungsvertrag).

Einbindung der Siegermächte: Der außenpolitische Weg zur deutschen Einheit 1989–1990

Nach der deutschlandpolit. Wende am 9. 11. 1989 mußten auch die Vier Mächte zu den Ereignissen Stellung beziehen. US-Außenminister J. BAKER erklärte, daß die Deutschen in West und Ost selbst über ihre Einheit zu entscheiden hätten, doch müsse ein vereinigtes Dtl. der NATO und der EG angehören. GORBATSCHOW und F. MITTERRAND warnten auf einem Treffen Anfang Dez. 1989 in Kiew vor dt. Alleingängen in der Frage der künftigen Beziehungen beider dt. Staaten. Das Gleichgewicht und die histor. Bedingungen müßten berücksichtigt werden. Die UdSSR beharrte zunächst auf der Neutralität des vereinten Dtl., Polen bestand auf einer formellen Anerkennung der poln. Westgrenze.

An diesen Positionen orientierte die Bundesregierung ihre diplomat. Initiativen. Am 14. 2. 1990 bereits waren in Ottawa die Außenminister der Bundesrep. Dtl. und der Dt. Dem. Rep. sowie der Vier Mächte zusammengekommen. Dabei vereinbarten sie die Abhaltung von Konferenzen nach der Formel ›Zwei-plus-Vier‹, um die äußeren Aspekte der Herstellung der d. E. einschließlich der Fragen der Sicherheit der Nachbarn zu besprechen. Beim ersten ›Zwei-plus-Vier‹-Treffen am 5. 5. 1990 verständigten sich die Konferenzteilnehmer, den Einigungsprozeß zügig und ohne Zeitverlust auf den Weg zu bringen. Übereinstimmung herrschte über das Recht der Deutschen, eigenständig über ihre Vereinigung zu entscheiden, und darüber, daß die poln. Westgrenze in völkerrechtlich verbindl. Form anzuerkennen sei. Die Debatte um die künftige bündnispolit. Einordnung Gesamt-Dtl.s blieb zunächst ohne Ergebnis. Weitere bilaterale und internat. Gespräche folgten. Der entscheidende Durchbruch wurde bei dem Besuch KOHLS in der UdSSR, am 16. 7. 1990, erzielt: Dtl. sollte nach seiner Einigung die volle Souveränität erhalten und hätte das Recht, frei über seine Bündniszugehörigkeit zu entscheiden.

Mit dieser Vereinbarung gab die UdSSR ihren bisherigen Widerstand gegen die NATO-Mitgliedschaft Dtl.s auf, die außenpolit. Probleme der Wiedervereinigung waren damit gelöst. Die Regierungen der Westmächte hatten zuvor bereits versichert, daß sie einem Vertrag unter der Bedingung der NATO-Zugehörigkeit Dtl.s zustimmen würden. Am 12. 9. 1990 unterzeichneten die Reg.-Vertreter der ›Zwei-plus-Vier‹-Runde den ›Vertrag über die abschließende Regelung in bezug auf Dtl.‹ (▷ Zwei-plus-Vier-Vertrag). Mit der Aussetzung ihrer Sonderrechte zum Zeitpunkt der staatl. Wiedervereinigung der Deutschen, dem 3. 10. 1990, trat der Vertrag noch vor der Ratifizierung durch die einzelnen Parlamente der Vier Mächte in Kraft.

Die Frage der inneren Einheit seit 1990

Nie zuvor in der Geschichte sind zwei so gegensätzliche polit. Systeme wie die der beiden dt. Staaten nach vier Jahrzehnten der Trennung in so kurzer Zeit miteinander verbunden worden. Niemand in Politik, Wirtschaft und Gesellschaft war auf die Wiedervereinigung vorbereitet; eine Transformationstheorie hatte die Wiss. nicht zu bieten. Wirtschaftlich stand die Dt. Dem. Rep. im Herbst 1989 am Rand des Zusammenbruchs. Bes. deshalb erwies sich auch die Diskussion um einen langsamen Vereinigungsprozeß als theoret. Auseinandersetzung. Das Tempo der Vereinigung wurde nicht von polit. Planern und wiss. Beiräten bestimmt, sondern von der ostdt. Bev. selbst (›Kommt die D-Mark, bleiben wir, kommt sie nicht, geh'n wir zu ihr‹). Mit dem rasanten Vereinigungstempo wurden, beginnend mit der Währungs-, Wirtschafts- und Sozialunion am 1. 7. 1990, einige wirtschaftl. Risiken in Kauf genommen: Schlagartig waren die ostdt. Betriebe dem internat. Wettbewerb ausgesetzt, die traditionellen Absatzmärkte im Osten brachen weg, die Währungsunion war mit einer Aufwertung von 400 % verbunden. Zur wirtschaftl. ›Schocktherapie‹ zählt auch die Privatisierungspolitik der Treuhandanstalt. Die Folgen waren v. a. der Zusammenbruch der Industrieproduktion und Massenarbeitslosigkeit. Der rasante Anstieg der Löhne und Gehälter (im Jahresdurchschnitt 1991–95 um 50 %) verschärfte die Situation am Arbeitsmarkt.

Die am 3. 10. 1990 vollendete d. E. wurde oft als (mögliche) schnelle Angleichung der Lebensverhältnisse interpretiert. Die Bundesregierung weckte zudem in Analogie zum westdt. ›Wirtschaftswunder‹ nach 1949 die fatale Erwartung, in den neuen Bundesländern ließen sich innerhalb weniger Jahre ›blühende Landschaften‹ schaffen. Auch die Finanzierung der d. E. wurde als wenig problematisch angesehen. Tatsächlich sind im Zeitraum 1991–95 rd. 980 Mrd. DM in die neuen Bundesländer transferiert worden (darunter 249 Mrd. DM für die Wirtschaft, 213 Mrd. DM für den Arbeitsmarkt, 139 Mrd. DM für Soziales und 109 Mrd. DM für den Ausbau der Infrastruktur); nach Abzug der Rückflüsse (Steuern und Abgaben) verbleibt netto ein Betrag von 792 Mrd. DM. Dieser finanzielle Kraftakt der öffentl. Haushalte konnte nur über Steuererhöhungen (z. B. Solidaritätszuschlag) und eine starke Zunahme der →öffentlichen Schulden bewältigt werden.

Die wirtschaftl. Zwischenbilanz sieht nicht insgesamt ungünstig aus. Bezogen auf das Bruttosozialprodukt je Ew. erreicht Ost-Dtl. (1994) 50,5 % des westdt. Niveaus, bezogen auf das Bruttoinlandsprodukt je Erwerbstätigen 52,7 %, bezogen auf das verfügbare Einkommen je Ew. 66,8 % und bezogen auf den Nettolohn- und -gehaltssumme je Beschäftigten 76,1 %. Zudem stehen die neuen Bundesländer ökonomisch weitaus besser da als andere Staaten Mittel- und Osteuropas. Auch hat die Wiedervereinigung nicht zu einer wirtschaftl. ›Schieflage‹ Dtl.s geführt. International hat Dtl. als Wirtschaftsmacht nicht an Reputation eingebüßt, die D-Mark ist an den internat. Finanzmärkten keineswegs unter Druck geraten. Wirtschaftspolit. Aufgaben bleiben v. a. die Bekämpfung der Arbeitslosigkeit durch Schaffung rentabler Arbeitsplätze, die Schließung der Produktionslücke (das ostdt. Bruttoinlandsprodukt bleibt noch weit hinter der gesamtwirtschaftl. Nachfrage zurück) sowie die Rückführung und Umstrukturierung der staatl. Wirtschaftsförderung und sonstigen Transfers.

Mit der Vereinigung stellte sich auch die Identitätsfrage für die Menschen in beiden Teilen Dtl.s neu. Für die Bürger in den neuen Bundesländern brachten der Beitritt zum GG und der Übergang von der Planwirtschaft zur sozialen Marktwirtschaft einschneidende Veränderungen in vielen Lebensbereichen mit sich; der radikale Strukturwandel bewirkte einen ›Modernisierungsschock‹, der um so deutlicher zutage trat, je stärker die in der Euphorie der unmittelbaren Einigungsphase genährten Hoffnungen auf eine schnelle und umfassende Verbesserung v. a. der materiellen Lebensbedingungen einer längerfristigen Perspektive weichen mußten. Wenngleich die Mehrheit der Ostdeutschen den ›Gewinn‹ der d. E. – insbesondere einklagbare Grundrechte sowie den Anspruch auf Angleichung der Lebensverhältnisse in Ost und West – begrüßte, führten insbesondere die mit dem wirtschaftl. Transformationsprozeß verbundenen Probleme vielfach zu Desillusionierung und Verunsicherung. Symbolhaft für das verbreitete Gefühl, Opfer westl. Konkurrenzdrucks zu sein, und für den Widerstand einer ganzen Industrieregion gegen ihr ökonom. Aus war der Protest der Kumpel der von der Schließung bedrohten Kaligrube in Bischofferode. Die Änderung der Eigentumsverhältnisse gemäß dem im Einigungsvertrag festgelegten Prinzip ›Rückgabe vor Entschädigung‹ führte zu Härten für ostdt. Hauseigentümer, und die ungeklärten Eigentumsfragen erwiesen sich darüber hinaus als Investitions- und Entwicklungshemmnis. Westdt. Dominanz wurde nicht nur bei der Privatisierung der Wirtschaft, sondern auch beim Prozeß der Evaluierung und →Abwicklung im Staatsapparat sowie im Bildungswesen, Kultur- und Wissenschaftsbetrieb spürbar, während andererseits ein fortbestehender Einfluß alter Kader (›Seilschaften‹) in Führungspositionen in Wirtschaft und Verwaltung beklagt wurde. Die Auseinandersetzung um die ›Stasivergangenheit‹ (▷ Vergangenheitsbewältigung) wurde überwiegend unter den ostdt. Intellektuellen und Künstlern mit großer Erbitterung geführt, doch die von manchen Kritikern befürchtete ›Hexenjagd‹ auf durch die Stasiakten überführte ehem. Mitarbeiter des MfS blieb aus. Die Ergebnisse der justitiellen Aufarbeitung von →Regierungskriminalität in der ehem. Dt. Dem. Rep. blieben hinter den Erwartungen vieler Opfer des kommunist. Herrschaftssystems zurück. Von großer Bedeutung für den inneren Frieden – bes. mit dem Blick auf das Verhältnis der Ostdeutschen untereinander – ist die Frage, inwieweit die Rehabilitierung der Opfer des SED-Regimes und die Integration der Träger dieses Systems in die neue Staats- und Gesellschaftsordnung miteinander in Einklang gebracht werden können.

Angesichts der zahlreichen, tief in das Leben des einzelnen eingreifenden Transformationsprobleme gestaltet sich das Verhältnis der Ostdeutschen zum gesamtdt. Staat ambivalent; nicht zuletzt viele Träger der Bürgerrechtsbewegung empfinden sich als ›Verlierer der Einheit‹, obwohl sie sich vom kommunist. System selbst befreit hatten und für kurze Zeit als ›Sieger der friedl. Revolution‹ fühlen konnten. Als Reaktion auf die Erfahrung von Anpassungsdruck sowie Verlust von Sicherheit und Orientierung bildete sich ein geschärftes Bewußtsein für eine eigenständige ostdt. Identität. Ein Symptom für krit. Distanz zum vereinigten Dtl. und seiner Politik sind die Wahlerfolge der PDS in den neuen Bundesländern.

Für die Westdeutschen hatte sich demgegenüber durch die d. E. weder bezüglich des politisch-institutionellen Rahmens noch im Hinblick auf ihre persönl. Lebensführung etwas Grundsätzliches geändert. Das Bewußtsein, Bürger einer ›neuen‹ Bundesrep. Dtl. zu sein, brach sich nur langsam Bahn, zumal die Politik der Bundesregierung der Notwendigkeit materieller Opfer des einzelnen (›die Teilung durch Teilen überwinden‹, DE MAIZIÈRE) erst spät Rechnung trug. Während Reformvorschläge etwa zu einer Verfassungsrevision wenig öffentl. Resonanz fanden und die Entscheidung für Berlin als Bundeshauptstadt im Bundestag nur mit knapper Mehrheit fiel, wurde der Anstieg der öffentl. Schulden unter dem Schlagwort ›Kosten der Einheit‹ zum Katalysator des Bewußtseins einer gesamtdt. Aufgabe.

Bei allen Problemen und polit. Fehlkalkulationen darf die Dimension dieser Aufgabe nicht vergessen werden. Die d. E. ist die bisher größte Herausforderung in wirtschaftl., sozialer, polit. und kultureller Hinsicht seit Bestehen der Bundesrep. Dtl., eine histor. Aufgabe. Die Frage der inneren Einheit der Deutschen, d. h. unter den Bedingungen eines pluralist. Staates die grundsätzl. Bejahung des gegebenen staatl. Rahmens und seiner verfassungsmäßigen Ordnung durch die Mehrheit der Bev., hängt von ihrem gemeinsamen Willen als Nation ab, die anstehenden Probleme zu lösen und die durch die 40jährige Trennung entstandenen Disparitäten abzubauen sowie unter demokrat. Vorzeichen die Verwerfungen im Bewußtsein aufzuheben.

W. WEIDENFELD: Die Frage nach der Einheit der dt. Nation (1981); Die Identität der Deutschen, hg. v. W. WEIDENFELD (Neuausg. 1984); Deutschland-Hb. Eine doppelte Bilanz 1949–1989, hg. v. W. WEIDENFELD u. a. (1989); K.-R. KORTE: Der Standort der Deutschen. Akzentverlagerungen der dt. Frage in der Bundesrep. Dtl. seit den siebziger Jahren (1990); Die Politik zur d. E. Probleme, Strategien, Kontroversen, hg. v. U. LIEBERT u. a. (1991); W. WEIDENFELD: Der dt. Weg (²1991); Die Gestaltung der d. E. Gesch., Politik, Gesellschaft, hg. v. E. JESSE (1992); M. ZIMMER: Nat. Interesse u. Staatsräson. Zur Dtl.-Politik der Reg. Kohl 1982–1989 (1992); T. G. ASH: Im Namen Europas. Dtl. u. der geteilte Kontinent (a. d. Engl., ²1993); Dtl., eine Nation – doppelte Gesch. Materialien zum dt. Selbstverständnis, hg. v. W. WEIDENFELD (1993); S. MEUSCHEL: Legitimation u. Parteiherrschaft. Zum Paradox von Stabilität u. Revolution in der DDR 1945–1989 (³1993); E. POND: Beyond the wall. Germany's road to unification (Washington, D. C., 1993); W. SCHÄUBLE: Der Vertrag. Wie ich über die d. E. verhandelte (Neuausg. 1993); H. TELTSCHIK: 329 Tage. Innenansichten der Einigung (Neuausg.1993); Bericht der Enquete-Kommission ›Aufarbeitung von Gesch. u. Folgen der SED-Diktatur in Dtl.‹, hg. vom Referat Öffentlichkeitsarbeit des Dt. Bundestags (1994); J. GROS: Entscheidung ohne Alternativen? Die Wirtschafts-, Finanz- u. Sozialpolitik im dt. Vereinigungsprozeß 1989/90 (1994); Hb. zur d. E., hg. v. W. WEIDENFELD u. a. (Neuausg. 1994); K.-R. KORTE: Die Chance genutzt? Die Politik zur Einheit Dtl.s (1994); Uniting Germany. Documents and debates 1944–1993, hg. v. K. H. JARAUSCH (Providence, R. I., 1994); P. BENDER: Die ›Neue Ostpolitik‹ u. ihre Folgen. Vom Mauerbau bis zur Vereinigung (³1995); H. POTTHOFF: Die ›Koalition der Vernunft‹. Dtl.-Politik in den 80er Jahren (1995); P. ZELIKOW u. C. RICE: Germany unified and Europe transformed. A study in statecraft (Cambridge, Mass., 1995).

Deutsche Flugsicherung GmbH, →Bundesanstalt für Flugsicherung.

*Deutsche Forschungsgemeinschaft e.V.: Die Anzahl der Mitgl. der DFG beträgt (Juni 1995) 87; darunter sind 64 wiss. Hochschulen (1995 wurden die Humboldt-Univ. zu Berlin, die Universitäten Greifswald und Rostock sowie die TU Chemnitz aufgenommen und stießen zu den 60 übrigen Hochschulen in der DFG), 13 andere Forschungseinrichtungen (Max-Planck-Gesellschaft zur Förderung der Wissenschaften e. V., Fraunhofer-Gesellschaft zur Förderung der angewandten Forschung e. V., Dt. Archäolog. Institut, Staatl. Museen zu Berlin – Preuß. Kulturbesitz, Hahn-Meitner-Institut Berlin GmbH, Physikalisch-Techn. Bundesanstalt, Dt. Elektronen-Synchrotron, Dt. Krebsforschungszentrum, Gesellschaft für Schwerionenforschung mbH, Forschungszentrum Jülich GmbH, bis 1990 Kernforschungsanlage Jülich GmbH, Forschungszentrum Karlsruhe Technik und Umwelt GmbH, bis Anfang 1995 Kernforschungszen-

Deut Deutsche Forschungs- und Versuchsanstalt für Luft- und Raumfahrt e. V. – deutsche Geschichte

deutsche Kunst: Entwurf für die architektonische Neugestaltung des Alexanderplatzes in Berlin von Hans Kollhoff; 1995 (Computersimulation)

trum Karlsruhe GmbH, GSF – Forschungszentrum für Umwelt und Gesundheit mbH, Oberschleißheim, Kr. München, bis Sept. 1990 Gesellschaft für Strahlen- und Umweltforschung mbH, Dt. Forschungsanstalt für Luft- und Raumfahrt, Abk. →DLR, bis Nov. 1989 Dt. Forschungs- und Versuchsanstalt für Luft- und Raumfahrt e. V.), sieben Akademien der Wissenschaften (1995 wurden die Sächs. und die neugegründete Berlin-Brandenburg. Akademie der Wissenschaften aufgenommen und stießen zu den fünf Akademien der alten Bundesländer) sowie drei wiss. Verbände (Arbeitsgemeinschaft industrieller Forschungsvereinigungen ›Otto von Guericke‹ e. V., Dt. Verband Technisch-wiss. Vereine e. V., Gesellschaft Dt. Naturforscher und Ärzte e. V.). Über die Aufnahme der Wissenschaftsgemeinschaft Blaue Liste e. V. (→Blaue Liste) ist noch nicht entschieden. – 1994 standen der DFG 1 736,4 Mio. DM zur Verfügung.

deutsche Kunst: Gottfried Böhm, Gebäude der Hochschule Bremerhaven; 1982–89

*Deutsche Forschungs- und Versuchsanstalt für Luft- und Raumfahrt e. V.: 1989 erfolgte die Umbenennung in Deutsche Forschungsanstalt für Luft- und Raumfahrt e. V., Abk. →DLR.

*deutsche Frage: Mit der Vereinigung der beiden dt. Staaten, vollzogen am 3. 10. 1990, spitzte sich die Frage nach dem Selbstverständnis der Deutschen als Nation zu auf das Problem der inneren Gestaltung der →deutschen Einheit.

*deutsche Geschichte: Ungeachtet aller Regierungswechsel setzte die Bundesrep. Dtl. – ohne den Verzicht auf den Gedanken der dt. Einheit – die von Bundeskanzler K. ADENAUER (1949–63) begründete Politik der Westintegration sowie die von Bundeskanzler W. BRANDT (1969–74) initiierte ▷Ostpolitik fort. Während die Dt. Dem. Rep. in den 1970er und 80er Jahren international eine immer stärkere Anerkennung errang, sank ihre Akzeptanz seitens der Bev. immer mehr; dabei spielten Versorgungsdefizite ebenso eine Rolle wie das Fehlen bes. von Meinungs- und Reisefreiheit. In den 80er Jahren verschärfte sich trotz restriktiver Maßnahmen der Regierung der Abwanderungsdruck in Richtung Bundesrep. Dtl. Stark beeinflußt durch die polit. Reformbestrebungen M. S. GORBATSCHOWS in der UdSSR, bedrückt von den repressiven Maßnahmen der Führung der Dt. Dem. Rep. gegen die Bürgerrechtsbewegung, gedrängt von der stark anschwellenden Fluchtbewegung seit dem Herbst 1989, entwickelte sich die Unzufriedenheit zu einer Massenbewegung, bis es am 9. 11. 1989 zur Öffnung der Berliner Mauer und im Dez. 1989 endgültig zum Sturz der SED und ihrer Einparteienherrschaft kam. Während MinPräs. H. MODROW, im Nov. 1989 von der Volkskammer zum Reg.-Chef der Dt. Dem. Rep. gewählt, noch von der Fortdauer zweier dt. Staaten ausging, ergriff Bundeskanzler H. KOHL (seit 1982) in Wahrnehmung einer für die Wiedervereinigung positiven Stimmung in der Bev. der Dt. Dem. Rep. seit Ende Nov. 1989, bes. jedoch seit Anfang 1990 Initiativen zugunsten einer Vereinigung der beiden dt. Staaten. Am 18. 5. 1990 schloß die aus den Wahlen zur Volkskammer (18. 3. 1990) hervorgegangene Reg. der Dt. Dem. Rep. unter L. DE MAIZIÈRE mit der Bundesrep. Dtl. die Währungs-, Wirtschafts- und Sozialunion, am 31. 8. 1990 den →Einigungsvertrag.

Die Abschwächung des ▷Ost-West-Konflikts seit 1987 schuf 1989/90 das internat. Klima, das die Dynamik des dt. Einigungsprozesses entscheidend begünstigte. In gemeinsamen Verhandlungen der Bundesrep. Dtl. und der Dt. Dem. Rep. mit den vier Siegermächten des Zweiten Weltkriegs (USA, UdSSR, Großbritannien und Frankreich) legten die Verhandlungspartner die ›äußeren Aspekte der Herstellung der dt. Einheit einschließlich der Fragen der Sicherheit der Nachbarstaaten‹ im ▷Zwei-plus-Vier-Vertrag vom 12. 9. 1990 fest.

Am 3. 10. 1990 trat die Dt. Dem. Rep. in Gestalt der wiedergegründeten Länder Brandenburg, Mecklenburg-Vorpommern, Sachsen, Sachsen-Anhalt und Thüringen sowie des östl. Berlin der Bundesrep. Deutschland bei. Hauptstadt wurde das wiedervereinigte Berlin. Am 2. 12. 1990 fanden die ersten Bundestagswahlen auf gesamtdt. Ebene statt, die KOHL im Amt des Bundeskanzlers bestätigten.

In seiner Außenpolitik hielt Dtl. an der Politik der europ. Integration fest (Unterzeichnung des Vertrags von Maastricht). Darüber hinaus stellte es im Rahmen von Nachbarschaftsverträgen mit der UdSSR (später deren Nachfolgestaaten), Polen und der Tschechoslowakei (später der Tschech. Rep. und der Slowak. Rep.) die Beziehungen zu diesen Staaten auf eine partnerschaftl. Grundlage nach dem Vorbild seines Verhältnisses zu seinen westl. Nachbarn. Mit dem →Deutsch-Polnischen Grenzvertrag (14. 11. 1990) wurde die Oder-Neiße-Linie als völkerrechtlich verbindl. Grenze festgelegt. Mit dem Erlöschen der deutschlandpolit. Verantwortlichkeiten der westl. Mächte in Berlin (zum 3. 10. 1990) gaben diese auch im Sept. 1994 ihre militär. Präsenz dort auf. (Zur jüngsten d. G. im einzelnen →Deutschland, ferner →Bundesrepublik Deutschland, →Deutsche Demokratische Republik)

*Deutsche Gesellschaft für Luft- und Raumfahrt e.V.: Nachdem bereits 1990 mit Verhandlungen begonnen worden war, vereinigte sich die DGLR mit Wirkung vom 27. 7. 1993 mit der Hermann-Oberth-Gesellschaft (HOG) aus den alten sowie dem Fachverband Luftfahrt (FL) und der Gesellschaft für Weltraumforschung und Raumfahrt (GWR) aus den neuen Bundesländern. Die Gesellschaft trägt nun den Namen **Deutsche Gesellschaft für Luft- und Raumfahrt – Lilienthal-Oberth e.V.** (Abk. **DGLR**), die Zahl der Mitgl. beträgt (1994) 3 400.

*Deutsche Girozentrale – Deutsche Kommunalbank: Heute betreibt die D. G. – D. K. sämtliche banktyp. Kredit-, Wertpapier-, Geld- und Devisenhandelsgeschäfte, allerdings mit einer Spezialisierung auf Großfinanzierungen. Ein weiterer Sitz ist Berlin. Eigentümer sind mit je 50% der Dt. Sparkassen- und Giroverband – Körperschaft des öffentl. Rechts, Berlin, und die regionalen Landesbanken/Girozentralen der alten Bundesländer.

*Deutsche Handelsbank AG: Im Zuge der Privatisierung durch die Treuhandanstalt erwarb die BfG Bank AG Ende 1990 die D. H. AG zunächst mehrheitlich, 1994 vollständig.

*Deutsche Kommunistische Partei, Abk. **DKP**: Im Zuge der Umwälzungen in der Dt. Dem. Rep. (seit Okt. 1989) entzog die SED der DKP ihre starke finanzielle Unterstützung. Auf dem 10. Parteitag Ende März 1990 wählte die DKP anstelle eines Vors. einen vierköpfigen Sprecherrat. Bei den Bundestagswahlen von 1990 und 1994 trat sie nicht mehr an; DKP-Mitgl. kandidierten jedoch 1994 auf den offenen Listen der PDS.

deutsche Kunst: Günter Behnisch, Deutsches Postmuseum in Frankfurt am Main; 1990

anspruchsvolle Lösungen. Zu nennen sind hier erneut v. a. G. BEHNISCH (Dt. Postmuseum, 1989–90, Frankfurt am Main; Hysolar-Forschungsinstitut der Univ. in Stuttgart-Vaihingen, 1987, dessen Stil als dekonstruktivistisch bezeichnet wurde; Neubau des Bundestags in Bonn, 1992; Geschwister-Scholl-Schule in Frankfurt am Main, 1993–94; heiter-dekonstruktivist. Entwurf für die Berliner Akademie der Künste, 1993) und O. M. UNGERS (Dt. Botschaft, Washington, D. C., 1992–94; Erweiterungsbau der Kunsthalle Hamburg für zeitgenöss. Kunst, 1992 ff.; Planung für das Stadtquartier am Lehrter Bahnhof, Berlin, 1994 ff.). G. BÖHM zeichnet sich bei seinen Ergänzungen (Schloß mit Landtag in Saarbrücken, 1979–89; Hochschule Bremerhaven, 1982–89; Univ.-Bibliothek in Mannheim, 1986–88) durch überlegten Umgang mit vorhandener Bausubstanz aus, was einer ganzen Reihe von Architekten gelingt, z. B. K. SCHATTNER in Eichstätt. J. P. KLEIHUES hat nach wie vor überwiegend die Rolle des Anregers (Konzept der ›krit. Rekonstruktion‹ für die IBA, die Internat. Bauausstellung Berlin 1987; mit NORBERT HENSEL Haus Liebermann, 1993 ff., und Haus Sommer, Pariser Platz, streng konzipierte Bauten rechts und links des Brandenburger Tors; ausgeschiedener Entwurf für den Lehrter Zentralbahnhof, Berlin, 1993). Berlin hält auch Nachfolgeaufträge bereit für H. KOLLHOFF und Partner, AXEL SCHULTES und CHARLOTTE FRANK (Kunstmuseum Bonn, 1985–92; Entwurf für das Bundeskanzleramt, 1993, Auftrag 1995), MAX DUDLER (Umbau alter Bausubstanz zu einem Büro- und Ausstellungshaus, Frankfurt am Main, mit KARL DUDLER, 1991; Grund- und Gesamtschule, Berlin-Hohenschönhausen, mit BETTI PLOG, 1992 ff.) oder STEPHAN BRAUNFELS (Wohnanlage Edlinger Platz, München, 1987–92; Wettbewerbssieger für das Münchner Museum des 20. Jh., 1992, für den Dresdner Georgsplatz, 1993, für den Dt. Bundestag, den Alsenblock, Berlin, 1993 und 1994). Die Münchner UWE KIESSLER und OTTO STEIDLE erbauten in Hamburg (1978–90) das neue Verlagshaus Gruner+Jahr als eine Art Flaggschiff, KIESSLER erschloß 1986–94 in München durch eine Rampenanlage für das Lenbachhaus im U-Bahnhof Königsplatz einen Restraum für Wechselausstellungen, den Kunstbau, und über einem Kammgrundriß das Technologiezentrum im Wissenschaftspark Gelsenkirchen (1992–95).

deutsche Kunst: Moritz Götze, ›Mann, Stadt, Obst‹; Serigraphie, 1994

***deutsche Kunst:** Auf dem Sektor der Architektur fanden repräsentative Aufgaben in den fortschreitenden 1980er und seit den beginnenden 90er Jahren z. T.

Deut deutsche Kunst

Das Hamburger Verlagshaus Hoffmann und Campe bauten 1989–90 der Frankfurter JOCHEM JOURDAN und sein Partner BERNHARD MÜLLER, die anläßlich der documenta IX in Kassel eine Glashalle (1989–92)

deutsche Kunst: Günther Förg, ›Bleibild (für Ika)‹; 1986 (Privatbesitz)

errichteten, wo gleichzeitig das ebenfalls neomoderne Zentralinstitut und Museum für Sepulkralkultur von WILHELM KÜCKNER und KLAUS FREUDENFELD entstand (1987–92). In Frankfurt am Main gestaltete CHRISTOPH MÄCKLER ein Bürohausumbau zu einem städtebaul. Akzent (1991–93). PETER P. SCHWEGER und Partner verkleiden dort ein Bürohochhaus mit doppelschaliger Fassade um Kubus und Zylinderteil (1994ff.), nachdem sie 1991–93 das Kunstmuseum Wolfsburg als elegante High-Tech-Architektur errichtet hatten. Unter den Industrie- und Bürobauten sind ferner der Flughafen Stuttgart von M. VON GERKAN, V. MARG und Partner (1994) und ihr Lehrer Zentralbahnhof, Berlin (1993ff.), das Produktionstechn. Zentrum (PTZ) in Berlin von GERD FESEL und PETER BAYERER (1982–86) und das multifunktionale Briefpostamt 3 in Köln von JOACHIM und MARGOT SCHÜRMANN (1984–90) hervorzuheben. Dem Büro Schürmann, Schomers und Stridde gelang eine vorbildl. Erneuerung der Berliner Wohnsiedlung Köllnische Heide (1990–94); Zurückhaltung zeichnet auch den städt. Wohnbau von HEINZ HILMER und CHRISTOPH SATTLER aus (Helene-Weber-Allee, München, 1990–92; integrierter Sparkassenbau ebd., 1987–90). Beim Kommunikationsforum (1992–94) in Berg-Kempfenhausen am Starnberger See ordneten sie drei Ovalbauten dem Altbau zu, und in Berlin treiben sie am Kulturforum Museumsprojekte voran. Im Wohnungsbau machten ferner u. a. BRAUNFELS und ANNE RABENSCHLAG mit sorgfältigen Details (Mehrfamilienhaus, Berlin-Tempelhof, 1990), das Büro von JOHANN EISELE und NICOLAS FRITZ aus Darmstadt und das Büro von NORBERT BERGHOF, MICHAEL A. LANDES und WOLFGANG RANG in Frankfurt am Main auf sich aufmerksam. Mit dem Kulturzentrum Germering (Projektleitung im Architekturbüro von FRITZ AUER und KARLHEINZ WEBER: WOLFGANG GLASER und KLAUS HABISREUTINGER) gelang ein kleines urbanes

Meisterstück. Viele Aufträge gingen auch an internat. Stararchitekten, die das Bild moderner Architektur in Dtl. deshalb weithin prägen, u. a. die Amerikaner N. FORSTER (Frankfurt am Main, Hochhaus der Commerzbank, 1994–97), R. A. MEIER (Frankfurt am Main; Ulm, Stadthalle, 1989–93, Daimler-Benz Forschungszentrum, 1995), H. JAHN (Frankfurt am Main, Berlin), der Italiener R. PIANO mit CHRISTOPH KOHLBECKER (Berlin), die Österreicher G. PEICHL (Bundeskunsthalle Bonn, 1989–92) und H. HOLLEIN (Museum für Moderne Kunst, 1987–89, Frankfurt am Main). In den neuen Bundesländern kündigt sich ein weites Aufgabenfeld an, von der Stadterneuerung und -entwicklung über Bewahrung und Rettung alter Bausubstanz bis zum modernen Wohn- und Industriebau.

Im Bereich der Malerei konzentrieren sich die Künstler nach postmodernen Experimenten ab Mitte der 80er Jahre auf die Fortführung moderner Traditionen. Die Künstler der ›Radikalen Malerei‹ um GÜNTER UMBERG (*1942) und ULRICH WELLMANN (*1954) entwickelten ebenso wie G. FÖRG eine reduzierte Farbensprache, die die Eigenschaften der Pigmente, des Farbauftrags und der Farbe an sich systematisch untersucht. Im konstruktiven Bereich arbeiten Künstler wie I. KNOEBEL an der Erforschung der grundlegenden Bedingungen der bildgebenden Formen. Die figurative Malerei wird von MICHAEL BACH (*1953), MICHAEL VAN OFEN (*1956) und KARIN KNEFFEL als Auseinandersetzung mit den Möglichkeiten naturalist. Wiedergabe konstruierter Bildideen betrieben. Eine expressive Figürlichkeit findet man unter den jüngeren hauptsächlich im Umfeld der aus der ehem. Dt. Dem. Rep. stammenden Künstler, darunter H. EBERSBACH, HELGE LEIBERG (*1954), REINHARD STANGL (*1950), CORNELIA SCHLEIME (*1953) und ANGELA HAMPEL (*1956); heiter-skurrile Akzente setzt MORITZ GÖTZE (*1964).

In der Plastik und bei Installationen wird die konzeptuell geprägte figürl. Bildhauerei von den mit dem Werkstoff Holz arbeitenden Künstlern S. BALKENHOL, WERNER POKORNY (*1949) und STEFAN PIETRYGA (*1954) vertreten. Unter den Steinbildhauern treten Künstler der ehem. Dt. Dem. Rep. eigentlich erst jetzt ins Blickfeld (WERNER STÖTZER, *1932), ebenso Künstler, die nun ihre Spannbreite zw. figuraler und freier Gestaltung entfalten (z. B. in seinen Materialcollagen GÜNTER HORNIG, *1937). Künstler einer

deutsche Kunst: Katharina Fritsch, ›Mann und Maus‹; 1991/92 (Privatbesitz)

jüngeren Generation wie KATHARINA FRITSCH (*1953), ANDREAS SLOMINSKI (*1959), LENI HOFFMANN (*1962) und MONIKA BRANDMEIER (*1959) erweitern das plast. Formenvokabular um Objektinstallationen, Prozeßanordnungen und Untersuchungen des öffentl. Raumes. R. MUCHA, T. SCHÜTTE,

OLAF METZEL (*1950), BOGOMIR ECKER (*1950), LUDGER GERDES (*1954), SUSANNE MAHLMEISTER (*1952) und HUBERT KIECOL (*1950) inszenieren in großangelegten Rauminstallationen und in überlegt plazierten Skulpturen ein historisch reflektierendes und die Umwelt berücksichtigendes Koordinatensystem, das sowohl existentielle als auch formale Problemstellungen visualisiert. In den letzten Jahren setzen Künstler wie ANDREAS M. KAUFMANN (*1961) und ANKE SCHULTE-STEINBERG (*1956) Rauminszenierungen mit Licht und Projektionen um.

deutsche Kunst: Stephan Balkenhol, ›Porträtrelief von Mann mit rotem Hemd‹; bemaltes Pappelholz, 1990 (Bonn, Kunstmuseum)

Im Rahmen der Medienkunst wird die Konzeptphotographie hauptsächlich von Schülern von B. BECHER – ANDREAS GURSKY (*1955) und T. RUFF – repräsentiert. GUNDULA SCHULZE (*1954) bearbeitet in ihren Photosequenzen gesellschaftl. Zustände, u. a. die Frage nach einer Identität in den neuen Bundesländern nach der Wiedervereinigung. Im Bereich der Videokunst profilierten sich in den letzten Jahren v. a. KLAUS VOM BRUCH (*1952), BETTINA GRUBER (*1952), MARCEL ODENBACH (*1953), ANNEBARBE KAU (*1958) und DIETER KIESSLING (*1957), die die Spanne von der Medienuntersuchung bis zur virtuellen Realität reflektieren. Für die Bereiche der Computerkunst und der Videoinstallation entstand mit dem Zentrum für Kunst- und Medientechnologie (Karlsruhe, gegr. 1990) ein neuer Kristallisationspunkt.

S. SCHMIDT-WULFFEN: Spielregeln. Tendenzen der Gegenwartskunst (1987); Architektur-Jb. (1992 ff.; früher unter anderem Titel); Qui, quoi, où? Un regard sur l'art en Allemagne en 1992, bearb. v. L. BOSSÉ u. a., Ausst.-Kat. (Paris 1992); Architektur der Gegenwart. Konzepte, Projekte, Bauten, hg. v. P. P. SCHWEGER u. a. (1993); Architektur im Profil, Bd. 2: Mit Gesprächen über die Zukunft der Architektur in den neuen Bundesländern, hg. v. J. KRICHBAUM u. a. (1994); Neue berlin. Architektur. Eine Debatte, hg. v. A. BURG (1994); Kunst in Dtl. Werke zeitgenöss. Künstler aus dem Samml. des Bundes, hg. v. der Kunst- u. Ausstellungshalle der Bundesrep. Dtl., Ausst.-Kat. (1995).

*deutsche Literatur: Mit dem Ende der Dt. Dem. Rep. und der Herstellung der staatl. Einheit Dtl.s zeichnete sich auch ein grundlegender Wechsel in der ostdt. wie der westdt. Literaturszene ab.

Der Umsturz im Literaturbetrieb

Die einschneidensten Veränderungen für Autoren, literar. Institutionen und Leser waren in den neuen Bundesländern festzustellen. Folgenreich war zunächst eine grundlegend veränderte Situation der literar. Kommunikation: Mit dem Verschwinden der innerdt. Grenze und der Durchführung der Währungsunion war der auf seiten der Dt. Dem. Rep. über Jahrzehnte hinweg praktizierten Abschottung der Boden entzogen, so daß ein gemeinsamer Buchmarkt entstand, der die Chancen gegenseitiger Kenntnisnahme vergrößerte. Werke westdt. Autoren wie LUISE RINSER, S. NADOLNY, U. JOHNSON, E. JÜNGER, H. BÖLL, M. WALSER und G. GRASS, die nicht oder nur teilweise und in kleinen Auflagen veröffentlicht worden waren, wurden nun auch den ostdt. Lesern zugänglich. Andererseits wurden neue Werke namhafter Autoren der Dt. Dem. Rep. wie CHRISTA WOLF, E. LOEST, S. HEYM und E. STRITTMATTER zu Ereignissen eines gesamtdt. Literaturbetriebs. Andere Begleitumstände des polit. Umbruchs waren die tiefgreifende Veränderung der Buchhandels- und Verlagslandschaft, ein Wandel des Leseverhaltens in der ostdt. Bev. sowie die Schließung kommunaler Bibliotheken.

Von Mißtrauen und z. T. heftigen persönl. Angriffen geprägt war die Diskussion um die Vereinigung literar. Organisationen: Der Schriftstellerverband der DDR löste sich auf, eine Reihe seiner Mitgl. schloß sich dem west- bzw. jetzt gesamtdt. Verband an. Gegen den öffentl. Widerstand v. a. von seiten in der Dt. Dem. Rep. unterdrückter Autoren wurde 1993 das Konzept des Westberliner Akademie-Präs. W. JENS für die Vereinigung der westdt. Akademie der Künste mit der ostdt. Akademie der Künste zu Berlin (ehem. Dt. Akademie der Künste) zur Akademie der Künste, Berlin, durchgesetzt. Die Ostberliner Akademie wurde aufgelöst, ihre Mitgl. wurden in die Westberliner Akademie übernommen. Die Bemühungen, die beiden dt. P. E. N.-Zentren zu vereinigen, scheiterten dagegen bislang; nach heftigen Auseinandersetzungen trat G. HEIDENREICH, der die Vereinigung vorangetrieben hatte, 1995 nicht mehr zur Wiederwahl zum Präs. des P. E. N.-Zentrums Bundesrep. Dtl. an (→ P. E. N.).

Die Bewältigung des Erbes

Mit dem Ende der Dt. Dem. Rep. und der dt. Vereinigung endete auch die Ära der Nachkriegsliteratur, wodurch sich eine Verunsicherung im Verständnis der eigenen Rolle unter den Autoren in Ost und West ausbreitete. Die im Land gebliebenen ostdt. Autoren wie CHRISTA WOLF, H. KANT, V. BRAUN oder HEYM mußten nicht nur ihre Hoffnungen auf Fortbestehen der Dt. Dem. Rep. im Geiste eines demokrat. Sozialismus aufgeben, sondern verloren auch ihre Rolle, Gewissen der sozialist. Nation zu sein. Doch auch die ältere westdt. Literatur der Autoren wie GRASS, S. LENZ, H. M. ENZENSBERGER und WALSER, die ebenfalls als Gedächtnis und Gewissen eines Teils der Bev. fungierten, geriet in eine Krise. Begleitet wurde diese Neuorientierung von scharfen polit. Auseinandersetzungen. Für die Bereinigung der Atmosphäre schien es unabdingbar, öffentlich über die Repressionen zu sprechen, denen in der Dt. Dem. Rep. das literar. Leben unterworfen war. Dabei nahm die Debatte über die Veröffentlichungen der Unterlagen des Ministeriums für Staatssicherheit einen breiten Raum ein; die entsprechenden Akten, Zeugenberichte u. a. belegen die Atmosphäre, die in weiten Bereichen der ostdt. Literaturszene geherrscht hatte. Für eine Reihe von Autoren rief die Einsicht in die bei der Staatssicherheit geführten Akten neben der Betroffenheit über das Ausmaß und die Mechanismen der Bespitzelung die Erkenntnis hervor, daß auch Schriftstellerkollegen und vermeintlich Gleichgesinnte für die Staatssicherheit gearbeitet hatten. Aufgrund von Beweisen, mitunter auch nur Verdachtsmomenten, wurden SASCHA ANDERSON (* 1953), HEINER MÜLLER, CHRISTA WOLF, HEYM, S. HERMLIN, MONIKA MARON u. a. von Schriftstellerkollegen und den Medien angeklagt. Einige Autoren veröffentlichten Dokumentationen und Berichte über ihre Verfolgung durch den Staatssicherheitsdienst, z. B. R. KUNZE (›Deckname "Lyrik"‹, hg. 1990) und LOEST (›Die Stasi war mein Ekkermann oder: mein Leben mit der Wanze‹, 1991); JOACHIM WALTHER u. a. gaben 1991 ›Protokoll eines Tribunals. Die Ausschlüsse aus dem DDR-Schriftstellerverband 1979‹ heraus. Teils kritisch, teils polemisch-aggressiv äußerte sich der 1976 ausgebürgerte W. BIERMANN in Zeitungsartikeln, Interviews und den Bänden ›Klartexte im Getümmel‹ (1990) und ›Über das Geld und andere Herzensdinge‹ (1991).

In den ersten Jahren nach 1989 erschien eine große Anzahl essayist. und dokumentar. Veröffentlichungen, Reden und Zeitungsartikel, aphorist. Bemerkungen zur Lage; zahlreiche autobiograph. Arbeiten zeugten von einer Nachdenklichkeit über den Prozeß der Vereinigung und von Reflexion über die eigene Lebensgeschichte. Gerade ostdt. Autoren versuchten die neuen Erfahrungen und das Scheitern des Sozialismus der Dt. Dem. Rep., an dessen Reformierbarkeit nicht wenige von ihnen bis zuletzt geglaubt hatten, zu verarbeiten, z. B. HELGA KÖNIGSDORF (›Adieu DDR‹, 1990; ›Aus dem Dilemma eine Chance machen‹, 1991), A. ENDLER (›Vorbildlich schleimlösend. Nachrichten aus einer Hauptstadt 1972–2008‹, 1990), W. HEIDUCZEK (›Im gewöhnl. Stalinismus. Meine unerlaubten Texte. Tagebücher – Briefe – Essays‹, 1991), G. DE BRUYN (›Jubelschreie, Trauergesänge. Dt. Befindlichkeiten‹, 1991), C. HEIN (›Die fünfte Grundrechenart. Aufsätze und Reden 1987–1990‹, 1990), HEYM (›Einmischung. Gespräche, Reden, Essays‹, 1990; ›Filz. Gedanken über das neueste Deutschland‹, 1992), T. ROSENLÖCHER (›Die verkauften Pflastersteine. Dresdener Tagebuch‹, 1990), MONIKA MARON (›Nach Maßgabe meiner Begreifungskraft‹, 1993) oder CHRISTA WOLF (›Auf dem Weg nach Tabou‹, 1994).

Auch westdt. Autoren legten derartige autobiograph. oder essayist. Textsammlungen vor, in denen sie sich zur Zeitgeschichte äußerten und z. T. auch direkt in Diskussion mit den ostdt. Autoren traten, wie PETER SCHNEIDER (*1940) mit ›Extreme Mittellage. Eine Reise durch das dt. Nationalgefühl‹ (1990), GRASS mit ›Gegen die verstreichende Zeit. Reden, Aufsätze und Gespräche‹ (1991) oder SARAH KIRSCH mit ›Spreu‹ (1991). Seiner grundsätzl. Ablehnung der dt. Vereinigung folgend, griff GRASS wiederholt auch publizistisch in die Debatte ein (›Deutscher Lastenausgleich. Wider das dumpfe Einheitsgebot‹, 1990; ›Ein Schnäppchen namens DDR‹, 1990). Sein polit. Standpunkt beeinflußte die Aufnahme seiner erzähler. Arbeiten. Das galt bereits für den Roman ›Unkenrufe‹ (1992), in dem er das Thema der Beziehungen von Deutschen und Polen wieder aufgriff, v. a. aber für den Roman ›Ein weites Feld‹ (1995), der eine Aufarbeitung bes. der jüngsten dt. Geschichte versucht (→Grass, Günter).

Weitere literar. Auseinandersetzungen mit dem Thema Dt. Dem. Rep., Staatssicherheitsdienst und dt. Vereinigung waren Prosaarbeiten wie H. ACHTERNBUSCHS ›Mixwix‹ (1990), Erzählungen wie F. C. DELIUS' ›Die Birnen von Ribbeck‹ (1991) und Romane wie U. TIMMS ›Kopfjäger‹ (1991), H.-J. ORTHEILS ›Abschied von den Kriegsteilnehmern‹ (1992) oder W. HILBIGS ›Ich‹ (1993). Außerdem nahmen sich Dramatiker wie R. HOCHHUTH mit ›Wessis in Weimar‹ (1993) und F. X. KROETZ mit ›Ich bin das Volk‹ (1994) dieser Problematik an.

In einigen Werken von Schriftstellern, die in der Dt. Dem. Rep. aufgewachsen sind, verband sich die Darstellung des Lebens in der Dt. Dem. Rep. zu einer Reflexion über die gesellschaftl. Wirklichkeit und die persönl. Entwicklung nach 1989, so bei HELGA KÖNIGSDORF (›Ungelegener Befund‹, Erzählungen, 1990; ›Im Schatten des Regenbogens‹, Roman, 1993), MONIKA MARON (›Stille Zeile sechs‹, Roman, 1991), JUREK BECKER (›Amanda herzlos‹, Roman, 1992), BRIGITTE BURMEISTER (›Unter dem Namen Norma‹, Roman, 1994), KERSTIN HENSEL (* 1961 ; ›Tanz am Kanal‹, Erzählung, 1994), THOMAS BRUSSIG (* 1965: ›Helden wie wir‹, Roman, 1995), LOEST (›Nikolaikirche‹, Roman, 1995) und V. BRAUN (›Der Wendehals. Eine Unterhaltung‹, Erzählung, 1995).

Einige Autoren schließlich veröffentlichten autobiograph. Werke, in denen die ›Wende‹ als vorläufiger Schluß- und Umbruchspunkt einer persönl. Entwicklung behandelt wird, darunter etwa KLAUS SCHLESINGER (* 1937) mit dem Tagebuch ›Fliegender Wechsel. Eine persönl. Chronik‹ (1990), H. KANT mit der Autobiographie ›Abspann‹ (1991) und dem Roman ›Der Kormoran‹ (1994), DE BRUYN mit der Autobiographie ›Zwischenbilanz‹ (1992) oder HEINER MÜLLER mit der Autobiographie ›Krieg ohne Schlacht. Leben in zwei Diktaturen‹ (1992).

Die ›nationale Frage‹ in der Literatur

Die Vereinigung der beiden dt. Staaten verstärkte auch im literar. Leben das Nachdenken über die ›nat. Frage‹. Dabei dominierten zwei Tendenzen, zum einen die Besorgnis über die Ausbreitung von Rechtsextremismus und Chauvinismus und die daraus entspringende Bemühung, die dt. Geschichte in ihrer Besonderheit begreiflich zu machen, zum anderen eine über die ›nat. Frage‹ weit hinausgehende Ratlosigkeit über den Gang der Geschichte. WALSER hatte bereits seit einer Reihe von Jahren in Aufsätzen und Interviews vom ›Nationalen‹ als einem positiven, in Dtl. aus historischen Gründen unterschätzten Wert gesprochen. In dem Roman ›Die Verteidigung der Kindheit‹ (1991) thematisiert er literarisch seine eigene Nichtbewältigung der dt. Gegenwart. W. KEMPOWSKI, der als junger Mann wegen Spionageverdachts acht Jahre im Zuchthaus Bautzen hatte zubringen müssen, befaßte sich schon in seinem früheren Werk mit der dt. Geschichte. Seine Textsammlung ›Das Echolot. Ein kollektives Tagebuch, Januar und Februar 1943‹ (4 Bde., 1993) konzentriert sich darauf, mit Hilfe unterschiedlichster Dokumente aus diesen beiden Monaten die Zeit des Wendepunkts des Zweiten Weltkrieges zu rekonstruieren. Eine z. T. wütende Kritik löste BOTHO STRAUSS mit dem Essay ›Anschwellender Bocksgesang‹ (1993) aus, der als intellektuelle Schützenhilfe des Neokonservativismus und Nationalismus verstanden wurde.

Literatur jenseits der politischen Ereignisse

Im Bereich der Prosa fielen neben den Romanen von GRASS, WALSER, LENZ (›Die Auflehnung‹, 1994), HEYM (›Radek‹, 1995) oder der Rumäniendeutschen HERTA MÜLLER (›Herztier‹, 1994) und F. HODJAK (›Grenzsteine‹, 1995) weitere eher novellist. Texte arrivierter Autoren auf, z. B. U. TIMMS ›Die Entstehung der Currywurst‹ (1993), B. KIRCHHOFFS ›Gegen die Laufrichtung‹ (1993) und P. HÄRTLINGS Novelle ›Božena‹ (1994).

Neben Debütanten wie SABINE HAUPT (* 1959; ›Eunuchenglück‹, Erzählungen, 1994), JOACHIM HELFER (* 1964; ›Du Idiot‹, Roman, 1994), DAGMAR LEUPOLD (* 1955; ›Edmond: Geschichten einer Sehnsucht‹, Roman, 1992), CHRISTINE SCHERRMANN

(* 1946; ›Frau mit grünen Schuhen‹, Roman, 1995) MARION TITZE (* 1953; ›Unbekannter Verlust‹, Erzählung, 1994), BIRGIT VANDERBEKE (* 1956; ›Das Muschelessen‹, Erzählung, 1990) oder ULRICH WOELK (* 1960; ›Freigang‹, Roman, 1990) zogen junge Autoren das Interesse mit neuen Werken auf sich, so stellte sich T. STRITTMATTER mit seinem Roman ›Raabe Baikal‹ (1990) erstmals als Prosaist vor. Die jüngeren Autoren, die, wie bes. die ›jungen Wilden‹ vom Prenzlauer Berg, in der Dt. Dem. Rep. als Vertreter einer ›anderen Literatur‹ ausgegrenzt worden waren, nutzten die Möglichkeit, ihre Texte der 1980er Jahre erstmals einem breiteren Publikum bekannt zu machen, darunter die in der u.a. von CHRISTIAN DÖRING herausgegebenen Anthologie ›Schöne Aussichten. Neue Prosa aus der DDR‹ (1990) vorgestellten BERT PAPENFUSS (ehem. PAPENFUSS-GOREK, * 1956), L. RATHENOW, GABRIELE KACHOLD (* 1953), UWE KOLBE (* 1957) und JAN FAKTOR (* 1951).

Für das Schauspiel entstand eine Reihe neuer Stücke, darunter von T. DORST ›Karlos‹ (1990) und ›Herr Paul‹ (1993), von KROETZ noch ›Bauerntheater‹ (1991) und ›Der Drang‹ (Urauff. 1994), von U. PLENZDORF ›Ein Tag, länger als ein Leben‹ (1991), von V. BRAUN ›Iphigenie in Freiheit‹ (1992) und von HEIN ›Randow‹ (1994); daneben waren auf den dt. Bühnen auch die Stücke dt.-sprachiger Autoren aus anderen Ländern wie die von G. SCHWAB, MARLENE STREERUWITZ oder G. TABORI erfolgreich.

Die Lyrik fand als Ausdrucksform neues Interesse bei Autoren und Lesern. HEINER MÜLLER (›Gedichte‹, 1992) und HÄRTLING (›Das Land, das ich erdachte‹, 1993) legten Gedichtbände vor, ebenso ENZENSBERGER (›Zukunftsmusik‹, 1991), SARAH KIRSCH (›Erlkönigs Tochter‹, 1992) oder G. KUNERT (›Fremd daheim‹, 1990). KERSTIN HENSEL, durch Prosaarbeiten bekanntgeworden, debütierte als Lyrikerin (›Schlaraffenzucht‹, 1990; ›Gewitterfront‹, 1991); D. GRÜNBEIN (›Falten und Fallen‹, 1994; ›Den Teuren Toten‹, 1994), JÜRGEN BECKER (›Foxtrott im Erfurter Stadion‹, 1993) und HERTA MÜLLER (›Der Wächter nimmt seinen Kamm‹, 1993) überraschten mit Gedichten von eindringl. Sprachkraft.

R. SCHNELL: Gesch. der dt.-sprachigen Lit. seit 1945 (1993); Verrat an der Kunst? Rückblicke auf die DDR-Lit., hg. v. K. DEIRITZ u. a. (1993); R. BAUMGART: D. L. der Gegenwart. Kritiken – Essays – Kommentare (1994); W. EMMERICH: Die andere d. L. Aufs. zur Lit. aus der DDR (1994); Poetik der Autoren. Beitr. zur dt.-sprachigen Gegenwartslit., hg. v. P. M. LÜTZELER (1994).

*Deutsche Lufthansa AG: Seit dem 28. 10. 1990 fliegt die DLH auch wieder Berlin an; ihr Streckennetz umfaßte (Mitte 1995) 217 Ziele in 86 Ländern. Durch die Kooperationsabkommen mit der United Airlines (1994) und der SAS (1995) wurde das Liniennetz erheblich ausgeweitet. Wegen wirtschaftlicher Schwierigkeiten wurde 1992 ein Sanierungsprogramm beschlossen, das einen beträchtl. Personalabbau, Kapazitätsanpassungen und ein rigoroses Kostenmanagement beinhaltete. Die Aktivitäten in der Fracht, der Technik und der EDV wurden in rechtlich selbständigen Gesellschaften gebündelt. In den letzten Jahren hat die Lufthansa-Konzern zahlreiche Beteiligungen erworben bzw. erhöht, u. a. Caterair International, Cargolux International S. A. (24,5 %), Lauda Air (39,71 %), Sun Express (40 %), Dt. Reisebüro (24,8 %), Hapag-Lloyd (17,95 %), DHL Worldwide Express (25 %). 1993 nahm die DLH den Airbus A 340 in Betrieb und hatte (Ende 1994) eine Flotte von 200 Flugzeugen (Konzern: 308). Das Grundkapital der DLH beträgt rd. 1 908 Mio. DM; der Anteil des Bundes wurde auf zunächst 35,68 % verringert. 1994 beförderte die DLH 29,6 Mio. und Condor 5,7 Mio. Passagiere.

*Deutsche Mark: Mit dem Inkrafttreten des Staatsvertrags über die Schaffung einer Währungs-, Wirtschafts- und Sozialunion zw. der Bundesrep. Dtl. und der Dt. Dem. Rep. am 1. 7. 1990 wurde die DM als alleiniges gesetzl. Zahlungsmittel in Verbindung mit einer Übertragung der Zuständigkeit für die Geld- und Währungspolitik auf die Dt. Bundesbank schon vor der Herstellung der dt. Einheit in der Dt. Dem. Rep. eingeführt. Der allgemeine Umstellungssatz betrug 1 DM für 2 Mark der Dt. Dem. Rep. Ein bevorzugter Umstellungssatz von 1 : 1 galt für natürl. Personen (Kinder unter 14 Jahren bis zu 2 000 Mark, Erwachsene bis 60 Jahre 4 000 Mark, Erwachsene über 60 Jahre 6 000 Mark). Die Umstellung wurde ausschließlich über Konten bei Banken abgewickelt, die sich für diese Zwecke bei der Dt. Bundesbank refinanzieren mußten. Ein direkter Bargeldumtausch hat somit nicht stattgefunden. Als Erstausstattung wurden von der Dt. Bundesbank Banknoten im Betrag von 27,5 Mrd. DM zum Stichtag 1. 7. 1990 bereitgestellt.

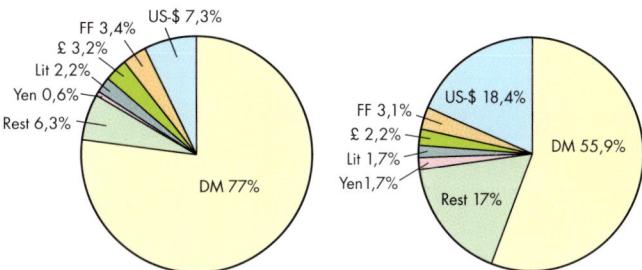

Deutsche Mark: Bedeutung der Deutschen Mark im Außenhandel; Anteile verschiedener Währungen am Export- (links) und Importwert Deutschlands 1995 (rechts; in Prozent)

Im internat. Devisenhandel rangiert die DM nach dem US-Dollar, aber vor dem japan. Yen, dem brit. Pfund und dem Schweizer Franken auf dem 2. Platz. Nach Angaben der Bank für Internat. Zahlungsausgleich ist die DM an (1993) rd. 40 % aller internat. Devisentransaktionen beteiligt und 16,6 % der Devisenreserven werden in DM gehalten.

*deutsche Musik: Nach wie vor nimmt Dtl. im europ. Vergleich bezüglich der Anzahl an akadem. Ausbildungsstätten, subventionierten Orchestern und Opernhäusern sowie Rundfunkanstalten eine Spitzenstellung ein. Diese musikal. Infrastruktur machte v. a. die Bundesrep. Dtl. zunehmend zu einem Einwanderungsland für ausländ. Komponisten, eine Entwicklung, die sich durch die Öffnung zum Osten hin noch verstärkt hat. Zahlreiche osteurop. Komponisten leben inzwischen in Dtl. (z. B. SOFIA GUBAIDULINA, ADRIANA HÖLSZKY, KRZYSZTOF MEYER, A. PÄRT, A. SCHNITTKE) oder sind durch Uraufführungen ihrer Werke zum festen Bestandteil des Konzertrepertoires geworden. Begünstigt wurde dieser Trend durch einen um 1980 einsetzenden Boom an Festivals, Konzertzyklen und Initiativen zur Förderung zeitgenöss. Musik: von etwa 50 Institutionen dieser Art bis 1980 wuchs die Zahl auf etwa 150 bis 1993. Parallel dazu entstanden eine Vielzahl spezieller Instrumentalensembles, die mit besetzungstechn. Variabilität (bis zu 20 solistisch hochqualifizierte Instrumentalisten) auf die ständig gesteigerten Anforderungen Neuester Musik reagieren, symptomatisch für die derzeitige kompositor. Entwicklung hin zu betont individualistisch ausgearbeiteten kammermusikal. Werken.

Zentrales Ereignis im gesamtdt. Musikleben nach 1989 war das künstler. wie kulturpolit. Zusammenwachsen beider Musikkulturen. Dabei ließ sich auf schon bestehenden Brückenschlägen aufbauen. Im

Rahmen von Orchester- und Ensemblegastspielen, aber auch durch persönl. Komponistenkontakte auf internat. Festspielen, etwa der Musik-Biennale Berlin, gab es bereits intensiveren Gedankenaustausch. Komponisten der jüngeren Generation in der Dt. Dem. Rep. wie P.-H. DITTRICH, FRIEDRICH GOLDMANN (*1941), JÖRG HERCHET (*1943), S. MATTHUS, FRIEDRICH SCHENKER (*1942), SIEGFRIED THIELE (*1934), U. ZIMMERMANN, HANNES ZERBE (*1941) waren in der Bundesrep. Dtl. keine Unbekannten mehr. Internat. Beachtung fanden darüber hinaus die Wiedereröffnung des Leipziger Gewandhauses (1981) sowie der Dresdner Semperoper (1985). Auch gab es in der Dt. Dem. Rep. seit den 1970er Jahren zunehmend Bestrebungen, die systembedingten kulturpolit. wie ästhet. Ressentiments gegenüber der Moderne abzubauen (2. DDR-Musikkongreß 1972, Schönberg-Ehrung 1974 durch die Akademie der Künste, Rezeption der Schriften H. EISLERS und T. W. ADORNOS), die sich in den 1980er Jahren auch institutionalisieren konnte, zuletzt im ›Dresdner Zentrum für Neue Musik‹ (seit 1986). So entstanden kompositor. Freiräume, die in einer mitunter realitätsbezogeneren und musikalisch pluralistischeren Sprache umgekehrt auch erfrischend zurückwirkten auf das z. T. abstrakte Materialdenken der postseriellen Westavantgarde. Zur jüngsten Komponistengeneration der Dt. Dem. Rep. gehören u. a. STEFAN CAROW (*1934), BERND FRANKE (*1953), LUTZ GLANDIEN (*1954), REINHARDT PFUNDT (*1951), STEFFEN SCHLEIERMACHER (*1960), JAKOB ULLMANN (*1958), HELMUT ZAPF (*1956). Während z. B. in den angelsächs. oder osteurop. Ländern schon längere Zeit Komponistinnen das Konzertrepertoire mitbestimmen, schien bis Ende 1970 das Komponieren speziell im dt.-sprachigen Raum, von Ausnahmen abgesehen (RUTH ZECHLIN, GRETE VON ZIERITZ), traditionell eine Männerdomäne zu sein. Inzwischen gibt es eine Reihe von Initiativen und Archiven u. a. in Kassel (›Internat. Arbeitskreis Frau und Musik‹ seit 1978), Heidelberg und Berlin, die die Werke von Komponistinnen der Vergangenheit und Gegenwart umfassender dokumentieren und durch jährl. Festivals deren Aufführung fördern. Jüngere Komponistinnen, die im allgemeinen Konzertrepertoire mittlerweile einen festen Platz haben, sind u. a. CAROLA BAUCKHOLT (*1959), SUSANNE ERDING (*1955), PATRICIA JÜNGER (*1951), BABETTE KOBLENZ, ANNETTE SCHLÜNZ (*1964).

Neben den ab 1933 im Exil lebenden Repräsentanten der von den Nationalsozialisten als ›entartet‹ diffamierten Musik haben v. a. in den letzten Jahren auch einige derjenigen Komponisten, die in Konzentrationslager deportiert und ermordet wurden, durch Wiederaufführung ihrer z. T. vernichtet geglaubten Werke eine Rehabilitierung erfahren, z. B. der in Theresienstadt wirkende V. ULLMANN.

Deutsche Nationalstiftung, private Stiftung, Sitz: Weimar, gegr. 1993 aus dem Willen, das Sichaufeinanderzubewegen und Zusammenwachsen der Deutschen in Ost und West zu fördern, mit dem Ziel einer nat. Identifikation. Gefördert werden Erforschung, Erörterung und öffentl. Darstellung des geistigen und kulturellen Lebens in Dtl., Vorhaben, die die Beziehungen Dtl.s zu seinen europ. Nachbarn festigen, sowie Beiträge und Diskussionen zur Lösung drängender Fragen der Gegenwart und Zukunft. Zu den Begründern und ehemaligen Vorstands-Mitgl. gehören K. BIEDENKOPF, R. LÜST, K. MASUR und HELMUT SCHMIDT. Stiftungsvermögen: rd. 3 Mio. DM.

*deutsche Ostgebiete: Mit dem ▷ Zwei-plus-Vier-Vertrag (in Kraft seit dem 15. 3. 1991) und dem →Deutsch-Polnischen Grenzvertrag (in Kraft seit dem 16. 1. 1992) gab Dtl. völkerrechtlich verbindlich seinen Anspruch auf die Teile des früheren dt. Reichsgebietes zw. der ▷ Oder-Neiße-Linie im W und der Grenze des Dt. Reiches von 1937 im O auf. Der →Deutsch-Polnische Vertrag über gute Nachbarschaft und freundschaftliche Zusammenarbeit (in Kraft seit dem 16. 1. 1992) erkennt die Existenz einer dt. Minderheit in Polen an. Zugleich wurde eine grenznahe Zusammenarbeit vereinbart.

*deutsche Philosophie: Die Hauptrichtungen der d. P. des 20. Jh. bestehen nach der Wende 1989 weiterhin fort. Darüber hinaus geht die Arbeit der neuesten d. P. in den verschiedenen Disziplinen weiter, mit denen sie immer auch auf die eigenen Grundlagen rücksichtlich der Herausforderung neuerer Problementwicklungen reagiert. Die ›sprachphilosoph. Wende‹ ist in den letzten Jahren durch eine ›Wende zur prakt. Philosophie‹ abgelöst worden, die mit philosoph. Politikberatung, Technikfolgenabschätzung und mannigfaltigen Ethikentwürfen auf die drängenden Problemstellungen der Gegenwart antwortet. Im eth. Diskurs dominiert der hedonistisch-epikureische Ansatz, fortgeschrieben im angelsächs. Utilitarismus. Auch die aristotelisch-thomist. Tugendlehre wird v. a. im christl. Milieu vertreten und verbindet sich in mancherlei Ansätzen mit einem säkularen Kommunitarismus. Stoische Pflichtenlehre ist noch in der Gestalt mannigfaltiger Berufsethiken präsent. Die von I. KANT und J. F. FRIES herkommende Ethik der ›Würde der Person‹ verbindet sich mit frz. und angelsächs. Menschenrechtsidealen zu einer emanzipator. Ethik, allerdings nicht ohne dialekt. Einschlüsse (z. B. im widersprüchlich diskutierten Problem der Würde und Menschenrechte des Ungeborenen). Im Pluralismus der Ansätze wird das eth. Subjekt mehr und mehr auch auf Tiere, Pflanzen und allg. die ›Umwelt‹ und die ganze ›Schöpfung‹ ausgedehnt, so daß Verantwortlichkeiten und Zurechnungen immer mehr im Globalen verankert werden und somit fast verschwinden. Die philosoph. Anthropologie hat sich einerseits auf technizist. Debatten (künstl. Intelligenz), andererseits auf den Feminismus verengt. In der Erkenntnistheorie ist neben die fortgesetzten naturwissenschaftsbegründenden Diskussionen über Empirismus, Rationalismus oder Holismus eine breite hermeneutisch orientierte Grundlagenreflexion der Geisteswissenschaften getreten, in der sich philologisch-sprachwissenschaftl., histor. und soziologisch-ökonom. Ansätze begegnen und teils vermischen. Klass. Logik und mathemat. Logik und Grundlagentheorie stagnieren auf einem hohen Niveau. Ästhetik und Geschichtsphilosophie diskutieren den ›Postmodernismus‹ als Signatur des Endes des 2. Jahrtsd. Metaphysik und Ontologie sind weithin zum Einzugsbereich nah- und fernöstl. sowie ›esoter.‹ Missionsunternehmungen geworden, deren Publikationen die akadem. Literatur einer ›transkulturellen Forschung‹ weit überwiegen. – Neben die akadem. Philosophie mit ihrer traditionellen Aufgabe der Nachwuchs- und Lehrerausbildung ist in den letzten Jahren eine ›angewandte‹ Philosophie der ›philosoph. Praxen‹ für Lebensberatung, Manager- und Personalführungsberatung, rhetor. Selbstbehauptungs- und ›Selbstbewußtseinsbildung‹ getreten.

Im Zuge der dt. Wiedervereinigung sind alle Ausbildungs- und Studienzentren der offiziellen marxist. Philosophie der ehem. Dt. Dem. Rep. ›abgewickelt‹ worden. Der Zusammenbruch des ›real existierenden‹ Sozialismus hat wie in den übrigen östl. Ländern zu einem fast vollständig Verstummen des Ideologems des Marxismus-Leninismus geführt. Das Epochenereignis der Wende hat zwar nicht wie zur Zeit des dt. Idealismus der Befreiungskriege zu einer ›Philosophie der dt. Einheit‹ geführt, gleichwohl ist eth. philosoph. Stellungnahmen aus dem ›linken‹ und ›rechten‹ Lager begleitet worden. Der ›westdt.‹ Marxismus behauptet sich als eine unter den Richtungen der Gegenwartsphilosophie, beteiligt sich an den historisch-philolog. und systemat. Forschungen, vorwiegend bezogen auf die eigene Genese, und bilanziert die Lage und die Aussichten künftiger Wirkungsmöglichkeiten.

Aufbruch in die Neunziger. Ideen, Entwicklungen, Perspektiven der achtziger Jahre, hg. v. C. W. THOMSEN (1991); P. KOSLOWSKI: Nachruf auf den Marxismus-Leninismus. Über die Logik des Übergangs vom historischen Sozialismus zum rech. u. demokrat. Kapitalismus (1991); C. TÜRCKE: Sexus u. Geist. Philosophie im Geschlechterkampf (1991); M. BERG: Philosoph. Praxen im dt.-sprachigen Raum. Eine krit. Bestandsaufnahme (1992); Philosophie im 20. Jh., hg. v. A. HÜGLI u. a., 2 Bde. (a. d. Dän., 1992–93); Postmoderne oder das Ende des Suchens? Eine Zwischenbilanz, hg. v. B. GUGGENBERGER u. a. (1992); Eine andere Tradition. Dissidente Positionen von Frauen in Philosophie u. Theologie, hg. v. M. APPICH u. a. (1993); Marxist. Menschenbild – eine Utopie? Beitr. des Kolloquiums am 17. u. 18. Okt. 1992, hg. von der Marx-Engels-Stiftung e. V. (1993); Innenansichten ostdt. Philosophen, hg. v. N. KAPFERER (1994); Signale der Solidarität. Wege christl. Nord-Süd-Ethik, hg. v. U. PÖNER u. a. (1994); L. GELDSETZER: Die Philosophenreise. In Versen vorgestellt (1995); Ja zum Weltethos. Perspektiven für die Suche nach Orientierung, hg. v. H. KÜNG (1995); D. THOMÄ: Multikulturalismus, Demokratie, Nation. Zur Philosophie der dt. Einheit, in: Dt. Ztschr. für Philosophie, Jg. 43 (1995).

*Deutsche Physikalische Gesellschaft e. V.: Am 20. 11. 1990 fand in Berlin der schon vor der dt. Vereinigung vereinbarte Zusammenschluß der DPG und der Physikal. Gesellschaft der DDR e. V. statt. Die neue Gesellschaft wird unter dem Namen der DPG geführt, die Zahl der Mitgl. beträgt (1995) 28 800. Das seit 1958 von der Physikal. Gesellschaft der DDR genutzte traditionsreiche Magnus-Haus in Berlin wurde als eigene Begegnungsstätte der DPG neben dem Physikzentrum in Bad Honnef eingerichtet und 1994 eröffnet.

Deutsche Post AG, im Zuge der Postreform aus der Dt. Bundespost Postdienst durch das Postumwandlungs-Ges. vom 14. 9. 1994 zum 1. 1. 1995 hervorgegangenes Dienstleistungsunternehmen für Kommunikation, Transport und Logistik im Bereich des Postwesens; Sitz: Bonn.
Organisation: In der Direktionsebene wurde die bisherige umfassende Zuständigkeit der Direktionen auf je eine Verwaltungssparte Briefpost, Frachtpost oder Postfilialen spezialisiert, die bisherigen Bezirksgrenzen der Direktionen wurden erweitert. Die bisherige Zahl der ›Postämter mit Verwaltung‹ – seither Niederlassungen genannt – wurde verringert.

Das Grundkapital der D. P. AG beträgt 2 Mrd. DM; es wird vom Bundes-Min. für Post und Telekommunikation über die dafür geschaffene ›Bundesanstalt für Post und Telekommunikation Dt. Bundespost‹ gehalten. Durch die Aufstockung des Grundkapitals (etwa 1998) können zusätzl. Aktien ausgegeben und über die Börse verkauft werden. Eine Mehrheit von 50% und einer Aktie muß für mindestens fünf Jahre beim Bund bleiben.

Im Geschäftsbereich Briefpost wurden von der D. P. AG 1994 im Tagesdurchschnitt 52 Mio. Briefsendungen bearbeitet und ein Umsatz von 20,6 Mrd. DM erzielt, wobei v. a. die Infopost-Sendungen (früher Massendrucksachen) stark wuchsen. Bei der Frachtpost belief sich der Umsatz bei 680 Mio. bearbeiteten Sendungen auf 3,9 Mrd. DM. In diesem Bereich steht die D. P. AG im Wettbewerb mit anderen Anbietern und verfügt über einen Marktanteil von rd. 26%. Die D. P. AG hatte (Mitte 1995) 33 Frachtpostzentren.

Mit ihren 20 000 Filialen (auch Vertriebsfilialen genannt, früher Postämter), die auch von der Dt. Postbank AG genutzt werden, verfügt die D. P. AG über das größte Filialnetz in Dtl. Neuerdings werden die Dienstleistungen der D. P. AG auch von sogenannten Postagenturen angeboten, d. h. von entsprechend ausgestatteten Schreibwaren- oder Lebensmittelgeschäften. Im Postzeitungsdienst – jetzt Pressepost – wurden ein Expreßvertrieb sowie ein sogenanntes Schnelläufernetz eingerichtet. – Die 340 000 Beschäftigten (entspricht rd. 287 000 Vollzeitkräften) erzielten einen Gesamtumsatz von (1994) 28,1 Mrd. DM bei einem Gewinn von rd. 150 Mio. DM.

Deutsche Postbank AG, im Zuge der Postreform aus der Dt. Bundespost Postbank durch das Postumwandlungs-Ges. vom 14. 9. 1994 zum 1. 1. 1995 hervorgegangenes Kreditinstitut; Sitz: Bonn. Die D. P. AG wird von einer Zentrale geleitet, die in vier Vorstandsbereiche gegliedert ist und der die 15 Postbank-Niederlassungen (früher Postgiroämter) unterstehen. Aufgrund eines Vertriebsverbundes mit der Dt. Post AG (›Schalterverbund‹), der in einer Kooperationsvereinbarung 1993 (Laufzeit bis Ende 1996) geregelt ist, kann die D. P. AG deren Filialen (früher Postämter) nutzen und ihre Dienstleistungen anbieten. In größeren Postfilialen gibt es ›blaue Schalter‹, mit denen sich die D. P. AG als eigenständiges Unternehmen präsentiert und auch neue Dienstleistungen (u. a. Lebensversicherungen, Bausparen) anbietet.

Das Grundkapital der D. P. beträgt 800 Mio. DM, es wird vom Bundes-Min. für Post und Telekommunikation über die dafür geschaffene ›Bundesanstalt für Post und Telekommunikation Dt. Bundespost‹ gehalten. Dem Bund ist eine Sperrminorität (25% plus eine Aktie) für die Zukunft gesetzlich eingeräumt. Bei einer Konzernbilanzsumme von (1994) 93,35 Mrd. DM und rd. 17 000 Beschäftigten hatte die D. P. 4,6 Mio. Girokonten mit einem Sichtguthaben von 25,6 Mrd. DM und 24 Mio. Sparkonten mit einem Einlagevolumen von 53,5 Mrd. DM. (→Banken, ÜBERSICHT)

Deutscher Akti|en|index, Abk. **DAX®**, am 1. 7. 1988 eingeführter Aktienindex, der 30 mit ihrem börsenzugelassenen Grundkapital gewichtete dt. Standardwerte umfaßt und an der Frankfurter Wertpapierbörse während der Handelszeit jede Minute neu berechnet wird (Laufindex). Als Basis wurde der Wert am 31. 12. 1987 gleich 1000 gesetzt und nachträglich – verknüpft mit dem Index der Börsen-Zeitung – bis 1959 zurückgerechnet. Gewichtung und Auswahl der einbezogenen Aktienwerte werden einmal jährlich

Deutsche Post AG

Deutsche Postbank AG

Deutscher Aktienindex: Einbezogene Aktiengesellschaften und deren Gewichtung im Index am 18.9.1995			
Gesellschaft	Gewichtung in %	Gesellschaft	Gewichtung in %
1 Allianz AG Holding[1]	12,54	15 Karstadt AG	1,11
2 BASF AG	4,00	16 Kaufhof Holding AG	1,07
3 Bayer AG	5,33	17 Lufthansa AG[3]	1,63
4 Bayer. Hypotheken- und Wechselbank AG	1,86	18 Linde AG	1,49
		19 MAN AG[3]	1,30
5 Bayerische Motoren Werke AG	3,20	20 Metallgesellschaft AG	0,68
		21 Mannesmann AG	3,51
6 Bayerische Vereinsbank AG	1,94	22 Preussag AG	1,34
7 Commerzbank AG	2,46	23 RWE AG[3]	5,50
8 Continental AG	0,41	24 SAP AG[2]	4,67
9 Daimler Benz AG	7,44	25 Schering AG	1,43
10 Deutsche Bank AG	6,66	26 Siemens AG	8,17
11 Degussa AG	0,79	27 Thyssen AG	1,79
12 Dresdner Bank AG	3,39	28 VEBA AG	5,69
13 Henkel KGaA[2]	0,74	29 VIAG AG	2,38
14 Hoechst AG	4,26	30 Volkswagen AG[3]	3,22

[1]) Namensaktien. – [2]) Vorzugsaktien. – [3]) Stammaktien.

überprüft und ggf. aktualisiert. Der DAX berücksichtigt Dividendenzahlungen und Bezugsrechtsabschläge (Performance-Index) und repräsentiert rd. 60% des Grundkapitals inländ. börsennotierter AG sowie rd. 75% der Börsenumsätze.

Deut Deutsche Reichsbahn – Deutsches Aktieninstitut e.V.

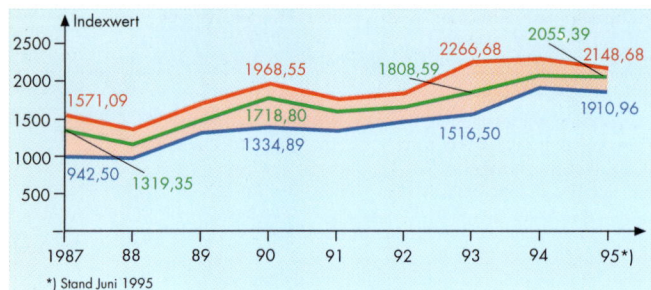

Deutscher Aktienindex: Entwicklung 1987–95 mit dem jeweils höchsten (rote Kurve) und niedrigsten (blaue Kurve) Jahreswert sowie dem Jahresdurchschnittswert (grüne Kurve)

Ergänzend zum DAX wird seit April 1993 der **Composite-DAX (CDAX)** berechnet, der alle (1995: 344) inländ., zum amtl. Handel an der Frankfurter Wertpapierbörse zugelassenen Aktien umfaßt (Basiswert am 31.12.1987 gleich 100). Zusätzlich werden 16 Branchenindizes ausgewiesen. Seit April 1994 wird der **DAX 100** ausgewiesen, in den die 100 wichtigsten, variabel gehandelten Aktienwerte einbezogen werden (Basiswert am 31.12.1987 gleich 500). Die erwarteten Kursschwankungen bringt der seit Dez. 1994 berechnete Volitalitätsindex **VDAX** zum Ausdruck.

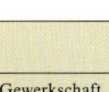

Deutscher Gewerkschaftsbund: Emblem der IG Medien

***Deutsche Reichsbahn:** Die DR hatte 1993 rd. 138 000 Beschäftigte (1989: 250 000). Im Einigungsvertrag (Art. 26) wurde festgelegt, die Dt. Bundesbahn und die DR technisch und organisatorisch zusammenzuführen. 1994 ging die DR im Zuge der Bahnreform nach Zusammenlegung mit dem Sondervermögen Dt. Bundesbahn in einem einheitl. Bundeseisenbahnvermögen auf, aus dem der unternehmer. Bereich als →Deutsche Bahn AG ausgegliedert wurde.

***Deutscher Gewerkschaftsbund:** Die Gewerkschaft Kunst und die IG Druck und Papier haben sich 1989 zur IG Medien Druck und Papier, Publizistik und Kunst (Kurz-Bez. IG Medien) zusammengeschlossen. 1995 beschlossen die IG Bau-Steine-Erden und die Gewerkschaft Gartenbau, Land- und Forstwirtschaft ihre Fusion zur IG Bauen-Agrar-Umwelt (IG BAU, Frankfurt am Main) zum 1.1.1996, die IG Chemie, IG Bergbau und Gewerkschaft Leder ihre Fusion zur IG Bergbau, Chemie, Energie (IG BCE, Hannover) für 1998.

Organe: Im DGB-Bundesvorstand sind jetzt fünf Mitgl. des Geschäftsführenden Bundesvorstands vertreten. Wegen der dt. Vereinigung wurde das Organisationsgebiet neu gegliedert und umfaßt jetzt 13 Landesbezirke; der Landesbezirk Berlin/Brandenburg besteht aus diesen beiden Bundesländern. Die Zahl der DGB-Kreise beläuft sich (Juni 1995) auf 201. – Vorsitzende: E. BREIT (1982–90), H. W. MEYER (1990–94) sowie D. SCHULTE (seit 1994).

Den dramat. Änderungen in Wirtschaft und Gesellschaft sowie durch die dt. Einheit soll auf dem außerordentl. Bundeskongreß 1996 programmatisch und organisatorisch Rechnung getragen werden. Nach dem Zusammenbruch der Neuen Heimat und der ›co op‹-Gruppe hat der DGB sein Engagement in der Gemeinwirtschaft aufgegeben. (→Gewerkschaften)

Deutscher Umweltpreis, →Deutsche Bundesstiftung Umwelt.

Deutscher Umweltpreis für Publizistik, gemeinsamer Preis des Verlags F. A. Brockhaus und der Umweltstiftung WWF-Deutschland (World Wide Fund for Nature) für einen publizist. Beitrag in Wort, Ton oder Film, der der Schaffung, Förderung und Unterstützung eines sachgerechten Umweltbewußtseins dient. Der 1990 erstmals verliehene Preis, der aus einem Hauptpreis für Publizisten und einem Förderpreis für Nachwuchspublizisten besteht, wird seit 1993 zweijährlich zum Tag der Umwelt (5. 6.) vergeben.

*__Deutscher Verlag für Musik:__ Wurde 1992 vom Verlag Breitkopf & Härtel übernommen; Weiterführung in Leipzig als GmbH.

Deutsches Akti|en|institut e.V., Abk. **DAI,** Organisation zur Förderung der Aktie im Interesse einer besseren Unternehmensfinanzierung und einer breiteren Eigentumsstreuung; gegr. 1995, Sitz: Frankfurt am Main. Das DAI ist hervorgegangen aus dem 1953 gegründeten **Arbeitskreis zur Förderung der Aktie** und hat (1995) 120 Mitgl. (v. a. Banken, Unternehmen, Verbände). Das DAI berät Unternehmen bei Fragen

Gewerkschaft (IG = Industriegewerkschaft, Gew. = Gewerkschaft)	Arbeiter gesamt	Arbeiter weiblich	Angestellte gesamt	Angestellte weiblich	Beamte gesamt	Beamte weiblich	Mitglieder insgesamt gesamt	Mitglieder insgesamt weiblich
IG Bau-Steine-Erden	585 400	42 000	67 500	21 300			652 900	63 300
IG Bergbau und Energie[1]	302 400	9 900	87 300	17 600	250		389 950	27 500
IG Chemie-Papier-Keramik	591 900	124 200	150 400	51 500			742 300	175 700
IG Medien – Druck und Papier, Publizistik und Kunst	96 400	23 600	50 500	19 800			215 200	70 700
Gew. der Eisenbahner Deutschlands	218 900	37 900	66 900	28 800	137 400	13 300	423 200	80 000
Gew. Erziehung und Wissenschaft[2]			150 500	118 600	119 400	67 600	316 200	214 100
Gew. Gartenbau, Land- und Forstwirtschaft	73 700	19 300	13 900	6 800	2 700	100	90 300	26 200
Gew. Handel, Banken und Versicherungen	61 100	23 500	484 100	343 600			545 200	367 100
Gew. Holz und Kunststoff	166 600	27 400	13 000	4 600			179 600	32 000
Gew. Leder	22 600	11 000	2 500	900			25 100	11 900
IG Metall	2 470 100	383 900	525 600	164 200			2 995 700	548 100
Gew. Nahrung-Genuß-Gaststätten	263 600	94 200	72 700	40 000			336 300	134 200
Gew. öffentliche Dienste, Transport und Verkehr	827 600	230 500	975 500	625 500	74 400	14 300	1 877 700	870 300
Gew. der Polizei	11 300	3 300	22 300	11 500	163 900	11 600	197 500	26 400
Deutsche Postgewerkschaft	200 700	97 300	81 600	62 100	264 600	71 600	546 900	231 000
Gew. Textil-Bekleidung[2]	122 500	71 200	19 800	9 600			234 200	140 800
DGB	6 015 000	1 199 200	2 784 100	1 526 400	762 650	178 500	9 768 250	3 019 300
Anteil der Frauen in %	19,9	100	54,8	100	23,4	100	30,9	100
Anteil an der jeweiligen Beschäftigtengruppe bzw. an der jeweiligen Gesamtmitgliederzahl in %[2]	61,6	39,7	28,5	50,6	7,8	5,9	100	100

Deutscher Gewerkschaftsbund: Mitglieder (Stand 31.12.1994)

[1] Angenäherte Werte. – [2] In der Zahl der Mitgl. insgesamt sind auch ›sonstige‹ Mitglieder (Arbeitslose, Rentner, Auszubildende u. a.) enthalten. Quelle: DGB Bundespressestelle.

der Aktienemission und Publizität, bietet Fortbildungsveranstaltungen an und fördert die Forschung in Fragen der Finanzmärkte.

Deutsches Elektronen-Synchrotron: Zum 1. 1. 1992 wurde durch Staatsvertrag zw. der Bundes-Reg. und den Ländern Hamburg und Brandenburg das Inst. für Hochenergiephysik (IfH) in Zeuthen (Kr. Dahme-Spreewald) dem DESY angegliedert. Der IfH-Etat wird zu 90% von der Bundes-Reg. und zu 10% von Brandenburg getragen; der offizielle Name lautet **DESY – Institut für Hochenergiephysik Zeuthen.** Nachdem bereits vor der dt. Vereinigung enge Kontakte zum DESY bestanden hatten, wurde das IfH auf Empfehlung des Wissenschaftsrats auf diese Weise als erstes Institut der ehem. Akademie der Wissenschaften der DDR als Ganzes in seinem Fortbestand gesichert. Neben der Forschungsarbeit am DESY ist das IfH an einem LEP-Experiment bei CERN und am Bau eines Neutrinodetektors im Baikalsee beteiligt. – Im Juni 1992 wurde am DESY der Speicherring →HERA in Betrieb genommen.

Deutsche Shakespeare-Gesellschaft: 1993 wurde mit dem Beitritt der D. S.-G. West (Bochum) zur D. S.-G. (Weimar) die Wiedervereinigung der beiden literar. Gesellschaften vollzogen. Hauptsitz ist Weimar; die Jahrestagungen finden abwechselnd in Bochum und Weimar statt, das ›Jahrbuch der D. S.-G.‹ (1993 ff.) erscheint in Bochum.

Deutsches Hydrographisches Institut: Das DHI heißt seit 1. 7. 1990 Bundesamt für Seeschiffahrt und Hydrographie, Abk. BSH.

Deutsches Reich 2): Nach dem Beitritt der Dt. Dem. Rep. und dem Abschluß und der Ratifizierung des Zwei-plus-Vier-Vertrags vom 12. 9. 1990 zw. der Bundesrep. Dtl. und der Dt. Dem. Rep. einerseits und den vier Hauptsiegermächten des Zweiten Weltkriegs andererseits umfaßt das vereinigte Dtl. das Gebiet der früheren Bundesrep. Dtl., der ehem. Dt. Dem. Rep. und Berlins. Die Außengrenzen sind endgültig. Die Vier Mächte beenden ihre Rechte und Verantwortlichkeit in bezug auf Berlin und Dtl. als Ganzes. Dtl. hat damit seine volle Souveränität wiedererlangt. Rechtlich ist das vereinigte Dtl. (Bundesrep. Dtl.) als identisch mit dem D. R. anzusehen.

Deutsches Rotes Kreuz: Neuer Präs. ist seit 11. 11. 1994 der Völkerrechtler K. IPSEN. Das DRK umfaßt (1995) 19 Landesverbände mit 583 Kreisverbänden und 5 582 Ortsvereinen, 35 Schwesternschaften mit rd. 18 000 Schwestern. Das DRK hat rd. 4,7 Mio. Mitgl. (davon 330 000 Aktive sowie 80 000 Aktive im Jugendrotkreuz). Das Präsidium besteht heute aus zehn Personen.

Das DRK der Dt. Dem. Rep. löste sich auf durch die Neugründung von fünf DRK-Landesverbänden, die dem DRK zum 1. 1. 1991 beitraten.

Deutsches Rundfunkarchiv: Das DRA hat seit 1. 1. 1994 aufgrund der Übernahme der Rundfunkbestände der ehem. Dt. Dem. Rep. einen zweiten Standort in Berlin.

Deutsche Stiftung Denkmalschutz, Abk. **DSD,** private Stiftung, Sitz: Bonn, 1985 gegr. mit dem Ziel, die Aufmerksamkeit der Öffentlichkeit auf die Gefährdung vieler Baudenkmäler zu richten und durch Fördergelder zur Erhaltung architekton. Denkmale in Dtl. beizutragen. Mit der Wiedervereinigung erweiterte sich das Aufgabenfeld der DSD erheblich. Sie übernahm auch koordinierende Aufgaben im Bereich der Denkmalpflege (z. B. den ›Tag des offenen Denkmals‹). Seit 1991 gibt sie das Magazin ›Monumente‹ heraus. Bei der Vergabe von Geldern wird der Vorstand durch die Wiss. Kommission der Stiftung beraten.

Deutsche Telekom AG, Kurz-Bez. **Telekom,** Unternehmen für Telekommunikation, gegr. 1989 als Dt. Bundespost Telekom im Zuge der →Postreform nach Umstrukturierung des Post- und Fernmeldewesens, AG seit 1. 1. 1995; Sitz: Bonn. Das Grundkapital der D. T. beträgt 10 Mrd. DM, es wird vom Bundes-Min. für Post und Telekommunikation über die dafür geschaffene ›Bundesanstalt für Post und Telekommunikation Dt. Bundespost‹ gehalten. Das Unternehmen ist berechtigt, bis Ende 1999 Kapitalerhöhungen bis zum Nennwert von max. 5 Mrd. DM durchzuführen.

T Deutsche Telekom AG

Leistungen der Deutschen Telekom AG			
	1990	1993	1994
Büro- und Datenkommunikation			
Telegramme (in Mio.)	18,0	4,5	2,8
Datex L-Anschlüsse[1]) (in 1000)	24,2	23,4[2])	-
Datex P-Anschlüsse (in 1000)	56,5	86,5	92,6
Datex J/Btx-Kunden (in 1000)	260,1	496,7	708,5
Telefaxanschlüsse (in Mio.)	0,7	1,3	1,45
Mobilkommunikation			
Anschlüsse D1-Netz (in 1000)	–	481,0	872,0
Anschlüsse C-Netz (in 1000)	273,9	794,4	723,7
Cityruf-Kunden (in 1000)	64,5	276,5	335,7
Telefondienstleistungen			
Inlandsgespräche (in Mrd.)	35,4	50,3	52,3
Auslandsgespräche (in Mrd.)	0,8	1,2	1,4
Anschlüsse (in Mio.)	31,9	37,0	39,2
ISDN-Basisanschlüsse (in 1000)	14,5	281,3	509,2
Kabelanschlüsse			
anschließbare Haushalte (in Mio.)	16,0	21,5	23,3
angeschlossene Haushalte (in Mio.)	8,1	13,5	14,6
Versorgungsgrad (anschließbare zu Haushalte gesamt; in %)	60,7	62,7	62,0
Leitungsnetz (Fernlinien in 1000 km)			
Kupferkabel	193,3	148,2[3])	148,2[4])
Glasfaserkabel	30,9	56,2[3])	81,1[4])
Breitbandkabel	279,5	352,3[3])	387,3[4])

[1]) Zahlen einschließlich Teletexdienst, der zum 1. 7. 1993 eingestellt wurde. – [2]) Einstellung zum 1. 1. 1997, letzte veröffentlichte Zahl. – [3]) 1992. – [4]) 1993.
Quellen: Geschäftsberichte der Dt. Telekom AG.

Mit der Umstrukturierung wurden versch. Bez. geändert, z. B. Fernmeldeamt in T.-Niederlassung und Telekom Laden in T-Punkt. Um die Infrastruktur für Anwendungen von Multimedia zu verbessern, wurden das →Datexnetz (T-Online) sowie das ISDN weiter ausgebaut. Durch den Aufbau eigenverantwortl. Divisionen und durch Outsourcing richtet sich die D. T. auf die zunehmende Konkurrenz (das Telefondienstmonopol entfällt zum 1. 1. 1998) und Internationalisierung (Globalisierung) der Telekommunikation aus und gründete Tochtergesellschaften im In- und Ausland oder erwarb Beteiligungen; Beispiele sind (z.T. Kurz-Bez.): DeTeMobil Dt. Telekom MobilNet

Deutsche Telekom AG: Wirtschaftsdaten			
	1990	1993	1994
Umsatzerlöse (in Mrd. DM)	40,6	59,0	61,2*)
Geschäftsergebnis (in Mrd. DM)	7,3	3,2	7,1
Ablieferung, Steuern, Finanzausgleich (in Mrd. DM)	6,1	6,1	5,9
Jahresüberschuß (in Mrd. DM)	1,3	–2,9	1,3
Beschäftigte (umgerechnet auf Vollzeitkräfte, in 1000)	212	231	225,0

*) Nach Ausgliederung aller Mobilfunkaktivitäten zur DeTeMobil.

GmbH, DeTe System Dt. Telekom Systemlösungen GmbH, DeTeBau Dt. Telekom Planungs- und Bauorganisations-GmbH, DeTeMedien GmbH (bis Ende 1993 Dt. Postreklame GmbH), TKS Telepost Kabel-Servicegesellschaft (62,56%), Romantis Gesellschaft für Satellitenkommunikation (51%), EUCOM (50%), DETECON (30%). Wichtige Kooperationspartner

Deut Deutsche Terminbörse – Deutschland

Deutschland
Staatswappen

Nationalflagge

Internationales
Kfz-Kennzeichen

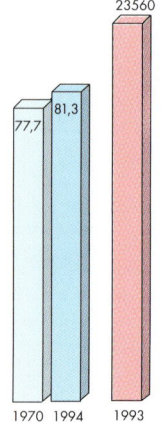
1970 1994 1993
Bevölkerung Bruttosozial-
(in Mio.) produkt je Ew.
(in US-$)

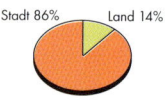
Stadt 86% Land 14%
Bevölkerungsverteilung
1992

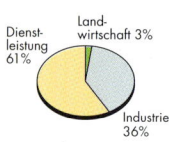
Dienst-
leistung
61%
Land-
wirtschaft 3%
Industrie
36%
Erwerbstätige 1994

sind France Telecom sowie die amerikan. Sprint Corp.; Auslandsaktivitäten werden u. a. schwerpunktmäßig in den mittel- und osteurop. Staaten (v. a. Ukraine, Ungarn) entfaltet.

Deutsche Terminbörse, Abk. **DTB,** am 26. 1. 1990 in Frankfurt am Main eröffnete erste dt. vollcomputerisierte Börse (Computerbörse) und erste dt. Börse für Terminmingeschäfte, an der Optionen (▷ Optionsgeschäft) und Financial futures (▷ Futures) gehandelt werden. Die Produktpalette wurde nach und nach ausgebaut und umfaßt bei den Futures u. a. einen Finanzterminkontrakt auf den Dt. Aktienindex (DAX-Future), auf eine fiktive langfristige Bundesanleihe (BUND-Future) und auf eine fiktive Bundesobligation (BOBL-Future) sowie bei den Optionen Optionen auf 15 dt. Standardaktien, auf den Dt. Aktienindex und auf die schon genannten Futures. Optionen und Futures ermöglichen es institutionellen Anlegern, sich gegen Kursschwankungen zu schützen, dienen aber auch der Spekulation. Durch die Einschaltung von ▷ Market makers, die ständig Kaufund Verkaufspreise nennen, können jederzeit Geschäfte abgeschlossen werden. Die Ausgestaltung der DTB als Computerbörse ermöglicht den Börsenhandel über Computerterminals unabhängig vom Börsenplatz Frankfurt am Main. Wie die Wertpapierbörsen unterliegt auch die DTB dem Börsengesetz. Trägerin der DTB ist seit Jan. 1994 die →Deutsche Börse AG.

*Deutsch-Französischer Vertrag: Im Rahmen des D.-F. V. unterzeichneten Staatspräs. F. MITTERRAND und Bundeskanzler H. KOHL am 22. 1. 1988 ein Zusatzprotokoll über die Errichtung eines dt.-frz. Rates für Verteidigung und Sicherheit, dem der frz. Staatspräs., der dt. Bundeskanzler, die Außen- und Verteidigungs-Min. beider Länder sowie der Generalstabschef der frz. Streitkräfte und der Generalinspekteur der Bundeswehr angehören. Es gibt drei Arbeitsgruppen ›interoperative Zusammenarbeit‹, ›Abstimmung der Verteidigungskonzeptionen‹, ›gemeinsame Rüstungsvorhaben‹). Ein ständiges Sekretariat soll die Arbeit des Verteidigungsrates koordinieren und die Sitzungen vorbereiten.

Weiterhin wurde das Protokoll über die Gründung eines dt.-frz. Finanz- und Wirtschaftsrates unterzeichnet, dem die Wirtschafts- und Finanz-Min. beider Länder sowie die Präs. der beiden Zentralbanken angehören. Der Finanz- und Wirtschaftsrat soll die Wirtschafts-, Finanz-, Haushalts- und Währungspolitik beider Staaten abstimmen und koordinieren.

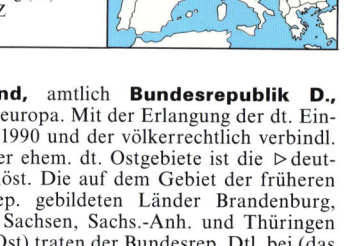

Deutschland
Fläche: 356 854 km²
Einwohner: (1994) 81,54 Mio.
Hauptstadt: Berlin
Amtssprache: Deutsch
Nationalfeiertag: 3. 10.
Währung: 1 Deutsche Mark (DM) = 100 Deutsche Pfennig (Pf)
Zeitzone: MEZ

Deutschland, amtlich **Bundesrepublik D.,** Staat in Mitteleuropa. Mit der Erlangung der dt. Einheit am 3. 10. 1990 ist der völkerrechtlich verbindl. Abtrennung der ehem. dt. Ostgebiete ist die ▷ deutsche Frage gelöst. Die auf dem Gebiet der früheren Dt. Dem. Rep. gebildeten Länder Brandenburg, Meckl.-Vorp., Sachsen, Sachs.-Anh. und Thüringen sowie Berlin (Ost) traten der Bundesrep. Dtl. bei (das frühere Bundesgebiet wird im weiteren Text meist West-D., das Gebiet der früheren Dt. Dem. Rep. und des wiedervereinigten Berlin meist Ost-D. genannt; bei statist. Angaben: Ost-D. ohne Westberlin). D. umfaßt jetzt 356 854 km² mit (1994) 81,54 Mio. Ew.; Hauptstadt ist Berlin, Bundesstadt Bonn. Nach seiner Fläche ist D. der sechstgrößte Staat Europas (nach dem europ. Teil Rußlands, der Ukraine, Frankreich, Spanien und Schweden), nach seiner Bev. der zweitgrößte Staat Europas (nach dem europ. Teil Rußlands). D. grenzt im N an Nordsee, Dänemark (Grenzlänge 67 km) und Ostsee, im O an Polen (442 km) und die Tschech. Rep. (811 km), im S an Österreich (816 km, ohne Bodensee) und die Schweiz (334 km, ohne Bodensee), im W an Frankreich (448 km), Luxemburg (135 km), Belgien (156 km) und die Niederlande (567 km, ohne Dollart und Außenbereich der Ems). Die Amtssprache ist Deutsch, in der Lausitz auch Sorbisch, in Schleswig auch Dänisch. Währung: 1 Deutsche Mark (DM) = 100 Deutsche Pfennig (Pf). Zeitzone: MEZ.

STAAT · RECHT

Verfassung: Die verfassungsrechtl. Lage hat sich durch den ▷ Zwei-plus-Vier-Vertrag (12. 9. 1990) und den Beitritt der Dt. Dem. Rep. zur Bundesrep. Dtl. nach Art. 23 Satz 2 GG (3. 10. 1990) geändert, wodurch die Geltung des GG auf das Gebiet der ehemaligen Dt. Dem. Rep. ausgedehnt wurde.

Der →Einigungsvertrag (31. 8. 1990) hat zugleich GG-Änderungen mit sich gebracht: Die Präambel, die zur Wiedervereinigung aufforderte, besagt nun, davon, daß die Deutschen ›in freier Selbstbestimmung die Einheit und Freiheit D.s vollendet‹ haben. Der (Beitritts-)Artikel 23 ist entfallen, Art. 146, der das Geltungsende des GG durch eine nach der Wiedervereinigung beschlossene Verf. regelte, wurde geändert. Über die Auslegung des neuen Art. 146 und einer Zusatzbestimmung des Einigungsvertrags herrscht Streit, der insbesondere die Verfahren und die Grenzen einer mögl. Neugestaltung der Verf. betrifft. Nach Art. 143 Abs. 1 GG konnten im Beitrittsgebiet bis Ende 1992 noch bestimmte dem GG nicht entsprechende Vorschriften fortgelten; gemeint ist insbesondere die Regelung des Schwangerschaftsabbruchs (Fristenlösung) der Dt. Dem. Rep. Außerdem ist bestimmt, daß gewisse zw. 1945 und 1949 in der sowjet. Besatzungszone vorgenommene →Enteignungen nicht rückgängig gemacht werden.

Die finanzverfassungsrechtl. Vorschriften gelten teilweise vorerst in modifizierter Form im Beitrittsgebiet; die fünf neuen Bundesländer sowie das ehemalige Berlin (Ost) – das nun Teil des Landes Berlin ist – wurden erst zum 1. 1. 1995 vollständig in den →Finanzausgleich einbezogen. Das Recht des Bundestages wurde nicht geändert; für die Wahl des ersten gesamtdt. Bundestages am 2. 12. 1990 wurden lediglich situationsbedingt einige Vorschriften des Bundeswahlgesetzes im Interesse der Chancengleichheit der Parteien im Beitrittsgebiet modifiziert. Die Stimmenverteilung im Bundesrat gemäß Art. 51 GG ist in einer Weise geändert worden, die das Gewicht der größeren Bundesländer erhöht. Nach dem Einigungsvertrag gelten die völkerrechtl. Verträge der Bundesrep. Dtl. für das vereinigte D. fort; Sondervorschriften regeln das Schicksal der von der Dt. Dem. Rep. geschlossenen völkerrechtl. Verträge. Nach Verhandlungen zw. Frankreich, Großbritannien, der Sowjetunion und den USA, die noch Befugnisse bezüglich Berlins und D.s als Ganzem innehatten, und der Bundesrep. Dtl. sowie der Dt. Dem. Rep. ist am 12. 9. 1990 der ›Vertrag über die abschließende Regelung in bezug auf D.‹ geschlossen worden (Zwei-plus-Vier-Vertrag). Die vier Mächte haben ihre Rechte und Verantwortlichkeiten in bezug auf Berlin und D. als Ganzes beendet. Als Außengrenze D.s wurden die Außengrenzen der

Deut Deutschland

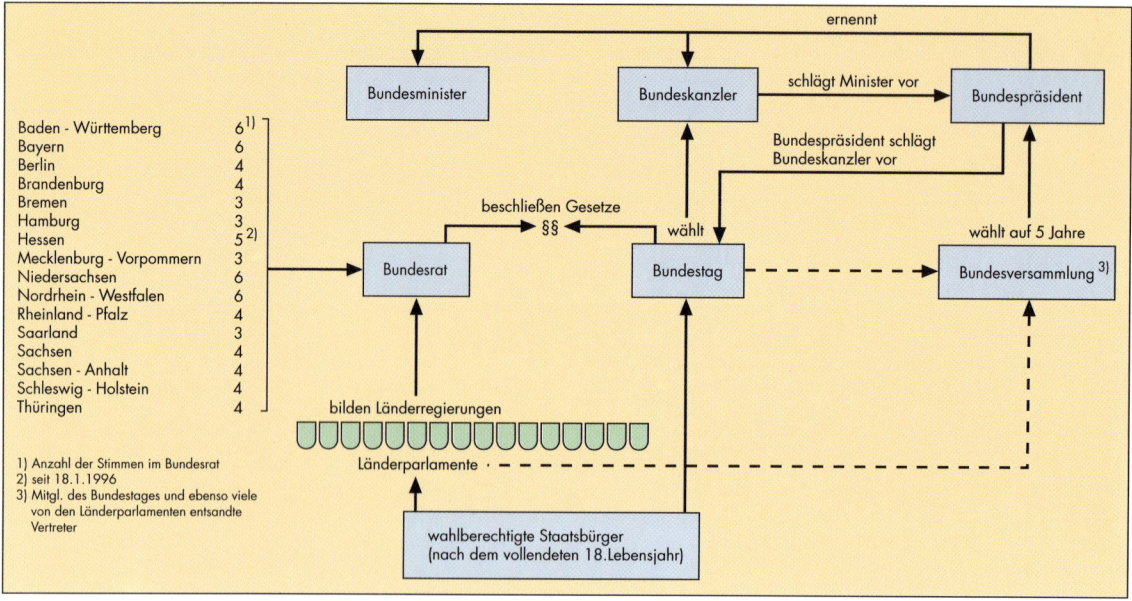

Deutschland: Schematische Darstellung des politischen Systems

1) Anzahl der Stimmen im Bundesrat
2) seit 18.1.1996
3) Mitgl. des Bundestages und ebenso viele von den Länderparlamenten entsandte Vertreter

Dt. Dem. Rep. und der Bundesrep. Dtl. vor der Vereinigung festgestellt.

Parteien: Im Dt. Bundestag sind die →Christlich Demokratische Union Deutschlands (CDU), verbunden in Fraktionsgemeinschaft mit der →Christlich Sozialen Union in Bayern (CSU), die ›Sozialdemokratische Partei Deutschlands (SPD), die →Freie Demokratische Partei (FDP), →Bündnis 90/Die Grünen und die →Partei des Demokratischen Sozialismus (PDS) vertreten.

Im Zuge der Vereinigung der beiden dt. Staaten schlossen sich 1990 mehrere ›Blockparteien‹ der Dt. Dem. Rep. (nach Auflösung der ▷ Nationalen Front der DDR, Dez. 1989) den in der Bundesrep. Dtl. vertretenen Parteien an: die →Christlich-Demokratische Union Deutschlands (CDUD) der CDU, die Liberal-Demokrat. Partei Deutschlands (LDPD) (▷ Liberal-Demokratische Partei) und die ▷ Nationaldemokratische Partei Deutschlands 2) (NDPD) der FDP. Nicht im Bundestag vertreten sind u. a. die ›Ökologisch-Demokrat. Partei‹ (ÖDP), die in wertkonservativer Richtung umweltpolit. Ziele vertritt, im Bereich der extremen Rechten u. a. die ▷ Nationaldemokratische Partei Deutschlands 1) (NPD), Die ▷ Republikaner und die ›Deutsche Volksunion‹ (DVU), im Bereich der extremen Linken die ▷ Deutsche Kommunistische Partei (DKP).

Seit dem Herbst 1989 hatten sich versch. Bürgerrechtsbewegungen zu Motoren der ›friedl. Revolution‹ in der Dt. Dem. Rep. entwickelt, v. a. das ▷ Neue Forum. Im Febr. 1990 verband sich dieses mit ›Demokratie Jetzt‹ und ›Initiative Frieden und Menschenrechte‹ zum Bündnis 90, später mit den in der Dt. Dem. Rep. gegründeten Grünen zur Gruppierung ›Bündnis 90/Grüne‹. 1993 schlossen sich Die →Grünen, die seit 1980 in der Bundesrep. Dtl. bestanden, mit Bündnis 90/Grüne zur Partei →Bündnis 90/Die Grünen zusammen. Die im Rahmen der Bürgerrechtsbewegung entstandene Gruppe ›Demokrat. Aufbruch‹ schloß sich im Aug. 1990 der CDUD, die ▷ Sozialdemokratische Partei der DDR der SPD, die im Bereich der Dt. Dem. Rep. als Alternative zur LDPD gegründete ›Freie Demokrat. Partei‹ der FDP an.

Gewerkschaften: →Deutscher Gewerkschaftsbund.
Wappen. In goldenem Grund ein rotbewehrter schwarzer Adler. (▷ Bundesadler)
Nationalfeiertag: 3. 10., zur Erinnerung an den Tag der dt. Vereinigung 1990.
Streitkräfte: →Bundeswehr.
Internat. Mitgliedschaften: UNO, EU, Europarat, NATO, OECD, OSZE, WEU.

LANDESNATUR · BEVÖLKERUNG

Landesnatur: D. hat eine max. Ausdehnung von 876 km in N-S-Richtung (vom Norddt. Tiefland über die Mittelgebirgsschwelle und das Alpenvorland bis zu den Alpen) und 640 km in O-W-Richtung. Vor der deichgeschützten Nordseeküste liegen die Nationalparks Niedersächs. Wattenmeer (2 400 km²), Hamburgisches Wattenmeer (117 km²) und Schleswig-Holstei-

Land				
Baden-Württemberg	6 1)			
Bayern	6			
Berlin	4			
Brandenburg	4			
Bremen	3			
Hamburg	3			
Hessen	5 2)			
Mecklenburg-Vorpommern	3			
Niedersachsen	6			
Nordrhein-Westfalen	6			
Rheinland-Pfalz	4			
Saarland	3			
Sachsen	4			
Sachsen-Anhalt	4			
Schleswig-Holstein	4			
Thüringen	4			

Größe und Bevölkerung (31. 12. 1993)

Land	Hauptstadt	Größe (in km²)	Ew. (in 1000)	Ew. je km²
Baden-Württemberg	Stuttgart	35 751	10 234	286
Bayern	München	70 547	11 863	168
Berlin	–	889	3 475	3 909
Brandenburg	Potsdam	29 481	2 538	86
Bremen	Bremen	404	683	1 690
Hamburg	–	755	1 703	2 254
Hessen	Wiesbaden	21 114	5 967	283
Mecklenburg-Vorpommern	Schwerin	23 170	1 844	80
Niedersachsen	Hannover	47 606	7 648	161
Nordrhein-Westfalen	Düsseldorf	34 071	17 759	521
Rheinland-Pfalz	Mainz	19 845	3 926	198
Saarland	Saarbrücken	2 570	1 084	422
Sachsen	Dresden	18 409	4 608	250
Sachsen-Anhalt	Magdeburg	20 446	2 778	136
Schleswig-Holstein	Kiel	15 739	2 695	171
Thüringen	Erfurt	16 175	2 533	157
Deutschland	Berlin (Bundesstadt: Bonn)	356 974	81 338	228
Westdeutschland		248 404	63 562	256
Ostdeutschland*)	–	108 570	17 776	164

*) einschließlich Berlin.

Deutschland **Deut**

nisches Wattenmeer (2 850 km²) sowie die Ostfries. und die Nordfries. Inseln. Die größten Nordseeinseln sind Sylt (99 km²), Föhr (82,9 km²), Nordstrand (50,4 km²), Pellworm (37,4 km²), Borkum (30,6 km²), Norderney (26,3 km²), Amrum (20,4 km²), Langeoog (19,7 km²), Spiekeroog (18,2 km²), Juist (16,4 km²), Hallig Nordmarsch-Langeneß (11,6 km²), Baltrum (6,5 km²), Hallig Hooge (5,9 km²), Memmert (5,2 km²) und Wangerooge (5,0 km²). In 50 km Entfernung von der schleswig-holstein. Küste ragt aus der Dt. Bucht die Felseninsel Helgoland (2,09 km²) auf. An der Ostsee schließt an die schleswig-holstein. Fördenküste die 340 km lange Außenküste Ost-D.s (134 km Steil-, 206 km Flachküste) an; einschließlich der Bodden- und Haffküste verfügt Meckl.-Vorp. bis zur poln. Grenze über eine Gesamtküstenlänge von 1 470 km. Der Nationalpark Vorpommersche Boddenlandschaft (805 km²) reicht bis an die W-Küste von Rügen. Auf Rügen, der größten dt. Insel (930 km²), ist in den Nationalpark Jasmund (30 km²) die Kreideküste von Stubbenkammer einbezogen. Die nächstgrößten Ostseeinseln sind Usedom (dt. Anteil 373 km²), Fehmarn (185,4 km²), Poel (34,3 km²), Ummanz (19,6 km²) und Hiddensee (16,7 km²).

Das Norddt. Tiefland, das in der Niederrhein. und der Westfäl. Bucht sowie in der Leipziger Tieflandsbucht weit nach S reicht, ist in West-D. durch Marschen, Geestplatten (Altmoränen), flache Sanderflächen und feuchte Niederungen sowie die Jungmoränenzone im östl. Schlesw.-Holst. (mit der seenreichen Holsteinischen Schweiz) charakterisiert. Eine bes. ausgedehnte Geestlandschaft, durchzogen von den Endmoränenwällen des Südl. Landrückens, ist die Lüneburger Heide (7 400 km²) zw. den Urstromtälern von Elbe und Aller. Das Norddt. Tiefland setzt sich in Ost-D. fort. An der unteren Oder wurde 1995 der deutsch-poln. Nationalpark Untere Oder (224 km²) gegründet. Zur Jungmoränenzone, die bis zum südlich von Berlin verlaufenden Glogau-Baruther Urstromtal reicht, gehören die welligen, von Talzügen (mit Seen) unterbrochenen Platten im nördl. Meckl.-Vorp., die Mecklenburg. Seenplatte mit dem Müritz-Nationalpark (318 km²) sowie die Uckermark, an deren S-Rand das Biosphärenreservat Schorfheide-Chorin liegt, ferner die Prignitz und die Platten in Brandenburg wie die Ländchen Bellin, Glin (Glien) und Rhinow, der Barnim, das Land Lebus, die südwestlich von Potsdam gelegene Zauche, der Teltow, die Platte von Storkow-Beeskow und die Lieberoser Platte, außerdem die Märk. Schweiz. Altmoränengebiete sind die in Ost-D. gelegenen Teile des Südl. Landrückens: Colbitz-Letzlinger Heide, Fläming und Lausitzer Grenzwall. Im S des Norddt. Tieflands finden sich die Dübener, Dahlener und Annaburger Heide sowie das Oberlausitzer Heideland mit dem Biosphärenreservat Oberlausitzer Heide- und Teichlandschaft. Zu den Niederungen gehören das Obere Rhinluch und das Oderbruch (im

Deutschland: Die Saale bei Bad Kösen, Sachsen-Anhalt, mit den Ruinen der Rudelsburg (rechts) und der Burg Saaleck

Thorn-Eberswalder Urstromtal), das Untere Rhinluch und das Havelländ. Luch (im Warschau-Berliner Urstromtal), der Spreewald (im Glogau-Baruther Urstromtal), in dem seit 1990 ein Biosphärenreservat (476 km²) ausgewiesen ist, sowie als größtes dt. Auwaldgebiet (im Breslau-Magdeburger Urstromtal) das Biosphärenreservat Mittlere Elbe (430 km²).

Die fruchtbare Bördenzone, die den Fuß der Mittelgebirge begleitet, umfaßt in West-D. die Jülicher und Zülpicher Börde, die Hellwegbörde und die niedersächs. Börden zw. Hannover und Helmstedt, in Ost-D. die Magdeburger Börde, das nordöstl. und östl.

Deutschland: LINKS Der 122 m hohe Königsstuhl an der Kreidesteilküste von Stubbenkammer auf Rügen, Mecklenburg-Vorpommern; RECHTS Der von der Spree durchflossene Große Müggelsee im Berliner Stadtteil Köpenick

197

Deut Deutschland

Harzvorland, die Köthener Ebene, das Querfurter Schwarzerdegebiet, das Altenburg-Zeitzer Lößhügelland, das Mittelsächs. Hügelland, die Oschatzer, Lommatzscher und Großenhainer Pflege, die S-Seite der Dresdner Elbtalweitung sowie das Lausitzer Gefilde mit der Kamenzer Pflege.

Klimadaten von Berlin-Dahlem (51 m ü. M.)				
Monat	Mittleres tägl. Temperatur- maximum in °C	Mittlere Nieder- schlags- menge in mm	Mittlere Anzahl der Tage mit Nieder- schlag	Mittlere tägl. Sonnen- scheindauer in Stunden	Relative Luft- feuchtigkeit nachmittags in %
I	1,7	43	11	1,6	79
II	2,9	40	9	2,5	74
III	7,8	31	8	4,3	60
IV	13,5	41	9	5,3	52
V	19,1	46	9	6,9	51
VI	22,3	62	9	7,8	55
VII	23,8	70	11	7,1	59
VIII	23,3	68	9	6,6	58
IX	19,5	46	8	5,7	60
X	13,0	47	9	3,4	69
XI	6,9	46	10	1,6	80
XII	3,1	41	9	1,1	84
I–XII	13,1	581	111	4,5	65

Die Mittelgebirgsschwelle in West-D. besteht nördlich von Saar-Nahe-Bergland und Main aus Rhein. Schiefergebirge (linksrheinisch: Eifel und Hunsrück, rechtsrheinisch: Siebengebirge, Bergisches Land, Sauerland, Rothaargebirge, Westerwald und Taunus), Teutoburger Wald, Egge, Weserbergland, westl. Oberharz (mit dem 158 km² großen Nationalpark Oberharz, gegr. 1994), Hess. Bergland, Spessart, Frankenwald und Fichtelgebirge. In Ost-D. wird die Mittelgebirgsschwelle gebildet vom östl. Harz mit dem Brocken (1 142 m ü. M.), der in den 1990 gegründeten Nationalpark Hochharz (58,7 km²) integriert ist, vom ▷Thüringer Becken samt Randgebieten, vom Thüringer Wald und Thüringer Schiefergebirge, von den thüring. Anteilen an der Rhön, in der 1990 ein Biosphärenreservat (685 km²) eingerichtet wurde, und am Grabfeld, außerdem von Vogtland, Elster- und Erzgebirge (Fichtelberg 1 214 m ü. M.), vom Elbsandsteingebirge mit dem Nationalpark Sächs. Schweiz (93 km²), vom Lausitzer Bergland und vom Lausitzer (Zittauer) Gebirge. Im südwestl. D. wird das 30–50 km breite Oberrhein. Tiefland (zw. Basel und Mainz) von Pfälzer Wald und Nordpfälzer Bergland sowie von Spessart, Odenwald und Schwarzwald (Feldberg 1 493 m ü. M.) flankiert sowie von Lößbändern und Vorhügeln (Dt. Weinstraße, Rheingau, Bergstraße, Ortenau) gesäumt. Jenseits von Schwarzwald und Odenwald entfaltet sich aus schmaler Wurzel am Hochrhein das Schwäbisch-Fränk. Schichtstufenland (mit fruchtbaren Gäulandschaften) wie ein Fächer nach NO bis an den Fuß von Thüringer Wald, Oberpfälzer Wald und Bayerischem Wald. Im Nationalpark Bayerischer Wald (130 km²) findet sich Urwald.

Das bis an die Donau reichende Alpenvorland, eine von Tertiärsedimenten erfüllte Alpenrandsenke, ähnelt wegen der verbreiteten Überdeckung mit eiszeitl. (pleistozänen) Ablagerungen in manchen Zügen dem Norddt. Tiefland; doch es liegt viel höher (400–800 m ü. M.). Vor dem Alpenrand umschließen die Endmoränenkränze der würmeiszeitl. Alpengletscher das Jungmoränenhügelland mit vielen Seen: Bodensee (dt. Anteil 305 km²), Ammer-, Starnberger, Kochel-, Tegern-, Schlier- und Chiemsee. Dem ausgedehnten Altmoränengebiet (Iller-Lech-Platte, Münchener Ebene) ist im NO das von der unteren Isar durchschnittene, z. T. lößbedeckte Tertiärhügelland vorgelagert, dessen fruchtbarster Teil der Dungau zw. Regensburg und Vilshofen ist.

Der dt. Alpenanteil besteht vorwiegend aus den schwäbisch-oberbayer. Vor- oder Randalpen, die sich von den waldreichen, mehr rundlichen Flyschvorbergen zu immer höheren, vereinzelt schon über 2 000 m hohen Ketten der Kalkvoralpen staffeln und mit einzelnen felsigen Gipfeln über die Waldgrenze aufragen (Ammergebirge, Herzogstand und Benediktenwand am Kochelsee, Wendelstein, Chiemgauer Alpen). Mehrfach verläuft die Staatsgrenze auch in den Nördl. Kalkalpen: in den Allgäuer Alpen, im Wetterstein- (Zugspitze 2 962 m ü. M.) und Karwendelgebirge sowie in den Berchtesgadener Alpen. Der Nationalpark Berchtesgaden (210 km²), in dessen Zentrum der Königssee liegt, reicht bis an die österr. Grenze.

Klima: D. liegt in der gemäßigten Klimazone und nimmt eine Mittellage ein zw. dem maritimen Klima W-Europas und dem Kontinentalklima O-Europas. Von NW nach SO, aber auch von W nach O ist eine graduelle Zunahme kontinentaler Komponenten im Klima deutlich feststellbar. Der Unterschied zw. S und N wird durch die Höhenlage der südl. Landesteile abgeschwächt, ist aber bemerkbar. Wesentlichster Zug des Klimas in D. ist die Unbeständigkeit, v. a. bei den häufigen Westwetterlagen. Unbeständigkeiten selbst im Wetter eines einzelnen Tages sind häufig. Eine gewisse, wenn auch nicht auf bestimmte Daten festlegbare Regelmäßigkeit zeigen die im Mai auftretenden, als Eisheilige bekannten Kaltlufteinbrüche sowie die Schafkälte im Juni. Ende Sept. bringt der Altweibersommer trockene und für die Jahreszeit zu warme Tage, um Martini (11. 11.) verursacht ein Hochdruckgebiet mit Zufuhr von Warmluft aus südl. Breiten den Martinssommer, zw. Weihnachten und Neujahr führt die rege Tiefdrucktätigkeit (›Weihnachtsdepression‹) mit intensiver, hochreichender Warmluftadvektion aus SW zu ergiebigen Regenfällen und Schneeschmelze (Weihnachtstauwetter). Die durchschnittl. Jahrestemperatur beträgt in Bonn 10,2 °C, in Berlin 8,9 °C und in Dresden 8,6 °C, die mittlere Januartemperatur in Bonn 1,9 °C, in Berlin −0,6 °C und in Dresden −1,2 °C, die mittlere Julitemperatur in Bonn 18,6 °C, in Berlin 18,5 °C und in Dresden 18,1 °C. Niederschläge treten in allen Monaten auf. Westl. Winde bringen genügend Feuchtigkeit vom Ozean. Eine Schneedecke erhält sich in den Höhen-

Deutschland: Seenlandschaft am Großen Plöner See, in der Holsteinischen Schweiz, Schleswig-Holstein

lagen der Gebirge (ab 800–1 000 m ü. M.) regelmäßig über mehrere Monate; in Berlin gibt es 43 Tage (max. 15 Tage im Jan.), am Niederrhein und im Rhein-Main-Gebiet 15–25 Tage mit Schneedecke. Lokale Abweichungen im Temperaturverlauf und in der Niederschlagshöhe sind häufig. So haben die W-Seiten der Gebirge höhere Niederschlagsmengen als die O-Seiten, im Schutze von Gebirgen liegen Wärmeinseln (z. B. das Oberrhein. Tiefland). Die Niederschlagsmengen betragen etwa 700 mm in Nordwest-D., sie sinken auf unter 500 mm in einigen Regenschattengebieten (im Oberrhein. Tiefland zw. Mainz und Ludwigshafen am Rhein und am Kaiserstuhl, in den östl. Harzvorland, in der Goldenen Aue zw. Harz und Kyffhäuser und im Thüringer Becken); dagegen erhalten die Mittelgebirge mit zunehmender Höhe reichere Niederschläge, die im N-Schwarzwald und in den Alpen 2 000 mm überschreiten.

Bevölkerung: Berechnet nach dem Gebietsstand vom 3. 10. 1990 betrug die Einwohnerzahl D.s (1950) 68,377 Mio., davon 49,989 Mio. in West-D. und 18,388 Mio. in Ost-D., (1955) 70,326 Mio., (1960) 72,674 Mio., (1962, also nach dem am 13. 8. 1961 erfolgten Bau der Berliner Mauer) 73,939 Mio., davon 56,837 Mio. in West-D. und 17,102 Mio. in Ost-D., (1965) 75,647 Mio., (1970) 77,709 Mio., (1975) 78,697 Mio., (1980) 78,275 Mio., (1985) 77,619 Mio., (1990) 79,365 Mio., davon 63,254 Mio. in West-D. und 16,111 Mio. in Ost-D., (1993) 81,188 Mio., davon 65,539 Mio. in West-D. und 15,649 Mio. in Ost-D., (1994) 81,338 Mio., davon 65,693 Mio. in West-D. und 15,645 Mio. in Ost-D.; der Anteil der weiblichen Bev. (Ende 1993) beläuft sich auf 51,4%.

Bei den Wanderungsbewegungen zw. D. und dem Ausland wurden 1993 insgesamt 1 268 004 Zuzüge (22,1% Deutsche, 77,9% Ausländer) und 796 859 Fortzüge (10,8% Deutsche, 89,2% Ausländer) verzeichnet, im Bev.-Austausch mit den EG-Ländern waren es 140 721 Zuzüge (16,5% Deutsche, 83,5% Ausländer) und 130 108 Fortzüge (23% Deutsche, 77% Ausländer). – Die Zahl der eingetroffenen Aussiedler belief sich 1991 auf 222 000 (66,4% aus der früheren Sowjetunion, 18,1% aus Polen, 14,5% aus Rumänien), 1994 auf 222 600 (95,8% aus der früheren Sowjetunion). Bei den Wanderungen innerhalb D.s verzeichneten 1992 einen Überschuß an Zuzügen die Länder Bayern, Hamburg, Hessen, Ndsachs. und Rheinl.-Pf., ein Überschuß an Fortzügen ergab sich in den Ländern Bad.-Württ., Berlin, Brandenburg, Bremen, Meckl.-Vorp., NRW, Saarland, Sachsen, Sachs.-Anh., Schlesw.-Holst. und Thüringen.

Am 31. 12. 1993 wohnten 6 878 100 Ausländer in D. (8,5% der 81,188 Mio. Ew.), davon waren 1 918 400 Türken, 1 239 000 Menschen aus dem früheren Jugoslawien, 563 000 Italiener, 352 000 Griechen, 260 500 Polen, 186 300 Österreicher, 133 200 Spanier, 107 800 US-Amerikaner, 105 600 Portugiesen und 2 012 300 sonstige Ausländer; die Staatsangehörigkeit von Ländern der heutigen EU besaßen insgesamt 1 535 600 Ausländer. – Asyl beantragten in D. 1994 insgesamt 127 210 Ausländer (nur Erstanträge, 1992: 438 191, 1993: 322 599); aus dem früheren Jugoslawien kamen (1994) 30,9%, aus Rumänien 15,0%, aus Asien 24,6,% und aus Afrika 13,6% der Asylbewerber. Eingebürgert wurden 1992 insgesamt 179 904 Personen und 1993 insgesamt 199 443 Personen.

Von den (1993) 36,230 Mio. Privathaushalten sind 34,2% Einpersonenhaushalte. – Die Geburtenrate beträgt (1993) 9,8‰, die Sterberate 11,4‰. 1994 waren 16,4% der Bev. unter 15 Jahre alt (16,0% in West-D., 17,8% in Ost-D.), 68,4% 15 bis unter 65 Jahre alt (68,6% in West-D., 68,1% in Ost-D.), 15,2% 65 Jahre und älter (15,4% in West-D., 14,1% in Ost-D.). Die Lebenserwartung der männl. Neugeborenen liegt in

Deutschland: Allgäuer und Lechtaler Alpen bei Oberstdorf, Bayern

West-D. (1991/93) bei 73,11 Jahren, in Ost-D. (1991/93) bei 69,86 Jahren, die Lebenserwartung der weibl. Neugeborenen in West-D. (1991/93) bei 79,48 Jahren, in Ost-D. (1991/93) bei 77,18 Jahren. Die Bev.-Projektion für 2000 lautet 82,583 Mio. Ew., 2010: 84,112 Mio. Ew., 2025: 83,877 Mio. Einwohner.

Nachdem D. im Mai 1995 das Europaratsabkommen zum Schutz nat. Minderheiten als 23. Staat unterzeichnet hat, sind vier Volksgruppen (zus. etwa 190 000 Menschen) als nat. Minderheiten anerkannt: die Sinti und Roma, die Dänen in Südschleswig, die Lausitzer Sorben und die dt. Friesen.

Mit einer durchschnittl. Bev.-Dichte von (1994) 227 Ew. je km^2 (263 Ew. je km^2 in West-D., 145 Ew. je km^2

Deutschland: Burg Katz oberhalb von Sankt Goarshausen am Rhein; 1371, 1896–98 nach alten Plänen wiederaufgebaut

in Ost-D.) liegt D. unter den europ. Ländern an 4. Stelle (nach den Niederlanden, Belgien sowie Großbritannien und Nordirland; ohne Berücksichtigung der Kleinstaaten). In Großstädten (100 000 Ew. und mehr) leben (1994) 32,0% der Bev. (in West-D. 33,1% in 71 Großstädten, in Ost-D. 27,4% in 13 Großstädten), in Gemeinden zw. 50 000 und 100 000 Ew. 9% (in West-D. 9,6% in 95 Gemeinden, in Ost-D. 6,4% in 15 Gemeinden), in Gemeinden zw. 10 000 und 50 000 Ew. 30,8% (in West-D. 32,4% in 1 096 Gemeinden, in

Deut Deutschland

Ost-D. 24,5% in 176 Gemeinden), in Gemeinden unter 10 000 Ew. 29,2% (in West-D. 24,9% in 7 245 Gemeinden, in Ost-D. 41,7% in 7 053 Gemeinden). Gegenüber West-D. ist für Ost-D. eine auffallend geringe Expansion der Städte in ihr jeweiliges Umland (Suburbanisierung) charakteristisch, die auf den in der Zentralverwaltungswirtschaft der letzten Jahrzehnte geschaffenen Strukturen – wie niedrige städt. Mieten und Grundstückspreise, Konzentration des Wohnungsbaus auf Großsiedlungen innerhalb der Stadtgrenzen sowie Fehlen eines Wohnungs- und Bodenmarkts – beruht.

Größte Städte (Ew. am 31.12.1992)	
Berlin 3 465 700	Halle (Saale) 299 900
Hamburg 1 688 800	Bonn 298 200
München 1 256 600	Gelsenkirchen ... 295 400
Köln 960 600	Chemnitz 283 600
Frankfurt	Karlsruhe 279 300
am Main 664 000	Magdeburg 272 500
Essen 627 300	Wiesbaden 268 100
Dortmund 600 700	Münster 267 100
Stuttgart 599 400	Mönchen-
Düsseldorf 578 100	gladbach 265 100
Bremen 554 400	Augsburg 264 900
Duisburg 539 100	Braunschweig .. 258 300
Hannover 523 600	Kiel 249 200
Nürnberg 500 200	Krefeld 248 400
Leipzig 496 600	Aachen 245 600
Dresden 481 700	Rostock 241 100
Bochum 400 400	Oberhausen ... 226 000
Wuppertal ... 388 100	Lübeck 217 500
Bielefeld 324 300	Hagen 214 900
Mannheim ... 318 400	Erfurt 203 100

Religion: 1993 gehörten 28,5 Mio. Menschen (39,1% der Bev.) zu den in der →Evangelischen Kirche in Deutschland zusammengeschlossenen ev. Landeskirchen; in den sieben Kirchenprovinzen mit 27 Bistümern gibt es (1994) 27,99 Mio. Katholiken (34,4% der Bev.; →katholische Kirche, ÜBERSICHT). Die Zahl der Muslime wird auf 1,69 Mio. (2,1%) geschätzt. Die jüd. Gemeinden (1994 rd. 74 200 Mitgl.) vergrößern sich durch Zuzug aus Osteuropa.

Bildungswesen: Die neuen Bundesländer übernahmen nach der Wiedervereinigung mit dem Erlaß von Schulgesetzen (1991) entsprechend den Vorgaben des Einigungsvertrages prinzipiell die Strukturen des allgemeinen wie des berufl. Bildungswesens der Länder im Gebiet der alten Bundesrep. Dtl. Das gilt uneingeschränkt für die vierjährige (in Berlin und Brandenburg sechsjährige) Grundschule als eigenständige Schulart (während die Klassen im Schulwesen der ehem. Dt. Dem. Rep. organisatorisch als Unterstufe der Polytechn. Oberschule, Abk. OS, eingerichtet waren), und für das Gymnasium als Schulart. Es tritt an die Stelle der Erweiterten Oberschule (EOS) der ehem. Dt. Dem. Rep. Die integrierte Gesamtschule, zu der auch die Kurse einer gymnasialen Oberstufe gehören, wurde bes. in Brandenburg eingeführt. Diese Schulart wird v. a. auch von den Bundesländern Berlin, Hamburg, Hessen, NRW sowie Schlesw.-Holst. getragen. Anstelle von Haupt- und Realschule gibt es in den meisten neuen Bundesländern eine sechsjährige Schulart, die beide zusammenfaßt. Sie trägt je nach Land andere Namen: Regelschule (Thüringen), Sekundarschule (Sachs.-Anh.) oder Mittelschule (Sachsen); diese Schulart führt nebeneinander Hauptschul- und Realschulbildungsgänge. In den alten Bundesländern gibt es diese Schulart in Hamburg (Integrierte Haupt- und Realschule), Hessen (Verbundene Haupt- und Realschule), Rheinl.-Pf. (Regionale Schule) und im Saarland (Sekundarschule). 1993 beschloß die Kultusministerkonferenz, in der die alten und neuen Bundesländer vertreten sind, einheitl. Grundlagen für den mittleren Bildungsabschluß unter Einschluß von gemeinsamen Standards für die Fächer Deutsch, Mathematik und 1. Fremdsprache. Das bedeutet, daß jetzt generell nicht mehr nur den die Unterstufe des Gymnasiums, sondern prinzipiell auch – bei Erfüllung der vereinbarten Kriterien – gleichermaßen von allen übrigen Schularten mit zehnjährigem Bildungsgang ein Übergang in die gymnasiale Oberstufe möglich ist, ohne daß ein Fach oder Pensum nachgeholt werden müßte: von Realschule, OS, Integrierten Klassen, Regelschule und ihren Verwandten (Mittelschule, Sekundarschule), Hauptschule (mit einem entsprechend qualifizierten Abschluß der 10. Klasse). Die gymnasiale Oberstufe wurde mit Ausnahme Brandenburgs in allen neuen Bundesländern zunächst nicht in der sich über drei Jahre erstreckenden Form übernommen, sondern das Abitur wird wie in der ehem. EOS nach 12 Jahren abgelegt. Das erste Jahr der gymnasialen Oberstufe wird in den meisten Ländern nicht mehr im Kurssystem angeboten, sondern der Klassenverband wird aufrechterhalten. Auch die Abwahlmöglichkeiten und die für das Abitur anerkannten Kombinationen von Grund- und Leistungsfächern (→Abitur) wurden allg. reduziert. In NRW kann an der Kollegschule ein doppeltqualifizierender Abschluß erworben werden, d. h. neben dem Abitur auch ein berufl. Abschluß, in Brandenburg an den nach deren Vorbild eingerichteten Fachgymnasien, was in Fachgymnasien anderer Länder nicht vorgesehen ist. Berufsoberschulen oder Techn. Oberschulen führen zur fachgebundenen Hochschulreife (durch Ergänzungsprüfungen auch zur allgemeinen Hochschulreife). Abendschulen und/oder Kollegs gibt es in unterschiedl. Grad in fast allen Bundesländern.

Im allgemeinbildenden Schulwesen gibt es in D. (1993) 9 558 413 Schüler.

In der berufl. Bildung wurde in den neuen Bundesländern das duale System nach westl. Muster eingeführt, betriebl. Ausbildungsplätze in der freien Wirtschaft fehlen allerdings noch. Auch die Berufsaufbau-, Berufsfach-, Fachober- und Fachschulen nach dem Muster der Einrichtungen im ehem. Gebiet der Bundesrep. Dtl. befinden sich in den neuen Bundesländern erst im Aufbau.

Im berufl. Schulwesen gibt es in D. (1993) 2 370 160 Schüler.

Auf dem Hochschulsektor kam es, abgesehen von einigen Schließungen, zur Einstufung der bestehenden Hochschuleinrichtungen teils in Fachhochschulen, teils in Univ. (→Hochschule). Die früher an der ehem. Akademie der Wissenschaften der DDR organisierte Forschung wurde auf Empfehlung des Wissenschaftsrats evaluiert und die Einrichtungen entsprechend der Bewertung teils aufgelöst, teils an die Hochschulen zurückverlegt (in Übergangsregelungen vielfach von den westl. Forschungsorganisationen betreut), teils als Institute der Max-Planck-Gesellschaft und der Fraunhofer-Gesellschaft zur Förderung der angewandten Forschung weitergeführt oder in die →Blaue Liste aufgenommen.

Publizistik: Presse: 1994 erschienen 383 Tageszeitungen mit einer verbreiteten Gesamtauflage von 25,8 Mio. Exemplaren, darunter neun Straßenverkaufszeitungen (Auflage 6,1 Mio.) und sieben überregionale Zeitungen (1,5 Mio.). Es kamen ferner 31 Wochenzeitungen (2,1 Mio.) und neun Sonntagszeitungen (4,9 Mio.) sowie 1 418 Anzeigenblätter (82,13 Mio.) heraus. Die einflußreichsten und überregional erscheinenden Zeitungen sind nach wie vor: ›Frankfurter Allgemeine Zeitung‹ (verbreitete Auflage werktags rd. 405 000, samstags 521 000), ›Süddeutsche Zeitung‹ (380 000, 536 000), ›Frankfurter Rundschau‹ (80 000, 255 000), ›Die Welt‹ (210 000, 224 000) und ›taz‹

Deutschland: Schematische Darstellung des Bildungswesens

Stufe[8]							Alter	Bereich	Schulpflicht
	allgemeine und berufsbezogene Weiterbildung							Weiterbildung	
			berufsqualifizierender Studienabschluß Diplom, Magister, Staatsexamen sowie Diplom (FH oder VFH)						
	Abschluß zur beruflichen Weiterbildung	Allgemeine Hochschulreife	wissenschaftliche und ihnen gleichgestellte Hochschulen		Fach- und Verwaltungsfachhochschulen (FH; VFH)			tertiärer Bereich	
	FACHSCHULE	ABENDGYMNASIUM/ KOLLEG							
				allgemeine Hochschulreife			19		
13	berufsqualifizierender Abschluß[6]		Fachhochschulreife	GYMNASIALE OBERSTUFE[7] in den verschiedenen Schularten Gymnasium, berufliches Gymnasium/Fachgymnasium, Gesamtschule			18	Sekundarbereich II	
12	Berufsausbildung BERUFSSCHULE und BETRIEB (duales System)	BERUFSFACHSCHULE	FACHOBERSCHULE				17		
11							16		Teilzeit
10	Berufsgrundbildungsjahr						15		
	mittlerer Schulabschluß (Realschulabschluß) nach 10 Jahren, erster allgemeinbildender Schulabschluß (Hauptschulabschluß) nach 9 Jahren[5]								
10		10. Schuljahr					15	Sekundarbereich I	
9							14		
8	SONDERSCHULE[2]	HAUPTSCHULE	REALSCHULE	VERBUNDENE HAUPT- UND REALSCHULE[3]	GYMNASIUM	GESAMTSCHULE[4]	13		
7							12		
6		schulartabhängige oder schulartunabhängige Orientierungsstufe[1]					11		
5							10		Vollzeit
4							9		
3	SONDERSCHULE[2]	GRUNDSCHULE[1]					8	Primarbereich	
2							7		
1							6		
	SONDERKINDERGARTEN	KINDERGARTEN			z.T. Schulkindergärten, Vorschulklassen		5	Elementarbereich	freiwillig
							4		
							3		

[1] In den Bundesländern Berlin und Brandenburg sechsjährige Grundschule. – [2] Je nach Bundesland auch: Förderschule, Schule für Behinderte; als allgemeinbildende und im Sekundarbereich I und II auch als berufliche Sonderschule. – [3] Bezeichnungen: Integrierte Haupt- und Realschule (Hamburg), Mittelschule (Sachsen), Regelschule (Thüringen), Regionale Schule (Rheinl.-Pf.), Sekundarschule (Saarland, Sachsen-Anhalt), Verbundene Haupt- und Realschule (Hessen). Entsprechende Strukturen zählen in Mecklenburg-Vorpommern nicht als eigene Schulart, sondern als Grundtypen Realschule mit Hauptschulanteil oder mit Grund- und Hauptschulteil. – [4] In kooperativer oder integrierter Form, in Bremen unter der Bezeichnung Schulzentrum. – [5] Weitere Bezeichnungen des Abschlusses nach 9 Jahren: Berufsreife (Rheinl.-Pf.), Berufsbildungsreife (Brandenburg), des Abschlusses nach 10 Jahren: Fachoberschulreife (Bremen, NRW), qualifizierter Sekundarabschluß I (Rheinl.-Pf.), mittlerer Bildungsabschluß (Saarland). – [6] Vielfach auch Hauptschul- oder mittlerer Abschluß möglich. – [7] Umfaßt in einigen (neuen) Bundesländern und in Schulversuchen nur zwei Jahre. – [8] Klassenstufen 1–10, Jahrgangsstufen 11–13.

(58 000). Auflagenstärkste Zeitung blieb das Boulevardblatt ›Bild‹ (4,41 Mio.). Von den 15 in D. erscheinenden fremdsprachigen Zeitungen sind die auflagenstärksten die türk. Zeitungen ›Hürriyet‹ (Neu-Isenburg, 97 000), ›Milliyet‹ (Dreieich, 26 000), ›Türkye‹ (23 000) und ›Tercüman‹ (beide Neu-Isenburg, 19 000) sowie die Wochenzeitung für Frauen ›Hafta Sonu‹ (Frankfurt am Main, 43 000), die kroat. Tageszeitung ›Večernji List‹ (Frankfurt am Main, 50 000) sowie die Sportzeitung ›Sportske Novosti‹ (27 000). Weitere ausländ. Blätter sind die griech. Tageszeitung ›Makedonia‹ (Frankfurt am Main, 15 000), die italien. Abonnementzeitung ›Corriere d'Italia‹ und die amerikan. Soldatenzeitung ›Stars and Stripes‹ (Darmstadt, Europaauflage 56 000).

Im Bereich der Zeitungsverlage sind trotz mittelständ. Prägung des Pressesektors Konzentrationstendenzen und der Trend zur Bildung von Zeitungsketten im Gange: Zehn Verlagsgruppen kontrollieren über die Hälfte der Gesamtauflage der Tageszeitungen, darunter der Springer-Verlag, gefolgt von der WAZ-Gruppe (▷Westdeutsche Allgemeine Zeitung), dem

Deut Deutschland

Verlag der Stuttgarter Zeitung und dem Kölner Verlagshaus DuMont-Schauberg. In D. erschienen 1992 insgesamt 1 645 Publikumszeitschriften mit einer Gesamtauflage von rd. 150 Mio. Exemplaren. – *Nachrichtenagenturen:* Die ehemalige amtl. Nachrichtenagentur ADN ist mit der ddp zur ddpADN vereinigt. – *Rundfunk:* Das duale Rundfunksystem, d. h. ein Nebeneinander von öffentlich-rechtl. und privaten Sendeanstalten, ist inzwischen fest etabliert. Weitere öffentlich-rechtl. Landesrundfunkanstalten sind der Ostdeutsche Rundfunk Brandenburg (ORB), Potsdam, und der Mitteldeutsche Rundfunk (MDR), Leipzig. Die ARD-Anstalten bieten in ihrem Sendegebiet jeweils drei bis fünf Hörfunkprogramme an (zus. 49). 1992 entstand der Sender ARTE. Die Dt. Welle verbreitet seit 1. 4. 1992 in Ablösung von ›RIAS-TV‹ ein aktuelles Fernsehinformationsprogramm in Deutsch und Englisch für das Ausland. Der ›Deutschlandfunk‹, ›RIAS Berlin‹ und der ehemalige Hörfunksender der Dt. Dem. Rep. ›DS-Kultur‹ wurden am 1. 1. 1994 zum bundesweiten DeutschlandRadio zusammengeschlossen. Zu den ersten, inzwischen fest etablierten Privatsendern RTL (seit 1984), SAT 1 (1984) und ›Pro 7‹ (1989) sind weitere sowie der Pay-TV-Sender ›Premiere‹ (1991) hinzugekommen (→Privatfernsehen, ÜBERSICHT). In D. verbreiten ferner etwa 150 lokale/regionale und 26 landesweite private Hörfunksender Programme, zumeist Popmusik und aktuelle Informationen; ein reiner Nachrichtenkanal ist ›Radioropa Info‹, Daun. – Am 31. 12. 1994 gab es in D. 36,2 Mio. angemeldete Hörfunk- und 32,3 Mio. Fernsehgeräte.

WIRTSCHAFT · VERKEHR

Wirtschaft: D. gehört zu den führenden Industrienationen der Erde. Mit einem Bruttosozialprodukt (BSP) von (1994) 3 312 Mrd. DM (je Ew. 40 500 DM; Ost-D. 22 600 DM, West-D. 44 700 DM) zählt es zu den Ländern mit hohem Lebensstandard. Im internat. Vergleich lag D. mit einem BSP je Ew. von (1993) 23 560 US-$ an 7. Stelle, nach der Wirtschaftskraft gemessen am Bruttoinlandprodukt (BIP) mit (1994) 3 320 Mrd. DM hinter den USA und Japan an 3. Stelle der OECD-Mitgliedsländer.

Mit der Schaffung der Währungs-, Wirtschafts- und Sozialunion am 1. 7. 1990 wurde die Dt. Dem. Rep. aus den zw. den RGW-Ländern Mittel- und Osteuropas entstandenen System des planwirtschaftlich organisierten Güteraustausches mit starker regionaler Spezialisierung herausgelöst und in das System der sozialen Marktwirtschaft der Bundesrep. Dtl. integriert. Der Übergang in das neue System verlief dabei keineswegs reibungslos, sondern war für die neuen Bundesländer mit erhebl. Anpassungsschwierigkeiten verbunden, u. a. massive Produktionseinbrüche, hohe Arbeitsplatzverluste und nahezu vollständiger Wegfall der bisherigen ausländ. Absatzmärkte infolge der Währungsumstellung. Ein besonderes Problem bildete die notwendige Privatisierung der verstaatlichten Unternehmen. Diese Aufgabe wurde von der hierfür gegründeten Treuhandanstalt übernommen, die ihre Aufgabe bis Ende 1994 weitgehend abschließen konnte.

In der Wirtschaftsstruktur und der wirtschaftl. Entwicklung bestehen auch 5 Jahre nach der dt. Vereinigung noch immer deutl. Unterschiede zw. dem früheren Bundesgebiet und den neuen Bundesländern. Eines der Hauptprobleme ist die seit der Wiedervereinigung erstmals in den neuen Bundesländern auftretende →Arbeitslosigkeit, die in der Planwirtschaft der Dt. Dem. Rep. nie offen zutage trat. Die Zahl der Arbeitslosen lag (1994) in den neuen Bundesländern im Jahresdurchschnitt bei rd. 1,1 Mio. (1991: 0,9 Mio.), was einer Arbeitslosenquote von 16,0 % entspricht (1991: 10,3 %). Auch im früheren Bundesgebiet war die Zahl der Arbeitslosen 1994 mit im Jahresdurchschnitt 2,6 Mio. (1991: 1,7 Mio.) und einer Arbeitslosenquote von 9,2 % (1991: 6,3 %) rezessionsbedingt sehr hoch. Im Unterschied zu den Arbeitslosenquoten haben sich die Inflationsraten in Ost- und West-D.

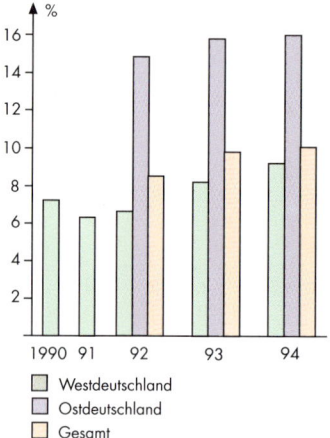

Deutschland: Arbeitslosenquote in Prozent

inzwischen auf niedrigem Niveau angeglichen. Das reale Wachstum des BIP ist in den neuen Bundesländern (u. a. bedingt durch das niedrigere Ausgangsniveau) mit (1992) 7,8 % und (1994) 8,9 % deutlich höher als im früheren Bundesgebiet (1992: 1,8 %; 1994: 2,3 %). Deshalb konnte Ost-D. seinen Anteil am realen BIP auch von (1991) 7,2 % auf (1994) 8,6 % steigern. Das BIP je Erwerbstätigen liegt in den neuen Bundesländern mit (1994) 54 800 DM bei 52,7 % der Pro-Kopf-Wirtschaftsleistung im früheren Bundesgebiet (104 000 DM). Dies entspricht einer erhebl. Produktivitätssteigerung gegenüber 1991 (25 100 DM bzw. 28 %). Das verfügbare Einkommen der privaten Haushalte in den neuen Bundesländern lag (1994) bei 18 800 DM je Ew. und erreichte 66,8 % des Einkommens im früheren Bundesgebiet (28 100 DM). Damit hat sich der Einkommensunterschied zw. Ost- und West-D. inzwischen deutlich verringert (1991: 47,3 % des Einkommes in West-D.).

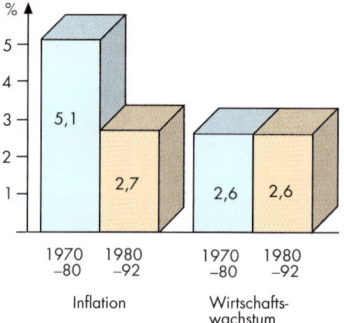

Deutschland: Inflation (Zunahme des allgemeinen Preisniveaus des Bruttoinlandsprodukts) und Wirtschaftswachstum (Zunahme des Bruttoinlandsprodukts) jeweils durchschnittlich pro Jahr in Prozent

Die Finanzierung der →deutschen Einheit, aber auch die finanzwirtschaftl. Folgen der Rezession zu Beginn der 1990er Jahre belasteten die Finanzpolitik in der ersten Hälfte dieses Jahrzehnts erheblich. Von 1991 bis 1995 transferierten Bund, Länder, Gemeinden, Sozialversicherungsträger und die Treuhandanstalt brutto insgesamt 906 Milliarden DM an die neuen Bundesländer. Das in der Konsequenz schnell steigende Finanzierungsdefizit der öffentl. Hand (→öffentliche Schulden) erzwang Steuer- und Abgabenerhöhungen, die sich in einer deutl. Erhöhung der Staatsquote von (1989) 45,8% auf (1994) 50,1% und in einer Steigerung der Abgabenquote von (1990) 39,4% auf (1994) 42,6% niederschlug. Diese Indikatoren signalisieren eine finanzwirtschaftl. Überstrapazierung der dt. Volkswirtschaft, die eine durchgreifende Konsolidierung dringend erforderlich macht. Über die Notwendigkeit einer Konsolidierung der Staatsfinanzen herrscht Einmütigkeit. Über die Wege dorthin bestehen zw. den Parteien dagegen erhebliche Meinungsunterschiede. Wirtschaftspolitisch strebt die Bundes-Reg. u. a. einen Umbau des Sozialsystems hin zu mehr privater Vorsorge, den Abbau von Subventionen und eine forcierte Privatisierung an. Über eine Flexibilisierung der Arbeitsmärkte, längere Maschinenlaufzeiten, eine Steuerentlastung der Unternehmen, Förderung von Forschung und Technologie und mehr Wettbewerb durch Abbau staatl. Regulierung soll der ›Wirtschaftsstandort D.‹ gesichert werden. Im Mittelpunkt der wirtschaftspolit. Diskussionen steht allerdings die Frage der Bekämpfung der Arbeitslosigkeit.

Landwirtschaft: In D. sind mit (1994) 1,04 Mio. Personen nur noch 3,0% aller Erwerbstätigen in der Landwirtschaft beschäftigt, davon 811 000 im früheren Bundesgebiet und 224 000 in den neuen Bundesländern. Die Zahl der Beschäftigten in der ostdt. Landwirtschaft hat sich damit innerhalb von nur zwei Jahren halbiert (1991: 454 000 Personen). Der Anteil der Landwirtschaft an der Bruttowertschöpfung ist weiter auf (1994) 1,1% gesunken. Die Struktur der landwirtschaftl. Betriebe in West- und Ost-D. fällt sehr unterschiedlich aus. Während im früheren Bundesgebiet (1993) 567 295 Betriebe mit einer landwirtschaftl. Fläche von 11,7 Mio. ha gab, existierten in den neuen Bundesländer lediglich 18 600 Betriebe mit einer Fläche von 5,3 Mio. ha. Entsprechend ist die durchschnittl. landwirtschaftl. Fläche eines Betriebs in Ost-D. mit rd. 200 ha um das Zehnfache größer als in West-D. (20 ha). Die Ursache für den Strukturunterschied liegt darin, daß im früheren Bundesgebiet die bäuerl. Familienbetriebe vorherrschen, während in der Dt. Dem. Rep. die einzelbäuerl. Landwirtschaft mit der Zwangskollektivierung 1952–60 weitgehend zerschlagen worden war. Die danach eingeführten staatl. od. genossenschaftl. Großbetriebe bewirtschafteten i. d. R. mehrere tausend Hektar und waren entweder auf Pflanzen- oder auf Tierproduktion spezialisiert. Die Umstrukturierung der Landwirtschaft in den neuen Ländern verlief nach der Wiedervereinigung nicht immer reibungslos (→Landwirtschaftliche Produktionsgenossenschaft, ▷ volkseigene Güter).

Differenziert nach Kulturarten verteilt sich die (1994) genutzte landwirtschaftl. Fläche von 17,3 Mio. ha. (früheres Bundesgebiet 11,9 Mio. ha, neue Bundesländer 5,5 Mio. ha) wie folgt: 68,2% Ackerland (früheres Bundesgebiet 62,6%; neue Bundesländer 80,4%), 30,5% Grünland (35,7%; 19,1%) sowie 0,6% Rebland, 0,4% Obstanlagen, 0,3% sonstige Flächen. Das Ackerland wird hauptsächlich für den Anbau von Getreide (1994: 52,8%), Futterpflanzen (14,6%), Raps (9,0%) und Hackfrüchten (6,9%) genutzt. Größere Veränderungen gab es beim anteiligen Anbau der einzelnen Getreidearten, so haben z. B. die ertragreichen Arten Weizen und Wintergerste den Anbau von Roggen und Hafer zurückgedrängt. Der Anbau von Kartoffeln ist ebenfalls stark rückläufig, während der Anbau von Raps und anderen Ölsaaten deutlich zunimmt. Die Anbaustrukturen in West- und Ost-D. unterscheiden sich nur relativ geringfügig. Hauptanbauprodukte sind Weizen (1994: 16,5 Mio. t), Gerste (10,9 Mio. t), Roggen (3,5 Mio. t), Hafer (1,7 Mio. t), Raps (2,9 Mio. t) und Körnermais (2,7 Mio. t). Bei den Hackfrüchten überwiegen Kartoffeln (9,7 Mio. t) und Zuckerrüben (24,2 Mio. t). Silomais und Runkelrüben dominieren bei den Futterpflanzen. Mit einer Getreideernte von (1994) 36,3 Mio. t lag D. weltweit an 11. Stelle und innerhalb der EU an 2. Stelle nach Frankreich. In der EU nimmt D. in der Zuckerrübenproduktion hinter Frankreich den zweiten und bei Kartoffeln den ersten Platz ein. Im Bereich der Sonderkulturen hat D. nur im Hopfenanbau Weltgeltung: Mit rd. einem Viertel der Welterzeugung (1994: 28 160 t) ist D. hinter den USA der zweitgrößte Hopfenproduzent der Erde. Die Erntemenge bei Gemüse beträgt (1994) 1,9 Mio. t, bei Obst 1,1 Mio. t. Die Weinproduktion findet mit Ausnahme einiger kleiner Anbaugebiete in Sachsen und Sachs.-Anh. fast ausschließlich im früheren Bundesgebiet statt. Die in D. produzierte Weinmenge entspricht aber nur rd. 20% der Produktion Frankreichs bzw. Italiens (1994: 10,3 Mio. hl; 4. Stelle in der EU).

Einen Schwerpunkt der Landwirtschaft bildet die Erzeugung hochwertiger tier. Veredelungsprodukte. Unter den EU-Staaten steht D. in der Milchproduktion an 1. Stelle und bei der Fleischproduktion an 2. Stelle hinter Frankreich (weltweit an 4. bzw. 6. Stelle). Erzeugt wurden (1994) u. a. 27,9 Mio. t Milch, 461 300 t Butter, 700 000 t Käse und 700 000 t Quark sowie 3,7 Mio. t Schweine- und 1,4 Mio. t Rindfleisch. D. besitzt die größten Schweinebestände (24,7 Mio.) und den zweitgrößten Rinderbestand (16,0 Mio., darunter 5,3 Mio. Milchkühe) in der EU. Rd. 89% des Nahrungsmittelbedarfs können in D. aus heim. Produktion gedeckt werden. Der Selbstversorgungsgrad beträgt (1993) bei Getreide 117,1%, bei Milch 106,2%, bei Fleisch 83,2%, bei Gemüse 39,1%, bei Obst 24,9% und bei Eiern 75,0%.

Forstwirtschaft: Die Waldfläche beträgt (1993) 10,4 Mio. ha (rd. 30% der Gesamtfläche), davon rd. zwei Drittel Nadelwälder (v. a. Fichten und Kiefern) und ein Drittel Laubwälder (v. a. Buchen). 71% der Waldflächen entfallen auf das frühere Bundesgebiet und 29% auf die neuen Bundesländer. Mit einem Holzeinschlag von (1993) 28,3 Mio. m³ (davon drei Viertel Nadelholz) steht D. weltweit an 14. Stelle.

Fischerei: Durch die Wiedervereinigung wurden die für die westdt. Hochsee- und Küstenfischerei zugängl. Gewässer um größere Bereiche der Ostsee erweitert. Gleichzeitig können aber die ehem. Fangrechte der ostdt. Fischereiflotte im Süd- und Zentralatlantik nicht mehr genutzt werden. Wichtigstes dt. Fanggebiet ist weiterhin die Nordsee. Die Fangmenge der Fischerei liegt bei (1994) 143 500 t. Die Anlandungen der Hochseeflotten erfolgen überwiegend in Cuxhaven und Bremerhaven. Rostock hat seine Bedeutung als Fischereihafen für die stark verringerte ostdt. Fangflotte weitgehend verloren.

Bodenschätze: D. zählt auch nach der Wiedervereinigung zu den rohstoffarmen Ländern. Ausnahmen sind lediglich die Lagerstätten von Braunkohle, Steinkohle und Salz. D. verfügt nach Rußland und den USA mit (1993) 56,1 Mrd. t über die drittgrößten wirtschaftlich nutzbaren Braunkohlevorkommen der Erde (10,8% der Weltvorräte). Die größten Braunkohlelager befinden sich in der Rhein. und in der Leipziger Bucht sowie in der Niederlausitz, in geringerem Umfang auch in der Westhess. Senke und in der Oberpfalz. Die Steinkohlevorkommen im Rheinisch-Westfäl. Industriegebiet, im Aachener Raum und im Saarrevier beliefen sich (1993) auf 23,9 Mrd. t (knapp 5% der Weltvorräte). Weitere Bodenschätze sind die

Deut Deutschland

Steinsalzlager in Ndsachs. und in Bayern, die Kalisalze in Ndsachs., in Hessen und Thüringen und in Südbaden, die Erdöllagerstätten in Nordwest-D., die Erdgasvorkommen im Norddt. Tiefland, in Sachs.-Anh., im Oberrhein. Tiefland und im bayer. Alpenvorland.

Braunkohle ist seit der Wiedervereinigung der wichtigste heim. Energierohstoff. 1994 wurden 207,1 Mio. t abgebaut, davon 105,7 Mio. t (51 %) in den neuen Bundesländern. Die Förderung hat sich seit 1989 (300,8 Mio. t) mehr als halbiert, wobei der Rückgang im Mitteldt. Revier um 79 % auf (1994) 22,3 Mio. t bes. drastisch ausfiel. Im Steinkohlebergbau lag die Fördermenge bei (1994) 54,3 Mio. t (weltweit 10. Stelle).

Von Bedeutung ist weiterhin der Salzbergbau: 1994 wurden 2,8 Mio. t Kalisalz und 5,5 Mio. t Stein-, Hütten- und Salinensalz gewonnen. Die Förderung von Erzen spielt praktisch keine Rolle mehr: An Zinkerz wurden 1993 nur noch 14300 t gefördert (1988: 75600 t), an Bleierz 2100 t (1988: 17900 t), die Förderung von Kupfererz, Eisenerz und von Uran wurde Anfang der 1990er Jahre völlig eingestellt. Die inländ. Erdölförderung erreichte (1994) 2,9 Mio. t, die Erdgasgewinnung lag bei 18 Mrd. m³.

Energiewirtschaft: Beim Primärenergieverbrauch ist D. zu rd. 65 % auf Einfuhren angewiesen. Der Gesamtenergieverbrauch lag (1994) bei 479,8 Mio. t Steinkohleeinheiten (SKE). Wichtigster Primärenergieträger ist Erdöl mit 40,4 %, gefolgt von Kohle mit 28,7 % (Steinkohle 15,5 %, Braunkohle 13,2 %) und Erdgas mit 18,3 %, das weiterhin an Bedeutung gewinnt (1970: 5,5 %). Der Anteil der Kernenergie ist seit 1970 (0,6 %) ständig gestiegen (1994: 10,0 %).

Die Situation in den neuen Bundesländern ist gekennzeichnet durch einen tiefgreifenden Wandel in der Energieversorgungsstruktur: Der Energieverbrauch sank von (1989) 128,2 Mio. t SKE auf (1994) 71,2 Mio. t SKE, der Anteil der Braunkohle an der Primärenergieversorgung ging von (1990) 69 % auf (1994) 44,4 % zurück, was v. a. auf die tiefgreifenden wirtschaftl. Umstrukturierungen sowie auf einen effizienteren Energieeinsatz zurückzuführen ist.

An der Elektrizitätserzeugung von (1994) 526,1 Mrd. kWh waren v. a. die Energieträger Kernkraft (28,7 %), Steinkohle (28,1 %), Braunkohle (27,7 %) und Erdgas (6,8 %) beteiligt. Ende 1994 waren in D. 21 Kernkraftwerke mit einer Kapazität von 23 869 MW in Betrieb. In den neuen Bundesländern wird Elektrizität v. a. aus Braunkohle (1994: 87,7 %) erzeugt.

Industrie: Das produzierende Gewerbe (Bergbau, verarbeitendes Gewerbe, Baugewerbe) hat in den vergangenen Jahren gegenüber dem Dienstleistungssektor sowohl hinsichtlich der Bruttowertschöpfung als auch der Beschäftigung weiter an Bedeutung verloren. Der Anteil des warenproduzierenden Gewerbes insgesamt an der Bruttowertschöpfung sank im früheren Bundesgebiet von (1985) 42,2 % auf (1994) 35,2 %. In Ost-D. haben Bergbau und verarbeitendes Gewerbe seit der Einführung der Währungs-, Wirtschafts- und Sozialunion (1990) einen dramat. Anpassungsprozeß durchlaufen. Die Zahl der Arbeitsplätze verringerte sich dabei um fast zwei Drittel von (1991) 1,8 Mio. auf (1994) 671 000.

Im Zeitraum 1991–94 sank in D. die Zahl der Erwerbstätigen im produzierenden Gewerbe von 14,2 Mio. auf 12,3 Mio. Dabei ging die Zahl der Erwerbstätigen in Energie-, Wasserwirtschaft und Bergbau um 21,8 % auf 509 000 und im verarbeitenden Gewerbe um 19,4 % auf 8,8 Mio. zurück, während sie im Baugewerbe um 13,8 % auf knapp 3 Mio. anstieg. Bes. gravierend war der Rückgang der Beschäftigung im verarbeitenden Gewerbe Ost-D.s (–46,1 % auf 1,15 Mio. Erwerbstätige), dem allerdings ein Beschäftigungsanstieg im Baugewerbe gegenüberstand (+40,8 % auf 1,06 Mio. Erwerbstätige). Die Bruttowertschöpfung im produzierenden Gewerbe war mit (1994) 1 127,0 Mrd. DM erstmals niedriger als bei den sonstigen Dienstleistungsunternehmen (1 129,6 Mrd. DM). Im verarbeitenden Gewerbe werden mit 814,5 Mrd. DM lediglich 25,4 % der Bruttowertschöpfung erwirtschaftet, im Baugewerbe 6,9 % (221,0 Mrd. DM), im Bereich Energie-, Wasserwirtschaft und Bergbau 2,9 % (91,4 Mrd. DM).

Vom Umsatz der Betriebe im Bergbau und im verarbeitenden Gewerbe in Höhe von (1994) 1989 Mrd. DM entfielen 115 Mrd. (5,8 %) auf die neuen Bundesländer. Im Baugewerbe liegt der Anteil Ost-D.s bei 25,4 % (77 Mrd. DM). Im verarbeitenden Gewerbe ist (1994) das Investitionsgüter produzierende Gewerbe sowohl hinsichtlich der Zahl der Unternehmen (22 718; 44,8 %) und der Beschäftigten (3,7 Mio.; 53,9 %) als auch gemessen an den Umsätzen (906 Mrd. DM; 46,3 %) der wichtigste Bereich. Auf das Grundstoff- und Produktionsgütergewerbe entfallen 26,9 % der Umsätze und 18,9 % der Beschäftigten, auf das Verbrauchsgüter produzierende Gewerbe 14,1 % der Umsätze und 19,2 % der Beschäftigten sowie auf das Nahrungs- und Genußmittelgewerbe 12,6 % der Umsätze und 8 % der Beschäftigten. Die umsatzstärksten Industriezweige waren (1994) der Straßenfahrzeugbau (13,5 %), die Elektrotechnik (11,5 %), das Ernährungsgewerbe (11,1 %), die chem. Industrie (10,9 %) und der Maschinenbau (10,6 %). In Ost-D. steht das Ernährungsgewerbe mit Abstand an der Spitze (18,8 %), gefolgt von der elektrotechn. Industrie und dem Straßenfahrzeugbau (jeweils 9,5 %).

Die Industrie ist stark exportorientiert; die Exportquoten (Anteil des Auslandsumsatzes am Gesamtumsatz) liegen bei (1994) 28,7 % in West-D. und 11,5 % in Ost-D. Sie sind in D. bes. hoch bei Luft- und Raumfahrtindustrie (62,5 %), Schiffbau (47,6 %) Straßenfahrzeugbau (43,2 %), Maschinenbau (42,7 %), Papierindustrie (42,4 %) und chem. Industrie (40,9 %).

Dienstleistungssektor: Im Dienstleistungssektor sind inzwischen über 60 % aller Erwerbstätigen beschäftigt (1994: 21,5 Mio., davon 6,7 Mio. im Bereich Handel und Verkehr, 4,5 Mio. im öffentl. Sektor, private Haushalte und Organisationen, 1,2 Mio. bei Banken und Versicherungsunternehmen sowie 9,1 Mio. im Bereich sonstige Dienstleistungen). Der Beitrag dieses Sektors zur Bruttowertschöpfung liegt bei (1994) 63,5 % (2 039,1 Mrd. DM). Der Anteil der sonstigen Dienstleistungsunternehmen an der Bruttowertschöpfung fällt in den neuen Ländern mit (1993) 28,2 % deutlich niedriger aus als im früheren Bundesgebiet (34,8 %), der Anteil des öffentl. Sektors dagegen deutlich höher mit 23,5 % gegenüber 13,6 % in den alten Bundesländern.

Außenwirtschaft: Seit der Wiedervereinigung weist die Leistungsbilanz negative Salden in Größenordnungen von 30 Mrd. DM aus, nachdem 1989 noch ein Überschuß von 107,5 Mrd. DM zu verzeichnen war. Hauptursache sind die Entwicklungen in Handels- und Übertragungsbilanz. Durch den Wegfall der osteurop. Exportmärkte und den Anstieg des Importbedarfs der neuen Bundesländer ging der positive Handelsbilanzsaldo von (1989) 134,6 Mrd. DM um mehr als 100 Mrd. DM auf (1991) 21,9 Mrd. DM zurück und liegt bei (1994) 73,3 Mrd. DM. Der negative Saldo der Übertragungsbilanz stieg von (1990) 38,8 Mrd. DM auf (1991) 62,6 Mrd. DM und verharrt seither auf einem Niveau von rd. 60 Mrd. DM, v. a. in Folge steigender Beiträge an internat. Organisationen (EU, UNO) und vereinigungsbedingter Zahlungen an Rußland. Der Anteil der Fertigwaren an der Ausfuhr liegt bei (1994) 86,8 %. Der Anteil der Rohstoffeinfuhren an der Gesamteinfuhr ging zw. 1980 und 1994 von 17,3 % auf 5,3 % deutlich zurück. Der Anteil des früheren Bundesgebiets am Außenhandel liegt bei (1994) 97,5%. Durch die Wiedervereinigung und v. a. durch den Zusammenbruch des RGW (1991) hat sich der Außenhandel Ost-D.s drastisch reduziert. Gegenüber 1989 haben sich die Importe auf knapp ein Viertel und die Exporte auf rd. ein Drittel verringert. Dem Exportwert von (1994) 690,6 Mrd. DM steht ein Importwert von 617,4 Mrd. DM gegenüber. D. wickelt den überwiegenden Teil seines Außenhandels mit den EU-Staaten ab (58,0% des Exports; 56,4% des Imports). Haupthandelspartner sind Frankreich (12,0%; 11,4%), die Niederlande (7,6%; 8,6%), Italien (7,6%; 8,5%) und Großbritannien (8,0%; 6,4%). Die USA liegen an der Spitze der außereurop. Handelspartner (7,7%; 7,0%). Die Bedeutung Japans als Absatzmarkt ist eher gering (2,5%), dagegen fallen die Einfuhren deutlich höher aus (5,7%). Enge außenwirtschaftl. Beziehungen bestehen auch zu Österreich (5,8%; 4,7%) und der Schweiz (5,4%; 4,3%). Auf Entwicklungsländer entfallen 13,4% des Exportwerts, auf die ehem. Staatshandelsländer (Reformländer einschließlich China) 9,5%.

Verkehr: Die Wiedervereinigung führte sowohl in den neuen Bundesländern als auch im früheren Bundesgebiet zu einem starken Anstieg des Verkehrsaufkommens. Voraussetzung für die Bewältigung der zusätzl. Verkehrsströme sind umfangreiche Erneuerungs-, Ausbau- und Neubaumaßnahmen in der Verkehrsinfrastruktur der neuen Bundesländer, v. a. der Ausbau der W-O-Verbindungen. Laut Bundesverkehrswegeplan 1992 sollen im Zeitraum 1991–2012 insgesamt 538,8 Mrd. DM für Investitionen in die Verkehrsinfrastruktur ausgegeben werden, davon 118,3 Mrd. DM für Neu- und Ausbaumaßnahmen des Schienennetzes, 108,6 Mrd. DM für Bundesfernstraßen und 15,7 Mrd. für Bundeswasserstraßen.

Das Straßennetz umfaßt (1994) 227 200 km überörtl. Straßen (davon 11 080 km Autobahnen) und rd. 410 000 km Gemeindestraßen. Trotz umfangreicher Baumaßnahmen ist der Straßenzustand in den neuen Bundesländern noch immer deutlich schlechter als im früheren Bundesgebiet. 1994 waren 39,8 Mio. Pkw registriert (neue Bundesländer: 6,7 Mio.). Dies entspricht einer Pkw-Dichte von 486 Pkw pro 1 000 Ew. (neue Bundesländer: 429).

Nach der Zusammenlegung des Streckennetzes der Dt. Bundesbahn und der Dt. Reichsbahn (seit 1994: Dt. Bahn AG) und einschließlich nichtbundeseigener Eisenbahnen beträgt die Betriebslänge des Eisenbahnnetzes (1994) 44 467 km (neue Bundesländer: 14 516 km), davon sind im früheren Bundesgebiet rd. 42% und in den neuen Ländern rd. 32% elektrifiziert.

Das Netz der befahrenen Binnenwasserstraßen ist (1994) 7 348 km lang (neue Bundesländer: 3 079 km). Größter Binnenhafen ist der mit einem Güterumschlag von (1993) 41,1 Mio. t ist mit Abstand Duisburg; es folgen Karlsruhe (12,6 Mio. t), Köln (9,0 Mio. t), Hamburg (8,2 Mio. t), Mannheim (7,5 Mio. t) und Ludwigshafen am Rhein (7,3 Mio. t).

Die Anteile der Binnenverkehrsträger an den Verkehrsleistungen haben sich 1985–93 sowohl im Güter- als auch im Personenverkehr deutlich verschoben. Der motorisierte Individualverkehr steigt weiterhin stark an. Er lag (1993) im Personenverkehr (gemessen in Personenkilometern) in D. bei 82,2% (neue Bundesländer: 83,8%, früheres Bundesgebiet: 81,9%). 1985 lagen die Anteile noch bei 56,1% (Dt. Dem. Rep.) bzw. 80,0% (Bundesrep. Dtl.). Diese Entwicklung ging v. a. zu Lasten der Eisenbahn und des öffentl. Straßenpersonenverkehrs (ÖSPV): Ihr Anteil am Verkehrsaufkommen sank von (1985) 18,1% (Bahn) und 23,8% (ÖSPV) in der damaligen Dt. Dem. Rep. bzw. 7,2% und 10,3% im ehem. Bundesgebiet auf (1993) insgesamt nur noch 6,3% (Bahn) und 8,8%

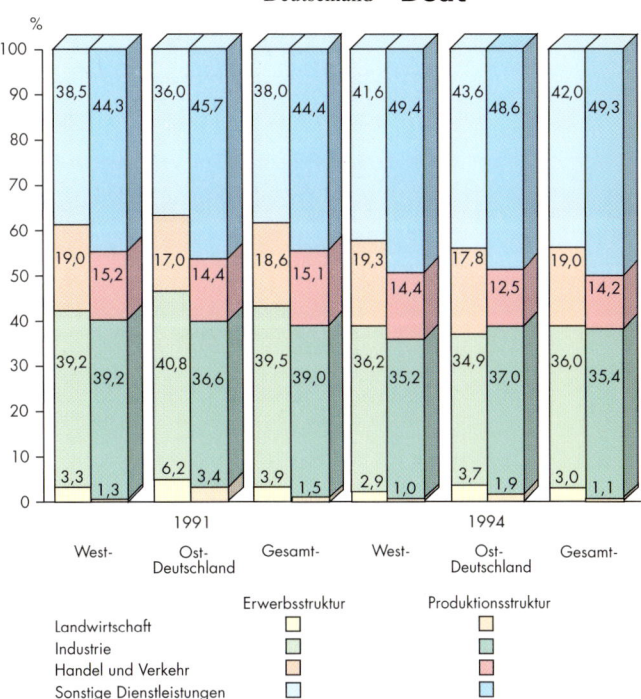

Deutschland: Produktionsstruktur (Beiträge zusammengefaßter Wirtschaftsbereiche zum Bruttoinlandsprodukt) und Erwerbsstruktur (Erwerbstätige nach zusammengefaßten Wirtschaftsbereichen) in Prozent

(ÖSPV), dabei haben sich die Strukturen in Ost- und West-D. weitgehend angeglichen. Im Güterverkehr verringerte sich der Anteil der Bahnen an den Verkehrsleistungen (gemessen in Tonnenkilometern) 1985–93 um 7,3 Prozentpunkte auf 17,8% im früheren Bundesgebiet und um mehr als die Hälfte in den neuen Bundesländern (von 72,7% auf 31,8%). Der Anteil des Straßengüterverkehrs nahm entsprechend zu, er verdreifachte sich in den neuen Bundesländern von (1985) 18,7% auf (1993) 61,0%. In D. werden damit insgesamt fast zwei Drittel aller Güter (60,4%) per Lkw transportiert.

Der Bestand an Handelsschiffen nimmt weiterhin ab; 1994 fuhren nur noch 650 Schiffe (davon 55 Tanker und 78 Schiffe für die Personenbeförderung) mit einer Tonnage von 4,6 Mio. BRT unter dt. Flagge. Größter dt. Seehafen ist Hamburg mit einem Güterumschlag von (1993) 60,3 Mio. t, gefolgt von Wilhelmshaven (32,7 Mio. t), Bremen/Bremerhaven (25,6 Mio. t), Lübeck (12,5 Mio. t) und Rostock (11,7 Mio. t).

Die Verkehrsleistungen im Luftverkehr haben sich im Personenverkehr mit (1993) 90,6 Mio. Personenkilometer gegenüber 1985 (45,8 Mio. Personenkilometer) nahezu verdoppelt, das Frachtaufkommen erhöhte sich von 2,7 Mio. Tonnenkilometern auf 5,2 Mio. Tonnenkilometer. Durch die Liberalisierung des Luftverkehrs im Rahmen der EG hat die Dt. Lufthansa ihre Stellung als alleiniger Anbieter im Inland-Linienverkehr verloren, hat aber immer noch eine überragende Stellung auf dem dt. Luftverkehrsmarkt. Größter Flughafen (unter den internat. Flughäfen 1993 an 9. Stelle) ist Frankfurt am Main mit (1994) 35,1 Mio. Fluggästen (34,6% der Fluggäste aller Flughäfen in D.) und 1,3 Mio. t Luftfracht (72,4% der Luftfracht aller Flughäfen), gefolgt von Düsseldorf, München, Hamburg, Berlin-Tegel und Stuttgart.

Deut Deutschland

GESCHICHTE

Nach Abschluß des Einigungsvertrages und des Zwei-plus-Vier-Vertrages trat die Dt. Dem. Rep. am 3. 10. 1990 der Bundesrep. Dtl. bei. Am 4. 10. trat der gesamtdt. Bundestag (bestehend aus den Abg. des Bundestags der Bundesrep. Dtl. sowie der Volkskammer der Dt. Dem. Rep.) im Berliner Reichstag zum ersten Male zusammen. D. umfaßt nunmehr neben den Ländern der früheren Bundesrep. Dtl. die fünf neuen Bundesländer Brandenburg, Meckl.-Vorp., Sachsen, Sachs.-Anh. und Thüringen; Berlin (Ost) wurde mit dem Land Berlin zu einer Verwaltungseinheit zusammengefaßt. Im Anschluß an die Landtagswahlen vom 14. 10. 1990 in den neuen Bundesländern konstituierten sich dort Landtage und Landesregierungen. Am 22. 10. wurde das Beitrittsgebiet im Rahmen von ›Übergangsregelungen‹ in das Vertragssystem der EG einbezogen. Unter Reduzierung der Mannschaftsstärke der Bundeswehr und Auflösung der Nat. Volksarmee der Dt. Dem. Rep. blieb das vereinigte D. Mitgl. der NATO. Während die westl. Mächte (v. a. Frankreich, Großbritannien und die USA) weiterhin Truppen in reduzierter Zahl im Gebiet der früheren Bundesrep. Dtl. unterhalten, vereinbarten D. und die UdSSR in einem Stationierungsvertrag (12. 10.) den Abzug der sowjet. Truppen aus D. bis Ende 1994. In Ergänzung dieses Vertrages schlossen beide Staaten am 9. 11. den →Deutsch-Sowjetischen Vertrag über gute Nachbarschaft, Partnerschaft und Zusammenarbeit. Am 14. 11. 1990 wurde der →Deutsch-Polnische Grenzvertrag unterzeichnet, der die Oder-Neiße-Linie als völkerrechtlich verbindl. Grenze zw. beiden Staaten festlegt. Am 17. 6. 1991 schlossen D. und Polen den →Deutsch-Polnischen Vertrag über gute Nachbarschaft und freundschaftliche Zusammenarbeit. Am 27. 2. 1992 folgte der →Deutsch-Tschechoslowakische Vertrag über gute Nachbarschaft und freundschaftliche Zusammenarbeit.

Nach der Vereinigung beider dt. Staaten bezog Bundeskanzler H. KOHL am 4. 10. 1990 Politiker Ost-D.s (u. a. L. DE MAIZIÈRE) als Minister ohne Geschäftsbereich in seine Reg. ein. Bereits Mitte 1990 hatte der Prozeß der organisator. Eingliederung bes. der Parteien und Gewerkschaften der Dt. Dem. Rep. in entsprechende Organisationen West-D.s begonnen. Mit dem Bündnis 90, das sich bes. der Anliegen des Neuen Forums aus der Zeit der polit. Umwälzungen in der Dt. Dem. Rep. (1989–90) annahm, zeigte sich eine neue polit. Kraft im vereinten D.; die PDS hatte die Nachfolge der SED angetreten. Bei den ersten gesamtdt. Bundestagswahlen am 2. 12. 1990 wurde die CDU stärkste Partei, gefolgt von der SPD. Neben der FDP und der CSU konnten PDS und Bündnis 90/Grüne Abg. in den Bundestag entsenden, die letzteren beiden erreichten dort jedoch keine Fraktionsstärke. Während Die Grünen im Wahlgebiet der früheren Bundesrep. Dtl. an der Fünfprozentklausel des Bundeswahl-Ges. scheiterten, konnten PDS und Bündnis 90/Grüne im getrennten Wahlgebiet der früheren Dt. Dem. Rep. diese Grenze überschreiten. Am 17. 1. 1991 wählte der Bundestag KOHL erneut zum Bundeskanzler an der Spitze einer Koalition aus CDU/CSU und FDP.

Im Interesse des polit. Zusammenwachsens West- und Ost-D.s beschloß der Bundestag am 20. 6. 1991 mit knapper Mehrheit (338 gegen 320 Stimmen) die Verlegung des Bundestags- und Regierungssitzes nach Berlin, die in einer Übergangsphase in spätestens zwölf Jahren beendet sein soll. Als erstes Verfassungsorgan nahm der Bundes-Präs. 1994 seinen Sitz in Berlin. Mit der Verabschiedung von Länderverfassungen (1992/93) schritt der Prozeß der Anpassung der neuen Bundesländer an die föderale Struktur der Bundesrep. Dtl. fort. Wirtschafts- und sozialpolitisch stand der Angleichung der Lebensbedingungen in beiden Teilen D.s im Vordergrund. Ein vom Bundestag im Juni 1992 verabschiedetes Reform-Ges. zur Vereinheitlichung des Abtreibungsrechts in ganz D. wurde im Mai 1993 vom Bundesverfassungsgericht in Teilen für verfassungswidrig erklärt (→Schwangerschaftsabbruch). Im Zuge der Umstrukturierung der Rechtsordnung (auf der Basis des GG) sowie der Wirtschafts- und Sozialordnung (auf der Basis der sozialen Marktwirtschaft) in Ost-D. ergaben sich – trotz zahlreicher Bemühungen um einen sozial verträgl. Ablauf dieses Prozesses – große soziale Probleme, v. a. eine stark anwachsende Arbeitslosigkeit infolge von Umstellung oder Liquidation von Betrieben (▷Treuhandanstalt). Im Mai 1993 verabschiedete der Bundestag das Föderale Konsolidierungsprogramm (FKP, ›Solidarpakt‹), um den Aufbau der ostdt. Bundesländer finanzpolitisch auf sicheren Boden zu stellen. Ungeklärte Eigentumsfragen und der Grundsatz ›Rückgabe vor Entschädigung‹ verschärften die sozialen Spannungen in Ost-D. und behinderten dort oft private Investitionen.

Die Benutzung des umfangreichen Aktenmaterials des Ministeriums für Staatssicherheit (MfS) der Dt. Dem. Rep. (›Stasi-Akten‹) sowie das Recht auf Einsichtnahme seitens betroffener Bürger wurde mit dem Stasi-Akten-Ges. vom 14. 11. 1991 gesetzlich geregelt. Als Problem von großer rechtspolit. Brisanz erwies sich die strafrechtl. Verfolgung von Straftaten (u. a. die Tötung von Flüchtlingen an der innerdt. Grenze), die in der früheren Dt. Dem. Rep. von Staatsorganen oder deren Beauftragten begangen worden sind. Unter dieser Anklage begann im Sept. 1991 der erste Prozeß gegen Angehörige der Grenztruppen der Dt. Dem. Rep. Mit der Anklageerhebung (Mai 1992) und dem Beginn des Prozesses (12. 11. 1992) gegen E. →Honecker und andere frühere Mitgl. des Nationalen Verteidigungsrates der Dt. Dem. Rep. wurde der Versuch unternommen, Reg.-Kriminalität auf der Ebene der Auftraggeber (v. a. im Zusammenhang mit dem ▷Schießbefehl) mit rechtsstaatl. Mitteln zu ahnden. Nachdem der Prozeß gegen HONECKER im Jan. 1993 von diesem Verfahren abgetrennt und wenig später aus Gesundheitsgründen aufgehoben worden war, wurden im Sept. 1993 führende Politiker der Dt. Dem. Rep. (u. a. der frühere Min. für Staatssicherheit E. MIELKE und der frühere Verteidigungs-Min. H. KESSLER) zu hohen Gefängnisstrafen verurteilt, die Strafverbüßung wurde jedoch ausgesetzt.

Deutschland: Demonstration gegen Fremdenhaß und Gewalt in Düsseldorf im Januar 1990

Vor dem Hintergrund einer wachsenden →Fremdenfeindlichkeit beschloß der Bundestag im Mai 1993 eine in der Öffentlichkeit umstrittene Änderung des →Asylrechts, um die Zuwanderung aus dem östl. Europa und der dritten Welt zu verringern. Der Rechtsextremismus wurde deutlich durch den Anstieg rechtsextremist. Straftaten von (1991) 1 483 auf (1992) 2 285; die Mordanschläge von Hoyerswerda (1991), Rostock (1992), Mölln (1992) und Solingen (1993) auf Asylbewerber und ausländ. Mitbürger sowie die Brandanschläge auf die KZ-Gedenkstätte Sachsenhausen (1992) und die Lübecker Synagoge (1994) zeigten die zunehmende Gewaltbereitschaft rechtsextremist. Täter. Seit Nov. 1992 verbot der Bundesinnen-Min. mehrere neonazist. Organisationen. Mit Demonstrationen und Lichterketten stellten sich viele Menschen gegen Fremdenhaß und Rassismus. Auch die Bekämpfung der organisierten Kriminalität entwickelte sich zu einem zentralen innenpolit. Thema.

Die wirtschaftl. Rezession, die sich ab 1992 bes. im westl. D. verstärkt auswirkte (Produktionsrückgang, Anstieg der Arbeitslosigkeit), löste eine Kontroverse um die notwendigen Maßnahmen zur Sicherung des Wirtschaftsstandorts D. aus. Dabei wurden v. a. die Themen Arbeitskosten, Arbeitszeit, Besteuerung, Umbau der Sozialsysteme, Deregulierung und Förderung der Hochtechnologie diskutiert; ein Standortsicherungs-Ges. wurde verabschiedet (v. a. Steuerentlastungen für Unternehmen). Bei weiterbestehender hoher Arbeitslosigkeit verzeichnete die Wirtschaft seit Mitte 1994 in West-D. eine sich belebende Konjunktur, in Ost-D. ein weiterhin hohes Wachstum.

Nach kontroversen Diskussionen zw. Regierung und Opposition, aber auch innerhalb der Regierungsfraktionen einigten sich im März 1994 die Regierungskoalition und die SPD auf die Modalitäten bei der Einrichtung einer →Pflegeversicherung, die im selben Monat vom Bundestag gebilligt wurde.

Seit 1991 hatte als Ergebnis von Landtagswahlen die Zahl der von der SPD geführten Bundesländer stark zugenommen und zu ihrer bei der Gesetzgebung des Bundes mitentscheidenden Stimmenmehrheit im Bundesrat geführt. Nach der Ablösung CDU-geführter Landesregierungen in Hessen und Rheinl.-Pf. (1991) baute die SPD ihre Position bei den Landtagswahlen des Jahres 1994 mit der Bildung der von ihr geführten Regierung in Sachs.-Anh. weiter aus. Die Beteiligung an ›großen Koalitionen‹ in Berlin (1990), Bad.-Württ. (1992), Meckl.-Vorp. und Thüringen (beide seit 1994) steigerte ihren Einfluß auf Bundes- und Länderebene. Während die Grünen, seit 1993 mit der ostdt. Bürgerbewegung Bündnis 90 verbunden, bei den Wahlen seit 1990 ständig an Stimmengewicht gewannen, verlor die FDP v. a. ab 1993/94 auf Länderebene so stark an Stimmen, daß sie in den meisten Landtagen nicht mehr vertreten ist. Angesichts der für den einzelnen Bürger in Ost-D. oft tiefgreifenden persönl. Veränderungen konnte sich die PDS dort bes. als Protestpartei profilieren. Neben den zahlreichen Landtagswahlen im Jahre 1994, häufig als ›Superwahljahr‹ bezeichnet, fanden in diesem Jahr auch die Wahl des Bundespräsidenten und des Bundestags statt. Im Vorfeld der Bundestagswahl maßen die Parteien der Wahl des Bundes-Präs. große Bedeutung zu. Als ihren Kandidaten nominierte die SPD J. RAU, die FDP HILDEGARD HAMM-BRÜCHER und die CDU R. HERZOG, nachdem von Bundeskanzler KOHL zunächst geförderte Kandidatur des sächs. Justiz-Min. S. HEITMANN gescheitert war. Darüber hinaus bewarb sich der ostdt. Bürgerrechtler J. REICH als Kandidat einer parteiunabhängigen Gruppe von Bürgern. Am 23. 5. 1994 wählte die Bundesversammlung HERZOG als Nachfolger R. VON WEIZSÄCKERS zum Bundes-Präs. (Amtsantritt: 1. 7. 1994). Bei den Bundestagswahlen vom 16. 10. 1994 hatte die SPD im Wahlkampf R. SCHARPING als ihren Kandidaten für das Amt des Bundeskanzlers herausgestellt; die bisherigen Reg.-Parteien CDU, CSU und FDP konnten jedoch ihre Mehrheit äußerst knapp behaupten und ihr Reg.-Bündnis fortsetzen. Am 17. 11. 1994 wählte der Bundestag KOHL wieder zum Bundeskanzler.

Deutschland: Offizielle Verabschiedung der russischen Truppen aus Deutschland am 31. 8. 1994 auf dem Gendarmenmarkt in Berlin; in der Bildmitte Helmut Kohl und Boris Jelzin, links Generaloberst Matwej Burlakow

1995/96 stehen bes. die Bekämpfung der Arbeitslosigkeit (z. B. ›Bündnis für Arbeit‹), Probleme des Umweltschutzes, der inneren Sicherheit, des weiteren Aufbaus Ost-D.s und dessen Finanzierung, die Gesundheitspolitik, die Weiterentwicklung der europ. Integration, Fragen der Steuer- und Sozialpolitik (Kinderlastenausgleich, Existenzminimum), das Ausmaß der öffentl. Schulden sowie Fragen des Einsatzes der Bundeswehr im Rahmen von UNO und NATO in der öffentl. Diskussion.

Am 18. 3. 1993 schloß D. mit Belgien, Frankreich, Kanada, den Niederlanden, Großbritannien und den USA ein neues NATO-Truppenstatut. Mit einer offiziellen Abschiedsfeier am 31. 8. 1994 fand der 1990 vereinbarte Abzug der russ. Truppen im Beisein von Bundeskanzler KOHL und des russ. Präs. B. JELZIN seinen Abschluß. Am 8. 9. 1994 verabschiedeten sich die Truppen der Westmächte aus Berlin.

In der Außenpolitik setzte D. seit 1990 seine aktive Beteiligung am KSZE-Prozeß und an der europ. Integration fort. Auf Initiative von Bundeskanzler KOHL und Staatspräs. F. MITTERRAND im Okt. 1991 beschlossen D. und Frankreich die Aufstellung eines dt.-frz. →Eurokorps als Modell für eine engere multilaterale militär. Zusammenarbeit innerhalb der Westeurop. Union. Mit der Verabschiedung des Vertrags von Maastricht am 2. 12. 1992 fügte der Bundestag einen neuen Europaartikel in das GG ein, der die europ. Einigung auf Staatsziel erhob. Das von versch. Gruppen angerufene BVG erkannte am 12. 10. 1993 das Vertragswerk in seinem Kern an.

Nach dem Zerfall Jugoslawiens erkannte D. am 23. 12. 1991 die Republiken Slowenien und Kroatien, am 6. 4. 1992 die Rep. Bosnien-Herzegowina und am 16. 12. 1993 die Rep. Makedonien diplomatisch an. Im Rahmen der ›Bosnien-Kontaktgruppe‹, bestehend aus Vertretern der USA und Rußlands sowie der EU-Staaten Frankreich, Großbritannien, D. und Griechenland, beteiligte D. sich an den Bemühungen, eine friedl. Lösung des Bosnienkonfliktes zu erreichen. Im

Juli und Aug. 1992 nahm D. die ersten Flüchtlinge aus Bosnien auf. Von Juli 1992 bis Jan. 1996 beteiligten sich Transportflugzeuge der Bundeswehr an der Luftbrücke nach Sarajevo. Seit dem 23. 7. 1994 ist der frühere Bürgermeister von Bremen H. KOSCHNICK im Auftrag der EU als Verwalter beim Wiederaufbau von Mostar tätig.

Seit dem polit. Umbruch im östl. Europa sucht D. im Rahmen seiner NATO-Zugehörigkeit und auf der Basis der seit 1990 mit der UdSSR, Polen und der Tschechoslowakei abgeschlossenen Verträge seine Beziehungen zu den früheren Staaten des Ostblocks und zu den Nachfolgestaaten der UdSSR zu gestalten. Es befürwortete sehr entschieden die Bewahrung der Unabhängigkeit dieser Staaten und ihre Einbindung in die →Partnerschaft für den Frieden. Das Verhältnis zu Polen sucht sie auf die gleiche Stufe wie das zu Frankreich zu stellen. Die angebahnten nachbarschaftl. Beziehungen zur Tschech. Rep. sind (1995) belastet durch Wiedergutmachungsfragen. Am 1. 1. 1993 nahm das Dt.-Poln. Jugendwerk seine Arbeit auf.

Im 2. Golfkrieg 1991 stellte D. den im Auftrag der UNO kriegführenden Staaten hohe finanzielle Mittel sowie Waffen zur Verfügung. In der Öffentlichkeit wurde die technolog. Hilfe der früheren Dt. Dem. Rep. und zahlreicher Unternehmen aus der Bundesrep. Dtl. bei der Aufrüstung Iraks in den 1980er Jahren stark kritisiert. Seit 1992 beteiligt sich die Bundeswehr, begleitet von intensiven innenpolit. Diskussionen, an Friedensmissionen der UNO, u. a. an Blauhelmeinsätzen in Kambodscha, Somalia, an der Überwachung des Embargos gegenüber ›Restjugoslawien‹ sowie am Einsatz der UN-Truppen im Balkankonflikt. Nach der Zustimmung des Bundestages (6. 12. 1995) entsandte D. im Rahmen der Internat. Friedenstruppe Soldaten der Bundeswehr (4 000 Mann) nach Kroatien zur Absicherung des Friedensprozesses in Bosnien und Herzegowina.

A. STAUDTE-LAUBER: Stichwort D. (1992); Die fünf neuen Bundesländer. Historisch begründet, politisch gewollt u. künftig vernünftig?, Beitr. v. W. RUTZ u. a. (1993); Geo-Satellitenbild-Atlas D., hg. v. R. WINTER u. a. (⁶1993); Städteführer D. 130 Städte, Beitr. von W. VOSS-GERLING u. a. (Neuausg. 1993); B. DITTRICH: D.s Nationalparks, Naturparks u. Naturreservate. Das prakt. Reiseb. (1994); G. HAENSCH u. a.: Kleines D.-Lex. (1994); Hb. der dt. Bundesländer, hg. v. J. HARTMANN (²1994). – *Periodika:* D.-Archiv. Ztschr. für das vereinigte D. (1968ff.); Jb. der Bundesrep. Dtl. (1984ff.).

Deutschlandfunk: →DeutschlandRadio.

Deutschlandpolitik: Mit dem Ende des Ost-West-Konfliktes (1989/90) und der Vereinigung der beiden dt. Staaten (1990) wandelte sich die D. als ein zwischenstaatl. Problem zu einem Aufgabenfeld der inneren Entwicklung Deutschlands.

DeutschlandRadio, Rundfunkanstalt des öffentl. Rechts, gegr. durch Staatsvertrag vom 17. 6. 1993 zw. dem Bund und allen Ländern, durch den die Hörfunkanstalten Deutschlandfunk, Deutschlandsender-Kultur (DS-Kultur, in dem ›Stimme der DDR‹ aufgegangen ist) und RIAS Berlin zum 1. 1. 1994 zu einem bundesweiten Sender zusammengefaßt wurden. Das von ARD und ZDF gemeinsam getragene D. besteht aus zwei werbefreien Hörfunkprogrammen, die aus Köln (als Deutschlandfunk) und Berlin (D. Berlin) bundesweit ausgestrahlt werden.

Deutschlandvertrag: Der Vertrag zw. der Bundesrep. Dtl. und den drei Westmächten USA, Großbritannien und Frankreich von 1952 wurde durch den ▷ Zwei-plus-Vier-Vertrag, der am 15. 3. 1991 in Kraft trat, abgelöst.

Deutsch-Polnischer Grenzvertrag, völkerrechtlich bindender Vertrag über den Verlauf der dt.-poln. Grenze entlang der Oder-Neiße-Linie, unterzeichnet am 14. 11. 1990 in Warschau, trat am 16. 1. 1992 in Kraft.

Deutsch-Polnischer Vertrag über gute Nachbarschaft und freundschaftliche Zusammenarbeit, unterzeichnet am 17. 6. 1991, dient – unter ausdrückl. Bezugnahme auf den Dt.-Frz. Vertrag (1963) – der Aussöhnung beider Nationen. Im Vertragswerk ist erstmals die Existenz einer dt. Minderheit in Polen förmlich anerkannt. Entsprechend dem dt.-frz. Vorbild wurde zugleich ein Vertrag über die Errichtung eines **Deutsch-Polnischen Jugendwerks** geschlossen. Gleichzeitig wurde die Bildung eines bilateralen **Umweltrates** und einer gemeinsamen Regierungskommission für regionale und grenznahe Zusammenarbeit vereinbart. Die Verträge traten am 16. 1. 1992 in Kraft.

Deutsch-Sowjetischer Vertrag über gute Nachbarschaft, Partnerschaft und Zusammenarbeit, unterzeichnet am 9. 11. 1990, dient der Aussöhnung zw. Dtl. und den Völkern der Sowjetunion. Die Vertragspartner bekräftigen ihre ›souveräne Gleichheit und ihre territoriale Integrität und Unabhängigkeit‹. Sie betonen, daß sie keine Gebietsansprüche ›gegen irgend jemanden‹ haben, die Grenzen aller Staaten in Europa werden als unverletzlich bezeichnet. Unter Bezugnahme auf die Schlußakte der KSZE betonen beide Vertragspartner, daß sie sich der Androhung und Anwendung von Gewalt enthalten. Beide Länder vereinbaren gegenseitige ›regelmäßige Konsultationen‹. Das Vertragswerk trat am 5. 7. 1991 in Kraft. Nach dem Zerfall der UdSSR (Dez. 1991) gilt der Vertrag im Hinblick auf Rußland weiter (Staatenkontinuität).

Deutsch-Tschechoslowakischer Vertrag über gute Nachbarschaft und freundschaftliche Zusammenarbeit, unterzeichnet am 27. 2. 1992. Dtl. sagt der Tschechoslowakei Wirtschaftshilfe und Unterstützung für die tschechoslowak. Bemühungen um einen Beitritt zur EG zu. Die Tschechoslowakei sichert der dt. Minderheit umfassende Rechte zu.

Dew [dju:], John, brit. Opernregisseur und Intendant, *Santiago de Cuba 1. 6. 1944; studierte bei W. FELSENSTEIN und WIELAND WAGNER. D. war 1982–95 Oberspielleiter in Bielefeld und ist seit 1995 Generalintendant in Dortmund. Gastinszenierungen führten ihn u. a. an die Dt. Oper Berlin (1987 mit G. MEYERBEERS ›Les Huguenots‹ und 1988 mit der Urauff. von MARK NEIKRUGS ›Los Alamos‹), an die Hamburger. Staatsoper (1993 mit G. VERDIS ›Aida‹), an die Wiener Staatsoper (1994 mit V. BELLINIS ›I Puritani‹) und nach London. D. hat sich v. a. mit Opern des 20. Jh. (u. a. ›Nixon in China‹ von JOHN ADAMS) sowie mit der Wiederentdeckung vergessener Werke einen Namen gemacht.

DFB-Vereinspokal: Nach Reduzierung der 2. Fußball-Bundesliga auf 18 Vereine nehmen an der 1. Hauptrunde 36 Klubs der 1. und 2. Bundesliga sowie 28 qualifizierte Mannschaften aus den 21 Landesverbänden des DFB teil.

D'haen [dha:n], Christine, fläm. Schriftstellerin, *Sint-Amandsberg (bei Gent) 25. 10. 1923; 1950–70 als Lehrerin tätig. Ihre Gedichte sind von der antiken Mythologie sowie der Renaissance- und Barockdichtung beeinflußt und zeichnen sich durch ihren archaisierenden Stil aus. Außerdem verfaßte D. Prosaskizzen, Übersetzungen und die dokumentar. Biographie ›De wonde in't hert. Guido Gezelle. Een dichtersbiografie‹ (1984).

Weitere Werke: Lyrik: Gedichten 1946–1958 (1958); Onyx (1983); Mirages (1989); Merencolie (1992). – *Autobiographisches:* Zwarte sneeuw (1989).

Dhôtel, André, frz. Schriftsteller: † Paris 22. 7. 1991.

Diabetes mellitus: Als Auslöser für die Entwicklung des **Typ-I-Diabetes** werden – bei Vorliegen einer Empfänglichkeit für die Diabeteserkrankung – neueren Forschungsergebnissen zufolge Umweltfaktoren angenommen; zu den auslösenden Faktoren werden u. a. Virusinfektionen (z. B. Coxsackie-Virus, Mumps, vorgeburtl. Rötelninfektion), weiterhin chem. Wirkstoffe sowie eventuell auch Ernährungsfaktoren gezählt, so z. B. hoher Fleisch- und Milchkonsum, hohe Nitrosaminaufnahme. – In bis zu 97% der Inselzellen von **Typ-II-Diabetikern** wird ein aus 37 Aminosäuren bestehendes Protein gefunden (›Diabetes-assoziiertes Peptid‹), das einem Teil des Insulinmoleküls ähnelt. Es wird vermutet, daß dieses Protein von den Betazellen der Bauchspeicheldrüse abgegeben wird und sich um diese herum als ›Inselamyloid‹ ablagert; diese Ablagerung soll den Aufbau der Langerhansschen Inseln zerstören und die Insulinsekretion der Betazellen behindern. – In der ›dritten Welt‹ treten andere, unter dem Begriff **Typ-III-Diabetes** zusammengefaßte Formen des D. m. auf, die durch Eiweißmangelernährung oder einseitige Ernährung entstehen; so wird diskutiert, ob ein Typ-III-Diabetes z. B. durch die beim Essen von Maniokwurzeln entstehende Blausäure bei gleichzeitigem Eiweißmangel verursacht wird.

***Diätassistent:** Seit 1. 6. 1994 gilt eine dreijährige Ausbildungsdauer.

***Dichte 5):** Mit einem neuen Verfahren ist eine D.-Messung von Flüssigkeiten mit Hilfe von mikromembranbestückten Sensoren möglich. Die aus Titan bestehenden Mikromembranen sind über Rahmen aus Nickel aufgespannt, die in einen nur wenige Quadratmillimeter großen Sensor integriert sind. Ein Sensor enthält mehrere hundert dieser Mikromembranen und muß an der Wandungsinnenseite des Behälters angebracht werden. Durch einen Ultraschallimpuls werden die Mikromembranen zu Schwingungen angeregt, die von einem Meßwertaufnehmer außerhalb des Flüssigkeitsbehälters empfangen werden und aus denen die Resonanzfrequenz der Membranen ermittelt wird. Diese Resonanzfrequenz ist jedoch in starkem Maße von der D. der umgebenden Flüssigkeit abhängig und liefert damit die zu messenden Dichtewerte.

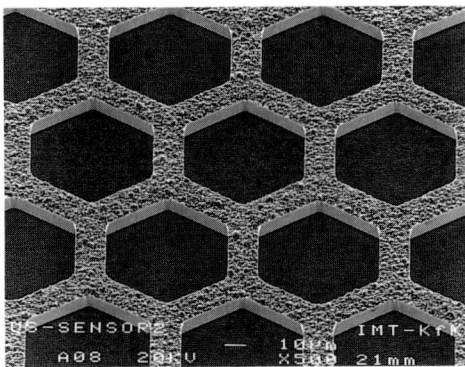

Dichte 5): Vergrößerte Darstellung einiger Mikromembranen (Durchmesser weniger als 0,1 mm) des Dichtesensors

***Dickel,** Friedrich, Politiker: † Berlin 22. 10. 1993; verlor im Dez. 1989 angesichts des Umbruchs in der Dt. Dem. Rep. seine Ämter in Partei und Staat.

***Dickens,** Monica Enid, engl. Schriftstellerin: † Reading (England) 25. 12. 1992.

***Diebenkorn,** Richard, amerikan. Maler: † Berkeley (Calif.) 30. 3. 1993.

***Diebstahl:** Durch Ges. vom 15. 7. 1992 wurde als §244a StGB der Tatbestand des schweren Bandendiebstahls geschaffen (Strafe: Freiheitsstrafe von einem bis zu zehn Jahren).

***Diederichs,** Eugen, Verlagsbuchhändler: 1988 wurde der Eugen Diederichs Verlag vom Heinrich Hugendubel Verlag übernommen und der Sitz nach München verlegt.

***Dienstgrad 2):** Die D. in der dt. Bundeswehr wurden in den vergangenen Jahren erweitert: Höchster Mannschafts-D. ist nun der ›Stabsgefreite‹ (mit vier Balken), als neuer D. zw. Hauptmann und Major wurde der für Offiziere des Militärfachl. Dienstes vorgesehene Rang des Stabshauptmanns (mit vier Sternen) bzw. des Stabskapitänleutnants eingeführt.

Dienstmädchenprivileg, →Kinderbetreuungskosten.

***Diepgen,** Eberhard, Politiker: Nach den Wahlen zum Abgeordnetenhaus (Jan. 1989) mußte D. im März 1989 als Regierender Bürgermeister zugunsten von WALTER MOMPER (SPD) zurücktreten. Entsprechend dem Wahlsieg der CDU bei den ersten Gesamtberliner Wahlen (2. 12. 1990) nach Wiederherstellung der dt. Einheit (3. 10. 1990) wählte das Abgeordnetenhaus D. wieder zum Regierenden Bürgermeister.

***Dieselkraftstoff:** Um die ab Oktober 1996 in Dtl. geltenden Grenzwerte von 0,08 g/km für die Partikelemission und 0,05 Gewichts-% für den Schwefelgehalt zu gewährleisten, wurde ein schwefelarmer D. entwickelt, der seit Oktober 1995 getankt werden kann. Da mit diesem D. eine effektivere Verbrennung erreicht wird, sinkt der Kraftstoffverbrauch um 3%. Der Partikelausstoß liegt noch um bis zu 4,4% über dem geforderten 0,08 g/km. Die durch den reduzierten Schwefelgehalt niedrigere Schmierwirkung des D., die zu einem stärkeren Verschleiß der Verteiler-Einspritzpumpen führt, wird durch Additive ausgeglichen.

In Frankreich laufen gegenwärtig (1995) Feldversuche, um mit Hilfe eines Additivs auf der Basis von Cer und einem Rußfilter die Partikelemissionen noch unter den Grenzwert von 0,04 g/km, der z. B. in Dtl. ab dem Jahr 2000 gelten wird, abzusenken. In der Brennkammer des Motors verbindet sich das Cer mit den Kohlepartikeln, deren Verbrennungstemperatur dadurch auf 200 bis 400°C (statt 500 bis 700°C) reduziert wird. Das hat den Vorteil, daß der Filter sich durch die Erhöhung der Abgastemperatur in Vollastphasen durch die Verbrennung der Partikeln selbst reinigen kann (die Verstopfung der Partikelfilter bereitet bei D. bisher erhebl. Probleme. Bei einem großtechn. Einsatz wird das Cer-Additiv sehr wahrscheinlich über eine Dosierpumpe dem D. beigemischt. Ein Liter des Additivs würde für eine Fahrtstrecke von etwa 80 000 km ausreichen. Die Wirkung des ab 1996 in der EU für neuzugelassene Dieselkraftfahrzeuge vorgeschriebenen Katalysators würde durch das Cer-Additiv nicht beeinträchtigt.

***Dietrich,** Marlene, Filmschauspielerin und Sängerin: † Paris 6. 5. 1992.

***Dietz Nachf.:** Der Dietz Verlag ist seit Juni 1990 eine GmbH und ging in die unternehmer. Verantwortung der PDS über.

***Dieudonné,** Jean Alexandre, frz. Mathematiker: † Paris 29. 11. 1992.

Differenzbesteuerung, eine besondere Form der Berechnung der Mehrwertsteuer (§25a Umsatzsteuer-Ges.), die seit 1990 bei Verkäufen gebrauchter Kraftfahrzeuge und seit dem 1. 1. 1995 allg. bei Verkäufen oder Versteigerungen von gebrauchten Gegenständen, Kunstgegenständen, Sammlungsgegenständen und Antiquitäten durch gewerbsmäßige Händler (Wiederverkäufer) angewendet wird. Die Umsatzsteuer wird bemessen nach der Differenz zw. Verkaufs- und Einkaufspreis.

Die D. wurde eingeführt, um die Nachteile zu vermeiden, die sich für Händler im Vergleich zu privaten Verkäufern dadurch ergeben, daß der Verkauf durch Händler umsatzsteuerpflichtig ist, die auf der Ware liegende Vorsteuer aber nicht abzugsfähig ist, sofern

Diff diffraktive Optik – digitaler Hörfunk

der Gegenstand von nicht umsatzsteuerpflichtigen Privatpersonen bezogen wurde.

diffraktive Optik, Teilgebiet der Optik, das sich mit opt. Systemen befaßt, die auf der ▷ Beugung 1) von Licht beruhen; i. w. S. auch die Herstellungsmethoden entsprechender opt. Bauteile. Während herkömml. Bauteile wie Linsen und Prismen v. a. die Brechung von Licht nutzen und als refraktive opt. Elemente bezeichnet werden, faßt man Bauteile, bei denen Licht an mikroskopisch kleinen Strukturen (mit Dimensionen in der Größenordnung der Lichtwellenlänge) gebeugt werden, als **diffraktive optische Elemente (DOE)** zusammen. Einfachste Beispiele sind opt. ▷ Gitter 6) und gemäß der ▷ Fresnelschen Zonenkonstruktion aufgebaute Fresnel-Zonenplatten. Auch Hologramme (▷ Holographie) gehören in diese Kategorie.

Funktionsweise: Durch mikroskopisch feine Strukturen, die i. a. flächig angeordnet sind, wird eine auftreffende Wellenfront in viele Elementarwellen zerlegt, die nach Durchlaufen des DOE miteinander interferieren (▷ Huygenssches Prinzip) und eine neue, modifizierte Wellenfront ergeben. Dabei wird den einzelnen Elementarwellen relativ zueinander ein Amplituden- oder ein Phasenunterschied aufgeprägt. Im ersten Fall erfolgt dies durch Unterteilung des Gesamtelements in lichtdurchlässige (transmittierende) und in – ganz oder teilweise – lichtundurchlässige (absorbierende) Bereiche. Den Phasenunterschied im zweiten Fall erzeugt man entweder dadurch, daß zwei Teile der Wellenfront beim Passieren des DOE unterschiedl. Weglängen zurücklegen (wie beim ▷ Phasengitter), oder dadurch, daß beide Teile dieselbe Weglänge in Materialien mit unterschiedl. Brechzahl durchlaufen.

Bereits die ▷ Fresnel-Linse stellt den ersten Schritt zur Einsparung von Material und hin zu flächenhaften opt. Elementen dar. Nähert man eine Fresnel-Linse durch ein zweistufiges Relief an, so stellt dieses eine einfache d. O. dar, die nach dem Prinzip der Fresnelschen Zonenkonstruktion funktioniert. Viele einfache DOE sind zweistufig ausgeführt und werden deshalb auch oft binäre opt. Elemente genannt. Der Nachteil dieser **binären Optiken** ist ihre geringe Lichtausbeute. Sie kann durch vier- oder achtstufige Elemente deutlich erhöht werden. Diffraktive opt. Strukturen werden heute mittels versch. Algorithmen numerisch berechnet und auf die gewünschte Strahlformungs- oder Abbildungseigenschaft hin optimiert. So werden z. B. viele Hologramme nicht mehr klassisch aufgenommen, sondern berechnet, indem man die Geometrie und die opt. Eigenschaften der darzustellenden Körper rein rechnerisch vorgibt (computergenerierte oder synthet. Hologramme).

Eigenschaften und Herstellung: DOE als flächenhafte Anordnungen von Strukturen sind dünn und entsprechend leicht. Die Herstellungsverfahren sind zum größten Teil aus der Halbleitertechnologie entlehnt, aber weniger aufwendig als dort. Somit sind sie sehr gut zur Miniaturisierung von Optiken (→Mikrotechnik) und zur Bearbeitung großer Stückzahlen pro Prozeßschritt geeignet. Nachteile bestehen in geringerer Lichtausbeute, höheren Verlusten durch Lichtstreuung an den Strukturkanten, Abbildungsfehlern durch höhere ›parasit.‹ Beugungsordnungen und eine chromat. Aberration, die der von refraktiven Elementen gegenläufig ist (deshalb stellt eine Kombination aus Linse und aufgebrachter Fresnel-Zonenplatte für einen gewissen Wellenlängenbereich einen Achromat dar). Durch Überlagerung von Strukturen mit unterschiedl. Eigenschaften kann ein DOE mehrere Funktionen gleichzeitig ausführen (Funktionsmultiplexing). I. d. R. werden auf dem Substrat (z. B. Glas, Silicium) dünne Schichten aus Photolack deponiert und diese dann über eine Maskenbelichtung (▷ Photolithographie 2) oder direkt strukturiert. Sodann erfolgt ein Trocken- bzw. Naßätzschritt oder ein Abscheideprozeß, bevor der unbelichtete Photolack entfernt wird. Zahlreiche Varianten dieser Verfahren sind möglich. Nutzt man die entstandene Struktur nicht als Endprodukt, sondern fertigt auf galvan. Weg ein Metallnegativ an, so kann dieses als Formwerkzeug dienen und zur Massenfertigung von DOE aus transparenten Kunststoffen verwendet werden (→Abformverfahren).

Anwendungen: DOE werden eingesetzt zur Änderung der Intensitätsverteilung eines Lichtbündels (Strahlformung), zur Fokussierung und Strahlaufteilung, als miniaturisierte abbildende Komponenten, zur Korrektur refraktiver Optiken und in der Großfeldlithographie. Sie finden sich in optoelektron. Baugruppen der Nachrichtentechnik, in Bildaufnahme- bzw. Bilderkennungssystemen (z. B. Videokameras), in Laserdruckern und in Strichcode-Lesern von Registrierkassen. Weit verbreitet sind auch Prägehologramme zur Dekoration und als Wiedererkennungsmerkmal.

K. KNOP: D. O. Mikrostrukturen als opt. Elemente, in: Physikal. Blätter, Jg. 47 (1991); W. B. VELDKAMP u. T. J. MCHUGH: Binäre Optik, in: Spektrum der Wiss., Jg. 15 (1992).

digitaler Hörfunk, Bez. für Hörfunksendungen, bei denen die Tonsignale nicht wie beim konventionellen analogen Rundfunk in Wellenform, sondern als digital codierte Signale abgestrahlt werden. Vorteile des d. H. sind weitgehende Störungsfreiheit, bessere Tonqualität (CD-Qualität) und höhere Reichweite gegenüber dem analogen Hörrundfunk. Im Unterschied zu UKW-Sendungen wird der Trägerfrequenz das Tonsignal in digitaler Form aufgeprägt. Die digitale Form ermöglicht den Aufbau von Gleichwellensendernetzen, bei denen dasselbe Programmpaket über versch. Sender, die jedoch auf gleicher Frequenz arbeiten, abgestrahlt wird. Damit ist ein hoher Grad an Frequenzökonomie verbunden, weil im gesamten Verbreitungsgebiet nur ein Übertragungskanal pro Programmpaket benötigt wird. Zur Rückwandlung der digitalen Signale in analoge Schwingungen ist im Empfänger ein D/A-Wandler (▷ Digital-Analog-Umsetzer) notwendig.

Die beiden ersten Systeme des d. H. waren das DAB (Abk. für engl. Digital Audio Broadcasting) und das DSR (Abk. für engl. Digital Satellite Radio). Das **DAB** wird über terrestr. Funktürme abgestrahlt. Innerhalb der Bandbreite von 7 MHz ist der Kanal in vier Blöcke mit je 1,5 MHz aufgeteilt, wobei die Blöcke untereinander einen Abstand von 250 kHz aufweisen. Je Block können fünf bis acht Stereoprogramme eines Senders übertragen werden. Die einzelnen Hörfunkprogramme der hochfrequenten Trägerwellen im Zeitmultiplexverfahren (▷ Zeitmultiplex) aufmoduliert. Durch Datenreduktion (Komprimierung) wird die benötigte Datenmenge von 1 411 KBit/s auf 192 KBit/s verringert, ohne daß damit ein qualitativ hörbarer Verlust verbunden ist. Da zusätzlich die nicht hörbaren Frequenzen durch Filter entfernt werden, wäre für die heute vorhandenen UKW-Sender (87,5 bis 108 MHz) lediglich ein Drittel des Frequenzbands nötig. Beim **DSR** werden die Programme über Satellit (Kopernikus DSF 3) ausgestrahlt und entweder individuell mit einer Parabolantenne empfangen oder nach Empfang über die Kabelkopfstationen der Telekom in das Kabelnetz eingespielt.

Von der luxemburg. Société Européenne des Satellites (SES) wird das System **ADR** (Abk. für **A**stra-**D**igital-**R**adio) betrieben. Pro Astra-Satelliten-Transponder sind zwölf digitale Hörfunkprogramme mit Hilfe eines ADR-Tuners direkt zu empfangen. Parallel zu den digitalen Hörfunkprogrammen kann bei ADR ein Fernsehkanal mit analogem Ton ausgestrahlt werden. Wie DAB nutzt auch ADR zur Datenreduktion das Verfahren Musicam (Abk. für engl. Masking pattern universal subband and integrated coding and multiplexing).

Bei dem über EUTELSAT abgestrahlten digitalen Satellitenradio **Sara** kann jeder Sender sein Programm über eine eigene Einspeisungsstation zur Abstrahlung an den Satelliten übertragen (Single Carrier per Channel, Abk. SCPC). Damit können Richtfunkstrecken und Leitungskosten reduziert werden. Beim DSR-System dagegen schicken alle Sender ihre Programme zu einer zentralen Station, von der sie gebündelt zum Satelliten übertragen werden. Mit einem 36-MHz-EUTELSAT-Transponder können bis zu 100 Hörfunkprogramme in CD-Qualität empfangen werden. Zum Empfang ist neben dem Sara-Tuner nur eine kleine 35-cm-Parabolantenne notwendig.

digitales Drucksystem, Gerätesystem zum Drucken ohne Verwendung opt. Vorlagen oder analoger Zwischenschritte. Die in digitaler Form in einem Computer vorhandenen Text- und Bildinformationen werden ohne Zwischenprodukte (ohne Ausgabe von Filmen und ohne Herstellung einer Druckplatte) an das Drucksystem überstellt (**Computer-to-print**). Der Computer steuert also direkt die digitale Druckmaschine, z. B. einen Tintenstrahl- oder Laserdrucker. Entscheidend für den Unterschied zw. Farbkopierer und d. D. ist die Art der Datenzuführung. Für das d. D. muß eine Schnittstelle, ein digitales Interface, zw. Computer und Drucker vorhanden sein, mit dem die graphisch aufbereiteten Daten an die Druckeinheit übertragen werden. Die Aufbereitung der Bild- und Textinformationen erfolgt mit einem Raster Image Processor (RIP). Nach den eingestellten Werten (Rasterweite, -winkel und -punktform) wird vom RIP für jede Farbe eine sogenannte Bitmap (Computerdatei) aufgebaut. Über diese Bitmaps erfolgt dann die Steuerung der Druckeinheit, d. h., es sind die Stellen definiert, an denen die Druckeinheit die Ausgabepixel auf dem Bedruckstoff positionieren (ausdrucken) soll. Mit einem d. D. ergibt sich gegenüber den konventionellen Druckverfahren mit ihren zahlreichen analogen Zwischenschritten (z. B. Satzherstellung, Reproduktion, Filmvorlagen, Kopieren der Druckplatten) eine wesentlich kürzere Vorbereitungszeit und damit ein ›Drucken über Nacht‹. Ein weiterer Vorteil ist die unmittelbar mögl. Veränderung von Text- oder Bildelementen von Druck zu Druck (›dynam. Druckzylinder‹). Mit einem d. D. ist daher ein Drucken nach Bedarf (**Printing-on-demand**) durchführbar. Dabei werden die Druckerzeugnisse nach Auflagenhöhe und Zeitpunkt genau dann produziert, wenn sie benötigt werden. Für den Verlag entfallen dann das Auflagenrisiko und die Lagerkosten. Die digitalen Farbdrucksysteme können für Kleinauflagen bis etwa 5 000 Exemplare wirtschaftlich eingesetzt werden (**Short-Run-Color-Druck**). Allerdings sind die erreichbaren Qualitätsstandards nicht mit denen analoger Druckverfahren (z. B. Offsetdruck) vergleichbar.

Digitalkamera, Kameratyp, bei dem die Bilder nicht analog auf einem Film, sondern in digitaler Form gespeichert werden. Das vom Objekt reflektierte Licht fällt dabei auf einen CCD-Sensor (▷ CCD) und wird in intensitätsabhängige elektr. Impulse gewandelt. Bei der ▷ Still-Video-Kamera ist die Digitalisierungseinheit fest in die Kamera integriert, und der Speicher muß zum Auslesen an einen Computer angeschlossen werden, wenn die Grenze der Speicherkapazität erreicht ist. Mobile D. sind mit auswechselbaren PCMCIA-Karten (PCMCIA, Abk. für Personal Computer Memory Card International Association) ausgerüstet, und Studio-D. verfügen über Festplattenspeicher mit Speicherkapazitäten bis in den GByte-Bereich. Im Unterschied zu den Scannerkameras, bei denen die CCD-Sensoren von Schrittmotoren über die Bildfläche bewegt werden und das Bild zeilenweise aufbauen, arbeiten Chipkameras mit rechteckigen CCD-Chips, von denen sofort das komplette Bild digitalisiert wird. Mit derartigen D. können auch bewegte Bilder aufgenommen werden und nicht nur wie bei der Still-Video-Kamera Standbilder. Die Verwendung von D. im professionellen Bereich (z. B. Journalismus) ermöglicht die sofortige Überspielung von Bildern in digital vorliegende Manuskripte beim ▷ Desktop publishing oder anderen Formen des elektron. Publizierens.

*****Dimov,** Leonid, rumän. Lyriker: † Bukarest 5. 12. 1987.

*****Dinar 2):** Jugoslawischer Neuer D. (N. Din) = 100 Para (p); **Sudanesischer D.** (sD) = 10 Sudanes. Pfund (sud£).

Dinescu, Mircea, rumän. Schriftsteller und Bürgerrechtler, * Slobozia 11. 12. 1950. Bei seinem Debüt (1971) als größtes Talent der rumän. Gegenwartsliteratur gefeiert, wurde D. bald zu ihrem Enfant terrible und später zum polit. Dissidenten. Den bedeutendsten literar. Auszeichnungen seines Landes folgten 1985 Publikationsverbot und 1989 die Entlassung als Redakteur; ab März 1989 stand er unter Hausarrest. Am 22. 12. 1989 wurde er von den Revolutionären herbeigeholt, um den Sturz N. CEAUȘESCUS im Fernsehen zu verkünden. D. wurde Mitglied im Rat der Front der Nat. Rettung, lehnte ein Staatsamt jedoch ab, um krit. Distanz zu wahren. 1990–93 war er Präs. des rumän. Schriftstellerverbandes. – Die Wende zur realitätsnahen Dichtung vollzog D. mit dem Lyrikband ›Proprietarul de poduri‹ (1976). Bes. kritische Sprengkraft schöpft sein Werk aus dem Topos der verkehrten Welt (›La dispoziția dumneavoastră‹, 1979, Gedichte; ›Rimbaud negustorul‹, 1985, Roman): Ontolog. Inkongruenzen surrealist. Charaktere dienen der Mystifizierung (polit. Intentionen sollen unkenntlich gemacht werden), bedeuten gleichzeitig eine symbol. Stigmatisierung der herrschenden Ordnung. Revolte, Hohn, Verzweiflung angesichts des Diktats einer totalitären, wahrheitsverachtenden Fortschrittsideologie kristallisieren in utopischem Gegenentwurf (›Democrația naturii‹, 1981, Gedichte; ›Exil pe o boabă de piper‹, 1983, Gedichte). Immer verschmelzen des polit. Themen mit den existentiellen, vordergründig ist dabei der Tod (v. a. in ›Moartea citește ziarul‹, Gedichte, 1988 verboten, 1989 in Amsterdam, 1990 in Rumänien erschienen).

Ausgaben: Exil im Pfefferkorn. Gedichte (^{2}1990; Ausw.); Ein Maulkorb fürs Gras. Gedichte (1990; Ausw., rumän. u. dt.).

Mircea Dinescu

Dinescu, Violeta, rumän. Komponistin, * Bukarest 13. 7. 1953; studierte in Bukarest und unterrichtete 1978–82 an der dortigen George-Enescu-Musikschule. 1982 übersiedelte sie in die Bundesrep. Dtl. In ihrem umfangreichen kompositor. Schaffen spielen mathemat. Ordnungsprinzipien (z. B. Zahlenreihen, Logarithmen) eine zentrale formbildende Rolle.

Werke: *Bühnenwerke:* Der Kreisel (1984, Ballett nach E. MÖRIKE); Hunger und Durst (1985, Oper nach E. IONESCO); Der 35. Mai (1986, Kinderoper nach E. KÄSTNER); Eréndira (1992, Kammeroper); Schachnovelle (1994, Kammeroper nach S. ZWEIG). – *Orchesterwerke:* Anna perenna (1979); Akrostichon (1983); Joc (1985); Tetelestai (1986, für Jugendorchester). – *Kammermusik:* Tabu (1988). – *Chorwerke:* Verzaubere mich in einen Silbervogel (1980, für Chor und Orchester). – *Werke für Soloinstrumente:* Echos I–III (1980–82); Satya I–IV (1981–85); Cyclotron (1994).

Dini, Lamberto, italien. Bankfachmann und Politiker, * Florenz 1. 3. 1931; 1976–80 italien. Repräsentant im Exekutivkomitee des Internat. Währungs-

Lamberto Dini

Diop Diop–Dische

fonds, 1979–94 Vorstands-Mitgl. und Generaldirektor der Bank von Italien. Nach den Parlamentswahlen vom März 1994 war D. unter MinPräs. S. BERLUSCONI (Mai 1994 bis Jan. 1995) Finanz-Min. Ab Jan. 1995 selbst MinPräs., leitete er ein Kabinett überparteil. Fachleute; trat im Jan. 1996 zurück.

*Diop, Birago, senegales. Schriftsteller: † Dakar 25. 11. 1989.

*Diori, Hamani, afrikan. Politiker in Niger: † Rabat 23. 4. 1989. Nach seinem Sturz als Staatspräs. von Niger war D. 1974–80 inhaftiert, nach seiner Freilassung stand er bis 1987 in Niamey unter polizeil. Aufsicht.

*Diouf, Abdou, senegales. Politiker: Obwohl sich Senegal seit Ende der 1980er Jahre zunehmenden wirtschaftl. Problemen sowie ethnisch bedingten Konflikten gegenübersah, wurde D. 1983, 1988 und 1993 durch freie Wahlen als Staatspräs. bestätigt. Seine Politik war dabei geprägt durch wirtschaftl. und polit. Liberalisierung. 1992–93 war er abermals Vors. der OAU.

*Dippoldiswalde 2): Der seit 3. 10. 1990 zum Land Sachsen gehörende Landkreis D. ging am 1. 8. 1994 im Weißeritzkreis auf, dessen Kreisstadt die Stadt D. wurde.

*direkte Bundessteuer: Durch das am 14. 12. 1990 verabschiedete Bundes-Ges. über die d. B. (in Kraft getreten am 1. 1. 1995) kam das schweizer. Parlament dem seit 1959 bestehenden verfassungsmäßigen Auftrag nach, die bislang auf dem Wehrsteuerbeschluß von 1940 beruhende und zeitlich befristete d. B. auf eine gesetzl. Grundlage zu stellen. Die wesentl. Merkmale der d. B. blieben dabei bestehen.

*Direktinvestitionen: Seit Mitte der 1980er Jahre überstiegen die Zuwachsraten der weltweiten D. die Wachstumsraten des Welthandels. Der Zuwachs der D. konzentriert sich dabei v. a. auf die EU-Staaten, USA und Japan. Weltweit stiegen die D. von (1991) 187,1 Mrd. US-$ auf (1994) 233,5 Mrd. US-$, wobei 84,5% der D. auf Industrieländer entfielen. Die wichtigsten Investoren im Ausland sind die USA (58,4 Mrd. US-$; 25,0%), Großbritannien (30,0 Mrd. US-$; 12,8%), Japan (17,9 Mrd. US-$; 7,7%) und Dtl. (14,7 Mrd. US-$; 6,3%). Im Unterschied zu den meisten anderen Industrieländern, die v. a. im Ausland investieren, sind die USA auch das wichtigste Zielland von D. (1994: 60,1 Mrd. US-$; 25,1%). Anders als bei den Herkunftsländern der D. liegt der Anteil der Industrieländer bei den Zielländern von D. lediglich bei (1994) 56,4%; in Entwicklungsländern (einschließlich der ehem. Staatshandelsländer) wurden (1994) 104,6 Mrd. US-$ investiert, bes. in der VR China (33,8 Mrd. US-$; 14,1%).

Die Struktur der D. in Dtl. weist eine starke Asymmetrie auf: Während Dtl. einerseits weltweit hinter Japan zu den größten Kapitalexporteuren zählt, fallen die ausländ. D., die in Dtl. getätigt werden, im internat. Vergleich ungewöhnlich niedrig aus. Seit 1990 lagen die dt. D. pro Jahr um 13 bis 26 Mrd. DM über den D. des Auslandes in Deutschland. Obwohl Dtl. seit der Wiedervereinigung von allen Ländern Westeuropas den größten Absatzmarkt bietet und gleichzeitig eine günstige geograph. und absatzstrateg. Lage zu den Reformländern Mittel- und Osteuropas hat, blieben die jährl. Nettokapitalzuflüsse bislang nahezu unverändert. Zw. 1985 und 1993 wurden insgesamt rd. 32 Mrd. DM ausländ. Kapitals in der Bundesrep. angelegt (Bestand zum Jahresende 1992: 192,8 Mrd. DM). Die jährl. Nettozuflüsse lagen in diesem Zeitraum bei durchschnittlich knapp 5 Mrd. DM (1993: 5,1 Mrd. DM). Das anhaltende Desinteresse ausländ. Investoren am Produktionsstandort Dtl. wird auf Standortnachteile zurückgeführt.

*Dirks, Walter, Publizist: † Wittnau (Kr. Breisgau-Hochschwarzwald) 30. 5. 1991.

Dische, Irene, Schriftstellerin und Journalistin, * New York 1952; Tochter deutschstämmiger jüd. Emigranten; studierte zunächst Anthropologie, später Literatur an der Harvard University; lebt in Berlin. Nach Arbeiten für Zeitungen und Fernsehen machte sie mit Prosawerken auf sich aufmerksam, die sich

Vermögensbestände in unmittelbaren und mittelbaren Direktinvestitionen nach Ländergruppen und wichtigen Ländern Ende 1991 und Ende 1993 (in Mrd. DM, Anteile in %)

Ländergruppe/Land	Deutsche Direktinvestitionen im Ausland				Ausländische Direktinvestitionen in Deutschland			
	Ende 1991		Ende 1993		Ende 1991		Ende 1993	
	Mrd. DM	%	Mrd. DM	%	Mrd. DM	%	Mrd. DM	%
EG-Länder	133,9	51,0	153,2	48,0	68,4	36,4	82,9	41,7
darunter:								
Belgien	19,4	7,4	27,3	8,5	2,1	1,1	3,5	1,8
Frankreich	23,8	9,1	26,3	8,2	12,9	6,9	15,5	7,8
Großbritannien und Nordirland	19,3	7,3	20,7	6,5	13,4	7,1	14,2	7,1
Irland	12,9	4,9	16,9	5,3	0,1	0,1	0,1	0,1
Italien	13,9	5,3	13,3	4,2	4,5	2,4	3,6	1,8
Luxemburg	8,8	3,3	12,6	3,9	1,5	0,8	2,6	1,3
Niederlande	16,5	6,3	19,6	6,1	30,6	16,3	39,6	19,9
Spanien	15,0	5,7	11,3	3,5	1,1	0,6	1,1	0,6
Andere Industrieländer	100,6	38,3	126,1	39,5	114,3	60,8	107,9	54,3
darunter:								
Japan	5,3	2,0	8,0	2,5	14,4	7,7	15,2	7,6
Österreich	9,8	3,7	12,4	3,9	3,7	2,0	4,8	2,4
Schweiz	12,3	4,7	12,9	4,0	26,1	13,9	24,6	12,4
USA	59,9	22,8	76,4	23,9	54,7	29,1	50,7	25,5
Reformländer	2,2	0,8	6,2	1,9	1,6	0,8	2,0	1,0
Entwicklungsländer	26,0	9,9	33,9	10,6	3,7	2,0	6,0	3,0
davon:								
in Afrika	3,7	1,4	4,0	1,3	0,1	0,1	0,1	0,1
in Südamerika	16,0	6,1	21,8	6,8	1,7	0,9	2,5	1,2
in Asien und Ozeanien	6,3	2,4	8,1	2,5	1,9	1,0	3,4	1,7
Alle Länder	262,7	100,0	319,4	100,0	188,0	100,0	198,8	100,0

Quelle: Deutsche Bundesbank.

ihren Protagonisten, oft Außenseitern, mit präziser Beobachtung, Hintergründigkeit und subtiler Heiterkeit nähern. *Werke: Erzählungen:* Fromme Lügen. Sieben Erzählungen (1989); Der Doktor braucht ein Heim (1990). – *Roman:* Ein fremdes Gefühl oder Veränderungen über einen Deutschen (1993).

Discount broker ['dɪskaʊnt 'brəʊkə, engl.] *der,* -s/- -. Bez. für Wertpapierhandelsunternehmen, die Effektenkommissionsgeschäfte zu vergleichsweise niedrigen Gebühren, jedoch ohne weitergehende Beratungsdienstleistungen abwickeln. Das Angebot der D. b. richtet sich sowohl an Kleinanleger als auch an in Börsengeschäften erfahrene Kunden. In Dtl. sind solche Unternehmen (meist als Tochtergesellschaften von Banken) seit 1994 tätig. Ihre Dienste können überregional über Telefon oder Telefax in Anspruch genommen werden (›Direct banking‹).

*****Diskette:** Nach der Speicherkapazität werden D. in vier Gruppen unterteilt. **SD-D.** (SD Abk. für engl. Single Density) und **DD-D.** (DD Abk. für engl. Double Density) verfügen über 19 Spuren pro cm. Eine SD-D. speichert so max. 360 KByte, ein DD-D. max. 720 KByte. Die vierfach bespielbaren **HD-D.** (HD Abk. für engl. High Density) verfügen über 38 Spuren pro cm, wobei jede Spur zusätzlich in 15 Sektoren unterteilt ist. Sie können so max. 1,44 MByte speichern. **ED-D.** (ED Abk. für engl. Extended Density) mit einem Durchmesser von 3,5 Zoll arbeiten wie die HD-D. mit 38 Spuren, die jedoch in 36 Sektoren unterteilt sind. Damit ist eine Speicherkapazität von max. 2,88 MByte erreichbar, allerdings sind für den Einsatz der ED-D. ein spezielles Laufwerk und entsprechende Software notwendig.

*****Diskriminierungsverbot 2):** Durch Änderung des GG vom 27. 10. 1994 wurde der durch Art. 3 GG gewährleistete Schutz auch auf Behinderte ausgedehnt (Art. 3 Abs. 3 Satz 2).

*****Disney,** Walt, amerikan. Trickfilmzeichner und Filmproduzent: 1992 eröffnete (Baubeginn 1988) die Walt Disney Company, Burbank (Calif.), mit ›Eurodisney‹ einen weiteren Vergnügungspark in Marne-la-Vallée bei Paris. Durch einen Aktientausch übernahm die W. Disney Co. 1995 die größte amerik. Fernsehgesellschaft Capital Cities/ABC Inc. (→Medienkonzerne, ÜBERSICHT).

Distel, Die, 1953 als politisch-satir. Kabarett in Berlin (Ost) von ERICH BREHM (* 1910, † 1960) gegr.; eröffnet mit dem Programm ›Hurra, Humor ist eingeplant‹. 1990 wurde das Kabarett in eine Theater GmbH überführt. Autor der neuen Programme ist u. a. PETER ENSIKAT (* 1941).

*****Ditfurth,** Hoimar von, Mediziner und Wissenschaftspublizist: † Freiburg im Breisgau 1. 11. 1989.

*****Ditfurth,** Jutta, Politikerin: Verließ 1991 die Partei Die Grünen.

*****Division 2):** In der Bundeswehr wurden im Rahmen der Umstrukturierung des Heeres die Stäbe der D. und diejenigen der Wehrbereichskommandos (WBK) zu neuen Kommandos ›Div/WBK‹ verschmolzen; die Regelung soll jedoch nur im Frieden gelten. Im Bereich der D.-Truppen haben sich folgende Änderungen ergeben: Pro Div/WBK gibt es nun je ein Führungsunterstützungs-, Nachschub-, Instandsetzungs- und Sanitätsregiment sowie eine Pionierbrigade. Bestehen geblieben sind das Panzeraufklärungsbataillon sowie das Artillerie- und das Flugabwehrregiment. Den Div/WBK-Kommandos unterstehen auch jeweils mehrere Verteidigungsbezirkskommandos. Die Luftwaffe hat die frühere Einteilung in reine Luftangriffs- und Luftverteidigungs-D. aufgegeben und ihre vier D. als gemischte Großverbände neustrukturiert. Bei der Marine wurde die Marineflieger-D. zur ›Flottille der Marineflieger‹.

*****Diwald,** Hellmut, Historiker: † Würzburg 26. 5. 1993.

*****Dixon,** Bill, amerikan. Jazzmusiker: † Burbank (Calif.) 29. 1. 1992.

Djaout [dʒa'ut], Tahar, alger. Journalist und Schriftsteller frz. Sprache, * Azzefoun (Kabylei) 11. 1. 1954, † (ermordet) Algier 2. 6. 1993; wirkte ab 1976 als Kulturjournalist in Algier. Als Mitbegründer und Chefredakteur der liberalen Zeitschrift ›Ruptures‹ (1992–93) wurde er zum ersten prominenten Opfer des extremistischen islam. Fundamentalismus. Seine Gedichte verknüpfen sinnl. Naturempfinden und sarkast. Sozialkritik. Seine Romane greifen mit subtiler Ironie und steter Unterminierung der offiziellen Sprachregelung, unter Verwischung der Gattungsgrenzen und unter Einbeziehung phantast. Elemente die großen Themen alger. Identitätsfindung im postkolonialen Kontext auf: Exil und kulturelle Zerrissenheit in ›L'exproprié‹ (1981, modifizierte Version 1991; dt. ›Der Enteignete‹), den Konflikt zw. Stadt und Land, Tradition und Moderne in ›Les chercheurs d'os‹ (1984; dt. ›Die Suche nach den Gebeinen‹), die Sichtung der Wurzeln und die Auseinandersetzung mit Formen religiöser und polit. Intoleranz in ›L'invention du désert‹ (1987), die Allgegenwart von Korruption und Mittelmaß in ›Les vigiles‹ (1991).
Weitere Werke: Lyrik: Solstice barbelé. 1973–1975 (1975); L'arche à vau-l'eau (1978); Insulaire et Cie (1980); L'oiseau minéral (1982). – *Essay:* Mouloud Mammeri. Entretien avec T. D. (1987). – *Erzählungen:* Les rets de l'oiseleur (1984). – *Hg.: Lyrik:* Les mots migrateurs. Une anthologie poétique algérienne (1984).

Djebar [dʒə'baːr], Assia, eigtl. **Fatima Zorah Imalayen,** alger. Schriftstellerin, Historikerin und Filmemacherin frz. Sprache, * Cherchell 30. 6. 1936; lebt in Paris. Ihre Erzählungen und Romane sind minuziöse Protokolle vom Aufbruch arab. Frauen: Annäherungen an den ›offenen Blick und den freien Gang‹ (›Femmes d'Alger dans leur appartement‹, 1980; dt. ›Die Frauen von Algier‹), Gedanken zu weibl. Solidarität und Selbstbestimmung, zur Entdeckung des Körpers, zur Autonomie in der Paarbeziehung (›Ombre sultane‹, 1987; dt. ›Die Schattenkönigin‹), zum Verhältnis von Schrift und Sprache (›L'amour, la fantasia‹, 1985; dt. ›Fantasia‹), zur Verschränkung der autobiograph. mit der histor. Perspektive – dem frühen Islam (›Loin de Médine‹, 1991; dt. ›Fern von Medina‹), der franko-alger. Kolonialgeschichte oder den berber. Wurzeln des Maghreb (›Vaste est la prison‹, 1995) – legt die komplexe kulturelle Identität Algeriens frei und läßt die Emanzipation der alger. Frau in neuem Licht erscheinen. Diese Emanzipation versteht sich nicht als Verneinung von Traditionen, sondern, wie auch die Dokumentarfilme ›La Nouba des femmes du Mont Chenoua‹ (1978) und ›La Zerda et les chants de l'oubli‹ (1982) belegen, als Aufwertung einer archaischen, über Generationen hinweg mündlich von den Frauen überlieferten arabo-berber. Kultur, die jahrhundertelang im sozialen Abseits einer durch Patriarchat und Kolonialismus doppelt fremdbestimmten Gesellschaft überlebt hat.
Weitere Werke: Romane: La soif (1957; dt. Die Zweifelnden); Les impatients (1958; dt. Die Ungeduldigen); Les enfants du nouveau monde (1962); Les alouettes naïves (1967).

*****Djibouti, Dschibuti,** amtl. Namen: arab. **Djumhurijja Djibuti,** frz. **République de D.,** Staat in NO-Afrika, am Bab el-Mandeb zw. Rotem Meer und Golf von Aden.

Hauptstadt: Djibouti. *Amtssprachen:* Arabisch und Französisch. *Staatsfläche:* 23 200 km². *Bodennutzung (1992):* 10 km² Ackerland, 2 000 km² Dauergrünland, 60 km² Waldfläche. *Einwohner (1994):* 496 000, 21 Ew. je km². *Städtische Bevölkerung (1991):* 81,1 %. *Durchschnittliches Bevölkerungs-*

wachstum pro Jahr (1985–93): 4,9 %. *Bevölkerungsprojektion für 2000:* 706 000 Ew. *Ethnische Gruppen (1983):* 61,7 % Issa und andere Somalstämme, 20,0 % Danakil (Afar), 6,0 % Jemeniten und andere Araber, 4,0 % Europäer, 8,3 % andere. *Religion (1988):* 96 % Muslime sunnit. Glaubensrichtung, 2 % Katholiken, 1 % Protestanten, 1 % orth. Christen. *Altersgliederung (1995):* unter 15 Jahre 45,8 %, 15 bis unter 65 Jahre 51,7 %, 65 und mehr Jahre 2,5 %. *Lebenserwartung der Neugeborenen (1992):* 49 Jahre. *Analphabetenquote (1987):* 66 %. *BSP je Ew. (1993):* 780 US-$. *Anteil der Landwirtschaft am BIP (1992):* 3 %. *Währung:* 1 Djibouti-Franc (FD) = 100 Centimes (c). *Internationale Mitgliedschaften:* UNO, Arab. Liga, OAU.

Geschichte: Seit Mitte der 1980er Jahre kam es verstärkt zu Forderungen nach Demokratisierung. Unzufriedenheit zeigte dabei v. a. die Bevölkerungsgruppe der Afar, die sich seit der Unabhängigkeit im öffentl. Leben (v. a. bei Besetzung von Positionen in Verwaltung und Armee) benachteiligt fühlt. 1987 wurde Präs. H. GOULED APTIDON zwar wiedergewählt, mußte jedoch aufgrund schwerwiegender Korruptionsfälle im Partei- und Staatsapparat u. a. seine Reg. umbilden. 1991 kam es zu einem offenen militär. Konflikt zw. Truppen der Reg. (indirekt unterstützt von frz. Einheiten) und Einheiten rebellierender Afar, denen es zeitweise gelang, größere Gebiete unter ihre Kontrolle zu bringen (Waffenstillstand am 25.11.1991). Unter dem Eindruck anhaltender Spannungen trat – durch Volksabstimmung vom 4.9.1992 gebilligt – am 15.9.1992 eine neue Verf. in Kraft, die u. a. ein Mehrparteiensystem vorsieht. Bei der nachfolgenden, von der Opposition boykottierten Parlamentswahl (7.12.1992) gewann die Reg.-Partei alle 65 Sitze; bei der Präsidentschaftswahl vom 7.5.1993 wurde Präs. GOULED APTIDON im Amt bestätigt. Nach der Wahl 1993 eskalierte der Konflikt zw. der von den Afar getragenen Opposition und der von den Issa dominierten Reg. abermals zu einem offenen Bürgerkrieg, in dessen Verlauf sich die Reg.-Truppen durchsetzten; nach andauernden Guerillaaktionen konnte erst am 27.12.1994 ein Friedensabkommen mit einem Teil der Aufständischen erreicht werden, das deren Forderungen nach besserer Vertretung z. T. Rechnung trägt.

*Djilas, Milovan, jugoslaw. Schriftsteller und Politiker: † Belgrad 20.4.1995.

DLR, Abk. für **Deutsche Forschungsanstalt für Luft- und Raumfahrt e. V.,** seit 1989 neuer Name der ▷ Deutschen Forschungs- und Versuchsanstalt für Luft- und Raumfahrt e. V. (DFVLR). Die DLR arbeitet schwerpunktmäßig auf den Gebieten Luftfahrt, Raumfahrt und Energietechnik, wobei sie sich auf Forschungen und Entwicklungen im Vorfeld der industriellen Nutzung konzentriert und der Industrie Versuchsanlagen zur Verfügung stellt. Sie ist heute die größte ingenieurwissenschaftl. Forschungseinrichtung in Dtl. und finanziert sich aus Mitteln der Bundes-Reg., der Länder und durch Eigeneinnahmen.

Die DLR unterhält z. Z. sieben nat. Forschungszentren in Berlin-Adlershof (eingerichtet zum 1.1.1992), Braunschweig, Göttingen, Köln-Porz, Hardthausen am Kocher-Lampoldshausen (Kr. Heilbronn; das Zentrum war früher Stuttgart zugeordnet, seit 27.4.1993 selbständig), Oberpfaffenhofen und Stuttgart, Außenstellen in Hamburg, Berlin, Munster-Trauen, Bonn und Weilheim i. OB sowie Verbindungsbüros in Paris und Washington (D. C.). Die Tätigkeit der insgesamt 22 wiss. Institute der DLR ist nach Forschungsbereichen organisiert: Flugmechanik/Flugführung, Strömungsmechanik, Werkstoffe und Bauweisen, Nachrichtentechnik, Energetik (v. a. erneuerbare Energien); hinzu kommen versch. wissenschaftlich-techn. Betriebseinrichtungen und der Bereich Managementdienste. DLR-Einrichtungen sind u. a. das Raumflugkontrollzentrum (GSOC) und das Dt. Fernerkundungsdatenzentrum (DFD) in Oberpfaffenhofen, der Prüfstand für Raketentriebwerke in Lampoldshausen, das Europ. Astronautentrainingszentrum (EAC) und der Europ. Transsonische Windkanal (ETW) in Köln-Porz.

D2-Mac [-mæk], →Fernsehnormen.

D-Missionen, die 1985 und 1993 durchgeführten bemannten Raumfahrtmissionen D-1 und D-2 unter dt. Leitung (→Spacelab).

D-Netz, *Telekommunikation:* Kurz-Bez. für digitales Mobilfunknetz (→Mobilfunk).

Dnjestr-Region, Transnịstri|en, Region in der Rep. Moldawien zw. Dnjestr und der moldauisch-ukrain. Grenze; die Mehrheit der Bev. (etwa 565 000 Ew.) sind Russen und Ukrainer (zus. mehr als 50 %), etwa 40 % sind Moldawier, Hauptstadt ist Tiraspol. Das Gebiet war seit dem Zweiten Weltkrieg zum industriellen Schwerpunkt der damaligen Moldauischen SSR ausgebaut worden, v. a. von Russen kontrollierte Rüstungsbetriebe bestimmen das Bild.

Die Bestrebungen innerhalb der rumän. Bev.-Mehrheit der am 23.6.1990 proklamierten souveränen (innerhalb der UdSSR) Moldauischen Rep., dieses Land längerfristig mit Rumänien zu vereinigen, erregte den Widerstand der nichtrumän. Nationalitäten, bes. den der Gagausen (→Gagausien) im S sowie den der Russen und Ukrainer im O, in Transnistrien. Mit dem Projekt der moldauischen Regierung, dem Rumänischen den Vorrang zu geben vor dem Russischen und das kyrill. Alphabet durch das lateinische zu ersetzen, verschärfte sich der Konflikt. Am 2.9.1990 rief ein ›außerordentl. Kongreß der Volksdeputierten‹ in Tiraspol die ›Dnjestr-Republik‹ aus. Im März 1991 stimmte die Bev. in Transnistrien (abzüglich des rumän. Bev.-Teils in diesem Gebiet) mehrheitlich für den Erhalt der UdSSR. Im Ggs. zur Führung der Moldauischen Rep. unter Präs. M. SNEGUR unterstützte die in Transnistrien politisch noch bestimmende frühere kommunist. Machtelite im Aug. 1991 den Putsch orthodoxer Kräfte gegen Präs. M. S. GORBATSCHOW. Anfang Dez. 1991 stimmte die Bev. der D.-R. mit großer Mehrheit für deren Loslösung von Moldawien (nunmehr selbständig) und ihren Anschluß an Rußland. Gleichzeitig wurde IGOR SMIRNOW zum Staatspräs. der Dnjestr-Republik gewählt. 1992 kam es zu Kämpfen zw. Sicherheitskräften der Gesamtregierung und Milizen der Dnjestr-Republik. Unter ihrem Befehlshaber General A. LEBED griff die in Tiraspol stationierte sowjet. (später russ.) 14. Armee zugunsten der russ. Minderheit in den Konflikt ein. In einem Abkommen zw. den Präs. Rußlands (B. JELZIN) und Moldawiens (SNEGUR) vom 21.7.1992 wurde den Bewohnern Transnistriens der Status einer nat. Minderheit gewährt. Nach einem weiteren russisch-moldaw. Abkommen vom 10.8.1994 sollen die russ. Truppen binnen dreier Jahre abziehen. Unter Vermittlung der OSZE verhandeln Moldawien und die D.-R. über die Ausgestaltung eines Autonomiestatuts. In einem Referendum sprach sich die Bev. Transnistriens im März 1995 für den Verbleib der russ. 14. Armee aus.

*Döbeln 2): Der seit 3.10.1990 zum Land Sachsen gehörende Landkreis D. blieb bei der Kreisgebietsreform am 1.8.1994 bestehen; er gehört jetzt zum Reg.-Bez. Leipzig und umfaßt 424 km² und (1995) 82 200 Ew. Der N-Teil gehört zum fruchtbaren Lößgebiet der Lommatzscher Pflege (Anbau von Weizen und Zuckerrüben). Auf den Hochflächen des Mittelsächs. Hügellandes (bis 296 m ü. M.) haben sich Lößlehmböden entwickelt, die z. T. weniger ertragreich sind. Die Täler der Freiberger Mulde und der Zschopau sind vielfach tief eingeschnitten. In der Kreisstadt Döbeln

(1994: 26 000 Ew.) gibt es Metall-, Nahrungsmittel- und Elektroindustrie; die anderen Städte sind Hartha (Produktion von Spindeln und Stoßdämpfern), Leisnig (Spinnereimaschinenbau und Nahrungsmittelindustrie), Roßwein (Schwermaschinenbau) und Waldheim (Produktion von Kosmetik und Sitzmöbeln).

***Doberan, Bad D. 2):** In den seit 3. 10. 1990 zum Land Meckl.-Vorp. gehörenden Landkreis Bad D. wurden am 12. 6. 1994 der frühere Kr. Rostock und Gebietsteile der ehem. Kr. Bützow eingegliedert. Der neugebildete Landkreis Bad D. umfaßt 1 362 km^2 und (1995) 96 500 Ew. Das sich an der Mecklenburger Bucht erstreckende Kreisgebiet (45 km Ostseeküste) umschließt die kreisfreie Stadt Rostock. Heiligendamm (Ortsteil der Kreisstadt Bad Doberan) ist das älteste dt. Seebad (gegr. 1793), weitere Ostseebäder sind Rerik, Kühlungsborn, Nienhagen und Graal-Müritz (Seeheilbad). Der Endmoränenzug der Kühlung (bis 130 m ü. M.) trägt Laubwälder, das Sandergebiet der Rostocker Heide (im NO) Kiefernwälder. Die Landwirtschaft ist auf Getreide-, Ölfrüchte- und Futterpflanzenanbau, Milcherzeugung sowie Mastrinder- und Schweinehaltung ausgerichtet. Etwas Industrie findet sich in Bad Doberan (Getränkeindustrie) sowie in der Stadt Schwaan (Fischverarbeitung, Betonwerk). In den Städten Kröpelin, Neubukow und Tessin bestehen vorwiegend Handwerks- und Gewerbebetriebe. Eine stärkere Entwicklung von Gewerbe und Industrie ist im Randbereich der Hansestadt Rostock zu verzeichnen.

***Dobraczyński,** Jan, poln. Schriftsteller: † Warschau 5. 3. 1994.

Dobritsch, Stadt in Bulgarien, hieß 1949–91 ▷ Tolbuchin.

Dobytschin, Dobyčin [-tʃ-], Leonid, russ. Schriftsteller, *Dünaburg 1896, † (Selbstmord) Leningrad (heute Sankt Petersburg) 1936. D. war ein Einzelgänger, der einen hermet. Stil pflegte; bis 1989 war er vergessen. Er veröffentlichte den quasiautobiograph., in der vorrevolutionären russ. Provinz spielenden Roman ›Gorod En‹ (1935; dt. ›Die Stadt N.‹) sowie die Erzählungen ›Vstreči z Liz‹ (1927) und ›Portret‹ (1931). Vier weitere Erzählungen erschienen in ›Muschiks Underground‹, hg. v. HOLT MEYER u. a. (1993).

***documenta:** 1992 fand in Kassel die ›d. IX‹ statt; für 1996 ist die ›d. X‹ geplant.

***Doe,** Samuel, liberian. Politiker: † Monrovia 9. 9. 1990. Als Führer des blutigen Putsches von 1980 schaltete D. in den 1980er Jahren schrittweise die zivilen Gewalten sowie alle Opponenten aus und beherrschte das Land mit Hilfe des Terrors der aus seiner Ethnie (Krahn) stammenden Einheiten der Armee. Ende Dez. 1989 begann mit dem Einmarsch einer Rebellengruppe aus der Elfenbeinküste der stark ethnisch ausgerichtete Bürgerkrieg, in dessen Verlauf D. ermordet wurde.

***Döhl,** Friedhelm, Komponist: Wurde 1991 Direktor der Musikhochschule Lübeck; seine Oper ›Medea‹ (1987) wurde 1990 uraufgeführt.

***Dohnanyi,** Klaus von, Politiker: War bis zum 1. 6. 1988 Erster Bürgermeister von Hamburg.

Doillon [dwaˈjɔ̃], Jacques, frz. Regisseur, *Paris 15. 3. 1944; leitete mit seinen Filmen eine Hinwendung zur ›Natürlichkeit‹ ein; auch Schauspieler.

Filme: Die Finger im Kopf (1975); Die Frau, die weint (1978); Ein kleines Luder (1979); Der Mann, der weint (1984); Eine Frau mit 15 (1988); Die Rache einer Frau (1989); Der kleine Gangster (1990); W. - Le Jeune Werther (1992); Germaine et Benjamin (1994).

Dole [dəʊl], R o b e r t (Bob) Joseph, amerikan. Politiker, * Russell (Kans.) 22. 7. 1923; Jurist; gehört der Republikan. Partei an; war 1951–53 Abg. im Repräsentantenhaus von Kansas, 1953–61 Staatsanwalt, 1961–69 Mitgl. des amerikan. Repräsentantenhauses und ist seit 1969 Senator für Kansas. 1971–73 stand D. dem Republican National Committee vor und kandidierte bei den Präsidentschaftswahlen 1976 als Partner Präs. G. FORDS für die Vizepräsidentschaft. 1985–87 und erneut seit 1995 ist D. Mehrheitsführer des Senats, 1987–95 führte er die Republikaner im Senat. Bekannt als Vertreter der polit. Mitte in der Republikan. Partei, unterstützte D. u. a. die Bürgerrechtsgesetze, lehnte die ▷ Reaganomics ab und setzte sich für die Ratifizierung der Handelsabkommen NAFTA und GATT ein. Nach zwei erfolglosen Versuchen 1980 und 1988 strebt D. für die Präsidentschaftswahlen 1996 erneut die Nominierung als Kandidat der Republikaner an.

***Dollar:** Nachdem sich der durchschnittl. jährliche D.-Kurs in den 90er Jahren bei über 1,60 DM zu stabilisieren schien, erreichte er am 19. 4. 1995 mit 1,3620 seinen bisher tiefsten Tageskurs (1985 lag der D.-Kurs noch bei 2,9424 DM, 1994 bei 1,6218 DM). Trotz dieser Schwankungen bzw. des tendenziellen Wertverlustes gegenüber der DM (auch gegenüber dem Jap. Yen) spielt der US-D. im internat. Zahlungsverkehr nach wie vor eine dominierende Rolle. So haben 1995 immer noch 30 Staaten ihre Währung mehr oder weniger eng an den Kurs des US-D. gebunden. Der US-D. ist weiterhin die wichtigste Emissionswährung an den internat. Finanzmärkten, die wichtigste Anlagewährung sowie im Außenhandel die wichtigste Fakturierungswährung. Der hohe Stellenwert des US-D. bei der Abwicklung internat. Transaktionen spiegelt sich auch am Anteil an den offiziellen Devisenreserven wider (Ende 1993 61,4 %). Anfang 1996 ist die Ausgabe neuer D.-Banknoten mit verbesserten Sicherheitsmerkmalen vorgesehen.

***Domela,** César, frz. Maler und Bildhauer niederländ. Herkunft: † Paris 31. 12. 1992.

***Dominica,** amtlich engl. **Commonwealth of D.,** Staat im Bereich der Westind. Inseln, eine der Kleinen Antillen.

Hauptstadt: Roseau. *Amtssprache:* Englisch. *Staatsfläche:* 751 km^2. *Einwohner (1994):* 71 000, 95 Ew. je km^2. *Durchschnittlicher Bevölkerungsrückgang pro Jahr (1985–93):* 0,3 %. *Bevölkerungsprojektion für 2000:* 80 000 Ew. *Ethnische Gruppen:* über 90 % Schwarze, ferner Mulatten, Indianer und Weiße. *Religion:* über 75 % Katholiken, über 15 % Protestanten. *Altersgliederung (1989):* unter 15 Jahre 35,1 %, 15 bis unter 60 Jahre 52,5 %, 65 und mehr Jahre 12,4 %. *Lebenserwartung der Neugeborenen (1993):* männlich 74 Jahre, weiblich 80 Jahre. *Analphabetenquote (1986):* 5,6 %. *BSP je Ew. (1993):* 2 680 US-$. *BIP nach Sektoren/Produktionsstruktur (1992):* Landwirtschaft 22,9 %, Industrie 18,7 %, Dienstleistungen 58,4 %. *Währung:* 1 Ostkaribischer Dollar (EC$) = 100 Cents. *Internationale Mitgliedschaften:* UNO, CARICOM, Commonwealth of Nations, OAS.

Geschichte: Mit dem Sieg der Dominica United Worker's Party (DUWP; dt. Vereinigte Arbeiterpartei D.s, gegr. 1988) bei den Parlamentswahlen am 12. 6. 1995 kam es zum Reg.-Wechsel; neuer Premier-Min. ist der DUWP-Vors. EDISON JAMES. Präs. des Landes ist seit Okt. 1993 CRISPIN SORHAINDO.

***Dominikanische Republik,** amtlich span. **República Dominicana,** Staat im Bereich der Westind. Inseln, im O der zu den Großen Antillen gehörenden Insel Hispaniola.

Hauptstadt: Santo Domingo. *Amtssprache:* Spanisch. *Staatsfläche:* 48 442 km^2 (ohne Binnengewässer 48 380 km^2). *Bodennutzung (1992):* 14 460 km^2 Ackerland, 20 929 km^2 Dauergrünland, 6 130 Waldfläche. *Einwohner (1994):* 7,769 Mio., 159 Ew. je km². *Städtische Bevölkerung (1992):* 62%. *Durchschnittliches Bevölkerungswachstum pro Jahr (1985–93):* 1,9%. *Bevölkerungsprojektion für 2000:* 8,6 Mio. Ew. *Ethnische Gruppen (1990):* etwa 70% Mulatten, 15% Schwarze, 15% Weiße. *Religion (1992):* 90,8% Katholiken. *Altersgliederung (1995):* unter 15 Jahre 36,3%, 15 bis unter 65 Jahre 59,9%, 65 und mehr Jahre 3,8%. *Lebenserwartung der Neugeborenen (1992):* männlich 65 Jahre, weiblich 70 Jahre. *Analphabetenquote (1991):* insgesamt 16,7%, männlich 15,2%, weiblich 18,2%. *BSP je Ew. (1993):* 1 080 US-$. *BIP nach Sektoren/Produktionsstruktur (1993):* Landwirtschaft 15%, Industrie 23%, Dienstleistungen 51%. *Währung:* 1 Dominikanischer Peso (dom$) = 100 Centavos (cts). *Internationale Mitgliedschaften:* UNO, OAS.

Geschichte: Nach den Parlaments- und Präsidentschaftswahlen am 16. 5. 1994 stellt der oppositionelle PRD die Mehrheit in Parlament und Senat. Trotz des Vorwurfs der Wahlmanipulation von seiten internat. Wahlbeobachter konnte J. BALAGUER am 16. 8. 1994 seine siebente Amtszeit antreten. Nach der Verf.-Änderung vom Aug. 1994 ist u. a. nur eine einmalige Amtszeit als Präs. möglich. Erreicht ein Präsidentschaftskandidat im ersten Wahlgang nicht die absolute Mehrheit, so ist künftig eine Stichwahl nötig.

F. MOYA PONS: El pasado dominicano (Santo Domingo 1986); R. ESPINAL: Autoritarismo y democracia en la política dominicana (San José 1987).

***Domnick,** Ottomar, Psychiater und Filmregisseur: † Tübingen 14. 6. 1989.

***Donau-Dampfschiffahrts-Gesellschaft:** Im Herbst 1995 wurde die Gesellschaft aufgelöst; der traditionsreiche Name wurde, zus. mit vier Schiffen, an eine österr. Bietergemeinschaft verkauft.

***Doping:** Anfang 1988 schätzte das Internat. Olymp. Komitee, daß rd. 6% aller Spitzenathleten Drogen nehmen, die auf einer Verbotsliste des IOC stehen. Zum selben Zeitpunkt waren gut 100 Todesfälle durch D. dokumentiert. Der überwiegende Teil der D.-Mittel gehört zu den apotheken- oder rezeptpflichtigen Arzneimitteln. Ein Teil fällt unter das Betäubungsmittel-Ges., ein Teil ist legal zugänglich.

1989 standen auf der IOC-Dopingliste rd. 100 Substanzen, z. B. Aufputschmittel (zur Stimulation von ZNS und Kreislauf), Betäubungsmittel (zur Schmerzstillung), Betablocker (zur Ruhigstellung über Senkung von Blutdruck und Herzfrequenz) und insbesondere Anabolika (die Muskelmasse fördernde Hormone mit Steroidstruktur). Der erste wiss. Nachweis von D. wurde bereits 1910 in Österreich geführt. Bis etwa zum Jahr 1960 konnten D.-Mittel nur in Mengen von einigen Milligramm festgestellt werden. Seit den 1970er Jahren ist durch kontinuierl. Verbesserung der instrumentellen Analytik (z. B. Gas- und Hochdruckflüssigkeits-Chromatographie, Massenspektrometrie) das Aufspüren auch geringster Mengen (im Mikro- und Nanogrammbereich) möglich. International ist man sich darüber einig, daß die D.-Regeln vereinheitlicht werden sollen. Im Nov. 1988 verabschiedete die 2. Sportministerkonferenz der UNESCO in Moskau eine Anti-D.-Charta, und im Juni 1989 verabschiedete die Sportministerkonferenz in Reykjavík eine Anti-D.-Konvention. In diesem Übereinkommen soll das Verhalten der Länder international abgestimmt werden und das IOC eine Leitfunktion haben. Von den Verbänden wurde gefordert, D.-Kontrollen nicht nur vor Wettkämpfen, sondern auch in der Trainingsphase durchzuführen, z. B. forderte bereits 1989 der IOC-Präsident eine ›D.-Polizei‹, die weltweit unangemeldet Anabolikatests während des Trainings vornehmen soll. Fernziel ist auch, D.-Vorschriften in allen Sportverbandssatzungen zu verankern.

In der Bekämpfung des D. gibt es einige Parallelen zur originären Suchtmittel-(Rauschgift-)Bekämpfung, da sich für Leistungs- und Hochleistungssportler sowie Kraftsportler ein regelrechter D.-Markt entwickelt hat, dessen Nachfrage nat. und internat. ›D.-Ringe‹ befriedigen. In der Bundesrep. Dtl. beispielsweise zerschlug die Polizei im Juni 1989 in Moers einen bundesweit arbeitenden Anabolika-Händlerring. Die Strafverfolger fanden an 24 Orten in der Bundesrep. Dtl. Tabletten und Ampullen sowie Rohstoffe für die Herstellung muskelbildender Präparate in großen Mengen.

Mit der sogenannten Fitneßwelle in der 2. Hälfte der 1980er Jahre kamen vermehrt junge Menschen zum Bodybuilding. In der Folge wurden ›Muskelpillen‹ unter den Jugendlichen, zunächst in den USA, große Mode. Gesundheitsclubs, Fitneßcenter und Kraftsportstudios wurden als Hauptumschlagplätze für D.-Mittel ausgemacht. Den US-Anabolikamarkt schätzten die Fahnder 1988 bereits auf rd. 100 Mio. US-$ jährlich. In der 1. Hälfte der 1990er Jahre hat sich die illegale Produktion von Anabolika u. a. D.-Mitteln zunehmend nach Osteuropa und in die GUS, insbesondere nach Rußland, verlagert, wo wissenschaftlich ausgebildete Mitarbeiter, Labors, Erfahrungswissen und kriminelle Infrastruktur den geeigneten Rahmen stellen.

H. H. KÖRNER: D. Der Drogenmißbrauch im Sport u. im Stall, in: Ztschr. für Rechtspolitik, Jg. 22 (1989); B. BERENDONK: D. Von der Forschung zum Betrug (Neuausg. 1992); B. G. THAMM u. W. KATZUNG: Drogen – legal – illegal (²1994).

***Dorati,** Antal, amerikan. Dirigent und Komponist ungar. Herkunft: † Gerzensee (Kt. Bern) 13. 11. 1988.

Dorn, Dieter, Regisseur und Intendant, * Leipzig 31. 10. 1935; wurde nach Stationen in Hannover, Essen und Oberhausen 1976 an den Münchner Kammerspielen Oberspielleiter und 1983 dort Intendant. Mehrere seiner Inszenierungen wurden zum Berliner Theatertreffen eingeladen, darunter 1987 W. SHAKESPEARES ›Troilus und Cressida‹ und 1989 B. STRAUSS' ›Besucher‹. 1991 wurde STRAUSS' ›Schlußchor‹ in seiner Inszenierung in München uraufgeführt. D. hat sich auch als Opernregisseur einen Namen gemacht.

Dornfelder, spätreifende, gut tragende Rotweinrebe, eine Neuzüchtung: Kreuzung aus Helfensteiner und Heroldrebe; liefert farbintensive, fruchtige Weine, die sich wachsender Beliebtheit erfreuen; v. a. in der Pfalz und in Rheinhessen vertreten.

***Dörrie,** Doris, Filmregisseurin: Wurde ab 1987 auch als Erzählerin bekannt. Ihr letzter Film ›Keiner liebt mich‹ entstand 1994.

Werke: *Erzählungen:* Liebe, Schmerz u. das ganze verdammte Zeug (1987); "Was wollen Sie von mir?" Und 15 andere Geschichten (1989); Für immer u. ewig. Eine Art Reigen (1991); Der Mann meiner Träume (1991); Bin ich schön? (1994). – *Gespräche:* Love in Germany. Dt. Paare im Gespräch mit D. D. (1992).

***Dorst,** Tankred, Schriftsteller: In den Dramen ›Korbes‹ (1988) und ›Karlos‹ (1990), deren Protagonisten in einer Welt ohne Gott das Böse verkörpern und in Verdammnis bzw. Wahnsinn enden, führte D. das schon im Drama ›Merlin‹ thematisierte Scheitern einer Gesellschaftsutopie an der Unzulänglichkeit des Menschen konsequent weiter. 1990 erhielt er den Georg-Büchner-Preis.

Weitere Werke: *Dramen:* Herr Paul. Ein Stück (1993); Nach Jerusalem (Urauff. 1994); Die Schattenlinie (Urauff. 1995).

T. D., hg. v. G. ERKEN (1989).

Dos Santos, José Eduardo, angolan. Politiker, * Luanda 28. 8. 1942; seit 1961 Mitgl. der marxistisch ausgerichteten angolan. Befreiungsbewegung ›Movimento Popular de Libertação de Angola‹ (MPLA), erhielt er 1963–69 in der Sowjetunion eine Ingenieursausbildung. Seit 1974 ist er Mitgl. des ZK und des Politbüros der MPLA. Seit der Unabhängigkeit Angolas

(1975) bekleidete er mehrere Ämter in der von der MPLA gestellten Reg. und wurde nach dem Tod Präs. A. A. NETOS (1979) Vors. der MPLA und Staatspräs. Seit Mitte der 1980er Jahre betrieb er eine Öffnung zum Westen, um den seit der Unabhängigkeit andauernden Bürgerkrieg beenden zu können. 1991 stimmte D. S. einem Friedensabkommen zu, das u. a. freie Wahlen und die Einführung eines Mehrparteiensystems vorsah. Aus den Wahlen vom 29./30. 9. 1992 ging die MPLA und damit D. S. als Sieger hervor. Die Bürgerkriegsgegner erkannten das Wahlergebnis jedoch nicht an. Nach einer Fortsetzung des Bürgerkriegs konnte D. S., nunmehr auch vom Westen anerkannt und unterstützt, im Nov. 1994 abermals einen Friedensvertrag erreichen; im Mai 1995 wurde er auch von seinem Hauptgegner J. SAVIMBI als Präs. anerkannt.

Douglas ['dʌgləs], Mary, brit. Ethnologin, *San Remo (Italien) 25. 3. 1921; lehrte nach dem Studium in Oxford und unterbrochen von zahlreichen Feldforschungsaufenthalten in Afrika sowie mehreren Gastprofessuren zunächst ab 1951 an der Univ. London und Oxford, dann bis zu ihrer Emeritierung 1985 an der Northwestern University in Evanston (Ill.). Mit ihrem Ansatz einer interpretativen Kulturanalyse unternahm sie den Versuch, soziale Institutionen und Verhaltensmuster (›Rituale‹) aus dem Wechselbezug sozialer Erfahrungen und symbol. Repräsentationen zu erklären.
Werke: The Lele of the Kasai (1963); Purity and danger (1966; dt. Reinheit u. Gefährdung); Natural symbols (1970; dt. Ritual, Tabu u. Körpersymbolik); Risk and culture (1982; mit A. WILDAVSKY); How institutions think (1986; dt. Wie Institutionen denken); In the wilderness. The doctrine of defilement in the book of Numbers (1993). – Hg.: Constructive drinking (1987).

Douglas ['dʌgləs], Michael, amerikan. Filmschauspieler und -produzent, *New Brunswick (N. J.) 25. 9. 1944, Sohn von KIRK D.; Fernsehstar in der Serie ›Die Straßen von San Francisco‹ (1972–76) und herausragender Filmdarsteller; auch erfolgreicher Produzent (›Einer flog über das Kuckucksnest‹, 1975).
Weitere Filme: Das China Syndrom (1979); Auf der Jagd nach dem grünen Diamanten (1984); Eine verhängnisvolle Affäre (1987); Wall Street (1987); Basic Instinct (1991); Falling Down (1992); Enthüllung (1994); Hallo, Mr. President (1995).

*****Douglas-Home,** Sir Alexander Frederick, brit. Politiker: † Coldstream (Borders Region) 9. 10. 1995.

Dove [dʌv], Rita, amerikan. Lyrikerin, *Akron (Oh.) 28. 8. 1952; studierte u. a. in Tübingen und an der University of Iowa; ∞ mit dem dt. Schriftsteller FRED VIEBAHN (* 1947). In ihren Gedichtbänden ›The yellow house on the corner‹ (1980) und ›Museum‹ (1983; zweisprachige Auswahl aus beiden Bänden u. d. T. ›Die gläserne Stirn der Gegenwart‹) sowie ›Grace notes‹ (1989) thematisiert D. das Afroamerikanern eigene doppelte Bewußtsein einer schwarzen Existenz in einer weißen Gesellschaft durch die Mischung von persönl. Erfahrung, afrikan. Erbe und Erinnerungen. Die Sammlung ›Thomas and Beulah‹ (1986; dt. Auswahl u. d. T. ›Die morgenländ. Tänzerin‹) schildert die Lebensgeschichte ihrer vom ländl. Süden in den industriellen Norden gewanderten Großeltern.

*****Dow-Jones-Aktienindex:** Der Indexwert stieg seit 1988, gemessen an Jahresdurchschnittswerten, ständig an, übertraf am 17. 4. 1991 erstmals die Marke von 3000 und 1995 erstmals die Marke von 4000 (23. 2.) und 5000 (20. 11.) Indexpunkten.

Doyle [dɔɪl], Roderick (Roddy) Timothy, irischer Schriftsteller, *Dublin 8. 5. 1958; zunächst Lehrer; wurde bekannt mit seinen witzig-realistisch das soziale Milieu der Dubliner Unterschicht, v. a. aus der Perspektive der Jugendlichen, schildernden Romanen ›The Commitments‹ (1988; dt. ›Die Commitments‹, auch u. d. T. ›Dublin Beat‹), ›The snapper‹ (1990; dt. ›Sharons Baby‹), ›The van‹ (1991; dt. ›Das Frittenmobil‹) und ›Paddy Clarke, ha-ha-ha‹ (1993; dt.), die z. T. erfolgreich verfilmt wurden.

dpi [Abk. für engl. **d**ots **p**er **i**nch ›Bildpunkte pro Zoll‹], Einheit für das Auflösungsvermögen von Druckern oder Scannern. Für das Umrechnungsverhältnis zu den entsprechenden metr. Angaben gilt: 100 dpcm (dots per Zentimeter) = 10 dpmm (dots per Millimeter) = 254 dpi. Die Auflösung bestimmt z. B., wie exakt ein Bild von einem Scanner eingelesen wird. Jedes Detail, das kleiner als das Auflösungsvermögen ist, kann von einem Scanner nicht erfaßt werden. Bei einer Auflösung von 600 dpi z. B. liegt die Auflösungsgrenze bei 0,004237 cm (600 dpi ≙ 236 dpcm ≙ $1/236$ cm ≙ 0,004237 cm). Hochleistungsdrucker (Laserdrucker) erreichen Auflösungen von etwa 600 dpi und damit etwa die Wiedergabequalität einer photograph. Aufnahme. Die in der graph. Technik für die Druckformenvorbereitung eingesetzten Flachbettscanner arbeiten mit bis zu 1 200 dpi und Trommelscanner sogar bis 24 000 dpi. (▷ Pixel)

*****Drach,** Albert, österr. Schriftsteller: † Mödling 27. 3. 1995; 1988 hatte er den Georg-Büchner-Preis erhalten.
Werke: Prosa: Ia u. Nein. Drei Fälle (1992); Das Beileid. Nach Teilen eines Tagebuchs (1993); Ironie vom Glück. Kleine Protokolle u. Erzählungen (1994).

Dram, Abk. **ARD,** Währungseinheit der Rep. Armenien seit 1994, 1 D. = 100 Luma (Lm).

Drašković ['draʃkovitɕ], Vuk, serb. Schriftsteller und Politiker, *1946; schrieb den erfolgreichen Roman ›Sudija‹ (1981). In seinem Hauptwerk, dem Roman ›Nož‹ (1982), stellt er anhand einer Verwechslungsgeschichte die Feindschaft zw. Serben und Muslimen in Bosnien dar und ruft zur Aussöhnung der feindl. Brüder auf. Der Roman zeichnet sich durch spannende Handlungskomposition und Sprachmächtigkeit bei vollständigem Zurücktreten der Erzählinstanz aus. Der serb. Ursprung Bosniens steht für D. außer Frage. Die ideolog. Botschaft des Romans stimmt in vielem mit dem polit. Programm der von D. gegründeten Partei ›Srpski pokret obnove‹ (Serb. Erneuerungsbewegung) überein, der seit 1991 mächtigsten Gruppierung der serb. Opposition. Im Juni 1993 wurde D. bei einer Protestaktion zusammengeschlagen und verhaftet. Im Sept. 1995 wurde er MinPräs. Serbiens.

Mary Douglas

Michael Douglas

Dow-Jones-Aktienindex: Entwicklung des Index für Industriewerte von 1985–95 mit den jeweils höchsten und niedrigsten Jahreswerten

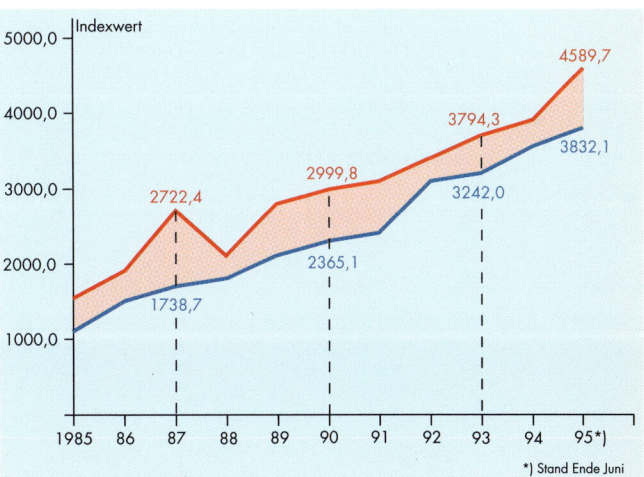

Draw Drawert – Dresen

Kurt Drawert

Drawert, Kurt, Schriftsteller, *Hennigsdorf b. Berlin 15. 3. 1956; studierte zunächst in Leipzig am Institut für Literatur ›Johannes R. Becher‹, lebt seit 1993 in der Nähe von Bremen. Als Vertreter der jüngsten Lyrikergeneration der Dt. Dem. Rep. veröffentlichte D. 1987 den Gedichtband ›Zweite Inventur‹, der in der Bundesrep. Dtl. 1989 erweitert unter dem Titel ›Privateigentum‹ erschien. In dem Roman ›Spiegelland. Ein dt. Monolog‹ (1992) und dem Band ›Haus ohne Menschen. Ein Zustand‹ (1993) beschäftigt er sich mit dem Untergang der Dt. Dem. Rep. und der an sie geknüpften Hoffnungen.

***Drees,** Willem, niederländ. Politiker: † Den Haag 14. 5. 1988.

***Dregger,** Alfred, Politiker: War bis Nov. 1991 Vors. der CDU/CSU-Fraktion im Bundestag.

Dreifuss, Ruth, schweizer. Politikerin, *St. Gallen 9. 1. 1940; Volkswirtschaftlerin, Mitgl. der SPS, 1981–93 Zentralsekretärin des Schweizer. Gewerkschaftsbundes, wurde im März 1993 in den Bundesrat gewählt und leitet dort das Departement des Inneren.

Drei Sat, 3sat, gemeinschaftl. Fernsehprogramm des Österr. (ORF) und des Schweizer. Rundfunks (SRG), des ZDF sowie seit Dez. 1993 der ARD. Das seit 1984 ausgestrahlte Satellitenprogramm hat seinen Schwerpunkt auf kulturelle Gebiete.

Drei Sat

Drei-Schluchten-Staudamm, geplanter Staudamm im Jangtsekiang, China. Mit den Vorarbeiten zum Bau des größten Staudamms der Erde wurde im Dez. 1994 unterhalb der Stadt Sandouping in der Prov. Hubei begonnen. Die Talsperre soll 185 m hoch, 2 000 m lang und 300 m dick werden und einen See von etwa 600 km Länge (zw. Sandouping und Chongqing in der Prov. Sichuan) aufstauen; geplante Kapazität des Wasserkraftwerks: 18 000 MW. Etwa 140 Städte und Dörfer sowie 11 300 ha Ackerland werden überflutet. Erhoffte Vorteile: Vermeidung von Überflutungen im Unterlauf des Jangtsekiangs, Verbesserung der Stromversorgung in Zentralchina, Verbesserung des Gütertransports in der Prov. Sichuan durch Beseitigung der Stromschnellen im Bereich der Drei Schluchten. Noch nicht abzusehen sind die negativen Auswirkungen des auch in China umstrittenen Prestigeobjekts. Ein Bruch der in einem seismisch aktiven Gebiet liegenden Staumauer hätte verheerende Folgen, das Klima könnte sich durch die riesige Wasserfläche verändern, außerdem könnte die mitgeführte Sandfracht des Jangtsekiangs den Stausee bald verstopfen. Eine der schönsten Flußlandschaften Chinas und somit auch Touristenattraktion ginge verloren. Zudem stellt die geplante Zwangsumsiedlung von etwa 1,5 Mio. Menschen eine Verletzung der Menschenrechte dar.

Dresden, Reg.-Bez. in Sachsen (→Sachsen, Verwaltungsgliederung).

***Dresden 1):** Die Stadt D. (1994: 477 600 Ew.) ist Hauptstadt des Landes Sachsen, kreisfreie Stadt sowie Verw.-Sitz des Reg.-Bez. Dresden. – Die Frauenkirche, deren Ruine als Mahnmal für die Opfer des Luftangriffs 1945 gestaltet worden war – für dessen Beibehaltung hatten sich auch nach der Wiedervereinigung Stimmen erhoben, bes. in Anbetracht der vielen noch erhaltenen, aber vom Verfall bedrohten Kulturdenkmäler –, wird wieder aufgebaut (von der Ruine sind etwa 30 % der originalen Sichtsteine wiederzugewinnen): 1990 wurde eine private Gesellschaft zur Förderung des Wiederaufbaus und eine (erste) Stiftung gegründet (sie sammelten bis Anfang 1995 rd. 20 Mio. DM). 1994 wurde eine neue öffentlich-rechtl. ›Stiftung Frauenkirche D.‹ durch das Land Sachsen, die Stadt D. und die Ev.-Luther. Landeskirche Sachsens gegründet, in die letzterer nur das Grundstück einbrachte. Am 27. 5. 1994 begann offiziell der Wiederaufbau der Kirche. Die Kosten sind zunächst auf 250 Mio. DM veranschlagt, bei zehnjähriger Bauzeit werden sie vermutlich höher (300 Mio.) zu veranschlagen sein.

***Dresden 2):** Der seit 3. 10. 1990 zum Land Sachsen gehörende Landkreis, 1992 in **Dresden-Land** umbenannt, ging zum 1. 1. 1996 in den neugebildeten Landkreisen Meißen-Radebeul (W-Teil, 10 Gemeinden) und Westlausitz-Dresdner Land (NO-Teil, 14 Gemeinden) auf; die Gem. Schönfeld-Weißig kam zum Landkreis Sächs. Schweiz.

***Dresden 3):** Der Bezirk D. wurde aufgelöst. Seit 3. 10. 1990 gehört das Gebiet zum Land Sachsen.

***Dresdner Philharmonie:** 1986 wurde JÖRG-PETER WEIGLE (* 1953), 1994 MICHEL PLASSON (* 1933) Chefdirigent des Orchesters.

***Drese,** Claus Helmut, Regisseur und Operndirektor: War bis 1991 Direktor der Wiener Staatsoper, danach Präs. des Mozartfestivals in Prag.

Dresen, Adolf, Regisseur und Intendant, *Eggesin 31. 3. 1935; inszenierte u. a. am Dt. Theater in Berlin, an den Münchner Kammerspielen sowie am Wiener Burgtheater (seine Inszenierung von G. E. LESSINGS ›Emilia Galotti‹ wurde 1979 zum Berliner Theatertreffen eingeladen) und war 1981–86 Intendant des Frankfurter Schauspielhauses. D. ist auch als Opernregisseur bekannt geworden.

Drei-Schluchten-Staudamm: Übersichtskarte

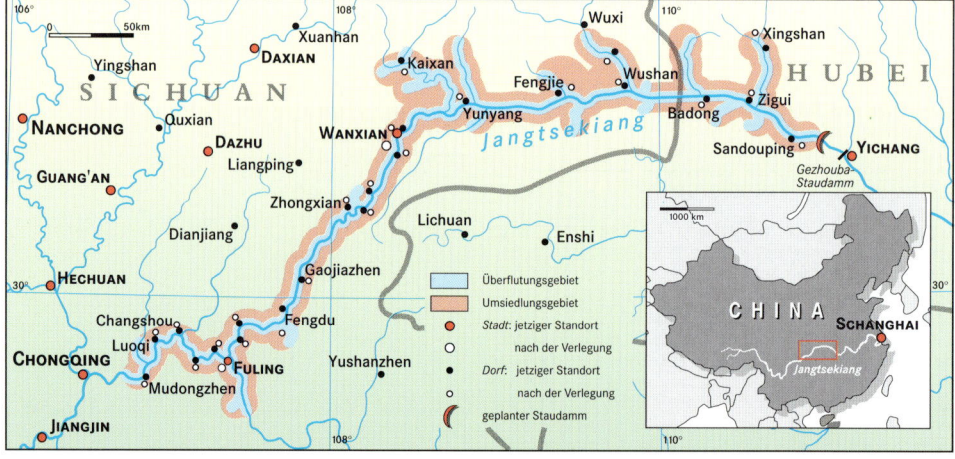

Drewermann, Eugen, kath. Theologe und Psychotherapeut, * Bergkamen 20. 6. 1940; 1979–91 Dozent für Dogmatik an der Kath. Theolog. Fakultät Paderborn. Seine zahlreichen, in der kath. Kirche umstrittenen Veröffentlichungen sind dem Versuch gewidmet, die Erkenntnisse der Psychoanalyse für die Theologie (bes. die Moraltheologie und Exegese) fruchtbar zu machen. 1991 wurde D. die kirchl. Lehrerlaubnis entzogen, 1992 Predigtverbot erteilt; kurz darauf, im März 1992, sprach Bischof J. J. DEGENHARDT gegen ihn ein Verbot der Ausübung des Priesteramtes aus.
Werke: Strukturen des Bösen, 3 Bde. (1977–78); Tiefenpsychologie u. Exegese, 2 Bde. (1984–85); Das Markusevangelium, 2 Bde. (1987–88); Kleriker (1989); Worum es eigentlich geht. Protokoll einer Verurteilung (1992); Den eigenen Weg gehen. Predigten zu den Büchern Exodus bis Richter (1995).

Dreyer, Ernst-Jürgen, Schriftsteller, * Oschatz 20. 8. 1934; studierte Musikwissenschaft in Weimar, Jena und Leipzig, siedelte 1959 in die Bundesrep. Dtl. über. D. schreibt musikwiss. Werke, wie ›Versuch, eine Morphologie der Musik zu begründen‹ (1976) und ›Robert Gund (Gound)‹ (1988), sowie Romane (›Die Spaltung‹, 1979; ›Ein Fall von Liebeserschleichung‹, 1980). Daneben verfaßt er Nachdichtungen u. a. von Werken F. PETRARCAS, eigene Lyrik und Schauspiele.
Weitere Werke: *Dramen:* Die goldene Brücke (1985); Sprachkurs (1992).

Dreyfuss, Richard, amerikan. Schauspieler, * New York 29. 10. 1947; wurde in den 70er Jahren bekannt durch den Film ›American Graffiti‹ (1973); es folgten u. a. Hauptrollen in Filmen von S. SPIELBERG, auch kom. Rollen.
Weitere Filme: Der Untermieter (1977); Zoff in Beverly Hills (1986); Always (1989); Was ist mit Bob? (1990); Stummer Schrei (1994).

*Dritte-Welt-Laden: Inzwischen nennen sich viele D.-W.-L. **Weltladen** oder **Eine-Welt-Laden.** Die Basis des entwicklungspolitisch motivierten alternativen Handels (neuerdings fairer Handel gen.) hat sich verbreitert, da fair gehandelte Produkte nicht mehr nur in (1995) rd. 700 D.-W.-L. und über rd. 7 000 entwicklungspolit. Aktionsgruppen verkauft werden, sondern auch an Großkunden (z. B. Kantinen) und große Einzelhandelsunternehmen (→GEPA, →TRANSFAIR).

Droese [ˈdrøːzə], Felix, Holzschneider, Objektkünstler, Zeichner und Aquarellist, * Singen (Hohentwiel) 19. 2. 1950. Der Beuys-Schüler entwickelt seine assoziative Bildwelt und Symbolsprache mit ihren Verweisen auf das Vergehen in der Natur, den Tod, die jüngste dt. Geschichte, aktuelle Ereignisse und die christl. Ikonographie auch unter Einbeziehung des Materials, z. B. der Strukturen von Holz oder des Splitterns von Glas (›Glasschiff‹, 1983, Kunstmuseum Bonn; ›Simon I‹, 1984; ›Zwei Waffenlose‹, 1990/91). D. personalisiert eth. Fragestellungen, indem er von sich, aber auch vom Betrachter eine aktive Aneignung von Geschichte fordert; so tragen die Arbeiten Titel wie ›Ich habe Anne Frank umgebracht‹ (1981) oder ›Anhörungsrecht für alle Tiere im Bundestag‹ (1990). Gab eine Professur kurzfristig wieder auf (1986/87). Nannte auf der Biennale in Venedig 1988 den Dt. Pavillon in ›Haus der Waffenlosigkeit‹ um.
F. D., Drucke vom Holz. 1984–1993, bearb. v. A. M. FISCHER u. a., Ausst.-Kat. (1993); F. D., von hier nach dort, bearb. v. V. ADOLPHS, Ausst.-Kat. (1994).

Drogenpolitik, polit. Bereich, der den Rahmen für viele Maßnahmen der ▷ Suchtkrankenhilfe und für die ▷ Suchtmittelbekämpfung setzt. Die D. begegnet dem jeweiligen nat. Ausmaß der Drogenproblematik mit versch. Strategien, die der dt. Kriminologe A. KREUZER 1979 in drei Grundstrategien einteilte: 1) Die **antiprohibitive Strategie** (liberal approach) lehnt repressives Vorgehen gegen die Nachfrage- und meist auch die Angebotsseite (gemeint sind Kleinhändler,

Felix Droese: Glasschiff; 1983 (Bonn, Kunstmuseum)

nicht die organisierte Kriminalität) ab. Sie bedient sich u. a. der Mittel der Entkriminalisierung der Konsumenten, der Abgabe oder Verschreibung von Drogenersatzmitteln (→Substitutionstherapie). 2) Die **sozialpolitische Strategie** (social approach) richtet sich primär an die Nachfrageseite (Endverbraucher, Opfer). Sie umfaßt sozialpädagog., therapeut. und jugendhilferechtl. Maßnahmen. Träger dieser Maßnahmen sind z. B. in der Bundesrep. Dtl. die Gesundheits-, Sozial- und Jugendbehörden, Wohlfahrtsverbände, Selbsthilfegruppen u. a. private Zusammenschlüsse wie z. B. Elterninitiativen. 3) Die **kriminalpolitische Strategie** (legal approach) richtet sich gegen die Nachfrager, v. a. aber gegen die Angebotsseite (Täter). Sie umfaßt dementsprechend neben der kriminalpolit. auch Maßnahmen der Sozialpädagogik, Therapie und Jugendhilfe. Träger der Maßnahmen sind die Strafverfolgungsbehörden, teils in Verbindung mit Gesundheits-, Sozial- und Jugendbehörden.

In der 2. Hälfte des 20. Jh. hat der überwiegende Teil der westl. Industrienationen über zwei Jahrzehnte lang auf die repressive D. (in den USA seit 1971 als »war on drugs« bezeichnet) mit ihren vornehmlich prohibitiven Strategien gesetzt. Auch die Bundesrep. Dtl. sah den drogenpolit. Schwerpunkt in der strafrechtl. Betäubungsmittelkontrolle, deren Entwicklung durch die Reformen des Betäubungsmittel-Ges. von 1971, 1981 und 1992 gekennzeichnet waren. Insgesamt gesehen hat sich das →Drogenstrafrecht in der Bundesrep. Dtl. von den 1960er Jahren bis Anfang der 1990er Jahre beträchtlich verschärft.

Der Primat der Repression in der Drogenbekämpfung wurde im ›Nat. Rauschgiftbekämpfungsplan‹ vom 13. 6. 1990 festgeschrieben. Doch die erstrebten Ziele der Prohibitionspolitik (general- und spezialpräventive Wirkung der Strafe auf den Konsumenten; generalpräventive Wirkung der Strafe auf die Anbieter; Erschwerung der Zugänglichkeit von Drogen; Signalwirkung: Drogen sind gefährlich!) ließen sich nach einer Zeitraum eines Vierteljahrhunderts dauernden Anwendungspraxis nicht erreichen. Anfang der 1990er Jahre wurde auch in Dtl. immer deutlicher, daß Kosten und Nutzen des Repressionsmodells, an dem die Bundesregierung in Grundzügen bis heute festhält, in keinem Verhältnis mehr zu den genannten Zielen der Prohibitionspolitik stehen.

Gegen diese im ›Nat. Rauschgiftbekämpfungsplan‹ beschriebene D. steuert seit 1989/90 eine oppositionelle, eine antiprohibitive D. Sie plädiert für ein Abrücken von der vom Strafrecht bestimmten D. und sieht die Alternativen in einer pragmatisch und plura-

Eugen Drewermann

Richard Dreyfuss

listisch orientierten Drogenarbeit, die in einer schadenbegrenzenden D. eingebettet ist, für die auch der ›selbstbestimmte, kontrollierte Drogengebrauch‹ kein Tabuthema ist. Zu dieser D. gehören u. a.: 1) ›niederschwellige‹ Hilfen, z. B. Kontaktcafés, Notschlafstellen, Spritzenentsorgung und ›Druckräume‹. Diese verstehen sich als lebensprakt. Hilfen jenseits von Abstinenzforderungen und haben u. a. die Unterstützung selbstbezogener Ausstiegsprozesse zum Ziel; 2) Substitutionstherapien als gesundheitsstabilisierende und lebenserhaltende Behandlungsmaßnahmen; 3) Ausbau differenzierter Therapieeinrichtungen wie der Kompakttherapie mit integriertem Entgiftung, z. B. Modell ›Therapie sofort‹ in Westfalen; 4) Ermöglichung einer ärztlich kontrollierten Orginalverschreibung (oft falsch als ›Drogenfreigabe‹ oder ›Drogenlegalisierung‹ bezeichnet). Dieser Vorschlag wurde 1993 auf Initiative Hamburgs als Gesetzentwurf ›Zur befristeten Erprobung begrenzter und streng kontrollierter Freigabe von Betäubungsmitteln, insbesondere Heroin an langjährige Drogenabhängige und Schmerzpatienten in Städten mit mehr als 500 000 Einwohnern‹ vom Bundesrat beschlossen und an den Bundestag weitergeleitet. Die Reg., zuletzt Ende April 1995 Bundesgesundheits-Min. H. SEEHOFER, sprach sich gegen diese Modellversuch aus. Hauptargument ist die Befürchtung, daß eine Freigabe die Zahl der Abhängigen vermehren werde. In Großbritannien hingegen wird dieses Modell in Liverpool seit Anfang der 1990er Jahre aus folgenden Gründen praktiziert: Straffreiheit für Verbrechen ohne Opfer (Selbstschädigung); Reduzierung der Beschaffungskriminalität; Entstigmatisierung; Aufhebung der unhygien. und kriminalisierten Lebensbedingungen; Verbesserung des Gesundheitszustandes trotz Abhängigkeit durch Stoffqualitätskontrolle (keine Beimengungen, gesicherte Reinheit, keine unsterile Applikation); Kontrolle der Drogenqualität und deren Überwachung; Senkung der HIV-Infektionsrate; Reduzierung des Drogenelends bei den Betroffenen und Angehörigen und Teilaustrocknung des Schwarzmarktes und damit Gewinnreduzierung der illegalen Drogenhändler. 5) Entkriminalisierung von Abhängigkeitskranken; hier wird insbesondere auf die sogenannten konsumvorbereitenden Maßnahmen (Erwerb und Besitz von Betäubungsmitteln zum Eigenbedarf) abgestellt. Das Betäubungsmittel-Ges. (i. d. F. von 1992) ermöglicht durch den § 31 a diese Anwendungspraxis. NRW hat als erstes Bundesland im Mai 1994 dementsprechende ›Grenzwerte‹ festgelegt: Straffrei ist in NRW der Besitz von bis zu 0,5 g Heroin, Kokain und Amphetamin. Diese Entscheidung des Landesjustizministeriums löste in der Folge eine bundesweite Debatte der D. aus. 6) Freigabe sogenannter weicher Drogen (→Cannabis). Diese u. a. antiprohibitiven Maßnahmen sollten im Sinne einer ›Normalisierung der D.‹ die bisherige Kriminalpolitik in eine künftige Gesundheitspolitik überführen. Um dieser neuen Politik eine Art Basis zu geben, gründeten sich bereits 1990 z. B. der Bundesverband für akzeptierende Drogenarbeit (akzept), das bundesweite Selbsthilfenetzwerk JES (Junkies-Exuser-Substituierte) und das Europ. Städtenetzwerk (Frankfurter Resolution vom Nov. 1990) mit seinem Koordinierungsbüro European Cities on Drug Policy (ECDP) in Frankfurt am Main. Analoge Entwicklungen gibt es auf internat. Ebene seit der 2. Hälfte der 1980er Jahre.

D. ist im föderativen Dtl. Ländersache; der Drogenbeauftragte der Bundesregierung (das Amt wurde im Herbst 1992 eingerichtet) hat keine Weisungsbefugnis. Deutlicher ist die differiert dementsprechend die D. zw. den CDU/CSU/FDP-geführten und den SPD/Grünen-geführten Bundesländern. Die antiprohibitive D. wird insbesondere von der SPD getragen. Drogen u. D., hg. v. S. SCHEERER u. a. (1989); H. SCHMIDT-SEMISCH: D. Zur Entkriminalisierung u. Legalisierung von Heroin (1990); Die narkotisierte Gesellschaft. Neue Wege in der D. u. akzeptierende Drogenarbeit, hg. v. R. LUDWIG u. a. (1991); Zw. Legalisierung u. Normalisierung. Ausstiegsszenarien aus der repressiven D., hg. v. J. NEUMEYER u. a. (1992); Menschenwürde in der D., bearb. v. I. I. MICHELS u. a. (1993); H. STÖVER: Drogenfreigabe. Plädoyer für eine integrative D. (1994); B. G. THAMM u. W. KATZUNG: Drogen – legal – illegal ([2]1994); D. der drogenabhängige Patient, hg. v. J. GÖLZ (1995).

*Drogenstrafrecht: In der Bundesrep. Dtl. sind die Straf- und Ordnungswidrigkeitenvorschriften im Betäubungsmittel-Ges. (BtMG, §§ 29 ff.) vom 28. 7. 1981 in der Fassung der Bekanntmachung vom 1. 3. 1994 geregelt.

Aus verfassungsrechtl. Gründen (Art. 74 Nr. 19 GG) hält das dt. Recht an der Bez. ›Betäubungsmittel‹ fest. Diese werden bis heute nicht im Gesetz definiert, sondern in einem separaten Listensystem (orientiert an der Verkehrs- und Verschreibungsfähigkeit der Betäubungsmittel) aufgeführt. Nach den Strafnormen des Gesetzes ist das Handeln mit Betäubungsmitteln ›ohne Erlaubnis‹ durchweg eine Strafbarkeitsvoraussetzung. Der Eigenkonsum bzw. die ›konsumvorbereitenden Handlungen zum Eigenbedarf‹ sind ab Anfang der 1990er Jahre durch erste Änderungen in der →Drogenpolitik, insbesondere auch der Cannabispolitik (→Cannabis) neu bewertet worden, was mit Wirkung vom 1. 7. 1992 seinen Niederschlag im BtMG gefunden hat: 1) Apotheker in öffentl. Apotheken sind berechtigt worden, rauschgiftverdächtige Stoffe zur Untersuchung und zur Vernichtung anzunehmen. 2) Die Verschreibung von Betäubungsmitteln (§ 13 Abs. 1) ist in medizinisch begründeten Einzelfällen und unter strenger ärztl. Kontrolle zur →Substitutionstherapie ebenso rechtlich zulässig wie der Abgabe von Einwegspritzen an Drogenabhängige. 3) Staatsanwaltschaft und Gericht können bei geringer Schuld des Täters bzw. bei Anbau, Herstellung und Erwerb kleiner Mengen von Betäubungsmitteln zum Eigenverbrauch im Sinne von § 29 Abs. 1, 2 oder 4 BtMG von einer Strafverfolgung absehen bzw. ein bereits eingeleitetes Verfahren einstellen (§§ 29 Abs. 5, 31a BtMG). – Ähnl. Regelungen enthalten auch die Suchtmittel- bzw. Suchtgiftgesetze europ. Nachbarstaaten. Internat. Vorschriften finden sich insbesondere im ›UN-Übereinkommen gegen unerlaubten Verkehr mit Suchtstoffen und psychotropen Stoffen‹ vom 19./20. 12. 1988, das von 105 UN-Mitgliedsstaaten (auch der Bundesrep. Dtl.) unterzeichnet wurde.

H. H. KÖRNER: Betäubungsmittelges., Arzneimittelges. ([4]1994).

*Drucker 2): Bei dem nach dem Elektrodengitterverfahren arbeitenden **Toner-Jet** wird auf Licht als Zwischenträger für die Information verzichtet. Bei diesem direkten Druckverfahren ist auch keine Bildtrommel notwendig. Funktionsbestimmtes Bauteil des Toner-Jets ist eine Folie, die den Tonerbehälter unten abschließt. In der Folie sind mikroskopisch feine Bohrungen in einer Linie angeordnet. Jede der Bohrungen ist von einer kreisförmigen Elektrode umgeben. Wenn das Papierblatt zw. der Lochfolie und einer Gegenelektrode (Spannung 15 000 V) durch das Gerät bewegt wird, baut sich ein elektromagnet. Feld zw. Ringelektroden und Gegenelektrode auf. Entsprechend den in digitaler Form vorliegenden Text- und Bildinformationen erfolgt die Steuerung der Ringelektroden und damit die Steuerung des Tonerdurchflusses durch die Bohrungen. Anschließlich wird der Toner auf dem Papier fixiert (eingebrannt) und die Folie automatisch vom Toner gereinigt.

Die **GDI-Drucker** (GDI Abk. für engl. Graphical Device Interface) werden direkt durch die graph. Benutzeroberfläche des Computers angesteuert. Das Druckbild wird im Computer aufbereitet und als Bitmap zum Drucker geschickt. Die Speicherkapazität kann daher vom D. in den Arbeitsspeicher des Computers verlagert werden. Allerdings ist zur Ansteuerung ein spezieller GDI-Treiber notwendig.

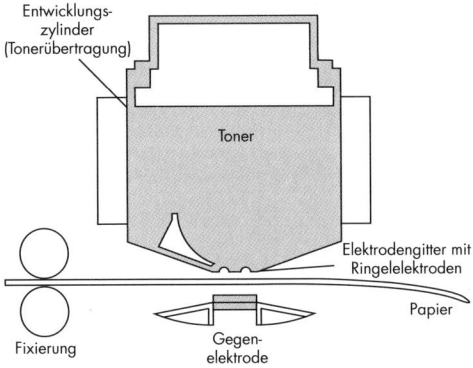

Drucker 2): Schematische Darstellung der Funktionsweise des Elektrodengitterverfahrens beim Toner-Jet.

***Drucksache:** →Infopost.

Druckstoßeinspritzung, *Kraftfahrzeugtechnik:* Einspritzanlage an Benzinmotoren nach dem Prinzip des ▷hydraulischen Widders. Konventionelle Einspritzsysteme für Benzinmotoren sind Niederdrucksysteme (2–5 bar), die den Vergaserkraftstoff nicht direkt in den Zylinder blasen können. Bei dem D. fließt der Kraftstoff über ein Elektromagnetventil, das den Durchfluß schlagartig unterbricht, wenn Kraftstoff in den Zylinder gelangen soll. Durch die abrupte Unterbrechung des Durchflusses wird durch das von der Kraftstoffpumpe weiterhin geförderte Benzin ein Druck aufgebaut, der zehnfach so hoch wie der Pumpendruck sein kann. Dieser hohe Druck öffnet das Einspritzventil des Zylinders, und das Benzin wird in den Zylinder gedrückt. Die zw. 30 und 50 bar liegenden Einspritzdrücke verursachen eine besonders feine Versprühung des Kraftstoffs und damit gegenüber der Niederdruckeinspritzung eine verbesserte Gemischaufbereitung und Verbrennung. Neben dem höheren Motorwirkungsgrad wird als zusätzl. positiver Effekt der Anteil an Kohlenmonoxid und unverbrannten Kohlenwasserstoffen im Abgas verringert. (▷Einspritzpumpe)

DSF, Abk. für **D**eutsches **S**portfernsehen, aus dem Privatsender ›Tele 5‹ zum 1. 1. 1993 hervorgegangenes, auf Live-Sportübertragungen spezialisiertes Zielgruppenprogramm (→Privatfernsehen, ÜBERSICHT).

DSR, Abk. für engl. **D**igital **S**atellite **R**adio, →digitaler Hörfunk.

Du̱ales Syste̱m Deutschland GmbH, Abk. **DSD,** Träger des vom Handel und von der Verpackungsindustrie neben der öffentl. Abfallentsorgung aufgebauten zweiten Entsorgungssystems (›Duales System‹) für Verkaufsverpackungen. Gesetzl. Grundlage ist die Verpackungs-VO vom 12. 6. 1991, die die Hersteller und Vertreiber von Verkaufsverpackungen zu einer flächendeckenden Entsorgung beim Verbraucher verpflichtet, wenn der Handel eine generelle Rücknahmeverpflichtung vermeiden möchte.

Die DSD vergibt nach Vorlage einer Verwertungsgarantie der Verpackungshersteller Lizenzen gegen Entgelte, die gestaffelt nach Verpackungsart und -größe erhoben werden. Verpackungen mit solchen Lizenzen sind am ›Grünen Punkt‹ erkennbar. Die Unternehmen verteuerten die mit dem Grünen Punkt gekennzeichneten Produkte im Durchschnitt um 2–20 Pfennige. Somit bezahlt im Endeffekt der Verbraucher die Lizenzgebühren. In den meisten Städten und Gemeinden werden Verpackungsmaterialien mit dem Grünen Punkt in ›Gelben Tonnen‹ oder ›Gelben Säcken‹ gesammelt. Die DSD kümmert sich um die Abholung und leitet die sortierten Abfälle an die Entsorgungsunternehmen weiter, die nach Art und Reinheitsgrad der Abfälle pro abgenommener Tonne einen Zuschuß der DSD von im Durchschnitt 200–600 DM erhalten. Die **Deutsche Gesellschaft für Kunststoff-Recycling (DKR)** ist seit August 1993 Garantiegeberin für die stoffl. Verwertung gebrauchter Kunststoffabfälle. An der DKR sind zu 49,6 % die DSD und zu je 25,2 % ein Zusammenschluß von kunststofferzeugenden und -verarbeitenden Unternehmen sowie ein Bankenkonsortium beteiligt. Die DKR akquiriert Verwertungskapazitäten, prüft die Verwertungsbetriebe auf Qualität und Wirtschaftlichkeit und schließt Verwertungsverträge ab. 1993 geriet die DSD in eine Finanzkrise, u.a. weil Lizenznehmer ihren Zahlungsverpflichtungen nicht nachkamen und Verpackungshersteller ihre Verpackungen mit dem Grünen Punkt kennzeichneten, ohne Lizenzen zu besitzen. Mit Hilfe eines vom Umweltminister initiierten Sanierungskonzeptes wurden die Forderungen der Entsorgungsunternehmen an die DSD in ein verzinsl. Darlehen umgewandelt.

1993 wurden 2,5 Mio. t Glas, 1,2 Mio. t Papier/Pappe/Karton sowie 1 Mio. t Leichtverpackungen (Aluminium, Kunststoffe, Verbundstoffe, Weißblech) gesammelt. Damit wurden Verwertungsquoten von 61,6 % (42 %) für Glas, 34,8 % (18 %) für Papier/Karton, 29 % (9 %) für Kunststoffe, 45 % (26 %) für Weißblech, 25,8 % (6 %) für Getränkeverbunde und 6,8 % (18 %) für Aluminium erreicht. Die in den Klammern angegebenen Werte geben die Soll-Verwertungsquoten für 1993 nach der Verpackungs-VO an. Somit wurden außer bei Aluminium bei allen Verpackungsarten die vorgegebenen Mengen erreicht. Kritiker bezweifeln jedoch, ob die ab dem 1. 7. 1995 geltenden höheren Quoten – 72 % für Glas, Weißblech und Aluminium sowie 64 % für Papier/Pappe/Karton, Kunststoffe und Getränkeverbunde – erreicht werden können. Insgesamt war 1993 der Verbrauch an Verpackungen um rd. 1 Mio. t gegenüber 1991 zurückgegangen. Umstritten ist, ob die Vorschrift, daß Kunststoffabfälle einer stoffl. Verwertung zugeführt werden müssen, ökologisch und ökonomisch sinnvoll ist. Neben der stoffl. Verwertung sollte auch eine energet. Verwertung (Verbrennung) möglich sein.

Beispiele ähnlicher nat. Systeme sind Fost Plus (Belgien), Eco Emballages S.A. (Frankreich) und Altstoff Recycling Austria AG ARA (Österreich).

***Duarte,** José Napoleón, Politiker in El Salvador: † San Salvador 23. 2. 1990.

Dua̱to, Nacho, span. Tänzer, Choreograph und Ballettdirektor, * Valencia 8. 1. 1957; tanzte nach seinem Studium in London (Rambert School), Brüssel (Mudra) und New York (Alvin Ailey American Dance Center), beim Cullberg Ballett in Schweden sowie beim Nederlands Dans Theater, für das er auch seine ersten Stücke schuf. Seit 1986 neben H. VAN MANEN und J. KYLIÁN ständiger Choreograph ebd., wurde D. künstler. Direktor der Compañía Nacional de Danza in Madrid, die er innerhalb kurzer Zeit durch zahlreiche Arbeiten als modernes Ensemble profilierte.

Choreographien: Jardi Tancat (1986); Coming together (1991).

***Dubček,** Alexander, tschechoslowak. Politiker: † Prag 7. 11. 1992; hatte sich ab Nov. 1989 führend an der Massenbewegung zur Durchsetzung demokratisch orientierter polit. Reformen in der Tschechoslowakei beteiligt und war am 28. 12. 1989 vom tschechoslowak. Bundesparlament zu seinem Präs. gewählt worden.

Du̱biel, Helmut, Soziologe, * Essen 30. 6. 1946; seit 1992 Prof. für Soziologie in Gießen. D. ist v. a. mit

Dubl   Dubliner Abkommen – Duty-free-Shops

Studien zur Geschichte und Wissenschaftstheorie der krit. Theorie, mit Untersuchungen zur Tradition und zur Zukunft bürgerl. Bewußtseins und bürgerl. Gesellschaften, bes. unter den Bedingungen des Umbruchs in Osteuropa, sowie durch seine Herausgeberschaft der Schriften L. LÖWENTHALS hervorgetreten.

Werke: Krit. Theorie der Gesellschaft. Eine einführende Rekonstruktion von den Anfängen im Horkheimer-Kreis bis Habermas (1988); Ungewißheit u. Politik (1994). – **Hg.:** Populismus u. Aufklärung (1986).

Dubliner Abkommen [ˈdʌblɪn -], →Asylrecht.

Dubnium [nach der russ. Stadt Dubna] *das, -s,* chem. Symbol **Db**, bisher **Unnilquadium**, von der Nomenklaturkommission der IUPAC im Aug. 1995 vorgeschlagener Name für das Element 104 (→Transurane). Urspr. war für dieses Element der Name Rutherfordium (nach E. RUTHERFORD) vorgeschlagen worden.

Duby [dyˈbi], Georges Michel Claude, frz. Historiker, * Paris 7. 10. 1919; Mediävist; wurde 1950 Prof. in Besançon, 1951 an der Univ. Aix-Marseille, 1970 am Collège de France; seit 1987 Mitgl. der Académie française. D., Verfasser bedeutender Beiträge zur mittelalterl. Sozial- und Kulturgeschichte, gehört zum Kreis der Historiker um die Zeitschrift ›Annales‹.

Georges Duby

Werke: Le dimanche de Bouvines (1973; dt. Der Sonntag von Bouvines); Guerriers et paysans. VII–XIIᵉ siècles (1973; dt. Krieger u. Bauern); Le temps des cathédrales (1976; dt. Die Zeit der Kathedralen); Les trois ordres ou l'imaginaire du féodalisme (1978; dt. Die drei Ordnungen. Das Weltbild des Feudalismus); L'Europe au Moyen âge. Art roman, art gothique (1979; dt. Europa im MA.); Le chevalier, la femme et le prêtre (1981; dt. Ritter, Frau u. Priester).

Duchač [ˈduxatʃ], Josef, Politiker (CDU), * Bad Schlag (heute Jablonecké Paseky, bei Gablonz an der Neiße) 19. 2. 1938; Chemieingenieur, trat in der Dt. Dem. Rep. der CDUD bei; von der Reg. de Maizière am 1. 10. 1990 zum Landesbevollmächtigten für Thüringen ernannt, war er von Nov. 1990 bis Febr. 1992 MinPräs. von Thüringen.

Dudajew, Dschochar Mussajewitsch, tschetschen. Politiker, * Perwomajskoje (Kasachstan) 15. 4. 1944; in Kasachstan aufgewachsen, wohin 1944 die gesamte tschetschen. Bev. von STALIN deportiert worden war. Nach der Rückkehr der Tschetschenen (1957) erfuhr D. eine Ausbildung als Militärpilot, trat 1969 der KPdSU bei und stieg in den sowjet. Militärhierarchie vom General auf. 1987–90 war er Befehlshaber einer in Estland stationierten strateg. Bombereinheit. 1990 verließ er die sowjet. Luftwaffe und ging nach Tschetschenien. Er trat dort als Vors. des ›Vereinigten Volkskongresses der Tschetschenen‹ und als Anführer der tschetschen. Nationalgarde hervor. In einer Phase instabiler Macht- und Verfassungsstrukturen (Aug./Sept. 1991) riefen D. und seine Anhänger die Unabhängigkeit Tschetscheniens aus. Bei den von ihnen angesetzten, von der russ. Regierung als illegal betrachteten Wahlen im Okt. 1991 wurde D. zum Präs. eines unabhängigen Tschetschenien gewählt. Auch innerhalb Tschetscheniens war D. mit einer wachsenden Gegnerschaft konfrontiert; er überstand mehrere Attentate und Putschversuche. Er geriet in Konflikt mit dem Parlament, das er im April 1993 per Dekret auflöste. Mit dem Einmarsch russ. Truppen in Tschetschenien (Dez. 1994) eskalierte der russisch-tschetschen. Konflikt zum Bürgerkrieg.

Sixto Durán Ballén

*****Duisburg:** Der Rhein-Ruhr-Hafen D. hat seit 1991 als erster Binnenhafen Europas eine Freihafenzone; Umschlag 1993: rd. 41,12 Mio. t.

Dumas [dyˈma], Roland, frz. Politiker, * Limoges 23. 8. 1922; war 1956–58 Abg. der Union Démocratique et Socialiste de la Résistance, 1967–68 der Fédération de la Gauche Démocrate et Socialiste, 1981–83 und 1986–93 des Parti Socialiste; war 1983–84 Europa-, 1984–85 und 1988–93 Außen-Min. Im Febr. 1995 wurde er von Staatspräs. F. MITTERRAND zum Präs. des Verfassungsgerichts ernannt.

*****du Maurier,** Dame Daphne, engl. Schriftstellerin: † Par (Cty. Cornwall) 19. 4. 1989.

*****Duncan,** Robert Edward, amerikan. Lyriker: † San Francisco (Calif.) 3. 2. 1988.

*****Dupniza:** Seit 1992 wieder Name der bulgar. Stadt ▷ Stanke Dimitrow.

Durán Ballén [- baˈjɛn], Sixto, ecuadorian. Politiker, * Boston (Mass.) 14. 7. 1921; war Prof. für Kunst in Quito; 1970–78 Bürgermeister von Quito. 1978 trat D. B. erfolglos bei den Präsidentschaftswahlen an. 1991 trat er aus dem PSC, den er mitbegründet hatte, aus und gründete 1992 den Partido Unidad Republicano (PUR, dt. ›Partei der Republikaner. Einheit‹). Als Kandidat des Wahlbündnisses von PUR und PCE wurde D. B. bei den Stichwahlen am 5. 7. 1992 zum Staatspräs. gewählt (Amtsantritt: 10. 8. 1992).

*****Duras,** Marguerite, frz. Schriftstellerin: † Paris 3. 3. 1996.

*****Dürckheim,** Karlfried Graf, Schriftsteller und Psychotherapeut: † Todtmoos 28. 12. 1988.

Durlacher, Gerhard Leopold, niederländ. Soziologe und Schriftsteller dt. Herkunft, * Baden-Baden 10. 7. 1928; lehrte 1964–83 an der Univ. in Amsterdam. D., der 1937 mit seinen Eltern nach Rotterdam flüchtete, war der einzige aus seiner Familie, der die Deportation 1942 nach Auschwitz-Birkenau überlebte. Seine Lebenserinnerungen begann er 1982 in Erzählungen niederzulegen.

Werke: *Autobiograph. Erzählungen:* Strepen aan de hemel. Oorlogsherinneringen (1985; dt. Streifen am Himmel. Geschichten aus Krieg u. Verfolgung); Drenkeling. Kinderjaren in het Derde Rijk (1987; dt. Ertrinken. Eine Kindheit im Dritten Reich); De zoektocht (1991; dt. Die Suche. Bericht über den Tod u. das Überleben); Quarantaine (1993); Niet verstaan (1995).

*****Durrell,** Lawrence George, engl. Schriftsteller: † Sommières (Dép. Gard) 7. 11. 1990.

*****Dürrenmatt,** Friedrich, schweizer. Schriftsteller: † Neuenburg 14. 12. 1990. D.s Spätwerk wird zunehmend als Versuch gesehen, für das Unfaßbare einer aus den Fugen geratenen Welt ›Denk-Bilder‹ zu entwickeln, die das Maßlose einkreisen und anschaulich machen. Das Labyrinth, etwa im Roman ›Durcheinandertal‹ (1989), wird so zur Figur, mit der D. den Zustand der Welt literarisch zu fassen sucht.

Weitere Werke: *Essays:* Versuche (1988). – *Erzählungen:* Stoffe IV–IX. Turmbau (1990); Midas oder die schwarze Leinwand (hg. 1991).

Ausgaben: Kants Hoffnung. Zwei polit. Reden, zwei Gedichte aus dem Nachlaß (1991); Das Mögliche ist ungeheuer. Ausgew. Gedichte, hg. v. D. KEEL u. a. (1993).

M. BURKARD: D. u. das Absurde. Gestalt u. Wandlung des Labyrinthischen in seinem Werk (Bern 1991); L. TANTOW: F. D. Moralist u. Komödiant (1992).

Dutoit [dyˈtwa], Charles, schweizer. Dirigent, * Lausanne 7. 10. 1936; übernahm 1968 die Leitung des Berner Symphonie-Orchesters, 1977 des Symphonie-Orchesters von Montreal. 1990 wurde er Direktor des Orchestre National de France.

*****Duty-free-Shops:** Da es sich bei den Regelungen zu D.-f.-S. meist um steuerl. Fragen handelt, wird auch von **Tax-free-Shops** gesprochen. Seit dem Wegfall der innergemeinschaftl. Steuergrenzen mit der Verwirklichung des Europ. Binnenmarktes zum 1. 1. 1993 gilt im nichtkommerziellen Reiseverkehr das Ursprungslandprinzip. Private Verbraucher können Waren, die sie in einem anderen EU-Land erworben haben, ohne mengen- oder wertmäßige Beschränkungen nach Dtl. einführen, ohne daß dt. Einfuhrabgaben anfallen. Ein zoll- und steuerfreier Verkauf von Waren in D.-f.-S. an Reisende im innergemeinschaftl. Reiseverkehr würde damit zur Abgabenfreiheit des Verbrauchers führen. Dies widerspricht den Grundsätzen des gemeinsamen Marktes. Gleichwohl können nach der 6. EU-Richtlinie zur Umsatzsteuer EU-Staaten noch bis zum 30. 6. 1999 im innergemeinschaftl. Personenverkehr beim Verkauf an Reisende in Tax-free-Shops in Flug- und Seehäfen und an Bord eines Flugzeugs oder Schiffes während der innergemeinschaftl. Personenbeförderung Steuerfreiheit gewähren. In Dtl. gelten für verbrauchsteuerpflichtige Waren (Tabakwaren, alkohol. Getränke, Parfüm, Kaffee, Tee) mengenmäßige Beschränkungen (z. B. 200 Zigaretten, 500 g Kaffee); für andere Waren gilt die Abgabenbefreiung nur, wenn das Entgelt pro Person und Reise 170 DM nicht übersteigt. Einfuhren privater Verbraucher aus nicht zur Europäischen Union gehörenden Drittländern unterliegen hingegen prinzipiell der Einfuhrumsatzsteuer.

Duvall [dy'val], Robert, amerikan. Schauspieler, * San Diego (Calif.) 5. 1. 1931; kam über das Theater 1962 zum Film, wo er als Typen- und Charakterdarsteller hervortrat.

Filme: Der Pate (2 Tle., 1972–74); Wie ein Panther in der Nacht (1973); Apocalypse Now (1979); Fesseln der Macht (1981); Tender Mercies (1982); Die Lust der schönen Rose (1990); Falling Down (1992); Power of Love (1995).

E

EAS, Abk. für →elektronische Artikelsicherung.

*Eastern Airlines Inc.: Nach der Konkursanmeldung im März 1989 wurde die Unternehmenstätigkeit im Jan. 1991 eingestellt.

*Eberhard, Wolfram, Sinologe: † Berkeley (Calif.) 15. 8. 1989.

Ebersbach, Hartwig, Maler, * Zwickau 17. 5. 1940; Schüler von B. HEISIG; ist seit 1964 als Maler, Graphiker und Messegestalter tätig; daneben beteiligte er sich an aktionist. Musiktheatern und war Mitgl. experimenteller Künstlergruppen in der Dt. Dem. Rep. E. gehört zu den Vertretern einer gestischen Malerei, die das Abbild der Realität in den dynam. Pinselduktus auflöst. In mehreren Werkreihen entfaltet er anhand

Hartwig Ebersbach: Das große Kasparunser; 1987 (Privatbesitz)

eines Motivs (Kaspar, Drache u. a.) eine körperbetonte Malerei, die Gedanken, Empfindungen, psych. Zustände unmittelbar anschaulich werden läßt.

*Eberswalde 1): Der seit 3. 10. 1990 zu Brandenburg gehörende Landkreis E. ging am 6. 12. 1993 im neugebildeten Landkreis Barnim auf (ausgenommen die Gem. Bölkendorf, die zum Kr. Uckermark kam).

*Eberswalde 2): Die Stadt E.-Finow (seit 3. 10. 1990 im Land Brandenburg) änderte zum 1. 7. 1993 ihren Namen in **Eberswalde** und ist seit 6. 12. 1993 (Verwaltungsneugliederung des Landes) Kreisstadt des Kr. Barnim.

*Ebolafieber: Das **Ebola-Virus** ist ein RNS-Virus mit einzelsträngiger Ribonukleinsäure (RNS) als genet. Material; zus. mit ▷ Marburg-Virus, ▷ Arenaviren, den zu den ▷ Arboviren gehörenden Erregern des Gelbfiebers, des Denguefiebers u. a. zählt es zu den sogenannten **hämorrhagischen Viren,** die stets Fieber sowie Blutungen (Hämorrhagien) und Gewebeschäden in unterschiedl. Ausmaß auslösen. Symptome des E. sind u. a. plötzl. hohes Fieber, Durchfall, Erbrechen, Blutungen v. a. an den Schleimhäuten des Verdauungstraktes, Leberzellnekrose, Lungenentzündung, Bewußtseinstrübung; die Erkrankung verläuft in etwa 50% der Fälle tödlich. Die Übertragung geschieht wahrscheinlich über Schmierinfektion. Der natürl. Wirt des Ebola-Virus ist bislang unbekannt; die Therapie erfolgt symptomatisch. Weitere, für den Menschen weniger gefährl. Stämme des Ebola-Virus sind mittlerweile bekannt.

Échenoz [eʃə'no], Jean, frz. Schriftsteller, * Aix-en-Provence 26. 12. 1947; erschloß neue Möglichkeiten des Erzählens, indem er in parodist. Anlehnung an gängige Gattungen wie den Kriminalroman scheinbar ganz auf abenteuerl. Dekor und geheimnisvollen Figuren aufgebaute Geschichten vorstellt, die sich aber im Verlauf des Romans als Illusionen oder Attrappen erweisen. Damit weist er auf den Verlust an Orientierungshilfen hin, den die Menschen in einer undurchschaubar gewordenen Gegenwart erleiden.

Werke: Romane: Le méridien de Greenwich (1979; dt. Das Puzzle des Byron Caine); Cherokee (1983; dt.); L'équipée malaise (1986; dt. Ein malaysischer Aufruhr); Lac (1989; dt. See); Nous trois (1992); Les grandes blondes (1995).

*Eckstine, Billy, amerikan. Jazzmusiker: † Pittsburgh (Pa.) 8. 3. 1993.

Ecstasy ['ɛkstəsɪ; engl. ›Ekstase‹] *das,* -, **3,4-Methylen-dioxy-methyl-amphetamin,** Abkürzung **MDMA,** auf der Basis von Safrol (im Öl der Sassafras-Staude enthalten) synthetisch hergestellte, dem Amphetamin verwandte Substanz. Zu den psychotropen Wirkungen von E. gehören die Steigerung der Fühlfähigkeit und der Reflexion sowie die Verbesserung der Kommunikationsfähigkeit. E. wird daher als typ. Entactogen (d. h. die Tiefenpsyche öffnende Substanz) in der drogenunterstützten Psychotherapie als ›Entspannungsdroge‹ genutzt. In extremen Einzelfällen kann plötzl. Herztod eintreten. E. wird in Form von Tabletten eingenommen. Es erzeugt keine körperl. Abhängigkeit. – E. wurde 1912 in Dtl. erstmals synthetisiert, geriet aber in Vergessenheit und wurde erst 1960 in Polen wiederentdeckt. In den USA verbreitete sich E. in der Drogensubkultur der 1970er Jahre. In der 2. Hälfte der 1980er Jahre kam E. mit der sogenannten Acid-house-Jugendbewegung aus Großbritannien und in den 1990er Jahren in der Subkultur der sogenannten Technoszene in ganz Europa, insbesondere in Dtl., verbreitet. Hier ist E. seit Aug. 1986 dem Betäubungsmittelgesetz unterstellt.

E., Beitr. v. N. SAUNDERS (a. d. Engl., Zürich 1994); B. G. THAMM u. W. KATZUNG: Drogen – legal – illegal (^{2}1994).

*Ecuador, Ekuador, amtlich span. **República del E.,** Staat im NW Südamerikas.

Hauptstadt: Quito. *Amtssprache:* Spanisch. *Staatsfläche:* 270 696 km^2 (ohne Binnengewässer 269 975 km^2). *Bodennutzung (1992):* 27 500 km^2 Ackerland, 51 700 km^2 Dauergrünland, 106 000 km^2 Waldfläche. *Einwohner (1994):* 11,22 Mio., 41 Ew. je km^2. *Städtische Bevölkerung (1993):* 57%; in städt. Agglomerationen mit 1 Mio. und mehr Ew. leben 55% der Stadt-Bev. (das sind 31% der Gesamt-Bev.). *Durchschnittliches Bevölkerungswachstum pro Jahr (1985–93):* 2,4%. *Bevölkerungsprojektion für 2000:* 13,090 Mio. Ew. *Ethnische Gruppen (1990):* 40% Indianer, 40% Mestizen, 15% Weiße, 5% Schwarze. *Religion (1992):* 93% Katholiken. *Altersgliederung (1995):* unter 15 Jahre 37,1%, 15 bis unter 65 Jahre 58,9%, 65 und mehr Jahre 4,0%. *Lebenserwartung der Neugeborenen (1992):* männlich 65 Jahre, weiblich 69 Jahre. *Analphabetenquote (1991):* insgesamt 12,7%, männlich 9,6%, weiblich 16,1%. *BSP je Ew. (1993):* 1 170 US-$. *BIP nach Sektoren/Produktionsstruktur (1993):* Landwirtschaft 12%, Industrie 38%, Dienstleistungen 50%. *Arbeitslosenquote (1991/92):* 5,8%. *Währung:* 1 Sucre (S/.) = 100 Centavos (Ctvs). *Internationale Mitgliedschaften:* UNO, Andenpakt, Lateinamerikan. Integrationsvereinigung, OAS.

Geschichte: Aus der Stichwahl vom 8. 5. 1988 ging der Führer der ID, R. BORJA CEVALLOS, als Staatspräs. hervor. Obwohl die Koalition durch die DP im Juli 1989 aufgekündigt worden war, wurde BORJA und seine moderate Sanierungspolitik weiterhin von ihr unterstützt. Unter der Führung von S. DURÁN BALLÉN spaltete sich 1992 der ›Partido Unidad Republicano‹ (PUR, dt. ›Partei der Republikaner. Einheit‹) vom PSC ab. Nach den Präsidentschaftswahlen am 5. 7. 1992 wurde DURÁN BALLÉN Staatspräs. Mit ihrer neoliberalen Wirtschaftspolitik gelang es der neuen Reg., die Inflationsrate drastisch zu senken und mit privaten Gläubigerbanken ein Sanierungsprogramm durchzuführen, wodurch 45% seiner Schulden erlassen wurden. – Ende 1993 trat E. aus der OPEC aus.

Seit Mitte Jan. 1995 eskalierten Scharmützel im ecuadorian.-peruan. Grenzgebiet zu Kampfhandlungen. Im Protokoll von Rio de Janeiro war 1942 der Grenzverlauf zw. E. und Peru festgelegt worden, der jedoch in einem 78 km langen Streifen umstritten blieb. Am 17. 2. 1995 wurde ein Friedensvertrag geschlossen (seit 1. 3. in Kraft), der allerdings die fehlende Demarkation nicht regelt; bereits kurz darauf kam es erneut zu Gefechten. Die durch die Garantiemächte des Rio-Protokolls (Argentinien, Brasilien, Chile, USA) entsandte Beobachterkommission begann am 12. 3. mit der Überwachung der Entmilitarisierung des Grenzgebiets.

ECU-Anleihe [e'ky-], **ECU-Bond,** Bez. für auf die Europ. Währungseinheit ECU lautende Schuldverschreibungen mit Zinszahlungen und Tilgungen in ECU, die insbesondere von supranat. und staatl. europäischen Schuldnern sowie von Unternehmen emittiert werden. Beim Zins ist zu unterscheiden zw. dem theoret. oder rechner. Zins, der sich als gewogener Durchschnitt der Kapitalmarktzinsen der am Europ. Währungssystem teilnehmenden Länder ergibt (gewichtet wird mit dem Anteil, mit dem eine Währung im ECU-Währungskorb enthalten ist), und dem Marktzins oder tatsächl. Zins aus dem regulären Börsenhandel mit diesen Papieren. Aus etwaigen Differenzen zw. beiden Zinssätzen kann auf die Attraktivität von ECU-A. geschlossen werden.

Edgar ['edɡə], David, engl. Dramatiker, * Birmingham 26. 2. 1948; veröffentlichte ab 1970 politisch radikale, der Agitpropdramatik und dem dokumentar. Theater verpflichtete Stücke. In ihnen leuchtete er zunehmend auch die psycholog. Dimensionen polit. Täter und Opfer aus, so in ›Destiny‹ (1976) über faschist. Tendenzen in Großbritannien und in ›Maydays‹ (1983) über den Sozialismus der Nachkriegszeit. Zu einem breiten Erfolg wurde ›The life and adventures of Nicholas Nickleby‹ (2 Tle., 1982), eine Adaptation des Romans von C. DICKENS für die Royal Shakespeare Company.

Weitere Werke: Dramen: The jail diary of Albie Sachs (1978); Entertaining strangers (1986); That summer (1987); The shape of the table (1990).

R. SCHÄFFNER: Politik u. Drama bei D. E. (1988); File on E., bearb. v. M. PAGE (London 1991).

EDIFACT, Abk. für engl. **E**lectronic **d**ata **i**nterchange **f**or **a**dministration, **c**ommerce and **t**ransport (›elektron. Datenaustausch für Verwaltung, Handel und Verkehr‹), internat. Standard für den elektron. Austausch von Geschäftsdokumenten. Auf der Grundlage von EDIFACT werden Nachrichtentypen, wie ›Rechnung‹ oder ›Bestellung‹, als ein einheitl. branchenübergreifendes Datenaustauschformat normiert, das unabhängig von der jeweils verwendeten Hard- und Software und ohne manuelle Zwischenbehandlung im direkten Austausch zw. Datenverarbeitungssystemen angewandt werden kann.

*Eesteren, Cornelis van, niederländ. Architekt: † Amsterdam 21. 2. 1988.

*Eggebrecht, Axel, Schriftsteller und Publizist: † Hamburg 14. 7. 1991.

*Ehebruch: Die Strafbarkeit des E. ist in der *Schweiz* durch Bundes-Ges. vom 23. 6. 1989 aufgehoben worden.

*Ehmke, Horst, Politiker: War bis 1991 stellv. Vors. der SPD-Fraktion im Bundestag, bis 1994 dessen Mitglied.

*Ehre, Ida, Schauspielerin, Regisseurin und Theaterleiterin: † Hamburg 16. 2. 1989.

Eichel, Hans, Politiker (SPD), * Kassel 24. 12. 1941; Gymnasiallehrer; 1975–91 Oberbürgermeister von Kassel, seit 1989 Landes-Vors. der SPD in Hessen, wurde nach dem Wahlsieg der SPD bei den Landtagswahlen vom 21. 1. 1991 MinPräs. von Hessen (nach den Landtagswahlen vom 19. 2. 1995 im Amt bestätigt).

Eichsfeld, Landkreis in Thüringen, 940 km^2, (1995) 117 800 Ew.; Kreisstadt ist Heilbad Heiligenstadt. Der Kreis, der an Ndsachs. und Hessen grenzt, hat Anteil am Naturpark Eichsfeld-Werratal. Im nördl. Kreisgebiet liegt das Ohmgebirge (bis 535 m ü. M.). In der Landwirtschaft wird vorwiegend Tierzucht betrieben; Hauptanbauprodukte sind Getreide und Raps. In den Städten Dingelstädt, Heilbad Heiligenstadt (1995: 17 400 Ew.), Leinefelde und Worbis sind kleine und mittelständische Unternehmen der Baustoff-, Holz- und Metallindustrie, des Elektrogerätebaus sowie der Textil- und Bekleidungsindustrie angesiedelt. – Der Kreis wurde am 1. 7. 1994 aus den früheren Kreisen Heiligenstadt und Worbis gebildet.

Hans Eichel

Eifman, Boris Jakowlewitsch, russ. Tänzer, Choreograph und Ballettdirektor, * Rubstowsk (S-Sibirien) 22. 7. 1946; tanzte nach seinem Studium in Kischinjow (heute Chişinău) und Leningrad (heute Sankt Petersburg) zunächst am Kischinjower Opern- und Ballett-Theater, dann am Leningrader Malyj-Theater, bevor er 1977 die Leitung des Leningrader zeitgenöss. Ballett-Theaters übernahm, das sich heute auf zahlreichen Tourneen ›Sankt Petersburger Ballett-Theater B. E.‹ nennt. Offen für aktuelle Strömungen, gilt E. indes als Repräsentant des abendfüllenden Handlungsballetts, dem er neue Inhalte erschloß.
  Choreographien: Der Idiot (1980); Briefe an Tschaikowsky (1993).

*Eigenheim: Die Wohneigentumsquote (WEQ) in Dtl. ist, gemessen an anderen europ. Ländern, mit 40% niedrig, lediglich in der Schweiz ist sie geringer (unter 33%). In Ost-Dtl. ist sie wegen der eigentumsfeindl. Politik vor der dt. Vereinigung etwa halb so hoch wie in West-Dtl. Aber auch innerhalb West-Dtl.s gibt es regional starke Unterschiede: In ländl. Gebieten ist die WEQ deutlich höher als in Ballungsgebieten. Hauptursachen für die niedrige WEQ sind die hohen Baulandpreise (in West-Dtl. 1985-93 Steigerung um 22%, in West-Dtl. 1992-93 um 42%), der steigende Anteil von Einpersonenhaushalten sowie die hohen Baukosten (Steigerung 1985-94 um 42%), die nicht zuletzt mit einer Fülle staatl. Regulierungen zusammenhängen.

Die *steuerl. Förderung* des E. gemäß § 10e EStG wurde mehrfach geändert: Bei Bauantrag oder Vertragsabschluß nach dem 30. 9. 1991 können von den Herstellungs- oder Anschaffungskosten einer selbstgenutzten Wohnung im E. (sowie 50% der Anschaffungskosten des Grund und Bodens) in den ersten vier Jahren jährlich 6% (von höchstens 330 000 DM, also höchstens 19 800 DM jährlich) und in den folgenden vier Jahren jährlich 5% (höchstens 16 500 DM) bei der Ermittlung der Steuerbemessungsgrundlage wie Sonderausgaben abgezogen werden. Bei Vertragsabschlüssen ab 1994 gelten diese Beträge nur für Neubauwohnungen, die bis zum Ende des zweiten auf die Fertigstellung folgenden Jahres angeschafft wurden. Beim Kauf älterer Wohnungen verkürzen sich die maximal mögl. Abzugsbeträge auf jährlich 9 000 DM für die ersten vier Jahre und jährlich 7 500 DM für die folgenden vier Jahre. Hat der Steuerpflichtige die zulässigen Abzugsbeträge in einem Jahr des Abzugszeitraums nicht ausgenutzt, so kann er dies bis zum Ende des Abzugszeitraums nachholen. Die Steuervergünstigung kann bei Bauantrag oder Vertragsabschluß nach 1991 nur noch dann in Anspruch genommen werden, wenn der Gesamtbetrag der Jahreseinkünfte 120 000 DM (zusammenveranlagte Ehegatten: 240 000 DM) nicht übersteigt. Die Möglichkeit, außerdem in den ersten drei Jahren mit dem E. in wirtschaftl. Zusammenhang stehende Schuldzinsen (bis zur Höhe von jeweils 12 000 DM) abzuziehen, gilt nur noch für vor dem 1. 1. 1995 fertiggestellte bzw. angeschaffte Eigenheime.

Ab 1. 1. 1996 wird die bisherige Wohneigentumsförderung nach § 10e EStG, bei der die Steuervergünstigung mit der Höhe des Einkommens zunahm, durch eine progressionsunabhängige Zulagenlösung ersetzt. Die Grundförderung besteht aus einer auf acht Jahre befristeten Bauzulage von bis zu 5 000 DM jährlich für Neubauten und 2 500 DM jährlich für Altbauten. Das Baukindergeld wird durch eine auf 1 500 DM jährlich erhöhte Kinderzulage ersetzt. Hinzu kommen auf drei Jahre befristete Zulagen für Maßnahmen zur Reduzierung des Energieverbrauchs und des CO_2-Ausstoßes (bis zu 500 DM jährlich) sowie für den Bau von Niedrigenergiehäusern (bis zu 400 DM jährlich). Ferner wird die Bausparförderung durch eine Anhebung der Einkommensgrenzen auf 50 000 DM (für Ledige) und 100 000 DM (für Verheiratete) und der Förderhöchstbeträge auf 1 000 DM bzw. 2 000 DM ausgeweitet. Dafür entfällt der bisherige Sonderausgabenabzug für Bausparverträge. Auch die Anschaffung von Anteilen an Wohnungsbaugenossenschaften wird unter bestimmten Bedingungen unterstützt. Bes. gefördert wird in Ost-Dtl. die Wohnungsbauprivatisierung und der Erwerb von Wohneigentum.

*Eigenkapital: Das E.-Hilfeprogramm der Bundes-Reg. wurde 1993 auf die neuen Bundesländer ausgedehnt und am 1. 6. 1994 in den alten Bundesländern wiedereingeführt (das Programm war 1991 ausgelaufen). Insgesamt wurden mit dem E.-Hilfeprogramm in Dtl. (1994) 20 977 Unternehmen über die Dt. Ausgleichsbank gefördert (v. a. Gründung und Festigung der Selbständigkeit), davon 15 988 in den neuen Bundesländern. Das Bewilligungsvolumen für die Kredite zu günstigen Zins- und Tilgungsbedingungen belief sich (1994) 3,1 Mrd. DM, davon 2,7 Mrd. DM in den neuen Bundesländern.

*Eilenburg 2): Der seit 3. 10. 1990 zum Land Sachsen gehörende Landkreis E. ging am 1. 8. 1994 in Kr. Delitzsch auf; fünf Gemeinden wurden dem Kr. Torgau-Oschatz eingegliedert. Die Stadt Eilenburg ist damit nicht mehr Kreisstadt.

*Eilers, Wilhelm, Orientalist: † Würzburg 3. 7. 1989.

*Einbürgerung: →Ausländer.

Eine-Welt-Laden, andere Bez. für →Dritte-Welt-Laden.

Eingliederungsgeld, Bez. des Arbeitsförderungs-Ges. (AFG) für die in der Bundesrep. Dtl. von 1990 bis 1992 an Aussiedler und Übersiedler gezahlte finanzielle Leistung. Das E. trat an die Stelle des bis dahin gezahlten Arbeitslosengeldes. 1993 wurde es durch die aus Bundesmitteln finanzierte **Eingliederungshilfe** für Spätaussiedler (§§ 62a-c, AFG) ersetzt, die in Zeiten von Arbeitslosigkeit bzw. während berufl. Fortbildung oder Umschulung sowie Deutschlehrgängen unter bestimmten Bedingungen gezahlt wird.

*Einheiten 2): Im Zuge der Harmonisierung der Maße und Gewichte in der EU wurde am 1. 10. 1995 (M-Day, Metrication Day) in Großbritannien ein Beschluß der EU-Kommission von 1989 umgesetzt, nach dem für verpackte Waren im Einzelhandel, für Stofflängenangaben und für Benzin nur noch die metr. E. des Internat. Einheitensystems (SI) verwendet werden dürfen. Für unverpackte Waren, z. B. Obst und Gemüse, gilt diese Bestimmung bis zum Jahr 2000 noch nicht. Auch der Ausschank von Getränken kann nach altem Maß (pint) vorgenommen werden.

Einheitliche Europäische Akte, Abk. **EEA,** am 28. 2. 1986 von den Mitgliedstaaten der Europ. Gemeinschaften angenommener und nach Ratifizierung am 1. 7. 1987 in Kraft getretener Vertrag zur Ergänzung und teilweisen Änderung der Verträge zur Gründung der Europ. Gemeinschaft für Kohle und Stahl, der Europ. Wirtschaftsgemeinschaft und der Europ. Atomgemeinschaft. Die EEA war ein Schritt auf dem Weg zu einer Europ. Union, blieb aber hinter dem entsprechenden Vertragsentwurf des Europ. Parlaments von 1984 weit zurück. Die EEA erleichterte Mehrheitsentscheidungen im Ministerrat, stärkte die Beteiligung des Parlaments durch Einführung eines ›Verfahrens der Zusammenarbeit‹, erleichterte die Rechtsangleichung mit dem Ziel, den gemeinsamen Binnenmarkt bis zum 31. 12. 1992 zu vollenden, und erweiterte die Zuständigkeiten der EWG um die Bereiche Umwelt, Forschung und technolog. Entwicklung sowie wirtschaftl. und sozialer Zusammenhalt. In der EEA wurde die ▷ Europäische Politische Zusammenarbeit erstmals vertraglich festgelegt. Der am 1. 11. 1993 in Kraft getretene Vertrag über die →Europäi-

Boris Eifman

Einh Einheitswert – Einkommensteuer

sche Union (Maastrichter Vertrag) baut auf den Regelungen der EEA auf, enthält jedoch noch weit über diese hinausgehende Änderungen.

*Einheitswert: Abweichend von der Regel des §21 Bewertungs-Ges. wurde im Zusammenhang mit den Änderungen der →Vermögensteuer die jüngste Hauptfeststellung der E. für das Betriebsvermögen auf den 1. 1. 1995 vorgezogen; die darauffolgende Hauptfeststellung findet erst zum 1. 1. 1999 statt (Ges. zur Umsetzung des Föderalen Konsolidierungsprogramms vom 23. 6. 1993). 1995 waren beim Bundesverfassungsgericht (BVerfG) mehrere Verfahren anhängig, in denen es um die Verfassungsmäßigkeit der Einheitsbewertung des Grundbesitzes ging. Im Rahmen der Erbschaft- und der Vermögensteuer ist nämlich der Haus- und Grundbesitz bevorzugt, da dieser im Ggs. zu Geld- und anderen Vermögensarten nicht nach seinem Verkehrswert (›gemeinem Wert‹), sondern nach dem wesentlich niedrigeren E. berücksichtigt wird. Das BVerfG hat in seiner Entscheidung vom 18. 8. 1995 in dieser unterschiedl. Behandlung einen Verstoß gegen den Gleichheitssatz gesehen und die bisherige Besteuerung nach E. als verfassungswidrig verworfen. Es hat dem Gesetzgeber bis Ende 1996 eine Frist gesetzt, eine verfassungskonforme Regelung zu treffen, die den ungleichen Ansatz verschiedener Vermögensarten beseitigt. Bei der Vermögensteuer beträgt diese Übergangsfrist fünf Jahre.

Die Einheitsbewertung in der Bundesrep. Dtl. Mängel u. Alternativen, hg. vom Bundesminister der Finanzen (1989).

Einigungsvertrag, Vertrag vom 31. 8. 1990 zw. der Bundesrep. Dtl. und der Dt. Dem. Rep. über die Herstellung der Einheit Dtl.s (in Kraft getreten am 29. 9. 1990), der den Beitritt der Dt. Dem. Rep. zur Bundesrep. Dtl. nach Art. 23 GG und die damit verbundenen Folgen regelt. Nach Art. 3 des E. trat das GG im Beitrittsgebiet mit dem Wirksamwerden des Beitritts (3. 10. 1990) in Kraft. Art. 4 regelt Änderungen des GG (Modifikation der Präambel, Aufhebung der Beitrittsregelung des Art. 23, Änderung der Stimmenverhältnisse im Bundesrat, Neufassung von Art. 146), die befristete Fortgeltung mit dem GG nicht übereinstimmender Regelungen der ehem. Dt. Dem. Rep. und den Fortbestand bestimmter früher vorgenommener Eigentumseingriffe (Bodenreform u. a. →Enteignungen zw. 1945 und 1949). Art. 5 enthält Empfehlungen für künftige Verf.-Änderungen. Die Finanz-Verf. des GG wird im Beitrittsgebiet in wichtigen Bestimmungen, v. a. zum Finanzausgleich, erst in mehreren zeitl. Schritten in Geltung gesetzt (Art. 7).

Die übrigen Regelungen betreffen die Rechtsangleichung, das Fortgelten völkerrechtl. Verträge, die öffentl. Verwaltung und Rechtspflege, das öffentl. Vermögen und die Schulden der früheren Dt. Dem. Rep. sowie grundlegende Bestimmungen und Zielsetzungen in versch. Bereichen wie Arbeit, Umweltschutz, Wissenschaft. Die Rechtsangleichung ist in Art. 8 und 9 folgendermaßen normiert: Grundsätzlich tritt im Beitrittsgebiet das Bundesrecht der Bundesrep. Dtl. mit dem Beitritt in Kraft; Ausnahmen, insbesondere Modifikationen des Bundesrechts, sind in Anlage I bestimmt. Das Recht der Dt. Dem. Rep. gilt grundsätzlich nur fort, wenn es nach dem GG in die Zuständigkeit der Landesgesetzgebung fällt und inhaltlich mit höherrangigem Recht, insbesondere dem GG, vereinbar ist. In Anlage II sind Rechtsvorschriften der Dt. Dem. Rep. genannt, die fortgelten, obwohl sie vom Bundesrecht abweichen. Europ. Recht gilt im Beitrittsgebiet grundsätzlich mit dem Beitritt. (→Bundesrepublik Deutschland, →Deutsche Demokratische Republik)

*Einkommensteuer: Die Entwicklung der Einkommensbesteuerung im letzten Jahrzehnt (1985–95) ist international v. a. durch zwei Merkmale gekennzeichnet: Zum einen kam es in fast allen Industrieländern zu Senkungen der Spitzensteuersätze, teilweise um 20 und mehr Prozentpunkte: in Großbritannien von 60% auf 40%, Japan 70% auf 50%, Norwegen 40% auf 14%, Schweden 54% auf 20%; in den USA (28% seit 1986 gegenüber 70% vor 1982) allerdings wurde dieser Trend durch die Erhöhungen von 1990 und 1993 wieder umgekehrt. Zum andern ist in einer Reihe von Staaten eine Abkehr vom Prinzip der synthet. E. (Gleichbehandlung aller Einkommensquellen) hin zu einer ›dualen Einkommensbesteuerung‹ des Kapitaleinkommens und der übrigen Einkommensarten (Erwerbseinkommen) mit unterschiedl. Tarifen zu beobachten. Ziel ist dabei in erster Linie die Verringerung der allokationsverzerrenden Wirkung einer Besteuerung von Zinsen. Kapitaleinkommen wird daher mit einem gegenüber Erwerbseinkommen deutlich niedrigeren einheitl. Steuersatz proportional belastet (Dänemark 1987–88, Schweden seit 1991, Norwegen seit 1992, Finnland seit 1993). Einer solchen dualen E. entspricht es letztlich auch, wenn Kapitaleinkommen allein einer an der Quelle einbehaltenen Kapitalertragsteuer unterworfen werden und anschließend nicht mehr in die Veranlagung zur E. einbezogen werden (Prinzip der Abgeltungsteuer; Österreich seit 1993, Belgien).

Bei der dt. E. wurde durch die Absenkung des maximalen Grenzsteuersatzes speziell für gewerbl. Einkünfte von 53% auf 47% (§32c EStG) 1994 eine Abkehr vom Prinzip des einheitl. Steuertarifs vorgenommen, die mit der zusätzl. Belastung gewerbl. Einkünfte durch die Gewerbesteuer begründet wurde. Im übrigen ergab sich die Notwendigkeit von Reformen beim seit 1990 geltenden E.-Tarif v. a. durch die Entscheidung des Bundesverfassungsgerichts zum →Existenzminimum. Nach einer Übergangslösung 1993/95 und nach langer Erörterung versch. Tarifmodelle wurde im Jahressteuer-Ges. 1996 schließlich eine Ausdehnung der Nullzone auf (1996) 12 095 DM beschlossen (1997/98: 12 365 DM, 1999: 13 067 DM; für Ehepaare jeweils doppelter Betrag). Zur Finanzierung der damit verbundenen Steuerausfälle wurde der anschließende (›Eingangs‹-)Grenzsteuersatz von 19% auf 25,9% angehoben und eine Reihe von Steuervergünstigungen und Absetzmöglichkeiten eingeschränkt (insbesondere bei privater Nutzung von Firmenwagen, betriebl. Altersversorgung, Schmiergeldern, doppelter Haushaltsführung und häusl. Arbeitszimmer). Für Einkommen ab (1996) 55 728 DM (1997/98: 58 644 DM, 1999: 66 366 DM; für Ehepaare jeweils doppelter Betrag) bleiben der bisherige Verlauf der Grenzsteuersätze und die Steuerbeträge unverändert.

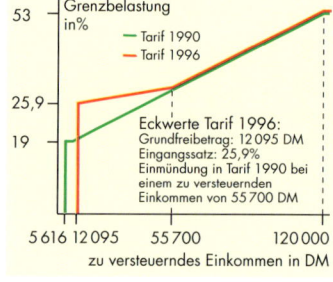

Einkommensteuer: Graphische Darstellung der Einkommensteuertarife 1990 und 1996 (Regierungsentwurf)

Zusätzlich zur E. wird allerdings erneut seit dem 1. 1. 1995 der →Solidaritätszuschlag erhoben. Gleichzeitig bringt das Jahressteuer-Ges. 1996 ein Wahlrecht zw. Kinderfreibetrag und Kindergeld (→Kinderlastenausgleich), die Möglichkeit, eine Kurzveranlagung bei der E. zu wählen oder Steuererklärungen für zwei Jahre gemeinsam abzugeben, und schließlich Pau-

Einkommensverteilung – Eisenhüttenstadt **Eise**

Einkommensverteilung: Durchschnittlich verfügbares Einkommen in der Bundesrepublik Deutschland nach Haushaltsgruppen
(in DM je Monat)

	Durchschnittseinkommen 1980			Durchschnittseinkommen 1994[1])		
	je Haushalt	je Haushaltsmitglied	je Verbrauchereinheit[2])	je Haushalt	je Haushaltsmitglied	je Verbrauchereinheit[2])
Selbständige						
außerhalb der Landwirtschaft	7 292	2 345	3 090	16 477	6 148	7 922
in der Landwirtschaft	4 192	968	1 327	5 372	1 421	1 912
Beamte	4 150	1 407	1 861	6 471	2 370	3 081
Angestellte	3 567	1 346	1 740	5 455	2 341	2 949
Arbeiter	3 000	977	1 299	4 447	1 623	2 108
Pensionäre	3 083	1 903	2 156	4 920	3 018	3 417
Rentner	2 167	1 305	1 484	3 548	2 150	2 447
Arbeitslose	1 883	756	971	2 636	1 182	1 473
Sozialhilfeempfänger	1 317	596	770	2 279	1 017	1 317
Privathaushalte insgesamt[3])	3 133	1 274	1 615	5 061	2 300	2 843

[1]) Angaben nur für die alten Bundesländer. – [2]) Hierbei wird der Haupt-Einkommensbezieher mit 1,0, jedes weitere Haushaltsmitglied ab 14 Jahren mit 0,7 und jedes Kind unter 14 Jahren mit 0,5 gewichtet. – [3]) Einschl. Haushalte, die überwiegend von sonstigen Übertragungen oder von Vermögenseinkommen leben.

schalbeträge für die Betriebsausgaben bei kleineren Gewerbetreibenden und Freiberuflern (8 % der Umsätze) und für die Werbungskosten bei Einkünften aus Vermietung und Verpachtung (42 DM/m² Wohnfläche).

E.-Aufkommen (1994): veranlagte E. 25,5 Mrd. DM, Lohnsteuer 266,5 Mrd. DM, Kapitalertragsteuer und Zinsabschlag 31,5 Mrd. DM.

In *Österreich* senkt das zum 1. 1. 1989 in Kraft getretene Reform-Ges. zur E. und Körperschaftsteuer den Eingangssteuersatz für Einkommen bis zu 50 000 öS von 21 % auf 10 % und den Spitzensteuersatz für Einkommen ab 700 000 öS (bisher 1,5 Mio. öS) von 62 % auf 50 %. Die Grenzsteuerbelastung im mittleren Bereich (bis 300 000 öS) bewegt sich zw. 18,5 % und 37 %.

***Einkommensverteilung:** In der wirtschaftspolit. Diskussion steht die **Gruppen-E.** (Aufteilung des Volkseinkommens auf große soziale Gruppen wie Arbeitnehmer und Unternehmer) gegenüber der Aufteilung des Volkseinkommens auf die nach ihrem sozialen Status aufgegliederten privaten Haushalte (personelle E.) im Vordergrund.

Bei der **funktionellen** E. hat sich der Rückgang der Bruttolohnquote, des Anteils der Bruttolöhne und -gehälter am Volkseinkommen, bis 1994 weiter fortgesetzt. Diese Quote erreichte 1994 den Wert von 72 %. Hinzu kommen rd. 6,5 % Entgelt für den Arbeitseinsatz der Unternehmer und mithelfenden Familienangehörigen. Der Rest besteht aus dem derart bereinigten Einkommen aus Unternehmertätigkeit und Vermögen, wobei der ›reinen Gewinneinkommen‹ auf 13 %, die Vermögenseinkommen (sozusagen das Entgelt für die Finanzierung des Sachkapitals) auf 8,5 % geschätzt werden. Die Arbeitseinkommensquote hat damit fast wieder den Wert von 1960 erreicht, nachdem sie in der Zwischenzeit auf mehr als 85 % gestiegen war. Da die Belastung mit Steuern und Abgaben sehr unterschiedlich ist (1993 bei Einkommen aus unselbständiger Arbeit 46 %, bei den anderen Einkommen nur 16 %), liegt die Nettolohnquote nur bei 62 %.

Bei der **personellen** E. ist zu beachten, daß neben dem Haupteinkommensbezieher häufig auch weitere Haushaltsmitglieder ein Einkommen erzielen. Mit weitem Abstand an der Spitze stehen die Selbständigenhaushalte (außerhalb der Landwirtschaft) mit einem Durchschnittseinkommen, das mehr als dreimal so hoch ist wie das Durchschnittseinkommen aller Haushalte. Die Berechnung in Verbrauchereinheiten zeigt, daß die Haushalte pensionierter Beamter schon 1980 finanziell besser gestellt waren als die der aktiven Beamten, während die finanzielle Situation der Rentnerhaushalte zw. derjenigen der aktiven Angestellten und Arbeiter liegt. Angesichts der immer ungünstiger werdenden Relation von Renten- und Pensionsbeziehern zu aktiven Erwerbstätigen wird daher die Frage an Brisanz gewinnen, ob die aktiv Erwerbstätigen weiterhin bereit sein werden, durch ihre Steuern und Sozialabgaben den ehem. Erwerbstätigen einen Lebensstandard zu finanzieren, der auf dem oder sogar über dem Niveau liegt, das sie selbst erreichen. Dieser Verteilungskonflikt zw. den Generationen tritt zunehmend neben den traditionellen Verteilungskonflikt innerhalb der erwerbstätigen Generation über die Verteilung der Erwerbseinkommen auf Löhne und Gehälter einerseits und Gewinne andererseits. Hinzu kommen weitere verteilungspolit. Problemfelder: die Anerkennung von Nichterwerbsarbeit (z. B. Erziehungsarbeit, häusl. Pflege), die regionalen Einkommensunterschiede (bes. zw. alten und neuen Bundesländern) sowie sozialpolitisch motivierte Umverteilungsmechanismen u. a. zur Familienförderung (z. B. Neuordnung des Kinderlastenausgleichs).

***Eins Plus:** Wurde zum 1. 12. 1993 eingestellt und durch Teilnahme der ARD an →Drei Sat ersetzt.

***Eisenach 1):** Die seit 3. 10. 1990 zum Land Thüringen gehörende Stadt (1995: 46 000 Ew.) ist seit 1. 7. 1994 eine der beiden Kreisstädte des Wartburgkreises. – Nachdem das ›Automobilwerk E.‹ geschlossen worden war, eröffnete 1990 die Adam Opel AG einen neuen Fertigungsbetrieb für Kleinwagen.

***Eisenach 2):** Der seit 3. 10. 1990 zum Land Thüringen gehörende Landkreis E. ging am 1. 7. 1994 im Wartburgkreis auf.

***Eisenbahn:** Im Zuge der →Bahnreform entstand 1994 die →Deutsche Bahn AG (DB). Nach einer Neuordnung des Nahverkehrs im Mai 1995 gelten folgende Benennungen für Personenzüge: S-Bahn (S), Stadtexpress (SE), Regionalbahn (RB), Regionalexpress (RE), Interregio (IR), Intercity/Eurocity (IC/EC), Intercity Night/Eurocity Night (ICN/ECN), Intercity Express (ICE; →Intercity-Züge).

***Eisenberg 2):** Der seit 3. 10. 1990 zum Land Thüringen gehörende Landkreis E. ging am 1. 7. 1994 im Saale-Holzland-Kreis auf, dessen Kreisstadt die Stadt Eisenberg wurde.

***Eisenhüttenstadt 2):** Der seit 3. 10. 1990 zum Land Brandenburg gehörende Landkreis E. ging am 6. 12. 1993 im neugebildeten Landkreis Oder-Spree auf. Die Stadt Eisenhüttenstadt ist seitdem nicht mehr Kreisstadt.

*Eisenman, Peter David, amerikan. Architekt: Gehört zu den Vätern des Dekonstruktivismus in der Architektur. Mit dem Bau des Wexner Center for the Visual Arts (1982–89) in Columbus (Oh.) setzte er seine Ideen erstmals in größerem Maßstab in Architektur um. Seine Bauten, die E. als Ergebnis der Herausforderung der jeweiligen Umgebung versteht, fallen durch radikale, z. B. an geolog. Erscheinungen orientierte Verschiebungen und Bewegungslinien auf, die im Grundriß, in den Fassaden und den unterschiedl. Dachebenen ihre Ausprägung finden.

Peter David Eisenman: Greater Columbus Convention Center, Columbus (Oh.); 1989–93

Weitere Werke: Wohnblock am Checkpoint Charlie, Berlin (1982–86); Koizumi-Sangyo-Gebäude, Tokio (1989–90); Greater Columbus Convention Center, Columbus, Oh. (1989–93); Kulturzentrum auf dem Campus der Univ. in Atlanta, Ga. (1993–95).

Eisenstadt 2): Bischof ist seit 1993 PAUL IBY (1935).

*Eisenstaedt, Alfred, amerikan. Bildjournalist dt. Herkunft: † Martha's Vineyard (Mass.) 23. 8. 1995.

*Eiskunstlauf: Die Pflicht wurde in den Jahren 1988/89 von drei auf zwei zu laufende Figuren reduziert, die Auswahl erfolgt jetzt aus drei (bisher sechs) Figuren. Der Anteil der Pflicht am Gesamtergebnis beträgt nur noch 20% (Faktor 0,4). Das Originalprogramm löste das bisherige Kurzprogramm ab. Das nun bis zu 160 Sekunden dauernde Originalprogramm (Anteil am Gesamtergebnis 30%, Faktor 0,6) läßt bei der Gestaltung der Elemente mehr Freiheiten. Die Pflichttänze im Eistanzen wurden beibehalten, jedoch von drei auf zwei verringert, der Anteil beträgt hier nun 20% (bisher 30%), der Anteil des freien Spurenbildtanzes 30% (Faktor 0,6). Am 1. 7. 1990 entfiel bei Damen und Herren die Pflicht; die Bewertungsfaktoren betragen seitdem wie bei den Paaren 0,5 für das Originalprogramm (33,3%) und 1,0 (66,7%) für die Kür.

*Eisleben 2): Der seit 3. 10. 1990 zum Land Sachs.-Anh. gehörende Landkreis E. ging am 1. 7. 1994 im Kr. Mansfelder Land auf, dessen Kreisstadt die Stadt Eisleben wurde.

Ek, Mats, schwed. Tänzer, Choreograph und Ballettdirektor, * Malmö 18. 4. 1945; war zunächst Regisseur am Marionettentheater und am Königl. Theater Stockholm, bevor er sich, nach Engagements in Düsseldorf und beim Nederlands Dans Theater, rasch zu einem der profiliertesten Avantgarde-Choreographen entwickelte; machte sich durch seine originelle, psychologisch motivierte, oft auch skurril-humorvolle Bewegungssprache einen Namen; besonderes Aufsehen erregte er durch seine Neufassungen überlieferter Ballette wie ›Giselle‹ (1982) oder ›Schwanensee‹ (1987).

Mats Ek

Kerstin Ekman

*Ekert-Rotholz, Alice M., Schriftstellerin: † Hamburg 17. 6. 1995.

Ekman, Kerstin, schwed. Schriftstellerin, * Risinge (Verw.-Bez. Södermanland) 27. 8. 1933; schrieb zunächst Kriminalromane, die sich durch ihre Erzähltechnik und psycholog. Personenschilderung auszeichnen. E. hatte in den 1970er Jahren ihren literar. Durchbruch mit ihrer Romantetralogie (Tl. 1: ›Häxringarna‹, 1974, dt. ›Bannkreise‹, auch u. d. T. ›Hexenringe‹; Tl. 2: ›Springkällen‹, 1976, dt. ›Springquelle‹; Tl. 3: ›Änglahuset‹, 1979, dt. ›Das Engelhaus‹; Tl. 4: ›En stad av ljus‹, 1983, dt. ›Stadt aus Licht‹; Gesamtausgabe der dt. Übersetzung 1994 unter dem Obertitel ›Sara und ihre Schwestern‹), in der sie voll Anteilnahme das bäuerl. Leben in Södermanland Anfang des 20. Jh. aus der Sicht der Frauen schildert.

Weitere Werke: Romane: 30 meter mord (1959; dt. Der Tod filmt mit. 30 Meter Mord); De tre små mästarna (1961; dt. Die drei kleinen Meister); Dödsklockan (1963; dt. Die Totenglocke); Pukehornet (1967); Mörker ochj blåbärsis (1972); Hunden (1986); Rövarna i Skuleskogen (1988; dt. Skord von Skuleskogen); Händelser vid vatten (1993; dt. Geschehnisse am Wasser). – *Prosa:* Knivkastarens kvinna (1990).

*Elbe: Durch Vertrag vom 8. 10. 1990 zw. Dtl., der Tschechoslowakei und der EG wurde eine Internat. Kommission zum Schutz der E. errichtet.

Elbe-Elster, Landkreis in Brandenburg, 1 890 km², (1995) 137 900 Ew.; Verw.-Sitz ist Herzberg (Elster). Das Kreisgebiet erstreckt sich zw. der Elbe und der Annaburger Heide im W und dem Lausitzer Grenzwall im O sowie zw. den Niederungen der Schwarzen und der Kleinen Elster im S und der Niederlausitzer Randhügellandschaft im Norden. Die flachkuppige, von ausgedehnten Kies- und Sandflächen (meist mit Kiefern-Mischwäldern bestanden) unterbrochene Landschaft ist nur dünn besiedelt; Kiefernforsten sind Grundlage der Holzindustrie, z. B. in Elsterwerda, Finsterwalde, Herzberg (Elster) und Schlieben; Baustoffirmen nutzen die Sand- und Kiesvorkommen (Kalksteinwerk in Falkenberg). Die Landwirtschaft konzentriert sich auf den Anbau von Kartoffeln und Roggen, auf besseren Böden auch Zuckerrüben, außerdem Rinder- und Schweinezucht. Der Braunkohlenabbau im östl. Kreisgebiet wurde eingestellt. Die Kurstadt Bad Liebenwerda an der Schwarzen Elster ist ein Eisenmoorbad; außerdem werden dort Meßgeräte hergestellt. Traditionelle Industriezweige sind Textil- (in Finsterwalde), Leder- (Doberlug-Kirchhain) und Glasindustrie (Schönborn). In den übrigen Kleinstädten (Schönewalde, Sonnewalde, Uebigau, Wahrenbrück) dominiert die Landwirtschaft. Mühlberg/Elbe besitzt einen Elbhafen (Umschlag von Baustoffen). – Der Landkreis E.-E. wurde am 6. 12. 1993 aus den Landkreisen Finsterwalde, Herzberg (ohne die Gem. Schöna-Kolpien) und Bad Liebenwerda gebildet.

*Eldridge, David Roy, amerikan. Jazzmusiker: † New York 26. 2. 1989.

*Electronic banking: Umfaßt neben der elektron. Abwicklung des Zahlungsverkehrs in Selbstbedienung (z. B. Geldausgabeautomaten, Kontoauszugsdrucker) POS-Systeme, Telebanking sowie nicht kontobezogene Beratungsdienstleistungen (z. B. Geldanlage, Versicherungen, Baufinanzierung), Cash-management-Systeme und andere betriebswirtschaftl. Serviceleistungen (z. B. Bilanzanalyse, Finanzplanung).

Electronic cash [ɪlek'trɒnɪk kæʃ, engl. electronic ›elektronisch‹ und to cash ›(Scheck) einlösen‹] *das, - -(s),* 1991 in Dtl. eingeführte Form eines ▷ POS-Systems.

*Elektrizitätswirtschaft: Die vormals aus 18 Kombinaten bestehende, zentralistisch organisierte E. der Dt. Dem. Rep. wird wie in West-Dtl. in ein aus Verbundunternehmen, Regionalversorgern und Stadtwerken bestehendes dreistufiges Versorgungssystem umgewandelt. Im Mai 1995 gab es rd. 110 Unternehmen der öffentl. Elektrizitätsversorgung (EVU) in Ost-Dtl., zum großen Teil Stadtwerke. Die Kapitalanteile der EVU werden von westdt. EVU und den ostdt. Gebietskörperschaften gehalten.

Die Stromerzeugung in Ost-Dtl. basiert zum überwiegenden Teil auf Braunkohle. Kernkraftwerke werden in Ost-Dtl. seit Ende 1990 nicht mehr betrieben. Dadurch ist der Beitrag der Kohle zur Stromerzeugung in Dtl. insgesamt gestiegen. Durch den Einigungsvertrag wurden die Umweltschutzvorschriften für die Stromerzeugung auch in Ost-Dtl. gültig. Die alten Kraftwerke müssen bis zum 1. 7. 1996 mit Umweltschutzeinrichtungen, insbesondere Rauchgasreinigungsanlagen, ausgerüstet werden. Z. T. werden sie durch Neubauten ersetzt. Die seit Beginn der 1950er Jahre getrennten Stromnetze West- und Ost-Dtl.s wurden in der 2. Jahreshälfte 1995 zusammengeschlossen und werden seither synchron betrieben.

An der Netto-Stromerzeugung der öffentl. Stromversorgung von 422,3 Mrd. kWh hatten die einzelnen Energieträger 1994 folgende Anteile: Kernenergie 33,6%, Braunkohle 29,4%, Steinkohle 25,6%, Heizöl 1,0%, Erdgas 4,7%, Wasserkraft 4,7%, sonstige 1,0%.

*elektromagnetische Verträglichkeit, Abk. **EMV, EMC** [von engl. electromagnetic compatibility]: Die Europ. Union wirkt auf eine Harmonisierung aller rechtl. und techn. Normen in ihren Mitgliedstaaten hin. 1992 wurde das Ges. über die e. V. von Geräten dt. Recht. Ab 1. 1. 1996 stellt dieses Ges. die Rechtsgrundlage für die Anforderungen an elektr. oder elektron. Produkte dar, die in Dtl. in Verkehr gebracht werden sollen. Geräte, die die Erfordernisse der EMV-Richtlinie erfüllen, tragen das CE-Zeichen.

Elektronikschrott, Elektromüll, Sammelbegriff für ausgediente Elektrogeräte und elektron. Bauteile, die aufgrund ihrer Anteile an Schwermetallen und organ. Verbindungen eine sorgfältige Entsorgung erfordern. Die 1994 in Dtl. vorgelegte E.-Verordnung wurde jedoch nach Einsprüchen von Elektroindustrie und Handel zurückgezogen. Sie sah vor, daß Hersteller und Handel alte Großgeräte (z. B. Fernseher, Computer) zurücknehmen und entsorgen sollten.

Beim Recycling von E. müssen die Altgeräte zerlegt und ökologisch bedenkl. Materialien, z. B. Kunststoffe, die mit polybromiertem Biphenyl (PBB) oder polybromiertem Diphenylether (PBDE) behandelt wurden, sowie cadmiumhaltige Bildröhren aussortiert und über Sondermüllverbrennungsanlagen entsorgt werden. Die anderen Bestandteile müssen werkstoffrein getrennt und recycelt werden.

elektronische Artikelsicherung, Abk. **EAS,** automat. Diebstahlsicherung im Handel. Bei dem mit einer Frequenz von 8,2 MHz arbeitenden radiofrequenten Verfahren ist ein miniaturisierter foliengeätzter Schwingkreis (z. B. unter dem Etikett der Ware angebracht) auf die Erregerfrequenz des am Ausgang installierten Senders abgestimmt. Wird der Schwingkreis nicht deaktiviert, löst er ein akust. oder ein Lichtsignal aus. Um den Schwingkreis zu deaktivieren, muß er in die Nähe eines starken Resonanzfelds gebracht werden. Dadurch wird der Schwingkreis an einer eingebauten Soll-Kurzschlußstelle (Dimple) durchgebrannt. Die magnet. Artikelsicherung verwendet einen sehr dünnen weichmagnet. Silberfaden als Sicherungsstreifen, der kaum erkennbar schon bei der maschinellen Verpackung der betreffenden Ware angebracht werden kann. In einem entsprechend ausgelegten Magnetfeld an der Kassenzone polt sich das weichmagnet. Silberfädchen schlagartig um, und es entsteht ein Stromimpuls mit charakterist. Frequenzverlauf, der den Alarm auslöst.

elektronisches Publizieren, Informationsveröffentlichung on-line über Computernetze, z. B. →Internet. Dazu ist es erforderlich, daß die Autoren v. a. von wiss. Beiträgen diese elektronisch editieren, z. B. mit Hilfe einer Desktop-publishing-Software, und in eine Datenbank einstellen. Von der Datenbank werden die Beiträge nach dem Client-Server-Modell zur Verfügung gestellt. Dabei verwaltet das Serverprogramm die Informationen in der Datenbank. Der Nutzer kann über seinen Arbeitsplatzcomputer mit einer Retrieval-Software (Such/Abfrage-Software) mit der Datenbank (virtuelle Bibliothek) in Verbindung treten, in ihr nach entsprechenden Kriterien die Inhalte abfragen und sich Auszüge auf seinen PC kopieren. Das Clientprogramm (z. B. für Mac-, Unix- und PC-Systeme) ruft dazu die Informationen vom Server ab und bereitet sie für die Computerumgebung (Benutzeroberfläche) des Nutzers auf. I. w. S. wird auch das ▷ Desktop publishing als e. P. bezeichnet.

Elektrosmog, technisch verursachte elektromagnet. Strahlung in der Umwelt. Hierunter fällt i. a. nur die nichtionisierende Strahlung im Frequenzbereich zw. 0 und 300 GHz. Im Niederfrequenzbereich (0 bis 30 kHz) werden als wesentl. Strahlungsquellen die all-

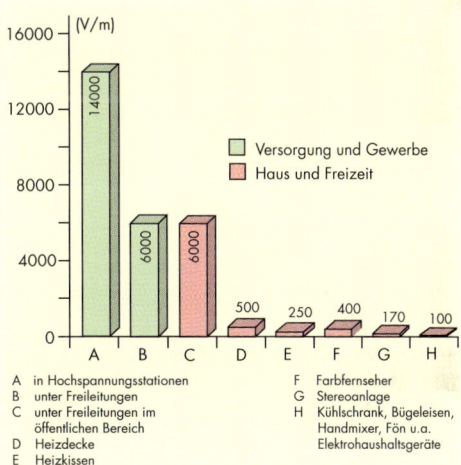

A in Hochspannungsstationen
B unter Freileitungen
C unter Freileitungen im öffentlichen Bereich
D Heizdecke
E Heizkissen
F Farbfernseher
G Stereoanlage
H Kühlschrank, Bügeleisen, Handmixer, Fön u. a. Elektrohaushaltsgeräte

Elektrosmog: Elektrische Feldstärken im Alltag bei einer Netzfrequenz von 50 Hz (Auswahl); elektrisches Feld in Volt pro Meter (V/m)

gemeine Elektrizitätsversorgung mit einer Frequenz von 50 Hz (in Großbritannien z. B. 60 Hz) sowie das Stromnetz der Dt. Bahn AG mit $16^2/_3$ Hz angesehen. Im Hochfrequenzbereich von 30 kHz bis 300 GHz sind es Sendeeinrichtungen von Hörfunk und Fernsehen sowie die zivilen und militär. Radaranlagen, die elektromagnet. Strahlung in der Umwelt verursachen. Die ständige Zunahme von elektr. Anlagen und Geräten hat zu einer Erhöhung des elektromagnet. Strahlungspegels geführt. Im privaten Bereich sind in den vergangenen Jahren im Hochfrequenzbereich v. a. die versch. Mobilfunksysteme als Strahlungsquellen hinzugekommen.

Mit den Auswirkungen elektr. und magnet. Felder auf Mensch und Umwelt befassen sich seit einigen Jahren epidemiolog. und experimentelle Studien. In erster Linie soll darin untersucht werden, ob diese Felder mit versch. Formen der Depression sowie mit der

Elem Elementarteilchen – Ellipsometrie

Entstehung von Krebs in Verbindung gebracht werden müssen. Bei den hochfrequenten Feldern ist v. a. die durch sie hervorgerufene Wärmewirkung von Interesse. Untersucht wird, wieviel zusätzl. Wärme dem Körper zugeführt werden darf, ohne daß es zu schädlichen physiol. Veränderungen kommt. Bei den niederfrequenten Feldern vermutet man, daß derartige Felder die Erregbarkeit der Zellmembranen verändern können.

Für den Schutz des Menschen vor elektromagnet. Strahlung wurden frequenzabhängige Grenzwerte festgelegt (Elektrotechn. Regeln DIN VDE 0848). Diese Regeln werden ständig nach dem letzten Stand des Wissens ergänzt.

Unter dem Begriff →elektromagnetische Verträglichkeit (EMV) wird der Schutz vor einer Störung elektron. Geräte oder elektron. Komponenten in Anlagen durch die E. behandelt.

G. NIMTZ u. S. MÄCKER: E. Die Wirkung elektromagnet. Strahlung (1994); J. H. BERNHARDT: Mobilfunk u. E., in: Physikal. Bl., Jg. 51 (1995), H. 10.

*__Elementarteilchen:__ Als sechstes und schwerstes →Quark wurde 1994 das Top-Quark entdeckt.

*__Elfenbeinküste,__ amtlich frz. **République de Côte-d'Ivoire,** Staat in Westafrika, grenzt im S an den Golf von Guinea.

Gertrude B. Elion

Hauptstadt: Yamoussoukro (Regierungssitz ist z. Z. noch Abidjan). *Amtssprache:* Französisch. *Staatsfläche:* 322 463 km² (ohne Binnengewässer 318 000 km²). *Bodennutzung (1992):* 36 900 km² Ackerland, 130 000 km² Dauergrünland, 70 790 km² Waldfläche. *Einwohner (1994):* 13,780 Mio., 43 Ew. je km². *Städtische Bevölkerung (1993):* 42%. *Durchschnittliches Bevölkerungswachstum pro Jahr (1985-93):* 3,8%. *Bevölkerungsprojektion für 2000:* 17,07 Mio. Ew. *Ethnische Gruppen (1980):* 20% Bete, 15% Senufo, 12% Baule, 11% Agni, 6,5% Malinke, 5,6% Dan, 29,9% andere Völker. *Religion (1992):* 27,0% Muslime, 20,1% Christen. *Altersgliederung (1995):* unter 15 Jahre 49,0%, 15 bis unter 65 Jahre 48,4%, 65 und mehr Jahre 2,6%. *Lebenserwartung der Neugeborenen (1992):* männlich 53 Jahre, weiblich 59 Jahre. *Analphabetenquote (1990):* insgesamt 46%, männlich 35%, weiblich 60%. *BSP je Ew. (1993):* 630 US-$. *BIP nach Sektoren/Produktionsstruktur (1993):* Landwirtschaft 37%, Industrie 24%, Dienstleistungen 39%. *Währung:* 1 CFA-Franc = 100 Centimes. *Internationale Mitgliedschaften:* UNO, OAU, Wirtschaftsgemeinschaft westafrikan. Staaten.

Geschichte: Seit Mitte der 1980er Jahre kam es im Zuge einer polit. und wirtschaftl. Krise zur Forderung nach einer Demokratisierung des Staats. Internat. Druck und Unruhen unter der städt. Bev. führten im Mai 1990 zur Einführung eines Mehrparteiensystems. Die folgenden, freien Wahlen vom 26.11.1990 gewann die bisherige Einheitspartei PDCI mit 163 von 175 Sitzen. Die neue Reg. unter Premier-Min. ALASSANE OUATTARA (*1942) sah sich außer mit wirtschaftl. Problemen v. a. mit Unruhen an den Universitäten konfrontiert, die 1991 und 1992 mehrfach eskalierten und zum Einschreiten der Armee sowie zur (vorübergehenden) Verhaftung zahlreicher Oppositionspolitiker führten. Dennoch setzte die Reg. ihren wirtschaftl. Reformkurs (Privatisierungen, Austeritätspolitik) fort. Nach dem Tod des zuletzt im Okt. 1990 wiedergewählten Präs. und Staatsgründers F. HOUPHOUËT-BOIGNY (Dez. 1993) wurde der bisherige Parlaments-Präs. H. K. BÉDIÉ verfassungsgemäß sein Nachfolger; er bildete eine neue Reg. unter dem früheren Wirtschafts-Min. DANIEL KABLAN DUNCAN (*1943). Im Okt. 1995 wurde Präs. BÉDIÉ per Wahl im Amt bestätigt. Die Parlamentswahl vom Nov. 1995 gewann, begünstigt durch die Uneinigkeit der Opposi-

tion, abermals die Reg.-Partei PDCI (147 von 175 Parlamentssitzen).

B. WIESE: E. Erfolge u. Probleme eines Entwicklungslandes in den westafrikan. Tropen (1988).

*__Elias,__ Norbert, Soziologe; † Amsterdam 1. 8. 1990.

Elion ['eljən], Gertrude Belle, amerikan. Biochemikerin und Pharmakologin, *New York 23. 1. 1918; ab 1944 Mitarbeiterin von G. H. HITCHINGS beim Pharmaunternehmen Burroughs Wellcome in Triangle Park (N. C.), ab 1973 auch Prof. in Chapel Hill (N. C.); erhielt für ihre mit HITCHINGS durchgeführten pharmakol. Grundlagenarbeiten zus. mit diesem und J. W. BLACK 1988 den Nobelpreis für Physiologie oder Medizin.

Ellemann-Jensen, Uffe, dän. Politiker, *Hårby (Fünen) 1. 11. 1941; Journalist, 1975-76 Chefredakteur des Wirtschaftsblattes ›Boersen‹, seit 1977 Abg. im Folketing, Befürworter der europ. Integration, war 1982-93 Außen-Min.; seit 1984 Vors. der Liberalen Venstre.

Ellipsometrie [zu Ellipse und ...metrie] *die, -,* opt. Meßmethode zur Bestimmung der Dicke und der opt. Eigenschaften dünner, zumindest teilweise transparenter Schichten und Schichtfolgen. Das auf P. DRUDE zurückgehende Verfahren beruht darauf, daß beim Auftreffen von Licht auf die Grenzfläche zweier Medien mit unterschiedl. Brechzahlen ein Teil des Lichts von dieser Grenzfläche reflektiert, der andere Teil hindurchgelassen wird. Die Feldamplituden des reflektierten bzw. transmittierten Lichts werden durch die ▷ Reflexionskoeffizienten festgelegt. Diese sind abhängig von den beteiligten Materialien und deren Brechzahlen, der Wellenlänge des Lichts, dem Einfallswinkel und der Polarisation der auftreffenden Lichtwelle relativ zur Einfallsebene (diese wird aufgespannt von der Ausbreitungsrichtung des Lichts und dem Einfallslot). Der reflektierte Anteil hat gegenüber dem einfallenden i. d. R. eine veränderte Amplitude und Polarisation.

Die Feldamplitude des in die Schicht eindringenden Lichts wird beim Vorliegen von Absorption gemäß dem ▷ Lambert-Beer-Gesetz geschwächt. Wird der transmittierte Anteil an der Unterseite der zu untersuchenden Schicht ebenfalls reflektiert, so überlagert er sich (bei Vernachlässigung von Mehrfachreflexionen) mit dem ersten, an der Oberfläche reflektierten Anteil. Da durch den Schichtdurchlauf eine zeitl. Verzögerung zw. beiden Anteilen auftritt, die zu einer Phasenverschiebung der beiden Wellen gegeneinander führt, ist das von der Schicht reflektierte Licht i. a. elliptisch polarisiert (▷ Polarisation 3). Aus der Lage der Schwingungsellipse relativ zur Einfallsebene und aus dem Verhältnis ihrer beiden Hauptachsen zueinander lassen sich z. B. Schichtdicke und Brechzahl ermitteln.

Eine Meßanordnung, mit der man Schichten nach dem beschriebenen Verfahren untersucht, nennt man **Ellipsometer.** Eine typ. Bauweise besteht darin, daß ein möglichst paralleles Lichtbündel, dessen Wellenlänge bekannt ist (etwa mit einem Monochromator erzeugt), definiert linear polarisiert wird und unter bekanntem Winkel auf die Probe fällt. Die anschließende Bestimmung der Schwingungsellipse erfolgt meßtechnisch z. B. durch einen sich mit konstanter Geschwindigkeit drehenden Polarisator (hier als Analysator eingesetzt), der nur den seiner augenblickl. Stellung entsprechenden linearen Anteil zu einem Photodetektor durchläßt. Das sich ergebende Strom- oder Spannungssignal ist demzufolge mit der Drehfrequenz des Analysators moduliert. Die Analyse der Amplitude und Phase des Signals erfolgt elektronisch und liefert die wichtigsten Parameter zur anschließenden Bestimmung der Schichteigenschaften. Die Analyse von Schichtsystemen erfordert i. d. R. eine Reihe von mehreren unabhängigen Messungen mit veränderten Parametern. In jüngster Zeit werden auch Ellipsometer eingesetzt, die ohne mechanisch bewegte Teile auskommen.

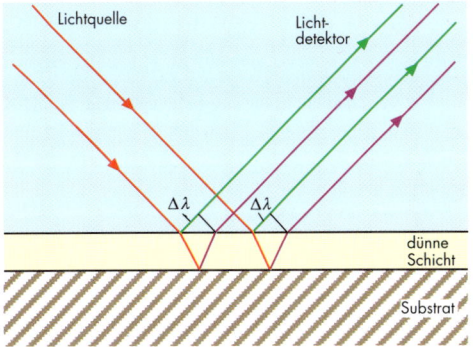

Ellipsometrie: Prinzip der Ellipsometrie (Δλ Gangunterschied der Wellen); rot: einfallendes linear polarisiertes Licht, grün: an der Schichtoberseite reflektiertes Licht, violett: an der Schichtunterseite reflektiertes Licht

Die E. hat sich parallel mit der Entwicklung der unterschiedl. ▷ Dünnschichttechniken zu einer wichtigen Meßmethode im Bereich der Forschung, Prozeßkontrolle und Qualitätssicherung entwickelt. So sind z. B. viele Prozeßschritte bei der Herstellung von mikroelektron. Komponenten (integrierte Schaltkreise), opt. Bauteilen (dielektr. Beschichtungen und Filter) und magnet. Speichern auf die möglichst reproduzierbare Herstellung dünner Schichten angewiesen.

R. M. A. AZZAM u. N. M. BASHARA: Ellipsometry and polarized light (Amsterdam ³1992).

*****Ellison,** Ralph Waldo, amerikan. Schriftsteller; † New York 16. 4. 1994.

*****El Salvador,** amtlich span. **República de El Salvador,** die kleinste Republik Zentralamerikas, an der Küste des Pazifiks.

Hauptstadt: San Salvador. *Amtssprache:* Spanisch. *Staatsfläche:* 21 041 km² (ohne Binnengewässer 20 720 km²). *Bodennutzung (1992):* 7 300 km² Ackerland, 6 100 km² Dauergrünland, 1 040 km² Waldfläche. *Einwohner (1994):* 5,641 Mio., 268 Ew. je km². *Städtische Bevölkerung (1993):* 45%. *Durchschnittliches Bevölkerungswachstum pro Jahr (1985-93):* 1,8%. *Bevölkerungsprojektion für 2000:* 6,425 Mio. Ew. *Ethnische Gruppen (1988):* 89% Mestizen, 10% Indianer, 1% Weiße. *Religion (1992):* 92,3% Katholiken. *Altersgliederung (1995):* unter 15 Jahre 40,7%, 15 bis unter 65 Jahre 55,2%, 65 und mehr Jahre 4,1%. *Lebenserwartung der Neugeborenen (1992):* männlich 64 Jahre, weiblich 69 Jahre. *Analphabetenquote (1991):* insgesamt 27,0%, männlich 23,8%, weiblich 30,0%. *BSP je Ew. (1993):* 1 320 US-$. *BIP nach Sektoren/Produktionsstruktur (1993):* Landwirtschaft 9%, Industrie 25%, Dienstleistungen 66%. *Arbeitslosenquote (1991/92):* 7,9%. *Währung:* 1 El-Salvador-Colón (₵) = 100 Centavos. *Internationale Mitgliedschaften:* UNO, CACM, OAS.

Geschichte: Nach den Präsidentschaftswahlen am 19. 3. 1989 löste A. CRISTIANI, der Kandidat der rechtsextremen ARENA, der seit den Parlamentswahlen im März 1988 stärksten Partei im Parlament, den bisherigen Präs. J. N. DUARTE ab. Die Wahlen wurden von schweren Gefechten zw. dem FMLN und der Armee behindert. Dem Wahlboykottaufruf des FMLN war, erstmals seit neun Jahren, im Jan. 1989 ein Angebot des FMLN vorausgegangen, sich an den Wahlen zu beteiligen, falls sie auf Sept. verschoben würden,

und Waffenstillstandsverhandlungen mit der Armee aufzunehmen; im Gegenzug verlangte er eine drast. Reduzierung der Armee und die Bestrafung der an Menschenrechtsverletzungen beteiligten Militärs. V. a. die Armee und die ARENA lehnten diesen Vorschlag ab.

Nach ergebnislosen Friedensverhandlungen (Sept./Okt. 1989) eröffnete der FMLN am 11. 11. 1989 eine Großoffensive (die größte seit 1981) und rief am 13. 11. zum Volksaufstand auf. Vor dem Hintergrund eines militär. Patts wurden u. a. unter Vermittlung der UNO, der OAS und der kath. Kirche des Landes Verhandlungen aufgenommen, die am 16. 1. 1992 zur Unterzeichnung eines offiziellen Friedensabkommens durch die Reg. und Vertreter des FMLN führten. Zu den Bestandteilen des Vertragswerks zählen ein von UN-Friedenstruppen bis 30. 4. 1995 überwachter Waffenstillstand ab 1. 2. 1992, die Wiedereingliederung der Guerilla ins zivile Leben, eine bereits im Sept. 1991 vereinbarte Verf.-Reform (u. a. Trennung von Armee und Polizei, Reduzierung der Streitkräfte, Novellierung des Rechtswesens) und eine Landreform.

Nachdem der FMLN und die Reg. Cristiani im Okt. 1992 einen Vorschlag der UNO zur Landreform angenommen hatten und die Guerilla- und Eliteeinheiten der Reg.-Truppen weitgehend entwaffnet worden waren, wurde im Dez. 1992 der Bürgerkrieg offiziell für beendet erklärt. Nach Schätzungen forderte er 75 000 bis 80 000 Tote und etwa 500 000 Vertriebene und Flüchtlinge. Im Jan. 1993 wurde die Wehrpflicht abgeschafft. Ungeachtet des Berichts der gemäß dem Friedensabkommen eingesetzten Kommission zur Untersuchung der Menschenrechtsverletzungen während des Bürgerkriegs setzte die Reg. im Parlament gegen heftige Proteste von Opposition und Kirche im März 1993 ein umfassendes Amnestie-Ges. durch.

Aus den von der UNO beobachteten Parlaments- und Präsidentschaftswahlen am 20. 3. 1994 ging die ARENA erneut als Siegerin hervor (45,7%); der in eine polit. Partei umgewandelte FMLN wurde zweitstärkste Kraft (26%). Nach einer endgültigen Vereinbarung zw. Reg. und FMLN (Ende März 1995) erhalten rd. 40 000 ehem. Guerilleros, Soldaten, Polizisten und Zivilisten Landparzellen. Die Umsetzung der anderen Bestandteile des Friedensvertrags (z. B. Reduzierung der Streitkräfte auf die Hälfte der ursprüngl. Stärke) wurde im Frühjahr 1995 weiter vorangebracht, aber nicht abgeschlossen.

Im Mai 1992 vereinbarten El S., Guatemala und Honduras im Rahmen des ▷ Zentralamerikanischen Integrationssystems die Bildung einer Freihandelszone. Obwohl El S. und Honduras im Sept. 1992 das Urteil des Internat. Gerichtshofs in Den Haag zur Beilegung des Grenzkonflikts zw. beiden Ländern angenommen hatten, kam es 1994 zu blutigen Übergriffen der honduran. Armee an der salvadorian. Zivilbevölkerung.

*****Elsaß:** Die frz. Reg. erkannte 1993 Deutsch als Unterrichts-, Amts- und Bildungssprache für das E. an.

*****Elsevier:** Der Konzern fusionierte 1993 mit der →Reed International plc zu Reed Elsevier International.

*****Elsner,** Gisela, Schriftstellerin; † (Selbstmord) München 13. 5. 1992.

*****Elsterberg:** Die ab 3. 10. 1990 zum Land Thüringen gehörende Stadt kam am 1. 4. 1992 (Staatsvertrag) zus. mit anderen Gemeinden zum Land Sachsen; sie ist (seit 1. 1. 1996) Teil des Vogtlandkreises.

Eltschibej, Abulfas, aserbaidschan. Orientalist und Politiker, * Keleki (Bez. Ordubad, Naxçıvan) 8. 6. 1939; lehrte 1969-75 an der Univ. Baku die Geschichte der islam. Kulturen. 1975-77 war er wegen Verächtlichmachung des sowjet. Herrschaftssystems in Haft. Danach an der Akademie der Wissenschaften

Emai E-Mail – Energiepolitik

der Aserbaidschan. SSR tätig, veröffentlichte er Schriften zur oriental. Religion, Literatur und Geschichte. Im Prozeß der beginnenden Selbständigkeitsbestrebungen der Völker in der UdSSR übernahm E. 1989 den Vorsitz der neugegründeten ›Aserbaidschan. Volksfront‹. Im Juni 1992 wurde E. zum Staatspräs. gewählt, jedoch im Juni 1993 vor dem Hintergrund militär. Mißerfolge Aserbaidschans im Kampf um Bergkarabach gestürzt.

E-Mail ['i:meɪl; Abk. von engl. electronic mail ›elektron. Post‹], ▷ Mailbox.

Embryonenschutzgesetz, Bundes-Ges. vom 13. 12. 1990, in Kraft seit dem 1. 1. 1991, das dem mögl. Mißbrauch neuer Fortpflanzungstechniken beim Menschen (▷ Reproduktionsmedizin) begegnen will. Unter Strafe gestellt sind die Übertragung fremder unbefruchteter Eizellen mit der Folge, daß genet. und austragende Mutter nicht identisch sind (›gespaltene Mutterschaft‹), die Befruchtung menschl. Eizellen zu einem anderen Zweck als dem der Herbeiführung der Schwangerschaft der Frau, die die Eizelle gespendet hat, sowie die extrakorporale Befruchtung von mehr als drei Eizellen und die Übertragung von mehr als drei Embryonen innerhalb eines Zyklus (§ 1). § 2 verbietet jede Veräußerung, jeden Erwerb und jede Verwendung eines menschl. Embryos zu einem nicht seiner Erhaltung dienenden Zweck. Bis auf wenige Ausnahmen sind weiterhin die Geschlechtswahl (§ 3), die Befruchtung menschl. Eizellen ohne Einwilligung derjenigen, die die Eizellen bzw. Samenzellen gespendet haben, sowie die Befruchtung einer Eizelle mit dem Samen eines verstorbenen Mannes (§ 4) verboten. Grundsätzlich unter Strafe gestellt werden auch die künstl. Veränderung menschl. Keimbahnzellen (§ 5), das Klonen menschl. Embryonen (§ 6) und die Chimären- und Hybridbildung (§ 7). Die §§ 9–12 legen u. a. fest, daß nur ein Arzt Behandlungen im Bereich der Reproduktionsmedizin vornehmen darf.

Emerging markets [ɪˈməːdʒɪŋ ˈmɑːkɪts; engl. ›entstehende Märkte‹, Sg. **Emerging market** der, - -s, Bez. für die Finanzmärkte in Schwellenländern sowie neuerdings auch in mittel- und osteurop. Staaten. Diese Staaten gelten wegen ihrer als bes. dynamisch eingeschätzten wirtschaftl. Entwicklung für Kapitalanleger als sehr aussichtsreich, wenngleich die Anlage an diesen aufstrebenden Börsenmärkten auch einem relativ hohen Risiko unterliegt.

Emerson String Quartet [ˈeməsn strɪŋ kwɔːˈtet], renommiertes amerikan. Streichquartett, das 1976 gegründet wurde und sich v. a. mit seinen Zyklen sämtl. Beethoven- und Bartók-Quartette einen Namen gemacht hat. Es spielen EUGENE DRUCKER (* 1952) und PHILIP SETZER (* 1951, alternierend 1. und 2. Violine), LAWRENCE DUTTON (* 1954, Viola) und DAVID FINCKEL (* 1951, Violoncello).

EMI [i:emˈi:], Abk. für European Monetary Institute, das →Europäische Währungsinstitut.

*Emission 1): Bei der Plazierung von Aktien wird in Dtl. neben dem traditionellen Festpreisverfahren (der E.-Preis liegt fest, Interessenten werden zur Zeichnung der Aktien aufgefordert) neuerdings auch das aus angelsächs. Ländern stammende **Bookbuilding** genutzt. Bei dieser den ▷ Tenderverfahren nachgebildeten E.-Methode werden sowohl E.-Preis als auch E.-Volumen anhand der Zeichnungsaufträge vom Markt festgelegt. Während der Zeichnungsphase wird die Nachfrage von der federführenden E.-Bank (Bookrunner) in einem Buch zusammengefaßt. Auf der Grundlage der Informationen über die Nachfrage (gewünschtes Volumen, gewünschter Preis, Art des Anlegers, Anlagestrategie) werden nach Ablauf der Zeichnungsfrist der E.-Preis und das plazierbare E.-Volumen festgelegt und die Aktien den einzelnen Anlegern zugeteilt. Die E.-Bank hat zur Kurspflege die Option, vom Emittenten weitere Aktien zu erhalten (Greenshoe). Das Bookbuilding eignet sich bes. beim Gang an die Börse (Going public), wenn ein großes E.-Volumen bei vornehmlich institutionellen Anlegern plaziert werden soll.

Die E. von Inhaber- und Namensschuldverschreibungen ist seit dem 1. 1. 1991 (Aufhebung der §§ 795, 808 a BGB) nicht mehr genehmigungs-, weiterhin aber meldepflichtig. Zeitgleich traten das Ges. und die VO über Wertpapierverkaufsprospekte in Kraft.

Emoticon [Kw. aus engl. emotion ›Gefühl‹ und icon ›Bild‹] das, -s/-s, graph. Symbol, das ausschließlich aus Buchstaben, Zahlen u. a. auf der PC-Tastatur vorhandenen Zeichen zusammengesetzt ist. Mit E. können On-line-Benutzer in einer Mailbox z. B. ihren Gemütszustand andeuten oder die Kommunikation straffen. Zur Entschlüsselung müssen E. um 90 Grad gedreht werden. Der Gedankenstrich symbolisiert in einem E. die Nase, der Doppelpunkt die Augen, Klammern den Mund usw. Das E. :-) steht z. B. für ein Lächeln, in der Sequenz (-: bedeutet es aber, daß der Teilnehmer linkshändig ist.

*Ende, Michael, Schriftsteller: † Stuttgart 28. 8. 1995.

*Endler, Adolf, Schriftsteller: Wurde am 25. 11. 1989 wieder in den Schriftstellerverband der DDR aufgenommen und rehabilitiert. 1990 erhielt er den Heinrich-Mann-Preis.

 Werke: *Prosa:* Vorbildlich schleimlösend. Nachrichten aus einer Hauptstadt 1972–2008 (1990). – *Roman:* Die Antwort des Poeten (1992). – *Tagebuch:* Tarzan am Prenzlauer Berg. Sudelblätter 1981–1983 (1994).

*Endorf i. OB: Die Markt-Gem. heißt seit 1988 **Bad Endorf.**

endoskopische Chirurgie, →minimal invasive Chirurgie.

*Energia, Energija: →Trägerrakete.

*Energiepolitik: In den 1990er Jahren haben die Diskussionen über die Neuordnung der leitungsgebundenen Energieversorgung und Reformansätze mit dem Ziel der Wettbewerbsförderung und Deregulierung in Dtl. sowie u. a. in Großbritannien, den Niederlanden und Schweden an Bedeutung gewonnen. In der Kohlepolitik ist eine umfassende Neuformulierung der Fördermengenziele, eine Neuregelung der Finanzierung der Steinkohlewirtschaft und eine Anpassung der rechtl. Regelungen im Gange. (→Kohlepfennig).

In der Energieforschung lag der Schwerpunkt 1974–93 mit 71 % von insgesamt 15,5 Mrd. DM weiterhin auf Kernenergie und Kernfusion; 16 % entfielen auf den Bereich erneuerbare Energien und rationelle Energieverwendung, 13 % auf fossile Energien.

Im Rahmen der angestrebten europaweiten Neuregelung des Ordnungsrahmens der leitungsgebundenen Energieträger wird auch in Dtl. diskutiert, den direkten Wettbewerb zu verstärken (›Aufhebung der Versorgungsmonopole‹). Demgegenüber stehen Reformansätze, die den kommunalen und regionalen Einfluß auf die Energieversorgung durch Dezentralisierung stärken wollen und eine stärkere ökolog. Regulierung der leitungsgebundenen Energiewirtschaft anstreben.

Bei den Zielen der E. hat sich inzwischen ein Konsens darüber ergeben, daß im Sinne einer verbesserten Nachhaltigkeit (→nachhaltige Entwicklung) den ökolog. Anforderungen sowohl auf der Angebots- als auch auf der Nachfrageseite wachsende Bedeutung zukommt. Angesichts einer wachsenden Weltbevölkerung wird eine deutl. Verringerung des Pro-Kopf-Verbrauchs an Energie in den Industrieländern für notwendig erachtet, um der Mehrheit der Weltbevölkerung den notwendigen Entwicklungsspielraum zu sichern. Forcierte Anstrengungen zur rationellen Energienutzung und neue, weniger energie- und ressour-

Energiesparen – englische Kunst **Engl**

Energiepolitik: Primärenergie- und Endenergieverbrauch nach Energieträgern in Deutschland 1985–94
in Mio. t Steinkohleneinheiten (SKE); Anteil in Prozent in Klammern[1])

	Primärenergieverbrauch							
Energieträger	Alte Bundesländer[2])				Neue Bundesländer[2])			
	1985	1990	1993[3])	1994[3])	1986	1990	1993[3])	1994[3])
Mineralöl	159,4 (41,4)	160,6 (40,9)	170,4 (41,7)	168,1 (41,4)	15,1 (11,8)	18,0 (16,0)	24,7 (33,8)	25,6 (35,9)
Steinkohle	79,4 (20,6)	74,0 (18,9)	70,6 (17,3)	70,5 (17,3)	6,3 (4,9)	4,7 (4,2)	2,1 (2,9)	1,9 (2,7)
Braunkohle	36,1 (9,4)	32,1 (8,2)	31,5 (7,7)	31,7 (7,8)	89,7 (70,1)	77,1 (68,5)	35,9 (49,2)	31,8 (44,5)
Erdgas, Naturgase	59,6 (15,5)	69,4 (17,7)	76,6 (18,7)	76,1 (18,7)	11,6 (9,0)	9,6 (8,5)	10,3 (14,1)	12,3 (17,2)
Kernenergie	41,1 (10,7)	47,2 (12,0)	49,1 (12,0)	48,6 (12,0)	5,1 (3,9)	2,2 (2,0)	0,0 (0,0)	0,0 (0,0)
Wasserkraft[4])	5,9 (1,5)	4,8 (1,2)	6,2 (1,5)	7,2 (1,8)	0,1 (0,2)	0,8 (0,7)	−0,3 (−0,4)	−0,5 (−0,7)
sonstige	3,5 (0,9)	4,1 (1,0)	4,3 (1,1)	4,3 (1,1)	0,2 (0,1)	0,2 (0,2)	0,3 (0,4)	0,3 (0,4)
Gesamtverbrauch	385,0 (100,0)	392,2 (100,0)	408,7 (100,0)	406,5 (100,0)	128,0 (100,0)	112,6 (100,0)	73,0 (100,0)	71,4 (100,0)
	Endenergieverbrauch							
Steinkohle	22,2 (8,8)	16,5 (6,5)	13,0 (4,9)	13,5 (5,1)	4,1 (5,2)	2,9 (4,3)	1,8 (4,0)	1,5 (3,4)
Braunkohle	4,6 (1,8)	3,4 (1,3)	3,1 (1,2)	2,9 (1,1)	37,5 (46,9)	29,9 (43,5)	6,8 (15,0)	4,6 (10,4)
Kraftstoffe	61,6 (24,4)	74,9 (29,5)	78,7 (29,4)	77,1 (29,3)	9,3 (11,6)	11,2 (16,4)	12,3 (27,2)	12,9 (29,2)
leichtes Heizöl	52,4 (20,8)	42,7 (16,9)	47,8 (17,9)	45,2 (17,2)	0,0 (0,0)	0,1 (0,2)	4,6 (10,2)	4,7 (10,6)
schweres Heizöl	8,9 (3,5)	5,8 (2,3)	5,2 (1,9)	5,3 (2,0)	1,4 (1,7)	0,7 (1,1)	0,6 (1,3)	0,4 (0,9)
Gase, Naturgase	52,3 (20,8)	56,5 (22,3)	64,0 (23,9)	63,3 (24,1)	9,7 (12,2)	7,3 (10,7)	8,1 (17,9)	9,0 (20,4)
Strom	42,0 (16,7)	45,7 (18,0)	46,6 (17,4)	46,8 (17,8)	10,2 (12,7)	9,1 (13,3)	5,5 (12,2)	5,7 (12,9)
Fernwärme	6,5 (2,6)	6,3 (2,5)	7,3 (2,7)	7,0 (2,7)	7,1 (8,8)	6,7 (9,8)	5,4 (11,9)	5,3 (12,0)
sonstige	1,6 (0,6)	1,5 (0,6)	1,8 (0,7)	1,8 (0,7)	0,8 (0,9)	0,5 (0,7)	0,1 (0,2)	0,1 (0,2)
Gesamtverbrauch	252,1 (100,0)	253,5 (100,0)	267,5 (100,0)	262,9 (100,0)	80,1 (100,0)	68,6 (100,0)	45,2 (100,0)	44,2 (100,0)

[1]) Abweichungen von 100% durch Rundungen. – [2]) Vor 1990 Bundesrep. Dt. bzw. Dt. Dem. Rep. – [3]) Vorläufige Werte. – [4]) Einschließlich Außenhandelssaldo Strom. Quelle: Energiedaten 1995. Nationale u. internat. Entwicklung, hg. vom Bundesministerium für Wirtschaft.

cenintensive Produktions- und Lebensstile sind in den Industrie- und Entwicklungsländern notwendig, um dieses Ziel zu verwirklichen.

H. K. SCHNEIDER: Aufsätze aus drei Jahrzehnten zur Wirtschafts- u. E. (1990); Mehr Zukunft für die Erde. Nachhaltige E. für dauerhaften Klimaschutz, hg. v. der Enquete-Kommission Schutz der Erdatmosphäre (1995).

*****Energiesparen:** Für die Handlungsebene des Einsatzes heute marktgängiger effizienter Nutzungstechnologien beträgt das Potential des E. nach den Erkenntnissen der Klima-Enquetekommissionen des Dt. Bundestages rd. 35 bis 44%, d. h., daß fast die Hälfte des Primärenergieverbrauchs in der Bundesrep. Dtl. beim Stand der Technik (Bezugsjahr 1987) durch techn. Energiesparmaßnahmen vermeidbar wäre. Für die Wärmedämmung in neuen und bestehenden Gebäuden beträgt z. B. das techn. Potential des E. 70 bis 90%, bei elektr. Haushaltsgeräten 30 bis 70%. Vergleichbare Möglichkeiten zum E. bestehen z. T. auch bei Beleuchtungs-, Lüftungs- und Klimaanlagen in Industrie- und Bürogebäuden.

Die bei gegenwärtigen Preisen rentablen Investitionen zum E. werden allerdings nur z. T. verwirklicht. Ursache hierfür sind eine Vielzahl teilweise nichtmonetärer Hemmnisse, darunter bes. Informationsmängel, Interessengegensätze zw. Vermietern (Investoren) und Mietern (Nutzern) sowie hohe Rentabilitätsanforderungen von Unternehmen, die die mögl. Betriebskostensenkung durch E. nicht angemessen berücksichtigen. Neue Möglichkeiten zur Förderung des E. werden in Ansätzen wie →Least-cost planning und →Contracting gesehen. Rechtl. Regelungen zum E. wurden schwerpunktmäßig im Gebäudebereich vorgenommen (z. B. Energiespar-Ges., Wärmeschutz-VO, Heizungsanlagen-VO). Hinzu kommen unter Emissionsgesichtspunkten erlassene Regelungen wie etwa die Klein- sowie die Großfeuerungsanlagenverordnung.

MICHAEL MÜLLER u. P. HENNICKE: Mehr Wohlstand mit weniger Energie. Einsparkonzepte, Effizienzrevolution, Solarwirtschaft (1995).

E-Netz, *Telekommunikation:* →Mobilfunk.

Engelen-Kefer, Ursula, Gewerkschafterin und Sozialpolitikerin, * Prag 20. 6. 1943; Diplomvolkswirtin, 1978–84 Vorstands-Mitgl., 1984–90 Vize-Präs. der Bundesanstalt für Arbeit; seit 1990 stellv. Vors. des DGB.

*****Engelhard,** Hans Arnold, Politiker: War bis Jan. 1991 Bundesjustizminister.

Engelhardt, Klaus, ev. Theologe, * Schillingstadt (heute zu Ahorn, Main-Tauber-Kreis) 11. 5. 1932; war ab 1960 Dozent, seit 1970 Prof. für ev. Theologie und Religionspädagogik an der Pädagog. Hochschule in Heidelberg; wurde 1980 Landesbischof der Ev. Landeskirche in Baden, 1991 Ratsvorsitzender der Ev. Kirche in Deutschland.

*****Engelmann,** Bernt, Schriftsteller und Publizist: † München 14. 4. 1994.

*****Engels,** Wolfram, Wirtschaftswissenschaftler und Publizist: † Bad Homburg v. d. Höhe 30. 4. 1995.

*****Engholm,** Björn, Politiker: Wurde nach dem Sieg seiner Partei bei den Landtagswahlen (8. 5. 1988) am 31. 5. 1988 MinPräs. von Schlesw.-Holst., im Mai 1991 auch Bundes-Vors. der SPD und im Jan. 1992 Kandidat seiner Partei für das Amt des Bundeskanzlers bei den Bundestagswahlen 1994. Angesichts einer ab März 1993 bekanntgewordenen Falschaussage in der Barschelaffäre vor einem Untersuchungsausschuß des Kieler Landtags (1987/88) trat E. im Mai 1993 als Kanzlerkandidat und SPD-Bundesvorsitzender sowie als MinPräs. zurück.

*****Engisch,** Karl, Strafrechtslehrer und Rechtsphilosoph: † Nieder-Wiesen (Kr. Alzey-Worms) 11. 9. 1990.

*****englische Kunst:** Im Zuge des Baubooms der 1980er Jahre konnten zahlreiche Architekten aufwendige Büro- und Bürohochhäuser entwerfen und bauen, wobei v. a. IAN RITCHIE (* 1947) mit seinem leichten, eleganten Flachbau (Office building 8, Stockley, Business Park, 1988–90) und MICHAEL HOPKINS (Shad Thames, London 1990–91) auffallen. Zu den bekanntesten Londoner Architekten zählt TERRY FARRELL (* 1938) mit postmodernen Lösungen urbanen Zuschnitts (AM-TV-Hauptgebäude; Midland Bank, Fi-

Klaus Engelhardt

Björn Engholm

Engl englische Literatur

liale Fenchurch Street; Embankment Place). An öffentl. Bauten sind der Erweiterungsbau für das Royal Opera House von Jeremy Dixon (*1939) und v. a. Nicholas (Nick) Grimshaws (*1939) neue Bahnhofshalle für die Londoner Waterloo Station (1994) hervorzuheben. Eine in ihrer ökolog. Orientierung neuartige Lösung zeigt R. Erskines Bürogebäude The Ark (1992). Der nach seinem als konsequente High-Tech-Architektur errichteten Glasbau für Willis, Faber & Dumas in Ipswich (1975) international tätige N. Foster baute in Großbritannien außer dem Renault Distribution Center (1983) in Swindon v. a. für den Flughafen Stansted (1981–91) im Großraum London eine hervorragende Abfertigungshalle. Als High-Tech-Architektur mit kontextbezogenen Lösungen besticht die Londoner Sendezentrale Channel Four (1994) von R. Rogers. Ein Beispiel der Ansätze zu einer purist. Formensprache ist in London die Lisson Art Gallery (1991–93) von Tony Fretton.

Während eine Reihe anerkannter Künstler in Großbritannien ihre seit Mitte der 1970er oder in den 80er Jahren ausgeprägten künstler. Haltungen weiterführen, z. B. R. B. Kitaj, H. Hodgkin und M. Morley Formen expressiver figurativer Malerei, R. Long seine großangelegte Land-art – auch im Sinne einer ökolog. Bewußtseinsbildung –, T. Cragg die Frage nach der Identität des Menschen stellt und Gilbert & George die Spannungen, Aggressionen und Frustrationen der brit. Gesellschaft registrieren, einer Gesellschaft, in der auch Harmlosigkeit ihren Ort hat (z. B. B. Flanagans Plastiken fröhl. Hasen), entstand Mitte der 80er Jahre eine Kunstrichtung, die sich ausdrücklich auf die Pop-art der 60er und die Conceptart der 70er Jahre beruft. Künstler wie Tessa Robbins (*1965), Perry Roberts (*1954), Sarah Lucas (*1962), Gerard Williams (*1959) nutzen in ihren Dingakkumulationen, Installationen und Objekten die Präsentationsformen der Warenwelt, um über grundlegende formale Probleme zu reflektieren. Mit spezifisch skulpturalen Fragestellungen beschäftigen sich R. Deacon, J. Opie und Rachel Whiteread (*1963). Whiteread fasziniert die Negativform von Dingen und Räumen, Opie beschäftigt sich in seinen modellhaften Arbeiten mit urbanen architekton. Situationen, die er einem von ihm subjektiv entwickelten, modularen System zuordnet. Künstler wie Damien Hirst (*1965) oder Gary Hume (*1962) greifen Mechanismen der Medien auf, um existentielle Fragen nach der Bedeutung von Gewalt, Angst, Sexualität oder Ökonomie in einer postindustriellen Gesellschaft zu stellen.

E. K. im 20. Jh. Malerei u. Plastik, hg. v. S. Compton, Ausst.-Kat. (1987); Technique Anglaise. Current trends in British art, hg. v. A. Renton (London 1991); Contemporary British architects. Recent projects from the architecture room of the Royal Academy summer exhibition, Beitr. v. P. Murray u. a. (München 1994).

englische Kunst: Barry Flanagan, ›Demut‹; Bronze, Höhe 162 cm, 1993 (Privatbesitz)

englische Kunst: Rachel Whiteread, ›Untitled (Amber Slab)‹; 1991 (Installation auf der documenta IX 1992 in Kassel)

englische Kunst: Howard Hodgkin, ›Patrick Caulfield in Italy‹; 1987–92 (Privatbesitz)

*****englische Literatur:** In häufig enger Zusammenarbeit mit Theatergruppen der alternativen ›Fringe‹-Szene haben sich in den 1970er Jahren teils dezidiert feministisch argumentierende Dramatikerinnen (Caryl Churchill; Pam Gems, *1925; Louise Page, *1955; Olwen Wymark, *1932) etabliert, gefolgt von einer jüngeren, nicht weniger frauenpolitisch engagierten und experimentierfreudigen Generation (Sarah Daniels, *1957; Charlotte Keatley, *1960; Timberlake Wertenbaker). Mustapha Matura (*1939) und Michael Abbensetts (*1938) vertreten erfolgreich ethn. Minderheiten auf brit. Bühnen. Die sozialen Herausforderungen der Ära Thatcher nach 1979 spiegeln sich in einer Reihe aktueller Gesellschaftsanalysen; bekannt wurde v. a. ›Top girls‹ (1982) von Caryl Churchill. Viele der genannten Dramatiker haben überdies zur Entwicklung eines eigenständigen Hör- und Fernsehspiels beigetragen; das Fernsehen ist jedoch inzwischen durch die Abwerbung junger Talente zu einer Konkurrenz für die Bühne geworden. Während in den frühen 1990er Jahren mit H. Pinter (›Moonlight‹, 1993), T. Stoppard (›Arcadia‹, 1993) und D. Hare (›Racing demon‹, 1990) ältere Autoren erneut große Bühnenerfolge feierten, zeichnen sich – vor dem Hintergrund zurückgehender Kultursubventionen – Nachwuchssorgen ab.

Irische Lyriker der jüngsten Generation wie Paul Muldoon (*1951), Tom Paulin (*1949) und Ciaran Carson (*1948) zeigen sich u. a. durch die Verwendung regionalen Dialekts als Nachfolger und Verehrer S. Heaneys, halten aber durch andere soziale und ästhet. Gewichtungen auch Distanz. Die Suche nach sprachl. Alternativen ist zugleich Markenzeichen einer sich in den 1970er Jahren vollziehenden Wende zur Postmoderne, die mit Parodie und Satire auf gesellschaftl. Zerfallsprozesse v. a. der Ära Thatcher reagiert. Durch extensiven Gebrauch bildl. Vergleiche und Metaphern vermitteln Craig Raine (*1944) und Christopher Reid (*1949) neue Arten der Wahrnehmung. Das narrative Element rückt in Gedichten der 1980er Jahre in den Vordergrund (Blake Morrison, *1950; James Fenton, *1949; Peter Reading, *1946; Andrew Motion, *1952). Nach dem postumen Erfolg von Sylvia Plath haben auch viele Lyrikerinnen (ANNE STEVENSON, *1933; DENISE RILEY, *1948; CAROL RUMENS, *1944) auf sich aufmerksam gemacht. Neue Verlage (Bloodaxe Books, Carcanet Press) außerhalb Londons bieten wesentl. Anreize für junge Dichter.

Zunehmend Bedeutung erlangen Vertreter ethn. Minoritäten, die die Erfahrungen anderer Kulturkreise einbringen und die brit. Geschichte aus neuer Perspektive beleuchten. Bekanntester Autor ist der meist Ost-West-Begegnungen gestaltende Kosmopolit S. RUSHDIE. H. KUREISHI, pakistan. Abstammung, behandelt in Romanen die Suche nach Identität; TIMOTHY MO (*1950) widmet sich am Beispiel Hongkongs postkolonialen Befindlichkeiten. Der gebürtige Japaner K. ISHIGURO betreibt in ›The remains of the day‹ (1989) die iron. Selbstentlarvung eines brit. Butlers. Gewachsenes Interesse an anderen Kulturkreisen belegt auch die Popularität von Reiseromanen (B. CHATWIN, P. THEROUX).

Der postmoderne engl. Roman findet seine reinsten Ausgestaltungen in ›Flaubert's parrot‹ (1984) von J. BARNES und ›Chatterton‹ (1987) von P. ACKROYD. Gemäßigtere Ansätze, jedoch nicht selten mit apokalypt. Visionen verbunden, bieten G. SWIFT, MARTIN AMIS (*1949), ALASDAIR GRAY (*1934), FAY WELDON u. a. Postmoderne Selbstreflexivität kennzeichnet auch den neueren histor. Roman (J. BERGER; NIGEL WILLIAMS, *1948; JEANETTE WINTERSON u. a.), der meist die subjektive Perspektive durchschnittl. Erlebnisträger bevorzugt. Durch Abwandlung traditioneller Gattungskonzepte herrschen generell Mischformen vor, wie sich dies auch in der gehäuften Verwendung von Elementen des Schauerromans (PATRICK MCGRATH, *1950; D. STOREY; EMMA TENNANT, *1937) dokumentiert. Die allenthalben zu verzeichnende Symbiose aus Traditionsbewußtsein und Experimentierfreude gestaltet die eindeutige Zuordnung einzelner Werke und Autoren zu Strömungen und Tendenzen häufig schwierig.

The Cambridge guide to literature in English, hg. v. I. OUSBY (Neuausg. Cambridge 1993); Engl. Literaturgesch., hg. v. H. U. SEEBER (²1993); Die e. L., hg. v. B. FABIAN, 2 Bde. (²1994); A. SANDERS: The short Oxford history of English literature (Oxford 1994).

*englische Philosophie: Der gegenwärtig meistbeachtete Denker in der theoret. Philosophie ist MICHEL A. E. DUMMETT (*1925). Für ihn bilden die systemat. Sprachphilosophie und die Logik, da sich in ihnen der Streit zwischen realist. und antirealist. Positionen entscheide, die Grundlage der gesamten Philosophie. Im Anschluß an G. FREGE, die Spätphilosophie L. WITTGENSTEINS und den mathemat. Intuitionismus hat DUMMETT eine antirealist. Bedeutungstheorie entwickelt, in der Bedeutung auf die Bedingung der Verifizierbarkeit zurückgeführt wird. Während DUMMETT an einer Priorität der Sprache vor dem Denken festhält, nehmen viele der jüngeren Autoren eine Priorität des Denkens und der Intentionalität an. Dementsprechend stellen sie die Philosophie des Geistes über die Sprachphilosophie oder betonen zumindest, daß beide Disziplinen aufeinander angewiesen sind. Mit GARETH EVANS (*1946, † 1980), der, angeregt durch P. F. STRAWSON und JOHN MCDOWELL (*1942), originelle Theorien der Intentionalität und des Selbstbewußtseins entwickelte, hat die brit. Philosophie eines ihrer größten Talente früh verloren. - Die Philosophie des späten WITTGENSTEIN wird in Großbritannien nach wie vor stärker beachtet als in den USA oder auf dem europ. Kontinent, wie z. B. der mehrbändige Kommentar zu den ›Philosoph. Untersuchungen‹, an dem GORDON P. BAKER und PETER M. S. HACKER arbeiten (1980 ff.), zeigt. - In der prakt. Philosophie ist BERNARD WILLIAMS (*1929) bes. einflußreich, der sowohl gegen Utilitaristen als auch gegen Kantianer die moral. Bedeutsamkeit der eigenen Projekte von Personen betont. Auch in Großbritannien hat die Beschäftigung mit angewandter Ethik stark zugenommen. Aufgrund der Abwanderung brit. Philosophen während der Ära Thatcher v. a. in die USA sowie der Konvergenztendenzen innerhalb der internat. philosoph. Forschung kann man heute sinnvoll eher von englischsprachiger als von einer engl. oder brit. Philosophie eigenen Gepräges sprechen.

*Enomiya-Lassalle, Hugo Makibi, Religionswissenschaftler: † Münster 7. 7. 1990.

Ensemble InterContemporain [ãˈsãbəl ɛ̃tɛrkɔ̃tãpɔˈrɛ̃], 1976 u. a. auf Initiative von P. BOULEZ zum Zweck der Förderung, Aufführung und Vermittlung zeitgenöss. Musik gegründetes Ensemble, dessen etwa 30 Mitglieder auch solistisch und in kleineren kammermusikal. Formationen auftreten. Das Ensemble brachte Werke von zahlreichen modernen Komponisten (L. BERIO, P. BOULEZ, W. RIHM u. a.) zur Uraufführung.

Ensemble Modern [ãˈsãbəl-], 1980 gegründetes, aus 20 Instrumentalisten bestehendes Ensemble, das sich ausschließlich der Musik des 20. Jh. widmet und zahlreiche Werke von namhaften zeitgenöss. Komponisten zur Uraufführung brachte. Das Ensemble hat seinen Sitz in Frankfurt am Main.

englische Kunst: Nicholas Grimshaw & Partners, Druckereigebäude der Financial Times in London; 1987-88

*Enteignung: Im Einigungsvertrag zw. der Bundesrep. Dtl. und der Dt. Dem. Rep. vom 31. 8. 1990 ist bestimmt, daß E., die im Beitrittsgebiet auf besatzungsrechtl. oder besatzungshoheitl. Grundlage von 1945-49 vorgenommen wurden, d. h. insbesondere die Maßnahmen zur Durchführung der Bodenreform, nicht mehr rückgängig zu machen sind. Dies ist durch Verfassungsänderung in Art. 143 Abs. 3 GG verankert und vom Bundesverfassungsgericht für zulässig befunden worden (Entscheidung vom 23. 4. 1991). Allerdings gebietet es nach Auffassung des Gerichts der allgemeine Gleichheitssatz, durch Ges. auch für diese E. eine Ausgleichsregelung zu schaffen. Diese sieht das Entschädigungs- und Ausgleichsleistungsgesetz vom 23. 9. 1994 vor. Danach erfolgt die Entschädigung durch ab dem 1. 1. 2004 einlösbare Schuldverschreibungen (→Privatisierung).

Entschädigungslose E. seitens der Staatsorgane der Dt. Dem. Rep. sind nach näherer Regelung im inzwischen mehrfach geänderten Vermögensgesetz (vom

235

23. 9. 1990 i. d. F. v. 2. 12. 1994) grundsätzlich rückgängig zu machen (Grundsatz der Restitution), sofern dies möglich ist und nicht bestimmte Hinderungsgründe entgegenstehen (bes. Erwerb Dritter, Widmung für den Gemeingebrauch oder bestimmte vorrangige Nutzungen). Allerdings ist im Interesse der wirtschaftl. Entwicklung, die schnell klare Eigentumsverhältnisse voraussetzt, bei bestimmten Investitionen die Restitution ausgeschlossen und durch einen Anspruch auf Entschädigung ersetzt.

Entgeltfortzahlung, der gesetzlich garantierte Anspruch auf Fortzahlung des Arbeitsentgeltes im Krankheitsfall für die Dauer von sechs Wochen, der jetzt einheitlich für Arbeiter, Angestellte und Auszubildende gleichermaßen in Ost- und West-Dtl. gilt. Rechtsgrundlage ist das am 1. 6. 1994 in Kraft getretene E.-Gesetz vom 26. 5. 1994, das den ersten Abschnitt des Lohnfortzahlungs-Ges. (▷ Lohnfortzahlung) ablöst. Außerdem regelt das E.-Gesetz die Feiertagslohnzahlung: Für Arbeitszeit, die infolge eines gesetzl. Feiertags ausfällt, gibt das Gesetz Arbeitnehmern (auch Teilzeitbeschäftigten) Anspruch auf das Entgelt, das sie ohne den Arbeitsausfall erhalten hätten.

*Entkolonialisierung: Die E. setzt sich bis in die Gegenwart fort. So wurden seit Mitte der 1980er Jahre weitere ehem. Kolonien bzw. frühere UN-Mandatsgebiete in die Unabhängigkeit entlassen, nämlich die →Marshallinseln, →Mikronesien und Namibia 1990 sowie →Palau 1994. Mit der Unabhängigkeit →Eritreas 1993 wurde die gewaltsam aufrechterhaltene Einverleibung dieser ehem. italien. Kolonie nach Äthiopien beendet. Mit dem Übergang der Rep. Südafrika zu einer pluralist. Demokratie 1994 endete auch die letzte weiße Minderheitenherrschaft in Afrika. Die Konflikte um die staatsrechtl. Stellung der Westsahara und des ehemals portug. Teils von Timor dauern (Ende 1995) an. Als Beispiel für die Überwindung kolonialer Grenzziehungen durch Zusammenschluß zweier Staaten kann die Verschmelzung von Nord- und Süd-Jemen 1991 angesehen werden, wenngleich der gemeinsame Staat 1994 letztlich nur durch Waffengewalt zusammengehalten werden konnte (→Jemen).

Polit. und wirtschaftl. Abhängigkeiten dauern ebenso an wie vereinzelt militär. Besetzungen (z. B. Westjordanland) und Annexionen (z. B. Tibet). Weiterhin wird von zahlreichen ethn. Gruppen und Völkern in aller Welt das ihnen auch auf der Basis kolonialer Grenzziehungen verweigerte ▷ Selbstbestimmungsrecht (mit Anspruch z. T. auf Sezession, z. T. auf Autonomie) eingefordert, wodurch es immer wieder zu krieger. Konflikten kommt (z. B. Sri Lanka, Sudan, Tschetschenien).

Als Versuch, das aufgrund kolonialist. Eroberung an der vorkolonialen Bev. begangene Unrecht z. T. wiedergutzumachen, können seit den 1990er Jahren die Bemühungen v. a. der Regierungen Neuseelands, Australiens und Kanadas angesehen werden, großflächige Landübereignungen zugunsten der jeweiligen Ureinwohner vorzunehmen.

Kolonisation u. Dekolonisation. Referate des Internat. Kolonialgeschichtl. Symposiums '89 an der PH Schwäbisch Gmünd, hg. v. H. Christmann (1989).

*Entmündigung: Durch das ›Ges. zur Reform des Rechts der Vormundschaft und der Pflegschaft‹, kurz Betreuungsgesetz, vom 12. 9. 1990 wurde mit Wirkung vom 1. 1. 1992 die E. abgeschafft. An die Stelle der bisherigen Vormundschaft und Pflegschaft für Volljährige ist das Rechtsinstitut der →Betreuung getreten.

Entsenderegelung, Bez. für Vorschriften, die verhindern sollen, daß ausländ. Bauunternehmen ihre Arbeitnehmer zu den in den Herkunftsländern geltenden, niedrigeren Löhnen beschäftigen, wenn sie diese in einem anderen EU-Staat einsetzen. Damit soll die Verdrängung einheim. Arbeitskräfte durch billigere ausländ. Arbeitskräfte im Baugewerbe verhindert und die Arbeitslosigkeit im Baugewerbe bekämpft werden. Nachdem die dt. Reg. damit gescheitert ist, in der EU eine ›Entsenderichtlinie‹ durchzusetzen, verabschiedete sie im Sept. 1995 den Entwurf eines **Entsendegesetzes,** dem zufolge mindestens der Lohn der untersten Lohngruppe eines Tarifvertrags gezahlt und auch der entsprechende Urlaub gewährt werden muß. Kritiker sehen in einer E. einen Verstoß gegen marktwirtschaftl. Grundsätze und befürchten Baukostensteigerungen.

*Entsorgung: Mit der dt. Vereinigung übernahm die Bundes-Reg. 1990 das seit 1978 in Betrieb befindl. ›Endlager Morsleben‹ (im ehem. Kalisalzbergwerk Bartensleben). Nach versch. jurist. Auseinandersetzungen werden dort z. Z. leicht radioaktive Betriebsabfälle aus Kernkraftwerken eingelagert. Die Betriebsgenehmigung ist bis 30. 6. 2000 befristet. Im Juli 1994 wurde das Ges. zur Sicherung des Einsatzes von Steinkohle in der Verstromung und zur Änderung des Atomgesetzes und des Stromeinspeisungsgesetzes erlassen. Nach diesem ›Artikelgesetz‹ ist auch die direkte Endlagerung von bestrahlten Brennelementen als Entsorgungsweg zulässig. Dies erfordert jedoch zunächst eine langfristige ▷ Zwischenlagerung der bestrahlten Brennelemente.

Entsorgung: Luftaufnahme des Brennelementzwischenlagers in Gorleben; vorn die im Bau befindliche Pilotanlage zur Konditionierung radioaktiver Abfälle, dahinter die 182 Meter lange Lagerhalle, die die CASTOR-Behälter aufnehmen soll

Das Brennelementzwischenlager Gorleben ist hierzu betriebsbereit und genehmigt. Der erste Transport bestrahlter Brennelemente mit einem →CASTOR-Behälter aus dem Kernkraftwerk Philippsburg und dessen Einlagerung im Zwischenlager Gorleben fand nach langem öffentl. Streit und unter großem Polizeieinsatz im April 1995 statt. Weitere Einlagerungen, bes. von hochradioaktivem Abfall aus der Wiederaufarbeitung dt. Brennelemente in Frankreich, sollen folgen. Eine Pilotanlage zur Konditionierung (▷ Endlagerung) radioaktiver Abfälle in Gorleben ist im Bau.

Das Brennelementzwischenlager Ahaus ist ebenfalls betriebsbereit und genehmigt. Dort wurden die bestrahlten Brennelementkugeln des stillgelegten Thorium-Hochtemperaturreaktors in über 300 kleineren CASTOR-Behältern eingelagert. Nachdem die Fertigungsanlagen für MOX-Brennelemente in Hanau (▷ Wiederaufarbeitung) aufgrund polit. und jurist. Auseinandersetzungen praktisch stillgelegt waren, erklärten die Betreiber im Sommer 1995 ihre Absicht, aus der MOX-Brennelementfertigung endgültig auszusteigen.

*Entwendung: Im Zuge einer Neufassung des Vermögensstrafrechts im schweizer. StGB ist Art. 138 zum 1. 1. 1995 weggefallen. Die von der aufgehobenen

Norm erfaßten Handlungen unterliegen der allgemeinen Diebstahlsregelung. Die Geringwertigkeit der Rechtsgutverletzung soll allerdings im Strafrahmen berücksichtigt werden.

Entwicklung 4): →nachhaltige Entwicklung.

Entwicklungshelfer: Die sechs Trägerorganisationen, die E. im Rahmen der partnerschaftl. Zusammenarbeit entsenden (1993: 1 738 E. in rd. 40 Länder), haben sich 1993 in der **Arbeitsgemeinschaft der Entwicklungsdienste e. V.** (Abk. **AGdD**) zusammengeschlossen. Sie arbeiten weiterhin auch im Arbeitskreis ›Lernen und Helfen in Übersee e. V.‹ zusammen, der eine gemeinsame Beratungs- und Anmeldestelle unterhält.

Entwicklungshilfe: Seit 1990 unterstützt Dtl. im Rahmen der E. den polit. und wirtschaftl. Reformprozeß in den mittel- und osteurop. Ländern und in der ehem. Sowjetunion. Eine zunehmend wichtige Rolle in der E. spielt die Europ. Union, die seit Inkrafttreten des Vertrags von Maastricht am 1. 11. 1993 erstmals eine vertragl. Grundlage hat. Sie dient u. a. als Ergänzung der E. der Mitgl.-Länder und umfaßt schwerpunktmäßig die Zusammenarbeit mit den AKP-Staaten im Rahmen des →Lomé-Abkommens, Kooperationsabkommen mit den südl. und östl. Mittelmeerländern sowie mit Entwicklungsländern und Regionalorganisationen in Asien und Lateinamerika; sie umfaßt Nahrungsmittelhilfe, Soforthilfe bei Katastrophen, Zuschüsse an europ. Nichtregierungsorganisationen und Programme der entwicklungspolit. Information in Europa.

Neue internat. Organisationen der E. sind die 1991 geschaffene →Globale Umweltfazilität sowie die 1988 gegründete ▷Multilaterale Investitions-Garantie-Agentur. E.-Organisationen auf europ. Ebene sind neben dem Europ. Entwicklungsfonds (EEF) und der Europ. Investitionsbank (EIB) die 1991 gegründete Bank für Wiederaufbau und Entwicklung (EBWE, ▷Osteuropabank) sowie Förderprogramme zugunsten der Länder Mittel- und Osteuropas und der ehem. Sowjetunion. Angesichts wachsender Ausgaben für humanitäre Hilfsmaßnahmen wurde 1992 von der Europ. Kommission das Amt für humanitäre Soforthilfe (ECHO) gegründet, das die gesamte Soforthilfe der EG koordiniert.

Öffentl. E. wird fast vollständig von den 22 Industrieländern geleistet, die im Development Assistance Committee der OECD (DAC) zusammengeschlossen sind. Die ehem. Mitgl.-Länder des Rats für gegenseitige Wirtschaftshilfe (RGW) haben seit 1992 ihre E.-Leistungen völlig eingestellt und sind selbst Empfänger von E. geworden. Von den OPEC-Ländern leisten nur noch die drei arab. Länder Kuwait, Saudi-Arabien und die Vereinigten Arab. Emirate E. Weitere Geberländer sind die Entwicklungsländer China, Indien, Süd-Korea, Taiwan und Venezuela sowie die Türkei und Israel. Die gesamten (öffentl. und privaten) Mittelzuflüsse aus den DAC-Mitgliedsländern an die Entwicklungsländer und multilateralen Organisationen, darunter Exportkredite, Direkt- und Portfolioinvestitionen, beliefen sich (1993) auf 131,1 Mrd. US-$; das sind 0,70% ihres Bruttosozialprodukts (BSP). Die staatl. Mittelzuflüsse (öffentl. E., ODA) betrugen (1993) 55,9 Mrd. US-$; das sind 0,30% des BSP. Die Industrieländer leisteten damit rd. 97,5% der gesamten öffentl. E. in Höhe von 57,3 Mrd. US-$, die OPEC-Länder rd. 1,2 Mrd. US-$, die übrigen Entwicklungsländer rd. 180 Mio. US-$. Nur wenige Länder erreichten 1993 das 1970 von den Vereinten Nationen formulierte Ziel, wonach die öffentl. E. 0,7% des BSP der Industrieländer betragen soll (z. B. Dänemark: 1,00%, Norwegen: 1,01%, Schweden: 0,98%, Niederlande: 0,82%). Am niedrigsten fiel der Anteil in den USA mit 0,15% am BSP aus, obwohl die absoluten Leistungen mit 9,72 Mrd. US-$ die zweithöchsten hinter Japan (11,26 Mrd. US-$) sind. Die öffentl. E. Österreichs wird mit 544 Mio. US-$ (0,30% des BSP), die der Schweiz mit 793 Mio. US-$ (0,33% des BSP) ausgewiesen. In Dtl. lag der Anteil der öffentl. E. am BSP (1993) nur bei 0,37%, gleichwohl haben sich die Nettoleistungen seit Anfang der 80er Jahre von rd. 6,5 Mrd. DM auf (1993) 11,5 Mrd. DM nahezu verdoppelt. Die gesamten E.-Leistungen (öffentl. und private) beliefen sich (1993) auf 25,4 Mrd. DM (0,81% des BSP).

Der Zusammenbruch des RGW 1991 führte dazu, daß die E. ihre Bedeutung als strateg. Instrument im Ost-West-Konflikt verloren hat. Ein Wettbewerb zw. den Einflußsphären der Großmächte findet seither nicht mehr statt. Sowohl Hoffnungen auf eine insgesamt sicherere weltpolit. Situation, in deren Folge weltweit erhebl. Mittel für Militärausgaben eingespart und als E.-Leistungen genutzt werden könnten, als auch Befürchtungen, der neu entstandene E.-Bedarf der ehem. Ostblockländer könne zu Lasten des verfügbaren Mittelaufkommens für die ärmeren Entwicklungsländer gehen, haben sich bislang nicht bewahrheitet.

Die seit vielen Jahren geübte Kritik an der traditionellen E. (umstrittene Wirksamkeit, Nichteinhaltung von Mittelzusagen, Ineffizienz der internat. Organisationen, Eigeninteresse der Industrieländer) hat dazu geführt, daß seit einigen Jahren verstärkt über neue Formen der Entwicklungszusammenarbeit diskutiert wird. So schlägt das Weltentwicklungsprogramm UNDP das Konzept eines globalen Vertrags über die menschl. Entwicklung vor, durch den sich alle Staaten verpflichten müßten, in einem Zehnjahreszeitraum (urspr. 1995–2005) mindestens 20% der E. für Bildung, Gesundheit, Familienplanung, Wasser- und Sanitärversorgung auszugeben. Weitere Überlegungen sind die Erhebung einer Welteinkommensteuer (z. B. 0,1% für die reichsten Länder mit einem Pro-Kopf-Einkommen von über 10 000 US-$) zum Aufbau eines Netzes sozialer Sicherheit in den ärmsten Entwicklungsländern sowie eine Finanzierung der steigenden Aufwendungen für humanitäre Soforthilfe aus den Verteidigungshaushalten der Industrieländer (›Friedensdividende‹).

Entwicklungsländer: Auf eigenen Wunsch von der Liste des Development Assistance Committee der OECD (DAC) gestrichen wurden (1992) Portugal und die frz. Überseedépartements, neu aufgenommen wurden Albanien (1989), die zentralasiat. Republiken Kasachstan, Kirgistan, Tadschikistan, Turkmenistan, Usbekistan (1993) sowie Armenien, Aserbaidschan und Georgien (1994). Slowenien, Kroatien, Makedonien, Rumänien und Moldawien sind bislang nicht offiziell als E. anerkannt, genießen aber einen entsprechenden Status. Seit 1991 kann die Unterstützung schwarzer Bev.-Gruppen in der Rep. Südafrika als öffentl. Entwicklungshilfe behandelt werden.

Im Dez. 1993 wurde eine umfassende Revision der DAC-Liste zum 1. 1. 1996 beschlossen, die eine Untergliederung in zwei Teillisten (Teil I für Empfänger offizieller Entwicklungshilfe, Teil II für Leistungen an Übergangsländer) vorsieht. Als vorläufiges Kriterium für den Übergang eines Landes von Teil I zu Teil II der DAC-Liste wurde, befristet bis Ende 1995, die Einstufung als Hocheinkommensland durch die Weltbank (Bruttosozialprodukt je Ew. 1993 über 8 626 US-$) gewählt. Länder, die diesen Wert 1992–94 überschreiten, scheiden ab 1996 aus Teil I aus (z. B. Bahamas, Singapur, Brunei, Katar, Kuwait, Vereinigte Arab. Emirate). Außerdem sollen bis Ende 1995 neue Kriterien für die Einstufung als E. eingeführt werden, so der Kaufkraftvergleich (Purchasing power parity) und der →Human Development Index.

Entw Entwicklungspolitik – Erdöl

Rainer Eppelmann

Eritrea

Staatswappen

Nationalflagge

ER

Internationales Kfz-Kennzeichen

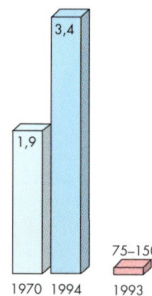

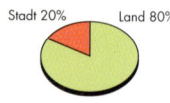

Bevölkerungsverteilung 1992

Die Vereinten Nationen führten 1991 für die Gruppe der am wenigsten entwickelten Länder (Least developed countries, LLDC) ein Klassifizierungssystem ein, das vier neue Kriterien umfaßt, um auch langfristige Wachstumshemmnisse aufgrund von Strukturschwächen und einem niedrigen Niveau der Entwicklung menschl. Ressourcen berücksichtigen zu können: 1) Bruttoinlandsprodukt je Ew. (Durchschnitt aus drei Jahren unter 699 US-$); 2) ›Augmented Physical Quality of Life Index‹ (APQLI) als Zusammenfassung von Lebenserwartung, Kalorienversorgung je Ew., Einschulungsrate in Primar- und Sekundarschulen, Analphabetenrate an der erwachsenen Bev.; 3) ›Economic Diversification Index‹ (EDI) als Zusammenfassung von Anteil der Industrie am Bruttoinlandsprodukt, Beschäftigten in der Industrie, Stromverbrauch je Ew., Exportorientierung der Wirtschaft; 4) Einwohnerzahl (höchstens 75 Mio. Ew.). Ende 1994 galten danach 48 E. als LLDC (in Afrika 34, in Asien und Ozeanien 13 Länder).

*Entwicklungspolitik: Das weltpolit. Umfeld der E. hat sich seit Mitte der 1980er Jahre grundlegend gewandelt. Anlaß hierfür war zum einen die Erkenntnis über das Scheitern der bisherigen Konzepte der E., mit denen es nicht gelungen ist, die fortschreitende Verarmung der überwiegenden Teils der Menschen in der dritten Welt aufzuhalten und ihnen eine Verbesserung ihrer ökonom. und sozialen Lebensverhältnisse zu bieten. Zum anderen wurde die entwicklungspolit. Umorientierung begünstigt durch das Ende des Ost-West-Konfliktes Anfang der 90er Jahre, durch die die ideolog. Konfrontation der Systeme, bes. die Bemühungen um eine Ausweitung der polit. Einflußsphären in den Entwicklungsländern, weitgehend obsolet wurden. Globale Probleme wie die weltweit voranschreitende Umweltzerstörung und Überbevölkerung sowie die starke Zunahme regionaler und lokaler Konflikte, die Hungersnöte sowie weltweite Flucht- und Wanderungsbewegungen nach sich ziehen, die Ausbreitung von AIDS und anderen Seuchenkrankheiten werden zunehmend als eine Bedrohung der gesamten Menschheit angesehen, deren Hauptursache in der anhaltenden Armut und Unterentwicklung in den Ländern der dritten Welt liegt. Als wichtigstes entwicklungspolit. Ziel gilt seit Anfang der 90er Jahre eine →nachhaltige Entwicklung.

Eötvös [ˈœtvœʃ], Péter, ungar. Komponist und Dirigent, * Székelyudvarhely (heute Odorheiu Secuiesc, Rumänien) 2. 1. 1944; arbeitete ab 1966 mit K. STOCKHAUSEN zusammen, u.a. am elektron. Studio des WDR in Köln; 1979–92 war er musikal. Leiter des Ensemble InterContemporain in Paris und arbeitet international als Gastdirigent tätig. 1993 kehrte er in seine Heimat zurück und gründete in Budapest das Internat. E.-Institut für zeitgenöss. Musik.
Werke: Drei Madrigalkomödien für Vokalensemble (›Insetti galanti‹, ›Hochzeitsmadrigal‹, ›Moro lasso‹, 1963–90); Klangspiel ›Jetzt, Miss!‹ für Violine, elektron. Orgel und Tonband (1968); ›Intervalles intérieurs‹ für fünf Instrumentalisten und Tonband (1981); Orchesterwerke ›Pierre Idyll‹ (1984, 2. Fassung 1990), ›Chinese opera‹ (1986); ›Psalm 151‹ (1994); ›Psychokosmos‹ (1994).

Eppelmann, Rainer, Politiker (CDU), * Berlin 12. 2. 1943; Pfarrer, in der Bürgerrechtsbewegung der Dt. Dem. Rep. aktiv, Mitgründer des ›Demokrat. Aufbruchs‹ (Okt. 1989) und dessen Vors. (März bis Aug. 1990), Mitgl. der Volkskammer (März bis Okt. 1990), Min. ohne Geschäftsbereich (Febr. bis April 1990) sowie Min. für Abrüstung und Verteidigung (April bis Okt. 1990) der Dt. Dem. Rep. Seit Dez. 1990 ist E. MdB; im März 1994 wurde er zum Vors. des CDA gewählt.

*Eppler, Erhard, Politiker: War bis 1991 Vors. der Grundwertekommission der SPD, beteiligte sich im Sinne der Friedenssicherung 1984–87 maßgeblich in der Diskussion und der Ausarbeitung eines gemeinsamen Grundsatzpapiers von SPD und SED. 1989–91 war er erneut Präs. des Dt. Ev. Kirchentages.

Equiluz, Kurt, österr. Sänger (Tenor), * Wien 13. 6. 1929; wurde 1950 als Chorist und 1957 als Solist an die Wiener Staatsoper engagiert, an der er bes. mit den großen Buffo-Rollen für Tenor berühmt wurde. Daneben widmet er sich v.a. den geistl. Werken J. S. BACHS. Bei den Salzburger Festspielen trat er auch als Interpret zeitgenöss. Musik hervor.

Erb, Elke, Schriftstellerin, * Scherbach (heute zu Rheinbach) 18. 2. 1938; siedelte mit ihrer Familie 1949 nach Halle (Saale) über; lebt seit 1967 in Berlin, war 1967–78 mit A. ENDLER verheiratet. Mit der teils sehr privaten metaphor. und aphorist. Sprache ihrer Texte steht sie zw. krit. Lyrik und Innerlichkeit. E. verfaßte mit ENDLER auch Stücke für Kinder (›Das bucklige Pferdchen‹, 1973) und gab mit SASCHA ANDERSON (* 1953) die Anthologie ›Berührung ist nur eine Randerscheinung‹ (1985) heraus, in der die sprachexperimentelle Lyrik der ›jungen Wilden‹ vom Prenzlauer Berg gesammelt ist.
Weitere Werke: *Lyrik und Prosa:* Gutachten (1975); Der Faden der Geduld (1978); Trost (1982); Vexierbild (1983). – *Prosa:* Winkelzüge oder nicht vermutete, aufschlußreiche Verhältnisse (1991); Der wilde Forst, der tiefe Wald. Auskünfte in Prosa (1995). – *Lyrik:* Unschuld, du Licht meiner Augen (1994).

Erblastentilgungsfonds [-fɔ̃], ein 1993 geschaffenes nicht rechtsfähiges Sondervermögen des Bundes, in dem die aus der dt. Vereinigung entstandenen finanziellen ›Erblasten‹ in Höhe von 338 Mrd. DM zum 1. 1. 1995 zusammengefaßt wurden: 205 Mrd. DM Finanzschulden der →Treuhandanstalt, 102 Mrd. DM Verbindlichkeiten des →Kreditabwicklungsfonds und 31 Mrd. DM Altschulden der ostdt. Wohnungswirtschaft. Die Tilgung sämtl. Verbindlichkeiten des E. soll in etwa 30 Jahren abgeschlossen sein. Zur Finanzierung des Schuldendienstes (Zins- und Tilgungszahlungen) erhält der E. laufende Zuschüsse aus dem Bundeshaushalt sowie den Teil des Gewinns der Dt. Bundesbank, der 7 Mrd. DM übersteigt, und einen Teil der Privatisierungserlöse der ostdt. Wohnungsunternehmen. (→öffentliche Schulden)

*Erbschaftsteuer: Für Betriebsvermögen gibt es seit dem 1. 1. 1994 einen besonderen Freibetrag von 500 000 DM (§ 13 Abs. 2 a ErbStG). Das Jahressteuer-Ges. 1996 vom 11. 10. 1995 brachte außerdem einen Bewertungsabschlag von 25% für das diesen Freibetrag übersteigende Betriebsvermögen. (→Einheitswert)

*Erbschaftsteueräquivalent: Die Steuer wurde zum 1. 1. 1994 abgeschafft.

*Erdgas: Die weltweiten E.-Reserven wurden 1993 auf 300 000 Mrd. m³ veranschlagt, die sicher gewinnbaren Vorkommen auf 142 000 Mrd. m³. Haupterzeugerländer waren 1992 (in Petajoule, PJ) bei einer weltweiten Erzeugung von 71 695: die USA (19 309), Kanada (4 760), die Niederlande (2 865), Großbritannien (2 145), Mexiko (995), Venezuela (969), Italien (687), China (601), Dtl. (548, alte Bundesländer) und Pakistan (543).

Erdgassteuer, ▷ Mineralölsteuer.

*Erdmann, Karl Dietrich, Historiker: † Kiel 23. 6. 1990.

*Erdöl: Während der E.-Preis von (1990) 20,5 US-$ auf (1993) 14,9 US-$ sank, blieben der Verbrauch und die Produktion (1993: 65,5 bzw. 65,1 Mio. Barrel pro Tag) von E. relativ konstant. Die weltweiten E.-Reserven wurden 1993 auf 136 700 Mio. t beziffert, so daß die rechner. Verfügbarkeit von E. auf 43 Jahre gestiegen ist. Die größten Reserven (in Mio. t) entfallen auf Saudi-Arabien (35 500), Irak (13 400), die Vereinten

Arab. Emirate (13 341), Kuwait (13 300) sowie Iran (12 700). Größten Anteil an der Weltförderung von 3 154,1 Mio. t haben (jeweils in Mio. t) Saudi-Arabien (427,9), USA (416,6), Rußland (396,0), Iran (172,2), Mexiko (154,9), China (142,0), Venezuela (129,0), die Vereinigten Arab. Emirate (118,5), Norwegen (106,6) und Kanada (98,2).

Erdölsonderabgabe: Diese österr. Abgabe wird seit dem 1. 5. 1995 nicht mehr erhoben.

Erdrich [ˈəːdrɪk], Louise, amerikan. Schriftstellerin, * Little Falls (N. D.) 6. 7. 1954; Tochter einer Chippewa-Indianerin und eines Deutschen; schreibt Gedichte (›Jacklight‹, 1984), Kurzgeschichten und Romane, in denen sie anhand von Einzel- und Familienschicksalen die Situation von Indianern und Randexistenzen der weißen Gesellschaft in dem myth. Ort Argus in ihrer Heimat North Dakota in der Zeit von 1912 bis 1924 (›Tracks‹, 1988; dt. ›Spuren‹), in den 1930er Jahren (›The beet queen‹, 1986; dt. ›Die Rübenkönigin‹) und von 1934 bis 1984 (›Love medicine‹, 1984; dt. ›Liebeszauber‹) darstellt. Zus. mit ihrem Mann, dem Anthropologen und Modoc-Indianer MICHAEL DORRIS (* 1945), verfaßte sie den die Geschichte des verlorenen Tagebuchs des KOLUMBUS verfolgenden Roman ›The crown of Columbus‹ (1991; dt. ›Die Krone des Kolumbus‹).

Erfurt 1): Die Stadt E. ist Hauptstadt des Landes Thüringen; sie ist kreisfreie Stadt und seit 1992 Sitz eines kath. Bischofs; 1994 wurden insgesamt 18 Gemeinden eingemeindet, so daß E. jetzt 269 km² mit (1995) 213 500 Ew. umfaßt. 1994 wurde die Univ. wiederbegründet; der Lehrbetrieb (vorwiegend geisteswissenschaftlich orientiert) soll 1996/97 aufgenommen werden. STADTPLAN S. 241

Erfurt 2): Der seit 3. 10. 1990 zum Land Thüringen gehörende Landkreis E. ging am 1. 7. 1994 in den Kreisen Sömmerda, Gotha und Weimarer Land (zwei Gemeinden) sowie im Ilm-Kreis (Gem. Rockhausen und ein Ortsteil) auf; einige Gemeinden wurden in die kreisfreie Stadt Erfurt eingemeindet.

Erfurt 3): Der Bezirk E. wurde aufgelöst; seit 3. 10. 1990 gehört das Gebiet zum Land Thüringen.

Erfurt-Meiningen: Die ehemalige Apostol. Administratur gehört seit Juli 1994 (mit einigen randl. Zuständigkeitsänderungen) als Bistum **Erfurt** zur Kirchenprovinz Paderborn. (→katholische Kirche, ÜBERSICHT)

Erikson, Erik Homburger, amerikan. Psychologe dt. Herkunft: † Harwich (Mass.) 12. 5. 1994.

Eritrea
Fläche: 121 143 km²
Einwohner: (1994) 3,44 Mio.
Hauptstadt: Asmara
Amtssprachen: Tigrinja, Arabisch
Nationalfeiertage: 24. 5. und 1. 9.
Währung: 1 (äthiop.) Birr (Br) = 100 Cents (ct.)
Uhrzeit: 14⁰⁰ Asmara = 12⁰⁰ MEZ

Eritrea Staat in NO-Afrika mit 121 143 km² und (1994) 3,437 Mio. Ew.; Hauptstadt ist Asmara. E. grenzt an das Rote Meer, im SO an Djibouti, im S an Äthiopien, im W und NW an die Rep. Sudan. Amtssprachen sind Tigrinja und Arabisch. Währung: 1 (äthiop.) Birr (Br) = 100 Cents (ct.). Uhrzeit: 14⁰⁰ Asmara = 12⁰⁰ MEZ.

STAAT · RECHT

Verfassung: Nach der Abstimmung über die Unabhängigkeit des Landes im April 1993 wurde für eine

Erdölsonderabgabe – Eritrea **Erit**

Klimadaten von Asmara (2 300 m ü. M.)

Monat	Mittleres tägl. Temperaturmaximum in °C	Mittlere Niederschlagsmenge in mm	Mittlere Anzahl der Tage mit Niederschlag	Mittlere relative Luftfeuchtigkeit in %
I	23	1	0	40
II	24	1	<1	39
III	25	10	3	43
IV	25	37	5	45
V	26	38	5	44
VI	26	32	5	45
VII	22	170	17	75
VIII	22	127	14	75
IX	24	33	5	50
X	22	7	2	49
XI	22	10	2	52
XII	22	2	1	50
I–XII	23	468	60	50

Klimadaten von Massaua (20 m ü. M.)

Monat	Mittleres tägl. Temperaturmaximum in °C	Mittlere Niederschlagsmenge in mm	Mittlere Anzahl der Tage mit Niederschlag	Relative Luftfeuchtigkeit nachmittags in %
I	29	26	4	74
II	28,5	36	6	73
III	30	15	3	68
IV	32	21	1	78
V	34,5	3	0,3	75
VI	38,5	7	0,1	60
VII	39	8	0,3	59
VIII	39	1	0,2	63
IX	37	2	0,6	66
X	35	18	2	67
XI	31,5	20	1	69
XII	29,5	43	3	76
I–XII	33,5	194	21	69

Übergangszeit von vier Jahren eine Verf. in Kraft gesetzt, die als Staatsoberhaupt einen Präs. und als Gesetzgebungsorgan eine Nationalversammlung vorsieht. Letztere besteht aus dem Zentralkomitee der ehem. EPLF und 60 anderen Abg., worunter elf Sitze Frauen vorbehalten sind. Die Abg. werden je zur Hälfte von den Vertretungskörperschaften der Prov. entsandt und vom Zentralkomitee der EPLF ausgewählt. Die Versammlung wählt den Präs., der die Reg. (Staatsrat) sowie die Gouverneure der Prov. ernennt. Der Präs. ist sowohl Vors. der Nationalversammlung als auch des Staatsrats.

Die einzige bisher zugelassene *Partei* ist die aus der ›Eritrean People's Liberation Front‹ (EPLF) hervorgegangene ›People's Front for Democracy and Justice‹ (dt. ›Volksfront für Demokratie und Gerechtigkeit‹). Ein Mehrparteiensystem wird angestrebt.

Wappen: Ein Dromedar in goldenem Ährenkranz, darunter in blauem Feld die Inschrift ›The State of Eritrea‹ in Englisch, Tigrinja und Arabisch.

Nationalfeiertage sind der 24. 5. (Erlangung der Unabhängigkeit 1993) und der 1. 9. (Beginn des bewaffneten Kampfes gegen Äthiopien 1961).

Verwaltung: Es gibt zehn Prov. unter je einem ernannten Gouverneur.

Streitkräfte: Zum Zeitpunkt der Beendigung des Kampfes gegen die äthiop. Reg.-Truppen im Frühjahr 1991 betrug die Stärke der eritreischen Befreiungsarmee EPLA (›Eritrean People's Liberation Army‹) etwa 100 000 Mann. Seit 1992 ist die Demobilisierung

Louise Erdrich

Erit Eritrea

der fast nur noch mit Wiederaufbauarbeiten beschäftigten EPLA im Gange; aus ihrem Kern soll eine neue nat. Armee entstehen.
Internat. Mitgliedschaften: UNO, OAU.

LANDESNATUR · BEVÖLKERUNG

Landesnatur: Die Küste am Roten Meer, die eine Länge von fast 1000 km hat, reicht im S bis an die Meeresstraße Bab el-Mandeb, die das Rote Meer mit dem Golf von Aden (Indischer Ozean) verbindet. Im Raum von Massaua ist der Küste die aus Korallenkalk aufgebaute Inselgruppe Dahlak vorgelagert. Die südl. Küstenebene gehört zu der im Bereich des Ostafrikan. Grabensystems geologisch bes. aktiven Afarsenke. Landeinwärts erheben sich hinter der halbwüstenhaften Küstenebene im N ein Hochland, das von den Randgebirgen (bis 2633 m ü. M.) allmählich nach W einfällt, im S die Danakilberge (bis 2131 m ü. M.), die einige Vulkane aufweisen. Als Folge von Abholzung ist Bodenerosion weit verbreitet. Die Flüsse des Hochlands führen nur zeitweilig Wasser. Mit ihrem N-Zipfel reicht die heiße Salzwüste der Danakilsenke (eine Depression) nach E. hinein.

Klima: E. liegt in den Tropen. In der niederschlagsarmen, feuchtheißen Küstenebene ist Massaua einer der heißesten Orte der Erde (Jahresmittel 30 °C); von März bis Juli weht von der Arab. Halbinsel gelegentlich ein heißer, staubhaltiger Wind. Das am Steilrand des Hochlands gelegene Asmara dagegen verzeichnet eine Jahresmitteltemperatur von 16,9 °C. Das absolute Temperaturmaximum beträgt in Massaua 46 °C (im Aug.), in Asmara 39 °C, das absolute Temperaturminimum in Massaua 13 °C (Jan. bis März), in Asmara –0,5 °C.

Bevölkerung: Die Ew.-Zahl stieg von (1984) 2,704 Mio. auf (1994) 3,437 Mio. Die durchschnittl. Bev.-Dichte beträgt (1994) 28 Ew. je km^2. Hauptsiedlungsgebiet ist das Hochland, in dem Tigrinja, Tigre, Amhara, Kunama und Saho leben. Der SO wird vom Hirtenvolk der Afar (Danakil) bewohnt. Araber sind v. a. im Küstengebiet und an der Grenze zur Rep. Sudan anzutreffen. – Die Geburtenrate beträgt (1992) 47‰, die Sterberate 18‰. 1993 waren 46% der Bev. unter 15 Jahre alt, 48% 15 bis unter 60 Jahre alt, 6% 60 Jahre und älter. Die Lebenserwartung der Neugeborenen liegt (1992) bei 47 Jahren. Die Bev.-Projektion für 2000 lautet 4,523 Mio. Ew. Rd. 20% der Bev. leben in Städten, die größten (1992) sind die Hauptstadt Asmara (400000 Ew.), die Hafenstädte Assab (50000 Ew.) und Massaua (40000 Ew.) sowie die im nördl. E. gelegene Stadt Keren (40000 Ew.). Über die Rückführung von 400000 Eritreern, die in den vergangenen Jahren in die Rep. Sudan flüchteten, wurde im Aug. 1994 eine Übereinkunft zw. den Außenministern beider Länder getroffen.

Religion: Etwa 50% der Bev. sind sunnit. Muslime (an der Küste und im N), ebenfalls etwa 50% sind kopt. Christen.

Bildungswesen: Es besteht keine Schulpflicht, der Besuch der öffentl. Schulen, soweit sie eingerichtet

---

Erfurt: Stadtplan (Namenregister)

Straßen und Plätze

Allerheiligenstraße AB 3
Altonaer Straße D 1
Am Hügel B 2
Am Johannestor B 1
Am Stadtpark C 5–D 6
An den Graden A 4
Andreasstraße A 2–3
Anger B 4–C 3
Arnstädter Straße BC 6
Auenstraße A 1
Augustinerstraße B 2
Bahnhofstraße C 4–5
Barfüßerstraße B 4
Bechtheimer Straße A 3
Böcklinstraße D 6
Bodelschwinghstraße C 6
Bodestraße D 2
Borngasse C 4
Boyneburgufer AB 1
Bürgermeister-Wagner-Straße D 4
Clara-Zetkin-Straße D 5–6
Comthurgasse B 4
Dalbergsweg A 6–5
Domplatz A 3
Domstraße A 4
Eichenstraße B 4
Elisabethstraße A 6
Ernst-Toller-Straße C 1
Fischersand A 4
Fischmarkt B 3
Fleischgasse C 3
Flensburger Straße D 1
Franckestraße B 2–C 1
Friedrich-List-Straße CD 6
Fritz-Noack-Straße CD 1
Futterstraße C 4
Gartenstraße C 4
Glockengasse A 2
Goethestraße B 6
Gotthardtstraße B 2
Grafengasse BC 4
Große Engengasse C 4
Große Ackerhofgasse A 2
Große Arche A 3–4
Grünstraße A 1
Hamburger Straße D 1
Heinrich-Mann-Straße B 6
Hirschlachufer C 4
Holbeinstraße D 5
Holzheienstraße A 4
Hopfengasse A 5
Hütergasse B 2
Huttenstraße AB 2
Iderhoffstraße D 3
Johannesmauer B 1–2
Johannesstraße B 1–C 3
Johannesufer B 1, C 1
Junkersand B 3
Juri-Gagarin-Ring B 1–D 3, A 5–D 4
Karl-Marx-Platz A 5
Kartäuserstraße A 6–B 5
Kaufmännerstraße C 3
Kettenstraße A 4
Kieler Straße D 1–2
Kleine Arche B 3
Klostergang A 4–5
Krämpferstraße C 3–D 2
Krämerbrücke B 3
Kreuzsand B 3
Kronenburggasse B 1
Lachsgasse C 4
Lange Brücke AB 4
Lauentor A 3
Leipziger Platz D 2
Leipziger Straße D 2
Leopoldstraße A 1
Liebknechtstraße B 1–D 2
Lilienstraße A 4–5
Lindenweg D 2
Löberstraße B 5–6
Löberwallgraben B 6–C 5
Lutherstraße A 5
Marbacher Gasse A 2
Marktstraße AB 3
Marstallstraße B 4
Meienbergstraße C 3
Meister-Eckehardt-Straße B 4
Meyfartstraße CD 3
Michaelisstraße A 2–B 3
Moritzstraße A 1–2
Mühlgasse C 4
Müllersgasse AB 1
Neuerbe D 3
Neuwerkstraße A 5–B 4
Nonnenrain D 5
Paulstraße AB 4
Peterstraße A 4
Pfeiffersgasse A 1
Pflöckengasse C 2
Pilse BC 3
Puschkinstraße A 5–B 6
Rathausbrücke B 3
Regierungsstraße A 5–B 4
Reglermauer CD 4
Robert-Koch-Straße C 6–D 5
Röntgenstraße D 1–2
Rosengasse B 5
Rumpelgasse B 3
Schillerstraße A 6–C 5
Schinkelstraße A 1
Schlachthofstraße CD 1
Schlösserstraße BC 3
Schlüterstraße AB 1
Schmidtstedter Straße CD 4
Schmidtstedter Ufer D 3–4
Schottenstraße BC 2–3
Schulstraße D 3
Schulze-Delitzsch-Straße CD 6
Semmelweisstraße C 6
Spielbergtor D 5
Stauffenbergallee B 1–D 4
Steinplatz C 1
Steinstraße A 1–2
Stiftsgasse A 4
Stunzengasse 4
Taubengasse B 5
Thälmannstraße D 2–3
Theaterstraße A 5
Thomasstraße B 5–C 4
Trommsdorffstraße C 3–D 4
Turniergasse A 3
Waagegasse B 3
Waldenstraße B 2
Wallstraße B 1
Webergasse A 2
Weidengasse AB 2
Weiße Gasse A 3–2
Weitergasse B 4
Wenigemarkt BC 3
Wilhelm-Külz-Straße A 5–6
Willy-Brandt-Platz C 4/5–D 5
Windthorststraße D 5–6

Gebäude, Anlagen u. a.

Ägidienkirche B 3
Andreaskirche A 2
Angermuseum C 4
Arbeitsamt D 1
Augustinerkirche und -kloster B 2
Barfüßerkirche B 4
Bartholomäusturm C 4
Breitstrom B 3–4
Brunnenkirche (Fischersand) A 4
Dom A 4
Fachhochschule A 1
Finanzamt C 1
Georgsturm C 2
Gericht A 3
Gesundheitsamt A 3
Gewerkschaftshaus C 2
Hauptbahnhof CD 5
Hauptbibliothek A 3
Hauptpost C 3
Haus der Gewerkschaft C 2
Hirschgarten B 4
Hospitalkirche C 2
Innenministerium B 6
Johannesturm B 2
Katholisches Krankenhaus A 5
Kaufmannskirche C 3
Kleinkunsttheater A 3
Klinik für Stomatologie B 2
Kulturzentrum C 3
Landesvermessungsamt D 4
Lorenzkirche C 3
Magdalenenkapelle (Rumpelgasse) B 3
Marienstift A 5
Medizinische Fachschule D 2
Michaeliskapelle (Michaelisstraße) B 3
Monumentalbrunnen B 4
Museum für Stadtgeschichte C 3
Museum für Thüringer Volkskunde C 2
Musikschule B 3
Naturkundemuseum A 3
Neuwerkkirche A 5
Nikolaiturm B 2
Oper A 5
Orthopädische Klinik A 4–5
Pädagogische Hochschule B 2
Paulsturm B 3–4
Polizeidirektion A 2–3
Predigerkirche B 3
Rathaus B 3
Reglerkirche C 4
Sankt-Severi-Kirche A 4
Schauspielhaus A 4
Schottenkirche C 2–3
Severikirche A 4
Statthalterei B 4
Stadtpark CD 5–6
Synagoge B 5
Thomaskirche B 6
Ursulinenkirche und -kloster C 3
Venedig A 2
Volkskundemuseum C 2
Wigbertikirche B 4
Wissenschaftliche Bibliothek B 2–3
Wohnungsamt B 2

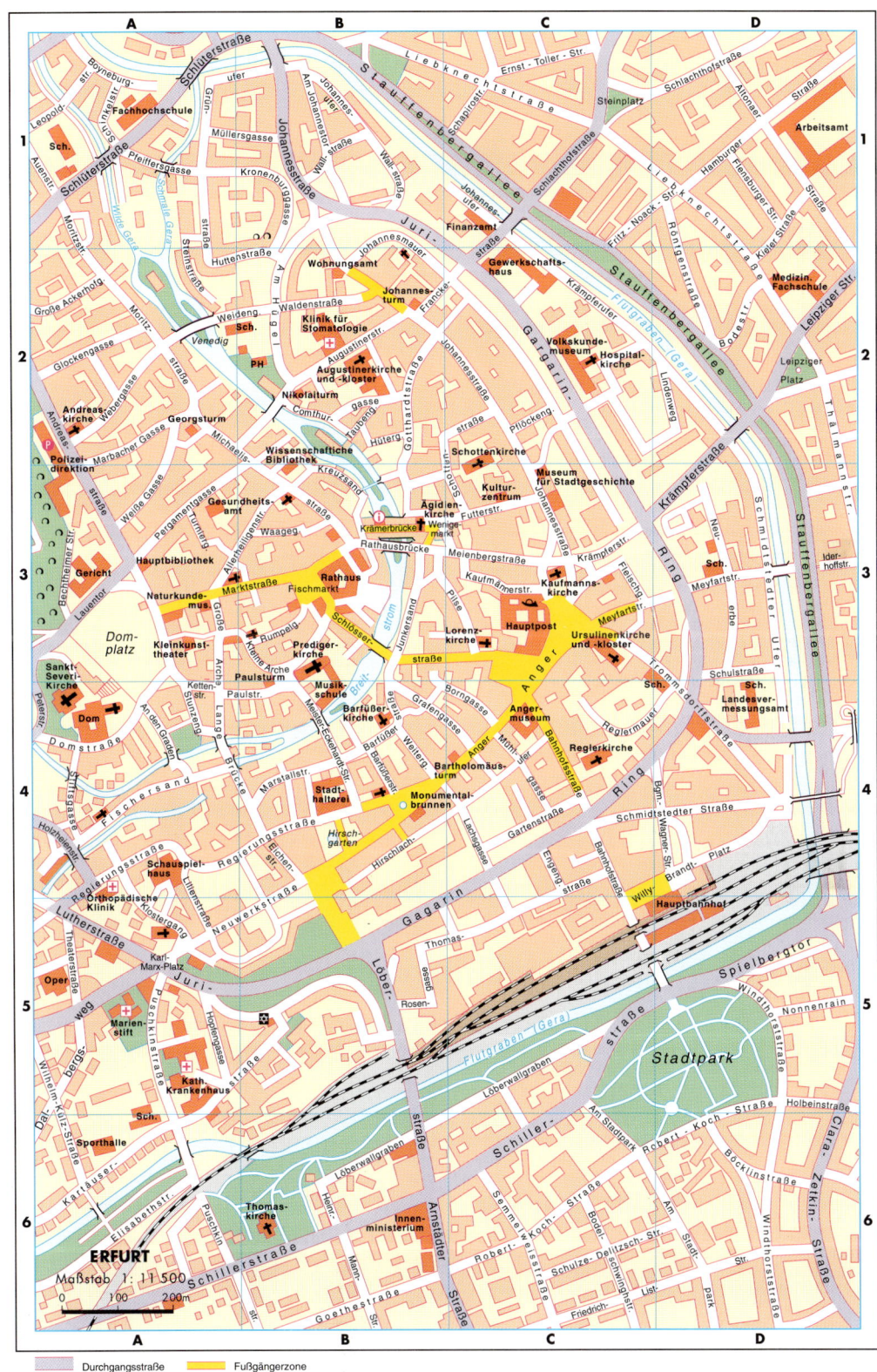

Erit   Eritrea

Eritrea: Hochland südlich von Asmara, nahe der Grenze zu Äthiopien

sind, ist kostenfrei, ebenso das Studium an der Univ. in Asmara. Die Elementarschule ist für die Altersstufen zw. sechs und zehn, die Juniorschulen zw. zehn und dreizehn und die Sekundarschule zw. dreizehn und siebzehn Jahren gedacht; sie werden heute infolge der Unterbrechung des Schulunterrichts während des Kriegs von allen Altersgruppen besucht.

Publizistik: Presse: Mit der Unabhängigkeit kündigte die Reg. ein eigenes Pressegesetz und Pressefreiheit für 1995/96 an. In Asmara erscheint u. a. die Tageszeitung ›Hibret‹ (herausgegeben vom Informationsministerium; Auflage 4000) sowie zweimal wöchentlich ›Hadas E.‹ (gegr. 1991; 25 000). – *Rundfunk:* Der Sender ›Voice of the Broad Masses of E.‹ strahlt Hörfunkprogramme in Arabisch, Tigrinja, Tigre, Afar und Kunama aus. Der Fernsehsender ›ERI-TV‹ (gegr. 1992) zur Unterstützung der Bildungs- und Informationspolitik der Reg. sendet seit Jan. 1993 Programme in Arabisch und Tigrinja.

WIRTSCHAFT · VERKEHR

Wirtschaft: Gemessen am Bruttosozialprodukt (BSP) je Ew., das (1992) zw. 75 und 150 US-$ zu veranschlagen ist, gehört E. zu den ärmsten Ländern der Erde. Nach dem Ende des Bürgerkriegs 1991 waren mehr als 85% der Bev. von internat. Hilfe abhängig. Der Wiederaufbau der zerstörten Wirtschaft stellt die größte Aufgabe des Landes dar; nach Schätzungen sind auch 1994/95 70% der Bev. auf Nahrungsmittelhilfe angewiesen. Die nur zögerl. Bereitschaft der westl. Industrieländer, den Wiederaufbau E.s finanziell zu unterstützen, resultiert aus einem großen Mißtrauen gegenüber der früher marxistisch ausgerichteten Regierungspartei. Offenbar hängt auch die schleppende Privatisierung weniger mit der Sorge um Arbeitsplätze als mit ideolog. Bedenken zusammen.

Landwirtschaft: Der mit Abstand wichtigste Wirtschaftssektor ist der Agrarbereich, der (1994) für etwa 80% der Bev. die Erwerbsgrundlage bildet. E. benötigt dringend Devisen, um besseres Saatgut und effizientere Schädlingsbekämpfungsmittel importieren zu können. Die wichtigsten Anbauprodukte sind die landestyp. Getreideart Tef, Mais, Weizen und Sorghumhirse. Da in manchen Jahren die Niederschläge fast vollständig ausbleiben, sind die Erntemengen erhebl. Schwankungen unterworfen. Diese immer wieder auftretenden Dürreperioden führen zu Hungerkatastrophen und Flüchtlingselend.

Bodenschätze: Es wird vermutet, daß E. über beträchtl. Rohstoffvorräte verfügt. Im Hinblick auf den akuten Energiemangel kommen den Erdöl- und Erdgaslagerstätten im Roten Meer und in der Afarsenke große Bedeutung zu. In der Umgebung von Asmara gibt es mindestens 15 Goldminen.

Industrie: Während des Bürgerkriegs wurden die meisten Industrieanlagen zerstört oder nach Äthiopien verlagert. Vor der Unabhängigkeit war Asmara neben Addis Abeba das industrielle Zentrum Äthiopiens. Die traditionell hier ansässigen Betriebe der Glas-, Zement-, Schuh- und Konservenindustrie befinden sich wieder im Aufbau.

Verkehr: Durch den Bürgerkrieg wurde die Verkehrsinfrastruktur fast vollständig zerstört. Die Schienen der einzigen Eisenbahnlinie zw. Agordat (über Asmara) und der Hafenstadt Massaua wurden demontiert. Es gibt kaum befestigte Straßen, die meisten Brücken sind zerstört. Die Wiederinstandsetzung der Straßenverbindung zw. Asmara und Massaua hat höchste Priorität. Neben Massaua, das 1990 fast vollständig zerstört wurde, ist Assab die zweite große Hafenstadt; es diente v. a. zur Versorgung der äthiop. Hauptstadt Addis Abeba mit ausländ. Waren. Äthiopien darf aufgrund eines 1993 mit E. geschlossenen Abkommens beide Häfen nutzen; die anfallenden Hafeninstandhaltungskosten werden unter beiden Staaten aufgeteilt. Der internat. Flughafen E.s liegt nahe der Hauptstadt.

GESCHICHTE

Zur Geschichte E.s vor 1960 ▷ Eritrea. In dem seit Anfang der 1960er Jahre und bes. seit dem Sturz der Monarchie in Äthiopien 1974 eskalierten Unabhängigkeitskrieg gewannen die eritreischen Kräfte in den 1980er Jahren zunehmend die Oberhand und drängten die äthiop. Armee in die großen Städte zurück. Nach dem Zusammenbruch des kommunist. Reg.-Systems in Äthiopien setzte die EPLF im Mai 1991 in ganz E.

Eritrea: Übersichtskarte

ihre Herrschaft durch. Nach Kriegsende bildete sie eine provisor. Reg.; zehn Verwaltungsregionen wurden geschaffen, in denen ab Febr. 1992 Regionalparlamente gewählt wurden. Einvernehmlich mit der neuen äthiop. Regierung wurde die staatl. Unabhängigkeit E.s angestrebt und nach einer Volksabstimmung (25. 4. 1993) gewährt. Nach der Wahl von I. Afewerki zum Staatspräs. (21. 5. 1993) wurde am 24. 5. 1993 die Republik E. proklamiert, die sofort international anerkannt wurde. Aus dem Zentralkomitee der EPLF und Vertretern der Regionalparlamente wurde eine provisor. Nationalversammlung gebildet; sie wählte im Juni 1993 eine erste Reg. und im März

1994 deren Nachfolgerin, jeweils unter der Leitung Präs. AFEWERKIS. Hauptprobleme der Reg. sind neben dem Wiederaufbau des Landes die Rückführung der zahlreichen Bürgerkriegsflüchtlinge und die Demobilisierung der Befreiungsarmee. Im April 1994 wurde durch die Nationalversammlung eine 42köpfige Kommission eingesetzt, die eine Verfassung ausarbeiten soll. Mit Äthiopien wurde eine enge wirtschaftl. und militär. Zusammenarbeit verabredet. Seit Mitte 1994 kommt es zu Spannungen mit Sudan (Dez. 1994 Abbruch der diplomat. Beziehungen durch E.), dem vorgeworfen wird, gegen das säkulare Reg.-System E.s gerichtete gewalttätige Aktionen islam. Fundamentalisten zu unterstützen.

Hb. E. Gesch. u. Gegenwart eines Konfliktes, hg. v. E. FURRER-KRESKI u. a. (Zürich 1990); M. ZIMMERMANN: E. – Aufbruch in die Freiheit (²1992); N. H. KURDI: L'Érythrée. Une identité retrouvée (Paris 1994); V. MATTHIES: Äthiopien, E., Somalia, Djibouti (²1994); C. PROUTY u. E. ROSENFELD: Historical dictionary of Ethiopia and Eritrea (Metuchen, N. J., ²1994); R. IYOB: The Eritrean struggle for independence. Domination, resistance, nationalism. 1941–1993 (Cambridge 1995).

*Eritrean People's Liberation Front, Abk. EPLF: Die Anfang der 1970er Jahre aus Abspaltungen der ▷ Eritrean Liberation Front (ELF) hervorgegangene EPLF setzte sich in zwei Bürgerkriegen 1972–74 sowie 1980–81 militärisch gegen diese durch und errang 1991 den Sieg im eritreischen Unabhängigkeitskrieg gegen die äthiop. Reg.-Armee. Die ELF wurde in den Sudan abgedrängt und zerfiel danach in Fraktionen. Das auf dem ersten Kongreß der EPLF 1977 verabschiedete polit. Programm enthielt zahlreiche am Marxismus-Leninismus orientierte Punkte, die jedoch auf dem zweiten Kongreß 1987 v. a. in wirtschaftspolit. Hinsicht weitgehend getilgt wurden. Seit dem Ende des Unabhängigkeitskriegs 1991 stellt die EPLF als einzige zugelassene Partei die Reg. des Staates Eritrea. Auf ihrem dritten Kongreß im Febr. 1994, auf dem sie sich in ›People's Front for Democracy and Justice‹ (dt. ›Volksfront für Demokratie und Gerechtigkeit‹) umbenannte, wurden u. a. Beschlüsse zur Einführung einer Mehrparteiendemokratie unter Ausschluß religiös und ethnisch fundierter Parteien, zur Garantie der Pressefreiheit und zur Fortführung der Privatisierungen gefaßt.

Erlebnisgesellschaft, sozialwissenschaftl., analyt. und gesellschaftstheoret. Begriff, der – durch die gleichnamige Studie des Bamberger Soziologen GERHARD SCHULZE (* 1944) – auch in den allgemeinen Sprachgebrauch gelangt ist. SCHULZE hebt mit dem Begriff der E. darauf ab, daß sich die soziale Stellung der Menschen im Zusammenhang mit wachsenden Konsum- und Freizeitmöglichkeiten und einem auch in breiteren Schichten angestiegenen Bildungsniveau sowie durch veränderte und erweiterte Möglichkeiten der Mediennutzung nicht mehr allein nach überwiegend objektiven Maßstäben (Einkommen, Besitz, Bildung) bestimmen lasse. Vielmehr trete mit der Orientierung an Erlebnissen ein v. a. subjektiv bestimmter Faktor hinzu, der den einzelnen die Chance einräume, aber auch das Risiko auferlege, in der eigenen Sinnorientierung den eigenen gesellschaftl. Ort zu bestimmen bzw. sich durch die Orientierung an entsprechenden Gruppen in jeweiligen Milieus und Verhaltensmustern auszudrücken. Dabei lassen sich je nach geäußerten Präferenzen und Lebensstilen fünf unterschiedl. Erlebnismuster (Gruppenorientierungen), nämlich Niveau-, Integrations-, Harmonie-, Unterhaltungs- und Selbstverwirklichungsmilieu, unterscheiden, die ihrerseits wieder auf drei versch. Schemata, Hochkultur-, Trivial- und Spannungsschema, bezogen werden können. Umstritten ist, wieweit sich in diesem eher subjektiv und ästhetisch bestimmten Gruppierungen der E. herkömml. Schichtstrukturen wieder-

finden lassen und in welchem Maße den neuen Erlebnisgruppierungen andere Strukturmerkmale zugeordnet werden können.

Soziale Milieus im gesellschaftl. Strukturwandel. Zw. Integration u. Ausgrenzung, Beitr. v. M. VESTER u. a. (1993); Die Kehrseite der ›E.‹. Eine explorative Studie, Beitr. v. P. ALHEIT u. a. (²1994); GERHARD SCHULZE: Die Erlebnis-Gesellschaft. Kultursoziologie der Gegenwart (⁵1995).

Ermes [Abk. für engl. European radio message system, wörtl. ›europ. Funknachrichtensystem‹], *Telekommunikation:* digital arbeitender ▷ Funkrufdienst, der den analog arbeitenden Funkrufdienst ▷ Eurosignal 1996 ablösen soll.

***Erné,** Nino, Schriftsteller deutsch-italien. Herkunft: † Mainz 11. 12. 1994.

Ernst, Richard R., schweizer. Physikochemiker, * Winterthur 14. 8. 1933; war 1963–68 wiss. Mitarbeiter eines bes. auf dem Gebiet der Herstellung und Entwicklung von Spektrometern tätigen Unternehmens in Palo Alto (Calif.); seit 1968 Privatdozent, seit 1976 Prof. an der ETH Zürich. E. erhielt 1991 für seine bahnbrechenden Beiträge zur Entwicklung der Methode hochauflösender kernmagnet. Resonanzspektroskopie (NMR-Spektroskopie) den Nobelpreis für Chemie.

Richard R. Ernst

***ERP:** Aus dem **ERP-Sondervermögen** des Bundes (Vermögensbestand 1994: 21,3 Mrd. DM) sind 1949–94 Kredite in Höhe von 131,6 Mrd. DM gewährt worden. Seit Anfang 1990 fließen ERP-Kredite auch in erhebl. Maß in die neuen Bundesländer (Zusagen für den Zeitraum 1990–94 insgesamt 40,2 Mrd. DM). Auch deshalb hat sich der Umfang der ERP-Wirtschaftspläne seit 1990 im Vergleich zu 1985 mehr als verdreifacht. Die zusätzl. Mittel beschafft sich das ERP-Sondervermögen seit 1991 auf dem Kapitalmarkt. Der Anteil der Fremdfinanzierung an den ERP-Ausgaben beträgt (1994) 41 %. Gemäß dem Wirtschaftsplan für 1995 beträgt das Fördervolumen 13,9 Mrd. DM, wovon rd. 10 Mrd. DM (72 %) in die neuen Bundesländer fließen. Schwerpunkt der ERP-Förderung sind Finanzierungshilfen zur Leistungssteigerung kleiner und mittlerer Unternehmen der gewerbl. Wirtschaft (11,2 Mrd. DM, davon 6,3 Mrd. DM für Existenzgründungen, 3,2 Mrd. DM für die neuen Bundesländer und Ost-Berlin sowie 1,3 Mrd. für die Regionalförderung in den alten Bundesländern und West-Berlin). Die günstigen ERP-Kredite werden über die Kreditanstalt für Wiederaufbau und die Dt. Ausgleichsbank abgewickelt.

***Erpressung:** Nach dem durch das Verbrechensbekämpfungs-Ges. vom 28. 10. 1994 neu angefügten § 253 Abs. 4 StGB ist in bes. schweren Fällen der E. die Strafe Freiheitsstrafe nicht unter einem Jahr. Dabei liegt ein bes. schwerer Fall i. d. R. vor, wenn der Täter gewerbsmäßig oder als Mitgl. einer Bande handelt, sich zur fortgesetzten Begehung einer E. verbunden hat.

***Erté,** frz. Maler, Graphiker, Modeschöpfer und Designer russ. Herkunft: † Paris 21. 4. 1990.

***Erziehungsgeld:** Ab 1. 1. 1992 wurde der E.-Anspruch für nach dem 31. 12. 1992 geborene Kinder auf die ersten 24 Lebensmonate verlängert. Bei Geburten ab dem 1. 1. 1994 gilt eine sogenannte Gutverdienergrenze: Danach hat ein Ehepaar mit dem ersten Kind bei einem Jahresnettoeinkommen im Sinne des Kindergeld-Ges. ab 100 000 DM (DM 75 000 bei Alleinerziehenden) keinen Anspruch mehr auf Erziehungsgeld.

***Erziehungsmaßregeln:** Seit Aufhebung des Jugendwohlfahrts-Ges. durch Ges. vom 26. 6. 1990 ist die Fürsorgeerziehung aus dem Katalog der E. beseitigt worden. Neben den Weisungen, die das Jugendgerichts-Ges. nach wie vor zuläßt, jedoch um bestimmte Maßnahmen erweitert hat (z. B. die Auflage, an einem

Erzi   Erziehungsurlaub – Estland

sozialen Trainingskurs teilzunehmen oder sich um einen Täter-Opfer-Ausgleich zu bemühen), kann das Gericht anordnen, Hilfe zur Erziehung in Anspruch zu nehmen. Diese Hilfe kann in Form der nunmehr in §30 des VIII. Buches des Sozialgesetzbuchs (SGB VIII) geregelten **Erziehungsbeistandschaft** oder in einer ›Einrichtung über Tag und Nacht‹ oder einer sonstigen betreuten Wohnform im Sinne von §34 SGB VIII (Heimerziehung) erfolgen.

Die Heimerziehung oder eine sonstige betreute Wohnform soll Kinder und Jugendliche durch eine Verbindung von Alltagserleben mit pädagog. und therapeut. Angeboten in ihrer Entwicklung fördern. Sie zielt darauf ab, die Erziehungsbedingungen zu verbessern, um eine Rückkehr in die Familie zu erreichen, die Erziehung in einer anderen Familie vorzubereiten oder eine auf längere Zeit angelegte Lebensform zu bieten und auf ein selbständiges Leben vorzubereiten.

***Erziehungsurlaub:** Mütter (Väter) können jetzt längeren E. beanspruchen: für Kinder, die nach dem 30. 6. 1989 geboren wurden, 15 Monate; für Kinder, die nach dem 30. 6. 1990 geboren wurden, 18 Monate und für Kinder, die nach dem 1. 1. 1992 geboren wurden, 36 Monate. (→Erziehungsgeld)

***ESA:** Seit 1. 1. 1995 ist Finnland 14. Vollmitgliedstaat der Europ. Raumfahrtorganisation. Kooperationsabkommen der ESA bestehen mit Ungarn (seit 1991), Rumänien (seit 1992), Polen und Griechenland (jeweils seit 1994). Die Zusammenarbeit mit Rußland wurde 1992 um zwei bemannte Langzeitflüge (›Euromir‹) erweitert. Der Gesamtwert der mehr als 10 000 ESA-Aufträge an die europ. Industrie beträgt rd. 20 Mrd. ECU. Das Hauptentwicklungsprogramm betrifft seit 1988 die Trägerrakete →Ariane 5. Von 1990 bis 1998 ist der Franzose JEAN-MARIE LUTON (* 1943) ESA-Generaldirektor.

***Eschenbach,** Christoph, Pianist und Dirigent: Wurde 1988 Musikdirektor des Houston Symphony Orchestra.

***Eschweiler Bergwerks-Verein AG:** Betreibt seit 1993 keinen Steinkohlenbergbau mehr.

***Escrivá de Balaguer y Albás,** Josemaría, span. Jurist und kath. Theologe: Wurde im Mai 1992 von Papst JOHANNES PAUL II. seliggesprochen.

Esquivel [-k(w)i'vel], Manuel, beliz. Politiker, * Belize 2. 5. 1940; studierte in den USA und Großbritannien Physik, war 1967–84 Dozent in Belize; engagierte sich früh in der UDP und war 1976–82 deren Partei-Vors.; als Premier-Min. (1984–89) leitete er die Verbesserung der Beziehungen zu Guatemala und Großbritannien ein und konsolidierte die Wirtschaft. Nach den Parlamentswahlen am 30. 6. 1993 wurde E. mit dem Sieg der UDP erneut Regierungschef.

ESRF [Abk. für engl. **E**uropean **S**ynchrotron **R**adiation **F**acility ›Europ. Synchrotronstrahlungsquelle‹], Elektronenspeicherring zur Erzeugung von ▷ Synchrotronstrahlung, der im Sept. 1994 in Grenoble den Experimentierbetrieb aufnahm. Am ESRF, das in einen gemeinsamen Komplex mit dem →Institut Laue-Langevin integriert ist, sind zwölf europ. Staaten beteiligt, darunter Dtl. mit 25,5% und Frankreich mit 27,5% Kostenanteil.

Die Elektronen werden in einem Linearbeschleuniger auf 200 MeV vorbeschleunigt, bevor sie, von einem als Injektor dienenden Synchrotron (Umfang 300 m) auf 6 GeV beschleunigt, in den Speicherring eingeschossen werden. Dieser besitzt einen Umfang von 850 m, auf dem sich 64 Ablenkmagnete befinden; in 32 gerade Streckenstücke von je 6,3 m können ▷ Wiggler und Undulatoren eingebaut werden. Der erreichbare Strahlstrom beträgt 175 mA. Es können bis zu 30 Strahlrohre mit Experimentierstationen sowie 18 weitere Meßplätze an den Ablenkmagneten eingerichtet werden. ESRF erschließt bei großer

ESRF: Experimentierhalle der Europäischen Synchrotronstrahlungsquelle in Grenoble; daneben das Institut Laue-Langevin mit dem Gebäude des Neutronen-Hochflußreaktors

Strahlungsleistung und hoher Brillanz (Leuchtdichte) neue Spektralbereiche für Synchrotronstrahlung, die bis in die harte Röntgenstrahlung reicht und u. a. für Untersuchungen zur Mikrospektroskopie, Molekularbiologie, Medizin, Materialforschung und für industrielle Anwendungen zur Verfügung steht.

***Essen 2):** Bischof ist seit 1992 HUBERT LUTHE (* 1927).

Esser, Hartmut, Soziologe, * Elend 21. 12. 1943; wurde 1982 Prof. in Essen, war 1985–87 geschäftsführender Direktor des ›Zentrums für Umfragen, Methoden und Analysen‹ (ZUMA) in Mannheim, 1987–91 Prof. in Köln, seitdem in Mannheim. E. ist mit zahlreichen Studien zur Wissenschaftstheorie, zur empir. Sozialforschung, zur Migrationssoziologie sowie (1993) mit einer umfangreichen Einführung in die Soziologie hervorgetreten.

Werke: Wissenschaftstheorie, 2 Bde. (1977; mit K. KLENOVITS u. H. ZEHNPFENNIG); Aspekte der Wanderungssoziologie (1980); Alltagshandeln u. Verstehen (1991); Soziologie. Allg. Grundlagen (1993). – **Hg.:** Generation u. Identität. Theoret. u. empir. Beitr. zur Migrationssoziologie (1990; mit J. FRIEDRICHS); Modellierung sozialer Prozesse (1991; mit K. TROITZSCH).

***Estang,** Luc, frz. Schriftsteller: † Paris 25. 7. 1992.

Estland
Fläche: 45 226 km²
Einwohner: (1994) 1,54 Mio.
Hauptstadt: Tallinn (dt. Reval)
Amtssprache: Estnisch
Nationalfeiertag: 24. 2.
Währung: 1 Estn. Krone (ekr) = 100 Senti
Zeitzone: OEZ

Estland, estn. **Eesti,** amtl. **Eesti Vabariik,** dt. **Republik E.,** bis 8. 5. 1990 ▷ Estnische Sozialistische Sowjetrepublik, Staat in NO-Europa, grenzt im W an die Rigaer Bucht, im N an die Finn. Meerbusen, im O mit dem Peipussee an Rußland, im S an Lettland; mit einer Gesamtfläche von 45 226 km² (davon 4 132 km² Inseln und 2 760 km² Binnengewässer) etwas größer als Dänemark; (1994) 1,541 Mio. Ew., Hauptstadt ist Tallinn (dt. Reval). Die Amtssprache ist Estnisch (seit 1989). Währung ist die Estn. Krone (ekr) zu 100 Senti. Zeitzone: OEZ (13:00 Tallinn = 12:00 MEZ).

Staatswappen

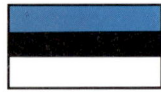
Nationalflagge

Internationales Kfz-Kennzeichen

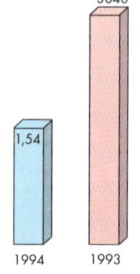
1994 / 1993
Bevölkerung (in Mio.) / Bruttosozialprodukt je Ew. (in US-$)
1,54 / 3040

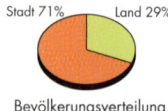
Stadt 71% / Land 29%
Bevölkerungsverteilung 1993

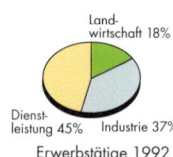
Landwirtschaft 18%
Dienstleistung 45% / Industrie 37%
Erwerbstätige 1992

244

STAAT · RECHT

Verfassung: Die am 3. 7. 1992 in Kraft getretene rechtsstaatl. demokrat. Verf. wurde zunächst von einer Verfassungggebenden Versammlung beschlossen, die sich paritätisch aus Vertretern des Anfang 1990 von allen Sowjetbürgern E.s halbdemokratisch gewählten Parlaments und eines von allen National-Esten gleichzeitig inoffiziell gewählten Gegenparlaments zusammensetzte, dann vom Parlament gebilligt und schließlich am 28. 6. 1992 durch ein Verfassungsreferendum bestätigt, an dem nur estn. Staatsangehörige teilnehmen durften. Die estn. Staatsangehörigen machten damals etwa 70 % der Landeseinwohner aus, da die nach Erlangung der Unabhängigkeit erneuerte Staatsangehörigkeitsgesetzgebung von der Kontinuität des Staatsvolkes zum Zeitpunkt der sowjet. Besetzung im Juni 1940 ausgeht und die in sowjet. Zeit angesiedelten Sowjetbürger als Ausländer betrachtet. Diese können allerdings auf Antrag eingebürgert werden, was von seiten der Russen nur zögerlich erfolgt. Der Grundrechtskatalog der Verf. entspricht dem internat. Menschenrechtsstandard. Bes. ausgeprägt ist der Minderheitenschutz, der im Ges. über die Kulturautonomie vom 11. 11. 1993 näher ausgestaltet ist und allen Minderheiten die Chance bietet, sich als öffentlich-rechtl. Personenverband mit kultureller Selbstverwaltung zu organisieren. Ausländer können an den Einrichtungen der Kulturautonomie partizipieren.

E. hat ein parlamentar. Reg.-System. Die gesetzgebende Gewalt liegt bei der Staatsversammlung (›Riigikogu‹), deren 101 Abg. laut Wahlgesetz vom 23. 6. 1994 für vier Jahre nach dem personalisierten Verhältniswahl gewählt werden, wobei eine Fünfprozent-Sperrklausel besteht. Der Präs. der Rep. wird vom Parlament mit Zweidrittelmehrheit für fünf Jahre gewählt und kann in unmittelbarer Folge nur einmal wiedergewählt werden. Kommt diese Mehrheit nicht zustande, geht das Wahlrecht auf ein Gremium über, das aus allen Abg. und Vertretern der Kommunalräte besteht. Für die Wahl wird im ersten Wahlgang die absolute Mehrheit benötigt, während der zweite Wahlgang eine Stichwahl zw. den beiden erfolgreichsten Bewerbern darstellt. Der Präs. übt seine Befugnisse ohne Gegenzeichnung aus; nur seine Notverordnungen bedürfen der Gegenzeichnung durch den Parlaments-Präs. und den Premier-Min. Gegen Gesetzesbeschlüsse kann er binnen 14 Tagen ein Veto einlegen. Beschließt das Parlament das Ges. nach erneuter Beratung in unveränderter Fassung, kann der Präs. beim Staatsgerichtshof die Überprüfung der Verfassungsmäßigkeit beantragen. Die vollziehende Gewalt wird von der Reg. unter der Leitung des Premier-Min. ausgeübt. Der Auftrag zur Reg.-Bildung wird vom Staatspräs. erteilt. Der designierte Reg.-Chef erstattet dem Parlament innerhalb von 14 Tagen einen Bericht über die Grundlage der Reg.-Bildung, um die mit absoluter Mehrheit zu beschließende parlamentar. Ermächtigung zur Reg.-Bildung einzuholen. Innerhalb von sieben Tagen hat der parlamentarisch designierte Reg.-Chef dem Staatspräs. eine Kabinettsliste vorzulegen, und dieser ernennt die Reg. binnen drei Tagen. Mißlingt die Reg.-Bildung, so kann der Präs. einen neuen Reg.-Chef designieren. Macht er von dieser Befugnis keinen Gebrauch oder mißlingt die Reg.-Bildung auch zum zweiten Mal, geht das Vorschlagsrecht auf das Parlament über, das mit einfacher Mehrheit einen neuen Reg.-Chef designiert. Präsentiert dieser nicht innerhalb von 14 Tagen seit Übergang des Vorschlagsrechts auf das Parlament dem Präs. eine Kabinettsliste, gilt die Reg.-Bildung als gescheitert, und der Präs. schreibt Neuwahlen aus. Ein Mißtrauensvotum kann mit absoluter Mehrheit sowohl gegen die Reg. oder den Premier-Min. als auch gegen einzelne Min. beschlossen werden. Während letzteres zwangsläufig zur Entlassung des Min. führt, bietet sich der Reg. im ersteren Fall die Alternative, zurückzutreten oder den Präs. um die Ausschreibung von Neuwahlen zu ersuchen.

Parteien: Nach der Abschaffung des Herrschaftsmonopols der Kommunist. Partei (KP) spaltete sich diese in einen reformorientierten Mehrheitsflügel und einen orthodoxen, prosowjetisch ausgerichteten Minderheitsflügel. Nach dem gescheiterten Putsch orthodox-kommunist. Kräfte in Moskau gegen den sowjet. Präs. M. S. GORBATSCHOW (Aug. 1991) lösten sich die organisator. Strukturen der beiden kommunist. Gruppierungen in E. auf. In den Jahren 1990/91 trat die Volksfront (gegr. 1988) als Trägerin der Unabhängigkeitsbewegung politisch in den Vordergrund, verlor aber nach der Wiederherstellung der staatl. Souveränität E.s stark an Bedeutung. Das Parteienfeld ist seit den ersten freien Wahlen 1992 noch starken Schwankungen unterworfen. Bei den Wahlen 1995 bewarben sich meist Parteiallianzen um die Mandate. Die stärkste Fraktion entsandte das Bündnis aus Koalitionspartei und Bauernunion, gefolgt von dem Verbund Estn. Reformpartei-Liberale; danach folgen die Zentrumspartei, die Verbindung Isamaa (›Vaterland‹) der Nationalen Unabhängigkeitspartei und das Bündnis ›Moderate‹ aus Sozialdemokraten und Ländl. Zentrum. Die Partei ›E. ist unsere Heimat‹ vertritt bes. die russ. Minderheit.

Wappen: Das histor. Wappen des ehemaligen unabhängigen E. wurde wieder zum Staatswappen erhoben. Sein Schild zeigt auf goldenem Grund drei liegende blaue Löwen.

Nationalfeiertag ist der 24. 2., zur Erinnerung an die Ausrufung der estn. Rep. 1918.

Estland: Übersichtskarte

Verwaltung: E. ist seit 1993 in 15 Kreise (›maakond‹) eingeteilt, in denen 45 Städte und 209 Gemeinden bestehen; die Hauptstadt Tallinn hat einen Sonderstatus. Die Kreisverwaltungen sind staatl. Behörden unter der Leitung der Kreisältesten. Der Kreisälteste wird von der Reg. im Benehmen mit der Kreisversammlung ernannt, in die die kreisangehörigen Städte und Gemeinden je einen Vertreter entsenden. Die Städte und Gemeinden sind Träger der kommunalen Selbstverwaltung, nehmen daneben aber auch übertragene staatl. Verw.-Aufgaben wahr. Beschlußorgan ist der Rat, der von den Ew. auf die Dauer von drei Jahren nach den Grundsätzen der Verhältniswahl gewählt wird. Aktiv wahlberechtigt sind auch Ausländer und Staatenlose, die seit fünf Jahren dauerhaft in

Estl Estland

der Kommune wohnen; das passive Wahlrecht steht dagegen nur estn. Staatsangehörigen zu. Verw.-Organ ist der Kommunalvorstand. Sein Vors. (Stadtoberhaupt, Gemeindeältester) wird vom Rat gewählt, während die übrigen Mitgl. vom Vors. mit Bestätigung des Rates berufen werden. Die Kommunalaufsicht wird vom Kreisältesten ausgeübt. Die Rechtmäßigkeit kommunaler Satzungen wird vom Justizkanzler überwacht, dem sie binnen zehn Tagen nach Beschlußfassung zuzusenden sind.

Recht: Die Justiz ist nach Erlangung der Unabhängigkeit grundlegend reformiert worden. Das Gerichtswesen ist dreistufig aufgebaut: Erstinstanzl. Gerichte sind die Kreis-, Stadt- und Verw.-Gerichte, als Berufungsgerichte sind vier Bezirksgerichte tätig, und der Staatsgerichtshof fungiert als oberste Kassationsinstanz. In Verwaltungsrechtssachen besteht umfassender gerichtl. Rechtsschutz auf der Basis einer Generalklausel. Er wird in erster Instanz nur in drei Städten (Tallinn, Tartu, Narva) von selbständigen Verw.-Gerichten gewährt, während ansonsten bei den Kreis- und Stadtgerichten spezialisierte Verw.-Richter zuständig sind. Bei den Bezirksgerichten und beim

Klimadaten von Tallinn (44 m ü. M.)

Monat	Mittleres tägl. Temperaturmaximum in °C	Mittlere Niederschlagsmenge in mm	Mittlere Anzahl der Tage mit Niederschlag	Mittlere tägl. Sonnenscheindauer in Stunden	Relative Luftfeuchtigkeit nachmittags in %
I	−4,1	33	17	0,7	85
II	−4,0	26	15	1,8	83
III	0,0	24	12	4,8	80
IV	7,5	32	12	6,4	78
V	13,6	41	12	8,5	74
VI	18,7	49	12	9,6	77
VII	20,1	71	13	9,1	79
VIII	19,5	68	15	7,5	80
IX	15,3	75	15	5,2	83
X	9,7	65	17	2,4	84
XI	3,1	45	17	0,9	87
XII	−1,4	39	17	0,5	87
I–XII	8,2	568	174	4,8	81

Staatsgerichtshof bestehen besondere Kollegien für Zivil-, Straf- und Verw.-Sachen. Beim Staatsgerichtshof ist auch ein aus fünf Richtern bestehendes Kollegium für Verf.-Aufsicht eingerichtet, das auf Antrag des Staatspräs. eine vorbeugende und auf Antrag des Justizkanzlers eine nachträgl. Normenkontrolle vornimmt und somit Funktionen der Verf.-Gerichtsbarkeit ausübt. Die Richter sind unabhängig. Die Richter der erst- und zweitinstanzl. Gerichte werden auf Vorschlag des Staatsgerichtshofs vom Präs. auf Lebenszeit ernannt. Die Richter am Staatsgerichtshof werden vom Parlament gewählt, und zwar der Präs. auf Vorschlag des Staatspräs., die übrigen Richter auf Vorschlag des Präs. des Staatsgerichtshofs.

Streitkräfte: Die Gesamtstärke der Wehrpflichtarmee (fast ausschließlich Heerestruppen; Dienstzeit 12 Monate) beträgt 3 500 Soldaten, die Gliederung entspricht in etwa der einer Brigade. Dem Innen-Min. untersteht der paramilitär. Grenzwachdienst mit 2 000 Angehörigen. Die aktiven Verbände werden von der Freizeitheimwehr ›Kaitseliit‹ in Stärke von etwa 6 500 Mann unterstützt.

Internat. Mitgliedschaften: UNO, OSZE, Europarat.

LANDESNATUR · BEVÖLKERUNG

Landesnatur: E. liegt im nordwestl. Teil des Osteurop. Tieflandes und umfaßt das nördl. Baltikum. Bei einer durchschnittl. Höhenlage von 50 m ü. M. herrschen eiszeitl. Reliefformen (Oser, Drumlins und Glazialseen) vor. Fast ein Zehntel der Staatsfläche wird von Inseln eingenommen. Größte der mehr als 1 500 Inseln und Eilande sind Saaremaa (Ösel), Hiiumaa (Dagö) und Muhu (Moon), alle der W-Küste vorgelagert. Der festländ. Teil gliedert sich in die Hügellandschaften im N und S, die zum Baltischen Höhenrücken zählen, in die nicht versumpften Ebenen im Zentrum und NW und die infolge hohen Grundwasserstandes vermoorten Niederungen im O, im Gebiet nördlich des Sees Võrtsjärv und entlang dem Peipussee. Die höchste Erhebung bildet der 317 m hohe Munnaberg in den Haanjahöhen, südöstlich des Võrtsjärv.

E. ist reich an Seen und Flüssen; Seen und Stauseen nehmen etwa 5 % des Gesamtgebietes ein. Wichtig für die Fischerei und die Binnenschiffahrt sind der Peipussee mit dem nur zu einem kleinen Teil zu E. gehörenden Pleskauer See und der Võrtsjärv. Bedeutendste Flüsse sind die Narwa (Grenzfluß zu Rußland) und der Pärnu. Im W und SW ist die Küste stark gegliedert, die gesamte N-Küste fällt zum Finn. Meerbusen hin in einer steilen, bis maximal 56 m hohen Kalksteinstufe (Glint) ab. Im Winter friert das Meer in Küstennähe für kurze Zeit zu.

Klima: Die atlant. Luftmassen mildern im Sommer und Winter die Lufttemperaturen, dagegen wird es bei vorherrschenden kontinentalen Luftmassen im Sommer heiß und im Winter sehr kalt bei geringer Niederschlagsneigung. Kältester Monat ist der Februar mit mittleren Monatstemperaturen zw. −3 °C im W (Insel Saaremaa) und −7 °C im zentralen und östl. Landesteil, wärmster Monat ist der Juli mit mittleren Tagestemperaturen von 16 °C im NW und über 17 °C im SO. Die jährl. mittlere Niederschlagsmenge liegt zw. 500 und 700 mm.

Vegetation: E. gehört zur Misch- und Laubwaldzone der kühlgemäßigten Breiten. Knapp 35 % der Landesfläche sind waldbedeckt (v. a. Kiefern und Fichten, aber auch Birken), etwa ein Fünftel des Landes wird von Mooren und Sümpfen eingenommen.

Bevölkerung: Nachdem E. bis 1989 eine relativ starke Bev.-Zunahme zu verzeichnen hatte (v. a. durch die Zuwanderung russ. Bev.-Gruppen), ist seit 1990 eine umgekehrte Entwicklung festzustellen. Die balt. Republiken, allen voran E., waren wegen ihrer guten wirtschaftl. Entwicklung und eines relativ hohen Wohlstands ein beliebtes Zuwanderungsgebiet für Russen. Die starke Überalterung der einheim. Bev. und ein niedriges natürl. Bev.-Wachstum verstärkten die Überfremdung. E. erlitt in der Zwischenkriegszeit und im Zweiten Weltkrieg starke Bev.-Verluste; später kamen durch Emigration und Deportation weitere Einbußen hinzu. Die negative Bev.-Entwicklung seit 1990 verstärkte sich nach der Souveränitätserklärung 1991. Zu der wachsenden Emigration russ. Bev.-Gruppen kam ein rückläufiges Geburtenaufkommen hinzu.

Die Bevölkerung E.s setzte sich nach der letzten Volkszählung 1989 wie folgt zusammen: 61,5 % Esten (1934: 88,2 %, 1959: 74,6 %), 30,3 % Russen (8,2 %, 20,1 %), 3,1 % Ukrainer (1959: 1,3 %), 1,8 % Weißrussen (1959: 0,9 %), 1,1 % Finnen (1959: 1,4 %), 0,5 % Juden (0,4 %, 0,5 %), 0,2 % Deutsche (1934: 1,5 %), 0,2 % Letten (0,5 %, 0,2 %). Die rd. 500 000 noch im Land verbliebenen Russen sehen sich zunehmend Repressalien ausgesetzt. Zu ethn. Spannungen kam es v. a. in den nordöstl. Landesteilen um Kohtla-Järve und Narva (Narwa), die hauptsächlich von Russen bewohnt sind (96 % der Ew. Narvas sind Russen), und in der Hauptstadt Tallinn. Staatsbürger sind nur die Esten, die vor dem 16. 6. 1940 estn. Staatsbürger waren, und deren Nachkommen. Andere können nur auf Antrag, nach mindestens zweijährigem Aufenthalt und nach Ablegen einer Sprachprüfung die estn. Staatsangehörigkeit erwerben. Leichter zu erhalten ist eine ständige Aufenthaltsgenehmigung.

Ein besonderes Kennzeichen der estn. Bev.-Struktur ist der starke Frauenüberschuß: Auf 100 Männer kamen 1992 114 Frauen. Gründe für den starken Frauenüberhang sind einmal die hohen Kriegsverluste der männl. Bev. im Zweiten Weltkrieg, zum anderen die um 10 Jahre höhere Lebenserwartung der Frauen (Lebenserwartung der Männer 1992: 65 Jahre, der Frauen: 75 Jahre). Auch die Altersstruktur illustriert die jüngere histor. Entwicklung des Landes. 1991 belief sich der Anteil der unter 15jährigen an der Gesamt-Bev. auf 22,2% (männlich 11,3%), der 15- bis unter 65jährigen auf 66,2% (31,8%) und der 65 Jahre und älteren auf 11,6% (3,1%).

E. ist der am dünnsten besiedelte balt. Staat (34 Ew. je km²). Aufgrund der seit einigen Jahren anhaltenden Landflucht hat E. mit (1993) 70,6% städt. Bev. einen hohen Verstädterungsgrad. Dünn besiedelt sind der S und der W des Landes, v. a. auch die Inseln. Größtes städt. Ballungsgebiet ist Tallinn mit den wichtigsten administrativen und industriellen Funktionen und dem wichtigsten Seehafen. Größte Städte sind (1992): Tallinn (471 600 Ew.), Tartu (dt. Dorpat, 113 400 Ew.), Narva (82 900 Ew.), Kohtla-Järve (76 800 Ew.) und Pärnu (52 600 Ew.).

Religion: E. hat überwiegend (rd. 350 000) ev.-luther. Christen und eine methodist. Kirche. Die Estnische Orth. Kirche, zunächst an Konstantinopel gebunden, wurde 1940 unter Moskauer Kontrolle gezwungen. Katholiken und Baptisten stellen Minderheiten dar.

Bildungswesen: Das Schulwesen ist traditionell recht gut ausgebaut (trotzdem herrscht erhebl. Schulgebäude- sowie Lehrermangel), es besteht nach wie vor neunjährige Schulpflicht. Es gibt (1991/92) 251 Gesamtschulen (mit einer Schulzeit von neun Jahren), die von vornherein keinen Abschluß (44 600 Schüler, 19 200 Schulentlassene) ermöglichen, und 225 Gesamtschulen, deren Curriculum nach elf Schuljahren zu einem qualifizierten Abschluß führt; allerdings verlassen z. Z. viele Schüler diese Schulen vorzeitig (160 800 Schüler, 10 600 Absolventen). Daneben bestehen noch 149 Grundschulen (mit einer Schulzeit von vier Jahren; 6 100 Schüler), von denen der Übergang in eine meist etwas entfernter liegende Gesamtschule vorgesehen ist. Die (24) allgemeinbildenden Abendschulen haben 6 700 Schüler. Besondere Probleme bereiten die berufl. Weiterbildung und Umschulungsprogramme, die im Hinblick auf die zu entwickelnde Marktwirtschaft anstehen. Wachsender Nachfrage erfreuen sich die (50) techn. Berufsschulen (Facharbeiterausbildung), ferner bestehen (36) techn., medizin. und pädagog. Fachschulen. E. besitzt neben der Univ. in Tartu drei Spezialhochschulen und weitere Hochschuleinrichtungen (insgesamt 25 600 Studierende, 3 000 Absolventen).

Publizistik: Presse: 1991 erschienen nach offiziellen Angaben 158 Zeitungen und 327 Zeitschriften (davon 113 bzw. 265 in Estnisch). Wichtigste Tageszeitungen sind: ›Postimees‹ (gegr. 1857; Aufl. 74 000) in Tartu sowie in Tallinn: ›Rahva Hääl‹ (1940; 64 000), ›Eesti Ekspress‹ (1989; 40 000), ›Päevaleht‹ (1905; 30 000), ›Ohtuleht‹ (1944; 20 000, Estnisch und Russisch), ›Hommikuleht‹ (1992; 17 000) sowie in Russisch ›Estonia‹ (1940; 17 000). – *Nachrichtenagenturen:* ›Estonian Telegraph Agency‹ (ETA, gegr. 1918); ›Baltic News Service‹ (BNS, gegr. 1990; beide Tallinn). – *Rundfunk:* ›Eesti Radio‹ (gegr. 1926) strahlt vier Programme aus, davon drei in Estnisch und eines in Russisch, Finnisch, Schwedisch, Englisch, Deutsch und Esperanto; ›Eesti Televisioon‹ (gegr. 1955) sendet vier Programme in Estnisch und Russisch. Daneben existiert das 1992 gegründete kommerzielle ›Eesti Reklaamitelevisioon‹ mit einem estn. und einem russ. Programm.

WIRTSCHAFT · VERKEHR

Wirtschaft: Auch E., eine der wohlhabendsten ehem. Sowjetrepubliken, verzeichnete in den letzten Jahren vor dem Auseinanderfallen der Sowjetunion einen wirtschaftl. Niedergang. Erst 1993 waren erste Anzeichen einer wirtschaftl. Stabilisierung zu erkennen. Ging das Bruttoinlandsprodukt (BIP) 1992 noch um 26% gegenüber dem Vorjahr zurück, so war 1993 nur noch ein Rückgang von 2% zu verbuchen. Das Bruttosozialprodukt je Ew. liegt bei (1993) 3 040 US-$. 1992 verließ E. die Rubelzone und führte als erster Nachfolgestaat der UdSSR eine eigene Währung, die Estn. Krone (ekr), ein. Sie ist frei konvertierbar und an die Dt. Mark gebunden. Die Inflationsrate ging von (1992) 1 069% auf (1993) 88% zurück. Schon vor seiner Unabhängigkeit hatte E. erste Schritte hin zur Marktwirtschaft unternommen (u. a. Gründung einer Notenbank und Zulassung privater Banken). Ende 1993 waren bereits eine Vielzahl v. a. kleiner Unternehmen privatisiert. Die Arbeitslosigkeit bewegt sich auf sehr niedrigem Niveau (seit 1993: um 2%).

Estland: Fischereihafen mit Fischfabrik in Kuressaare auf der Insel Ösel (Saaremaa)

Landwirtschaft: 1992 arbeiteten 18% der Erwerbstätigen im Agrarbereich. Der Schwerpunkt liegt auf der Viehwirtschaft, die (1992) 70% des landwirtschaftl. Produktionswerts erbrachte. Aufgrund einer gravierenden Verschlechterung der Absatzzahlen in den Nachfolgestaaten der Sowjetunion sank der Viehbestand von (1990) 758 000 auf (1992) 615 000. Wichtigste Anbaupflanzen sind Gerste, Roggen und Kartoffeln, die im Zeitraum 1990–92 erhebl. Produktionsrückgänge verzeichneten. Insgesamt nahm 1992 die Agrarproduktion um 21% gegenüber dem Vorjahr ab. 1993 befanden sich nur 8% der landwirtschaftl. Nutzfläche in Privatbesitz.

Forstwirtschaft: 40% der Landesfläche E.s sind bewaldet; davon entfallen 70% auf Nadelbäume und 25% auf Birken. Im Zeitraum 1989–92 ging der Holzeinschlag um 30% auf 2,1 Mio. m³ zurück. Das Holz dient v. a. zur Papier- und Cellulosegewinnung, als Baumaterial und zur Möbelherstellung.

Fischerei: Vor der Unabhängigkeit machten Fischprodukte 40% der Ausfuhren der estn. Nahrungsmittelindustrie in die übrigen Sowjetrepubliken aus. Da die Fischverarbeitung einseitig auf den Bedarf des russ. Marktes zugeschnitten war, bestehen in anderen Ländern kaum Absatzmöglichkeiten. Im Zeitraum 1990–92 ging die Fangmenge von 355 000 t auf

Estl Estland – estnische Literatur

131 000 t (davon 69% in der Hochseefischerei v. a. vor der westafrikan. Küste und nur 28% in der Ostseefischerei) zurück.
Bodenschätze: Neben den Energieträgern Ölschiefer und Holz werden v. a. Phosphorit und Kalkstein abgebaut. Bei der Produktion von Düngemitteln auf der Basis von Phosphorit gibt es erhebl. Umweltprobleme.
Energiewirtschaft: Die mächtigen Ölschiefervorkommen im NO sind die wichtigste einheim. Energiequelle. Mehr als 90% der Fördermenge von (1992) 18,8 Mio. t dienen der Stromerzeugung. Weitere lokale Energieträger sind Torf und Holz. Der Torfabbau ist v. a. wegen großflächiger Grundwasserabsenkungen mit erhebl. Umweltbeeinträchtigungen verbunden. Etwa 50% der erzeugten Elektrizität werden nach Lettland und Rußland exportiert.
Industrie: Der industrielle Sektor ist der zentrale Wirtschaftsbereich, der (1992) 37% der Erwerbstätigen beschäftigt. Wichtigste Branchen sind die Nahrungsmittelherstellung, die Textil-, Leder-, Holz- und Papierindustrie, die chem. Industrie sowie die Bereiche Metallverarbeitung und Maschinenbau. Auf die Hauptstadtregion Tallinn konzentrieren sich 40% der gesamten industriellen Produktion. Weitere Industriezentren sind die Hafenstadt Pärnu, Narva und Kohtla-Järve sowie die im Landesinnern gelegene Stadt Tartu. Industriepolit. Schwerpunkt ist die Privatisierung von Staatsbetrieben. Erlitt die Industrieproduktion 1992 einen gewaltigen Einbruch (−62%), so betrug der Rückgang 1993 nur noch 27%.
Tourismus: Die Tourismusbranche zählt zu den wachsenden Wirtschaftssektoren des Landes. 1992 stieg die Zahl der ausländ. Besucher gegenüber 1991 um 25% auf 263 000; davon kamen 72% der Gäste aus Finnland und 12% aus Schweden. Wichtigste tourist. Anziehungspunkte sind die Altstadt Tallinns sowie die Kur- und Badeorte Pärnu und Haapsalu an der W-Küste und Kuressaare auf der Insel Saaremaa (Ösel).
Außenwirtschaft: Die Neuausrichtung der estn. Außenwirtschaft ist offensichtlich: Seit 1992 ist ein drast. Rückgang des Güteraustauschs mit der GUS zu beobachten, der aber durch neue Handelsbeziehungen noch nicht kompensiert werden konnte. E. hat sich v. a. auf der Importseite fast völlig nach dem Westen orientiert, während die starke Exportabhängigkeit in Richtung GUS (1993: 91% der estn. Ausfuhren) anhält. Die Folge ist eine Verringerung des Außenhandelsvolumens (Einfuhrwert 1993: 618 Mio. US-$; Ausfuhrwert: 461 Mio. US-$). Wichtigste Ausfuhrwaren sind Nahrungs- und Genußmittel (1993: 22% der Gesamtausfuhr), Textilien, Schuhe, Metalle und Kraftfahrzeuge. Unter den Handelspartnern dominieren Finnland (29% des Außenhandelsvolumens), Rußland, Schweden und Deutschland.
Verkehr: Im Vergleich mit den übrigen Staaten der früheren Sowjetunion verfügt E. über ein gut ausgebautes Verkehrsnetz. Das Schienennetz mit einer Gesamtlänge von (1992) 1 018 km hat große Bedeutung für den Transit russ. Ein- und Ausfuhren, die über die Hauptstadthäfen (neben Tallinn der 1986 in Betrieb genommene Hochseehafen von Paldiski) abgewickelt werden. Bes. stark frequentiert ist die Transitstrecke Tallinn–Tapa–Narva–Sankt Petersburg. Mit einer Gesamtlänge von (1992) 14 800 km ist das estn. Straßennetz relativ dicht ausgebaut. Durch den Bau einer durchgehenden Verbindung von Sankt Petersburg über Tallinn, Riga und Kaunas nach Warschau (›Via Baltica‹) sollen die balt. Staaten besser an das mitteleurop. Straßennetz angebunden werden. – Der internat. Seeverkehr hat eine große Bedeutung für die estn. Wirtschaft. Von Tallinn aus gibt es regelmäßige Fährverbindungen nach Helsinki und Stockholm. – Der internat. Flughafen liegt nahe der Hauptstadt.

GESCHICHTE

Im Zeichen der von M. S. GORBATSCHOW in der UdSSR eingeleiteten gesellschaftl. Reformen bildete sich in E. eine ›Volksfront‹, die für die staatl. Unabhängigkeit E.s von der Sowjetunion kämpfte. Bei den Wahlen zum Obersten Sowjet der Estn. SSR im März 1990 errang sie zus. mit sie unterstützenden Gruppen die parlamentar. Mehrheit. Gemäß der ›Deklaration zur nat. Unabhängigkeit E.s‹ (2. 2. 1990) beschloß der Oberste Sowjet der Estn. SSR am 30. 3. 1990 den stufenweisen Übergang E.s zur Unabhängigkeit. Seit der Wiederinkraftsetzung von Teilen der Verf. von 1938 am 8. 5. 1990 führt E. den Namen ›Republik E.‹. Während die sowjet. Reg. unter Präs. GORBATSCHOW diese Entwicklung zu bremsen versuchte und konservativ-kommunist. Kräfte darüber hinaus für ihre gewaltsame Unterdrückung eintraten, erkannte die russ. Reg. unter Präs. B. N. JELZIN die Souveränität der balt. Staaten an (13. 1. 1991). Unter dem Eindruck des (gescheiterten) Putsches in der UdSSR am 19. 8. 1991 erklärte E. am 21. 8. 1991 seine Unabhängigkeit, die in der folgenden Zeit auch international anerkannt wurde. Nach der Annahme einer neuen Verf. durch ein Referendum (28. 6. 1992) fanden am 20. 9. 1992 Parlaments- und Präsidentschaftswahlen statt, bei denen nur jene Bürger (und deren Nachkommen) wahlberechtigt waren, die vor der Annexion (1940) durch die UdSSR estn. Staatsbürger gewesen waren. Stärkste polit. Kraft wurde das aus fünf Parteien bestehende (rechtsgerichtete) Wahlbündnis ›Vaterland‹. Da keiner der Präsidentschaftskandidaten bei der Direktwahl die absolute Mehrheit erhielt, wählte die Staatsversammlung verfassungsgemäß L. MERI (›Vaterland‹) am 5. 10. 1992 zum Staatspräs. Bei den Wahlen vom 5. 3. 1995 siegte ein stärker linksorientiertes Parteienbündnis. Außenpolitisch erfolgte E.s Anlehnung an die Demokratien Europas. So wurde E. am 14. 5. 1993 Mitgl. im Europarat und trat am 3. 2. 1994 dem NATO-Programm ›Partnerschaft für den Frieden‹ bei. Am 18. 7. 1994 schloß E. ein Freihandelsabkommen (in Kraft seit 1. 1. 1995), am 12. 6. 1995 ein Assoziierungsabkommen (›Europaabkommen‹) mit der EG.

K. LUDWIG: Das Baltikum. E., Lettland, Litauen (^{3}1992); T. KARIN: E. Kulturelle u. landschaftl. Vielfalt in einem histor. Grenzland zw. Ost u. West (1995).

*estnische Literatur: In den letzten anderthalb Jahrzehnten der sowjet. Okkupation Estlands haben estn. Prosaautoren (u. a. J. KROSS, LILLI PROMET, L. MERI, E. VETEMAA) und Lyriker (u. a. DEBORA VAARANDI, *1916; ELLEN NIIT; JAAN KAPLINSKI, *1941; J. VIIDING) durch eine Aktualisierung von Themen aus der Geschichte Estlands und durch eine Thematisierung des eigenen Landes wesentlich zur Erhaltung und Wiederbelebung des estn. Nationalbewußtseins beigetragen. Seit der Unabhängigkeit Estlands 1990/91 ist diese Tendenz durch diese und zahlreiche jüngere Lyriker (u. a. PRIIDU BEIER, *1947; DORIS KAREVA, *1958; TÕNU TRUBETZKY, *1963; KARL SINIJÄRV, *1971) und Prosaautoren (u. a. VIIVI LUIK, *1946; MARI SAAT, *1947; ÜLO MATTHEUS, *1956) verstärkt weiterentwickelt worden. Auch andere Bereiche, die jahrzehntelang tabuisiert waren (z. B. eine positive Darstellung der Rep. Estland von 1918–39 und der zahlenmäßig sehr starken estn. Emigration; eine Behandlung der ersten und zweiten Massenverschleppung und der Ermordung von Esten durch die sowjet. Machthaber, 1940/45; eine positive Darstellung der Deutschbalten und des westl. Auslands; Erotik und Sexualität), haben seitdem wieder ihren adäquaten Stellenwert in der Thematik der e. L., u. a. bei MATI UNT (*1944), ENE MIKHLSON (*1944) und JAAN UNDUSK (*1958).

In der e. L. im Exil hatten die modernistischen literar. Strömungen der 30er Jahre in der Lyrik von Dich-

ethnische Konflikte **Ethn**

tern wie MARIE UNDER (* 1883, † 1985), ILMAR MIKIVER (* 1920), K. LEPIK und in der Prosa von Autoren wie BERNARD KANGRO (* 1910), KARL RISTIKIVI (* 1912), ARVED VIIRLAID (* 1922) u. a. ungehindert in einer Auseinandersetzung mit der modernen westl. Literatur ihre natürl. Weiterentwicklung durchmachen konnten, während im sowjetisch okkupierten Estland Thematik und dichter. Gestaltung in vielen Bereichen noch lange der Doktrin des sozialist. Realismus unterworfen waren. Diese Situation führte dazu, daß sich die e. L. im Exil und die e. L. in Estland immer weiter auseinanderentwickelten. Nach der Wiedererlangung der Eigenstaatlichkeit Estlands ist jedoch durch den Nachdruck von Werken estn. Exilautoren in Estland und einen regen Austausch mit diesen Autoren ein Prozeß der Wiederannäherung beider Literaturen in Gang gekommen.

F. SCHOLZ: Die Literaturen des Baltikums. Ihre Entstehung u. Entwicklung (1990).

ethnische Konflikte, Bez. für Konfliktverläufe, in denen die Berufung auf eine wie immer begründete Konstruktion ethn. (volksgruppenmäßiger) Zugehörigkeit und die daraus resultierenden Grenzlinien (Abgrenzungen, Ausgrenzungen, Diskriminierungen) die Grundlage sozialer Konflikte, Parteiungen und Zielvorgaben darstellt; die ethn. Zuschreibung kann unter Umständen verschärfender, legitimierender oder ideologisierender Faktor in bereits durch andere Konfliktlinien (soziale Spannungen, Grenzfragen und Gebietsansprüche, polit. Partizipation) bestimmten Auseinandersetzungen sein.

Soziale Gruppen werden als Ethnien oder Volksgruppen bezeichnet, wenn sie ›eine eigene Sprache, Geschichte, Kultur, eigene Institutionen, einen bestimmten Siedlungsraum, möglicherweise auch eine gemeinsame Religion haben‹ *und* ›sich ihrer Einheit und Zusammengehörigkeit bewußt sind‹ (P. WALDMANN). Das Bewußtsein der gemeinsam geteilten Zugehörigkeit, oft auch als kollektive Identität bezeichnet, ist bedeutsam für die Herausbildung von Ethnizität als ›sozialer Organisation kultureller Unterschiede‹ (F. BARTH) oder als Abgrenzung. Zu dieser kommt es nach A. COHEN erst dadurch, daß zwei oder mehrere kulturelle Gruppen in einem gemeinsamen Kontext operieren. Dies ist insbesondere in Staaten gegeben, in denen die Staatsnation (Demos) aus versch. Ethnien zusammengesetzt ist, führt aber nicht zwangsläufig zu einem e. K. oder gar zu dessen gewaltsamer Austragung. Da weltweit zw. 2 500 und 8 000 Völker, Ethnien oder Sprachgruppen geschätzt werden, jedoch derzeit nur wenig mehr als 190 Staaten bestehen, ist der multiethn. Staat der Normalfall, der homogene die Ausnahme. Allerdings zeigt die Kriegsstatistik einen Trend von zwischenstaatl. Kriegen zu Bürgerkriegen. Rund ein Drittel aller Kriege zwischen 1945 und 1984 ging bereits um Autonomie und Sezession einer Bevölkerungsgruppe, und unter den 45 Kriegen des Jahres 1993 gab es keinen einzigen rein zwischenstaatlichen. Dieser Befund verweist zum einen auf die bereits bestehenden Möglichkeiten, z. B. im Rahmen internationaler Verträge und Bündnissysteme, staatliche Akteure in friedenssichernde Maßnahmen einzubinden, zeigt zum anderen aber auch auf, daß sich hinter nationalstaatlichen Fassaden auch in vergangenen Jahrhunderten unterschiedliche, disparate Gruppenmuster (z. B. Regionen oder Ethnien) finden lassen, deren Beiträge zur Konfliktdynamik nationalstaatlicher Politik jeweils gesondert (historisch) betrachtet werden müssen.

Allein in Europa gibt es mehr als 100 Mio. Angehörige nat. Minderheiten. In der Völkerrechtslehre werden hierzu nur Personen gerechnet, die die Staatsangehörigkeit des Landes besitzen, in dem sie ihren Lebensmittelpunkt haben, sich jedoch von einer zahlenmäßigen Mehrheit durch ethn., religiöse oder sprachl. Charakteristika unterscheiden und keine dominierende Rolle im Staat ausüben. Als eine Minderheit gelten diese Menschen erst dadurch, daß sie als Gruppe ihre gemeinsame Eigenart behalten wollen und nach einer rechtl. und tatsächl. Gleichheit mit der Mehrheit streben. Demgegenüber werden längere Zeit oder dauerhaft in einem Land lebende Ausländer (Flüchtlinge, Arbeitsmigranten) nicht zu den Minderheiten gerechnet, auch wenn sie wie z. B. die Gruppe der Türken in der Bundesrep. Dtl. die übrigen Kriterien erfüllen und z. T. schon über Generationen hier wohnen und in einem polit. Sinne auch Anlaß und Teilnehmer von interethn. Konflikten werden können.

Ursachen und Hintergründe

Das Zusammenleben in fest abgegrenzten, sich als Nationalstaaten verstehenden polit. Einheiten ist innerhalb der Menschheitsgeschichte eine relativ junge Erscheinung, die sich von Europa ausgehend erst im 19. und 20. Jh. über den Globus verbreitet hat. Die Zahl der Nationalstaaten wuchs insbesondere nach dem Ersten Weltkrieg durch die Aufteilung des Osman. Reiches und Österreich-Ungarns, während in den 1950er und 60er Jahre im Zuge der Entkolonialisierung v. a. Afrikas und Anfang der 90er Jahre bei der Auflösung der UdSSR und Jugoslawiens. Grenzziehungen, die auf krieger. Eroberungen, Waffenstillstandslinien, Gebietsaustausch oder kolonialpolit. Gründe zurückzuführen sind, entsprechen vielfach nicht den Grenzverläufen ethn. Siedlungsgebiete. Vielmehr wurden im Zuge des Kolonialismus aus Machterhaltungsinteressen heraus Siedlungsräume indigener Völker zerteilt oder miteinander rivalisierende Stämme zu einer Verwaltungseinheit zusammengeschlossen. Insbe-

Schlüsselbegriff

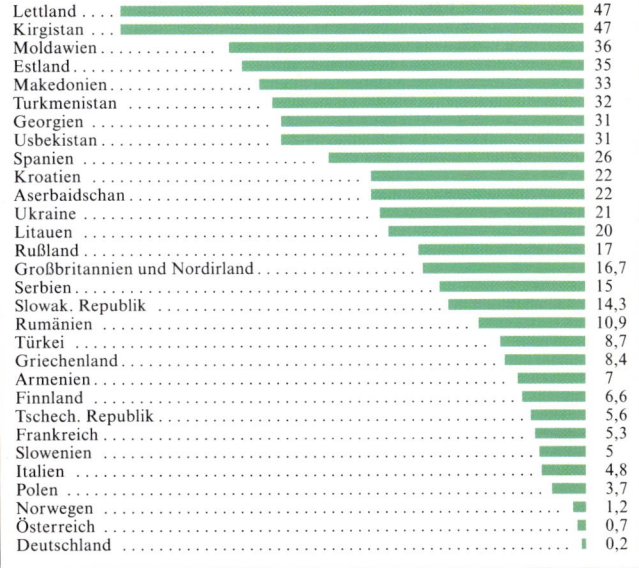

ethnische Konflikte: Minderheitenanteil in Staaten des OSZE-Raumes (in Prozent; Auswahl)

Land	%
Lettland	47
Kirgistan	47
Moldawien	36
Estland	35
Makedonien	33
Turkmenistan	32
Georgien	31
Usbekistan	31
Spanien	26
Kroatien	22
Aserbaidschan	22
Ukraine	21
Litauen	20
Rußland	17
Großbritannien und Nordirland	16,7
Serbien	15
Slowak. Republik	14,3
Rumänien	10,9
Türkei	8,7
Griechenland	8,4
Armenien	7
Finnland	6,6
Tschech. Republik	5,6
Frankreich	5,3
Slowenien	5
Italien	4,8
Polen	3,7
Norwegen	1,2
Österreich	0,7
Deutschland	0,2

Ethn ethnische Konflikte

sondere in Afrika blieben die kolonialen Grenzen über die Zeit der Entkolonialisierung erhalten (u. a. Nigeria, Somalia, Sudan, Tschad, Uganda). Infolgedessen waren und sind Kämpfe um die Macht- und Ressourcenverteilung zw. einzelnen Clans, Stämmen und Völkern innerhalb der einzelnen Staaten maßgeblich für das (Bürger-)Kriegsgeschehen auf dem schwarzen Kontinent.

Daneben kann auch die Durchsetzung von Siedlungsgebieten einer Ethnie mit Angehörigen anderer Ethnien Ursache für e. K. sein. So sind von alters her aus versch. Gründen (Teile von) Ethnien in einer fremden Region seßhaft geworden, etwa infolge von Umweltkatastrophen und Hungersnöten während der Zeit der Völkerwanderung; durch religiöse Verfolgung und Flucht, aber auch aufgrund polit. Absichten (wie die Zwangsumsiedlung zahlreicher Ethnien unter STALIN mit dem Ziel der Russifizierung der anderen Sowjetrepubliken) oder wirtschaftl. Motive, die zahllose Europäer v. a. während des 19. Jh. nach Nord- und Südamerika verschlugen und dort zu Lasten der indian. Ureinwohner Land nehmen ließen.

Motive und Zielsetzungen

Ethn. Gesichtspunkte, bes. die gemeinsame Religion, Geschichte und Kultur, werden häufig dafür instrumentalisiert, als identitätsstiftende Elemente ganze Gruppen hinter ihren Führern zu vereinen. Das Individuum erfährt dann die Interpretationsmuster, die ihm die Unterscheidung zw. der Wir-Gruppe und der Ihr-Gruppe ermöglichen, und die daraus abgeleiteten Handlungsorientierungen über die Sozialisation innerhalb seiner Gruppe als absolute Form einer Selbstlegitimation, die auf der Abgrenzung gegenüber anderen basiert. Ob und in welcher Weise die Abgrenzung zw. der positiv besetzten Wir-Gruppe und einer eventuellen negativen Sicht außenstehender sozialer Einheiten das Entstehen und die Austragung eines Konflikts beeinflußt, läßt sich nicht allgemeingültig bestimmen. Die Abgrenzung kann jedoch für die Verschärfung eines Konflikts insofern entscheidend sein, als sich mit ihrer Hilfe Feindbilder aufbauen lassen, die dazu beitragen, daß e. K. nicht nur Interessenkonflikte sind, die kompromißhafte Vereinbarungen erlauben, sondern zumindest von den Beteiligten als Identitätskonflikte wahrgenommen werden, bei denen es ›um unterschiedl. Lebensentwürfe (geht), die in ihrer verschiedenartigen Geschichte, in unterschiedl. Brauchtum, einer eigenen Sprache und in widerstreitenden polit. Zielsetzungen begründet sind‹ (D. SENGHAAS). Freilich stehen i. d. R. Erscheinungen, die als Identitätskonflikte dargestellt werden, mit anderen Interessengegensätzen in Verbindung, wie dies z. B. im Nordirlandkonflikt zu sehen ist.

Im einzelnen lassen sich nach SENGHAAS drei Konstellationen von e. K. unterscheiden:

1) Konflikte um die *Besitzstandswahrung*. Diese sind davon geprägt, daß eine Nationalität zu der Auffassung gelangt, ihre eigenen Aufwendungen für die Aufrechterhaltung des Gesamtstaates seien höher als der Nutzen, den sie aus der Gemeinschaft mit anderen Nationalitäten ziehen könne. Dies trifft am ehesten auf jene Völker zu, die innerhalb des gemeinsamen Staates ökonomisch vergleichsweise besser dastehen als die anderen Nationalitäten (v. a. aus diesem Grund bemühte sich das wohlhabendere, jedoch wenig einflußreiche Slowenien darum, den jugoslaw. Staatsverband zu verlassen). Wenn sie nach Sezession streben, kann allerdings auch bei diesen anderen Nationalitäten die Besitzstandswahrung zum Handlungsmotiv werden (so das Streben der Serben, Macht und Einfluß nach den Unabhängigkeitserklärungen Sloweniens und Kroatiens zu wahren).

2) Konflikte um die *Überfremdungsabwehr*. Hierbei handelt es sich um das Streben einer ethn. Gruppe, die in einem Ort, einer Region oder einem Staat die Bevölkerungsmehrheit stellt (z. B. der Albaner im Kosovo), die tatsächl. oder vermeintl. Vorherrschaft einer anderen Gruppe, die sich in einer Minderheitenposition befindet (in diesem Fall der Serben, die u. a. keine kulturelle Selbständigkeit, etwa eigene Schulen, der Albaner, zulassen), abzuwehren.

3) Konflikte um die *Assimilationsabwehr*. Die meisten e. K. resultieren hieraus, d. h. aus den Bemühungen der Minderheiten, ihre Identität gegen den Anpassungsdruck der Mehrheit zu bewahren (so schon seit Jahrhunderten das Streben der Waliser und Schotten nach größerer Eigenständigkeit gegenüber den Engländern).

Nach A. D. SMITH verfolgen ethn. oder Minderheitsbewegungen gegenüber der herrschenden Gruppe folgende Ziele: Isolierung, Anpassung, Kommunalismus, Autonomie, Separatismus oder Irredentismus. Demgegenüber reicht die Bandbreite des Umgangs der herrschenden Gruppe mit den Minderheitsethnien innerhalb des positiven Spektrums von der Integration über die Wahrung und Förderung ihrer kulturellen Identität bis zur pluralist. und ggf. föderativen Beteiligung an den polit. Angelegenheiten, innerhalb eines negativen Spektrums von der Zwangsassimilierung über die Ghettoisierung und andere Formen der Diskriminierung und Benachteiligung bis hin zur Vertreibung und Vernichtung.

Maßnahmen zur Konfliktregelung

Die Schwere des Konfliktaustrags sowie die Herbeiführung von Regelungen oder gar Lösungen für die dahinterstehenden Probleme hängen davon ab, welches dieser Ziele von der jeweiligen Bewegung verfolgt wird und in welchem Maße die herrschende Gruppe bereit und in der Lage ist, dem entgegenzukommen.

Völkerrechtliche Aspekte: Ethn. bzw. Minderheitenkonflikte sind zw. rein innergesellschaftl. und internat. Konflikten einzuordnen. Aufgrund dieser Zwischenstellung hat sich die Völkerrecht und haben sich internat. Organisationen wie UNO, Europarat und KSZE mit der Regelung der dahinterstehenden Problematiken erst spät befaßt und stets schwergetan. Die UN-Charta von 1945 betont zwar das ›Selbstbestimmungsrecht der Völker‹, stellt es aber neben den Anspruch der Staaten auf ›territoriale Unversehrtheit‹. Als eine Organisation von Staaten interpretiert sie folglich das Selbstbestimmungsrecht als Recht der staatlich verfaßten Nationen und nicht als Autonomie- oder gar Sezessionsrecht irgendwelcher Teile davon. Zwar hat die Generalversammlung im Rahmen ihrer ›Erklärung über die Gewährung der Unabhängigkeit an Kolonialgebiete und Kolonialvölker‹ 1960 das Selbstbestimmungsrecht wieder aufgegriffen, aber erst 1966 werden im Internat. Pakt über bürgerl. und polit. Rechte die Rechte von ›Angehörigen‹ ethn., religiöser oder sprachl. Minderheiten insofern geschützt, als ihnen zugestanden wird, ihre Muttersprache und kulturellen Traditionen zu pflegen und ihre Religion ›gemeinsam mit anderen Angehörigen ihrer Gruppe‹ auszuüben.

Hinter der Einschränkung auf Einzelpersonen steht einerseits ein am Individuum orientiertes Menschenrechtsverständnis, das darauf zielt, niemanden wegen seiner Nichtzugehörigkeit zu benachteiligen. Andererseits läßt diese Haltung auch

Befürchtungen von Staaten, in denen ethn. Minderheiten leben, erkennen, kollektive, insbesondere polit. Rechte könnten Sezessionsbestrebungen erleichtern. Alle Bemühungen, darüber hinaus auch die Rechte ganzer Volksgruppen zu schützen bzw. ihre in einzelnen Ländern anerkannten polit. Rechte völkerrechtlich abzusichern, sind deshalb bisher in der UNO gescheitert, zuletzt in der ›Deklaration über die Rechte von Personen, die zu nat. oder ethn., religiösen und sprachl. Minderheiten gehören‹, vom 18. 12. 1992. Es gelang dort nicht einmal, die von der KSZE verabschiedete Formel, daß ›Fragen der Menschenrechte, Grundfreiheiten, Demokratie und Rechtsstaatlichkeit‹, zu denen der Minderheitenschutz gehört, ›eine nicht ausschließlich innere Angelegenheit des betroffenen Staates darstellen‹ (Moskauer Dokument, Sept. 1991), in diese Deklaration aufzunehmen.

Maßnahmen der KSZE und anderer internat. Organisationen: Die KSZE selbst hatte schon im Juni 1990 in Kopenhagen detaillierte Bestimmungen zur Sicherung der Menschenrechte und Grundfreiheiten sowie des Minderheitenschutzes verabschiedet. In diesem Dokument, das jedoch kein geltendes Völkerrecht ist, gibt es erste bescheidene Ansätze, über einen individualrechtl. Schutz hinauszugehen. Nach ihrem Pariser Gipfeltreffen vom Nov. 1991 richtete die KSZE in Warschau ein ›Büro für Demokrat. Institutionen und Menschenrechte‹ (BDIMR) ein. Außerdem berief sie nach ihrem Folgetreffen von Helsinki (Juli 1992) den Niederländer MAX VAN DER STOEL (* 1924) in das neu geschaffene Amt eines Hochkommissars für nat. Minderheiten (HKNM). Damit trug sie der Tatsache Rechnung, daß insbesondere auf dem Territorium der ehem. UdSSR infolge der Unionsauflösung und Staatenneubildung, aber auch auf dem Balkan zahlreiche e. K. aufgebrochen sind, die den internat. Frieden zu stören drohen. Das BDIMR wie auch der HKNM dienen als Frühwarnsysteme, haben aber zugleich Möglichkeiten, mit Hilfe von Expertenmissionen, Wahlbeobachtungen sowie Anhörungen von und Zusammenarbeit mit Nichtregierungsorganisationen (z. B. amnesty international, Helsinki Citizens Assembly, IKRK) Beiträge zur Konfliktminderung und friedl. Streitbeilegung zu leisten. Die Aktivitäten des HKNM konzentrierten sich in den ersten drei Jahren v. a. auf die balt. Staaten (dort bes. um die Schaffung und prakt. Durchführung eines Wahlrechts, das die starke russ. Minderheit nicht diskriminiert) und auf Regionen des Balkans, in denen es noch nicht zum krieger. Konfliktaustrag gekommen ist.

Der Europarat hat 1994 ein Rahmenübereinkommen zum Schutz nat. Minderheiten beschlossen, das auf den KSZE-Normen aufbaut. Auf Initiative des frz. Premier-Min. É. BALLADUR und der Europ. Union wurde von den europ. Teilnehmerstaaten der inzwischen in OSZE umbenannten KSZE im März 1995 ein Stabilitätspakt unterzeichnet, dem als Anhang zahlreiche bilaterale Vereinbarungen zur Regelung von grenzüberschreitenden Minderheitsproblemen (z. B. zw. der Slowak. Republik und Ungarn) beigefügt sind.

Einzelstaatl. Maßnahmen: Konkret geht es bei der Behandlung von e. K. innerhalb einzelner Staaten darum, die Interessen der beteiligten Menschen so gegeneinander auszugleichen, daß sich alle gerecht behandelt sehen, wobei sich universalist. (z. B. Rechtsstaat) und partikularist. (z. B. die Wertschätzung und Anerkennung bestimmter Traditionen) Forderungen widerstreiten können. Seit dem 18. Jh. hat hierfür der moderne Verfassungsstaat den (nicht unbestrittenen) Ansatz gefunden, formale Gleichheit im öffentl. Raum und individuelle oder durch Ethnien oder Kulturen begründete Besonderheit in der privaten Sphäre anzuerkennen oder zu garantieren. Die kulturelle Nähe oder Distanz zur Mehrheitsethnie mag für die Angehörigen der Minderheiten ein entscheidendes Kriterium dafür sein, sich assimilieren oder abgrenzen zu wollen. Generell muß ihnen beides möglich sein. Grenzen für die Wahrung der kulturellen oder religiösen Eigenständigkeit sind nur dann gerechtfertigt, wenn mit bestimmten Verhaltensweisen gegen die allgemeinen Grund- und Menschenrechte (etwa die Gleichberechtigung der Geschlechter oder die körperl. Unversehrtheit) verstoßen wird. Angehörigen von ethn. Minderheiten muß das aktive und passive Wahlrecht zustehen. Insofern müssen sie auch das Recht haben, eigene Parteien zu gründen, die freilich denselben demokrat. Spielregeln unterliegen müssen, die im Land üblich sind. Bei der Verwirklichung ihrer partizipator. Rechte kann es notwendig sein, vom Prinzip der Gleichheit abzuweichen, um ihnen eine Repräsentanz zu sichern. Ein Beispiel hierfür ist die seit langem praktizierte Aussetzung der bei Wahlen in der Bundesrep. Dtl. sonst übl. Fünfprozentklausel für die Vertretung der dän. Minderheit in schleswig-holstein. Landtagswahlrecht; nach der 1995 erfolgten offiziellen Anerkennung der drei anderen Minderheiten in Dtl., der Friesen, der Sorben und der Roma, müßten für sie entsprechende Regelungen im Prinzip auch für die Bundestagswahlen vorgenommen werden.

Zu den Möglichkeiten, e. K. ihre Brisanz zu nehmen, gehört auch in Fällen, in denen die Siedlungsgebiete der einzelnen Ethnien relativ geschlossen sind, die Einführung von föderalist. Strukturen wie z. B. Kantonen oder Bundesländern, die in bestimmten Politikbereichen eigenständig entscheiden und handeln können. Daß davon auch Gefährdungen für den Zusammenhalt des Gesamtstaates ausgehen können, zeigt die Geschichte der Schweiz in den 1930er Jahren, als, angezogen vom italien. Faschismus und dt. Nationalsozialismus, rechte Gruppierungen in den italo-schweizer. bzw. dt.-schweizer. Kantonen irredentist. Neigungen erkennen ließen. Daraufhin entwickelte sich ein alle vier Ethnien umfassendes breites polit. Bündnis, das den Zusammenhalt des Landes als ›Willensnation‹ über den Weltkrieg hinweg sicherte. Hieraus entstand in den 50er Jahren das Regierungssystem der Konsensdemokratie, das sich dadurch auszeichnet, daß von links bis rechts alle bedeutsamen polit. Gruppierungen und damit auch alle Ethnien dauernd dem Bundesrat (der Regierung) mit einer festgelegten Zahl von Sitzen angehören.

Das offene Problem des Separatismus

Die schwierigen Fragen der Sezession und Staatenneubildung, die an den Kern des staatl. Souveränitätsanspruchs rühren, werden nie vollständig zu normieren sein. Allerdings kann die OSZE mit ihren Verfahren des kontinuierl. Dialogs hierbei prinzipien- und normbildend wirken und so dazu beitragen, den Gewaltcharakter von Staatsauflösungsprozessen zu verringern. Ein zentrales Kriterium für die Beurteilung von Sezessionen, Staatszerfall und Staatenneubildung ist, welche Konfliktregelungen letztlich für die betroffenen Menschen mit der größten Akzeptanz und den geringsten ›Kosten‹ verbunden sind. Priorität sollte dabei die Aufrechterhaltung des bestehenden Staates in seinen bisherigen Grenzen haben. Aber wenn es nicht möglich ist, durch Demokratisierung, Verbesserung des Minderheitenschutzes und Stärkung dezentraler Strukturen eine Akzeptanz des Staates durch alle

Ethn ethnische Säuberungen – Eurokorps

ethn. Gruppen zu erreichen, und wenn die Aufrechterhaltung der bestehenden staatl. Strukturen nur noch mit Gewalt und Menschenrechtsverletzungen insbesondere bei ethn. Minderheiten gesichert werden kann, müssen von der internat. Gemeinschaft Verfahren angeboten und ggf. eingeleitet werden können, die eine Auflösung ermöglichen. Wichtig ist dabei allerdings, daß in den neu entstehenden Staaten die Minderheitenrechte geschützt werden, um die in dem neuen Staatsgebilde lebenden Angehörigen der Mehrheitsethnie des früheren Staates davor zu schützen, daß an ihnen Rache geübt wird.

Hb. der europ. Volksgruppen, bearb. v. M. STRAKA (Wien 1970); Urban ethnicity, hg. v. A. COHEN (London 1974); ANTHONY D. SMITH: The ethnic revival (Cambridge 1981); Ethnic groups and boundaries, hg. v. F. BARTH (Neuausg. Oslo 1982); O. KIMMINICH: Rechtsprobleme der polyethn. Staatsorganisation (1985); Ethnizität im Wandel, hg. v. P. WALDMANN u.a. (1989); P. WALDMANN: Ethn. Radikalismus. Ursachen u. Folgen gewaltsamer Minderheitenkonflikte am Beispiel des Baskenlandes, Nordirlands u. Quebecs (1989, Nachdr. 1992); Ethnizität. Wiss. u. Minderheiten, hg. v. E. J. DITTRICH u.a. (1990); A. E. BUCHANAN: Secession. The morality of political divorce from Fort Sumter to Lithuania and Quebec (Boulder, Colo., 1991); F. HECKMANN: Ethn. Minderheiten, Volk u. Nation. Soziologie interethnischer Beziehungen (1992); R. OLT: Angst vor dem Nationalen, Streben nach Autonomie u. eigenem wirksamen Volksgruppenschutz in Europa, in: Der Krieg, ein Kulturphänomen? Studien u. Analysen, hg. v. P. KRASEMANN (1992); D. SENGHAAS: Friedensprojekt Europa (²1992); B. WEHNER: Nationalstaat, Solidarstaat, Effizienzstaat. Neue Staatsgrenzen für neue Staatstypen (1992); Das Minderheitenrecht europ. Staaten, hg. v. J. A. FROWEIN u.a., 2 Bde. (1993–94); BERTHOLD MEYER: Überfordern Minderheitenkonflikte die ›neue‹ KSZE?, in: Konfliktsteuerung durch Vereinte Nationen u. KSZE, hg. v. BERTHOLD MEYER u.a. (1994); S. RYAN: Ethnic conflict and international relations (Aldershot ²1995).

ethnische Säuberungen, im Zusammenhang mit dem Bürgerkrieg im ehem. Jugoslawien aufgekommene verharmlosende Bez. für die systemat., gewaltsame Vertreibung von Volksgruppen aus einem ethn. Mischgebiet zugunsten des Wohn- und Lebensrechtes einer einzigen Nationalität (Ethnie); wurde von der Gesellschaft für dt. Sprache zum ›Unwort des Jahres‹ 1992 erklärt.

*****Étienne-Martin,** frz. Bildhauer: †Paris 21. 3. 1995.

EU, Abk. für →Europäische Union.

EUMETSAT, Abk. für **Eu**ropean **Met**eorological **Sat**ellites Organization, im Juni 1986 gegründete europ. zwischenstaatl. Wettersatelliten-Organisation; Sitz: Darmstadt. Mitgl. sind u.a. Dtl., die Schweiz und (seit Jan. 1994 als 17. Mitgl.-Staat) Österreich. Seit Jan. 1987 ist EUMETSAT verantwortlich für Finanzierung, Errichtung und Nutzung des europ. geostationären Satellitensystems ▷Meteosat sowie für die Planung der zweiten Generation europ. Wettersatelliten (ab 2001). Entwicklung, Start und techn. Betrieb der Satelliten oblagen früher der ESA, 1995 übernahm EUMETSAT auch den Meteosat-Betrieb (neues Kontrollzentrum in Darmstadt). Finanziert wird EUMETSAT von den Mitgl.-Staaten, die größten Beiträge stellen Dtl., Frankreich, Großbritannien und Italien. Zu den Bodeneinrichtungen gehört das meteorolog. Zentrum MIEC, das Daten für Wettervorhersagen, Wolken-, Atmosphäre- und Klimaforschung sammelt.

*****Eureca:** Am 31. 7. 1992 startete E. an Bord eines Space-shuttle zu seiner ersten Mission (Einsatzhöhe 508 km, Masse 4,5 t, Länge 4,5 m, Breite 2,5 m, Spannweite der Solarzellenausleger 20 m). Es wurden 71 Experimente aus sieben europ. Staaten (v. a. Dtl.) durchgeführt. Nach elfmonatigem Flug (Kontrollzentrale ESOC in Darmstadt) wurde E. in 476 km Höhe geborgen und am 1. 7. 1993 auf die Erde zurückgebracht. Die Untersuchungen von E. beim Hersteller Dasa zeigten außer 40 winzigen Mikrometeoriteneinschlägen einen sehr guten Zustand.

Euro, Bez. der europ. Währung nach Vollendung der →Europäischen Wirtschafts- und Währungsunion.

*****Eurocheque:** Die Anzahl der in Dtl. ausgegebenen E.-Karten erhöhte sich auf (1994) 36,5 Mio. Zus. mit der E.-Karte werden E. inzwischen in 37 europ. Ländern auch von Nichtbanken akzeptiert. In 44 europ. und an das Mittelmeer angrenzenden Ländern können bei Banken E. eingelöst werden, in 21 Staaten stehen E.-Geldausgabeautomaten für Barabhebungen zur Verfügung. Seit Ende 1994 kann europaweit bei zahlreichen Handels- und Dienstleistungsunternehmen mit der E.-Karte bargeldlos bezahlt werden (→POS-Systeme).

Seit dem 1. 1. 1995 wurde im Rahmen des E.-Systems die Haftung der Banken für Schäden aus dem Verlust von E.-Karte, Scheckvordrucken oder persönl. Identifikationsnummer geändert. Die Kreditinstitute haften nicht mehr für Schäden, die von Karteninhabern grob fahrlässig verursacht wurden (z. B. Diebstahl von E.-Karte und Scheckvordrucken aus einem unbeaufsichtigten Fahrzeug). Für alle sonstigen Schäden haften die Banken vollständig.

Eurofighter 2000 [-faɪtər], seit 1994 Bez. für das modifizierte Kampfflugzeugprojekt →Jäger 90.

Euro-Kennzeichen, seit dem 16. 1. 1995 neben dem herkömml. Kennzeichen auf Empfehlung der Europ. Kommission eingeführtes amtl. Kennzeichen für Kfz. Merkmale des E. sind die zwölf gelben Sterne für die Mitgliedstaaten der EU und das Nationalitätskennzeichen, die links außen auf 4 cm breitem blauem Grund aufgebracht sind. Zudem wird eine neue Schrifttype verwendet, die die Fälschungssicherheit verbessert und maschinenlesbar ist.

Eureca (oben im Bild) am Manipulatorarm des Raumtransporters Atlantis am 1. August 1992 über dem Persischen Golf, Kuwait, Irak, Iran und Saudi-Arabien

Eurokorps [-koːr], am 5. 11. 1993 in Dienst gestellter multinat. militär. Großverband, dessen Aufstellung auf dem 59. dt.-frz. Gipfeltreffen am 22. 5. 1992 beschlossen worden war. Den Anstoß zur Formierung eines (zunächst) dt.-frz. Korps hatten Bundeskanzler

H. KOHL und der frz. Staatspräs. F. MITTERRAND bei ihrem Treffen in Lille am 14. 10. 1991 gegeben, nachdem mit der Aufstellung der dt.-frz. Brigade bereits positive Erfahrungen gemacht worden waren. Der offiziellen Einladung durch die dt. und frz. Reg. an die WEU-Staaten, sich am E. zu beteiligen, sind 1993 Belgien und Spanien, 1994 Luxemburg gefolgt. Der gemeinsame Korpsstab in Straßburg führt im Frieden unmittelbar nur wenige Truppenteile (so v. a. die dt.-frz. Brigade), erst im Einsatzfall übernimmt er das Kommando über die belg. 1. Mechanisierte Division, die dt. 10. und die frz. 1. Panzerdivision, luxemburg. Truppenteile sowie die span. 21. Mechanisierte Brigade (Gesamtstärke über 50 000 Mann mit u. a. etwa 600 Kampfpanzern). Spanien plant, bis 1998 ebenfalls eine Division zur Verfügung zu stellen.

Ein am 21. 1. 1993 zw. dem NATO-Oberbefehlshaber Europa sowie dem frz. Generalstabschef und dem dt. Generalinspekteur unterzeichnetes Abkommen stellt die Bindung des E. an die Nordatlant. Allianz her und regelt dessen Einsatz im Rahmen des Bündnisses. Dementsprechend dient der neue Großverband einerseits der ›gemeinsamen Verteidigung der Verbündeten‹, andererseits als ›zentraler Baustein in einer späteren europ. Verteidigungsstruktur‹, letzteres über die Strukturen der Westeurop. Union (WEU). Unter Wahrung der Bestimmungen der UN-Charta übernimmt das E. seit dem 1. 10. 1995 mit Gewährleistung der vollen Einsatzbereitschaft der unterstellten und zugeordneten Truppen folgende Aufträge: 1) Verteidigung der Mitgl. von WEU und NATO (gemäß Art. V des WEU-Vertrags bzw. Art. 5 des NATO-Vertrags); 2) Teilnahme an Maßnahmen zur Aufrechterhaltung und Wiederherstellung des Friedens; 3) Teilnahme an humanitären Einsätzen.

Euromir, *Raumfahrt:* →Mir.

euroNEWS [-nju:z], →Privatfernsehen (ÜBERSICHT).

Europa der Regionen, ein polit. Konzept zum Aufbau föderativer Strukturen bei der Integration Europas, soll die Regionen als ›dritte Ebene‹ zw. den einzelnen Nationalstaaten und der gesamteurop. Staatenwelt, bes. den supranationalen Institutionen der EG bzw. der EU, im institutionellen Bereich miteinbeziehen. Die in ihren verfassungsrechtl. nationalen Kompetenzen sehr unterschiedlich ausgestatteten Regionen (z. B. die Bundesländer in Dtl., die Autonomen Gemeinschaften in Spanien, die Regionen in Frankreich und Italien sowie die Regionen und Gemeinschaften in Belgien) sollen v. a. im Rahmen ›dezentraler Strukturen‹ Mitverantwortung erhalten. Der Gedanke eines E. d. R. erhielt besonderen Auftrieb als ›Gegenkonzept‹ zur vielkritisierten ›Brüsseler Bürokratie‹. Er soll zugleich die Akzeptanz der europ. Integration in der Bev. der europ. Staaten erhöhen. Der Vertrag von Maastricht (unterzeichnet am 7. 2. 1992) setzte einen →Ausschuß der Regionen mit beratender Funktion ein; das in diesem Vertrag verankerte Subsidiaritätsprinzip setzt bei der Entscheidungsfindung und Beschlußfassung einen dreistufigen Aufbau der EU (Europa, Nationalstaat und Region) voraus.

Europäische Bank für Wiederaufbau und Entwicklung, die ▷ Osteuropabank.

*Europäische Freihandelsassoziation: Durch den Beitritt Finnlands, Österreichs und Schwedens zur Europ. Union zum 1. 1. 1995 hat sich die Zahl der EFTA-Länder von sieben auf vier verringert. EFTA-Mitglieder sind weiterhin Island, Liechtenstein ist 1. 9. 1991), Norwegen und die Schweiz. Die Freihandelszone umfaßt (1995) nur noch eine Fläche von rd. 468 000 km^2 (vorher: 1 339 000 km^2) mit rd. 11 Mio. Ew. (rd. 33 Mio. Ew.) und ein Sozialprodukt von (1993) 412,5 Mrd. US-\$ (908,5 Mrd. US-\$); sie hat damit innerhalb Europas erheblich an Bedeutung eingebüßt. Die EFTA ist Vertragspartei des zum 1. 1. 1994 in Kraft getretenen →Europäischen Wirtschaftsraums, dem außer der Schweiz alle übrigen EFTA-Staaten angehören.

Seit dem Zusammenbruch des Rats für gegenseitige Wirtschaftshilfe hat die EFTA zahlreiche Handelsabkommen mit mittel- und osteurop. Ländern getroffen. Freihandelsverträge sind in Kraft mit der Tschechoslowakei (seit 20. 3. 1993; seit 1. 1. 1994 übertragen auf die Nachfolgestaaten Tschech. Rep. und Slowak. Rep.), Rumänien (1. 5. 1993), Bulgarien (1. 7. 1993), Ungarn (1. 10. 1993), Polen (15. 11. 1993), Estland, Lettland und Litauen (1. 1. 1996). Kooperationsvereinbarungen existieren mit Albanien und Slowenien (1992) sowie mit Ägypten, Tunesien und Marokko (1995). Darüber hinaus bestehen Freihandelsabkommen mit der Türkei (seit 1. 4. 1992) und mit Israel (1. 1. 1993).

*Europäische Gemeinschaften: Seit der Vertragsänderung vom 1. 11. 1993 (Vertrag über die →Europäische Union) heißt die EWG (Europäische Wirtschaftsgemeinschaft) offiziell Europäische Gemeinschaft (EG).

Der Vertrag über die Europ. Union ist die nach der →Einheitlichen Europäischen Akte (EEA) zweite und bislang letzte grundlegende Änderung der Gründungsverträge. Er wurde vom Europ. Rat am 9./10. 12. 1991 in Maastricht beschlossen (daher auch Maastrichter Vertrag genannt), am 7. 2. 1992 unterzeichnet und ist am 1. 11. 1993 in Kraft getreten. Dieser Vertrag ändert in den Titeln II bis IV die Gründungsverträge der EWG, der EGKS und EAG. In den Titeln I, V, VI und VII sind demgegenüber wie in einem Rahmen Bestimmungen zur Gründung einer Europ. Union enthalten. Grundlagen dieser Union sind zum einen die EG, ergänzt um eine in drei Stufen zu verwirklichende →Europäische Wirtschafts- und Währungsunion (1. Säule), zum anderen eine Gemeinsame Außen- und Sicherheitspolitik (GASP), die an die Stelle der Europ. Polit. Zusammenarbeit (EPZ) tritt (2. Säule), und drittens die Zusammenarbeit in den Bereichen Justiz und Inneres (3. Säule). Der Maastrichter Vertrag hat der EG in einigen Bereichen neue Zuständigkeiten übertragen (Bildung, Kultur, Gesundheitswesen, Verbraucherschutz, Transeurop. Netze), im Bereich von Forschung und Umwelt weitere Kompetenzen vermittelt.

Zum 1. 1. 1995 sind Finnland, Österreich und Schweden als neue Mitgl.-Staaten zur Europ. Union hinzugekommen.

Das **Europäische Parlament** besteht seit dem 1. 1. 1995 aus 626 Abg. (1994: 567), 99 aus Dtl., jeweils 87 aus Frankreich, Großbritannien und Italien, 64 aus Spanien, 31 aus den Niederlanden, jeweils 25 aus Belgien, Griechenland und Portugal, 22 aus Schweden, 21 aus Österreich, 16 aus Dänemark und Finnland, 15 aus Irland und sechs aus Luxemburg.

Es gibt nun 20 Ausschüsse, darunter einen Petitionsausschuß, den jeder Unionsbürger sowie jede natürl. oder jurist. Person mit Wohnort oder Sitz in einem Mitgl.-Staat anrufen kann. Das Europ. Parlament ernennt einen Bürgerbeauftragten, an den die soeben genannten Personen Beschwerden gegen die Tätigkeit der Organe und Institutionen der Gemeinschaft richten können. Weiter kann das Parlament nichtständige Untersuchungsausschüsse einsetzen, um die Anwendung des Gemeinschaftsrechts bzw. Verstöße dagegen überprüfen zu lassen.

Tagungsorte des Europ. Parlaments sind für das Plenum Straßburg und Brüssel, für die Ausschüsse und Fraktionen i. d. R. Brüssel; das Generalsekretariat ist in Luxemburg.

Die Aufgaben und Befugnisse des Europ. Parlaments sind durch die Einheitliche Europ. Akte und den Maastrichter Vertrag ausgeweitet worden. Seit Anfang 1995 muß die Kommission sich vor Beginn

Euro Europäische Gemeinschaften

Europäische Gemeinschaft: Grundlegende Wirtschaftsdaten der EU-Länder (zum Vergleich die Daten von Japan und den USA)

	Einwohnerzahl (in 1000) 1993	Bruttoinlandsprodukt (BIP) (in Mrd. ECU) 1993	Anteil am EU-BIP (in %) 1993	BIP je Einwohner (in ECU) 1993	durchschnittl. jährl. Wachstum des BIP (in %) 1980–93	Arbeitslosenquote (in %) 1994	Inflationsrate (in %) 1994
Belgien	10 085	180	3,1	17 980	2,1	10,0	2,4
Dänemark	5 189	116	1,9	22 370	2,0	10,1	2,0
Deutschland	81 179	1 631	27,7	20 100	2,6	8,6	3,0
Finnland	5 066	72	1,2	14 110	2,0	19,4	1,1
Frankreich	57 657	1 069	18,1	18 530	2,1	12,2	1,6
Griechenland	10 368	63	1,1	6 040	1,3	8,9	10,8
Großbritannien	58 182	805	13,7	13 920	2,5	9,7	2,4
Irland	3 563	40	0,7	11 340	3,8	15,2	2,4
Italien	57 057	847	14,4	14 850	2,2	11,4	3,9
Luxemburg	398	11	0,2	27 760	–	3,4	2,1
Niederlande	15 290	264	4,5	17 260	2,3	7,6	2,7
Österreich	7 986	156	2,6	19 460	2,3	6,5	3,0
Portugal	9 864	73	1,2	7 420	3,0	6,7	5,2
Schweden	8 719	158	2,7	18 140	1,7	9,6	2,4
Spanien	39 141	408	6,9	10 430	3,1	24,4	4,7
EU	369 752	5 893	100,0	15 936	–	11,3	3,1
Japan	124 469	3 601		28 880	4,0	2,9	0,7
USA	257 836	5 346		20 750	2,7	6,1	2,6

Quelle: EU-Kommission.

ihrer Amtszeit als Kollegium einem Zustimmungsvotum des Europ. Parlaments stellen.

Die Rechtsetzungsbefugnisse des Parlaments sind zunächst 1987 durch das mit der EEA eingeführte Verfahren der Zusammenarbeit erweitert worden. Allerdings kann der Rat hier eine ablehnende Stellungnahme des Parlaments überstimmen, wofür Einstimmigkeit erforderlich ist. Dieses Verfahren der Zusammenarbeit ist durch den Maastrichter Vertrag auf die Verkehrspolitik, die berufl. Bildung, die Entwicklungszusammenarbeit, die Sozialpolitik und einige Regelungen im Rahmen der Währungsunion ausgedehnt worden. Für einzelne Maßnahmen im Bereich der Grundfreiheiten, im Kultur-, Gesundheits- und Bildungssektor sowie für die Verwirklichung des Binnenmarktes ist durch den Maastrichter Vertrag ein Mitentscheidungsverfahren eingeführt worden, wonach das Parlament erstmals Maßnahmen endgültig verwerfen kann. Im Haushaltswesen der EG hat das Parlament bei den nicht obligator. Ausgaben das letzte Wort.

Der **Rat (Ministerrat)** der EG trägt seit 8.11.1993 die offizielle Bezeichnung ›Rat der Europ. Union‹. Er setzt sich seit Inkrafttreten des Maastrichter Vertrags aus je einem Vertreter jedes Mitgl.-Staates auf Min.-Ebene zusammen, so daß für Dtl. nicht nur Bundes- sondern auch Landes-Min. entsandt werden können, wenn diese nach innerstaatl. Recht befugt sind, für die Reg. verbindlich zu handeln.

Für Beschlußfassungen (Abstimmungen) des Rates ist häufig die qualifizierte Mehrheit notwendig. Diese erforderte bis zum 1.1.1995 54 Stimmen, wobei die Sperrminorität bei 23 Stimmen lag. Mit dem Beitritt von Österreich und Schweden (je vier Stimmen) sowie Finnland (drei Stimmen) zum 1.1.1995 wurde die Sperrminorität zunächst bis 1996 auf 27 Stimmen erhöht. Sobald allerdings 23 Gegenstimmen vorliegen, ist ein Schlichtungsverfahren vorgesehen, d.h., es müssen neue Verhandlungen über das Thema stattfinden, um möglichst zu einer Lösung zu gelangen.

Die **Kommission** der EG setzt sich seit dem 7.1.1995 aus 20 Mitgl. zusammen, die von den Reg. der Staaten der Europ. Union im gegenseitigen Einvernehmen und nach Zustimmung durch das Europ. Parlament für fünf Jahre ernannt werden. Auch der bislang nur auf zwei Jahre ernannte Präs. der Kommission wird seit dem 7.1.1995 auf fünf Jahre nach dem obigen Verfahren eingesetzt. Der Kommissions-Präs. hat zwar keine sachl. Weisungsrechte gegenüber den Mitgl., durch sein Anhörungsrecht bei deren Benennung, das Repräsentationsrecht nach außen und seine Zugehörigkeit zum Europ. Rat der Staats- und Reg.-Chefs hat er jedoch eine hervorgehobene Position. Die Kommission kann aus ihrer Mitte einen oder zwei Vize-Präs. benennen, die im Fall der Verhinderung des Präs. dessen Aufgaben wahrnehmen. – Präs. der Kommission ist als Nachfolger von J. Delors seit 1995 J. Santer.

Der **Europäische Gerichtshof** in Luxemburg ist seit der Erweiterung der Gemeinschaft zum 1.1.1995 mit 15 Richtern besetzt.

Seit 24.10.1988 ist dem Gerichtshof ein **Gericht erster Instanz (EuGeI)** beigeordnet. Seit dem Ratsbeschluß vom 8.6.1993 ist dieses erstinstanzlich für das Dienstrecht der EG, für Nichtigkeits- und Untätigkeitsklagen gegen Gemeinschaftsorgane sowie für akzessor. Schadensersatzklagen zuständig.

Der **Europäische Rechnungshof** besteht (entsprechend der Zahl der Mitgl.-Staaten) nun aus 15 Mitgliedern.

Durch den Maastrichter Vertrag wurden am 1.11.1993 der →Ausschuß der Regionen ins Leben gerufen, und seit dem 1.1.1994 besteht das →Europäische Währungsinstitut.

Recht: In der Bundesrep. Dtl. regelt seit dem Maastrichter Vertrag der neugeschaffene Art. 23 GG das innerstaatl. Verfahren, das bei der Mitwirkung der Bundesrep. Dtl. an der Europ. Union zu beachten ist.

A. Bleckmann: Europarecht ([5]1990); Komm. zur Europ. Union, hg. v. E. Grabitz u.a., Losebl. ([2]1990ff.; bis Erg.-Lfg. 5 u.d.T. Komm. zum EWG-Vertrag); Hb. der europ. Integration, hg. v. M. Röttinger u.a. (Wien 1991); Handkomm. zum EU-Vertrag, Beitr. v. K. Hailbronner u.a., Losebl. (1991 ff.; Lfg. 1 u.d.T. Handkomm. zum EWG-Vertrag); Komm. zum EWG-Vertrag, hg. v. H. von der Groeben u.a., 4 Bde. ([4]1991); G. Nicolaysen: Europarecht, auf 2 Bde. ber. (1991 ff.); T. Oppermann: Europarecht (1991); Vertrag über die Europ. Union von Maastricht, hg. v. H. von der Groeben u.a. (1992); Die Europ. Union. Rechtsordnung u. Politik, Beitr. v. B. Beutler u.a. ([4]1993); M. Schweitzer u. W. Hummer: Europarecht ([4]1993); EG-Vertrag. Komm. zu dem Vertrag zur Gründung der E.G., hg. v. C.O. Lenz (1994); R. Geiger: EG-Vertrag. Komm. zu dem Vertrag zur Gründung der Europ. Gemeinschaft ([2]1995).

Europäische Gemeinschaft für Kohle und Stahl: Die EGKS behält ihren Status als eigenständige Organisation auch im Rahmen der Europ. Union zunächst bei. Nach Ablauf des für 50 Jahre geschlossenen EGKS-Vertrags im Jahr 2002 sollen die noch bestehenden spezif. EGKS-Befugnisse auf die Europ. Gemeinschaft übergehen.

europäische Integration, das Bemühen um eine gemeinsame, in sich verbundene wirtschaftl., soziale und polit. Struktur der europ. Staaten.

Entwicklungen bis 1995

Die weit in die Geschichte zurückreichenden Vorstellungen von einem einheitl. Europa fanden erst nach zwei Weltkriegen, die zugleich große europ. Binnenkriege waren, Chancen zu einer Verwirklichung. Erste Ansätze finden sich 1948 in der Organization of European Economic Cooperation (OEEC) und 1949 im Europarat. Erfolgreicher als sie, zunächst aber auf einen engeren Rahmen des ›Europa der Sechs‹ beschränkt, sind die Gründungen der drei Europ. Gemeinschaften gewesen: der Europ. Gemeinschaft für Kohle und Stahl (EGKS; ›Montanunion‹) 1952 sowie der Europ. Wirtschaftsgemeinschaft (EWG) und der Europ. Atomgemeinschaft (EURATOM) 1958. Diese drei Vertragsgemeinschaften beherrschen mit ihren in den 1960er Jahren fusionierten Organen (Kommission, Ministerrat, Gerichtshof, Parlament) bis heute den weiteren Fortgang der europ. Integration.

Trotz der Betonung der wirtschaftl. Aspekte der e. I. ist das Interesse an einer polit. Vereinigung Europas stets lebendig geblieben. Dieses Ziel wurde schrittweise angesteuert. Der Vergemeinschaftung des Agrarmarktes und der Gründung einer Zollunion, die eine gemeinsame Handelspolitik der EG-Staaten zur Folge hatten, schlossen sich in den 70er Jahren eine allmähl. Ausweitung der Aufgabenbereiche der Wirtschaftsgemeinschaft, die Einführung eines Europ. Währungssystems (EWS) und die Verabredung einer Europäischen Polit. Zusammenarbeit (EPZ) in außenpolit. Fragen an. Auch in den 80er Jahren wurden Fortschritte nicht durch einen ›großen Wurf‹ erzielt, wie ihn 1984 das Europ. Parlament mit seiner Konzeption einer Europ. Verfassung versuchte, sondern durch punktuelle Veränderungen der Vertragsgrundlagen seitens der Regierungen der inzwischen auf zwölf Mitgliedstaaten angewachsenen EG. Ein typ. Beispiel dafür stellt die Einheitliche Europ. Akte (EEA) von 1986 dar. In ihr ist die EPZ mit der EG zu einer Einheit verbunden und sind die seit den 70er Jahren auf die Bereiche der Umwelt-, Forschungs- und Technologiepolitik sowie die wirtschaftl. und soziale Zusammenarbeit ausgeweiteten polit. Aktivitäten ausdrücklich in den Katalog der Gemeinschaftszuständigkeiten aufgenommen worden. Zugleich wurde die Organstruktur der EG durch eine Erweiterung der Beteiligung des Europ. Parlaments und eine Betonung des Mehrheitsprinzips bei Entscheidungen im Ministerrat gestärkt. Das 1985 von der Kommission aufgelegte Programm zur Schaffung des →Europäischen Binnenmarktes, das die sukzessive Abschaffung aller noch bestehenden Handelshemmnisse bis Ende 1992 vorsah, folgte derselben Entwicklungslogik.

Auch die Gründung der Europ. Union durch den Vertrag von Maastricht 1992 stellt keinen großen, etwa zur Begründung eines europ. Bundesstaats führenden Schritt dar. Der ›Vertrag über die Europ. Union‹ (EUV) will vielmehr nur ›eine neue Stufe bei der Verwirklichung einer immer engeren Union der Völker Europas‹ sein (Art. A Abs. 2 EUV). Auch in ihm geht es v. a. um einzelne Veränderungen und Erweiterungen der bestehenden Vertragsgrundlagen (→Europäische Gemeinschaften). Als kühnster Integrationsschritt ist der Übergang zu einer gemeinsamen europ. Währung in drei Stufen bis spätestens 1999 zus. mit der Einrichtung einer Europ. Zentralbank als Währungshüterin geplant (→Europäische Wirtschafts- und Währungsunion). In institutioneller Hinsicht wurde die Stellung des Europ. Parlaments gestärkt. Die Bürger der Mitgl.-Staaten der EG besitzen als ›Unionsbürger‹ nunmehr ein (europ. und kommunales) Wahlrecht in allen Staaten; sie können sich mit Petitionen an das Parlament wenden (Art. 8 ff. EGV). Damit ist die Bindung zwischen den Bürgern und der Gemeinschaft enger geworden.

Selbst die im Grunde vorsichtigen Integrationsmaßnahmen des Maastricht-Vertrags stießen in einem Europa, das nach der Beendigung des kalten Kriegs eine Renaissance der Nationalstaatsidee erlebt, auf starke Kritik. Großbritannien und Dänemark ließen sich vom Übergang zur Währungsunion freistellen. Großbritannien nimmt darüber hinaus an der Einführung einer europ. Sozialpolitik nicht teil. Volksabstimmungen über den Beitritt zur Europ. Union in Dänemark (erst nach Sonderregelungen in einem zweiten Referendum gebilligt) und Frankreich gingen sehr knapp aus, in Irland dagegen mit großer Mehrheit. In Dtl. wurde das Bundesverfassungsgericht angerufen, um die Verfassungsmäßigkeit der Bestimmungen des Maastricht-Vertrags zu prüfen. Erst als es sein Urteil gefällt hatte, konnte der Vertrag am 1. 11. 1993 endgültig in Kraft treten. Seinem Übergangscharakter entspricht es, daß von vornherein eine weitere Konferenz zur Revision seiner Bestimmungen für 1996 eingeplant wurde (Maastricht II).

Trotz vieler Friktionen besitzt die EG eine ungeminderte Attraktivität. Am 14. 4. 1987 überreichte die Türkei, seit 1963 assoziiertes Mitgl. der EG, ein Beitrittsgesuch beim Europ. Rat in Brüssel. Angesichts der für die Türkei schwierigen EG-Bedingungen in der Agrarfrage einerseits und in der für die EG-Mitgliedstaaten belastenden Freizügigkeitsproblematik (d. h. des Einwanderungsdrucks aus der Türkei in Richtung EG-Staaten) andererseits wurde dem Aufnahmeantrag der Türkei bisher nicht stattgegeben. Darüber hinaus weckte bes. in den 90er Jahren die türk. Kurdenpolitik in den EG-Staaten starke Widerstände. Außerdem war für Griechenland die Lösung der Zypernfrage und die Beilegung des türkisch-griech. Streits in der Ägäisfrage Voraussetzung für die Aufnahme der Türkei in die EG. 1990 beantragten Zypern (4. 7.) und Malta (16. 7.) die EG-Mitgliedschaft. Die Zollunion mit der Türkei trat am 1. 1. 1996 in Kraft.

In zeitl. Parallelität zu den Verhandlungen zw. EG und EFTA (→Europäische Freihandelsassoziation) zur Bildung eines →Europäischen Wirtschaftsraums (EWR) bewarben sich fünf EFTA-Mitgl. – Österreich (1989), Schweden (1991), die Schweiz, Finnland und Norwegen (alle 1992) – um die Mitgliedschaft in der EG. Das Beitrittsgesuch der Schweiz ruht jedoch, nachdem die Bev. dort den Eintritt in den EWR abgelehnt hat. Nach langwierigen Verhandlungen mit den übrigen Beitrittskandidaten, bei denen die Gesprächspartner immer wieder um einen Ausgleich zw. den Grundsätzen der EG und den jeweiligen nat. Interessen der Bewerber sowie den oft gegensätzl. Interessen zw. Mitgliedern der EG und den Bewerberstaaten rangen, wurden die Verhandlungen am 1. 3. 1994 erfolgreich abgeschlossen. Schwierigkeiten hatten v. a. das Agrar-

Schlüsselbegriff

Euro europäische Integration

preissystem, die Fischereipolitik, die Sperrminorität bei Entscheidungen des Ministerrats und – im Fall Österreichs – der Alpentransit bereitet. Nachdem das Europ. Parlament am 4. 5. 1994 seine Zustimmung gegeben hatte, konnten die Beitrittsabkommen durch die Unterschriften der Staats- und Reg.-Chefs auf dem EU-Gipfel von Korfu am 24. und 25. 6. besiegelt werden. Während bei den notwendigen Referenden die Österreicher, Finnen und Schweden den Verträgen zustimmten, lehnten die Norweger das Verhandlungsergebnis ab. Österreich, Finnland und Schweden übernahmen das gesamte Regelungsgefüge des Maastrichter Vertrags, wenn auch in einigen Bereichen mit Übergangsfristen für die Eingliederungsphase.

Seit 1989/90 sieht sich die EG mit den polit., wirtschaftl. und sozialen Folgen des Zusammenbruchs des kommunist. Staatensystems konfrontiert. Am 22. 10. 1990 hatte der EG-Ministerrat bereits die gesetzl. ›Übergangsregelungen‹ für die Eingliederung des Gebiets der früheren Dt. Dem. Rep. in die EG gebilligt (ab 1. 1. 1991 in Kraft). Im April 1991 gründeten die EG-Staaten, 27 weitere Staaten und die Europ. Investitionsbank (EIB) die Europ. Bank für Wiederaufbau und Entwicklung (EBWE; ▷ Osteuropabank). Assoziationsverträge (Europaabkommen) hat die EU mit Polen und Ungarn (16. 12. 1991; in Kraft seit 1. 2. 1994) sowie mit Rumänien (1. 2. 1993), Bulgarien (8. 3. 1993), der Slowak. Rep. und der Tschech. Rep. (4. 10. 1995) geschlossen. Die zuletzt genannten Verträge traten zum 1. 2. 1995 in Kraft. Weitere Europaabkommen wurden mit Estland, Lettland und Litauen (12. 6. 1995) sowie mit Slowenien vereinbart (15. 6. 1995). Mit Albanien besteht seit dem 1. 12. 1992 ein Freihandelsabkommen. Umfangreiche Partnerschaftsverträge wurden mit der Ukraine (1. 6. 1994) und Rußland (24. 6. 1994) abgeschlossen.

Anträge auf Vollmitgliedschaft stellten Ungarn (1. 4. 1994), Polen (8. 4. 1994), Rumänien (22. 6. 1995), die Slowak. Rep. (27. 6. 1995), Lettland (27. 10. 1995), Estland (28. 11. 1995), Litauen (8. 12. 1995), Bulgarien (16. 12. 1995) und die Tschech. Rep. (23. 1. 1996). Die noch offenen zahlreichen Beitrittswünsche werfen die Frage nach der Vorrangigkeit von Erweiterung oder Vertiefung auf.

Entwicklungsstand

Der Europ. Union gehören gegenwärtig 15 Mitgl.-Staaten an. Im Ggs. zu den drei Europ. Gemeinschaften besitzt sie bislang keine eigene Rechtspersönlichkeit, die es ihr gestatten würde, selbständig im internat. Verkehr aufzutreten. Es handelt sich bei ihr eher um eine Art Rahmenordnung für die Europ. Gemeinschaften und die zwei neuen Formen europ. Zusammenarbeit, die durch gemeinsame Organe miteinander verklammert sind. Die EU ist daher kein Staat, obwohl es ›Unionsbürger‹ und ein Europ. Parlament gibt und von der EG gesetzesförmige Anordnungen getroffen werden, die für die Mitgliedstaaten wie für ihre Bürger verbindlich sind. Stellt sie insofern mehr als einen losen Staatenbund dar, so fehlt ihr bislang indessen die Fähigkeit, eigenmächtig Zuständigkeitsverteilungen zw. sich und den Mitgliedstaaten vorzunehmen. Erst diese ›Kompetenzkompetenz‹ aber würde sie zu einem Mitgliedstaaten überlegenen ›europ. Superstaat‹ machen. Nach wie vor ist jede Änderung der Vertragsgrundlagen jedoch von der Zustimmung der Mitgliedstaaten als ›Herren der Verträge‹ abhängig (Art. N EUV).

Die Eigenart der Europ. Union läßt sich auch deshalb schwer erfassen, weil sie auf weitere Integration und damit auf eine Ausweitung ihrer Kompetenzen sowie einen Wandel ihrer Struktur hin angelegt ist. Wie bei jeder internat. Organisation wird ihre Tätigkeit von den Zielen, welche die Mitgliedstaaten ihr bei ihrer Errichtung gesetzt haben, bestimmt. Im Ggs. zu anderen Organisationen ist die Zielstruktur der Europ. Union jedoch hochkomplex. Die Vielfalt der Ziele reicht von der ›Förderung eines ausgewogenen und dauerhaften wirtschaftl. und sozialen Fortschritts‹ über die Behauptung auf internat. Ebene, ›wozu auf längere Sicht auch die Festlegung einer gemeinsamen Verteidigungspolitik gehört‹, und über ›die Stärkung des Schutzes der Rechte und Interessen der Angehörigen ihrer Mitgliedstaaten‹ bis zur ›Entwicklung einer engen Zusammenarbeit in den Bereichen Justiz und Inneres‹ und zur ›vollen Wahrung des gemeinschaftl. Besitzstandes und seiner Weiterentwicklung‹ (Art. B EUV). Die Union kann infolgedessen nicht als eine bloße Wirtschaftsgemeinschaft in einem um Sozialpolitik, Gesundheitspolitik u. ä. m. erweiterten Rahmen angesehen werden, sondern sie ist – hierin durchaus staatsähnlich – auch eine Rechts- und Friedensgemeinschaft und soll künftig sogar eine Verteidigungsgemeinschaft sein. Dieser Zielstruktur trägt Art. 235 EGV Rechnung, dem zufolge der Ministerrat auch dann Vorschriften zur Verwirklichung der Ziele im Rahmen des Gemeinsamen Marktes erlassen darf, wenn spezielle Befugnisse dazu der Gemeinschaft nicht erteilt worden sind. Von dieser Ermächtigung hat die EG seit den 70er Jahren häufig Gebrauch gemacht, um die e. I. voranzubringen.

Die Möglichkeit, im Bereich des Gemeinsamen Marktes Gemeinschaftsrecht zu setzen und für eine Angleichung der nat. Rechtsvorschriften zu sorgen (Art. 100ff. EGV), bedeutet indessen nicht, daß die Union grundsätzlich in der Lage wäre, mit den von den Gemeinschaftsorganen erlassenen Vorschriften das nat. Recht zu verdrängen. Weite Bereiche ihrer Tätigkeit sind nicht im strikten Sinne vergemeinschaftet, sondern der intergouvernementalen Zusammenarbeit anheimgegeben. Das gilt von der Gemeinsamen Außen- und Sicherheitspolitik ebenso wie von der Zusammenarbeit in den Bereichen Justiz und Inneres und auf vielen Politikfeldern des EG-Vertrages. Hier wird lediglich verlangt, daß die Regierungen der Mitgliedstaaten, ggf. mit Unterstützung der Kommission, eng miteinander kooperieren, um zu einvernehml. Beschlüssen zu kommen. Auch in den i. e. S. vergemeinschafteten Bereichen gibt es nach wie vor gravierende Unterschiede, was die Befugnisse der einzelnen EG-Organe anlangt. So können EG-Verordnungen, die wie nat. Gesetze für die Unionsbürger unmittelbare Verbindlichkeit besitzen, und EG-Richtlinien, die von den Mitgliedstaaten in nat. Recht umzusetzen sind, bevor sie Verbindlichkeit erlangen, vom Ministerrat entweder einstimmig oder mit unterschiedlich qualifizierter Mehrheit zu verabschieden sein, die generelle Anwendung der einfachen Mehrheitsregel, durch die Mitgliedstaaten überstimmt werden könnten, ließ sich bislang nicht durchsetzen. Selbst in den Fällen, in denen sie angewandt wird, dürfen Mitgliedstaaten unter Berufung auf eine Luxemburger Vereinbarung von 1966 Weiterverhandlung verlangen, wenn für sie vitale Interessen auf dem Spiel stehen. Wie schwierig es ist, gerade in den neuen Politikfeldern der Union alle Mitgliedstaaten zu einem gemeinsamen Vorgehen zu bewegen, zeigt die Zusammenarbeit im Bereich der Polizei. Hier ist gegenwärtig nur ein Teil der Mitglieder aufgrund spezieller Vereinbarungen, der Schengener Abkommen, zur europaweiten Verbrechensbekämpfung und Verfolgung von Straftätern über die seit der

256

Vollendung des Binnenmarktes offenen Landesgrenzen bereit.

Das Verhältnis der Gemeinschaftsorgane zueinander ist ebenfalls kompliziert und in Entwicklung. Im Unionsvertrag hat der Europ. Rat, die Zusammenkunft der Staats- und Regierungschefs der Mitgliedstaaten und des Präsidenten der Kommission, eine Art allgemeiner Richtlinienkompetenz für die künftige Entwicklung der Union erhalten (Art. D EUV). Für die Rechtssetzung der Gemeinschaft ist jedoch weiterhin der Rat der Minister der Mitgliedstaaten, gebunden an entsprechende Initiativen der Kommission, das eigentl. Regierungsorgans und ›Motors‹ der EG, zuständig. Große Verdienste bei der Entwicklung des Gemeinschaftsrechts hat sich auch der Europ. Gerichtshof erworben. Ungeklärt ist im Vertrag von Maastricht die Rolle des Europ. Parlaments geblieben. Ein Gesetzgebungsorgan, wie es die nat. Parlamente sind, stellt es (noch) nicht dar. Seine Mitsprache bei der Rechtssetzung der Gemeinschaft reicht von der bloßen Anhörung über Vetorechte bis zur echten Mitbestimmung. Das Parlament besitzt das Recht, den Haushaltsplan der EG zu verwerfen und der Kommission das Mißtrauen auszusprechen; auch die Einsetzung einer neuen Kommission ist von seiner Zustimmung abhängig. Die eigenartige Differenzierung der Rechtsposition des Parlaments folgt keinen klaren, einleuchtenden Kriterien und ist daher erheblicher Kritik ausgesetzt. In der Praxis läuft die Zusammenarbeit der Gemeinschaftsorgane über vielfältige Absprachen und Kooperationen in vorbereitenden, beratenden und mitentscheidenden Ausschüssen, was den Überblick über die Gremien der EG und ihre Zuständigkeiten schwierig macht und eine gewisse Schwerfälligkeit der Brüsseler Bürokratie bedingt. Andererseits hängt die Wirksamkeit der Europ. Kommission zu einem guten Teil von informellen Kontakten mit Vertretern der Mitgliedstaaten und Repräsentanten der zahlreichen Verbände ab, die sich auf europäischer Ebene konstituiert haben und deren Informationen, Wünsche und Bedenken für die Tätigkeit der Kommission wichtig sind.

Trotz der Friktionen, von denen die Arbeit der Gemeinschaftsorgane begleitet ist, hat die e. I. gerade im letzten Jahrzehnt erhebl. Fortschritte gemacht. Der wirtschaftl. Verflechtungsgrad der Mitgliedstaaten ist hoch. Etwa 60 % aller in der EG erzeugten Güter wurden 1992 im Binnenmarkt getauscht. Der Haushalt der EG belief sich 1994 auf etwa 140 Mrd. DM. Er wird zu einem großen Teil aus Zöllen und ›Agrarabschöpfungen‹ sowie Anteilen am Mehrwertsteueraufkommen der Mitgliedstaaten aufgebracht. Die Einnahmen werden v. a. für Subventionen, insbesondere zur Stützung des Agrarmarktes und zur ökonom. Entwicklung der südeurop. Mitgliedstaaten, verwendet. Die EG ist als eine der größten Wirtschaftsmächte der Erde Mitgl. der →Welthandelsorganisation. Sie besitzt enge wirtschaftl. Beziehungen zu 70 Staaten der dritten Welt, die mit ihr im Lomé-Abkommen assoziiert sind.

Mit der Weiterentwicklung der Europ. Polit. Zusammenarbeit (EPZ) zur Gemeinsamen Außen- und Sicherheitspolitik (GASP) unternahmen die Mitgliedstaaten der EU den Versuch, ihre Zusammenarbeit auf internat. Feld über den EG-Rahmen hinaus auszudehnen und gleichermaßen eng zu verzahnen. Es bestehen enge Verbindungen zur →Organisation für Sicherheit und Zusammenarbeit in Europa (OSZE) und zur NATO, bes. zur →Westeuropäischen Union (WEU). In einer ›Transatlant. Erklärung‹ vom 23. 11. 1990 verpflichteten sich die EG und die USA zu langfristiger Zusammenarbeit und regelmäßigen Konsultationen. Am 3. 12. 1995 unterzeichneten Präs. W. (B.) Clinton (USA), der span. MinPräs. F. González Márquez und J. Santer (Präs. der EU-Kommission) eine ›transatlant. Agenda‹ zur Vertiefung der amerikanisch-europ. Zusammenarbeit u. a. in den Bereichen Friedenssicherung, nukleare Sicherheit, humanitäre Hilfe, Wirtschaft (→Transatlantische Freihandelszone), Umweltschutz und Verbrechensbekämpfung (organisierte Kriminalität, Drogenhandel und Terrorismus).

Die Schwierigkeiten einer koordinierten Außenpolitik der EG zeigten sich v. a. im Verlauf der Balkankrise seit dem Zerfall Jugoslawiens. 1991/92 vermittelte sie mit unterschiedl. Erfolg einen Waffenstillstand zw. der jugoslaw. Bundesarmee auf der einen Seite sowie Slowenien und Kroatien auf der anderen Seite. Bei dem Versuch, neben der UNO eine gemeinsame EG-Linie zur Beendigung des Bürgerkriegs in Bosnien und Herzegowina zu finden, blieb die EU ohne durchschlagenden Erfolg.

Probleme und Perspektiven

Abgesehen von der mangelnden Transparenz europ. Prozesse und Entscheidungen, die kaum zur Akzeptierung der e. I. durch die Unionsbürger beiträgt, sind es v. a. drei Probleme, denen sich die Europ. Union z. Z. ausgesetzt sieht. Da ist zum einen das ›demokrat. Defizit‹, die Frage der Legitimation der mit ihren Anordnungen immer stärker in das Leben der Unionsbürger eingreifenden Gemeinschaftsorgane. Unmittelbar demokratisch legitimiert ist nur das Europ. Parlament. Darauf beruht der von ihm geltend gemachte Anspruch, neben dem Ministerrat zum gleichberechtigt entscheidenden Organ der Union zu werden. Wie weit das Parlament diesen Anspruch wird durchsetzen können, ist ungewiß, zumal es selbst ein ›demokrat. Defizit‹ aufweist. Nicht nur, daß seine Abgeordneten noch immer nach unterschiedl. Bestimmungen der Mitgliedstaaten gewählt werden, auch ihre Anzahl differiert zugunsten der kleineren Staaten: Diese stellen unter Verletzung des Grundsatzes der Wahlgleichheit verhältnismäßig mehr Abgeordnete als die großen, damit auch sie von einer nennenswerten Anzahl Abgeordneter im Europ. Parlament repräsentiert werden.

Ein zweiter Punkt betrifft das Verhältnis der Union zu ihren Mitgliedstaaten. Einigen von ihnen scheint die Integration bereits zu weit gegangen zu sein. Daher ist das Bekenntnis zur weiteren Integration im Maastrichter Vertrag durch gleichzeitige Aufnahme des Subsidiaritätsprinzips konterkariert worden, wonach die Gemeinschaftsorgane nur noch dann tätig werden sollen, wenn die Ziele der intendierten Maßnahmen von den Mitgliedstaaten selbst nicht ausreichend und von der Gemeinschaft besser erreicht werden können (Art. 3 b EBG). Das Verhältnis zur Union wird für Bundesstaaten wie Dtl. noch dadurch kompliziert, daß es in ihnen auch um die Wahrung der Kompetenzen der Bundesländer geht. Diese haben sich daher im neuen Art. 23 des Grundgesetzes besondere Mitspracherechte bei der Übertragung von Hoheitsrechten auf die Union und bei der Bildung von Gemeinschaftsrecht im Ministerrat ausbedungen. Unter dem Stichwort eines Europa der Regionen haben sie erweiterte Mitspracherechte in der Europapolitik durchgesetzt. Ihre Unzufriedenheit mit der Wahrnehmung ihrer Interessen durch den Bund und der Streit um ihre Beteiligung an europ. Entscheidungen machen deutlich, daß die e. I. Folgen auch für das innere Gefüge der Mitgliedstaaten hat.

Was schließlich die äußeren Beziehungen der Union anlangt, so wird viel davon abhängen, ob sich die am Freihandel orientierten Interessen einiger Mitgliedstaaten oder die protektionist. Forderungen nach einer ›Festung Europa‹ durchsetzen. In diesem Zusammenhang ist auch die Osterweiterung der Union zu sehen. Hier wird unter der Fragestellung ›erst Erweiterung oder Vertiefung?‹ darum gestritten, ob sich die Union vor der Aufnahme neuer Mitglieder erst stärker integrieren sollte (was den Beitritt osteurop. Staaten erschweren und in eine ferne Zukunft verweisen würde) oder ob eine Aufnahme bald erfolgen sollte, um die wirtschaftl. und polit. Verhältnisse in diesen Staaten zu stabilisieren (was möglicherweise die Rückkehr zu einer loseren europ. Vereinigung zur Folge hätte). Welche Problemlösungen bevorzugt werden und welche Perspektiven sich damit für die EU ergeben, ist z.Z. noch ungewiß.

Mitte Dez. 1995 einigten sich die Staats- und Reg.-Chefs der EU auf einen einheitl. Zeitplan für Verhandlungen nicht nur mit den mittel- und osteurop., sondern auch mit den Beitrittskandidaten im Mittelmeerraum ab Ende 1997. Mit den Anrainerstaaten des Mittelmeeres fand am 27.11.1995 in Barcelona statt. In der ›Erklärung von Barcelona‹ verpflichteten sich die Teilnehmer u.a., bis zum Jahr 2010 eine gemeinsame Freihandelszone zu errichten (›euro-mediterraner Wirtschaftsraum‹). Ende 1995 wurde ein Kooperationsabkommen zw. der EU und der lateinamerikan. Wirtschaftsorganisation Mercosur geschlossen.

Neue Integrationschancen könnten sich indessen ergeben, wenn die Integrationsbemühungen vom Bereich der Wirtschaft auf den der inneren Sicherheit verlagert werden. Die organisierte Kriminalität in einem grenzenlos gewordenen Europa macht eine übergreifende polizeil. Kooperation immer dringender. Das gleiche gilt für die einheitl. Einwanderungs- und Asylpolitik. Bei wachsender Integration ist aber zugleich eine Zunahme der Differenzierung unter den Mitgliedstaaten zu erwarten. Nicht alle werden künftige Integrationsschritte gleichzeitig vornehmen können und wollen. Seit längerem diskutierte Konzepte einer abgestuften Integration gewinnen infolgedessen an Bedeutung. Möglicherweise wird sich um ein ›Kerneuropa‹ ein Ring weniger integrierter Staaten bilden, die gleichwohl zur Union gehören. Das könnte den Beitritt der osteurop. Staaten erleichtern und in dieser Weise zur Vollendung der e.I. in einer umfassenden europ. Friedens- und Rechtsgemeinschaft führen. Im Mittelpunkt 1996 dürfte für die e.I. die Regierungskonferenz zur Überprüfung und Weiterentwicklung des Vertrages von Maastricht stehen (›Maastricht-Revision‹). Der Bericht einer Vorbereitungsgruppe (›Reflexionsgruppe‹) wurde den Staats- und Reg.-Chefs der EU im Dez. 1995 vorgelegt. Diese bekräftigten auf ihrer Tagung in Madrid auch, die Europ. Wirtschafts- und Währungsunion am 1.1.1999 beginnen zu lassen und die zukünftige Währung ›Euro‹ zu nennen.

Jb. der e.I., hg. v. W. WEIDENFELD u.a. (1981 ff.); Die Europ. Union. Rechtsordnung u. Politik, Beitr. v. B. BEUTLER u.a. (⁴1993); Auf dem Weg nach Europa, hg. v. G.-J. GLAESSNER u.a. (1994); Die Europ. Union. Ein Kompendium aus dt. Sicht, hg. v. R. STROHMEIER (1994); J. WEINDL: Europ. Gemeinschaft (²1994); H. BOLDT: Die Europ. Union. Gesch., Struktur, Politik (1995); Europa von A–Z. Tb. der e.I., hg. v. W. WEIDENFELD u.a. (⁴1995); Europ. Union, Europ. Gemeinschaft. Die Vertragstexte von Maastricht mit den dt. Begleitgesetzen, bearb. v. T. LÄUFER (⁴1995); Reform der Europ. Union. Materialien zur Revision des Maastrichter Vertrages 1996, hg. v. W. WEIDENFELD (1995).

*Europäische Investitionsbank: Durch die EU-Erweiterung auf 15 Mitgl.-Länder (1995) erhöhte sich das gezeichnete Kapital der EIB auf 62 Mrd. ECU und der Gesamtumfang der Darlehen auf 155 Mrd. ECU. Seit Ende der 1980er Jahre hat die EIB zahlreiche neue Aufgaben, u.a. Beschleunigung der Finanzierung von Investitionsvorhaben, Errichtung des →Europäischen Investitionsfonds, Beteiligung an Vorhaben des →Kohäsionsfonds und der Europ. Strukturfonds sowie Ausweitung der Tätigkeiten auf Länder außerhalb der EU.

Das Finanzierungsvolumen erreichte (1993) 19,6 Mrd. ECU, davon wurden 17,7 Mrd. ECU (90,4%) für Investitionen in der EU zur Verfügung gestellt. Rd. drei Viertel der Finanzierungen liegen (1993) im Infrastrukturbereich. Außerhalb der EU ist die EIB in den AKP-Ländern, im Mittelmeerraum und in den mittel- und osteurop. Ländern, seit 1993 auch in Asien und Lateinamerika tätig.

Europäische Kulturhauptstadt, →Kulturstadt Europas.

*Europäische Liberale Demokraten, Abk. ELD: Die ELD, die sich seit 1986 **Europäische Liberale, Demokraten und Reformer** nennen, gewannen bei den Direktwahlen zum Europ. Parlament 1989 45 Mandate, bei den Wahlen 1994 44 Mandate.

Europäische Mathematische Gesellschaft, gemeinsame Organisation von 33 nationalen mathemat. Gesellschaften aus O- und W-Europa; Sitz: Helsinki; gegr. Nov. 1990 in Warschau. Zu den Aufgaben der E.M.G. gehört neben der Förderung von Forschung und Ausbildung die Koordination der mathemat. Institute in Europa.

*Europäische Menschenrechtskonvention: Durch das 9. Zusatzprotokoll zur EMRK vom 6.11.1990, in Kraft getreten am 1.11.1994, ist die Rechtslage bezüglich des Zugangs zum Europ. Gerichtshof für Menschenrechte wesentlich geändert worden. Nunmehr haben auch natürl. Personen, nichtstaatl. Organisationen und Personenvereinigungen, die sich gemäß Art. 25 EMRK an die Europ. Menschenrechtskommission gewandt haben, das Recht, vor dem Gerichtshof als Partei aufzutreten. Die Europ. Menschenrechtskommission darf aber nach wie vor eine Beschwerde nur dann annehmen, wenn feststeht, daß der Beschwerdeführer vorher den innerstaatl. Rechtsweg ausgeschöpft hat. Mit dem 11. Zusatzprotokoll vom 11.5.1994 (das allerdings erst nach der Ratifikation durch 30 Signatarstaaten der EMRK in Kraft treten kann) soll eine weitere Änderung im organisator. Bereich bewirkt werden. In Zukunft soll jeder Bürger der Europ. Union sein Anliegen selbständig beim Europ. Gerichtshof für Menschenrechte vorbringen dürfen. Europ. Menschenrechtskommission und Europ. Gerichtshof für Menschenrechte werden zu einem einheitl. Gerichtshof zusammengefaßt.

*Europäische Politische Zusammenarbeit: Die EPZ erhielt in der →Einheitlichen Europäischen Akte (EEA) 1986 zum ersten Mal ihre vertragl. Grundlage. Dem Vertrag von Maastricht (unterzeichnet am 7.2.1992) gemäß wurde sie unter der Bez. →Gemeinsame Außen- und Sicherheitspolitik eine der drei Säulen der →Europäischen Union.

Europäischer Binnenmarkt, zum 1.1.1993 in Kraft getretene Vereinbarung auf dem Weg zur wirtschaftl. Integration in der Europ. Gemeinschaft mit dem Ziel der Schaffung einer →Europäischen Wirtschafts- und Währungsunion bis spätestens 1999. Danach ist die EG ein Raum ohne Binnengrenzen, in dem der freie Verkehr von Waren, Personen, Dienstleistungen und Kapital (›Vier Freiheiten‹) gewährleistet ist. Die Bestimmungen sollen u.a. sicherstellen, daß 1) beim Warenaustausch grundsätzlich keine Grenzkontrollen mehr stattfinden, techn. Normen, das öffentl. Auftragswesen sowie Verbrauch- und Umsatzsteuern harmonisiert werden, daß 2) ein freier Geld-, Kapital- und Zahlungsverkehr gewährleistet ist und daß 3) der Dienstleistungsbereich liberalisiert wird, was bes. die Öffnung der Märkte für nat. Banken und Versicherungen oder Kommunikationswege (z. B. im Fernmeldewesen) bedeutet. Schließlich entfallen 4) zugunsten der Freizügigkeit der Personen die Grenzkontrollen; außerdem dürfen Staatsangehörige von EG-Staaten in anderen EG-Staaten freien Aufenthalt und freie Niederlassung wählen, sie haben die freie Wahl des Arbeitsplatzes und können die wechselseitige Anerkennung ihrer Berufsabschlüsse verlangen.

Die Umsetzung der EG-Richtlinien in nat. Recht ist auch drei Jahre nach Inkrafttreten noch nicht völlig abgeschlossen. Nach Angaben der Kommission waren Mitte 1995 über 90 % der EG-Maßnahmen in den Mitgl.-Ländern tatsächlich umgesetzt, allerdings mit deutl. Schwankungen zw. den einzelnen Wirtschaftsbereichen und Ländern. Die meisten EG-Richtlinien haben Dänemark und Luxemburg umgesetzt (96,5 % bzw. 95 %); Dtl. steht dagegen mit 189 von 219 verabschiedeten Richtlinien des Weißbuchs (85,4 %) vor Griechenland (169 bzw. 80,4 %) an vorletzter Stelle. Der E. B. gilt uneingeschränkt auch für die seit dem 1. 1. 1995 neu hinzugekommenen Mitgl.-Länder Finnland, Österreich und Schweden, die die Bestimmungen des E. B. bereits seit 1994 im Rahmen des Europ. Wirtschaftsraums angewendet hatten.

Europäische Rechtsakademie Trier, Abk. **ERA,** öffentl. Stiftung des Privatrechts, Sitz: Trier; Stifter sind das Großherzogtum Luxemburg, die Bundesrep. Dtl., die dt. Bundesländer, die Stadt Trier sowie der Verein zur Förderung einer Europ. Rechtsakademie. Ziele der 1991 auf Initiative des Europ. Parlaments gegründeten Akademie sind die Vertiefung der europa- und gemeinschaftsrechtl. Kenntnisse der Rechtsanwender durch praxisnahe Fortbildungsveranstaltungen und die Schaffung eines internat. Forums für den europarechtl. Dialog. Die Akademie steht Rechtspraktikern aus den Mitgliedstaaten der EU und anderen Staaten, die an einer engen Zusammenarbeit mit der EU interessiert sind, offen.

*Europäischer Entwicklungsfonds: Der 7. EEF (1991–95) im Rahmen des →Lomé-Abkommens stellt für die AKP-Länder Mittel in Höhe von 10,8 Mrd. ECU (rd. 20,5 Mrd. DM) bereit. Die in der Vergangenheit übl. Gewährung von Sonderdarlehen zu bes. günstigen Konditionen entfällt; die entsprechenden Beträge werden als nichtrückzahlbare Zuschüsse zur Verfügung gestellt. Der Anteil der Zuschüsse am EEF erhöhte sich damit von rd. 75 % (6. EEF) auf 92 %.

*Europäischer Fonds für währungspolitische Zusammenarbeit: Der EFWZ wurde mit Wirkung vom 1. 1. 1994 aufgelöst, seine Aufgaben dem →Europäischen Währungsinstitut übertragen. Die Agententätigkeit für das Europ. Währungsinstitut übernahm allerdings für eine Übergangszeit weiterhin die →Bank für Internationalen Zahlungsausgleich.

Europäischer Investitionsfonds [-fɔ̃], Abk. **EIF,** 1994 geschaffener Fonds zur Förderung von Investitionen kleiner und mittlerer Unternehmen sowie zur Förderung der Infrastrukturvorhaben im Rahmen der →Transeuropäischen Netze; Sitz: Luxemburg. Am genehmigten Kapital des EIF von 2 Mrd. ECU sind die Europ. Investitionsbank mit 40 %, die EU-Kommission mit 30 % sowie öffentl. und private Banken aus den EU-Ländern ebenfalls mit 30 % beteiligt.

*Europäischer Rat: Erhielt als Organ der Europ. Gemeinschaften (EG) in der →Einheitlichen Europäischen Akte (EEA) 1986 zum ersten Mal eine vertragl. Grundlage. Mit dem Vertrag von Maastricht (unterzeichnet am 7. 2. 1992) wurde er auch ein Organ der →Europäischen Union.

*Europäischer Regionalfonds: Als Förderinstrument zum Ausgleich regionaler Ungleichgewichte in der Europ. Union im Rahmen der Europ. Strukturfonds beteiligt sich der EFRE v. a. an produktiven Investitionen zur Schaffung oder Erhaltung von Arbeitsplätzen und zur strukturellen Anpassung der Regionen mit Entwicklungsrückstand (zu den Förderregionen zählen die neuen Bundesländer, die zw. 1994 und 1998 rd. 5,5 Mrd. DM erhalten sollen), an Infrastrukturinvestitionen in Regionen mit rückläufiger industrieller Entwicklung sowie ländl. Gebieten mit strukturellen Anpassungsproblemen, an Investitionen im Gesundheits- und Bildungswesen, in Forschung und Entwicklung und im Umweltschutz, soweit sie zur regionalen Entwicklung beitragen.

*Europäischer Sozialfonds: Im Rahmen der Europ. Strukturfonds dient der ESF als Instrument der gemeinschaftl. Arbeitsmarktpolitik (Entwicklung der Humanressourcen). Der Einsatz der Fondsmittel ist im Unterschied zu den übrigen Fonds nicht auf bestimmte Regionen oder Länder in der EU beschränkt, sondern konzentrierte sich auf die Bekämpfung der Langzeit- und Jugendarbeitslosigkeit, der Eingliederung der vom Arbeitsmarkt ausgeschlossenen Personen sowie die Anpassung der Arbeitnehmer an den industriellen Wandel. Für 1994–99 werden rd. 40 Mrd. ECU bereitgestellt (1989–93: 20 Mrd. ECU), von denen rd. 80 % zur Bekämpfung der Arbeitslosigkeit eingesetzt werden.

*Europäische Rundfunk-Union: Der EBU sind 1992 die Mitgl. der Internat. Rundfunk- und Fernsehorganisation, OIRT, beigetreten, die sich selbst aufgelöst hat, Sitz der techn. Verwaltung (auch der Eurovision) ist Genf. Das EBU-Organ heißt inzwischen ›diffusion‹. Im Mai 1995 hatte die EBU rd. 110 aktive Mitgl. aus 48 Staaten (darunter 42 europäische).

Europäischer Wirtschaftsraum, Abk. **EWR,** die zw. den Mitgl.-Staaten von EG und EFTA vertraglich vereinbarte Integration der beiden Zusammenschlüsse zur Schaffung eines großen europ. Binnenmarkts. Der EWR setzt sich zusammen aus (1995) 18 europ. Ländern, den inzwischen 15 EU-Staaten und den drei EFTA-Staaten Norwegen, Island und Liechtenstein (seit 1. 5. 1995) mit einer Bev. von rd. 375 Mio. und einem Sozialprodukt von 7 400,7 Mrd. US-$. Damit ist der EWR der weltweit größte und am stärksten integrierte gemeinsame Markt der Erde: (1993) 6,8 % der Weltbevölkerung, 31,4 % des Weltsozialprodukts, 40,7 % Anteil am Welthandel (Exporte).

Das am 2. 5. 1992 in Porto unterzeichnete Abkommen trat erst am 1. 1. 1994 in Kraft, nachdem die Schweiz eine Teilnahme per Referendum vom 6. 12. 1992 abgelehnt und damit umfangreiche Anpassungen am ursprüngl. Vertragswerk in Form eines Zusatzprotokolls erforderlich gemacht hatte.

Durch den Vertrag gelten auch für die EFTA-Mitglieder die vier Grundfreiheiten des →Europäischen Binnenmarktes, und es besteht eine enge Zusammenarbeit in den Bereichen Wissenschaft, Bildung, Umwelt und Sozialpolitik. Ausnahmen bzw. Abweichungen vom Europ. Binnenmarkt gibt es in den Bereichen Landwirtschaft, Regionalpolitik und Außenhandelsbeziehungen. Auch fehlen Bestimmungen über eine polit. Integration, eine gemeinsame Außen- und Sicherheitspolitik sowie eine Zusammenarbeit in den Bereichen Justiz und Inneres, wie sie die Europ. Union vorsieht. Durch die Erweiterung der EU auf 15 Mitgl.-Länder wird der EWR wirtschaftlich stark von der EU dominiert. Als gemeinsame EWR-Organe wurden der EWR-Ministerrat, der Gemischte Ausschuß (Gemeinsamer EWR-Ausschuß) als Ausführungsgremium und der Gemeinsame Parlamentar. Ausschuß geschaffen.

Euro Europäisches System der Zentralbanken – Europäische Union

Europäisches System der Zentralbanken, Abk. **ESZB,** →Europäische Zentralbank.

Europäische Strukturfonds [-fɔ̃], Oberbegriff für versch. Programme zum Abbau des wirtschaftl. und sozialen Gefälles in der Europ. Union. Zu den E. S. zählen der →Europäische Regionalfonds, der →Europäische Sozialfonds, der Europ. Ausrichtungs- und Garantiefonds für die Landwirtschaft, Abteilung Ausrichtung, und seit 1993 das Finanzinstrument für die Ausrichtung der Fischerei. Die E. S. wurden 1988 und 1993 umfassend reformiert und ihre Mittel erheblich aufgestockt: von 58,4 Mrd. ECU (1985–88) über 64 Mrd. ECU (1989–93, Preisstand 1989) auf zunächst 141,5 Mrd. ECU für den Zeitraum 1994–99 (Preisstand 1992), was fast einem Drittel des gesamten Haushaltvolumens der EU entspricht (1995: 32,5%). Durch die Erweiterung auf 15 Mitgliedsländer vom 1. 1. 1995 wurden die Fondsmittel für 1995–99 um 3,4 Mrd. ECU auf 144,5 Mrd. ECU erhöht.

Europäisches Währungsinstitut, Abk. **EWI,** engl. **European Monetary Institute** [jʊərə'piːən 'mʌnɪtərɪ 'ɪnstɪtjuːt], Abk. **EMI,** eine im Rahmen der Errichtung der Europ. Wirtschafts- und Währungsunion gebildete Organisation mit eigener Rechtspersönlichkeit als Vorstufe der →Europäischen Zentralbank. Das EWI hat die Aufgabe, die Geldpolitiken der souverän bleibenden nat. Notenbanken zu koordinieren und deren Zusammenarbeit zu stärken sowie Vorarbeiten für die Errichtung des Europ. Systems der Zentralbanken und der Zentralbank zu leisten. Weiterhin überwacht das EWI das Europ. Währungssystem und hat die Aufgaben des Europ. Fonds für währungspolit. Zusammenarbeit übernommen. Geleitet wird das EWI von einem Rat, der sich aus einem Präs. und den Präs. der Notenbanken der EG-Staaten zusammensetzt. Das EWI nahm am 1. 1. 1994 seine Tätigkeit auf und hat seinen Sitz in Frankfurt am Main. Die Eigenmittel des EWI (615,6 Mio. ECU) werden von den nat. Zentralbanken aufgebracht (Anteil der Dt. Bundesbank 1995: 22,55%; Anteil der Oesterr. Nationalbank: 2,30%). Präs. des EWI ist der belg. Währungsfachmann A. LAMFALUSSY.

Europäisches Währungssystem: ECU-Leitkurse der Teilnehmerländer des EWS (Wert eines ECU in der jeweiligen nationalen Währungseinheit)			
Währung	gültig ab 13. 3. 1979	gültig ab 6. 3. 1995	Änderungen in %[1]
Belgischer Franc	39,4582	39,3960	+ 0,2
Dänische Krone	7,08594	7,28580	− 2,7
Deutsche Mark	2,51064	1,91007	+ 31,4
Französischer Franc	5,79831	6,40608	− 9,5
Irisches Pfund	0,662638	0,792214	− 16,4
Holländischer Gulden	2,72077	2,15214	+ 26,4
Österreichischer Schilling [2]		13,4383	
Portugiesischer Escudo [3]		195,792	
Spanische Peseta [4]		162,493	
Griechische Drachme [5]		292,867	
Italienische Lira [6]	1148,15	2106,15	− 45,5
Pfund Sterling [7]	0,663247	0,786652	− 15,7

[1] Aufwertung +, Abwertung −. – [2] Österreich nimmt ab 9. 1. 1995 am Wechselkursmechanismus des EWS teil. – [3] Ab 21. 9. 1989 im Währungskorb; ab 6. 4. 1992 Teilnahme am Wechselkursmechanismus. – [4] Ab 21. 9. 1989 am Wechselkursmechanismus; ab 21. 9. 1989 im Währungskorb. – [5] Keine Teilnahme am Wechselkursmechanismus; ab 17. 9. 1994 im Währungskorb; fiktiver Leitkurs. – [6] Ab 17. 9. 1992 vorübergehend keine Teilnahme am Wechselkursmechanismus; seit dieser Zeit bestehen fiktive Leitkurse. – [7] Ab 8. 10. 1990 Teilnahme am Wechselkursmechanismus; ab 17. 9. 1992 Teilnahme vorläufig suspendiert. Vor 8. 10. 1990 und nach 17. 9. 1994 fiktive Leitkurse.

*__Europäisches Währungssystem:__ Dem EWS gehören die Notenbanken aller Mitgl.-Länder der Europ. Union an. Allerdings nahmen Mitte 1995 folgende Staaten nicht am Wechselkurs- bzw. Interventionsmechanismus teil: Griechenland (seit 13. 3. 1979), Italien und Großbritannien (seit 17. 9. 1992; Großbritannien verzichtete auch vom 13. 3. 1979 bis zum 7. 10. 1990 auf eine Teilnahme), Finnland und Schweden (seit ihrem Beitritt zur EU am 1. 1. 1995). Spanien trat dem Wechselkursmechanismus am 19. 6. 1989 bei, Portugal am 6. 4. 1992 und Österreich am 9. 1. 1995. Mit Wirkung vom 2. 8. 1993 wurden die Bandbreiten für Wechselkursschwankungen auf ± 15% (mit Ausnahme des bilateralen Wechselkurses zw. D-Mark und Holländ. Gulden) ausgedehnt, so daß von da an schwerlich noch von einem System mit festen Wechselkursen gesprochen werden kann. Trotz der erweiterten Bandbreiten wurden am 6. 5. 1995 Abwertungen der span. Peseta um 7% und des portug. Escudo um 3,5% vorgenommen. Zw. 1979 und 1995 kam es damit bislang zu 20 Wechselkursanpassungen (Realignments) im EWS.

Europäische Synchrotronstrahlungsquelle, engl. **European Synchrotron Radiation Facility** [jʊərə'piːən 'sɪŋkrəʊtrɒn reɪd'eɪʃn fə'sɪlɪtɪ], →ESRF.

Europäische Umwelt|agentur, Abk. **EUA,** EU-Behörde für die Sammlung, Aufbereitung und Analyse umweltbezogener Daten auf europ. Ebene. Die Gründung wurde 1990 beschlossen, aber erst 1993 umgesetzt; Sitz: Kopenhagen. Zu den Aufgaben gehören auch umweltpolit. Öffentlichkeitsarbeit, Harmonisierung von Meßverfahren, Förderung umweltfreundl. Technologien sowie der Aufbau eines Europ. Umweltinformations- und Umweltbeobachtungsnetzes.

Europäische Union, Abk. **EU,** engl. **European Union** [jʊərə'piːən 'juːnjən], frz. **Union Européenne** [ynˈjɔ̃ øˈrɔpeˈɛn], durch den am 1. 11. 1993 in Kraft getretenen Vertrag über die EU (Maastricht Vertrag) gegründeter polit. und wirtschaftl. Zusammenschluß der Mitgl.-Staaten der →Europäischen Gemeinschaften (EG).

Ziele der EU sind die Förderung des sozialen und wirtschaftl. Fortschritts durch einen Raum ohne Binnengrenzen und die Errichtung einer →Europäischen Wirtschafts- und Währungsunion; eine gemeinsame Außen- und Sicherheitspolitik der Mitgl.-Staaten, zu der zu einem späteren Zeitpunkt auch eine gemeinsame Verteidigungspolitik gehören soll; die Stärkung der Bürgerrechte der Angehörigen der Mitgl.-Staaten durch die Einführung einer Unionsbürgerschaft; die Wahrung und Weiterentwicklung des bisher im Rahmen der EG Erreichten. Zur Wahrung der Kontinuität und der Kohärenz der Maßnahmen der Union wurden die Zuständigkeiten der *Organe* der EG erweitert, so daß diese zugleich Organe der EU sind (einheitl. institutioneller Rahmen).

Aufbau der EU: Grundlage der EU sind zunächst die bestehenden EG, die, ergänzt um eine in drei Stufen zu verwirklichende Wirtschafts- und Währungsunion, die erste ›Säule‹ bilden. Neben diese tritt – in der Nachfolge der Europ. Polit. Zusammenarbeit (EPZ) – die →Gemeinsame Außen- und Sicherheitspolitik (GASP), in der Rahmen die Mitgl.-Staaten ihre Außenpolitik koordinieren und gemeinsame Standpunkte und Aktionen beschließen (›zweite Säule‹). Auf längere Sicht soll die GASP auch eine gemeinsame Verteidigungspolitik umschließen. Dazu soll schrittweise die Westeurop. Union (WEU), der allerdings noch nicht alle EU-Staaten als Voll-Mitgl. angehören, zur ›Verteidigungskomponente‹ der EU entwickelt werden.

Die ›dritte Säule‹, die Zusammenarbeit in den Bereichen Justiz und Inneres, umfaßt die Kooperation in Asylfragen, bei der Kontrolle der Unionsgrenzen, bei der Einwanderungspolitik sowie der Bekämpfung der Drogenabhängigkeit und der Bekämpfung der internat. Kriminalität, z. B. durch Aufbau eines Europ. Polizeiamts (→Europol). Auch im Bereich des Zoll-

Europäische Union Euro

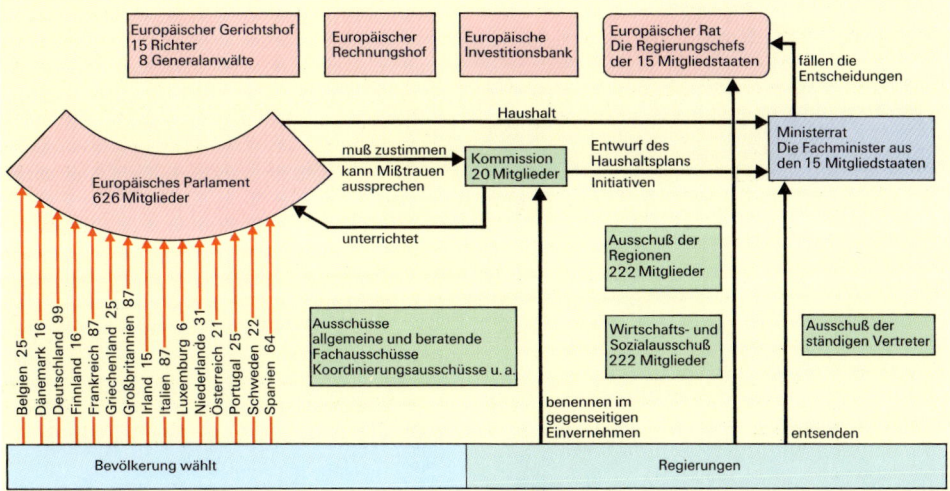

Europäische Union: Aufbau ihrer Organe

wesens und der Straf- und Ziviljustiz wird eine Zusammenarbeit angestrebt.

Die beiden letztgenannten Bereiche machen die Polit. Union aus; sie verbleiben jedoch auf der Ebene der intergouvernementalen Zusammenarbeit, d. h., die Staaten der EU arbeiten hier letztlich nach den allgemeinen Regeln des Völkerrechts zusammen; im Ggs. zu den Maßnahmen im Rahmen der supranat. EG müssen Entscheidungen hier einstimmig getroffen werden und gelten nicht direkt im Recht der Mitgl.-Staaten.

Der *Vertrag über die EU* stellt nach der →Einheitlichen Europäischen Akte (EEA) von 1987 die zweite und bislang letzte grundlegende Änderung der Gründungsverträge dar. In seinen Titeln II bis IV ändert er die Gründungsverträge der Europ. Wirtschaftsgemeinschaft (EWG), der Europ. Gemeinschaft für Kohle und Stahl (EGKS) und der Europ. Atomgemeinschaft (EURATOM). In den Titeln I, V, VI und VII sind demgegenüber wie in einem Rahmen Bestimmungen zur Gründung einer EU enthalten.

Im Bereich der Institutionen der EG erweitert der Maastrichter Vertrag die Befugnisse des Europ. Parlaments und schafft einen Ausschuß der Regionen. Bezüglich der Gemeinschaftskompetenzen überträgt er in einigen Bereichen neue Zuständigkeiten auf die EU (Bildung, Kultur, Gesundheitswesen, Verbraucherschutz, Transeurop. Netze), in den Sparten For-

schung und Umwelt vermittelt er weitere Kompetenzen. Allerdings gilt für die EU bei fast allen Maßnahmen das ▷ Subsidiaritätsprinzip 2), d. h., sie darf nur tätig werden, soweit die angestrebten Ziele auf der Ebene der Mitgl.-Staaten nicht ausreichend erreicht werden können. Die durch den Vertrag über die EU eingeführte Unionsbürgerschaft umfaßt neben der im Rahmen der EG bereits bestehenden Personenverkehrsfreiheit für EG-Ausländer im wesentlichen ein zweifaches ▷ Wahlrecht: zum einen zu den kommunalen Vertretungskörperschaften und zum anderen zum Europ. Parlament.

Rechtsnatur der EU: Die EU stellt keinen neuen (Bundes-)Staat dar, obwohl die Mitgl.-Staaten eine Reihe staatl. Kompetenzen (auf der dritten Stufe der Wirtschafts- und Währungsunion ist v. a. die Abgabe der Währungshoheit an die Europ. Zentralbank beabsichtigt) und damit auch Bestandteile ihrer eigenen Staatlichkeit auf sie übertragen haben bzw. voraussichtlich übertragen werden. Die EU kann jedoch nur im Rahmen dieser Übertragungen tätig werden; anders als ein Staat kann sie sich nicht selbst neue Betätigungsfelder schaffen, ihr fehlt die ›Kompetenzkompetenz‹ (▷ Kompetenz 5). Auch liegt die Letztverantwortung für alles, was die Union tut, noch immer bei den Mitgl.-Staaten, was z. B. darin zum Ausdruck kommt, daß letztlich die im Rat versammelten Repräsentanten der Mitgl.-Staaten über die Maßnahmen

Die drei Säulen der Europäischen Union		
Europäische Gemeinschaften	**Gemeinsame Außen- und Sicherheitspolitik**	**Zusammenarbeit Innen- und Justizpolitik**
Bereiche	*Bereiche*	*Bereiche*
Zollunion und Binnenmarkt Agrarpolitik Strukturpolitik Handelspolitik Wirtschafts- und Währungsunion* Unionsbürgerschaft* Bildung und Kultur* Transeuropäische Netze* Verbraucherschutz* Gesundheitswesen* Forschung und Umwelt* Sozialpolitik*	Kooperation, gemeinsame Standpunkte und Aktionen Friedenserhaltung Menschenrechte Demokratie Hilfe für Drittstaaten Sicherheit der Union betreffende Fragen (gestützt auf die WEU) Abrüstung wirtschaftliche Aspekte der Rüstung Europäische Sicherheitsordnung (langfristig)	Asylpolitik Außengrenzen Einwanderungspolitik Kampf gegen Drogenabhängigkeit Bekämpfung des organisierten Verbrechens justitielle Zusammenarbeit in Zivil- und Strafsachen polizeiliche Zusammenarbeit
*) Neue geänderte Regelungen.		

Euro Europäische Volkspartei – Europäische Wirtschafts- und Währungsunion

entscheiden und nicht das Europ. Parlament. So legitimiert auch nicht das Europ. Parlament das Handeln der EU-Organe; vielmehr erfolgt die demokrat. Legitimation der Maßnahmen der EU über die Staatsvölker der Mitgl.-Staaten, d. h. über deren nat. Parlamente. Damit müssen nach einer Entscheidung des Bundesverfassungsgerichts vom 12. 10. 1993 Aufgaben und Befugnisse von substantiellem Gewicht bei dem nat. Parlament verbleiben, was bei der durch den Unionsvertrag geregelten Zuständigkeitsverteilung gegeben ist. Das Gebilde der EU ist damit eine neuartige Staatenverbindung, die als Staatenverbund oder auch als Internat. Organisation eigener Art bezeichnet wird und in deren Rahmen sowohl die Mitgl.-Staaten als auch die EG ihre Rechtspersönlichkeit gewahrt haben.

*Europäische Volkspartei, Abk. **EVP:** Bei den Direktwahlen zum Europ. Parlament gewann die EVP 1989: 128, 1994: 148 Mandate.

*Europäische Währungseinheit:** Die Gewichte der Währungen und damit auch die Währungsbeträge im Korb (Währungskomponenten) wurden am 17. 9. 1984 und 21. 9. 1989 revidiert. Mit Inkrafttreten des Vertrags über die EU am 1. 11. 1993 ist die period. Überprüfung entfallen, d. h., die Währungszusammensetzung des ECU-Währungskorbs wurde auf dem Stand vom 21. 9. 1989 festgeschrieben. Die Währungen von Österreich, Schweden und Finnland, die der EU und damit dem Europ. Währungssystem mit Wirkung vom 1. 1. 1995 beigetreten sind (allerdings nimmt bislang nur Österreich am Wechselkursmechanismus des EWS teil), werden deshalb nicht mehr in den ECU-Korb aufgenommen.

Der geschätzte Gesamtumfang der ECU-Finanzmärkte erreichte am Ende des 3. Quartals 1992 mit einem Marktvolumen von 193,3 Mrd. ECU einen bisherigen Höchststand. Zum gleichen Zeitpunkt 1994 belief sich der entsprechende Wert auf 175,4 Mrd. ECU. Auch im Interbankgeschäft markierte das Jahr 1992 mit 198,0 Mrd. ECU den bisherigen Höchststand (1994: 121,8 Mrd. ECU).

Europäische Währungseinheit: Zusammensetzung des Währungskorbs
(Stand 1.6.1995)

Währung	Währungskomponente (21.9.1989)	Leitkurs in ECU (6.3.1995)	Gewicht im ECU-Korb (in %)
Belgischer Franc	3,301	39,3960	8,4
Luxemburgischer Franc	0,130	39,3960	0,3
Dänische Krone	0,1976	7,28580	2,7
Deutsche Mark	0,6242	1,91007	32,7
Französischer Franc	1,332	6,40608	20,8
Irisches Pfund	0,008552	0,792214	1,1
Holländischer Gulden	0,2198	2,15214	10,2
Portugiesischer Escudo	1,393	195,792	0,7
Spanische Peseta	6,885	162,493	4,2
Griechische Drachme	1,440	292,867	0,5
Italienische Lira	151,8	2106,15	7,2
Pfund Sterling	0,08784	0,786652	11,2

*Europäische Wirtschaftliche Interessenvereinigung, Abk. **EWIV,** Typ einer jurist. Person des europ. Rechts, die aufgrund einer VO des Rats der EG vom 31. 7. 1985 mit Wirkung ab dem 1. 7. 1989 gegründet werden kann, um die grenzüberschreitende Zusammenarbeit (z. B. auf den Gebieten Forschung und Entwicklung, Produktion, Vertrieb) zu fördern. Gründungs-Mitgl. können natürl. und jurist. Personen aus EG-Staaten sein, jedoch müssen mindestens zwei von ihnen ihren Sitz in versch. EG-Staaten haben. Die EWIV wird in dem Land, in dem sie ihren Sitz hat, registriert und erlangt dadurch Rechtsfähigkeit.

*Europäische Wirtschaftsgemeinschaft:** Mit der Unterzeichnung des Vertrags über die Europ. Union am 7. 2. 1992 (Maastrichter Vertrag) wurde der EWG-Vertrag in wesentl. Punkten erweitert und in EG-Vertrag umbenannt. Seither wird die EWG als EG bezeichnet, die bisherige EG als Europäische Union (→Europäische Gemeinschaften).

Europäische Wirtschafts- und Währungsunion, Abk. **EWWU,** nach dem Maastrichter Vertrag in drei Stufen zu realisierende engste Form einer wirtschaftl. Integration im Rahmen der Europ. Union (EU). Als Voraussetzung für die EWWU können das Europ. Währungssystem (EWS) und der Europ. Binnenmarkt gelten.

Der Beginn der ersten Stufe wurde auf den 1. 7. 1990 zurückdatiert (Aufhebung der Kapitalverkehrskontrollen innerhalb der EG). Im Mittelpunkt der bis Ende 1993 dauernden ersten Stufe stehen die Vollendung des Europ. Binnenmarkts sowie die stabilitätspolitisch orientierte Koordination der Wirtschafts- und Finanzpolitik einerseits und der Geld- und Währungspolitik andererseits. Andere Ziele, z. B. die Einbeziehung aller EG-Währungen in den Wechselkursverbund des EWS mit enger Schwankungsbreite (2,25%), scheiterten dagegen an Währungsturbulenzen im Sommer 1993, von denen v. a. das brit. Pfund und die italien. Lira betroffen waren und in deren Folge die Bandbreiten im EWS auf 15% vergrößert wurden.

Die zweite Stufe (ab 1. 1. 1994) sieht vor: Stärkung der wirtschaftl., fiskal. und monetären Konvergenz der Mitgl.-Länder als Voraussetzung für den Übergang in die Endstufe, Gründung eines →Europäischen Währungsinstituts, wobei die Verantwortung für die Geldpolitik auf nat. Ebene verbleibt, ein Verbot der Finanzierung von Staatsdefiziten durch die nat. Notenbanken, die Beschränkung der Regierungen beim Zugang zu den Geld- und Kapitalmärkten sowie Vorschriften zur Vermeidung übermäßiger Haushaltsdefizite.

Die dritte Stufe (Endstufe), d. h. die Einführung einer europ. Währung und die Gründung einer →Europäischen Zentralbank, soll, abhängig von der Anzahl der Länder, die bestimmte Konvergenzkriterien erfüllen, frühestens zum 1. 1. 1997 und spätestens 1999 verwirklicht werden. Die **Konvergenzkriterien** sind eine Inflationsrate von höchstens 1,5% und langfristige Zinsen von höchstens 2% über denjenigen der höchstens drei Mitgl.-Staaten mit den niedrigsten Inflationsraten, ein Haushaltsdefizit von höchstens 3% bezogen auf das Bruttoinlandsprodukt, ein öffentl. Schuldenstand von höchstens 60% bezogen auf das Bruttoinlandsprodukt, Teilnahme am Wechselkursverbund des Europ. Währungssystems und Wechselkurs innerhalb seiner Bandbreiten (±2,25%). Weitere Voraussetzungen sind eine einheitl. Tarif-, Sozial- und Steuerpolitik. Großbritannien und Dänemark werden vorerst nicht an der dritten Stufe der EWWU teilnehmen (Opting-out-Klausel). In Dtl. muß für den Übergang in die dritte Stufe ein zustimmendes Votum des Bundestags eingeholt werden.

Allerdings werden zunehmend Zweifel geäußert, ob der vorgesehene Zeitplan eingehalten werden kann. Die Zweifel gründen sich zum einen auf die fakt. Freigabe der Wechselkurse im EWS und zum anderen auf die Tatsache, daß die für den Beitritt zur EWWU einzuhaltenden Konvergenzkriterien 1994 nur von Luxemburg und Dtl. vollständig erfüllt wurden.

Die Staats- und Reg.-Chefs der EU-Staaten beschlossen auf ihrer Konferenz Mitte Dez. 1995 in Madrid, die neue europ. Währung **Euro** zu nennen, und sie einigten sich auf einen verbindl. Terminplan. Der formelle Beginn der EWWU ist demnach der 1. 1. 1999, nachdem 1998 die Teilnehmer bestimmt, die Europ. Zentralbank gegründet und die Umrechnungskurse unwiderruflich festgelegt wurden. Auf Euro lau-

Europäische Zentralbank – Europarat **Euro**

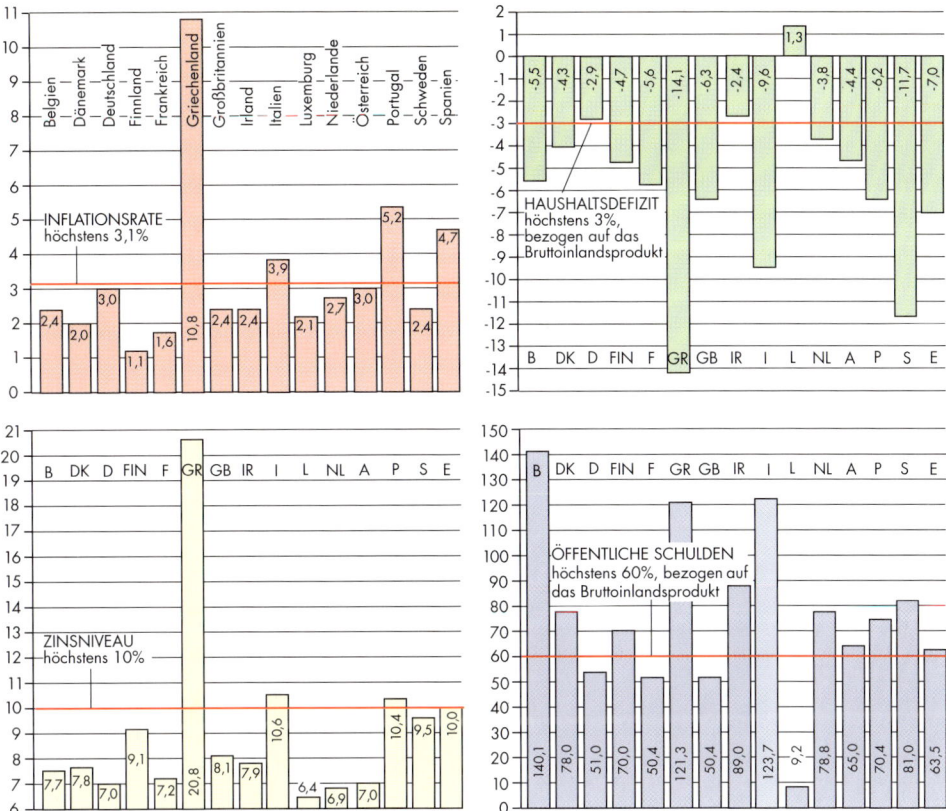

Europäische Wirtschafts- und Währungsunion: Erfüllung der Konvergenzkriterien 1994; die Schwellenwerte für die Inflationsrate und das Zinsniveau wurden auf der Basis der 15 EU-Staaten berechnet

tende Banknoten und Münzen werden erst ab 1. 1. 2002 die nat. Währungen ersetzen, die zum 30. 6. 2002 ihre Gültigkeit als gesetzl. Zahlungsmittel verlieren. Umstritten bleiben die Frage nach dem Verhältnis der Länder, die an der EWWU teilnehmen, und derjenigen, die die Konvergenzkriterien nicht erfüllt haben, sowie die Frage nach den Konvergenzkriterien nach Beginn der EWWU (›Stabilitätspakt‹ auf Dauer).

Europäische Zentralbank, Abk. **EZB,** gemäß den Statuten des EU-Vertrags spätestens zum 1. 1. 1999, also mit Beginn der dritten Stufe auf dem Weg zur Europ. Wirtschafts- und Währungsunion, zu gründende Institution, die zus. mit den Notenbanken der Mitgl.-Länder (›Nationale Zentralbanken‹ wie die Dt. Bundesbank) das **Europäische System der Zentralbanken (ESZB)** bildet und somit für die Geldpolitik und die Sicherung der Preisniveaustabilität zuständig ist. Die EZB besitzt eine eigene Rechtspersönlichkeit. Ihr Sitz ist in Frankfurt am Main. Die EZB und das ESZB sind unabhängig, d. h., bei der Wahrnehmung ihrer Befugnisse darf weder die EZB noch eine nat. Notenbank noch ein Mitgl. ihrer Beschlußorgane Weisungen von Organen oder Einrichtungen der EU, Regierungen der Mitgl.-Staaten oder anderen Stellen einholen oder entgegennehmen. Die Beschlußorgane der EZB sind der EZB-Rat und das Direktorium. Der EZB-Rat besteht aus den Mitgliedern des Direktoriums der EZB und den Präsidenten der nat. Notenbanken. Das Direktorium setzt sich aus dem Präs., dem Vize-Präs. und vier weiteren Mitgliedern zusammen. Die Direktoriums-Mitgl. werden von den Regierungen der Mitgl.-Staaten auf der Ebene der Staats- und Regierungschefs auf Empfehlung des Europ. Rats, der hierzu das Europ. Parlament und den EZB-Rat anhört, aus dem Kreis der in Währungs- oder Bankfragen anerkannten und erfahrenen Persönlichkeiten einvernehmlich ausgewählt und ernannt. An den Sitzungen des EZB-Rats können der Präs. des Europ. Rats und ein Mitgl. der Europ. Kommission ohne Stimmrecht teilnehmen. Vorläufer der EZB ist das →Europäische Währungsinstitut.

*****Europarat:** Nach dem Beitritt von San Marino (1988), Finnland (1989), Ungarn (1990), Polen (1991), der Tschechoslowakei (1991; 1993 deren Nachfolgestaaten Tschech. Rep. und Slowak. Rep.), Bulgarien (1992), Estland (1993), Litauen (1993), Slowenien (1993), Rumänien (1993), Andorra (1994), Albanien (1995), Lettland (1995), Makedonien (1995), Moldawien (1995), der Ukraine (1995) und Rußland (1996) gehören dem E. 39 Mitgl. an. Einen Beobachterstatus besitzt Israel (seit 1961). Im Juli 1992 wurde Jugoslawien wegen seiner aggressiven Nationalitätenpolitik auf der Balkanhalbinsel aus dem E. ausgeschlossen.

Neben dem Ministerkomitee, der Beratenden Versammlung und dem Generalsekretariat wurde 1994 der Kongreß der Gemeinden und Regionen Europas als weiteres Organ des E. eingeführt. Er soll sich bes. für die Stärkung demokrat. Denkens und demokrat. Strukturen in O-Europa einsetzen. Als Nachfolger der Französin CATHERINE LALUMIÈRE (* 1935; GenSekr. 1989–94) wählte die Beratende Versammlung im April 1994 den Schweden DANIEL TARSCHYS (* 1943) zum Generalsekretär.

Der E. verabschiedete u. a. das Europ. Datenschutzabkommen (1981), die Konvention gegen Folter und entwürdigende Behandlung (1987), die Konven-

263

Euro Europartners – Evangelische Kirche in Berlin-Brandenburg

Eurotunnel: LINKS Der Eurostar-Testzug nach seiner ersten Fahrt durch den Eisenbahntunnel bei der Ankunft in Folkestone am 20. Juni 1993; RECHTS Eine der drei Röhren des Eurotunnels in ausgebautem Zustand

tion über grenzüberschreitendes Fernsehen (1989), die Charta zum Schutz der Regional- und Minderheitensprachen (1992) und die Konvention zum Schutz von Minderheiten (1995).

*****Europartners:** Die Bankengruppe wurde Ende 1992 aufgelöst.

European Monetary Institute [jυərə'piːən 'mʌnɪtəri 'ɪnstɪtjuːt], Abk. **EMI**, das →Europäische Währungsinstitut.

Europol, Abk. für **Europäisches Polizeiamt**, 1994 errichtete Behörde der EU-Staaten (Sitz: Den Haag). E. ist bisher noch nicht mit Handlungsbefugnissen ausgestattet, sondern befaßt sich mit der Sammlung, Auswertung und Verknüpfung von Informationen zur länderübergreifenden Bekämpfung v. a. von Terrorismus, Drogen- und Menschenhandel, Nuklearkriminalität und Geldwäscherei. Mit E. sind die 1976 gegründeten Arbeitsgruppen **TREVI** (Abk. für frz. **t**errorisme, **r**adicalisme, **e**xtremisme, **v**iolence **i**nternationale) verknüpft. Die Innen- und Justiz-Min. der EU haben sich noch nicht auf eine E.-Rechtskonvention geeinigt.

*****Eurosignal:** 1994 arbeiteten im alten Bundesgebiet über 100 E.-Sender, und die Zahl der Teilnehmer hatte 220 000 überschritten. 1996 soll das E. durch das System →Ermes abgelöst werden.

Eurosport, →Privatfernsehen (ÜBERSICHT).

Eurotunnel: Wichtige Kenndaten	
Länge insgesamt	49,4 km
Länge unter Wasser	38 km
Tiefe unter dem Meeresboden	18 bis 45 m
Tiefe unter dem Wasserspiegel	bis 100 m
Durchmesser der 2 Eisenbahnröhren	7,6 m
Durchmesser der Versorgungsröhre	4,8 m
Querverbindung der Röhren	alle 375 m
Fahrtzeit Calais-Folkstone	ca. 35 min
Fahrtzeit Paris-London	ca. 180 min
Bauzeit	6 1/2 Jahre (1987–93)

Eurotunnel, Kanaltunnel, Eisenbahntunnel zw. Folkestone (Großbritannien) und Calais (Frankreich); bestehend aus zwei eingleisigen Tunnelröhren sowie einem dazwischenliegenden Servicetunnel; Länge 49,4 km, davon 38 km unter dem Ärmelkanal. Das in 6 1/2 Jahren von einem Firmenkonsortium erbaute und am 6. 5. 1994 offiziell eingeweihte Bauwerk wird von der britisch-frz. Gesellschaft ›E.‹ betrieben, die eine Konzession für 55 Jahre besitzt. Der Tunnel kann mit einer Geschwindigkeit von etwa 130 km/h in 35 Minuten durchfahren werden. In Konkurrenz zum Fährverkehr werden Pkw, Lkw und Omnibusse im Huckepackverkehr in speziellen Shuttle-Zügen zw. Folkestone und Calais transportiert. Die vom frz. TGV abgeleiteten und als Alternative zum Flugzeug angebotenen Hochgeschwindigkeitszüge verkehren seit 14. 11. 1994 zw. London und Paris bzw. Brüssel.

Die Rentabilität des E.-Projekts wird z. Z. eher skeptisch beurteilt, da schnell ein Preisverfall durch die Konkurrenz mit den Fährgesellschaften einsetzte. Trotz des bereits Mitte 1995 erreichten großen Marktanteils v. a. im Shuttle-Verkehr geriet ›E.‹ dadurch und wegen der verspäteten Aufnahme des fahrplanmäßigen Betriebs in wirtschaftl. Schwierigkeiten.

EUTELSAT, Abk. für **Eu**ropean **Tele**communications **Sat**ellites, europ. Organisation für den Bau und Betrieb einer gleichnamigen Reihe von Nachrichtensatelliten; (1995) 48 Mitgliedstaaten, Sitz: Paris. Die angebotenen Dienste bestehen vorwiegend in der innereurop. Übermittlung von Telefongesprächen, Fernseh- und Hörfunkprogrammen sowie der Datenübertragung. Dazu werden die EUTELSAT-Satelliten über Afrika bei 7°, 10°, 13°, 16° und 36° ö. L. auf der geostationären Umlaufbahn positioniert.

Die ersten Satellitensysteme waren 1978 das experimentelle System ▷OTS und 1983 das EUTELSAT-I-System ▷ECS. Die zweite Generation EUTELSAT II wird seit 1986 von Unternehmen in acht europ. Staaten gebaut. Der erste Start erfolgte 1990, als Trägerrakete diente i. d. R. Ariane. Hauptauftragnehmer ist Aérospatiale (Frankreich). In Dtl. ist v. a. die Daimler Benz Aerospace AG (Dasa), in der Schweiz Oerlikon-Contraves beteiligt. Der 13. Satellit dieser Reihe ist der am 28. 3. 1995 gestartete Fernsehsatellit Hot Bird 1. Ab 1998 sollen die Satelliten der dritten Generation EUTELSAT III gestartet werden.

*****Evangelische Kirche der Kirchenprovinz Sachsen:** Gliedkirche der EKU und seit 1991 der EKD, umfaßt das Land Sachsen-Anhalt (ohne das Gebiet der Ev. Landeskirche Anhalts und einiger kleiner Randgebiete und Enklaven), einen Teil des nördl. Thüringen, den äußersten N Sachsens (um Delitzsch und Torgau) sowie den äußersten SW Brandenburgs im Gebiet der Schwarzen Elster (→Evangelische Kirche in Deutschland, ÜBERSICHT).

*****Evangelische Kirche des Görlitzer Kirchengebietes:** Unierte Kirche, Gliedkirche der EKU, seit 1991 als **Evangelische Kirche der schlesischen Oberlausitz** Gliedkirche der EKD; umfaßt einen Teil der Oberlausitz, v. a. im Land Sachsen (→Evangelische Kirche in Deutschland, ÜBERSICHT).

*****Evangelische Kirche in Berlin-Brandenburg:** Gliedkirche der EKU und seit 1991 der EKD, umfaßt die Länder Berlin und Brandenburg, außer einigen Randgebieten; die Ev. Kirche in Berlin-Brandenburg (Berlin-West) ging 1991 wieder in ihr auf (→Evangelische Kirche in Deutschland, ÜBERSICHT).

Evangelische Kirche in Deutschland **Evan**

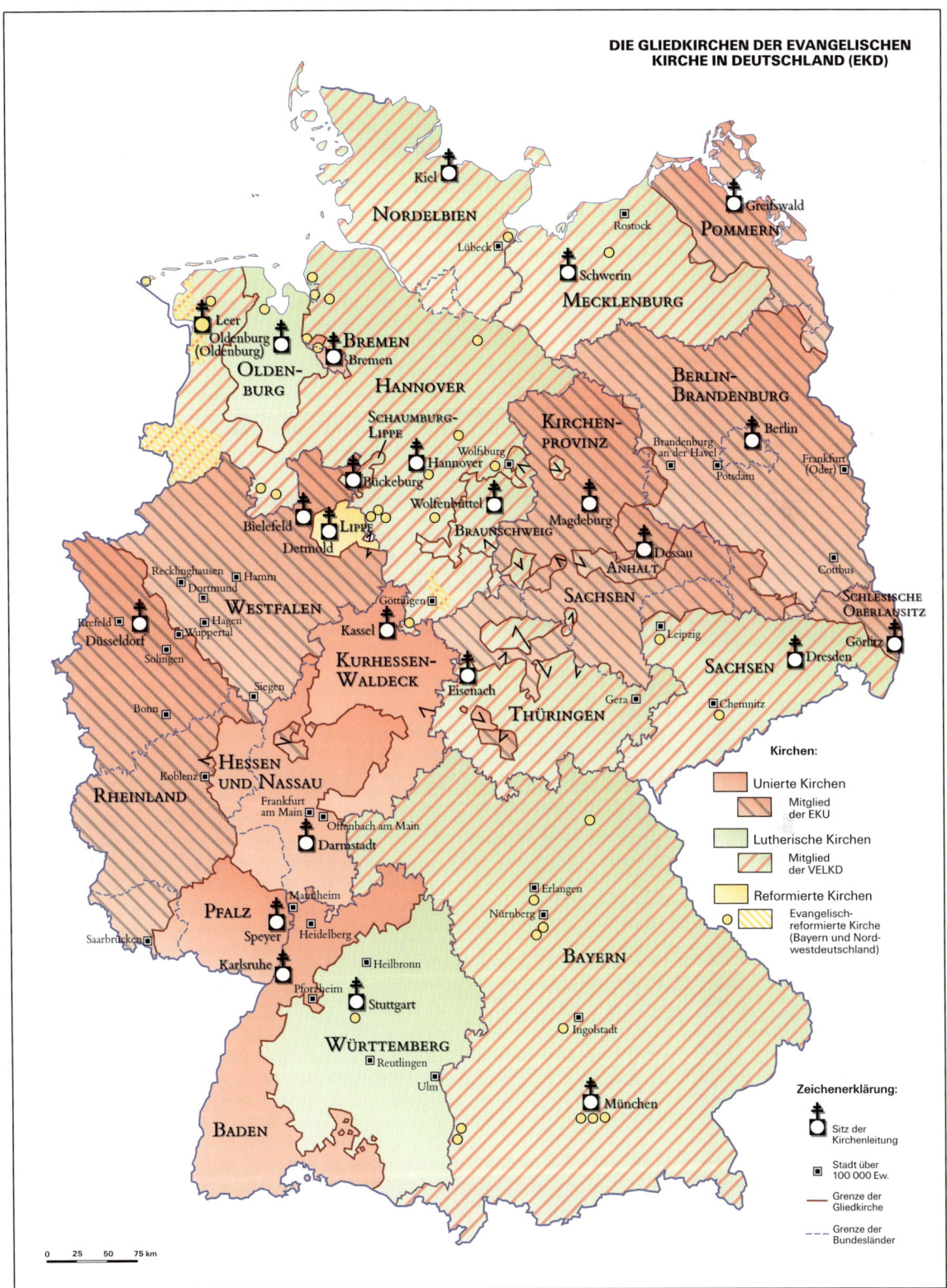

Evangelische Kirche in Deutschland: Die im →Bund der Evangelischen Kirchen in der DDR (BEK) zusammengeschlossenen acht Landeskirchen boten oppositionellen Gruppen in der Dt. Dem. Rep. lange Zeit Schutz und Entfaltungsmöglichkeiten und hatten großen Anteil an der friedl. Revolution im Herbst 1989. Im Febr. 1991 beschlossen die Synoden des BEK und der EKD ein Kirchengesetz zur Herstellung der Einheit der EKD, das – nach Zustimmung der einzelnen Landeskirchensynoden des BEK – im Juni 1991 in Kraft trat; die EKD umfaßt seitdem 24 Gliedkirchen; zum Ratsvorsitzenden der EKD wurde im Nov. 1991 der Landesbischof der Ev. ref. Kirche in Baden, K. ENGELHARDT, gewählt. – KARTE S. 265

Evangelische Landeskirche Anhalts: Unierte Kirche, Gliedkirche der EKU und seit 1991 der EKD, umfaßt die ehem. Provinz Anhalt (Teil des Landes Sachsen-Anhalt; →Evangelische Kirche in Deutschland, ÜBERSICHT).

Evangelische Landeskirche Greifswald: Unierte Kirche, Gliedkirche der EKU und seit 1991 als **Pommersche Evangelische Kirche** Gliedkirche der EKD, umfaßt den vorpommerschen Teil des Landes Mecklenburg-Vorpommern und Randgebiete im NO Brandenburgs (→Evangelische Kirche in Deutschland, ÜBERSICHT).

Evangelisch-Lutherische Kirche in Thüringen: Seit 1991 Gliedkirche der EKD und der VELKD, umfaßt weite Teile (v. a. S und Zentrum) des Landes Thüringen (→Evangelische Kirche in Deutschland, ÜBERSICHT).

Evangelisch-Lutherische Landeskirche Mecklenburgs: Seit 1991 Gliedkirche der EKD und der VELKD, umfaßt den mecklenburg. Teil des Landes Mecklenburg-Vorpommern (→Evangelische Kirche in Deutschland, ÜBERSICHT).

Evangelisch-Lutherische Landeskirche Sachsens: Seit 1991 Gliedkirche der EKD und der VELKD, umfaßt das Land Sachsen (ohne den äußersten NW und das Gebiet der Schlesischen Oberlausitz; →Evangelische Kirche in Deutschland, ÜBERSICHT).

Evangelisch-reformierte Kirche in Nordwestdeutschland: Änderte nach der Aufnahme der Gemeinden Bayerns und der neuen Bundesländer ihren Namen in **Evangelisch-reformierte Kirche (Synode ev.-ref. Kirchen in Bayern und Nordwestdeutschland).**

Evans ['evənz], Gareth John, austral. Politiker, * Melbourne 5. 9. 1944; Jurist, lehrte 1971–76 Verf.-Recht an der Univ. Melbourne; als Mitgl. der Labor Party seit 1978 Senator für Victoria, gehörte 1980–83 dem Schattenkabinett an; war 1983–84 Generalstaatsanwalt, 1984–87 Min. für Rohstoffe und Energie, 1987–88 für Transport und Kommunikation, 1988–93 Handels-Min. Als Außen-Min. (1988–96) betrieb E. die Neuorientierung der traditionell europäisch und angloamerikanisch ausgerichteten austral. Außenpolitik auf den asiat. und südpazif. Raum und den Ausbau der wirtschaftl. Beziehungen zu den dortigen Staaten.

Evans, Sir Geraint Llewellyn, brit. Sänger: † Aberystwyth 19. 9. 1992.

Evans, Gil, amerikan. Jazzkomponist und Arrangeur: † Cuernavaca (Mexiko) 20. 3. 1988.

Everest, Mount E.: Die im Sept. 1992 erstmals gleichzeitig von nepales. und chin. Seite des Berges aus durchgeführte Neuvermessung ergab eine Höhe von 8846 m ü. M.; auch eine GPS-Vermessungsausrüstung war auf den Gipfel gebracht worden.

Die Gliedkirchen der Evangelischen Kirche in Deutschland
(Stand Januar 1994)

Gliedkirche	Mitglieder	Kirchengemeinden	Theologinnen und Theologen	Leitung*)
lutherische Gliedkirchen				
Ev.-Luth. Kirche in Bayern	2 697 000	1 522	2 436	LB Hermann von Loewenich
Ev.-Luth. Landeskirche in Braunschweig	497 000	416	323	LB Christian Krause
Ev.-Luth. Landeskirche Hannovers	3 335 000	1 558	2 231	LB Horst Hirschler
Ev.-Luth. Landeskirche Mecklenburgs	256 000	390	318	LB Christoph Stier
Nordelbische Ev.-Luth. Kirche	2 448 000	679	1 554	B Hans-Christian Knuth (Sprengel Schleswig) B Maria Jepsen (Sprengel Hamburg) B Karl Ludwig Kohlwage (Sprengel Holstein-Lübeck)
Ev.-Luth. Kirche in Oldenburg	494 000	124	280	B Wilhelm Sievers
Ev.-Luth. Landeskirche Sachsens	1 154 000	1 157	959	LB Volker Kreß
Ev.-Luth. Landeskirche Schaumburg-Lippe	68 000	23	54	LB Heinrich Herrmanns
Ev.-Luth. Kirche in Thüringen	654 000	1 435	681	LB Roland Hoffmann
Ev. Landeskirche in Württemberg	2 461 000	1 419	2 360	LB Eberhardt Renz
unierte Gliedkirchen				
Ev. Landeskirche Anhalts	85 000	196	80	KP Helge Klassohn
Ev. Landeskirche in Baden	1 378 000	548	1 138	LB Klaus Engelhardt
Ev. Kirche in Berlin-Brandenburg	1 494 000	1 776	1 375	B Wolfgang Huber
Bremische Ev. Kirche	294 000	72	159	KP Heinz Hermann Brauer
Ev. Kirche in Hessen und Nassau	2 007 000	1 202	1 833	KP Peter Steinacker
Ev. Kirche von Kurhessen-Waldeck	1 004 000	967	851	B Christian Zippert
Ev. Kirche der Pfalz (Prot. Landeskirche)	671 000	428	567	KP Werner Schramm
Pommersche Ev. Kirche	160 000	352	203	B Eduard Berger
Ev. Kirche im Rheinland	3 201 000	833	2 522	PR Peter Beier
Ev. Kirche der Kirchenprovinz Sachsen	635 000	2 190	902	B Christoph Demke
Ev. Kirche der schles. Oberlausitz	76 000	74	67	B Klaus Wollenweber
Ev. Kirche von Westfalen	2 889 000	654	2 174	PR Manfred Sorg
reformierte Gliedkirchen				
Ev.-ref. Kirche (Synode ev.-ref. Kirchen in Bayern und Nordwestdeutschland)	201 000	139	171	PR Hinnerk Schröder
Lippische Landeskirche	220 000	70	151	LS Ako Haarbeck

*) B Bischof; KP Kirchenpräsident; LB Landesbischof; LS Landessuperintendent; P Präsident; PR Präses.

*__Evert,__ Christine Marie, amerikan. Tennisspielerin: Mit 157 Grand-Prix-Turniersiegen ist E., die sich Mitte 1989 vom aktiven Wettkampfsport zurückgezogen hat, nach MARTINA NAVRATILOVA die bislang erfolgreichste Profi-Tennisspielerin.

*__Evidenzzentrale:__ Ab dem 30. 9. 1993 müssen der Dt. Bundesbank von den Banken, Versicherungsunternehmen, Sozialversicherungsträgern und der Bundesanstalt für Arbeit alle Kreditnehmer gemeldet werden, die bei ihnen mit 3 Mio. DM und mehr verschuldet sind (vorher 1 Mio. DM). Das Bundesaufsichtsamt für das Kreditwesen fungiert als E. für Länderrisiken; Banken haben ihm ihre Kreditengagements in bestimmten Ländern anzuzeigen, sofern die Kredite 50 Mio. DM übersteigen.

__Evolutions|ökonomik, evolutorische Ökonomik,__ neuere Richtung der Volkswirtschaftslehre, in deren Mittelpunkt die Analyse des wirtschaftl. Wandels und seiner Triebkräfte steht. Ähnlich wie die Institutionenökonomik, jedoch unter Abkehr von allgemeingültigen, neoklass. Annahmen wie dem rationalen Verhalten der Wirtschaftssubjekte, strebt die E. eine Verbesserung der Wirtschaftstheorie hin zu histor. Relevanz und empir. Gültigkeit an. Die E. ist das Ergebnis einer Verbindung unterschiedlicher volkswirtschaftl. Denkansätze, verknüpft z. B. das Gedankengut J. A. SCHUMPETERS (Theorie der wirtschaftl. Entwicklung) und F. A. VON HAYEKS (Wettbewerb als Entdeckungsverfahren) mit organisationstheoret. Ansätzen, der neuen Institutionenökonomik und der Spieltheorie (evolutor. Spieltheorie).

*__Evren,__ Kenan, türk. General: War bis Nov. 1989 Staatspräsident.

*__Ewenken, Autonomer Kreis der E.:__ Umfaßt 767 600 km^2 und (1989) 24 000 Ew., davon 14 % Ewenken und 67 % Russen. Hauptstadt ist Tura. Nach dem Zerfall der Sowjetunion gehört der Autonome Kreis zur Russ. Föderation. Eine nat. Organisation der Ewenken, die ›Arun‹ (›Wiedergeburt‹), versucht die weitgehend zerstörten traditionellen Lebens- und Wirtschaftsformen, die bes. auf der Rentierzucht basieren, neu zu beleben.

__EWI,__ Abk. für →Europäisches Währungsinstitut.

__EWR,__ Abk. für →Europäischer Wirtschaftsraum.

__EWWU,__ Abk. für →Europäische Wirtschafts- und Währungsunion.

__Excimer__ [ɛksiˈmeːr; Kw. aus engl. excited dimer ›angeregtes Dimer‹] *das, -s/-e*, ein Molekül aus i. d. R. zwei – gleichen oder versch. – Atomen, von denen eines sich in einem elektronisch angeregten Zustand befindet. Das E. ist nur für die Zeitdauer der Anregung stabil; es zerfällt unter Emission eines Photons, wenn das angeregte Atom wieder in seinen Grundzustand übergeht.
Beispiele für E. sind die Edelgashalogenide E*X, wobei E* für das angeregte Edelgasatom (Ar, Kr, Xe) und X für ein Halogenatom (F, Cl) steht. Dabei wird ein sonst chemisch inertes Edelgasatom angeregt, indem ein Elektron der äußeren, mit Elektronen vollständig gefüllten Schale durch Elektronenstoß in die nächsthöhere Elektronenschale gehoben wird. Die Elektronenkonfiguration gleicht nun einem Alkalimetallatom, und das angeregte Edelgasatom kann eine (schwache) Bindung mit einem Halogenatom eingehen. Die Lebensdauer eines solchen E. beträgt nur wenige 10 ns. Eine wichtige techn. Anwendung finden E. als Lasermedium in Excimerlasern.

__Excimerlaser__ [ɛksiˈmeːrleɪzə], Laser aus der Gruppe der Gaslaser, bei dem Edelgashalogenide in Form von Excimeren als Lasermedium verwendet werden. Die Bildung der Excimere erfolgt typischerweise in elektr. Entladungen (Hochdruckglimmentladungen) bei $2 \cdot 10^5$ bis $5 \cdot 10^5$ Pa. Dadurch arbeitet der Laser gepulst. Durch Elektronenstoß werden Edelgasatome (z. B. Kr) angeregt oder ionisiert und reagieren dann mit Halogenmolekülen (z. B. F) zu Excimeren, wobei meist auch Stoßrekombinationen mit einem Puffergas (z. B. He) eine Rolle spielen:

$$Kr^* + F_2 \to Kr^*F + F$$
$$Kr^+ + F^- + He \to Kr^*F + He$$

Durch den Zerfall des Excimers unter Aussendung eines Photons hat dieses aktive Medium zwar ein oberes, aber kein eigentl. unteres Laserniveau. Beim Zerfall der Edelgashalogenide werden je nach deren Zusammensetzung Lichtquanten im Ultraviolettbereich frei (*h* Plancksches Wirkungsquantum, ν Frequenz):

$$Kr^*F + F \to Kr + F_2 + h\nu$$

Da E. eine sehr hohe Verstärkung besitzen, genügt meist bereits ein einzelner Resonatordurchlauf zum Abbau der Besetzungsinversion, d. h., es kann bei dieser Laserklasse auf Resonatorspiegel verzichtet werden. Solche Laser nennt man auch Superstrahler. Daraus resultierende Nachteile sind die für Laser hohe Strahldivergenz und eine geringe Kohärenzlänge. Um räumlich homogene Entladungen über einen größeren Bereich zu gewährleisten, arbeitet man mit Vorionisation des Gasgemischs durch Funkenentladungen oder Röntgenstrahleinwirkung. Erwärmung des Gases und konkurrierende Reaktionsabläufe erfordern eine Kühlung des Resonators sowie einen sehr schnellen Austausch des Mediums im Resonator zw. je zwei Entladungen. Dies geschieht normalerweise durch Querlüfter. Verschmutzungen des Gasgemischs, die sich während des Betriebs anreichern, erfordern einen kompletten Austausch des Gases nach 10^6 bis 10^7 Pulsen.

Excimerlaser		
Edelgashalogenid	Laser-Wellenlänge	Photonenenergie
Ar*F	193 nm	6,4 eV
Kr*F	248 nm	4,9 eV
Xe*Cl	308 nm	3,8 eV
Xe*F	351 nm	3,1 eV

E. wurden erstmals 1970 erfolgreich demonstriert. Heutiger Stand der Technik sind Geräte mit Pulsenergien bis in den Joule-Bereich und Pulsraten von 100 bis zu 1 000 s^{-1}; die Pulsdauer beträgt 5 bis 25 ns. Anwendung finden E. als äußerst effiziente und intensive Ultraviolettquellen zur Anregung von Farbstofflasern, zur Isotopentrennung sowie für LIDAR-Systeme (›Light Detection and Ranging‹) zur Schadstoffmessung in der Luft, außerdem zu Beschriftungs- und Gravierzwecken.

E. eröffnen v. a. neue Wege der Materialbearbeitung. Durch die hohen Photonenenergien des Ultraviolettlichts können im bestrahlten Material elektron. Anregungen und Ionisierungen bewirkt werden. Chem. Bindungen werden direkt aufgebrochen, was zu einer Erzeugung gasförmiger Bruchstücke führt. Im Ggs. zu anderen Materialbearbeitungslasern (Kohlendioxid- und Neodym-Lasern) findet also eine hauptsächlich nichttherm. Bearbeitung statt, der Zwischenschritt des Aufschmelzens unterbleibt. Bes. Kunststoffe und Keramiken lassen sich sehr präzise abtragen. Diese Art der Materialablation ist auch für die Medizin (Gewebebehandlung) interessant. Aufgrund der kurzen Wellenlängen und der damit verbundenen geringen Beugungseffekte an Kanten (Absorberstrukturen der Masken) stoßen E. auch auf Interesse in der Ultraviolettlithographie und werden vermehrt zur Herstellung feiner Strukturen eingesetzt. (→Laseranwendungen, →Mikrotechnik).

F. K. KNEUBÜHL u. M. W. SIGRIST: Laser (^{3}1991); H. HÜGEL: Strahlwerkzeug Laser. Eine Einf. (1992).

Exis Existenzgründungspolitik – Fabrio

***Existenzgründungspolitik:** →Deutsche Ausgleichsbank, →ERP, →Kreditanstalt für Wiederaufbau.

Valie Export: Sit Down Stand Up; Computerarbeit, 1989 (Privatbesitz)

***Existenzminimum:** Der 1990 eingeführte dt. Einkommensteuertarif hatte zu Beginn eine bis 5 616 DM (11 232 DM bei Verheirateten) reichende Nullzone, die sicherstellte, daß für Einkommen bis zu dieser Höhe keine Steuerschuld entstand (Grundfreibetrag). In seinem Beschluß vom 25. 9. 1992 stellte das Bundesverfassungsgericht fest, daß dieses **steuerliche E.** angesichts der gestiegenen Lebenshaltungskosten nicht mehr dem verfassungsrechtl. Gebot gerecht werde, dem Steuerpflichtigen nicht Teile des zur Bestreitung seines E. notwendigen Einkommens zu entziehen. Der Gesetzgeber wurde daher verpflichtet, einen Einkommensbetrag mindestens in Höhe des sozialhilferechtl. E. von der Einkommensteuer freizustellen. Daraufhin wurde für die Jahre 1993–95 eine Übergangsregelung außerhalb der Tarifformel des § 32a EStG getroffen, durch die zu versteuernde Einkommen bis zur Höhe von (1993) 10 529 DM, (1994) 11 069 DM und (1995) 11 555 DM (für Ehepaare gilt jeweils der doppelte Betrag) steuerlich freigestellt wurden. Ab 1. 1. 1996 gilt ein neuer Einkommensteuertarif mit einer auf 12 095 DM ausgedehnten Nullzone (Grundfreibetrag), die schrittweise auf 12 365 DM (1997) und 13 067 DM (1999; für Ehepaare gilt jeweils der doppelte Betrag) erweitert werden soll.

Expo 2000, →Weltausstellung.

Export, Valie, österr. Medienkünstlerin, *Linz 17. 5. 1940; Protagonistin einer feministisch orientierten Kunst, setzt sich in ihrem Œuvre mit den kommunikativen Möglichkeiten und den gesellschaftlich bedingten Bestimmtheiten des menschl. Körpers auseinander. Erforscht in Performances, Photographien, Filmen, Videoinstallationen, Computerarbeiten, Objekten, Skulpturen, Körper-Material-Interaktionen die Wechselwirkungen zw. individueller und sozialer Kontrolle, zw. Emotion und Bewußtsein.

***Eyskens,** Gaston, belg. Politiker: †Löwen 3. 1. 1988.

EZB, Abk. für →Europäische Zentralbank.

Ezera [′ez-], Regina, eigtl. **R. Kịndzule** [-z-], lett. Schriftstellerin, *Riga 20. 12. 1930; trat seit 1955 als Kinderbuchautorin hervor. Seit 1961 wurde sie zur Wegbereiterin der während der Tauwetterperiode im sowjetisch okkupierten Lettland allmählich erfolgenden Emanzipation der Literatur von den Zwängen des sozialist. Realismus. Ihre Erzählbände (u. a. ›Daugavas stāsti‹, 1965) und Romane (u. a. ›Zemdegas‹, 1977), in denen sie eine subtile psycholog. Charakterzeichnung mit einer spannenden Handlung im zeitgenöss. Lettland zu verbinden versteht, waren Marksteine dieser Entwicklung. Dialog, innerer Monolog und beschreibende Erzählung ergänzen einander in ihrer auch suggestive stilist. Elemente enthaltenden dichter. Gestaltung.

E-Zine [′i:zaın], Abk. für engl. Electronic **Zine** (von Maga**zine**), eine elektron. Zeitschrift, die über Online-Dienste abgerufen oder über eine Mailbox bezogen werden kann. Bei den über das World wide web des Internet verbreiteten **Web-Zines** sind die Informationen sogar mit Farbbildern und Toninformationen versehen.

F

***Fabian,** Walter, Publizist: †Köln 15. 2. 1992.

***Fabius,** Laurent, frz. Politiker: War Juni 1988 bis Jan. 1992 Präs. der Nationalversammlung; ab Jan. 1992 Erster Sekr. des Parti Socialiste, wurde im April 1993 von M. Rocard abgelöst.

Fabre [fabr], Jan, fläm. Maler, Choreograph, Dramatiker, Bühnenbildner und Regisseur (›Universalkünstler‹), *Antwerpen 14. 12. 1958; studierte am Stedelijk Instituut voor Sierkunsten en Ambachten sowie an der Koninklijke Academie voor Schone Kunsten seiner Heimatstadt und entwickelte sein Talent, sich auf M. Duchamp, R. Magritte, M. Foucault und J. Beuys berufend, in versch. Richtungen. Protagonist dessen, was er selbst erst als ›BiC-Art‹, später als ›Blaue Stunde‹ bezeichnet hat, strukturierten Zeichnungen mit einem blauen Einwegkugelschreiber ›BiC‹, inszenierte er bereits 1980 sein erstes Theaterstück, ›Theater geschrieben mit einem „K" in Kater‹. Sieben Jahre später mit den ›Extraits dansés‹ seiner Oper ›Das Glas im Kopf wird vom Glas‹ zur documenta 8 nach Kassel eingeladen, konzentrierte sich der Künstler mehr auf extrem langsame Tanz- und Theaterexerzitien, ohne deswegen von seiner bildner. Arbeit zu lassen. **Weitere Werke:** *Choreographie:* The sound of one hand clapping (1990). - *Oper:* Silent screams, difficult drams (1992).

***Fábri,** Zoltan, ungar. Filmregisseur: †Budapest 23. 8. 1994.

Fabrio, Nedjeljko, kroat. Schriftsteller, *Split 14. 11. 1937; war zunächst als Dramaturg in Rijeka, seit 1971 als Redakteur beim Zagreber Fernsehen tätig. Seit 1955 veröffentlicht er kleinere literar. Arbeiten in Zeitschriften. Es folgten Erzählbände (›Partite za prozu‹, 1966; ›Labilni položaj‹, 1969; ›Lavlja usta‹, 1978) und Dramen (›Reformatori‹, 1967; ›Admiral Kristof Kolumbo‹, 1968; ›Magnificat‹, 1978). Erst spät gelangte F. zum Roman. Das ›Chronisterion‹ ›Vježbanje života‹ (1985) und die ›Familienfuge‹ ›Berenikina kosa‹ (1989; dt. ›Das Haar der Berenice‹) stellen in kunstvoller Komposition dalmatinisch-istr.

Familiengeschichten dar. Mit ›Smrt Vronskog‹ (1994), einem Supplementum zu L. N. TOLSTOJS ›Anna Karenina‹, verlegt F. das weitere Schicksal des Grafen Wronskij in den gegenwärtigen serb. Krieg. F. beherrscht die Techniken des postmodernen Erzählens, doch bleibt er stets eng auch mit den künstler. und denker. Traditionen des mitteleurop. und mediterranen Raumes verbunden. Er ist auch als Essayist und Musikkritiker hervorgetreten (›Kazališt́arije‹, 1987).
  Ausgabe: Izabrane pripovijethe (1990).

*__Fahnenflucht:__ Durch Änderung von Art. 83 Militärstraf-Ges. vom 20. 3. 1992 ist in der *Schweiz* das ›Ausreißen‹ durch Überlaufen zum Feind nicht mehr mit der Todesstrafe, sondern mit lebenslänglich Zuchthaus bedroht.

*__Fähre:__ Mehrere schwere Unglücke mit zahlreichen Todesopfern (›Herald of Free Enterprise‹ 1987 vor Zeebrugge, ›Jan Heweliusz‹ 1993 vor Rügen, ›Estonia‹ 1994 zw. Tallinn und Stockholm) führten zu einer Sicherheitsdiskussion über Auto-F., deren durchlaufende Fahrzeugdecks im Roll-on-roll-off-Betrieb be- und entladen werden (d. h. Einfahrt auf der einen, Ausfahrt auf der anderen Schiffsseite). V. a. dem Untergang der ›Estonia‹, bei der die Bugklappe wegbrach und die dahinterliegende Fahrzeugladerampe niederriß, folgten Forderungen nach besseren Sicherheitsvorkehrungen. Einige Reedereien verschweißten daraufhin die Bugklappen ihrer Nord- und Ostsee-F. oder bauten hinter Bugöffnung und Laderampe ein zusätzl. wasserdichtes Schott ein. Die zuständige Internat. Seeschiffahrts-Organisation (IMO) schlug 1995 neue Standards für Ro-Ro-F. vor, um die Kentergefahr zu verringern. Dazu gehören erhöhte konstruktive Anforderungen an die Schiffsstabilität, eine Einbaupflicht für Längs- und Querschotte auf den durchlaufenden Decks sowie Vorschriften für Auslauftore zum Auspumpen von Wasser.

Jan Fabre:
Kasteel Tivoli;
Cibachrom,
1991 (Privatbesitz)

*__Fahrerlaubnis:__ Durch VO vom 1. 4. 1993 haben sich folgende Veränderungen ergeben: Die F. in der Klasse 1 a erstreckt sich auf Krafträder der Klasse 1, jedoch mit einer Nennleistung von nicht mehr als 25 kW (bisher 20 kW) und einem leistungsbezogenen Leergewicht von nicht mehr als 0,16 kW/kg. Die F. der Klasse 1 wird nur erteilt, wenn der Bewerber die F. der Klasse 1 a mindestens schon zwei Jahre besitzt oder besessen hat und innerhalb dieser Zeit eine ausreichende Fahrpraxis auf Krafträdern dieser Klasse (mindestens 4 000 km) erworben hat.

*__Fahrrad:__ Die traditionellen F.-Typen wurden ab Ende der 1980er Jahre durch das Mountainbike und die von ihm abgeleiteten Typen zurückgedrängt. Gleichzeitig erlebte die F.-Industrie einen wirtschaftl. Aufschwung, verbunden mit einem erhebl. techn. Innovationsschub.
  Das **Mountainbike (MTB)** ist ein reines Geländesportrad mit bis zu mehr als 24 Gängen, grobstolligen Reifen und meist 26-Zoll-Rädern. Das **All-Terrain-Bike (ATB)** als Straßenversion ist mit Beleuchtung, Schutzblechen, Klingel usw. für den Straßenverkehr ausgerüstet und besitzt oft einen größeren Rahmen sowie etwas schmalere 28-Zoll-Räder. Als universelles Freizeitrad dient das **Trekkingbike.** Es besitzt einen robusten Rahmen, für die Straße ausgelegte Bereifung und meist 28-Zoll-Räder; das Tretlager sitzt tiefer, und der Radstand ist größer als bei MTB und ATB. Ein wendiges Stadtrad ist das **Citybike,** das mit 26- oder 28-Zoll-Rädern und Transportmöglichkeiten für den Einkauf ausgestattet ist; der Rahmen hat häufig einen niedrigen Durchstieg. – Neben den Mountainbike-Typen konnten sich Spezial-F. wie das tragbare Faltrad und das ▷ Sesselrad Marktnischen erobern.

*__Fairbank,__ John King, amerikan. Sinologe: † Boston (Mass.) 14. 9. 1991.

__Fallturm,__ Anlage zur Durchführung von Kurzzeitexperimenten unter den Bedingungen annähernder Schwerelosigkeit, bei der eine mit Experimenten bestückte Kapsel in einer hinreichend langen, evakuierten Röhre frei fällt. Die Gravitation wird während des freien Falls durch die Massenträgheit kompensiert. Auf den Experimentaufbau wirkt lediglich eine sehr geringe Restbeschleunigung aufgrund des verbliebenen Luftwiderstands und anderer Störeinflüsse wie Divergenz des Gravitationsfelds, Rotation und Vibration der Fallkapsel. Die für viele experimentelle Zwecke ausreichende Fallzeit beträgt einige Sekunden. Vorteile gegenüber anderen Methoden zur Herstellung von Mikrogravitationsbedingungen (ballist. oder Parabelflüge, Weltraumlabors) bestehen u. a. in den niedrigen Kosten, den weitgehend entfallenden Raum- und Gewichtsbeschränkungen sowie der kurzen Vorbereitungszeit und schnellen Wiederholbarkeit von Experimenten. F.-Experimente werden z. B. in den Gebieten Fluidmechanik, Rheologie, Verbrennungsprozesse, Thermodynamik, Materialforschung und Biologie durchgeführt.
  1990 ging der **F. Bremen** am Zentrum für angewandte Raumfahrttechnologie und Mikrogravitation (ZARM) in Betrieb. Im Innern des Turms (Gesamthöhe 146 m, Außendurchmesser 8,5 m) befindet sich die frei stehende Fallröhre aus Stahl mit einer Fallhöhe von 112 m, am Turmfuß liegt die 10 m hohe Abbremskammer. Die zylindr. Fallkapsel (Länge 2 oder 3 m, Durchmesser 0,8 m) kann ein Experimentgewicht bis zu 250 kg tragen. An der Unterseite sitzt eine kegelförmige Spitze, damit die Kapsel in den mit 1,5 t Styroporgranulat gefüllten Bremsbehälter eintauchen kann. Vor dem Fall wird die Röhre auf einen Druck unter 10 Pa evakuiert, um den aerodynam. Widerstand zu minimieren (innerhalb der Kapsel herrscht Normaldruck). Die auf die Kapsel wirkende Restbeschleunigung beträgt etwa $10^{-6} g \approx 10^{-5}$ m/s^2 (g Fallbeschleunigung), die Fallzeit 4,74 s, die Geschwindigkeit am Ende der Fallröhre 46 m/s ≈ 167 km/h. Die Abbremsung der Kapsel erfolgt mit einer Verzögerung von max. 50 g, die für die noch handelsübl. Laborgeräte verwendet werden können. In einer späteren Betriebsphase sollen die Fallkapseln auch von einem unterhalb der Abbremskammer gelegenen Abschußschacht aus in die Spitze des Fallrohrs hochbeschleunigt werden können, um die Experimentierzeit zu verdoppeln.
  Eine ähnl. Anlage mit einer 150 m hohen Fallröhre betreibt die NASA seit den 1960er Jahren in Cleveland

Fami Familienkassen – Fasslabend

(Oh.), urspr. um Raumfahrtkomponenten für das Mondlandeprogramm zu entwickeln. In Japan wurde in einem ehem. Bergwerk ein Fallschacht von 500 m Höhe angelegt, der Fallzeiten von 10 s ermöglicht.

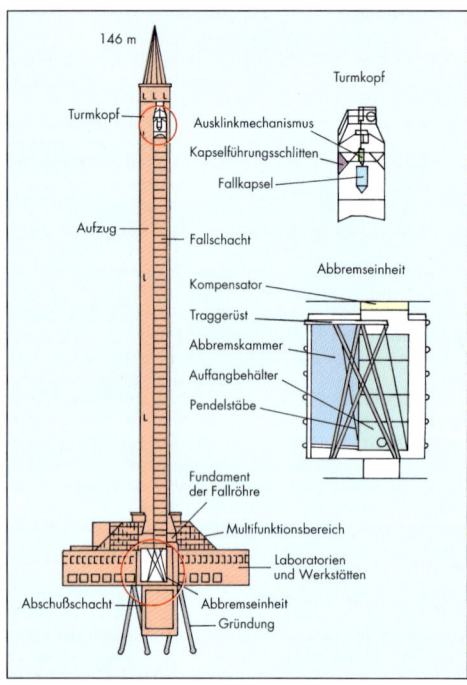

Fallturm: Schematischer Aufbau des Fallturmsystems; separat dargestellt sind der Turmkopf (oben) und die Abbremseinheit (unten)

Famili|enkassen, →Kinderlastenausgleich.

*Familienpolitik: Die F. hat durch Vorgaben des Bundesverfassungsgerichts an den Gesetzgeber an Gewicht gewonnen. Nach dem Sozialbericht 1994 hat die Bundes-Reg. den Familienausgleich im letzten Jahrzehnt allerdings schon ›erheblich ausgebaut‹ und die wirtschaftl. Lage von Familien mit Kindern ›in ganz erhebl. Umfang verbessert‹, u. a. durch höheres Kindergeld (→Kinderlastenausgleich), höhere Kinderfreibeträge, Verbesserungen bei Erziehungsgeld und Erziehungsurlaub sowie Anrechnung von Kindererziehungszeiten in der Rentenberechnung.

Im Blickpunkt: Familien heute, hg. vom Statist. Bundesamt (1995).

Famos, Luisa, engadin. Lyrikerin, Pseudonym **Flur da Riva,** * Ramosch (bei Scuol) 7. 8. 1930, † ebd. 28. 6. 1974; bemühte sich durch Anwendung moderner Formen (z. B. freie Verse) um eine Überwindung des Traditionalismus in der bündnerroman. Dichtung und um einen Anschluß an neuere literar. Strömungen. In einer klaren Sprachform gab sie einem feinen Naturempfinden Ausdruck und schrieb Liebesgedichte von ungewöhnl. Leidenschaftlichkeit. Die postum publizierten Dichtungen aus den Tagen ihrer schweren Krankheit gehören in ihrer Annahme des Leidens und des Todes zu den beeindruckendsten Werken der bündnerroman. Lyrik.

Werke: *Lyrik:* Mumaints (1960); Inscunters (hg. 1974).
Ausgabe: Poesias. Gedichte, übers. v. A. KURTH u. a. (1995).
G. DEPLAZES: Die Rätoromanen. Ihre Identität in der Lit. (Disentis 1991).

*Fangio, Juan Manuel, argentin. Autorennfahrer: † Buenos Aires 17. 7. 1995.

Fang Lizhi [- dʒ-], chin. Bürgerrechtler, * Peking 1936; Astrophysiker, veröffentlichte Arbeiten auf dem Gebiet der modernen Kosmologie; seit 1955 Mitgl. der KP, wurde 1958 jedoch wegen eines offenen Briefes, der sich gegen ›Bürokratisierung und Dogmatismus‹ gewandt hatte, aus der Partei ausgeschlossen. Politisch rehabilitiert und wieder in die KP aufgenommen, wurde F. L. 1978 Prof. an der TU Hefei, 1985 deren Vize-Präs. und Mitgl. der Akademie der Wissenschaften. 1986/87 wurde Hefei ein Zentrum der Demokratiebewegung und F. L. einer ihrer Vorbilder. Als Verfechter eines ›bürgerl. Liberalismus‹ zum zweiten Mal aus der KP ausgeschlossen, forderte F. L. immer stärker die Abkehr vom Marxismus und die Hinwendung zu mehr Freiheit und Demokratie. Nach der blutigen Niederschlagung der Demokratiebewegung Anfang Juni 1989 floh F. L. in die Botschaft der USA, im Nov. 1989 wurde er aus der Akademie der Wissenschaften ausgeschlossen.

Farès [faˈrɛs], Nabile, alger. Schriftsteller frz. Sprache, * Collo (Kleine Kabylei) 1940. F.' Texte intendieren formal innovativ die Redefinition alger. Identität auf den Trümmern des Kolonialismus, sind Plädoyer für sprachl. und kulturellen Pluralismus gegenüber einer offiziell propagierten Einheitsdoktrin und als literar. Experimente, die das Lebensgefühl von Fremdheit, Exil und Ausgrenzung bis in die Sprachstruktur hinein reflektieren, (nicht immer leicht) zu dechiffrieren (›L'état perdu‹, 1982). Von alter und neuer Repression zeugen die Erzählung ›Yahia, pas de chance‹ (1970), autobiograph. Reflex des Befreiungskriegs, und der pessimist. Immigranten- und Kriminalroman ›La mort de Salah Baye ou la vie obscure d'un Maghrébin‹ (1980), die Geschichte eines Journalistenmordes. Die innere Zerrissenheit des Autors, seine Zugehörigkeit zu zweierlei Kulturen – ›Un passager de l'occident‹ (1971) – manifestiert sich in polyphonen Texten, die jede Gattungsgrenze sprengen: die Trilogie ›La découverte du nouveau monde‹ z. B. reaktiviert im Rückgriff auf Mythen der mündl. kabyl. Literaturtradition das kollektive Gedächtnis (›Le champ des oliviers‹, 1972; ›Mémoire de l'absent‹, 1974) und erprobt zugleich virtuelle Ich- und Gesellschaftsentwürfe, denen F. in seiner Heimat keine Chance gibt (›L'exil et le désarroi‹, 1976).

Weitere Werke: *Roman:* Le miroir de Cordoue (1994). – *Lyrik:* Le chant d'Akli (1971); Chants d'histoire et de vie pour des roses de sable (1978; frz. u. span.); L'exil au féminin. Poème d'orient et d'occident (1986). – *Essay:* L'ogresse dans la littérature orale berbère (1994).

färöische Literatur: In jüngster Zeit traten als Lyriker GUÐRIÐ HELMSDAL NIELSEN (1941), JÓANES NIELSEN (* 1953) und TÓRODDUR POULSEN (* 1958) hervor; bedeutende neue Prosaautoren sind ODDVØR JOHANSEN (* 1941) und JÓGVAN ISAKSEN.

J. ISAKSEN: Færøsk litteratur. Introduktion og punktnedslag (Kopenhagen 1993).

*Fassbaender, Brigitte, Sängerin: Profilierte sich zunehmend auch als Opernregisseurin. Anfang 1995 beendete sie ihre Tätigkeit als Sängerin und wurde im selben Jahr Operndirektorin am Staatstheater in Braunschweig.

*Fassbinder, Rainer Werner, Schriftsteller, Theater-, Film- und Fernsehregisseur: Sein frühes Stück ›Nur eine Scheibe Brot‹ wurde 1995 in Bregenz uraufgeführt.

Fasslabend, Werner, österr. Politiker, * Marchegg 5. 5. 1944; Manager, Mitgl. der ÖVP, 1987–90 Abg. zum Nationalrat, setzte als Verteidigungs-Min. (seit 1990) 1992 eine Heeresreform durch. F. tritt für eine Zusammenarbeit seines Landes mit der NATO im Rahmen der Partnerschaft für den Frieden ein, der Österreich 1995 beitrat. In seiner Partei übernahm er den Vorsitz der Programmkommission.

***Fathy,** Hassan, ägypt. Architekt: † Kairo 30. 11. 1989.

Faxweiche, Fax|umschalter, Fax-Switch [-switʃ], *Telekommunikation:* in Telefaxgeräte integrierte automat. Umschaltung vom Telefon- zum Telefaxgerät bei einer gemeinsamen Verbindung (Nummer). Wird die Nummer angewählt, wird der Ruf über das Faxgerät zu dem Telefon oder dem Anrufbeantworter durchgestellt, das Faxgerät spricht nicht an. Sobald jedoch der Ruf mit dem Faxlockruf, dem sogenannten Calling-tone (ein 1100-Hz-Impuls alle 3 Sekunden von jeweils 1,5 Sekunden Dauer), gekoppelt ist, wird das nachgeschaltete Telefon abgeschaltet und die Faxmitteilung direkt empfangen. Für den

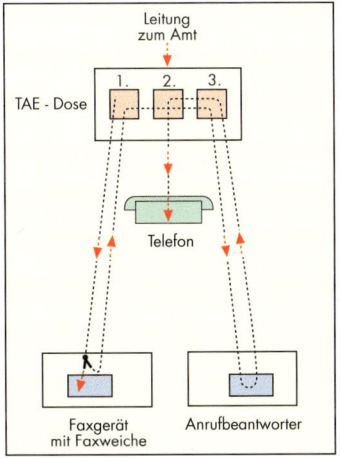

Faxweiche: Schematische Darstellung des Wegs, den ein Anruf von der TAE-Dose durch die angeschlossenen Geräte und über die Faxweiche nimmt

Anschluß gilt, daß das Faxgerät bei der Dreifach-TAE-Anschlußdose vom Typ NFN (Abk. für Nichtfernsprecher-Fernsprecher-Nichtfernsprecher) ganz links, der Amtsleitung am nächsten, angeschlossen wird. Der mittlere Anschluß ist für das Telefon und der rechte für den Anrufbeantworter.

Separate zwischengeschaltete F. (Anschluß an das Stromnetz ist notwendig) sprechen bei jedem Anruf an und erzeugen ein eigenes Rufzeichen für den Telefonanschluß. Empfangen sie den Faxlockruf, wird das Rufzeichen unterbrochen und die Faxmitteilung angenommen. Bei diesen Geräten zahlt der Anrufer immer Gebühren, auch wenn kein Teilnehmer anwesend ist.

FCKW, Abk. für **F**luor**c**hlor**k**ohlen**w**asserstoffe (▷Chlorfluorkohlenstoffe). In der Europ. Gemeinschaft ist die Herstellung und die Vermarktung von FCKW seit dem 1. 1. 1995 verboten, in Dtl. wurden bereits 1994 keine FCKW mehr produziert. In den Industriestaaten sind FCKW ab 1996 verboten, in den Entwicklungsländern ab 2010. Das Verbot von HFCKW (teilhalogenierten FCKW), bei denen nicht alle Wasserstoffatome in der Verbindung durch Chlor oder Fluor ersetzt sind, ist für 2020 (Entwicklungsländer: 2040) beschlossen. HFCKW sind in geringerem Maß an der Zerstörung der Ozonschicht beteiligt als die vollhalogenisierten FCKW.

***Fechner,** Eberhard, Film- und Fernsehregisseur: † Hamburg 7. 8. 1992.

Federle, Helmut, schweizer. Maler, * Solothurn 31. 10. 1944; Vertreter einer konsequent abstrakten Malerei, die die Form an sich als Kommunikationsmittel betrachtet und anwendet. Er nutzt geometr. Urformen, seine Initialen H und F, asiat. Zeichen und historisch belastete Formen wie das Hakenkreuz, die er mittels einer stat., farbreduzierten und einsichtigen Malerei präsentiert.

H. F., bearb. v. B. BÜRGI, Ausst.-Kat. (1992).

Federman [ˈfedərmən], Raymond, amerikan. Schriftsteller frz. Herkunft, * Paris 15. 5. 1928; einziger Überlebender einer nach Auschwitz verschleppten jüd. Familie, ging 1947 in die USA; war u. a. Jazzmusiker, später Literaturstudium in Los Angeles. Seine Romane verbinden autobiograph. Themen mit experimentellen Erzähltechniken unter dem Einfluß S. BECKETTS zu postmoderner Fiktion und beleuchten die Probleme der Schriftstellerexistenz in der Gegenwart; verfaßte auch Gedichte und gab Literaturkritik heraus.

Werke: *Romane:* Double or nothing (1971; dt. Alles oder nichts); The voice in the closet. La voix dans le cabinet débarras (1979; dt. Die Stimme im Schrank. The voice in the closet); The twofold vibration (1982; dt. Die Nacht zum 21. Jh. oder aus dem Leben eines alten Mannes); Smiles on Washington Square (1985; dt. Eine Liebesgeschichte oder sowas); To whom it may concern (1990; dt. Betrifft: Sarahs Cousin).

J. KUTNIK: The novel as performance. The fiction of Ronald Sukenick and R. F. (Carbondale, Ill., 1986).

Feidman, Giora, eigtl. Gerardo F., argentin. Klarinettist, * Buenos Aires 1936; studierte in seiner Heimatstadt und war 1957–75 Soloklarinettist des Israel Philharmonic Orchestra in Tel Aviv; lebt heute in New York. F., der in einer traditionsreichen jüd. Musikerfamilie aufgewachsen ist, zählt zu den bekanntesten Vertretern der Klesmer-Musik. Er spielte u. a. in der Peter-Zadek-Inszenierung des Holocaust-Musicals ›Ghetto‹ 1984 in Berlin; auch die Titelmelodie des Films ›Schindler's List‹ (1994) von S. SPIELBERG.

***Feindstaatenklausel:** Durch den Zwei-plus-Vier-Vertrag vom 12. 9. 1990 und den damit verbundenen Verzicht der Vier Mächte auf ihre besondere Verantwortlichkeit für Dtl. ist die F. (Art. 107 UN-Charta) gegenstandslos geworden.

Felber, René, schweizer. Politiker, * Biel (BE) 14. 3. 1933; Lehrer, Mitgl. der Sozialdemokrat. Partei (SP), 1964–80 Bürgermeister von Le Locle, gehörte 1978–81 dem eidgenöss. Nationalrat, 1981–87 dem Staatsrat des Kantons Neuenburg an. Im Dez. 1987 von der Vereinigten Bundesversammlung in den Bundesrat gewählt, leitete er dort von Jan. 1988 bis März 1993 das Eidgenöss. Departement des Äußeren. 1992 war er Bundes-Präs. Nach dem Zusammenbruch der kommunist. Reg.-Systeme in Europa gestaltete F. die Beziehungen der Schweiz zu den Ländern des östl. Europa neu. Mit großer Entschiedenheit setzte er sich für den Beitritt seines Landes zum Europ. Wirtschaftsraum (EWR) ein.

***Feldkirch 3):** Bischof ist seit 1989 KLAUS KÜNG (* 1940).

René Felber

Helmut Federle: Berge; 1978 (Privatbesitz)

*Feldman, Morton, amerikan. Komponist: †Buffalo (N. Y.) 3. 9. 1987.

Feldmann, Hans-Peter, Konzeptkünstler, *Düsseldorf 17. 1. 1941. Als medienkrit. Künstler untersuchte er 1968–80 anhand serieller Präsentationen von Photographien (banaler Zufälligkeiten) den Begriff des Originals, der Aura und der Sinnstiftung durch Kunst. In Bilderheften, Postkartenreihen, Posterdrucken, Büchern und Briefen setzte er Bildideen mit Konsumwaren gleich. In weiteren systemat. Photoarbeiten katalogisierte und kategorisierte er Fragmente der alltägl. Bilder- und Kunstwelt. Diese Konfrontation des Trivialen mit dem Erhabenen soll die kulturerzeugenden Rezeptionsmechanismen erhellen.
  H.-P. F.: Das Museum im Kopf, bearb. v. W. LIPPERT, Ausst.-Kat. (1989).

*Felfe, Werner, Politiker: †Berlin (Ost) 7. 9. 1988.

*Fellini, Federico, italien. Filmregisseur: †Rom 31. 10. 1993. Das Treatment und Drehbuch ›Il viaggio di G. Mastorna‹ (dt. ›Die Reise des G. Mastorna‹) erschien 1995.

*Felsbilder: Während bislang in Frankreich überwiegend im Bereich der Pyrenäen altsteinzeitl. F. bekannt waren, wurden in den 1980er und 90er Jahren auch in S-Frankreich (insgesamt 28) Höhlen mit eiszeitl. F. entdeckt. Die beiden bekanntesten sind die →Cosquer-Höhle und die mit z. T. offenbar noch weit älteren F. ausgestattete →Chauvet-Höhle.

*Feng Youlan, chin. Philosoph und Philosophiehistoriker: †Peking 26. 11. 1990.

Fenley [ˈfɛnlɪ], Molissa, amerikan. Tänzerin und Choreographin, *Las Vegas (Nev.) 15. 11. 1954. In Nigeria und Spanien aufgewachsen, studierte sie am Mills College in Oakland (Calif.), wechselte 1976 nach New York und debütierte dort 1978 als Choreographin einer eigenen Gruppe im Merce Cunningham Studio. Wie LAURA DEAN und LUCINDA CHILDS kommt sie in ihren strukturierten Stücken mit einem Minimum repetitiver Bewegungen aus, unterscheidet sich aber von ihnen durch eine ausgeprägte Sinnlichkeit der Arme und Beckenrotationen.
  Choreographien: Planets (1978); Eureka (1982); Hemispheres (1983); State of darkness (1988).

*Fermatsche Vermutung: Als mathemat. Sensation bewies 1993/94 der amerikan. Mathematiker ANDREW WILES die sogenannte Taniyama-Vermutung und lieferte damit gleichzeitig den vollständigen Beweis für die aus dem Jahr 1637 stammende F. V. Bereits 1986/87 hatten GERHARD FREY und KENNETH RIBET gezeigt, daß die F. V. aus der Taniyama-Vermutung gefolgert werden kann. Die 1955 formulierte Taniyama-Vermutung bezieht sich auf Zusammenhänge zw. den Gebieten der diophant. Geometrie und der Theorie der automorphen Funktionen. WILES' 1993 vorgelegter Beweis wies zwar zunächst noch eine Lücke auf, konnte 1994 aber vollendet werden.

*Fernando de Noronha: Brasilian. Insel im Atlantik, ist seit 1988 Teil des Staates ▷Pernambuco 2).

*Fernau, Joachim, Schriftsteller: †München 24. 11. 1988.

*Ferneyhough, Brian, brit. Komponist: Lehrte bis 1986 in Freiburg im Breisgau und wurde 1987 Musikprofessor an der University of California in San Diego. Weitere Werke u. a.: Streichquartett (1990), ›Gerrain‹ für Violine und Ensemble (1992).

*Fernkopieren: Neben dem Fernsprechnetz kann für die Übermittlung von Telefax-Mitteilungen auch das ▷ISDN verwendet werden. Allerdings sind dazu spezielle ISDN-taugl. Geräte notwendig, mit analogen Fernkopierern ist die Nutzung des ISDN nicht möglich. Über ein Faxmodem (→Modem) oder eine Faxkarte, eine spezielle ▷Steckkarte, können Dokumente auch unmittelbar – ohne den Umweg über eine Papierkopie – aus dem Computerspeicher an Telefaxgeräte oder andere Computer mit einem Faxprogramm verschickt werden. Mit ISDN-Fax werden Übertragungsgeschwindigkeiten von 64 kBit/s erreicht. Die Übertragungszeit einer A4-Seite reduziert sich dadurch von etwa 60 auf 12 s (einschließlich des Verbindungsaufbaus).

  Bei Hochleistungstelefaxgeräten setzt man anstelle der konventionellen thermograph. Wiedergabe bereits häufig ein Laserdruckverfahren ein. Dabei wird per Laserstrahl von einem rotierenden vielflächigen Spiegelsystem den übertragenen Daten entsprechend abgelenkt und linienförmig über eine sich drehende Trommel geführt. Diese wird an den belichteten Stellen aufgeladen und nimmt dort das Farbpulver, den Toner, an.

*Fernmeldenetze: Bei kabelgebundenen F. werden in steigendem Maße Breitbandnetze auf Glasfaserbasis verlegt, die für die Umstellung auf das im Aufbau befindl. integrierte Breitband-F. (IBFN) unumgänglich sind (▷ISDN). Der bedeutendste Aufschwung vollzog sich jedoch bei den nicht kabelgebundenen Mobilfunknetzen (→Mobilfunk).

*Fernmeldetechnisches Zentralamt: Im Zuge der Postreform I wurde das FTZ zum 1. 11. 1992 umbenannt in ›Forschungs- und Technologiezentrum‹ unter Beibehaltung der bisherigen Abkürzung. Mit Gründung des Technologiezentrums (TZ) im Dez. 1995 hat die Dt. Telekom AG begonnen, das FTZ in 13 Zentren aufzulösen.

*Fernsehen: Fortschritte und Entwicklung der Sende-, Empfangs- und Übertragungstechnik werden maßgeblich durch den Einsatz integrierter Schaltkreise sowie durch digitale Signalverarbeitung und -übertragung beeinflußt. In Fernsehkameras wurden Bildspeicherröhren weitgehend von ▷Festkörperbildsensoren (für Farbaufnahmen auch mit integriertem Farbteiler) abgelöst. Solche Kameras zeichnen sich durch geringe Masse, geringe Abmessungen und niedrigen Energiebedarf aus und sind häufig mit Baustufen zur Bild- und Tonaufzeichnung kombiniert (▷Videokamerarecorder). Für die Aufzeichnung von Aufnahmen zur späteren Ausstrahlung, Bearbeitung, Wiederholung und Archivierung hat sich das Magnetband gegenüber photograph. Aufnahmeverfahren bis auf wenige Ausnahmen durchgesetzt.

  In Fernsehempfängern führten bes. Mikroprozessoren, Halbleiterspeicher und digitale Signalverarbeitung dazu, daß noch vor wenigen Jahren in Entwicklung befindl. Maßnahmen zur Erhöhung des Bedienkomforts und zur Erweiterung der Nutzungsmöglichkeiten heute Standard der Heimgeräte sind. Dazu gehören z. B. Anschlußfelder für Videorecorder, die abrufbare Einblendung von Uhrzeit, Senderkennung oder eines zweiten verkleinerten Bilds u. a. Parallel dazu konnte der Energiebedarf von Fernsehempfängern um 20 bis 30 % gesenkt werden (moderne Fernsehgeräte benötigen im Stand-by-Betrieb nur noch 1 Watt).

  Als letztes vakuumelektron. Bauelement behauptet sich in Heimempfängern die Bildröhre. In der Entwicklung befinden sich jedoch die sogenannten **Flachbildschirme** mit Bautiefen von wenigen Zentimetern, die aber nicht mehr mit einer Bildröhre, sondern auf LCD (Abk. für engl. Liquid crystal display, ▷Flüssigkristallanzeige), Plasmadisplays oder Displays auf der Grundlage der Dünnschicht-Elektrolumineszenz (▷Elektrolumineszenz) beruhen. Plasmadisplays verwenden örtl. Gasentladungen an matrixförmig konstruierten Elektroden zur Wiedergabe der einzelnen Pixel (Bildpunkte). Nach diesem Prinzip arbeitende Farbbildschirme mit Diagonalen von 75 und 100 cm wurden bereits öffentlich vorgestellt. Gänzlich ohne Bildschirm wird der in der Entwicklung befindl. **Laser-Fernseher** auskommen, der nach dem Projektorprinzip arbeiten wird. Das Prinzip ist bereits 1993 mit einem Gaslaser demonstriert worden. Für den Einsatz in Heimgeräten ist allerdings die Verwendung miniaturisierter Laser notwendig, ähnlich wie sie in CD-Laufwerken eingesetzt werden. Aussichtsreich erscheinen auch Bildschirme auf der Basis ferroelektr. Flüssigkristalle, die gegenüber den LCD einige wichtige Vorteile haben. Sie weisen Schaltzeiten von lediglich 20 µs auf und reagieren damit rund tausendmal so schnell auf Spannungsimpulse wie LCD. Außerdem bleibt ihre jeweilige Ausrichtung bis zum Eintreffen eines Impulses entgegengesetzter Polarität stabil. Sie müssen daher nicht permanent durch Spannungsimpulse angesteuert werden, sondern lediglich dann, wenn eine Bildänderung erfolgt. Damit kann die Technik der passiven Matrixansteuerung auch für größere Bildschirme angewendet werden (bisher war sie auf kleine Formate vom Notebook-Typ beschränkt). Je größer der Bildschirm ist, desto höher muß bei einer Passivmatrix in LCD die Frequenz der Steuerimpulse sein, mit der die Polarität aufgefrischt wird. Die Schaltträgheit der Kristalle in LCD führt dann aber dazu, daß der Schwarz-Weiß-Kontrast zu einem Grauton abfällt.

Gegenwärtig steht die weitere Verbesserung der Wiedergabequalität durch größere Bildschärfe, kräftigere Farben, Flimmerfreiheit und CD-Qualität des Begleittons im Vordergrund. Das Bildformat wird dabei zu einem Breitwandformat mit einem Breite-Höhe-Verhältnis von 16:9 (bisher 4:3). Mit diesem Bildformat arbeitet die unter dem Namen **PALplus** 1994 eingeführte verbesserte PAL-Norm. Wie die PAL-Norm arbeitet auch PALplus mit einer Bildauflösung von 625 Zeilen (davon sind 576 sichtbar). Damit die Kompatibilität zu konventionellen Fernsehempfängern mit einem Bildformat von 4:3 gewahrt ist, werden PALplus-Sendungen vor der Abstrahlung codiert. Allerdings lassen sich schwarze Balken von zusammen 144 Zeilen am oberen und unteren Bildschirmrand nicht vermeiden (konventionelle Fernsehempfänger nutzen daher nur 423 Zeilen zum eigentl. Bildaufbau). In PALplus-Empfängern mit eingebauten Decodern werden die codierten Signale jedoch für den Aufbau des 16:9-Bilds benutzt. Die Farb- und Helligkeitssignale können bei PALplus exakter getrennt werden, so daß die Cross-Colour-Effekte (flimmernde Farbüberlagerungen, regenbogenfarbene Moiréstörungen) vermieden werden. Unterstützt wird diese Flimmerfreiheit noch durch die 100-Hertz-Technik, mit der die Bildwechselfrequenz des ▷Zeilensprungverfahrens auf 100 Hz verdoppelt wird. An modernen Breitwandfernsehern ist beim Empfang von 4:3-Sendungen eine PoP-Funktion (Abk. für engl. Picture outside Picture) vorhanden. Damit kann man in einer horizontalen Randleiste parallel zum Hauptprogramm mehrere andere Programme im Kleinstformat einblenden. Mit der PiP-Funktion (Abk. für engl. Picture in Picture) kann ebenfalls ein kleines Bild eines parallel gesendeten Programms in das laufende Programm eingeblendet werden.

Unter den laufenden Entwicklungen in Europa, den USA und Japan erscheint das unter der Abk. **HDTV** (High Definition Television) bekannte hochauflösende F. als aussichtsreich. HDTV arbeitet gegenüber der PAL-Norm mit einer verdoppelten Zeilenzahl (1 250 Zeilen), das japan. System Muse nur mit 1 125 Zeilen. Die Anzahl der Pixel erhöht sich von 170 000 auf 700 000. Bei einem größeren Bildschirmformat von 16:9 liefert HDTV damit brillantere, flimmerfreie Bilder und einen klareren Ton. Die in Europa und Japan entwickelten HDTV-Standards sehen eine analoge Übertragung des Bilds, jedoch eine digitale Tonübertragung vor. In den USA wird an einer komplett digitalisierten Übertragung aller Komponenten gearbeitet. Zu den Olymp. Spielen 1992 in Barcelona wurden europaweit HDTV-Sendungen nach dem analogen Verfahren HD-Mac übertragen. HD-Mac kann aber nur über Satellit und Kabel, nicht jedoch über terrestr. Sender ausgestrahlt werden. Die Ausstrahlung analoger HDTV-Sendungen erfordert eine bis zu fünfmal so große Übertragungskapazität und dadurch weitaus größere Kanalbandbreite als das konventionelle F. Im Frequenzspektrum ist daher erst oberhalb von 20 GHz Platz für HDTV-Sendungen. Mit bisherigen Heimempfängern ist HDTV deshalb nicht kompatibel. Das digitale HDTV hat den Vorteil einer Datenkompression, die eine schmalbandige Ausstrahlung der Programme auch durch erdgebundene Sender ermöglicht. Datenkompression beim F. bedeutet, daß nicht mehr das gesamte Fernsehbild 25mal pro Sekunde aufgebaut wird, sondern lediglich die Abweichungen vom vorangegangenen Bild; die unveränderten Bildteile werden nur im Empfänger wiederholt. Bei Anwendung dieser Technik können Kommunikationssatelliten eine vervielfachte Zahl von Fernsehkanälen abstrahlen, und in Glasfaser-Breitbandkabeln können etwa 200 Fernsehkanäle parallel übertragen werden. Für den Nutzer besteht dann u. a. auch die Möglichkeit, daß er sich aus einer großen Anzahl von Sparten- und Lokalkanälen sein Wunschprogramm selbst zusammenstellt (interaktives F.), das er nach dem Pay-per-view-Modus bezahlt (bezahlt werden dabei nur die tatsächlich abgerufenen Sendungen). Eine Entscheidung über international gültige HDTV-Normen ist noch nicht gefallen. HDTV erfordert tiefgreifende Veränderungen in der Gerätetechnik sowie in der Signalübertragung. Ein Problem bereitet daher die geforderte Kompatibilität für den Empfang von HDTV-Sendungen auch mit konventionellen PAL-Empfängern innerhalb einer mehrjährigen Übergangsphase. Nach dem Veto Großbritanniens von 1993, mit dem EU-Subventionen zur Entwicklung des analogen HDTV-Systems HD-Mac blockiert wurden, ist mit der Einführung eines digitalen HDTV-Systems zu rechnen, wobei allerdings in den USA an versch. Systemen gearbeitet wird.

Das **interaktive F.**, bei dem die Teilnehmer z. B. Programme, Videofilme (Video-on-demand), Computerspiele, On-line-Zeitungen u. a. Serviceleistungen über ein Service-Terminal (Set-Top-Box) abrufen können, befindet sich noch in der Entwicklung. Bezahlt werden beim interaktiven F. dann lediglich die bestellten Sendungen (Pay-per-view), die von Smart-Cards abgebucht werden. Auch spezielle Kameraeinstellungen, Bildausschnitte, die Kombination versch. Darbietungen und sogar der Verlauf von Spielfilmen in alternativen Lösungen können individuell gewählt werden. Im allgemeinen Sprachgebrauch wird daher das interaktive F. häufig auch als →Multimedia bezeichnet. Voraussetzung für interaktives F. ist u. a. ein leistungsfähiges Datennetz für die Datenübertragung in Rückkanaltechnik zw. Sender bzw. Datenbank und Teilnehmer. Die erforderl. Datenübertragungsrate ist mit herkömml. Kupferkabeln nicht zu realisieren. Interaktives F. wird daher nur mit Hilfe von Glasfasernetzen möglich sein.

Ein gerätetechn. Entwicklungsschwerpunkt sind Konzepte für ein **Öko-Fernsehgerät**. Dabei geht es neben der Senkung des Energieverbrauchs v. a. um die Verwendung von recyclingfähigen Materialien. Leiterplatten aus Kunststoff werden durch Keramikwerkstoffe ersetzt. Die Gehäuse werden aus Stahl und nicht mehr aus Kunststoff produziert. Das hat den Vorteil, daß auf giftige Flammschutzmittel verzichtet werden kann.

Wirtschaftliches: Da in den letzten Jahren die Werbeeinnahmen der ARD und insbesondere des ZDF kontinuierlich sanken, sind – im Zuge der ARD-Struk-

Fern Fernsehnormen – Fernsprechen

turreform – Überlegungen im Gange, die öffentlich-rechtl. Sender ausschließlich aus Gebühreneinnahmen zu finanzieren, regional gestaffelte Gebühren zu erheben oder Werbung auch nach 20 Uhr zuzulassen.

Die Werbefernsehumsätze konnten bis Ende der 1980er Jahre kontinuierlich gesteigert werden, sind aber seitdem stetig gesunken, mit zunehmender Anzahl der privaten Sendeanstalten und deren ständig wachsenden Zuschauermarktanteilen. Die Nettowerbeeinnahmen der ARD sanken (1994) auf 255,9 Mio. DM, beim ZDF auf 335,8 Mio. DM. Die Durchschnittskosten einer Programminute stiegen bei der ARD auf 6 593 DM (1993) und sanken beim ZDF von 1 369 DM (1985) auf 1 234 DM (1992). Die Zahl der Beschäftigten betrug 1993 bei der ARD rd. 23 000 Personen, beim ZDF rd. 4 000. – Zu den werbefinanzierten Programmen →Privatfernsehen.

Programme: Das ARD-Programm setzte sich (1993) aus 38,6 % Eigenproduktionen, 4,7 % Ko-Eigenproduktionen, 8 % Koproduktionen, 7,5 % Auftragsproduktionen, 16,1 % Kauffilmen und 25,1 % Wiederholungen zusammen. Das ZDF strahlte 20,2 % Eigenproduktionen, 7 % Koproduktionen, 29,8 % Auftragsproduktionen, 42,4 % Programmankauf und 0,6 % Übernahmen aus; 57,9 % waren Erstsendungen, 42,1 % Wiederholungen.

Mit Einführung eines ›Frühstücks-F.‹ bei einigen privaten Sendeanstalten wurde der werktägl. Sendebeginn der öffentlich-rechtl. F. (gemeinsames Vormittagsprogramm von ARD und ZDF) ebenfalls vorverlegt auf 5^{45} Uhr, am Wochenende desgleichen mit der frühen (7^{30} bzw. 6^{55} Uhr) Ausstrahlung von Kinderprogrammen begonnen, ebenso bei der ARD die ›Nachtlücke‹ zw. 2^{00}–3^{30} Uhr und 5^{45} Uhr durch Ausstrahlungen von Wiederholungen nahezu geschlossen.

1995 können in Dtl. durchschnittlich knapp 20 Fernsehprogramme empfangen werden (in Kabel- und Satellitenhaushalten etwa 32, in terrestrisch versorgten Haushalten etwa sieben Programme). Etwa ein Viertel der Fernsehhaushalte (26,72 %) verfügt über Satellitendirektempfang, rd. 44 % über Kabelanschluß.

Nutzung: Nach einer Studie für Dtl. gaben (1993) 82 % der Befragten an, das F. täglich zu nutzen (Hörfunk: 79 %; Tageszeitung: 71 %). Die tägl. Einschaltdauer der Geräte stieg zw. 1989 und 1993 von 153 auf 176 Minuten bei Erwachsenen und von 86 auf 106 Minuten bei Kindern (in Kabelhaushalten: von 165 auf 179 Minuten bzw. von 88 auf 109 Minuten). Die durchschnittl. Reichweite von F.-Nachrichtensendungen lag 1993 bei den öffentlich-rechtl. Sendern bei 17 % (›heute‹) bzw. 16 % (›Tagesschau‹), bei den Privatsendern zw. 3 % (›Pro 7 Nachrichten‹) und 8 % (›RTL Aktuell‹). Polit. Magazine in den öffentlich-rechtl. Programmen erreichten 1993 zw. 6 % und 10 % der Fernsehhaushalte; Serien und Spielfilme 12 %, Shows 19,5 % und Krimisendungen 22,5 %. (→Rundfunk)

Wirkungen: Die qualitative wie quantitative Veränderung der elektron. Medienlandschaft hat der Frage nach den Auswirkungen des gestiegenen F.-Konsums, bes. auf Kinder und Jugendliche, neues Gewicht verliehen. Entgegen einer verbreiteten Vorstellung ist es jedoch sehr schwierig, die Wirkungen des F. zu bestimmen, da sie nicht direkt (▷ Reiz-Reaktions-Schema) und nicht unmittelbar auftreten und sich überwiegend unbewußt vollziehen, außerdem gleiche Inhalte bei versch. Rezipienten nicht in gleicher Weise wirken. Unterschiedliche persönl. Erfahrungen und Informationen sowie der soziokulturelle Hintergrund jedes einzelnen spielen eine Rolle, ebenso das gesellschaftl. und polit. Umfeld, die mediale Organisation und Infrastruktur und nicht zuletzt die Art der me-

dienspezif. Präsentation eines Beitrags. Trotz unterschiedl. und z. T. gegensätzl. Theorien über die Wirkungen von fiktiven Gewaltdarstellungen ist es unbestritten, daß es aufgrund der im F. wahrgenommenen Violenz zu Nachahmungstaten kommen kann. Noch verhältnismäßig wenig erforscht ist dagegen die Wirkung der Darstellung realer Gewalt, z. B. in Nachrichtensendungen oder im Reality-TV.

Massenkommunikation. Eine Langzeitstudie zur Mediennutzung u. Medienbewertung, hg. v. K. BERG u. a., Bd. 4: 1964–1990 (1992); Medienwirkungen. Einflüsse von Presse, Radio u. F. auf Individuum u. Gesellschaft, hg. v. WINFRIED SCHULZ (1992); Die 4 klass. Massenmedien im Leben der dt. Bev. Ein qualitativer Intermediavergleich zur Akzeptanz u. Wertigkeit von F., Hörfunk, Tageszeitungen u. General-Interest-Zeitschriften (1992); Gesch. des F. in der Bundesrep. Dtl., hg. v. H. KREUZER u. a., 5 Bde. (1993–94).

*Fernsehnormen: Techn. Fortschritt und Entwicklungstendenzen des Fernsehens machen Änderungen eingeführter bzw. die Entwicklung neuer F. erforderlich. Grundlinien sind Verbesserungen der Bild- und Tonqualität durch Modifizierung eingeführter F., Schaffung von F. für die Übergangsperiode zu neuen Übertragungsverfahren und die Entwicklung zukunftssicherer F. für das digitale Fernsehen.

So wurde 1991 als Variante der Übertragungsnorm **Mac** (Abk. für engl. **M**ultiplexed **a**nalogue **c**omponents, ›gleichzeitig übertragene analoge Bestandteile‹) die Variante **D2-Mac** vorgestellt, mit der in Dtl. die Satellitenprogramme der öffentlich-rechtl. Fernsehanstalten sowie einiger privater Sender übertragen wurden (über den Fernsehsatelliten TV-Sat 2 der Dt. Telekom AG). Diese Satellitenprogramme konnten mit entsprechenden Geräten im Breitwandformat 16 : 9 empfangen werden. Wurde ein Decoder zwischengeschaltet, waren D2-Mac-Sendungen auch mit Fernsehapparaten der PAL-Norm zu empfangen. Bei D2-Mac wurden die Farb- und Helligkeitsinformationen zeitlich versetzt in analoger und die Tonsignale in digitalisierter Form übertragen. Dadurch waren die Tonsignale kaum störanfällig gegenüber atmosphär. Einflüssen, und flimmernde Bilder wurden weitgehend vermieden. 1993 beschloß jedoch der EU-Ministerrat, anstelle des D2-Mac eine digitale F. für **HDTV** (Abk. für engl. **H**igh **D**efinition **T**elevision, ›hochauflösendes Fernsehen‹) zu fördern (→Fernsehen).

*Fernsprechen: Die konventionelle elektromagnet. Vermittlungstechnik wird weitgehend durch die digitale rechnergesteuerte Vermittlung und die analoge Übertragung durch die digitale ersetzt. Mit dem ISDN-Standard können auf einer Anschlußleitung zwei Kanäle von 64 KBit/s unabhängig voneinander übertragen werden. Die Digitaltechnik ermöglichte auch eine Ausweitung des Leistungsangebots. So sind z. B. das Anklopfen, Makeln, die Anrufweiterschaltung und die Dreierkonferenz möglich geworden. Beim Anklopfen wird einem bereits telefonierenden Teilnehmer durch ein opt. oder akust. Signal mitgeteilt, daß seine Nummer von einem weiteren Anrufer angewählt wird. Der Teilnehmer, bei dem angeklopft wurde, kann daraufhin das erste Gespräch unterbrechen, den zweiten Anrufer hören und danach das erste Gespräch fortsetzen. Beim Makeln können zwei Teilnehmer gleichzeitig mit einem dritten Teilnehmer abwechselnd oder auch untereinander sprechen. Bei der Dreierkonferenz können drei Teilnehmer gleichzeitig miteinander sprechen. Das ISDN-Netz ermöglicht zusätzlich die Rufnummernanzeige (auf einem Display erscheint die Nummer des Anrufers). Über das ISDN-Netz (auch in den Mobilfunknetzen) ist die Anrufweiterschaltung möglich, durch die ein ankommendes Gespräch automatisch weltweit an einen anderen Anschluß durchgestellt wird, dessen Nummer zuvor einprogrammiert wurde.

Das **CIT** (Abk. für engl. Computer integrated telephony, dt. ›rechnergestütztes Telefonieren‹) ist die unmittelbare Verknüpfung von Telefon und Computer (▷Telematik). Mit CIT ist z. B. die Integration des Anrufbeantworters in den PC oder das Wählen von der Datenbank aus möglich. Es bietet v. a. kommerziellen Nutzern in Verbindung mit einem LAN (▷lokales Netz) die Möglichkeit einer Just-in-time-Bearbeitung von per Telefon eingehenden Aufträgen u. a. Notwendig dazu ist die Verbindung zw. ISDN-Telefon und Computer über die genormten Schnittstellen (am Computer ist es die ▷V.24, am ISDN-Telefon die X-Schnittstelle). Wird ein ▷Analog-Digital-Umsetzer zwischengeschaltet, ist auch der Einsatz eines konventionellen, mit Analogtechnik arbeitenden Telefons möglich.

Entgelte: Seit Frühjahr 1995 kann statt der summarischen eine detaillierte Telefonrechnung (mit Einzelverbindungsnachweis) gegen ein einmaliges Entgelt (19 DM) von der Dt. Telekom AG angefordert werden. Der Preis für eine Einheit wurde 1996 von 23 auf 12 Pfennig gesenkt. Es gibt nun vier Entfernungszonen: ›City‹ (Ortsverbindung), ›Region 50‹ (bis 50 km), ›Region 200‹ (50–200 km), ›Fern‹ (ab 200 km). Es gelten fünf Tageszeittarife: 12–18 Uhr Nachmittagtarif, 18–21 Uhr sowie 5–9 Uhr Freizeittarif, 21–2 Uhr Mondscheintarif, 2–5 Uhr Nachttarif, 9–12 Uhr Vormittagtarif. Tendenziell werden Ortsgespräche teurer, Ferngespräche billiger.

*****Fernsprecher:** In Verbindung mit der schrittweisen Umstellung des Fernsprechnetzes auf Digitaltechnik (▷ISDN) wurde eine Vielzahl versch. Endgeräte entwickelt, die zahlreiche Zusatzfunktionen sowie einen Monitor oder ein Display aufweisen; sie werden häufig auch als **Komforttelefon** oder, wenn sie eine Schnittstelle für die Verbindung mit einem Computer aufweisen, als **Computertelefon** bezeichnet. Sie verfügen i. a. über ein integriertes Modem und unten Speicher mit normalerweise 1 000 Adressen, dessen Kapazität jedoch durch Zusatzmodule verzehnfacht werden kann (oft ist auch eine Kombination mit Anrufbeantworter vorhanden).

Das **schnurlose Telefon** besteht aus einem an die Fernsprechleitung angeschlossenen Basisgerät und einem oder mehreren mobilen Handgeräten (umgangssprachlich wie Funktelefone häufig als ›Handy‹ bezeichnet) mit angeschlossener oder integrierter Antenne. Analoge Geräte arbeiten nach dem 1989 in Dtl. eingeführten CT1+-Standard (Abk. für engl. Cordless telephone) für schnurlose Telefone im Frequenzband von 885 bis 887 MHz sowie 930 bis 932 MHz (insgesamt 80 Kanäle). Der vorherige CT1-Standard mit Arbeitsfrequenzen von 914 bis 915 MHz und 959 bis 960 MHz ist seit 1995 in Dtl. nicht mehr zugelassen. Die Sendeleistung zw. Basis- und Handgerät beträgt 10 mW. Damit können Entfernungen in Gebäuden von max. 50 m und im Freien von max. 300 m überbrückt werden (wenn keine Hindernisse dazwischen vorhanden sind). Ein Nachteil ist die Notwendigkeit der häufigen Batterieaufladung zur Energieversorgung der Handgeräte. Zur Normalausstattung der Handgeräte gehört inzwischen auch die Paging-Funktion. Wird am Basisgerät die entsprechende Taste gedrückt, meldet sich das Handgerät über einen Internruf und kann so lokalisiert werden (die Funktion dient damit v. a. dem Auffinden verlegter Handgeräte).

Für digitale schnurlose Telefone wurde 1991 in Dtl. der CT2-Standard eingeführt, der auf 40 Kanälen im Frequenzbereich von 864 bis 868 MHz arbeitet. Der CT2-Standard hat u. a. den Vorteil gegenüber dem analogen Standard, daß das Telefonieren abhörsicher ist. Die MultiLink-Funktion schnurloser Telefone des CT-Standards erlaubt die Anbindung von bis zu acht Handgeräten an ein Basisgerät.

1992 wurde der DECT-Standard (Abk. für engl. Digital European cordless telephone) für digital arbeitende schnurlose Telefone eingeführt, für den zehn Kanäle im Frequenzbereich von 1 880 bis 1 900 MHz zur Verfügung stehen und der für die Übertragungstechnik das Zeitmultiplexverfahren (▷Zeitmultiplex) verwendet. Durch das Zeitmultiplexverfahren werden die zehn Kanäle nochmals in zwölf Bereiche unterteilt, so daß insgesamt 120 Kanäle genutzt werden können. Dabei wird die Qualität der bestehenden Gesprächsverbindung automatisch überprüft und bei Bedarf ebenfalls automatisch auf einen anderen Kanal umgeschaltet. Mit dem DECT-Standard können bis zu zwölf Handgeräte an das Basisgerät angeschlossen werden.

*****Ferrari,** Enzo, italien. Automobilfabrikant: †Modena 14. 8. 1988.

*****Ferreira,** Vergilio, portug. Schriftsteller: †Sintra 1. 3. 1996.

*****Ferrer,** José, amerikan. Schauspieler: †Coral Gables (Fla.) 26. 1. 1992.

Festkörperpolymerisation, eine Polymerisation, die im festen Aggregatzustand abläuft. Bekanntestes Beispiel ist die 1,4-Addition der Diacetylene zu Polydiacetylenen nach dem Schema (C Kohlenstoff, R organ. Rest):

$$n\ \underset{R}{\overset{R}{C}}\!\equiv\!C\!-\!C\!\equiv\!\underset{R}{\overset{R}{C}} \longrightarrow \ \ \ \ \ \ \ \ \left[\!\!\!=\!\underset{R}{\overset{R}{C}}\!-\!C\!\equiv\!C\!-\!\underset{R}{\overset{R}{C}}\!=\!\!\!\right]_n$$

Eine solche Reaktion wird dadurch ermöglicht, daß die Lage und der Abstand der im Kristall regelmäßig angeordneten Monomermoleküle bei Anregung (durch Zufuhr von Wärme oder Photonenenergie) ein Knüpfen neuer chem. Bindungen erlauben. Geometrisch ist diese Reaktion oft durch eine Kristallrichtung vorgegeben, d. h., die entstehenden Polymerketten sind alle parallel zu einer definierten Achse ausgerichtet. So können im Fall der Diacetylene makroskop. Monomer-Einkristalle in Polymer-Einkristalle überführt werden. Durch diese Ausrichtung der Polymerketten sind physikal. Untersuchungen zum Polymerisationsmechanismus und zur Molekülstruktur der Polymere möglich, wie sie bei anderen Polymeren nicht oder nur durch hohen präparativen Aufwand durchführbar sind.

Polydiacetylenes, hg. v. H.-J. CANTOW (Berlin 1984).

Festplatte, *Datenverarbeitung:* Kurz-Bez. für F.-Speicher, der sich mit der zunehmenden Verbreitung von Personalcomputern eingebürgert hat (zur Unterscheidung von der Floppy disk oder Diskette). Die F. ist ein besonderer ▷Magnetplattenspeicher, dessen Urform der Winchesterspeicher war. Wegen des hohen Miniaturisierungsgrads gehört sie heute zur Standardausrüstung von Personalcomputern und zunehmend auch von Notebooks, mit Speicherkapazitäten bis über ein Gigabyte und Durchmessern von nur wenigen Zentimetern.

*****Feuerlöschmittel:** Halonfeuerlöscher dürfen aus Umweltschutzgründen seit 1. 1. 1994 nicht mehr eingesetzt werden.

*****Feuerschutzsteuer:** Der Steuersatz beträgt seit dem 1. 7. 1994 einheitlich 8 % des Versicherungsentgelts (Steueraufkommen 1994: 595 Mio. DM).

*****Feuerwehrabgabe:** Die in Bad.-Württ. und Bayern erhobene Abgabe für nicht geleistete Feuerwehrdienst ist nach Entscheidung des Bundesverfassungsgerichts von 1995 verfassungswidrig.

*****Feyerabend,** Paul Karl, österr.-amerikan. Wissenschaftstheoretiker: †Genf 11. 2. 1994.

*****Fianna Fáil:** 1991 löste A. REYNOLDS C. HAUGHEY als Partei-Vors., 1992 auch als Premier-Min. ab. Nach

Fids Fidschi – Film

der Reg.-Krise und dem Rücktritt REYNOLDS' im Nov. 1994 wurde die Partei nicht mehr an der neuen Mitte-Links-Reg. beteiligt.

*Fidschi, amtl. Namen: engl. **Republic of Fiji**, fidschianisch **Na Matanitu ko Viti**, Inselstaat im SW-Pazifik.

> *Hauptstadt:* Suva. *Amtssprachen:* Englisch und Fidschianisch. *Staatsfläche:* 18 274 km². *Einwohner (1994):* 771 000, 42 Ew. je km². *Durchschnittliches Bevölkerungswachstum pro Jahr (1985–93):* 0,9 %. *Ethnische Gruppen (1991):* 49 % Fidschianer, 38 % Inder. *Altersgliederung (1995):* unter 15 Jahre 35,1 %, 15 bis unter 65 Jahre 61,1 %, 65 und mehr Jahre 3,8 %. *BSP je Ew. (1993):* 2 140 US-$. *Währung:* 1 Fidschi-Dollar ($F)= 100 Cents (c). *Internationale Mitgliedschaften:* UNO, Colombo-Plan, South Pacific Forum.

José Figueres Olsen

Geschichte: Gegen den Protest der brit. Regierung erklärte sich F. am 6. 10. 1987 zur Republik. Eine neue Verf. wurde am 25. 7. 1990 verkündet, nachdem ihr der Große Rat der Häuptlinge (›Bose Levu Vakaturaga‹) zugestimmt hatte. Dieser ernennt den Präs. der Rep. als das verfassungsmäßige Staatsoberhaupt und den Oberbefehlshaber der Streitkräfte. Der Präs. ernennt aus der Mitte des Parlaments den Reg.-Chef, der wiederum sein Kabinett bestimmt. Die Reg. unterliegt parlamentar. Kontrolle. Das Parlament als Legislativorgan wird vom Präs., dem Senat (Oberhaus) und dem Abg.-Haus (Unterhaus) gebildet. In allen Fällen ist die Amtszeit auf fünf Jahre begrenzt. Der Senat hat 34 Mitgl., von denen 24 eingeborene Fidschianer sein müssen, die vom Großen Rat ernannt werden; einen Senator stellen die Ew. der Insel Rotuma, die übrigen werden vom Präs. bes. nach ethn. Gesichtspunkten ernannt. Dem Senat kommt ein begrenztes Initiativrecht zu, seine vornehmste Aufgabe besteht im Wahrnehmen der traditionellen Rechte der Einwohner. Das Abg.-Haus hat 70 Mitgl., die vom Volk gewählt werden. Das Wahlrecht beginnt mit dem 21. Lebensjahr. 37 der Sitze sind eingeborenen Fidschianern vorbehalten, 27 den Wählern ind. Abstammung, einen Abg. entsenden die Ew. der Insel Rotuma, die restl. fünf stehen den anderen vertretenen ethn. Gruppen zu.

Die Parteienlandschaft F.s veränderte sich im Gefolge des Putsches von 1987 durch den Zerfall der Alliance Party (AP) stark: Zur Förderung der Interessen der melanes. Fidschianer wurde 1990 die Soqosoqo ni Vakavuleva ni Taukei (Abk. SVT, engl. Fijian Political Party, FPP) gegründet; sie wurde die maßgebende Partei bei der Sicherung der Rechte der melanes. Bev.; von ihr spaltete sich die Fijian Association (FA) ab. Die General Voters' Party (Abk. GVP, gegr. 1990, vertritt die Interessen der Minderheiten, bes. des ind., europ. und chin. Bev.-Teils. Daneben bestehen fort die National Federation Party (NFP), die vorwiegend vom indischen Bev.-Teil getragen wird, und die multiethnisch orientierte Fiji Labour Party (FLP).

Aus den Parlamentswahlen vom Mai 1992 und Febr. 1994 ging die SVT/FPP als stärkste Partei hervor und bildet seit Juni 1992 eine Koalitions-Reg. mit der GVP unter Premier-Min. S. RABUKA. In Opposition steht die NFP. Im Febr. 1993 schloß die Reg. von F. ein Verteidigungsabkommen mit Neuseeland und Australien. Nach dem Tod von Staatspräs. RATU SIR PENAIA GANILOU am 16. 12. 1993 wurde der bereits seit dem 27. 11. 1993 als Staatsoberhaupt amtierende RATU SIR KAMISESE MARA sein Nachfolger.

Fields-Medaille: Preisträger 1990 (verliehen während des Internat. Mathematikerkongresses in Kyōto): EDWARD WITTEN (1951), VAUGHAN F. R. JONES, WLADIMIR G. DRINFELD (* 1954) und MORI SHIGESUMI (* 1951); Preisträger 1994 (verliehen in Zürich): JEAN BOURGAIN (* 1954), PIERRE-LOUIS LIONS (* 1956), JEAN-CHRISTOPHE YOCCOZ (* 1957) und EFIM ZELMANOW (* 1955).

Figueres Olsen [fiˈgerres-], José María, costarican. Politiker, * San José 24. 12. 1954; studierte in den USA Agrartechnik und polit. Wiss.; 1988–90 Landwirtschafts-Min.; als Sohn von José FIGUERES FERRER († 1990), der mehrfach Präs. seines Landes und langjähriger Vors. des PLN war, profitierte F. O. bei den Präsidentschaftswahlen am 6. 2. 1994, die er vor seinem Konkurrenten vom PUSC gewann (Amtsantritt: 8. 5. 1994).

File-Server [ˈfaɪl ˈsəːvə; engl. file ›Ordner‹], Datenverarbeitung: →Client-Server-System.

*Filipow, Grischa, bulgar. Politiker: † Sofia 2. 11. 1994; mußte im Nov. 1989 als Mitgl. des ZK und des Politbüros der bulgar. KP zurücktreten.

*Filipowicz, Kornel, poln. Schriftsteller: † Krakau 28. 2. 1990.

*Film 3): Das Medium hat sich im letzten Jahrzehnt seiner hundertjährigen Geschichte wirtschaftlich, gesellschaftlich und künstlerisch erheblich verändert. Es erhielt durch das Fernsehen trotz weiterhin beträchtlich verminderter Bildqualität und -fläche einen vielfach vergrößerten Zuschauerkreis mit einem immensen ›Zuschalt‹-Potential durch die weltweite Verbreitung von ›Video‹ und CD-ROM, durch die Übertragungsmöglichkeiten mit Hilfe von Kabel und Satellit, durch zahlreiche private neben den früheren staatl. bzw. öffentlich-rechtl. Fernsehsendern und dem daraus folgenden Programmbedarf.

Der neue Typ des an seiner Umwelt engagierten und unabhängigen Stars unter Darstellern wie Regisseuren (JODIE FOSTER, ›Angeklagt‹, 1988; R. REDFORD, ›Aus der Mitte entspringt ein Fluß‹, 1992; K. COSTNER, ›Der mit dem Wolf tanzt‹, 1990), der überlegte und begrenzte Verletzung gesellschaftl. Tabus aufgrund der Thematik (S. SPIELBERG, ›Schindlers Liste‹, 1993) und der Gestaltung des F. (O. STONE, ›Natural Born Killers‹, 1994), die ›postmoderne‹ F.-Konzeption, histor. Gestaltungsweisen aufgreifend und ›konstruktivistisch‹ eine genuin film. Welt kreierend (R. ALTMAN, ›Short Cuts‹, 1993; K. KIEŚLOWSKI,

Film 3): Szene aus Sönke Wortmanns Filmkomödie ›Der bewegte Mann‹, 1994; von links die Darsteller Rufus Beck, Kai Wiesinger und Til Schweiger

›Drei Farben: Rot‹, 1994), eine auf das Wesentliche verknappte, in Bild und Wort extreme Sichtweisen präsentierende Gestaltung (J. DEMME, ›Das Schweigen der Lämmer‹, 1989; W. WENDERS, ›Bis ans Ende der Welt‹, 1991) sowie eine bemerkenswerte Fabulierkunst und -lust (ROBERT ZEMECKIS, * 1952, ›Forrest

Filmförderung – Finanzausgleich **Fina**

Gump‹, 1993; S. WORTMANN, ›Der bewegte Mann‹, 1994; E. REITZ, ›Die zweite Heimat‹, 1991) lassen für Spitzen-F. die Zuschauerzahlen steigen und finden Anerkennung bei der Kritik. Daneben erhöhten eine verbesserte Werbung (auch in Funk und Fernsehen), Kinoumbauten und Kinoneubauten (›Multiplexe‹) und gesteigerte Serviceleistungen die Attraktivität des Kinobesuchs beträchtlich. Zugute kommt dies v. a. amerikan. Produktionen, die in fast allen westlich orientierten Ländern, aber auch in Japan, die größten Kinoerfolge erzielten, z. B. in Dtl. durch ›Der König der Löwen‹ (1993; Produktionsfirma Walt Disney), dem hier erfolgreichsten F. der letzten zehn Jahre mit über 10 Mio. Zuschauern – bei einem Gesamtanteil von 80% für den amerikan. und 10% für den dt. F. Der Zerfall des Ostblocks, teilweise auch seiner Staaten und deren Neubildung haben F. manche wirtschaftlich und künstlerisch blühende F.-Wirtschaft vernichtet (ALEKSANDR ASKOLDOW, * 1937, ›Die Kommissarin‹, UdSSR 1988; N. MICHALKOW, ›Urga‹, UdSSR 1991). Dtl. erlebt dies, nachdem die DEFA nicht nur mit dem F. ›Spur der Steine‹ (F. BEYER; nach Urauff. 1966 verboten, Wiederaufführung ab Herbst 1989) noch einmal eindrucksvoll ihre künstler. Kapazität bewiesen hatte, im Zusammenwachsen der beiden filmwirtschaftl. Teilgebiete, das das Ende der staatseigenen DEFA bedeutete (rd. 730 Spiel-F.) und den Kinomarkt um rd. ein Zehntel vergrößerte. Die Konzentration von Marktmacht auf immer weniger Medienkonzerne hat auch beim F. (v. a. bei der Übernahme amerikan. durch japan. Firmen) stattgefunden, doch ohne besondere Auswirkungen auf Angebot und Verbreitung der F.-Produktionen.

Gesch. des dt. F., hg. v. W. JACOBSEN u. a. (1993); Die Chronik des F., Beitr. v. B. BEIER u. a. (1994); Lex. des internat. F., hg. v. S. LUX, 10 Bde. (Neuausg. 35.-49. Tsd. 1995); Metzler-F.-Lex., hg. v. M. TÖTEBERG (1995).

*Filmförderung: Das Ges. zur Förderung des dt. Films wurde zum 1. 1. 1993 novelliert mit den Zielen Verstärkung und Konzentration der Referenzfilmförderung, Intensivierung der Verleihförderung und Förderung von Videotheken, die für Kinder und Jugendliche geeignet sind. Die öffentlich-rechtl. Rundfunkanstalten haben zur F. mit weiteren Film-Fernseh-Abkommen beigetragen. Seit 1989 beteiligen sich auch die Sender des Privatfernsehens mit freiwilligen Zuwendungen an der F., allerdings mit weit geringeren Beträgen als ARD und ZDF. Seit Ende der 1980er Jahre dienen der F. auf europ. Ebene bes. das Media-Programm der EG und Euroimages des Europarates.

*Finanzausgleich: Der F. zw. Bund und Ländern wurde zum 1. 1. 1995 neu geordnet (F.-Ges. vom 23. 6. 1993). Der 1990 eingerichtete →Fonds Deutsche Einheit, der als Zwischenlösung der gesamtdt. F.-Beziehungen gedient hatte, lief zum Jahresende 1994 aus. Die neuen Bundesländer werden seither vollständig in das F.-System einbezogen.

Bei der **vertikalen Steuerverteilung** verändert sich ab 1995 die Aufteilung der Umsatzsteuer zw. Bund und Ländern von 63 : 37% auf 56 : 44% deutlich zugunsten der Länder. Im Gegenzug übernehmen die Länder vom Bund ab 1995 jährlich 2,1 Mrd. DM von dessen Schuldendienstverpflichtungen für den Fonds Deutsche Einheit. Im Jahressteuergesetz 1996 ist eine weitere Anhebung des Umsatzsteueranteils der Länder auf 49,5% zum Ausgleich für die Verluste aus der geplanten Systemumstellung beim →Kinderlastenausgleich vorgesehen. Vom Länderanteil an der Umsatzsteuer werden bis zu 25% als **Ergänzungsanteile** nach der Steuerkraft an diejenigen Länder verteilt, deren Einnahmen aus dem Länderanteil an der Einkommen- und Körperschaftsteuer, aus der Gewerbesteuerumlage und aus den Landessteuern zusammengenommen je Ew. unter 92% des Länderdurchschnitts liegen.

Film 3): Szene aus Steven Spielbergs Film ›Schindlers Liste‹, 1993; links Liam Neeson in der Rolle von Oskar Schindler, rechts Ben Kingsley in der Rolle des jüdischen Buchhalters Itzhak Stern

Diese Länder erhalten Ergänzungsanteile in Höhe dieser Fehlbeträge. Die restl. (mindestens) 75% des den Ländern zustehenden Umsatzsteueranteils werden auf die Länder nach der Einwohnerzahl verteilt. Insgesamt werden auf dieser Stufe des F. 1995 rd. 16 Mrd. DM von den alten auf die neuen Länder umgeschichtet; lediglich das Saarland erhält hierdurch ebenfalls einen kleineren Betrag.

Im anschließenden **horizontalen F.** (Länder-F. i. e. S.) wird die Finanzkraft der finanzschwachen Länder durch Ausgleichszahlungen der finanzstarken Länder auf mindestens 95% des länderdurchschnittl. Finanzkraft angehoben. Anders als im alten F. darf die überdurchschnittl. Finanzkraft der ausgleichspflichtigen Länder nicht mehr vollständig, sondern lediglich zu höchstens 80% abgeschöpft werden. Insgesamt stellen die finanzstarken alten Länder 11 Mrd. DM zur Verfügung, davon fließen 6,5 Mrd. DM an die neuen Länder, 3,5 Mrd. an Berlin und 1 Mrd. DM an die finanzschwachen alten Länder. Der vertikale F. mit horizontaler Wirkung durch **Bundesergänzungszuweisungen (BEZ)** wurde erheblich umgeformt und ausgebaut (▷ Zuweisung 2), die Festsetzung des Gesamtvolumens der BEZ in Form eines festen Prozentsatzes des Umsatzsteueraufkommens allerdings aufgegeben. Statt dessen stockt der Bund durch **Fehlbetrags-BEZ** an finanzschwache alte und neue Länder die nach dem Länder-F. verbleibenden Fehlbeträge zur länderdurchschnittl. Finanzkraft zu 90% (auf 99,5% des Durchschnitts) auf (Volumen etwa 5–6 Mrd. DM jährlich). Hinzu kommen für die neuen Länder von 1995 bis 2004 **Sonderbedarfs-BEZ** zum Abbau teilungsbedingter Sonderlasten sowie zum Ausgleich unterproportionaler kommunaler Finanzkraft (14 Mrd. DM jährlich, davon 2,5 Mrd. Berlin). Kleine alte und neue Bundesländer erhalten ferner Sonderbedarfs-BEZ für im Vergleich zu bevölkerungsstarken Ländern überproportionale ›Kosten politischer Führung‹ (1,5 Mrd. DM jährlich). Finanzschwachen alten Ländern, die durch die Einbeziehung der neuen Länder in den Länder-F. bes. belastet werden, wird eine bis 2004 degressiv ausgestaltete **Übergangs-BEZ** gewährt (1995: 1,3 Mrd. DM). Bereits ab 1994 (bis 1998) erhalten Bremen jährlich 1,8 Mrd. DM und das Saarland jährlich 1,6 Mrd. DM **Sonder-BEZ** als Sanierungshilfen. Außerhalb des eigentl. F. zahlt der Bund der neuen Ländern als weitere Hilfe zur Stärkung ihrer

Fina Finanzgerichtsbarkeit – Fininvest S. p. A.

Wirtschaftskraft ab 1995 für zehn Jahre zusätzl. Finanzhilfen zur Finanzierung von Investitionen (6,6 Mrd. DM).

finnische Kunst: Sakari Aartelo und Esa Piironen, Musik- und Kongreßhalle in Tampere; 1987–89

*Finanzgerichtsbarkeit: Das Ges. zur Entlastung des Bundesfinanzhofs (BFH) vom 8. 7. 1975 ist wiederholt verlängert worden, zuletzt am 20. 12. 1993, und gilt mindestens bis zum 31. 12. 1996. Danach gilt v. a. das Prinzip der Zulassungsrevision; außerdem kann der BFH eine Revision durch Beschluß und ohne vorherige mündl. Verhandlung (allerdings nach Anhörung der Beteiligten) verwerfen, wenn die Richter die Revision einstimmig für unbegründet halten.

Bei weiterhin hoher Beanspruchung scheint die Belastung der Finanzgerichte in den zurückliegenden Jahren rückläufig zu sein. Die Finanzgerichte hatten an Neueingängen zu verzeichnen 1990: 53 756, 1992: 51 639, 1994: 52 746, denen an Jahresende unerledigte Sachen gegenüberstanden 1990: 97 557, 1992: 90 650, 1994: 78 439.

*Finanzinnovationen: Die zu den F. zählenden Instrumente Futures, Optionen und Swapgeschäfte werden neuerdings auch als →Derivate bezeichnet.

*Finanzmärkte: Neben dem ausgeprägten Wachstum der internat. Bankkreditmärkte seit Anfang der 1970er Jahre und der internat. Wertpapiermärkte seit Anfang der 1980er Jahre werden die internat. F. seit Ende der 1980er Jahre bes. durch die Ausweitung der Märkte für →Derivate geprägt. So haben sich die internat. Forderungen der Banken in den Industrieländern und den Off-shore-Finanzzentren seit 1987 auf (1994) 8373,0 Mrd. US-$ fast genau, das Volumen der internat. Wertpapiermärkte auf (1994) 565,1 Mrd. US-$ mehr als verdoppelt. Demgegenüber belief sich der ausstehende Nominalbetrag ausgewählter börsengehandelter und außerbörsl. Finanzderivate Ende 1993 auf über 16 000 Mrd. US-$ (1990: 5740 US-$).

Der gewaltige Umfang und das starke Wachstum der Märkte für Derivate lassen darauf schließen, daß diese Instrumente nicht mehr nur zur Absicherung von Zins- und Kursrisiken (Schließung offener Positionen) benutzt werden, sondern überwiegend für spekulative Zwecke (Eingehen offener Positionen). Beim Eingehen offener Positionen entstehen für die Vertragspartner (Kontraktpartner), sofern sich ihre den Geschäften zugrundeliegenden Erwartungen nicht erfüllen, verschiedene Marktpreisrisiken (z. B. Fremdwährungs-, Zins-, Aktienkurs-, Indexrisiken).

Ein besonderes Problem ergibt sich daraus, daß es sich bei den Derivatgeschäften von Banken um bilanzunwirksame Geschäfte handelt, die entweder gar nicht in den Bankbilanzen oder allenfalls als Eventualpositionen ausgewiesen werden. Damit verlieren die Bankbilanzen mit zunehmender Ausweitung des Derivatgeschäfts an Aussagekraft über die Risikosituation der Banken. Deshalb befassen sich die Gremien der Bankenaufsicht zunehmend mit der aufsichtsrechtl. Behandlung der Risiken an den internat. F. Unter starker Einbindung des bei der Bank für Internat. Zahlungsausgleich angesiedelten Baseler Ausschusses für Bankenaufsicht sind die wichtigsten Bemühungen darauf gerichtet, die Schutzmechanismen auf Bankebene zu verstärken (z. B. Verfahren für das Risikomanagement, Eigenkapitalunterlegung der Kreditrisiken im Derivatgeschäft), die Funktionsweise und Disziplin der Märkte durch eine erhöhte Transparenz zu verbessern (z. B. Risikomeßverfahren, Offenlegungspflichten) und die Marktinfrastruktur auszubauen (z. B. Fortentwicklung der Clearing- und Abwicklungssysteme). Solche Bemühungen sollen mit dazu beitragen, spektakuläre Fehlentwicklungen zu vermeiden (→Baring Brothers & Co. Ltd.).

*Fine Gael: Nach dem Scheitern der Reg. Reynolds bildete die Partei im Dez. 1994 zus. mit der Labour Party und der Democratic Left eine neue Koalitions-Reg. und stellte mit ihrem Parteiführer J. BRUTON (seit 1990) den Premierminister.

Fini, Gianfranco, italien. Politiker, * Bologna 3. 1. 1952; Journalist, schloß sich dem neofaschist. MSI, später MSI/DN, an. Seit 1983 Mitgl. des Abgeordnetenhauses, 1987–90 sowie seit 1991 Vors. des MSI/DN (seit 1994 Alleanza Nazionale, AN), führte er seine Partei Anfang 1994 im Rahmen einer ›Freiheitsallianz‹ in ein Bündnis mit der Forza Italia (FI) und der Lega Nord. Vor dem Hintergrund der allgemeinen Unzufriedenheit mit den führenden Parteien erreichte F. als Kandidat für das Amt des Bürgermeisters in Rom im Dez. 1993 47 % der Stimmen.

*Fini, Leonor, italien. Malerin und Graphikerin: † Paris 18. 1. 1996.

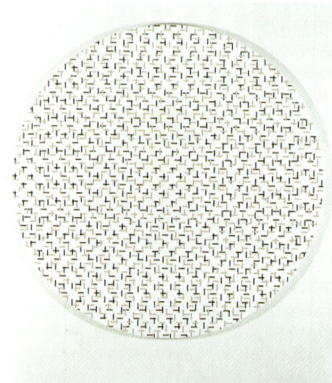

finnische Kunst: Matti Kujasalo, ›Maalaus/Painting‹; 1990 (Privatbesitz)

Fin|invest S. p. A., italien. Einzelhandels- und Medienkonzern, gegr. 1978; Sitz: Mailand. 1992 erzielte der F.-Konzern seine Einnahmen zu 45 % aus dem Einzelhandel (Kaufhausketten Standa und Euromercato), zu 33 % aus dem Rundfunkgeschäft, zu 16 % aus der Presse- und Buchproduktion und zu 6 % aus Finanzgeschäften. Über die Zwischenholding Mediaset SpA betreibt die F. die privaten Fernsehsender Canale Cinque, Rete Quattro sowie Italia Uno und hält Beteiligungen u. a. am Dt. Sportfernsehen (DSF; 33,5 %). Über die Gesellschaften Videotime und Medusa (Filmproduktion), Cinema 5 (Kinokette), Eletronica Industriale (50 %, Übertragungseinrichtungen, Produktion) sowie Publitalia '80 (Werbeagentur) ist Mediaset in weiteren Fernseh- und Filmbereichen aktiv. Aufgrund einer 1995 erfolgten Kapitalerhöhung ist an Mediaset mit 20 % ein Konsortium beteiligt, das aus L. KIRCH (→Kirch-Gruppe, 10%), dem saudischen Prinzen AL-WALID IBN TALAL und dem südafrikan. Unternehmer JOHAN RUPERT (*1950, Richemont-Gruppe) besteht. Der mehrheitlich dem ehemaligen italien. MinPräs. S. BERLUSCONI gehörende Konzern hat auch den beherrschenden Einfluß auf die Arnoldo Mondadori S.p.A. Dieser größte italien. Buchverlag, der auch Zeitschriften herausgibt (u.a. ›Epoca‹, ›Gracia‹, ›Panorama‹), kam 1991 zu F. Ferner gehören dazu das Bauunternehmen Caniteri Riuniti Milanesi und der Fußballclub AC Mailand; Konzernumsatz (1994): 11,9 Mrd. DM. (→Medienkonzerne, ÜBERSICHT).

*Fink, Agnes, schweizer. Schauspielerin dt. Herkunft: † München 28.10.1994.

*Fink, Humbert, österr. Schriftsteller: † Klagenfurt 16.5.1992.

*Finnbogadóttir, Vigdis, isländ. Politikerin und Philologin: Unter dem (verfassungsgemäßen) Verzicht auf die Wahl des Staatspräs. durch die Bev. (im Falle des Fehlens eines Gegenkandidaten) verlängerte das Parlament 1992 die Amtszeit F.s als Staatspräs. für eine vierte Amtsperiode um weitere vier Jahre.

*finnische Kunst: In den Traditionen der Moderne bauen v.a. Architekten, für die der Begriff ›Schule von Helsinki‹ geläufig ist, und die in die Nachfolge bes. von A. AALTO und der Vertreter des internat. Funktionalismus wie LE CORBUSIER stellen. Hierzu zählen KRISTIAN GULLICHSEN, ERKKI KAIROMO und TIMO VORMALA (Fabrikerweiterung für Joutseno Pulp Oy Mühlen, Lohja, 1979–81; Gemeindezentrum Kauniainen, Helsinki, 1983), ERO HYVÄMÄKI, JUKKA KARHUNEN und RISTO PARKKINEN (Opernhaus, Helsinki, 1986 ff.) oder JUHA LEIVISKÄ, der sich in seinem Kirchenzentrum von Myyrmäki in Vantaa (1984) auf F. L. WRIGHT bezieht. Eine international beachtete Leistung der Aalto-Nachfolge stellt die weitläufige, multifunktionale Musik- und Kongreßhalle von Tampere dar, 1987–89 von SAKARI AARTELO und ESA PIIRONEN in einer feinen Entsprechung der Farbstellung von Innen- und Außenbau errichtet. Als Dialog geometr. Formen entstand 1987–88 das finn. Wissenschaftszentrum Heureka in Tikkurila im NW von Helsinki von MIKKO HEIKKINEN und MARKKU KOMONEN, noch komplexer das Waldinformationszentrum Lusto auf dem Punkaharju von ILMARI LAHDELMA und RAINER MAHLERMAKI (1993). Die sich zur ›Schule von Oulu‹ rechnenden Architekten berufen sich v.a. auf R. PIETILÄ und seine Frau RAILI PAATELAINEN, die ihren Bauten und Entwürfen organ. Formen zugrunde legen und regionalist. Traditionen einbeziehen (Mantyniemi, Sitz des finn. Präs., Helsinki, 1993). LAURI LOUEKARI bezieht sich dabei bes. auf die regionale Holzbauweise. Elemente postmodernen oder dekonstruktivist. Bauens zeigen etwa die Santasolo-Fabrik 2000 in Karkkila (Prov. Uusimaa) von KAI WARTIAINEN (1992), der Aussichtsturm in Oulu von KARI NISKASAARI und JORMA ÖHMAN (1989), ein von KARI KUOSMA und ESKO VALKAMA errichtetes Terrassenhaus in Malmö (1990) oder die Bibliothek in Kuhmo (Prov. Oulu) von JYRKI TASA (1989).

Ende der 1970er Jahre begannen sich in der finn. Kunstszene konstruktivist. Maler durchzusetzen, u. a. MATTI KUJASALO (*1946). Maler wie JUSSI NIVA (*1966) und KARI JUUTILAINEN (*1953) und Bildhauer wie KAIN TAPPER (*1930) stellen seit den 1980er Jahren konstruktivist. Konzepte in reale räuml. Bezüge. Eher einer konzeptuellen Tradition der Gegenstandsschilderung verpflichtet sind HENRIETTA LEHTONEN (*1965), NINA ROOS (*1956) und das Künstlerpaar OLLI JAATINEN (*1960) und KARE LAMPINEN (*1963). Letztere setzen erfundene Kunstfiguren konstruierten Situationen aus, die alltägl. Verhaltensweisen ins Absurde übersteigen. Im Bereich der neuen Medien und der Konzeptphotographie können v.a. EIJA-LIISA AHTILA (*1959) und MARJA KANERVO (*1958) überzeugen. In komplex angelegten Videoinstallationen und -filmen inszeniert PENTTI KOSKINEN (*1952) gesellschaftl. Vorgänge als moderne Trauerspiele. CAROLINE PIPPING (*1958) visualisiert und hinterfragt in poetisch-metaphor. Zeichnungsserien ost-westl. Mystifikationen.

Die neue finn. Architektur, Beitr. v. S. POOLE (a.d. Amerikan., 1992); Das steinerne Licht. Ostsee-Biennale 1992, hg. v. A. ETZ, Ausst.-Kat. (1992); Matti Kujasalo, hg. v. P. TUUKKANEN, Ausst.-Kat. (Helsinki 1994).

finnische Kunst: Kari Kuosma und Esko Valkama, Terrassenhaus zur Ausstellung ›Nordform '90‹ in Malmö; 1990

*Finnland, finn. Suomi, schwed. Finland, amtl. Namen: Suomen Tasavalta, Republiken Finland; dt. Republik F., Staat in Nordeuropa, grenzt an die Ostsee (Finn. und Bottn. Meerbusen).

Hauptstadt: Helsinki. *Amtssprachen:* Finnisch und Schwedisch. *Staatsfläche:* 338 145 km² (ohne Binnengewässer 304 610 km²). *Bodennutzung (1992):* 25 240 km² Ackerland, 1 230 km² Dauergrünland, 232 220 km² Waldfläche. *Einwohner (1994):* 5,078 Mio., 15 Ew. je km². *Städtische Bevölkerung (1993):* 62%. *Durchschnittliches Bevölkerungswachstum pro Jahr (1985–93):* 0,4%. *Bevölkerungsprojektion für 2000:* 5,11 Mio. Ew. *Bevölkerungsgruppen (1991):* 93,5% Finnen, 5,9% Schweden, 0,6% andere (darunter 1 700 Lappen). *Religion (1992):* 87,8% Mitgl. der Finnischen Evangelisch-Luther. Kirche. *Altersgliederung (1992):* unter 15 Jahre 19,2%, 15 bis unter 65 Jahre 67,2%, 65 und mehr Jahre 13,6%. *Lebenserwartung der Neugeborenen (1992):* männlich 72 Jahre, weiblich 80 Jahre. *BSP je Ew. (1993):* 18 970 US-$. *BIP nach Sektoren/Produktionsstruktur (1993):* Landwirtschaft 5%, Industrie 31%, Dienstleistungen 64%. *Arbeitslosenquote (1994):* 18,4%. *Währung:* 1 Finnmark (Fmk) = 100 Penniä (p). *Internationale Mitgliedschaften:* UNO, EU, Europarat, Nord. Rat, OECD, OSZE.

Verfassung: Am 22.7.1991 trat eine Teilrevision der Verf. in Kraft. Sie führte die Direktwahl des Staatspräs. durch das Volk ein. Erreicht im ersten Wahlgang keiner der Kandidaten die absolute Stimmenmehrheit, findet in zweiter Wahlgang mit den beiden bestplazierten Bewerbern statt. Die Amtszeit des Präs. beträgt sechs Jahre. Seine Machtbefugnisse wurden im Verhältnis zur geänderten Verf. vermindert.

Fins Finsterwalde – Fitz

Edmond Henri Fischer

Joseph (Joschka) Fischer

Ottfried Fischer

Lisa Fitz

Geschichte: Bei den Parlamentswahlen vom März 1991 wurde das Liberale Zentrum stärkste Reichstagsfraktion. Sein Vors. ESKO AHO (* 1955) trat an die Spitze einer Koalition von Zentrum, Konservativen, Christl. Union und Schwed. Volkspartei.

In der schwersten Wirtschaftskrise seit 17 Jahren gab F. die 1991 freiwillig vorgenommene Bindung seiner Währung an das Europ. Währungssystem Anfang Sept. 1992 auf; im Okt. legte die Reg. ein Krisenprogramm vor, das vornehmlich auf die Verminderung des Haushaltsdefizits und die Bekämpfung der Arbeitslosigkeit ausgerichtet war. Mit der Ratifizierung des EWR-Vertrags (27. 10. 1992) schloß sich F. dem Europ. Wirtschaftsraum an. Noch im Okt. 1992 formulierte F. sein Beitrittsgesuch zur EG. Nach Abschluß der Beitrittsverhandlungen (März 1994) trat F. zum 1. 1. 1995 der EU bei. – Im Jan./Febr. 1994 (zweiter Wahlgang am 6. 2.) fand die erste Direktwahl des Staatspräs. statt; gewählt wurde der Sozialdemokrat M. O. AHTISAARI (Amtsantritt 1. 3. 1994). Die Reichstagswahlen vom 19. 3. 1995 gewannen die Sozialdemokraten mit 28,3 % der Stimmen; MinPräs. wurde am 13. 4. ihr Vors. PAAVO LIPPONEN (* 1941).

***Finsterwalde 2):** Der seit 3. 10. 1990 zu Brandenburg gehörende Landkreis F. ging am 6. 12. 1993 im neugebildeten Landkreis Elbe-Elster auf. Die Stadt Finsterwalde ist damit nicht mehr Kreisstadt.

***Firkušný,** Rudolf (Ruda), amerikan. Pianist tschech. Herkunft: † Staatsburg (N. Y.) 19. 7. 1994.

***Firnberg,** Hertha, österr. Politikerin: † Wien 14. 2. 1994.

Firsowa, Jelena Olegowna, russ. Komponistin, * Leningrad 21. 3. 1950; studierte 1970–75 in Moskau. Seit Anfang der 1980er Jahre wurden ihre Werke zunehmend auch in Westeuropa aufgeführt. 1991 lehrte sie am University College of North Staffordshire in Keele. F. steht kompositionstechnisch auf dem Boden der 2. Wiener Schule, durchbricht die reihentechn. Strenge der Zwölftonmusik aber immer wieder durch konsonante Klangformung und ein Gespür für melod. Motivik.

Werke: *Bühnenwerke:* Kammeropern ›Das Gastmahl während der Pest‹ (1972, nach A. PUSCHKIN), ›Die Nachtigall und die Rose‹ (1994, nach O. WILDE). – *Orchesterwerke:* Violoncellokonzert (1973); Stanzas (1975); zwei Violinkonzerte (1976, 1983); vier Kammerkonzerte (darunter Nr. 3 für Klavier und Orchester, 1985; Nr. 4 für Horn und 13 Spieler, 1987); Nostalgie (1989); Cassandra (1992). – *Kammermusik:* vier Streichquartette (darunter Nr. 3 ›Misterioso‹ in memoriam I. STRAWINSKY, 1980; Nr. 4 ›Amoroso‹, 1989); ›Meditation im japanischen Garten‹ für Flöte, Viola und Klavier (1993); ›Phantom‹ für vier Violinen (1993); ›Crucifixion‹ für Bajan und Violoncello (1993). – *Vokalwerke:* Kantaten ›Tristia‹ (1979), ›Der Stein‹ (1983), ›Das irdische Leben‹ (1984), ›Waldspaziergang‹ (1987; alle nach MANDELSTAM), ›Silentium‹ (1993); ›Shakespeare-Sonette‹ (1980–88); ›Drei Gedichte von Mandelstam‹ für Sopran und Klavier (1980). – *Instrumentalwerke:* ›Elegie‹ für Klavier (1979); ›Sphinx‹ für Harfe (1982); Klaviersonate (1986); ›Monolog‹ für Saxophon (1993).

***Fischer,** Anni, ungar. Pianistin: † Budapest 10. 4. 1995.

Fischer, Edmond Henri, amerikan. Biochemiker, * Schanghai 6. 4. 1920; kam 1953 an die Washington University in Seattle, wo er seit 1961 als Prof. für Biochemie tätig ist; erhielt 1992 mit E. G. KREBS den Nobelpreis für Physiologie oder Medizin für seine Entdeckung der reversiblen Proteinphosphorylierung als biochem. Regulationsmechanismus.

***Fischer,** Joseph (›Joschka‹), Politiker: War von April 1991 bis Okt. 1994 stellv. MinPräs. und Min. für Umwelt und Bundesangelegenheiten in Hessen; seit Okt. 1994 MdB und Sprecher der Fraktion Bündnis 90/Die Grünen.

***Fischer,** Oskar, Politiker: Bereitete den Besuch E. HONECKERS im Sept. 1987 in der Bundesrep. Dtl. mit vor. Nach dem Zusammenbruch des kommunist. Systems in der Dt. Dem. Rep. (Herbst 1989) gehörte F. der Reg. unter H. MODROW (Nov. 1989 bis April 1990) als Außen-Min. an.

Fischer, Ottfried, Kabarettist und Schauspieler, *Ornatsöd (heute zu Untergriesbach, Kr. Passau) 7. 11. 1953; spielte 1976–82 mit dem Kabarett ›Machtschattengewächse‹ in München drei Programme, 1982–87 Duo-Programme mit JOCKEL TSCHIERSCH (* 1957), seither Solokabarett. Ab 1983 übernahm F. zahlreiche Rollen in Fernseh- und Spielfilmen, u. a. ›Der Superstau‹ (1990). Erhielt 1986 den Dt. Kleinkunstpreis.

Fischler, Franz, österr. Politiker, *Absam 23. 9. 1946; Diplomingenieur, Mitgl. der ÖVP, 1985–89 Direktor der Landwirtschaftskammer für Tirol, 1989–94 Landwirtschafts-Min., wurde im Jan. 1995 Kommissar der EU (Ressort: Landwirtschaft).

***Fischli,** Hans, schweizer. Architekt, Maler und Bildhauer: † Meilen 1. 4. 1989.

Fischli & Weiss, 1979 gegründete schweizer. Künstlergruppe, bestehend aus PETER FISCHLI (* Zürich 8. 6. 1952) und DAVID WEISS (* Zürich 21. 6. 1946); integrieren in ihren Projekten Photographie, Film, Skulptur, Rauminstallation und Malerei in einen ironisch-absurden Zusammenhang, in dem Film

Fischli & Weiss: Natürliche Grazie; 1984 (Privatbesitz)

›Der Lauf der Dinge‹ (1987) in den von Rationalität und Zerstörungslust. In den meist dialektisch konzipierten Arbeiten setzen sie sich häufig mit den Klischees und Banalitäten des Alltags, der Kunst und der Erwartungshaltung des Publikums auseinander.

Bilder, Ansichten. Peter Fischli, David Weiss, Ausst.-Kat. (Zürich 1991).

***Fischwirtschaft:** In den letzten Jahren wurde die F. u. a. durch immer bessere Fangtechnik zunehmend mit dem Problem der Überfischung der Bestände konfrontiert, was zu einem Rückgang der Fangmenge u.a. von Alaska-Seehecht, Atlant. Kabeljau, Japan. sowie Südamerikan. Sardelle führte. Vor diesem Hintergrund bewirkte die Mißachtung von Fangquoten Fischereistreitigkeiten in versch. Fangregionen (z.B. vor Neufundland zw. Kanada und der EG). Die Länder mit den höchsten Fangerträgen (1992) sind (in Mio. t) China 15,0, Japan 8,5, Peru 6,8, Chile 6,5, Rußland 5,6, EG 7,0 und weltweit 98,1.

Fitz, Lisa, Sängerin, Schauspielerin und Kabarettistin, * Zürich 15. 9. 1951; entstammt einer bayer. Volkstheaterfamilie; ab 1974 zahlreiche Theater- und Fernsehrollen (häufige Zusammenarbeit mit F. X. KROETZ). Seit 1983 mit kabarett. Soloprogrammen auf Tournee (u. a. ›Die heilige Hur‹, 1983; ›Heil! Vom Therapie-Chaos zur dt. Ordnung‹, 1994).

Flach|antenne, *Nachrichtentechnik:* spezielle Antennenform für den Empfang von Fernsehprogrammen, die über Satellit abgestrahlt werden. F. sind im Unterschied zur Parabolantenne (›Schüssel‹) von flacher, quadrat. Form mit Kantenlängen zw. 38 und 58 cm und einer Dicke bis zu 5 cm. Ihre Empfangsleistung ist niedriger als die von Parabolantennen. Sie bestehen aus fünf Trägerschichten aus Kunststoffolie, auf die jeweils die Leiterbahnen aus Kupfer aufgedampft sind. Die einzelnen Schichten sind mit dem auf der Rückseite der F. integrierten LNC (Abk. für engl. Low noise converter) verbunden. Der LNC ist ein Konverter, der die hohen Frequenzen der Empfangssignale in niedrigere Frequenzen umsetzt, verstärkt und an den Satellitenreceiver weiterleitet. Dort werden Ton- und Bildsignale getrennt und an den Fernsehempfänger geleitet. Wegen der niedrigeren Empfangsleistung liefern F. nur einen befriedigenden Empfang, wenn die Sendungen von sogenannten High-Power-Satelliten abgestrahlt werden, deren Sendeleistung zw. 50 und 80 W je Kanal liegt. Die Sendeleistung dieser Satelliten führte auch dazu, daß die Durchmesser der Parabolantennen bis auf 60 cm reduziert werden konnten.

*Flachdruck: Im Offsetdruck hat der Einsatz der elektron. Datenverarbeitung zu erhebl. Veränderungen in der Druckvorstufe (Druckformenherstellung) geführt. Bei dem System **Computer-to-film** werden die digital vorliegenden Text- und Bilddaten im Computer zu kompletten Druckbogen zusammengestellt, im RIP (Abk. für Raster image processor) wird die Bildrasterung vorgenommen und anschließend der Film belichtet und entwickelt. Plattenkopie und -entwicklung erfolgen auf konventionellem Weg. Bei dem System **Computer-to-plate** enden die digitalen Arbeitsschritte erst bei der Belichtung der Druckplatte außerhalb der Druckmaschine. Bei der in Heidelberg entwickelten Variante dieses Verfahrensablaufs **(Computer-to-press)** wird die Druckplatte direkt in der Druckmaschine bebildert (›Direct-Imaging‹). Die Oberfläche der Druckplatte ist mit einer farbabstoßenden Siliconschicht überzogen. An den Stellen, die drucken sollen, wird mit einem Laserstrahl die Siliconschicht abgetragen und die farbannehmende Aluminium- oder Polyesterschicht freigelegt.

flache Hierarchie, *Wirtschaft:* →Lean management.

*Fleckenstein, Albrecht, Physiologe: † Freiburg im Breisgau 4. 4. 1992.

Flerovium [nach G. N. FLJOROW] *das, -s,* chem. Symbol **Fl,** 1995 von der Nomenklaturkommission der IUPAC vorgeschlagener Name für das Element 102. Falls diese Namensgebung von der Generalversammlung der IUPAC 1997 in Genf bestätigt wird, entfällt der bisherige Name Nobelium für das Element 102.

*Flexible response: Im Zuge der tiefgreifenden sicherheitspolit. Veränderungen in Europa Ende der 1980er, Anfang der 90er Jahre wurde das 24 Jahre lang gültige militärstrateg. NATO-Konzept der flexiblen Reaktion (MC 14/3) ersetzt durch die am 13. 12. 1991 von den Verteidigungs-Min. der atlant. Allianz in Kraft gesetzte ›Weisung des Militärausschusses für die militär. Umsetzung der strateg. Konzepts des Bündnisses‹ (MC 400); →NATO.

*Flitner, Wilhelm August, Erziehungswissenschaftler: † Tübingen 21. 1. 1990.

*Fljorow, Georgij Nikolajewitsch, sowjet. Physiker: † Moskau 9. 11. 1990.

*Flöha 2): Der seit 3. 10. 1990 zum Land Sachsen gehörende Landkreis F. ging am 1. 8. 1994 im Kr. Freiberg auf; die Gemeinden Borstendorf und Grünhainichen wurden dem Mittleren Erzgebirgskreis, die Gem. Mühlbach dem Kr. Mittweida eingegliedert. Die Stadt Flöha ist damit nicht mehr Kreisstadt.

*Florenskij, Pawel Aleksandrowitsch, russ. Theologe und Philosoph: Wurde nach neuen Erkenntnissen aus den Archiven des KGB schon am 8. 12. 1937 auf einer Ostseeinsel erschossen.

V. CHENTALINSKI: La parole ressuscitée. Dans les archives littéraires du KGB (a. d. Russ., Paris 1993).

*Flüchtlinge: Fast die Hälfte der zu Beginn der 1990er Jahre weltweit auf rd. 100 Mio. geschätzten F. einschließlich legaler und illegaler Arbeitsmigranten entfiel auf Afrika. Die bisherigen Schubkräfte für Flucht lösten auch in den 1990er Jahren neue große F.-Katastrophen im Sudan und in Liberia sowie in Ruanda und Burundi aus. Für Mitte 1995 wird die Zahl der aus Ruanda (v.a. nach Zaire, Tansania und Burundi) geflohenen Menschen auf 1,5 Mio. geschätzt; außerdem wird von 4 Mio. Binnen-F. ausgegangen. Allerdings gab es in Afrika in den 1990er Jahren auch hoffnungsvolle Entwicklungen wie die Beendigung von Bürgerkriegen (in Äthiopien, Angola, Moçambique und Liberia), die die Rückführung von Millionen F. ermöglichten.

Der Krieg auf dem Balkan brachte das F.-Problem auch nach Europa zurück. Aus Bosnien und Herzegowina sind (Stand Dez. 1994) mehr als 1,5 Mio. Menschen geflohen und zusätzlich 1,5 Mio. Binnen-F. aus ihrer Heimat vertrieben worden. Kroatien mußte 500 000 F. aus Bosnien und Binnen-F. aus Kriegsgebieten aufnehmen. Zusätzlich verstärkten das Wohlstandsgefälle zw. W- und O-Europa und Bürgerkriege in den Randrepubliken der ehem. UdSSR den Migrationsdruck aus dem Osten. Die EU-Staaten reagierten auf diesen Zuwanderungsdruck mit einer verschärften Abschottung der ›Festung Europa‹. Dtl. erschwerte 1993 durch eine Änderung des Asylrechts (Art. 16 GG) die Zuwanderung von Asylsuchenden und verstärkte im Rahmen des Schengener Abkommens über die Sicherung der gemeinsamen EU-Außengrenzen die Kontrollen an den Ostgrenzen.

Der World Refugee Survey 1994 nennt für Ende 1993 als Herkunftsländer für F. ferner die Staaten: Afghanistan 3,4 Mio., Moçambique 1,3 Mio., Burundi 780 000, Liberia 700 000, Somalia 490 000, Sudan 370 000, Angola 335 000, Vietnam 300 000, Aserbaidschan 290 000, Birma (Myanmar) 290 000, Äthiopien 230 000 F.; Zielländer der F. sind: Iran 2,0 Mio., Jordanien 1,0 Mio., Sudan 630 000, Tansania 480 000, Zaire 450 000, Kenia 330 000, Libanon 330 000, Südafrika 300 000, China 300 000, Armenien 290 000, Aserbaidschan 250 000. Als Länder mit einer hohen Zahl von Binnen-F. werden aufgeführt Sudan 4 Mio., Südafrika 4 Mio., Moçambique 2 Mio., Angola 2 Mio., Irak 1 Mio., Libanon 700 000, Somalia 700 000, Zaire 700 000, Aserbaidschan 600 000, Sri Lanka 600 000.

Um die Fluchtursachen zu bekämpfen, werden zunehmend auch direkte polit. und militär. Interventionen (u. a. der Einsatz von UN-Blauhelmsoldaten) gefordert. Sie stehen neben Initiativen zur Entschuldung und gezielten Hilfsprogrammen zur Rückkehr von F. Es zeigte sich auch, daß der UNHCR ein erweitertes Mandat und mehr Geld braucht, um eine wirksame Hilfe, v. a. bei der Rückführung von F., leisten zu können. Der Großteil der internat. F.-Hilfe wird von privaten Hilfsorganisationen getragen, die sich aus Spenden und staatl. Zuschüssen finanzieren. Doch auch ihre Operationen blieben nicht von Kritik verschont.

Das Weltflüchtlingsproblem. Ursachen u. Folgen, hg. v. P. OPITZ (1988); Die Lage der F. in der Welt. UNHCR-Report, auf mehrere Bde. ber. (a. d. Engl., 1994 ff.); F. NUSCHELER: Internat. Migration – Flucht u. Asyl (1995).

*Flugabwehr: Die grundlegende Umgliederung der F.-Raketentruppe der dt. Luftwaffe, verbunden mit der Umrüstung vom FlaRak-System ›Nike‹ auf das System ›Patriot‹ und der Einführung des Systems ›Roland‹ wurde bis 1994 abgeschlossen. In Abweichung vom ursprüngl. Konzept wurden 6 neue gemischte FlaRak-Geschwader (statt FlaRak-Kommandos auf Brigadeebene) formiert, jeder dieser Verbände der Regimentsebene führt je 6 in ›Gruppen‹ (statt Geschwader) zusammengefaßte Staffeln Patriot und HAWK. Drei Geschwader führen zusätzlich je eine FlaRak-Gruppe Roland.

Focus, seit dem 18. 1. 1993 wöchentlich in München unter dem Chefredakteur HELMUT MARKWORT (* 1936) erscheinendes Nachrichtenmagazin. Es gehört dem Burdakonzern. Auflage (Sept. 1995): 752 000 Exemplare.

Fogel [fəʊgl], Robert William, amerikan. Volkswirtschaftler und Wirtschaftshistoriker, * New York 1. 7. 1926; war Prof. an der University of Chicago (1965–75 und seit 1981), an der University of Rochester (1968–75) und an der Harvard University (1975–81). F. erhielt 1993 mit D. C. NORTH den Nobelpreis für Wirtschaftswissenschaften für seinen Beitrag zur Erneuerung der wirtschaftsgeschichtl. Forschung. Er wurde zum Mitbegründer der neuen Wirtschaftsgeschichte (›New Economic History‹, ›Chiometrie‹), die durch die Anwendung von Wirtschaftstheorie und quantitativen Methoden der Ökonometrie versucht, wirtschaftl. Entwicklungen und institutionelle Veränderungen zu erklären. Insbesondere durch die Anwendung mathematisch-statist. Methoden auf Fragen der Wirtschaftsgeschichte relativierte F. die Bedeutung techn. Innovationen (z. B. die Entwicklung der Eisenbahnen) für das wirtschaftl. Wachstum (im Ggs. zu J. A. SCHUMPETER und W. W. ROSTOW) und wies nach, daß selbst unmenschliche gesellschaftl. Institutionen wie die Sklaverei wirtschaftlich durchaus effektiv gewesen seien.

Robert W. Fogel

Werke: Railroads and American economic growth. Essays in econometric history (1964); Time on the cross. The economics of American Negro slavery (1974, mit S. L. ENGERMAN); Without consent or contract. The rise and fall of American slavery (1989). – **Hg.:** The dimensions of quantitative research in history (1972, mit W. O. AYDELOTTE u. a.).

Harrison Ford

*****Foldes,** Andor, amerikan. Pianist ungar. Herkunft: † Herrliberg (Kt. Zürich) 9. 2. 1992.

*****Fonds 2):** Die besonderen Probleme der dt. Vereinigung und die damit verbundenen außergewöhnl. (Alt-)Lasten und Verpflichtungen gaben Anlaß zur Errichtung neuer Neben- oder Sonderhaushalte zusätzlich zu den seit langem bestehenden ›klassischen‹ F. oder Sondervermögen (z. B. ERP-Sondervermögen, Lastenausgleichsfonds): →Fonds Deutsche Einheit, →Kreditabwicklungsfonds, →Treuhandanstalt, →Erblastentilgungsfonds, Bundeseisenbahnvermögen (→Bahnreform). Die Transparenz des Finanzgebarens der öffentl. Hand hat damit zwangsläufig abgenommen. Insbesondere die Höhe der →öffentlichen Schulden wird nur bei Einbeziehung auch dieser F. deutlich.

Fonds Deutsche Einheit [fɔ̃-], im dt. Einigungsvertrag vereinbartes und durch Ges. vom 25. 6. 1990 eingerichtetes Sondervermögen des Bundes, das bis 1994 als eine Zwischenlösung für den 1995 neu geregelten →Finanzausgleich fungierte und getrennt von der allgemeinen Haushaltswirtschaft des Bundes und der alten Bundesländer mit nicht zweckgebundenen Zuweisungen in Höhe von (1990–94) insgesamt 160,7 Mrd. DM die zentrale Finanzierungsquelle der neuen Bundesländer darstellte. Die Empfängerländer leiteten 40 % der erhaltenen Mittel an ihre Gemeinden und Gemeindeverbände weiter. Rd. 95 Mrd. DM des Fondsvolumens wurden durch Kreditaufnahme am Kapitalmarkt aufgebracht, der Rest durch Bundes- und Landesmittel. Die seither zur Verzinsung und Tilgung anfallenden Schuldendienstausgaben des Fonds (jährlich rd. 9,5 Mrd. DM) werden vom Bund sowie den alten Bundesländern und deren Gemeinden getragen. Die Tilgung der Fondsschulden wird sich über einen Zeitraum von etwa zwei Jahrzehnten erstrecken.

*****Fonteyn,** Dame Margot, brit. Tänzerin: † Panama 21. 2. 1991.

Ford [fɔːd], Harrison, amerikan. Filmschauspieler, * Chicago (Ill.) 13. 7. 1942; wurde in Actionfilmen berühmt, qualifizierte sich jedoch in den 80er Jahren als Charakterdarsteller.

Filme: Star-Wars-Trilogie (1977–82); Jäger des verlorenen Schatzes (1981); Der einzige Zeuge (1985); Aus Mangel an Beweisen (1989); In Sachen Henry (1990); Die Stunde der Patrioten (1991); Auf der Flucht (1993); Sabrina (1995).

Günther Förg: Maske; Bronze, 1990 (Privatbesitz)

Ford [fɔːd], Richard, amerikan. Schriftsteller, * Jackson (Miss.) 16. 2. 1944; schildert in seinen Romanen und Kurzgeschichten die Desillusionierung amerikan. Charaktere, die erfolglos dem Alltag einer mittelständ. Existenz zu entfliehen suchen. Sein bekanntestes Werk, der Roman ›The sportswriter‹ (1986; dt. ›Der Sportreporter‹), zeigt die Sinnentleerung eines Lebens im Amerika der Vorstädte und die Vergeblichkeit der familiären wie berufl. Ambitionen nach einer Karriere als Schriftsteller und nach häusl. Glück.

Weitere Werke: *Romane:* A piece of my heart (1976; dt. Ein Stück meines Herzens); The ultimate good luck (1981; dt. Verdammtes Glück); Wildlife (1990; dt. Wildlife. Wild leben). – *Kurzgeschichten:* Rock springs (1987; dt.).

*****Förderabgabe:** Die Erhebung der F. wurde vom Land Ndsachs. für Erdöl (1988–90) und für Schwefel (seit 1. 1. 1992) ausgesetzt. Der F.-Satz für Erdgas wurde zum 1. 1. 1994 von 16 % auf 14 % reduziert.

*****Fördergebiet:** Im Rahmen der Gemeinschaftsaufgabe ›Verbesserung der regionalen Wirtschaftsstruktur‹ wurden die F. mehrmals neu abgegrenzt (zuletzt 1991 und 1994). Für die 167 westdt. Arbeitsmarktregionen wird ein gewichteter Gesamtindikator berechnet, der sich aus einem Einkommensindikator (Bruttojahreslohn der sozialversicherungspflichtig Beschäftigten je Ew.; Gewicht 40 %), zwei Arbeitsmarktindikatoren (Arbeitslosenquote; Gewicht 40 %; Arbeitsplatzprognose bis 2000; Gewicht 10 %) und einem Infrastrukturindikator (Gewicht 10 %) zusammensetzt. Die nach dem Gesamtindikator 51 strukturschwächsten Arbeitsmarktregionen sind F. im früheren Bundesgebiet. Die neuen Bundesländer und Berlin

(Ost) unterliegen bis Ende 1996 nicht diesen Abgrenzungskriterien; sie gelten generell als F. Auf EU-Ebene können ländl. Gebiete, Regionen mit Entwicklungsrückstand oder rückläufiger industrieller Entwicklung F. sein (wichtigster Indikator: Bruttoinlandsprodukt je Ew. unter 75% des EU-Durchschnitts). Demnach zählen u. a. die neuen Bundesländer auch zu den F. auf EU-Ebene.

Förg, Günther, Photograph, Maler und Bildhauer, * Füssen 5. 12. 1952; konzentrierte sich nach Photoinstallationen, in denen er sich mit der Faszination einer menschenfeindl. Architektur beschäftigte, auf die Möglichkeiten einer maler. Sprache, die weder abstrakte noch figurative Tendenzen wiederholt. In den großformatigen Bilderserien und Bleibildern, die in den Ausstellungen Farbräume konstituieren, oder den farblich abgesetzten Wandgestaltungen formuliert er die Unmöglichkeit des autonomen Werks und setzt den Werkprozeß dagegen. Thema seiner Bronzeplastik sind häufig Masken. Seit 1991 lehrt F. an der Hochschule für Gestaltung in Karlsruhe.

G. F., hg. v. V. LOERS, Ausst.-Kat. (1990).

*****Forlani,** Arnaldo, italien. Politiker: War von Febr. 1989 bis Mai 1992 polit. Sekretär der Democrazia Cristiana. 1993 wurden gegen F. Strafverfahren wegen Hehlerei und Verstoßes gegen das Parteienfinanzierungs-Ges. eingeleitet.

*****Forschung:** Umstritten ist, auf welche Weise der Staat im Rahmen seiner **F.- und Technologiepolitik** (Abk. **F & T**) die F. fördern soll. Bei der indirekten Förderung wird der F.-Aufwand unabhängig davon subventioniert, auf welchem Gebiet geforscht wird. Die direkte Förderung dagegen bezieht sich auf konkrete F.-Projekte, deren Förderung beantragt werden muß. Dies begünstigt i. d. R. Großunternehmen sowie die Tendenz, kostspielige Prestigeprojekte finanziell zu unterstützen. Angesichts der schwierigen finanziellen Situation der öffentl. Haushalte verschärft sich der Wettbewerb um die öffentl. Fördermittel. In der F.- und Technologiepolitik werden deshalb zunehmend Ziele und Maßnahmen im Dialog mit den wichtigsten gesellschaftl. Gruppen (v. a. aus Wissenschaft und Wirtschaft) festgelegt.

In Dtl. wurden (1993) 79,7 Mrd. DM für F. und Entwicklung (F & E) ausgegeben (1980: 36,0 Mrd. DM im früheren Bundesgebiet); das entspricht rd. 2,5% des Bruttoinlandsprodukts (BIP; 1980: 2,4%). Hinzu kommen 1,8 Mrd. DM aus dem Ausland. Im Vergleich der westl. Industrieländer gaben 1994 neben Dtl. noch sieben Staaten mehr als 2% ihres BIP für F. und Entwicklung aus: Japan (3,0%), Schweden (2,9%), die USA (2,8%) und die Schweiz (2,7%). Sehr unterschiedlich ist der Anteil des Staates an der F.-Finanzierung; er liegt z. B. in Italien bei 44,7%, in Frankreich bei 44,3%. Demgegenüber ist in Japan (71,1%), der Schweiz (67,4%) und Dtl. (60,8%) der Anteil der Wirtschaft vergleichsweise hoch.

Immer größere Bedeutung gewinnt die F.-Förderung auf EU-Ebene. Im Rahmen der Einheitl. Europ. Akte wurde 1987 die Förderung von ›F. und technolog. Entwicklung‹ als eigener Politikbereich in den EWG-Vertrag eingefügt. Ziele der europ. F.-Förderung sind v. a. die Stärkung der wiss. und technolog. Grundlagen der Industrie der EU-Staaten und deren internat. Wettbewerbsfähigkeit. Damit besteht ein enger Zusammenhang mit der europ. Industriepolitik. Schwerpunkt der EU-Aktivitäten sind F.-Programme, durch die die nat. Förderung ergänzt und gebündelt werden (›Gemeinschaftl. Rahmenprogramme‹). Die F.-Programme (z. B. in den Bereichen Informations- und Kommunikationstechnik, neue Werkstoffe, Umwelt- und Biotechnologie) werden als Eigen-F. in der ›Gemeinsamen F.-Stelle‹ der EU, als Vertrags-F. (Förderung von Vorhaben an Universitäten und in Unternehmen) und als konzertierte Aktion (Koordinierung von nat. F.-Projekten, Beteiligung an F.-Aktivitäten außerhalb der EU) umgesetzt.

Förderfibel 1995. Förderung von F., Entwicklung u. Innovation, hg. vom Bundesministerium für Bildung, Wiss., F. u. Technologie (1995); H. KLODT: Grundl. der F.- u. Technologiepolitik (1995).

Forschungszentrum Jülich GmbH, seit 1990 Name der →Kernforschungsanlage Jülich GmbH.

Forschungszentrum Karlsruhe Technik und Umwelt GmbH, seit 1995 Name des →Kernforschungszentrums Karlsruhe GmbH.

*****Forst 2):** Der seit 3. 10. 1990 zum Land Brandenburg gehörende Landkreis F. ging am 6. 12. 1993 im neugebildeten Landkreis Spree-Neiße auf, dessen Kreisstadt Forst (Lausitz) – frühere Schreibweise Forst/Lausitz – wurde.

Forsythe ['fɔ:saɪt], William, amerikan. Tänzer, Choreograph und Ballettdirektor, * New York 30. 12. 1949; tanzte 1974–84 am Stuttgarter Ballett und hatte 1976 sein Debüt mit ›Urlicht‹ als Choreograph. Der Durchbruch zu einer eigenen Bewegungssprache gelang ihm 1983 mit seiner abendfüllenden Arbeit ›Gänge‹.

Weitere Choreographien: Orpheus (1979); Impressing the czar (1988); Slingerland (1989–91).

*****FORTRAN:** 1991 wurde von der ISO (▷ International Organization for Standardization) mit **Fortran 90** ein neuer Standard der imperativen Programmiersprache FORTRAN verabschiedet (in der neuen Schreibweise kommt zum Ausdruck, daß Kleinbuchstaben in Fortran-Programmen nunmehr offiziell zulässig sind). Fortran 90 und die entsprechenden Compiler sind so konzipiert, daß sie zu älteren Standards von FORTRAN aufwärtskompatibel sind. Wesentl. neue Merkmale der Sprache sind, daß auch ›Strukturen‹ (Zusammenfassungen von Daten versch. Typs unter einem Namen, verbunden mit entsprechenden Verarbeitungsmöglichkeiten) und Zeigervariablen (▷ Zeiger) als Variablen zulässig sind und daß die Möglichkeit der dynam. Speicherverwaltung sowie des Aufrufs eines Unterprogramms durch sich selbst (Rekursion) besteht. Mit Fortran 90 werden der Übergang zu ▷Vektorrechnern und die Ausnutzung des damit verbundenen Leistungszuwachses sehr erleichtert.

Forza Italia [›Italien voran‹], Abk. **FI,** italien. Partei, gegr. im Dez. 1993 von S. BERLUSCONI. Bei den allgemeinen Wahlen in Italien am 27. und 28. 3. 1994 errang sie im Rahmen des Parteienbündnisses ›Polo della libertà‹ (›Pol der Freiheit‹; →italienische Geschichte) 21,1% der Stimmen und stellte von Mai 1994 bis Jan. 1995 mit BERLUSCONI den MinPräs. Bei den Wahlen zum Europ. Parlament 1994 errang die FI 30,6% der Stimmen.

Foster ['fɔstə], Jodie, amerikan. Filmschauspielerin, * Los Angeles (Calif.) 19. 11. 1962; hatte schon als Kinderstar große Erfolge, die sie als erwachsene Charakterdarstellerin noch übertreffen konnte.

Filme: Taxi Driver (1976); Bugsy Malone (1976); Das Mädchen am Ende der Straße (1976); Angeklagt (1988); Das Schweigen der Lämmer (1991); Das Wunderkind Tate (1991; auch Regie); Sommersby (1992); Nell (1994); Familienfest und andere Schwierigkeiten (1996; Regie).

*****Fourastié,** Jean, frz. Soziologe und Volkswirtschaftler: † Paris 25. 7. 1990.

*****Fowler,** William Alfred, amerikan. Astrophysiker: † Pasadena (Calif.) 14. 3. 1995.

*****Fraga Iribarne,** Manuel, span. Politiker: War 1987–89 MdEP, 1989–90 erneut Vors. seiner Partei, die 1989 in Partido Popular (PP) umbenannt wurde. Nach deren Wahlsieg bei den Regionalwahlen in Galicien im Dez. 1989 wurde er dort im Febr. 1990 Präs. der Regionalregierung.

*****Francescatti,** Zino, frz. Violinist: † La Ciotat 17. 9. 1991.

Jodie Foster

Fran Francis – französische Geschichte

***Francis,** Emerich, Soziologe: † München 14. 1. 1994.

***Francis,** Sam, amerikan. Maler und Graphiker: † Santa Monica (Calif.) 4. 11. 1994.

Franco, Itamar Augusto Cautiero, brasilian. Politiker, * Juiz de Fora 28. 6. 1931; wurde 1967 als Kandidat des MDB, zu dessen Mitbegründern er gehört, Bürgermeister seiner Heimatstadt. 1974 und erneut 1982 wurde er in den Senat gewählt. Ab Mitte der 1980er Jahre Mitgl., 1986–88 Vors. des Partido Liberal. 1989 wechselte F. in den von F. A. COLLOR DE MELLO neugegründeten Partido da Reconstrução Nacional, aus dem er später wieder austrat. Er unterstützte COLLOR, der ihn als Kandidaten für die Vizepräsidentschaft nominierte, im Präsidentschaftswahlkampf. Nach COLLORS Amtsantritt als Präs. kritisierte er dessen liberale Wirtschaftspolitik. F. übernahm als Vize-Präs. die Reg.-Geschäfte, als COLLOR von seinem Amt suspendiert wurde (2. 10. 1992); nach dessen Rücktritt am 29. 12. 1992 wurde F. am gleichen Tag als neuer Präs. Brasiliens vereidigt. Die in seiner Reg.-Zeit (bis 1994) u. a. vorgenommene Währungsreform (Einführung des ›Cruzeiro Real‹) führte Brasilien nicht aus der Wirtschaftskrise.

***Frank,** Ilja Michajlowitsch, sowjet. Physiker: † Moskau 22. 6. 1990.

***Frankfurt 1):** Der Bezirk F. wurde aufgelöst. Seit 3. 10. 1990 gehört das Gebiet zum Land Brandenburg.

***Frankfurt 3):** Die Stadt Frankfurt (Oder) – frühere Schreibweise Frankfurt/Oder – ist kreisfreie Stadt in Brandenburg.

***Frankreich,** frz. **La France,** amtlich **République Française,** dt. **Französische Republik,** Staat in Westeuropa, grenzt an den Ärmelkanal und den Atlant. Ozean sowie ans Mittelmeer. Zu F. gehört die Mittelmeerinsel Korsika.

Hauptstadt: Paris. *Amtssprache:* Französisch. *Staatsfläche:* 543 965 km². *Bodennutzung (1992):* 192 340 km² Ackerland, 111 980 km² Dauergrünland, 148 500 km² Waldfläche. *Einwohner (1994):* 57,800 Mio., 106 Ew. je km². *Städtische Bevölkerung (1993):* 73 %. *Durchschnittliches Bevölkerungswachstum pro Jahr (1985–93):* 0,6 %. *Bevölkerungsprojektion für 2000:* 58,79 Mio. Ew. *Ausländer (1990):* Anteil an der Gesamtbevölkerung 6,3 % (649 700 Portugiesen, 614 200 Algerier, 572 700 Marokkaner, 252 800 Italiener, 216 000 Spanier, 202 300 Tunesier, 197 700 Türken, 56 100 Belgier, 52 700 Deutsche, 50 400 Briten, 47 100 Polen, 684 900 sonstige Ausländer). *Religion (1992):* 76,4 % Katholiken, 3,0 % Muslime. *Altersgliederung (1993):* unter 15 Jahre 19,9 %, 15 bis unter 65 Jahre 65,6 %, 65 und mehr Jahre 14,5 %. *Lebenserwartung der Neugeborenen (1992):* männlich 73 Jahre, weiblich 81 Jahre. *BSP je Ew. (1993):* 22 360 US-$. *BIP nach Sektoren/Produktionsstruktur (1993):* Landwirtschaft 3 %, Industrie 29 %, Dienstleistungen 68 %. *Arbeitslosenquote (1994):* 12,4 %. *Währung:* 1 Französischer Franc (FF) = 100 Centimes (c). *Internationale Mitgliedschaften:* UNO, EU, Europarat, NATO, OECD, OSZE, WEU.

Verfassung: Nach Billigung durch die Nationalversammlung (7. 7. 1993) und den Senat (8. 7. 1993) verabschiedete der aus beiden Kammern gebildete Kongreß eine ›kleine Verf.-Reform‹, durch die die Unabhängigkeit der Richter vom Staatspräs. gestärkt und die ›Cour de justice de la République‹ geschaffen wurde, ein Gerichtshof, der für die strafrechtl. Verurteilung von Min. zuständig sein soll.

Verwaltung: Nachdem durch das Dezentralisierungs-Ges. von 1982 der ›Commissaire de la République‹ als Titel für den obersten Verwaltungsbeamten eines Départements und der des ›Präfekten‹ (frz. ›Préfet‹) beseitigt worden war, führte das Dekret vom 29. 2. 1988 den Titel ›Préfet‹ anstelle des Kommissars der Republik wieder ein. – Das Dép. Côtes-du-Nord wurde in Côtes-d'Armoric umbenannt.

Streitkräfte: Ausgelöst durch die tiefgreifende Veränderung der sicherheitspolit. Lage in Europa 1989/90, trat die frz. Armee 1991/92 in eine Reduzierungs- und Umstrukturierungsphase ein, die 1997 abgeschlossen sein soll. Ziel der gegenwärtigen Truppenverringerung um mehr als 15 % auf eine Gesamtstärke von etwa 385 000 Mann (Heer 220 000, Luftwaffe 87 000, Marine 64 000, zentrale Dienste 14 000 Soldaten) ist die Erhöhung der Effektivität der Streitkräfte. Der Anteil der Berufssoldaten wurde erhöht, während die Zahl der Wehrpflichtigen durch Verringerung der Grundwehrdienstzeit auf 10 Monate sank.

F. hält an der atomaren Abschreckung fest und gewährleistet dementsprechend die Einsatzbereitschaft der nuklearen Waffensysteme durch erhebl. Etatkürzungen in diesem Bereich. Nennenswert ist hier die Umrüstung der strateg. Luftstreitkräfte auf das Kampfflugzeug Mirage 2 000 N (75 Maschinen mit ASMP-Flugkörpern), die Modernisierung der Strateg. U-Boot-Flotte (nun einheitlich mit M-4-Mittelstreckenraketen ausgestattet) und die Ersetzung der silogestützten S-3-Mittelstreckenraketen auf dem Plateau d'Albion durch 10 M-5-Raketen (landgestützte Version der in Entwicklung befindl. U-Boot-Rakete M-4.5) bis zum Jahr 2000.

Das Heer ist am stärksten von den Reduzierungsmaßnahmen betroffen. Von den noch verbleibenden Divisionen unterstehen fünf dem Korps der ›gepanzerten Truppen‹, vier der ›Schnellen Eingreiftruppe‹, eine dem Eurokorps. Die Kräfte der Territorialverteidigung wurden 1993 völlig umstrukturiert und umfassen seitdem in wesentlichen neun Regionalkommandos mit je einer teilaktiven Brigade. Die Zahl der Kampfpanzer wurde auf 1 200 verringert.

Im Rahmen des im oberen Kommandobereich neugegliederten Luftwaffe sind nun unter dem gemeinsamen Dach der ›takt. Luftstreitkräfte‹ alle Jäger- und Jagdbomberverbände zusammengefaßt. Verbunden mit der Modernisierung des Kampfflugzeugbestandes (Einführung der Mirage 2000 B/C/D, später des Jagdflugzeugs ›Rafale‹; Außerdienststellung der Mirage III und der Mirage V) ist die Verringerung auf 375 Maschinen.

***Frantz,** Justus, Pianist: Trat Ende 1994 von seinem Amt als Intendant des Schleswig-Holstein Musik Festivals zurück; gründete anschließend unter dem Namen ›Philharmonie der Nationen‹ ein eigenes, vom Festival unabhängiges Orchester.

***Franz Joseph II.,** Fürst von und zu Liechtenstein: † Grabs (Kt. St. Gallen) 13. 11. 1989.

***Franz-Kafka-Literaturpreis:** Weitere Preisträger sind LIBUŠE MONÍKOVÁ (1989), S. LEM (1991), P. ROSEI (1993), C. RANSMAYR (1995).

***französische Geschichte:** Nach zunehmenden Meinungsverschiedenheiten mit Staatspräs. F. MITTERRAND trat M. ROCARD im Mai 1991 als Premier-Min. zurück. Nachfolgerin wurde ÉDITH CRESSON, nach der Niederlage der Sozialisten bei den Regionalwahlen im März 1992 abgelöst vom bisherigen Wirtschafts- und Finanz-Min. PIERRE BÉRÉGOVOY (* 1925, Selbstmord 1993). Bei einem Referendum im Sept. 1992, das auch der Stärkung der (proeurop.) Position MITTERRANDS dienen sollte, stimmte nur eine knappe Mehrheit der Bev. (51 %) für die Ratifizierung des Vertrags von Maastricht. Bei den Parlamentswahlen vom März 1993 erreichten die bürgerl. Parteien eine deutl. Mehrheit (RPR 28,27 %, 247 Mandate; UDF 25,8 %, 213 Mandate). MITTERRAND berief darauf den Gaullisten É. BALLADUR zum Premier-Min. einer bürgerl. Koalitions-Reg. (zweite ›Cohabitation‹), die sich u. a. um die Belebung der Wirtschaft und die Stärkung der inneren Sicherheit bemühte. Bei der Neuordnung des Ausländerrechts im Juni/Juli 1993 wurde eine Verschärfung des Einwanderungs- und Asyl-Ges. beschlossen. Einen wichtigen Erfolg für die frz. Interessen erzielte die Reg. Balladur beim Abschluß der GATT-Verhandlungen im Dez. 1993. Nach dem Verzicht ROCARDS und J. DELORS' auf eine Präsidentschaftskandidatur nominierten die Sozialisten im Febr. 1995 L. JOSPIN. Während dieser den ersten Wahlgang der Präsidentschaftswahlen am 23. 4. 1995 vor CHIRAC und BALLADUR gewann, setzte sich im zweiten Wahlgang am 7. 5. CHIRAC mit 52,6% gegenüber JOSPIN durch. Neuer Premier-Min. wurde A. JUPPÉ, dessen Reg. bei der Umsetzung der Wahlversprechen CHIRACS (v. a. Bekämpfung der Arbeitslosigkeit, Erhöhung der Sozialausgaben, Steuererleichterungen) wenig erfolgreich war und den raschen Ansehensverlust durch einen Kurswechsel (vorrangige Bekämpfung des Defizits, Ausgabenkürzungen) im Nov. 1995 noch verstärkte.

Schwerpunkte in der Außenpolitik Frankreichs in der 1. Hälfte der 1990er Jahre bildeten das Engagement für einen Ausbau der europ. Integration (z. B. 1992 Gründung des Eurokorps mit Dtl.) und die Teilnahme an Aktionen der UNO. Im Golfkrieg 1991 beteiligte es sich mit eigenen Truppenkontingenten an der internat. Koalition gegen Irak, ab April 1992 an der UN-Friedensmission in Bosnien und Herzegowina, ab Aug. 1992 an der Durchsetzung der Flugverbotszone in S-Irak und ab Dez. 1992 an der UN-Militäraktion in Somalia. Im Aug. 1992 trat Frankreich dem Kernwaffensperrvertrag bei. Im Mai 1993 legte Frankreich mit anderen Staaten einen Plan zur Einrichtung von Schutzzonen für die muslim. Bev. und die Abschottung der Grenze Bosniens gegen Serbien vor; darüber hinaus gehört es der 1994 gegründeten internat. Kontaktgruppe zur Ausarbeitung eines Friedens- und Teilungsplans für Bosnien an und ist an der multinat. Truppe unter NATO-Führung zur Durchsetzung des Friedensabkommens für Bosnien und Herzegowina vom Nov. 1995 beteiligt. Zum Schutz der von Bürgerkriegsmassakern bedrohten Zivil-Bev. in Ruanda, aber auch zur Betonung der eigenen Weltmachtstellung unternahm Frankreich Juni bis Aug. 1994 eine Militärintervention in Ruanda. Mit der Wiederaufnahme von Kernwaffentests im S-Pazifik im Sept. 1995 löste Frankreich weltweite Proteste aus. - Im Sept. 1994 nahm Frankreich erstmals seit 1966 wieder an einem Treffen der Verteidigungs-Min. der NATO teil und kündigte im Dez. 1995 eine engere Zusammenarbeit an, lehnte jedoch weiterhin eine Wiedereingliederung in die militär. Strukturen der NATO ab.

Gesch. Frankreichs, hg. v. J. FAVIER, auf mehrere Bde. ber. (a. d. Frz., 1989ff.); P. SCHUNCK: Gesch. Frankreichs. Von Heinrich IV. bis zur Gegenwart (1994); Frankreich. Eine illustrierte Gesch., Beitr. v. C. JONES (a. d. Engl., 1995).

*französische Kunst: Im Auftrag des Staates, aber auch großer Konzerne oder Stiftungen wurde bes. in Paris eine futuristisch anmutende, an klaren geometr. Formen orientierte Architektur realisiert. So baute der Däne JOHAN OTTO VON SPRECKELSEN (*1929, †1987) ›La Grande Arche‹ in Paris-La Défense (1984–89; ab 1987 weitergeführt von PAUL ANDREU, *1938) in grandioser Schlichtheit und gigant. Dimensionen (Höhe: 110 m). PAUL CHEMETOV und BORJA HUIDOBRO errichteten das neue Finanzministerium in Paris (1982–90) als eine Art Festung der Macht, HENRI CIRIANI das Museum des Ersten Weltkriegs in Péronne und ein Museum für antike Kunst in Arles (1984–95) und JEAN NOUVEL neben ›Wohnmaschinen‹, weltläufigen Akzenten im Rahmen des städt. sozialen Wohnungsbaus, das ›Institut du Monde Arabe‹ in Paris (1987), das Kongreßzentrum in Tours

französische Kunst: Jean Nouvel, Wohnhaus ›Nemausus‹ in Nîmes; 1987

(1989–93) sowie die Ausstellungshalle der ›Fondation Cartier‹ in Paris (1994) als spiegelnden Glaskörper. Den Ausstellungspalast ›Cité de la Musique‹ baute C. DE PORTZAMPARC im Park La Villette in Paris (1986–94), bei dessen Gesamtgestaltung sich B. TSCHUMI 1982–91 beim Umbau des ehemaligen Schlachthofgeländes zu einem von Filmkulissen inspirierten Landschaftspark auf Formen des russischen Konstruktivismus und der frz. Revolutionsarchitektur (C.-N. LEDOUX) bezog. Das Einkaufszentrum ›Bercy II‹ bei Paris (1987–90) von R. PIANO ist einem radikalen geometrischen Muster eingeschrieben. Mit ausgespartem Freiraum, zentralen unterirdischen Einrichtungen (Lesesäle) und vier hohen Magazintürmen ist die Pariser Bibliothèque Nationale von D. PERRAULT, die 1995 fertiggestellt wurde, ein Höhepunkt der neuen frz. ›Architektur der Transparenz‹. Vor dem alten Paris verneigt sich das multifunktionale American Center (1994) von F. O. GEHRY mit seinem heiteren dekonstruktivistischen Formenspiel.

französische Kunst: Ange Leccia, ›Arrangement Maria La Callas‹; 1991 (Privatbesitz)

Aufgrund der Dezentralisation der Museumslandschaft in Frankreich und der Gründung zahlreicher Ausstellungsräume (Centres d'art) für zeitgenöss. Kunst außerhalb von Paris (u. a. in Nizza, Bordeaux und Grenoble) sowie nach wie vor der Pariser Galerien und zunehmend der Pariser Museen für zeitgenöss. Kunst wurde in Frankreich seit den 80er Jahren die Entfaltung vielfältiger Kunstrichtungen begünstigt. Die abstrakte und konzeptuelle Malerei wird von

Fran französische Literatur – Frauenarbeit

Künstlern wie BERTRAND LAVIER (* 1949), JEAN-PIERRE BERTRAND (* 1937), PIERRE DUNOYER (* 1949), LUCAS L'HERMITE (* 1943), MARTIN BARRÉ (* 1924) und BERNARD PIFFARETTI (* 1955) repräsentiert. GÉRARD GAROUSTE (* 1946) beschwört in pastosen figurativen Gemälden kulturelle Erinnerungen des Abendlandes und hat als Bildhauer einen Namen neben JEAN-PIERRE PINCEMIN (* 1944), JEAN-LUC PARANT (* 1944) und ALAIN KIRILI (* 1946). In der Tradition der Konzeptkunst und des frz. Fluxus stehen J. LE GAC, GÉRARD GASIOROWSKI (* 1930), der Maler CLAUDE VIALLAT (* 1936), Mitbegründer der Gruppe Supports/Surfaces Ende der 60er Jahre, und NATHALIE TISON (* 1966). Auch die aktuelle Objektkunst, die Raum- und die Lichtinstallation gehören in

französische Kunst: Christian Boltanski, ›Das Purimfest‹; 1991 (Privatbesitz)

den Bereich neokonzeptueller Kunst. Bes. überzeugen P. RAYNAUD, JEAN-MARC BUSTAMANTE (* 1952), JEAN-PIERRE RAYNAUD (* 1939), JEAN-LUC VILMOUTH (* 1952), FABRICE HYBERT (* 1961), ANGE LECCIA (* 1952) und PHILIPPE PERRIN (* 1964). Sie thematisieren Kunst, Sehgewohnheiten, Künstlerleben, Kunstbetrieb, Konsumgesellschaft und die moderne Kommunikationsgesellschaft. Eine Aufarbeitung der polit. und sozialen Geschichte Europas leisten C. BOLTANSKI in seinen Aktionen und Installationen (auch in Dtl., z. B. ›Archiv‹, 1991; Hamburger Kunsthalle) und der Maler JEAN-MICHEL FROUIN (* 1960). Mit dem Bild des Menschen setzen sich die Malerin SOPHIE CALLE (* 1953) und die Photographen LOUIS JAMMES (* 1958) und PHILIPPE BAZIN (* 1954) auseinander. Im Bereich der multimedialen Künste arbeiten PAUL-ARMAND GETTE (* 1927), FRANÇOISE QUARDON (* 1961) und CATHERINE BEAUGRAND (* 1953). Daneben entstand Anfang der 80er Jahre eine ›Straßenkunst‹, die einige Parallelen zur amerikan. Graffiti-art aufweist. Die ›Pochoiristen‹ (Schablonenkünstler), die meist mit Pseudonymen signieren, eignen sich den öffentl. Raum als Ausstellungsfläche an. Als Väter dieser Richtung gelten ERNEST PIGNON-ERNEST (* 1942) und GÉRARD ZLOTYKAMIEN (* 1940).

L'amour de l'art. Une exposition de l'art contemporain en France, Beitr. v. Y.-A. BOIS u. a., Ausst.-Kat. (Lyon 1991); Contemporary European architects, Beitr. v. W. ANSOMEIT u. a., auf 3 Bde. ber. (Köln 1991 ff.); Architektur in Europa seit 1968, Einf. v. A. TZONIS u. a., Beitr. v. L. BURCKHARDT u. a. (a. d. Engl., 1992); Das neue Paris, Beitr. v. H. A. JAHN (²1993); C. MILLET: L'art contemporain en France (Paris ³1994).

französische Literatur: Das Zusammenfallen zweier Bewegungen, der intellektualist. und publikumsfremden Schule des Nouveau roman und des weitverbreiteten Interesses für die Humanwissenschaften, v. a. die Geschichte, erklärt z. T. die seit Anfang der 1980er Jahre häufig artikulierte Krise der (fiktionalen) Literatur und bes. des Romans, während sich das Theater durch die Entdeckung von Autoren wie BERNARD-MARIE KOLTÈS (* 1948, † 1989; ›Quai Ouest‹, 1985, ›Le retour au désert‹, 1988) und MICHEL VINAVER (* 1927; ›Portrait d'une femme‹, 1986) sowie dank dem Prestige prominenter Regisseure (P. CHÉREAU, ARIANE MNOUCHKINE, R. PLANCHON) weiterentwickelte.

Der frz. Roman hat jedoch inzwischen eine eigene Prägung durch eine Gruppe von (wenn auch sehr verschiedenartigen) Autoren erfahren (u. a. FRANÇOIS BON, * 1953, JEAN-LUC BENOZIGLIO, * 1941, ERIC CHEVILLARD, * 1964, PATRICK DEVILLE, * 1957, JEAN ÉCHENOZ, * 1968, MARIE N'DIAYE, * 1968, MARIE REDONNET, * 1948, JEAN-PHILIPPE TOUSSAINT), die u. a. als ›Minimalisten‹ oder als ›Nouveaux nouveaux romanciers‹ bezeichnet werden. Diese Autoren stehen dem naiven Erzählen von Geschichten ähnlich kritisch gegenüber wie der Nouveau roman und lehnen sich vielfach an die rhythm. Präzision und die detailbewußte Akribie etwa von CLAUDE SIMON an. Daneben kommen jedoch auch andere literar. Modelle zum Tragen, z. B. der Kriminalroman oder die Science-fiction. Gemeinsam ist diesen Romanen – im Vergleich zum Nouveau roman – die ungleich größere Welthaltigkeit sowie die Tendenz zum spieler. Umgang mit der Wirklichkeit. Mit großer stilist. Kunstfertigkeit verarbeiten diese Autoren gegenwärtige Zeitphänomene, etwa das Phänomen der multikulturellen Gesellschaft oder den beherrschenden Einfluß der Medien. Dem Leser werden zwar reale Dinge und Gegebenheiten präsentiert, die aber in vielfältiger Brechung dargestellt werden und trotz großer Detailtreue irreal anmuten, als bedeutungslos ausgegeben oder als partielles, falsches Bild beschrieben werden. Die Wirklichkeit scheint sich auf diese Weise dem Erzählen immer wieder zu entziehen. Die Abkehr von realist. Erzähltechniken und die Verweigerung von Deutungen des Erzählten verbinden die Vertreter dieser Dichtung mit dem Nouveau roman. Der Verzicht auf Theoriedebatten, eine entdeckende und zugleich distanzierte Haltung gegenüber Zeitproblemen und ein postmoderner Zugriff auf die Wirklichkeit zeigt sich in dieser Schriftstellergeneration am spieler. Zugriff auf bestehende Gattungen und Formen der Literatur ebenso wie im kunstvollen Einsatz von Parodie und Pastiche.

G. ZELTNER-NEUKOMM: Der Roman in den Seitenstraßen. Neue Strukturen in der frz. Epik (1991); W. ASHOLT: Der frz. Roman der achtziger Jahre (1994).

Frauenarbeit: Nach neueren Berechnungen des Statist. Bundesamtes erbringen Frauen im Durchschnitt 35 Stunden (Männer 20 Stunden) wöchentlich in unbezahlter Arbeit und 16 Stunden in Erwerbsarbeit (Männer 33 Stunden).

In Dtl. waren 1993 von den 27,1 Mio. Frauen im erwerbsfähigen Alter rd. 17,1 Mio. (62,3%) erwerbstätig bzw. arbeitslos. Davon lebten 13,2 Mio. in West-Dtl. (Erwerbsquote 59,6%) und 3,9 Mio. in Ost-Dtl. (Erwerbsquote 73,3%). Im Ggs. zu Ost-Dtl. haben sich die Arbeitslosenquoten für Frauen und Männer in West-Dtl. bis 1994 u. a. aufgrund des stärker zielgruppenorientierten Einsatzes des arbeitsmarktpolit. In strumentariums einander angenähert (→Arbeitslosigkeit). In der Industrie hatten Arbeiterinnen in West-Dtl. 1993 bzw. 1991 einen durchschnittl. Wochenverdienst von 678 DM bzw. 630 DM (Ost-Dtl.: 488 bzw. 341 DM) und Arbeiter 953 DM bzw. 890 DM (Ost-Dtl.: 665 bzw. 442 DM). Bei den Angestellten in Industrie und Handel entwickelten sich die durchschnittl. Bruttomonatsgehälter bei Frauen von 3 483 DM auf 3 880 DM (Ost-Dtl.: von 1 847 auf 2 912 DM) und bei Männern von 5 335 DM auf 5 835 DM (Ost-Dtl.: von 2 386 DM auf 3 826 DM).

Im Arbeitsschutz wurden die bisherigen Einschränkungen durch die Arbeitszeitordnung (AZO) mit dem Arbeitszeit-Ges. (→Arbeitszeit) weitgehend aufgehoben. Lediglich das Beschäftigungsverbot für Frauen im Bergbau unter Tage wurde beibehalten. (→Nachtarbeit)

Bei den Bestimmungen, die der Vereinbarkeit von Familie und Beruf sowie der Gleichstellung im berufl. Leben dienen, haben sich u.a. folgende Änderungen ergeben: Durch das 2. Gleichberechtigungs-Ges. von 1994 für den Bereich der Bundesverwaltung und der Gerichte des Bundes wurde hinsichtlich der geschlechtsneutralen Stellenausschreibung die bisherige Soll- in eine Mußvorschrift umgewandelt. Für die geschlechtsspezif. Benachteiligung bei Bewerbungen, beim berufl. Aufstieg oder bei Kündigungen werden Sanktionen eingeführt. Entsprechende Bestimmungen sind auch in die Neufassungen des GG und des Arbeitsförderungs-Ges. eingegangen und fanden auch im Einigungsvertrag ihren Niederschlag.

Österreich: Das Gleichbehandlungs-Ges. wurde mehrfach novelliert und auf alle Aspekte des Arbeitsverhältnisses ausgeweitet. Bei Verstößen gegen das Gleichbehandlungsgebot bestehen Schadensersatzansprüche. – In der *Schweiz* wird an einem Gleichstellungs-Ges. derzeit (1995) gearbeitet.

Arbeitsmarkt für Frauen 2000 – Ein Schritt vor oder ein Schritt zurück? Kompendium zur Erwerbstätigkeit von Frauen, hg. v. P. BECKMANN u. a. (1994).

*Frauenforschung: Die F. konnte sich seit Mitte der 1980er Jahre in Dtl. quantitativ und qualitativ im Bereich der Wiss. und der öffentl. Aufmerksamkeit etablieren. Auch in den Bereichen Verwaltung und Politik werden zunehmend Ergebnisse der F. zur Kenntnis genommen, wenn auch die mit F. zunächst verbundene Vorstellung, zentrale Forderungen der Frauenbewegung gesellschaftlich, also z. B. in Form von jurist. oder sozialpolit. Regelungen durchsetzen zu können, sich keineswegs erfüllt hat. Zudem scheint im politisch veränderten Klima in Dtl., in Europa und in den USA nach dem Ende des Ost-West-Konflikts und der dt. Wiedervereinigung von 1990 das Interesse der Öffentlichkeit und der polit. und gesellschaftl. Entscheidungsträger an Themen der F. eher abgenommen zu haben. Zumindest für die USA wird dies seit Beginn der 1990er Jahre unter dem Begriff ›backlash‹ (›Rückschlag‹) diskutiert.

Für den gegenwärtigen Stand der F. ist die Ausweitung bzw. Ablösung des Konzepts der F. durch den erweiternden Begriff der **Geschlechterforschung** (›gender studies‹) von zentraler Bedeutung, der darauf verweist, daß Weiblichkeit, soziale Stellung von Frauen und Frauenbilder kulturell vermittelt sind und sich jeweils im Gegenbezug zu entsprechend gesellschaftlich, historisch und kulturell bestimmten ›Männer-Bildern‹ untersuchen lassen. Während es so im Zusammenhang mit postmodernen Wissenschaftsvorstellungen auf der einen Seite möglich wurde, die radikal gesellschaftl. Konstruktion der Geschlechterrollen zu thematisieren, hat sich im Gegenzug dazu auch eine umstrittene, zumindest aber in den Medien und auf dem Buchmarkt beachtete Gegenposition eingestellt, die eine ›naturgegebene‹ Differenz der Geschlecher zum Ausgang feminist. Kulturtheorie und ihrer polit. und kulturellen Forderungen nimmt.

Neben diesen in den Bereich der Anthropologie und der Wissenschaftstheorie zielenden Konzeptionen gibt es in der F. in den letzten Jahren v. a. vier Schwerpunkte: Erstens die Erforschung weibl. Lebenszusammenhänge und Sozialisationsmuster, die einerseits unter der These einer ›doppelten Vergesellschaftung‹ von Frauen untersucht wurden, andererseits eine Diskussion über die mögl. Spezifik einer weibl. Moral (die nicht so sehr auf das Durchsetzen abstrakter Normen und Werte ziele, sondern eher an situationsbezogenen, Zusammenhänge konstitutierenden Handlungen orientiert sei) in Gang gesetzt haben. Zweitens beschäftigte sich F. intensiv mit der Stellung von Frauen innerhalb der gesellschaftl. Arbeitsorganisation und hier im besonderen mit der Bedeutung weibl. Arbeitskraft für die Reproduktion der männl. Arbeitsfähigkeit durch ›unbezahlte Hausarbeit‹. Ein dritter Arbeitsbereich aktueller F. befaßt sich mit Gesellschaftstheorie, also der Analyse der traditionellen und gegenwärtigen gesellschaftl. (patriarchalen) Strukturen, und ebenso mit dem Wechselbezug der gesellschaftl. Ausgrenzungen von Frauen zu anderen Ausgrenzungen, etwa im Bereich der Migration, des Rassismus und im Bereich der Unterdrückung von Minderheiten. Frauen treten dabei v. a. als Opfer von Diskriminierung, aber auch als Täterinnen, z. B. im Zusammenhang mit dem Nationalsozialismus, dem Kolonialismus und auch aktuellen rechtsextremist. Orientierungen, in den Blick. Schließlich sind viertens die Bereiche der Wissenschaftskritik und der Geschichte zu nennen; in beiden waren Frauen weitgehend ausgeschlossen, so daß sich F. hier einerseits der Erkundung und Erforschung der Geschichte von Frauen zugewendet hat, andererseits wissenschaftstheoretisch (›epistemologisch‹) Gründe, Formen und Spuren der Verdrängung von Frauen aus dem Bereich der Wissenschaften aufzuarbeiten sucht. Internat. Beachtung fand die F. auf der →Weltfrauenkonferenz sowie in dem vom Entwicklungsprogramm der Vereinten Nationen (UNDP) unter Zuarbeit durch den Entwicklungsfonds der Vereinten Nationen für Frauen (UNIFEM) 1995 vorgelegten ›Bericht über die menschl. Entwicklung‹ (→Human Development Index), der zahlreiche Daten über geschlechtsbedingte Disparitäten sowie geschlechtsspezif. Entwicklungsindices dokumentiert.

E. F. KELLER: Liebe, Macht u. Erkenntnis (a. d. Engl., 1986); Frauen leben Widersprüche, Beitr. v. S. METZ-GÖCKEL u.a. (1990); U. BEER: Geschlecht, Struktur, Geschichte (^{2}1991); S. G. HARDING: Feminist. Wiss.-Theorie (a. d. Engl., ^{2}1991); G. LERNER: Die Entstehung des Patriarchats (a.d. Engl., 1991); C. HONEGGER: Die Ordnung der Geschlechter. Die Wiss.en vom Menschen u. das Weib. 1750–1850 (^{2}1992); M. A. KREIENBAUM: Erfahrungsfeld Schule (1992); E. BECK-GERNSHEIM: Das halbierte Leben (28.–29. Tsd. 1993); S. FALUDI: Die Männer schlagen zurück (a. d. Engl., 1993); Frauen in Dtl. 1945–1992, hg. v. G. HELWIG u.a. (1993); Gesch. der Frauen, hg. v. G. DUBY u. a., 5 Bde. (a. d. Italien., 1993–95); J. BUTLER: Das Unbehagen der Geschlechter (a. d. Engl., ⁴1994); Differenz u. Differenzen. Zur Auseinandersetzung mit dem Eigenen u. dem Fremden im Kontext von Macht u. Rassismus bei Frauen, hg. vom Inst. für Sozialpädagog. Forschung Mainz e. V. (1994); C. PINL: Das faule Geschlecht. Wie die Männer es schaffen, Frauen für sich arbeiten zu lassen (1994); U. GERHARD: Unerhört. Die Gesch. der dt. Frauenbewegung (20.–22. Tsd. 1995); Weibl. Moral, hg. v. G. NUNNER-WINKLER (Neuausg. 1995).

Frauenquote, Regelung, die vorsieht, daß in bestimmten Funktionen oder Positionen Frauen in einer angemessenen Zahl vertreten sein müssen. Da Frauen in leitenden, führenden oder politisch einflußreichen Positionen auch heute weitgehend unterrepräsentiert sind, werden F. als wirksames Instrument angesehen, Frauen bei Einstellungen oder Beförderungen ihrem

Frau Fraunhofer-Gesellschaft zur Förderung der angewandten Forschung e. V. – Freilandversuch

Anteil an der Bev. entsprechend besser zu berücksichtigen. Die Umsetzung einer F. bedeutet z. B., daß bei Vorliegen gleicher Qualifikationen Frauen männl. Mitbewerbern so lange vorgezogen werden, bis der mit der F. festgelegte Wert erreicht ist. Nach einem Urteil des Europ. Gerichtshofs vom 17. 10. 1995 dürfen Frauen allerdings nicht automatisch und nicht mit absolutem Vorrang gleichqualifizierten männl. Mitbewerbern vorgezogen werden; lediglich Förderpläne, die die Fähigkeit von Frauen für die Konkurrenz auf dem Arbeitsmarkt verbessern, sind mit europ. Recht vereinbar.

*Fraunhofer-Gesellschaft zur Förderung der angewandten Forschung e. V.: Die FhG umfaßte 1992 neben 37 Forschungseinrichtungen in den alten 19 in den neuen Bundesländern (de facto seit 1. 7. 1992, de jure ab 1. 1. 1993). Sie wurden für drei Jahre (1992–94) als befristete wiss. Einrichtungen gegründet (unter Übernahme von rd. 1 000 Wissenschaftlern) und von Bund und Ländern mit einer Basisfinanzierung von 500 Mio. DM ausgestattet, die gleichmäßig auf die drei Jahre verteilt werden sollten. Die Forschergruppen stammen überwiegend aus ehem. Instituten der aufgelösten Akademie der Wissenschaften der DDR, aber auch aus Kombinaten mit Forschungs- und Entwicklungszentren und in einem Fall von einem privaten Institut. Die Auswahl und Übernahme erfolgte in enger Zusammenarbeit mit dem Wissenschaftsrat, dem die Evaluation dieser Institute und Forschergruppen oblag. Nach einer Neustrukturierung, bei der eine Reihe von Forschungseinrichtungen als Außenstelle eines Hauptinstituts organisiert wurden, umfaßt die FhG (1995) 46 (Haupt-)Institute oder Einrichtungen, davon acht in den neuen Bundesländern und drei in Berlin. Einige der Institute haben eine oder mehrere Außenstellen, insgesamt gibt es 15 Außenstellen. Die FhG hat 8 000 Mitarbeiter, davon ein Drittel Wissenschaftler und Ingenieure, die das jährl. Forschungsvolumen von 1 Mrd. DM erarbeiten.

Frears ['fri:əz], Stephen, brit. Filmregisseur, *Leicester 20. 6. 1941; gehört zu den besten Vertretern des derzeitigen brit. Kinos, das er durch bittere Sozialkomödien bereicherte; auch Fernsehregisseur.
Filme: The Hit (1984); Mein wunderbarer Waschsalon (1985); Prick up your Ears (1987); Sammy & Rosie tun es (1987); Gefährl. Liebschaften (1989); Grifters (1989); Ein ganz normaler Held (1992); The Snapper (1993); Typically British (1995); Mary Reilly (1996).

Free Trade Area of the Americas [fri: treɪd 'eərɪə əv ði ə'merɪkəz], die →Amerikanische Freihandelszone.

*Freiberg 2): In den seit 3. 10. 1990 zum Land Sachsen gehörenden Landkreis F. wurden am 1. 8. 1994 die bisherigen Kreise Brand-Erbisdorf und Flöha (mit Ausnahme von drei Gemeinden), außerdem die Orte Neuhausen/Erzgeb. und Niedersaida (aus dem Kr. Marienberg) eingegliedert. – Der neugebildete Landkreis F. im Reg.-Bez. Chemnitz, der an die Tschech. Rep. grenzt, enthält 915 km² und (1995) 156 100 Ew. Das nördl. Kreisgebiet ist geprägt durch agrar. Nutzung auf den Hochebenen, die durch tief eingeschnittene Flußtäler (Freiberger Mulde, Bobritzsch, im W Flöha und Zschopau) unterbrochen werden. Die höheren Lagen des Osterzgebirges im S (bis 837 m ü. M.) tragen überwiegend Fichtenforste. 1967 wurde die Talsperre Rauschenbach (Stauraum 15,2 Mio. m³) in der Flöha fertiggestellt, 1975 die Talsperre Lichtenberg (14,4 Mio. m³) in der Gimmlitz. Größte Stadt ist die Kreisstadt Freiberg (1995: 47 900 Ew.; NE-Metallurgie, Elektronik- und Nahrungsmittelindustrie, TU Bergakademie), weitere Städte sind Augustusburg (Renaissanceschloß), Brand-Erbisdorf (Preß- und Schmiedewerk, Lichtquellenproduktion, Flöha (kleine und mittelständ. Unternehmen), Frauenstein

(Erholungsort), Oederan (Nähfadenproduktion, Metallverarbeitung), Sayda (Erholungs- und Wintersportort) und Siebenlehn (kleine und mittelständ. Unternehmen).

*Freie Demokratische Partei, Abk. **FDP:** Im Okt. 1988 wählte der Parteitag O. Graf LAMBSDORFF zum Bundes-Vors. Im Zuge der dt. Vereinigung traten auf dem Parteitag in Hannover am 12. 8. 1990 die liberalen Gruppierungen der Dt. Dem. Rep. der FDP bei, und zwar die Liberaldemokrat. Partei (LDP), die Dt. Forumspartei (DFP; gegr. im Jan. 1990) und die FDP der DDR (gegr. im Febr. 1990); außerdem schloß sich die Nationaldemokrat. Partei Dtl.s (NDPD) der FDP an. Vors. blieb Graf LAMBSDORFF, im Juni 1993 gefolgt von K. KINKEL, im Mai 1995 von W. GERHARDT. Nachfolger der GenSekr. CORNELIA SCHMALZ-JACOBSEN waren 1991–93 UWE-BERND LÜHR (*1949) und 1993–94 WERNER HOYER (*1942), seitdem G. WESTERWELLE.

Nach den ersten Landtagswahlen in Ost-Dtl. (Okt. 1990) beteiligte sich die FDP in Brandenburg, Meckl.-Vorp., Sachs.-Anh. und Thüringen an der Reg. Bei den folgenden Bundestagswahlen (Dez. 1990) gewann sie 11,0% der Stimmen und beteiligte sich seit Jan. 1991 entsprechend ihrer Wahlaussage wieder an der Bundesregierung. Zw. Koalitions- und Programmtreue verlor die Partei in den folgenden Jahren stark an polit. Profil, z. B. in der Frage des Asylrechts oder der finanziellen Grundlegung der Pflegeversicherung. Bei den Wahlen zum Europ. Parlament (1994) sowie bei zahlreichen Landtagswahlen (1994/95) scheiterte sie an der Fünfprozentklausel des Wahl-Ges. und ist (1995) nur in wenigen Landtagen vertreten. Anläßlich der Wahl des Bundes-Präs. am 23. 5. 1994 zog die FDP nach dem zweiten Wahlgang ihre Kandidatin HILDEGARD HAMM-BRÜCHER zurück und unterstützte im dritten den Unionskandidaten R. HERZOG. Auf der Grundlage einer sehr knappen Mehrheit für die bisherige Reg. Kohl bei den Bundestagswahlen vom Okt. 1994 beteiligt sich die FDP, die, gestützt auf eine intensive Zweitstimmenkampagne, 6,9% der Stimmen gewann, wieder an der Regierung.

*Freienwalde 1): Der seit 3. 10. 1990 zu Brandenburg gehörende Landkreis Bad F. ging am 6. 12. 1993 im neugebildeten Landkreis Märkisch-Oderland auf, ausgenommen die Gem. Tiefensee und Hohensaaten (jetzt zum Kr. Barnim). Die Stadt Bad Freienwalde (Oder) – frühere Schreibweise Bad Freienwalde/Oder – ist damit nicht mehr Kreisstadt.

*Freier Deutscher Gewerkschaftsbund, Abk. **FDGB:** →Gewerkschaften.

*Freiheitliche Partei Österreichs, Abk. **FPÖ:** Unter ihrem Vors. J. HAIDER erzielte die FPÖ bei Nationalrats-, Landtags- und Kommunalwahlen starke Stimmengewinne; der autoritäre Führungsstil HAIDERS und dessen nationalkonservative Tendenzen führten 1993 zur Abspaltung der liberalen Kräfte und zur Gründung des →Liberalen Forums. Um einem mögl. Ausschluß aus der ›Liberalen Internationalen‹ zuvorzukommen, trat die FPÖ im Juni 1993 aus diesem internat. Verbund aus. Auf einem Sonderparteitag im April 1994 lehnte sie mit großer Mehrheit den Beitritt Österreichs zur Europ. Union ab. Im Jan. 1995 beschloß die Partei, sich unter dem Namen ›Die Freiheitlichen‹ und Änderung ihrer Organisationsstrukturen in eine Bürgerbewegung umzuwandeln. Bei den letzten Wahlen zum Nationalrat fiel der Stimmenanteil der FPÖ von (Okt. 1994) 22,5% (42 Sitze) auf (Dez. 1995) 22,1% (41 Sitze).

*Freiheitsstrafe: Die →Jugendstrafe von unbestimmter Dauer ist abgeschafft worden.

Freilandversuch, Freisetzungsversuch, d genehmigungspflichtige Aussetzen gentechnisch ve änderter Organismen. Der erste F. in der Bundesrep.

Stephen Frears

Eduardo
Frei Ruiz-Tagle

Dtl. wurde 1990 gestartet und diente der Untersuchung springender Gene. Bis Ende 1994 erhöhte sich die Zahl der Flächen, auf denen gentechnisch veränderte Pflanzen angebaut wurden, auf 17. Das Genehmigungsverfahren für F. wurde 1993 durch eine Novellierung des →Gentechnikgesetzes dahingehend vereinfacht, daß die bis dahin vorgeschriebene öffentl. Erörterung der Einwände gegen einen geplanten F. abgeschafft wurde. F. stoßen in Dtl. auf starken Widerstand seitens der Bevölkerung. Die Gegner von F. kritisieren v. a., daß nicht abschätzbar ist, welche Gefahren von gentechnisch veränderten Organismen ausgehen können: Z. B. könnten transgene Pflanzen nach Verwilderung durch Zurückdrängen anderer Pflanzen das ökolog. Gleichgewicht empfindlich stören; durch Veränderung des Stoffwechsels könnten sie für Mensch und Tier unverträgl. Stoffe produzieren; die veränderte Erbinformation könnte auf verwandte Wildpflanzen übergehen und z. B. die Entwicklung neuer Herbizide notwendig machen.

Frei Ruiz-Tagle [- rṵis-], Eduardo, chilen. Politiker, *Santiago de Chile 24. 6. 1942; gründete nach dem Tod seines Vaters E. FREI MONTALVA 1982 die Frei-Stiftung. F. R.-T. gehörte zu den Förderern und Gründern des ›Komitees für freie Wahlen‹ und beteiligte sich 1988 an dem Plebiszit gegen eine weitere Präsidentschaft A. PINOCHETS. 1989 wurde er in den Senat, 1991 zum Vors. des PDC gewählt. Am 11. 12. 1993 gewann F. R.-T. (als Kandidat des Parteienbündnisses Concertación de Partidos para la Democracia) mit 58% der Stimmen die Präsidentschaftswahlen. Nach seinem Amtsantritt am 11. 3. 1994 kündigte F. R.-T. an, die auf Wirtschaftswachstum gerichtete Politik seines Amtsvorgängers P. AYLWIN AZÓCAR fortzuführen und der Bekämpfung der Armut Vorrang einzuräumen.

Freitag, aus der ›Dt. Volkszeitung‹ und dem ›Sonntag‹ entstandene Wochenzeitung. Sie erhebt den Anspruch, die Bedürfnisse der Leserschaft in Ost- und West-Dtl. gleichermaßen zu treffen (Auflage: 26 000). Einer der Herausgeber ist G. GAUS. Der F. erhielt 1995 den Alfred-Kerr-Preis für Literaturkritik.

Freitag, Thomas, Schauspieler und Kabarettist, *Alsfeld 17. 6. 1950; hatte 1974 sein erstes Engagement als Kabarettist am Stuttgarter ›Renitenztheater‹; 1975-77 als Schauspieler am Stadttheater Gießen; 1977-86 im Ensemble des ›Kom(m)ödchen‹, Düsseldorf; seit 1978 zahlreiche Soloprogramme mit Parodien, Chansons, Reportagen, seit 1986 auch Fernsehsendungen.

***Freital 2):** Der seit 3. 10. 1990 zum Land Sachsen gehörende Landkreis F. ging am 1. 8. 1994 im Weißeritzkreis auf; die Stadt Wilsdruff und die Gem. Helbigsdorf wurden dem Kr. Meißen eingegliedert. Die Stadt F. ist damit nicht mehr Kreisstadt.

***freiwillige Erziehungshilfe:** Die f. E. ist nach Aufhebung des Jugendwohlfahrts-Ges. durch Ges. vom 26. 6. 1990 (Reform des Kinder- und Jugendhilferechts) in den Bestimmungen der §§ 27 ff. des achten Buchs des Sozialgesetzbuchs (SGB VIII) aufgegangen.

freiwilliges ökologisches Jahr, seit 1993 mögl. freiwilliger Hilfsdienst junger Menschen in Einrichtungen des Umwelt- und Naturschutzes, analog zum freiwilligen sozialen Jahr.

Fremdenfeindlichkeit, Xenophobie [von griech. xénos ›Fremder‹, aber auch ›Gastfreund‹ und phóbos ›Furcht‹], Bez. für Haltungen, Einstellungen, Wertentscheidungen und Handlungen, die sich darauf beziehen, Menschen, die von einzelnen, sozialen Gruppen oder ganzen Gesellschaften als ›fremd‹ empfunden werden, abzulehnen bzw. aus dem jeweils eigenen Erfahrungsbereich auszugrenzen und die ›Fremden‹ zu vertreiben oder im Extremfall zu vernichten. Dies kann auch als fremd empfundene Verhaltensweisen und kulturelle Muster betreffen.

Die Unschärfe des Begriffs macht es möglich, ihn als Schlagwort der öffentl., polit. und sozialen Auseinandersetzungen zu gebrauchen; in dieser Perspektive gilt F. dann nicht so sehr als Beschreibung einer tatsächlich vorhandenen Einstellung oder eines entsprechenden Verhaltens, sondern wird vielmehr als Mittel betrachtet, die Öffentlichkeit zu mobilisieren oder ein politisch unerwünschtes Verhalten zu kritisieren.

Demgegenüber findet sich unter verschiedenen wiss. Zugängen (Soziobiologie und Ethologie, Sozialpsychologie, Soziologie, Ethnologie, Pädagogik, Geschichtswissenschaft, Medienwissenschaft, histor. Verhaltensforschung und polit. Kulturforschung) eine Fülle von Ansätzen, die den Begriff der F. theoretisch und empirisch zu fundieren suchen. Schließlich gibt es auch Ansätze einer interdisziplinär angelegten, v. a. kultur- und wissenschaftsgeschichtlich orientierten F.-Forschung (**Xenologie**).

Begriffliches

Daß sich aus den angesprochenen Arbeitsfeldern keine eindeutige bzw. verbindl. Begriffsdefinition der F. ergibt, ist weniger auf das Unvermögen einer Abstimmung einzelner Forschungsperspektiven oder auf einen möglicherweise undifferenzierten öffentl. Gebrauch des Wortes zurückzuführen. Vielmehr muß für die Herstellung eines Bedeutungsfeldes F. eine Wechselbeziehung sozialhistor. und begriffssystemat. Aspekte in den Blick genommen werden, da es sich bei Fremdheit um eine Kategorie handelt, die auf den ›asymmetr. Gegenbegriffen‹ des ›Eigenen‹ und des ›Fremden‹ beruht, auf Begriffen also, die in einer wechselseitigen Zuschreibung von Eigenschaften des einen, die dem jeweils anderen fehlen, zugleich ›darauf angelegt sind, eine wechselseitige Anerkennung auszuschließen‹ (R. KOSELLECK), um, sozialhistorisch wirksam zu werden, die Existenz einer ›Wir-Gruppe‹ voraussetzen.

Daß es sich bei F. um keine feste Bezugsgröße handelt, zeigt sich nicht zuletzt daran, daß die inhaltl. Bezugsobjekte des Begriffs (›Was ist fremd?‹) wechseln können und es hinsichtlich der implizierten Abwehr bzw. der Diskriminierung des Fremden und der verweigerten Anerkennung (Verachtung von Fremdem oder Fremden) Überschneidungen mit den Phänomenen der Ausländerfeindlichkeit (gebunden an die Frage der Staatsbürgerschaft), des Rassismus (gebunden an die Konstruktion von Rasse[n]) und nicht zuletzt des Antisemitismus (›die‹ Juden als Fremde par excellence) gibt.

Schließlich ist auch zu bedenken, daß ›der‹ oder ›das Fremde‹ keineswegs von sich aus schon die Reaktionen der Abwehr, der Befremdung und Verunsicherung, aus denen dann Feindschaft erwachsen kann, mit sich bringt, sondern zunächst Abwehr und Anziehung zugleich bewirken (D. CLAESSENS), ja zuletzt die Funktion eines neutralen Dritten, eines Beobachters und Schiedsrichters, eines Vermittlers und Erneuerers, in einem für die aufnehmende Gesellschaft notwendigen oder wünschenswerten Sinn (G. SIMMEL) einnehmen kann.

Für moderne Gesellschaften, die darauf gründen, daß offene Kommunikations- und Mobilitätsstrukturen irreversibel und gesteigert zugleich vorkommen, stellt F. ein Hindernis und zugleich eine Aufgabe der polit., sozialen, pädagogischen und sozialpsycholog. Aufklärung dar.

Schlüsselbegriff

Geschichte der Fremdenfeindlichkeit und Erklärungsansätze

Als gesellschaftlich relevantes Deutungsmuster setzt F. die Existenz eines Gruppenbewußtseins und damit gesellschaftl. Organisation bereits voraus. Während soziobiolog. und etholog. Ansätze F. auf Abwehrmuster zurückzuführen suchen, die in den menschl. Anlagen bereits vorhanden sein sollen, wobei das ›Fremdeln‹ kleiner Kinder als Beleg dafür genommen wird, daß Unsicherheit, Unbehagen und Abwehr als universale Reaktionsformen gegenüber Fremdheit aufgefaßt werden können, weisen Soziologen, Historiker und Anthropologen darauf hin, daß die Ausbreitung und die Förderung von F. gerade nicht universal oder mit evolutionsbiolog. Notwendigkeit verknüpft vorkommen, sondern ebenso wie andere soziale Verhaltensmuster und Einstellungen sozial hergestellt werden. Sie sind an gesamtgesellschaftl. Leitvorstellungen, soziale Erfahrungen und ebenso an soziale Konflikte und individuelle Problemlagen geknüpft und können mit diesen in ihren Funktionen und Erscheinungsformen variieren. Darüber hinaus kann der Zivilisationsprozeß als Form sozialer Evolution gerade so verstanden werden, daß er darauf angelegt ist, atavist. Reaktionsmuster, zu denen auch eine unvermittelte Fremdenfeindlichkeit zu zählen ist, einzudämmen und durch weniger rigide Verhaltensmuster zu ersetzen; dies nicht allein deshalb, weil F. inhuman wäre, sondern v. a. auch weil die Öffnung abgeschlossener Gruppengrenzen eine Voraussetzung für Kommunikation und Handel und damit für den Prozeß der sozialen Evolution schlechthin darstellt.

Tatsächlich ist gerade für die geschichtl. Perspektive wichtig, daß eine heutige Betrachtung der F. unter zwei miteinander konkurrierenden, aber auch einander ergänzenden Leitvorstellungen steht, die beide als Ergebnis eines in Europa im 18. Jh. einsetzenden, inzwischen global wirksam gewordenen Industrialisierungs- und Modernisierungsprozesses zu sehen sind: Ökonom. Nutzenkalkül und Menschenrechte (Leo Kreutzer) stellen für die Beschreibung, die Analyse und auch für die Kritik der F. die Maßstäbe dar, unter denen – von heute aus – individuelle bzw. kollektive Handlungen und Einstellungen, soziale und rechtl. Regelungen sowie polit. Entscheidungen stehen und gewertet werden können. Eine Geschichte der F., beginnend mit den frühen Hochkulturen, muß daher immer beides im Blick halten: Einrichtungen und Erscheinungen im Umgang mit dem Fremden dienen, funktionalistisch betrachtet, i. d. R. der Steuerung des Zugangs zu einer bestimmten Gruppe bzw. dem Erhalt der bestehenden Gruppenstrukturen. Wie stark dabei Fremdheit als Regelungs- und nicht nur als Ausgrenzungsproblem gesehen wird, kann bereits am Wortfeld des griech. ›Xénos‹ abgelesen werden: ›der Fremde, Fremdling, im fremden Lande Verweilende ... Er stand als solcher unter dem Schutze des „Zeus xénios" und konnte deshalb früher überall auf Hilfe und Schutz rechnen‹. Historisch stehen daher bis zur Neuzeit Erscheinungen und soziale Reaktionsmuster der F. stets in Wechselbeziehung zu gesellschaftl. Bezugnahmen und Institutionen der Befreundung mit dem (den) Fremden, der Schutzgewährung, der Assimilation und der Integration.

Eine radikale F. mit dem Ziel der Ausmerzung und Vernichtung des Fremden blieb dem 20. Jh. vorbehalten, in dem Ideologien der Ausgrenzung (z. B. der Nationalsozialismus) zur Grundlage polit. Handelns wurden.

Werden dagegen Ergebnisse der Ethnologie zur Erklärung früherer vorstaatl. Gruppenstrukturen herangezogen, so erscheint der Umgang mit dem Fremden bereits dort von einer grundlegenden Doppelgesichtigkeit geprägt: Abgrenzung und Austausch treten als Möglichkeiten nebeneinander; eine im modernen Sinn ausschließende F. scheint es, von extrem hierarchisch und militärisch gegliederten Eliten bzw. äußersten Notlagen abgesehen, nicht gegeben zu haben, vielmehr hat W. E. Mühlmann in diesem Zusammenhang auf die Ethnogenese antiker Völker durch Asylgewährung hingewiesen. Als gesellschaftl. Phänomen läßt sich F. daher nur im Zusammenhang wechselnder Strömungen und Konjunkturen der Auseinandersetzung mit Fremdheit und im Rahmen jeweiliger gesellschaftl. Problemlagen beschreiben. Treten in der jüd. Tradition Abgrenzung gegenüber dem Fremden und Achtung des Fremden als eines möglichen Boten Gottes als Gegenpole in Erscheinung, wobei der Akzent auf seiten des Schutzes der Fremden liegt, so wird der Umgang mit dem Fremden in der antiken griech. Kultur zur Aufgabe der städt. Politik, die sich ihrerseits auf göttl. und myth. Vorgaben (Asylgewährung im Namen lokaler oder übergreifender Gottheiten) berufen kann. Stoische Philosophie und christl. Weltverständnis erweitern die Bedeutung des Fremden dahin, daß potentiell jeder als Fremder auf Erden, damit zugleich aber auch als möglicher Vertrauter anzusehen ist; Fremdheit wird als Stadium des Übergangs begriffen und umfaßt dabei auch die Dimensionen eines Wanderns zw. Diesseits und Jenseits und zw. verschiedenen Sphären des Universums, die jeden betreffen kann. Im Unterschied zur Neuzeit kennen weder Antike noch MA. den Fremden als grundlegend (substantiell) unterschiedene Kategorie; F. bleibt auf das Verhalten von Individuen und Gruppen und deren Interessenpolitik beschränkt, ohne den Organisationsgrad und die Legitimität eines gesellschaftlich relevanten oder gar durchschlagenden Ideensystems zu erreichen. Vorläufer der modernen F. ist dagegen die in der Folge der Kreuzzüge in Europa einsetzende Judenfeindschaft, aus der sich im 19. Jh. der moderne Antisemitismus als vermeintlich ›wissenschaftlich‹ begründbare Weltanschauung entwickelt, in deren Folge die Juden zu ›Fremden‹ schlechthin (Hannah Arendt) werden können und die die Verfolgung und Ausgrenzung der Juden zum Muster der F. für spätere Verfolgungen und Vernichtungsaktionen werden läßt.

Darüber hinaus sehen sich die Europäer durch die Ergebnisse ihrer Entdeckungsfahrten vor die Notwendigkeit gestellt, die dort gemachten unerwarteten Erfahrungen zu deuten; vor diesem Hintergrund läßt sich die europäisch-überseeische Geschichte als Reservoir der Konstruktionen von Fremdheit und als Formationsraum neuzeitl. F. untersuchen. Eine weitere Quelle der F. mit dem Hang zur systemat. Bekämpfung und Ausgrenzung des Fremden stellt die Entstehung der frühneuzeitl. Territorialstaaten in Europa seit dem 15./16. Jh. dar. Angesichts ausgeprägter räuml. Mobilität, die einerseits eine im MA. bereits bestehende gesellschaftl. fortsetzt (Julia Kristeva) und andererseits durch die den Umbruch zur Neuzeit begleitenden Kriege, Katastrophen und soziale Veränderungen verstärkt wird, geht es bei der Durchsetzung territorialstaatl. Regelungen v. a. darum, die Anerkennung von Herrschaft (und der damit verbundenen Ordnungsmuster) durchzusetzen. ›Die Abwehr der Fremden dient der Binnenstabilisierung, sowohl der Individuen als auch des ganzen Gemeinwesen‹ (Michael Stolleis). Vom 16. bis zum 18. Jh., den Jahrhunderten der ›großen Einschließung‹ (M. FOUCAULT), nimmt dabei die F. immer systematischere Züge an, wobei (auch dies charakteristisch für die mit der modernen Staatenbildung einhergehende Monopolisierung der Gewaltprozesse) brutale Austreibung von Fremden zunehmend von gesetzl. Regelungen wenn nicht ersetzt, so doch begleitet wird. Sicherheitspolit., kriminolog. und hygien. (Fremde als Träger ansteckender Krankheiten) Aspekte stehen bei der Abwehr von Fremden im 17. Jh. im Vordergrund. Erste wohlfahrtsstaatl. Ansätze spielen ebenfalls eine Rolle und überlagern die älteren, noch aus christl. Ordnungsmodellen des Spät-MA. bestehenden kommunalen und klerikalen Hilfseinrichtungen für Landlose, Arme und andere Fremde.

Im 18. Jh. werden die Grundlagen für die bis in die Gegenwart andauernde zwiespältige Behandlung des Fremden und damit auch für die moderne F. gelegt. Zum einen entsteht mit festen Staatsgrenzen und den im 19. Jh. diese legitimierenden nat. Ausgrenzungsstrategien sowie mit einer entsprechenden Arbeitsethik und einer nationalstaatlich entwickelten Wirtschaft ein Rahmen für entsprechende Ausgrenzungen und Abwehrhaltungen, den auch die klassifikator. Bestrebungen der Aufklärung noch zu stützen vermögen. Zum anderen werden aber im 18. Jh. universalistisch auslegbare Menschenrechte formuliert, zu denen auch die Rechte der Freizügigkeit und der sozialen Mobilität zählen, so daß sich von ihnen aus ein Standard für einen humanen Umgang mit Fremden formulieren läßt. So sehr sich auch im 19. und 20. Jh. einerseits Erfahrungen und Regelungen bestimmen lassen, die darauf zielen, den Umgang mit Fremden zu humanisieren, so sehr schaffen die zur gleichen Zeit durch globale Modernisierung und Industrialisierung angestoßenen Umbruchs-, Desintegrations- und Diskriminierungserfahrungen andererseits u. a. die Voraussetzungen dafür, daß sich mit der Vernichtung der europ. Juden durch die Nationalsozialisten im 20. Jh. F. in einer historisch beispiellosen Weise zeigen konnte.

Unter den Bedingungen einer zunehmenden globalen Mobilität und Migration, die sich auf weltweite Informationsnetze, Produktions- und Konsumstrukturen sowie auf global spürbare Auswirkungen ökolog. Katastrophen und polit. Krisen zurückführen lassen, nehmen in der Gegenwart - gerade angesichts auch binnenstaatlich verschärfter Verteilungskämpfe um gesellschaftl. knappe Güter (Arbeitsplätze, Rohstoffe, Erfolgsaussichten, Bildung) - auch in den reichsten Staaten der Erde fremdenfeindl. Haltungen, Einstellungen und Aktionen in ihrer öffentl. Erscheinung und Beachtung wieder zu. Dabei ist festzustellen, daß es nicht nur einzelne Akteure oder bestimmte soziale Gruppen sind, die zur Kompensation eigener Mißerfolge oder zur Mobilisierung im Sinne eigener Interessendurchsetzung F. nutzen, sondern ebenso kulturelle Eliten und Massenmedien, die F. mehr oder weniger bewußt, mehr oder weniger offen, als Thema und Mittel der Selbststabilisierung instrumentalisieren.

Bis zum Aufstieg der bürgerl. Gesellschaft an der Wende vom 18. zum 19. Jh. war F. i. d. R. fragmentarisiert, unsystematisch und niemals ganz durch die jeweils herrschenden Ideensysteme legitimiert. Erst mit einer als Grundstruktur der europ. Neuzeit anzusprechenden ›Fundamentalpolitisierung‹ (K. MANNHEIM) aller gesellschaftl. Beziehungen konnte F. zu einem Mittel der Politik, mehr noch, zur Legitimation einer auf Gewalt gegründeten Politik und zu einer Ideologie werden, die - wie der Nationalsozialismus - die ›totale‹ Vernichtung der Fremden zum Ziel erhob.

Das Gegenstück zu dieser Entwicklung findet sich in der UN-Menschenrechts-Charta von 1948, die in der Tradition der Menschenrechtserklärungen der Aufklärung individuelle F. einzugrenzen und F. als mobilisierende soziale Erscheinungen aufzulösen bzw. zu überwinden trachtet. An sie und das damit verbundene Modell einer auf Freiheit, Gleichheit, Gewaltverzicht und Menschenrechten aufbauenden Politik knüpfen polit., soziolog. und pädagog. Bemühungen an, die darauf zielen, F. zu überwinden.

Fremdenfeindlichkeitsforschung

In ihren Anfängen stand die Erforschung von F. unter dem Eindruck der Erfahrungen organisierter F. im Zusammenhang des Nationalsozialismus. Erste, v. a. sozialpsychologisch orientierte Erklärungsansätze und Untersuchungen entstanden im Rahmen der nach 1945 sich formierenden Vorurteilsforschung (T. W. ADORNO, G. W. ALLPORT), den Studien zum Antisemitismus (ERNST SIMMEL, HANNAH ARENDT) und, anschließend an ältere Konzepte der Migrationsforschung in den USA (Chicago-Schule), im Zusammenhang mit der Erforschung von Wanderungs- und Assimilationsprozessen. Nachdem sich in den 1960er Jahren, nicht zuletzt unter dem Eindruck sich stabilisierenden demokrat. Strukturen in Westeuropa, auch hinsichtlich der F. die Erwartung fand, sie werde durch die Ausbreitung von Wohlstand und wohlfahrtsstaatl. Sicherungen sowie durch weltweite Demokratisierungs-, Bildungs- und Entwicklungsschübe abgebaut werden können, haben die wirtschaftlich, politisch und soziostrukturell unübersichtlicheren 1980er Jahre hier die Aufmerksamkeit erneut auf das Phänomen der F. selbst gelenkt. Dabei haben Untersuchungen über andauernde F. gerade in den fortgeschrittenen Industrieländern (SINUS 1981) ebenso eine Rolle gespielt wie die Zunahme weltweiter Migrationsbewegungen, die Öffnung von bisher im Ost-West-Konflikt erstarrten Grenzen und kontinuierlich anhaltende fremdenfeindl. Aktionen, die zumal in Westeuropa Jugendliche und z. T. gesellschaftlich gut situierte Tätergruppen am Werk sahen, was die Hoffnungen auf Bildungsprozesse und soziale Maßnahmen als Hilfen gegen F. erheblich minderte. Nicht zuletzt ein wachsendes Wählerpotential für Parteien und Politikstile, die F. bauen und denen weniger F. als die Fremden Anlaß der Beunruhigung zu sein scheinen, in einer Reihe von europ. Staaten (Österreich, Dtl., Frankreich, Italien, Großbritannien) und erneut in Erscheinung tretender Antisemitismus sowie eine sich offen zeigende F. in den postkommunist. Gesellschaften Osteuropas haben zudem das Interesse an der Erforschung von F. verstärkt.

Neben dieser aus einer Abwehr von F. reagierenden Perspektive gibt es allerdings auch eine in den USA und anderen Einwanderungsländern seit längerem betriebene Forschungsrichtung, die F. unter der Perspektive eines erwünschten Zusammenlebens von unterschiedl. Gruppen (Multikulturalismus) betrachtet und entsprechend als Störfaktor untersucht.

Anthropolog., damit sich überschneidend, auch *ethologische* und *soziobiolog. Ansätze* verweisen i. d. R. auf mehr oder weniger im einzelnen Menschen und in sozialen Gruppen anzutreffende Abwehrhaltungen gegenüber Fremdem, die sich im Falle der F. unter bestimmten Bedingungen, z. B. Herrschaftssicherung, Zuwanderungsdruck, materielle Not oder andere Streßfaktoren verschärfen können und damit als soziale Reaktionsmuster, z. B. als Gewaltbereitschaft und Gewalttätigkeit, in Erscheinung treten können.

In *individual-* und *sozialpsycholog. Hinsicht* werden v. a. Ich-Schwäche, repressive Sozialisationsmodelle und mangelnde Gruppenidentität bzw. fehlende soziale Stabilisierungen angeführt, wenn es darum geht, fremdenfeindl. Reaktionsmuster zu erklären, wobei aus der Sicht beider Zugänge F. einen Mangel an Stärke bezeugt und damit auf mißlingende Sozialisations- und Identitätsfindungsprozesse verweist.

In *soziolog. Hinsicht* werden v. a. soziale Rahmenbedingungen genannt, die als ›gesellschaftl. Desintegrationserfahrungen‹ (W. HEITMEYER) F. und Gewaltbereitschaft erzeugen können; hierzu sind etwa sich auflösende familiäre Bindungen, Chancenlosigkeit in der Berufsperspektive, die Auflösung von traditionellen Milieus, Wohnformen und Handlungsräumen im Zuge beschleunigten sozialen Wandels und eine Pluralisierung bzw. ein Verlust von gesellschaftl. Normen und Werten zu zählen.

In *politikwissenschaftl. Hinsicht* werden zur Erklärung von F. mangelnde polit. Bildung, z. B. hinsichtlich der Möglichkeit von Toleranz und hinsichtlich des Zusammenlebens in einer offenen, pluralist. Gesellschaft genannt. Daneben werden aber auch die schwindende Bindekraft der herkömml. Parteien und polit. Lager sowie nicht zuletzt mangelnde polit. Steuerung bzw. die mehr oder weniger bewußte Manipulation von F. zur jeweils eigenen Interessendurchsetzung ins Feld geführt. Unter eher interdisziplinärer Perspektive findet sich der Ansatz, psychoanalyt. Sozialisationstheorie mit histor. Studien und soziolog. Analyse zu verbinden, indem F. als Ausdruck einer Abwehr des eigenen Unbewußten und der damit verbundenen Gefährdung der mühsam erworbenen Ich-Balance samt aller Unterdrückungsmechanismen verstanden wird.

Auch in anderen Wissenschaften, so in der Pädagogik (›antirassist. Erziehung‹), in der Frauenforschung (da vielfach Frauen und Fremde vergleichbaren Diskriminierungen unterworfen sind) und in der Medienanalyse ist F. ein zentrales Thema geworden; hier nicht zuletzt unter der Perspektive, den Beitrag der Medien zur Herstellung und Verbreitung von F. zu untersuchen, Medien zugleich aber auch zur Aufklärung über und zur Abwehr von F. zu nutzen.

G. W. ALLPORT: Treibjagd auf Sündenböcke (a. d. Engl., 15.-25. Tsd., 1953); W. E. MÜHLMANN: Homo Creator. Abh. zur Soziologie, Anthropologie u. Ethnologie (1962); MUNASU DUALA-M'BEDY: Xenologie (1977); Fremde raus?, hg. v. R. ITALIAANDER (1983); L. HOFFMANN u. H. EVEN: Soziologie der Ausländerfeindlichkeit (1984); Das Fremde, hg. v. O. SCHÄFFTER (1991); Fremde der Gesellschaft, hg. v. M. T. FÖGEN (1991); Aspekte der Fremdenfeindlichkeit, hg. vom Inst. für Sozialforschung, Frankfurt am Main (⁵1992); W.-D. BUKOW u. R. LLARYORA: Mitbürger aus der Fremde (²1993); Das Ende der Gemütlichkeit, bearb. v. P. GRÜNE u. a. (1993); Die Fremde – das Fremde – der Fremde, hg. v. K. DERICHS-KUNSTMANN u. a. (1993); Fremdenangst u. F., hg. v. M. M. JANSEN u. a. (Basel 1993); F. u. Gewalt, hg. vom Forschungs-Inst. der Friedrich-Ebert-Stiftung (1993); J. KRISTEVA: Fremde sind wir uns selbst (a. d. Frz., ⁴1993); Kulturthema Fremdheit, hg. v. A. WIERLACHER (1993); Rassismus – F. – Rechtsextremismus, hg. vom Inst. für Sozialpädagog. Forschung Mainz (1993); Schwierige Fremdheit, hg. v. F. BALKE u. a. (1993); H. WILLEMS: Fremdenfeindl. Gewalt (1993); F. in Dtl., hg. v. H. KNORTZ (1994); Das Gewalt-Dilemma, hg. v. W. HEITMEYER (1994); S. GREENBLATT: Wunderbare Besitztümer. Die Erfindung des Fremden: Reisende u. Entdecker (a. d. Engl., 1994); H.-G. JASCHKE: Rechtsextremismus u. F. (1994); Migration und Ausländerfeindlichkeit, hg. von G. BÖHME u. a. (1994); Thema heute: F. u. Rechtsextremismus (1994); A. SILBERMANN u. F. HÜSERS: Der „normale" Haß auf die Fremden (1995); G. SIMMEL: Gesamtausg., Bd. 11: Soziologie (²1995).

French [frentʃ], Marilyn, Pseudonym **Mara Solwoska**, amerikan. Schriftstellerin, *New York 21. 11. 1929; zeichnet in ihren erfolgreichen Romanen die Geschichte der Frauenemanzipation im Nachkriegsamerika nach. So schildert ›The women's room‹ (1977; dt. ›Frauen‹) anhand von 16 Frauenschicksalen die allmähl. Veränderung der Lebensentwürfe: von Hausarbeit und Kindererziehung hin zu einer berufl. Karriere. Der Roman ›Our father‹ (1994; dt. ›Vater unser‹) legt die seel. Folgen männl. Gewalt bei vier Schwestern bloß.

Weitere Werke: Studien: The book as world. James Joyce's Ulysses (1976); Shakespeare's division of experience (1981); Beyond power. On women, men, and morals (1985; dt. Jenseits der Macht. Frauen, Männer u. Moral). - *Romane:* The bleeding heart (1980; dt. Das blutende Herz); Her mother's daughter (1987; dt. Tochter ihrer Mutter).

*Frente de Libertação de Moçambique, Abk. **FRELIMO:** Auf ihrem 5. Parteikongreß 1989 trennte sich die FRELIMO weitgehend von ihrer bisherigen marxistisch-leninist. Programmatik. 1990 stimmte sie einer neuen, pluralistisch-demokrat. Verfassung und der Entfernung des volksdemokrat. Anspruchs aus dem Staatsnamen zu. Aus den den Friedensprozeß in Moçambique abschließenden freien Wahlen vom Okt. 1994 ging die FRELIMO als Wahlsieger hervor, ihr Vors. J. A. CHISSANO wurde zum Staatspräs. gewählt.

*Frente Farabundo Martí para la Liberación Nacional, Abk. **FMLN:** Nach Beendigung des Bürgerkriegs in El Salvador 1992 wurde die Guerillaorganisation unter gleichnamiger Bez. in eine polit. Partei umgewandelt.

*Frick, Gottlob, Sänger: †Mühlacker 18. 8. 1994.

*Fricker, Peter Racine, brit. Komponist: †Santa Barbara (Calif.) 1. 2. 1990.

*Fried, Erich, Schriftsteller: †Baden-Baden 22. 11. 1988.

*Friedenspreis des Börsenvereins des Deutschen Buchhandels: Weitere Preisträger sind V. HAVEL (1989); K. DEDECIUS (1990); G. KONRÁD (1991); A. OZ (1992); F. SCHORLEMMER (1993); J. SEMPRÚN (1994); ANNEMARIE SCHIMMEL (1995).

*Friedenssicherung: Nachdem 1990/91 die größte Gefährdung des Weltfriedens durch die Überwindung des →Ost-West-Konflikts und die damit im Zusammenhang stehenden nuklearen (→INF, →START) und konventionellen Rüstungskontroll- und Abrüstungsverträge weitgehend eingedämmt war, zeigte sich, daß der zwischenstaatl. Frieden im ausgehenden 20. Jh. v. a. durch innergesellschaftl. Konflikte mit interethn. Hintergrund bedroht ist (→ethnische Konflikte). Daher schlug der UN-GenSekr. B. BOUTROS GHALI 1992 in seiner ›Agenda für den Frieden‹ ein Bündel von vier ›untrennbar‹ miteinander verknüpften Maßnahmenkomplexen vor: 1) eine ›vorbeugende Diplomatie‹, um das Entstehen von Streitigkeiten zu verhindern; 2) ›Friedensschaffung‹ (peacemaking), um feindl. Parteien möglichst mit friedl. Mitteln zu einer Einigung zu bringen; 3) ›Friedenssicherung‹ i. e. S. (peace-keeping), d. h. die Errichtung einer Präsenz der UNO vor Ort, wobei häufig Polizisten, Menschenrechts- und Wahlbeobachter, Spezialisten für Flüchtlings- und humanitäre Fragen eine ebenso zentrale Rolle übernehmen wie das Militär‹; und als einen neuen Ansatz 4) die ›Friedenskonsolidierung‹ am Ende eines Konfliktes, um längerfristig dessen Wiederaufleben zu verhindern.

Die Anforderungen an die UNO zur F. i. e. S. haben seit 1989 dramatisch zugenommen. 1993 waren über

90 000 Blauhelmsoldaten in 17 Missionen im Einsatz, deren Kosten sich auf rd. 4 Mrd. US-$ beliefen. Dabei wird es immer schwieriger, die Aufträge zur F. eindeutig von solchen der Friedensschaffung abzugrenzen (z. B. in Somalia oder im ehemaligen Jugoslawien), mit der Folge, daß die UNO a) nur noch selektiv helfen und b) ihrer traditionellen neutralen Rolle nicht mehr gerecht werden kann.

Die an der Überwindung des Ost-West-Konflikts maßgeblich beteiligte →Konferenz über Sicherheit und Zusammenarbeit in Europa (KSZE) bietet inzwischen ein breit gefächertes Instrumentarium zur F. mit versch. ›Mechanismen‹ von der Frühwarnung (u. a. durch den Hochkommissar für Nat. Minderheiten) bis zur Streitschlichtung (u. a. eigener Gerichtshof in Genf). Ihr normativer Rahmen, zu dem Gewaltverzicht, Beachtung der Menschenrechte und des Selbstbestimmungsrechts der Völker gehört, verbunden mit dem Bekenntnis zu territorialer Integrität und Unverletzlichkeit der Grenzen, sorgte dafür, daß aus ›Sicherheit und Zusammenarbeit‹ eine Praxis der ›Sicherheit durch Zusammenarbeit‹ wurde. Die KSZE erklärte sich 1992 zur ›Regionalen Abmachung‹ der UNO und wandelte sich am 1. 1. 1995 in die →Organisation für Sicherheit und Zusammenarbeit in Europa (OSZE) um.

Die Agenda für den Frieden. Analysen u. Empfehlungen des UN-Generalsekretärs. Forderungen an die dt. Politik, bearb. v. B. BORTFELDT (1992); P. SCHLOTTER u. a.: Die neue KSZE. Zukunftsperspektiven einer regionalen Friedensstrategie (1994).

*Friedlaender, Johnny, dt.-frz. Graphiker und Maler: † Paris 18. 6. 1992.

Friedman ['fri:dmən], Jerome Isaac, amerikan. Physiker, * Chicago (Ill.) 28. 3. 1930; arbeitete ab 1956 an der University of Chicago und der Stanford University, seit 1960 am Massachusetts Institute of Technology (Cambridge); 1967 Ernennung zum Prof., 1980–83 Direktor des Labors für Kernphysik, 1983–88 Leiter des Physikdepartments. F. wurde 1990 zus. mit H. W. KENDALL und R. E. TAYLOR der Nobelpreis für Physik verliehen. Ausgezeichnet wurden hiermit die von ihnen um 1970 geleiteten experimentellen Untersuchungen zur inelast. Elektron-Nukleon-Streuung, die dem Quarkmodell der Hadronen zum Durchbruch verhalfen.

*Friedrich, Götz, Opernregisseur: Hatte neben der Generalintendanz der Dt. Oper Berlin 1984–93 auch die Leitung des Berliner Theaters des Westens inne.

*Frisch, Max, schweizer. Schriftsteller: † Zürich 4. 4. 1991. F.s Schaffen der 80er Jahre bis zu seinem Tod ist gekennzeichnet durch eine zunehmende Hinwendung zu aktuell-polit. Themen. Sein Essay ›Schweiz ohne Armee‹ (1989 u. d. T. ›Jonas und sein Veteran‹ für die Bühne bearbeitet) sowie andere publizist. Veröffentlichungen, in denen er sich kritisch mit den 700-Jahr-Feierlichkeiten der Schweiz auseinandersetzte, fanden in der schweizer. Öffentlichkeit eine distanziert-kritische Resonanz.

*Fröbe, Gert, Filmschauspieler: † München 5. 9. 1988.

*Frondizi, Arturo, argentin. Politiker: † Buenos Aires 18. 4. 1995.

Front Islamique du Salut [frɔ̃ izla'mik dy sa'ly; frz.], Abk. FIS, dt. ›Islam. Heilsfront‹, islamistische polit. Partei in Algerien. Der FIS wurde im Febr. 1989 gegründet und im Sept. 1989 als erste islamist. Partei in einem arab. Land offiziell zugelassen. Er fordert die Einführung des islam. Rechts der Scharia und die ›Errichtung einer authentischen islam. Gesellschaft‹. Aufgrund des wirtschaftl. und sozialen Niedergangs Algeriens und des Ansehensverlustes der regierenden Klasse fand er eine zahlreiche Anhängerschaft. Bei der Wahl vom Dez. 1991 errang er die Mehrheit der Stimmen, woraufhin der für Jan. 1992 vorgesehene zweite Wahlgang abgesagt wurde. Im März 1992 wurde der FIS verboten, seine Führung verhaftet; in der Folge nahm der FIS, neben anderen islamist. Gruppierungen, den bewaffneten Kampf gegen die alger. Reg. auf.

*Frontstaaten: Nach dem Ende der Apartheidspolitik und dem Übergang der Rep. Südafrika zu einer pluralist. Demokratie löste sich die Gruppe der F. 1994 auf, und Südafrika wurde Mitgl. der ▷ Südafrikanischen Entwicklungsgemeinschaft.

*Frühbeck de Burgos, Rafael, span. Dirigent: Wurde 1991 Chefdirigent der Wiener Symphoniker, daneben 1992 Generalmusikdirektor der Dt. Oper Berlin. Seit 1994 leitet auch das Rundfunk-Sinfonieorchester Berlin.

*Frunse: Hauptstadt von Kirgistan, heißt seit 14. 12. 1990 Bischkek.

*Fry, Edwin Maxwell, brit. Architekt: † Durham 3. 9. 1987.

FTAA, Abk. für Free Trade Area of the Americas, die →Amerikanische Freihandelszone.

*Fuchs, Anke, Politikerin: War Spitzenkandidatin der SPD bei den Landtagswahlen in Sachsen im Okt. 1990. Als Bundesgeschäftsführerin der SPD (bis Mai 1991) setzte sie sozialpolit. Schwerpunkte (Bekämpfung von Arbeitslosigkeit und Wohnungsmangel sowie Leistungen für die Pflege im Alter). Im Mai 1993 wurde sie stellv. Fraktions-Vors., im Juni 1995 Vors. des Dt. Mieterbunds.

Fuchs, Jürgen, Schriftsteller, * Reichenbach/Vogtl. 19. 12. 1950; studierte Psychologie in Jena, wurde 1975 zwangsexmatrikuliert, war danach in versch. Berufen tätig und wegen seines Protests gegen die Ausbürgerung W. BIERMANNS mehrere Monate in Haft. Er lebt seit 1977 im Westteil Berlins. F. schreibt Gedichte, Prosaskizzen, Essays, Dramen und Hörspiele. Sein Roman ›Fassonschnitt‹ (1984) ist ein Bericht über die ersten beiden Wochen seiner Militärzeit in einem Ausbildungslager der Nat. Volksarmee.

Weitere Werke: Lyrik: Tagesnotizen (1979); Pappkameraden (1981). - Prosa: Gedächtnisprotokolle (1977); Vernehmungsprotokolle. November '76–September '77 (1978); Das Ende einer Feigheit (1988). - Rede: Poesie u. Zersetzung (1993).

Fujimori [fudʒi-, fuxi-], Alberto Kenya, peruan. Politiker, * Lima 28. 7. 1938; war 1984–89 Rektor der Nat. Landwirtschaftshochschule in Lima. Als Präsidentschaftskandidat des ›Cambio 90‹ gewann er im Juni 1990 die Stichwahlen. Am 5. 4. 1992 löste F. das oppositionelle Parlament auf und setzte die Verf. außer Kraft; 1993 ließ er eine neue Verf. erarbeiten, die ihm die Möglichkeit einer Wiederwahl eröffnete; angesichts einer Sparpolitik, die zwar harte soziale Folgen mit sich brachte, aber auch die Senkung der Inflation und Wirtschaftswachstum zur Folge hatte, gelang es F., am 9. 4. 1995 mit 64 % der Stimmen wiedergewählt zu werden.

*Fuks, Ladislav, tschech. Schriftsteller: † Prag 19. 8. 1994.

*Fukuda, Takeo, japan. Politiker: † Tokio 5. 7. 1995.

*Fulbright, James William, amerikan. Politiker: † Washington (D. C.) 9. 2. 1995.

Fullerene, Sg. Fulleren das, -s, dreidimensional vernetzte, ausschließlich aus Kohlenstoffatomen (C) aufgebaute Moleküle, die eine neue, künstlich hergestellte Modifikation des Kohlenstoffs darstellen; benannt nach dem amerikan. Ingenieur und Architekten R. B. FULLER, dessen ›geodät. Kuppeln‹ dem Bauprinzip der F. entsprechen. F. haben eine (je nach Anzahl der Atome mehr oder weniger) kugelförmige Struktur, wobei die C-Atome in Form von Fünf- und Sechsecken auf der Oberfläche angeordnet sind (›Fußballmoleküle‹). Als bes. stabil erwiesen sich das

Jerome I. Friedman

Alberto Fujimori

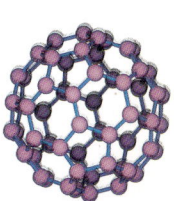

Fullerene: Modell eines ›Buckminster-Fullerens‹ (C_{60}-Fullerens)

C$_{60}$-F. (›Buckminster-F.‹, ›Buckyball‹) und das C$_{70}$-F. (›Rugbyball‹).

Hergestellt werden F. durch Verdampfen von Graphit mittels Laserstrahl oder im elektr. Lichtbogen und anschließende Kondensation in kaltem Heliumgas. Aus dem dabei anfallenden rußartigen Kohlenstaub werden sie durch Extraktion mit Benzol als gelbe (C$_{60}$) bzw. braunrote (C$_{70}$) kristalline Substanzen isoliert. Die physikal. und chem. Eigenschaften der F. werden z. Z. intensiv untersucht. Neuerdings wurden zahlreiche Umsetzungen bekannt, z. B. gelang es, in das C$_{60}$-Molekül fremde Atome einzubauen (›Dotierung‹; z. B. aus der Gruppe der Halogene oder der Alkalimetalle). Je nach eingebauter Atomart werden solcherart dotierte F. elektrisch leitfähig oder wirken als Halbleiter oder Isolatoren, oder sie werden – wie z. B. Kalium-Fullerit (K$_3$C$_{60}$) – bei sehr tiefen Temperaturen supraleitend (▷ Supraleiter). Als mögl. Anwendungen für F. werden u. a. gesehen: Entwicklung neuer Kunststoffe und besserer Katalysator-Materialien sowie von Werkstoffen, die härter sind als Diamant, Verwendung in reiner Form als Schmierstoffe für Hochleistungs- und Präzisionsmaschinen, für molekulare Kugellager und für neuartige Batterien und Akkumulatoren oder auch – indem andere Moleküle in F. wie in einem Käfig eingeschlossen werden – als Transportmoleküle z. B. für Medikamente.

*__Funcke,__ Liselotte, Politikerin: Trat 1991 als Beauftragte der Bundes-Reg. für Ausländerfragen zurück.

Schlüsselbegriff

Fundamentalismus der, -. Der Begriff F. gewinnt erst seit kurzem über die Grenzlinien seiner unterschiedl. religiösen und nichtreligiösen Deutung hinweg eine festumrissene Bedeutung und wird dabei meist als Strukturbegriff verwendet, der eine bestimmte Form willkürl. Selbstabschließung von Denk- oder Handlungssystemen gegen Kritik und Alternativen bezeichnet. Im frz. Sprachgebrauch wird häufig auch gleichbedeutend ›intégrisme‹ und im Englischen ›communalism‹ verwendet. Mittlerweile steht F. nach einem verbreiteten Konsens des Sprachgebrauchs für theoret. Orientierungen und prakt. Organisationsformen eines umfassenden oder selektiven kulturellen und polit. Antimodernismus. Noch immer gehen die Auffassungen darüber auseinander, ob der Begriff auf die religiös bestimmten Formen eines solchen Antimodernismus beschränkt bleiben sollte oder auch auf säkulare Varianten angewendet werden kann.

Geschichte

Das Wort F. tritt zuerst im Zusammenhang mit einer religiösen Schriftenreihe in Erscheinung, die in den Jahren 1910–15 unter dem Titel ›The fundamentals‹ in den USA erschien. Sie trug den aufschlußreichen Untertitel ›A testimony to truth‹ (›Ein Zeugnis der Wahrheit‹). 1919 gründeten die prot. Christen, die die Reihe herausgegeben hatten, eine weltweit tätige Organisation, die ›World's Christian Fundamentals Association‹. Damit war die Bez. für diese Art christl. Gläubigkeit geboren und hat sich *für sie* sowohl im allgemeinen wie im wiss. Sprachgebrauch rasch durchgesetzt. Erst in jüngerer Zeit wurde sie dann auf vergleichbare Erscheinungen in anderen Religionen und schließlich auch auf gleichartige Organisations- und Orientierungsformen nichtreligiöser Art übertragen, die ihrerseits auf längere Traditionen zurückblicken.

Es waren v. a. vier unverrückbare ›Grundwahrheiten‹ (›fundamentals‹), die diese Bewegung charakterisierten: 1) die buchstäbliche Unfehlbarkeit der Hl. Schrift und die unbeirrbare Gewißheit, daß die Hl. Schrift keinen Irrtum enthalten könne; 2) die Nichtigkeit aller modernen Theologie und Wissenschaft, soweit sie dem Bibelglauben widersprechen; 3) die Überzeugung, daß niemand, der vom fundamentalist. Standpunkt abweicht, ein wahrer Christ sein könne, und 4) in der Praxis der Bewegung schärfer als in ihren Schriften die Überzeugung, daß die moderne Trennung von Kirche und Staat immer dann zugunsten einer religiösen Bestimmung des Politischen aufgehoben werden muß, wenn polit. Regelungen mit fundamentalen religiösen Überzeugungen kollidieren.

In der Sache hat es den F., lange vor der Prägung des Begriffs, schon seit dem frühen 19. Jh. gegeben. Er entstand in Europa als Gegenbewegung gegen den mit der von I. KANT eingeleiteten bewußtseinsphilosoph. Wende in der Philosophie erstarkenden Modernismus in Religion und Theologie. Die modernist. Positionen, gegen die sich der prot. und alsbald auch der kath. F. wandten, verkörperte das Eindringen des Geistes der Aufklärung in Theologie und Religion: die histor. und literar. Bibelkritik, die Kantische Begrenzung der Religion auf die Rolle des Garanten moral. Motive, die wiss. Idee einer natürl. Evolution der Menschengattung und sogar der konkreten Ausformungen der Religionen selbst.

Der Prozeß der Modernisierung, der in großen, langsamen Schüben schon seit dem 12. Jh. die Gesamtheit der abendländ. Kultur zu prägen begann, hatte seit dem 18. Jh. die Säkularisierung vorangetrieben und infolgedessen die Trennung von Wahrheit und Gewißheit sowie die beginnende Öffnung aller kulturellen Systeme für legitime Alternativen bewirkt. Der religiöse F. stellt den Versuch dar, die generalisierte Ungewißheit aller Erkenntnisansprüche und die generelle Offenheit aller sozialen Systeme für Alternativen, die der Prozeß der Modernisierung mit sich brachte, mit willkürl. Dogmatisierungen aus der Religion fernzuhalten und bestimmte Fundamente künstlich gegen alle Zweifel und Kritik zu immunisieren. F. bedeutet daher zunächst einen willkürl. Abbruch der gemeinsamen Deutungspraxis religiöser Überlieferung, um selbsterkorene absolute Gewißheiten jeder offenen Deutung und Infragestellung zu entziehen.

Die religionshistor. Studien von H. KÜNG haben gezeigt, daß vergleichbare Prozesse der Modernisierung spätestens seit dem 19. Jh. in allen Weltreligionen zu beobachten waren. Überall hat es als Reaktionsbildung auf diesen Öffnungsprozeß die Erscheinung eines F. gegeben. F. ist in dieser histor. Perspektive der Versuch, ein älteres Paradigma der Selbstauslegung einer Religion gegenüber allen jüngeren absolut verbindlich zu machen. Jüngere wiss. Studien haben buddhist., islam., hinduist., konfuzian., jüd. u. a. Formen des F. als jeweilige Reaktionsbildungen auf religionsimmanente Öffnungsbestrebungen beschrieben. Die Erfolge des F. bei der Bekämpfung modernerer Deutungen der jeweils eigenen religiös-kulturellen Traditionen sind in den einzelnen Kulturen höchst unterschiedlich und histor. Schwankungen unterworfen. Der Kernpunkt ist stets die Trennung von Staat und Religion. Für den F. als eine polit. oder politisch fungierende Ideologie ist immer ein bestimmter, unterschiedlich weit gehender Anspruch auf die Einheit von Staat und Religion kennzeichnend.

F. bietet sich in vielen Formen als Lösung der Widersprüche an, die im Prozeß der Modernisierung aufbrechen. Er ist eine Ausschließungshaltung, die Geborgenheit, Gewißheit und allem Zweifel entrückte Orientierung an die Stelle der unvermeidl. Ambivalenzen und Unsicherheiten der modernen Existenz zu setzen verspricht. F. ist jedoch nicht das Kennzeichen bestimmter Religionen oder Weltanschauungen, sondern eine sozialpsychologisch bedingte Weise ihrer Auffassung und Anwendung.

Wesen und Erscheinungsformen

F. bedeutet die Handhabung bestimmter Erkenntnisansprüche als allem Zweifel entzogen und daher außerhalb jedes Dialogs angesiedelt. In seinen kämpferisch-polit. Formen wird das auf diese Weise immunisierte Fundament des F. als Legitimation für Vormachts- oder Herrschaftsansprüche gegenüber Abweichenden in Anspruch genommen. Dies schließt i. d. R. die Bereitschaft zur Verweigerung von Menschenrechten und demokrat. Entscheidungsregeln ein.

Da die moderne Politik durch Offenheit und Pluralismus gekennzeichnet ist, bedeutet F. die antimoderne Rückkehr des Absoluten in die Politik. Die geschlossenen Glaubenssysteme fundamentalist. Prägung übernehmen den Anspruch öffentl. Herrschaft und schließen Kritik, Alternativen, Zweifel, den Dialog über ihre Erkenntnisansprüche von gleich zu gleich aus. Die gänzl. oder selektive Mißachtung von Menschenrechten, Pluralismus, Toleranzgebot, Mehrheitsprinzip im Namen der vermeintlich absoluten eigenen Glaubenswahrheit, die sich allein im Besitz des jeweiligen F. befänden, sind Folgen seines sich nach außen wendenden absoluten Gewißheitsanspruchs.

Papst PIUS X. hat für die kath. Kirche in seiner Enzyklika ›Pascendi dominici gregis‹ 1907 die modernisierenden Strömungen im Katholizismus in ähnl. Weise identifiziert und verurteilt wie die prot. Fundamentalisten kurz danach. Dieses Dokument kann daher zur Legitimation eines kath. F. herangezogen werden. Aufsehen erregt hat seit den 1970er Jahren in Europa v. a. der islam. F., weil er unter der geistlich-polit. Führung des schiit. Religionsführers R. M. KHOMEINI 1979 mit einer kämpferisch-antiwestl. Einstellung im Iran an die Macht gelangte und seither in einer zunehmenden Reihe islamisch geprägter Länder eine erhebliche polit. Rolle spielt. In Indien gewinnt seit dem Ende der 1980er Jahre der politisch organisierte Hindu-F. bestimmenden Einfluß. Die ihm zugehörigen Parteien, bes. die Bharatiya Janata Parti (BJP, dt. ›Ind. Volksparteï‹), haben zeitweilig in Gliedstaaten die Reg. gestellt und sich zur zweitstärksten Kraft im nat. Parlament entwickelt. Der organisierte prot. F. in den USA nimmt erneut seit den 1970er Jahren (mittlerweile unter dem Einatz modernster elektron. Kommunikationstechnik) gezielt und erfolgreich Einfluß auf die Auswahl der Kandidaten für Kongreß, Senat und Präsidentschaft.

Die Strukturen, die eine fundamentalist. Geisteshaltung oder Bewegung charakterisieren, finden sich am Ende des 20. Jh. nicht nur in Teilströmungen aller kulturprägenden Religionen, auch solcher, die wie der Hinduismus mangels einer ausgearbeiteten Dogmatik lange Zeit als immun gegenüber solchen Versuchungen galten. Sie sind ebenso in säkularen Ideologien und Bewegungen zu beobachten, beispielsweise im orthodoxen Marxismus-Leninismus oder in metaphys. Spielarten des Ökologismus.

In Umkehrung der Kantischen Definition der Aufklärung läßt sich F. als Gegenbewegung zum kulturellen Prozeß der Modernisierung beschreiben: F. könnte so als mehr oder weniger gewollter Versuch der Immunisierung gegen die Zumutungen des Selberdenkens, der Eigenverantwortung, der Begründungspflicht, der Unsicherheit und der Offenheit aller Geltungsansprüche, der Herrschaftslegitimationen und Lebensformen gesehen werden, denen Denken und Leben durch Aufklärung und Moderne unumkehrbar ausgesetzt sind; statt dessen bietet er die Sicherheit und Geschlossenheit selbsterkorener absoluter Fundamente. Vor ihnen soll alles Fragen halt machen, damit sie absoluten Halt geben können. Vor ihnen soll alles andere – einschließlich der Menschenrechte – relativ werden, damit diese Fundamente selbst der Relativierung entzogen bleiben. Wer sich nicht auf ihren Boden stellen will, soll nach fundamentalist. Überzeugung keine Rücksicht verdienen für seine abweichenden Argumente, Zweifel, Interessen und Rechte.

F. ist in kommunikationstheoret. Sicht eine Form systematisch verzerrter Kommunikation, da er die stets unvermeidl. Deutungsarbeit an den jeweils eigenen Überlieferungen der unterschiedl. Kulturen bei einem von ihm selbst festgelegten Ergebnis willkürlich abschließt. Für den F. ist stets kennzeichnend, daß er den offenen Dialog über seine Geltungsansprüche verweigert. Dialog setzt voraus, daß gleichermaßen zurechnungsfähige Subjekte über divergente Meinungen, Interessen und Konzepte streiten in dem Bewußtsein, daß es für Menschen keinen Standpunkt geben kann, von dem aus Streitfragen a priori entschieden werden können. Dem F. erscheint darum der Konflikt über Deutungs- und gesellschaftlich-polit. Gestaltungsansprüche als Verrat und der Gegner als Feind von Heil und Wahrheit. Er akzeptiert ihn daher nicht als zurechnungsfähig und setzt an die Stelle des Dialogs Strategien sei es der Überredung, sei es der Umerziehung, sei es der Bloßstellung oder, wo er über die polit. Macht verfügt, der Unterdrückung. F. umfaßt stets mehrere Dimensionen des gesellschaftl. Handelns. Er kann darum angemessen nur auf interdisziplinäre Weise verstanden und erklärt werden.

Erklärungsansätze

Erklärungsansätze für das Aufkommen und die Verbreitungschancen von religiösem oder nichtreligiösem polit. F. können auf individualpsycholog., soziolog., politikwissenschaftl. und kulturphilosoph. oder sogar anthropolog. Ebene ansetzen. Wenn F. als die Zuflucht zu willkürlich immunisierten absoluten Gewißheiten unter der modernen Bedingung prinzipieller Ungewißheit gilt, so können Motive und Bedingungen dafür auf *psycholog. Ebene* gefunden werden, nämlich die Unfähigkeit zum Aushalten offener und mehrdeutiger Situationen, auf *soziolog. Ebene*, nämlich die Unfähigkeit, soziale Identität in einer pluralist. Gesellschaft zu sichern, auf *polit. Ebene*, nämlich die mangelnde Bereitschaft, sich mit dem polit. Relativismus der Demokratie zu arrangieren, auf *kulturphilosoph. Ebene*, nämlich die Unfähigkeit, sich in der metaphys. Heimatlosigkeit der Moderne einzurichten, und auf *anthropolog. Ebene*, nämlich in der Annahme, der Mensch ohne einen Grundbestand letzter Gewißheiten nicht existieren.

Offensichtlich bildet die metaphys. Heimatlosigkeit der Moderne (P. L. BERGER) die Grundsituation, in der dann das Zusammentreffen weiterer der genannten Motive und Bedingungen die Hinwendung zum F. und das Erstarken fundamentalist. Bewegungen begünstigen. Ein Problem wird F. dabei nicht so sehr durch den Versuch von einzelnen oder Gruppen, künstl. Gewißheit für sich selbst zu erlangen, sondern durch die zusätzl. Haltung, diese Gewißheit erst dann als Sicherheit zu empfinden, wenn sie für alle gilt, also auch den Widerstrebenden aufgenötigt werden kann. Mit diesem Übergriff auf das öffentl. Leben wird der F. zur polit. Ideologie.

Als individuelles Motiv und als Haltung gesellschaftl. Teilgruppen ist der F. selbst mit der Moderne eine Art siames. Zwilling. Als weltanschau-

Fund Fundamentalismus

lich-polit. Bewegung gewinnt er, wie histor. Längsschnitt- und interkulturelle Vergleiche naheleben, Massenzulauf, wenn drei Bedingungen gleichzeitig erfüllt sind: 1) das plötzl. Brüchigwerden eingelebter soziokultureller Identitäten und Orientierungen, 2) die Erfahrung oder Drohung sozialer Unsicherheit und 3) ein in der gegebenen Situation glaubwürdiges Angebot fundamentalist. Organisation, Rhetorik und Führung im Rückgriff auf Elemente der jeweiligen kulturellen Tradition.

Wirkungen und Diskussionen in der Gegenwart

Mit dem Unglaubwürdigwerden des europ. Fortschrittsoptimismus und dem Erwachen des ökolog. Bewußtseins von der Zerstörbarkeit der natürl. Lebensgrundlagen durch unkontrollierte Technikentfaltung setzte v. a. in der islam., jüdischen und christl. Welt zu Beginn der 1970er Jahre eine Welle des F. ein (G. KEPEL). In vielen islam. Ländern, wie Ägypten und Algerien, greifen die Fundamentalisten nach der Macht. Überrascht hat selbst kundige Beobachter der machtvolle Aufschwung eines kulturell und politisch organisierten Hindu-F. in der ›größten Demokratie der Welt‹, Indien. Viele der Jugendsekten und neuen religiösen Bewegungen in Europa tragen fundamentalist. Gepräge, wenn auch oft lange Zeit ohne direkte polit. Ambitionen. Fundamentalistisch sind auch die ethn. Formen des Nationalismus zu nennen, die in Osteuropa zeitweilig das Vakuum zu füllen scheinen, das der Zusammenbruch der marxistisch-leninist. Weltanschauung dort hinterlassen hat, und die auch in Westeuropa verstärkt um sich greifen.

Der Begriff des F. ist v. a. drei krit. Einwänden ausgesetzt: 1) Er sei zu weit und vage, um brauchbar zu sein; 2) er sei in polem. Absicht gebildet und darum für Wissenschaft und kulturellen Dialog kaum brauchbar, und 3) er sei in sich widersprüchlich, da sein Gebrauch selber der Kritik entrückte Annahmen voraussetze.

Als Entgegnung auf diese Einwände finden sich folgende Argumentationen: 1) Als Gegenbegriff zum Begriff der Modernisierung bzw. der Moderne, der eine universelle und globale Bedeutung hat, muß der Begriff des F. von gleicher Allgemeinheit und Reichweite sein, oder darum für ihn zu werden. Als allgemeiner Strukturbegriff, der eine bestimmte Logik des Verhaltens, Denkens und der sozialen Organisation bezeichnet, ist er in seiner konkreten Dynamik jeweils in hohem Maße von den soziokulturellen Kontexten abhängig, in denen sich die Sache, die er bezeichnet, entfaltet. Das gilt zumal für den Typ von Modernisierungswidersprüchen, denen er seine Entfaltung verdankt. – 2) Es gibt eine Anzahl von Strukturbegriffen, die polem. Nebenbedeutungen haben oder haben können, ohne ihren analyt. Wert zu verlieren, z. B. Totalitarismus, Diktatur. Die polem. Nebenbedeutung im Begriff des F. ist einerseits nicht dominant und hängt andererseits in hohem Maße von der Verwendungsabsicht ab. Sie kommt in jedem Fall erst zur analyt. Grundbedeutung hinzu und tritt nicht an deren Stelle. Sie ist zudem keineswegs notwendiger Bestandteil der Begriffsbedeutung, da zahlreiche Fundamentalisten den Begriff ohne Vorbehalte zur Selbst-Bez. benutzen. Er kann, wie fast alle Begriffe im polit. Grenzgebiet, auch als Mittel bloßer Polemik benutzt werden, in dem der jeweils andere ohne sachl. Grund zum Fundamentalisten gestempelt wird. Eine solche Verwendung entspringt dann aber nicht dem Begriff, sondern nur den Motiven und den ungeklärten Bedingungen seiner Verwendung. – 3) Aus fundamentalist. Sicht ist der Begriff F. mit dem Argument kritisiert worden, von F. lasse sich immer nur *innerhalb* eines diskursiven und weltanschaul. Paradigmas reden, aber nicht im Verhältnis *zwischen* den kulturellen, religiösen, weltanschaul. Paradigmen. Im Außenverhältnis müßten sie aus Gründen der Selbsterhaltung gleichermaßen fundamentalistisch gegeneinander auftreten.

SAMUEL HUNTINGTON hat der internat. Diskussion über den F. mit Hilfe dieses Arguments 1992 erhebl. Auftrieb gegeben. Ihm zufolge wird auf den Zusammenstoß der Nationalismen im 19. Jh. und auf den Zusammenstoß der Ideologien im 20. Jh. der Zusammenstoß der Zivilisationen (Kulturen) im 21. Jh. folgen. Diese These setzt voraus, daß sich die Zivilisationen der Welt in entscheidenden Fragen fundamentalistisch zueinander verhalten werden, sobald sie sich auf ihre unterschiedl. Identitäten besinnen. Sie mißt der Tatsache zu geringe Bedeutung bei, daß in zahlreichen Studien über eine sehr große Zahl von Kulturen in allen Teilen der Welt immer deutlicher wird, daß *innerhalb* einer jeden von ihnen der ›Zusammenstoß‹ zw. einer liberal-modernisierenden und einer fundamentalist. Deutung derselben kulturellen Überlieferung zu beobachten ist. Insofern ist es einerseits realitätsgerechter und andererseits pragmatisch angemessener – in der Begriffswahl HUNTINGTONS –, von einem Zusammenstoß zw. fundamentalist. und liberalen Strömungen *innerhalb* der Zivilisationen zu sprechen.

Es sind offensichtlich nicht die Kulturen der Welt, die die notwendige Verständigung und Kooperation behindern, sondern partikuläre Kräfte in ihnen, die nur in besonderen Krisensituationen zeitweilig als berufene Sprecher der Mehrheitsströmung in Erscheinung treten können. Bei dem Argument, die unterschiedl. Kulturen der Welt seien im Verhältnis zueinander unvermeidlich fundamentalistisch, liegt offensichtlich eine Verwechslung der Argumentationsebenen vor. Fundamentalistisch ist nämlich nicht die argumentative Verfolgung von Wahrheitsansprüchen innerhalb offener Gesprächssituationen, sondern die Weigerung, solche Gesprächssituationen herbeizuführen oder sich auf sie einzulassen. Als kulturkrit. Argument widerspricht diese Kritik der Erfahrung. Innerhalb aller Kulturen und Religionen gibt es fundamentalist. und nichtfundamentalist. Positionen, so daß der Unterschied zw. beiden nicht der eines unterschiedl. kulturell-religiösen Paradigmas sein kann.

Auch wenn die von kundigen Beobachtern mehrfach geäußerte Befürchtung, der F. könne in allen Kulturen in der Welt des 21. Jh. eine ähnl. Rolle spielen wie der Faschismus in Europa in den 1930er Jahren, als zu pointiert erscheint, hat der Prozeß der Modernisierung doch eine Richtung genommen, die eine in unterschiedl. Formen des F. vollzogene massenhafte Flucht aus der modernen Kultur als Lebensform und polit. Rahmenbedingung keineswegs unwahrscheinlich erscheinen läßt. Jugendsekten, fundamentalist. Kulturorganisationen, fundamentalist. Parteien und Bewegungen bieten sich als scheinbarer Ausweg aus der Moderne in zunehmender Zahl und Variation überall an. Als Lebensform beruht die Moderne auf der Voraussetzung, die sie selbst weder gewährleisten noch erzeugen kann. In diese Lücke tritt der F. als andauernde Versuchung mit wechselnden Erfolgschancen ein.

F. in der modernen Welt. Die Internationale der Unvernunft, hg. v. THOMAS MEYER (1989); M. RIESEBRODT: F. als patriarchal. Protestbewegung. Amerikan. Protestanten (1910–28) u. iran. Schiiten (1961–79) im Vergleich (1990); The fundamentalism project, hg. v. M. E. MARTY u. a., auf mehrere Bde. ber. (Chicago, Ill., 1991 ff.); S. P. HUNTING-

TON: The third wave. Democratization in the late twentieth century (Norman, Okla., 1991); C. J. JÄGGI u. D. J. KRIEGER: F. Ein Phänomen der Gegenwart (Zürich 1991); THOMAS MEYER: F. Aufstand gegen die Moderne (10.–12. Tsd. 1991); Offenbarungsanspruch u. fundamentalist. Versuchung, Beitr. v. I. BROER u.a. (1991); Zukunftsperspektiven des F., hg. v. F. STOLZ u. a. (Freiburg 1991); S. P. HUNTINGTON: The clash of civilizations?, in: Foreign Affairs, Jg. 72 (New York 1993); H. KÜNG: Projekt Weltethos (Neuausg. ²1993); B. TIBI: Die fundamentalist. Herausforderung. Der Islam u. die Weltpolitik (²1993); G. KEPEL: Die Rache Gottes. Radikale Moslems, Christen u. Juden auf dem Vormarsch (a. d. Frz., Neuausg. 1994); B. TIBI: Der religiöse F. im Übergang zum 21. Jh. (1995).

*Funkrufdienst: Seit dem 1. 12. 1994 ist in Dtl. neben dem Cityruf mit →Scall ein weiterer F. flächendeckend verfügbar.

Furrer, Beat, schweizer. Komponist und Dirigent, *Schaffhausen 6. 12. 1954; studierte in Wien Komposition bei R. HAUBENSTOCK-RAMATI und war 1985 Mitgründer des Ensembles ›Société de l'Art Acoustique‹ (seit 1988 als ›Klangforum Wien‹), dessen musikal. Leitung er innehat. 1991 wurde er Prof. an der Musikhochschule in Graz. Durch Techniken der Wiederholung, Überlagerung oder Aufspaltung musikal. Partikel, z. T. auf engstem Raum, unterliegen seine Kompositionen einer prozeßhaft sich entfaltenden Entwicklung. Charakteristisch ist dabei vielfach der Rückgang in leiseste Klangbereiche.

Werke: *Musiktheater:* Die Reise (1988); Die Blinden (1989; nach M. MAETERLINCK); Narcissus (1994; nach OVID). – *Orchesterwerke:* Tsunamis (1986); Risonanze (1988); Face de la chaleur (1991; für Flöte und Orchester). – *Für Ensemble:* Poemas (1984); In der Stille des Hauses wohnt ein Ton (1986); Gaspra (1988); Studie II – à un moment de terre perdu (1990); Duett (1993).

*Fürsorgeerziehung: Die F. ist durch das Kinder- und Jugendhilfe-Ges. vom 26. 6. 1990 abgeschafft worden (→Erziehungsmaßregeln).

*Fürstenwalde 1): Der seit 3. 10. 1990 zu Brandenburg gehörende Landkreis F. ging am 6. 12. 1993 im Landkreis Oder-Spree auf, ausgenommen die Gem. Rüdersdorf b. Berlin (jetzt zum Kr. Märkisch-Oderland) und die Gem. Wernsdorf (jetzt zum Kr. Dahme-Spreewald). Die Stadt Fürstenwalde (Spree) – frühere Schreibweise Fürstenwalde/Spree – ist damit nicht mehr Kreisstadt.

Furui, Yoshikichi, japan. Schriftsteller, *Tokio 19. 11. 1937; trat in den 1970er Jahren als führender Vertreter der ›Introvertierten Generation‹ (naikō no sedai) hervor. In seinen Werken durchdringt Phantastisches die Realität, Modernes wird mit Überlieferung und indigener Kultur kontrastiert, und die Kontur des isolierten Individuums löst sich in archetyp. Schicksal. F. wurde auch mit Übersetzungen dt. Schriftsteller (H. BROCH und R. MUSIL) bekannt.

Werke (japan.): *Romane:* Der Heilige (1975; dt.); Die Behausung (1979); Berge in Aufruhr (1982); Die Trichterwinden (1983). – *Erzählungen:* Ehebande (1970; dt., in: Das verhaßte Alter, 1981); Yōko (1970); Das Tal (1973; dt., in: Zeit der Zikaden, 1990).

*Fusionskontrolle: Mit Blick auf die Vollendung des Europ. Binnenmarktes wurde im Rahmen der EG eine Fusionskontrollverordnung (VO Nr. 4064 vom 21. 12. 1989) erlassen, die am 21. 9. 1990 in Kraft trat. Die F. gilt für Zusammenschlüsse von gemeinschaftsweiter Bedeutung. Diese liegt vor bei einem weltweiten Gesamtumsatz der beteiligten Unternehmen von mehr als 5 Mrd. ECU. Dabei müssen mindestens zwei der beteiligten Unternehmen einen Umsatz von mehr als 250 Mio. ECU aufweisen. Ausgenommen sind Zusammenschlüsse von Unternehmen, die jeweils mehr als zwei Drittel ihres Umsatzes in einem Mitgl.-Staat erzielen. Zusammenschlüsse von gemeinschaftsweiter Bedeutung unterliegen nicht mehr der nat. F.

der Mitgl.-Staaten und müssen bei der EU-Kommission angemeldet werden. Sie werden von dieser untersagt, wenn sie eine beherrschende Stellung begründen oder verstärken, durch die wirksamer Wettbewerb im Gemeinsamen Markt oder auf einem wesentl. Teil desselben erheblich behindert wird. Prüfungskriterien sind Marktanteile und Marktstellung (z. B. Finanzkraft, Marktzutrittsschranken, Wahlmöglichkeiten der Abnehmer und Lieferanten). Der Marktanteil, bei dem Marktbeherrschung vermutet wird, liegt bei 25 %. Ferner berücksichtigt die EU-Kommission bei ihrer Entscheidung die Entwicklung des techn. und wirtschaftl. Fortschritts, sofern diese dem Verbraucher dient und den Wettbewerb nicht behindert. Anders als bei der F. nach dem Ges. gegen Wettbewerbsbeschränkungen werden also wettbewerbs- und industriepolit. Argumente von der gleichen Instanz geprüft und entschieden.

*Fußball: Folgende wichtige Regeländerungen traten in den letzten Jahren in Kraft: 1) Rückpaßregel: Der Torhüter darf den Rückpaß eines Mitspielers (ausgenommen den mit dem Kopf gespielten Ball) nicht mehr mit der Hand aufnehmen. Verstöße dagegen werden mit einem indirekten Freistoß bestraft; 2) gelb-rote Karte: Einem Spieler, der zum zweiten Mal während eines Spiels verwarnt wird, werden vom Schiedsrichter die gelbe und die rote Karte gemeinsam gezeigt, d. h. Feldverweis für den Rest des Spiels sowie i. d. R. Sperre für ein Spiel; 3) der Feldverweis auf Zeit (Dauer 10 Minuten) in den Amateurklassen des DFB wurde abgeschafft; 4) ab der Saison 1995/96 wird im Bereich des DFB die klass. Punktewertung abgeschafft. Ab diesem Zeitpunkt wird der Sieg in einem Meisterschaftsspiel mit 3 Punkten gewertet, bei einem Unentschieden erhalten beide Mannschaften je einen Punkt; 5) ebenso ab Beginn der Spielzeit 1995/96 ist die Auswechselung von drei Spielern erlaubt.

Dt. Fußballmeister wurden 1989 und 1990 Bayern München, 1991 der 1. FC Kaiserslautern, 1992 der VfB Stuttgart, 1993 Werder Bremen, 1994 Bayern München und 1995 Borussia Dortmund.

*Fußballweltmeisterschaft: Das Endspiel der F. 1990 in Italien (Rom, 8. 7.) gewann die Bundesrep. Dtl. mit 1 : 0 gegen Argentinien, im Finale 1994 in den USA (Pasadena, Calif., 17. 7.) siegte Brasilien gegen Italien mit 3 : 2 nach Elfmeterschießen.

*Füssl, Karl Heinz, österr. Komponist: † Eisenstadt 4. 9. 1992.

*Futures: Seit 1990 werden die zu den →Derivaten zählenden Financial futures an der →Deutschen Terminbörse gehandelt.

Fuzzy-Logik ['fʌzi-; engl. fuzzy ›verschwommen‹, ›unscharf‹], engl. Fuzzy logic [-'lɔdʒɪk], Logiksystem, das im Ggs. zur gewöhnl. formalen Logik nicht nur zwei Wahrheitswerte kennt, sondern mehrere bis unendlich viele. Die F.-L. basiert auf der Theorie der Fuzzy-Mengen, einer Theorie, deren Gegenstand Mengen sind, die nicht in dem Sinn wohldefiniert sind, daß man immer genau angeben kann, ob bestimmte Elemente zu ihnen gehören oder nicht, sondern von denen man nur sagen kann, mit welchem Grad an Zugehörigkeit irgendwelche Elemente zu ihnen gehören. Dieser Zugehörigkeitsgrad kann prinzipiell jeden Wert zw. Null und Eins annehmen, so daß die Fuzzy-Mengen als Spezialfall auch die gewöhnl. Mengen enthalten, bei denen man mit Bestimmtheit sagen kann, ob irgendwelche Elemente zu ihnen gehören oder nicht (Zugehörigkeitsgrad 1 bzw. 0).

Die F.-L. befaßt sich nun mit Fuzzy-Mengen, deren Elemente Aussagen oder Feststellungen sind, durch die irgendwelchen Tatsachen oder Objekten (z. B. Meßwerten) bestimmte Eigenschaften mit einem mehr oder weniger großen Zugehörigkeitsgrad zugeschrieben werden. Solche Aussagen haben eine ge-

Beat Furrer

Furui Yoshikichi

Gaar Gaarder – Gagausien

wisse Ähnlichkeit mit dem gewöhnl. menschl. Denken oder Reden (z. B. ›es ist ziemlich heiß draußen‹), und daher ist die F.-L., d. h. das System der Regeln, nach denen unscharfe Aussagen verknüpft werden, u. a. auch von Interesse für Probleme der künstl. Intelligenz (z. B. bei Expertensystemen) und der Neuroinformatik.

Das z. Z. wichtigste Anwendungsgebiet der F.-L. ist die Regelungstechnik. Dort kommt sie vorzugsweise dann zum Einsatz, wenn Störgrößen nicht exakt quantifiziert werden können, ihre Anzahl zu groß oder ihr Zusammenhang mit einer Regelgröße nicht genau bekannt ist, d. h. immer dann, wenn die Realisierung einer quantitativ-determinist. Regelung nicht möglich oder zu aufwendig ist. Die F.-L. ermöglicht dann mit relativ geringem Aufwand die Verarbeitung von menschl. Wissen und Erfahrungen, die nur in sprachl. (›linguistischer‹) Form vorliegen, mit dem Computer. Ein einfaches Beispiel für eine solche Erfahrung wäre etwa: ›Wenn es in einem Zimmer zu warm ist, wird es kühler, wenn man das Fenster öffnet – aber nur, wenn es draußen nicht noch wärmer ist‹. **Fuzzy-Regler** kommen heute bereits in vielen Bereichen des tägl. Lebens vor, vom Staubsauger und der Waschmaschine bis zum Betrieb von Schienenfahrzeugen.

Das Definieren von Zugehörigkeitsfunktionen für Zustände oder Objekte, die man gewöhnlich nur umgangssprachlich (linguistisch) beschreibt, wird im Zusammenhang der F.-L. als **Fuzzifizierung** bezeichnet; **Defuzzifizierung** ist im Ggs. dazu die Umwandlung einer unscharfen Ausgangsgröße in eine diskrete Stellgröße.

G

Jostein Gaarder

Gaarder [ˈgɔːdər], Jostein, norweg. Schriftsteller, *Oslo 8. 8. 1952; unterrichtete nach seinem Studium mehrere Jahre Philosophie an Schulen und in Abendkursen. G. will mit seinen Büchern, die v. a. für ein jugendl. Publikum geschrieben sind, zum Staunen und Nachdenken über unsere Welt anregen und verwendet dafür mit Vorliebe postmoderne Techniken wie die Vermischung unterschiedl. Realitätsebenen. Großen internat. Erfolg hatte er mit seinem philosophiegeschichtl. Roman für ›Erwachsene ab vierzehn Jahren‹, ›Sofies verden‹ (1991; dt. ›Sofies Welt‹).

Weiteres Werk: Roman: Kabalmysteriet (1990; dt. Das Kartengeheimnis).

__Gabčíkovo:__ Das Wasserkraftwerk bei G. ging 1992 in Betrieb.

__Gabun,__ frz. **Gabon**, amtlich **République Gabonaise**, dt. **Gabunische Republik**, Staat in Zentralafrika, grenzt im W an den Atlant. Ozean.

Hauptstadt: Libreville. Amtssprache: Französisch. Staatsfläche: 267 667 km² (ohne Binnengewässer 257 670 km²). *Bodennutzung (1992):* 4 570 km² Ackerland, 47 000 km² Dauergrünland, 198 600 km² Waldfläche. *Einwohner (1994):* 1,283 Mio., 5 Ew. je km². *Städtische Bevölkerung (1993):* 48%. *Durchschnittliches Bevölkerungswachstum pro Jahr (1985–93):* 2,7%. *Bevölkerungsprojektion für 2000:* 1,60 Mio. Ew. *Ethnische Gruppen:* Fang (etwa ein Drittel der Ew.) und etwa 40 andere ethn. Gruppen. *Religion (1992):* 65,4% Katholiken, 19% Protestanten. *Altersgliederung (1995):* unter 15 Jahre 35,9%, 15 bis unter 65 Jahre 58,3%, 65 und mehr Jahre 5,8%. *Lebenserwartung der Neugeborenen (1994):* männlich 52 Jahre, weiblich 55 Jahre. *Analphabetenquote (1990):* insgesamt 39,3%, männlich 26,3%, weiblich 51,5%. *BSP je Ew. (1993):* 4 050 US-$. *BIP nach Sektoren/Produktionsstruktur (1993):* Landwirtschaft 8%, Industrie 45%, Dienstleistungen 47%. *Währung:* 1 CFA-Franc = 100 Centimes. *Internationale Mitgliedschaften:* UNO, OAU, OPEC.

Geschichte: Nach Massenstreiks Anfang 1990 wurden polit. Parteien zugelassen; an den Parlamentswahlen im Okt. 1990, die die ehem. Einheitspartei gewann, nahmen erstmals auch Oppositionsparteien teil. Im März 1991 trat eine neue Verf. in Kraft, die das Mehrparteiensystem bestätigte. Staatsoberhaupt und Oberbefehlshaber der Streitkräfte ist der seit 1994 für fünf Jahre direkt gewählte Präs. (einmalige Wiederwahl möglich), dem die Verf. eine starke Stellung zuweist: Er ernennt den MinPräs., der ihm gegenüber rechenschaftspflichtig ist, und bildet zus. mit der Reg. (Ministerrat) die Spitze der Exekutive. Die Gesetzgebung liegt beim Parlament, das für fünf Jahre gewählt wird. Formell ist der Präs. der ›Garant für die Unabhängigkeit‹ der Justiz; zugleich ist er Vors. des Obersten Justizrates. 1991 wurde auch ein Verf.-Gericht geschaffen.

Im Dez. 1993 wurde O. Bongo in Wahlen als Staatspräs. bestätigt. Geplante Lokal- und Parlamentswahlen wurden mehrfach verschoben. Anhaltende Auseinandersetzungen zw. dem Präs. und der Opposition über polit. Reformen führten im Okt. 1994 zu einem Abkommen, das eine Reg.-Beteiligung der Opposition, Lokalwahlen nach 12 Monaten und Parlamentswahlen binnen 18 Monaten vorsieht. Kernstück der Vereinbarung ist die Einsetzung einer unabhängigen Wahlkommission zur Durchführung und Überwachung der Wahlen.

__Gadebusch 2):__ Der seit 3. 10. 1990 zum Land Meckl.-Vorp. gehörende Landkreis G. ging am 12. 6. 1994 im Kr. Nordwestmecklenburg auf. Die Stadt Gadebusch ist damit nicht mehr Kreisstadt.

Gagausi|en, autonomes Gebiet im SW von Moldawien, umfaßt einen Teil des als Budschak bezeichneten Südostens von Bessarabien, etwa 1 800 km², 200 000 Ew., v. a. türksprachige Gagausen, Hauptort ist Comrat (früher Komrat). Hauptwirtschaftszweig ist die Landwirtschaft (Anbau von Weizen und Sonnenblumen; Weinbau.

Gestützt auf eine ›Volksfront‹, wandte sich die Minderheit der Gagausen seit 1989 gegen die von der rumän. Mehrheit →Moldawiens verfolgte Loslösung der Moldauischen SSR von der UdSSR; sie befürchtete, im Zuge einer solchen Entwicklung – d. h. ohne den Verbleib Moldawiens in dem größeren Rahmen der UdSSR – ihre nat. Identität zu verlieren. Nachdem jedoch das moldauische Parlament im Juni 1990 Moldawien für souverän innerhalb der UdSSR erklärt hatte, rief die gagaus. Nationalbewegung ihrerseits im Aug. 1990 die souveräne Republik G. (innerhalb der UdSSR) aus. Neben dem ethn. Gegensatz zeigte sich in diesem Konflikt, in dem es auf beiden Seiten Tote gab, auch ein ideologischer, da sich im Unterschied zu ganz Moldawien in G. die alten kommunist. Parteikader ihre Macht erhalten hatten. Im Ggs. zur rumän. Bev.-Mehrheit nahmen die Gagausen im März 1991 an der Abstimmung über die Erhaltung der UdSSR teil und stimmten mit großer Mehrheit dafür. Anfang Dez. 1991 sprachen sich 87% der gagaus. Bev. für den Anschluß ihrer Rep. an eine erneuerte sowjet. Föderation aus. Nach dem Zerfall der UdSSR (Ende Dez. 1991) traten die Gagausen nunmehr innerhalb des unabhängigen Moldawien für ihre Autonomie ein. Nachdem ihnen die moldaw. Regierung regionale Sonderrechte versprochen hatte, nahmen sie am 6. 3. 1994 an einer Volksabstimmung über einen ›unabhängigen, einheitl. und unteilbaren Staat‹ teil. Seit Dez. 1994 ist G. autonom.

Gahse, Zsuzsanna, Schriftstellerin ungar. Herkunft, * Budapest 27. 6. 1946; verließ Ende 1956 Ungarn, lebte 1959–61 in Wien, seitdem in der Bundesrep. Dtl. In ihrer Prosasammlung ›Zero‹ (1983) und der Erzählung ›Berganza‹ (1984) schildert sie in impressionist. Knappheit aus dem Lot geratene Beziehungen, den Verlust der Liebes- und Erlebnisfähigkeit und ihre Zweifel an der Darstellungsfähigkeit der Sprache; ihre Lösung ist der Weg ins Private und die Betonung der Phantasie als eine der Wirklichkeit ebenbürtige Macht.
Weitere Werke: *Prosa:* Abendgesellschaft (1986); Passepartout (1994).

Gajdar, Jegor Timurowitsch, russ. Politiker, * Moskau 19. 3. 1956; trat zw. 1987 und 1990 u. a. in der theoret. Zeitschrift ›Kommunist‹ für Wirtschaftsreformen ein, arbeitete das ›500-Tage-Programm‹ für den Übergang von der Plan- zur Marktwirtschaft aus. Als stellv. MinPräs. (1991–92, zuständig für Wirtschaft und Finanzen), MinPräs. (1992) sowie Erster Stellv. MinPräs. und Wirtschafts-Min. (1993–94) suchte G. ein radikales Reformprogramm durchzuführen. Bei den Wahlen zur Staatsduma im Dez. 1993 führte er die Reformgruppe ›Rußlands Wahl‹; 1994 Gründer und seitdem Vors. der Partei ›Demokrat. Wahl Rußlands‹, die jedoch 1995 den Eintritt in die Duma verfehlte. G. gewann ein Direktmandat.

***Galilei,** Galileo, italien. Mathematiker, Physiker und Philosoph: Im Rahmen einer Erklärung zur Beziehung von Religion und Wiss., die Papst JOHANNES PAUL II. im Okt. 1992 vor der Päpstl. Akademie der Wissenschaften abgab, wurde G. von der kath. Kirche auch formell rehabilitiert. Zuvor hatte die 1981 eingesetzte ›Kommission zum Studium der Ptolemäisch-Kopernikan. Kontroverse im 16. und 17. Jh.‹ ihren Bericht vorgelegt, in dem das Urteil von 1633 im Hinblick auf die histor. und theolog. Voraussetzungen aufgearbeitet und bewertet wird.

***Galileo:** Die Raumsonde wurde am 18. 10. 1989 mit dem Space-shuttle in eine Erdumlaufbahn gebracht und startete von dort mit Hilfe einer eigenen Antriebsstufe (Startmasse 3 t). Da sich die Hauptantenne (Durchmesser 4,8 m) nicht entfalten ließ, mußte der gesamte Funkverkehr zur kaliforn. Kontrollzentrale mit einer Nebenantenne und niedrigen Übertragungsraten abgewickelt werden.

G. passierte am 10. 2. 1990 in 16 106 km Abstand die Venus, am 8. 12. 1990 in 960 km die Erde und wurde durch die Erdgravitation bis in den Innenrand des Planetoidengürtels beschleunigt. Dabei nahm die Sonde am 29. 10. 1991 aus einer Entfernung von 16 000 km erste Bilder des Planetoiden, des 19 km langen Gaspra, auf. Am 8. 12. 1992 überflog sie in 303 km Entfernung wiederum die Erde, wobei sie Spektraldaten über die Anden und die Stratosphärenbewölkung der Antarktis lieferte. Zudem übermittelte G. dabei alle Gaspra- sowie neue Mondbilder und wurde von der Erdgravitation in die endgültige Bahn zum Jupiter gelenkt. Beim Durchqueren des Planetoidengürtels näherte sich G. am 28. 8. 1993 dem 52 km langen Planetoiden Ida bis auf 2 410 km, dessen Bilder zahlreiche Krater und einen rd. 1,5 km großen Mond zeigen. Vom 16. bis zum 22. 7. 1994 photographierte die Sonde aus 240 Mio. km Entfernung von Jupiter die Einschläge der Fragmente des Kometen Shoemaker-Levy 9 auf der erdabgewandten Seite des Planeten.

Galileo: Abtrennung der Abstiegskapsel von der Muttersonde (Zeichnung; die große Parabolantenne ist in Wirklichkeit nur unvollständig entfaltet)

Am 13. 7. 1995 trennte sich die Abstiegskapsel (Masse 335 kg, Höhe 86 cm, Durchmesser 125 cm) ab, die am 7. 12. 1995 mit 48 km/s Geschwindigkeit in die Jupiteratmosphäre eintauchte und diese fallschirmstabilisiert eine Stunde lang untersuchte, bis steigender Druck (2–2,5 MPa) und Reibungshitze zur Zerstörung führten. Die Meßdaten wurden dabei von der Muttersonde gespeichert, die nach einem Vorbeiflug am Mond Io in rd. 1 000 km Entfernung am 7. 12. 1995 in eine Umlaufbahn um Jupiter einschwenkte (Umlaufdauer rd. acht Monate, Höhe 200 000 bis 10 Mio. km). Dieser erste Jupitersatellit soll zunächst bis Dez. 1997 aktiv sein und Messungen der Magnetosphäre und Atmosphäre des Jupiter durchführen. Außerdem sollen hochauflösende Bilder der Monde Ganymed, Kallisto und Europa entstehen, denen sich G. entlang ellipt. Umlaufbahnen um Jupiter nähert.

***Galinsky,** Hans, Amerikanist: † Mainz 25. 7. 1991.
***Gallagher,** Rory, irischer Rockgitarrist und -sänger: † London 14. 6. 1995.
***Gallas,** Wilhelm, Strafrechtslehrer: † Heidelberg 5. 11. 1989.

GALLEX [Kunstwort aus **Gall**ium-**Ex**periment], Bez. für ein Experiment zum Nachweis von Sonnenneutrinos sowie für das dafür verwendete Labor unter einer Gesteinsmasse von etwa 1,3 km Dicke im Gran-Sasso-Massiv, etwa 150 km nordöstlich von Rom; baulich angeschlossen an einen Autobahntunnel durch das Massiv. Die Abschirmung durch eine mächtige Gesteinsdecke ist zur Unterdrückung der Störungen des Experiments durch die kosm. Strahlung erforderlich. G. ist eine im wesentlichen europ. Kooperation unter Beteiligung von Experimentatoren aus Dtl., Frankreich, Italien, Israel und den USA. Mit den Messungen wurde im Mai 1992 begonnen. Zur Messung des Flusses der aus den Kernfusionsprozessen im Innern der Sonne stammenden Neutrinos v_e dient die Reaktion $v_e + {}^{71}\text{Ga} \rightarrow {}^{71}\text{Ge} + e^-$ (Schwellenenergie 0,233 MeV). Der dafür benötigte Galliumdetektor

Galv Galvin – Gasturbinenkraftwerk

enthält konzentrierte GaCl$_3$-HCl-Lösung als Target (Galliumgehalt 30,3 Tonnen). Der Nachweis erfolgt über das aufgrund des Neutrinoeinfangs in der Targetflüssigkeit sich bildende GeCl$_4$. Nach den bisherigen Meßergebnissen beträgt der Fluß der Sonnenneutrinos nur etwa zwei Drittel des Werts, der theoretisch zu erwarten wäre. Die Ursache dafür – z. B. ein Fehler im sogenannten Standard-Sonnenmodell oder unbekannte Eigenschaften der Neutrinos – konnte bislang noch nicht erklärt werden.

***Galvin,** John Rogers, amerikan. General: Trat 1992 in den Ruhestand; sein Nachfolger als oberster NATO-Befehlshaber in Europa und Oberbefehlshaber aller amerikan. Streitkräfte in Europa wurde (bis 1993) General JOHN M. SHALIKASHVILI (* 1936).

***Gambia,** amtlich engl. **Republic of the G.,** Staat in Westafrika, grenzt im W an den Atlant. Ozean.

Hauptstadt: Banjul. *Amtssprache:* Englisch. *Staatsfläche:* 11 295 km^2 (ohne Binnengewässer 10 000 km^2). *Bodennutzung (1992):* 1 800 km^2 Ackerland, 900 km^2 Dauergrünland, 1 500 km^2 Waldfläche. *Einwohner (1994):* 1,081 Mio., 96 Ew. je km^2. *Städtische Bevölkerung (1993):* 24%. *Durchschnittliches Bevölkerungswachstum pro Jahr (1985–93):* 3,7%. *Bevölkerungsprojektion für 2000:* 1,13 Mio. Ew. *Ethnische Gruppen (1990):* 43% Malinke (Mandingo), 18% Fulbe, 13% Wolof, 7% Diola, 7% Soninke, 12% andere. *Religion (1986):* 90% Muslime. *Altersgliederung (1995):* unter 15 Jahre 43,9%, 15 bis unter 65 Jahre 53,0%, 65 und mehr Jahre 3,1%. *Lebenserwartung der Neugeborenen (1993):* männlich 43 Jahre, weiblich 47 Jahre. *Analphabetenquote (1990):* insgesamt 72,8%, männlich 61,0%, weiblich 84,0%. *BSP je Ew. (1993):* 360 US-$. *BIP nach Sektoren/Produktionsstruktur (1993):* Landwirtschaft 28%, Industrie 15%, Dienstleistungen 57%. *Währung:* 1 Dalasi (D) = 100 Bututs (b). *Internationale Mitgliedschaften:* UNO, Commonwealth of Nations, OAU, Wirtschaftsgemeinschaft westafrikan. Staaten.

Geschichte: Im Sept. 1989 wurde die Konföderation zw. Senegal und G. aufgelöst. Im Juli 1994 kam es aufgrund der Unzufriedenheit junger Militärs mit internen Zuständen in der Armee (ausstehender Sold, Beförderungsstau usw.) zu einem Militärputsch, bei dem Staatspräs. JAWARA abgesetzt wurde. In der Folge dieses eher unpolit. Staatsstreichs wurden die Verf. außer Kraft gesetzt, die polit. Parteien verboten und die Pressefreiheit eingeschränkt; ein ›Provisor. Regierender Rat der Patriot. Streitkräfte‹ unter Leutnant YAYAH JAMMEH (* 1965), der sich zum Staatspräs. ernannte, übernahm die Reg. Im Okt. 1994 wurde ein Ende der Militärherrschaft für Dez. 1998 angekündigt. Diese lange Übergangsperiode stieß im In- und Ausland auf einhellige Ablehnung und führte zur Einstellung der Auslandshilfe und zu Einbußen beim Tourismus, wodurch die Wirtschaft des Landes schwer getroffen wurde. Daraufhin kam es zu internen Auseinandersetzungen in der Armee über den Rückzug aus der Politik, der nun für 1996 anvisiert wird.

Game-Show ['geimʃəʊ, engl.] *die, -/-s,* **Spielshow, Quizshow** ['kvɪs-, engl. 'kwɪz-], Unterhaltungssendung im Fernsehen, in deren Mittelpunkt Spiele (Glücks-, Geschicklichkeits-, Wissens- und Gedächtnisspiele) stehen. Da G.-S. bes. bei privaten Sendern, i. d. R. begleitet sind von Werbesendungen und die Gewinne zur Werbung für deren Hersteller dienen, werden G.-S. nicht als hochwertig angesehen.

Gamsachurdia, Swiad, georg. Schriftsteller und Politiker, * Sugdidi (Mingrelien) 11. 3. 1939, † (Selbstmord) bei Suchumi 31. 12. 1993; Sohn des Schriftstellers KONSTANTIN G., entstammte einer alten westgeorg. Adelsfamilie. G. war Prof. für engl. und amerikan. Literatur und Übersetzer u. a. von Werken

SHAKESPEARES. 1974 beteiligte er sich an der Gründung der ›Initiativgruppe zum Schutz der Menschenrechte‹ und leitete seit 1977 die aus ihr hervorgegangene ›Helsinki-Union‹. Zw. 1976 und 1989 war er unter der Beschuldigung antisowjet. Aktivitäten mehrfach in Haft. Gestützt v. a. auf die literarisch-polit. ›Ilja-Tschawtschawadse-Gesellschaft‹ (benannt nach einem nationalgeorg. Schriftsteller), stieg er an die Spitze der nationalgeorg. Unabhängigkeitsbewegung auf. Das von ihm geführte Wahlbündnis ›Runder Tisch – Freies Georgien‹ errang bei den Wahlen zum Obersten Sowjet Georgiens 1990 die absolute Mehrheit. Als amtierendes Staatsoberhaupt (seit April 1991) und (von der Bev. mit großer Mehrheit im Mai 1991) gewählter Staatspräs. unterdrückte er die polit. Opposition sowie die ethn. Minderheiten. Durch einen Aufstand (ab Ende Dez. 1991) wurde G. Anfang Jan. 1992 gestürzt. Die Versuche der ›Swiadisten‹, die Macht zurückzugewinnen, scheiterten.

Gəncä [-dʒ-], eigtl. **Gence** [-dʒ-], russ. **Gjandscha, Gjandža** [-dʒa], Stadt in Aserbaidschan, hieß 1935–89 ▷ Kirowabad.

***Gandhi,** Rajiv, ind. Politiker: †(ermordet) Sriperumbudur (Tamil Nadu) 21. 5. 1991. Seine Witwe SONIA übt als Vors. der Rajiv-Gandhi-Stiftung im INC (I) großen polit. Einfluß aus.

***Ganz,** Bruno, schweizer. Schauspieler: Ist seit Febr. 1996 Träger des Ifflandrings.

Garbarek, Jan, norweg. Jazzmusiker (Saxophon, Flöte), * Mysen (Prov. Østfold) 4. 3. 1947; Autodidakt, spielte u. a. bei seinem Lehrer und Mentor G. A. RUSSELL sowie zus. mit K. JARRETT und hatte seine größten Erfolge v. a. auf internat. Festivals (›Down Beat‹). Sein klarer und kontrollierter Sound steht im Spannungsfeld zw. Free Jazz, Rockmusik, Folk und der europ. Avantgarde.

***Garbo,** Greta, schwed. Filmschauspielerin: † New York 15. 4. 1990.

***García Robles,** Alfonso, mexikan. Diplomat: † Mexiko 2. 9. 1991.

***Gardelegen 2):** Der seit 3. 10. 1990 zum Land Sachs.-Anh. gehörende Landkreis G. ging am 1. 7. 1994 im Altmarkkreis Salzwedel auf; die Stadt Bismark (Altmark) und fünf weitere Gemeinden wurden dem Kr. Stendal eingegliedert. Die Stadt Gardelegen ist damit nicht mehr Kreisstadt.

***Gardelli,** Lamberto, schwed. Dirigent: Leitete bis 1985 das Orchester des Bayer. Rundfunks und war 1986–89 Chefdirigent des Symphonieorchesters des Dän. Rundfunks.

Gardiner ['gɑːdnə], John Eliot, brit. Dirigent, * Fontmell Magna (Cty. Dorset) 20. 4. 1943; war Gründer des Monteverdi Choir (1964), des Monteverdi Orchestra (1968) sowie der English Baroque Soloists (1978), die deren Leiter er v. a. der Musik des 17. und 18. Jh. widmete. Mit dem 1990 gegründeten Orchestre Révolutionnaire et Romantique brachte er verstärkt Musik des 19. Jh. zur Aufführung. G. war 1982–83 Musikdirektor der Opéra de Lyon und wurde 1991 Chefdirigent des NDR-Sinfonieorchesters.

***Gardner,** Ava, amerikan. Filmschauspielerin: † London 25. 1. 1990.

***Gasturbinenkraftwerk:** Die Entwicklung von Gasturbinen mit Wirkungsgraden bis zu 38% führte auch zu Wirkungsgradsteigerungen bei Gas- und Dampfturbinenkraftwerken (Kombikraftwerke, GuD-Kraftwerke). Bei diesem Kraftwerkstyp werden die auf hohem Temperaturniveau anfallenden Abgase der Gasturbine auf einen Abhitzekessel geleitet, um dort Wasserdampf für eine nachgeschaltete Dampfturbine zu erzeugen und somit thermodynamisch die Vorteile des Joule- und des Clausius-Rankine-Kreisprozesses miteinander zu verbinden. Mit erdgasbefeuerten GuD-Kraftwerken läßt sich im Vergleich zu anderen

Jan Garbarek

zur Verfügung stehenden Kraftwerkstechniken der höchste elektr. Wirkungsgrad realisieren. Herstellerunternehmen geben den gegenwärtig mögl. Wirkungsgrad mit 58% an. GuD-Kraftwerke werden z. Z. insbesondere in solchen Ländern errichtet, die über bedeutende eigene Reserven an Erdgas verfügen. Das derzeit größte GuD-Kraftwerk (1 675 MW) befindet sich in den Niederlanden im Bau.

Grundsätzlich sind GuD-Kraftwerke auch für den Einsatz von Kohle geeignet. Hierzu muß dem eigentl. Kraftwerksprozeß ein Verfahrensschritt vorangehen, der aus dem festen Brennstoff Kohle ein für Gasturbinen geeignetes Gas erzeugt. In Projekten verfolgte Verfahren sind ›Kohlevergasung, Druckwirbelschichtfeuerung und Druckkohlenstaubfeuerung. Zu beachten ist hierbei jedoch, daß die Kohleaufbereitung mit einer Wirkungsgradeinbuße verbunden ist und der Wirkungsgrad eines erdgasbefeuerten GuD-Kraftwerks deshalb nicht erreicht werden kann. (→Kohlekraftwerk)

Gates [geɪts], Bill, eigtl. **William Henry G.**, amerikan. Computerfachmann und Unternehmer, * Seattle (Wash.) 28. 10. 1955. Nachdem G. bereits als Schüler Computerprogramme erstellt hatte, gründete er 1975 mit seinem früheren Mitschüler PAUL ALLEN (* 1953) ein Softwareunternehmen (→Microsoft Corp.), das mit Gespür für Marktentwicklungen und mit gelungenem Marketing zu einem weltweit führenden Computerunternehmen ausbaute.

GATS, Abk. für General Agreement on Trade in Services, Teil des neuen GATT-Abkommens (→Welthandelsorganisation).

*****GATT:** Bei der großen Verhandlungsrunde, der **Uruguay-Runde** (begonnen im Sept. 1986), einigten sich die 117 Teilnehmerstaaten am 15. 12. 1993 auf ein neues GATT-Abkommen, das auf einer Min.-Konferenz am 15. 4. 1994 in Marrakesch unterzeichnet wurde (→Welthandelsorganisation).

*****GAU:** Zur Untersuchung der dabei ablaufenden physikal. und chem. Prozesse wurde im frz. ›Centre Nucléaire‹ in Cadarache am 1. 12. 1993 erstmals ein GAU simuliert und eine kontrollierte Kernschmelze herbeigeführt. Im Versuchsreaktor ›Phébus‹ wurde 10 kg angereichertes U 238 ohne Steuerstäbe so lange aufgeheizt, bis bei etwa 2 800 °C die Kernschmelze einsetzte. Dabei wurde v. a. das Unfallverhalten des Reaktors getestet und die Zusammensetzung der frei werdenden Spaltprodukte ermittelt. Während Umweltschutzorganisationen das international unterstützte Experiment als überflüssig und gefährlich einstuften, verwiesen die Betreiber auf die Bedeutung für die Unfallvorbeugung in Kernkraftwerken.

Gauck, Joachim, Theologe und Politiker, * Rostock 24. 1. 1940; Pfarrer, entwickelte seine Gemeinde in Rostock zu einem Zentrum der Friedens- und Menschenrechtsbewegung. 1989 war er Mitbegründer des Neuen Forums, 1990 (März bis Okt.) Abg. in der Volkskammer der Dt. Dem. Rep. Als Vors. des Parlamentar. Sonderausschusses der Volkskammer zur Überprüfung der Auflösung des Ministeriums für Staatssicherheit (MfS, Kurz-Bez. ›Stasi‹) und (nach der Vereinigung Dtl.s) als ›Sonderbeauftragter der Bundesregierung‹ (d.h. als Leiter einer Bundesbehörde) mit der Aufdeckung der Überwachungs- und Unterdrückungsmechanismen des MfS und mit der Aufsicht über dessen Akten betraut.

Nach dem Stasi-Unterlagen-Ges. (StUG, in Kraft seit 29. 12. 1991) muß die ›G.-Behörde‹ Bürgern auf Antrag Einsicht in ihre Akte gewähren. Darüber hinaus hat sie die Pflicht, die Öffentlichkeit über Struktur, Methoden und Wirkungsweise des MfS zu unterrichten sowie Institutionen der Forschung und polit. Bildung zu unterstützen. In einer ersten Bilanz gab die Behörde am 24. 2. 1995 die Zahl der hauptamtl. Mitarbeiter des MfS zw. 1950 und 1989 mit rd. 180 000 an; dazu kamen im Laufe der Jahre 94 000 Angehörige des Wachregiments ›Feliks Dzierzinski‹. Die Zahl der inoffiziellen Mitarbeiter (IM) sei nicht exakt zu ermitteln, doch sei die Zahl von 500 000 realistisch.

Gauteng, Provinz im NO der Rep. Südafrika, 18 760 km^2, (1994) 6,869 Mio. Ew. (62,4% Schwarze, 32,1% Weiße, 3,4% Mischlinge, 2,1% Asiaten); Hauptstadt ist Johannesburg. – G. entstand unter dem Namen Pretoria-Witwatersrand-Vereeniging (mit der Hauptstadt Pretoria) im Zuge der Neugliederung der Rep. Südafrika 1994 durch Vereinigung zentraler Teile der früheren Prov. Transvaal mit Teilen des Homelands BophuthaTswana; im Dez. 1994 wurde es in G. umbenannt. Bei den Wahlen vom April 1994 errang der ANC die absolute Mehrheit im Provinzparlament und stellt seither den Regierungschef.

Gaviria Trujillo [- tru'xijo], César, kolumbian. Politiker, * Pereira 31. 3. 1947; Wirtschaftswissenschaftler; 1974–78 Bürgermeister in Pereira. 1978 wurde er stellv. Min. für Entwicklung, 1986 Finanz-Min., später Innen-Min., 1987–89 war er Kabinetts-Min. Als Präsidentschaftskandidat der Liberalen Partei gewann er die Wahlen im Mai 1990. Während seiner Amtszeit (bis 6. 8. 1994) bildete die Bekämpfung des Drogenhandels einen Schwerpunkt seiner Politik. Seit 15. 9. 1994 ist G. T. GenSekr. der OAS.

Gaza-Jericho-Abkommen [-z-], →Nahostkonflikt, →Palästina.

*****Gazankulu:** Mit dem Ende des Apartheidregimes in der Rep. Südafrika 1994 erfolgte eine vollständige Wiedereingliederung nach Südafrika; das Gebiet von G. ging in der neuen Provinz Nord-Transvaal auf.

*****Gazzelloni,** Severino, italien. Flötist: † Rom 22. 11. 1992.

*****Gebrauchsmuster:** Die Schutzdauer des G. beträgt nunmehr längstens zehn Jahre (§ 23 G.-Gesetz).

*****Gebühren 1):** Die Höhe der kommunalen Benutzungs-G. für Abwasser- und Abfallbeseitigung wird zunehmend kritisiert. Diese G. haben sich seit 1985 durchschnittlich um mehr als 100% erhöht, was sich zus. mit Erhöhungen bei weiteren kommunalen G. auch in den Nebenkosten niederschlägt. Zu den Ursachen für die Verteuerung zählt neben verschärften Umweltvorschriften auch eine umstrittene Methode zur Berechnung kalkulator. Kosten (Abschreibungen, Zinsen), bei der nicht die tatsächl. Anschaffungs- oder Herstellungskosten eines Wirtschaftsguts, sondern die i.d.R. höheren Wiederbeschaffungskosten berücksichtigt werden. Einige Bundesländer haben mittlerweile in ihren Kommunalabgabengesetzen den Ansatz von Anschaffungs- oder Herstellungskosten vorgeschrieben (Bad.-Württ., Bayern, Rheinl.-Pf., Sachsen).

Geerken, Hartmut, Schriftsteller, * Stuttgart 15. 1. 1939; nach dem Studium der Germanistik und Orientalistik Dozent am Goethe-Institut. G. verfaßt experimentelle Prosa, die die Diskrepanz zw. Zeichen und Bezeichnetem verdeutlicht und die Bindung der in seinem Sinne niemals objektiven Sprache an die Sprechsituation zeigt. Er ist auch Herausgeber expressionist. Literatur (u. a. von A. KUBIN, S. FRIEDLAENDER und M. MAETERLINCK) und experimentiert in den Bereichen Film und Musik.

Werke: Prosa: Verschiebungen (1972); Obduktionsprotokoll (1975); Sprünge nach rosa hin (1981); Holunder (1984); Motte Motte Motte (1990); Poststempel Jerusalem (1993).

*****Gefahrstoffe:** Am 1. 11. 1993 trat die Novellierung der Gefahrstoff-VO in Kraft, die u. a. folgende Änderungen enthält: 1) Das alte DIN-Sicherheitsdatenblatt wird durch ein neues ersetzt, das als EG-Sicherheitsdatenblatt bezeichnet wird. 2) Die Kennzeichnung von Stoffen und Zubereitungen wird um das Gefahrensymbol ›umweltgefährlich‹ erweitert.

Bill Gates

Joachim Gauck

César
Gaviria Trujillo

Gehl Gehlhaar – Geldmengenziel

Bewertungskriterien für dieses Symbol sind hauptsächlich Prüfungen zur Fisch-, Daphnien- oder Algentoxizität sowie der biolog. Abbaubarkeit. 3) Hersteller und Vertreiber sind ausdrücklich zur Kennzeichnung sowie zur Beschaffung der entsprechenden Informationen und Prüfungen verpflichtet. Die Umstellung mußte bis zum 1. 5. 1994 abgeschlossen sein. Mit der Novellierung zur Gefahrstoff-VO wurden mehrere EG-Richtlinien zur Kennzeichnung von Chemikalien und zum Arbeitsschutz umgesetzt.

Gehlhaar, Rolf, amerikan. Komponist dt. Herkunft, * Breslau 30. 12. 1943; studierte u. a. bei K. STOCKHAUSEN, dessen Assistent er 1967–70 in Köln war; arbeitete danach an Programmen für computergestützte Kompositionssysteme. In den 1980er Jahren entwickelte er die Software für ein interaktives ›Klang = Raum‹-Environment, die u. a. mit Hilfe eines Echolotsystems topograph. Beschaffenheiten sowie Körperbewegungen im Raum in Klang bzw. Komposition umsetzt. Es wird inzwischen auch zu Therapiezwecken bei der Behindertenarbeit eingesetzt. Im Zentrum seines kompositor. Schaffens steht die Realisation elektron. bzw. live-elektron. Werke; schrieb daneben u. a. ›Phase‹ für Orchester (1972), ›Resonanz‹ für acht Orchestergruppen (1981), ›Pixels‹ für acht Instrumente (1981), ›Tokamak‹ für Klavier und Orchester (1982), ›Chronik‹ für zwei Klaviere, zwei Schlagzeuger und Live-Elektronik (1991).

Frank O. Gehry: Gebäudekomplex ›Festival Disney‹ auf dem Gelände des Vergnügungsparks Disneyland Paris in Marne-la-Vallée; 1992

*Gehry, Frank Owen, amerikan. Architekt und Designer: Der Dekonstruktivist G. ist vom Außenseiter zum führenden amerikan. Architekten geworden; er erhielt den Auftrag, in Paris das neue American Center (1992–94) zu bauen, bei dem er seine humorvolle Verwendung gegensätzl. Materialien und skulpturaler, verschachtelter Formen mit hoher Nutzbarkeit und einer geistreichen Referenz an Pariser Bautraditionen verband. 1991 gewann er zwei internat. Wettbewerbe einschließlich Bauauftrag: für die Walt Disney Concert Hall, Los Angeles (Calif.), das 1998, und das Guggenheim Museum, Bilbao (sein aufwendigstes und exzentrischstes Werk), das 1997 eröffnet werden soll. In Dtl. ist sein Name v. a. durch das Vitra Design Museum in Weil am Rhein (1989) bekannt.

Weitere Werke: Fisch- und Tanzrestaurant in Kōbe (1984); Gästehaus Winton, Wayazata, Minn. (1983–86); Schnabel Residence, Brentwood, Calif. (1986–89); Chiat Konferenz- und Bürohaus, Venice, Calif. (1984–91); Umbau der Edgemar Farms, Santa Monica, Calif. (1987–89); Yale Institute of Psychiatry, New Haven, Conn. (1988); University of Toledo Art Building, Toledo, Oh. (1990–92); Festival Disney, Disneyland Paris in Marne-la-Vallée (1992); Weisman Art Museum der University of Minnesota, Minneapolis (1993).

F. G. u. seine Architektur, Beitr. v. R. HAAG BLETTER u. a., Ausst.-Kat. (a. d. Engl., Basel 1989); F. G., Vitra Design Museum, Beitr. v. O. BOISSIÈRE u. a., Ausst.-Kat. (1990).

*Geiler, Voli, schweizer. Schauspielerin und Kabarettistin: † Zürich 1. 11. 1992.

*Geiringer, Karl, amerikan. Musikforscher österr. Herkunft: † Santa Barbara (Calif.) 10. 1. 1989.

*Geiser, Walther, schweizer. Komponist: † Oberwil (Kt. Basel) 6. 3. 1993.

*Geißler, Heinrich, Politiker: War bis Sept. 1989 GenSekr. der CDU, seitdem ist er Mitgl. des Präsidiums, nimmt in innerparteil. Strategiedebatten, z. B. in der Asylfrage, kritisch Stellung zur Reg.-Politik. Mit seinen Überlegungen zu Dtl. als Einwanderungsland sowie zu einer multikulturellen Gesellschaft in Dtl. erregte er in der CDU Widerspruch.

*Geithain 2): Der seit 3. 10. 1990 zum Land Sachsen gehörende Landkreis G. ging am 1. 8. 1994 im Kr. Leipziger Land auf; zwei Gemeinden wurden dem Kr. Mittweida, die Stadt Bad Lausick und weitere Gemeinden dem Muldentalkreis eingegliedert. Die Stadt Geithain ist damit nicht mehr Kreisstadt.

*Geldausgabeautomat: Neben EC-Karte können auch Kreditkarten und bankindividuelle Kundenkarten verwendet werden. Seit 1993 werden G. auch in Kaufhäusern, Bahnhöfen und Tankstellen installiert und alle dt. G. on-line miteinander verbunden. Dies ermöglicht eine Bargeldbeschaffung unabhängig vom Standort einer Bank sowie institutsübergreifend bis zu 1 000 DM (vorher 400 DM) pro Tag.

Geldmarktfonds [-fɔ̃], spezielle Form eines Investmentfonds, dessen Vermögen überwiegend aus kurzfristigen Papieren (Geldmarktpapieren) besteht, die von Banken, anderen Unternehmen oder dem Staat ausgegeben worden sind. Die Rendite entspricht dem kurzfristigen Zinsniveau. Durch G. wird auch Kleinanlegern der Zugang zum Geldmarkt eröffnet, der normalerweise durch die dort übl. hohen Mindestbeträge für kleinere Anlagebeträge versperrt ist. Gegenüber kurzfristigen Anlagen bei Banken (Termineinlagen) haben Anteile an G. den Vorteil hoher Liquidität, da sie jederzeit bei der Fondsgesellschaft zurückgegeben werden können. G. wurden im Rahmen des 2. Finanzmarktförderungs-Ges. vom 26. 7. 1994 durch Ergänzung des Ges. über Kapitalanlagegesellschaften (§§ 7 a–d) auch in Dtl. zugelassen.

*Geldmenge: Die Dt. Bundesbank unterscheidet derzeit vier G.-Abgrenzungen im Rahmen ihrer monetären Analyse. Neben den drei G.-Begriffen M 1, M 2 und M 3, die sich ausschließlich aus kurzfristigen Forderungen inländ. Nichtbanken an das inländ. Bankensystem zusammensetzen, versucht sie mit der ›Geldmenge M 3 erweitert‹ dem Umstand Rechnung zu tragen, daß aus der Sicht der Nichtbanken auch bestimmte Forderungen an inländ. Nichtbanken (Geldmarktfondsanlagen) und Forderungen an ausländ. Banken (kurzfristige DM-Einlagen an den Euromärkten) sowie Anlagen in kurzfristigen Bankschuldverschreibungen eine gewisse Geldnähe aufweisen. Da derartige Forderungen grundsätzlich als gute Substitute für die inländ., zu den Geldmengen M 1 bis M 3 zählenden Forderungen angesehen werden können, kann man davon ausgehen, daß durch sie ebenfalls die Liquiditätsausstattung der Nichtbanken und damit deren Ausgabeverhalten beeinflußt wird. Gleichwohl bleibt die Dt. Bundesbank beim Geldmengenziel bei der Geldmenge M 3.

*Geldmengenziel: Die Dt. Bundesbank hat im Ggs. zu vielen anderen Notenbanken bis heute (1995) an ihrer seit Ende 1974 eingeübten Praxis festgehalten, jährlich ein G., d. h. eine bestimmte anzustrebende Zuwachsrate für ein Geldmengenaggregat, zu verkünden. Seit 1988 greift sie dabei auf die Geldmenge M 3 als zentralen monetären Indikator zurück. Veröffentlicht wird das G. bereits seit 1979 in der Form eines modifizierten Verlaufsziels, bei dem sich der Geldmengenanstieg vom Durchschnittsbestand der Geldmenge im vierten Quartal des Vorjahrs (Basisjahr) bis zum Durchschnittsbestand im vierten Quartal des laufenden Jahres (Zieljahr) bemißt. Dabei wird die Zuwachsrate in Form einer Bandbreite formuliert. Diese Zielkorridore wiesen in der Vergangenheit Spannweiten von 2% bis 3% auf. Dadurch sollte der Geldpolitik nach Auffassung der Dt. Bundesbank trotz einer formalen Regelbindung ein gewisser Gestaltungsspielraum für die monetäre Steuerung verbleiben. Gleichwohl wurden von den 20 gesetzten G. für die Jahre 1975–94 nur 11 Ziele erreicht. Bei einer derart niedrigen Zielrealisationsquote muß man allerdings fragen, ob das Hauptanliegen einer Politik mit G., die Erwartungen der Marktteilnehmer zu stabilisieren, noch gewährleistet ist.

*Geldstrafe: Nach Änderung des StGB durch das Strafrechtsänderungs-Ges. 1987 vom 25. 11. 1987 beträgt in *Österreich* der Tagessatz mindestens 30 öS, höchstens 4 500 öS.

Geldwäscherei, der Vorgang des Verheimlichens oder Verschleierns von Vermögenswerten illegaler Herkunft, insbesondere aus Raub, Erpressung, Drogen-, Waffen- und Frauenhandel, durch komplizierte Finanztransaktionen mit dem Ziel, den Eindruck zu erwecken, diese Vermögenswerte seien legal erworben. Das urspr. ›schmutzige‹ Geld wird durch diesen Vorgang ›gewaschen‹ und dann in den legalen wirtschaftl. Kreislauf wieder eingeschleust. Unter dem Eindruck großer Geldwaschtransaktionen insbesondere des internat. Drogenhandels (geschätztes G.-Volumen: 85 Mrd. US-$ pro Jahr) unter Inanspruchnahme des Finanzplatzes Schweiz wird G. in der Schweiz seit dem 1. 8. 1990 mit Gefängnis oder Buße bestraft. In schweren Fällen (bei organisierter Kriminalität, Bandenkriminalität oder größerer gewerbsmäßiger G.) können auch Zuchthaus oder Gefängnis bis zu fünf Jahren verhängt und gleichzeitig auf Geldbuße bis zu 1 Mio. sfr erkannt werden (Art. 305^{bis}f. StGB).

Der dt. Gesetzgeber reagierte auf das Phänomen der G. mit mehreren Maßnahmen: Am 2. 7. 1993 wurde das Ges. über das Aufspüren von Gewinnen aus schweren Straftaten (kurz Geldwäsche-Ges.) verabschiedet (in Kraft seit 29. 11. 1993). U. a. verpflichtet es Kreditinstitute bei Annahme und Abgabe von Bargeld, Wertpapieren und Edelmetallen im Wert ab 20 000 DM zur Identitätsfeststellung des Kunden und Speicherung seiner Daten. Dies gilt auch für treuhänderisch tätige Notare oder Rechtsanwälte. Im Verdachtsfall soll die Bank die Strafverfolgungsbehörden informieren.

Der Tatbestand der Geldwäsche wurde ferner durch das Ges. zur Bekämpfung der →organisierten Kriminalität (OrgKG) ins StGB (§ 261) aufgenommen und durch das Verbrechensbekämpfungs-Ges. vom 28. 10. 1994 erweitert. Mit Freiheitsstrafe bis zu fünf Jahren oder mit Geldstrafe wird danach bestraft, wer einen Gegenstand, der aus bestimmten rechtswidrigen Taten eines anderen herrührt, verbirgt, dessen Herkunft verschleiert oder die Ermittlung der Herkunft, das Auffinden, den Verfall, die Einziehung oder die Sicherstellung eines solchen Gegenstandes vereitelt oder gefährdet. Als rechtswidrige Vortaten kommen dabei in Betracht: Verbrechen, betäubungsmittelstrafrechtl. Vergehen, bandenmäßige Vergehen sowie Vergehen krimineller Vereinigungen.

Nach Auffassung von Sachverständigen bewirken neue materiellrechtl. Straftatbestände oder schärfere Sanktionen noch keine hinreichende und erfolgreiche Eindämmung der G. Bedeutsam seien der Ausbau und die Verbesserung verfahrensrechtl. Maßnahmen wie die Regelung des Einsatzes verdeckter Ermittler, techn. Mittel, Rasterfahndung samt polizeil. Informationsgewinnung und verbessertem Zeugenschutz. Die bisherige Strafverfolgung habe in diesem Bereich kaum Ermittlungserfolge vorzuweisen. Auch die internat. Kooperation der Ermittlungsbehörden erscheine bislang wenig erfolgversprechend und stelle eine wesentl. Schwachstelle im Kampf gegen die G. dar. Hier seien die internat. Harmonisierung des Rechts und eine Verbesserung der grenzüberschreitenden Zusammenarbeit gefordert.

*GEMA: Seit der dt. Vereinigung ist die GEMA für Dtl. die allein zugelassene urheberrechtl. Verwertungsgesellschaft im Bereich der Musik. Den Mitgliedern der bisherigen Anstalt zur Wahrung der Aufführungsrechte (AWA) der Dt. Dem. Rep. wurde mit Wirkung vom 3. 10. 1990 angeboten, ihre Rechte von der GEMA vertreten zu lassen.

*Gemeinde 2): Die Entwicklung der Kommunalverfassung in Dtl. wurde durch die dt. Vereinigung nachhaltig beeinflußt. Auf dem Gebiet der sich von Grund auf wandelnden Dt. Dem. Rep. und später in den neuen Bundesländern wurde die Kommunalverfassung vollkommen umgestaltet; in den alten Bundesländern wurden innerhalb des bestehenden Kommunalverfassungsrechts Änderungen vorgenommen und Reformansätze erwogen.

Kommunalreform in den neuen Bundesländern

Die Dt. Dem. Rep. bekannte sich in Art. 47 ihrer Verf. zum ›demokrat. Zentralismus‹. Die G. galten zwar (wie die Betriebe) als ›eigenverantwortl. Gemeinschaften‹, die ›Räte‹ auf G.-Ebene (›Rat der G.‹, ›Rat der Stadt‹) waren jedoch nur ›örtl. Organe der Staatsmacht‹. Wirkl. Selbstverwaltung und Selbstverwaltungsfreiheit gab es nicht. Dieses zentralistisch-autoritäre System abzuschütteln, war eines der vordringl. Anliegen der ersten frei gewählten Reg. der Dt. Dem. Rep. Am 6. 5. 1990 fanden in der Dt. Dem. Rep. freie Kommunalwahlen statt; am 17. 5. 1990 verabschiedete die Volkskammer das ›Ges. über die Selbstverwaltung der G. und Landkreise in der DDR – Kommunalverfassung‹, das durch den Einigungsvertrag vom 31. 8. 1990 als Landesrecht in den Gesetzesbestand der neuen Länder überführt wurde, so daß hier zunächst einheitl. Kommunalverfassungsrecht galt. Die Kommunalverfassung von 1990 wurde dann aber bis zum Frühjahr 1994 in allen fünf neuen Ländern durch eigene Kommunalgesetze abgelöst.

Parallel zur Novellierung und Ablösung der Kommunalverfassung vom 17. 5. 1990 fand eine Kommunalreform statt. Sie griff in den Bestand der Kreise stärker ein als in den der G. Vor der Reform gab es auf dem Gebiet der ehem. Dt. Dem. Rep. 217 Kreise (191 Land- und 26 Stadtkreise). 1995 gab es noch 87 Landkreise und 26 kreisfreie Städte. Die Dt. Dem. Rep. mit ihren knapp 7 Mio. Ew. hatte 7 563 G., also nahezu ebensoviele wie die alte Bundesrep. (8 505 Städte und G.) bei rd. 60 Mio. Ew. 47,3 % der G. in der Dt. Dem. Rep. hatten weniger als 500 Ew. Dennoch sind die kleinen G. in den neuen Ländern weitgehend erhalten geblieben, weil das soeben erworbene Freiheitsgut der kommunalen Selbstverwaltung mit ihren vielen ehrenamtl. Kräften nicht durch rationalisierende Bereinigung beschädigt werden sollte.

Die Problematik der Klein-G. wurde durch die Einführung von ›Verwaltungsgemeinschaften‹ gelöst. Wirklich selbständig blieben nur G. mit mindestens

2500 bis 3000 Ew.; die kleineren schlossen sich teils freiwillig, teils kraft landesrechtl. Gesetzgebung zu Verwaltungsgemeinschaften zusammen. In Meckl.-Vorp. und in Brandenburg werden diese Gemeinschaften, der preuß. Tradition und dem Beispiel Schlesw.-Holst. folgend, ›Ämter‹ genannt. Die Verf. dieser Verwaltungsgemeinschaften und Ämter sind von Land zu Land unterschiedlich. Man ist jedoch nirgends dem Beispiel der niedersächs. ›Samtgemeinde‹ oder der rheinland-pfälz. ›Verbandsgemeinde‹ gefolgt, wo es neben der Vertretungskörperschaft der einzelnen G. einen direkt gewählten ›Samtgemeinderat‹ bzw. ›Verbandsgemeinderat‹ – also eine zweistufige kommunale Vertretungskörperschaft mit direktem Mandat auch der höheren Ebene – gibt. In den neuen Ländern setzt sich die ›Gemeinschaftsversammlung‹ bzw. der ›Amtsausschuß‹ aus den Bürgermeistern der zugehörigen G. und weiteren, aus der Mitte der zugehörigen G.-Vertretungen gewählten Mitgl. zusammen.

Reform der Gemeinde- und Kreisordnungen in den neuen Bundesländern

Der Freistaat Sachsen gab sich als erster eine neue G.-Ordnung und eine neue Kreisordnung. Die G.-Ordnung wurde am 21. 4. 1994, die Landkreisordnung am 19. 7. 1993 verabschiedet. Am 19. 8. 1993 kam das Ges. über kommunale Zusammenarbeit hinzu. Danach können von den G. ›Verwaltungsverbände‹ und ›Verwaltungsgemeinschaften‹ gegründet werden.
In Thüringen wurde eine neue G.-Ordnung und eine neue Kreisordnung am 8. 7. 1993 beschlossen, zusammengefaßt in der Thüring. Kommunalordnung.
Die G.-Ordnung für das Land Sachs.-Anh. stammt vom 5. 10. 1993, ebenso die gesondert erlassene Landkreisordnung. Am 9. 10. 1993 wurde das ›Ges. zur Neuordnung der kommunalen Gemeinschaftsarbeit und zur Anpassung der Bauordnung‹ verabschiedet. Die kleineren G. arbeiten in Verwaltungsgemeinschaften zusammen, die regelmäßig mindestens 5000 Ew. umfassen sollen.
Die Kommunalverfassung des Landes Brandenburg wurde am 15. 10. 1993 verabschiedet. Sie enthält: die G.-Ordnung (mit Direktwahl des Bürgermeisters für eine Amtsperiode von acht Jahren); die Landkreisordnung (mit Wahl des Landrats für acht Jahre durch den Kreistag); die Amtsordnung (für die Bildung von Ämtern durch die kleineren G.; jedes Amt soll mindestens 5000 Ew. und mindestens fünf G. umfassen).
Meckl.-Vorp. verabschiedete seine neue Kommunalverfassung am 18. 2. 1994. Sie enthält die G.-Ordnung, die Landkreisordnung und eine Amtsordnung.
Inhaltlich haben die G.- und Kreisordnungen in den neuen Ländern keine Totalrevision der Kommunalverfassung von 1990 vorgenommen. Insbesondere folgende Punkte sind jedoch neu geregelt worden:
Die Wahlperiode der G.-Vertretung, die zunächst vier Jahre betragen hatte, wurde überall auf fünf Jahre verlängert. Die Anzahl der Pflichtausschüsse wurde reduziert: Nach der Kommunalverfassung von 1990 mußten die G. zumindest einen Hauptausschuß, die größeren auch einen Finanzausschuß bilden. Die Bildung von Ausschüssen (beschließenden und nur beratenden) ist den G. jetzt freigestellt. Die Amtsperioden für den Bürgermeister und den Landrat wurden verlängert: Nach der Kommunalverfassung von 1990 wurden die Bürgermeister und Landräte von den G.-Vertretungen bzw. den Kreistagen für vier Jahre gewählt; die Reform sah die Direktwahl der Bürgermeister und der Landräte durch die Bürger nach dem Muster der süddt. Ratsverfassung für eine längere Amtsperiode als vier Jahre vor. In Sachsen und Sachs.-Anh. beträgt sie sieben, in Thüringen sechs Jahre; in Brandenburg hat man sich nur auf die Direktwahl aller Bürgermeister, nicht der Landräte geeinigt; die Wahlperiode beträgt acht Jahre; die Landräte werden indirekt gewählt. In Meckl.-Vorp. sollen Bürgermeister und Landräte ab 1999 direkt durch das Volk gewählt werden. In dieser Wahlperiode sind sie letztmalig vom Gemeinderat für mindestens sieben, höchstens neun Jahre gewählt worden. Die Rechtsstellung des Bürgermeisters wurde gestärkt: Nach dem seit 1990 geltenden Recht leitete der Bürgermeister die G.-Verwaltung und vertrat die G. nach außen. Zunächst war er aber nicht – wie nach dem süddt. Modell – Vors. der G.-Vertretung. In Sachsen und Thüringen hat man dies geändert, dort sitzt der Bürgermeister dem Rat kraft Amtes vor. In Sachs.-Anh., Brandenburg und Meckl.-Vorp. ist man bei der Trennung zw. Ratsvorsitz und Bürgermeisteramt geblieben.

Fortentwicklung des Kommunalrechts in den alten Bundesländern

Abweichend von der Kommunalverfassung der ehem. Dt. Dem. Rep. vom 17. 5. 1990 setzte sich in dem Kommunal-Ges. der neuen Länder die Direktwahl der (Ober-)Bürgermeister durch. Diesem Trend folgen auch die alten Bundesländer. Bis 1989 gab es die direkte Wahl (Urwahl) der (Ober-)Bürgermeister durch die G.-Bürger nur in Bad.-Württ. und Bayern. 1993/94 wurde die Urwahl der Bürgermeisters auch in Hessen, Rheinl.-Pf. und dem Saarland eingeführt. Die Amtszeit beträgt acht Jahre. In NRW ist die Urwahl für 1999 gesetzlich verankert. Bis dahin haben die Städte und G. die Wahl, ob sie noch mit doppelter Verwaltungsspitze arbeiten wollen oder schon die Bürgermeisterverfassung anwenden wollen. In Schlesw.-Holst. und Ndsachs. wird die Urwahl von den Gremien der großen Parteien empfohlen, z.T. allerdings nur mit knappen Mehrheiten. Die gesetzgeber. Hürden sind dort noch nicht genommen.

Übergreifendes und neuere Entwicklungen

Elemente der direkten Demokratie wurden in den Kommunalordnungen der neuen Länder in stärkerem Maße institutionalisiert, als dies in den G.-Ordnungen der alten Bundesländer der Fall war. Mittels **Bürgerantrag** können die Bürger verlangen, daß in der G.-Vertretung eine wichtige G.-Angelegenheit behandelt wird, wenn sie zum Wirkungskreis der G. gehört. Dem Bürgerantrag ist stattzugeben, wenn er von mindestens 10 % der wahlberechtigten Bürger unterzeichnet ist. Ein **Bürgerentscheid** muß durchgeführt werden, wenn die G.-Vertretung mit der Mehrheit der Stimmen aller Mitgl. beschließt, daß eine wichtige G.-Angelegenheit den Bürgern zur Entscheidung in geheimer Abstimmung vorgelegt wird. Für eine positive Entscheidung ist die Mehrheit der abgegebenen Stimmen erforderlich, wobei die Mehrheit zugleich mindestens 25 % der Stimmberechtigten umfassen muß. Mittels **Bürgerbegehren** können die Bürger bei der G.-Vertretung einen Bürgerentscheid über eine wichtige G.-Angelegenheit beantragen. Dem Antrag muß gefolgt werden, wenn er von mindestens 10 % der G.-Bürger mit ihrer Unterschrift unterstützt wird.
Durch die Stärkung der Position des G.-Bürgers in den neuen Ländern wurde auch in den alten Ländern ein in diese Richtung zielender Reformdruck verstärkt. Bis zum Ende der 1980er Jahre gab es die Institution Bürgerbegehren und Bürgerentscheid nur in der G.-Ordnung von Bad.-Württ. Nun sind diese Möglichkeiten weithin auch in den alten Bundesländern eingeführt worden, beginnend mit Hessen, gefolgt von Schlesw.-Holst., NRW und Rheinl.-Pf. Darüber hinaus gibt es in fast allen Ländern die ›Bürgerfragestunde‹ mit Gelegenheit zu Anregungen und Beschwerden und den ›Bürger-‹ bzw. ›Einwohnerantrag‹, mit dem sich der G.-Rat unter bestimmten Voraussetzungen befassen muß.

Durch neue Regelungen in den G.-Ordnungen werden G., in denen mehr als eine bestimmte Anzahl (in Rheinl.-Pf. z. B. 1 000) ausländ. oder staatenlose Ew. ihre Hauptwohnung haben, verpflichtet, einen Ausländerbeirat einzurichten, in dem die ausländ. Ew. vertreten sind. Die Mitgl. des Ausländerbeirats werden von den ausländ. Ew. nach dem gleichen Verfahren gewählt wie der G.-Rat von den Deutschen. Es kann über alle Selbstverwaltungsangelegenheiten beraten werden, die Belange der ausländ. Ew. berühren. Auf Antrag des Ausländerbeirats muß der Bürgermeister die vom Ausländerbeirat vorberatenen Angelegenheiten dem G.-Rat zur Beratung und Entscheidung vorlegen. Derartige Ausländerbeiräte gibt es in den Bundesländern Hessen, NRW und Rheinl.-Pf. Ihre Einrichtung ist u. a. eine Folge der Rechtsprechung des Bundesverfassungsgerichts, wonach es zur Einführung eines Kommunalwahlrechts für Ausländer einer Verfassungsänderung bedurfte. Für Ew. der EU-Staaten ist diese Verfassungsänderung inzwischen herbeigeführt worden. Ein kommunales Wahlrecht für alle Ausländer ist in Dtl. nach wie vor verfassungswidrig.

Eine weitere Reformwelle betrifft die Einrichtung von ›Gleichstellungsstellen‹ oder ›Frauenbeauftragten‹ zur ›Verwirklichung des Verfassungsauftrags der Gleichberechtigung von Frau und Mann‹.

Die G.-Ordnungen u. die Kreisordnungen in der Bundesrep. Dtl., Beitr. v. G. SCHMIDT-EICHSTAEDT u. a., Losebl. (1975 ff.); T. REINERS: Kommunalverfassungsrecht in den neuen Bundesländern (1991).

*Gemeindefinanzen: In den alten Bundesländern wurde die Entwicklung der letzten Jahre bestimmt durch überdurchschnittlich wachsende soziale Leistungen (v. a. in den Städten). Hatten die G. 1989 noch einen Überschuß von 2,3 Mrd. DM aufgewiesen, so entstanden in den Folgejahren Finanzierungsdefizite von bis zu 9 Mrd. DM jährlich. Die Nettokreditaufnahme, die vor 1990 rückläufig gewesen war, stieg seither kräftig an, obwohl die westd. Gemeinden nur einen geringen Teil der vereinigungsbedingten Lasten zu übernehmen hatten. Zunehmende Bemühungen der Gemeinden um einen Sparkurs in den Jahren 1993 und 1994 konnten den Anstieg der kommunalen Ausgaben lediglich verlangsamen.

Bei den Gemeinden in den neuen Bundesländern liegen je Ew. die Gesamtausgaben (1994) bei 111 % des Niveaus in den alten Ländern. Charakteristisch für die Ausgabenstruktur sind die hohen Anteile der Ausgaben für Sachinvestitionen und (trotz starker Reduzierung der Personalbestände in den vergangenen Jahren) bei den Personalausgaben. Auf der Einnahmenseite ist die eigene Finanzkraft der Gemeinden auch nach der Übernahme des westdt. Gemeindefinanzsystems (ohne Gewerbekapitalsteuer) immer noch gering. Die Steuereinnahmen je Ew. erreichten (1994) lediglich 35 % des Niveaus in den westdt. Gemeinden, so daß die ostdt. Kommunen weiterhin in hohem Maße von den Zuweisungen von Land und Bund abhängig sind (56,1 % der Einnahmen).

Problematisch für die G. sind die zunehmenden fremdbestimmten kommunalen Leistungsverpflichtungen (z. B. Sozialhilfe, Rechtsanspruch auf einen Kindergartenplatz, 3. Reinigungsstufe bei Kläranlagen gemäß EU-Recht). So machen sich strukturelle Veränderungen der Arbeitslosigkeit (zunehmende Langzeitarbeitslosigkeit) in steigenden kommunalen Sozialhilfeausgaben für Arbeitslose bemerkbar. Die Gemeinden kritisieren daher alle Absichten einer Begrenzung der Leistungen für Arbeitslose als eine Verlagerung von Ausgaben vom Bund auf die Gemeinden. Inwieweit andererseits verschiedene bundesgesetzl. Maßnahmen (z. B. Einführung der Pflegeversicherung, Begrenzung der Regelsätze bei der Sozialhilfe, Neuregelung des Asylrechtes) eine bremsende Wirkung auf die Expansion der Sozialhilfebelastungen der Kommunen ausgeübt haben, wird von Bund und Gemeinden sehr unterschiedlich beurteilt.

*Gemeindesteuern: Der Anteil der Gewerbesteuer an den Steuereinnahmen der Gemeinden (1994: 97,1 Mrd. DM) ist weiter zurückgegangen (1994: 38,9 %; 1990: 44,3 %), das Gewicht des Gemeindeanteils an der Lohn- und der veranlagten Einkommensteuer sowie am Zinsabschlag hat weiter zugenommen (1994: 46,5 %; 1990: 42,7 %). Der Anteil der G. an den Einnahmen der Gemeinden ist in den alten Bundesländern von (1990) 38,1 % auf (1994) 35,6 % gesunken. In den neuen Bundesländern liegt der Anteil bei (1994) 12,4 %. Umstritten ist die →Verpackungsteuer.

Gemeinsame Außen- und Sicherheitspolitik, Abk. **GASP,** im Vertrag über die Europ. Union (Maastrichter Vertrag) in der Nachfolge der ▷Europäischen Politischen Zusammenarbeit (EPZ) begründete (2.) Säule der →Europäischen Union (EU). Ihr Ziel ist es, in Form einer engen Zusammenarbeit

Gemeindefinanzen: Kassenmäßige Einnahmen und Ausgaben der Gemeinden in den alten und neuen Bundesländern 1994						
	alte Bundesländer		neue Bundesländer		
	Mrd. DM	%	Mrd. DM	%	je Einwohner in % des westdeutschen Niveaus
Bereinigte Ausgaben	**233,6**	**100,0**	**58,9**	**100,0**	**111**
Personalausgaben	60,0	25,7	18,1	30,7	131
Laufender Sachaufwand	41,7	17,8	10,6	18,0	111
Soziale Leistungen	47,8	20,5	6,2	10,5	57
Sachinvestitionen	41,5	17,8	17,7	30,0	192
Zinsausgaben	10,0	4,3	1,2	2,1	63
Sonstige Ausgaben	32,6	13,9	5,1	8,7	–
Bereinigte Einnahmen	**228,3**	**100,0**	**52,9**	**100,0**	**103**
Steuern und steuerähnliche Abgaben	81,2	35,6	6,6	12,4	35
Gebühren	33,7	14,8	5,0	9,5	66
Erwerbswirtschaftliche Einnahmen	13,8	6,0	2,7	5,1	–
Laufende Zuweisungen von Land und Bund	53,6	23,5	22,7	42,9	184
Investitionszuweisungen von Land und Bund	11,9	5,2	7,0	13,2	303
Einnahmen aus der Veräußerung von Vermögen	10,5	4,6	3,0	5,7	128
Sonstige Einnahmen	23,6	10,3	5,9	11,2	–
Finanzierungssaldo	**–5,3**		**–6,0**		–
Nettokreditaufnahme	3,2	–	4,3	–	340

Quelle: Statistisches Bundesamt.

Geme gemeinsamer Markt – genetischer Fingerabdruck

(ohne supranat. Charakter) die Außen- und Sicherheitspolitik der Mitgl.-Staaten der EU zu koordinieren und gemeinsame Aktionen in jenen Bereichen durchzuführen, in denen wichtige Interessen bestehen. Hauptelemente der Zusammenarbeit sind: gegenseitige Unterrichtung und Abstimmung; Festlegung gemeinsamer Standpunkte durch den Rat; Koordinierung des Handelns im Rahmen internat. Organisationen und Konferenzen. Die Entscheidungen werden generell nach dem Konsensprinzip getroffen. Der Rat kann jedoch einstimmig beschließen, daß über bestimmte Fragen der Durchführung einer gemeinsamen Aktion mit qualifizierter Mehrheit entschieden werden darf. Die GASP soll auf längere Sicht hin, v. a. im Rahmen der Westeuropäischen Union (WEU), eine gemeinsame Verteidigungspolitik einschließen. Die Bemühungen um eine gemeinsame Außenpolitik, z. B. in der Balkankrise, offenbaren jedoch die starken Defizite in der GASP.

*****gemeinsamer Markt:** Mit der Errichtung des →Europäischen Binnenmarkts zum 1. 1. 1993 wurde der g. M. im Rahmen der EG vollendet.

Gemeinschaftsarbeit, in der *Sozialhilfe* die gemeinschaftl. Zwecken dienenden Tätigkeiten, die unter den im Bundessozialhilfe-Ges. näher bezeichneten Bedingungen von arbeitsfähigen Sozialhilfeempfängern verlangt werden können.

Gemeinschaft Unabhängiger Staaten, Abk. **GUS,** russ. **Sodrushchestwo Nesawissimych Gossudarstw,** Abk. **SNG,** engl. **Commonwealth of Independent States** [ˈkɔmənwelθ əv ɪndɪˈpendənt ˈsteɪts], Abk. **CIS,** frz. **Communauté des États Indépendants** [kɔmynoˈte dezeˈta ɛ̃depɑ̃ˈdɑ̃], Abk. **CEI,** am 21. 12. 1991 gebildete Verbindung von souveränen Staaten in Osteuropa und Mittelasien, umfaßt (1995) Armenien, Aserbaidschan (1992/93 vorübergehend ausgetreten), Georgien (seit 1994), Kasachstan, Kirgistan, Moldawien, Rußland, Tadschikistan, Turkmenistan, die Ukraine, Usbekistan und Weißrußland. Mit dem Abkommen von Minsk (8. 12. 1991) setzten die Staatschefs Rußlands (B. Jelzin), der Ukraine (L. M. Krawtschuk) und Weißrußlands (Stanislaw Stanislawowitsch Schuschkewitsch, * 1934) den Vertrag vom 30. 12. 1922 über die Gründung der Union der Sozialist. Sowjetrepubliken (UdSSR) außer Kraft und begründeten die ›Gemeinschaft Slawischer Staaten‹. Auf einer Konferenz in Alma Ata schlossen sich am 21. 12. 1991 die früheren Gliedrepubliken der UdSSR – mit Ausnahme der balt. Staaten und Georgiens – zur GUS zusammen.

Ziele: Die Gründungsurkunde der GUS legt fest, daß die Zusammenarbeit der Mitgliedstaaten auf dem Prinzip der Gleichberechtigung beruht; die GUS sei ›weder ein Staat noch ein überstaatl. Gebilde‹. Die Mitgl. der GUS garantieren die Erfüllung der internat. Verpflichtungen der früheren UdSSR und verpflichten sich, einen gemeinsamen Wirtschaftsraum zu entwickeln, die Außen- und Verteidigungspolitik zu koordinieren und auf versch. weiteren Gebieten zusammenzuarbeiten (z. B. Umweltschutz, Luftverkehr, Bekämpfung organisierter Kriminalität, Migrationspolitik). Die Mitgl. vereinbarten die Schaffung eines gemeinsamen Kommandos über die ›militärisch-strateg. Streitkräfte‹ und eine ›singuläre Kontrolle der Kernwaffen‹.

Organe: Oberstes Beratungs- und Entscheidungsorgan ist der halbjährlich tagende Rat der Staatschefs, unterstützt vom Rat der Regierungschefs. In beiden Organen können Entschließungen nur auf der Grundlage eines Konsensbeschlusses gefaßt werden. Weiterhin gibt es Fachkonferenzen der Außen-, Verteidigungs-, Wirtschafts- und Verkehrsminister, eine Interparlamentar. Versammlung und ein Sekretariat mit Sitz in Minsk.

Die Beziehungen zw. einzelnen GUS-Staaten waren oft gekennzeichnet von starken Spannungen: bes. zw. Rußland und der Ukraine (über die Aufteilung der sowjet. Schwarzmeerflotte und über die staatl. Zugehörigkeit der Krim), zw. Rußland und Georgien (über die russ. Nationalitätenpolitik in Transkaukasien) sowie zw. Aserbaidschan und Armenien (über den armen. Anspruch auf Bergkarabach). Schwierigkeiten bereitete auch das atomare Erbe der früheren Sowjetunion. Mit der Bildung eines ›Stabes für militär. Koordinierung‹ am 15. 6. 1993 wurde das gemeinsame Oberkommando für die strateg. Streitkräfte abgeschafft. Mit einem Vertrag über kollektive Sicherheit (abgeschlossen am 20. 7. 1994) wurde der Versuch unternommen, gemeinsame Sicherheitsstrukturen aufzubauen. Begleitet vom Mißtrauen einiger Mitgliedsstaaten, bes. der Ukraine, tritt Rußland immer stärker als Ordnungsmacht in der GUS auf. Unter dem Druck der wirtschaftl. Probleme, bes. hinsichtlich der Versorgung der Bev., schlossen einzelne Mitgliedsstaaten der GUS mit Rußland bilaterale Verträge, die in der Konsequenz die Vormachtstellung Rußlands auch von der wirtschaftl. Seite her stärken. Die wirtschaftl. Zusammenarbeit ist noch nicht sehr weit gediehen. So wurde zwar 1993 ein Rahmenabkommen über die Schaffung einer Wirtschaftsunion unterzeichnet, doch blieb es bisher weitgehend bei solchen Absichtserklärungen und Plänen.

*****Gendron,** Maurice, frz. Violoncellist: † Grez-sur-Loing (Dép. Seine-et-Marne) 20. 8. 1990.

*****Generalić,** Ivan, kroat. Laienmaler: † Sigitec (bei Koprivnica, Kroatien) 27. 11. 1992.

genetische Algorithmen, *Informatik:* spezielle Gattung heurist. Verfahren zum Auffinden möglichst guter Lösungen für gegebene Problemstellungen. Die g. A. haben ihre Bez. daher, daß sie für die Lösungsoptimierung nach Strategien der biolog. Evolution vorgehen, d. h. aus der Genetik bekannte Mechanismen wie Replikation, Mutation und Selektion verwenden, durch die Eigenschaften von einer Elternpopulation auf eine Nachkommenpopulation vererbt werden. Ein schwieriges prakt. Problem der g. A. besteht darin, Lösungen so zu codieren, daß möglichst zweckmäßige Strukturen als Träger der ›Erbinformation‹, also quasi als Chromosomen und Gene, fungieren. Bislang sind keine Techniken bekannt, mit deren Hilfe zu einem gegebenen Problem eine möglichst gute derartige Codierung gefunden werden kann.

genetischer Fingerabdruck, Bez. für die Gesamtheit bestimmter DNS-Stücke, die in zahlreichen Kopien (repetitive Sequenzen) über das gesamte Genom verteilt vorkommen, nicht codierend und sehr kurz sind und zusätzlich an einzelnen Stellen in variabler Anzahl tandemartig hintereinander angeordnet sind. Diese Anordnung ergibt für jede Person ein sehr spezif. Muster, vergleichbar einem Fingerabdruck. In einem als DNS-Fingerprinting bezeichneten speziellen gentechn. Verfahren, das der Identifizierung von Personen anhand von Körpersekreten, Blut, Haaren oder Gewebeteilen dient, verwendet man eine Gensonde (→Genomanalyse), die diese repetitiven Sequenzen erkennt. Mit Hilfe der →Polymerase-Kettenreaktion kann ein g. F. schon aus winzigsten Spuren DNS gewonnen werden. Die Wahrscheinlichkeit, daß zwei Personen den gleichen g. F. aufweisen, wird auf 1 : 30 Mrd. geschätzt. Der g. F. stellt eine sehr präzise Methode zur Feststellung von Verwandtschaftsbeziehungen (z. B. für Vaterschaftsnachweise) dar.

Rechtl. Aspekte: Das in Großbritannien entwickelte Verfahren ist dort und auch in den USA bereits seit 1987 zur Identifizierung von Tatverdächtigen in Strafprozessen zugelassen. In der Bundesrep. Dtl. ist die Anfertigung von g. F. im Bundeskriminalamt und bei einigen Landeskriminalämtern seit Okt. 1989 prinzipiell möglich; der g. F. ist hier seit 1990 bei Kriminalfällen grundsätzlich als Beweismittel zugelassen, jedoch nach einer Entscheidung des BGH von 1992 nicht als alleiniges Beweismittel zulässig. Um den Persönlichkeitsschutz zu garantieren, sieht ein Gesetzentwurf von 1993 vor, daß die einem Beschuldigten entnommenen Körperzellen nach einem Strafverfahren vernichtet werden müssen und nicht weiter untersucht werden dürfen.

*Genf 1): 1995 wurde G. Sitz der →Welthandelsorganisation. 1994 wurde das Museum moderner und zeitgenöss. Kunst eröffnet, 1995 das Internat. Automobil-Museum.

Genfer Jugoslawienkonferenz, unter dem Vorsitz von UNO und EG seit dem 3. 9. 1992 mit Unterbrechungen in Genf tagende Konferenz, beruhend auf den Beschlüssen der Londoner Jugoslawienkonferenz vom 26.–28. 8. 1992. Die G. J. zielt auf die sofortige Beendigung der Kampfhandlungen im früheren Jugoslawien, die bedingungslose Beachtung der Menschenrechte, die Unterstellung der schweren Waffen unter UN-Aufsicht sowie die Verpflichtung, Grenzen nicht gewaltsam zu verändern. Der von den Vermittlern C. VANCE und Lord D. OWEN, den Vors. der Konferenz, am 28. 10. 1992 vorgelegte Friedensplan zur Lösung des Konflikts in Bosnien und Herzegowina fand auf seiten der Betroffenen, der bosn. Muslime, bosn. Serben und bosn. Kroaten, keine gemeinsame Zustimmung. Dieser sah die Aufteilung von Bosnien und Herzegowina in zehn weitgehend autonome Prov. (je drei für die Muslime, Serben und Kroaten, daneben die multinat. Hauptstadt Sarajevo) vor. Neben einem Verf.-Entwurf enthielt der Friedensplan Bestimmungen über einen Waffenstillstand. Ein am 28. 8. 1993 von den Vermittlern Lord OWEN und T. STOLTENBERG vorgelegter Kompromißplan, der eine ›Union der vereinigten bosn. Republiken‹, bestehend aus drei Republiken der drei Volksgruppen, vorsah, schlug ebenfalls fehl. Im Juli 1994 unternahm eine ›Kontaktgruppe‹ aus Vertretern Rußlands, der USA und der EU (Dtl., Frankreich, Großbritannien und Griechenland) einen neuerl. Versuch zur Lösung des Konflikts: Ihr Vorschlag, nach dem die bosn. Serben 49% und die im März 1994 projektierte muslimisch-kroat. Konföderation 51% des Territoriums von Bosnien und Herzegowina erhalten sollten, ging in den Friedensvertrag von Dayton (14. 12. 1995) ein.

Gennes [ʒɛn], Pierre-Gilles de, frz. Physiker, * Paris 24. 10. 1932; ab 1961 Prof. an der Université de Paris-Sud, seit 1971 Lehrstuhl für Physik der kondensierten Materie am Collège de France; übernahm 1976 zusätzlich die Leitung der École Supérieure de Physique et Chimie in Paris. G. arbeitete u. a. über Supraleitung und leistete grundlegende Beiträge zum Verständnis der Phasenübergänge bei Flüssigkristallen und des Verhaltens von Polymeren. Für seine Verdienste erhielt G. den Nobelpreis für Physik 1991.

Genom|analyse, Bez. für Verfahren der Analyse genetisch bedingter Eigenschaften des Menschen. G. finden u. a. Anwendung zur Feststellung von Erbanlagen für Krankheiten, bes. genetisch bedingten Empfindlichkeiten gegen Umwelteinflüsse (z. B. Schadstoffe, Arzneimittel, Nahrungsmittel), außerdem zur Feststellung familiärer Abstammung sowie zur Identifizierung von Personen.

Bei der **direkten** G. ist die genaue Kenntnis des Gens und der zu diagnostizierenden Mutation erforderlich. Durch Einsatz bestimmter ▷ Restriktionsenzyme oder von Gensonden (radioaktiv oder mit Farbstoff markierte DNS-Stücke, die dem zu untersuchenden DNS-Genabschnitt komplementär sind und bei entsprechend genauen Bedingungen schon den Austausch einer einzigen Base, also eine Punktmutation, anzeigen) sind ein Teil der Mutationen, die Erbkrankheiten zugrunde liegen, nachzuweisen. Bei der **indirekten** G. hingegen macht man sich die Tatsache zunutze, daß der gesuchte Gendefekt oft mit einer anderen Mutation zufällig gemeinsam auftritt, die auf dem Chromosom eng benachbart ist und als genet. Marker dient. Der Nachweis geschieht wiederum mit Hilfe von Restriktionsenzymen oder DNS-Sonden.

Außer den reinen DNS-Analysen ist zur G. in begrenztem Ausmaß auch eine lichtmikroskop. Chromosomenanalyse geeignet, bei der mittels Vergleich versch. Karyogramme Abweichungen von der normalen Größe, Form und Anzahl der Chromosomen sowie das Geschlecht des Chromosomenträgers festgestellt werden können. Auch eine Analyse des äußeren Erscheinungsbildes (Phänotypanalyse) kann Hinweise auf Besonderheiten im Genom geben.

Anwendungsbereiche der G. sind v. a. die genet. Beratung und pränatale Diagnostik, die Kriminalistik (→genetischer Fingerabdruck) sowie die Öko- und Pharmagenetik (zur Feststellung bes. genetisch bedingter Reaktionsweisen des Organismus auf Umweltfaktoren). Im Rahmen der Arbeitsmedizin durchgeführte G. an Arbeitnehmern (lichtmikroskop. Chromosomenanalysen sind in vielen Firmen, auch in Dtl., bereits üblich) könnten allerdings das bisherige System des Arbeitsschutzes beeinträchtigen; außerdem könnte es durch routinemäßige Diagnose von Anfälligkeiten für bestimmte Berufskrankheiten zu Interessenkonflikten zw. Arbeitnehmern und Arbeitgebern kommen, wenn die Ergebnisse von G. als Auswahlkriterium z. B. bei Einstellungen herangezogen werden. (→Gentechnologie)

*Genscher, Hans-Dietrich, Politiker: Hatte entscheidenden Anteil am erfolgreichen Abschluß der Zwei-plus-Vier-Gespräche (Mai bis Sept. 1990). Im Rahmen des KSZE-Prozesses trat er 1991/92 für die Anerkennung der Unabhängigkeit u. a. Sloweniens und Kroatiens ein. Im Mai 1992 trat G. als Vizekanzler und Außen-Min. zurück; seitdem ist er Ehren-Vors. der FDP. 1995 veröffentlichte G. seine ›Erinnerungen‹.

Gentechnikgesetz, am 1. 7. 1990 in Kraft getretenes Bundes-Ges. mit dem Zweck, einen rechtl. Rahmen für die Erforschung, Entwicklung, Nutzung und Förderung der wiss. und techn. Möglichkeiten der Gentechnik zu schaffen sowie Mensch und Umwelt vor mögl. Gefahren gentechn. Verfahren und Produkte zu schützen.

Anmelde- oder genehmigungspflichtig sind nach dem G. gentechn. Arbeiten zu Forschungs- und gewerbl. Zwecken, das Inverkehrbringen von Produkten, die gentechnisch veränderte Organismen enthalten, und das gezielte Ausbringen (Freisetzen) gentechnisch veränderter Organismen in die Umwelt. Das eigentl. G. enthält nur allgemeine Aussagen, Einzelheiten sollen durch Rechts-VO geregelt werden. Bisher sind zu folgenden Punkten Durchführungs-VO in Kraft getreten: 1) Definition der für gentechnolog. Anlagen vorgesehenen Sicherheitsstufen, der Sicherheitsmaßnahmen für Labor- und Produktionseinrichtungen sowie der Anforderungen an die Zucht von gentechnisch veränderten Pflanzen und an die Tierhaltung (Gentechnik-Sicherheits-VO). Nach dieser VO werden folgende Sicherheitsstufen definiert: Stufe 1: gentechn. Arbeiten mit apathogenen Organismen ohne Risiko für Beschäftigte, Bevölkerung, Kulturpflanzen, Nutztiere und Umwelt; Stufe 2: Arbeiten mit gentechnisch veränderten, pathogenen Organismen mit mäßigem Risiko für die Beschäftigten und geringem Risiko für Bevölkerung, Kulturpflanzen, Nutztiere und Umwelt; Stufe 3: Arbeiten mit gentechnisch veränderten hochpathogenen Organismen mit hohem Risiko für die Beschäftigten und geringem Risiko für Bevölkerung, Kulturpflanzen, Nutztiere und

Pierre-Gilles de Gennes

Gent Gentechnologie – Genthin

Umwelt; Stufe 4: gentechn. Arbeiten, von denen hohe Risiken für die Beschäftigten sowie Bevölkerung, Kulturpflanzen, Nutztiere und Umwelt ausgehen oder der begründete Verdacht eines solchen Risikos besteht; 2) Regelung der Verfahrensabläufe bei der Genehmigung gentechn. Produktionsanlagen, bei der Freisetzung gentechnisch veränderter Organismen und dem Inverkehrbringen der Produkte (Gentechnik-Verfahrens-VO); 3) Form und Ablauf der öffentl. Anhörungsverfahren bei der Genehmigung gentechn. Anlagen (Gentechnik-Anhörungs-VO); 4) Arbeitsweise und Zusammensetzung der Zentralen Kommission für Biolog. Sicherheit (ZKBS), die vor Zulassung gentechn. Einrichtungen und vor Freisetzung gentechnisch veränderter Organismen für die Länderbehörden weitgehend verbindl. Stellungnahmen abgibt (ZKBS-VO); 5) Regelung der Aufzeichnungspflicht, der sämtl. Forschungs- und Produktionszwecken dienende gentechn. Arbeiten unterliegen (Gentechnik-Aufzeichnungs-VO).

Die Novellierung des G. vom 16. 12. 1993 betraf v. a. die Anmelde- und Genehmigungsverfahren für gentechn. Anlagen: So bedürfen gentechn. Anlagen zu gewerbl. Zwecken, in denen gentechn. Arbeiten der Sicherheitsstufe 1 durchgeführt werden, nunmehr lediglich einer Anmeldung statt – wie bisher – einer Genehmigung. Weiterhin sind die Fristen im Anmelde- und Genehmigungsverfahren verkürzt worden. Darüber hinaus entfällt der obligator. Einbindung der ZKBS, z. B. bei der Anmeldung gentechn. Anlagen der Sicherheitsstufe 1 sowie in Fällen, in denen die gentechn. Arbeit einer bereits von der ZKBS eingestuften Arbeit vergleichbar ist; die Kriterien einer solchen Vergleichbarkeit sind bislang nicht festgelegt worden. Im Rahmen der Genehmigung gentechn. Anlagen der Sicherheitsstufe 1 und unter bestimmten Voraussetzungen auch der Sicherheitsstufe 2 sollen keine öffentl. Anhörungsverfahren mehr stattfinden; ebenso ist bei Freisetzungen gentechnisch veränderter Organismen nur noch dann ein Anhörungsverfahren vorgeschrieben, wenn es sich um Organismen handelt, deren Ausbreitung nicht begrenzbar ist; eine Kriterienliste zur Bestimmung von Organismen, deren Ausbreitung begrenzbar ist, wird z. Z. diskutiert. Kritisiert wird v. a. die Vereinfachung der Verfahren zur Freisetzung gentechnisch veränderter Organismen (→Freilandversuch).

*****Gentechnologie:** Breite Anwendung finden gentechnolog. Verfahren außer in der Grundlagenforschung (u. a. →Human Genome Project) v. a. in der Züchtung von Nutzpflanzen (→transgene Organismen, →Freilandversuch), in einigen Bereichen der Medizin (→Gentherapie, →genetischer Fingerabdruck) und in der Lebensmittelherstellung (→Novel food).

Rechtl. Aspekte: Die Novellierung des →Gentechnikgesetzes brachte v. a. eine Vereinfachung der Anmelde- und Genehmigungsverfahren. Nach wie vor regelt das Gentechnikgesetz nicht die Anwendung gentechnolog. Methoden auf den Menschen. Einige Teilaspekte berücksichtigt das →Embryonenschutzgesetz. – Die Patentierung der sogenannten Krebsmaus, der ein Tumorgen, das myc-Onkogen, eingepflanzt worden war, in den USA 1988 löste eine intensive Diskussion über die Patentierung transgener Organismen aus. Obwohl auch das Europ. Patentamt 1992 für die Krebsmaus den Patentschutz erteilte, sind die rechtl. und eth. Fragen im Zusammenhang mit Patentansprüchen auf Organismen noch nicht geklärt. Ähnliches gilt für die Patentierungsmöglichkeit von DNS-Sequenzen; selbst für fragmentar. Nukleotidsequenzen, denen bislang keine Funktion zugeordnet werden konnte, wird Patentschutz angestrebt.

Gentherapie, Bez. für gezielte Veränderungen des menschl. Erbguts, die der Korrektur erblich bedingter Erkrankungen dienen. Hierbei ist zu unterscheiden zw. der **somatischen G.,** der Korrektur genet. Defekte in Körperzellen, und der **Keimbahn-G.,** die in Zellen der Keimbahn vorgenommen wird und die Vererbung der eingeführten Veränderung an die folgenden Generationen einschließt. Bestehende Defekte im Genom können im Rahmen einer G. kompensiert werden durch Einbringen des entsprechenden Gens, durch Einbringen eines Gens, das die Auswirkungen z. B. eines fehlerhaften Gens kompensiert, oder durch den direkten Austausch des defekten Gens gegen ein gesundes. Bislang sind über 3 000 Krankheiten bekannt, die auf das Fehlen oder einen Defekt eines einzigen, bekannten Gens zurückzuführen sind. Seit 1989 laufen Versuche, die G. auch beim Menschen anzuwenden. Hauptprobleme sind: Es ist zwar möglich, fremde Gene in den Zellkern einzubringen, jedoch kann nicht beeinflußt werden, an welcher Stelle ein Fremdgen integriert wird; ebensowenig kann die Regulation der Genexpression kontrolliert oder beeinflußt werden, die für ein einwandfreies Funktionieren notwendig ist. Aus Experimenten zur Erzeugung →transgener Organismen ist bekannt, daß durch den Einbau von Fremdgenen in das Genom eines Organismus neue Mutationen mit z. T. schwerwiegenden Folgen entstehen können, wenn das fremde Gen innerhalb der codierenden Region eines anderen Gens eingebaut wird.

Nachdem 1990 erstmals in den USA durch Implantation gentechnisch veränderter Zellen in Blutzellen der Versuch gemacht wurde, eine Krankheit durch G. zu heilen, wurden bis Mitte 1994 weltweit rd. 100 Menschen mit G. behandelt. Die ersten G. in Dtl. wurden im Frühjahr 1994 in Berlin und Freiburg im Breisgau bei Patienten mit Nierenzell- und Dickdarmkrebs durchgeführt; bis Mitte 1994 gingen beim Bundesministerium für Forschung und Technologie rd. 180 Anträge zur G. ein. Es gelang bislang allerdings nicht, mittels G. eine Krankheit zu heilen. Die ersten mit G. behandelten Patienten, die an einer erbl. Immunschwäche (ADA-Defizienz) litten, die durch die Fehlfunktion eines Enzyms (Adenosin-Desaminase; Abk. ADA) verursacht wird, sind seit der G. jedoch beschwerdefrei; sie müssen die Behandlung mit den gentechnisch veränderten Zellen jedoch von Zeit zu Zeit wiederholen, und es ist noch offen, ob dieser Erfolg langfristig anhalten wird. In Entwicklung befinden sich z. Z. gentherapeut. Methoden zur Behandlung von versch. Krebsformen, von Mukoviszidose, Bluterkrankheit, extrem erhöhtem Blutfett (Hypercholesterolemie), Sichelzellanämie, Thalassämie, Diabetes, Osteoporose, Alzheimerscher Krankheit, Hepatitis B, Erkrankungen des Zentralnervensystems sowie des Herz-Kreislauf-Systems und AIDS.

Prinzipiell wird die somat. G. als vertretbare Therapieform angesehen, gegen die unter der Bedingung, daß ihre Anwendung keine unkalkulierbaren Risiken birgt und ein klarer Indikationskatalog vorliegt, keine grundsätzl. eth. Bedenken bestehen. In Dtl. gibt es bislang keinen rechtl. Rahmen für den Einsatz der somat. G. Angestrebt wird sowohl die Bildung einer bundesweiten Ethikkommission als auch eine rechtzeitige Regelung der Zulassungsvoraussetzungen für den Einsatz der G. entweder im Arzneimittelgesetz oder in eigenen Rechtsvorschriften. Die Keimbahn-G. hingegen wird von den meisten Wissenschaftlern als ethisch nicht vertretbar abgelehnt; sie ist in Dtl. gemäß § 5 des →Embryonenschutzgesetzes vom 13. 12. 1990 verboten.

*****Genthin 2):** Der seit 3. 10. 1990 zum Land Sachs.-Anh. gehörende Landkreis G. ging am 1. 7. 1994 im Kr. Jerichower Land auf. Die Stadt Genthin ist damit nicht mehr Kreisstadt.

Götz George

Genzken, Isa, Bildhauerin, Photokünstlerin und Malerin, * Bad Oldesloe 27. 11. 1948; formuliert in bewußter Rückbesinnung auf die konstruktivist. Tendenzen der 1920er Jahre in ihren auf klare Formen reduzierten plast. Arbeiten einen autonomen Bereich, der sich den traditionellen Kategorien der Skulptur, bes. den ›männl.‹ Formen (Vertikalität, hierarch. Anordnung), verweigert. So versucht sie ihren raumgreifenden Konstruktionen eine geschlechtsspezif. Definition von Skulptur einzuschreiben.

I. G., Ausst.-Kat. (1992).

GEO 600, dt.-brit. Gemeinschaftsprojekt eines Gravitationswellendetektors, der 1994 in Hannover in Bau ging und 1997 fertiggestellt sein soll. Die Anlage besteht aus einem hochempfindl. Laserinterferometer mit zwei 1,5 m unterhalb der Erdoberfläche installierten Armen von je 600 m Länge; als Lichtquelle dient ein Neodym-YAG-Laser (Wellenlänge 1064 nm, Leistung 20 W). Mit GEO 600 sollen von Pulsaren, Neutronen-Doppelsternen oder Supernovae abgestrahlte ▷Gravitationswellen gesucht werden.

***Georg-Büchner-Preis:** Seit 1989 mit 60 000 DM dotiert; Preisträger: B. STRAUSS (1989), T. DORST (1990), W. BIERMANN (1991), G. TABORI (1992), P. RÜHMKORF (1993), A. MUSCHG (1994), D. GRÜNBEIN (1995).

Isa Genzken: Bild; 1989 (Privatbesitz)

George, Götz, Schauspieler, * Berlin 23. 7. 1938, Sohn von HEINRICH G. und BERTA DREWS; 1958–63 am Dt. Theater Göttingen, danach Gastspiele und Tourneen. Bekannt wurde G. durch seine z. T. komödiant. Film- (seit 1953) und Fernsehrollen (seit 1957), insbesondere als Kommissar Horst Schimanski in der Fernsehserie ›Tatort‹ (29 Folgen, 1981–91).

Weitere Filme: Aus einem dt. Leben (1977); Abwärts (1984); Die Katze (1987); Der Bruch (1988); Blauäugig (1989); Schulz u. Schulz (Fernsehkomödie, 5 Tle., 1989–93); Schtonk (1992); Der Totmacher (1995); Der Sandmann (Fernsehfilm, 1995).

G. G. Schauspieler u. Superstar, Beitr. v. BERNDT SCHULZ (1988); H. R. BLUM: G. G. (³1994).

***Georg-Forster-Station:** Die Antarktisstation wurde 1992 vom Alfred-Wegener-Institut übernommen und bis 1995 als Sommerstation genutzt; sie wird jetzt abgebaut.

Georgi|en, georg. **Sakartwẹlo,** amtl. **Sakartwẹlos Respụblika,** dt. **Republịk G.,** bis 9. 4. 1991 ▷Georgische Sozialistische Sowjetrepublik, Staat in SW-Asien, mit einer Fläche von 69 700 km² fast so groß wie Bayern, (1994) 5,45 Mio. Ew., Hauptstadt ist Tiflis (georg. Tbilissi). G. grenzt im NW an das Schwarze Meer und Rußland, im O und SO an Aserbaidschan und im S an Armenien und die Türkei. Zum Staatsgebiet gehören die autonomen Republiken Abchasien und Adscharien sowie das Autonome Gebiet Südossetien (Autonomiestatus 1990 von G. aufgehoben). Amtssprache ist Georgisch, Währung ist der Lari (zu 100 Tetri), der am 25. 9. 1995 den Georg. Kupon (GEK) ablöste. Uhrzeit: 15:00 Tiflis = 12:00 MEZ.

Georgien

Fläche: 69 700 km²
Einwohner: (1994) 5,45 Mio.
Hauptstadt: Tbilissi (Tiflis)
Amtssprache: Georgisch
Nationalfeiertag: 26. 5.
Währung: Lari = 100 Tetri
Zeitzone: 15:00 Uhr Tiflis = 12:00 Uhr MEZ

STAAT · RECHT

Verfassung: Am 24. 8. 1995 verabschiedete das georg. Parlament eine neue Verf., die am 17. 10. 1995 in Kraft trat. Mit ihr wurde ein Präsidialsystem eingeführt. Der Staatspräs. ist Staatsoberhaupt und Chef der Exekutive. Er wird vom Volk für fünf Jahre gewählt, wobei im ersten Wahlgang die absolute Mehrheit der abgegebenen Stimmen bei einer Wahlbeteiligung von mindestens 50% erforderlich ist und ein ggf. notwendiger zweiter Wahlgang als Stichwahl ausgestaltet ist. Die Min. werden vom Staatspräs. ernannt, wobei jede Ernennung der nachträgl. Zustimmung des Parlaments bedarf. Die Regierungs-Mitgl. sind nur dem Präs., nicht aber dem Parlament verantwortlich. Am 5. 11. 1995 wurde (zugleich mit der Präsidentschaftswahl) ein neues Parlament gewählt, von dessen 235 Abg. 150 nach dem System der Verhältniswahl mit landesweiten Listen und einer Sperrklausel von 5% und 85 nach dem System der Mehrheitswahl in Einzelwahlkreisen zu wählen sind. In den zehn Wahlkreisen Abchasiens und Südossetiens, die sich von G. praktisch getrennt haben, konnten allerdings keine Wahlen durchgeführt werden. Nach einer Wiederherstellung der georg. Staatsgewalt in diesen Gebieten soll das gegenwärtig aus einer Kammer bestehende Parlament in zwei Kammern (Rat der Rep. und Senat) umgewandelt werden. Der Rat der Rep. soll dann nach der reinen Verhältniswahl gewählt und die Mitgl. des Senats teilweise in den einzelnen Gebietseinheiten gewählt und teilweise vom Staatspräs. ernannt werden. Von den einzelnen Gebietseinheiten sollen Abchasien und Adscharien die Autonomie erhalten, während die Autonomie Südossetiens nicht wiederhergestellt werden soll. Zum Zweck der Normenkontrolle soll ein Verfassungsgericht errichtet werden, von dessen neun Richtern je drei vom Staatspräs., dem Parlament und dem Obersten Gericht für zehn Jahre bestellt werden sollen.

Parteien: Nach der Freigabe von Parteigründungen 1990 bildete sich eine Vielzahl von Parteien. Im Zuge der innenpolit. Auseinandersetzungen zw. Präs. S. GAMSACHURDIA und seinen Gegnern löste sich das Parteienbündnis ›Runder Tisch – Freies G.‹, das die Wahlen von 1990 gewonnen hatte, auf. Anläßlich der Wahlen vom Okt. 1992 schlossen sich mehrere Parteien zu Blöcken, u.a. ›Friedensblock‹ und ›Block 11. Oktober‹, zusammen. Weitere Gruppierungen waren u.a. die Nationaldemokraten, die Grünen, Demokrat. Partei, Charta-91, Union Georg. Tradition/Ilja Tschawtschawadse-Gesellschaft. Mit der ›Vereinigung der Bürger G.s‹ schuf sich E. SCHEWARDNADSE im Nov. 1993 eine eigene polit. Plattform. Die nach dem Putsch orthodox-kommunist. Kräfte (Aug. 1991) verbotene KP wurde 1994 wiedergegründet.

Georgien

Staatswappen

Nationalflagge

Internationales Kfz-Kennzeichen

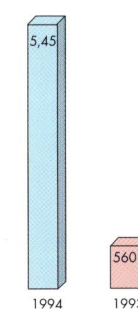

1994 Bevölkerung (in Mio.) 1993 Bruttosozialprodukt je Ew. (in US-$)

Stadt 56% Land 44%
Bevölkerungsverteilung 1992

Dienstleistung 44% Landwirtschaft 27% Industrie 29%
Erwerbstätige 1992

Geor Georgien

Wappen: In der Mitte des Wappens ist der hl. GEORG, der Schutzpatron G.s, über den Berg Elbrus reitend, dargestellt. Darüber symbolisieren Mond und Sonne die histor. Königreiche sowie fünf Sterne die alten Fürstentümer. Das Ganze wird von einem Ornamentkranz umschlossen, der in einem siebenzackigen Stern ruht. Ornamentkranz und Stern entstammen der georg. Folklore.

Georgien: Übersichtskarte

Nationalfeiertag ist der 26. 5., zur Erinnerung an die Ausrufung der Unabhängigkeit 1918.

Verwaltung: Auf der lokalen Ebene ist G. in 65 Landkreise und 14 kreisfreie Städte eingeteilt, in denen über 1 000 Gemeinden und Stadtbezirke bestehen. Unmittelbar von der Bev. werden nur die Versammlungsorgane der letzteren für drei Jahre gewählt, die ihrerseits die Kreisversammlungen wählen. Als Vollzugsorgane bestellen die jeweiligen Versammlungen einen kollegialen Vorstand und einen Verwaltungschef. Regionale Selbstverwaltungseinheiten bestehen für die nat. Minderheit der Abchasen und die religiöse Minderheit der Adscharen in Gestalt je einer Autonomen Rep. mit eigenem Parlament (Oberster Sowjet) und Reg. (Ministerrat). Die Autonomie des für die nat. Minderheit der Osseten eingerichteten Autonomen Gebiets Südossetien wurde im Dez. 1990 aufge-

\multicolumn{6}{c}{**Klimadaten von Tbilissi** (490 m ü. M.)}
Monat	Mittleres tägl. Temperatur-maximum in °C	Mittlere Nieder-schlags-menge in mm	Mittlere Anzahl der Tage mit Nieder-schlag	Mittlere tägl. Sonnen-scheindauer in Stunden	Relative Luft-feuchtigkeit nachmittags in %
I	3,9	16	6	3,4	74
II	7,2	22	7	3,9	69
III	10,6	29	8	4,8	65
IV	16,1	56	12	5,7	61
V	21,1	92	16	6,8	63
VI	26,1	72	11	8,4	60
VII	28,3	50	10	8,8	57
VIII	28,3	34	8	8,5	57
IX	23,3	43	9	6,9	64
X	17,8	42	9	5,5	72
XI	10,6	39	9	3,7	77
XII	6,1	23	7	3,0	75
I–XII	16,7	518	112	5,8	66

hoben. Tatsächlich haben sich Abchasien und Südossetien von G. weitgehend gelöst, so daß die Zentralgewalt hier nicht effektiv ist.

Recht: Die Justiz befindet sich in einem ungeregelten Zustand. Formell bestehen zwei zweistufige Gerichtsbarkeiten. Die für Zivil- und Strafsachen zuständige ordentl. Gerichtsbarkeit wird in erster Instanz von den Kreisgerichten und in zweiter Instanz vom Obersten Gericht ausgeübt, wobei die beiden Autonomen Rep. über eigene Oberste Gerichte als Zwischeninstanzen verfügen. Für wirtschaftsrechtl. Streitigkeiten sind in erster Instanz vier Arbitragegerichte und in zweiter Instanz das Oberste Arbitragegericht zuständig. Außerdem bestehen Militärgerichte. Die Richter der beiden obersten Gerichte werden vom Parlament gewählt, wobei dem jeweiligen Gerichts-Präs. das Vorschlagsrecht zusteht. Die übrigen Richter werden vom Staatsoberhaupt ernannt. Alle Richter werden für zehn Jahre bestellt. Die Staatsanwaltschaft, der über die Strafverfolgung hinaus auch die allgemeine Rechtsaufsicht in Zivil- und Verwaltungssachen obliegt, ist strikt zentralistisch organisiert.

Streitkräfte: Die innenpolit. Zustände in G. lassen gegenwärtig kaum Angaben über die georg. Streitkräfte zu. Die Stärke der Regierungsarmee ist nicht genau bekannt; 1992 war geplant worden, eine Truppenstärke von etwa 20 000 Mann zu erreichen. Gemäß KSE-Vertrag darf G. u. a. 220 Kampfpanzer und 100 Kampfflugzeuge besitzen.

Internat. Mitgliedschaften: UNO, GUS, OSZE.

LANDESNATUR · BEVÖLKERUNG

Landesnatur: G. erstreckt sich zw. der vergletscherten Hauptkette des Großen Kaukasus im N und NO, dem Kleinen Kaukasus im S und dem Schwarzen Meer im westl. und mittleren Teil Transkaukasiens. Im N umfaßt G. weite Bereiche der S-Abdachung des Großen Kaukasus mit dem Schchara (5 068 m ü. M.) und dem Kasbek (5 033 m ü. M.) als höchsten Erhebungen des Landes, im S des Landes liegen Teile des Kleinen Kaukasus und des Ararathochlandes (bis 3 301 m ü. M.). Zw. dem Großen und dem Kleinen Kaukasus sind die Zwischengebirgsregionen eingebettet, im W die sich zum Schwarzen Meer hin öffnende Kolchis am unteren Rioni, weiter östlich die transkaukasische Senkungs- und Beckenzone im Einzugsbereich der Kura.

G. ist überwiegend ein Gebirgsland mit starken Relief- und Klimaunterschieden auf engstem Raum. Mehr als 50% des Landes liegen über 1 000 m ü. M., nur ein knappes Viertel in Höhenlagen bis zu 500 m ü. M. In den fruchtbaren Niederungen konzentrieren sich allerdings die Siedlungsschwerpunkte. Größter Fluß ist die in der Türkei entspringende Kura, die ins Kasp. Meer mündet. Zum Schwarzen Meer hin entwässern u. a. Rioni, Inguri und Tschoroch. Die gefällereichen Flüsse werden zur Energiegewinnung und zur Bewässerung genutzt.

Klima: G. liegt im Übergangsbereich vom subtrop. zum gemäßigten Klima. Im W herrscht bis in Höhenlagen von 600 m ü. M. feuchtes, subtrop. Klima, die östl. Landesteile stehen unter kontinentalem Einfluß und weisen i. d. R. ein trockenes Klima auf. Die Gebiete an der Schwarzmeerküste haben mäßig kalte Winter und lange warme Sommer bei sehr hoher Luftfeuchtigkeit. An der adscharischen Küste werden jährl. Niederschlagsmengen von 2 400 bis 3 000 mm gemessen. In Ost-G. schwanken die Jahresniederschläge zw. 400 und 700 mm, die geringsten Niederschläge fallen im SO in der Gardabani- und Eldarsteppe. In den Gebirgsregionen ist das Klima starken Schwankungen unterworfen. Die niedrigsten Temperaturen (bis –40 °C) werden im Dschawetischen Bergland im Kleinen Kaukasus gemessen.

Vegetation: Etwa ein Drittel der Landesfläche ist bewaldet. Größere Wälder befinden sich nur in der westl. Landeshälfte, Mischwälder in den Niederungen, Buchenwälder, Fichten- und Gebirgskiefernwälder in höheren Lagen. In einigen Regionen haben sich seltene Reliktarten wie Eibe und Buchsbaum, Eldarkiefer und Pizundakiefer erhalten. Folgeprobleme einer zunehmenden Waldübernutzung im Gebirge ist die steigende Gefahr von Lawinen und Bergrutschen. Oberhalb der Waldgrenze (im Großen Kaukasus bei 2 800 m ü. M., im Kleinen Kaukasus bei 3 500 m ü. M.) breiten sich subalpine und alpine Matten aus. In weiten Teilen Ost-G.s herrschen Bart- und Pfriemengrassteppen mit Dornsträuchern vor.

Bevölkerung: Die sehr heterogene Bev. setzte sich 1989 zu 68,8% aus Georgiern, 9% Armeniern, 7,4% Russen, 5,1% Aserbaidschanern, 3,2% Osseten, 1,9% Griechen, 1,7% Abchasen und 2,9% anderen Volksgruppen zusammen. Zu den Georgiern gezählt werden seit 1930 die Mingrelier und die Swanen. Ethn., sprachl. und kulturelle Unterschiede bestehen zu dem nordwestkaukas. Volk der Abchasen (88% aller Abchasen leben in der abtrünnigen Rep. Abchasien) und zu den Osseten, die teils Christen, teils Muslime sind. Im Grenzgebiet zur Türkei leben die etwa 150 000 muslim. Adscharen (in der Rep. Adscharien). Nationalitätenkonflikte gibt es nicht nur mit den Abchasen, sondern auch mit den Osseten, den Adscharen und der armen. Minderheit im S des Landes. Außerdem bestehen Konflikte zw. einzelnen georg. Volksgruppen in den Gebirgsregionen. Die seit 1980 geforderte Rückkehr und Wiederansiedlung der unter STALIN zwangsumgesiedelten georg. Mescheten wurde von G. bislang nicht gestattet.

Die durchschnittl. Bevölkerungsdichte beläuft sich auf 78 Ew. je km^2. Die einzelnen Landesteile sind jedoch sehr unterschiedlich dicht besiedelt. Der weitaus größte Teil der Bev. lebt in den zentral gelegenen Tälern und an der Schwarzmeerküste, während die Gebirgsregionen, die den größten Teil der Landesfläche einnehmen, eine äußerst geringe Bevölkerungsdichte aufweisen. Der Grad der Verstädterung hat seit 1970 beständig zugenommen; 1992 belief sich der Anteil der Stadtbewohner auf 55,8% (1970: 47,8%). In Tiflis leben (1991) 1,283 Mio. Menschen, d. i. etwa ein Viertel der Gesamtbevölkerung. Die meisten der rd. 400 000 georg. Flüchtlinge aus Abchasien leben ebenfalls in der Hauptstadt. Die nächstgrößeren Städte sind Kutaissi (238 200 Ew.), Rustawi (161 900 Ew.), Batumi (137 500 Ew., Hauptstadt Adschariens) und Suchumi (120 000 Ew., Hauptstadt Abchasiens).

Die durchschnittliche jährl. Wachstumsrate der Bev. lag zw. 1970 und 1979 bei +0,7%, zw. 1979 und 1989 bei +0,79%; seit 1991 ist sie rückläufig (1991–93 −0,16%).

Religion: Die Bev. gehört überwiegend der georgischen orth. Kirche an (65%), deren Oberhaupt (Katholikos) seinen Sitz in Tiflis hat. Ferner gibt es Muslime (11%), russisch-orth. Christen (10%) und Angehörige der armenischen Kirchen (8%).

Bildungswesen: Der im Rahmen der ehem. Sowjetrepubliken traditionell vergleichsweise gute Bildungsstand (15% der Bev. haben mindestens einen mittleren Bildungsabschluß) scheint nicht aufrechterhalten werden zu können. Die Schulzeit umfaßt, zumindest in den Städten, elf Jahre. Die differenzierte Gesamtschule wird (1992/93) von 741 000 Schülern besucht (1990/91: 878 200). Die mittleren Fachschulen (Schulzeit vier Jahre) haben (1992/93) 34 500, die beruflich-techn. Schulen (Schulzeit drei Jahre) haben (1991/92) 36 400 Schüler, die 13 Hochschuleinrichtungen, darunter Univ. und TU in Tiflis sowie Univ. in Suchumi, insgesamt (1992/92) 91 000 Studenten. An Schulen und Hochschulen wird die russ. Sprache weiter zurückgedrängt, bereits 1988 besuchten 66% der Schüler georgischsprachige Schulen, 23,6% russischsprachige; den restl. Schulen (meist nur der Eingangsstufe) unterrichteten in den Sprachen der Minderheiten. Mit der Sprache wird der Akzent der Bildungsziele auf Kultur und Geschichte verschoben. Eine Reihe von Forschungseinrichtungen sind in der Georg. Akademie der Wissenschaften organisiert, daneben gibt es mehrere selbständige, v. a. medizin. Forschungseinrichtungen, andere sind den Staatsbetrieben zugeordnet. Die Ausgaben für Kultur und Bildung betragen (1992) rd. 8,4 Mrd. Rubel (19,7% des öffentl. Haushalts).

Publizistik: Presse: 1989 erschienen nach offiziellen Angaben 149 Zeitungen, davon 128 in georg. Sprache; fünfmal wöchentlich kommen ›Sakartwelos Respublika‹ und (in Russisch) ›Westnik Grusii‹ heraus, dreimal wöchentlich ›Akhalgazrda Iverieli‹. Publiziert wurden außerdem 75 Zeitschriften, davon 61 in Georgisch. – *Nachrichtenagenturen:* ›Georgian News Agency‹, Tiflis, gegr. 1921; ›Iberia‹, Tiflis. – *Rundfunk:* ›Radio Tbilissi‹ sendet in Georgisch, Armenisch, Azeri (der aserbaidschan. Sprache) und Russisch, ›TV Tbilissi‹ in Georgisch und Russisch.

Georgien: Ansiedlung unterhalb des seit dem 18. Jahrhundert verlassenen Felsens Uplisziche bei Gori

WIRTSCHAFT · VERKEHR

Wirtschaft: Der Niedergang der georg. Wirtschaft wurde nicht nur durch den Zusammenbruch der Sowjetunion, sondern v. a. durch die militär. Auseinandersetzungen um das Autonome Gebiet Südossetien und die Rep. Abchasien sowie durch die Kämpfe zw. den Anhängern des ehem. Präs. GAMSACHURDIA und Reg.-Truppen im Jahr 1993 verursacht. Die Wirtschaftsleistung nahm 1992 gegenüber dem Vorjahr um 46% ab. Gehörte G. in den 1980er Jahren noch zu den Sowjetrepubliken mit dem höchsten Lebensstandard, zählt das Land nun gemessen am Bruttosozialprodukt (BSP) je Ew. von (1993) 560 US-$ zu den Entwicklungsländern mit niedrigem Einkommen. 1992 lag die Inflationsrate bei 913%. 1993 verließ G. die Rubelzone und führte als alleiniges Zahlungsmittel den Georg. Kupon (GEK) ein, der am 2. 10. 1995 vom Lari abgelöst wurde. Der Anteil des Privatsektors am Bruttoinlandsprodukt (BIP) beläuft sich auf (1994) 20%.

Landwirtschaft: 1992 waren 27% der Erwerbstätigen im Agrarbereich beschäftigt. Ein sehr mildes Klima erlaubt den Anbau subtrop. Früchte (u. a. Tee, Zitrusfrüchte). Weitere Anbauprodukte sind Weintrauben, Gemüse, Tabak, Mais, Weizen und Baum-

311

Geor Georgien

wolle. In den gebirgigen Landesteilen ist die Schafzucht vorherrschend. In den 1980er Jahren belief sich der Anteil G.s an der Gesamtproduktion der UdSSR bei Tee und Zitrusfrüchten auf über 90%, bei Tabak auf über 50%. Schon zu dieser Zeit wurde ein relativ großer Anteil der Agrarfläche privat bewirtschaftet, so daß (Mitte 1994) annähernd 70% der georg. Landwirtschaft privatisiert sind. Wegen des Bürgerkriegs und des Wegfalls traditioneller Absatzmärkte in den ehem. Sowjetrepubliken ist die Agrarproduktion 1993 um 54% gegenüber dem Vorjahr gesunken. Die Erntemenge bei Tee ging im Zeitraum 1985–93 von 581 000 t auf 135 000 t zurück.

Bodenschätze: Neben den Energierohstoffen Kohle, Erdöl und Erdgas, bei denen G. über beträchtl. Vorräte verfügt, werden Mangan-, Zink- und Eisenerz sowie Baryt abgebaut.

Energiewirtschaft: Im Rahmen der innersowjet. Arbeitsteilung entwickelte sich eine große Abhängigkeit G.s von Energielieferungen aus anderen Teilrepubliken. Gegen Ende der 1980er Jahre wurden 25% der benötigten Elektrizität und ein Großteil des benötigten Erdöls und Erdgases eingeführt, da trotz der heim. Vorräte an Kohle, Erdöl und Erdgas die Fördermengen den genug. Bedarf nicht deckten.

Industrie: 1992 arbeiteten 29% der Erwerbstätigen im industriellen Sektor. Wichtigste Branchen sind die Leichtindustrie und das Nahrungsmittelgewerbe. Da die Leichtindustrie (u. a. Textilien) sehr stark auf die Lieferung von Rohstoffen, Vorprodukten und Energie aus anderen ehem. Sowjetrepubliken angewiesen ist, haben zahlreiche georg. Großbetriebe die Produktion sehr stark reduziert oder eingestellt. 1993 ging die gesamte Industrieproduktion um 27% zurück.

Tourismus: G. verfügt über sehr günstige Voraussetzungen für den Reiseverkehr. Die abchas. Schwarzmeerküste, auch als ›Riviera des Schwarzen Meeres‹ bezeichnet, gehörte zu den beliebtesten Feriengebieten der ehem. UdSSR. Zu den tourist. Anziehungspunkten zählen auch die Wintersportgebiete im Großen Kaukasus sowie die vielfältigen Zeugnisse georg. Kunst.

Außenwirtschaft: Die Nachfolgestaaten der Sowjetunion sind nach wie vor die bedeutendsten Handelspartner G.s. 1992 entfielen 95% des georg. Außenhandels auf diesen Intrahandel. Wegen umfangreicher Erdgaslieferungen wurde Turkmenistan 1992 zum wichtigsten Handelspartner vor Rußland, der Ukraine und Aserbaidschan. Maschinen und Metallerzeugnisse, Produkte der Leichtindustrie sowie Nahrungsmittel dominierten 1991 unter den Ausfuhrwaren.

Verkehr: Infolge des Bürgerkriegs wurden zahlreiche Eisenbahn- und Straßenverbindungen zumindest teilweise unterbrochen. 1990 umfaßte das vollständig elektrifizierte Eisenbahnnetz rd. 1 000 km. Es verbindet die Hauptstadt Tiflis mit den großen Schwarzmeerhäfen sowie den Nachbarländern Armenien und Aserbaidschan. Die wichtigste Linie führt vom Haupthafen Batumi zur russ. Grenze. Das Straßennetz wies 1990 eine Gesamtlänge von rd. 35 000 km auf, davon haben rd. 31 000 km eine harte Decke. Die wichtigsten Hafenstädte sind Batumi, Poti und Suchumi. Obwohl G. einen Teil der ehem. sowjet. Schwarzmeerflotte übernommen hat, sind im Zeitraum 1985–92 die Leistungen im Seeverkehr um 35% zurückgegangen. Der internat. Flughafen liegt nahe der Hauptstadt.

GESCHICHTE

Vor dem Hintergrund der von GenSekr. M. S. GORBATSCHOW eingeleiteten gesellschaftl. Reformen in der UdSSR entstand eine georg. Unabhängigkeitsbewegung. Unter ihrem Druck erklärte der Oberste Sowjet der Georg. SSR am 20. 11. 1989 das Recht G.s auf freien Austritt aus der UdSSR. Bei den ersten freien Wahlen am 28. 10.1990 wurde in G. das Parteienbündnis ›Runder Tisch – Freies G.‹ vor den Kommunisten stärkste parlamentar. Kraft. Nachdem G. als ›Georg. Republik‹ am 9. 4. 1991 seine Unabhängigkeit erklärt hatte, wählte die Bev. am 27. 5. 1991 S. GAMSACHURDIA zum Staatspräs.; sein diktator. Kurs und der von ihm betriebene Kult um seine Person sowie die Unterdrückung der nat. Minderheiten G.s stießen auf starken Widerstand, der sich zum Bürgerkrieg ausweitete. Am 2. 1. 1992 erklärten die Aufständischen GAMSACHURDIA für abgesetzt. Am 10. 3. 1992 trat der Reformpolitiker E. SCHEWARDNADSE als Vors. an die Spitze eines neugebildeten Staatsrats. Die Bev. bestätigte ihn bei den Wahlen vom 11. 10. 1992, aus denen der ›Friedensblock‹ als stärkste Gruppe (gefolgt vom ›Block 11. Oktober‹) hervorgegangen war, im Amt. Der militär. Versuch GAMSACHURDIAS, in G. wieder Fuß zu fassen (Aug. bis Nov. 1993), scheiterte; im Dez. 1993 kam GAMSACHURDIA unter ungeklärten Umständen ums Leben. Am 5. 11. 1995 wählte die Bev. – nach Inkrafttreten der neuen Verf. – SCHEWARDNADSE zum Staatspräsidenten.

Die georg. Unabhängigkeitsbewegung geriet in einen schweren Konflikt mit den nat. Minderheiten auf dem Territorium der Georg. Republik, bes. mit den in autonomen Gebieten lebenden Osseten und Abchasen. Begleitet von blutigen Kämpfen zwischen georg. Reg.-Truppen und südosset. Milizen (1991/92) und einer militär. Intervention sowjetisch-russ. Truppen (1991/92), forderte die im Autonomen Gebiet Südossetien lebende Bev. den Anschluß ihres Gebiets an das zur Russ. Föderation gehörende Nordossetien (bestätigt durch die Abstimmung vom 19. 1. 1992). Nach Abschluß eines Waffenstillstandsabkommens (Juni 1992) wurde in Südossetien eine Friedenstruppe aus russ., georg., süd- und nordosset. Einheiten stationiert. Ende 1992 entsandte die KSZE eine ›Mission‹ nach Südossetien mit dem 1994 erweiterten Auftrag, Verhandlungen zw. den Konfliktparteien zu fördern und beim Aufbau demokrat. Institutionen zu helfen.

Mit dem Einmarsch georg. Truppen in Abchasien (Aug. 1992), das sich am 27. 7. 1992 für unabhängig erklärt hatte, suchte die georg. Staatsführung dessen Abspaltung rückgängig zu machen. Mit der Entsendung einer Militärdelegation in das Krisengebiet im Aug. 1993 wurde die UNO zum ersten Mal auf dem Gebiet der früheren UdSSR im Sinne einer Friedensmission tätig. Unterstützt von Freiwilligen der ›Konföderation Kaukas. Bergvölker‹, drängten die abchas. Truppen die georg. Militärkräfte jedoch bis Okt. 1993 fast ganz aus Abchasien heraus (Eroberung Suchumis im Sept. 1993) und lösten eine Massenflucht der dort lebenden Georgier aus. Unter dem Druck der inneren Konflikte räumte G. Rußland in einem Vertrag (9. 10. 1993) Stützpunkte für dessen Schwarzmeerflotte ein und trat am 1. 3. 1994 der Gemeinschaft Unabhängiger Staaten (GUS) bei. Nach der Vereinbarung eines georgisch-abchas. Vertrags über einen Waffenstillstand und die Rückkehr der georg. Flüchtlinge (6. 4.) unterzeichneten G. und Rußland am 15. 5. 1994 ein Abkommen über die Stationierung von etwa 2 500 Soldaten der GUS, die im Juli 1994 offiziell den Status einer Friedenstruppe der UNO erhielten.

Mit diesem Mandat konnte Rußland seine militär. Position in der Region weiter stärken. Bereits mit dem Vertrag über Freundschaft, Zusammenarbeit und gute Nachbarschaft (3. 2. 1993) hatte es G. nicht allein Wirtschaftshilfe zugesagt, sondern auch das Recht erhalten, über 1995 hinaus in G. Truppen zu stationieren. Als Gegengewicht aktivierte die georg. Regierung ihre Beziehungen zu Westeuropa und den USA und unterzeichnete am 23. 3. 1994 den Rahmenvertrag für die NATO-Initiative ›Partnerschaft für den Frieden‹.

Georg-von-Neumayer-Station: Die Antarktisstation der Bundesrep. Dtl. wurde aufgegeben und gemäß den Bestimmungen des Umweltschutzprotokolls (1991) zum Antarktisvertrag im Südsommer 1992/93 bis auf die leeren Stahlröhren vollständig abgebaut. Die im März 1992 fertiggestellte Nachfolgestation liegt 8 km weiter südlich und trägt den Namen **Neumayer-Station**.

***geothermische Energie:** In Dtl. beschränkt sich die Nutzung der in der Erdkruste gespeicherten g. E. wegen der geringen Temperaturen ausschließlich auf Wärmeanwendungen im Niedertemperaturbereich; die Möglichkeit der geotherm. Stromerzeugung (▷ geothermisches Kraftwerk) ist nicht gegeben. Aufgrund ihrer geolog. Struktur eignen sich insbesondere drei Regionen für die Gewinnung g. E.: der Untergrund des Norddt. Tieflands; der Oberrheingraben zw. Vogesen und Schwarzwald; das süddt. Molassebecken, das sich west-östlich zw. Bodensee und Passau sowie nord-südlich zw. Donau und dem nördl. Alpenrand erstreckt. Um die g. E. zugänglich zu machen, müssen hier Bohrungen von etwa 1 000 bis 2 500 m Tiefe durchgeführt werden. Die Temperaturen erreichen dabei 40 bis 150 °C.

Im Juli 1995 befanden sich in Dtl. etwa 25 Anlagen in Betrieb, Bau oder Planung, deren überwiegender Teil zur Beheizung von Bädern oder Gebäuden dient. Vereinzelt wird g. E. auch in Gewächshäusern oder Industriebetrieben eingesetzt. Eine der modernsten Anlagen wurde Anfang 1995 in Neustadt-Glewe (Meckl.-Vorp.) in Betrieb genommen. Das Heizwerk verfügt über eine installierte Leistung von 10,7 MW, von denen 6,5 MW durch g. E. bereitgestellt werden. Für die Deckung der Spitzenlast im Winter kann zusätzlich ein Gaskessel mit einer Leistung von 4,2 MW zugeschaltet werden. Rd. 85 % der über den Zeitraum eines Jahres in das Fernwärmenetz der Stadt eingespeisten Wärmeenergie wird über g. E. abgedeckt werden.

Geotop [zu griech. gẽ ›Erde‹, ›Erdboden‹ und tópos ›Ort‹], *der* oder *das, -s/-e*, mehr oder weniger räumlich begrenzter und einheitlich gestalteter Teil der Erdoberfläche mit geowissenschaftlich wertvollen Naturerscheinungen, wie Oberflächenformen, Gesteins-, Mineral- oder Fossilienvorkommen. Nachdem bereits im Rahmen des Natur- und Landschaftsschutzes auch geowissenschaftlich wichtige Naturdenkmäler in den einzelnen Bundesländern auf unterschiedl. Weise unter Denkmalschutz gestellt worden sind, bemühen sich jetzt verstärkt die geolog. Landesämter und die 1992 gegründete ›Arbeitsgemeinschaft G.-Schutz‹ um eine Inventarisierung der ›aus geowissenschaftl. Sicht **sch**utzwürdigen **Ob**jekte‹ (**GEOSCHOB**). Zu den bisher vorgeschlagenen schutzwürdigen G. gehören u. a. die Grube Messel, die Steinbrüche von Solnhofen, Holzmaden (Posidonienschiefer) und Bundenbach (Hunsrückschiefer), die Felsformen des Elbsandsteingebirges, der Rammelsberg, Helgoland, der bayer. Pfahl, die Vulkankomplexe des Kaiserstuhls und des Siebengebirges, der Laacher See, das Nördlinger Ries und das Steinheimer Becken, die Kreidekliffs auf Rügen, der Wilseder Berg.

***GEPA:** Seit 1992 ist die Gesellschaft zur Förderung der Partnerschaft mit der Dritten Welt mbh die erste Lizenznehmerin von →TRANSFAIR. Die GEPA ist mit einem Umsatz von 55,3 Mio. DM (Geschäftsjahr 1994/95) das größte Unternehmen seiner Art in Europa und vertreibt ihre Produkte v. a. in rd. 700 Dritte-Welt-Läden und rd. 7000 Aktionsgruppen (Umsatzanteil: 59%). Im Geschäftsjahr 1994/95 erzielte die österreichische Organisation **EZA** (neuer Sitz: Bergheim, bei Salzburg) einen Umsatz von rd. 10 Mio. DM, die schweizerische Organisation **OS 3** (neuer Sitz: Orpund, Kt. Bern) einen Umsatz von rd. 13 Mio. DM.

Georg-von-Neumayer-Station – Gerhardt **Gerh**

Georg-von-Neumayer-Station: Die 1992 eingeweihte Neumayer-Station auf dem Ekströmschelfeis in der Atkabucht des Weddellmeeres

Auf europ. Ebene haben sich 1990 die Unternehmen des fairen Handels aus neun Ländern zur **European Fair Trade Association** (Abk. **EFTA**) zusammengeschlossen. Die EFTA (Sitz: Maastricht) setzt sich bes. im Rahmen der EU für die Weiterentwicklung gerechterer Welthandelsstrukturen ein. Auf internat. Ebene besteht seit 1989 die **International Federation of Alternative Trade** (Abk. **IFAT**). In der rd. 70 Mitgl. umfassenden IFAT (Sitz: Akron, Pa.) arbeiten alternative Handelsorganisationen aus Europa, den USA und Australien sowie Produzenten aus Afrika, Asien und Lateinamerika zusammen.

Gepik *der, -,* kleine Währungseinheit von Aserbaidschan, 100 G. = 1 Aserbaidschan-Manat (A. M.).

*****Gera 1):** Die Stadt G. gehört seit 3. 10. 1990 zum Land Thüringen; sie ist kreisfreie Stadt.

*****Gera 2):** Der seit 3. 10. 1990 zum Land Thüringen gehörende Landkreis G. ging am 1. 7. 1994 im Kr. Greiz auf; fünf weitere Gemeinden (sechs waren schon früher eingegliedert worden) und ein Ortsteil wurden in die kreisfreie Stadt Gera eingemeindet.

*****Gera 3):** Der Bezirk G. wurde aufgelöst, das Gebiet gehört seit 3. 10. 1990 zum Land Thüringen.

*****Gerassimow,** Sergej Apollinarijewitsch, sowjet. Filmregisseur; † Moskau (?) 28. 11. 1985.

Gere [ˈgiːə], Richard, amerikan. Schauspieler, * Philadelphia (Pa.) 31. 8. 1949. Mit Theatererfahrungen kam er 1975 zum Film und reihte sich in die Gruppe der Spitzenstars ein.

Filme: In der Glut des Südens (1978); Yanks – Gestern waren wir noch Fremde (1979); American Gigolo – Ein Mann für gewisse Stunden (1980); Ein Offizier und Gentleman (1982); Internal Affairs (1990); Pretty Woman (1990); Sommersby (1992); Der 1. Ritter (1995).

Richard Gere

Gerhard, Ute, Soziologin, * Köln 9. 2. 1939; lehrte zunächst in Hannover, seit 1987 in Frankfurt am Main. G. hat sich v. a. mit Studien zur Frauenforschung einen Namen gemacht.

Werke: Verhältnisse u. Verhinderungen (1978); Gleichheit ohne Angleichung. Frauen im Recht (1990); Unerhört. Die Gesch. der dt. Frauenbewegung (1990). – **Hg.:** Auf Kosten der Frauen. Frauenrechte im Sozialstaat (1988, mit anderen); Rechtsalltag von Frauen (1988, mit J. LIMBACH); Differenz u. Gleichheit. Menschenrechte haben (k)ein Geschlecht (1990, mit anderen).

Ute Gerhard

Gerhardt, Wolfgang, Politiker (FDP), * Ulrichstein 31. 12. 1943; Germanist und Politikwissenschaftler; in leitender Position zunächst bei der Friedrich-Naumann-Stiftung, dann im hess. Innenministerium tätig, 1978–82, 1983–87 und 1991–94 MdL von Hessen, dort 1982–95 Landes-Vors. der FDP sowie 1987–91 stellv. MinPräs. und Min. für Kunst und Wiss., 1985–95 stellv. Bundes-Vors. seiner Partei, seit

Gerh Gerhart-Hauptmann-Preis – Gesundheitsreform

Manfred Gerlach

1994 MdB; im Juni 1995 zum Bundes-Vors. der FDP gewählt.

***Gerhart-Hauptmann-Preis:** Weitere Preisträger sind MICHAEL ZOCHOW (*1954, †1992; 1990), M. ZSCHOKKE (1992), OLIVER BUKOWSKI (*1961; 1994).

***Gericht:** Nach dem Ende der Dt. Dem. Rep. wurde das auf ihrem Gebiet eingerichtete G.-Wesen vollständig umgestaltet und dem G.-System der Bundesrep. Dtl. angepaßt. Dieser Prozeß fand seine rechtl. Grundlage im Einigungsvertrag vom 31. 8. 1990 (Kapitel III). Die Ausübung der ordentl. Gerichtsbarkeit wurde zunächst den Kreis- und den Bezirks-G. übertragen, wobei die Kreis-G. die den Amts-G. zugewiesenen Aufgaben übernahmen und die Bezirks-G. die Aufgaben der Land- und der Oberlandes-G. trugen. Darüber hinaus waren diese G. bis zur Errichtung eigenständiger Gerichtsbarkeiten auch für die Angelegenheiten der Verwaltungs-, Finanz-, Arbeits- und Sozialgerichtsbarkeit zuständig. Die Landesjustizverwaltungen der neuen Bundesländer haben den Aufbau der neuen Gerichtsbarkeiten entsprechend den (west)dt. Strukturen bis zum Jahre 1994 abgeschlossen. Noch während ihres Bestehens hatte die Dt. Dem. Rep. das Oberste G. und die Militärgerichtsbarkeit (zum 1. 8. 1990) sowie die staatl. Vertragsgerichtsbarkeit (zum 1. 7. 1990) abgeschafft.

Mit Wirkung zum 1. 4. 1991 war die Streitwertgrenze, die die Zuständigkeit der Amts-G. in bürgerl. Rechtsstreitigkeiten festlegt, auf 6000 DM, mit Wirkung vom 1. 3. 1993 auf 10000 DM angehoben worden. Ebenfalls seit dem 1. 3. 1993 wurde die Zuständigkeit des →Schöffengerichts und der →Strafkammer geändert.

In *Österreich* haben sich folgende Änderungen ergeben: Die Bezirks-G. entscheiden in Vergehen, für die nur eine Geldstrafe oder eine Freiheitsstrafe angedroht ist, deren Höchstmaß ein Jahr nicht übersteigt, mit Ausnahme der Vergehen der Nötigung (§ 105 StGB), der gefährl. Drohung (§ 107 StGB), der fahrlässigen Beeinträchtigung der Umwelt (§ 181 StGB) und des umweltgefährdenden Beseitigens von Abfällen und Betreibens von Anlagen (§ 181 b StGB) sowie mit Ausnahme der den Geschworenen-G. zur Aburteilung zugewiesenen Vergehen.

Selbständige Jugend-G. mit einer Zuständigkeit auch für Jugendstraf- und Jugendschutzsachen bestehen gemäß dem Jugendgerichtshof-Ges. 1988 nur in Wien (Jugendgerichtshof) und Graz (Jugend-G. auf bezirksgerichtl. Ebene). Für die Sprengel der Bezirks-G. Linz-Land und Urfahr-Umgebung ist in Jugendstraf- und Jugendschutzsachen nunmehr das Bezirks-G. Linz-Land allein zuständig. Bei den übrigen Bezirks-G. sind Jugendstrafsachen und Vormundschafts- und Pflegschaftssachen tunlichst denselben G.-Abteilungen zuzuweisen, so daß alle denselben Minderjährigen betreffenden Angelegenheiten zu einer G.-Abteilung gehören. Bei den G.-Höfen 1. Instanz und den Staatsanwaltschaften sind eigene Abteilungen und Referate für Jugendsachen zu bilden.

Erkenntnis-G. in vermögensrechtl. Streitigkeiten bis 100 000 öS ist seit dem 1. 7. 1993 das Bezirks-G. Dort findet ferner in vermögensrechtl. Streitigkeiten bis zu 100 000 öS das obligator. Mahnverfahren statt.

*__geringfügige Beschäftigung:__ In Dtl. waren (1994) rd. 1,8 Mio. Personen in einer g. B. tätig (1991: 1,2 Mio.). Aufgrund des Gesetzes zur Einführung eines Sozialversicherungsausweises müssen geringfügig Beschäftigte vom Arbeitgeber bei der Allgemeinen Ortskrankenkasse an- und abgemeldet werden, damit eine Mehrfachbeschäftigung leichter überprüft werden kann. Geringfügig Beschäftigte sind in die →Entgeltfortzahlung einbezogen. Die Geringfügigkeitsgrenze liegt 1996 bei 590 DM (Ost-Dtl.: 500 DM).

Gerlach, Manfred, Politiker, *Leipzig 8. 5. 1928; Jurist, schloß sich im Sept. 1945 der LDPD an; 1954–67 GenSekr. der LDPD, ab 1960 stellv. Vors. des Staatsrats der DDR, 1967–90 Vors. der LDPD; betonte die enge polit. Ausrichtung seiner Partei auf die allgemeine Linie der SED. Unter dem Eindruck einer wachsenden Oppositionsbewegung in der Dt. Dem. Rep. suchte er sich seit Sept. 1989 als Reformpolitiker zu profilieren (z. B. Forderung nach Reisefreiheit und einer neuen Medienpolitik). Nach dem Rücktritt von E. KRENZ amtierender Vors. des Staatsrats der DDR (6. 12. 1989 bis 2. 10. 1990). Mit der Eingliederung seiner Partei in die FDP (Aug. 1990) wurde G. deren Mitgl., trat jedoch im Nov. 1993 aus.

*__Geschäftsfähigkeit:__ Die Entmündigung wegen Geistesschwäche oder Geisteskrankheit ist im Rahmen des Betreuungs-Ges. (→Betreuung) beseitigt worden.

*__Geschütze:__ Aufgrund der Weiterentwicklung der Munitionstechnik konnten bei den Haubitzen, z. B. bei den in der Bundeswehr eingeführten Typen von Kaliber 155 mm, mittels nachbeschleunigter Geschosse Reichweitensteigerungen auf bis zu 30 km erzielt werden. Im Bereich der NATO befindet sich eine neue Generation von Panzerhaubitzen in der Entwicklung (für die dt. Artillerietruppe ›Panzerhaubitze 2000‹, Einführung Ende der 1990er Jahre), die ein Standardkaliber von 155 mm und die Kaliberlänge L/52 aufweisen wird (Rohrlänge über 8 m). Mit G. dieser Art werden mit konventioneller Munition Höchstschußweiten von 30 km, mit reichweitengesteigerter Munition von bis zu 40 km möglich sein.

*__Geschwister-Scholl-Preis:__ Weitere Preisträger sind HELLMUTH JAMES Graf MOLTKE (1989; postum); LEA ROSH (*1936) und EBERHARD JÄCKEL (*1929; 1990); GEORGES-ARTHUR GOLDSCHMIDT (*1928; 1991); BARBARA DISTEL und WOLFGANG BENZ (*1941; 1992); WOLFGANG SOFSKY (1993); HERIBERT PRANTL (1994); V. KLEMPERER (1995; postum).

*__Gesellschaft für Kernenergieverwertung in Schiffbau und Schiffahrt mbH:__ →GKSS-Forschungszentrum Geesthacht GmbH.

*__Gesellschaft für Mathematik und Datenverarbeitung mbH:__ Seit März 1995 trägt die Gesellschaft den Namen GMD-Forschungszentrum Informationstechnik GmbH.

*__Gesellschaft für Schwerionenforschung mbH:__ Ende 1994 wurden am Schwerionenbeschleuniger UNILAC erstmals die Elemente 110 und 111 erzeugt. Gleichzeitig entbrannte ein Streit zw. der GSI und der International Union of Applied and Pure Chemistry (IUPAC) um die Namensgebung der ebenfalls am GSI entdeckten Elemente 107–109 (→Transurane).

*__Gesellschaft für Strahlen- und Umweltforschung m.b.H.:__ Wegen der zunehmenden Verlagerung der Forschungstätigkeit von der Strahlen- auf die Umwelt- und Gesundheitsforschung wurde der Name 1990 in GSF-Forschungszentrum für Umwelt und Gesundheit GmbH geändert.

*__Gesellschaftliche Gerichte:__ Die Gesellschaftl. Gerichtsbarkeit der Dt. Dem. Rep. ist zwar aufgehoben worden, jedoch wirkt sie in den Schiedsstellen für Arbeitssachen bzw. in den Gemeinden fort (▷ Schiedsgerichtsbarkeit).

Gesundheitsreform, i. w. S. Sammel-Bez. für die weitreichende Neugliederung der Struktur und Form des Gesundheitswesens, i. e. S. mitunter Bez. nur für die Neuregelungen, die mit dem Gesundheitsstrukturges. vom 21. 12. 1992 zum 1. 1. 1993 in Kraft traten. Dieses Ges. zielte auf eine ›Sofortbremsung‹ der rapide steigenden Gesundheitsausgaben und auf verbesserte Effizienz und Effektivität des Gesundheitswesens. Es umfaßt u. a. folgende Neuerungen: Für Krankenhäuser wird das Selbstkostendeckungsprinzip aufgehoben und der tagesgleiche Pflegesatz von einer leistungsorientierten Vergütung abgelöst. Die Kassenzulassung für Ärzte wird nach regionalem Bedarf gesteuert, und die Zulassung für Ärzte und Zahnärzte wird ab 1999 strikt und umfassend begrenzt. 1994 trat der bundesweite →Risikostrukturausgleich zw. den Krankenkassen in Kraft, und ab 1996/97 werden die unterschiedl. Kassenwahlrechte von Arbeitern und Angestellten angeglichen. Mit der dritten Stufe der G. plant die Bundes-Reg. die Neuerung, daß die Kassenverbände und die Krankenhausgesellschaften auf Landesebene eine Gesamtvergütung vereinbaren und somit ein Gesamtbudget beschließen.

Gesundheitswesen: Wesentl. Neuerungen seit 1989 sind das Gesundheitsstruktur-Ges. 1992 (→Gesundheitsreform), versch. Verordnungen zur Einsparung und Leistungsverbesserung und v. a. die Überleitung des westdt. Krankenversicherungsrechtes auf die neuen Bundesländer. Durch letzteres wurde sichergestellt, daß die Versicherten in den neuen Ländern Anspruch auf die gleichen Leistungen wie in den alten Ländern haben. Zugleich wurde die Modernisierung der Infrastruktur eingeleitet, u. a. durch eine von Bund, Ländern und Krankenkassen zu gleichen Teilen getragene Finanzhilfe für Krankenhausinvestitionen. Die Übertragung des westdt. Gesundheitssystems auf die neuen Länder fand ein geteiltes Echo; kritisiert wurde z. B., daß die ausgebaute ambulante Gesundheitsversorgung der ehem. Dt. Dem. Rep. nicht beibehalten wurde. – Die Gesamtausgaben des öffentl. G. stiegen auch in den 1990er Jahren bis zur ›Sofortbremsung‹ durch das Gesundheitsstruktur-Ges. 1992 und betrugen (1993) 352,2 Mrd. DM (33,1 % des Sozialbudgets). Die dritte Stufe der Gesundheitsreform sieht weitere Einsparungen vor.

Getz, Stan, amerikan. Jazzmusiker: † Malibu (Calif.) 6. 6. 1991.

Gewaltbelastung, sozialpsycholog. Begriff zur Beschreibung von Gewaltpotentialen in der Gesellschaft, der v. a. im Bereich der Jugendforschung in den letzten Jahren eine bedeutende Rolle erhalten hat. Dabei haben die beteiligten Disziplinen (Ethologie, Psychologie, Rechtswissenschaft, Soziologie, Pädagogik, Medienforschung) für die Fragestellung der G. unterschiedl. Erklärungsansätze. Für die G. in fortgeschrittenen Industriegesellschaften ist kennzeichnend, daß sich einerseits ein staatl. Gewaltmonopol und gruppenspezif. Formen einer illegal praktizierten Gewalt gegenüberstehen, während andererseits in jedem einzelnen Mitglied wie auch in der Gesamtgesellschaft zivilisator. Triebunterdrückung (Affektkontrolle, ›Selbstzwang‹) und latente Aggressivität bzw. die Bereitschaft zur Gewaltakzeptanz, zur Duldung und zur Mitbeteiligung an Gewaltaktionen die Waage halten. Auch wenn in der Forschung, z. B. in der Jugendsoziologie und in Untersuchungen zur Entstehung rechtsextremist. Orientierung, bestimmte Problemgruppen unter der Fragestellung der G. als bes. belastet herausgestellt werden, so ist doch zugleich eine weitgehende Übereinstimmung darin festzustellen, daß die bei Kindern und Jugendlichen und z. B. bei Rechtsextremen beobachtete Gewaltbereitschaft vor dem Hintergrund der der gesamten Gesellschaft innewohnenden Gewaltpotentiale und entsprechend gewaltförmiger Strukturen untersucht werden muß. Je nach Reichweite des herangezogenen Bezugsrahmens treten dabei eher langfristige, zivilisationstheoret. bzw. zivilisationshistor. Prozesse in Erscheinung, so etwa in der Sicht der Psychoanalyse, aber auch in einer auf N. ELIAS zurückgreifenden Theorie des Zivilisationsprozesses. Theoriemodelle mittlerer Reichweite gehen eher auf Entfremdungs- und Verlusterfahrungen ein, wie sie mit der Entwicklung und Modernisierung der Industriegesellschaften seit dem 19. Jh. verbunden sind (›Enttraditionalisierung von Lebensformen‹, steigende soziale Mobilität, abnehmende soziale Kontrolle und Verbindlichkeit), während gegenwartsbezogene Erklärungsansätze sozialstrukturelle Veränderungen im Bereich der letzten Jahrzehnte (Auflösung von Familienbindungen, Abschmelzen religiöser Verbindlichkeiten, Auflösung sozialer Schichten, Individualisierung von Lebensplänen, ›Verinselung der Kindheit‹) sowie polit. Prozesse und Ereignisse (Jugendarbeitslosigkeit, Einfluß der Massenmedien bereits im Kindesalter, gesellschaftl. Umbruchserfahrungen, wie sie mit dem Ende der Dt. Dem. Rep. verbunden waren, die Thematisierung und Instrumentalisierung von ›Überfremdungsängsten‹ in den Medien und in der Politik) als Ursachen der Gewaltbereitschaft und damit als Faktoren der G. in Anspruch nehmen. Fest steht in diesem Zusammenhang, daß Frauen, Ausländer, Kinder und Jugendliche, ältere Menschen und Behinderte, also die sozialen Gruppen, die auch in anderen Zusammenhängen am ehesten Opfer von Diskriminierung und Benachteiligung werden, am stärksten unter der G. zu leiden haben. Die Ansatzpunkte einer Gegensteuerung variieren zwischen langfristigen Perspektiven z. B. einer Erziehung zu gewaltfreiem Handeln in der Schule und situationsbezogenen Reaktionen.

Ursachen, Prävention u. Kontrolle von Gewalt, hg. v. H.-D. SCHWIND u. a., 4 Bde. (¹⁻²1990–94); Gewalt in der Schule, bearb. v. J. HOFMANN (1994); Das Gewalt-Dilemma. Gesellschaftl. Reaktionen auf fremdenfeindl. Gewalt u. Rechtsextremismus, hg. v. W. HEITMEYER (1994).

Gewässergüte: Die biolog. G. in den alten Bundesländern wurde in den letzten 15 Jahren erheblich verbessert. Die Fließgewässer weisen heute in weiten Abschnitten die angestrebte G. II (mäßig belastet) auf, andererseits gibt es erst wenige Flußstrecken, die als unbelastet (Güteklasse I) oder wenig belastet (Güteklasse I–II) eingestuft werden können.

Die G. der Fließgewässer in den neuen Bundesländern ist erheblich schlechter; Hauptursache sind veraltete oder fehlende Aufbereitungsanlagen, für deren Sanierung schätzungsweise rd. 142 Mrd. DM notwendig sind. Um den besorgniserregenden Zustand von Teilen des Elbeinzugsgebietes zutreffend zu bezeichnen, wurde von der ›Länderarbeitsgemeinschaft Wasser‹ (LAWA) bei der ersten gesamtdt. G.-Karte 1990 eine zweite Güteklasse IV (ökologisch zerstört) eingeführt.

Gewässerschutz: Seit der dt. Vereinigung ist eine vordringl. Aufgabe des G. die Sanierung der ▷Abwasserreinigung in den neuen Bundesländern. Ein wichtiges Ziel des G. ist die Verminderung des Schadstoffeintrags im Bereich der Landwirtschaft. Viele Wasserwerke haben heute erhebl. Probleme, die Grenzwerte der Trinkwasserverordnung für Nitrat (50 mg/l) einzuhalten. Im Grundwasser werden seit Anfang der 1990er Jahre zunehmend Rückstände von Pflanzenschutzmitteln nachgewiesen. Trotz bestehender Anwendungsverbote für versch. Pestizide (z. B. Atrazin) nahm die Konzentration zu. Das vermehrte Auftreten von Überschwemmungen seit Anfang der 1990er Jahre hat gezeigt, daß →Bodenschutz und G. eng miteinander verbunden sind. Um zukünftige Katastrophen zu vermeiden, muß die Abflußgeschwindigkeit des Regenwassers durch die Wiederherstellen von Retentionsräumen in den Auen der Fließgewässer und durch Entsiegelung, d. h. Entfernung von un- oder geringdurchlässigen den Boden abdeckenden Schichten (z. B. Teerdecken), vermindert werden.

Erfolge konnte der G. in den letzten Jahren v. a. aufgrund des durch die Einführung phosphatarmer Waschmittel verringerten Nitrateintrags in die Oberflächengewässer und aufgrund der Verbesserung der biolog. Gewässergüte in den alten Bundesländern verbuchen. Die wesentl. gesetzl. Grundlagen des G. sind das Wasserhaushaltsgesetz (▷ Wasserhaushalt 4), das Abwasserabgabegesetz (→Abwasserabgabe), das Wasch- und Reinigungsmittelgesetz (▷ Waschmittel) sowie die Trinkwasserverordnung (▷ Trinkwasser).

Im internat. Bereich gewinnt der Schutz der Meere zunehmend an Bedeutung. Tankerunglücke wie der ›Exxon Valdez‹ 1989 vor Alaska oder der ›Braer‹ 1993 vor den Shetlandinseln sowie die durch internat. Protest verhinderte Versenkung der Ölplattform ›Brent Spar‹ 1995 im NO-Atlantik haben die Öffentlichkeit sensibilisiert. Im internat. Bereich spielt Dtl. meist eine Vorreiterrolle. Wichtigste Instrumente des internat. G. sind die Einrichtung von regelmäßig tagenden Meeresschutzkonferenzen (z. B. Nordseeschutzkonferenz) und die Verabschiedung von Konventionen (z. B. Übereinkommen zum Schutz der Meeresumwelt des Ostseegebietes, Helsinki-Übereinkommen 1992). Während sich die Situation in der Nordsee inzwischen leicht verbessert hat, ist die Situation in der Ostsee nach wie vor bedrohlich. Verantwortlich hierfür sind mangelnde Investitionen in den Ausbau der G. in den osteurop. Ländern sowie der im Vergleich zur Nordsee geringe Wasseraustausch der Ostsee.

*Gewerbesteuer: Die G. (Aufkommen 1994: 44,1 Mrd. DM) wird zunehmend kritisiert. Neben zahlreichen kleineren Änderungen wurde ab 1994 der Spitzensteuersatz der Einkommensteuer bei gewerbl. Einkünften im Hinblick auf die zusätzl. Belastung dieser Einkommensteile durch die G. auf 47% gesenkt. In den neuen Bundesländern wird die Gewerbekapitalsteuer bis zum 31. 12. 1996 nicht erhoben. Die für 1996 geplante generelle Abschaffung der Gewerbekapitalsteuer und die Senkung der Gewerbeertragsteuer bei gleichzeitiger grundgesetzlich verankerter Beteiligung der Gemeinden an der Umsatzsteuer als Ausgleich für Einnahmeausfälle scheiterte im Mai 1995 im Bundestag. – In Österreich wurde die G. zum 1. 1. 1994 abgeschafft.

*Gewerkschaften: Der Zusammenbruch der kommunist. Regime in Mittel- und Osteuropa ließ dort seit 1989 pluralist. G. entstehen, indem neben den reformierenden ehem. Staatsverbänden auch ganz neue G. gegründet wurden. Während in den übrigen Reformstaaten oft alte G.-Strukturen transformiert wurden, löste sich in der Dt. Dem. Rep. der FDGB zum 30. 9. 1990 auf. Gleichzeitig dehnte der DGB sein Organisationsgebiet auf die neuen Bundesländer aus. Die Aufgabe, Rückgabeansprüche auf ehemaligen Immobilienbesitz (Gewerkschafts- und Volkshäuser, Wohnungsbestände) der freien, christl. und liberalen G. durchzusetzen, wurden ein Einzel-G. auf die Beteiligungsgesellschaft der Gewerkschaften AG (BGAG) übertragen. Die Einzel-G. im DGB übernahmen die 1990 in autonome Industrie-G. umgewandelten FDGB-Industrieverbände und schufen neue Strukturen. Entsprechend wurden die Mitgl. kollektiv in die DGB-G. überführt oder auf Antrag als Einzelmitglied neu aufgenommen. Kurzfristig stieg die Zahl der DGB-Mitgl. somit auf 11,8 Mio. (1991), davon 4,1 Mio. in den neuen Bundesländern; Ende 1994 zählten die DGB-G. nur noch 9,7 Mio. Mitgl. (neue Bundesländer: 2,5 Mio.). Betriebsstillegungen, Rationalisierungen und Entlassungen sowie eine i. a. kritischere Einstellung gegenüber G. und von den G. nicht eingelöste Erwartungen an ihre Schutzfunktionen bewirkten den Mitgliederrückgang.

Der ▷Weltgewerkschaftsbund (WGB) geriet durch zahlreiche Austritte an den Rand der Bedeutungslosigkeit. Der Internat. Bund Freier Gewerkschaften (IBFG) und die ihm verbundenen (Ende 1995: 14) Internat. Berufssekretariate (IBS) bauten rasch Beziehungen zu neugegründeten und reformierten G. in Mittel- und Osteuropa auf; einige IBS erweiterten ihre Basis durch frühzeitige Aufnahme von G. erheblich. In anderen Regionen verminderte der Systemumbruch richtungspolit. Abgrenzungen, schwächte orthodox-kommunist. Orientierungen und enge Bindungen von G. an kommunist. Parteien, was u. a. die Kooperation richtungspolitisch konkurrierender G. auf nat. Ebene und die Aufnahme einiger G. in den IBFG oder in die IBS ermöglichte.

Außer diesen polit. Umwälzungen führen der langfristige sozioökonom. Strukturwandel zur Dienstleistungsgesellschaft, die Einebnung einer eindeutigen Abgrenzung zw. Angestellten und (Fach-)Arbeitern sowie die Verminderung programmatischer und gewerkschaftspolit. Differenzierungen dazu, daß die G. mit veränderten Funktionsanforderungen konfrontiert sind, die programmat. Neuorientierungen und organisator. Reformen erfordern. Die Reformdebatte im DGB, vereinbarte Fusionen einiger Einzel-G. (→Deutscher Gewerkschaftsbund) sowie die Annäherung zw. DGB-G. und Dt. Angestellten-G., DAG (Vereinbarung über gemeinsame Tarifverhandlungen im öffentl. Dienst zw. DAG und ÖTV 1994), kennzeichnen diesen Funktionswandel. Er zeigt sich auch im Rückzug der G. aus der Gemeinwirtschaft.

*Gewinnbeteiligung 2): Die versicherungsrechtl. Verpflichtung, mindestens 90% der erwirtschafteten Überschüsse auszuschütten, gilt nur noch für Verträge, die vor dem 29. 7. 1994 abgeschlossen wurden. Für später abgeschlossene Verträge gelten unternehmensindividuelle Überschußbeteiligungssysteme.

Ghali [arab. ˈraːli], **Boutros G.** [ˈbutrɔs -], Boutros, ägypt. Politikwissenschaftler und Politiker, →Boutros Ghali, Boutros.

*Ghana, amtlich engl. **Republic of G.**, Staat in Westafrika, grenzt an den Golf von Guinea.

Hauptstadt: Accra. *Amtssprache:* Englisch. *Staatsfläche:* 238 537 km^2 (ohne Binnengewässer 227 540 km^2). *Bodennutzung (1992):* 27 300 km^2 Ackerland, 50 000 km^2 Dauergrünland, 80 000 km^2 Waldfläche. *Einwohner (1994):* 16,944 Mio., 71 Ew. je km^2. *Städtische Bevölkerung (1993):* 35%. *Durchschnittliches Bevölkerungswachstum pro Jahr (1985–93):* 3,2%. *Bevölkerungsprojektion für 2000:* 20,172 Mio. Ew. *Ethnische Gruppen (1983):* 52,4% Akan, 15,8% Mosi, 11,9% Ewe, 7,8% Ga, 3,3% Gurma, 1,3% Yoruba, 7,5% andere. *Religion (1992):* 59,7% Christen, 15,7% Muslime. *Altersgliederung (1995):* unter 15 Jahre 45,3%, 15 bis unter 65 Jahre 51,8%, 65 und mehr Jahre 2,9%. *Lebenserwartung der Neugeborenen (1992):* männlich 54 Jahre, weiblich 58 Jahre. *Analphabetenquote (1991):* insgesamt 39,7%, männlich 30,0%, weiblich 49,0%. *BSP je Ew. (1993):* 430 US-$. *BIP nach Sektoren/Produktionsstruktur (1993):* Landwirtschaft 48%, Industrie 16%, Dienstleistungen 36%. *Währung:* 1 Cedi (¢) = 100 Pesewas (p). *Internationale Mitgliedschaften:* UNO, Commonwealth of Nations, OAU, Wirtschaftsgemeinschaft westafrikan. Staaten.

Geschichte: Nachdem im Zuge einer marktwirtschaftlich ausgerichteten Wirtschaftspolitik seit 1983 die staatl. Führungsgremien nach und nach wieder mit Angehörigen des Establishments besetzt worden waren, kam es seit Mitte der 1980er Jahre verstärkt zu Forderungen nach einer Demokratisierung des polit. Systems. Seit 1990 verstärkte sich der Druck in diese Richtung u. a. durch Formierung sowohl linker als auch rechter Oppositionsgruppen. Zugleich drängten die westl. Geberländer zu einer Demokratisierung. In der Folge wurden 1992 nach einem Verf.-Referendum (28. 4.) polit. Parteien legalisiert und grundlegende Menschenrechte garantiert. Staatsoberhaupt, Oberbefehlshaber der Streitkräfte und Chef der Exekutive ist der in direkter Wahl für längstens zwei vierjährige Amtszeiten gewählte Präs. Er ernennt den Vize-Präs. und nominiert die übrigen Reg.-Mitgl., die vom Parlament bestätigt werden müssen. Das Parlament, die Legislative, besteht aus 200 Abg., die für vier Jahre gewählt werden. Daneben gibt es mit vornehmlich konsultativen Befugnissen den 25köpfigen Staatsrat mit Vertretern der Regionen und vom Präs. ernannten Mitgl. sowie den Nat. Sicherheitsrat, dem ehem. Reg.-Mitgl. und Mitgl. der Streitkräfte angehören. Am 3. 11. 1992 wurde J. J. RAWLINGS, begünstigt auch durch die Zerstrittenheit der Opposition, als Staats- und Reg.-Chef in einer Direktwahl bestätigt; die von der Opposition daraufhin weitgehend boykottierte Parlamentswahl am 29. 12. gewann die Reg.-Partei. Am 7. 1. 1993 trat die neue Verf. in Kraft. Im Febr. 1994 kam es im N des Landes zu ethn. Unruhen mit Tausenden von Toten wegen Landknappheit und des unterschiedl. Rechts auf Landerwerb; das massive Eingreifen der Armee beendete die Unruhen.

T. SIEBOLD: G. 1957–1987. Entwicklung u. Rückentwicklung, Verschuldung u. IWF-Intervention (1988); Political parties and democracy in G.'s Fourth Republic, hg. v. K. A. NINSIN u. a. (Accra 1993).

Ghitani [arab. r-], Gamal al-G., ägypt. Schriftsteller, * Guhaina (Oberägypten) 1945; trat mit Romanen und Erzählungen hervor, in denen er (häufig durch das Mittel der Intertextualität) an die klass. und nachklass. arabische histor., geograph., auch myst. Literatur anknüpft, um heutige Verhältnisse anspielungsreich, aber auch als historisch bedingt zu schildern: polit. Demagogie, Unterdrückung und ihre zerstörer. Auswirkungen auf die menschl. Psyche und die sozialen Beziehungen, Versuche einer intellektuellen ›Gleichschaltung‹ und Eingrenzung sowie den perfekten Überwachungsstaat mit seinen Kreaturen.

Werke (arab.): *Romane:* Seini Barakat. Diener des Sultans, Freund des Volkes (1975; dt.); Der safranische Fluch oder wie Impotenz die Welt verbessert (1976; dt.); Das Buch der Offenbarungen, 3 Bde. (1983–87); Das Sendschreiben der Einsichten in Lebenswege (1989); Streifzüge in der Stadt (1992). – *Erzählungen:* Aufzeichnungen eines jungen Mannes, der vor 1000 Jahren lebte (1969).

Giardinelli [dʒ-], Mempo, argentin. Schriftsteller, * Resistencia 2. 8. 1947; lebte 1976–85 im Exil in Mexiko. In seinen Romanen und Erzählungen, die z. T. im paraguayisch-argentin. Grenzbereich spielen, dominieren die parodist. und humorist. Elemente.

Werke: *Romane:* La revolución en bicicleta (1980; dt. Die Revolution auf dem Fahrrad); Luna caliente (1983; dt. Heißer Mond); Qué solos se quedan los muertos (1985; dt. Wie einsam sind die Toten). – *Erzählungen:* Vidas ejemplares (1982; dt. Leb wohl, Mariano, leb wohl. Exemplarische Lebensläufe); El castigo de Dios (1993). – *Essays:* El género negro, 2 Bde. (1984).

*****Gibbons,** Stella Dorothea, engl. Schriftstellerin: † London 19. 12. 1989.

Gibson [ˈgɪbsn], Mel, amerikanisch-austral. Schauspieler, * Peekskill (N. Y.) 16. 1. (oder 3. 3.?) 1956; begann in Australien seine Karriere als Theater- und Filmdarsteller (1976); in den 80er Jahren setzte er sich in Hollywood durch.

Filme: Mad Max (3 Tle., 1979–85); Tim – Kann das Liebe sein? (1979); Gallipoli (1981); Ein Jahr in der Hölle (1982); Forever Young (1992); Der Mann ohne Gesicht (1992; auch Regie); Maverick (1994); Braveheart (1995; auch Regie).

Giddens [ˈgɪdənz], Anthony, brit. Soziologe, * Edmonton (heute zu London) 18. 1. 1938; lehrt seit 1970 in Cambridge, seit 1985 als Prof. und Fellow des King's College. In seiner Theorie der Strukturierung unternimmt G. im krit. Anschluß an marxist. und interpretative Positionen den Versuch, den herkömml. Gegensatz zw. den Annahmen individuell handelnder Subjekte und ›objektiver‹ gesellschaftl. Gegebenheiten und Systeme zu überwinden. Im Zentrum seiner Theorie steht dabei der Prozeß der Strukturierung, d. h. ein Handeln der Individuen, das sich auf von der Gesellschaft vorgegebene Strukturen bezieht und stützt, diese aber im Vollzug von Handlungen auch verändert und neu formiert.

Werke: The class structure of the advanced societies (1973; dt. Die Klassenstruktur fortgeschrittener Gesellschaften); New rules of sociological method (1976; dt. Interpretative Soziologie); Central problems in social theory (1979); A contemporary critique of historical materialism, 2 Bde. (1981–85); The constitution of society. Outline of the theory of structuration (1984; dt. Die Konstitution der Gesellschaft. Grundzüge einer Theorie der Strukturierung); Social theory and modern sociology (1987); Sociology (1989; dt. Soziologie); The consequences of modernity (1990; dt. Konsequenzen der Moderne); Reflexive modernization. Politics, tradition and aesthetics in the modern social order (1994, mit U. BECK und S. LASH). – Hg.: Human societies. An introductory reader in sociology (1992).

Gilbert [ˈgɪlbət], Kenneth, kanad. Cembalist und Organist, * Montreal 16. 12. 1931; wirkte v. a. als Kirchenmusiker (1952–67) in Montreal sowie als Dozent u. a. am Konservatorium in Montreal, an der Université Laval in Quebec und am Mozarteum in Salzburg. Als Cembalist nahm er sich v. a. des frz. Repertoires an. Daneben war er Herausgeber des gesamten Cembalowerks von F. COUPERIN und J.-P. RAMEAU sowie der Sonaten von D. SCARLATTI.

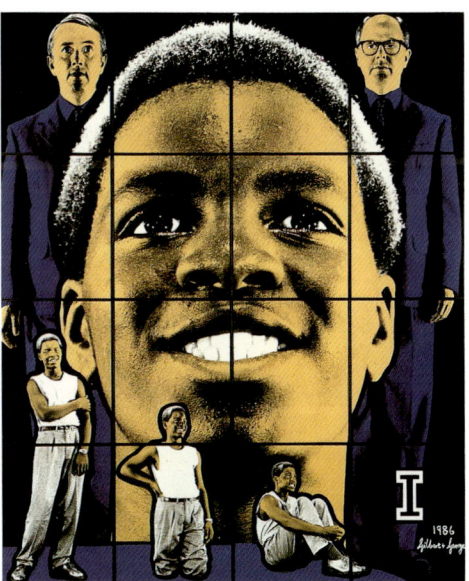

Gilbert & George: I; 1986 (Privatbesitz)

Gilbert & George [ˈgɪlbət ənd ˈdʒɔːdʒ], Künstlernamen der brit. Performance- und Objektkünstler GILBERT PROERSCH (* Dolomiten 17. 9. 1943, italienisch-ladin. Abkunft) und GEORGE PASSMORE (* Totnes, Cty. Devon, 8. 1. 1942). Sie arbeiten seit 1967 zusammen. In bewußter Negation der individuellen Neigungen und Leistungen entwarfen sie als banale ›lebende Skulpturen‹ in Performances eine Gegenposition zu den heroischen und monumentalen Plastiken der Avantgarde. Sie traten in Anzüge gekleidet und mit metallbedeckten, 1975–77 mit rotgefärbten Händen und Gesichtern auf. Neben ihren Aktionen fertigten sie ›Kohle-auf-Papier-Skulpturen‹ (1970–74), Gemäldetriptychen (1971) und Photoarbeiten. Die Schwarzweißphotos und Photoserien werden arrangiert und weiterbearbeitet (Einbeziehung von Farbe: 1977 Rot, 1980 Gelb, 1986 Blau, Zeichnung und Graffiti. In ihren großformatigen Bildtafeln transportieren sie ihr zentrales Anliegen: die Transformation des Alltags in ein ästhet. Ereignis; zugleich geben sie damit den brisanten Themen, die sie aufgreifen, die eigentl. existentielle Dimension zurück. Seit den 80er Jahren beschäftigen sich die Künstler hauptsächlich mit dem Problemkreis einer durch die Immunkrankheit AIDS deformierten Sexualität und der daraus resultierenden Ausgrenzung der Homosexuellen.

G. & G. The complete pictures 1971–1985, Beitr. v. C. RATCLIFF (München 1986); W. JAHN: Die Kunst von G. & G. oder eine Ästhetik der Existenz (1989); The cosmological pictures 1989, hg. v. B. BÜRGI u. a., Ausst.-Kat. (Zürich 1992).

Gilles, Peter, Performancekünstler, *Köln 15. 11. 1953; arbeitet seit 1978 bei seinen Aktionen, die in Galerien, Museen und im öffentl. Raum stattfinden, an der Visualisierung existentieller Grund- und Grenzerfahrungen. Dabei versucht er – durchaus in der Tradition der österr. Happening- und Aktionskünstler stehend –, durch extreme Mittel wie Selbstverletzungen, Stromstöße oder kurzfristige Bewußtlosigkeit in mystisch-religiöses, ekstat. Empfinden zu provozieren. Bevorzugte Ausdrucksmittel der dabei entstehenden Arbeiten sind bearbeitete Körperabdrücke aus Eigenblut, aber auch gestische Zeichnungen (v. a. Kohle).

P. G., bearb. v. R. WEDEWER u. a., Ausst.-Kat. (1994).

Alfred G. Gilman

***Gillespie,** Dizzy, amerikan. Jazzmusiker: † Englewood (N. J.) 6. 1. 1993.

Gilman [ˈgɪlmən], Alfred Goodman, amerikan. Pharmakologe und Biochemiker, *New Haven (Conn.) 1. 7. 1941; arbeitete ab 1969 für die Nat. Gesundheitsinstitute (NIH) in Bethesda (Md.), bevor er 1971–81 als Prof. an der University of Virginia tätig war. Seit 1981 ist er Leiter der Pharmakolog. Fakultät der University of Texas in Dallas. Gemeinsam mit M. RODBELL erhielt G. 1994 den Nobelpreis für Physiologie oder Medizin für die Entdeckung der →G-Proteine und deren Bedeutung für die Signalübertragung in Zellen.

***Giménez Caballero,** Ernesto, span. Schriftsteller und Diplomat: † Madrid 14. 5. 1988.

Gimferrer [ˈʒimfəre], Pere, spanisch-katalan. Schriftsteller, *Barcelona 22. 6. 1945; zunächst als Kunst-, Film- und Literaturkritiker, Übersetzer und Verlagsdirektor tätig. Seine streckenweise hermet., vom Surrealismus und der Filmsprache beeinflußte spanischsprachige Lyrik der 1960er Jahre stellt eine deutl. Absage an die damals noch vorherrschende ›poesía social‹ dar. In seiner ausschließlich auf Katalanisch verfaßten Dichtung der 1970er Jahre verbindet er verschiedenartige ästhet. Traditionen (vom Barock bis zur Avantgarde), um eine poetolog. und philosoph. Reflexion zu entfalten, die sich insbesondere die Frage nach der Identität des lyr. Subjekts und der sprachl. Faßbarkeit des anderen und der Welt stellt. Nach ›Com un epíleg‹ (1981) hat sich G. von der Lyrik fast völlig abgewandt und ist heute v. a. als Essayist tätig. 1983 veröffentlichte er seinen einzigen Roman, ›Fortuny‹, in dem er den ästhet. Zeitgeist der Jahrhundertwende wiederentstehen läßt.

Weitere Werke: *Lyrik:* Arde el mar (1966); Poemas 1963–1969 (1969); Els miralls (1970); Hora foscant (1972); Poesía. 1970–1977 (1978; katalan. u. span.). – *Essays:* Cine y literatura (1985).

Gingrich [ˈgɪŋrɪtʃ], Newton (Newt) Leroy, amerikan. Politiker, *Harrisburg (Pa.) 17. 6. 1943; Prof. für Geschichte; seit 1979 republikan. Abg. für Georgia im amerikan. Repräsentantenhaus, seit 1989 Whip der republikan. Fraktion, seit 1995 Sprecher des Repräsentantenhauses. G. ist Wortführer der konservativen Erneuerungsbewegung innerhalb der Republikan. Partei und Initiator des legislativen Programms ›Contract with America‹ (u. a. Verf.-Zusatz für ein ausgeglichenes Budget, Steuererleichterungen, Erhöhung der Verteidigungsausgaben, Kürzung der Sozialhilfeprogramme), das die republikan. Kongreßfraktionen seit 1995 durchzusetzen suchen.

***Ginzburg,** Natalia, italien. Schriftstellerin: † Rom 8. 10. 1991.

***Giotto,** europ. Kometensonde: Nachdem die Sonde am 2. 4. 1986 von der Kontrollzentrale in Darmstadt zunächst abgeschaltet worden war und sich auf einer Flugbahn um die Sonne bewegte, entschied sich die ESA, mit G. noch einen weiteren Kometen, den 1902 entdeckten Grigg-Skjellerup, zu erforschen. Ab 19. 2. 1990 für fünfmonatige Systemtests aktiviert, flog G. am 2. 7. 1990 in 22 731 km Entfernung an der Erde vorbei, wobei sie von der Erdgravitation in eine Bahn zu Grigg-Skjellerup gelenkt und beschleunigt wurde (Swing-by). Ab 4. 5. 1992 wurden G. selbst und ab 1. 7. 1992 diejenigen Meßsysteme wieder eingeschaltet, die den Halley-Vorbeiflug unbeschädigt überstanden hatten. Am 10. 7. 1992 durchquerte die Sonde in 214 Mio. km Entfernung von der Erde den Staubschweif von Grigg-Skjellerup 200 km

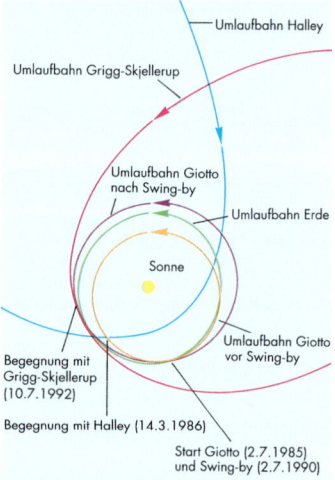

Giotto: Umlaufbahnen

hinter dem Kern (Kerndurchmesser rd. 2 km); sieben Instrumente lieferten Daten u. a. über Staub- und Plasmateilchen. Am 23. 7. 1992 wurde G. wieder deaktiviert. Sie wird am 1. 7. 1999 in 219 000 km Entfernung erneut an der Erde vorbeifliegen.

Giovanni [dʒɔʊˈvaːni], Nikki, amerikan. Schriftstellerin, *Knoxville (Tenn.) 7. 6. 1943; widmete sich in ihren ersten Gedichtbänden aus der Sicht einer schwarzen Frau militant der Revolution der Afroamerikaner (›Black feeling. Black talk‹, 1968; ›Black judgement‹, 1968; beide 1970 u. d. T. ›Black feeling, Black talk, Black judgement‹); später wandte sie sich häusl. und familiären Themen (›My house‹, 1972; ›The women and the men‹, 1975) sowie Kindergedichten zu (›Spin a soft Black song‹, 1971; ›Vacation time. Poems for children‹, 1980). Weitere Gedichtbände thematisieren Einsamkeit und enttäuschte Liebe (›Cotton candy on a rainy day‹, 1978) und verwenden innovative Formen (›Those who ride the night winds‹, 1983).

Weitere Werke: *Autobiographie:* Gemini (1971). – *Essays:* Sacred cows and other edibles (1988).

***Giroverkehr:** Durch die Entwicklung vom belegebundenen zum beleglosen ▷Zahlungsverkehr konnte der G. in den vergangenen Jahren zunehmend rationalisiert werden. – Unter dem Schlagwort ›Recht auf ein Girokonto‹ wird Mitte der 1990er Jahre darüber diskutiert, die Banken gesetzlich zu verpflichten, jedem Antragsteller unabhängig von seinen wirtschaftl. Verhältnissen ein Girokonto einzurichten. Nach Schätzungen verweigern Banken rd. 500 000 Sozialhilfeempfängern, Obdachlosen und überschuldeten Bürgern ein Girokonto. Mit einer Selbstverpflichtung zur Errichtung von Girokonten auch für solche Kunden will die Kreditwirtschaft einer gesetzl. Regelung zuvorkommen.

***Giscard d'Estaing,** Valéry, frz. Politiker: War 1984–89 Abg. der liberalkonservativen Union der Démocratie Française (UDF), 1987–89 Präs. des außenpolit. Ausschusses der Nationalversammlung, seit 1988 Vors. der UDF, seit 1989 MdEP; wurde nach dem Wahlsieg der bürgerl. Parteien im März 1993 erneut Präs. des außenpolit. Ausschusses. – Schrieb den Roman ›Le passage‹ (1994).

GKSS-Forschungszentrum Geesthacht GmbH, seit 1979 neuer Name der ▷ Gesellschaft für Kernenergieverwertung in Schiffbau und Schiffahrt mbH. 1992 wurde der Bereich Membranforschung des Inst. für Polymerenforschung in Teltow, das zur ehem. Akademie der Wissenschaften der DDR gehört hatte, dem GKSS-Inst. für Chemie als Außenstelle angegliedert. Insgesamt betreibt das GKSS-F. G. fünf wiss. Institute, versch. techn. Abteilungen und einen Forschungsreaktor. Die Umstrukturierung der Forschungstätigkeit auf die Schwerpunkte Materialforschung (u. a. intermetall. Leichtbauwerkstoffe, Bruchmechanik, Neutronenstreuexperimente), Umweltforschung (u. a. Gewässerforschung, Analytik, Fernerkundung) sowie Trenn- und Umwelttechnik (u. a. Membrantechnik, Sanierungstechnik) wurde 1995 vollzogen.

***Glanville-Hicks,** Peggy, amerikan. Komponistin austral. Herkunft: †Sydney 25. 6. 1990.

***Glaser,** Georg K. (Georges), dt.-frz. Schriftsteller: †Paris 18. 1. 1995.

***Glauchau 2):** Der seit 3. 10. 1990 zum Land Sachsen gehörende Landkreis G. ging am 1. 8. 1994 im Kr. Chemnitzer Land auf, dessen Kreissitz die Stadt Glauchau wurde. Die Gemeinden Dennheritz und Schlunzig wurden dem Kr. Zwickauer Land eingegliedert.

***Gleichberechtigung:** Durch Ges. zur Änderung des GG vom 27. 10. 1995 wurde Art. 3 GG um zwei Bestimmungen ergänzt: In Abs. 2 wurde die Verpflichtung des Staates verankert, die tatsächl. G. von Frauen und Männern zu fördern und auf die Beseitigung bestehender Nachteile hinzuwirken. Abs. 3 wurde um das Verbot der Benachteiligung Behinderter erweitert.

***Gleichberechtigungsgesetz:** Am 1. 9. 1994 ist als Teil des 2. G. das Frauenförder-Ges. in Kraft getreten, das für den Bereich der Bundesverwaltung und der Gerichte des Bundes der Durchsetzung der Gleichberechtigung von Frauen und Männern dient, indem Frauen gefördert und Maßnahmen zur Vereinbarkeit von Familie und Beruf getroffen werden. Dazu gehören Regelungen über Stellenausschreibungen, familiengerechte Arbeitszeiten, Frauenförderpläne und Frauenbeauftragte. Art. 10 des 2. G. enthält das Ges. zum Schutz der Beschäftigten vor sexueller Belästigung am Arbeitsplatz (Beschäftigtenschutz-Ges.) und regelt auch die Besetzung von Gremien im Bereich des Bundes.

Gligorov, Kiro, makedon. Politiker, *Štip 3. 5. 1917; schloß sich im Zweiten Weltkrieg der Partisanenbewegung TITOS an, war 1945 maßgeblich an der Ausarbeitung der Verf. beteiligt. Teilrepublik Makedonien beteiligt, als Finanz-Min. (1962–69) und Vize-MinPräs. (1967–69) Jugoslawiens an der Wirtschaftsreform von 1965 beteiligt, war 1969–74 Mitgl. des Exekutivkomitees des Bundes der Kommunisten Jugoslawiens und 1974–78 Vors. des jugoslaw. Bundesparlaments. Vor dem Hintergrund des sich auflösenden Jugoslawien wählte ihn das makedon. Parlament am 27. 1. 1991 zum Staatspräs. Makedoniens (am 16. 10. 1994 von der Bev. im Amt bestätigt). Im Okt. 1995 wurde G. durch ein Attentat schwer verletzt.

Globalbudgetierung [-bydʒ-], neues Verfahren der Haushaltsplanung, bei dem die Legislative im öffentl. Haushaltsplan für bestimmte Organisationseinheiten des öffentl. Sektors lediglich einen globalen Betrag ansetzt und die weitere Mittelverwendung der betreffenden Organisationseinheit überläßt. Traditionelle Regeln der Kameralistik und der Nichtübertragbarkeit von Haushaltsmitteln (z. B. zw. Personal- und Sachausgaben) werden dabei aufgehoben. Mit der G. soll durch die erhöhte Finanzautonomie der nachgeordneten Stellen ein flexiblerer, zeit-, sach- und bedarfsnäherer Einsatz der Haushaltsmittel ermöglicht werden. Das Verfahren der G. wurde bisher v. a. im kommunalen und im Hochschulbereich angewandt.

Globale Umweltfazilität, engl. **Global Environment Facility** [ˈgləʊbəl ɪnˈvaɪərənmənt fəˈsɪlɪtɪ], Abk. **GEF** [dʒiiˈef], 1991 auf eine dt.-frz. Initiative hin von der Weltbank zus. mit dem Weltentwicklungsprogramm (UNDP) und dem Weltumweltprogramm (UNEP) eingerichteter Finanzierungsfonds. Die GEF unterstützt Entwicklungsländer und osteurop. Länder bei der Finanzierung zusätzl. Kosten, die bei der Durchführung von Umweltschutzmaßnahmen im globalen Interesse entstehen. Sie vergibt Zuschüsse für Investitionen in den Bereichen Klimaschutz (Verminderung von Treibhausgasen), Erhaltung der biolog. Artenvielfalt, Schutz internat. Gewässer und Schutz der Ozonschicht. In der Pilotphase (1991–93) standen der GEF rd. 1 Mrd. Sonderziehungsrechte (2,2 Mrd. DM) zur Verfügung. Anfang 1994 wurden die Aufstockung und die permanente Einrichtung der GEF beschlossen. Die Finanzmittel betragen für den Zeitraum 1994–96 2 Mrd. US-$ (dt. Beitrag: rd. 240 Mio. US-$). Das Hauptziel der GEF besteht darin, Erfahrungen bei neuartigen Umweltprojekten zu sammeln, die eine ökologisch tragfähige Entwicklung erlauben, z. B. im Energiebereich, bei der Landnutzung, bei Nutzung und Schutz des trop. Regenwaldes.

***Globe Theatre:** 1989 wurden Überreste des Fundaments entdeckt. Eine Originalrekonstruktion wurde 1995 im wesentlichen fertiggestellt; die offizielle Einweihung ist für Juni 1996 geplant.

***Globokar,** Vinko, jugoslaw. Posaunist, Komponist und Dirigent: Wurde 1984 Prof. an der Scuola di musica di Fiesole in Florenz. An weiteren Werken seien genannt: ›Kolo‹ für Chor und Posaune (1988), ›Discours IX‹ (1993), ›Labour‹ für Orchester (1993), ›L'armonia drammatica‹ für Sänger, Instrumentalisten, Chor und Orchester (1995).

***Glücksspiel:** Im Zuge der Bekämpfung der organisierten Kriminalität ist der Straftatbestand des unerlaubten gewerbsmäßigen G. und des Banden-G. (§ 284 Abs. 3 StGB) mit verschärfter Strafandrohung (Freiheitsstrafe zw. drei Monaten und fünf Jahren) geschaffen worden.

GMD-Forschungszentrum Informationstechnik GmbH, seit 1995 neuer Name der →Gesellschaft für Mathematik und Datenverarbeitung mbH.

***Gnägi,** Rudolf, schweizer. Politiker: †Bern 20. 4. 1985.

***Godard,** Jean-Luc, frz. Filmregisseur: Erhielt 1995 den Theodor-W.-Adorno-Preis.

Filme: Nouvelle Vague (1990); Deutschland Neu(n) Null (1991); Weh mir (1993); 2×50 ans de Cinéma Français (Fernsehfilm, 1995).

Godbout [gɔdˈbu], Jacques, kanad. Schriftsteller frz. Sprache, *Montreal 27. 11. 1933. Das Werk des in seinen Ausdrucksformen vielseitigen (als Lyriker, Romancier, Hörspielautor, Essayist und Dokumentarfilmer tätigen) und z. T. zu schwarzem Humor neigenden

Kiro Gligorov

Goeb   Goebbels – Golfkrieg

Autors kreist thematisch um Konflikte, die aus der Konfrontation von frankophoner und anglophoner Kultur innerhalb Kanadas erwachsen, z. B. in dem Roman ›Le couteau sur la table‹ (1965), auch aus dem Bemühen, gegenüber den USA seine Identität zu behaupten; wiederholt greift er auch auf Erfahrungen als Lehrer in Äthiopien zurück, z. B. in ›L'aquarium‹ (1962) und ›Une histoire américaine‹ (1986).

Weitere Werke: Romane: Les têtes à Papineau (1981); Le temps des Galarneau (1993). – *Lyrik:* Carton-Pâte (1956). – *Lyrik und Prosa:* Souvenirs shop. Poèmes et proses 1956–1980 (1984). – *Tagebücher:* L'écrivain de province. Journal 1981–1990 (1991). – *Essays:* Le murmure marchand. 1976–1984 (1984).

Goebbels [ˈgœ-], Heiner, Komponist und Regisseur, *Neustadt an der Weinstraße 17. 8. 1952; war 1978–80 musikal. Leiter am Schauspielhaus in Frankfurt am Main. 1976–81 arbeitete er zus. mit dem ›Sogenannten linksradikalen Blasorchester‹, 1976–88 im Duo mit dem Jazzsaxophonisten ALFRED HARTH (*1949). 1982 gründete er die experimentelle Rockgruppe ›Cassiber‹. Vom politisch-sozialen Protest der Studentenbewegung geprägt, steht sein Schaffen zw. den Fronten von E- und U-Musik. Den Schwerpunkt bilden dabei theatral. Formen (Bühnenmusiken und Ballette, experimentelles Musiktheater, Hörstücke), deren Entstehung häufig angeregt wird durch die Auseinandersetzung mit literar. Texten. In vielfältiger Schichtung und Durchdringung der von ihm eingesetzten musikal. wie außermusikal. Darstellungsmittel soll einerseits die Fülle des gesellschaftl. Erfahrungshorizonts gebündelt, andererseits auch die Dialektik seiner realen Gegensätze aufgezeigt werden.

Werke: Hörstücke: Verkommenes Ufer (1983); Die Befreiung des Prometheus (1985; auch als szen. Konzert 1994); Wolokolamsker Chaussee I–V (1989; alle nach HEINER MÜLLER); Schliemanns Radio (1992). – *Ballettmusiken, Musiktheater:* Der Mann im Fahrstuhl (1987); Maelstromsüdpol (1988; als Hörspiel 1992); Newtons Casino (1990); Ou bien le débarquement désastreux 1993; dt. Glückloses Landung). – *Ensemblemusik:* Red Run (1988; für 11 Instrumente); Befreiung (1989); La jalousie – Geräusche aus einem Roman (1991); Herakles 2 (1992; für fünf Blechblasinstrumene, Sampler und Schlagzeug).

Heiner Goebbels

***Goethe-Institut:** Das G.-I. unterhält 151 G.-I. in 78 Ländern und 16 Unterrichtsstätten im Inland; 1996 werden die Stätten in Weimar und Dresden ihre Arbeit aufnehmen.

***Goethepreis der Stadt Frankfurt am Main:** Weitere Preisträger sind WISŁAWA SZYMBORSKA (1991), E. GOMBRICH (1994).

***Goeyvaerts,** Karel, belg. Komponist: † Antwerpen 3. 2. 1993.

***Goldberg,** Szymon, amerikan. Violinist poln. Herkunft: † Toyama (Japan) 19. 7. 1993.

Goldberg [ˈgəʊldbɑːg], Whoopi, eigtl. **Caryn Johnson** [ˈdʒɔnsn], amerikan. Schauspielerin, *New York 13. 11. 1955 (oder 1949?); spielte u. a. am Broadway und gestaltete eine erfolgreiche Show. Dem Film (kom. und ernste Rollen) wandte sie sich 1985 zu.

Whoopi Goldberg

Filme: Die Farbe Lila (1985); Jumpin' Jack Flash (1986); Claras Geheimnis (1988); Ghost – Nachricht von Sam (1990); Sarafina (1992); Sister Act (2 Tle., 1992–93).

***Golding,** Sir (seit 1988) William Gerald, engl. Schriftsteller: † Perranarworthal (Cty. Cornwall) 19. 6. 1993.

Goldmann, Friedrich, Komponist und Dirigent, *Siegmar-Schönau (heute zu Chemnitz) 27. 4. 1941; war 1951–59 Mitgl. des Dresdner Kreuzchors, studierte danach Komposition in Dresden und ab 1962 in Berlin bei R. WAGNER-RÉGENY, ferner Musikwissenschaft an der Humboldt-Universität. G., der sich auch als Dirigent international einen Namen gemacht hat, lehrt seit 1992 an der Hochschule der Künste in Berlin. In seinen Werken verbindet er traditionelle Formelemente mit seriellen Techniken.

Berthold Goldschmidt

Werke: Musiktheater: R. Hot bzw. die Hitze (1977; nach J. M. R. LENZ). – *Orchesterwerke:* drei Orchester-Essays (1963–71); vier Sinfonien (1972–88); Instrumentalkonzerte für Posaune (1977), Violine (1977), Klavier (1978); Inclinatio temporum (1981); Spannungen eingegrenzt (1988); Klangszenen I (1990) und II (1994). – *Kammermusik:* Zusammenstellung (1976; für Bläser); zwei Konzerte für Ensemble (1982, 1985); Sonata a quattro (1989; für 16 Spieler).

Goldschmidt, Berthold, brit. Komponist und Dirigent dt. Herkunft, *Hamburg 18. 1. 1903; studierte in Berlin u. a. bei F. SCHREKER, war 1925 Assistent von E. KLEIBER, mit dem er die Uraufführung von A. BERGS ›Wozzeck‹ erarbeitete, 1927–29 Dirigent am Theater in Darmstadt und 1931–33 in gleicher Funktion beim Berliner Rundfunk. Erste Erfolge als Komponist stellten sich nach 1926 ein (u. a. ›Passacaglia‹ für Orchester, 1925; 1. Streichquartett, 1926; Oper ›Der gewaltige Hahnrei‹, 1932). 1935 emigrierte G. nach Großbritannien und arbeitete nach schwierigem Neubeginn u. a. bei der BBC (1944–47) sowie als Dirigent. Hier entstanden u. a. das Orchesterwerk ›Ciaconna Sinfonica‹ (1936), das 2. Streichquartett (1953), mehrere Instrumentalkonzerte sowie die ›Mediterranean Songs‹ für hohe Stimme und Orchester (1958). Nach einer Schaffenspause von über 20 Jahren folgten ab 1982/83 vorwiegend kammermusikal. Werke (u. a. 3. und 4. Streichquartett, 1989, 1993). Seine Oper ›Beatrice Cenci‹ (1953) wurde 1994 in Magdeburg szenisch uraufgeführt. G., dessen freitonale, stark kontrapunktisch gefärbte Musik v. a. im avantgardist. Nachkriegs-Dtl. völlig in Vergessenheit geraten war, erlebt mit den Berliner Festwochen 1987 ein überraschendes Comeback.

***Golfkrieg:** Nach dem Einmarsch irak. Truppen in Kuwait (2. 8. 1990) erkannte der irak. Präs. S. HUSAIN angesichts der gegen sein Land bildenden Mächtekoalition am 15. 8. 1990 die Waffenstillstandsbedingungen Irans an (Abzug aller irak. Truppen von besetzten iran. Territorien, Anerkennung der 1975 zw. beiden Staaten vereinbarten Grenze, Freilassung aller Kriegsgefangenen).

Als (2.) G. wurde in der Folgezeit der Krieg am Pers. Golf zw. Irak und einer im Auftrag der UNO handelnden, von den USA geführten Staatenkoalition vom 17. 1. bis 28. 2. 1991 bezeichnet, ausgelöst durch die Weigerung des irak. Präs. HUSAIN, der vom UN-Sicherheitsrat verabschiedeten Resolution 660 nachzukommen, das von Irak am 2. 8. 1990 besetzte und am 8. 8. 1990 annektierte Emirat Kuwait zu räumen und dessen legale Regierung wieder in ihre Rechte einzusetzen. Am 6. 8. 1990 beschloß der UN-Sicherheitsrat ein umfassendes Wirtschaftsembargo gegen Irak (Resolution 661); zahlreiche diplomat. Vermittlungsversuche scheiterten.

Der Krieg begann nach Ablauf des Ultimatums des UN-Sicherheitsrats vom 29. 11. 1990 (Resolution 678) an Irak, bis zum 15. 1. 1991 Kuwait zu verlassen. Während Irak, das in Kuwait etwa 550 000 Mann stationiert hatte, lediglich von der PLO und – eingeschränkt diplomatisch-politisch – von Jordanien unterstützt wurde, boten neben den USA (über 500 000 Mann) und Saudi-Arabien, das sein Territorium für den seit Aug. 1990 einsetzenden Truppenaufmarsch zur Verfügung stellte, andere westl. Staaten (bes. Großbritannien, Frankreich und Italien) und arab. Staaten (Ägypten, Oman, Vereinigte Arab. Emirate und Syrien) militär. Kontingente auf. Die UdSSR unterstützte die Durchsetzung der UN-Resolutionen politisch, suchte jedoch im Verlauf des G. zu vermitteln. Iran erklärte seine Neutralität.

Mit einem sechswöchigen Luftkrieg gegen Angriffsziele in Irak und Kuwait suchte die unter dem Oberbefehl des amerikan. Generals N. SCHWARZKOPF stehende Anti-Irak-Koalition seit dem 17. 1. 1991 die irak. Widerstandskraft zu brechen. Mit dem Abschuß von Scud-Raketen auf Israel (seit dem 18. 1.) erstrebte Präs. HUSAIN vergeblich, Israel in den Krieg zu ziehen und dadurch die Anti-Irak-Front zu spalten. Zur Abwehr eines alliierten Angriffs von Seeseite her ließ HUSAIN Erdöl in den Pers. Golf leiten und löste damit sowie mit dem Anzünden der kuwait. Erdölquellen eine Umweltkatastrophe aus. Nach Verstreichen eines auf den 23. 2. befristeten Ultimatums eroberten die alliierten Truppen bis zum 27. 2. Kuwait zurück und drangen in Irak ein. Nachdem Irak alle UN-Resolutionen bedingungslos anerkannt hatte, trat am 28. 2. Waffenruhe ein. Im Verlauf des Bodenkriegs war eine große Zahl von Soldaten in Gefangenschaft geraten. Darüber hinaus hatte der Krieg bes. auf irak. Seite eine hohe Zahl von Toten gefordert, auch unter der Zivilbevölkerung.

Nachgedanken zum G., hg. v. G. STEIN (1991); Arabien: Mehr als Erdöl u. Konflikte, hg. v. U. STEINBACH (1992).

*Gollwitzer, Helmut, ev. Theologe: † Berlin 17. 10. 1993.

Gómez Martínez [ˈgomεθ marˈtinεθ], Miguel Angel, span. Dirigent, *Granada 17. 9. 1949; studierte u. a. bei E. LEINSDORF und I. MARKEVITCH, war ständiger Dirigent an der Dt. Oper Berlin (1973–77) und an der Wiener Staatsoper (1977–82). 1984 wurde er Chefdirigent des Symphonieorchesters des Span. Rundfunks, 1992 der Hamburger Symphoniker und 1993 der Oper in Helsinki; 1990–93 war er Generalmusikdirektor des Nationaltheaters Mannheim. Er ist auch als Komponist hervorgetreten.

Gomolka, Alfred, Politiker (CDU), *Breslau 21. 7. 1942; Dozent für physikal. Geographie an der Univ. Greifswald, ab 1963 (mit Unterbrechung) Mitgl. der CDUD, von März bis Okt. 1990 Abg. in der Volkskammer der Dt. Dem. Rep., seit dem 14. 10. 1990 MdL von Meckl.-Vorp., war dort vom 27. 10. 1990 bis zum 16. 10. 1992 MinPräs. an der Spitze einer CDU/FDP-Koalition.

Göncz [gønts], Árpád, ungar. Schriftsteller und Politiker, *Budapest 10. 2. 1922; studierte Jura, später Agrarwissenschaft, war aktiv im Widerstand gegen das faschist. und das kommunist. Reg.-System; wegen seiner Teilnahme am Aufstand von 1956 zu lebenslängl. Haft verurteilt, 1963 begnadigt; war seitdem v. a. als Übersetzer und Publizist tätig, beteiligte sich im Zuge der Demokratisierung des ungar. Reg.-Systems 1988 an der Gründung des Bundes freier Demokraten. 1989 wurde er Präs. des Schriftstellerverbands. Von Mai bis Aug. 1990 war G. Präs. des Parlaments, das ihn am 3. 8. 1990 zum Staatspräs. wählte (wiedergewählt im 19. 6. 1995).

*Gönnenwein, Wolfgang, Dirigent: War bis 1993 Generalintendant der Württemberg. Staatstheater in Stuttgart.

*González Márquez, Felipe, span. Politiker: Wurde 1989 und 1993 erneut zum MinPräs. gewählt; erhielt 1993 den Internat. Karlspreis zu Aachen.

Goodison [ˈgʊdɪsn], Lorna, jamaikan. Schriftstellerin und Malerin, *Kingston 1. 8. 1947; studierte Kunst in Jamaika und den USA. G. verfaßt Gedichte, die sich oft um Lebensentwürfe karib. Frauen drehen und dabei auf histor. Figuren wie Personen aus der eigenen Familie zurückgreifen (›Tamarind season‹, 1980). In ihren Kurzgeschichten befaßt sie sich v. a. mit den Problemen alleinerziehender Mütter (›Baby mother and the king of swords‹, 1990; dt. ›Der Schwertkönig‹).

Weitere Werke: *Lyrik:* I am becoming my mother (1986); Heartease (1988).

*Goppel, Alfons, Politiker: † Johannesberg (Kr. Aschaffenburg) 24. 12. 1991.

*Gorbatschow, Michail Sergejewitsch, sowjet. Politiker: Setzte 1989/90 seine abrüstungspolit. Initiativen (→Abrüstung) fort und erkannte unter Abkehr von der ▷ Breschnew-Doktrin die Eigenständigkeit der verbündeten ost- und südosteurop. Staaten sowie ihre gesellschaftl. und polit. Wandlungen an. Im Rahmen seiner außenpolit. Entspannungskonzeption stimmte G. – nach anfängl. Zögern – 1990 der Vereinigung beider dt. Staaten zu und ermöglichte damit den Abschluß des ▷ Zwei-plus-Vier-Vertrages (12. 9. 1990). Für seine Bemühungen, den Ost-West-Konflikt abzubauen, erhielt er 1990 den Friedensnobelpreis.

Im Febr. 1990 setzte G. den Verzicht des ZK auf den Führungsanspruch der KPdSU in Staat und Gesellschaft durch. Mit der Einführung des Staatspräs.-Amtes und seiner Wahl in dieses Amt (März 1990) glaubte er die innenpolit. Aufgaben (Erhöhung der wirtschaftl. Effektivität, Verbesserung der Versorgungslage der Bev., Lösung der Nationalitätenkonflikte, Abwehr der Unabhängigkeitsbestrebungen in versch. Sowjetrepubliken, v. a. in Litauen) besser bewältigen zu können. Seit Sept. 1990 mit Sondervollmachten ausgestattet, geriet G. bei seinem innenpolit. Reformkurs zunehmend in Konflikt sowohl mit der orthodox-kommunist. Planungsbürokratie als auch mit den ›Radikalreformern‹. Der von ihm eingeleitete Umbau von Staat und Gesellschaft hatte eine Eigendynamik gewonnen, die über das von ihm in Aussicht genommene Ziel hinausging. Am 19. 8. 1991 nahmen konservativ-kommunist. Gegner G.s die bevorstehende Unterzeichnung eines neuen Unionsvertrages, der den einzelnen Republiken weitgehende Rechte (als souveräne Staaten innerhalb der Union) zuerkannte, zum Anlaß für einen Putsch, der jedoch am 20./21. 8. 1991 scheiterte. G. geriet v. a. im Streit um die demokrat. und marktwirtschaftl. Neustrukturierung von Staat und Gesellschaft immer stärker in den Schatten des im Juli 1991 zum Präs. Rußlands gewählten B. JELZIN. G. trat am 24. 8. 1991 als GenSekr. der KPdSU zurück. Nach der Bildung der Gemeinschaft Unabhängiger Staaten (GUS) erklärte er am 25. 12. 1991 seinen Rücktritt als Staatspräs. der UdSSR.

S. AHLMANN: Chronik einer Macht. M. G., eine polit. Biographie (1993).

*Gordimer, Nadine, südafrikan. Schriftstellerin: Erhielt 1991 den Nobelpreis für Literatur.

*Gordon, Dexter, amerikan. Jazzmusiker: † Philadelphia (Pa.) 25. 4. 1990.

Gore [gɔː], Albert (Al), jr., amerikan. Politiker, *Washington (D. C.) 31. 3. 1948; studierte Politikwissenschaft, Philosophie und Jura, diente 1969–71 als Heeresreporter in Vietnam, war danach u. a. als Journalist tätig; 1977–84 demokrat. Abg. für Tennessee im Repräsentantenhaus, 1985–93 Senator für Tennessee, erwarb sich bes. als Experte für Rüstungskontrolle, Technologiepolitik und Umweltfragen Ansehen; 1988 bewarb er sich vergeblich um die Nominierung als demokrat. Präsidentschaftskandidat. Seit Jan. 1993 ist G. Vize-Präs. der Reg. Clinton. – Schrieb ›Earth in the balance. Ecology and the human spirit‹ (1992; dt. ›Wege zum Gleichgewicht. Ein Marshallplan für die Erde‹).

*Górecki, Henryk Mikołaj, poln. Komponist: 1993 gelangte seine 3. Sinfonie ›Symphonie der Klagelieder‹ (1976; für Sopran und Orchester) in die Spitze der brit. Pop-Charts, was ihm zu internat. Popularität verhalf.

*Gorkij: Stadt in Rußland, heißt seit 1990 wieder **Nischnij Nowgorod.**

*Gorleben: Der Standort G. im Rahmen der nuklearen →Entsorgung ist weiterhin politisch umstritten. Am 25. 4. 1995 wurden erstmals ausgediente Brennelemente in das Zwischenlager G. gebracht (→CASTOR-Behälter). Für das Behälterlager wurde am 2. 6. 1995 eine Genehmigungserweiterung zur Lagerung hochradioaktiver Abfälle und von Brennelementen heutiger Auslegung erteilt.

Árpád Göncz

Albert (Al) Gore jr.

Görl Görlitz–Grass

*Görlitz 2): Die Stadt G. gehört seit 3. 10. 1990 zum Land Sachsen; sie ist kreisfreie Stadt und Verw.-Sitz des Niederschles. Oberlausitzkreises sowie seit 1994 kath. Bischofssitz. Die Synagoge (zw. 1909 und 1911 errichtet) wird zu einem Begegnungs- und Veranstaltungszentrum ausgebaut.

*Görlitz 3): Der seit 3. 10. 1990 zum Land Sachsen gehörende Landkreis G. ging am 1. 8. 1994 im Niederschles. Oberlausitzkreis auf; die Stadt Ostritz und die Gem. Schönau-Berzdorf a. d. Eigen wurden dem Kr. Löbau-Zittau eingegliedert.

Görlitz 4): Die ehemalige Apostol. Administratur gehört seit Juli 1994 (nach Ausgliederung der Exklave im Oderbruch) als Bistum Görlitz zur Kirchenprovinz Berlin; Bischof ist RUDOLF MÜLLER (1931). (→katholische Kirche, ÜBERSICHT)

*Gorno-Altajsk 2): Das Autonome Gebiet G.-A. wurde im Okt. 1990 Republik; 1992 erfolgte die Änderung des Namens in Republik **Altai**.

Gosch, Jürgen, Regisseur, * Cottbus 9. 9. 1943; anfänglich Schauspieler, seit 1978 Regisseur, im selben Jahr Übersiedlung in die Bundesrep. Dtl.; dort inszenierte er in Hannover, Bremen, Köln und Hamburg (1984–87). 1988/89 war G. in der künstler. Leitung der Berliner Schaubühne, seit 1993 arbeitet er am Dt. Theater Berlin; auch Opernregie.

*Gotha 2): In den seit 3. 10. 1990 zum Land Thüringen gehörenden Landkreis G. wurden am 1. 7. 1994 Gebietsteile des bisherigen Kr. Erfurt eingegliedert, außerdem die zur Gem. Tonna vereinigten Orte Burgtonna und Gräfentonna (früher Kr. Langensalza) sowie die Gem. Crawinkel (früher Kr. Arnstadt). – Der neugebildete Landkreis G. umfaßt 936 km^2 und (1995) 148 400 Ew. Das Kreisgebiet erstreckt sich vom fruchtbaren Thüringer Becken bis auf die Höhen des Thüringer Waldes (Großer Inselberg 916 m ü. M.). Vornehmlich der Trinkwasserversorgung (bis in den Raum Jena) dienen die Schmalwassertalsperre (erbaut 1987–93) und die Gothaer Talsperre (erbaut 1902–05) bei Tambach-Dietharz/Thür. Wald sowie die Ohratalsperre (erbaut 1960–66) im Luisenthal bei Ohrdruf. Der industrielle Sektor umfaßt Metallverarbeitung, Kunststoff- und Kautschuk-, Baustoffindustrie sowie Kfz-Zulieferindustrie. Größte Stadt ist die Kreisstadt Gotha (1995: 53 200 Ew.; mit Industriebetrieben und geographisch-kartograph. Verlag, Fremdenverkehr), es folgen Waltershausen (12 300 Ew.; Fahrzeugbau) und Ohrdruf (Truppenübungsplatz). Erholungs- und Wintersportorte sind die Städte Friedrichroda und Tambach-Dietharz/Thür. Wald sowie Tabarz/Thür. Wald und Georgenthal/Thür. Wald.

*Götting, Gerald, Politiker: Trat Anfang Nov. 1989 als Vors. der CDUD zurück und wurde bald darauf auch als stellv. Vors. des Staatsrats abberufen; am 9. 7. 1991 vom Landgericht Berlin wegen Veruntreuung von Vermögenswerten zu 18 Monaten Haft (mit Bewährung) verurteilt.

*Gottwaldov: Stadt in der Tschech. Rep., heißt seit Dez. 1989 wieder **Zlín**.

*Gould, Morton, amerikan. Komponist: † Orlando (Fla.) 21. 2. 1996.

G-Proteine, aus drei versch. (mit α, β und γ bezeichneten) Untereinheiten bestehende Proteine, die nach neueren Erkenntnissen bei fast allen signalübertragenden Prozessen als ›molekularer Schalter‹ die Weiterleitung extrazellulärer Signale in die Zelle vermitteln. Die Wirkungsweise ist prinzipiell folgende: Nachdem ein Rezeptor in der Zellmembran ein extrazelluläres Signal (Hormon, Neurotransmitter, Sinnesreiz) empfangen hat, bindet sich Guanosin-Triphosphat (GTP; daher die Name G-Protein) an die α-Untereinheit des G-P., die sich sodann von dem β-γ-Komplex abspaltet. Der entstandene α-GTP-Komplex veranlaßt dann durch Aktivierung eines Enzyms oder Ionenkanals eine Konzentrationsänderung der sogenannten ▷ sekundären Botenstoffe, die ihrerseits die Signalwirkung ins Zellinnere weiterleiten und dort eine Folge von Reaktionen auslösen. G-P. vermitteln auf diese Weise die Wirkung zahlreicher Hormone sowie einer Reihe sensor. Prozesse wie Sehen, Riechen und wahrscheinlich auch Schmecken. Funktionsstörungen der G-P. werden als Ursache vieler Krankheitssymptome angesehen, z. B. bei Cholera, Diabetes und einigen Krebsarten.

*GPS: →NAVSTAR/GPS.

*Grabar, André, frz. Kunsthistoriker: † Paris 5. 11. 1990.

*Graduiertenkolleg: Das seit 1990 laufende ›Förderprogramm G.‹, das der forschungsorientierten Ausbildung von Graduierten in der Promotionsphase im Rahmen eines meist interdisziplinären Studienprogramms dient, löste die vorangehenden, von Bund und Ländern geförderten Modellversuche sowie die von Stiftungen finanzierten Kollegs ab. Die für das Förderprogramm von Bund (65%) und Ländern (35%) zur Verfügung gestellten Mittel (1995: 83 Mio. DM) werden von der Dt. Forschungsgemeinschaft (DFG) vergeben. Das Förderprogramm umfaßt (1995) 229 Kollegs an 49 Hochschulen, davon 28 Kollegs an 11 Hochschulen der neuen Bundesländer. Insgesamt sind 4 500 Promovenden (rd. 7% der Doktoranden an dt. Hochschulen) an G. beteiligt, davon 2 600 als Stipendiaten der DFG.

Graf, Dominik, Drehbuchautor und Regisseur, * München 6. 9. 1952; erwarb sich Anerkennung mit gut gemachten Spiel- und Fernsehfilmen (Kriminal- und Komödienfilme); auch Schauspieler.
Filme: Das zweite Gesicht (1982); Treffer (1984); Drei gegen Drei (1985); Die Katze (1987); Tiger, Löwe, Panther (1988); Spieler (1990); Die Sieger (1994); Frau Bu lacht (Fernsehfilm aus der Reihe ›Tatort‹, 1995).

*Graf, Stefanie (Steffi) Maria, Tennisspielerin: Dt. Sportlerin der Jahre 1986 bis 1989, Weltsportlerin des Jahres 1989; gewann 1988 und 1989, 1991 bis 1993 und 1995 das Dameneinzelturnier in Wimbledon; wurde im März 1991 nach 187 Wochen als Weltranglistenerste (Rekord bei Damen und Herren) durch MONICA SELEŠ abgelöst, errang diese Position jedoch im Juni 1993 zurück, nachdem SELEŠ durch ein Attentat verletzt worden war.

*Gräfenhainichen 2): Der seit 3. 10. 1990 zum Land Sachs.-Anh. gehörende Landkreis G. ging am 1. 7. 1994 im Kr. Wittenberg auf; die Städte Oranienbaum und Wörlitz sowie acht weitere Gemeinden wurden dem Kr. Anhalt-Zerbst eingegliedert, vier Gemeinden dem Kr. Bitterfeld, die Gemeinden Kleutsch und Sollnitz der kreisfreien Stadt Dessau. Die Stadt Gräfenhainichen ist damit nicht mehr Kreisstadt.

*Graham, Martha, amerikan. Tänzerin und Choreographin: † New York 1. 4. 1991.

*Granger, Stewart, brit. Filmschauspieler: † Santa Monica (Calif.) 16. 8. 1993.

*Granit, Ragnar Arthur, finnisch-schwed. Physiologe: † Stockholm 12. 3. 1991.

*Gransee 2): Der seit 3. 10. 1990 zu Brandenburg gehörende Landkreis ging am 6. 12. 1993 im neugebildeten Landkreis Oberhavel auf, ausgenommen die Gem. Keller (jetzt zum Kr. Ostprignitz-Ruppin). Die Stadt Gransee ist damit nicht mehr Kreisstadt.

*Grass, Günter, Schriftsteller und Graphiker: G. trat 1995 mit seinem Roman ›Ein weites Feld‹ an die Öffentlichkeit. Darin stellt er vor dem Hintergrund der Biographie T. FONTANES das Leben seiner Hauptfigur ›Fonty‹ im nat.-soz. Dtl., in der Dt. Dem. Rep. und im vereinigten Dtl. dar. Von der Kritik wurde der Roman zumeist negativ aufgenommen.
Weitere Werke: Totes Holz. Ein Nachruf (1990); Unkenrufe. Eine Erzählung (1992); Novemberland. 13 Sonette (1993).

Dominik Graf

Grassi, Ernesto, italien. Philosoph: † München 22. 12. 1991.

Gratschow, Gračev [-'tʃɔf], Pawel Sergejewitsch, russ. General, *Tula 1. 1. 1948; in den 70er Jahren Inhaber versch. Posten im Truppendienst sowie in Stäben der sowjet. Armee, kommandierte nach dem Einmarsch sowjet. Truppen in Afghanistan (Ende 1979) dort eine Luftlandedivision. Als Befehlshaber der Luftlandetruppen (1990–91) stellte sich G. im Verlauf des Augustputsches 1991 auf die Seite der Reformkräfte um B. JELZIN und gilt seitdem als dessen Stütze in der Armee. Seit Mai 1992 ist G. Armeegeneral, Oberbefehlshaber der russ. Truppen und Verteidigungsminister. In dieser Funktion führte er eine Armeereform durch. Im Dez. 1994 leitete er die Intervention russ. Streitkräfte in Tschetschenien ein.

*****Graubünden:** Durch Verf.-Änderung, die vom Volk am 26. 11. 1989 angenommen und durch Gewährleistungsbeschluß vom 3. 10. 1991 bestätigt wurde, wurden die Bestimmungen über den Großen Rat geändert. Danach bleiben die Mitgl. des Großen Rates drei statt zwei Jahre im Amt und sind immer wieder wählbar.

Michael Graves: Humana Building in Louisville, Ky.; 1982–86

Graves [greɪvz], Michael, amerikan. Architekt und Designer, *Indianapolis (Ind.) 9. 7. 1934; eröffnete 1964 sein erstes Architekturbüro, ab 1967 konnte er erste Bauten realisieren. G. gehört zu den Vätern einer postmodernen Architektur; er greift Elemente der Renaissance und der klass. Traditionen auf, die er mit modernen Materialien und Raumkonzeptionen, bes. im Dekor auch mit trivialen Motiven vom Ende des 20. Jh. kombiniert. Die Anordnung von Bauten im Raum greifen z. B. röm. Villenbau oder stadtplaner. Konzepte von C.-N. LEDOUX auf. Tradierte Bauformen wie Turm, Zentralbau oder Arkade erhalten einen spieler. Charakter. Bei der farblich differenzierten Außengestaltung seiner Gebäude greift er die Farben der Umgebung auf. Sein Innendesign ist schulebildend.

Werke: Public Services Building, Portland, Oreg. (1980); Humana Building, Louisville, Ky. (1982–86); Riverbank Music Center, Cincinnati, Oh. (1983); Anlage des Weinbaugebiets Clos Pegase im Napa Valley (1984–87); Aventine University Center, La Jolla, Calif. (1985ff.); Sotheby's Tower, New York (1985); Umbau des Whitney Museum of Art, New York (1985–89); Zentrale der Disney-Corporation, Burbank, Calif. (1985); Hotel New York im Vergnügungspark Disneyland Paris (1988); Gestaltung des Parc de Passy, Paris (1988); die beiden Hotels Swan und Dolphin im künstl. See im Disneyland in Orlando, Fla. (1986–88); Zentralbibliothek in Denver, Colo. (1991); Erweiterungsbau für das Michael C. Carlos Museum der Univ., Atlanta, Ga. (1992).

M.G. Idee e progetti 1981–1991, hg. v. T. L. BROWN u. a. (Mailand 1991).

*****Greco,** Emilio, italien. Bildhauer: † Rom 5. 4. 1995.

*****Greene,** Henry Graham, engl. Schriftsteller: † Vevey (Schweiz) 3. 4. 1991.

*****Greenpeace:** 1995 unterhielt G. nat. Büros in 30 Staaten, davon vier in O-Europa. Vorstands-Vors. von G. International ist seit 1. 1. 1993 die dt. Umweltpolitikerin UTA BELLION (*1956), Geschäftsführer der dt. Umweltpolitiker THILO BODE (*1947).

*****Greifswald 1):** Die Stadt G. gehört seit 3. 10. 1990 zum Land Meckl.-Vorp.; sie ist kreisfreie Stadt. – Das Kernkraftwerk Nord bei G. wurde Anfang 1991 wegen sicherheitstechn. Mängeln stillgelegt und soll abgerissen werden.

*****Greifswald 2):** Der seit 3. 10. 1990 zum Land Meckl.-Vorp. gehörende Landkreis G. ging am 12. 6. 1994 im Kr. Ostvorpommern auf.

*****Greindl,** Josef, Sänger: † Wien 16. 4. 1993.

*****Greiz 2):** Der Landkreis G. gehört seit 3. 10. 1990 zum Land Thüringen. Die Stadt Elsterberg und die inzwischen in sie eingemeindete Gem. Görschnitz wurden am 1. 4. 1992, der Ortsteil Cunsdorf am 1. 8. 1994 dem Land Sachsen angegliedert. Am 1. 7. 1994 wurden die bisherigen Kreise Gera (mit Ausnahme der in die kreisfreie Stadt Gera eingemeindeten Orte) und Zeulenroda eingegliedert. – Der neugebildete Landkreis G., der an die kreisfreie Stadt Gera, an Sachs.-Anh. und Sachsen grenzt, umfaßt 843 km^2 und (1995) 127 900 Ew. Das Kreisgebiet erstreckt sich im nördl. Vogtland, durchflossen von der Weißen Elster und ihrem Nebenfluß Weida; der NW gehört zum Randgebiet des Thüringer Beckens (Saale-Elster-Buntsandsteinplatte). Die Stauseen der Talsperren Zeulenroda und Weida dienen der Trinkwasser-, der der Talsperre Hohenleuben der Betriebswasserversorgung. Ronneburg war 1950–91 Zentrum des ostthüring. Uranerzbergbaus. Wirtschaftl. Bedeutung haben v. a. Textil-, Bekleidungs-, Schuhindustrie und Maschinenbau. Größte Städte sind die Kreisstadt Greiz (1995: 30 200 Ew.) und Zeulenroda (15 000 Ew.), weitere Städte sind Auma, Bad Köstritz (Kurort, Schwarzbierbrauerei, Chemiefabrik), Berga/Elster (Fremdenverkehr, Wohnstadt), Hohenleuben, Münchenbernsdorf, Ronneburg, Triebes und Weida.

*****Grenada,** Staat im Bereich der Westind. Inseln, Kleine Antillen.

Hauptstadt: Saint George's. *Amtssprache:* Englisch. *Staatsfläche:* 344 km^2. *Einwohner (1994):* 92 000, 267 Ew. je km^2. *Städtische Bevölkerung (1991):* 32%. *Durchschnittlicher Bevölkerungsrückgang pro Jahr (1985–93):* 0,1%. *Bevölkerungsprojektion für 2000:* 94 000 Ew. *Ethnische Gruppen (1991):* 82% Schwarze, 13% Mulatten, 3% Inder, 1% Weiße. *Religion:* etwa 60% Katholiken, 35% Protestanten. *Lebenserwartung der Neugeborenen (1993):* männlich 68 Jahre, weiblich 73 Jahre. *Analphabetenquote:* 15%. *BSP je Ew. (1993):* 2 410 US-$. *BIP nach Sektoren/Produktionsstruktur (1992):* Landwirtschaft 14%, Industrie 20%, Dienstleistungen 66%. *Arbeitslosenquote (1992/93):* 25%. *Währung:* 1 Ostkaribischer Dollar (EC$) = 100 Cents. *Internationale Mitgliedschaften:* UNO, CARICOM, Commonwealth of Nations, OAS.

Gren Grenzausgleich – griechische Geschichte

Geschichte: Im Juli 1989 kam es zu einer Regierungskrise, da Reg.-Chef H. BLAIZE seinen Austritt aus der NNP und die Gründung der ›National Party‹ (NP) angekündigt hatte. Nach seinem Tod (19. 12. 1989) wurde B. JONES (NP) von General-Gouv. P. SCOON zum neuen Premier-Min. ernannt. Nach den Parlamentswahlen am 13. 3. 1990 kam es zum Regierungswechsel mit N. BRATHWAITE als neuem Reg.-Chef (New Democratic Congress; erstmals 1983–84 Premier-Min.). Seinem Kabinett folgte am 2. 2. 1995 das von GEORGE BRIZAN (NNP). Nach dem Wahlsieg der NNP am 20. 6. 1995 wurde KEITH MITCHELL neuer Regierungschef.

*Grenzausgleich: Mit dem Wegfall der Grenzkontrollen durch das Inkrafttreten des Europ. Binnenmarktes zum 1. 1. 1993 konnte der G. in seiner bisherigen Form (Einfuhrabgaben und Exporterstattungen für Länder mit positiven, Einfuhrerstattungen und Exportabgaben für Länder mit negativen Währungsabständen) nicht mehr weitergeführt werden. Zu Währungsabständen (Differenz zw. ›grünen Paritäten‹ und repräsentativen Kursen) kann es weiterhin kommen. Damit sie keine künstl. Warenströme auslösen, sollen sie in der Summe (beim Vergleich von jeweils zwei Ländern, bei denen sie dann ein umgekehrtes Vorzeichen haben) 5 % nicht überschreiten. Bei Überschreiten dieser Schwelle werden sie abgebaut, was bei aufwertenden Währungen zu einer Senkung, bei abwertenden Währungen zu einer Erhöhung der Marktordnungspreise in der nat. Währung führt. Im ersten Fall ist ein auf drei Jahre befristeter degressiver Einkommensausgleich möglich. Er trat für Dtl. zum Wirtschaftsjahr 1995/96 (Preissenkung 2,2 %) ein.

*Grenztruppen der DDR: Nach der Vereinigung der beiden dt. Staaten (1990) wurden Angehörige der aufgelösten Grenztruppen nicht in die Bundeswehr übernommen.

*Grevesmühlen 2): Der seit 3. 10. 1990 zum Land Meckl.-Vorp. gehörende Landkreis G. ging am 12. 6. 1994 im Kr. Nordwestmecklenburg auf, dessen Kreisstadt die Stadt Grevesmühlen wurde.

*Griechenland, neugriech. **Ellas,** amtl. **Elliniki Dimokratia,** dt. **Griechische Republik,** Staat in Südosteuropa, grenzt an das Mittelmeer, das Ägäische und das Ionische Meer.

Hauptstadt: Athen. *Amtssprache:* Neugriechisch. *Staatsfläche:* 131 957 km² (ohne Inseln 106 658 km²). *Bodennutzung (1992):* 39 120 km² Ackerland, 52 550 km² Dauergrünland, 26 200 km² Waldfläche. *Einwohner (1994):* 10,390 Mio., 79 Ew. je km². *Städtische Bevölkerung (1993):* 64%. *Durchschnittliches Bevölkerungswachstum pro Jahr (1985–93):* 0,5%. *Bevölkerungsprojektion für 2000:* 10,32 Mio. Ew. *Ethnische Gruppen (1983):* 95,5% Griechen, 1,5% Makedonier, 0,9% Türken, 0,6% Albaner, 1,5% sonstige (u. a. Aromunen, Pomaken). *Religion (1992):* 97,6% Mitglieder der griechisch-orth. Kirche, die Staatskirche ist. *Altersgliederung (1993):* unter 15 Jahre 17,7%, 15 bis unter 65 Jahre 67,7%, 65 und mehr Jahre 14,6%. *Lebenserwartung der Neugeborenen (1992):* männlich 75 Jahre, weiblich 80 Jahre. *Analphabetenquote (1991):* insgesamt 6,8%, männlich 2,4%, weiblich 10,9%. *BSP je Ew. (1993):* 7390 US-$. *BIP nach Sektoren/Produktionsstruktur (1993):* Landwirtschaft 18%, Industrie 32%, Dienstleistungen 50%. *Arbeitslosenquote (1994):* 9,6%. *Währung:* 1 Drachme (Dr.) = 100 Lepta. *Internationale Mitgliedschaften:* UNO, EU, Europarat, NATO, OECD, OSZE, WEU.

griechische Geschichte: Im Okt. 1988 löste der in der Öffentlichkeit erhobene Vorwurf, führende Mitgl. der PASOK und Minister der von ihr gestellten Reg. seien in die Bestechungsaffäre um den früheren Direktor der ›Bank von Kreta‹ und Verleger GIORGIOS KOSKOTAS verwickelt, eine Krise der Reg. unter MinPräs. A. PAPANDREU aus. Bei den Wahlen im Juni und Nov. 1989 verfehlte die bisher in Opposition stehende ›Nea Demokratia‹ (ND) unter ihrem Vors. KONSTANTINOS MITSOTAKIS (1918) nur knapp die absolute Mehrheit. Zur Aufklärung der Bestechungsaffäre bildete sie unter MinPräs. TSANNIS TSANNITAKIS (* 1927) eine Koalitions-Reg. Nach den Wahlen vom Nov. 1989 bildete der Parteilose XENOPHON ZOLOTAS (* 1904) eine Allparteien-Reg. (ND, PASOK und Linksbündnis). Nach einer erneuten Reg.-Krise und dem Scheitern der Wahl des Staatspräs. durch das Parlament im Febr. 1990 wurden für den 9. 4. 1990 Neuwahlen angesetzt, bei denen die ND mit 46,9% der Wählerstimmen (150 Sitze) die absolute Mehrheit um einen Sitz verfehlte. MITSOTAKIS bildete erneut die Reg.; PASOK (38,6%, 123 Sitze) und Linksbündnis (10,2%, 19 Sitze) gingen in die Opposition. Am 4. 5. 1990 wählte das neue Parlament K. KARAMANLIS zum Staatspräs. Die Reg. Mitsotakis führte ein Sanierungsprogramm durch, das u. a. die Privatisierung von Staatsunternehmen, die Streichung von Subventionen für unrentable Betriebe, Preiserhöhungen für öffentl. Dienstleistungen, Einsparungen im Rentensystem, die Bekämpfung der Steuerflucht, die Verringerung der Inflationsrate, Investitionen in der Infrastruktur und die Exportförderung vorsah. In einem Prozeß (März 1991 bis Jan. 1992) sprach des Oberste Gericht den früheren MinPräs. A. PAPANDREU vom Vorwurf der Bestechung frei. Aus Protest gegen die Sanierungspolitik der Reg., die neben positiven Auswirkungen einen Anstieg der Arbeitslosigkeit zur Folge hatte, riefen die Gewerkschaften im Aug. und Sept. 1992 einen Generalstreik aus. Vor diesem Hintergrund erlitt die Reg. bei den Wahlen vom Okt. 1993 eine Niederlage. Mit 46,8% der Wählerstimmen (170 Sitze) wurde die PASOK stärkste Partei und stellte mit PAPANDREU wieder den MinPräs. Die ND erhielt 39,3% (111 Sitze), der ›Polit. Frühling‹ (POLA; von der ND abgespalten) 4,5% (10) und die KP 4,8% (9) der Stimmen. Wirtschaftspolitisch legte die Reg. Papandreu den Akzent stärker auf Investitionen und die Besteuerung der Gewinne von Gesellschaften. Der frühere MinPräs. MITSOTAKIS geriet in den Verdacht der passiven Bestechung bei der Privatisierung von staatl. Unternehmens. Am 8. 3. 1995 wählte das Parlament K. STEPHANOPULOS zum Staatspräs. Nachfolger des wegen Krankheit im Jan. 1996 zurückgetretenen MinPräs. PAPANDREU wurde K. SIMITIS.

Vor dem Hintergrund der veränderten sicherheitspolit. Lage in Europa wurden die griech. Streitkräfte seit Anfang der 1990er Jahre um 20% auf nun rd. 160 000 Mann reduziert. Betroffen hiervon war ausschließlich das Heer, das zwei Infanteriedivisionen auflösen mußte. Bedingt durch die Umsetzung des KSE-Vertrags konnte die Ausrüstung umfassend modernisiert werden, da in Mitteleuropa überschüssiges Material der NATO-Partner in großem Umfang an G. geliefert wurde.

Außenpolitisch billigte das Parlament am 1. 8. 1992 das Vertragswerk von Maastricht. Nach dem Zerfall Jugoslawiens kam es zu einem Konflikt mit der 1991 unabhängig gewordenen früheren jugoslaw. Teilrepublik Makedonien. In der Verwendung des Namens ›Makedonien‹ und bestimmter Staatssymbole (bes. des ›Sterns von Vergina‹) sah Griechenland – im Blick auf eine gleichnamige Prov. – einen Angriff auf seine territoriale Integrität. Nachdem im Sept. 1995 unter dem Vorsitz eines UN-Vermittlers eine Entschärfung des Konflikts erreicht worden war, hob Griechenland das im Febr. 1994 gegen den Protest der EU verhängte Handelsembargo auf. Das griechisch-türk. Verhältnis ist belastet durch den Anspruch Griechenlands, seine

Hoheitsgewässer auf 12 Meilen auszudehnen. Minderheitenfragen führten zu Spannungen mit Albanien.

***Grigorowitsch,** Jurij Nikolajewitsch, russisch-sowjet. Tänzer und Choreograph: Wurde Anfang 1995 seiner leitenden Positionen am Moskauer Bolschoi-Ballett enthoben.

***Grimma 2):** Der seit 3. 10. 1990 zum Land Sachsen gehörende Landkreis G. ging am 1. 8. 1994 im Muldentalkreis auf, dessen Kreisstadt die Stadt Grimma wurde.

***Grimmen 2):** Der seit 3. 10. 1990 zum Land Meckl.-Vorp. gehörende Landkreis G. ging am 12. 6. 1994 im Kr. Nordvorpommern auf, dessen Kreisstadt die Stadt Grimmen wurde.

***Gromyko,** Andrej Andrejewitsch, sowjet. Politiker: † Moskau 2. 7. 1989.

***Großbritannien und Nordirland,** amtlich engl. **United Kingdom of Great Britain and Northern Ireland,** dt. **Vereinigtes Königreich von G. u. N.,** Inselstaat in Nordwesteuropa, grenzt an die Nordsee, den Atlant. Ozean, die Irische See und den Ärmelkanal.

Hauptstadt: London. *Amtssprache:* Englisch. *Staatsfläche:* 244 100 km² (ohne Binnengewässer 241 600 km²). *Bodennutzung (1992):* 66 000 km² Ackerland, 111 800 km² Dauergrünland, 24 100 km² Waldfläche. *Einwohner (1994):* 58,276 Mio., 239 Ew. je km². *Städtische Bevölkerung (1993):* 89 %; in städt. Agglomerationen mit 1 Mio. und mehr Ew. leben 26 % der Stadt-, 23 % der Gesamtbevölkerung. *Durchschnittliches Bevölkerungswachstum pro Jahr (1985-93):* 0,3 %. *Bevölkerungsprojektion für 2000:* 58,810 Mio. Ew. *Ausländer (1991):* Anteil an der Gesamtbevölkerung 4 % (510 000 Iren, 135 000 Inder, 98 000 US-Amerikaner, 86 000 Italiener, 42 000 Deutsche, 38 000 Franzosen, 34 000 Australier, 34 000 Polen, 29 000 Spanier, 29 000 Türken, 20 000 Portugiesen, 20 000 Niederländer, 1 354 000 sonstige Ausländer). *Religion (1992):* 56,8 % Anglikaner, 15,0 % andere Protestanten, 13,1 % Katholiken, 1,4 % Muslime, 0,8 % Juden. *Altersgliederung (1992):* unter 15 Jahre 19,2 %, 15 bis unter 65 Jahre 65,1 %, 65 und mehr Jahre 15,7 %. *Lebenserwartung der Neugeborenen (1992):* männlich 73 Jahre, weiblich 79 Jahre. *BSP je Ew. (1993):* 17 970 US-$. *BIP nach Sektoren/Produktionsstruktur (1993):* Landwirtschaft 2 %, Industrie 33 %, Dienstleistungen 65 %. *Arbeitslosenquote (1994):* 9,2 %. *Währung:* 1 Pfund Sterling (£) = 100 Pence (p). *Internationale Mitgliedschaften:* UNO, Commonwealth of Nations, EU, Europarat, NATO, OECD, OSZE, WEU.

Streitkräfte: Ausgelöst durch die grundlegende Veränderung der sicherheitspolit. Situation in Europa 1989/90, erfolgte in der 1. Hälfte der 90er Jahre eine Reduzierung der brit. Streitkräfte um mehr als 20 % auf nun 254 000 Mann. Betroffen von der Verminderung war v. a. das Heer, das jetzt nur noch 119 000 Soldaten zählt. In seiner neuen Gliederung umfaßt es folgende Verbände: die in Dtl. stationierte 1. Panzerdivision mit drei Brigaden (Rest der aufgelösten Brit. Rheinarmee) als brit. Anteil am Allied Rapid Reaction Corps der NATO; die 3. Division als strateg. Reserve in Großbritannien (zwei mechanisierte Brigaden und eine Fallschirmjägerbrigade); eine luftbewegl. Brigade als brit. Anteil an der Multi National Division (MND) der NATO; ein verstärktes Bataillon für die Allied Mobile Force (AMF) der NATO; 15 Infanteriebataillone für die unmittelbare Heimatverteidigung; je zwei Bataillone in Zypern und Hongkong, eines in Brunei. Das Territorialheer wurde auf etwa 63 000 Mann reduziert. Die Ausstattung umfaßt u. a. etwa 1 100 Kampfpanzer (400 Challenger, 700 Chieftain). Der ältere Typ Chieftain soll in den nächsten Jahren durch insgesamt rd. 400 Challenger-2-Kampfpanzer abgelöst werden. Die Luftwaffe umfaßt noch 75 000 Mann mit 320 Kampfflugzeugen (Jagdbomber: 90 Tornado GR 1, 50 Harrier, 30 Jaguar; Jäger: 100 Tornado F-3, 50 Hawk). Die Marine konnte ihren Personalbestand fast halten (jetzt 60 000 Mann). Vermindert wurde hier aber die Zahl der Zerstörer/Fregatten auf 35, die der U-Boote auf 16 und die der Minensuchboote auf 25.

Geschichte: Die Einführung einer von den Eigentumsverhältnissen unabhängigen Kopfsteuer (Poll tax) 1990 rief schwere Unruhen hervor. Nach mehreren Kabinettsumbildungen und heftiger, auch innerparteil. Kritik an ihrer Innen-, Wirtschafts- und Europapolitik trat MARGARET THATCHER im Nov. zurück. Nachfolger wurde J. MAJOR, der die Kopfsteuer aufhob, die bisherige Politik aber weitgehend weiterführte. Bei den Unterhauswahlen im April 1992 gewannen die Konservativen unter Premier-Min. MAJOR mit rd. 42 % der Stimmen überraschend die absolute Mehrheit, die Labour Party erhielt rd. 34 %, die 1988 durch Zusammenschluß der Sozialdemokraten (SPD) und der Liberalen gegründete Social and Liberal Democratic Party rd. 18 %. Vor dem Hintergrund der anhaltenden Rezession kam es im Sommer 1992 zu einer Währungskrise, die im Sept. 1992 zum Ausscheiden des brit. Pfunds aus dem Europ. Währungssystem führte. Der zunehmenden Kritik v. a. an der Wirtschaftspoltik der Reg. (Privatisierung von Staatsbetrieben, Steuererhöhungen, Einsparungen bei Staatsausgaben) suchte MAJOR im Mai 1993 mit einer Kabinettsumbildung zu begegnen, verhinderte damit aber nicht den weiteren Ansehensverlust der Konservativen (schwere Niederlagen bei Regional- und Nachwahlen). Nach langen Auseinandersetzungen mit dem rechten Flügel der Konservativen erreichte MAJOR gegen die Opposition der Labour Party im Juli 1993 die Ratifizierung des Vertrags von Maastricht in der von ihm ausgehandelten Form (ohne Sozialcharta), nachdem er die Abstimmung mit der Vertrauensfrage verbunden hatte. Die innerparteil. Kritik v. a. an der Europapolitik MAJORS hielt jedoch an. Die nach weiteren schweren Niederlagen der Konservativen bei Kommunal- und Nachwahlen sowie der Wahl zum Europ. Parlament (Mai/Juni 1994) zunehmende polit. Schwäche der Reg., die auch eine erneute Kabinettsumbildung im Juli 1994 nicht aufhob, zeigte sich bes. im Nov. 1994, als MAJOR bei der Abstimmung über die Erhöhung der EU-Beiträge die konservativen Europagegner nur durch ein Vertrauensvotum disziplinieren konnte. Nach dem darauf folgenden Ausschluß der ›Euro-Rebellen‹ aus der konservativen Fraktion regierte der Premier-Min. nur noch mit einer Minderheit im Unterhaus. Im Juli 1995 unternahm MAJOR mit der Bestätigung als Führer der Konservativen, die er durch seinen Rücktritt als Parteichef und erneute Kandidatur herbeigeführt hatte, sowie einer weiteren Kabinettsumbildung den Versuch, seine Position zu stärken.

Zur Lösung des Nordirlandkonflikts legten die brit. und die irische Reg. im Dez. 1993 eine gemeinsame Erklärung vor, in der sie nach einem Gewaltverzicht der unionist. und republikan. Terrororganisationen und der Einhaltung eines dreimonatigen Waffenstillstands allen nordir. Parteien (einschließlich Sinn Féin) Friedensgespräche anboten. Nach der Waffenstillstandserklärung der IRA zum 1. 9. 1994 und der prot. Terrorgruppen vom 14. 10. 1994 nahm die brit. Reg. im Dez. 1994 erstmals öffentl. Gespräche mit Vertretern der Sinn Féin auf. Mit seinem irischen Amtskollegen J. BRUTON legte MAJOR am 22. 2. 1995 als Grundlage für die Allparteienverhandlungen über Nordirland einen Rahmenplan vor. Kernpunkte sind die Wahl eines neuen Belfaster Parlaments durch

Groß Großenhain – Grundgesetz

nordir. Bev., die Errichtung einer gesamtir. Behörde (Exekutivvollmacht für Verkehr, Kommunikation, Landwirtschaft, Schulwesen) und die Abhängigkeit jegl. Statusänderung der brit. Prov. von der Zustimmung der Mehrheit der nordir. Bev. Am 28. 11. 1995 vereinbarte die brit. Reg., die die Beteiligung Sinn Féins an polit. Verhandlungen von der Entwaffnung der IRA abhängig machte, mit der irischen Reg. die Einsetzung einer internat. Kommission zur Klärung der Entwaffnung der nordir. Untergrundverbände, parallel dazu polit. Vorgespräche mit allen Konfliktparteien sowie den Beginn der eigentl. Nordirlandverhandlungen für Febr. 1996. (→Nordirland)

Bezüglich der Kronkolonie Hongkong, die 1997 an die VR China übergeben werden soll, kam es ab 1992 wegen der Demokratisierungsbestrebungen des brit. Gouv. in Hongkong, CHRISTOPHER PATTEN (* 1944), zu Spannungen mit der chin. Regierung.

Im Frühjahr 1991 beteiligte sich Großbritannien an der antiirak. Koalition zur Befreiung Kuwaits, ab Aug. 1992 an der Durchsetzung der Flugverbotszone in S-Irak. Brit. Truppen nahmen ab 1992 an der UN-Friedensmission im Bosnienkonflikt teil; im Mai 1993 legte Großbritannien, das ein direktes militär. Eingreifen ablehnte, mit anderen Staaten einen Plan zur Einrichtung von Sicherheitszonen für die muslim. Bev. und die Abschottung der Grenze Bosniens nach Serbien vor. Seit 1994 gehörte Großbritannien der internat. Kontaktgruppe für die Ausarbeitung eines Friedens- und Teilungsplans für Bosnien an und ist an der multinat. Truppe unter NATO-Führung zur Durchsetzung des Friedensabkommens für Bosnien und Herzegowina vom Nov. 1995 beteiligt.

T. O. LLOYD: Empire, welfare state, Europe. English history 1906–1992 (Oxford ⁴1993).

*Großenhain 2): Der seit 3. 10. 1990 zum Land Sachsen gehörende Landkreis G. ging am 1. 8. 1994 im Kr. Riesa-Großenhain auf, dessen Kreisstadt die Stadt Großenhain wurde.

*Großer Österreichischer Staatspreis: Weitere Preisträger sind: MARIA LASSNIG (1988), O. WIENER (1989), G. LIGETI (1990), G. RÜHM (1991), K. SCHWERTSIK (1992), BRUNO GIRONCOLI (1993), W. BAUER (1994), ILSE AICHINGER (1995).

*Großforschungseinrichtungen: Am 13. 11. 1995 wurde die Arbeitsgemeinschaft der G. (Abk. AGF) umbenannt in Hermann von Helmholtz-Gemeinschaft deutscher Forschungszentren (Abk. HGF). Seit 1992 hat die Gemeinschaft 16 Mitgl.; neu aufgenommen wurden 1991 das Umweltforschungszentrum Leipzig-Halle GmbH (Abk. UFZ) und 1992 das Geoforschungszentrum Potsdam (Abk. GFZ) sowie das Max-Delbrück-Centrum für Molekulare Medizin (Abk. MDC), Berlin. – Die G. haben (1994) rd. 23 500 Beschäftigte, der Mitteleinsatz für Forschung und Entwicklung beträgt (1994) rd. 3 Mrd. DM.

Grossman, David, israel. Schriftsteller, * Jerusalem 25. 1. 1954; trat außer mit Romanen, die ihn international berühmt machten, auch mit Kurzgeschichten, Essays und Kinderbüchern hervor. Seine belletrist. Werke zeichnen sich durch eine eindringl., oft innovative Sprache und literar. Technik aus. Themen wie die jüdisch-arab. Beziehungen, die Situation der Araber in Israel und den besetzten Gebieten und die Nachwirkungen des Holocaust in der zweiten und dritten Generation, die G. auch in seinen nichtbelletrist. Arbeiten anspricht, sind zwar typisch für die israel. Literatur der Gegenwart, werden jedoch von ihm mit besonderer Offenheit und tiefem psycholog. Verständnis behandelt.

Werke (hebr.): *Romane:* Das Lächeln des Lammes (1983; dt.); Stichwort: Liebe (1986; dt.); Der Kindheitserfinder (1991; dt.). – *Sachbücher:* Der gelbe Wind. Die israelisch-palästinensische Tragödie (1987; dt.); Der geteilte Israeli. Über den Zwang, den Nachbarn nicht zu verstehen (1992; dt.). – *Kinder- u. Jugendbücher:* Ein spätes Duell (1982; dt.); Joram wünscht sich was. 2 Geschichten (1986; dt.); Joram schreibt einen Brief. 2 Geschichten (1988; dt.; alle vier Geschichten dt. 1993 u. d. T. Joram wünscht sich was. 4 Geschichten).

*Grosso, Alfonso, span. Schriftsteller: † Valencina de la Concepción (Prov. Sevilla) 11. 4. 1995.

*Grósz, Károly, ungar. Politiker: † Gödöllö (bei Budapest) 8. 1. 1996.

*Gruber, Karl, österr. Politiker und Diplomat: † Innsbruck 1. 2. 1995.

*Gruhl, Herbert, Politiker: † Regensburg 26. 6. 1993.

Grün-Alternatives Jugendbündnis, im Jan. 1994 gegründet, der Partei Bündnis 90/Die Grünen nahestehende, aber politisch und organisatorisch unabhängige polit. Jugendorganisation.

Grünbein, Durs, Schriftsteller, * Dresden 9. 10. 1962; machte zunächst mit dem Gedichtband ›Schädelbasislektion‹ (1991) auf sich aufmerksam und veröffentlichte 1994 die Sammlung ›Falten und Fallen‹ sowie 33 Epitaphe unter dem Titel ›Den Teuren Toten‹. Seine Verse, die als ein neues lyr. Sprechen nach der Wende gewertet werden, bestechen durch die Leichtigkeit, mit der myth. Verweise, das Vokabular der Moderne und ein gleichsam naturgeschichtl. Blick kombiniert werden. G. erhielt mehrere Preise, v. a. 1995 den Georg-Büchner-Preis.

Weiteres Werk: Grauzone morgens (1988).

*Grundbuch 2): In den neuen Bundesländern ist die Geltung der G.-Ordnung (GBO) vom Tage des Beitritts an mit besonderen Maßgaben angeordnet worden. In der Folgezeit wurden versch. Sonderregelungen zur Klärung der Eigentumsverhältnisse und zur Erleichterung von Investitionen erlassen. Die G.-Vorrang-VO vom 3. 10. 1994 bezweckt eine vorrangige Bearbeitung investiver G.-Sachen (›G.-Vorfahrt‹).

*Grundgesetz 2): Das GG hat 1990–94 eine Reihe z.T. umfangreicher und bedeutsamer Änderungen erfahren. Es ist aber nicht, wie im Zusammenhang mit der dt. Einigung überlegt wurde, umfassend umgestaltet und erst recht nicht auf dem in Art. 146 GG vorgesehenen Weg durch eine neue Verf. ersetzt worden. Im Zusammenhang mit dem Zustimmungsgesetz zum →Einigungsvertrag wurde die Präambel des GG und die bisher auf das Ende der Teilung abzielende Vorschriften des Art. 146 GG geändert, das Stimmenverhältnis im →Bundesrat wurde ebenfalls modifiziert. Die zweite große einigungsbedingte Verf.-Änderung vom 27. 10. 1994 erfolgte in Ausführung von Art. 5 Einigungsvertrag, wonach die gesetzgebenden Körperschaften des vereinten Dtl. gewisse mit der Einigung zusammenhängende Verf.-Änderungen erwägen sollten. Nach längeren Diskussionen der Verf.-Kommission sind insbesondere folgende Änderungen in das GG eingefügt worden: die Förderung der tatsächl. Durchsetzung der Gleichberechtigung von Mann und Frau (Art. 3 Abs. 2 Satz 2 GG); das Staatsziel des Schutzes der natürl. Lebensgrundlagen (Art. 20a GG); Veränderungen im Bund-Länder-Verhältnis, insbesondere zur Stärkung der Länder gegenüber der Bundesgesetzgebung.

Die Verf.-Änderung vom 21. 12. 1992 hat zum Ziel, die Übertragung von Hoheitsrechten auf die Europ. Union (EU) deutlicher zu legitimieren und zu begrenzen und die Mitwirkungsrechte des Bundestages, insbesondere aber der Länder sowie des Bundesrates in der Europapolitik zu verstärken (Art. 23, 24 Abs. 1a GG). Diese Änderung ist ebenso wie die Ermöglichung des Kommunalwahlrechts für Bürger der EU (Art. 28 Abs. 1 GG) und die Übertragung von Aufgaben auf eine europ. Zentralbank (Art. 88 GG) im Zusammenhang mit der Gründung der EU durch den Vertrag von Maastricht erfolgt.

David Grossman

Durs Grünbein

Die Verf.-Änderung vom 28. 6. 1993 hat das Asylgrundrecht (→Asylrecht) durch detaillierte Regelungen über den Ausschluß der Asylgewährung bei Einreise aus einem sicheren Drittstaat und über die Beschränkung gerichtl. Rechtsschutzes reduziert (Art. 16a GG). Bes. die Verf.-Änderungen zu Art. 23 und Art. 16a GG werden wegen ihres einer Verf. wenig angemessenen Detaillierungsgrades kritisiert. Zwei weitere Verf.-Änderungen vom 20. 12. 1993 und 30. 8. 1994 schufen die Voraussetzungen für die Privatisierung der Dt. Bundespost und der Dt. Bundesbahn.

*__Grundig__, Max, Unternehmer: †Baden-Baden 8. 12. 1989.

__Grundsicherung__, bedarfsorientierte, existenzsichernde, steuerfinanzierte Basisversorgung v.a. zur sozialen Sicherung gegen Risiken des Alters (›Grundrente‹) sowie gegen diejenigen Risiken, die die Sozialhilfebedürftigkeit auslösen, die unabhängig von individuellen (Versicherungs-)Beiträgen allen Bürgern zustehen soll. Für G. im Alter sind unter den dt. Parteien v. a. Bündnis 90/Die Grünen und die PDS eingetreten. Entsprechende Gesetzesentwürfe wurden vom Bundestag abgelehnt.

*__Grünen, Die:__ Im Zuge des innerparteil. Konfliktes zw. den real- und fundamentalpolit. Strömungen der Partei entwickelte sich eine vermittelnde Gruppierung der ›Grüne Aufbruch‹ (u. a. ANTJE VOLLMER). Nachdem Die Grünen angesichts der friedl. Revolution in der Dt. Dem. Rep. in der Frage der dt. Einheit zunächst zw. ausdrückl. Anerkennung der Zweistaatlichkeit, der Bildung einer Konföderation beider dt. Staaten und Aufgabe des Zweistaatlichkeitsprinzips gespalten waren, gaben sie im Verlauf des Jahres 1990 der polit. Grundtendenz in der Bev. der Dt. Dem. Rep. nach mit dem Ziel, in ganz Dtl. ihre radikaldemokrat. und ökolog. Zielsetzungen zu verwirklichen. Bei den ersten gesamtdt. Bundestagswahlen (2. 12. 1990) scheiterten Die Grünen mit 4,8% der Wählerstimmen an der Fünfprozentklausel des Bundeswahl-Ges. Aufgrund der gesonderten Geltung dieser Klausel für das Wahlgebiet der früheren Dt. Dem. Rep. konnte die mit den Grünen verbundene Gruppe Bündnis 90/Grüne (→Bündnis 90) mit 6,0% der Wählerstimmen acht Abg. in den Bundestag entsenden. Mit dem Austritt der antikapitalistisch ausgerichteten Fundamentalisten (Ökosozialisten; u. a. JUTTA DITFURTH) im Mai 1991 beschritten Die Grünen den Weg einer ökolog. Reformpartei mit der Option zur Bildung von (›rot-grünen‹) Koalitionen mit der SPD auf Landes- und Bundesebene. Die außenpolit. Vorstellungen der Partei entwickelten sich aus den Diskussionen der Friedensbewegung heraus. Kritisch gegenüber der EG und ihrer Integrationspolitik, fordern sie ein ›Europa der autonomen Regionen ohne jegl. Grenzen‹. Nach der Paraphierung eines Assoziationsvertrages mit Bündnis 90/Grüne (Nov. 1992) schlossen sich beide im Mai 1993 unter dem Namen →Bündnis 90/Die Grünen zusammen.

*__Grünewald__, Matthias (Matthäus), Maler und Baumeister: Wird in neueren Forschungen nicht mehr mit MATHIS GOTHART NITHART oder NEITHART identifiziert, sondern mit dem Maler und Bildschnitzer MATHIS GRÜN, der zw. 1480 und 1483 in Aschaffenburg geboren wurde und wahrscheinlich im Okt. 1532 im Dienst der Herren von Erbach starb. Nicht G., sondern NITHART zuzuordnen sind damit die Vorzeichnung zu einem Kopf des hl. SEBASTIAN als Selbstporträt des MATHIS NITHART (von G. überarbeitet) auf dem Isenheimer Altar sowie die Rückseiten zweier Standflügel des Heller-Altars. Die Signatur ›MGN‹ wäre aufzulösen in ›Mathis Grün[ewald]‹ und Nithart‹.

*__Gruppe der sowjetischen Truppen in Deutschland:__ Am 29. 6. 1989 war die GSTD in ›Westgruppe der sowjet. Truppen‹ umbenannt worden, nach der Auflösung der UdSSR 1992 reduzierte sich die Bez. auf ›Westgruppe der Truppen‹. Im Vorgriff auf einen Vertragsabschluß im Rahmen der VKSE hatte die UdSSR bereits 1989/90 die Streitkräftegruppierung um zwei Panzerdivisionen verringert. Im Zusammenhang mit den Verhandlungen um die Wiederherstellung der dt. Einheit vereinbarten am 12. 10. 1990 die Bundesrep. Dtl. und die UdSSR in einem v. a. auch die Rechtsstellung der sowjet. Truppen regelnden Stationierungsvertrag den Abzug aller sowjet. Streitkräfte aus Dtl. bis Ende 1994. Der Anfang 1991 begonnene Abzug endete am 31. 8. 1994 mit einer offiziellen Abschiedsfeier in Berlin.

*__Gruša__, Jiří, tschech. Schriftsteller: Wurde 1991 Botschafter der Tschechoslowakei (1993 der Tschech. Rep.) in Bonn.

__Grynberg__, Henryk, poln. Schriftsteller, *Warschau 5. 7. 1936; war Journalist und Schauspieler am Jüdischen Theater in Warschau; emigrierte 1967 in die USA. G. beschreibt in seiner autobiograph. und dokumentar. Prosa (›Żydowska wojna‹, 1965; ›Kadisz‹, 1987, dt. ›Kalifornisches Kaddisch‹; ›Dzieci Syjonu‹, 1994, dt. ›Kinder Zions‹) Schicksale von Überlebenden des Holocaust; auch Lyrik (›Wróciłem‹, 1991, Gedichtauswahl).

__GSF-Forschungszentrum für Umwelt und Gesundheit GmbH,__ seit 1990 neuer Name der →Gesellschaft für Strahlen- und Umweltforschung m. b. H.

__GSM__, Abk. für engl. Global System for Mobile Communication (›globales System für mobile Kommunikation‹), ein internat. Standard für digitale Funknetze, der weltweit verbreitet ist (in Dtl. beruhen die beiden D-Netze und E-Netz auf diesem Standard). GSM verwendet Frequenzen im 900-MHz-Band. Die im GSM vorhandenen 124 Funkkanäle sind in jeweils acht zeitversetzt arbeitende Sprechkanäle aufgeschlüsselt. Die GSM-Netze sind zellulär aufgebaut, wobei die Basisstationen jeder Zelle mit der Funkvermittlungsstelle in Kontakt stehen. (→Mobilfunk)

*__Gsovsky__, Tatjana, Tänzerin und Choreographin russ. Herkunft: †Berlin 29. 9. 1993.

__Gstrein__, Norbert, österr. Schriftsteller, *Mils (Tirol) 1961; veröffentlichte 1988 die Erzählung ›Einer‹ über das Scheitern eines jungen Außenseiters in einem Tiroler Fremdenverkehrsort. Die Auseinandersetzung mit der eigenen Herkunft wird auch in der Erzählung ›Anderntags‹ (1989) und im Roman ›Das Register‹ (1992) weitergeführt; die formal anspruchsvolle Novelle ›O$_2$‹ (1993) knüpft dagegen an den Ballonflug des Schweizers A. PICCARD von 1931 an.

__Weiteres Werk:__ *Erzählung:* Der Kommerzialrat. Bericht (1995).

*__Guarana:__ Mitte der 1990er Jahre stieg der Verbrauch des aus G.-Samen gewonnenen __Guarana__ (span. __Guaraná__) als anregendes, appetitverminderndes Mittel, als Naturheilmittel, Analgetikaverstärker und Aphrodisiakum in Europa stark an; es zählt zu den Purindrogen.

*__Guatemala__, amtlich span. __República de G.__, Staat in Zentralamerika.

Hauptstadt: Guatemala. *Amtssprache:* Spanisch. *Staatsfläche:* 108 889 km^2 (ohne Binnengewässer 108 430 km^2). *Bodennutzung (1992):* 18 850 km^2 Ackerland, 14 100 km^2 Dauergrünland, 36 700 km^2 Waldfläche. *Einwohner (1994):* 10,322 Mio., 95 Ew. je km^2. *Städtische Bevölkerung (1994):* 39%. *Durchschnittliches Bevölkerungswachstum pro Jahr (1985–93):* 2,9%. *Bevölkerungsprojektion für 2000:* 12,2 Mio. Ew. *Ethnische Gruppen:* etwa 45% Indianer, 45% Mestizen (Ladinos), 5% Weiße, 5% sonstige. *Religion (1992):* 75% Katholiken, 25% Protestanten. *Altersgliederung (1995):* unter 15 Jahre

Guba Gubajdulina – Guinea

44,3 %, 15 bis unter 65 Jahre 52,2 %, 65 und mehr Jahre 3,5 %. *Lebenserwartung der Neugeborenen (1992):* männlich 62 Jahre, weiblich 67 Jahre. *Analphabetenquote (1991):* insgesamt 44,9 %, männlich 36,9 %, weiblich 52,9 %. *BSP je Ew. (1993):* 1 110 US-$. *BIP nach Sektoren/Produktionsstruktur (1993):* Landwirtschaft 25 %, Industrie 20 %, Dienstleistungen 55 %. *Arbeitslosenquote (1990):* 14 %. *Währung:* 1 Quetzal (Q) = 100 Centavos (c, cts). *Internationale Mitgliedschaften:* UNO, CACM, OAS.

Geschichte: Im Mai 1989 scheiterte, wie bereits im Mai und Aug. 1988, ein Putschversuch rechtsgerichteter Offiziere, die der Reg. unter V. C. ARÉVALO einen zu kompromißbereiten Kurs gegenüber der Guerilla vorwarfen. Unter dem Druck der Ende der 1980er Jahre um ein Viertel vergrößerten Armee, die nach wie vor eine Schlüsselposition einnimmt, gestalteten sich Verhandlungen zw. der Reg. und dem Guerilladachverband URNG zur Beendigung des seit über 30 Jahre dauernden Bürgerkriegs schwierig. Die mehrfach abgebrochenen Gespräche wurden im April 1991 unter der Reg. von J. SERRANO ELIAS (MAS), der im Jan. 1991 die Stichwahlen um die Präsidentschaft gewonnen hatte, erneut aufgenommen und der Aufsicht der UNO unterstellt; dennoch scheiterten die Friedensbemühungen. Durch die Verleihung des Friedensnobelpreises 1992 an RIGOBERTA MENCHÚ wurde die Aufmerksamkeit der internat. Öffentlichkeit auf die seit 1988 steigende Zahl von Todesschwadronen und Armeeangehörigen verübten Gewalttaten sowie die Unterdrückung der indian. Bev.-Mehrheit gelenkt.

Vor dem Hintergrund wachsender innenpolit. Spannungen und z. T. gewaltsamer Proteste gegen die Politik der Reg. setzte SERRANO am 25. 5. 1993 die Verf. z. T. außer Kraft, löste das Parlament und die obersten Justizbehörden auf und ordnete die Einberufung einer verfassunggebenden Versammlung an. Der anfänglich vom Militär unterstützte Staatsstreich des Präs. scheiterte jedoch am breiten gesellschaftl. Widerstand. Nach der Absetzung SERRANOS auf Druck des Militärs am 1. 6. 1993 und heftigen Protesten gegen die von der Armee unterstützte Einsetzung des Vizepremier-Min. als Nachfolger SERRANOS wählte das Parlament am 5. 6. den bisherigen Menschenrechtsbeauftragten R. DE LEÓN CARPIO zum Präs. Der durch die Kampagne des Präs. gegen Korruption in staatl. Institutionen ausgelöste Konflikt mit dem Parlament und dem Obersten Gerichtshof wurde im Nov. 1993 durch die Einigung auf eine am 30. 1. 1994 durch Referendum gebilligte Verf.-Reform (Verkürzung der Legislaturperiode sowie der Amtszeit des Präs. von fünf auf vier Jahre), Vorverlegung der Parlamentswahl auf 1994 und anschließende Neuwahl des Obersten Gerichtshofs beigelegt.

Im Juni 1994 beschlossen die Reg. und die URNG in Oslo die Bildung einer ›Wahrheitskommission‹ zur Aufklärung der während des Bürgerkriegs begangenen Menschenrechtsverletzungen; zum anderen soll die Wiedereingliederung von rückkehrwilligen Flüchtlingen vorangetrieben werden. Ein weiterer Schritt auf dem Weg zur Unterzeichnung eines endgültigen Friedensvertrags war das am 31. 3. 1995 geschlossene Abkommen über Identität und Rechte der Ureinwohner. Am 14. 8. 1994 wurde ein Interimsparlament gewählt, aus dem die Rechtsparteien Frente Republicano Guatemalteco (FRG) und Partido de Avanzada Nacional (PAN) gestärkt hervorgingen. Erstmals rief die URNG zur Teilnahme an den Parlaments- und Präsidentschaftswahlen am 12. 11. 1995 auf. Die Stichwahl am 7. 1. 1996 gewann ÁLVARO ARZÚ (* 1946; PAN).

Im Sept. 1992 erkannte G. Belize endgültig als eigenständigen Staat an. Im Mai 1992 vereinbarten G.,

El Salvador und Honduras im Rahmen des ▷ Zentralamerikanischen Integrationssystems die Bildung einer Freihandelszone.

M. RIEKENBERG: Zum Wandel von Herrschaft u. Mentalität in G. Ein Beitr. zur Sozialgesch. Lateinamerikas (1990).

Gubajdulina, Sofija Asgatowna, russ. Komponistin, *Tschistopol (Tatarstan) 24. 10. 1931; lebt seit 1992 in Dtl. Während ihre Werke im westl. Ausland seit Mitte der 1960er Jahre mit wachsendem Erfolg aufgeführt werden, erlebte sie in der Sowjetunion erst nach der Perestroika Anerkennung. Heute zählt sie, u. a. neben A. G. SCHNITTKE und E. W. DENISSOW, zum führenden Kreis der russ. Avantgarde. Geprägt von myst. Gedankengut und christl. Symbolik, werden in ihren Kompositionen vielfach außermusikal. Darstellungsmittel (z. B. dichter. Texte, Ritualformen) einbezogen. V. a. in der Art der Zitatmontage kommt es zu einem gleichberechtigten Nebeneinander von seriellen Techniken und traditionellem abendländ. Harmoniedenken. In neueren Werken spielen zunehmend rhythm., an den Idealproportionen des Goldenen Schnitts orientierte Ordnungsprinzipien eine Rolle.

Werke: Kantate ›Nacht in Memphis‹ für Mezzosopran, Männerchor und Orchester (1968); Sinfonie ›Stufen‹ für Sprechchor und Orchester (1972); ›Concerto‹ für Orchester und Jazzband (1978); vier Streichquartette (1979, 1987, 1987, 1994); ›Sieben Worte‹ für Violoncello, Bajan und Streicher (1982); ›Perception‹ für Sopran, Bariton und Streicher (1983); ›Im Anfang war der Rhythmus‹ für sieben Schlagzeuger (1984); Sinfonie ›Stimmen ... verstummen‹ (1986); ›Offertorium‹ für Violine und Orchester (1986); ›Alleluja‹ für Sopran, Chor, Orgel und Orchester (1990); Violoncellokonzert (1991); Ballett ›Medea-Landschaften‹ (1992); Flötenkonzert (1994); ›Zeitgestalten‹ für Orchester (1995).

*Guben 3): Der seit 3. 10. 1990 zu Brandenburg gehörende Landkreis G. ging am 6. 12. 1993 im neugebildeten Landkreis Spree-Neiße auf; die Stadt Guben ist damit nicht mehr Kreisstadt.

Gudzuhn, Jörg, Schauspieler, *24. 3. 1945; kam über Karl-Marx-Stadt (heute Chemnitz) und Potsdam 1976 an das Berliner Maxim-Gorki-Theater und 1987 an das Dt. Theater ebd.; übernahm auch Filmrollen (›Die Grünstein-Variante‹, 1984; ›Moebius‹, 1991).

*Guillaume, Günter, Offizier der Nationalen Volksarmee: †Eggersdorf b. Strausberg (Kr. Märkisch-Oderland) 10. 4. 1995.

Guillem, Sylvie, frz. Tänzerin, *Paris 23. 2. 1965; ausgebildet an der Schule der Pariser Opéra und von R. NUREJEW nachhaltig gefördert, der sie bereits 1984, nach ihrem Schwanensee-Debüt, zur Étoile des Pariser Opernballetts ernannte. Seit 1989 freischaffend tätig, ist sie als Principal Guest Artist allein dem Londoner Royal Ballet enger verbunden. Ihr Repertoire umfaßt die großen Klassikerpartien ebenso wie Rollen aus zeitgenöss. Balletten. V. a. Choreographen wie M. BÉJART, M. EK, W. FORSYTHE und NUREJEW haben für sie immer wieder neue Stücke kreiert.

*Guillén, Nicolas, kuban. Dichter: †Havanna 16. 7. 1989.

*Guinea, amtlich frz. **République de Guinée,** Staat in Westafrika, grenzt an den Atlant. Ozean.

Hauptstadt: Conakry. *Amtssprache:* Französisch. *Staatsfläche:* 245 857 km². *Bodennutzung (1992):* 7 300 km² Ackerland, 61 500 km² Dauergrünland, 145 200 km² Waldfläche. *Einwohner (1994):* 6,501 Mio., 26 Ew. je km². *Städtische Bevölkerung (1993):* 28 %. *Durchschnittliches Bevölkerungswachstum pro Jahr (1985-93):* 2,9 %. *Bevölkerungsprojektion für 2000:* 7,76 Mio. Ew. *Ethnische Gruppen (1983):* 38,6 % Fulbe, 23 % Malinke, 11,0 % Susu, 6,0 % Kissi, 4,6 % Kpelle, 16,8 % andere. *Religion (1992):* 85,0 % Muslime. *Altersgliederung (1995):* unter 15 Jahre: 47,1 %, 15 bis unter 65 Jahre: 50,3 %, 65 und mehr Jahre: 2,6 %. *Lebenserwartung der Neugeborenen*

Sofija Asgatowna Gubajdulina

(1992): 44 Jahre. *Analphabetenquote (1991):* insgesamt 76,0%, männlich 65,1%, weiblich 86,6%. *BSP je Ew. (1993):* 510 US-$. *BIP nach Sektoren/Produktionsstruktur (1993):* Landwirtschaft 24%, Industrie 31%, Dienstleistungen 45%. *Währung:* Guinea-Franc (F. G.). *Internationale Mitgliedschaften:* UNO, OAU, Wirtschaftsgemeinschaft westafrikan. Staaten.

Geschichte: Seit 1988 wurde eine neue Verf. erarbeitet, die nach ihrer Annahme in einem Referendum (23. 12. 1990) am 23. 12. 1991, als Verf. der Dritten Rep. von G. verkündet wurde. Sie bekennt sich zur Gewaltenteilung, löst das CMRN auf und setzt an seine Stelle das ›Comité transitoire de redressement national‹ (CTRN, dt. ›Übergangskomitee der nat. Wiederbelebung‹), dessen Aufgabe es sein sollte, im Rahmen eines Zweiparteiensystems eine zivile Herrschaft zu etablieren. Am 4. 4. 1992 wurde jedoch unter dem Druck der Öffentlichkeit ein Ges. verabschiedet, das beliebig viele Parteien zuläßt und Präsidentschafts- und Parlamentswahlen vorsieht. Im Dez. 1993 fanden unter gewalttätigen Begleitumständen Präsidentschaftswahlen statt, aus denen der Amtsinhaber L. CONTÉ als Sieger hervorging. Bei der Parlamentswahl vom Juli 1995 errang die Partei des Präs. die absolute Mehrheit.

*Guinea-Bissau, amtlich portug. **República da Guiné-Bissau,** Staat in Westafrika, grenzt an den Atlant. Ozean.

Hauptstadt: Bissau. *Amtssprache:* Portugiesisch. *Staatsfläche:* 36 125 km². *Bodennutzung (1992):* 3 400 km² Ackerland, 10 800 km² Dauergrünland, 10 700 km² Waldfläche. *Einwohner (1994):* 1,050 Mio., 29 Ew. je km². *Städtische Bevölkerung (1993):* 21%. *Durchschnittliches Bevölkerungswachstum pro Jahr (1985–93):* 2,1%. *Bevölkerungsprojektion für 2000:* 1,20 Mio. Ew. *Ethnische Gruppen (Volkszählung 1979):* 27,2% Balante, 22,2% Fulbe, 12,2% Malinke, 10,6% Mandjako, 10,0% Pepel, 17,8% andere. *Religion (1992):* 54% Anhänger traditioneller afrikan. Religionen, 38% Muslime, 8% Christen. *Altersgliederung (1995):* unter 15 Jahre 41,7%, 15 bis unter 65 Jahre 54,2%, 65 und mehr Jahre 4,1%. *Lebenserwartung der Neugeborenen (1992):* männlich 38 Jahre, weiblich 39 Jahre. *Analphabetenquote (1990):* insgesamt 63,5%, männlich 49,8%, weiblich 76,0%. *BSP je Ew. (1993):* 220 US-$. *BIP nach Sektoren/Produktionsstruktur (1993):* Landwirtschaft 45%, Industrie 19%, Dienstleistungen 36%. *Währung:* 1 Guinea-Peso (PG) = 100 Centavos (CTS). *Internationale Mitgliedschaften:* UNO, OAU, Wirtschaftsgemeinschaft westafrikan. Staaten.

Geschichte: Im Mai 1991 wurden, nach starkem internat. Druck, im Zuge einer Verfassungsreform Oppositionsparteien zugelassen. Der Präs. als Staatsoberhaupt und Reg.-Chef muß vom Volk gewählt werden (Amtsdauer fünf Jahre). Bei den Parlamentswahlen im Juli 1994 setzte sich die Reg.-Partei nach massiver Behinderung der Opposition klar durch; bei den gleichzeitigen Präsidentschaftswahlen wurde ein zweiter Wahlgang (7. 8.) notwendig, in dem sich der Amtsinhaber J. B. VIEIRA knapp behaupten konnte.

Gülke, Peter, Dirigent, * Weimar 29. 4. 1934; war Chefdirigent an den Theatern von Stendal, Potsdam und Stralsund, bevor er 1976 Kapellmeister der Dresdner Oper und 1981 Generalmusikdirektor am Nationaltheater in Weimar wurde. Seit 1986 ist er Generalmusikdirektor in Wuppertal. Er trat auch mit zahlreichen musikwissenschaftl. Arbeiten hervor, u. a. ›Das Schriftbild der mehrstimmigen Musik‹ (1973, mit H. BESSELER), ›Mönche, Bürger, Minnesänger‹ (1975), ›Brahms, Bruckner‹ (1989), ›Franz Schubert und seine Zeit‹ (1991), ›Fluchtpunkt Musik‹ (1994).

Gümri, seit 1992 Name der Stadt ▷Leninakan, bis Ende 1991 Kumajri.

***Günther,** Gotthard, Philosoph und Logiker: † Hamburg 29. 11. 1984.

***Günther,** Joachim, Schriftsteller: † Berlin 14. 6. 1990.

***Gurjew:** Stadt in Kasachstan, heißt seit 1992 **Atyrau.**

***Gürzenich:** Chefdirigent des G.-Orchesters war bis 1991 M. JANOWSKI. Danach wurde die musikal. Leitung mit der der Kölner Oper zusammengelegt. Gemeinsamer Generalmusikdirektor ist seit 1991 J. CONLON.

GUS, Abk. für →Gemeinschaft Unabhängiger Staaten.

***Güstrow 2):** In den seit 3. 10. 1990 zum Land Meckl.-Vorp. gehörenden Landkreis G. wurden am 12. 6. 1994 die Kr. Teterow und Gebietsteile des bisherigen Kr. Bützow eingegliedert. – Der neugebildete Landkreis G. umfaßt 2 058 km² und (1995) 116 700 Ew. Die Oberflächenformung des von Warnow, Nebel und Recknitz durchflossenen Raumes ist ein Ergebnis der jüngsten pleistozänen Vereisung (Weichsel-Eiszeit). In den welligen bis kuppigen Moränengebieten erreicht der Rugberg (im W) 147 m ü. M. Pleistozäne Gletscherzungen schufen Becken mit Seen (Bützower, Güstrower und Teterower Becken). Im S hat das Kreisgebiet Anteil an der Mecklenburg. Seenplatte (Krakower See). Die landwirtschaftl. Erzeugnisse werden z. T. in den Städten verarbeitet (zu Futtermittel, Wurst, Milchzucker). Vorhanden sind auch Betriebe der Metallverarbeitung, der Holz- und Möbelindustrie sowie der Textilverarbeitung. Größte Stadt ist die Kreisstadt Güstrow (1995: 35 300 Ew.; neben Industrie auch Fremdenverkehr), weitere Städte sind Teterow (10 600 Ew.), Bützow, Laage, Gnoien und Krakow am See (Fremdenverkehr). Der Teterower Bergring ist eine 1,88 km lange Grasbahnrennstrecke für Motorräder.

Guterres [-ıʃ], António Manuel **Oliveira** [-'veira], portug. Politiker, * Santos-o-Velho (bei Lissabon) 30. 4. 1949; Diplomingenieur, seit 1947 Mitgl. des Partido Socialista (PS), 1976–83 sowie seit 1985 Abg. im Parlament, seit 1992 GenSekr. des PS, wurde nach dem Wahlsieg der Sozialisten im Okt. 1995 Ministerpräsident.

***Güterverkehr:** Im G. setzten sich die Trends einer generellen Zunahme der Verkehrsleistung und der Verschiebung der Anteile zugunsten des Straßen-G. fort. Die Entwicklung des G. trägt damit zum zunehmenden Anteil des Verkehrs an vielen Umweltproblemen bei. Ursächlich für das weitere Wachstum ist neben der Internationalisierung der Produktion (›global sourcing‹), der zunehmenden Integration der Märkte in Europa sowie dem Verkehrswegebau die Liberalisierung der Verkehrsmärkte innerhalb der EU (in Dtl. u. a. durch das Tarifaufhebungs-Ges.), die die Transportkosten weiter senkt. Während der Straßen-G. von diesen Entwicklungen des G. profitiert, erleiden Eisenbahn und Binnenschiffahrt durch den wirtschaftl. Strukturwandel und den daraus folgenden geringeren Transportbedarf für Massengüter weiterhin Einbußen. Perspektiven eröffnen die Privatisierung der Eisenbahn in Dtl. und die sogenannte Internalisierung der externen Kosten der Verkehrsträger, z. B. durch Straßenverkehrsabgaben, wovon Eisenbahn und Binnenschiffahrt begünstigt würden.

Güterverkehrszentrum, Knotenpunkt für den Güterumschlag zw. Fern- und Nahverkehr, bei dem versch. Verkehrsträger (v. a. Bahn und Straße) zusammengeführt werden und ein organisator. Dach für die Kooperation von Verkehrsunternehmen und Nebengewerbe geschaffen wird. Geht es nur um die Bündelung von Sendungen mehrerer Lieferanten vom

Gutm Gutman – Hadid

Gregor Gysi

Fernverkehr und der neu kombinierten Auslieferung dieser Sendungen an versch. Abnehmer in einem abgegrenzten Gebiet, spricht man von **Güterverteilzentrum.** Umfaßt dieses Gebiet ein Stadtzentrum, handelt es sich um →Citylogistik.

Gutman, Natalia Grigorjewna, russ. Violoncellistin, *Kasan 14. 11. 1942; studierte bei M. L. ROSTROPOWITSCH am Moskauer Konservatorium und erhielt bei zahlreichen Auftritten mit namhaften Orchestern in Europa, Amerika und Japan internat. Renommee. Sie trat bes. auch als Interpretin von Kammermusik und zeitgenöss. russ. Musik hervor.

*****Guyana,** amtlich engl. **Co-operative Republic of G.,** Staat im nördl. Südamerika.

Hauptstadt: Georgetown. *Amtssprache:* Englisch. *Staatsfläche:* 214 969 km² (ohne Binnengewässer 196 850 km²). *Bodennutzung (1992):* 4960 km² Ackerland, 12 300 km² Dauergrünland, 163 690 km² Waldfläche. *Einwohner (1994):* 825 000, 4 Ew. je km². *Städtische Bevölkerung (1990):* 35%. *Durchschnittliches Bevölkerungswachstum pro Jahr (1985–93):* 0,3%. *Bevölkerungsprojektion für 2000:* 891 000 Ew. *Ethnische Gruppen (1993):* 49% Inder, 36% Schwarze, 11% Mulatten und Mestizen, 7% Indianer, 1% übrige (Weiße, Chinesen u. a.). *Religion (1983):* 57% Christen (v. a. Anglikaner und Katholiken), 34% Hindus, etwa 9% Muslime. *Altersgliederung (1995):* unter 15 Jahre 32,3%, 15 bis unter 65 Jahre 63,7%, 65 und mehr Jahre 4,0%. *Lebenserwartung der Neugeborenen (1992):* 65 Jahre. *Analphabetenquote (1990):* insgesamt 3,6%, männlich 2,5%, weiblich 4,6%. *BSP je Ew. (1993):* 350 US-$. *BIP nach Sektoren/Produktionsstruktur (1991):* Landwirtschaft 25%, Industrie 29%, Dienstleistungen 46%. *Arbeitslosenquote (1991):* 13,5%. *Währung:* 1 Guyana-Dollar (G$) = 100 Cents (¢). *Internationale Mitgliedschaften:* UNO, CARICOM, Commonwealth of Nations, OAS.

Geschichte: Nachdem D. HOYTE am 28. 9. 1991 das Parlament aufgelöst hatte, wurden Neuwahlen durch Verhängung des Ausnahmezustands bis Juni 1992 auf den 5. 10. 1992 verschoben. Aus ihnen ging die PPP mit 54,6% der Stimmen als Sieger hervor; ihr Führer C. B. JAGAN wurde neuer Staatspräs. – 1995 trat G. dem Vertrag von Tlatelolco bei.

Gysi, Gregor, Politiker, *Berlin 16. 1. 1948; Rechtsanwalt, früher Mitgl. der SED, vertrat u. a. systemkrit. Bürger (z. B. R. BAHRO, BÄRBEL BOHLEY) und kirchl. Basisgruppen vor Gericht. 1988 wurde er Vors. der Rechtsanwaltskollegien der Dt. Dem. Rep. In der Zeit des polit. Umbruchs wählte ihn ein Sonderparteitag der SED im Dez. 1989 zum Vors. seiner Partei, die sich zunächst in SED-PDS, im Febr. 1990 in PDS (Partei des Demokrat. Sozialismus) umbenannte. Von März bis Okt. 1990 führte er die PDS-Fraktion in der Volkskammer. Seit der dt. Vereinigung ist G. MdB und leitet die Gruppe der PDS-Abg. Im Nov. 1993 trat er als Partei-Vors. zurück. Repräsentanten der Bürgerrechtsbewegung beschuldigen ihn, in der Zeit der Dt. Dem. Rep. bes. als Rechtsanwalt mit dem Ministerium für Staatssicherheit zusammengearbeitet zu haben.

H

Trygve Haavelmo

Gene Hackman

*****Haas,** Monique, frz. Pianistin: †Paris 9. 6. 1987.

Haavelmo, Trygve Magnus, norweg. Volkswirtschaftler und Statistiker, *Skedsmo (bei Oslo) 19. 12. 1911; 1948–79 Prof. an der Univ. von Oslo, bedeutende Beiträge zur Ökonometrie und Wirtschaftstheorie (entwickelte u. a. das ▷ Haavelmo-Theorem). H. erhielt 1989 für die Erarbeitung wahrscheinlichkeitstheoret. Grundlagen zur empir. Überprüfung ökonom. Theorien (z. B. in der Investitions- und Wachstumstheorie) und deren Anwendung bei der Wirtschaftsprognose den Nobelpreis für Wirtschaftswissenschaften. *Werke:* The probability approach in econometrics (1944); The statistical implications of a system of simultaneous equations, in: Econometrica, Jg. 12 (1944); Multiplier effects of a balanced budget, in: Econometrica, Jg. 13 (1945); A study in the theory of economic evolution (1954); A study in the theory of investment (1960).

*****Haber,** Heinz, Physiker und Schriftsteller: †Hamburg 13. 2. 1990.

*****Haberler,** Gottfried von, amerikan. Volkswirtschaftler österr. Herkunft: †Washington (D. C.) 6. 5. 1995.

*****Hachette:** 1992 fusionierte H. mit dem frz. Elektronikunternehmen Matra zu Matra-Hachette. Dieser in den Bereichen Rüstung und Kommunikation, Kfz-Zulieferteile sowie Medien tätige Mischkonzern befindet sich mehrheitlich im Besitz von JEAN-LUC LAGARDÈRE (*1928). An die Stelle von H. oder Matra-H. ist der Bez. Lagardère Groupe getreten. (→Medienkonzerne, ÜBERSICHT)

*****Hachfeld,** Eckart, Schriftsteller: †Berlin 6. 11. 1994.

*****Hack,** Wilhelm, Kaufmann und Kunstsammler: †Köln 23. 6. 1985.

*****Hacker,** Friedrich, amerikan. Psychiater und Psychoanalytiker österr. Herkunft: †Mainz 23. 6. 1989.

Hackman [ˈhækmən], Gene, amerikan. Filmschauspieler, *San Bernardino (Calif.) 30. 1. 1931; spielte am Theater und beim Fernsehen und beeindruckte mit Charakterrollen beim Film (seit 1961). *Filme:* Bonnie und Clyde (1967); Kein Lied für meinen Vater (1970); French Connection (2 Tle., 1971–75); Der Dialog (1974); Narrow Margin – Zwölf Stunden Angst (1989); Erbarmungslos (1991); Die Firma (1993); Crimson Tide – In tiefster Gefahr (1995); Schnappt Shorty (1996).

Hadid, Zaha M., brit. Architektin iran. Herkunft, *Bagdad 1950; zählt mit ihren dynam. Entwürfen in bestechendem graph. Design zu den bekanntesten Vertretern des architekton. Dekonstruktivismus. 1977–87 lehrte sie an der Architectural Association in London (seit 1979 eigenes Büro). 1986 und 1987 war sie Gastprofessorin an der Harvard und der Columbia University in den USA. Ihre ungewöhnl. Raumkonzepte versteht sie als Aufbruch zu neuen Lebensformen, wobei sie sich auf die Suprematisten K. MALEWITSCH und den russ. Konstruktivisten IWAN ILJITSCH LEONIDOW (*1902, †1959) beruft. H. wurde für mehrere Projekte ausgezeichnet (Wettbewerb um das Peak Clubhaus, Hongkong 1983; Bürogebäude Kurfürstendamm, Berlin 1986; Medienzentrum Zoll-

Zaha M. Hadid: Innenansicht des Feuerwehrhauses der Firma Vitra in Weil am Rhein (links) und Außenansicht (rechts); 1993

hof 3, Düsseldorf 1989). Das letztgenannte wurde 1989–93 realisiert, ebenso die kleine Monsunbar in Sapporo (1989), das mit unterschiedl. Räumlichkeiten ausgestattete Feuerwehrhaus der Firma Vitra Design in Weil am Rhein (1993) und 1988–93 ein Wohnhaus in Berlin-Kreuzberg.

Architekten – Z. H., bearb. v. U. STARK (^{2}1992; Bibl.).

*Haferkamp, Wilhelm, Gewerkschafter und Politiker: † Brüssel 18. 1. 1995.

*Hagen-Groll, Walter, Chordirigent: War bis 1974 Leiter des New Philharmonia Chorus in London, 1984–88 Chordirektor der Wiener Staatsoper. 1987 übernahm er die Leitung der Wiener Singakademie; seit 1986 lehrte er am Mozarteum in Salzburg.

*Hagenow 2): Der seit 3. 10. 1990 zum Land Meckl.-Vorp. gehörende Landkreis H. ging am 12. 6. 1994 im Kr. Ludwigslust auf; die Stadt Hagenow ist damit nicht mehr Kreisstadt. Das Amt Neuhaus war bereits am 30. 6. 1993 wieder Niedersachsen angegliedert worden.

*Hager, Kurt, Politiker: Wurde im Nov. 1989 von seinen Partei- und Staatsämtern entbunden und aus der SED ausgeschlossen. Im März 1995 wurde H. zus. mit fünf anderen Mitgl. des früheren Politbüros der SED u. a. des mehrfachen gemeinschaftl. Totschlags angeklagt.

Hahn, Friedemann, Maler, *Singen (Hohentwiel) 24. 5. 1949; wurde durch eine Gemäldereihe bekannt, in der er nach photograph. Motiven bekannte Schauspieler und Regisseure in filmtyp. Posen wiedergibt. Die fiktiven Porträts zeigen eine Gegeneinanderstellung von Flächenkontrasten bis zur dynam. Auflösung des Motivs. H. besetzt so innerhalb der gegenwärtigen figurativen Malerei eine Position, die die rein gestisch Behandlung der Bildoberfläche mit der Darstellung einer histor. Person (meist aus dem Umfeld der Kultur) verknüpft. Prof. an der Univ. Mainz (ab 1991).

F. H. Wege zum Motiv, bearb. v. H.-J. BUDERER, Ausst.-Kat. (1992); Mythos u. Farbe. Die Filmbilder von F. H., hg. v. WERNER MEYER, Ausst.-Kat. (1995).

*Hahnium: Nach dem Vorschlag der Nomenklaturkommission der IUPAC soll nicht das Element 105 den Namen H. erhalten, sondern das Element 108. Für das Element 105 ist der Name Joliotium vorgesehen (→Transurane).

*Hahn-Meitner-Institut Berlin GmbH: Nach langwieriger polit. und jurist. Auseinandersetzungen um die neue Genehmigung für den umgebauten Berliner Forschungsreaktor BER II wurde dieser im Okt. 1991 offiziell in Betrieb genommen. In sechsjähriger Bauzeit wurde die therm. Leistung des Reaktors auf 10 MW verdoppelt, wodurch sich der Neutronenfluß auf $10^{14} \text{cm}^{-2}\text{s}^{-1}$ verzehnfacht. 1993 schloß das HMI die lange geplante Umstrukturierung seiner Forschungstätigkeit auf die neuen Schwerpunkte Strukturforschung (v. a. Neutronenstreuexperimente an BER II) und Solarenergieforschung (Photovoltaik, Photochemie) ab.

*Haider, Jörg, österr. Politiker: War 1989–91 Landeshauptmann von Kärnten; vertrat als Bundesobmann der FPÖ und Clubobmann seiner Partei im Nationalrat (seit 1992) innerparteilich einen autoritären Führungsstil. In der Frage des Zuzugs von Ausländern und ihrer Arbeitserlaubnis in Österreich entwickelte er nationalistisch-ausländerfeindl. Initiativen, die zur Abspaltung des Liberalen Forums führten. Außenpolitisch bekämpfte er den Beitritt Österreichs zur Europ. Union. Mit der Umstrukturierung der FPÖ unter dem Namen ›Die Freiheitlichen‹ im Jan. 1995 suchte er seine Partei zu einer polit. Bewegung umzuformen.

Hahn-Meitner-Institut Berlin GmbH: Blick in die Experimentierhalle des Forschungsreaktors BER II; in der Bildmitte die Außenwand des Reaktorbeckens

*Hainichen 2): Der seit 3. 10. 1990 zum Land Sachsen gehörende Landkreis H. ging am 1. 8. 1994 im Kr. Mittweida auf. Die Stadt Hainichen ist damit nicht mehr Kreisstadt.

Haiti, amtl. Namen: frz. **République d'Haïti,** kreolisch **Repiblik Dayti,** Staat in Mittelamerika, im Bereich der Westind. Inseln.

Hauptstadt: Port-au-Prince. *Amtssprachen:* Französisch und Kreolisch. *Staatsfläche:* 27 750 km² (ohne Binnengewässer 27 560 km²). *Bodennutzung (1992):* 9 050 km² Ackerland, 4 960 km² Dauergrünland, 360 km² Waldfläche. *Einwohner (1994):* 7,035 Mio., 254 Ew. je km². *Städtische Bevölkerung (1990):* 30%. *Durchschnittliches Bevölkerungswachstum pro Jahr (1985-93):* 1,9%. *Bevölkerungsprojektion für 2000:* 8 Mio. Ew. *Religion (1992):* 80,2% römisch-kath. (das römisch-kath. Christentum ist Staatsreligion), 19,7% andere Christen. *Altersgliederung (1995):* unter 15 Jahre 40,2%, 15 bis unter 65 Jahre 55,9%, 65 und mehr Jahre 3,9%. *Lebenserwartung der Neugeborenen (1994):* männlich 43 Jahre, weiblich 47 Jahre. *Analphabetenquote (1991):* insgesamt 47,0%, männlich 40,9%, weiblich 52,6%. *BSP je Ew. (1991):* 380 US-$. *BIP nach Sektoren/Produktionsstruktur (1992):* Landwirtschaft 37%, Industrie 17%, Dienstleistungen 46%. *Währung:* 1 Gourde (Gde.) = 100 Centimes (cts.). *Internationale Mitgliedschaften:* UNO, OAS.

Geschichte: Im Okt. 1988 und April 1989 kam es zu Putschversuchen gegen den Juntachef PROSPERO AVRIL. Angesichts des bevorstehenden Wahlkampfs (vorgesehene Parlamentswahlen: Nov. 1990) verhängte AVRIL vom 20. bis 29. 1. 1990 den Ausnahmezustand und ließ u. a. zahlreiche Oppositionspolitiker verhaften bzw. aus dem Land weisen. Vor dem Hintergrund landesweiter Unruhen und eines von versch. gesellschaftl. Kräften getragenen Aufrufs zum Generalstreik trat AVRIL am 10. 3. 1990 zurück. Sein provisor. Nachfolger wurde am 13. 3. von ERTHA PASCAL TROUILLOT (* 1948), einer Richterin am Obersten Gerichtshof, als neuer Präs. abgelöst.

Am 16. 12. 1990 ging J.-B. ARISTIDE als Sieger aus den demokrat. Präsidentschaftswahlen hervor; seinen Amtsantritt am 7. 2. 1991 versuchte ROGER LAFONTANT (* 1936), der ehem. Innen- und Verteidigungs-Min. J.-C. DUVALIERS, vergeblich durch einen Putsch (7. 1.) zu verhindern. Am 30. 9. 1991 putschte eine Militärjunta, die ARISTIDE absetzte und Mitte Okt. JEAN-JACQUES HONORAT (* 1931) zum MinPräs. berief. Der Putsch und nachfolgende Repressionen forderten bis Febr. 1992) etwa 1500 Tote und ließen rd. 15 000 Flüchtlinge (etwa 10 000 nach Guantánamo) ihr Land verlassen. Das im Okt. 1991 von der OAS gegen H. verhängte Handelsembargo verschärfte die wirtschaftl. Probleme des Landes und verstärkte die Massenflucht (bis 1993 rd. 40 000 Flüchtlinge; bes. in die USA). OAS und UNO bemühten sich weiterhin um die Wiedereinsetzung des im Exil lebenden Präs. Im Juni 1993 erkannte das Parlament ARISTIDE zwar, wie bereits im Febr. 1992, wieder als verfassungsmäßigen Präs. an; eine Vereinbarung zw. diesem und dem Führer der Militärjunta, RAOUL CÉDRAS (* 1949), über die Rückkehr des Präs. (bis 30. 10. 1993) und die schrittweise Wiederherstellung der Demokratie kam am 3. 7. 1993 jedoch nur aufgrund massiven internat. Drucks zustande. Die Mißachtung des Abkommens durch die Militärmachthaber und ihre zivilen Verbündeten (u. a. Verhinderung der Landung von Friedenstruppen, Gewalttaten gegen Anhänger ARISTIDES), die die Rückkehr des Präs. verhinderte, führte im Okt. 1993 zu neuen Wirtschaftssanktionen der UNO und einer Seeblockade durch die USA und andere Staaten.

Als Antwort auf die am 6. 5. 1994 beschlossene Verschärfung der UN-Sanktionen setzten die Militärmachthaber am 11. 5. ÉMILE JONASSAINT (* 1913, † 1995) als provisor. Präs. ein. Nach der Aufforderung der haitian. Militär-Reg. an die UN- und OAS-Beobachter (11. 7.), H. binnen 48 Stunden zu verlassen, billigte der UN-Sicherheitsrat auf Drängen der USA am 31. 7. eine ›multinat. Intervention‹ mit dem Ziel, Sicherheit und Frieden auf H. zu gewährleisten und die Voraussetzungen für die Rückkehr ARISTIDES zu schaffen. Unter dem Druck der drohenden Invasion führten Verhandlungen zw. dem ehem. amerikan. Präs. J. E. CARTER und der Militärjunta im Sept. 1994 zu deren Absetzung ohne Anwendung von Gewalt: Unter der Voraussetzung, daß das haitian. Parlament eine Amnestie für die Putschisten verabschiede, sagte Juntachef CÉDRAS am 18. 9. den Rücktritt der Militärs bis spätestens 15. 10. 1994 zu. Nach dem Einmarsch von amerikan. (19. 9.) und karib. (3. 10.) Soldaten der multinat. Eingreiftruppe, die den Übergang zur Demokratie gewährleisten sollte, sowie der Aufhebung der amerikan. Handelssanktionen (28. 9.) und dem Erlaß der Amnestie (7./9. 10.) traten die Militärmachthaber und der Übergangs-Präs. JONASSAINT (11. 10.) zurück.

Am 15. 10. traf ARISTIDE in der Hauptstadt ein; am 16. 10. hob die UNO ihr Embargo gegen H. auf. Die meisten der 14 000 auf Guantánamo und amerikan. Basen in Panama untergebrachten Flüchtlinge kehrten in der Folge (z. T. unter Zwang) nach H. zurück. ARISTIDE und das am 11. 11. ins Amt eingeführte Kabinett sahen sich trotz internat. Wirtschafts- und Finanzhilfen mit einer Situation großer Armut, explodierender Kriminalität und polit. Auseinandersetzungen konfrontiert. Am 31. 3. 1995 endete der Auftrag der multinat. Eingreiftruppe unter Führung der USA; sie wurde durch eine UN-Mission (6 000 Soldaten, 900 Polizisten bis Febr. 1996) u. a. zur Unterstützung bei der Reorganisation von Armee und Polizei und zur Sicherung von Wahlen ersetzt. Aus den von den meisten Oppositionsparteien boykottierten Kommunal- und Parlamentswahlen am 25. 6. und 13. 8./8. 10. 1995 ging das Parteienbündnis ›Lavalas‹-Plattform von Präs. ARISTIDE als Gewinner hervor. Die Präs.-Wahl vom 17. 12. 1995, bei der ARISTIDE gemäß der Verf. nicht mehr kandidierte, gewann der Kandidat der ›Lavalas‹-Plattform, RENÉ PRÉVAL (* 1943; Amtsantritt: 7. 2. 1996).

D. NICHOLLS: H. in Caribbean context (New York 1985); J. FERGUSON: Papa Doc, Baby Doc. H. and the Duvaliers (Neuausg. Oxford 1989).

Hájek, Jiří, tschechoslowak. Politiker und Diplomat: † Prag 22. 10. 1993.

Hakki, Jahja, ägypt. Schriftsteller: † Kairo 9. 12. 1992.

Halberstadt 2): Der Landkreis H. gehört seit 3. 10. 1990 zum Land Sachs.-Anh. und blieb bei der Kreisgebietsreform zum 1. 7. 1994 bestehen; er gehört zum Reg.-Bez. Magdeburg, umfaßt 665 km² und (1995) 82 300 Ew. Das hügelige Hügelland im nördl. Harzvorland wird ackerbaulich genutzt (Anbau von Weizen, Zuckerrüben, Kartoffeln, Getreide, Ölfrüchten und Futterpflanzen, außerdem Pflanzenzucht). Die Höhenzüge (Großer Fallstein, Huy bis 314 m ü. M.) tragen Buchenmischwald. Im Großen Bruch (im N) wird Grünlandwirtschaft betrieben. Bodenschätze sind Kiese und Sande; der Abbau von Salzen, Erdöl und Erdgas wurde eingestellt. Die Industrie umfaßt die Herstellung von Diesel- und Diesel-Gas-Motoren, Motorheizkraftwerken, Großkolbenkompressoren, landwirtschaftl. Geräten, Wurst- und Fleischwaren, Lacken und Farben, Kfz-Teilen und Kunststoffprodukten für die undere. Anwendung sowie Umwelttechnik, Gummiverarbeitung und die Rekonstruktion von Eisenbahnwagen. Die Kreisstadt Halberstadt hat (1995) 42 300 Ew., weitere Städte sind Dardesheim, Osterwieck, Schwanebeck und Wegeleben. Zu den histor. Bauten an der Straße der Romanik gehören die Liebfrauenkirche und der Stephansdom in Halberstadt, die Stephanikirche in Osterwieck, die Klosterkirche Huysburg bei Dingelstedt am Huy und die Westerburg bei Dedeleben.

*Haldensleben 2): Der seit 3. 10. 1990 zum Land Sachs.-Anh. gehörende Landkreis H. ging am 1. 7. 1994 im Ohrekreis auf, dessen Kreisstadt die Stadt Haldensleben wurde.

*Haley, Alex Palmer, amerikan. Schriftsteller: †Seattle (Wash.) 10. 2. 1992.

*Hall, Sir Peter Reginald Frederick, brit. Regisseur und Theaterleiter: War 1984–90 künstler. Direktor des Glyndebourne Festival.

*Halle 2): Der Bezirk H. wurde zum 3. 10. 1990 aufgelöst, der größte Teil des Gebiets kam zum Land Sachs.-Anh., der Landkreis Artern zum Land Thüringen.

*Halle 3): Die Stadt H.-Neustadt wurde 1990 wieder in die Stadt Halle (Saale) eingegliedert.

*Halle 4): Die Stadt H. (Saale) gehört seit 3. 10. 1990 zum Land Sachs.-Anh.; sie ist kreisfreie Stadt, Verw.-Sitz des Reg.-Bez. Halle und (seit 1. 7. 1994) des Saalkreises; nach Wiedereingliederung (1990) von Halle-Neustadt hat sie (1995) 290 100 Einwohner.

Halle, Reg.-Bez. in Sachs.-Anh. (→Sachsen-Anhalt, Verwaltungsgliederung).

*Halluzinogene: Erst seit Ende der 1980er Jahre wird der Einsatz von H. in der Psychotherapie wieder vermehrt diskutiert und in Einzelfällen – auch in Dtl. – praktiziert. In der Schweiz laufen seit 1988 bzw. 1989 Projekte, in denen in unterschiedl. Ansätzen die Wirkung von H. beim Menschen erforscht wird. Die Gesundheitsbehörde der USA genehmigte 1995 Forschungsprojekte zur therapeut. Anwendung von MDMA (→Ecstasy). In Dtl. haben Fachwissenschaftler und Psychotherapeuten, die im Europ. Collegium für Bewußtseinsstudien organisiert sind, beim Bundesgesundheitsministerium eine Ausnahmeregelung für die Anwendung von H. bei psychisch schwer gestörten Patienten durch qualifizierte Ärzte und Psychotherapeuten beantragt, verbunden mit einem Forschungsprogramm zur Kontrolle der Ergebnisse der klin. Studie.

Halter, Ernst, schweizer. Schriftsteller, *Zofingen 12. 4. 1938; ∞ mit Erika Burkart; schreibt Gedichte, Erzählungen und Romane in kühler, sachl. Sprache. Der Roman ›Die Spinne und der Spieler‹ (1985) erzählt nicht ohne Ironie von Erfolg, Zusammenbruch und später Erkenntnis eines Buchmanagers.
Weitere Werke: Romane: Urwil (AG) (1975); Die silberne Nacht (1977); Irrlicht (1995). – *Lyrik:* Die unvollkommenen Häscher (1970); Aschermittwoch (1990). – *Prosa:* Die Modelleisenbahn (1972); Einschlüsse (1973).

Hamas [arab. ›Eifer‹, ›Kampfgeist‹], Kw. für **Harakat al-muqawama al-islamija** [›islam. Widerstandsbewegung‹], islamist. Terrororganisation, hervorgegangen 1987 aus der palästinens. Organisation der Muslimbruderschaft; verantwortlich für Demonstrationen und Terrorakte v. a. gegen israel. Militär- und Zivilpersonen im Gazastreifen, im Westjordanland und in Israel. H. organisiert militante Streiks und Trauerfeiern und benutzt dabei Moscheen als Ausgangszentren. Zugleich versucht H. islamist. Ziele unter der palästinensisch-arab. Bev. durchzusetzen.

*Hamburg, Freie und Hansestadt H., Stadtstaat im N Dtl.s, umfaßt 755,3 km² (0,2% der Fläche Dtl.s).
Bevölkerung: Die (1993) 1,689 Mio. Ew. machen 2,1% der Bevölkerung Dtl.s aus. Der Anteil der weibl. Bev. beläuft sich auf 52,0%. Im Zuge der Binnenwanderung ließen sich 1992 insgesamt 45 038 Menschen aus anderen Bundesländern in H. nieder, gegenüber den Fortzügen ergibt sich ein Überschuß von 446 Zuzügen. Am 31. 12. 1992 wohnten 235 500 Ausländer in H. (13,9% der Bev.), davon waren 60 300 Türken, 30 300 Menschen aus dem früheren Jugoslawien, 16 500 Polen, 8 100 Griechen, 7 900 Portugiesen, 7 300 Italiener, 4 600 Österreicher, 4 200 Spanier, 3 300 US-Amerikaner, 78 100 sonstige Ausländer; die Staatsangehörigkeit von Ländern der EU besaßen insgesamt 42 400 Ausländer. Von den (1992) 877 000 Privathaushalten sind 44,9% Einpersonenhaushalte. – Die Geburtenrate beträgt (1992) 9,8‰, die Sterberate 12,2‰. 1993 waren 13,2% der Bev. unter 15 Jahre alt, 69,7% 15 bis unter 65 Jahre alt, 17,1% 65 Jahre und älter.

Wirtschaft: Durch seine wirtschaftsgeograph. Lage bieten sich für das Handels-, Verkehrs- und Dienstleistungszentrum H. nach der Wiedervereinigung Dtl.s, dem Umbruch in den osteurop. Staaten und der Norderweiterung der EU neue Chancen. Der Strukturwandel in der hamburg. Wirtschaft hat sich fortgesetzt: 1994 arbeiten 77,5% der 924 000 Erwerbstätigen im Dienstleistungssektor und nur noch 21,8% im industriellen Sektor. Der Anteil des produzierenden Gewerbes an der Bruttowertschöpfung ist weiter auf (1994) 20,8% gesunken und liegt seit 1987 unter dem Anteil des Bereichs Handel und Verkehr (22,1%). Über die Hälfte der Industriebeschäftigten arbeitet im Investitionsgüterbewerbe. Neben Maschinenbau (z. B. Fördertechnik) und Elektrotechnik (z. B. Medizin-, Meß- und Regeltechnik) sind der Schiffbau und die Flugzeugindustrie (Lufthansawerft, Airbusfertigung) bes. wichtig. Im Grundstoff- und Produktionsgüterbewerbe arbeitet ein Viertel der Industriebeschäftigten. Dieser Industriebereich wird von der Mineralölindustrie und der eher konsumorientierten chem. Industrie geprägt. Bes. dynamisch entwickelte sich der Sektor sonstige Dienstleistungen (Anteil an der Bruttowertschöpfung 1994: 46,4%). Dahinter steht v. a. das Wachstum in der Medienwirtschaft (Presse- und Buchverlage, Musik- und Filmwirtschaft, Werbung und Design), in den unternehmensorientierten Dienstleistungen (Banken, Versicherungen, Verkehr und Logistik), in Tourismus, Kongreß- und Messewesen sowie in der Kultur und Freizeitwirtschaft. Von besonderer Bedeutung für die Wirtschaft bleibt der Hafen: 1994 wurden 68,3 Mio. t Seegüter umgeschlagen. Damit liegt H. an 4. Stelle in Europa und ist mit Abstand größter dt. Seehafen (Anteil am Güterumschlag der dt. Seehäfen 1993: 32,8%). Am Flughafen Fuhlsbüttel (1994: 7,7 Mio. Fluggäste) wurde 1993 ein neues Abfertigungsgebäude eröffnet.

Die hamburg. Wirtschaft hat seit 1989 überdurchschnittl. Wachstumsraten erzielt und sich günstiger entwickelt als der westdt. Durchschnitt; 1994 lag allerdings das Wachstum des realen Bruttoinlandsprodukts (BIP) mit 2,2% wieder im Durchschnitt der alten Bundesländer. Die Arbeitslosigkeit konnte gegenüber ihrem bisherigen Höchststand von (1987) jahresdurchschnittlich rd. 99 200 Arbeitslosen (Arbeitslosenquote 13,6%) auf (1994) rd. 71 200 Arbeitslose verringert werden. Die Arbeitslosenquote liegt mit (1994) 9,8% nur noch knapp über dem Durchschnitt der alten Bundesländer (9,2%). Mit einem BIP je Ew. von (1994) 76 600 DM und einem BIP je Erwerbstätigen von 140 150 DM bleibt H. an der Spitze aller Bundesländer (Durchschnitt alte Bundesländer 45 200 DM bzw. 104 050 DM). Der Beitrag H.s zum BIP Dtl.s beträgt (1994) 4,1% (129,5 Mrd. DM).

Schwerpunkte der Wirtschaftspolitik bilden u. a. der Ausbau der wirtschaftsnahen Infrastruktur (z. B. Gewerbeflächen, Modernisierung und Ausbau des Hafens), die Förderung von Handwerk und Mittelstand (bes. auch von Existenzgründungen) sowie die Forschungs- und Technologiepolitik (z. B. Mikroelektronikanwendungszentrum MAZ, Technologiebberatungszentrum TBZ). Um Wirtschaftspolitik für die Region H. besser betreiben zu können, haben die Landes-Reg. von H., Ndsachs. und Schlesw.-Holst. 1991 beschlossen, ein Regionales Entwicklungskonzept (REK) zu erarbeiten.

Geschichte: Mit dem Fall des Eisernen Vorhangs 1989/90 gewann die Stadt ihr natürl. Hinterland zurück. Bei den Bürgerschaftswahlen vom 2. 6. 1991 gewann die SPD mit 61 Sitzen (48,0% der Wählerstimmen) die absolute Mehrheit der Mandate und bildete

Bürgerschaftswahlen in Hamburg 1991 und 1993
(Sitzverteilung und Stimmenanteile der Parteien)

Parteien	2. 6. 1991	19. 9. 1993
SPD	61; 48,0%	58; 40,4%
CDU	44; 35,1%	36; 25,1%
Die Grünen/GAL	9; 7,9%	19; 13,5%
FDP	7; 5,4%	–; 4,2%
STATT-Partei	–; –	8; 5,6%
Andere	–; 4,3%	–; 11,2%

unter H. VOSCHERAU allein die Regierung; CDU, GAL und FDP blieben in der Opposition. Aufgrund einer Wahlbeschwerde früherer CDU-Mitgl. gegen die Art und Weise der Kandidatenaufstellung bei der Hamburger CDU anläßlich der Bürgerschaftswahl von 1991 erklärte das Hamburger Verf.-Gericht die Wahl von 1991 für ungültig. Bei der Neuwahl der Hamburger Bürgerschaft vom 19. 9. 1993 blieb die SPD zwar stärkste Partei, war jedoch bei der Regierungsbildung auf einen Koalitionspartner angewiesen. Die FDP war an der Fünfprozentklausel des Wahl-Ges. gescheitert. Nach vergebl. Verhandlungen mit der GAL schloß die SPD ein Regierungsbündnis mit der →Statt-Partei, die neu in die Bürgerschaft gewählt worden war. VOSCHERAU blieb Erster Bürgermeister und Präs. des Senates. Der Beitritt Finnlands und Schwedens zur EU rückte H. noch stärker in das Zentrum internat. Verkehrs- und Handelsbeziehungen.

Hamburg, im Zuge der Neugliederung der dt. Bistümer nach der Wiedervereinigung Dtl.s am 4. 11. 1994 gegründetes Erzbistum, das die Länder Hamburg und Schlesw.-Holst. sowie das Gebiet Mecklenburg (ehem. Apostol. Administratur Schwerin) umfaßt. Zur Kirchenprovinz H. gehören außerdem die Bistümer Hildesheim und Osnabrück; Erzbischof ist seit Jan. 1995 L. AVERKAMP. (→ katholische Kirche, ÜBERSICHT)

*****Hamburger,** Käte, Literarhistorikerin: † Stuttgart 8. 4. 1992.

Hamm, Peter, Journalist und Schriftsteller, *München 27. 2. 1937; seit 1964 Redakteur beim Bayer. Rundfunk, Mitarbeiter an versch. Zeitschriften, schreibt Gedichte, literaturkrit. Essays und Filmdrehbücher. H. machte sich einen Namen als Herausgeber dt. und Übersetzer schwed. Lyrik sowie als Autor dokumentar. Fernsehsendungen, u.a. über H. BÖLL, H. W. HENZE, INGEBORG BACHMANN und R. WALSER.

Werke: Lyrik: Sieben Gedichte (1958); Der Balken (1981); Die verschwindende Welt (1985). – *Essays:* Der Wille zur Ohnmacht. Über Robert Walser, Fernando Pessoa, Julien Green, Nelly Sachs, Ingeborg Bachmann, Martin Walser u. a. (1992). – *Lyrik und Essays:* Den Traum bewahren (1989). – *Hg.:* Kritik, von wem, für wen, wie. Eine Selbstdarstellung dt. Kritiker (1968).

*****Hamm-Brücher,** Hildegard, Politikerin: Bei der Wahl des Bundes-Präs. am 23. 5. 1994 Kandidatin der FDP, trat sie nach dem zweiten Wahlgang (126 Stimmen; erster Wahlgang: 132 Stimmen) nicht mehr zum dritten Wahlgang an, da die Fraktion der FDP in der Bundesversammlung mehrheitlich die Unterstützung des CDU/CSU-Kandidaten R. HERZOG beschlossen hatte.

*****Hammer,** Armand, amerikan. Unternehmer: † Los Angeles (Calif.) 10. 12. 1990.

Hampe, Michael, Regisseur und Intendant, *Heidelberg 3. 6. 1935; war 1965–70 Vizedirektor des Schauspielhauses Zürich, 1972–75 Intendant des Nationaltheaters Mannheim und 1975–95 Intendant der Oper Köln sowie 1986–89 Mitgl. des Direktoriums der Salzburger Festspiele. Als Gast (v. a. als Opernregisseur) inszenierte er u. a. an der Mailänder Scala, in London und Paris, bei den Festspielen in Salzburg, Schwetzingen, Edinburgh und Florenz sowie an der Bayer. Staatsoper in München. H. widmet sich auch der Lehre (Prof. an der Musikhochschule Köln) und ist seit 1993 Intendant der Dresdner Musikfestspiele.

Hampson ['hæmpsn], Thomas, amerikan. Sänger (Bariton), *Elkhart (Ind.) 28. 6. 1955; begann seine Karriere als Mitglied der Dt. Oper am Rhein Düsseldorf-Duisburg (1981–84) und wurde danach an das Opernhaus in Zürich engagiert, wo er bes. 1987 als Don Giovanni großen Erfolg hatte. Als Graf Almaviva (in ›Figaros Hochzeit‹) debütierte er 1986 an der Metropolitan Opera in New York und 1988 bei den Salzburger Festspielen. Er trat auch als Lied- und Oratoriensänger hervor.

*****Handke,** Peter, österr. Schriftsteller: H.s neuere Werke erregten oft Widerspruch: Einerseits wurde die präzise Sprache gelobt, andererseits die Reflexion der eigenen Biographie und schriftsteller. Tätigkeit, das sprachl. Pathos und die Einbeziehung einer mythisch-märchenhaften Dimension kritisiert. Die zunächst mit Ratlosigkeit aufgenommene Trilogie ›Versuch über die Müdigkeit‹ (1989), ›Versuch über die Jukebox. Erzählung‹ (1990) und ›Versuch über den geglückten Tag. Ein Wintertagtraum‹ (1991) wie auch die Prosasammlung ›Langsam im Schatten. Gesammelte Verzettelungen 1980–1992‹ (1992) erscheinen jetzt als Vorarbeiten des Romans ›Mein Jahr in der Niemandsbucht. Ein Märchen aus den neuen Zeiten‹ (1994), der ebenfalls die Schriftstellerexistenz thematisiert und als autobiograph. Ästhetik H.s verstanden werden kann. H. erhielt 1987 den Großen Österr. Staatspreis.

Ausgabe: Die Theaterstücke (1992).

P. JANKE: Der schöne Schein – P. H. u. Botho Strauß (Wien 1993); K. BONN: Die Idee der Wiederholung in P. H.s Schriften (1994).

*****Handwerkerversicherung:** Durch das Rentenreform-Ges. 1992 ist die H. mit Wirkung zum 1. 1. 1992 in das VI. Buch des Sozialgesetzbuchs (SGB) eingegliedert worden. Die bisherigen Vorschriften der H. entfallen z. T. oder werden in modifizierter Form in das SGB übernommen. Seit 1992 gibt es eine unbegrenzte Versicherungspflicht mit der Möglichkeit, sich nach 18 Pflichtbeitragsjahren auf Antrag von der Versicherungspflicht befreien zu lassen.

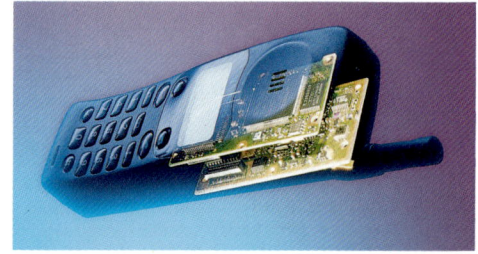

Handy: Teilschnittdarstellung, bei der die Leiterplatten mit den elektronischen Bauelementen sichtbar sind

Handy ['hændɪ; engl. ›zur Hand‹, ›handlich‹] *das, -s/...dies,* Telekommunikation: umgangssprachl. Bez. für ein kleines, netzunabhängiges Mobiltelefon (häufig werden deshalb auch die Handgeräte des schnurlosen Telefons als H. bezeichnet). Moderne Geräte wiegen zw. 200 und 300 g und verfügen über Hochleistungsbatterien, die bei einer Leistung zw. etwa 1,4 und 2 W eine Gesprächsdauer bis zu mehreren Stunden ermöglichen (im Stand-by-Modus bis zu 24 Stunden). Zum Betrieb von Autotelefonen, Portables und Kombigeräten im D-Netz ist eine SIM-Karte (SIM Abk. für engl. Subscriber Identity Module) erforderlich, die die notwendigen individuellen Daten des Teilnehmers enthält (Gerätekennung, Rufnummer, Kontoverbindung, Anschrift). Für H. werden dafür Plug-in-Chips verwendet, die fest in das Gerät eingebaut werden. Gegen unbefugtes Benutzen ist eine Sperrung mit der vierstelligen PIN (Abk. für engl. Personal Identification Number) möglich. Zur Diebstahlsicherung ist bei modernen H. schon vom Gerätehersteller eine IMEI-Nummer einprogrammiert (IMEI Abk. für engl. International Mobile Equipment Identity). Wird das betreffende H. als gestohlen gemeldet, leitet die Heimatdatenbank HLR (Abk. für engl. Home Location Register) die Information an das Equipment Identity Register weiter, so daß dem gestohlenen H. schon beim Einbuchen der Netzzugang verwehrt wird. (→Mobilfunk)

Hanks [hæŋks], Tom, amerikan. Schauspieler, *Concord (Calif.) 9.7. 1956; spielte auf der Bühne und im Fernsehen. Seine Filmrollen (seit 1980) haben komödiant. und ernste Züge.
Filme: Splash – Jungfrau am Haken (1984); Big (1988); Der Knalleffekt (1988); Fegefeuer der Eitelkeiten (1990); Eine Klasse für sich (1991); Schlaflos in Seattle (1992); Philadelphia (1993); Forrest Gump (1994); Apollo 13 (1995).

Hann. Münden [Hannoversch -], seit 1.1. 1991 wieder amtl. Name der niedersächs. Stadt ▷ Münden.

Hänny, Reto, schweizer. Schriftsteller, *Tschappina (bei Thusis) 13. 4. 1947. Zentrales Thema seiner Werke ist neben der Sprache, die er gestaltet und nach eigenen Bedürfnissen ergänzt, das Gefühl des Verlustes von Heimat, Sprache und Identität. Kritik an den gesellschaftl. Zuständen der Schweiz übte H. in dem Report über die Züricher Jugendrevolte ›Zürich, Anfang September‹ (1981).
Weitere Werke: Ruch. Ein Bericht (1979); Flug (1985); Am Boden des Kopfes. Verwirrungen eines Mitteleuropäers in Mitteleuropa (1991); Helldunkel. Ein Bilderbuch (1994).

Hans Adam, Fürst von und zu Liechtenstein, *Zürich 14. 2. 1945; führte als Erbprinz, 1984 zum Stellvertreter des Regierenden Fürsten ernannt, die Regierungsgeschäfte; folgte 1989 seinem Vater FRANZ JOSEPH II. nach dessen Tod im Amt.

*****Hans-Böckler-Preis**: Weitere Preisträger sind u.a.: HELMUT SIMON (*1922; 1989), J. DELORS (1990), K. BIEDENKOPF (1993), die Internat. Arbeitsorganisation (1994), der Kirchl. Dienst in der Arbeitswelt, KDA (1995).

*****Hans-Böckler-Stiftung**: 1995 wurde das Wirtschafts- und Sozialwissenschaftl. Institut des DGB (WSI) der H.-B.-S. als Forschungsabteilung angegliedert.

Hänsch, Klaus, Politiker (SPD), *Sprottau 15. 12. 1938; Diplompolitologe; 1970–79 Pressereferent im nordrhein-westfäl. Wissenschafts- und Forschungsministerium, seit 1979 MdEP, 1979–94 im Ausschuß des Europ. Parlaments für auswärtige Angelegenheiten und Sicherheit tätig, wurde im Juli 1994 zum Präs. des Europ. Parlaments gewählt.

*****Hans-Christian-Andersen-Preis**: Weitere Preisträger sind TORMOD HAUGEN (*1945; 1990), VIRGINIA HAMILTON (*1936; 1992), MADO MICHIO (*1909; 1994).

Hansen, Erik Fosnes, norweg. Schriftsteller und Literaturkritiker, *New York 6. 6. 1965; wuchs in Oslo auf und studierte in Stuttgart. Internat. Erfolg hatte er mit dem Roman ›Salme ved reisens slutt‹ (1990; dt. ›Choral am Ende der Reise‹), der in abgeschlossenen Episoden aus dem Leben einiger Musiker an Bord der Titanic berichtet.

*****Hansen**, Hans, Sportführer: Wurde als Präs. des Dt. Sportbundes im Dez. 1994 durch MANFRED VON RICHTHOFEN (*1934) abgelöst.

*****Hansen**, Thorkild, dän. Schriftsteller und Journalist: †(auf einer Seereise vor Südamerika) 4. 2. 1989.

*****Hansischer Goethe-Preis**: Preisträger sind: C. F. VON WEIZSÄCKER (1989), Goethe-Gesellschaft in Weimar (1991), J. STAROBINSKI (1993), N. HARNONCOURT (1995).

*****Hanson**, Duane, amerikan. Bildhauer: †Boca Raton (Fla.) 6. 1. 1996.

*****Harald**, norweg. Thronfolger: Bestieg nach dem Tode seines Vaters OLAF V. als HARALD V. am 17. 1. 1991 den Thron.

*****Hardy**, Frank, austral. Schriftsteller: †Melbourne 28. 1. 1994.

*****Harich**, Wolfgang, marxist. Theoretiker: †Berlin 15. 3. 1995.

*****Haring**, Keith, amerikan. Maler: †New York 16. 2. 1990.

*****Harlem Brundtland**, Gro, norweg. Politikerin: Trat nach Wahlverlusten der Sozialdemokrat. Arbeiterpartei (Sept. 1989) im Okt. 1989 als MinPräs. zurück. Seit Nov. 1990 erneut MinPräs. an der Spitze eines sozialdemokrat. Minderheitskabinetts, sucht sie den Kampf gegen die Arbeitslosigkeit mit der Sanierung des Staatshaushaltes zu verbinden. Im Nov. 1992 trat sie als Vors. ihrer Partei zurück. Außenpolitisch beantragte sie im Nov. 1992 die Aufnahme Norwegens in die EG, scheiterte dabei jedoch im Nov. 1994 an einem Referendum. Im Mai 1994 erhielt sie den Internationalen Karlspreis zu Aachen. Als Vors. der UN-Weltkommission für Umwelt und Entwicklung trägt H. B. zur Intensivierung des Nord-Süd-Dialogs bei. Die Weltkommission veröffentlichte 1987 ihren Bericht ›Our common future‹ (dt. ›Unsere gemeinsame Zukunft‹), der auch ›Brundtland-Bericht‹ genannt wird und als Mitauslöser für den ›Umweltgipfel‹ (UNCED) 1992 gilt.

*****Harris**, Zellig Sabbetai, amerikan. Sprachwissenschaftler russ. Herkunft: †New York 22. 5. 1992.

*****Harrison**, Rex, brit. Schauspieler: †New York 2. 6. 1990. 1989 wurde er in den Adelsstand (Sir) erhoben.

Harsanyi [ˈhɔrʃɔnji], John Charles, amerikan. Volkswirtschaftler ungar. Herkunft, *Budapest 29. 5. 1920; emigrierte 1950 nach Australien und lehrte 1954–56 in Brisbane. H. war 1961–63 Prof. an der Wayne State University in Detroit (Mich.) und von 1964 bis zu seiner Emeritierung 1990 Prof. an der University of California (Berkeley). Sein Hauptarbeitsgebiet ist die Spieltheorie und deren Anwendung auf die Erklärung sozialen Verhaltens. H. untersuchte z. B. die Annahmen, die Spielteilnehmer von den Strategien ihrer Mitspieler entwickeln. So hängt das Verhalten eines Unternehmens u. a. davon ab, ob es von seinen Konkurrenten am Markt eine Preiserhöhung oder -senkung erwartet. Für seine Beiträge zu Gleichgewichtsanalysen in der nichtkooperativen Spieltheorie erhielt H. zus. mit J. F. NASH und R. SELTEN 1994 den Nobelpreis für Wirtschaftswissenschaften.
Werke: Essays on ethics, social behavior, and scientific explanation (1976); Rational behavior and bargaining equilibrium in games and social situations (1977); Papers in game theory (1982); A general theory of equilibrium selection in games (1988, mit R. SELTEN).

*****Hartmann**, Rudolf, Regisseur und Theaterleiter: †München 26. 8. 1988.

*****Hartung**, Hans Heinrich Ernst, frz. Maler und Graphiker dt. Herkunft: †Antibes 8. 12. 1989.

*****Harz**: 1990 wurde in Sachs.-Anh. der Nationalpark Hochharz (58,7 km^2) eingerichtet, der an den seit 1994

Tom Hanks

Reto Hänny

Hans Adam, Fürst von und zu Liechtenstein

John C. Harsanyi

Hasc Haschisch – Haushaltsplan

Gerda Hasselfeldt

in Ndsachs. bestehenden Nationalpark Oberharz (158 km², vorher Naturschutzgebiet) angrenzt. Die beiden Nationalparks arbeiten in den Bereichen wiss. Tätigkeit und Öffentlichkeitsarbeit zusammen, es besteht aber keine gemeinsame Verwaltung.

***Haschisch:** Die Rolle von H. als sogenannte Einstiegsdroge ist mittlerweile sehr umstritten, was sich in der ›Cannabispolitik‹ (→Cannabis) niederschlägt.

Hashimoto, Ryūtaro, japan. Politiker, *1937; studierte Jura; Mitgl. der Liberaldemokrat. Partei (LDP) und seit 1963 Abg. im Repräsentantenhaus; 1986–87 Transport-, 1989–91 Finanz- sowie 1994–96 Handels- und Industrie-Min.; 1989 GenSekr., seit Sept. 1995 Vors. der LPD. Im Jan. 1996 wurde H. Ministerpräsident.

Hash-Verfahren [ˈhɛʃ-; zu engl. to hash ›zerhacken‹], *Datenverarbeitung:* Speicherungsverfahren, bei dem Datensätze, die in einer nicht vorhersehbaren Weise anfallen, gestreut gespeichert werden. Dadurch wird ein schnelles Suchen ermöglicht. Das gestreute Speichern wird dadurch bewirkt, daß mit Hilfe einer **Hash-Funktion** aus gewissen, zu den einzelnen Datensätzen gehörenden Schlüsseln die Adressen für die (einschließlich der Schlüssel) zu speichernden Datensätze errechnet werden. Da die Hash-Funktionen meist nicht eineindeutig sind, d. h. für unterschiedl. Schlüssel die gleiche Adresse errechnet werden kann, kann es bei der Adressenzuweisung zu ›Kollisionen‹ kommen. Es gibt versch. Verfahren, solche Kollisionen aufzulösen.

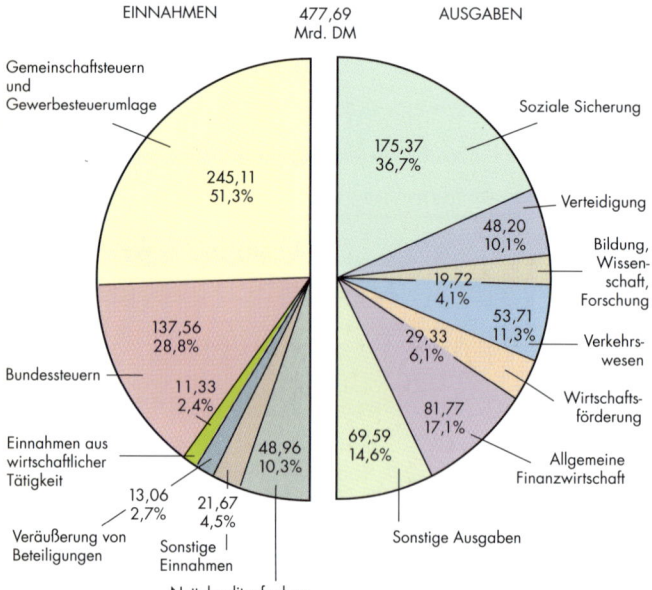

Haushaltsplan: Einnahmen und Ausgaben im Haushaltsplan der Bundesrepublik Deutschland 1995

Bei der Suche nach einem Datensatz wird aus dessen Schlüssel eine Adresse errechnet und durch Vergleichen festgestellt, ob der Schlüssel paßt; falls nicht, wird entsprechend dem jeweiligen Kollisionsvermeidungsverfahren zu weiteren Adressen gesprungen, bis der Schlüssel paßt oder ein leerer Speicherplatz angetroffen wird. Letzteres bedeutet, daß es zu dem verwendeten Schlüssel keinen Eintrag gibt. Wenn die zur Verfügung stehenden Speicherplätze nicht mehr als bis zu etwa 60 % belegt sind, genügen für einen Treffer im Durchschnitt höchstens zwei Versuche. Das Verfahren ist dann bes. zweckmäßig, wenn Datensätze gewöhn-

lich nur eingefügt und selten gelöscht werden, weil die Adressen gelöschter Datensätze i. d. R. nicht wieder an neue Datensätze vergeben werden können. Es eignet sich sowohl für das Anlegen von Tabellen (z. B. Symboltabellen durch Compiler) als auch für die Speicherung auf Massenspeichern (z. B. Datenbanken).

Hasselfeldt, Gerda, Politikerin (CSU), *Straubing 7. 7. 1950; Diplomvolkswirtin, seit 1987 MdB; 1987–91 Bundes-Min. für Raumordnung, Bauwesen und Städtebau, 1991–92 für Gesundheit.

Hassium [zu nlat. Hassia ›Hessen‹] *das, -s,* chem. Symbol **Hs,** von der Gesellschaft für Schwerionenforschung (GSI) in Darmstadt 1992 beschlossene Bez. für das Element 108. Von der Nomenklaturkommission der IUPAC wurde diese Namengebung in ihren Vorschlägen von 1994 und 1995 zur Benennung der Elemente 102 bis 109 jedoch nicht berücksichtigt. Für das Element 108 schlug die IUPAC-Kommission die Bez. Hahnium vor. Die GSI, von der das Element 108 nachgewiesen wurde, ist damit nicht einverstanden. Eine endgültige Klärung wird von der Generalversammlung der IUPAC 1997 erwartet.

***Hatheyer,** Heidemarie, Schauspielerin österr. Herkunft: †Zollikon (Schweiz) 11. 5. 1990.

***Hattusa:** Die seit 1982 auf die Oberstadt ausgedehnten dt. Grabungen und Restaurierungsarbeiten galten zunächst dem Yerkapı (Festungsbastion mit Sphinxtor), 1985–90 der südl. Oberstadt (Tempelviertel für alle 1 000 hethit. Götter). Der Ausgräber interpretiert den Durchgangstunnel und die großen Rampen als Prozessionswege, nicht als Wehranlagen. Nach der Freilegung des Tempelviertels wurden mit weitgehend originalem Material zwei Kulträume wiederaufgebaut, die sich im ehem. Damm, der einst einen wahrscheinlich heiligen See aufstaute, befinden. – 1986 wurde H. zum Weltkulturerbe erklärt.

P. NEVE. Ḫattuša. Stadt der Götter u. Tempel. Neue Ausgrabungen in der Hauptstadt der Hethiter (Neuausg. 1993).

***Haubenstock-Ramati,** Roman, österr. Komponist poln. Herkunft: †Wien 3. 3. 1994. Setzte sich in seinen letzten Lebensjahren v. a. auch mit elektron. Musik auseinander. Weitere Werke sind u. a. ›Symphonien‹ (1978) und ›Beaubourg musique‹ (1988) für Orchester, Ballett ›Unruhiges Wohnen‹ (1991), Neufassung der Oper ›Amerika‹ (1992), ›Polyphonien‹ für Ensemble (1993).

***Hauff,** Volker, Politiker: War 1989–91 Oberbürgermeister von Frankfurt am Main.

***Haughey,** Charles, irischer Politiker: Trat im Febr. 1992 als Vors. der Fianna Fáil und Premier-Min. zurück.

***Haupt,** Ullrich, Schauspieler: †München 22. 11. 1991.

***Haupt,** Walter Joseph, Komponist: Realisierte mit Hilfe u. a. von Laserprojektionen, Feuerwerk und Orchestermusik gigant. multimediale Open-air-Veranstaltungen für bis zu 200 000 Zuschauer (›Kölner Klangwolke‹, 1986; ›Jerusalem Light‹, 1988; ›Linzer Kepler-Klangwolke‹, 1990).

***Haushaltshilfe 1):** →Kinderbetreuungskosten.

***Haushaltshilfe 2):** Durch das zweite Gesetz zur Änderung des SGB V vom 20. 12. 1991 wurde die Altersgrenze eines Kindes, für dessen Betreuung bei Erkrankung eines Elternteils eine H. beantragt werden kann, vom 8. auf das 12. Lebensjahr angehoben.

***Haushaltsplan:** Ein neues Verfahren der Haushaltsplanung ist das →Globalbudgetierung. – Im H. des Bundes sind v. a. als Folge der Finanzierung der dt. Einheit die öffentl. Ausgaben 1990–95 angestiegen. Sie erhöhten sich von 380,2 Mrd. DM auf 477,7 Mrd. DM. Die Nettokreditaufnahme lag im gleichen Zeitraum bei jährlich etl. 50 Mrd. DM (Höchstwert 1993: 66,2 Mrd. DM). Der H. für 1996 sieht einen Rückgang der Ausgaben (nach Berücksichtigung der Umstellung des →Kinderlastenausgleichs auf Steuervergütungen) um 1,4% auf 431,3 Mrd. DM vor. Bedeutende Kürzungen sind v. a. beim Schienenverkehr und bei der Arbeitslosenhilfe vorgesehen. Die Nettokreditaufnahme soll gleichwohl noch einmal um rd. 10 Mrd. DM auf 59,8 Mrd. DM zunehmen. Begründet wird dies v. a. mit den Einnahmeausfällen aus dem Jahressteuer-Ges. 1996 und mit der Finanzierung der Kohlesubventionen nach Wegfall des →Kohlepfennigs.

häusliche Pflege, von der Pflegekasse auf Antrag gewährte Leistung der Pflegeversicherung für eine pflegebedürftige Person, die zu Hause betreut wird. Die h. P. wird als Sachleistung (Inanspruchnahme eines ambulanten Pflegedienstes) und/oder Geldleistung (Pflegegeld) erbracht. Als Sachleistung werden monatlich für erheblich Pflegebedürftige (Stufe I) bis zu 750 DM, für Schwerpflegebedürftige (Stufe II) bis zu 1 800 DM und für Schwerstpflegebedürftige (Stufe III) bis zu 2 800 DM (in besonderen Härtefällen bis zu 3 750 DM) gezahlt. Mit dem Pflegegeld (Stufe I monatlich 400 DM, Stufe II 800 DM, Stufe III 1 300 DM) kann der Pflegebedürftige die erforderl. Grundpflege und hauswirtschaftl. Versorgung durch eine nicht erwerbsmäßig tätige Pflegeperson (insbesondere Angehörige oder Nachbarn) selbst sicherstellen. Die Pflegekasse übernimmt außerdem die Kosten für Pflegehilfsmittel (z. B. Rollstuhl, Pflegebett, Hebevorrichtung) und zahlt Zuschüsse zum pflegebedingten Umbau der Wohnung bis zu 5 000 DM.

***Hausner**, Rudolf, österr. Maler und Graphiker: † Mödling 25. 2. 1995.

***Hausratversicherung:** Für Verträge, die seit dem 29. 7. 1994 abgeschlossen wurden, gelten die jeweiligen unternehmensindividuellen Versicherungsbedingungen.

***Haußmann**, Helmut, Politiker: War bis Jan. 1991 Bundeswirtschaftsminister.

Haußmann, Leander, Schauspieler und Regisseur, *Berlin (Ost) 26. 6. 1959; als Bühnendarsteller in Gera (1986–88), Parchim (1988/89) und Weimar (1989–92). Als Regisseur verschaffte er sich frühe Anerkennung in Parchim und Weimar; an westl. Theatern inszenierte er erstmals 1991. Seit 1995 ist er Intendant in Bochum.

***Havas:** Das inzwischen privatisierte Unternehmen hat 1995 die u. a. in der Générale Occidentale zusammengefaßten Printmedieninteressen der Alcatel Alsthom sowie deren Anteil an der C.E.P. Communication (an der H. bereits maßgeblich beteiligt war) übernommen. Dafür erhielt Alcatel Alsthom 21,2% des Kapitals von H. und wurde dadurch größter Aktionär.

***Havel**, Václav, tschech. Dramatiker und Politiker: Erhielt für seine Tätigkeit als Sprecher der Bürgerrechtsbewegung ›Charta 77‹ 1989 den Friedenspreis des Börsenvereins des Dt. Buchhandels. H. erzwang an der Spitze einer Massenbewegung und als Sprecher des →Bürgerforums die Einleitung polit. und gesellschaftl. Reformen in Form eines demokrat. Umbaus der Tschechoslowakei. Am 29. 12. 1989 wurde er zum Präs. der Rep. gewählt. In Verhandlungen mit dem sowjet. Präs. M. S. GORBATSCHOW erreichte er den Abzug der sowjet. Truppen aus der Tschechoslowakei. Um die wieder zutage tretenden histor. Gegensätze zw. Tschechen und Slowaken auszugleichen, trat H. für eine Föderalisierung seines Landes ein. Am 5. 6. 1990 wurde er für zwei Jahre als Staatsoberhaupt wiedergewählt, nunmehr als Präs. der Tschech. und Slowak. Föderativen Republik (tschech. Abk.: ČSFR). Er bemühte sich jedoch vergeblich, die staatl. Einheit der ČSFR gegenüber den slowak. Separationsbestrebungen zu bewahren. Nach der Proklamation einer unabhängigen Slowak. Republik (17. 7. 1992) zum 1. 1. 1993 trat H. am 20. 7. 1992 als Präs. der ČSFR zurück.

Am 26. 1. 1993 wählte das tschech. Parlament H. zum Präs. der Tschech. Rep. (Amtsantritt: 2. 2. 1993). Nach innen sieht er sich als ›Wächter der polit. Kultur‹, nach außen bekennt er sich zum Gedanken eines vereinigten Europa; hierfür erhielt er 1991 den Internat. Karlspreis zu Aachen. Gegenüber Dtl. leitete er eine aktive Politik der Versöhnung ein.
V. H. Dichter u. Präsident, bearb. v. E. KRISEOVÁ (a. d. Tschech., 1991).

***Havelberg 2):** Der seit 3. 10. 1990 zum Land Sachs.-Anh. gehörende Landkeis H. ging am 1. 7. 1994 im Kr. Stendal auf; dem Gem. Mangelsdorf wurde in Kr. Jerichower Land eingegliedert. Die Stadt Havelberg ist damit nicht mehr Kreisstadt.

Havelland, Landkreis in Brandenburg, 1 707 km², (1995) 129 500 Ew.; Kreisstadt ist Rathenow. Das Kreisgebiet deckt sich zum großen Teil mit der gleichnamigen Landschaft westlich von Berlin. Weite Niederungen mit Feuchtgebieten zw. dem Thorn-Eberswalder und dem Warschau-Berliner Urstromtal wechseln ab mit trockenen Grundmoränenplatten (›Ländchen‹). Bes. im westl. Kreisgebiet gibt es noch größere zusammenhängende Waldgebiete (v. a. Kiefernwälder) wie das Rathenower Wald- und Seengebiet und die Ribbecker Heide. Im Flachmoorgebiet Havelländ. Luch setzte die jetzt intensive landwirtschaftl. Nutzung nach Trockenlegung und Entwässerung im 18. Jh. ein; in dieser Zeit entstanden die Havelländ. Große Hauptkanal und der Rhinkanal. Um Nauen (Maschinen- und Metallbau, Haushaltstechnik) ist die Landwirtschaft auf die Versorgung Berlins mit Fleisch, Eiern, Obst und Gemüse ausgerichtet, außerdem werden Weizen und Zuckerrüben angebaut. Wichtigster Industriestandort ist die Kreisstadt Rathenow (Hafen an der Havel) mit opt. und feinmechan. Industrie, Geräte- und Maschinenbau sowie Nahrungsmittelindustrie. Weitere Städte sind Premnitz (großes Chemiefaserwerk), Falkensee (Transformatorenbau, Herstellung von Büroartikeln), Ketzin (Futtermittelindustrie, Baumschulen), Friesack und Rhinow. – Der Landkreis H. wurde am 6. 12. 1993 aus den Landkreisen Nauen und Rathenow gebildet.

***Havemann**, Robert, Naturwissenschaftler und polit. Theoretiker: Wurde Ende Nov. 1989 von der Zentralen Kontrollkommission der SED postum rehabilitiert.

***Hawke**, Robert James Lee, austral. Politiker: Wurde im Dez. 1991 als Vors. der Labor Party und Premier-Min. von P. KEATING abgelöst.

Hax, Herbert, Betriebswirtschaftler, *Köln 24. 9. 1933; Prof. in Saarbrücken (1964–72), Wien (1972–76) und Köln (seit 1976); beschäftigt sich v. a. mit Fragen der Finanzierungs-, Investitions-, Entscheidungs- und Organisationstheorie und ist in der wiss. Politikberatung tätig, u. a. Mitgl. der Kommission für wirtschaftl. und sozialen Wandel (1971–76), des wiss. Beirats beim Bundes-Min. für Wirtschaft, des Sachverständigenrats zur Begutachtung der gesamtwirtschaftl. Entwicklung (seit 1989; seit 1992 Vors.).

***Haydée**, Marcia, brasilian. Tänzerin und Ballettdirektorin: War 1993–95 Ballettdirektorin am Teatro Municipal in Santiago de Chile. Mitte 1995 kündigte sie ihren Rücktritt als Direktorin des Stuttgarter Balletts zum Ende der Spielzeit 1995/96 an.

***Hayek**, Friedrich August von, brit. Volkswirtschafter und Sozialphilosoph österr. Herkunft: † Freiburg im Breisgau 23. 3. 1992.

***Heaney**, Seamus Justin, irischer Lyriker: Erhielt 1995 den Nobelpreis für Literatur.

***hebräische Literatur:** Die jüngere Entwicklung der h. L. ist durch eine Vielfalt von Strömungen gekennzeichnet, die sich v. a. durch das Nebeneinander verschiedener ›Generationen‹ von Schriftstellern er-

Seamus Heaney

Hedg Hedgegeschäft – Heine-Preis der Landeshauptstadt Düsseldorf

Axel Heil: Das Essen ist fertig, der Hund ist gar; 1994 (Privatbesitz)

gibt. Die herausragendsten, heute (oder bis vor kurzem) noch aktiven Vertreter der ›Generation des Unabhängigkeitskrieges‹ (oder ›Palmach‹-Generation), der man diejenigen Autoren zurechnet, die bereits in den 1940er Jahren zu veröffentlichen begannen, sind M. SCHAMIR (* 1921), A. MEGGED (* 1920) und B. TAMMUZ (* 1919). Bei ihnen dominieren ›klass.‹ Themen wie die Spannungen zw. Israel und der Diaspora, israel. und jidd. Kultur, typisch jüd. oder zionist. Schicksale, ausgebreitet in histor., oft weite Zeiträume übergreifenden Romanen. Die größte Aufmerksamkeit erfahren z. Z. v. a. die Angehörigen der ›Generation des Staates‹, also diejenigen, deren erste Arbeiten von den späten 1950er bis in die 1970er Jahre hinein erschienen. Zu ihnen gehören A. B. JEHOSCHUA (* 1936), A. OZ (* 1939), AMALIA KAHANA-CARMON (* 1930), A. APPELFELD (* 1932), Y. KANIUK (* 1930), YAAKOV SCHABTAI (* 1934, † 1981, seine Werke erschienen z. T. postum) und YEHOSHUA KENAZ (* 1937). In vielen ihrer Arbeiten spiegelt sich die tiefe Zerrissenheit der israel. Gesellschaft, die sich seit dem Sechstagekrieg zw. Israel und seinen arab. Nachbarstaaten (1967) und der gegensätzl. Bewertung von dessen Folgen entwickelt hat. So findet man in Romanen sowohl die Figur des von dem religiösen Eifer, die besetzten Gebiete jüdisch besiedeln zu müssen, Beseelten, wie auch die des enttäuschten Auswanderers. Die Spannweite der Kulturen, die in Israel aufeinandertreffen, läßt sich ermessen, wenn man die von YOEL HOFFMANN (* 1937) porträtierten deutsch-jüd. Einwanderer denen aus Nordafrika in dem Werk von ALBERT SOUISSA (* 1959) oder den Ultraorthodoxen aus den Kurzgeschichten einer HANNA BAT-SCHAHAR (* 1944) gegenüberstellt. Alle diese Autoren gehören bereits einer jüngeren Generation an, die sich z. T. stark von traditionellen Erzählweisen ab- und einer experimentellen Prosa zugewandt hat (neben HOFFMANN v. a. YUVAL SCHIMONI, * 1955, und ORLY CASTEL-BLOOM, * 1960), bei der die Sprache selbst viel stärker in den Vordergrund tritt. Typisch für diese Gruppe ist auch die Behandlung von Themen (z. B. der modernen Großstadt), die überhaupt nicht mehr spezifisch israelisch sind. Im Vergleich zu diesen eher konservativ und zugleich mehr mit typisch israel. Themen befaßt sind Autoren wie SAVION LIEBRECHT (* 1948) oder D. GROSSMAN (* 1954). Auffällig ist die starke Zunahme weibl. Stimmen in der jüngeren h. L. Auch der internat. Trend zu einer sehr eigenständigen weibl. Variante des Kriminalromans ist an Israel nicht vorbeigegangen (SCHULAMIT LAPID, * 1934, BATYA GUR, * 1947). Bei einer immer stärkeren Hinwendung zum Privaten, Konkreten und damit Allgemein-Menschlichen, ist die israel. Literatur jedoch bis heute in überdurchschnittl. Maße ›politisch‹, wovon auch die Tatsache zeugt, daß viele Autoren aller ›Generationen‹ (z. B. OZ, GROSSMAN) auch Essaysammlungen über polit. Themen publizieren. Ereignisse wie der Libanonkrieg von 1982–83, die Intifada und auch der Golfkrieg von 1991 schlugen sich indessen bes. stark in der hebr. Lyrik nieder (neben etablierten Namen wie Y. AMICHAI, * 1924, NATHAN ZACH, * 1930, DAHLIA RAVIKOVITCH, * 1936, u. a. meldeten sich hier auch jüngere Autoren zu Wort, z. B. YITZHAK LAOR, * 1948), in der sich im übrigen neben traditionellen Themen und Schreibweisen ebenfalls eine Tendenz zum sprachl. Experimentieren beobachten läßt (z. B. MAJA BEJERANO, * 1949).

Hebrew writers. A general dictionary, hg. v. G. SHAKED (Ramat Gan 1993); A. HOLTZMAN in: Encyclopaedia Judaica. Decennial book, Bd. 2: Events of 1982–1992 (Jerusalem 1994).

***Hedgegeschäft:** Neuerdings werden **Hedge Fonds** angeboten. Bei dieser besonderen Form von Investmentfonds mit hochspekulativen Kapitalanlagen wird versucht, die Verlustgefahren durch die verschiedenartigen Hedging-Instrumente zu begrenzen.

***Heereman,** Constantin Bonifatius Hermann Josef Maria Freiherr **H. von Zuydtwyck,** Landwirt: War bis 1990 MdB und 1990–93 erneut Präs. der COPA.

Hegewald, Wolfgang, Schriftsteller, * Dresden 26. 3. 1952; studierte zunächst Informatik, ab 1977 Theologie in Leipzig, siedelte 1983 in die Bundesrep. Dtl. über. Annäherung und Überschreitung von Grenzen – äußeren wie inneren – sind Thema seines Werks ›Das Gegenteil der Fotografie. Fragmente einer empfindsamen Reise‹ (1984).

Weitere Werke: *Romane:* Jakob Oberlin oder die Kunst der Heimat (1987); Die Zeit der Tagediebe (1993). – *Erzählungen:* Hoffmann, ich u. Teile der näheren Umgebung (1985).

***Hehlerei:** Zur Bekämpfung der organisierten Kriminalität ist § 260 StGB neu gefaßt und die gewerbsmäßige Banden-H. als neuer Verbrechenstatbestand (§ 260a) in das StGB aufgenommen worden. Im Falle der gewerbsmäßigen H., der Banden-H. und der gewerbsmäßigen Banden-H. sind neben der Freiheitsstrafe auch die Vorschriften über ▷ Vermögensstrafe und ▷ Verfall anzuwenden.

***Heidelbergmensch:** Die ›Archäometrie-Arbeitsgruppe Mauer‹, Forschungsstelle Archäometrie der Heidelberger Akademie der Wissenschaften am Max-Planck-Institut für Kernphysik, klassifiziert den H. (1992) wissenschaftlich als **Homo erectus heidelbergensis** (frühes Mittelpleistozän, höchstens 750 000, mindestens 600 000 Jahre alt).

Heil, Axel, Maler, * Karlsruhe 30. 3. 1965; gründete 1990 das ›Institut für die Beobachtung von Abdingbarem‹ in Karlsruhe; realisiert vorzugsweise ironisch-konzeptionelle Combine-paintings und Installationen.

***Heiligenstadt 2):** Der seit 3. 10. 1990 zum Land Thüringen gehörende Landkreis H. ging am 1. 7. 1994 im Kr. Eichsfeld auf, dessen Kreisstadt die Stadt Heilbad Heiligenstadt wurde.

***Heiliger,** Bernhard, Bildhauer: † Berlin 25. 10. 1995.

***Heimann,** Erwin, schweizer. Schriftsteller: † Thun 21. 8. 1991.

***Heimstätte:** Das Reichsheimstätten-Ges. wurde vom Bundestag am 17. 6. 1993 aufgehoben.

***Heine-Preis der Landeshauptstadt Düsseldorf:** Weitere Preisträger sind M. FRISCH (1989), R. VON WEIZSÄCKER (1991), W. BIERMANN (1993); wurde 1995 nicht verliehen, soll ab 1996 wieder alle zwei Jahre vergeben werden.

Heinesen, William, dän. Schriftsteller: † Tórshavn 12. 3. 1991.

Heinrich-Böll-Preis: Wird seit 1993 nur noch alle zwei Jahre vergeben; Preisträger: BRIGITTE KRONAUER (1989), G. DE BRUYN (1990), RAINALD GOETZ (*1954; 1991), H. J. SCHÄDLICH (1992), A. KLUGE (1993), JÜRGEN BECKER (1995).

Heinrich-Heine-Preis: Wurde 1990 letztmals vergeben; Preisträger waren bis dahin noch STEFFEN MENSCHING (*1958; 1989) und HANS-ECKHARDT WENZEL (1990).

Heinrich-Mann-Preis: Weitere Preisträger sind F. MIERAU (1988), W. KIRSTEN (1989), A. ENDLER (1990), PETER GOSSE (*1938) und KITO LORENC (*1930; 1991, der Preis war zunächst nicht dotiert, wurde aber 1994 nachdotiert), 1992 nicht verliehen, L. BAIER (1993), 1994 nicht verliehen, HANS MAYER (1995).

Heitmann, Steffen, ev. Kirchenjurist und Politiker (CDU), *Dresden 8. 9. 1944; beteiligte sich im Zuge des Umbruchs in der Dt. Dem. Rep. 1990 maßgeblich an der Formulierung der sächs. Verf.; seit Nov. 1990 ist H. sächs. Justiz-Min. Von der CDU und CSU – auf Initiative H. KOHLS – 1993 für das Amt des Bundes-Präs. vorgeschlagen, sah er sich wegen seiner konservativ geprägten Anschauungen (u. a. zur dt. Geschichte und zur Rolle der Frau in der Gesellschaft) von Teilen der Öffentlichkeit hart angegriffen und zog seine Kandidatur zurück.

Helck, Hans Wolfgang, Ägyptologe: † Hamburg 27. 8. 1993.

Held, Martin, Bühnen- und Filmschauspieler: † Berlin 31. 1. 1992.

Heldburg: Die thüring. Stadt H. wurde 1993 mit Bad Colberg und vier weiteren Gemeinden zur Stadt **Bad Colberg-Heldburg** vereinigt.

Helder ['ɛldɛr], Herberto, eigtl. **Luís Bernardes de Oliveira,** portug. Lyriker und Erzähler, *Funchal (Madeira) 23. 11. 1930; nimmt in seiner dunklen Dichtung die großen Themen des Surrealismus – Liebe, Zufall und Spontaneität, Traum, Gewalt und Tod – wieder auf. Durch automat. Schreiben will er dabei zu einer Form der Urpoesie gelangen, in der Sprache als energetisch und kosmisch bestimmtes, subjektives Spielmaterial Wirklichkeitsbezüge aleatorisch durch Klang und Vermischung von Worten sowie Sprengung der Syntax simuliert, um konnotierend-assoziativ an die Grenzen von Totalität und Absolutheit zu gelangen.

Werke: *Lyrik:* A colher na boca (1961); Lugar (1962); Poemacto (1963); Electronicolírica (1964); Os brancos arquipélagos (1971); Cobra (1977); Flash (1980); Ultima ciência (1988). – *Erzählungen:* Os passos em volta (1963).
Ausgabe: Poesia toda (1990).
M. DE FÁTIMA MARINHO: H. H., a obra e o homem (Lissabon 1982).

Heller, Erich, amerikan. Literarhistoriker österr. Herkunft: † Evanston (Ill.) 5. 11. 1990.

Hellwege, Heinrich, Politiker: † Neuenkirchen (Kr. Stade) 4. 10. 1991.

Hemmerle, Klaus, kath. Theologe: † Aachen 23. 1. 1994.

Hemudukultur, eigenständige frühneolithische chin. Kultur (5000–3000 v. Chr.), mit heute etwa 30 bekannten Fundorten am S-Ufer der Hangzhoubucht, O-China; benannt nach dem ersten Fundort (1973) Hemudu nahe dem Dorf Yuyao, Prov. Zhejiang, heute nicht mehr zur Longshankultur gerechnet. Von den ältesten Pfahlbauten konnten inzwischen drei rekonstruiert werden. Ein Haus (23×7 m) hatte vor einer Längsseite eine Brüstung von 1,3 m Tiefe. Der Fußboden aus Holzplanken lag 0,8 m über dem sumpfigen Grund. Paßformen wie Zapfen, Nut und Spunt markieren den Beginn der bis heute tradierten südchin. Pfahlbauweise. Reisstroh, -spelzen und -körner (Oryza sativa indica) sind der bislang älteste Fund von domestiziertem, vermutlich in Naßfeldern angebautem Reis in China. Vielfältiges Gerät aus Holz und Knochen (Pfeil- und Speerspitzen, Nadeln, Ahlen, Spinnwirtel, das älteste bekannte Weberschiffchen, Paddel und Pfeifen sowie Spaten, Schaufeln und Grabhacken aus den Schulterblättern von Großsäugern).

Henck, Herbert, Pianist, *Treysa (heute zu Schwalmstadt) 28. 7. 1948. Nach Studien bei ALOYS KONTARSKY an der Kölner Musikhochschule spezialisierte er sich auf die Interpretation der Klaviermusik des 20. Jh. und ist auf diesem Gebiet auch mit zahlreichen theoret. Schriften hervorgetreten.

Hendricks, Barbara, amerikan. Sängerin (Sopran), *Stephens (Ark.) 20. 11. 1948; studierte an der Juilliard School of Music in New York, sang an zahlreichen großen Häusern der Welt, u. a. an der Dt. Oper Berlin, an der Pariser Opéra Bastille, an der Covent Garden Opera in London und an der Metropolitan Opera in New York. Daneben ist sie auch als Lied- und Oratoriensängerin hervorgetreten.

Heng Samrin, kambodschan. Politiker: War bis 1991 Mitgl. des Politbüros und GenSekr. des ZK der Revolutionären Volkspartei von Kampuchea sowie Vors. des Staatsrats (Staatsoberhaupt).

Hengsbach, Franz, kath. Theologe: † Essen 24. 6. 1991.

Henson, James Maury, amerikan. Puppenfilmproduzent: † New York 16. 5. 1990.

Hepatitisviren: Die früher unter der Bez. Non-A-Non-B-H. zusammengefaßten H. konnten folgendermaßen unterschieden werden (Stand 1995): **Hepatitis-C-Virus (HCV),** ein weltweit verbreitetes, parenteral übertragenes Virus; das **Hepatitis-Delta-Virus (HDV)** benötigt, um infektiös zu sein, die Anwesenheit von HBV; das v. a. in N-Afrika, SO- und Zentralasien verbreitete **Hepatitis-E-Virus (HEV)** wird wahrscheinlich fäkal-oral übertragen.

Hepburn, Audrey, amerikan. Filmschauspielerin britisch-niederländ. Herkunft: † Tolochenaz (bei Lausanne) 20. 1. 1993.

HERA: Technische Daten		
Umfang	6336 m	
Tunneldurchmesser	5,2 m	
Tiefe unter Straßenniveau	10–25 m	
unterirdische Experimentierhallen	4	
Zahl der Vorbeschleuniger	6	
Wechselwirkungspunkte	3	
Schwerpunktsenergie	314 GeV	
max. Luminosität	$1,5 \cdot 10^{31}$ cm^{-2}s^{-1}	
Speicherringe	**Elektronen**	**Protonen**
Maximalenergie	30 GeV	820 GeV
Einschußenergie	14 GeV	40 GeV
Zahl der Teilchenpakete	210	210
Teilchen/Paket	$3,5 \cdot 10^{10}$	10^{10}
Teilchenstrom	60 mA	160 mA
horizontaler/vertikaler Strahldurchmesser in den Wechselwirkungspunkten	0,264/0,017 mm	0,300/0,095 mm
Magnete insgesamt	2009	1833
Haupt-Dipolmagnete	465	422 (supraleitend)
Haupt-Quadrupolmagnete	605	224 (supraleitend)

HERA: Im April 1991 wurde der erste Protonenstrahl gespeichert, so daß im Okt. erstmals Kollisionsversuche durchgeführt werden konnten. Bis April 1992 wurden die Detektoren H1 und ZEUS in die Wechselwirkungszonen des Doppelspeicherrings gefahren, der Experimentierbetrieb wurde im Juni aufgenommen. Hauptkomponente des H1-Detektors, der hauptsächlich für die Identifizierung von Teilchen (bes. Elektronen) ausgelegt wurde, ist ein Argon-Kalorimeter mit Blei und Edelstahlplatten als Absorber. ZEUS verwendet ein Uran-Szintillator-Kalorimeter, das eine hohe Energieauflösung der registrierten Ereignisse ermöglicht.

HERA: Blick in den HERA-Tunnel, oben die supraleitenden Magneten zur Führung der Protonen, unten der konventionelle Elektronenring

Als drittes Experiment wurde im Febr. 1995 der Detektor HERMES in die Strahlpositon gebracht, der nur den Elektronenstrahl von HERA verwendet. Dabei werden polarisierte Elektronen an polarisierten Helium- und Wasserstoffkernen gestreut, um etwa die Spinstruktur der Nukleonen zu erforschen. Ebenfalls Anfang 1995 wurde das Experiment HERA-B genehmigt, das die vierte Experimentierhalle belegen und den Zerfall von B-Mesonen untersuchen soll.

*****Herbig,** Günther, Dirigent: Wurde 1989 Musikdirektor des Toronto Symphony Orchestra.

*****Herbolzheimer,** Peter, Jazzmusiker: Übernahm 1988 die Leitung des Bundesjazzorchesters.

Herchet, Jörg, Komponist, * Dresden 20. 9. 1943; studierte Komposition in Dresden und ab 1967 in Berlin bei R. WAGNER-RÉGENY und RUTH ZECHLIN, ferner 1970–74 bei P. DESSAU, der ihn nachhaltig beeinflußte und förderte. Seit 1981 unterrichtet er u. a. an der Musikhochschule in Dresden (1990 Dozentur). Seine autarke, rein auf den Ausdrucksmöglichkeiten innermusikal. Strukturen basierende Kompositionsweise sowie seine religiöse Grundhaltung standen oft quer zur herrschenden Kunstauffassung in der Dt. Dem. Rep.; schrieb auch Instrumentalkonzerte, Kantaten, Chorwerke sowie Werke für Musiktheater (›Nachtwache‹, 1993; nach NELLY SACHS).

*****Heringsdorf:** Im Juni 1995 wurde bei dem Ostseebad H. auf Usedom, Meckl.-Vorp., die mit 508 m längste Seebrücke des europäischen Festlandes eingeweiht.

Herkuleskeule, Die, 1955 als politisch-satir. Kabarett in Dresden von OTTO STARK (* 1922) gegründet. 1956–59 als ›Herkuleskeulchen‹ mit verkleinertem Ensemble. Nach zweijähriger Pause am 1. 5. 1961 Neubeginn als Kabarett der Stadt Dresden im Saal einer Kirchenruine, seit 31. 12. 1965 eigene Räume am Hans-Beimler-Platz; spielte zahlreiche Programme mit Kritik an der realsozialist. Wirklichkeit der Dt. Dem. Republik.

*****Herman,** Woody, amerikan. Jazzmusiker: † Los Angeles (Calif.) 29. 10. 1987.

Hermann von Helmholtz-Gemeinschaft deutscher Forschungszentren, Abk. **HGF,** seit 13. 11. 1995 Name der Arbeitsgemeinschaft der →Großforschungseinrichtungen.

*****Hermans,** Willem Frederik, niederländ. Schriftsteller: † Utrecht 27. 4. 1995.

*****Hermes 2):** Im Dez. 1992 beschloß die ESA, den Bau des Raumfahrzeugs vorerst nicht in Angriff zu nehmen. Der Versuch, das Projekt gemeinsam mit Rußland fortzusetzen, scheiterte. Im Jan. 1994 erklärte die ESA den endgültigen Verzicht auf H. Statt dessen soll ein ungeflügeltes, aus ›intelligenter‹ Oberstufe und Rückkehrkapsel bestehendes Astronautentransportfahrzeug (Crew Transport Vehicle, Abk. CTV) gebaut werden, das wie H. mit der Trägerrakete Ariane-5 ins All gebracht werden kann. Vorgesehen ist das CTV als Zubringer für die geplante internat. Raumstation ›Alpha‹.

*****Hernu,** Charles, frz. Politiker: † Villeurbanne 17. 1. 1990.

*****Heroin:** In einem mehrstufigen Produktionsverfahren wird H. aus Rohopium hergestellt. Die reinste Form, das als H. Nr. 4 bezeichnete 90- bis 96%ig reine H.-Hydrochlorid, ist ein weißes, rieselfähiges Pulver, das sowohl injiziert als auch geschnupft wird. Als H. Nr. 3 ist das wasserlösl. H.-Hydrochlorid bekannt, das i. d. R. nur 20- bis 30%ig (maximal 60%ig) rein ist. Die graubraune, körnige und krümelige Substanz (›brown sugar‹, ›rocks‹) wird nicht nur injiziert, sondern auch durch Erhitzung auf Folien geraucht. Da das Folienrauchen in Asien entwickelt wurde, nennt man es auch ›chinesen‹ oder ›den Drachen jagen‹. Diese Applikationsform wird in Dtl. in den letzten Jahren zunehmend als Alternative zur Injektion von H. angewandt, was sicherlich im Zusammenhang mit der hohen HIV-Infektionsgefahr steht.

1993 verringerte sich die Zahl der Erstkonsumenten von H. um rd. 20%, während sie bei Kokain um etwa 25% stieg und 1994 sogar um 33%, im Unterschied zu einer Zunahme der H.-Erstkonsumenten im Jahr 1994 um 1,5%. Die Behörden rechnen damit, daß in den nächsten Jahren Kokain H. als meistbenutzte harte Droge ablösen wird. Während in Dtl. (zuletzt 1995) ein Modellprojekt abgelehnt wurde, das die kontrollierte staatl. H.-Abgabe an Süchtige (und auch zur Schmerztherapie) vorsah, laufen in der Schweiz seit Nov. 1993 (Beginn des Pilotprojektes in Zürich) 14 Projekte zur staatlich kontrollierten Opiatabgabe. Jeweils 50 H.-Abhängige erhalten unter ärztl. Aufsicht Methadon, Morphin und H. Es soll geklärt werden, ob die kontrollierte Abgabe von H. Drogenabhängigen langfristig den Ausstieg aus der Sucht und die soziale Integration erleichtern sowie ihren Gesundheitszustand verbessern helfen kann; weiterhin, ob die Rate der Beschaffungskriminalität sinkt und die Gefahr einer HIV-Infektion abnimmt. V. a. soll auch Drogenabhängigen geholfen werden, die durch die alleinige Gabe von Methadon nicht stabilisiert werden können und die durch ihre Lebensumstände stark gefährdet sind oder zu verelenden drohen. (→Drogenpolitik).

Herreweghe [-xə], Philippe, belg. Dirigent, * Gent 2. 5. 1947; gründete 1969 das Collegium Vocale von Gent und 1977 das Vokalensemble La Chapelle Royale in Paris. Mit beiden Ensembles widmete er sich vorwiegend der Aufführung barocker und klass. Vokalwerke.

*****Herrhausen,** Alfred, Bankfachmann: † (ermordet) Bad Homburg v. d. Höhe 30. 11. 1989.

*****Herriot,** James, brit. Tierarzt und Schriftsteller: † Thirsk (Cty. North Yorkshire) 23. 2. 1995.

*****Herrmann,** Joachim, Politiker: † Berlin 30. 7. 1992; war im Nov. 1989 von seinen Parteiämtern entbunden, aus der SED ausgeschlossen und verhaftet worden.

Herrmann, Karl-Ernst, Bühnenbildner, * Neukirch/Lausitz (Kr. Bautzen) 12. 8. 1936; arbeitete mit den großen Regisseuren unserer Zeit, so 1962–69 mit K. HÜBNER in Ulm und Bremen, ab 1968 mit P. STEIN in Bremen und an der Berliner Schaubühne, außerdem mit L. BONDY, mit C. PEYMANN in Stuttgart, Bochum und am Wiener Burgtheater sowie mit G. TABORI; auch Opernausstatter und seit 1982 Opernregisseur.

***Hersey,** John Richard, amerikan. Schriftsteller: †Key West (Fla.) 24. 3. 1993.

***Hertie Waren- und Kaufhaus GmbH:** Hatte (1995) 76 Kaufhäuser und mit 28 000 Beschäftigten (Konzern: 35 000) einen Umsatz von 4,74 Mrd. DM (Konzern: 6,54 Mrd. DM); wurde 1994 100%ige Tochtergesellschaft der →Karstadt AG.

***Herz,** Joachim, Regisseur: War bis 1991 Oberspielleiter an der Dresdner Staatsoper (Semperoper); danach freischaffend, lehrt seit 1993 u.a. an der Univ. Lissabon.

***Herzberg 1):** Der seit 3. 10. 1990 zum Land Brandenburg gehörende Landkreis H. ging am 6. 12. 1993 im neugebildeten Landkreis Elbe-Elster auf, ausgenommen die Gem. Schöna-Kolpien (kam zum Kr. Teltow-Fläming).

***Herzberg 3):** Die Stadt H. (Elster) – frühere Schreibweise H./Elster – gehört seit 3. 10. 1990 zum Land Brandenburg und ist seit 6. 12. 1993 Kreisstadt des Kr. Elbe-Elster.

Herzberg [-bɛrx], Judith, niederländ. Schriftstellerin, *Amsterdam 4. 11. 1934; begann als Lyrikerin. Ihre Gedichte sind persönl., manchmal bittere Randbemerkungen zum Dasein in einfachem, parlandoartigem Ton, aber voll überraschender Wendungen; in ›27 liefdesliedjes‹ (1971) paraphrasiert sie Stellen aus dem bibl. Hohenlied; daneben verfaßt sie auch Dramen, Filmdrehbücher und Fernsehspiele.

Weitere Werke: *Lyrik:* Zeepost (1963); Beemdgras (1968); Vliegen (1970); Strijklicht (1971); Botshol (1980). – *Dramen:* En, of (1985; dt. Und, oder); Merg (1986; dt. Mark); De Caracal (1988; dt. Der Karakal); Kras (1989; dt. Tohuwabohu).

Ausgaben: Teksten voor toneel en film. 1972–1988 (1991). – Zw. Eiszeiten. Ausgew. Gedichte (1984); Tagesreste. Gedichte (1986).

***Herzog,** Chaim, israel. Politiker und Militärfachmann: War bis 1993 israel. Staatspräsident.

***Herzog,** Roman, Staatsrechtslehrer und Politiker: Nach der dt. Vereinigung lehnte H. zwar eine Totalrevision des GG ab, trat aber u.a. für größere Kompetenzen der Bundesländer, einen Umbau der Finanzverfassung und die Aufnahme von Volksabstimmungsmöglichkeiten in das GG ein. Am 25. 1. 1994 zum Kandidaten der CDU für das Amt des Bundes-Präs. nominiert, wurde er am 23. 5. 1994 von der Bundesversammlung im dritten Wahlgang mit 696 Stimmen gewählt. Danach ließ H. seine richterl. Funktionen ruhen und schied am 30. 6. 1994 aus den Ämtern des Bundesrichters und Präs. des Bundesverfassungsgerichtes. Unter Anknüpfung an die von seinen Amtsvorgängern begründeten und fortentwickelten Traditionen wendet sich H. gegen das Vergessen der nat.-soz. Verbrechen. Auf Staatsbesuchen, v.a. bei den kleineren dt. Nachbarstaaten, sucht er dortige Besorgnisse gegenüber dem gewachsenen Einfluß des wiedervereinigten Dtl. zu zerstreuen. Nach innen fordert er eine entschiedene Haltung gegenüber Rassismus und Fremdenfeindlichkeit. Den Prozeß der inneren Einheit Dtl.s sucht er zu fördern und Vorbehalte gegenüber dem europ. Einigungsprozeß abzubauen.

Hespos, Hans-Joachim, Komponist, *Emden 13. 3. 1938; Lehrer, als Komponist Autodidakt, zählt zu den ausgefallensten Vertretern der dt. Musikavantgarde, dessen Musikperformances bzw. -spektakel durch z.T. dadaistisch anmutende Titelwahl, Besetzungsangaben, Instrumentierung sowie sprachphantastisch überzogene Spielanweisungen mit herkömml. E-Musik-Betrieb unterlaufen und karikieren. H. schrieb neben zahlreichen Stücken für Soloinstrumente oder Sänger/Sprecher Ensemble- und Orche-

stermusik (u.a. ›Blackout‹, 1972; ›Che‹, 1975; ›Taff-Zeitwinde‹, 1986), Werke für ›integrales‹ Musiktheater, u.a. ›das triad. Ballett‹ (1976; nach O. SCHLEMMER), ›itzo-hux‹ (1983), ›za'khani‹ (1984), ›Reise zum Mittelpunkt der Erde‹ (1987), ›Zeitwasser‹ (1994).

Eva Hesse: Eighter from Decatur; 1965 (Privatbesitz)

***Hesse,** Eva, amerikan. Künstlerin dt. Herkunft: H. gilt heute als Vorläuferin einer feministisch orientierten Kunst, denn in ihren Objekten, Gemälden und Rauminstallationen arbeitete sie nicht nur an der Formulierung einer ästhet. Systematik, die intuitive Formfindungen mit einem rational konstruierten Werkaufbau kombiniert, sondern stellte zudem thematisch die weibl. Körperlichkeit und Sexualität und die Auseinandersetzung mit einer von Männern dominierten Avantgarde, deren abstrakte Formensprache sie einem psycholog. Bezugssystem zuordnete, ins Zentrum ihrer komplexen Gestaltungen.

E. H. Drawing in space – Bilder u. Reliefs, hg. v. B. REINHARDT, Ausst.-Kat. (1994).

***Hesselbach,** Walter, Bankfachmann: †bei St. Gallen 5. 11. 1993.

***Hessen,** Land in der Mitte Dtl.s, umfaßt 21 114 km² (5,9% der Fläche Dtl.s), Landeshauptstadt ist Wiesbaden.

Bevölkerung: Die (1994) 5,969 Mio. Ew. machen 7,3% der Bevölkerung Dtl.s aus. Der Anteil der weibl. Bev. beläuft sich auf (1994) 51,0%. Im Zuge der Binnenwanderung ließen sich 1992 insgesamt 99 100 Menschen aus anderen Bundesländern in H. nieder, gegenüber den Fortzügen ergibt sich ein Überschuß von 13 355 Zuzügen. Am 31. 12. 1992 wohnten 745 600 Ausländer in H. (12,6% der Landes-Bev.), davon waren 184 400 Türken, 116 300 Menschen aus dem früheren Jugoslawien, 71 600 Italiener, 35 800 Griechen, 28 700 Polen, 28 500 Spanier, 21 200 US-Amerikaner, 16 100 Österreicher, 12 800 Portugiesen, 193 900 sonstige Ausländer; die Staatsangehörigkeit von Ländern der EU (Stand 1992) besaßen insgesamt 185 000 Ausländer. Von den (1992) 2,601 Mio. Privathaushalten sind 33,9% Einpersonenhaushalte. – Die Geburtenrate beträgt (1992) 10,4‰, die Sterberate 10,7‰. 1993 waren 15,1% der Bev. unter 15 Jahre alt, 69,5% 15 bis unter 65 Jahre alt, 15,4% 65 Jahre und älter.

Die Bev.-Dichte lag 1994 bei 283 Ew. je km². In Großstädten (100 000 Ew. und mehr) leben (1994) 23,1 % der Bev., in Gemeinden zw. 50 000 und 100 000 Ew. 7,8 %, zw. 10 000 und 50 000 Ew. 45,1 %, unter 10 000 Ew. 24,0 %. Größte Städte (1994) sind Frankfurt am Main (656 200 Ew.), Wiesbaden (266 600 Ew.) Kassel (201 900 Ew.), Darmstadt (139 400 Ew.) und Offenbach am Main (116 700 Ew.).

Wirtschaft: Im Vergleich zu anderen Bundesländern ist in H. der Strukturwandel hin zum Dienstleistungssektor bereits weit fortgeschritten. Nur noch 27,1 % der Bruttowertschöpfung wurden 1994 im produzierenden Gewerbe erwirtschaftet (1985: 35,0 %; Dtl. 1994: 35,5 %). Demgegenüber stieg der Anteil des Dienstleistungssektors an der Bruttowertschöpfung von (1985) 63,9 % auf (1994) 72,4 % (Dtl. 1994: 63,4 %). Im tertiären Sektor arbeiten (1994) 64,4 % der Erwerbstätigen (21,0 % in Handel und Verkehr, 19,0 % im öffentl. Sektor und 24,4 % bei sonstigen Dienstleistungsunternehmen), im produzierenden Gewerbe 33,9 %. Der hohe Anteil des Dienstleistungsbereichs beruht nicht nur auf der Bedeutung von Banken und Versicherungsunternehmen (v. a. im Finanzzentrum Frankfurt am Main), sondern auf den bes. wachstumsintensiven Dienstleistungen für Unternehmen (z. B. Wirtschaftsprüfung, Unternehmensberatung, EDV-Beratung, Messewesen). Traditionelle Dienstleistungsbereiche stagnieren (wie Handel und Verkehr oder Gaststätten- und Beherbergungsgewerbe) oder haben an Bedeutung eingebüßt (z. B. die Bereiche Wiss., Bildung, Kunst, Publizistik).

Die nach Umsatz und Beschäftigten 1994 wichtigsten Industriezweige sind chem. Industrie (19,9 % des Umsatzes; 15,6 % der Industriebeschäftigten), Straßenfahrzeugbau (14,4 % bzw. 14,1 %), Elektrotechnik (11,3 % bzw. 12,9 %) und Maschinenbau (10,0 % bzw. 11,1 %). In H. haben Problembranchen wie die Textil- und Bekleidungsindustrie oder die Eisen- und Stahlindustrie ein geringes Gewicht. Demgegenüber sind Industriezweige der Spitzentechnik (z. B. Meß- und Regeltechnik, pharmazeutische Industrie) überdurchschnittlich vertreten.

Die hess. Wirtschaft liegt mit einem durchschnittl. jährlichen Wachstum des realen Bruttoinlandsprodukts (BIP) von 4,1 % im Zeitraum 1988–94 an der Spitze der alten Bundesländer (Durchschnitt alte Bundesländer: 2,9 %). In den 1990er Jahren ist demgegenüber die Arbeitslosigkeit wieder von (1991) 123 300 auf (1994) 208 700 merklich angestiegen. Die Arbeitslosenquoten bleiben allerdings mit 5,1 % bzw. 8,2 % unter dem Durchschnitt der alten Bundesländer (6,3 % bzw. 9,2 %). Im Zeitraum 1990–93 sind in der Industrie über 57 000 Arbeitsplätze verlorengegangen, bei den sonstigen Dienstleistungsunternehmen 60 000 neu entstanden. Mit einem BIP je Ew. von (1994) 54 700 DM und einem BIP je Erwerbstätigen von 123 200 DM liegt H. mit an der Spitze der Bundesländer (Durchschnitt alte Bundesländer: 45 200 DM bzw. 104 050 DM). Der Beitrag H.s zum BIP Dtl.s beträgt (1994) 10,3 % (327,0 Mrd. DM).

Schwerpunkte der Wirtschaftspolitik bilden neben der Förderung von Forschung und Technologie sowie der Qualifikation der Beschäftigten der weitere Ausbau der Infrastruktur und der Abbau des regionalen Entwicklungsgefälles, da die hess. Wirtschaftskraft sehr stark auf Süd-H. (v. a. Rhein-Main-Gebiet) konzentriert ist. Die Öffnung der innerdt. Grenze brachte allerdings Nord-H. einen Entwicklungsschub (v. a. in Handel, Bauwirtschaft und Dienstleistungsbereich). Eine besondere polit. Rolle spielt in H. die Sicherheit der chem. und kerntechn. Anlagen.

Geschichte: Bei den Landtagswahlen vom 20. 1. 1991 siegte die SPD. Am 5. 4. 1991 wählte der Landtag ihren Landes-Vors. H. EICHEL zum MinPräs., der die

Landtagswahlen in Hessen 1991 und 1995
(Sitzverteilung und Stimmanteile der Parteien)

Parteien	20. 1. 1991	19. 2. 1995[1]
SPD	46; 40,8 %	44; 38,0 %
CDU	46; 40,2 %	45; 39,2 %
Die Grünen[2]	10; 8,8 %	13; 11,2 %
FDP	8; 7,4 %	8; 7,4 %
Andere	–; 2,8 %	–; 3,9 %

[1]) Aufgrund des Todes einer Direktkandidatin im Wahlkreis Bergstraße fand die Wahl dort erst am 5. 3. 1995 statt. – [2]) Seit 1993 Bündnis 90/Die Grünen.

Führung einer Koalitions-Reg. aus SPD und Grünen übernahm. In einem gesonderten Wahlgang stimmte die Bev. am 5. 4. 1991 einem verfassungsändernden Ges. zu, das die Direktwahl der Landräte und Bürgermeister einführt. Ein Konversionsprogramm mit einer Laufzeit von 1993–99 (Schwerpunkt: 1994–96) soll den vielfältigen, u. a. arbeitsmarktpolit. Auswirkungen des Truppenabbaus der Bundeswehr und der US-Streitkräfte, von dem H. mit am stärksten betroffen ist, entgegenwirken. Gegen das im Sommer 1992 verabschiedete Schul-Ges. reichte die in Opposition stehende CDU 1993 eine Klage beim hess. Staatsgerichtshof an. Im Zusammenhang mit der Regelung des Schwangerschaftsabbruchs auf Bundesebene übernahm H. mit Wirkung vom 1. 10. 1993 bei Frauen mit geringem Einkommen die Kosten für Abtreibungen. Im Dez. desselben Jahres verabschiedete der Landtag ein Ges. zur Gleichberechtigung der Frau im öffentl. Dienst. Streit mit der Bundes-Reg. gab es um die hess. Atompolitik; mehrfach griff der zuständige Bundes-Min. zum Mittel der atomrechtl. Weisung gegenüber dem hess. Umwelt-Min. Zu Kontroversen mit der Bundes-Reg. kam es auch in Fragen der Asylpolitik.

Bei den Landtagswahlen von Febr./März 1995 verlor die SPD zwar ihre Position als stärkste Partei im Landtag an die CDU, konnte aber aufgrund des starken Zugewinns von Bündnis 90/Die Grünen die Koalitions-Reg. unter MinPräs. EICHEL fortführen.

*Hessenberg, Kurt, Komponist: † Frankfurt am Main 17. 6. 1994.

*Hessische Landesbank – Girozentrale –: Mit Inkrafttreten des Staatsvertrags der Bundesländer Hessen und Thüringen zum 1. 7. 1992 wurde die Firmen-Bez. in **Landesbank Hessen-Thüringen Girozentrale** geändert; zweiter Sitz wurde Erfurt. Der Name des Kapitaleigners lautet inzwischen Sparkassen- und Giroverband Hessen-Thüringen. (→Banken, ÜBERSICHT)

*Hettlage, Karl Maria, Finanzpolitiker: † Bonn 3. 9. 1995.

*Hettstedt 2): Der seit 3. 10. 1990 zum Land Sachs.-Anh. gehörende Landkreis H. ging am 1. 7. 1994 im Kr. Mansfelder Land auf; fünf Gemeinden wurden dem Landkreis Aschersleben-Staßfurt eingegliedert. Die Stadt Hettstedt ist damit nicht mehr Kreisstadt.

*Hetzer, Hildegard, österr. Kinder- und Jugendpsychologin: † Gießen 12. 8. 1991.

*Heuß, Alfred, Althistoriker: † Göttingen 7. 2. 1995.

Hey, Richard, Schriftsteller: * Bonn 15. 5. 1926; verfaßt tragikom. Dramen, in denen sich Kabarettistisches, Satirisches und Surrealistisches verbinden; er schreibt zeitkrit. und experimentelle Hörspiele sowie sozialkrit. Kriminal- und Science-fiction-Romane; außerdem ist er als Übersetzer, v. a. aus dem Italienischen, tätig.

Werke: *Dramen und Hörspiele:* Thymian u. Drachentod (1956); Kein Lorbeer für Augusto (1961); Weh dem, der nicht lügt (1962); Rosie (1969); Kelsterbachs Lieblinge. Ein Kriminalstück (1991). – *Romane:* Engelmacher & Co. (1975); Feuer unter den Füßen (1981); Im Jahr 95 nach Hiroshima (1982); Ein unvollkommener Liebhaber (1990). – *Erzählungen:* Die Löwenbändigerin u. andere Geschichten (1995).

***Heym,** Stefan, Schriftsteller: Wurde am 25. 11. 1989 wieder in den Schriftstellerverband der DDR aufgenommen, nachdem er bereits am 10. 4. 1989 rehabilitiert worden war; seit dem 3. 3. 1990 Ehren-Vors. des Schriftstellerverbandes. Am 16. 10. 1994 auf der Liste der PDS in den Bundestag gewählt, eröffnete er diesen am 10. 11. 1994 als Alters-Präs.; legte im Sept. 1995 sein Mandat nieder.

Werke: *Filz. Gedanken über das neueste Dtl.* (1992); Radek (1995).

***Heyme,** Hansgünther, Regisseur: War bis 1992 Schauspieldirektor in Essen, seitdem Generalintendant in Bremen; seit 1990/91 Leiter der Ruhrfestspiele.

***Hibbert,** Eleanor, engl. Schriftstellerin: † auf einer Kreuzfahrt im Ägäischen Meer 18. 1. 1993.

Hien, Albert, Plastiker, *München 29. 4. 1956; gehört zu den bekanntesten Vertretern einer postmodernen Skulptur. In Objektinstallationen und Aluminiumplastiken entwirft er spielerisch eine Welt, in der grundlegende skulpturale Problemstellungen und physikal. Phänomene ›auf den Kopf‹ gestellt werden. In den Plastiken werden sowohl traditionalist. als auch avantgardist. Gestaltungsregeln (z. B. serielle Reihung) ironisch hinterfragt. Dabei nimmt der Künstler auf eine imaginierte, kindl. Wirklichkeit Bezug, in der Schwerkraft und Räumlichkeit nicht gelten und somit alles möglich scheint. Seine Objekte bergen aber auch tiefe Skepsis in sich. Die assoziative Ebene betont der Künstler bes. auch in den Werktiteln, z. B. ›Vorbereitungen für eine transatlant. Expedition‹ (1986), ›Der Garten der Lüste – Dritte Abteilung – Das Karussell der Lüste, Die eherne Schlange‹ (1987).

A. H., bearb. v. W. RENN, Ausst.-Kat. (1993).

***Highsmith,** Patricia, amerikan. Schriftstellerin: † Locarno 4. 2. 1995.

Hilbig, Wolfgang, Schriftsteller, * Meuselwitz 31. 8. 1941; stammt aus einer Bergarbeiterfamilie, arbeitete zunächst u. a. als Schlosser und Heizer, ab 1979 als freier Schriftsteller in Leipzig. H. lebt seit 1986 (bis zum Ende der Dt. Dem. Rep. mit gültigem Visum des Kulturministeriums) in der Bundesrep. Dtl.; seine Gedichte und Erzählungen sind geprägt von Reflexionen über die eigene Herkunft und thematisieren die Lebenswirklichkeit der Dt. Dem. Republik.

Werke: *Erzählungen:* Unterm Neomond (1982); Der Brief (1985); Alte Abdeckerei (1991); Die Kunde von den Bäumen (1992); Grünes grünes Grab (1993); Die Arbeit an den Öfen (1994). – *Romane:* Eine Übertragung (1989); ›Ich‹ (1993). – *Prosa:* Die Territorien der Seele (1986); Die Weiber (1987). – *Lyrik:* Abwesenheit (1979); Die Versprengung (1986). – *Prosa und Lyrik:* Zw. den Paradiesen (1992).

W. H., hg. v. H. L. ARNOLD (1994); W. H. Materialien zu Leben u. Werk, hg. v. U. WITTSTOCK (1994).

***Hildburghausen 2):** In den seit 3. 10. 1990 zum Land Thüringen gehörenden Landkreis H. wurden am 1. 7. 1994 Gebietsteile des bisherigen Kr. Suhl eingegliedert, außerdem die Stadt Römhild und vier weitere Gemeinden (bisher Kr. Meiningen). Dieser vergrößerte Landkreis H., der an die kreisfreie Stadt Suhl und im S an Bayern grenzt, umfaßt 937 km^2 und (1995) 75 500 Ew. Das Kreisgebiet reicht im N mit dem Stausee der Talsperre Schönbrunn (erbaut 1967–75 zur Trinkwasserversorgung) und der Werraquelle (nahe der Rennsteigwarte) in den Thüringer Wald. Das Buntsandsteinvorland ist stark zerschnitten. Südlich der Werra hat der Kreis Anteil am fruchtbaren Grabfeld (fränk. Gäuland), das von den Basaltkuppen Großer und Kleiner Gleichberg (679 m und 642 m ü. M.) überragt wird. Größte Stadt ist die Kreisstadt Hildburghausen (1995: 12 900 Ew.), kleinste Ummerstadt

(539 Ew.); weitere Städte sind Bad Colberg-Heldburg (1993 gebildet aus der Stadt Heldburg, Bad Colberg und vier weiteren Gemeinden), Eisfeld (Metallwaren-, Lederwarenfabrik), Römhild, Schleusingen (Behälterglaswerk, Elektromotorenbau) und Themar (Baustoffindustrie).

Hildebrandt, Regine, Politikerin (SPD), *Berlin 26. 4. 1941; Biologin, zunächst Mitgl. der Bürgerbewegung ›Demokratie Jetzt‹, seit Okt. 1989 Mitgl. der Sozialdemokrat. Partei der DDR, von April bis Aug. 1990 in der Dt. Dem. Rep. Min. für Arbeit und Soziales; seit Okt. 1990 MdL von Brandenburg, seit Nov. 1990 dort Arbeits-, Sozial- und Gesundheitsministerin.

***Hildesheim 3):** Das Bistum gehört (nach Ausgliederung des kleinen thüring. Gebietes) seit Nov. 1994 zur Kirchenprovinz Hamburg. (→katholische Kirche, ÜBERSICHT)

***Hildesheimer,** Wolfgang, Schriftsteller: † Poschiavo (Kt. Graubünden) 21. 8. 1991.

***Hill,** Archibald Anderson, amerikan. Linguist: † Austin (Tex.) 29. 3. 1992.

Regine Hildebrandt

Albert Hien: Der Garten der Lüste – Dritte Abteilung – Das Karussell der Lüste, Die eherne Schlange; 1987 (Privatbesitz)

Hill, Gary, amerikan. Videokünstler, * Santa Monica (Calif.) 4. 4. 1951; gehört neben B. NAUMAN und B. VIOLA zu den bekanntesten Videokünstlern. Seit den 1970er Jahren arbeitet er mit komplexen Installationen, in denen Bild und Sprache, Körper und Schrift im Zusammenhang mit gesellschaftl. Determinationen untersucht werden. H. befaßt sich mit Identifikationsproblemen, allgemeinen und existentiellen Fragen der modernen Zivilisation. Katastrophenängste, religiöse Sinnfragen und Probleme einer indirekten Kommunikation werden in den Installationen, die teilweise mit Hilfe eines Computerprogramms als interaktive Versuchsanordnungen angelegt sind, visualisiert. 1995 vertrat H. auf der Biennale in Venedig die USA. BILD S. 344

G. H., Ausst.-Kat. (Amsterdam 1993); G. H. – In light of the other, hg. v. P. CURTIS, Ausst.-Kat. (Liverpool 1993).

***Hiller,** Lejaren, amerikan. Komponist: † Buffalo (N. Y.) 26. 1. 1994.

***Hilty,** Hans Rudolf, schweizer. Schriftsteller: † auf Iona 5. 7. 1994.

Hinz — Hinz–Hochschulen

Gary Hill: Withershins; interaktive Klanginstallation mit Videoprojektion; 1995 (Privatbesitz)

***Hinz,** Adolf Walther, Orientalist: † Göttingen 12. 4. 1992.

Hip Hop [engl.] *der, - -,* Mitte der 1980er Jahre in New Yorker Diskotheken kreierte Spielweise der Rockmusik. Der H. H. basiert wie sein Vorläufer, der Rap, auf dem Zusammenmischen bereits vorhandenen Musikmaterials, z. B. kurze, riffartige Ausschnitte (Rhythm tracks) aus älteren Rock- oder Soulaufnahmen, mit Rapgesang oder neuer Schlagzeugbegleitung. Im Unterschied zur mechan. Scratching-Technik des Rap wird beim H. H. das übernommene Material mit Hilfe von Samplern, Drum-Computern usw. gespeichert und weiterverarbeitet. H. H. ist v. a. Tanzmusik für Diskotheken. Ein bekannter Vertreter ist MC HAMMER. Als eigenständiger Rockmusikstil kaum mehr einzugrenzen, steht der Name inzwischen für alle rhythmisch prägnanten, durch digitalelektron. Aufnahmetechniken möglich gewordenen Klangkreationen innerhalb der Rockmusik. Eine konsequente Fortführung des H. H. ist der Techno der 1990er Jahre.

Hipparcos: Modell des Astronomiesatelliten

***Hipparcos:** Der am 8. 8. 1989 mit einer Ariane-4 zunächst erfolgreich gestartete europ. Astronomiesatellit (Startmasse 1 140 kg, Höhe 3 m, Durchmesser 2,5 m, Durchmesser des Teleskopspiegels 29 cm) ließ sich nicht auf die geplante geostationäre Umlaufbahn in 35 800 km Höhe bringen, da sein Triebwerk trotz mehrerer Versuche nicht zündete. Obwohl H. in der langellipt. Transferbahn in 529 bis 35 898 km Höhe verblieb, konnte die Mission erfolgreich durchgeführt werden (u. a. durch den Einsatz zusätzl. Bodenstationen). Am 24. 6. 1993 endete die Datenübermittlung, am 15. 8. 1993 die Funkverbindung mit Hipparcos.

Innerhalb von vier Jahren wurden rd. 120 000 ausgewählte Sterne versch. Regionen des Milchstraßensystems 10- bis 100mal genauer vermessen als von der Erde aus möglich. Die Position, Entfernung und Eigenbewegung dieser Sterne konnte bis auf 1 bis 2 tausendstel Bogensekunden und die Geschwindigkeit bis auf einige 100 m/s bestimmt werden. Zudem legte H. die Position von rd. 1 Mio. Sternen bis auf 0,03 Bogensekunden genau fest. Daneben wurden Helligkeitsschwankungen einiger hunderttausend Sterne gemessen, tausende Doppelsternsysteme entdeckt und Vorhersagen der allgemeinen Relativitätstheorie bestätigt. Die v. a. von frz., italien., dt. und niederländ. Wissenschaftlern erarbeiteten Ergebnisse sind in eigenen H.-Sternkatalogen zusammengefaßt.

***Hippel,** Fritz von, Rechtslehrer: † Freiburg im Breisgau 8. 1. 1991.

***Hirzebruch,** Friedrich, Mathematiker: War bis 31. 10. 1995 Direktor des Max-Planck-Instituts für Mathematik (Bonn).

***Hochenergiephysik:** Am Speicherring LEP (CERN) durchgeführte Messungen des Zerfalls von Z^0-Bosonen in Neutrinos belegten 1991 eindeutig, daß nur drei versch. Neutrinoarten in der Natur vorkommen. Im Rahmen des Standardmodells folgt aus diesem fundamentalen Ergebnis außerdem die Existenz von lediglich drei Elementarteilchenfamilien (›Generationen‹). Als letztes Teilchen des Standardmodells wurde 1994 das Top-Quark (→Quarks) nachgewiesen.

***Hochhaus:** Nach ihrer Fertigstellung 1996 sind die Petronas Towers in Kuala Lumpur mit 450 m Höhe das höchste H. der Erde; das bisher höchste H. war der Sears Tower in Chicago (Ill.). Die Petronas Towers sind ein Zwillingsbauwerk, bei dem jeder der kreisrunden Türme einen Basisdurchmesser von etwa 50 m aufweist. Das letzte (88.) Stockwerk liegt 378 m über dem Straßenniveau. Die beiden Türme sind in 160 m Höhe durch eine zweistöckige Brücke miteinander verbunden. Den Abschluß bis in 450 m Höhe bildet bei beiden Türmen eine zu einer Spitze auslaufende Stahlkuppel. Das tragende Element jedes Turmes wird von einem Kern aus neun Stahlbetonschächten gebildet. Die Geschoßflächen spannen sich zw. diesem Kern und 16 konzentrisch an der Peripherie des Turmes befindl. Betonsäulen auf. Die Türme wurden mit Selbstkletterschalungen (Automatic Climbing System) errichtet, deren Kletterbühnen innen und außen unabhängig voneinander nach oben bewegt werden konnten.

***Hochschulen:** In den fünf neuen Bundesländern und Berlin sind aus den 54 Hochschuleinrichtungen der Dt. Dem. Rep. 14 Univ., eine Hochschule mit begrenztem Fächerspektrum, 30 Fachhochschulen und 12 Kunsthochschulen (bildende Kunst, Musik, Theater und Film) hervorgegangen.

Zw. 1992 und 1994 nahmen 7 500 Wissenschaftler einen Ruf an eine der erneuerten oder neugegründeten H. in den neuen Bundesländern an, womit etwa 60 % der anstehenden Berufungen abgeschlossen waren. An den neugegründeten Fachhochschulen studieren in einzelnen Regionen 40 % eines Jahrgangs (durchschnittlich 23 % im Westen).

Zu den wiss. H. (Univ. und TU) Dtl.s zählen in den *neuen Bundesländern* sowie *Berlin* (gesamtes Bundesland): Berlin, FU, Humboldt-Univ., TU; Chemnitz-Zwickau, TU; Cottbus, TU; Dresden, TU; Frankfurt (Oder), Europa-Univ. Viadrina (gegr. 1991; Studienbeginn 1992/93); Bergakademie Freiberg, TU; Greifswald, Univ.; Halle-Wittenberg, Univ.; Ilmenau, TU; Jena, Univ.; Leipzig, Univ.; Magdeburg, Univ.; Potsdam, Univ.; Rostock, Univ. – Hier ist auch die H. für Architektur und Bauwesen in Weimar zu nennen. Gleichgestellt sind ferner die Kunsthochschulen.

Im *früheren Bundesgebiet* erfolgten seit 1989 einige Neugründungen oder Statusänderungen: Hildesheim, Univ. (die 1987 errichtete wiss. H. trägt seit 1989 die Bez. Univ.); Koblenz-Landau, Univ. (1990); Lüneburg, Univ. (1989).

Die privaten H. haben meist wesentlich unter 1 000 Studenten; sie erheben hohe Studiengebühren. Die meisten Studienplätze bieten (1994/95) die European Business School, Oestrich-Winkel (779), die Hochschule Witten-Herdecke (604), die Wiss. Hochschule für Unternehmensführung, Vallendar (228), und die Europ. Wirtschaftshochschule in Berlin (135). Die Studentenzahlen der 15 größten H. in Dtl. bewegen sich (1994/95) zw. 28 000 und 60 000; die drei größten dt. Univ. sind München, FU Berlin und Köln. 1994 teilten sich in Dtl. insgesamt rd. 1,86 Mio. Studenten rd. 900 000 Studienplätze.

Hochhaus: Modell des City Centre in Kuala Lumpur; 1988–96; in der Mitte die 450 m hohen Petronas Towers

Im Okt. 1992 verständigten sich die MinPräs. der Länder auf eine Absichtserklärung, ab 1996 die Studiendauer bundeseinheitlich auf neun Semester zu beschränken. Schon im Juni hatte NRW als erstes Bundesland unter Protest der Univ. eine Beschränkung der Regelstudienzeit gesetzlich erlassen. Als weitere Einsparmöglichkeiten wurden Studiengebühren, Schließung von Studiengängen, Erhöhung der Lehrverpflichtung für Professoren, Beschneidung von Forschungssemestern und Gewährung von zeitl. Ermäßigungen (Reduzierung der Lehrveranstaltungen) bei Engagement in der akadem. Selbstverwaltung erwogen. Für Überschreitung von Regelstudienzeiten wurden 1994 Sanktionen in Aussicht gestellt (Strafgebühren, Zwangsexmatrikulation). Mit bundesweiten Vorlesungsboykotts und Protestveranstaltungen reagierten die Studenten Ende 1993/Anfang 1994 auf die geplante Studienreform und Änderungsabsichten beim BAföG. Auch die Hochschulrektorenkonferenz wandte sich gegen überzogene Sparmaßnahmen. 1995 fiel die polit. Entscheidung, (nach einjähriger Pause) BAföG zu erhöhen, jedoch sollen ab 1996 die Darlehen verzinst werden (→Ausbildungsförderung).

Die Überfüllung der H. und die langen Studienzeiten führten zu krit. und selbstkrit. Reflexionen, bes. über die Qualität der Lehre an dt. H. Als drei dringl. Aufgaben werden die Entwicklung von Kriterien für Leistungsbewertung von Forschung und Lehre, die auch den differenzierten Angeboten und Profilen der versch. H. gerecht wird, sowie die Leistungsverbesserung und die Entwicklung von besseren Instrumentarien für die Mittelverteilung gesehen.

In der öffentl. Debatte über die Schwierigkeiten der Hochschul- und Forschungslandschaft lasteten insbesondere die Bundesländer und Hochschulvertreter dem Bund eine Unterfinanzierung im Hochschulbau an. Der Wissenschaftsrat hatte 1992 einen Rahmenplan vorgelegt, nach dem 1993–96 20,7 Mrd. DM für Hochschulausbau und -sanierung notwendig sind. Der Bund bekannte sich jedoch (erneut 1995) zur Gemeinschaftsaufgabe Hochschulausbau.

Die finanziellen Restriktionen v. a. im akadem. Mittelbau haben 1994 das Problem des akadem. Nachwuchses in die Diskussion gerückt, dessen Chancen für eine Habilitation sich dadurch verschlechtern. Kritiker merkten an, daß bei einer Fortschreibung dieser Restriktionen im Jahr 2005 50% der notwendigen Hochschullehrer fehlen werden. Um diesen Bedarf kurzfristig decken zu können, setzte 1994 eine Debatte über die Abschaffung der Habilitation ein, die i. d. R. Voraussetzung einer Berufung auf einen ordentl. Lehrstuhl ist. Allerdings würde der damit abzusehende Qualitäts- und Anerkennungsverlust der dt. Wissenschaftslandschaft schwer wiegen. Auf der Hochschulrektorenkonferenz im Mai 1995 wurde erneut der Mangel an Lehrkapazität thematisiert. 250 H. müssen 1,9 Mio. Studenten ausbilden; dafür stehen 280 000 Personalstellen zur Verfügung. Der Kostenaufwand der H. betrage 40 Mrd. DM; ein Vergleich des prozentualen Anteils der öffentl. Bildungsausgaben am Bruttosozialprodukt zeige, daß Dtl. unter den Mitgliedsländern der Organisation für wirtschaftl. Zusammenarbeit und Entwicklung (OECD) auf die viertletzte Stelle (vor Griechenland, Spanien und der Türkei) abgesunken sei. Es mangele v. a. an der Grundausstattung der H.; da dies Sache der Länder ist, sind diese bes. zum Handeln aufgefordert.

Im Nov. 1995 stellte die Hochschulrektorenkonferenz fest, daß das für 1996 zugesagte Gesamtbudget von 31 Mrd. DM für die H. ein Finanzdefizit von 6 Mrd. bedeute, wovon alle Bereiche betroffen seien. Falls Bund und Länder das Budget nicht erhöhen, müßten die H. an Studiengebühren denken. Das Modell (1 000 DM je Semester), das u. a. auch Forderungen nach einem Familiensteuerausgleich für diese Gebühren enthielt, wurde bald zurückgezogen.

Dt. H. u. Europa. Das Zusammenwachsen der dt. H. im Rahmen der europ. Einigung, hg. v. P. EISENMANN u. a. (1990); Gemeinschaftsaufgaben von Bund u. Ländern im Hochschulbereich, hg. v. K. FABER u. a. ([2]1991); P. GERLICH: Hochschule u. Effizienz. Anstöße zur universitären Selbstreflexion (1993); M. HEINISCH u. W. LANTHALER: Im Brennpunkt Univ. Neue Wege der Öffentlichkeitsarbeit (1993); Hochschule – Staat – Politik, hg. v. A. NEUSEL u. a. (1993); H. auf gemeinsamem Weg. Kooperationsbeziehungen dt. H. in Mitteleuropa, Osteuropa u. Südeuropa, bearb. v. E. MÜHLE u. a. (1993); Hochschulpolitik im internat. Vergleich, Beitr. v. L. GOEDEGEBUURE u. a. (1993); Kinder des Systems. DDR-Studenten vor, im u. nach dem Herbst '89, Beitr. v. M. SIEBER u. a. (1993); J. WILHELMI: Krisenherd Hochschule. Dt. Universitäten zw. Wahn u. Wirklichkeit (1993); Aufbruch u. Reform von oben. Ostdt. Universitäten im Transformationsprozeß, hg. v. R. MAYNTZ (1994); J. MITTELSTRASS: Die unzeitgemäße Univ. (1994); R. STICHWEH: Wiss., Univ., Professionen. Soziolog. Analysen (1994).

*höchstpersönliche Rechte: Durch Änderung des BGB ist das Schmerzensgeld als abtretbares und vererbl. Recht kein h. R. mehr.

Höckelmann, Antonius, Maler und Bildhauer, *Oelde 26. 5. 1937. H., der während der 1980er Jahre zu den Neuen Wilden gerechnet wurde, transformiert und aktualisiert in seiner gestisch-dynam. und expressiven Malerei die traditionelle Ikonographie. Indem er Sujets wie die Apokalypt. Reiter, Frauenakte, Tier-

Antonius Höckelmann: Der Zeitungsleser; 1985–87 (Privatbesitz)

und Blumendarstellungen aufgreift und seinem organisch entwickelten, immer auch den Prozeß des Malens belegenden Pinselduktus unterordnet, gelangt er zu farbenprächtigen Darstellungen.

A. H., Zeichnungen, Bilder aus 10 Jahren. 1982–1992, Ausst.-Kat. (1992).

*****Hodgkin**, Dorothy, brit. Chemikerin: † Shipston-on-Stour (Cty. Warwickshire) 29. 7. 1994.

Hodjak, Franz, rumäniendt. Schriftsteller, * Hermannstadt 27. 9. 1944; arbeitete zunächst als Hilfsarbeiter, studierte dann Germanistik und lebte ab 1970 als Verlagslektor in Klausenburg. H., der sich in den 1980er Jahren der Auswanderungswelle der Deutschstämmigen nicht anschloß, verteidigte in seinen Gedichten und Prosatexten das Recht auf Individualismus in einem totalitären System und konstatierte voll Trauer die Auflösung der dt. Sprachgemeinschaft. 1992 siedelte schließlich auch er nach Dtl. über; in seinem Roman ›Grenzsteine‹ (1995) gibt er in satir. Überzeichnung ein düsteres Bild der kulturellen Verheerung in Osteuropa.

Weitere Werke: *Lyrik:* Brachland (1970); Spielräume (1974); Offene Briefe (1976); Flieder im Ohr (1983); Augenlicht (1986); Luftveränderung (1988); Sehnsucht u. Feigenschnaps (1988); Siebenbürg. Sprechübung (1990). – *Prosa:* Das Maß der Köpfe (1978); An einem Ecktisch (1984); Zahltag (1991).

Hodrová [-va:], Daniela, tschech. Schriftstellerin, * Prag 5. 7. 1946; Regieassistentin, Verlagslektorin, ab 1980 wiss. Mitarbeiterin des Literaturinstituts der Tschech. Akademie der Wissenschaften in Prag; zahlreiche Arbeiten zur Theorie und Geschichte des Romans aus vergleichender typolog. Sicht (›Hledání románu‹, 1989). In ihrem Werk gehen Literaturtheorie und Belletristik eine enge Bindung ein. Charakteristisch ist eine autothematisch-metatextuelle Schreibweise (Roman über den Roman) mit Grenzüberschreitungen zw. Realität und Fiktion, mit allegor. Elementen, Metamorphosen (Mensch–Zeichen–Objekt) und intertextuellen Komponenten.

Weitere Werke: *Romantrilogie:* Trýznivé město (dt. Città dolente), Bd. 1: Podoboji (1991; dt. Das Wolschaner Reich), Bd. 2: Kukly (1991; dt. Im Reich der Lüfte), Bd. 3: Théta (1992). – *Romane:* Město vidím (1992); Perunův den (1994).

Peter Høeg

Høeg [hø:g], Peter, dän. Schriftsteller, * Kopenhagen 17. 5. 1957; erhielt eine Ausbildung als Tänzer und studierte Literaturwissenschaft; unterrichtete Tanz und Sport. H.s Erzählungen und Romane kritisieren die ›Macht der Diskurse‹, die eurozentrist. Unterdrückung anderer Kulturen und die Herrschaftsmechanismen der schul. Erziehung. Großen internat. Erfolg hatte er mit dem Roman ›Frøken Smillas fornemmelse for sne‹ (1992; dt. ›Fräulein Smillas Gespür für Schnee‹).

Weitere Werke: *Romane:* Forestilling om det tyvende arhundrede (1988; dt. Vorstellung vom zwanzigsten Jahrhundert); De måske egnede (1993; dt. Der Plan von der Abschaffung des Dunkels).

*****Hoehme,** Gerhard, Maler: † Neuss 29. 6. 1989.

*****Hoelscher,** Ulf, Violinist: Lehrt seit 1987 an der Hochschule der Künste in Berlin.

*****Hoesch AG:** Wurde 1991 mehrheitlich vom Krupp-Konzern (→Krupp, Fried. K. GmbH) übernommen und mit diesem zum 1. 1. 1992 zur Fried. Krupp AG Hoesch-Krupp verschmolzen.

Hoffer, Klaus, österr. Schriftsteller, * Graz 27. 12. 1942; veröffentlichte zunächst in der Literaturzeitschrift ›Manuskripte‹, u. a. das Romanfragment ›Unter Schweinen‹ (1967). Bekannt wurde er durch den zweiteiligen Roman ›Bei den Bieresch‹ (›Halbwegs‹, 1979; ›Der große Potlatsch‹, 1983), in dem er die Suche des Protagonisten Hans nach einer vorläufigen Identität in einer sprachlich und geistig verkümmerten Welt schildert. H. schreibt auch literaturwissenschaftl. Arbeiten und ist als Übersetzer tätig.

Weitere Werke: Am Magnetberg (1982); Pusztavolk (1991).

*****Höffgen,** Marga, Sängerin: † Müllheim 7. 7. 1995.

*****Hoffmann,** Bruno, Glasharfenspieler: † Stuttgart 11. 4. 1991.

*****Hoffmann,** Paul, Schauspieler, Regisseur und Theaterleiter: † Wien 2. 12. 1990.

*****Hoflehner,** Rudolf, österr. Bildhauer und Maler: † Colle di Val d'Elsa (Prov. Siena) 3. 9. 1995.

*****Hofmann,** Gert, Schriftsteller: † Erding 1. 7. 1993.

*****Hofstadter,** Robert, amerikan. Physiker: † Stanford (Calif.) 17. 11. 1990.

*****Hofstätter,** Peter Robert, österr. Psychologe: † Buxtehude 13. 6. 1994.

Hogwood [ˈhɔdʒwʊd], Christopher Jarvis Haley, brit. Cembalist und Dirigent, * Nottingham 10. 9. 1941; war Mitgl. (1967–76) des Early Music Consort of London und Gründer (1973) der Academy of Ancient Music, als deren Leiter er eine quellengerechte, auf den Klang originaler Instrumente gestützte Wiedergabe barocker und frühklass. Musik verfolgt. 1987–92 war er Leiter des Saint Paul Chamber Orchestra von Minnesota. Seit 1992 hat er eine Professur für Aufführungspraxis Alter Musik an der Royal Academy in London.

*****Hohenmölsen 2):** Der seit 3. 10. 1990 zum Land Sachs.-Anh. gehörende Landkreis H. ging am 1. 7. 1994 im Kr. Weißenfels auf; die Stadt Stößen und drei weitere Gemeinden wurden dem Burgenlandkreis eingegliedert. Die Stadt Hohenmölsen ist damit nicht mehr Kreisstadt.

*****Hohenstein 2):** Der seit 3. 10. 1990 zum Land Sachsen gehörende Landkreis H.-Ernstthal ging am 1. 8. 1994 im Kr. Chemnitzer Land auf. Die Stadt Hohenstein-Ernstthal ist damit nicht mehr Kreisstadt.

*****Hohenzollern 1):** Die Särge der preuß. Könige FRIEDRICH WILHELM I. und FRIEDRICH D. GR. wurden im Aug. 1991 von der Burg H. nach Potsdam überführt. Die Grabstätte FRIEDRICHS D. GR. befindet sich seither auf der Terrasse des Schlosses Sanssouci, diejenige seines Vaters im Mausoleum Kaiser FRIEDRICHS an der Friedenskirche in Sanssouci.

Höller, York, Komponist, * Leverkusen 11. 1. 1944; studierte Komposition in Köln bei B. A. ZIMMERMANN und H. EIMERT sowie Klavier bei ALFONS KONTARSKY; arbeitete zeitweise am IRCAM in Paris sowie am elektron. Studio beim WDR in Köln, dessen Leitung er seit 1990 innehat; wurde 1993 Prof. für Komposition an der Hochschule für Musik ›H. Eisler‹ in Berlin. In seinen Kompositionen sucht er durch Integration von herkömml. Instrumentarium und elektron. Musik nach neuen klangl. Möglichkeiten. Schrieb die Oper ›Der Meister und Margarita‹ (1989; nach M. BULGAKOW), ferner zahlreiche Werke für Orchester und Elektronik (u. a. ›Chroma‹, 1972; ›Arcus‹, 1978; ›Résonance‹, 1981; ›Schwarze Halbinseln‹, 1982; ›Traumspiel‹, 1983; ›Pensées Requiem‹, 1993, für Klavier, Orchester und Live-Elektronik), Orchesterwerke (u. a. ›Aura‹, 1993), Kammermusik und Stücke für Live-Elektronik.

Jenny Holzer: Installation aus ›THE SURVIVAL SERIES‹; 1987 in San Francisco (Calif.)

***Holley,** Robert William, amerikan. Biochemiker: † Los Gatos (Calif.) 11. 2. 1993.

***Hollweg,** Ilse, Sängerin: † Solingen 9. 2. 1990.

***Holm,** Hanya, deutsch-amerikan. Tänzerin, Tanzpädagogin und Choreographin: † New York 3. 11. 1992.

***Holm,** Richard, Sänger: † München 20. 7. 1988.

Hölszky, Adriana, rumäniendt. Komponistin, *Bukarest 30. 6. 1953; studierte in Bukarest Klavier sowie Komposition bei STEFAN NICULESCU (*1927), übersiedelte 1976 in die Bundesrep. Dtl. und setzte ihr Kompositionsstudium fort bei M. KELEMEN an der Musikhochschule in Stuttgart, wo sie 1980–89 auch eine Dozentur für Musiktheorie und Gehörbildung innehatte. In bewußter Distanz gegenüber dem Akademismus des sozialist. Realismus ihrer Heimat ebenso wie gegenüber den Avantgarde-Doktrinen westl. Provenienz, z.B. des Darmstädter Kreises, entwickelte sie eine höchst eigenwillige, von dichten Klangschichten geprägte Tonsprache, in der nach eigener Aussage das Wechselspiel von Ordnung und Chaos eine kompositorisch bestimmende Rolle spielt.

Werke: *Musiktheater:* Bremer Freiheit (1988; nach R. W. FASSBINDER); Die Wände (1995; nach J. GENET). – *Orchesterwerke:* Constellation (1976); Space (1980; für Violine, Flöte und Orchester); An die Nacht (1994). – *Kammermusik:* Streichtrio ›Innere Welten‹ (1981); Intarsien I/II (1982–83; für Flöte, Violine, Cembalo und Klavier bzw. zwei Klaviere); Streichquartett ›Hängebrücken‹ (1990); Karawane (1990; Wanderklang für 12 Schlagzeuger). – *Vokalwerke:* ... es kamen schwarze Vögel (1978); Omaggio a Michelangelo (1980).

***Holtzbrinck-Gruppe:** Die H.-G. hat weitere Beteiligungen erworben, u. a. im Printmedienbereich die Verlage Moritz Diesterweg, Scherz, die Nicolai-Gruppe, Farrar, Straus & Giroux, Economia (Prag, mehrheitlich über die belg. Eurexpansion) sowie Macmillan (70%) und die Zeitung Lausitzer Rundschau (Cottbus); im Hörfunk wurden weitere Beteiligungen, v. a. in Ost-Dtl., gekauft. Die Multimediaaktivitäten wurden im Systhema Verlag (CD-ROM) zusammengefaßt und 20% von The Voyager Company (Bildplatten und CD-ROM) erworben. Mit dem Verkauf der Intercort an Thorn EMI hat sich die H.-G. aus der Musikproduktion zurückgezogen. Umsatz (1994): 2,18 Mrd. DM, Beschäftigte: 7 200.

Holtzmann, Thomas, Schauspieler, *München 1. 4. 1927; gab 1949 sein Debüt in München, 1954–59 in Köln. H. spielte u. a. auch in Berlin, Wien, Hamburg und kam 1966 an die Münchner Kammerspiele, wo er seit 1977 festes Ensemblemitglied ist und als bedeutender Charakterdarsteller Erfolge feiert.

Holzer, Jenny, amerikan. Medienkünstlerin, *Gallipolis (Oh.) 29. 7. 1950; nutzt die Mittel der Massenkommunikation und konfrontiert das Publikum im öffentl. Raum und in Ausstellungen auf Plakatwänden mit elektron. Schriftbändern; in Zeitungen, aber auch auf T-Shirts zeigt sie provokativ-überraschende Sinnsprüche. Die Irritation des Publikums, das zuächst annimmt, daß es sich um merkantile oder polit. Werbung handelt, soll in bewußte Aufmerksamkeit gegenüber den allgemeinen Mißständen und eigenen Vorurteilen umschlagen. Durch diesen eth. Anspruch gehört sie zu den engagiertesten Künstlerinnen, die durch ästhet. Eingriffe in die Umwelt die Wirklichkeit beeinflussen wollen.

J. H., bearb. v. D. WALDMAN u. a., Ausst.-Kat. (New York 1989).

***Homelands:** Mit dem Ende der Apartheidpolitik und dem Übergang der Rep. Südafrika zu einer pluralist. und gemischtrassigen Demokratie 1994 wurden alle H., z. T. gegen den Widerstand der lokalen Machthaber, nach Südafrika zurückgegliedert, aufgelöst und ihre Gebiete in die neun neu errrichteten Provinzen integriert.

A. J. HALBACH: Südafrika u. seine H. Strukturen u. Probleme der ›Getrennten Entwicklung‹ (1988).

***Homosexualität:** § 210 des österr. StGB ist durch die StGB-Novelle vom 27. 4. 1989 aufgehoben worden. (→sexueller Mißbrauch von Jugendlichen)

***Honda Motor Co., Ltd.:** Der Firmengründer SOICHIRO HONDA starb am 5. 8. 1991 in Tokio.

***Honduras,** amtlich span. **República de H.,** Staat in Zentralamerika.

Thomas Holtzmann

Hauptstadt: Tegucigalpa. *Amtssprache:* Spanisch. *Staatsfläche:* 112 088 km² (ohne Binnengewässer 111 890 km²). *Bodennutzung (1992):* 18 420 km² Ackerland, 25 700 km² Dauergrünland, 31 800 km² Waldfläche. *Einwohner (1994):* 5,493 Mio., 49 Ew. je km². *Städtische Bevölkerung (1993):* 59%. *Durchschnittliches Bevölkerungswachstum pro Jahr (1985–93):* 3,0%. *Bevölkerungsprojektion für 2000:* 6,846 Mio. Ew. *Ethnische Gruppen (1987):* 89,9% Mestizen, 6,7% Indianer, 2,1% Schwarze, 1,3% Weiße. *Religion (1992):* 85,1% Katholiken. *Altersgliederung (1992):* unter 15 Jahre 43,2%, 15 bis unter 65 Jahre 53,4%, 65 und mehr Jahre 3,4%. *Lebenserwartung der Neugeborenen (1993):* männlich 65 Jahre, weiblich 69 Jahre. *Analphabetenquote (1991):* insgesamt 26,9%, männlich 24,5%, weiblich 29,4%. *BSP je Ew. (1993):* 600 US-$. *BIP nach Sektoren/Produktionsstruktur (1993):* Landwirtschaft 23%, Industrie 30%, Dienstleistungen 50%. *Arbeitslosenquote (1991/92):* 3,1%. *Währung:* 1 Lempira (L) = 100 Centavos (cts.). *Internationale Mitgliedschaften:* UNO, CACM, OAS.

Geschichte: In Tela einigten sich die fünf zentralamerikan. Staatschefs am 7. 8. 1989 darauf, die nicaraguan. Contraverbände unter Aufsicht einer inter-

Hone Honecker – Horn

nat. Kommission bis zum 8. 12. 1989 zu entwaffnen und aufzulösen. Doch erst nach der Wahlniederlage der Sandinisten im Febr. 1990 erklärten sich Teile der Contras dazu bereit.

Im März 1989 stellte H. seine Zins- und Tilgungszahlungen für Auslandsschulden ein. Unter der neuen, 1990–94 amtierenden Reg. von Staatspräs. R. L. CALLEJAS ROMERO (PN) wurde der Schuldendienst 1991 wieder aufgenommen. Innenpolitisch zeichnete sich durch den Abzug der Contras ab Frühjahr 1990 und durch die Einstellung des bewaffneten Kampfs einer der größten honduran. Guerillagruppen eine Entspannung ab. Die Präsidentschaftswahlen vom 28. 11. 1993 gewann C. R. REINA IDÍAQUEZ, der Kandidat des oppositionellen PLH, mit rd. 53% der Stimmen. Im April 1995 beschloß das honduran. Parlament mit einer Stimme Mehrheit die Abschaffung der Wehrpflicht und die Bildung einer Freiwilligenarmee.

Im Mai 1992 vereinbarte H. mit El Salvador und Guatemala im Rahmen des ▷ Zentralamerikanischen Integrationssystems die Bildung einer Freihandelszone. Nach der Annahme des Urteils des Internat. Gerichtshofs in Den Haag zur Beilegung des Grenzkonflikts mit →El Salvador im Sept. 1992 übernahm H. im Febr. 1993 die ihm zugesprochenen Grenzgebiete. Seit Okt. 1993 gehört H. der Bewegung blockfreier Staaten an.

***Honecker**, Erich, Politiker: † Santiago de Chile 29. 5. 1994. Mit dem Rücktritt H.s am 18. 10. 1989 als GenSekr. der SED sowie als Vors. des Staatsrates der Dt. Dem. Rep. und des Nat. Verteidigungsrates trat der polit. Umbruch in der Dt. Dem. Rep. in seine entscheidende Phase. Anschließend verlor H. seine Mitgliedschaft im ZK und Politbüro der SED, dann in der Partei selbst. Im Dez. 1989 leitete die Generalstaatsanwaltschaft der Dt. Dem. Rep. ein Ermittlungsverfahren gegen ihn wegen Hochverrats, Korruption und Amtsmißbrauchs ein. Zunächst unter Hausarrest stehend, wurde H. Ende Jan. 1990 kurzfristig in Haft genommen, aber wegen Krankheit wieder freigelassen. Ab April 1990 fand H. Unterkunft in einem sowjet. Militärhospital in Beelitz. Wegen Anstiftung zum Totschlag in mehreren Fällen (Schießbefehl an der dt.-dt. Grenze) erließ das zuständige Berliner Amtsgericht am 30. 11. 1990 einen Haftbefehl gegen ihn. Im März 1991 floh er in die UdSSR und fand im Nov. 1991 in der Botschaft Chiles Asyl. Nach der Auflösung der UdSSR mußte H., bes. unter dem Druck der russ. Regierung, nach Dtl. zurückkehren und wurde dort inhaftiert. Am 12. 11. 1992 eröffnete das Berliner Landgericht gegen ihn einen Prozeß (u. a. wegen Totschlags und Amtsmißbrauchs). Nachdem wegen des schlechten Gesundheitszustandes der Haftbefehl aufgehoben und die Entlassung aus dem Gefängnis angeordnet worden war, ging H. im Jan. 1993 außer Landes (Chile). Am 13. 4. 1993 wurde das Verfahren gegen ihn eingestellt.

***Hongkong:** Die brit. Kronkolonie hatte 1994 6,1 Mio. Einwohner.

Geschichte: Zw. Vertretern Chinas und der Kronkolonie H. wurde ein Grundgesetz (›Basic Law‹) für H. vereinbart, das nach Billigung (1990) durch den Vorbereitenden Ausschuß (von Vertretern Chinas und Ew. H.s) und den chin. Nat. Volkskongreß ab 1. 7. 1997 gelten soll. Danach wird in der Sonderverwaltungszone H. ein 60köpfiges Parlament, der Gesetzgebende Rat, errichtet. Er setzt sich zusammen aus Abg., die direkt von der Bev. H.s gewählt werden, und solchen Abg., die von gesellschaftl. Organisationen und der Reg. Chinas ernannt werden. In der ersten Legislaturperiode (1997–99) soll die Zahl der direkt gewählten Abg. 18, in der zweiten (bis 2003) 24, in der dritten 30 betragen. Für die Annahme von Gesetzentwürfen und Anträgen aus dem Parlament ist die Zustimmung jeder der drei Abg.-Gruppen mit jeweils absoluter Mehrheit erforderlich; Regierungsvorlagen bedürfen lediglich der Mehrheit der anwesenden Abg. Verteidigung und Außenpolitik sind nach 1997 Sache Chinas.

Im Hinblick auf die Wahlen 1994/95 strebte die brit. Kolonial-Reg. unter dem Gouv. CHRISTOPHER PATTEN (*1944) v. a. eine Demokratisierung des Wahlrechts an (bes. die Erhöhung der Zahl der in direkter Wahl zu bestimmenden Abg.). Gespräche auf höchster Ebene zw. der brit. Reg. in London und der Reg. Chinas über diese Reformpläne scheiterten bisher, da die chin. Reg. diese Bestrebungen als Verstoß gegen das ›Basic Law‹ betrachtet. Bei der Parlamentswahl am 17. 9. 1995 gewannen die prodemokrat. Kräfte 23 der 60 Mandate (gegenüber 7 der pekingfreundl. und 10 der neutralen konservativen Kräfte).

Seit 1992 ist H. größter Containerhafen der Erde (vor Singapur und Rotterdam). Vor der Insel Lantau, rd. 25 km von Kowloon entfernt, wird auf einer 1 248 ha großen Plattform der neue Großflughafen Chek Lap Kok gebaut (geplante Eröffnung 1997).

Honnetz, Jürg, Schriftsteller und bildender Künstler, *Neu-Ulm 15. 2. 1965; zeichnet in seinem Gedichtband ›Ungesungene Balladen‹ (1993) mit krit. Ironie die Lebensbilder vom Wohlstand geplagter Zeitgenossen. Daneben ist H. v. a. als Karikaturist bei versch. Satirezeitschriften tätig und schafft Collagen sowie Installationen.

***Hontschar,** Oles, ukrain. Schriftsteller: † Juli 1995.

***Hopf,** Hans, Sänger: † München 24. 6. 1993.

Hopkins [ˈhɔpkɪnz], Anthony, brit. Schauspieler, *Port Talbot 31. 12. 1937; vielseitiger Charakterschauspieler, der ab 1964 in London spielte; Mitgl. des National Theatre. Seit 1968 tritt H. in Filmen auf; Weltruhm erlangte er mit dem Film ›Das Schweigen der Lämmer‹ (1991); auch Fernsehrollen.

Weitere Filme: Magic – Eine unheiml. Liebesgeschichte (1978); Jahreszeiten einer Ehe (1980); Der Elefantenmensch (1980); 24 Stunden in seiner Gewalt (1989); Wiedersehen in Howards End (1991); Was vom Tage übrigblieb (1994); Legenden der Leidenschaft (1995); Nixon (1995).

***Hoppe,** Heinz, Sänger: † Mannheim 7. 4. 1993.

Höppner, Reinhard, Politiker (SPD), *Haldensleben 2. 12. 1948; Mathematiker, seit 1971/72 Mitgl. der Kirchenleitung der Ev. Kirche der Kirchenprovinz Sachsen, schloß sich dich im Dez. 1989 der Sozialdemokratie an. Von April bis Okt. 1990 war er Vize-Präs. der Volkskammer, von Okt. 1990 bis Juli 1994 Oppositionsführer im Landtag von Sachs.-Anh. Im Juli 1994 wählte ihn der Landtag zum MinPräs. an der Spitze einer von SPD und Bündnis 90/Die Grünen gestellten Minderheitsregierung.

Hörbiger, Christiane, österr.-schweizer. Schauspielerin, *Wien 13. 10. 1938, Tochter von ATTILA H. und PAULA WESSELY; 1959 und 1961–66 am Wiener Burgtheater, seit 1967 am Schauspielhaus Zürich; übernahm auch Film- und Fernsehrollen.

Filme: Donauwalzer (1985); Das Erbe der Guldenburgs (Fernsehserie, 1986 ff.); Schtonk (1992).

Horizontalbohren, →Richtbohren.

Horn, Gyula, ungar. Politiker, *Budapest 5. 7. 1932; Wirtschaftsfachmann, schon früh in der kommunist. Bewegung tätig, nach dem Ungarnaufstand (1956) in den Milizen des Innenministeriums aktiv, gehörte 1985–89 dem ZK der kommunist. Ungar. Sozialist. Arbeiterpartei an. Als Außen-Min. (1989–90) öffnete er im Juni 1989 zw. Österreich und Ungarn den ›Eisernen Vorhang‹. Im Okt. 1989 schloß er sich der Ungar. Sozialdemokrat. Partei an und übernahm deren Vorsitz. 1994 wurde er MinPräs.; erhielt 1990 den Internat. Karlspreis zu Aachen.

Horn [hɔːn], Paul, amerikan. Jazzmusiker (Saxophon, Flöte), *New York 17. 3. 1930; begann als Saxo-

Anthony Hopkins

Reinhard Höppner

Gyula Horn

phonist im West-Coast-Idiom, spielte 1956–58 bei CHICO HAMILTON, später v. a. als Studiomusiker in Hollywood. Mitte der 1960er Jahre begann er, sich mit ind. Musik und Philosophie auseinanderzusetzen und entwickelte sich zu einem wichtigen Vertreter der Weltmusik. Bekannt wurden seine mit Ober- und Resonanztönen experimentierenden Flöten-Soloaufnahmen im Taj Mahal und in den Grabkammern der Cheopspyramide (Album ›Inside‹, 1972), später auch in Kirchenräumen (Album ›Inside the cathedral‹, 1986).

***Horowitz,** Vladimir, amerikan. Pianist russ. Herkunft: † New York 5. 11. 1989.

Horres, Kurt, Opernregisseur und Intendant, *Düsseldorf 28. 11. 1932; war Operndirektor in Lübeck und Wuppertal, Intendant in Darmstadt und der Hamburg. Staatsoper sowie 1985–96 Generalintendant der Dt. Oper am Rhein Düsseldorf-Duisburg. Als Regisseur hat sich H. u. a. mit seiner Inszenierung von R. WAGNERS ›Der Ring des Nibelungen‹ in Düsseldorf und Köln 1989–91 sowie v. a. mit Werken des zeitgenöss. Musiktheaters einen Namen gemacht (u. a. 1989 P. HINDEMITHS ›Mathis der Maler‹ an der Staatsoper in München, 1992 A. REIMANNS ›Das Schloß‹ in Düsseldorf und 1994 die Urauff. von ECKEHARD MEYERS ›Sansibar‹ bei den Schwetzinger Festspielen).

***Hörspielpreis der Kriegsblinden:** Weitere Preisträger sind PETER JACOBI (1989), JENS SPARSCHUH (* 1955; 1990); KARL HEINZ SCHMIDT-LAUZEMIS und RALPH OEHME (1991), HORST GIESE (* 1926; 1992), WERNER FRITSCH (* 1960; 1993), CHRISTIAN GEISSLER (* 1928; 1994), ANDREAS AMMER (* 1960) und FM EINHEIT (eigtl. FRANK MARTIN STRAUSS, * 1958; 1995).

***Horten AG:** Hatte (Ende 1994) 43 Warenhäuser und mit rd. 11 000 (Vollzeit-)Beschäftigten einen (Konzern-)Umsatz von 2,89 Mrd. DM; wurde 1994 vom Kaufhof-Konzern mehrheitlich übernommen.

Hosokawa, Morihiro, japan. Politiker, * 14. 1. 1938; Enkel von KONOE FUMIMARO; bis 1983 Mitgl. der Liberaldemokrat. Partei (LDP), 1971–83 Abg. im Oberhaus, 1983–91 Gouv. der Präfektur Kumamoto, gründete 1992 die Neue Japan-Partei, die sich – v. a. im Kampf gegen die seit 1955 allein regierende LDP – die Reform der polit. Strukturen in Japan zum Ziel setzte. Nachdem die LDP bei den Wahlen im Juli 1993 die absolute Mehrheit im Parlament verloren hatte, wählte dieses H. (an der Spitze einer Mehrparteienkoalition) am 6. 8. 1993 zum MinPräs.; er sah sich jedoch im April 1994 – in den 80er Jahren in eine Spendenaffäre verwickelt – zum Rücktritt gezwungen.

***Houphouët-Boigny,** Félix, Politiker in der Rep. Elfenbeinküste: † Yamoussoukro 7. 12. 1993.

House [haʊs, engl.] *der, -, Musik:* mit durchschnittlich 130–140 Beats (Grundschläge pro Minute) gemäßigtere Spielart der Technomusik (→Techno).

Hove [həʊv], Chenjerai, simbabw. Schriftsteller, *Shabani (heute Zvishavan) 9. 2. 1956; wuchs im ehem. Rhodesien auf, wo er Ende der 70er Jahre als Dorfschullehrer Zeuge des Guerillakriegs der schwarzen Unabhängigkeitsbewegung gegen das weiße Siedlerregime wurde; lebt heute als freier Schriftsteller in Simbabwe und Großbritannien. H. schreibt sowohl in seiner Muttersprache Shona als auch in Englisch. In seinen Gedichten setzt er sich in einer eindringl., oft schockierenden Bildersprache mit den Auswirkungen der alltägl. Gewalt auf die Lebenswelt der schwarzafrikan. Bev. auseinander und beschwört die – allerdings beschädigte – Integrität traditioneller Kultur.

Werke: *Lyrik:* Up in arms (1982); Red hills of home (1985). – *Romane:* Bones (1988; dt. Knochen); Shadows (1991). – *Kurzgeschichten:* Shebeen tales (1994, Buchausg. zuerst niederländ. 1993 u. d. T. Berichten uit Harare; dt. Stadtgeflüster).

Howard [ˈhaʊəd], John Winston, austral. Politiker, *Earlwood 26. 7. 1939; Jurist; Mitgl. der Liberal Party, seit 1974 Abg. im Repräsentantenhaus, 1975–83 versch. Ministerämter, 1985–89 Partei-Vors. und Oppositionsführer. H. löste am 11. 3. 1996 nach dem Sieg seiner Partei bei den Wahlen am 2. 3. 1996 P. KEATING als Premier-Min. ab.

***Howe,** Sir Geoffrey, brit. Politiker: War bis Juni 1989 Außen-Min., 1989–90 stellv. Premier-Min., Lord-Präs. des Privy Council und Führer des Oberhauses; erhielt 1992 die Peerswürde.

***Hoyerswerda 1):** Die seit 3. 10. 1990 zum Land Sachsen gehörende Stadt H. wurde zum 1. 1. 1996 kreisfreie Stadt im Reg.-Bez. Dresden.

***Hoyerswerda 2):** Der seit 3. 10. 1990 zum Land Sachsen gehörende Landkreis H. ging zum 1. 1. 1996 im neugebildeten Landkreis Westlausitz-Dresdner Land auf, ausgenommen die Gemeinde Uhyst, die zum Niederschles. Oberlausitzkreis kam, und die Stadt Hoyerswerda, die kreisfrei wurde.

Hradil, Stefan, Soziologe, *Frankenthal (Pfalz) 19. 7. 1946; zunächst Prof. in Bamberg, seit 1992 in Mainz. H. hat sich v. a. mit der Sozialstrukturanalyse von Industriegesellschaften beschäftigt.

Werke: Die Erforschung der Macht (1980); Sozialstrukturanalyse in einer fortgeschrittenen Gesellschaft (1987). – **Hg.:** Sozialstruktur im Umbruch (1985); Lebenslagen, Lebensläufe, Lebensstile (1990, mit P. A. BERGER).

HSBC Holdings [eɪtʃesbiːˈsiː ˈhəʊldɪŋz], internat. brit. Bankengruppe, größte brit. Bank, zu der die Hongkong and Shanghai Banking Corp., Hongkong, und die Midland Bank gehören, gegr. 1992; Sitz: London. (→Banken, ÜBERSICHT)

***Hubble-Weltraumteleskop:** Nach mehrfachen Terminverschiebungen wurde das H.-W. (Masse 10,9 t, Länge 13,3 m, max. Durchmesser 4,3 m, Durchmesser des Hauptspiegels 2,4 m) am 24. 4. 1990 mit ei-

Hubble-Weltraumteleskop: Das Hubble-Weltraumteleskop auf der Wartungsplattform des Raumtransporters Endeavour, kurz nach der Bergung im Dezember 1993

nem Space-shuttle gestartet und auf eine kreisförmige Umlaufbahn in etwa 600 km Höhe gebracht. Es dient zur Beobachtung lichtschwacher und weit entfernter Objekte über das gesamte Lichtspektrum vom Infrarot bis zum Ultraviolett. Zu den Instrumenten gehören neben dem Teleskop zwei Kameras, zwei Spektrographen, ein Photometer sowie Antennen für die Funkverbindung zur Erde und zwei Solarzellenausleger für die Stromversorgung. Der Datentransfer mit

Hube Huber–Hultberg

Wolfgang Huber

dem Kontrollzentrum Greenbelt (Md.) wird über amerikan. Relaissatelliten (TDRS) abgewickelt. Das wiss. Zentrum ist das Space Telescope Science Institute in Baltimore (Md.), europ. Koordinierungsstelle die ESO in Garching b. München.

Nach der Inbetriebnahme stellte sich heraus, daß der Hauptspiegel an einer Stelle fehlerhaft geschliffen worden war und das Teleskop daher unscharfe Bilder lieferte. Die Originalbilder ließen sich jedoch z. T. zunächst computergestützt rekonstruieren. Während einer Space-shuttle-Mission vom 2. bis 13. 12. 1993 (unter Beteiligung des schweizer. Astronauten C. NICOLLIER) wurde das fehlerhafte Teleskop mit Hilfe des Manipulatorarms eingefangen und in der Ladebucht des Raumtransporters im Lauf fünftägiger Außenbordarbeiten repariert. U. a. wurden beide Solarzellenausleger und eine Kamera ausgetauscht sowie eine Korrekturoptik von 299 kg Masse (im Austausch gegen das Photometer) angebracht.

Nach der erfolgreichen Reparatur liefert das H.-W. Aufnahmen mit 7- bis 10mal höherer Auflösung als erdgebundene Observatorien. Die nächste Wartungsmission ist für 1997 vorgesehen.

***Huber,** Ernst Rudolf, Staatsrechtslehrer: † Freiburg im Breisgau 28. 10. 1990.

***Huber,** Klaus, schweizer. Komponist: Lehrte bis 1990 an der Musikhochschule in Freiburg im Breisgau. Seine neueren Werke beziehen auch Elemente außereurop. Musik mit ein, z. B. Maqam-Modelle in ›Die Erde bewegt sich auf den Hörnern eines Ochsen‹ für vier arab. und zwei europ. Musiker (1993). Weitere Werke sind u. a. Oratorium ›La Terre des Hommes‹ (1989; nach Texten von SIMONE WEIL und O. MANDELSTAM), Kammerklavierkonzert ›Intarsi‹ (1994), ›Lamentationes de fine vicesimi saeculi‹ für vier Orchestergruppen und einen Sufi-Sänger (1994).

Huber, Stephan, Bildhauer, *Lindenberg i. Allgäu 27. 2. 1952. Seine Materialinstallationen, die Gefundenes mit Gefertigtem kombinieren, zeigen eine präzise kalkulierte Dingbehandlung, lassen jedoch die assoziative Ebene, die Bildung von Metaphern und Symbolen ausdrücklich zu. H. beruft sich auf Rauminszenierungen des Barock und der Jahrhundertwende.
S. H., hg. v. U. M. SCHNEEDE, Ausst.-Kat. (1991); S. H., Bauplatz, Ausst.-Kat. (1994).

Stephan Huber: Verkündigung; 1988 (Privatbesitz)

Huber, Wolfgang, ev. Theologe, *Straßburg 12. 8. 1942, Sohn von E. R. HUBER; arbeitete ab 1968 an der Forschungsstätte der Ev. Studiengemeinschaft in Heidelberg, war 1980–84 Prof. für Sozialethik in Marburg, 1984–94 Prof. für Systemat. Theologie in Heidelberg. Als Nachfolger von M. KRUSE im Nov. 1993 zum Bischof von Berlin-Brandenburg gewählt (Amtsantritt: 1. 5. 1994).
Werke: Kirche u. Öffentlichkeit (1973); Kirche (1979); Protestantismus u. Protest (1987). – **Hg.:** Staat u. Kirche im 19. u. 20. Jh., 5 Bde. (1973–95; mit E. R. HUBER).

Stephan von Huene: Die Neue Loreley; 1987–89 (Köln, Museum Ludwig)

Huelle [ˈhylə], Paweł, poln. Schriftsteller, *Danzig 1957; beschreibt in dem Roman ›Weiser Dawidek‹ (1987; dt.) und in dem Erzählband ›Opowiadania na czas przeprowadzki‹ (1991; dt. ›Schnecken, Pfützen, Regen und andere Geschichten aus Gdańsk‹) aus der Sicht eines heranwachsenden Jungen Gegenwart und Vergangenheit des Zusammenlebens von Polen, Deutschen und Juden in seiner Heimatstadt Danzig.

Huene [ˈhyːnə], Stephan von, amerikan. Klangkünstler, *Los Angeles (Calif.) 15. 9. 1932. In meist mehrteiligen, fast minimalistisch erscheinenden Objekt- und Tonanordnungen, die mit plast. und elektron. Elementen arbeiten, zielt H. auf die Überlagerung und gegenseitige Verfremdung visueller und akust. Sinnesempfindungen in Räumen oder Raumfolgen (›Sprache der Verwirrung‹).
S. v. H., Ausst.-Kat. (Humlebaek 1990).

***Hull 2):** Mitte 1989 wurde hier das Museum of Civilization, das der kanad. Geschichte und Kultur gewidmet ist, eröffnet. Das von DOUGLAS CARDINAL am Ottawa River errichtete zweiflügelige Haus ist ein heller Kalksteinbau mit kupfernen Kuppeldächern; die Gebäudefront ist einer indian. Maske nachempfunden.

Hulse [hʌls], Russel Alan, amerikan. Physiker, *New York 28. 11. 1950; 1975–84 am National Radio Astronomy Observatory (W. Va.) tätig, seither Prof. an der Princeton University, wo er auf den Gebieten der Plasmaphysik und Kernfusionsforschung arbeitet. Zus. mit seinem Doktorvater J. H. TAYLOR entdeckte H. 1974 erstmals einen Pulsar in einem Doppelsternsystem. Beobachtungen an diesem zur Untersuchung der Gravitation bes. geeigneten System bestätigten u. a. Vorhersagen der allgemeinen Relativitätstheorie. Für ihre Entdeckung erhielten die beiden Forscher 1993 den Nobelpreis für Physik.

Hultberg, Peer, dän. Schriftsteller, *Viborg 8. 11. 1935; schreibt – häufig an musikal. Strukturen orientierte – Prosatexte, in denen experimentelle Verfahrensweisen mit einer psycholog. Figurenschilderung eine Verbindung eingehen. Internat. Erfolg hatte H.

mit den monumental angelegten Romanen ›Requiem‹ (1985; dt.) und ›Byen og verden‹ (1992; dt. ›Die Stadt und die Welt‹), in denen er in einer Vielzahl von kurzen Einzelerzählungen ein Panoptikum zeitgenöss. Befindlichkeit ausbreitet.

Human Development Index [engl. ˈhjuːmən dɪˈveləpmənt ˈɪndeks], Abk. **HDI** [eɪtʃdiˈaɪ], **Index der menschlichen Entwicklung,** ein aus versch. Komponenten zusammengesetzter relativer Indikator für wirtschaftlich-sozialen Fortschritt eines Landes. Der HDI ist zusammengesetzt aus: der Lebensdauer, dem Bildungsniveau und dem Einkommensniveau. Die Lebensdauer wird gemessen an der Lebenserwartung, das Bildungsniveau an dem gewichteten Durchschnitt des Alphabetisierungsgrades der erwachsenen Bev. (zwei Drittel) und der durchschnittl. Dauer des Schulbesuchs (ein Drittel). Maßstab für den Lebensstandard ist die Kaufkraft, beruhend auf dem realen Bruttosozialprodukt (BSP) je Ew., das an die jeweiligen lokalen Lebenshaltungskosten angepaßt ist (Kaufkraftparitäten-Konzept, engl. Purchasing power parity, Abk. PPP).

Hull 2): Außenansicht des nach den Entwürfen von Douglas Cardinal erbauten Museum of Civilization; 1989 eröffnet

Die Berechnung des HDI erfolgt, indem für jede der genannten Komponenten eine Skala von Null bis Eins festgelegt wird; Null wird dabei mit dem niedrigsten und Eins mit dem höchsten Wert gleichgesetzt, der sich aus dem Vergleich der Länder ergibt. Wenn z. B. für die Lebenserwartung ein Mindestwert von 25 Jahren und ein Höchstwert von 85 Jahren festgestellt wird, bedeutet das, daß in einem Land mit einer durchschnittl. Lebenserwartung von 55 Jahren die entsprechende Komponente den Wert 0,5 hat. Aus den derart normierten Werten der drei Komponenten wird dann der Gesamtindex errechnet.

Der HDI wurde vom Weltentwicklungsprogramm (UNDP) ausgearbeitet und wird in dessen seit 1990 jährlich vorgelegtem ›Human development report‹ (dt. Ausgabe: ›Bericht über die menschl. Entwicklung‹, 1994 ff.) veröffentlicht. Diese Berichte enthalten außer den Komponenten des HDI zahlreiche weitere sozioökonom. Indikatoren wie z. B. über Armut, Ernährung, Gesundheitssituation, Situation der Frauen, Rohstoffe und Energie, Militärausgaben und andere Verwendung öffentl. Mittel, Demographie, Volkseinkommen, Trends der wirtschaftl. Leistung. Der HDI wurde entwickelt, um anstelle des schon seit langem als bes. für internat. Vergleiche unzulänglich kritisierten BSP je Ew. einen aussagekräftigeren Indikator für wirtschaftl. Wohlstand und soziale Entwicklung zu haben. Im internat. Ländervergleich kann die Rangzahl nach BSP bzw. nach HDI beträchtlich differieren.

Im Bericht über die menschl. Entwicklung 1995, der v. a. die Gleichstellung der Geschlechter untersucht, werden zwei neue Indizes eingeführt: Der geschlechtsbezogene Entwicklungsindex (engl. Gender-related Development Index, GDI) und das Maß für die ›Ermächtigung‹ (Befähigung) der Geschlechter (engl. Gender Empowerment Measure, GEM). Der GDI erfaßt die Ungleichheit zw. den Geschlechtern bei den menschl. Entfaltungsmöglichkeiten, das GEM spiegelt die Ungleichheiten in Schlüsselbereichen polit. und wirtschaftl. Mitwirkung und Entscheidung wider.

Human Genome Project [ˈhjuːmən dʒiˈnəʊm ˈprɔdʒekt; engl. ›Projekt (zur Entschlüsselung) des menschl. Erbguts‹], in den 1980er Jahren begonnenes internat. Projekt mit dem Ziel, die in den Chromosomen des Menschen gespeicherte genet. Information vollständig zu entschlüsseln. 1989 schlossen sich die zu diesem Zeitpunkt am H. G. P. beteiligten Wissenschaftler in einer Dachorganisation zusammen, der **Human Genome Organization** (Abk. **HUGO**), um die Zusammenarbeit der versch. Arbeitsgruppen zu verbessern. Aus der genauen Kenntnis des menschl. Erbgutes erhoffen sich die Wissenschaftler v. a. neue Möglichkeiten der Früherkennung und Behandlung von Krankheiten sowie neue Erkenntnisse über die Bedeutung genet. Faktoren z. B. für Intelligenz, für Verhaltensmerkmale oder auch hinsichtlich Anfälligkeiten für Krankheiten oder Suchtverhalten. Kritiker bezweifeln den Nutzen, den die Kenntnis aller Gene des Menschen bringt, v. a. da die Möglichkeit der Früherkennung bestimmter Krankheiten große Probleme für die Betroffenen mit sich bringen kann, wenn keine Behandlungsmöglichkeit besteht. Ein weiteres Problem ist die Frage der Patentierung von Teilen des menschl. Genoms. In den USA liegen seit Mitte der 1980er Jahre rd. 300 Patentanträge auf menschl. Gene vor, über die bislang (Mitte 1995) nicht entschieden wurde; befürchtet wird v. a. eine Einschränkung der Freiheit der Forschung und des Informationsaustausches zw. den Wissenschaftlern, da im Falle einer Patentierung die Lizenzinhaber gegen Gebühren Lizenzen zur Nutzung vergeben könnten. Darüber hinaus ist strittig, ob überhaupt ein Patent auf in der Natur vorkommende Gene vergeben werden kann, da die patentrechtlich erforderl. Kriterien der Neuheit und der Entstehung auf dem Weg einer Erfindung nicht gegeben sind; abgesehen von der jurist. Problematik ist eine Patentierung von bereits in der Natur vorhandenen Genen vom eth. Standpunkt her fragwürdig, zumal sich aus dem Patent ja Nutzungsrechte ableiten. Im Rahmen des **Human Genome Diversity Project** (engl. ›Projekt zur Erforschung der Verschiedenheit des menschl. Erbguts‹), eines Teilprojektes von HUGO, das die Erforschung der genet. Unterschiede verschiedener ethn. Gruppen zum Ziel hat, wurden im Blut einer Guaymi-Indianerin aus Panama, die aus eigener Kraft eine Leukämie überstanden hatte, Antikörper gegen das die Erkrankung auslösende Virus entdeckt; auf die Zellinie dieser Frau wurde daraufhin in den USA 1992 ein Patent erteilt, eine Vorgehensweise, die von den Betroffenen als ›genet. Kolonialismus‹ scharf verurteilt wurde.

1994 arbeiteten weltweit rd. 220 Wissenschaftler aus 23 Staaten an diesem Projekt, das im Jahre 2005 abgeschlossen sein soll. Dtl. beteiligt sich seit 1995 mit einem Forschungs- und Förderprojekt ›Human-Genomforschung‹, das vom Bundesministerium für Bildung, Wissenschaft, Forschung und Technologie in den nächsten acht Jahren mit insgesamt 200 Mio. DM gefördert wird. Damit sollen die in Dtl. bereits bestehenden Forschergruppen koordiniert und die Vernetzung mit HUGO gewährleistet werden. Schwerpunkte der dt. Forschung am H. G. P. sollen die Funktions-

Russel A. Hulse

analyse von Genen und die Verbesserung von Techniken zur Sequenzierung sein.

humanitäre Intervention, *Völkerrecht:* Anwendung von Waffengewalt zum Schutz der Bev. eines fremden Staates vor Menschenrechtsverletzungen. In dieser Form ist der Begriff der h. I. von der Völkerrechtslehre erst in jüngster Zeit definiert worden. Im 19. Jh. war die h. I. ein Instrument der europ. Großmächtepolitik, das gegenüber nichteurop. Ländern eingesetzt wurde (damals beschränkte sich die Definition allerdings nicht auf den Einsatz militär. Mittel). Als Musterbeispiele gelten die Einmischungen der Großmächte in die Angelegenheiten des Osman. Reiches (Türkei) zugunsten christl. Minderheiten. Da diese Maßnahmen häufig nur Vorwand waren, um andere Ziele durchzusetzen, geriet die h. I. zunehmend in Verruf. Im 20. Jh., in dem sich die Prozesse der Entkolonialisierung und der Globalisierung des Völkerrechts abspielten, wurden der Grundsatz der Staatengleichheit und das aus ihm abgeleitete Interventionsverbot stärker betont (▷ Intervention 2), so auch in der Charta der Vereinten Nationen (Art. 2 Ziffer 1). In Art. 2 Ziffer 7 bekräftigt die Charta die Geltung des Interventionsverbots sogar im Verhältnis zw. der Organisation der Vereinten Nationen und ihren Mitgl. Unter dem Einfluß der Entwicklung der Menschenrechte bildete sich jedoch der völkerrechtl. Grundsatz heraus, daß Menschenrechte nicht mehr zu den Angelegenheiten zählen, die ihrem Wesen nach zur ausschließl. inneren Zuständigkeit eines Staates gehören. Für die Signatarstaaten globaler und regionaler Menschenrechtspakte (▷ Menschenrechte) wurde daraus das Recht abgeleitet, sich mit Menschenrechtsverletzungen auf dem Gebiet eines anderen Signatarstaates der anwendbaren Konvention auch dann zu beschäftigen, wenn diese Rechtsverletzungen ausschließlich Staatsangehörige des letztgenannten Staates betreffen. Daraus ergibt sich in der Praxis aber nur das Recht eines jeden Signatarstaates einer Menschenrechtskonvention, einen anderen Signatarstaat dieser Konvention auf Menschenrechtsverletzungen durch seine Organe und Behörden aufmerksam zu machen und ihre künftige Unterlassung zu fordern. Welche Durchsetzungsmittel den einzelnen Staaten und der organisierten Völkerrechtsgemeinschaft (auf globaler Ebene: UNO) für einen effektiven Menschenrechtsschutz zur Verfügung stehen, richtet sich jedoch nach dem Völkerrecht, das seit Inkrafttreten der UN-Charta (1945) vom Gewaltverbot beherrscht wird. Das in Art. 2 Ziffer 4 der UN-Charta niedergelegte Gewaltverbot gehört zum allgemeinen, zwingenden Völkerrecht und gilt daher auch für Nicht-Mitgl. der UNO. Vom Gewaltverbot unberührt bleiben lediglich diejenigen Maßnahmen, die in Ausübung des auch von der Charta der Vereinten Nationen bekräftigten ›naturgegebenen Rechts zur individuellen und kollektiven Selbstverteidigung‹ ergriffen werden (Art. 51 der UN-Charta), sowie die kollektiven Zwangsmaßnahmen, die die Organisation der Vereinten Nationen im Falle eines Friedensbruchs oder einer Friedensbedrohung durchführt. Voraussetzung hierfür ist jedoch, daß der Sicherheitsrat feststellt, daß eine Bedrohung oder ein Bruch des Friedens oder eine Angriffshandlung vorliegt. Es liegt dann im Ermessen des Sicherheitsrats, ob er auf die Friedensbedrohung oder den Friedensbruch mit gewaltlosen oder gewaltsamen Mitteln reagiert.

Die h. I. ist daher nach geltendem Völkerrecht nur zulässig, wenn dies entweder als zur Selbstverteidigung berechtigender Angriff gegen die territoriale Unversehrtheit oder die polit. Unabhängigkeit eines Staates oder als sonst mit den Zielen der Vereinten Nationen unvereinbare Gewaltanwendung oder -androhung betrachtet wird (Art. 51 in Verbindung mit Art. 2 Ziffer 4 der UN-Charta) oder wenn der Sicherheitsrat die betreffenden Menschenrechtsverletzungen als Bedrohung oder Bruch des Friedens oder Angriffshandlung im Sinne von Art. 39 der UN-Charta erklärt hat. Auf die erste Alternative ist bei der gewaltsamen Geiselbefreiung auf fremdem Staatsgebiet (z. B. 1976 auf dem Flughafen von Entebbe durch israel. Streitkräfte; 1980 versuchte Geiselbefreiung durch Streitkräfte der USA in Iran) hingewiesen worden. Diese Rechtfertigung ist in der Völkerrechtsliteratur umstritten, weil das Vorliegen der Grundvoraussetzungen für die Ausübung des Selbstverteidigungsrechts fragwürdig ist. Für die h. I. ist sie schon deshalb untauglich, weil die betreffenden Aktionen stets auf die Befreiung von eigenen Staatsangehörigen abzielten, während die h. I. definitionsgemäß den menschenrechtl. Schutz fremder Staatsangehöriger bezweckt. Die zweite Alternative der Rechtfertigung ist bisher noch nicht in der Praxis eingesetzt worden. Selbst in der Resolution 688 vom 5. 4. 1991, durch welche der Sicherheitsrat die Errichtung einer Schutzzone für die bedrohte kurd. Bev. im Norden Iraks unter Einsatz militär. Gewalt der USA und ihrer Verbündeten billigte, wurden als Rechtfertigung nicht unmittelbar die Menschenrechtsverletzungen in Irak, sondern die dadurch ausgelösten Flüchtlingsströme über internat. Grenzen hinweg als Bedrohung des Weltfriedens bezeichnet. Auch bei der Billigung des Einsatzes militär. Gewalt in Somalia durch die Resolution 794 vom 3. 12. 1992 hat der Sicherheitsrat die Feststellung einer Bedrohung des Weltfriedens durch Menschenrechtsverletzungen vermieden und nur von einer ›durch den Konflikt in Somalia verursachten menschl. Tragödie‹ gesprochen, die ›eine Bedrohung des Weltfriedens und der internat. Sicherheit darstellt‹. In ähnl. Weise ermächtigte der Sicherheitsrat in der Resolution 929 vom 22. 6. 1994 alle mit dem Generalsekretär der Vereinten Nationen kooperierenden Mitgliedstaaten, einen humanitären Einsatz zum Schutz von Vertriebenen, Flüchtlingen und gefährdeten Zivilisten in Ruanda ›unter Heranziehung aller Mittel durchzuführen, die notwendig sind, um die humanitären Ziele zu erreichen‹.

Für die Beurteilung der rechtl. Zulässigkeit der h. I. nach geltendem Völkerrecht hat die Völkerrechtslehre aus der bisherigen Praxis des Sicherheitsrats den Schluß gezogen, daß der Sicherheitsrat noch immer vor eindeutigen Feststellungen gemäß Art. 39 der UN-Charta zurückschreckt, daß aber die h. I. als Kollektivmaßnahme der Organisation der Vereinten Nationen zulässig ist. Dagegen können sich einzelne Staaten oder Staatenbündnisse nicht auf die Rechtsinstitution der h. I. stützen, um den Einsatz militär. Mittel gegen einen souveränen Staat zu rechtfertigen.

R. BINDSCHEDLER: Der Schutz der Menschenrechte u. das Verbot der Einmischung, in: Staatsrecht, Völkerrecht, Europarecht, hg. v. I. VON MÜNCH (1981); A. PAUER: Die h. I. (Basel 1985); F. R. TESÓN: Humanitarian intervention (Dobbs Ferry, N. Y., 1988); C. GREENWOOD: Gibt es ein Recht auf h. I.?, in: Europa-Archiv. Beiträge u. Berichte, Jg. 48 (1993); W. S. HEINZ: Schutz der Menschenrechte durch h. I.?, in: Aus Politik u. Zeitgesch., B 12–13 (1993); K. O. NASS: Grenzen u. Gefahren h. I., in: Europa-Archiv. Beiträge u. Berichte, Jg. 48 (1993); A. RANDELZHOFER: Neue Weltordnung durch Intervention?, in: Wege u. Verfahren des Verfassungslebens, hg. v. P. BADURA u. a. (1993); A. ROBERTS: Humanitarian war. Military intervention and human rights, in: International Affairs, Jg. 69 (London 1993); D. BLUMENWITZ: Die h. I., in: Vom mittelalterl. Recht zur neuzeitl. Rechtswiss., hg. v. N. BRIESKORN u. a. (1994).

Hume [hju:m], John, nordirischer Politiker, *Londonderry 18. 1. 1937; Lehrer; war 1968–69 Führer der nordirischen Bürgerrechtsorganisation ›Non-violent Civil Rights‹, 1970 Mitbegründer und (bis 1979) stellv. Vors. der gemäßigten, vorwiegend kath. Social Democratic and Labour Party (SDLP); 1969–72, 1972–73 und 1982–86 Abg. im nordirischen Parlament bzw. in der nordirischen Assembly; 1974 Handels-Min. in der nordirischen Regional-Reg.; 1975–76 Mitgl. des nordirischen Verf.-Konvents. Seit 1979 ist H. MdEP und Führer der SDLP, seit 1983 Abg. im brit. Unterhaus. H., der für ▷ Power sharing und eine gewaltfreie Lösung des Nordirlandkonflikts eintritt, bemüht sich erfolgreich um Kontakte zu Sinn Féin und IRA und spielt eine zentrale Rolle bei der Wiederbelebung der multilateralen Verhandlungen zur Beendigung des nordirischen Bürgerkriegs.

Hummel, Franz, Komponist, * Altmannstein (Kr. Eichstätt) 2. 1. 1939; studierte Klavier bei ELLY NEY und Komposition u. a. bei K. A. HARTMANN und R. LEIBOWITZ; bevorzugt polyphone Satzstrukturen, lyr. Melodik und eine transparente Orchestersprache. H. schrieb Orchesterwerke (u. a. Klavierkonzert, 1976; zwei Violinkonzerte, 1988–90; Violoncellokonzert, 1990), Werke für Tanztheater, Kammermusik und wurde v. a. mit seinen Opern bekannt, u. a. ›König Übü‹ (1982; nach A. JARRY), ›Blaubart‹ (1984; nach Texten S. FREUD und G. TRAKL), ›Luzifer‹ (1987), ›An der schönen blauen Donau‹ (1993; nach Ö. VON HORVÁTH), ›Gorbatschow‹ (1994).

Hurd [hɜːd], Douglas, britischer Politiker, * Marlborough (Cty. Wiltshire) 8. 3. 1930; 1952–66 im diplomat. Dienst, seit 1974 konservatives Mitgl. des Unterhauses, 1984 (kurzfristig) Nordirland-, 1983–89 Innen-, 1989–95 Außenminister.

*****Hürlimann,** Hans, schweizer. Politiker: † Zug 22. 2. 1994.

Hurt [hɜːt], John, brit. Schauspieler, * Chesterfield 22. 1. 1940; seit 1962 Bühnen- und Filmdarsteller. Seine Charakterrollen verraten gutes Einfühlungsvermögen; spielte auch im Fernsehen.
Filme: 12 Uhr nachts – Midnight Express (1978); Alien – Das unheiml. Wesen aus einer fremden Welt (1979); Der Elefantenmensch (1980); Scandal (1989); Das Feld (1989); King Ralph (1990); Schattenwelt (1991); Monolith (1993).

Hurt [hɜːt], William, amerikan. Schauspieler, * Washington (D. C.) 20. 3. 1950; sensibler Charakterdarsteller, der nach Bühnen- und Fernsehauftritten 1980 seine erste Filmrolle übernahm.
Filme: Heißblütig – kaltblütig/Eine heißkalte Frau (1981); Der Kuß der Spinnenfrau (1985); Gottes vergessene Kinder (1986); Nachrichtenfieber (1987); Die Reisen des Mr. Leary (1988); Bis ans Ende der Welt (1991); Smoke (1995).

*****Hurwitz,** Leo T., amerikan. Filmregisseur: † New York 18. 1. 1991.

*****Husák,** Gustáv, tschechoslowak. Politiker: † Preßburg 18. 11. 1991. H. war im Dez. 1989 als Staatspräs. zurückgetreten und im Febr. 1990 aus der KPČ ausgeschlossen worden.

*****Hydraulik:** →Wasserhydraulik.

hyperkinetisches Syndrom, eine Störung des phys. Bewegungsapparates, die insbesondere bei Kindern zunehmend beobachtet wird; sie zeigt sich als Bewegungssturm (Hyperbulie), gesteigerte Psychomotorik, überhöhte Ausdrucks- und Reaktivbewegungen. Als Nebenstörungen können Konzentrationsmängel, vermehrte Reizbarkeit, häufige Mißgeschicke, gehäufte Unfälle sowie Sprach- und Schreibkrämpfe auftreten und zu Sekundärschäden wie schul. Rückständen oder Selbstwertbeeinträchtigungen führen. Ursachen werden häufig in Unregelmäßigkeiten während der Säuglingszeit, kurzen Schlafperioden, Disziplinkonflikten, mangelnder Motivation bzw. fehlendem Vorbild für die Sozialisation in die jeweiligen Gemeinschaften (Familie, Schulklasse usw.) gesehen. Davon abzuheben sind als mögl. Ursachen körperl. Vorschäden wie Hirnhautentzündung und sonstige neurolog. Erkrankungen.
Hyperaktive Kinder. Psychomotor. Therapie, hg. v. M. PASSOLT (1993).

Hypertext, *Telekommunikation:* →Internet.

William Hurt

I

*****Ibárruri Gómez,** Dolores, span. Politikerin: † Madrid 12. 11. 1989.

Ibrahim, Sunallah, ägypt. Schriftsteller, * 1937; war 1959–64 im Zusammenhang mit der antikommunist. Innenpolitik G. ABD EL-NASSERS inhaftiert und wirkte danach u. a. als Journalist. In seinen Romanen werden seine Erlebnisse verarbeitet und in krit. Engagement soziale und polit. Zeitverhältnisse in Ägypten oft bitter-ironisch bis sarkastisch dargestellt.
Werke (arab.): *Romane:* Jener Geruch (1966); Auguststern (1974); Der Prüfungsausschuß (1981; dt.); Selbst (1992).

*****Ibuse,** Masuji, japan. Schriftsteller: † Tokio 10. 7. 1993.

Icon [ˈaɪkən; engl. ›Bild‹, ›Ikone‹] *das, -s/-s, Datenverarbeitung:* aus dem Amerikanischen stammende Bez. für Piktogramme auf graph. →Benutzeroberflächen zur bildl. Symbolisierung von Objekten (z. B. Geräte, Dateien, Programme), Zuständen oder Aktionen. Um einen entsprechenden Befehl zu aktivieren, wird mit Hilfe eines Zeigegeräts (z. B. Maus oder Trackball) ein Markierungssymbol (Cursor) auf das zugehörige I. positioniert und durch Tastendruck der Befehl gestartet.

*****Idris,** Jusuf, ägypt. Schriftsteller: † (Unfall) London 1. 8. 1991.

*****Ifflandring:** Ging im Febr. 1996 durch testamentar. Verfügung J. MEINRADS an B. GANZ über.

Iliescu, Ion, rumän. Politiker, * Oltenița (Kr. Călărași) 3. 3. 1930; 1968–84 Mitgl. des ZK der rumän. KP, 1971 Sekretär für Propaganda und Erziehung, wurde im Zuge des Aufstandes gegen N. CEAUȘESCU (Dez. 1989) als Vors. der ›Front der Nat. Errettung‹ provisor. Staatschef. Gestützt auf den Apparat der (mit dem Sturz CEAUȘESCUS aufgelösten) KP, baute er zus. mit der Regierung unter P. ROMAN ein in seinen demokrat. Strukturen umstrittenes Reg.-System auf. Im Mai 1990 wurde I. zum Staatspräs. gewählt (im Okt. 1992 wiedergewählt).

*****Ilmenau 2):** Der seit 3. 10. 1990 zum Land Thüringen gehörende Landkreis ging am 1. 7. 1994 im Ilm-Kreis auf; die Gem. Vesser war bereits zum 1. 4. 1994 in die kreisfreie Stadt Suhl eingemeindet worden.

Ilm-Kreis, Landkreis in Thüringen, 843 km², (1995) 123 800 Ew.; Kreisstadt ist Arnstadt. Das Kreisgebiet, das an die kreisfreien Städte Suhl und Erfurt grenzt, erstreckt sich von den Höhen des Thüringer Waldes (Großer Beerberg 982 m ü. M., Großer Finsterberg 944 m ü. M.) und den bergigen Randplatten des Thüringer Beckens bis in das Zentrum des fruchtbaren Thüringer Beckens (im NW). Im Thürin-

Ion Iliescu

Imei IMEI – Indonesien

ger Wald hat das Kreisgebiet Anteil am Biosphärenreservat Vessertal, im SO vollzieht sich der Übergang in das Thüringer Schiefergebirge. Wirtschaftszweige sind Industrie, Landwirtschaft und Fremdenverkehr. Glasindustrie findet sich in Ilmenau (1995: 28 900 Ew.), Langewiesen und Arnstadt (27 600 Ew.), Porzellanindustrie in Ilmenau und Plaue, Elektronikindustrie in Arnstadt und Großbreitenbach, Kfz-Zubehörindustrie in Gehren, eine Leuchtenfabrik in Stadtilm. Ilmenau ist Standort einer TU. – Der Kreis wurde am 1. 7. 1994 aus den früheren Kreisen Arnstadt (mit Ausnahme der Gem. Crawinkel) und Ilmenau (mit Ausnahme des in Suhl eingemeindeten Ortes Vesser) gebildet; eingegliedert wurden die Gemeinden Gehlberg (früher Kr. Suhl) sowie Rockhausen und der Ortsteil Bechstedt-Wagd (früher Kr. Erfurt).

IMEI, Abk. für engl. International Mobile Equipment Identity, eine elektronisch fixierte Gerätenummer in Mobiltelefonen (auch z. B. in Computern und Autoradios möglich), die bereits bei der Herstellung einprogrammiert wird. (→Handy)

***Inbal,** Eliahu, israel. Dirigent: War bis 1986 am Teatro la Fenice in Venedig und bis 1990 Chefdirigent des Sinfonieorchesters des Hess. Rundfunks in Frankfurt am Main.

***Indien,** amtl. Namen: Hindi **Bharat,** engl. **Republic of India,** Staat in Südasien, grenzt an den Indischen Ozean.

Hauptstadt: Delhi (Neu-Delhi). *Amtssprachen:* Hindi und Englisch. *Staatsfläche:* 3 287 590 km² (ohne Binnengewässer 2 973 190 km²). *Bodennutzung (1992):* 1 697 000 km² Ackerland, 117 700 km² Dauergrünland, 669 500 km² Waldfläche. *Einwohner (1994):* 918,570 Mio., 279 Ew. je km². *Städtische Bevölkerung (1993):* 26%; in städt. Agglomerationen mit 1 Mio. und mehr Ew. leben 37% der Stadt-, 10% der Gesamtbevölkerung. *Durchschnittliches Bevölkerungswachstum pro Jahr (1985-93):* 2,1%. *Bevölkerungsprojektion für 2000:* 1,019 Mrd. Ew. *Landessprachen (Sprecher 1981):* Hindi 264,2 Mio., Telugu 54,2 Mio., Bengali 51,5 Mio., Marathi 49,6 Mio., Tamil 44,7 Mio., Urdu 35,3 Mio., Gujarati 33,2 Mio., Kannada 26,9 Mio., Malayalam 26,0 Mio., Oriya 22,9 Mio., Panjabi 18,6 Mio., Assami 13,0 Mio., Kaschmiri 3,2 Mio., Sindhi 1,9 Mio., Sanskrit 3 000. *Religion (1992):* 80% Hindus, 11% Muslime, 2% Christen, 1,1% Sikhs, 0,7% Buddhisten. *Altersgliederung (1995):* unter 15 Jahre 34,9%, 15 bis unter 65 Jahre 60,2%, 65 und mehr Jahre 4,9%. *Lebenserwartung der Neugeborenen (1992):* männlich 61 Jahre, weiblich 62 Jahre. *Analphabetenquote (1991):* insgesamt 51,8%, männlich 38,2%, weiblich 66,3%. *BSP je Ew. (1993):* 300 US-$. *BIP nach Sektoren/Produktionsstruktur (1993):* Landwirtschaft 31%, Industrie 27%, Dienstleistungen 42%. *Währung:* 1 Indische Rupie (iR) = 100 Paise (P.). *Internationale Mitgliedschaften:* UNO, Colombo-Plan, Commonwealth of Nations.

***indische Geschichte:** 1987–92 war RAMASWAMY VENKATARAMAN (* 1910) Staatspräsident. – Bei den allgemeinen Wahlen zur Lok Sabha im Nov. 1989 verlor der ›Indian National Congress (Indira)‹ die absolute Mehrheit. Nachfolger R. GANDHIS als Premier-Min. wurde V. P. SINGH, der Repräsentant der Nat. Front, einer Koalition von fünf Parteien. Nach dem Sturz SINGHS (Nov. 1990) und dem Rücktritt (März 1991) seines Nachfolgers C. SHEKAR (Janatapartei) kam es zu einem z. T. blutigen Wahlkampf, in dessen Verlauf GANDHI ermordet wurde (21. 5. 1991). Sein Nachfolger als Vors. des INC (I), P. N. N. RAO, führte ab Juni 1991 eine Minderheits-Reg. des INC(I), der bei den Wahlen stärkste Partei wurde. Mit RAO ist erstmals kein Mitgl. der Nehru-Dynastie Chef einer vom INC(I) geführten Regierung.

Inmitten des Wahlkampfs erlebte Indien eine Zahlungsbilanzkrise, die letztlich durch die polit. Unsicherheit herbeigeführt wurde, die die Auslandsinder dazu bewog, ihre Guthaben aus Indien abzuziehen. Premier-Min. RAO ernannte MANMOHAN SINGH (* 1932) zu seinem Finanz-Min. Dieser versuchte eine Strukturanpassung durchzuführen, die Weltbank und Internat. Währungsfonds zur Bedingung für ihre Hilfe machten. Indien optierte für eine radikale Liberalisierung, bis hin zur Konvertibilität der Rupie und der Aufhebung von Beschränkungen, die bisher ausländ. Direktinvestitionen behindert hatten. SINGHS wirtschaftl. Reformprogramm zeigte bald Erfolge, die Gelder der Auslandsinder flossen zurück, und die Devisenreserven stiegen an. Indien wurde auch für ausländ. (v. a. amerikan. und japan.) Unternehmen attraktiv. Das Bruttosozialprodukt je Ew. (1993: 300 US-$) stieg 1980–93 um 3% jährlich. Die Inflationsrate betrug im selben Zeitraum durchschnittlich 8,7% pro Jahr.

Am 16. 7. 1992 wurde S. D. SHARMA, INC (I), Staatspräs. Mit der Zerstörung der Babri-Moschee in Ayodhya (Uttar Pradesh) im Dez. 1992 durch fanat. Hindus brach eine Welle religiöser Unruhen aus, die auf Großstädte (Bombay, Kalkutta) übergriff. Die Moschee war vom Großmogul BABUR angeblich über einem Tempel erbaut worden, der den Geburtsort des Gottkönigs Rama bezeichnete. Die →Bharatiya Janata Party (BJP) hatte eine Kampagne zur Wiedererrichtung dieses Tempels organisiert. Sie hatte zwar den Abriß der Moschee nicht selbst durchgeführt, übernahm aber die Verantwortung, da sie die Reg. des zuständigen Gliedstaates stellte. Die Bundes-Reg. entließ daraufhin vier von der BJP gestellte Reg. (in Uttar Pradesh, Himachal Pradesh, Madhya Pradesh und Rajasthan). Bei Neuwahlen im Nov. 1993 erlitt die BJP in diesen Staaten empfindl. Verluste. Danach schlossen sich auf Bundesebene zum oppositionelle Parlaments-Abg. der Janatapartei dem regierenden INC (I) an, der damit 266 der insgesamt 528 Sitze erreichte. Aber in versch. Gliedstaaten kamen bei Wahlen Oppositionsparteien zum Zuge.

Aufstände gegen die ind. Reg. in Kaschmir belasten die Beziehungen zu Pakistan, die Tibetfrage jene zur VR China. Aufgrund ethn. und sozialer Spannungen nahm die ind. Zentralregierung drei Gliedstaaten unter ihre direkte Herrschaft (President's Rule): 1987 Punjab, 1990 Jammu and Kashmir und 1991 Tamil Nadu.

K. GRÄFIN VON SCHWERIN: Indien (1988); Indien in den 90er Jahren. Politisch-soziale u. wirtschaftl. Rahmenbedingungen, hg. v. W. DRAGUHN (1989); J. MALHOTRA: Indien: Wirtschaft, Verfassung, Politik. Entwicklungstendenzen bis zur Gegenwart (1990); Regional disparities in India. Rural and industrial dimensions, hg. v. D. ROTHERMUND u. a. (Delhi 1991); D. ROTHERMUND: Staat u. Gesellschaft in Indien (1993); Indien, hg. v. D. ROTHERMUND (1995).

***Indischer Nationalkongreß,** Abk. **INC:** Die Partei verlor 1989 vor Wahlen auf Bundesebene; sie blieb zwar stärkste Partei im Haus des Volkes, ging aber keine Koalition ein, weil sie durch Festlegung auf einen linken oder rechten Partner ihren Charakter als ›Zentrumspartei‹ eingebüßt hätte. Sie duldete statt dessen Minderheits-Reg., konnte aber 1991 ihr Wahlergebnis verbessern und nun ihrerseits eine Minderheits-Reg. unter MinPräs. P. N. N. RAO bilden, der sich auch zum Parteipräsidenten wählen ließ. Ende 1993 schlossen sich ihr zehn Abg. der Janatapartei an und verhalfen ihr so auf Bundesebene zur Mehrheit, doch ab 1994 mußte sie Mißerfolge in einer Reihe von Gliedstaatenwahlen hinnehmen.

***Indonesien,** amtlich Bahasa Indonesia **Republik Indonesia,** dt. **Republik Indonesien,** Inselstaat in SO-Asien, umfaßt den Hauptteil des Malaiischen Archipels.

Hauptstadt: Jakarta. *Amtssprache:* Bahasa Indonesia. *Staatsfläche:* 1 919 317 km² (ohne Binnengewässer 1 811 570 km²). *Bodennutzung (1992):* 222 000 km² Ackerland, 118 000 km² Dauergrünland, 1 092 000 km² Waldfläche. *Einwohner (1994):* 194,615 Mio., 102 Ew. je km². *Städtische Bevölkerung (1993):* 33%; in städt. Agglomerationen mit 1 Mio. und mehr Ew. leben 36% der Stadt-, 11% der Gesamtbevölkerung. *Durchschnittliches Bevölkerungswachstum pro Jahr (1985–93):* 1,8%. *Bevölkerungsprojektion für 2000:* 218 Mio. Ew. *Ethnische Gruppen:* etwa 40% Javaner, 15% Sundanesen, 5% Maduresen, ferner Aceher, Bataker, Minangkabau, Balinesen, Dajak, Ambonesen, Sasak (auf Lombok), Minahassa, Toraja, Buginesen, Timoresen; (1991) etwa 6 Mio. Chinesen (nur z. T. mit indones. Staatsbürgerschaft). *Religion (1992):* 87% Muslime, 6,5% Protestanten, 3,1% Katholiken, 1,9% Hindus, 1,0% Buddhisten. *Altersgliederung (1995):* unter 15 Jahre 33,4%, 15 bis unter 65 Jahre 62,2%, 65 und mehr Jahre 4,4%. *Lebenserwartung der Neugeborenen (1992):* männlich 59 Jahre, weiblich 62 Jahre. *Analphabetenquote (1991):* insgesamt 18,4%, männlich 11,7%, weiblich 24,7%. *BSP je Ew. (1993):* 740 US-$. *BIP nach Sektoren/Produktionsstruktur (1993):* Landwirtschaft 19%, Industrie 39%, Dienstleistungen 42%. *Arbeitslosenquote (1991/92):* 2,7%. *Währung:* 1 Rupiah (Rp.) = 100 Sen (S). *Internationale Mitgliedschaften:* UNO, ASEAN, Colombo-Plan, OPEC.

Geschichte: Seit der Wiederwahl SUHARTOS 1988 (1991 und 1993 bestätigt) wird die innenpolit. Diskussion zunehmend von der Frage nach der Nachfolge des Präs. (›suksesi‹) bestimmt, wobei die Armee großes Gewicht besitzt. Vor diesem Hintergrund werden von den zivilen Anhängern SUHARTOS v. a. wirtschaftl. Themen akzentuiert. Hohe Wachstumsraten des Bruttoinlandsprodukts (1980–93: 5,8% jährlich) führten seit 1970 zu einer Verdreifachung der Pro-Kopf-Einkommens bei gleichzeitiger Verringerung der Zahl der Armen. Programme zu Geburtenkontrolle und flächendeckender Gesundheitsversorgung sowie die 1984 erreichte Selbstversorgung mit Reis brachten I. die offizielle Anerkennung der entsprechenden Organe der UNO. Gleichzeitig wurden im Bildungswesen Erfolge erzielt. Der wirtschaftl. Aufschwung ließ I. in den letzten Jahren auch außenpolitisch an Bedeutung gewinnen. Selbst die lange Zeit gespannten Beziehungen zu Australien verbesserten sich mit der Anerkennung der Integration Ost-Timors in I. durch die austral. Reg. (1989/90 Vertrag zur Aufteilung von Erdölvorkommen vor Ost-Timor). Als Reaktion auf die enger werdenden Wirtschaftskooperationen in Europa (EU) und Nordamerika (NAFTA) verstärkte I. zum einen die Exportförderung in die Industrieländer, zum anderen aber wurden regionale Kooperationen ausgebaut (I. war Gastgeber des APEC-Gipfels 1994). Auch die Beziehungen zur VR China wurden nach über 20 Jahren normalisiert (Botschafteraustausch 1990). Als Vors. der Blockfreienbewegung (1992 Gipfel in Jakarta) meldete I. den Anspruch auf einen Sitz im Sicherheitsrat der UNO für sich und weitere große Entwicklungsländer an.

Demgegenüber konzentriert sich die Kritik der Opposition meist auf Korruption, soziale Ungleichheit, Raubbau an der Natur und Verletzungen der Menschenrechte. Quellen starker innenpolit. Spannungen sind die verbotene kommunist. Partei, islam. Fundamentalisten sowie Vertreter separatist. Bewegungen etwa in Aceh, Irian Jaya oder Ost-Timor.

The oil boom and after. Indonesian economic policy and performance in the Soeharto era, hg. v. A. BOOTH (Singapur 1992); Regions and regional developments in the Malay-Indonesian world, hg. v. B. DAHM (Wiesbaden 1992); I. BUNDSCHU: Agrarverfassungen u. Agrarentwicklung in I. (1994); Democracy in Indonesia. 1950s and 1990s, hg. v. D. BOURCHIER u. a. (Clayton 1994).

*Industriepolitik: Als Politik der Wachstumsförderung durch Maßnahmen, die gezielt ausgewählte, als zukunftsträchtig eingestufte Industriezweige fördern und zugleich im Wachstumsprozeß zurückbleibende oder sogar schrumpfende Industriezweige in ihrem Bemühen unterstützen, sich entweder an diese Entwicklung durch Kapazitätsabbau anzupassen oder diese umzukehren, bleibt die I. in Europa im Unterschied zu Japan umstritten. Auf der einen Seite propagiert v. a. Frankreich, das auf eine lange industriepolit. Tradition zurückblicken kann, eine europ. I. im Rahmen der EU. Andere Länder wie Dtl. gewichten die Bedenken gegen eine europ. I. stärker und befürchten, sich zu einer sektoralen Strukturpolitik verpflichten zu müssen, bei der zum einen häufig fragwürdige Großprojekte gefördert werden, während auf der anderen Seite Erhaltungssubventionen für schrumpfende Branchen gewährt werden.

In den Maastrichter Vertrag über die Schaffung einer Europ. Wirtschafts- und Währungsunion wurden auch Bestimmungen über eine europ. I. aufgenommen (Art. 130 EG-Vertrag). Die europ. I. zielt auf die Stärkung der internat. Wettbewerbsfähigkeit der Unternehmen nach Schaffung des Europ. Binnenmarkts (z. B. Förderung von Kooperationen sowie von kleinen und mittleren Unternehmen). Im Unterschied zu anderen Politikbereichen wie der Forschungs- und Technologiepolitik bleiben die Bestimmungen zur europ. I. recht allgemein.

P. OBERENDER u. F. DAUMANN: I. (1995).

*INF: Der sowjetisch-amerikan. Vertrag über den vollständigen Abbau von Mittelstreckenraketen im Reichweitenband zw. 500 und 5 500 km und deren Vernichtung innerhalb von drei Jahren wurde von beiden Seiten wenige Tage vor Ablauf der Frist im Mai 1991 erfüllt. Die Verifikationsbestimmungen sehen noch für zehn weitere Jahre eine ständige Kontrolle in je einer Produktionsstätte in den USA und Rußland sowie eine festgelegte Anzahl von Inspektionen (›Verdachtskontrollen‹) mit Flugkörperstützpunkten und Flugkörperunterstützungseinrichtungen vor. Der INF-Vertrag gilt als die erste tatsächl. Abrüstungsvereinbarung, mit der eine vollständige Kategorie von Kernwaffen beseitigt wurde. Durch die Einigung der Vertragspartner auf Inspektionen vor Ort und regelmäßige Verdachtskontrollen wurde nicht nur die Wirksamkeit des INF-Vertrages sichergestellt, vielmehr erhielt er Beispielcharakter für weitere Abrüstungsverträge, bes. für die Verträge zu START auf dem Gebiet der nuklearen Langstreckenraketen und die VKSE-Verträge im Bereich der konventionellen Streitkräfte in Europa. Zu einem Abkommen über nukleare landgestützte Kurzstreckenraketen kam es hingegen nicht; allerdings wurden diese im Zuge der Vereinigung der beiden dt. Staaten durch den vollständigen Abzug der sowjet. Streitkräfte und den Teilabzug der westalliierten Truppen aus Dtl. entfernt.

*Inflation: Der in den 1980er Jahren in den Industrieländern einsetzende Disinflationsprozeß hielt auch bis zu Beginn der 90er Jahre an. So verringerte sich die durchschnittl. jährliche I.-Rate in den OECD-Staaten (ohne Türkei) von (1980) 12,6% auf (1994) 2,8%. In den EG-Staaten sank die I.-Rate in diesem Zeitraum von 13,7% auf 3,1%. Die Bundesrep. Dtl., die unterstützt durch die Aufwertung der D-Mark ab Mitte der 80er Jahre, 1986 und 1987 mit I.-Raten von −0,1% und +0,2% praktisch Preisniveaustabilität erreicht hatte, sah sich im Zuge der dt. Vereinigung ab 1990 einem für ihre Verhältnisse starken Preisdruck ausgesetzt. So stieg die westdt. I.-Rate (gemessen am 1995 überarbeiteten Preisindex für die Lebenshaltung

Info Infobahn – Inkatha yeNkululeko yeSizwe

aller privaten Haushalte) von (1990) 2,7% auf (1992) 4,0%. Doch bereits 1994 sank die westdt. I.-Rate wieder auf 2,7%. In Ost-Dtl. hat sich die I.-Rate von (1992) 13,5% auf (1994) 3,7% verringert.

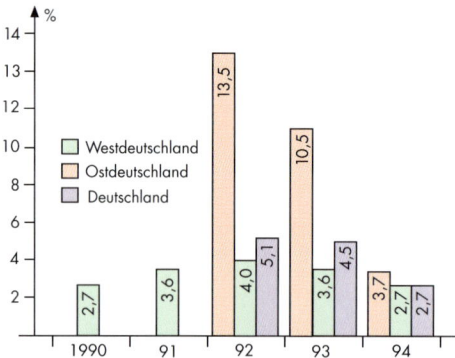

Inflation: Prozentuale jährliche Veränderung des Preisindex für die Lebenshaltung aller privaten Haushalte (für Westdeutschland) und aller Arbeitnehmerhaushalte (für Ostdeutschland) in Deutschland

Während das I.-Problem der 70er Jahre in den Industriestaaten zu Beginn der 90er Jahre weitgehend gebannt werden konnte, ist für die Entwicklungsländer genau das Gegenteil festzustellen. So hat sich die durchschnittl. jährliche I.-Rate in den Entwicklungsländern, die im Zeitraum 1970–80 bereits 26,2% betrug, im Zeitraum 1980–93 auf 72,8% kräftig erhöht. Hierbei hat die I. in den Entwicklungsländern mit mittlerem Pro-Kopf-Einkommen (1993: zw. 696 und 8625 US-$), die im genannten Zeitraum eine durchschnittl. jährliche I.-Rate von 90,1% aufwiesen, und v.a. in den hochverschuldeten Ländern mit einer Durchschnittsrate von 302,7% bes. gravierende Ausmaße angenommen. Bemerkenswert hohe durchschnittl. jährliche I.-Raten ergaben sich im Zeitraum 1980–93 z.B. in Nicaragua (664,6%), Brasilien (423,4%), Argentinien (374,3%), Peru (316,1%), Bolivien (187,1%), Israel (70,4%) und Polen (69,3%).

Inflationsraten in ausgewählten Industrieländern
(Veränderungen der Verbraucherpreise gegenüber dem Vorjahr in Prozent)

	1980	1990	1994
Deutschland*)	5,5	2,7	3,0
Österreich	6,3	3,3	3,0
Schweiz	4,0	5,4	0,9
Frankreich	13,6	3,4	1,6
Großbritannien	18,0	9,5	2,4
Italien	21,2	6,1	3,9
Japan	7,8	3,1	0,7
USA	13,5	5,4	2,5
EG-Staaten	13,7	5,6	3,1

*) Alte Bundesländer. Quelle: OECD.

Infobahn, umgangssprachlich auch **Datenautobahn,** an die amerikan. Bez. **Data highway** und **Information highway** (›Informationen-Schnellstraße‹) angelehnte Bez. für Hochgeschwindigkeits-Datenleitungen und -Datennetze. Große derartige Datennetze können nach dem Vorbild des →Internet durch Zusammenschalten versch. Teilnetze, verbunden mit einer Harmonisierung der Übertragungsprotokolle, als Zweiwege-Telekommunikationsnetze realisiert werden, die aufgrund ihrer Bandbreiten und Kapazitäten für multimediale Anwendungen (→Multimedia) geeignet sind. Das schmalbandige Fernsprechnetz wird dazu durch ein als Overlaynetz konzipiertes, auf Glasfasertechnologie beruhendes Breitband-Vermittlungsnetz sowie Punkt-zu-Punkt-Verbindungen unter Einbeziehung des breitbandigen Koaxialkabel-Fernsehverteilnetzes ergänzt. Teilnehmerendgerät ist entweder ein Fernsehgerät, das durch ein mit Rechnerkapazität ausgestattetes Zusatzgerät (→Set-Top-Box) nachgerüstet wird, ein PC oder künftig ein multistandardfähiges Terminal, das durch den Anschluß an das neue Telekommunikationsnetz rückkanalfähig, d.h. interaktiv wird und so den Austausch von Ton, Bild und Daten ermöglicht.

Infopost, eine Sendungsart im Briefdienst, die im Zuge der Postreform an die Stelle der früheren Drucksache getreten ist. Als I. können schriftl. Mitteilungen oder Unterlagen versandt werden, wenn die festgelegten Mindestmengen eingeliefert werden und die Sendungen inhaltsgleich sind. Verkaufswaren können als I. versandt werden, sofern es sich um Bücher, Broschüren, Zeitungen oder Zeitschriften handelt. Das Merkmal der Inhaltsgleichheit läßt dabei gewisse Abweichungen zu. Eine Sonderform der I. sind **Vario-Mailings,** das sind Sendungen desselben Absenders, deren Inhalt aus unterschiedl. Schriftstücken, Proben, Mustern oder Werbeartikeln besteht. Seit 1995 bzw. 1996 dürfen private Unternehmen (Lizenznehmer) im Wettbewerb mit der Dt. Post AG I. mit einem Gewicht von mehr als 250 g bzw. 100 g versenden.

Infotainment [infoˈteɪnmənt; Kw. aus engl. **In**formation und Ent**ertainment**] *das, -s,* Darbietungsform von Informationssendungen im Fernsehen, bei der aktuelle sachl. Meldungen von Moderatoren (**Infotainer**) in locker-unterhaltender Form präsentiert werden.

*****Infrastruktur:** Ende 1993 beschloß der Europ. Rat, die grenzüberschreitende techn. I. in den Bereichen Verkehr, Telekommunikation und Energietransport auszubauen (→Transeuropäische Netze).

*****Ingeborg-Bachmann-Preis:** Weitere Preisträger sind W. HILBIG (1989), BIRGIT VANDERBEKE (*1956; 1990), EMINE SEVGI ÖZDAMAR (*1946; 1991), ALISSA WALSER (1992), K. DRAWERT (1993), R. HÄNNY (1994), FRANZOBEL (eigtl. FRANZ STEFAN GRIEBL, *1967; 1995).

Inguschi|en, Teilrepublik der Russ. Föderation im zentralen N-Kaukasus; I. spaltete sich 1992 als **Republik der Inguschen** von der 1991 gebildeten Republik der ▷Tschetschenen und Inguschen ab; 3200 km², etwa 200000 Ew., Hauptstadt ist Nasran. Seit 1992 haben sich zahlreiche aus Nordossetien vertriebene Inguschen in I. niedergelassen. Die Rep. ist kaum industrialisiert, der größte Teil der Bev. ist arbeitslos.

Inkạtha yeNkululẹko yeSịzwe [-zwɛ, Nguni], Kurz-Bez. **Inkạtha,** polit. Organisation in der Rep. Südafrika, benannt nach einem sakralen Kranz, der die Einheit des Zuluvolkes symbolisiert; 1922 als ›Inkatha kaZulu‹ von Zulukönig SALOMON (1913–33) gegr., 1975 von M. BUTHELEZI wiederbelebt, ist Inkatha die Einheitspartei des Homelands KwaZulu. 1990 organisierte sie sich als ›Inkatha Freedom Party‹ (IFP) in der ganzen Rep. Südafrika; die Mitgl. sind überwiegend Zulu. 1979 stellte sich der African National Congress (ANC) gegen Inkatha, was seit 1985 v.a. in Natal zu jahrelangen, blutigen Auseinandersetzungen zw. Anhängern beider Organisationen führte. Im Vorfeld der ersten gemischtrass. Wahlen in Südafrika im April 1994 setzte Inkatha mit der Drohung eines Wahlboykotts Änderungen in der bereits verabschiedeten Übergangsverfassung in föderalist. Sinn durch. Bei der Wahl selbst erreichte sie landesweit 10,5% der Stimmen und wurde damit nach dem ANC und der National Party drittstärkste Kraft. In der Reg. der nat. Einheit stellt sie drei Min. In der neuen Prov.

KwaZulu/Natal errang Inkatha 41 von 81 Sitzen im Provinzparlament und stellt den Regierungschef.

*INMARSAT: Im Juli 1995 umfaßte INMARSAT 79 Mitgliedstaaten und mehr als 15 000 Teilnehmer. Nachdem zuerst ausschließlich maritime Satelliten positioniert worden waren, wurden 1988, 1990 und 1994 für eine weitergehende Nutzung (Binnenschiffahrt, Flugverkehr, Ferngüterverkehr auf der Straße) die geostationären Nachrichtensatellitenreihen INMARSAT 1, INMARSAT 2 und INMARSAT 3 mit je vier Satelliten gestartet. Der vierte INMARSAT-3-Satellit (mit Navigationsnutzlast) wird 1996 erstmals mit einer russ. Proton-Rakete in die Umlaufbahn gebracht und soll im Rahmen der Europ. →Satellitennavigation ESN zur Steuerung des zivilen Luft-, Schiffs- und Landverkehrs beitragen. Ab 1999 will INMARSAT mit Hilfe von zwölf Satelliten in 10 000 km hohen Umlaufbahnen einen weltweiten Mobiltelefondienst anbieten.

*innerdeutscher Handel: Da mit Inkrafttreten der Währungs-, Wirtschafts- und Sozialunion zum 1. 7. 1990 auch der Wegfall von Kontrolle und Überwachung des Warenverkehrs an der innerdt. Grenze verbunden war, mußte die statist. Erfassung des i. H. geändert werden. Der Statistik lagen seither von den am i. H. beteiligten Unternehmen erstellte Liefer- und Bezugserklärungen zugrunde. Auch nach der Vereinigung beider dt. Staaten am 3. 10. 1990 wurde die Statistik des i. H. fortgeführt, da eine getrennte Analyse der gesamtwirtschaftl. Entwicklung in beiden Teilgebieten als erforderlich angesehen wurde. Allerdings stellte die statist. Erhebung eine erhebl. Belastung für die Unternehmen dar. Seit 1990 wurde der i. H. insofern unvollständig erfaßt, als lediglich die Lieferungen und Bezüge von Unternehmen ausgewiesen wurden, nicht jedoch der Warenverkehr der privaten Haushalte. Außerdem waren kleinere Unternehmen von der Berichtspflicht befreit (monatl. Lieferungen bzw. Bezüge unter 50 000 DM). Bes. in den Jahren 1990–92 stiegen die Lieferungen in die ehem. Dt. Dem. Rep. erheblich an und übertrafen die Bezüge um das Sechsfache, während 1985–89 die Lieferungen und Bezüge ähnlich hoch waren und sich die Gesamtumsätze zw. 14 und 15,5 Mrd. DM bewegten (1994: 82,4 Mrd. DM). Die Statistik des i. H. wurde zum 1. 4. 1995 vorzeitig eingestellt (ursprüngl. Befristung: 31. 12. 1995).

Inntaltunnel, im Mai 1994 in Betrieb genommener zweigleisiger Eisenbahntunnel zur Umfahrung von Innsbruck auf der Brennerstrecke; mit 12 756 m Länge längster Eisenbahntunnel Österreichs. Im Tunnelinneren wurde bereits eine Abzweigstelle mit einem 200 m langen Tunnelstück angelegt, die später als Anschluß an den geplanten Brennerbasistunnel (Länge 35 km) ausgebaut werden soll. Vor dem Nordportal bei Hall in Tirol liegt die über den Inn und die Autobahn (A 12) führende 488 m lange **Inntalbrücke**.

*Inoue, Yasushi, japan. Schriftsteller: † Tokio 29. 1. 1991.

*Insidergeschäfte: In Dtl. sind I. mit den Regelungen im Wertpapierhandels-Ges. (§§ 12–20) seit dem 1. 8. 1994 strafbare Wertpapiergeschäfte, bei denen Organmitglieder eines Unternehmens (z. B. Vorstand, Aufsichtsrat), Personen, die am Kapital des Unternehmens beteiligt sind, oder Personen, die aufgrund ihres Berufs oder ihrer Tätigkeit (Primärinsider) Kenntnis von nicht öffentlich bekannten, aber erheblich kursrelevanten Tatsachen über das Unternehmen erlangen und aufgrund dieses Wissensvorsprungs an der Börse gehandelte Wertpapiere kaufen, verkaufen oder einem anderen dies empfehlen oder diese Tatsachen unbefugt weitergeben. Dritte, die Kenntnis von solchen Insidertatsachen erlangen (Sekundärinsider), dürfen solche Wertpapiere nicht kaufen oder verkaufen. Verstöße können mit Geldstrafe oder mit Freiheitsstrafe bis zu fünf Jahren geahndet werden. Die gesetzl. Regelungen über I. haben die ▷ Insiderrichtlinien abgelöst. Zur Verhinderung und Aufklärung von I. wird der Wertpapierhandel vom →Bundesaufsichtsamt für den Wertpapierhandel (BAW) überwacht. Um I. zu verhindern, sind Unternehmen, deren Aktien an der Börse gehandelt werden, verpflichtet, erheblich kursbeeinflussende Tatsachen unverzüglich zu veröffentlichen (→Ad-hoc-Publizität). Bei Anhaltspunkten für I. stellt das BAW die an den Wertpapiergeschäften beteiligten Personen fest und gibt die Vorgänge an die Staatsanwaltschaft zur Einleitung eines Strafverfahrens ab.

Institut für Hochenergiephysik Zeuthen, →Deutsches Elektronen-Synchrotron.

Institut für Wirtschaftsforschung Halle, Abk. **IWH,** eines der führenden wirtschaftswissenschaftl. Forschungsinstitute in Dtl., 1992 hervorgegangen aus dem Institut für angewandte Wirtschaftsforschung in Berlin (Ost); Sitz: Halle (Saale). Forschungsschwerpunkte des IWH bilden die Themen Ostwirtschaft, Wirtschaft der neuen Bundesländer, Struktur und Innovation, Umwelt und Energie sowie Arbeitsmarkt. Finanziert wird die Forschungsarbeit je zur Hälfte vom Bund und vom Land Sachs.-Anhalt.

Institut für Wissenschaft und Ethik, interdisziplinär ausgerichtetes Institut zur Förderung des Austauschs zw. der naturwissenschaftlich-techn. Forschung und der Ethik; gegr. 1994, Sitz: Bonn. Träger sind die Univ. Bonn und Essen, die Dt. Forschungsanstalt für Luft- und Raumfahrt sowie das Forschungszentrum Jülich.

Inntaltunnel: Aufweitung im Abzweigbereich der Verbindungsschleife zum Brennerbasistunnel (im Bau)

Institutionen|ökonomik, Neue I., neuere Forschungsrichtung der Volkswirtschaftstheorie, die von neoklass. Grundannahmen ausgeht und damit im Ggs. zur älteren I. (▷ Institutionalismus) und im Unterschied zur →Evolutionsökonomik (v. a. wegen der Einschränkung des Rationalverhaltens) hauptsächlich drei Konzeptionen behandelt: Verfügungsrechte (▷ Eigentumsrechte), Transaktionskosten (Kosten der Bestimmung, Sicherung, Nutzung und Übertragung von Verfügungsrechten) und unvollständige Verträge (relationale Verträge).

Institut Laue-Langevin [ɛ̃sti'ty - lãʒ'vɛ̃], Abk. **ILL,** europ. Kernforschungsinstitut mit Sitz in Grenoble, das seit 1967 einen Neutronen-Hochflußreaktor betreibt; beteiligte Staaten sind Frankreich, Dtl., Großbritannien, Österreich, die Schweiz und Spanien. Urspr. für die Grundlagenforschung in der Neutronen- und Festkörperphysik vorgesehen, werden am ILL heute auch Neutronenstreuexperimente für die

Inte integriertes Rohstoffprogramm – Internationale Fernmelde-Union

Chemie, Biologie und Materialforschung sowie zunehmend für techn. Anwendungen durchgeführt. Neben dem ILL wurde die neue Europ. Synchrotronstrahlungsquelle →ESRF errichtet.

Der Hochflußreaktor liefert 57 MW therm. Leistung und den weltweit höchsten Neutronenfluß ($1{,}3 \cdot 10^{15}\,cm^{-2}\,s^{-1}$). Er enthält ein einzelnes rohrförmiges Brennelement, dessen Wand aus aluminiumplattierten Lamellen hergestellt ist; diese bestehen aus einer Uran-Aluminium-Legierung mit 8,57 kg hochangereichertem Uran (93% U 235). Das Brennelement befindet sich in einem Reaktortank, der von schwerem Wasser als Kühlmittel und als Moderator bzw. Reflektor für die Spaltneutronen durchströmt wird. Der Energiebereich der ausgekoppelten Neutronen liegt zw. 5 und 500 meV. Von April 1991 bis Juli 1994 wurde der Reaktor modernisiert und der rissig gewordene Schwerwassertank komplett ersetzt, um den Betrieb für weitere 15 Jahre zu sichern. Den Nutzern steht die Neutronenquelle seit Anfang 1995 wieder zur Verfügung.

***integriertes Rohstoffprogramm:** Trat am 19. 6. 1989 in Kraft, nachdem 104 Staaten dem Abkommen beigetreten waren und die entsprechenden Mittel zur Finanzierung gesichert waren. Mit den auf zwei sogenannte Schalter aufgeteilten Finanzmitteln (zunächst 470 Mio. US-$) sollten u. a. Bufferstocks gebildet oder fortgeschrieben werden. Angesichts der geschwundenen Bedeutung von Rohstoffabkommen wird inzwischen über eine alternative Mittelverwendung nachgedacht. Weitere 280 Mio. US-$ (Mittel des zweiten Schalters) sollen für andere rohstoffbezogene Maßnahmen (u. a. Forschung und Produktivitätsverbesserung) verwendet werden.

***INTELSAT:** Im Mai 1995 gehörten der Nachrichtensatelliten-Organisation 136 Staaten an. Das Satellitensystem von INTELSAT umfaßt neben den operationellen Satelliten mehr als 2 700 Bodenstationen.

Die Übertragungskapazität je Satellit wurde bei der INTELSAT-VI-Reihe auf 24 000 (mit digitaler Selbstschaltung bei Bedarf auf 120 000) Fernsprech- und drei Fernsehkanäle erhöht. Der erste von fünf INTELSAT-VI-Satelliten wurde am 27. 10. 1989 gestartet. INTELSAT VI-3 erreichte am 14. 3. 1990 nur eine niedrige Umlaufbahn und wurde deshalb am 14. 5. 1992 in rd. 360 km Höhe mit einem Space-shuttle geborgen, in dessen Ladebucht repariert und von einem neuen Triebwerk in den geostationären Orbit gebracht.

Der spezielle INTELSAT K (Start 9. 6. 1992) kann max. 32 Fernsehprogramme für Europa, Nord- und Südamerika übertragen. Die INTELSAT-VII-Reihe hat eine Kapazität von 18 000 (digital max. 90 000) Fernsprech- und drei Fernsehkanälen. INTELSAT VII-1 wurde am 22. 10. 1993 gestartet, insgesamt sind acht Satelliten dieser Generation vorgesehen.

INTELSAT VII-A soll ab 1995 über 10–15 Jahre für 22 500 (digital 112 500) Fernsprech- und drei Fernsehkanäle genutzt werden. Frühestens ab 1996 soll die INTELSAT-VIII-Reihe (Kapazität wie INTELSAT VII-A, Betriebsdauer 14–18 Jahre) eingesetzt werden.

***Intercity-Züge:** Am 2. 6. 1991 nahmen die Züge des Systems ICE ihren fahrplanmäßigen Betrieb auf und verkehren, teilweise auf Neubaustrecken, z. Z. (1995/96) auf drei Linien zw. Bremen, Hamburg, Berlin, München und Basel. Im Bau ist eine weitere ICE-Trasse zw. Köln und dem Rhein-Main-Gebiet. Eine neue Generation von ICE-Zügen soll bis 1997 in Dienst gestellt werden. Während der jetzige ICE aus zwei Triebköpfen mit zwölf Wagen besteht, wird die neue Variante nur einen Triebkopf mit sechs Wagen und einen Steuerwagen am Ende des Zugs (mit Fenstern und Fahrgastplätzen) haben. Die Dt. Bahn AG verspricht sich vom Einsatz dieser Halbzüge, die auch aneinandergekoppelt werden können, eine größere Flexibilität für den ICE-Verkehr. Um diese Kopplung zu gewährleisten, verfügen die neuen Triebköpfe über eine pneumatisch zu öffnende Bugschürze, hinter der sich die automat. Kupplung befindet.

Interfax, unabhängige russ. Nachrichtenagentur, gegr. 1989, Sitz: Moskau, beschäftigt 400 Mitarbeiter und hat Korrespondenten in 70 Städten aller Nachfolgestaaten der Sowjetunion.

***Interflug:** Der Flugbetrieb wurde zum 30. 4. 1991 eingestellt und die Gesellschaft aufgelöst. Von den zuletzt rd. 2 600 Beschäftigten wurden rd. 1 000 nach Umschulungs- und Qualifizierungsmaßnahmen sowie aufgrund von Aus- und Neugründungen (v. a. bei der Dt. Lufthansa) in neue Beschäftigungsverhältnisse übernommen.

***Internationale Fernmelde-Union:** Die ITU hat sich in den letzten Jahren verstärkt mit den Themen Mobilfunktechnik und -dienste, Satellitenübertra-

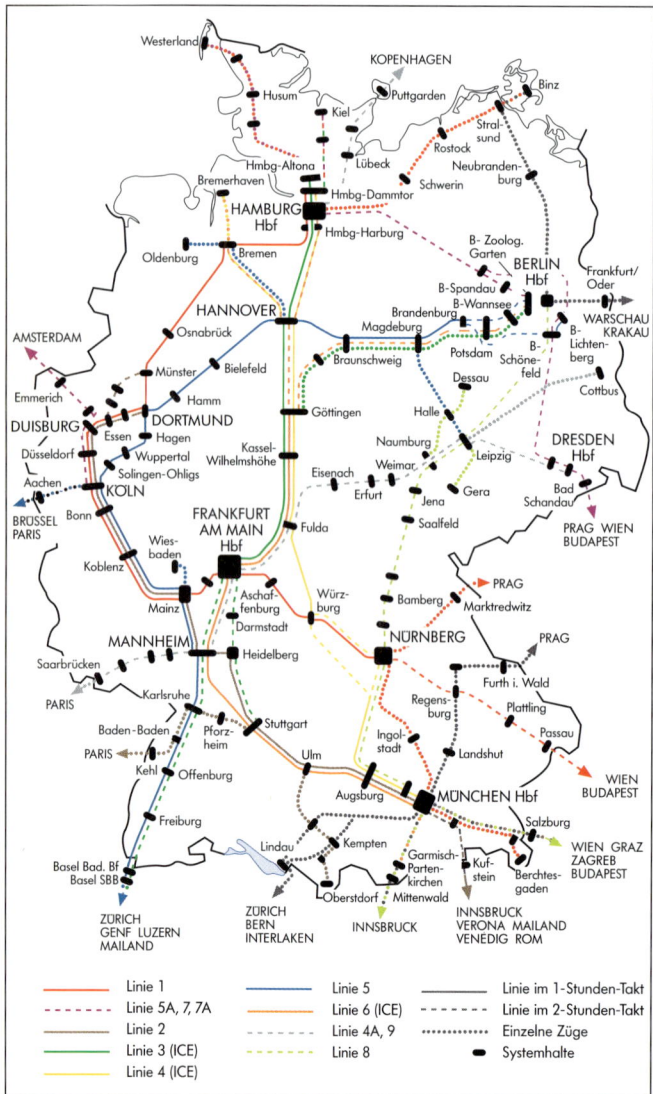

Intercity-Züge: Das EC/ICE/IC-Streckennetz der Deutschen Bahn (Stand April 1995)

gung, hochauflösendes Fernsehen, Mulitmediatechnik sowie Datenkompression befaßt und hat 1992/93 eine neue Organisationsstruktur eingeführt. An die Stelle des IFRB, des CCIR und des CCITT sind die Organe ›Sektor für Standardisierung im Fernmeldewesen‹ (Secteur de la normalisation des télécommunications bzw. Telecommunication Standardization Sector, ITU-T, der zum 1. 3. 1993 den CCITT ersetzte), ›Sektor für das Funkwesen‹ (Secteur des radiocommunications bzw. Radiocommunication Sector, ITU-R) und ›Sektor für die Entwicklung des Fernmeldewesens‹ (Secteur du développement des télécommunications bzw. Telecommunication Development Sector, ITU-D) getreten. Die erste Konferenz des Sektors für Entwicklung des Fernmeldewesens hat 1994 in Buenos Aires stattgefunden und einen Aktionsplan zur Unterstützung der Entwicklungsländer beschlossen. – Die ITU hat (1995) 184 Mitgl.-Länder.

*Internationale Filmwoche Mannheim: Findet seit 1994 in Mannheim und Heidelberg statt und führt den Namen beider Städte (**Internationales Filmfestival in Mannheim–Heidelberg**).

*Internationaler Bund Freier Gewerkschaften: Die Regionalorganisationen haben heute folgende Namen und Sitze: Asiat. und Pazif. Regionalorganisation (APRO), Singapur; Afrikan. Regionalorganisation (AFRO), Nairobi; Interamerikan. Regionalorganisation (ORIT), Caracas. – 1995 gehörten dem IBFG 190 Gewerkschaftsverbände aus 135 Ländern mit zus. 127 Mio. Mitgl. an.

Internationaler Seegerichtshof, internat. Gericht, das auf der Grundlage der Seerechtskonvention (▷ Seerecht) vom 10. 12. 1982 errichtet worden ist; sein Sitz ist Hamburg. Der I. S. besteht aus 21 Richtern, die auf einer vom GenSekr. der Vereinten Nationen einberufenen Sitzung der Vertragsstaaten der Seerechtskonvention aus einer von den Vertragsstaaten vorgelegten Liste (wobei jeder Vertragsstaat zwei Kandidaten benennen durfte) gewählt wurden. Die Wahl fand am 10. 5. 1995 statt. Nicht mehr als ein Mitgl. des I. S. darf Angehöriger desselben Staates sein. Der I. S. steht den Vertragsstaaten der Seerechtskonvention offen. Nichtvertragsstaaten dürfen in Ausnahmefällen, die in Teil XI der Seerechtskonvention genannt sind (als Teilnehmer am Tiefseebergbau), ebenfalls den I. S. in Anspruch nehmen. Ferner kann die Zuständigkeit des I. S. auch durch eine sonstige Übereinkunft zw. den Parteien eines bestimmten Verfahrens begründet werden. Der I. S. entscheidet alle Streitigkeiten in Übereinstimmung mit der Seerechtskonvention und mit den allgemeinen Regeln des Völkerrechts, soweit sie mit der Seerechtskonvention vereinbar sind. Er bildet eine Kammer für Meeresbodenstreitigkeiten sowie Sonderkammern aus drei oder mehr seiner Mitgl., wenn er dies für erforderlich hält.

Internationaler Strafgerichtshof, →Kriegsverbrechertribunal.

*Internationale Rundfunk- und Fernsehorganisation: Die OIRT hat 1992 ihre Auflösung und ihren Eintritt in die Europ. Rundfunk-Union beschlossen.

*Internationaler Währungsfonds: Die Mitgl.-Zahl ist auf (1995) 181 gestiegen. Nach einem positiven Volksentscheid ist auch die Schweiz seit Mai 1992 Mitgl. im IWF. Die Summe der Quoten, an denen sich u. a. die Stimmenzahl für die Länder bemißt, belief sich (1994) auf insgesamt 144,9 Mrd. Sonderziehungsrechte (SZR). Der Stimmenanteil Dtl.s beträgt z. B. 5,55 % und ist damit genau so groß wie der von Japan. Frankreich und Großbritannien verfügen jeweils über einen Stimmenanteil von 5,0 %, während die USA mit 17,84 % nach wie vor über eine Sperrminorität verfügen. Seit 1992 kann einem Mitgl.-Land, das seinen finanziellen Verpflichtungen gegenüber dem IWF nicht nachkommt, u. a. das Stimmrecht entzogen werden.

Intercity-Züge: ICE auf einer Talbrücke der Neubaustrecke zwischen Fulda und Kassel

Das Exekutivdirektorium besteht seit Nov. 1992 aus 24 Direktoren (vormals 22). Von diesen werden fünf von einzelnen Ländern ernannt; die anderen 19 werden von Gruppierungen der übrigen Mitgl.-Länder gewählt. Jeweils 24 Mitglieder umfassen seither auch die beiden beratenden Organe des IWF, der Interimsausschuß und der Entwicklungsausschuß. Letzterer ist der sogenannte Gemeinsame Ministerausschuß der Gouverneursräte von Weltbank und IWF. Die Ziehungsgrenzen bezüglich des Zugangs zu den Fondsmitteln richten sich allg. nach Notwendigkeit und Stärke der Anpassungsbemühungen in den Bedarf anmeldenden Mitgl.-Ländern. Neu geschaffen wurden 1993 eine Systemtransformationsfazilität für die Reformländer im östl. Europa und der ehem. Sowjetunion sowie 1995 ein Krisenfinanzierungsmechanismus für Länder in außerordentl. Wirtschafts- und Währungskrisen.

*Internationales Olympisches Komitee: Die Zahl der Mitgl. des IOK wurde 1994, im Jahr des 100. Jubiläums der Gründung dieses Gremiums, auf 100 erhöht, die Zahl der anerkannten NOK stieg auf 192 an.

Internet [engl. net ›Netz‹] *das, -,* weltweites dezentrales Telekommunikationsnetz für die paketvermittelte Übertragung digitalisierter Informationen, d. h. digitaler Daten im weitesten Sinn. Das I. ist ein Netz von Daten- und Computernetzen, von denen viele eigenständig sind (›Outernets‹). Der Zugang einzelner Teilnehmer zum I. erfolgt entweder über einen Computer, der bereits an ein solches Netz angeschlossen ist, oder durch Vermittler, die speziell für diesen Zweck, d. h. die Verbindung einzelner Computer mit dem I., eigene Netze betreiben. Das I. hat seinen Ursprung in dem 1969 vom amerikan. Verteidigungsministerium eingerichteten **ARPAnet** (ARPA Abk. für **A**dvanced **R**esearch **P**rojects **A**gency), das Computer in den Bereichen von Wiss. und Militärtechnik vernetzte. Zunächst entwickelte sich das I. als Wissenschaftsnetz, das bis Ende der 1980er Jahre mehr als 28 000 interne Computernetze von Univ. und Forschungseinrichtungen miteinander verband. Heute (Ende 1995) wird die Zahl der Computer mit Zugang zum I. auf weltweit über 40 Mio. geschätzt, die der angeschlossenen Netze auf viele zehntausend. Zahl und Art der angebotenen Informationen und Dienste sind mittlerweile nicht mehr zu überblicken. Für den Zugang zu anderen Computern stehen allg. Verfahren nach bestimmten Protokollen zur Verfügung, die i. d. R. durch ein entsprechendes Befehlswort aktiviert werden. Zur besseren Orientierung und zur Erleichterung der Suche im I. wurden von versch. Teilnehmern einfach zu gebrauchende Software-Werkzeuge (Programme) entwickelt. Dabei entsprechen diese Verfahren bzw. Werkzeuge **telnet** (es ermöglicht den Zugang zu anderen Rechnern), **ftp** (Abk. für engl. file **t**ransfer **p**rotocol ›Protokoll für die Übertragung von Dateien‹; es erlaubt den Abruf von Dateien) und **WAI** (Abk. für **W**ide **A**rea **I**nformation Server ›Großräumiger Informationsserver‹; es unterstützt die Quellensuche in Datenbanken und Archiven nach inhaltl. Kriterien) v. a. auch dem wiss. Interesse. Das Software-Werkzeug **gopher** erleichtert die Suche nach Informationsangeboten, die von versch. Anbietern bereitgestellt werden. Seit Beginn der 90er Jahre haben zunehmend unternehmensinterne Netze sowie Computernetze, die sich aus der Verbindung privater PCs per Modem und Telefonanschluß entwickelt hatten, Anschluß an das I. gefunden. Die bis Anfang 1995 bestehenden Vorbehalte bezüglich der gewerbl. Nutzung bestehen inzwischen nicht mehr. Neben dem Austausch von schriftl. Nachrichten und Dokumenten (E-Mail) ermöglicht das I. auch Multimedia-Anwendungen, z. B. die Übertragung von Bild und Ton oder Videoaufzeichnungen.

Ein bes. leistungsfähiges Suchsystem, das nicht nur die Suche nach Titeln von Dokumenten, sondern auch nach deren Inhalten oder nach in ihnen verwendeten Begriffen erlaubt, ist das **WorldWideWeb** (**WWW**, ›Weltweites Netz‹). Es arbeitet nach dem Konzept von ›Hypertext‹ und ›Hypermedia‹. Als Hypertext liefert es nicht nur jeweils eine Fundstelle, sondern zugleich Hinweise auf andere Dokumente und Querverweise; in der Form von Hypermedia liefert es gleichzeitig Hinweise auf inhaltlich zusammenhängende Text-, Bild- und Tondokumente. Dafür stehen besondere Hilfsmittel wie ›HyperText Transfer Protocol‹ und ›HyperText Markup Language‹ zur Verfügung.

Voraussetzung für die Inanspruchnahme von Hypermedia wie auch anderer Multimedia-Anwendungen ist allerdings, daß ein entsprechender Rechner (z. B. eine leistungsfähige Workstation, →Computer) sowie ein direkter breitbandiger Anschluß an ein Breitbandnetz zur Verfügung stehen (für Datenraten von etwa 10 Mio. Bit pro Sekunde oder mehr). – Aktuelle Daten zum I. sowie weitere Informationen können über das I. selbst unter der Adresse http://www.nic.de abgerufen werden.

Mit der steigenden Zahl der I.-Nutzer werden zunehmend auch Fragen der Datensicherheit und der staatl. Regulierung diskutiert. Einerseits wird jeder staatl. Eingriff in das auf unbeschränkte Meinungsfreiheit ausgelegte I. als Versuch der Zensur angesehen; andererseits werden – bes. unter dem Gesichtspunkt des Jugendschutzes – mit Blick auf die Verbreitung von Pornographie und nat.-soz. Propaganda im I. freiwillige oder staatl. Beschränkungen gefordert.

***Interpol:** Im Nov. 1989 wurde der Sitz nach Lyon verlegt.

***Intervention 2):** *Völkerrecht:* →humanitäre Intervention.

Intrahandel, →Außenhandelsstatistik.

***Investition:** In Dtl. hat die massive I.-Förderung in den neuen Bundesländern dazu geführt, daß dort seit 1993 mehr I. je Ew. getätigt werden (1994: 13 300 DM je Ew.) als in den alten Bundesländern (9 100 DM je Ew.). Ein wesentl. Element der I.-Förderung in den neuen Bundesländern ist die **I.-Zulage,** deren uspr. zeitlich befristete Gewährung für I. in den neuen Bundesländern mehrfach verlängert wurde (zuletzt durch das Jahressteuer-Ges. bis Ende 1998). Gefördert werden Betriebe des verarbeitenden Gewerbes mit einer I.-Zulage von 5% der Anschaffungs- oder Herstellungskosten. Die Zulage erhöht sich auf 10% bei einer I.-Summe von höchstens 5 Mio. DM für mittelständ. Betriebe aus Industrie und Handwerk mit weniger als 250 Beschäftigten sowie ab 1996 auch für mittelständ. Handelsbetriebe in innerörtl. Gebieten mit weniger als 50 Beschäftigten (maximale I.-Summe: 250 000 DM). Zugleich werden ab 1996 Betriebe im westl. Berlin wieder in die Förderung einbezogen, nachdem deren Förderung im Rahmen des Berlinförderungs-Ges. (wie auch die Förderung für Unternehmen im Zonenrandgebiet) zum 1. 7. 1991 ausgelaufen war. Die zum 1. 1. 1993 eingeführte I.-Zulage von 20% für Unternehmen im Besitz von natürl. Personen mit Wohnsitz in den neuen Bundesländern galt nur bis zum 31. 12. 1994, weil die EU-Kommission diese Zulage als Diskriminierung der EU-Ausländer gerügt hatte.

***Investmentfonds:** Seit dem 1. 8. 1994 sind in Dtl. auch →Geldmarktfonds zugelassen. Weltweit hat sich die Angebotsvielfalt der I. stark erweitert, um den verschiedensten Anlegerwünschen zu entsprechen. So werden u. a. Rentenfonds mit begrenzter Laufzeit angeboten. Bei diesen **Laufzeitfonds** steht bereits bei Beginn der Ausgabe von Anteilen der Auflösungstermin des Fonds fest. Die unterschiedl. Risikobereitschaft der Anleger berücksichtigen Rentenfonds, die entweder das Fondsvermögen in spekulative Anleihen anlegen oder in Anleihen von Schuldnern mit höchster Bonität (Garantiefonds). Unter dem Risikoaspekt sind auch unter den Aktienfonds neue Angebote entstanden. Dazu zählen Aktienfonds mit Risikobegrenzung, bei denen das Fondsvermögen auch dazu benutzt wird, Kurssicherungsgeschäfte abzuschließen, und Aktienfonds, die vornehmlich in Aktien bestimmter Unternehmen investieren (z. B. kleine Aktiengesellschaften, Unternehmen, die eine Krise überwunden haben). Weiterhin gibt es spezielle Aktienfonds für bestimmte Wirtschaftszweige (**Branchenfonds**), für bestimmte Regionen (z. B. mit Anlageschwerpunkt Europa, Nordamerika, Asien und Pazifik) und für bestimmte Länder (**Länderfonds**). Hochspekulative Aktienfonds haben den Anlageschwerpunkt Optionsscheine oder investieren an Emerging markets.

Die (1995) 63 im BVI Bundesverband Dt. Investment-Gesellschaften e. V. organisierten dt. I.-Gesellschaften verwalten (Sept. 1995) 280 Aktienfonds und gemischte Fonds mit einem Fondsvermögen von 47,1 Mrd. DM (1970: 42 Fonds mit 6,2 Mrd. DM), 250 Rentenfonds mit einem Fondsvermögen von 101,9 Mrd. DM (13 Fonds mit 2,8 Mrd. DM), 28 Geldmarktfonds mit einem Fondsvermögen von 28,7 Mrd. DM sowie 14 offene Immobilienfonds mit einem Fondsvermögen von 55,7 Mrd. DM. Neben diesen 572 Publikumsfonds mit einem Volumen von 233,4 Mrd. DM (60 Fonds mit 9,6 Mrd. DM) gibt es 2 590 Spezialfonds mit einem Fondsvermögen von 292,4 Mrd. DM (112 Fonds mit 0,9 Mrd. DM).

Investor relations [ɪnˈvestə rɪˈleɪʃnz; engl. investor ›Kapitalanleger‹ und relations ›Beziehungen‹] Pl., Oberbegriff für die vielfältigen Formen der Pflege der Beziehungen einer AG zu ihren Kapitalgebern, insbesondere ihren Eigenkapitalgebern (Aktionären), um deren Vertrauen und Loyalität zum Unternehmen zu erhalten und zu festigen. Dazu dient neben einer aktionärsfreundl. Dividenden- und Emissionspolitik (→Shareholder value) v. a. die Gestaltung der jährl. Geschäfts- und der Zwischenberichte, aber auch die laufende Vermittlung aktueller Informationen.

***Ionesco,** Eugène, frz. Schriftsteller rumän. Herkunft: † Paris 28. 3. 1994.

Ipsen, Knut, Völkerrechtler, * Hamburg 9. 6. 1935; seit 1974 Prof. an der Ruhr-Univ. Bochum (1979–89 deren Rektor), 1991–93 Gründungsrektor der Europa-Univ. Viadrina Frankfurt (Oder), seit 1991 Mitgl. des Ständigen Schiedsgerichtshofs in Den Haag, seit 11. 11. 1994 Präs. des Dt. Roten Kreuzes.

***IRA:** Nachdem die brit. und die irische Reg. im Dez. 1993 die Aufnahme von Gesprächen mit allen nordir. Parteien zur friedl. Lösung des Nordirlandkonflikts von einem Gewaltverzicht der republikan. und der unionist. Terrororganisationen abhängig gemacht hatten, verkündete die IRA Ende Aug. 1994 einen unbefristeten Waffenstillstand ab 1. 9. 1994. Die Auslieferung ihrer Waffen lehnte sie jedoch ab. Am 9. 2. 1996 kündigte sie den Waffenstillstand auf.

T. P. COOGAN: The IRA (Neuausg. London 1993).

***Irak,** amtlich arab. **Al-Djumhurijja al-Irakijja,** dt. **Republik I.,** Staat in Vorderasien, grenzt an den Pers. Golf.

Hauptstadt: Bagdad. *Amtssprache:* Arabisch (im autonomen Gebiet der Kurden ist Kurdisch Amtssprache). *Staatsfläche:* 438 317 km^2 (ohne Binnengewässer 437 370 km^2). *Bodennutzung (1992):* 54 500 km^2 Ackerland, 40 000 km^2 Dauergrünland, 18 800 km^2 Waldfläche. *Einwohner (1994):* 19,925 Mio., 45 Ew. je km^2. *Städtische Bevölkerung (1991):* 70%. *Durchschnittliches Bevölkerungswachstum pro Jahr (1985–93):* 3,2%. *Bevölkerungsprojektion für 2000:* 24,78 Mio. Ew. *Ethnische Gruppen (1993):* rd. 15 Mio. Araber, 3,688 Mio. Kurden, 0,270 Mio. Turkmenen. *Religion (1992):* 61,5% Schiiten, 34,0% Sunniten; der Islam ist Staatsreligion. *Altersgliederung (1995):* unter 15 Jahre 43,8%, 15 bis unter 65 Jahre 53,2%, 65 und mehr Jahre 3,0%. *Lebenserwartung der Neugeborenen (1992):* 64 Jahre. *Analphabetenquote (1991):* insgesamt 40,3%, männlich 30,2%, weiblich 50,7%. *BSP je Ew. (1990):* 4 110 US-$. *BIP nach Sektoren/Produktionsstruktur (1990):* Landwirtschaft 20%, Industrie 31%, Dienstleistungen 49%. *Währung:* 1 Irak-Dinar = 1 000 Fils. *Internationale Mitgliedschaften:* UNO, Arab. Liga, OPEC und OAPEC.

Geschichte: Im Golfkrieg gegen Iran (1980–88) hatte Präs. S. HUSAIN die militärtechn. Ausstattung der irak. Armee mit direkter Waffenhilfe der UdSSR sowie Frankreichs und Chinas stark gesteigert; aber auch andere Staaten hatten sich – bes. in politischideolog. Frontstellung gegen Iran – an Waffenlieferungen beteiligt (u. a. die USA). Die Dt. Dem. Rep. und Industrieunternehmen der Bundesrep. Dtl. lieferten Materialien sowie Technologien, die u. a. zur Produktion chem. Kampfmittel eingesetzt werden konnten; im 1. Golfkrieg setzte I. Giftgas gegen iran. Truppen, danach gegen Kurden ein.

Im Anschluß an irakisch-kuwait. Streitigkeiten im Juli 1990 über die beiderseitige Erdölförderpolitik sowie über gegenseitige Grenzverletzungen bei der Erdölförderung besetzten irak. Truppen am 2. 8. 1990 Kuwait. Unter Berufung auf (umstrittene) histor. Ansprüche annektierte I., das nur einen schmalen Zugang zum Pers. Golf besitzt, am 8. 8. 1990 Kuwait und erklärte es am 28. 8. zur ›19. Provinz‹. Gestützt auf zahlreiche Resolutionen des UN-Sicherheitsrates (seit dem 2. 8.), bildete sich eine von den USA geführte, regional auch von der Arab. Liga mehrheitlich unterstützte Staatenkoalition gegen I., die im Wettlauf mit den sich ständig verstärkenden irak. Truppen eine wachsende Streitmacht in den Raum am Pers. Golf entsandte; die Alliierten forderten die Wiederherstellung der staatl. Souveränität Kuwaits und den Abzug der Truppen I.s. Der UN-Sicherheitsrat verhängte ein von fast allen Ländern befolgtes Embargo (z. B. Schließung der irak. Erdölpipelines in der Türkei und in Saudi-Arabien; Blockade der irak. Häfen). Vorbehaltlos nur von der PLO, bedingt auch von Jordanien und Libyen unterstützt, suchte Präs. HUSAIN mit seiner Forderung, die Krise um Kuwait im Rahmen einer Gesamtlösung aller Konflikte im Nahen Osten zu beenden, die weitgehende außenpolit. Isolierung I.s zu überwinden. Zw. Aug. und Dez. 1990 hielt er etwa 11 000 Ausländer aus versch. Ländern als ›menschl. Schutzschilde‹ an strategisch wichtigen Orten fest.

Nachdem Präs. HUSAIN das Ultimatum des UN-Sicherheitsrats, bis zum 15. 1. 1991 Kuwait zu räumen, hatte verstreichen lassen, kam es zum 2. →Golfkrieg, in dem I. eine schwere Niederlage hinnehmen mußte und beträchtl. Kriegsschäden erlitt; es mußte sich verpflichten, alle Resolutionen des UN-Sicherheitsrats zu erfüllen (v. a. Rückzug aus Kuwait, Anerkennung der Unabhängigkeit Kuwaits, Schadensersatzleistung an alle durch den Golfkrieg geschädigten Staaten) sowie auf die Herstellung und den Besitz chem., biolog. und atomarer Waffensysteme zu verzichten.

Anfang März 1991 erhoben sich die schiit. Muslime in Süd-I. und die Kurden in Nord-I.; beide Aufstandsbewegungen wurden jedoch v. a. von den Einheiten der Republikan. Garde Präs. HUSAINS blutig niedergeschlagen. Hunderttausende flüchteten nach Iran und in die Türkei; das Elend der Flüchtlinge veranlaßte die USA, v. a. Schutzlager für die Kurden zu errichten, zumal Präs. G. BUSH die Gegner HUSAINS in I. während des Golfkrieges zum aktiven Widerstand gegen den Diktator aufgefordert hatte. Eine UN-Kommission stellte außer großen Beständen an chem. Waffen auch ausführungsreife Pläne für den Bau von Kernwaffen fest.

Das andauernde Wirtschafts- und Handelsembargo gegenüber I. führte in I. zu fortschreitender Verarmung und hoher Sterblichkeit; I. setzte sich indes dem Verdacht aus, die Zugeständnis der UNO, daß es einen Teil des Erlöses aus dem in begrenztem Umfang eingeräumten Erdölexport für den Kauf von Medikamenten und Lebensmitteln nutzen könne, zu mißbrauchen. Entsprechend der Resolution 687 des UN-Sicherheitsrats (3. 4. 1991) über die Waffenstillstandsbedingungen suchte die UNO seitdem die tatsächl. Vernichtung der ABC-Waffen zu kontrollieren, wurde dabei jedoch von der irak. Reg. oft behindert. Zur Überwachung des Waffenstillstands entsandte die UNO eine Friedenstruppe in die entmilitarisierte Zone beiderseits der irakisch-kuwait. Grenze (UNIKOM). Zum Schutz vor Angriffen der irak. Truppen wurde in Nord-I., nördlich des 36. Breitengrads, eine Schutzzone für die Kurden (April 1991), in Süd-I., südlich des 32. Breitengrads, eine Flugverbotszone zum Schutz der Schiiten eingerichtet (Aug. 1992).

Vor diesem Hintergrund fanden am 19. 5. 1992 in der nordirak. Zone als erster Schritt zu einer kurd. Selbstverwaltung Präsidentschafts- und Parlamentswahlen statt. Die im Juni 1992 gebildete, auch international nicht anerkannte Reg. wurde von der Zentral-Reg. in Bagdad für illegal erklärt. Bewaffnete Auseinandersetzungen zw. den Anhängern der rivalisierenden Kurdengruppen führten 1993/94 zu einer Aufteilung des nordirak. Gebiets unter die Kampfparteien. Mehrfach drangen türk. Truppen in das Gebiet ein, um Stützpunkte der PKK anzugreifen; im S der kurd. Zone kam es 1995 zu Kämpfen zw. Kurden und irak. Regierungstruppen. (→Kurden)

Im Jan. 1993 führten die ständigen Behinderungen der UN-Inspektionen, der Aufmarsch irak. Truppen in den von der UNO Kuwait zugesprochenen Gebietsstreifen zum Abtransport noch dort lagernden Kriegsmaterials sowie die Mißachtung der Flugverbotszone zu alliierten Luftangriffen (USA, Großbritannien und Frankreich); weitere militär. Schläge der USA folgten auf Enthüllungen, daß der irak. Geheimdienst im April 1993 versucht haben soll, den damaligen amerikan. Präs. BUSH zu ermorden.

Knut Ipsen

Irak

Staatswappen

Nationalflagge

Iran Iran

Am 30. 5. 1994 übernahm Präs. HUSAIN mit Hinweis auf die von den Kriegsfolgen beeinträchtigte Wirtschaft selbst das Amt des MinPräs. Die sich ständig verschärfende Lebensmittelknappheit und die dadurch ausgelöste Inflation (Anfang 1992: etwa 2000%) zwangen zur Einführung eines rigorosen staatl. Rationierungssystems. Der weitgehenden wirtschaftl. Isolierung – in gewissem Umfang gelang es I. indes, über Iran und Jordanien illegal Erdöl zu exportieren – suchte die irak. Wirtschaftspolitik mit Bestrebungen zu größtmögl. Autarkie zu begegnen.

Im Nov. 1993 legte die Internat. Atomenergiebehörde (IAEO) einen Bericht vor, dem zufolge das Kernwaffenprogramm I.s entweder vollständig zerstört oder zumindest neutralisiert sei; im Mai 1994 stellte die UNO fest, daß das Land über keine chem. Kampfstoffe mehr verfüge. Am 10. 11. erkannte I. die Grenzen und Souveränität Kuwaits sowie sämtl. UN-Resolutionen an, nachdem die an die Grenze zu Kuwait verlegten irak. Truppenkontingente auf militär. Druck der USA hin zurückgezogen worden waren. Nach den starken Verlusten der irak. Armee im 2. Golfkrieg wurde sie in den folgenden Jahren neu aufgebaut. Bis 1994 waren wieder 80% der Feuerkraft z. Z. des Überfalls auf Kuwait erreicht, obwohl die Personalstärke (jetzt 350 000 Mann) nur noch die Hälfte der damaligen Mobilisierungsstärke beträgt. Die Einbußen beim Großgerät konnten z. T. ausgeglichen werden, insgesamt ein besserer technolog. Standard erreicht werden. Zur Verfügung stehen u.a. 2500 Kampfpanzer und 250 Kampfflugzeuge. Der Schiffsbestand der Marine wurde radikal vermindert; in Dienst stehen nur noch 10 Kleine Kampfschiffe. V. a. vor dem Hintergrund der Frage der Reparationszahlungen, der steigenden Zahl von Menschenrechtsverletzungen, der konventionellen Aufrüstung und der im Sommer 1995 von Rüstungsfachleuten der UNO bekanntgegebene Tatsache, daß I. 1991 über 200 einsatzfähige biolog. Sprengköpfe verfügt hatte, wurde das UN-Embargo insbesondere auf Initiative der USA (aber auch Großbritanniens, Kuwaits und Saudi-Arabiens) mehrfach, zuletzt im Mai 1995, verlängert. Die innenpolit. Krise des Regimes verschärfte sich 1995 mit den blutig niedergeschlagenen Aufständen bislang regierungstreuer sunnit. Stämme in der westirak. Prov. Anbar und der Flucht der beiden Schwiegersöhne Präs. HUSAINS mit ihren Familien nach Jordanien (Aug. 1995); die Schwiegersöhne wurden nach ihrer Rückkehr im Febr. 1996 ermordet.

H. WEILER: Der Konflikt am Pers. Golf aus völkerrechtl. Sicht (1992).

*Iran, amtlich Farsi **Jomhori-e Islami-e Iran,** dt. **Islamische Republik I.,** Staat in Vorderasien, grenzt an das Kasp. Meer, den Pers. Golf und den Golf von Oman.

Hauptstadt: Teheran. *Amtssprache:* Persisch. *Staatsfläche:* 1 648 000 km² (ohne Binnengewässer 1 636 000 km²). *Bodennutzung (1992):* 150 500 km² Ackerland, 440 000 km² Dauergrünland, 180 200 km² Waldfläche. *Einwohner (1994):* 65,758 Mio., 40 Ew. je km². *Städtische Bevölkerung (1993):* 58%; in städt. Agglomerationen mit 1 Mio. und mehr Ew. leben 34% der Stadt-, 20% der Gesamtbevölkerung. *Durchschnittliches Bevölkerungswachstum pro Jahr (1985–93):* 3,6%. *Bevölkerungsprojektion für 2000:* 77,929 Mio. Ew. *Ethnische Gruppen (1983):* 45,6% Perser, 16,8% Aserbaidschaner, 9,1% Kurden, 4,3% Luren, 2,3% Belutschen, 2,2% Araber, 1,7% Baktrer, 1,5% Turkmenen, 16,0% andere. *Religion (1992):* 89,5% Schiiten (der schiit. Islam ist Staatsreligion), 7,7% Sunniten. *Altersgliederung (1995):* unter 15 Jahre 45,9%, 15 bis unter 65 Jahre 50,3%, 65 und mehr Jahre 3,8%. *Lebenserwartung der Neugeborenen (1992):* männlich 65 Jahre, weiblich 66 Jahre. *Analphabetenquote (1991):* insgesamt 46,0%, männlich 35,5%, weiblich 56,7%. *BSP je Ew. (1992):* 2 190 US-$. *BIP nach Sektoren/Produktionsstruktur (1993):* Landwirtschaft 24%, Industrie 29%, Dienstleistungen 47%. *Währung:* 1 Rial (Rl.) = 100 Dinars (D.). *Internationale Mitgliedschaften:* UNO, Colombo-Plan, OPEC.

Geschichte: Am 28. 7. 1989 wurde durch Referendum eine umfangreiche Verf.-Änderung angenommen, die noch von Ayatollah R. M. H. KHOMEINI initiiert worden war: Die Stellung des Staatspräs. wurde wesentlich gestärkt. Nominell höchste Autorität des Landes ist nach wie vor der ›Führer‹ (›Wilayat-e Fakih‹) der islam. Revolution und Stellvertreter des Imam, der von einem religiösen Sachverständigenrat bestimmt wird (gegenwärtig des ehem. Staatspräs. H. A. KHAMENEI). An der Spitze der Exekutive steht der mit umfassenden Befugnissen ausgestattete Staatspräs., der für vier Jahre vom Volk gewählt und vom Parlament bestätigt wird; einmalige Wiederwahl ist möglich. Der Staatspräs. ernennt die Min. (die ebenfalls vom Parlament bestätigt werden müssen) und hat den Vorsitz im Ministerrat inne (das Amt des Premier-Min. wurde abgeschafft). Der bisher an der Spitze des Rechtswesens stehende Hohe Rat der Justiz wurde durch einen vom ›Führer‹ für fünf Jahre ernannten, der Geistlichkeit angehörenden Obersten Richter ersetzt, der den Justiz-Min. vorschlägt, die Gerichtsorganisation festlegt und die Richter ernennt. Als oberste Gerichtsinstanz wurde ein Oberstes Gericht geschaffen.

Zugleich mit der Verf.-Änderung vom 28. 7. 1989 wählte die Bev. A. A. H. RAFSANDJANI zum Staatspräs.; am 11. 6. 1993 wurde er wiedergewählt (vereidigt am 4. 8.). In zwei Wahlgängen (am 11. 4. und 8. 5. 1992) fanden die ersten Parlamentswahlen seit dem Tod KHOMEINIS statt, aus denen die Anhänger RAFSANDJANIS mit rd. 70% der Stimmen als Sieger hervorgingen. Aufgrund der ausbleibenden innenpolit. Liberalisierung (u. a. strenge Zensur) sowie der schlechten Wirtschaftssituation kam es seit 1991 wiederholt zu regierungsfeindl. Kundgebungen und blutigen Auseinandersetzungen mit den Sicherheitskräften und Revolutionsgardisten. Ziele des staatl. Vorgehens waren insbes. der Rauschgiftmafia und der oppositionellen Volksmudjahedin in Irak (sie wählten erstmals am 11. 8. 1993 einen Führungsrat als oberstes beschlußfassendes Gremium mit 24 weibl. Mitgl.). Nach einer UN-Resolution von 1992, die v. a. Massenhinrichtungen, Folterungen, die Steinigung von Frauen sowie die Verfolgung von religiösen Minderheiten (u. a. der Bahai) anprangerte, richtete auch Amnesty International im Mai 1995 schwere Vorwürfe gegen die iran. Reg. wegen anhaltender Menschenrechtsverletzungen v. a. an Oppositionellen in und außerhalb des Landes. Im Mai 1995 zog die Reg. auf eine EU-Initiative hin ein Abrücken von dem im Febr. 1993 erneuerten Todesurteil (Fetwa) gegen den Schriftsteller S. RUSHDIE in Betracht; offiziell blieb I. jedoch bei dem Fetwa.

Nach Schüssen auf Staatspräs. RAFSANDJANI und Unruhen in Südost-I. im Febr. 1994 erhielt Innen-Min. MOHAMMED BASCHARATI mit der Ernennung zum stellv. Oberkommandierenden der Sicherheitskräfte zusätzl. Kompetenzen.

Vor dem Hintergrund des 2. Golfkriegs, in dem I. neutral blieb, begann I. mit dem Wiederaufbau seines im 1. Golfkrieg stark reduzierten Militärpotentials; bes. gefördert werden Luftwaffe und Marine. Nach Beschaffung umfangreichen Materials aus Rußland und China besteht die Ausrüstung neben älterem amerikan. Material v. a. aus Gerät östl. Herkunft. Die

Zahl der Kampfflugzeuge wurde auf über 400 Stück angehoben (darunter 100 der MiG-21 entsprechende chin. F-7 sowie je 80 MiG-29 und F-5 Tiger), die der Kleinen Kampfschiffe auf 20. Für Aufsehen sorgte der Kauf dreier älterer sowjet. U-Boote. Der Kampfpanzerbestand (insgesamt 1 300 Stück) setzt sich v. a. aus je 500 T-72 und chin. T-59 zusammen. Im Zuge der blutigen Unterdrückung der kurd. und schiit. Aufstandsbewegung in Irak flohen über 1 Mio. Menschen nach I. 1992 bekräftigten I., Irak und Syrien indes ihre Absicht, einen selbständigen Kurdenstaat zu verhindern: 1991/92 drangen türk. Truppen in I. ein, um Stützpunkte der PKK anzugreifen. 1993/94 griff die iran. Luftwaffe das Hauptquartier der Demokrat. Partei Iranisch-Kurdistans (DPKI) auf irak. Gebiet an. (→Kurden)

Mit der Aufhebung der Begrenzung von Auslandsinvestitionen im Mai 1992 suchte I. die Handelsbeziehungen mit den westl. Industriestaaten und internat. Kreditinstituten zu normalisieren. Die USA nahmen die 1987 suspendierten Erdöleinfuhren aus I. wieder auf (Juni 1991); im März 1994 rückten sie zum größten Handelspartner I.s auf. Gleichwohl trat am 8. 5. 1995 ein amerikan. Embargo gegen I. in Kraft, das die USA mit der Unterstützung des internat. Terrorismus durch I. begründeten. Obwohl die Internat. Atomenergiebehörde (IAEO) im Febr. 1992 und Anfang 1995 festgestellt hatte, daß I. Kernenergie nur zu friedl. Zwecken nutzt, und I. auf den zivilen Charakter des am 14. 4. 1993 vom iran. Parlament ratifizierten Kernenergieabkommens mit China und Rußland hinwies, unterstrichen die USA ihre Sorge, I. könne die Kernenergie für militär. Zwecke mißbrauchen.

Auch mit den Golfanrainerstaaten sowie den Staaten der arab. Welt strebte I. eine Verbesserung der Beziehungen an (u. a. Wiederaufnahme von diplomat. Beziehungen mit Tunesien und Mauretanien im Sept. 1990, mit Bahrain im Nov. 1990, mit Marokko im Dez. 1991, mit Jordanien im Jan. 1991 und Saudi-Arabien im März 1991); gegenüber dem Nahostfriedensprozeß nahm I. indes eine vehement ablehnende Haltung ein. Die Beziehungen zu den mittelasiat. Staaten intensivierte I. mit dem Abschluß von versch. Abkommen in den Bereichen Wirtschaft, Wissenschaft, Transport und Kultur. Unter Umgehung des UN-Wirtschaftsembargos lieferte I. auch 1994/95 Waffen nach Bosnien und Herzegowina.

*Irland, irisch **Éire**, engl. **Ireland**, amtl. Namen: **Poblacht na h'Éireann, Republic of Ireland**, Inselstaat in NW-Europa, grenzt an den Atlant. Ozean und die Irische See.

Hauptstadt: Dublin. *Amtssprachen:* Irisch und Englisch. *Staatsfläche:* 70 284 km² (ohne Binnengewässer 68 890 km²). *Bodennutzung (1992):* 9 330 km² Ackerland, 46 940 km² Dauergrünland, 3 450 km² Waldfläche. *Einwohner (1994):* 3,571 Mio., 51 Ew. je km². *Städtische Bevölkerung (1993):* 57%. *Durchschnittliches Bevölkerungswachstum pro Jahr (1985–93):* 0,0%. *Bevölkerungsprojektion für 2000:* 3,44 Mio. Ew. *Religion (1992):* 93,1% Katholiken. *Altersgliederung (1993):* unter 15 Jahre 25,9%, 15 bis unter 65 Jahre 62,6%, 65 und mehr Jahre 11,5%. *Lebenserwartung der Neugeborenen (1992):* männlich 73 Jahre, weiblich 78 Jahre. *BSP je Ew. (1993):* 13 000 US-$. *BIP nach Sektoren/Produktionsstruktur (1993):* Landwirtschaft 8%, Industrie 10%, Dienstleistungen 82%. *Arbeitslosenquote (1994):* 14,8%. *Währung:* 1 Irisches Pfund (Ir£) = 100 Pence (p). *Internationale Mitgliedschaften:* UNO, EU, Europarat, OECD, OSZE.

Geschichte: Am 7. 11. 1990 wurde MARY ROBINSON (parteilos) als erste Frau in das Präsidentenamt gewählt. Im Febr. 1992 löste A. REYNOLDS C. HAUGHEY als Premier-Min. ab. Im Juni 1992 stimmte die Mehrheit der Bev. (68,7%) in einem Referendum für die Ratifizierung des Vertrags von Maastricht. Nach einem Zerwürfnis zw. den Koalitionspartnern Fianna Fáil und Progressive Democrats wurde die Reg. unter REYNOLDS durch ein Mißtrauensvotum Anfang Nov. 1992 gestürzt. Bei der vorgezogenen Neuwahl des Parlaments am 25. 11. 1992 errang die Labour Party unter Führung von R. SPRING große Stimmengewinne (19,3%, 33 Mandate; 1989: 9,5%, 15 Mandate), Fianna Fáil blieb trotz Verlusten stärkste Partei (39,1%), Fine Gael erhielt 24,5%. Im Jan. 1993 bildeten Fianna Fáil und Labour Party eine Koalitions-Reg. unter Leitung von REYNOLDS; Außen-Min. und Vizepremier-Min. wurde SPRING. Bei den Referenden zur Abtreibungsfrage, die gleichzeitig mit der Parlamentswahl stattfanden, stimmte die Mehrheit der Bev. für das Recht, Abtreibungen in anderen EG-Staaten vornehmen zu lassen, eine Änderung des in der Verf. festgeschriebenen generellen Abtreibungsverbots wurde jedoch abgelehnt. Die Reg. Reynolds bemühte sich bes. um die Bekämpfung der hohen Arbeitslosigkeit und um Reformen u. a. in den Bereichen Abtreibung, Ehescheidung und Homosexualität. Zur wirtschaftl. Stabilisierung wurde im Okt. 1993 ein Nat. Entwicklungsplan mit hohem Investitionsvolumen vorgelegt. Bei Kommunal- und Nachwahlen sowie bei der Wahl zum Europ. Parlament (Juni 1994) mußten die Reg.-Parteien jedoch Rückschläge hinnehmen. Mitte Nov. 1994 zerbrach die Koalition an einer strittigen Personalentscheidung von REYNOLDS, der daraufhin als Premier-Min. zurücktrat. Nach längeren Koalitionsverhandlungen wurde am 15. 12. 1994 J. BRUTON (Fine Gael) zum Premier-Min. einer neuen Reg. aus Fine Gael, Labour Party und Democratic Left (1992 aus der Worker's Party hervorgegangen) gewählt. Bei einem Referendum am 24. 11. 1995 stimmten 50,3% der Bev. für die Einführung der zivilen Ehescheidung.

Im Juli 1992 erstmals seit der Abtrennung Nordirlands (1922) begonnene Gespräche zw. der irischen Reg. und den vier Hauptparteien Nordirlands scheiterten im Nov. 1992. Die unterdessen ausgesetzten britisch-irischen Konferenzen wurden wieder aufgenommen. Im Dez. 1993 legten die irische und die brit. Reg. eine gemeinsame Erklärung zur Nordirlandfrage vor, in der sie nach einem Gewaltverzicht der unionist. und republikan. Terrororganisationen und der Einhaltung eines dreimonatigen Waffenstillstands allen nordir. Parteien (einschließlich Sinn Féin) Friedensgespräche anboten. Mit der Waffenstillstandserklärung der IRA zum 1. 9. 1994 und der prot. Terrororganisationen zum 14. 10. 1994 erfüllten beide Seiten diese Forderung. Ein von der Reg. Ende Okt. 1994 einberufenes gesamtir. Gesprächsforum für Frieden und Versöhnung stieß jedoch bei den unionist. Parteien auf Ablehnung. Am 22. 2. 1995 legte BRUTON mit seinem brit. Amtskollegen J. MAJOR als Grundlage für die Allparteienverhandlungen über Nordirland einen Rahmenplan vor. Kernpunkte sind die Wahl eines neuen Belfaster Parlaments durch die nordir. Bev., die Errichtung einer gesamtir. Behörde (Exekutivvollmacht für Verkehr, Kommunikation, Landwirtschaft, Schulwesen) und die Abhängigkeit jegl. Statusänderung der nordir. Prov. von der Zustimmung der Mehrheit der nordir. Bevölkerung. Am 28. 11. 1995 vereinbarte die irische mit der brit. Reg. die Einsetzung einer internat. Kommission zur Klärung der Entwaffnung der nordir. Untergrundverbände, parallel dazu poll. Vorgespräche mit allen Konfliktparteien sowie den Beginn der eigentl. Nordirlandverhandlungen für Febr. 1996. (→Nordirland)

J. J. LEE: Ireland, 1912–1985. Politics and society (Cambridge ³1991); D. KEOGH: Twentieth-century Ireland. Nation and state (Dublin 1994).

Iron Irons–Isosaki

Irons [ˈaɪrənz], Jeremy, brit. Schauspieler, * Cowes 19. 9. 1948; Theater-, Fernseh- und Filmdarsteller (seit 1980) des Charakterfachs.
Filme: Die Geliebte des frz. Leutnants (1981); Wiedersehen in Brideshead (Fernsehserie, 1981); Betrug (1983); Eine Liebe von Swann (1984); Die Affäre der Sunny von B. (1990); Kafka (1990); Verhängnis – Damage (1992); Das Geisterhaus (1993); Stirb langsam. Jetzt erst recht (1995).

Jeremy Irons

Iruñea [-ɲ-], bask. Name der span. Stadt ▷ Pamplona.

***ISDN:** Seit Ende 1993 steht das ISDN in Dtl. in den alten Bundesländern flächendeckend zur Verfügung, in den neuen Bundesländern soll dieses Ziel 1996 erreicht werden. 1993 einigten sich Netzbetreiber aus 20 europ. Staaten auf einen gemeinsamen ISDN-Standard (**Euro-ISDN**) mit dem einheitl. Normen in der Richtlinie EDSS 1 (European Digital Subscriber Signalling System No. 1) für das D-Kanal-Protokoll festgelegt wurden. An den Basisanschluß des Euro-ISDN können bis zu acht Endgeräte angeschlossen werden. Allerdings sind Euro-ISDN und das nat. D-Kanal-Protokoll 1 TR 6 nicht kompatibel, so daß ein bilingualer Basisanschluß notwendig ist, wenn Endgeräte nach beiden Protokollnormen betrieben werden sollen.

Der Einsatz entsprechender ISDN-Software und einer Adapterkarte (Steckkarte) erübrigt die Zwischenschaltung eines Modems zw. Computer und Telefon. Das beschleunigt die Datenübertragung zw. zwei Computern, z. B. bei einer Datenbankrecherche. Diese Adapterkarten gibt es in zwei Ausführungen. Entweder verfügen sie über einen eigenen Prozessor plus Speicher, oder sie werden vom Prozessor des Computers gesteuert. 1993 und 1994 führte die Dt. Telekom Pilotprojekte zur Erprobung des Breitband-ISDN durch, dessen höchste Netzausbaustufe das **BIGFON** (Abk. für **B**reitband-**i**ntegriertes **G**lasfaser-**F**ernmelde-**O**rts**n**etz) ist, das Übertragungsgeschwindigkeiten von 130 MBit/s ermöglicht.

Mit der Einführung des ISDN wurde angesichts der Zunahme der integrierten Dienste und der umfangreichen Speicherung auswertbarer Daten die Forderung nach einer umfassenden Wahrung des Datenschutzes erhoben. Dieser Forderung wurde auf nat. Ebene durch die am 1. 1. 1991 in Kraft getretene Telekommunikationsdatenschutzverordnung (TDSV) sowie die am 29. 12. 1991 in Kraft getretene Unternehmensdatenschutzverordnung (UDSV) Rechnung getragen.

Isosaki Arata: Wohnhaus ›Viktoriahof‹ in Berlin; 1987

Der Europ. Union liegt seit 5. 11. 1990 der Vorschlag für eine Ratsrichtlinie zum Schutz natürl. Personen bei der Verarbeitung personenbezogener Daten und zum freien Datenverkehr vor, die zw. 1992 und 1994 zwar mehrfach überarbeitet, jedoch bis 1995 nicht endgültig verabschiedet wurde.

Ishiguro [ɪʃi-], Kazuo, engl. Schriftsteller japan. Herkunft, * Nagasaki 8. 11. 1954; lebt seit 1960 in England. Seine ersten Romane (›A pale view of hills‹, 1982, dt. ›Damals in Nagasaki‹; ›An artist of the floating world‹, 1986, dt. ›Der Maler der fließenden Welt‹) setzen sich prägnant, evokativ und ironisch mit der Begegnung der japan. Nachkriegsgesellschaft mit westl. Kultur auseinander. ›The remains of the day‹ (1989; dt. ›Was vom Tage übrigblieb‹; verfilmt) offenbart im Protokoll eines Butlers Mechanismen der Verdrängung von Emotionen und Erinnerung. I. schreibt auch Kurzprosa und Filmskripte.

Islamische Heilsfront, dt. Name der alger. Partei →Front Islamique du Salut.

***Island,** amtlich isländ. **Lýðveldð Ísland,** dt. **Republik Island,** Inselstaat im Europ. Nordmeer.

Hauptstadt: Reykjavík. *Amtssprache:* Isländisch. *Staatsfläche:* 103 000 km^2 (ohne Binnengewässer 88 500 km^2). *Bodennutzung (1992):* 80 km^2 Ackerland, 22 740 km^2 Dauergrünland, 1 200 km^2 Waldfläche. *Einwohner (1992):* 266 000, 3 Ew. je km^2. Städtische Bevölkerung (1994): 91%. *Durchschnittliches Bevölkerungswachstum pro Jahr (1985–93):* 1,2%. *Bevölkerungsprojektion für 2000:* 276 000 Ew. *Religion (1991):* 92,2% Mitglieder der ev.-luther. Isländ. Nationalkirche (Staatskirche), 4,0% andere Protestanten, 1,0% Katholiken. *Altersgliederung (1992):* unter 15 Jahre 24,8%, 15 bis unter 65 Jahre 64,5%, 65 und mehr Jahre 10,7%. *Lebenserwartung der Neugeborenen (1992):* männlich 76 Jahre, weiblich 81 Jahre. *BSP je Ew. (1993):* 23 620 US-$. *BIP nach Sektoren/Produktionsstruktur (1992):* Landwirtschaft und Fischerei 12%, Industrie 30%, Dienstleistungen 58%. *Arbeitslosenquote (1994):* 4,7%. *Währung:* 1 Isländische Krone (Krónar; ikr) = 100 Aurar (Singular Eyrir). *Internationale Mitgliedschaften:* UNO, Europarat, NATO, Nordischer Rat, OECD, OSZE.

Geschichte: Im Juni 1988 sowie im Aug. 1992 wurde VIGDIS FINNBOGADÓTTIR wieder zur Staatspräsidentin gewählt. Die Zweiteilung des isländ. Parlaments (Althingi) in ein Ober- und in ein Unterhaus (Efri deild bzw. Nedri deild) wurde 1991 durch Verschmelzung der beiden Kammern beendet. Nachdem die Internat. Walfangkommission ein seit fünf Jahren bestehendes Walfangmoratorium verlängert und auch den kommerziellen Fang von Zwerg- und Finnwalen nicht wieder zugelassen hatte, trat I. im Dez. 1991 aus diesem Gremium aus. Im Aug. 1991 nahm I. diplomat. Beziehungen zu den balt. Staaten auf. Am 12. 1. 1993 ratifizierte das isländ. Parlament den Vertrag über den Europ. Wirtschaftsraum (EWR) der EFTA- und EG-Staaten. Über Fangrechte in der Barentssee kam es im Aug. 1993 zu einer Kontroverse mit Norwegen, desgleichen im Aug. 1994 über die Verletzung der Schutzzone um Spitzbergen durch norweg. Trawler. Ein im Jan. 1994 abgeschlossenes Abkommen mit der EU verbindet Fischerei- und Umweltfragen. Im Mai 1995 wurde I. Mitgl. des Rates der Ostseestaaten.

ISO 9000, →Qualitätsmanagement.

***Isosaki,** Arata, japan. Architekt: Seine neueren Bauten und Entwürfe kennzeichnet eine phantasievolle Kombination und Variation histor. architektonischer Lösungen und experimenteller Farb- und Formgestaltungen. I. betont die poetisch-assoziativen Elemente seiner Bauten; die konstruktiv und klar konzipierten Strukturen der Bauwerke treten dadurch z. T. in den Hintergrund. Als ein Hauptwerk der Postmoderne kann die um einen kon. Zylinder angeordnete Disney-Hauptverwaltung in Orlando, Fla. (1987-90), gelten; das Motiv der Ohren der Mickymaus nutzt er für ein Vordach und einen großen Empfangsbogen über der Einfahrt. Im Rahmen von ›debis‹ ist I. an der Neugestaltung des Potsdamer Platzes in Berlin (1993 ff.) beteiligt.

Weitere Werke: Stadthalle von Kamioka, Präfektur Gifu (1977-78); Forschungszentrum, Tsukuba (1979-83); Olympiahalle Palau Sant Jordi, Barcelona (1985-90); Kulturzentrum in Mito (1986-90); Wohnhaus Victoriahof, Berlin (1987); Internat. Konferenzzentrum, Kitakyūshū (1987-90); Guggenheim-Museum SoHo, New York (1991-92; Altbauumgestaltung); Zentrum für japan. Kunst u. Technologie, Krakau (1994).

A. I. Architektur 1960-1990, Beitr. v. D. B. STEWART u. a. (a. d. Engl., 1991); Architekten – A. I., bearb. v. U. SCHRECK-OFFERMANN (⁴1995, Bibl.).

Isothermschmieden, *Umformtechnik:* spezielles Schmiedeverfahren, bei dem Werkstück und Werkzeug während des Bearbeitungszeitraums dieselbe Temperatur aufweisen, so daß ▷ Superplastizität auftritt. Die Fließfähigkeit des Werkstoffs kann während der gesamten Umformung aufrechterhalten und dadurch die aufzuwendende Preßkraft deutlich reduziert werden. Da beim I. keine Wärme vom Werkstück an das Werkzeug abgegeben wird, können bei niedrigen Fließspannungen sehr homogene Umformteile hergestellt werden.

Die Gesenke für das I. müssen aus einem Material bestehen, das eine deutlich höhere Warmfestigkeit und Korrosionsbeständigkeit aufweist als die Werkstoffe der zu schmiedenden Teile. Zur Verhinderung einer unerwünschten Diffusionsverschweißung zw. Gesenk und Werkstück werden Schmiermittel eingesetzt, die ihre Wirkung schon in sehr dünnen Schichten entfalten, damit die Maßgenauigkeit (sie liegt im Bereich von Zehntelmillimetern) der Umformteile nicht beeinträchtigt wird. Als Folge der hohen Maßgenauigkeit ist die eventuell notwendige Nachbearbeitung beim I. gering.

*Israel, amtlich hebr. **Medinat Jisrael**, dt. **Staat I.**, Staat in Vorderasien, grenzt an das Mittelmeer und den Golf von Akaba des Roten Meeres.

Hauptstadt: Jerusalem. *Amtssprachen:* Hebräisch und Arabisch. *Staatsfläche:* 20 700 km² (ohne Binnengewässer 20 255 km²). *Bodennutzung (1992):* 4 360 km² Ackerland, 1 440 km² Dauergrünland, 1 200 km² Waldfläche. *Einwohner (1994):* 5,458 Mio., 259 Ew. je km². *Städtische Bevölkerung (1993):* 90 %. *Durchschnittliches Bevölkerungswachstum pro Jahr (1985-93):* 2,9 %. *Bevölkerungsprojektion für 2000:* 6,28 Mio. Ew. *Ethnische Gruppen (1991):* 82 % Juden, 18 % Araber und andere. *Religion (1992):* 81,5 % Juden, 14,3 % Muslime. *Altersgliederung (1995):* unter 15 Jahre 28,8 %, 15 bis unter 65 Jahre 61,5 %, 65 und mehr Jahre 9,7 %. *Lebenserwartung der Neugeborenen (1992):* männlich 75, weiblich 78 Jahre. *Analphabetenquote (1992):* insgesamt 5,2 %, männlich 2,9 %, weiblich 7,3 %. *BSP je Ew. (1993):* 13 920 US-$. *BIP nach Sektoren/Produktionsstruktur (1991):* Landwirtschaft 2 %, Industrie 29 %, Dienstleistungen 69 %. *Arbeitslosenquote (1994):* 7 %. *Währung:* 1 Neuer Schekel (NIS) = 100 Agorot. *Internationale Mitgliedschaften:* UNO.

Geschichte: Im März 1990 zerbrach die Reg. der großen Koalition v. a. am Gegensatz zw. dem Likudblock (MinPräs. Y. SCHAMIR) und der Israel. Arbeitspartei (Außen-Min. S. PERES) v. a. hinsichtlich kontroverser Konzeptionen zur Förderung des Friedensprozesses im Nahostkonflikt. Die Reg. Schamir, seit Juni 1990 eine Koalitions-Reg. aus Likudblock und religiösen Parteien, lehnte Verhandlungen mit der PLO ab und hielt an der Ausweitung des jüd. Siedlungsgebietes im Westjordanland fest. Mit unverminderter Härte setzte sie dort sowie im Gazastreifen den Kampf gegen die ▷ Intifada fort. Die nunmehr in Opposition stehende Israel. Arbeitspartei trat für territoriale Kompromisse als Lösung des israelisch-arab. Konfliktes ein und erkannte die nat. Rechte der Palästinenser an. Von der Israel. Arbeiterpartei spaltete sich 1988 die Arabische Demokrat. Partei ab.

Unter den veränderten polit. Bedingungen in der Sowjetunion und (seit 1992) ihren Nachfolgestaaten nahm eine Vielzahl von Staaten, unter ihnen im Okt. 1991 auch die Sowjetunion, die diplomat. Beziehungen zu I., die sie nach dem Sechstagekrieg (1967) und dem Jom-Kippur-Krieg (1973) abgebrochen hatten, wieder auf. Von (1989) 13 000 stieg die Zahl der Einwanderer aus O- und SO-Europa sprunghaft auf (Mitte 1992) 400 000 an. Die radikalen Verfechter jüd. Siedlungspolitik sahen (seit 1992) die Möglichkeit, den israel. Neubürgern im Westjordanland Lebensraum und Arbeitsmöglichkeiten zu schaffen.

Im 2. →Golfkrieg (Jan. bis Febr. 1991) suchte Irak I. in diesen Krieg hineinzuziehen und damit die antiirak. Front unter den arab. Staaten zu spalten. Irak griff den jüd. Staat mit Scud-Raketen sowjet. Bauart an. Auf Drängen der USA verzichtete I. auf eigene militär. Gegenmaßnahmen und überließ diese den USA. Die befürchtete (aber nicht eingetretene) Munitionierung der irak. Scud-Raketen mit chem. Kampfmitteln, die mit technolog. Hilfe dt. Firmen entwickelt worden war, führten in der öffentl. Meinung I.s vor dem Hintergrund des nat.-soz. Genozids an den europ. Juden zu Vorwürfen gegen Deutschland.

Im Zuge einer langwierigen Verhandlungsserie des amerikan. Außen-Min. J. BAKER mit I. und seinen arab. Nachbarstaaten erklärte sich I. bereit, an der Madrider Nahostkonferenz (ab Okt. 1991) teilzunehmen. An der Frage der Teilnahme an dieser Konferenz zerbrach jedoch die Mitte-Rechts-Koalition. Im März 1992 wurde mit der Wahlreform beschlossen (die jedoch erst für die übernächste Wahl wirksam werden sollte), die die Direktwahl des MinPräs. durch das Volk vorsieht; das Kabinett darf danach höchstens 18 Mitgl. umfassen. Nach dem Sieg der Israel. Arbeitspartei bei den allgemeinen Wahlen am 23. 6. 1992 wählte die Knesset am 13. 7. 1992 I. RABIN zum MinPräs., der die Führung einer Koalitions-Reg. aus Israel. Arbeitspartei, Meretzblock und Schas übernahm. Der Parteienblock ›Meretz‹ umfaßt die Mapam, die Bürgerrechtsbewegung ›Ratz‹ und die Shinui-Zentrumsbewegung. Mit der Streichung staatlich finanzierter Bauvorhaben im Westjordanland und im Gazastreifen, der Einstellung neuer Industrieprojekte dort (23. 7. 1992) sowie mit der Verfügung eines Baustopps auch für privat finanzierte Neubauten in dieser Region suchte die Reg. Rabin unter dem Gedanken ›Land für Frieden‹ ein günstiges Verhandlungsklima mit den arab. Staaten und der PLO zu schaffen.

Am 24. 3. 1993 wählte die Knesset E. WEIZMAN, einen entschiedenen Befürworter des Friedensprozesses im Nahostkonflikt, zum Staatspräs. Nachdem die Knesset am 20. 1. 1993 das Verbot jegl. Kontaktes zur PLO aufgehoben und so Direktverhandlungen mit der Führung der PLO legalisiert hatte, erkannte die PLO am 10. 9. 1993 das Existenzrecht I.s und I. die PLO als rechtmäßige Vertreterin des palästinens. Volkes an; beide Seiten betraten damit eine qualitativ neue Stufe in den gegenseitigen Beziehungen. Am 13. 9. 1993 unterzeichneten der israel. Außen-Min. PERES und MAHMUD ABBAS, Exekutiv-Mitgl. der PLO, ein Grundsatzabkommen über die palästinens. Teilautonomie, das Gaza-Jericho-Abkommen, das die Knesset am 23. 9. 1993 mit 61 von 120 Stimmen annahm (→Nahostkonflikt, →Palästina).

Am 4. 5. 1994 unterzeichneten MinPräs. RABIN und PLO-Chef J. ARAFAT in Kairo ein Abkommen, das die

Isra israelische Kunst – Italien

palästinens. Teilautonomie im Gazastreifen und im Gebiet von Jericho konkretisiert. Radikale Gegner eines israelisch-palästinens. Ausgleichs auf beiden Seiten suchen durch Attentate den Friedensprozeß zu stören. Aktionen militanter jüd. Siedler (bes. das Attentat auf betende Muslime in Hebron im Febr. 1994) und terrorist. Anschläge der →Hamas gegen israel. Bürger (bes. das Bombenattentat in Tel Aviv im Okt. 1994) führten zu schweren Unruhen, zum Verbot der Partei ›Kach‹ und zur vorübergehenden Stagnation des Friedensprozesses. I. und die PLO hielten jedoch an ihrer Verhandlungsbereitschaft fest. Nach Abschluß des palästinensisch-israel. Grundlagenvertrags im Sept. 1993 nahmen I. und →Jordanien Friedensgespräche auf. Am 26. 10. 1994 schlossen beide einen Friedensvertrag. Nach der Ermordung MinPräs. RABINS (4. 11. 1995) durch einen israel. Extremisten und weiteren Bombenattentaten der Hamas in Tel Aviv bekannte sich die neue Reg. unter PERES zur Fortsetzung des Friedensprozesses.

israelische Kunst. Die moderne Architektur in Israel wird bis heute von den Strömungen der 1930er Jahre geprägt, als nebeneinander Bauhausschüler, unter dem Einfluß von LE CORBUSIER stehende Architekten (u. a. ZEEV RECHTER, *1899, †1960) sowie E. MENDELSOHN wirkten. Zu den führenden Architekten gehörte ARIEH SHARON (*1902, †1984), der seit 1948 das zentrale Landesplanungsbüro leitete und im Krankenhaus- und Wohnungsbau hervortrat; Partner war u. a. ELDAR SHARON (*1933). Unter den besonderen Bauwerken sind zu nennen: von DOV KARMI (*1905, †1962) der F.-R.-Mann-Konzertsaal in Tel Aviv (1953–57) und das Gebäude der Hebräischen Univ. in Jerusalem (1956–62; mit RAM KARMI, *1931), von HEINZ RAU (*1896, †1965) und DAVID REZNIK (*1923) die Synagoge dieser Univ. (1957), von REZNIK u. a. außerdem das Haus des Soldaten und die Kennedy-Gedenkstätte (1966) in Jerusalem, von ARIEH ELHANANI (*1898) die Holocaust-Gedenkstätte (Ohel Izkor) der Yad Vashem Institution in Jerusalem (1957), von AL MANSFELD (*1912) und DORA GAD das Israel-Museum in Jerusalem (1959–65; um den Schrein des Buches erweitert von F. KIESLER), von ISAAC YASHAR (*1924) und DAN EYTAN (*1931) das Tel-Aviv-Museum (1971). Bekannt wurden u. a. auch ZVI HECKER (*1931) sowie DAN (*1934) und ILANA ALROD (*1936).

Die israel. Künstler der Gegenwart sind geprägt von der Spannung zw. einer Orientierung an den westl. Avantgarden und der Rücksicht auf die besonderen Eigenheiten der israel. Nation. So greifen die in Israel lebenden Künstler immer wieder Themen oder Bildformen auf, die auf die Lage des Landes zw. Okzident und Orient verweisen; ebenso findet man eine deutl. Besinnung auf die Geschichte des Volkes, die sich nicht nur in den Motiven, sondern auch in den Materialien findet. Die Nachkriegsgeneration, darunter die Bildhauer D. KARAVAN mit seiner ›Mauer‹ in der Knesset, IGAEL TUMARKIN (*1933) mit seinem monumentalen ›Beobachtungsposten‹ in Arad und NAHUM TEVET (*1946) setzen sich mit den Themen Judenvernichtung und Faschismus sowie Zionismus und dem Aufbau Israels auseinander. Die Einbindung der israel. in die westl. Malerei, die bereits Anliegen der ›lyrischen Abstrakten‹, v. a. von YOSEF ZARITSKY (*1891, †1985) und M. JANCO, gewesen war, wurde seit Mitte der 70er Jahre wieder verstärkt gesucht, häufig als Beitrag zum internat. Kunstgeschehen unter Einbeziehung der eigenen Herkunft und Geschichte. Die Maler und Plastiker NURIT DAVID (*1952), DANIEL SACK (*1961), YAEL-SHAHAR SARID (*1968) und ASAD AZI (*1955) lassen in ihre Arbeiten Assoziationen an israel. Vergangenheit und Gegenwart einfließen. Bes. MICHA ULLMAN (*1939), dessen unterird. ›Bibliothek‹ auf dem Bebelplatz in Berlin (1995) an die Bücherverbrennung durch die Nationalsozialisten 1933 gemahnt, bearbeitet in seinen Rauminstallationen das Leid des jüd. Volkes. Daneben gibt es auch Positionen, deren Fragestellungen sich auf Phänomene der modernen Kommunikationsgesellschaft beziehen; so untersucht und spielt BUKY SCHWARTZ (*1932) in seinen Videoinstallationen mit Wahrnehmung von zwei und drei Dimensionen sowie der Zeit. IDO BAR-EL (*1959), GIDEON GECHTMANN (*1942), TAMAR GETTER (*1953), MOTTI MIZRACHI (*1946), SIGAL PRIMOR (*1961), DAVID SHVILI (*1953), IBRAHIM NUBANI (*1961), PESACH SLABOSKY (*1947) und auch MOSHE NINIO (*1953) beschäftigen sich in ihren meist multimedialen Arbeiten nicht zuletzt mit der Problematik einer sich selbst überholenden Avantgarde und schließen sich damit dem postmodernen Diskurs der westl. Kunstszene an.

Einblicke – Ausblicke. Junge Kunst aus Israel, Malerei u. Plastik, bearb. v. A. DZIALOWSKI u. a., Ausst.-Kat. (1992); MAKOM. Zeitgenöss. Kunst aus Israel, bearb. v. E. LACHNIT u. a., Ausst.-Kat. (Wien 1993).

***Istrati,** Alexandre, frz. Maler rumän. Herkunft: †Paris 28. 10. 1991.

***Itaipú:** Am 6. 5. 1991 wurde das Wasserkraftwerk formell eingeweiht. Es verfügt nach seiner Fertigstellung über eine Kapazität von 12 600 MW und soll 35 % des brasilian. Elektrizitätsbedarfs decken.

***Italiaander,** Rolf, dt. Schriftsteller niederländ. Herkunft: †Hamburg 3. 9. 1991.

***Italien,** italien. **Italia,** amtlich **Repubblica Italiana,** dt. **Italienische Republik,** Staat in S-Europa.

Hauptstadt: Rom. *Amtssprache:* Italienisch (in der autonomen Region Aostatal auch Französisch, in der Prov. Bozen auch Deutsch). *Staatsfläche:* 301 268 km² (ohne Binnengewässer 294 060 km²). *Bodennutzung (1992):* 119 750 km² Ackerland, 48 800 km² Dauergrünland, 67 520 km² Waldfläche. *Einwohner (1994):* 57,154 Mio., 190 Ew. je km². *Städtische Bevölkerung (1993):* 67 %; in städt. Agglomerationen mit 1 Mio. und mehr Ew. leben 36 % der Stadt-, 25 % der Gesamtbevölkerung. *Durchschnittliches Bevölkerungswachstum pro Jahr (1985–93):* 0,2 %. *Bevölkerungsprojektion für 2000:* 58,148 Mio. Ew. *Ausländer (1991):* Anteil an der Gesamtbevölkerung 1,4 % (78 000 Marokkaner, 58 100 US-Amerikaner, 42 100 Deutsche, 26 000 Briten, 24 400 Franzosen, 21 000 Griechen, 20 000 Schweizer, 17 000 Polen, 493 800 sonstige Ausländer). *Religion (1992):* 84,0 % Katholiken. *Altersgliederung (1993):* unter 15 Jahre 15,5 %, 15 bis unter 65 Jahre 69,0 %, 65 und mehr Jahre 15,5 %. *Lebenserwartung der Neugeborenen (1992):* männlich 74 Jahre, weiblich 81 Jahre. *Analphabetenquote (1991):* insgesamt 2,9 %, männlich 2,2 %, weiblich 3,6 %. *BSP je Ew. (1993):* 19 620 US-$. *BIP nach Sektoren/Produktionsstruktur (1993):* Landwirtschaft 3 %, Industrie 32 %, Dienstleistungen 65 %. *Arbeitslosenquote (1993):* 11,2 %. *Währung:* 1 Italienische Lira (Lit) = 100 Centesimi (Cent.). *Internationale Mitgliedschaften:* UNO, EU, Europarat, NATO, OECD, OSZE, WEU.

Parteien: Unter dem Eindruck des Zusammenbruchs der kommunist. Herrschaftssysteme im östl. und südöstl. Europa (1989/90) spaltete sich die italien. KP 1991 in den Partito Democratico della Sinistra (PDS, dt. ›Demokrat. Partei der Linken‹) und in den Partito della Rifondazione Comunista (PRC, dt. ›Partei der kommunist. Erneuerung‹). Während die PDS nunmehr den Gedanken eines demokrat. Sozialismus in den Vordergrund stellt, vertritt der PRC die traditionelle kommunist. Programmatik. Mit La Rete (dt. ›Das Netz‹) entstand eine Partei mit einem Antimafiaprogramm. In Auswirkung der Staatskrise von 1992 erfuhr das Parteienspektrum im Bereich zw. der linken Mitte und der Rechten eine äußerst starke Umformung. Im Jan. 1994 löste sich die Democrazia Cristiana zugunsten des Partito Popolare Italiano (PPI, dt. ›Italienische Volkspartei‹), des Centro Cristiano Democratico (CCD, dt. ›Christlich-Demokrat. Zentrum‹) und (im Bereich der linken Mitte) der Alleanza Democratica (AD, dt. ›Demokrat. Allianz‹) auf. Von PPI spaltete sich im Juli 1995 die Cristiani Democratici Uniti (CDU; dt. ›Christlich Demokrat. Union‹) ab. Als regionale Autonomiebewegung bildete sich 1991 die →Lega Nord. Im rechten Parteienfeld konstituierte sich die →Forza Italia. Der auf der äußersten Rechten angesiedelte MSI-DN erweiterte sich zur Alleanza Nazionale (AN, ›Nationale Allianz‹). Mit deren Eintritt in die Reg. im Mai 1994 wurde zum ersten Mal seit dem Ende des Zweiten Weltkriegs eine in der Tradition des Neofaschismus stehende Partei in die Reg. I.s aufgenommen.

Streitkräfte: Vor dem Hintergrund der veränderten sicherheitspolit. Situation in Europa wurden die italien. Streitkräfte in der 1. Hälfte der 90er Jahre zunächst um 10% auf 335000 Mann reduziert, bis 1999 ist eine weitere drast. Verkleinerung der Armee (verbunden mit der geplanten Kürzung der Wehrdienstdauer auf 6 Monate) auf etwa 250000 Soldaten geplant. Von den bislang durchgeführten Maßnahmen war fast ausschließlich das Heer betroffen, das nach Wegfall der Kommandoebene Division und Auflösung von 6 Brigaden noch 19 Großverbände in Brigadestärke unterhält. Ausschließlich aus Zeitsoldaten werden 5 ›Einsatzbrigaden‹ bestehen; in 10 weiteren Brigaden (zu 50% präsent) werden Wehrpflichtige dienen. Die restl. 4 Brigaden sind reine Mobilmachungsverbände. Die Ausrüstung ist insgesamt zahlenmäßig unverändert geblieben, älteres Material wurde jedoch teilweise – bes. bei der Marine – durch modernes Großgerät ersetzt. Die Zahl der Kampfpanzer wurde, v. a. durch Verschrottung der veralteten Typen M-47, um 150 Stück verringert. Vorgesehen ist die Beschaffung von 200 Kampfpanzern C-1 ›Ariete‹ und 90 bis 110 Exemplaren des Eurofighters 2000.

italienische Geschichte: Bei den allgemeinen Wahlen vom Juni 1987 konnte sich das traditionelle Parteienfeld behaupten; stärkste Partei blieben die Christl. Demokraten (DC), gefolgt von den Kommunisten (PCI) und den Sozialisten. Die Regierung wurde in den folgenden Jahren getragen von einer Koalition aus Christl. Demokraten, die auch wieder im MinPräs. stellten, Sozialisten, Sozialdemokraten, Republikanern und Liberalen. MinPräs.: April bis Juli 1987: A. FANFANI; Juli 1987 bis März 1988: GIOVANNI GORIA (* 1943); April 1988 bis Mai 1989: C. DE MITA; Juli 1989 bis Juni 1992: G. ANDREOTTI. Die Sparprogramme der Regierungen angesichts der wachsenden Staatsverschuldung führten zu polit. Konflikten zw. Reg. und Opposition, aber auch zw. den Regierungspartnern selbst und lösten Regierungskrisen aus. Es kam zu Streiks und Massendemonstrationen. Die innere Sicherheit des Landes wurde zunehmend bedroht von der wachsenden Durchdringung der Gesellschaft durch das organisierte Verbrechen, bes. durch die Mafia.

Die hohe Staatsverschuldung, die Ermordung des mit der Bekämpfung der Mafia beauftragten Richters GIOVANNI FALCONE (* 1939) durch die Mafia 1992, die undurchsichtige Verflechtung von Parteiwesen und Staatsinstitutionen sowie Staatsbetrieben, die Verstrickung der Reg.-Parteien (bes. der DC und des PSI) in Korruptionsvorgänge sowie der Vorwurf (bes. gegenüber der DC) der Verflechtung mit dem organisierten Verbrechen lösten 1992 eine schwere Staatskrise und die Forderung nach einer polit. Erneuerung

aus: Bei den allgemeinen Wahlen vom April 1992 errang die antizentralist. Lega Nord unter U. BOSSI v. a. auf Kosten der DC starke Gewinne. Nach dem vorzeitigen Rücktritt F. COSSIGAS als Staatspräs. (28. 4. 1992) wählten beide Häuser des Parlaments O. SCALFARO (DC) am 25. 5. 1992 zum Staatspräs. Als ersten Schritt zu einer Erneuerung des polit. Lebens setzte MinPräs. G. AMATO (PSI; Juni 1992 bis April 1993) eine Wahlrechtsreform durch, die in einem Referendum im April 1993 mit 83 % der Stimmen von der Bev. angenommen wurde, allerdings erst am 18. 12. 1993 in Kraft gesetzt wurde. Künftig werden die Senatoren in 232, die Abg. der Kammer in 475 Wahlkreisen gewählt. Hiervon sind jeweils drei Viertel nach dem Mehrheitswahlrecht (relative Mehrheit genügt) zu bestimmen, das restl. Viertel wird im Verhältniswahlsystem nach Parteilisten gewählt; es gilt eine Sperrklausel von 4%. An der Spitze eines Notstandskabinetts übernahm im April 1993 C. A. CIAMPI (parteilos) im selben Monat die Reg. Neben der Verminderung der Staatsverschuldung und der Verf.-Reform stand die Bekämpfung der Mafia im Vordergrund. – Im Mai 1993 trat die Gleichstellung der dt. Sprache in Südtirol auch bei Gericht, Polizei und Verwaltung in Kraft.

Staatsanwaltl. Ermittlungen gegen Spitzenmanager versch. Staatskonzerne (z. B. gegen den Olivetti-Chef C. DE BENEDETTI) wegen Bestechung und unerlaubter Parteienfinanzierung sowie gegen führende Politiker bes. der DC (u. a. gegen G. ANDREOTTI) und der PSI (u. a. gegen B. CRAXI) erschütterten das Vertrauen in das bestehende polit. System. Bei Regional- und Kommunalwahlen erlitten DC und PSI schwere Verluste. Hohe Gewinne erzielten dagegen die Lega Nord, die Neofaschisten (MSI/DN) und die Partito Democratico della Sinistra (PDS), die Partei der früheren Kommunisten. Nach dem Rücktritt des MinPräs. CIAMPI im Jan. 1994 löste Staatspräs. SCALFARO das Parlament auf und schrieb Neuwahlen aus, bei denen sich im März 1994 im Abgeordnetenhaus und im Senat ein stark verändertes polit. Kräftefeld herausbildete. Bereits im Jan. 1994 hatte sich die DC, seit 1945 die führende Partei Italiens, angesichts ihres großen Ansehensverlustes in der Bev. selbst aufgegeben. Bei den Wahlen siegte ein stark rechtsgerichtetes Parteienbündnis (›Polo della libertà‹) aus der neugegründeten →Forza Italia (FI), der Lega Nord und der Alleanza Nazionale (hervorgegangen aus der neofaschist. MSI-DN) gegen ein Linksbündnis aus PDS, PSI, Grünen u. a.) und ein aus Nachfolgeorganisationen der DC bestehendes Bündnis der Mitte (Partito Popolare Italiano, PPI, und Centro Cristiano Democratico, CCD). MinPräs. wurde im Mai 1994 S. BERLUSCONI, der Gründer und Vors. der FI und einflußreicher Unternehmer v. a. im Bereich der Medien. Anfang Aug. 1994 billigten Abgeordnetenhaus und Senat das Wirtschaftsprogramm der Regierung, das u. a. die hohe Staatsverschuldung durch Senkung der Sozialausgaben (einschließlich der im Gesundheitswesen) senken sowie bes. jungen Unternehmern Steuervergünstigungen für Investitionen und – bei Schaffung neuer Arbeitsplätze – günstigere Kredite gewähren wollte. Als die Staatsanwaltschaft jedoch auch gegen BERLUSCONI Untersuchungen wegen des Verdachts der Bestechung einleitete, trat dieser unter dem Druck der Öffentlichkeit im Dez. 1994 als MinPräs. zurück. Ende Jan. 1995 übernahm der bisherige Schatz-Min. L. DINI die Führung einer Reg. der Fachleute. Im selben Monat scheiterten Referenden, die politisch darauf zielten, den Besitz BERLUSCONIS an Fernsehkanälen zu beschränken. Im Jan. 1996 trat DINI zurück. Nach gescheiterter Reg.-Bildung löste Staatspräs. SCALFARO das Parlament auf; Neuwahlen wurden für den 21. 4. 1996 angesetzt.

Ital italienische Kunst

italienische Kunst: LINKS Vittorio Gregotti, Innenansicht des Gebäudes der naturwissenschaftlichen Fakultät in Palermo, 1969–88; RECHTS Giancarlo De Carlo, Wohnsiedlung auf der zu Venedig gehörenden Insel Mazzorbo, 1980–85

Außenpolitisch unterstützte Italien nach dem Überfall Iraks auf Kuwait (2. 8. 1990) die Sanktionspolitik des UN-Sicherheitsrats gegen Irak. Angesichts des Zusammenbruchs der stalinist. Zwangsherrschaft in Albanien sah sich die Reg. Andreotti seit dem Frühjahr 1991 mit einem starken Flüchtlingsstrom von dort konfrontiert. Sie schob die Flüchtlinge wieder nach Albanien ab. Mit einem Abkommen über den Alpentransit im Güterverkehr (Juni 1991) beendeten Österreich und Italien einen jahrelangen Konflikt. Im Juni 1992 erklärte Österreich Italien gegenüber offiziell, daß der Streit um ▷ Südtirol beigelegt sei. Im Sept. 1992 stimmte der italien. Senat, im Okt. 1992 das Abgeordnetenhaus dem Maastrichter Vertrag zu. Im Auftrag der UNO entsandte Italien 1993 zus. mit anderen Staaten Truppen nach Somalia. Das Verhältnis zu Slowenien ist aufgrund von beiderseitigen Minderheitenfragen nicht ohne Spannungen.

Modell Italien? hg. v. M. NAMUTH (1990); B. STRENSKE: Rundfunk u. Parteien in Italien (1993); G. BOCCA: Verfilzt u. vergiftet. Ein Land in den Fängen der Mafia (a. d. Italien., Wien 1994); W. RAITH: Der Korruptionsschock. Demokratie zw. Auflösung u. Erneuerung. Das Beispiel Italien (1994); J. PETERSEN: Quo vadis, Italia? (1995).

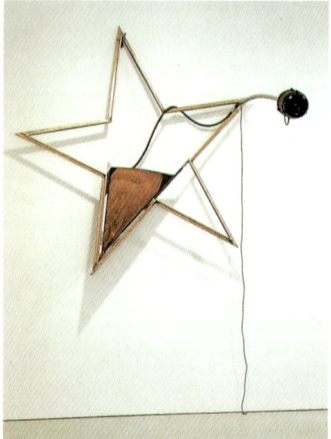

italienische Kunst: Gilberto Zorio, ›Bronze // 2‹; 1991 (Privatbesitz)

*****italienische Kunst:** Die Architektur der 1980er und frühen 90er Jahre ist überwiegend geprägt von einem gelassenen, respektvollen und gelegentlich auch spieler. Rückgriff auf traditionelle italien. Bauformen, die den neuen Baufunktionen angeglichen werden. Kennzeichnend sind die Reduktion der formalen Mittel, die Einpassung der zeitgenöss. Gebäude in die histor. Stadtbilder und ordnende stadträuml. Konzepte. In diesem Sinne bes. gelungen sind die Rekonstruktion des Viertels Campo di Marte auf der Insel Giudecca in Venedig (1985), das Avelino-Theater in Rom (1987), die Piazza Kennedy in Matera (1988–91) und die Stadtplanung von Mulino Andrisani (1991) von C. AYMONINO. Ähnliches gilt schon für P. PORTOGHESIS Islam. Zentrum in Rom (1976–78) und seine ›Piazza‹ in Poggioreale (1986). IGNAZIO GARDELLA nutzte für die neue Architekturfakultät in Genua (1990) die Formensprache rationaler Architektur, im beim Wiederaufbau des Städt. Opernhauses ›Carlo Felice‹ in Genua (1983–91) von A. ROSSI und VITTORIO GREGOTTI das turmartige Bühnengebäude bestimmt, das mit der klass. Palastarchitektur korrespondiert. Formal aufs äußerste reduziert sind die Bauten GREGOTTIS, dessen ›ENEA-Forschungszentrum‹ in Rom (1985) und die Univ. von Kalabrien in Cosenza (1973–85) die Auseinandersetzung mit den grundlegenden architekton. Aspekten Hülle und Innenraum, Masse und Offenheit in weiträumiger Anordnung zur Anschauung bringen. In dem Gebäude für die naturwissenschaftl. Fakultät in Palermo (1969–88) steigert GREGOTTI seine ›Brückenarchitektur‹ zu dem Eindruck einer additiven Stapelung freischwebender Räume. Als behutsame Umgestaltung eines gewachsenen urbanen Umfelds sind R. PIANOS Fußballstadion ›Santa Nicola‹ in Bari (1987–90), seine Altstadtsanierung in Genua (1991) und der Umbau des FIAT-Werks Lingotto in Turin in ein Kulturzentrum (1994) zu werten. GIANCARLO DE CARLOS Wohnsiedlung auf der Insel Mazzorbo in Venedig (1980–85) und der Landschaftspark bei Udine von ROBERTO PIRZIO-BIROLO (1993ff.) knüpfen an Erfahrungen aus der Tradition an, auch der 1930er Jahre, die für MARIO BELLINI grundlegender Bezugspunkt sind (Büro-Industrie-Komplex an der Via Kuliscioff in Mailand, 1982–88). Spannungsreiche, mit neuesten technolog. Mitteln arbeitende Lösungen gelangen MASSIMILIANO FUKSAS, der in Italien Aufträge für Sportzentren, Schulen und Friedhöfe erhielt (Orvieto, 1990) und in Dtl. durch Restaurierungen im alten Hamburger Hafen bekannt wurde.

Neben den Künstlern aus dem Umkreis von ▷ Arte povera und ▷ Transavanguardia, die heute i. a. ihren eigenen Weg verfolgen und unter denen auch anfänglich weniger bekannte Künstler sich mit einem eigenständigen Werk durchsetzen konnten (GIOVANNI ANSELMO, *1934; GILBERTO ZORIO, *1944; ETTORE SPALLETTI, *1940; PIER PAOLO CALZOLARI, *1943, u. a.), entwickelte sich im Anschluß an diese Strömungen eine Kunstrichtung, die im Zuge der postmodernen Diskussionen spielerisch und gleichzeitig radikal die versch. Formen und Inhalte der früheren Avantgarden übernimmt, variiert und verändert und allgemeine Fragen wie Identität und Anonymität sowie ästhet. Immanenz und Gesellschaftsbezogenheit untersucht. Im Bereich der Malerei beschäftigen sich AMEDEO MARTEGANI (*1963), MARIO DELLAVEDOVA (*1958), MARCO CINGOLANI (*1961), PIERO VARRONI (*1951), GIOVANNI ALBERTINI (*1959) und ANTONELLA MAZZONI (*1957) mit den Möglichkeiten dieses Mediums im Kommunikationszeitalter, wobei sie oft auf Formen der internat. Pop-art und des mag. Realismus in der Nachfolge der Pittura metafisica zurückgreifen. Die Bildhauerei ist fast vollständig in der Objekt- und Installationskunst aufgegangen. In iron. Objektgruppen, die oft von Texten begleitet werden, formulieren z. B. STEFANO ARIENTI (*1961), ANTONIO CALENATI (*1962), ALESSANDRA GALBIATI (*1963), FRANCESCO MARIA GARBELLI (*1962), LILIANA MORO (*1961) und ANTONIO RIELLO (*1958) plast. Situationen, die sowohl die sozialen Fragen als auch die individuellen Mythologien reflektieren. Im Multimediabereich arbeiten BERNHARD RÜDIGER (*1964), MASSIMO KAUFMANN (*1963) und ALBA D'URBANA (*1955). Mit konzeptueller Photographie beschäftigte sich GINA PANE (*1953, †1990).

M. BIGNARDI: Artmedia (Lanciano 1991); La scena, bearb. v. R. REITBAUER, Ausst.-Kat. (Wien 1991); Architettura del XX secolo, Beitr. v. M. A. CRIPPA u. a. (Mailand 1993); Italien. iron. Konzeptualismus, hg. v. A. FALZONE, Ausst.-Kat. (1995).

*italienische Literatur: Der Welterfolg von U. ECOS Roman ›Il nome della rosa‹ (1980) hat nicht nur zu einer mondän. Aufwertung der i. L. geführt, sondern auch die neue Offenheit und Erzählfreudigkeit verstärkt, die die i. L. seit Mitte der 1970er Jahre zunehmend kennzeichnet. Dies gilt für ECOS fiktionales Werk selbst, das mit dem sorgfältig geplanten Einsatz von Massenmedien um zwei weitere, weltweit rezipierte und diskutierte Romane – ›Il pendolo di Foucault‹ (1988), ›L'isola del giorno prima‹ (1994) – erweitert wurde, in denen erneut die im ersten Roman erprobte Mischung von wissenschaftlich-philosoph. Spezialwissen mit teilweise nahezu kriminalromanartigen Strukturen in bezug auf Handlungen innerhalb des 20. bzw. des 17. Jh. verwandt wurde. Vielfältiger und entscheidender jedoch ist die neue Lust an der Literatur in Texten zu spüren, die von vier Autoren stammen, die teils als ›giovani scrittori‹ (›junge Schriftsteller‹) und teils als ›nuovi narratori‹ (›neue Erzähler‹) bezeichnet werden: A. DE CARLO, D. DEL GIUDICE, A. TABUCCHI und P. V. TONDELLI, die bes. von I. CALVINO, aber auch von zeitgenöss. Reflexionen zur Theorie der Postmoderne und zum Dekonstruktivismus beeinflußt sind. Dabei erfaßt das inhaltl. Spektrum ihrer Erzählungen ebenso Phänomene der Massenkultur (Film, Fernsehen, Trivialliteratur bei DE CARLO, dazu Comics, Drogen, Schlager oder Science-fiction bei TONDELLI, aber auch bei S. BENNI) wie Formen von individuellen Wandlungen, gesellschaftl. Metamorphosen, von Identitätssuche im Spiel ständiger Veränderungen bei DEL GIUDICE am Beispiel von ROBERTO BAZLEN (›Lo stadio di Wimbledon‹, 1983) und bei TABUCCHI am Beispiel von F. PESSOA (u. a. ›Requiem. Uma alucinação‹, portug. 1991, italien. ›Requiem. Un'allucinazione‹, 1992). In ganz herausragender Weise hat sich auch in Italien die weibl. Literatur entfaltet, wie die Werke von ROSETTA LOY, DACIA MARAINI, FABRIZIA RAMONDINO (*1936), SUSANNA TAMARO, PAOLA CAPRIOLO, LARA CARDELLA oder MARIATERESA DI LASCIA (*1954, †1994; Premio Strega 1995 postum für den Roman ›Passaggio in ombra‹, 1995) belegen, die ebenfalls die Hinwendung zu nachvollziehbaren, gleichwohl nicht zwingend realist., sondern zuweilen auch myth. oder märchenähnl. Erzählzusammenhängen illustrieren. Thematisch gestalten die Autorinnen vielfach unter Rekurs auf die unverhüllte Beschreibung sexueller Praktiken vor histor., zeitgenöss. oder überzeitlichortlosem Hintergrund Formen emanzipator. Selbstverwirklichung.

Der so facettenreichen Erzählliteratur des gegenwärtigen Italien, die auch immer offen für Regionalistisches (z. B. F. CAMON, F. TOMIZZA) oder Detektivisches (z. B. C. FRUTTERO und F. LUCENTINI) geblieben ist, steht in den Bereichen von Lyrik und Drama nur wenig Vergleichbares gegenüber. Sucht die Lyrik bei der Überwindung des Hermetismus ihre Themen in myth. Wiedererlangung des Naturzustandes (GIUSEPPE CONTE, *1945), Beschwörung von Tragik (MILO DE ANGELIS, *1951), Mythos (ROBERTO MUSSAPI, *1952; NANNI CAGNONE, *1939), Spiel und Sprachlosigkeit (ANDREA ZANZOTTO, *1921), von Gedächtnis und Gegenwart (MAURIZIO CUCCHI, *1945), von Geburt und Tod (ALESSANDRO CENNI) zu finden, so richtet das zeitgenöss., vielleicht am be-

italienische Kunst: Antonella Mazzoni, ›Noch einmal‹; 1992 (Privatbesitz)

sten durch D. Fo und E. Sanguineti repräsentierte italien. Bühnenspiel sein Interesse in besonderer Weise auf eigenwillige Inszenierungsformen, historisch inspiriert bei L. Ronconi und dekonstruktivistisch bei Carmelo Bene (*1937). Die literaturkrit. Essayistik Italiens hat sich in aller Methodenvielfalt deskriptiv und historisch, z. T. von M. Foucault angeregt, weiter entfaltet, wie nicht zuletzt Ecos entsprechende Schriften zeigen.

G. Amoroso: Narrativa italiana 1984–1988 (Mailand 1989); Contemporary women writers in Italy. A modern renaissance, hg. v. S. L. Arico (Amherst, Mass., 1990); C. De Michelis: Fiori di carta. La nuova narrativa italiana (Mailand 1990); S. Tani: Il romanzo di ritorno (Mailand 1990); G. Kurtz: Die Lit. im Spiegel ihrer selbst... Italo Calvino, Antonio Tabucchi – zwei Beispiele (1992); Italian women writing, hg. v. S. Wood (Manchester 1993); C. M. Lazzaro-Weis: From margins to mainstream. Feminism and fictional modes in Italian women's writing, 1968–1990 (Philadelphia, Pa., 1993); Piccole finzioni con importanza. Valori della narrativa italiana contemporanea, hg. v. N. Roelens u. a. (Ravenna 1993).

*ITER: Nach dem Abschluß der vorbereitenden Studien wird seit 1992 an der auf sechs Jahre angelegten detaillierten Planungsphase für ITER gearbeitet. Darin einbezogen sind drei Fusionszentren: San Diego (Calif.), das japan. Fusionslabor in Naka und das Max-Planck-Institut für Plasmaphysik in Garching b. München. Aufgabe des nach dem Tokamak-Prinzip arbeitenden Versuchsreaktors ist es, erstmals ein thermonuklear gezündetes Plasma zu erzeugen, das in über 1 000 s langen Pulsen brennen und 1 000 MW Leistung liefern soll. Darüber hinaus sollen an ITER technolog. Fragen wie die Abnutzung von Materialien und das Brüten von Tritium getestet werden. Ein Standort für ITER steht noch nicht fest; als mögl. europ. Standorte werden Cadarache (Frankreich) und Greifswald (Meckl.-Vorp.) diskutiert. (→Kernfusion)

*IUE: Der Astronomiesatellit (Start 26. 1. 1978; Startmasse 644 kg, Umlaufmasse 462 kg, Länge 4,17 m, Durchmesser 1,45 m) lieferte während seiner Betriebsdauer (bis vorerst 1996) Ultraviolettaufnahmen von mehr als 10 000 Himmelskörpern. Aus der geostationären Umlaufbahn übermittelten sein Teleskop (Spiegeldurchmesser 45 cm), zwei Ultraviolettspektrometer und die Kameras rd. 100 000 Spektren im Wellenlängenbereich von 115 bis 320 nm. Untersucht wurden z. B. die Supernova 1987 A und die Nova 1991 in der Großen Magellanschen Wolke, die Kometen Halley (1986) und Grigg-Skjellerup (1992) vor deren Begegnungen mit der Raumsonde Giotto, 40 weitere Kometen, ein vermutetes Schwarzes Loch in der Galaxie NGC 5548 (1988) sowie Einschläge der Fragmente des Kometen Shoemaker-Levy 9 auf Jupiter (1994). Einige Entdeckungen von IUE, z. B. ein protoplanetares System um den Stern Beta Pictoris, werden als Durchbruch in der Ultraviolettastronomie bewertet.

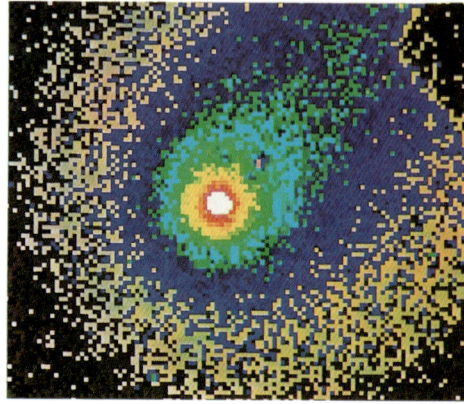

IUE: Ultraviolettaufnahme des Halley-Kometen; in der Bildmitte der Kern, umgeben von der Koma aus Staub und Gas

Ivo ['ivu], Ismael, brasilian. Tänzer, Choreograph und Ballettdirektor, * São Paulo; ausgebildet in São Paulo; seit 1984 Leiter der Internat. Tanzwochen Wien, fand 1985 seine künstler. Heimat in Berlin und arbeitete dort zunächst als Solist, orientiert am Ausdruckstanz sowie in der Auseinandersetzung mit den Theatertheorien A. Artauds. Nicht zuletzt durch seine Kooperation mit J. Kresnik auf weitere Entwicklungsmöglichkeiten gestoßen, gründete er 1995 am Stuttgarter Theaterhaus die Company Ismael Ivo.

Choreographien: Phoenix (1985); Under skin (1987); Delirium of childhood (1989); Kreisrunde Ruinen (1991); Laborinthos (1993); Francis Bacon (1994).

A. Wilms: I. I. Körper u. Tanz (St. Gallen 1990).

Izetbegović [izɛt'bɛgɔvitɕ], Alija, bosn. Politiker, * Bosanski Šamac 8. 8. 1925; Rechtsanwalt, als Mit-Verf. einer ›Islam. Deklaration‹ 1983 zu 14 Jahren Zuchthaus verurteilt (1989 entlassen), Mitgründer (Mai 1990) und seitdem Vors. der islamisch orientierten Partei der demokrat. Aktion, seit Dez. 1990 Vors. des Staatspräsidiums von Bosnien und Herzegowina, tritt für einen bürgerl. und laizistisch bestimmten Rechtsstaat ein, der getragen wird von den in ihm lebenden Bosniern, Serben und Kroaten. Im Bürgerkrieg v. a. mit den bosn. Serben (seit 1991) verteidigt er die staatl. Einheit seines Landes. Am 14.12. 1995 unterzeichnete I. das Friedensabkommen von Dayton (Ohio).

Alija Izetbegović

J

Jackson ['dʒæksn], Michael Joseph, amerikan. Popsänger, * Gary (Ind.) 29. 8. 1958; begann Ende der 1960er Jahre zus. mit seinen Brüdern in der Soulgruppe ›Jackson-Five‹ und hatte als Solist seinen internat. Durchbruch 1982 mit der LP ›Thriller‹, mit etwa 48 Mio. Exemplaren die bis heute meistverkaufte LP überhaupt; weitere Hits, u. a. ›Beat it‹, ›Billie Jean‹, ›Black or white‹, ›We are the world‹, ›Dangerous‹. Der exzentr. Superstar, dessen bizarrer Lebensstil weltweit immer wieder für Schlagzeilen sorgte, gilt als der bis heute kommerziell erfolgreichste Künstler der Popgeschichte; veröffentlichte die Autobiographie ›Moonwalk‹ (1988; dt.; auch verfilmt) sowie den Gedichtband ›Dancing the dream‹ (1992; dt.).

*Jacobsen, Robert, dän. Bildhauer: † Egtved 25. 1. 1993.

*Jacobs Suchard AG: Das Unternehmen wurde 1990 von der Philip Morris Inc. übernommen und mit deren Tochtergesellschaft Kraft General Foods Europe zur Kraft Jacobs Suchard, Zürich, zusammengeschlossen. 1993 erwirtschaftete es mit seinen 33 000 Beschäftigten in 24 europ. Ländern einen Umsatz von 8,4 Mrd. US-$.

Jagan, Cheddi Berrett, guyan. Politiker, *Port Mourant (bei New Amsterdam) 22.3.1918; studierte in den USA Zahnmedizin und Soziologie; gründete 1950 die marxistisch-leninist. PPP, als deren Führer er 1953 (von der brit. Reg. abgesetzt; 1954 mehrere Monate inhaftiert) und 1957–64 Reg.-Chef war (1957–61 auch Handels- und Min.). Aus den Parlaments- und Präsidentschaftswahlen vom 5.10.1992 ging die PPP als stärkste polit. Kraft hervor, und J. wurde am 9.10.1992 Staatspräsident.

*Jäger 90: Nach Fertigstellung der beiden ersten von insgesamt sieben vorgesehenen Prototypen fand nach einem erfolgreichen Jungfernflug am 27.3.1994 in Manching der offizielle Erstflug mit Präsentation vor der Öffentlichkeit am 4.5.1994 in Großbritannien statt. – Vor dem Hintergrund des beendeten Ost-West-Konflikts hatten die an der Entwicklung des J. 90 beteiligten Staaten (Bundesrep. Dtl., Großbritannien, Italien, Spanien) Ende 1992 vereinbart, den von der Industrie in einem ersten Angebot vom April 1992 genannten Systempreis von 133 Mio. DM (Preisstand vom Dez. 1991) in einer Größenordnung von bis zu 30 % zu senken. Um dies zu erreichen, verständigte man sich im Jan. 1994 darauf, die militär. Anforderungen an das Flugzeug auf einem niedrigeren Niveau neu festzulegen. Die nun als **Eurofighter 2000** bezeichnete Maschine müsse nicht mehr alle der urspr. geforderten 24 Leistungsdaten erfüllen. Da die Einsparungsmaßnahmen im Bereich der Ausstattung jedoch Planungsänderungen notwendig machen, mußte die Entwicklungsphase, die urspr. 1999 abgeschlossen sein sollte, um drei Jahre verlängert werden. Um die Kosten des Gesamtprojekts zu reduzieren, senkten die Entwicklungspartner die jeweils für die Beschaffung vorgesehene Anzahl von Maschinen, so daß nun erheblich weniger als die urspr. geplanten insgesamt 800 Maschinen gebaut werden (so z. B. für die Bundesluftwaffe nur 140 statt 250 Stück).

Jähn, Sigmund, Fliegeroffizier und Kosmonaut, *Rautenkranz (heute zu Morgenröthe-Rautenkranz, Kr. Klingenthal) 13.2.1937; ab 1956 Ausbildung zum Jagdflieger, ab 1958 Offizier der Luftstreitkräfte der Dt. Dem. Rep., ab 1976 Ausbildung im Kosmonautenzentrum bei Moskau. Vom 26.8. bis 3.9.1978 nahm J. mit der russ. Mission Sojus-31/Saljut-6/Sojus-29 als erster Deutscher an einem Weltraumflug teil. 1990–95 wirkte er für die DLR und die ESA an den Vorbereitungen der russisch-dt. Mission Mir '92 und der beiden russisch-europ. Euromir-Missionen mit.

*Jahrreiß, Hermann, Staats- und Völkerrechtler: † Köln 23.10.1992.

*Jakobs, Karl-Heinz, Schriftsteller: Wurde am 25.11.1989 wieder in den Schriftstellerverband der DDR aufgenommen und rehabilitiert.

Jakutien, jakut. **Sacha,** bis 1992 ▷Jakutische Autonome Sozialistische Sowjetrepublik, Teilrepublik der Russ. Föderation im NO Sibiriens, 3 103 200 km², (1992) 1,093 Mio. Ew., Hauptstadt ist Jakutsk. Mehr als 50 % der Bev. (1989) sind Russen; die Jakuten, ein aus dem Gebiet um den Baikalsee stammendes Turkvolk, stellen 33,4 %, Ukrainer 7 % und Tataren 1,6 %. Die Diamantengewinnung (J. fördert mehr als 95 % der russ. Diamanten) soll mit der Eröffnung der neuen Mine in Jubilejnaja weiter ausgeweitet werden, eine Bearbeitungsindustrie ist im Aufbau. Von zunehmender Bedeutung ist die Gewinnung und die Ausfuhr von (fossilem) Mammutelfenbein.

J. erklärte sich im Sept. 1990 für souverän. Mit dem ›Gesetz über den Status der Republik‹ stellte der Oberste Sowjet der Jakut. ASSR diese im Febr. 1991 den Unionsrepubliken der UdSSR gleich. Nach dem Zerfall der UdSSR unterzeichnete die Reg. unter Präs. MICHAIL JEFIMOWITSCH NIKOLAJEW (*1937) im März 1992 den Föderationsvertrag mit der Russ. Föderation. Unter dem Namen ›Republik Sacha‹ gab sich das Land 1992 eine eigene Verf., die sehr stark die Eigenständigkeit Sachas gegenüber der Russ. Föderation betont.

*Jamaika, amtlich engl. **Jamaica,** Staat auf der gleichnamigen Insel der Großen Antillen.

Hauptstadt: Kingston. *Amtssprache:* Englisch. *Staatsfläche:* 10 990 km². *Bodennutzung (1992):* 2 710 km² Ackerland, 1 900 km² Dauergrünland, 1 840 km² Waldfläche. *Einwohner (1994):* 2,429 Mio., 221 Ew. je km². *Städtische Bevölkerung (1993):* 53 %. *Durchschnittliches Bevölkerungswachstum pro Jahr (1985–93):* 0,8 %. *Bevölkerungsprojektion für 2000:* 2,602 Mio. Ew. *Ethnische Gruppen (1982):* 75 % Schwarze, 13 % Mulatten, 1,3 % Inder, 0,2 % Weiße. *Religion (1992):* 49,9 Protestanten, 4,9 % Katholiken. *Altersgliederung (1992):* unter 15 Jahre 30,9 %, 15 bis unter 65 Jahre 62,7 %, 65 und mehr Jahre 6,4 %. *Lebenserwartung der Neugeborenen (1992):* männlich 71 Jahre, weiblich 76 Jahre. *Analphabetenquote (1990):* insgesamt 1,6 %, männlich 1,8 %, weiblich 1,4 %. *BSP je Ew. (1993):* 1 390 US-$. *BIP nach Sektoren/Produktionsstruktur (1993):* Landwirtschaft 8 %, Industrie 41 %, Dienstleistungen 51 %. *Arbeitslosenquote (1991):* 15,7 %. *Währung:* 1 Jamaika-Dollar (J$) = 100 Cents (¢). *Internationale Mitgliedschaften:* UNO, CARICOM, Commonwealth of Nations, OAS.

Geschichte: In Abkehr von seiner früheren Politik forcierte Premier-Min. MICHAEL MANLEY (*1924) die Liberalisierung der Wirtschaft. Nach der Ankündigung MANLEYS, von seinen Ämtern zurückzutreten, wurde PERCIVAL JAMES PATTERSON (*1936) Ende März 1992 zum Führer der regierenden PNP gewählt und damit Premier-Min. Bei den vorgezogenen Wahlen im März 1993 gewann die PNP unter PATTERSON, der den marktwirtschaftl. Kurs der Reg. fortsetzte, erneut die absolute Mehrheit.

*Jandl, Ernst, österr. Schriftsteller: Erhielt 1993 den Kleist-Preis.
Werke: Lyrik: Idyllen (1989); stanzen (1992).
E. J. Texte, Daten, Bilder, hg. v. K. SIBLEWSKI (1991).

Janer i Manila [ˈʒane-], Gabriel, katalan. Schriftsteller, *Algaida (Mallorca) 1.11.1940; Prof. für Pädagogik, veröffentliche neben wiss. Arbeiten (u. a. zur Sprachkultur und Volksliteratur) zahlreiche Romane und Erzählungen und gilt heute als der wohl bedeutendste Vertreter der ›generació dels anys 70‹ (›Generation der 70er Jahre‹). Sein anfänglich existentialistisch und sozialkritisch geprägtes Erzählwerk zeichnet sich v. a. durch eine äußerst nuancierte Psychologie der Figuren, Vielfalt der sprachl. Register, strukturellen Erneuerungswillen und ästhetisierenden Realismus sowie eine nahezu leitmotiv., neuromant. Reflexion über Einsamkeit, Liebe und Tod aus. J. i M. trat auch als Kinder- und Jugendschriftsteller hervor.
Werke: Romane: Els alicorns (1972); Angeli musicanti (1984); La dama de les boires (1987); Paradís d'orquídies (1992).

*Jangtsekiang: 1994 wurde mit den Vorarbeiten zum Bau des →Drei-Schluchten-Staudamms begonnen.

*Janowitz, Gundula, Sängerin: Gab 1991 die Direktion der Grazer Oper wieder ab.

*Janowski, Marek, dt. Dirigent poln. Herkunft: Beendete 1991 seine Tätigkeit als Chefdirigent des Gürzenich-Orchesters der Stadt Köln.

Cheddi Berrett Jagan

Sigmund Jähn

*Janssen, Horst, Zeichner und Graphiker: † Hamburg 31. 8. 1995.

*Japan, Nippon, amtlich japan. in lat. Buchstaben **Nihon,** Inselstaat in Ostasien, grenzt an den Pazif. Ozean, das Ostchin. Meer, die Koreastraße, das Japan. und das Ochotskische Meer.

> *Hauptstadt:* Tokio. *Amtssprache:* Japanisch. *Staatsfläche:* 377 801 km² (ohne Binnengewässer 376 520 km²). *Bodennutzung (1992):* 45 520 km² Ackerland, 6 520 km² Dauergrünland, 251 050 km² Waldfläche. *Einwohner (1994):* 124,815 Mio., 330 Ew. je km². *Städtische Bevölkerung (1993):* 77 %; in städt. Agglomerationen mit 1 Mio. und mehr Ew. leben 49 % der Stadt-, 38 % der Gesamtbevölkerung. *Durchschnittliches Bevölkerungswachstum pro Jahr (1985–93):* 0,4 %. *Bevölkerungsprojektion für 2000:* 128,07 Mio. Ew. *Ausländer (1991):* 693 100 Süd-Koreaner, 171 100 Chinesen, 119 300 Brasilianer, 61 800 Philippiner, 42 500 US-Amerikaner, 26 300 Peruaner, 11 800 Briten, 8 900 Thailänder, 6 400 Vietnamesen, 5 900 Kanadier, 5 600 Malaysier, 5 400 Australier, 60 800 sonstige Ausländer. *Religion (1992):* 87 % Shintoisten und 74 % Buddhisten (die meisten Japaner gehören beiden Gemeinschaften gleichzeitig an), 1,2 % Christen. *Altersgliederung (1992):* unter 15 Jahre 17,1 %, 15 bis unter 65 Jahre 69,8 %, 65 und mehr Jahre 13,1 %. *Lebenserwartung der Neugeborenen (1992):* männlich 76 Jahre, weiblich 82 Jahre. *BSP je Ew. (1993):* 31 490 US-$. *BIP nach Sektoren/Produktionsstruktur (1993):* Landwirtschaft 2 %, Industrie 41 %, Dienstleistungen 57 %. *Arbeitslosenquote (1994):* 2,9 %. *Währung:* 1 Yen (¥) = 100 Sen. *Internationale Mitgliedschaften:* UNO, Colombo-Plan, OECD.

japanische Geschichte: Bei den Unterhauswahlen im Febr. 1990 behauptete die Liberaldemokrat. Partei (LDP) die absolute Mehrheit; MinPräs. KAIFU TOSHIKI (1932) wurde im Amt bestätigt. Unter seiner Führung konnten handelspolit. Sanktionen von seiten der USA wegen des japan. Handelsbilanzüberschusses verhindert werden. Die USA forderten u. a. eine Öffnung des japan. Reismarktes. KAIFUS Pläne einer Wahlrechtsreform und einer Reform des Wahlkampfkostenfinanzierungs-Ges. stießen in Reg. und Opposition auf Widerstand, der am 5. 10. 1991 zum Rücktritt des MinPräs. führte. Unter seinem Nachfolger MIYAZAWA KIICHI wurde am 15. 6. 1992 ein Gesetz verabschiedet, das Japan erlaubt, an friedenserhaltenden Aktionen der UNO teilzunehmen. In den asiat. Nachbarländern löste die japan. Entscheidung unterschiedl. Reaktionen aus. Letztlich aber brachte die Teilnahme an der UN-Friedensmission in Kambodscha Japan außenpolit. Reputation. Einen Tiefpunkt der durch den Streit um die Kurilen belasteten russ.-japan. Beziehungen markierte die Absage des Japanbesuchs von Präs. B. JELZIN im Sept. 1992, von der Tokio aus den internat. Medien erfuhr.

Wie sein Vorgänger KAIFU hatte MIYAZAWA sein polit. Schicksal mit der Durchsetzung von Reformen verknüpft. Die Reformkräfte in der LDP indessen stimmten für einen von der Opposition am 18. 6. 1993 im Unterhaus eingebrachten Mißtrauensantrag. Die folgenden Neuwahlen brachten das Ende der 38jährigen Herrschaft der LDP. Den Wahlen waren zahlreiche Abspaltungen von der LDP vorausgegangen, u. a. die ›Erneuerungspartei‹ (EP) um HATA TSUTOMU und OZAWA ICHIRŌ, die ›Neue Japan-Partei‹ (NJP) unter HOSOKAWA MORIHIRO und die ›Partei der Neuen Initiative‹. Das Wahlergebnis spiegelte den Unmut der Bev. über die verkrusteten polit. Strukturen mit ihren Korruptionsaffären wider.

Die neue Reg. wurde von einer Koalition aus sieben Parteien unter Führung von HOSOKAWA gebildet. Ihr gehörten an: NJP, Sozialdemokraten, Sozialdemokrat. Liga sowie die Ende 1994 unter KAIFU zur ›Neuen Fortschrittspartei‹ (NFP) vereinigten Gruppen, EP, Kōmeitō (›Partei für saubere Politik‹) und Demokrat. Sozialisten. Nach einer achtmonatigen Amtszeit sah sich HOSOKAWA am 9. 4. 1994 wegen einer Spendenaffäre aus den 80er Jahren zum Rücktritt gezwungen. Außenpolitisch hatte HOSOKAWA für eine Entkrampfung in den Beziehungen Japans zu seinen asiat. Nachbarn gesorgt: Als erster japan. Reg.-Chef bekannte er sich zur Kriegsschuld Japans, indem er die Interventionen Japans im ostasiat. Raum vor und während des Zweiten Weltkriegs als Angriffskrieg bezeichnete. Die wichtigsten Vorhaben HOSOKAWAS, eine Wahlrechtsreform sowie Maßnahmen zur Bekämpfung der Korruption, wurden am 29. 1. 1994 vom Oberhaus gebilligt. Die Wahlrechtsreform änderte das System der Bestellung der Unterhaus-Abg. grundlegend. Anstelle des bisherigen modifizierten Verhältniswahlsystems werden nun 300 der 500 Abg. nach reinem Mehrheitswahlrecht gewählt, die restl. 200 durch Verhältniswahl, wobei eine Sperrklausel gilt (2 % der Stimmen bzw. fünf Direktmandate).

Nach kurzer Amtszeit von HATA TSUTOMU als MinPräs. führte der Sozialdemokrat MURAYAMA TOMIICHI von Juni 1995 bis Jan. 1996 eine Koalition aus Liberaldemokraten, Sozialdemokraten und der Partei der Neuen Initiative. Das Jahr 1995 wurde von mehreren Katastrophen überschattet: Am 17. 1. kamen in Kōbe bei einem schweren Erdbeben 5 490 Menschen ums Leben, mehrere hunderttausend wurden obdachlos. Am 20. 3. wurden bei einem Giftgasanschlag in der Tokioter U-Bahn 12 Menschen getötet, über 5 000 wurden verletzt. Die Tat wird der →Aum shin-rikyō angelastet. Deren Führer ASAHARA SHŌKO wurde im Mai festgenommen. Zum 50. Jahrestag der japan. Kapitulation am 15. 8. 1995 entschuldigte sich MinPräs. MURAYAMA gegen innere Widerstände für die von Japan im Zweiten Weltkrieg begangenen Kriegsverbrechen. – Der Handelskonflikt mit den USA verstärkte sich wieder im Frühjahr/Sommer 1995. Die USA (Handelsbilanzdefizit gegenüber Japan 1994: 65,7 Mrd. US-$) erwägen Strafzölle mit 100 % für japan. Oberklasseautos. Nach dem Rücktritt von MinPräs. MURAYAMA im Jan. 1996 wählte das Parlament HASHIMOTO RYŪTARO zu seinem Nachfolger.

Die ökonom. Entwicklung seit Ende der 1980er Jahre ist durch den Einbruch einer vom Export getragenen expansiven Wachstumsphase der japan. Wirtschaft charakterisiert. Lag das gesamtwirtschaftl. Wachstum (1988) bei 6,2 %, so betrug der Vergleichswert (1993) nur noch –0,2 %. Erst 1994 verzeichnete die japan. Wirtschaft eine allmähl. Konjunkturbelebung, die v. a. – unter dem Einfluß einer wachsenden Binnennachfrage und des hohen Wechselkurses – auf einen kräftigen, den Anstieg der Exporte liegenden Anstieg der Importe zurückzuführen ist. Folglich sank das Leistungsbilanzdefizit im 2. Halbjahr 1994 auf 2,6 % des Bruttoinlandsprodukts (BIP). Auch in der Industrieproduktion (1994: +0,8 %) waren deutl. Zeichen für eine Erholung spürbar. Trotz der Produktionsunterbrechung infolge des Erdbebens in Kōbe wird beim BIP für das 1. Quartal 1995 mit einer Umkehr des Rückgangs und auch für das Gesamtjahr mit einem Anstieg um 1,3 % (1994: 0,6 %) gerechnet. Mit einer Inflationsrate von (1994) 0,7 % (1991: 3,3 %) konnte wieder nahezu vollständige Preisstabilität erreicht werden. Das schwache Wachstum der gesamtwirtschaftl. Produktion bewirkte zwar einen Anstieg der Arbeitslosigkeit, doch für 1995 bestanden bereits Anzeichen für eine Stabilisierung der Situation am Arbeitsmarkt. Die Arbeitslosenquote betrug 1994 2,9 %.

K. ANTONI: Der himml. Herrscher u. sein Staat. Essays zur Stellung des Tennō im modernen Japan (1991); J. HARTMANN:

japanische Kunst **Japa**

japanische Kunst: LINKS Shinohara Kazuo, TIT-Jahrhunderthalle in Tokio, 1987; RECHTS Hasegawa Itsuko, Bizan-Halle in Shizuoka, 1982–84

Politik in Japan. Das Innenleben einer Wirtschaftsmacht (1992); M. POHL: Japan (²1992); D. SIEMS: Japans außenwirtschafts- u. entwicklungspolit. Strategien gegenüber China u. ASEAN (1992); K. INOUE: Gesch. Japans (a. d. Japan., 1993); P. KEVENHÖRSTER: Japan. Außenpolitik im Aufbruch (1993); P. KEVENHÖRSTER: Politik u. Gesellschaft in Japan (1993); S. WÄCHTER u. G. RAMBATZ: Japans internat. Beziehungen u. seine Rolle in der neuen Weltordnung (1993); N. R. ADAMI u. C. KOLATEK: Bibliograph. Einf. in die Wirtschaft Japans u. Koreas (1994); I. BURUMA: Erbschaft der Schuld. Vergangenheitsbewältigung in Dtl. u. Japan (a. d. Engl., 1994); M. GREIN: Japan heute u. gestern. Geographie, Gesch., Politik, Wirtschaft u. Kultur (1994); Japan, Europa, USA. Weltpolit. Konstellationen der 90er Jahre, hg. v. W. VON BREDOW u. a. (1994); W. PASCHA: Die japan. Wirtschaft (1994). – *Jahrbücher und Zeitschriften:* Japan. Politik u. Wirtschaft (1977 ff.); Japanstudien (1990 ff.).

japanische Kunst: Im Zuge der Expansion und Umgestaltung japan. Metropolen boomte die Architektur in den 1980er und 90er Jahren, wobei häufig nicht nur der Einfallsreichtum bei der Konzeption, sondern auch die Sorgfalt der Ausführung besticht. Mit ausgereiften neomodernen Bauten errang v. a. MAKI FUMIHIKO (1928) erneut Aufmerksamkeit, so mit seinem multifunktionalen Spiralhaus mit Wacoal Kunstzentrum (1984–85) in Tokio, der Städt. Sporthalle (1984) in Fujisawa mit einer Dachkonstruktion, die käferartig anmutet, dem harmon. Bau des Nationalmuseums für moderne Kunst (1986) in Kyōto und dem als Collage von Teilen beschriebenen Tepia-Haus (1989), einem Wissenschafts- und Präsentationszentrum (Tepia steht für Technologie-Utopia) in Tokio. Ein Schiffsmast akzentuiert sein Center for the Arts (1993) in San Francisco (Calif.). Auch andere Metabolisten stellen bes. Lösungen vor, z. B. das Museum für zeitgenöss. Kunst in Hiroshima (1988) von KUROKAWA KISHŌ NORIAKI sowie das Landclubhaus am Sagamisee (1986–89) und das Museum von Mito (1986–90) des vielseitigen ISOSAKI ARATA. FUJII HIROMI (* 1935) erwartet vom Dekonstruktivismus Befreiung von eingefahrenen Wahrnehmungsmustern und läßt die gerasterten Rahmenelemente seiner Bauten kippen. Eher der Maschinenästhetik einer High-Tech-Architektur huldigen Bauten von SHINOHARA KAZUO (* 1925), bes. bekannt das TIT (Tokyo Institute of Technology, eine Jahrhunderthalle, Tokio, 1987–88) und die aggressiven, in ihrer Symbolik auf die Konsumwelt bezugnehmenden Bauten von TAKAMATSU SHIN (* 1948; Zahnklinik Ark, Kyōto, 1982–84; Kirin Plaza, Einkaufszentrum aus vier Hochhaustürmen, Ōsaka, 1987; das in Anlehnung an einen großen Passagierdampfer konzipierte Modesyntax, Kyōto, 1990; Quasar-Haus, Berlin, 1991–94). Ein postmodernes Mixtum japan. und europ. Hausformen bilden die Gästepavillons der Sukiya-yu-Anlage (1989) von ISHII KATSUHIRO (* 1944). Die Architektin HASEGAWA ITSUKO (* 1941) nutzt die technolog. Möglichkeiten auch dafür, auf die Natur, einem zentralen Wert der japan. Kultur, und den Verlust an Natur anzuspielen; Plattformen laden zur Mondbetrachtung ein, die Bedachung ahmt Wolken oder Wellen nach oder steigt und fällt wie Hügellinien (Bizan-Halle, Shizuoka, 1987; Shonandai-Kulturzentrum, Fujisawa, 1989; ›Dorf Cona‹, eine Wohneinheit aus 260 Apartments, Amagasaki, 1990). Ähnliches versucht HARA HIROSHI (* 1936) in seinem Yamato International Building in Tokio. ANDŌ TADAO (* 1941) bezieht in seine stille und leise Architektursprache Natur ein (Kirche über dem Wasser, Hokkaidō, 1988; buddhist. Wassertempel, unter einem Teich angelegt, Awaji, 1991). Den japan. Pavillon für die Expo '92 in Sevilla baute ANDŌ als ein symbol., aus japan. Schriftzügen gewonnenes Zeichen für die Tradition und Moderne verbindende japan. Kultur (1989–91; als Material dient Schichtholz, die Fassade ist konkav, die Zugangsbrücke konvex gebogen). ANDŌ erhielt u. a. 1992 in Kopenhagen den Carlsberg-Preis für Architektur und 1995 in Los Angeles (Calif.) den Pritzker-Preis.

japanische Kunst: Ishii Katsuhiro, Gästehaus in der Residenz ›Sukiya-yu‹ in Okayama; 1989

Die Kunst der 80er Jahre behauptet eine eigenständige Position zw. Tradition und Avantgarde, asiat. Sensibilität und westl. Formensprache. Bes. Künstler wie ASANO YAE (* 1914), MASUDA SATOKO (* 1961) und MURAKAMI TOMOHARU (* 1938) entwickeln die abstrakte Malerei im Sinne einer meditativen Kalligraphie weiter. Die meditativen Traditionen des Zen

373

Japa japanische Literatur – Jawlinskij

kommen auch im bildner. Bereich zum Tragen, z. B. bei den an japan. Vasen erinnernden bemalten Einzelobjekten von NISHIKAWA KATSUHITO (* 1949), den scheinbar schwebenden schwerelosen Objekten von

japanische Kunst: Murakami Tomoharu, ohne Titel; 1991 (Privatbesitz)

UEMATSU KEIJI (* 1947) und den in blaues Licht getauchten kargen Räume von KATASE KAZUO (* 1947), in denen der in Dtl. lebende Künstler Bezüge zw. Zen und der dt. Romantik sieht. Die Holzbildhauer inszenieren ihre Werke oft raumgreifend, neben KENMOCHI KAZUO (* 1951), MATSUI SHIRO (* 1960), TOYA SHIGEO (* 1947), TSUCHIYA KIMIO (* 1955) und FUJII CHUICHI (* 1941) ist KAWAMATA TADASHI (* 1953) mit seinen architekturbezogenen Projekten zu nennen. ENDŌ TOSHIKATSU (* 1950) schafft mit den vier Elementen Feuer, Erde, Wasser und Luft Symbole gegen die Umweltzerstörung. Als Metall- und Steinbildhauer sind WAKABAYASHI ISAMU (* 1936), SUGA KISHIO (* 1944) und AOKI NOE (* 1958) hervorgetreten, die in ihren formal reduzierten Arbeiten die Wechselwirkung zw. Natur und Technik thematisieren. Eher westlich orientierten ästhet. Fragen stellen sich MORIMURA YASUMASA (* 1951), ŌTAKE SHINRO (* 1955) und MATSUI SHIRO (* 1960). Der Teilnehmer an der documenta IX, FUNAKOSHI KATSURA (* 1951), beschäftigt sich in seinen poetischen bemalten Figuren und Halbfiguren (im wesentlichen aus Holz) mit dem Menschen des Alltags. Die Medienkunst wird v. a. von MIYAJIMA TATSUO (* 1957) und NOMURA HITOSHI (* 1945) repräsentiert. Die inszenierte Photographie vertritt international SUGIMOTO HIROSHI (* 1948). Zur j. K. gehört traditionsgemäß auch das Kunsthandwerk, das einerseits Anregungen aus dem Bereich der freien Kunst aufnimmt, andererseits diese auch prägt. Die Tradition der Metall-, Keramik-, Lack-, Textil-, Glas- und Korbarbeiten wird in der Gegenwart von ITŌ MOEGI (* 1942), SUZUKI KYŪ (* 1947), YOKOKURA SHINYA (* 1956), KATŌ YOSHIKATA (* 1951), AOKI KIYOTAKA (* 1957), ŌZEKI SHICHIRŌ (* 1940), IDEI MAMI (* 1954), OCHIAI NAO (* 1954) und KUDŌ NAO (* 1955) weiterentwickelt, wobei eine wichtige Gemeinsamkeit die Kriterien der Einfachheit und Klarheit darstellen.

20ste biennale, Middelheim – Japan, bearb. v. G. IVENS, Ausst.-Kat. (Antwerpen 1989); J. K. der achtziger Jahre, hg. v. F. NANJO u. a., Ausst.-Kat. (Schaffhausen 1990); A primal spirit. Ten contemporary Japanese sculptors, hg. v. S. L. CAROSELLI, Ausst.-Kat. (Los Angeles, Calif., 1990); Die neue japan. Architektur, hg. v. B. BOGNAR (a. d. Amerikan., 1991); Gendaikogei. Neues Kunsthandwerk aus Japan, bearb. v. S. GRAF VON DER SCHULENBURG, Ausst.-Kat. (1992); Contemporary Japanese architects, hg. v. D. MEYHÖFER (Köln 1993); 13 japan.

Jim Jarmusch

Künstler. Kunst der 90er Jahre, bearb. v. Y. FUJIMOTO u. a., Ausst.-Kat. (1993).

japanische Literatur: Charakteristisch für die jungen Autoren der japan. Gegenwartsliteratur ist eine starke Prägung durch japan. wie internat. populäre Genres wie etwa Comics und (Fernseh-)Filme. V. a. MURAKAMI HARUKI (1949) und YOSHIMOTO BANANA (* 1964) gelang es mit ihren Romanen, deren Schauplätze nicht an Japan gebunden sind, über die Grenzen des eigenen Landes hinaus ein breites Publikum anzusprechen. Diese Tendenz zeigte sich auch bei der Verleihung des Literaturnobelpreises an den Schriftsteller ŌE KENZABURŌ: Während der Jury 1972 im Fall von KAWABATA YASUNARI bes. die als typisch japanisch verstandene Ästhetik seiner Werke würdigte, betonte sie bei ŌE vielmehr die Allgemeingültigkeit seines Schaffens. Eine weitere Strömung in der Gegenwartsliteratur umfaßt eine Gruppe von Autoren wie FURUI YOSHIKICHI (* 1937) und NAKAGAMI KENJI (* 1946, † 1992), die die seit den 1960er Jahren geführte Diskussion um eine indigene japan. Identität aufgreifen. In ihren Werken setzen sie sich mit dem Begriff Heimat auseinander, wobei sie auch auf ethnolog. Theorien zurückgreifen.

Ausgabe: Mondscheintropfen. Japanische Erzählungen 1940–1990, hg. v. E. KLOPFENSTEIN (1993).

J. L. der Gegenwart, hg. v. S. SCHAARSCHMIDT u. a. (1990); J. STALPH u. a.: Moderne j. L. in dt. Übers. Eine Bibl. der Jahre 1868–1994 (1995).

Jarmusch [ˈdʒaːmʊʃ], Jim, amerikan. Regisseur und Drehbuchautor, * Akron (Oh.) 1953. Im Vordergrund seiner Filme (seit 1980) steht weniger die Handlung als die intensive Beobachtung der Situation und der sich in ihr bewegenden Personen.

Filme: Dauernd Ferien (1980); Stranger than Paradise (1984); Down by Law (1986); Mystery Train (1989); Night on Earth (1991); Dead Man (1995).

*Jarowinsky, Werner, Politiker: † Berlin 22. 10. 1990; war bis Dez. 1989 Mitglied des Politbüros des ZK der SED.

japanische Kunst: Funakoshi Katsura, ›The Pendulum above the Water‹; 1991 (Privatbesitz)

*Jaruzelski, Wojciech, poln. Politiker: Trat am 22. 12. 1990 als Staatspräs. zurück.

*Jasow, Dmitrij Timofejewitsch, sowjet. General und Politiker: Als Mitgl. des ›Staatskomitees für den Ausnahmezustand‹ nahm J. am 19. 8. 1991 am Putsch gegen Präs. M. S. GORBATSCHOW teil. Nach dem Scheitern des Putsches (20./21. 8. 1991) wurde er seiner Funktionen entbunden und inhaftiert.

Jász-Nagykun-Szolnok [ˈjaːsnɔdjkunˈsolnok], seit 1990 Name des ungar. Bezirks ▷ Szolnok.

Jawlinskij, Grigorij Aleksejewitsch, russ. Wirtschaftswissenschaftler und Politiker, * Lemberg 10. 4.

1952; erarbeitete als führender Mitarbeiter beim Staatskomitee für Arbeits- und Sozialfragen im Zuge der Politik der Perestroika gegen den Widerstand orthodox-kommunist. Kräfte die Grundlagen einer auf marktwirtschaftl. Vorstellungen beruhenden Unternehmensverfassung. Als stellv. MinPräs. und Vors. der russ. Staatskommission für Wirtschaftsreformen (Juli bis Okt. 1990) suchte er das von ihm zuvor entworfene 500-Tage-Programm zu verwirklichen, konnte sich jedoch mit seinen radikalen marktwirtschaftl. Reformansätzen nicht durchsetzen. Als führendes Mitgl. eines reformorientierten Blocks (›Jabloko‹) gehört J. seit 1993 der Duma an.

*Jazz: Der Rock-J. der 1970er Jahre fand eine Fortsetzung im Free Funk, der dessen stereotypen Charakter durch tanzbare Funk-Rhythmik sowie Spielweisen des Free Jazz aufbrach (O. COLEMAN; JAMES ›BLOOD‹ ULMER, * 1942, Gitarre, Gesang). Daneben ist seit Beginn der 1980er Jahre zunehmend ein Pluralismus zu verzeichnen, der sich bewußt gegen stilist. Festlegungen wendet. Hierzu gehört der v. a. von schwarzen Musikern initiierte Neoklassizismus, der in freier Form auf stilübergreifende Ursprungselemente des J. wie Blues, Call- und Respons-Manier, Harlem Jump oder Brass-Band-Idiome zurückgreift (LESTER BOWIE, * 1941, Trompete; DAVID MURRAY, * 1955, Tenorsaxophon). Ferner der Klassizismus, der als Bebop- bzw. Hardbop-Renaissance (auch Neo Bop, Modern Mainstream) das Erbe des Modernen J. neu reflektiert (W. MARSALIS). Zum Grenzbereich des J. zählt die vielfältige Palette der sogenannten Weltmusik, in der sich frei improvisierte Musik und nichtwestl. Musikkulturen begegnen. Die gesamte Spanne des derzeit mögl. Eklektizismus im J. markiert die Noise Music (auch No wave) z. B. eines J. ZORN, der ›Musiken‹ bzw. Soundformen unterschiedlichster Provenienz collagehaft miteinander montiert.

Jekaterinburg, Ekaterinburg [je-], 1924–91 Swerdlowsk, Sverdlovsk, Gebietshauptstadt in Rußland, am O-Abfall des Mittleren Ural, (1991) 1,38 Mio. Ew.; Univ. (gegr. 1920) und 12 weitere Hochschulen, Ural-Zweigstelle der Akademie der Wissenschaften (seit 1932), viele Forschungsinstitute, Gemäldegalerie, Museen, zoolog. Garten. J. ist ein bedeutendes Zentrum des Schwermaschinenbaus, der Eisenhüttenindustrie und der Metallverarbeitung, außerdem Standort von chem. Industrie. Die Stadt ist eine Ausgangsstation der Transsibir. Eisenbahn und bedeutender Verkehrsknotenpunkt mit Flughafen. – J., 1723 mit dem Bau einer Eisenhütte gegr. und als eine der ersten russ. Fabrikstädte planmäßig angelegt, entwickelte sich rasch zum Industrie- und Verwaltungszentrum des Urals (1878 Bahnverbindung nach Perm). 1918 wurde hier Kaiser NIKOLAUS II. mit seiner Familie erschossen.

*Jelinek, Elfriede, österr. Schriftstellerin: Erregte 1994 mit der Uraufführung ihres satir. Dramas ›Die Raststätte oder Sie machen's alle‹, in der sie sich drastisch mit der Rolle der Sexualität in der modernen Gesellschaft auseinandersetzt, heftige Diskussionen. In dem Stück ›Präsident Abendwind‹ (Urauff. 1992) und dem Roman ›Die Kinder der Toten‹ (1995) wendet sie sich polit. und gesellschaftl. Fragen Österreichs zu.

Weiteres Werk: *Drama:* Totenauberg (1991).

*Jelzin, Boris Nikolajewitsch, russ. Politiker: Wurde am 25. 9. 1990 zum Präs. des Volksdeputiertenkongresses der RSFSR gewählt und förderte die Unabhängigkeitsbestrebungen der Sowjetrepubliken, v. a. der RSFSR (Souveränitätserklärung am 12. 6. 1990). Als entschiedener Reformer (v. a. beim Übergang von der Plan- zur Marktwirtschaft) forderte er einen radikaleren Kurs als M. S. GORBATSCHOW und kritisierte dessen ständig wachsende Machtfülle. Im Juli 1990 trat er aus der KPdSU aus. Nach der Einführung des Präsidialsystems in Rußland (Mai 1991) wurde er von der Bev. am 13. 6. 1991 zum Präs. Rußlands gewählt. J. trug wesentlich zum Scheitern des Putsches orthodox-kommunist. Kräfte gegen Präs. GORBATSCHOW (19.–21. 8.) bei. Im Dez. 1991 hatte er entscheidenden Anteil an der Gründung der Gemeinschaft Unabhängiger Staaten (GUS). In Konflikt mit dem Volksdeputiertenkongreß und dem Obersten Sowjet setzte J. 1992/93 die Politik der Wirtschafts- und Verf.-Reform fort. Am 28. 3. 1993 überstand er nur knapp ein Amtsenthebungsverfahren im Volksdeputiertenkongreß. Gestützt bes. auf die Armee, konnte er den Aufstand orthodox-kommunist. und nationalist. Kräfte im Okt. 1993 niederschlagen. Die von der Bev. im Dez. 1993 gebilligte neue Verf. stärkte seine Stellung; die Duma konnte infolge der unklaren Mehrheitsverhältnisse kein parlamentar. Gegengewicht bilden. Im außenpolit. Bereich nahm J. bereits mehrfach an Weltwirtschaftsgipfeln sowie an Treffen der Staats- und Reg.-Chefs der EU teil, um Rußlands Anspruch auf die Rolle einer Weltmacht zur Geltung zu bringen und Wirtschaftshilfe mit den westl. Industriemächten zu vereinbaren. Ende Aug. 1994 nahm er in Berlin an der Verabschiedung der russ. Truppen aus Dtl. teil. In enger Absprache, bes. mit Verteidigungs-Min. P. GRATSCHOW, billigte er die Politik der gewaltsamen Wiedereingliederung Tschetscheniens (seit Dez. 1994) in die Russ. Föderation.

Boris Nikolajewitsch Jelzin

Jemen

Staatswappen

Jemen

Fläche: 527 968 km²
Einwohner: (1994) 13,9 Mio.
Hauptstadt: Sanaa
Amtssprache: Arabisch
Nationalfeiertag: 24. 5.
Währung: 1 Jemen-Rial (Y. Rl) = 100 Fils
Uhrzeit: 14⁰⁰ Sanaa = 12⁰⁰ MEZ

Jemen, Yemen ['je:mən], amtlich arab. **Al-Djumhurijja al-Jamanijja** [-dʒumhu-, dʒam-], dt. **Republik J.,** Staat in Vorderasien, am 22. 5. 1990 hervorgegangen aus der Wiedervereinigung der Arab. Republik J. (Nord-J.) und der Demokrat. Volksrepublik J. (Süd-J.). Die Republik J. grenzt an das Rote Meer, den Golf von Aden und den Indischen Ozean, an Saudi-Arabien und Oman. Zum Staatsgebiet gehören die Koralleninseln Kamaran im Roten Meer, die vulkan. Insel Perim in der Meerenge Bab el-Mandeb sowie die Inselgruppe Sokotra vor dem Osthorn Afrikas. Mit 527 968 km² ist J. fast eineinhalbmal so groß wie Dtl. und hat (1994) 13,873 Mio. Ew. Hauptstadt ist Sanaa. Die Amtssprache ist Arabisch. Währung: 1 Jemen-Rial (Y. Rl) = 100 Fils. Uhrzeit: 14⁰⁰ Sanaa = 12⁰⁰ MEZ.

STAAT · RECHT

Verfassung: Die im Mai 1991 durch Referendum angenommene Verf. des vereinigten J. wurde im Gefolge der versuchten Sezession des Südens und des anschließenden Bürgerkriegs 1994 durch eine neue Verf. ersetzt. An die Stelle des fünfköpfigen Präsidentschaftsrats, über den der der Führung des Landes beteiligt werden sollte, tritt nun das Amt des Staatspräs. mit weit ausgebauten Kompetenzen als oberstes Exekutivorgan. Der Präs. wird auf fünf Jahre direkt vom Volk gewählt. Die Gesetzgebung obliegt dem Parlament, das sich dabei aber an den Grundsätzen des islam. Rechts (Scharia) zu orientieren hat. Die Scharia wird in der Verf. ausdrücklich als die ›Quelle

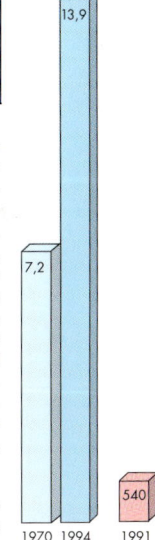

Bevölkerung (in Mio.)

Bruttosozialprodukt je Ew. (in US-$)

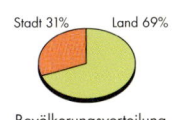

Bevölkerungsverteilung 1992

Jeme Jemen

der gesamten Rechtsprechung‹ definiert. Die Stammesmilizen werden verboten; einzig der Staat darf nach der Verf. bewaffnete Kräfte unterhalten.

Parteien: Der konservative Allgemeine Volkskongreß (AVK), der v. a. im nördl. J. seine Basis hat, entwickelte sich nach der Vereinigung der beiden J. (1990) zur stärksten polit. Kraft. Aus dem tribalistisch geprägten Hasched-Verband entwickelte sich im N die islamisch-fundamentalistisch ausgerichtete Gruppierung Jemenit. Vereinigung für Reform (El-Islah). Die Jemenit. Sozialistische Partei (JSP), vor der Vereinigung beider J. im S die staatstragende Partei, danach die zweitstärkste Gruppe in J., besteht nach dem Bürgerkrieg von 1994 unter gänzlich veränderter Führung weiter. Die panarabisch-sozialist. Baath unterhält im J. eine eigene Organisation.

Das *Wappen* (eingeführt im Mai 1990) zeigt einen goldenen Adler über einem grünen Band, das die Inschrift ›Al-Jamhuryija tel Jemenija‹ trägt. Auf der Brust des Adlers befindet sich ein Wappenschild, auf dem eine goldene Mauer (Symbol für den Maribstaudamm) abgebildet ist, dahinter eine Kaffeepflanze, vor der Mauer ein (Stau-)See mit zwei weißen Wellen. Der Adler hält in seinen Fängen zwei goldene Fahnenstangen, die sich hinter dem grünen Band kreuzen; sie tragen die Flagge Jemens.

Nationalfeiertag ist der 24. 5. zur Erinnerung an die Vereinigung der beiden Staaten 1990.

Streitkräfte: Die Gesamtstärke der Armee entspricht in etwa der Summe der beiden bis 1990 existie-

Jemen: Übersichtskarte

renden jemenit. Staaten. Das Heer hat schätzungsweise 55 000, die Luftwaffe 3 500 und die Marine 2 500 Mann. Die als ›Brigade‹ bezeichneten Verbände des Heeres (19 Infanterie-, je vier Panzer- und mechanisierte Brigaden, je eine Fallschirmjäger- und Kommandobrigade) entsprechen etwa verstärkten Bataillonen. Die Ausrüstung umfaßt u. a. 1 150 Kampfpanzer (150 amerikan. M-60, 1 000 T-54/55 oder T-62), 190 Kampfflugzeuge (80 MiG-21, je 50 Su-22 und MiG-23, 10 F-5 E), zwei Korvetten (sowjet. Tarantel-Klasse), sechs Schnellboote sowie weitere acht Kleine Kampfschiffe.

Internat. Mitgliedschaften: UNO, Arab. Liga.

LANDESNATUR · BEVÖLKERUNG

Landesnatur: J. nimmt den SW der Arab. Halbinsel ein. Von N her reicht die Sandwüste Rub al-Chali, die größte zusammenhängende Sandfläche der Erde, nach J. hinein. Die westl. und südl. Gebirgsränder des Hochlands von J. wurden im Zusammenhang mit der Bildung des Ostafrikan. Grabensystems, zu dem sowohl das Rote Meer als auch der Golf von Aden gehören, lippenförmig aufgebogen. Am W-Rand findet sich die größte Höhe der Arab. Halbinsel (Nabi Schuaib 3 760 m ü. M.). Das Hochland ist im W größtenteils aus vulkan. Trappdecken aufgebaut, die eine Mächtigkeit bis zu 1 500 m erreichen. Die Trappdecken verwittern zu fruchtbaren Böden. Über 2 000 m hohe Berge sind teilweise bis zum Gipfel zu Anbauflächen terrassiert. Der Anbau kommt vielerorts ohne künstl. Bewässerung aus. Im Umkreis der Städte ermöglicht das Grundwasser aus Ziehbrunnen eine Bewässerung, am Rande der Becken das austretende Quellwasser. Nach O hin senkt sich das westl. Hochland allmählich, und mit abnehmenden Niederschlägen beschränkt sich die landwirtschaftl. Nutzung auf die Täler. Am Roten Meer erstreckt sich vor dem Steilabfall des Randgebirges das 30–70 km breite, von Sanden (z. T. Dünen) und Kiesen bedeckte Küstentiefland der ▷ Tihama.

Das Landesinnere des östl. J. wird vom überwiegend aus tertiärem Kalkstein aufgebauten, nach N schwach geneigten Hochplateau des Djol (bis 2 185 m ü. M.) eingenommen. In den Djol ist das Wadi Hadramaut mit seinen Nebenwadis bis zu 300 m tief eingesenkt. Das Wadi Hadramaut beginnt im W trichterförmig als 70 km breites Tal, in das die Sandwüste Ramlat as-Sabatain hineinreicht, und verengt sich im Mittelteil auf 2–4 km, wo das in nur 5–10 m Tiefe erreichbare Grundwasser die Anlage von Oasen ermöglichte. – Am Golf von Aden wechseln Steil- und Flachküsten einander ab. Die 20 bis höchstens 30 km breiten flachen Küstenabschnitte werden zum großen Teil

Klimadaten von Sanaa (2 190 m ü. M.)

Monat	Mittleres tägl. Temperaturmaximum in °C	Mittlere Niederschlagsmenge in mm	Mittlere Anzahl der Tage mit Niederschlag	Mittlere tägl. Sonnenscheindauer in Stunden	Relative Luftfeuchtigkeit nachmittags in %
I	22,6	0	0	10,1	13
II	24,0	4	1	9,7	16
III	24,4	21	5	8,9	21
IV	25,1	46	6	9,5	20
V	26,0	46	4	8,9	22
VI	27,8	0	0	10,0	15
VII	27,3	20	6	7,3	22
VIII	26,3	102	11	8,3	24
IX	25,8	4	1	9,6	21
X	22,8	9	1	10,5	21
XI	21,5	0	0	9,8	16
XII	21,8	0	0	9,9	16
I–XII	24,6	252	35	9,4	20

Klimadaten von Aden (3 m ü. M.)

Monat	Mittleres tägl. Temperaturmaximum in °C	Mittlere Niederschlagsmenge in mm	Mittlere Anzahl der Tage mit Niederschlag	Mittlere tägl. Sonnenscheindauer in Stunden	Relative Luftfeuchtigkeit nachmittags in %
I	27,8	7	1	7,5	63
II	28,3	3	0,5	7,0	65
III	30,0	6	0,3	7,0	66
IV	31,7	Spuren	0,5	8,0	66
V	33,9	0	0,1	9,0	66
VI	36,7	Spuren	0,8	10,0	51
VII	36,1	3	1	9,5	49
VIII	35,6	2	0,7	9,0	50
IX	35,6	7	0,2	9,0	56
X	32,8	1	0,2	9,5	58
XI	30,0	3	0,2	9,5	61
XII	28,3	6	2	8	62
I–XII	32,2	39	7,5	8,5	59

Jemen **Jeme**

von Sandwüste eingenommen, gebietsweise von dunklen (mit Wüstenlack überzogenen) kristallinen Geröll- und hellen Felsflächen. Außerdem finden sich in der Küstenregion des Golfs von Aden Vulkanlandschaften. Stadt und Hafen Aden liegen in einem aus vulkan. Schlacken bestehenden Doppelkrater, der bis 627 m ü. M. aufsteigt. Die vegetations- und verkehrsfeindl. Harras, Blockfelder aus Basaltlava, zeigen jungen Vulkanismus an, der auch heute noch nicht ganz abgeklungen ist.

Klima: J. liegt in den Tropen. Die Küstenregionen sind heiß und schwül (Jahresmitteltemperatur bei 28°C, relative Luftfeuchtigkeit 60–90%), haben aber nur sehr geringe Niederschläge (unter 100 mm im Jahr). Im Unterschied zu den zwar luftfeuchten, aber doch ariden Küstenregionen erhalten die Flanken der Randgebirge Steigungsregen (500 mm, gebietsweise 1 000 mm, im Jahr). In Höhenlagen zw. 1 000 und 2 000 m ü. M. kommt es häufig zu Nebelbildung; in Höhen über 2 100 m ü. M. beginnt das Auftreten von Nachtfrösten. Auf den Bergen über 3 000 m ü. M. fällt gelegentlich Schnee. In den westl. Hochlandgebieten gibt es noch jährl. Regenmengen von 400–700 mm, in den abgeschirmten Beckenlandschaften werden diese Werte jedoch unterschritten, wie etwa in Sanaa (252 mm). Die Schwankungen von Jahr zu Jahr sind beträchtlich. Bezeichnend für die klimat. Verhältnisse der Hochlandgebiete sind ferner die geringe Luftfeuchtigkeit, die in Sanaa Minimalwerte von 10% erreichen kann. Die vollariden Wüsten weisen große tägl. Temperaturschwankungen auf.

Bevölkerung: Im Jahr der Wiedervereinigung (1990) hatte Nord-J. 8,017 Mio. Ew. (41 Ew. je km²), Süd-J. 2,491 Mio. Ew. (7 Ew. je km²). Die Einwohnerzahl stieg von (1990) 10,508 Mio. auf (1994) 13,873 Mio. Die durchschnittl. Bev.-Dichte beträgt (1994) 26 Ew. je km². Die genaue Anzahl der als Arbeitsmigranten im Ausland lebenden Jemeniten ist unbekannt.

Den Hauptteil der Bev. bilden Araber. Das älteste Bev.-Element verkörpern Vertreter der kleinwüchsigen, kraushaarigen, dunklen südarab. Rasse, die unter den Beduinen am S-Rand des Djol am häufigsten anzutreffen sind. Die dunkelhäutige Bev. der Tihama und Oasenbewohner im Hinterland des Golfs von Aden zeigen einen negriden Einschlag, der auf die alten Beziehungen zu Ostafrika hinweist. An der Küste des Golfs von Aden haben sich Inder und Somal niedergelassen. Im Wadi Hadramaut ist der malaiische Einschlag unverkennbar (Rückwanderer jemenit. Kaufleute und deren Nachkommen aus Indonesien). – Das Tragen des Krummdolchs (Djambija) hat sich bei den Männern in J. bis in die heutige Zeit gehalten.

Wichtigste Städte (Ew. 1990, *1987)		
Sanaa 648 000	Makalla 154 000*
Aden 417 000*	Ibb 71 000
Taiz 239 000	Dhamar 63 000
Hodeida 204 400	

Die Geburtenrate beträgt (im Durchschnitt der Jahre 1990–95) 49‰, die Sterberate 15‰. 1995 waren 49,3% der Bev. unter 15 Jahre alt, 48,3% 15 bis unter 65 Jahre alt, 2,4% 65 Jahre u. älter. Die Lebenserwartung der männl. Neugeborenen liegt (1992) bei 52 Jahren, die der weibl. Neugeborenen bei 53 Jahren. Die Bev.-Projektion für 2000 lautet 16,424 Mio. Ew. In Städten leben (1992) 31% der Bev. Charakteristisch für das Siedlungsbild im westl. Gebirgsland, wo das Relief viele Schutzlagen anbietet, sind die mehrstöckigen Wohntürme der Bergbauern, die einzeln stehen oder in kleinen Gruppen und Dörfern zusammengeschlossen sind. Das Baumaterial liefern quaderförmig zugehauene Steine, in Senken und Tälern hingegen lufttrocknete Lehmziegel. In den Städten des westl. Hochlands gibt es Häuser mit bis zu acht Stockwerken, deren Fassaden oft ornamental weiß bemalt sind. Hochhäuser aus Lehmziegeln sind außerdem für Schibam, Saiun und Tarim im Wadi Hadramaut charakteristisch.

Religion: 1989 wurden rd. 5,3 Mio. Schiiten und 5,925 Mio. Sunniten gezählt.

Bildungswesen: Die Verhältnisse erlauben auf weite Strecken keinen geregelten Unterricht; sowohl beim Besuch von Grundschuleinrichtungen (sechs Jahre) wie dem der weiterführenden Schulen in den Städten muß von rückläufigen Schülerzahlen gegenüber den Schülerzahlen der 1980er Jahre ausgegangen werden; das gilt auch für Schulen und wahrscheinlich auch Lehrer, wobei die erfolgreichen Bemühungen, den Anteil der einheim. Lehrer zu erhöhen, weiter noch wachsen. Süd- und Nord-J. umfassende Statistiken zum Bildungswesen der 1990er Jahre liegen nicht vor. Die Univ. von Aden und Sanaa werden weitergeführt.

Jemen: Der Ort Hadjara im nördlichen Bergland

Publizistik: Presse: Im Vereinigungsvertrag ist die Pressefreiheit verankert. Es existieren drei Tageszeitungen: ›Ar-Rabi Aschar Min Uktubar‹ (Auflage: rd. 20 000), ›Asch-Scharara‹ (6 000) und die regierungseigene ›Ath-Thawra‹ sowie rd. 30 wöchentl. und monatl. Publikationen. – *Nachrichtenagenturen:* ›Saba News Agency‹, Sanaa, und ›Aden News Agency‹ (ANA), gegr. 1970, Aden. – Der *Rundfunk* ist in der ›Yemen Radio and Television General Corporation‹ öffentlich-rechtlich organisiert mit vier Hörfunkstationen und zwei Fernsehkanälen. Es gibt rd. 325 000 Hörfunk- und 330 000 Fernsehteilnehmer.

WIRTSCHAFT · VERKEHR

Wirtschaft: Mit der Vereinigung im Jahr 1990 wurde erwartet, daß die auf umfangreichen Erdölfunden und dem Ausbau des Hafens von Aden (u. a. Schaffung einer freien Produktionszone) basierende Umstrukturierung der Wirtschaft erleichtert wird. Wegen der proirak. Haltung J.s im Golfkrieg 1990/91 wurden jedoch 850 000 jemenit. Arbeitsmigranten aus anderen Golfstaaten ausgewiesen; die USA kürzten ihre Wirtschaftshilfe um fast 90%, Saudi-Arabien strich sie völlig. Die Folge war eine schwere Wirtschaftskrise mit hoher Arbeitslosigkeit und Inflation. Der Bürgerkrieg 1994 verhinderte ausländ. Investitionen in der noch jungen Erdölindustrie und zerstörte die Infrastruktur. Gemessen am geschätzten Bruttosozialprodukt je Ew. von (1991) 540 US-$ zählt J. zu den ärmsten Ländern der arab. Welt.

Jena Jena – Jerusalempreis

Landwirtschaft: Im Agrarbereich erwirtschaften (1992) 62,5% der Erwerbstätigen rd. ein Viertel des Bruttoinlandsprodukts (BIP). Die landwirtschaftl. Nutzfläche beträgt 1,6 Mio. ha; rd. 250 000 ha davon werden künstlich bewässert. Die Anbauflächen für Getreide und Baumwolle sind zurückgegangen, während sie für Gemüse, Weintrauben und Kartoffeln sowie für die Drogenpflanze Qat anstiegen. Wichtigste Anbauprodukte sind Hirse (Erntemenge 1993: 465 000 t), Tomaten (204 000 t), Wassermelonen (120 000 t), Kartoffeln (213 000 t), Weizen (160 000 t) und Weintrauben (144 000 t). An Vieh werden v. a. Schafe (1993: 3,7 Mio.) und Ziegen (3,3 Mio.) gehalten. – Die Fischerei ist auch als Devisenbringer bedeutsam (Fangmenge 1992: 86 500 t).

Bodenschätze: Ab 1983 wurden in Zentral-J. umfangreiche Erdölvorkommen (ab 1987 auch Erdgasvorkommen) entdeckt. Seit Beginn der Erdölexporte Ende 1987 in Nord-J. entwickelt sich dieser Sektor zum wichtigsten Wirtschaftszweig. Nach der Vereinigung konnte auch die Erschließung der im ehem. Grenzgebiet liegenden Erdölfelder vorangetrieben werden. Die Erdölförderung hat sich seit 1991 auf (1994) 17,4 Mio. t fast verdoppelt. In Süd-J. gibt es außerdem Vorkommen von Kupfer, Gold, Blei, Zink und Molybdän, in Nord-J. umfangreiche Salzlagerstätten (Produktion 1992: 107 000 t).

Industrie: Im industriellen Sektor (einschließlich Bergbau) arbeiten (1992) 11,0% der Erwerbstätigen; sie erwirtschaften knapp ein Drittel des BIP. Abgesehen von der erdölverarbeitenden Industrie ist das produzierende Gewerbe nur von lokaler Bedeutung. Die Industrie ist von wenigen Großbetrieben (Erdölraffinerie, Zement- und Textilfabriken) und vielen Kleinbetrieben geprägt. Wichtigste Branchen sind die Nahrungsmittelindustrie und die Bauwirtschaft.

Außenwirtschaft: Die jemenit. Handelsbilanz war in den 1980er Jahren in beiden Landesteilen stark defizitär. In den meisten Jahren konnten weniger als 50% der Importe durch Exporte gedeckt werden (Exportwert 1993: 650 Mio. US-$; Importwert: 2,4 Mrd. US-$). Allerdings wurde die Handelsbilanz durch Überweisungen jemenit. Arbeitsmigranten v. a. aus Saudi-Arabien teilweise mehr als ausgeglichen. Mit Beginn der Erdölexporte 1987 hat sich die Außenhandelsstruktur deutlich verändert. In Nord-J. entfielen 1988 bereits 85% der Ausfuhren auf Erdölprodukte; in Süd-J. dominierten 1986 Fischereiprodukte (47%) und Erdölderivate (12%). Die Ausfuhr von Erdöl- und Erdölprodukten erreichte 1991 einen Anteil von 95,8%. Gleichzeitig verringerten sich auch die Überweisungen der Arbeitsmigranten erheblich (1990: 1,4 Mrd. US-$; 1993: 347 Mio. US-$). Die Auslandsschulden erhöhten sich von (1980) 1,7 Mrd. US-$ auf (1993) 5,9 Mrd. US-$.

Verkehr: Das ohnehin nur unzureichend entwickelte Verkehrssystem wurde im Bürgerkrieg 1994 noch weiter beeinträchtigt. Eisenbahnen sind nicht vorhanden. Das Straßennetz (Gesamtlänge der befestigten Straßen 1992: 7265 km) konzentriert sich auf die Küstenregionen. Wichtigster Überseehafen ist Aden. Dem Ausbau des Hafens dient die 1993 bei Maalla eröffnete Hafenanlage. Ein weiterer wichtiger Hafen ist der von Hodeida am Roten Meer. Internat. Flughäfen gibt es in Sanaa und Aden.

GESCHICHTE

Nach der Gründung eines ›Vereinten Polit. Organisationskomitees‹ (März 1989) vereinigten sich die Arab. Rep. J. (Nord-J.) und die Demokrat. VR J. (Süd-J.) am 22. 5. 1990 zur J.; der nordjemenit. Staatschef ALI ABDALLAH SALEH (* 1942) wurde Staatspräs., der südjemenit. Präs. HAIDAR ABU BAKR AL-ATTAS (* 1939) MinPräs. Am 15. und 16. 5. 1991 billigte die Bev. beider J. die vorläufige Verf. der Rep. J. Islam. Organisationen boykottierten die Abstimmung, weil sie die islam. Rechtsprechung nur ungenügend berücksichtigt fanden. Bei den Parlamentswahlen vom 27. 4. 1993 wurde der Allgemeine Volkskongreß, die Partei des Staatspräs., die weitaus stärkste Partei, gefolgt von der fundamentalistisch-islamisch bestimmten Jemenit. Vereinigung für Reform (Islah); die frühere Staatspartei Süd-J.s, die Jemenit. Sozialist. Partei, wurde drittstärkste Partei. Versch. Konfliktpotentiale zw. dem konservativ-religiösen N und dem über viele Jahre sozialistisch-laizistisch geprägten S lösten im April 1994 Kämpfe zw. S und N aus, die sich zu einem Bürgerkrieg ausweiteten. Im Mai proklamierten Politiker des S die Wiederherstellung der Demokrat. VR J. Bemühungen der Arab. Liga, des Golfkooperationsrates und der Nachbarstaaten, die Kämpfe zw. beiden Landesteilen zu beenden, scheiterten. Der militärisch überlegene N eroberte den S und erklärte am 7. 7. 1994 den Krieg für beendet. Nachdem das Parlament am 28. 9. 1994 eine neue islamisch bestimmte Verf. gebilligt hatte, wählte es SALEH am 2. 10. 1994 für fünf Jahre zum Staatspräsidenten.

*Jena 2): Der seit 3. 10. 1990 zum Land Thüringen gehörende Landkreis J. ging am 1. 7. 1994 im Holzlandkreis (seit 29. 9. 1994 Saale-Holzland-Kreis) auf; die Gem. Drößnitz wurde dem Kr. Weimarer Land eingegliedert; acht Gemeinden wurden in die seit 1990 kreisfreie Stadt Jena eingemeindet.

*Jenkins, Roy Harris, brit. Politiker: Erhielt 1987 die Peerswürde und nennt sich seitdem J. of Hillhead, Baron of Pontypool in the Cty. of Gwent. Seit der Fusion der Mehrheit der SDP und der Liberalen 1988 zur SLDP ist er deren Sprecher im Oberhaus.

Jerichower Land [-ço-], Landkreis im Reg.-Bez. Magdeburg, Sachs.-Anh., 1336 km², (1995) 98 100 Ew.; Kreisstadt ist Burg. Der Kreis, der im SW an die Landeshauptstadt Magdeburg grenzt, liegt zw. der Elbe und der Grenze zu Brandenburg. An das Niederungsgebiet (Grünlandwirtschaft und Kiefernforste, selten Laubwald) schließt im N der Elbe-Havel-Kanal und dem Fiener Bruch schließt im S der westl. Fläming an, der teils Kiefernwälder (Sandböden), teils Ackerflächen (Lehmböden) aufweist. Industriestandorte mit Binnenhäfen sind Burg (1995: 26 400 Ew.; Feinblechwalzwerk, Schuh-, Bekleidungsindustrie, Knäckebrotfabrik) und Genthin (15 700 Ew.; Waschmittelfabrik, Stahl- und Apparatebau). Weitere Städte sind Gommern, Jerichow und Möckern. – Der Kreis wurde am 1. 7. 1994 aus den früheren Kreisen Burg und Genthin gebildet; eingegliedert wurde die Gem. Mangelsdorf (früher Kr. Havelberg).

*Jerne, Nils Kaj, dän. Immunologe: † Castillon-du-Gard (Dép. Gard) 7. 10. 1994.

Jerofejew, Erofeev [jerɔ´fejef], Wiktor Wladimirowitsch, russ. Schriftsteller, * Moskau 19. 9. 1947; Sohn eines hohen sowjet. Diplomaten; debütierte 1973 mit einem Essay über DE SADE; wurde wegen der Organisation des Samisdat-Almanachs ›Metropol‹ (1976) aus dem Schriftstellerverband ausgeschlossen. Sein Roman ›Russkaja krasavica‹ (entstanden 1980–82, veröffentlicht 1990; dt. ›Die Moskauer Schönheit‹) über eine junge Frau aus der Provinz, die in Moskau als Prostituierte ein ausschweifendes Leben führt, wurde zum Welterfolg. Der Band ›V labirinte prokljatych voprosov‹ (1990; dt. ›Im Labyrinth der verfluchten Fragen‹) enthält Essays über die europ., v. a. russ. Literatur. Nach der Erzählung ›Zizn' z idiotom‹ (1980; dt. ›Leben mit einem Idioten‹) schuf A. SCHNITTKE eine Oper.

*Jerusalempreis: Weitere Preisträger sind: Z. HERBERT (1991), S. HEYM (1993), M. VARGAS LLOSA (1995).

Wiktor Wladimirowitsch Jerofejew

Jiang Zemin

*Jessen 1): Der seit 3. 10. 1990 zum Land Sachs.-Anh. gehörende Landkreis J. ging am 1. 7. 1994 im Kr. Wittenberg auf. Die Stadt Jessen (Elster) – frühere Schreibung Jessen/Elster – ist damit nicht mehr Kreisstadt.

*JET: Im Nov. 1991 wurde an JET für die Dauer einiger Sekunden erstmals eine nennenswerte Fusionsleistung (rd. 2 MW) in einem Laborexperiment erzeugt. Dazu wurde ein Plasma aus 86% Deuterium und 14% Tritium verwendet. Experimente mit der Reaktormischung 1:1 sind für 1996 geplant. (→Kernfusion)

*Jiang Qing, chin. Politikerin: † (Selbstmord in der Haft) Peking 14. 5. 1991.

*Jiang Zemin, chin. Politiker: Am 27. 3. 1993 wurde J. Z., oberster Befehlshaber der Streitkräfte sowie GenSekr. der KP seit 1989, vom Nat. Volkskongreß als Nachfolger Yang Shangkuns zum Staatsoberhaupt der VR China gewählt. Mit dieser Ämterkonzentration verfügt J. Z. über eine seit Mao Zedong nicht gekannte Machtfülle.

Joas, Hans, Soziologe, *München 27. 11. 1948; ab 1987 Prof. für Soziologie an der Univ. Erlangen-Nürnberg, seit 1990 an der FU Berlin. J. hat sich in zahlreichen Schriften mit Grundlagen einer Sozialisationstheorie und der Ausformung einer intersubjektiven Handlungstheorie beschäftigt.
Werke: Die gegenwärtige Lage der soziol. Rollentheorie (1973); Prakt. Intersubjektivität. Die Entwicklung des Werkes von George Herbert Mead (1980); Wiss. u. Karriere (1987, mit M. Bochow); Die Kreativität des Handelns (1992); Pragmatismus u. Gesellschaftstheorie (1992). – *Hg.:* Machtpolit. Realismus u. pazifist. Utopie. Krieg u. Frieden in der Gesch. der Sozialwiss.en (1989, mit H. Steiner); Gewalt in den USA (1994, mit W. Knöbl).

Jobticket [ˈdʒɔb-, engl.], durch Sondervertrag zw. einem Arbeitgeber und einem Nahverkehrsbetrieb eingeführte Dauerkarte für die Beschäftigten mit variierenden Mindestabnahmemengen, Großkundenrabatten, Kostenträgern und Leistungsumfängen (räuml. und zeitl. Gültigkeit, Übertragbarkeit, Mitnahmemöglichkeiten). Die Einführung von J. zielt auf geringere Kosten der Arbeitnehmer, höhere Erlöse der Verkehrsbetriebe, ökolog. Vorteile durch reduzierte Kfz-Fahrleistungen und verminderten Flächenvorhaltung für Parkraum (daher auch die Bez. **Umweltticket**). 1993 verfügten etwa 1% der Erwerbstätigen in Dtl. über ein J. Ähnlich, jedoch deutlich preisgünstiger sind die **Semestertickets** für Studenten.

Joffé [ˈdʒɔfɪ], Roland, brit. Filmregisseur, *London 17. 11. 1945; drehte Fernsehfilme und ab 1984 aufwendige Spielfilme, die zu internat. Erfolgen wurden.
Filme: The Killing Fields – Schreiendes Land (1984); Mission (1986); Die Schattenmacher (1990); Stadt der Freude (1992).

Johanides, Ján, slowak. Schriftsteller, *Dolný Kubín 18. 8. 1934; schrieb zunächst kunsthistor. Studien und Essays. Seine literar. Texte (Romane, Erzählungen, Novellen, Dramen, Hör- und Fernsehspiele) weisen – unter dem Eindruck des frz. Antiromans – existentialist. Züge auf.
Werke: Erzählungen: Súkromie (1963); Pochovávanie brata (1987). – *Novellen:* Podstata kameňolomu (1965; dt. Lamento eines verhinderten Selbstmörders); Neprijané vrany (1978); Krik drozdov pred spaním (1992). – *Romane:* Marek koniar a uhorský pápež (1983); Slony v Mauthausene (1985); Najsmutnejšia oravská balada (1988); Previesť cez most (1991).

*Johann-Heinrich-Merck-Preis für literarische Kritik und Essay: Weitere Preisträger sind: L. Baier (1989), Walter Boehlich (*1921; 1990), P. von Matt (1991), Benjamin Henrichs (*1946; 1992), H. E. Holthusen (1993), Peter Demetz (*1922; 1994), Michael Maar (*1960; 1995).

*Johann-Heinrich-Voss-Preis für Übersetzung: Weitere Preisträger sind: M. Fuhrmann (1990), Fritz Vogelsang (*1930; 1991), Simon Werle (*1957; 1992), Roswitha Matwin-Buschmann (*1939; 1993), Werner von Koppenfels (*1938; 1994), Rosemarie Tietze (*1944; 1995).

*Johann-Peter-Hebel-Preis: Weitere Preisträger sind: Manfred Bosch (*1947; 1990), Adrien Finck (*1930; 1992), P. von Matt (1994); Kundeyt Surdum (*1937; 1996).

Joliotium [jɔl-; nach F. Joliot-Curie] *das, -s,* bisher **Unnilpentium,** chem. Symbol **Jl,** im Aug. 1995 von der Nomenklaturkommission der IUPAC vorgeschlagener Name für das Element 105, das urspr. den Namen Hahnium (nach O. Hahn) tragen sollte (→Transurane).

Jonas, Anna, Schriftstellerin, *Essen 8. 6. 1944; nach mehrjährigem Aufenthalt in Spanien seit 1978 in Berlin freie Autorin. J., die auch als Übersetzerin tätig ist, schreibt Prosa und Gedichte, in denen sie auch formal experimentiert; ihre Sprache ist schnörkellos klar und distanziert. 1987 wurde sie zur Vors. des Verbandes dt. Schriftsteller e. V. gewählt, aus dem sie jedoch mit anderen Autoren aufgrund interner Streitigkeiten im Dez. 1989 austrat.
Werke: Prosa: Das Frettchen. Eine Biographie (1985); Berlin u. zugenäht (1987). – *Lyrik:* Nichts mehr an seinem Platz (1981); Sophie u. andere Pausen (1984).

*Jonas, Hans, dt.-amerikan. Philosoph und Religionshistoriker: † New York 5. 2. 1993.

Jordan [dʒɔːdn], Neil, irischer Filmregisseur, *Sligo 25. 2. 1950; drehte (ab 1983) Filme in Irland, arbeitete aber auch in den USA; schrieb Erzählungen und Drehbücher sowie den Roman ›Sunrise with sea monster‹ (1994; dt. ›Nocturno‹).
Filme: Angel – Straße ohne Engel (1983); Die Zeit der Wölfe (1984); Mona Lisa (1986); High Spirits (1987); Wir sind keine Engel (1989); Miracle – Ein geheimnisvoller Sommer (1990); The Crying Game (1992); Interview mit einem Vampir (1994).

*Jordanien, arab. **Al-Urdunn,** amtlich **Al-Mamlaka al-Urdunnijja al-Haschimijja,** dt. **Haschimitisches Königreich J.,** Staat in Vorderasien, grenzt an den Golf von Akaba (Rotes Meer).

Hauptstadt: Amman. *Amtssprache:* Arabisch. *Staatsfläche:* 88 946 km² (ohne das an die PLO abgetretene Westjordanland). *Bodennutzung (1992):* 4020 km² Ackerland, 7910 km² Dauergrünland, 700 km² Waldfläche. *Einwohner (1994):* 5,198 Mio., 58 Ew. je km². *Städtische Bevölkerung (1993):* 70%. *Durchschnittl. Bevölkerungswachstum pro Jahr (1985-93):* 5,9%. *Bevölkerungsprojektion für 2000:* 5,62 Mio. Ew. *Ethnische Gruppen (1983):* 99,2% Araber, 0,5% Tscherkessen, 0,1% Armenier, 0,1% Türken, 0,1% Kurden. *Religion (1992):* 93,0% Muslime (Sunniten); der Islam ist Staatsreligion. *Altersgliederung (1995):* unter 15 Jahre 43,6%, 15 bis unter 65 Jahre 53,7%, 65 und mehr Jahre 2,7%. *Lebenserwartung der Neugeborenen (1992):* männlich 68 Jahre, weiblich 72 Jahre. *Analphabetenquote (1991):* insgesamt 19,9%, männlich 10,7%, weiblich 29,7%. *BSP je Ew. (1993):* 1 190 US-$. *BIP nach Sektoren/Produktionsstruktur (1993):* Landwirtschaft 8%, Industrie 26%, Dienstleistungen 65%. *Währung:* 1 Jordan-Dinar (JD.) = 1 000 Fils (FLS). *Internationale Mitgliedschaften:* UNO, Arab. Liga.

Geschichte: In der 2. Hälfte der 1980er Jahre leitete König Husain II. einen Demokratisierungsprozeß ein. Bei den Parlamentswahlen vom 8. 11. 1989 erwiesen sich die islam. Gruppen, v. a. die Muslimbruderschaft, als stärkste polit. Kraft. Der bisherige Direktor des königl. Hofes, Mudar Mohammed Badran (*1934), übernahm das Amt des MinPräs.; seine Reg. (Dez. 1989 bis Juni 1991) hob im Dez. 1989 das seit 1967 geltende Kriegsrecht weitgehend auf. Am 9. 6. 1991 verabschiedete die Reg. eine ›nat. Charta‹ mit

Hans Joas

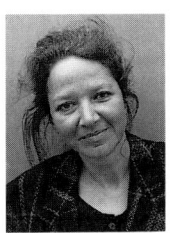

Anna Jonas

dem Ziel, ein Mehrparteiensystem aufzubauen. Unter den MinPräs. TAHAR NASCHAT MASRI (* 1942; im Amt: Juni bis Nov. 1991), Feldmarschall SCHARIF IBN SCHAKR (* 1934; im Amt: Nov. 1991 bis Mai 1993 sowie seit Jan. 1995) und SALAM ABD AL-MADJALI (* 1925; im Amt: Mai 1993 bis Jan. 1995) setzte sich bei Einschränkung der Macht des Geheimdienstes und Stärkung der Eigenständigkeit der Presse der Liberalisierungsprozeß fort. Ungeachtet dieser Entwicklung beruht das polit. System J.s jedoch weiter auf der Autorität des Königs, der sich auf die Armee und die Ergebenheit traditioneller Eliten stützt. Nach dem Inkrafttreten des neuen Parteien-Ges. am 1. 9. 1992 wurden zahlreiche Parteien zugelassen, die sich meist – entsprechend gemeinsamen Zielen – in Blökken zusammenschlossen. Die regierungsnahen Gruppierungen verbanden sich im Block der Unabhängigen Zentristen. Als polit. Arm der Muslimbruderschaft entstand im Dez. 1992 die Islam. Aktionsfront (IAF), die eine Annäherung an Israel ablehnt. Bei den Parlamentswahlen vom 8. 11. 1993 siegten die gemäßigten Kräfte, die die Bemühungen des Königs um einen Frieden mit Israel unterstützten.

Nach dem Einmarsch irak. Truppen in Kuwait (2. 8. 1990) zeigte die jordan. Bev., bes. die in J. lebenden Palästinenser, starke Sympathien für die Politik des irak. Präs. S. HUSAIN. Unter dem Eindruck der Stimmung in der Bev., der geograph. Nähe zu Irak und der wirtschaftl. Abhängigkeit J.s von Irak nahm HUSAIN II. in der Golfkrise eine bedingt proirak. Haltung ein, suchte aber im Jan. 1991 kurz vor Beginn des 2. Golfkriegs (Jan. bis Febr. 1991) zw. Irak und der antiirak. Koalition zu vermitteln. Das jordan. Parlament sprach sich nach Beginn des Krieges für die volle Unterstützung Iraks aus. Im Herbst 1991 nahm eine jordanisch-palästinens. Delegation an der Madrider Nahostkonferenz (Beginn 30. 10.) teil. Einen Tag nach Unterzeichnung des palästinensisch-israel. Grundlagenvertrags beschlossen J. und Israel eine ›Friedensagenda‹ und kamen überein, Friedensverhandlungen aufzunehmen. Am 25. 7. 1994 beendeten beide Staaten den seit 1948 andauernden Kriegszustand, unterzeichneten am 17. 10. 1994 ein Abkommen über Grenz- und Wassernutzungsfragen und schlossen am 26. 10. 1994 einen Friedensvertrag. J. ist damit – nach Ägypten – der zweite arab. Staat, der mit Israel Frieden geschlossen hat. 1995 wurden Kooperationsabkommen für die Bereiche Gesundheit, Energie und Tourismus vereinbart. Am 26. 1. 1995 unterzeichneten König HUSAIN II. und der Vors. der Palästinens. Autonomiebehörde, J. ARAFAT, ein Kooperationsabkommen.

Lionel Jospin

Jospin [ʒɔsˈpɛ̃], Lionel, frz. Politiker, * Meudon 12. 7. 1937; war nach einer staatswissenschaftl. Ausbildung zunächst Beamter im Außenministerium, dann Hochschullehrer für Wirtschaftslehre. Ab 1973 als Nat. Sekr. im Parti Socialiste (PS) tätig, wurde er nach der Wahl F. MITTERRANDS zum Staatspräs. 1981 dessen Nachfolger als GenSekr. des PS (bis 1987) und Abg. in der Nationalversammlung (bis 1988). 1988–92 amtierte J. als Erziehungs-Min. in den Kabinetten Rocard und Cresson. Im Febr. 1995 wurde er vom Parteitag der Sozialisten zum Kandidaten für die Präsidentschaftswahlen 1995 proklamiert. Nach dem Sieg (23,3%) im ersten Wahlgang (23. 4.) und einem Achtungserfolg (47,4%) bei der Stichwahl (7. 5.) galt J. als neuer Führer der sozialdemokrat. Linken. Im Okt. 1995 wurde er (erstmals) von der Parteibasis zum Ersten Sekr. des PS gewählt.

Joulwan [ˈdʒuːlwən], George A., amerikan. General, * Pottsville (Pa.) 16. 11. 1939; seit 4. 10. 1993 Oberbefehlshaber der NATO in Europa (SACEUR).

*__Judd__, Donald, amerikan. Bildhauer: † New York 12. 2. 1994.

Aneerood Jugnauth

*__Jugendamt:__ Die Bestimmungen über die J. sind nach der Neuordnung des Kinder- und Jugendhilferechts durch Ges. vom 26. 6. 1990 nunmehr im achten Buch des Sozialgesetzbuchs (SGB VIII) i. d. F. v. 3. 5. 1993 zusammengefaßt (§§ 69 ff.).

Für die Wahrnehmung der Aufgaben der Kinder- und Jugendhilfe hat jeder örtl. Träger der Jugendhilfe (d. h. die Kreise und kreisfreien Städte) ein J., jeder überörtl. Träger (diese werden nach Landesrecht bestimmt) ein Landes-J. zu errichten. Kreisangehörige Gemeinden und Gemeindeverbände, die nicht Träger der örtl. Jugendhilfe sind, können für den örtl. Bereich Aufgaben der Jugendhilfe übernehmen.

Die Aufgaben des J. werden durch den Jugendhilfeausschuß und durch die Verw. des Landes-J. wahrgenommen. Dem Jugendhilfeausschuß gehören als stimmberechtigte Mitgl. zu 60% die Mitgl. der Vertretungskörperschaft des Trägers der öffentl. Jugendhilfe oder von ihr gewählte und in der Jugendhilfe erfahrene Personen sowie zu 40% Personen an, die auf Vorschlag der im Bereich des öffentl. Trägers wirkenden und anerkannten Träger der freien Jugendhilfe von der Vertretungskörperschaft gewählt werden. Im letzteren Falle sind Vorschläge der Jugendverbände und der Jugendwohlfahrtsverbände angemessen zu berücksichtigen.

*__Jugendarbeitslosigkeit:__ Trotz Schwierigkeiten auf dem Ausbildungsstellenmarkt und beim Übergang von der Ausbildung in den Beruf bes. in den neuen Bundesländern sind in Dtl. Jugendliche unterdurchschnittlich von Arbeitslosigkeit betroffen. So waren in den alten Bundesländern 1994 im Jahresdurchschnitt 73 100 Jugendliche unter 20 Jahren und 267 900 Jugendliche zw. 20 und 25 Jahren arbeitslos. Dies entsprach einer Arbeitslosenquote von 7,3% bzw. 9,0% bei einer allgemeinen Arbeitslosenquote von 9,2%. In den neuen Bundesländern waren 19 300 Jugendliche unter 20 Jahren und 105 800 Jugendliche zw. 20 und 25 Jahren von Arbeitslosigkeit betroffen. Dies entsprach Arbeitslosenquoten von 6,7% bzw. 15,9% bei einer allgemeinen Arbeitslosenquote von 16,0%.

In anderen Industrieländern ist die J. teilweise erheblich höher als in Dtl. Die Arbeitslosenquote der Jugendlichen unter 25 Jahren betrug 1993 in Frankreich 23,1%, in Großbritannien 16,9%, in Italien 30,6%, in den USA 13,3% und in Japan 5,1%.

*__Jugendarrest:__ Freizeitarrest darf nach der Gesetzesänderung vom 30. 8. 1990 nunmehr höchstens zweimal (bisher viermal) verhängt werden; der Kurzarrest darf max. vier (bisher sechs) Tage betragen.

*__Jugendhilfe:__ →Kinder- und Jugendhilfe.

*__Jugendsoziologie:__ In den 1990er Jahren standen bei Untersuchungen über die gesellschaftl. Situation und die Orientierung von Jugendlichen v. a. drei Aspekte im Vordergrund: die Untersuchung der Jugendlichen in Ost- und West-Dtl. nach der dt. Vereinigung von 1990 auf deren mögl. Zusammenwachsen bzw. Auseinanderdriften, die Frage der →Gewaltbelastung, damit z. T. verbunden, die Frage der Gewaltbereitschaft von Jugendlichen und deren mögl. rechtsextreme Orientierung sowie schließlich das Verhältnis der Geschlechter, bes. im Zusammenhang mit den sich wandelnden Rollenbildern von jungen Männern und jungen Frauen. Daneben hat es auch in den 1990er Jahren nicht an Versuchen gefehlt, die Jugend unter einer Leitvorstellung zu erfassen (z. B. ›Die selbstbewußte Jugend‹; ›Die Eigensinnigen‹). Zahlreiche Untersuchungen haben gezeigt, daß die in den Lebensalter nach vorn verlagerte partielle Übernahme von Erwachsenenrollen (eigenes Budget, eigene Wohnung, frühere Orientierung an berufl. Erfolg usw.) weiter an Bedeutung gewonnen hat. Konservative und kulturkrit. Befürchtungen etwa einer Verwahrlosung der Jugend durch einen zunehmenden Medienkon-

Jugendstrafe – Jugoslawien **Jugo**

sum, durch Rauschmittel oder weniger festgelegte Sexualpräferenzen lassen sich dagegen in der behaupteten Allgemeinheit nicht halten. Bei der Diskussion um Konfliktpotentiale und Gewaltbereitschaft werden einerseits bestimmte gesellschaftl. Desintegrationsprozesse (W. HEITMEYER) ins Feld geführt, ebenso wird aber auch darauf verwiesen, daß es sich bei den Gewaltausbrüchen von Jugendgruppen und einzelnen Jugendlichen um Gewaltpotentiale handelt, die in der gesamten Gesellschaft vorhanden bzw. erzeugt worden sind.

H. BERTRAM u. M. GILLE: Daten-Hb. zur Situation von Familien, Kindern u. Jugendlichen in der Bundesrep. Dtl. (1990); Jugend u. Jugendforschung in der DDR, hg. v. W. FRIEDRICH u. a. (1991); ›Du mußt so handeln, daß Du Gewinn machst ...‹. Empir. Unters. u. theoret. Überlegungen zu politisch rechten Orientierungen jugendl. Arbeitnehmer, Beitr. v. J. HELD u. a. (²1992); Jugend '92. Lebenslagen, Orientierungen u. Entwicklungsperspektiven im vereinigten Dtl., bearb. v. H. APEL u. a., 4 Bde. (1992); W. MELZER: Jugend u. Politik in Dtl. (1992); Die selbstbewußte Jugend. Orientierungen u. Perspektiven zwei Jahre nach der Wiedervereinigung, hg. vom Institut für Empir. Psychologie (1992); H. ABELS: Jugend vor der Moderne (1993); D. OESTERREICH: Autoritäre Persönlichkeit u. Gesellschaftsordnung (1993); Die Eigensinnigen. Selbstporträt einer Generation, bearb. v. T. HÜETLIN u. a. (1994); R. LEIPRECHT: Rassismus u. Ethnozentrismus bei Jugendlichen (³1994); Reaktionen Jugendlicher auf gesellschaftl. Bedrohung, hg. v. J. MANSEL (²1994).

***Jugendstrafe:** Die Jugendstrafe von unbestimmter Dauer ist durch Ges. vom 30. 8. 1990 abgeschafft worden. Bei der Verhängung von ein bis zu zwei Jahren ist die Strafe grundsätzlich zur Bewährung auszusetzen, es sei denn, daß die Vollstreckung im Hinblick auf die Entwicklung des Jugendlichen geboten erscheint.

***Jugendstrafrecht:** Das Jugendgerichts-Ges. ist durch Ges. vom 30. 8. 1990 geändert worden (Änderung in Kraft seit 1. 1. 1991, in den neuen Bundesländern mit bestimmten Maßgaben seit 3. 10. 1990). In Anlehnung an kriminolog. Forschungen soll im J. die Freiheitsentziehung als Sanktion wegen nachteiliger Folgewirkungen nach Möglichkeit vermieden werden und durch Maßnahmen, die keinen Freiheitsentzug bedingen, ersetzt werden. (→Erziehungsmaßregeln, →Jugendarrest, →Jugendstrafe)

Mit Wirkung vom 1. 3. 1993 (Ges. vom 11. 1. 1993) besteht die Jugendkammer als große Jugendkammer (drei Jugendrichter, zwei Jugendschöffen) und als kleine Jugendkammer (ein Jugendrichter, zwei Jugendschöffen). Die große Jugendkammer soll bis zum 28. 2. 1998 in der Hauptversammlung mit zwei Richtern und zwei Schöffen entscheiden, wenn sie nicht als Schwurgericht zusammentritt oder Umfang und Schwierigkeit einen dritten Richter erfordern. Als kleine Jugendkammer entscheidet die Jugendkammer über Berufungen gegen Urteile des Jugendrichters, als große Jugendkammer über Berufungen gegen Urteile des Jugendschöffengerichts.

Jugnauth, Aneerood, Politiker auf Mauritius, * Palma (Mauritius) 29. 3. 1930; Sohn einer indischen Kleinfarmerfamilie; seit 1955 Anwalt in Port-Louis und Anhänger der Unabhängigkeitsbewegung. 1963–67 Parlaments-Abg. und zeitweise Min., war er an den Verhandlungen zur Erlangung der Unabhängigkeit beteiligt. 1967 zog er sich aus der Politik zurück, schloß sich aber 1971 der neu entstandenen, sozialistisch ausgerichteten Partei ›Mouvement Militant Mauricien‹ (MMM) an, deren Vors. er wurde. Nach Jahren in der Opposition errang die MMM bei den Wahlen 1982 die Parlamentsmehrheit, und J. wurde Premier-Min. 1983 gründete er nach innerparteil. Konflikten seine eigene Partei (›Mouvement Socialiste Mauricien‹, MSM). An deren Spitze blieb er bis zu seiner Wahlniederlage im Dez. 1995 Regierungschef.

Jugoslawien
Fläche: 102 173 km²
Einwohner: (1994) 10,76 Mio.
Hauptstadt: Belgrad
Amtssprache: Serbokroatisch
Nationalfeiertag: 29. 11.
Währung: 1 Jugoslaw. Neuer Dinar (N. Din.) = 100 Para (p)
Zeitzone: MEZ

Jugoslawi|en, amtl. serbokroatisch **Federativna Republika Jugoslavija,** dt. **Bundesrepublik J.,** Staat in SO-Europa, 102 173 km², (1994) 10,76 Mio. Ew., Hauptstadt ist Belgrad. Der Staat besteht nach dem Zerfall der Sozialist. Föderativen Rep. Jugoslawien nur noch aus den beiden Teilrepubliken ▷ Serbien (88 361 km², 1991 9,721 Mio. Ew.; der Autonomiestatus der Provinzen Kosovo [10 887 km², 1,955 Mio. Ew.] und Wojwodina [21 506 km², 2,013 Mio. Ew.] innerhalb Serbiens wurde 1990 aufgehoben) und ▷ Montenegro (13 812 km², 616 300 Ew.). J. grenzt im N an Ungarn, im NO an Rumänien, im O an Bulgarien, im S an Makedonien und Albanien, im W an Bosnien und Herzegowina sowie an Kroatien; im SW (Montenegro) grenzt J. an das Adriat. Meer. Amtssprache ist Serbokroatisch in kyrill. Schrift (in Serbien als Serbisch bezeichnet). Währung ist der Jugoslaw. Neue Dinar (N. Din.), der im Jan. 1994 den unter der Hyperinflation wertlos gewordenen Dinar abgelöst hat. Zeitzone: MEZ.

STAAT · RECHT

Verfassung: Nachdem vier der sechs Teilrepubliken 1991/92 aus der Sozialist. Föderativen Rep. Jugoslawien ausgeschieden waren, beschlossen die verbliebenen serb. und montenegrin. Abg. des jugoslaw. Rumpfparlaments am 27. 4. 1992 mit der Zustimmung der Parlamente Serbiens und Montenegros eine neue Verf. für die – gleichzeitig umbenannte – Bundesrep. J. Der reorganisierte jugoslaw. Bundesstaat, der nunmehr aus Serbien und Montenegro besteht, aber für den Beitritt anderer Teilrepubliken offen ist, versteht sich in der Kontinuität zum zerfallenen J. Nach der Kompetenzordnung der neuen Verf. liegt der polit. Schwerpunkt der Staatenverbindung bei den Gliedstaaten. Der Bund ist hauptsächlich für die Gewährleistung einer einheitl. Wirtschafts- und Finanzordnung und die äußere Sicherheit zuständig. Die Jugoslaw. Armee steht unter der Leitung des Obersten Verteidigungsrats, der sich aus den drei Staatspräs. des Bundes und der beiden Teilrepubliken zusammensetzt. Vors. des Verteidigungsrats und formeller Oberbefehlshaber ist der Präs. des Bundes. Der Bund soll auch für die Gewährleistung der Grundrechte im Gesamtstaat Sorge tragen, die nach dem Verf.-Text dem international übl. Standard entsprechen und sogar einen Minderheitenschutz in Aussicht stellen. Das Reg.-System des Bundes entspricht den Grundsätzen der parlamentar. Demokratie.

Die gesetzgebende Gewalt liegt bei der aus zwei Kammern bestehenden Bundesversammlung (›Savezna skupština‹), deren Legislaturperiode vier Jahre beträgt. Der Rat der Bürger (›Veće građana‹) wird per unitar. Grundlage von der Bev. gewählt, wobei auf Serbien 108 und – dies begünstigend – auf Montenegro 30 Abg. entfallen. Mit dem Bundeswahlgesetz vom 23. 10. 1992 ist die reine Verhältniswahl mit einer 5%-Sperrklausel auf Wahlkreisebene eingeführt worden. In den Rat der Rep. (›Veće republika‹) entsendet jedes Republikparlament je 20 Abg. Die beiden Kam-

Jugoslawien

Nationalflagge

Internationales Kfz-Kennzeichen

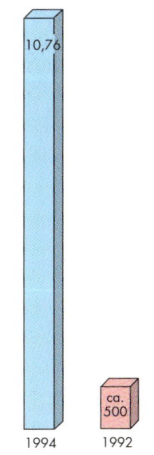

Bevölkerung (in Mio.) — Bruttosozialprodukt je Ew. (in US-$)

Bevölkerungsverteilung 1991

381

Jugo Jugoslawien

mern sind gleichberechtigt. Ein Ges. kommt durch übereinstimmenden Beschluß beider Kammern zustande; bei Nichtübereinstimmung wird ein Vermittlungsausschuß eingesetzt. Kann auch dieser keine Einigung herbeiführen, tritt das Gesetz in der vom Rat der Bürger beschlossenen Fassung vorläufig in Kraft, gilt aber längstens ein Jahr. Wird das Gesetz binnen dieser Jahresfrist nicht von beiden Kammern übereinstimmend verabschiedet, ist das Parlament automatisch aufgelöst. Ebenfalls aufgelöst ist das Parlament, wenn es nicht innerhalb von drei Monaten eine Reg. wählt oder den Staatshaushalt verabschiedet. Des weiteren kann die Bundes-Reg. die Bundesversammlung – mit gewissen Einschränkungen – auflösen, wenn diese ›ihre verfassungsmäßigen Aufgaben längere Zeit nicht erfüllt‹.

Staatsoberhaupt ist der Präs. der Rep., der von der Bundesversammlung für vier Jahre gewählt wird und uneingeschränkt wiedergewählt werden kann. Für die Wahl ist die absolute Mehrheit in beiden Kammern erforderlich. Die Rechtsstellung des Präs. ist sehr schwach; er kann durch absolute Mehrheit in beiden Kammern vorzeitig abberufen werden.

Träger der Exekutiv- und Notstandsgewalt ist die Bundes-Reg. Der Staatspräs. nominiert nach Anhörung der Fraktionsvorsitzenden den Reg.-Chef. Die Regierungsbildung ist vollzogen, wenn der Reg.-Chef in beiden Kammern mit absoluter Mehrheit gewählt worden ist. Geschieht dies nicht innerhalb von drei Monaten, ist das Parlament aufgelöst. Die Reg. ist dem Parlament politisch verantwortlich. Ein Mißtrauensvotum kann mit absoluter Mehrheit in beiden Kammern beschlossen werden. Der Reg.-Chef kann die Vertrauensfrage stellen und benötigt für eine positive Antwort nur die einfache Mehrheit in beiden Kammern. Sowohl das erfolgreiche Mißtrauensvotum als auch die gescheiterte Vertrauensfrage haben zwingend den Rücktritt der Bundes-Reg. zur Folge.

Das Bundesverfassungsgericht besteht aus sieben Richtern, die auf Vorschlag des Staatspräs. durch übereinstimmenden einfachen Mehrheitsbeschluß in beiden Kammmern des Parlaments für neun Jahre gewählt werden. Seine Kompetenzen sind umfangreich und umfassen auch die Entscheidung über Verfassungsbeschwerden, die von jedermann wegen einer behaupteten Grundrechtsverletzung durch einen Einzelakt der öffentl. Gewalt erhoben werden können.

Parteien: Aufgrund der bundesstaatl. Struktur J.s sind in den Teilrepubliken Montenegro und Serbien jeweils eigenständige polit. Parteien tätig, die sich bei den Wahlen auf Bundesebene (zum Bürgerrat) auf der Basis eines republikbezogenen Verteilungsschlüssels um Sitze bewerben. Bei den Wahlen von 1992 konnte sich in Montenegro die Demokrat. Partei der Sozialisten Montenegros, in Serbien die Sozialist. Partei Serbiens (SPS) als stärkste Gruppe durchsetzen. Beide Parteien stehen in der Nachfolge des früheren Bundes der Kommunisten J.s (BKJ).

Wappen: Das seit 1993 offiziell bestehende Wappen zeigt einen roten Schild, darin einen silbernen Doppeladler mit goldenem Schnabel, Zunge und Krallen. Der viergeteilte Herzschild bildet in je zwei Teilen die Wappen von Serbien und Montenegro ab. Das vom Parlament angenommene Wappen ist in der Verf. noch nicht verankert.

Nationalfeiertag ist der 29. 11. in Anlehnung an den Nationalfeiertag der Sozialist. Föderativen Rep. Jugoslawien.

Verwaltung: Die Verw. liegt schwerpunktmäßig bei den Rep., die grundsätzlich auch die Bundesgesetze vollziehen. Die Bundesministerien und sonstigen obersten Bundesbehörden verfügen nur ausnahmsweise über nachgeordnete Behörden, so namentlich auf dem Gebiet der Wehr- und Zollverwaltung.

Recht: Die Gesetzgebungszuständigkeiten des Bundes sind beschränkt; sie erstrecken sich v. a. auf das Wirtschaftsrecht, zu dem u. a. das Gesellschafts- und Schuldrecht sowie die Grundlagen des Sachen-, Arbeits- und Sozialversicherungsrechts gehören. Der Bund ist auch zuständig für das Prozeß- und Verwaltungsverfahrensrecht sowie die Wehrgesetzgebung. Weite Bereiche des Zivilrechts (z. B. Familien- und Erbrecht) und des Strafrechts gehören zur Zuständigkeit der Republiken, für die eine allgemeine Zuständigkeitsvermutung spricht.

Das Bundesgericht entscheidet in vermögensrechtl. Streitigkeiten zw. den Rep. und dem Bund und erfüllt die Funktionen einer obersten Revisionsinstanz in Straf- und Zivilsachen, sofern Bundesrecht angewandt worden ist, sowie eines Verw.-Gerichts, sofern Verw.-Akte von Bundesorganen angefochten werden. Die Bundesrichter werden auf Vorschlag des Staatspräs. von der Bundesversammlung für neun Jahre gewählt. In gleicher Weise, aber nur für vier Jahre, wird der Bundesstaatsanw. bestellt, der die Aufgaben der Staatsanwaltschaft beim Bundesgericht versieht, in den durch Bundesgesetz bestimmten Fällen Strafverfolgungs- und Anklagebehörde ist und den Staatsanwälten der Rep. Weisungen erteilen kann. Die Wehrstrafgerichtsbarkeit liegt vollständig beim Bund. Alle Militärrichter und -staatsanwälte werden auf Vorschlag des Verteidigungs-Min. vom Staatspräs. ernannt.

Streitkräfte: Nach Auflösung des alten jugoslaw. Staatsverbands übernahm Serbien wesentl. Teile der Armee (außer den kroatisch dominierten Seestreitkräften) und formierte daraus die Streitmacht der neuen Bundesrep. J. Wegen des andauernden Krieges in Bosnien und Herzegowina lassen sich bis heute keine genauen Angaben zur Gliederung und Materialausstattung der Truppen machen. Die Gesamtstärke wird auf rd. 100 000 Mann geschätzt (hinzu kommen rd. 400 000 verfügbare Reservisten), das Großgerät umfaßt u. a. 1 300 Kampfpanzer, rd. 300 Kampfflugzeuge, 2 000 Geschütze und 100 Hubschrauber.

LANDESNATUR · BEVÖLKERUNG

Landesnatur: Serbien, die größere Teil-Rep., hat im N, im wesentlichen in der ▷Wojdodina, mit der Batschka, Sirmien und dem westl. Banat Anteil am Großen Ungar. Tiefland, in das inselhaft einzelne Hügelländer und Gebirge eingestreut sind. Südlich der das Tiefland durchfließenden Flüsse Donau und Save schließt sich ein waldreiches Bergland und südlich von Belgrad gelegenen fruchtbaren Šumadija an, das im O, im Serb. Erzgebirge und östlich des Timok im Westbalkan, sowie im Zentrum (Kopaonikgebirge) Gebirgscharakter hat. Die höchsten Erhebungen liegen an der Grenze zu Albanien (im Đaravica 2 656 m ü. M.), Montenegro und Makedonien. Das Bergland wird vom Tal der Morava und ihres größten Quellflusses Südl. Morava in S-N-Richtung (Teil der Morava-Vardar-Furche), einer wichtigen Verkehrs- und Siedlungsachse, durchzogen. Das im S Serbiens liegende Kosovo wird weitgehend durch die von Hochgebirgen (u. a. Šar planina) umrahmten Hochbecken Amselfeld und Metohija bestimmt.

Montenegro im SW ist größtenteils ein schwer zugängl. Gebirgsland, das aus stark verkarsteten Kalkmassiven besteht, die im Lovćen und Orjen unmittelbar an der Adriaküste aufragen. Lediglich O-Montenegro, dessen Gebirge von Schiefer aufgebaut werden, ist bewaldet. Intensivere landwirtschaftl. Nutzung beschränkt sich auf die im Karsthochland ausgebildeten Becken, etwa das Polje von Nikšić und auf die Zetaebene nördlich des Skutarisees.

Klima: Das gemäßigt kontinentale Klima trägt im S zunehmend mediterrane Züge. Die Januarmittel der

Temperatur schwanken zw. 0 und −3 °C, die Julimittel zw. 20 und 23 °C, die mittleren Extreme liegen bei −20 °C und +37 °C. Die Niederschläge (Junimaximum) liegen in der Wojvodina zw. 500 und 700 mm jährlich und steigen in den Gebirgsländern im O bis 1 000 mm, im SW bis 2 000 mm jährlich an.

Vegetation: Der nördl. Teil J.s gehört zum pannonischen Vegetationsbereich, für den Weichhaarige Eichen, Edelkastanien, Hain- und Hopfenbuchen charakteristisch sind. Den Übergang zur mediterranen Küste mit ihrer immergrünen Vegetation bildet die illyr. Zone, in der die Šibeljak-Formation, ein dorniges, der Trockenheit angepaßtes Buschdickicht, vorherrscht.

Bevölkerung: Nach den vorläufigen Ergebnissen der Volkszählung von 1991 sind 62,3 % der Einwohner Serben, im Engeren Serbien dürfte der Anteil bei über 80 % liegen. Als Montenegriner, die nach Sprache und Konfession (orth. Christentum) den Serben zuzuordnen sind, bezeichnen sich 5 %. Die größte Gruppe der Minderheiten bilden mit 16,6 % die Albaner (vornehmlich in Kosovo) und mit 3,3 % die Ungarn (in der Wojvodina). Mehr als 10 % der Bewohner gehören bzw. gehörten anderen Volksgruppen (Muslime ethn. Zugehörigkeit, Kroaten, Rumänen, Slowaken, Makedonier, Bulgaren und Ruthenen) an.

Als Folge des Bürgerkriegs zuerst in Kroatien und später in Bosnien und Herzegowina flüchteten zahlreiche Kroaten und Muslime in benachbarte Staaten. Die Zahl der Flüchtlinge in J. selbst wird für Dez. 1994 auf etwa 650 000 geschätzt, darunter etwa 150 000 Binnenflüchtlinge. Im Aug. 1995 erhöhte sich die Zahl der Flüchtlinge um die von den Kroaten vertriebenen Krajina-Serben. Gespannte Ruhe herrscht in den mehrheitlich von Muslimen bewohnten Gebieten wie dem Sandschak Novi Pazar und in Kosovo. Seit Aufhebung des Autonomiestatus für Kosovo und die Wojvodina versucht Serbien bes. Kosovo zu ›serbisieren‹. Gesundheitswesen, Bildungswesen, die Medien sowie zunehmend auch Polizei und Justiz gerieten unter serb. Kontrolle.

Der Anteil der städt. Bevölkerung lag 1991 bei 46 %. Größte Städte (1991) sind Belgrad (1,137 Mio. Ew.), Novi Sad (178 900 Ew., die Hauptstadt der Wojvodina), Niš (175 600 Ew.), Kragujevac (146 600 Ew.), Podgorica (118 100 Ew., die Hauptstadt Montenegros), Priština (108 100 Ew., die Hauptstadt Kosovos), Subotica (100 200 Ew.) und Zrenjanin (81 400 Ew.).

Religion: Die Verf. garantiert die Freiheit von Glauben und Kirche, soweit deren Interessen denen des Staates nicht entgegenstehen. Größte Religionsgemeinschaft in Serbien ist die serbisch-orth. Kirche (mit Sitz in Belgrad), die seit dem Verbot der montenegrin. Kirche 1922 auch in Montenegro etabliert ist; 1993 entstand eine (neue) montenegrin. Kirche mit eigenem Patriarchen. Die im S lebenden Muslime haben ihre Zentren in Podgorica und Priština. Ferner gibt es wenige Katholiken und Protestanten sowie einige jüd. Gemeinden.

Publizistik: Presse: Publiziert werden etwa 30 Tageszeitungen; die wichtigsten sind (in Serbisch, erscheinend in Belgrad): ›Politika‹ (gegr. 1904; Auflage: 200 000), ›Večernje novosti‹ (1953; 169 000), ›Politika Ekspres‹ (76 000), ›Borba‹ (1922; 46 000) und ›Sport‹ (1945; 100 000) sowie die Wirtschaftszeitung ›Privredni Pregled‹ (1950; 14 000). – *Nachrichtenagentur:* ›Telegrafska Agencija Nova Jugoslavija‹ (TANJUG), Belgrad, gegr. 1943, bietet Nachrichten-, Bild- und Wirtschaftsdienst für die jugoslaw. Medien und für das Ausland in Englisch, Spanisch und Französisch. – *Rundfunk:* Die öffentl. Radio- und Fernsehanstalt Jugoslawien (JRT) umfaßt die Radio- und Fernsehanstalt Serbien (RTS) mit den Regionalstationen Belgrad, Novi Sad und Priština sowie die Radio- und Fernsehanstalt Montenegro. Insgesamt werden 15 Hörfunk- und acht Fernsehprogramme ausgestrahlt. Daneben werden von drei privaten Anbietern Hörfunk- und Fernsehprogramme verbreitet: ›Studio B‹, gegr. 1970, strahlt ein Radio- und ein Fernsehprogramm für Belgrad aus, ›TV Politika‹, gegr. 1992 von einem privaten Verlag, hat sich auf polit. Programme spezialisiert; sehr einflußreich ist ferner der Nachrichtensender ›Radio B 92‹, Belgrad, gegr. 1989.

Klimadaten von Podgorica (40 m ü. M.)					
Monat	Mittleres tägl. Temperaturmaximum in °C	Mittlere Niederschlagsmenge in mm	Mittlere Anzahl der Tage mit Niederschlag	Mittlere tägl. Sonnenscheindauer in Stunden	Relative Luftfeuchtigkeit nachmittags in %
I	9,1	179	10	3,5	73
II	10,6	195	9	3,9	74
III	14,3	135	12	5,8	66
IV	19,3	98	11	6,6	63
V	24,3	105	12	7,8	63
VI	29,0	60	8	9,9	56
VII	32,5	40	3	11,2	48
VIII	32,6	45	5	10,6	48
IX	27,5	113	7	8,2	58
X	21,0	202	14	6,2	68
XI	15,0	213	12	5,0	77
XII	11,9	229	14	3,5	75
I–XII	20,6	1632	117	6,8	64

WIRTSCHAFT · VERKEHR

Wirtschaft: Das Auseinanderfallen des jugoslaw. Staates und die von der UNO 1992/93 gegen J. verhängten polit. und wirtschaftl. Sanktionen haben die Situation der schon vorher notleidenden Wirtschaft erheblich verschärft. Lag das Bruttosozialprodukt (BSP) je Ew. 1989 im ehem. J. noch bei 2 540 US-$, ging dieser Wert 1993 in Rest-J. auf rd. 900 US-$ zurück. Laut Regierungsangaben sank das Bruttoinlandsprodukt (BIP) 1993 gegenüber dem Vorjahr um 30 %, das Realeinkommen um 61 %. Die Inflationsrate stieg von (1991) 120 % auf (1992) 9 200 % und erreichte 1993 einen Wert von 117 Mio. %. Um dieser Hyperinflation entgegenzuwirken, wurde im Jan. 1994 ein neuer Dinar geschaffen, der frei konvertierbar ist und fast ein Jahr im stabilen Kurs von 1 : 1 zur D-Mark blieb. Die häufigsten Zahlungsmittel sind jedoch die D-Mark und andere ausländ. Währungen, v. a. der US-Dollar.

Landwirtschaft: Die wichtigsten Anbaupflanzen sind Mais, Weizen, Zuckerrüben und Kartoffeln. Daneben ist aber auch der Anbau von Obst (Pflaumen, Weintrauben, Äpfel) und Gemüse (Kohl, Tomaten) bedeutsam. 1992/93 ging die Produktion der wichtigsten Feldfrüchte sehr stark zurück (Mais und Zuckerrüben: jeweils 42 %, Weizen: 49 %), so daß ein Mangel an Grundnahrungsmitteln zu verzeichnen war und seit Sept. 1993 für die rationierten Lebensmittel Bezugsscheine ausgegeben werden.

Bodenschätze: In J. sind Kohle (v. a. Braunkohle), Kupfererze und Bauxit die Rohstoffe mit dem größten Abbauvolumen. Eisen-, Blei-, Zinkerz, Erdöl und Erdgas werden ebenfalls gewonnen. Im Bergbau ging die Produktion im Vergleich zu anderen Wirtschaftsbereichen weniger stark zurück. Bei Erdöl und Erdgas wurde wegen des UN-Embargos die Fördermenge sogar um (1992) 7 % gesteigert.

Industrie: Der industrielle Sektor wies 1991 einen Anteil von 48 % am BIP auf. 1993 nahm die Industrieproduktion um 37 % gegenüber dem Vorjahr ab, wobei der größte Rückgang beim Fahrzeugbau zu verzeichnen war. Die Industrie Rest-J.s umfaßt (1995) nur noch 25 % der Vorkriegskapazität.

Jugo Jugoslawien-Strafgerichtshof – Juncker

Jean-Claude Juncker

Eberhard Jüngel

Alain Juppé

Außenwirtschaft: Wegen des UN-Embargos ist das Außenhandelsvolumen sehr stark rückläufig. Wichtigste Ausfuhrgüter waren 1991 Maschinen und Transportausrüstungen, Brennstoffe, chem. Erzeugnisse sowie industrielle Vorprodukte. Unter den Handelspartnern dominierten Dtl., die Staaten der ehem. UdSSR und Italien.

Verkehr: Obwohl J. zu einem Großteil von Gebirge und Hochebenen eingenommen wird, ist es verkehrsmäßig gut erschlossen. Vor dem Auseinanderfallen des jugoslaw. Staates stellte die EG mehrere Darlehen zur Verfügung, um sowohl die Verbindungen innerhalb J.s als auch zw. Griechenland und den übrigen EG-Ländern zu verbessern. Die bedeutendste Verkehrsleitlinie führt, von Zagreb kommend, über Belgrad und Niš weiter in Richtung Sofia–Istanbul. Der größte Binnenschiffahrtsweg und die einzige schiffbare Wasserstraße zum Meer ist die Donau, die auf einer Länge von 588 km durch J. führt. Internat. Flughäfen gibt es bei Belgrad und Podgorica.

GESCHICHTE

Im Zuge einer sich verstärkenden Wirtschaftskrise (Produktionsrückgang, Inflationsschub) und des Verfalls der kommunist. Parteiherrschaft (Spaltung und Auflösung des Bundes der Kommunisten J.s) verschärften sich 1990/91 die Spannungen zw. den auf ihre Vormachtstellung in J. bedachten Serben, der zahlenmäßig stärksten Nationalität, und den anderen Nationalitäten. Während die Rep. Serbien (Präs. S. MILOŠEVIĆ) an der bestehenden Verf. festhielt, forderten v. a. Slowenien (Präs. M. KUČAN) und Kroatien (Präs. F. TUDJMAN) eine Verf.-Reform im Sinne der Konstituierung einer Konföderation. Mit einem wirtschaftl. Sanierungsplan und der Umstrukturierung der Wirtschafts-Verf. (Abschaffung der Selbstverwaltung der Betriebe, Einführung der marktwirtschaftl. Zielvorgaben) suchte die Bundes-Reg. unter MinPräs. A. MARKOVIĆ (seit Jan. 1989) – von der ökonom. Seite her – den Verfall des jugoslaw. Staates aufzuhalten. Politisch-militärisch stemmten sich v. a. die immer selbständiger agierende Bundesarmee und das jugoslaw. Staatspräsidium, beide von Serbien dominiert, dem Auflösungsprozeß entgegen.

Im Verlauf der in allen Gliedstaaten 1989/90 abgehaltenen freien Wahlen verstärkten sich jedoch die nat. Fliehkräfte. Nachdem sich die Slowenen (23. 12. 1990) und Kroaten (19. 5. 1991) mit großer Mehrheit für die Unabhängigkeit ihrer Länder ausgesprochen hatten, vollzogen die Parlamente dieser beiden Teilstaaten am 25. 6. 1991 den Beschluß ihrer Bevölkerung. Im Juni/Juli 1991 kam es in Slowenien zu Kampfhandlungen zw. der jugoslaw. Bundesarmee und der slowen. Bürgerwehr. Während unter Vermittlung der EG ein Kompromiß zw. der Bundes-Reg. und Slowenien zustande kam (8. 7. 1991), entwickelte sich seit Juli 1991 auf dem Gebiet Kroatiens ein blutiger Bürgerkrieg zw. Freischärlern (Četnici) der in Kroatien lebenden Serben, die am 1. 4. 1991 ihren Anschluß an Serbien erklärt hatten, und der kroat. Nationalgarde. Die Serben Kroatiens wurden bei diesen Kämpfen seit Aug. 1991 immer intensiver von der jugoslaw. Bundesarmee unterstützt. Nach vergebl. Vermittlungsbemühungen der EG (Entsendung zahlreicher EG-Beobachter nach J.; Vermittler Lord CARRINGTON) gelang es C. VANCE, im Auftrag der UNO im Jan. 1992 einen Waffenstillstand in Kroatien zu vermitteln. Am 21. 2. 1992 beschloß der UN-Sicherheitsrat, eine Schutzstreitmacht (UNPROFOR) nach →Kroatien zu entsenden. Auf der Grundlage der Beschlüsse der Londoner Jugoslawienkonferenz (Aug. 1992) trat Anfang Sept. 1992 die →Genfer Jugoslawienkonferenz zusammen mit dem Ziel, die Kampfhandlungen in Jugoslawien zu beenden.

Mit der Unabhängigkeitserklärung Makedoniens am 19. 11. 1991 (auf der Basis einer Volksabstimmung vom 9. 9. 1991) hatte sich der Zerfall J.s fortgesetzt. Die Ausrufung der Unabhängigkeit der Teil-Rep. →Bosnien und Herzegowina am 3. 3. 1992 löste einen Bürgerkrieg zw. den dort lebenden Nationalitäten, den bosn. Serben, den bosn. Muslimen und den bosn. Kroaten, aus, der von allen Seiten mit großer Grausamkeit geführt wurde (›ethn. Säuberungen‹); die bosn. Serben wandten dabei systematisch die Vergewaltigung von muslim. Frauen und die Zerstörung von Kulturstätten als Mittel der Kriegführung an.

Nach dem Zusammenbruch der bundesstaatl. Struktur J.s legten am 5. 12. 1991 der Vors. des Staatspräsidiums STJEPAN MESIĆ (* 1934) und am 22. 12. 1991 MinPräs. MARKOVIĆ ihre Ämter nieder. Am 27. 4. 1992 verabschiedete das jugoslaw. Rumpfparlament eine neue Verf., in deren Rahmen sich Serbien und Montenegro zur ›Föderativen Rep. J.‹ (FRJ) zusammenschlossen. Unter Überlassung auch der schweren Waffen (u. a. Panzer) an die neu aufgestellte Armee der bosn. Serben zog sich die jugoslaw. Volksarmee offiziell aus Bosnien und Herzegowina zurück, unterstützte jedoch weiterhin die bosnisch-serb. Streitkräfte mit Waffen und Material. Angesichts dieses Tatbestandes verhängten EG und UNO im Mai 1992 Sanktionen gegen J.: ein Handels- und Erdölembargo, die Unterbindung des Flugverkehrs mit Belgrad sowie das Einfrieren von jugoslaw. Auslandsguthaben. Bei den Wahlen auf Bundesebene vom 13. 5. und 20. 12. 1992 wurde die von S. MILOŠEVIĆ geführte Sozialist. Partei Serbiens (Nachfolgerin des Bundes der Kommunisten J.s) stärkste Partei. Der erste Präs. der FRJ, der Schriftsteller D. ĆOSIĆ (im Amt: Juni 1992 bis Juni 1993), und der erste MinPräs. der FRJ, MILAN PANIĆ (* 1929; im Amt: Juli bis Dez. 1992), wurden vom Parlament unter dem Vorwurf zu großer Nachgiebigkeit gegenüber den Forderungen der EG und der UNO wieder abgewählt; Nachfolger als Präs. der FRJ wurde im Juni 1993 ZORAN LILIĆ (* 1953), als MinPräs. im März 1993 RADOJE KONTIĆ (* 1937). Die zentrale Figur der jugoslaw. Politik blieb jedoch der Präs. von Serbien, MILOŠEVIĆ. In seinen Außenbeziehungen ist J. seit der Verhängung der EG- und UN-Sanktionen stark isoliert, zumal auch Rußland die serb. Politik nicht uneingeschränkt unterstützt. Im Jan. 1994 unternahm MILOŠEVIĆ Versuche, durch eine Normalisierung der Beziehungen zu Kroatien die außenpolit. Isolation zu durchbrechen sowie die Spannungen zu Slowenien und Ungarn abzubauen. Als die bosn. Serben den internat. Friedensplan vom Juli 1994 ablehnten, ging die jugoslaw. Politik auf Distanz zu ihnen. Nach dem Inkrafttreten eines Waffenstillstands in Bosnien und Herzegowina (11. 10. 1995) unterzeichnete Präs. MILOŠEVIĆ von Serbien (für die bosnisch-serb. Seite) am 14. 12. 1995 den in Dayton (Oh.) ausgehandelten Friedensvertrag zur Beendigung des Bürgerkriegs. Bereits nach dem Ende der Vertragsverhandlungen (21. 11.) hatten der UN-Sicherheitsrat am 23. 11. 1995 und wenig später auch die EG die Sanktionen gegen J. aufgehoben.

W. LIBAL: Das Ende J.s Selbstzerstörung, Krieg u. Ohnmacht der Welt (²1993); H. SUNDHAUSSEN: Experiment J. Von der Staatsgründung bis zum Staatszerfall (1993); C. KIND: Krieg auf dem Balkan. Der jugoslaw. Bruderstreit. Gesch., Hintergründe, Motive (1994); VIKTOR MEIER: Wie J. verspielt wurde (1995).

Jugoslawien-Strafgerichtshof, →Kriegsverbrechertribunal.

Juncker, Jean-Claude, luxemburg. Politiker, * Redingen 9. 12. 1954; Jurist; seit 1979–85 Vors. der Jugendorganisation des Parti Chrétien Social (PCS), ab 1984 Abg. des PCS im Parlament; 1984–89 Arbeits- und delegierter Budget-Min., ab 1989 Arbeits-, Finanz- und Budget-Min., 1989–94 außerdem Gouv. der Weltbank. Seit 1990 ist J. Vors. des PCS. Nach der Ernennung von J. SANTER zum Präs. der EU-Kommission wurde J. im Jan. 1995 als dessen Nachfolger zum Premier-Min. gewählt.

Jüngel, Eberhard, ev. Theologe, *Magdeburg 5. 12. 1934; seit 1969 Prof. für Systemat. Theologie und Religionsphilosophie in Tübingen; untersucht, u. a. in seinem Buch ›Gott als Geheimnis der Welt‹ (1977), die Möglichkeit christl. Theologie zw. Theismus und Atheismus. Hierbei soll die eindeutige Rede von Gott, verbunden mit der Erfahrung der Menschlichkeit Gottes, dazu führen, Gott wieder in das Denken einzubeziehen.

Weitere Werke: Gottes Sein ist im Werden (1965); Entsprechungen. Gott – Wahrheit – Mensch (1980); Glauben u. Verstehen. Zum Theologiebegriff Rudolf Bultmanns (1985); Wertlose Wahrheit. Zur Identität u. Relevanz des christl. Glaubens (1990).

***Jünger,** Ernst, Schriftsteller: Nachdem J. mit zwei weiteren Bänden seines Tagebuchs ›Siebzig verweht‹ (1993–95) literarisch hervorgetreten war, gab die Feier seines 100. Geburtstags 1995 erneut Anlaß für z. T. heftige Auseinandersetzungen um J.s Rolle während der Weimarer Rep. und seine Haltung zum nat.-soz. Regime.

Weitere Werke: *Essays:* Am Kieselstrand (1990); Die Schere (1990).

M. KONITZER: E. J. (1993); N. DIETKA: E. J. – vom Weltkrieg zum Weltfrieden. Biographie u. Werkübersicht. 1895–1945 (1994); H. KIESEL: Wiss. Diagnose u. dichter. Vision der Moderne – Max Weber u. E. J. (1994).

***Jungk,** Robert, österr. Wissenschaftspublizist und Zukunftsforscher: †Salzburg 14. 7. 1994. In den 1980er Jahren engagierte sich J. stark in der dt. Friedensbewegung; war bei den österr. Bundespräsidentenwahlen 1992 Kandidat der Grünen.

Werke: Dtl. von außen. Beobachtungen eines illegalen Zeitzeugen (1990); Trotzdem. Mein Leben für die Zukunft (1993).

Die Triebkraft Hoffnung. R. J. zu Ehren, hg. v. W. CANZLER (1993).

***Jupiter 1):** Vom 16. bis 22. 7. 1994 stürzten die Bruchstücke des Kometen Shoemaker-Levy 9, der im März 1993 entdeckt worden war, auf J. ab. Berechnungen vor und nach dem Absturz ergaben, daß der Komet im Juli 1992 bei einem nahen Vorbeiflug an J. zerborsten war und daß das größte seiner Bruchstücke wahrscheinlich eine Größe von etwa 0,5 km hatte. Dennoch waren die Einschläge der Trümmer z. T. sogar mit Amateurteleskopen von der Erde aus zu beobachten. Die wichtigsten Ergebnisse lieferten aber die größten erdgestützten Teleskope sowie das Hubble-Weltraumteleskop und die J.-Sonde →Galileo. Letztere setzte fast genau ein Jahr nach dem Kometeneinschlag eine Abstiegskapsel ab. Beide Ereignisse brachten neue Erkenntnisse v. a. über die J.-Atmosphäre.

Juppé [ʒy'pe], Alain, frz. Politiker, *Mont-de-Marsan 15. 8. 1945; nach dem Studium der klass. Philologie ab 1972 im Finanzwesen tätig; Mitgl. des gaullist. Rassemblement pour la République (RPR), ab 1976 enger Mitarbeiter von J. CHIRAC; seit 1983 einer der Bürgermeister von Paris; wurde 1984 und 1989 ins Europ. Parlament gewählt, war seit 1986 Abg. in der Nationalversammlung. 1986–88 war J. in der Reg. Chirac Haushalts-Min. und Reg.-Sprecher. Ab Juni 1988 GenSekr. des RPR, bemühte er sich bes. um die Verbindung seiner Partei mit der UDF. Nach dem Wahlsieg der bürgerl. Parteien im März 1993 wurde J. in der Reg. Balladur Außen-Min., nach der Wahl CHIRACS zum Staatspräs. im Mai 1995 Premier-Min. Im Okt. 1995 wurde er zum Präs. des RPR gewählt.

***Justizausbildung:** Durch das Ges. zur Verkürzung der Juristenausbildung vom 20. 11. 1992 ist der Vorbereitungsdienst (Referendarzeit) auf zwei Jahre verkürzt worden. Die studienbegleitenden Leistungskontrollen sind abgeschafft worden.

***Jüterbog 2):** Der Landkreis J., der seit 3. 10. 1990 zum Land Brandenburg gehört, ging am 6. 12. 1993 in den neugebildeten Landkreisen Teltow-Fläming und (sieben Gemeinden im NW) Potsdam-Mittelmark auf. Die Stadt Jüterbog ist damit nicht mehr Kreisstadt.

K

Kabakow, Kabakov, Ilja Jossifowitsch, russ. Künstler, *Dnjepropetrowsk 30. 9. 1933; als Illustrator ausgebildet (Zeichnungen für Kinderbücher); arbeitet seit 1955 auch als freier Künstler und wurde als solcher seit den 80er Jahren auch in Westeuropa sehr bekannt. Für mehrere Werkreihen entwickelte er grundlegende Konzepte zur Analyse versch. Formen und Traditionen der ästhet. Umsetzung von Ideen in Zeichnungen, Skizzenalben, Gemälden und seit den 80er Jahren Rauminstallationen, wobei i. d. R. Bild und Schrift integrale Bestandteile bilden. In der Darstellung banaler und gleichzeitig absurder Situationen stößt K. auf Fragwürdigkeiten menschl. Existenzbedingungen. – 1982 erschien ›V našem ŽEK‹ (dt. ›Shek Nr. 8, Bauman-Bezirk, Stadt Moskau‹). BILD S. 386

Ilya Kabakov. Am Rande, Ausst.-Kat. (1986); Ilya Kabakov, Das Leben der Fliegen, hg. v. N. VON VELSEN, Ausst.-Kat. (1992); Ilya Kabakov. Ein Meer von Stimmen, bearb. v. T. VISCHER, Ausst.-Kat. (Basel 1995).

Kabardino-Balkarien, Republik der Kabardiner und Balkaren, bis 1992 Autonome Sozialist. Sowjetrepublik der ▷Kabardiner und Balkaren in der Russ. SFSR, Teilrepublik der Russ. Föderation, an der N-Abdachung des Großen Kaukasus, 12500 km², (1992) 784000 Ew., Hauptstadt ist Naltschik. Die den Tscherkessen verwandten Kabardiner machen (1989) 48 % der Bev. aus, die Balkaren, ein Türkvolk, nur 9 %; außerdem leben 32 % Russen, 1,7 % Ukrainer, 1,3 % Osseten und 1,1 % Deutschstämmige in der Republik. Während die auf der früheren kommunist. Machtstruktur aufbauende Reg. unter Präs. WALERIJ KOKOW die binationale Struktur der Rep. erhalten will, treten Repräsentanten der beiden Völker für eine eigene Staatlichkeit ein: Der ›Kongreß des kabardin. Volkes‹ fordert seit Anfang 1992 eine Rep. auf der Basis der ›histor. Kabardei‹; er ist eine aktive Kraft der ›Konföderation kaukas. Völker‹ und orientiert sich an der pantscherkess. Nationalbewegung. Die Balkaren, vertreten v. a. durch den ›Nationalrat des balkar. Volkes‹, sprechen sich für eine eigene Rep. innerhalb der Russ. Föderation aus.

***Kabarett 2):** Mit dem Ende der Dt. Dem. Rep. und der dt. Wiedervereinigung 1990 standen die K. der Dt. Dem. Rep. vor einer völlig veränderten Situa-

Kabe Kabel 1 – Kaizen

Paul Kagame

tion. Bis 1989 gab es in der Dt. Dem. Rep. 13 Berufs-K., die mit staatl. bzw. kommunalen Mitteln finanziert wurden, außerdem etwa 300 Amateur-K. (zeitweise nach Schätzungen bis zu 600 Gruppen), deren Finanzierung durch sogenannte gesellschaftl. Träger – volkseigene Betriebe, Schulen und andere Institutionen – erfolgte. K. besaß in der Dt. Dem. Rep. eine Ventilfunktion. Innerhalb bestimmter Grenzen – tabu waren insbesondere die Partei- und Staatsführung – konnten Erscheinungen des gesellschaftl. und polit. Lebens satirisch attackiert werden, an denen sonst keine öffentl. Kritik geübt werden durfte. Mit der Wiedervereinigung fiel nicht nur die Zielrichtung der Satire weg, sondern auch die staatl. Finanzierung. Die neugewonnene Rede- und Meinungsfreiheit bewirkte ein Nachlassen des Publikumsinteresses, da jetzt Kritik an polit. Verhältnissen auch in den Medien geübt werden konnte. Einigen K. gelang es dennoch, sich – meist als GmbHs, z.T. mit Zuschüssen der öffentl. Hand und durchweg personell stark reduziert – neu zu etablieren: in Berlin ›Die Distel‹ (mit PETER ENSIKAT, *1941, als Textautor), ›Die Kneifzange‹ (ehemals K. der Nat. Volksarmee), die K.-Kneipe ›Kartoon‹ (ehemals K. der Hochschule für Ökonomie ›Bruno Leuschner‹), das ›Sündikat‹ (ehemals Amateur-K. der Post) und die ›Radieschen‹, in Leipzig die ›Pfeffermühle‹ und die ›academixer‹, neugegründet das K. ›SanftWUT‹, in Dresden ›Die Herkuleskeule‹ und das Amateur-K. ›Lachkarte‹, das Potsdamer ›K. am Obelisk‹, die Hallenser ›Kiebitzensteiner‹ und die Magdeburger ›Kugelblitze‹. Hauptthemen waren die Bonner Politik, das Verhalten sogenannter Wendehälse, die Stasivergangenheit und die Konflikte zw. ›Ossis‹ und ›Wessis‹. ›Die Distel‹ erreichte in den folgenden Jahren durch mehrere Folgen des TV-Programms ›Der scharfe Kanal‹ (der Titel parodierte die Sendung ›Der schwarze Kanal‹ des Fernsehens der DDR) ein Millionenpublikum.

Gehn ma halt a bisserl unter. K. in Wien von den Anfängen bis heute, hg. v. W. RÖSLER (²1993); P. JELAVICH: Berlin cabaret (Cambridge, Mass., 1993); L. RICHARD: Cabaret, K. Von Paris nach Europa (a. d. Frz., 1993).

Sergej Jewgenjewitsch Kaledin

Ilja Jossifowitsch Kabakow: Das Boot meines Lebens, Installation im Festspielhaus Hellerau Dresden, 1995

Kabel 1, →Privatfernsehen (ÜBERSICHT).

Kadijewka, ukrain. **Kadijivka,** seit 1992 wieder Name der ukrain. Stadt ▷ Stachanow.

Kaeseberg [ˈkæː-], eigtl. **Tomas Fröbel,** Maler und Bildhauer, *Leipzig 16. 11. 1964; Autodidakt; formuliert seit der Mitte der 80er Jahre eine eigenwillige künstler. Chiffren- und Symbolsprache, wobei er bevorzugt unbearbeitete Materialien (Holz, Metall) präsentiert. Die auf myth. Welten und Science-fiction-Phantasien verweisenden Formen werden in den dreidimensionalen Wand- und Bodenarbeiten zu Zitaten einer absurden Maschinenwelt.

Kaeseberg: Ikonographischer Altar; 1991 (Privatbesitz)

***Kaffeesteuer:** Mit der Einführung des Europ. Binnenmarkts und dem Wegfall der Grenzkontrollen an den innergemeinschaftl. Grenzen der EU-Staaten zum 1. 1. 1993 wurde die K. von der bisherigen an die Einfuhr anknüpfenden Rohkaffeebesteuerung auf eine Fertigproduktsteuer umgestellt. Aufkommen (1994): 2,27 Mrd. DM (0,6% der Steuereinnahmen des Bundes).

Kagame, Paul, ruand. Offizier und Politiker, *Präfektur Gitarama Okt. 1957; Angehöriger einer angesehenen Familie der Tutsi-Minderheit; wuchs seit 1959 in einem Flüchtlingslager in Uganda auf; seit 1981 Mitgl. der ugand. ›Nat. Widerstandsarmee‹ des späteren Staatspräs. Y. K. MUSEVINI, in der er zum Generalmajor und Chef des militär. Geheimdienstes aufstieg. Nach einer militär. Ausbildung in den USA schloß er sich Ende 1990 der von Uganda aus operierenden Rebellenarmee ›Patriot. Front Ruandas‹ (FPR) an, die er nach anfängl. Niederlagen neu organisierte, professionalisierte und für oppositionelle Hutu öffnete. Unter seiner Führung gelang es der FPR, die ruand. Reg. zu demokrat. Reformen und einem Friedensabkommen (Aug. 1993) zu zwingen. Als jedoch der Bürgerkrieg im April 1994 in vorher unbekannter Grausamkeit wieder ausbrach, führte er die FPR-Verbände mit strateg. Geschick zum Sieg. Im Juli 1994 bildete er eine neue Reg., in der er Vize-Präs. und Verteidigungs-Min. wurde, während Angehörige der Hutu-Mehrheit die Ämter des Staatspräs. und des MinPräs. übernahmen.

***Kaganowitsch,** Lasar Moissejewitsch, sowjet. Politiker: †Moskau 25. 7. 1991.

***Kaikō,** Takeshi, japan. Schriftsteller: †Tokio 9. 12. 1989.

***Kaiser,** Wolf, Schauspieler: †Berlin 21. 10. 1992.

Kaizen [-zεn] das, -, aus Japan stammendes Unternehmensführungskonzept, das auf einer Philosophie der ewigen Veränderung beruht und als ›kontinuierl. Verbesserungsprozeß‹ (KVP) auch im Westen an Einfluß gewann. Im Mittelpunkt des K. stehen die Mitarbeiter von Unternehmen, in deren geistiger Grundhaltung eine ausgeprägte Qualitätsorientierung und ein Bewußtsein für die Vernetztheit der betriebswirtschaftlich relevanten Prozesse fest verankert sein sollte. Überdies müssen die Mitarbeiter davon überzeugt sein, daß jegliche unternehmer. Aktion – also auch die eigene – letztendlich den Zielen und Wünschen der Kunden zu dienen hat. Angesichts der Tatsache, daß mit K. mehr eine Philosophie als ein pragmat. Konzept gegeben ist, sind die Vorstellungen über die Umsetzungsarbeit von K. recht vage.

*Kalbe/Milde 1): Die Stadt K./M. wurde 1988 in den Kr. Gardelegen eingegliedert, der am 3. 10. 1990 zum Land Sachs.-Anh. kam und 1994 im Altmarkkreis Salzwedel aufging.

*Kalbe/Milde 2): Der Landkreis K./M. wurde 1988 aufgelöst.

Kaledin, Sergej Jewgenjewitsch, russ. Schriftsteller, * Moskau 1949; war u. a. als Holzfäller, Bauarbeiter und Totengräber tätig; beendete 1979 das Literaturstudium mit der Erzählung ›Smirennoe kladbišče‹ (dt. ›Stiller Friedhof‹), einer drastischen, ungeschminkten Schilderung der Menschen ›ganz unten‹, die jedoch aus Zensurgründen erst 1987 veröffentlicht wurde. In der Erzählung ›Pop i rabotnik‹ (1991; dt. ›Pope Valeri und die Seinen‹) beschreibt er den unheiligen Alltag einer russ. Dorfkirchengemeinde.
Weitere Werke: *Roman:* Strojbat' (1989; dt. Das Baubataillon). – *Erzählungen:* Šabaška Gleba Bogdyševa. Povesti (1991).

*Kalinin: Stadt in Rußland, heißt seit 1990 wieder **Twer.**

*Kali und Salz AG: Das Unternehmen fusionierte 1993 mit der Mitteldt. Kali AG (MDK) zur Kali und Salz GmbH und damit zum einzigen dt. Kaliproduzenten. – 1993 protestierten die MDK-Beschäftigten gegen die geplante Schließung der Gruben in Merkers und Bischofferode (Kr. Eichsfeld) mit der Besetzung der Grube Bischofferode und einem achtwöchigen Hungerstreik mit Protesttagen und -märschen. Im Dez. 1993 vereinbarten die MDK-Betriebsrat und K. u. S. einen Interessenausgleich und Sozialplan, der für alle Beschäftigten Abfindungen und neue Arbeitsplätze garantierte. Die Gruben wurden daraufhin geschlossen.

*Kalkar: Das Kernkraftwerk mit dem schnellen Brüter wurde nie in Betrieb genommen. Die Anlage wurde Ende 1994 an einen niederländ. Investor verkauft, der sie in einen Freizeitpark umwandeln will.

Kalmücki|en, Kalmückische Republik, kalmück. **Chalmg Tangtsch,** bis 1992 ▷ Kalmückische Autonome Sozialistische Sowjetrepublik, Teilrepublik der Russ. Föderation, in der Kasp. Senke, 75 900 km², (1992) 327 000 Ew., Hauptstadt ist Elista. Von der Bev. sind (1989) 45,4 % Kalmücken, 37,7 % Russen, 2,6 % Tschetschenen, 1,9 % Kasachen und 1,7 % Deutsche. – Der im April 1993 zum Präs. gewählte KIRSAN ILJUMSCHINOW errichtete ein Präsidialsystem; sein Ziel ist v. a. die völlige finanzpolit. und ökonom. Unabhängigkeit von der russ. Regierung.

Kalouaz [kal'uaz], Ahmed, frz. Schriftsteller alger. Herkunft, *Arzew 12. 1. 1952; galt in den 1980er Jahren mit ›L'encre d'un fait divers‹ (1984), dem sensiblen Porträt einer alger. Mörderin, und ›Point kilométrique 190‹ (1986; dt. Auszug u. d. T. ›Kilometer 190‹, in: Literaturmagazin, Bd. 33) dem Protokoll eines rassist. Verbrechens an einem jungen Algerier, als markanter Autor der ›Beur‹-Generation, der in Frankreich aufgewachsenen Nachkommen maghrebin. Einwanderer. Die Poetizität seines Ausdrucks, die Wahl seiner Sujets, der Verzicht auf das rein Autobiographische heben seine Romane jedoch von der gängigen Beur-Literatur ab, verleihen seinem Werk ein eigenes Gepräge, eine leicht melanchol. Grundstimmung, in der universelle Themen wie Trennung und Tod, Abwesenheit (›Leçons d'absence‹, 1991) und Schweigen (›De Barcelone au silence‹, 1994), Verlust und Vergessen zur Sprache kommen. Schauplätze seiner Theaterstücke (›Double soleil‹, 1989; ›Péninsule de Valdés‹, 1992; ›Foulée bleue‹, 1992; ›On devrait tuer les vieux footballeurs‹, 1994), die um Alter und Einsamkeit, Krankheit, Sehnsucht und soziale Ausgrenzung kreisen, sind z. B. Gefängnis oder Zirkuszelt als Metaphern für die menschl. Existenz. K. fördert auch Literaturwerkstätten für Kinder und für Strafgefangene.
Weitere Werke: *Lyrik:* Je vois ce train qui dure (1975); À mes oiseaux piaillant debout (1987); Dis-moi les mots (1994); Et pourtant marcher (1994). – *Erzählungen:* Celui qui regarde le soleil en face (1988).

*Kambodscha, Staat in SO-Asien, im südl. Hinterindien.

> *Hauptstadt:* Phnom Penh. *Amtssprache:* Khmer. *Staatsfläche:* 181 035 km² (ohne Binnengewässer 176 520 km²). *Bodennutzung (1992):* 30 660 km² Ackerland, 5 800 km² Dauergrünland, 133 720 km² Waldfläche. *Einwohner (1994):* 9,97 Mio., 55 Ew. je km². *Städtische Bevölkerung (1991):* 13 %. *Durchschnittliches Bevölkerungswachstum pro Jahr (1985–93):* 3,2 %. *Bevölkerungsprojektion für 2000:* 10,45 Mio. Ew. *Ethnische Gruppen (1992):* 92 % Khmer, 5 % Vietnamesen, 2 % Chinesen, 1 % Thai u. a. *Religion (1992):* 88,4 % Buddhisten; der Buddhismus ist Staatsreligion. *Altersgliederung (1995):* unter 15 Jahre 41,9 %, 15 bis unter 65 Jahre 55,3 %, 65 und mehr Jahre 2,8 %. *Lebenserwartung der Neugeborenen (1993):* männlich 49 Jahre, weiblich 52 Jahre. *BSP je Ew. (1993):* 250 US-\$. *Währung:* 1 Riel (ĵ) = 10 Kak = 100 Sen. *Internationale Mitgliedschaften:* UNO, Colombo-Plan.

Verfassung: Nach der am 21. 9. 1993 verkündeten neuen Verf. ist K. eine konstitutionelle Monarchie, die sich als liberale Mehrparteiendemokratie versteht. Obwohl der Buddhismus Staatsreligion ist, genießen die Bürger Glaubensfreiheit.

Staatsoberhaupt und Oberbefehlshaber der Streitkräfte ist der König, dessen Stellung durch Wahl begründet wird: Innerhalb von sieben Tagen nach dem Tod des Monarchen muß der Thronrat unter den über 30 Jahre alten Nachkommen der Könige ANG DONG, NORODOM I. oder SISOWATH einen Nachfolger wählen. Dem Thronrat gehören neben dem Vors. des Parlaments und seinen beiden ersten Stellvertretern der Reg.-Chef und die Oberhäupter versch. religiöser Vereinigungen an.

Die Legislative wird von der Nationalversammlung gebildet, der mindestens 120 Abg. angehören, die für fünf Jahre vom Volk gewählt werden. Das passive Wahlalter liegt bei 25 Jahren. Die Nationalversammlung hat das Recht, die Reg. oder einzelne Reg.-Mitgl. durch Mißtrauensvotum zu stürzen, wenn das Votum von zwei Dritteln der Parlamentarier getragen wird. An der Spitze der Reg. steht der Premier-Min., der auf Empfehlung des Vors. der Nationalversammlung aus den Reihen der größten Fraktion vom König ernannt wird. Der Premier-Min. ernennt sodann die Mitgl. seines Kabinetts.

Die Stellung und die Aufgaben eines Verf.-Gerichts werden von Verf.-Rat wahrgenommen, dessen neun Mitgl. für neun Jahre ernannt werden, wobei alle drei Jahre jeweils drei Mitgl. ausgewechselt werden. Drei Mitgl. ernennt der König, drei weitere wählt das Parlament, drei ernennt der Oberste Rat der Verwaltung.

Parteien: Im Okt. 1991 benannte sich die ›Revolutionäre Volkspartei Kampucheas‹ in ›Kambodschan. Volkspartei‹ (KVP) um und gab ihren Monopolanspruch auf; auch andere Parteien sind seither zugelassen. GenSekr. der KVP ist CHEA SIM; die Partei ist v. a. ein Sammelbecken vietnamfreundl. Kommunisten. Seit den Wahlen vom Mai 1993 sind vier von 20 Parteien in der Nationalversammlung vertreten: der ›Front Uni National pour un Cambodge Indépendant, Neutre, Pacifique et Coopératif‹ (FUNCINPEC) unter Prinz NORODOM RANARIDDH (* 1944), dem Sohn

Staatswappen

Nationalflagge

Kame Kamenz–Kaminski

NORODOM SIHANOUKS, als stärkste Kraft, als zweitstärkste Partei die KVP, ferner die ›Buddhist. Liberal-Demokrat. Partei‹ (BLDP) und die MOLINAKA, beides sehr kleine Parteien.

Nationalfeiertag ist seit dem Erlaß der neuen Verf. und der Wiedererrichtung des Königreichs der 23. 9.

Geschichte: 1989 zogen sich die vietnames. Truppen nach blutigen Kämpfen gegen die Streitkräfte der Widerstandskoalition ›Demokrat. Kampuchea‹, bestehend aus Vertretern der Roten Khmer, der Royalisten um Prinz NORODOM SIHANOUK und der bürgerl. Kräfte um SON SANN, aus K. zurück. Die vietnamfreundl. Kräfte um HENG SAMRIN und HUN SEN in Phnom Penh kontaktierten die Gruppierungen um SIHANOUK und SON SANN und leiteten damit die Aufspaltung der Dreierkoalition ein. Um die gemeinsame Basis mit diesen beiden potentiellen Partnern zu erweitern, änderte die Führung in Phnom Penh 1989 die Verf., legalisierte Privatunternehmen, entfernte alle marxist. Elemente aus ihren Statuten und benannte die ›VR Kampuchea‹ in ›Republik K.‹ um. Im Okt. 1991 gab die ›Revolutionäre Volkspartei Kampucheas‹ ihr Machtmonopol zurück, änderte ihren Namen in ›Kambodschan. Volkspartei‹ (KVP) um und postulierte ein Mehrparteiensystem ›freie Marktwirtschaft‹ sowie die Rückkehr des Buddhismus.

Gleichzeitig setzten verstärkte Bemühungen um eine nat. Lösung des K.-Problems ein: Im Verlauf der 1989 begonnenen Gespräche einigten sich die Bürgerkriegsparteien auf eine gemeinsame Übergangs-Reg. Diese Gespräche führten unter Beteiligung der UNO am 23. 10. 1991 zum Friedensabkommen von Paris, bei dem 20 Länder als Garantiemächte mitwirkten: K. wurde bis zur Abhaltung der Wahlen der provisor. Verwaltung der UNO unterstellt. Im Nov. 1991 kehrte SIHANOUK nach Phnom Penh zurück und übernahm offiziell das Amt des Staatsoberhaupts als Vors. des Obersten Nat. Rates. Im März 1992 begann die 18monatige Präsenz der ›UN Transitional Authority in Cambodia‹ (UNTAC, ▷Vereinte Nationen, ÜBERSICHT) zur Durchsetzung der von den beiden militärisch stärksten Konfliktparteien, den Roten Khmer und der KVP, massiv behinderten Friedensprozesses. Aus den im Mai 1993 abgehaltenen Wahlen ging die FUNCINPEC mit 45% als Sieger vor der KVP mit 38% hervor; die Roten Khmer hatten die Wahlen boykottiert. Im Sept. 1993 wurde eine neue Verf. erlassen und K. zur konstitutionellen Monarchie (mit SIHANOUK als Wahlkönig) bestimmt; anschließend konstituierte sich eine Nationalversammlung, im Okt. wurde eine Reg. eingesetzt mit den MinPräs. Prinz NORODOM RANARIDDH, dem Sohn SIHANOUKS und Vors. der FUNCINPEC, sowie dem Vors. der KVP, HUN SEN. 1994 nahmen die Roten Khmer erneut den Bürgerkrieg auf. Am 7. 7. 1994 verbot die Nationalversammlung mit sofortiger Wirkung und ohne Gegenstimme der Rebellenorganisation; dieses Verbot war der erste klare Bruch zw. dem König, der das Gesetz ablehnte, und der Reg. Die Roten Khmer gaben daraufhin am 11. 7. die Bildung einer provisor. Reg. mit Sitz in der Nord-Prov. Preah Vihear bekannt. – Im April 1995 unterzeichnete die Reg. den Mekongvertrag, der K. an der Nutzung der Wasserkraft des Flusses beteiligt. – Aufgrund des langen Kriegszustands (seit 1970) sind Wirtschaft, Infrastruktur und Erziehungswesen sehr schwach entwickelt und bedürfen umfangreicher internat. Aufbauhilfe.

O. WEGGEL: Indochina. Vietnam, K., Laos (²1990); Frieden für K.? Entwicklungen im Indochina-Konflikt seit 1975, hg. v. P. J. OPITZ (1991); P. RASZELENBERG u. P. SCHIER: The Cambodia conflict. Search for a settlement, 1979–1991. An analytical chronology (Hamburg 1995).

*Kamenz 2): Der seit 3. 10. 1990 zum Land Sachsen gehörende Landkreis, dem zum 1. 8. 1994 die Städte Großröhrsdorf und Pulsnitz sowie vier weitere Gemeinden des früheren Kr. Bischofswerda eingegliedert worden waren, ging zum 1. 1. 1996 im neugebildeten Landkreis Westlausitz-Dresdner Land auf, dessen Kreisstadt die Stadt Kamenz wurde.

***Kamerun,** amtl. Namen: frz. **République du Cameroun,** engl. **Republic of Cameroon,** Staat in Zentralafrika, grenzt an den Golf von Guinea.

Hauptstadt: Yaoundé. *Amtssprachen:* Französisch und Englisch. *Staatsfläche:* 475 442 km² (ohne Binnengewässer 465 400 km²). *Bodennutzung (1992):* 70 200 km² Ackerland, 83 000 km² Dauergrünland, 244 300 km² Waldfläche. *Einwohner (1994):* 12,871 Mio., 27 Ew. je km². *Städtische Bevölkerung (1993):* 43%. *Durchschnittliches Bevölkerungswachstum pro Jahr (1985–93):* 3,0%. *Bevölkerungsprojektion für 2000:* 15,29 Mio. Ew. *Ethnische Gruppen (1983):* 19,6% Fang (Pangwe), 18,5% Bamileke und Bamum, 14,7% Douala und Basa, 9,6% Fulbe, 7,4% Tikar, 5,7% Mandara, 2,4% Camba, 1,2% Hausa, 20,9% andere. *Religion (1992):* 35,1% Katholiken, 22,1% Muslime, 17,7% Protestanten. *Altersgliederung (1995):* unter 15 Jahre 44,0%, 15 bis unter 65 Jahre 52,4%, 65 und mehr Jahre 3,6%. *Lebenserwartung der Neugeborenen (1992):* männlich 54 Jahre, weiblich 58 Jahre. *Analphabetenquote (1990):* insgesamt 45,9%, männlich 33,7%, weiblich 57,4%. *BSP je Ew. (1993):* 770 US-$. *BIP nach Sektoren/Produktionsstruktur (1993):* Landwirtschaft 29%, Industrie 25%, Dienstleistungen 46%. *Währung:* 1 CFA-Franc = 100 Centimes. *Internationale Mitgliedschaften:* UNO, OAU.

Kamerun
Staatswappen

Geschichte: 1988 wurde Präs. P. BIYA im Amt bestätigt. Nach innen- wie außenpolit. Druck wurde 1991 ein Mehrparteiensystem eingeführt. Bei den ersten freien Parlamentswahlen im März 1992 verlor die Reg.-Partei trotz zahlreicher Manipulationen ihre absolute Mehrheit, blieb aber stärkste Partei und konnte mit Hilfe der kleinsten Oppositionspartei eine Reg. bilden. In vorgezogenen Präsidentschaftswahlen, bei denen aufgrund des rasch geänderten Wahlgesetzes die einfache Mehrheit zum Sieg reichte, wurde Präs. BIYA am 11. 10. 1992 mit nur 39,98% der Stimmen wiedergewählt. Die Auseinandersetzungen mit der zersplitterten Opposition um polit. Reformen dauern an, wobei v.a. die anglophonen Nordprovinzen (Heimat des Oppositionsführers NI JOHN FRU NDI) längere Zeit unter Ausnahmerecht gestellt wurden.

Im Dez. 1993 flammte ein Grenzstreit mit Nigeria um die erdölreiche Region Bakassi wieder auf, der trotz internat. Schlichtungsbemühungen nicht beigelegt werden konnte; K. rief daraufhin den Internat. Gerichtshof in Den Haag an.

N. B. ABENG: Von der Freiheit zur Befreiung. Die Kirchenu. Kolonialgesch. K.s (1989); M. MIDEL: Fulbe u. Deutsche in Adamaua (Nord-K.) 1809–1916. Auswirkungen afrikan. u. kolonialer Eroberung (1990); A. ECKERT: Die Duala u. die Kolonialmächte. Eine Unters. zu Widerstand, Protest u. Protonationalismus in K. vor dem Zweiten Weltkrieg (1991); A. MEHLER: K. in der Ära Biya (1993).

Kaminski, André, schweizer. Schriftsteller, * Genf 19. 5. 1923, † Zürich 12. 1. 1991; war 1945 nach Polen ausgewandert, wo er bis zu seiner Ausweisung 1968 für Rundfunk und Fernsehen tätig war; in der Schweiz war K. dann Dramaturg und Drehbuchautor beim Fernsehen. Seine literar. Laufbahn begann mit dem Erzählband ›Die Gärten des Mulay Abdallah‹ (1983); bekannt wurde k. v. a. mit dem Roman ›Nächstes Jahr in Jerusalem‹ (1986), in dem er in Form eines Schelmenromans das Leben seiner ostjüd. Vorfahren erzählt.

Weitere Werke: Roman: Kiebitz (1988). – Prosa: Herzflattern. 9 wilde Geschichten (1984); Schalom allerseits. Tagebuch einer Deutschlandreise (1987); Flimmergeschichten (1990).

André Kaminski

***Kaminsky,** Max, amerikan. Jazzmusiker: † Castle Point (N. Y.) 6. 9. 1994.

***Kamitz,** Reinhard, österr. Politiker und Volkswirtschaftler: † Wien 9. 8. 1993.

***Kanada,** amtlich engl. und frz. **Canada,** Staat in Nordamerika, grenzt an den Atlant. Ozean, das Nordpolarmeer und den Pazif. Ozean.

Hauptstadt: Ottawa. *Amtssprachen:* Englisch und Französisch. *Staatsfläche:* 9 970 610 km² (ohne Binnengewässer 9 215 430 km²). *Bodennutzung (1992):* 455 000 km² Ackerland, 279 000 km² Dauergrünland, 3 610 000 km² Waldfläche. *Einwohner (1995):* 28,537 Mio., 3,1 Ew. je km². *Städtische Bevölkerung (1993):* 77%; in städt. Agglomerationen mit 1 Mio. und mehr Ew. leben 50% der Städt-, 38% der Gesamtbevölkerung. *Durchschnittliches Bevölkerungswachstum pro Jahr (1985–93):* 1,3%. *Bevölkerungsprojektion für 2000:* 31,325 Mio. Ew. *Volksgruppen (1991):* rd. 41% Anglokanadier, rd. 29% Frankokanadier, 4,1% Deutsche, 3,4% Italiener, 2,6% Chinesen, 1,8% Ukrainer, 1,7% Indianer und Eskimo, 1,6% Niederländer, 1,2% Polen, 1,1% Portugiesen, 0,8% Skandinavier, 0,7% Griechen, 0,4% Ungarn, rd. 10,5% andere. *Religion (1992):* 45,2% Katholiken, 36,2% Protestanten, 1,5% Orthodoxe, 4,7% andere Religionsgemeinschaften. *Altersgliederung (1995):* unter 15 Jahre 20,7%, 15 bis unter 65 Jahre 67,3%, 65 und mehr Jahre 12,0%. *Lebenserwartung der Neugeborenen (1994):* männlich 75 Jahre, weiblich 82 Jahre. *BSP je Ew. (1993):* 19 970 US-$. *BIP nach Sektoren/Produktionsstruktur (1993):* Landwirtschaft 3%, Industrie 28%, Dienstleistungen 69%. *Arbeitslosenquote (1994):* 11,1%. *Währung:* 1 Kanadischer Dollar (kan$) = 100 Cents (c). *Internationale Mitgliedschaften:* UNO, Commonwealth of Nations, NAFTA, NATO, OAS, OECD, OSZE.

Geschichte: Die neue Verf. von 1982 konnte wegen des Widerstandes der Provinzen – v. a. Quebecs – nicht ratifiziert werden. Auch der lange ausgehandelte Kompromißvorschlag von 1987 (Meech Lake Accord) scheiterte an den Forderungen der Provinzen nach mehr Kompetenzen für die Regionalregierungen und am Argwohn gegen einen Sonderstatus Quebecs. In einem Referendum am 26. 10. 1992 lehnte die Bev. in Quebec, in fünf anglokanad. Prov. und dem Yukon Territory den im Aug. 1992 von der Reg. des Bundes, der Prov. und Vertretern der Urbevölkerung vereinbarten Kompromiß zur Verf.-Reform (Charlottetown Accord) ab, der u. a. eine größere Selbständigkeit der Prov., einen Sonderstatus für Quebec und die Stärkung der Rechte der Urbevölkerung vorsah. Am 30. 10. 1992 unterzeichneten die Bundes-Reg. und Vertreter der Eskimo (Inuit) ein Abkommen über die Selbstverwaltung der Inuit, das u. a. gemäß der Einigung vom Dez. 1991 die Bildung eines eigenen Territoriums (›Nunavut‹, 1,9 Mio. km²) im O der Northwest Territories bestimmte und eine Wiedergutmachung in Höhe von 580 Mio. kan$ zugestand; der eigentl. Vertrag über das Territorium wurde im Mai 1993 geschlossen. Im Juni 1993 ratifizierte K. das im Dez. 1992 formell geschlossene Abkommen mit den USA und Mexiko über die Schaffung der →Nordamerikanischen Freihandelszone.

Angesichts schwindender Popularität der konservativen Bundes-Reg. infolge der anhaltenden Rezession trat B. MULRONEY im Juni 1993 als Premier-Min. und Führer der Progressive Conservative Party zurück; seine Nachfolgerin wurde die bisherige Verteidigungsministerin KIM CAMPBELL (* 1947). Trotz des Führungswechsels erlitten die Konservativen bei den Parlamentswahlen am 25. 10. 1993 eine schwere Niederlage (sie erhielten zwei von 295 Sitzen). Die Liberalen erreichten dagegen mit 41,6% der Stimmen und 178 Sitzen die absolute Mehrheit und stellten mit J. CHRÉTIEN den neuen Premier-Min. Große Gewinne verzeichneten auch der separatist. Bloc Québécois, zu dem sich 1991 Bundes-Abg. aus Quebec zusammengeschlossen hatten (54 Sitze), und die rechtspopulist. Reform Party (gegr. 1987) im Westen (53 Sitze). Um die hohe Staatsverschuldung und das Haushaltsdefizit abzubauen und die Wirtschaft zu fördern, leitete die liberale Reg. Chrétien, die sich auch bes. um Kooperation mit den Prov. und die Wiederherstellung des Vertrauens der Bev. in die Integrität des polit. Systems bemühte, v. a. ab Okt. 1994 fiskal- und sozialpolit. Reformen ein (u. a. Neugestaltung des Finanzausgleichs zw. den Prov., Einsparungen bei Sozial- und Verteidigungsausgaben, Verlagerung staatl. Dienstleistungen auf den Privatsektor). Mit dem Wahlsieg des separatist. Parti Québécois unter Führung von JACQUES PARIZEAU (* 1930) in der Prov. Quebec im Sept. 1994 gewann jedoch der ungeklärte Verf.-Konflikt erneut an Bedeutung. Er gipfelte in einem (nach 1980) zweiten Referendum in Quebec (30. 10. 1995) zur Loslösung Quebecs von K., das für den Verbleib bei K. die nur äußerst knappe Mehrheit von 50,6% der abgegebenen Stimmen erbrachte.

In der Außenpolitik setzt die Reg. im wesentlichen den Kurs ihrer konservativen Vorgängerinnen fort, sucht jedoch stärker die Eigenständigkeit K.s gegenüber den USA zu wahren und betont den grundsätzl. Vorrang der Handelspolitik mit dem Ziel, neue Märkte (v. a. im asiatisch-pazif. Raum und Lateinamerika) zu erschließen und so die Abhängigkeit vom US-Markt zu relativieren. In bezug auf UN-Friedensmissionen fordert K. mehr Mitsprache bei Auswahl und Durchführung der Einsätze. Als Folge der Beendigung des Ost-West-Konflikts reduzierte K. seine Armee bis Ende 1995 um fast 20% auf nun 73 000 Mann. Umgesetzt wurde die Truppenverringerung im wesentlichen durch den völligen Abzug der kanad. Streitkräfte aus Dtl. bis Ende 1994.

K. MCNAUGHT: The Penguin history of Canada (Neuausg. London 1988); R. BOTHWELL u. a.: Canada since 1945. Power, politics, and provincialism (Toronto ²1989); R. BOTHWELL u. a.: Canada, 1900–1945 (Neuausg. Toronto 1990); M. CONRAD u. a.: History of the Canadian peoples, 2 Bde. (Toronto 1993); Interpreting Canada's past, hg. v. J. M. BUMSTED, 2 Bde. (Toronto ²1993).

*****kanadische Kunst:** Die heutige kanad. Architektur kann sich auf urbane Lösungen der 1970er und selbst der 60er Jahre beziehen, die bereits Probleme der Stadtgestalt und der Stadträume angehen. Bes. in Toronto, Vancouver und auch Montreal gelang es, der

kanadische Kunst: Edward Jones und Michael Kirkland, City Hall in Mississauga; 1982–84

Kana kanadische Literatur

Monotonie der modernen Großstadt lebendige Kommunikationszonen abzugewinnen; neben dem Grand Old Man ARTHUR C. ERICKSON stehen dafür EBERHARD ZEIDLER (Pan Pacific Center mit seinen Aussichtsplattformen, Vancouver, 1986), ABEL JACK DIAMOND (Metro Toronto Central YMCA, 1984; Curtiss Hall, Toronto, 1988), PETER ROSE (mit EROL ARGUN und PHYLLIS LAMBERT: Canadian Center for Architecture, Montreal, 1985–88) oder RICHARD HENRIQUEZ (Einkaufspassagen in Vancouver). Der Brite EDWARD JONES und MICHAEL KIRKLAND verbanden bei der Mississauga City Hall (1982–86) Anspielungen auf einen Farmkomplex mit der internat. Tradition repräsentativen Bauens.

Wie in der übrigen westl. Welt zeugt die kanad. Kunstszene der ausgehenden 80er Jahre vom Willen der Künstler, in einer Epoche der austauschbaren Stile zumindest zu einer authent. Aussage über die Befindlichkeit des Subjekts und der verwendeten Materialien zu kommen. Künstler wie JOEY MORGAN (*1951), ELEANOR BOND (*1948), COLETTE WHITEN (*1945), SHELAG ALEXANDER (*1959) und WILL GORLITZ (*1952) thematisieren in ihren figurativen Gemälden die sinnl. Qualitäten, die das maler. Abbild von der photograph. Wiedergabe der sichtbaren Realität unterscheidet. Das techn. Medium selbst wird von Künstlern wie IAN WALLACE (*1943), LIZ MAGOR (*1948), KIM ADAMS (*1951) und MICHAEL FERNANDES (*1944) in Sequenzen und Installationen eingesetzt, um innerhalb eines ästhet. Kontextes fragmentarisch die Alltagsrealität zu reflektieren. J. WALL hinterfragt die neuen virtuellen Welten. Mit der Rezeption von Kunst und ihrer Situation heute befaßt sich ROBERT RACINE (*1956) in anspielungsreichen Aktionen, Performances und Konzerten. Im Bereich der neuen Medien und der Performancekunst haben v.a. JAN PEACOCK (*1955), GENEVIÈVE CADIEUX (*1955), BARBARA STEINMAN (*1950) und STAN DOUGLAS (*1960) zu einer Kritik des entfremdeten

kanadische Kunst: Joey Morgan ›Have you ever loved me?‹; 1988 (Privatbesitz)

Verhaltens in der heutigen Gesellschaft gefunden. JANA STERBAK (*1955) formuliert in ihren automatisierten Tanzperformances sowohl die Sinnlosigkeit von Gefühlen innerhalb eines auf funktionalen Abläufen beruhenden Systems als auch die Notwendigkeit, immer wieder auf die eigenen Sinne zu vertrauen. In dieser Ambivalenz mag sie typisch für die k. K. sein.

Architektur Kanada, hg. v. K. H. KRÄMER (1988); Canadian Biennial of Contemporary Art, bearb. v. D. NEMIROFF, Ausst.-Kat. (Ottawa 1989); The Body. Zeitgenöss. Kunst aus Kanada, hg. v. H.-M. HERZOG, Ausst.-Kat. (1994, dt., engl. u. frz); H. KALMAN: A history of Canadian architecture, 2 Bde. (Toronto 1994).

kanadische Kunst: Colette Whiten, ›Body Found‹; 1993/94 (Privatbesitz)

*kanadische Literatur:

frankokanadische Literatur: Seit das im Auftrag des Rates der Universitäten von Quebec entstandene Werk J.-F. LYOTARDS ›La condition postmoderne‹ (1979; dt. ›Das postmoderne Wissen‹) eine weltweite Diskussion um die Postmoderne auslöste, findet diese – beginnend mit dem Anfang der 1980er Jahre – auch im literar. Leben der französischsprachigen Literatur Kanadas ihr Echo. Die Romane von JACQUES GODBOUT (*1933; ›D'amour, P. Q.‹, 1972), GÉRARD BESSETTE (*1920; ›Le semestre‹, 1979), YOLANDE VILLEMAIRE (*1949; ›La vie en prose‹, 1980) und NICOLE BROSSARD (*1943; ›Le désert mauve‹, 1987) weisen mit ihrem Konflikt zw. Erzählhandlung und theoret. Diskursen strukturbildende Merkmale der Postmoderne auf. Die Autoren lassen sich in hohem Maße von den spezif. Darstellungsformen der neuen elektron. Medien inspirieren; obwohl sie aber auf der Grundlage postmoderner Positionen schreiben, geben sie deshalb nicht alle Charakteristika traditioneller Erzählformen auf. So bleibt etwa die nationale und soziale Identität des Erzählers (der Erzählerin) immer erkennbar, z. B. in CLAIRE DÉS (*1951) Roman ›Le désir comme catastrophe naturelle‹ (1989) oder RÉJEAN DUCHARMES (*1941) Roman ›Dévadé‹ (1990).

anglokanadische Literatur: Nach wie vor gehört die regionale Orientierung zu den auffälligsten Merkmalen der kanad. Gegenwartsliteratur, während zugleich der ethn. Vielfalt als Signum einer sich multikulturell begreifenden Gesellschaft sowie dem Feminismus verstärkte Bedeutung beigemessen wird und von eingeborenen bzw. Minoritätenschriftstellern verfaßte Texte das Spektrum der englischsprachigen Literatur erheblich erweitert haben. Multikulturalismus und Ethnizität stehen thematisch im Zentrum etwa in M. ONDAATJES Werken, zuletzt ›The English patient‹ (1992), die zugleich den Gestaltungsprinzipien postmodernen Schreibens verpflichtet sind und exemplarisch den in Kanada sehr ausgeprägten metahistor. Roman vertreten. Neben MARGARET ATWOOD haben u. a. ALICE MUNRO, AUDREY THOMAS, MAVIS GALLANT, ARITHA VAN HERK (*1954) und CAROL SHIELDS (*1935) die englischsprachige Erzählliteratur und Lyrik um eine dezidiert feminist. Position erweitert, wobei VAN HERKS fiktional-biograph. Hinwendung zur Arktis wie R. WIEBES ›Playing dead. A contemplation concerning the Arctic‹ (1989) und ›A discovery of strangers‹ (1994) sowie ›Enduring dreams. An exploration of arctic landscape‹ (1994) von JOHN MOSS

Kanaltunnel – Kapitalertragsteuer **Kapi**

(* 1940) beispielhaft die vorerst jüngste Variante in der territorialen Ausdehnung der k. L. markieren. Gleichzeitig repräsentieren diese Texte den neuen Gattungstyp des ›life writing‹, dem auch R. KROETSCHS ›A likely story. The writing life‹ (1995) zuzuordnen ist.

W. H. NEW: A history of Canadian literature (Basingstoke 1989, Nachdr. ebd. 1991); Literary history of Canada. Canadian literature in English, hg. v. C. F. KLINCK u. a., Bd. 4 (Toronto ²1990).

***Kanaltunnel:** →Eurotunnel.

***KaNgwane:** Mit dem Ende des Apartheidregimes in der Rep. Südafrika 1994 erfolgte eine vollständige Wiedereingliederung nach Südafrika; das Gebiet von K. ging in der neuen Provinz Ost-Transvaal auf.

Kaniuk, Yoram, israel. Schriftsteller, *Tel Aviv 2. 5. 1930; gestaltet in einigen seiner Romane eigene Erfahrungen, u. a. aus dem Unabhängigkeitskrieg von 1948, an dem er aktiv teilnahm. Weitere Themen sind die Verarbeitung der traumat. Erlebnisse von Überlebenden des Holocaust (in ›Adam Hundesohn‹, 1969; dt.) oder die außergewöhnl. Geschichte einer deutschjüdisch-arab. Familie ›Bekenntnisse eines guten Arabers‹, 1984; dt.). Immer steht das Innenleben der Figuren im Vordergrund, zu dessen Schilderung sich K. häufig der von ihm meisterhaft beherrschten Technik des ›Stream of consciousness‹ bedient. Er veröffentlichte auch zahlreiche Kinderbücher.

Weitere Werke (hebr.): *Romane:* Chimmo, der König von Jerusalem (1966); Wilde Heimkehr (1974; dt.); Der letzte Jude (1981; dt.). – *Kinder- und Jugendbücher:* Die Kakerlaken im Haus des Dichters (1979; dt.); Wassermann (1988; dt.); Hiob, Pebble und der Elefant (1993; dt.).

Kanowitsch, Kanovič [-tʃ], Grigorij, eigtl. **Jakov Semjonowitsch K.,** russ. Schriftsteller, *Kaunas 18. 6. 1926. K., dessen Muttersprache Jiddisch ist, schrieb zahlreiche Drehbücher und Theaterstücke und übersetzte litauische Literatur ins Russische. Hauptthemen seiner Romane (darunter ›Kozlenok za dva groša‹, 1989; dt. ›Ein Zicklein für zwei Groschen‹) sind Judentum und menschl. Integrität.

Weitere Werke: *Romane:* Sveči na vetru (1979; dt. Kerzen im Wind); Slezy i molitvy durakov (1983; dt. Tränen u. Gebete der Einfältigen); I net rabam raja (1985; dt. Sklaven winkt kein Paradies); Ulibnis' nam, Gospodi (1989).

***Kant,** Hermann, Schriftsteller: Trat Ende Dez. 1989 vom Amt des Präs. des Schriftstellerverbandes der DDR zurück. 1991 veröffentlichte K. seine Autobiographie ›Abspann‹.

Weitere Werke: *Erzählungen:* Bronzezeit (1986); Die Summe (1987); Herrn Farßmanns Erzählungen (1989). – *Roman:* Kormoran (1994).

Kanther, Manfred, Politiker (CDU), *Schweidnitz 26. 5. 1939; Jurist, 1974–93 in Hessen MdL, 1980–87 GenSekr. der hess. CDU, 1987–91 Finanz-Min. in der Reg. Wallmann, seit 1991 Vors. der hess. CDU, wurde im Juli 1993 Bundesinnenminister.

Kantor, Maksim, russ. Maler, *Moskau 22. 12. 1957; ausgebildet als Graphiker; nimmt seit 1982 an Ausstellungen freier Kunst teil. Seine expressiv-figurative Malerei, die in der UdSSR nur in einem nichtoffiziellen Bereich gezeigt werden konnte, beschäftigt sich mit dem russ. Alltag und stellt bedrückende Szenen und Orte dar. Die visionär-expressiven Bilder der 90er Jahre können als Reflex auf den Zusammenbruch des sowjet. Staates gesehen werden.

M. K., Retrospektive, Beitr. v. H. G. GOLINSKI u. a., Ausst.-Kat. (1992).

***Kantor,** Tadeusz, poln. Maler, Graphiker, Bühnenbildner und Regisseur: † Krakau 8. 12. 1990.

Kantscheli, Gija Aleksandrowitsch, georg. Komponist, *Tiflis 10. 8. 1935; studierte 1959–63 Klavier und Komposition am Konservatorium in Tiflis, wo er ab 1970 auch als Kompositionslehrer tätig war. Während seiner langjährigen Mitarbeit am Rustaweli-Theater in Tiflis entstanden eine Reihe von Bühnenmusiken (u. a. zu Stücken B. BRECHTS und W. SHAKESPEARES). K. lebt seit 1991 in Berlin. Schwerpunkt seines kompositor. Schaffens bilden sinfon. Werke, deren dichte Orchestersprache durch differenzierte und kontrastreiche Instrumentation besticht.

Werke: *Oper:* Musik für die Liebenden (1983). – *Orchesterwerke:* sieben Sinfonien (1967–86); Vom Winde beweint (1989; mit Soloviola); Noch einen Schritt (1993; mit Tonband); Ad infinitum (1994). – *Kammermusik:* Morgengebete (1990; für Kammerorchester und Tonband); Tagesgebete (1991; für Kammerorchester, Knabenstimme und Klarinette); Abendgebete (1991; für Kammerorchester und acht Altstimmen); Nachtgebete (1992; für Streichquartett und Tonband).

Kantůrková [-tu:rkɔva:], Eva, tschech. Schriftstellerin, *Prag 11. 5. 1930; zunächst Journalistin, seit 1966 literarisch tätig (Erzählung ›Jen si tak maličko povyskočit‹), nach 1968 Publikationsverbot (Veröffentlichungen im Samisdat und im Ausland); 1981 für ein Jahr inhaftiert; ab 1985 Sprecherin der Charta 77. K. behandelt in dem publizist. Roman ›Smuteční slavnost‹ (1967; verfilmt) in sechs Augenzeugenberichten die gewaltsame Kollektivierung der Landwirtschaft in den 50er Jahren. Mit der Offenlegung der Relativität von Wahrheit aus unterschiedl. Perspektiven steht sie in der Tradition von K. ČAPEK. ›Přítelkyně z domu smutku‹ (1984) ist eine literar. Zeugenaussage und philosoph. Confessio über die Zeit ihrer Inhaftierung. Der Zyklus psycholog. Porträts konfrontiert Frauencharaktere unter Haftbedingungen und schafft im Bild des ›Trauerhauses‹ eine Parabel für das repressive polit. System, das den Menschen als Individuum ›vernichtigt‹.

Weitere Werke: *Drama:* Muž v závěsu (1977). – *Prosa:* Sešly jsme se v této knize (1980); Jan Hus. Příspěvek k národní identitě (1991).

***Kapitalertragsteuer:** In *Dtl.* wurde nach dem Scheitern der ›kleinen K.‹ (1989) zum 1. 1. 1993 zusätzlich zur bestehenden K. eine K. in Höhe von 30 % (bei Tafelgeschäften 35 %) auf Zinsen aus Einlagen bei Kreditinstituten und auf andere, bisher nicht dem Quellenabzug unterliegende Kapitaleinkünfte eingeführt (▷ Zinsabschlag). Auch sie wird wie eine Steuervorauszahlung auf die Einkommensteuerschuld ange-

Grigorij Kanowitsch

Manfred Kanther

Maksim Kantor: Morgenrundgang; 1985 (Emden, Kunsthalle)

Kapi Kapitalverkehrsteuern – Karadžić

rechnet. Aufkommen (1994): K. 17,7 Mrd. DM, Zinsabschlag 13,7 Mrd. DM.

In *Österreich* wurde (im Unterschied zu Dtl.) der Quellenabzug bei Kapitalerträgen 1993/94 auf das System der Abgeltungsteuer umgestellt: Die seit 1989 erhobene und auf die Einkommensteuer anrechenbare K. auf Zinsen aus Einlagen und bestimmten festverzinsl. Wertpapieren wurde zeitgleich mit der Einführung des dt. Zinsabschlages zum 1. 1. 1993 von 10% auf 22% angehoben. Mit ihr sind Einkommen- und Erbschaftsteuer, nicht aber die Schenkungsteuer abgegolten. Die ›alte‹ K. von inländ. Kapitalerträgen (z. B. Dividenden) wurde zum 1. 1. 1994 ebenfalls auf 22% (den Satz der 2. Stufe des Einkommensteuertarifs) angehoben, mit ihr ist lediglich die Einkommensteuer abgegolten. Das Aufkommen der beiden K. beträgt (1993) 19,9 Mrd. öS.

***Kapitalverkehrsteuern:** Durch das Finanzmarktförderungs-Ges. vom 22. 2. 1990 wurde die Gesellschaftsteuer zum 1. 1. 1992, die Börsenumsatzsteuer zum 1. 1. 1991 abgeschafft.

In *Österreich* wird die Wertpapiersteuer ab 1995 nicht mehr erhoben, die Gesellschaftsteuer wurde auf 1% gesenkt, und die Sätze der Börsenumsatzsteuer stiegen auf 0,04% bis 2,5%.

In der *Schweiz* änderten sich die K. durch die Revision des Stempel-Ges. zum 1. 4. 1993: Die Emissionsabgabe wurde auf die Ausgabe von Obligationen und Geldmarktpapieren durch inländ. Schuldner ausgedehnt (die dafür nicht mehr von der Umsatzabgabe erfaßt wird), und die Besteuerung von Anteilen an inländ. Anlagefonds wurde aufgehoben. Die neuen Steuersätze der Emissionsabgabe betragen pro Laufzeitjahr 0,12% bei Anleihenobligationen und 0,06% bei Kassenobligationen, die Steuersätze der Umsatzabgabe 0,15% bei inländ. und 0,3% bei ausländ. Wertpapieren.

Kapoor [ˈkapuːə], Anish, brit. Plastiker ind. Herkunft, * Bombay 12. 3. 1954; lebt seit 1973 in London; versucht in seinen Rauminstallationen aus monochrom eingefärbten Steinen, Objekten und Zeichnungen metaphor. Dingsituationen zu schaffen, deren Bedeutung, Ruhe, Tiefe, Reduktion und Leichtigkeit sich dem Betrachter ausschließlich über eine assoziative und meditative Annäherung erschließen.

A. K., hg. vom Museum of Contemporary Art, Ausst.-Kat. (San Diego, Calif., 1992).

***Kapprovinz:** Wurde bei der Neugliederung der Rep. Südafrika 1994 in die drei Prov. →Westkap, →Ostkap und →Nordkap aufgegliedert.

Anish Kapoor: Ohne Titel; Installation im Rijksmuseum Kröller-Müller, Ede-Otterlo; 1990

Kap Verde

Staatswappen

Nationalflagge

***Kapr,** Albert, Schrift- und Buchkünstler: † Leipzig 31. 3. 1995.

***Kapr,** Jan, tschech. Komponist: † Prag 29. 4. 1988.

Kapuściński [kapuɕˈtɕĩĩski], Ryszard, poln. Schriftsteller, * Pinsk 4. 3. 1932; war jahrzehntelang als Auslandskorrespondent v. a. in Asien, Afrika und Lateinamerika tätig; schrieb literarisch anspruchsvolle Reiseberichte und Essays, die politisch-gesellschaftl. Krisen und Umbrüche beschreiben und analysieren. So schildert er in ›Jeszcze dzień życia‹ (1976; dt. ›Wieder ein Tag im Leben. Innenansichten eines Bürgerkrieges‹) den Bürgerkrieg in Angola, in ›Wojna futbolowa‹ (1978; dt. ›Der Fußballkrieg. Berichte aus der Dritten Welt‹) die Bürgerkriege im Kongo, in Algerien, Honduras, El Salvador und Zypern und in ›Cesarz‹ (1978; dt. ›König der Könige. Eine Parabel der Macht‹) die letzten Jahre der Herrschaft des äthiop. Kaisers HAILE SELASSIE.

Weitere Werke: Szachinszach (1982; dt. Schah-in-Schah); Lapidarium (1990; dt.); Imperium (1993; dt. Imperium. Sowjet. Streifzüge).

A. W. PAWLUCZUK: K. (Warschau 1980).

***Kap Verde,** amtlich portug. **República de Cabo Verde,** Inselstaat im Atlant. Ozean, vor der Küste Afrikas.

Hauptstadt: Praia. *Amtssprache:* Portugiesisch. *Staatsfläche:* 4033 km². *Bodennutzung (1992):* 390 km² Ackerland, 250 km² Dauergrünland, 10 km² Waldfläche. *Einwohner (1994):* 381000, 94 Ew. je km². *Städtische Bevölkerung (1990):* 30%. *Durchschnittliches Bevölkerungswachstum pro Jahr (1985–93):* 2,6%. *Bevölkerungsprojektion für 2000:* 383000 Ew. *Ethnische Gruppen (1986):* 71% Mischlinge, 28% Schwarze, 1% Weiße. *Religion (1991):* 93,2% Katholiken. *Altersgruppen (1995):* unter 15 Jahre 43,0%, 15 bis unter 65 Jahre 52,9%, 65 und mehr Jahre 4,1%. *Lebenserwartung der Neugeborenen (1992):* 68 Jahre. *Analphabetenquote (1990):* 35%. *BSP je Ew. (1993):* 870 US-$. *BIP nach Sektoren/Produktionsstruktur (1988):* Landwirtschaft 15%, Industrie 20%, Dienstleistungen 65%. *Währung:* 1 Kap-Verde-Escudo (KEsc) = 100 Centavos (CTS). *Internationale Mitgliedschaften:* UNO, OAU, Wirtschaftsgemeinschaft westafrikan. Staaten.

Geschichte: Nach der Verf.-Änderung erhielt der als Sammlungsbewegung der bisherigen Opposition fungierende Movimento para Democracia (MpD; ›Bewegung für Demokratie‹) bei der Wahl vom 13. 1. 1991 56 von 79 Mandaten; die bisherige Einheitspartei PAICV gewann nur 23 Sitze. MinPräs. wurde am 14. 1. 1991 CARLOS CARVALHO VEIGA (* 1924). Am 17. 2. 1991 wurde der von der MpD unterstützte Kandidat A. MASCARENHAS MONTEIRO mit 74% der Stimmen gegen den Amtsinhaber A. PEREIRA zum Staatspräs. gewählt. Der Machtwechsel erfolgte reibungslos und wurde Ende 1991 durch Kommunalwahlen abgeschlossen. Bei Machtkämpfen innerhalb der regierenden MpD setzte sich 1994 MinPräs. CARVALHO VEIGA, der eine moderate Liberalisierungs- und Privatisierungspolitik verfolgte, durch. Im Dez. 1995 wurde diese Politik bei Parlamentswahlen durch den Gewinn der absoluten Mehrheit für die MpD bestätigt.

Karadžić [-dʒitɕ], Radovan, serb. Politiker, * Petnijca (Montenegro) 1945; Psychiater und Psychotherapeut, Mitgründer (1990) und seitdem Vors. der Serbischen Demokrat. Partei, Präs. der von den bosn. Serben in Bosnien und Herzegowina ausgerufenen Serb. Republik, verfolgte nach dem Ausbruch des Bürgerkriegs in Bosnien und Herzegowina bei internat. Verhandlungen, z. B. über einen Waffenstillstand in Bosnien und Herzegowina, eine serbisch-nationalist. und panserb. Linie. Angesichts der gewaltsamen Vertreibung von Angehörigen anderer Nationalitäten und der systemat. Vergewaltigung von muslim. Frauen durch Angehörige der bosnisch-serb. Armee wurde er vom Internat. Kriegsverbrechertribunal in Den Haag der Anstiftung zu Kriegsverbrechen angeklagt.

Karahasan, Dževad, bosn. Schriftsteller und Literaturwissenschaftler, * Duvno (West-Bosnien) 25. 1. 1953; lehrte ab 1986 als Prof. an der Theaterakademie in Sarajevo; 1993 Emigration, heute Lektor an der Univ. Göttingen. K. wurde bekannt durch Romane (v. a. ›Istočni divan‹, 1989; dt. ›Der östl. Divan‹), Erzählungen und Essays (›Dnevnik selidbe‹, 1993; dt. ›Tagebuch der Aussiedlung‹); schreibt ferner Dramen und Hörspiele. Sein Musikdrama ›Der entrückte Engel‹ (Vertonung von WOLFGANG DANZMAYR) wurde 1995 in Krems aufgeführt.

Karakalpaki|en, Karakalpakische Republik, Karakalpakstan, bis 1991 ▷ Karakalpakische Autonome Sozialistische Sowjetrepublik, Teilrepublik Usbekistans, südlich des Aralsees, 164 900 km², (1991) 1,274 Mio. Ew., Hauptstadt ist Nukus. Die den Kasachen verwandten Karakalpaken stellen (1989) 32,1% der Bev., die Usbeken 32,8% und die Kasachen 26,3%. In der vorwiegend Baumwolle und Reis produzierenden und exportierenden Rep. werden jetzt rohstoffverarbeitende Betriebe eingerichtet. K. führt außerdem Lakritzwurzeln aus. – Am 15. 12. 1990 erklärte der Oberste Sowjet der Karakalpak. ASSR K. für souverän innerhalb der Usbek. SSR.

Karaklis, seit 1992 wieder Name der armen. Stadt ▷ Kirowakan.

Karakol, seit 1993 wieder Name der kirgis. Stadt ▷ Prschewalsk.

*****Karamanlis,** Konstantinos, griech. Politiker: Wurde am 4. 5. 1990 wieder zum Staatspräs. gewählt.

Karatschai-Tscherkessi|en, Republik der Karatschaier und Tscherkessen, bis 1990 Autonomes Gebiet der ▷ Karatschaier und Tscherkessen, Teilrepublik der Russ. Föderation im N-Kaukasus, 14 100 km², (1993) 434 000 Ew., Hauptstadt ist Tscherkessk. Die türksprachigen Karatschaier stellen (1989) 30% der Bev., die Tscherkessen 9,4%, der russ. Bevölkerungsanteil beträgt 41%. – Das Autonome Gebiet erklärte sich 1990 zur ›Sozialist. Sowjetrepublik‹ innerhalb der UdSSR und wurde nach deren Zerfall 1992 Teilrepublik der Russ. Föderation. Unter den Nationalitäten bestehen starke Tendenzen zur Bildung eigener Staaten.

*****Karawanken:** Der K.-Straßentunnel wurde am 2. 6. 1991 für den Verkehr eröffnet.

Karbowanez, Abk. **URK,** Währungseinheit der Ukraine, 1 K. = 100 Kopeken.

Kareli|en, Karelische Republik, bis 1992 ▷ Karelische Autonome Sozialistische Sowjetrepublik, Teilrepublik der Russ. Föderation zw. finn. Grenze und Weißem Meer, 172 400 km², (1993) 794 200 Ew., Hauptstadt ist Petrosawodsk. Von der Bev. sind (1989) 73,6% Russen, 10% Karelier, 7% Weißrussen und 3,6% Ukrainer. Das Metallurgiezentrum Kostomuksha ist durch eine Eisenbahnlinie an die übrigen Verkehrswege angeschlossen; die Strecke nach N bis Ledmosero wird ausgebaut.

Am 10. 8. 1990 erklärte sich K. als erste ASSR für souverän innerhalb Rußlands. Vor dem Hintergrund der russ. Bev.-Mehrheit in dieser Teilrepublik und des starken Russifizierungsgrades der karel. Titularnation entsprach diese Entwicklung weniger einer Bewegung zur Loslösung aus dem russ. Staatsverband als stärkerem regionalist. Selbstständigkeitsdrang innerhalb Rußlands. Nat. Bestrebungen der Karelier und Wepsen wandten sich v. a. gegen eine weitere Russifizierung; sie fordern u. a. eine Einschränkung der Besitzrechte an Boden und Naturressourcen auf ihre Bewohner. Während sich die aus der früheren kommunist. Nomenklatura rekrutierende Führung der Rep. stark von der Wirtschaftspolitik der russ. Zentral-Reg. abgrenzte, sprach sich bei einem allruss. Referendum am 25. 4. 1993 eine Mehrheit der stimmberechtigten Bev. für die Politik der Zentral-Reg. aus.

Karimow, Islam Abduganijewitsch, usbek. Politiker, * Samarkand 30. 1. 1938; Ingenieur, Mitgl. der KPdSU (bis 1991), 1989–91 Erster Sekretär ihrer usbek. Organisation und 1990–91 Präs. des Obersten Sowjets von Usbekistan, 1991 Mitgl. des ZK der KPdSU und ihres Politbüros, unterstützte die Unabhängigkeitsbestrebungen der Unionsrepubliken der UdSSR. Am 29. 12. 1991 wurde er mit großer Mehrheit zum Präs. der seit Aug. 1991 unabhängigen Rep. Usbekistan gewählt (wiedergewählt am 29. 12. 1992).

Islam Karimow

*****Karl-Marx-Stadt 1):** Die Stadt heißt seit 1. 6. 1990 wieder Chemnitz.

*****Karl-Marx-Stadt 2):** Der Landkreis hieß ab 1. 6. 1990 wieder Chemnitz und ging zum 1. 8. 1994 in den Kreisen Chemnitzer Land, Mittweida, Stollberg und Mittlerer Erzgebirgskreis (eine Gemeinde) auf.

*****Karl-Marx-Stadt 3):** Der Bezirk wurde aufgelöst. Seit 3. 10. 1990 gehört das Gebiet zum Land Sachsen.

*****Karlspreis 1):** Weitere Preisträger sind G. HORN (1990), V. HAVEL (1991), J. DELORS (1992), F. GONZÁLEZ MÁRQUEZ (1993), GRO HARLEM BRUNDTLAND (1994), F. VRANITZKY (1995).

Károlyi, Julian von, Pianist ungar. Herkunft: † München 1. 3. 1993.

Karoshi [-ʃi] *der*, -s/-s, **Karoschi,** mit dem japan. Arbeitssystem und der japan. Arbeitsauffassung zusammenhängendes Phänomen, das als ›Tod durch Überarbeitung‹ bezeichnet wird. K. wird zwar seit 1988 vom japan. Arbeitsministerium als Gesundheitsrisiko anerkannt, doch ist umstritten, wie viele Arbeitnehmer von diesem Risiko betroffen sind und wie in Schadensersatzprozessen ein K. bewiesen werden kann.

*****Karow,** Otto Paul Rudolf, Ostasienwissenschaftler: † Bad Homburg v. d. Höhe 6. 8. 1992.

*****Karstadt AG:** 1995 hatte die K. AG in 116 dt. Städten insgesamt 155 Kaufhäuser. Großaktionäre sind die Hertie-Stiftung (30%) und mit jeweils 10% die Dt. Bank und die Commerzbank. Außenumsatz (einschließlich Mehrwertsteuer, ohne Hertie, Neckermann und NUR) 1994: 12,46 Mrd. DM, Beschäftigte: rd. 60 000 (entspricht 48 400 Vollzeitbeschäftigten); Umsatz Karstadt-Konzern (einschließlich Auslandstöchter): 27,1 Mrd. DM, Beschäftigte: rd. 108 000. – 1994 wurde die →Hertie Waren- und Kaufhaus GmbH übernommen.

Kartentelefon, *Telekommunikation:* moderne Form des ▷ Münzfernsprechers, bei dem →Telefonkarten als Zahlungsmittel dienen.

Karthago: Tonbullen aus dem verbrannten Papyrusarchiv; OBEN Namenskartusche des ägyptischen Pharaos Thutmosis III., wohl 7.–6. Jh. v. Chr.; UNTEN Westgriechischer Frauenkopf mit Halsband und Ohrring; 3. Viertel des 5. Jh. v. Chr. (Karthago, Musée National de Byrsa)

*****Karthago:** 1994 wurden die seit 1975 im Rahmen des internat. UNESCO-Projekts ›Pour la sauvegarde de Carthage‹ (Zur Rettung K.s) vorgenommenen dt. Grabungen und Sicherungsarbeiten beendet. Nach Abschluß der ersten dt. Grabungsphase im Küstenareal und der Einrichtung des archäolog. Parks ›Magonviertel‹ (1975–84) wurden im Stadtinneren versch. Grabungen in Angriff genommen, wobei es R. RAKOB 1990 glückte, mittels Tiefgrabung nahe der röm. wie der heutigen Hauptstraße bis zu den Überresten eines archaischen pun. Heiligtums des 8. Jh. v. Chr. (Quaderbau) in 8 m Tiefe vorzustoßen. Nachdem dieses im späten 6. Jh. und frühen 5. Jh. v. Chr. aufgeschüttet und planiert worden war, wurde hier im 5. Jh. v. Chr. ein neuer pun. Tempel errichtet (der exakt die überlie-

Kasa   Kasachstan

ferten Maße des zerstörten Jerusalemer Tempels besitzt). Als Tempel ist er nicht nur durch die Konstruktion und Dekorformen, sondern auch durch den Nachweis eines Votivdepots des 3. Jh. v. Chr. gesichert (1993). Der Lage nach (nahe den Häfen) handelt es sich um den Tempel des Sonnengottes (Baal Schamem), von dem APPIAN berichtet, der sich auf den Augenzeugen POLYBIOS beruft. Unter den Kleinfunden sind Gemmenabdrücke und tönerne Bullen mit Siegeln, die im Feuer erhärteten, während die Papyrusrollen darin verbrannten; auch ein fragmentar. Terrakottakopf einer Göttin (Tanit) ist erhalten. Über dieser Kultstätte wurde nach Verschüttung in spätantonin. Zeit ein großer röm. Saalbau errichtet, in dessen Mitte im 6. Jh. n. Chr. eine byzantin. Rotunde (Durchmesser 22,6 m) erbaut wurde.

Die Dt. Ausgrabungen in K., Beitr. v. J. HOLST u. a., 2 Tle. (1991); W. HUSS: K. (1995).

Kasachstan

Staatswappen

Nationalflagge

Internationales
Kfz-Kennzeichen

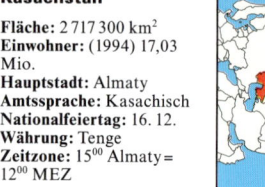

Kasachstan
Fläche: 2 717 300 km²
Einwohner: (1994) 17,03 Mio.
Hauptstadt: Almaty
Amtssprache: Kasachisch
Nationalfeiertag: 16. 12.
Währung: Tenge
Zeitzone: 15⁰⁰ Almaty = 12⁰⁰ MEZ

Kasachstan, amtl. kasachisch **Qazaqstan Respublikasy,** dt. **Republik K.,** bis 16. 12. 1991 ▷ Kasachische Sozialistische Sowjetrepublik, Staat in Mittelasien, mit 2 717 300 km² Fläche zweitgrößte der GUS-Republiken nach Rußland, etwa achtmal so groß wie Dtl., (1994) 17,027 Mio. Ew., Hauptstadt ist Almaty (früher Alma-Ata). 1994 beschloß das Parlament die Verlegung der Hauptstadt in das rd. 850 km entfernte Akmola (im Sept. 1995 offiziell zur neuen Hauptstadt erklärt) im N des Landes (der Umzug soll bis zum Jahr 2000 vollzogen sein). K. grenzt im NW, N und NO an Rußland (im äußersten NO an dessen Teilrepublik Altai), im SO an China, im S an Kirgistan, Usbekistan und Turkmenistan und im W an das Kasp. Meer. Amtssprache ist Kasachisch, wichtige Verkehrssprache weiterhin Russisch. Währung: 1 Tenge = 100 Tiin. Uhrzeit: 15⁰⁰ Almaty = 12⁰⁰ MEZ.

STAAT · RECHT

Verfassung: Nachdem Staatspräs. N. A. NASARBAJEW im März 1995 das Parlament aufgelöst hatte, ließ er am 30. 8. 1995 durch Volksabstimmung eine neue Verf. verabschieden, die am 5. 9. 1995 an die Stelle der Verf. vom 28. 1. 1993 getreten ist. Obwohl die neue Verf. formal einige parlamentar. Elemente enthält, sind durch sie im Endeffekt die autoritären Züge des fortbestehenden Präsidialsystems weiter gestärkt worden. Das Parlament besteht aus zwei Kammern: dem Mažilis, dessen 67 Abg. nach dem System der absoluten Mehrheitswahl mit eventuell folgender Stichwahl in Einzelwahlkreisen gewählt werden, und dem Senat, in den die 21 regionalen Gebietseinheiten des Landes je zwei mittelbar gewählte Senatoren und der Staatspräs. sieben Senatoren entsenden. Durch die Erschwerung des parlamentar. Gesetzgebungsprozesses sind die Chancen des Präs., auf dem Verordnungswege zu regieren, erhöht worden. Das Verfassungsgericht ist in ›Verfassungsrat‹ umbenannt und in seiner Bedeutung zurückgestuft worden. Von seinen sieben Mitgl. werden je zwei von den beiden Präs. der Parlamentskammern und dem Staatspräs. bestellt, der auch den Präs. des Verfassungsrats ernennt.

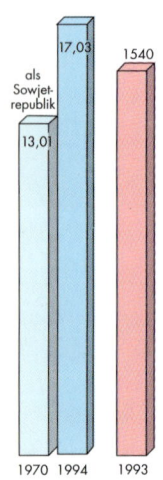

1970 1994   1993
Bevölkerung Bruttosozial-
(in Mio.)   produkt je Ew.
             (in US-$)

Stadt 57%   Land 43%

Bevölkerungsverteilung
1993

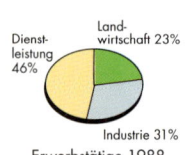

Dienst-   Land-
leistung wirtschaft 23%
46%

Industrie 31%

Erwerbstätige 1988

Parteien: Die nach dem Putsch orthodox-kommunist. Kräfte in Moskau (Aug. 1991) aufgelöste kasach. KP-Organisation konstituierte sich als ›Sozialist. Partei K.s‹ neu und dominierte bis zu den Wahlen von 1994 den bis zu diesem Zeitpunkt noch amtierenden Obersten Sowjet. Neben der auf einer ›Staatsliste‹ gewählten Gruppe von Abg. konnte bei diesen Wahlen die ›Union der Volkseintracht K.s‹ (gegr. 1993) die stärkste Fraktion in den Obersten Rat entsenden; sie unterstützt die Politik des Präs. N. A. NASARBAJEW und wendet sich gegen extreme nationalist. Zielsetzungen. Nationalist. Kräfte schlossen sich 1992 in der ›Republikan. Partei – Azat‹ zusammen. Sowohl sie als auch die Sozialist. Partei K.s gewannen nur wenige Sitze im neuen Parlament.

Das *Wappen* wurde am 4. 6. 1992 eingeführt. Es zeigt ein goldenes Emblem auf hellblauem Grund. Darunter befindet sich der Name KASAKSTAN in kyrill. Großbuchstaben. Im Zentrum des Wappens ist die Aufsicht auf einen Shanirak, typ. Behausung der Nomaden, als Symbol für traditionelle Lebensformen gezeigt. Die an der Seite stehenden geflügelten Pferde sind Symbol für Tradition und Glauben.

Der *Nationalfeiertag* (16. 12.) erinnert an die Erklärung der Unabhängigkeit K.s von der UdSSR 1991.

Verwaltung: K. gliedert sich in 19 Gebiete; die Städte Almaty und Leninsk (Tynratom) haben eine Sonderstellung. Untergliedert sind die Gebiete in 211 Kreise (rajon), 37 Städte und 21 Stadt-Bez. Die Staats-Verw. ist nach dem Statthaltersystem strikt zentralistisch organisiert. An der Spitze des Verw.-Apparates steht in allen Gebietseinheiten der Verw.-Chef als Vertreter des Staatspräs. Die regionalen Verw.-Chefs werden vom Staatspräs., die lokalen Verw.-Chefs vom jeweiligen regionalen Verw.-Chef mit Zustimmung des Staatspräs. ernannt und entlassen. Zur Beschlußfassung in den knapp bemessenen örtl. Selbstverwaltungsangelegenheiten besteht in allen Gebietseinheiten ein Sowjet, der von der Bev. für fünf Jahre gewählt wird. Der Sowjet kann dem Verw.-Chef mit Zweidrittelmehrheit das Mißtrauen aussprechen, was einer Anregung auf dessen Entlassung gleichkommt.

Recht: Es bestehen zwei Gerichtsbarkeiten. Die für Zivil- und Strafsachen zuständige ordentl. Gerichtsbarkeit ist der allgemeinen Verw.-Gliederung entsprechend dreistufig aufgebaut: Kreisgerichte – Gebietsgerichte – Oberstes Gericht. Die Arbitragegerichtsbarkeit ist für wirtschafts- und verwaltungsrechtl. Streitigkeiten der Unternehmen zuständig und zweistufig aufgebaut: Arbitragegerichte in den Gebieten – Höchstes Arbitragegericht. Eine Sonderstellung nimmt die Militärstrafgerichtsbarkeit ein, die von den Militärgerichten bei einzelnen Armeegliederungen und dem Militärgericht der Streitkräfte ausgeübt wird und mit der ordentl. Gerichtsbarkeit insofern verbunden ist, als der Rechtszug in letzter Instanz zum Militärkollegium des Obersten Gerichts führt. Alle Richter werden für zehn Jahre gewählt. Die Wahl der Richter am Obersten Gericht, aller Arbitrage- und Militärrichter erfolgt durch den Obersten Sowjet auf Vorschlag des Staatspräs. Die strikt zentralistisch aufgebaute Staatsanwaltschaft ist der sowjet. Tradition entsprechend nicht nur Strafverfolgungsbehörde, sondern auch für eine umfassende Rechtsaufsicht über die ganze Verw. zuständig. Sie wird vom Generalstaatsanwalt geleitet, der vom Obersten Sowjet auf Vorschlag des Staatspräs. für fünf Jahre gewählt wird und alle nachgeordneten Staatsanwälte ernennt.

Streitkräfte: Offiziell wurden die kasach. Streitkräfte am 16. 4. 1992 durch Umwandlung der Masse der ehemaligen 40. Sowjet. Armee geschaffen. Mitte der 90er Jahre wurde die Stärke der neuformierten Armee mit insgesamt 50 000 Mann angegeben, an Großgerät waren rd. 3 000 Kampfpanzer (ein Teil

Kasachstan **Kasa**

Kasachstan: Übersichtskarte

davon noch unter russ. Kontrolle) sowie 180 Kampfflugzeuge (je 30 Su-24, MiG-23, MiG-25, MiG-27, MiG-29 und MiG-31) vorhanden.
Internat. Mitgliedschaften: UNO, GUS, OSZE.

LANDESNATUR · BEVÖLKERUNG

Landesnatur: K. bildet einerseits eine Brücke zw. Europa und Asien, andererseits zw. der Russ. Föderation und den mittel- und zentralasiat. GUS-Republiken. Es erstreckt sich vom Tiefland an der unteren Wolga und dem Kasp. Meer im W über etwa 3 000 km nach O zum Altai, vom Südl. Ural und Westsibir. Tiefland im N über rd. 1 700 km zum Ust-Urt-Plateau und zum Aralsee, zur Kysylkum und den nördl., bis zu 4 973 m ü. M. aufragenden Hochgebirgsketten des Tienschan im S. Auf der Grenze zu Kirgistan liegt der 6 995 m hohe Khan Tengri. Vorherrschend sind Ebenen (im W die bis 132 m u. M. erreichende Kasp. Senke, im SW das Tiefland von Turan) und niedrige Plateaus (im SW das wüstenhafte Ust-Urt-Plateau, im N das Tafelland von Turgai mit der Turgaisenke). Größere Höhen erreichen im NW die Mugodscharberge, im zentralen Teil die Kasach. Schwelle und die Nördl. Hungersteppe. Der W und S des Landes umfaßt Wüsten und Halbwüsten, u. a. Kysylkum, Mujunkum, Nördl. Hungersteppe, Siebenstromland, mit abflußlosen Seen (Kasp. Meer, dessen NO-Teil, und Aralsee, dessen zum Großteil ausgetrockneter N-Teil zu K. gehört, Balchaschsee, Alakol). An die Kasach. Schwelle im O schließen ein 150 bis 300 km breiter Steppenstreifen des Westsibir. Tafellandes im N sowie der südl. Altai, das westl. Tarbagataigebirge und der Dsungar. Alatau im O an. Mehr als die Hälfte des Landes ist von Wüsten und Halbwüsten bedeckt, ein Drittel nehmen Steppen ein.

Das Land wird in den Randgebieten von einigen großen Flüssen durchquert. Zu ihnen gehören der Irtysch, der Ischim, der Ural und der Syrdarja. Ansonsten ist das Flußnetz sehr spärlich und die Wasserführung vieler Flüsse unbeständig. Zahlreiche kleinere Flüsse versickern in den Wüsten und Halbwüsten.
Klima: Das Klima ist extrem kontinental mit großen, breitenabhängigen Unterschieden. Starke Winde in den Steppen- und Wüstengebieten, die z. T. in Sandstürme übergehen, führen teilweise zu beträchtl. Bodenerosionen. Die Winter im N zeichnen sich durch lange Dauer und niedrige Temperaturen aus, während sie im S relativ kurz und wesentlich milder sind. Die Temperaturmittel des Juli betragen im N 19 °C, im S 28–30 °C, die Januarmittel im N −18 °C (Minimum −54 °C), im S −3 °C (Minimum −32 °C). Auch die Niederschläge unterliegen starken jahreszeitl. Schwankungen. Die jährl. Niederschlagsmengen nehmen von N nach S von 250–400 mm auf weniger als 100 mm ab, in den Hochgebirgen steigen sie bis auf über 1 000 mm an.

Klimadaten von Almaty (848 m ü. M.)					
Monat	Mittleres tägl. Temperaturmaximum in °C	Mittlere Niederschlagsmenge in mm	Mittlere Anzahl der Tage mit Niederschlag	Mittlere tägl. Sonnenscheindauer in Stunden	Relative Luftfeuchtigkeit nachmittags in %
I	−5	26	8	3,7	74
II	−3,3	32	8	4,3	74
III	3,9	64	11	4,5	73
IV	13,3	89	12	6,5	59
V	20,0	99	11	7,8	55
VI	24,4	59	10	9,4	51
VII	27,2	35	9	10,2	45
VIII	26,7	23	7	9,5	44
IX	21,7	25	5	8,3	45
X	12,8	46	7	6,4	55
XI	3,9	48	9	4,3	70
XII	−1,7	35	9	3,6	74
I–XII	12,2	581	105	6,6	60

Vegetation: Nord-K. als südl. Fortsetzung von Sibirien liegt noch im feuchteren Waldsteppengürtel, der nach S zu in echte Steppe mit dürreresistenten Gräsern, Geophyten, Kräutern, Stauden und Halbsträuchern übergeht. Etwa entlang des 50. Breitengrades wechselt die von Salzpflanzen dominierte Wermutsteppe in Halbwüste über, aus der der größte Teil von Süd-K. besteht, eingeschlossen ausgedehnte Flächen

395

Kasa Kasachstan

von Sand- und Salzwüste. Nur 3% der Landesfläche sind mit Wald bestanden, im äußersten N und an den N-Hängen des Tienschan. Zum Schutz gegen Erosion wurden in den bewässerten Steppengebieten Waldgürtel aus schnellwüchsigen Bäumen angelegt.

Klimadaten von Atyrau (23 m ü. M.)

Monat	Mittleres tägl. Temperaturmaximum in °C	Mittlere Niederschlagsmenge in mm	Mittlere Anzahl der Tage mit Niederschlag	Mittlere tägl. Sonnenscheindauer in Stunden	Relative Luftfeuchtigkeit nachmittags in %
I	–4,3	14	10	2,4	82
II	–2,9	12	8	3,8	81
III	4,9	12	8	5,1	78
IV	16,9	12	6	8,0	65
V	26,2	16	5	10,5	54
VI	29,7	19	5	11,3	52
VII	32,6	20	4	11,1	53
VIII	30,9	11	4	10,9	52
IX	24,0	8	5	8,9	58
X	14,3	16	7	6,2	70
XI	6,4	10	9	4,2	76
XII	–1,4	14	12	2,2	84
I–XII	14,8	164	83	7,1	67

Bevölkerung: Nach der Bev.-Dichte ist K. mit 6,3 Ew. je km² das am dünnsten besiedelte Land der GUS, jedoch sind weite Teile von ihrer naturräuml. Ausstattung her unbewohnbar. Das bis vor wenigen Jahren anhaltend starke Bev.-Wachstum hat sich seit 1992 deutlich verringert. Am dichtesten besiedelt sind die Gebiete Almaty, Süd-K. (um Tschimkent), Nord-K. (um Petropawlowsk) und Karaganda. Auch die Region um die Stadt Atyrau (früher Gurjew, nordöstlich des Kasp. Meeres nahe der Mündung des Ural) hat nach Entdeckung und Ausbeutung der Erdölvorkommen ein großes Bev.-Wachstum zu verzeichnen. Der Anteil der städt. Bev. an der gesamten Ew.-Zahl stieg von (1970) 50,2% auf 57,2% im Jahr 1993, der Zustrom ländl. Bev. hat aber seit 1990 beträchtlich nachgelassen. Größte Stadt ist die Hauptstadt Almaty mit (1991) 1,156 Mio. Ew. Weitere zwölf Städte haben mehr als 200 000 Einwohner.

Die Bev. setzt sich aus mehr als 100 Ethnien zusammen, unter denen die Kasachen als ursprüngl. Bewohner nicht die Mehrheit stellen. Alle türksprachigen und muslim. Völker zusammen bilden nur eine knappe Mehrheit. 1991 gliederte sich die Bev. in 41,1% Kasachen, 37,3% Russen, 5,3% Ukrainer, 5,1% Deutsche, 2,1% Usbeken, 2% Tataren, 1,1% Weißrussen und 6% sonstige Ethnien. Bei der letzten Volkszählung 1989 lebten in K., v. a. im N des Landes, noch etwa 950 000 deutschstämmige Ew., die meisten nach 1941 vertriebene Rußlanddeutsche aus der Wolgarepublik und deren Nachkommen. Seit 1989 haben zahlreiche Deutsche aus wirtschaftl. und sozialen Gründen – etwa aus Angst vor einem aufkommenden kasach. Nationalismus – das Land verlassen, um in Dtl. Aufnahme als Aussiedler zu finden. Auch die Russen wandern in zunehmendem Maße ab, nachdem Kasachisch offiziell als Amtssprache eingeführt wurde und Russisch nur noch ›Sprache für die internat. Kommunikation‹ ist. Zahlreiche gebürtige Kasachen müssen ihre Muttersprache zumindest als Schriftsprache noch lernen. Größere ethn. Konflikte konnten bisher vermieden werden. Es gibt allerdings separatist. Bestrebungen der Kosaken in Nord-K., die eine Angliederung des von ihnen bewohnten Gebietes an Rußland fordern. Die beschlossene Verlegung der Hauptstadt nach Akmola, das nur 300 km von der russisch-kasach. Grenze entfernt liegt und dessen Ew. nur zu 20% aus

Kasachen bestehen, ist auch unter diesem Gesichtspunkt zu bewerten. Die von den Deutschen angestrebte territoriale Autonomie wurde noch nicht gewährt.

Religion: Die Gläubigen sind überwiegend sunnit. Muslime, denen 1991 rd. 170 Moscheen zur Verfügung standen. Ferner gibt es russisch-orth., prot. (Baptisten) und kath. Christen (1991 Errichtung einer Diözese).

Bildungswesen: Das Angebot an Horten und Kindertagesstätten war in den letzten zehn Jahren rückläufig, 1992 besuchten noch 42% der Altersstufe eine Vorschuleinrichtung. Die allgemeinbildende Mittelschule bietet acht bis neun Schuljahre (1993/94: 8 932 Schulen mit 3,17 Mio. Schülern, was vielfach Schichtunterricht bedeutet), die vollständige Mittelschule umfaßt noch eine Oberstufe mit zwei bis drei Schuljahren. Eine Abschlußprüfung kann nach zehn Jahren abgelegt werden, nach weiteren zwei oder drei Jahren die Hochschulreife. Sie kann auch an mittleren Fachschulen abgelegt werden. Deren Schulzeit beträgt vier bis fünf Jahre, der Übertritt erfolgt nach der 9. oder 10. Klasse der Mittelschule. Sehr verbreitet ist Abend- und Fernstudium oder -unterricht. Der Lehrplan wurde v. a. im Bereich des Sprachunterrichts verändert (Englisch, Französisch), Russisch als Unterrichtssprache wird zugunsten von Kasachisch (auch Usbekisch und Tadschikisch) zurückgedrängt; es fehlt allerdings vielfach an entsprechenden Schulbüchern und Lehrkräften. Die (1992/93) 248 mittleren Fachschulen hatten 231 000 Schüler, die technisch-berufl. Schulen (ein bis drei Jahre) 203 000 Schüler, gegenüber 1985/86 ein Rückgang von 25%. K. hat eine Akademie der Wissenschaften, an der die Forschung organisiert ist, zwei Univ. (in Almaty und Karaganda), 32 den Univ. gleichgestellte Institute sowie weitere höhere Bildungseinrichtungen. Von den 281 000 Studenten (1992/93) haben über 40% eine Lehrerausbildung gewählt. Die Ausgaben für das Bildungswesen betragen (1993) 16,2% des öffentl. Haushalts.

Größte Städte (Ew. in 1000, 1991)

Almaty	1 147	Dschambul	311
Karaganda	613	Akmola	281
Tschimkent	401	Aktjubinsk	260
Semipalatinsk	339	Petropawlowsk	245
Pawlodar	337	Kustanaj	228
Ust-Kamenogorsk	330	Temirtau	213

Publizistik: Presse: Die Printmedien arbeiten noch auf Grundlage des 1990 erlassenen liberalen sowjet. Pressegesetzes. Nach offizieller Statistik wurden (1989) 453 Zeitungen publiziert, davon 160 in Kasachisch, die übrigen in Russisch, Uigurisch, Deutsch und Koreanisch. Die wichtigsten Tageszeitungen sind ›Leninskaja Smena‹, Almaty (gegr. 1922, Auflage 300 000), ›Kasachstanskaja Prawda‹ (1920, beide in Russisch), ›Leninshil Zhas‹ (1921, 270 000, in Kasachisch) und ›Freundschaft‹ (1966, in Deutsch). Es erschienen ferner 94 Zeitschriften, davon 31 in Kasachisch. – *Nachrichtenagentur:* ›Kazakh Telegraph Agency‹ (KazTAG). – Der *Rundfunk* ist staatlich organisiert und zentralistisch strukturiert. Zur Zeit werden zwei landesweite Hörfunk- und drei nat. Fernsehprogramme übertragen. Privater Sendebetrieb ist erlaubt, eine für fünf Jahre geltende Lizenz ist beim ›Staatl. Komitee für Radio und Fernsehen‹ zu beantragen.

WIRTSCHAFT · VERKEHR

Wirtschaft: Zwar gab es schon vor dem Zusammenbruch der Sowjetunion in K. Pläne, Staatsunternehmen zu privatisieren, doch brachte die Privatisierung bis 1994 nur einen beschränkten Erfolg. Nun plant die

Kasachstan   Kasa

Reg., defizitäre Staatsbetriebe zu sanieren oder zu verkaufen. Als wichtige Aufgabe wird die Reorganisation des Bankwesens bezeichnet. Nach der Unabhängigkeit hat sich in K. die ökonom. Situation erheblich verschlechtert, v. a. wegen der akuten Absatzprobleme in den Staaten der Sowjetunion, die den wichtigsten Absatzmarkt darstellen. In den Jahren 1992/93 erreichte das Bruttoinlandsprodukt (BIP) ein Minus von 14,2% bzw. 12,9% gegenüber dem Vorjahr. Dennoch gehört K. mit einem Bruttosozialprodukt (BSP) je Ew. von (1993) 1 540 US-$ zu den wohlhabenderen GUS-Staaten. K.s ursprüngl. Entscheidung, den Rubel als Währungseinheit beizubehalten, bedeutete, daß die Wirtschaft sehr stark von der Entwicklung in Rußland und den übrigen Ländern der Rubelzone beeinflußt wurde. Nachdem sich die Teuerung mit (1993) 1 350% zur Hyperinflation ausgeweitet hatte, wurde im Nov. 1993 der Tenge als Landeswährung eingeführt. Dadurch geriet die Finanzpolitik jedoch in große Schwierigkeiten, und die Talfahrt der kasach. Wirtschaft hielt an: Auch die abgesackten Investitionen, der sinkende Lebensstandard der Bev. sowie die hohe Verschuldung der kasach. Betriebe untereinander führten zur Fortsetzung der Wirtschaftskrise. Trotz umfangreicher Rohstoffvorkommen ist K. für ausländ. Investoren vorerst noch kein attraktiver Standort. Viele westl. Unternehmen hält – abgesehen von der Wirtschaftslage – die polit. Unsicherheit, die geringe Kaufkraft der Bev. und das schwierige Umfeld von einem Engagement ab.

Landwirtschaft: In den 1950er Jahren wurden große Teile der Steppen mit Hilfe aufwendiger Bewässerungssysteme agrarisch erschlossen, was zum Austrocknen ganzer Flußsysteme und drast. Absinken des Aralsee-Wasserspiegels führte. Im S des Landes, wo die größten Bewässerungsgebiete liegen, werden v. a. Reis, Baumwolle und Getreide angebaut. Die Getreideernte ist 1994 mit 18 Mio. t geringer als in den Jahren vorher ausgefallen. Im N dominieren Zuckerrüben- und Ölsaatenkulturen. Mit einem Anteil von 60% an der Agrarproduktion ist jedoch die Viehzucht der wichtigste Zweig des Agrarsektors. Dabei stehen die Schaf- und Rinderzucht im Mittelpunkt, aber auch die Pferde-, Yak- und Kamelhaltung sind von Bedeutung. Ein wichtiger Wirtschaftsfaktor ist die Produktion von Karakul- und Astrachanwolle.

Fischerei: Die Binnenfischerei leidet unter den sich weiter verschlechternden Umweltbedingungen, v. a. unter der zunehmenden Austrocknung des Aralsees. Viele Fischereibetriebe am Kasp. Meer haben sich auf die Störzucht für die Kaviarproduktion spezialisiert.

Bodenschätze: K. verfügt über ein umfangreiches Potential an Bodenschätzen; gegenwärtig werden etwa 60 Rohstoffe abgebaut. Bei versch. Bodenschätzen nimmt K. eine führende Position in der Welt ein, so etwa bei Wolfram-, Chrom-, Mangan-, Blei- sowie Molybdänerz und Phosphaten. Beachtl. Reserven gibt es auch bei Kupfer-, Zink- und Nickelerz, Gold, Silber, Industriediamanten, Eisenerz, Bauxit und Platin. Die Kohlevorräte (Fördermenge 1992: 131 Mio. t) konzentrieren sich auf die Gebiete von Karaganda und Ekibastus im NO des Landes. Bezüglich der Erdöl- und Erdgasförderung (die großen Vorkommen liegen am und im Kasp. Meer) belegt K. die 20. Stelle in der Welt. Die Erdölproduktion sank in den ersten drei Quartalen 1994 um 13% auf 15 Mio. t; im gesamten Jahr 1993 hatte sie noch bei 23 Mio. t gelegen. Als Gründe für den Rückgang werden veraltete Anlagen sowie die Abwanderung der russ. Fachkräfte angegeben. Noch kann Erdöl nur über russ. Erdölleitungen exportiert werden, was mit großen Problemen verbunden ist. Eine neue Erdölpipeline vom Kasp. Meer nach Noworossijsk ist in Bau, an der sich neben K. und Rußland auch einige westl. Firmen beteiligen. Mit dem US-Konzern Chevron wurden bereits umfangreiche Abkommen über die Erschließung der Erdölvorkommen im kasach. Tengis in der Nähe des Kasp. Meeres vereinbart. Die Erdgasproduktion erreichte 1993 insgesamt 6,7 Mrd. m^3; der Bedarf belief sich jedoch auf 15 Mrd. m^3. Deshalb mußte Erdgas aus Rußland, Usbekistan und Turkmenistan eingeführt werden (Erdgasimport insgesamt: 10,5 Mrd. m^3, Erdgasexport: 3,5 Mrd. m^3). Zentrum der Eisenerzgewinnung ist Kustanaj im N, der Chromerzförderung, die 60% der Weltproduktion ausmacht, Aktjubinsk im Nordwesten.

Industrie: Die Industrie ist vorwiegend auf die Verarbeitung der Bodenschätze ausgerichtet; so dominieren die Metallurgie, der Maschinenbau (v. a. Werkzeugmaschinenbau und Rüstungsindustrie), der allerdings nur über ein niedriges techn. Niveau verfügt, vor der Petrochemie, der Agro- und der Textilindustrie. Die wichtigsten Produktionsstandorte sind Almaty und Tschimkent. 1993 schrumpfte die Industrieproduktion um 16,1%.

Außenwirtschaft: Der Außenhandelsumsatz (ohne GUS) erreichte im Vorjahr knapp 2 Mrd. US-$; davon entfielen 76% auf den Export und 24% auf den Import, so daß ein Handelsbilanzüberschuß erwirtschaftet werden konnte. Rd. 70% der Ausfuhren bestehen aus Energieträgern und sonstigen Rohstoffen, aber auch Agrarprodukte wie Wolle, Baumwolle und Häute werden im Ausland abgesetzt; Anlagen und Maschinen dagegen kamen auf einen Exportanteil von nur 4,6%. Wichtigste Handelspartner waren 1993 Rußland, China, die Schweiz, Dtl. und die USA.

Kasachstan: Landschaft am See Bolsche Tschebatsche im Norden des Landes

Verkehr: Das Verkehrssystem ist nur unzureichend entwickelt. Mit einer Streckenlänge von (1992) 14 400 km ist die Eisenbahn der wichtigste Verkehrsträger. Von großer internat. Bedeutung ist die Transasiat. Eisenbahn, die von der Türkei bis nach China verläuft und rd. 2 000 km durch K. führt. Aber auch die Verbindungen von Almaty nach Moskau und zur Transsibir. Eisenbahn sind v. a. für den Gütertransport sehr wichtig. Das Straßennetz ist mit Ausnahme der Umgebung von Almaty auf Nord-K. konzentriert. Internat. Flughäfen gibt es in Almaty und (im Bau) in Aktau am Kasp. Meer.

GESCHICHTE

Im Zuge der gesellschaftl. Reformpolitik M. S. GORBATSCHOWS in der Sowjetunion fanden im Dez. 1986 Demonstrationen gegen die russisch dominierte Personalpolitik in den obersten Partei- und Staatsgremien statt. In dieser Zeit bildeten sich viele polit. Be-

wegungen. Die zahlenmäßig stärkste von ihnen, die Bewegung ›Newada-Semipalatinsk‹ unter der Leitung des Schriftstellers OLSCHAS SULEJMENOW, forderte die Schließung des Atomtestgeländes von Semipalatinsk. Andere Anliegen betrafen bes. die Sprachenfrage. Am 25. 10. 1990 erklärte der Oberste Sowjet die Kasach. SSR unter ihrem Präs. N. A. NASARBAJEW für souverän. Nach dem gescheiterten Putsch orthodox-kommunist. Kräfte (19.–21. 8. 1991) löste NASARBAJEW die KP auf. Am 1. 12. 1991 wählte die Bev. ihn (ohne Gegenkandidaten) zum Staatspräs. Mit dem Ges. vom 16. 12. 1991 rief der Oberste Sowjet der Kasach. SSR die Unabhängigkeit der ›Rep. K.‹ aus. Wenig später (21. 12. 1991) schloß sich diese der Gemeinschaft Unabhängiger Staaten (GUS) an. Im Jan. 1993 nahm das kasach. Parlament die Verf. des unabhängigen K. an. Mit Wirkung vom 15. 11. 1993 führte K. eine eigene Währung ein. Bei den Wahlen zum Obersten Rat K.s (7. 3. 1994) errang die ›Union der Volkseintracht K.s‹, die die Politik NASARBAJEWS stützt, die meisten Sitze und stärkte damit die polit. Position des Staatspräs. Im März 1995 erklärte das Verfassungsgericht die Wahlen für ungültig, und der Präs. löste das Parlament auf. Durch Plebiszit vom 29. 4. 1995 ließ er ohne verfassungsrechtl. Grundlage seine Amtszeit bis zum 1. 12. 2001 verlängern. Am 30. 8. 1995 wurde durch Volksabstimmung eine neue Verf. angenommen, die am 5. 9. 1995 in Kraft trat.

Unbeschadet gegenseitiger Gebietsansprüche erkannten Rußland und K. in einem Freundschafts- und Sicherheitsvertrag (10. 10. 1992) gegenseitig ihre Souveränität und territoriale Integrität an und verpflichteten sich zur Anerkennung der Rechte der Minderheiten. Grenzprobleme bestehen auch zu Kirgistan und China. Ende Dez. 1991 unterstellte die kasach. Regierung die auf dem Territorium K.s stationierten Kernwaffen einem gemeinsamen Oberkommando der GUS. Seit dem Zusammenbruch der Sowjetunion beteiligt sich K. an den Bemühungen innerhalb der GUS, zu gemeinsamen Problemlösungen, bes. auf wirtschaftl. Gebiet, zu gelangen. Mit Rußland fixierte K. im März 1994 wichtige Aspekte der strateg., militärtechn., sozioökonom., wiss. und kulturellen Zusammenarbeit. Die Raumstation Baikonur wurde für die nächsten 20 Jahre verpachtet; gleichzeitig wurden Kompensationen für Umweltschäden in Semipalatinsk vereinbart. Über die in K. lagernden Kernwaffen wurde ein gemeinsames Entscheidungsrecht des russ. und des kasach. Präs. festgelegt, nachdem bereits im Juni 1993 die Funktion eines Oberkommandierenden der GUS-Streitkräfte abgeschafft worden war.

Im Sept. 1992 ratifizierte das Parlament den START-Vertrag, im Dez. 1993 auch den Kernwaffensperrvertrag. Ende Mai 1994 schloß sich K. der NATO-Initiative ›Partnerschaft für den Frieden‹ an. Am 26. 7. 1994 stimmte die Regierung einer internat. Vereinbarung zu, der zufolge K. seine Atomanlagen der Kontrolle der Internat. Atomenergiebehörde unterstellt.

*Kaschmir: Trotz einer Vereinbarung zw. MinPräs. R. GANDHI und Gouverneur FARUK ABDULLAH (Nov. 1986), die eine Stabilisierung der innenpolit. Lage erhoffen ließ, verstärkten sich die Unruhen nach den Gliedstaatenwahlen im März 1987. Dazu trugen v. a. die Jammu and Kashmir Liberation Front, die sich für ein säkulares, unabhängiges K. einsetzt, die Hizbullah Mujahedin, die für den Anschluß an Pakistan kämpfen, sowie die All-Party Hurriyat Conference, eine Dachorganisation separatist. Kampfgruppen, bei. Pakistan schleuste afghan. Söldner nach K. ein. Mehrere Divisionen des ind. Heeres wurden in K. stationiert, konnten aber die Guerillas nicht unter Kontrolle bringen. Dabei kam es zu Menschenrechtsverletzungen. Nach der Auflösung des Parlaments durch den Gouverneur im Frühjahr 1990 fanden trotz wiederholter Ankündigungen keine Neuwahlen statt. Gezielte Terroranschläge auf islam. heilige Stätten verhinderten die Normalisierung des polit. Prozesses. Die Besetzung der Hazratbal-Moschee im Okt. 1993 konnte friedlich beendet werden, die Besetzung des Heiligtums von Chrar-e-Sharief im Sommer 1995 endete mit einer Brandstiftung durch afghan. Terroristen.

Kasdan [ˈkæzdən], Lawrence, amerikan. Filmregisseur, * Miami Beach (Fla.) 14. 1. 1949; Verfasser von Drehbüchern, der 1981 seinen ersten Film inszenierte.

Filme: Heißblütig – kaltblütig/Die heißkalte Frau (1981); Der große Frust (1983); Silverado (1985); Die Reisen des Mr. Leary (1988); Grand Canyon – Im Herzen der Stadt (1992); Wyatt Earp (1994); French Kiss (1995).

Kaser, Norbert Conrad, Südtiroler Schriftsteller, * Brixen 19. 4. 1947, † Bruneck 21. 8. 1978; wuchs als unehel. Kind in ärml. Verhältnissen auf, war 1968/69 Novize am Brunecker Kapuzinerkloster, arbeitete nach dem Abbruch seines Studiums ab 1971 in Bergdörfern als Aushilfslehrer. 1975 mußte er u. a. aufgrund seiner Alkoholabhängigkeit kurzzeitig in die psychiatr. Klinik in Verona, 1976 trat er aus der kath. Kirche aus und wurde Mitgl. der kommunist. Partei. Erst nach seinem Tod wurde seine schmucklose, sprachlich eigenwillige Lyrik und Kurzprosa auch einem breiteren Publikum bekannt.

Ausgabe: Ges. Werke, hg. v. H. HAIDER u. a., 3 Bde. ($^{1-2}$1991–92).

Neuburger K.-Symposium. Mit unbekannten Briefen v. N. C. K., hg. v. E. SAUERMANN u. a. (Innsbruck 1993).

*Kassenverstärkungskredit: Seit dem 1. 1. 1994, dem Beginn der 2. Stufe der Europ. Wirtschafts- und Währungsunion, darf die Dt. Bundesbank den öffentl. Haushalten keine Kassenkredite mehr einräumen, so daß diese sich an den Kredit- und Kapitalmärkten zu Marktkonditionen finanzieren müssen.

*Katalysator 2): Im Unterschied zu den bisherigen Dreiwege-K. mit parallel zur Strömungsrichtung angeordneten Kanälen, durch die das Abgas geleitet wird und an deren Oberfläche die katalyt. Reaktionen stattfinden, strömt das Abgas bei dem **Radial-K.** durch radial angeordnete Kanäle (Mikrozellen), deren Anzahl pro Flächeneinheit etwa viermal so groß wie bei konventionellen K. ist. Dadurch verringert sich der Gegendruck in der Abgasleitung, und der Leistungsabfall des Motors ist geringer. Da für den Radial-K. Edelstahl statt Keramik als Trägermaterial für die K.-Beschichtung eingesetzt wird, ist das Volumen des K. kleiner, und auch die für einen K. notwendige Platinmenge ist deutlich reduziert.

Auch bei konventionellen K. ist der Wirkungsgrad durch den Einsatz neuer Edelmetallbeschichtungen für die K.-Zellen verbessert worden. Mit einer Mischung aus Palladium und Rhodium oder einer Trimetallbeschichtung der K.-Zellen aus Palladium, Platin und Rhodium wird der K. bereits bei niedrigen Temperaturen in der Warmlaufphase der Motoren aktiv. Eine weitere Möglichkeit, den Schadstoffausstoß zusätzlich zu senken, ist der beheizbare K., bei dem eine elektrisch beheizte Metallscheibe im Abgasstrang vor dem K. innerhalb von 10 bis 30 Sekunden so aufheizt, daß er seine volle Wirksamkeit entfaltet. Mit dem serienmäßigen Einsatz dieses E-K. wird für 1997 gerechnet.

*Katar, Qatar, amtlich arab. **Daulat al-Qatar,** dt. **Staat K.,** Staat in Vorderasien, am Pers. Golf.

Hauptstadt: Doha. *Amtssprache:* Arabisch. *Staatsfläche:* 11 000 km². *Bodennutzung (1990):* 50 km² Ackerland, 500 km² Dauergrünland. *Einwohner (1994):* 540 000, 49 Ew. je km². *Städtische Bevölkerung (1990):* 90 %. *Durchschnittliches Bevölkerungswachs-*

Kata Katase–Keersmaeker

Aki Kaurismäki

tum pro Jahr (1985–93): 5,3%. *Bevölkerungsprojektion für 2000:* 542 000 Ew. *Ethnische Gruppen (1983):* 20% Katarer und 25% andere Araber, 34% Südasiaten, 16% Iraner, 5% andere. *Religion (1990):* 92,4% Muslime (meist Sunniten), der Islam ist Staatsreligion; 5,9% Christen, 1,1% Hindus. *Altersgliederung (1995):* unter 15 Jahre 29,6%, 15 bis unter 65 Jahre 68,8%, 65 und mehr Jahre 1,6%. *Lebenserwartung der Neugeborenen (1992):* 71 Jahre. *Analphabetenquote (1986):* insgesamt 24,3%, männlich 23,2%, weiblich 27,5%. *BSP je Ew. (1993):* 15 140 US-$. *BIP nach Sektoren/Produktionsstruktur (1991):* Landwirtschaft 1%, Industrie 52%, Dienstleistungen 47%. *Währung:* 1 Katar-Riyal (QR) = 100 Dirhams. *Internationale Mitgliedschaften:* UNO, Arab. Liga, OPEC und OAPEC.

Paul Keating

Geschichte: Nach dem irak. Einmarsch in Kuwait (2. 8. 1990) stellte K. in der Golfkrise seine militär. Einrichtungen der von den USA geführten multinationalen Streitmacht gegen Irak zur Verfügung. Es gewährte finanzielle Unterstützung und stimmte der Stationierung von US-Kampfflugzeugen sowie von kanad. und frz. Luftwaffeneinheiten auf seinem Territorium zu. K. selbst entsandte eigene Truppen nach Saudi-Arabien. Im 2. Golfkrieg (Jan./Febr. 1991) selbst beteiligten sich katar. Boden- und Luftstreitkräfte an den Kämpfen. Im Juni 1992 schloß K. einen Verteidigungspakt mit den USA. In einem Grenzkonflikt einigten sich K. und Bahrain im Juli 1992 auf die Anrufung des Internat. Gerichtshofs. Auf Vermittlung des ägypt. Präs. M. H. MUBARAK legten K. und Saudi-Arabien im Dez. 1992 einen Grenzstreit bei, der zuvor zu einem blutigen Zwischenfall geführt hatte. Im Juni 1995 übernahm der Kronprinz Scheich HAMAD IBN KHALIFA ATH-THANI im Zuge einer Palastrevolution die Führung des Emirats.

Katase Kazuo: Installation ›Fisch + Schiff – leer + mehr‹ im Kunstforum München; 1985

Katase, Kazuo, japan. Künstler, * Shizuoka 24. 7. 1947. Der seit 1975 in Kassel lebende Künstler beschäftigt sich in Zeichnungen, Photoarbeiten, Objektakkumulationen, Rauminstallationen und Lichtinszenierungen ausschließlich mit den plast. und assoziativen Qualitäten der Lichtfarbe Blau; verbindet in seinen Erfahrungsräumen Profanes und Sakrales, wobei er Zen-Buddhismus und dt. Romantik zusammenfließen läßt.

Schlafende Sterne, hg. v. H. LIESBROCK, Ausst.-Kat. (1994).

Kạth, Khạt, Chạt, Qạt [k-], Art der Spindelbaumgewächse, ▷ Kathstrauch.

*katholische Kirche: Nach der Wiedervereinigung 1990 kam es seit 1992 zu einer Neuordnung der kath. Bistümer in Dtl. Neue Kirchenprovinzen sind seitdem Berlin (mit den Suffraganbistümern Dresden und Görlitz) und Hamburg (mit den Suffraganbistümern Hildesheim und Osnabrück); die auf dem Gebiet der ehemaligen Dt. Dem. Rep. bestehenden Apostol. Administraturen Erfurt und Magdeburg wurden Suffraganbistümer der Kirchenprovinz Paderborn, die Administratur Schwerin wurde Teil der Erzdiözese Hamburg. KARTE S. 398

*Katyn: Nach einer Verlautbarung der sowjetischen staatl. Nachrichtenagentur TASS im April 1990 begingen Sicherheitskräfte des NKWD unter STALIN die Morde an den 1943 in einem Massengrab gefundenen poln. Offizieren.

*Katz, Henry William, dt. Schriftsteller galiz. Herkunft: † Deerfield Beach (Fla.) 6. 6. 1992.

*Kaufhof Holding AG: Der Konzern hatte (Ende 1994) 1 438 Betriebsstätten (davon 82 Kaufhof- und 164 Kaufhalle-Kaufhäuser); eine neue Beteiligung ist die Vobis-Microcomputer-Gruppe. Mit seinen rd. 69 000 Beschäftigten erzielte er einen Konzernumsatz von 26,35 Mrd. DM; übernahm 1994 mehrheitlich die Horten AG.

*Kaulbach, Friedrich, Philosoph: † Heilsbronn 10. 5. 1992.

Kaunda, Kenneth, samb. Politiker: Unterlag in den Präsidentschaftswahlen vom Nov. 1991 FREDERICK CHILUBA (1943) und trat daraufhin zurück.

Kaurismäki, Aki, finn. Filmregisseur, * Helsinki 4. 4. 1957; erzählt in seinen Filmen von Helsinki und seinen Menschen; 1989 verließ er Finnland.

Filme: Crime and Punishment (1983); Calamari Union (1985); Schatten im Paradies (1986); Hamlet goes business (1987); Ariel (1988); Leningrad Cowboys Go America (1989); Das Mädchen aus der Streichholzfabrik (1989); I Hired a Contract Killer (1991); Das Leben der Bohème (1992); Tatjana (1994).

*Kaution: Im revidierten *schweizer.* Mietrecht (in Kraft seit 1. 7. 1990) ist eingehend geregelt, wie der Vermieter zu verfahren hat, wenn er vom Mieter eine K. verlangt (Art. 257e OR). Geld oder Wertpapiere sind bei einer Bank auf einem Sparkonto oder Depot zu hinterlegen, das auf den Namen des Mieters lautet. Die Bank darf die Sicherheit nur unter bestimmten Bedingungen herausgeben. Bei der Miete von Wohnräumen darf der Vermieter höchstens drei Monatszinse als Sicherheit verlangen. Die Kantone können ergänzende Bestimmungen erlassen.

Keating [ˈkiːtɪŋ], Paul, austral. Politiker, * Sydney 18. 1. 1944; seit 1959 Mitgl. der Labor Party, seit 1969 Abg., in der Reg. Whitlam von Okt. bis Nov. 1975 Min. für das Northern Territory. Als Finanz-Min. der Reg. Hawke (ab März 1983, ab März 1991 gleichzeitig stellv. Premier-Min.) führte er umfangreiche Wirtschafts- und Steuerreformen durch. Seit Dez. 1991 nach einer Kampfabstimmung gegen R. HAWKE Vors. der Labor Party und Premier-Min., wurde K. durch den Wahlsieg seiner Partei im März 1993 als Premier-Min. bestätigt. Seine Politik zielte v. a. auf die Öffnung gegenüber den asiat. Staaten und die weitere Distanzierung von Großbritannien mit dem Ziel einer unabhängigen Republik. Bei den Wahlen vom 2. 3. 1996 verlor die Labor Party die Mehrheit im Parlament. K. wurde am 11. 3. 1996 von J. W. HOWARD von der Liberal Party als Premier-Min. abgelöst.

*Keaton, Diane, amerikan. Schauspielerin: Trat 1987 als Regisseurin mit dem Dokumentarfilm ›Heaven‹ hervor, dem sie 1995 den Spielfilm ›Unstrung heroes‹ folgen ließ.

Keersmaeker [-maːkər], Anne Teresa De, belg. Tänzerin, Choreographin und Ballettdirektorin, * Mecheln 1960; ausgebildet an M. BÉJARTS Brüsseler Mu-

Die katholischen Bistümer in Deutschland, Österreich und der Schweiz

Bistum	Katholiken	Pfarreien	Seelsorger[1]	Bischof (seit ...)
Deutschland[2]				
Kirchenprovinz Bamberg				
Erzbistum Bamberg	824 002	364	646	Karl-Heinz Braun (1995)
Bistum Eichstätt	455 814	271	366	vakant
Bistum Speyer	665 969	350	496	Anton Schlembach (1983)
Bistum Würzburg	913 816	616	782	Paul-Werner Scheele (1979)
Kirchenprovinz Berlin				
Erzbistum Berlin	396 144	224	498	Georg Sterzinsky (1989)
Bistum Dresden-Meißen	171 247	169	232	Joachim Reinelt (1988)
Bistum Görlitz	48 035	57	76	Rudolf Müller (1994)
Kirchenprovinz Freiburg				
Erzbistum Freiburg	2 230 377	1 085	1 560	Oskar Saier (1978)
Bistum Mainz	860 893	344	689	Karl Lehmann (1983)
Bistum Rottenburg-Stuttgart	2 103 973	1 041	1 301	Walter Kasper (1989)
Kirchenprovinz Hamburg[3]				
Erzbistum Hamburg	410 000	180	307	Ludwig Averkamp (1995)
Bistum Hildesheim	701 734	357	647	Josef Homeyer (1983)
Bistum Osnabrück	578 571	255	375	Franz-Josef Bode (1995)
Kirchenprovinz Köln				
Erzbistum Köln	2 383 811	810	1 709	Joachim Meisner (1989)
Bistum Aachen	1 290 443	548	810	Heinrich Mussinghoff (1995)
Bistum Essen	1 129 316	327	840	Hubert Luthe (1992)
Bistum Limburg	774 217	369	479	Franz Kamphaus (1982)
Bistum Münster	2 112 149	689	1 501	Reinhard Lettmann (1980)
Bistum Trier	1 710 060	969	1 116	Hermann Josef Spital (1981)
Kirchenprovinz München und Freising				
Erzbistum München und Freising	2 093 944	755	1 366	Friedrich Wetter (1982)
Bistum Augsburg	1 560 206	1 049	1 298	Viktor Dammertz OSB (1993)
Bistum Regensburg	1 341 090	771	1 096	Manfred Müller (1982)
Bistum Passau	544 191	307	390	Franz Xaver Eder (1984)
Kirchenprovinz Paderborn				
Erzbistum Paderborn	1 854 095	776	1 402	Johannes Joachim Degenhardt (1974)
Bistum Fulda	460 126	240	407	Johannes Dyba (1983)
Bistum Erfurt	211 110	202	210	Joachim Wanke (1994)
Bistum Magdeburg	165 356	212	231	Leopold Nowak (1994)
Österreich[2]				
Kirchenprovinz Salzburg				
Salzburg	525 226	207	402	Georg Eder (1989)
Feldkirch	293 924	124	214	Klaus Küng (1989)
Graz-Seckau	1 045 484	390	628	Johannes Weber (1969)
Gurk	471 855	335	317	Egon Kapellari (1982)
Innsbruck	475 936	246	454	Reinhold Stecher (1981)
Kirchenprovinz Wien				
Wien	1 416 822	659	1 107	Christoph Schönborn (1995)
Eisenstadt	231 560	165	184	Paul Iby (1993)
Linz	1 117 951	467	888	Maximilian Aichern (1982)
Sankt Pölten	630 517	424	580	Kurt Krenn (1991)
Schweiz[4]				
Basel	1 115 775	530	695	Kurt Koch (1996)
Chur	685 225	341	492	Wolfgang Haas (1990)
Lausanne-Genf-Freiburg	627 776	290	410	Amédée Grab OSB (1995)
Lugano	235 669	253	225	Giuseppe Torti (1995)
Sankt Gallen	276 098	143	179	Ivo Fürer (1995)
Sitten	231 778	154	239	Norbert Brunner (1995)

[1] Welt- und Ordenspriester, Ständige Diakone. – [2] Stand der statist. Daten: 1. 1. 1994. – [3] Gründung der Kirchenprovinz bzw. des Erzbistums Hamburg am 4. 11. 1994; Stand 1. 2. 1995. – [4] Alle Bistümer in der Schweiz sind exemte Bistümer; sie gehören keiner Kirchenprovinz an, sondern unterstehen Rom unmittelbar. Stand der statist. Daten: 1. 1. 1991.

dra-Schule und an der New Yorker School of Arts, fand sie als Gründungs-Mitgl. der Gruppe Rosas bereits 1983 mit ›Rosas danst Rosas‹ zu einer eigenen Tanztheatersprache. Seit 1992 dem Théâtre Royal de la Monnaie verbunden, gründete sie drei Jahre später in Brüssel die ›Performance Arts Research and Training Studios‹ (P. A. R. T. S.).

Choreographien: Rosas danst Rosas (1983); Elena's Aria (1984); Bartók/Aantekeningen (1986); Ottone, Ottone (1988); Stella (1990); Bach/Creatie (1993); Amor Constante (1994).

*Keilhacker, Martin, Pädagoge und Psychologe: † München 11. 11. 1989.

Keiretsu [keɪ-] *die, -/-,* in Japan Bez. für eine konzernähnl. Gruppe von selbständigen Unternehmen mit koordinierten Unternehmensstrategien (▷ strategische Familie).

Keitel [kaɪˈtɛl], Harvey, amerikan. Schauspieler, *New York 13. 5. 1939; ab 1968 Charakterdarsteller in Filmen von M. SCORSESE u. a., auch in Bühnen- und Fernsehrollen.

Kell Keller – Kernforschungsanlage Jülich GmbH

Filme: Hexenkessel (1973); Alice lebt hier nicht mehr (1974); Blue Collar (1978); Reservoir Dogs – Wilde Hunde (1991); Bad Lieutenant (1992); Das Piano (1992); Pulp Fiction (1994); Der Blick des Odysseus (1994); Smoke (1995); Clockers (1995); Blue in the Face (1995); From dusk till dawn (1996).

*Keller, Hans Peter, Schriftsteller: † 11. 5. 1989.

*Keller, Harald, Kunsthistoriker: † Frankfurt am Main 5. 11. 1989.

Kelley ['kelı], Mike, amerikan. Künstler, * Detroit (Mich.) 27. 10. 1954. In Performances, Rauminstallationen und Objektgruppen entwirft K. ein Gegenbild zu einer von Gesellschaft, Kirche und Staat aufrechterhaltenen Vorstellung von ›heiler Welt‹, bes. einer heilen Kinderwelt. In der Akkumulation von Symbolen (v. a. pseudokindl. geschlechtsloser Plüschtiere) und in naiv scheinenden, den Comic strips verwandten Zeichnungen und Gemälden stellt er alptraumhafte Erziehungs- und Gesellschaftsstrukturen bloß, die er als lebensbestimmend betrachtet. Durch irritierende Titel zwingt er den Betrachter, das vordergründig Harmlose als Spiegelbild des Abgründigen und Perversen zu erkennen.

M. K., Beitr. v. T. KELLEIN, Ausst.-Kat. (1992).

*Kelly, Gene, amerikan. Tänzer und Schauspieler: † Los Angeles (Calif.) 2. 2. 1996.

*Kelly, Petra, Politikerin: † Bonn 1. (?) 10. 1992. MdB bis 1990; am 19. 10. 1992 mit ihrem Lebensgefährten G. BASTIAN tot aufgefunden. Angenommen wird, daß BASTIAN zuerst K. und dann sich getötet hat.

*Kempff, Wilhelm Walter Friedrich, Pianist: † Positano (Prov. Salerno) 23. 5. 1991.

*Kempner, Robert, amerikan. Jurist dt. Herkunft: † Königstein im Taunus 15. 8. 1993.

*Kempowski, Walter, Schriftsteller: In dem vierbändigen Werk ›Das Echolot. Ein kollektives Tagebuch, Januar und Februar 1943‹ (1993) versucht K. anhand von Tagebucheintragungen bekannter und unbekannter Menschen, von Briefen, Zeitungsausschnitten und Photographien die beiden Monate Tag für Tag lebendig werden zu lassen. 1995 wurde er für diese Collage von Originaldokumenten, die den Stimmen der Toten ihren Platz im kollektiven Gedächtnis der Gesellschaft bewahren soll, mit dem Uwe-Johnson-Preis ausgezeichnet.

Weitere Werke: Sirius. Eine Art Tagebuch (1990); Der arme König von Opplawur. Ein Märchen (1994); Mein Rostock (1994); Weltschmerz. Kinderszenen fast zu ernst (1995).

Kendall [kendl], Henry Way, amerikan. Physiker, * Boston (Mass.) 9. 12. 1926; Prof. am Massachusetts Institute of Technology (seit 1967). 1990 erhielt K. mit J. I. FRIEDMAN und R. E. TAYLOR für die experimentelle Bestätigung des Quarkmodells der Hadronen durch Streuung von Elektronen an Protonen und Neutronen den Nobelpreis für Physik.

Henry W. Kendall

*Kenia, amtl. Namen: Suaheli **Jamhuri ya Kenya**, engl. **Republic of Kenya,** Staat in Ostafrika, grenzt an den Indischen Ozean.

Hauptstadt: Nairobi. *Amtssprachen:* Suaheli und Englisch. *Staatsfläche:* 582 646 km² (ohne Binnengewässer 571 416 km²). *Bodennutzung (1992):* 24 400 km² Ackerland, 381 000 km² Dauergrünland, 23 200 km² Waldfläche. *Einwohner (1994):* 27,343 Mio., 47 Ew. je km². *Städtische Bevölkerung (1993):* 26%. *Durchschnittliches Bevölkerungswachstum pro Jahr (1985–93):* 3,0%. *Bevölkerungsprojektion für 2000:* 32,82 Mio. Ew. *Ethnische Gruppen (1989):* 17,7% Kikuyu, 12,4% Luhya, 10,6% Luo, 9,8% Kamba, 9,8% Kalenjin, 6,0% Kisii, 33,7% andere. *Religion (1992):* 26,4% Katholiken, 7,2% Anglikaner, 6,0% Muslime. *Altersgliederung (1995):* unter 15 Jahre 47,4%, 15 bis unter 65 Jahre 49,7%, 65 und mehr Jahre 2,9%. *Lebenserwartung der Neugeborenen (1992):* männlich 57 Jahre, weiblich 61 Jahre. *Analphabetenquote (1991):* insgesamt 31,0%, männlich 20,2%, weiblich 41,5%. *BSP je Ew. (1993):* 270 US-$. *BIP nach Sektoren/Produktionsstruktur (1993):* Landwirtschaft 29%, Industrie 18%, Dienstleistungen 53%. *Währung:* 1 Kenia-Schilling (K. Sh.) = 100 Cents (cts). *Internationale Mitgliedschaften:* UNO, Commonwealth of Nations, OAU.

Geschichte: 1990 wurden nach schweren Unruhen und massivem Druck der westl. Geberländer polit. Reformen eingeleitet. Die Verf., deren Geltung 1982 eingeschränkt worden war, trat nach Änderung Ende 1991 (Wiedereinführung des Mehrparteiensystems) wieder voll in Kraft. Es bildete sich eine Vielzahl neuer Parteien, die jedoch zu einem großen Teil ethnisch geprägt sind; zus. mit der Rivalität einzelner Oppositionspolitiker untereinander führte dies zu einer starken Zersplitterung der Opposition. Bei den ersten freien Wahlen seit 26 Jahren wurde im Dez. 1992 daher der seit 1978 autoritär regierende Präs. MOI im Amt bestätigt, die Reg.-Partei KANU erreichte die Mehrheit im Parlament. Versuche der KANU, ihr Machtmonopol durch staatl. Repression (u. a. Verhaftungen von Oppositionspolitikern) wiederherzustellen, führten seit 1993 zu polit. Unruhen. Im März 1994 kam es im W des Landes auch zu ethn. Unruhen.

H. HECKLAU: K. (1993).

Mike Kelley: Installation ›Brown Star‹; 1991/92 (Privatbesitz)

Kennedy ['kenıdı], Nigel, brit. Violinist, * Brighton 28. 12. 1956; studierte an der Juilliard School of Music in New York und begann seine Laufbahn zunächst als Jazzviolinist. Seit seinem Londoner Debüt mit dem Philharmonia Orchestra (1977) wurde er auch als Interpret klass. Musik bekannt und erreichte v. a. mit seiner Einspielung von A. VIVALDIS ›Vier Jahreszeiten‹ (1990) große Popularität.

Nigel Kennedy

*Kérékou, Ahmed, Politiker in Benin: Trat, ausgestattet mit Immunität für alle Handlungen während seiner Regierungszeit, nach seiner Niederlage in der Präsidentschaftswahl vom März 1991 als Staatsoberhaupt zurück.

***Kernforschungsanlage Jülich GmbH:** Als Ausdruck der nunmehr überwiegend nichtnuklearen Forschung wurde der Name zum 1. 1. 1990 in **Forschungszentrum Jülich GmbH (KFA)** geändert.

Kern

*Kernforschungszentrum Karlsruhe GmbH: Anfang 1995 erfolgte entsprechend den heutigen Arbeitsschwerpunkten die Umbenennung in **Forschungszentrum Karlsruhe Umwelt und Technik GmbH**.

*Kernfusion: Große Fortschritte in der Fusionsforschung wurden v. a. mit den Tokamak-Experimenten JET und TFTR erreicht, indem mit Plasmen aus einem Deuterium-Tritium-Gemisch gearbeitet wurde. Dabei konnten beide Experimente erstmals eine nennenswerte Fusionsleistung in einer kontrollierten K. erreichen. Während →JET 1991 mit einem Tritium-Anteil von 14 % etwa 2 MW Leistung erbrachte, erzeugte TFTR 1993 mit einem Plasma in der Mischung 1 : 1 eine Fusionsleistung mit ca. 10 MW, wobei das Plasma von neutralen Deuterium- und Tritium-Teilchenstrahlen geheizt wurde (Heizleistung rd. 30 MW). Weitergehende Versuche auf diesem Gebiet sind 1996 für JET geplant. Die Erzeugung einer thermonuklearen Zündung soll mit dem Zukunftsprojekt →ITER geschaffen werden. (→ASDEX, →Wendelstein 2)

*Kernkraftwerk: Der Bau des schnellen Brutreaktors SNR-300 in Kalkar wurde 1991 nach 18 Jahren Bauzeit aus wirtschaftl. und polit. Gründen eingestellt. Der frz. schnelle Brutreaktor ›Superphénix‹ in Creys-Malville ging nach vierjähriger Stillegung im Aug. 1994 wieder in Betrieb, soll aber zukünftig nicht mehr zur Stromerzeugung, sondern zu Forschungs- und Demonstrationszwecken dienen. Die Nutzung für die Verbrennung von Plutonium und radioaktivem Abfall wird erwogen. Als weltweit einziges Land setzt Japan für die nukleare Stromerzeugung noch auf Bruttechnik. Im April 1994 wurde der Prototyp eines schnellen Brutreaktors in Monju auf der Halbinsel Tsuruga, der technisch der Anlage in Kalkar ähnelt, erstmals kritisch. Der natriumgekühlte Reaktor mit 280 MW elektr. Leistung arbeitet mit einem Brennstoffgemisch aus Pu 239 (16–21 %) und Uranoxid. Am 8. 12. 1995 traten bei einem schweren Störfall des Kühlsystems fast 3 t flüssiges Natrium aus.

In Niederaichbach (Kr. Landshut) wurde 1987–95 erstmals in Europa ein K. restlos abgebaut. Nach Abtransport aller radioaktiven Teile und Abriß der 1966–72 errichteten und nur zwei Jahre lang betriebenen Versuchsanlage wurde das Gelände schließlich rekultiviert. Das Projekt sollte die Möglichkeit demonstrieren, ein K. vollständig zu beseitigen und das Kraftwerksgelände in einem unbelasteten Zustand zu hinterlassen.

*Kernwaffen: Mit dem Ende des Ost-West-Konflikts verloren K. für die nuklearen Supermächte erheblich an Bedeutung. Durch die Implementierung des INF- und des START-I-Vertrags (abgeschlossen 1987 bzw. 1991) wurden auf seiten der USA und der UdSSR (bzw. der kernwaffenbesitzenden GUS-Staaten Rußland, Kasachstan, Ukraine und Weißrußland) bis Anfang der 1990er Jahre alle landgestützten Mittelstreckensysteme sowie beträchtl. Mengen strateg. Systeme verschrottet (→Abrüstung, →INF, →START). 1991 gab der amerikan. Präs. G. BUSH die unverzügl. Zerstörung sämtl. bodengestützter nuklearer Gefechtsfeldwaffen sowie den Abzug der seegestützten takt. K. (Cruise-Missile, Atombomben an Bord von Flugzeugträgern) bekannt. Die Entwicklung der Bau neuer K. sind eingestellt worden, 1992 verzichteten die anerkannten K.-Mächte auf weitere →Kernwaffentests. Das Problem beim Abbau von K. ist weniger die Zerstörung der Waffenträger (Raketen, Flugzeuge, Schiffe/U-Boote) als vielmehr die Entsorgung der plutoniumhaltigen Sprengkörper. – Bis 1994 ergaben sich im Bestand der K. folgende Veränderungen:

USA: Bei den landgestützten Systemen wurden die Minuteman-II- sowie die MX-Raketen unbrauchbar gemacht, 1991 die Entwicklung der Midgetman-ICBM eingestellt. Übriggeblieben sind die Minuteman-III-ICBM mit 1 444 Sprengköpfen (Reduzierung um 1 000 Sprengköpfe). Im Zusammenhang mit der geplanten Umsetzung von START II wird die Umrüstung der 500 Minuteman III auf Einzelsprengköpfe vorbereitet. Im Bereich der seegestützten Systeme wurde die Ablösung der Poseidon-C-3- durch die Trident-C-4- bzw. Trident-II-D-5-Rakete abgeschlossen. Seit der Außerdienststellung der letzten U-Boote der Benjamin-Franklin-Klasse 1995 befinden sich alle SLBM auf Booten der Ohio-Klasse, deren Beschaffung mit Zulauf des 18. Einheit – voraussichtlich 1997 – beendet sein wird. Die Gesamtzahl der SLBM beträgt damit maximal 432 Stück mit 3 456 Sprengköpfen. Im Rahmen von START II ist die Halbierung dieses Potentials vorgesehen. Durch die Reduzierung der land- und seegestützten Sprengkörper wurde exakt die im START-I-Vertrag vereinbarte Zwischengrenze von 4 900 ICBM-/SLBM-Sprengkörpern erreicht. Bei den luftgestützten Systemen wurde die Gesamtmenge der Sprengkörper durch Aussonderung von etwa 90 B-52-Bombern sowie die Herausnahme der F-111-Bomber aus der Kategorie nuklearer Waffen um mehr als die Hälfte auf etwa 2 500 Stück verringert. Da bei START I mit Cruise-Missile (ALCM) ausgestattete Bomber (B-52H) nur jeweils als 10 Sprengköpfe, mit Freifallbomben und Raketen kurzer Reichweite (SRAM) ausgestattete Bomber als 1 Sprengkörper gezählt werden, ist auch in diesem Bereich der erlaubte ›Zählbestand‹ (weitere 1 100 Sprengkörper in Bombern) und damit die START-I-Höchstgrenze (6 000 Sprengkörper) erreicht. Die strateg. Bomberflotte setzt sich gegenwärtig aus je 95 Stück der Typen B-52H und B-1 sowie 10 B-2 (›Tarnkappenbomber‹; geplant insgesamt 20) zusammen. Weitere 40 B-52G sind für konventionelle Aufgaben vorgesehen. Bis 1997 soll der Gesamtbestand der mit K. bestückten Maschinen durch Stillegung weiterer 25 B-52H auf insgesamt 185 Flugzeuge reduziert werden. START II sieht die Verringerung der luftgestützten K. auf 1 275 vor, wobei dann ALCM, SRAM und Bomben entsprechend der tatsächlich vorhandenen Menge gezählt werden sollen.

UdSSR bzw. GUS-Staaten: Nach der Auflösung der UdSSR Ende 1991 übernahm Rußland die Masse des vorhandenen K.-Potentials, weitere Teile blieben in Händen Kasachstans (104 SS-18 und 40 Bear-H-Bomber mit 320 ALCM), der Ukraine (46 SS-24, 130 SS-19 sowie je 20 Bear-H- und Blackjack-Bomber mit 360 ALCM) und Weißrußlands (72 SS-25). Bei den landgestützten Systemen wurden die ICBM-Typen SS-11, SS-13 und SS-17 abgerüstet, die Zahl der SS-19 um ein Drittel auf 225 Stück verringert. Teilweise die verschrotteten Raketen ersetzend, stieg die Anzahl der SS-24 auf 92, die der SS-25 auf 378 Stück. Damit gibt es gegenwärtig (1995) noch etwa 1 000 ICBM mit über 4 500 Gefechtsköpfen. Um die Bedingungen von START I zu erfüllen, leitet Rußland gegenwärtig die Reduzierung der SS-18 (unter Einrechnung der von Weißrußland zu übernehmenden Raketen) auf 154 Stück ein. START II sieht schließlich die Zerstörung aller SS-18, SS-24 und eines Teils der SS-19 vor, übrigbleiben sollen dann in Händen Rußlands 95 SS-19 (mit einem Sprengkopf) und 90 SS-25, die in den SS-18-Silos stationiert werden. Bei den seegestützten Systemen (alle im Besitz Rußlands) wurden die Raketentypen SS-N-6 und SS-N-17 ausgesondert. Die Zahl der SS-N-8 sank durch Außerdienststellung eines U-Bootes der Delta-I-Klasse um 12 Stück. Durch Umrüstung eines Teils der SS-N-18 auf einen Gefechtskopf pro Rakete sank die Zahl der Sprengkörper auf diesem Typ um mehr als die Hälfte. Vermehrt wurden die SS-N-23, nun 112 Stück mit 448 Sprengköpfen. Insgesamt sind damit noch etwa 700 SLBM mit 2 400 Sprengkörpern stationiert. Für START II ist die

Kern   Kernwaffensperrvertrag – Kettner

Reduzierung der SLBM-Gefechtsköpfe ebenso wie bei den USA auf unter 1 750 Stück vorgesehen, nach Aussonderung aller Delta-I/II/III-Boote sollen nur noch die U-Boote der Typhoon-Klasse (5 Einheiten mit 100 SS-N-20 und 1 000 Sprengkörpern) und der Delta-IV-Klasse (7 Einheiten mit SS-N-23) übrigbleiben. Bei den luftgestützten Systemen ergaben sich verhältnismäßig geringe Veränderungen, die Zahl der Bomber blieb mit 170 Maschinen etwa gleich. 80 Bear-H- und 20 Blackjack-Bomber (in START I als ALCM-Träger mit 8 Sprengkörpern pro Flugzeug gezählt) tragen insgesamt etwa 1 200 Sprengkörper, weitere 65 Bear-G mit 260 Atombomben werden als jeweils ein Gefechtskopf gerechnet. Im Rahmen von START II ist eine Verringerung der Bomberflotte nicht vorgesehen, jedoch unter Berücksichtigung der finanziellen Lage Rußlands nicht unwahrscheinlich.

Frankreich: Durch Verringerung der strateg. U-Boot-Flotte um eine Einheit sank die Gesamtzahl der SLBM um 16 auf nun 80 Stück, sämtl. M-20-Raketen wurden durch M-4-Raketen ersetzt.

Großbritannien: Parallel zur Ablösung der U-Boote der Resolution-Klasse durch diejenigen der Vanguard-Klasse (1993–97) werden die Polaris-Raketen durch die Flugkörper Trident II D 5 ersetzt.

China: Die ICBM-Systeme DF-4 (CSS-3) und DF-5 (CSS-4 Dong Feng) wurden auf 6 Stück reduziert, jedoch wahrscheinlich mit Mehrfachsprengköpfen ausgestattet. Die Anzahl des Typs DF-3 (CSS-2) stieg um ein Drittel auf nun 90 Stück, die der seegestützten Rakete JL-1 (modifizierte Version der DF-3) auf 48, stationiert in 4 U-Booten.

*Kernwaffensperrvertrag: Die Ziele des 1970 in Kraft getretenen Vertrags über die Nichtweiterverbreitung nuklearer Waffen sind in den ersten 25 Jahren seiner Gültigkeit weitgehend verwirklicht worden. Frühere Befürchtungen, die Zahl der Kernwaffenstaaten werde weltweit dramatisch steigen und damit die Gefahr eines Atomkriegs erhöhen, sind nicht eingetreten. Zu den fünf zu jener Zeit anerkannten Kernwaffenstaaten USA, Sowjetunion (Nachfolger: Rußland), Großbritannien, Frankreich und China, von denen die beiden letztgenannten erst 1992 dem K. beitraten, kamen noch Indien, Israel und zeitweilig die Rep. Südafrika hinzu, die inzwischen ihre Kernwaffen wieder abgebaut hat und dem K. beigetreten ist. Ambitionen auf eigene Kernwaffen wurden auch Argentinien und Brasilien nachgesagt, die jedoch beide inzwischen den Vertrag von Tlatelolco über die lateinamerikan. kernwaffenfreie Zone ratifiziert haben; Argentinien ist darüber hinaus auch dem K. beigetreten. Bemühungen um eigene Kernwaffen gibt es außerdem in Indonesien, Irak, Iran, Nord-Korea und Pakistan. Im Zusammenhang mit Aktivitäten zum Aufbau eines eigenen nuklearen Waffenpotentials wollte Nord-Korea 1994 den K. verlassen; es gelang aber den USA, das Land in einem komplizierten Vertrag über eine Modernisierung seiner Reaktortechnik dazu zu bewegen, sich dem K. wieder zu unterstellen. Die nach dem Zerfall der Sowjetunion zeitweilig über Kernwaffen verfügenden Staaten Kasachstan und Weißrußland verzichteten sofort, die Ukraine erst nach längeren Verhandlungen auf die in ihrem Besitz befindl. Kernwaffen, die daraufhin nach Rußland verbracht wurden. Nicht verhindern konnte der K. jedoch die zeitweilig dramat. nukleare Aufrüstung bes. der USA und der Sowjetunion. Die kernwaffenbesitzenden Staaten kamen auch nicht ihrem im K. gemachten Versprechen einer vollständigen nuklearen Abrüstung nach, wenn man von Teilerfolgen wie dem Vertrag über →INF und den erst teilweise verwirklichten Vereinbarungen über den Abbau strateg. Kernwaffen absieht.

Der K. sieht in Abständen von fünf Jahren Überprüfungskonferenzen vor. Außerdem war festgelegt worden, nach 25 Jahren darüber zu entscheiden, ob der K. unbefristet weitergelten solle. Auf der 1995 abgehaltenen 5. Überprüfungskonferenz billigten ohne Abstimmung die Mitgl.-Staaten des K. (gegenwärtig: 178) am 11. 5. 1995 drei Dokumente: 1) Der Überprüfungsprozeß soll verstärkt werden, d. h., ab 1997 soll jährlich eine zweiwöchige Konferenz die nächste große Überprüfungskonferenz im Jahre 2000 vorbereiten. 2) Die Prinzipien der Nichtverbreitung und Abrüstung wurden von allen fünf offiziell Kernwaffen besitzenden Staaten dahingehend bekräftigt, spätestens 1996 einen Kernwaffenteststoppvertrag zu beschließen. Diese Staatengruppe bekannte sich überdies zum Ziel der vollständigen Beseitigung der Kernwaffen und räumte die Möglichkeit eines verbindl. Rechtsinstruments für Sicherheitsgarantien ein. Erstmals wurde unter Einschluß Chinas ein Verbot von Nuklearexporten in Länder mit unkontrollierten Nuklearaktivitäten befürwortet und die Stärkung der Verifikationsmaßnahmen der IAEO unterstützt. 3) Nach dem Konsensprinzip wurde eine unbefristete Verlängerung beschlossen. Bes. die arab. Länder hatten sich gegen eine unbefristete Verlängerung ausgesprochen, da Israel bisher dem K. nicht beigetreten ist.

Der K. soll durch einen ›Cut-off-Vertrag‹ über die Beendigung der Produktion von nuklearem Waffenmaterial ergänzt werden. Zur Vorbereitung dieses Vertrags wurde im März 1995 ein Mandat für den Genfer Abrüstungsausschuß (CD) erarbeitet.

*Kernwaffentest: Neben den herkömml. Testmethoden, bei denen ganze Kernwaffen zur Explosion gebracht werden, gibt es ›hydronukleare Tests‹, bei denen nur vergleichsweise geringe Mengen von Kernmaterial freigesetzt werden, die von einigen Kilogramm TNT bis zu einigen hundert Tonnen TNT Sprengkraft reichen können. Bei diesen Experimenten, die nur für jene Schwellenländer interessant sind, die nicht an den Kernwaffensperrvertrag gebunden sind, findet ebenfalls eine – jedoch etwas verlangsamte – Kettenreaktion statt. Darüber hinaus gibt es regelmäßige ›hydrodynam. Tests‹, in denen der chem. Sprengstoff, der den aus Plutonium hergestellten Hohlkörper einer Kernwaffe umgibt, aus dieser herausgenommen und zur Explosion gebracht wird. Dabei kommt weder Uran noch Plutonium zum Einsatz. Schließlich verfügen bisher nur die USA und Rußland über die Möglichkeit, K. durch Computersimulation durchzuführen. Die genannten Testformen erschweren bei den Genfer Verhandlungen über ein umfassendes Teststoppabkommen die Möglichkeit, zu einer Einigung darüber zu gelangen, was der Begriff ›umfassend‹ beinhalten soll.

Im Vorfeld der Konferenz, bei der 1995 über die unbegrenzte Gültigkeit des →Kernwaffensperrvertrags verhandelt wurde, verzichteten die anerkannten Kernwaffenmächte USA, Rußland, Großbritannien und Frankreich ab 1992 auf K.; die VR China nahm jedoch 1994 ihre Tests wieder auf. Nach der Konferenz führte Frankreich unter Präs. J. Chirac Ende 1995/Anfang 1996 auf dem Mururoa-Atoll ebenfalls noch einige K. durch. Nach weltweiten Protesten dagegen sprach sich Frankreich Anfang Aug. 1995 in Genf dafür aus, in dem 1996 zu beschließenden Teststoppvertrag auch die Computersimulation zu verbieten. Der amerikan. Präs. W. J. Clinton kündigte wenige Tage später an, die USA wollten sich dafür einsetzen, daß es künftig auch keine ›Mini-Tests‹ geben werde.

*Keschm: Wurde 1993 zur freien Produktionszone erklärt; soll zu einem Wirtschafts- und Finanzzentrum zw. Europa und Japan ausgebaut werden; ein internat. Flughafen ist im Bau.

*Kessel, Martin, Schriftsteller: † Berlin 14. 4. 1990.

*Kettner, Gerhard, Graphiker: † Dresden 14. 6. 1993.

KGB: Unter Führung von WLADIMIR KRJUTSCHKOW (1924) war das KGB vom 19. bis 21. 8. 1991 mit eigenen Truppen maßgeblich am Putsch gegen Präs. M. S. GORBATSCHOW beteiligt. Im Okt. 1991 von diesem für aufgelöst erklärt, existierte es jedoch in zergliederter Form, v. a. in Verbindung mit dem russ. Geheimdienst, weiter. Nach der Gründung der GUS im Dez. 1991 wurde der von GORBATSCHOW geschaffene ›Interrepublikan. Sicherheitsdienst‹ (russ. Abk. MSB) mit dem KGB Rußlands (gegr. im Mai 1991) zusammengeschlossen. Nach versch. Umbenennungen und Umorganisationen wurde der russ. Geheimdienst im Rahmen eines ›Ministeriums für Sicherheit‹ (russ. Abk. MBR) neu organisiert.

Khaïr-Eddine [ˈxair ɛˈdiːn], Mohammed, marokkan. Schriftsteller frz. Sprache, * Tafraoute (Prov. Tiznit) 1941, † Rabat 18. 11. 1995; Mitbegründer der progressiven marokkan. Literaturzeitschrift ›Souffles‹ (mit ABDELLATIF LAABI, * 1942); gilt als Protagonist der literar. Avantgarde des Maghreb. Sein Werk steht ganz im Zeichen der von ihm postulierten ›Sprachguerilla‹; es illustriert den schwierigen Prozeß der Identitätsfindung im postkolonialen Marokko. Formal ist es charakterisiert durch den Bruch mit der traditionellen Romanform zugunsten einer polyphonen Prosa, die alle Gattungsgrenzen sprengt, inhaltlich durch eine ätzende Kritik an oppressiven Autoritätsstrukturen in Politik und Gesellschaft, durch die Revolte gegen eine archaische, theokratisch geprägte Gesellschaftsordnung und die intensive Auseinandersetzung mit den eigenen Wurzeln, d. h. mit Geschichte und Landschaft des südmarokkan. Berberstammes der Shilh. K.-Es Sprache vereint in Lexik und Syntax, im korrosiven Humor und der halluzinator., alptraumhaften Bilderflut Selbstzerstörung, Selbstbefreiung und Selbstfindung.

Werke: Lyrik: Faune détériorée (1966); Soleil arachnide (1969); Ce Maroc! (1975); Résurrection des fleurs sauvages (1981); Mémorial (1991). – *Prosa:* Agadir (1967; dt.); Corps négatif (1968); Moi y'aigre (1970); Le déterreur (1973); Une odeur de mantèque (1976); Une vie, un rêve, un peuple, toujours errants (1978); Légende et vie d'Agoun'chich (1984).

Khatibi [xa-], Abdelkébir, marokkan. Schriftsteller frz. Sprache, * El-Jadida 1938; Prof. für Soziologie und Literaturwissenschaft in Rabat. Sein Werk wurzelt in der vom Kolonialismus vermittelten Erfahrung der Andersartigkeit, in der Faszination durch das Fremde. Seine theoret. Schriften behandeln Fragen von Identität und Differenz. In semiot., am frz. Strukturalismus geschulten Analysen (›La blessure du nom propre‹, 1974) zeigt K. den Reichtum der marokkan. Volkskultur auf und entwirft Visionen eines demokrat., multikulturellen Maghreb (›Maghreb pluriel‹, 1983; ›Penser le Maghreb‹, 1993). In seinem literar. Werk illustriert K. die Spannung zw. dem Eigenen und dem Fremden zumal in der Erprobung neuer Schreibweisen, die die Dualität zugleich in Szene setzen und zu überwinden suchen – so beim mehrsprachigen Schreiben in ›Amour bilingue‹ (1983), einer erotischesoter. Reflexion über das Verhältnis von Fremd- und Muttersprache, oder beim dem Sufismus entlehnten ekstat. Schreiben in ›Le livre du sang‹ (1979), wo im Rekurs auf den Androgynenmythos die Komplementarität der Gegensätze versinnbildlicht wird.

Weitere Werke: Essays: Le roman maghrébin (1968); Vomito blanco. Le sionisme et la conscience malheureuse (1974); De la mille et troisième nuit (1980); Figures de l'étranger dans la littérature française (1987); Ombres japonaises (1988); Pardessus l'épaule (1988); Paradoxes du sionisme (1990). – *Romane:* La mémoire tatouée (1971); Un été à Stockholm (1990); Triptyque de Rabat (1993). – *Lyrik:* Le lutteur de classe à la manière taoïste (1976); Dédicace à l'année qui vient (1986).

*Khieu Samphan, kambodschan. Politiker: Gehörte am 23. 10. 1991 zu den Unterzeichnern des Pariser Friedensabkommens, das das UN-Engagement in Kambodscha bis zu den Parlaments- und Präsidentschaftswahlen von 1993 regelte. Als er am 22. 11. 1991 in Phnom Penh eintraf, wurde er als wichtigster Vertrauter POL POTS von einer empörten Menschenmenge angegriffen. Im Juli 1995 wurde K. S. MinPräs. und Armee-Min. in einer von den verbotenen Roten Khmer gebildeten provisor. Gegenregierung.

Kiebitzensteiner, Die, 1967 als aktuell-polit. Kabarett in Halle (Saale) von HENRY BRAUN (* 1924) gegr.; seit 1971 in eigener Spielstätte im Rundsaal der Moritzburg. 1991 fusionierte das Kabarett mit dem Puppentheater zum ›Theater für Satire und Figuren‹.

*Kienholz, Edward, amerikan. Künstler: † Hope (Id.) 10. 6. 1994.

*Kieślowski, Krzysztof, polnischer Filmregisseur: † Warschau 13. 3. 1996.

*Killy, Walther, Germanist: † Kampen (Sylt) 28. 12. 1995.

*Kilometerpauschale: Die K. betrug 1991 pro Entfernungskilometer 0,58 DM (Pkw) bzw. 0,26 DM (Motorrad, Motorroller), für 1992 ist sie auf 0,65 DM bzw. 0,30 DM, ab 1995 auf 0,70 DM bzw. 0,33 DM angehoben worden.

*Kim Dae Jung, südkorean. Politiker: Bewarb sich im Dez. 1992 als führender Oppositionspolitiker und Mitgl. der Demokrat. Partei um das Amt des Staatspräs., unterlag jedoch KIM YOUNG SAM.

*Kim Il Sung, nordkorean. Politiker: † P'yŏngyang 8. 7. 1994.

*Kim Jong Il, Kim Jŏng Il, nordkorean. Politiker, * (offiziell) in einem antijapan. Widerstandslager, (inoffiziell) Chabarowsk 16. 2. 1942 (oder 1941); Sohn von KIM IL SUNG; absolvierte ein Wirtschaftsstudium, stieg seit 1964 im Apparat der kommunist. Korean. Arbeiterpartei auf. 1973 wurde er Mitgl. des ZK, 1980 Sekretär des ZK und Mitgl. des Politbüros und der Zentralen Militärkommission, 1991 Oberbefehlshaber der Armee, 1992 Marschall der Streitkräfte und 1993 Chef der Nat. Verteidigungskommission. Seit langem in den Kult um die Person seines Vaters einbezogen, wurde K. in steigendem Maße als ›neuer Führer‹ in die Leitung der Regierungsgeschäfte einbezogen. Nach dem Tod seines Vaters im Juli 1994 wurde er als Staats- und Parteichef vorgestellt.

*Kim Young Sam, südkorean. Politiker: Gewann im Dez. 1992 die Präsidentschaftswahlen. Nach seinem Amtsantritt (25. 2. 1993) leitete er einen umfassenden Demokratisierungsprozeß ein.

*Kinderarbeit: Die EU verabschiedete 1993 eine Richtlinie, die die Erwerbstätigkeit von Jugendlichen grundsätzlich verbietet; sie wurde in Dtl. 1994 in nat. Recht umgesetzt. Dem Schutz vor K. dient auch die UN-Konvention der Kinderrechte von 1989. Die IAO kritisiert die mangelnde rechtl. Verfolgung von Verstößen gegen das K.-Verbot. 1992 und 1993 stellte sie Mittel für ein ›Internat. Programm gegen K.‹ (IPEC) bereit. Nach Schätzungen der IAO müssen weltweit rd. 200 Mio. Heranwachsende K. verrichten, davon etwa 20 Mio. als ›Kindersklaven‹, die von Unternehmen gezwungen werden, ohne Lohn zu arbeiten, um die Schulden ihrer Eltern zu tilgen. – Gemäß einer Studie der Univ. Münster von 1993 leisten in Dtl. etwa 40 % der Jugendlichen zw. 13 und 15 Jahren K., wobei die Hälfte länger als zulässig arbeitet bzw. verbotene Tätigkeiten ausübt.

*Kinderbetreuungskosten: Der mit Wirkung ab 1. 1. 1990 im Einkommensteuerrecht eingeführte Sonderausgabenabzug von höchstens 12000 DM für Haushaltshilfen mit sozialversicherungspflichtigem Arbeitsvertrag (hauswirtschaftl. Beschäftigungsverhältnisse) in Haushalten, zu denen mindestens eine hilflose Person (im Haushalt lebende Person, die wegen Krankheit oder Behinderung ständig auf Hilfe an-

Kim Young Sam

Kind Kindererziehungszeiten – Kinder- und Jugendhilfe

gewiesen ist) oder zwei Kinder unter 10 Jahren (bei Alleinstehenden mindestens ein Kind) gehören, blieb bis heute umstritten. Die Einführung war v. a. mit arbeitsmarkt- und sozialpolit. Argumenten begründet worden. Die Gegner der Regelung prägten in der Diskussion im Hinblick auf den Umfang und die mit dem Einkommen steigende Entlastungswirkung des Abzugs die polem. Bez. ›Dienstmädchenprivileg‹. Die von der Bundes-Reg. urspr. geplante Ausweitung des Abzugbetrages wurde schließlich nicht in das Jahressteuer-Ges. 1996 aufgenommen.

*__Kindererziehungszeiten:__ Die 1986 eingeführten K. wurden für Geburten ab 1992 von einem Jahr auf drei Jahre verlängert.

*__Kindergarten:__ Der durch das Schwangeren- und Familienhilfe-Ges. (Art. 5) von 1992 mit Wirkung zum 1. 1. 1996 für alle Kinder vom vollendeten dritten Lebensjahr bis zum Beginn der Schulpflicht begründete Rechtsanspruch auf einen K.-Platz wurde 1995 durch eine Gesetzesänderung auf Kinder eingeschränkt, die vor dem Stichtag 1. 8. 1996 drei Jahre alt geworden sind. Der Rechtsanspruch für alle Kinder ab drei Jahren gilt erst ab 1999; für 1997 gelten zwei und für 1998 drei Stichtage.

*__Kinderlastenausgleich:__ Zur Unterstützung von Familien mit Kindern und in Reaktion auf Auflagen des Bundesverfassungsgerichts (Freistellung des Existenzminimums von der Besteuerung) wurde mit dem Jahressteuer-Ges. 1996 das System des K. unter der Bez. **Familienleistungsausgleich** mit Wirkung vom 1. 1. 1996 erheblich verändert: Kindergeld und einkommensteuerl. Kinderfreibetrag werden nicht mehr nebeneinander, sondern alternativ gewährt. Im laufenden Jahr erhalten Arbeitnehmer nur das Kindergeld. Erst im nachhinein wird bei einer Veranlagung zur Einkommensteuer vom Finanzamt berücksichtigt, welche der beiden Alternativen für die Berechtigten günstiger ist.

Das monatl. **Kindergeld** steigt 1996 für das erste und zweite Kind von bisher 70 DM bzw. 130 DM auf 200 DM (ab 1997: 220 DM), für das dritte Kind auf 300 DM (bisher 220 DM) und für jedes weitere Kind auf 350 DM (bisher 240 DM). Die Höhe des Kindergelds ist künftig vom Einkommen der Eltern unabhängig; die bisherigen Zuschläge bei geringem Einkommen und Kürzungen bei höherem Einkommen entfallen. Die allgemeine Altersgrenze, bis zu der Kindergeld unabhängig davon gezahlt wird, ob das Kind sich in einer Ausbildung befindet und eigene Einkünfte hat, wurde von 16 auf 18 Jahre angehoben. Bei in Ausbildung befindl. Kindern zw. 18 und 27 Jahren entfallen Kindergeld und Kinderfreibetrag bei eigenen Einkünften von 12 000 DM im Jahr. Der einkommensteuerl. **Kinderfreibetrag** steigt bei Ehepaaren von 4 104 DM auf (1996) 6 264 DM im Jahr (ab 1997: 6 912 DM).

Die vom Bund zugleich mit der Verknüpfung von Kindergeld und Kinderfreibetrag angestrebte Übertragung der Abwicklung des Kindergeldes von der Arbeitsverwaltung auf die Finanzämter stieß auf den Widerstand der Länder, die u. a. einen zusätzl. Personalbedarf befürchteten. Das neue System des K. stellt eine Zwischenlösung dar, bei der das Kindergeld als Steuervergütung behandelt wird und damit die Steuerbelastung mindert. Bei Arbeitnehmern verrechnen die Arbeitgeber (Unternehmen mit mehr als 50 Beschäftigten) die Kindergeldbeträge mit der Lohnsteuer. Ansonsten bleiben die Arbeitsämter für das Kindergeld zuständig. Die zuständigen Stellen bei den Arbeitsämtern werden unter der Bez. **Familienkassen** zu Organen der Bundesfinanzverwaltung unter Federführung des Bundesamtes der Finanzen.

Gegenüber der bis 1995 geltenden Regelung, bei der das Kindergeld vom Bund allein getragen wurde, bringt die Umstellung des K. für Länder und Gemeinden Einnahmeausfälle aus der Einkommensteuer mit sich. Durch eine Neuregelung des Finanzausgleichs wird für 1996 und 1997 die Beteiligung der Länder an der Umsatzsteuer zu Lasten des Bundes um 5,5 % auf 49,5 % erhöht. Die Länder verpflichteten sich, einen entsprechenden Anteil an ihre Gemeinden weiterzuleiten. Außerdem soll in Art. 106 GG festgeschrieben werden, daß der Bund 74 % sowie Länder und Gemeinden 26 % des K. tragen.

Kinder- und Jugendhilfe, Bez. für die staatl. und sonstigen öffentl. Maßnahmen zur sozialen Förderung von Kindern, Jugendlichen und jungen Erwachsenen. Am 1. 1. 1991 hat das Ges. zur Neuordnung des Kinder- und Jugendhilferechts vom 26. 7. 1990 nach einer 30jährigen Reformdiskussion das Jugendwohlfahrts-Ges. von 1922 abgelöst. In den neuen Bundesländern trat das Ges. im Rahmen des Einigungsvertrages mit besonderen Übergangsvorschriften bereits am 3. 10. 1990 in Kraft. Es ist als 8. Buch in das Sozialgesetzbuch (SGB VIII) eingearbeitet und bildet die Rechtsgrundlage für die Tätigkeit der Jugendämter und Landesjugendämter sowie für deren Zusammenarbeit mit den Verbänden und nichtstaatl. Organisationen (Träger der freien Jugendhilfe).

Zentrales Anliegen des Ges. ist es, Kinder und Jugendliche in ihrer Entwicklung umfassend zu fördern und jungen Erwachsenen bei der Stärkung von Eigenverantwortlichkeit und Selbständigkeit zu helfen. Leistungen der Jugendhilfe sollen die Erziehung in der Familie unterstützen und ergänzen. Mit einem präventiven Angebot soll Kindern, Jugendlichen und Eltern nicht nur dann geholfen werden, wenn die Erziehung in der Familie ernsthaft gefährdet ist, sondern fachlich kompetente Beratungsangebote sollen schon vor dem Notfall gegeben werden. Es hilft Familien, wenn ein Partner ausfällt, Kindern und Jugendlichen, wenn die Eltern sich trennen. Außerdem will Jugendhilfe Kindern und Jugendlichen, deren Eltern auf längere Zeit ihre Aufgaben nicht nachkommen können, in Pflegefamilien und Heimen Entwicklungsperspektiven geben und benachteiligten jungen Menschen zu Startchancen für ein selbstverantwortetes Leben verhelfen.

Hauptansatz des neuen K.-u.-J.-Rechts ist die rechtl. Fixierung eines neuen Verständnisses von Jugendhilfe. Dabei orientiert sich das differenzierte Leistungs- und Aufgabenspektrum an den unterschiedl. Lebens- und Erziehungssituationen von Kindern, Jugendlichen und Eltern. K.- u. J. wird jetzt nicht mehr in erster Linie als Kontroll- und Eingriffsinstanz verstanden, die der Aufrechterhaltung der öffentl. Sicherheit und Ordnung oder der Gefahrenabwehr verpflichtet ist, sondern als eine präventiv angelegte, von den Hilfesuchenden gewünschte und mitgestaltete soziale Dienstleistung.

Das neue Jugendhilferecht bezieht sich konkret auf die unterschiedl. Lebenslagen und Erziehungsfragen. So umfaßt es differenzierte Leistungen für die Jugend- und Jugendsozialarbeit, den erzieher. Kinder- und Jugendschutz, die Förderung von Kindern in Tageseinrichtungen und in der Tagespflege sowie ein breites Spektrum individueller Erziehungshilfen.

Den klass. Erziehungshilfen – Unterbringung im Heim oder in einer Pflegefamilie – werden gleichrangig ambulante und teilstationäre Hilfen zur Seite gestellt. Eingriffe in die Familie treten in den Hintergrund. Die Autonomie der Hilfesuchenden soll gestärkt, ihre eigenständigen Möglichkeiten zur Hilfe und Selbsthilfe sollen aktiviert werden.

Neben diesen sozialpädagog. Innovationen bestätigt das neue K.-u.-J.-Recht Grundprinzipien der dt. Jugendhilfe: Diese gehört wie auch die Sozialhilfe traditionell zu den Aufgaben kommunaler Selbstverwaltung. Das bedeutet, auf der ›öffentl.‹ Seite werden die

Aufgaben der Jugendhilfe hauptsächlich von den Jugendämtern der Kreise und kreisfreien Städte wahrgenommen. Planende und koordinierende Funktionen kommen den Landesjugendämtern zu.

Des weiteren soll durch das neue Ges. die partnerschaftl. Zusammenarbeit von öffentl. und freien Trägern der Jugendhilfe gestärkt werden. Damit wird aufgrund einer engen Kooperation bereits in der Planungsphase ein vielfältiges Angebot gewährleistet. Die Träger der freien Jugendhilfe sind breit gestreut, von zahlreichen örtl. Selbsthilfegruppen über die Vereine bis hin zu den Kirchen und bundesweit organisierten Jugend- und Wohlfahrtsverbänden.

Befristet enthielt das Gesetz wegen der neuen kostenintensiven Aufgaben, die mit dem K.-u.-J.-Gesetz auf die kommunalen Gebietskörperschaften zukamen und wegen der völlig unterschiedlichen örtl. und regionalen Rahmenbedingungen besondere Übergangsvorschriften. Seit dem 1.1.1995 gilt das Gesetz ohne Einschränkung.

Die wichtigste Änderung und Erweiterung des K.-u.-J.-Rechts bildet der Rechtsanspruch auf einen Kindergartenplatz (→Kindergarten).

Martin Kippenberger: Ohne Titel; Installation zur documenta IX in Kassel, 1992

*Kinder- und Jugendliteraturpreise: Den Dt. Jugendliteraturpreis erhielten u. a. U. TIMM (1990), A. I. PRISTAWKIN (1991), BENNO PLUDRA (*1925; 1992), J. GUGGENMOS (1993), J. GAARDER (1994), PETER POHL (*1940), KINNA GIETH und BIRGITTA KICHERER (1995).

*Kindesmißhandlung: Aufgrund des Ges. vom 28.10.1994 wurden die Vorschriften des § 223 b StGB (Mißhandlung von Schutzbefohlenen) geändert oder neu gefaßt. Der Strafrahmen für die Mißhandlung von Schutzbefohlenen oder ihre gesundheitsschädigende Vernachlässigung wurde im Mindestmaß von drei auf sechs Monate Freiheitsstrafe angehoben, in minder schweren Fällen kann dieses Strafmaß allerdings unterschritten oder auf Geldstrafe erkannt werden. Dagegen ist in bes. schweren Fällen (bes. bei Todesgefahr oder schwerer Körperverletzung im Sinne von § 224 StGB, bei erhebl. Schädigung der körperl. oder psych. Entwicklung) der Strafrahmen ein Jahr bis zehn Jahre Freiheitsentzug.

*Kingisepp: Stadt in Estland, heißt seit 1988 wieder **Kuressaare.**

Kingsley [ˈkɪŋzlɪ], Ben, eigtl. **Krishna Bhanji** [-dʒi], brit. Schauspieler ind. Herkunft, *Yorkshire 31.12.1943; ab 1967 Mitgl. der Royal Shakespeare Company; auch als vielseitiger Charakterdarsteller bei Film (seit 1973) und Fernsehen.

Filme: Gandhi (1982); Betrug (1983); Ozeanische Gefühle (1985); Recht, nicht Rache (Fernsehfilm, 2 Tle., 1989; über S. WIESENTHAL); Schindlers Liste (1993); Der Tod u. das Mädchen (1995); Species (1995).

Kingston [ˈkɪŋstən], Maxine Hong, amerikan. Schriftstellerin chin. Herkunft, *Stockton (Calif.) 27.10.1940; beschreibt in ihrem autobiograph. Werk Probleme der Akkulturation, die sich aus der in zwei Kulturen sich bewegenden Lebensrealität der zweiten Generation chin. Einwanderer ergeben. Während sich der Roman ›The woman warrior. Memoirs of a girlhood among ghosts‹ (1976; dt. ›Die Schwertkämpferin‹) auf die Darstellung der eigenen Kindheit konzentriert, behandelt ›China men‹ (1980; dt. ›Die Söhne des Himmels‹) v. a. die Anpassungsschwierigkeiten der Väter und Großväter an die amerikan. Kultur. ›Tripmaster monkey. His fake book‹ (1989) ist eine Gestaltung chin.-amerikan. Beziehungen im San Francisco der 1960er Jahre.

Kinkel, Klaus, Politiker (FDP), *Metzingen 17.12.1936; Jurist; 1979–82 Präs. des BND, 1982–91 beamteter Staats-Sekr. im Bundesjustizministerium; Jan. bis Mai 1991 Bundesjustiz-, seitdem Bundesaußen-Min. Im Febr. 1991 wurde K. Mitgl. der FDP; 1993–95 war er deren Vorsitzender.

*Kinnock, Neil, brit. Politiker: K., dem es gelungen war, in der Labour Party eine gemäßigte Linie durchzusetzen und den Einfluß der Gewerkschaften auf die Partei zurückzudrängen, trat nach der Wahlniederlage im April 1992 als Partei- und Oppositionsführer zurück. Seit Jan. 1995 ist er EU-Kommissar, zuständig für Verkehr.

*Kinski, Klaus, Schauspieler: †Lagunitas (Calif.) 23.11.1991.

Kinski, Nastassja, eigtl. **N. Nakszynski** [-ʃinski], Schauspielerin, *Berlin (West) 24.1.1961, Tochter von KLAUS K.; machte in dem Fernsehfilm ›Reifezeugnis‹ (1977) aus der ›Tatort‹-Reihe auf sich aufmerksam. In ihrer Filmkarriere (seit 1975) hat sie internat. Erfolge zu verzeichnen.

Weitere Filme: Tess (1979); Einer mit Herz (1982); Frühlingssinfonie (1983); Paris, Texas (1984); Maria's Lovers (1985); Nachtsonne (1989); Tödl. Geschwindigkeit (1994).

Kippenberger, Martin, Künstler, *Dortmund 25.2.1953; wurde ab Ende der 70er Jahre mit seiner Malerei zu den ▷ Neuen Wilden gezählt. K. setzt sich in seinen Werkserien, in denen er alle künstler. Medien nutzt (von Photokopien über Gemälde bis zu Rauminstallationen), mit der Mythenbildung in Alltag und Kunst auseinander und untersucht histor., ästhet., kommerzielle und individuelle Zeichen, Symbole und Ikonen. Durch die das Ausgangsbild verfremdende Technik gelangt er zu Ergebnissen, die jegl. Erkenntniswert und Wahrheitsgehalt der Alltagsdinge und der Werke selbst in Frage stellen. Seit Mitte der 80er Jahre veröffentlicht K. auch Bücher (Zeichnungen), in denen er sich in absurd-zyn. Weise mit seiner Imaginationswelt und seinem künstler. Tun auseinandersetzt. 1993 baute und eröffnete er ein Museum of Modern Art (Momas) auf der Kykladeninsel Syros, ein offenes leeres Gußbetonskelett auf einer Anhöhe.

M. K. Ten years after, hg. v. A. MUTHESIUS (1991).

Kirchenvolksbegehren, Unterschriftenaktion 1995 in Österreich und Dtl. Ausgelöst durch den Fall des Wiener Kardinals HANS-HERMANN GROËR (*1919), dessen Rücktrittsgesuch vom Vatikan im Sept. 1995 nach Vorwürfen des sexuellen Mißbrauchs von Minderjährigen angenommen wurde, bildete sich in Österreich die Initiative ›Wir sind Kirche‹, die eine grundlegende Reform der kath. Kirche zum Ziel hat (u. a. Beteiligung der Ortskirchen bei Bischofsernennungen, Zugang von Frauen zum Priesteramt, Abschaffung des Amtszölibats, Änderung der kirchl. Sexualmoral); sie sammelte im Juni 1995 500 000 Unterschriften in Österreich. Angeregt durch den Erfolg, startete in Dtl. eine gleichnamige Aktion mit denselben

Ben Kingsley

Klaus Kinkel

Nastassja Kinski

Kirc Kirche von England – Kirgistan

ben Zielen; sie sammelte im Herbst 1995 rd. 1,8 Mio. Unterschriften, davon rd. 1,5 Mio. von Katholiken.

*****Kirche von England:** Erzbischof von Canterbury ist seit 1990 G. L. CAREY. Die von der Generalsynode der K. v. E. im Nov. 1992 getroffene Entscheidung, Frauen zum Priesteramt zuzulassen, führte zu Spannungen innerhalb der anglikan. Kirche und im Verhältnis zu anderen Kirchen.

*****Kirch-Gruppe:** Das nach eigenen Angaben zu den weltgrößten Filmhandelsgesellschaften zählende Unternehmen sieht sich auch als Europas führendes Unternehmen im Merchandising. Seine starke Marktposition im Handel mit Film- und Fernsehrechten sichert es durch eine jährl. Neuproduktion von mehr als 450 Stunden. Mit einer direkten Beteiligung von 43% und indirekt 20% über den Axel Springer Konzern (mit 35% ist die K.-G. heute maßgebl. Kapitaleigner) hat die K.-G. beim Privatsender SAT 1 inzwischen die Führungsrolle. Mit weiteren Beteiligungen wurden die Aktivitäten im Privatfernsehen auch international ausgebaut: DSF (24,5%), Premiere (25%), Tele Cinco (25%), Telepiù (33,6%), Teleclub (40%). Die Kooperation mit S. BERLUSCONI wurde 1995 intensiviert durch den Erwerb eines Anteils an dessen Zwischenholding Mediaset SpA (→Fininvest S. p. A.). Über den Privatsender Pro 7 (hervorgegangen aus der Eureka Television GmbH) ist L. KIRCHS Sohn THOMAS KIRCH (* 1957) am Sender Kabel 1 beteiligt (45%) und hat weitere Medienunternehmen gegründet. Die K.-G. ist auch Betreiber von Kinos und mit Radio Arabella (15%) im privaten Hörfunk aktiv. (→Privatfernsehen, ÜBERSICHT)

*****Kirchner,** Alfred, Theaterregisseur: Legte 1993 die Leitung der Staatl. Schauspielbühnen Berlin nieder.

Kirchner, Ignaz, Schauspieler, *Andernach 13. 7. 1948; debütierte 1971 auf der Bühne; es folgten Engagements an der Freien Volksbühne Berlin (1973–74), in Stuttgart (1974–78), Bremen (1978–81), an den Münchner Kammerspielen (1982–86) und in Köln (1983–84). Ab 1987 hatte er große Erfolge am Wiener Burgtheater, v. a. unter der Regie von G. TABORI. Seit 1992 ist er dem Dt. Theater Berlin verpflichtet.

Nationalflagge

Internationales Kfz-Kennzeichen

1994 1993
Bevölkerung (in Mio.) Bruttosozialprodukt je Ew. (in US-$)

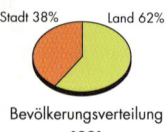
Bevölkerungsverteilung 1991
Erwerbstätige 1993

Kirgistan
Fläche: 198 500 km²
Einwohner: (1994) 4,667 Mio.
Hauptstadt: Bischkek
Amtssprache: Kirgisisch
Nationalfeiertag: 31. 8.
Währung: 1 Kirgistan-Som (K. S.) = 100 Tyin
Uhrzeit: 16⁰⁰ Uhr Bischkek = 12⁰⁰ Uhr MEZ

Kirgistan, amtlich kirgisisch **Kyrgyzstan Respublikasy,** auch **Kirgisien, Kirgisistan,** bis 1990 ▷ Kirgisische Sozialistische Sowjetrepublik, Republik in Mittelasien, mit 198 500 km² Gebietsfläche zweitkleinste der mittelasiat. GUS-Republiken, grenzt im N an Kasachstan, im O und SO an China, im SW schiebt sich K. mit der Turkestankette tief in tadschik. Staatsgebiet vor, stark gegliedert ist auch die Grenze gegen Usbekistan im W; (1994) 4,667 Mio. Ew., Hauptstadt ist Bischkek (früher Frunse). Amtssprache ist Kirgisisch, das sich als Schriftsprache erst seit 1917 entwickelte, geschrieben bis 1939 und wieder seit 1992 in lat., dazwischen in kyrill. Schrift. Russisch als wichtige Verkehrssprache soll zweite Amtssprache werden. Währung ist seit 1993 der Kirgistan-Som. Uhrzeit: 16⁰⁰ Uhr Bischkek = 12⁰⁰ Uhr MEZ.

STAAT · RECHT

Verfassung: Die geltende Verf. wurde von dem im Febr. 1990 in nichtdemokratisch-sowjet. Weise gewählten Obersten Sowjet am 5. 5. 1993 verabschiedet und durch Volksentscheid vom 23. 10. 1994 maßgeblich geändert. In ihren Grundsatzbestimmungen wird K. als eine ›souveräne, unitar. und demokrat. Rep.‹ gekennzeichnet, die ›auf den Grundsätzen des weltl. Rechtsstaats‹ beruht. Der Grundsatz des Laizismus ist nicht nur in der sowjet. Tradition des Atheismus, sondern v. a. als Absage an islamisch-fundamentalist. Strömungen zu sehen, die in K. allerdings schwach sind. Deshalb sind auch polit. Parteien auf religiöser Grundlage ausdrücklich verboten. Als Quelle der Staatsgewalt wird das ›Volk K.s‹ angegeben, mit welchem Ausdruck die ethn. Spannungen überbrückt werden sollen, die sich aus der Existenz großer Minderheiten und der tribalist. Struktur der Kirgisen ergeben. Um die Herausbildung eines Staatsvolks zu erleichtern, ist durch das Staatsangehörigkeitsgesetz vom 16. 10. 1990 allen Landesbewohnern, die nicht eine fremde Staatsangehörigkeit annehmen, die kirgis. Staatsangehörigkeit zugesprochen worden. Die ›Staatssprache‹ ist nunmehr Kirgisisch, aber daneben wird Russisch als zweite Sprache verwendet. Die Grundrechte entsprechen dem völkerrechtl. Menschenrechtsstandard. Die sozialen Grundrechte nehmen einen breiten Raum ein, sind aber nicht als Leistungsansprüche ausgestaltet. Ansätze zu einem Minderheitenschutz sind vorhanden.

Die ursprüngl. Präsidial-Verf. ist durch die Novelle von 1994 so umgestaltet worden, daß ein präsidentiell-parlamentar. Mischsystem entstanden ist. Das Parlament (›Zhogorku Kenesch‹) besteht aus zwei Kammern: der Gesetzgebenden Versammlung mit 35 und der Versammlung der Volksvertreter mit 70 Abg. Nach dem Wahlgesetz werden die Abg. im System der Mehrheitswahl in Einzelwahlkreisen gewählt, wobei im ersten Wahlgang die absolute Mehrheit der abgegebenen Stimmen erforderlich ist und der ggf. notwendige zweite Wahlgang eine Stichwahl darstellt. Die Legislaturperiode beträgt fünf Jahre. Die Funktionen sind zw. den beiden Kammern so aufgeteilt, daß der aus Berufsparlamentariern bestehenden Gesetzgebenden Versammlung die laufende Gesetzgebung obliegt, während die nach dem Sessionssystem seltener tagende Versammlung der Volksvertreter für grundlegende Sach- und Personalentscheidungen zuständig ist. Finanzgesetze bedürfen der Zustimmung der Versammlung der Volksvertreter. Für Verf.-Änderungen ist eine Zweidrittelmehrheit in beiden Kammern erforderlich. Unter bestimmten Voraussetzungen kann der Staatspräs. sowohl die Gesetzgebende Versammlung als auch die Versammlung der Volksvertreter auflösen.

Die Funktionsweise des Reg.-Systems ist durch den gemäßigt autoritären Führungsstil des Staatspräs. A. AKAJEW geprägt, die nicht der ehem. kommunist. Nomenklaturaschicht entstammt. Der Präs. der Rep. wird vom Volk für fünf Jahre gewählt und kann in unmittelbarer Folge nur einmal wiedergewählt werden. Im ersten Wahlgang ist die absolute Mehrheit der abgegebenen Stimmen erforderlich. Wird diese von keinem Bewerber erreicht, kommt es zu einer Stichwahl. Der Staatspräs., dem nach der Verf.-Konzeption die Rolle eines überparteil. Staatslenkers zukommt, bestimmt die Richtlinien der Politik. Er ist Oberbefehlshaber der Streitkräfte, Inhaber der Notstandsgewalt und verfügt namentlich auf dem Gebiet der Außen- und Sicherheitspolitik über weitreichende Befugnisse. An der Ausübung der gesetzgebenden Gewalt ist er maßgeblich beteiligt, indem ihm das Recht der Gesetzesinitiative zusteht und er gegen Gesetzesbeschlüsse innerhalb von 15 Tagen sein Veto einlegen kann, das in der Gesetzgebenden Versammlung nur mit Zweidrittelmehrheit überwunden werden kann. Außerdem hat er ein selbständiges Verordnungsrecht, das nur durch den Vorrang der Gesetze beschränkt ist. Die regelmäßige Ausübung der vollziehenden Gewalt ist Aufgabe der Reg. Sie wird vom Premier-Min. geleitet. Der Premier-Min. und auf dessen Vorschlag die Min. werden vom Staatspräs. ernannt und entlassen. Ernennung und Entlassung des Premier-Min. bedürfen der mit absoluter Mehrheit zu beschließenden Zustimmung der Versammlung der Volksvertreter. Wird der Vorschlag des Staatspräs. für den Premier-Min. zweimal abgelehnt, bleibt die Ernennung wirksam, und die Versammlung wird aufgelöst. Die Versammlung der Volksvertreter kann von sich aus mit absoluter Mehrheit ein Mißtrauensvotum beschließen, das aber vom Staatspräs. zunächst ignoriert werden kann. Erst wenn innerhalb von drei Monaten ein zweites Mißtrauensvotum verabschiedet wird, muß sich der Präs. zw. der Entlassung des Premier-Min. und der Auflösung der Versammlung entscheiden. Auch die Reg. hat in ihrem Aufgabenbereich ein eigenes Verordnungsrecht, doch können ihre VO vom Präs. jederzeit aufgehoben werden.

Kirgistan: Übersichtskarte

Die Verf. sieht die Errichtung eines Verf.-Gerichts vor. Es besteht aus einem Senat mit neun Richtern und weiteren Richtern, die auf Vorschlag des Staatspräs. von der Versammlung der Volksvertreter für 15 Jahre gewählt werden; eine Wiederwahl ist uneingeschränkt zugelassen. Hauptaufgabe des Gerichts ist die abstrakte und konkrete Normenkontrolle. Eine Verf.-Beschwerde ist nicht vorgesehen. Die Entscheidungen des Verf.-Gerichts können beim Hohen Justizrat angefochten werden, der aus den Präs. des Verf.-Gerichts, des Obersten Gerichts und des Höchsten Arbitragegerichts sowie je zwei Richtern dieser drei Gerichte besteht, die vom Hohen Justizrat auf Vorschlag des Staatspräs. kooptiert werden.

Parteien: Nach der Verabschiedung des ›Ges. über öffentl. Organisationen‹ im April 1991 ließen sich als Parteien u. a. die Demokrat. Bewegung K.s und die Republikan. Volkspartei K.s registrieren. Nach dem Verbot der KP im Aug. 1991 schlossen sich frühere Kommunisten in der Demokrat. Bewegung für Volkseinheit zusammen.

Das *Wappen* von K. ist noch das alte Wappen der Kirgis. Sozialist. Sowjetrepublik. Es zeigt den Gebirgszug Tienschan mit der aufgehenden Sonne. Unter dem Wappen befinden sich Hammer und Sichel, an den Rändern Baumwolle und Getreide, die Hauptanbaukulturen von Kirgistan.

Der *Nationalfeiertag* am 31. 8. erinnert an die Unabhängigkeitserklärung 1991.

Verwaltung: K. gliedert sich auf regionaler Ebene in sechs Gebiete und die Hauptstadt Bischkek und auf lokaler Ebene in 40 Kreise (rajon) und 15 Städte; in den Landkreisen bestehen rd. 430 Kommunen (Städte, Siedlungen, Dörfer). Die Staatsverwaltung ist nach dem Statthaltersystem hierarchisch aufgebaut. An der Spitze des unter der Aufsicht der Reg. stehenden Verwaltungsapparats steht in allen Gebietseinheiten der Verw.-Chef. Die Verw.-Chefs der Gebiete und Landkreise werden auf Vorschlag des Premier-Min. vom Staatspräs. ernannt und entlassen. Nur in den Städten und Kommunen werden die Aufgaben des Verw.-Chefs vom Vors. des Rats wahrgenommen, der als Beschlußorgan in Selbstverwaltungsangelegenheiten von der Bev. gewählt wird. Die Räte der Gebiete und Landkreise, die ebenfalls Beschlußorgane in Selbstverwaltungsangelegenheiten sind, werden von den kommunalen Räten gewählt. Sie können ihrem Verw.-Chef mit Zweidrittelmehrheit das Mißtrauen aussprechen, doch kommt dieses Mißtrauensvotum nur einem Antrag auf Entlassung gleich.

Recht: Es bestehen zwei Gerichtsbarkeiten. Die für Zivil-, Straf- und Verwaltungssachen zuständige ordentl. Gerichtsbarkeit ist der allgemeinen Verw.-Gliederung entsprechend dreistufig aufgebaut: Kreis- und Stadtgerichte – Gebietsgerichte – Oberstes Gericht. Die Arbitragegerichtsbarkeit ist für wirtschafts- und verwaltungsrechtl. Streitigkeiten der Unternehmen zuständig und zweistufig aufgebaut: Arbitragegerichte in den Gebieten – Höchstes Arbitragegericht. Eine Sonderstellung nimmt die Militärstrafgerichtsbarkeit ein. Die Amtszeit der Richter ist begrenzt, was ihrer Unabhängigkeit nicht förderlich ist. Die Richter der beiden obersten Gerichte werden auf Vorschlag des Staatspräs. von der Versammlung der Volksvertreter für 15 Jahre gewählt. Die übrigen Richter werden auf Vorschlag des Hohen Justizrats vom Staatspräs. zuerst für drei und danach für sieben Jahre ernannt. Unterhalb der staatl. Gerichtsbarkeit können auf der kommunalen Ebene die traditionellen Schiedsgerichte der Dorfältesten (Aksakal) wiedererrichtet werden, die in Vermögens- und familienrechtl. Sachen auf einen Vergleich hinwirken oder auch Entscheidungen treffen. Ihre Entscheidungen sind gerichtlich anfechtbar. Die strikt zentralistisch aufgebaute Staatsanwaltschaft ist der sowjet. Tradition entsprechend nicht nur Strafverfolgungsbehörde, sondern auch für eine umfassende Rechtsaufsicht über die Verw. zuständig.

Streitkräfte: Nach dem Auseinanderfallen der Sowjetunion verblieben auf dem Territorium K.s bis auf weiteres russ. Truppen etwa in Stärke einer motorisierten Schützendivision. Seit 1992 sind eigene nat. Streitkräfte in einer Größenordnung von 5 000–7 000 Mann im Aufbau.

Internat. Mitgliedschaften: UNO, GUS, OSZE.

LANDESNATUR · BEVÖLKERUNG

Landesnatur: K. ist überwiegend ein Hochgebirgsland (die ›mittelasiat. Schweiz‹), dessen Fläche zur Hälfte zw. 1 000 und 3 000 m ü. M., zu einem Drittel über 3 000 m ü. M. liegt; im N bestimmen die mit den höchsten Gebirgsketten des westl. Tienschan (Pik Pobeda 7 439 m ü. M.), im S und SW von Alai- und Transalaigebirge (bis 7 134 m ü. M.), beide durch das Alaital getrennt. Zum Gebirgssystem des Tienschan, der sich im W fächerartig aufgliedert, gehören von N nach S die Kirgisenkette, die Talasskette, der Kungej- und Terskej-Alatau im N des Landes, der Kokscha-Alatau im SO, die Tschatkalkette im W und die Ferganakette im Zentrum. Die weiter im S gelegene Turkestankette wird meist schon zum Gissar-Alai-System gerechnet. Die z. T. stark vergletscherten Gebirgsketten umschließen Längstäler und Becken, die die Hauptlebensräume der Bev. bilden.

Offen ist das Land nur im N (Tschu- und Talastal) zur Sandwüste Mujunkum in Kasachstan und im W

Kirg   Kirgistan

zum Ferganabecken hin, das größtenteils zu Tadschikistan und Usbekistan gehört. Siedlungsschwerpunkte sind Tschu- und Talastal, die Randzone des Ferganabeckens, Naryn- und Alaital sowie die östl. Uferzone des Sees Issykkul, mit einer Fläche von 6 280 km² größter See des Landes (leicht salzhaltiges, warmes Wasser, fischreich). Den Gebirgsketten entströmen zahlreiche gefällereiche Flüsse mit stark schwankender Wasserführung, die große Bedeutung für Bewässerung und Energieerzeugung haben. Die größten Wasserkraftreserven besitzt der Naryn, der rechte Quellfluß des Syrdarja, er ist u. a. zum Toktoguler Stausee aufgestaut.

K. liegt in einer erdbebenreichen Zone. Die durch Überweidung mit Schafen hervorgerufenen Erosionsschäden an den Steilhängen der Gebirge führen nach Erdbeben häufig zu Schlammlawinen.

Klima: Das Klima ist ausgeprägt kontinental und trocken mit deutlich erkennbarer Höhenstufung. Größere Niederschlagsmengen empfangen lediglich die im Staubereich der NW- und SW-Winde liegenden Gebirgsteile (800 bis 1 000 mm im Jahr). Am geringsten sind die Niederschläge in den zentralen Becken und Tälern des Tienschan (180 bis 300 mm) und im W-Teil des Issykkulbeckens (100 mm). Die mittlere Julitemperatur beträgt in den niedrigeren Lagen 20 bis 27 °C (das Januarmittel liegt bei −1,5 bis −8 °C), in den mittelhohen 15 bis 17 °C (−8 bis −20 °C) und in den Hochgebirgslagen bei 10 bis 12 °C (−20 bis −27 °C). Im S von K. sind die Sommer heißer, die Winter milder als im N, so daß es nicht immer zur Ausbildung einer geschlossenen Schneedecke kommt.

Kirgistan: Alaigebirge im Südwesten des Landes

Vegetation: Bis 1 500 m ü. M. herrschen Wüsten, Halbwüsten, Gras- und Buschsteppen vor. Landwirtschaftl. Nutzung ist meist nur mit Hilfe künstl. Bewässerung möglich. Zw. 1 500 und 4 000 m gibt es trockene Bergsteppen, die mit zunehmender Höhe in Wiesensteppen, subalpine und alpine Wiesen übergehen. Größere zusammenhängende Wälder kommen nicht vor, lediglich im S gibt es Walnußwälder. Ab 4 000 m ü. M. beginnt die Firn- und Gletscherregion.

Bevölkerung: Das gebirgige Relief läßt nur wenig Raum für eine dichtere Besiedlung. Weite Teile sind nahezu menschenleer und werden nur gelegentlich von nomadisierenden Schafhirten durchstreift. Der Verstädterungsgrad ist mit nur 39 % städt. Bev. (1993) auch entsprechend gering. Größte Städte sind (1991) Bischkek (631 300 Ew.), Osch (218 700 Ew.), Dschalalabad (74 200 Ew.), Tokmak (71 200 Ew.) und Karakol (früher Prschewalsk, 64 300 Ew.).

Die Kirgisen stellen mit 52,4 % (Volkszählung 1989) den größten Bevölkerungsanteil, gefolgt von den Russen mit 21,5 %. Um die Russen, die viele Facharbeitskräfte in K. stellen, im Land zu halten, soll Russisch wieder als zweite Amtssprache eingeführt werden. Die Univ. ist zweisprachig. Weitere Minderheiten sind die Usbeken mit 12,9 %, die Ukrainer mit 2,5 %, die Deutschen mit 2,4 % (die etwa 60 000 Deutschen genießen volle Autonomierechte) und die Tataren mit 1,6 %. Die insgesamt mehr als 20 Volks- bzw. Sprachgruppen leben in K. verhältnismäßig friedlich miteinander.

Religion: Die sunnit. Muslime stellen die größte Glaubensgemeinschaft dar.

Bildungswesen: Die Bev. verfügt über einen guten Bildungsstandard, vielfach auch über die Erwachsenenbildung erworben. Die allgemeinbildende Mittelschule (Schulzeit neun Jahre) wird (1991/92) von 449 000 Schülern (in 1 796 Schulen) besucht. Die vollständige Mittelschule umfaßt noch eine zwei Schuljahre dauernde Oberstufe; das Abitur kann auch an mittleren Fachschulen nach zwei- bis vierjähriger Schulzeit abgelegt werden. Daneben bestehen berufliche techn. Schulen (Facharbeiterausbildung, techn. und medizin. Hilfsberufe). Unterrichtssprache in Primar- und Sekundarstufe ist (1991) zu 61 % Kirgisisch, 26 % Russisch, 12 % Usbekisch und 1 % Tadschikisch. Die Forschung ist an der Kirgis. Akademie der Wissenschaften organisiert. K. hat in Bischkek eine Univ., eine TU und drei diesen gleichgestellte sowie weitere Spezialhochschulen mit (1991/92) insgesamt 58 000 Studierenden sowie 48 pädagog. Lehranstalten mit 42 700 Studierenden. Die Ausgaben für das Bildungswesen waren (für 1992) mit 4 231 Mio. Rubel veranschlagt (24,8 % des öffentl. Haushalts).

Publizistik: Presse: Es herrscht weitgehend Pressefreiheit. Ein 1993 von der Reg. erlassenes Gesetz, das dem Staat wieder stärkere Kontrolle über die Medien zusichern sollte, wurde durch ein Dekret von Präs. AKAJEW teilweise revidiert. 1990 erschienen 114 Zeitungen, davon 42 in Kirgisisch sowie 42 Zeitschriften, davon 16 in Kirgisisch. Die wichtigsten Zeitungen sind ›Kyrgyz Tuusu‹ (gegr. 1924; Auflage 180 000), ›Wetschernij Bischkek‹ (1974; 118 500, in Russisch) und ›Bishkek Shamy‹ (1989; 115 000). – *Nachrichtenagentur* ist die ›Kyrgyz Telegraph Agency‹ (Kyrgyz TAG). – Der *Rundfunk* ist staatlich organisiert.

WIRTSCHAFT · VERKEHR

Wirtschaft: Das Auseinanderfallen der UdSSR hat K. stärker als andere ehem. Sowjet-Rep. getroffen, da es bes. stark in das sowjet. Zentralplanungssystem integriert war. Als eine der ärmsten Sowjet-Rep. war K. von jeher von Subventionen aus Moskau abhängig, die rd. 13 % des Bruttoinlandsprodukts (BIP) ausmachten. Aus dieser wirtschaftl. Abhängigkeit heraus ist es verständlich, daß K. eine treibende Kraft bei der Gründung der GUS gewesen ist. Gemessen am Bruttosozialprodukt (BSP) je Ew. von (1993) 830 US-$ fällt K. in die Kategorie der Entwicklungsländer mit mittlerem Einkommen. K.s ursprüngl. Entscheidung, den Rubel als Währung beizubehalten, bedeutete, daß die eigene Wirtschaft sehr stark von der Entwicklung in der Russ. Föderation und in den übrigen Ländern der Rubelzone beeinflußt wurde. So stieg die Inflationsrate in K. zw. 1991 und 1993 von 85 % auf 1 190 %; dank einer strikten Geld- und Kreditpolitik und v. a. der Einführung einer stabilen, konvertiblen Nationalwährung gelang es, die Teuerungsrate zu reduzieren (Jan. 1994: rd. 13 %). Obwohl 1993 ein Rückgang des BIP von 13 % zu verzeichnen war und der Lebensstandard sank, werden K. reelle Chancen für einen wirtschaftl. Aufschwung eingeräumt. Verhältnismäßig gut ausgebildete Arbeitskräfte (die Arbeitslosenquote wurde für 1994 allerdings auf wenigstens 30 % geschätzt), ein relativ starker Agrar- und Industriesektor, eine gute Infrastruktur sowie wichtige Energie- und Rohstoffvorkommen bilden dafür eine gute Basis.

Landwirtschaft: Das Land leidet noch an den Spätfolgen landwirtschaftl. Monokulturen (Baumwolle). 1994 arbeiteten 42 % der Erwerbstätigen im Agrarbereich. Wichtigster Sektor ist die Viehwirtschaft. Neben der überragenden Bedeutung der Schafzucht (1993: 8,4 Mio. Schafe, das entspricht 60 % des gesamten Tierbestandes) ist auch die Rinder-, Ziegen- und Pferdehaltung relevant. Nur 6,5 % der Landesfläche sind landwirtschaftlich nutzbar; davon müssen 70 % bewässert werden; wichtigste Anbauprodukte sind Baumwolle, Kartoffeln, Gemüse sowie Obst und Getreide. Anfang 1994 waren 34 % des Agrarlandes privatisiert.

Bodenschätze: K. verfügt über einige wichtige Rohstoffe, darunter Antimon-, Quecksilber- und Bleierze, Kohle, Erdöl und Erdgas (Produktion 1994: rd. 118 000 t bzw. 100 Mio. m³), Aluminium, Asbest und Eisenerz, auch einige Silbervorkommen. Bei der Goldproduktion (1993: rd. 2 t) wird bereits mit ausländ. Firmen kooperiert (die Kumtor-Mine im SO des Landes ist weltweit die siebtgrößte Goldmine).

Energiewirtschaft: Da der Erdöl- und Erdgasbedarf bei weitem nicht durch die heim. Förderung gedeckt werden kann, ist K. auf Einfuhren aus Rußland und anderen ehem. Sowjet-Rep. angewiesen. Wichtigster Energieträger, der (1991) 26 % des Gesamtenergiebedarfs deckt, ist die Elektrizität, die v. a. im Gebirge in Wasserkraftwerken erzeugt wird.

Industrie: Der industrielle Sektor beschäftigte 1994 rd. 40 % der Erwerbstätigen. Wichtigste Branchen sind die Schwer-, Leicht- und Textilindustrie sowie die Nichteisenmetallurgie. Der Maschinenbau kämpft mit großen Absatzproblemen in Rußland, ebenso die stark vertretene Rüstungsindustrie. 1994 waren 40 % des industriellen Sektors privatisiert.

Außenwirtschaft: Auch nach Erlangung der Unabhängigkeit entfielen (1992) 92 % des Außenhandelsvolumens auf die früheren Sowjet-Rep. (v. a. Rußland). Mittlerweile hat jedoch China Rußland als wichtigsten Handelspartner verdrängt. 1993 wurden v. a. Produkte der Leicht- und Nahrungsmittelindustrie, Elektrizität sowie Buntmetalle exportiert.

Verkehr: Obwohl K. größtenteils gebirgig ist, verfügt es über ein gut ausgebautes Verkehrsnetz. Die Eisenbahnstrecken besteht im wesentlichen eine 340 km lange Verbindung in Nord-K., die über Kasachstan an das russ. Eisenbahnnetz angebunden ist. Einige Städte an der Grenze zu Usbekistan (v. a. Osch) sind über Stichbahnen an usbek. Eisenbahnlinien angeschlossen. Das (1991) 28 400 km lange Straßennetz ist über gut ausgebaute Fernstraßen mit Kasachstan und Usbekistan verknüpft. Internat. Flughäfen gibt es bei Bischkek und Osch.

GESCHICHTE

Im Juni 1990 lösten ethn. und soziale Spannungen gewalttätige Auseinandersetzungen zw. Kirgisen und Usbeken aus, bes. im Gebiet von Osch. Im Zeichen der von M. S. GORBATSCHOW eingeleiteten gesellschaftl. Reformen wählte die Oberste Sowjet der Kirgis. SSR am 12. 10. 1990 A. AKAJEW zu seinem Vors., benannte den Staat am 12. 12. 1990 in ›Republik K.‹ um und erklärte diese am 15. 12. 1990 für souverän innerhalb der Sowjetunion. Im Juli 1991 unterzeichneten AKAJEW und der russ. Präs. B. JELZIN einen Vertrag über die Herstellung gleichberechtigter Beziehungen und Partnerschaft ihrer Staaten. Nach dem gescheiterten Putsch orthodox-kommunist. Kräfte in Moskau (19.–21. 8. 1991) löste die Regierung die KP auf. Mit Wirkung vom 31. 8. rief das Parlament die Unabhängigkeit K.s aus. Am 13. 10. 1991 wählte die Bev. AKA-JEW zum Staatspräs. Am 21. 12. 1991 trat K. der Gemeinschaft Unabhängiger Staaten (GUS) bei. Im Juli 1992 verabschiedete das Parlament ein von Präs. AKAJEW vorgeschlagenes und in Zusammenarbeit mit dem Internat. Währungsfonds ausgearbeitetes Austerity-Programm. 1993 nahm das Parlament einen Verf.-Entwurf an. In einem Referendum (Jan. 1994) billigte die Bev. das Regierungsprogramm. Am 1. 6. 1994 trat K. dem NATO-Programm ›Partnerschaft für den Frieden‹ bei. Bei den Parlamentswahlen am 5. und 19. 2. 1995 ergab sich eine Mehrheit für unabhängige, AKA-JEW nahestehende Kandidaten. AKAJEW selbst wurde bei den direkten Präsidentschaftswahlen am 24. 12. 1995 mit 71,6 % der Stimmen in seinem Amt bestätigt.

*Kiribati, amtlich engl. **Republic of K.**, Staat im Pazifik.

> *Hauptstadt:* Bairiki. *Amtssprachen:* Englisch und Gilbertesisch. *Landfläche:* 690 km² (einschließlich 200-Seemeilen-Meereszone 3,55 Mio. km²). *Bodennutzung (1990):* 380 km² Ackerland, 20 km² Waldfläche. *Einwohner (1994):* 77 000, 106 Ew. je km². *Städtische Bevölkerung (1990):* 35 %. *Durchschnittliches Bevölkerungswachstum pro Jahr (1985–93):* 2,0 %. *Bevölkerungsprojektion für 2000:* 87 100 Ew. *Ethnische Gruppen (1990):* 97,4 % Kiribatier (Mikronesier), 0,5 % Tuvaluer (Polynesier), 0,2 % Europäer, 1,9 % sonstige. *Religion (1990):* 53,5 % Katholiken, 39,1 % Protestanten, 2,4 % Bahai, 1,9 % Siebenten-Tags-Adventisten, 1,7 % Mormonen. *Altersgliederung (1990):* unter 15 Jahre 40,3 %, 15 bis unter 65 Jahre 54,0 %, 65 und mehr Jahre 5,7 %. *Lebenserwartung der Neugeborenen (1993):* männlich 53 Jahre, weiblich 56 Jahre. *Analphabetenquote (1985):* 10 %. *BSP je Ew. (1993):* 710 US-$. *BIP nach Sektoren/Produktionsstruktur (1992):* Landwirtschaft 24 %, Industrie 9 %, Dienstleistungen 67 %. *Arbeitslosenquote (1990):* 2,8 %. *Währung:* 1 Australischer Dollar/Kiribati ($A/K) = 100 Cents. *Internationale Mitgliedschaften:* Commonwealth of Nations, South Pacific Forum.

Geschichte: Nach der Entlassung K.s in die Unabhängigkeit standen 1979–91 IEREMIA TABAI (* 1950) und 1991–94 TEATAO TEANNAKI als Präs. an der Spitze von Staat und Regierung. Nach dem Sturz TEANNAKIS im Mai 1994 wählte die Bev. im Sept. 1994 TEBURORO TITO (* 1953) zu seinem Nachfolger. In seiner Wirtschaftsentwicklung ist K. stark vom Fischfang und der Vergabe von Fischereirechten an auswärtige Staaten oder Fischfanggesellschaften abhängig. 1989 war K. Gastgeber einer Gipfelkonferenz des South Pacific Forum, die eine Konvention gegen die Schleppnetzfischerei verabschiedete.

***Kirkland**, Joseph Lane, amerikan. Gewerkschafter: Wurde 1995 von JOHN JOSEPH SWEENEY (* 1934) als Präs. des AFL-CIO abgelöst.

***Kirowabad:** Stadt in Aserbaidschan, heißt seit 1989 **Gjandscha**, aserbaidschan. **Gəncə, Gäncä**.

***Kirowakan:** Stadt in Armenien, heißt seit 1992 wieder **Karaklis**.

Kisch, Kish [-ʃ], iran. Insel am Eingang zum Pers. Golf, etwa 100 km²; seit 1993 freie Produktionszone, wird als Handelszentrum, Standort für Leichtindustrie sowie für den Fremdenverkehr ausgebaut. Der Freihafen soll für die Einfuhr Irans die Rolle von Dubai übernehmen.

***Kischinjow:** Hauptstadt Moldawiens, heißt jetzt amtlich **Chișinău**.

***Kisielewski**, Stefan, poln. Schriftsteller und Komponist: † Warschau 27. 9. 1991.

Kissin, Jewgenij, russ. Pianist, * Moskau 10. 10. 1971; galt seit seinen Aufführungen der beiden Klavierkonzerte von F. CHOPIN mit den Moskauer Philharmonikern (1984) als Wunderkind. Auftritte mit

Jewgenij Kissin

Kita Kitajenko – Kneffel

den Berliner Philharmonikern (1987) und dem New York Philharmonic Orchestra (1990) bestätigten seinen Ruf v. a. als Interpret russ. Klaviermusik.

***Kitajenko,** Dmitrij Georgijewitsch, russisch-sowjet. Dirigent: Leitete bis 1990 die Moskauer Philharmoniker und wurde im gleichen Jahr Chefdirigent des Radio-Sinfonie-Orchesters Frankfurt am Main, daneben 1991 auch des Berner Sinfonieorchesters.

***Klasen,** Karl, Bankfachmann: † Hamburg 22. 4. 1991.

Klasen, Peter, Maler und Plastiker, * Lübeck 18. 8. 1935; lebt seit 1959 in Paris; Vertreter der europ. Variante der Pop-art und der Narrativen Figuration. Bis 1980 kombinierte er in seinen in Blau und Rot gehaltenen Gemälden und Objekten Fragmente des weibl. Körpers mit techn. Details, die er photorealistisch in Schwarzweiß reproduzierte. Seit den 80er Jahren kombiniert er fast ausschließlich vorgefundene Maschinenteile zu Bildern und Materialcollagen.

P. K. Histoire de lieux ordinaires. Peintures, Ausst.-Kat. (Paris 1989).

Klaus, Václav, tschech. Politiker, * Prag 19. 6. 1941; Wirtschaftsfachmann, zunächst beim Institut der Akademie der Wissenschaften tätig (1963–69 Wirtschaftsforschung, 1988–89 Wirtschaftsprognosen), war im Zuge der polit. Wende in der Tschechoslowakei (Herbst 1989) wirtschaftspolit. Sprecher des Bürgerforums. Er entwarf als Finanz-Min. der Tschechoslowakei eine radikale Wirtschaftsreform. Nach der Aufsplitterung des Bürgerforums wurde er im April 1991 Vors. der Demokrat. Bürgerpartei. Als MinPräs. der tschech. Teilrepublik (Juni bis Dez. 1992) sowie der unabhängigen Tschech. Rep. (seit Jan. 1993) führt K. eine Koalitionsregierung.

Frederik de Klerk

***Klee,** Bernhard, Dirigent: War bis 1987 Generalmusikdirektor in Düsseldorf; wurde 1991 erneut Chefdirigent des NDR-Sinfonieorchesters in Hannover.

***Kleiber,** Günter, Politiker: Verlor im Zuge des Umbruchs in der Dt. Dem. Rep. 1989/90 seine Partei- und Staatsämter. Im März 1995 wurde K. vor dem Berliner Landgericht zus. mit fünf anderen Mitgl. des früheren Politbüros der SED u. a. wegen des Verdachts des mehrfachen gemeinschaftl. Totschlags angeklagt.

***Kleinaktien:** Der Mindestnennbetrag für Aktien wurde im Rahmen des 2. Finanzmarktförderungs-Ges. von 50 DM auf 5 DM verringert (§ 8 Aktien-Ges.). Als K. (**Baby-Aktien**) gelten nunmehr Aktien, die auf den neuen Mindestnennbetrag lauten.

***Kleist-Preis:** Weitere Preisträger sind: HEINER MÜLLER (1990), G. SALVATORE (1991), MONIKA MARON (1992), E. JANDL (1993), HERTA MÜLLER (1994); wurde 1995 nicht verliehen; H. J. SCHÄDLICH (1996).

Klemke, Werner, Graphiker: † Berlin 26. 8. 1994.

***Klepsch,** Egon Alfred, Politiker: War 1992–94 Präs. des Europ. Parlaments.

Thomas Klestil

Klerk, Frederik Willem de, südafrikan. Politiker, * Johannesburg 18. 3. 1936; Rechtsanwalt, Mitgl. der Nat. Partei, seit 1972 Parlaments-Mitgl., u. a. 1982–85 Innen-, 1984–89 Erziehungs-Min., seit 1989 Vors. seiner Partei; 1989–94 Staatspräs., seither Vize-Präs. Er setzte als Partei-Vors. und Staatspräs. seit 1990, z. T. gegen heftigen Widerstand der rechten weißen Opposition, eine Wende in der Rassenpolitik der Rep. Südafrika durch. Beginnend mit der Freilassung des seit 1962 inhaftierten N. MANDELA und der Aufhebung des Ausnahmezustands brachte er Reformen auf den Weg, die, bald in enger Absprache mit MANDELA und dem ANC vorangetrieben, letztlich zur Abschaffung der Apartheidgesetzgebung und zum friedl. Übergang Südafrikas zu einer pluralist. und gemischtrassigen Demokratie führten. Dafür erhielt er zus. mit MANDELA 1993 den Friedensnobelpreis.

Kevin Kline

Klestil, Thomas, österr. Diplomat und Politiker, * Wien 4. 11. 1932; Diplomkaufmann, 1966–69 im Bundeskanzleramt tätig, 1969–74 Generalkonsul in Los Angeles (Calif.), leitete 1974–78 im Außenministerium die Abteilung für Internat. Organisationen; 1978–82 österr. Vertreter bei der UNO, 1982–87 Botschafter in Washington (D. C.) und 1987–92 GenSekr. des Außenministeriums. Der parteilose K. wurde als Kandidat der ÖVP am 24. 5. 1992 von der Bev. im zweiten Wahlgang mit 56,85 % der Stimmen zum Bundes-Präs. gewählt.

***Klibi,** Chedli, tunes. Politiker: Trat am 3. 9. 1990 als GenSekr. der Arab. Liga zurück, nachdem er 1989 für eine dritte Amtszeit gewählt worden war.

Klimagipfel, → Weltklimakonferenz.

Klimaschutzsteuern, Klimasteuern, → Umweltabgaben.

Kline [klaɪn], Kevin, amerikan. Schauspieler, * Saint Louis (Mo.) 24. 10. 1947; hatte schon Theatererfolge, als er 1982 zum Film kam und sich dort mit kom. sowie vielseitigen Charakterrollen einen Namen machte.

Filme: Sophies Entscheidung (1982); The pirates of Penzance (1983); Schrei nach Freiheit (1987); Ein Fisch namens Wanda (1988); Dave (1992); French Kiss (1995).

***Klingenthal 1):** Der seit 3. 10. 1990 zum Land Sachsen gehörende Landkreis ging zum 1. 1. 1996 im Vogtlandkreis auf. Die Stadt Klingenthal/Sa. ist damit nicht mehr Kreisstadt.

***Kljujew,** Nikolaj Aleksejewitsch, russ. Lyriker: Wurde nach neuen Erkenntnissen aus den Archiven des KGB zw. dem 23. und dem 25. 10. 1937 in Sibirien erschossen.

V. CHENTALINSKI: La parole ressuscitée. Dans les archives littéraires du KGB (a. d. Russ., Paris 1993).

***Klose,** Hans-Ulrich, Politiker: War bis Nov. 1991 SPD-Schatzmeister, von Nov. 1991 bis Nov. 1994 Fraktions-Vors. seiner Partei im Bundestag. Seitdem ist er einer der Vizepräsidenten des Bundestages.

***Klötze 1):** Der seit 3. 10. 1990 zum Land Sachs.-Anh. gehörende Landkreis k. ging 1. 7. 1994 im Altmarkkreis Salzwedel auf; die Stadt Oebisfelde und sechs weitere Gemeinden wurden dem Ohrekreis eingegliedert. Die Stadt Klötze/Altmark ist damit nicht mehr Kreisstadt.

***Kluge,** Alexander, Schriftsteller und Filmregisseur: Ist in neuester Zeit v. a. als Autor und mit eigenen Sendungen (DCTP Development Company for Television Programs mbH, Düsseldorf) für das Fernsehen tätig; 1993 erhielt er den Heinrich-Böll-Preis.

Werk: Essays: Maßverhältnisse des Politischen (1992, mit O. NEGT).

***Knappschaft:** Die K. ist jetzt auch Trägerin der Pflegeversicherung.

Karin Kneffel: Tierporträt; 1992 (Privatbesitz)

Kneffel, Karin, Malerin, * Marl 17. 1. 1957; vertritt eine maler. Position, die zw. Konzeptualismus und Naturalismus steht. Der Bildgegenstand wird zum Träger einer formalen Analyse, die den Abstand zw.

Dargestelltem und Abbildungsweise thematisiert, und leistet zugleich die Rückbindung der Form- und Farbexperimente an ein allgemein zugängl. Motiv.

K. K., bearb. v. K. H. KOHRS, Ausst.-Kat. (1993).

*Kōbe: Bei dem Erdbeben am 17. 1. 1995 im Raum der japan. Stadt K. kamen über 5 500 Menschen ums Leben, 300 000 Personen wurden obdachlos.

Bernd Koberling: Strand I; 1984 (Privatbesitz)

Koberling, Bernd, Maler, * Berlin 4. 11. 1938; verbindet einen urspr. dynamisch-expressiven Malgestus in nord. Landschaften mit ruhiger Flächenmalerei. Durch Überspannung der Bilder mit einer dünnen Nesselschicht suchte er (1965–73) Transparenz, atmosphär. Reiz, Dunst und Wäßriges zu erfassen. Um 1980 wurden Tiere (Kormorane, Wale, Seehunde) und menschl. Figuren einbezogen, wie Großaufnahmen nach vorne geholt und in kraftvollem Farbauftrag und großzügiger, verwischender Pinselführung aufgetragen.

B. K. Bilder 1991–93, Beitr. v. E. BRITSCH u. a., Ausst.-Kat. (1993).

Koblenz, Babette, Komponistin, * Hamburg 22. 8. 1956; studierte u. a. bei G. LIGETI in Hamburg. Von kosmolog. Gedanken getragen, suchen ihre Kompositionen nach neuen Möglichkeiten musikal. Zeiteinteilung, z. B. durch eine von gebrochener Metrik (›gekrümmte Pulse‹, ›flexible Beats‹) getragene Polyrhythmik.

Werke: *Musiktheater:* Hexenskat (1980; Oper); Alla testa (1985); Altdorfer auf Atlantis (1985; Figurentheater, mit H.-C. VON DADELSEN). – *Orchesterwerke:* Radar (1988; für Klavier u. Orchester); Al fondo negro (1993). – *Kammermusik:* Streichtrio (1988); Schofar (1989; für acht Instrumente); Bläserquintett (1990); Salpêtrière (1990; für sechs Schlagzeuger). – *Vokalmusik:* Messe française (1991).

*Koch, Werner, Schriftsteller und Journalist: † Köln 31. 3. 1992.

*Koeppen, Wolfgang, Schriftsteller: † München 15. 3. 1996.

*Kofler, Leo, Philosoph und Soziologe: † Köln 29. 7. 1995.

kognitive Linguistik, neuerer Zweig der Linguistik und der kognitiven Wiss., der die mentalen Repräsentationen und Prozesse bei der Sprachverarbeitung (Sprachproduktion und Sprachverstehen) zu erklären sucht. Als Begründer der k. L. gilt der amerikan. Linguist A. N. CHOMSKY, der die sprachl. Generativität, d. h. die menschl. Fähigkeit zur Bildung unendlich vieler grammatisch korrekter Sätze, auf kognitive Prozesse zurückführte. CHOMSKYS Fragestellungen lauten: Wie wird die Sprache mental verarbeitet, und wie wird die menschl. Sprachfähigkeit erworben?

Theorien: Der Entwurf CHOMSKYS gab den Anstoß zur Entwicklung unterschiedl. Theorien der k. L. Dabei läßt sich eine Verschiebung der Forschungsschwerpunkte von eher syntaktisch über semantisch zu kommunikativ orientierten Fragestellungen beobachten. Die *syntaktisch* orientierten Theorien gehen in ihrer Mehrzahl von der Konzeption einer autonomen Sprachfähigkeit des Menschen aus, deren Kern durch die Regeln der Syntax gebildet wird. Die ›Universalgrammatik‹ wird als eine angeborene menschl. (d. h. durch Gesetzmäßigkeiten im menschl. Gehirn bestimmte) Fähigkeit betrachtet. Die *semantisch* orientierten Theorien sehen die menschl. Sprachfähigkeit wesentlich durch das weit über die Sprache hinausreichende Wissen über Sachverhalte in der Welt bestimmt. Die Strukturen und Schemata dieses Weltwissens bilden die Grundlage auch für die Sprachverarbeitung. Die *kommunikativ* orientierten Theorien ordnen die menschl. Sprachfähigkeit der Kommunikationsfähigkeit unter. Nach dieser Ansicht können die Strukturen und Prozesse der Sprachverarbeitung am besten erklärt werden, wenn sie im Rahmen kommunikativer Vorgänge zur zwischenmenschl. Verständigung interpretiert werden.

Methoden: Die *theoret.* Methoden verwenden formalisierte Sprachen zur Präzisierung der Hypothesen. Die *empir.* Methoden umfassen Untersuchungen in der natürl. Lebenssituation sowie im Experimentallabor. Die *simulativen* Methoden überprüfen die theoret. Modelle mit Hilfe von Computerprogrammen.

M. SCHWARZ: Einf. in die k. L. (1992); G. RICKHEIT u. H. STROHNER: Grundl. der kognitiven Sprachverarbeitung (1993).

Kohäsionsfonds [-fɔ̃], von der EU 1993 mit dem Vertrag über die Europ. Union (Maastrichter Vertrag) nach Art. 130 d der Einheitl. Europ. Akte geschaffenes und am 25. 5. 1994 in Kraft getretenes strukturpolit. Instrument zur Förderung des wirtschaftl. und sozialen Zusammenhalts (Kohäsion) in der Gemeinschaft. Zielsetzung des K. ist es, alle Mitgl.-Länder in die Lage zu versetzen, so früh wie möglich an der Endstufe der Europ. Wirtschafts- und Währungsunion teilzunehmen. Gefördert werden diejenigen EU-Länder, die hierzu die größten Hindernisse überwinden müssen, d. h. entsprechend den Förderkriterien Länder, die beim Bruttosozialprodukt je Ew. weniger als 90 % des EU-Durchschnitts erreicht. Unterstützt werden nach diesem Kriterium gegenwärtig Spanien, Portugal, Griechenland und Irland. Die Finanzmittelausstattung beträgt 1993–99 15,15 Mrd. ECU (mehr als 30 Mrd. DM). Gefördert werden Projekte in den Bereichen Umwelt und Transeurop. Netze, wenn die Vorhaben groß genug angelegt sind (mindestens 10 Mio. ECU), um sich in nachhaltiger Weise auf den Umweltschutz oder die Verbesserung der Verkehrsinfrastruktur auszuwirken. Der Förderanteil liegt zw. 80 % und 85 % der öffentl. Ausgaben für jedes Vorhaben und damit deutlich höher als in den übrigen Europ. Strukturfonds.

*Kohl, Helmut, Politiker: Mit seinen Initiativen zur Währungs-, Wirtschafts- und Sozialunion zw. der Bundesrep. Dtl. und der Dt. Dem. Rep. (1. 7. 1990) sowie dem Einigungsvertrag zw. beiden Staaten (31. 8. 1990) trieb K. den Prozeß der Vereinigung beider dt. Staaten voran. In den Verhandlungen zw. der Bundesrep. Dtl. und der Dt. Dem. Rep. einerseits und den vier Siegermächten des Zweiten Weltkriegs (›Zweiplus-Vier-Gespräche‹, Mai bis Sept. 1990) andererseits konnte er zus. mit L. DE MAIZIÈRE, MinPräs. der Dt. Dem. Rep., und den Außenministern beider Staaten maßgeblich die Zustimmung der vier Mächte zur Vereinigung der beiden dt. Staaten erwirken: die der Westmächte v. a. mit der erklärten Absicht, ein vereintes Dtl. sowohl in den Prozeß der weiteren europ. In-

Kohl Kohlekraftwerk – Kollhoff

tegration als auch in die Struktur der NATO einzubauen, die der UdSSR mit einer vertragl. Absicherung einer Politik der guten Nachbarschaft und entsprechender wirtschaftl. Hilfe.

Im Zuge der Eingliederung der ostdt. Landesverbände der CDU in die Gesamtorganisation der Partei (1.–2. 10. 1990) wurde K. als Vors. der CDU bestätigt. Nach der dt. Vereinigung (3. 10. 1990) und der ersten gesamtdt. Bundestagswahl (2. 12. 1990) wählte ihn der Bundestag am 17. 1. 1991 zum Bundeskanzler. Vor dem Hintergrund des Zusammenbruchs der Wirtschaft in den neuen Bundesländern und der mit ihm verbundenen Massenarbeitslosigkeit dort erwies sich seine Annahme, der Übergang von der Plan- zur Marktwirtschaft werde sich relativ schnell überwinden lassen, als zu optimistisch. Er konnte v.a. sein Versprechen, ohne Steuererhöhungen die wirtschaftl. und sozialen Probleme des Vereinigungsprozesses zu lösen, nicht einhalten, zumal eine wirtschaftl. Rezession mit ihren Folgen 1992/93 ganz Dtl. ergriffen hatte.

Außenpolitisch erkannte er in enger Verknüpfung mit seiner Deutschlandpolitik – nach anfängl. Zögern – die Oder-Neiße-Linie als dt. Ostgrenze an. Er sucht Gesamt-Dtl. als demokrat. Element im Prozeß der europ. Integration zu verankern. Im selben Maße setzt er sich für die Erweiterung der Europ. Union ein. – Nach dem für die bisherigen Reg.-Parteien äußerst knappen Wahlsieg im Okt. 1994 wählte der Bundestag K. am 15. 11. 1994 wieder zum Bundeskanzler.

Willem Kok

Hans Kollhoff: Blick auf das Wohnhaus am Luisenplatz in Berlin-Charlottenburg; 1982–88

***Kohlekraftwerk:** Als eine Option für die saubere und umweltfreundl. Kohleverstromung gilt das Gas- und Dampfturbinenkraftwerk mit integrierter Kohlevergasung (**Kohlevergasungskraftwerk**). Im April 1993 wurde im niederländ. Buggenum (Prov. Limburg) das mit einer elektr. Leistung von 253 MW größte Kraftwerk dieser Art in Betrieb genommen. Der Kohlevergaser arbeitet nach einem vom Unternehmen Shell entwickelten Verfahren. Mit einem elektr. Wirkungsgrad von 43% erreicht es den Wert moderner konventionell befeuerter Steinkohlekraftwerke. Aufgrund des Energieaufwands für die Kohlevergasung wird der Wirkungsgrad aber immer deutlich unter dem eines erdgasbefeuerten Gas- und Dampfturbinenkraftwerks liegen (→Gasturbinenkraftwerk). Der Vorteil des Kohlevergasungskraftwerks liegt im Vergleich zum konventionellen K. im emissionsärmeren Betrieb. Nachteilig sind hingegen die höheren spezif. Investitionskosten.

In Puertollano (Spanien) befindet sich z. Z. ein weiteres, von der Europ. Union gefördertes Kohlevergasungskraftwerk auf Steinkohlebasis mit einer elektr. Leistung von 305 MW im Bau, an dem mehrere dt. Unternehmen beteiligt sind und das zur →Kohlevergasung das Prenflo-Verfahren einsetzt.

***Kohlepfennig:** Der K., der in den alten Bundesländern ab 1994 mit einem Satz von 8,5% erhoben wurde (Aufkommen 1993: 4,5 Mrd. DM) und der 1996 auch in den neuen Bundesländern eingeführt werden sollte, wurde vom Bundesverfassungsgericht in seinem Beschluß vom 11. 10. 1994 als verfassungswidrige Sonderabgabe gewertet; er darf seit dem 1. 1. 1996 nicht mehr erhoben werden. Die Kohlesubventionierung muß von da an aus allgemeinen Haushaltsmitteln bestritten werden. Vorschläge, als Ersatz für den K. eine allgemeine Energiesteuer einzuführen, stießen bisher auf starken Widerstand. Bereits im Nov. 1993 war festgelegt worden, die Verstromung der im internat. Vergleich teuren dt. Steinkohle mit 7,5 Mrd. DM im Jahr 1996 und mit jährlich 7 Mrd. DM für die Jahre 1997 bis 2000 zu subventionieren.

***Köhler,** Georges Jean Franz, Immunologe: † Freiburg im Breisgau 1. 3. 1995.

***Köhler,** Siegfried, Dirigent und Komponist: Wurde 1990 Chefdirigent der Königl. Oper in Stockholm.

***Kohlevergasung:** Das in Dtl. entwickelte **Prenflo-Verfahren** (Abk. für engl. **Pr**essurized **en**trained **flow**) zur K. arbeitet mit einem vierstufigen Verfahrensverlauf. In der 1. Stufe werden Rohkohle und Petrolkoks zu gleichen Teilen gemischt. In der 2. Stufe, der eigentl. K., entsteht aus dem Gemisch ein Rohgas aus Wasserstoff und Kohlenmonoxid mit einem Heizwert von 10,6 MJ/m^3. Die 3. Stufe ist die Waschphase, bei der ein Großteil des Schwefeldioxids aus dem Rohgas entfernt wird. In der 4. Stufe wird das abgetrennte Schwefeldioxid zu hochreinem Schwefel umgesetzt. Das Verfahren wird z. B. in dem mit Mitteln der EU erbauten span. Kombikraftwerk in Puertollano großtechnisch eingesetzt (→Kohlekraftwerk).

***Kok,** Willem, niederländ. Politiker: War ab 1989 Finanz-Min. und stellv. Premier-Min. in der Reg. Lubbers; seit Aug. 1994 führt K. eine Koalitions-Reg. aus Sozialisten, Rechts- und Linksliberalen. Seine Politik zielt v.a. auf den Abbau des Haushaltsdefizits durch Einsparungen bei den Staatsausgaben und die Verringerung der Arbeitslosigkeit.

***Kokain:** Die Zahl der Erstkonsumenten von K. wuchs in Dtl. im Jahr 1994 um 33%; somit hält der Trend an, daß Erstkonsumenten harter Drogen verstärkt zu Kokain (und auch zu synthet. Drogen) greifen. Weltweit ist in der ersten Hälfte der 1990er Jahre der regelmäßige K.-Konsum vornehmlich in hochindustrialisierten Ländern, insbesondere in den USA, unter rd. 10 Mio. Gebrauchern verbreitet. Die Zunahme der sichergestellten Mengen an K. (1980: 240 kg; 1989: 6t; 1994: 23t) zeigt, daß, nachdem der Markt in den USA gesättigt war, Europa nun als neuer K.-Markt erschlossen wird.

***Kokel:** Fluß in Rumänien; der rumän. Name Tîrnava wird seit der Rechtschreibreform 1992 wieder Târnava geschrieben, die Namen der Quellflüsse Târnava Mare und Târnava Mică.

***Kolbenhoff,** Walter, Schriftsteller: † Germering 29. 1. 1993.

***Kollek,** Theodore, israel. Politiker: Wurde bei den Kommunalwahlen 1993 als Bürgermeister von Jerusalem nicht wiedergewählt.

***Kollhoff,** Hans, Architekt, *Lobenstein 18. 9. 1946; war 1983–85 Gast-Prof. an der Hochschule der Künste Berlin; seit 1987 Gast-Prof., seit 1990 Prof. an der ETH Zürich; führt (seit 1978) ein eigenes Architekturbüro in Berlin (seit 1984 mit HELGA TIMMERMANN). Vielfacher Preisträger, nicht ausgeführte Entwürfe z. B. für den Schloßplatz Aschaffenburg (1975), Hotel Berlin, Berlin (1977), Stadtplanung Kochstraße,

Berlin (1981), Museum für Technik und Arbeit, Mannheim (1982), Museum für Moderne Kunst, Frankfurt am Main (1984), Entwicklungsplan Platz der Republik, Berlin (1986). Bes. bei seinen Wohnanlagen setzt K. die eigene, der klass. Moderne verpflichtete Formensprache in Beziehung zu einem urbanen Umfeld, das weitgehend von einer traditionalist. Architektur bestimmt wird. Achsenverlauf, Geschoßhöhe, Baumaterial u. a. vorgegebene Strukturen bilden die Grundlage der Baukonzeptionen, werden aber in moderne Bauformen umgesetzt, die die techn. Möglichkeiten und Bedingungen der Gegenwart berücksichtigen.

Werke: Wohnhaus am Luisenplatz, Berlin (1982-88); Wohnanlage Lindenstraße, Berlin (1986); Rathaus von Spandau, Berlin (1988); Kindertagesstätte, Frankfurt am Main (1988-94); das KNSM-Eiland, Amsterdam, und die Wohnanlage Drontheimerstraße, Berlin (beide 1991); Wohnungsbau Malchower Weg, Berlin-Hohenschönhausen, und Wohnungsbau Seesener Str., Berlin-Wilmersdorf (beide 1993 ff.); Hochhäuser am Alexanderplatz, Berlin (1994 ff.).

H. K., réalisations et projets 1979–1989, Ausst.-Kat. (Berlin 1989); H. K., hg. v. X. GÜELL (Barcelona 1991).

*Kolumbien, amtlch span. **República de Colombia,** Staat im NW Südamerikas.

Hauptstadt: Bogotá. *Amtssprache:* Spanisch. *Staatsfläche:* 54 300 km². *Bodennutzung (1992):* 54 300 km² Ackerland, 405 000 km² Dauergrünland, 500 000 km² Waldfläche. *Einwohner (1994):* 34,545 Mio., 30 Ew. je km². Städtische Bevölkerung (1993): 72%; in städt. Agglomerationen mit 1 Mio. und mehr Ew. leben 38% der Stadt-, 27% der Gesamtbevölkerung. *Durchschnittliches Bevölkerungswachstum pro Jahr (1990-95):* 1,7%. *Bevölkerungsprojektion für 2000:* 37,822 Mio. Ew. *Ethnische Gruppen (1985):* 58% Mestizen, 20% Weiße, 14% Mulatten, 4% Schwarze, 3% Zambos, 1% sonstige. *Religion (1992):* 93,8% Katholiken. *Altersgliederung (1995):* unter 15 Jahre 32,9%, 15 bis unter 65 Jahre 62,6%, 65 und mehr Jahre 4,5%. *Lebenserwartung der Neugeborenen (1992):* männlich 66 Jahre, weiblich 72 Jahre. *Analphabetenquote (1991):* insgesamt 13,3%, männlich 12,5%, weiblich 14,1%. *BSP je Ew. (1993):* 1 400 US-$. *BIP nach Sektoren/Produktionsstruktur (1993):* Landwirtschaft 16%, Industrie 35%, Dienstleistungen 49%. *Arbeitslosenquote (1993):* 7,9%. *Währung:* 1 Kolumbianischer Peso (kol$) = 100 Centavos (¢, cvs). *Internationale Mitgliedschaften:* UNO, Andenpakt, Lateinamerikan. Integrationsvereinigung, OAS.

Geschichte: Im Mai 1990 wurde C. GAVIRÍA TRUJILLO zum neuen Staatspräs. gewählt. Parallel zu den Präsidentschaftswahlen bestimmte die kolumbian. Bev. die Zusammensetzung einer Verfassunggebenden Versammlung, die eine neue Verf. erarbeitete, welche am 5. 7. 1991 in Kraft trat. Im Juni 1991 beschloß die Verfassunggebende Versammlung vorgezogene Neuwahlen im Okt. 1991, in denen sich der PL mit absoluter Mehrheit in beiden Kammern behauptete. An den Wahlen nahm auch die neugegründete Alianza Democrática (ADM-19, dt. Demokrat. Allianz) teil, die aus der früheren Guerillaorganisation M-19 hervorgegangen war, nachdem diese im März 1990 die Waffen niedergelegt hatte. Die Verfassunggebende Versammlung legte ferner die Nichtauslieferung kolumbian. Staatsbürger an andere Staaten fest. Daraufhin kündigte ein Teil der Kokainkartelle die Einstellung des Terrors an, einige ihrer Mitgl. stellten sich den Behörden.

Nach ergebnislosen Friedensverhandlungen zw. Reg. und Guerilla 1991/92 verschärften sich Ende 1992 die Auseinandersetzungen zw. Armee und Reg. auf der einen Seite sowie dem Drogenkartell von Medellín und den marxist. Guerillaorganisationen FARC und Ejército de Liberación Nacional (ELN–Unión Camilista) auf der anderen Seite. Bis Ende 1993 gelang es, das Drogenkartell von Medellín weitgehend zu zerschlagen; dessen Führer PABLO ESCOBAR (* 1950), der sich im Juni 1991 den kolumbian. Behörden gestellt hatte und am 22. 7. 1992 aus dem Gefängnis entflohen war, wurde am 2. 12. 1993 aufgespürt und auf der Flucht erschossen. Mit einer Reihe von Festnahmen versch. Führungsmitglieder, u. a. von GILBERTO RODRÍGUEZ OREJUELA (* 1940) am 9. 6. 1995, gelangen der kolumbian. Polizei ferner bedeutende Schläge gegen das Drogenkartell von Cali. Ein wegen der Flucht ESCOBARS von der Opposition eingebrachter Antrag auf ein Amtsenthebungsverfahren gegen Präs. GAVIRIA TRUJILLO scheiterte. Im Dez. 1993 gab auch die Untergrundorganisation Corriente de Renovación Socialista (CRS; dt. Sozialist. Erneuerungsströmung) ihre Tätigkeit weitgehend auf, während insbesondere der ELN und die FARC ihren bewaffneten Kampf fortsetzten.

Nach den Parlamentswahlen am 13. 3. 1994, aus denen der PL mit einer Mehrheit hervorging, fanden am 28. 5. Präsidentschaftswahlen statt, die der Kandidat des PL, E. SAMPER PIZANO, erst im zweiten Wahlgang am 19. 6. für sich entscheiden konnte.

***Kombinat:** Wegen der großen vertikalen und horizontalen Konzentration der K. konnte in der Phase des Übergangs zur Marktwirtschaft (Transformationsphase) praktisch kein K. als Ganzes privatisiert werden. Vielmehr wurden i. d. R. Betriebe oder Betriebsteile der K. verselbständigt (und wenn möglich verkauft). Die Privatisierung der verbleibenden Einheiten erwies sich dennoch als sehr schwierig. Insgesamt mußte die damit beauftragte →Treuhandanstalt in großem Umfang Altschulden und andere finanzielle Lasten übernehmen.

***kombinierter Verkehr:** Als neue Variante des k. V. bietet der **bimodale Verkehr** eine Verminderung des techn. Aufwands und eine Verkürzung der Umschlagzeiten für den Wechsel zw. Straße und Schiene. Bei den neueren bimodalen Transportsystemen werden die Sattelanhänger (Trailer) am Gleisanschluß auf Eisenbahndrehgestelle geschoben und zu Zügen zusammengestellt, wobei benachbarte Trailer sich auf ein Drehgestell abstützen und mit einer Spezialkupplung verbunden werden. Das Straßenlaufwerk wird angezogen und auf der Bahnfahrt mitgeführt. Zusätzl. Einrichtungen wie große Terminals und Kräne entfallen. Im Vergleich zum Container- und Huckepackverkehr kann die Ladekapazität bei gleicher Zuglänge erheblich gesteigert werden. In Dtl. befindet sich der erste solche ›Trailerport‹ in München, der planmäßige Verkehr von ›Trailerzügen‹ zw. München und Verona wurde im Juni 1995 aufgenommen; Betreiber ist die ›Bayer. Trailerzug Gesellschaft‹ (BTZ).

Komi, Republik K., bis 1992 Autonome Sozialistische Sowjetrepublik der ▷ Komi, Teilrepublik der Russ. Föderation im NO der Osteurop. Ebene, 415 900 km², (1992) 1,225 Mio. Ew., Hauptstadt ist Syktywkar. Von der Bev. waren 1989 bei der Volkszählung nur 23,3% Komi, aber 57,7% Russen, 8,3% Ukrainer und 2,1% Weißrussen. – Am 30. 8. 1990 verabschiedete der Oberste Sowjet der Komi ASSR eine Souveränitätserklärung. Mit der Unterzeichnung des Föderationsvertrags mit Rußland im März 1992 wurde die ASSR zur SSR (Sozialist. Sowjetrepublik) aufgewertet. Im Mai desselben Jahres strich das Parlament die Adjektive ›sozialistisch‹ und ›sowjetisch‹ aus dem Staatsnamen.

Kommunalsteuer, →Lohnsummensteuer.

***Kommunarsk:** Stadt in der Ukraine, heißt seit 1992 wieder **Altschewsk.**

***Kommunismus:** Zum K. im Selbstverständnis eines ›real existierenden Sozialismus‹ bekennen sich nach dem Zusammenbruch der kommunist. Herrschaftssysteme in Europa (einschließlich ›Sowjetisch-

Komm Kommunistische Partei Chinas – kommunistische Parteien

Asiens‹) nur noch Nord-Korea und China sowie (mit Abstrichen) Vietnam und Kuba. Ideologisch und realpolitisch blieb in diesen Ländern der Herrschaftsanspruch rein kommunist. Partei bestehen, ökonomisch erfolgte dort – mit Ausnahme Nord-Koreas – eine teils bewußt betriebene (China), teils in Kauf genommene (Kuba) Öffnung zur Marktwirtschaft. Der Versuch in der Sowjetunion, unter dem Leitgedanken der ▷ Perestroika eine Erneuerung des bestehenden, bürokratisch jedoch erstarrten Staats- und Gesellschaftssystems in Gang zu setzen, entwickelte sich über den ins Kalkül gefaßten Reformrahmen hinaus eine solche Eigendynamik mit Ausstrahlung auf den gesamten Ostblock, daß der K. dort als alleinherrschende Staatsideologie verschwand. Diese Staaten befinden sich politisch und ökonomisch in einem Transformationsprozeß zu parlamentar. Demokratie und Marktwirtschaft, in vielen Fällen jedoch mit höchst unsicherem Ausgang. In den Ländern des früheren Ostblocks sind die herrschenden →kommunistischen Parteien in einem Vielparteiensystem verschwunden, zugleich treten sie vielfach unter anderem Namen wieder auf, wobei offen bleibt, inwieweit die personelle Erneuerung der alten Kader und die propagierte Ausrichtung auf einen Sozialismus mit liberalen und demokrat. Grundwerten ernst gemeint ist und im Falle der Übernahme polit. und staatl. Verantwortung auch praktiziert wird. In den westl. Industriegesellschaften Europas gerieten die kommunist. Parteien seit 1989 unter verstärkten Rechtfertigungsdruck; entsprechend wurden, soweit noch erforderlich, programmat. Umorientierungen in Richtung auf einen demokrat., Marktwirtschaft gegenüber offenen Sozialismus vorgenommen, was oft zur Spaltung der früheren kommunist. Parteien (z. B. in Italien) führte. Nach dem Zusammenbruch der kommunist. Staats- und Gesellschaftssysteme, d.h. des (im Eigenverständnis) ›real existierenden Sozialismus‹, besteht für den ›postkommunist. Sozialismus‹ das theoret. Problem darin, einen Sozialismus zu begründen, der radikaler als der demokrat. Sozialismus westl. Prägung überkommene sozialist. Grundwerte festschreibt, zugleich aber nicht in bloßer ideolog. Rückwärtsgewandtheit verharrt. (→Sozialismus)

Kommunistische Partei Chinas, Abk. KPCh: Unter dem bestimmenden Einfluß DENG XIAOPINGS, seit 1989 ohne Amt, setzte die KPCh ihren Kurs wirtschaftspolit. Reformen (Modifizierung der Planwirtschaft zur sozialist. Marktwirtschaft) bei entschlossener Aufrechterhaltung der Einparteienherrschaft fort. Nach dem Sturz ZHAO ZIYANGS als Vors. des ZK (1989), der sich gegenüber der polit. Reformbewegung gesprächsbereit gezeigt hatte, übernahm JIANG ZEMIN die offizielle Führung der Partei. Zus. mit MinPräs. LI PENG bildet JIANG ZEMIN, seit 1993 zugleich Staatspräs., den Kern der neuen Führungsgeneration.

Kommunistische Partei der Sowjetunion, Abk. KPdSU: Nach dem gescheiterten Putsch orthodoxer Kommunisten gegen Präs. M. S. GORBATSCHOW (19.–21. 8. 1991) trat dieser als GenSekr. der KPdSU zurück und suspendierte am 29. 8. ihre Tätigkeit für das gesamte Gebiet der UdSSR. Am 6. 11. 1991 verbot der russ. Präs. B. N. JELZIN KPdSU (für den Bereich Rußlands). In den übrigen Gliedrepubliken der früheren Sowjetunion wurde die Tätigkeit der KPdSU ebenfalls unterbunden.
Nach dem Urteil des Verfassungsgerichts Rußlands vom 30. 11. 1992 erfolgten das Verbot der KPdSU und die Enteignung ihres Parteivermögens zu Recht; verfassungswidrig seien jedoch das Verbot und die Enteignung ihrer Basisgruppen.

kommunistische Parteien: Nach dem Zusammenbruch der kommunist. Gesellschaftssysteme in Ost-, Ostmittel- und Südosteuropa (seit 1989) suchten sich viele k. P. über den Raum der ehem. Sowjetunion und des früheren Ostblocks hinaus oft unter neuem Namen, z. B. als ›Sozialist. Partei‹ oder ›Partei der demokrat. Linken‹, mit veränderter Programmatik neu zu formieren.
In Polen wandelte sich die kommunist. Poln. Vereinigte Arbeiterpartei (PVAP) im Jan. 1990 in die Sozialdemokratie der Rep. Polen um; sie bildet mit dem 1984 als Gegengewicht zur Solidarność gegründeten gesamtpoln. Gewerkschaftsbündnis Ogólnopolskie Porozumienie Związków Zawodowych (OPZZ) die Demokrat. Linksallianz und tritt v. a. für eine Verlangsamung des gesellschaftl. Reformprozesses ein. Nach den Wahlen von 1993 stellte sie im Rahmen einer Koalition den Reg.-Chef und seit Dez. 1995 mit A. KWAŚNIEWSKI den Staatspräs. In Ungarn wandelte sich die kommunist. Ungar. Sozialist. Arbeiterpartei 1989 in die Ungar. Sozialist. Partei um. Sie brach mit der marxistisch-leninist. Ideologie und näherte sich sozialdemokrat. Vorstellungen. Bei den Wahlen von 1994 gewann sie die absolute Mehrheit und stellt seitdem in Koalition mit dem Bund freier Demokraten den MinPräs. (G. HORN). Nach dem Sturz der Diktatur N. CEAUŞESCUS in Rumänien (Dez. 1989) bildete sich die Front der Nat. Rettung, in der sich allmählich die frühere kommunist. Nomenklatura durchsetzte und sich 1992 als Demokrat. Front der Nat. Errettung konstituierte. Als maßgebl. Regierungspartei in Rumänien sucht sie ebenso wie in Bulgarien die Bulgar. Sozialist. Partei (1990 hervorgegangen aus der Bulgar. KP) v. a. wirtschaftspolitisch den Übergang zur Marktwirtschaft zu verzögern. Nachfolgeorganisationen der tschechoslowak. KP sind in der Tschech. Rep. die KP von Böhmen und Mähren, in der Slowak. Rep. die Partei der Demokrat. Linken; beide stehen in der Opposition. Nach dem Sturz der SED-Herrschaft in der Dt. Dem. Rep. ging aus der SED die ▷ Partei des Demokratischen Sozialismus (Schwerpunkt in Ost-Dtl.) hervor.
Nach dem gescheiterten Versuch orthodox-kommunist. Kräfte im Aug. 1991, durch den Sturz Präs. M. S. GORBATSCHOWS die von diesem eingeleiteten gesellschaftl. Reformen rückgängig zu machen, suspendierte Präs. GORBATSCHOW noch im Aug. die Tätigkeit der →Kommunistischen Partei der Sowjetunion (KPdSU). Die größte Nachfolgeorganisation der KPdSU ist die Kommunist. Partei der Russ. Föderation (gegr. im Febr. 1993 mit dem Ziel der Rehabilitierung der kommunist. Bewegung). Ihr steht die Agrarpartei nahe, die die Leiter von Kolchosen und Sowchosen vereinigt und v. a. die Privatisierung von Grund und Boden bekämpft. In zahlreichen autonomem Republiken der Russ. Föderation (z. B. in Adygien, Baschkortostan, der Kabardino-Balkar. Republik und Karelien) ist die alte kommunist. Machtelite die bestimmende Kraft. Nach dem Verbot der KP-Organisation in der Ukraine und in Weißrußland (Aug. 1991) konstituierten sich dort noch im selben Jahr Nachfolgeorganisationen: die Sozialist. Partei der Ukraine, die KP Weißrußlands und die Partei der Kommunisten von Belarus. In den noch stark im Fluß befindl. Parteifeldern der asiat. GUS-Staaten sind die kommunist. Kräfte entweder in der Opposition (Armenien, Aserbaidschan, Georgien) oder spielen unter wechselnden Namen eine beherrschende Rolle (Kirgistan, Turkmenistan, Usbekistan). In Kasachstan verloren sie 1994 ihren beherrschenden Einfluß. Außerhalb der GUS spielt in der unabhängigen Litauischen Rep. die Litauische Demokrat. Arbeiterpartei, 1990 hervorgegangen aus der reformierten KP-Organisation der Litauischen SSR, seit 1992 eine führende Rolle; sie stellt als stärkste Partei im Parlament (absolute Mehrheit) seitdem den MinPräs.; ihr früherer Vors. A. BRAZAUSKAS wurde

von der Bev. mit großer Mehrheit zum Staatspräs. gewählt.

Nach dem Zerfall Jugoslawiens und der allmähl. Auflösung des Bundes der Kommunisten Jugoslawiens (1990/91) entstanden nur in (Rest-)Jugoslawien Nachfolgeorganisationen mit großem polit. Gewicht: die Sozialist. Partei Serbiens (gegr. 1991; Vors. S. Milošević) und die Demokrat. Partei der Sozialisten Montenegros (gegr. 1991).

Außerhalb der früheren kommunist. Staatenwelt Europas nannte sich die italien. KP, der Partito Comunista Italiano (PCI), 1991 unter dem Eindruck der polit. Veränderungen in Ost-, Ostmittel- und Südosteuropa in Partito Democratico della Sinistra (PDS); dt. ›Demokrat. Partei der Linken‹ um und bekennt sich zu einem demokrat. Sozialismus; sie ist seit 1992 Mitgl. der Sozialist. Internationale. Im selben Jahr konstituierte sich der Partito della Rifondazione Comunista (PRC, dt. ›Partei der kommunist. Wiedergründung‹).

Ungeachtet der Herrschaft früherer kommunist. Kader in versch. jetzt unabhängigen Republiken der früheren Sowjetunion sowie in einigen autonomen Republiken der Russ. Föderation blieben nur die k. P. in China (→Kommunistische Partei Chinas), Vietnam, Nord-Korea und Kuba im Sinne der Einparteienherrschaft an der Macht.

Kommunitarismus [zu engl. community ›Gemeinschaft‹, ›Gemeinwesen‹] der, -, Bez. für Theorieansätze in der polit. Philosophie (▷ Staatsphilosophie) sowie der Soziologie und für eine polit. Bewegung v. a. in den USA, welche die Bedeutung des Begriffs der ▷ Gemeinschaft 2) bei der Analyse und Kritik moderner Gesellschaften hervorheben.

In der *polit. Philosophie* hat sich der K. aus einer Kritik des Liberalismus (bes. der Theorie der Gerechtigkeit von J. RAWLS) entwickelt. Im Zentrum kommunitarist. deren namhafteste Vertreter MICHAEL SANDEL, ALASDAIR MACINTYRE (* 1929), C. M. TAYLOR und MICHAEL WALZER (* 1937) sind – steht die Betonung der Einbettung von Individuen, Rechten, Normen und Institutionen in Gemeinschaften versch. Art, von der Familie bis zur polit. bzw. kulturellen Gemeinschaft. In der Kontroverse zw. Liberalismus und K. geht es insbesondere um die Frage des Begriffs der Person, der einer Theorie polit. und sozialer Gerechtigkeit zugrunde liegen sollte: als gemeinschaftlich konstituiertes Wesen oder als ›atomist.‹ Individuum, wie dem Liberalismus vorgeworfen wird. Zweitens ist umstritten, ob Gerechtigkeits- und Rechtsprinzipien ›neutral‹ gegenüber Vorstellungen des guten und wertvollen Lebens begründet und verwirklicht werden können, was der K. bestreitet. Drittens betont der K., daß eine demokratische polit. Gemeinschaft ein hohes Maß an von allen geteilten und getragenen ethischen Werten benötigt, um lebensfähig zu sein und die Bürger und Bürgerinnen zu polit. Partizipation und Solidarität zu motivieren. Hier schließt der K. teilweise an J.-J. ROUSSEAU, G. W. F. HEGEL und K. MARX an. Schließlich kritisieren Kommunitaristen die Abstraktheit und Formalität universalist. Theorien der Moral und individueller Rechte und plädieren für eine kontextgebundene, sozialrelative Konzeption moral. Normen. Kommunitarist. Theorien sind nicht antiliberal, sondern eher ein Korrektiv gegenüber einem in ihren Augen zu individualist. und gemeinschaftsfernen polit. Denken.

Innerhalb der *Soziologie* findet sich der K. als Analyse und Kritik an der fortschreitenden Individualisierung moderner, pluralist. Gesellschaften, insbesondere an dem damit einhergehenden Gemeinschaftsverlust und der Entwertung traditioneller und solidar. Lebensformen. Mit der Zunahme geograph., sozialer und polit. Mobilität und der (zunehmenden) Auflösung der Familie verringert sich das Maß an sozialer Orientierung und Kohäsion, das dem K. zufolge notwendig ist, um Individuen ein sinnvolles und an Werten ausgerichtetes Leben zu ermöglichen. Insbesondere die Arbeiten von ROBERT NELLY BELLAH (* 1927; und Mitautoren) sind für diese Sozialdiagnose – auf die Gesellschaft der USA bezogen – kennzeichnend: Sie beklagen eine Verarmung der moral. Grundlagen des privaten und öffentl. Lebens und eine Zunahme materialist. und individualist. Einstellungen auf Kosten der religiösen und republikan. Traditionen. Kommunitarist. Gesellschaftsanalysen liegen zumeist quer zu hergebrachten Trennungslinien polit. Strömungen oder Parteien, da sich in ihnen kulturkonservative mit radikaldemokrat. Elementen vermischen. Die Idee übergreifender Gemeinschafts- und Wertorientierungen spielt jedoch in vielen Theorien des K., die zunehmender sozialer Pluralisierung und ›Fragmentierung‹ skeptisch gegenüberstehen, eine zentrale Rolle.

Seit der Mitte der 1980er Jahre hat sich innerhalb der USA eine *polit. Bewegung* des K. gebildet, die verstärkt auch in Europa Anhänger findet. Die maßgeblich von AMITAI ETZIONI (eigtl. WERNER FALK, * 1929) ins Leben gerufene Initiative sieht sich als parteiübergreifender Versuch einer gemeinwohlorientierten Erneuerung gesellschaftl. Institutionen jenseits liberaler und staatlich verfügter Programme. Polit. Ziele reichen von der Stärkung der Familie und der Wertevermittlung an Schulen über die Revitalisierung kommunalen Lebens und demokrat. Mitbestimmung bis zur Reform des (als überdimensioniert und ineffizient kritisierten) Wohlfahrtsstaats. Kommunale Selbsthilfe und Gemeinsinn sollen die Verantwortung der einzelnen für die Gesellschaft fördern und das ›Übermaß‹ individueller Rechtsansprüche an den Staat sowie den polit. Einfluß privater und wirtschaftl. Interessen reduzieren. Die Rezeption dieser heterogenen Programmatik in Europa ist unterschiedlich: konservative Appelle an ›nat. Identität‹ und Kritiken des Wohlfahrtsstaats berufen sich ebenso auf den K. wie Forderungen nach mehr demokrat. Partizipation, Solidarität und Anerkennung einer zivilgesellschaftl. Pluralität von Formen des gemeinschaftl. und polit. Lebens. Kritiker des K. verweisen zum einen darauf, daß der Rückgriff auf vormoderne Vergesellschaftungsformen die spezif. Leistungen und Möglichkeiten der Industriegesellschaften (z. B. die Entschärfung von Konflikten durch formales Recht) ignoriere bzw. einen Anachronismus darstelle. Zum anderen wird auch den auf eine Erweiterung der Bürgerbeteiligung zielenden Entwürfen des K. der Vorwurf gemacht, zentrale gesellschaftl. Tatbestände, etwa bestehende Machtverhältnisse und einen damit bestehenden Regelungsbedarf, aber auch die Partizipationschancen vermindernde Rolle sozialer Ungleichheit zu wenig in Rechnung zu stellen.

Gemeinschaft u. Gerechtigkeit, hg. v. M. BRUMLIK u. a. (1993); Multikulturalismus u. die Politik der Anerkennung, Beitr. v. C. TAYLOR (a. d. Amerikan., ²1993); R. FORST: Kontexte der Gerechtigkeit. Polit. Philosophie jenseits von Liberalismus u. K. (1994); K. Eine Debatte über die moral. Grundl. moderner Gesellschaften, hg. v. A. HONNETH (²1994); K. in der Diskussion. Eine streitbare Einf., hg. v. C. ZAHLMANN (Neuausg. 1994); M. WALZER: Sphären der Gerechtigkeit. Ein Plädoyer für Pluralität u. Gleichheit (a. d. Engl., Neuausg. 1994).

*Komoren, amtl. Namen: arab. **Djumhurijjat al-Kumur al-Ittihadijja,** frz. **République fédérale islamique des Comores,** dt. **Islamische Bundesrepublik K.,** Inselstaat im Indischen Ozean, zw. Afrika und Madagaskar.

Hauptstadt: Moroni. *Amtssprachen:* Arabisch und Französisch. *Staatsfläche:* 1 862 km². *Bodennutzung (1990):* 1 000 km² Ackerland, 150 km² Dauergrün-

Komoren
Nationalflagge

Komp Kompetenzkonflikt – Kongo

land, 350 km² Waldfläche. *Einwohner (1993):* 471 000, 253 Ew. je km². *Städtische Bevölkerung (1990):* 28%. *Durchschnittliches Bevölkerungswachstum pro Jahr (1985–93):* 3,7%. *Bevölkerungsprojektion für 2000:* 778 000 Ew. *Ethnische Gruppen:* Die Bev. ist ein vielschichtiges Gemisch aus afrikan., indisch-indones. und arab. Einwanderern. *Religion (1990):* 99,4% Muslime (Sunniten), 0,6% Katholiken; der Islam ist Staatsreligion. *Altersgliederung (1995):* unter 15 Jahre 48,4%, 15 bis unter 65 Jahre 49,2%, 65 und mehr Jahre 2,4%. *Lebenserwartung der Neugeborenen (1993):* 55 Jahre. *Analphabetenquote (1990):* insgesamt 50%, männlich 44%, weiblich 63%. *BSP je Ew. (1993):* 560 US-$. *BIP nach Sektoren/Produktionsstruktur (1991):* Landwirtschaft 37%, Industrie 7%, Dienstleistungen 56%. *Währung:* 1 Komoren-Franc (FC) = 100 Centimes. *Internationale Mitgliedschaften:* UNO, Arab. Liga, OAU.

Geschichte: Nach der Ermordung Präs. ABDALLAH ABDEREMANES Ende Nov. 1989 wurde der bisherige Präs. der Nationalversammlung SAID MOHAMMED DJOHAR (* 1918) Interims-Präs. (im März 1991 durch Wahlen in diesem Amt bestätigt). Im Juni 1992 wurde eine neue Verf. (u. a. Mehrparteiensystem, Verfassungsgericht) per Referendum verabschiedet. Die urspr. für Juli 1993 anberaumten Parlamentswahlen fanden erst nach Streiks und Protesten der Opposition im Dez. 1993 statt; aus ihnen gingen die den Staatspräs. unterstützenden Parteien als Sieger hervor. Im Nov. 1993 traten die K. der Arab. Liga bei.

Im Sept. 1995 kam es zu einem Putsch von Teilen der Armee unter dem frz. Söldnerführer BOB DENARD (* 1929; 1978–89 ›graue Eminenz‹ unter Präs. ABDEREMANE), der durch frz. Truppen niedergeschlagen wurde.

*Kompetenzkonflikt: Durch die Neuregelung der §§ 17, 17a Gerichtsverfassungs-Ges. (GVG) sind ab 1. 1. 1991 Streitigkeiten über K. beseitigt worden. Das Gericht des zulässigen Rechtsweges entscheidet den Rechtsstreit unter allen in Betracht kommenden rechtl. Gesichtspunkten (§ 17 Abs. 2 GVG). Hat ein Gericht den zu ihm beschrittenen Rechtsweg für zulässig erklärt, so sind andere Gerichte an diese Entscheidung gebunden (§ 17a Abs. 1 GVG). Ist der beschrittene Rechtsweg hingegen unzulässig, so verweist das Gericht nunmehr den Rechtsstreit von Amts wegen an das zuständige Gericht des zulässigen Rechtsweges; der Beschluß ist für dieses Gericht bindend (§ 17a Abs. 2 GVG). Der Beschluß kann mit sofortiger Beschwerde angefochten werden (§ 17a Abs. 4 GVG).

*Kompostierung: In zunehmendem Maße werden die organ. Bestandteile des Hausmülls (›Biomüll‹) getrennt gesammelt und der K. zugeführt. 1993 gab es in den alten Bundesländern bereits 80 Biomüll-Kompostierungsanlagen, weitere 100 sind im Bau bzw. in Planung. Die Gesamtkapazität beträgt Mitte der 90er Jahre etwa 2,5 Mio. Jahrestonnen. Hinzu kommen noch etwa 800 K.-Anlagen für Grünabfälle sowie K.-Anlagen mit einer Jahreskapazität unter 1 000 t.
Bioabfall-K., Beitr. v. H. VOGTMANN u. a. (1989).

Kompression, Komprimierung, *Datenverarbeitung:* →Datenkompression.

Konaré, Alpha Oumar, Politiker in Mali, * Kayes (Mali) 1946. Nach Ausbildung in Polen war K. ab 1974 Prof. für Geschichte und Kultur Malis in Bamako und zugleich als Berater im Kultusministerium tätig. 1978–80 war er Kultur-Min. Nach Entzug der Lehrerlaubnis wegen angebl. Subversion gründete K. die unabhängige Zeitschrift ›Jamana‹ (1984ff.) und 1986 das gleichnamige Kulturzentrum, aus dessen Umkreis seit Ende der 1980er Jahre erstmals Forderungen nach

Alpha Oumar Konaré

einem Mehrparteiensystem und demokrat. Reformen erhoben wurden. Nachdem im Jan. 1992 eine demokrat. Verf. verabschiedet worden war, wurde K. im April 1992 zum Staatspräs. gewählt.

Kondakowa, Jelena Wladimirowna, russ. Luft- und Raumfahrtingenieurin und Kosmonautin, * Puschkino 30. 3. 1957; ab 1989 Ausbildung zur Kosmonautin; absolvierte als Bordingenieurin auf der russ. Raumstation →Mir vom 4. 10. 1994 bis 22. 3. 1995 mit 169 Tagen den bisher längsten Raumflug einer Frau.

Konejung, Achim, Kabarettist, * Krefeld 14. 3. 1957; spielte 1981 sein erstes Soloprogramm ›Die Eddie Elend Show‹; 1983–92 fünf Duoprogramme mit HORST SCHROTH (* 1948). K. erhielt 1991 den Dt. Kleinkunstpreis.

*Konferenz über Sicherheit und Zusammenarbeit in Europa: Der **KSZE-Prozeß,** der mit der Schlußakte von Helsinki (1973–75) eingeleitet wurde, trug maßgeblich zur Überwindung des Ost-West-Gegensatzes bei. Das (3.) **Wiener Folgetreffen** (1986–89) hatte noch im Zeichen des Ost-West-Konflikts gestanden, jedoch mit zu seiner erneuten und endgültigen Entspannung geführt. Unter den dort beschlossenen Konferenzen, die in der Zeit bis zum (4.) **Folgetreffen von Helsinki** (24. 3. bis 10. 7. 1992) stattfanden, waren bes. bedeutsam eine **Konferenzenfolge über die menschliche Dimension** (Paris 30. 5. bis 23. 6. 1989, Kopenhagen 5.–29. 6. 1990 und Moskau 10. 9. bis 4. 10. 1991), in der die bis dahin getrennten Konferenzbereiche Menschenrechte (Korb I) sowie Freizügigkeit und soziokulturelle Kooperation (Korb III) zusammengeführt wurden und es zu Vereinbarungen über die Sicherung und den Ausbau der Menschenrechte und der Rechtsstaatlichkeit in allen KSZE-Staaten kam; ferner eine **Konferenz über wirtschaftliche Zusammenarbeit** (Bonn 19. 3. bis 11. 4. 1990), deren Schlußdokument die völlig veränderte polit. Landschaft Europas widerspiegelt, was sich am deutlichsten in den Bekenntnissen aller Teilnehmerstaaten zum Mehrparteiensystem, zur Rechtsstaatlichkeit, zur wirtschaftl. Nutzung des Privateigentums und zur Marktwirtschaft zeigt. Diese Wende ermöglichte es, auf dem durch die Vereinigung der beiden dt. Staaten bedingten **Sondergipfel von Paris** (19.–21. 11. 1990) die ›Charta für ein neues Europa‹ zu verabschieden, in der die zu diesem Zeitpunkt 34 Mitgliedstaaten einander die ›Hand der Freundschaft‹ reichten und erste Schritte zur Institutionalisierung der KSZE vereinbarten. Die Institution T. durch beschluß des Gipfels von Helsinki 1992, z. T. durch die jährl. Außenministertagungen weiter verfestigt. Auf dem (5.) **Budapester Folgetreffen** (5.–6. 12. 1994) nannte sich die KSZE mit Wirkung vom 1. 1. 1995 in →Organisation für Sicherheit und Zusammenarbeit in Europa um.

*Kongo, amtlich frz. **République du Congo,** Staat in Zentralafrika, grenzt an den Atlant. Ozean.

Hauptstadt: Brazzaville. *Amtssprache:* Französisch. *Staatsfläche:* 342 000 km² (ohne Binnengewässer 341 500 km²). *Bodennutzung (1992):* 1 690 km² Ackerland, 100 000 km² Dauergrünland, 211 400 km² Waldfläche. *Einwohner (1994):* 2,516 Mio., 7 Ew. je km². *Städtische Bevölkerung (1993):* 57%; in städt. Agglomerationen mit 1 Mio. und mehr Ew. leben 66% der Stadt-, 38% der Gesamtbevölkerung. *Durchschnittliches Bevölkerungswachstum pro Jahr (1985–93):* 3,3%. *Bevölkerungsprojektion für 2000:* 3,167 Mio. Ew. *Ethnische Gruppen (1983):* 51,5% Kongo, 17,3% Teke, 1,5% Pygmäen, 29,7% andere. *Religion (1992):* 53,9% Katholiken. *Altersgliederung (1995):* unter 15 Jahre 45,7%, 15 bis unter 65 Jahre 51,0%, 65 und mehr Jahre 3,3%. *Lebenserwartung der Neugeborenen (1992):* männlich 49 Jahre, weiblich 54 Jahre. *Analphabetenquote (1991):* insgesamt 31,0 %, männlich 20,2 %, weiblich 41,5 %. *BSP je Ew. (1993):* 920 US-$. *BIP nach Sektoren/Produktionsstruktur (1993):* Landwirtschaft 11 %, Industrie 35 %, Dienstleistungen 54 %. *Währung:* 1 CFA-Franc = 100 Centimes. *Internationale Mitgliedschaften:* UNO, OAU.

Geschichte: Im Dez. 1990 gab die Einheitspartei Parti Congolais du Travail (PCT) ihr Machtmonopol auf und sagte sich vom Marxismus-Leninismus los. Von Febr. bis Juli 1991 tagte in Brazzaville eine Nationalkonferenz, welche die Macht des Staatspräs. erheblich einschränkte und eine Übergangsregierung bildete. Eine durch ein Übergangsparlament erarbeitete neue Verf. wurde im März 1992 durch Volksentscheid gebilligt. Das auf der Grundlage eines Mehrparteiensystems gewählte Parlament besteht aus der für fünf Jahre gewählten Nationalversammlung (125 Abg.) und dem für sechs Jahre gewählten Senat (60 Senatoren). Die ersten freien Präsidentschaftswahlen gewann am 16. 8. 1992 P. LISSOUBA. Der Sieg der den Präs. unterstützenden Parteien in der Parlamentswahl vom Mai/Juni 1993 führte zu blutigen Unruhen; bei einer Wiederholung des zweiten Wahlgangs im Okt. 1993 unter internat. Aufsicht verteidigte die Reg. ihre Mehrheit im Parlament. Beigelegt wurde der Konflikt jedoch erst im Aug. 1994 mit der Unterzeichnung eines Versöhnungsabkommens (u. a. Integration gegner. Milizen in die Armee), dem im Jan. 1995 die Aufnahme von Oppositionspolitikern in die Reg. folgte.

*König, René, Soziologe: † Köln 21. 3. 1992.

Königsdorf, Helga, Schriftstellerin, * Gera 13. 7. 1938; lebt als Mathematikerin in Berlin; verfaßt seit den 1970er Jahren Erzählungen, die in knapper, oft sarkast. Sprache den damaligen sozialist. Alltag und v. a. die Situation der Frauen beschreiben. Thema ihrer Erzählung ›Respektloser Umgang‹ (1986) ist eine fiktive Begegnung zw. der Ich-Erzählerin und der Atomphysikerin LISE MEITNER.
Weitere Werke: *Erzählungen:* Meine ungehörigen Träume (1978); Der Lauf der Dinge (1982); Mit Klischmann im Regen (1983); Ungelegener Befund (1990); Gleich neben Afrika (1992). – *Roman:* Im Schatten des Regenbogens (1993). – *Essays:* Unterwegs nach Dtl. Über die Schwierigkeit, ein Volk zu sein; Protokolle eines Aufbruchs (1995).

Königstein, Sandsteintafelberg in der Sächs. Schweiz, Sachsen, 360 m ü. M. – 1967–90 wurden in der Uranerzgrube der Wismut SDAG im K. 18 000 t Uranerz im Tiefbau gefördert; seit 1991 wird das Bergwerk mit z. T. umstrittenen Methoden saniert.

*Königs Wusterhausen 2):** Der seit 3. 10. 1990 zu Brandenburg gehörende Landkreis ging am 6. 12. 1993 im neugebildeten Landkreis Dahme-Spreewald auf. Die Stadt Königs Wusterhausen ist damit nicht mehr Kreisstadt.

*Konkurs:** Die am 1. 1. 1999 in Kraft tretende **Insolvenzordnung** vom 5. 10. 1994 erleichtert die Eröffnung des nunmehr einheitl. Insolvenzverfahrens durch Ergänzung der Eröffnungsgründe und Erschwerung der Eröffnungsablehnung mangels Masse, Zuständigkeitskonzentration auf ein bestimmtes Amtsgericht und Erweiterung der Insolvenzfähigkeit auf nicht rechtsfähige Gesellschaften. Die im Eröffnungsverfahren zulässigen Sicherungsmaßnahmen sind detailliert geregelt und dem vorläufigen Insolvenzverwalter übertragen, der auch mit der Prüfung von Sanierungschancen beauftragt werden kann. Die umfangreichen Neuerungen im eröffneten Verfahren betreffen v. a. die Erweiterung der Insolvenzmasse durch Einbeziehung des Neuerwerbs des Schuldners, die Abschaffung der bisherigen Vorrechte bestimmter Gläubiger, die stärkere Einbeziehung der Sicherungsgläubiger in das Verfahren mit Kostenbeteiligung sowie die deut-

liche Verschärfung der Anfechtung massekürzender Rechtshandlungen. Bei Insolvenz natürl. Personen führt die Insolvenzordnung zur Beseitigung des bisherigen freien Nachforderungsrechts eine Option auf Restschuldbefreiung ein, wenn der redl. Schuldner für den Zeitraum von sieben Jahren den pfändbaren Teil seiner Einkünfte an einen Treuhänder abtritt, der daraus die Insolvenzgläubiger anteilig befriedigt. Durch einen Insolvenzplan kann die Abwicklung auch abweichend vom gesetzl. Regelverfahren gestaltet oder eine Sanierung vorgesehen werden. Für Kleinverbraucher ist ein besonderes Verbraucherinsolvenzverfahren vorgesehen.

Das *schweizer.* Parlament hat die Revision des SchKG am 16. 12. 1994 verabschiedet (Datum des Inkrafttretens: 1. 1. 1997). An den Grundzügen des K.-Rechts hat sich allerdings nichts geändert.

Konnektionismus [zu engl. connection ›Verbindung‹] *der, -, die* →Neuroinformatik.

*Konrád,** György, ungar. Schriftsteller: Seit dem polit. Umbruch in Ost- und Mitteleuropa engagierte sich K. für eine liberale Politik in Ungarn (Mitbegründer der ›Demokrat. Charta‹, die sich v. a. für die Bewahrung der Pressefreiheit einsetzte). 1991 erhielt er den Friedenspreis des Börsenvereins des Dt. Buchhandels.
Werke: *Romane:* Geisterfest (dt. 1986), Melinda u. Dragoman (dt. 1991; beide ungar. 1 Bd. 1989).

*Konrad-Adenauer-Preis:** Weitere Preisträger sind: 1990 A. DREGGER (Freiheitspreis); 1992 MICHAEL WOLFFSOHN (* 1947), GABRIELE WOHMANN, JENS FEDDERSEN (* 1928); 1994 H. KOHL (Freiheitspreis); 1996 L. RATHENOW.

*Konrad-Duden-Preis der Stadt Mannheim:** Weitere Preisträger sind: ELS OKSAAR (* 1926; 1992), GERHARD HELBIG (* 1929; 1994), HELMUT HENNE (* 1936; 1996).

*Konservative und Unionistische Partei:** Im Nov. 1990 wurde MARGARET THATCHER als Parteiführerin von J. MAJOR abgelöst. Während die Partei bei den Unterhauswahlen im April 1992 noch ihre absolute Mehrheit verteidigen konnte, erlitt sie bei den Kommunal- und Nachwahlen ab 1993 sowie bei der Wahl zum Europ. Parlament im Juni 1994 eine Reihe schwerer Niederlagen. Ursache hierfür war neben dem starken Ansehensverlust des Partei- und Reg.-Chefs MAJOR der durch die konservativen Euroskeptiker, die die Währungsunion, die Bemühungen um eine gemeinsame Außen- und Verteidigungspolitik der EU-Staaten und die weitere Abgabe nat. Entscheidungsbefugnisse an europ. Institutionen ablehnen, seit 1992 verschärfte innerparteil. Streit um die Europapolitik. Einen Höhepunkt dieser Auseinandersetzung bildete im Nov. 1994 der Ausschluß der ›Euro-Rebellen‹ aus der konservativen Unterhausfraktion, wodurch die Reg. ihre Parlamentsmehrheit verlor. Im Juni 1995 trat MAJOR mit dem Ziel, den rechten Parteiflügel zu disziplinieren und so die Spaltung der Konservativen zu überwinden, als Parteichef zurück und machte sein Verbleiben im Amt des Premier-Min. von seiner Wiederwahl als Parteichef abhängig. Bei der Abstimmung der konservativen Unterhausfraktion über die Parteiführung Anfang Juli setzte er sich mit 66 % der Stimmen gegen den Herausforderer vom rechten Flügel, JOHN REDWOOD (* 1951), durch.

*Konservativismus:** Krit. Analysen zeigen, daß gegen Ende des 20. Jh. der neoliberale K. (marktkonforme Gestaltung von Gesellschaft und Wirtschaft) und der ökolog. K. (Bewahrung der natürl. Umwelt) miteinander um die zeitgemäße Perspektive des K. ringen. Konservative Denkstrukturen zeigen sich heute auch in polit. Lagern, die sich selbst eher als progressiv verstehen, z. B. in der Frage der Bewahrung sozialer Besitzstände. Neben den ökolog. (wert-

Helga Königsdorf

konservativen) Sichtweisen zeigt sich gegen Ende des 20. Jh. auch die antiliberale Variante des K. mit fließenden Übergängen zur Theorie und Praxis der ▷ neuen Rechten.

Parteipolitisch ist der moderne K. hauptsächlich eine Domäne großer Mitte-Rechts- oder Rechtsparteien, so v. a. in den angloamerikan. Ländern (z. B. in Großbritannien die Konservative und Unionist. Partei, in Australien die Liberal Party), aber auch in kontinentaleurop. Staaten (z. B. in Dtl. CDU und CSU, in Österreich die ÖVP und in der Schweiz die CVP). Die christlich-demokrat. Parteien werden als Verfechter eines ›demokrat. K.‹ eingestuft. Eine bes. einflußreiche Position erlangte der parteipolit. K. in Großbritannien in der Gestalt des ▷ Thatcherismus.

*Konservierung 1): Als ein neues schonendes Verfahren zur Lebensmittel-K. wird das **Hochdruckverfahren**, ein physikal. Verfahren, erprobt. Es beruht auf der Tatsache, daß Proteine unter hohem Druck denaturieren. Auf diese Weise können auch Mikroorganismen abgetötet werden. Zur K. werden die wasserdicht verpackten Lebensmittel in einem Behälter gelagert, in den Wasser gepumpt wird. Da Wasser weitgehend inkompressibel ist, wird der eingebrachte Druck auf die Lebensmittelpackungen übertragen. Die Druckbeaufschlagung (etwa 4000 bar) wirkt zw. 10 und 30 min auf die Lebensmittel ein. Dadurch wird die Haltbarkeit verlängert, ohne daß sich Geschmack, Farbe oder Vitamingehalt wie bei einer therm. K. ändern. Für die K. von z. B. Konfitüre oder Fruchtsäften wurde das Hochdruckverfahren bereits mit Erfolg angewendet. Zur K. von Fisch und Fleisch eignet es sich jedoch nicht, weil sich deren Konsistenz dabei in ungünstiger Weise ändert.

*Konsum Österreich: Aufgrund der im März 1995 eingetretenen Zahlungsunfähigkeit des K. Ö. und weiterer 22 Tochtergesellschaften mußte sich der K. Ö. aus dem Lebensmitteleinzelhandel zurückziehen und sein Filialnetz veräußern. Die Genossenschaft K. Ö. existiert jedoch als Holding mehrerer Beteiligungen weiter. K. Ö. hatte (1994) einen Konzernumsatz von 32,2 Mrd. öS erzielt; die Zahl der Beschäftigten wurde von (1994) rd. 17 300 bis Ende 1995 auf rd. 1 600 reduziert.

*kontinentales Tiefbohrprogramm: Die am 6. 10. 1990 begonnene Bohrung wurde früher als geplant, nämlich am 12. 10. 1994, in 9 101 m Tiefe beendet. Sie erreichte schon hier den Temperaturbereich (etwa 275 °C), in dem die Gesteine sich plastisch zu verformen beginnen (Spröd-Duktil-Übergang). Anhand der Bohrung konnten viele Erkenntnisse überprüft werden, die bisher durch geophysikal. Methoden (seism., erdmagnet., gravimetr. oder geoelektr. Untersuchungen) oder petrolog. Experimente an der Erdoberfläche erzielt worden waren. Dort, wo die Bohrung angesetzt wurde, stoßen zwei Kontinentalplatten aneinander; die südl. (Moldanubikum) wurde während der varisk. Gebirgsbildung auf die nördl. Platte (Saxothuringikum) aufgeschoben. Die tekton. Grenzzone taucht entgegen den bisherigen Vorstellungen nicht flach, sondern sehr steil in den Untergrund ab (Subduktion); die Bohrung konnte sie nicht durchqueren, sondern verblieb in ihr bis zum Ende. Überraschenderweise wurden noch bis zur Endtiefe zirkulierende heiße, hochkonzentrierte Salzlösungen (v. a. Calcium-, Natrium- und Chloridionen) und darin gelöste, aber auch freie, trockene Gase (v. a. Stickstoff und Methan sowie Helium und Argon) festgestellt. Stickstoff und Methan entstanden wahrscheinlich z. T. durch therm. Zersetzung von organ. Substanzen mariner Sedimente. Trotz des hohen Drucks besitzen also die Gesteine, anders als dies aufgrund von Laborexperimenten erwartet wurde, eine deutl. Permeabilität. Die wäßrigen Lösungen besorgen den Wärme- und Stofftransport in der Erdkruste und bilden dadurch viele Erzlagerstätten. Sie beeinflussen u. a. auch das Fließverhalten von Gesteinen, die Häufigkeit und Stärke von Erdbeben, die Bildung von Magmen, die Metamorphose von Gesteinen und den Vulkanismus. Diese hohe Mobilität von Flüssigkeiten und Gasen zeigt Möglichkeiten für die Gewinnung von geotherm. Energie an, macht andererseits aber auch die tiefere Erdkruste zur Einlagerung problemat. Abfälle ungeeignet. Durch oberird. Messungen festgestellte Zonen hoher elektr. Leitfähigkeit beruhen auf Lagen von Graphit, die sich auf tekton. Bewegungsbahnen gebildet haben. Erdmagnet. Anomalien werden durch Schwefelminerale (sulfid. Erze) verursacht.

Die Auswertung der Gesteinsproben (Bohrkerne, Bohrklein, Spülung) und der Messungen wird noch lange Zeit in Anspruch nehmen. Das Bohrloch wird weiterhin als Tiefenlabor für zusätzl. Untersuchungen genutzt. Schließlich sollen die techn. und wiss. Ergebnisse des k. T. für ein geplantes internat. kontinentales Bohrprogramm verwendet werden. Für das k. T. wurden vom Bundesministerium für Forschung und Technologie im Zeitraum 1982–94 insgesamt 528 Mio. DM zur Verfügung gestellt.

Konvergenzkriteri|en, *Wirtschaft:* →Europäische Wirtschafts- und Währungsunion.

Konvertierung, *Datenverarbeitung:* Umwandlung von Daten im weitesten Sinn (z. B. auch von formatierten Texten) von einem Format in ein anderes. Unter ›Format‹ ist dabei die Gesamtheit von Art, Aufbau, Anordnung usw. der Daten sowie die Bedeutung von Steuerzeichen zu verstehen (bei Texten z. B. Zeichen für Schriftart und Seitenaufbau). K. sind v. a. dann erforderlich, wenn Daten von einer Datenverarbeitungsanlage auf eine andere portiert (übertragen) werden sollen oder wenn Eingabedaten eines bestimmten Anwenderprogramms auch für ein anderes lesbar gemacht werden sollen. Für häufig vorkommende oder sehr umfangreiche K. werden i. d. R. spezielle K.-Programme verwendet.

Konzeptualisten, Moskauer K., eine Gruppierung von Moskauer Künstlern und Literaten seit Anfang der 1970er Jahre, die kein verbindl. Programm kennt, aber mit ihren Werken die utop. Selbstüberschätzung der Kunst (insbesondere des Futurismus) in Frage stellt. Die K. verwenden Verfahren wie Montage oder die Überschreitung der Grenzen zw. den Künsten, aber sie machen keinen Unterschied zw. ›hoher‹ und ›niederer‹ Kultur: Sie nehmen, was sie in der sie umgebenden Kultur vorfinden. Die Bedeutung von Aktionen, mit denen K. produziert und vertrieben wird (Glossolalie bei D. Prigow, Karteikarten bei Lew Rubinschtejn, * 1949), führt zum Verschwinden des Textes.

*Konzessionsabgabe: Durch die Bemessung der K. für Elektrizität und Erdgas als Prozentsatz der Entgelte hat das Volumen der K. bei steigenden Strom- und Gaspreisen beträchtlich zugenommen. Deshalb hat der Bundes-Min. für Wirtschaft durch VO vom 9. 1. 1992 die Koppelung der Höhe der K. an die Preisentwicklung aufgehoben. Seither gelten bundeseinheitl. Höchstbeträge. Alle Gemeinden dürfen K. für Strom und Gas verlangen, die Abgabe ist allerdings in den allgemeinen Strom- und Gastarifen auszuweisen.

Die K. der Dt. Bundespost an den Bund ist 1996 entfallen. Die Aktiengesellschaften Dt. Telekom AG, Dt. Post AG und Dt. Postbank AG entrichten seitdem die übl. Unternehmensteuern.

Kooijmans, Pieter, niederländ. Politiker, * Heemstede 9. 7. 1933; Jurist, 1965–73 Prof. für Völkerrecht, ab 1978 für EG-Recht in Amsterdam, ab 1978 für Völkerrecht in Leiden; 1968–71 stellv. Vors. der kalvinistisch geprägten Anti-Revolutionären Partei, die sich

1980 mit anderen konfessionellen Parteien zum Christlich Demokrat. Appell (CDA) zusammenschloß. 1967-73 Delegierter bei der UNO, 1973-77 Staats-Sekr. im Außenministerium, wurde 1984 Vors. der UN-Menschenrechtskommission, 1985 Ständiger Sonderberichterstatter der UNO über Foltermethoden. Jan. 1993 bis Aug. 1994 war K. Außenminister.

Koons [ku:nz], Jeff, amerikan. Plastiker, *York (Pa.) 21. 1. 1955; beruft sich auf die ästhet. Strategien der Pop-art und die kommerziellen Richtlinien einer industriellen Warenvermarktung. Inszeniert vulgäre Kaufhausobjekte, deren Geschmacklosigkeit er auf die Spitze treibt, und v. a. sich selbst als Träger seiner künstler. Absichten. Nach den versch. Werkserien, in denen er durch Verfremdung, kalkulierte Präsentation und Vergrößerung Triviales und Beliebiges als Kunstwerk deklarierte, stilisierte er um 1990 seine private Liaison mit dem italien. Pornostar ILONA STALLER als öffentl. Ereignis.

J. K., hg. v. A. MUTHESIUS (1992); Das J.-K.-Hb., hg. v. Anthony d'Offay Gallery London (a. d. Engl., 1992).

*Kopernikus, dt. geostationäre Fernmeldesatelliten: Mit den Starts der ›Dt. Fernmeldesatelliten‹ K. 2 (DFS 2) am 25. 7. 1990 und K. 3 (DFS 3) am 12. 10. 1992 komplettierte die Dt. Telekom AG ihr nat. Satellitensystem DFS K. Dabei wurde K. 2 auf 28,5° ö. L. positioniert und diente zunächst der Verbesserung des Telefon- und Datenverkehrs zw. alten und neuen Bundesländern; daneben ist er u. a. für Videokonferenzen und den Programmaustausch zw. den Fernsehanstalten vorgesehen. K. 3 nahm die Position von K. 1 auf 23,5° ö. L. ein, der seinerseits auf 33,5° ö. L. verschoben wurde. Während nunmehr K. 3 zur Einspeisung der Programme ins Kabelnetz dient, wird K. 1 jetzt als Relaisstation für den Telefon- und Datenverkehr zw. Dtl. und den osteurop. Ländern eingesetzt.

Kopper, Hilmar, Bankfachmann, *Oslanin (bei Danzig) 13. 3. 1935; nach einer Banklehre bei der Dt. Bank AG Aufstieg im gleichen Unternehmen, 1974 Generalbevollmächtigter, seit 1977 Mitgl. des Vorstands der Dt. Bank, wurde nach der Ermordung von A. HERRHAUSEN am 30. 11. 1989 im Dez. 1989 Vorstandssprecher.

*Körber, Kurt Adolf, Ingenieur, Unternehmer und Mäzen: †Hamburg 10. 8. 1992. – Die Körber AG ist seit 1995 Holding für die 30 selbständigen Maschinenbauunternehmen; Umsatz (1994): 1,8 Mrd. DM, Beschäftigte: 8 000.

*Korea, Nord-K., amtlich korean. **Chosŏn Minjujuŭi In'min Konghwaguk,** dt. **Demokratische Volksrepublik K.,** Staat in Ostasien, grenzt an die Koreabucht (Gelbes Meer) und das Japan. Meer.

Hauptstadt: P'yŏngyang. *Amtssprache:* Koreanisch. *Staatsfläche:* 122762 km². *Bodennutzung (1992):* 20200 km² Ackerland, 500 km² Dauergrünland, 89700 km² Waldfläche. *Einwohner (1995):* 23,922 Mio., 195 Ew. je km². *Städtische Bevölkerung (1995):* 61%. *Durchschnittliches Bevölkerungswachstum pro Jahr (1985-93):* 1,9%. *Bevölkerungsprojektion für 2000:* 25,93 Mio. Ew. *Ethnische Gruppen (1989):* 99,8% Koreaner, 0,2% Chinesen. *Religion (1980):* 68% gehören keiner Religionsgemeinschaft an; 15,5% Anhänger des Schamanismus, 14% Anhänger der Ch'ŏndogyo-Religion, 1,5% Buddhisten, 1% Christen. *Altersgliederung (1995):* unter 15 Jahre 29,1%, 15 bis unter 65 Jahre 66,3%, 65 und mehr Jahre 4,6%. *Lebenserwartung der Neugeborenen (1993):* 71 Jahre. *BSP je Ew. (1993):* 889 US-$. *Währung:* 1 Won = 100 Chon. *Internationale Mitgliedschaften:* UNO.

Geschichte: Im Zeichen eines wuchernden Personenkults wurde KIM IL SUNG im Mai 1990 zum fünften Mal zum Staatspräs. gewählt. Im Dez. 1992 übernahm KANG SUNG SAN (*1934) das Amt des MinPräs. KIM JONG IL, der Sohn KIM IL SUNGS, trat politisch immer stärker in den Vordergrund. Nach dem Tod seines Vaters im Juli 1994 trat er offiziell dessen Nachfolge als Staats- und Parteichef an.

Im Sept. 1991 wurde Nord-K. zus. mit Süd-Korea in die UNO aufgenommen. Mit dem ›Vertrag über Wiederversöhnung, Nichtangriff, Austausch und Kooperation‹ vom Dez. 1991 unternahmen beide Staaten den erneuten Versuch einer Annäherung. Nachdem Nord-K. im März 1993 Sonderinspektionen von Atomanlagen durch die Internat. Atomenergie-Behörde abgelehnt und mit der Kündigung des Kernwaffensperrvertrags gedroht hatte, kam es zu einem politisch-diplomat. Konflikt v. a. mit den USA. Nach langwierigen Verhandlungen, in die der frühere amerikan. Präs. J. E. CARTER eingeschaltet worden war, schlossen beide Staaten am 21. 10. 1994 ein Rahmenabkommen, das eine grundlegende Umstrukturierung des nordkorean. Atomprogramms binnen zehn Jahren vorsieht. Nord-K. erhält Leichtwasserreaktoren, die weniger waffenfähiges Plutonium produzieren können als die bisherigen Graphitreaktoren. Im Gegenzug verpflichtete sich Nord-K., die laufende Atomproduktion einzufrieren und den Kernwaffensperrvertrag einzuhalten.

*Korea, Süd-K.,** amtlich korean. **Taehan Min'guk,** dt. **Republik K.,** Staat in Ostasien, grenzt an das Gelbe Meer, die Koreastraße und das Japan. Meer.

Hauptstadt: Seoul. *Amtssprache:* Koreanisch. *Staatsfläche:* 99263 km² (ohne Binnengewässer 98730 km²). *Bodennutzung (1992):* 20910 km² Ackerland, 800 km² Dauergrünland, 64800 km² Waldfläche. *Einwohner (1994):* 44,563 Mio., 449 Ew. je km². *Städtische Bevölkerung (1993):* 78%; in städt. Agglomerationen mit 1 Mio. und mehr Ew. leben 64% der Stadt-, 50% der Gesamtbevölkerung. *Durchschnittliches Bevölkerungswachstum pro Jahr (1985-93):* 1,0%. *Bevölkerungsprojektion für 2000:* 46,9 Mio. Ew. *Ethnische Gruppen (1990):* 99,9% Koreaner. *Religion (1992):* 36,3% Buddhisten, 23,3% Protestanten, 5,2% Katholiken. *Altersgliederung (1993):* unter 15 Jahre 24,3%, 15 bis unter 65 Jahre 70,3%, 65 und mehr Jahre 5,4%. *Lebenserwartung der Neugeborenen (1992):* männlich 67 Jahre, weiblich 75 Jahre. *Analphabetenquote (1991):* insgesamt 3,7%, männlich 0,9%, weiblich 6,5%. *BSP je Ew. (1993):* 7 670 US-$. *BIP nach Sektoren/Produktionsstruktur (1993):* Landwirtschaft 7%, Industrie 43%, Dienstleistungen 47%. *Arbeitslosenquote (1994):* 2,4%. *Währung:* 1 Won (W) = 100 Chon. *Internationale Mitgliedschaften:* UNO, Colombo-Plan.

Geschichte: 1990 schlossen sich die regierende ›Demokrat. Gerechtigkeitspartei‹ ROH TAE WOOS, die ›Partei für Wiedervereinigung und Demokratie‹ unter KIM YOUNG SAM und die ›Neue Demokratisch-Republikan. Partei‹ des früheren Premier-Min. und Generals KIM YOUNG PIL zur ›Demokratisch-Liberalen Partei‹ (DLP) zusammen. Ihr stand – abgesehen von einigen unbedeutenden Kleinparteien – zunächst nur die sich kurz darauf neu konstituierende ›Demokrat. Partei‹ KIM DAE YOUNGS gegenüber. 1995 verließ KIM YOUNG PIL die DLP und gründete die ›Vereinigte Liberal-Demokrat. Partei‹.

Nach Ablauf der Amtszeit ROH TAE WOOS wurde im Dez. 1992 der ehem. Dissident KIM YOUNG SAM zum neuen Staatspräs. gewählt. Er setzte zahlreiche Reformen durch, v. a. im Kampf gegen die korrupte Verflechtung von Wirtschaft und Politik sowie gegen den polit. Einfluß des Militärs; in diesem Zusammenhang wurden Ende Nov. 1995 u. a. die früheren Präs. ROH TAE WOO und CHUN DOO HWAN verhaftet und ange-

Korn   Korn – Korruption

klagt; im Dez. folgte eine Anklage wegen Hochverrats (auch wegen der Niederschlagung des Aufstands von Kwangju). Im Juni 1995 fanden auch die ersten umfassenden Lokalwahlen seit 1961 statt. Allerdings geriet KIM YOUNG SAM u. a. wegen seiner für viele zu gemäßigten Politik gegenüber Nord-Korea auch in die Kritik. Zudem wird wieder verstärkt die Einführung eines parlamentar. Systems gefordert, um die weitreichenden Kompetenzen des Staatspräs. zu begrenzen.

Nachdem die südkorean. Volkswirtschaft Anfang der 1990er Jahre in eine leichte Rezession gesteuert war, wendete sich dieser Trend 1994 wieder zum Positiven (durchschnittl. jährliche Wachstumsrate des Bruttoinlandsprodukts 1980–93: 9,1%). Diese Entwicklung wirkte sich auch auf die Arbeitslosenquote aus, die 1994 auf 2,4% absank und damit in etwa wieder den Stand der späten 1980er Jahre erreichte. Die durchschnittl. jährl. Inflationsrate wird für 1980–93 mit 6,3% ausgewiesen. Süd-K. gehört mit einem BSP je Ew. von (1993) 7 670 US-$ zu den wohlhabendsten Ländern Asiens.

Noch 1989 nahm Süd-K. diplomat. Beziehungen zu vielen Staaten Mittel- und Osteuropas auf, 1992 und 1993 auch zum früheren Kriegsgegner Vietnam und zu China, seinem drittwichtigsten Handelspartner. Mit der Sowjetunion wurde (1991) eine intensive wirtschaftl. Zusammenarbeit vereinbart. Zentrales Thema der Außenpolitik blieb das Verhältnis zu Nord-Korea. Im Sept. 1991 wurden beide korean. Staaten in die UNO aufgenommen, womit der Prozeß der internat. Anerkennung K.s abgeschlossen wurde. Im Dez. 1991 schlossen beide Staaten einen ›Vertrag über Wiederversöhnung, Nichtangriff, Austausch und Kooperation‹ und kamen damit zumindest formell miteinander in Kontakt. Nachdem Nord-Korea 1993 den Austritt aus dem Kernwaffensperrvertrag angekündigt hatte, versetzte Süd-K. seine Truppen in Alarmbereitschaft. Jedoch entspannte sich nach amerikanisch-nordkorean. Geheimverhandlungen im Juni 1993 die Situation auf der Halbinsel. Süd.-K. schlug vor, die Wiedervereinigung schrittweise mit der Errichtung eines ›Commonwealth‹ beider Staaten vorzunehmen. Im März 1994 eskalierte der wegen der Kontrolle der nordkorean. Atomanlagen durch die Internat. Atomenergie-Behörde schwelende Streit abermals. Die Politik der USA in K. und die Furcht Süd-K.s, bei einem Zusammenbruch des Nordens könnten die Kosten der Wiedervereinigung die Leistungskraft Süd-K.s übersteigen, veranlaßten den Süden, gegenüber dem Norden Unterstützung für den Aufbau einer modernen Nuklearindustrie zuzusagen.

YONG-HO SHIN: Die Übertragbarkeit der dt. Wiedervereinigungsmodelle auf das geteilte K. (1993); N. R. ADAMI u. C. KOLATEK: Bibliograph. Einf. in die Wirtschaft Japans u. K.s (1994); G.-K. KINDERMANN: Der Aufstieg K.s in der Weltpolitik (1994).

*Korn, Karl Johannes Robert, Publizist und Schriftsteller: † Bad Homburg v. d. Höhe 10. 8. 1991.

*Körperschaftsteuer: Der Steuersatz für einbehaltene Gewinne wurde mit Wirkung ab 1994 auf 45% gesenkt, bei Ausschüttung wird eine Steuerbelastung von nur noch 30% hergestellt. Die K.-Gutschrift der Dividendenempfänger beträgt damit $^3/_7$ der empfangenen Bardividende. Das K.-Aufkommen ging demzufolge gegenüber 27,8 Mrd. DM (1993) auf 19,6 Mrd. DM (1994) zurück, das sind 2,5% aller kassenmäßigen Steuereinnahmen. – In *Österreich* wurde der einheitl. K.-Satz ab 1994 von 30% auf 34% erhöht. Auf seiten der Aktionäre entfällt die bisherige Besteuerung der Dividendenbezüge natürl. Personen mit dem halben individuellen Einkommensteuersatz (›Halbsatzverfahren‹), die Einkommensteuerschuld ist nunmehr durch die seit 1994 als Abgeltungsteuer erhobene Kapitalertragsteuer auf Dividenden (22%) abgegolten.

*Körperverletzung: Durch das Verbrechensbekämpfungs-Ges. vom 28. 10. 1994 wurde das Strafmaß für die K.-Delikte erhöht. Danach wird die einfache K. nun mit Freiheitsstrafe bis zu fünf Jahren oder Geldstrafe bestraft. Die gefährl. K. wird mit Freiheitsstrafe von drei Monaten bis zu fünf Jahren bestraft; die Möglichkeit einer Verhängung von Geldstrafe ist hier entfallen. Nach §223 b StGB wird die Mißhandlung von Schutzbefohlenen oder ihre gesundheitsschädigende Vernachlässigung mit Freiheitsstrafe von sechs Monaten bis zu fünf Jahren, in minder schweren Fällen mit Freiheitsstrafe bis zu fünf Jahren oder mit Geldstrafe bestraft.

*Korps 1): 1993/94 wurde bei der Bundeswehr im Rahmen der Umsetzung der Heeresstruktur 2000 und der Veränderung der NATO-Kommandobehörden in Europa die Kommandoebene ›K.‹ modifiziert. Das III. K. in Koblenz wurde aufgelöst, an gleicher Stelle entstand unter Verwendung seines restl. Personals das neue Heeresführungskommando. Aus dem Korps/Territorialkommando Ost in Potsdam wurde an gleicher Stelle das IV. K. Im Zuge der Zusammenlegung von NATO-Großverbänden begann die Formierung bi- oder multinationaler K.; so bildete man aus dem I. K. in Münster das dort weiterhin ansässige dt.-niederländ. K. mit je einer dt. und niederländ. Division (offen für den Beitritt weiterer Allianzpartner), dem II. K. in Ulm kann für den Einsatz eine amerikan. Division unterstellt werden, dem dortigen K.-Stab wurde ein amerikan. Verbindungskommando angegliedert. Entsprechendes gilt für das amerikan. V. K. in Heidelberg. Multinational zusammengesetzt sind das Eurokorps in Straßburg und das zu den Krisenreaktionskräften des Bündnisses gehörende ARRC (Allied Command Europe Rapid Reaction Corps) in Mönchengladbach. Die genannten K. sind der NATO-Kommandobehörde LANDCENT unterstellt.

Korruption [lat., von corrumpere ›verderben‹; ›bestechen‹], überwiegend synonym gebrauchter Begriff für die strafbare Bestechung, Bestechlichkeit sowie Vorteilsannahme und -gewährung; verallgemeinernd auch für Sittenverfall.

K. ist seit alters her bekannt. Sie kann bis zu den Anfängen organisierter Gemeinwesen der Menschheit zurückverfolgt werden. Frühe Zeugnisse aus der Zeit um 1000 v. Chr. belegen bereits Bestechlichkeit von Richtern und hohen öffentl. Amtsträgern, z. B. bei den Ägyptern, Babyloniern, Hebräern, Indern und Chinesen.

Heute findet sich K. nahezu in allen polit. Systemen. Bes. verbreitet scheint sie dort zu sein, wo – wie in vielen Ländern der dritten Welt – die institutionellen Vorkehrungen gar nicht oder nur unzureichend ausgeprägt sind (z. B. rationales Verwaltungshandeln, Gewaltenteilung). Sie tritt aber auch in den westl. Industriestaaten, teilweise sogar in erhebl. Umfang, auf. U. a. in Belgien, Dtl., Frankreich, Italien und Spanien ist sie aufgrund einiger spektakulärer Fälle, aber auch wegen der Besorgnis gegenüber den Gefahren des organisierten Verbrechens von großer Aktualität. Fallschilderungen in den Medien, Polizeistatistiken und die Mobilisierung von Politik und Öffentlichkeit gegenüber dem organisierten Verbrechen erwecken den Eindruck, als habe K. erheblich zugenommen und sei geradezu das ›Delikt unserer Zeit‹. Sprachlich neigt man hier zwar oft dazu, von einer strafrechtl. Bewertung oder Einordnung ›anstößiger‹ Vorgänge als kriminelle Handlungen abzusehen, sie als Skandale oder ›Affären‹ (z. B. Lockheed-, Watergate-, Parteispendenaffäre) wahrzunehmen und zu klassifizieren und sie als partielle, vielleicht sogar typ. Ausdrucksformen der polit. Kultur zu betrachten. Demgegenüber aber steht heute die Ausübung von Herrschaft unter einem weit höheren Legitimationsdruck als früher, so daß Verhaltensweisen, die man früher kaum problematisiert hatte, zunehmend ›skandalfähig‹ geworden sind. Folglich mußte in Dtl. aufgrund des öffentl. Protestes Anfang der 1980er Jahre das Vorhaben der ›Steueramnestie‹ für steuerhinterziehende Parteispender abgebrochen werden. Entsprechend hat man in Frankreich Mitte 1995 eine Generalamnestie wegen Bestechungsdelikten, die von mehr als 70 der K. verdächtigten oder angeklagten ehem. Min., Bürgermeistern, Abg., Gewerkschaftsführern, Bankiers und Bauunternehmern nach der Wahl erwartet wurde, abgelehnt. In den Augen der Bürger erschüttert die K. das Vertrauen in die Integrität des Staates, seiner Institutionen und Funktionsträger. Ihr gehäuftes Auftreten nährt die Besorgnis über den Zustand des Gemeinwesens und hat Signalwirkung. Gesellschaft und Staat, ja die polit. Kultur schlechthin stehen auf dem Prüfstand. Deshalb bietet die K. der sozialen Herrschaftskritik ein sehr ergiebiges Feld im Ggs. zu Individualverfehlungen wie Untreue oder Steuerhinterziehung, so schadensträchtig diese auch sein mögen.

Erst der moderne Verwaltungsstaat mit seinem Anspruch, demokratisch, rechts- und sozialstaatlich, d. h. zweckrational, objektiv und unparteiisch zu handeln, vermittelt dem Begriff K. Schubkraft und Bedeutung. Denn der K. fallen nicht nur existentiell notwendige Ressourcen zum Opfer, sondern sie rüttelt geradezu an Selbstverständnis, Glaubwürdigkeit und Legitimation des Gemeinwesens, insbesondere wenn Führungseliten in sie verwickelt sind. Insofern verbindet sich mit dem Hinweis auf K. eine sozialkritisch-denunziator. Funktion. Dem kommen die Vagheit und Konturenlosigkeit des K.-Begriffs entgegen. Offenbar bietet dieser Begriff für unterschiedlich motiviertes Unbehagen Raum. Ebenso aufschlußreich wie treffend wird die K. in die ›Grauzone zw. Recht und Politik‹ gerückt. Darin kommt zum Ausdruck, daß offenbar nur bestimmte Fälle oder Fallgruppen geeignet sind, Staat und Gesellschaft nachhaltig zu erschüttern. Zu denken ist etwa an die K. von Ministern oder an die Abgeordnetenbestechung (→Bestechung).

In Italien beispielsweise ist die mittlerweile allgegenwärtige K. zum festen Bestandteil des gesellschaftl. und polit. Systems geworden und scheint die wirtschaftl., sozialen und polit. Entwicklungsmöglichkeiten des Landes zu bestimmen. In Dtl. tritt K. im Bereich von Politik, Wirtschaft und Verwaltung auf. Dabei ist das Ausmaß der K. nur schwer einzuschätzen. Vor dem Hintergrund, daß K.-Fälle nicht stets bekannt werden oder nicht zur Anzeige, geschweige zur Aburteilung gelangen, geben amtl. Statistiken keine genauen Aufschlüsse über das wirkl. Ausmaß der K. Zwar waren nach einer neueren Spezialstudie des Bundeskriminalamts 1994 in Dtl. in fast 2 000 Fällen Beamte in K.-Delikte verwickelt. Doch werden jährlich kaum mehr als 200 Verurteilungen wegen Bestechungsdelikten ausgesprochen. Da es in derartigen Fällen typischerweise an Individualopfern mangelt (geschädigt sind öffentl. Haushalte, Unternehmen), hängen Erfassung und Verfolgung der Straftaten in erhebl. Grade von der Struktur und Intensität sowohl der internen Kontrolle der geschädigten Institution als auch der Strafverfolgung ab. Es ist daher umstritten, ob die K. zugenommen oder sich nur die entsprechende Sensibilität der Öffentlichkeit gewandelt hat, zumal verläßl. Längsschnittdaten fehlen und in Dtl. die polizeil. Kriminalstatistik K.-Delikte erst seit 1994 aufgeschlüsselt erfaßt. Deshalb läßt sich auch schwer abschätzen, ob Bundes- und Landesbehörden stärker betroffen sind als kommunale Einrichtungen. Als häufig korruptionsfördernde Konstellationen mögen die systemimmanent zwangsläufige Nähe und die intensive Berührung zw. Wirtschaft und Verwaltung sowie die damit einhergehende Informationsweitergabe gelten, ferner die Kompetenzhäufung bei einzelnen Sachbearbeitern, die sich verwischenden Grenzen zw. (noch) sozialer Üblichkeit und (bereits) strafbewehrtem Tun, aber auch das fehlende Unrechtsbewußtsein bei den Betroffenen. Letzteres manifestiert sich bei einzelnen Tätern nach empir. Feststellungen selbst dort, wo die Strafbarkeit offensichtlich ist, weshalb manche Beobachter dieses Verhalten als Indikator eines allgemeinen Werteverfalls deuten, der in der Gesellschaft festzustellen sei. Als korruptionsfördernd gelten dabei insbesondere Vergabe- und Genehmigungsstellen und die Beschaffungsabteilungen. In diesem Zusammenhang muß auch auf die problemat. Formulierung der entsprechenden Tatbestände in den §§ 331–334 StGB hingewiesen werden, die das ›Anfüttern‹ nicht mit Strafe belegen. Darunter versteht man das Gewähren von Zuwendungen ohne die Vereinbarung einer Gegenleistung, also das bloße ›Geneigtmachen‹, das der echten Bestechung häufig vorangeht. Die Grenzen zw. straffreien, wenn auch unethischen, und strafbaren Handlungen sind in diesem Bereich also fließend, was die Kontrolle erschwert.

Vom Amtsmißbrauch durch K. sind nicht nur polit. Ebenen, sondern auch nachgeordnete Stellen der öffentl. Verwaltung betroffen. Zu Beginn der 1990er Jahre wurden einige K.-Fälle spektakulär, z. B. die Vorgänge um das Münchner Klärwerk II, den Flughafen München II, Bestechungsaffären bei der Treuhandanstalt, bei Polizeiverwaltungen im Zusammenhang mit der polizeil. Ausrüstungsbeschaffung oder bei Finanzverwaltungen im Zuge behördl. ›Entgegenkommens‹ beim Erlaß von Steuerbescheiden.

Amtsträger in der Bauverwaltung, die mit der Vergabe von Aufträgen befaßt sind und bestochen werden, sind in der K.-Statistik überrepräsentiert. Die Häufigkeit unzulässiger Preisabsprachen läßt sich nur vermuten, die Dunkelziffer wird als sehr hoch veranschlagt. Bis zu 90 % der von der öffentl. Bauverwaltung ausgeschriebenen Projekte sind mancherorts bereits im Vorfeld zw. den Beteiligten abgesprochen. Das Bundeskartellamt geht bundesweit von 40 bis 50 % realisierter Absprachen aus. Der durch Ausschreibungsbetrug und K. verursachte volkswirtschaftl. Schaden wird in Milliardenhöhe geschätzt. Offenbar besteht dort ein erhöhtes Risiko der K., wo die gewöhnl. Kontrollmechanismen innerhalb der Verwaltung stark eingeschränkt sind oder versagen. Weiterhin ist festzustellen, daß K. dort wahrscheinlich ist, wo viel Geld auf dem Spiel steht und wo externe Abhängigkeiten bestehen. Das ist z. B. dann der Fall, wenn der Staat Alleinabnehmer für bestimmte Produkte (z. B. militär. Güter) ist oder Großaufträge vergibt. Bes. in solch einer Situation verfügen Entscheidungsträger über eine herausragende Machtstellung und können diese für eigene Ziele nutzen.

Zwar sind fast überall Bestechung und Vorteilsannahme im Bereich des öffentl. Dienstes kriminalisiert. Dennoch bestehen zw. einem ›Bakschisch‹ z. B. in Form eines eher geringen Geldbetrages, durch den eine Gefälligkeit erkauft wird – z. B. gegeben bei der Einreise in ein Entwicklungsland, um eine schnellere Paßkontrolle zu erreichen –, und der Parteispendenaffäre oder der Bestechung staatl. Amtsträger gravierende Unterschiede in Dimension und Tragweite. Deshalb wird bei K.-Erscheinungen danach differenziert, daß Fälle sogenannter Klein-K. von schweren K.-Fällen abgehoben werden und zw. K. im öffentl. Bereich (polit. K.) und solcher in der Privatsphäre, einschließlich sogenannter Wirtschafts-K. (strafbewehrt in § 12 des Ges. gegen den unlauteren Wettbewerb, UWG) unterschieden wird. Angesichts der Kommerzialisierung sportl. Aktivitäten verwundert es nicht, wenn auch der Sport zunehmend in den Sog der K. geraten ist, wie neuere Beobachtungen des europ. Fußballgeschehens erkennen lassen. Voraussetzung für die polit. K. ist ein Verstoß gegen allgemeinwohlbezogene Interessen im Rahmen einer öffentlich zu verantwortenden Tätigkeit, also einem Amt, zugunsten von Privatbelangen. Hier liegt ganz überwiegend das Hauptgebiet der gegenwärtigen K.-Problematik.

Im Bereich der privaten Wirtschaft ist die Abgrenzung zwischen üblichen und als unproblematisch empfundenen Aufmerksamkeiten für den Geschäftspartner und strafbarer Einflußnahme im Sinne von § 12 UWG noch schwerer zu ziehen. Innerhalb der einzelnen Branchen ist auch umstritten, ob K. in der Wirtschaft eine erhebl. Rolle spielt oder ob es sich bei den bekanntgewordenen Fällen nur um ›schwarze Schafe‹ handelt. Generell wird in diesem Bereich eine geringe Anzeigebereitschaft seitens der Unternehmen vermutet, was aufgrund der Tatsache, daß § 12 UWG als Antragsdelikt gestaltet wurde, zu einer sehr geringen strafrechtl. Verfolgung der K. in der privaten Wirtschaft führt. Bei alledem handelt es sich um freiwillige Austauschbeziehungen, nicht hingegen um solche, die gewaltsam erzwungen werden. Immerhin gibt es Übergänge zur Erpressung und zu Gewalthandlungen durch organisiertes Verbrechen (z. B. in Italien). Im Rahmen der Ermittlungen gegen →organisierte Kriminalität kam es auch in Dtl. erstmals zu K.-Vorwürfen gegenüber den Strafverfolgungsbehörden, wenn z. B. Polizeibeamte gegen entsprechende Zuwendungen Razzien in Spielsalons oder Bordellen den Betreibern vorher angekündigt hatten. K. erscheint in diesem Zusammenhang als Nebenprodukt der organisierten Kriminalität.

Allerdings läßt sich nicht verkennen, daß K.-Formen in manchen Staaten in traditionelle Sozialbeziehungen eingebunden sind und dort auch weithin toleriert werden. Zu denken ist hier etwa an Italien und Japan, aber auch an viele Länder in der dritten Welt. Dies wird durch eine neuere Studie zum ›K.-Ranking‹ belegt. Nach dem 41 Länder umfassenden Index rangiert Dtl. bei der Bestechlichkeit auf dem 13. Platz. Schlechter schneiden etwa die USA, Österreich, Frankreich, Belgien und Luxemburg sowie Japan und Italien ab; Schlußlichter bilden China und Indonesien. Die unbestechlichsten Auftraggeber befinden sich nach der Studie hingegen in Neuseeland, gefolgt von Dänemark, Singapur, Finnland sowie Kanada, Schweden und der Schweiz. Was freilich Gesellschaftsreformen ebensowenig wie Gesetze zu ändern vermögen, ist die Tatsache, daß Amtsträger Ermessensspielräume haben und Entscheidungen treffen müssen. Hier liegen auch manche Einfallstore für die K. Deshalb kann es nur Aufgabe der K.-Kontrolle sein, im Bewußtsein der Bindung der Verwaltung an Gesetz und Recht die Zahl der Einbruchstellen und Einfallstore möglichst gering zu halten. Maßnahmen zur Vorbeugung und zur Eindämmung der K. sind ferner regelmäßig stattfindende interne Kontrollen, Auflistung der empfangenen Geschenke sowie Rotationen im Bereich der Verwaltung.

Darüber hinaus läßt sich, und zwar weltweit, auf die Absicherung eines berufsethisch vertretbaren Verhaltens der Amtsträger durch Disziplinar- und Strafrecht nicht verzichten. Daher wird in den meisten Ländern korruptes Verhalten von Amtsträgern mit Strafe bedroht. Demgemäß lassen sich die internat. Bestrebungen von einem engeren K.-Begriff leiten, der auch strafrechtlich faßbar ist. Ein weiter K.-Begriff, der sich um die allgemeine Verderbtheit und den Sittenverfall rankte, erschiene als zu unspezifisch für eine in die Tagespolitik implementierbare Antikorruptionsstrategie. Aufgrund des gewachsenen Problembewußtseins widmen sich internat. und zwischenstaatl. Übereinkommen zunehmend der K.-Bekämpfung. So ist eine internat. Antikorruptionskonvention gegenwärtig in der Diskussion. Die international verbreitete und oftmals noch immer zulässige steuerl. Absetzbarkeit von Bestechungs- und Schmiergeldern bei aktiver Bestechung von Auftraggebern im Ausland unterstreicht die Dringlichkeit einer internat. Regelung. Aufgrund der Änderung des Einkommensteuerrechts im Zuge des Jahressteuer-Ges. 1996 ist zur Bekämpfung der K. der Steuerabzug von Schmier- und Bestechungsgeldern verboten worden. Der dadurch entstandene jährl. Verlust wird auf etwa 600 Mio. DM geschätzt. Ferner können die Harmonisierung der Rechtsordnungen sowie die Einrichtung von grenzüberschreitenden Kommissionen als Verfolgungsorganen und ein intensiver Rechtshilfeverkehr zw. den Staaten der K. besser entgegenwirken.

D. G. RASCH: Die Bekämpfung des Bestechungsunwesens im Wirtschaftswettbewerb in der Bundesrep. Dtl. u. in den übrigen Mitgl.-Staaten der EG (1985); Polit. K., hg. v. J. BELLERS (1989); K. RENNSTICH: K. Eine Herausforderung für Gesellschaft u. Kirche (1990); Zw. Kooperation u. K. Abweichendes Verhalten in der Verw., hg. v. A. BENZ u.a. (1992); P. BERNASCONI: Internat. Antikorruptions-Konvention. Entwurf u. Komm., in: Aspekte des Wirtschaftsrechts, hg. v. H. U. WALDER u.a. (Zürich 1994); K. im öffentl. Dienst, bearb. v. H. R. CLAUSSEN (1995).

*Korsika: Im April 1991 billigte die frz. Nationalversammlung ein neues Statut für K. (in Kraft seit 1992). Als spezielle Form der ›Collectivité territoriale‹ mit Parlament (51 Abg.) und siebenköpfigem Exekutivausschuß erhielt K. weitere Kompetenzen v. a. im wirtschaftl. und sozialen Bereich.

*Kortüm, Gustav Ferdinand Albert, Physikochemiker: †Tübingen 1. 12. 1990.

*Koschnick, Hans, Politiker: Leitet seit dem 23. 7. 1994 als Administrator der Europ. Union den Wiederaufbau der Stadt Mostar in Bosnien und Herzegowina; er kündigte im Febr. 1996 seinen Rücktritt an.

*Kosinski, Jerzy Nikodem, amerikan. Schriftsteller poln. Herkunft: †(Selbstmord) New York 3. 5. 1991.

*Kosiol, Erich, Betriebswirtschaftler: †Salzburg 7. 9. 1990.

*Kosovo: Am 23. 9. 1989 hob die jugoslaw. Regierung das Autonomiestatut auf und verbot im Juli 1990 den Zusammentritt des Parlaments. Die alban. Abg. des aufgelösten Parlaments beschlossen am 7. 9. 1990 eine neue Verf. für K., in der sie dieses zur unabhängigen Rep. innerhalb Jugoslawiens erklärten. In einem geheimen Referendum im Sept. 1991 sprachen sich über 90 % der Teilnehmenden für die Souveränität aus. Bei den von der jugoslaw. Regierung verbotenen Wahlen vom Mai 1992 errang der Demokrat. Bund K.s, die Partei der alban. Mehrheits-Bev., 78 von 130 Sitzen. In verbotener Wahl wurde IBRAHIM RUGOVA zum Staatspräs. gewählt. Die serbisch dominierten Behörden verhinderten den Zusammentritt des Parlaments am 23. 6. 1992. Die serb. Kontrolle über nahezu das gesamte öffentl. Leben hat zu einer tiefen ethn. Spaltung zw. Serben und Albanern in K. geführt, die sich bes. im Bildungswesen bemerkbar macht.

Kosovska Mitrovica [-tsa], seit 1991 wieder Name der Stadt ▷ Titova Mitrovica.

Kosyrew, Kozyrev [-z-], Andrej Wladimirowitsch, russ. Politiker, * Brüssel 27. 3. 1951; seit 1974 im sowjet. Außenministerium tätig, Okt. 1990 bis Jan. 1996 Außen-Min., seit Jan. 1996 Abg. in der Duma, wurde bei den Wahlen am 17. 12. 1995 als Direktkandidat im Wahlkreis Murmansk gewählt.

***Köthen 1):** Der Landkreis K., der seit 3. 10. 1990 zum Land Sachs.-Anhalt gehört, blieb bei der Kreisgebietsreform am 1. 7. 1994 bestehen und heißt seitdem **Köthen/Anhalt**. Der Kreis im Reg.-Bez. Dessau umfaßt 480 km^2 und (1995) 73 300 Ew.; Kreisstadt ist Köthen/Anhalt. Das Kreisgebiet, das an die kreisfreie Stadt Dessau grenzt, wird von der fruchtbaren Köthener Ebene und im N von der Elbniederung (z. T. Naturschutzgebiet) eingenommen. Industriestandorte sind Köthen/Anhalt (1995: 31 600 Ew.; mit Eisengießerei, Kessel- und Kranbau), die Hafenstadt Aken/Elbe (10 200 Ew.; Fabriken für Fahrzeugglas, feuerfeste Steine, Einspritzgeräte) und die Gem. Weißandt-Gölzau (chem. Industrie mit Kunststoffverarbeitung). Weitere Städte sind Gröbzig und Radegast.

K.o.-Tropfen, umgangssprachl. Bez. für unterschiedl. Substanzen, die nach dem Prinzip ZNS-dämpfender Wirkstoff plus Alkohol zusammengesetzt sind. Dabei wird die synergist. bzw. potenzierende Wirkung dieser speziellen Mischungen ausgenutzt, wobei eine Kombination aus schnell eintretender Wirkung und ausreichender Schlaftiefe und Wirkungsdauer angestrebt wird, ohne daß Komplikationen zu befürchten sind. Das Hauptaugenmerk liegt heute auf Hypnotika-Benzodiazepinen mit Halbwertszeiten über 10 Stunden und den hochwirksamen Tranquilizer-Benzodiazepinen vom Bromazepam-Typ. In krimineller Absicht werden diese u. a. Systeme insbesondere im sogenannten Rotlichtmilieu (z. B. von Prostituierten gegen Kunden) eingesetzt.

B. G. Thamm: Mehrzweckwaffe Rauschgift (1994).

Kovác ['kɔvaːtʃ], Michal, slowak. Politiker, * Libuša 5. 8. 1930; stieg als Wirtschaftsfunktionär bei der tschechoslowak. Staatsbank auf; 1953–70 in der KP; schloß sich im Zuge des polit. Umbruchs (Herbst 1989) der Bürgerbewegung ›Öffentlichkeit gegen Gewalt‹ an. Von Dez. 1989 bis Mai 1991 war er Finanz-Min. in der slowak. Teilrepublik der Tschechoslowakei. Nach dem Zerfall der Bürgerbewegung ist er Mitgl. der Bewegung für eine Demokrat. Slowakei. Seit dem 15. 2. 1993 ist K. Präs. der seit dem 1. 1. 1993 unabhängigen Slowak. Republik.

Kovács ['kɔvaːtʃ], Attila, Maler ungar. Herkunft, * Budapest 15. 12. 1938. Der seit 1964 in der Bundesrep. Dtl. lebende Künstler arbeitet an der opt. Realisation mathematisch generierter Sequenzen. Seine systematisch-programmat. Untersuchung der Spannung zwischen gedankl. Abstraktion und visueller Konkretion unterscheidet sich von einer mit Hilfe des Computers erstellten seriellen Zeichnung durch die individuelle Setzung der Ausgangskoordinaten und die handwerkl. Ausführung der auf die Tonwerte Schwarz und Weiß und die geometr. Elemente Linie und Fläche reduzierten Gemälde.

A. K. Bezugsysteme – Metalinien, bearb. v. R. Scotti, Ausst.-Kat. (1987).

Kowalski, Jochen, Sänger (Altus), * Wachow (Kr. Havelland) 30. 1. 1954; debütierte 1982 bei den Händel-Festspielen in Halle (Saale) und ist seit 1983 Mitgl. der Kom. Oper Berlin, wo er 1988 in der Titelpartie von C. W. Glucks ›Orfeo‹ Aufsehen erregte; trat auch als Liedsänger hervor.

***Kraemer,** Friedrich Wilhelm, Architekt: † Köln 18. 4. 1990.

***Kraft,** Werner, Schriftsteller: † Jerusalem 14. 6. 1991.

***Kraftfahrtversicherung:** Die Genehmigungspflicht für die Tarife in der K. wurden im Rahmen der Harmonisierung des europ. Versicherungsbinnenmarktes zum 29. 7. 1994 vollständig aufgehoben. In der Kalkulation der nach dem 29. 7. 1994 abgeschlossenen Verträge (sowie in der Gestaltung der Versicherungsbedingungen) sind die Versicherungsunternehmen frei. Faktoren wie Alter, Geschlecht, Familienstand, Beruf, Punkte in der Verkehrssünderkartei

Beitragseinnahmen (in Mrd. DM) und Schadenquoten (in %) in verschiedenen Arten der Kraftfahrversicherung in Deutschland

Versicherungsarten	Beitragseinnahmen 1990	1993	Schadenquoten[1] 1990	1993
Kraftfahrzeug-Haftpflichtversicherung	18,039[2]	23,846	93,5	97,9
Kraftfahrzeug-Vollversicherung (Vollkasko)	6,682	11,004	92,7	100,1
Kraftfahrzeug-Teilversicherung (Teilkasko)	2,070	2,550	90,0	100,1

[1] Anteil der Brutto-Schadenaufwendungen an den verdienten Beiträgen. – [2] Tarifgebiet West. – Quelle: Die dt. Versicherungswirtschaft Jb. 1994.

oder jährl. Fahrleistung des Fahrzeughalters können zur Tarifierung herangezogen werden. – In Dtl. waren (1994) über 38 Mio. Kfz in der Kfz-Haftpflichtversicherung versichert. 1993 (1992) betrugen die Aufwendungen der 126 (124) K.-Unternehmen 37,7 (34,8) Mrd. DM, die Beiträge beliefen sich auf 38,8 (35,4) Mrd. DM, die Schadenquote auf 97,1 (98,3) %. In *Österreich* betrugen die Beitragseinnahmen der K. (1993) 28,68 Mrd. öS und in der *Schweiz* 4,0 Mrd. sfr.

***Kraftfahrzeugbeleuchtung:** Mit HNS-Scheinwerfern (Abk. für Homogeneous numerically calculated surfaces) kann der Lichtstrom der eingesetzten Halogenlampen um etwa 60 % und die Reichweite um etwa 12 % erhöht werden. Erreicht wird das durch eine von einem Mikroprozessor errechnete Reflektorgeometrie. Die Reflektoroberfläche ist in sehr viele winzige bewegl. Elemente aufgeteilt, deren jeweilige Stellung in Zusammenspiel mit den benachbarten Elementen so errechnet und eingestellt wird, daß eine homogene Reflektorfläche entsteht und damit eine optimale Beleuchtung erzielt wird. **Litronic-Scheinwerfer** verwenden keine Halogenlampen, sondern Gasentladungslampen, deren Lichtbogen elektronisch gezündet und gesteuert wird. Sie arbeiten mit einem elektronisch veränderl. Brennpunkt, wodurch gegenüber konventionellen Halogenscheinwerfern eine mehr als doppelt so hohe Helligkeit bei einer zusätzlich deutl. erhöhten Betriebsdauer erreicht wird.

***Kraftfahrzeugindustrie:** Heute wird mehr als ein Fünftel der Weltautomobilproduktion (1994: 10 Mio. Kfz) außerhalb der ›Triade‹ (Westeuropa, USA, Japan) hergestellt. Mit einer Produktion von 12,3 Mio. Kfz stehen die USA inzwischen wieder an der Spitze der Herstellerländer vor Japan mit 10,6 Mio. und Dtl. mit 4,4 Mio. Die gesamte Produktion in der EU übertrifft jedoch mit 13,9 Mio. Kfz diejenige der USA und Japans deutlich. Seit 1991 gehen in Japan im Gefolge des hohen Yenkurses und des Aufbaus zahlreicher Fertigungsstätten außerhalb des Landes Produktion und Beschäftigung in der K. zurück. Inzwischen werden bereits 3,3 Mio. Kfz mit japan. Markenzeichen außerhalb Japans hergestellt. Die japan. Konkurrenz zwang die Automobilhersteller in Westeuropa und den USA Anfang der 1990er Jahre zu Produktivitätssteigerungen und Kostensenkungen. Die neuen Formen der Arbeitsorganisation und der Zusammenarbeit zw. Kfz-Herstellern und -Zulieferern (Just-in-time-Fertigung) führten zu einem erhebl. Abbau von Arbeitsplätzen. Zahlreiche Schwellenländer betrachten die K. als eine zur Beschleunigung des Entwicklungsprozesses geeignete Industrie. Allein die jährl.

Michal Kovác

Kraf Kraftfahrzeugsteuer – Krawtschuk

Kfz-Produktion Süd-Koreas erreicht inzwischen 2,3 Mio. Kfz. Weitere Länder, die (1994) ein nennenswertes Produktionsvolumen aufweisen, sind Brasilien mit 1,6 Mio., China mit 1,3 Mio. und Indien mit 0,5 Mio. Kfz.

In Osteuropa wuchs die Zahl der Investitions- und Kooperationsprojekte westl. Kfz-Hersteller, so in der Tschech. Republik (VW), Polen (General Motors, Daimler-Benz) und Ungarn (General Motors). In Ost-Dtl. kamen die alten Produktionen (Ausnahme: Multicar) schon bald nach der Vereinigung zum Erliegen; doch nahmen Daimler-Benz (Ludwigsfelde), Opel (Eisenach) und VW (Mosel, Kr. Zwickauer Land) Fertigungen auf, so daß 1994 mit 233 000 Kfz das Produktionsniveau der Dt. Dem. Rep. wieder erreicht wurde.

Übernahmen von bisher unabhängigen Herstellern wie z. B. von Rover durch BMW, von Aston Martin und Jaguar durch Ford sowie die Beteiligung von General Motors an Saab werden mit dem Bemühen erklärt, das Erzeugnisprogramm oder die techn. Basis zu erweitern.

In Dtl. waren 1994 in der Kfz-Erzeugung rd. 397 000 Personen, in der Kfz-Teile- und -Zubehörindustrie 230 000 Personen und in der Anhänger- und Aufbautenproduktion 42 000 Personen beschäftigt. Die K. nach der Abgrenzung des Statist. Bundesamtes (Straßenfahrzeugbau) erzielte 1994 einen Produktionswert von 225 Mrd. DM (13,4 % des verarbeitenden Gewerbes). Mit 685 000 Beschäftigten waren 2,2 % aller Erwerbstätigen in der K. beschäftigt.

***Kraftfahrzeugsteuer:** Die K.-Sätze für Personenkraftwagen mit Dieselmotor wurden zum 1. 1. 1989 um 8,40 DM, zum 1. 7. 1991 um weitere 8 DM und zum 1. 1. 1994 um zusätzlich um 7,50 DM je angefangene 100 cm^3 Hubraum angehoben. Die Erhöhung soll die gegenüber Benzin niedrigere Mineralölsteuerbelastung des Dieselkraftstoffs ausgleichen, die das Ergebnis der EU-Steuerharmonisierung ist; die K. für Nutzfahrzeuge wurde zum 1. 4. 1994 deutlich gesenkt (K.-Aufkommen 1994: 14,2 Mrd. DM). – In Österreich wurde die K. zum 1. 5. 1993 beträchtlich geändert. Bei haftpflichtversicherten Pkw, Kombinationskraftwagen und Motorrädern tritt an die Stelle der K. ein Zuschlag zur Versicherungssteuer (›motorbezogene Versicherungssteuer‹), dessen Höhe bei Pkw und Kombinationskraftwagen von der Motorleistung, bei Krafträdern dagegen vom Hubraum abhängt (Aufkommen 1994: 7,583 Mrd. öS.). Alle übrigen im Inland zugelassenen Kfz sowie in einem ausländ. Zulassungsverfahren zugelassene Fahrzeuge, die in Österreich benutzt werden, unterliegen der analog geregelten K., die ebenfalls nur noch bei Motorrädern nach dem Hubraum, bei allen anderen Kfz mit einem Gesamtgewicht bis zu 3,5 t dagegen nach der Motorleistung berechnet wird (Aufkommen 1994: 764,2 Mrd. öS). Bei einem höchstzulässigen Gesamtgewicht von mehr als 3,5 t richtet sich die K. nach dem Gewicht. Daneben unterliegen seit dem 1. 1. 1992 Pkw, Kombinationskraftwagen und Krafträder einer **Normverbrauchsabgabe**, die beim Verkauf an den Letztverbraucher bzw. bei der Erstzulassung zu entrichten ist. Der Steuersatz ist linear abhängig vom Kraftstoffverbrauch des Kfz (Aufkommen 1994: 4,606 Mrd. öS).

Krajina [serbokroat. ›Grenze‹, ›Grenzgebiet‹], serb. Name für das seit dem 16. Jh. von Serben westlich der Save besiedelte Gebiet in Kroatien, an der Grenze zu Bosnien und Herzegowina, historisch gesehen im westl. Bereich der österr.-ungar. ▷ Militärgrenze, mit dem Hauptort Knin. Die nach dem Zerfall Jugoslawiens und der Errichtung der Republik →Kroatien im Dez. 1991 proklamierte **Republik Serbische K.** (Abk. **RSK**) umfaßte neben dem Bezirk K. die ebenfalls von Serben besiedelten und im Bürgerkrieg von serb. Einheiten besetzten Gebiete in Slawonien um Vukovar und Osijek. Die früher in den Gebieten ansässigen Kroaten, auch Angehörige anderer Minderheiten, flohen oder wurden vertrieben. Im Zuge der kroat. Wiedereroberung der K. und der meisten mit ihr in der RSK zusammengeschlossenen Gebiete (Aug. 1995) flohen die Krajina-Serben nach (Rest-)Jugoslawien oder in die serbisch bewohnten Gebiete von →Bosnien und Herzegowina.

Krall, Hanna, poln. Schriftstellerin und Journalistin, * Warschau 20. 5. 1932; versteht sich als Chronistin und Reporterin polnisch-jüd. Schicksale in Vergangenheit und Gegenwart, so in dem Roman ›Zdążyć przed Panem Bogiem‹ (1977; dt. ›Schneller als der liebe Gott‹, auch u. d. T. ›Dem Herrgott zuvorkommen‹) über den Aufstand (1943) im Warschauer Ghetto.

Weitere Werke: Roman: Sublokatorka (1985; dt. Die Untermieterin). - *Erzählungen:* Hipnoza (1989; dt. Legoland). - *Reportagen:* Taniec na cudzym weselu (1993; dt. Tanz auf fremder Hochzeit).

***Kranichsteiner Literaturpreis:** Weitere Preisträger sind: J. WINKLER (1990), HERTA MÜLLER (1991), L. FELS (1992), JAN FAKTOR (* 1951; 1993), 1994 nicht verliehen; H. SCHERTENLEIB (1995).

***Krankengymnast:** Die Berufs-Bez. lautet seit dem 1. 6. 1994 **Physiotherapeut.**

***Krankenversicherung:** Mit der Überleitung des westdt. K.-Rechts auf Ost-Dtl., einschließlich Sonderregelungen zur finanziellen Entlastung der dortigen K., wurden die Versicherten in Ost-Dtl. denen in West-Dtl. gleichgestellt. Seit 1992 sind auch die Rentner in Ost-Dtl. in die gesetzl. K. (GKV) einbezogen. Auch die mit der dt. Einheit verbundenen Mehrausgaben trugen zum Anstieg der Ausgaben der GKV bei. Das Gesundheitsstruktur-Ges. von 1992 sollte die finanzielle Basis der GKV sichern; die allgemeinen Beitragssätze wurden bei gleicher Qualität der Leistungen stabilisiert (ab 1. 10. 1994 in West-Dtl. 13,35 % und in Ost-Dtl. 12,60 %) und erste Schritte zur Reform der Struktur der GKV eingeleitet (→Gesundheitsreform). Inzwischen mußten jedoch die Beitragssätze verändert werden: (1995) 13,2 % (Ost-Dtl. 12,8 %) und (1996) 13,5 % (Ost-Dtl. 13,2 %). Seit dem 1. 1. 1996 können die in der GKV Versicherten ihre Krankenkasse frei wählen.

***Krasnowodsk:** Stadt in Turkmenistan, heißt seit Okt. 1993 **Turkmenbaschi.**

Krause, Günther, Politiker (CDU), * Halle (Saale) 13. 9. 1953; Bauingenieur, seit 1990 Prof. an der TH in Wismar; trat 1975 der CDUD bei. Nach dem Umbruch in der Dt. Dem. Rep. im Spätherbst 1989 war er von März bis Okt. 1990 Abg. in der Volkskammer. Als Parlamentar. Staats-Sekr. im Amt des MinPräs. der Dt. Dem. Rep. (April bis Okt. 1990) leitete er die Verhandlungen mit der Bundesrep. Dtl. über den Staatsvertrag zur Währungs-, Wirtschafts- und Sozialunion sowie zum Einigungsvertrag. Von Okt. 1990 bis Jan. 1991 war er Bundes-Min. für besondere Aufgaben, von Jan. 1991 bis Mai 1993 Bundesverkehrs-Min. Angesichts von Vorwürfen der persönl. Vorteilnahme sah er sich zum Rücktritt gezwungen. 1990-93 war K. Vors. der CDU in Mecklenburg-Vorpommern.

***Krautheimer,** Richard, amerikan. Kunsthistoriker dt. Herkunft: † Rom 1. 11. 1994.

Ausgabe: Ausgew. Aufs. zur europ. Kunstgesch. (1988).

Krawtschuk, Kravčuk [-ftʃ-], Leonid Makarowitsch, ukrain. Politiker, * Welikij Schitin (Gebiet Rowno) 10. 1. 1934; urspr. führendes Mitgl. der ukrain. KP-Organisation, von Juli 1990 bis Dez. 1991 Vors. des ukrain. Parlaments; trat nach dem Putsch konservativer kommunist. Kräfte in Moskau (Aug. 1991) aus der KP aus. Am 1. 12. 1991 wählte ihn der Bev. der Ukraine zum Präsidenten. K. beteiligte sich im Dez. 1991 maßgeblich an der Gründung der Ge-

Leonid Makarowitsch Krawtschuk

meinschaft Unabhängiger Staaten (GUS). K. betonte in der Folgezeit die Eigenständigkeit der Ukraine v. a. gegenüber Rußland. Innenpolitisch trat er gegenüber dem noch stark von kommunist. Kadern bestimmten Obersten Rat für gesellschaftl. Reformen ein. Bei den Präsidentschaftswahlen 1994 unterlag K. in der Stichwahl am 10. 7. L. D. KUTSCHMA.

***Krebs:** Durch Nutzung neuer Methoden v. a. der Zellbiologie und der Molekularbiologie haben sich in den letzten Jahren v. a. das Verständnis der Mechanismen der K.-Entstehung und die Kenntnisse über K.-Risikofaktoren und K.-Risikopatienten vertieft.

Krebsentstehung: Hauptmerkmal bei der Entstehung vieler Formen von K. ist auf molekularer Ebene die Inaktivierung oder der Verlust von DNS (Desoxyribonukleinsäure, der chem. Träger der Erbinformation; ▷ Nukleinsäuren). So finden sich in K.-Zellen viele Anzeichen für genet. Veränderungen: auseinandergebrochene Chromosomen, Anheftung von Bruchstücken an andere Chromosomen, Verlust oder Überzahl einzelner Chromosomen. Ursache für die Entstehung von K. sind oft Veränderungen an Genen oder auch Fehler beim Ablesen von Genen in einzelnen Zellen. Solche Störungen (Mutationen) können mehrerlei bewirken: Zum einen können aus zelleigenen Genen, die für Proteine codieren, die die Zellen zur Vermehrung anregen (so z. B. Rezeptorproteine auf der Zelloberfläche, die Wachstumsfaktoren binden und ein Signal in die Zelle leiten, das diese zur Teilung anregt), **Onkogene (K.-Gene)** entstehen, die z. B. dazu führen, daß ein Protein im Übermaß gebildet wird oder eine anormale, überaktive Form des Proteins entsteht. Bekannte Onkogene sind z. B. myk-Gen, ras-Gen, src-Gen. Zum anderen können Mutationen in **Tumor-Suppressorgenen** (›K.-Unterdrückergene‹ oder Anti-Onkogene), die normalerweise für Proteine codieren, die sozusagen als Zellteilungsbremse wirken, dazu führen, daß die Zelle sich ungehemmt teilt; bekanntes Beispiel ist ein Tumor-Suppressorgen ist das p53-Gen, das für ein p 53 genanntes Protein codiert. Nach der **Theorie der klonalen Evolution** geht eine K.-Zelle auf eine normale Ursprungszelle zurück, deren Nachkommen (Klon) nach und nach krebsfördernde Mutationen angehäuft haben, bis eine Zelle entsteht, die durch unkontrolliertes Wachstum und sinnloses Funktionieren gekennzeichnet ist und deren Kommunikation mit anderen Zellen dauerhaft gestört ist. Begünstigend wirken z. B. (unter Umständen erbl.) Schäden an sogenannten Reparaturgenen, die für Proteine codieren, die bei der Zellteilung auftretende Fehler in der DNS erkennen und reparieren (Reparaturenzyme). Fallen diese aus, können sich immer mehr Mutationen anhäufen, möglicherweise auch ein Grund dafür, daß manche Tumoren extrem schnell wachsen. Ebenfalls begünstigend wirken sich auf das Tumorwachstum bestimmte Mutationen im p53-Gen aus, die dazu führen, daß vermehrt Blutgefäße gebildet werden; wachsen diese in den Tumor ein, erleichtern sie seine Nährstoffversorgung und die Verbreitung von sich aussiedelnden K.-Zellen.

Die Mutationen, die letztlich zur K.-Entstehung führen, können zufällig oder aufgrund äußerer Einflüsse entstehen. Zu den von außen einwirkenden krebsauslösenden (kanzerogenen) Faktoren gehören neben vielen chem. Substanzen und energiereicher Strahlung auch Viren. Seit der Entdeckung, daß das Epstein-Barr-Virus an der Entstehung versch. bösartiger Tumoren beteiligt ist, hat sich die K.-Forschung intensiv mit der Rolle infektiösen Geschehens bei der K.-Entstehung befaßt. Nachgewiesen ist z. B. die Beteiligung versch. Typen des Papillomvirus bei der Entstehung bestimmter Formen von Anal-, Genital-, Mundhöhlen- und Hautkrebs oder von Hepatitis-B-Viren bei der Entstehung von Leberzell-K. Neueren Ergebnissen zufolge gibt es auch Hinweise auf die Beteiligung nichtviraler Erreger an der K.-Entstehung (z. B. Helicobacter pylori beim Magenkrebs).

Krebsdiagnostik: Zu einer verbesserten Diagnose tragen u. a. verfeinerte physikalisch-techn. Verfahren (z. B. die Kernspintomographie) bei. Außerdem werden zur K.-Diagnostik mehr und mehr auch Antikörper sowie gendiagnost. Verfahren angewendet. Fortschritte in der Zellbiologie ermöglichen neue Verfahren, insbesondere für das Auffinden von nicht identifizierten Primärtumoren durch Charakterisierung der Zellskelettproteine von Metastasen; diese Zellskelettproteine zeigen charakterist. Unterschiede, die auf Herkunft und Differenzierungsgrad eines Tumors schließen lassen.

Krebstherapie: Auf die Standardverfahren der K.-Therapie (chirurg. Eingriff, Bestrahlung, Chemotherapie) wird auch in Zukunft kaum verzichtet werden können, wobei die kombinierte Anwendung dieser Verfahren die Therapiemöglichkeiten stark verbessert hat. Jedoch ermöglichen verfeinerte und neue Methoden eine weitere Optimierung. Fortschritte sind einerseits in der Radiologie zu verzeichnen; z. B. erlauben dreidimensionale Verfahren eine größere Präzision der Bestrahlung, durch Berücksichtigung von Tumorform und -volumen kann Bestrahlung individuell auf den jeweiligen Patienten zugeschnitten werden. Mit Hilfe der Positronenemissionstomographie wird die Wirksamkeit medikamentöser Behandlung kontrolliert, was eine ggf. notwendige Umstellung der Therapie ermöglicht und unnötige Nebenwirkungen verhindern hilft. Große Hoffnung wird andererseits in die Möglichkeiten immunolog. (Therapie mit spezif. Antikörpern) und molekularbiolog. (hier v. a. der Gentherapie) Verfahren gesetzt, von denen sich manche bereits in der klin. oder präklin. Testphase befinden.

Krebsprävention: Neue Perspektiven für die K.-Prävention ergeben sich v. a. durch Ergebnisse der Molekularbiologie. Dies betrifft 1) die Möglichkeit der Impfstoffherstellung, v. a. beim Nachweis der Beteiligung von Viren am Ausbruch einer K.-Krankheit, 2) die Möglichkeit, erbl. Dispositionen für bestimmte K.-Krankheiten frühzeitig festzustellen – was im Falle unzureichender Behandlungsmöglichkeiten jedoch problematisch ist –, 3) die Möglichkeit der Chemoprävention, worunter die vorbeugende medikamentöse Behandlung von Risikopatienten verstanden wird.

Krebs [krebs], Edwin Gerhard, amerikan. Biochemiker, *Lansing (Ia.) 6. 6. 1918; 1948–68 und 1977–88 an der University of Washington in Seattle tätig, dazwischen an der University of California in Davis; erhielt 1992 mit E. H. FISCHER den Nobelpreis für Physiologie oder Medizin für die Entdeckung, daß die Bindung von Phosphatgruppen an Enzyme zu einer Aktivierung, eine Abspaltung von Phosphatgruppen zu einer Inaktivierung von Enzymen führt. Dieser Prozeß, der reversible Proteinphosphorylierung genannt wird, ist einer der wichtigsten Regulationsmechanismen in Zellen; sein Vorteil liegt darin, daß er der Zelle eine schnelle Reaktion auf äußere Signale ermöglicht.

Kredit|abwicklungsfonds [-fɔ̃], ein zum Zeitpunkt der dt. Vereinigung mit Ges. vom 23. 9. 1990 eingerichtetes Sondervermögen des Bundes, in dem die am 3. 10. 1990 aufgelaufenen Schulden des Staatshaushalts der Dt. Dem. Rep. sowie die mit der Einführung der DM zum 1. 7. 1990 entstandenen Verbindlichkeiten des Staates aus den Ausgleichsforderungen zusammengefaßt wurden. Der K. wurde zum 31. 12. 1995 aufgelöst, seine Verbindlichkeiten in Höhe von 102,4 Mrd. DM (rd. 27 Mrd. DM Schulden des Staatshaushalts und rd. 75 Mrd. DM Verbindlichkeiten gegenüber dem Ausgleichsfonds Währungsumstellung) gingen auf den →Erblastentilgungsfonds über.

Edwin G. Krebs

Kreditanstalt für Wiederaufbau: Mit Wirkung vom 1. 10. 1994 hat die KfW die Gesamtrechtsnachfolge der Staatsbank Berlin angetreten und deren Aufgaben übernommen (▷ Staatsbank der Deutschen Demokratischen Republik). Dadurch erhöhte sich die Bilanzsumme um 57,8 Mrd. DM und beträgt (1994) 256,2 Mrd. DM. Die Kreditzusagen und Zuschüsse beliefen sich auf (1994) 44,9 Mrd. DM (30,5 Mrd. DM zur Investitionsförderung, 11,1 Mrd. DM zur Exportförderung und 3,1 Mrd. DM zur Förderung der Entwicklungsländer). Die Hälfte der Kreditzusagen und Zuschüsse und zwei Drittel der Investitionsförderung kamen den neuen Bundesländern zugute. Die KfW führt nicht nur eigene Programme durch (z. B. für kleine und mittlere Unternehmen), sondern auch Programme des ERP. Zur Finanzierung des Kreditgeschäfts hat die KfW (1994) 21,4 Mrd. DM an den Kapitalmärkten aufgenommen; von Bund und ERP wurden 5,4 Mrd. DM bereitgestellt.

Kreditkarte: Die Verwendung von K. nimmt in Dtl. stark zu. Die Zahl der ausgegebenen K. ist von (1988) 1,7 Mio. auf (1994) 8,9 Mio. angestiegen (davon Eurocard 5,1 Mio., Visa 2,2 Mio., American Express 1,2 Mio. und Diners Club 0,4 Mio.). Seit Anfang der 1990er Jahre konkurriert mit den K. das auf der Basis der Eurocheque-Karte entwickelte Zahlungssystem Electronic cash (▷ POS-Systeme). Dem Mißbrauch von K. (K.-Betrug durch Diebstahl und unbefugte Verwendung sowie durch Fälschung von K.) versuchen die K.-Gesellschaften mit versch. Maßnahmen zu begegnen (z. B. Einprägung von Gültigkeitsbeginn und Bild des K.-Inhabers, Beschränkung des genehmigungsfreien Höchstbetrags je Einkauf).

Kreisky, Bruno, österr. Politiker: † Wien 29. 7. 1990.

Kreislaufwirtschafts- und Abfallgesetz, im Sept. 1994 ergangenes und im Okt. 1996 in Kraft tretendes Bundesgesetz zur Förderung der Kreislaufwirtschaft und Sicherung der umweltverträgl. Beseitigung von Abfällen. Es löst das bisherige Abfallwirtschaftsgesetz ab. Eine wesentl. Neuerung ist die konsequente Umsetzung des Verursacherprinzips durch die Aufhebung der herkömml. Trennung von privatwirtschaftl. Produktion und öffentl. Entsorgung. Nach dem K.- u. A. sollen die Produzenten von Gütern für die Vermeidung, Verwertung und umweltverträgl. Entsorgung der Rückstände selbst verantwortlich sein, wobei das Vermeiden vor der stoffl. oder energet. Verwertung Vorrang hat und als letzte Möglichkeit die umweltverträgl. Entsorgung angestrebt wird. Umweltverbände kritisieren die im K.- u. A. faktisch festgeschriebene Gleichstellung der energet. mit der stoffl. Verwertung, da dies die Müllverbrennung fördere. Von seiten der Wirtschaft wird die Undurchsichtigkeit des K.- u. A. beanstandet.

Krenek, Ernst, österr.-amerikan. Komponist: † Palm Springs (Calif.) 22. 12. 1991.

Krenz, Egon, Politiker: Wurde im März 1995 vor dem Berliner Landgericht zus. mit fünf anderen Mitgl. des früheren Politbüros der SED u. a. wegen des Verdachts des mehrfachen gemeinschaftl. Totschlags (in bezug auf den Schießbefehl an der dt.-dt. Grenze) angeklagt.

Kresnik, Hans, österr. Choreograph und Ballettdirektor: Ist seit 1994 an der Volksbühne am Rosa-Luxemburg-Platz in Berlin tätig.

Kriegsdienstverweigerung: Die Befristung des KDVNG (Ges. zur Neuordnung des Rechts der K. und des Zivildienstes) ist durch Ges. vom 30. 6. 1989 aufgehoben worden. Die Anzahl der Anträge auf Anerkennung als Kriegsdienstverweigerer ist, offensichtlich im Zusammenhang mit dem 2. Golfkrieg 1991, sprunghaft gestiegen. Der Anteil der Wehrpflichtigen eines Jahrgangs, die einen K.-Antrag stellen, hat sich bei rd. 28 % eingependelt. Während 1989 die Anzahl der Anträge auf K. 77 432 betrug, 1990 auf 74 569 sank, schnellte sie 1991 auf 150 722 hoch; seitdem war sie rückläufig (1994: 125 694 Anträge), erreichte aber 1995 mit 160 569 Anträgen einen neuen Höchststand.

In der *Schweiz* wurde durch Volksabstimmung vom 17. 5. 1992 die Verfassungsgrundlage für einen zivilen Ersatzdienst ohne vorgängiges militärgerichtl. Verfahren geschaffen. Das entsprechende Zivildienst-Ges. soll am 1. 10. 1996 in Kraft treten.

Kriegsverbrechertribunal, der Internat. Strafgerichtshof für Verbrechen im ehem. Jugoslawien, dessen Einsetzung der UN-Sicherheitsrat mit dem Beschluß Nr. 807 vom 22. 2. 1993 einleitete. Die Errichtung erfolgte mit der Verabschiedung des Statuts durch den Beschluß Nr. 827 des Sicherheitsrats vom 25. 5. 1993. Die elf Richter und der Chefankläger des K., das seinen Sitz in Den Haag hat, wurden von der Generalversammlung der UNO auf Vorschlag des Sicherheitsrats für vier Jahre gewählt. Sie stammen aus elf Staaten (USA, Costa Rica, Kanada, Italien, Ägypten, China, Frankreich, Malaysia, Australien, Nigeria, Pakistan) und nahmen ihre Tätigkeit am 17. 11. 1993 auf. Ihnen wurde ein Jahr Zeit gegeben, um eine Verfahrensordnung mit der Bemessung von Strafmaßen zu erlassen. Auf der Grundlage des Sicherheitsratsbeschlusses 780 vom 6. 10. 1992 begann vorher mit den Ermittlungen. Die ersten Verfahren wurden im Frühjahr 1995 eröffnet.

Unabhängig von K., das ein ›Ad-hoc-Gerichtshof‹ ist wie auch das 1995 in Arusha (Tansania) eingerichtete Sondertribunal für Kriegsverbrechen in Ruanda, hat die UNO die Bemühungen um die Errichtung eines ständigen Internat. Strafgerichtshofs mit allgemeiner Zuständigkeit verstärkt. 1992 erhielt die Völkerrechtskommission der UNO von der Generalversammlung den Auftrag, das Statut für ein solches Gericht zu erarbeiten.

C. HOLLWEG: Das neue Internat. Tribunal der UNO u. der Jugoslawienkonflikt, in: Juristenzeitung, Jg. 48 (1993); K. OELLERS-FRAHM: Das Statut des Internat. Strafgerichtshofs zur Verfolgung von Kriegsverbrechen im ehem. Jugoslawien, in: Ztschr. für ausländ. öffentl. Recht u. Völkerrecht, Jg. 54 (1994); K. J. PARTSCH: Der Sicherheitsrat als Gerichtsgründer. Zur Entstehung des bes. internat. Strafgerichts für Jugoslawien, in: Vereinte Nationen. Ztschr. für die Vereinten Nationen u. ihre Sonderorganisationen, Jg. 42 (1994).

Krim, Republik K., autonome Teilrepublik (seit Juni 1992) der Ukraine, 27 000 km², (1991) 2,55 Mio. Ew., Hauptstadt ist Simferopol. 65 % der Bev. waren 1989 Russen, 25 % waren Ukrainer, der Rest Krimtataren, Armenier, Griechen, Bulgaren und Deutsche. Seit 1989 haben die 1944 nach Usbekistan deportierten Krimtataren die Möglichkeit, in ihre angestammte Heimat zurückzukehren. Ihre Zahl stieg von (1988) 17 500 auf 260 000 Ende 1994. Auch zahlreiche dt. Vertriebene haben sich wieder auf der K. angesiedelt.

Geschichte: Nach der Unabhängigkeitserklärung der Ukraine (Aug. 1991) stellte Rußland die Rechtmäßigkeit der Eingliederung der K. in die Ukrain. SSR (1954) verstärkt in Frage. Am 22. 4. 1992 verabschiedete das ukrain. Parlament ein Ges., das der K. Autonomierechte gewährt. Im Mai 1992 bezeichnete die russ. Duma die Abtretung der K. an die Ukraine als nicht rechtskräftig, verzichtete aber auf die einseitige Durchsetzung territorialer Ansprüche. Nachdem das Parlament der K. am 21. 5. unter dem Druck der Ukraine die Unabhängigkeitserklärung vom 5. 5. zurückgenommen hatte, trat am 30. 6. 1992 das Ges. über die Autonomie in Kraft. Über die dort gewährten Autonomierechte hinaus beschloß das Parlament der K. im Okt. 1993 die Einführung des Präsidialsystems. Bei den von der Ukraine für ungültig erklärten Präsidentschaftswahlen im Jan. 1994 wurde der für einen

Anschluß der K. an Rußland eintretende Vors. des Blocks ›Rossija‹ (dt. ›Rußland‹), JURIJ MESCHKOW, mit 72,9% der Stimmen zum Präs. gewählt. Im März 1995 entschloß sich die ukrain. Zentralgewalt, die vom Parlament der K. am 6. 5. 1992 verabschiedete Verf. aufzuheben und durch Ges. vom 17. 3. 1995 eine neue Rechtsgrundlage zu schaffen. Hiernach verfügt die Krim-Rep. über eine eigene Legislative und Exekutive, während die Rechtsprechung bei der Ukraine liegt. Im Falle rechtswidriger Tätigkeit oder im Falle des Unvermögens, binnen zweier Monate mit Zweidrittelmehrheit eine Reg. zu bestellen, kann das Parlament der K. vom russisch-ukrain. Streit um die staatl. Zugehörigkeit der K. vermischten sich von Anfang an territoriale Fragen mit dem Problem der Aufteilung der sowjet. Schwarzmeerflotte, die ihre Hauptbasis auf der K., in Sewastopol, hat.

*Kriminalität: In Dtl. wurden in den 1990er Jahren jährlich rd. 4,5 Mio. Straftaten (ohne Verkehrsdelikte) bekannt und von der polizeil. Kriminalstatistik (PKS) erfaßt. Setzt man die Anzahl der bekanntgewordenen Straftaten in Beziehung zur Bev., erhält man eine Häufigkeitsziffer von inzwischen mehr als 8 000 angezeigten Straftaten auf 100 000 Ew. (die entsprechenden Häufigkeitsziffern lagen 1980 bei 6 200 und 1970 nur bei 3 900). Abgeurteilt wurden allerdings in West-Dtl. nur etwa 870 000 Personen (zum Vergleich 1980: 930 000 und 1970: 140 000 Personen).

Die Struktur der zeitgenöss. K. wird zahlenmäßig weiterhin hauptsächlich von den Eigentums- und Vermögensstraftaten einerseits sowie den Verkehrsdelikten andererseits bestimmt. Nach der PKS (zuletzt 1993), welche die Verkehrsdelikte nicht erfaßt, stand der Diebstahl mit einem Anteil von mehr als drei Fünfteln (61,5%) an erster Stelle. Sachbeschädigung und Betrug machen zus. mit dem Diebstahl etwa 80% der polizeilich registrierten K. aus, eine in den letzten Jahren gleichbleibende Verteilung.

Viele der angezeigten Straftaten sind minderschwer. Knapp die Hälfte der einfachen Diebstähle (1993: 47%) und etwa 44% der Betrugsfälle erreichen nur eine Schadenshöhe bis zu 100 DM. Verglichen mit der Eigentums-K., fällt die Gewalt-K., bezogen auf die Gesamtzahl der registrierten Straftaten, nicht sehr stark ins Gewicht. Sie liegt, selbst wenn man den Begriff definitorisch weit faßt, bei (1993) etwa 15%. Gleichwohl bleibt die absolute Zahl der ermittelten Gewaltstraftaten mit nahezu 300 000 Fällen pro Jahr beträchtlich. Auch haben sich die Fälle von Geiselnahme innerhalb eines Jahrzehnts mehr als verdoppelt. Demgegenüber ist die Zahl der Mord- und Totschlagsfälle seit 1971 beinahe konstant geblieben, während Raub und räuber. Erpressung bis 1993 beträchtlich angewachsen sind. Während die bekanntgewordene Vergewaltigung in den letzten 10 Jahren auf einem Niveau von etwa 5 500 Fällen pro Jahr stagniert, ganz abgesehen vom Vielfachen des geschätzten Dunkelfeldes, ist die Drogen-K. seit Ende der 1960er Jahre erheblich angewachsen, übersteigt aber einen Anteil von etwa 5% an der Gesamt-K. nicht. Die polizeilich erfaßten Straftaten gegen die Umwelt waren hingegen in den letzten Jahren rückläufig (1993: 19 711 bekanntgewordene Fälle). Die Delikte gegen die Sicherheit des Straßenverkehrs, überwiegend Trunkenheitsdelikte, machen rd. 42% der durch die Strafrechtspflege abgeurteilten Straftaten aus (1991: 262 456 Fälle).

Bedeutung gewinnt auch in Mitteleuropa die →organisierte Kriminalität. Nach der räuml. Verteilung der K., mit der sich die K.-Geographie befaßt, nehmen hochurbanisierte Bereiche einen herausragenden Platz ein. Nach der PKS wird rd. die Hälfte der Straftaten (1993: 47,8%) in Großstädten mit mehr als 100 000 Ew. begangen. Großstädte mit einer Ew.-Zahl ab 500 000 weisen einen K.-Anteil von über 26% auf, dem ein Bevölkerungsanteil von 15,5% gegenübersteht. Diese Straftatenhäufigkeit wird auf die besonderen Kommunikationsformen großstädt. Verhältnisse mit dem Kennzeichen einer höheren Mobilität und Anonymität zurückgeführt. Entsprechend der K.-Belastung (Tatverdächtige je 100 000 Ew. entsprechender Bezugs-/Personengruppen) besteht ein beträchtl. Stadt-Land-Gefälle. Unterschiede in der Verteilung krimineller Verhaltensweisen ergeben sich nach Lebensalter und Geschlecht. Sowohl nach der offiziellen Kriminalstatistik als auch nach der Dunkelfeldforschung wird die K. überwiegend von Männern geprägt. Der Anteil tatverdächtiger Frauen unter allen Straftätern liegt seit einigen Jahren bei etwa 21%. Nach diesem Durchschnittssatz sind weibl. Tatverdächtige beim einfachen Ladendiebstahl (1993: 36,4%) überrepräsentiert. Der Anteil der nichtdt. Tatverdächtigen an allen polizeilich registrierten Tatverdächtigen beträgt rd. 30%, wobei bes. Durchreisende, Asylbewerber und illegal Anwesende eine Rolle spielen. Jenseits dieser statist. Feststellungen ist aber auf den Unterschied zw. dem Status von Verdächtigen und dem von überführten und gerichtlich verurteilten Straftätern hinzuweisen; der überproportional hoch erscheinende Ausländeranteil an der K. spiegelt nicht nur ein erhöhtes Gefahrenpotential wider, sondern deutet auch auf ein Fehlschlagen bei der Bewältigung individueller, als schwierig empfundener Lebenssituationen hin.

In fast allen Industriestaaten wird in der Zeit nach dem Zweiten Weltkrieg ein erhebl. K.-Anstieg beobachtet. In Europa ist der amtlich bekanntgewordene Umfang der K. in den 1990er Jahre erheblich höher als in den 1950er Jahren. In Japan hingegen stellt sich die Situation anders dar. Trotz des hohen Industrialisierungsgrades ist dort die K.-Belastung, vor dem Hintergrund einer intensiven Sozialkontrolle, von Tradition und festen familiären Strukturen, vergleichsweise niedrig. Der Zuwachs der allgemeinen K. ist zu einer durchgängigen Erscheinung in den westl. neuerdings auch in den postkommunist. Gesellschaften geworden. Die Unterschiede zw. den westl. Gesellschaften sind hauptsächlich solche im Detail. In Dtl. und den Nachbarländern Österreich und der Schweiz ist die K. in den letzten Jahrzehnten beträchtlich zugenommen. Von kleineren Abweichungen in der Erfassung abgesehen, ist die Deliktstruktur in Österreich und der Schweiz nicht andere und daher mit jener in Dtl. vergleichbar. Mehr als die Hälfte bis zu zwei Dritteln aller registrierten Straftaten richten sich auch in Österreich und der Schweiz gegen Eigentum und Vermögen.

Wie sehr die registrierte K. eine abhängige Größe, ein Struktur und Intensität der Verbrechenskontrolle widerspiegelnder Sachverhalt ist, verdeutlicht die K. in der Dt. Dem. Rep. Ein breitgefächertes Netz sozialer Kontrolle sowie geringere individuelle Freiräume bremsten die Expansion der K. Allerdings lag der Statistik der Dt. Dem. Rep. eine andere, sehr selektive Erfassung der Straftaten zugrunde, als dies für die Bundesrep. Dtl. zutraf. Schon deshalb fielen dort die Häufigkeitsziffern im Vergleich zu jenen westeurop. Staaten niedriger aus. Außerdem wurde das Anzeigeverhalten restriktiv beeinflußt. In der Zeit des politisch-sozialen Umbruchs kam es allerdings bei einzelnen Deliktgruppen wie Raub- und Verkehrsdelikten zu einem dramat. Anstieg und ferner zu einem bedeutsamen Zuwachs an Verbrechensfurcht in den neuen Bundesländern.

Der internat. Vergleich der K. weist insgesamt strukturelle und tendenzielle Gleichförmigkeiten hochindustrialisierter Gesellschaften des Westens auf, im Ggs. zum Bild der K. unterentwickelter Staa-

Kris Kriseová – Kroatien

ten. Durch Urbanisierung und Schwächung informeller Sozialkontrolle bieten sich mehr Gelegenheiten als früher zur Begehung von Eigentumsdelikten. Das Konzept des sozialen Wandels verweist auf Wertewandel und Veränderungen in der Religiosität und in der Erziehung sowie auf wirtschaftl. Krise und Arbeitslosigkeit. Gefühle der Verlorenheit, der Orientierungs- und Perspektivlosigkeit (Anomie) werden im Fachschrifttum zur Deutung der Gegenwarts-K. und ihrer Tendenzen häufig herangezogen. Anscheinend steigt die Bereitschaft zur Delinquenz als Antwort auf Belastungssituationen, die der soziale Wandel bedingt und die als Sinnkrise erlebt werden.

Sicherheitsbericht (Wien 1982 ff., früher unter anderem Titel; J. J. M. van Dijk u. a.: Experiences of crime across the world (Deventer ²1991); Opfererfahrungen u. Meinungen zur inneren Sicherheit in Dtl., hg. v. H. Kury u. a. (1992); Crime in Europe, hg. v. F. Heidensohn u. a. (Neuausg. London 1993); M. Eisner: Alltägl. Gewalt in Schweizer Städten (Zürich 1993).

Kriseová [-va:], Eda, tschech. Schriftstellerin, * Prag 18. 7. 1940; gehörte mit ihren Romanen und zahlreichen Erzählungen zur inoffiziellen tschech. Parallelliteratur. 1968 erschien ihr Japanbuch ›Já + ponsko‹. In ihrem ersten literar. Erzählwerk, ›Křížová cesta kočárového kočího‹ (1977; dt. ›Der Kreuzweg des Karossenkutschers‹), dient eine psychiatr. Anstalt als Spiegel der Außenwelt. K.s intensiv poet. Texte kombinieren alltägl. Details mit bizarrer Phantastik und fragen nach der Möglichkeit individueller Freiheit und Sinnfindung im sozialen Ganzen. Sie ist auch Autorin der Biographie ›Václav Havel‹ (1991; dt.).

Weitere Werke: Romane: Perchta z Rožmberka. Aneb, Bílá paní (1976); Pompejanka (1979; dt. Die Pompejanerin); Ryby raky (1983); Sedm lásek (1985). – *Erzählungen:* Sluneční hodiny (1978; dt. Die Sonnenuhr); Kliční kůstka netopýra (1979); Prázdniny s bosonožkou (1984); Co se stalo ... (1988); Terezka a Majda na horách (1988).

Kroati|en, amtlich serbokroatisch **Repụblika Hrvatska** [- 'hrva:tska:], Staat in SO-Europa, mit einer Fläche von 56 538 km² zweitgrößte der ehem. Teilrepubliken der Sozialist. Föderativen Rep. Jugoslawien, (1994) 4,504 Mio. Ew., Hauptstadt ist Zagreb; grenzt im NW an Slowenien, im N an Ungarn, im äußersten O an Jugoslawien (Serbien), im O und SO an Bosnien und Herzegowina, im äußersten SW wieder an Jugoslawien (Montenegro) und im S an das Adriat. Meer. Amtssprache ist Kroatisch, Währung ist seit Mai 1994 die Kuna, Zeitzone MEZ.

STAAT · RECHT

Verfassung: Die von dem damals noch aus drei Kammern bestehenden Parlament am 21. 12. 1990 beschlossene und am nächsten Tag in Kraft getretene Verf. bezeichnet K. als einen ›einheitl. und unteilbaren, demokrat. Sozialstaat‹. Die Ausgestaltung der Grundrechte genügt den Anforderungen des internat. Menschenrechtsstandards. Über die Beachtung der Grundrechte wacht u. a. der nach dem Vorbild des Ombudsmanns geschaffene Volksanwalt mit seinen drei Stellvertretern, die vom Abgeordnetenhaus für acht Jahre ge-

wählt werden. Das Minderheitengesetz vom 4. 12. 1991, das Verf.-Rang hat, gewährt den Gemeinden und Regionen, in denen der minoritäre Bev.-Anteil 50 % übersteigt, die Territorialautonomie. Bei der Bestimmung des Staatsvolkes geht das Staatsangehörigkeitsgesetz vom 28. 6. 1991 von der auch in jugoslaw. Zeit bestehenden kroat. Staatsangehörigkeit aus. Die Ausländer, zu denen auch die Angehörigen der übrigen ehemals jugoslaw. Nationalitäten zählen, können unter bestimmten Voraussetzungen (u. a. Wohnsitzerfordernis von fünf Jahren) die Einbürgerung beantragen.

Das Reg.-System hat sich zu einem präsidentiell-parlamentar. Mischsystem entwickelt. Die gesetzgebende Gewalt liegt bei dem aus zwei Kammern bestehenden Parlament (Sabor). Das polit. Schwergewicht kommt dem Abgeordnetenhaus (Zastupnički dom) zu, das die Gesetze beschließt und dem allein die Reg. parlamentarisch verantwortlich ist. Das Komitatshaus (Županijski dom) hat im Gesetzgebungsverfahren nur die Rechte der Gesetzesinitiative, der Stellungnahme und des Einspruchs. Der Einspruch gegen einen Gesetzesbeschluß ist binnen 15 Tagen zu erheben und kann vom Abgeordnetenhaus mit absoluter Mehrheit zurückgewiesen werden. Nach dem Wahlgesetz vom 15. 4. 1992 besteht das Abgeordnetenhaus aus 124 Abg., wobei sich diese Zahl durch Zusatzmandate für Vertreter nat. Minderheiten erhöhen kann. 64 Abg. werden in Einzelwahlkreisen mit relativer Mehrheit gewählt; unter ihnen befinden sich vier Vertreter nat. Minderheiten, die in besonderen Wahlkreisen für die italien., die ungar., die tschechisch-slowak. und die russisch-ukrain. sowie dt.-österr. Minderheit gewählt werden. 60 Abg. werden nach den Grundsätzen der Verhältniswahl auf landesweiten Listen im d'Hondtschen Höchstzahlverfahren gewählt, wobei eine 3 %-Sperrklausel besteht. Anläßlich der ersten Wahlen am 2. 8. 1992 erhielten die Minderheiten 14 Zusatzmandate (13 Serben, 1 Jude). Das Komitatshaus ist eine Vertretung der Komitate. In jedem der 21 Komitate werden drei Abg. nach den Grundsätzen der Verhältniswahl auf Komitatslisten im Hare-Niemeyer-Verfahren gewählt, wobei auf Komitatsebene eine 5 %-Sperrklausel besteht. Der Staatspräs. kann von sich aus bis zu fünf Abg. ernennen, und die früheren Staatspräs. (die es bisher nicht gibt) gehören dem Komitatshaus automatisch an. Das erste Komitatshaus ist am 7. 2. 1993 gewählt worden. Die Legislaturperiode beträgt für beide Häuser vier Jahre. Beide Häuser können mit absoluter Mehrheit ihre vorzeitige Auflösung beschließen. Der Staatspräs. kann auf Vorschlag der Reg. das Abgeordnetenhaus aus bestimmten Gründen (Mißtrauensvotum, Nichtannahme des Haushaltsplans binnen Monatsfrist) auflösen.

Staatsoberhaupt ist der Präs. der Rep. Er wird vom Volk für fünf Jahre gewählt. Für die Wahl ist im ersten Wahlgang die absolute Mehrheit der abgegebenen Stimmen erforderlich. Wird diese Mehrheit von keinem Bewerber erreicht, findet in einem zweiten Wahlgang eine Stichwahl statt. Durch den autoritären Führungsstil des ersten Präs., F. Tudjman, der durch den offenen oder latenten Kriegszustand, in dem sich K. seit der serb. Aggression befindet, gefördert wird, haben die verfassungsmäßigen Präsidialbefugnisse eine extensive Auslegung erfahren. Der Präs. ist Oberbefehlshaber der Streitkräfte und bestimmt de facto die Außen- und Sicherheitspolitik. Auf die Gesetzgebung hat er hingegen praktisch keinen Einfluß, er selbst hat nur ein Notverordnungsrecht. Wegen Verf.-Verletzungen kann der Staatspräs. vom Abgeordnetenhaus mit Zweidrittelmehrheit beim Verf.-Gericht angeklagt werden. Die vollziehende Gewalt wird ansonsten von der Reg. ausgeübt, die dem Staatspräs. und dem Abgeordnetenhaus zugleich politisch verantwortlich ist. Der Reg.-Chef und auf dessen Vorschlag die Min.

Kroatien

Staatswappen

Nationalflagge

Internationales Kfz-Kennzeichen

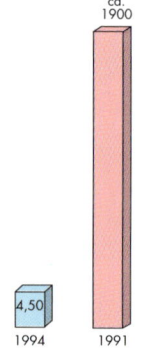

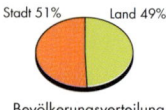

Kroatien
Fläche: 56 538 km²
Einwohner: (1994) 4,504 Mio.
Hauptstadt: Zagreb
Amtssprache: Kroatisch
Nationalfeiertag: 30. 5.
Währung: 1 Kuna (K) = 100 Lipa
Zeitzone: MEZ

werden vom Staatspräs. ernannt und entlassen. Das Abgeordnetenhaus kann mit absoluter Mehrheit dem Reg.-Chef oder der Reg. das Mißtrauen aussprechen, was zur Folge hat, daß die Reg. ihren Rücktritt erklärt oder beim Staatspräs. die Auflösung des Abgeordnetenhauses beantragt; der Präs. entscheidet nach eigenem Ermessen über den Antrag. Ein Mißtrauensvotum ist auch gegenüber einzelnen Min. zulässig. Die Reg. hat ein weitreichendes Verordnungsrecht, das nur durch den Vorrang der Gesetze beschränkt ist. Der Staatspräs. kann die Reg.-Tätigkeit insofern beeinflussen, als er den Vorsitz in den Kabinettssitzungen übernehmen kann.

Eine Verf.-Gerichtsbarkeit existiert in K. schon seit 1964, aber sie ist nach der Verf.-Gebung durch das Verf.-Gerichtsgesetz vom 21. 3. 1991 grundlegend reformiert worden. Das Verf.-Gericht besteht aus elf Richtern, die auf Vorschlag des Komitatshauses vom Abgeordnetenhaus gewählt werden. Die Amtsdauer beträgt acht Jahre; eine Wiederwahl ist zulässig. Die Zuständigkeit des Verf.-Gerichts erstreckt sich über die Normenkontrolle hinaus auch auf Verf.-Beschwerden wegen Grundrechtsverletzungen durch Einzelakte der öffentl. Gewalt.

Parteien: Die weitaus stärkste Partei ist die Kroatisch-Demokrat. Gemeinschaft (kroat. Abk.: HDZ), gegr. 1989 unter Führung von F. TUDJMAN; sie versteht sich als christlich-demokrat. Kraft und stellt seit 1990 die Reg. Stärkste Oppositionspartei ist die Kroat. Sozialliberale Partei (kroat. Abk. HSLS; Vors.: VLADO GOTOVAC, * 1930), gefolgt von der als rechtsradikal eingestuften Kroat. Partei des Rechts (kroat. Abk. HSP; Vors.: DOBROSLAV PARAGA) und der zentristisch bestimmten Kroat. Volkspartei (kroat. Abk. HNS; Vors.: SAVKA DABČEVIĆ-KUČAR, * 1923). Die HSP knüpft an die im 19. Jh. gegründete Partei gleichen Namens an, die als ideolog. Vorläuferin der faschist. Ustascha gilt. Im Bereich serb. Siedlung tritt die Serb. Demokrat. Partei (kroat. Abk. SDS) hervor.

Wappen: Das Staatswappen wurde am 22. 12. 1990 eingeführt. Es zeigt einen rot-silbernen Schachbrettschild (historisch erstmals 1499 belegt), darüber spannt sich eine Wappenkrone mit den Wappen der Landesteile Altkroatien (Illyrien), Dalmatien, Dubrovnik, Istrien und Slawonien.

Nationalfeiertag ist der 30. 5., zur Erinnerung an die Konstituierung des ersten frei gewählten kroat. Parlaments 1990.

Verwaltung: Durch Gesetzgebung von 1992 ist die Verw.-Organisation grundlegend verändert und die Staatsverwaltung getrennt worden. Wiederhergestellt worden ist die Mittelstufe der Komitate (županija), so daß sich K. seither auf der regionalen Ebene in 20 Komitate und die Hauptstadt Zagreb gliedert. Die lokale Ebene setzt sich aus 68 Städten und 391 Gem. zusammen. Auf dem Papier kommen die beiden autonomen Bezirke für serb. Minderheiten hinzu, die in zwei Komitaten eine Zwischenebene darstellen. Beschlußorgane der Selbstverwaltung sind die Komitatsversammlungen bzw. die Stadt- und Gem.-Räte, deren Mitgl. von der Bev. gewählt werden. Die örtl. Minderheiten haben Anspruch auf eine ihrem Anteil entsprechende Vertretung. Regionale Behörden der Staatsverwaltung sind die Gespane (župan), die von der jeweiligen Komitatsversammlung gewählt und danach auf Vorschlag der Reg. vom Staatspräs. nach freiem Ermessen bestätigt werden. Auf der lokalen Ebene bedürfen die von den entsprechenden Räten gewählten Stadt- und Gem.-Vorsteher keiner staatl. Bestätigung, da sie ausschließlich Organe der kommunalen Selbstverwaltung sind, denen allerdings auch staatl. Verw.-Aufgaben übertragen werden. Die Kommunalaufsicht wird von den Gespanen und dem Verw.-Ministerium ausgeübt.

Recht: Die Rechtsprechung wird durch vier Fachgerichtsbarkeiten ausgeübt. Für ordentl. Zivil- und Strafsachen sind in erster Instanz 90 Gemeindegerichte und in zweiter Instanz 21 Komitatsgerichte, für Militärstrafsachen zwei Militärgerichte, für handelsrechtl. Streitigkeiten in erster Instanz acht Handelsgerichte und in zweiter Instanz das Hohe Handelsgericht, für den gerichtl. Verw.-Rechtsschutz das Verw.-Gericht zuständig. Der Instanzenzug führt in allen Fachgerichtsbarkeiten letztlich zum Obersten Gericht, dem allein auch die Befugnis zusteht, auf eine entsprechende Richtervorlage ein konkretes Normenkontrollverfahren beim Verf.-Gericht zu beantragen. Die Richter sind unabhänigig und werden auf Lebenszeit vom Staatl. Justizrat ernannt, der aus einem Präs. und 14 Mitgl. besteht, die aus dem Kreise der Richter, Staatsanwälte, Rechtsanwälte und Rechtsprofessoren auf Vorschlag des Komitatshauses vom Abgeordnetenhaus für acht Jahre gewählt werden. Der Staatl. Justizrat ernennt auch die Staatsanwälte.

Streitkräfte: Seit 1991 zielstrebig aufgebaut, umfaßte die kroat. Regierungsarmee 1994/95 je nach dem gerade eingenommenen Mobilisierungsstand zw. 100 000 und 180 000 Mann (alle Teilstreitkräfte). An Großgerät sind mindestens 200 Kampfpanzer meist älteren sowjet. Typs, weitere etwa 600 gepanzerte Gefechtsfahrzeuge, rd. 1 000 Geschütze, 20 Kampfflugzeuge (MiG-21) sowie rd. 20 Kleine Kampfschiffe verfügbar. Die leichten Waffen sowie militär. Peripheriematerial (Panzer- und Flugabwehrraketen, Funkgeräte u. a.) sind modernen Standards, jedoch unterschiedlichster Herkunft.

Internat. Mitgliedschaften: UNO, OSZE.

Kroatien: Bucht von Slano an der süddalmatinischen Küste

LANDESNATUR · BEVÖLKERUNG

Landesnatur: K. gliedert sich in vier geograph. Teilräume: Nieder-K., Hoch-K. sowie den kroat. Anteil an Istrien und an Dalmatien. Kernraum des Landes ist Nieder-K., ein fruchtbares, dicht besiedeltes Tiefland zw. Save, Mur, Drau und Donau mit weiten Schwemmlandebenen und Schotterplatten; es umfaßt im wesentlichen Slawonien mit der Posavina, der Tiefebene an der unteren Save im S und der Podravina, dem Tiefland an der Drau im N, getrennt durch das waldreiche Kroatisch-Slawon. Inselgebirge. Im NO, nördlich der unteren Drau, ragt noch ein Zipfel der Baranya nach K. hinein. Im SW bildet das Becken von Karlovac und die es umgebenden Hochflächen mit z. T. versumpften Flußniederungen den Übergang zu Hoch-K., einem wirtschaftlich armen Karstgebiet.

Kroa Kroatien

Die Beckenlandschaft wird von Gebirgszügen, u. a. der bewaldeten Kapela (hier liegen die Plitvicer Seen), der Plješevica und vom Velebit (bis 1758 m ü. M.) längs der Adriaküste, umrahmt.

Im äußersten W umfaßt K. den größten Teil der Halbinsel Istrien (zu Slowenien gehört nur die NO-Küste und ihr Hinterland). Zu K. gehört auch fast die gesamte Küstenlandschaft Dalmatien (einschließlich der etwa 1 200 vorgelagerten Inseln), vom Kvarner im W in einem immer schmaler werdenden Küstenstreifen bis unmittelbar vor die Bucht von Kotor.

Klima: Im dalmatin. Küstenbereich herrscht mediterranes Klima mit warmen, sonnigen und trockenen Sommern und feuchten, milden Wintern. Die unmittelbar hinter der Küste aufragenden Gebirge wirken sich als Klimascheide aus. Außerhalb Dalmatiens ist ein gemäßigtes Kontinentalklima mit relativ kalten Wintern und warmen Sommern anzutreffen. Nach O nimmt die Kontinentalität zu. Die höchsten Niederschlagsmengen werden an den W-Flanken der küstennahen Gebirge gemessen (über 3000 mm jährlich), an der flachen Adriaküste liegen die jährl. Niederschläge bei 1000 mm, im Landesinnern zw. 650 und 900 mm.

Vegetation: Die natürl. Vegetation besteht im Küstenbereich bis 200 m ü. M. im N und bis 400 m ü. M. im S aus Macchie (nur noch in Restbeständen vorhanden). In den Ebenen Nieder-K.s sind einzelne Eichenwälder als Relikte übriggeblieben. Nur 36% von K. sind bewaldet. Außerhalb der dinar. Karstzone sind die Gebirge von Buchen- und Eichenwäldern, in höheren Lagen von Mischwäldern bedeckt. Die Karstzone Hoch-K.s ist ein waldloses Ödland mit spärl. Vegetation.

Klimadaten von Zagreb (163 m ü. M.)

Monat	Mittleres tägl. Temperaturmaximum in °C	Mittlere Niederschlagsmenge in mm	Mittlere Anzahl der Tage mit Niederschlag	Mittlere tägl. Sonnenscheindauer in Stunden	Relative Luftfeuchtigkeit nachmittags in %
I	2,6	56	13	1,9	80
II	5,5	54	10	3,1	75
III	10,7	47	12	4,6	67
IV	16,8	59	13	6,1	64
V	21,2	86	13	6,8	67
VI	25,0	95	14	8,0	67
VII	27,3	79	11	9,1	66
VIII	26,6	74	12	8,7	67
IX	22,2	70	11	6,7	71
X	15,4	88	14	4,2	78
XI	8,9	89	14	1,9	82
XII	4,5	67	16	1,5	83
I–XII	15,6	864	157	5,2	72

Bevölkerung: Nach der letzten Volkszählung von 1991, die noch vor Ausbruch des Bürgerkriegs im zerfallenden Jugoslawien stattfand, waren 78,1% der Bev. Kroaten, 12,2% Serben, 0,9% Bosnier, 0,5% Ungarn, 0,5% Slowenen und 7,8% sonstige. In Istrien leben noch etwa 25 000 Italiener. Die Serben siedeln v. a. an der Grenze zu Bosnien und Herzegowina, die einst die als →Krajina bezeichnete alte Militärgrenze Österreich-Ungarns zum Osman. Reich bildete, sowie im O und W Slawoniens und im Umland der Stadt Knin nördlich von Split. In diesen Gebieten lebten aber immer auch zahlreiche Kroaten.

Etwas mehr als die Hälfte aller Ew. lebte 1991 in Städten (50,8%). Siedlungs- und Wirtschaftsschwerpunkte sind die Tiefebenen Nieder-K.s. Auch der dalmatin. Küstenstreifen und einige der Adriainseln sind dichter besiedelt, während die Karstgebiete Hoch-K.s fast menschenleer sind. Größte Städte (1991) sind Zagreb (706 800 Ew.), Split (189 400 Ew.), Rijeka (168 000 Ew.), Osijek (104 800 Ew.), Zadar (76 300 Ew.), Pula (62 400 Ew.) und Karlovac (60 000 Ew.). Durch Vertreibung, Zwangsumsiedlung und den Flüchtlingsstrom aus Bosnien und Herzegowina haben sich große Bev.-Verschiebungen ergeben.

Religion: In K. gibt es (1992) 3,66 Mio. Katholiken (76,1% der Bev.), 530 000 Orthodoxe (11%) und 60 000 Muslime (1,2%), ferner Protestanten.

Publizistik: Presse: Die früheren staatl. Presseorgane wurden privatisiert. Trotz angekündigter Pressefreiheit übt die Reg. weiterhin Druck auf unabhängige Organe aus. Wichtigste Zeitungen sind die in Zagreb erscheinenden ›Večernji List‹ (Auflage 1 291 000), ›Vjesnik‹ (39 000) und das Sportblatt ›Sportske novosti‹ (174 000). U. a. erscheinen in Split ›Slobodna Dalmacija‹ (103 000), in Rijeka ›Novi List‹ (59 000) und in Osijek ›Glas Slavonije‹ (22 000). – *Nachrichtenagenturen:* ›Hrvatska izvjestiteljska novinska agencija‹ (HINA), Zagreb, gegr. 1990; ›Informativna katolicka agencija‹ (IKA), Zagreb, gegr. 1994. – *Rundfunk:* Die öffentl. Rundfunkanstalt ›Hrvatska Radiotelevizija‹ (HTV), Zagreb, strahlt vier Hörfunk- und drei Fernsehprogramme aus. Die ›Rep. der Serb. Krajina‹ (RSK) gründete 1993 eine eigene Rundfunkstation in Knin, die 1994 von der Reg. verboten und durch die 1994 gegründete Station ›RSK Radio and Television‹ in Plitvice ersetzt wurde.

WIRTSCHAFT · VERKEHR

Wirtschaft: K. war neben Slowenien die wirtschaftlich stärkste Rep. im damaligen Jugoslawien und erwirtschaftete nach westl. Schätzungen rd. 25% des nat. Bruttosozialprodukts (BSP). Die Verabschiedung eines Privatisierungsgesetzes begünstigte die Einführung der Marktwirtschaft (ab 1990). Der nach der Unabhängigkeitserklärung K.s entflammte Bürgerkrieg beschleunigte den durch den Zusammenbruch des alten jugoslaw. Binnenmarktes mitbedingten Niedergang der Wirtschaft. Lag das BSP je Ew. in Gesamt-Jugoslawien 1990 noch bei 3060 US-$, wurde für K. 1991 nur ein Vergleichswert von 1 900 US-$ geschätzt. Das Bruttoinlandsprodukt (BIP) K.s erreichte mit (1993) schätzungsweise 10–12 Mrd. US-$ nur noch etwa die Hälfte des Vorkriegsniveaus von 1990. Die Inflationsrate stieg von (1991) 120% über (1992) 670% auf (1993) 1 920%, K. konnte aber seit Okt. 1993 mit einem radikalen Stabilisierungsprogramm die Hyperinflation eindämmen (1994: 97%). Im Mai 1994 wurde der Kroat. Dinar, die Übergangswährung seit dem Zerfall Jugoslawiens, durch die Kuna ersetzt; dabei wurde gleichzeitig ein Währungsschnitt vorgenommen (1 Kuna = 1 000 Kroat. Dinar). Neben der monetären Stabilisierung konzentrieren sich weitere Phasen des Wirtschaftsprogramms auf strukturelle Reformen (v. a. Beschleunigung der Privatisierung, Sanierung krisenhafter Branchen, v. a. bestimmter Geschäftsbanken und Schiffswerften) und den Wiederaufbau. Gemäß offiziellen Schätzungen erlitt K. Kriegsschäden in Höhe von (Anfang 1994) 26 Mrd. US-$ und hat über 500 000 Vertriebene und Flüchtlinge zu versorgen.

Landwirtschaft: 1992 waren 5% der Erwerbstätigen im Agrarbereich beschäftigt. Wichtigste Anbaupflanzen sind Mais, Weizen, Zuckerrüben und Kartoffeln. An der Adriaküste ist der Weinbau bestimmend, es gibt aber auch Feigen-, Ölbaum-, Obst-, Tabak- und Zitruskulturen. In Hoch-K. wird v. a. Schaf-, aber auch Rinder- und Schweinehaltung betrieben. Nach Schätzungen der FAO wurden (1991) rd. 26% der Landesfläche landwirtschaftlich genutzt, obwohl in diesem Jahr begonnene Bürgerkrieg bereits kultivierbares Land zerstört hatte. Im Zeitraum 1990–92 war die Nahrungsmittelproduktion sehr stark rückläufig, bes. bei Weizen (–60%) und Zuckerrüben (–55%).

Bodenschätze: K. ist relativ reich an Bodenschätzen, wobei v. a. die Erdöl- und Erdgasvorkommen südöstlich von Zagreb bedeutsam sind. Außerdem werden noch Bauxit, Braun- und Steinkohle sowie Eisenerz abgebaut.

Industrie: Im industriellen Sektor (einschließlich Bergbau) waren (1992) 43,5% der Erwerbstätigen beschäftigt (Bergbau: 0,7%). Wichtigste Teilbereiche sind die Nahrungsmittel-, Erdöl- und Leichtindustrie. Zentren sind Zagreb, Rijeka und Osijek. Anfang 1992 waren 37% der Produktionsstätten entweder zerstört oder lagen in den serbisch besetzten Gebieten. Die Industrieproduktion ging 1993 zwar um 5,9% gegenüber dem Vorjahr zurück, doch sind gegenüber den Vergleichswerten der früheren Jahre Verbesserungen festzustellen (1991: –28,5%, 1992: –14,6%).

Tourismus: Bis zum Beginn des Bürgerkriegs war der Tourismus in K., der Ende der 1980er Jahre rd. 82% der gesamtjugoslaw. Tourismuseinnahmen erbrachte, der wichtigste Devisenbringer. Nahmen die Touristenübernachtungen 1991 um 80,7% gegenüber dem Vorjahr ab, waren in den beiden Folgejahren jedoch wieder Zuwächse von 5,7% bzw. 20,4% zu verzeichnen. Die Urlaubsregionen an der kroat. Adriaküste gehörten zu den beliebtesten Reisezielen. Viele histor. Kulturdenkmäler, wie etwa die Altstadt von Dubrovnik, wurden durch die Kampfhandlungen stark beschädigt bzw. zerstört.

Außenwirtschaft: 1992 verzeichnete K. eine relativ ausgeglichene Außenhandelsbilanz (Einfuhrwert: 4,5 Mrd. US-$; Ausfuhrwert: 4,6 Mrd. US-$). Ausgeführt wurden v. a. Maschinen und Transportausrüstungen, Metalle, Textilien und Schuhe, chem. und pharmazeut. Produkte sowie Nahrungsmittel. Wichtige Handelspartner waren Slowenien (22% des Außenhandelsvolumens), Italien und Deutschland.

Verkehr: Trotz schwieriger topograph. Verhältnisse ist K. verkehrsmäßig gut entwickelt. An das (1993) 2700 km lange Eisenbahnnetz sind bis auf Dubrovnik alle größeren Städte angeschlossen. Die Hauptlinien des (1992) 27 400 km umfassenden Straßennetzes, die von Ljubljana (Slowenien) kommende und über Zagreb und Vinkovci in Richtung Belgrad führende Schnellstraße sowie die Adria-Magistrale zw. Triest und Dubrovnik. Die wichtigsten Seehäfen besitzen Rijeka, Zadar, Split und Dubrovnik. Die größten internat. Flughäfen liegen bei Zagreb und Dubrovnik.

GESCHICHTE

Bei den ersten freien Wahlen in K. am 23. 4. und 6. 5. 1990 errang die nationalkroatisch orientierte ›Hrvatska Demokratska Zajednica‹ (HDZ; dt. ›Kroatisch-Demokrat. Gemeinschaft‹) die absolute Mehrheit der Sitze und löste damit die Kommunisten in der Reg. ab. Staatspräs. wurde der Vors. der HDZ, F. TUDJMAN. Im Zuge versch. Verf.-Änderungen löste sich K. als ›Republik K.‹ immer mehr aus dem jugoslaw. Staatsverband. Am 22. 12. 1990 verabschiedete das Parlament eine neue kroat. Verf. In einem Referendum (19. 5. 1991) sprach sich die Bev. mit 93,24% für die Unabhängigkeit K.s aus; die serb. Minderheit blieb jedoch dieser Abstimmung fern. Am 25. 6. 1991 proklamierte das Parlament die Unabhängigkeit.

Von Juli bis Dez. 1991 kam es auf kroat. Territorium, bes. im Bereich des serb. Siedlungsraums, zu schweren Kämpfen zw. der kroat. Nationalgarde und serb. Freischärlern (Četnici), die immer offener von Einheiten der serbisch dominierten jugoslaw. Bundesarmee unterstützt wurden. Bis Mitte Sept. 1991 gewannen diese etwa ein Drittel des kroat. Staatsgebietes. In West- und Ostslawonien und in der Krajina proklamierte den K.s am 19. 12. 1991 die ›Rep. Serbische Krajina‹ (Abk. RSK). Nach vielen gescheiterten Vermittlungsbemühungen der EG trat am 3. 1. 1992 ein von der UNO vermittelter Waffenstillstand in Kraft, in dessen Rahmen eine UN-Friedenstruppe (UNPROFOR; ▷Vereinte Nationen, ÜBERSICHT) in K. stationiert wurde. Mehrere tausend Menschen kamen bei den Kämpfen ums Leben, etwa 700 000 Menschen flohen aus den Kampfgebieten. Die UNO richtete in den serbisch besiedelten Gebieten K.s vier ›Schutzzonen‹ ein. Nachdem sich (Rest-)Jugoslawien auf der Grundlage einer kroatisch-jugoslaw. Erklärung vom 30. 9. 1992 offiziell aus dem Kriegsgeschehen zurückgezogen hatte, kam es v. a. 1993/94 zu Kämpfen zw. kroat. Truppen und Milizen der RSK. Am 19. 1. 1994 schlossen K. und (Rest-)Jugoslawien einen Normalisierungsvertrag, am 30. 3. 1994 K. und die RSK einen Waffenstillstand. – Seit 1992 unterstützte K. die militär. Aktionen der bosn. Kroaten in Bosnien und Herzegowina.

Ungeachtet bestehender Waffenstillstandsvereinbarungen und der Existenz von UN-Schutzzonen eroberte K. im Aug. 1995 Westslawonien und die Krajina zurück, wodurch die Krajina-Serben zur Flucht in die benachbarten serb. Siedlungsgebiete in Bosnien und Herzegowina und nach Serbien gezwungen wurden. Nach schwierigen Verhandlungen einigte sich Präs. TUDJMAN mit dem serb. Präs. S. MILOŠEVIĆ über eine friedl. Wiedereingliederung Ostslawoniens in den kroat. Staat. Am 14. 12. 1995 unterzeichnete TUDJMAN den Friedensvertrag von Dayton (Oh.), der den Bürgerkrieg in Bosnien und Herzegowina beenden soll. Teile der internat. Friedenstruppe (IFor), die am 21. 12. 1995 offiziell die UNPROFOR ablöste, wurden in K. stationiert (u. a. das Kontingent der Bundeswehr).

*kroatische Literatur: Die Loslösung Kroatiens aus der jugoslaw. Föderation, die Gründung der Rep. Kroatien und v. a. der serbisch-kroat. Krieg 1991/92 haben die Koordinaten der k. L. grundlegend verändert. An diesen Entwicklungen haben gerade auch Literaten (VLADO GOTOVAC, *1930; IVAN ARALICA, *1930; SLOBODAN P. NOVAK, *1950, u. a.) und Literaturwissenschaftler (IVAN CESAR, ZLATKO KRAMARIĆ u. a.) merkl. Anteil gehabt. Im Rückblick zeigt sich, daß die Autonomietendenzen seit dem ›kroat. Frühling‹ (Anfang der 70er Jahre) in der Literatur trotz rigoroser Repressionsmaßnahmen nicht mehr zum Schweigen gebracht werden konnten. Namentlich in ihrem sprachl. Ausdruck koppelte sich die k. L. immer mehr von ›serbokroat.‹ bzw. ›jugoslaw.‹ Standards ab. Charakteristisch für die neuen Entwicklungen waren ferner die Enttabuisierung bisher unterdrückter Themen, die Wiederauflage verbotener Autoren (MILE BUDAK, *1889, †1945) und die Reintegration der älteren und jüngeren Emigrantenliteratur (VINKO NIKOLIĆ, *1912; VIKTOR VIDA, *1912, †1960; DUŠAN ŽANKO; BRUNO BUŠIĆ u. a.). Unverkennbar sind frische Impulse in der Romanliteratur; weit über 50 neue Romane wurden seit 1990 veröffentlicht, die geschichtl. Themen (ARALICA, VIŠNJA STAHULJAK, *1926) aufgreifen, gesellschaftl. Umbrüche und bereits auch das Kriegsgeschehen (N. FABRIO; PAVAO PAVLIČIĆ, *1945; STJEPAN TOMAŠ, *1947) verarbeiten. Charakteristisch für die neue Erzählprosa wie auch das Drama (TOMISLAV BAKARIĆ, *1940; IVO BREŠAN, *1936; IVAN KUŠAN, *1933) sind postmoderne Strukturen. Patriotismus und das Kriegserleben prägten vielfach die Poesie. In vielen Werken zeichnet sich der für die k. L. typ. ›Regionalismus‹, d. h. themat. und sprachl. Beziehung der Autoren zu ihrer Heimatregion, ab (PAVLIČIĆ zu Slawonien, FABRIO zu Dalmatien usw.). Offen ist der Status der Autoren serb. Nationalität, die größtenteils aus Kroatien emigriert sind (u. a. GORAN BABIĆ).

Kroa kroatische Sprache – Kuba

45 hrvatskih emigrantskih pisaca, hg. v. Š. Š. ĆORIĆ (Zagreb 1991); I. FRANGEŠ: Gesch. der k. L. Von den Anfängen bis zur Gegenwart (a.d. Kroat., 1995); Serbokroat. Autoren in dt. Übers. Bibliograph. Materialien 1776–1993, hg. v. R. LAUER, 2 Bde. (1995).

kroatische Sprache, offizielle Bez. der in der Rep. Kroatien verwendeten Amts- und Standardsprache. Die im 19. Jh. und v. a. in der Sozialist. Föderativen Rep. Jugoslawien stark ausgeprägte Tendenz zur Schaffung einer gemeinsamen serbokroat. Standardsprache (▷ serbokroatische Sprache) mit den beiden schriftsprachl. Varianten Serbisch und Kroatisch wird heute v. a. in Kroatien als Versuch serb. Hegemoniebestrebungen gesehen. Es gibt deutlich ausgeprägte Tendenzen, die k. S. von serb. Einflüssen zu befreien.

M. SAMARDŽIJA: Hrvatski jezik u Nezavisnoj Državi Hrvatskoj (Zagreb 1993); M. SAMARDŽIJA: Jezični purizam u Nezavisnoj Državi Hrvatskoj (Zagreb 1993); R. KATIČIĆ: Serbokroat. Sprache – Serbisch-kroat. Sprachstreit, in: Das jugoslaw. Desaster, hg. v. R. LAUER u. a. (1995).

Barbara Kruger: Don't buy us with apologies (Kaufe uns nicht mit Entschuldigungen); 1985 (Privatbesitz)

*Krone 4): **Estnische K. (Kroon),** Abk. ekr, Währungseinheit in Estland seit 1993, 1 K. = 100 Senti. Es ist der gleiche Währungsaufbau, wie ihn die Rep. Estland als unabhängiger Staat schon 1928–40 hatte; **Slowakische K. (Koruna),** Abk. **Sk,** Währungseinheit der Slowak. Rep., 1 K. = 100 Heller (h); **Tschechische K. (Koruna),** Abk. **Kč,** Währungseinheit der Tschech. Rep., 1 K. = 100 Heller (h).

Kronos String Quartet [- strıŋ kwɔːˈtet], 1973 gegründetes amerikan. Streichquartett, das heute zu den führenden Ensembles zur Aufführung zeitgenöss. Musik gehört. Es spielen DAVID HARTINGTON (1. Violine), JOHN SHERBA (2. Violine), HAWLE DUTT (Viola) und JOHN DUTCHER JEANRENAUD (Violoncello).

***Kronzeuge:** Die urspr. bis zum 31. 12. 1992 befristete K.-Regelung wurde mehrfach und nunmehr bis zum 31. 12. 1999 verlängert.

Kruger [ˈkruːgə], Barbara, amerikan. Medienkünstlerin, *Newark (N. J.) 26. 1. 1945; führt ihre Kombinationen von Photographien und Texten als Plakate, Wandbilder oder Rauminstallationen aus. Durch das Collagieren visueller Trivialitäten mit verbalen Gemeinplätzen findet sie provokative, bildhafte Thesen. In der Montage der Klischees, die meist den Bereichen Sexualität, Gewalt und Massenmedien entnommen werden, soll offensichtlich werden, daß die Machtstrukturen der westl. Welt nicht zuletzt von unreflektierten Vorurteilen bestimmt werden.

B. K., hg. v. R. FUCHS u. a., Ausst.-Kat. (Mailand 1989).

***Krupp, Fried. K. GmbH:** Im Dez. 1991 wurde die Hoesch AG mit wirtschaftl. Wirkung zum 1. 1. 1992 auf die Fried. Krupp GmbH (seit März 1992 AG) verschmolzen unter der neuen Bez. **Fried. Krupp AG Hoesch Krupp,** Essen und Dortmund. An der Spitze des neuen Konzerns steht eine Management-Holding, darunter sechs rechtlich selbständige Gesellschaften für die branchenorientierten Sparten (Krupp Hoesch Maschinenbau GmbH, Krupp Anlagenbau GmbH, Krupp Hoesch Automotive GmbH, Krupp Hoesch Verarbeitung GmbH, Krupp Hoesch Stahl AG und Krupp Hoesch International GmbH).

***Kruse,** Hinrich, niederdt. Schriftsteller: † Latendorf (Kr. Segeberg) 16. 7. 1994.

***Kruse,** Martin, ev. Theologe: War bis Nov. 1991 Vors. des Rates der EKD, bis April 1994 Bischof der Ev. Kirche in Berlin-Brandenburg.

Krynicki [-tski], Ryszard, poln. Lyriker, *Sankt Valentin (Österreich) 28. 6. 1943; Mitgl. der Dichtergruppe ›Nowa Fala‹ (Neue Welle). Mit präziser Wortverwendung, Ironie und linguist. Experimenten stellt er seine Gedichte der Verlogenheit offizieller Sprachregelungen entgegen.

Werke: Akt urodzenia (1969); Organizm zbiorowy (1975); Nasze życie rośnie (1978); Niepodlegli nicości (1988). – Wunde der Wahrheit, hg. u. übers. v. K. DEDECIUS (1991; Ausw.).

***Kryptologie:** Im April 1994 wurde das RSA-Verfahren für die 129stellige Zahl

114381625757888867669235779976146612010218296721242362562561842935706935245733897830597123563958905058989075147599290026879543541,

genannt **RSA-129,** entschlüsselt. Die Entschlüsselung war durch die Zusammenarbeit vieler, weltweit im Internet kooperierender Wissenschaftler möglich geworden. Die Primfaktorzerlegung für RSA-129 sieht folgendermaßen aus:

349052951084765094914784961990389813341776463849338784399082057732769132993266709549961988190834461413177642967992942539798288533.

Die Entschlüsselung von RSA-129 bedeutet nicht, daß das gesamte RSA-Verfahren wertlos geworden wäre, zeigt aber, daß heute 429-Bit-Zahlen (= 129 Stellen) nicht mehr sicher sind und angesichts der schnellen Entwicklungen in der Computerbranche Schlüssellängen von 512 bis 1 024 Bit nötig sind.

Ein v. a. für die Verschlüsselung elektron. Post entwickeltes Programmpaket, das auf dem RSA-System basiert, ist unter dem Namen **PGP** (Abk. für engl. **p**retty **g**ood **p**rivacy) bekannt. Das System bietet je nach Größe der verwendeten Schlüssel (etwa ab 512 Bit Länge) einen recht guten (›pretty good‹) Schutz gegen unbefugtes Abhören einschließlich Authentifikation mittels elektron. Unterschrift.

A. BEUTELSPACHER: K. Eine Einf. in die Wiss. vom Verschlüsseln, Verbergen u. Verheimlichen (⁴1994).

***Kuba,** amtlich span. **República de Cuba,** Staat im Bereich der Westind. Inseln, zw. dem Atlantik, der Floridastraße, dem Golf von Mexiko und dem offenen Karib. Meer.

Hauptstadt: Havanna. *Amtssprache:* Spanisch. *Staatsfläche:* 110 860 km² (ohne Binnengewässer 109 820 km²). *Bodennutzung (1992):* 33 300 km² Ackerland, 29 700 km² Dauergrünland, 23 650 km² Waldfläche. *Einwohner (1994):* 10,960 Mio., 99 Ew. je km². *Städtische Bevölkerung (1990):* 73 %. *Durchschnittliches Bevölkerungswachstum pro Jahr (1985–93):* 1,0 %. *Bevölkerungsprojektion für 2000:* 11,504 Mio. Ew. *Ethnische Gruppen:* etwa 70 % Weiße, 18 % Mestizen und Mulatten, 12 % Schwarze. *Religion (1990):* 40 % Katholiken. *Altersgliederung (1995):* unter 15 Jahre 23,2 %, 15 bis unter 65 Jahre 67,9 %, 65 und mehr Jahre 8,9 %. *Lebenserwartung der Neugeborenen (1992):* 76 Jahre. *Analphabetenquote (1990):* 6 %. *BSP je Ew. (1993):* 600 US-$. *BIP nach Sektoren/Produktionsstruktur (1989):* Landwirtschaft 15,9%, Industrie 55,3%, Dienstleistungen 28,8%. *Währung:* 1 Kubanischer Peso (kub$) = 100 Centavos (¢). *Internationale Mitgliedschaften:* UNO.

Geschichte: Die polit. und wirtschaftl. Veränderungen in Osteuropa und der Sowjetunion lösten in K. die größte Wirtschaftskrise seit 1959 (erhebl. Lebensmittelknappheit, Energieengpässe) aus. Der weitgehenden internat. Isolation versuchte K. 1991 auf einem iberoamerikan. Gipfeltreffen und durch den Abschluß eines Handelsabkommens mit der VR China entgegenzuwirken. Der 4. Parteitag des PCC im Okt. 1991 legte im wirtschaftl. Bereich die Zulassung privater Werkstätten fest und beschloß auf polit. Ebene v. a. die Abschaffung des Parlamentssekretariats und des Sekretariats des ZK sowie die allgemeine und direkte Wahl der Abg. der Nationalversammlung. Diesen Beschlüssen folgte im Juli 1992 eine Verf.-Änderung, die die Machtfülle des Staatspräs. erweiterte und das Einparteiensystem bekräftigte. Außerdem wurde der Schutz der Religionsfreiheit in der Verf. verankert. Am 24. 2. 1993 wurden die 589 Abg. der ›Nationalversammlung der Volksmacht‹ sowie der Prov.-Parlamente (ein Kandidat pro Sitz) erstmals seit 1959 in direkter und geheimer Wahl bestimmt. Angesichts der anhaltend verschärften Versorgungskrise veranlaßte Staatspräs. F. CASTRO ab Aug. 1993 weitere wirtschaftl. Liberalisierungsmaßnahmen (Zulassung von Devisen, v. a. US-$, als Zahlungsmittel; erweiterte Zulassung privaten Gewerbes). Am 21. 4. 1994 wurden, bei grundsätzl. Erhalt planwirtschaftl. Prinzipien, sieben neue Ministerien gebildet (u. a. für Wirtschaft und Planung, Finanzen und Preise, Auslandsinvestitionen und wirtschaftl. Zusammenarbeit), die an die Stelle staatl. Kommissionen traten. Bis 1994 wurden rd. 185 Verträge über Joint ventures abgeschlossen; im Laufe des Jahres 1994 wurden zudem ein Subventionsabbau für Staatsbetriebe, Preiserhöhungen (u. a. für Tabak, Alkohol, Elektrizität), freie Bauernmärkte sowie eine Lohn- und eine Mehrwertsteuer eingeführt. 1995 wurde ein Gesetz verabschiedet, das Ausländern den vollständigen Besitz von Unternehmen sowie den Erwerb von Grund und Boden gestattet.

Angesichts der schweren Wirtschaftskrise kam es im Mai und Juni 1994 zur Besetzung versch. Botschaften durch ausreisewillige Kubaner, ab Aug. zu einer Massenflucht über den Seeweg in die USA, während deren die ›Boat people‹ ab dem 19. 8. aufgegriffen und nach Guantánamo, später nach Panama gebracht wurden. Am 9. 9. kam ein Abkommen zustande, das die USA verpflichtete, jährlich mindestens 20 000 Kubaner legal einreisen zu lassen, während K. im Gegenzug zusagte, die Flüchtlingswelle nach Florida durch die Überwachung der Küsten zu unterbinden; die 25 000 nach Guantánamo oder Panama Verbrachten sollten nach K. zurückkehren und dort einen Visumsantrag stellen. – Am 25. 3. 1995 trat K. dem Vertrag von ▷Tlatelolco bei.

W. HANF: Castros Revolution. Der Weg K.s seit 1959 (1989); Wirtschaftsreformen in K. Konturen einer Debatte, hg. v. B. HOFFMANN (1994).

Kučan [ˈkutʃan], Milan, slowen. Politiker, *Križevci v Prekmurju (Slowenien) 14. 1. 1941; Jurist, Mitgl. des Bundes der Kommunisten Jugoslawiens, stieg innerhalb der slowen. KP-Organisation auf, deren Vors. er 1986 wurde. Seitdem trat er verstärkt für polit. Reformen und die Souveränität Sloweniens ein. 1990 löste er die slowen. KP-Organisation aus dem Bund der Kommunisten Jugoslawiens und setzte eine Verf.-Reform durch. Unter seinem Vorsitz wandelte sich die slowen. KP in die sozialdemokratisch orientierte Partei der demokrat. Erneuerung um. Am 22. 4. 1990 zum Staatspräs. gewählt, trat er sein Amt am 25. 6. 1991 an (wiedergewählt am 5. 12. 1992).

*Kühlschrank: 1993 wurde der erste K. angeboten, der weder im Kühlsystem noch für die Herstellung der Dämmschichten Fluorchlorkohlenwasserstoffe (FCKW; ▷Chlorfluorkohlenstoffe) verwendet. Als Kältemittel werden in diesem K. HC-Typ Kohlenwasserstoffe, wie Propan, Butan und Isobutan, eingesetzt. Aufgrund der geringen Menge, die im Kühlkreislauf benötigt wird (ca. 20 g), sind sie trotz ihrer Brennbarkeit nicht akut gefährlich. Als Dämmstoff dient Polystyrol, das mit Pentan aufgeschäumt wird. Pentan wirkt, selbst wenn es in die Atmosphäre gelangt, weder als Treibhausgas noch trägt es zur Zerstörung der Ozonschicht bei, weil es so schnell zerfällt, daß es die oberen Atmosphärenschichten nicht erreicht. Fluorkohlenwasserstoffe, FKW, tragen zwar nicht zur Zerstörung der Ozonschicht bei wie FCKW R 11 (Handelsname von Trichlorfluormethan), wirken aber, in die Atmosphäre gelangt, als Treibhausgas. Deshalb ist auch der Ersatz von FCKW als Kältemittel durch das FKW-Kältemittel R 134a (Handelsname von Tetrafluorethan) keine befriedigende Lösung.

*Kühlturm: Der sehr energieaufwendige **Hybrid-K.** vereint konstruktive Merkmale von Naß-, Trocken- und Ventilator-K. Die Kühlung vollzieht sich auf zwei Ebenen. Im unteren Bereich arbeitet er wie ein Naß-K., im oberen läuft das Kühlwasser durch kilometerlange Rohrschlangen und gibt die Wärme durch Konvektion an Luft ab, die mit konzentrisch angeordneten großen Ventilatoren angesaugt wird, deren Ventilatorblätter zur Massereduzierung aus glasfaserverstärktem Kunststoff gefertigt sind. Die im unteren Bereich ebenfalls durch Ventilatoren angesaugte Luft wird im Gegenstrom durch das versprühte Kühlwasser geblasen und vermischt sich mit der etwa 10 °C erwärmten, aber trockenen Luft des oberen Bereichs. Vorteil des Hybrid-K. ist die Vermeidung der sonst beim Austritt der mit Kühlwasser befrachteten Luft aus dem K. entstehenden typ. Nebelschwaden. Hybrid-K. werden allerdings so ausgelegt, daß auch die Naßpartie allein die erforderl. Kühlleistung erbringt, wenn durch die Witterungsbedingungen in der Umgebung mit nur geringer Nebelbildung zu rechnen ist. Die mehrere Meter großen Ventilatoröffnungen des oberen trockenen Bereichs müssen dann abgeschottet werden, damit die Zirkulation der Kühlluft aus dem Naßbereich nicht negativ beeinflußt wird.

*Kühn, August, Schriftsteller: † Unterwössen (Kr. Traunstein) 8. 2. 1996.

*Kühn, Heinz, Politiker: † Köln 12. 3. 1992.

Kuiper-Ring [ˈkœjpər-; nach G. P. KUIPER], *Astronomie:* eine Zone in einem Abstand etwa zw. 30 und 100 AE von der Sonne, die seit 1950 als Aufenthaltsort von Kometenkernen vermutet wird. Durch die seitherige Beobachtung von etwa 30 Objekten außerhalb der Neptunbahn (z. T. auch außerhalb der Plutobahn) hat sich diese Vermutung erhärtet.

*Kujbyschew: Stadt in Rußland, heißt seit 1991 wieder **Samara.**

Kulturgesellschaft, Mitte der 1980er Jahre aufgekommener Begriff, der zunächst programmat. Charakter trug und die Forderung nach einem erhöhten Stellenwert der Kultur beinhaltete, inzwischen – nach seiner Indienstnahme u. a. auch durch Kultur-, Medien- sowie Wirtschafts- und Außenpolitik – aber auch mit dem Anspruch verwendet wird, eine bereits vollzogene Veränderung in den westl. Industriegesellschaften zu bezeichnen. Je nach Standort wird auf diese Veränderungen entweder zur Bestätigung eines ›abendländ. Kulturkonsenses‹ oder als Markierung eines Kulturpluralismus hingewiesen, letzteres teilweise in Verwandtschaft zu Entwürfen der Postmoderne oder zu Vorstellungen

Schlüsselbegriff

Kult Kulturgesellschaft

von einer multikulturellen Gesellschaft. Auf der anderen Seite werden offene, gelegentlich fordernde Konzeptionen von K. vertreten, die kulturelle Dimensionen in zahlreichen Feldern von Gesellschaft (einschließlich Wirtschaft) stärker prozeßhaft sehen, dabei u. a. die Bedeutung künstler. Innovationen und Vermittlungsprozesse für eine offene, dynam. Gesellschafts- und Wirtschaftsentwicklung hervorheben. Vereinnahmungen der Kultur für gesellschaftspolit. Ziele (bzw. ihre Gleichsetzung mit künstler. Maßstäben) werden in letzter Zeit aber wieder stärker in Frage gestellt. Nach der dt. Vereinigung spielen hier z. T. Erfahrungen aus der Dt. Dem. Rep. eine Rolle.

Kulturrezeption

Der Begriff K. verweist auf moderne Gesellschaften unter dem Aspekt, daß ein Anwachsen von Dienstleistungen, gepaart mit dem Rückgang der Warenproduktion (▷ postindustrielle Gesellschaft), zu sozialen Umschichtungen und dadurch zu neuen Bedürfnissen führt. Dazu gehört u. a. das aufgrund der gestiegenen Zahl von Abiturienten und Hoch- sowie Fachhochschulabsolventen angehobene Bildungsniveau, das den Wunsch breiter Bevölkerungskreise nach Kulturangeboten (Museen, Theater, Konzerte usw.) hervorruft. Mit der Wahrnehmung solcher Angebote verbindet das Publikum die Hoffnung, Kommunikationsfähigkeiten und -möglichkeiten zurückzuerhalten, die durch hochspezialisierte Berufe einerseits und zunehmende Atomisierung der Gesellschaft andererseits verlorengegangen zu sein scheinen. Für viele Sozialwissenschaftler geht der ›Prozeß der Zivilisation‹ (N. ELIAS) mit einer ›Verringerung der Kontraste‹ zw. verschiedenen Gesellschaftshierarchien (oder -formen) bei gleichzeitiger Ausdifferenzierung der Lebensstile einher. Diese These deckt sich mit Ergebnissen der Kulturanthropologie (C. G. LÉVI-STRAUSS u. a.) ebenso wie mit Beobachtungen aus heutigen ›Freizeitgesellschaften‹, etwa in den USA, über die Reduktion von kultureller Vielfalt (›diversity‹) zugunsten kulturwirtschaftl. oder ethn. Spielarten und Stilformen (›variety‹). Diese Trends führen dahin, daß ein wachsender Anteil von Menschen auch sogenannte gehobene Formen der Freizeitgestaltung wie Museumsbesuche oder Bildungsreisen nicht mehr scheut: Früher behauptete ›Schwellenängste‹ oder ›Kulturbarrieren‹ scheinen heute weitgehend abgebaut.

Doch ist auch bei der Rezeption von Angeboten aus Kunst und Literatur ein deutl. Wandel zu erkennen: Im letzten Jahrzehnt hat sich der Anteil der Besucher von Konzerten der sogenannten E-Musik und des Musiktheaters von 24% auf 50% der erwachsenen Bevölkerung praktisch verdoppelt. Allerdings dürfte dieser Zustrom v. a. auf den ›Musical-Boom‹ der vergangenen Jahre zurückzuführen sein, der v. a. sporad. Nutzer anzieht, während der Anteil häufiger Besucher oder Abonnenten 1994 auf nur noch 9% statt vorher 13% deutlich zurückging. Die Zahl der Museumsbesucher pro Jahr liegt knapp zehnmal höher als die Zahl der Besucher in den Stadien der Fußballbundesliga - dieser Zuspruch ist aber nicht zuletzt von publikumswirksamen Großausstellungen abhängig und stagniert inzwischen bei gut 90 Mio. Besuchern. 1994 erschienen 70 643 neue Titel auf dem dt. Buchmarkt, und die Verlage erzielten 12 Mrd. DM Umsatz (von denen jedoch nur 11% auf die Belletristik entfielen).

Aus solchen und anderen Daten sowie Nutzerstudien läßt sich schließen, daß in den einzelnen Sparten (abgesehen von der Unterhaltungs- und Rockmusik) weiterhin kaum mehr als ein Zehntel und insgesamt - je nach Definitionsbreite des Kulturbegriffs - ein Viertel bis ein Drittel der Bev. zu den aktiven Kulturrezipienten zu rechnen oder selbst in Kunst- und Musikvereinen aktiv ist. Weit über die Hälfte zählt dagegen zu jenen, die nur hin und wieder für interessante Angebote ansprechbar sind, bei denen also z. B. eine Fernsehserie wie ›1 000 Meisterwerke‹ gerade wegen ihrer Kürze erfolgreich ankommt. Möglicherweise aber offenbart sich darin v. a., daß in bestimmten Bev.-Kreisen eine forcierte Ökonomisierung der Freizeit, eine ›Inwertsetzung‹ aller Lebensbereiche Einzug hält. Zum anderen scheint bei Menschen im Bildungs- und Ausbildungsstadium, Angehörigen der Dienstleistungsberufe oder unter Senioren eine Schicht zu wachsen, die viele Varianten von Freizeitangeboten nutzt, ohne dabei mit einem Mehr an kulturellen Inhalten konfrontiert zu werden. Hatte man sich in den Sozialwissenschaften bis in die 1950er Jahre auf kulturtragende Schichten, den Adel oder das Bildungsbürgertum (seit dem 19. Jh. auch die Bohème der Künstler und Intellektuellen), berufen können, die die Kultur für alle prägten, so sind heute weitaus breitere Bevölkerungskreise an der Kulturrezeption und -produktion beteiligt. Damit einher geht aber auch eine zunehmende Kommerzialisierung, die sich v. a. in Großveranstaltungen wie Rockkonzerten, Modenschauen, Sportereignissen und schließlich in den neuen Kommunikationstechniken äußert, die nicht selten auch zum Werbezwecken von Unternehmen unterstützt werden (Kultursponsoring). Inwieweit aber diese ›Events‹ dem tradierten Kulturbegriff, wonach der Kultur die Aufgabe zukommt, dem Menschen bei seinem Austritt aus seiner ›selbstverschuldeten Unmündigkeit‹ (I. KANT) dienlich zu sein, entsprechen können, ist zumindest fraglich. Das vom Bürgertum geprägte und hegelianisch verrechtlichte Ideal des ›Kulturstaates‹, in dem tatsächlich v. a. dem Staat selbst eine ›Kulturgestaltungsmacht‹ zugeschrieben wird (E. R. HUBER), taugt damit eher als Kontrapunkt denn als begriffl. Pendant zur K. Ebensowenig gibt es Verbindungen mit dem Bild vom ›Staat als Kunstwerk‹ aus der italien. Renaissance (J. BURCKHARDT), in dem hohe individuelle Bildung oder ausgeprägter Sinn für die Inszenierung von Festen und künstler. Ereignissen allein einer kleinen Schicht zukam, die zudem den größten Teil der Bev. politisch-militärisch beherrschte.

Kultur und Politik

Unter Fachleuten scheint sich die Erkenntnis allg. durchzusetzen, daß ›Kultur‹ nicht nur als ›schöner Schein‹ in einen ›Überbau‹ ab- oder dort aufgehoben werden kann, sondern daß sie vielmehr alle Lebensäußerungen und gesellschaftl. Verkehrsformen entscheidend prägt, bis hin zur Gestaltung und damit zum Absatz von Wirtschaftsgütern. Dies hat auch Einfluß auf die Künste, die am wachsenden Interessenspektrum durchaus mitbeteiligt sind, obgleich künstler. Arbeit immer auch Rückbindung an selbstgesetzte Maßstäbe meint. Damit und durch die abnehmende Chance, ein erlebnishungriges Publikum, das - zumindest im Fernsehen - schon ›alles gesehen‹ hat, noch faszinieren zu können, stellt sich die Frage nach der Rolle, die Künstler und Intellektuelle in der modernen Gesellschaft spielen können. Bislang galten sie als ›Störfaktoren‹ oder als Seismographen für veränderungsbedürftige gesellschaftl. Zustände und schienen schon deswegen einer besonderen gesellschaftl. Autonomie bedürftig und fähig.

Ob aber gerade die Intellektuellen - als die sich viele Künstler gar nicht verstehen - als ›Gewissen der Nation‹ taugen können, ist in jüngerer Zeit oft bezweifelt worden. H. M. ENZENSBERGER kommentierte das Schicksal jener, die glauben, ›die gesellschaftl. Einsicht für sich gepachtet‹ zu haben, mit der Erwartung, ihnen werde ›es nicht anders ergehen als den Politikern: Auch ihre Autorität wird relativiert, ihre privilegierte Position ist im Schwinden‹.

Schon in den 1960er Jahren führte z. B. die Bewegung ›Ästhetik in der Alltagswelt‹ zu der Einsicht, daß das ›bisherige Publikum selbst zum Akteur werden‹ müßte (B. BROCK). ›Avantgarden‹ der Kunst und in Teilen der Wissenschaft haben auch früher schon, meist im Ggs. zu herrschenden Meinungen und Machtapparaten, das demokrat. Urprinzip hochgehalten, nach dem kein Bereich der Öffentlichkeit ausschließlich ›von oben‹ repräsentiert oder gar institutionell monopolisiert werden dürfe. Künstler wie J. BEUYS nährten, ähnlich wie manche Anthropologen und Psychologen, die Erwartung, daß Gesellschaft nicht aus einer anonymen Masse bestehen dürfe, sondern auf ›mündigen Subjekten‹ und vielen lebendigen Teilöffentlichkeiten aufbauen müsse. Diese sollten sich der von Kunst, Wissenschaft und Kritik entwickelten Energien, Techniken und Beispiele bedienen lernen, um damit für die Gestaltung ihrer gesellschaftl. Umwelt bessere Ausdrucksmittel und größere Durchsetzungskraft zu verschaffen. Vorstellungen von einem ›Kulturmonopol‹ der Künstler, auch die kunst-, musik- und literaturwissenschaftl. Thesen zur ›Autonomie‹ von Kunstwerken, sind ohnehin vergleichsweise neu: Erst im 19. Jh. vollzog sich im dt. Sprachraum z. B. die Trennung von U- und E-Musik, die für viele andere Länder bis heute nicht nachvollziehbar ist, und damit zugleich die ›Abwertung der Alltagskultur‹ (H. DE LA MOTTE-HABER). Intellektuelle sind als Systemtheoretiker heute am gesellschaftl. Handlungsvollzug kaum noch beteiligt; viele Künstler helfen – über ihr konkretes Tun und ihre Rolle als Seismographen für aktuelle gesellschaftl. Befindlichkeiten hinaus – durch Leidenschaft und nicht primär intellektuelles Mitleiden oder durch neue Anschauungen und Identifikationsangebote an breite Bevölkerungskreise mit, Modelle zu schaffen und Bewegungen einzuleiten, die die Gesellschaft zu ihrer Entwicklung benötigt.

In der ›Risikogesellschaft‹ (U. BECK) schwinden institutionelle Sicherheiten und soziale Homogenität; der Kulturbetrieb und seine Akteure werden dagegen zwar oft in Dienst genommen, können solche Defizite bisher aber nur punktuell oder vorübergehend ausgleichen. Mit neuen Museumsbauten, einer wachsenden Zahl von Kunstpreisen, mit öffentlichkeitsorientiertem Kultursponsoring, in den Objekten der Denkmalpflege oder z. B. mit ›der Kunstmesse als dem eigentl. Gesamtkunstwerk der bürgerl. Marktwirtschaft‹ (W. GRASSKAMP) treten die Künste oft auch in Konkurrenz zu Politik und Wirtschaft um die Bereitschaft der Menschen zur Identifikation mit Räumen, Anschauungen oder Produkten. Selbst religiöse Praxis ist für viele Menschen ohne Kunst kaum noch vorstellbar (z. B. ›Kunststation St. Peter‹ in Köln). Nicht zuletzt auch die Politik hat in den letzten Jahren die Rolle der Kultur zu stärken versucht. Der damalige Bundes-Präs. R. VON WEIZSÄCKER betonte 1986, ›wie ungut es wäre, wenn wir z. B. Kulturlandschaft und polit. Landschaft, zw. geistigen und künstler. Fragen einerseits und sozialen Fragen andererseits allzusehr trennen‹. Bei dieser Sicht von ›kultureller Identität‹ geht es nicht um die Beschreibung individueller Befindlichkeiten, ebensowenig um die Utopie stabiler Zustände. Vielmehr kann es sich darum handeln, mit dem Ziel einer gesellschaftl. Verständigung ein Netz von Maßstäben, Symbolen und Überzeugungen zu knüpfen, mit dem Sinnfragen und Gestaltungsprobleme aufgefangen werden können. Dabei wirken viele einzelne, Gruppen und Institutionen aktiv zusammen, ohne ihre Individualität oder Unterscheidbarkeit zu verlieren. So verstanden, müssen Kultur- und Identitätsmodelle weder auf kulturell akzentuierten Neonationalismus hinauslaufen noch auf ›harmonisierende, vereinheitlichende Leerformeln‹ (H. BAUSINGER). Vielmehr weisen sich wachsendes Regionalbewußtsein, das Wiederaufleben sprachl. Markierungen oder ästhet. und verhaltensbetonte Abgrenzungen oft als polit. Kategorien aus.

Mit großer Selbstverständlichkeit werden heute wieder die Verbindungen zw. Kunst und Wirtschaft, zw. Kultur und Bildung, selbst die Beziehungen der Kirchen oder Gewerkschaften zur Kunst aufgespürt. Mit der kulturpolit. Umsetzung von Konzepten der K. sieht es weniger gut aus, nicht zuletzt auch deshalb, weil deren Finanzierung wegen der finanziellen Lage der öffentl. Haushalte immer schwieriger wird. Die breite ›Klaviatur‹ des Kultur- und Medienbereichs wird selten gespielt, ihr oft beschworener (potentieller) Bonus für alle gesellschaftl. Bereiche kaum ausgereizt. So wurden in den 1990er Jahren in zahlreichen medienpolit. und -wirtschaftl. Programmen oder Bestandsaufnahmen allenfalls Randbereiche des künstlerisch-kulturellen Lebens berücksichtigt, obwohl die in den Medien transportierten Inhalte überwiegend von Künstlern und Schriftstellern entwickelt und vermittelt werden.

Neuere Studien, so die 1992 und 1995 publizierten Kulturwirtschaftsberichte des Landes NRW, weisen solche Engführungen nicht auf, stellen im Gegenteil sogar ›Komplementärbeziehungen‹ zw. öffentlich geförderten Kulturinstitutionen (z. B. Theatern oder Ausbildungsstätten für Kulturberufe) und privater ›Kulturwirtschaft‹ (z. B. Film- und Fernsehproduzenten oder Musikinstrumentenherstellern) heraus. Sie wurden – ebenso bezeichnend – nicht vom Kultusministerium, sondern vom Wirtschaftsministerium in Auftrag gegeben. Immerhin wurde hier belegt, daß die Kulturwirtschaft im Durchschnitt mehr als doppelt so schnell wächst wie der Durchschnitt der Wirtschaft in NRW und daß inzwischen ebenso viele Berufstätige in Verlagen, Galerien, in der Musikwirtschaft und anderen Kulturbetrieben arbeiten wie in der chem. Industrie oder der Kraftfahrzeugbranche.

Europaweit gibt es schon seit 1983 ein anderes Modell: Es stammt aus Frankreich, wo der damalige Kulturminister JACK LANG (* 1939) Förderprogramme durchsetzte, um der Kultur trotz Wirtschaftskrise den ersten Platz einzuräumen. In Dtl. gibt es bislang nur ein Beispiel dafür, daß die Vision einer K. von der Politik einmal wirklich ernst genommen wurde: Die Kunstkonzeption des Landes Bad.-Württ. von 1989. In dieser Entwicklung spiegelt sich der grundlegende gesellschaftl. und techn. Wandel, der sich mit dem Fortschreiten von der Industriegesellschaft zur postindustriellen Gesellschaft vollzogen hat. Auf eine konsequente Umsetzung solcher Einsichten wartet man allerdings bisher vergebens, auch wenn in einigen der neuen Bundesländer heute nach ähnl. Maximen kulturpolitisch geplant wird.

Im Ergebnis zeigt sich dennoch, daß die Erträge weitreichender polit. und wirtschaftl. Vereinnahmungen der Kultur nicht allzu hoch einzuschätzen sind, jedenfalls wenn man sie primär an der Höhe von Kulturetats oder Sponsorengeldern mißt (der

Kult Kulturgut – Kultursoziologie

Anteil letzterer liegt z. B. nach wie vor unter 5 %). Je mehr sich die allgemeine Suche nach Sinn und neuen Werten durch immer weiterreichende Ansprüche und Definitionen auf einen nach wie vor eher schmächtig entwickelten Kulturbetrieb verengt, desto mehr schlagen sich dort fast zwangsläufig kleine und größere gesellschaftl. Konflikte nieder. Dies könnte negative Folgen für künstler. Institutionen haben, die in dem Maße mit Legitimationsproblemen zu kämpfen haben, wie sie diese Ansprüche (zwangsläufig) unerfüllt lassen.

Die K. ist demnach doch noch immer mehr Anspruch als Wirklichkeit. Allerdings könnte es künftig für eine nicht nur begrifflich erweiterte Kulturpolitik interessant werden, Rahmenbedingungen etwa in Bereichen wie Wirtschafts- und Arbeitsmarktentwicklung, Steuerpolitik, Urheberrecht, Bildungspolitik, soziale Sicherung, Technologieförderung und Medienentwicklung, internat. Beziehungen u. a., schließlich auch die regionale wie globale Konkurrenz um Wirtschaftsstandorte, Touristenströme oder polit. Renommee nicht mehr nur zu registrieren oder gar zu erleiden, sondern aktiv politisch mitzugestalten. Gerade weil Länder, Kommunen und neuerdings der Bund z. B. mit der Finanzierung großer Festivals und Großausstellungen zunehmend überfordert scheinen und dafür ja auch nur begrenzt kompetent sind, könnten sie Bedeutungsverluste ausgleichen, wenn sie einer so verstandenen Kulturpolitik als gesellschaftspolit. ›Querschnittsaufgabe‹ größeres Gewicht einräumen würden.

In diesem Sinne ist ein Konzept der ›integrierten (Kultur-)Entwicklung‹ vorgeschlagen worden (K. FOHRBECK und A. J. WIESAND), für dessen Umsetzung die Wechselwirkungen zw. Kunstöffentlichkeit und soziokultureller oder polit. Öffentlichkeit nutzbar zu machen und technokrat. Planungsdenken abzulösen wären. Am Ende der Debatte um den Begriff der K., die immerhin eine kulturpolit. ›Entideologisierung‹ markiert (N. SIEVERS und B. WAGNER), könnte so ›kulturelle Öffentlichkeit‹ wachsen, die für die Politik und die sozioökonom. Prozesse schon immer von entscheidender Bedeutung war.

E. R. HUBER: Zur Problematik des Kulturstaats (1958); B. BROCK: Ästhetik als Vermittlung (1977); H. BAUSINGER: Kulturelle Identität (1982); I.-M. GREVERUS: Kultur u. Alltagswelt (Neuausg. 1987); C. LÉVI-STRAUSS: Das Ende des Totemismus (a. d. Frz., [7]1988); K. FOHRBECK u. A. J. WIESAND: Von der Industriegesellschaft zur K.? (1989); H. HOFFMANN: Kultur als Lebensform (1990); B. FRANK u. a.: Kultur u. Medien (1991); J. HABERMAS: Die neue Unübersichtlichkeit ([5]1991); N. ELIAS: Über den Prozeß der Zivilisation, 2 Bde. ([18]1993–94); Blick zurück nach vorn. Zwanzig Jahre Neue Kulturpolitik, hg. v. N. SIEVERS u. a. (1994); W. GRASSKAMP: Die unbewältigte Moderne. Kunst u. Öffentlichkeit ([2]1994).

*Kulturgut: Die Diskussionen über den internat. Schutz von K. haben in der jüngsten Vergangenheit durch Forderungen nach Rückgabe der infolge des Zweiten Weltkrieges ihren rechtmäßigen Eigentümern entzogenen und nunmehr wieder aufgetauchten K. neue Nahrung erhalten und neue Dimensionen des Problems sichtbar werden lassen.

Im öffentl. Recht der meisten Staaten bestehen Sonderregeln, die v. a. für K. im Privateigentum bedeutsam sind. In Dtl. sind dies die Denkmalschutz-Ges. der Länder und das K.-Schutzgesetz des Bundes. Das K.-Schutzgesetz verbietet die Ausfuhr von ›national wertvollen Kulturgütern‹ in Privateigentum, die in eine Liste eingetragen sind. Es wird zur Zeit umfassend überarbeitet mit dem Ziel einer Anpassung an die neuen EU-Normen (VO 3911/92 über die Ausfuhr von K. und Richtlinie Nr. 93/7 betreffend die Rückgabe von unrechtmäßig aus dem Hoheitsgebiet eines Mitgliedstaates verbrachten K.).

Im Völkerrecht geht es um das Verbot der Beschädigung und der Wegnahme im Krieg, die Rückführung von Objekten in den Staat, zu dessen nat. kulturellem Erbe sie zählen (›Ursprungsland‹), und die Verpflichtung des Ursprungslandes und der Weltgemeinschaft zum Schutz der K. als Erbe der Menschheit vor Zerstörung. Nach der Haager Landkriegsordnung (HLKO) vom 29. 7. 1899 sowie vom 18. 10. 1907 war das Privateigentum im besetzten Gebiet geschützt (Art. 46). Für das öffentl. Eigentum an K. galt nach Art. 56 Abs. 1 der Schutz des Privateigentums; die Beschlagnahme, Zerstörung oder Beschädigung war nach Art. 56 Abs. 2 verboten. Diese Regelungen wurden, jedenfalls in bezug auf das Wegnahmeverbot, im Ersten Weltkrieg weitgehend beachtet, im Zweiten Weltkrieg massiv verletzt, einerseits durch den von Dtl. betriebenen Kunstraub, aber auch durch die Alliierten und insbesondere durch die UdSSR. Sie ließ die dt. K. in ihrem Machtbereich durch ›Trophäenkommissionen‹ in großem Umfang beschlagnahmen und in die Sowjetunion abtransportieren. Auf diese Weise wurden neben Archivalien und Bibliotheken über 2,5 Mio. Kunstgegenstände weggeführt.

Die Regelung der HLKO von 1907 erwies sich als unzulänglich. Mit der Haager Konvention der UNESCO vom 14. 5. 1954 wurde der Versuch einer neuen zentralen Regelung der Zerstörungsproblematik gemacht. Das Abkommen verpflichtet die Vertragsstaaten, im Rahmen der militär. Notwendigkeit K. zu respektieren und zu schützen. Gegenwärtig ist bes. das ungelöste Problem der Rückführung der von der UdSSR weggeführten dt. K. in der Debatte. Deren Restitution war in Art. 16 Abs. 2 des dt.-sowjet. Nachbarschaftsvertrages vom 9. 11. 1990 sowie in Art. 15 des dt.-russ. Kulturabkommens vom 16. 12. 1992 vereinbart worden. Die Rückgabe wird jedoch von Rußland verweigert mit der Begründung, es handele sich nicht um unrechtmäßig verbrachte Objekte, sondern um vom Alliierten Kontrollrat erlaubte Wegnahmen als Ersatz für die von dt. Seite zerstörten russ. K. Da es an einer entsprechenden Ermächtigung durch den Alliierten Kontrollrat fehlte und diese im Blick auf Art. 56 HLKO auch nicht zulässig gewesen wäre, fehlt den sowjet. Wegführungsmaßnahmen die internat. rechtl. Grundlage.

Kultursoziologie: In den 1990er Jahren hat das Interesse an kultursoziolog. Fragestellungen zugenommen; hierfür gaben nur z. T. fachimmanente Gesichtspunkte den Ausschlag. Zu diesen gehörte v. a. eine konzeptionelle Erneuerung der K., die sie aus dem Bannkreis kulturkrit. und geschichtsphilosoph. Spekulation, die die ältere K. (A. WEBER) noch deutlich geprägt hatte, herauslösen konnte und die sich in einer stärker für empir. und konzeptionelle Fragen offenen Forschungsdiskussion niederschlägt. Die grundlegenden Entwürfe zu einer reizbezogenen K. sind durchaus auch theoretisch ambitioniert, wofür die Namen P. BOURDIEU, JEFFREY ALEXANDER oder A. GIDDENS ebenso stehen wie GERHARD SCHULZES (1944) 1992 vorgelegte Konzeption der →Erlebnisgesellschaft. Darüber hinaus sind es v. a. sechs innereurop. und globale Trends und Entwicklungen, die das Interesse an kultursoziolog. Fragestellungen befördert haben: 1) In fast allen westlich orientierten Industriegesellschaften und auch in den Transformationsgesellschaften Osteuropas führte die Ablösung der marxist. Lehre dazu, daß neue Problemstellungen in bezug auf gesellschaftl. Integrations- und Bindekräfte in Erscheinung traten, wobei kulturelle Orientierungen eine wichtige Rolle spielen, auch und gerade da, wo sie durch scheinbar ›kulturlose‹ Entwicklungen (zu denen in kulturkrit. Perspektive auch Massenmedien gezählt werden) in Frage gestellt erscheinen. 2) Durch die gesteigerten Erwartungen an Bildungssysteme und berufl. Qualifikationen ist dem ›kulturellen Kapital‹ (also den biograph. und gruppenspezif. Voraussetzungen für einen individuellen Erfolg), wie es in Bildungstraditionen, Verhaltensstandards und Schichtenzugehörigkeitsvorstellungen aufgehoben ist, eine wachsende Bedeutung beigemessen worden. 3) Die durch weltweite Migrationsbewegungen angestoßenen Arbeits- und Konfliktfelder interkultureller Kommunikation stellen nunmehr auch ein zentrales Arbeitsgebiet der K. dar. 4) Die innergesellschaftl. Bruchlinien angesichts einer Modernisierung, die darauf ausgeht, ihre eigenen modernen Grundlagen aufzuzehren (›Modernisierung moderner Gesellschaften‹), läßt jenseits von Schichten und Klassen nach kulturellen Mustern individueller und gesamtgesellschaftl. Aktions- und Handlungsrahmen fragen. 5) Die ›Pluralisierung‹ von Gruppenstrukturen (z.B. Altersgruppen) parallel zur Auffächerung unterschiedlicher Lebens- und Verhaltensmuster (›Kulturstile‹) ist ein Thema der K. geworden. 6) Ein als Konflikt von Moderne und Gegenmoderne zu einem ›Kampf der Kulturen‹ (S. P. HUNTINGTON) hochstilisiertes Bündel unterschiedl. Orientierungen, Konfliktlinien und Zielsetzungen (›Fundamentalismus‹) geht von ›Kultur‹ als einer Grundkategorie des gruppenspezif. Selbstverständnisses aus; auch diese sind für die K., die sich auf die Untersuchung gesellschaftl. Deutungsmuster spezialisiert hat, wichtige Arbeitsfelder.

W. L. BÜHL: Kulturwandel (1987); K. – Symptom des Zeitgeistes?, hg. v. H. BERKING u. a. (1989); J. C. ALEXANDER: Soziale Differenzierung u. kultureller Wandel (1993); P. WILLIS: Common culture (Neuausg. Boulder, Colo., 1993); G. BOLLENBECK: Bildung u. Kultur. Glanz u. Elend eines dt. Deutungsmusters (²1994); C.-F. GEYER: Einf. in die Philosophie der Kultur (1994); Kulturinszenierungen, hg. v. S. MÜLLER-DOOHM u. a. (1995).

*Kulturstadt Europas, Europäische Kulturhauptstadt:** 1991 wurde Dublin, 1992 Madrid, 1993 Antwerpen, 1994 Lissabon, 1995 Luxemburg, 1996 Kopenhagen zur K. E. erklärt; für 1997 wurde Saloniki, für 1998 Stockholm und für 1999 Weimar ausgewählt.

Kulturstiftung der Länder, Abk. **KSL,** am 1. 1. 1988 errichtete Stiftung mit der Aufgabe, Kunst und Kultur ›nat. Ranges‹ zu bewahren. Mitgl. sind (seit 1991) alle 16 Länder Dtl.s; Sitz: Berlin. Die KSL fördert den Erwerb dt. Kunstwerke, insbesondere solcher Werke, die infolge der nat.-soz. Aktion ›Entartete Kunst‹ (1937) oder durch Kriegsereignisse ins Ausland gerieten, aber auch von in Dtl. befindl. Kulturgütern, deren Verkauf ins Ausland droht. Die KSL fördert Vorhaben der Dokumentation und Präsentation dt. Kunst und Kultur, unterstützt zeitgenöss. Künstler und aktuelle Kunstformen und Entwicklungen sowie überregional und international bedeutsame Kunst- und Kulturvorhaben.

Dem Stiftungsrat gehören jeweils ein Mitgl. der Landesregierungen sowie drei Vertreter der Bundes-Reg. an, er bestellt den Vorstand. Das beratende Kuratorium setzt sich aus (10) Förderern aus Industrie und Wirtschaft sowie (20) Sachverständigen zusammen. Zur Finanzierung stellen die Bundesländer zus. jährlich bis zu 15 Mio. DM bereit, der Bund mindestens 14 Mio. DM (1996) für besondere Aufgaben.

Kumaratunga, Chandrika, Politikerin in Sri Lanka, * 1945 (?); begann 1989 eine polit. Karriere in der von ihrer Mutter SIRIMAVO BANDARANAIKE geführten sozialdemokrat. Sri Lanka Freedom Party (SLFP). Es gelang ihr, ihren Bruder ANURA BANDARANAIKE aus der Rolle des designierten Nachfolgers zu drängen und selbst die Führung der SLFP zu übernehmen. Mit dem Sieg ihrer Koalition im Aug. 1994 über die marktwirtschaftlich orientierte Reg.-Partei United Freedom Party wurde K. Premier-Min. Nachdem sie Anfang Nov. 1994 zur Staatspräs. gewählt worden war, ernannte sie ihre Mutter zur Premierministerin.

Kuna [kroat. ›Marder‹] *die, -/-,* Abk. **K,** seit 1994 Währungseinheit der Rep. Kroatien, 1 K. = 100 Lipa (lp). Die K., allerdings unterteilt in 100 Banica, war schon 1941–45 die Währung Kroatiens. Das Wort K. hatte bereits im frühen MA. in slaw. Ländern allg. die Bedeutung von Geld; etymologisch geht es auf das Wort für Marder zurück, dessen Fell als Naturalgeld diente.

*Kunad,** Rainer, Komponist: † Reutlingen 17. 7. 1995.

Kunc [kʊnts], Milan, Maler tschech. Herkunft, * Prag 1944; emigrierte 1969 in die Bundesrep. Dtl. und studierte 1970–74 bei J. BEUYS und G. RICHTER; gründete 1979 zus. mit PETER ANGERMANN (* 1945) und JAN KNAP (* 1949) die Gruppe ›Normal‹, die in ihren Gemälden programmatisch die trivialen Images und Kitschbilder der sozialist. Realismus und der kapitalist. Warenwelt aufgreift. Die auf den ersten Blick naiv erscheinenden, den Comics verwandten Bilder entlarven die Sinnleere der ideolog. Zeichen und mythisierten Gestalten. BILD S. 440

M. K. ›Peinl. Realismus‹, ›Ost-Pop‹ (1974–1979), ›verfeinerte Malerei‹ (1986–1992), bearb. v. P. LIŠKA, Ausst.-Kat. (1992).

Kundenschaltungen, Elektronik: →ASIC.

Neuregelung des Kündigungsschutzes

Grundsatz:
Das Arbeitsverhältnis eines **Arbeiters** oder eines **Angestellten** (Arbeitnehmers) kann von beiden Seiten mit einer Frist von vier Wochen zum Fünfzehnten oder zum Ende eines Kalendermonats gekündigt werden (§ 622 BGB).

Für eine Kündigung durch den Arbeitgeber gelten abhängig von der Beschäftigungsdauer folgende Fristen (jeweils zum Monatsende):

Beschäftigungsdauer	*Frist*
2 Jahre	1 Monat
5 Jahre	2 Monate
8 Jahre	3 Monate
10 Jahre	4 Monate
12 Jahre	5 Monate
15 Jahre	6 Monate
20 Jahre	7 Monate

Bei der Berechnung der Beschäftigungsdauer werden Zeiten, die vor der Vollendung des 25. Lebensjahrs des Arbeitnehmers liegen, nicht berücksichtigt.

Für Seeleute gilt § 63 Seemanns-Ges.:
Die Kündigungsfrist beträgt innerhalb der ersten 3 Monate 1 Woche, danach 4 Wochen zum Fünfzehnten oder Monatsende (Ausnahme: kurze Kündigungsfrist auch bei der ersten Reise von bis zu sechs Monaten Dauer). Nach 2 Jahren und bis zu 7 Jahren Bestehen des Heuerverhältnisses erhöht sich die Kündigungsfrist auf 2 Monate zum Monatsende. Darüber hinaus gelten nach 8 Jahren bei Kündigungen durch die Reederei die Bestimmungen von § 622 BGB parallel.

*Kündigungsschutz:** Die bisher gültige Regelung unterschiedl. Kündigungsfristen für Arbeiter und Angestellte wurde 1990 vom Bundesverfassungsgericht wegen Verstoßes gegen den Gleichheitssatz für verfassungswidrig erklärt. Die dem Gesetzgeber vom Gericht auferlegte Neuregelung erfolgte im Kündigungsfristen-Ges. vom 7. 10. 1993 und trat am 15. 10. 1993 in Kraft; sie wurde in § 622 BGB eingearbeitet; das Angestellten-Kündigungs-Ges. trat außer Kraft. Die neue Regelung stellt Arbeiter im Verhältnis zur alten Regelung deutlich besser, Angestellte hingegen erfahren i. d. R. deutlich verkürzte Kündigungsfristen. Von den gesetzl. Fristen abweichende Bestimmungen in Tarifverträgen gehen den gesetzl. Fristen vor.

*Kunisch, Hermann, Literarhistoriker: † München 24. 2. 1991.

Milan Kunc: Die Welt ist unauslotbar; 1987 (Privatbesitz)

*Kunststoffe: In den letzten Jahren hat es viele techn. Neuentwicklungen und Verbesserungen von Verfahren zum Verwerten von Alt-K. gegeben. Heute werden das werkstoffl. (direktes Verwerten von möglichst sortenreinen Alt-K.), das rohstoffl. (Rückgewinnung der Ausgangsstoffe durch therm. Spalten) und das energet. Verwerten (Verbrennen) unterschieden. Neue Verfahren des rohstoffl. Verwertens sind u. a. das VCC-Verfahren der VEBA (Hydrierung), das Dr.-Otto-Verfahren von Noell (Pyrolyse) und spezielle Synthesegasverfahren von Shell. Strittig ist, ob der Einsatz von agglomerierten Alt-K. (K.-Kügelchen) im Hochofen als Ersatz für Erdöl zur Reduktionsgasherstellung als rohstoffl. Verwerten eingesetzt werden kann. Die Entwicklungsgesellschaft für Wiederverwertung von Kunststoffen mbH (EWvK), die von der BASF AG, der Bayer AG und der Hoechst AG gegründet wurde, beschäftigt sich u. a. mit dem Problem des Wiedereinsatzes von K. aus Hausmüll für das werkstoffl. Verwerten.

Die Verwertungskapazitäten für Alt-K. werden für 1995 für das Werkstoffrecycling auf etwa 200 000 bis 300 000 t pro Jahr und für das Rohstoffrecycling auf etwa 200 000 t pro Jahr geschätzt.

A. JUNGBAUER: Recycling von K. (1994).

*Kunze, Emil, Archäologe: † München 13. 1. 1994.

*Kupfer, Harry, Opernregisseur: Wurde 1994 Operndirektor an der Kom. Oper Berlin.

*Kurden: Nach der Niederlage Iraks im 2. Golfkrieg (Jan.–Febr. 1991) erhoben sich die irak. K. im März 1991 gegen den diktator. Regime Präs. S. HUSAINS, der jedoch den Aufstand niederschlug. Dies löste einen Strom kurd. Flüchtlinge (auf seinem Höhepunkt etwa 1,5–2 Mio. Menschen) nach Iran und in das irakisch-türk. Grenzgebiet aus. Um die kurd. Flüchtlinge vor irak. Verfolgung zu schützen, richteten amerikan., brit. und frz. Truppen im April 1991 in N-Irak (nördlich des 36. Breitengrads) eine Sicherheitszone ein. In deren Schutz entstand – ohne Zustimmung Iraks – ein faktisch autonomes Gebiet, in dem am 19. 5. 1992 Parlaments- und Präsidentschaftswahlen durchgeführt wurden; dabei erhielten die Demokrat. Partei Kurdi-

stans (Abk. DPK) und die Patriot. Union Kurdistans (Abk. PUK) von 100 Sitzen je 50. Bei den Präsidentschaftswahlen setzte sich MASUD BARSANI (* um 1945; DPK) vor DJALAL TALABANI (* 1933; PUK) durch. Am 5. 10. 1992 verabschiedete das kurd. Parlament eine Resolution über die Bildung eines kurd. Teilstaates innerhalb Iraks. Gleichzeitig suchten die irak. K. die militär. Einheiten der in der Türkei verbotenen Kurd. Arbeiterpartei (türk. Abk. PKK) aus ihren Rückzugspositionen in N-Irak zu vertreiben, da sie in deren Aktivitäten gegen die Türkei eine Gefährdung der eigenen Autonomie sahen. Seit Ende 1993 kommt es wiederholt zu militär. Auseinandersetzungen zw. der PUK einerseits und der DPK und der von Iran unterstützten Islam. Bewegung Kurdistans andererseits. Die PUK kontrolliert den südl., die DPK den nördl. Teil des K.-Gebiets. Im Aug. 1995 wurde unter Schirmherrschaft der USA in Drogheda (Irland) ein Waffenstillstand vereinbart.

Angesichts der militanten Aktivitäten der PKK, die seit 1984 für einen eigenen kurd. Staat auf türk. Boden kämpft, verkündete die türk. Reg. 1987 den Ausnahmezustand in zehn Prov. SO-Anatoliens. Den terrorist. Anschlägen der PKK auf wirtschaftl. und tourist. Ziele in der SO-Türkei sowie in Ankara und Istanbul suchten die türk. Sicherheitskräfte mit zunehmender Waffengewalt zu begegnen. Auf beiden Seiten eskalierte die Gewalt. Seit 1991 unternahmen darüber hinaus türk. Streitkräfte mehrmals grenzüberschreitende Angriffe in nordirak. Gebiet gegen Guerillakämpfer der PKK. Im Juli 1994 verbot das türk. Verf.-Gericht die prokurd. Demokrat. Partei (DEP) wegen separatist. Tendenzen. In einem Prozeß vor dem Staatssicherheitsgericht (Aug. bis Dez. 1994) wurden kurd. Mitgl. des türk. Parlaments trotz internat. Proteste zu hohen Haftstrafen wegen Unterstützung der PKK verurteilt. Nach Untersuchungen von Amnesty International verschlechterte sich die Menschenrechtslage für K. in der Türkei seit 1991 erheblich (v. a. Zunahme der willkürl. Festnahmen, Folterungen und polit. Morde).

Im April 1995 konstituierte sich in Den Haag ein kurd. Exilparlament, zu dessen 65 Abg. auch 6 Mitgl. der DEP und 12 Mitgl. des polit. Flügels der PKK zählen. Die Türkei verurteilte die Gründung; die nordirak. K.-Gruppen PUK und DPK erkannten das Exilparlament nicht an.

Auch in Iran sahen sich die dort lebenden und für Autonomierechte kämpfenden K. Verfolgungen ausgesetzt. 1993 befanden sich etwa 30 000 kurd. Flüchtlinge aus Iran im grenznahen irak. K.-Gebiet; von dort führten kurd. und andere Oppositionsgruppen immer wieder Aktionen gegen das iran. Regime durch. Zu ihrer Bekämpfung stießen 1993 iran. Streitkräfte auf irak. Gebiet vor.

Auch Dtl. geriet in den Sog der K.-Problematik, zumal bekannt wurde, daß dt. Waffen, die die Türkei im Rahmen von NATO-Absprachen erhielt, von der türk. Armee bei der Bekämpfung der PKK eingesetzt worden sind. Anhänger der auch in Dtl. seit 1993 verbotenen PKK veranstalteten Demonstrationen, die z. T. zu gewalttätigen Exzessen führten. Auch Anschläge auf türk. Geschäfte und Einrichtungen werden der PKK zugerechnet.

Kuressaare, seit 1988 wieder Name der estn. Stadt ▷ Kingisepp.

Kurtág [-ta:g], György, ungar. Komponist, * Lugosch (Rumänien) 19. 2. 1926; studierte in Budapest bei S. VERESS und F. FARKAS (seit 1948 ungar. Staatsbürger) sowie ab 1957 bei O. MESSIAEN und D. MILHAUD in Paris; lehrte 1967–86 an der Musikhochschule in Budapest. Urspr. von B. BARTÓK beeinflußt, bewegten sich seine frühen Kompositionen noch ganz im ästhet. Idiom des sozialist. Realismus. Nach 1956

György Kurtág

wurde v. a. die Auseinandersetzung mit A. WEBERN ausschlaggebend für seine weitere, von mehreren Schaffenskrisen unterbrochene kompositor. Entwicklung. K. schrieb vorwiegend Werke für kammermusikal. Besetzungen, u. a. ein Streichquartett (1958), acht Duos für Violine und Cimbalom (1961), Concerto ›Die Sprüche des Péter Bornemisza‹ für Sopran und Klavier (1968), musikal. Tagebuch ›Spiele für Klavier‹ (ab 1973), ›Die Botschaften des verstorbenen Fräulein Troussowa‹ für Sopran und Ensemble (1980), ›Kafka-Fragmente‹ für Sopran und Violine (1987). Erst Ende der 1980er Jahre wandte er sich wieder der größeren Instrumentalmusik zu ›Grabstein für Stephan‹ (1991), ›Orchesterskizzen‹ (1994).

*Kurzarbeitergeld: Durch Änderung des Arbeitsförderungs-Ges. (AFG) wurde in den neuen Bundesländern bis 1992 der Anspruch auf K. zu struktur- und beschäftigungspolit. Zwecken erleichtert und erweitert (›Struktur‹-K., im Ggs. zum klass. ›Konjunktur‹-K.). Es wurden im Jahresdurchschnitt 1991 1,62 Mio. Empfänger von K. (davon in West-Dtl.: 145 000) und 1994 372 300 (davon in West-Dtl.: 275 500) gezählt. Mit Wirkung ab 1994 wurde das K. gekürzt (→Arbeitslosenversicherung).

*Kusch, Polykarp, amerikan. Physiker dt. Herkunft: † Dallas (Tex.) 20. 3. 1993.

*Kuśniewicz, Andrzej, poln. Schriftsteller: † Warschau 14. 5. 1993.

Küstenmeer, seit Inkrafttreten der Seerechtskonvention (am 16. 11. 1994) amtl. Bez. desjenigen Teils des Meeres, der – im Ggs. zum hohen Meer – nicht vom Prinzip der Meeresfreiheit (▷ Freiheit der Meere) erfaßt wird, sondern zum Staatsgebiet des Uferstaates gehört. Als Synonyme sind nach wie vor die Bez. ›Küstengewässer‹ oder ›Territorialgewässer‹ zulässig. Art. 3 der Seerechtskonvention bestimmt, daß jeder Staat das Recht hat, die Breite seines K. bis zu einer Grenze festzulegen, die höchstens 12 Seemeilen von den in derselben Konvention festgelegten Basislinien entfernt sein darf. Die normale Basislinie ist die Niedrigwasserlinie entlang der Küste. Sonderbestimmungen gelten für Inseln, Einbuchtungen und Einschnitte der Küste, Reeden, innere Gewässer (d. h. Meeresteile, die zwar nach dem allgemeinen Prinzip außerhalb des K. liegen würden, aber wegen der zu geringen Breite einer Buchteinfahrt von hohem Meer abgeschlossen würden) und ähnl. Sonderfälle. Grundprinzip für die Festlegung der Grenze zw. dem K. und der hohen See ist die Herstellung einer möglichst geraden Basislinie. Allerdings wird dieses Prinzip bei sogenannte ›histor.‹ Buchten nicht angewendet. Dtl. hat durch eine Proklamation vom 11. 11. 1994, die am 1. 1. 1995 in Kraft getreten ist, das dt. K. auf 12 Seemeilen festgesetzt. Eine Abweichung hiervon gilt für die seitl. Abgrenzung zu Polen (als Folge des Vertrags vom 14. 11. 1990 zw. Dtl. und Polen über die Bestätigung der zw. ihnen bestehenden Grenze).

*Küstrin: 1992 wurde der Eisenbahnübergang über die Oder und die hier in sie mündende Warthe zw. der Stadt K. in Polen (poln. Kostrzyn) und Küstrin-Kietz (dem ehem. Küstriner Stadtteil) in Brandenburg nach 47 Jahren wiedereröffnet. Der Streckenabschnitt soll Teil der Verbindung Berlin–Danzig werden.

Kusturica [-tsa], Emir, bosn. Filmregisseur, * Sarajevo 1954; studierte in Prag; beeindruckte die internat. Filmwelt mit preisgekrönten Spielfilmen.
Filme: Papa ist auf Dienstreise (1984); Time of the Gypsies (1989); Arizona Dream (1992); Underground (1995).

Kutschma, Kučma [-tʃ-], Leonid Danilowitsch, ukrain. Politiker, *Tschajkine (Gebiet Tschernigow) 1938; Ingenieur, ab 1982 Sekretär der KP der ›Produktionsvereinigung Maschinenbaufabrik Piwdennyj‹, ab 1986 Generaldirektor dieses staatl. Rüstungskonzerns, ab 1990 Mitgl. des Obersten Rates der Ukraine, Okt. 1992 bis Sept. 1993 MinPräs., setzte sich bei den Präsidentschaftswahlen 1994 am 10. 7. gegen den bisherigen Amtsinhaber Präs. L. M. KRAWTSCHUK mit 52,1 % der Stimmen durch.

*Kuwait, Kuweit, amtlich arab. Daulat al-Kuwait, dt. Staat K., Staat in Vorderasien, am Pers. Golf.

Hauptstadt: Kuwait. *Amtssprache:* Arabisch. *Staatsfläche:* 17 818 km². *Bodennutzung (1992):* 50 km² Ackerland, 1 360 km² Dauergrünland, 20 km² Waldfläche. *Einwohner (1994):* 1,633 Mio., 92 Ew. je km². *Städtische Bevölkerung (1995):* 97 %. *Durchschnittlicher Bevölkerungsrückgang pro Jahr (1985–93):* 2,9 %. *Bevölkerungsprojektion für 2000:* 1,72 Mio. *Ausländer (1994):* 206 700 Ägypter, 162 400 Inder, 90 600 Bangladesher, 85 600 Srilanker, 70 300 Pakistaner, 55 900 Syrer, 25 000–30 000 Palästinenser, rd. 10 000 Iraker, 4 000 US-Amerikaner, 3 000 Briten, 650 Franzosen, 300 Deutsche. *Religion (1990):* 94,7 % Muslime; der Islam ist Staatsreligion. *Altersgliederung (1995):* unter 15 Jahre 41,1 %, 15 bis unter 65 Jahre 57,3 %, 65 und mehr Jahre 1,6 %. *Lebenserwartung der Neugeborenen (1992):* 75 Jahre. *Analphabetenquote (1991):* insgesamt 27,0 %, männlich 22,9 %, weiblich 33,3 %. *BSP je Ew. (1993):* 23 350 US-$. *BIP nach Sektoren/Produktionsstruktur (1993):* Industrie 55 %, Dienstleistungen 45 %. *Währung:* 1 Kuwait-Dinar (KD.) = 1 000 Fils. *Internationale Mitgliedschaften:* UNO, Arab. Liga, OPEC und OAPEC.

Geschichte: Im Anschluß an Streitigkeiten zw. Irak und K. über die beiderseitige Erdölförderpolitik sowie über gegenseitige Grenzverletzungen (bei der Erdölförderung) marschierten irak. Truppen am 2. 8. 1990 in K. ein. Unter Berufung auf (umstrittene) histor. Ansprüche annektierte Irak am 8. 8. 1990 das Gebiet von K. und erklärte es am 28. 8. 1990 zu seiner ›19. Provinz‹. Unter dem Druck seiner militär. Niederlage im 2. →Golfkrieg annullierte Irak Anfang März 1991 die Annexion K.s. Im selben Monat kehrte Scheich JABIR AL-AHMAD AL-SABBAH aus seinem Exil in Saudi-Arabien, wohin er am 2. 8. 1990 geflohen war, zurück. Im April 1991 beschloß der Sicherheitsrat der UNO, eine Friedenstruppe zur Überwachung der kuwaitisch-irak. Grenze nach K. zu entsenden (UNIKOM; ▷Vereinte Nationen, ÜBERSICHT). Während der Besetzung K.s hat sich die irak. Armee dort zahlreicher Verletzungen der Menschenrechte schuldig gemacht. Die irak. Kriegführung verursachte v. a. durch Anzünden von Erdölquellen und Einleiten des Erdöls in den Pers. Golf schwere Umweltschäden. Am 6. 11. 1991 wurde die letzte der brennenden Erdölquellen gelöscht. Nach dem Rückzug der irak. Truppen ging die kuwait. Reg. ihrerseits unter Verletzung von Menschenrechten gegen Sympathisanten Iraks (gegen Iraker und in K. arbeitende Palästinenser) vor. Amnesty International und der UN-Sonderausschuß für Menschenrechtsfragen kritisierten K. wegen willkürl. Behandlung von Kollaborateuren.

Am 5. 10. 1992 wurde erstmals seit 1986 ein Parlament gewählt, dessen Wahlperiode vier Jahre beträgt. Obwohl eine weitergehende Demokratisierung nicht stattgefunden hat, wurden die Rechte des Parlaments teilweise erweitert. Die vom Parlament verabschiedeten Gesetze können ihm vom Emir zur erneuten Beschlußfassung zurückgeleitet werden. Setzt sich das Parlament mit qualifizierter Mehrheit über die Bedenken des Monarchen hinweg, tritt das Ges. in Kraft. Die Reg. wird vom Emir eingesetzt. Spricht das Parlament einzelnen Min. das Mißtrauen aus, müssen sie, im Ggs. zum Premier-Min., zurücktreten.

Die durch die irak. Invasion 1990 fast völlig zerschlagene kuwait. Armee wurde nach dem Ende des Golfkriegs neu aufgebaut und gegenüber der früheren

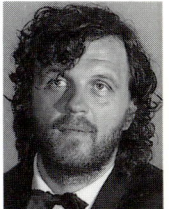

Emir Kusturica

Stärke fast verdreifacht. Durch ein Sicherheitsabkommen mit den USA (Sept. 1991) und ein Verteidigungsabkommen mit Rußland (Nov. 1993) suchte K. seine Sicherheit weiter zu verbessern. Im Mai 1993 bestätigte der Sicherheitsrat der UNO die Verschiebung der irakisch-kuwait. Grenze im Bereich der irak. Hafenstadt Umm Kasr zugunsten K.s; die neue Grenze weitet auch die kuwait. Souveränität im Gebiet der Erdölfelder von Rumaila aus. Nach einem irak. Truppenaufmarsch im Bereich der irakisch-kuwait. Grenze fanden im Dez. 1994 auf kuwait. Seite Manöver statt, an denen die meisten der am 2. Golfkrieg beteiligten Staaten teilnahmen.

*KwaNdebele:** Mit dem Ende des Apartheidsystems in der Rep. Südafrika 1994 wurde K. aufgelöst und der neuen Prov. →Ost-Transvaal eingegliedert.

Kwaśniewski [kvaç-], Aleksander, poln. Politiker, * Belgard 15. 11. 1954; im Pressewesen tätig, zunächst Mitgl. der kommunist. PZPR, 1987–88 Jugend- und Sport-Min., leitete 1988–89 ein Reg.-Komitee, das ein umfassendes Programm zur Reform der Gesellschaft ausarbeiten sollte. 1989 nahm er als Regierungsvertreter an den Gesprächen am ›runden Tisch‹ mit der Solidarność teil. Nach der Selbstauflösung der PZPR im Jan. 1990 übernahm K. den Vorsitz der Sozialdemokratie der Rep. Polen. Er war Mitgl. des Sejm. Bei den Präsidentschaftswahlen (5. 11., Stichwahl 19. 11. 1995) siegte K. als Kandidat der Linksallianz über L. Wałęsa (Amtsantritt: 23. 12.)..

Aleksander Kwaśniewski

KwaZulu/Natal [-ˈzuːlu ˈnaːtal, engl. -nəˈtæl], Prov. im W der Rep. Südafrika, grenzt an den Indischen Ozean, 91 481 km², (1994) 8,505 Mio. Ew. (78 % Schwarze, 10,9 % Asiaten, 9,7 % Weiße, 1,4 % Mischlinge); Hauptstädte sind Ulundi und Pietermaritzburg. – Die Prov. entstand im Zuge der Neugliederung der Rep. Südafrika 1994 durch Vereinigung der ehem. Prov. ▷ Natal 2) mit dem Homeland ▷ KwaZulu. Bei der Wahl vom April 1994 errang die Inkatha die Mehrheit der Sitze in der Legislative und stellt seither den Regierungschef.

Kyffhäuserkreis [ˈkɪf-], Landkreis in Thüringen, 1 035 km², (1995) 98 800 Ew.; Kreisstadt ist Sondershausen. Das Kreisgebiet grenzt an Sachs.-Anh. Über der Helme-Unstrut-Niederung (im O) erhebt sich der waldreiche Kyffhäuser (bis 477 m ü. M.). Im W werden Windleite und Hainleite (bis 463 m ü. M.) durch das Wippertal getrennt. In den S-Teil reicht das fruchtbare Thüringer Becken, dessen von Hainleite und Schmücke gebildete Randschwelle die Unstrut in der Thüringer Pforte durchbricht. Industrie ist nur wenig vorhanden. Der Kalisalzbergbau in Sondershausen und Roßleben wurde 1991 stillgelegt. Größte Stadt ist die Kreisstadt Sondershausen (1995: 21 800 Ew.; elektrotechn. Industrie); weitere Städte sind Artern/Unstrut (Maschinenbaubetriebe), Bad Frankenhausen/Kyffhäuser (Kurort, Knopffabrik), Clingen, Ebeleben, Greußen, Großenehrich, Heldrungen und Wiehe. – Der Kreis wurde am 1. 7. 1994 aus den früheren Kreisen Sondershausen (mit Ausnahme der Gem. Zaunröden) und Artern (mit Ausnahme der Gem. Bilzingsleben und Kannawurf) gebildet.

*Kyritz 2):** Der seit 3. 10. 1990 zum Land Brandenburg gehörende Landkreis ging am 6. 12. 1993 in den neugebildeten Landkreisen Ostprignitz-Ruppin und Prignitz auf. Die Stadt Kyritz ist damit nicht mehr Kreisstadt.

L

*Labour Party 1):** Vors. der austral. Labor Party ist seit Dez. 1991 P. Keating.

*Labour Party 2):** Unter Parteiführer N. Kinnock wurde mit dem Ziel, breitere Wählerschichten anzusprechen und Regierungsfähigkeit zu zeigen, der Dauerkonflikt zw. rechtem und linkem Parteiflügel im wesentlichen beseitigt, der Einfluß der Gewerkschaften zurückgedrängt und das Wirtschaftsprogramm auf einen demokrat. Sozialismus hin orientiert. Nach der unerwarteten Wahlniederlage der L. P. im April 1992 (34,4%) trat Kinnock als Parteiführer zurück. Sein Nachfolger war von Juli 1992 bis zu seinem Tod im Mai 1994 J. Smith, der die interne Reform weiterführte. Auf dem Parteitag im Sept./Okt. 1993 wurden die gewerkschaftl. Blockstimmen für die Wahl der Parlamentskandidaten und bei Grundsatzabstimmungen abgeschafft und eine wesentl. Demokratisierung der Partei erreicht. Im Juli 1994 wurde A. Blair, der für eine grundlegende Modernisierung der L. P. und Öffnung hin zur bürgerl. Mitte eintritt, zum neuen Parteiführer gewählt. Gegen den Widerstand des linken Parteiflügels und der Gewerkschaften setzte er im März/April 1995 die Abkehr vom in der Klausel 4 des Parteiprogramms genannten Ziel des Staatseigentums an allen Produktionsmitteln und ein deutl. Bekenntnis zur sozialen Marktwirtschaft durch. Daneben nennt die Neufassung der Klausel 4 als Ziele die Schaffung einer gesunden Umwelt, die Sicherheit der Nation und die Mitarbeit in europ. Institutionen.

Lafontaine [lafɔ̃ˈtɛn], Marie-Jo, belg. Medienkünstlerin, * Antwerpen 17. 11. 1950; umkreist in ihren Arbeiten die Themen Liebe, Gewalt und Tod. In den perfekten und kühlen Bild-Objekt-Inszenierungen analysiert sie mit Hilfe der Videokamera Bewegungs-

Marie-Jo Lafontaine: Die Sizilianische Eröffnung; Videoinstallation 1987/92

abläufe von Mensch und Tier sowie Gesten und Gesichtsausdrücke. Durch Wiederholungen, Zeitlupen, Nahaufnahmen und durch eine kalkulierte ästhet. Plazierung der Monitore isoliert sie körperl. Ausdrucksfragmente und kann sie so als Äquivalente der techn. Abläufe bei Maschinen und Robotern behandeln. Seit 1991 hat sie eine Professur am Zentrum für Kunst- und Medientechnologie in Karlsruhe.

M.-Jo L., hg. v. F. McLeod, Ausst.-Kat. (Edinburgh 1989); M.-Jo L., bearb. v. Werner Meyer, Ausst.-Kat. (1990).

***Lafontaine,** Oskar, Politiker: Nachdem die SPD bei den Landtagswahlen vom 28. 1. 1990 und vom 16. 10. 1994 ihre absolute Mehrheit behauptet hatte, wählte der Landtag (am 21. 2. 1990 bzw. am 9. 11. 1994) L. wieder zum saarländ. MinPräs. Vor dem Hintergrund der von ihm befürchteten finanziellen Belastungen und sozialen Risiken wandte er sich 1990 gegen einen zu schnellen Prozeß der dt. Vereinigung. Im April 1990 wurde L. bei einem Attentat schwer verletzt. Im Sept. 1990 zum Kanzlerkandidaten der SPD nominiert, unterlag er bei der Bundestagswahl vom 2. 12. 1990 H. Kohl. Im Bundestagswahlkampf 1994 gehörte er mit G. Schröder der SPD-Führungsgruppe um den Bundes-Vors. und Kanzlerkandidaten R. Scharping an. Am 16. 11. 1995 setzte sich L. auf dem SPD-Parteitag bei der Wahl des Bundes-Vors. gegen Scharping durch.

***Lahbabi, Al-L.,** Mohammed Asis, marokkan. Philosoph: † Rabat 23. 7. 1993.

***Lambsdorff,** Otto Friedrich Wilhelm **von der Wenge,** Graf L., Politiker: Trat im Juni 1993 als Bundes-Vors. der FDP zurück.

Lamfalussy [läfaly'si], Alexandre, belg. Bankier und Wirtschaftswissenschaftler ungar. Herkunft, * Kapuvar (bei Ödenburg) 26. 4. 1929; 1955–74 bei der Banque de Bruxelles, seit 1965 in leitender Funktion, zuletzt als Vorstands-Vors.; 1975 Mitgl. des Vorstands der Banque Bruxelles Lambert. 1976–93 war L. in der Bank für Internat. Zahlungsausgleich tätig, ab 1981 als stellv. Generaldirektor, ab 1985 als Generaldirektor. 1993 wurde L. in den belg. Adelsstand eines Barons erhoben. Zum 1. 1. 1994 wurde er zum ersten Präs. des Europ. Währungsinstituts berufen.

Lamprecht, Günter, Schauspieler, * Berlin 21. 1. 1930; hatte 1954–71 Engagements an versch. Bühnen; später freiberufl. Theaterdarsteller; beim Fernsehen übernahm er wichtige Rollen ab 1968 (1989–95 auch als ›Tatort‹-Kommissar), beim Film ab 1975.

Filme: Das Messer im Rücken (1975); Das Brot des Bäckers (1976); Rückfälle (Fernsehspiel, 1977); Berlin Alexanderplatz (Fernsehserie, 14 Folgen, 1980); Milo Barus, der stärkste Mann der Welt (1982).

***Lancaster,** Burt, amerikan. Schauspieler: † Los Angeles (Calif.) 21. 10. 1994.

***Lance:** Im Zusammenhang mit der 1991 vom amerikan. Präs. G. Bush angekündigten Abschaffung der bodengestützten nuklearen Gefechtsfeldwaffen wurden auch die in Europa stationierten 150 L.-Raketenwerfer der USA und anderer NATO-Partner (davon in der Bundeswehr 26 Systeme) außer Dienst gestellt und die Gefechtsköpfe in die USA gebracht.

***Lanczkowski,** Günther, Religionswissenschaftler und Altamerikanist: † Heidelberg 1. 8. 1993.

***Land,** Edwin Herbert, amerikan. Physiker und Industrieller: † Cambridge (Mass.) 1. 3. 1991.

LANDCENT ['lændsent], Abk. für **Land Forces Central Europe** [lænd 'fɔːsɪs 'sentrəl 'juərəp], im Rahmen der Veränderung der NATO-Kommandostruktur am 1. 7. 1993 unter gleichzeitiger Auflösung der Heeresgruppen Mitte und Nord (CENTAG und NORTHAG) geschaffene Kommandobehörde mit Sitz in Heidelberg; führt nach Zuweisung durch den vorgesetzten Stab AFCENT alliierte Heeresgroßverbände in der Region Zentraleuropa.

***Länderfinanzen:** War der Finanzierungssaldo Ende der 1980er Jahre noch deutlich zurückgegangen, so entstanden in den Jahren nach der dt. Vereinigung bei den alten Bundesländern hohe Defizite, die schließlich 1994 mit 27,0 Mrd. DM oder rd. 7,5 % des Ausgabenvolumens eine nie zuvor verzeichnete Höhe erreichten. Die Verschuldung wuchs dementsprechend von Ende 1989 bis Ende 1994 um 33,7 % auf 414 Mrd. DM. Eine Ausnahme bilden Bremen und das Saarland, die seit 1994 spezielle Ergänzungszuweisungen des Bundes zur Behebung ihrer besonderen Haushaltsnotlage erhalten (→Finanzausgleich) und die für 1994 jeweils einen Überschuß aufweisen.

Zentrale Finanzierungsquelle bei den ostdt. Bundesländern, die erstmals für 1991 eigene Haushaltspläne aufstellten, waren bis 1994 die Zuweisungen aus dem →Fonds Deutsche Einheit, während die Einnahmen aus den Gemeinschaftsteuern wegen der wirtschaftl. Schwäche bei weitem noch nicht das Gewicht haben wie in den alten Bundesländern. Die Zuweisungen machten 1994 59,6 % der Einnahmen (79,3 Mrd. DM) in den neuen Bundesländern aus (alte Bundesländer: 14,6 % von 326,9 Mrd. DM). Auf Steuereinnahmen entfielen 37,0 % (alte Bundesländer: 74,0 %). Die jährl. Defizite schlugen sich in einem Schuldenstand (Ende 1994) 55,4 Mrd. DM (Ende 1991: 4,9 Mrd. DM) nieder, das sind je Ew. bereits fast 70 % der in den alten Bundesländern seit der Währungsreform angesammelten Pro-Kopf-Verschuldung. Aus der Einbeziehung in den bundesweiten Finanzausgleich ab 1995 ergibt sich für die neuen Länder eine deutl. Verstärkung ihrer finanziellen Basis. Lediglich 14,0 % der Steuereinnahmen der Länder von 261,95 Mrd. DM entfallen auf Landessteuern, 86,0 % auf die Gemeinschaftsteuern. Die Ausgabenstruktur ist in den alten Bundesländern von den Personalausgaben geprägt (40,2 % der Ausgaben von 353,9 Mrd. DM), während in den neuen Bundesländern die Zuweisungen an andere Gebietskörperschaften (37,0 % der Ausgaben von 95,8 Mrd. DM) vor den Personalausgaben (24,6 %) die größte Rolle spielen.

Landesbank Berlin Girozentrale [-'ʒiːroː-], Abk. **LBB,** →Bankgesellschaft Berlin AG.

***Landesbanken:** 1995 gab es zwölf L. In den neuen Bundesländern sind neu entstanden die Landesbank Sachsen Girozentrale sowie die Mitteldt. Landesbank; aus der Hess. L. wurde die L. Hessen-Thüringen Girozentrale.

***Landeszentralbanken:** Im Rahmen der Neuordnung der Struktur der Dt. Bundesbank nach der dt. Einheit gibt es seit dem 1. 11. 1992 die folgenden neun, z. T. für mehrere Bundesländer zuständigen Landeszentralbanken (LZB): LZB in Berlin und Brandenburg, LZB in der Freien Hansestadt Bremen, in Ndsachs. und Sachs.-Anh., LZB in der Freien und Hansestadt Hamburg, in Meckl.-Vorp. und Schlesw.-Holst., LZB in Rheinl.-Pf. und im Saarland, LZB in Sachsen und Thüringen, LZB in NRW, LZB in Hessen, LZB in Bad.-Württ. sowie LZB in Bayern.

***Landgericht:** Seit dem 1. 3. 1993 sind die L. für vermögensrechtl. Streitigkeiten ab einem Streitwert von 10 000 DM zuständig.

***Landgrebe,** Ludwig, Philosoph: † 14. 8. 1991.

***Landowski,** Marcel François Paul, frz. Komponist: Wurde 1994 zum Kanzler des Institut de France gewählt. Weiteres Werk u. a. ›Symphonie concertante‹ für Orgel und Orchester (1993).

***Landsbergis,** Vytautas, litauischer Musikwissenschaftler und Politiker: Unterlag bei den Präsidentschaftswahlen vom 14. 2. 1993 A. Brazauskas.

***Landwirtschaft:** Die langfristigen Entwicklungstendenzen setzten sich fort. In den marktwirtschaftl. Industriestaaten sank der Anteil der L. an den Erwerbspersonen und am Bruttoinlandsprodukt (in der

Günter Lamprecht

Land Landwirtschaftliche Produktionsgenossenschaft – Langmuir-Blodgett-Film

Jessica Lange

EU lagen diese Anteile 1992 bei 5,5% und 2,5%); trotzdem wächst die Produktion weiterhin stärker als der Inlandsverbrauch. Da die Nachfolgestaaten der Sowjetunion ihre Importe einschränken mußten und viele Entwicklungsländer wegen Devisenmangels nur einen begrenzten Importspielraum haben, kam es zu einer weiteren Senkung der Weltmarktpreise, gegen die diese Länder ihre Landwirte verstärkt abschirmen. Die der OECD angehörenden Länder wandten 1993 (netto) 139 Mrd. US-$ an öffentl. Mitteln zur Stützung ihrer L. auf; hinzu kamen 197 Mrd. US-$, mit denen die Verbraucher durch die Preisstützung gegenüber Weltmarktpreisen belastet wurden.

In den Entwicklungsländern setzte sich die insgesamt leichte Verbesserung der Pro-Kopf-Produktion an Nahrungsmitteln bei zunehmender Differenzierung fort. Jährl. Zuwachsraten von über 2% in China und 1% in den übrigen Ländern des Fernen Ostens stand in Afrika eine Abnahme von 1% gegenüber.

In den Ländern Mittel- und Osteuropas und den Nachfolgestaaten der Sowjetunion ist nach dem Zusammenbruch der Planwirtschaft die landwirtschaftl. Produktion bis 1993 um etwa 20% gesunken. Bes. stark waren die Rückgänge in der tier. Produktion. Ungeklärte Eigentumsverhältnisse und noch nicht funktionierende Märkte sind die Hauptursachen. In einigen Ländern ist es inzwischen aber bereits zu einer Stabilisierung gekommen.

Umweltprobleme der L. erfahren zunehmende Beachtung. Dazu gehören Erosion und Verluste an Bewässerungsflächen durch Versalzung (v. a. in Entwicklungsländern), Beeinträchtigung der Artenvielfalt, Eintrag von Dünge- und Pflanzenschutzmitteln in Grundwasser und Oberflächengewässer (v. a. in entwickelten Ländern) und Abgabe von Gasen (Methan, Ammoniak, Lachgas) mit negativen Auswirkungen auf das Klima.

*Landwirtschaftliche Produktionsgenossenschaft:** Die nach der dt. Vereinigung angestrebte Auflösung der LPG und die Reprivatisierung ihrer Flächen und Betriebseinrichtungen hat überwiegend nicht die erwartete Wirkung gehabt. Zwar haben sich bis 1994 etwa 22 500 landwirtschaftl. Betriebe gebildet, die von einem Landwirt als Haupterwerb (rd. 7 500) oder im Nebenerwerb bewirtschaftet werden und mit den westdt. Familienbetrieben vergleichbar sind, diese Betriebe bewirtschaften jedoch nur 20% der Fläche. Auf ehem. LPG, die in eingetragene Genossenschaften oder in GmbH umgewandelt wurden, entfallen dagegen fast 60% der Fläche und rd. 80% des Viehbestandes. Von dieser Fläche wiederum befindet sich der größte Teil nicht im Eigentum dieser Betriebe, sondern ist nur gepachtet, zum einen, weil viele Eigentumsrückübertragungen noch nicht rechtskräftig sind, zum anderen, weil viele frühere Eigentümer die zurückerhaltenen Flächen nicht selbst nutzen. Auf diese Weise kann die einzelne umgewandelte LPG im Durchschnitt über 1 100 ha bewirtschaften, die Einzellandwirte dagegen nur 48 ha, westdeutsche Familienbetriebe 33 ha. Die Beschäftigung in der ostdeutschen Landwirtschaft hat sich von (1989) rd. 825 000 Beschäftigten auf (1994) rd. 157 000 Beschäftigte verringert.

Engagement für die Benachteiligten dieser Erde, gegen Krieg und Unfreiheit, gegen die Zerstörung der Natur und des Lebens. Immer eindringlicher erhebt sie ihre Stimme in ihrer späteren Lyrik und Prosa sowie in ihren Reisebüchern, in denen sie das Erlebnis der Begegnung mit der Weisheit alter Kulturen und das Entsetzen über die Unterdrückung größerer Teile der Bev. (z. B. der Frauen) gestaltet.

Werke (griech.): *Lyrik:* Stechginster (1972); Ekliptik (1977); DNA (1983); Kupfer (1993). – *Erzählungen:* Die Letzten (1974); Die Erben (1979); Zu den Fakten, Bürger (1980); Die Glöckner (1989). – *Reisebücher:* Allah Akbar (1986); Tierra del Sol (1987); Indien (1991). – *Romane:* Kurz vor 2000 (1991); Der Tenor (1993). – *Novelle:* Mein Bruder Kain (1984).

Lange, Jessica, amerikan. Filmschauspielerin, *Cloquet (Minn.) 20. 4. 1949; hatte 1976 ihren ersten Auftritt im Film; gehört zu den anspruchsvollen Charakterstars Hollywoods.

Filme: Wenn der Postmann zweimal klingelt (1981); Frances (1982); Tootsie (1982); Country (1984); Sweet Dreams (1985); Music Box (1990); Kap der Angst (1992); Blue sky (1994); Rob Roy (1995).

Lange-Müller, Katja, Schriftstellerin, *Berlin (Ost) 13. 2. 1951; arbeitete zunächst als Schriftsetzerin und Krankenpflegerin, studierte 1979–82 am ›Institut für Literatur Johannes R. Becher‹ in Leipzig und siedelte nach einem einjährigen Mongoleiaufenthalt und kurzer Tätigkeit als Lektorin 1984 nach Berlin (West) über. In ihrem Erzählband ›Wehleid – wie im Leben‹ (1986) berichtet sie in z. T. schnoddrig-frecher, z. T. sarkastisch-lakon. Sprache über ihre Erfahrungen im Elend eines psychiatr. Pflegeheims, in der Mongolei und im Alltag der Dt. Dem. Republik.

Weitere Werke: *Erzählungen:* Kasper Mauser – die Feigheit vorm Freund (1988); Verfrühte Tierliebe (1995).

***Langensalza 1):** Der seit 3. 10. 1990 zum Land Thüringen gehörende Landkreis L. ging am 1. 7. 1994 im Unstrut-Hainich-Kreis auf; fünf Gemeinden wurden dem Wartburgkreis eingegliedert, die zur Gem. Tonna vereinigten Gemeinden Burgtonna und Gräfentonna dem Kr. Gotha. Die Stadt Langensalza ist damit nicht mehr Kreisstadt.

***Langhoff,** Matthias, Regisseur: War 1989–91 Theaterleiter in Lausanne; 1992–93 Leitungs-Mitgl. des Berliner Ensembles.

***Langhoff,** Thomas, Schauspieler und Regisseur: Ist seit 1991 Intendant des Dt. Theaters Berlin.

Langmuir-Blodgett-Film [ˈlæŋmjʊəˈblɒdʒɪt-], sehr dünner, nur aus einer oder wenigen übereinanderliegenden Molekülschichten bestehender Film, aufgebracht auf einem festen Substrat; die Moleküle in solchen Mono- bzw. Polylagen sind i. d. R. mit ihrer Längsachse senkrecht zur Substratunterlage ausgerichtet und parallel zueinander angeordnet. Die Herstellung von L.-B.-F. geht zurück auf I. LANGMUIR und KATHERINE BURR BLODGETT (*1898, †1979), die in den 1930er Jahren gezielt monomolekulare Schichten von Flüssigkeitsoberflächen auf feste Oberflächen übertrugen.

Grundlage für die Ausbildung einer einlagigen Molekülschicht auf einer Flüssigkeitsoberfläche ist ein amphiphiler Charakter der Moleküle, d. h., daß der betreffende Stoff ▷ grenzflächenaktiv ist: Bringt man z. B. Moleküle mit hydrophilem ›Vorderende‹ und hydrophobem ›Hinterende‹ auf eine Wasseroberfläche auf, so tauchen sie mit den Vorderenden ein, wenden die Hinterenden jedoch vom Wasser ab. Verdichtet man diese Moleküle durch Verkleinern der ihnen zur Verfügung stehenden Wasseroberfläche so, daß gerade eine lückenlose Molekülschicht entsteht, richten sie sich mit ihren Hinterenden parallel zueinander aus. Wird nun ein ebenes Substrat, dessen Oberfläche selbst hydrophil ist, in die Flüssigkeit eingetaucht, wird es durch die grenzflächenaktiven Moleküle zunächst noch nicht benetzt. Beim Herausziehen jedoch

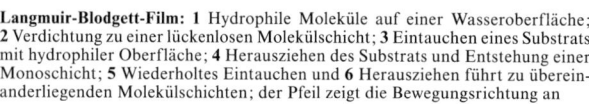

Langmuir-Blodgett-Film: 1 Hydrophile Moleküle auf einer Wasseroberfläche; **2** Verdichtung zu einer lückenlosen Molekülschicht; **3** Eintauchen eines Substrats mit hydrophiler Oberfläche; **4** Herausziehen des Substrats und Entstehung einer Monoschicht; **5** Wiederholtes Eintauchen und **6** Herausziehen führt zu übereinanderliegenden Molekülschichten; der Pfeil zeigt die Bewegungsrichtung an

***Lang,** Alexander, Schauspieler und Regisseur: War 1990–93 künstler. Direktor der Staatl. Schauspielbühnen Berlin.

Lange, Ersi, griech. Schriftstellerin, *Athen 16. 8. 1945. Schon in ihrem Frühwerk zeigt sich ihr starkes

bleiben die Moleküle mit ihren Vorderenden auf der Substratoberfläche haften, wodurch eine Monoschicht übertragen wird. Wiederholt man den Eintauchvorgang, so ordnet sich eine weitere Molekülschicht in ›umgekehrter Orientierung‹ auf der bereits vorhandenen an. Beim Herausziehen entsteht eine dritte Lage (wieder in ursprünglicher Anordnung) usw. Die Herstellung solcher Oberflächen und der Tauchprozeß selbst müssen im Hinblick auf Reinheit, Bedeckungsgrad der Flüssigkeit, Erschütterungsfreiheit und Tauchgeschwindigkeit sehr exakt in einem **Langmuir-Blodgett-Trog (Langmuir-Blodgett-Waage)** durchgeführt werden.

Aufgrund der geometr. Anordnung der Moleküle lassen sich auch Aussagen über ihre Wechselwirkung untereinander bzw. mit versch. Oberflächen machen. Da dünne Doppelschichten denselben Aufbau wie die ▷Membranen 1) lebender Zellen zeigen, werden sie bes. intensiv untersucht, v.a. hinsichtlich der mögl. Transportvorgänge. Das Verständnis der Eigenschaften von L.-B.-F. wurde stark gefördert durch neue Untersuchungsmethoden wie Rastertunnelmikroskopie und Rasterkraftmikroskopie.

Einmal aufgebrachte L.-B.-F. können chemisch noch weiter variiert werden, etwa durch Polymerisation ihrer Moleküle innerhalb der einzelnen Schichten (→Festkörperpolymerisation) oder chem. Umwandlung in anorgan., keramikähnl. Verbindungen. Beide Methoden erhöhen Stabilität und Härte der Filme und erleichtern ihre Anwendungen, z. B. als biologisch verträgl. Überzug auf medizin. Implantaten. Die Selektivität, mit der die auf ein Trägermaterial aufgebrachten Moleküle mit dritten Stoffen reagieren, macht man sich in opt. und optoelektron. Sensoren zunutze. Genügend dicke Polylagen können auch lithographisch strukturiert und dann als Lichtwellenleiter verwendet werden.

Langmuir-Blodgett films, hg. v. G. ROBERTS (New York 1990).

Langzeitarbeitslosigkeit, Bez. für die Arbeitslosigkeit, bei der Personen länger als 12 Monate ohne Beschäftigung sind. In den alten Bundesländern hat sich die Zahl der Langzeitarbeitslosen von (1990) 513 400 auf (1994) 797 600 erhöht; das sind 32,5% aller Arbeitslosen (1990: 29,7%). In den neuen Bundesländern sind (1994) 360 800 Personen mehr als im Jahr ohne Arbeit (Anteil an allen Arbeitslosen: 34,7%). Mit (1994) rd. 1,2 Mio. Personen zählt in Dtl. knapp jeder dritte Arbeitslose zu den Langzeitarbeitslosen. Problemgruppen des Arbeitsmarkts (Personen ohne Berufsausbildung oder mit gesundheitl. Einschränkungen, ältere Arbeitnehmer, in den neuen Bundesländern auch Frauen) sind unter den Langzeitarbeitslosen überdurchschnittlich vertreten. Je länger eine Person arbeitslos ist, desto eher ist ein potentieller Arbeitgeber geneigt, aus der Dauer der Arbeitslosigkeit negative Rückschlüsse z. B. auf Qualifikation und Arbeitsbereitschaft dieser Person zu ziehen. Neben allgemeinen arbeitsmarktpolit. Maßnahmen (zu nennen sind hier z. B. Maßnahmen der Arbeitsbeschaffung und der berufl. Weiterbildung) wurde 1989 ein spezielles, zuletzt bis 1999 verlängertes Programm ›Beschäftigungshilfen für Langzeitarbeitslose‹ beschlossen, bei dem v. a. Lohnkostenzuschüsse gewährt werden.

Lanzmann, Claude, frz. Regisseur, * Paris 1925; Schöpfer einer Dokumentarfilmtrilogie über Israel und die Juden; Teil 2, ›Shoah‹ (1985), dokumentiert den Holocaust.

Weitere Filme: Warum Israel? (1973); Tsahal (1994).

***Laos,** amtlich laot. **Sathalanalath Paxathipatai Paxaxon Lao,** dt. **Demokratische Volksrepublik L.,** Binnenstaat in Südostasien, auf der Halbinsel Hinterindien.

Hauptstadt: Vientiane. *Amtssprache:* Laotisch. *Staatsfläche:* 236 800 km² (ohne Binnengewässer 230 800 km²). *Bodennutzung (1992):* 9 120 km² Ackerland, 8 000 km² Dauergrünland, 126 000 km² Waldfläche. *Einwohner (1994):* 4,742 Mio., 20 Ew. je km². *Städtische Bevölkerung (1993):* 20%. *Durchschnittliches Bevölkerungswachstum pro Jahr (1985–93):* 2,9%. *Bevölkerungsprojektion für 2000:* 5,44 Mio. Ew. *Religion:* 60% Buddhisten. *Altersgliederung (1995):* unter 15 Jahre 44,8%, 15 bis unter 65 Jahre 52,2%, 65 und mehr Jahre 3,0%. *Lebenserwartung der Neugeborenen (1992):* männlich 50 Jahre, weiblich 53 Jahre. *BSP je Ew. (1993):* 290 US-$. *BIP nach Sektoren/Produktionsstruktur (1993):* Landwirtschaft 51%, Industrie 18%, Dienstleistungen 31%. *Währung:* Kip. *Internationale Mitgliedschaften:* UNO, Colombo-Plan.

Geschichte: Nach der Verabschiedung einer neuen Verf. (14. 8. 1991) wählte die Nationalversammlung KAYSONE PHOMVIHANE zum Staatspräs., KHAMTAY SIPHANDONE wurde MinPräs. Nach dem Tod von Staats- und Parteichef PHOMVIHANE am 21. 11. 1992 wurde NOUHAK PHOUMSAVANH zum Staatspräs. berufen, an die Spitze der Staatspartei LRVP trat der MinPräs. Die neue, im Dez. 1992 gewählte Nationalversammlung bestätigte am 22. 2. 1993 beide Politiker im Amt. Im April 1994 weihten MinPräs. SIPHANDONE, der König von Thailand und P. KEATING, der Premier-Min. Australiens, das als Geldgeber fungiert hatte, die erste Brücke über den Mekong außerhalb Chinas ein, die Nong Khai in Thailand mit Vientiane verbindet. Die 1,2 km lange ›Freundschaftsbrücke‹ soll L. wirtschaftlich helfen und symbolisiert eine verstärkte Zusammenarbeit der Mekonganrainer China, Birma, L., Thailand, Kambodscha und Vietnam. Am 5. 4. 1995 unterzeichneten Kambodscha, L., Thailand und Vietnam einen Vertrag über die gemeinsame Nutzung der Wasserkraft des Mekong.

O. WEGGEL: Indochina. Vietnam, Kambodscha, L. (²1990).

Lapid, Shulamit, israel. Schriftstellerin, * Tel Aviv 9. 11. 1934; widmete sich in mehreren histor. Romanen mit großem Einfühlungsvermögen und fundierter Sachkenntnis unbekannteren oder auch umstrittenen Figuren der Vorgeschichte des israel. Staates. Nicht selten stehen Frauen, manchmal als Antiheldinnen, im Mittelpunkt, so in ihren Kriminalromanen, in denen sie mit leichter Feder ein getreues Bild der israel. Gesellschaft zeichnet. Sie trat auch mit Kurzgeschichten, Dramen, Lyrik und Kinderbüchern hervor.

Werke (hebr.): *Romane:* Im fernen Land der Verheißung (1982; dt.); Er begab sich in die Hand des Herrn (1984; dt.); Lokalausgabe (1989; dt.).

***Laptop:** Durch die zunehmende Miniaturisierung der Bauteile (v. a. Mikroprozessoren, Speicherchips, Festplatten und Batterien), verbunden mit einer Steigerung der Geschwindigkeiten und Kapazitäten, konnten Rechenleistung und Verwendungsmöglichkeiten der L. weiter erhöht und ihre Baugröße weiter verringert werden, weshalb sich zunehmend die Bez. →Notebook für L. durchsetzt.

***Larenz,** Karl, Jurist: † Olching 24. 1. 1993.

Large Hadron Collider [lɑːdʒ ˈhɑːdrɒn kəˈlaɪdə], engl. ›großer Hadronen-Collider‹], Abk. **LHC,** Hochenergiephysik: →LEP.

Lari, nat. Währungseinheit von Georgien, die am 2. 10. 1995 eingeführt wurde. 1 L. = 100 Tetri. Der Umtauschkurs betrug 1 Mio. Georg. Kupons = 1 Lari.

***Larosière,** Jacques Martin Henri Marie de **L. de Champfeu,** frz. Wirtschafts- und Währungsfachmann: War 1987–93 Präs. der Bank von Frankreich; seit Sept. 1993 ist er Präs. der Osteuropabank.

Larsson, Stig, schwed. Schriftsteller, * Skellefteå 20. 7. 1955; schreibt v. a. Gedichte und Romane. L.

Laos
Staatswappen

Lase Laseranwendungen

schildert Ereignisse in zutiefst beunruhigender Weise; indem er sie scheinbar ohne bestimmten Zweck wiedergibt, unterläuft er die Lesererwartung und erprobt neue Darstellungsformen, ohne jedoch ganz mit dem Realismus zu brechen.

Werke: *Lyrik:* Minuterna före blicken (1981); Samtidigt, på olika platser (1985); Deras ordning (1987); Händ (1988); Ändras (1990); Uttal (1992); Likar (1993). – *Romane:* Autisterna (1979; dt. Die Autisten); Nyår (1984); Introduktion (1986); Komedin I (1989; dt. Höllenfahrt Komödie 1). – *Erzählungen:* Om en död. Prosatexter 1979–1988 (1992). – *Drama:* Pjäser (1991).

Laseranwendungen [ˈleɪzə-]. Seit ihrer ersten Realisierung 1960 sind Laserlichtquellen in nahezu alle Bereiche menschl. Aktivitäten vorgedrungen: Wiss., Technik, Kommunikation, Medizin, Kunst und Unterhaltung; sie sind bereits Bestandteile von Geräten des tägl. Umgangs. Die mannigfachen Anwendungen folgen aus den physikal. Eigenschaften der laseraktiven Stoffe und den Möglichkeiten der laseropt. Methoden, aus Kombinationen mit anderen Techniken und schließlich aus dem auf diesem Gebiet bes. aktiven Erfindergeist. Die techn. Nutzung der Laserstrahlung beruht auf ihrer besonderen Bündel- und Fokussierbarkeit, der Monochromasie, der Verfügbarkeit in weiten Bereichen des elektromagnet. Spektrums sowie ihrer Puls- und Modulierbarkeit.

Bündel- und Fokussierbarkeit

Die Bündel- und Fokussierbarkeit der Laserstrahlung erlaubt es, berührungslos Energie an einer Stelle zu konzentrieren. Daraus ergeben sich zahlreiche Anwendungen in der *Material- und Werkstoffbearbeitung*. Dazu ist Voraussetzung, daß die Strahlung hinreichend in das Material eindringt; zu hohe Reflexionsverluste können ggf. durch eine absorbierende Beschichtung der Oberfläche verringert werden.

Die häufigsten Laserquellen für die Materialbearbeitung sind **Kohlendioxid(CO_2)-Laser**, durch elektr. Entladung angeregte Gaslaser im Wellenlängenbereich 9 bis 11 μm (Maximum bei 10,6 μm) mit guter Strahlqualität und günstigen Betriebskosten. Sie können als kontinuierlich arbeitende, modulierbar oder gepulste Geräte gebaut und in Bearbeitungszentren mit hohem Automatisierungsgrad integriert werden. Mit CO_2-Laserstrahlung werden Werkstoffe erwärmt, umkristallisiert, geschmolzen und verdampft. Eisenlegierungen lassen sich bis zur Dicke von Schiffsbaublechen (20 mm) schneiden und schweißen. Durch Umschmelzen und Legieren erzielt man harte und verschleißfeste Oberflächen. Markierungen und Beschriftungen durch Maskenabbildung sind Anwendungen für gepulste CO_2-Laser; diese werden neuerdings auch zum Abtragen von Altlacken auf metall. Oberflächen verwendet (z. B. bei Flugzeugen). Die benötigten Strahlleistungen liegen im Bereich von 30 W bis >30 kW. Flexible Strahlführungen für Hochleistungs-CO_2-Laser sind in Entwicklung; bisher erfolgt der Strahltransport i. d. R. über Spiegeloptiken.

Neodym:YAG-Festkörperlaser (YAG Abk. für Yttrium-Aluminium-Granat) strahlen bei der Wellenlänge 1,06 μm. Bogen- und blitzlampengepumpte Nd:YAG-Laser für industrielle Anwendungen leisten bis 4 kW (1995). Nd:YAG-Laserstrahlung kann durch flexible Glasfasern geführt werden, z. B. zum Arbeitskopf eines Roboters. Dünnere Bleche bis zu einigen Millimetern Dicke werden geschnitten und gebohrt, Metallverbindungen geschweißt. Keramik wird geritzt, geschnitten und gebohrt, Kunststoffe geschnitten und verschweißt. Eine der häufigsten Anwendungen des Nd:YAG-Lasers, das Beschriften und Markieren, wird computergesteuert auf vielerlei Materialien durch Verändern der Oberfläche (Abtragen, Verfärben) realisiert. In der *Elektronik* werden Nd:YAG-Laser zum Trimmen (d. h. Einstellen der Soll-Werte) von elektr. Bauelementen durch Materialabtrag und für die kundenspezif. Herstellung von Schaltkreisen, Auftrennen von Leiterbahnen, zum Löten und Schneiden eingesetzt. Mit der raschen Entwicklung von Hochleistungs-Halbleiterlasern (▷ Halbleiterlaser) im nahen Infrarotbereich (um 808 nm) zum Pumpen des laseraktiven Mediums gewinnen Nd:YAG-Laser die Qualität kompakter Ganz-Festkörperlaser (engl. ›all solid-state laser‹), die für die industrielle und medizin. Anwendung zur Erhöhung der Wirtschaftlichkeit erwünscht ist. Die bei entsprechendem Aufbau (Oszillator-Verstärker-Kette mit Strahlungsinjektion) gute Strahlqualität läßt eine effiziente opt. Frequenzkonversion ins Sichtbare durch Verdopplung nach 532 nm, in den UV-Bereich durch Verdreifachung (353 nm) und Vervierfachung (266 nm; ▷ nichtlineare Optik) zu, woraus sich weitere Anwendungen ergeben, z. B. als Lichtquelle zum Direktschreiben von Schaltungsstrukturen in der *Mikroelektronik* oder in der *graph. Technik* (Offsetdruck) für Lithographiebelichter. Die Bedeutung des Nd:YAG-Lasers in der Materialbearbeitung wächst infolge seiner vielseitigen Verwendbarkeit; er erhält jedoch Konkurrenz durch die bisher vorzugsweise als Pumpquelle benutzten **Hochleistungs-Halbleiterlaser,** die bereits direkt zur Materialbearbeitung eingesetzt werden.

An die dritte Stelle der Werkstoffbearbeitungslaser sind die im UV-Bereich bei versch. Wellenlängen gepulst arbeitenden →Excimerlaser getreten, elektrisch angeregte Gaslaser bei wahlweise 351, 308, 248, 193 nm (mit Wiederholraten je nach Typ bis etwa 1 kHz, Leistungen bis 1 kW). Die Wirkung der UV-Strahlungspulse ist bei Fokussierung infolge starker Absorption eine lokal sehr begrenzte explosive Verdampfung aus geringer Schichtdicke ohne nennenswerte Schädigung der Umgebung. Diese Wirkung läßt sich je nach Wellenlänge mit Vorteil bei Keramiken, Glas, Quarz, Kunststoff und Holz, Gewebe zum Abtragen und Bohren nutzen. Durch die Plötzlichkeit der Verdampfung gelingt eine nahezu dampfdruckunabhängige Mitnahme aller Komponenten in Verbundmaterial, eine Eigenschaft, die zur Herstellung von Hochtemperatur-Supraleitschichten genutzt wird. Die kurze Wellenlänge der Excimerlaser gestattet zusätzlich hochaufgelöste Abbildungen von strukturierten Masken auf Bearbeitungsflächen, so daß dort Mikrostrukturierungen vorgenommen werden können, etwa ein Feld feinster Bohrungen für Tintenstrahldruckerköpfe hergestellt werden kann oder lithograph. Schritte (Belichtung eines ▷ Photolacks) für Bauelemente der *Mikromechanik* oder *Mikroelektronik* durchgeführt werden können. Excimerlaserstrahlung wird auch häufig zum Beschriften von Kunststoff- oder Keramikteilen mittels Maskenabbildung benutzt. Die Kennzeichnung geschieht dabei durch einen Farbumschlag der belichteten Stelle. Schonendes Abtragen von Verschmutzungen mittels Excimerlaserstrahlung wird zur Reinigung von Kunstwerken eingesetzt.

Die Mikrobearbeitung von Metallen, die mit dem Excimerlaser nicht sehr effizient ist, wird seit kurzem erfolgreich mit dem **Kupferdampflaser** vorgenommen; dieser arbeitet durch Gasentladungen gepulst mit hoher Wiederholrate (etwa 5 kHz) im gelbgrünen Spektralbereich. Hauptsächlich als Energieübertrager können auch die vielseitig einsetzbaren **Argon-Gaslaser** und **Krypton-Gaslaser** mit Leistungen bis 10 W und mehr eingestuft werden. Sie spielen in der *Druckformenherstellung des Offsetdrucks* eine Rolle als Lithographiebelichter, in der *Unterhaltungsszene* bei Laser-Light-Shows und Großbild-Displays und v. a. in der Spektroskopie als Pumpquelle für frequenzveränderl. und Kurzzeitlaser.

Große Chancen werden Halbleiterlasern in der *Display- und Fernsehtechnik* eingeräumt, z. B. für großflächige Fernsehbilder. Dazu müssen sie mit den drei Grundfarben zur Verfügung stehen, was für Blau z. Z. (1995) noch mit relativ hohem Aufwand verbunden ist. Für diese Anwendung spielt neben der Energieübertragung auch die weiter unten erwähnte Modulierbarkeit eine wichtige Rolle.

Alle aufgeführten Laser kommen in der *Medizin* zur Anwendung. Die CO_2-Laserstrahlung wird in Gewebe sehr stark absorbiert, so daß sie zum präzisen Schneiden und Abtragen in allen Bereichen der *Chirurgie* eingesetzt wird. Nd:YAG-Laserstrahlung dringt einige Millimeter tief in Gewebe ein, so daß größere Bereiche erhitzt und koaguliert werden können. Sehr vorteilhaft ist, daß die 1,06-µm-Strahlung durch Quarzglasfasern transportiert werden kann und damit auch minimal invasive Eingriffe (→minimal invasive Chirurgie) möglich sind, z. B. die Laser-Prostataabtragung. Nd:YAG-Laser werden häufig zur palliativen Tumorbehandlung eingesetzt. Eine neuere Klasse von Festkörperlasern v. a. für medizin. Anwendungen sind **Thulium:YAG-Laser** (2,01 µm), **Holmium:YAG-Laser** (2,08 µm) und **Erbium:YAG-Laser** (2,94 µm), deren Strahlung teilweise noch durch Quarzglasfasern transportiert werden kann und von biolog. Gewebe stark absorbiert wird, so daß präzises Arbeiten möglich ist. So finden derzeitig Er:YAG- sowie Er:YSGG(2,78µm)-Laser Eingang in die *Zahnheilkunde* (Er:YSGG Abk. für Erbium-Yttrium-Scandium-Gadolinium-Granat). Holmium:YAG-Laser sind interessant für das Abtragen von Knorpelgewebe bei Bandscheibenoperationen. Die mit versch. Lasern erfolgreich durchgeführte *Steinzertrümmerung* wird v. a. bei Speichelsteinen eingesetzt, für Harnsteine tritt sie neben die gut etablierte extrakorporale ▷ Stoßwellenlithotripsie. Ähnliches gilt für die Excimerlaser-Angioplastie, bei der das Verfahren der Ballondilatation (▷ Ballonkatheter) dominiert. Neuerdings kommen versch. Lasertypen auch bei der transmyokardialen ▷ Revaskularisation zur Anwendung. In der *Augenheilkunde* (Ophthalmologie) werden Argon-, Krypton- und Farbstofflaser zur Koagulation, z. B. bei drohender Netzhautablösung, und zur Behandlung von diabetesbedingten Gefäßveränderungen am Augenhintergrund eingesetzt. Nd:YAG-Laser mit Pulslängen zw. 5 und 20 ns werden zur Behandlung von Nachstarmembranen (Abtragen von Gewebe) und zur ▷ Iridektomie verwendet. Zur Korrektur von Fehlsichtigkeiten setzt man 193-nm-Excimerlaserstrahlung zur Formung der Hornhaut ein. Die Öffnung verstopfter Kanäle zum Abfluß überschüssigen Augenkammerwassers ist ein weiteres Beispiel in der Augenheilkunde. In der *Dermatologie* werden Argonlaser zur Behandlung von Hämangiomen eingesetzt. Laser, die im roten Spektralbereich arbeiten, meist Farbstoff- oder Ti:Saphir-Laser, werden in der photodynam. Therapie angewendet. Dabei werden oberflächennahe Geschwulste (Tumoren) mit einem körperverträgl. Farbstoff angereichert, der die Laserstrahlung absorbiert. Dadurch wird eine biochem. Reaktionskette in Gang gesetzt, die zur Zerstörung des Tumors führen kann.

Bei den Verfahren der *Laserchemie* wird entweder durch Strahlung z. B. eine Oberfläche lokal erwärmt und dadurch die Temperatur für eine gewünschte Reaktion überschritten (therm. Wirkung), oder es wird Energie in Quanten (Photonen) einer Reaktion zugeführt (Photochemie). Da es in der Chemie häufig kostengünstigere klass. Verfahren gibt, bleibt die Anwendung der Laserchemie auf Fälle beschränkt, wo sie ein Ausschließlichkeitsmerkmal aufweist, z. B. bei isotopenselektiver Laserchemie, aber auch zur Herstellung von Strukturen durch gezieltes Abscheiden von Material auf Oberflächen. Neuerdings werden auch kurze Laserpulse zur Auslösung chem. Reaktionen mit zeitaufgelöster Untersuchung des Verlaufs genutzt (Femtosekunden-Chemie).

Monochromasie und Abstimmbarkeit

Spektroskopie und Analytik: Die bisher genannten Laser werden in angepaßter Bauart auch in *Wissenschaft* und *Meßtechnik* eingesetzt: CO_2-Laser können mittels eines wellenlängenselektiven Endspiegels (z. B. ein Reflexionsgitter), eventuell mit weiterer Frequenzselektion durch ein Interferometer, zur einmodigen Strahlung im Bereich einer Linie innerhalb der Bandbreite von 9 bis 11 µm gezwungen und für Zwecke der Spektroskopie, vorzugsweise der Absorptionsspektroskopie, eingesetzt werden. Dabei ist die Frequenz bzw. Wellenlänge über die spektrale Breite einer Linie kontinuierlich veränderbar, und es kann von Linie zu Linie gesprungen werden. Ähnliches gilt für den **Kohlenmonoxid(CO)-Laser,** dessen Oszillation wahlweise auf Hunderten von Linien im Bereich von 2,8 bis 8,3 µm erzwungen werden kann. Die Strahlung des frequenzverdoppelten oder -verdreifachten Nd:YAG-, des Argon-, des Excimer- und des Kupferdampflasers eignet sich zum Pumpen von **kontinuierlich frequenzveränderlichen, durchstimmbaren Lasern,** wie Titan:Saphir- und Farbstofflasern. Laserspektrometer ermöglichen eine mehrdimensionale Spektroskopie: Die spektral selektierte Anregung eines Moleküls führt zu einer Fluoreszenz, die ihrerseits wieder mit einem passiven Spektrometer oder auch zeitaufgelöst analysiert werden kann. Lückenloses Abstimmen wird auch durch den Prozeß der optisch-paramter. Oszillation (OPO) möglich, bei der in einem optisch-nichtlinearen Kristall (z. B. Lithiumniobat) ein energiereiches (kurzwelliges bzw. hochfrequentes) Photon in zwei energieärmere (langwellige) Photonen umgewandelt wird. Deren Frequenzen können bei konstanter Summenfrequenz durch Drehen des Kristalls kontinuierlich verändert werden.

Excimerlaser können auch innerhalb ihrer Bandbreiten spektral durchgestimmt und direkt zur Spektroskopie, z. B. zur Verbrennungsgasanalyse, benutzt werden. Weitreichende gepulste Meßsysteme für Untersuchungen der Atmosphäre wurden mit Excimerlasern, frequenzverdrei- oder -vervierfachten Nd:YAG-Lasern sowie blitzlampengepumpten Farbstoff- und Ti:Saphir-Lasern realisiert. In erdbodennahen Messungen mit mehreren Kilometern Reichweite und örtl. Auflösung (▷ Lidar) durchgeführt. Bei Vertikalmessungen, z. B. zur Untersuchung der Ozonschicht, können mit versch. Laserlinien Reichweiten von Bodennähe bis in >50 km Höhe erzielt werden. Mit einem Farbstofflaser-Fluoreszenz-Lidar kann Natrium noch in 90 km Höhe nachgewiesen werden. Mit Lidarsystemen werden untersucht die atmosphär. Daten wie Wassergehalt, Aerosolgehalt und mittels des Doppler-Effekts auch Windgeschwindigkeiten gemessen.

Zunehmend werden auch Halbleiterlaser, deren Emissionswellenlängen durch die Wahl der Halbleitermaterialien festgelegt werden, zur Spektroskopie und Analytik, z. B. zur *Prozeß- und Schadstoffanalyse*, eingesetzt. Da die Durchstimmbereiche jeweils nicht sehr groß sind, muß ein Halbleiterlaser-Spektrometer mit mehreren Halbleiterlasern ausgerüstet werden, wenn größere Bereiche spektroskopiert werden sollen. Dieser Nachteil wird durch die direkte elektr. Anregung dieser Laser und die vergleichsweise einfach zu erzielende Schmalbandigkeit und Durchstimmbarkeit aufgewogen. Extreme Schmalbandigkeit und Stabilität der Spektroskopie-Lasersysteme – es handelt sich hier stets um Laboraufbauten hoher Komplexität – ist schließlich Voraussetzung für Experimente im Bereich der *physikal. Grundlagenforschung,* z. B. zum Kühlen und Spektroskopieren von in ▷ Paul-Fallen oder

Lase Laseranwendungen

Lichtfeldern gefangenen Ionen oder Atomen, zur Präzisionsspektroskopie an Wasserstoff- und wasserstoffähnl. Ionen sowie an lasergekühlten neutralen Atomen.

Ziel solcher Experimente sind Antworten auf grundsätzl. Fragestellungen in der ▷ Quantenelektrodynamik, aber auch prakt. Gesichtspunkte wie die genaue und reproduzierbare Festlegung der Einheit der Zeit über eine Messung der Frequenz eines sehr schmalbandigen atomaren Spektralübergangs. Relative Frequenzmeßgenauigkeiten unterhalb 10^{-14} scheinen erreichbar zu sein. Durch Laserkühlen gespeicherter Rubidiumatome auf 20 nK gelang 1995 die Kondensation eines gasförmigen Vielteilchenensembles in einem einzigen Quantenzustand, ein 1923 von A. EINSTEIN vorausgesagter Effekt (→Bose-Einstein-Kondensation).

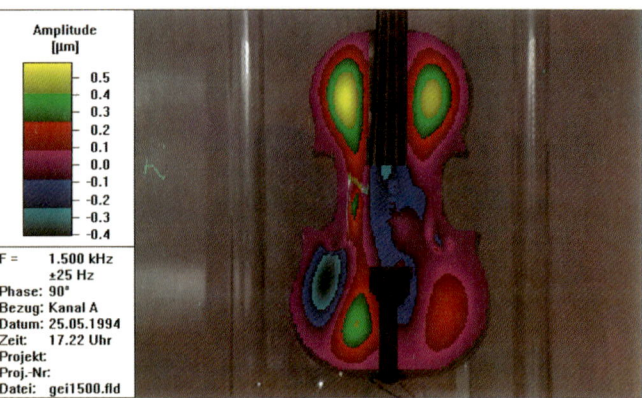

Laseranwendungen: Schwingungsformen eines Geigenkörpers bei 1,5 kHz, aufgenommen mittels Laser-Vibrometrie (Polytec)

Meßtechnik, Interferometrie und Holographie: Hohe Frequenzstabilität und Schmalbandigkeit sowie eine zeitlich konstante Polarisation der Strahlung werden von Laserlichtquellen für die Interferometrie verlangt. Interferometer dienen z. B. der Messung von opt. Längenunterschieden und ihren Veränderungen um Bruchteile einer Lichtwellenlänge. Interferometer mit großen Weglängenunterschieden der interferierenden Strahlen verlangen deshalb Licht hoher Kohärenz; je höher der opt. Weg- oder Gangunterschied in einem (Zweistrahl-)Interferometer ist, um so größer muß die reziprok mit der spektralen Bandbreite der Strahlung verbundene Kohärenzlänge eines Wellenzugs sein. Hierfür eignen sich v. a. **HeNe-Laser**, die mittels einer zusätzl. Regelung der Frequenzstabilität Kohärenzlängen bis zu 100000 km aufweisen können (opt. Wege in einem Interferometer können um diese Strecke verschieden sein, und damit ist auch jede Änderung der opt. Wegunterschieds im Bereich von Bruchteilen der Lichtwellenlänge durch Veränderung des Interferenzmusters meßbar).

Interferometer werden in der *Feinmechanik* und *Optik* zur präzisen Längenmessung und zur Kontrolle der Abweichungen opt. Flächen von einer Referenzfläche eingesetzt. Auch Druck- und Temperaturschwankungen sowie mechan. Spannungen und elektromagnet. Felder verändern opt. Wege z. B. in Glasfasern; daraus ergeben sich Anwendungen der Laserinterferometrie in der *Sensortechnik*. HeNe-Laser-Ringinterferometer (▷ Sagnac-Versuch) sind heute Standard in der *Flugnavigation* in ▷ Laserkreiseln. Extrem hohe Anforderungen werden an Interferometer zum Nachweis von Gravitationswellen gestellt, für die jetzt (1995) neuere Versionen im Aufbau sind. Dabei sollen relative opt. Weglängenunterschiede $\Delta l/l = 10^{-21}$ meßbar werden. Die ▷ Holographie wurde erst durch Laser praktikabel. In der Meßtechnik dient sie v. a. als Doppelbelichtungsholographie der präzisen Verformungsanalyse von Bauteilen unter mechan. oder therm. Belastung (eine Belichtung des holograph. Aufzeichnungsmaterials ohne Last, überlagert mit einer zweiten Belichtung unter Last) sowie als Zeitmittelungsholographie zur Sichtbarmachung von Schwingungsformen (eine Belichtung über mehrere Schwingungsperioden). Sie erfährt Ergänzung durch die einfachere, jedoch geringer auflösende *Laser-Speckle-Interferometrie,* die Materialverformungen direkt mit einer elektron. Kamera erfaßt.

Kohärentes Licht wird auch für die *Partikelanalyse* eingesetzt: Die Winkelstreuung des Lichts durch Partikeln in einer Lösung gibt Auskunft über deren Größenverteilung. Partikelbewegungen erfaßt man mittels des Doppler-Effekts mit dem *Laser-Doppler-Velozimeter,* Gasströmungen durch Mitführen von Probepartikeln mit dem *Laser-Doppler-Anemometer.* Der Doppler-Effekt wird auch zum Sichtbarmachen von Schwingungen *(Vibrometer)* genutzt, z. B. im Maschinenbau und bei Musikinstrumenten. Auch die Strömung in oberflächennahen Adern kann mittels des Doppler-Effekts gemessen werden, da rotes Licht in Gewebe einige Millimeter eindringt und das von den sich bewegenden Blutkörperchen zurückgestreute Licht in der Frequenz etwas verschoben ist. Zur Lasermeßtechnik gehören schließlich die *Abtastungen* von Strichcodierungen, aber auch die Abtastung einer Compact Disc mit Musik- oder Dateninformation. Die Anforderungen an die zeitl. Kohärenz der Strahlung sind hier gering, deshalb kommen neben einfachen Halbleiterlasern auch inkohärent emittierende Dioden (LED) zum Einsatz. Diese werden mit geeigneter strahlformender Optik ausgestattet, um z. B. auf der CD einen möglichst kleinen Abtastfleck zu erzielen. Mit einfachen Halbleiterlasern werden zunehmend *industrielle Meßaufgaben* wahrgenommen, z. B. Schattenwurf- und Konturmessungen, Zählen, Abstandsmessungen durch Triangulation und Laufzeit, Sicherheitsschranken usw.

Puls- und Modulierbarkeit

Viele Laser arbeiten natürlicherweise nur gepulst, z. B. die Excimerlaser mit Pulsdauern im Nanosekundenbereich, der Rubinlaser (694 nm) und der Nd:Glas-Laser etwa im Millisekundenbereich. Mit dem Verfahren der Güteschaltung (▷ Güteschalter) können die Pulsdauern bei Lasermedien mit Speicherfähigkeiten, z. B. Rubin und Nd:Glas, stark verkürzt werden, wobei die gesamte gespeicherte Energie kurzzeitig emittiert wird. Diese Möglichkeit wird bei der *Laserfusion* (▷ Kernfusion) genutzt.

Bei breitbandig arbeitenden laseraktiven Stoffen, z. B. Farbstoffen und Laserkristallen, können mit der Methode der verteilten Rückkopplung Pulsdauern um 1 ps (10^{-12} s) erzielt werden. Mittels der Modenkopplung (Modelocking, ▷ Laser) mit Dispersionskompensation gelingt es, die Pulsdauern bis unter 100 fs (1 fs = 10^{-15} s), und mittels pulsintensitätsbedingter Selbst-Phasenmodulation und Dispersionskompensation bis unter 10 fs zu drücken, durch Frequenzvervielfachung mit solchen Pulsen sogar unter 1 fs zu gelangen. Die räuml. Ausdehnung solcher Lichtpulse beträgt nur noch wenige Wellenlängen, spektral sind sie jedoch sehr breitbandig aufgrund des Zusammenhangs zw. Bandbreite und Pulsdauer.

Durch die zeitl. Komprimierung der Pulsenergie entsteht eine extrem hohe Spitzenleistung und -feldstärke, die zur Ionisation von Atomen in inneren Elektronenschalen ausreicht; die anschließende Rekombination soll zur Erzeugung von Röntgen-Laserstrahlung genutzt werden.

Mit Kurzzeit-Laserpulsen eröffnen sich auch interessante Möglichkeiten in der *medizin. Diagnostik*. Ins Gewebe eindringendes Licht wird durch Lichtstreuung räumlich verteilt und zeitlich um so mehr gestreckt, je häufiger Streuvorgänge eintreten. Der Zeitverlauf des wieder herausgestreuten Lichts enthält Information über den Lichtweg und mögl., den Lichtweg verändernde Absorber. Durch Analyse dieses Verlaufs hofft man, Rückschlüsse auf krankhafte Gewebeveränderungen ziehen zu können.

Die guten Pulseigenschaften und die Modulierbarkeit von Amplitude, Frequenz und Phase bei Halbleiterlasern (III-V-Halbleiter, erzeugt aus Elementen der dritten und fünften Gruppe des Periodensystems) ist schließlich die Basis der *opt. Kommunikation über Glasfasern*. Die heute verfügbaren einmodigen Lichtwellenleiter (LWL, ▷ Lichtleiter) weisen ›Fenster‹ geringer Verluste bei 1,3 und 1,55 μm auf, die mit Bandbreiten von etwa je 15 000 GHz genutzt werden können. Ein weiteres, nur für Übertragungen im Nahbereich (<5km) geeignetes ›Fenster‹ liegt bei 800 bis 850 nm. Das Problem der Dämpfung des Signals mit der Laufstrecke wurde zunächst durch elektron. Regenerierung und jetzt durch opt. Verstärkung in erbiumdotierten Fasern (EDFA, bei 1,55 μm) und, im Versuchsstadium, praseodymdotierten Fluoridfasern (PDFFA, 1,30 μm) gelöst. Glasfasernetze sind weltweit im Aufbau, allerdings noch mit erhebl. Systemvielfalt und unterschiedl. Datenraten. In der Forschung wird an Systemen mit Datenraten bis zu Terabit/s (10^{12}/s) gearbeitet. Am Ende dieser Entwicklung wird die schnelle weltweite Verfügbarkeit von Information erwartet.

Anwendungen des Lasers, Beitr. v. F. P. SCHÄFER u.a. (1988); Laser. Technologie u. Anwendungen (1988 ff., unregelm.); Angewandte Lasermedizin, hg. v. H.-P. BERLIEN u.a., Losebl. (1989 ff.); H.-G. UNGER: Opt. Nachrichtentechnik, 2 Tle. ($^{2-3}$1992–93); W. DEMTRÖDER: Laserspektroskopie (^{3}1993); Laser in der Materialbearbeitung, Beitr. v. K.-M. ERHARDT u.a. (1993); F. LÜHE: Opt. Signalübertragung mit Lichtwellenleitern (1993); Meßtechnik mit Lasern, Beitr. v. D. BIMBERG u.a. (1993); H. STAFAST: Angewandte Laserchemie (1993); Angewandte Laser-Zahnheilkunde, hg. v. GERHARD MÜLLER u.a., Losebl. (1995 ff.); F. K. KNEUBÜHL u. M. W. SIGRIST: Laser (^{4}1995).

Laserkühlung ['leɪzə-], *Physik:* die Verminderung der Wärmeenergie (Kühlung) atomarer Teilchen mit Hilfe durchstimmbarer Laser, ▷ Paul-Falle.

lateinamerikanische Kunst: Guillermo Kuitca, ›Dornenkrone‹; 1990 (Privatbesitz)

*****lateinamerikanische Kunst:** Seit der 5. Biennale in Havanna 1994 ist offensichtlich, daß die Kunst süd- und mittelamerikan. Länder nicht in einer Internatio-

lateinamerikanische Kunst: Julio Galán, ›Meine Eltern, einen Tag bevor sie wußten, daß ich geboren werde‹; 1988 (Privatbesitz)

nalisierung aufgeht, sondern seit spätestens dem letzten Jahrzehnt durchweg den Anschluß an die zeitgenöss. Kunstrichtungen gefunden hat, ohne die Charakteristika ihrer Herkunft zu verleugnen. So finden sich folklorist. Elemente in den Gemälden von RAS AKYEM (*1953; Barbados), STANLEY BURNSIDE (*1974; Bahamas), ROBERT COOKHORNE (*1960; Jamaika), ANTONIO ELIGIO FERNÁNDEZ (*1958; Kuba), DULCE MARÍA NÚÑEZ (*1950; Mexiko), RAFAELA BARONI (*1935; Venezuela) und MONICA NADOR (*1955; Brasilien), die anhand der dargestellten, meist banalen Themen tourist. Erwartungen konterkarieren. Das Folkloristische kann aber auch in ganz individuelle Symbolsprachen eingehen (JULIO GALÁN, *1958, Mexiko; R. TAMAYO). Die Tradition eines lateinamerikan. Realismus, der visionär das Leben unter instabilen Regimen schildert, vertreten engagierte, z. T. auch im Ausland lebende Maler und Bildhauer wie ALBERTO HEREDIA (*1924; Argentinien), LUIS CAMNITZER (*1939; Uruguay, USA), EUGENIO DITTBORN (*1943; Chile), JUAN SÁNCHEZ (*1954; Amerikaner puertorican. Herkunft), ALFREDO JAAR (*1956; Chile, USA) und setzen so unterschiedl. Künstler wie JORGE ALVARO (*1949; Argentinien), EVER ASTUDILLO (*1948; Kolumbien), ARNOLD BELKÍN (*1930; Mexiko), LUIS CABALLERO (*1943; Kolumbien), GUILLERMO KUITCA (*1961; Argentinien), GUILLERMO NUÑEZ (*1930; Chile) und ISABEL RUIZ (*1945; Guatemala) fort. In den 1980er Jahren hat die Tendenz, in raumgreifenden Installationen soziale, metaphys. und ästhet. Probleme zu bearbeiten, bei den südamerikan. Künstlern zugenommen. JORGE BARRÃO (*1959; Brasilien), JOSÉ BEDIA VALDÉZ (*1959; Kuba), KUKI BENSKI (*1951; Argentinien), CARLOS CAPELÁN (*1948; Uruguay), CILDO MEIRELES (*1948; Brasilien), RAÚL RECIO (*1965; Dominikan. Rep.), NADIN OSPINA (*1960; Kolumbien), RENÉ FRANCISCO RODRÍGUEZ (*1960; Kuba), GONZALO DÍAZ CUEVAS (*1947; Chile), CARLOS RUNCIE-TANAKA (*1958; Peru), NELBIA ROMERO (*1938; Uruguay) und andere gelangen zu eindringl. Inszenierungen. International bekannt wurde ALEXIS LEYVA gen. KCHO (*1958; Kuba), dessen Bootsinstallationen i. a. als Metapher für die Diaspora der polit. Flüchtlinge Südamerikas gelesen werden. Im Bereich der erweiterten Photographie mischen PAZ ERRÁZURIZ (*1941; Chile), VICTOR VÁZQUEZ (*1950; Puerto

Late lateinamerikanische Literatur

Rico), LOURDES GROBET (*1940; Mexiko), RUBAN ORTIZ (*1964; Mexiko), EUGENIA VARGAS (*1949; Chile) und DUNA DIETZSCHE (*1964; Argentinien) Dokumentation und Inszenierung.

Latin American drawings today, hg. v. M. STOFFLET, Ausst.-Kat. (Seattle, Wash., 1991); L. K. im 20. Jh., hg. v. M. SCHEPS, Ausst.-Kat. (1993); E. LUCIE-SMITH: Latin American art of the 20th century (London 1993); Die 5. Biennale von Havanna. Kunst – Gesellschaft – Reflexion, bearb. v. S. BENZNER, Ausst.-Kat. (1994); New art from Latin America. Expanding the continent, hg. v. O. BADDELEY (London 1994); I. RITH-MAGNI: Ancestralismo. Kulturelle Identitätssuche in der l. K. des 20. Jh. (1994); Bilder u. Visionen. Mexikan. Kunst zw. Avantgarde u. Aktualität, hg. v. E. BILLETER, Ausst.-Kat. (Bern 1995).

lateinamerikanische Kunst: Alfredo Jaar, ›Neue Türen öffnen‹; 1991 (Privatbesitz)

*lateinamerikanische Literatur:

Argentinien: Mit dem 1985 auch erfolgreich verfilmten Roman ›El beso de la mujer araña‹ (1976) erlangte M. PUIG in den späten 1980er Jahren internat. Beachtung. Die Gespräche eines gefangenen Guerilleros mit einem Homosexuellen können als existentielle Ausprägung menschl. Leids und zugleich als Metapher für polit. Repression verstanden werden. Eine Generation jüngerer Autoren wie ALBERTO LAISECA (*1941), RICARDO PIGLIA (*1941) und HORACIO VÁZQUEZ RIAL (*1947) wendet sich in den freiheitl., aber wirtschaftlich schwierigen Jahren nach 1983 einem leicht zugängl., postmodern-experimentellen und phantastisch-humorvollen Erzählen zu. Auf dem Theater herrscht die krit. Auseinandersetzung mit den Jahren der Diktatur vor (ROBERTO M. COSSA, *1934, ›El viejo criado‹, 1981; ROBERTO HALAC, *1935, ›El deste‹, 1978). Daneben wird ein didakt. Illusionstheater gepflegt (GRISELDA GAMBARO, *1928, ›Morgán‹, 1989). Wesentl. Impulse geben zahlreiche freie Theatergruppen (›off-off-corrientes‹). Als Lyriker ist ARTURO CARRERA (›La partera canta‹, 1982; ›Animaciones suspendidas‹, 1986) aufgrund seiner psychoanalyt. und parodist. Sprachspiele bes. erfolgreich.

Bolivien: Die langsam voranschreitende Modernisierung des Landes wird in der sozialkrit. Prosa des zunächst als Lyriker bekannt gewordenen R. PRADA OROPEZA (u. a. ›La ofrenda‹, 1981) reflektiert. Widersprüche der Modernisierung und der entstehenden Industriegesellschaft bedingen die nihilist. Sprachkritik des Lyrikers JAIME SÁENZ (*1921, †1986), den Skeptizismus von OSCAR CERRUTO (*1912, †1981) und das problembewußte lyr. Schaffen von GONZALO VÁSQUEZ MÉNDEZ (*1927).

Brasilien: Seit der 1979 unter Präs. J. B. FIGUEIREDO begonnenen Redemokratisierung konnten die Exilierten zurückkehren und dem kulturellen Leben bedeutende Impulse verleihen. Dies spiegelt sich in der Prosa in einer Vielfalt der Formen und Inhalte wider, die nicht mehr in einzelne Tendenzen zu gliedern ist. Bedeutende Erzähler sind PEDRO DE NAVA (*1903, †1984), PAULO EMILIO SALES GÓMEZ, A. DOURADO. Auch in der Lyrik zeigt sich eine überaus reichhaltige Produktion, deren Hauptrichtungen konkrete Poesie, visuelle Dichtung und weiterhin politisch engagierte Werke bilden. Die Popularität der Gattung zeigt sich an der gleichzeitigen Prominenz vieler Dichter verschiedener Generationen (u. a. AFFONSO ROMANO DE SANT'ANNA, *1937; PHILADELPHO MENEZES, *1960).

Chile: Die Mehrzahl der bis in die Mitte der 90er Jahre erschienenen Werke beschäftigt sich mit polit. Verfolgung, Zensur und Exil. Ein international beachtetes Dokument der Verarbeitung von Erfahrungen während der Diktatur stellt die Autobiographie der ehem. Agentin LUZ ARCE (›El infierno‹, 1993) dar. Weitere wichtige Autoren sind: HERNÁN VALDÉS (*1937), A. SKÁRMETA, OMAR LARA (*1941), ARIEL DORFMAN (*1942). Der anhaltende internat. Erfolg von ISABEL ALLENDE beruht auf der von trivialen Elementen nicht freien Mischung aus biograph., polit. und quasiphilosoph. Elementen (›Paula‹, 1994). Als Lyriker wurde RAÚL ZURITA (*1951) aufgrund seines ebenso traditionsbewußten wie postmodern-experimentellen und engagierten Hauptwerks ›Anteparaíso‹ (1982) zum geachteten Repräsentanten des Landes. Im Theater entwickelte sich eine charakterist. Mischung aus politisch-psycholog. Themen und experimentellen Formen (MARCO ANTONIO DE LA PARRA, *1952).

Ecuador: In den 80er Jahren gewann der Lyriker JULIO PAZOS BARRERA (*1944) aufgrund seiner Kosmologie und Alltagserfahrung verbindenden Dinggedichte außergewöhn. Aufmerksamkeit. Sein 1982 erschienenes Hauptwerk ›Levantamiento del país con textos libres‹ wurde im selben Jahr mit dem Lyrikpreis ›Casa de las Américas‹ ausgezeichnet.

lateinamerikanische Kunst: José Bedia Valdéz, ›Der Stern kommt und leuchtet‹; 1992 (Privatbesitz)

Kolumbien: Der Lyriker und Romancier Á. MUTIS hat mit der Figur des ›Marsgastes‹ Maqroll eine fiktive Kultfigur geschaffen, die in zahlreichen Gedichten (›Summa de Maqroll el Gaviero‹, 1973) und in einer mit ›La nieve del almirante‹ (1986) beginnenden

Romanreihe ein gewalttätig-phantast. Universum evoziert, das metaphor. Bezüge zur polit. Situation enthält. Die ästhet. und sprachl. Bewältigung des unsicheren Alltags geschieht weiterhin auch im polit. Theater, das allerdings in den 80er Jahren aus der Univ. in private Spielstätten gedrängt wurde (bedeutend bleiben die Gruppen um CARLOS JOSÉ REYES (*1941), SANTIAGO GARCÍA (*1927) und MIGUEL TORRES. Als Reaktion auf die starke Politisierung von Alltagsleben und Literatur ist der in den 90er Jahren beginnende große Publikumszuspruch zu einem anspruchslosen Illusionstheater im Musicalstil zu verstehen. Als Lyriker wird JAIME GARCÍA MAFFLA (*1944) bekannt, der einen überraschend kontemplativen Stil pflegt (›Las voces del vigía‹, 1986).

Kuba: Während bis 1975 v. a. regimefreundl. Theaterstücke und das Kollektivtheater vorherrschten, wird die Theaterszene des Landes danach pluralistischer. Neben kritischen naturalist. Stücken und Stücken in der Tradition des Costumbrismo finden vermehrt auch formale Experimente statt, die von einer neuen Theatergeneration um VÍCTOR VARELA und TOMÁS GONZÁLEZ getragen werden. Die offizielle Kulturpolitik ist jedoch von weitgehenden Restriktionen und von Mißtrauen gegen kreative Experimente geprägt. Unter den Erzählern konnte SENEL PAZ MARTÍNEZ (*1950) einen gewissen Erfolg verzeichnen. Regimekritiker wie der im dt. Exil lebende JESÚS DÍAZ (*1941) tragen in den 90er Jahren wesentlich zur histor. und intellektuellen Auseinandersetzung mit dem Schicksal des Landes bei (Roman ›Las palabras perdidas‹, 1992).

Mexiko: Seit Beginn der 80er Jahre kann man zwei Hauptgruppen von Erzählern unterscheiden. Themenwahl und Weltanschauung der ersten sind kosmopolitisch geprägt; sie wird im wesentlichen durch HÉCTOR MANJARREZ (*1945) und JORGE AGUILAR MORA (*1946) vertreten. Die zweite Gruppe konzentriert sich ganz auf den Staat bzw. die Stadt Mexiko. Ihre wichtigsten Vertreter sind LUIS ZAPATA (*1951) und ARMANDO RAMÍREZ (*1950). Die neuere mexikan. Lyrik wird geprägt von der ›vanguardia blanca‹, einer introvertierten, auf sich selbst bezogenen Avantgarde, die von DAVID HUERTA (*1949), ALBERTO BLANCO (*1951) und CORAL BRACHO (*1951) geprägt wird. Die junge Generation der Dramatiker setzt sich u. a. mit dem Phänomen der Macht und mit dem Identitätsproblem auseinander (JESÚS GONZÁLEZ DÁVILA, *1943; OSCAR VILLEGAS, *1943; JOSÉ AGUSTÍN, *1944; CARLOS OLMOS, *1947; VÍCTOR RASCÓN BANDA, *1948; SABINA BERMAN, *1953).

Paraguay: Die 70er und 80er Jahre wurden im wesentlichen von den arrivierten Autoren (JOSEFINA PLÁ, *1909; A. ROA BASTOS; RUBÉN BAREIRO SAGÜIER, *1930) bestimmt. Aufgrund der Diktatur war eine freie und innovative literar. Entfaltung nicht möglich. Trotzdem wurde der 1982 erschienene und sofort verbotene Lyrikband ›Paloma negra, paloma blanca‹ von JORGE CANESE (*1947) zu einem der größten Bestseller in der Geschichte Paraguays. Nach dem Ende der Diktatur 1989 belebte sich das literar. Leben beträchtlich.

Peru: In den 80er und 90er Jahren bleibt M. VARGAS LLOSA der bekannteste und erfolgreichste Autor Perus, der jedoch wegen seiner krit. Haltung zur Reg. Fujimori außerhalb des Landes lebt. Seine Autobiographie ›El pez en el agua‹ (1993) kombiniert Jugenderinnerungen mit einer krit. Würdigung der Präsidentschaftswahlkampagne von 1990. In der Lyrik wird die von C. VALLEJO begründete Tradition der bilderreichen, Surreales und Autochthones verbindenden Sprache fortgeführt (ANTONIO CLAROS, *1939; ABELARDO SÁNCHEZ LEÓN, *1947; ENRIQUE VERÁSTEGUI, *1950; CARMEN OLLÉ *1947; TULIO MORA, *1948). Durch ›Yayachkani‹ und andere Gruppen hat sich das ›teatro popular‹ seit Mitte der 70er Jahre von einer polit. zu einer ästhetisch anspruchsvollen und international erfolgreichen Form entwickelt.

Uruguay: Mit Beginn der 80er Jahre begannen jüngere Autoren, die Domäne der etablierten zu durchbrechen. Dabei herrschten aufgrund der desolaten wirtschaftl. Lage auch nach dem Ende der Diktatur 1985 sozialkrit. und geschichtl. Themen vor. Vertreter dieser neuen Generation sind JUAN CARLOS MONDRAGÓN (*1951), HÉCTOR ZAS THODE und v.a. E. GALEANO. Kennzeichnend für das Theater Uruguays nach 1985 ist die Vielfalt der Angebote und der Stilrichtungen. Dies ist zum einen Zeichen von Experimentierfreude, aber auch von Desorientierung nach der Aufhebung der Zensur und der Veränderung des polit. und kulturellen Kontexts.

Venezuela: In den 70er Jahren entstand im Bereich der Prosa vorwiegend Dokumentarliteratur (›literatura testimonio‹), deren wichtigste Vertreter RAMÓN ANTONIO BRIZUELA (*1952, †1973), ANGELO ZAGO (*1943) und EDUARDO LLENDO (*1941) sind. Das Theater war von Anfang der 70er Jahre bis 1988 im wesentlichen von ›El grupo nuevo‹ geprägt, einem Theater, das unter Leitung der Autoren und Regisseure ROMÁN CHALBAUD (*1931), ISAAC CHOCRÓN (*1933) und JOSÉ IGNACIO CABRUJAS (*1937) einer Vielzahl neuer Dramatiker, so RODOLFO SANTANA (*1944), MARIELA ROMERO, NESTOR CABALLERO, IBSEN MARTÍNEZ und GILBERTO AGÜERO, zu Ansehen verhalf.

Zentralamerika: *Guatemala:* Neben der hochpolitisierten Erzählliteratur und Essayistik ist in den 80er Jahren eine mehr kontemplative lyr. Strömung hervorgetreten, die von CARLOS ZIPFEL (*1937) und AMABLE SÁNCHEZ (*1935) maßgeblich geprägt wird. – *Nicaragua:* GIOCONDA BELLIS Romane ›La mujer habitada‹ (1988) und ›Sofía de los presagios‹ (1990) haben aufgrund ihrer Kombination von phantastisch-mag. Elementen mit einer feminist. Perspektive internat. Beachtung gefunden.

Allgemeines: Historia de la literatura hispanoamericana, hg. v. L. IÑIGO MADRIGAL, 2 Bde. (Madrid [1-2] 1987-92); Theater in Lateinamerika. Ein Hb., hg. v. H. ADLER (1991); L. SÁINZ DE MEDRANO: Historia de la literatura hispanoamericana desde el modernismo (Madrid [2] 1992); Das moderne Theater Lateinamerikas, hg. v. W. FLOECK u. a. (1993); G. SIEBENMANN: Die lateinamerikan. Lyrik 1892-1992 (1993); Autorenlex. Lateinamerika, hg. v. D. REICHARDT (Neuausg. 1994); C. STROSETZKI: Kleine Gesch. der l. L. im 20. Jh. (1994); D. GÜNTHER: Die l. L. von ihren Anfängen bis heute (1995); Lateinamerikan. Lit.-Gesch., hg. v. M. RÖSSNER (1995).

Argentinien: Historia de la literatura argentina. Historia del teatro argentino, Beitr. v. L. ORDAZ u. a. (Buenos Aires 1982); Historia social de la literatura argentina, hg. v. D. VIÑAS, auf mehrere Bde. ber. (Buenos Aires 1989 ff.); Literatura argentina hoy. De la dictadura a la democracia, hg. v. K. KOHUT u. a. (Frankfurt am Main [2] 1991).

Bolivien: M. T. SORIA: Teatro boliviano en el siglo XX (La Paz 1980); J. ORTEGA: Narrativa boliviana del siglo XX (La Paz 1984); A. CACERES ROMERO: Nueva historia de la literatura boliviana, auf mehrere Bde. ber. (La Paz 1987 ff.).

Brasilien: M. MOISÉS: História da literatura brasileira, auf mehrere Bde. ber. (São Paulo 1983 ff.); Enciclopédia de literatura brasileira, hg. v. A. COUTINHO u. a., 2 Bde. (Rio de Janeiro 1990).

Chile: La poesía chilena actual (1960–1984) y la crítica, hg. v. R. YAMAL (Concepción 1988); L. GOIĆ: La novela chilena. Los mitos degradados (Santiago de Chile [5] 1991).

Ecuador: G. LUZURIAGA: Bibliografía del teatro ecuatoriano. 1900–1982 (Quito 1984); A. SACOTO: La nueva novela ecuatoriana (Quito 1987).

Kolumbien: F. AYALA POVEDA: Novelistas colombianos contemporáneos (Bogotá 1983); F. GONZÁLEZ CAJIAO: Historia del teatro en Colombia (Bogotá 1986); J.G. COBO BORDA: La narrativa colombiana después de García Márquez y otros

ensayos (Bogotá ²1990); A. PINEDA BOTERO: Del mito a la posmodernidad. La novela colombiana de finales del siglo XX (Bogotá 1990).
Kuba: D. W. FOSTER: Cuban literature. A research guide (New York 1985); Dictionary of twentieth-century Cuban literature, hg. v. J. A. MARTÍNEZ (New York 1990).
Mexiko: J. LARA VALDEZ: Diccionario biobibliográfico de escritores contemporáneos de México (Mexiko 1988); Mexican literature. A history, hg. v. D. W. FOSTER (Austin, Tex., 1994).
Peru: M. ARRIOLA GRANDE: Diccionario literario del Perú (Lima 1983); C. TORO MONTALVO: Manual de literatura peruana (Lima 1990); M. A. RODRÍGUEZ REA: El Perú y su literatura (Lima 1992).
Uruguay: W. RELA: Diccionario de escritores uruguayos (Montevideo 1986); Diccionario de literatura uruguaya, hg. v. A. F. OREGGIONI, 3 Bde. (Montevideo $^{1-2}$1989–91).
Venezuela: Diccionario general de la literatura venezolana, hg. vom Instituto de Investigaciones Literarias Gonzalo Picón Febres, 2 Bde. (Mérida ²1987); O. ARAUJO: Narrativa venezolana contemporánea (Caracas 1988).
Zentralamerika: *Guatemala:* F. ALBIZÚREZ PALMA u. C. BARRIOS Y BARRIOS: Historia de la literatura guatemalteca, 3 Bde. (Guatemala 1981–87, Bd. 1 u. 2 Nachdr. 1986). – *Nicaragua:* F. CERUTTI: El Güengüence y otros ensayos de literatura nicaragüense (Rom 1983).

Latham [ˈlæθəm], John, brit. Maler, Bildhauer und Aktionskünstler, *am Sambesi 23. 2. 1921; gründete 1954 mit den Wissenschaftlern A. KOHSEN und C. C. L. GREGORY das ›Institute for the Study of Mental Images‹. Im Mittelpunkt seiner Performances, Filme, Manifeste, Objekte und Gemälde steht das Buch als Träger von Wissen, Meinung und Ideologie. Es wird je nach Versuchsanordnung verbrannt, zerschnitten, bemalt oder gegessen. Es geht L. um die Formulierung eines verbindl. Weltbildes, das auf den Erkenntnissen der Relativitätstheorie und der Quantenmechanik beruht.

J. L. Kunst nach der Physik, bearb. v. I. CONZEN-MEAIRS, Ausst.-Kat. (a. d. Engl., 1991).

*Lats:** Die unabhängige Rep. Lettland führte 1993 den L. (Abk. Ls) wieder als Währungseinheit ein, 1 L. = 100 Santimu (s).

*Laufen 3):** Der bisher zum Kt. Bern gehörende Bez. L. ist zum 1. 1. 1994 in den Kt. Basel-Landschaft gewechselt.

*Lausanne–Genf–Freiburg:** Bischof seit 1995 AMÉDÉE GRAB OSB (* 1930).

Lauschangriff, umgangssprachl. Bez. für das Abhören von Gesprächen verdächtiger Personen (▷ Wohnung).

LCD-Projektor [LCD Abk. von engl. Liquid crystal display ›Flüssigkristallanzeige‹], Gerät zur großflächigen Darstellung der Bildinformation von Fernsehgeräten oder Computern, d. h. von Bildern, die sonst auf den Bildschirmen der jeweiligen Geräte erscheinen. Der LCD-Projektor funktioniert im Prinzip wie ein Diaprojektor (▷ Projektor), bei dem an die Stelle des Diapositivs ein LCD (▷ Flüssigkristallanzeige) tritt. Die für diesen Zweck verwendeten LCDs haben für die Darstellung der Bildpunkte (Pixel) eine aktive Matrix mit Dünnschichttransistoren (engl. TFT, Abk. von Thin film transistor). Die Wiedergabe farbiger Bilder erfolgt nach dem Prinzip der additiven ▷ Farbmischung, entweder unter Verwendung von drei versch. LCDs, jedes mit dem Grauwert für eine der drei Grundfarben oder, bei weniger großen Bildformaten und mittlerer Auflösung (z. Z. Bildbreiten von etwa 120 cm und etwa 184 000 Pixel pro Bild), unter Verwendung nur eines LCD, bei dem dann jedes Pixel wie bei der Farbbildröhre des Fernsehapparats aus drei Farbpunkten in den drei Grundfarben mit den zugehörigen Grauwerten besteht.

*Lean,** David, brit. Filmregisseur; † London 16. 4. 1991. 1984 war L. geadelt worden (Titel Sir).

Lean management [ˈliːn ˈmænɪdʒmənt; engl. ›schlankes Management‹] *das,* - -, Gestaltungskonzept der Unternehmensführung, ausgerichtet auf den Abbau unnötiger Kostenbereiche und die zielgerichtete Gestaltung wirtschaftl. Aktivitäten (›Verschlankung‹, ›lean organization‹). Es wurde im Rahmen des 1985 angelaufenen ›International Motor Vehicle Program‹ des Massachusetts Institute of Technology (MIT) erarbeitet. Dieses v. a. von der US-amerikan. Automobilindustrie geförderte Forschungsprogramm verglich 38 japan., US-amerikan. und europ. Automobilunternehmen nach den Kriterien Produktivität und Qualität (mit einem für die westl. Unternehmen negativen Gesamtergebnis).

L. m. wurde aus der japan. Praxis abgeleitet. Es ist kein neues Unternehmensführungskonzept, sondern fügt bestehende Konzepte wie Gruppenarbeit, Just-in-time-Produktion, kundenorientierte Fertigung, Make or buy (u. a. Outsourcing), Gemeinkosten- und Qualitätsmanagement, Kaizen, Reengineering, Aufbau interner und externer Netzwerke auf neue Weise zusammen.

Auf besonderes Interesse stieß die Empfehlung des L. m., die versch. Stufen des Wertschöpfungsprozesses im Unternehmen, insbesondere den Produktionsbereich, stärker zu integrieren. Dieser spezielle Aspekt des L.-m.-Konzepts wird häufig als **Lean production** bezeichnet. Im L. m. werden folgende Maßnahmen als wesentlich für den Unternehmenserfolg angesehen: 1) stärkere Orientierung an den individuellen Kundeninteressen, verbunden mit einer größeren Variation im Produktangebot sowie Verbesserungen im Vertriebs- und Servicenetz; 2) eine weniger ausgeprägte Arbeitsteilung und eine Reduzierung der Hierarchieebenen (**flache Hierarchie**), wodurch eine Entbürokratisierung erreicht wird; 3) Optimierung der Fertigungstiefe dadurch, daß sogenannte Lean producers ihre Wertschöpfungsprozesse auf diejenigen Aktivitäten konzentrieren, die sie im Vergleich mit Zulieferern kostengünstiger bzw. qualitativ besser und risikoärmer durchführen können; 4) Reduzierung der Lagerhaltungskosten durch ▷ Just-in-time-Fertigung; 5) Verringerung der Anzahl der Zulieferer, die ihrerseits wieder mit einer kleineren Gruppe von Lieferanten zusammenarbeiten, so daß quasihierarch. Zuliefernetzwerke (Keiretsus) entstehen; 6) regelmäßige krit. Analyse der Gemeinkostenbereiche des Unternehmens (Zero-base budgeting). Diese zentralen Bausteine des L. m. sind mit weiteren Elementen wie Qualitätsmanagement, einer am Werkstückfluß orientierten Fabrikorganisation, einer umfassenden Information aller Beteiligten und einer ergebnisorientierten Entlohnung von Arbeitnehmern und Führungskräften abzustimmen. Die Grundgedanken des L. m. haben sich mittlerweile weit über den Produktionsbereich ausgedehnt. So spricht man im Bereich der öffentl. Verwaltung z. B. von Lean administration.

L.-M. Unternehmen im Umbruch, hg. v. H. MAIER-MANNHART (1994).

Least-cost planning [liːst kɔst ˈplænɪŋ; engl. ›Niedrigkostenplanung‹] *das,* - -, Abk. **LCP, integrierte Ressourcenplanung** [- rɛˈsursən-], Abk. **IRP,** ein regulator. und unternehmensplaner. Konzept für die leitungsgebundene Energiewirtschaft (insbesondere Elektrizitätswirtschaft), das die Energieversorgungsunternehmen (EVU) verpflichtet, vor einer Ausweitung ihrer Kapazitäten (z. B. Bau eines neuen Kraftwerks) und ihres Energieangebots alle diejenigen Möglichkeiten der Energieeinsparung beim Energieverbraucher zu realisieren, deren Kosten unter den Kosten der Bereitstellung von zusätzl. Energie liegen. LCP beabsichtigt nicht, die Kosten der Endenergiebereitstellung zu minimieren, sondern jene der eigentlich nachgefragten Energiedienstleistung (z. B. warme oder gekühlte Räume). Das EVU realisiert die Einsparpotentiale, indem es seinen Kunden Beratung und

Le Duc Anh

Anreize für energiesparende Investitionen bietet. Damit wandelt sich das EVU zum Energiedienstleistungsunternehmen (EDU). Sofern die staatl. Aufsicht die Kosten und attraktive Gewinnmargen für LCP-Programme anerkennt, kann erreicht werden, daß ein EVU um so höhere Gewinne erzielt, je weniger Energie es verkauft. – LCP wird v. a. in den USA und in Kanada erfolgreich angewendet und wird seit Anfang der 1990er Jahre auch in Dtl. und in anderen europ. Ländern in Pilotprojekten erprobt.

*Lebensversicherung:** Die Genehmigungspflicht für die Tarife der L. wurde im Rahmen der Harmonisierung des europ. Versicherungsbinnenmarktes zum 29. 7. 1994 vollständig aufgehoben. In der Gestaltung der Tarife für die danach abgeschlossenen Verträge sind die L.-Unternehmen frei. Risikomerkmale wie z. B. Rauchen, das Betreiben gefährl. Sportarten oder die Art der berufl. Tätigkeit können so in der Tarifgestaltung berücksichtigt werden. Eine Überschußbeteiligung kann aufgrund unternehmensindividuell vorsichtig gewählter Kalkulationsgrundlagen erfolgen, die auch nicht mehr der Genehmigung durch das Bundesaufsichtsamt für das Versicherungswesen bedürfen. Mit der Vollendung des europ. Versicherungsbinnenmarktes ist die Produktpalette der dt. L.-Unternehmen z. B. um Kapitalisierungsgeschäfte sowie um die Geschäfte der Verwaltung von Versorgungseinrichtungen erweitert worden. Die 1987 aufsichtsamtlich verfügte Tarifreform, nach der eine Verbesserung der Rückkaufswerte in den ersten Jahren nach Vertragsabschluß, ein höherer Rechnungszinsfuß (3,5%), eine Aktualisierung der Sterbetafel sowie eine Berücksichtigung der unterschiedl. Sterblichkeit der Geschlechter angeordnet wurde, verliert für Neuverträge ihre bindende Wirkung.

In Dtl. beliefen sich die Versicherungsleistungen der L. (1993) auf insgesamt rd. 47,6 Mrd. DM, das entsprach 19,0% der ausgezahlten Beträge der gesetzl. Rentenversicherung. Der Anteil der L. an der privaten Geldvermögensbildung erreichte (1993) 21,4%. Die Bruttobeitragseinnahmen aus dem L.-Geschäft erreichten (1993) 75,4 Mrd. DM. Die dt. L.-Unternehmen hielten 1993 Kapitalanlagen in Höhe von 583 Mrd. DM. – In der *Schweiz* betrugen die Prämieneinnahmen aus L. (1993) 18,9 Mrd. sfr (59,6% des direkten schweizer. Prämienaufkommens). In *Österreich* entfielen 40,11 Mrd. öS (34,3% des gesamten Prämienaufkommens) auf L.-Einnahmen.

*Lebert,** Hans, österr. Schriftsteller: †Baden (bei Wien) 20. 8. 1993.

*Lebowa:** Mit dem Ende des Apartheidsystems in der Rep. Südafrika ging L. 1994 in der neuen Prov. →Nord-Transvaal auf.

*Lecanuet,** Jean, frz. Politiker: †Neuilly-sur-Seine 21. 2. 1993; war im Juni 1988 von V. GISCARD D'ESTAING als Präs. der UDF abgelöst worden.

Leconte [lə'kõt], Patrice, frz. Filmregisseur, * Tours 1947; fing 1975 mit unterhaltenden Komödien an, denen seit den 80er Jahren Filme zw. Romantik und Perversion folgten.
Filme: Der Strandflitzer (1978); Sonne, Sex und Schneegestöber (1979); Die Spezialisten (1984); Ein unzertrennl. Gespann (1986); Die Verlobung des Monsieur Hire (1989); Der Mann der Friseuse (1990); Tango Mortale (1992); Das Parfum von Yvonne (1994).

Le Dục Anh, vietnames. Politiker, *in Zentralvietnam 1919; General; ab 1976 Mitgl. des ZK der Kommunist. Partei Vietnams, leitete 1979 den gegen das Pol-Pot-Regime gerichteten Einmarsch vietnames. Truppen in Kambodscha; ab 1982 Mitgl. des Politbüros, auch Mitgl. der Militärkommission des ZK, ab 1984 Armeegeneral, ab 1987 Verteidigungs-Min., 1991–92 im Politbüro für die Bereiche Sicherheit, Armee und Außenbeziehungen verantwortlich. Mit der Wahl zum Staatspräs. im Sept. 1992 gab er seine Positionen in der Parteispitze auf.

*Le Dục Tho,** vietnames. Politiker: †Hanoi 13. 10. 1990.

Lee [li:], Spike, eigtl. **Shelton Jackson L.,** amerikan. Filmregisseur, * Atlanta (Ga.) 20. 3. 1957; beschäftigt sich in seinen Filmen mit der Situation der Schwarzen in den USA, wobei er das Spannungsfeld zw. Weißen und Schwarzen aufzeigt; auch Schauspieler.
Filme: She's Gotta Have It (1986); Do the right thing (1988); Mo' Better Blues (1990); Jungle Fever (1991); Malcolm X (1992); Crooklyn (1994); Clockers (1995).

*Lefebvre,** Marcel, frz. kath. Erzbischof: †Martigny (Schweiz) 25. 3. 1991.

Lega Nord, im Nov. 1991 vollzogener Zusammenschluß regionaler Autonomiebewegungen der italien. Regionen Lombardei, Piemont, Ligurien, Venetien, Emilia-Romagna und Toscana unter Führung von U. BOSSI (Gründer der Lega Lombarda, 1981); errang bei Kommunal-, Regional- und Nationalwahlen seit 1992 große Wahlerfolge. Im Bündnis mit der Forza Italia und der Alleanza Nazionale beteiligte sich 1994/95 an der Reg. Die L. N. fordert eine Föderalisierung des italien. Staates und nennt sich seit Febr. 1995 ›L. N. – Italia Federale‹ (um damit ihre Ausdehnung auf ganz Italien zu leiten).

Spike Lee

Leghari [-'ga:ri], Sardar Faruk Ahmed, pakistan. Politiker, *in der Prov. Punjab 1940; Verw.-Beamter, Mitgl. der Pakistan People's Party (PPP), Mitarbeiter des früheren MinPräs. Z. A. BHUTTO, nach dessen Sturz mehrfach im Gefängnis. Nach dem Wahlsieg der PPP (Okt. 1993) wurde L. im Nov. 1993 Staatspräsident.

*Lehnert,** Martin, Anglist: †Berlin 4. 3. 1992.

Lehnhoff, Nikolaus, Opernregisseur, *Hannover 20. 5. 1940; debütierte nach Assistentenjahren bei WIELAND WAGNER in Bayreuth 1972 in Paris als Regisseur von R. STRAUSS' ›Die Frau ohne Schatten‹; R. WAGNERS ›Ring des Nibelungen‹ inszenierte er 1985 in San Francisco (Calif.) und 1987 an der Bayer. Staatsoper in München, wo er auch 1992 bei H. W. HENZES ›Der Prinz von Homburg‹ Regie führte. L. inszenierte u. a. an der Hamburger. Staatsoper, an der Metropolitan Opera in New York, an der Mailänder Scala, bei den Salzburger Festspielen (1990), in Leipzig (1994) und beim Glyndebourne Festival (1995).

Sardar Leghari

*Leinsdorf,** Erich, amerikan. Dirigent österr. Herkunft: †Zürich 11. 9. 1993.

Leipzig, Reg.-Bez. in Sachsen (→Sachsen, Verwaltungsgliederung).

*Leipzig 1):** Die Stadt L. gehört seit 3. 10. 1990 zum Land Sachsen, sie ist kreisfreie Stadt und Verw.-Sitz des Landkreises Leipziger Land.

*Leipzig 2):** Der seit 3. 10. 1990 zum Land Sachsen gehörende Landkreis L. ging am 1. 8. 1994 im Kr. Leipziger Land auf.

*Leipzig 3):** Der Bezirk L. wurde aufgelöst. Seit 3. 10. 1990 gehört der größte Gebietsteil zum Land Sachsen, die Landkreise Altenburg und Schmölln kamen zum Land Thüringen.

Leipziger Land, Landkreis im Reg.-Bez. Leipzig, Sachsen, 991 km^2, (1995) 231 300 Ew.; Verw.-Sitz ist Leipzig. Das stark industrialisierte Kreisgebiet, das die kreisfreie Stadt Leipzig umschließt, grenzt an Sachs.-Anh. und Thüringen. Die Leipziger Tieflandsbucht wird von Weißer Elster und Pleiße durchflossen. Von den Braunkohlentagebauen, die bis an die südl. Stadtgrenze von Leipzig heranreichen, sind einige bereits erschöpft und z. T. geflutet, andere sind Sanierungsgebiet, das Industriekraftwerke und Kohleveredlungsbetriebe einschließt. Der Tagebau Espenhain läuft aus. Landwirtschaft spielt eine geringe Rolle, viele Nutzflächen gingen durch den Bergbau verloren. Größte Stadt ist Borna (1995: 22 300 Ew.;

Leir Leiris – Lesotho

aufgelassener Tagebau), weitere Städte sind Böhlen (die Chemiebetriebe werden saniert), Frohburg, Geithain, Groitzsch, Kitzscher, Kohren-Sahlis, Markkleeberg (jährl. Landwirtschaftsausstellung), Markranstädt (mit Kulkwitzer See), Pegau, Regis-Breitingen (Braunkohlenwerk Regis), Rötha, Schkeuditz (Leipziger Flughafen), Taucha und Zwenkau (aktiver Tagebau). – Der Kreis wurde am 1. 8. 1994 aus den früheren Kreisen Leipzig, Borna (mit Ausnahme der Gem. Steinbach) und Geithain (mit Ausnahme von Breitenborn und Langensteinbach) gebildet.

***Leiris,** Michel, frz. Schriftsteller und Ethnologe: † Saint-Hilaire (Dép. Essonne) 30. 9. 1990.

Leñero [leˈɲero], Vicente, mexikan. Schriftsteller, * Jalisco 9. 6. 1933; behandelt in seinen Romanen, Erzählungen und Theaterstücken die Probleme der modernen städt. und ländl. Gesellschaft Mexikos im Spiegel individueller Erfahrungen. Sein bedeutender Roman ›Los albañiles‹ (1964; dramatisiert dt. u. d. T. ›Sie haben Don Jesus umgebracht‹) entwickelt um den Handlungskern eines Verbrechens ein umfassendes Sozialpanorama der Stadt Mexiko.

Weitere Werke: Romane: La voz adolorida (1961); Estudio Q (1965); El garabato (1967); Redil de ovejas (1973); El evangelio de Lucas Gavilán (1979; dt. Das Evangelium des Lucas G.); La gota de agua (1984); Asesinato (1985). – *Erzählungen:* La polverada, y otros cuentos (1959); Cajón de sastre (1981); Puros cuentos (1986). – *Dramen:* Compañero (1970); El juicio (1972); La visita del ángel (1980); La noche de Hernán Cortés (1992).

Ausgaben: Teatro completo, 2 Bde. (1982); Teatro documental (1985).

***Leninabad:** Stadt in Tadschikistan, heißt seit 1991 **Chudschand (Chudżand).**

***Leninakan:** Stadt in Armenien, wurde 1991 in **Kumajri,** 1992 in **Gümri** umbenannt.

***Leningrad:** Stadt in Rußland, heißt seit 1991 wieder **Sankt-Peterburg,** dt. **Sankt Petersburg.**

***Leningrader Philharmonie:** Tritt infolge der Umbenennung der Stadt Leningrad heute (in Dtl.) als **Philharmonisches Orchester Sankt Petersburg** auf.

***Leninváros:** Stadt in Ungarn, wurde in **Tiszaújváros** umbenannt.

León Carpio, Ramiro de, guatemaltek. Politiker, * Guatemala 12. 1. 1942; Jurist; 1983 Gründungs-Mitgl. der Unión del Centro Nacional (UCN), bis 1986 deren GenSekr. (später trat er aus der UCN aus). 1984–86 Deputierter und alternierend Vors. der verfassunggebenden Versammlung. 1987–89 lehrte er Verf.-Recht an der Universidad Rafael Landívar. Als Menschenrechtsbeauftragter (ab 1989) prangerte er bes. die Menschenrechtsverletzungen des Militärs an. Nach dem gescheiterten Staatsstreich des Präs. J. SERRANO ELIAS im Mai 1993 wählte das Parlament L. C. am 5. 6. 1993 zu dessen Nachfolger (bis Nov. 1995). Mit der Forderung nach Rücktritt von Abg. und Obersten Richtern im Rahmen seiner Kampagne gegen die Korruption in staatl. Institutionen geriet L. C. mit dem Parlament und dem Obersten Gerichtshof in Konflikt, der im Nov. 1993 beigelegt wurde.

***Leonow,** Leonid Maksimowitsch, russ. Schriftsteller: † Moskau 8. 8. 1994.

Leonskaja, Elisabeth, georg. Pianistin, * Tiflis 23. 11. 1945; debütierte bereits im Alter von elf Jahren, studierte später am Moskauer Konservatorium und erlangte nach Auftritten bei den Salzburger Festspielen 1979 und 1980 internat. Renommee. Seither spielt sie mit führenden Orchestern der Welt und engagiert sich als Partnerin versch. Kammermusikensembles.

Léotard [leoˈtaːʀ], François Gérard Marie, frz. Politiker, * Cannes 26. 3. 1942; Jurist; 1978–86 und 1988–92 Abg. des Parti Républicain (PR), ab 1989 MdEP; 1982–88 GenSekr., 1988–90 Präs. des PR, wurde zu einem Gegenspieler V. GISCARD D'ESTAINGS. 1986–88 war L. in der Reg. Chirac Min. für Kultur und Kommunikation. Nach dem Wahlsieg der bürgerl. Parteien im März 1993 war er in der Reg. Balladur bis Mai 1995 Verteidigungs-Min. Seit Juni 1995 ist L. erneut Präs. des PR.

***LEP:** Nachdem die anfänglich strittige Aufteilung der Baukosten zw. den CERN-Mitgliedsländern geregelt worden war, beschloß der Rat des CERN am 16. 12. 1994 endgültig den Bau des Proton-Proton-Doppelspeicherrings **LHC** (Abk. für engl. **Large Hadron Collider**) im LEP-Tunnel. In einem zweistufigen Ausbau der Anlage soll der Speicherring im Jahr 2004 zunächst mit einer Energie von 10 TeV in Betrieb gehen, die dann bis 2008 auf 14 TeV erhöht werden soll. Das CERN hofft nach dem Scheitern des amerikan. Projekts →SSC auf eine finanzielle Beteiligung interessierter Nichtmitgliedsländer (u. a. USA, Japan, Kanada), die den sofortigen Ausbau auf 14 TeV ermöglichen könnte.

Lepenies, Wolf, Soziologe, * Deuthen (bei Allenstein) 11. 1. 1941; seit 1971 Prof. an der FU Berlin; wurde mit Studien zur Wissenschaftsgeschichte, zur Entstehung und zu den Wechselbeziehungen einzelner Wissenschaftskulturen weit über die Grenzen seines Faches hinaus bekannt; steht seit 1986 dem Wissenschaftskolleg zu Berlin als Rektor vor.

Werke: Das Ende der Naturgesch. (1976); Die drei Kulturen (1985); Autoren u. Wissenschaftler im 18. Jh. Linné – Buffon – Winckelmann – Georg Forster – Erasmus – Darwin (1988); Gefährl. Wahlverwandtschaften (1989); Aufstieg u. Fall der Intellektuellen in Europa (1992); Folgen einer unerhörten Begebenheit (1992). – *Hg.:* Gesch. der Soziologie. Studien zur kognitiven, sozialen u. histor. Identität einer Disziplin, 4 Bde. (1981).

***Leppich,** Johannes, Jesuit: † Münster 7. 12. 1992.

Lepsius, Mario Rainer, Soziologe, * Rio de Janeiro 8. 5. 1928; war 1963–81 Prof. für Soziologie in Mannheim, 1981–93 in Heidelberg, Gastprofessor. L.' Arbeitsgebiete umfassen Industrie- und Betriebssoziologie, histor. und polit. Soziologie, soziolog. Theoriebildung, Institutionen- und Sozialstrukturanalyse. L. ist Mitherausgeber der ›Kölner Zeitschrift für Soziologie und Sozialpsychologie‹ und der Max-Weber-Gesamtausgabe.

Werke: Strukturen u. Wandlungen im Industriebetrieb (1960); Denkschr. zur Lage der Soziologie u. der polit. Wiss. (1961); Extremer Nationalismus. Strukturbedingungen vor der nat.-soz. Machtergreifung (1966); Interessen, Ideen u. Institutionen (1990); Demokratie in Dtl. Soziologisch-histor. Konstellationsanalysen (1993). – *Hg.:* Soziologie in Dtl. u. Österreich 1918–1945 (1981).

lernende Organisation, Leitbild für eine Organisation, die im Interesse ihrer Wettbewerbsfähigkeit ihre Fähigkeiten als Organisation und die Kompetenzen ihrer Mitgl. durch ständiges Lernen entwickelt; fußt insbesondere auf lern- und systemtheoret. Überlegungen. Organisationales Lernen erfolgt einerseits im Wechselspiel zw. Individuum und Kollektiv und andererseits durch Interaktionen zw. einer Organisation und ihrer Umwelt. Es bezeichnet den Prozeß der Anpassung, Verbesserung und Veränderung der organisationalen Wert- und Wissensbasis sowie die Steigerung der technolog. und sozialen Problemlösungs- und Handlungskompetenz von Organisationen.

M. PEDLER u. a.: Das lernende Unternehmen (a. d. Engl., 1994).

***Leroy,** Maurice, belg. Sprachwissenschaftler: † Woluwe-Saint-Lambert 3. 3. 1990.

***Lesotho,** amtl. Namen: engl. **Kingdom of L.,** Sotho **Muso oa L.,** dt. **Königreich L.,** Binnenstaat im südl. Afrika, ganz vom Gebiet der Rep. Südafrika umschlossen.

Hauptstadt: Maseru. *Amtssprachen:* Englisch und Sotho. *Staatsfläche:* 30 355 km². *Bodennutzung (1992):* 3 400 km² Ackerland, 20 000 km² Dauergrünland. *Einwohner (1994):* 1,996 Mio., 66 Ew. je km².

Ramiro de León Carpio

Mario Rainer Lepsius

lettische Literatur – Lettland **Lett**

Städtische Bevölkerung (1993): 22%. *Durchschnittliches Bevölkerungswachstum pro Jahr (1985–93):* 2,6%. *Bevölkerungsprojektion für 2000:* 2,28 Mio. Ew. *Ethnische Gruppen (1983):* 99,7% Sotho. *Religion (1992):* 43,7% Katholiken, 29,7% Protestanten, 11,5% Anglikaner. *Altersgliederung (1995):* unter 15 Jahre 40,7%, 15 bis unter 65 Jahre 55,4%, 65 und mehr Jahre 3,9%. *Lebenserwartung der Neugeborenen (1992):* männlich 58 Jahre, weiblich 63 Jahre. *Analphabetenquote (1985):* insgesamt 26,4%, männlich 37,6%, weiblich 15,5%. *BSP je Ew. (1993):* 650 US-$. *BIP nach Sektoren/Produktionsstruktur (1993):* Landwirtschaft 10%, Industrie 47%, Dienstleistungen 43%. *Währung:* 1 Loti (M; Plural Maloti) = 100 Lisente(s; Singular Sente). *Internationale Mitgliedschaften:* UNO, Commonwealth of Nations, OAU, Südafrikan. Entwicklungsgemeinschaft.

Geschichte: Im Nov. 1990 setzte General JUSTINUS LEKHANYA (* 1938) König MOSCHESCH II. ab und erhob dessen Sohn als LETSIE III. (* 1963) zum König. Am 30. 4. 1991 stürzte Oberst ELIAS PHISOANA RAMAEMA (* 1934) LEKHANYA.

Nachdem im März 1993 die ersten freien allgemeinen Wahlen seit 1970 stattgefunden hatten, wurde eine neue Verf. verkündet. Es wird eine L. Erbmonarchie mit einem König als repräsentativem Staatsoberhaupt, das keine exekutiven oder gesetzgeber. Befugnisse besitzt. Die Gesetzgebung ist der Nationalversammlung übertragen, deren 65 Mitgl. für längstens fünf Jahre vom Volk auf der Grundlage eines Mehrparteiensystems gewählt werden. Die Gesetzgebung wird ferner durch einen Senat beeinflußt, dem Stammesälteste und acht ernannte Mitgl. angehören. Die Reg. übt die Exekutive aus. An ihrer Spitze steht ein MinPräs., der vom König auf Vorschlag des Parlaments ernannt wird. – Mit Inkrafttreten der neuen Verf. übergab der seit sieben Jahren regierende Militärrat am 2. 4. 1993 seine Machtbefugnisse an NTSU MOKHEHLE (* 1918), den Vors. der Basutoland Congress Party (BCP), die die Wahl gewonnen hatte; MOKHEHLE übernahm damit das Amt des MinPräs. Am 17. 8. 1994 entließ König LETSIE III. die Reg., suspendierte die Verf. und löste das Parlament auf, mußte diese Maßnahmen jedoch auf internat. Druck hin im Sept. wieder zurücknehmen. Am 25. 1. 1995 verzichtete LETSIE III. auf den Thron zugunsten seines Vaters und Vorgängers MOSCHESCH II., der am 15. 1. 1996 bei einem Autounfall ums Leben kam.

E. A. ELDREDGE: A South African kingdom. The pursuit of security in nineteenth-century L. (Cambridge 1993).

lettische Literatur: Während der 1970er und 80er Jahre haben Vertreter der älteren Generation, lett. Lyriker und Lyrikerinnen wie VIZMA BELŠEVICA, IMANTS ZIEDONIS (* 1933), JĀNIS PETERS (* 1939), MĀRIS ČAKLAIS (* 1940) und Schriftsteller(innen) und Dramatiker(innen) wie GUNARS PRIEDE (* 1928), REGINA EZERA (* 1930), ALBERTS BELS (* 1938) durch ihre schrittweise Überwindung des von der kommunist. Partei vorgeschriebenen sozialist. Realismus den Boden für eine nur der künstler. Selbstverantwortung verpflichtete Literatur vorbereitet, die sich nach der Unabhängigkeit Lettlands 1991 wieder ungehindert entfalten kann. Sie haben auch wesentlich zur Erhaltung eines lett. Nationalbewußtseins beigetragen, eine der Voraussetzungen für die Befreiung von der sowjet. Okkupation und das Weiterbestehen der lett. Sprache und einer eigenständigen nat. Kultur.

Nach der Wende konnten die genannten Autoren, die zuvor z. T. Repressionen zu erdulden hatten, und Vertreter der jüngeren Generation (in der Lyrik: ULDIS BĒRZIŅŠ, * 1944; LEON BRIEDIS, * 1949; MĀRA ZĀLĪTE, * 1952; AMANDA AIZPURIETE, * 1956; ANNA RANCĀNE, * 1959; in der Prosa: AIVARS KĻAVIS,

* 1953; ANDRA NEIBURGA, * 1957; GUNDEGA REPŠE, * 1960; GUNTIS BERELIS, * 1961) ihren Wirkungskreis erweitern und die Aufmerksamkeit eines größeren Publikums erlangen. Auch Themen, die in der sowjet. Zeit tabuisiert waren (Probleme der vielfach orientierungslosen Jugend, nat. Traditionen, Geschichte der Republikzeit 1918–40, Erotik) konnten nun offen behandelt werden; gleichzeitig wurde mit der Aufarbeitung der sowjetisch dominierten Vergangenheit begonnen.

Eine wichtige Rolle spielt die Rezeption der lett. Exilautoren, die in höherem Maße als die in der Heimat verbliebenen einen Anschluß an die Strömungen der zeitgenöss. Weltliteratur gefunden hatten (u. a. ILZE ŠĶIPSNA, * 1928, † 1981; TĀLIVALDIS ĶIĶAUKA, * 1929) und deren Werke nun wieder in Lettland im Druck erscheinen. Eine krit. Auseinandersetzung mit dieser Exilliteratur und mit der vergangenen Jahrzehnte im sowjet. Lettland erfolgt v. a. in der Publizistik, hin und wieder auch schon in künstler. Werken der jüngeren Autoren.

Lettland

Lettland
Fläche: 64 600 km²
Einwohner: (1994) 2,583 Mio.
Hauptstadt: Riga
Amtssprache: Lettisch
Nationalfeiertag: 18. 11.
Währung: 1 Lats (Ls) = 100 Santimu (s)
Zeitzone: OEZ

Lettland, lett. **Latvija,** amtlich lett. **Latvijas Republika,** dt. **Lettische Republik,** bis 3. 3. 1991 ▷ Lettische Sozialistische Sowjetrepublik, Staat in NO-Europa, grenzt im W an die Ostsee, im N an den Rigaischen Meerbusen und an Estland, im O an Rußland, im SO an Weißrußland und im S an Litauen; mit einer Fläche von 64 600 km² fast so groß wie Bayern, (1994) 2,583 Mio. Ew., Hauptstadt ist Riga, die Amtssprache ist Lettisch. Währung ist seit 28. 6. 1993 der Lats (Ls), der den Lett. Rubel ablöste. Zeitzone: OEZ.

STAAT · RECHT

Verfassung: Am 6. 7. 1993 kam es zur vollständigen Wiedereinsetzung der durch die sowjet. Annexion gewaltsam beseitigten Verf. vom 15. 2. 1922, und zwar mit dem Zusammentritt des ersten demokratisch gewählten Parlaments. Da die Verf. von 1922 keinen Grundrechtskatalog enthielt, wurde am 10. 12. 1991 ein besonderes ›Verfassungsgesetz über die Rechte und Pflichten des Menschen und des Bürgers‹ verabschiedet, in dem die Grundrechte dem internat. Standard entsprechend gewährleistet sind. Die Rechtsstellung der Minderheiten wurde schon am 19. 3. 1991 in einem Minderheitengesetz geregelt. Der Minderheitenschutz ist nicht an die lett. Staatsangehörigkeit geknüpft. Die Staatsangehörigkeitsgesetzgebung geht von der Kontinuität des Staatsvolks zum Zeitpunkt der sowjet. Besetzung im Juni 1940 aus und betrachtet die in sowjet. Zeit angesiedelten Sowjetbürger als Ausländer. Nach dem Staatsangehörigkeitsgesetz vom 22. 7. 1994 haben diese Ausländer die Möglichkeit, auf Antrag eingebürgert zu werden, wobei die Zulässigkeit der Antragstellung nach Personengruppen zeitlich gestaffelt ist.

L. hat ein parlamentar. Regierungssystem mit plebiszitären Elementen. Die gesetzgebende Gewalt liegt beim Saeima, dessen 100 Abg. gemäß dem am 20. 10. 1992 neugefaßten Wahlgesetz von 1922 im System der

Staatswappen

Nationalflagge

Internationales Kfz-Kennzeichen

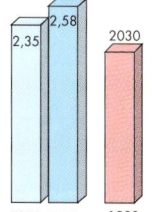

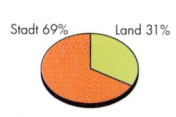
Bevölkerungsverteilung 1993

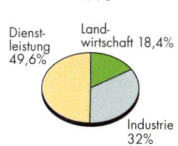
Erwerbstätige 1993

455

Lett Lettland

Verhältniswahl nach Wahlkreislisten gewählt werden, wobei auf Landesebene eine 4%-Sperrklausel besteht. Die Legislaturperiode beträgt drei Jahre. Eine vorzeitige Parlamentsauflösung ist nur durch Volksentscheid möglich, der vom Staatspräs. jederzeit angeordnet werden kann. Für die Parlamentsauflösung ist die absolute Mehrheit der abgegebenen Stimmen erforderlich. Spricht sich indes die Mehrheit der Abstimmenden gegen eine Parlamentsauflösung aus, so ist der Staatspräs. automatisch abgesetzt. Der Staatspräs. wird vom Parlament für drei Jahre gewählt und kann in unmittelbarer Folge nur einmal wiedergewählt

Lettland: Übersichtskarte

werden. Seine Befugnisse sind zwar – namentlich im Staatsnotstand – beachtlich, doch ist ihre Ausübung mit wenigen Ausnahmen von der Gegenzeichnung durch den Reg.-Chef oder einen Min. abhängig. Der Präs. hat das Recht der Gesetzesinitiative und kann gegen Gesetzesbeschlüsse sein Veto einlegen, was eine erneute parlamentar. Beratung und Beschlußfassung, aber kein qualifiziertes Mehrheitserfordernis zur Folge hat. Unter Umständen kann gegen Gesetzesbeschlüsse ein Volksentscheid herbeigeführt werden. Die vollziehende Gewalt wird im übrigen vom Kabinett unter der Leitung des MinPräs. ausgeübt, aber der Staatspräs. kann unter Festsetzung der Tagesordnung außerordentl. Kabinettssitzungen einberufen und in ihnen den Vorsitz führen. Der Reg.-Chef und die Minister werden vom Staatspräs. ernannt. Nach der Ernennung findet im Parlament eine Vertrauensabstimmung statt. Erhält die Reg. nicht die Stimmenmehrheit der anwesenden Abg., muß sie zurücktreten. Ein Mißtrauensvotum mit gleicher Mehrheit gegen den MinPräs. wie auch einzelne Min. jederzeit zulässig und löst die Rücktrittsverpflichtung der Reg. bzw. des betreffenden Min. aus.

Die Errichtung eines Verf.-Gerichts ist vorgesehen.

Parteien: Das Parteiensystem ist (1996) noch sehr instabil. Das liberalkonservative Parteienbündnis ›Lett. Weg‹, das sich 1992 als Partei organisierte, ist ein Sammelbecken reformorientierter Kräfte. Die ›Nat. Unabhängigkeitspartei‹ verfolgt einen nationalkonservativen Kurs, die Vereinigung ›L.s Bauern‹ vertritt v. a. bäuerl. Interessen. Seit den Parlamentswahlen im Okt. 1995 gewannen bes. die Flügel des Parteienspektrums stark an Stimmen: so die linke Protestgruppe ›Demokrat. Partei Saimnieks‹ und die rechtsradikale ›Volksbewegung für Lettland‹.

Wappen: 1990 wurde das 1920–40 gültige Wappen wieder eingeführt. Der Schild zeigt in der oberen Hälfte eine goldene Sonne auf blauem Grund (für Lettgallen), in der geteilten unteren einen roten Lö-

wen (für die zwei Prov. südlich der Düna) auf silbernem Grund und einen silbernen Greif (für die zwei nördl. Prov.) auf rotem Grund. Über dem Schild stehen drei goldene Sterne (für die histor. Landesteile Lettgallen, Livland und Kurland). Schildhalter sind rechts der silberne Greif und links der rote Löwe. Unter dem Schild breiten sich Eichenzweige mit einer Schleife in den Landesfarben Karminrot-Weiß-Karminrot aus.

Nationalfeiertag ist der 18. 11., zur Erinnerung an die Proklamation der ersten lett. Republik 1918.

Verwaltung: Seit 1995 ist L. in vier Regionen als staatl. Verw.-Einheiten und die Hauptstadt Riga eingeteilt. In den Regionen bestehen 26 Landkreise (rajons) und sechs kreisfreie Städte, in den Landkreisen 69 Städte und 493 Gemeinden als kommunale Selbstverwaltungskörperschaften. Beschlußorgane der Selbstverwaltung sind die Kreis-, Stadt- und Gemeinderäte. Der Rat wählt seinen Vors., der die Verw. über einen auf seinen Vorschlag vom Rat gewählten Vollzugsdirektor leitet. Der Ratsvorsitzende nimmt auch die übertragenen staatl. Verw.-Aufgaben wahr.

Recht: Es besteht eine Einheitsgerichtsbarkeit, die neben Zivil-, Wirtschafts- und Strafsachen auch für den gerichtl. Verw.-Rechtsschutz zuständig ist. Durch die Errichtung einer Mittelinstanz 1995 ist die urspr. zweistufige Gerichtsbarkeit zu drei Instanzen erweitert worden und wird nunmehr von 37 Kreis- und Stadtgerichten, fünf Regionalgerichten und dem Obersten Gericht ausgeübt. Die Richter sind unabhängig und werden mit parlamentar. Zustimmung auf Lebenszeit bestellt.

Streitkräfte: Die Gesamtstärke der Wehrpflichtarmee (Dienstzeit 18 Monate) beträgt rd. 7 000 Mann. Die ›Grenzgarde‹ (neun Bataillone) umfaßt rd. 5 000 Mann, weitere 15 000 Soldaten dienen im Stabsbataillon der Armee und in einem luftbewegl. Aufklärungsbataillon. Die Marine ist 400, die Luftwaffe 100 Mann stark. Paramilitär. Charakter hat die ›Heimwehr‹ (Zemessardze) mit 17 000 Angehörigen, gegliedert in fünf ›Brigaden‹ (nur z. T. bewaffnet). Die Ausrüstung umfaßt außer leichten Waffen einige Hubschrauber, Schul- und Transportflugzeuge sowie zehn Kleine Kampfschiffe.

Internat. Mitgliedschaften: UNO, OSZE, Europarat.

LANDESNATUR · BEVÖLKERUNG

L., die mittlere der drei balt. Republiken, liegt im NW der glazial überformten Osteurop. Ebene. Neben Grundmoränen bestimmen Endmoränenzüge mit kuppigen Höhen und zahlreichen eingelagerten Seen (Lubānas-, Rēznas-, Užmasee) die Oberfläche. Die Halbinsel Kurland (lett. Kurzeme) im W des Landes ist ein glazial geprägtes Hügelland, in dem Grundmoränenflächen, Sanderebenen, von Seen und Mooren erfüllte Becken, Moränenzüge und Flußtäler miteinander abwechseln. Die bis 184 m hohen Kurländ. Höhen werden von breiten Schmelzwassertälern (Abava und Venta) in einen Ost- und einen Westteil getrennt. Nach O schließen sich die zentrallett. und die Semgaller Ebene (lett. Zemgale) an. Die aus fruchtbaren Grundmoränenplatten sowie Sanderflächen bestehende, relativ gut besiedelte Niederung reicht von der tief ins Land eingreifenden Rigaer Bucht, deren tekton. Fortsetzung sie ist, bis zur Grenze nach Litauen. Östlich der Düna erstreckt sich der südl. Teil der histor. Landschaft Livland (lett. Vidzeme). Die Livländ. Höhen bilden im Gaiziņa mit 311 m ü. M. die höchste Erhebung des Landes. Zw. diesem Endmoränenzug und den im SO bis 289 m ü. M. erreichenden Lettgall. Höhen (lett. Latgale) schiebt sich die weitgehend vermoorte und seenreiche Ostlett. Senke. Entlang der wenig gegliederten Ostseeküste erstreckt sich eine 10 bis 40 km breite Küstenebene.

L. verfügt über ein dichtes Flußnetz; 777 Flüsse haben eine Länge von mehr als 10 km. Wichtigster Fluß des Landes ist die Düna (lett. Daugava), die auf einer Länge von rd. 450 km durch L. fließt (Gesamtlänge 1 020 km). Sie mündet im Stadtgebiet von Riga in die Ostsee und ist im Unterlauf schiffbar. Seen, v. a. im O, bedecken etwa 1,5% des Territoriums.

Klima: Von W nach O nimmt der maritime Charakter des Klimas ab, aber insgesamt überwiegt die ozean. Komponente mit mäßig warmen Sommern und relativ milden Wintern. Das Julimittel beträgt 16,5 °C an der Küste und 17,5 °C im O, das Januarmittel −2 °C bzw. −7 °C. Die mittleren Jahresniederschläge liegen an der Küste und in den Niederungen zw. 550 und 600 mm, in den Höhenlagen bei 700 bis 800 mm.

Vegetation: Knapp 40% der Landesfläche sind bewaldet. Die größten zusammenhängenden Kiefern- und Fichtenwälder liegen auf der Halbinsel Kurland. In den Niederungen sind Laubwälder (v. a. Birken und Erlen) verbreitet. Die versumpften Wiesen, die einst 17% des Territoriums einnahmen, wurden durch Melioration größtenteils in weidewirtschaftlich genutztes Grünland verwandelt. Etwa 5% sind noch Sumpfgebiete.

Bevölkerung: L. mußte im Zweiten Weltkrieg während der sowjet. und dt. Besatzungszeit und durch Deportationen zu Anfang der sowjet. Zwangsherrschaft hohe Bevölkerungsverluste hinnehmen. Danach stieg die Einwohnerzahl bis 1989 kontinuierlich an (1959: 2,09 Mio. Ew., 1970: 2,36 Mio. Ew.), in erster Linie durch die Zuwanderung nichtlett. Bevölkerungsgruppen. Von 1990 an ist dagegen ein rückläufiger Trend zu beobachten, der durch die restriktive lett. Minderheitenpolitik hervorgerufen wurde.

Knapp 54% der Ew. sind lett. Ursprungs, nur in vier der zehn größten Städte des Landes stellen Letten die Mehrheit. In der Hauptstadt Riga – dort sind nur 37,2% der Ew. Letten – und im lettgallischen S des Landes gibt es ein starkes russ. Übergewicht. Nach der Volkszählung von 1993 liegt der Anteil der Letten an der Gesamtbevölkerung bei 53,5%, der der Russen bei 33,5%, der Weißrussen bei 4,2%, der Ukrainer bei 3,2%, der Polen bei 2,2%, der Litauer bei 1,3%, der Deutschen und der Esten bei 0,1%. 1935 stellten die Letten 77% der Ew. im damaligen L., nur 8,8% waren Russen, 3% Deutsche.

Lettland: Stromschnellen am Fluß Venta bei Kuldīga

Nach dem Staatsbürgerschaftsgesetz vom Nov. 1993 galten die nichtlett. Staatsbürger als Bürger zweiter Klasse. Bemühungen v. a. des Europarats führten zu erhebl. Verbesserungen für die Minderheiten. Nach der jetzigen Regel sollen von den eingliederungswilligen Bürgern etwa 350 000 bis zum Jahr 2000 eingebürgert werden. Für die restl. nichtlett. Bürger wird ein

Lettland **Lett**

Klimadaten von Riga (3 m ü. M.)					
Monat	Mittleres tägl. Temperatur- maximum in °C	Mittlere Nieder- schlags- menge in mm	Mittlere Anzahl der Tage mit Nieder- schlag	Mittlere tägl. Sonnen- scheindauer in Stunden	Relative Luft- feuchtigkeit nachmittags in %
I	−3,8	32	19	1,2	85
II	−2,9	38	15	2,2	83
III	1,6	24	12	4,5	77
IV	10,2	33	13	6,6	74
V	16,1	42	12	8,6	71
VI	20,8	60	13	9,4	73
VII	21,7	78	14	8,9	76
VIII	21,0	71	15	7,6	80
IX	17,1	60	16	5,5	83
X	11,1	53	16	2,9	83
XI	3,9	47	17	1,1	86
XII	−1,5	38	18	0,8	87
I–XII	9,8	576	180	5,0	80

Ausländergesetz geschaffen, das diesen weitgehend gleiche Rechte wie den Letten geben soll. Außerdem erhalten sie Reisedokumente.

Die höchste Bev.-Dichte weisen die zentrallett. und die Zemgaller Ebene um die Stadt Riga auf. Dünn besiedelt sind die Halbinsel Kurland und der O des Landes. Der Anteil der städt. an der Gesamtbevölkerung lag 1993 bei 68,7%. Weitaus größte Stadt des Landes ist die Hauptstadt Riga mit (1993) 874 200 Ew.; hier wohnt etwa ein Drittel der Bev. des Landes. Die nächstgrößeren Städte sind Daugavpils (dt. Dünaburg, 124 900 Ew.), Liepāja (dt. Libau, 108 300 Ew.), Jelgava (dt. Mitau, 72 300 Ew.), Jūrmala (60 100 Ew.), Ventspils (dt. Windau, 48 800 Ew.) und Rēzekne (dt. Rositten, 42 600 Ew.).

Religion: Etwa 55% der Bev. sind Mitgl. luther. Kirchen, 24% sind röm.-kath., 9% russ.-orthodox; außerdem gibt es eine Vielzahl kleinerer religiöser Gemeinschaften (u. a. Baptisten, Adventisten, Juden). Riga ist Sitz eines kath. Erzbischofs.

Bildungswesen: Während im Primarschulbereich (die allgemeinbildende Mittelschule mit einer Schulzeit von neun Jahren) zu etwa 80% Lettisch Unterrichtssprache ist, sind es im Sekundarbereich knapp 50%. Im Primarbereich gibt es (1993/94) 432 lett. Schulen und 69 russisch-lett. Schulen mit zus. rd. 61 000 Schülern sowie 70 nur russischsprachige mit 15 245 Schülern, ferner drei poln. Schulen. Die Oberstufe umfaßt weitere drei Schuljahre, daneben gibt es mittlere Fachschulen (drei bis sechs Schuljahre), an denen ebenfalls die Hochschulreife erworben werden kann. Es bestehen (1993/94) im Sekundarbereich neben 130 lett., 54 russisch-lett. und 133 russischsprachigen Schulen je eine poln., ukrain., hebräische und estn. Schule. Außerdem gibt es (1993/94) 81 technisch-berufl. Schulen (ein bis drei Schuljahre) mit 27 881 Schülern. L. hat eine Univ. und eine TU in Riga sowie fünf diesen gleichgestellte Akademien und Hochschulen und eine Reihe weiterer Hochschuleinrichtungen mit (1993/94) insgesamt 36 428 Studierenden. Die Ausgaben für das Bildungswesen waren für 1993 mit 59,5 Mio. Lett. Rubel veranschlagt (14,4% des öffentl. Haushalts).

Publizistik: Presse: 1992 erschienen 203 Zeitungen und 187 Zeitschriften. Wichtigste Tageszeitung ist die liberale ›Diena‹, Riga (gegr. 1990; Auflage 78 000, 25 000 in Russisch). Von Bedeutung sind ferner ›Neatkariga Cina‹ (1990; 63 000), ›Vakara Zinas‹ (70 000) sowie ›Labrit‹ und ›Balls Riga‹. Seit den späten 1980er Jahren herrscht Pressefreiheit. – *Nachrichtenagenturen:* ›Baltic News Service‹ (BNS, gegr. 1990), Riga, unabhängig; ›Latvian Telegraph Agency‹ (LETA,

457

Lett Lettland

gegr. 1920), Riga, staatseigene Agentur. – Der *Rundfunk* ist staatlich organisiert. ›Latvijas Radio‹, Riga, gegr. 1925, sendet drei Hörfunkprogramme; ›Latvijas Televizija‹ (LTV), Riga, gegr. 1954, strahlt zwei Programme aus. Daneben verbreitet der russ. Staatssender ›Ostankino‹ ein Fernsehprogramm. Es gibt mehrere private Hörfunk- und Fernsehanstalten, darunter ›Radio Riga-Jūrmala‹ und ›Radio Sconto‹, gegr. 1993, sowie u. a. die Fernsehsender ›NTV 5‹, gegr. 1991, ›TV Kanal 4‹, gegr. 1993, und ›Picca TV‹ (alle Riga).

WIRTSCHAFT · VERKEHR

Wirtschaft: In den ersten Jahren seiner Unabhängigkeit war die Wirtschaftskrise auch in L. deutlich spürbar, dennoch werden dem balt. Staat mittelfristig gute Aussichten auf eine ökonom. Erholung eingeräumt. Die größten wirtschaftl. Probleme resultieren aus einem Mangel an Rohstoffen, einschließlich Erdöl und Erdgas, sowie aus dem deutl. Rückgang der Handelsverbindungen mit den übrigen Republiken der früheren UdSSR. In den Jahren 1992/93 ging das Bruttoinlandsprodukt (BIP) um 44% bzw. um 20% gegenüber dem Vorjahr zurück. Andererseits gehört L. gemessen am Bruttosozialprodukt (BSP) je Ew. von (1993) 2010 US-$ zu den wohlhabenderen Ländern der ehem. UdSSR. Zudem sind nach dem Ausscheiden aus der Rubelzone im März 1993 und der Einführung der eigenen Währung, des Lats, Stabilisierungserfolge zu beobachten; auch die Hyperinflation (1992: 951%) ist gebrochen. Mit einer jährl. Teuerungsrate von rd. 30% wurde das mit dem Internat. Währungsfonds abgesprochene Ziel, die Monatsteuerung 1994 bei 0,5% zu halten, allerdings deutlich verfehlt. Insgesamt kommt die Privatisierung äußerst schleppend voran, da die Entstaatlichung weniger gesetzlich (im Febr. 1994 wurde das Privatisierungsgesetz angenommen) als ›von Fall zu Fall‹ geregelt wird. Von rd. 2 000 größeren Staatsbetrieben sind (1994) erst 95 entstaatlicht, von 3 000 kleineren städt. Betrieben immerhin 66,4%.

Lettland: Ostseeküste nördlich von Pāvilosta

Landwirtschaft: Die Übertragung marktwirtschaftl. Prinzipien gestaltet sich im Agrarsektor, in dem (1993) 18,4% der Erwerbstätigen beschäftigt waren, offenbar schwieriger als in anderen Wirtschaftssektoren: Die bereits 1989 eingeleitete Agrarreform, welche die Privatisierung der Sowchosen zum Gegenstand hat, ist noch nicht abgeschlossen; bis 1996 können Anträge auf Landrückerstattung eingereicht werden; nach Schätzungen der lett. Landwirtschaftsdirektion wurden 1994 weniger als die Hälfte der 58 000 landwirtschaftl. Anwesen genutzt. Trotzdem konnte L. Milchprodukte, Schweinefleisch, Obst und Flachs exportieren. Mit einem Anteil von 65% an der landwirtschaftl. Gesamtproduktion ist die Viehwirtschaft wichtigster Teilbereich, wobei Milchwirtschaft und Schweinezucht dominieren. Neben Futterpflanzen sind versch. Getreidesorten (Weizen, Gerste, Roggen), Zuckerrüben und Kartoffeln die wichtigsten Anbaupflanzen.

Forstwirtschaft: Unter den balt. Ländern besitzt L. das größte forstwirtschaftl. Potential. Ungefähr die Hälfte der Landesfläche ist bewaldet; davon sind zwei Drittel Kiefernwälder.

Fischerei: Die lett. Fangflotte befindet sich in einem schlechten Zustand. Nur 14% der Fangmenge von (1991) 370 000 t entfallen auf die Ostsee. Darüber hinaus hat L. mit beiden balt. Nachbarstaaten Differenzen über den Verlauf der Seegrenzen, die Fischereirechte und Erdölvorkommen betreffen.

Bodenschätze: L. ist arm an Rohstoffen. Lediglich Torf sowie Baumaterialien wie Kalk, Sand und Lehm werden in größerem Umfang abgebaut.

Energiewirtschaft: Abgesehen von Wasserkraft und Torf sind in L. kaum Energiequellen vorhanden. Mit dem Zerfall der Sowjetunion ging die Möglichkeit verloren, zu weit unter Weltmarktniveau liegenden Preisen Energie zu beziehen. So entfielen 1993 43% des gesamten Importaufkommens auf Energieträger. Während elektr. Energie v. a. aus Estland und Litauen bezogen wird, kommen Erdgas und Erdöl vorwiegend aus Rußland.

Industrie: L. zählte in der UdSSR zu den führenden Industrieregionen. Jedoch entsprach die industrielle Struktur weniger den eigenen Bedürfnissen als vielmehr den Interessen des gesamtsowjet. Produktions- und Güterkreislaufs. Dabei war die lett. Industrie zum einen weitgehend abhängig von importierten Vorprodukten (einschließlich Energie), zum anderen lagen die Absatzmärkte v. a. in den anderen Sowjetrepubliken. Früher steuerten die von Moskau aus dirigierten Industriekombinate über ›Gewinnabschöpfung‹ rd. die Hälfte zum lett. Staatsbudget bei. Da heute ein Großteil der industriellen Anlagen veraltet ist, vermag die lett. Industrie kaum auf dem Weltmarkt zu konkurrieren. Wichtigste Branchen des Industriesektors, in dem 1992 (einschließlich Bergbau) 32% der Erwerbstätigen beschäftigt waren und dessen Anteil am BIP 32% betrug, sind Maschinenbau und Metallverarbeitung sowie Nahrungsmittel- und Textilindustrie. Der Rückgang der Industrieproduktion (1993 um 36%) verlangsamte sich.

Tourismus: Seit 1990 wird dem Tourismus Priorität eingeräumt. Tourist. Anziehungspunkte sind die mittelalterlich geprägte Altstadt von Riga, weite Sandstrände sowie zahlreiche Seen und Wälder. Die vielerorts prekäre Umweltsituation sowie fehlende Unterbringungsmöglichkeiten hemmen jedoch einen zügigen Ausbau des Fremdenverkehrs.

Außenwirtschaft: 1993 konnte ein Exportüberschuß erzielt werden (Einfuhrwert: 339 Mio. US-$, Ausfuhrwert: 460 Mio. US-$). Auf der Exportseite dominieren Nahrungsmittel, Textilien, Transportmittel und Holzprodukte. Nach wie vor ist Rußland mit einem Anteil am Außenhandelsvolumen von 30% der bedeutendste Handelspartner; es folgen Dtl., Schweden und Litauen.

Verkehr: L. verfügt über eine gut ausgebaute Verkehrsinfrastruktur. Dabei weist das Eisenbahnnetz eine Gesamtlänge von (1992) 2 400 km auf, das Straßennetz umfaßt insgesamt 66 700 km. Mit dem Bau einer durchgehenden Verbindung von Sankt Petersburg über Tallinn, Riga und Kaunas nach Warschau (›Via Baltica‹) sollen die balt. Staaten besser an das mitteleurop. Straßennetz angebunden werden. Die v. a. für den Holz- und Baustofftransport wichtige Binnenschiffahrt ist nur an 85–135 Tagen im Jahr möglich.

Ventspils im NW ist der wichtigste Hafen des Baltikums, in dem bes. russ. Erdöl sowie Getreide und Stückgut umgeschlagen werden. Den größten Containerhafen des Baltikums besitzt Riga. Der ehem. sowjet. Militärhafen Liepāja wird für die zivile Nutzung umgebaut. Die Häfen von Ventspils und Liepāja sind im Ggs. zu Riga ganzjährig eisfrei. Internat. Flughäfen gibt es bei Riga und Jelgava.

GESCHICHTE

Nachdem der sowjet. Präs. M. S. GORBATSCHOW am 14. 5. 1990 die lett. Unabhängigkeitserklärung (4. 5. 1990) für ungültig erklärt hatte, besetzten Truppen des sowjet. Innenministeriums im Jan. 1991 gewaltsam das lett. Innenministerium in Riga (mehrere Todesopfer). Im Ggs. zur Führung der UdSSR erkannte der damalige Präs. des Volksdeputiertenkongresses der Russ. SFSR, B. N. JELZIN, am 13. 1. 1991 die Souveränität der balt. Staaten an. In einem Referendum sprachen sich am 3. 3. 1991 73,1% der Bev. L.s (bei einem Anteil von nur 52% Letten an der Gesamt-Bev.) für die Unabhängigkeit ihres Landes aus. Nach dem (gescheiterten) Putsch vom 19.–21. 8. 1991 in Moskau setzte die lett. Regierung unter MinPräs. IVARS GODMANIS (* 1953) am 23. 8. 1991 mit sofortiger Wirkung die Unabhängigkeit in Kraft und verbot die KP. Am 6. 9. 1991 erkannte die sowjet. Führung die lett. Unabhängigkeit an. Die Unabhängigkeitbewegung war v. a. von den Parteien ›Lett. Volksfront‹ (gegr. 1988) und ›Lett. Unabhängigkeitsbewegung‹ (gegr. 1988) getragen worden, die jedoch bei den Wahlen 1993 an der 4%-Klausel scheiterten.

Gemäß einer Resolution des lett. Parlaments vom 15. 10. 1991 waren bei den Parlamentswahlen vom 5. und 6. 6. 1993 alle Personen wahlberechtigt, die am 17. 6. 1940 die lett. Staatsbürgerschaft besaßen, sowie deren Nachkommen. Die meisten Mandate errang der ›Lett. Weg‹. Der durch die Wahlrechtsbestimmungen bedingte Ausschluß von etwa 75% der Nichtletten (d. h. 48% der Ew.) belastete das Verhältnis zu Rußland und verzögerte den Abzug der russ. Truppen.

Seit dem 7. 7. 1993 ist die Verf. von 1922 wieder in Kraft. Am selben Tag wählte das Parlament G. ULMANIS (Bauernpartei) zum Staatspräs.; MinPräs. wurde VALDIS BIRKAVS (* 1942; Lett. Weg), im Sept. 1994 gefolgt von MARIS GAILIS (* 1900; Lett. Weg). Nach über zweijährigen Verhandlungen stimmte die russ. Regierung in versch. lettisch-russ. Abkommen (30. 9. 1994) bes. gegen lett. Zugeständnisse auf dem Gebiet des Staatsbürgerrechts dem Abzug der russ. Truppen bis zum 31. 8. 1994 zu. Im Juli 1994 verabschiedete das Parlament – auch unter dem Druck der KSZE und des Europarats – ein ›Gesetz über die lett. Staatsbürgerschaft‹, das die Einbürgerung nichtlett. Personen regelt. Bei den Wahlen im Okt. 1995 büßte die ›Lett. Weg‹ mehr als die Hälfte seiner Sitze ein; auch die Nat. Unabhängigkeitspartei und die Gruppe ›L.s Bauern‹ erfuhren starke Stimmenverluste. Die rechtsradikale ›Volksbewegung für L.‹ und die linke Protestgruppe ›Demokrat. Partei Saimnieks‹, die die stärkste Kraft wurde, gewannen dagegen stark an Gewicht. Neuer MinPräs. wurde im Dez. 1995 ANDRIS ŠKELE (* 1959; parteilos).

Im Zentrum der lett. Außenpolitik steht das Verhältnis zu Rußland. Um seine Unabhängigkeit gegenüber Rußland zu stärken, sucht L. größeren Rückhalt bei den Demokratien des westl. Europa und der USA. Am 14. 2. 1994 trat L. dem NATO-Programm ›Partnerschaft für den Frieden‹ bei. Am 18. 7. 1994 schloß L. ein Freihandelsabkommen (in Kraft seit 1. 1. 1995), am 12. 6. 1995 ein Assoziierungsabkommen (›Europaabkommen‹) mit der EG. Als erster der balt. Staaten beantragte L. am 13. 10. 1995 die Aufnahme in die EU. Seit 10. 2. 1995 ist L. Mitgl. des Europarats.

*Leu: Am 29. 11. 1993 führte die Rep. Moldawien den **Moldau-L.** (Abk. **MDL**), 1 L. = 100 Bani, als Währungseinheit ein.

*Leuchtmittelsteuer: Wurde zum 1. 1. 1993 abgeschafft.

*Leunawerke: Wurden 1990 in eine AG überführt, von der Treuhandanstalt übernommen und nach Umwandlung in eine GmbH bis Ende 1995 nach Geschäftsfeldern privatisiert, wobei rd. ein Dutzend größere Unternehmen mit unterschiedl. Kapitaleignern entstanden sind, die versch. Zweige der Chemieproduktion betreiben. Ende 1997 wird die Mitteldt. Erdölraffinerie, ein dt.-frz. Gemeinschaftsprojekt, in Betrieb gehen. Am Chemiestandort Leuna sind nach der Privatisierung noch rd. 10 000 der ehemals 27 000 Beschäftigten tätig.

*Leutheusser-Schnarrenberger, Sabine, Politikerin (FDP), * Minden 26. 7. 1951; Juristin, 1979–90 beim Dt. Patentamt tätig, seit 1990 MdB; 1992–95 Bundesjustizministerin.

*Levinas, Emmanuel, frz. Philosoph: † Paris 25. 12. 1995.

Levine [ləˈviːn], Les, amerikan. Konzept- und Medienkünstler irischer Herkunft, * Dublin 6. 10. 1935; formuliert in von iron. Distanz geprägten Buchobjekten, Photographien, Zeichnungen, Performances und Videoinstallationen eine Gegenposition zu einer konsumorientierten Realität und deren nur kommerziellen Maßstäben. V. a. mit den an einer kindl. Bild- und Begriffswelt orientierten Plakatwänden, die neben Werbeplakaten im öffentl. Raum gezeigt werden, entwirft der Künstler ein naiv scheinendes Weltbild, anhand dessen auf die einzufordernden humanist. Grundlagen sowohl der alltägl. als auch der künstler. Tätigkeiten verwiesen wird.

Levine [ləˈviːn], Sherrie, amerikan. Malerin und Konzeptkünstlerin, * Hazleton (Pa.) 1947; vertritt in ihrem Werk seit den 80er Jahren eine postmoderne zitierende Haltung. Indem sie ›Inkunabeln‹ der Kunstgeschichte des 20. Jh. wie M. DUCHAMPS ›Flaschentrockner‹ (1913) oder A. WARHOLS ›Flowers‹ (1964) maßstabsgetreu wiederholt (photographiert und druckt) und in neuen Zusammenhängen präsentiert, stellt sie grundlegende Fragen zur Produktion und Rezeption von Kunstwerken in der heutigen Kommunikationsgesellschaft.

S. L. Newborn, Beitr. v. A. TEMKIN, Ausst.-Kat. (New York 1993).

Levinson [ˈlevɪnsn], Barry, amerikan. Regisseur, * Baltimore (Md.) 6. 4. 1942; arbeitete zunächst beim Fernsehen und schrieb Drehbücher, gehört zu den namhaftesten, seit 1983 auch erfolgreichsten amerikan. Filmregisseuren.

Filme: Diner (1982); Der Unbeugsame (1983); Das Geheimnis des verborgenen Tempels (1985); Tin Men (1986); Good Morning, Vietnam (1987); Rain Man (1988); Avalon (1989); Bugsy (1992); Toys (1993); Enthüllung (1994).

Lewis [ˈluːɪs], Edward B., amerikan. Genetiker, * Wilkes-Barre (Pa.) 20. 5. 1918. Nach seinem Studium an der University of Minnesota promovierte L. am California Institute of Technology (Caltech), wo er ab 1956 bis zu seiner Emeritierung 1988 als Prof. arbeitete. Mit Methoden der klass. Genetik konnte L. nachweisen, daß Erbanlagen in einer aufeinander abgestimmten Weise bei der Embryonalentwicklung zusammenwirken. Diese Gene liegen innerhalb eines Chromosomenstrangs eng benachbart. Dabei entspricht die Reihenfolge der Gene auf dem Chromosom dem Zeitpunkt ihrer Aktivierung. Gene, die am Chromosomenanfang liegen, werden als erste aktiviert. Dieses von L. nachgewiesene Phänomen wird als Ko-Linearitätsprinzip bezeichnet. Für seine Arbeiten wurde L. – zus. mit CHRISTIANE NÜSSLEIN-VOLHARD und E. F. WIESCHAUS – mit dem Nobel-

Edward B. Lewis

Lewi Lewis – Liberaldemokratische Partei

preis für Medizin oder Physiologie 1995 ausgezeichnet.

***Lewis,** Sir William Arthur, brit. Volkswirtschaftler: † Barbados 15. 6. 1991.

LHC, Abk. für engl. **Large Hadron Collider** [lɑːdʒ 'hɑːdrɔn kəˈlaɪdə], Projekt eines Proton-Proton-Doppelspeicherrings (→LEP).

Liangzhukultur [-dʒ-], mittelneolith. Kultur in O-China, benannt nach einem Fundort bei Hangzhou (1936 ausgegraben und zunächst der Longshankultur zugeordnet), seit 1959 auf Fundorte im Gebiet des Tai Hu und im Kreis Wu Xian, Prov. Jiangsu, bezogen und heute in die Zeit 3300–2200 v. Chr. datiert. Die Siedlungen nehmen nur einige hundert Quadratmeter ein. Die Häuser von 5 bis 10 m² Fläche waren rechteckig, ebenerdig aus Holzpfosten mit lehmverputztem Flechtwerk und Satteldach gebaut. Die L. kannte Anbau von Reis (Oryza sativa indica und Oryza sativa japonica), Pfirsichen, Melonen und Wasserkastanien; domestiziert waren Schwein, Hund, Wasserbüffel und Schaf. Als Feldbaugeräte aus Stein dienten Spaten, halbmondförmige Erntemesser und Sicheln. Flöße, Boote, Paddel und Netzgewichte aus Holz belegen die Nutzung der Flüsse. Die charakterist. schwarze Keramik ist sehr fein geschlemmt, dünnwandig, auf der Scheibe gedreht und poliert: Becher auf hohem Fuß, Dreifußschalen und Speiseplatten. Die Toten wurden i. a. in Einzelgräbern in gestreckter Rückenlage beigesetzt. Bekannt geworden ist die L. in den letzten Jahren durch Grabfunde aufwendig bearbeiteter Ritualobjekte aus Jade (z. T. mit eingravierten hybriden Fabelwesen). Herausragend ist das 1982 entdeckte Grab M 3 von Sidun, Kreis Wujin, Prov. Jiangsu, in dem einem etwa 20jährigen Mann neben Gefäßen und Werkzeugen 24 ›bi‹-Scheiben und 33 ›cong‹-Vierkantröhren beigegeben waren. Die beiden 1986 untersuchten Fundorte Fanshan und Yaoshan, Kreis Yuhang, Prov. Zhejiang, gelten als religiöse Stätten auf künstl. Hügeln mit Opferaltären und angegliederten Friedhöfen für hochrangige Personen.

*****Libanon,** amtlich arab. **Al-Djumhurijja al-Lubnanijja,** dt. **Libanesische Republik,** Staat in Vorderasien, grenzt an das Mittelmeer.

Hauptstadt: Beirut. *Amtssprache:* Arabisch. *Staatsfläche:* 10 400 km². *Bodennutzung (1992):* 3 060 km² Ackerland, 100 km² Dauergrünland, 800 km² Waldfläche. *Einwohner (1994):* 2,915 Mio., 280 Ew. je km². *Städtische Bevölkerung (1990):* 84 %. *Durchschnittliches Bevölkerungswachstum pro Jahr (1985–93):* 2,3 %. *Bevölkerungsprojektion für 2000:* 3,33 Mio. Ew. *Ethnische Gruppen (1993):* 80 % Libanesen, 12 % Palästinenser, 5 % Armenier, 3 % Syrer, Kurden und andere. *Religion (1992):* 36,4 % Schiiten, 23,5 % Sunniten, 20,0 % Maroniten (Christen). *Altersgliederung (1990):* unter 15 Jahre 36,1 %, 15 bis unter 60 Jahre 56,0 %, 60 und mehr Jahre 7,9 %. *Lebenserwartung der Neugeborenen (1992):* 66 Jahre. *Analphabetenquote (1991):* insgesamt 19,9 %, männlich 12,2 %, weiblich 26,9 %. *BSP je Ew. (1992):* 1 075 US-$. *BIP nach Sektoren/Produktionsstruktur (1987):* Landwirtschaft 9 %, Industrie 20 %, Dienstleistungen 71 %. *Währung:* 1 Libanesisches Pfund (L£) = 100 Piastres (P. L.). *Internationale Mitgliedschaften:* UNO, Arab. Liga.

Geschichte: Nach der Kapitulation General M. Aouns im Okt. 1990 konnte Präs. E. Hrawi die Kontrolle über die libanes. Streitkräfte gewinnen und seine Versuche, das Friedensabkommen von Taif zu verwirklichen, fortsetzen.

Im Gefolge der im Friedensabkommen vorgesehenen Verf.-Änderungen wurde 1991 die Mandatsaufteilung im Parlament reformiert. Allerdings wurde auch hierdurch der Proporz fortgeschrieben, wenngleich mit einer leichten Anpassung an die verschobenen demograph. Verhältnisse (Verhältnis 1 : 1 von christl. und muslim. Abg.). Die Befugnisse des (christl.) Präs. wurden eingeschränkt, die Rolle des (sunnit.) Min.-Präs. wurde aufgewertet.

Rivalisierende Milizen, so die schiit. ›Amal‹ und ›Hizbollah‹, stellten ihre Kämpfe untereinander ein. Am 22. 5. 1991 schloß L. einen Freundschaftsvertrag mit Syrien (als Schutzmacht); weitere, u. a. wirtschaftl. Kooperationsabkommen wurden im Sept. 1993 abgeschlossen. Im Juli 1991 erzwangen die libanes. Streitkräfte die Entwaffnung der palästinens. Milizen in Libanon.

In engem Zusammenwirken mit Syrien beteiligt sich L. seit der Madrider Nahostkonferenz (Okt./Nov. 1991, →Nahostkonflikt) an den bilateralen Gesprächen arab. Staaten mit Israel. 1991/92 kamen die meisten in L. von extremist. Gruppen festgehaltenen Geiseln aus den USA und dem westl. Europa frei. Als Antwort auf antiisrael. Aktionen u. a. der von Syrien und Iran unterstützten ›Hizbollah‹, der ›Amal‹ und palästinens. Freischärler unternahm Israel seit 1991 wiederholt militär. Vorstöße in die ›Sicherheitszone‹ im Süden L.s. Im Dez. 1992 suchte Israel 415 Palästinenser als Sympathisanten der radikalen Palästinenserorganisation ›Hamas‹ aus dem Westjordanland und dem Gazastreifen in den L. abzuschieben. Von L. an der Einreise und von Israel an der Rückkehr gehindert, mußten sie diese im Niemandsland zw. Israel und L. für mehrere Monate verbleiben; der letzten größeren Gruppe wurde im Dez. 1993 die Rückkehr gestattet. Auf die Ende Juli 1993 von Israel eröffnete militär. Großoffensive zur Entwaffnung der ›Hizbollah‹, als deren Folge über 300 000 Menschen in Richtung Beirut flüchteten und die zur erstmals gemeinsamen Stationierung von libanes. Truppen und UN-Blauhelmeinheiten (UNIFIL-Mandat bis zum 31. 7. 1995 verlängert; ▷Vereinte Nationen, Übersicht) nördlich der ›Sicherheitszone‹ führte, folgten im Mai 1994 und 1995 weitere militär. Auseinandersetzungen v. a. zw. der ›Hizbollah‹ und Israel. Die Bemühungen, die militär. Auseinandersetzungen zu beenden, scheiterten bisher (Herbst 1995).

Mit der Auflösung der meisten Verbände der konfessionellen Milizen und der Rückkehr eines Teils ihres Personals in die reguläre Armee konnte die libanes. Regierungsstreitkraft in den letzten Jahren an Effektivität gewinnen. Die Gliederung des auf 135 000 Mann reduzierten Heeres blieb im wesentlichen unverändert.

Innenpolitisch führten Unruhen im Gefolge eines Generalstreiks gegen die Inflation im Mai 1992 zum Rücktritt von MinPräs. Omar Karame, der seit Dez. 1990 einer Reg. der Nat. Einheit vorstand; sein Nachfolger wurde Rachid as-Solh (Amtsantritt: Mai 1992). Im Aug./Sept. 1992 fanden die ersten freien Parlamentswahlen seit 1972 statt, die jedoch von christl. Gruppen, v. a. ›Forces Libanaises‹ und ›Phalange‹ (Kataib), unter Hinweis auf die syr. Truppenpräsenz boykottiert wurden. Im Okt. 1992 übernahm Rafik al-Hariri (* 1944) die Führung einer neuen Regierung, in der prosyrischen polit. Kräfte überwogen. Nachdem sich seit Mai 1994 die Differenzen zw. dem sunnit. MinPräs. Hariri, dem maronit. (christl.) Präs. Hrawi und dem schiit. Parlaments-Vors. Nabih Berri verschärft hatten, trat Hariri im Mai 1995 zurück, bildete aber Ende Mai eine neue Reg., der seine Hauptkritiker nicht mehr angehören.

T. Hanf: Koexistenz im Krieg. Staatszerfall u. Entstehen einer Nation im L. (1990); V. Perthes: Der L. nach dem Bürgerkrieg. Vom Ta'if zum gesellschaftl. Konsens? (1994). O. Schnittger: Der L. im Kreuzfeuer. Eine Zeittafel (1993).

*****Liberaldemokratische Partei:** Stand nach dem Verlust ihrer absoluten Mehrheit bei den Wahlen von

1993 im japan. Parlament zunächst in der Opposition. Seit Juni 1994 gehört sie der Reg.-Koalition an; ihr Vors. ist seit 1995 HASHIMOTO RYŪTARO (* 1937).

*Liberal-Demokratische Partei, Abk. **LDP:** Ging im Aug. 1990 in der FDP auf.

Liberales Forum, Abk. **LF,** österr. Partei, gegr. 1993 von vier Nationalrats-Abg. der FPÖ als eigenständige Fraktion im Nationalrat unter Führung von HEIDE SCHMIDT; sucht in Auseinandersetzung mit dem autoritären Führungsstil des FPÖ-Vors. J. HAIDER und dessen bes. stark ausländerfeindl. Kurs dem liberalen Gedankengut eine neue polit. Plattform zu geben. Bei den Nationalratswahlen im Dez. 1995 (Okt. 1994) gewann das LF 5,3% der Wählerstimmen und 9 Sitze (5,7% und 10 Sitze).

*Liberalismus: Im ausgehenden 20. Jh. schwankt die Diskussion über den L. zw. den Thesen ›Zerfall‹ oder ›Renaissance‹. Der **ökonomische L.** hat zwar die Wirtschaftspolitik der Demokratien bis in die Gegenwart nachhaltig beeinflußt, sieht sich aber mit starken Gegenkräften, v. a. in Gestalt des ›demokrat. Konservativismus‹ und des demokrat. Sozialismus, konfrontiert. Im Ausbau eines umfassenden Sozialstaates sieht er große Gefahren für eine Gesellschaft nach seinen Vorstellungen. Im Unterschied zum ökonom. L. konnte der **politische L.** in zahlreichen demokrat. Staaten seine Hauptanliegen weitgehend verwirklichen (bes. die Bändigung der polit. Herrschaft durch Verf., Rechtsstaat und Gewaltenteilung, die polit. Beteiligung der Staatsbürger sowie die Verminderung von Bevormundung durch Kollektivmächte). Die Durchsetzungskraft des polit. L. geht jedoch einher mit einem starken Bedeutungsschwund der liberalen Parteien, die meist kleine, oft allerdings an den Regierungsgeschäften beteiligt sind. Der **geistig-kulturelle L.** mit seinem Eintreten für eine weitestmögl. Autonomie des Individuums hat v. a. in den westl. Demokratien das Menschenbild stark geprägt und entspricht dem von Individualisierungstrends geprägten Zeitgeist. In Auseinandersetzung mit ihm werden liberale Auffassungen oft heftig kritisiert: Indifferenz der Werte, Abdrängen der Moral ins Private, Egoismus, Inkaufnahme oder gar Rechtfertigung krasser Ungleichheiten. In Fortentwicklung der Leitformel des klass. L. - ›polit. Minimalismus und gesellschaftl. Autonomie‹ - setzen sich liberale Theoretiker für eine Ordnung der Gesellschaft ein, in der dem Staat am kürzesten Zügel führt. Vertreter des Sozialliberalismus hingegen sind bestrebt, einen polit. L. zu begründen, dem ein hohes Maß an Gerechtigkeit (im Sinne von ›Gerechtigkeit als Fairneß‹) zugrunde liegt. R. DAHRENDORF zufolge gehören zu den unverzichtbaren Bestandteilen eines zeitgemäßen L. die Bewältigung von vier sozialen Fragen: 1) die Zugehörigkeitsfrage (gleiche Teilhabechancen für alle Staatsbürger), 2) die Ordnungsfrage (Einhaltung sozialer Regeln), 3) die Universalitätsfrage (Schaffung einer Weltbürgergesellschaft) und 4) die Innovationsfrage (Anpassungs- und Erneuerungsfähigkeit von Staat und Gesellschaft).

*Liberal Party: Vereinigt sich im März 1988 mit der Mehrheit der Social Democratic Party zur ▷ Social and Liberal Democratic Party.

*Liberia, amtlich engl. **Republic of L.,** Staat in Westafrika, grenzt an den Atlant. Ozean.

Hauptstadt: Monrovia. *Amtssprache:* Englisch. *Staatsfläche:* 111 369 km² (ohne Binnengewässer 96 750 km²). *Bodennutzung (1992):* 3 730 km² Ackerland, 57 000 km² Dauergrünland, 17 200 km² Waldfläche. *Einwohner (1994):* 2,941 Mio., 26 Ew. je km². *Städtische Bevölkerung (1992):* 48%. *Durchschnittliches Bevölkerungswachstum pro Jahr (1985-93):* 0,9%. *Bevölkerungsprojektion für 2000:* 3,60 Mio. Ew. *Ethnische Gruppen (1984):* 19,4% Kpelle, 13,8% Bassa, 9,0% Grebo, 7,8% Dan (Gio), 7,3% Kru, 7,1% Mano, 35,6% andere. *Religion (1992):* 67,6% Christen. *Altersgliederung (1995):* unter 15 Jahre 46,0%, 15 bis unter 65 Jahre 50,3%, 65 und mehr Jahre 3,7%. *Lebenserwartung der Neugeborenen (1993):* 56 Jahre. *Analphabetenquote (1991):* insgesamt 60,5%, männlich 50,2%, weiblich 71,2%. *BSP je Ew. (1992):* 200 US-$. *BIP nach Sektoren/Produktionsstruktur (1988):* Landwirtschaft 36%, Industrie 21%, Dienstleistungen 43%. *Währung:* 1 Liberianischer Dollar (Lib$) = 100 Cents (c). *Internationale Mitgliedschaften:* UNO, OAU, Wirtschaftsgemeinschaft westafrikan. Staaten.

Geschichte: Ende Dez. 1989 brach in L. ein Aufstand gegen Präs. S. DOE aus, der sich ab Aug. 1990 durch Zerfall der den Aufstand urspr. tragenden National Patriotic Front (NPF) zu einem bewaffneten Konflikt zw. versch. Rebellengruppen und der ehem. Regierungsarmee ausweitete; im selben Monat marschierte eine Friedenstruppe der in der Westafrikan. Wirtschaftsgemeinschaft zusammengeschlossenen Staaten in L. ein. Am 23. 11. 1990 wurde AMOS SAWYER als interimist. Staatspräs. vereidigt, am 19. 4. 1991 von einer seit dem 15. 3. 1991 in Monrovia tagenden All-Liberian National Conference bestätigt.

1992 flammte der Bürgerkrieg jedoch wieder auf; es kam zu Kämpfen zw. der NPF und der von der Westafrikan. Wirtschaftsgemeinschaft entsandten Friedenstruppe sowie zw. der NPF und dem bes. von Anhängern des 1990 gestürzten Präs. DOE getragenen United Liberation Movement (ULIMO). Die Kampfhandlungen lösten eine große Flüchtlingsbewegung aus. Unter Vermittlung der UNO schlossen die Bürgerkriegsparteien am 17. 7. 1993 ein Friedensabkommen; ein anschließend gebildeter Staatsrat sollte das Land bis zur Abhaltung von Parlamentswahlen 1994 führen.

Ab März 1994 kam es jedoch zu Kämpfen zw. versch. Fraktionen innerhalb der zunehmend zersplitterten (häufig ethnisch fundierten) Bürgerkriegsparteien. Im Sept. 1994 einigten sich die größeren Bürgerkriegsparteien auf ein Friedensabkommen, das das Mandat der Übergangsregierung bis Okt. 1995 verlängerte; ein Waffenstillstand trat am 29. 12. 1994 in Kraft, blieb jedoch weitgehend wirkungslos. Am 19. 8. 1995 wurde ein neues Friedensabkommen unterzeichnet, das die Bildung eines neuen Staatsrats zum 2. 9. 1995 vorsah; er soll innerhalb eines Jahres Wahlen vorbereiten. Am 3. 9. 1995 bildete er die im Friedensvertrag vorgesehene Übergangsregierung.

Seit 1994 wirkt sich der liberian. Bürgerkrieg zunehmend destabilisierend auf die ganze Region aus. Zunächst weiteten sich die Kämpfe nach Guinea und →Sierra Leone aus sowie ab März 1995 auf die liberian. Flüchtlinge in der Rep. Elfenbeinküste.

D. VAN DEN BOOM: Bürgerkrieg in L. Chronologie - Protagonisten - Prognose (1993); W. KORTE: Ethn. Tradition u. militär. Intervention in Afrika. Essay über den Putsch in L. (1995).

*Libyen, amtlich arab. **Al-Djumhurijja al-Arabijja al-Libijja ash-Shabijja al-Ishtirakijja,** dt. **Sozialistische Libysch-Arabische Volksrepublik,** Staat in Nordafrika, grenzt an das Mittelmeer.

Hauptstadt: Tripolis. *Amtssprache:* Arabisch. *Staatsfläche:* 1 759 540 km². *Bodennutzung (1992):* 21 600 km² Ackerland, 133 000 km² Dauergrünland, 6950 km² Waldfläche. *Einwohner (1994):* 5,225 Mio., 3 Ew. je km². *Städtische Bevölkerung (1990):* 70%. *Durchschnittliches Bevölkerungswachstum pro Jahr (1985-93):* 3,6%. *Bevölkerungsprojektion für 2000:* 5,56 Mio. Ew. *Ethnische Gruppen (1984):* 34% Araber, 30% arabisierte Berber, 25% Berber, 11% an-

Lidh Lidholm – LIGA-Technik

dere. *Religion (1992):* 96,9% Muslime (Sunniten); der Islam ist Staatsreligion. *Altersgliederung (1995):* unter 15 Jahre 45,4%, 15 bis unter 65 Jahre 52,0%, 65 und mehr Jahre 2,6%. *Lebenserwartung der Neugeborenen (1993):* 64 Jahre. *Analphabetenquote (1990):* insgesamt 36,2%, männlich 24,6%, weiblich 49,6%. *BSP je Ew. (1993):* 6 600 US-$. *BIP nach Sektoren/Produktionsstruktur (1989):* Landwirtschaft 6%, Industrie 50%, Dienstleistungen 44%. *Währung:* 1 Libyscher Dinar (LD.) = 1000 Dirhams. *Internationale Mitgliedschaften:* UNO, Arab. Liga, OAU, OPEC und OAPEC.

Geschichte: Seit Nov. 1991 fordern die USA und Großbritannien die Auslieferung von zwei Libyern, die beschuldigt werden, im Dez. 1988 den Absturz eines amerikan. Passagierflugzeugs über der schott. Ortschaft Lockerbie (bei Dumfries) herbeigeführt zu haben (270 Tote). Am 15. 4. 1992 und (ergänzend) am 1. 12. 1993 traten Sanktionen der UNO gegenüber L. in Kraft (u. a. 1992 ein Luftverkehrs- und Waffenembargo, 1993 die Einfrierung libyscher Bankguthaben im Ausland).

Im Grenzstreit mit dem Tschad um den Aouzou-Streifen akzeptierte L. im April 1994 die Entscheidung des Internat. Gerichtshofs in Den Haag zugunsten des Tschad vom Febr. und zog sich bis Ende Mai aus dem bis dahin umstrittenen Gebiet zurück.

*Lidholm, Ingvar Natanael, schwed. Komponist und Dirigent: War bis 1985 beim schwed. Rundfunk tätig; komponierte die Oper ›Ein Traumspiel‹ (1992) nach A. STRINDBERG.

*Liebenwerda, Bad L. 2): Der seit 3. 10. 1990 zum Land Brandenburg gehörende Landkreis ging am 6. 12. 1993 im neugebildeten Landkreis Elbe-Elster auf. Die Stadt Bad Liebenwerda ist damit nicht mehr Kreisstadt.

Liebscher, Klaus, österr. Jurist und Bankier, * Wien 12. 7. 1939; 1968–95 bei der Raiffeisen Zentralbank Österreich AG, Wien, tätig, 1982 Vorstandsmitgl., 1988 Generaldirektor und Vorstands-Vors.; seit 1. 6. 1995 Präs. der Oesterr. Nationalbank.

*Liechtenstein, amtlich **Fürstentum L.,** Staat in Mitteleuropa, in den nördl. Alpen rechts des Alpenrheins, zw. der Schweiz und Österreich.

Hauptstadt: Vaduz. *Amtssprache:* Deutsch. *Staatsfläche:* 160 km². *Bodennutzung (1992):* 39 km² Ackerland, 25 km² Dauergrünland, 56 km² Waldfläche. *Einwohner (1994):* 30 000, 188 Ew. je km². *Städtische Bevölkerung (1992):* 46%. *Durchschnittliches Bevölkerungswachstum pro Jahr (1985–90):* 1,3%. *Bevölkerungsprojektion für 2000:* 33 300 Ew. *Ausländeranteil (1995):* 38%. *Religion (1992):* 86,3% Katholiken, 7,9% Protestanten. *Altersgliederung (1992):* unter 15 Jahre 19,4%, 15 bis unter 60 Jahre 67,0%, 60 und mehr Jahre 13,6%. *Lebenserwartung der Neugeborenen (1993):* männlich 74 Jahre, weiblich 81 Jahre. *BSP je Ew. (1991):* 33 000 US-$. *Arbeitslosenquote (1993):* 1,5%. *Währung:* 1 Schweizer Franken (sfr) = 100 Rappen (Rp). *Internationale Mitgliedschaften:* UNO, Europarat, OSZE.

Geschichte: Im Sept. 1990 wurde L. Mitgl. der UNO, im Mai 1991 (Voll-)Mitgl. der EFTA. Im April 1992 beschloß der Landtag die verfassungsmäßige Verankerung der Gleichstellung von Mann und Frau (in Kraft seit dem 14. 8. 1992). Am 13. 12. 1992 stimmte die Bev. für den Beitritt zum Europ. Wirtschaftsraum. Seit 1992 kam es zu Kompetenzstreitigkeiten zw. Fürst HANS ADAM einerseits sowie dem Landtag und der Landesregierung andererseits.

Lien Chan [liɛn tʃan], chin. Politiker auf Taiwan, *Xi'an 27. 8. 1936; Politologe und Jurist; 1981–87 Verkehrs-Min., 1987–88 Vize-Präs., 1988–90 Außen-Min., 1990–93 Gouv. der Prov. Taiwan; seit den 1980er Jahren im ständigen Ausschuß des ZK der Kuo-min-tang; seit Febr. 1993 Ministerpräsident.

*Lietzau, Hans, Regisseur und Theaterleiter: † Berlin 30. 11. 1991.

LIGA-Technik, Verfahren der →Mikrotechnik zur Herstellung hochpräziser dreidimensionaler Mikrostrukturen aus unterschiedl. Materialien in großen Stückzahlen. Die Abk. LIGA steht für die drei Hauptprozeßschritte **L**ithographie, **G**alvanoformung und **A**bformung. Die LIGA-T. wurde in den 1980er Jahren von WOLFGANG EHRFELD (* 1938) in Dtl. entwickelt.

Im Lithographieschritt (▷ Lithographie 2) wird eine strahlungsempfindl. Polymerschicht (üblicherweise als Resist bezeichnet; ▷ Photolacke), deren Dicke einige Mikrometer bis einige Millimeter betragen kann, durch Belichten mit energiereicher Strahlung und nachfolgendes naßchem. Entwickeln strukturiert. Dies erfolgt vorwiegend mittels Röntgentiefenlithographie, d. h., man durchstrahlt eine geeignete Maske mit Röntgenstrahlung und überträgt so das Maskenmuster (Absorberstruktur) per ›Schattenwurf‹ in den Resist. Dabei werden die Resistmoleküle entweder in lösl. Bruchstücke zerlegt (Positivresist) oder sie reagieren chemisch miteinander und werden unlöslich (Negativresist). Das Ergebnis der Entwicklung ist in beiden Fällen ein Resistrelief. Eine eher ›scharfe‹ Strukturübertragung wird zum einen gewährleistet durch die geringe Wellenlänge der Röntgenstrahlung, wodurch die Beugungseffekte an den Kanten der Absorberstrukturen der Maske sehr gering bleiben, zum anderen durch die Verwendung von Röntgenstrahlung extrem geringer Divergenz, wie sie als ▷ Synchrotronstrahlung zur Verfügung steht.

Im zweiten Schritt wird die elektrisch leitfähige Substratplatte, auf der sich der Resist befindet, in ein Galvanikbad eingebracht und als Elektrode geschaltet, um in den strukturierten Resistzwischenräumen Metall abzuscheiden (▷ Galvanoplastik). Löst man die entstandene Metallstruktur vom Substrat und entfernt den verbliebenen Resist, hat man ein Metallnegativ der ursprüngl. Resiststruktur vorliegen.

Das Metallnegativ kann jetzt als Teil eines Formwerkzeugs (→Abformverfahren) dienen, um das ursprüngl. Resistrelief in anderen Materialien zu replizieren. So kann die Metallform als Teil des Formeneinsatzes einer Spritzgußmaschine oder als Teil eines Prägestempels verwendet werden. Mit diesen Werkzeugen ist dann die Fertigung großer Stückzahlen möglich. Verwendbar sind Thermoplaste, Duroplaste und auch keram. Massen. Metall- und keram. Mikrostrukturen lassen sich ebenfalls herstellen, indem man von den massengefertigten Kunststoffteilen ausgeht und diese in einem weiteren Schritt galvanisiert oder sie z. B. über ein Schlickergußverfahren und nachfolgendes Brennen als ›verlorene Form‹ benutzt. Je nach Geometrie der Strukturen sind durch die LIGA-T. Aspektverhältnisse (Verhältnis Höhe zu Breite) bis zu 50 erzielbar. Die laterale Genauigkeit liegt bei 0,1 μm, die Rauhigkeit der senkrecht stehenden Oberflächen ist so gut, daß sie deren Verwendung für opt. Zwecke erlaubt.

Variationen des beschriebenen Prozeßablaufs erweitern die zugängliche Strukturvielfalt oder nutzen andere Verfahrensschritte. Durch Kippen von Resistschicht und Maske relativ zur Auftreffrichtung der Strahlung können im Lithographieschritt z. B. auch geneigte Strukturen erzeugt werden. Mehrere derartige Belichtungen aus verschiedenen Richtungen liefern trapezoide, pyramidale oder kegelförmige Strukturen.

Röntgenstrahlung
Resist
Grundplatte
Absorberstruktur
1 Maskenmembran

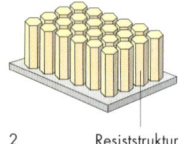
2 Reststruktur

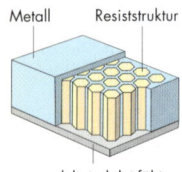
Metall Reststruktur
elektrisch leitfähige
3 Grundplatte

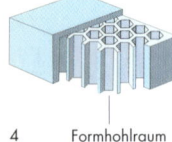
4 Formhohlraum

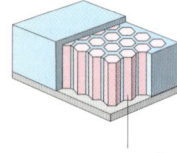
Kunststoff
5 (Formmasse)

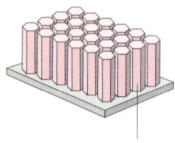
6 Kunststoffstruktur

LIGA-Technik: Schematische Darstellung der Prozeßschritte; **1** Bestrahlung, **2** Entwicklung, **3** Galvanoformung, **4** Formeinsatz, **5** Formfüllung, **6** Entformung

Die Übertragung der hohen Präzision der Röntgenlithographie auf unterschiedl. Materialien und das Potential zur Massenfertigung solcher Mikrostrukturen machen die LIGA-T. zu einem der aussichtsreichsten und wirtschaftlichsten Verfahren der Mikro- und Mikrosystemtechnik; z. B. werden Einzelteile stark miniaturisierter Elektromotoren, Komponenten zur hochgenauen Positionierung von opt. Fasern oder kleinste Flüssigkeitssensoren mit LIGA-T. hergestellt.

*Ligeti, György, österr. Komponist ungar. Herkunft: Lehrte bis 1989 an der Musikhochschule in Hamburg. Neuere Kompositionen: u. a. Violinkonzert (1990); ›Mysteries of the Macabre‹ für Trompete und Orchester (1992; Version für Sopran und Orchester, 1994).

*Lillehammer: Die Stadt in Norwegen war Austragungsort der Olymp. Winterspiele 1994.

Linke, Susanne, Tänzerin, Choreographin und Ballettchefin, *Lüneburg 19. 6. 1944; war nach ihrem Studium am Mary-Wigman-Studio in Berlin und an der Essener Folkwang-Schule zunächst Tänzerin am Folkwang-Tanzstudio, entwickelte dort zw. 1975 und 1985 als Choreographin einen spezif. Personalstil, der die Auseinandersetzung mit dem dt. Ausdruckstanz und dem amerikan. Modern dance erkennen läßt. 1994/95 übernahm sie mit URS DIETRICH (* 1958) die Leitung des Bremer Tanztheaters.
Choreographien: Im Bade wannen (1980); Schritte verfolgen (1985); Affectos Humanos (1987); Ruhr-Ort (1981); Dialog I+II (1993); Märk. Landschaft (1994).

Lipa, Abk. **lp,** kleine Währungseinheit von Kroatien seit 1994, 100 L. = 1 Kuna (K).

*Li Peng, chin. Politiker: Im Sept. 1990 gab er das Amt des Vors. der Staatl. Kommission zur Reform der Wirtschaftsstruktur ab. Am 27. 3. 1993 wurde er für weitere fünf Jahre im Amt des MinPräs. bestätigt. Politisch hielt er auch nach dem Zusammenbruch der Sowjetunion an der marxistisch-leninist. Gesellschaftsdoktrin fest, ging aber von der starren Planwirtschaft zu einer ›sozialist. Marktwirtschaft‹ über.

*Liquiditätspapiere: Erstmals im März 1993 hat die Dt. Bundesbank von der Möglichkeit Gebrauch gemacht, L. in der Form von **Bundesbank-Liquiditäts-U-Schätzen** (Abk. **Bulis**) mit Laufzeiten von rd. 3, 6 und 9 Monaten im ▷Tenderverfahren nicht nur inländ. Banken, sondern auch Nichtbanken (Privatlegern) und ausländ. Interessenten anzubieten. Bereits im Sept. 1994 stellte die Dt. Bundesbank allerdings ihre Buli-Auktionen wieder ein, da es nach ihrer Einschätzung nicht gelang, diese Papiere in nennenswertem Umfang bei inländ. Nichtbanken zu plazieren.

Lissouba [-'suː-], Pascal, Politiker in Kongo, *Tsinguidi 15. 11. 1931; ab 1961 Chef des Landwirtschaftsdienstes in Brazzaville; 1963–66 Premier-Min., Min. für Landwirtschaft sowie Min. für Industrie und Handel. Seit 1966 Prof. in Brazzaville, bekleidete er 1968/69 zeitweise Ministerämter, von denen er jedoch unter dem Vorwurf der Beteiligung an Putschplänen zurücktreten mußte. In der Folge der Ermordung Präs. NGOUABIS 1977 unter dem Vorwurf der Komplizenschaft zu lebenslängl. Haft verurteilt, wurde L. bald darauf des Landes verwiesen. Er leitete 1981–90 das UNESCO-Büro in Nairobi. 1991 kehrte L., der sich in den Jahren des Exils vom Marxisten zum Verfechter des polit. Pluralismus gewandelt hatte, nach Brazzaville zurück und gründete die ›Union Panafricaine pour la Démocratie Sociale‹, die sich in den Wahlen des Jahres 1991 als stärkste Partei etabliere. Im Aug. 1992 wurde L. zum Staatspräs. gewählt.

*Litaize, Gaston, frz. Organist und Komponist: † Ménil-sur-Belvitte (Dép. Vosges) 5. 8. 1991.

*Litas: 1993 führte die unabhängige Rep. Litauen den L. (Abk. LTL) wieder als Währungseinheit ein, 1 L. = 100 Centai (ct).

Ligeti – Litauen **Lita**

Litauen
Fläche: 65 300 km²
Einwohner: (1994) 3,706 Mio. Ew.
Hauptstadt: Vilnius (dt. Wilna)
Amtssprache: Litauisch
Nationalfeiertage: 16. 2. und 11. 3.
Währung: 1 Litas (LTL) = 100 Centai (ct; Sg. Centas)
Zeitzone: OEZ

Litauen, litauisch **Lietuva,** amtlich litauisch **Lietuvos Respublika,** dt. **Litauische Republik,** bis 11. 3. 1990 ▷ Litauische Sozialistische Sowjetrepublik, Staat in NO-Europa, mit einer Fläche von 65 300 km² und einer Einwohnerzahl von (1994) 3,706 Mio. größte, bevölkerungsreichste und am dichtesten besiedelte der drei balt. Republiken; im N grenzt L. an Lettland, im O und SO an Weißrußland, im SW an Polen und an das Gebiet Kaliningrad der Russ. Föderation; die Küstengrenze zur Ostsee im W beträgt 99 km. Hauptstadt ist Vilnius (dt. Wilna), Amtssprache ist Litauisch. Währung ist der Litas (seit 31. 3. 1994 einseitig an den US-$ gebunden); Zeitzone: OEZ.

STAAT · RECHT

Verfassung: Das zugleich mit der Unabhängigkeitserklärung im März 1990 in Kraft gesetzte Vorläufige Grundgesetz ist am 2. 11. 1992 durch eine endgültige Verf. ersetzt worden, die am 13. 10. vom Parlament verabschiedet und am 25. 10. 1992 durch eine Volksabstimmung bestätigt wurde. Die neue Verf. entspricht rechtsstaatlich-demokrat. Maßstäben und gewährleistet den international übl. Menschenrechtsstandard. Die Rechte der nat. Minderheiten sind in einem Gesetz vom 23. 11. 1989 geregelt.

Das Regierungssystem L.s ist ein parlamentarisch-präsidentielles Mischsystem. Die gesetzgebende Gewalt liegt beim Seimas, dessen 141 Abg. laut Wahl-Ges. vom 9. 7. 1992 je zur Hälfte nach Mehrheits- (71) bzw. Verhältniswahl (70) gewählt werden, wobei im letzteren System eine 4%-Sperrklausel besteht, von der nat. Minderheitenparteien allerdings befreit sind. Die Legislaturperiode beträgt vier Jahre. Der Präs. der Rep. wird vom Volk für fünf Jahre gewählt und kann in unmittelbarer Folge nur einmal wiedergewählt werden. Der Präs. verfügt namentlich auf dem Gebiet der Außenpolitik und im Staatsnotstand über beacht. Leitungsbefugnisse. Seine Anordnungen bedürfen nur ausnahmsweise der Gegenzeichnung. Ihm steht das Recht der Gesetzesinitiative zu, und er kann gegen Gesetzesbeschlüsse ein suspensives Veto einlegen, das allerdings vom Parlament zurückgewiesen werden kann. Hat der Präs. das Parlament aufgelöst, so kann das neu zusammengetretene Parlament binnen 30 Tagen mit qualifizierter Mehrheit die Ausschreibung neuer Präsidentenwahlen beschließen. Die Regierungsbildung vollzieht sich so, daß der Staatspräs. den MinPräs. mit Zustimmung des Parlaments ernennt und mit der Regierungsbildung beauftragt. Dieser präsentiert dem Parlament innerhalb von 15 Tagen die vom Staatspräs. gebilligte Kabinettsliste und das Regierungsprogramm. Für die parlamentar. Investitur genügt die Mehrheit der anwesenden Abg. Wenn das Parlament das Programm nicht innerhalb von 30 Tagen billigt oder innerhalb von 60 Tagen zweimal ablehnt, kann der Präs. das Parlament auflösen. Ein Mißtrauensvotum gegen den Reg.-Chef, die Reg. oder einzelne Min. kann vom Parlament im Anschluß an eine Interpellation beschlossen werden. Während das individuelle Mißtrauensvotum zwingend zum Rück-

Litauen

Staatswappen

Nationalflagge

Internationales Kfz-Kennzeichen

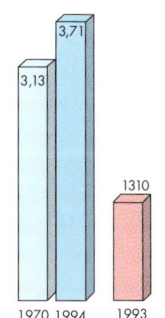
Bevölkerung (in Mio.) | Bruttosozialprodukt je Ew. (in US-$)

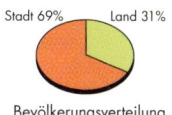
Bevölkerungsverteilung 1993

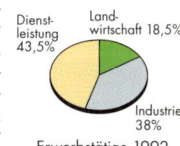
Erwerbstätige 1992

463

Lita Litauen

tritt des Min. führt, hat die Reg. in den erstgenannten Fällen die Wahl zw. dem Rücktritt und dem Ersuchen an den Staatspräs., das Parlament aufzulösen. Der Staatspräs. kann seinerseits die Reg. mit Zustimmung des Parlaments entlassen.

Ein Verf.-Gericht besteht seit dem Frühjahr 1993. Es setzt sich aus neun Verf.-Richtern zusammen, die vom Parlament für neun Jahre gewählt werden, und zwar je drei auf Vorschlag des Staatspräs., des Parlaments-Präs. und des Präs. des obersten Gerichts; eine Wiederwahl ist ausgeschlossen. Hauptaufgabe des Verf.-Gerichts ist die abstrakte und konkrete Normenkontrolle. Eine Verf.-Beschwerde gibt es nicht. Demgegenüber hat der Seimas Ende 1994 fünf Parlamentskontrolleure (je zwei für die Staatsverwaltung bzw. die kommunale Selbstverwaltung und einen für die Streitkräfte) bestellt, bei denen sich die Bürger wegen Fehlverhaltens von Amtspersonen beschweren können.

Parteien: Trägerin der Unabhängigkeitsbestrebungen war ›Sajudis‹ (dt. ›Bewegung‹, gegr. 1988). Die aus der Gesamtorganisation der KPdSU 1989 ausgetretene litauische KP-Organisation förderte ebenfalls – im Rahmen sozialist. Vorstellungen – den Unabhängigkeitsprozeß; sie nannte sich 1990 in ›Litauische Demokrat. Arbeiterpartei‹ um und ist seit 1992 stärkste Partei im Parlament, mit Abstand gefolgt von ›Sajudis‹. 1989 wurden neu konstituiert: die ›Litauische Christlich-Demokrat. Partei‹ (gegr. 1904), die ›Litauische Sozialdemokrat. Partei‹ (gegr. 1896, Mitgl. der Sozialist. Internationale) und die ›Litauische Demokrat. Partei‹ (gegr. 1902). Die ›Litauische Union der polit. Gefangenen und Deportierten‹ (entstanden 1989/90) vertritt die aus L. in die Sowjetunion Deportierten. Die ›Union der Polen in L.‹ setzt sich v. a. für die poln. Minderheit ein. 1989 entstand die ›Litauische Grüne Partei‹.

Wappen: Das am 20. 3. 1990 wieder eingeführte Wappen ist bereits seit dem 14. Jh. belegt. Es zeigt einen roten Schild mit einem auf einem silbernen Pferd sitzenden silbernen Ritter (Vytis oder Vyciai), der rechts ein silbernes Schwert, links einen blauen Schild mit goldenem Doppelkreuz (Patriarchenkreuz) führt.

Nationalfeiertage sind der 16. 2. (Wiederherstellung des litauischen Staates 1918) und der 11. 3. (Unabhängigkeitserklärung 1990).

Verwaltung: L. ist in 10 Bezirke (apskritis) eingeteilt, die sich in 12 Städte und 44 Landkreise (rajono) gliedern, in denen etwa 450 Siedlungen und Dörfer bestehen. Auf der Grundlage der Gesetzgebung über die örtl. Selbstverwaltung vom Juli 1994 ist die kommunale Selbstverwaltung eingeführt und die staatl. Verw. reorganisiert worden. Beschlußorgane der Selbstverwaltung sind die Räte, die von der Bev. für die Dauer von zwei Jahren nach dem System der Verhältniswahl mit einer 4%-Sperrklausel gewählt werden. Sie wählen den Bürgermeister ebenfalls für zwei Jahre, der zugleich Vors. des Rates ist und die Verw. über einen von ihm ernannten Administrator leitet. Die Kommunen können auch eine kollegiale Leitung bilden. Die übertragenen staatl. Verw.-Aufgaben werden vom Bürgermeister wahrgenommen. Die Bezirke als regionale Ebene der Staatsverwaltung sind 1995 eingerichtet worden.

Litauen: Dünenlandschaft an der Kurischen Nehrung

Recht: Die Justiz ist auf der Grundlage der Verf. und des neuen Gerichtsverfassungsgesetzes vom Dez. 1994 im Laufe des Jahres 1995 grundlegend reformiert worden. Die zuvor nur aus den Amtsgerichten und dem Obersten Gericht bestehende ordentl. Gerichtsbarkeit ist durch die Errichtung von Bezirksgerichten und einem Appellationsgericht zu vier Instanzen erweitert worden. Die Richter sind unabhängig und werden auf Lebenszeit bestellt. Die Richter am Obersten Gericht werden auf Vorschlag des Staatspräs. vom Parlament gewählt. Die übrigen Richter werden vom Staatspräs. ernannt, wobei im Falle der Richter des Appellationsgerichts die Zustimmung des Parlaments einzuholen ist. Strafverfolgungs- und Anklagebehörde ist die Staatsanwaltschaft.

Streitkräfte: Die Gesamtstärke der Wehrpflichtarmee (Dienstzeit 12 Monate) beträgt etwa 5 500 Mann. Wichtigster Teil des Heeres ist die 5 000 Mann starke, in sieben Bataillone gegliederte Fallschirmjägerbrigade ›Delezinas Vilkas‹ (›Eiserner Wolf‹). Teilweise motorisiert, verfügt sie auch über einige Schützenpanzer BTR 60 und BRDM-2. Luftwaffe und Marine haben je 250 Soldaten. Hinzu kommen die paramilitär. Einheiten der Heimwehr (›SKAT‹, 11 000 Angehörige, gegliedert in acht ›Brigaden‹) und des Grenzschutzdienstes (›VSAT‹, 5 000 Mann). Die Ausrüstung umfaßt neben leichten Waffen einige Schul- und Transportflugzeuge, zwei Kleine Fregatten, zwei U-Jagd-Boote sowie drei Patrouillenfahrzeuge.

Internationale Mitgliedschaften: UNO, OSZE, Europarat.

LANDESNATUR · BEVÖLKERUNG

Das im NW der Osteurop. Ebene gelegene Land ist geprägt von den Reliefformen der pleistozänen Inlandvereisung. Der 15 bis 20 km breite, von Dünen be-

Litauen: Übersichtskarte

Litauen

gleitete Küstenstreifen geht im S in die z. T. sumpfige Niederung an der unteren Memel über. Vor der südl. Küste liegt der litauische Anteil am Kurischen Haff und an der Kurischen Nehrung. Nach O steigt die Küstenniederung allmählich an und geht in die bis 234 m hohen Schamgaiter Höhen über. Der anschließende zentrale Landesteil wird von der z. T. versumpften, moorigen Mittellitauischen Tiefebene durchquert. Im O und SO steigt die hügelige, seenreiche Endmoränenlandschaft des Balt. Rückens leicht an. An der Grenze zu Weißrußland liegt die mit 292 m ü. M. höchste Erhebung des Landes.

L. liegt im Einzugsgebiet der mittleren und unteren Memel (litauisch Nemunas), deren wasserreicher nördl. Mündungsarm Ruß auf litauischem Gebiet mündet. Ein dichtes Flußnetz wasserreicher Flüsse durchzieht das Land; für die Schiffahrt werden allerdings nur 600 km genutzt. Die über 4 000 meist kleineren Seen nehmen etwa 1,5% der Landesfläche ein.

Klima: Maritime und kontinentale Einflüsse bestimmen in gleichem Maße das Klima. Durch den atlant. Einfluß sind bes. im W Sommer- und Wintertemperaturen gemäßigt; im östl. Landesteil nimmt die Kontinentalität merklich zu. Das langjährige Mittel der Januartemperaturen beträgt an der Ostseeküste 1,6 °C und im O des Landes −2,1 °C; die Durchschnittstemperaturen im Juli liegen bei 18 bzw. 19 °C. Die langjährige Niederschlagsmenge liegt im Jahresdurchschnitt an der Küste bei etwa 700 mm, in den östl. Regionen bei 490 mm.

Vegetation: Mehr als ein Viertel (28%) der Gesamtfläche des Landes ist von Wäldern bedeckt, die sich v. a. aus Kiefern (40%), Fichten (20%) und Birken (18%) zusammensetzen. Die größten Waldgebiete liegen im Südosten. 17% des Territoriums sind z. T. auch versumpfte Wiesen, etwa 4% Moore (überwiegend Flachmoore).

Bevölkerung: Unter den drei balt. Republiken ist L. nicht nur die bevölkerungsreichste, sondern auch mit 57 Ew. pro km² die am dichtesten besiedelte. Das bis 1989 anhaltend starke Bevölkerungswachstum hat sich in den letzten Jahren deutlich verlangsamt; seit 1992 nimmt die Bev.-Zahl sogar leicht ab. Die natürl. Wachstumsrate hat zwar noch positive Vorzeichen, aber die Zahl der Einwanderer ist gegenüber der der Auswanderer stark gesunken. Dichter besiedelt sind die Mitte und der SO des Landes mit den beiden Städten Vilnius und Kaunas.

In L. vollzieht sich ein deutl. Urbanisierungsprozeß. Lag der Anteil der städt. Bev. an der gesamten Einwohnerzahl 1970 noch bei 50,2% (vor Beginn des Zweiten Weltkriegs bei 23%), so betrug er 1993 schon 68,5%. Die fünf größten Städte des Landes sind die Hauptstadt Vilnius mit (1993) 590 100 Ew., gefolgt von Kaunas (429 000 Ew.), Klaipėda (dt. Memel, 206 400 Ew.), Šiauliai (dt. Schaulen, 147 800 Ew.) und Panevėžys (132 000 Ew.).

Im Vergleich zu den anderen balt. Staaten hat L. weniger mit Minderheitenproblemen zu kämpfen. Litauer stellen mit (1989) 79,6% den weitaus größten Teil der Ew. des Landes; danach folgen Russen (9,4%), Polen (7,0%), Weißrussen (1,7%) und Ukrainer (1,2%). Russisch geprägt sind nur die Gebiete um das Kernkraftwerk Ignalina im O des Landes und um die Erdölraffinerie in Mažeikiai im Norden. Gespannter ist das Verhältnis zw. Litauern und der poln. Minderheit im SO, bes. in der Hauptstadt Vilnius, deren Geschichte immer mit der Geschichte Polens verknüpft war.

Religion: 90% der Bev. sind katholisch; eine Minderheit gehört zur evangelisch-luther. Kirche.

Bildungswesen: Die allgemeinbildende Mittelstufe umfaßt neun Schuljahre, die 2 105 Schulen haben (1992/93) 486 500 Schüler. Unterrichtssprache ist überwiegend Litauisch, daneben auch Russisch, Polnisch und Jiddisch. Die vollständige Mittelschule umfaßt 12 Schuljahre, ein mittlerer Abschluß kann nach 10, das Abitur nach 12 Jahren erworben werden. Das Abitur kann auch auf den (1992/93: 63) mittleren Fachschulen (mit 29 800 Schülern) erworben werden. Die 104 beruflich-techn. Schulen (bis drei Schuljahre) haben 42 000 Schüler (1992/93). Privatschulen können seit 1991 eröffnet werden. Die Forschung ist an der Litauischen Akademie der Wissenschaften in Vilnius angesiedelt. L. besitzt in Vilnius und Kaunas je eine Univ. und eine TU, fünf ihnen gleichgestellte Hochschuleinrichtungen mit insgesamt 55 000 Studierenden. Die Ausgaben für das Bildungswesen beliefen sich (1992) auf 15 308,6 Mrd. Rbl. (18,9% des öffentl. Haushalts).

Klimadaten von Kaunas (75 m ü. M.)					
Monat	Mittleres tägl. Temperaturmaximum in °C	Mittlere Niederschlagsmenge in mm	Mittlere Anzahl der Tage mit Niederschlag	Mittlere tägl. Sonnenscheindauer in Stunden	Relative Luftfeuchtigkeit nachmittags in %
I	−4,0	33	16	1,3	87
II	−2,8	35	15	2,0	84
III	1,8	29	14	4,4	79
IV	11,0	40	13	6,2	75
V	17,5	49	13	8,3	69
VI	21,6	69	13	9,2	70
VII	22,8	98	13	8,8	75
VIII	22,0	92	15	7,5	78
IX	18,0	57	13	5,6	81
X	11,5	48	14	3,2	85
XI	4,2	39	16	1,2	88
XII	−2,0	36	16	1,0	88
I–XII	10,1	625	173	4,9	80

Publizistik: Presse: 1991 erschienen 456 Zeitungen und 104 Zeitschriften, davon 414 bzw. 100 in Litauisch. Zu den Tageszeitungen gehören ›Lietuvos rytas‹ (gegr. 1990; Auflage: 240 000), ›Respublika‹ (1989; 230 000), ›Lietuvos aidas‹ (gegr. 1917, wiedergegr. 1990; 110 000) und das die LDAP unterstützende Blatt ›Tiesa‹ (1917; 110 000). – *Nachrichtenagentur:* Lithuanian Telegraph Agency‹ (ELTA), Vilnius, gegr. 1920. – Der *Rundfunk* ist staatlich organisiert.

WIRTSCHAFT · VERKEHR

Wirtschaft: Seit der Unabhängigkeit 1991 hat sich die wirtschaftl. Lage L.s erheblich verschlechtert. In den Jahren 1992/93 ging das Bruttoinlandsprodukt (BIP) um 39% bzw. um 17% gegenüber dem Vorjahr zurück. Die weitere Entwicklung wird gehemmt durch einen Mangel an Rohstoffen (einschließlich Erdöl und Erdgas), den Rückgang des Warenaustauschs mit den anderen Nachfolgestaaten der UdSSR sowie durch die Notwendigkeit, die Importe in konvertibler Währungen zu Weltmarktpreisen zu zahlen. Außerdem stieg die Inflationsrate 1992 auf 1 163%. Im Juni 1993 verließ L. die Rubelzone und führte als eigene Währung den Litas ein. Die Hyperinflation konnte zwar gebremst werden, die jährl. Teuerung lag im Gesamtjahr 1993 aber immer noch bei 410%, 1994 bei 45%. Eine 1992 vom Internat. Währungsfonds und der litauischen Reg. initiierte Wirtschaftsreform enthält Maßnahmen zur Privatisierung von Staatsbetrieben, zur Förderung ausländ. Investitionen und zur Reform des Bankensystems. 1993 war L., gemessen am Bruttosozialprodukt (BSP) je Ew. von 1 320 US-$, das ärmste Land der balt. Staaten.

Landwirtschaft: 1992 arbeiteten 18,5% der Erwerbstätigen im Agrarsektor, der (1993) 21% zur Entste-

Lita Litauen

hung des BIP beitrug. Wichtigste Anbauprodukte sind neben Futterpflanzen für die Viehwirtschaft, die einen Anteil von mehr als 50% an der landwirtschaftl. Gesamtproduktion aufweist, Getreide (v. a. Weizen und Gerste), Zuckerrüben, Kartoffeln und Gemüse, wobei die fruchtbarsten Böden im Zentrum des Landes liegen. Mitte 1993 waren 80% der ehem. landwirtschaftl. Staatsbetriebe in Privatbesitz übergegangen.

Litauen: Wasserburg Trakei im Gavlessee, westlich von Wilna

Bodenschätze: L. ist arm an Rohstoffen. Lediglich geringe Mengen an Erdöl, Erdgas und Torf sowie Baumaterialien wie Kalkstein, Kies, Lehm und Sand werden abgebaut.

Energiewirtschaft: L. verfügt nur über ein geringes Potential an Brennstoffreserven, so daß Rohöl, Erdgas und Kohle v. a. aus Rußland, Weißrußland und der Ukraine importiert werden müssen. Demgegenüber wird mit Hilfe von Kern-, Wasser- und Wärmekraftwerken weit über den Landesbedarf hinaus elektr. Energie erzeugt. So kann etwa die Hälfte der produzierten Energie exportiert werden, wobei als Abnehmer Weißrußland, Lettland und das Gebiet um Königsberg dominieren. Das umstrittene Kernkraftwerk Ignalina im O des Landes ist vom gleichen Bautyp wie der Reaktor von Tschernobyl. Trotz erhebl. Umweltbelastungen und größter Sicherheitsbedenken ist es weiterhin am Netz; 1990 produzierte es 60% der gesamten elektr. Energie. In Mažeikiai nahe der Grenze zu Lettland befindet sich die einzige Erdölraffinerie des Baltikums, deren Produktionskapazität den Eigenbedarf L.s um das Doppelte übersteigt.

Industrie: Die eigentl. Industrialisierung L.s begann erst nach dem Zweiten Weltkrieg. Sie orientierte sich jedoch weniger an den eigenen Bedürfnissen als an den Interessen der gesamten UdSSR und brachte damit L. in große Abhängigkeit vom sowjet. Markt. So gab es eine große Zahl spezialisierter Großbetriebe, die der ständigen Zulieferung von Rohstoffen und Halbfertigfabrikaten bedurften. Vielfach wurden Zwischenprodukte hergestellt, die zur Weiterverarbeitung in anderen Unions-Rep. bestimmt waren. Der Industriesektor (einschließlich Bergbau) beschäftigte 1992 38% der Erwerbstätigen und erwirtschaftete 1993 41% des BIP. Gemessen am industriellen Produktionswert sind die Nahrungsmittelindustrie, die Energiewirtschaft und die Textilindustrie die wichtigsten Branchen. Als bedeutende Industriestandorte sind Vilnius, Kaunas und Klaipėda zu nennen.

Tourismus: Tourist. Anziehungspunkte sind die Altstädte von Vilnius, Kaunas und Klaipėda sowie einige Badeorte. Allerdings verhindert die Einleitung ungeklärter Abwässer die Nutzung weiter Strandabschnitte, v. a. am Kurischen Haff.

Außenwirtschaft: L. hat seit der Unabhängigkeit eine positive Außenhandelsbilanz vorzuweisen (Einfuhrwert 1993: 486 Mio. US-$, Ausfuhrwert: 696 Mio. US-$). Unter den Exportgütern dominieren Maschinen, Nahrungsmittel, Produkte der Leichtindustrie, Holz und Papier. 1993 war Rußland mit einem Außenhandelsanteil von 36% der wichtigste Handelspartner, gefolgt von Dtl., Weißrußland und der Ukraine.

Verkehr: Als Ostseeanrainer nahm L. von jeher eine verkehrspolit. Brückenfunktion zw. Rußland und Mitteleuropa ein, so daß die Verkehrswege v. a. in ostwestl. Richtung angelegt sind. Das Eisenbahnnetz hatte 1992 eine Gesamtlänge von 2000 km, das Straßennetz war 44 500 km lang (u. a. zweispurige Autobahn zw. Vilnius und Klaipėda). Mit dem Bau einer durchgehenden Verbindung von Sankt Petersburg über Tallinn, Riga und Kaunas nach Warschau (›Via Baltica‹) sollen die balt. Staaten besser an das mitteleurop. Straßennetz angebunden werden. Einziger Überseehafen ist Klaipėda. Internat. Flughäfen gibt es bei Vilnius und Šiauliai.

GESCHICHTE

Im Jan. 1991 suchten die zentralen sowjet. Instanzen mit militär. Aktionen (Verhängung des Ausnahmezustands in Vilnius) die Unabhängigkeitsbewegung zu unterdrücken; dabei kam es zu Toten und Verletzten unter der Zivil-Bev., die sich den sowjet. Aktionen entgegenstellte. In dieser Situation übernahm GEDIMAS VAGNORIUS das Amt des MinPräs. (Jan. 1991 bis Juli 1992). Im Ggs. zur sowjet. Zentralregierung unter Präs. M. S. GORBATSCHOW erkannte der damalige Präs. des Volksdeputiertenkongresses der Russ. SFSR, B. N. JELZIN, am 13. 1. 1991 die Souveränität der balt. Staaten an. Am 10. 2. 1991 sprach sich die Bev. mit großer Mehrheit (90,5%) für eine ›unabhängige demokrat. Republik‹ aus. In einem Freundschaftsvertrag mit L. (29. 7. 1991) bestätigte Rußland die litauische Souveränität. Nach dem (gescheiterten) Putsch orthodox-kommunist. Kräfte in Moskau (19.–21. 8. 1991) verbot die litauische Regierung die KP. Mit der Anerkennung der litauischen Souveränität durch die sowjet. Führung unter Präs. GORBATSCHOW am 6. 9. 1991 erreichte die litauische Unabhängigkeitsbewegung endgültig ihr Ziel.

Im Mai 1992 scheiterte der Versuch des Präs. V. LANDSBERGIS und seiner Sajudis-Bewegung, das Präsidialsystem einzuführen. Bei den am 25. 10. 1992 stattfindenden Wahlen zur Seimas, bei denen alle Personen wahlberechtigt waren, die vor dem 1. 1. 1989 ihren Wohnsitz in L. hatten, gewann die Litauische Demokrat. Arbeiterpartei (LDAP; Nachfolgeorganisation der KP) die absolute Mehrheit. Bei den Präsidentschaftswahlen vom 14. 2. 1993 siegte A. BRAZAUSKAS. Gemeinsam mit der Reg. unter MinPräs. ALFONSAS ŠLEŽEVIČIUS (* 1948) tritt er für einen vorsichtigen Übergang zur Marktwirtschaft ein. Parallel zu den Parlamentswahlen billigte die Bev. auch eine neue Verfassung.

Nach langwierigen Verhandlungen erreichte L. mit dem litauisch-russ. Vertrag vom 8. 9. 1992 über den Abzug der russ. Truppen bis zum 31. 8. 1993 ein wesentl. Ziel, da es in der Anwesenheit russ. (bis 1991 sowjet.) Streitkräfte eine Bedrohung seiner inneren Stabilität und Unabhängigkeit sah. An der Mitgliedschaft in der NATO stark interessiert, schloß sich L. am 27. 1. 1994 dem NATO-Programm ›Partnerschaft für den Frieden‹ an. Um der starken wirtschaftl. Abhängigkeit vom früheren sowjet. Wirtschaftsraum zu begegnen, strebt L. einerseits den Eintritt in die EU an, bemüht sich aber auch um vertraglich geordnete Wirtschaftsbeziehungen zu Rußland. Im Nov. 1993 unterzeichneten die MinPräs. L.s und Rußlands mehrere Verträge über den Ausbau der Wirtschaftsbeziehungen (Gewährung der Meistbegünstigungsklausel). Im Febr. 1994 schlossen die Präs. L.s und der Ukraine einen Vertrag über Freundschaft und Zusammenarbeit sowie mehrere Wirtschaftsverträge. Am 14. 5. 1993 wurde L. Mitgl. des Europarats. Am 18. 7. 1994 schloß L. ein Freihandelsabkommen (in Kraft seit 1. 1. 1995), am 12. 6. 1995 ein Assoziierungsabkommen (›Europaabkommen‹) mit der EG.

Angesichts starker Spannungen in der Vergangenheit zw. dem unabhängigen L. (1918–40) und Polen in der ▷ Wilnafrage gewinnt der am 26. 4. 1994 von den Präs. BRAZAUSKAS und L. WAŁĘSA unterzeichnete Vertrag über freundschaftl. Beziehungen und gutnachbarl. Zusammenarbeit eine große Bedeutung. Er anerkennt die bestehenden Grenzen; beide Seiten erklären, keine Gebietsansprüche gegeneinander zu haben; die Rechte der nat. Minderheiten sollen geachtet werden. Die Konflikte beider Staaten in der Vergangenheit werden bedauert, und die Anwendung von Gewalt in jener Zeit wird verurteilt.

litauische Literatur: Während der sowjet. Okkupation Litauens haben schon seit den 1970er Jahren Vertreter der älteren Generation wie EDUARDAS MIEŽELAITIS (*1919), JANINA DEGUTYTĖ (*1928), JUSTINAS MARCINKEVIČIUS (*1930) und JUDITA VAIČIŪNAITĖ (*1937) durch eine allmähliche inhaltl. und formale Hinwendung zur Moderne die Voraussetzungen dafür geschaffen, daß nach der Befreiung des Landes 1991 ein Anschluß an die internat. Strömungen der Literaturen erfolgen konnte, in der Lyrik u.a. durch DONALDAS KAJOKAS (*1948), JUOZAS ERLICKAS (*1953), ARDAS MARČĖNAS (*1955), in der Prosa durch VANDA JUKNAITĖ (*1949), RIČARDAS GAVELIS (*1950), LEONARDAS GUSTAUSKAS (*1954), JURGA IVANAUSKAITĖ (*1956).

Eine wichtige Rolle im literar. Leben Litauens nach der Befreiung spielt die Aufarbeitung der fast 50 Jahre dauernden kommunist. Vergangenheit und der nun meist positiv bewerteten Zeit der litauischen Republik zw. den beiden Weltkriegen. Eine nun möglich gewordene Rezeption der l. L. in der Emigration, deren Werke auch im Land selbst wieder gedruckt werden, trägt dazu bei, die dort vorhandenen neueren literar. Strömungen im Bewußtsein der jungen Generation zu verankern und sie zu einer selbständigen Weiterentwicklung anzuregen. Die l. L. in der Emigration (u. a. ANTANAS ŠKĖMA, *1919; ALGIRDAS LANDSBERGIS, *1923; KOSTAS OSTRAUSKAS, *1926; ALGIMANTAS MACKUS, *1932) wächst auf diese Weise wieder mit der l. L. in Litauen, die sich in ihrer Entwicklung beträchtlich von ihr entfernt hatte, zusammen.

Li Teng-hui, chin. Politiker, *N-Taiwan 15. 1. 1923; Agrarfachmann, 1978–81 Bürgermeister von T'aipei, 1981–84 Gouv. von Taiwan, 1984–88 Vize-Präs., seit 1988 Präs. der Rep. China (auf Taiwan).

*****Ljubimow,** Jurij Petrowitsch, Schauspieler und Regisseur sowjet. Herkunft: Wurde 1989 wieder Leiter des Taganka-Theaters in Moskau. Seit 1994 ist L. Chefregisseur der Oper Bonn.

Llamazares [ʎamaˈθares], Julio, span. Schriftsteller, *Vegamián (Prov. León) 28. 3. 1955; war kurze Zeit Rechtsanwalt, dann Journalist, trat mit ›La lentitud de los bueyes‹ (1979) und ›Memoria de la nieve‹ (1982) zunächst als Lyriker hervor. Danach veröffentlichte er Romane: ›Luna de lobos‹ (1985; dt. ›Wolfsmond‹), ›La lluvia amarilla‹ (1988; dt. ›Der gelbe Regen‹). In Erinnerung an das ländl. Spanien der Francozeit behandelt er in bestechender sprachl. Klarheit das Problem existentieller Einsamkeit.

Weitere Werke: *Essay:* El entierro de Genarín (1981). – *Reisebericht:* El río del olvido (1990). – *Journalist. Arbeiten (1983–91):* En Babia (1991). – *Roman:* Escenas de cine mudo (1994).

*****Lloyd's:** Das Auftreten großer Schäden und das sich über drei Jahre erstreckende Abrechnungsverfahren brachten Ende der 1980er Jahre einige Syndikate in finanzielle Probleme. Zahlreiche Names (Syndikatsmitglieder, die nur kapitalmäßig an der Risikotragung beteiligt sind) stehen nunmehr vor dem finanziellen Ruin und haben – erstmals in der Geschichte von L. – Schadenersatzprozesse wegen fahrlässiger Risikozeichnung gegen einzelne Institutionen und Personen von L. angestrengt. Deshalb veranlaßte das Lloyd's Committee tiefgreifende Reformen wie die Zulassung körperschaftl. Underwriter (seit 1. 1. 1994) und die Stärkung des finanziellen Reservefonds zur Ausweitung des Haftungskapitals und damit der Versicherungskapazität, die Gründung einer Rückversicherungsgesellschaft zur Übernahme der bis 1992 aufgelaufenen Altschulden sowie die Kreditierung von Zahlungsverpflichtungen der Names.

*****Lloyd Webber,** Sir (seit 1992) Andrew, brit. Komponist: Schuf mit ›Aspects of love‹ (1989) und ›Sunset boulevard‹ (1993) weitere publikumswirksame Musicals.

Loacker, Norbert, österr. Schriftsteller, *Altach (Vorarlberg) 22. 7. 1939; studierte Philosophie und Altphilologie, lebt als Lehrer in Zürich. L. wurde bekannt durch den philosophisch-utop. Roman ›Aipotu‹ (1980), der von der Suche nach der ›glückl. Insel Utopia‹ des T. MORE handelt. Schauplatz seines zweiten Romans, ›Die Vertreibung der Dämonen‹ (1984), ist die dem Florenz des 13. Jh. nachgebildete Stadt ›Città‹, deren Bewohner von einer unmenschl. Staatsbehörde beherrscht werden; eine Gruppe von Widerstandskämpfern entwirft als Gegenbild ein utop. Staatswesen, das sie mit Hilfe einer apokalypt. Sprengung zu erreichen hofft. L. schreibt auch Hörspiele (›Harry Mosers Friede‹, 1985; ›Come back Dracula‹, 1986) sowie Gedichte und Essays (›Idealismus‹, 1993).

Weiteres Werk: *Roman:* Maddalenas Musik (1995).

*****Löbau 2):** Der seit 3. 10. 1990 zum Land Sachsen gehörende Landkreis L. ging am 1. 8. 1994 im jetzigen Kr. Löbau-Zittau auf; die Gemeinden Cunewalde, Weigsdorf-Köblitz sowie Breitendorf (heute zu Hochkirch) wurden dem Kr. Bautzen eingegliedert. Die Stadt Löbau ist damit nicht mehr Kreisstadt.

Löbau-Zittau, 1. 8.–31. 12. 1994 **Sächsischer Oberlausitzkreis,** Landkreis im Reg.-Bez. Dresden, Sachsen, 699 km², (1995) 164 900 Ew.; Kreissitz ist Zittau. Das Kreisgebiet in der Oberlausitz grenzt im S an die Tschech. Rep.; im O ist die Lausitzer Neiße Grenzfluß zu Polen. Vor dem Zittauer Gebirge (Lausche 793 m ü. M.) mit dem Kurort Jonsdorf und dem Erholungs- und Wintersportort Oybin liegen das fruchtbare Zittauer Becken und das Lausitzer Bergland (Kottmar 583 m ü. M.), nördlich von Löbau das fruchtbare Lausitzer Gefilde. Landwirtschaftl. Anbauprodukte sind Getreide, Kartoffeln, Futterpflanzen und Hackfrüchte. Der Berzdorfer Braunkohlentagebau (im NO) befindet sich im Auslaufstadium. Die traditionelle Textilindustrie kam nach 1990 zum Erliegen. Die größten Städte sind Zittau (1995: 30 200 Ew.; mit Maschinenbau, elektrotechn. Industrie und den neuen Branchen Oberflächenveredelung und Umwelttechnik), Löbau (17 100 Ew.; Klavierfabrik) und Ebersbach (12 000 Ew.; Herstellung von Kristalleuchten); weitere Städte sind Bernstadt a. d. Eigen (Namenszusatz seit 1. 4. 1995 [a. d. = auf dem]), Herrnhut, Neugersdorf, Neusalza-Spremberg, Ostritz und Seifhennersdorf (Klavierfabrik). – Der Kreis wurde am 1. 8. 1994 aus den früheren Kreisen Zittau und Löbau (mit Ausnahme von drei Gemeinden) gebildet; eingegliedert wurden die Stadt Ostritz und die Gem. Schönau-Berzdorf a. d. Eigen (früher Kr. Görlitz).

*****Lobenstein 2):** Der seit 3. 10. 1990 zum Land Thüringen gehörende Landkreis L. ging am 1. 7. 1994 im

Lock Lockhart – London Symphony Orchestra

Saale-Orla-Kreis auf; die Stadt Lehesten und drei inzwischen in sie eingemeindete Gemeinden sowie Lothra (jetzt zu Dorfilm) wurden dem Kr. Saalfeld-Rudolstadt eingegliedert. Die Stadt Moorbad Lobenstein ist damit nicht mehr Kreisstadt.

*****Lockhart,** James, schott. Dirigent, Organist und Pianist: War bis 1991 Chefdirigent des Staatsorchesters Rhein. Philharmonie in Koblenz und wurde anschließend Direktor der Opernabteilung am Royal College of Music in London.

Lokomotive: OBEN Universallokomotive der Baureihe 127 ›EuroSprinter‹, die seit Herbst 1993 eingesetzt wird; UNTEN Diesellokomotive der Baureihe 240 DE 1024, eingesetzt seit 1990

*****Logothetis,** Anestis, österr. Komponist griech. Herkunft: † Wien 6. 1. 1994.

Lohnersatzleistungen, i. e. S. Sozialleistungen, die vorübergehenden Lohn- oder Gehaltsausfall ausgleichen sollen, z. B. Arbeitslosengeld, Arbeitslosenhilfe und Kurzarbeiter-, Schlechtwetter-, Konkursausfall- und Eingliederungsgeld; i. w. S. auch alle anderen vom Lohn abgeleiteten Sozialleistungen, auf die der Versicherte im Prinzip unbefristet Anspruch hat, wie z. B. die Altersrente.

*****Lohnfortzahlung:** Die L. wurde durch die →Entgeltfortzahlung abgelöst.

*****Lohnkostenzuschuß:** Die Arbeitsmarktpolitik hat seit der dt. Vereinigung den Zugang zu den L. der Bundesanstalt für Arbeit an Arbeitgeber zur berufl. Eingliederung von Arbeitnehmern, die arbeitslos oder von Arbeitslosigkeit bedroht sind, beträchtlich erweitert und erleichtert. Zielgruppen sind v. a. ältere Arbeitnehmer (1993: 633 Mio. DM) und Langzeitarbeitslose (1993: 227 Mio. DM). I. w. S. werden zu den L. auch die Lohnsubventionen im Rahmen der ›Produktiven Arbeitsförderung Ost‹ gezählt (§ 249h Arbeitsförderungsgesetz).

*****Lohnpfändung:** Die Pfändungsfreigrenzen sind durch Ges. vom 1. 4. 1992 angehoben worden. Das unpfändbare Arbeitseinkommen eines nicht unterhaltspflichtigen Ledigen beträgt danach 1 209 DM monatlich, die Höchstgrenze unpfändbaren Einkommens liegt bei 3 796 DM monatlich. (→Pfändungsschutz)

*****Lohnsteuer:** Der L.-Jahresausgleich wurde mit Wirkung ab 1991 abgeschafft. Soweit im L.-Verfahren während des Jahres zu viel Steuer erhoben worden ist, muß der L.-Erstattungsanspruch nunmehr durch einen Antrag auf Veranlagung zur Einkommensteuer

Luca Lombardi

Susanne Lothar

geltend gemacht werden. – Das L.-Aufkommen betrug (1994) 266,5 Mrd. DM.

In *Österreich* wurde ab 1994 die L.-Karte abgeschafft. Das 13. und 14. Monatsgehalt (Urlaubsgeld, Weihnachtsgratifikation) wird seit 1993 mit einem festen Steuersatz von 6 % besteuert.

*****Lohnsummensteuer:** In *Österreich* wurde die L. von 2 % durch eine ›Kommunalsteuer‹ genannte allgemeine L. in Höhe von 3 % für alle (nicht nur gewerbl.) Unternehmen ersetzt.

*****Lokomotive:** Mit der Baureihe 127 ›EuroSprinter‹ setzt die Dt. Bahn seit Herbst 1993 eine neue Generation leistungsstärkerer elektr. Universal-L. ein. Der ›EuroSprinter‹ erzielt bei einer Masse von 86 t eine Dauerleistung von 6,4 MW und 230 km/h Höchstgeschwindigkeit im Fahrbetrieb (Spitzengeschwindigkeit 310 km/h). Er besitzt vier durch Drehstrom-Asynchronmotoren einzeln angetriebene Radsätze und als Hauptbetriebsbremse eine Nutzbremse mit 6,4 MW elektr. Bremsleistung für die Netzrückspeisung. Technisch ähnl. Entwicklungen von Universal-L. in der Schweiz sind die Reihe 460 der Schweizer. Bundesbahnen (82 t, 6,1 MW, 230 km/h) und die davon abgeleitete Reihe 465 der Lötschbergbahn.

Seit 1990 setzt die Dt. Bahn als Baureihe 240 die Diesel-L. DE 1024 auch fahrplanmäßig ein. Der dieselelektr. Antrieb leistet 2 650 kW bei einer Höchstgeschwindigkeit von 160 km/h. Die sechs Radsätze werden jeweils einzeln durch einen Drehstrom-Asynchronmotor angetrieben. Als bes. leistungsstarke Diesel-L. verkehrt sie v. a. auf nicht elektrifizierten Strecken, die sonst in Doppeltraktion befahren werden.

*****Lombard,** Alain, frz. Dirigent: Wurde 1988 Musikdirektor des Orchestre National de Bordeaux-Aquitaine.

Lombardi, Luca, italien. Komponist, * Rom 24. 12. 1945; Sohn des Philosophen F. LOMBARDI; studierte in Rom, Florenz und Wien Klavier und ab 1968 in Köln Komposition u. a. bei K. STOCKHAUSEN und B. A. ZIMMERMANN sowie 1973 bei P. DESSAU in Berlin; lehrte 1973–93 an den Konservatorien Pesaro und Mailand. Der Mensch mit seinen polit., philosoph. und existentiellen Beziehungen zur Realität steht im Mittelpunkt seines kompositor. Schaffens. Er schrieb die Oper ›Faust. Un travestimento‹ (1991), drei Sinfonien (1975, 1981, 1993), ›Tui-Gesänge‹ (1977), Kantate ›Majakowski‹ (1980), ›Ophelia-Fragmente‹ (1982), ›Sisyphos I–III‹ für Sprecher und Ensemble (1984–89; nach Texten u. a. von A. CAMUS und HEINER MÜLLER), Streichquartett (1992), ›Jahreswechsel‹ für Ensemble (1994), Violakonzert (1994), ›Addii‹, Klaviertrio (1996). Er veröffentlichte ›Instrumentation in der Musik des 20. Jh.‹ (1985; mit W. GIESELER und R.-D. WEYER).

*****Lomé-Abkommen:** Das 4. L.-A. trat am 1. 9. 1991 in Kraft und hat eine Laufzeit von 1990 bis 2000. Da das Finanzprotokoll auf fünf Jahre beschränkt war, mußte 1994 ein neues Finanzprotokoll (8. Europ. Entwicklungsfonds, Abk. EEF) abgeschlossen werden. Der 8. EEF gilt seit dem 1. 3. 1995 für die zweite Fünfjahresperiode des L.-A. Für den Zeitraum 1996–2000 einigten sich EU und AKP-Staaten im Juli 1995 auf eine Gesamtsumme von 13,3 Mrd. ECU (rd. 25 Mrd. DM). Davon trägt Dtl. 3 Mrd. ECU (5,6 Mrd. DM). Gleichzeitig sicherte die EU den AKP-Staaten eine weitere Verbesserung des Zugangs zu den europ. Märkten zu, u. a. durch eine Senkung der Importzölle für Agrarprodukte. Außerdem will die EU zukünftig Finanzhilfen stärker als bisher vom Fortschritt der geförderten Projekte und der Einhaltung von Demokratie und Menschenrechten abhängig machen.

*****London Philharmonic Orchestra:** 1990 wurde FRANZ WELSER-MÖST (* 1960) Chefdirigent.

*****London Symphony Orchestra:** 1989 übernahm MICHAEL TILSON THOMAS (* 1944) die Leitung des

Longo ['lɔŋgoʊ], Robert, amerikan. Multimediakünstler, * New York 7. 1. 1953; monumentalisiert in seinen Photographien, Zeichnungen, Dingakkumulationen, Rauminstallationen, Videoarbeiten, aber auch mit seinen Auftritten bei Popgruppen das Lebensgefühl einer Generation, deren Leben sich zw. exzessivem Konsum und ekstat. Endzeitvision abspielt. In der Überzeichnung dieses Zustands, der in einem Niemandsland zw. Phantasie und Realität stattfindet, charakterisiert er die Isolation des einzelnen in einer Welt, in der alles verfügbar wird.

R. L., bearb. v. H. N. Fox, Ausst.-Kat. (Los Angeles, Calif., 1989).

Longobardi, Nino, italien. Maler, * Neapel 30. 11. 1953. Im gestisch-figurativen Farbauftrag formuliert er ein Menschenbild, dessen Pole Eros und Tod bilden. Im Spannungsfeld einer narrativen und einer abstrakten Malerei stehend, konzentriert sich L. auf die Erfindung figurativer Chiffren, die als sensible Symbole für Gefühle und Ängste stehen können.

***López Cobos,** Jesús, span. Dirigent: Übernahm neben seiner Tätigkeit in Cincinnati (Oh.) 1990 auch die Leitung des Kammerorchesters Lausanne.

***Lorde,** Audre Geraldine, amerikan. Lyrikerin: † Saint Croix (N. Y.) 17. 11. 1992.

***Lorentz,** Lore, Kabarettistin und Chansonniere: † Düsseldorf 22. 2. 1994.

***Lorentz,** Pare, amerikan. Dokumentarfilmregisseur und -produzent: † 4. 3. 1992.

***Lorenzen,** Paul, Philosoph und Mathematiker: † Göttingen 1. 10. 1994.

***Los Angeles Philharmonic Orchestra:** 1992 übernahm Esa-Pekka Salonen (* 1958) die Leitung des Orchesters.

***Loth,** Wilhelm, Bildhauer: † Darmstadt 17. 2. 1993.

Lothar, Susanne, Schauspielerin, * Hamburg 1960; Tochter der Schauspieler Hanns L. (* 1929, † 1967) und Ingrid Andree; spielte am Hamburger Thalia Theater und in Köln; seit 1986 gehört sie dem Ensemble des Dt. Schauspielhauses Hamburg an, wo sie (unter der Regie von P. Zadek) in der Rolle der Lulu (1988) großes Aufsehen erregte; übernahm auch Film- und Fernsehrollen.

Filme: Eisenhans (1983); Winckelmanns Reisen (1991); Der Berg (1991); Geschäfte (Fernsehfilm, 1995).

***Louis Ferdinand,** Prinz von Preußen: † Bremen 25. 9. 1994.

***Löw,** Reinhard, Philosoph: † Nürnberg 25. 8. 1994.

***Löwenthal,** Leo, Soziologe: † Berkeley (Calif.) 21. 1. 1993.

***Löwenthal,** Richard, Politikwissenschaftler: † Berlin 9. 8. 1991.

***Loy,** Myrna, amerikan. Filmschauspielerin: † New York 14. 12. 1993.

Loy, Rosetta, italien. Schriftstellerin, * Rom 1931; schildert in ihren Werken aus einer sehr weibl. Perspektive Wärme und Geborgenheit des Familienlebens, die im Ggs. zu den Schrecken der gleichzeitigen histor. Ereignisse stehen und diese zu relativieren scheinen.

Werke: Romane: La bicicletta (1974); La porta dell'acqua (1976); L'estate di Letuqué (1982); Le strade di polvere (1987, dt. Straßen aus Staub; Premio Viareggio 1987 u. Super-Campiello 1988); Sogni d'inverno (1992; dt. Winterträume). - *Erzählungen:* All'insaputa della notte (1984; dt. Im Ungewissen der Nacht).

***Lubac,** Henry Sonier de, frz. kath. Theologe: † Paris 4. 9. 1991.

***Lübben 1):** Der seit 3. 10. 1990 zu Brandenburg gehörende Landkreis L. ging am 6. 12. 1993 im neugebildeten Landkreis Dahme-Spreewald auf, dessen Kreisstadt die Stadt Lübben (Spreewald) – frühere Schreibung Lübben/Spreewald – wurde.

Robert Longo: Nun jedermann – für R. W. Fassbinder; 1982/83 (Aachen, Neue Galerie – Sammlung Ludwig; heutiger Standort: Budapest, Ludwig Museum)

***Lübbenau/Spreewald:** Das Braunkohlengroßkraftwerk wird 1996 stillgelegt.

***Lubbers,** Rudolphus (Ruud) Frans Marie, niederländ. Politiker: Verzichtete im Jan. 1994 auf die erneute Spitzenkandidatur für seine Partei bei den Parlamentswahlen im Mai 1994 und trat im Aug. von seinem Amt zurück. Er kandidierte erfolglos für das Amt des Präs. der Europ. Kommission (1994) und des GenSekr. der NATO (1995).

***Lübz 2):** Der seit 3. 10. 1990 zum Land Meckl.-Vorp. gehörende Landkreis ging am 12. 6. 1994 im Kr. Parchim auf. Die Stadt Lübz ist damit nicht mehr Kreisstadt.

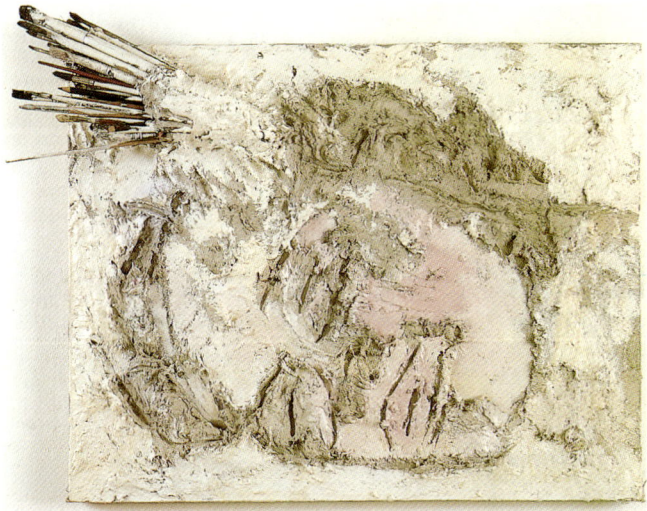

Nino Longobardi: Autoritratto (Selbstbildnis); 1983 (Privatbesitz)

Lucas ['luːkəs], Robert Emerson, jr., amerikan. Volkswirtschaftler, * Yakima (Wash.) 15. 9. 1937; Prof. an der Carnegie-Mellon University in Pittsburgh, Pa. (1970–75) und an der University of Chicago (seit 1975). L. erhielt 1995 den Nobelpreis für Wirtschaftswissenschaften für die Entwicklung und Anwendung der Theorie rationaler Erwartungen so-

Luce Lucebert – Luxemburg

Robert E. Lucas jr.

wie der damit zusammenhängenden grundlegenden Veränderungen in der makroökonom. Theorie und der theoret. Wirtschaftspolitik. Insbesondere integrierte der zur Chicago-Schule zählende L. die Theorie der rationalen Erwartungen in makroökonom. Modelle und gab eine theoretisch zufriedenstellende Erklärung für die von Monetaristen (u. a. M. FRIEDMAN) geäußerte Kritik am Verlauf der Phillips-Kurve, daß ein langfristiges Beschäftigungsniveau von der Stabilitätspolitik nicht beeinflußt werden kann. Nach L. sollen makroökonom. Modelle Gleichgewichtsmodelle mit rationalen Erwartungen sein, die ausschließlich von der Wirtschaftspolitik unabhängige Parameter enthalten und mikroökonomisch fundiert sind. Weiterhin entwickelte L. neue Modelle in der Konjunkturtheorie (Gleichgewichtstheorie für Konjunkturzyklen), der Ökonometrie und der Wachstumstheorie (Erklärung des techn. Fortschritts).
Werke: Models of business cycles (1987; dt. Theorie der Konjunkturzyklen); Recursive methods in economic dynamics (1989; mit N. L. STOKEY). – **Hg.:** Rational expectations and econometric practice (1981; mit T. J. SARGENT).

*****Lucebert,** niederländ. Schriftsteller und Maler: † Bergen 10. 5. 1994.

*****Luckau 2):** Der seit 3. 10. 1990 zum Land Brandenburg gehörende Landkreis ging am 6. 12. 1993 in den neugebildeten Landkreisen Dahme-Spreewald und (Stadt und Amt Dahme) Teltow-Fläming auf. Die Stadt Luckau ist damit nicht mehr Kreisstadt.

*****Luckenwalde 2):** Der seit 3. 10. 1990 zu Brandenburg gehörende Landkreis ging am 6. 12. 1993 im neugebildeten Landkreis Teltow-Fläming auf, dessen Kreisstadt die Stadt Luckenwalde wurde; die Gem. Niebel, Niebelhorst und Lühsdorf kamen zum Kr. Potsdam-Mittelmark.

Luckmann, Thomas, Soziologe, * Jesenice (Slowenien) 14. 10. 1927; wurde 1965 Prof. in Frankfurt am Main und lehrte 1970–94 an der Univ. Konstanz, seit 1990 zugleich als Prof. in Ljubljana. Seine Hauptarbeitsgebiete sind Religions-, Kultur- und Sprachsoziologie. Er schrieb mit ›The social construction of reality‹ (1966; dt. ›Die gesellschaftl. Konstruktion der Wirklichkeit‹, mit P. L. BERGER) einen der Grundlagentexte der neueren soziologischen Theoriebildung.
Weitere Werke: The invisible religion (1967; dt. Die unsichtbare Religion); Strukturen der Lebenswelt, 2 Bde. (1979–84, mit A. SCHÜTZ); Lebenswelt u. Gesellschaft (1980); Theorie des sozialen Handelns (1992). – **Hg.:** Berufssoziologie (1972, mit W. M. SPRONDEL); Phenomenology and sociology (1978); The changing face of religion (1989, mit J. A. BECKFORD).

Ludwig-Börne-Preis, von der Frankfurter Ludwig-Börne-Stiftung an deutschsprachige Autoren für besondere Verdienste in den Bereichen Essay, Kritik und Reportage jährlich verliehener Literaturpreis. Den erstmals 1993 vergebenen und mit 40 000 DM dotierten Preis erhielt J. KAISER. Weitere Preisträger: MARIE-LUISE SCHERER (*1938; 1994), M. REICH-RANICKI (1995).

*****Ludwigslust 2):** In den seit 3. 10. 1990 zum Land Meckl.-Vorp. gehörenden Landkreis L. wurden am 1. 8. 1992 die ehemals brandenburg. Gemeinden Dambeck und Brunow eingegliedert, die Stadt Lenzen und fünf weitere Gemeinden nach Brandenburg umgegliedert. Am 12. 6. 1994 (Kreisgebietsreform in Meckl.-Vorp.) wurden der Kr. Hagenow und Gebietsteile des Kr. Schwerin eingegliedert. – Der neugebildete Landkreis L., der an Schlesw.-Holst., Ndsachs. und Brandenburg sowie an die Landeshauptstadt Schwerin grenzt, umfaßt 2 517 km² und (1995) 125 700 Ew. Der Kreis liegt im südwestl. Vorland der Mecklenburg. Seenplatte, einem Moränengebiet mit Sanderflächen und breiten Flußniederungen (Boize-, Schaale-, Sude-, Rögnitztal, Naturpark Elbetal, Tal der Müritz-Elde-Wasserstraße). Die zw. dem Schaalsee und Boizenburg/Elbe gelegenen Granziner Höhen erreichen 103 m ü. M. Die Landwirtschaft ist auf den Anbau von Roggen, Kartoffeln und nachwachsenden Rohstoffen ausgerichtet. In den Städten findet sich vielfach Nahrungsmittelindustrie. Größte Städte sind Hagenow (1995: 12 900 Ew.), die Kreisstadt Ludwigslust (12 600 Ew.) und Boizenburg/Elbe (10 900 Ew.; Elbehafen mit Werft, Fliesenwerke), es folgen Grabow, Neustadt-Glewe, Wittenburg, Lübtheen, Dömitz (mit Elbehafen) und Zarrentin.

*****Luft,** Friedrich John, Schriftsteller und Kritiker: † Berlin 24. 12. 1990.

*****Luftverschmutzung:** Für Dtl. läßt sich bei fast allen Luftschadstoffen ein deutl. Rückgang feststellen, wobei diese Entwicklung in den alten und neuen Bundesländern unterschiedlich ausfiel. In den neuen Bundesländern hat die industrielle L., z. B. durch Schwefeldioxid (SO_2) und Staub, wegen Stillegungen bzw. Modernisierungen von Industrieanlagen stark abgenommen und die verkehrsbedingte L., z. B. durch Stickoxide (NO_x), zugenommen. In den alten Bundesländern hat sich die Kohlendioxidemission (CO_2-Emission) aufgrund eines gestiegenen Energieverbrauchs erhöht, wohingegen die L. mit NO_x, SO_2, Kohlenmonoxid (CO) und Staub aufgrund strenger gesetzl. Vorschriften zur Luftreinhaltung (→Bundesimmissionsschutzgesetz, ▷TA Luft) in der Industrie und im Straßenverkehr abnahm.
Im internat. Rahmen gewinnt der Klimaschutz als ein Teilgebiet der Luftreinhaltung eine immer größere Bedeutung (→UNCED, →Weltklimakonferenz).

Lugansk, ukrain. **Luhansk,** 1935–58 und 1970–90 **Woroschilowgrad, Vorošilovgrad** [-ʃi-], Gebietshauptstadt in der östl. Ukraine, (1992) 505 000 Ew.; mehrere Hochschulen; ältestes Industriezentrum des Donez-Steinkohlenbeckens mit v. a. Schwermaschinenbau, daneben Schienenfahrzeugbau, Rohrwalzwerk, chem., Textil- und Nahrungsmittelindustrie. – L. entstand ab 1795 mit dem Bau einer Gießerei und einer Kanonenfabrik.

Lukaschenka, Aleksandr Grigorjewitsch, weißruss. Politiker, * Kopys (Gebiet Mogiljow) 30. 8. 1954; war zunächst Funktionär des Komsomol, 1975–77 polit. Instrukteur bei den Grenztruppen des KGB, dann in versch. Funktionen im Partei- und Staatsapparat tätig; unterstützte den Putsch gegen Präs. M. S. GORBATSCHOW im Aug. 1991. L. wandte sich gegen die Gründung der Gemeinschaft Unabhängiger Staaten; er trug im Jan. 1994 als Vors. eines Antikorruptionsausschusses maßgeblich zum Sturz des Reformers S. SCHUSCHKEWITSCH als Staatsoberhaupt Weißrußlands bei. Am 10. 7. 1994 wurde er von der Bev. zum Staatspräs. gewählt.

Luma, Abk. **Lm,** kleine Währungseinheit der Rep. Armenien seit 1994, 100 L. = 1 Dram (ARD).

*****Lundkvist,** Nils Artur, schwed. Schriftsteller: † Stockholm 11. 12. 1991.

*****Luria,** Salvador Edward, amerikan. Mikrobiologe italien. Herkunft: † Lexington (Mass.) 6. 2. 1991.

*****Luther,** Adolf, Künstler: † Krefeld 20. 9. 1990.

*****Lüthi,** Max, schweizer. Literaturwissenschaftler und Volkskundler: † Zürich 20. 6. 1991.

*****Lutosławski,** Witold, poln. Komponist: † Warschau 7. 2. 1994.

*****Lutzenberger,** José António, brasilian. Ökologe und Politiker dt. Herkunft: Wurde am 21. 3. 1992 als Ressortleiter für Umweltfragen entlassen.

*****Lützkendorf,** Felix, Schriftsteller: † München 18. 11. 1990.

*****Luxemburg,** amtl. Namen: frz. **Grand-Duché de Luxembourg,** dt. **Großherzogtum L.,** letzeburgisch **Grand-Duché vu Lëtzebuerg,** Binnenstaat in Westeuropa.

Hauptstadt: Luxemburg. *Amtssprachen:* Französisch, Deutsch und Letzeburgisch. *Staatsfläche:* 2 586 km². *Bodennutzung (1992):* 550 km² Ackerland, 692 km² Dauergrünland, 886 km² Waldfläche. *Einwohner (1994):* 401 000, 155 Ew. je km². *Städtische Bevölkerung (1991):* 86%. *Durchschnittliches Bevölkerungswachstum pro Jahr (1985-93):* 1,0%. *Bevölkerungsprojektion für 2000:* 400 000 Ew. *Ausländer (1991):* Anteil an der Gesamtbevölkerung 30% (39 300 Portugiesen, 19 100 Italiener, 13 200 Franzosen, 10 300 Belgier, 8 900 Deutsche, 24 500 sonstige Ausländer). *Religion (1992):* 94,1% Katholiken. *Altersgliederung (1993):* unter 15 Jahre 17,9%, 15 bis unter 65 Jahre 68,5%, 65 und mehr Jahre 13,6%. *Lebenserwartung der Neugeborenen (1993):* 76 Jahre. *BSP je Ew. (1993):* 37 320 US-$. *BIP nach Sektoren/Produktionsstruktur (1990):* Landwirtschaft 2%, Industrie 35%, Dienstleistungen 63%. *Arbeitslosenquote (1994):* 2,7%. *Währung:* 1 Luxemburgischer Franc (lfr) = 100 Centimes (c). *Internationale Mitgliedschaften:* UNO, EU, Europarat, NATO, OECD, OSZE, WEU.

Geschichte: Im Zuge der Beteiligung an der Schaffung der ersten europ. Institutionen wurde L. zu einem wichtigen Sitz der Europ. Union. Zwar scheiterten alle Versuche, L. zum zentralen Sitz aller Gemeinschaftsorgane zu machen, doch etablierten sich dort der Europ. Gerichtshof, die Europ. Investitionsbank, der Europ. Rechnungshof und das Sekretariat des Europ. Parlaments. Außerdem entwickelte sich L. im Laufe der 1970er Jahre zu einem wichtigen internat. Finanzplatz. Der Zuzug zahlreicher Bürger aus den Nachbarländern u. a. europ. Staaten (v. a. Portugal, Italien) ließ das Land zu einer multikulturellen Gesellschaft werden. – Die Altstadt der Hauptstadt Luxemburg wurde 1995 in die Liste des Weltkulturerbes der UNESCO aufgenommen.

Die dominierende polit. Kraft in L. ist der Parti Chrétien Social (PCS), der unter Premier-Min. P. WERNER 1959-68 allein die Reg. stellte, 1969-74 und – nach einem sozialliberalen Zwischenspiel (Premier-Min.: G. THORN) – 1979-84 eine Koalitions-Reg. mit den Liberalen führte und seit 1984 unter den Premier-Min. J. SANTER bzw. J.-C. JUNCKER (seit 1995) zus. mit den Sozialisten regiert.

G. TRAUSCH: Histoire du Luxembourg (Paris 1992); M. ERBE: Belgien, Niederlande, L. Gesch. des niederländ. Raumes (1993).

Luzern 1): Die Rekonstruktion der im Aug. 1993 durch Brand größtenteils zerstörten Kapellbrücke, eines der Wahrzeichen von L., wurde im April 1994 eingeweiht.

Lwoff, André, frz. Mikrobiologe: † Paris 30. 9. 1994.

Lynch [lɪntʃ], David, amerikan. Regisseur, *Missoula (Mont.) 20. 1. 1946; Kultfilmregisseur, der seit 1970 inszeniert.

Filme: Eraserhead (1977); Der Elefanten-Mensch (1980); Der Wüstenplanet (1983); Blue Velvet (1985); Wild at Heart (1990); Twin Peaks – Der Film (1991).

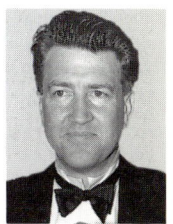

David Lynch

Lysergsäure: In der psychiatr. Forschung wurde LSD zur Erzeugung von ›Modellpsychosen‹ in der halluzinogen-unterstützten Psychotherapie eingesetzt. In einer Reihe von Forschungsprogrammen, v. a. in den USA, wurde festgestellt, daß mit LSD u. a. →Halluzinogenen überraschende Therapieerfolge bei schwerkranken Patienten erzielt werden konnten, die der konventionellen Psychotherapie nicht mehr zugänglich waren. Der verbreitete Mißbrauch von LSD in den 1960er und 1970er Jahren hatte jedoch zur Folge, daß LSD u. a. Halluzinogene harten Drogen wie Heroin gleichgestellt und weltweit verboten wurden.

Lyttkens, Anna Alice Maria, schwed. Schriftstellerin: † Stockholm 25. 9. 1991.

M

Ma, Yo-Yo, amerikan. Violoncellist chin. Herkunft, *Paris 7. 10. 1955; nahm im Alter von neun Jahren Studien bei L. ROSE an der Juilliard School of Music in New York auf und etablierte anschließend, nach wenigen Auftritten mit namhaften Orchestern, schnell seinen Ruf als Solist. Gemeinsam mit dem Pianisten E. AX tritt er auch als Kammermusiker hervor.

Maastrichter Vertrag, umgangssprachl. Bez. für den am 7. 2. 1992 unterzeichneten und am 1. 11. 1993 in Kraft getretenen Vertrag über die →Europäische Union.

Maazel, Lorin, amerikan. Dirigent: War 1988-92 Chefdirigent des Orchestre National de France, 1984-95 des Pittsburgh Symphony Orchestra, daneben 1993 Chefdirigent des Symphonieorchesters des Bayer. Rundfunks.

Macao: 1995 wurde vor der Insel Taipa ein internat. Flughafen eröffnet und gleichzeitig die Fluggesellschaft Air Macao gegründet.

MacLennan, Hugh, kanad. Schriftsteller: † Montreal 7. 11. 1990.

MacOS® [mək-], Abk. für **Mac**intosh **O**perating **S**ystem, Betriebssystem mit graph. Benutzeroberfläche von der Firma Apple für Personalcomputer des Typs Macintosh. MacOS wurde 1984 auf der Basis des Betriebssystems ›Apple Lisa‹, der Vorgängerin des Macintosh und des ersten Personalcomputers mit graph. Oberfläche und Mausführung, mit dem Ziel entwickelt, eine für alle Programme möglichst einfache, einheitl. und intuitiv nutzbare Oberfläche anzubieten, die sich in ihrem Erscheinungsbild so weit wie möglich an der gewohnten Schreibtischumgebung des Benutzers orientiert (›look and feel‹). Des weiteren sollten eine möglichst einfache Verbindung mit externen Geräten, wie Druckern, Modems, Magnetplattenspeichern, und der Anschluß an Rechnernetze durch weitgehende Kompatibilität und Selbstkonfiguration (›plug and play‹) erreicht werden.

Das System MacOS basiert auf der Fenstertechnik (▷ Window-Technik) und kann mit Tastatur und v. a. Maus bedient werden. Die Oberfläche des Systems simuliert dabei einen Schreibtisch, auf dem sich durch Piktogramme dargestellte Dokumente, Programme oder auch Ordner befinden, in denen dann wiederum Dokumente, Programme oder weitere Ordner abgelegt werden können. Auf diese Weise entsteht eine hierarch. Systematisierung und Anordnung von Dokumenten. Durch ›Ergreifen‹ und Verschieben der Dokumente mit der Maus (**Drag-and-drop-Technik**)

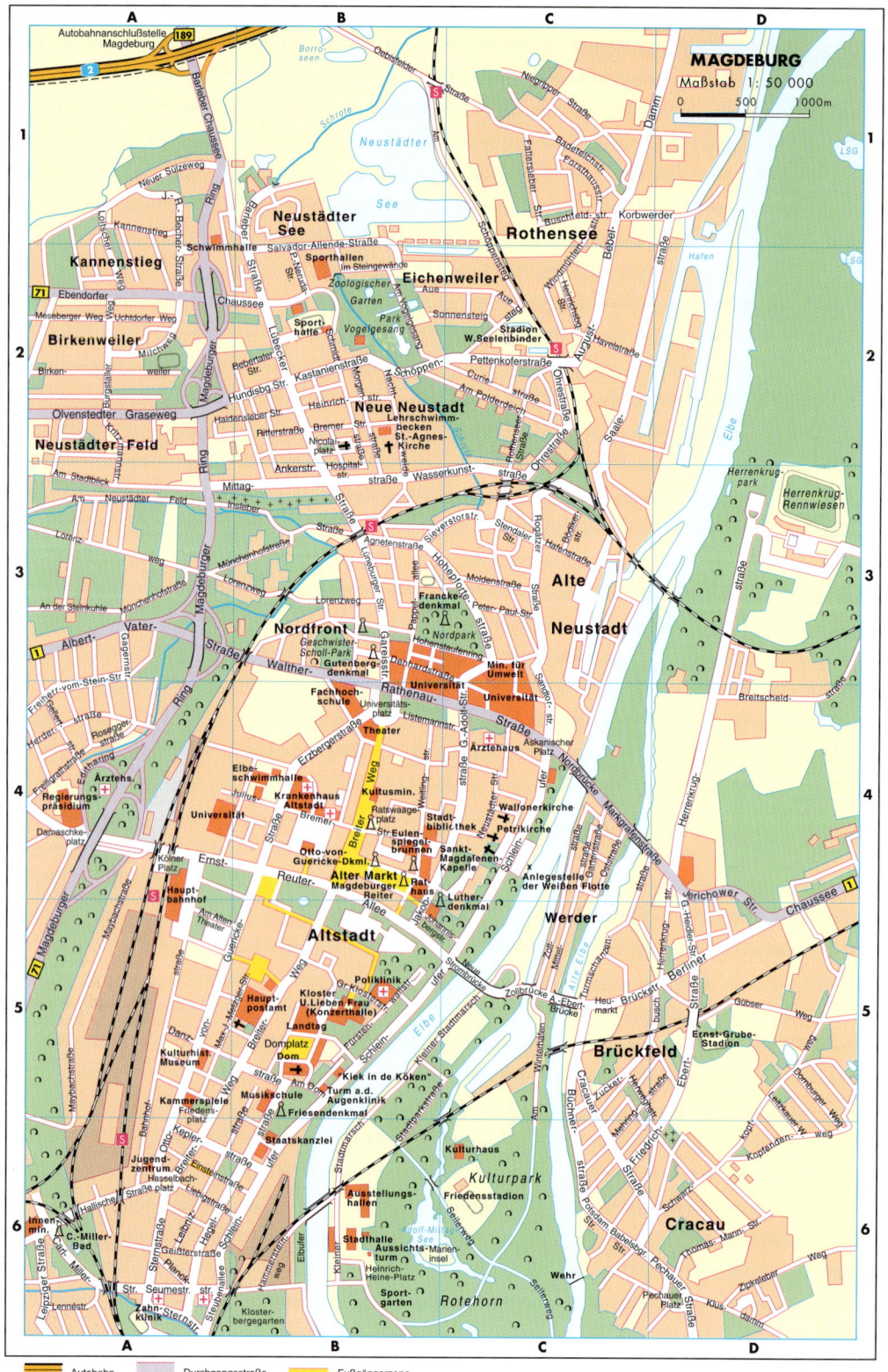

Magdeburg: Stadtplan (Namenregister)

Straßen und Plätze

Agnetenstraße B 3
Albert-Vater-Straße A 3
Alter Markt B 4
Am Alten Theater A 5
Am Dom B 5
Am Neustädter Feld A 3
Am Polderdeich BC 2
Am Schöppensteg B 1–C 2
Am Stadtblick A 3
Am Vogelgesang B 2
Am Winterhafen C 5
An der Steinkuhle A 3
Ankerstraße B 3
Anna-Ebert-Brücke C 5
Askanischer Platz C 4
Aue BC 2
August-Bebel-Damm C 2–D 1
Babelsberger Straße C 6
Badeteichstraße C 1
Bahnhofstraße A 6–5
Barleber Chaussee A 1
Barleber Straße B 1–2
Bebertaler Straße B 2
Berliner Chaussee D 5–4
Birkenweiler C 2
Bödikerstraße C 3
Breiter Weg A 6–B 4
Breitscheidstraße D 4
Bremer Straße B 2
Brückstraße CD 5
Büchnerstraße C 5–6
Burgstaller Weg A 2
Buschfeldstraße C 1
Carl-Miller-Straße A 6
Cracauer Straße C 5–6
Curiestraße C 2
Damaschkeplatz A 4
Danzstraße AB 5
Denhardtstraße BC 3
Domplatz B 5
Dornburger Weg D 5–6
Ebendorfer Chaussee AB 2
Editharing A 4
Einsteinstraße AB 6
Ernst-Reuter-Allee A 4–B 5
Erzbergerstraße B 4
Fallersleber Straße C 1
Forsthausstraße C 1

Freiherr-vom-Stein-Straße A 4–3
Freiligrathstraße A 4
Freidensplatz A 5
Friedenstraße A 6
Friedrich-Ebert-Straße C 6–D 5
Fürstenwallstraße B 5
Gagernstraße A 3
Gareissstraße B 3
Gartenstraße C 4
Geißlerstraße A 6
Gellertstraße A 4
Georg-Heidler-Straße D 5
Große Klosterstraße B 5
Gübser Weg D 5
Gustav-Adolf-Straße C 4
Hafenstraße C 3
Haidensleber Straße AB 2
Hallische Straße A 4
Hammersteinweg B 6
Hasselbachplatz A 6
Havelstraße C 2
Hegelstraße A 6–B 5
Heinrich-Heine-Platz B 6
Heinrichsberger Straße C 1–2
Heinrichstraße B 2
Herderstraße A 4
Herrenkrugstraße D 5–3
Herweghstraße CD 5
Heumarkt C 5
Hohenstaufenring BC 3
Hohepfortestraße BC 3
Hospitalstraße B 5
Hundisburger Straße AB 2
Im Steingewände B 2
Inslseber Straße B 5
Jakobstraße B 5–C 4
Jerichower Straße D 4–5
Johannes-R.-Becher-Straße A 1–2
Johannisbergstraße BC 5
Julius-Bremer-Straße AB 4
Kannenstieg A 1
Kastanienstraße B 2
Keplerstraße B 4
Kleiner Stadtmarsch B 6–C 5
Klusdamm D 6
Kölner Platz A 4
Kopfendenweg D 6
Korbwerder CD 1
Kritzmannstraße A 2–3

Leibnizstraße A 6–B 5
Leipziger Straße A 6
Leitzkauer Weg D 5–6
Lennéstraße A 6
Liebigstraße A 6
Loitscher Weg A 1–2
Lorenzweg AB 3
Lübecker Straße B 2–3
Lüneburger Straße B 3
Magdeburger Ring A 5–1
Markgrafenstraße C 4
Max-Josef-Metzger-Straße AB 5
Maybachstraße A 6–4
Mehringstraße C 6–D 5
Meseberger Weg A 2
Milchweg A 2
Mittagstraße AB 3
Mittelstraße C 5–4
Moldenstraße C 3
Morgenstraße B 2–3
Münchenhofstraße AB 3
Nachtweide B 2–3
Neuer Sülzeweg A 1
Neue Strombrücke C 5
Neustädter Straße C 4
Nicolaiplatz B 2
Niegripper Straße C 1
Nordbrücke C 4
Oebisfelder Straße BC 1
Ohrestraße C 3–2
Olvenstedter Graseweg A 2
Oststraße C 4
Otto-von-Guericke-Straße A 6–B 4
Pablo-Neruda-Straße B 2
Pappelallee B 3
Pechauer Straße D 6
Peter-Paul-Straße C 3
Pettenkoferstraße C 2
Planckstraße A 6
Potsdamer Straße C 6
Ratswaageplatz B 4
Ritterstraße B 2
Rogätzer Straße C 3
Roseggerstraße A 4
Rothenseer Straße C 2
Saalestraße C 3–D 1
Salvador-Allende-Straße B 1–2
Sandtorstraße C 3–4
Schleinufer A 6–C 4

Schmidtstraße B 2
Schöppensteg BC 2
Schwarzkopfweg D 6–5
Seilerweg BC 6
Seumestraße A 6
Sieverstorstraße BC 3
Sonnenstieg BC 2
Stadtparkstraße B 6–C 5
Stendaler Straße C 3
Sternstraße C 4
Steubenallee A 6
Thomas-Mann-Straße D 6
Turmschanzenstraße C 5–4
Uchtdorfer Weg A 2
Universitätsplatz B 4
Walther-Rathenau-Straße B 3–C 4
Wasserkunststraße BC 3
Weitlingstraße B 4
Windmühlenstraße C 2–1
Zipkeleber Weg D 6
Zollbrücke C 5
Zollstraße C 5–4
Zuckerbusch CD 5

Gebäude, Anlagen u. a.

Adolf-Mittag-See BC 6
Anlegestelle der Weißen Flotte C 4
Ärztehaus A 4, C 4
Aussichtsturm B 4
Ausstellungshallen B 6
Birkenweiler A 2
Borroseen B 1
Brückfeld CD 5
Carl-Miller-Bad A 6
Cracau CD 6
Dom B 5
Elbeschwimmhalle B 4
Eulenspiegelbrunnen B 4
Fachhochschule B 4
Franckedenkmal BC 3
Friesendenkmal B 5
Geschwister-Scholl-Park B 3
Gutenbergdenkmal B 3
Hafen C 3
Hauptbahnhof A 4–5
Hauptpostamt B 5
Herrenkrug-Rennwiesen D 3

Innenministerium A 6
Jugendzentrum A 6
Kammerspiele A 5
Kannenstieg A 2
Kiek in de Köken B 5
Klosterbergarten AB 6
Kloster Unserer Lieben Frauen B 5
Konzerthalle B 5
Krankenhaus Altstadt B 4
Kulturhaus C 6
Kulturhistorisches Museum A 5
Kulturpark Rotehorn BC 6
Kultusministerium B 4
Landtag B 5
Lutherdenkmal BC 4–5
Magdeburger Reiter B 4
Marieninsel BC 6
Musikschule B 5
Neustädter Feld A 2–3
Neustädter See B 1
Nordfront B 3
Nordpark BC 3
Otto-von-Guericke-Denkmal B 4
Petrikirche C 4
Poliklinik B 5
Rathaus B 4
Regierungspräsidium A 4
Rotehorn, Kulturpark BC 6
Rothensee CD 1
Sankt-Agnes-Kirche B 2
Sankt-Magdalenen-Kapelle C 4
Schrote B 1–C 3
Sportgarten B 6
Staatskanzlei B 5
Stadion C 2, C 6, D 5
Stadtbibliothek B 4
Stadthalle B 5
Theater B 4
Turm an der Augenklinik B 5
Umweltministerium C 3
Universität AB 4, BC 3–4
Vogelgesang, Park B 2
Wallonerkirche C 4
Werder C 4–5
Zahnklinik A 6
Zoologischer Garten B 2

läßt sich diese Anordnung beliebig ändern. Aktionen werden durch Kommandos, die aus Pull-down-Menüs ausgewählt werden, oder durch Klicken der Maustaste gestartet. Zusätzlich bietet MacOS eine Vielzahl von benutzerfreundl. Werkzeugen wie Notizblock, Rechner, Uhr, Kalender usw. Ferner kann man leicht Daten zwischen unterschiedl. Programmen austauschen oder Dokumente so verbinden, daß mit der Änderung eines Dokuments, z. B. einer Graphik, automatisch alle die Dokumente aktualisiert werden, in denen diese Graphik vorkommt.

Die aktuelle (1995) Version MacOS 7.5. bietet u. a. umfangreiche Möglichkeiten zur persönl. Gestaltung der Benutzeroberfläche, eingeschränkten Mehrprogrammbetrieb (Multitasking) und Anschlußmöglichkeiten an lokale und globale Netze.

Macura [-ts-], Vladimir, tschech. Schriftsteller, Literaturwissenschaftler und -kritiker, * Ostrau 7. 11. 1945; ab 1993 Direktor am Literaturinstitut der Tschech. Akademie der Wissenschaften in Prag. In M.s wiss. Schaffen (›Znamení zrodu‹, 1983; ›Šťastný věk‹, 1992) verbindet sich sprachstilist. Analytik der Prager strukturalist. Schule mit histor. und zeitgenöss. Kultursemiotik und -kritik. M.s histor. Prosa ist geprägt durch Illusionssprünge und eine intellektuell anspruchsvolle Motiv- und Genremontage, die im Intrigenspiel die moral. Zersetzung menschl. Identität bloßlegt. Die Romane ›Informátor‹ (1993) und ›Komandant‹ (1994) sind Teile einer geplanten Tetralogie zur tschech. Wiedergeburt. M. veröffentlichte auch Studien zur estn. Literatur und Kultur und übersetzte aus dem Estnischen.

Weitere Werke: Roman: Občan Monte Christo (1993). - *Feuilletonserie:* Masarykovy boty (1993).

***Madagaskar**, amtl. Namen: Malagasy **Republikan'i Madagasikara**, frz. **République de Madagascar**, Inselstaat im Ind. Ozean, durch die Straße von Moçambique von Afrika getrennt.

Hauptstadt: Antananarivo. *Amtssprachen:* Malagasy und Französisch. *Staatsfläche:* 587 041 km² (ohne Binnengewässer 581 540 km²). *Bodennutzung (1992):* 31 020 km² Ackerland, 340 000 km² Dauergrünland, 153 800 km² Waldfläche. *Einwohner (1994):* 14,303 Mio., 24 Ew. je km². *Städtische Bevölkerung (1993):* 26%. *Durchschnittliches Bevölkerungswachstum pro Jahr (1985–93):* 3,1%. *Bevölkerungsprojektion für 2000:* 16,58 Mio. Ew. *Ethnische Gruppen (1989):*

98,6% Madegassen (etwa 18 ethn. Gruppen). *Religion (1992):* 51% Christen. *Altersgliederung (1995):* unter 15 Jahre 45,7%, 15 bis unter 65 Jahre 51,4%, 65 und mehr Jahre 2,9%. *Lebenserwartung der Neugeborenen (1992):* männlich 50 Jahre, weiblich 53 Jahre. *Analphabetenquote (1990):* insgesamt 19,8%, männlich 12,3%, weiblich 27,1%. *BSP je Ew. (1993):* 220 US-$. *BIP nach Sektoren/Produktionsstruktur (1993):* Landwirtschaft 34%, Industrie 14%, Dienstleistungen 52%. *Währung:* 1 Madagaskar-Franc (FMG) = 100 Centimes (c). *Internationale Mitgliedschaften:* UNO, OAU.

Geschichte: Im Kampf gegen Präs. D. RATSIRAKA bildete sich ab Juni 1991 eine Oppositionsbewegung, die sich im Comité des Forces Vives (CFV; dt. ›Komitee der lebendigen Kräfte‹) eine polit. Plattform schuf und im Juli 1991 unter Führung von A. ZAFY eine Gegen-Reg. bildete. Mit Demonstrationen und Aufrufen zum Generalstreik suchte sie das sozialist. Staats- und Gesellschaftssystem zugunsten einer pluralist. Demokratie (mit einem marktwirtschaftl. System) abzuschaffen. Auf der Grundlage einer Einigung zw. Reg. und CFV (31. 10. 1991) arbeitete ein ›Nat. Forum‹ eine Verf. aus, die am 19. 8. 1992 von der Bev. angenommen wurde. Sie vertraut die gesetzgebende Gewalt einem Zweikammerparlament an: Während die 138 Abg. der Nationalversammlung für vier Jahre im Verhältniswahlsystem gewählt werden, werden zwei Drittel der Mitgl. des Senats durch Wahlgremien bestimmt und das restl. Drittel vom Präs. ernannt. Auch die Senatoren sind vier Jahre im Amt. Staatsoberhaupt ist der vom Volk für fünf Jahre gewählte Präs. Die Spitze der Exekutive bildet der von der Nationalversammlung gewählte MinPräs., der die Mitgl. seiner Reg. ernennt. Bei den Präsidentschaftswahlen vom Febr. 1993 unterlag in der Stichwahl RATSIRAKA seinem Herausforderer ZAFY, der am 9. 3. zum ersten Präs. der Dritten Republik proklamiert wurde. Aus den Parlamentswahlen vom Juni 1993 ging die Partei des neuen Präs. als stärkste Gruppierung hervor; im Aug. wurde eine neue Reg. gebildet.

E. EISENBERG u. RICHARD MÜLLER: M. (1988).

Juan Madrid

Madrid [ma'ðrið], Juan, span. Schriftsteller, * Málaga 12. 5. 1947; war zunächst Journalist (u. a. bei der Wochenzeitschrift ›Cambio 16‹); neben M. VÁZQUEZ MONTALBÁN wichtigster Autor eines eigenständige span. Kriminalromans (›novela negra‹) der Zeit nach FRANCO (›Un beso de amigo‹, 1980, dt. ›Ein freundschaftl. Kuß‹; ›Regalo de la casa‹, 1986, dt. ›Ein Geschenk des Hauses‹). Die 13 Bände der zunächst für das Fernsehen konzipierten Serie ›Brigada central‹ (1989/90) begründeten den span. Polizeikrimi. Die Kurzgeschichten (›Jungla‹, 1988; dt. ›Dschungel‹) sowie der Montageroman ›Dias contados‹ (1993) geben gleichfalls eine illusionslose Sicht der span. Gesellschaft.

Weitere Werke: Romane: Las apariencias no engañan (1982); dt. Der Schein trügt nicht); Nada que hacer (1984; dt. Nichts zu machen); Viejos amores (1993); Cuentas pendientes (1995).

Madrider Nahostkonferenz, →Nahostkonflikt.

Mafia: Die sizilian. M., speziell ihr bes. straff organisierter Zweig Cosa Nostra, setzte Ende der 1980er Jahre, nach Abschluß der ersten Teile der ›Maxiprozesse‹ von Palermo gegen insgesamt 704 Mafiosi, zu einer Art Generalangriff auf den Staat an, v. a. seit sich erwies, daß erstmals in der Geschichte des Kampfes gegen die Clans die bisherige Straffreiheit der Kronzeugen nicht mehr garantiert war: Auch die höchsten Gerichte bestätigten mehrere Dutzend lebenslängl. Haftstrafen für ›Bosse‹ und ›Killer‹. Den Höhepunkt erreichte der Rachefeldzug der Cosa Nostra gegen die Institutionen 1992, als der bis dahin als ›Garant‹ der Straffreiheit und als Verbindungsmann der M. zur röm. Politik angesehene christdemokrat. Europaabgeordnete SALVO LIMA (1928, † 1992) erschossen und wenige Monate danach die beiden M.-Ermittler, der vormalige Untersuchungsrichter GIOVANNI FALCONE (* 1939, † 1992) und sein Nachfolger PAOLO BORSELLINO (* 1940, † 1992), mit Sprengladungen ermordet wurden.

Erstmals reagierte Italiens Reg. nun mit aller Härte. Für inhaftierte Mafiosi wurde strengste Isolation, meist auf einsamen Inseln, angeordnet, zahlreiche Beschlagnahmen von großen Vermögenswerten mutmaßlicher Mafiosi nahmen diesen die Basis ihrer Macht; Verlockungen durch Strafnachlaßgesetze brachten bis 1994 mehr als 800 ehem. Bosse und Mitläufer der knapp 200 sizilian. Clans zum Ausstieg aus ihrer Organisation und zur Zusammenarbeit mit den Behörden (sogenannte Pentiti, von italien. pentirsi ›bereuen‹). Anfang 1993 wurde aufgrund dieser Zusammenarbeit der 20 Jahre lang untergetauchte Chef aller sizilian. Cosa-Nostra-Banden, SALVATORE (›Toto‹) RIINA (* 1933), festgenommen, wenig später eine ganze Reihe seiner engsten Mitarbeiter. Die meisten von ihnen haben inzwischen rechtskräftig mehrere lebenslängl. Haftstrafen erhalten. Erstmals ist mit LUCIANI LIGGIO (* 1925, † 1993) ein vormaliger ›Boss der Bosse‹ im Gefängnis gestorben, was den Glauben der Mitläufer an die Potenz der Cosa Nostra weiter erschüttert hat. Mitte 1995 warteten in den Gefängnissen des Landes mehr als 3 000 mutmaßl. Mafiosi auf ihren Prozeß.

Die Strafermittler Palermos, aber auch anderer Metropolen der organisierten Kriminalität wie Neapel oder Reggio di Calabria, sind auch der Verbindung hochrangiger Mafiosi mit bedeutenden Politikern auf der Spur. Angeklagt wurden inzwischen mehr als ein Dutzend ehem. Minister wegen mafioser Bandenbildung; der frühere MinPräs. G. ANDREOTTI erhielt überdies eine Anklage wegen Anstiftung zum Mord.

Während die Ermittlungen gegen die Cosa Nostra relativ gut vorankommen, bildet sich jedoch bereits eine neue Gefahr seitens mafioser Gruppen heraus: Unorthodoxe Banden, sogenannte Stiddari (von stidda, sizilianisch für stella ›Stern‹, sind an der Arm tätowierten Erkennungszeichen der Mitgl.), suchen die Märkte zu erobern, auf denen mafiose Gruppen wegen der staatl. Repressionen in Schwierigkeiten sind, so etwa die Bereiche Schutzgelderpressung und Drogenzwischenhandel. Der Kampf gegen sie steckt erst in den Anfängen.

*Magaloff, Nikita, schweizer. Pianist russ. Herkunft: † Vevey 26. 12. 1992.

Magdeburg, Reg.-Bez. in Sachs.-Anh. (→Sachsen-Anhalt, Verwaltungsgliederung).

*Magdeburg 1): Die Hauptstadt von Sachs.-Anh. ist kreisfreie Stadt und Verw.-Sitz des Reg.-Bez. Magdeburg. 1993 wurden die TU, die medizin. Akademie und die PH zur Univ. Otto von Guericke zusammengeschlossen. STADTPLAN S. 472f.

Magdeburg 3): Das ehem. Erzbistum, ab 1973 Apostol. Administratur, gehört seit Juli 1994 (bei einigen Änderungen der Zuständigkeit) als Bistum M. zur Kirchen-Prov. Paderborn; Bischof ist LEOPOLD NOWAK (1929). →katholische Kirche (ÜBERSICHT).

*Magellan: Nachdem die Sonde M. (Masse 3,4 t, Länge 6,4 m, Solarzellenausleger 9 m) am 10. 8. 1990 auf eine polare Umlaufbahn um die Venus in 294 bis 8 472 km Höhe eingeschwenkt war, kartierte sie mittels Seitensichtradar (Antennendurchmesser 3,6 m) bis 30. 9. 1992 insgesamt 98% der wolkenverhüllten Planetenoberfläche, wobei (im Äquatorbereich) bis zu 120 m Boden- und 30 m Höhenauflösung erzielt wurden. Die von der Kontrollzentrale in Pasadena (Calif.) ausgewerteten Radarbilder dienen zur Erstellung topographisch-morpholog. und geolog. Venuskarten.

Vom 25. 5. bis 3. 8. 1993 wurde durch gezielte Abbremsungen durch die Atmosphäre die Flughöhe auf 541 bis 197 km verringert. Anhand der natürl. Bahnveränderungen wurden anschließend Gravitation und innere Struktur der Venus global untersucht, bis M. am 12. 10. 1994 in der Atmosphäre verglühte.

Magid [-dʒ-], Ahmed Esmat Abd al-M., ägypt. Diplomat und Politiker, * Alexandria 22. 3. 1923; stieg im diplomat. Dienst (u. a. Botschaftsrat in London, 1950–54; Botschaftsrat bei der UNO in Genf, 1957–61; Botschafter in Paris, 1969–70; Ständiger Vertreter bei der UNO in New York, 1972–83) bis zum Außen-Min. (1984–91) auf. Seit 15. 5. 1991 ist er GenSekr. der Arab. Liga.

Magisches Auge, →Autostereogramm.

magnetooptische Platte, *Datenverarbeitung:* Datenträger in Form einer kreisrunden Scheibe (→optische Speicherplatte).

*****Magnetschwebebahn:** Im Sept. 1994 wurde das Planungsgesetz für eine Referenzstrecke der M. Transrapid beschlossen, die ab 2005 auf einer 284 km langen Trasse Hamburg und Berlin (mit einem zusätzl. Haltepunkt in Schwerin) im Taktverkehr verbinden soll. Die Fahrzeit soll 53 Minuten bei einer Durchschnittsgeschwindigkeit von 320 km/h betragen. Die vorgesehenen Züge bestehen jeweils aus vier Sektionen des Transrapid 07 (Gesamtlänge 104 m, Breite 3,7 m, Höhe 4,1 m, Leergewicht 332 t, Maximalschub 90 kN) und bieten Platz für 332 Fahrgäste.

Das wirtschaftlich und verkehrspolitisch umstrittene Projekt wird von einem Konsortium um die Siemens AG und die Thyssen AG getragen, an der Finanzierung des Fahrwegs (geplanter Baubeginn Herbst 1998) will sich die Bundes-Reg. beteiligen. Während Befürworter die Notwendigkeit einer Referenzstrecke im Hinblick auf die technolog. Zukunft und den Export der Magnetschwebetechnik betonten, kritisierten Gegner neben den hohen Kosten v. a. die im Vergleich zum ICE fehlende Einbindung in das europ. Verkehrssystem.

*****Mahdia:** Das aus dem vermutlich nach 82 v. Chr. gesunkenen Wrack von M. geborgene Beutegut von Kunstwerken und kostbarem Mobiliar aus Griechenland wurde 1987–94 in den Restaurierungswerkstätten des Rhein. Landesmuseums in Bonn gegen weiteren Verfall gesichert. Bei den Arbeiten ergaben sich auch hinsichtlich einiger Deutungen neue Erkenntnisse. 1994 wurden die Schätze vor der Rückgabe nach Tunis im Rhein. Landesmuseum präsentiert.

Das Wrack. Der antike Schiffsfund von M., hg. v. G. HELLENKEMPER SALIES u. a., Ausst.-Kat., 2 Bde. (1994).

*****Mahfus,** Nadjib, ägypt. Schriftsteller: Nach der Verleihung des Literaturnobelpreises an M. (1988) wird sein Werk zunehmend in europ. Sprachen (auch ins Deutsche) übersetzt, und in Kairo erscheint eine zweite Gesamtausgabe, jedoch ohne den Roman ›Die Kinder unseres Viertels‹ (1960; dt.). Dieser konnte wegen seiner religionskrit. Symbolik bisher (in arab. Sprache) nur (mehrfach) in Beirut erscheinen. M. wurde seinetwegen seit 1989 im Rahmen einer Kampagne fundamentalistischer islam. Kreise gegen säkularistische ägypt. Intellektuelle heftig attackiert (u. a. Attentat im Okt. 1994). Die erste in Beirut (1980 ff.) erschienene Gesamtausgabe hatte den Roman noch enthalten. M. hat nach seinen in der Tradition des krit. Realismus stehenden großen Romanen (u. a. in seiner nach Straßen der Kairoer Altstadt benannten Romantrilogie) in den 1960er/1970er Jahren Figurenromane über Gestalten aus dem Bürgertum in krit. Auseinandersetzung mit sozialpolit. Verhältnissen der Nasser-Zeit geschrieben, ferner Erzählungen und surrealist. Einakter. Einige seiner späteren Romane, bes. die episod. Romane ›Das Lied der Bettler‹ (1977; dt.); ›Die Nächte der tausend Nächte‹ (1981) und ›Die Reise des Ibn Fattuma‹ (1983; engl. ›The journey of Ibn Fattouma‹) sowie seine Erzählungen verbinden in der Suche nach sozialer Gerechtigkeit Elemente der islam. Mystik mit denen des frz. utop. Sozialismus. Seine letzten Kurzromane, Erzählungen und dokumentar. Lebensbilder sind wieder realist. Schilderungen des Lebens der Kairoer Mittelschicht im 20. Jahrhundert.

Weitere Werke (arab.): *Roman:* Qushtumur (1988). – *Erzählungen:* Rosenmorgen (1987). – *Lebensbilder:* Morgen- u. Abendgespräche (1987).

M. PELED: Religion, my own. The literary works of N. M. (New Brunswick, N. J., 1983); H. FÄHNDRICH: N. M. (1991); R. EL-ENANY: N. M. The pursuit of meaning (London 1993).

*****Mahnverfahren:** Seit dem 1. 1. 1992 ist auf Mahnbescheiden anzugeben, ob für den geltend gemachten Anspruch das Verbraucherkreditgesetz gilt. Nebenforderungen sind gesondert aufzuführen.

*****Maier Verlag Ravensburg AG, Otto:** Heißt seit 1993 **Ravensburger AG.**

*****Maizière,** Lothar de, Politiker: Förderte als Min.-Präs. der Dt. Dem. Rep. maßgeblich den Prozeß der Vereinigung der beiden dt. Staaten. Vorwürfen, als ›informeller Mitarbeiter‹ der Stasi gearbeitet zu haben, wies er zurück. Im Dez. 1990 trat er als Bundes-Min. ohne Geschäftsbereich (ab Okt. 1990), im Sept. 1991 als stellv. Bundes-Vors. der CDU (ab Okt. 1990) und Landes-Vors. der CDU in Brandenburg (ab Nov. 1990) sowie als MdB (ab Dez. 1990) zurück.

John Major

Mahdia: Der geflügelte Eros aus dem Wrack von Mahdia (Tunis, Musée National du Bardo)

Major [ˈmeɪdʒə], Clarence, amerikan. Schriftsteller, * Atlanta (Ga.) 31. 12. 1936; schreibt Erzählungen und Kurzgeschichten, in denen die Sprache die Handlung als Mittel der Aktion abgelöst hat und sexuelle Wunschvorstellungen sowie Bilder einer durch die Medien vermittelten Wirklichkeit mit realist. Details zu einem abstrakten Gesamtbild verbunden werden. M. ist auch Lyriker sowie Verfasser von Studien über die afroamerikan. Kultur.

Werke: *Romane:* All-night visitors (1969; dt. Dämonen); Emergency exit (1979); My amputations (1986); Such was the season (1987); Some observations of a stranger at Zuni in the latter part of the century (1989). – *Lyrik:* Inside diameter. The France poems (1985).

*****Major,** John, brit. Politiker: Wurde nach MARGARET THATCHERS Rücktritt im Nov. 1990 Führer der Konservativen und Premier-Min.; er führte weitge-

Make Makedonien

hend die Politik seiner Vorgängerin fort. Durch den überraschenden Wahlsieg der Konservativen bei den Unterhauswahlen im April 1992 wurde M. zwar in seinem Amt bestätigt, verlor jedoch v. a. angesichts der anhaltenden Rezession und seines wirtschaftspolit. Kurses (v. a. Privatisierung von Staatsbetrieben, Steuererhöhungen, Einsparungen bei Staatsausgaben) zunehmend an Popularität. Auch in der eigenen Partei erfuhr M. verstärkt Kritik, v. a. wegen seiner Europapolitik, die trotz seiner skept. Haltung gegenüber der Europ. Wirtschafts- und Währungsunion und der Ablehnung eines föderalist. Systems mit supranat. Entscheidungsstellen von innerparteil. ›Euroskeptikern‹ als zu konziliant angegriffen wurde. In der Debatte um die Ratifizierung des Vertrags von Maastricht konnte sich M. im Juni 1993 nur durch die Verbindung der Abstimmung mit der Vertrauensfrage und der Androhung von vorzeitigen Neuwahlen gegen die Kritiker aus der eigenen Partei durchsetzen. In der Nordirlandfrage leitete M. mit dem irischen Premier-Min. A. REYNOLDS bzw. J. BRUTON ab Dez. 1993 einen Friedensprozeß ein, der im Febr. 1995 zur Veröffentlichung eines Rahmenplans für Nordirland führte. Angesichts schwerer Verluste der Konservativen bei Kommunal- und Nachwahlen zum Unterhaus immer stärker unter Druck, trat M. mit dem Ziel, seine innerparteil. Widersacher zu disziplinieren, am 22. 6. 1995 als Parteichef zurück und machte sein Verbleiben im Amt des Premier-Min. von der Wiederwahl als Parteichef abhängig. Am 4. 7. wurde er in dieser Funktion bestätigt.

Makedonien

Nationalflagge

Internationales Kfz-Kennzeichen

Makedonien
Fläche: 25 713 km²
Einwohner: (1994) 2,142 Mio.
Hauptstadt: Skopje
Amtssprache: Makedonisch
Nationalfeiertag: 8. 9.
Währung: 1 Denar (Den) = 100 Deni
Zeitzone: MEZ

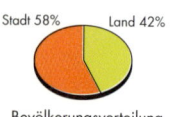
1994 / 1994
Bevölkerung (in Mio.) / Bruttosozialprodukt je Ew. (in US-$)
2,14 / 715

Stadt 58%   Land 42%
Bevölkerungsverteilung 1991

Dienstleistung 40,3%
Landwirtschaft 8,3%
Industrie 51,4%
Erwerbstätige 1990

Makedoni|en, makedonisch **Republika Makedonija,** dt. auch **Mazedoni|en,** die Aufnahme in die UNO erfolgte unter dem vorläufigen offiziellen Namen **Former Yugoslav Republic of Macedonia** [ˈfɔːmə ˈjuːɡəslaːv rɪˈpʌblɪk əv mæsɪˈdəʊnɪə], dt. **Ehemalige Jugoslawische Republik M.,** Binnenstaat in SO-Europa, auf der Balkanhalbinsel, grenzt im W an Albanien, im N an Jugoslawien (im NW an Kosovo, im NO an Serbien), im O an Bulgarien und im S an Griechenland; mit einer Fläche von 25 713 km² und einer Einwohnerzahl von (1994) 2,142 Mio. Ew. etwa so groß wie Meckl.-Vorp., umfaßt ein Zehntel des ursprüngl. Jugoslawien. Hauptstadt ist Skopje, Amtssprache Makedonisch. Währung ist der Denar; Zeitzone: MEZ.

STAAT · RECHT

Verfassung: Nachdem M. am 13. 9. 1991 im Anschluß an ein erfolgreiches Referendum seine Unabhängigkeit erklärt hatte, verabschiedete das Ende 1990 demokratisch gewählte Parlament am 17. 11. 1991 eine Verf., die am 22. 11. 1991 in Kraft getreten ist. Hierin wird M. als ›souveräner, selbständiger, demokrat. und sozialer Staat‹ bezeichnet. Obwohl die Rechtsstaatlichkeit nicht ausdrücklich genannt wird, beruht die Verf.-Ordnung der Intention nach auf rechtsstaatl. Grundsätzen. Insbesondere entspricht die Ausgestaltung der Grundrechte, deren sozialer Bezug stark betont wird, dem internat. Menschenrechtsstandard. Über die Beachtung der Grundrechte wacht u. a. der nach dem Vorbild des Ombudsmannes geschaffene Volksanwalt, der vom Parlament für acht Jahre gewählt wird. Obgleich sich M. als ein Nationalstaat begreift, ist der Minderheitenschutz, der namentlich für die große alban. Minderheit (23%) von Bedeutung ist, gewährleistet. So wird die jeweilige Minderheitensprache als Unterrichtssprache in primären und sekundären Schulwesen sowie als zweite Amtssprache in Minderheitengebieten verwendet.

Das Reg.-System entspricht parlamentar. Grundsätzen. Die gesetzgebende Gewalt liegt bei der Versammlung (Sobranie), deren 120 Abg. für vier Jahre nach dem System der qualifizierten Mehrheitswahl in Einzelwahlkreisen gewählt werden. Eine vorzeitige Parlamentsauflösung kann nur vom Parlament selbst mit absoluter Mehrheit beschlossen werden. Der Präs. der Rep. wird auf die Dauer von fünf Jahren unmittelbar vom Volk gewählt. Für die Wahl ist im ersten Wahlgang die absolute Mehrheit aller Wahlberechtigten erforderlich. Wird diese Mehrheit von keinem Bewerber erreicht, so findet in einem zweiten Wahlgang eine Stichwahl statt, deren Gültigkeit eine Wahlbeteiligung von 50% voraussetzt. Der Staatspräs. ist Oberbefehlshaber der Streitkräfte und Vors. des Sicherheitsrats. Gegen Ges.-Beschlüsse kann er sein Veto einlegen, über das sich das Parlament nur mit der absoluten Mehrheit aller Abg. hinwegsetzen kann. Die vollziehende Gewalt wird schwerpunktmäßig von der Reg. ausgeübt. Die Reg.-Bildung vollzieht sich so, daß der Präs. binnen zehn Tagen nach Konstituierung eines neu gewählten Parlaments zunächst den Kandidaten der siegreichen Partei mit ihr beauftragt. Der designierte Reg.-Chef präsentiert dem Parlament innerhalb von 20 Tagen Reg.-Programm und Kabinettsliste. Danach wird die gesamte Reg. als ganze vom Parlament mit absoluter Mehrheit gewählt. Was zu geschehen hat, wenn diese Mehrheit nicht zustande kommt, sagt die Verf. nicht. Die Reg. ist dem Parlament verantwortlich, das ihr das Mißtrauen aussprechen kann; dies löst die automat. Rücktrittsverpflichtung der Reg. aus. Auch die Reg. kann die Vertrauensfrage stellen, doch ist sie im Falle einer Niederlage nicht zum Rücktritt verpflichtet. Einzelne Min. können nur mit Zustimmung des Parlaments entlassen werden.

Eine Verf.-Gerichtsbarkeit existiert in M. schon seit 1964, sie ist aber grundlegend reformiert worden. Das Verf.-Gericht besteht aus neun Richtern, die vom Parlament gewählt werden. Die Amtsdauer beträgt neun Jahre; eine Wiederwahl ist unzulässig.

Parteien: Trägerin der Unabhängigkeitsbewegung in M. war die ▷ IMRO, die im Zuge der zerfallenden Alleinherrschaft der Kommunisten mit dem Zusatz ›Demokrat. Partei für die Makedon. Nationale Einheit‹ (DPMNE) wiedergegründet worden war. Sie vertritt eine irredentist. Politik gegenüber Griechenland. Nachdem die IMRO-DPMNE die Wahlen von 1994 boykottiert hatte, ist der ›Sozialdemokrat. Bund für M.‹ (SDSB), die Nachfolgepartei des Bundes der Kommunisten, stärkste Partei. Neben ihr besteht im Bereich der Linken die ›Sozialist. Partei in M.‹ (SPM) sowie die ›Sozialdemokrat. Partei von M.‹ (SDPM). Die Liberale Partei (LP) verfolgt eine marktwirtschaftl. Richtung. Neben den gesamtstaatlich orientierten Parteien bestehen solche, die v. a. die Interessen nat. Minderheiten vertreten. Albanisch orientiert sind die ›Partei für Demokrat. Prosperität‹ (PDP) und die ›Demokrat. Volkspartei‹ (NDP), türkisch ausgerichtet ist die ›Demokrat. Partei der Türken in M.‹ (DPT). Darüber hinaus gibt es die ›Partei der Roma-Emanzipation‹ (PCER) und die ›Partei der Demokrat. Aktion – Islam. Weg‹.

Makedonien **Make**

Nationalfeiertag ist der 8. 9., zur Erinnerung an das Votum der Bev. für die Unabhängigkeit 1991.

Verwaltung: M. gliedert sich in 33 Gemeinden und die Hauptstadt Skopje, der ein Sonderstatus zukommt. Die Gemeinden haben das Recht der kommunalen Selbstverwaltung. Neben den Selbstverwaltungsangelegenheiten können ihnen auch staatl. Verwaltungsaufgaben übertragen werden, sofern diese nicht von staatl. Verwaltungsbehörden wahrgenommen werden.

Recht: Die Rechtsprechung wird von einer zweistufigen Einheitsgerichtsbarkeit ausgeübt, an deren Spitze das Oberste Gericht steht. Die ordentl. Gerichte sind auch für den umfassenden gerichtl. Verwaltungsrechtsschutz zuständig. Die Richter sind unabhängig und werden vom Parlament auf Vorschlag des Justizrats der Rep. auf Lebenszeit gewählt. Der Justizrat besteht aus sieben Mitgl., die aus dem Kreis ›hervorragender Juristen‹ vom Parlament für sechs Jahre gewählt werden.

Streitkräfte: Die im Aufbau befindl. Armee soll nach der ursprüngl. Planung eine Endstärke von 20 000 Mann aufweisen. Die vorgesehenen drei Divisionen werden überwiegend mit leichten Waffen, die fliegenden Einheiten vermutlich nur mit Hubschraubern und Schulflugzeugen ausgestattet.

Internat. Mitgliedschaften: UNO, Europarat.

LANDESNATUR · BEVÖLKERUNG

M. ist ein im Einzugsbereich des Vardar liegendes Gebirgsland zw. den Gebirgssystemen der Dinariden im W und der Rhodopen im O. Tekton. Bewegungsvorgänge haben immer wieder zu Erdbeben geführt (1963 verheerendes Erdbeben in Skopje). Das Land gliedert sich in eine Vielzahl unterschiedlich großer Einbruchsbecken, die von meist über 2 000 m hoch aufragenden, z. T. glazial überformten Gebirgsstöcken umrahmt sind. Schluchtartige Täler und verkehrsgünstige Pässe verbinden die einzelnen Becken miteinander. Höchste Erhebungen sind Korab (2 764 m ü. M.) und die anschließende Šar planina (bis 2 747 m ü. M.) im NW. Größte der eingeschalteten Beckenlandschaften ist die von der Crna Reka durchflossene, im S gelegene fruchtbare Pelagonija, die sich im griech. M. fortsetzt. Landwirtschaftl. Gunsträume sind auch die Becken von Skopje im N und das Strumicabecken im SO. Im SW sind die Einbruchsbecken von Ohrid- und Prespasee erfüllt, die aber nur zu einem Teil zu M. gehören. Im NW des Landes erstreckt sich das 40 km lange Senkungsfeld der Pologebene, die vom Vardar, dem Hauptfluß M.s, durchflossen wird, der anschließend eine Folge von kleineren Beckenlandschaften miteinander verbindet und somit eine bedeutende Verkehrsleitlinie (Teil der Morava-Vardar-Furche) bildet.

Klima: Das Klima ist stark kontinental geprägt mit sehr heißen, trockenen Sommern und kalten Wintern. Frost kann von Okt. bis April vorkommen. Im S zeigen sich durch das Vardartal eindringende mediterrane Einflüsse. Temperaturen von über 30 °C im Sommer sind in den Beckenlandschaften sehr häufig; im Jahresdurchschnitt erhalten sie weniger als 500 mm Niederschlag im O und 700–900 mm im Westen. In den seewärts gerichteten Randgebirgen fallen bis 2 000 mm pro Jahr.

Vegetation: In den Beckenlandschaften breitet sich als natürl. Vegetation Steppe aus, die aber fast überall von Ackerland oder anderen landwirtschaftlich genutzten Flächen eingenommen wird. Knapp ein Drittel des Landes ist bewaldet; die Berghänge werden von Sträuchern und Wäldern bedeckt, die größtenteils aus Buchen und Eichen, mitunter auch aus Kiefern bestehen. Bisher wurden drei Nationalparks eingerichtet, alle in Gebirgsregionen gelegen: im W der Mavrovo-Nationalpark, im SW der zw. Ohrid- und Prespasee liegende Galačia-Nationalpark und, westlich von Bitola um den 2 600 m hohen Pelister, der Pelister-Nationalpark.

Bevölkerung: Die Bev. konzentriert sich in den Gunsträumen, den Beckenlandschaften. Nutzbares Areal nimmt nur etwa ein Viertel der Staatsfläche ein, dort werden 300 Ew. je km² erreicht. Bes. dicht besiedelt sind das Vardartal und die Pelagonija. Die Gebirgsregionen werden nur noch partiell als Schafweiden genutzt und sind nahezu entvölkert. Ziele der landflüchtigen Bev. sind die meist an den Beckenrändern liegenden Städte, die seit dem Zweiten Weltkrieg ein sprunghaftes Wachstum verzeichnen. 1991 lag der Anteil der städt. an der Gesamt-Bev. bei 58,1%, 1948 bei 26,1%. Das natürl. Bev.-Wachstum ist immer noch groß (bes. bei der alban. Minderheit); die Geburtenrate lag 1991 bei 16,6‰ (1950: 40,3‰).

Nach der Volkszählung von 1994 sind 66,5% der Ew. Makedonier, 22,9% Albaner, 4% Türken, 2,3% Sinti und Roma und 2% Serben. Die restl. 2,3% sind Kroaten, Montenegriner, Bulgaren, Aromunen u. a. (insgesamt werden in M. 22 versch. ethn. Gruppen gezählt). Die alban. Minderheit, die mehr Rechte fordert und ihren Bev.-Anteil auf etwa 40% schätzt, lebt v. a. im W des Landes; im Kreis Tetovo stellt sie etwa 60% der Bev. Die meisten Albaner wurden unter osman. Herrschaft islamisiert. Die rd. 40 000 Serben leben in N-Makedonien, ihr Zentrum ist die Stadt Kumanovo.

Die Makedonier selbst werden von ihren nördl. Nachbarn, den Serben, als ›Südserben‹ bezeichnet, die Grenze zw. Jugoslawien und M. wird von ihnen lediglich als administrative Grenze betrachtet. Die Bulgaren haben zwar den Staat M. völkerrechtlich anerkannt, aber keine makedon. Nation (die makedon. Sprache gilt als bulgar. Dialekt). Die Griechen im S wiederum fühlen sich von den Makedoniern bedroht, die ein Groß-Makedonien anstreben würden.

Religion: 1991 waren 67% der Bev. orthodox, daneben gab es 30% Muslime. Katholiken sowie Juden bilden kleine Gemeinschaften.

Bildungswesen: Die Schulpflicht beträgt acht Jahre, in der Primarschule (Schulzeit acht Jahre) besteht Schulgeldfreiheit. Die Einschulung erfolgt im achten Lebensjahr, das Angebot an Vorschuleinrichtungen ist gut (1991/92: 648 Einrichtungen mit 35 318 Kindern).

Klimadaten von Skopje (245 m ü. M.)					
Monat	Mittleres tägl. Temperaturmaximum in °C	Mittlere Niederschlagsmenge in mm	Mittlere Anzahl der Tage mit Niederschlag	Mittlere tägl. Sonnenscheindauer in Stunden	Relative Luftfeuchtigkeit nachmittags in %
I	4,7	46	7	2,1	85
II	8,3	41	6	4,1	79
III	11,9	38	8	4,4	73
IV	19,3	34	8	6,6	66
V	23,3	52	11	7,1	69
VI	28,0	49	8	8,8	63
VII	30,8	35	4	10,3	58
VIII	31,1	37	5	9,9	57
IX	26,0	42	4	7,3	67
X	18,5	58	8	4,9	80
XI	11,7	71	6	2,4	85
XII	7,4	43	11	1,9	87
I–XII	18,4	546	86	5,8	72

Die 1 053 Primarschulen hatten (1991/92) 261 127 Schüler. Unterrichtssprache ist Makedonisch, ausgenommen an den wenigen albanisch- und serbischsprachigen Schulen. Als weiterführende Schulen schließen die allgemeinbildende Sekundarschule (Gymnasium),

Make Makedonien

die mittlere techn. Schule und die Lehrerbildungsanstalt an, deren erfolgreicher Abschluß auch das Abitur einschließt. Techn. und berufl. Schulen bieten nach zwei oder drei Schuljahren Berufsqualifikationen. Eine Sekundarschulausbildung nahmen (1991/92) 95 237 Schüler wahr. M. besitzt zwei Univ. (Bitola und Skopje, letztere mit 1994 rd. 21 000 Studierenden).

Publizistik: Presse: Die wichtigsten Tageszeitungen in makedon. Sprache sind ›Nova Makedonija‹ (gegr. 1944; Auflage 25 000) und ›Večer‹ (1963; 29 000), beide in Skopje. Daneben erscheinen in Albanisch ›Flaka e Vellazerimit‹ (1945) und in Türkisch ›Birlik‹ (1944). – *Nachrichtenagentur:* ›Makfaks‹, Skopje. – *Rundfunk:* Die öffentl. Hörfunk- und Fernsehanstalt ›Makedonska Radio-Televizija‹ (MRT) verbreitet drei Hörfunk- und drei Fernsehprogramme in Makedonisch, Albanisch und Türkisch.

WIRTSCHAFT · VERKEHR

Wirtschaft: Das langandauernde griech. Handelsembargo gegen das nördl. Nachbarland (Schließung des Hafens Saloniki im Febr. 1994; Aufhebung des Embargos Ende Okt. 1995) sowie die Folgen der von der UNO gegen Serbien und Montenegro verhängten Sanktionen gefährdeten das wirtschaftl. Überleben M.s (vor Ausbruch des Bürgerkriegs führten die wichtigsten Handelsrouten für makedon. Waren durch Serbien). Während 1990 in Gesamt-Jugoslawien das Bruttosozialprodukt (BSP) je Ew. noch bei 3 060 US-$ lag, ging dieser Wert in M. bis 1994 auf 715 US-$ zurück. Die Arbeitslosenquote stieg bis Ende 1995 auf über 30 %. Die Hyperinflation (1992: rd. 1 690 %) konnte durch Einführung einer eigenen Währung, des Denars, auf (1993) rd. 350 % bzw. (1994) rd. 122 % reduziert werden. Auch hinsichtlich der Privatisierung wurden Fortschritte erzielt: Bis Sept. 1993 wurden in M. 67 000 Privatunternehmen gegründet.

Landwirtschaft: Der Agrarbereich wies 1991 einen Anteil von 14 % am Bruttoinlandsprodukt (BIP) auf. Wichtigster Sektor ist die Milchwirtschaft. Die Schafhaltung ist traditionell bes. stark ausgeprägt (1992: 2,25 Mio. Tiere). Unter den landwirtschaftl. Erzeugnissen dominieren Zuckerrüben, Obst, Gemüse, Käse, Lammfleisch, Tabak, Wein und Reis.

Bodenschätze: Das einzig bedeutende Bergbauprodukt ist Braunkohle (Fördermenge 1992: 6,5 Mio. t), die nordöstlich von Skopje abgebaut wird. Daneben gibt es auch Lagerstätten von Eisen-, Zink-, Chrom-, Mangan-, Blei- und Nickelerz.

Industrie: 1991 lag der Anteil des industriellen Sektors am BIP bei 41 %. Herausragende Branchen sind die Metallverarbeitung, die chem. und die Textilindustrie. Das UN-Embargo gegen ›Rest-Jugoslawien‹ und die ausgesetzten Erdöllieferungen via Griechenland wirken sich v. a. negativ auf das verarbeitende Gewerbe aus. So ging die Industrieproduktion 1993 im Vergleich zum Vorjahr um 15 % zurück (1994: −9,5 %), v. a. in den Branchen Metallverarbeitung und Maschinenbau.

Außenwirtschaft: Die notwendig gewordene Neuorientierung der makedon. Außenwirtschaft ist aufgrund fehlender bzw. mangelnder Infrastruktur nur erschwert möglich. Nachdem der Handel mit dem vormals wichtigsten Handelspartner ›Serbien und Montenegro‹ offiziell unterbunden worden ist, entfällt seit 1993 der Großteil des makedon. Außenhandels auf die EU-Staaten. Aber auch mit Albanien, Bulgarien und der Türkei wurden seit Verhängung der Handelssanktionen die Austauschbeziehungen intensiviert. Wichtigste Exportwaren sind Agrarprodukte, v. a. Obst, Tabak, Baumwolle und Fleisch sowie Eisen, Blei, Zink und Nickel. Der illegale Güterumschlag an der serbisch-makedon. Grenze (u. a. Lebensmittel, Textilien, Konsumgüter sowie Rohöl und Benzin, aber auch kriegsrelevante Güter) hatte nach der Verhängung der griech. Handelsblockade gegen M. noch zugenommen. Das Handelsbilanzdefizit betrug 1994 rd. 374 Mio. US-$ (Defizit 1993: 144 Mio. US-$).

Verkehr: 1991 betrug die Streckenlänge des Eisenbahnnetzes 920 km. Da ein Großteil des makedon. Transithandels traditionell per Eisenbahn über serb. Territorium abgewickelt wurde, hat das UN-Embargo gegen ›Rest-Jugoslawien‹ auch den Warenaustausch mit den Ländern Mittel- und Westeuropas erschwert. So wurde im Sept. 1993 der Verkehr auf der Strecke München–Belgrad–Skopje–Athen eingestellt. Nach Albanien im W und Bulgarien im O gibt es keine Eisenbahnverbindungen.

GESCHICHTE

Im Zuge der Auflösung Jugoslawiens fanden im Nov./Dez. 1990 Parlamentswahlen statt, aus denen die IMRO als stärkste Gruppe hervorging, gefolgt vom Sozialdemokrat. Bund für M. und der Partei der Demokrat. Prosperität. Im Jan. 1991 wählte das Parlament (das Sobranje) K. GLIGOROV zum Staatspräs. Am 8. 9. 1991 stimmte die Bev. in einem Referendum mit 74 % für die staatl. Unabhängigkeit M.s; die alban. und die (an Zahl geringe) serb. Minderheit boykottierten die Wahl. Mit Wirkung vom 19. 11. 1991 konstituierte sich die frühere jugoslaw. Teil-Rep. als unabhängiger Staat. Auf der Grundlage einer im Jan. 1992 im alban. Siedlungsraum organisierten Volksabstimmung proklamierte die alban. Minderheit am 5. 4. 1992 die ›Autonome Rep. Illyria‹. Bei den Parlamentswahlen vom Okt. 1994 wurde der Sozialdemokrat. Bund für M. stärkste Partei, gefolgt von der Liberalen Partei und der Partei für demokrat. Prosperität; die bisher führende IMRO hatte die Wahl boykottiert. Am 16. 10. 1994 wählte die Bev. GLIGOROV erneut zum Staatspräs. Am 3. 10. 1995 wurde er durch ein Attentat schwer verletzt. Seine Amtsgeschäfte übernahm Parlaments-Präs. STOJAN ANDOV.

Die Errichtung der unabhängigen ›Republik M.‹ führte zu schweren Spannungen mit Griechenland, da dieses den die Verwendung der Bez. ›M.‹ von seiten des neuen Staates irredentist. Ansprüche auf die gleichnamige griech. Prov. befürchtet. Nachdem die griech. Reg. den von Frankreich, Großbritannien und Spanien vorgeschlagenen (provisor.) Staatsnamen ›Ehemalige Jugoslaw. Republik M.‹ als Kompromiß akzeptiert hatte (27. 3. 1992), wurde die Rep. unter diesem Namen im April 1992 in die UNO aufgenommen. Da der neue, nunmehr international anerkannte Staat nicht auf den Namen M. und auf bestimmte Embleme, die an die antike Dynastie ALEXANDERS D. GR. erinnern (z. B. den ›Stern von Vergina‹), verzichten wollte, steigerten sich die Spannungen zw. beiden Staaten. Mit der Einstellung der Handelsbeziehungen zu M. und der Sperrung des Hafens Saloniki für den Umschlag von Waren von und nach M. im Febr. 1994 übte Griechenland eine Wirtschaftsblockade gegen den neuen Staat aus, dessen Außenhandel zu 80 % über Saloniki läuft. Dieses Embargos wegen reichte die EU im April 1994 beim Europ. Gerichtshof eine Klage gegen Griechenland ein. Im Dez. 1992 erteilte der UN-Sicherheitsrat der UNPROFOR das Mandat, ein Kontingent von etwa 700 bis 800 (später von insgesamt 1 000) Blauhelmsoldaten nach M. zu entsenden, um ein Übergreifen des Krieges vom benachbarten Bosnien und Herzegowina nach M. zu verhindern. Am 31. 3. 1995 wurde das Mandat des nunmehr 1 150 Soldaten umfassenden Kontingents unter der Bez. ›Preventive Deployment Force‹ (UNPREDEP) verlängert.

In einem Interimsabkommen (13. 9. 1995) verzichtete M. auf die Verwendung des Sterns von Vergina in der Staatsflagge und bekannte sich zu gutnachbarl. Beziehungen gegenüber Griechenland. Dieses erkannte M. nunmehr völkerrechtlich an und hob das Handelsembargo gegen M. auf. – Seit 9. 11. 1995 ist M. Mitgl. des Europarats; am 15. 11. 1995 schloß sich M. dem NATO-Programm ›Partnerschaft für den Frieden‹ an.

***Maksimow,** Wladimir Jemeljanowitsch, russ. Schriftsteller: † Paris 26. 3. 1995.

Malakhov, Vladimir, österr. Tänzer ukrain. Abstammung, * Kriwoj Rog 7. 1. 1968; ausgebildet an der Bolschoi-Ballettakademie und am Staatl. Theaterinstitut in Moskau. Nach seinem Engagement beim Moskauer Klass. Ballett (1986–92) wurde M. 1992 1. Solist beim Wiener Staatsopernballett. Seit 1994 beim National Ballet of Canada, seit 1995 auch beim American Ballet Theatre in New York unter Vertrag, gilt er als einer der besten klass. Tänzer der Gegenwart.

***Malaria:** Da der Erreger der M. tropica v. a. gegen das üblicherweise verabreichte Chloroquin in vielen Teilen der Erde jetzt resistent ist, wird häufig zur sogenannten Stand-by-Therapie geraten: Man führt wirksamere Medikamente wie Mefloquin oder Halofantin mit sich, um sie einzunehmen, wenn akut eine fieberhafte, malariaverdächtige Erkrankung auftritt. Ein von dem kolumbian. Immunologen M. PATARROYO entwickelter, seit 1987 in Lateinamerika und seit 1993 in Tansania getesteter Impfstoff verhindert zwar nicht die Infektion, schützt aber in vielen Fällen vor dem Auftreten der Symptome. Die Weltgesundheitsorganisation, der PATARROYO die Patentrechte an dem Impfstoff zusagte, will damit Massenimpfkampagnen starten.

***Malawi,** amtlich engl. **Republic of M.,** Chewa **Mfuko la Malaŵi,** Binnenstaat im südl. Ostafrika, grenzt an den Malawisee.

Hauptstadt: Lilongwe. *Amtssprache:* Englisch; Nationalsprache Chewa. *Staatsfläche:* 118 484 km² (ohne Binnengewässer 94 080 km²). *Bodennutzung (1992):* 16 900 km² Ackerland, 18 400 km² Dauergrünland, 35 200 km² Waldfläche. *Einwohner (1994):* 10,843 Mio., 92 Ew. je km². *Städtische Bevölkerung (1993):* 13 %. *Durchschnittliches Bevölkerungswachstum pro Jahr (1985–93):* 3,3 %. *Bevölkerungsprojektion für 2000:* 11,05 Mio. Ew. *Ethnische Gruppen (1987):* Mehr als 99 % Bantu (Tonga, Nyanja, Tumbuka, Ngoni, Yao u. a.), ferner 6 400 Europäer (meist brit. Herkunft) und 12 000 Asiaten (meist Inder). *Religion (1992):* 64,5 % Christen, 16,2 % Muslime. *Altersgliederung (1995):* unter 15 Jahre 49,2 %, 15 bis unter 65 Jahre 48,2 %, 65 und mehr Jahre 2,6 %. *Lebenserwartung der Neugeborenen (1992):* männlich 44 Jahre, weiblich 45 Jahre. *Analphabetenquote (1987):* insgesamt 58,4 %, männlich 47,6 %, weiblich 68,4 %. *BSP je Ew. (1993):* 200 US-$. *BIP nach Sektoren/Produktionsstruktur (1993):* Landwirtschaft 39 %, Industrie 18 %, Dienstleistungen 43 %. *Währung:* 1 Malawi-Kwacha (MK) = 100 Tambala (t). *Internationale Mitgliedschaften:* UNO, Commonwealth of Nations, OAU, Südafrikan. Entwicklungsgemeinschaft.

Geschichte: Mitte 1993 wurde auf internat. Druck hin ein Mehrparteiensystem eingeführt. Gemäß der Interims-Verf. vom 16. 5. 1994 (verkündet am 18. 5.) ist Staatsoberhaupt und Chef der Exekutive der für fünf Jahre direkt gewählte Präs., der mit weitreichenden Befugnissen ausgestattet ist. Er ernennt die nur ihm verantwortl. Reg., besitzt ein Vetorecht gegen Gesetze, ernennt die wichtigsten Staatsbeamten und kann das Parlament vertagen oder auflösen. Die Legislativbefugnisse liegen bei einem aus zwei Kammern bestehenden Parlament: Die Nationalversammlung umfaßt 177 für fünf Jahre im Mehrheitswahlsystem gewählte Abg.; die 80 Mitgl. des Senats werden teilweise von regionalen Vertretungen gewählt, teilweise kooptiert. Besonderes Augenmerk legt die Verf. auf die Un-

abhängigkeit der Justiz und die Achtung der Menschenrechte.

Im Mai 1994 fanden Parlaments- und Präsidentschaftswahlen statt, in denen Präs. H. BANDA und die frühere Einheitspartei MCP klar unterlagen. Neuer Staatspräs. wurde B. MULUZI, dessen Partei, die United Democratic Front (UDF), die stärkste Fraktion im neuen Parlament (84 von 177 Sitzen) stellt. Die UDF bildete mit der Alliance for Democracy (Aford; dt. Allianz für Demokratie) eine Koalitions-Reg., deren Ziel v. a. die Bekämpfung der Korruption und der wirtschaftl. Aufbau des Landes ist. In einem Prozeß wegen der Ermordung von Oppositionspolitikern wurden BANDA und einige seiner engsten Vertrauten im Dez. 1995 in erster Instanz freigesprochen.

H. MEINHARDT: Die Rolle des Parlaments im autoritären M. (1993).

***Malaysia,** amtl. Namen: Bahasa Malaysia **Persekutuan Tanah Malaysia,** engl. **Federation of M.,** Staat in Südostasien.

Hauptstadt: Kuala Lumpur. *Amtssprachen:* Bahasa Malaysia und Englisch. *Staatsfläche:* 329 758 km² (ohne Binnengewässer 328 550 km²). *Bodennutzung (1992):* 48 800 km² Ackerland, 270 km² Dauergrünland, 190 000 km² Waldfläche. *Einwohner (1994):* 19,695 Mio., 60 Ew. je km². *Städtische Bevölkerung (1993):* 52 %. *Durchschnittliches Bevölkerungswachstum pro Jahr (1985–93):* 2,4 %. *Bevölkerungsprojektion für 2000:* 22,263 Mio. Ew. *Ethnische Gruppen (1990):* 61,7 % Malaien, 29,7 % Chinesen, 8,1 % Inder, 0,5 % Sonstige. *Religion (1992):* 52,9 % Muslime (der Islam ist Staatsreligion), 17,3 % Buddhisten, 11,6 % Anhänger chin. Volksreligionen, 7,0 % Hindu. *Altersgliederung (1995):* unter 15 Jahre 37,9 %, 15 bis unter 65 Jahre 58,2 %, 65 und mehr Jahre 3,9 %. *Lebenserwartung der Neugeborenen (1992):* männlich 69 Jahre, weiblich 73 Jahre. *Analphabetenquote (1991):* insgesamt 21,6 %, männlich 13,5 %, weiblich 29,6 %. *BSP je Ew. (1993):* 3 140 US-$. *BIP nach Sektoren/Produktionsstruktur (1993):* Landwirtschaft 16 %, Industrie 44 %, Dienstleistungen 40 %. *Arbeitslosenquote (1994):* 2,9 %. *Währung:* 1 Malaysischer Ringgit (RM) = 100 Sen (s). *Internationale Mitgliedschaften:* UNO, ASEAN, Colombo-Plan, Commonwealth of Nations.

Geschichte: Am 4. 2. 1994 wählten die neun Sultane der Föderation von M. den Sultan von Negri Sembilan, JAAFAR ABDUL RAHMAN (* 1922), zum neuen König der Föderation. Unter MinPräs. DATUK SERI MAHATIR MOHAMMED entwickelte sich M. zu einem der führenden Schwellenländer der Erde. Bis zum Jahr 2020 soll M. nach Plänen der Reg. den Status eines Industrielandes erreichen, v. a. mit Hilfe der Liberalisierung von staatlich geleiteten Unternehmen und durch Konzentration der staatl. Förderung auf technologieintensive Produktionen. Außenpolitisch steht die wirtschaftl. Zusammenarbeit mit anderen asiat. Staaten im Vordergrund. Bei den Parlamentswahlen am 24. 4. 1995 errang die Reg.-Koalition ›Nat. Front‹ 162 von 192 Sitzen.

*****Malchin 2):** Der Landkreis M. ging am 12. 6. 1994 im Kr. Demmin auf; die Gem. Schwinkendorf wurde dem Kr. Müritz eingegliedert. Die Stadt Malchin ist damit nicht mehr Kreisstadt.

*****Malediven,** amtlich Divehi **Divehi Rajjeyge Jumhuriyya,** dt. **Republik M.,** Inselstaat im Ind. Ozean, südwestlich der S-Spitze Indiens.

Hauptstadt: Male. *Amtssprache:* Divehi. *Staatsfläche:* 298 km². *Bodennutzung (1992):* 30 km² Ackerland, 10 km² Dauergrünland, 10 km² Waldfläche. *Einwohner (1993):* 235 000, 789 Ew. je km². *Städtische Bevölkerung (1993):* 30 %. *Durchschnittliches Bevölkerungs-*

Malf   Malfatti – Mammen

John Malkovich

wachstum pro Jahr (1985-93): 3,3 %. *Bevölkerungsprojektion für 2000:* 283 000 Ew. *Religion:* 100 % Muslime; der sunnit. Islam ist Staatsreligion. *Altersgliederung (1995):* unter 15 Jahre 44 %, 15 bis unter 65 Jahre 52 %, 65 und mehr Jahre 4 %. *Lebenserwartung der Neugeborenen (1993):* männlich 65 Jahre, weiblich 62 Jahre. *Analphabetenquote (1990):* 2,7 %. *BSP je Ew. (1993):* 820 US-$. *BIP nach Sektoren/Produktionsstruktur (1992):* Landwirtschaft 24 %, Industrie 17 %, Dienstleistungen 59 %. *Währung:* 1 Rufiyaa (Rf) = 100 Laari (L). *Internationale Mitgliedschaften:* UNO, Colombo-Plan, Commonwealth of Nations.

Geschichte: Staatspräs. M. A. GAYOOM wurde zuletzt im Aug. 1993 wiedergewählt. – Die M. gehören zu den durch den weltweiten Anstieg des Meeresspiegels am stärksten bedrohten Ländern der Erde.

***Malfatti,** Franco Maria, italien. Politiker: † Rom 10. 12. 1991.

***Mali,** amtlich frz. **République du M.,** Binnenstaat in Westafrika.

Hauptstadt: Bamako. *Amtssprache:* Französisch. *Staatsfläche:* 1 240 192 km² (ohne Binnengewässer 1 220 190 km²). *Bodennutzung (1992):* 21 030 km² Ackerland, 300 000 km² Dauergrünland, 69 200 km² Waldfläche. *Einwohner (1994):* 10,462 Mio., 8 Ew. je km². *Städtische Bevölkerung (1994):* 26 %. *Durchschnittliches Bevölkerungswachstum pro Jahr (1985-93):* 2,8 %. *Bevölkerungsprojektion für 2000:* 12,56 Mio. Ew. *Ethnische Gruppen (1983):* 31,9 % Bambara, 13,9 % Fulbe, 12,0 % Senufo, 8,8 % Soninke, 7,3 % Tuareg, 7,2 % Songhai, 6,6 % Malinke, 4,0 % Dogon, 2,9 % Dyala, 2,4 % Bobo, 3,0 % andere. *Religion (1992):* 89,8 % Muslime, 0,9 % Christen. *Altersgliederung (1995):* unter 15 Jahre 47,4 %, 15 bis unter 65 Jahre 50,0 %, 65 und mehr Jahre 2,6 %. *Lebenserwartung der Neugeborenen (1992):* männlich 47 Jahre, weiblich 50 Jahre. *Analphabetenquote (1991):* insgesamt 68,0 %, männlich 59,2 %, weiblich 76,1 %. *BSP je Ew. (1993):* 270 US-$. *BIP nach Sektoren/Produktionsstruktur (1993):* Landwirtschaft 42 %, Industrie 15 %, Dienstleistungen 43 %. *Währung:* 1 CFA-Franc = 100 Centimes. *Internationale Mitgliedschaften:* UNO, OAU, Wirtschaftsgemeinschaft westafrikan. Staaten.

Geschichte: Nach einem Militärputsch am 25. 3. 1991 übernahm unter dem Vorsitz von Oberstleutnant AMADOU TOUMANY TOURÉ (* 1948) ein ›Comité de Transition pour le Salut du Peuple‹ (CTSP; dt. ›Übergangskomitee zur Rettung des Volkes‹) die Macht. Die in einem Referendum am 12. 1. 1992 angenommene Verf. der Dritten Rep. von M. bekennt sich zu den Grundsätzen eines souveränen, gewaltengeteilten rechtsstaatl., säkularen Mehrparteienstaates. Staatsoberhaupt und Chef der Exekutive ist der vom Volk für fünf Jahre gewählte Präs. Er ernennt den Premier-Min. und dieser die weiteren Mitgl. des Kabinetts. Die Legislativrechte liegen bei der Nationalversammlung, deren 129 Abg. für fünf Jahre gewählt werden; 13 von ihnen repräsentieren die im Ausland lebenden Staatsangehörigen. Die Verf. garantiert, erstmals in der Geschichte des Landes, die Unabhängigkeit der Richter und sieht einen Verfassungsgerichtshof vor.

Bei den allgemeinen Wahlen im Febr./März 1992 gewann die ›Alliance pour la Démocratie au Mali – Parti Africain pour la Solidarité et la Justice‹ (ADEMA–PASJ; dt. ›Allianz für die Demokratie in M. – Afrikan. Partei für Solidarität und Gerechtigkeit‹) die absolute Mehrheit der Stimmen. Im April 1992 wählte die Bev. A. O. KONARÉ (ADEMA–PASJ) zum Staatspräs. (Amtsantritt: 8. 6. 1992). Im Vorfeld der Präsidentschaftswahlen hatte die Reg. am 11. 4. 1992 den aufständ. Tuareg regionale Autonomie versprochen.

Am 12. 2. 1993 verurteilte ein Gericht den früheren Staatspräs. MOUSSA TRAORÉ (* 1936) und drei weitere Angehörige seiner Reg. wegen Mordes (verantwortlich für die Tötung von Demonstranten, 1991) zum Tod (Urteil nicht vollstreckt). 1994 kam es zu sozialen Unruhen. Zugleich flammte der Konflikt mit den Tuareg im N wieder auf.

Malkovich [ˈmɑːlkɔvɪtʃ], John, amerikan. Schauspieler, * Christopher (Ill.) 9. 12. 1953; Mitglied einer Theatergruppe, in der er auch Regie führte. Im Film (seit 1984) vermag er durch Ausdruckskraft, auch Komik die Zuschauer in seinen Bann zu ziehen.

Filme: Ein Platz im Herzen (1984); Tod eines Handlungsreisenden (1985); Ein Mann à la carte (1987); Gefährl. Liebschaften (1988); Der Himmel über der Wüste (1990); Von Mäusen und Menschen (1991); In the Line of Fire (1993); Die zweite Chance (1992); Jenseits der Wolken (1995); Mary Reilly (1996).

Malkowski, Rainer, Schriftsteller, * Berlin 26. 12. 1939; arbeitete zunächst in der Werbebranche, seit 1972 als freier Autor. In seinen Gedichten versucht M. in klarer, unprätentiöser und detaillierter Sprache den existentiellen Kern des Alltäglichen offenzulegen.

Werke: Was für ein Morgen (1975); Einladung ins Freie (1977); Vom Rätsel ein Stück (1980); Zu Gast (1983); Was auch immer geschieht (1986); Das Meer steht auf (1989); Ein Tag für Impressionisten u. andere Gedichte (1994).

***Malle,** Louis, frz. Filmregisseur: † Beverly Hills (Calif.) 23. 11. 1995.

***Malta,** amtl. Namen: maltesisch **Repubblia ta' Malta,** engl. **Republic of M.,** Inselstaat im zentralen Mittelmeer.

Hauptstadt: Valletta. *Amtssprachen:* Maltesisch und Englisch. *Staatsfläche:* 316 km². *Bodennutzung (1992):* 130 km² Ackerland. *Einwohner (1994):* 364 000, 1 152 Ew. je km². *Städtische Bevölkerung (1992):* 85 %. *Durchschnittliches Bevölkerungswachstum pro Jahr (1985-93):* 0,7 %. *Bevölkerungsprojektion für 2000:* 378 000 Ew. *Religion (1992):* 98,9 % Katholiken. *Altersgliederung (1995):* unter 15 Jahre 22,3 %, 15 bis unter 65 Jahre 66,8 %, 65 und mehr Jahre 10,9 %. *Lebenserwartung der Neugeborenen (1992):* 76 Jahre. *BSP je Ew. (1993):* 7 970 US-$. *BIP nach Sektoren/Produktionsstruktur (1991):* Landwirtschaft 3 %, Industrie 30 %, Dienstleistungen 67 %. *Arbeitslosenquote (1993):* 4,5 %. *Währung:* 1 Maltesische Lira (Lm) = 100 Cents (¢) = 1 000 Mils (m). *Internationale Mitgliedschaften:* UNO, Commonwealth of Nations, Europarat, OSZE.

Geschichte: Im Zuge der stärkeren Hinwendung M.s zur westl. Staatenwelt stellte die Reg. unter MinPräs. E. FENECH ADAMI 1990 in Brüssel den Antrag auf Aufnahme in die EG. Am 4. 4. 1994 wählte das Parlament UGO MIFSUD BONNICI (* 1932) zum Staatspräs. Am 26. 4. 1995 trat M. dem NATO-Programm ›Partnerschaft für den Frieden‹ bei.

Mamlejew, Mamleev [-ˈlejɛf], Jurij Witaljewitsch, russ. Schriftsteller, * Moskau 11. 12. 1931; Mathematiklehrer; befaßte sich mit Philosophie und Esoterik und versammelte Ende der 50er Jahre gleichsinnige Schriftsteller und Künstler um sich. Seine von der russ. literar. Avantgarde geprägten Erzählungen kursierten nur im Samisdat; 1974 erhielt er die Ausreisegenehmigung und emigrierte in die USA; lebt seit 1983 in Paris. In dem Roman ›Šatuny‹ (1988; dt. ›Der Mörder aus dem Nichts‹) entfaltet M., der sich selbst als ›phantast. Realisten‹ bezeichnet, ein Horrorszenarium; es geht um den Mord als Mittel, um in ein fremdes Leben und damit in eine jenseitige Welt einzudringen.

Weiteres Werk: Erzählung: Utopi moju golovu (1990).

Mammen, Jeanne, Malerin, * Berlin 21. 11. 1890, † ebd. 22. 4. 1976. Ihrem vom Kunsthandel erst spät entdeckten Werk widmet sich die nach ihrem Tod gegründete J.-M.-Gesellschaft. M. gehört zu den eigenwilligsten Künstlerinnen im Umfeld der Neuen Sachlichkeit. Ausgebildet an der Pariser Académie Julian (1906–07), beschäftigte sie sich mit der symbolist. Malerschule Belgiens. Ab Mitte der 20er Jahre entwickelte sie parallel zu R. SCHLICHTER, K. HUBBUCH und G. GROSZ einen verist. Stil, der die großbürgerl. Verhaltensweisen während der ›Goldenen Zwanziger‹ in Berlin teilweise ironisch überspitzt. Während des nat.-soz. Regimes knüpfte das Mitgl. der illegalen KPD demonstrativ an den frz. Kubismus an. Ab 1937 löste sie die Formzusammenhänge des Dargestellten fast völlig auf, ab 1950 entwickelte sie abbildhafte Chiffren, die man als Symbole für seel. Zustände lesen kann. Sie arbeitete als Illustratorin.

J. M. Köpfe u. Szenen. Berlin 1920–1933, bearb. v. M. DÖPPING u. a., Ausst.-Kat. (1991); A. LÜTGENS: ›Nur ein Paar Augen sein ...‹. J. M. – eine Künstlerin in ihrer Zeit (1991).

*Management: In den 1990er Jahren sind zahlreiche neuartige Führungskonzepte entwickelt worden, die das M. sowohl in seiner handlungsorientierten, seiner personenorientierten als auch in seiner handhabungsorientierten Dimension grundlegend verändern dürften. Bes. nachhaltig wirkt sich die sowohl in der Unternehmenspraxis als auch in der Wissenschaft geführte Diskussion um Formen der Selbstorganisation aus, die auf eine weitgehende Dezentralisation von Entscheidungsbefugnissen und Selbstkontrolle des einzelnen Mitarbeiters zielt (→Lean management). Ein zweiter grundlegender Entwicklungsschub geht vom →Qualitätsmanagement aus, das insbesondere durch die der japan. Kultur entstammende Kaizen-Philosophie (→Kaizen) befruchtet worden ist. Eine unternehmensweite Neuausrichtung des Führungsprozesses empfiehlt auch das in den USA entstandene →Reengineering.

Manat der, -, Währungseinheit von Aserbaidschan (→Aserbaidschan-Manat) seit 1993 und Turkmenistan (→Turkmenistan-Manat) seit 1994.

*Mandel, Ernest, belg. Wirtschafts- und Politikwissenschaftler: †Brüssel 20. 7. 1995.

*Mandela, Nelson Rolihlahla, südafrikan. Politiker: Ist seit Juli 1991 Präs. des African National Congress (ANC); er leitete auf Seiten des ANC die Verhandlungen mit der weißen Minderheits-Reg. unter F. W. DE KLERK, die zum Ende der Apartheid und zum friedl. Übergang der Rep. Südafrika zu einer gemischtrass. Demokratie führten. Dafür erhielt er mit DE KLERK 1993 den Friedensnobelpreis. Am 10. 5. 1994 wurde M., nach dem Sieg des ANC in den Wahlen vom April, als erster schwarzer Staatspräs. der Rep. Südafrika vereidigt. Er schrieb ›Long walk to freedom‹ (1994; dt. ›Der lange Weg zur Freiheit. Autobiographie‹).

F. MEER: Stimme der Hoffnung. N. M. (a. d. Engl., Neuausg. 1990).

*Mandela, Winnie Nomzamo, südafrikan. Bürgerrechtlerin: Wurde in einem Prozeß 1991 wegen Mittäterschaft bei der Entführung und Mißhandlung eines schwarzen Jugendlichen zu sechs Jahren Haft verurteilt, daher mußte sie 1992 vorübergehend alle Ämter im ANC niederlegen. Von Mai 1994 bis April 1995 war M. stellvertretende Kultur-Min.; sie gilt als Exponentin des radikalen Flügels des ANC. Seit 1992 lebt M. getrennt von ihrem Mann.

*Mándy, Iván, ungar. Schriftsteller: †Budapest 6. 10. 1995.

*Manessier, Alfred, frz. Maler und Graphiker: †Orléans 1. 8. 1995.

*Manger, Jürgen von, Schauspieler und Kabarettist: †Herne 15. 3. 1994.

Manger-Schallwandler [nach JOSEF W. MANGER, *1929], hochwertiger Lautsprecher, bei dem bei konventionellen Lautsprechern in unterschiedl. Intensität stets vorhandenen Einschwinggeräusche völlig unterdrückt werden. Der M.-S. wandelt die Töne aufgrund seiner sehr niedrigen Anstiegszeit von lediglich 1,5 µs extrem schnell und phasenidentisch zum Eingangssignal. Herzstück des M.-S. ist eine spezielle Breitbandmembran, die alle Tonfrequenzen von 80 Hz bis 35 kHz nahezu einschwingfrei überträgt. Es handelt sich um eine dünne und biegsame, aus drei Schichten zusammengesetzte Plattenmembran. Konstruktion und Materialien gewährleisten, daß keine Kräfte gespeichert werden, die durch Antrieb oder Rückfederung entstehen; sie werden als Wärmeenergie abgeführt. Die Steifigkeit des M.-S. verändert sich vom Zentrum nach außen in einem bestimmten Verhältnis. Durch Dickenscherung entstehen dadurch vom Zentrum bis zum Außenrand Biegewellen mit unterschiedl. Fortpflanzungsgeschwindigkeiten. Das hat zur Folge, daß die Töne über die Membran verteilt in ihr Frequenzspektrum zerlegt werden. In dem sternförmigen Reflexionsdämpfer des M.-S. laufen die Tieftonwellen aus. Damit können Frequenzen bis unter 100 Hz abgedeckt werden. Nur für noch tiefere Frequenzen von 80 bis 20 Hz ist ein konventioneller Tieftöner notwendig. Im Zusammenspiel wird dann vor der Membran wieder ein homogenes Schallfeld aufgebaut.

Jeanne Mammen: Revuegirls; 1928/29 (Berlin, Berlinische Galerie)

*Mankiewicz, Joseph L. (Leo), amerikan. Drehbuchautor, Filmproduzent und -regisseur: †Bedford (N. Y.) 5. 2. 1993.

Mann, Dieter, Schauspieler, *Berlin 20. 6. 1941; seit 1964 am Dt. Theater Berlin, wo er 1984–91 als Intendant wirkte; auch beliebter Film- und Fernsehdarsteller sowie Bühnenregisseur.

*Mann, Golo, Historiker und Publizist: †Leverkusen 7. 4. 1994.

*Manner, Eeva-Liisa, finn. Schriftstellerin: †Tampere 7. 7. 1995.

Mansfelder Land, Landkreis im Reg.-Bez Halle, Sachs.-Anh., 759 km², (1995) 115 000 Ew.; Kreisstadt ist Eisleben. Das Kreisgebiet hat Anteil am Unterharz (bis 413 m ü. M.) und am östl. Harzvorland (fruchtbare Schwarzerdeböden mit Weizen- und Zuckerrübenanbau; am Süßen See Obst- und Weinbau. Im Wippertal zw. Mansfeld und Hettstedt sowie bei Eisleben gibt es zahlreiche Halden des 1969 aufgegebenen Kupferschieferbergbaus. Die Lutherstadt Eisleben (1995: 23 800 Ew.) ist Standort von Maschinenbau und Fleischwarenindustrie. In Hettstedt (19 900 Ew.) stellten die Kupfer-Silber-Hütte und das Walzwerk den Betrieb ein. Weitere Städte sind Mansfeld, Gerbstedt und Sandersleben. Wippra ist Kurort im Unterharz. – Der Kreis wurde am 1. 7. 1994 aus den früheren Kreisen Eisleben und Hettstedt (mit Ausnahme von fünf Gemeinden) gebildet; eingegliedert wurden drei Gemeinden des früheren Kr. Querfurt.

*Mansholt, Sicco Leendert, niederländ. Politiker: † Wapserveen (Prov. Drente) 29. 6. 1995.

Manthey, Axel, Bühnenbildner und Regisseur, *Güntersberge 10. 4. 1945, † Tübingen 29. 10. 1995; arbeitete ab 1970 als Bühnen- und Kostümbildner für Regisseure und Choreographen wie A. KIRCHNER, W. FORSYTHE, J.-P. PONNELLE und RUTH BERGHAUS (u. a. in R. WAGNERS ›Der Ring des Nibelungen‹ 1985–87 in Frankfurt am Main). M. trat ab 1984 auch als Regisseur hervor, u. a. in Stuttgart mit der Inszenierung von C. MONTEVERDIS ›Il ritorno d'Ulisse in patria‹ 1992 und der Uraufführung von H. ZENDERS ›Don Quijote‹ 1993.

*Manufacturers Hanover Corp.: Wurde 1992 von der Chemical Banking Corp. übernommen. (→Banken, ÜBERSICHT)

*Manzù, Giacomo, italien. Bildhauer, Graphiker und Zeichner: † Rom 17. 1. 1991.

*Marchais, Georges, frz. Politiker: Trat im Jan. 1994 als GenSekr. des PCF zurück.

Marcos, Imelda Romualdez, philippin. Politikerin, * um 1930; ∞ mit F. E. MARCOS; 1975–86 Gouv. von Großmanila; verschiedentlich Botschafterin; 1978/79 und 1984–86 Min. für Siedlungswesen, 1979–83 für Siedlungswesen und Ökologie; ging 1986 mit ihrem Mann nach Hawaii ins Exil; kehrte im Nov. 1991 nach Manila zurück; 1992 Präsidentschaftskandidatin. Nachdem sie bereits 1988 in New York wegen Veruntreuung von Staatsgeldern angeklagt, jedoch 1990 freigesprochen worden war, wurde sie 1993 auf den Philippinen deswegen verurteilt.

Marcus [ˈmɑːkəs], Rudolph Arthur, amerikan. Chemiker kanad. Herkunft, * Montreal (Prov. Quebec) 21. 7. 1923; nach Tätigkeit (seit 1958 als ordentl. Prof.) am Polytechnic Institute of Brooklyn in New York ab 1964 Prof. für physikal. Chemie an der University of Illinois in Urbana und ab 1978 Prof. für Chemie am California Institute of Technology in Pasadena. M. arbeitete u. a. über die Mechanismen unimolekular ablaufender Reaktionen sowie über die Theorie von reaktiven und inelast. Stoßprozessen; seit den 50er Jahren untersuchte er dabei bes. den Übergang von Elektronen und entwickelte die theoret. Grundlagen für die mit dem Elektronenübergang verbundenen Änderungen der Energiezustände. Für diese Arbeiten erhielt M. 1992 den Nobelpreis für Chemie.

*Marianen: Durch Beschluß des UN-Sicherheitsrats vom 22. 12. 1990 wurde die UN-Treuhandschaft über das Commonwealth of the Northern Mariana Islands, wahrgenommen durch die USA, aufgehoben, wodurch es formell ein unabhängiger, souveräner Staat wurde (Nordmarianen). Gleichwohl bewahren die Inseln ihren Status als Commonwealth Territories der USA. Im Rahmen ihrer Selbstverwaltung werden die gesetzgebenden Befugnisse von einem Zweikammerparlament, bestehend aus dem Senat (neun für zwei Jahre gewählte Mitgl.) und dem Repräsentantenhaus (18 für zwei Jahre gewählt Abg.), wahrgenommen. Der Gouverneur als Chef der Exekutive wird vom Volk direkt gewählt.

Rudolph A. Marcus

Marías [maˈrias], Javier, span. Schriftsteller, * Madrid 20. 9. 1951; war nach dem Studium der engl. Literatur in Madrid 1983–85 Lektor in Oxford. Neben seiner preisgekrönten Tätigkeit als Übersetzer (v. a. L. STERNE) gehört er zu der erfolgreichen Generation junger Autoren, die seit dem Tod FRANCOS der span. Literatur neue Impulse gegeben haben. Mittels detailgetreuer Persönlichkeitsskizzen und einer genauen Beobachtung seiner Umwelt, in der ungewöhnl. Todesfällen und der Hinterfragung alltägl. Gesten eine besondere Bedeutung zukommt, kritisiert er die moderne Gesellschaft abseits der großen Politik.

Werke: Romane: Los dominios del lobo (1971); Travesía del horizonte (1972); El monarca del tiempo (1978); El siglo (1983); El hombre sentimental (1986; dt. Der Gefühlsmensch); Todas las almas (1989; dt. Alle Seelen oder Die Irren von Oxford); Corazón tan blanco (1992; dt. Mein Herz so weiß); Mañana en la batalla piensa en mí (1994). – Essays: Pasiones pasadas (1991); Literatura y fantasma (1993). – Biographien: Vidas escritas (1992).

Mari El, Republik Mari El, bis 1990 ▷ Mari, Autonome Sozialistische Sowjetrepublik der Mari, Teil-Rep in der Russ. Föderation, an der mittleren Wolga, 23 200 km², (1992) 762 000 Ew., Hauptstadt ist Joschkar-Ola. Von den insgesamt etwa 670 000 Mari (ein ostfinn. Volk) leben nur 52 % in der nach ihnen benannten Rep. Dort stellen sie (1989) 43 % der Ew., 48 % sind Russen, 6 % Tataren. – Im Okt. 1990 proklamierte die ASSR ihre Souveränität und erklärte sich zur Sozialist. Sowjet-Rep. (SSR) Mari. Unter diesem Namen unterzeichnete sie im März 1992 den Föderationsvertrag mit Rußland. Seit der Streichung der Adjektive ›sozialistisch‹ und ›sowjetisch‹ im Juli 1992 heißt die Rep. Mari El.

*Marienberg 2): Der Landkreis M. ging am 1. 8. 1994 im Mittleren Erzgebirgskreis auf, dessen Kreisstadt die Stadt Marienberg wurde; die Gemeinden Neuhausen/Erzgeb. und Neidersaida wurden dem Kr. Freiberg eingegliedert.

*Mark der Deutschen Demokratischen Republik: Die Währungsumstellung auf →Deutsche Mark im Rahmen der Währungs-, Wirtschafts- und Sozialunion zw. der Bundesrep. Dtl. und der Dt. Dem. Rep. zum 1. 7. 1990 wurde ausschließlich über Konten bei Banken durchgeführt. Ein direkter Bargeldumtausch fand nicht statt. Die nach der Umstellung zurückgeflossenen Banknoten und höherwertige Münzen wurden von den Banken an die Staatsbank der Dt. Dem. Rep. abgeführt, die für die Prüfung der Rückflüsse und für die Vernichtung bzw. Endlagerung zuständig war. Die Münzen mit den Wertstufen 1, 5, 10, 20 und 50 Pfennig blieben bis zur Außerkurssetzung am 30. 6. 1991 gesetzl. Zahlungsmittel, da zum Zeitpunkt der Währungsumstellung entsprechendes Münzgeld der Bundesrep. Dtl. nicht in ausreichendem Maße zur Verfügung stand. (→Vereinigungskriminalität)

Marken, im Geschäftsverkehr benutzte Mittel zur Kennzeichnung von Waren oder Dienstleistungen eines bestimmten Unternehmens mit dem Ziel, diese Produkte von denen anderer Unternehmen zu unterscheiden. Durch Eintragung in das M.-Register beim Dt. Patentamt wird ein Schutzrecht an einer M. erworben.

Die von der EG am 21. 12. 1988 erlassene erste M.-Richtlinie hatte die Harmonisierung der Rechtsvorschriften über M. bei allen Mitgl.-Staaten zum Ziel. Die Umsetzung dieser Richtlinie nahm der dt. Gesetzgeber zum Anlaß, das nat. Kennzeichnungsrecht grundlegend zu reformieren. Das neue dt. M.-Gesetz (MarkenG) ersetzt das bisherige Warenzeichengesetz und trat am 1. 1. 1995 in Kraft.

Das MarkenG steht im Einklang mit dem am 28. 10. 1994 abgeschlossenen M.-Rechtsvertrag der Weltorganisation für geistiges Eigentum (WIPO) in Genf und dem Abkommen über handelsbezogene Aspekte von

Schutzrechten für geistiges Eigentum (engl. Agreement on Trade-related Aspects of Intellectual Property Rights, Abk. TRIPS) im Rahmen der Welthandelsorganisation, das am 1. 1. 1995 in Kraft trat. Damit berücksichtigt das MarkenG die weltweite Vereinheitlichung des Markenrechtes.

Das MarkenG enthält alle Vorschriften über den Schutz von M. und von sonstigen im geschäftl. Verkehr benutzten Kennzeichen (Unternehmenskennzeichen und Werktitel) und geograph. Herkunftsangaben. Diese waren bisher verstreut teils im Warenzeichengesetz, teils im Ges. gegen den unlauteren Wettbewerb (UWG) enthalten.

Über die bislang schon durch Eintragung in die beim Patentamt geführte Zeichenrolle (jetzt **M.-Register**) eintragungsfähigen Wort-, Bild- und kombinierten Wort-Bild-Zeichen hinaus sind künftig alle zur Unterscheidung geeigneten Zeichen zur Eintragung als M. zugelassen. Weiter lassen sich Personennamen, Abbildungen der Ware, Hörzeichen, dreidimensionale Gestaltungen, einschließlich der Form der Ware, die Verpackung der Ware sowie Farben und Farbenzusammenstellungen nun im M.-Register eintragen. Nach neuem Recht sind geringere Anforderungen an die Unterscheidungskraft zu stellen. Es genügt dazu ›jede‹, wenn auch noch so geringe Unterscheidbarkeit. Nicht eintragungsfähig sind wie bisher die Angaben über Art, Zeit und Ort der Herstellung, über die Beschaffenheit u. ä.

Die Benutzung geschützter M. ist hinfort nicht mehr auf bestimmte Benutzungsformen beschränkt. Dem M.-Inhaber (dies kann nunmehr jede rechtsfähige Person unabhängig von einem Geschäftsbetrieb sein) ist vielmehr grundsätzlich jede Benutzung im geschäftl. Verkehr erlaubt, so z. B. auch das Recht, seine M. auf Kennzeichnungsmitteln wie Etiketten oder Aufnähern zu verwenden. Seit 1992 gilt überdies die freie Übertragbarkeit von M.-Rechten (**M.-Lizenzen**). Die M.-Lizenz wird im MarkenG jetzt umfassend fortgeschrieben. Das Widerspruchsverfahren, das Inhaber bereits eingetragener oder angemeldeter M. geltend machen können, findet nach dem MarkenG erst statt, nachdem die neu angemeldete M. eingetragen worden ist (›nachgeschalteter Widerspruch‹).

Seit dem 1. 1. 1996 läßt sich gemäß der EG-Verordnung 40/94 eine M. als **Gemeinschafts-M.** anmelden, wodurch sie einheitl. Schutz auf dem gesamten Gebiet der Europ. Union bietet. Die Anmeldung erfolgt im Verfahren beim Harmonisierungsamt für den Binnenmarkt (HABM) in Alicante (Spanien), das im Gemeinschaftsmarkenregister führt. Dem einheitl. M.-Schutz auf EU-Ebene dient auch die Markenpiraterie-VO vom 22. 12. 1994, die das Inverkehrbringen von Waren in der EU verbietet, die rechtswidrig mit der M. eines Dritten versehen wird.

W. BERLIT: Das neue M.-Recht (1995); V. ILZHÖFER: Patent-, M.- u. Urheberrecht (1995).

Märkisch-Oderland, Landkreis in Brandenburg, 2 128 km², (1995) 170 600 Ew., Kreisstadt ist Seelow. Das Kreisgebiet umfaßt im W die östl. Ausläufer des Barnim mit der Märk. Schweiz, einer reizvollen Seen- und Waldlandschaft mit dem 158 m hohen Semmelberg als höchster Erhebung. Der O-Teil wird vom Oderbruch, der Niederung der Oder zw. Warthemündung und Oderberg, eingenommen. Im S schließt sich mit markanter Landstufe das Grund- und Endmoränengebiet des Landes Lebus an (vom Barnim durch die feuchte Niederung Rotes Luch getrennt). Das Oderbruch ist ein wichtiges Anbaugebiet für Gemüse, Weizen und Zuckerrüben. Bereiche mit ursprüngl. Vegetation stehen unter Naturschutz. Im Barnim und im Land Lebus wird überwiegend Kartoffel- und Roggenanbau betrieben, große Teile sind noch mit Wald bestanden. Die Industrie ist überwiegend auf die Landwirtschaft ausgerichtet: Gemüsekonservenherstellung und Bau von Landmaschinen in der Kreisstadt Seelow, Düngemittelindustrie in Wriezen. In Strausberg gibt es neben Maschinenbau Textilindustrie und Kunststoffverarbeitung. Rüdersdorf b. Bln. hat ein Phosphatwerk, eine Möbelfabrik und Zementindustrie, Müncheberg elektrotechn. Industrie. Im Moorbad Bad Freienwalde werden u. a. Betonwaren und Kühlkörper hergestellt. Buckow in der Märk. Schweiz ist ein vielbesuchter Erholungs- und Ausflugsort. In Dahlwitz-Hoppegarten befindet sich die Berliner Galopprennbahn. – Der Landkreis M.-O. wurde am 6. 12. 1993 aus den Landkreisen Bad Freienwalde (ohne die Gem. Tiefensee und Hohensaaten), Seelow und Strausberg gebildet.

Markowitz [ˈmɑːkəʊ-], Harry M., amerikan. Betriebswirtschaftler, * Chicago (Ill.) 24. 8. 1927; nach Forschungstätigkeit u. a. bei der Rand Corporation und der IBM Corporation Prof. an der City University of New York (1982–93). M. erhielt 1990 mit M. H. MILLER und W. SHARPE den Nobelpreis für Wirtschaftswissenschaften für Pionierarbeiten im betriebl. Finanzierungstheorie und der Theorie der Finanzmärkte. Er ist Begründer der Portfoliotheorie (▷ Portfolio selection).

Werke: Portfolio selection (1959); Mean-variance analysis in portfolio choice and capital markets (1987).

Harry M. Markowitz

Marne-la-Vallée: Hier wurde 1992 mit dem Disneyland Paris der größte Vergnügungspark Europas geschaffen (insgesamt 2 000 ha).

Marokko, frz. **Le Maroc,** amtlich arab. **Al-Mamlaka al-Maghribijja,** dt. **Königreich M.,** Staat in NW-Afrika, grenzt an den Atlant. Ozean und das Mittelmeer.

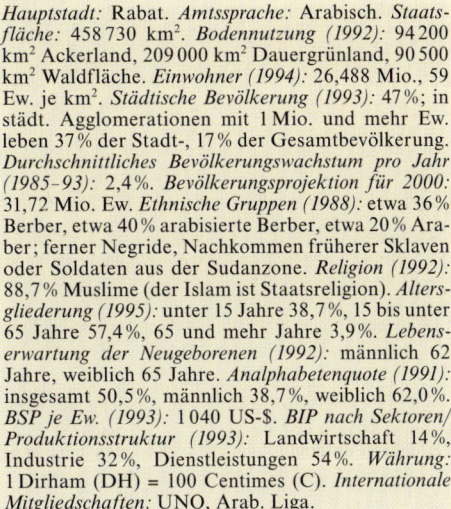

Hauptstadt: Rabat. *Amtssprache:* Arabisch. *Staatsfläche:* 458 730 km². *Bodennutzung (1992):* 94 200 km² Ackerland, 209 000 km² Dauergrünland, 90 500 km² Waldfläche. *Einwohner (1994):* 26,488 Mio., 59 Ew. je km². *Städtische Bevölkerung (1993):* 47%; in städt. Agglomerationen mit 1 Mio. und mehr Ew. leben 37% der Stadt-, 17% der Gesamtbevölkerung. *Durchschnittliches Bevölkerungswachstum pro Jahr (1985–93):* 2,4%. *Bevölkerungsprojektion für 2000:* 31,72 Mio. Ew. *Ethnische Gruppen (1988):* etwa 36% Berber, etwa 40% arabisierte Berber, etwa 20% Araber; ferner Negride, Nachkommen früherer Sklaven oder Soldaten aus der Sudanzone. *Religion (1992):* 88,7% Muslime (der Islam ist Staatsreligion). *Altersgliederung (1995):* unter 15 Jahre 38,7%, 15 bis unter 65 Jahre 57,4%, 65 und mehr Jahre 3,9%. *Lebenserwartung der Neugeborenen (1992):* männlich 62 Jahre, weiblich 65 Jahre. *Analphabetenquote (1991):* insgesamt 50,5%, männlich 38,7%, weiblich 62,0%. *BSP je Ew. (1993):* 1 040 US-$. *BIP nach Sektoren/Produktionszweig (1993):* Landwirtschaft 14%, Industrie 32%, Dienstleistungen 54%. *Währung:* 1 Dirham (DH) = 100 Centimes (C). *Internationale Mitgliedschaften:* UNO, Arab. Liga.

Geschichte: Eine Verf.-Reform (am 4. 9. 1992 durch Volksabstimmung angenommen) veränderte die Machtstellung des Königs nur wenig. Parlamentswahlen stützten 1993 die bisherigen Reg.-Parteien. 1994 kam es durch Gewährung größerer Presse- und Demonstrationsfreiheit zu einer vorsichtigen Liberalisierung des polit. Systems. Der Versuch des Königs, die linken Oppositionsparteien in die Reg. einzubinden, scheiterte jedoch an seiner Weigerung, ihnen reale Entscheidungsbefugnisse einzuräumen.

Nach Verhandlungen mit der Frente Polisario stimmte HASAN II. 1988 einer von der UNO kontrollierten Volksabstimmung über die staatl. Zukunft der →Westsahara zu, zog jedoch die marokkan. Truppen nicht ab und setzte seine Politik der Ansiedlung ma-

Maro   Maron – Marshallinseln

rokkan. Bauern bei gleichzeitiger Verschleppung der Abstimmung fort.

*Maron, Monika, Schriftstellerin: Erhielt zahlreiche Literaturpreise, darunter 1992 den Kleist-Preis. 1995 wurde bekannt, daß M. 1976/77 für das Ministerium für Staatssicherheit der Dt. Dem. Rep. tätig gewesen war.

Werke: *Romane:* Stille Zeile sechs (1991); Animal triste (1996). – *Artikel und Essays:* Nach Maßgabe meiner Begriffungskraft (1993).

Marquard, Odo, Philosoph, *Stolp 26. 2. 1928; Schüler von J. RITTER; seit 1965 Prof. in Gießen. M. vertritt eine Wende zur Skepsis, d.h. auch den Abschied von jedem absoluten Anspruch der Philosophie, zur Hermeneutik der menschl. Endlichkeit und ihrer Kompensationen.

Werke: Skept. Methode im Blick auf Kant (1958); Schwierigkeiten mit der Geschichtsphilosophie (1973); Abschied vom Prinzipiellen (1981); Apologie des Zufälligen (1986); Transzendentaler Idealismus, romant. Naturphilosophie, Psychoanalyse (1987); Aesthetica u. anaesthetica (1989); Skepsis u. Zustimmung (1994).

*Mars 1): Nach 14 Jahren ohne sowjet. M.-Sonden startete die UdSSR am 7. 7. und 12. 7. 1988 die bisher schwersten Raumsonden, **Phobos-1** und **Phobos-2** (Startmasse je 6,22 t; Trägerrakete Proton). Jede Sonde trug Meßinstrumente aus 15 europ. Staaten (u. a. Bundesrep. Dtl., Dt. Dem. Rep., Österreich, Schweiz). Nach zweimonatigem Flug verlor Phobos-1 am 1. 9. 1988 wegen fehlerhafter Funkbefehle der Kontrollzentrale bei Moskau die Ausrichtung zur Sonne und damit die Energieversorgung durch ihre Solarzellenausleger. Die Zwillingssonde Phobos-2 bremste am 29. 1. 1989 in eine äquatoriale M.-Umlaufbahn analog der des Monds Phobos. Durch Bahnkorrekturen näherte sich die Sonde allmählich Phobos. 200 km von dessen Bahn entfernt endete am 27. 3. 1989 auch ihr Funkverkehr vorzeitig, da der Bordcomputer infolge eines Softwarefehlers versagte. Insgesamt lieferte Phobos-2 zwei Monate lang Daten und Farbaufnahmen von M. und Phobos.

Ebenfalls keinen Erfolg hatte die am 25. 9. 1992 gestartete Sonde **Mars Observer** (Startmasse 2,6 t; Trägerrakete Titan III), die erste amerikan. M.-Sonde, seitdem 1982 die Viking-1-Landeeinheit die Datenübermittlung planmäßig beendet hatte. Am 21. 8. 1993, nur drei Tage vor dem geplanten Einflug in eine polare M.-Umlaufbahn, brach ihre Funkverbindung zur Kontrollzentrale in Pasadena (Calif.) ab.

Marsalis [mɑˈsɑːlɪs], Wynton, amerikan. Jazzmusiker (Trompete), *New Orleans (La.) 18. 10. 1961; entstammt einer Musikerfamilie und erlernte sowohl Jazz- als auch klass. Trompetenspiel. Während eines Stipendienjahres 1980 an der Juilliard School of Music in New York spielte er bei A. BLAKEY, später u. a. bei H. HANCOCK und D. GILLESPIE. M. zählt mit seiner perfekten Spieltechnik zu den herausragenden Vertretern des Neoklassizismus im Jazz der 1980er Jahre; auch Einspielungen klass. Trompetenkonzerte, u. a. von J. HAYDN, L. MOZART und J. N. HUMMEL. Wiederholt bildete er ein eigenes Quintett u. a. mit seinem Bruder BRANFORD M. (*1960; Tenorsaxophon).

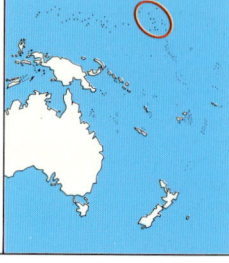

Marshallinseln
Fläche: 181 km²
Einwohner: (1992) 50 000
Hauptstadt: Dalap-Uliga-Darrit
Amtssprachen: Marshallesisch, Englisch
Nationalfeiertage: 1. 5. und 17. 9.
Währung: US-Dollar
Uhrzeit: 23⁰⁰ auf Majuro = 12⁰⁰ MEZ

Marshallinseln [ˈmɑːʃl-; benannt nach dem brit. Kapitän JOHN MARSHALL, der die Inseln 1788 aufsuchte], amtlich **Majōl, Republic of the Marshall Islands** [rɪˈpʌblɪk ɔv ðə ˈmɑːʃl ˈaɪləndz], Staat im westl. Pazifik, umfaßt die gleichnamige, zum östl. Mikronesien zählende Inselgruppe, zw. 5° und 15° n. Br. sowie 162° und 173° ö. L., mit einer Landfläche von 181 km² und einem Seegebiet von über 1,3 Mio. km², (1992) 50 000 Ew.; Hauptstadt ist Dalap-Uliga-Darrit (auf dem Hauptatoll Majuro), Amtssprachen sind Marshallesisch (eine mikrones. Sprache) und Englisch. Währung: US-Dollar. Uhrzeit: 23⁰⁰ auf Majuro = 12⁰⁰ MEZ.

STAAT · RECHT

Verfassung: Die Verf. trat am 1. 5. 1979 in Kraft, als das Gebiet noch von den USA als UN-Treuhandmandat verwaltet wurde. Sie gilt fort, nachdem am 22. 12. 1990 die Treuhandschaft aufgehoben wurde und die M. somit volle staatl. Souveränität erlangt hatten. Die gesetzgebende Gewalt liegt beim Parlament, das aus einer für vier Jahre vom Volk gewählten 33köpfigen Kammer (›Nitijela‹) sowie einem Rat der Stammesführer (›Iroij‹) mit zwölf ernannten Mitgl., die aber nur beratend mitwirken, besteht. Aus der Mitte der gewählten Kammer wird der Präs. gewählt, der Staatspräs. und Reg.-Chef zugleich ist; er bildet sein Kabinett aus den Abg. der Kammer.

Wappen: Die M. haben bisher (1995) kein Staatswappen, jedoch ein Staatssiegel. Dieses zeigt in einem blauen Feld eine Figur, die den Geist des Friedens symbolisiert, außerdem alte typ. Werkzeuge, ein Kanu, ein Fischernetz und Kokospalmen sowie oben im Feld den weißen, mit 24 Zacken versehenen Stern der Flagge.

Nationalfeiertage sind der 1. 5. (zur Erinnerung an das Inkrafttreten der Verf. 1979) und der 17. 9.

Verwaltung: Die Verw.-Gliederung kennt Gemeinden mit gewählten Administrationen und Räten sowie Dörfer mit weitgehend traditionellen Verwaltungsstrukturen.

Recht: Das Gerichtssystem besteht aus dem Obersten Gerichtshof und einem Obergericht, denen Bezirks- und Gemeindegerichte sowie traditionelle Gerichte nachgeordnet sind.

Streitkräfte: Durch den ›Compact of Free Association‹ von 1982 (in einer Volksabstimmung 1983 gebilligt) sind die USA für die Verteidigung zuständig und können gleichzeitig die Raketenstation (›Missile

Monika Maron

Marshallinseln
Nationalflagge

		Klimadaten von Jaluit (2 m ü. M.)			
Monat	Mittleres tägl. Temperatur- maximum in °C	Mittlere Nieder- schlags- menge in mm	Mittlere Anzahl der Tage mit Nieder- schlag	Mittlere tägl. Sonnen- scheindauer in Stunden	Relative Luft- feuchtigkeit nachmittags in %
I	30,0	259	17	7,5	78
II	30,6	216	13	6,8	77
III	31,1	361	18	7,3	77
IV	30,6	403	20	6,8	79
V	30,6	422	23	7,2	80
VI	30,6	389	22	6,5	79
VII	31,1	391	22	6,7	77
VIII	31,1	412	22	6,5	77
IX	31,1	333	20	7,0	75
X	32,2	310	20	6,5	73
XI	31,1	302	20	5,9	77
XII	30,6	345	20	6,2	78
I–XII	31,1	4034	235	6,8	77

Range‹) auf Kwajalein weiterhin nutzen. In den Jahren 1946–62 führten die USA auf Eniwetok 43 und auf Bikini 23 Kernwaffenversuche durch. Bis 1980 wurde Eniwetok von den USA entseucht, bis zum Jahr 2000 soll Bikini dekontaminiert werden.

Internat. Mitgliedschaften: UNO, South Pacific Forum.

LANDESNATUR · BEVÖLKERUNG

Landesnatur: Die Inselgruppe besteht aus zwei sich über rd. 1200 km Länge etwa parallel erstreckenden Atollreihen mit zus. über 1200 Inseln. Die Ratakgruppe im O umfaßt 16 Atolle und Einzelinseln (Hauptatoll Majuro: 30 km^2, 1989: 23000 Ew., in Dalap-Uliga-Darrit 18000 Ew.), die Ralikgruppe im W 18, darunter Jaluit (17 km^2), Kwajalein (29 km^2), Bikini (6 km^2) und Eniwetok (27 km^2). Die höchste Erhebung liegt 10 m ü. M. (auf Likjeb). Die Temperaturen des trop. Klimas werden durch die Passatwinde gemildert (durchschnittlich 28°C, mit sehr geringen Schwankungen). Die Niederschläge (Minimum Jan. bis März) nehmen von 500–800 mm jährlich im N auf bis über 4000 mm im S zu. Zw. Dez. und März durchziehende Wirbelstürme (Taifune) richten immer wieder große Schäden an. Die Trinkwasserversorgung bereitet wegen des durchlässigen Kalksteinuntergrundes große Schwierigkeiten. Die Vegetation besteht überwiegend aus Kokospalmen, daneben Pandanus- und Brotfruchtbäumen. In der Tierwelt treten neben vom Menschen eingebrachten Haustieren und Ratten zahlreiche Vogelarten hervor.

Bevölkerung: 97% der Bewohner sind Mikronesier (außerdem Polynesier und US-Amerikaner), 90% protestantisch, 8,5% kath. Die letzten Jahrzehnte sind durch ein rapides Bevölkerungswachstum gekennzeichnet (1958: 14200, 1980: 30900 Ew.). Mehr als zwei Drittel der Bev. leben auf Majuro und Kwajalein.

Bildungswesen: Die Asiat. Entwicklungsbank gewährte Ende 1992 einen Kredit von 30 Mio. US-$ für den Ausbau des Primarschulwesens (1987 gab es 90 Schulen mit 9692 Schülern), die Errichtung einer Fachschule für Fischerei und Seewesen sowie Wasserversorgungsprojekte. 1987 gab es acht weiterführende Schulen mit 1743 Schülern. Das College auf Majuro wurde 1993 verselbständigt und ist nicht mehr Teil des College von Mikronesien auf Pohnpei (Ponape). Die öffentl. Ausgaben für Bildung, Gesundheit und Soziales betrugen (Schätzung für 1990) 3,9 Mio. US-$.

Publizistik: Presse: ›Marshall Islands Gazette‹ (gegr. 1982) und ›Kwajalein Hourglass‹ (zweimal wöchentlich). – *Rundfunk:* Der der Reg. unterstehende, aber kommerziell arbeitende Hörfunksender ›Radio Marshalls V 7 AB‹ strahlt Programme in Englisch und Marshallesisch aus, ein weiteres Programm wird von der privaten Hörfunkanstalt ›Marshall Broadcasting Co.‹ verbreitet, das US-Verteidigungsministerium betreibt einen Hörfunk- und einen Fernsehkanal für den Militärstützpunkt Kwajalein.

WIRTSCHAFT · VERKEHR

Wirtschaft: Ein Großteil des Staatshaushalts wird durch Finanzhilfen aus den USA gedeckt. Taiwan, der Austral. Bund und Japan stellen ebenfalls Finanzmittel zur Verfügung. 1992 wurde in einem Fünfjahresplan festgeschrieben, daß v. a. die Bereiche Fischerei und Tourismus gefördert werden sollen. Die Landwirtschaft dient v. a. der Selbstversorgung. Wichtigste Anbauprodukte sind Kokosnüsse (Kopraproduktion 1992: 5900 t), Maniok und Süßkartoffeln. An mineral. Rohstoffen sind nur die Phosphatvorkommen auf dem Ailinglaplap-Atoll von Bedeutung. – 1990 besuchten 7000 ausländ. Gäste die Marshallinseln.

Außenwirtschaft: Die M. erwirtschaften Jahr für Jahr ein extrem hohes Außenhandelsdefizit (Einfuhrwert 1988: 33,8 Mio. US-$, Ausfuhrwert: 2,1 Mio. US-$). 30% der Einfuhren entfallen auf Nahrungsmittel; Kokosnußöl hat einen Anteil von 83% am Export. Die wichtigsten Handelspartner der M. sind die USA (einschließlich Puerto Rico und Nordmarianen) sowie Japan.

Verkehr: Schotter- und Betonstraßen gibt es nur auf den größeren Inseln. Der internat. Flughafen liegt auf Majuro.

GESCHICHTE

Seit der Aufhebung der Treuhandschaft der UNO am 22. 12. 1990 sind die M. unabhängig; die äußere Sicherheit blieb jedoch in der Kompetenz der USA. 1991 wurden die M. Mitgl. der UNO. Präs. ist seit 1980 AMATA KABUA.

F. X. HEZEL: The first taint of civilization. A history of the Caroline and Marshall Islands in pre-colonial days, 1521–1885 (Honolulu, Ha., 1983).

*Martens, Wilfried, belg. Politiker: War bis 1992 MinPräs. und ist seit Mai 1990 Präs. der Europ. Volkspartei, seit Juli 1994 auch deren Fraktions-Vors. im Europ. Parlament.

Marthaler, Christoph, schweizer. Komponist und Regisseur, *Erlenbach (Kt. Zürich) 17. 10. 1951; ab Mitte der 70er Jahre Theatermusiker am Züricher Theater am Neumarkt; komponierte Bühnenmusiken für versch. Theater; 1988–93 am Basler Theater tätig, seit 1993 am Dt. Schauspielhaus Hamburg. In M.s freien musikal. Aufführungen sind Rhythmus und Stille, Liedgesang und Slapstick die wesentl. Elemente der Regieführung. 1996 inszenierte er sein Stück ›Straße der Besten‹ an der Berliner Volksbühne am Rosa-Luxemburg-Platz.

*Martin, Kenneth, brit. Bildhauer und Maler: †London 18. 11. 1984.

*Martini, Fritz, Literaturhistoriker: †Stuttgart 5. 7. 1991.

Karl Marx: Tanzende Knaben II; 1981 (Bonn, Städtisches Kunstmuseum)

Marx, Karl, Maler, *Köln 21. 1. 1929; lehrt seit 1959 an den Kölner Werkschulen bzw. der Fachhochschule Köln (bis 1993). Nach Anfängen als naturalist. Maler entwickelte M. einen gestisch-expressiven Realismus, in den teilweise auch Bilder aus der menschl. Vorstellungswelt einbezogen werden. Zentrale Motive und Themen seiner Gemälde sind sowohl Aktfiguren, Porträts und Gruppenbilder als auch die Darstellung

485

von Dingen und Situationen, die unmittelbar das bedrohte menschl. Leben symbolisieren.

K. M., Gemälde, hg. v. K. HONNEF u. a., Ausst.-Kat. (Köln 1994).

Marx, Werner, Philosoph: † Bollschweil (Kr. Breisgau-Hochschwarzwald) 22. 11. 1994.

Mascarenhas Monteiro [maskaˈreɲas mɔn-ˈteiru], António Manuel, Politiker in Kap Verde, * Santa Catarina (auf São Tiago) 16. 2. 1944; Jurist; arbeitete an der Univ. Löwen, bevor er 1977 als Verwaltungschef der Nat. Volksversammlung in seine Heimat zurückkehrte. 1980–90 war er Präs. des Obersten Gerichts von Kap Verde. 1990 schloß er sich der neu entstandenen Partei ›Movimento para a Democracia‹ (MPD; dt. ›Bewegung für Demokratie‹) an. Als deren Kandidat wurde er am 17. 2. 1991 mit 72 % der Stimmen zum Staatspräs. gewählt. – M. M. ist ein international angesehener Jurist, der zahlreiche wiss. Arbeiten veröffentlichte und v. a. in den 1980er Jahren namentlich im Rahmen der OAU an der Weiterentwicklung des internat. Rechts beteiligt war.

* **Masina,** Giulietta, italien. Schauspielerin: † Rom 23. 3. 1994.

Masire, Quett Ketumile Joni, Politiker in Botswana, * Kanye 23. 7. 1925; zunächst (seit 1950) als Lehrer, seit 1958 als Journalist tätig; gehörte versch. polit. Gremien des damaligen brit. Protektorats Betschuanaland an. 1962 gehörte er zu den Gründern der ›Botswana Democratic Party‹ (BDP). Als enger Vertrauter des Staatsgründers Sir SERETSE KHAMA (* 1921, † 1980) wurde M. bei der Unabhängigkeit Botswanas 1966 Vize-Präs.; daneben leitete er versch. Ministerien (v. a. das Finanzministerium, 1966–80). Nach dem Tod KHAMAS 1980 wurde M. zum Staatspräs. gewählt; 1984, 1989 und 1994 im Amt bestätigt.

Quett Ketumile Joni Masire

Maske, Henry, Profiboxer, * Treuenbrietzen 6. 1. 1964; in der 2. Hälfte der 1980er Jahre zunächst als Amateur sehr erfolgreich (u. a. Olympiasieger 1988 und Weltmeister 1989); wechselte Anfang 1990 zu den Profis über und entwickelte sich zur Leitfigur des dt. Boxsports; gewann im März 1993 den IBF-Weltmeistertitel im Halbschwergewicht und wurde im gleichen Jahr zum dt. Sportler des Jahres gewählt.

* **Masters Tournament:** Wird im Tennis der Herren seit 1990 offiziell als ATP-Tour-Weltmeisterschaft bezeichnet (ATP ist Abk. für ›Association of Tennis Professionals‹).

Mastretta, Ángeles, mexikan. Schriftstellerin, * Puebla 9. 10. 1949; Journalistin; ihr Erstlingsroman ›Arráncame la vida‹ (1985; dt. ›Mexikan. Tango‹) wurde ein internat. Bestseller. In der fiktiven Autobiographie wird humorvoll, doch dezidiert sozialkritisch der Emanzipationsprozeß einer Frau innerhalb der vom Machismo geprägten mexikan. Gesellschaft der 1940er Jahre beschrieben. Die Situation der Frauen in Lateinamerika ist auch das zentrale Thema des Erzählbandes ›Mujeres de ojos grandes‹ (1990; dt. ›Frauen mit großen Augen‹).

* **Masur,** Kurt, Dirigent: Übernahm neben seiner Tätigkeit in Leipzig 1991 den Posten des Chefdirigenten des New York Philharmonic Orchestra.

Matiasek, Hellmuth, österr. Opernregisseur und Intendant, * Wien 15. 5. 1931; wurde nach Stationen als Intendant in Salzburg, Braunschweig und Wuppertal sowie als Direktor der Schauspielschule der Münchner Kammerspiele (Otto-Falckenberg-Schule) 1983 Intendant des Bayer. Staatstheaters am Gärtnerplatz in München und seit 1986 Prof. für Operndarstellung an der Hochschule für Musik in München.

* **Matsumoto,** Seichō, japan. Schriftsteller: † Tokio 4. 8. 1992.

Matt, Peter von, schweizer. Literaturwissenschaftler, * Luzern 20. 5. 1937; seit 1976 Prof. für neuere dt. Literatur in Zürich. In seinen literaturwissenschaftl. Arbeiten zu Autoren des 19. und 20. Jh. geht der von der Anthropologie S. FREUDS beeinflußte M. bes. sozialgeschichtl. und psycholog. Phänomenen der Literatur nach. Daneben ist M. als Literaturkritiker tätig.

Werke: Die Augen der Automaten. E. T. A. Hoffmanns Imaginationslehre als Prinzip seiner Erzählkunst (1971); Literaturwiss. u. Psychoanalyse (1972); ... fertig ist das Angesicht. Zur Literaturgesch. des menschl. Gesichts (1983); Liebesverrat. Die Treulosen in der Lit. (1989); Das Schicksal der Phantasie. Studien zur dt. Lit. (1994); Verkommene Söhne, mißratene Töchter. Familiendesaster in der Lit. (1995).

* **Mattes,** Eva, Schauspielerin: War 1994–95 Leitungsmitglied des Berliner Ensembles.

* **Maunz,** Theodor, Staatsrechtslehrer: † München 10. 9. 1993. Nach seinem Tod wurde bekannt, daß M., der 1964 wegen seiner Veröffentlichungen in der nat.-soz. Zeit als bayer. Kultus-Min. zurückgetreten war, bis zu seinem Tod über mehr als 20 Jahre für die rechtsextremes Gedankengut verbreitende Dt. National-Zeitung als Berater und anonymer Autor tätig gewesen war.

Maupin [ˈmɔːpɪn], Armistead, amerikan. Schriftsteller, * Washington (D. C.) 13. 5. 1944; wurde mit seinen zunächst im ›San Francisco Chronicle‹ veröffentlichten, die Bewohner San Franciscos charakterisierenden, zu romanhaften Zyklen zusammengefaßten Geschichten bekannt, die ihn inzwischen zu einem Kultautor haben werden lassen. Die aus sechs Teilen bestehende Serie schildert witzig und z. T. bizarr das Leben der 1970er und 80er Jahre in der von Jugendkultur und homosexueller Szene sowie freien Lebensformen geprägten Stadt, wendet sich aber v. a. im letzten Teil auch negativen Aspekten wie den durch die AIDS-Bedrohung belasteten homosexuellen Beziehungen und menschl. Entfremdung zu.

Werke: Romanreihe: Tales of the city (1978; dt. Geschichten aus Frisco, auch u. d. T. Stadtgeschichten); More tales of the city (1980; dt. Neue Geschichten aus Frisco, auch u. d. T. Mehr Stadtgeschichten); Further tales of the city (1982; dt. Noch mehr Stadtgeschichten); Babycakes (1984; dt. Tollivers Reisen); Significant others (1987; dt. Am Busen der Natur); Sure of you (1989; dt. Schluß mit lustig).

* **Mauretanien,** frz. **Mauritanie,** amtlich arab. **Al-Djumhurijja al-Islamijja al-Muritanijja,** dt. **Islamische Republik M.,** Staat in Westafrika, grenzt an den Atlant. Ozean.

> *Hauptstadt:* Nouakchott. *Amtssprache:* Arabisch. *Staatsfläche:* 1 030 700 km². *Bodennutzung (1992):* 2 050 km² Ackerland, 392 500 km² Dauergrünland, 44 200 km² Waldfläche. *Einwohner:* 2,217 Mio., 2 Ew. je km². *Städtische Bevölkerung (1993):* 51 %. *Durchschnittliches Bevölkerungswachstum pro Jahr (1985–93):* 2,7 %. *Bevölkerungsprojektion für 2000:* 2,69 Mio. Ew. *Ethnische Gruppen (1993):* 70 % Mauren (40 % negride Harratin und 30 % weiße Bidani), 30 % negride Stämme (Wolof, Tukulor, Soninke, Bambara u. a.). *Religion (1992):* 99,6 % Muslime (der sunnit. Islam ist Staatsreligion). *Altersgliederung (1995):* unter 15 Jahre 45,0 %, 15 bis unter 65 Jahre 51,9 %, 65 und mehr Jahre 3,1 %. *Lebenserwartung der Neugeborenen (1994):* männlich 45 Jahre, weiblich 51 Jahre. *Analphabetenquote (1990):* insgesamt 66 %. *BSP je Ew. (1993):* 500 US-$. *BIP nach Sektoren/Produktionsstruktur (1993):* Landwirtschaft 28 %, Industrie 30 %, Dienstleistungen 42 %. *Währung:* 1 Ouguiya (UM) = 5 Khoums (KH). *Internationale Mitgliedschaften:* UNO, Arab. Liga, OAU, Wirtschaftsgemeinschaft westafrikan. Staaten.

Geschichte: In einem Referendum wurde am 12. 7. 1991 eine neue Verf. angenommen, die die Zulassung polit. Parteien ermöglichte und Anfang 1992 zu freien Wahlen führte. Staatsoberhaupt ist der vom Volk für sechs Jahre gewählte Präs., dessen Wiederwahl möglich ist. Das Parlament besteht aus der Nationalversammlung, deren Abg. für fünf Jahre gewählt werden, und dem Senat, dessen Mitgl. von den Dorfältesten für sechs Jahre gewählt werden, wobei ein Teil alle zwei Jahre neu gewählt wird. Der Präs. ernennt den Premier-Min. Die Verf. sieht einen Verfassungsgerichtshof und einen Obersten Islam. Rat vor, der sowohl für wirtschaftl. als auch für soziale Angelegenheiten zuständig ist. In der Präsidentschaftswahl vom 24. 1. 1992 wurde der bisherige Staatschef Oberst M. O. S. A. TAYA mit 62% der Stimmen im Amt bestätigt. In den Parlamentswahlen vom März und April 1992 errang die Partei TAYAS ›Parti Républicain Démocratique et Social‹, PRDS) die absolute Mehrheit in beiden Kammern. Mit der Amtseinführung Präs. TAYAS am 18. 4. endete offiziell die Militärherrschaft. Die Demokratisierung wurde 1993/94 fortgesetzt. Bei vorgezogenen Kommunalwahlen im Jan. 1994 gewann die Reg.-Partei ebenso wie bei den Senatswahlen im April 1994 die Mehrheit. Im Jan. 1995 kam es als Folge drast. Erhöhungen des Brotpreises zu Unruhen; der Gegensatz zw. der maur. Bev.-Mehrheit und der schwarzafrikan. Minderheit hält an.

U. CLAUSEN: Demokratisierung in M. Einf. u. Dokumente (1993); C. DAURE-SERFATY: La Mauritanie (Paris 1993).

*Mauriac, Claude, frz. Schriftsteller: † Paris 22. 3. 1996.

*Mauritius, amtlich engl. Republic of M., Inselstaat im Ind. Ozean, östlich von Madagaskar.

Hauptstadt: Port Louis. *Amtssprache:* Englisch. *Staatsfläche:* 2 040 km². *Bodennutzung (1992):* 1 060 km² Ackerland, 70 km² Dauergrünland, 570 km² Waldfläche. *Einwohner (1994):* 1,104 Mio., 541 Ew. je km². *Städtische Bevölkerung (1993):* 41%. *Durchschnittliches Bevölkerungswachstum pro Jahr (1985-93):* 1,1%. *Bevölkerungsprojektion für 2000:* 1,2 Mio. Ew. *Ethnische Gruppen (1992):* 68% Indo-Mauritier, 27% gemischter Abstammung, 3% Chinesen, 2% Weiße (Franko-Mauritier). *Religion (1990):* 50,6% Hindu, 27,2% Katholiken, 16,3% Muslime, 5,2% Protestanten, 0,3% Buddhisten. *Altersgliederung (1995):* unter 15 Jahre 26,7%, 15 bis unter 65 Jahre 67,5%, 65 und mehr Jahre 5,8%. *Lebenserwartung der Neugeborenen (1992):* männlich 67 Jahre, weiblich 73 Jahre. *Analphabetenquote (1985):* insgesamt 17,2%, männlich 11,3%, weiblich 22,9%. *BSP je Ew. (1993):* 3 030 US-$. *BIP nach Sektoren/Produktionsstruktur (1993):* Landwirtschaft 10%, Industrie 33%, Dienstleistungen 57%. *Währung:* 1 Mauritius-Rupie (MR) = 100 Cents (c). *Internationale Mitgliedschaften:* UNO, Commonwealth of Nations, OAU.

Geschichte: Die Reg.-Koalition unter Premier-Min. A. JUGNAUTH wurde 1987 in Wahlen bestätigt, zerfiel jedoch bald danach; aufgrund der Uneinigkeit der Opposition blieb der Premier-Min. im Amt. Aus den Wahlen von 1991 ging er, getragen von einer Wahlallianz v. a. zw. seiner eigenen Partei (Mouvement Socialiste Mauricien, MSM) und dem Mouvement Militant Mauricien (MMM), abermals als Sieger hervor. Am 12. 3. 1992 wurde die Rep. M. proklamiert, die aber Teil des Commonwealth of Nations blieb, und die Verf. geändert. Staatsoberhaupt ist der Präs. der Rep., der mit einfacher Mehrheit vom Parlament gewählt wird. Der Präs. ernennt den Premier-Min. und auf dessen Vorschlag die übrigen Mitgl. der Reg., die dem Parlament verantwortlich ist. Die Nationalversammlung übt die gesetzgebende Gewalt aus. Sie wird für fünf Jahre gewählt und umfaßt neben dem Sprecher (Speaker) 62 gewählte Abg., höchstens acht zusätzl. Mitgl. und den Generalstaatsanwalt. Bei vorgezogenen Neuwahlen im Dez. 1995 verlor die Reg. Jugnauth ihre parlamentar. Mehrheit. Neuer Premier-Min. wurde NAVON RANGOOLAM (Vors. der Arbeiterpartei).

*Mauroy, Pierre, frz. Politiker: War 1988-92 Vors. des Parti Socialiste. Seit Sept. 1992 ist M. Präs. der Sozialist. Internationale.

*Max-Planck-Gesellschaft zur Förderung der Wissenschaften e. V.: 1995 umfaßte die MPG 71 Institute und Forschungsstellen sowie 27 befristete Arbeitsgruppen in den neuen Bundesländern; sie hatte 14 000 Mitarbeiter, darunter rd. 3 000 in der v. a. naturwissenschaftl. Forschung tätige Wissenschaftler sowie etwa dieselbe Anzahl Stipendiaten und Gastwissenschaftler. Der Haushalt belief sich 1995 auf rd. 1,7 Mrd. DM.

Die in den neuen Bundesländern von der MPG betreuten 27 Arbeitsgruppen an Univ. sollen bis Ende 1996 in die jeweiligen Gast-Univ. integriert werden. Zum Jahresbeginn 1996 wurden die vorübergehend in die Obhut der MPG-Tochter ›Förderungsgesellschaft wiss. Neuvorhaben mbH‹ genommenen sieben geisteswissenschaftl. Forschungsschwerpunkte aus dem Bestand der ehem. Akademie der Wissenschaften der DDR als Zentren in Univ. integriert.

Neu eingerichtet wurden seit dem 1. 3. 1990 (Stand 1. 3. 1995): Max-Planck-Institut (Abk. MPI) für Infektionsbiologie (Berlin), MPI für marine Mikrobiologie (Bremen; in der Planungsphase auch unter der Bez. MPI für mikrobielle Ökologie), MPI für terrestr. Mikrobiologie (Marburg), MPI für molekulare Physiologie (Dortmund; löst das MPI für Systemphysiologie und das MPI für Ernährungsphysiologie ab), MPI für Astrophysik (Garching b. München, vorher zum MPI für Physik und Astrophysik, jetzt MPI für Physik, in München gehörend), MPI für Kolloid- und Grenzflächenforschung (Teltow), MPI für Informatik (Saarbrücken), MPI für Mikrostrukturphysik (Halle/Saale), MPI für extraterrestr. Physik (Garching b. München, früher zum MPI für Physik und Astrophysik, jetzt MPI für Physik, in München gehörend), MPI für Physik komplexer Systeme (Dresden), MPI für Erforschung von Wirtschaftssystemen (Jena), MPI für molekulare Pflanzenphysiologie (Golm, bei Potsdam), MPI für Wissenschaftsgeschichte (Berlin), MPI für neuropsychol. Forschung (Leipzig), MPI für Gravitationsphysik (Potsdam). Dazu kommen die in Gründung befindl. Institute MPI für chem. Physik fester Stoffe (Dresden), MPI für Mathematik in den Naturwissenschaften (Leipzig) und in Greifswald ein Teilinstitut des MPI für Plasmaphysik.

Umbenannt wurde die Garching Instrumente mbH (jetzt Garching Innovation). Das MPI für Physik und Astrophysik in München trägt seit Abtrennung des MPI für Astrophysik und des MPI für extraterrestr. Physik den Namen MPI für Physik. Es entfielen die Klin. Arbeitsgruppen Göttingen, Gießen und Erlangen, die Forschungsstelle Gottstein und die Projektgruppe kognitive Anthropologie Berlin.

*Maxwell, Ian Robert, brit. Medienunternehmer tschech. Herkunft: † (aufgefunden vor Gran Canaria) 5. 11. 1991.

Maxwell Communication Corporation plc: Der brit. Medienkonzern mußte wegen Überschuldung, die nach I. R. MAXWELLS Tod von dessen Söhnen und Nachfolgern KEVIN und IAN MAXWELL nicht mehr verschleiert werden konnte, 1992 Konkurs anmelden und wurde in der Folgezeit liquidiert. Die z. T. schon vor 1992 verkauften Unternehmensteile befinden sich heute im Besitz anderer Medienunternehmen: Pergamon Press bei Reed Elsevier, MacMillan bei Simon & Schuster (Viacom-Konzern). Die Mirror Group Newspaper, u. a. Herausgeber von Daily Mirror, ist im Besitz von mehreren privaten und institutionellen Anlegern. Im Mai 1995 wurde der Prozeß gegen I. und K. MAXWELL eröffnet, die bereits 1992 angeklagt worden waren. In einem der größten brit. Betrugsprozesse wurde beiden vorgeworfen, zus. mit

Mazo Mazowiecki – Mecklenburg-Vorpommern

I. R. MAXWELL durch betrüger. Machenschaften den Pensionskassen des MCC-Konzerns große Vermögenswerte entzogen und den privaten Unternehmen ihres Vaters zugeführt zu haben. Der Prozeß endete im Jan. 1996 für beide mit einem Freispruch.

***Mazowiecki,** Tadeusz, poln. Politiker: Scheiterte bei den Präsidentschaftswahlen vom 25. 11. 1990 und trat am nächsten Tag als MinPräs. zurück (am 14. 12. 1990 vom Sejm bestätigt). Im Dez. 1990 übernahm er den Vorsitz der neu gegründeten Demokrat. Union. 1992–95 war er Sonderberichterstatter der UNO in Bosnien und Herzegowina.

Bruce McLean: Ohne Titel; 1986 (Privatbesitz)

Mbeki, Thabo Mvuyelwa, südafrikan. Politiker, *Idutywa (Transkei) 18. 6. 1942; Sohn des ehem. Vors. des African National Congress (ANC), GOVAN MBEKI (* 1910). Seit 1962 im Exil, studierte er in Großbritannien Volkswirtschaftslehre; danach war er, seit 1971 Mitgl. von ANC-Führungsgremien, Vertreter des ANC in mehreren Ländern. Seit 1984 u. a. Informations-Sekr. und später außenpolit. Sprecher des ANC in Lusaka, gewann M. in den 1980er Jahren weltweit polit. Reputation. Unter der Reg. von Präs. F. W. DE KLERK war M. maßgeblich an den Gesprächen zw. ANC und weißer Minderheits-Reg. beteiligt, die letztlich zur demokrat. Wende in der Rep. Südafrika führten. Seit Aug. 1993 ist er Nationaler Präs. des ANC, seit Mai 1994 Erster Vize-Präs. der Rep. Südafrika und Kabinettschef der Regierung.

McCarthy [məˈkɑːθɪ], Cormac, amerikan. Schriftsteller, *Providence (R. I.) 20. 7. 1933; wurde in den USA erst nach Erscheinen seines sechsten Romans ›All the pretty horses‹ (1992; dt. ›All die schönen Pferde‹) bekannt. Die meisten seiner Werke spielen in Mexiko bzw. im texanisch-mexikan. Grenzgebiet. Als sein Hauptwerk gilt der Roman ›Suttree‹ (1979; dt. ›Verlorene‹).

Weiteres Werk: Roman: The crossing (1994; dt. Grenzgänger).

Mecklenburg-Vorpommern Großes Landeswappen

***McClintock,** Barbara, amerikan. Botanikerin: † Huntington (N. Y.) 2. 9. 1992.

***McGhee,** Brownie, amerikan. Jazzmusiker: † Oakland (Calif.) 16. 2. 1996.

McInerney [ˈmækɪnəːnɪ], Jay, amerikan. Schriftsteller, * Hartford (Conn.) 13. 1. 1955; gilt als Vertreter der Yuppie-Literatur der 80er Jahre. Sein auch verfilmter Erstlingsroman ›Bright lights, big city‹ (1984; dt. ›Ein starker Abgang‹) schildert die Startschwierigkeiten eines jungen Schriftstellers.

Weitere Werke: Romane: Ransom (1985; dt. Einhandklatschen in Kioto); Story of my life (1988; dt. Ich nun wieder); Brightness falls (1992; dt. Alles ist möglich).

***McKinley, Mount M.:** Die Neuvermessung des höchsten Berges Nordamerikas ergab 6 198 m ü. M.

McLean [məˈkleɪn], Bruce, brit. Maler, Bildhauer und Konzeptkünstler, *Glasgow 1944; konzentriert sich in Gemälden, Skulpturen, Performances und Rauminstallationen auf die Problematik des Gleichgewichts, wobei er sowohl die phys. als auch die philosoph. Seite dieses Begriffs analysiert. So gelangt er über eine immanent ästhet. Erfassung der Spannungen zw. Körper und Geist, Ruhe und Bewegung oder Form und Raum zu einer umfassenden Darstellung der gegensätzl. Kräfte und Energien, die individuelle Lebenserfahrung und gesellschaftl. Beziehungen bestimmen. Bes. in den Installationen der späten 80er Jahre formuliert er ein Gegenbild zu den rational-log. Hierarchien industrieller Gesellschaften.

M. GOODING: B. M. (Oxford 1990); B. M., Minimal moves, hg. v. W. GMYREK, Ausst.-Kat. (1991).

***McMillan,** Edwin Mattison, amerikan. Physiker: † El Cerrito (Calif.) 7. 9. 1991.

***McRae,** Carmen, amerikanische Jazzmusikerin: † Beverly Hills (Calif.) 10. 11. 1994.

MD, Abk. für **M**ini **D**isc, →Compact Disc.

***Meade,** James Edward, brit. Volkswirtschaftler: † Cambridge 22. 12. 1995.

Mecklenburg-Strelitz, Landkreis in Meckl.-Vorp., 2 089 km², (1995) 85 500 Ew.; Kreisstadt ist Neustrelitz. Das Kreisgebiet umschließt die kreisfreie Stadt Neubrandenburg und grenzt an Brandenburg. Es liegt größtenteils im Bereich der Mecklenburg. Seenplatte (Neustrelitzer Kleinseenland, Feldberger Seenlandschaft, Tollensesee, östl. Randgebiete des Müritz-Nationalparks); die Endmoränenzüge reichen hier in den Helpter Bergen mit 179 m ü. M. die höchste Erhebung Mecklenburg-Vorpommerns. Der N-Teil wird von Grundmoränenplatten (größte Ausdehnung hat der Werder nördlich von Neubrandenburg) und Niederungen eingenommen. Hauptwirtschaftszweige sind Landwirtschaft, Baugewerbe, Forstwirtschaft, Binnenfischerei und Fremdenverkehr. Größte Stadt ist Neustrelitz (1995: 24 700 Ew.), weitere Städte sind Friedland (8 000 Ew.), Mirow, Burg Stargard, Woldegk, Wesenberg und Feldberg. – Der Kreis wurde am 12. 6. 1994 aus dem früheren Kr. Neubrandenburg sowie Gebietsteilen der früheren Kreise Waren, Altentreptow und Strasburg gebildet.

***Mecklenburg-Vorpommern,** Land im Nordosten Dtl.s, umfaßt 23 170 km² (6,5% der Fläche Dtl.s), Landeshauptstadt ist Schwerin.

Verfassung: Der Landtag von M.-V. verabschiedete am 14. 5. 1993 die Verf. des Landes, die durch Volksentscheid (12. 6. 1994) gebilligt wurde. Legislativorgan ist der Landtag. Gesetzentwürfe werden von der Landes-Reg., durch den Landtag selbst oder durch Volksbegehren eingebracht. Nimmt der Landtag einen durch Volksbegehren eingebrachten Gesetzentwurf nicht oder nur mit wesentl. Änderungen an, muß über den Entwurf nach drei, längstens nach sechs Monaten ein Volksentscheid stattfinden. Durch Volksinitiative kann der Landtag gezwungen werden, sich mit bestimmten Fragen zu befassen. Eine Volksinitiative muß von mindestens 15 000, ein Volksbegehren von mindestens 140 000 Wahlberechtigten unterstützt werden. Der Landtag wählt den MinPräs., der Richtlinienkompetenz besitzt und im Falle des Scheiterns der Vertrauensfrage den Landtag auflösen und neu wählen lassen kann, falls dieser nicht vorher einen anderen MinPräs. wählt. Der MinPräs. ernennt und entläßt die Min. Sein Amt endet außer durch Entzug des Vertrauens durch den Landtag mit Rücktritt und mit dem Zusammentritt eines neuen Landtags. In allen genannten Fällen endet auch das Amt der Min. – Das Verf.-Gericht hat sieben Richter.

Das *Wappen* zeigt im gespaltenen und geteilten Schild den mecklenburg. Stierkopf, den pommerschen Greif und den brandenburg. Adler.

Verwaltung: Nach dem am 1. 7. 1993 vom Landtag beschlossenen Gesetz zur Neuordnung der Landkreise und kreisfreien Städte des Landes M.-V. gliedert sich M.-V. seit Juni 1994 in sechs kreisfreie Städte (Rostock, Schwerin, Neubrandenburg, Stralsund, Greifswald, Wismar) und zwölf Landkreise. Reg.-Bez. gibt es nicht. Nach dem Gebietsaustausch mit Brandenburg und der Übergabe des Amtes Neuhaus und weiterer Ortsteile (früher Kr. Hagenow) an Niedersachsen umfaßt M.-V. 23 170 km².

Recht: Die neue Gerichtsstruktur M.-V.s kennt ein OLG (in Rostock), vier Land- und 31 Amtsgerichte, ein Landesarbeitsgericht (Rostock) und vier Arbeitsgerichte, ein Landessozialgericht (Neubrandenburg) und vier Sozialgerichte, ein Oberverwaltungsgericht (Greifswald) und zwei Verwaltungsgerichte sowie ein Finanzgericht (Greifswald).

Landesnatur: In M.-V. bestehen vier Nationalparks. Der Nationalpark Vorpommersche Boddenlandschaft (805 km²) umfaßt große Teile der Halbinsel Darß-Zingst und die Insel Hiddensee; das zum Nationalpark gehörende Meeresgebiet reicht bis an die W-Küste von Rügen. Im Nationalpark Jasmund (30 km²) finden sich die Kreideküste von Stubbenkammer (Königstuhl 121 m ü. M.), naturnaher Buchenwald und Orchideen. An der unteren Oder hat M.-V. Anteil am Dt.-Poln. Nationalpark (einschließlich des poln. Teils 329 km²), einem Brut- und Durchzugsgebiet für zahlreiche Vogelarten. Der Müritz-Nationalpark (319 km²), der 116 Seen, Bruchwald und Moore umfaßt, ist Brutplatz für Seeadler. Seeadler nisten auch im Naturpark Schaalsee (162 km²), der an der Grenze zu Schlesw.-Holst. eingerichtet wurde.

Bevölkerung: Die (1995) 1,832 Mio. Ew. machen 2,2% der Bev. Dtl.s aus. Der Anteil der weibl. Bev. beläuft sich auf (1995) 50,9%. Im Zuge der Binnenwanderung ließen sich 1994 insgesamt 21 110 Menschen aus anderen Bundesländern in M.-V. nieder, gegenüber den Zuzügen ergibt sich ein Überschuß von 6910 Fortzügen. Am 31. 12. 1994 wohnten 24 178 Ausländer in M.-V. (1,3% der Landes-Bev.). Von den (1994) 757 100 Privathaushalten sind 26,6% Einpersonenhaushalte. – Die Geburtenrate beträgt (1994) 4,9‰, die Sterberate 10,8‰. 1994 waren 18,7% der Bev. unter 15 Jahre alt, 69,3% 15 bis unter 65 Jahre alt, 12,0% 65 Jahre und älter.

Die Bev.-Dichte lag 1995 bei 79 Ew. je km². In Großstädten (100 000 Ew. und mehr) lebten (1995) 19,2% der Bev., in Gemeinden zw. 50 000 und 100 000 Ew. 14,4%, zw. 10 000 und 50 000 Ew. 18,1%, unter 10 000 Ew. 48,3%. In Mecklenburg sind die größten Städte (1995) Rostock (232 600 Ew.), Schwerin (118 300 Ew.), Neubrandenburg (82 600 Ew.), Wismar (51 400 Ew.) und Güstrow (35 300 Ew.), in Vorpommern sind es Stralsund (67 600 Ew.) und Greifswald (62 300 Ew.).

Religion: Die ev. Kirche hat (Ende 1994) rd. 396 000 Mitgl., sie gehören meist der Ev.-Luther. Landeskirche Mecklenburgs, im Pommerschen Landesteil der Pommerschen Ev. Kirche an. Die Katholiken (Ende 1994: 72 000) gehören zu den Erzbistümern Hamburg und (im O) Berlin.

Bildungswesen: 1994 gab es 108 394 Schüler im Primarbereich, 159 382 im Sekundarbereich I und 15 279 im Sekundarbereich II. In einer Reihe von Schulen werden nicht nur Schüler einer Schulart, sondern in gemischten Klassen (Schulteilen) Schüler versch. Schularten unterrichtet. Solche Schulen gibt es in den Organisationsformen Grundschule mit Orientierungsstufe, Hauptschule mit Grundschulteil, Realschule mit Grundschulteil, Realschule mit Hauptschulteil, Realschule mit Grund- und Hauptschulteil sowie Gymnasium mit Realschulteil (bei Sportgymnasien). Die Hauptschule bietet nach neun Jahren einen Hauptschulabschluß, nach zehn Jahren den erweiterten Hauptschulabschluß, die Realschule nach zehn Jahren den Realschulabschluß. Die gymnasiale Oberstufe umfaßt zwei Jahre, das Abendgymnasium drei Jahre. Das Fachgymnasium (Schulzeit drei Jahre) setzt einen Realschulabschluß oder gleichwertigen Abschluß voraus. Es zählt zum berufl. Schulwesen, öffnet aber auch den Zugang zur wiss. Hochschule. Den Zugang zur Fachhochschule eröffnet die Fachoberschule (Voll- oder Teilzeitform, Schulzeit ein oder zwei Jahre), die auf dem Realschulabschluß oder einen gleichwertigen Abschluß aufbaut. Zum berufl. Schulwesen zählen ferner das Berufsgrundbildungsjahr, die Krankenpflegeschulen, die Berufsschulen (duales System), das Berufsvorbereitungsjahr für Jugendliche ohne Ausbildungsvertrag sowie Förderklassen des Arbeitsamtes für nicht berufsreife Schulentlassene nach Erfüllung der Vollzeitschulpflicht. M.-V. besitzt zwei Univ. (Greifswald, Rostock) und drei Fachhochschulen (Neubrandenburg, Stralsund, Wismar).

Wirtschaft: Die seit 1990 vollzogene Umstrukturierung der Wirtschaft der traditionell strukturschwachen Region war bis Ende 1994 mit dem Verlust von fast 40% (435 000) der Arbeitsplätze verbunden. Die Zahl der registrierten Arbeitslosen lag bei (1994) 143 600, was einer Arbeitslosenquote von 17,0% entspricht (1992: 16,8%). Ohne die arbeitsmarktpolit. Maßnahmen wäre die Zahl der Arbeitslosen mehr als doppelt so hoch.

Die Wirtschaftsleistung gemessen am Bruttoinlandsprodukt (BIP) stieg 1992 gegenüber dem Vorjahr um real 6,8%, 1993 um 4,8%, 1994 um 7,4% und liegt

Verwaltungsgliederung Mecklenburg-Vorpommern
Größe und Bevölkerung (1995)

Verwaltungseinheit	Größe (in km²)	Ew. (in 1000)	Ew. je km²	Verwaltungssitz
Kreisfreie Städte				
Greifswald	50	62 300	1242	–
Neubrandenburg	86	82 600	965	–
Rostock	181	232 600	1288	–
Schwerin	130	118 300	910	–
Stralsund	39	67 600	1748	–
Wismar	41	51 400	1241	–
Landkreise				
Bad Doberan	1362	96 500	71	Bad Doberan
Demmin	1921	99 500	52	Demmin
Güstrow	2058	116 700	57	Güstrow
Ludwigslust	2517	125 700	50	Ludwigslust
Mecklenburg-Strelitz	2089	85 500	41	Neustrelitz
Müritz	1714	70 700	41	Waren (Müritz)
Nordvorpommern	2167	117 800	54	Grimmen
Nordwestmecklenburg	2075	114 700	54	Grevesmühlen
Ostvorpommern	1940	115 500	60	Anklam
Parchim	2233	106 600	48	Parchim
Rügen	974	80 500	83	Bergen/Rügen
Uecker-Randow	1594	90 600	57	Pasewalk
Mecklenburg-Vorpommern	23 170	1 832 300	79	Schwerin

Meck Mecklenburg-Vorpommern

Mecklenburg-Vorpommern: Verwaltungsgliederung

(1994) bei nominal 37,9 Mrd. DM. Dies entspricht einem BIP je Ew. von 20 700 DM und einem BIP je Erwerbstätigen von 50 800 DM (Durchschnitt Ost-Dtl.: 22 100 DM bzw. 55 000 DM). Der Anteil M.-V.s am BIP Dtl.s liegt bei 1,1 %, der Anteil am BIP Ost-Dtl.s bei 10,9 %.

Die Integration in den EU-Agrarmarkt hat zu einem tiefgreifenden Wandel der landwirtschaftl. Strukturen geführt. Der Anteil von Land-, Forstwirtschaft und Fischerei an den Erwerbstätigen hat sich von (1989) 18,8 % auf (1994) 5,5 % verringert. Gleichwohl hat der Agrarsektor mit einem Anteil an der Bruttowertschöpfung von (1994) 2,9 % nach wie vor eine größere wirtschaftl. Bedeutung als in Ost-Dtl. insgesamt (1,7 %). 1989 bestanden auf dem Gebiet des heutigen Landes M.-V. 1 022 landwirtschaftl. Betriebe, darunter 876 Landwirtschaftl. Produktionsgenossenschaften (LPG) und 126 Volkseigene Güter (VEG), mit einer durchschnittl. Größe von 1 476 ha. Ende 1994 gab es noch 715 Betriebe in der Rechtsform einer jurist. Person (die mit einer Durchschnittsfläche von 1 171 ha je Betrieb 61 % der Fläche bewirtschaften) und 3 779 Familienbetriebe (Durchschnittsfläche je Betrieb: 139 ha, alte Bundesländer: 19 ha).

1994 wurden insgesamt 1,46 Mio. ha landwirtschaftl. Nutzfläche bearbeitet (62 % der Landesfläche). Der Ackerbau (Anteile an der Ackerfläche 1994: Getreide 44 %, Ölfrüchte 24 %, Feldfutter 10 %, Kartoffeln 2 %, Zuckerrüben 3 %, stillgelegt 16 %) konzentriert sich auf die fruchtbaren Böden der Grundmoränen, die M.-V. in breitem Band von NW nach SO durchziehen (v. a. Anbau von Weizen und Zuckerrüben). Auf den südlich anschließenden Endmoränengebieten und Sanderflächen mit weniger fruchtbaren Böden werden v. a. Roggen und Kartoffeln angebaut. Die Viehbestände sind seit 1989 um 50–80 % zurückgegangen, der Rinderbestand von (1989) 1,3 Mio. auf (1994) 0,62 Mio., der Schweinebestand von (1989) 2,7 Mio. auf (1994) 0,61 Mio.

Mit einem Waldanteil von 21 % an der Bodenfläche des Landes zählt M.-V. nach Schlesw.-Holst. (9,9 %) zu den am geringsten bewaldeten Bundesländern Dtl.s (Waldfläche 1994: rd. 500 000 ha). – Die für das Küstenland M.-V. strukturtyp. Fischwirtschaft hat ihre frühere Bedeutung verloren. Die rd. 2 000 Binnenseen (mit einer Fläche größer als 1 ha) haben eine Gesamtfläche von rd. 72 000 ha.

In M.-V. ist ein umfangreiches Potential an oberflächennahen Bodenschätzen (Steine-Erde-Rohstoffe) bekannt. 1994 wurden 25,6 Mio. t Kies und Sand, 196 000 t Ton und 6 Mio. m³ Erdgas gefördert. Mit dem im April 1994 an das öffentl. Netz gegangenen Steinkohlenkraftwerk Rostock wurde die Eigenerzeugung von Elektrizität auf 1,3 Mio. MWh (1994) vervierfacht. M.-V. ist neben Schlesw.-Holst. und Ndsachs. das Land mit dem größten Potential an Windenergie Dtl.s (Ende 1994: 141 Windenergieanlagen mit einer Gesamtleistung von rd. 40 MW).

Neben der Landwirtschaft war das verarbeitende Gewerbe (Umsatz 1994: 10,4 Mrd. DM) am stärksten von der Strukturanpassung betroffen. Die Zahl der Erwerbstätigen verringerte sich von (1989) 240 700 auf (1994) 93 600. Strukturbestimmend waren und sind das Ernährungsgewerbe und der Schiffbau (Werften in Wismar, Rostock-Warnemünde, Stralsund, Wolgast, Binnenwerft in Boizenburg/Elbe), die 1994 zusammen weit mehr als die Hälfte des Umsatzes der Industrie realisierten. Durch das starke Wachstum der Steine-Erden-Industrie, die vom Bauboom profitiert, hat sich deren Anteil am Gesamtumsatz von (1991) 2 % auf (1994) 8 % erhöht. Weiterhin wichtig sind die Elektrotechnik (6 %), der Maschinenbau (5 %) und der Straßenfahrzeugbau (5 %) v. a. in Schwerin, Neubrandenburg, Parchim, Greifswald, Neustrelitz und Waren (Müritz) sowie die Fischverarbeitung in Rostock und Saßnitz. Das wirtschaftl. Gewicht des Baugewerbes ist wegen der hohen Baunachfrage gewachsen (Umsatz 1994: 7,4 Mrd. DM; Beschäftigte:

114 300). Der Anteil des produzierenden Gewerbes insgesamt an der Bruttowertschöpfung liegt bei (1994) 29,1 % (davon Bauwirtschaft 15,9 %; verarbeitendes Gewerbe 11,0 %).

Mit der Zunahme der Zahl der Erwerbstätigen in Dienstleistungsunternehmen von (1989) 71 900 auf (1994) 136 200 hat sich der Anteil dieses Bereichs an der Bruttowertschöpfung von 6,2 % auf 26,7 % erhöht. Einschließlich der Bereiche Handel und Verkehr sowie öffentl. Sektor werden (1994) 67,9 % der Bruttowertschöpfung im Dienstleistungssektor erwirtschaftet (Erwerbstätigenanteil: 65,5 %).

Von großer wirtschaftl. Bedeutung ist der Tourismus. Wichtige Fremdenverkehrsregionen sind die Ostseeküste mit der Halbinsel Darß-Zingst, die Inseln Rügen, Hiddensee und Usedom, die Mecklenburg. Schweiz und die Mecklenburg. Seenplatte sowie die Hansestädte Wismar, Rostock, Stralsund und Greifswald.

Das überörtl. Straßennetz hat eine Gesamtlänge von 9 640 km (1995; 237 km Autobahn, 2 077 km Bundesstraßen, 3 219 km Landes- und 4 107 km Kreisstraßen). – Die Seehäfen Rostock, Wismar, Stralsund und Saßnitz haben eine verkehrsgeographisch günstige Lage im Ostseeraum. Mit regelmäßigen Schiffsverbindungen nach Skandinavien, Rußland und ins Baltikum nehmen die Häfen die Funktion eines Verkehrsknotenpunkts sowohl im West-Ost- als auch im Nord-Süd-Verkehr wahr. Das Schienennetz in M.-V. umfaßt (1994) 2 131 km, davon werden 1 082 km als Nebenbahn genutzt. Zu den Nebenbahnen gehören auch die für den Tourismus attraktiven Schmalspurbahnen Bad Doberan–Kühlungsborn und Putbus–Göhren (Rügen). Flugplätze gibt es u. a. in Rostock-Laage, Parchim, Barth, Heringsdorf und Neubrandenburg.

Geschichte: Nachdem die CDU bei den Landtagswahlen vom 14. 10. 1990 stärkste Partei geworden war, wählte der Landtag am 27. 10. ihren Spitzenkandidaten A. GOMOLKA zum MinPräs. an der Spitze einer Reg.-Koalition aus CDU und FDP. SPD und PDS bildeten die Opposition. Im Vordergrund der Landespolitik stand der Aufbau einer Landesverwaltung sowie der Umbau der überwiegend agrarisch strukturierten und im Küstenbereich von der Werftindustrie bestimmten Wirtschaft. Da MinPräs. GOMOLKA v. a. bei der politisch umkämpften Lösung der Privatisierung der Werften, die nach langwierigen Verhandlungen zw. Landes-Reg. und Treuhandanstalt hatte gefunden werden können, in seiner Partei stark an Rückhalt verloren hatte, trat er am 16. 2. 1992 zurück. Am 31. 3. 1992 wählte der Landtag B. SEITE (CDU) zu seinem Nachfolger. Am 12. 6. 1994 billigte die Bev. eine neue Verf. von M.-V. Bei den Landtagswahlen vom 16. 10. 1994 konnte die CDU ihre Position als stärkste Partei im Landtag mit 37,7 % der Stimmen und 30 Sitzen behaupten; die SPD gewann 29,5 % (23 Sitze), die PDS 22,7 % (18), die FDP 3,8 % (0), Bündnis 90/Die Grünen 3,7 % (0) und andere 2,6 % (0). Nach längeren Koalitionsverhandlungen zw. CDU und SPD bildeten beide eine große Koalition. Am 9. 12. 1994 wählte der Landtag SEITE wieder zum MinPräs.; stellv. MinPräs. wurde HARALD RINGSTORFF (* 1939; SPD).

Exkursionsführer M.-V., Beitr. v. G. ALBRECHT u. a. (1991); Knaurs Kulturführer in Farbe M.-V., hg. v. M. MEHLING (1991); R. CHOWANETZ: M.-V. Land u. Leute (1995).

*Medienkonzentration: Während der Konzentrationsgrad bei Tageszeitungen in den alten Bundesländern nur geringfügig gestiegen ist, liegt er in den neuen Bundesländern erheblich höher. Etwa 90 % der Auflage der regionalen Abonnementtageszeitungen entfallen auf die Nachfolger der 15 SED-Bezirkszeitungen, die die großen westdt. Zeitungs- und Zeitschriftenverlage erworben haben. (▷ Zeitung)

Im Fernsehbereich hatten die beiden rivalisierenden Großgruppen Kirch/Springer (DSF, Kabel 1, Pro 7, SAT 1) und Bertelsmann/CLT (RTL, RTL 2, VOX) auf dem Fernsehwerbemarkt 1993/94 eine marktbeherrschende Stellung. Aufgrund des Erwerbs der Burda-Anteile an RTL durch den Bertelsmann-Konzern 1995 kam es zw. diesem und CLT, die ihr Vorkaufsrecht verletzt sah, zu Differenzen. In letzter Zeit haben ausländ. Medienunternehmen ihre Aktivitäten im Privatfernsehen verstärkt.

Vor dem Hintergrund der techn. Entwicklungen im Medienbereich überschneiden sich die bisherigen und neuen Dienste der Individual- und der Massenkommunikation zunehmend. Die Medienunternehmen haben durch den Erwerb von Beteiligungen und durch strateg. Allianzen mit Unternehmen der Computer-, Informations- und Kommunikationsindustrie diese Entwicklung vorangetrieben bzw. sich darauf eingestellt. Die im Rundfunkrecht und insbesondere im Rundfunkstaatsvertrag enthaltene Definition des Rundfunks sowie die Regelungen über den Erwerb von Beteiligungen werden intensiv diskutiert. Dabei stehen Vorschlägen zur Binnenpluralität solche zur Außenpluralität gegenüber. Bei der Binnenpluralität soll die Meinungsmacht begrenzt werden, indem ein Sender von mehreren Gesellschaften betrieben wird. Im Modell der Außenpluralität soll die Meinungsvielfalt durch den freien Wettbewerb einer Vielzahl von unabhängigen Fernsehunternehmen gesichert werden. – Die Europ. Kommission hat in einem Grünbuch Vorschläge zur M. vorgelegt; vom Europarat wurde eine Expertengruppe (Lenkungsausschuß Massenmedien) eingesetzt.

*Medienkonzern: Das Zusammenwachsen der Technologien von Telekommunikation, Kabelfernsehen und Computer (Entstehung von Multimediamärkten) ging mit zahlreichen Unternehmenskäufen, Fusionen und strateg. Allianzen einher. In den USA erwarb der Getränkekonzern Seagram den Film- und Medienkonzern MCA, die Walt Disney Co. die Fernsehgesellschaft Capital Cities/ABC, der Elektrokonzern Westinghouse die Fernsehgesellschaft CBS und Time Warner das Kabelfernsehunternehmen Turner Broadcasting. Mit der anhaltenden Medienkonzentration wuchs die Besorgnis über eine zu große Machtfülle der M. In Italien sah sich Fininvest-Besitzer S. BERLUSCONI daher gezwungen, u. a. L. KIRCH an seiner Fernsehholding Mediaset S. p. A. zu beteiligen. Intensiv wurde auch diskutiert, inwieweit die nat. Wettbewerbsbestimmungen das Entstehen monopolist. Marktstrukturen angesichts zunehmender Internationalisierung verhindern können. Als Beispiel einer erfolgreichen Konzentrationskontrolle gilt der von der EU-Wettbewerbskommission untersagte Zusammenschluß von Bertelsmann AG, Kirch-Gruppe und Dt. Telekom AG zur techn. und betriebl. Abwicklung von Diensten im Pay-TV-Bereich in der Media Service GmbH. ÜBERSICHT S. 492 f.

*Meeresbergbau: *Völkerrecht:* Die im Dez. 1994 in Kraft getretene Seerechtskonvention von 1982 (→Seerecht) ordnet den Meeresboden und seine Ressourcen als ›gemeinsames Erbe der Menschheit‹ und regelt auf dieser Grundlage alle Tätigkeiten zur Erforschung und Ausbeutung der Ressourcen dieses Gebiets. Zur Überwachung dieser Tätigkeiten ist eine Internat. Meeresbodenbehörde eingerichtet worden. Alle Vertragsstaaten der Seerechtskonvention sind Mitgl. der Behörde. Ihre Hauptorgane sind eine Versammlung, ein Rat und ein Sekretariat. Jedes Mitgl. der Versammlung, d. h. jeder Vertragsstaat, hat eine Stimme. Beschlüsse über Sachfragen bedürfen einer Zweidrittelmehrheit der anwesenden und abstimmenden Mitgl. Der Rat besteht aus 36 Mitgl. der Behörde, die von der Versammlung in einer von der Seerechtskonvention vorgeschriebenen Reihenfolge gewählt werden. Der Rat ist das ausführende Organ der Be-

Die größten Medienkonzerne (Stand 1995)

Gesellschaft, Sitz (Gründungsjahr[1])	Tätigkeitsfelder, Produkte, Firmen (Auswahl)	Gesellschafter (Auswahl)	Umsatz[2] (in Mio. DM)	Beschäftigte (Konzern)
Time Warner Inc., New York (1923)	**B:** Time-Life, Warner Books, Little Brown; **Z:** Time, Life, Fortune, People, Batman, Superman; **C:** Book-of-the-Month-Club; **F:** Warner Bros., Warner Home Video, Lorimar; **V:** Warner Bros. Theatres; **TV:** CNN Cable News Network, Time Warner Cable, Home Box Office, Cinemax-Pay TV, Cablevision Industries, n-tv (58%); **M:** Warner Bros. Records, WEA, Chappell Music Group, Teldec; **S:** Time Warner Telecommunications	Seagram Co. (14,9%), R. E. Turner (11,4%), Capital Group (11%), Familie Arthur Temple III (5%), Power Corp. of Canada (1%)	30 122	50 000
Bertelsmann AG, Gütersloh (1835)	**B:** C. Bertelsmann, Goldmann, Gabler, Vieweg, Lexikothek, Bantam Doubleday Dell; **Z:** stern, Brigitte, Capital, Geo, Eltern, Schöner Wohnen, Frau im Spiegel, Hamburger Morgenpost, Berliner Zeitung, Family Circle, McCall's, Parents, Spiegel (24,75%); **C:** Bertelsmann Club, Deutsche Buchgemeinschaft, Deutscher Bücherbund, France Loisirs (50%); **F:** UFA-Gruppe, Trebitsch-Gruppe (74%); **TV:** RTL (37,1%), RTL 2 (7,8%), Premiere (37,5%), VOX (24,9%); **H:** Radio Hamburg (29,2%), Antenne Bayern (16%), Radio NRW (16,1%); **M:** BMG Music Group, Ariola, Arista, RCA, Eurodisc, Hansa, Ricordi (74,3%); **T:** Sonopress; **D:** Mohndruck	Bertelsmann-Stiftung (68,8%), Familie Mohn (17,9%), Reinhard Mohn (2,6%), Zeit-Stiftung (10,7%)	20 600	52 000
Walt Disney Company, Burbank, Calif. (1922)	**F:** Walt Disney Studios, Touchstone Pictures, Hollywood Pictures, Miramax Film Corp.; **V:** Buena Vista International; **TV:** Disney Channel, Super RTL (50%), ABC-TV-Network, ESPN Network, Lifetime TV (50%), Arts & Entertainment Network (33,3%), Tele München (50%); **H:** ABC Broadcast Group; **M:** Walt Disney Records, Buena Vista Records; **B:** Walt Disney Book Publ. Group, Hyperion Books, Chilton, Fairchild, Word Books; **Z:** Mickey Mouse, Donald Duck, Discover, Los Angeles Magazine, High Fidelity, Video & Sound; **S:** Henson Assoc. (Muppets Show), Disney World, Disneyland, Disneyland Paris (49%)	diverse Mitglieder der Familie Bass (zus. ca. 39%), Familie Disney (15,9%), Roy E. Disney (3%), Capital Group Inc.	18 270	85 000
News Corp., Sydney, London, New York (1952)	**Z:** The Times, Sunday Times, The Sun, News of the World, Today, The New York Post, TV Guide; **F:** Twentieth Century Fox; **TV:** Fox Broadcasting, BSKyB (50%), VOX (49,9%), Seven Network (15%); **B:** Harper Collins, Scott Foresman; **D:** Progress Printers, Griffin Press; **W:** Product Movers, Quad Marketing; **S:** Ansett Airlines (50%)	Familie Rupert Murdoch (31%), MCI Communications (13,5%), Citicorp Nominees (12%), ANZ Nominees (7,08%)	13 546	26 000
Sony Corporation, Tokio (1946)	**M:** Sony Music Entertainment (Labels: Columbia, Epic, Okeh, TriStar, Sony Classical); **F:** Sony Pictures Entertainment (Columbia Pictures, TriStar Pictures); **V:** Sony Theatres; **TV:** Game Show Channel (50%), Viva Musikkanal (19,8%), Channel V (12,5%); **C:** Sony Family Club	Raykay Inc. (5,3%), Mitsui Trust (4%), Sakura Bank (3,4%), Sumitomo Trust (3,1%), Mitsubishi Trust (2,9%), Toyo Trust (2,5%)	12 325	130 000
Viacom Inc., New York (1970)	**F:** Paramount Pictures, Spelling Entertainment (70,5%); **V:** UIP (33,3%), UCI (50%), Zoo-Palast; **TV:** Viacom Cablevision, MTV, VH-1, Nickelodeon, Showtime Networks, Movie Channel, USA Networks (50%); **H:** Viacom Broadcasting; **B:** Simon & Schuster, Prentice Hall, Pocket Books, Macmillan, Scribner's, Atheneum, Markt & Technik; **S:** Blockbuster Entertainment (Musik- und Videohandel), Paramount Parks, Viacom New Media	Sumney Murray Redstone (25%), Kirk Kerkorian (5%), Nynex Corp., H. Wayne Huizenga	11 942	38 000
Dai Nippon, Tokio (1876)	**D:** Dai Nippon Printing (weltgrößte Druckereigruppe), Tien Wah Press (Singapur/85%); **S:** Central Research Institute, Information Media Supplies Research Laboratory, Verpackungstechnologie, Mikroelektronik	Dai-ichi-Life Insurance (6,2%), Fuji Bank (4,8%), Industrial Bank of Japan (4,7%)	11 461	29 000
Fujisankei Communications Group, Tokio (1933)	**Z:** Sankei Shimbun, Sankei Sports, Fuji Evening News, Japan Industrial Journal, Ōsaka Shimbun; **TV:** Fuji Television; **H:** Nippon Broadcasting System, Nippon Cultural Broadcasting; **M:** Pony Canyon, Fuji Pacific Music; **B:** Fuso Publ., Nippon Hoso Publ.; **D:** Sankei Sogo Printing; **W:** Sankei Advertising Agency	u. a. Management, Familie Shikanei	9 230	11 000
Toppan, Tokio (1900)	**D:** Toppan Printing, Hino Offset Printing, Tosho Printing, Tokyo Magnetic Printing, Toppan Moore Co. (90%); **B:** Froebel-Kan Co., Tokyo Shoseki Co.; **S:** Total Media Development Institute	Dai-ichi-Life Insurance (5,8%), Nippon Life Insurance (5,5%), Sakura Bank (4%), Mitsubishi Bank (3,8%)	8 805	27 000
Lagardère Groupe, Paris (vorm. Matra/Hachette; 1826)	**B:** Hachette Livre, Grasset et Fasquelle, Fayard, Stock, Calman-Lévy (75,4%), Salvat, Grolier Inc., Centre National de Distribution du Livre; **Z:** Elle, Télé 7 Jours, France Dimanche, Woman's Day, Road & Track, Stereo Review, Le Provençal, Le Soir, Parisien libéré (36%), L'Équipe (36%); **H:** Europe 1/2 (53,9%); **TV:** Ludo Canal; **F:** Hachette Première; **D:** Brodard et Taupin; **W:** Eurosud; **S:** Rüstungselektronik, Telekommunikation, Verkehrstechnik, Raumfahrt	Jean-Luc Lagardère (37,6%), Banque Nationale de Paris (13,3%), Crédit Lyonnais (13,3%), GAN (13%), Daimler-Benz AG (3,3%), General Electric Co. (London 3,3%)	8 796	42 000
Fininvest S. p. A., Mailand (1978)	**TV:** Canale 5, Rete 4, Italia 1, Tele Cinco (Madrid; 25%), Deutsches Sportfernsehen (33,5%), Telepiù (10%); **F:** Artisti Associati, Pentafilm (50%), Estudio Roma; **V:** Medusa Distribuzione, Cinema 5; **M:** Five Records; **Z:** TV Sorrisi e Canzoni, Ciak; **B:** Arnoldo Mondadori (47,5%); **C:** Club degli Editori (47%); **D:** Arnoldo Mondadori Officine Grafiche (48%); **W:** Publitalia '80; **S:** AC Mailand (Fußballclub)	Familie Silvio Berlusconi (Mehrheit)	8 568	30 000

Die größten Medienkonzerne (Fortsetzung)

Gesellschaft, Sitz (Gründungsjahr[1])	Tätigkeitsfelder, Produkte, Firmen (Auswahl)	Gesellschafter (Auswahl)	Umsatz[2]) (in Mio. DM)	Beschäftigte (Konzern)
Tele-Communications Inc., Denver (1968)	TV: TCI Systems, Telecable Corp., Cablevision Baton Rouge, Heritage Comm., Liberty Media (95%), Encore Starz Pay TV (90%), Turner Broadcasting System/CNN (23%), Discovery Channel (49%), Showtime Network (50%), QVC Network (43%), Home Shopping Network (41,5%), Court Room TV (33,3%)	u. a. Bob John Magness, John C. Malone, Robert Allen Naify, Capital Group Inc., Gabelli Funds Inc.	7947	23000
Polygram N.V., Baarn/Niederlande (1972)	M: Deutsche Grammophon, Polydor, Phonogram, Philips Classics, Decca, Island, Motown, Vertigo, Polygram International Music Publishing; F: Polygram Film Productions; V: Gramercy Pictures (50%), TV: Viva Musikkanal (19,8%)	Philips Electronics NV, Eindhoven (75%)	7669	11000
Reed Elsevier, London, Amsterdam (1903/1880)	B: Elsevier, Octopus, Heinemann, Butterworth, Secker & Warburg, Methuen, Bowker, K. G. Saur, Pergamon Press; Z: Woman, Family Circle, Melody Maker, Country Life, Publishers Weekly, Variety, Birmingham Daily News, Algemeen Dagblad, NRC Handelsblad, über 1000 wiss. Zeitschriften; D: Northprint, Krips Repro, C. Misset, Mandarin Offset; S: EMBASE, LEXIS, Mead Data Central, Reed Exhibition Co.	Prudential Corp. (7,99%), Paul Hamlyn (4,85%), Gartmore Investment Management (3,09%), CIN Management (3%)	7532	27000
Gannett Co., Arlington (1906)	Z: USA Today, Detroit News, Des Moines Register, Courier Journal, Louisville Times, USA Weekend; TV/H: Gannett Broadcasting, Gannett Satellite Information Network, Multimedia Broadcasting, Multimedia Cablevision, Multimedia Productions (u. a. ›Donahue Talk Show‹); D: Gannett Offset; W: Gannett Outdoor Advertising; S: Gannett News Service (Nachrichtenagentur); Digital Collections USA (50%)	Aktien breit gestreut (institutionelle und private Anleger, u. a. Carl Henry Lindner, John Jeffry Louis)	7224	36000

Abkürzungen: **B** Buchverlage; **C** Buch- und Schallplattenklubs; **D** Druckereien; **F** Filmproduktion; **H** Hörfunksender; **M** Musikproduktion; **S** Sonstiges; **T** Tonträgerherstellung; **TV** Fernsehsender; **V** Filmverleih, Kinos; **W** Werbefirmen, Marktforschung; **Z** Zeitschriften, Zeitungen und Comics.
[1]) Bei fusionierten Gesellschaften Gründungsjahr des jeweils ältesten. – [2]) Nur Medienumsatz, Geschäftsjahr 1994 bzw. 1994/95.

hörde. Er bildet eine Kommission für wirtschaftl. Planung und eine Rechts- und Fachkommission. Jede Kommission setzt sich aus 15 Mitgl. zusammen, die vom Rat aus den von den Vertragsstaaten vorgeschlagenen Kandidaten gewählt werden. Das Sekretariat der Behörde besteht aus einem GenSekr. und dem von der Behörde benötigten Personal. Es hat internat. Charakter und darf Weisungen von einer Reg. oder einer anderen Stelle außerhalb der Behörde weder einholen noch entgegennehmen.

G. A. FRENCH: Der Tiefseebergbau. Eine interdisziplinäre Unters. der völkerrechtl. Problematik (1990).

*Mehta, Zubin, ind. Dirigent: War bis 1991 Chefdirigent des New York Philharmonic Orchestra.

Meichenbaum, Donald H., amerikan. Psychologe, * New York 10. 6. 1940; seit 1973 Prof. an der University of Waterloo (Prov. Ontario); gilt als einer der Pioniere der kognitiven Verhaltenstherapie. M. und seine Mitarbeiter entwickelten therapeut. Verfahren (z. B. Selbstinstruktions- und Streßimpfungstraining), die häufig unter dem Begriff Selbstverbalisierungstherapie zusammengefaßt werden.

Werke: Cognitive-behavior modification (1977; dt. Kognitive Verhaltensmodifikation); Stress inoculation training (1985; dt. Intervention bei Streß); Facilitating treatment adherence (1987, mit D. C. TURK; dt. Therapiemotivation des Patienten).

*Meienberg, Niklaus, schweizer. Journalist und Schriftsteller: † (Selbstmord) Zürich 24. 9. 1993.

*Meili, Richard, schweizer. Psychologe: † Muri bei Bern 5. 7. 1991.

*Meiningen 2): Der Landkreis ging am 1. 7. 1994 im Kr. Schmalkalden-Meiningen auf, dessen Kreisstadt die Stadt Meiningen wurde; Römhild und vier weitere Gemeinden wurden dem Kr. Hildburghausen eingegliedert.

*Meinrad, Josef, österr. Schauspieler: † Großmain (bei Salzburg) 18. 2. 1996.

*Meisel, Kurt, österr. Schauspieler, Regisseur und Intendant: † Wien 5. 4. 1994.

*Meißen 2): Der Landkreis, dem zum 1. 8. 1994 die Stadt Wilsdruff und die Gem. Helbigsdorf (früher Kr. Freital) eingegliedert worden waren, ging zum 1. 1. 1996 im neugebildeten Landkreis M.-Radebeul auf.

Meißen-Radebeul [-'raːdəbɔil, -radə'bɔil], Landkreis im Reg.-Bez. Dresden, Sachsen, 699 km², (1995) 162900 Ew., Kreisstadt ist Meißen. Der im SO bis an die Stadtgrenze von Dresden reichende Landkreis wird zentral von der Elbe durchflossen (von SO nach NW), die die fruchtbare Lommatzscher Pflege von der in das Kreisgebiet hineinragenden, ebenfalls akkerbaulich genutzten Großenhainer Pflege und dem ausgedehntesten Waldgebiet der Moritzburger Teichlandschaft (Fischteiche) im NO trennt. Bis Meißen reicht die klimatisch begünstigte Dresdner Elbtalweitung mit Obst-, Spargel- und Weinbau. Die Kreisstadt Meißen (1995: 33000 Ew.) mit der Staatl. Porzellan-Manufaktur und einer Weinkellerei ist Anziehungspunkt des Fremdenverkehrs ebenso wie das Jagdschloß in Moritzburg. Industriestandorte sind die Städte Radebeul (1995: 31000 Ew.; u. a. Druckmaschinenwerk, elektron. Industrie, Wein- und Sektkellereien), Coswig (24000 Ew.; u. a. Walzengießerei, Kfz-Zulieferindustrie) und Lommatzsch (u. a. Landmaschinenbau). Weitere Städte sind Nossen, Radeburg und Wilsdruff (Glasindustrie). – Der Landkreis wurde zum 1. 1. 1996 aus dem bisherigen Landkreis Meißen und dem westl. Teil (10 Gemeinden) des aufgelösten Landkreises Dresden-Land (bis 1990 Dresden) gebildet.

Meitnerium [nach LISE MEITNER] das, -s, chem. Symbol **Mt**, von der Gesellschaft für Schwerionenforschung (GSI) in Darmstadt 1992 vorgeschlagener Name für das Element 109. Auch den Nomenklaturkommission der IUPAC hat diese Bez. 1995 für das Element 109 vorgeschlagen. Die endgültige Entscheidung wird von der Generalversammlung der IUPAC 1997 getroffen werden.

Melles, Sunnyi, eigtl. **Szunnyi M.**, schweizer. Schauspielerin, *Luxemburg 7. 10. 1958; spielt seit 1980 an den Münchner Kammerspielen und übernahm auch mehrere Filmrollen.

Filme: Paradies (1986); Der wilde Clown (1986); Geld (1989); Mit den Clowns kamen die Tränen (Fernsehfilm, 3 Tle., 1990).

Sunnyi Melles

Memb   Membranverfahren – Menschenrechte

***Membranverfahren:** Bei Ultrafiltrationsanlagen nach dem Cross-flow-Prinzip ist eine konstant hohe Filtrationsleistung bei größeren Reinigungsintervallen möglich. Beim **Cross-flow-Prinzip** wird mit einer vollautomat. Rückspülung gearbeitet. Durch einen kurzzeitigen Druckimpuls entgegen der Filtrationsrichtung wird ein Teil des filtrierten Mediums (bei Öl-Wasser-Emulsionen z. B. das Wasser) durch die Filtermembran zurückgedrückt, wodurch Verunreinigungen aus der Filtermembran herausgespült werden.

Menạsse, Robert, österr. Schriftsteller, * Wien 21. 6. 1954; studierte Germanistik, Philosophie und Politikwissenschaften, lehrte 1981–88 an der Univ. von São Paulo, seitdem freier Schriftsteller. M.s Hauptwerk ist die ›Trilogie der Entgeisterung‹, bestehend aus den Romanen ›Sinnliche Gewißheit‹ (1988), ›Selige Zeiten, brüchige Welt‹ (1991) und ›Schubumkehr‹ (1995), in der er sich mit der Philosophie G. W. F. HEGELS, W. BENJAMINS und G. LUKÁCS' sowie dem Problem der Postmoderne auseinandersetzt. Außerdem tritt M. als Essayist hervor.

Menchú [mɛnˈtʃu], Rigoberta, guatemaltek. Menschenrechtlerin, * Chimel (Dep. Quiché) 9. 1. 1959; Quiché-Indianerin; engagierte sich früh für die Rechte der Indianer, für soziale Belange von Bauern und Landarbeitern sowie in der Frauenbewegung; lebte nach der Ermordung engster Familienangehöriger ab 1981 in Mexiko, beteiligte sich von dort aus am Widerstand gegen die guatemalten. Machthaber. Seit 1983 ist sie Mitarbeiterin in der UN-Menschenrechtskommission, seit 1986 Mitgl. des Rates der UNO für die Rechte der indian. Bev. 1992 erhielt M. für ihren gewaltlosen Einsatz für soziale Gerechtigkeit und ethnisch-kulturelle Aussöhnung unter Beachtung der Rechte der Urbevölkerung den Friedensnobelpreis.

***Menem,** Carlos Saúl, argentin. Politiker: Bewarb sich nach der von ihm betriebenen Verf.-Änderung (in Kraft seit 24. 8. 1994) erneut um die Präsidentschaft bei den Wahlen am 14. 5. 1995; er ging aus ihnen bereits im ersten Wahlgang mit 49,8 % der Stimmen als Sieger hervor.

***Menger,** Karl, amerikan. Mathematiker und Philosoph österr. Abstammung: † Highland Park (Ill.) 5. 10. 1985.

***Mengistu Haile Mariam,** äthiop. Offizier und Politiker: Wurde im Mai 1991 gestürzt und ging ins Exil nach Simbabwe. Im Dez. 1994 wurde in Abwesenheit in Addis Abeba ein Prozeß gegen ihn wegen Völkermord und Verbrechen gegen die Menschlichkeit eröffnet.

***Menschenhandel:** Das 26. Strafrechtsänderungs-Ges. vom 14. 7. 1992 hat die §§ 180 a Abs. 3 bis 5, 181 StGB alte Fassung (a. F.) durch die §§ 180 b, 181 StGB neue Fassung (M. und schwerer M.) ersetzt. Beide Vorschriften tragen den Intentionen des Internat. Übereinkommens zur Bekämpfung des Mädchenhandels und der UN-Konvention vom 2. 12. 1949/ 21. 3. 1950 Rechnung, indem sie das Ziel verfolgen, den strafrechtl. Schutz namentlich ausländ. Mädchen und Frauen vor sexueller Ausbeutung, insbesondere vor M. und Zwangsprostitution, zu verbessern. Nach bisherigem Recht konnten durch den Tatbestand des M. (§ 181 StGB a. F.) versch. als strafwürdig empfundene Verhaltensweisen nicht erfaßt werden. So war z. B. fraglich, ob der Tatbestand der Nötigung und Überlistung zur Prostitution (Nr. 1) auch anwendbar ist, wenn die Frau schon vorher der Prostitution nachgegangen ist. Auch war es nach § 181 StGB a. F. nicht strafbar, wenn die Frau nicht ausdrücklich zur Prostitution in Dtl. unter Ausnutzung ihrer Hilflosigkeit veranlaßt worden ist. Schließlich konnte auch das Tatbestandsmerkmal des ›Anwerbens‹ zur Prostitution (§ 181 Nr. 2 StGB a. F.) häufig nicht nachgewiesen werden. Um diese Mißstände zu beseitigen, hat der Gesetzgeber mit § 180 b StGB eine neue Strafbestimmung des M. eingeführt und den Straftatbestand des § 181 StGB a. F., der bislang diese Bez. trug, zum ›schweren M.‹ heraufgestuft. Für beide Tatbestände gilt verfolgungserleichternd das Weltrechtsprinzip nach § 6 Nr. 4 StGB.

***Menschenrechte:** Auf globaler wie auf regionaler Ebene sind die Bemühungen um den Schutz der M. in den letzten Jahren verstärkt worden. Die Vereinten Nationen waren in erster Linie bemüht um den Beitritt möglichst vieler Staaten zu den geltenden M.-Konventionen, wobei die deutlich gestiegene Zahl von Ratifikationen als Erfolg der UNO verbucht werden kann. Andererseits kann aber darauf verwiesen werden, daß bei 185 Mitgl. der UNO nach dem Stand vom 1. 1. 1995 noch fast ein Drittel aller UN-Mitgl. die beiden großen M.-Pakte nicht ratifiziert haben und daß bei den meisten der übrigen M.-Verträge der Anteil der an diese Verträge gebundenen Mitgliedstaaten der UNO weit unter der Zweidrittelmarke liegt.

Was die Rechtsquellen des M.-Schutzes betrifft, wird es im letzten Jahrzehnt des 20. Jh. nicht mehr als vordringlich angesehen, neue M.-Konventionen – etwa für die M. der sogenannten zweiten oder dritten Generation, wie etwa Rechte auf Frieden, Entwicklung und saubere Umwelt – zu entwerfen und zur Unterschrift aufzulegen, sondern vielmehr die Basis für ein allgemeines M.-Verständnis zu schaffen, die Kenntnis von den vorhandenen Völkerrechtsnormen zum Schutz der M. wie auch von den M.-Verletzungen in allen Teilen der Welt zu verbreiten und die Respektierung der M. in allen Staaten der Erde durchzusetzen, wie dies in Art. 1 Ziff. 3 und Art. 55 der UN-Charta erwähnt ist.

Das Engagement der UNO für die M. äußerte sich zum zweiten Mal nach 1968 in der Einberufung einer Weltkonferenz über M., die vom 14. bis 25. 6. 1993 in Wien stattfand und an der Vertreter aus 171 Staaten teilnahmen. Nach dem Willen der UN-Generalversammlung sollten die Ziele der Konferenz sein, 1) die Fortschritte auf dem Gebiet der M. seit der Verabschiedung der Allgemeinen Erklärung der M. zu überprüfen und die Hindernisse für den weiteren Fortschritt zu benennen, 2) den Zusammenhang zw. Entwicklung und der weltweiten Verwirklichung der M. zu erörtern, 3) Mittel und Wege für eine verbesserte Durchführung der bestehenden menschenrechtl. Normen und Instrumente zu finden, 4) die Effektivität der Mechanismen und Arbeitsmethoden der UNO auf dem Gebiet der M. zu bewerten, 5) Empfehlungen für eine erhöhte Wirksamkeit der Aktivitäten der UNO auszuarbeiten. Nachdem auf den vorangegangenen Regionalkonferenzen in Tunis (für Afrika), Bangkok (für Asien) und San José (für Lateinamerika) der Gedanke angeklungen war, unter Verweis auf kulturelle Traditionen, geschichtl. Besonderheiten und religiöse Rahmenbedingungen jeweils unterschiedl. M.-Verständnisse gelten zu lassen, war eine Problematik vorgegeben, die die Wiener Konferenz beherrschte. Die schließlich am 25. 6. 1993 verabschiedete ›Wiener Deklaration‹ bekräftigte indessen die Universalität und wechselseitige Verbundenheit aller M., die sich ›aus der Würde und dem Wert herleiten, die dem Menschen innewohnen‹. Bei aller nat., regionalen, kulturellen, histor. und religiösen Unterschiedenheit sei es doch die Pflicht der Staaten, alle M. und Grundfreiheiten zu fördern und zu schützen. Ausdrücklich wurde erstmals die Demokratie als Grundvoraussetzung für die Entwicklung und Achtung der M. und Grundfreiheiten genannt.

Einem Appell der Konferenz zufolge schuf die UNO am 20. 12. 1993 das Amt eines Hochkommissars für M. Der Hochkommissar wird vom UN-GenSekr. für vier Jahre ernannt und von der Generalversamm-

Rigoberta Menchú

Carlos Menem

lung der UNO bestätigt. Das Amt ist nicht mit eigenen Exekutivbefugnissen ausgestattet, also wesentlich auf polit. Entfaltung und Wirkung angewiesen.

In organisator. Hinsicht baute die UNO, gestützt auf moderne elektron. Datenübermittlung und -verarbeitung, ein umfangreiches Informationssystem auf. Zu diesem Zweck errichtete sie in Genf ein M.-Zentrum. Aber trotz dieser organisator. Maßnahmen ist es dem internat. M.-Schutz noch nicht gelungen, die Schwelle der staatl. Souveränität zu überwinden. Das Verhalten des Sicherheitsrats in einer Reihe von Krisensituationen der 1990er Jahre läßt allerdings den Schluß zu, daß in der UNO die Tendenz vorhanden ist, Kollektivmaßnahmen auf der Grundlage der UN-Charta auch für die Zwecke des M.-Schutzes einzusetzen (→humanitäre Intervention).

Auf regionaler Ebene steht nach wie vor Europa an der Spitze der Entwicklung eines effektiven M.-Schutzes. Die →Europäische Menschenrechtskonvention (EMRK) wurde durch eine Reihe von Zusatzprotokollen erweitert. Ihr geograph. Geltungsbereich vergrößerte sich durch zahlreiche Beitritte v. a. aus dem Gebiet der ehem. Sowjetunion. Durch organisator. Neustrukturierungen ist der Zugang zum Europ. Gerichtshof für M. erleichtert worden.

A. CASSESE: Human rights in a changing world (a. d. Italien., Cambridge 1990); A. BARTHEL: Die M. der dritten Generation (1991); M. u. Entwicklung. Dt. u. internat. Komm. u. Dokumente, hg. v. R. TETZLAFF (1993); J. FITZPATRICK: Human rights in crisis (Philadelphia, Pa., 1994).

*Menuhin, Sir Yehudi, amerikan. Violinist: Wurde 1993 zum Lord ernannt.

*Menz, Maria, Schriftstellerin: † Eberhardzell (Kr. Biberach) 7. 3. 1996.

Merbold, Ulf, Physiker und Astronaut, *Greiz 20. 6. 1941; 1978 zum Astronauten bei der European Space Agency (ESA) ausgebildet; nahm vom 28. 11. bis 8. 12. 1983 als erster Raumfahrer der Bundesrep. Dtl. und der ESA an der amerikanisch-europ. Mission Spacelab-1 (▷ Spacelab) teil, danach an den Missionen Spacelab IML-1 (22.–30. 1. 1992) und Euromir '94 (4. 10.– 4. 11. 1994; →Mir). 1987 leitete er das Astronautenbüro der Dt. Forschungsanstalt für Luft- und Raumfahrt e. V. (DLR), 1985 und 1993 wirkte er an der Flugkontrolle der dt. Spacelab-Missionen D-1 und D-2 mit.

Mercosur, Kurz-Bez. für **Mercado Común del Cono Sur,** dt. **Gemeinsamer Markt im südlichen Latein|amerika,** regionale Wirtschaftsorganisation in Lateinamerika; gegr. am 26. 3. 1991 durch den Vertrag von Asunción (Paraguay), in Kraft getreten am 1. 1. 1995. Mitgl. sind Argentinien, Brasilien, Paraguay und Uruguay.

Ziele: Bildung eines gemeinsamen Marktes mit dem stufenweisen Abbau von Zöllen u. a. Handelshemmnissen sowie Abstimmung der Wirtschaftspolitik.

Organisation: Oberstes Organ ist der Rat des Gemeinsamen Marktes, bestehend aus den Außen- und Wirtschafts-Min. sowie einmal jährlich zu Gipfelkonferenz der Staatspräs. (seit 1992 mit Beobachtern aus Bolivien und Chile). Exekutive ist die Gruppe des Gemeinsamen Marktes. Weitere Organe sind gemeinsame Arbeitsgruppen und das Schiedsgericht zur Streitschlichtung. Sitz des Sekretariats: Montevideo.

Der M. ist nach Größe und Bedeutung nach der NAFTA der zweitgrößte Wirtschaftsverbund auf dem amerikan. Kontinent (1993: 199,1 Mio. Ew., Bruttosozialprodukt: 735,3 Mrd. US-$, je Ew. 3693 US-$). Hauptprobleme des M. sind die unterschiedl. Entwicklungsstufen der beteiligten Länder sowie die Meinungsverschiedenheiten zw. Argentinien und Brasilien; das Verhältnis zw. beiden Ländern war vor der Gründung des M. von Rivalitäten und Protektionismus gekennzeichnet. Die EU und der M. nahmen im Sept. 1995 Verhandlungen auf mit dem Ziel, zw. beiden Wirtschaftsblöcken bis zum Jahr 2001 ein Freihandelsabkommen zu erreichen.

*Mercouri, Melina, griech. Schauspielerin und Politikerin: † New York 6. 3. 1994.

Meri, Lennart, estn. Politiker und Schriftsteller, *Reval (Tallinn) 29. 3. 1929; wuchs als Sohn eines estn. Diplomaten bis 1939 in Dtl. und Frankreich auf. Nach dem Studium der Sprachwissenschaft und Ethnologie in Dorpat (Tartu) nahm er an ethnolog. Expeditionen zu finno-ugr. u. a. Völkern in Mittelasien teil und war als Reiseschriftsteller, Journalist sowie Theater- und Filmregisseur tätig. Seine Reisebücher, u. a. ›Laevapoisid rohelisel ookeanil‹ (1961) und ›Hõbevalge‹ (1976), weisen ein hohes literar. Niveau auf. Politisch ab Mitte der 1980er Jahre in der Autonomiebewegung engagiert, war er nach Ausrufung der Unabhängigkeit Estlands 1990–92 Außen-Min. Nach den Präsidentenwahlen vom 20. 9. 1992 wählte ihn das Parlament im Zuge einer Stichwahl (5. 10. 1992) zum Staatspräsidenten.

Merino, José María, span. Schriftsteller, *La Coruña 5. 3. 1941; studierte Jura und lebte zeitweise in Lateinamerika; schrieb zuerst Lyrik (›El sitio de Tarifa‹, 1972; ›Cumpleaños lejos de casa‹, 1973; ›Mírame Medusa‹, 1984) jenseits der realist. ›poesía social‹. In seinen narrativ komplexen Romanen, die von F. KAFKA, J. L. BORGES und den Erzählverfahren von ›Tausendundeine Nacht‹ beeinflußt sind, verwischen sich die Grenzen zw. Realität und Mythisch-Phantastischem (›Novela de Andrés Choz‹, 1976; ›El caldero de oro‹, 1981; ›La orilla oscura‹, 1985). Auch seine Trilogie über die Entdeckung Amerikas mischt zeitgenöss. Chroniken mit Imaginiertem (›El oro de los sueños‹, 1986, dt. ›Das Gold der Träume‹; ›La tierra del tiempo perdido‹, 1987; ›Las lágrimas del sol‹, 1989).

Ausgabe: Cumpleaños lejos de casa. Obra poética completa (1987).

Merkel, Angela, Politikerin (CDU), *Hamburg 17. 7. 1954; Physikerin; in der Mark Brandenburg aufgewachsen; schloß sich während des Umbruchs in der Dt. Dem. Rep. (Herbst 1989) dem Demokrat. Aufbruch an; seit 1990 Mitgl. der CDU. Nach der dt. Vereinigung wurde sie im Dez. 1990 MdB und im Jan. 1991 Bundes-Min. für Frauen und Jugend (bis Nov. 1994); seit Dez. 1991 ist sie stellv. Bundes-Vors. der CDU, seit Nov. 1994 Bundes-Min. für Umwelt, Naturschutz und Reaktorsicherheit.

Ulf Merbold

Lennart Meri

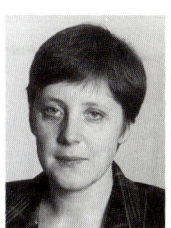
Angela Merkel

Mercosur: Wirtschaftsdaten der Mitgliedsländer

	Bruttosozialprodukt je Einwohner 1993 in US-$	durchschnittliche Wachstumsrate[1] 1980–93 in %	jährliche Inflationsrate 1980–93 in %	Schuldendienst[2] in % der Ausfuhr 1993
Argentinien	7220	–0,5	374,3	46,0
Brasilien	2930	0,3	423,4	24,4
Paraguay	1510	–0,7	25,0	14,9
Uruguay	3830	–0,1	66,7	27,7

[1] Wachstumsrate des Bruttosozialprodukts je Einwohner. – [2] Zins- und Tilgungszahlungen für Auslandsschulden.
Quelle: Weltbank.

Merkel, Inge, österr. Schriftstellerin, *Wien 1. 10. 1922; studierte Altphilologie, Geschichte und Germanistik, war zunächst Bibliothekarin am Wiener Institut für Klass. Philologie und unterrichtete 1972–84 Latein am Gymnasium. 1982 veröffentlichte sie ihren ersten Roman ›Das andere Gesicht‹. In ihren Werken geht es ihr v. a. um die Beschreibung einer für Täuschung und Mystifikation anfälligen Welt; Scharfblick, Zorn und Selbstironie prägen ihr Werk ebenso wie das Bekenntnis zur Körperlichkeit und zur Verankerung ihres Selbstverständnisses in Geschichte und Religion.

Weitere Werke: *Romane:* Die letzte Posaune (1985); Eine ganz gewöhnl. Ehe (1987); Das große Spektakel (1990); Aus den Geleisen (1994). - *Erzählungen:* Zypressen (1983).

Mernissi, Fatima, marokkan. Schriftstellerin und Soziologin, * Fès 1940; war 1974–81 Prof. für Soziologie in Rabat; trat mit krit. Sachbüchern (und Kurzfilmen) über die Situation von Frauen im arab. Raum hervor, in denen sie, gestützt auf arab. Originalquellen, die Eigenständigkeit und das Selbstbewußtsein arab. Frauen in den ersten Jahrhunderten des Islam betont und die patriarchal. Unterdrückung in späterer Zeit kritisiert. Eine Hauptursache für die Unterdrückung der Frau in islam. Ländern sieht sie darin, daß der Islam ihr zwar sexuelle Aktivität zuerkennt, aus der sie generell Kraft und soziale Energie bezieht, die sich jedoch sozial destruktiv auswirken kann.

Werke: Beyond the veil. Male-female dynamics in a modern Muslim society (1975; dt. Geschlecht, Ideologie, Islam); Le harem politique. Le prophète et les femmes (1987; dt. Der polit. Harem. Mohammed u. die Frauen); Chahrazad n'est pas Marocaine (1988; dt. Die vergessene Macht. Frauen im Wandel der islam. Welt); Sultanes oubliées. Femmes chefs d'État en Islam (1990; dt. Die Sultanin. Die Macht der Frauen in der Welt des Islam); La peur-modernité (1992; dt. Die Angst vor der Moderne. Frauen u. Männer zw. Islam u. Demokratie); Dreams of trespass. Tales of a harem girlhood (1994; dt. Der Harem in uns. Die Furcht vor dem anderen u. die Sehnsucht der Frauen). - Hg.: Le Maroc raconté par ses femmes (1984; dt. Der Harem ist nicht die Welt. Elf Berichte aus dem Leben marokkan. Frauen).

*Merseburg 1): Der Landkreis M. ging am 1. 7. 1994 im Kr. Merseburg-Querfurt auf.

Merseburg-Querfurt, Landkreis im Reg.-Bez. Halle, Sachs.-Anh., 805 km², (1995) 140 300 Ew.; Kreisstadt ist Merseburg (Saale). Das Kreisgebiet, das an die kreisfreie Stadt Halle (Saale), im W an Thüringen und im O an Sachsen grenzt, erstreckt sich vom NO-Rand des Thüringer Beckens (bewaldete Buntsandsteinhochfläche von Ziegelroda, Querfurter Muschelkalkplatte) über ein ausgedehntes Schwarzerdegebiet (Anbau von Weizen und Zuckerrüben) bis in die Leipziger Tieflandsbucht (östlich der Saale). Der Braunkohlentagebau im ▷ Geiseltal und an der Weißen Elster (im NO) ist eingestellt. Hauptwirtschaftszweig ist die Erdölverarbeitung in Leuna, Krumpa (Geiseltal) und Spergau (seit 1994 Bau einer neuen Raffinerie). Das Aluminiumwalzwerk in Merseburg (Saale) wurde geschlossen. Weitere Städte des Kreises sind Braunsbedra, Müchen (Geiseltal), Querfurt, Schafstädt, Schraplau (mit Kalkwerk) und die ehem. Heilbäder Bad Dürrenberg und Bad Lauchstädt. - Der Kreis wurde am 1. 7. 1994 aus den früheren Kreisen Merseburg und Querfurt (mit Ausnahme von vier Gemeinden) gebildet; eingegliedert wurde die Gem. Branderoda (früher Kr. Nebra).

mesoskopisches System [zu griech. mésos ›Mitte‹ und skopeĩn ›betrachten‹], ein physikal. System, dessen Abmessungen im Bereich zw. etwa zehn Nanometern und einigen Mikrometern liegt, d. h. im Grenzbereich zw. mikrophysikal. und makrophysikal. Systemen. M. S. verhalten sich bei höheren Temperaturen wie makrophysikal. Systeme, zeigen aber bei sehr niedrigen Temperaturen (etwa unterhalb 1 K) ein Verhalten, das deutlich davon abweicht; sie müssen dann mit den Begriffen und Methoden der Quantenphysik beschrieben werden.

*Messel: Zum 1. 1. 1996 wurde die Grube M. von der UNESCO zum Welterbe der Menschheit erklärt.

*Messemer, Hannes, Schauspieler: † Aachen 2. 11. 1991.

*Messiaen, Olivier Eugène Prosper Charles, frz. Komponist: † Paris 27. 4. 1992.

*Metallgesellschaft AG: Fehlgeschlagene Spekulationen im Erdölhandel durch die amerikan. Tochtergesellschaften bewirkten bei der M. AG 1992/93 bzw. 1993/94 Verluste von rd. 2,3 Mrd. DM. Der Zusammenbruch der M. AG konnte nur durch massive Sanierungs- und Restrukturierungsmaßnahmen verhindert werden. Diese umfassen eine Kapitalerhöhung, Umwandlung von Bankkrediten in Wandel-Genußrechtskapital, die Konzentration auf die Geschäftsfelder Handel, Anlagenbau, Chemie und Finanzdienstleistungen, die Veräußerungen von Beteiligungen (u. a. Buderus, B. U. S. Berzelius Umwelt-Service, Castle Energy, Grillo-Werke, Lehnkering Montantransport, Kolbenschmidt, Korf, Metall Mining Corp.), den Verkauf von Firmengrundstücken sowie die Auswechselung fast des gesamten Vorstands. Die Zahl der von der M. AG gehaltenen Beteiligungen wurde von (1993) 774 auf (1994) 457 reduziert, die Beschäftigtenzahl von rd. 43 000 auf rd. 26 000 verringert.

Metallocene, Klasse von Katalysatoren, die bei der Herstellung von Kunststoffen, v. a. von Polypropylen und Polyethylen, den konventionellen ▷ Ziegler-Natta-Katalysatoren in der katalyt. Wirkung um das Zehn- bis Hundertfache überlegen sind. M. sind organ. Verbindungen mit Sandwichstrukturen von zwei parallel angeordneten aromat. Ringsystemen, zw. denen ein chloriertes Metallatom eingebaut ist. Von besonderer Bedeutung sind die **Zirconocene,** bei denen die Verbrückung zw. den Ringen durch $ZrCl_2$ erfolgt. Am weitesten fortgeschritten ist die Produktion eines Cycloolefin-Copolymer-Kunststoffs (COC-Polymer, Handelsname ›Topas‹) aus Norbornen und Ethylen unter Einsatz eines Zirkonocenkatalysators. Das COC-Polymer ist schon seit Jahrzehnten bekannt, doch erst der neue Katalysator ermöglicht eine wirtschaftl. Produktion. Das COC-Polymer soll zur Beschichtung von Compact Discs (CD, CD-ROM) eingesetzt werden. Gegenüber dem bislang verwendeten Polycarbonat hat das COC-Material eine um 20 % geringere Dichte, eine höhere Reinheit und eine weit geringere opt. Doppelbrechung, so daß die Speicherkapazität der CD erhöht werden kann.

Ein weiteres Einsatzgebiet für M. stellen Verbundwerkstoffe dar. Können z. B. Fasern oder Metallpartikeln mit M-Katalysatoren beschichtet werden, so daß auf diesen Trägermaterialien polymere Kunststoffilme aufwachsen können. Durch Versintern dieser Strukturen können Platten mit sehr guter Wärmeleitfähigkeit und elektr. Isolation hergestellt werden. In Verbindung mit der geringeren Dicke erzielt man mit COC-Folien als Dielektrikum in Kondensatoren eine höhere Speicherkapazität.

*Methadon: Das in Dtl. während des Zweiten Weltkriegs als Morphinersatz entwickelte M. ist chemisch gesehen ein Racemat aus rechts- und linksdrehendem **4,4-Diphenyl-6-Dimethylamino-3-Heptanon,** wobei das in Dtl. zur Substitutionstherapie eingesetzte M. (Handelsname: Polamidon) nur aus der biologisch wirksamen linksdrehenden (L-)Verbindung besteht, die stärker wirksam und toxischer ist als das Racemat. Das Opioid führt bei Mißbrauch bei Abhängigkeit und bei massiver Überdosierung zum Tod. Es hat jedoch gleichzeitig Eigenschaften, die M. zur geeignetsten Ersatzdroge überhaupt machen und zur Entwicklung breiter medikamentös unterstützten Drogentherapie (→Substitutionstherapie) führten, die in den Bundesrep. Dtl. seit Ende der 1980er Jahre im Rahmen der **M.-Programme** zum Einsatz kommt. - In Dtl. unterliegt M. dem Betäubungsmittel-Ges. Hier gilt seit 1. 7. 1992 die Regelung, daß die Verschreibung von Betäubungsmitteln wie M. (§ 13 Abs. 1) in medizinisch begründeten Einzelfällen und unter strenger ärztl. Kontrolle zur Substitutionsbehandlung von Drogenabhängigen rechtlich zulässig ist. Die Ersatzdrogenbehandlung durch den Arzt wurde auch durch BGH-Grundsatzbeschluß vom 26. 6. 1991 erleichtert.

B. G. Thamm u. W. Katzung: Drogen – legal – illegal (²1994); Der drogenabhängige Patient, hg. v. J. Gölz (1995).

*Methodisten: 1987 erklärten die Ev.-methodist. Kirche und die Ev. Kirche in Dtl. (EKD) ihre Kanzel- und Abendmahlsgemeinschaft. 1992 erfolgte die Vereinigung der beiden methodist. Zentralkonferenzen in Ost- und Westdeutschland.

*Mexiko, span. **México,** amtlich **Estados Unidos Mexicanos,** dt. **Vereinigte Mexikanische Staaten,** Staat in Mittelamerika, zw. dem Golf von Mexiko und dem Pazifik.

Hauptstadt: Mexiko. *Amtssprache:* Spanisch. *Staatsfläche:* 1 958 201 km² (ohne Binnengewässer 1 908 690 km²). *Bodennutzung (1992):* 247 200 km² Ackerland, 744 990 km² Dauergrünland, 419 200 km² Waldfläche. *Einwohner (1994):* 91,858 Mio., 47 Ew. je km². *Städtische Bevölkerung (1993):* 74%; in städt. Agglomerationen mit 1 Mio. und mehr Ew. leben 41% der Stadt-, 30% der Gesamtbevölkerung. *Durchschnittliches Bevölkerungswachstum pro Jahr (1985-93):* 1,8%. *Bevölkerungsprojektion für 2000:* 102,555 Mio. Ew. *Ethnische Gruppen (1990):* 60% Mestizen, 30% Indianer, 9% Weiße, 1% sonstige. *Religion (1992):* 89,7% Katholiken, 4,9% Protestanten. *Altersgliederung (1995):* unter 15 Jahre 36%, 15 bis unter 65 Jahre 60%, 65 und mehr Jahre 4%. *Lebenserwartung der Neugeborenen (1992):* männlich 67 Jahre, weiblich 74 Jahre. *Analphabetenquote (1994):* 8,1%. *BSP je Ew. (1993):* 3 610 US-$. *BIP nach Sektoren/Produktionsstruktur (1993):* Landwirtschaft 8%, Industrie 29%, Dienstleistungen 63%. *Währung:* 1 Mexikanischer Peso (mex $) = 100 Centavos (c). *Internationale Mitgliedschaften:* UNO, Lateinamerikan. Integrationsvereinigung, NAFTA, OAS, OECD.

Geschichte: Im Dez. 1991 billigte das Parlament ein Gesetz, das die kath. Kirche rechtlich anerkennt und Benachteiligungen des Klerus weitgehend abschafft. Durch eine Verf.-Reform vom Aug. 1993, die sich gegen das u. a. durch Wahlmanipulationen behauptete Machtmonopol des PRI richtete, wurde das Wahlrecht neu gestaltet. Die Anzahl der Sitze im Senat wurde auf 128 verdoppelt. Die ›Regierbarkeitsklausel‹, die derjenigen Partei, die bei den Wahlen zum Abgeordnetenhaus wenigstens 35% der Stimmen errang, die Mehrheit der Sitze brachte, wurde abgeschafft. Überdies darf keine Partei mehr als 315 der 500 Sitze dieser Kammer erhalten.

Am 22. 11. 1993 ratifizierte M. das im Dez. 1992 mit den USA und Kanada geschlossene Abkommen zur Bildung der →Nordamerikanischen Freihandelszone zum 1. 1. 1994. Im April 1994 trat M. als erstes Entwicklungsland der OECD bei.

Anfang Jan. 1994 erhoben sich im südmexikan. Gliedstaat Chiapas bewaffnete Indios, die, organisiert durch den Ejército Zapatista de Liberación Nacional (EZLN; dt. Zapatistische Nat. Befreiungsarmee), gegen ihre Unterdrückung protestierten und Forderungen nach einer Landreform und Selbstverwaltung, einer besseren Gesundheitsvorsorge und besserer Bildung sowie nach polit. Reformen stellten. Die Unruhen wurden im Jan. 1994 und erneut im Febr. 1995 von den Streitkräften blutig niedergeschlagen; die seit Febr. 1994 unter Vermittlung des Bischofs von San Cristóbal de las Casas, Samuel Ruiz García, geführten Friedensverhandlungen erbrachten am 22. 11. 1995 lediglich eine Verständigung darüber, daß die Indios per Verf.-Änderung mehr Rechte erhalten sollen.

Die Präsidentschafts- und Kongreßwahlen am 21. 8. 1994 konnte der PRI mit seinem Kandidaten E. Zedillo Ponce de León für sich entscheiden. Gegen den Amtsantritt (Anfang Dez.) des aus den zeitgleichen Gouv.-Wahlen hervorgegangenen PRI-Kandidaten für Chiapas kam es seitens des EZLN zu Protestmaßnahmen und im Gefolge zu neuen Kämpfen.

Der Tod des vorherigen reformwilligen PRI-Präsidentschaftskandidaten am 23. 3. 1994 und des PRI-GenSekr. am 28. 9. wurde mit parteiinternen Hintergründen in Verbindung gebracht; als mutmaßl. Drahtzieher des Mordes an letzterem wurde Raúl Salinas, der Bruder des früheren Präs., Anfang März 1995 inhaftiert. C. Salinas de Gortari selbst wurde zeitweise verdächtigt, die Ermittlungen im Mordfall des designierten Präsidentschaftskandidaten behindert zu haben.

Die polit. Stabilität wurde weiter durch den am 20. 12. 1994 einsetzenden Wertverlust des Peso (bis April 1995 um rd. 50%) erschüttert; ein steiler Anstieg der Arbeitslosenquote und eine Beschleunigung der Jahresinflation waren die Folge. Um die Folgen des Kurssturzes aufzufangen, erhielt M. von den USA und internat. Finanzorganisationen gegen Verpfändung von Rohölexporterlösen Kreditgarantien in Höhe von rd. 50 Mrd. US-$. Neben der Wirtschafts- und Währungskrise, den polit. Skandalen und den Unruhen in Chiapas gefährdeten 1995 die Gewinne des oppositionellen PAN bei den Gouv.-Wahlen in einigen Bundesstaaten die Monopolstellung des PRI.

M. heute. Politik, Wirtschaft, Kultur, hg. v. D. Briesemeister u. a. (1992); Michael C. Meyer u. W. L. Sherman: The course of Mexican history (New York ⁵1995).

Meyer, Heinz-Werner, Gewerkschafter, *Hamburg 24. 8. 1932, †Siegburg 9. 5. 1994; engagierte sich als Bergmann in der IG Bergbau und Energie (IGBE), deren Vors. er 1985 wurde; als Nachfolger von E. Breit war er seit 1990 Vors. des DGB. 1975–85 Abg. der SPD im Landtag von NRW, seit 1987 MdB. Nach seinem überraschenden Tod wurde D. Schulte zum DGB-Vors. gewählt.

Meyer, Sabine, Klarinettistin, *Crailsheim 30. 3. 1959; wirkte als Orchestermusikerin im Sinfonieorchester des Bayer. Rundfunks und bei den Berliner Philharmonikern, bevor sie sich 1984 ganz der Sololaufbahn zuwandte. Zugleich engagierte sie sich im Bereich der Kammermusik. 1983 gründete sie, gemeinsam mit ihrem Mann Reiner Wehle (*1954) und ihrem Bruder Wolfgang (*1954), das Trio di Clarone, 1988 das Bläserensemble Sabine M., in dem führende Bläser aus aller Welt zusammenwirken.

*Meynen, Emil, Geograph: †Bonn 23. 8. 1994.

Michalkow [mix-], Nikita Sergejewitsch, russ. Regisseur, *Moskau 21. 10. 1945; Sohn von Sergej Wladimirowitsch M.; war in den 60er Jahren ein beliebter Filmschauspieler. Seit den 70er Jahren ist er Regisseur beeindruckender Filmkunstwerke.

Filme: Verraten u. verkauft (1974); Sklavin der Liebe (1976); Verwandtschaft (1981); Ohne Zeugen (1983); Schwarze Augen (1987); Urga (1991); Die Sonne, die uns täuscht (1994).

*Michelsen, Hans Günther, Schriftsteller: †Dießen a. Ammersee 27. 11. 1994.

Microsoft Corp. [ˈmaɪkrəʊsɔft kɔːpəˈreɪʃn], führender amerikan. Computerkonzern zur Entwicklung, Produktion und Verkauf von Software in Personalcomputern, gegr. 1975 von B. Gates und Paul Allen (*1953), um Programmiersprachen für Kleincomputer zu entwickeln; Sitz: Redmond (Wash.). 1980 führte M. C. für IBM das Microsoft disc operating system (MS-DOS) ein, wobei M. C. die Rechte an DOS behielt. Nach dem Bruch mit IBM 1990 entwickelte M. C. die auf DOS basierende Systemsoftware →Windows, die heute auf etwa 80% aller neuen Personalcomputer als Betriebssystem läuft. 1995 brachte M. C. Windows 95, eine Aktualisierung des Betriebssystems MS-DOS und der Benutzeroberfläche Windows, heraus; Umsatz (1994): 4,6 Mrd. US $; Beschäftigte: 15 000.

Heinz-Werner Meyer

MIDI [Abk. für engl. **M**usical **i**nstrument **d**igital **i**nterface ›Schnittstelle für digitale Musikinstrumente‹], seit etwa 1981 Bez. für ein international genormtes elektron. System, bei dem die Klangsignale (Steuersignale) einzelner digitaler Instrumente (Synthesizer, Effektgeräte, Drum Computer, Sound Sampler, digitale Keyboards usw.) über eine spezielle Schaltung (MIDI-Interface) zentralisiert werden. Mit Hilfe eines Computers oder eines computergesteuerten Keyboards lassen sich bis zu 16 versch. Informationskanäle abrufen und unmittelbar zu einem z. B. orchestralen Gesamtklangbild synchronisieren.

***Midland Bank:** →HSBC Holdings.

Mielitz, Christine, Opernregisseurin, *Chemnitz 23. 11. 1949; war Assistentin von H. KUPFER und wurde 1989 Oberspielleiterin at der Kom. Oper Berlin, wo sie u. a. 1992 R. WAGNERS ›Rienzi‹ und 1994 G. PUCCINIS ›Il Trittico‹ inszenierte. Um die zeitgenöss. Oper machte sie sich mit der Uraufführung von D. MÜLLER-SIEMENS' ›Die Menschen‹ 1990 am Nationaltheater Mannheim und 1994 mit ihrer Inszenierung von H. W. HENZES ›Die Bassariden‹ an der Hamburg. Staatsoper verdient.

***Mielke,** Erich, Politiker: Seit 1989 unter verschiedenen Beschuldigungen in Untersuchungshaft, wurde M. am 26. 10. 1993 vom Landgericht Berlin für die Erschießung zweier Polizisten im Jahr 1931 zu einer Freiheitsstrafe von sechs Jahren verurteilt. Dasselbe Gericht stellte am 3. 11. 1994 das am 4. 9. 1994 begonnene Totschlagsverfahren (wegen Mitverantwortung an den Todesfällen an der Berliner Mauer und der dt.-dt. Grenze) wegen Verhandlungsunfähigkeit M.s ein. Am 1. 8. 1995 wurde er aus dem Gefängnis entlassen.

Mierlo, Henricus (Hans) van, niederländ. Politiker, *Breda 18. 8. 1931; nach dem Jurastudium als Journalist tätig; Mitbegründer der linksliberalen Demokraten '66, 1967–73 und seit 1986 deren Fraktions-Vors. in der Zweiten Kammer. Nach vorübergehendem Rückzug aus der aktiven Politik (1977–81) war van M. im 2. und 3. Kabinett van Agt Verteidigungs-Min., danach Senator in der Ersten Kammer. Nach den Parlamentswahlen im März 1994 bemühte sich van M., der für gute transatlantische Beziehungen eintritt und als überzeugter Europäer gilt, erfolgreich um die Bildung einer Koalitionsregierung mit der sozialdemokrat. PvdA unter Führung von W. KOK und der rechtsliberalen VVD, in der er (ab Aug. 1994) das Amt des Außen-Min. und stellv. Premier-Min. übernahm.

***Miete:** Das 4. Mietrechtsänderungs-Ges. vom 21. 7. 1993 brachte u. a. folgende Änderungen: 1) Für die Ermittlung der ortsübl. Vergleichs-M. ist künftig die örtl. Mietsituation von vier (bislang drei) Jahren zugrunde zu legen. 2) Für Wohnungen, die vor dem 1. 1. 1981 fertiggestellt wurden und deren Kaltmietzins bei mehr als 8 DM pro m^2 Wohnfläche liegt, wurde die Kappungsgrenze von 30% auf 20% reduziert (d. h., innerhalb von drei Jahren dürfen M. individuell nur um höchstens 20% steigen). Diese Regelung ist bis zum 1. 1. 1998 befristet.

Nach einem Beschluß des Bundesverfassungsgerichts vom 26. 5. 1993 genießt das Recht eines Mieters, in seiner Wohnung zu wohnen, den gleichen Verfassungsrang wie das Eigentumsrecht nach Art. 14 GG. Es bleibt allerdings abzuwarten, inwieweit diese Entscheidung künftige Räumungsprozesse, v. a. bei Geltendmachung von Eigenbedarf seitens des Vermieters, beeinflussen wird.

In den neuen Bundesländern gilt das allgemeine Mietrecht grundsätzlich in gleicher Weise; allerdings gibt es eine Reihe von Sonderbestimmungen, die im Einigungsvertrag begründet sind und u. a. in Form von Art. 232 §2 als Einführungs-Ges. zum BGB Gesetzeskraft erlangt haben. Die Fristen, innerhalb deren einem Vermieter die Kündigungsmöglichkeiten des § 564b Abs. 2 Nr. 2 Satz 1 (Eigenbedarf) versagt wurden, waren über den 31. 12. 1992 hinaus bis zum 31. 12. 1995 verlängert worden (Ausnahmen gelten bei rechtsstaatswidrigem Entzug der Mietsache, bei unredl. Handeln des Mieters bei Vertragsschluß oder wenn der Wohnbedarf des Vermieters oder seine sonstigen berechtigten Interessen ein Abwarten nicht zumutbar erscheinen lassen).

Weitere Regelungen zum Mietrecht enthält für den in den neuen Bundesländern gelegenen Wohnraum das Mietenüberleitungs-Ges. vom 6. 6. 1995: 1) Im Grundsatz ist das Ges. zur Regelung der Miethöhe (MHG) auf allen Wohnraum anzuwenden, der nicht aus öffentl. Mitteln gefördert wurde und seit dem 3. 10. 1990 entweder in neu errichteten Gebäuden fertiggestellt oder aus einem Altbestand als Wohnraum wiederhergestellt worden ist. Bei der Vermietung dieses Wohnraums sind Preisvorschriften nicht anzuwenden. 2) Zwar sind auch auf die übrigen Wohnräume die Vorschriften des MHG anzuwenden, doch sind mit Wirkung vom 11. 6. 1995 abweichende Sonderbestimmungen in Kraft getreten. Mit dem Ziel, das Mietrecht in den neuen Bundesländern den Verhältnissen in West-Dtl. anzupassen, dürfen die M. in Ost-Dtl. zum 1. 8. 1995 um 15% angehoben werden (10% beim Fehlen von Zentralheizung oder Bad). Sozialpolitisch wird diese Möglichkeit von einer Anhebung des Wohngeldes begleitet. Eine weitere Mieterhöhung um 5% ist zum 1. 1. 1997 möglich, allerdings nur in Gemeinden über 20 000 Ew. oder in solchen, die an Großstädte angrenzen. Baul. Voraussetzung der Erhöhungen ist allerdings, daß hinsichtlich Dach, Fenstern, Außenwänden, Hausfluren oder Treppenräumen sowie Elektro-, Gas-, Wasser- oder Sanitärinstallationen im großen und ganzen keine erhebl. Mängel bestehen, d. h., drei der fünf genannten baul. Elemente dürfen keine erhebl. Schäden aufweisen. Der vorgenannte Erhöhungssatz von 15% darf um 5% überschritten werden, also 20% betragen, wenn es sich um Wohnraum handelt, der im komplexen Wohnungsbau geplant war und dessen Ausstattung den dort übl. Standard erheblich überschreitet, nach dem 30. 6. 1990 fertiggestellt worden ist, sowie, unabhängig vom Entstehungszeitpunkt, bei Einfamilienhäusern. Modernisierungskosten dürfen bis zu 3 DM je Quadratmeter Wohnfläche und Monat an die Mieter weitergegeben werden, wenn mit der baul. Maßnahme nach dem 30. 6. 1995 begonnen wurde, wobei auch diese Grenze überschritten werden kann, wenn es sich um bestimmte Investitionen, z. B. aufgrund der Wärmeschutz-VO, handelt oder der Mieter einer weitergehenden Erhöhung zustimmt. Ab 1998 soll auch in den neuen Bundesländern das Vergleichsmietensystem gelten.

Mihalić [-litc], Slavko, kroat. Lyriker, *Karlovac 16. 3. 1928; war als Journalist, Zeitungsredakteur und Verlagslektor tätig; seit 1990 ist er Herausgeber der Literaturzeitschrift ›Forum‹. M. drückte mit der Überwindung des sozialistischen Realismus ein neues, vom Existenzialismus geprägtes Weltgefühl aus, das ihn zur Leitfigur der modernen Lyrik in Kroatien werden ließ. Seine urbane Poesie, die von Situationen des Alltags ausgeht, reflektiert ironisch und illusionslos die Befindlichkeit des modernen Menschen.

Werke: *Lyrik:* Komorna musika (1954); Darežljivo prognostvo (1959); Posljednja večera (1969); Klopka za uspomene (1977). – *Prosa:* Petrica Kerempuh u starim i novim pričama (1975).

Ausgaben: Izabrane pjesme, 3 Bde. (1966–88). – Stille Scheiterhaufen. Gedichte, hg. u. übers. v. K. D. OLOF (Neuausg. 1993).

Mikronesien **Mikr**

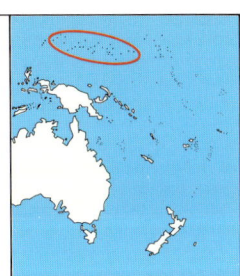

Mikronesien
Fläche: 700 km²
Einwohner: (1990) 107 900
Hauptstadt: Palikir
Amtssprache: Englisch
Nationalfeiertage: 10. 5.,
24. 10. und 3. 11.
Währung: US-Dollar
Uhrzeit: 22:00 Kosrae und
Pohnpei, 21:00 Truk und
Yap = 12:00 MEZ

Mikronesi|en, amtlich engl. **Federated States of Micronesia** ['fedəreɪtɪd steɪts əv maɪkrəʊ'niːzjə], dt. **Föderierte Staaten von Mikronesi|en,** aus den Ostkarolinen (Kosrae, Pohnpei, Truk Islands) und den zu den Westkarolinen zählenden Yap Islands bestehender Staat im W des Pazif. Ozeans, zus. 607 Inseln und Atolle mit 700 km² Landfläche und einem Seegebiet von über 2,5 Mio. km², (1990) 107 900 Ew. M. besteht aus vier ›Staaten‹: Kosrae (früher Kusaie; fünf Inseln, 110 km², 7 400 Ew.), Pohnpei (früher Ponape; 163 Inseln, 344 km², 33 300 Ew.), Truk (Chuuk; 294 Inseln, 127 km², 48 900 Ew.) und Yap (145 Inseln, 119 km², 10 900 Ew.). Hauptstadt ist Palikir (auf Pohnpei), Amtssprache Englisch. Währung: US-Dollar. Uhrzeit: 22:00 Kosrae und Pohnpei, 21:00 Truk und Yap = 12:00 MEZ.

STAAT · RECHT

Verfassung: Die 1978 beschlossene und 1979 in Kraft getretene Verf. gilt auch nach dem Ende der UN-Treuhandschaft fort. Die Gesetzgebungsbefugnisse für den Bund liegen beim 14köpfigen Kongreß, wobei jeder der vier Gliedstaaten je einen Abg. (›Senator-at-Large‹) für vier Jahre entsendet und die übrigen 10 Mitgl. für zwei Jahre gewählt werden. Der Kongreß wählt unter den Senators-at-Large den Präs. und den Vize-Präs., die die Spitze der Bundesexekutive bilden.
Nationalfeiertage: 10. 5. (Proklamationstag), 24. 10. (Tag der Vereinten Nationen) und 3. 11. (Unabhängigkeitstag).
Verwaltung: M. ist ein aus vier Staaten bestehender Bundesstaat, wobei jeder Gliedstaat eine eigene Verf. mit jeweils eigenen Verf.- und Verw.-Organen besitzt.
Recht: Das Gerichtssystem kennt an seiner Spitze einen Obersten Gerichtshof sowie Instanzgerichte.
Streitkräfte: Durch den ›Compact of Free Association‹ von 1986 sind die USA für Verteidigung und Sicherheit von M. verantwortlich.
Internat. Mitgliedschaften: UNO, South Pacific Forum.

LANDESNATUR · BEVÖLKERUNG

Landesnatur: Die Inseln bestehen teils aus hohen, von Korallenriffen umgebenen vulkan. Inseln, teils aus flachen Koralleninseln. Die westlich des Palau- und Yapgrabens (Tiefseegräben) und der Andesitlinie (▷ Andesit) gelegenen Yap Islands sind aus Korallenkalk, vulkan. Gestein (Andesit) und metamorphen Gesteinen aufgebaut und sitzen dem SO-Rand der Philippinenplatte auf. Die Ostkarolinen bestehen ebenfalls aus vulkan. Inseln (aber aus Basalt) und Korallenriffen, liegen aber über der Pazif. Platte, die unter den Tiefseegräben unter die Philippinenplatte abtaucht. Darauf weisen auch die Entwicklungsstadien der Hauptinseln hin (von O nach W): Kosrae (bis 634 m ü. M.) ist tief zertalt und von einem weiter entfernten Saumriff umgeben, die noch stärker abgesunkenen Truk Islands bilden schon ein Atoll (mit kleinen vulkan. Inseln im Innern). Auch die Yap Islands, Re-

ste eines zerbrochenen Massivs, sind von einem Korallenriff umgeben. Das Klima ist tropisch-ozeanisch, mit durchschnittlich 26–28 °C und hohen Niederschlägen (Yap: 3 000 mm, Pohnpei: 4 900 mm, Truk: 3 500 mm jährlich). Zw. Juli und Nov. auftretende Taifune verursachen oft große Schäden. Auf den vulkan. Inseln gibt es Reste von trop. Regenwald, auf den Koralleninseln v. a. Kokos- und Schraubenpalmen sowie Brotfruchtbäume. Auf letzteren ist die Wasserversorgung schwierig.
Bevölkerung: Die Bewohner sind überwiegend Mikronesier, auf Pohnpei auch Polynesier. Durch die Inselnatur bedingt, haben sich regionale Besonderheiten erhalten können, auch Reste der überlieferten sozialen Schichtung. Neben der Amts- und Schulsprache Englisch werden weiterhin acht mikrones. Sprachen verwendet. Mit Ausnahme des fast rein prot. Kosrae ist die Bev. etwa zu gleichen Teilen protestantisch und katholisch. Größte Orte (1989) sind: Moen (15 300 Ew.) auf der gleichnamigen Insel in Truk, Kolonia (6 200 Ew.) und Palikir (6 300 Ew.) auf Pohnpei, Lele (2 400 Ew.) auf Kosrae und Colonia (3 500 Ew.) auf Yap.
Bildungswesen: 1987 besaß M. 177 Primarschulen mit 25 139 Schülern (7.–15. Lebensjahr), 17 weiterführende Schulen mit 5 385 Schülern sowie ein College auf Pohnpei mit (1986) 861 Schülern. 1990 wurde auf den Yap Islands eine Fachschule (›Akademie‹) für Fischerei und Seewesen eröffnet.
Publizistik: Presse: ›Chuuk News Chronicle‹, gegr. 1983, und ›The National Union‹, gegr. 1980 (zweimal monatlich). – *Rundfunk:* Vier Hörfunksender verbreiten regionale Programme in Englisch und den Landessprachen. Daneben existieren eine regierungseigene und zwei kommerzielle Fernsehstationen.

Mikronesien

Nationalflagge

Klimadaten von Yap (17 m ü. M.)					
Monat	Mittleres tägl. Temperatur- maximum in °C	Mittlere Nieder- schlags- menge in mm	Mittlere Anzahl der Tage mit Nieder- schlag	Mittlere tägl. Sonnen- scheindauer in Stunden	Relative Luft- feuchtigkeit nachmittags in %
I	30,0	165	20	6,2	77
II	30,0	150	17	6,8	76
III	30,6	127	18	7,2	75
IV	31,1	130	18	8,0	75
V	31,1	254	22	6,8	79
VI	31,1	251	24	6,6	78
VII	31,1	429	25	6,1	80
VIII	31,1	417	24	5,8	79
IX	31,1	318	23	5,8	80
X	31,1	300	23	5,8	81
XI	30,6	254	22	6,4	80
XII	30,0	231	23	5,4	79
I–XII	30,6	3 026	259	6,3	78

WIRTSCHAFT · VERKEHR

Wirtschaft: Auch nach Aufhebung der amerikan. Treuhandverwaltung durch die UNO und Erlangung der Souveränität Ende 1990 tragen die USA einen Großteil zur Deckung des Staatshaushalts bei. Gemessen am Bruttosozialprodukt (BSP) je Ew. von (1989) 980 US-$ gehört M. zu den Entwicklungsländern mit mittlerem Einkommen. 1990 lag die Arbeitslosenquote bei 80%. Landwirtschaft und Fischerei werden in erster Linie als Subsistenzwirtschaft betrieben. Wichtigste Agrarprodukte sind Kokosnüsse, Maniok und Süßkartoffeln. Im Nov. 1990 wurden durch den Taifun Owen 4 500 Menschen obdachlos und 90% der Ernte zerstört. 1991 besaßen insgesamt mehr als 400 Schiffe eine Lizenz, um in den Gewässern M.s zu fischen (Fangmenge: 1 400 t). Im selben Jahr wurde

Mikr Mikrosystemtechnik

auf Kosrae eine Fabrik zur Thunfischverarbeitung eröffnet. – Der Tourismus ist einer der wichtigsten Wirtschaftsbereiche. 1990 besuchten 20500 ausländ. Gäste M. In der Lagune der Truk Islands gibt es vorzügl. Möglichkeiten zum Sporttauchen.

Außenwirtschaft: M. kann seine Importausgaben nur zu einem geringen Teil durch Exporteinnahmen ausgleichen (Einfuhrwert 1988: 68 Mio. US-$, Ausfuhrwert: 13 Mio. US-$). Wichtigste Exportgüter sind Fischereiprodukte und andere Nahrungsmittel (Kopra, Süßkartoffeln, Kokosöl, Pfeffer) sowie kunsthandwerkl. Erzeugnisse. Unter den Handelspartnern dominieren die USA (einschließlich Guam und Nordmarianen), Japan und Taiwan.

Verkehr: Auf den großen Inseln gibt es Beton- und Schotterstraßen. Die Häfen von Kosrae und Yap wurden in den 1980er Jahren mit amerikan. Hilfe ausgebaut. Jeder der vier Gliedstaaten besitzt einen internat. Flughafen.

GESCHICHTE

Das seit dem 18. 7. 1947 in Treuhandschaft der UNO von den USA verwaltete UN Trust Territory of the Pacific Islands erhielt auf der Grundlage der Verf. vom 18. 7. 1978 am 10. 5. 1979 unter dem Namen ›Federated States of Micronesia‹ eine föderative Staatsform. Die Gruppe der Palauinseln blieb außerhalb dieser Föderation. Am 3. 11. 1986 schloß diese mit den USA einen ›Compact of Free Association‹. Am 22. 12. 1990 beendete die UNO die Treuhandschaft. Die Federated States of Micronesia erhielten damit die völlige Unabhängigkeit und wurden Mitgl. der UNO. Staats- und Reg.-Chef wurde 1991 BAILEY OLTER.

Mikrosystemtechnik, Gebiet der Technik, das sich mit Entwurf, Simulation, Entwicklung, Fertigung und Test miniaturisierter techn. Baugruppen beschäftigt. Die jeweilige Baugruppe besteht aus mikroelektron., mikroopt., mikromechan. oder mikrofluid. Einzelkomponenten, die mit Verfahren der →Mikrotechnik hergestellt werden. Aufgabe der M. ist es, die Wechselwirkung dieser Komponenten aufeinander abzustimmen und sie zu einem funktionsfähigen Gesamtsystem zielgerichtet zu integrieren. Eine zentrale Rolle spielen deshalb rechnergestützte Entwurfsmethoden, Aufbau- und Verbindungstechniken sowie Methoden der Signalverarbeitung. Ein komplettes **Mikrosystem** (im weitesten Sinne) besteht aus einer Sensoreinheit, die eine bestimmte physikal. oder chem. Größe aufnimmt, einer Elektronik, die die Sensorsignale verarbeitet, einem Stellglied (Aktor), das zu einer Reaktion befähigt ist, aus Leitungen, die die genannten Einheiten miteinander verbinden (mit i. d. R. elektr. oder opt. Signalübertragung), sowie aus einer Schnittstelle zur Außenwelt.

Vorteile der M. bestehen v. a. in der Miniaturisierung unterschiedl. Funktionseinheiten und deren Integration zu einem kompletten techn. System. Die Anordnung der elektron. Signalverarbeitung am Ort der Meßwertaufnahme ermöglicht eine dezentrale, störungssichere Signalverarbeitung bzw. -vorverarbeitung (Interpretation, Vorverstärkung, Digitalisierung, Selbstabgleich), oft auch eine Anwendung neuer Konzepte der Informationsverarbeitung (z. B. neuronale Netze). Ggf. kann ein Funktionalitätswechsel durch Änderung der extern benutzten Software durchgeführt werden, und unterschiedl. Sensor- oder Aktoreinheiten im gleichen Mikrosystem gewähren einen hohen Grad an Multifunktionalität. Die Reduktion von Leitungsbahnen, eine Minimierung der Zahl von Verbindungsstellen und -gliedern sowie die Redundanz gewisser Bauteile erhöhen die Zuverlässigkeit und z. T. die Reaktionsgeschwindigkeit des Systems.

Durch die Miniaturisierung werden bestimmte Effekte erst zugänglich gemacht (z. B. gibt es zu einem Einmoden-Lichtwellenleiter in der integrierten Optik keine Entsprechung in der ›Makrowelt‹ und neuartige Anwendungen ermöglicht (etwa in der →minimal invasiven Chirurgie). Die Materialersparnis bei Mikrosystemen, meist verbunden mit Volumen- und Gewichtseinsparungen sowie geringerer therm. Trägheit, erlaubt auch den Einsatz kostspieliger Werkstoffe und führt zu besserer Transportfähigkeit des Systems. Daneben macht die Miniaturisierung Massenfertigungsverfahren (Batch processing, Abformverfahren) nutzbar. Die kostengünstige Herstellung großer Stückzahlen wiederum erschließt neue Anwendungen, z. B. die flächendeckende Überwachung von Chemieanlagen oder die Kontrolle der Temperatur eines Motors an vielen versch. Meßstellen.

Verfahren der M.: Wie die mikrotechn. Herstellungsverfahren greift die M. vielfach auf Prozesse der Halbleiterfertigung zurück, muß diese jedoch im Hinblick auf die vielfältigeren Anwendungen entsprechend weiterentwickeln und abwandeln. Bereits die Entwurfsverfahren der Mikroelektronik sind kaum mehr übertragbar. Die Vielzahl zu berücksichtigender Größen und die unterschiedl. Funktionalitäten führen zu einer komplexen und empfindl. Wechselwirkung der Komponenten. Eine größere Zahl mögl. Lösungen und in Betracht zu ziehender Herstellungsprozesse macht einen intensiven Rechner- und Softwareeinsatz nötig. Neue Entwurfsmethoden unter Verwendung fortgeschrittener Konzepte der Informatik sind erst im Entstehen.

Verwirklicht man ein Mikrosystem durch Erzeugung unterschiedl. Strukturen – eventuell mittels mehrerer Verfahren – im oder auf demselben Substratmaterial, so spricht man von einem **monolithischen Mikrosystem.** Monolith. Systeme sind von ihrer Funktion auf das benutzte Material festgelegt und i. a. fertigungsfreundlicher, da eine komplizierte Montage weitgehend entfällt. Wird ein Mikrosystem aus versch. miniaturisierten Bauteilen, die sich ggf. auch im Material unterscheiden, zusammengefügt, bezeichnet man dies als **hybrides Mikrosystem.** Dabei können mehrere Funktionen in demselben System realisiert werden. Die weit höhere Flexibilität gegenüber monolith. Systemen erfordert aber eine intensive Berücksichtigung der Wechselwirkung der Einzelteile untereinander sowie eine aufwendigere Montagetechnik. Je nach den gestellten Anforderungen kann ein Mikrosystem auch aus einer Kombination mikrotechnisch und konventionell (i. d. R. feinwerktechnisch) gefertigter Bausteine bestehen.

Alle *Materialien,* die in der Mikrotechnik als Werkstoffe in Frage kommen, können zum Aufbau von Mikrosystemen dienen. Berücksichtigt werden müssen u. a. unterschiedl. therm. Ausdehnungsverhalten der Einzelkomponenten, unterschiedl. Wärmeleitfähigkeiten sowie die Unverträglichkeit mancher Materialien gegenüber Prozessen, denen Bauteile aus einem anderen Material eventuell noch unterzogen werden müssen.

Aufbau- und Verbindungstechnik: Die einzelnen Komponenten eines Mikrosystems müssen zusammengefügt oder auf einem gemeinsamen Substrat angebracht (Aufbau) und dann miteinander verbunden werden (Verbindung). Letztlich muß das Mikrosystem zur besseren Handhabung und zum Schutz vor äußeren Einflüssen mit einem Gehäuse umgeben werden (Gehäusung). Die Verbindung kann mittels Kleben oder versch. Arten des ▷ Bondens erreicht werden. Die Wahl ist danach zu treffen, ob die Verbindung elektrisch bzw. thermisch leitfähig oder isolierend sein soll und ob unterschiedl. Temperaturverhalten ausgeglichen werden muß. Außerdem dürfen die Materialeigenschaften der zu verbindenden Bauteile nicht beeinflußt werden. Die Kontaktierung der Bauteile erfolgt durch Drahtbonden, Bandbonden oder mittels Flip-chip-Technik.

Zum Aufbau des Gesamtsystems werden versch. Methoden eingesetzt (Surface-mount-Technik, Chip-on-board-Technik, ▷ Dickschichttechnik auf Siebdruckbasis, Laserlöten bzw. -schweißen). Der Aufbau muß mit zerstörungsfreien Greifern und teilweise mikrometergenauer Positionierung erfolgen. Auch die Dosierung von Kleber oder Bondstrom muß den geringen Abmessungen der Bauteile Rechnung tragen. Die Entwicklung der M. fordert daher die parallele Entwicklung neuer oder besserer Fertigungstechniken sowie angepaßter Prozeßmaterialien. Auch Methoden und Geräte zum Test von Mikrosystemen stehen derzeit noch am Beginn der Entwicklung.

Mikrosystemtechnik: Elektromagnetischer Mikrometer (Außendurchmesser 2 mm), bestehend aus einer Kombination mikrotechnisch hergestellter Teile und feinmechanischer Standardteile; Größenvergleich mit einem Fenchel- (oben) und einem Kümmelsamen

Anwendungen von Mikrosystemen finden sich in allen Bereichen der Technik. Temperatur-, Druck- und Kraftsensoren werden in der Verfahrenstechnik zur Anlagenüberwachung und im Automobilbau eingesetzt, Beschleunigungssensoren dienen z. B. als Auslöser für Airbags. Miniaturisierte Aktoren wie Miniaturmotoren werden bereits in der Medizintechnik verwendet, wo sie etwa in Katheter eingebaut werden. Implantierbare Mikropumpen geben wohldosiert Medikamente an den Körper ab, und chem. Analysesysteme überprüfen kontinuierlich den Zustand des Patienten. Analysesysteme werden aber auch zunehmend in der Umweltanalytik eingesetzt. Die opt. Daten- und Telekommunikationstechnik nutzt verschiedenste Strukturen und Systeme für optoelektron. und faseropt. Baugruppen. Weitere Beispiele für Mikrosysteme sind Düsen für Tintenstrahldrucker, Mikroventile und -schalter, Strahlungssensoren und Wärmetauscher für Chips. Die M. gilt als eine der zukunftsträchtigsten Schlüsseltechnologien.

W. MENZ u. P. BLEY: M. für Ingenieure (1993); S. BÜTTGENBACH: Mikromechanik (^{2}1994).

Mikrotechnik, Mikrostrukturtechnik, Sammel-Bez. für techn. Verfahren zur Herstellung sehr kleiner und zugleich hochpräziser Strukturen; bisweilen auch begrifflich gleichbedeutend mit →Mikrosystemtechnik verwendet. Die typ. Abmessungen der mit Hilfe der M. erzeugten Mikrostrukturen liegen im Bereich von 1 mm bis 1 µm und darunter, die erzielbaren Genauigkeiten bei wenigen Mikrometern bis in den Bereich einiger Nanometer. Hinsichtlich der erzielbaren Dimensionen und Toleranzen überlappen sich mikrotechn. Verfahren mit anspruchsvollen Methoden der Feinwerktechnik.

Ziel der M. ist es, funktionale Strukturen (und damit Bauteile, Baugruppen, Systeme) zu miniaturisieren, um techn. Vorteile bei Funktion und Anwendbarkeit sowie eine wirtschaftlichere Fertigung zu erreichen. Eine zentrale Rolle übernehmen dabei Parallelfertigungsverfahren und Replikationstechniken. Die ▷ Mikroelektronik, d. h. die Miniaturisierung elektr. Funktionen, entstand etwa 20 Jahre vor den übrigen Zweigen der Mikrotechnik. Viele mikrotechn. Methoden sind daher der Mikroelektronik entlehnt (z. B. ▷ Lithographie 2) und Dünnschichttechnik), andere stammen aus der Feinwerktechnik (wie die Strukturierung durch Formdiamanten und die verfeinerten Methoden der Funkenerosion) oder sind neu entwickelte Verfahren (z. B. die Lasermikrobearbeitung). In der M. wird heute v. a. die Miniaturisierung nichtelektr. Funktionen, also mechan., fluid. und opt. Bauteile, angestrebt. Eine Einteilung der M. kann daher nach der vorherrschenden physikal. Funktion der betreffenden Mikrostruktur vorgenommen werden.

In der **Mikromechanik** dienen mikrotechn. Strukturen entweder der hochpräzisen stat. Halterung (Positionierstrukturen, Anschläge) oder werden als bewegl. Bauteile (Zungen, Kippspiegel) benutzt. Anwendungsbeispiele sind Halterungen und Positionierelemente für miniaturisierte Bauteile (z. B. Glasfasern), miniaturisierte Membranen und Motorkomponenten, bewegl. Greifer und winzige Massen als Kernstück von Beschleunigungssensoren. Elemente der **Mikrofluidik** benötigt man, wenn kleine Mengen von Gasen oder Flüssigkeiten transportiert, vermischt oder untersucht werden müssen. Mikrofluid. Bauteile können Leitungen und Hohlräume mit kleinsten Abmessungen (Kapillaren, Küvetten) oder aktive Elemente (Düsen, Ventile) sein. Sie finden z. B. Anwendung in Durchflußsensoren, Trenndüsen, Düsen für Tintenstrahldrucker und miniaturisierten Pumpen. In großer Bereich der **Mikrooptik** sind miniaturisierte opt. und optoelektron. Bauteile (▷ Optoelektronik), die in zunehmendem Maße für die Verwendung opt. Signale zur Informationsübertragung und -verarbeitung sowie für die Erzeugung, Manipulation und den Empfang solcher Signale benötigt werden. Beispiele sind kleinste Linsen oder Prismen und Lichtwellenleiter-Bauelemente der ▷ integrierten Optik. Eine weitere Gruppe mikroopt. Elemente nutzt die Beugung von Licht aus, so daß die Ausdehnung der zugrundeliegenden Strukturen in der Größenordnung der Lichtwellenlänge liegen muß. Hierzu zählt man diffraktive opt. Elemente (→diffraktive Optik) und Hologramme (▷ Holographie).

Anforderungen an die Strukturen: Anders als in der Mikroelektronik, in der planare Strukturen realisiert werden und daher Dünnschichttechniken und Photolithographie sowie oberflächenmodifizierende Verfahren eingesetzt werden, müssen für die Mikromechanik dreidimensionale Strukturen mit hohem Aspektverhältnis (Verhältnis von Höhe und Breite) herstellbar sein. Zudem liegt eine wesentlich reichere Strukturvielfalt vor, da eine weitaus größere Zahl von Funktionen zu erfüllen ist.

Anforderungen an die Materialien: Stehen bei der Mikroelektronik v. a. die elektr. Leitfähigkeit und deren Manipulation im Vordergrund, so stellen die anderen M. Anforderungen an unterschiedl. mechan. und opt. Eigenschaften. Für bewegl. Systeme sind Elastizitätsmodul und Bruchfestigkeit wichtig, für opt. Bauteile müssen Oberflächengüte, Absorptionswerte und Brechzahl genau bekannt bzw. gezielt manipulierbar sein. Je nach der speziellen Anwendung wird vom Material Temperaturstabilität, chem. Inertheit oder Biokompatibilität (Verträglichkeit mit lebendem Gewebe) gefordert.

Verfahren der M.: Bei den Lithographietechniken führten die Forderungen nach Dreidimensionalität und hohen Aspektverhältnissen zur Entwicklung der

Röntgenlithographie bzw. Röntgentiefenlithographie. Die Kombination mit Abformverfahren, die z. T. an die speziellen Anforderungen der Mikrostrukturen angepaßt wurden, macht der M. konventionelle Replikationstechniken wie die Galvanoformung und Kunststoffabformung zugänglich und erweitert damit die Materialpalette erheblich (→LIGA-Technik). Alle Dünnfilmmethoden der Halbleiterfertigung können in der M. zur Anwendung kommen. Zur Herstellung bewegl. Mikrostrukturen wurden Opferschichttechniken entwickelt. Dabei werden die zur Beweglichkeit notwendigen Hohlräume oder Spalten durch Aufbringen eines Materials mit der entsprechenden Geometrie vorgeformt. Ist dann der Aufbau der eigentl. Mikrostruktur beendet, wird dieses Material selektiv abgeätzt, und die benötigten Zwischenräume entstehen. Bes. bei der Bearbeitung von Silicium wurden naßchem. isotrope und anisotrope Ätztechniken weiterentwickelt, daneben ▷ Trockenätzverfahren wie Ionen- oder Plasmaätzen. Anwendung finden auch die Lasertechnik durch abtragende Verfahren (→Excimerlaser) und lasergestützte Abscheidung von Material aus der Gasphase sowie andere Strahlschreibverfahren (▷ Strahlschreiben), v. a. für die Maskentechnik.

Der Feinwerktechnik entstammende Methoden, die in neuesten Varianten eine Präzision erreichen, aufgrund derer sie ebenfalls den mikrotechn. Fertigungsverfahren zugerechnet werden können, sind die Strukturierung durch Formdiamanten, die Funkenerosion sowie die ▷ Dickschichttechnik, die im wesentlichen ein verfeinertes Siebdruckverfahren darstellt.

Anwendungen: Mikrostrukturen finden Einsatz in praktisch allen Bereichen der Technik, z. B. als isoporöse Membranen in der Filtrationstechnik, als Düsen mit speziellem Querschnitt für die Textiltechnik und als Justiereinrichtungen in Bauteilen der Faseroptik für die Telekommunikation und Datenverarbeitung. Haupteinsatzgebiet sind jedoch auf spezielle Anwendungen ausgerichtete Kombinationen von mikrostrukturierten Bauteilen in Mikrosystemen. Die Herstellung extrem kleiner Mikrostrukturen, bei denen molekulare oder atomare Größenordnungen eine Rolle spielen, ist Gegenstand der →Nanotechnologie.

Mikuláštik [ˈmikulaːʃtik], Pavel, tschech. Tänzer, Choreograph, Regisseur und Ballettdirektor, * Prag 4. 6. 1943; nach der Ausbildung am Prager Konservatorium Tänzer u. a. an der Kom. Oper in Berlin (Ost), in Graz, Wien, unter J. KRESNIK in Bremen und unter G. BOHNER am Staatstheater Darmstadt, arbeitete M. ab 1976 vornehmlich als Schauspiel- und Opernregisseur. 1980 Mitbegründer und fünf Jahre lang Leiter des Mannheimer Jugendtheaters Schnawwl. Seit 1990 Ballettdirektor an den Städt. Bühnen Freiburg, wo er zus. mit Tänzern, Schauspielern und Künstlern anderer Sparten sein ›Choreograph. Theater‹ als spezielle Ausformung eines Bewegungstheaters aus Körperbildern, Sprache und Musik entwickelt hat.

Choreograpien: Saturday night fever (1991); Ester (1992); Amerika (1993); Tatort – Die sieben Tode des Wolfgang G. (1994); La Strada – Ein grausames Märchen (1995).

*Millar, Margaret, amerikan. Schriftstellerin kanad. Herkunft: † Santa Barbara (Calif.) 26. 3. 1994.

Millás [miˈʎas], Juan José, span. Schriftsteller, * Valencia 1. 1. 1946; gehört zur ersten Schriftstellergeneration der Zeit nach FRANCO. Seine raffiniert erzählten Romane, wie ›El desorden de tu nombre‹ (1988; dt. ›Dein verwirrender Name‹), ›La soledad era esto‹ (1990, dt. ›Das war die Einsamkeit‹; Premio Nadal 1990), schildern in knapper, andeutender Sprache die Identitätssuche zw. innerer und äußerer Realität.

Weitere Werke: Romane: Cerbero son las sombras (1975); Visión del ahogado (1977); El jardín vacío (1981); Papel mojado (1983); Letra muerta (1984); Volver a casa (1990); Ella imagina y otras obsesiones de Vicente Holgado (1994); Tonto, muerto, bastardo e invisible (1995). – *Erzählungen:* Primavera de luto y otros cuentos (1992).

Miller [ˈmɪlə], Jonathan, brit. Regisseur, * London 21. 7. 1934; hat sich als Theaterregisseur v. a. mit Werken SHAKESPEARES einen Namen gemacht (u. a. 1987 ›The taming of the shrew‹ für die Royal Shakespeare Company). 1988 wurde er zum künstler. Direktor des Old Vic ernannt – eine Position, die er 1980 bereits an der English National Opera in London übernommen hatte. Gastinszenierungen – v. a. als Opernregisseur – führten ihn u. a. an die Mailänder Scala (1991 G. PUCCINIS ›La fanciulla del West‹), an die Metropolitan Opera in New York (1991 L. JANÁČEKS ›Kát'a Kabanová‹) und zu den Wiener Festwochen 1991 und 1994 (W. A. MOZARTS ›Le nozze di Figaro‹).

***Milošević,** Slobodan, jugoslaw. Politiker: Ist seit 1990 auch Vors. der Sozialist. Partei Serbiens. Im Bürgerkrieg in Bosnien und Herzegowina (ab 1993) unterstützte er die Politik der Sammlung aller Serben in einem Staat und gewährte den bosn. Serben v. a. militär. Hilfe. Unter dem Druck der polit. und wirtschaftl. Isolierung (Rest-)Jugoslawiens entzog M. den bosn. Serben offiziell die logist. Unterstützung. Als Verhandlungsführer der bosn. Serben unterzeichnete er am 14. 12. 1995 das Friedensabkommen von Dayton (Oh.).

***Milstein,** Nathan, amerikan. Violinist russ. Herkunft: † London 21. 12. 1992.

Mimouni [miˈmuːni], Rachid, alger. Schriftsteller frz. Sprache, * Boudouaou (östlich von Algier) 20. 11. 1945, † Paris 12. 2. 1995; lebte seit 1994 im Exil in Marokko. Seine Romane zeichnet leidenschaftl. Engagement für soziale Gerechtigkeit aus, er gilt als grimmiger Zeitzeuge, der mit hyperrealist. Blick, voll korrosiver Kritik die Mißstände im modernen Algerien geißelte: In ›Le fleuve détourné‹ (1982) thematisiert er die Desillusionierung des totgeglaubten Freiheitskämpfers, der in eine Gesellschaft zurückkehrt, die die revolutionären Ideale mißachtet, ›Tombéza‹ (1984; dt.) ist eine ätzende Sozialsatire vom Aufstieg und Fall eines korrupten Krüppels in einem verrotteten, menschenunwürdigen System, ›L'honneur de la tribu‹ (1989) schildert den grotesken Zusammenprall von Fortschritt und Archaik in einem zurückgebliebenen Dorf, ›Une peine à vivre‹ (1991) den skrupellosen Aufstieg eines ehemaligen Helden der Revolution zum Diktator; schließlich wandte sich M. dem blutigen Konflikt zw. Islamisten und Militärs im Algerien der Gegenwart zu (›La malédiction‹, 1993; dt. ›Der Fluch‹), den er auch in seinem Essay ›De la barbarie en général et de l'intégrisme en particulier‹ (1992) thematisiert, wie ihm zuletzt die Verfolgung durch die Islamisten einbrachte.

Weitere Werke: Roman: Le printemps n'en sera que plus beau (1978). – *Erzählungen:* La ceinture de l'ogresse (1990; dt. Hinter einem Schleier aus Jasmin).

***Minderheit:** Die Diskussion um M. hat sich in den 1990er Jahren sowohl im Bereich der Öffentlichkeit als auch in den Bereichen polit. Gestaltung und sozialwissenschaftl. Forschung intensiviert. Dazu hat weltweit auch die zunehmende Inanspruchnahme von M.-Rechten durch zahlreiche Bevölkerungsgruppen (Ethnien) beigetragen, wobei diese sich auf Standards der Völkergemeinschaft berufen, die bisher nur den jeweils völkerrechtlich anerkannten M. zugestanden werden. Ebenso haben die durch den Zerfall staatl. Verbände (UdSSR, Jugoslawien) angestoßenen Bürgerkriege und ethn. Konflikte das Thema M. sowohl als Bedrohung als auch als Herausforderung ins Zentrum der Öffentlichkeit gerückt. In der europ. Diskussion geht es einerseits darum, drohende M.-Konflikte durch Institutionalisierung von M.-Rechten zu entschärfen, zugleich aber auch darum, Gefahren des Zerfalls in einzelne Volksgruppen, von denen nahezu alle europ. Nationalstaaten betroffen sein könnten, abzuwehren. Auf dieser Ebene werden auch Ansätze diskutiert, die in ›klass.‹ Einwanderungsländern wie den USA oder Kanada dazu geführt haben, die M.-Rechte im Rahmen polit. Bewegungen gegen Diskriminierung und Unterprivilegierung zu vertreten.

In jurist. und sozialwissenschaftl. Diskussionen wird eine Erweiterung des M.-Begriffs erörtert, so daß nicht mehr die Frage nach dem zusammenhängenden Siedlungsgebiet, die z. B. schon auf Sinti und Roma nie zutraf, in Zweifel gezogen wird, sondern auch die Überlegung verfolgt wird, ob Bevölkerungsgruppen als M. anerkannt werden können, wenn sie nicht über die Staatsbürgerrechte des jeweiligen Landes verfügen. Diese letzte Diskussion wird auch in Dtl., z. B. im Zusammenhang mit Ausländerbeiräten, dem Ausländerwahlrecht und hinsichtlich des muttersprachl. Unterrichts an Schulen oder der Islamkunde geführt.

Im vereinigten Dtl. gibt es neben den drei anerkannten M. der Dänen, Friesen und Sorben mit den Sinti und Roma eine weitere Gruppe, die auf ihre Anerkennung drängt, auch eine ausländ. Wohn-Bev., deren Angehörige z. T. schon in der dritten Generation in Dtl. leben und außer der Staatsbürgerschaft über Merkmale einer anerkennbaren M. verfügen.

Völkerrecht: Das Interesse der Vereinten Nationen am M.-Schutz nahm in den 1980er und 90er Jahren weiter zu. Auf ausdrückl. Wunsch der Generalversammlung bereitete die Unterkommission der UN-Menschenrechtskommission eine ›Deklaration über die Rechte von Personen, die zu nat. oder ethn., religiösen und sprachl. M. gehören‹, vor, die am 18. 12. 1992 von der Generalversammlung verkündet wurde. Sie fordert die Staaten auf, durch Gesetzgebung und andere Maßnahmen die Existenz und Identität von M. zu sichern und ihnen günstige Entwicklungsbedingungen zu schaffen. Zwar hat die Deklaration, wie alle Resolutionen der Generalversammlung der UNO, keine rechtl. Wirkung, doch ist ihr politisch-moral. Gewicht beträchtlich. Die Unterkommission der Menschenrechtskommission beschäftigt sich weiterhin mit der M.-Frage und hat in einem Bericht vom 6. 7. 1994 ein Aktionsprogramm vorgelegt, bei dem ›präventive Funktionen‹ im Vordergrund stehen. Wird aber ein ethn. Konflikt mit Waffengewalt ausgetragen, soll erreicht werden, daß alle an dem Konflikt beteiligten Parteien den völkerrechtl. Mindeststandard des humanitären Rechts und der Menschenrechte beachten. Auf der Wiener Menschenrechtskonferenz der UNO (1993) stand der M.-Schutz im Mittelpunkt der Beratungen. Zu den Ergebnissen der Konferenz gehört auch die Proklamation einer internat. Dekade der indigenen (autochthonen) Bevölkerungen.

Am 5. 12. 1992 unterzeichneten die Mitgl. des Europarats die ›Europ. Charta der Regional- oder M.-Sprachen‹, die aber erst nach der Ratifizierung durch fünf Mitgliedstaaten des Europarats in Kraft treten wird. Die Parlamentar. Versammlung des Europarats forderte in einer Empfehlung vom 1. 2. 1993 die Schaffung eines Zusatzprotokolls zur Europ. Menschenrechtskonvention, um die Rechte der ethn. M. zu sichern. Der daraufhin vom Ministerkomitee des Europarats gefertigte Entwurf wurde von der Konferenz der Staats- und Regierungschefs der Mitgl. des Europarats (›Europaratsgipfel‹) in Wien im Okt. 1993 nicht angenommen. Jedoch unterzeichneten 21 Mitgl. des Europarats am 1. 2. 1995 ein Rahmenabkommen zum Schutz nat. M., das drei Monate nach der Ratifizierung durch 12 Mitgliedstaaten in Kraft treten kann.

Der im Europ. Parlament bereits 1984 zum ersten Mal eingebrachte Entwurf einer ›Europ. Charta der Volksgruppenrechte‹ ist bisher noch nicht zur Abstimmung gelangt. In einer Entschließung des Europ. Parlaments vom 21. 11. 1991 betreffend die Unionsbürgerschaft wird jedoch den Volksgruppen das Recht auf demokrat. Selbstverwaltung zugesichert. Auch die Organisation für Sicherheit und Zusammenarbeit in Europa (OSZE) beschäftigt sich immer intensiver mit dem M.-Schutz. Dieser ist bereits in der Schlußakte der KSZE (Helsinki 1975) verankert. Auf der Wiener Folgekonferenz von 1989 verpflichteten sich die Staaten, nicht nur die ethn., kulturelle, sprachl. und religiöse Identität nat. M.‹ zu schützen, sondern auch ›Bedingungen für die Förderung dieser Identität‹ zu schaffen. Einen weiteren Fortschritt brachte das KSZE-Treffen über die menschl. Dimension der KSZE in Kopenhagen im Juni 1990. Ihr Schlußdokument enthält einen Prinzipienkatalog, in dem der M.-Schutz eine große Rolle spielt. Die Verpflichtung der Staaten, die bereits in Wien festgelegt worden war, wurde erneut bekräftigt. Auf dieser Grundlage errichtete die OSZE ein Hochkommissariat für nat. M. in Den Haag.

Minderheiten. Störpotential oder Chance für eine friedl. Gesellschaft?, hg. v. W. GESSENHARTER u. a. (1991); F. HECKMANN: Ethn. Minderheiten, Volk u. Nation. Soziologie interethnischer Beziehungen (1992); The protection of minorities and human rights, hg. v. Y. DINSTEIN (Dordrecht 1992); Das Minderheitenrecht europ. Staaten, hg. v. J. A. FROWEIN u. a., 2 Bde. (1993-94); Minderheiten- u. Volksgruppenrechte in Theorie u. Praxis, hg. v. D. BLUMENWITZ u. a. (1993); Volksgruppen im Spannungsfeld von Recht u. Souveränität in Mittel- u. Osteuropa, hg. v. F. ERMACORA u. a. (1993); D. BLUMENWITZ: Volksgruppen u. Minderheiten. Polit. Vertretung u. Kulturautonomie (1995); Ethn. Minderheiten in der Bundesrepubl. Dtl. Ein Lex., hg. v. C. SCHMALZ-JACOBSEN u. a. (1995).

*Mindestreserve: Die Dt. Bundesbank hat im Juli 1995 ihre im März 1993 eingeleitete Neuordnung der M. abgeschlossen. Ziel war es, die M. zu vereinfachen, Umgehungsanreize zu vermindern und so den längerfristigen Bestand dieses geldpolit. Steuerungsinstruments zu sichern. Gleichzeitig sollte das Instrument der M. auch für das Europ. Zentralbanksystem attraktiv gestaltet werden. Im einzelnen wurden zunächst im März 1993 die M.-Sätze für befristete Verbindlichkeiten von 4,95% und die von Spareinlagen von 4,15% auf einheitlich 2% zurückgenommen. Danach kam es im März 1994 zu einer Abschaffung der Progressionsstufenregelung bei den Sichteinlagen, in deren Folge die bis dahin je nach Einlagenhöhe geltenden Reservesätze (6,6%, 9,9% und 12,1%) auf einheitlich 5%, auch gegenüber Auslandsverbindlichkeiten, gesenkt wurden. In einer 3. Stufe wurden schließlich die M.-Sätze für Sichteinlagen auf 2% und für Spareinlagen auf 1,5% gesenkt sowie die bis dahin seit 1978 im wechselnden Umfang mögl. Anrechenbarkeit von Kassenbeständen der Kreditinstitute auf die M. abgeschafft.

Auch die Oesterr. Nationalbank hat 1995 in zwei Stufen ihre M.-Sätze für Sichteinlagen von 9% auf 5%, die von kurzfristigen Termin- und Spareinlagen von 7% auf 3% und die für längerfristige Termin- und Spareinlagen von 6% auf 3% reduziert.

*Mineralölsteuer: Die Besteuerung von Schmierstoffen ist im Rahmen der EU-Steuerharmonisierung zum 1. 1. 1993 entfallen. Die Sätze der M. auf Kraftstoffe wurden mehrfach erhöht, zuletzt zum 1. 1. 1994 zur Finanzierung der Bahnreform. Seitdem betragen sie 108 DM je hl für verbleites Benzin, 98 DM je hl für bleifreies Benzin und 62 DM je hl für Dieselkraftstoff. Die Belastung des schweren Heizöls blieb unverändert, für leichtes Heizöl stieg der Steuersatz zum 1. 7. 1991 auf 8 DM je hl. Die ursprüngl. zeitl. Befristung der Besteuerung von Erdgas und Flüssiggas (**Erdgassteuer**) bis zum 31. 12. 1992 wurde zum 1. 7. 1991 aufgehoben, der Steuersatz stieg auf 0,36 DM je 100 kWh bei Erdgas und 5 DM je 100 kg bei Flüssiggas. Mit einem Aufkommen von (1994) 63,8 Mrd. DM (darunter Heizöl 3,3 Mrd. und Erdgas 2,7 Mrd.) ist die M. mitt-

Mine Minetti – Mir

lerweile nach der Einkommen- und der Umsatzsteuer die drittwichtigste Steuer.

In *Österreich* erhöhte sich die M. (Aufkommen 1993: 25,3 Mrd. öS) für verbleites Benzin auf 6 600 öS, für unverbleites Benzin auf 5 610 öS und für Dieselöl auf 3 890 öS. Ab 1994 wird beim M.-Satz für Benzine ein Zuschlag von 500 öS je 1 000 *l* erhoben, der für den Personennahverkehr zweckgebunden ist. Außerdem wird seit 1992 beim Kauf von Kraftfahrzeugen eine vom Kraftstoffverbrauch des Fahrzeugs abhängige Normverbrauchsabgabe erhoben (→Kraftfahrzeugsteuer). – Auch in der *Schweiz* wurden die Treibstoffzölle seit 1992 mehrfach erhöht (Aufkommen 1994: 2,5 Mrd. sfr, dazu 1,8 Mrd. sfr Zollzuschlag auf Treibstoffe).

***Minetti,** Bernhard, Schauspieler: War ab 1965 Ensemble-Mitgl. der Staatl. Schauspielbühnen Berlin, die 1993 geschlossen wurden; danach am Berliner Ensemble.

Mini Disc, Abk. **MD,** eine Form der →Compact Disc.

Mir: Die Weltraumstation mit dem angedockten amerikanischen Space-shuttle ›Atlantis‹; Computersimulation

minimal invasive Chirurgie, endoskopische Chirurgie, Schlüssellochchirurgie, Sammelbegriff für moderne Operationstechniken, die eine großflächige Durchtrennung von Gewebe und Öffnung der Körperhöhle vermeiden. Anstelle eines großen Schnitts mit dem Skalpell, der bei konventionellen Operationstechniken unvermeidlich ist, werden bei der m. i. C. kleine Röhrchen, die **Trokare**, entweder durch natürl. oder kleine künstl. Öffnungen in das Körperinnere geschoben. Diese Trokare sind die Führungsröhrchen für das Endoskop und die Instrumente. Sie werden vorsichtig bis an die vorgesehene Stelle im Körper eingeführt, wobei der Weg durch den Körper und später die Operation über die Aufnahmen des integrierten Videokamerasystems des Endoskops am Monitor verfolgt werden können. Die Ausleuchtung des Operationsfelds erfolgt mit einer Kaltlichtquelle über Glasfaserkabel. Die Endoskope sind als Fiberendoskope (Fibroskope) mit Faseroptiken ausgeführt und weisen Durchmesser zw. 5 und 2,5 mm auf. Am Operationsort sind Abwinkelungen des Kabels bis 90° möglich, so daß der Operateur einen guten Überblick über die Operationsumgebung erhält. Diesem Zweck dient auch das Aufdehnen der Körperhöhlen (z. B. des Bauchraums oder des Enddarms) mit Kohlendioxid. Mit einem integrierten Zoom-Objektiv können selbst feine Gewebestrukturen am Operationsort unterschieden werden. Zum Instrumentarium der m. i. C. gehören u. a. miniaturisierte Zangen, Pinzetten, Scheren und Katheter. Multifunktionsinstrumente vereinen die Grundfunktionen Absaugen, Spülen, Koagulieren und Schneiden. Für das Schneiden (z. B. für das abrasive Aufweiten von Gefäßengstellen) und Koagulieren stehen neben dem Hochfrequenzmesser auch spezielle Neodym:YAG-Laser zur Verfügung. Zur m. i. C. gehören i. w. S. auch der Stoßwellenlithotriptor zur Zertrümmerung von Nieren-, Gallen- und Harnleitersteinen und der Ballonkatheter zur Beseitigung von Gefäßverengungen.

Vorteile der m. i. C. sind die kleinen Operationswunden und der minimale Blutverlust und damit eine geringere Belastung sowie eine Verkürzung des Krankenhausaufenthalts der Patienten.

Mintz, Shlomo, amerikan. Violinist russ. Herkunft, * Moskau 30. 10. 1957; debütierte 1968 mit dem Israel Philharmonic Orchestra unter Z. MEHTA und erreichte nach seinem USA-Debüt in der Carnegie Hall (1973) internat. Renommee. Neben seinen Auftritten als Konzertsolist ist er häufig als Kammermusikspieler zu hören und tritt auch als Dirigent hervor.

Minuchin [mɪnˈjutʃɪn], Salvador, amerikan. Psychiater und Familientherapeut argentin. Herkunft, * San Salvador de Jujuy 13. 10. 1921; nach dem Studium in Argentinien und Uruguay Militärarzt in Israel; seit Mitte der 1950er Jahre in den USA, wo er mit seinen Mitarbeitern an der Philadelphia Child Guidance Clinic die strukturelle Familientherapie entwickelte (▷ systemische Therapie).

Werke: Families of the slums (1967, mit anderen); Families and family therapy (1974; dt. Familie u. Familientherapie); Family healing (1993, mit M. NICHOLS; dt. Familie – die Kraft der positiven Bindung).

***Mir:** Seit dem 8. 2. 1987 ist die Raumstation M., die sich in einer 51,6° zum Äquator geneigten Erdumlaufbahn in rd. 390–400 km Höhe (Umlaufzeit 92 min) befindet, ständig durch versch., einander ablösende Besatzungen bemannt. Alle russ. Starts im M.-Programm erfolgen von Baikonur (Kasachstan) aus. Durch die Ankopplung von Labormodulen (i. d. R. je 20 t Masse, 12 m Länge, 4,3 m max. Durchmesser) an den Basisblock wurde die Station kontinuierlich ausgebaut. Dem ersten Modul ›Kvant 1‹ (1987) folgten die Module ›Kvant 2‹ (1989; mit Ausstiegsluke), ›Kristall‹ (1990; mit zwei weiteren Andockstellen) und ›Spektr‹ (1995); ›Priroda‹ ist 1996 geplant. In diesem endgültigen Ausbaustadium besitzt M. (einschließlich zweier angekoppelter russ. Zubringerraumschiffe) 140 t Masse, 33 m Länge, 30 m max. Breite und 12 große Solarzellenausleger von max. 35 m Spannweite. Sechs russ. Bodenstationen sorgen mit der Kontrollzentrale Kaliningrad bei Moskau (zeitweise auch Toulouse, Oberpfaffenhofen und Houston, Tex.) für Daten-, Sprechfunk- und Fernsehverbindungen.

Die Besatzungen aus jeweils zwei oder drei Kosmonauten, die mit Sojus-TM-Raumschiffen transportiert werden, arbeiten meist vier bis sechs Monate in der Station. Versorgt wird M. alle zwei Monate durch unbemannte russ. Frachtraumschiffe vom Typ Progress. Eines der Anliegen des M.-Programms ist die Ausweitung der Aufenthaltsdauer des Menschen in Schwerelosigkeit. Die längsten Aufenthalte russ. Kosmonauten waren: 1987 J. ROMANENKO (326 Tage), 1987/88 W. TITOW und M. MANAROW (je 366 Tage), 1991/92 S. KRIKALJOW (312 Tage), 1994/95 W. POLJAKOW (438 Tage) und JELENA KONDAKOWA (169 Tage).

Ausländ. Raumfahrer aus versch. Staaten verbrachten meist kürzere Aufenthalte in der Raumstation, u. a. der Österreicher F. VIEHBÖCK und der Deutsche KLAUS-DIETRICH FLADE (* 1952) im Rahmen der Missionen Austromir '91 bzw. Mir '92. Frz. Astronauten unternahmen einige 14- bis 25tägige Flüge. Längere Missionen absolvierten die dt. ESA-Astronauten

U. Merbold (Euromir '94; 31 Tage) und T. Reiter (Euromir '95; 180 Tage, bis Ende Febr. 1996). NASA-Astronaut Norman Thagard erreichte 1995 während der ersten russisch-amerikan. M.-Mission 115 Tage. Die Besatzungen führten jeweils Experimente mit den Nutzlasten der beteiligten Staaten bzw. Organisationen durch, z. B. zu Astrophysik, Erdfernerkundung, Raumflugmedizin und -biologie, Materialwissenschaft und Technik. Fragestellungen.

Dem ersten Rendezvous eines amerikan. Spaceshuttle und M. am 6. 2. 1995 folgte die erste fünftägige Ankopplung durch den Raumtransporter ›Atlantis‹ ab dem 29. 6. 1995. Die russ. Besatzung wurde dabei mit dem Space-shuttle abgelöst. Eine zweite, dreitägige Ankopplung erfolgte ab 15. 11. 1995. Bis 1997 sollen insgesamt sieben Shuttle-M.-Ankopplungen stattfinden, wobei weitere russ.-amerikan. Stammbesatzungen zur M. gebracht werden. (→Sojus, ÜBERSICHT)

*Mitbestimmung 2): Das Ges. zur Beibehaltung der M. beim Austausch von Anteilen und der Einbringung von Unternehmensteilen, die Gesellschaften versch. Mitgl.-Staaten der Europ. Union betreffen (M.-Beibehaltungs-Ges.), vom 23. 8. 1994 gewährleistet, daß die M. gewahrt bleibt, wenn die Unternehmensform aus steuerl. Gründen geändert wird.

Am 1. 5. 1994 trat in der *Schweiz* das Bundesgesetz über die Information und Mitsprache der Arbeitnehmer in den Betrieben (Mitwirkungs-Ges.) vom 17. 12. 1993 in Kraft. In Betrieben mit mindestens 50 Arbeitnehmern haben diese das Recht, aus ihrer Mitte eine oder mehrere Vertretungen zu bestellen, denen gewisse Mitwirkungsrechte zustehen.

*Mitchell, Peter Dennis, brit. Biochemiker: † Bodmin (Cty. Cornwall) 10. 4. 1992.

Mitgutsch, Waltraud Anna, österr. Schriftstellerin, * Linz 2. 10. 1948. Ihre Werke zeichnen sich durch problemorientierte, psychologisierende Beschreibungen v. a. zwischenmenschl. Beziehungen aus. Während ihr erster Roman ›Die Züchtigung‹ (1985) in stark autobiograph. Zügen das Mutter-Tochter-Verhältnis thematisiert, werden in dem Roman ›Das andere Gesicht‹ (1986) Motive der Frauenemanzipation und Selbstfindung verarbeitet.

Weitere Werke: *Romane:* Ausgrenzung (1989); In fremden Städten (1992).

*Mitsotakis, Konstantinos, griech. Politiker: Trat nach der Wahlniederlage seiner Partei, der ND, im Okt. 1993 als MinPräs. zurück.

*Mittag, Günter, Politiker: † Berlin 18. 3. 1994. Das Verfahren gegen M. war im März 1992 aus Gesundheitsgründen vorläufig eingestellt worden.

Mitteldeutscher Rundfunk, Abk. **MDR,** Landesrundfunkanstalt des öffentl. Rechts für die Länder Sachsen, Thüringen und Sachs.-Anh., gegr. durch Staatsvertrag vom 30. 5. 1991, Sitz: Leipzig; Sendebeginn: 1. 1. 1992. Der MDR hat Landesfunkhäuser in Dresden, Magdeburg und Erfurt. Er veranstaltet vier länderübergreifende und drei regionale Hörfunkprogramme sowie ein Fernsehvollprogramm, und liefert ferner als Mitgl. der ARD rd. 10% des Aufkommens des 1. Programms, außerdem Beiträge für die öffentlich-rechtl. Kulturkanäle 3sat und Arte. Das Fernsehtagesprogramm wird mit dem SFB gestaltet.

Mittelstraß, Jürgen, Philosoph und Wissenschaftstheoretiker, * Düsseldorf 11. 10. 1936; seit 1970 Prof. in Konstanz, seit 1990 gleichzeitig Direktor des Zentrums Philosophie und Wissenschaftstheorie; Vertreter des Konstruktivismus der Erlanger Schule. Er beschäftigt sich v. a. mit Fragen der allgemeinen Wissenschaftstheorie, der Wissenschaftsgeschichte, Erkenntnistheorie und Sprachphilosophie sowie mit Ethik und Kulturtheorie.

Werke: Neuzeit u. Aufklärung (1970); Die Möglichkeit von Wiss. (1974); Wiss. als Lebensform (1982); Geist, Gehirn u. Verhalten (1989; mit M. Carrier); Die unzeitgemäße Univ. (1994). – Hg.: Enzykl. Philosophie u. Wissenschaftstheorie, auf 4 Bde. ber. (1980 ff.).

*Mitterrand, François, frz. Politiker: † Paris 8. 1. 1996. In seiner zweiten Amtsperiode als Staatspräs. berief M. drei sozialist. Premier-Min. (M. Rocard 1988–91, Édith Cresson 1991–92, Pierre Bérégovoy 1992–93). Nach der Niederlage der Sozialisten bei den Parlamentswahlen vom März 1993 sah sich M. mit der Ernennung des Gaullisten É. Balladur zum Premier-Min. und der Bildung eines Kabinetts aus bürgerl. Politikern einer zweiten ›Cohabitation‹ gegenüber, bemühte sich jedoch bis zum Ende seiner Amtszeit im Mai 1995 verstärkt um ein überparteil. Profil. Zugleich suchte M. mit zahlreichen Bauwerken in Paris (u. a. Erneuerung des Louvre, Neubau der Bibliothèque Nationale) seiner Präsidentschaft ein bleibendes Andenken zu sichern.

P. Péan: Eine frz. Jugend. F. M., 1934–1947 (a. d. Frz., 1995).

Mittlerer Erzgebirgskreis, Landkreis im Reg.-Bez. Chemnitz, Sachsen, 609 km², (1995) 99 400 Ew.; Kreisstadt ist Marienberg. Das von Flöha, Schwarzer Pockau, Zschopau und Preßnitz teilweise in tiefen Tälern durchflossene Kreisgebiet im mittleren Erzgebirge erstreckt sich von der Stadtgrenze von Chemnitz (kreisfreie Stadt) in südöstl. Richtung bis an die Grenze zur Tschech. Rep. in den Gebirgskammlagen (Hirtstein 891 m ü. M.). Die grenznahen oberen Höhenlagen (ab 600–700 m ü. M.) sind relativ dicht bewaldet (vorwiegend Fichtenbestände). Mehrere Talsperren, deren größte die Saidenbachtalsperre (22,4 Mio. m³ Fassungsvermögen) in einem Nebental der Flöha ist, versorgen Chemnitz und Umgebung mit Trinkwasser. Die Industrialisierung (früher v. a. Metall-, Elektro- und holzverarbeitende Industrie) ist stark zurückgegangen. Erhalten blieben das Spielwaren- und Holzkunstgewerbe mit den Zentren Seiffen/Erzgeb., Olbernhau und Grünhainichen. In der Landwirtschaft wird naturnahe Weidewirtschaft und ökolog. Landschaftspflege betrieben; der Ackerbau ist wenig ertragreich und im wesentlichen auf Futterpflanzen beschränkt. Der Fremdenverkehr (auch Wintersport) hat zunehmende Bedeutung. Die Brauchtumspflege ist bes. auf die bergbaul. Vergangenheit ausgerichtet. Die Städte des Kreises sind Olbernhau (1995: 12 500 Ew.; Kunstgewerbe-, Spielzeug-, Möbelindustrie, Glasveredelung, Maschinen- und Fahrzeugbau), Zschopau (11 900 Ew.; Motorradwerk, z. Z. in Liquidation; Metall-, Elektro- und Kunststoffindustrie), Marienberg (11 000 Ew.; Industriefedernherstellung, Holzwarenindustrie) sowie die Erholungsorte Lengefeld, Zöblitz und Wolkenstein. – Der Kreis wurde am 1. 8. 1994 aus den früheren Kreisen Marienberg (mit Ausnahme von zwei Gemeinden) und Zschopau (mit Ausnahme der Städte Ehrenfriedersdorf und Thum sowie drei weiterer Gemeinden) gebildet; eingegliedert wurden die Gemeinden Grünhainichen und Borstendorf (früher Kr. Flöha) sowie Kleinolbersdorf-Altenhain (früher Kr. Chemnitz).

Mittweida, Landkreis im Reg.-Bez. Chemnitz, Sachsen, 779 km², (1995) 143 700 Ew.; grenzt im S an die kreisfreie Stadt Chemnitz, im W an Thüringen. Das Erzgebirgsvorland (Mittelsächs. Hügelland), das mit seinen Lößlehmböden gute Voraussetzungen für einen ertragreichen Ackerbau bietet, wird von Mulde und Zschopau (mit Talsperre Kriebstein) durchflossen. In den Städten gibt es eine vielseitige Industrie. Größte Stadt ist die Kreisstadt Mittweida (1995: 15 900 Ew.), weitere Städte sind Burgstädt, Frankenberg, Geringswalde, Hainichen, Lunzenau, Penig und Rochlitz. – Der Kreis wurde am 1. 8. 1994 aus den früheren Kreisen Hainichen und Rochlitz (mit Ausnahme von zwei Gemeinden) sowie aus Gebietsteilen

Waltraud Mitgutsch

Mitteldeutscher Rundfunk

des Kr. Chemnitz gebildet; eingegliedert wurden die Gemeinden Mühlbach (früher Kr. Flöha), Breitenborn und Langensteinbach (früher Kr. Geithain).

Miyazawa [-zawa], Kiichi, japan. Politiker, *Tokio 8. 10. 1919; im Staatsdienst tätig, seit 1967 Abg. im Unterhaus, Mitgl. der Liberaldemokrat. Partei, u. a. 1974–76 Außen-, 1984–88 Finanz-Min., ab 1991 MinPräs.; trat nach den Wahlen von 1993 als MinPräs. und Vors. der Liberaldemokrat. Partei zurück.

Mkapa, Benjamin William, tansan. Politiker, *Ndanda 12. 11. 1938; bekleidete nach journalist. Tätigkeit seit 1977 versch. Reg.-Ämter (Außen-Min. 1977–80 und 1984–91, Informations- und Kultur-Min. 1980–82, Botschafter in den USA 1982–84). Seit 1985 Parlaments-Mitgl., gewann er als Kandidat der Reg.-Partei Chama Cha Mapinduzi die Präsidentschaftswahl vom Okt. 1995 (Amtseinführung: 23. 11. 1995).

*****Mňačko,** Ladislav, slowak. Schriftsteller: † Preßburg 24. 2. 1994.

Mobbing [zu engl. to mob ›über (jemanden) herfallen‹] *das, -s,* in den 1990er Jahren aufgekommene Bez. für gezielt gegen eine Person gerichtete, über einen längeren Zeitraum und wiederholt erfolgende feindselige Handlungen (z. B. üble Nachrede, Beleidigungen, Schikanen, sexuelle Belästigung, tätl. Angriffe) durch eine oder mehrere Personen (Kollegen, aber auch Vorgesetzte) am Arbeitsplatz (›Psychoterror am Arbeitsplatz‹). Es führt beim M.-Opfer zu Streßreaktionen (Verlust des Selbstvertrauens, psychosomat. Beschwerden, Depressivität, Existenzängste), zum Verlust der Arbeitsmotivation oder zur (inneren) Kündigung. M. verschlechtert das Betriebsklima und verursacht z. T. erhebl. Zusatzkosten (z. B. krankheitsbedingter Arbeitsausfall). Als Entstehungsursachen für M. werden u. a. genannt: streßfördernde Arbeitsbedingungen (z. B. Monotonie, Zeitdruck, schlechte Arbeitsorganisation, schlechte Arbeitsplatzgestaltung), Kommunikationsprobleme und Begünstigung intriganten Verhaltens. Nach Schätzungen leiden unter M. in Dtl. rd. 1,5 Mio. Arbeitnehmer (v. a. Frauen). 1994 wurde die erste M.-Beratungsstelle gegründet.

E. DIERGARTEN: M. Wenn der Arbeitsalltag zum Alptraum wird (1994).

*****Mobilfunk:** Das 1985 eingeführte analoge C-Netz wurde 1995 in **C-Tel** umbenannt und hatte 1995 eine Flächendeckung von 97%. Seit 1992 stehen die beiden digitalen M.-Netze **D1** (Betreiber Dt. Bundespost Telekom) und **D2** (Betreiber Mannesmann M. GmbH) zur Verfügung; 1994 wurde als drittes M.-Netz **e-plus** (Betreiber e-plus M. GmbH, ein Firmenkonsortium unter Führung von VEBA und Thyssen) eingeführt. D1- und D2-Netz arbeiten nach dem GSM-Standard (→GSM), das e-plus-Netz nach dem DCS-1 800-Standard, der 1991 von der Europ. Normierungsbehörde ETSI (Abk. für engl. European Telecommunications Standards Institute) festgelegt wurde. Im Unterschied zu den D-Netzen, die im Frequenzbereich von 900 MHz arbeiten, sendet das e-plus-Netz im Frequenzbereich von 1 805 bis 1 880 MHz und empfängt im Bereich von 1 710 bis 1 785 MHz. Daher ist die Ausdehnung der Funkzellen im e-plus-Netz um den Faktor 10 kleiner, und die Funktelefone (Handy, Hand-held) kommen schon mit Sendeleistungen von 1 W aus.

In den M.-Netzen werden die Verbindungen über Funkzellen (Waben) aufgebaut. Meldet sich ein Funktelefon im Netz an (durch Einschalten des Geräts), dann wird in der Netzdatenbank, dem HLR (Abk. für engl. Home location register), von der im Handy installierten Telekarte (SIM-Karte, Plug-in-Chip) automatisch der Standort des Geräts erfaßt (über die Anmeldung bei dem betreffenden Netzknoten) und die Zugangsberechtigung anhand der in der Dtl. vierstelligen PIN (Abk. für engl. Personal identification number) geprüft. Zusätzlich erfolgt eine automat. Abfrage, ob das sich einbuchende Funktelefon als gestohlen gemeldet ist. Bei in das Netz eingebuchten Geräten wird im Stand-by-Modus in regelmäßigen Abständen (bei D2 z. B. nach jeweils 30 min) über den Signalisierungskanal SDCCH (Abk. für engl. Stand-alone dedicated control channel) ein Funkkontakt zw. Funktelefon und Festsender hergestellt. Das Netz weiß daher stets, wo das Funktelefon angeklingelt werden muß. Allerdings erfolgt die Kommunikation zw. Handy und Netz nicht unter Einbeziehung des HLR, sondern zw. Handy und der jeweiligen örtl. Datenbank VLR (Abk. für engl. Visitor location register), solange die gemeinsame Rufzone des Netzübergabepunkts MSC (Abk. für engl. Mobile switching center) nicht verlassen wird. Ändert sich mit dem Wechsel aus einer Funkwabe in eine andere zugleich der Rufbereich, der eine größere Anzahl von Waben umfassen kann, wird das vom Handy aufgrund des empfangenen veränderten Codes registriert, und es meldet dem HLR automatisch über einen Funkkontakt den neuen Standort. Grenzüberschreitender M. ist in den D-Netzen möglich (der GSM-Standard wird in etwa 50 Staaten verwendet), wenn zw. den jeweiligen nat. Netzbetreibern ein Roaming-Abkommen (von engl. to roam ›streunen‹) abgeschlossen worden ist, das die Verteilung der Gebühren regelt.

Ein weltumspannendes M.-System auf der Basis des GSM-Standards ist mit dem **Iridiumprojekt** von Motorola geplant, das 1998 in Betrieb gehen soll. Dazu sollen 66 Fernmeldesatelliten auf sechs Orbitebenen installiert werden (die ersten 1997), von denen jeder gleichzeitig 1 000 Gesprächsverbindungen unterhalten kann. Für Sprache wird die Übertragungsrate bei 4 800 Bits/s und für Daten und Telefax bei 2 400 Bits/s liegen. Die einzelstaatl. Frequenzhoheit wird dabei gewahrt, weil nur von Ländern aus telefoniert werden kann, die mit der Iridium-Gesellschaft einen Vertrag abgeschlossen haben. Bei einem Gesprächsaufbau muß daher stets automatisch überprüft werden, woher der Anruf kommt, bevor die Verbindung geschaltet wird. Ähnl. Pläne sind von →INMARSAT sowie den Firmen Globalstar und Teledesic geäußert worden.

*****Moçambique,** amtlich portug. **República de M., Mozambique,** dt. auch **Mosambik,** Staat in SO-Afrika, grenzt an den Ind. Ozean.

Hauptstadt: Maputo. *Amtssprache:* Portugiesisch. *Staatsfläche:* 801 590 km^2 (ohne Binnengewässer 784 090 km^2). *Bodennutzung (1992):* 31 300 km^2 Ackerland, 440 000 km^2 Dauergrünland, 141 400 km^2 Waldfläche. *Einwohner (1994):* 15,527 Mio., 19 Ew. je km^2. *Städtische Bevölkerung (1993):* 31%. *Durchschnittliches Bevölkerungswachstum pro Jahr (1985–93):* 2,6%. *Bevölkerungsprojektion für 2000:* 19,44 Mio. Ew. *Ethnische Gruppen (1983):* 47,3% Makua, 23,3% Tsonga, 12,0% Malawi, 11,3% Shona, 3,8% Yao, 0,8% Suaheli, 0,6% Makonde, 0,2% Weiße, 0,7% andere. *Religion (1992):* 31,8% Katholiken, 13,1% Muslime. *Altersgliederung (1995):* unter 15 Jahre 44,9%, 15 bis unter 65 Jahre 51,8%, 65 und älter 3,3%. *Lebenserwartung der Neugeborenen (1992):* männlich 43 Jahre, weiblich 45 Jahre. *Analphabetenquote (1990):* insgesamt 67,1%, männlich 54,9%, weiblich 78,7%. *BSP je Ew. (1993):* 90 US-$. *BIP nach Sektoren/Produktionsstruktur (1993):* Landwirtschaft 33%, Industrie 12%, Dienstleistungen 55%. *Währung:* 1 Metical (MT) = 100 Centavos (CT). *Internationale Mitgliedschaften:* UNO, OAU, Südafrikan. Entwicklungsgemeinschaft.

Geschichte: Der Bürgerkrieg dauerte auch nach Inkrafttreten der neuen Verf. (30. 11. 1990) an, die auf der Grundlage eines Mehrparteiensystems Garantien für Freiheitsrechte des einzelnen enthält und die Freiheit der gleichen und geheimen Wahl schützt. Die Le-

Mock – Moldawien **Mold**

gislative ist der Versammlung der Rep. anvertraut, deren Abg. (200 bis 250) für fünf Jahre gewählt werden. Staatsoberhaupt und Chef der Exekutive ist der in direkter Wahl für fünf Jahre gewählte Präs., der die Reg. ernennt. Mit der Unterzeichnung eines Friedensvertrags zw. der Reg. Chissano und Vertretern der RENAMO (Abk. für ›Resistência Nacional Moçambicana‹, dt. ›Nationaler Widerstand M.s‹) am 4. 10. 1992 beendeten die Bürgerkriegsparteien die Kampfhandlungen. Unter der Bez. ONUMOZ (Abk. für ›Operaciones de las Naciones Unidas em Mozambique‹, dt. ›Operationen der Vereinten Nationen in M.‹) entsandte die UNO im Dez. 1992 eine Friedenstruppe zur Überwachung des Waffenstillstands und der Demobilisierung der Bürgerkriegsparteien (Abzug nach Beendigung der Wahlen vom Okt. 1994). Der Friedensprozeß und den allgemeinen Wahlen vom Okt. 1994 seinen erfolgreichen Abschluß. Die FRELIMO errang dabei eine knappe Mehrheit im Parlament (44,3 % der Stimmen und 129 der 250 Parlamentssitze gegenüber 37,8 % der Stimmen und 112 Sitzen der RENAMO; Rest an Splitterparteien); Präs. J. A. CHISSANO wurde zugleich mit 53,2 % der Stimmen in seinem Amt bestätigt. Er bildete danach eine ganz von der FRELIMO dominierte Reg. Im Nov. 1995 wurde M. Mitgl. des Commonwealth of Nations.

L. STEINER: Mosambik (1992); M. NEWITT: A history of Mozambique (Neuausg. Bloomington, Ind., 1995).

*__Mock,__ Alois, österr. Politiker: War bis 1989 Vizekanzler, hatte als Außen-Min. (bis 1995) maßgebl. Anteil an der Aufnahme Österreichs in die Europ. Union und an der endgültigen Beilegung des Südtirolkonfliktes mit Italien.

Modacom, *Telekommunikation:* Abk. für engl. Mobile data communication (→Datenfunk).

__moderne Architektur:__ Die letzten Jahre sind von einem Bauboom v. a. bei repräsentativen Projekten vieler europ., asiat. und auch amerikan. Großstädte geprägt. Die Architekturkritik fügte nun, unter Hinweis auf ständige Überschneidungen bei den einzelnen Architekten, zur Unterscheidung von Postmoderne, die sich eklektisch den histor. Bauformen zuwendet, und Spätmoderne, die als Fortsetzung des internat. funktionalist. Stils ohne den sozialutop. Hintergrund der Anfänge verstanden wird, den Begriff Neomoderne. Hierzu zählt C. JENCKS insbesondere die dekonstruktivist. Architektur (→Dekonstruktivismus), aber auch Architekten, die in einer chaot., konsumbestimmten Welt die Schönheit des Chaos sehen, Wertmaßstäbe neu bestimmen und Architektursprache jeweils neu formulieren wollen. Er rechnet zu den idealtyp. Vertretern der Neomoderne v. a. Coop Himmelblau, P. EISENMAN, DANIEL LIBESKIND (1946), der in Dtl. mit dem Erweiterungsbau (Jüd. Museum) für das Berliner Museum breiter bekannt wurde, und MAKI FUMIHIKO (* 1928; → japanische Kunst).

C. JENCKS: Die Neuen Modernen. Von der Spät- zur Neo-Moderne (a. d. Engl., 1990); A. C. PAPADAKIS u. J. STEELE: Architektur der Gegenwart (a. d. Engl., 1992); Architektur in Europa seit 1968, Beitr. v. A. TZONIS u. a. (a. d. Engl., 1992); J. CEJKA: Tendenzen zeitgenöss. Architektur (1993); Architektur. Highlights moderner Baukunst (a. d. Engl., 1994); H. KLOTZ: Kunst im 20. Jh. Moderne, Postmoderne, Zweite Moderne (1994); Neues Bauen heute. Europ. Architektur der neunziger Jahre, hg. vom Architektur-Zentrum Wien (a. d. Engl., Basel 1995).

Mödlareuth, Ort im Vogtland, etwa 60 Ew.; mit der Teilung Dtl.s nach 1945 kam der N-Teil zur Dt. Dem. Rep. (heute Teil der Gem. Gebersreuth, Thüringen), der S-Teil zu Bayern (Teil der Gem. Töpen). 1994 wurde ein Grenzmuseum eingeweiht mit der 1966 errichteten Grenzmauer als Kernstück.

*__Modrow,__ Hans, Politiker: Wurde in einem Prozeß (20. 4. bis 27. 5. 1993) vor dem Landgericht Dresden wegen Fälschung der Kommunalwahlergebnisse von 1989 zu einer (zur Bewährung ausgesetzten) Geldstrafe verurteilt. Nach Aufhebung dieses Urteils durch den Bundesgerichtshof (wegen unvertretbarer Milde) im Nov. 1994 verurteilte das Landgericht Dresden, an das das Verfahren zurückverwiesen worden war, M. im Aug. 1995 zu einer auf Bewährung ausgesetzten Freiheitsstrafe von neun Monaten.

*__Mohammed Siad Barre,__ Offizier und Politiker in Somalia: † Lagos 2. 1. 1995.

Moix [mɔʃ], Ana María, spanische Schriftstellerin, * Barcelona 12. 4. 1947; Literaturkritikerin und Übersetzerin aus dem Frz. (MARGUERITE DURAS, S. BECKETT, M. LEIRIS) und Katalanischen (u. a. MERCÈ RODOREDA); gehört als Lyrikerin (›Balada del dulce Jim‹, 1969; ›No time for flowers‹, 1971) zur innovativen Gruppe der antirealist. ›novísimos‹. Ihre Romane evozieren die nostalg. und phantast. Welten der Kindheit und eröffnen die Literatur als Fluchtraum (›Julia‹, 1970; ›Las virtudes peligrosas‹, 1985; ›Vals negro‹, 1994).

Moix [mɔʃ], Terenci eigtl. **Ramon M. i Messeguer,** katalan.-span. Schriftsteller, * Barcelona 5. 1. 1943; trug als Enfant terrible der katalan. Kultur der 1970er Jahre mit seinen provokanten Themen (u. a. Homosexualität) sowie seiner experimentierfreudigen Abkehr von der eher traditionellen Schreibweise der vorherrschenden sozialkrit. und psycholog. Romans zur themat. und formalen Erneuerung der katalan. Literatur bei. M.' gesamte literar. Produktion ist stark von Alltagsmythen, von Oper, (Hollywood-)Film und Comics geprägt. Der mehrfach preisgekrönte Romancier verfaßte auch Reisebücher, Essays sowie Theaterstücke und arbeitete für Presse, Film und Fernsehen. 1983 begann seine spanischsprachige Produktion, mit der er sich erfolgreich wieder dem Roman zuwandte. In seinem 1992 auf Katalanisch verfaßten, komplex angelegten Schlüsselroman ›El sexe dels àngels‹ porträtiert M. seine eigene Jugend und setzt sich kritisch mit dem kulturellen und soziopolit. Leben in Barcelona der 1960er Jahre auseinander.

Weitere Werke: *Romane:* El día que va morir Marilyn (1969); No digas que fue un sueño (1986). – *Erinnerungen:* Memorias - el peso de la paja, auf mehrere Bde. ber. (1990 ff.).

*__moldauische Sprache und Literatur:__ 1989 beschloß das Parlament der Moldauischen SSR die Erhebung des Moldauischen (Moldawischen) zur Staatssprache und den Übergang zum lat. Alphabet; am 27. 8. 1991 erfolgte die Unabhängigkeitserklärung der Rep. Moldawien. Über den Namen der Staatssprache – Rumänisch oder Moldauisch – wird zwar immer noch diskutiert, ihre Identität mit dem Rumänischen jedoch vorbehaltlos akzeptiert. Durchgesetzt hat sich auch das Schreiben mit lat. Buchstaben nach den Regeln der rumän. Orthographie.

Moldau-Leu, *Währung:* →Leu.

Moldawien

Staatswappen

Nationalflagge

MD

Internationales Kfz-Kennzeichen

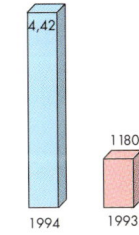

4,42 (1994) Bevölkerung (in Mio.) | 1180 (1993) Bruttosozialprodukt je Ew. (in US-$)

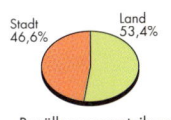

Stadt 46,6 % | Land 53,4 %

Bevölkerungsverteilung 1992

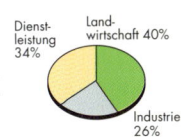

Dienstleistung 34 % | Landwirtschaft 40 % | Industrie 26 %

Erwerbstätige 1992

Moldawien

Fläche: 33 700 km²
Einwohner: (1994) 4,420 Mio.
Hauptstadt: Chișinău
Amtssprache: Moldawisch (Moldauisch)
Nationalfeiertag: 27. 8.
Währung: 1 Moldau-Leu (MDL) = 100 Bani
Zeitzone: OEZ

Moldawien, amtl. moldawisch **Republica Moldova,** Binnenstaat im O Europas. Im W bildet der Pruth die Grenze gegen Rumänien, im N, O und S grenzt M. an die Ukraine; mit einer Fläche von 33 700

Mold Moldawien

km² zweitkleinste GUS-Republik nach Armenien, (1994) 4,420 Mio. Ew. Den Bewohnern der Dnjestr-Region (Transnistrien) wurde 1992 der Status einer nat. Minderheit gewährt, im SW des Landes besteht das autonome Gebiet Gagausien. Hauptstadt ist Chişinău, Amtssprache ist Moldawisch (Moldauisch; →moldauische Sprache und Literatur). Währung ist der Moldau-Leu (MDL) = 100 Bani. Zeitzone: OEZ.

STAAT · RECHT

Verfassung: Die Verf. der Rep. M. wurde vom Parlament am 29. 7. 1994 verabschiedet und trat am 27. 8. 1994 in Kraft. Sie entspricht demokratisch-rechtsstaatl. Grundsätzen und gewährleistet den internat. Menschenrechtsstandard; sie sieht auch Grundpflichten vor. Dem Schutz der nat. Minderheiten wird u. a. mit den Mitteln der Territorialautonomie Rechnung getragen.

Das Reg.-System ist ein parlamentarisch-präsidentielles Mischsystem nach frz. Vorbild. Die gesetzgebende Gewalt liegt beim Parlament, dessen 101 Abg. nach dem Wahlgesetz vom 14. 10. 1993 im System der Verhältniswahl nach Wahlkreislisten im d'Hondtschen Höchstzahlverfahren zu wählen sind, wobei auf gesamtstaatl. Ebene eine 4%-Sperrklausel besteht. Zahlreiche Angelegenheiten werden durch ›organ. Gesetze‹ geregelt, für deren Annahme die absolute Mehrheit aller Abg. in zwei Lesungen erforderlich ist. Die Legislaturperiode beträgt vier Jahre. Eine vorzeitige Parlamentsauflösung durch den Staatspräs. ist nach Anhörung der Fraktionen nur in zwei Fällen statthaft, nämlich mißlungene Reg.-Bildung und dreimonatige Blockade der Gesetzgebung. Staatsoberhaupt ist der Präs. der Rep.; er wird vom Volk für vier Jahre gewählt. Erforderlich ist im ersten Wahlgang die absolute Mehrheit aller abgegebenen Stimmen, andernfalls findet eine Stichwahl statt. Präs. M. SNEGUR wurde noch am 8. 12. 1991 als einziger Kandidat in direkter Volkswahl für eine Amtsperiode von fünf Jahren bestellt. Die Befugnisse des Präs. sind namentlich auf dem Gebiet der Außen- und Sicherheitspolitik beträchtlich. Er ist Oberbefehlshaber der Streitkräfte und Inhaber der Notstandsgewalt. In Kabinettssitzungen kann er jederzeit den Vorsitz übernehmen. Auf die Gesetzgebung kann er mit Hilfe seines Initiativ- und Vetorechts einwirken. Die Akte des Präs. bedürfen mit wenigen Ausnahmen nicht der Gegenzeichnung. Die Reg.-Arbeit und die Leitung der Verw. sind Aufgabe der Reg. Der Premier-Min. wird nach Konsultation der Parlamentsmehrheit von dem Staatspräs. designiert. Der designierte Premier-Min. präsentiert dem Parlament binnen 15 Tagen das Reg.-Programm und die Kabinettsliste. Dann findet eine Vertrauensabstimmung statt; sie ist erfolgreich, wenn die Mehrheit aller Abg. dafür stimmt. Danach wird die Reg. vom Staatspräs. ernannt. Falls das Parlament innerhalb von 45 Tagen seit der ersten Vertrauensabstimmung und wenigstens zwei gescheiterten Vertrauensabstimmungen keiner Reg. das Vertrauen ausspricht, kann der Staatspräs. das Parlament auflösen. Das Parlament kann mit absoluter Mehrheit aller Abg. der Reg. das Mißtrauen aussprechen, was die automat. Rücktrittsverpflichtung der Reg. bedeutet.

Die Verf. sieht die Errichtung eines Verf.-Gerichts vor. Es besteht aus sechs Richtern, von denen je zwei vom Parlament, dem Staatspräs. und dem Obersten Justizrat bestellt werden. Die Amtszeit beträgt sechs Jahre; eine Wiederwahl ist zulässig. Eine Verf.-Beschwerde ist nicht vorgesehen.

Parteien: Die stärkste Partei seit den Wahlen von 1994, die ›Agrardemokrat. Partei‹, lehnt v. a. auf dem Gebiet der Agrarpolitik schnelle und weitreichende Reformen ab. Die ›Sozialist. Partei‹, die direkt aus der alten KP hervorging, ist politisch eng mit der ›Edinstwo-Bewegung‹ (dt. ›Bewegung der Einheit der russischsprachigen Bevölkerung‹) verbunden, die die Interessen der russischsprachigen Bev. vertritt. Die ›Edinstwo‹ ist bes. in der Dnjestr-Region tätig. Im Ggs. zu den vorgenannten Gruppierungen treten die ›Christlich-Demokrat. Volksfront‹ und der ›Block der Intellektuellen und Bauern‹ für die Vereinigung mit Rumänien ein.

Wappen: Das in Anlehnung an das Wappen des Königreichs Rumänien geschaffene Staatswappen wurde am 3. 11. 1990 eingeführt und zeigt einen Adler mit einem goldenen Kreuz im Schnabel; in den Krallen führt er links ein goldenes Zepter, rechts einen Ölbaumzweig. Seine Brust ziert ein Schild in den alten moldauischen Nationalfarben: oben rot mit einem achtzackigen goldenen Stern, unten blau mit einem goldenen Halbmond und einer Rose (Symbole Bessarabiens), in der Mitte ein goldener Auerochsenkopf (Symbol des alten Fürstentums Moldau).

Nationalfeiertag: 27. 8. (zur Erinnerung an die Unabhängigkeitserklärung 1991).

Verwaltung: M. gliedert sich in 38 Landkreise (raioan) und 10 kreisfreie Städte. In den Landkreisen bestehen etwa 900 Städte und Gemeinden. Die Städte und Gemeinden sind kommunale Selbstverwaltungskörperschaften, die auch übertragene staatl. Verw.-Aufgaben wahrnehmen. Kommunale Beschlußorgane in Selbstverwaltungsangelegenheiten sind die vom Volk gewählten Räte. Die Beschlüsse des Rats werden vom ebenfalls vom Volk gewählten Bürgermeister durchgeführt, der die örtl. Verw. leitet und zugleich staatl. Verw.-Behörde ist. Die Tätigkeit der Stadt- und Gemeinderäte wird auf der Kreisebene von gewählten Kreisräten koordiniert. Staatl. Verw.-Behörde ist hier der von der Reg. ernannte Präfekt. Für die im S lebenden Gagausen und das zu über der Hälfte von Ukrainern und Russen bewohnte Transnistrien ist eine besondere Territorialautonomie vorgesehen. Diese konnte Anfang 1995 für die Gagausen in die Tat umgesetzt werden. Für sie ist auf dem Gebiet von drei Landkreisen eine autonome Region mit einer eigenen Gesetzgebenden Versammlung und einem eigenen Exekutivrat errichtet worden. Demgegenüber haben sich die fünf transnistr. Kreise, die im Sept. 1990 mit Unterstützung der dort stationierten sowjetruss. Streitkräfte zur Dnjestr-Republik ausgerufen worden waren, von M. faktisch getrennt.

Recht: Die ordentl. Gerichtsbarkeit, die für Zivil-, Straf- und Verwaltungsrechtssachen zuständig ist, ist dreistufig aufgebaut: Tribunale – Appellationsgericht – Oberstes Gericht. Für handelsrechtl. Streitigkeiten zw. Unternehmen besteht eine besondere Wirtschaftsgerichtsbarkeit. Die Richter werden vom Staatspräs. auf Vorschlag des Obersten Justizrats zunächst für fünf Jahre, dann für zehn weitere Jahre und schließlich auf Lebenszeit ernannt. Die Richter am Obersten Gericht werden vom Parlament auf Vorschlag des Obersten Justizrats gewählt. Der Oberste Justizrat ist ein Selbstverwaltungsorgan der rechtsprechenden Gewalt. Er besteht aus elf Mitgl., von denen je drei von den Richtern des Obersten Gerichts aus dem Kreis der Richter und vom Parlament aus dem Kreis der Rechtsprofessoren für fünf Jahre gewählt werden; von Amts wegen gehören dem Justizrat der Justiz-Min., die Präs. des Obersten Gerichts, des Appellationsgerichts und der Wirtschaftsgerichtsbarkeit sowie der Generalstaatsanwalt an. Die Staatsanwaltschaft bildet eine eigenständige Behördenorganisation, die nach sowjet. Tradition nicht nur für die Strafverfolgung zuständig ist, sondern auch die allgemeine Gesetzlichkeitsaufsicht über die Verw. ausübt.

Streitkräfte: Nach der Unabhängigkeit wurde mit dem Aufbau eigener Streitkräfte in einer Stärke von etwa 12 000 Mann begonnen. Die Nationalgarde

Moldawien **Mold**

(4000 Mann) untersteht dem Innen-Min., paramilitär. Einheiten formierten die Gagausen im Gebiet Komrat. In die Konflikte in der Dnjestr-Rep. griff die unter GUS-Oberbefehl stehende russ. 14. Armee ein, die bis 1998 mit 8000 Mann stationiert bleiben soll. Die Ausrüstung darf nach dem KSE-Vertrag 210 Kampfpanzer, 250 Artilleriegeschütze, 50 Kampfflugzeuge und 50 Kampfhubschrauber umfassen.

Internat. Mitgliedschaften: UNO, GUS, Europarat, OSZE.

LANDESNATUR · BEVÖLKERUNG

Das Staatsgebiet entspricht dem größten Teil der histor. Landschaft Bessarabien und wird überwiegend vom zw. Pruth und Dnjestr gelegenen Moldauhügelland eingenommen, einem flachwelligen, nach S geneigten, von zahlreichen Wasserläufen und kleinen Erosionsschluchten (Balkas) zertalten Flachland. Das v. a. aus sedimentärem Gesteinsmaterial aufgebaute Hügelland gliedert sich in das wenig reliefierte nordmoldaw. Hügelland (bis 300 m ü. M.), das etwas höhere und bewegtere, mit Kalkgesteinen durchsetzte Dnjestr-Hügelland zw. Răut und Dnjestr, das zentralmoldaw. Hügelland mit der höchsten Erhebung des Landes, dem 429 m hohen Kodren, die zw. 50 und 200 m hohen hügeligen Ebenen von Bălți. Das Podolische Hügelland jenseits des Dnjestr ist Teil der Wolynisch-Podol. Platte. Im S und SW erstrecken sich die Tiefebenen der Donau- und Schwarzmeerniederung.

Die größten Flüsse des Landes, Dnjestr und Pruth, entspringen beide den wasserreichen Karpaten und entwässern zum Schwarzen Meer. Bes. der Dnjestr leidet unter der starken Wasserentnahme zu Bewässerungszwecken. Der Dnjestr ist im Mittel- und Unterlauf, der Pruth im Unterlauf schiffbar.

Klima: Das Klima ist gemäßigt kontinental mit relativ kurzen, schneearmen Wintern und langen, warmen und trockenen Sommern. Die mittlere Julitemperatur beträgt zw. 19,5 °C im N und 22,5 °C im S, die mittlere Januartemperatur schwankt zw. −5,2 °C im N und −2,5 °C im S. Die jährl. Niederschlagsmenge liegt im Durchschnitt zw. 400 und 500 mm, in den höheren Lagen bis zu 550 mm, im südl. Tiefland bei etwa 370 mm.

Vegetation: Etwa 80% der Landesfläche werden von versch. Schwarzerdeböden eingenommen. Die ursprüngl. Vegetation (Laubwald mit Eichen und Buchen in den höheren Lagen des Hügellandes, Waldsteppe mit Gräsern, Büschen und niedrigwüchsigen Bäumen im restl. Hügelland sowie natürl. Steppe mit Gräsern und Kräutern im Tiefland) ist fast im ganzen Land in eine Agrarlandschaft verwandelt worden. Mit mehr als 90% Anteil bewirtschafteten Bodens an der Gesamtfläche liegt M. weltweit an der Spitze. Wald bedeckt nur 8% der Landesfläche; er ist im zentralmoldaw. Hügelland, wo er z. T. in Naturreservaten geschützt wird, noch am besten erhalten.

Bevölkerung: In M. leben (Volkszählung von 1989) 64,5% Moldawier (Rumänen), 13,8% Ukrainer, 12,9% Russen, 3,5% Gagausen, 2,1% Bulgaren, 1,5% Juden und 1,7% Angehörige anderer Völker. Die Bez. Moldawier für den rumänischsprachigen Teil der Bev. wird von der moldaw. Reg. bewußt verwendet, um die Eigenständigkeit gegenüber Rumänien zu bekunden. Im März 1994 hatten sich 90% der Moldawier für die Souveränität ihres Staates entschieden und damit einen urspr. geplanten Anschluß an Rumänien widersprochen. Ethn. Konflikte bestehen im östl. M., in Transnistrien (Dnjestr-Region), wo die russ. und auch ein Teil der ukrain. Minderheit ansässig ist. Die Lage im S des Landes, in →Gagausien, hat sich entspannt, nachdem den Gagausen, einem russifizierten, christlich-orthodoxen Türkvolk, weitgehende Autonomie gewährt worden ist.

Im Zuge der Unabhängigkeitsbewegung wurde 1989 die Wiedereinführung des Rumänischen in lat. Schreibweise als Staatssprache beschlossen (in der Moldauischen SSR war die kyrill. Schrift gebräuchlich). Russisch ist immer noch sehr verbreitet und wird von einem großen Teil der Bev. aktiv gebraucht.

M. ist mit einer Bev.-Dichte von (1994) 131 Ew. je km² die am dichtesten besiedelte GUS-Republik. Der Verstädterungsgrad ist mit einem Anteil von (1993) 50% städtischer Bev. noch recht gering. Die Moldawier siedeln überwiegend im ländl. Raum in relativ großen Dörfern (Durchschnittsgröße rd. 1400 Ew.), während der Russen fast ausschließlich in städt. Siedlungen leben. Die größten Städte sind nach der Hauptstadt Chișinău (1993: 663400 Ew.) Tiraspol (185100 Ew.), Bălți (157500 Ew.) und Tighina (früher Bendery; 129300 Ew.). Der Geburtenüberschuß, der 1985 noch bei 10,6‰ lag, ist 1992 auf 5,8‰ gesunken, gleichzeitig verringerte sich die Zuwanderung. In den nördl. und südwestl. Regionen ist ein leichter Bev.-Rückgang durch Abwanderung eingetreten, die zentralen Landesteile und die großen Städte verzeichnen Wanderungsgewinne.

Religion: Die Gläubigen gehören überwiegend zur (moldaw.) orth. Kirche; die Katholiken befinden sich in der Minderheit.

Bildungswesen: Anfang der 1990er Jahre wurden zahlreiche russischsprachige Schulen, die zu diesem Zeitpunkt fast 41% ausmachten, geschlossen; gleichzeitig mit der Einführung von Rumänisch als Unterrichtssprache wurden rumän. Geschichte und Literatur in den Lehrplan aufgenommen. 1991/92 gab es 1654 allgemeinbildende Mittelschulen mit 725000 Schülern (7. bis 16. Lebensjahr). Das 10. und 11. Schuljahr kann auch an berufsbildenden techn. Schulen (zwei oder drei Jahre Schulzeit) oder den (53) mittleren Fachschulen (mit vierjährigem Bildungsgang) absolviert werden, letzterer hatten 1992/93 45000 Schüler, der Hochschulbereich 1992/93 47000 Studenten. M. besitzt eine Univ. und (1994) fünf ihr gleichgestellte Spezialhochschulen, alle in Chișinău, sowie höhere berufsbildende Schulen. 1992 betrugen die Ausgaben für das Bildungswesen 14,8 Mrd. Rubel; das entspricht 29,4% der öffentl. Ausgaben (höchster Prozentsatz unter den GUS-Staaten).

Klimadaten von Chișinău (95 m ü. M.)					
Monat	Mittleres tägl. Temperaturmaximum in °C	Mittlere Niederschlagsmenge in mm	Mittlere Anzahl der Tage mit Niederschlag	Mittlere tägl. Sonnenscheindauer in Stunden	Relative Luftfeuchtigkeit nachmittags in %
I	−1,3	26	12	2,3	84
II	1,2	35	12	2,8	81
III	6,0	17	12	4,7	79
IV	16,1	32	9	6,7	67
V	22,9	39	11	8,3	62
VI	25,7	79	12	9,9	66
VII	27,4	36	10	10,6	63
VIII	27,2	49	8	9,9	64
IX	23,0	43	7	7,7	68
X	17,0	25	8	5,4	76
XI	9,9	56	12	2,5	84
XII	1,7	34	12	1,7	86
I–XII	14,7	471	124	6,1	73

Publizistik: Presse: Die Entwicklung einer unabhängigen freien Presse kommt aufgrund der innenpolit. Situation nur schleppend voran. Nach offizieller Statistik erschienen (1989) 200 Zeitungen und 65 Zeitschriften, davon 85 bzw. 30 in Rumänisch. Der Anteil der Publikationen in Rumänisch ist seit 1990 angestie-

Mole Molekulardesign

gen, auch gehen die meisten Medien dazu über, die lat. Schrift zu benutzen. Wichtigste Tageszeitungen sind ›Moldova Suverana‹ (gegr. 1924, Auflage 100 000) und ›Nezavisimaja Moldova‹ (Russisch, 1925, 61 000). – *Nachrichtenagenturen:* ›State Information Agency – Moldpres‹ und ›Moldovan Information Agency – Bassapres‹, beide Chişinău. – *Rundfunk:* 1994 wurde der staatl. Rundfunk offiziell aufgelöst. An seine Stelle tritt die Hörfunk- und Fernsehanstalt ›Teleradio Moldova‹, die nach demokrat. Prinzipien arbeiten soll.

WIRTSCHAFT · VERKEHR

Wirtschaft: Ebenso wie die übrigen Republiken der ehem. UdSSR hat auch M. erhebl. Schwierigkeiten beim Übergang von der zentralen Planwirtschaft zur Marktwirtschaft. Der Rückgang des Handelsverkehrs mit den ehem. Sowjetrepubliken, der durch neue Handelsbeziehungen mit anderen Ländern noch nicht kompensiert werden konnte, stellt das größte wirtschaftl. Problem dar. Durch die Reduzierung der Lieferung von Erdöl und anderen Rohstoffen ist die Produktion in sämtl. Wirtschaftsbereichen in den Jahren 1991 und 1992 drastisch zurückgegangen. Erst 1993 konnte die Agrarproduktion wieder um 3 % gesteigert werden, während die Industrieproduktion nochmals um 10 % sank. Auch der militär. Konflikt in der Dnjestr-Region, dem Industriezentrum M.s, in den Jahren 1991 und 1992 hat die ökonom. Entwicklung nachhaltig gehemmt.

M. gehört mit einem Bruttosozialprodukt (BSP) je Ew. von (1993) 1 180 US-$ zu den Entwicklungsländern mit mittlerem Einkommen. Ähnlich wie in anderen ehem. Sowjetrepubliken gab es nach Erlangung der Unabhängigkeit einen rasanten Preisauftrieb. So stiegen die Verbraucherpreise 1993 um 1 180 %. Erst Ende 1993, nach Verlassen der Rubelzone und der Einführung einer eigenen Währung, des Moldau-Leu, konnte die Inflationsrate wieder reduziert werden und lag 1995 bereits bei rd. 10 %. Der Privatsektor erwirtschaftet (1994) 20 % des Bruttoinlandsprodukts (BIP).

Landwirtschaft: Aufgrund der fruchtbaren Böden und des milden Klimas wird M.s Wirtschaft vom Agrarsektor, der (1992) 40 % der Erwerbstätigen beschäftigte, und den darauf basierenden Industriezweigen bestimmt. 85 % der Landesfläche werden ackerbaulich genutzt. Am wichtigsten sind Reb- und Obstkulturen sowie Tabak-, Gemüse- und Getreideanbau (v. a. Weizen und Mais). Dabei kommt dem Weinbau traditionell eine zentrale Bedeutung zu. In der Viehwirtschaft dominieren Schweine-, Schaf- und Rinderzucht. Seit 1991 ist der Privatbesitz von Ackerland gestattet.

Industrie: Da M. über keine nennenswerten mineral. Rohstoffe verfügt und auch keine Erdöl- und Erdgasvorkommen besitzt, ist die Nahrungsmittelindustrie der mit Abstand wichtigste Bereich des verarbeitenden Gewerbes. Es folgen die Branchen Metallverarbeitung, Maschinenbau und Textilindustrie.

Außenwirtschaft: Auch nach der Unabhängigkeit sind die ehem. Sowjetrepubliken die wichtigsten Handelspartner (v. a. Rußland, die Ukraine und Weißrußland). Allerdings ist ihr Anteil am Außenhandelsvolumen im Zeitraum 1990–93 von 90 % auf 65 % gesunken. Außerhalb der ehem. UdSSR dominiert der Warenaustausch mit Rumänien. 1991 wiesen landwirtschaftl. Produkte einen Anteil von 46 % am gesamten Exportaufkommen auf, gefolgt von Produkten der Leichtindustrie (22 %) sowie Maschinen und Metallwaren (19 %). Das Hauptimportgut sind Energieträger aus der Ukraine und Rußland. Die Außenhandelsbilanz war 1994 relativ ausgeglichen (Einfuhrwert: 682,1 Mio. US-$, Ausfuhrwert: 632,1 Mio. US-$).

Verkehr: Die Gesamtlänge des Eisenbahnnetzes umfaßte (1992) 1 340 km. Das Straßennetz war 14 500 km lang; davon waren 5 000 km als Autobahnen oder Hauptstraßen ausgewiesen. Der internat. Flughafen liegt nahe der Hauptstadt Chişinău.

GESCHICHTE

Die ▷ Moldauische Sozialistische Sowjetrepublik nannte sich am 23. 5. 1991 in ›Rep. M.‹ um. Nach dem gescheiterten Putsch orthodox-kommunist. Kräfte gegen den sowjet. Präs. M. S. GORBATSCHOW (19.–21. 8. 1991) erklärte sich die Rep. M. am 27. 8. 1991 für unabhängig. Bei der ersten Direktwahl des Staatspräs. (8. 12. 1991) wählte die Bev. den bisherigen Vors. des moldaw. Obersten Sowjets, MIRCEA SNEGUR (* 1940). Am 21. 12. 1991 beteiligte sich M. an der Gründung der GUS, am 29. 1. 1992 wurde es in die UNO aufgenommen.

Nachdem bereits die Souveränitätserklärung der Moldauischen SSR 1990 starke Spannungen zw. der Reg. und den Gagausen ausgelöst hatte, führte die Ausrufung der unabhängigen Rep. M. zu bürgerkriegsähnl. Auseinandersetzungen v. a. mit der russ. Minderheit, die in der Dnjestr-Region am 3. 9. 1991 die souveräne Dnjestr-Republik ausrief. Im Mai 1995 stimmte die Mehrheit der gagaus. Bev. dem im Dez. 1994 verabschiedeten Ges. über den Sonderstatus der Gagausen zu.

Bei den ersten freien Parlamentswahlen (27. 2. 1994) gewannen die kommunist. Kräfte, d. h. die ›Agrardemokrat. Partei‹, die ›Sozialist. Partei‹ und die ›Edinstwo-Bewegung‹, die absolute Mehrheit. Die von ihnen getragene Reg. revidierte den stark nationalist. Kurs ihrer Vorgängerinnen und bemühte sich um eine Annäherung an die Ziele von nat. Minderheiten. In einer Volksbefragung (6. 3. 1994) sprach sich eine Mehrheit für die staatl. Selbständigkeit und damit gegen eine Vereinigung mit Rumänien aus. Am 29. 7. 1994 verabschiedete das Parlament eine neue Verf. (in Kraft seit dem 27. 8. 1994). In der Außenpolitik auf die Sicherung seiner Unabhängigkeit ausgerichtet, trat M. am 16. 3. 1994 dem NATO-Programm ›Partnerschaft für den Frieden‹ bei und vereinbarte am 10. 8. 1994 in einem Vertrag mit Rußland den Abzug der 14. russ. (früher sowjet.) Armee binnen drei Jahren. Seit dem 13. 7. 1995 ist M. Mitgl. des Europarats.

Molekulardesign [-dɪzaɪn], engl. **Molecular modeling** [ˈmɔlɪkjuːlə ˈmɔdlɪŋ], **Computer aided molecular design** [kəmˈpjuːtə ˈeɪdɪd ˈmɔlɪkjuːlə drˈzaɪn; ›computergestütztes Molekulardesign‹], Abk. **CAMD,** Bez. für die Entwicklung von chem. Substanzen, in erster Linie organ. Moleküle, mit Hilfe von Hochleistungsrechnern. Bei jeder chem. Substanz besteht ein enger Zusammenhang zw. Struktur und Funktion der Moleküle, so daß aus bekannten Strukturen zu erwartende Reaktionen abgeleitet werden können bzw. umgekehrt aus bekannten Reaktionen auf die Struktur geschlossen werden kann. Dies ist die Grundlage für M. Hat man z. B. über physikal. Methoden (Röntgenstrukturanalyse, Massenspektroskopie, NMR u. a.) die Atomkoordinaten eines Moleküls erhalten und gibt sie in den Rechner ein, so produziert dieser das Bild der dreidimensionalen Struktur dieses Moleküls, das in alle Richtungen gedreht sowie verkleinert oder vergrößert werden kann und dessen chem. und physikal. Eigenschaften vom Computer simuliert werden können. Anhand dieses Modells kann z. B. festgestellt werden, an welchen Stellen bevorzugt chem. Reaktionen ablaufen und welche Art von Reaktionen wahrscheinlich sind. Handelt es sich bei einem solcherart abgebildeten Molekül z. B. um eine pharmakologisch, d. h. als Arzneimittel wirksame Substanz, so kann – ausgehend von diesem ersten Molekül – durch Veränderungen von Seitenketten, Ersatz von reaktiven Gruppen u. a. Manipulation am Computerbildschirm bereits eine Aussage darüber getrof-

Mario José Molina

fen werden, welche der solcherart geschaffenen Verbindungen eventuell für einen bestimmten Einsatz in Frage kommen. Die so ausgesuchten Substanzen werden anschließend im Labor synthetisiert und auf ihre physiolog. Wirksamkeit geprüft (Drug design). Eine andere Möglichkeit ist die Herstellung von ›maßgeschneiderten‹ Proteinen (z. B. Enzyme, die optimal zu einem bestimmten Substrat passen). Hierbei wird z. B. das aktive Zentrum eines Enzymproteins so lange variiert, bis eine Variation gefunden ist, die sowohl sterisch als auch reaktiv am besten zu passen scheint. Sodann isoliert man das für die Synthese des ursprüngl. Enzymproteins verantwortl. Gen, zerlegt es mit Hilfe von Restriktionsenzymen in Bruchstücke und baut mit gentechnolog. Methoden ein neues Gen auf, das die Information für das vorher am Bildschirm veränderte (maßgeschneiderte) Protein trägt; dieses wird in Bakterien (meist Escherichia coli) eingebaut, die das neue Protein dann synthetisieren (Proteindesign). M. ist nur mit Hilfe von Super- und Parallelcomputern möglich, die mehrere Milliarden Rechenoperationen pro Sekunde ausführen. Zunächst wurde es in der Pharmaforschung und in den letzten Jahren zunehmend in der Material- und Polymerforschung angewandt; mittlerweile hat sich eine eigene Industrie entwickelt.

Molina, Mario José, mexikan. Physikochemiker, * Mexiko 19. 3. 1943; arbeitete zunächst an der University of California (Irvine) und ab 1983 am Jet Propulsion Laboratory des California Institute of Technology (Caltech) in Pasadena, seit 1989 am Department of Earth, Atmospheric and Planetary Sciences des Massachusetts Institute of Technology in Cambridge (Mass.). Mit F. S. Rowland untersuchte M. die Auswirkungen von Fluorchlorkohlenwasserstoffen (FCKW) auf die Ozonschicht. Das 1974 veröffentlichte Ergebnis, dem zufolge die bis dahin als harmlos geltenden FCKW mit zur Zerstörung der Ozonschicht beitragen, wurde zunächst mit Skepsis aufgenommen, durch weitere Untersuchungen und v. a. die Entdeckung des Ozonlochs über der Antarktis Mitte der 1980er Jahre jedoch bestätigt, wodurch die Diskussion über ein Verbot von FCKW u. a. als Treibgase und als Kühlmittel initiiert wurde. Für die Untersuchungen über die Einwirkung von FCKW auf die Ozonschicht wurde M. zus. mit Rowland und P. Crutzen mit dem Nobelpreis für Chemie 1995 ausgezeichnet.

Möllemann, Jürgen, Politiker (FDP), * Augsburg 15. 7. 1945; Lehrer; seit 1972 MdB, war 1982–87 Staats-Min. im Auswärtigen Amt, 1983–94 Landes-Vors. der FDP in NRW, 1987–91 Bundes-Min. für Bildung und Wiss., 1991–93 Bundeswirtschafts-Min. und 1992–93 Vizekanzler. Unter dem Vorwurf, die Verwendung amtl. Briefbogen zu privaten Werbezwecken durch andere geduldet zu haben (›Briefbogenaffäre‹), sah er sich im Jan. 1993 zum Rücktritt gezwungen.

***Monaco,** amtlich frz. **Principauté de M.,** dt. **Fürstentum M.,** Staat in Westeuropa, grenzt an das Mittelmeer und Frankreich.

Amtssprache: Französisch. *Staatsfläche:* 1,95 km². *Einwohner (1990):* 29 900, 15 333 Ew. je km². *Städtische Bevölkerung (1992):* 100%. *Religion:* Mehr als 90% Katholiken. *Währung:* 1 Französischer Franc (FF) = 100 Centimes (c). *Internationale Mitgliedschaften:* UNO, OSZE.

Geschichte: Bei den Wahlen zum Nationalrat im Jan. 1993 gewann die von Jean-Louis Campora geführte Liste mit absoluter Mehrheit (15 von 18 Sitzen). Im Mai 1993 wurde M. als 182. Mitgl. in die UNO aufgenommen.

***Mond 2):** Nachdem 13 Jahre kein M.-Flug mehr stattgefunden hatte, startete am 24. 1. 1990 die aus der Raumsonde Hiten und dem M.-Satelliten Hagoromo bestehende erste japan. M.-Sonde MUSES-A (Masse 197 kg, Durchmesser 1,4 m, Höhe 0,8 m) in langellipt. Erdumlaufbahnen. Beim ersten Vorbeiflug am M. am 19. 3. 1990 trennte sich Hagoromo (12 kg, 36 cm Durchmesser) ab und bremste in eine Umlaufbahn um den M. (Höhe rd. 23 000 bis 70 000 km). Hiten flog neunmal um den M., wurde dabei von der M.-Gravitation umgelenkt und durchquerte in 1,5 Mio. km Entfernung den Schweif der ird. Magnetosphäre. Nach einer Abbremsung durch die Erdatmosphäre im März 1991 gelangte die Sonde in Bahnen um die Lagrange-Punkte L_4 im Okt. und L_5 im Jan. 1992 und passierte den M. zum zehntenmal. Beim elftenmal, am 15. 2. 1992, bremste Hiten als M.-Satellit in eine Umlaufbahn (Höhe 9 600 bis 49 400 km). Ein Detektor der TU München untersuchte kosm. Staubteilchen im Erde-M.-System, bis Hiten am 11. 4. 1993 auf dem M. zerschellte. – Eine weitere, 1994 gestartete M.-Sonde war die amerikan. Clementine-1 (→Clementine). Außerdem übermittelte die Raumsonde →Galileo bei ihren Vorbeiflügen an der Erde jeweils im Dez. 1990 und 1992 Bilder und Meßdaten des Monds.

***Mondadori S. p. A.,** Arnoldo: →Fininvest S. p. A.
***Mondale,** Walter Frederick, amerikan. Politiker: Seit Sept. 1993 Botschafter in Japan.

Mongolei, amtlich mongol. **Mongol Uls,** Staat in Asien, hieß bis 13. 1. 1992 ▷ Mongolische Volksrepublik.

Hauptstadt: Ulan-Bator (mongol. Ulaanbaatar). *Amtssprache:* Mongolisch. *Staatsfläche:* 1 566 500 km². *Bodennutzung (1992):* 13 960 km² Ackerland, 1 246 000 km² Dauergrünland, 139 150 km² Waldfläche. *Einwohner (1994):* 2,363 Mio., 2 Ew. je km². *Städtische Bevölkerung (1994):* 59%. *Durchschnittliches Bevölkerungswachstum pro Jahr (1985–3):* 2,8%. *Bevölkerungsprojektion für 2000:* 2,525 Mio. Ew. *Ethnische Gruppen (1989):* 88,5% Mongolen (im einzelnen 78,8% Chalcha, 2,7% Dürbeten, 1,9% Bajaten, 1,7% Burjaten, 1,4% Dariganga, 1,1% Dsachtschinen), 5,9% Kasachen, 1,0% Tuwinen, 4,6% sonstige. *Altersgliederung (1995):* unter 15 Jahre 40,2%, 15 bis unter 65 Jahre 56,5%, 65 und mehr Jahre 3,3%. *Lebenserwartung der Neugeborenen (1993):* männlich 63 Jahre, weiblich 65 Jahre. *Analphabetenquote (1989):* 2,1%. *BSP je Ew. (1993):* 390 US-$. *BIP nach Sektoren/Produktionsstruktur (1993):* Landwirtschaft 21%, Industrie 46%, Dienstleistungen 33%. *Währung:* 1 Tugrik (Tug.) = 100 Mongo. *Internationale Mitgliedschaften:* UNO.

Verfassung: Die neue Verf. wurde am 13. 1. 1992 angenommen und am 12. 2. 1992 in Kraft gesetzt. Sie bekennt sich zu den Prinzipien von Demokratie, Gerechtigkeit, Freiheit, Gleichheit und nat. Einheit. Sie gewährleistet das Privateigentum, auch an Grund und Boden, und verfolgt ein gefächertes Wirtschaftssystem, das sowohl den Verhältnissen der internat. wie der nat. Wirtschaft Rechnung tragen soll.

Oberstes Gesetzgebungsorgan ist das Parlament (Mongol. Großer Chural), deren 76 Abg. durch das Volk für vier Jahre gewählt werden.

Staatsoberhaupt und Oberkommandierender der Streitkräfte ist der Präs. Er muß aus dem Land stammen und mindestens 45 Jahre alt sein. Die Präsidentschaftskandidaten werden von den im Parlament vertretenen Parteien nominiert, der Präs. für vier Jahre vom Volk gewählt. Gegen Gesetze kann er sein Veto einlegen, das vom Parlament mit Zweidrittelmehrheit zurückgewiesen werden kann. Der Premier-Min. und das Kabinett werden vom Parlament gewählt. Über die Verf. wacht ein Verfassungsgerichtshof, dessen neun Richter für sechs Jahre zu je einem Drittel vom Parlament, dem Präs. und dem Obersten Gerichtshof nominiert werden.

Jürgen Möllemann

Mongolei

Staatswappen

Nationalflagge

Moní Moníková – Moriz

Margriet de Moor

Verwaltung: Seit Mai 1994 ist die M. in 21 Prov. sowie den Stadt-Bez. Ulan-Bator gegliedert, deren Organe von der Reg. ernannte Gouv. und gewählte Volksversammlungen sind.

Recht: Die Richter genießen Unabhängigkeit. Höchstes Organ der Rechtspflege ist der Oberste Gerichtshof, dessen Mitgl. auf Vorschlag des Generalrats der Gerichtshöfe vom Parlament berufen werden. Dem Generalrat gehören u. a. die Vors. und der Generalstaatsanwalt an. Den Unterbau der Gerichte bilden Instanzen auf Provinz- und lokaler Ebene.

Geschichte: Die am 13. 1. 1992 vom Parlament verabschiedete Verf. führte den Namen M. als neue Staats-Bez. ein und erklärt die M. zu einem demokrat. Rechtsstaat mit marktwirtschaftl. System. Bei den Parlamentswahlen vom 28. 6. 1992 errang die MRVP 70 von 76 Mandaten. Anläßlich der ersten Direktwahlen für das Amt des Staatspräs. bestätigte die Bev. am 6. 6. 1993 Präs. G. OTSCHIRBAT im Amt.

Moníková [ˈmɔniːkɔva:], Libuše, tschech.-dt. Schriftstellerin, * Prag 30. 8. 1945; emigrierte 1971 in die Bundesrep. Dtl., schreibt in dt. Sprache. Ihr Erstlingswerk, der Roman ›Eine Schädigung‹ (1981), ist dem Gedenken an das Selbstopfer JAN PALACHS (1968) gewidmet. Charakteristisch für M.s offenen auktorialen Erzählgestus ist eine intensive Intertextualität. ›Pavane für eine verstorbene Infantin‹ (1983) nimmt explizit Bezug auf F. KAFKA und ARNO SCHMIDT. In ihrem Roman ›Die Fassade‹ (1987) wird die Renovierung des für die tschech. kulturelle Identität bedeutsamen Schlosses von Leitomischl (tschech. Litomyšl), v. a. seine allegor. Figuren (u. a. Gerechtigkeit), zum symbol. Akt gegen den Verlust des europ. kulturellen Gedächtnisses. Häufig sind Anspielungen auf den August 1968 und die anschließende kulturelle Depression. M. verwendet mehrschichtige Montageverfahren (Wechsel der Sprachebene sowie von Traum und Realität; Raum- und Zeitsprünge). Das Erschließen der verdeckten Bedeutung stellt besondere Anforderungen an die kulturgeschichtl. Kompetenz des Lesers. M. erhielt 1987 den Alfred-Döblin-Preis, 1993 den Franz-Kafka-Literaturpreis.

Weitere Werke: Drama: Tetom u. Tuba (1987). – *Roman:* Treibeis (1992). – *Essays:* Schloß, Aleph, Wunschtorte (1990); Prager Fenster (1994).

*Montand, Yves, frz. Schauspieler und Sänger italien. Herkunft: † Senlis 9. 11. 1991.

Michael Morgner: Inferno; 1991 (Privatbesitz)

Montero, Rosa, span. Schriftstellerin, * Madrid 3. 1. 1951; arbeitet als Journalistin (seit 1976 bei ›El País‹) und Drehbuchautorin. Ihre Romane behandeln realitätsnah Frauenschicksale im Spanien der Gegenwart, die Desillusionen der Emanzipation (›Crónica del desamor‹, 1979; ›La función delta‹, 1981), Entfremdung, Mythos und Täuschungen der Liebe (›Te trataré como a una reina‹, 1983, dt. ›Ich werde Dich behandeln wie eine Königin‹; ›Amado amo‹, 1988, dt. ›Geliebter Gebieter‹). ›Temblor‹ (1990; dt. ›Zittern‹) schildert Erziehung und Befreiung eines Mädchens in einer phantast. Welt der Zukunft.

Weitere Werke: Roman: Bella y oscura (1993). – *Essays:* La vida desnuda (1994).

Moor, Margriet de, geb. M. **Neefjes,** niederländ. Schriftstellerin, * Noordwijk 21. 11. 1941; studierte zunächst Klavier und Gesang, später Kunstgeschichte und Archäologie; führte ab 1984 mit ihrem Mann, dem Bildhauer HEPPE DE M., eine Galerie. 1988 debütierte sie mit dem Novellenband ›Op de rug gezien‹ (dt. ›Rückansicht‹); ihr Roman ›Eerst grijs dan wit dan blauw‹ (1991; dt. ›Erst grau dann weiß dann blau‹), virtuos konstruiert und in einer eindringl. musikal. Sprache verfaßt, wurde zum internat. Erfolg.

Weitere Werke: Novellen: Dubbelportret (1989; dt. Doppelporträt). – *Roman:* De virtuoos (1993; dt. Der Virtuose).

***Moore,** Charles Willard, amerikan. Architekt: † Austin (Tex.) 16. 12. 1993.

Mordwini|en, Mordwinische Republik, auch **Mordowi|en,** bis 1993 ▷ Mordwinische Autonome Sozialistische Sowjetrepublik, Teilrepublik der Russ. Föderation im südl. Teil der Region zw. Wolga und Wjatka, grenzt im O an Tschuwaschien, 26 200 km², (1992) 964 000 Ew., Hauptstadt ist Saransk. Die Mordwinen, ein Volk mit finno-ugr. Sprache, stellen nur 32 % der Ew. in ihrer Rep., 61 % sind Russen, etwa 5 % Tataren.

Geschichte: Im Dez. 1990 wertete sich die Mordwin. ASSR zur SSR auf. In der Auseinandersetzung mit den sozialist. Kräften, die dominieren, konnte die Nationalbewegung ›Mastorawa‹ (dt. ›Mutter Erde‹) kaum Durchschlagskraft entwickeln. Von zentraler Bedeutung für eine »nat. Wiedergeburt« ist die Frage, ob die Mordwinen eine einheitl. Nation darstellen oder zwei Ethnien, die Ersa und die Mokscha, umfassen. Die Assimilation der Mordwinen an die russ. Sprache und Kultur ist weit fortgeschritten.

Moretti, Nanni, italien. Drehbuchautor, Filmregisseur und -schauspieler, * Bruneck 19. 8. 1953; Repräsentant des neuen italien. Films, der, seit den 1970er Jahren tätig, polit. Themen aufgreift.

Filme: Ich bin ein Autarkist (1977); Die Nichtstuer (1978); Die Messe ist aus (1985); La Cosa – Die Sache (1990); Liebes Tagebuch (1994).

Morgner, Michael, Maler, * Chemnitz 6. 4. 1942; entwickelt seit den 1970er Jahren chiffrenhafte Symbole für die menschl. Figur und Naturphänomene, denen man teilweise eine politisch-soziale Bedeutungsebene zusprechen kann. In den Werkreihen mit Titeln wie ›Begegnungen‹ (1974–92), ›Einsiedel‹ (1987), ›Ecce Homo‹ (1984–89) und ›Jüd. Requiem‹ (1991) beschäftigt sich M. thematisch mit individuell-psycholog. Befindlichkeiten und einer Bewältigungsarbeit, aufgrund deren er eine Aufarbeitung der dt. Vergangenheit unternimmt. Dem trag. Moment der von ihm entworfenen Bildwelt korrespondiert eine weitgehende Reduktion der Farbigkeit.

M. M. Werkübersicht 1972–1991, bearb. v. G. BARTHEL u. a., Ausst.-Kat. (1992); M. M., hg. v. M. FLÜGGE, Ausst.-Kat. (1993).

Moriz, Moric [-ts], J u n n a Petrowna, russ. Lyrikerin, * Kiew 2. 6. 1937; debütierte 1957 mit dem Gedichtband ›Razgovor o sčast'e‹; unternahm nach dem Besuch des Moskauer Gorkij-Literaturinstituts (1961) eine Reise durch das Nordpolarmeer und veröffentlichte darüber den vielbeachteten Gedichtband ›Mys želanija‹ (1961). Ihre in der Tradition MARINA ZWETAJEWAS stehende metaphernreiche, um die Themen Tod, Leben und Kunst kreisende unpathet. Lyrik kann ungehindert erst seit der Perestroika erscheinen. M. trat auch als Übersetzerin (v. a. aus dem Litauischen) hervor.

Weitere Werke: Surovoj nit'ju (1974); Tretij glaz (1980); Sinij ogon (1985); Na etom berege vysokom (1987).

Ausgabe: Izbrannoe (1982).

***Morley,** Robert, brit. Schauspieler und Dramatiker: † London 3. 6. 1992.

Morphing [ˈmɔːfɪŋ; engl., zu griech. morphē ›Form‹, ›Gestalt‹], *das, -s,* Datenverarbeitung: computerunterstützte Bildmanipulation, ggf. auch in Form einer Computeranimation, bei der auf dem Bildschirm aus einem vorgegebenen Bild (z. B. einem Menschenkopf) graduell ein anderes vorgegebenes Bild wird (z. B. ein Löwenkopf). Entsprechende Computerprogramme erlauben es zunächst, die jeweiligen Ausgangs- und Endbilder in Größe und Lage einander anzupassen, sodann, festzulegen, welche Punkte im Ausgangsbild welchen Punkten im Endbild entsprechen sollen, und schließlich die Zahl der Zwischenschritte zu wählen. Die diesen Vorgaben entsprechenden Zwischenbilder werden dann vom Computer errechnet.

***Morrison,** Toni, amerikan. Schriftstellerin: Erhielt 1993 den Nobelpreis für Literatur.

Werk: *Roman:* Jazz (1992; dt.).

***Mortari,** Virgilio, italien. Komponist: † Rom 5. 9. 1993.

***Mortensen,** Richard, dän. Maler: † Kopenhagen 12. 1. 1993.

***Moschajew,** Boris Andrejewitsch, russ. Schriftsteller: † Moskau 2. 3. 1996.

***Moses-Mendelssohn-Preis:** Weitere Preisträger sind T. KOLLEK (1990), CHARLOTTE SCHIFFLER und W. THIERSE (1992), HEINZ KNOBLOCH und INGE DEUTSCHKRON (1994).

***Motherwell,** Robert, amerikan. Maler: † Provincetown (Mass.) 16. 7. 1991.

motorbezogene Versicherungsteuer, →Kraftfahrzeugsteuer.

***Movimento Popular de Libertação de Angola,** Abk. **MPLA:** Ende 1990 rückte der MPLA auf seinem III. Parteikongreß von seinem Status als Einheitspartei ab (Verfassungsänderung März 1991), kehrte dem Marxismus-Leninismus den Rücken und strich den Zusatz ›Partido de Trabalho‹ (dt. ›Partei der Arbeit‹) aus seinem Namen. Im Mai 1991 stimmte er einem Friedensabkommen zu, das u. a. freie Wahlen vorsah. Bei den von der UNO überwachten Wahlen vom 29./30. 9. 1992 errang der MPLA mit 53,7 % der Stimmen die absolute Mehrheit. Nachdem sein Bürgerkriegsgegner UNITA den Sieg des MPLA nicht anerkannt hatte, brach der Bürgerkrieg erneut aus. Die von dem MPLA gestellte Reg. fand nun jedoch auch die Anerkennung und Unterstützung der westl. Staaten. Nach einem erneuten Friedensvertrag vom Dez. 1994 erkannte im Mai 1995 auch die UNITA die von dem MPLA gestellte Reg. als rechtmäßig an.

***Moya,** John Hidalgo, brit. Architekt: † Hastings 3. 8. 1994.

***Mozarteum Orchester Salzburg:** Chefdirigent ist seit 1994 HUBERT SOUDANT (* 1946).

MTV Europe [emtiːˈviː ˈjʊərəp, engl.], →Privatfernsehen (ÜBERSICHT).

***Mucha,** Jiří, tschech. Schriftsteller: † Prag 5. 4. 1991.

Mucha, Reinhard, Plastiker, Konzept- und Photokünstler, * Düsseldorf 1950; konstruiert in Rauminstallationen, Objektanordnungen und Photoserien ein materiell-ideelles Bezugssystem, das zum einen durch die handwerkl. Präzision und zum anderen durch den angebotenen Assoziationsreichtum überzeugt. Seine scheinbar zufälligen Dingpräsentationen sind grundsätzlich auf traditionelle skulpturale Prinzipien und Motive bezogen. Wichtiger Bestandteil seiner Werke ist die Reflexion des Betrachters, der im Nachvollzug der komplexen Bedeutungsfelder, in denen der Künstler seine Arbeit situiert, die eigene Position innerhalb der zeitgenöss. Kulturarbeit erlebt. 1990 war M. neben B. und HILLA BECHER Vertreter der Bundesrep. Dtl. auf der Biennale in Venedig.

R. M., Gladbeck, bearb. v. R. M. u. a., Ausst.-Kat. (Paris 1986); M. WECHSLER: R. M., Mutterseelenallein, Ausst.-Kat. (1992).

Toni Morrison

Reinhard Mucha: Das Figur-Grundproblem in der Architektur des Barock (für dich allein bleibt nur das Grab); Rauminstallation, 1985 (Paris, Musée National d'Art Moderne)

Mühe, Ulrich, Schauspieler, * Grimma 20. 6. 1953; ab 1979 in Karl-Marx-Stadt, seit 1983 am Dt. Theater Berlin; Charakterdarsteller, der seine Theater-, Film- und Fernsehrollen mit großem Nuancenreichtum ausstattet.

Filme: Das Spinnennetz (1989); Schtonk (1992); Der Blaue (1994); Geschäfte (Fernsehfilm, 1995); Nikolaikirche (Fernsehfilm, 2 Tle., 1995).

***Mühlhausen 2):** Der Landkreis M. ging am 1. 7. 1994 im Unstrut-Hainich-Kreis auf.

***Mühltroff:** Die bisher thüring. Stadt gehört seit 1. 4. 1992 (Staatsvertrag) zum Land Sachsen, und zwar (seit 1. 1. 1996) zum Vogtlandkreis.

Muldentalkreis, Landkreis in der Reg.-Bez. Leipzig, Sachsen, 877 km^2, (1995) 120 800 Ew.; Kreisstadt ist Grimma. Das von der Mulde durchflossene Kreisgebiet liegt in der Leipziger Tieflandsbucht und im Sächs. Hügelland mit den Porphyrkuppen der Hohburger Berge (bis 240 m ü. M.). Ein Fünftel der Kreisfläche nehmen Wälder ein. Landwirtschaftl. Produkte sind Getreide und Kartoffeln, auch Zuckerrüben und Obst. An Bodenschätzen sind Porphyr, Sand und Kies, Kaolin, Lehm und Ton vorhanden. Der industrielle Sektor, bisher geprägt durch Maschinenbau, Papierherstellung und -verarbeitung, Porzellan-, Textil- und Nahrungsmittelindustrie, befindet sich im Stadium der Umstrukturierung; es entstehen zahlreiche neue Gewerbegebiete. Größte Städte sind Grimma (1995: 19 300 Ew.) und Wurzen (17 400 Ew.), weitere

Ulrich Mühe

Muld Muldoon – Multimedia

Bad Lausick (Kurort für Herz- und Kreislauferkrankungen), Brandis (mit ehem. sowjet. Militärflugplatz Polenz), Colditz, Mutzschen, Naunhof, Nerchau und Trebsen/Mulde. – Der Kreis wurde am 1. 8. 1994 aus den früheren Kreisen Grimma und Wurzen gebildet; eingegliedert wurden einige Gemeinden der früheren Kreise Borna, Geithain (u. a. die Stadt Bad Lausick) und Rochlitz.

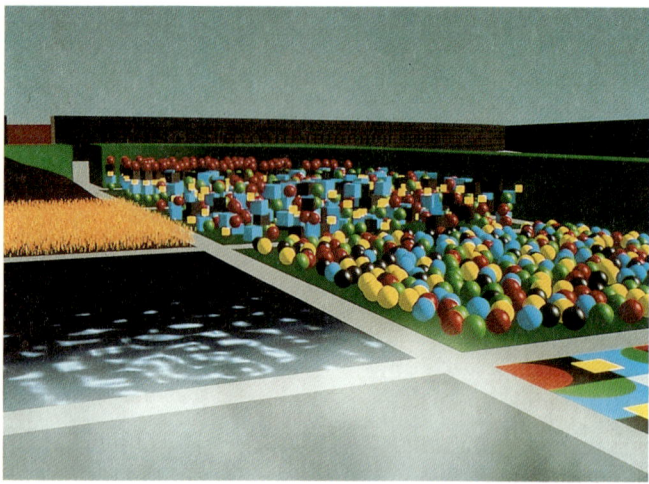

Matt Mullican: Standbild aus einer Computersimulation; 1989

*****Muldoon,** Robert David, neuseeländ. Politiker: † Auckland 5. 8. 1992.

*****Müller,** Heiner, Schriftsteller: † Berlin 30. 12. 1995. Ab 1989 war M., dessen Stasikontakte 1993 bekannt geworden waren und kurzzeitig Aufsehen erregt hatten, v. a. als Regisseur tätig gewesen. Er hatte 1992 mit anderen die Leitung des Berliner Ensembles übernommen und 1993 als Opernregisseur mit einer Inszenierung von R. WAGNERS ›Tristan und Isolde‹ in Bayreuth debütiert. 1990 hatte M. den Kleist-Preis erhalten.

Werke: *Lyrik:* Gedichte (1992). – *Autobiographisches:* Krieg ohne Schlacht. Leben in zwei Diktaturen (1992). – „Ich schulde der Welt einen Toten." Gespräche (1995, mit A. KLUGE).
Ausgaben: Shakespeare Factory, 2 Bde. (5.–6. Tsd. 1985–94); Gesammelte Irrtümer. Interviews u. Gespräche, 3 Bde. (¹־²1990–94); Herzstück (14.–15. Tsd. 1994).
R. PETERSOHN: H. M.s Shakespeare-Rezeption (1993); INGO SCHMIDT u. F. VASSEN: Bibl. H. M. 1948–1992 (1993); A. KELLER: Drama u. Dramaturgie H. M.s zw. 1956 u. 1988 (²1994).

Kary B. Mullis

*****Müller,** Herta, rumäniendt. Schriftstellerin: Erhielt 1994 den Kleist-Preis.

Werke: *Romane:* Der Fuchs war damals schon der Jäger (1992); Herztier (1994). – *Essays:* Der Teufel sitzt im Spiegel (1991). – *Prosa:* Eine warme Kartoffel ist ein warmes Bett (1992); Der Wächter nimmt seinen Kamm (1993).

*****Müller,** Max, Philosoph: † Freiburg im Breisgau 18. 10. 1994.

*****Müller-Siemens,** Detlev, Komponist: Wurde 1991 Prof. an der Basler Musikakademie. Weitere Werke, u. a. Hornkonzert (1989), Streichquartett (1990), ›Carillon‹ für Orchester (1991), Doppelkonzert für Violine, Viola und Orchester (1993), ›Phoenix‹ für 13 Instrumentalisten (1994).

*****Müller-Westernhagen,** Marius, Schauspieler und Rocksänger, * Düsseldorf 6. 12. 1948; begann als Film- und Fernsehschauspieler und hatte 1980 seinen ersten großen Popularitätserfolg in dem Film ›Theo gegen den Rest der Welt‹. Mit der Rolle des ›sprücheklopfenden Zockers‹ und ›ewigen Verlierers‹ Theo schuf er sich ein Image, das auch für seine Karriere als Rockmusiker ausschlaggebend wurde. Mit iron. Texten und bluesbetonter, geradliniger Rockmusik verkörpert er den ›rebell. Kumpel‹ von unten, dessen Normalität trotz allen Superstarrummels noch nachvollziehbar bleibt; Hiterfolge, u. a. mit den CDs ›Mit Pfefferminz bin ich dein Prinz‹ (1978), ›Sekt oder Selters‹ (1980), ›Stinker‹ (1981), ›Westernhagen Live‹ (1990; daraus ›Freiheit‹), ›JaJa‹ (1991), ›Affentheater‹ (1994).

Mullican [ˈmʌlɪkən], Matt, amerikan. Maler, Plastiker, Photograph und Konzeptkünstler, * Santa Monica (Calif.) 18. 9. 1951; zählt zu den einflußreichsten Konzeptkünstlern der Gegenwart, arbeitet an der Darstellung und unmittelbar sinnl. Umsetzung einer enzyklopäd. Weltsicht, die parallel zu den durch Sprache geschaffenen rationalen Strukturen die Ordnung eines imaginären Bilderuniversums entwirft. In seriellen Sprach-Bild-Kombinationen, in Performances, in computerunterstützten Entwürfen utop. Stadträume formuliert M. vielschichtig und anschaulich den Gedanken, daß die Kunst durch ihren zeichenhaften Verweischarakter immer auch eine vorwegnehmende Konkretion von Ideen sein kann.

M. M. Works 1972–1992, hg. v. U. WILMES (1993).

*****Mulligan,** Gerry, amerikan. Jazzmusiker und Arrangeur: † Darien (Conn.) 21. 1. 1996.

Mullis [ˈmʌlɪs], Kary Banks, amerikan. Chemiker, * Lenoir (N. C.) 28. 12. 1944; war ab 1972 an versch. Forschungsinstituten tätig und wechselte Ende der 1970er Jahre zur Industrie; seit 1987 ist er als Berater für Nukleinsäurechemie für eine Reihe führender Gentechnikunternehmen tätig. M. entwickelte 1983 ein Verfahren zur Vermehrung von Desoxyribonukleinsäure (DNS), bei dem aus geringsten Mengen von genet. Material mit Hilfe des Enzyms Polymerase in einer Kettenreaktion (PCR, Abk. für engl. Polymerase chain reaction) größere Mengen an DNS gewonnen werden, die sich für detaillierte Analysen u. a. in der mikrobiolog., genet. oder medizin. Forschung eignen. Für die Entwicklung dieses Verfahrens erhielt M. 1993 zus. mit M. SMITH den Nobelpreis für Chemie.

*****Mulroney,** Brian, kanad. Politiker: Bemühte sich vergeblich, durch eine Verf.-Reform (Meech Lake Accord 1987, Charlottetown Accord 1992) einen Interessenausgleich zw. Anglo- und Frankokanadiern zw. Bundes-Reg. und Provinzen zu erreichen; setzte sich u. a. durch Anerkennung des Rechts auf Autonomie für die Stärkung der Rechte der Urbevölkerung ein. Im Dez. 1992 schloß M. mit den USA und Mexiko ein Abkommen zur Schaffung der →Nordamerikanischen Freihandelszone. Angesichts wachsender Unpopularität trat M. im Juni 1993 als Premier-Min. und Führer der Progressive Conservative Party zurück.

Multimedia, computergestützte Medienanwendungen, in die digitalisierte Bilder, Daten und Töne integriert werden. M. ermöglicht die Kombination von Text, Bild, Ton und Video und einen interaktiven Dialog bei der Benutzung.

Begriffliches

›M.‹ ist ein aus dem Angloamerikanischen übernommener, auf die Bereiche elektron. Datenverarbeitung (EDV), Telekommunikation sowie Hörfunk und Fernsehen bezogener Begriff. Seinen beiden aus dem Lateinischen stammenden Wortbestandteilen nach bedeutet er ›Vielfachmedien‹, nach seiner grammat. Verwendung ist er den Begriffen ›Audio‹ und ›Video‹ verwandt und wird im Englischen ebenso wie diese v. a. adjektivisch und in zusammengesetzten Wörtern benutzt. Diesem Gebrauch entsprechen im Deutschen die adjektiv. Ableitung

Schlüsselbegriff

›multimedial‹ und Komposita wie ›M.-System‹. Die engl. Wortform ›M.‹ wurde unverändert als Substantiv ins Deutsche übernommen und wird im Singular, aber meist ohne Artikel gebraucht, so daß das Genus (Neutrum) unbestimmt bleibt. Das Wort stellt ein Abstraktum dar, das einen in seiner Ausdehnung großen und in der Bedeutung wichtigen, aber nicht genau bestimmten technologisch-wirtschaftlich-gesellschaftl. Komplex bezeichnet. Zu der Unbestimmtheit paßt, daß dieser Komplex gegenwärtig nur zu einem geringen Teil real vorhanden ist.

Inhaltlich umfaßt ›M.‹ neben ›Audio‹ und ›Video‹ noch ›Daten‹ (engl. data) sowie ggf. weitere ›Medien‹, mit dem wesentlichen zusätzl. Aspekt der gleichzeitigen Verfügbarkeit. Demgemäß handelt es sich bei Audio, Video und Daten um drei versch. Einzelmedien, und zwei oder alle drei praktisch gleichzeitig zusammen sind M. Dieser Auffassung liegt zugrunde, daß mit dem Wort ›Medien‹ alle Geräte, Einrichtungen, Verfahren usw. gemeint sind, die zur Kommunikation sowie zum Transport und zur Be- oder Verarbeitung von Informationen irgendwelcher Art verwendet werden. Der Aspekt der Gleichzeitigkeit setzt voraus, daß es Transportkanäle, Vermittlungssysteme und Endgeräte gibt (nach der oben dargelegten Auffassung ebenfalls Medien), die zumindest prinzipiell für Audio, für Video und für Daten geeignet sind. Diese Bedingung ist erfüllt, wenn alle Informationen in digitaler Form vorliegen und alle Geräte, in denen solche Informationen umgesetzt oder verarbeitet werden, in dem jeweils erforderl. Umfang auch EDV-Geräte sind, nach dem allgemeinen Sprachgebrauch also Computer. Genau hierauf beruhen die modernen Entwicklungen, die unter dem Begriff M. im obigen Sinn zusammengefaßt werden: Bei M.-Anwendungen sind alle Informationen binär digitalisiert.

Der grundlegende Aspekt von M. ist hiernach, daß alle Informationen rechner- oder computerintern prinzipiell gleich behandelt werden. Das hat neben dem techn. Vorteil der apparativen Vereinheitlichung den anwendungsspezif. Vorteil, daß alle Informationen gemischt und, soweit erforderlich oder wünschenswert, mit ›Headern‹ versehen werden können, d. h. mit Daten, die z. B. Auskunft darüber geben können, um welche Art von Informationen es sich handelt und wie mit ihnen umzugehen ist. Ohne durchgreifende Digitalisierung wären zwei Entwicklungen nicht denkbar, die zu den gegenwärtig auffallendsten und auch wichtigsten Aspekten von M. gehören: die nat., internat. oder gar globale wirtschaftl. und technolog. ›Konvergenz‹ von Medienunternehmen bzw. ihrer Infrastrukturen und die zunehmende Bedeutung der CD-ROM in der EDV. Bei den Medienunternehmen in diesem Sinn kann man insbesondere zw. Anbietern von Informationen (z. B. Film- und Fernsehproduzenten, Verleiher, Verlage, Medienkonzerne im hergebrachten Sinn) und Verteilern von Informationen (z. B. Netzbetreiber, Funkdienste) unterscheiden. Während bei den Informationsanbietern die Konvergenz sich meist in Form der Fusion oder einer strateg. Allianz der jeweiligen Unternehmen vollzieht, ist bei den Verteilern – v. a. den Betreibern von Fernsprechnetzen einerseits und von Kabelfernsehnetzen andererseits – i. d. R. eine technolog. Konvergenz zu beobachten, was bedeutet, daß die versch. Betreiber die jeweiligen Dienste und damit die entsprechenden Techniken voneinander übernehmen. Was die Bedeutung der CD-ROM betrifft, so spielte hier die Musik-CD eine Vorreiterrolle als Träger digitalisierter Information. Es war dann nur ein kleiner Schritt, die Techniken so weit zu modifizieren, daß die CD auch als Bildplatte oder als Nurlesespeicher (ROM) in der EDV eingesetzt werden konnte und schließlich als M.-Datenträger, auf dem Töne, Bilder, Buchstaben, Ziffern u. a. Zeichen gemeinsam gespeichert sind. In jüngster Zeit wurde ein einheitl. Standard für eine **M.-CD** mit deutlich höherer Speicherkapazität festgelegt. Solche CD fassen mehrere Gigabyte und können ganze Spielfilme in besserer Qualität speichern als Videorecorder. Der Name dieser CD steht bislang noch nicht fest, und die erforderl. Laufwerke sind derzeit (Anfang 1996) noch nicht im Handel. Computer, die ein CD-Laufwerk und die nötige Software haben, um multimediale Informationen zu bearbeiten, werden auch als multimediafähige Computer bezeichnet oder kurz als M.-Computer (insbesondere M.-PC); sie verfügen zusätzlich über einige weitere Peripheriegeräte wie Lautsprecher, Mikrophon, Videokamera und Scanner. Es gilt als sehr wahrscheinlich, daß in naher Zukunft die bisherigen Endgeräte Telefon, Faxgerät und Fernsehgerät sowie der bisherige PC weitgehend durch ein Universal-M.-Gerät verdrängt werden, das alle Funktionen der anderen Geräte in sich vereint. Alle anspruchsvollen M.-Anwendungen (Bilder mit hoher Auflösung, gute Musikqualität) erfordern eine große Speicherkapazität und eine hohe Rechenleistung sowie im Online-Betrieb breitbandige Leitungen.

Multimediaangebote

Mitte der 1990er Jahre stehen in Dtl. M.-Anwendungen wie interaktives →Fernsehen, Video-on-demand und Teleshopping im Vordergrund des öffentl. Interesses. Durch eine Reihe von Pilotprojekten, die allerdings nur einen geringen Teil der Bev. erreichen (in Dtl. 1995 weniger als 20 000 Haushalte), soll die private Nachfrage nach derartigen Angeboten ermittelt werden. Bei der funktionsorientierten Betrachtung der M.-Angebote wird zw. lokalen oder nicht verteilten M.-Systemen (Off-line-Anwendung, Stand-alone-Anwendung) einerseits und netzgestützten oder verteilten M.-Systemen (On-line- oder Stand-by-Anwendungen) andererseits unterschieden. Das wichtigste Off-line-Produkt stellt die multimediale CD-ROM dar. Der Online-Markt umfaßt M.-Anwendungen, die auf Telekommunikationsnetze zurückgreifen, um Informationen zw. versch. Personen und Orten zu übertragen. Solche netzgestützten M.-Anwendungen werden in Distributions-M. und Kommunikations-M. unterteilt. **Distributions-M.** eröffnet die Möglichkeit, Informationen für eine große Zahl von Empfängern anzubieten, bei begrenzten Rückkopplungsmöglichkeiten von den Empfängern zum Anbieter. Beispiele hierfür sind das filmbezogene Abonnentenfernsehen, wie Pay-per-view oder der frei wählbare Abruf von Filmen aus zentralen Videodatenbanken (Video-on-demand), der Produktvertrieb über Fernsehkanäle mit direkter Bestellmöglichkeit per Rückkanal (Teleshopping) oder die Bereitstellung von Lernprogrammen, Sachinformationen und Spielen über das Telefonnetz. Bei **Kommunikations-M.** (z. B. Bildtelefon, Video- und Computerkonferenzen) ist meist die Interaktion zw. wenigen Personen, die in gleichem Ausmaß Informationen senden und empfangen können, möglich.

Bei der kundengruppenorientierten Gliederung wird das M.-Geschäft danach unterteilt, ob M.-Dienst eher von einem Unternehmen zu geschäftl. Zwecken nachgefragt wird (Business-, Geschäftsfeld- oder Professional-M.) oder ob (wie beim Consumer- oder Privatkunden-M.) die Nachfrage von Endverbrauchern ausgeht.

In der wertkettenorientierten Betrachtung werden alle Aktivitäten der betriebswirtschaftl. Lei-

Mult Multimedia

stungserstellung, die direkt oder indirekt zur Erstellung eines aus Kundensicht wertvollen Produktes beitragen, zu Anbietergruppen zusammengefaßt: 1) Computer- und Telekommunikationsausrüstungshersteller, 2) Betreiber von Telekommunikations- und Breitbandkabelnetzen, 3) ›Inhaltsmanager‹ und 4) Diensteanbieter. Als wichtige Funktionen, Produkte bzw. Dienste und strateg. Erfolgsfaktoren werden genannt: zu 1) Bereitstellung von Hard- und Softwarekomponenten für die Netzinfrastruktur und für M.-Endgeräte (M.-PC, Set-Top-Box, Videoserver) und das Setzen von techn. Standards; 2) Integration von Elementen der Infrastruktur (v. a. Breitbandnetze) als Plattformen für M.-Dienste; 3) Materialbereitstellung für multimediale Anwendungen (Spielfilme, Teleshoppingprogramme, Spiele); 4) die Gestaltung der Schnittstelle zum Kunden, was z. B. die Vermietung von Set-Top-Boxen und die Kundenverwaltung (Inkasso, Reklamationen) umfaßt und effizienter Datenbanksysteme bedarf.

Technologie

Für die On-line-Anwendung wird eine Netzleistung in Form einer Übertragung von Daten in Anspruch genommen, wozu eine entsprechende Infrastruktur, z. B. das ISDN, vorhanden sein muß. Die aus versch. Medien stammenden Inhalte werden als Datenmengen auf zentralen Servern für den dezentralen Zugriff gespeichert. Der Zugriff erfolgt dann durch die entsprechenden Endgeräte. Wenn die Netze, Server und Endgeräte installiert sind, muß außerdem für diese Anlagen die jeweilige Software bereitgestellt und gewartet werden. Ergänzend kommen die Mehrwertdienste (Value-added Services) und das Service providing, z. B. die Abrechnung zw. M.-Kunden und M.-Anbietern, hinzu. Für On-line-Anwendungen ist der Anschluß an ein Fernmeldenetz erforderlich. Dies kann das schmalbandige Telefonnetz sein, dessen hohe Anschlußdichte eine große Teilnehmerzahl erreichbar macht. Die für interaktive M.-Anwendungen erforderliche höhere Übertragungskapazität wird durch ein auf Glasfasertechnologie beruhendes Breitbandvermittlungsnetz erreicht. Um eine individuelle Zweiwegekommunikation für Abruf und Versand zu ermöglichen, muß das bisher nur für Einwegkommunikation (vom Sender zum Empfänger) ausgelegte Fernsehkabelnetz mit erheblichem techn. und finanziellem Aufwand mit Vermittlungstechnik nachgerüstet werden.

Video-on-demand erfordert hohe Übertragungskapazitäten. So entspricht z. B. eine Minute digitalisiertes Video in VHS-Qualität der Datenmenge von 4 Mio. beschriebenen DIN-A4-Seiten. Um diese bei der heute z. B. für T-Online (→Datexnetz) im Telefonnetz übl. Übertragungsgeschwindigkeit (14,4 Kilobit pro Sekunde, KBit/s) zu übertragen, benötigt man 116 Stunden. Der Einsatz von Verfahren der →Datenkompression führt dazu, daß ein erheblich verringerter Speicherbedarf entsteht und bei On-line-Anwendungen der Bedarf an Übertragungskapazität reduziert werden kann. Im →ISDN sind durch die Übertragungsgeschwindigkeit von 64 KBit/s einige M.-Anwendungen (z. B. solche mit nicht bewegten Bildern wie Fernzeichnen) bereits möglich. Der ISDN-Anschluß wird in einer in diesem Zusammenhang gerne verwendeten bildhaften Sprache als ›Auffahrt‹ auf die →Infobahn bezeichnet.

Wirtschaftliche Aspekte

Für Unternehmen bietet M. Chancen und Möglichkeiten in zweierlei Hinsicht. Einerseits, weil sich durch neue Produkte und Dienstleistungen zusätzl. Umsatzpotentiale eröffnen, andererseits, da durch problemgerechte M.-Anwendungen Kosten gesenkt werden können. Beispiele für ersteres sind CD-ROM-Versionen von Büchern, für letzteres der Einsatz von CD-ROM oder On-line-Diensten zur Produktpräsentation oder zur Nutzung neuer Vertriebswege. Bisher wurde weder das Nachfragepotential geschäftl. und privater Nutzer fundiert analysiert noch zuverlässig die Frage geklärt, inwieweit die geltenden Regulierungsbestimmungen sowie die techn. Voraussetzungen bei Netzen, Servern und Endgeräten potentielle Entwicklungsbarrieren darstellen. Fusionen und strateg. Allianzen zw. Unternehmen, die sich mit versch. Teilaspekten von M. beschäftigen, haben in der letzten Zeit zahlreich stattgefunden. Den Markt für multimediafähige Endgeräte teilen sich Elektronik-, Computer- und Unterhaltungsgeräteindustrie. Durch die Liberalisierung der Telekommunikationsmärkte, die es v. a. den Energieversorgungs- sowie den Verkehrsunternehmen erlaubt, ihre unternehmensinternen Hochleistungsdatennetze auch Dritten zur Verfügung zu stellen, drängen neue Anbieter auf den Markt der Netze. Die Dt. Telekom AG verliert 1998 ihre Monopolstellung. Zwar wird der Telefonanschluß im Haus noch für längere Zeit vorrangig von der Dt. Telekom zur Verfügung gestellt werden, der Kunde kann sich aber über diese Leitung in das Netz eines anderen Anbieters einwählen und dessen Leistungen, z. B. Weitervermittlung oder Abruf von Diensten, in Anspruch nehmen. Forciert werden M.-Angebote durch die kommerzielle Nutzung des →Internet. Durch Teleshopping und Teleservice kann prinzipiell ein großer Teil des Versandhandels- und Tourismusgeschäfts durch M.-Nutzung erledigt werden.

Noch ist unklar, ob durch M. zusätzl. Arbeitsplätze entstehen oder ob es lediglich zu einer Verlagerung in andere Aufgabenbereiche kommt. Das Entstehen neuer Berufe zeichnet sich bereits ab. Mit den verfügbaren Off-line-Angeboten CD-ROM und CD-I werden hauptsächlich im Marktsegment Videospiele weltweit Umsätze mit hohen Zuwachsraten erzielt. Es ist jedoch fraglich, ob das für das

---

Multimedia: Anwendungsmöglichkeiten nach Anwendungsbereichen und technischen Voraussetzungen

Anwendungs-bereiche	Technische Grundlage		
	On-line		Off-line
	schmalbandig	breitbandig	
öffentliche Anwendungs-bereiche	Bildtelefonie Bürgerinformationssysteme Umweltinformationssysteme Verkehrsinformationssysteme	Telelearning Telemedizin Verwaltungskooperation virtuelle Museen	Stadtinformation Lernsoftware für Bildungseinrichtungen kulturelle Inhalte
private Anwendungs-bereiche	Bildtelefonie Telearbeit Teleshopping Telespiele Audio-on-demand	Video-on-demand interaktives Fernsehen	Spiele Nachschlagewerke Lernsoftware
geschäftliche Anwendungs-bereiche	Bildtelefonie Desktop-Videokonferenz Telearbeit	Videokonferenz Visualisierung und Simulation	Produktpräsentation Kataloge techn. Anleitungen betriebl. Aus- und Weiterbildung

Marktsegment M. prognostizierte Wachstum auf 15 bis 20 Mrd. DM bis zum Jahr 2000 auf entsprechende private Nachfrage stößt. Pilotprojekte in den USA haben gezeigt, daß z. B. bei Video-on-demand die Kosten für den Abruf eines Films deutlich unter denen für die Ausleihe in der Videothek liegen müssen, damit eine ausreichende Kundennachfrage entsteht. Ein so niedriges Preisniveau ist jedoch nur bei einer sehr großen Zahl von Teilnehmern und Abrufen zu erreichen. Die künftigen Anbieter der M.-Inhalte werden einerseits die kommerziell interessierten Medienunternehmen wie Film-, Fernseh- und Hörfunkproduzenten sowie Verlage sein. Demgegenüber steht im gemeinnützigen Interesse der öffentl. Bereich mit einem großen Potential an z. B. Verwaltungs-, Kultur-, Umwelt-, Bildungs- und Erziehungsinformationen. Die Verwertungsgesellschaften wie GEMA und VG Wort und die einzelnen Rechteinhaber werden neue Aufgaben bei der Vermarktung der jeweiligen Produkte für M.-Anwendungen übernehmen müssen.

Rechtliche Aspekte

Durch M. wird vorrangig das Urheber- und das Rundfunkrecht tangiert. Dies resultiert zunächst daraus, daß § 16 Urheberrechts-Ges. (UrhG) für die betroffenen Werke eine gewisse Dauerhaftigkeit der Fixierung voraussetzt. Inwieweit die Einspeisung von urheberrechtsfähigen Materialien in den Arbeitsspeicher eines Computers eine dem Urheber vorbehaltene Vervielfältigung darstellt, ist noch zu klären. Ebenso kann das in § 17 UrhG festgelegte Verbreitungsrecht des Urhebers auf Wiedergabe eines Werks in körperl. Form berührt sein, wenn M.-Werke Dritten zum Abruf zur Verfügung gestellt werden. Definiert man diesen Abruf als Wiedergabe in unkörperlicher elektron. Form, so fällt er unter § 15 Abs. 2 UrhG, der das Recht des Urhebers auf öffentl. Wiedergabe regelt. Wiederum bleibt allerdings offen, ob die Wiedergabe des Werks, die zunächst nur dann als öffentlich gilt, wenn sie gleichzeitig eine Mehrzahl von Personen erreichen soll, auch bei den aus techn. Gründen nacheinander erfolgenden Abrufen aus einem M.-System als öffentlich zu bezeichnen ist, so daß § 15 Abs. 2 UrhG anzuwenden wäre. In gleicher Weise berührt der individuelle und zeitversetzte Abruf von M.-Werken auch das Rundfunkrecht, da der Begriff des Rundfunks als eines Massenkommunikationsmediums noch durch die zeitgleiche Ausstrahlung eines Angebots an ein unzerstreutes Publikum definiert ist.

Im Zusammenhang mit Anwendungen wie Teleshopping und Telebanking werden Fragen des Verbraucherschutzes bedeutsam, die z. B. durch das Preisauszeichnungs-Ges., das Verbraucherkredit-Ges., das Ges. zur Regelung der allgemeinen Geschäftsbedingungen und das Haustürwiderrufs-Ges. noch nicht abgedeckt sind. Ein unkontrollierter Zugang zu Pay-per-view-Angeboten, bei denen man für den Abruf einer einzelnen Sendung bezahlt, und zu On-line-Videospielen steht im Widerspruch zu den Aufgaben des Jugendschutz-Ges. Die durch den Abruf von M.-Diensten hinterlassenen ›Datenspuren‹ (d. h. die Speicherung von abgerufenem Inhalt, Nutzeridentifikation und Abrufzeitpunkt), die einerseits für die Abrechnung erforderlich sind, müssen andererseits mit dem Datenschutzrecht in Einklang gebracht werden, um z. B. die Erstellung von Nutzerprofilen einzuschränken.

Politische und gesellschaftliche Dimension

Im Zuge der Postreform I wurde in Dtl. ein Grundversorgungsauftrag mit sogenannten Pflichtleistungen festgeschrieben. Das bedeutet, daß die flächendeckende Versorgung mit einfachen Fernsprechanschlüssen gesichert sein muß. Im Zeitalter von M. stellt sich nun die Frage, inwieweit dieser Auftrag im Sinne eines Universaldienstes neu definiert werden muß. Noch ist allerdings unklar, wie der Zugang zu den neuen Telekommunikationsdiensten für jedermann zu erschwingl. Preisen gewährleistet werden kann. Angesichts der Privatisierung der Dt. Bundespost und der Zulassung privater Netzbetreiber stellt sich die Frage, wie durch Regulierungsmaßnahmen Infrastrukturaufgaben flächendeckend erfüllt werden können. Ein an der Nachfrage orientiertes Angebot an Anschlüssen für Privathaushalte kann durch den Anschluß öffentl. Einrichtungen wie Schulen, Bibliotheken u. a. an die neuen Telekommunikationsdienste ergänzt werden. Dadurch wird zum einen eine Pilotfunktion übernommen, da die Nutzer in den öffentl. Einrichtungen sich mit den neuen Techniken vertraut machen können, zum anderen kann hierdurch der Informationsversorgungsauftrag wahrgenommen werden, kommunale Öffentlichkeit wiederbelebt und größere Transparenz sowie verstärkte Bürgerbeteiligung an der polit. Willensbildung erreicht werden.

Gesellschaftspolitisch werfen einzelne Anwendungen eine Vielzahl von Problemen auf. Auch die bereits länger geführte Diskussion um die Telearbeit wurde neu belebt, da durch die Interaktivität der M.-Anwendungen weitere Arbeitsplatzbereiche, auch solche mit höherqualifizierten Tätigkeiten, für Telearbeit in Frage kommen. Dabei werden Vorteile, wie z. B. Verringerung des Verkehrsaufkommens und flexible Arbeitszeitgestaltung, ebenso erörtert wie das Risiko einer Verarmung an sozialer und kommunikativer Kompetenz und einer mangelhaften Wahrung von Arbeitnehmerrechten. Da bei der Gestaltung der neuen multimedialen Angebote einfache Bedienbarkeit und hohe Benutzerfreundlichkeit Priorität haben und zudem die erforderl. Anwenderfähigkeiten in Schule und Arbeitswelt vermittelt werden, sind in techn. Hinsicht im Umgang mit M. kaum Probleme zu erwarten. Daneben ist jedoch für eine verantwortungsbewußte Nutzung der zu erwartenden Angebotsvielfalt die Entwicklung einer sozialen Kompetenz erforderlich, die nur durch die Einbeziehung aller Erziehungs- und Bildungsprozesse erreicht werden kann.

B. STEINBRINK: M. Einstieg in eine neue Technologie (1992); C. MESSINA: Was ist M.? (1993); R. STEINMETZ: M.-Technologie (1993); M. '94. Grundl. u. Praxis, hg. v. U. GLOWALLA u. a. (1994); Jb. Telekommunikation u. Gesellschaft, Bd. 3: M. – Technik sucht Anwendung, hg. v. H. KUBICEK u. a. (1995); Marketing mit M., hg. v. G. SILBERER (1995); M. die schöne neue Welt auf dem Prüfstand, hg. v. K. VAN HAAREN u. a. (1995); N. NEGROPONTE: Total digital. Die Welt zw. 0 u. 1 oder Die Zukunft der Kommunikation (a. d. Engl., [2]1995); Neue Märkte durch M., hg. v. J. EBERSPÄCHER (1995); Zukunft M. Grundl., Märkte u. Perspektiven in Dtl., hg. v. Booz, Allen & Hamilton (1995); T. J. GERPOTT: M. Geschäftssegmente u. betriebswirtschaftl. Implikationen, in: Wirtschaftswiss. Studium, Jg. 25 (1996).

multiple Persönlichkeit, ein in den letzten Jahren häufiger begegnender Begriff für eine psych. Störung; bezeichnet das Vorhandensein zweier oder mehrerer Ichzustände in einer Person, die entweder bewußt als traumatisierende Erfahrung erlebt werden oder bei der der Betroffene in einem Ichzustand von seinen anderen Ichzuständen nichts weiß. Die Diagnose wird in den USA häufiger gestellt als in Europa, was an der unterschiedl. Strenge der Kriterien liegt. In amerikan. Veröffentlichungen gilt die Diagnose be-

Mulu Muluzi–Muti

reits als berechtigt in Fällen der Abwehr von extremen traumat. Erfahrungen (z. B. nach sexuellem Mißbrauch) sowie durch die Einbeziehung des schizotyp. und/oder des Borderline-Syndroms.

Muluzi [-zi], Bakili, Politiker in Malawi, * nahe Machinga 17. 3. 1943; Tabakfarmer; war bis 1984 als Mitgl. der Einheitspartei Malawi Congress Party (MCP) und Vertrauter des Staatsgründers H. K. BANDA mehrfach Min.; danach zog er sich aus der Politik zurück und trat aus der MCP aus. 1992 gründete M. mit der United Democratic Front (UDF) eine der ersten Oppositionsparteien, die dann aus den ersten freien Wahlen im Mai 1994 als stärkste Partei hervorging. Zugleich gewann M. die Präsidentschaftswahl; er trat sein Amt als Staatspräs. am 21. 5. 1994 an.

Bakili Muluzi

Münch, Richard, Soziologe, * Niefern (heute zu Niefern-Öschelbronn, Enzkreis) 13. 5. 1945; 1974–77 Prof. in Köln, seitdem in Düsseldorf; beschäftigt sich bes. mit Fragen der histor. und theoret. Begründung der Soziologie und mit vergleichender Soziologie; seine Theorie der Moderne schließt an die Arbeiten von M. WEBER und T. PARSONS an.

Werke: Theorie des Handelns. Zur Rekonstruktion der Beitr. v. Talcott Parsons, Émile Durkheim u. Max Weber (1982); Die Kultur der Moderne, 2 Bde. (1986); Dialektik der Kommunikationsgesellschaft (1991); Das Projekt Europa. Zw. Nationalstaat, regionaler Autonomie u. Weltgesellschaft (1993); Sociological theory, 3 Bde. (1993–94).

Münch, Werner, Politiker (CDU) und Politikwissenschaftler, * Kirchhellen (heute zu Bottrop) 25. 9. 1940; seit 1986 Prof. an der Fachhochschule für Sozialwesen in Osnabrück, 1984–91 MdEP, bei 1990–91 Finanz-Min. und 1991–93 MinPräs. von Sachs.-Anh. Im Streit um die Bezüge der aus den alten Bundesländern stammenden Reg.-Mitgl. (›Gehaltsaffäre‹) trat M. Ende Nov. 1993 als MinPräs. zurück und löste damit eine Regierungskrise aus.

Münchner Crüppel Cabaret, 1982 als politischsatir. Kabarett, in dem Behinderte und Nichtbehinderte zusammenarbeiten, in München gegründet. Unter Leitung des Regisseurs und Schriftstellers WERNER GEIFRIG (* 1939) stellte das Ensemble am 18. 3. 1983 sein erstes Programm ›Soziallästig‹ im Comedia Theater in München vor; seitdem zahlreiche Gastspiele im In- und Ausland sowie Fernsehauftritte.

Muñoz Molina [muˈnɔθ moˈlina], Antonio, span. Schriftsteller, * Úbeda 12. 1. 1956; Verfasser mehrfach mit renommierten Preisen ausgezeichneter Romane, in denen er Kriminalgeschichten mit der Aufarbeitung des Bürgerkriegs und der Franco-Diktatur verbindet. Sein erklärtes Ziel, gegen das Vergessen zu schreiben, verfolgt er, indem er geschickt eigene Erfahrungen mit geschichtl. Tatsachen mischt, wobei er sich als guter Kenner der span., latein- und US-amerikan. Literatur mit intertextuellen und intermedialen Bezügen der Verfahrensweisen des modernen Romans bedient.

Werke: Romane: Beatus ille (1986; dt. Beatus ille oder Tod u. Leben eines Dichters); El invierno en Lisboa (1987; dt. Der Winter in Lissabon); Beltenebros (1989; dt. Deckname Beltenebros); El jinete polaco (1991; dt. Der poln. Reiter; Premio Planeta 1991); Los misterios de Madrid (1992; dt. Die Geheimnisse von Madrid); El dueño del secreto (1994). - Erzählungen: El Robinson urbano (1984); Diario del Nautilus (1986); Nada del otro mundo (1993). - Die anderen Leben (1991; dt. Ausw.). - Essays: La realidad de la ficción (1993). - Prosa: Córdoba de los omeyas (1991; dt. Die Stadt der Kalifen. Histor. Streifzüge durch Córdoba). - Autobiographie: Ardor guerrero (1995).

Müntefering, Franz, Politiker (SPD), * Neheim-Hüsten (heute zu Arnsberg) 16. 1. 1940; kaufmänn. Angestellter, 1975–92 MdB, 1992–95 Min. für Arbeit, Gesundheit und Soziales in NRW. Im Nov. 1995 wählte ihn der SPD-Parteitag zum Bundesgeschäftsführer der Partei.

Murakami, Haruki, japan. Schriftsteller, * Kyōto 12. 1. 1949. Seine stark von amerikan. Autoren beein-

Murayama Tomiichi

flußten Werke (er trat auch als Übersetzer amerikan. Literatur hervor) enthalten Elemente von Science-fiction, Fantasy- und Kriminalroman. Geschildert werden häufig surrealistisch anmutende Abenteuer eines jungen alleinlebenden Helden in einer westlich geprägten Welt.

Werke (japan.): Romane: Wilde Schafsjagd (1982; dt.); Hard-boiled wonderland u. das Ende der Welt (1985; dt.). - Erzählungen: Der zweite Bäckereiüberfall (1985; dt.); Tony Takitani (1990; dt.).

Murayama, Tomiichi, japan. Politiker, * Präfektur Ōita 3. 3. 1924; seit Nov. 1945 Mitgl. der Sozialist. Partei Japans (später Sozialdemokrat. Partei Japans), zunächst v. a. auf örtl. und regionaler Ebene politisch tätig, 1972–80 und erneut seit 1983 Mitgl. des Unterhauses, 1993 Vors. seiner Partei, förderte maßgeblich deren Eintritt in die Koalitions-Reg. unter Min.-Präs. HOSOKAWA MORIHIRO (Aug. 1993 bis April 1994). Von Juni 1994 bis Jan. 1996 war M. MinPräs. an der Spitze einer Koalitionsregierung.

Müritz, Landkreis in Meckl.-Vorp., 1 714 km², (1995) 70 700 Ew.; Kreisstadt ist Waren (Müritz). Das Kreisgebiet, das an Brandenburg grenzt, erstreckt sich im Zentrum der Mecklenburg. Seenplatte. Hier finden sich die großen Seen Müritz (115 km²), Kölpin-, Fleesen-, Drewitzer See sowie der N-Teil des Plauer Sees, die mit zahllosen weiteren (kleinen) Seen in ein Hügelland (bis 127 m ü. M.) mit Ackerland und Wäldern eingebettet sind. Der Müritz-Nationalpark, zu dem die Müritz und östlich anschließende Seengebiete gehören, reicht in den Kr. Mecklenburg-Strelitz hinein. Hauptwirtschaftszweige sind Land- und Forstwirtschaft, Nahrungsmittelindustrie und Fremdenverkehr. Größte Städte sind Malchow, Röbel (Müritz) und Penzlin. - Der Kreis wurde am 12. 6. 1994 aus den früheren Kreisen Waren und Röbel/Müritz gebildet; eingegliedert wurden die Gemeinden Lärz, Rechlin und Schwarz (früher Kr. Neustrelitz) sowie Schwinkendorf (früher Kr. Malchin).

Müritz-Nationalpark, 1990 gegründeter Nationalpark in Meckl.-Vorp., in den Kreisen Müritz und Mecklenburg-Strelitz, 319 km², umfaßt die östl. Müritz und das anschließende Seengebiet (insgesamt 116 Seen) der Mecklenburg. Seenplatte; er ist u. a. Brutplatz des Seeadlers.

*****Murk,** Tista, engadin. Schriftsteller: † Ilanz 18. 8. 1992.

*****Muschg,** Adolf, schweizer. Schriftsteller und Literaturwissenschaftler: Erhielt 1994 den Georg-Büchner-Preis.

Werke: Roman: Der Rote Ritter. Eine Geschichte von Parzivâl (1993). - Essays: Die Schweiz am Ende, am Ende die Schweiz. Erinnerungen an mein Land vor 1991 (1990); Herr, was fehlt Euch? Zusprüche u. Nachreden aus dem Sprechzimmer des heiligen Grals (1994); Die Insel, die Kolumbus nicht gefunden hat. Sieben Gesichter Japans (1995); Nur ausziehen wollte sie sich nicht. Ein erster Satz u. seine Fortsetzung (1995).

Mussbach, Peter, Opernregisseur, * Schwabach 3. 7. 1949; debütierte mit Regieassistententätigkeit bei J.-P. PONNELLE als Regisseur 1973 in Augsburg mit P. CORNELIUS' ›Der Barbier von Bagdad‹. In Frankfurt am Main inszenierte er u. a. 1975 R. WAGNERS ›Die Götterdämmerung‹, 1989 R. STRAUSS' ›Ariadne auf Naxos‹, 1993 A. BERGS ›Wozzeck‹ und 1994 W. A. MOZARTS ›Don Giovanni‹, an der Hamburg. Staatsoper u. a. 1992 die Uraufführung von W. RIHMS ›Die Eroberung von Mexiko‹ sowie bei den Salzburger Festspielen 1993 MOZARTS ›Lucio Silla‹ und 1994 I. STRAWINSKYS ›The rake's progress‹.

*****Muster,** Wilhelm, österr. Schriftsteller: † Graz 26. 1. 1994.

*****Muti,** Riccardo, italien. Dirigent: Wurde 1986 Musikdirektor an der Mailänder Scala; beendete 1992 seine Tätigkeit beim Philadelphia Orchestra.

Mutis, Álvaro, kolumbian. Schriftsteller, *Bogotá 25. 8. 1923; lebt seit 1956 in Mexiko; ist seit 1947 mit bildstarker, vom Surrealismus und dem frühen P. NERUDA beeinflußter Lyrik hervorgetreten, dann v. a. mit einer Serie von Romanen um den fiktiven Abenteurer Maqroll.
Werke: *Romanreihe:* Empresas y tribulaciones de Maqroll el Gaviero (dt. Die Reisen Maqroll's des Seefahrers), Bd. 1: La nieve del almirante (1986; dt. Der Schnee des Admirals), Bd. 2: Ilona llega con la lluvia (1987; dt. Ilona kommt mit dem Regen), Bd. 3: Un bel morir (1989; dt. Ein schönes Sterben). – *Romane:* La última escala del Tramp Steamer (1988; dt. Die letzte Fahrt des Tramp Steamer); Amirbar (1990; dt. Das Gold von Amirbar); Abdul Bashur, soñador de navíos (1991). – *Lyrik:* Summa de Maqroll el Gaviero. Poesía 1947–1970 (1973, erw. 1990 u. 1992); Crónica regia y Alabanza del reino (1985); Un homenaje y siete nocturnos (1986).

N

NABU, Abk. für →**N**aturschutz**b**und Deutschland e. V.

nachhaltige Entwicklung, engl. **Sustainable development** [sə'steɪnəbl dɪ'veləpmənt], eine ökonom., soziale und ökolog. Entwicklung, die weltweit die Bedürfnisse der gegenwärtigen Generation befriedigt, ohne zu riskieren, daß künftige Generationen ihre eigenen Bedürfnisse nicht befriedigen können. Der nicht eindeutig definierte und verschieden interpretierte Grundgedanke der n. E. geht zurück auf den Bericht ›Our common future‹ (1987; dt. ›Unsere gemeinsame Zukunft‹) der World Commission on Environment and Development (›Brundtland-Kommission‹) und kann als ein Ergebnis der Wachstumsdebatte im Gefolge des ersten Berichts an den Club of Rome (›The limits to growth‹, 1972; dt. ›Die Grenzen des Wachstums‹) angesehen werden. Der Begriff der n. E. lehnt sich dabei an den traditionsreichen forstwirtschaftl. Begriff der ▷Nachhaltigkeit an. Spätestens seit der UN-Konferenz über Umwelt und Entwicklung in Rio de Janeiro 1992 (→UNCED) spielt die n. E. in der entwicklungs- und umweltpolit. Diskussion auf nat. und internat. Ebene eine herausragende Rolle. Mit der Umsetzung des 1992 beschlossenen Programms ›Agenda 21‹ wurde bei der UNO die Kommission für n. E. (Commission on Sustainable Development, Abk. CSD) eingesetzt.
Kennzeichnend für das Grundkonzept der n. E. ist die Universalität der Lebensansprüche, d. h. die globale Verbesserung der Lebensbedingungen unter Wahrung der Lebenschancen der künftigen Generationen. Dies weist auf eine fundamentale Verteilungsproblematik hin: Mit n. E. ist nicht nur die Forderung nach intertemporaler Gerechtigkeit verknüpft (Berücksichtigung der Interessen künftiger Generationen, Verantwortung für die Zukunft), sondern implizit wird auch eine intragenerative Gerechtigkeit postuliert im Sinne einer Begünstigung sozial schwacher Gruppen bzw. der Bekämpfung der weltweiten Armut (womit enge Verbindungen zur ▷Grundbedürfnisstrategie bestehen). In einer umfassenden Interpretation soll n. E. zu einer Strategie führen, die die wechselseitigen Abhängigkeiten und Vernetzungen der ökonom., sozialen und ökolog. Entwicklungen einbezieht (**dauerhaft umweltgerechte Entwicklung**). Wesentlich für die n. E. ist außerdem der Schutz der natürl. Lebensgrundlage und die hohe Bedeutung der Natur (natürl. Ressourcen, ökolog. Systeme) für den Entwicklungsprozeß (**ökologisch tragfähige Entwicklung**). Mit dem Konzept der n. E. wird auch die Begrifflichkeit geändert: statt von Wachstum wird von nachhaltiger Entwicklung gesprochen und die Bedeutung des qualitativen Wachstums hervorgehoben. Da quantitatives ▷Wachstum (z. B. im Sinne des Anstiegs einer Sozialproduktgröße) auf lange Sicht nicht möglich ist (z. B. endl. Ressourcen, begrenzte Aufnahmekapazität der Natur), wird eine Entwicklung im Sinne einer qualitativen Verbesserung von Lebensbedingungen, Produktionspotentialen und Strukturen gefordert. Entwicklung bedeutet nicht nur Erhöhung des Pro-Kopf-Einkommens, sondern Verbesserung einer Vielfalt von Entwicklungsindikatoren. Hier bestehen enge Verbindungen zur Messung von ▷Lebensqualität und ▷Wohlstand. Aktuelle Versuche der Berechnung eines Gesamtindikators sind der →Human Development Index und das neue Wohlstandskonzept der Weltbank. Letztlich umfaßt n. E. auch einen gesellschaftl. Wandlungsprozeß, der zu neuen Anschauungen, Werten und Handlungsweisen führen soll. Um zur Entschärfung des Nord-Süd-Konflikts beizutragen, muß an der ›Überentwicklung‹ der Industrieländer angesetzt werden, deren Bev. (25 % der Weltbevölkerung) rd. drei Viertel der mineral. Rohstoffe und fossilen Brennstoffe verbraucht und damit auch für die größte Umweltbelastung verantwortlich ist. Zunehmend wird dabei auf die ›Eine Welt‹, das ›Raumschiff Erde‹, hingewiesen und eine grundlegende Veränderung der Produktions- und Konsumstrukturen sowie eine Verbrauchseinschränkung in den Industrieländern zur Verhinderung einer ökolog. Katastrophe gefordert.
Von seiten der Entwicklungshilfe- und der Umweltorganisationen wird beklagt, daß sich das Konzept der n. E. bislang vorwiegend in polit. Absichtserklärungen wiederfindet, während die tatsächl. Maßnahmen und Programme weiterhin hauptsächlich an kurzfristigen ökonom. Zielgrößen ausgerichtet sind.
Zukunftsfähiges Dtl. Ein Beitr. zu einer global n. E., Beitr. v. R. LOSKE u. a. (Basel 1996).

*Nachitschewan: Heißt jetzt in der neuen aserbaidschan. Schreibung in lat. Buchstaben **Naxçıvan.**

*Nachrichtenagentur: Mit der Gründung der ›Medien-Communications-Gesellschaft‹ (MECOM) 1989, die von mehreren N. getragen wird, findet die Nachrichtenübermittlung seit 1992 fast nur noch über Satellit statt. Die Nachrichtendienste können auf diese Weise direkt in die Redaktionssysteme der Tageszeitungen und Rundfunkstationen eingespeist werden. Die N. haben ihre Angebotspalette erweitert (z. B. Graphikdienste) und die Dienste stärker auf die unterschiedl. Kundenwünsche zugeschnitten. In Dtl. ist die ddp ADN (→ddp) neu entstanden. Mit der Bildung unabhängiger Staaten sind zahlreiche neue N. entstanden; für die GUS-Staaten erlangten die unabhängige Tass →Interfax sowie die staatl. N. ITAR-TASS (▷TASS) und RIA-Nowosti größere Bekanntschaft.

*Nachrichtensatelliten: Im Bereich der hauptsächlich für zivile Telekommunikationsdienste genutz-

Nach Nachtarbeit – Nádas

ten operationellen geostationären N. wurden ab 1990 weitere nat. und regionale Systeme in Betrieb genommen: Asien (Asiasat, 1990); Italien (Italsat, 1991); Spanien (Hispasat, 1992); Mexiko (Solidaridad, 1993); Thailand (Thaicom, 1993); Türkei (Turksat, 1994); Süd-Korea (Koreasat, 1995). Die Starts erfolgten i. d. R. mit →Ariane und amerikan. Trägerraketen.

An neuen N.-Generationen größerer Übertragungskapazität und längerer Einsatzdauer wurden seither außerdem gestartet: Rußland/GUS: Raduga (1990), Express, Gals (jeweils 1994); Indien: Insat (1992); USA: Satcom (1990), Galaxy (1992), Telstar, DBS (jeweils 1993), Panamsat (1994); Europa: →Astra; Japan: Superbird (1992), N-Star (1995); Australien: Aussat-Optus (1992); Brasilien: Brasilsat (1994); Großbritannien: Orion (1994). – Internat. Systeme sind →EUTELSAT, →INMARSAT und →INTELSAT.

*Nachtarbeit: Mit der Neuregelung der →Arbeitszeit durch das Arbeitszeit-Ges. (ArbZG) vom 6. 6. 1994 wurden auch die Bestimmungen über die N. geändert. Bereits zuvor hatte das Bundesverfassungsgericht in seiner Entscheidung vom 28. 1. 1992 das Verbot der N. von weibl. Arbeitnehmern, das bis dahin in § 19 der Arbeitszeitordnung verankert war, wegen Verstoßes gegen das Gleichbehandlungsgebot für verfassungswidrig erklärt.

Als N. sieht das Ges. nunmehr jede Arbeit an, die mehr als zwei Stunden in der Zeitspanne zw. 23 Uhr und 6 Uhr (Nachtzeit) umfaßt. Nachtarbeitnehmer sind Arbeitnehmer, die aufgrund ihrer Arbeitszeitgestaltung normalerweise N. in Wechselschicht zu leisten haben oder N. an mindestens 48 Tagen im Kalenderjahr leisten (§ 2).

Es gilt der Grundsatz, daß die Arbeitszeit der Nacht- und Schichtarbeitnehmer nach den gesicherten arbeitswissenschaftl. Erkenntnissen über die menschengerechte Gestaltung der Arbeit festzulegen ist (§ 6). Nachtarbeitnehmer sind berechtigt, sich vor Beginn der Beschäftigung und danach in regelmäßigen Zeitabständen von nicht weniger als drei Jahren arbeitsmedizinisch untersuchen zu lassen. Arbeitnehmer, die älter als 50 Jahre sind, können dieses Recht jährlich für sich beanspruchen. Die hierbei anfallenden Kosten hat der Arbeitgeber zu tragen.

Sofern dem nicht dringende betriebl. Erfordernisse entgegenstehen, ist der Arbeitgeber verpflichtet, den Nachtarbeitnehmer auf sein Verlangen auf einen für ihn geeigneten Tagesarbeitsplatz umzusetzen, wenn nach arbeitsmedizin. Erkenntnis die N. den Arbeitnehmer gesundheitlich gefährdet oder ein im Haushalt des Arbeitnehmers lebendes Kind unter 12 Jahren seiner Betreuung bedarf oder der Arbeitnehmer einen schwerpflegebedürftigen Angehörigen zu versorgen hat, der nicht von einem anderen im Haushalt lebenden Angehörigen versorgt werden kann.

Die werktägl. Arbeitszeit der Nachtarbeitnehmer darf acht Stunden nicht überschreiten. Eine Verlängerung auf bis zu zehn Stunden ist unter der Voraussetzung möglich, daß innerhalb eines Kalendermonats oder innerhalb von vier Wochen durchschnittlich acht Stunden werktäglich nicht überschritten werden.

In Tarifverträgen oder in auf Tarifverträgen fußenden Betriebsvereinbarungen können von der Regelung des § 6 ArbZG abweichende Regelungen festgelegt werden (§ 7 ArbZG). Diese Abweichungen können vorsehen, die N.-Zeit über zehn Stunden werktäglich hinaus auch ohne Ausgleich zu verlängern, wenn in die Arbeitszeit regelmäßig und in erhebl. Umfang Arbeitsbereitschaft (Bereitschaft zum unverzügl. Eingriff in den Arbeitsprozeß) fällt. Zulässig ist ferner, die Ausgleichszeiträume betriebsindividuell zu gestalten sowie den Beginn des siebenstündigen Nachtzeitraums auf die Zeit zw. 22 und 24 Uhr festzulegen.

In der *Schweiz* sind die gesetzl. Regelungen über die N. in Revision (Stand: Aug. 1995). Im Zuge der Gleichstellung von Mann und Frau werden voraussichtlich die besonderen Schutzvorschriften für Frauen aufgehoben.

nachwachsende Rohstoffe, Sammel-Bez. für ganz unterschiedl. land- und forstwirtschaftlich erzeugte Rohstoffe, die meist pflanzl. Herkunft sind, so z. B. Zuckerstoffe aus Zuckerrüben, Stärke aus Mais, Kartoffeln und Weizen, pflanzl. Öle (z. B. Rapsöl, Sonnenblumenöl), Pflanzenfasern (Flachs, Hanf), Holz, Heil- und Gewürzpflanzen sowie Abfallbiomasse wie Stroh; tier. Produkte wie z. B. Leder, Häute, Schurwolle, Talg, Gelatine, Casein, Enzyme und Vitamine werden meist auch zu den n. R. gezählt.

In der Öffentlichkeit werden n. R. meist als alternative Energieträger diskutiert, sie haben z. Z. aber v. a. als Rohstofflieferanten in der Produktion größerer Bedeutung. Die chem. Industrie deckte z. B. 1993/94 etwa 10 % ihres Rohstoffbedarfs aus n. R. Hierbei werden v. a. höherveredelte Zwischenprodukte und Feinchemikalien bevorzugt, bei denen die Syntheseleistung eines Organismus (z. B. von Pflanzen) genutzt werden kann. Beispiele sind Pharmaka und Tenside sowie auch Rohstoffe für Waschmittel und Polyurethane. Darüber hinaus werden z. B. Folien aus Stärke und Biopolymere aus Faserpflanzen entwickelt. – Bei den als Energieträger diskutierten Pflanzen wird zw. festen und flüssigen Energieträgern unterschieden: **Feste Energieträger** werden als Festbrennstoff, meist in speziellen Verbrennungsanlagen, energetisch genutzt. Hierzu zählen u. a. Getreidepflanzen (v. a. Stroh), schnellwachsende Schilf- und Grasgewächse (z. B. Chinaschilf, Schilfrohr, versch. Hirsearten), die durch eine vergleichsweise hohe saisonale Biomasseproduktion charakterisiert sind, sowie schnellwachsende Baumarten (Pappel, Weide), die in Plantagen kultiviert werden und nach Abernung in Form von Hackschnitzeln als Festbrennstoff dienen. Der Anteil der Wärmegewinnung durch Verbrennung fester Energieträger in kleinen Heizkraftwerken lag 1994 bei 0,1 %. Für die therm. Verwertung von Rohstoffpflanzen, die zur Minderung der CO_2-Produktion beitragen könnte, wird in Dtl. eine mögl. Größenordnung von 5–10 % des Primärenergiebedarfs angenommen. Als **flüssige Energieträger** werden i. a. Pflanzenöle und Alkohole bezeichnet. So kann z. B. Rapsöl nach chem. Umwandlung zu Rapsölmethylester als Dieselersatz und -zusatz verwendet werden, die bei der Pressung zurückbleibenden Preßkuchen können als Festbrennstoff – ebenso wie Schilf- und Grasgewächse – zur Erzeugung von Biogas und Methan genutzt werden. Kraftstoffe aus Rapsöl und Ethanol sind gegenwärtig gegenüber herkömml. Kraftstoffen im Preisnachteil. Rapsölmethylester wird über die Gewährung von Steuervorteilen als Dieselersatz v. a. für sogenannte Nischenanwendungen konkurrenzfähig gemacht werden, z. B. zum Betrieb von Land- und Wasserfahrzeugen in Wasserschutzzonen und von Skipistenraupen.

Ein weites Feld für die Nutzung von n. R. eröffnet die Biotechnologie. So werden mit Hilfe von Mikroorganismen v. a. pharmazeutisch und medizinisch wichtige Substanzen wie Aminosäuren, Alkohole, organ. Säuren, Antibiotika, Alkohole, Biopolymere, Proteine und Lipide produziert.

Nádas [ˈnɑːdɔʃ], Péter, ungar. Schriftsteller, *Budapest 14. 10. 1942; thematisiert in seinen frühen Erzählungen durch Angst und Unterdrückung bewirkte seel. Störungen. In ›Ende eines Familienromans‹ (1977; dt.) stellt er polit., histor. und myst. Dimensionen dieses Themas am Beispiel einer Budapester jüd. Familie während der Stalinzeit dar. In dem äußere und innere Vorgänge minuziös beschreibenden Ich-Roman ›Buch der Erinnerung‹ (1986; dt.) überlagern sich versch. Erzählperspektiven und Zeitebenen, wodurch ein komplexes Bild vom Zeitgeschehen in Ungarn vermittelt wird.

Weitere Werke (ungar.): *Prosa:* Die Bibel (1967); Schlüsselsuchspiel (1969); Beschreibung (1979); Jahrbuch 1987/88 (1989); Zwiesprache. Vier Tage im Jahr 1989 (1992; dt.). – *Stücke:* Schauplatz (1982). – *Studien und Essays:* Zuschauerraum (1983); Spielplatz (1988); Von der himmlischen u. der irdischen Liebe (1991; dt.).

NAFTA, Abk. für North American Free-Trade Area (→Nordamerikanische Freihandelszone).

*Nagibin, Jurij Markowitsch, russ. Schriftsteller: † Moskau 17. 6. 1994.

*Nahostkonflikt: Am 30. 10. 1991 trat in Madrid unter dem Vorsitz der USA (Präs. G. BUSH) und der Sowjetunion (Präs. M. S. GORBATSCHOW) eine Nahostkonferenz zusammen mit dem Ziel, einen Friedensprozeß im Nahen Osten in Gang zu setzen. Neben den Präsidialmächten nahmen teil: Ägypten, Israel, Jordanien (im Einschluß palästinensisch-arab. Delegations-Mitgl.), Libanon und Syrien.

Auf der Madrider Nahostkonferenz forderte Israel die endgültige Anerkennung seiner Existenz in einem umfassenden Friedensvertrag mit den arab. Staaten; diese verlangten unter der Maßgabe ›Land gegen Frieden‹ den Rückzug Israels aus den 1967 und 1973 besetzten Gebieten. Anfang Nov. 1991 begannen in Madrid Einzelverhandlungen Israels mit jordanisch-palästinens., libanes. und syr. Delegationen. Bei den folgenden, von Dez. 1991 bis Sept. 1993 in Washington (D. C.) stattfindenden Verhandlungsrunden standen auf arab. Seite die Forderungen nach palästinensisch-arab. Autonomie (im Gazastreifen und im Westjordanland) und der Rückzug Israels vom Golan, auf israel. Seite Fragen der inneren und äußeren Sicherheit im Vordergrund. Mit dem Stopp staatl. (23. 7. 1992) und der Unterbindung privater (5. 8. 1992) Siedlungsprogramme im Gazastreifen und im Westjordanland sowie mit der Aufhebung des Verbots von Kontakten israel. Bürger v. a. mit der PLO (19. 1. 1993) suchte Israel unter der Reg. Rabin den Friedensprozeß zu fördern. Verhandlungstaktiken auf beiden Seiten, terrorist. Übergriffe extremist. palästinensischer Organisationen (v. a. von Hamas und ›Djihad‹), rigorose Sicherheitsmaßnahmen Israels (bes. die zeitweilige Deportation extremist. Palästinenser in das Niemandsland zw. Israel und Libanon, Dez. 1992 bis Dez. 1993) erschwerten die offiziellen Verhandlungen.

In geheimen Gesprächen unter norweg. Vermittlung vereinbarten die PLO und Israel die gegenseitige Anerkennung (9./10. 9. 1993) sowie eine ›Grundsatzerklärung über eine Teilautonomie der Palästinenser im Gazastreifen und in der Stadt Jericho‹ (**Gaza-Jericho-Abkommen**), die am 13. 9. 1993 in Washington unterzeichnet wurde. In weiteren Verhandlungen, die angesichts des Attentats eines extremist., jüdischen Siedlers auf eine Moschee in Hebron am 25. 2. 1994 (etwa 30 Tote) unterbrochen wurden, suchten Israel und die PLO die Grundsatzerklärung vom Sept. 1993 zu konkretisieren. Nach der Unterzeichnung eines israelisch-palästinens. Rahmenabkommens über die beiderseitigen Wirtschaftsbeziehungen (24. 4. 1994) legten beide Seiten in den Abkommen vom 4. 5. 1994 und vom 28. 9. 1995 den (vorläufigen) territorialen Umfang der einzelnen Teilstücke des Autonomiegebiets und den Abzug der israel. Truppen aus diesen Teilstücken fest (→Palästina). Versuche von seiten extremist. Palästinenser (z. B. Hamas) und extremist. Israelis (bes. die Ermordung des israel. MinPräs. I. RABIN am 4. 11. 1995), den Friedensprozeß zu torpedieren, führten nicht zum Ziel. Im Sinne der Hinführung zu einer palästinens. Staatlichkeit fanden am 20. 1. 1996 in den Autonomiegebieten Wahlen statt.

Angesichts der israelisch-palästinens. Annäherung seit 1993 begannen im Juli 1994 auf der Waffenstillstandslinie von 1948 israelisch-jordan. Friedensverhandlungen. Mit der ›Erklärung von Washington‹ (25. 7. 1994) beendeten Israel und Jordanien den seit 1948 bestehenden Kriegszustand, unterzeichneten am 17. 10. 1994 ein Abkommen über Grenz- und Wassernutzungsfragen und schlossen am 26. 10. 1994 einen **Friedensvertrag.**

Mit verschiedenen diplomat. Initiativen zur Lösung des N. bemühte sich der amerikan. Außen-Min. W. CHRISTOPHER auch um eine Annäherung zw. Israel und Syrien. Im Mittelpunkt seiner Gespräche mit den Reg. beider Länder steht im Spannungsbogen zw. israel. Sicherheitspolitik und syr. Souveränitätsanspruch die Frage der politisch-militär. Kontrolle über die Golanhöhen. Trotz des Attentats auf RABIN wurde der Friedensprozeß auch zw. Israel und Syrien fortgeführt.

Nakagami, Kenji, japan. Schriftsteller, *Shingū (Präfektur Wakayama) 2. 8. 1946, † ebd. 12. 8. 1992; beschrieb, seinen literar. Vorbildern W. FAULKNER und G. GARCÍA MÁRQUEZ folgend, die Heimatregion Kumano mit ihren Buraku-Siedlungen (Ghettos für die aufgrund ihrer gesellschaftl. Herkunft Ausgeschlossenen) als ein Reich der Phantasie, das die Normen des modernen Japan unterläuft.

Werke (japan.): *Romane:* Das Kap (1976); Die Küste der kahlen Bäume (1977); Mandala der Lüste (1982; dt.); Ende der Welt, Höhepunkt der Zeit (1983); Das Wunder (1989); Lobeshymne (1990); Verachtung (1992); Der fremde Stamm (1993). – *Erzählungen:* Der Bergasket (1974; dt); Schminke (1978); Kumano-Sammlung (1984).

Nahostkonflikt: Der ›historische Händedruck‹ zwischen Itzhak Rabin (links) und Jasir Arafat anläßlich der Unterzeichnung des Gaza-Jericho-Abkommens am 13. September 1993 in Washington; in der Mitte der amerikanische Präsident Bill Clinton

*Namensrecht: Das N. ist durch das Familiennamensrechts-Ges. vom 16. 12. 1993 neu geordnet worden. Bestimmen die Ehegatten keinen gemeinsamen Ehenamen, so behalten sie ihre z. Z. der Eheschließung geführten Namen. Die Bestimmung des Ehenamens kann auch noch fünf Jahre nach der Eheschließung erfolgen. Ein Ehegatte, dessen Geburtsname nicht Ehename wird, kann seinen bisherigen oder den Geburtsnamen dem Ehenamen voranstellen oder hinzufügen. Dies gilt nicht, wenn der Ehename aus mehreren Namen besteht. Das ehel. Kind führt den Ehenamen seiner Eltern als Geburtsnamen. Ist kein Ehename vorhanden und treffen die Eltern binnen eines Monats keine Entscheidung, welchen Namen das Kind als Geburtsnamen führen soll, überträgt das Vormundschaftsgericht das Bestimmungsrecht auf einen Elternteil.

Nami Namibia – Nanotechnologie

In *Österreich* ist das N. durch das Namensrechtsänderungs-Ges. mit Wirkung vom 1. 5. 1995 neu geordnet worden. Auch ein aus einer geschiedenen oder aufgelösten Ehe abgeleiteter Familienname kann nun zum gemeinsamen Ehenamen bestimmt werden. Beide Ehegatten können gleichermaßen ihren vor der Ehe geführten Familiennamen dem gemeinsamen Ehenamen voran- oder nachstellen. Gleichzeitig entfällt die Pflicht beider Ehegatten, einen gemeinsamen Familiennamen zu wählen (Art. 93 Abs. 3 ABGB). Entscheiden sie sich gegen einen gemeinsamen Namen, so bestimmen sie bei der Eheschließung, welcher ihrer beiden Namen als Familienname auf die Kinder übergehen soll. Ohne eine solche Bestimmung erhalten die Kinder den Namen des Vaters (Art. 139 Abs. 3 ABGB). Im Fall einer Scheidung darf ein Familienname, der aus einer geschiedenen oder aufgehobenen Ehe abgeleitet wird, nur dann wieder angenommen werden, wenn aus dieser früheren Ehe Nachkommenschaft vorhanden ist (Art. 93a ABGB). Ein nichtehel. Kind erhält als Familiennamen, den die Mutter bei seiner Geburt führt (Art. 165 ABGB).

In der *Schweiz* ist auf Urteil des Europ. Gerichtshofs für Menschenrechte hin das N. mit Wirkung vom 1. 7. 1994 geändert worden. Nach der neuen Zivilstandsverordnung kann, wenn die Ehegatten den Geburtsnamen der Frau als gemeinsamen Ehenamen gewählt haben, auch der Mann seinen vor der Ehe geführten Familiennamen voran- oder nachstellen.

***Namibia**, amtlich engl. **Republic of N.**, Staat im südl. Afrika, grenzt an den Atlant. Ozean.

> *Hauptstadt:* Windhuk. *Amtssprache:* Englisch. *Staatsfläche:* 824 292 km² (ohne Binnengewässer 823 290 km²). *Bodennutzung (1992):* 6 620 km² Akkerland, 380 000 km² Dauergrünland. *Einwohner (1994):* 1,50 Mio., 2 Ew. je km². *Städtische Bevölkerung (1993):* 35%. *Durchschnittliches Bevölkerungswachstum pro Jahr (1985–93):* 3,0%. *Bevölkerungsprojektion für 2000:* 1,96 Mio. Ew. *Ethnische Gruppen (1991):* 47,4% Ambo (Ovambo), 8,8% Kavango, 7,1% Herero, 7,1% Bergdama (Damara), 6,1% Weiße, 4,6% Nama, 18,9% andere (darunter Buschmänner, Rehobother Baster und andere Mischlinge, Tswana). *Religion (1981):* 51,2% Mitgl. der Vereinigten Ev.-Luther. Kirche in N., 19,8% Katholiken, 6,1% Angehörige der holländ. ref. Kirche, 5,0% Anglikaner. *Altersgliederung (1995):* unter 15 Jahre 45,0%, 15 bis unter 65 Jahre 51,6%, 65 und mehr Jahre 3,4%. *Lebenserwartung der Neugeborenen (1992):* männlich 58 Jahre, weiblich 60 Jahre. *Analphabetenquote (1985):* 27,5%. *BSP je Ew. (1993):* 1 820 US-$. *BIP nach Sektoren/Produktionsstruktur (1993):* Landwirtschaft 10%, Industrie 27%, Dienstleistungen 63%. *Währung:* 1 Namibia-Dollar (N$) = 100 Cents (c); gesetzl. Zahlungsmittel ist auch der südafrikan. Rand. *Internationale Mitgliedschaften:* UNO, Commonwealth of Nations, OAU, Südafrikan. Entwicklungsgemeinschaft.

Geschichte: Mit Ges. vom 31. 8. 1992 wurde eine neue Regionalgliederung (13 Regionen, 53 Kommunen) eingeführt. Bei den Regional- und Kommunalwahlen Ende 1992, bei denen indirekt erstmals auch über die Zusammensetzung der in der Verf. vorgesehenen zweiten Parlamentskammer entschieden wurde, wurde die SWAPO als stärkste polit. Kraft bestätigt. Am 15. 9. 1993 wurde der Namibia-Dollar eingeführt. Am 1. 3. 1994 wurde das bis dahin zur Rep. Südafrika gehörende Gebiet ▷ Walfischbai Teil N.s. Bei den nat. Wahlen vom 7./8. 11. 1994 errang die SWAPO mit 53 von 72 Sitzen (72,7% der Stimmen) in der Nationalversammlung die zu Verfassungsänderungen nötige Zweidrittelmehrheit; Präs. S. S. NUJOMA wurde mit 74,5% der Stimmen im Amt bestätigt.

F. PYCK u. A. SCHWARTZE: N. – der lange Weg in die Unabhängigkeit. Von kolonialer Fremdherrschaft zur staatl. Souveränität (1991); E. M. BRUGGER: N. Reiseführer mit Landeskunde (1993); K. SCHUPPERT: N.-Hb. (1993); Das südl. Afrika, Beitr. v. E. KLIMM u. a. Bd. 2: N. – Botswana (1994).

Nanotechnologie [zu griech. nânos ›Zwerg‹], Herstellung und Verarbeitung kleiner Teilchen im Nanometerbereich (›Nanoteilchen‹). Während einfache Moleküle eine Größe von etwa 10^{-10} m aufweisen, besitzen nanophasige Systeme Dimensionen von 10^{-9} bis 10^{-7} m, wobei die letztere Größenordnung jedoch die seltene Ausnahme darstellt.

Grundsätzlich sind derartige Systeme schon seit langem bekannt, z. B. als kolloidale Lösungen (▷ Kolloide). In der Natur und in der Biologie spielt der nanodimensionierte Zustand eine wichtige Rolle für Transportprozesse von Materialien. Schon in der Antike waren sogenannte Silberbeizen als Dekor auf Keramik bekannt, deren gelbbrauner Farbton über Silberkolloide erzeugt wurde. Im 17. Jh. wurden Goldrubingläser (gefärbt durch Goldkolloide) entwickelt, und seit etwa 150 Jahren finden kolloidale Wassergläser eine industrielle Anwendung.

Die Etablierung einer wiss. Disziplin unter dem Begriff N. begann Anfang der 1980er Jahre mit der Untersuchung von nanokristallinen Metallen, die über Gasphasenkondensationsverfahren hergestellt wurden. Die Metallatome oder -cluster werden dabei nach Verdampfung im Vakuum durch Kühlen kondensiert, aufgesammelt und meist noch im Vakuum kompaktiert oder in einem flüssigen Medium suspendiert. Inzwischen existieren versch. Herstellungsverfahren, wobei die Synthese aus flüssiger Phase über Ausfällungstechniken wegen ihres Potentials zur kostengünstigen Produktion auch von größeren Mengen an Bedeutung gewinnt. Andere Verfahren sind die Laserpyrolyse von zersetzbaren, verdampfbaren Ausgangsverbindungen, z. B. $Al(CH_3)_3$ für Al_2O_3 oder Silane für SiC, die Gasphasenreaktion von geeigneten Ausgangsverbindungen, z. B. $TiCl_4$ und NH_3 für TiN, oder das hochenerget. Mahlen, z. B. für WC als wichtigen Hartstoff.

Nanoskalige Teilchen (ob kristallin oder amorph) haben – verglichen mit kompakten Materialien oder größeren Partikeln (im Mikrometerbereich) – einen hohen Anteil an oberflächennahen Atomen oder Molekülen, die wegen ihrer relativen Ungesättigtheit eine vom Kern der Teilchen abweichende Struktur aufweisen. Aus dem energet. Zustand dieser Strukturen ergeben sich sehr interessante Eigenschaften wie etwa niedrigere Verdichtungstemperaturen beim Sintern von keram., metall. und hartmetall. Ausgangsverbindungen. Dies wird auf die hohe Beweglichkeit der ungeordneten Grenzflächen- oder Oberflächenphase zurückgeführt, die bis zu 50% des Volumens ausmachen kann. Eine weitere Eigenschaft kleiner Phasendimensionen ist das Auftreten von Quanteneffekten in Halbleiter- oder Metallteilchen, da mit zunehmender Kleinheit des Raums die für Halbleiter und Metalle typ. Bandstruktur für die Elektronen verschwindet. Zus. mit der Tatsache, daß die Rayleigh-Streuung wegen der geringen Teilchengröße vernachlässigt werden kann und damit hohe opt. Transparenz erreicht wird, haben die besonderen opt. Eigenschaften (z. B. Fluoreszenzverhalten, nichtlinear-opt. Eigenschaften, veränderte Gap-Energie) nanoskalige Systeme für die Photoelektrochemie (neue photovoltaische Systeme, Sensorik), für die nichtlineare Optik (Schalter, Verstärker, Laser), für die Photoleitfähigkeit und für versch. opt. Beschichtungstechniken interessant gemacht.

Sind die Teilchen in eine Matrix eingebettet, so wird durch den hohen Grenzflächenanteil auch die umgebende Matrix beeinflußt (z. B. bei Keramiknanoteilchen in einer Polymermatrix). Solche als **Nanokomposite** bezeichneten Verbundwerkstoffe haben im Vergleich zur nicht kompositierten Matrix eine wesentlich höhere Härte und sind trotz Kompositierung (eine transparente Matrix vorausgesetzt) hochtransparent. Sie werden bes. als abriebfeste Schichten auf Kunststoffprodukten eingesetzt, aber auch zu transparenten Kunststoffen mit neuen Eigenschaften (Festigkeit, Steifigkeit, Oberflächenhärte) weiterentwickelt. Durch Kombination mit weiteren Komponenten sind Nanokomposite auch wichtige Werkstoffe u. a. für die Mikrooptik und die →Mikrosystemtechnik, für Implantate und für abriebfeste Schichten mit niedrigeren Energieoberflächen (z. B. mit Antischmutz- oder Antigraffitieigenschaften oder für die Entformungstechnik).

Während die N. bei den Metallen z. Z. noch auf Nischenanwendungen beschränkt ist (z. B. bei Additiven in Schmierölen oder der Entwicklung neuer Magnete), scheinen sich bei den Nanokompositen breite Anwendungsfelder zu öffnen. Bei den keram. Werkstoffen steht die nanobasierte Prozeßtechnik im Vordergrund, da die Sintertemperaturen zur Herstellung keram. Bauteile drastisch gesenkt werden können. Keramik-Keramik-Nanokomposite mit speziellen Gefügeeigenschaften zeigen zudem noch deutlich höhere Festigkeiten im Vergleich zu nicht nanostrukturierten Kompositen.

Narbikowa, Walerija Spartakowna, russ. Schriftstellerin, * Moskau 1958; Absolventin des Moskauer Literaturinstituts; veröffentlicht seit Ende der 1980er Jahre Liebesgeschichten, die sich, einfach im Stil, jedoch reich an Pointen und mit sinnl. Beziehung zur Sprache, rasch durchgesetzt haben. N. reflektiert über die Lebbarkeit der Liebe und macht ihre Figuren durch die Unbedingtheit, mit der sie ihren Gefühlen folgen, zu ›Unbehausten‹, deren Existenz ständig bedroht ist. Mit ihrer Fähigkeit, Realität als verbales Phänomen aufzulösen, kommt sie A. BITOW nahe.

Werke: *Romane:* Plan pervogo lica i vtorogo (1989); Ad kak da – ad kak da (1990); Ravnovesie sveta dnevnych i nočnych zvezd (1990; dt. Das Gleichgewicht des Lichts der Tages- u. Nachtsterne); Okolo ekolo (1992; dt. Wettlauf); Šepot šuma (1994; dt. Flüstergeräusch).

Naruhito, Hironomiya, japan. Kronprinz, * 23. 2. 1960; ältester Sohn Kaiser AKIHITOS; seit 1993 ⚭ mit OWADA MASAKO (aus bürgerl. Haus).

*****NASA:** Durch die Beschränkung des jährl. NASA-Budgets auf 12,3 Mrd. bis 14,4 Mrd. US-$ in den Jahren 1990–95 wurde die amerikan. Luft- und Raumfahrtbehörde zu einschneidenden Sparmaßnahmen gezwungen. Die Pläne für die →Space Station, das NASA-Hauptprogramm ab 1997, mußten mehrmals geändert werden, und mit Rußland wurde eine umfangreiche Kooperation bei den bemannten Raumflügen vereinbart. Daneben wird bei den Kosten für neue Raumsonden gespart. Außerdem soll die Abwicklung der Space-shuttle-Missionen einem privaten Unternehmen übertragen werden.

Nasarbajew, Nazarbaev [-zar'bajef], Nursultan Abischewitsch, kasach. Politiker, * Tschemolgan (Gebiet Alma-Ata) 6. 7. 1940; Ingenieur; 1962–91 Mitgl. der KPdSU, 1984–89 Vors. des Ministerrats der Kasach. SSR, 1989–90 Erster Sekr. des ZK der kasach. KP-Organisation; seit 1990 Präs. von Kasachstan, unterstützte die Reformpläne von M. S. GORBATSCHOW. Nach dem Zerfall der Sowjetunion tritt er für eine enge Zusammenarbeit mit Rußland und für die Erhaltung der GUS – zumindest auf wirtschaftl. Gebiet – ein. Am 29. 4. 1995 wurde er von der Bev. erneut für fünf Jahre zum Staatspräs. gewählt.

Nash [næʃ], John Forbes, jr., amerikan. Mathematiker, * Bluefield (W. Va.) 13. 6. 1928; Lehrtätigkeit in Princeton (N. J.) und Mitarbeit an versch. For-

schungsprojekten am Massachusetts Institute of Technology; seine Hauptarbeitsgebiete sind die Spieltheorie und die reine Mathematik. N. führte mit seiner Dissertation ›Non-cooperative Games‹ (1950) in die Spieltheorie die Unterscheidung zw. kooperativen und nichtkooperativen Spielen ein (bei diesen sind Vereinbarungen nicht möglich) und erweiterte die klass. Spieltheorie auf wirklichkeitsnähere Gebiete. Für nichtkooperative Spiele entwickelte N. ein allgemeingültiges Lösungskonzept. Dieses **N.-Gleichgewicht** wird bei einer beliebigen Anzahl von rational handelnden Spielern mit vollständiger Information über die Struktur des Spiels und die Präferenzen der Mitspieler dann erreicht, wenn keiner der beteiligten Akteure einen Anreiz mehr hat, von seiner gewählten Strategie abzuweichen. Damit werden die Erwartungen der einzelnen Akteure erfüllt. Für seine grundlegende Analyse des Gleichgewichts in der nichtkooperativen Spieltheorie erhielt N. 1994 zus. mit J. C. HARSANYI und R. SELTEN den Nobelpreis für Wirtschaftswissenschaften.

Nasrin, Nasreen [-'riːn], Taslima, Schriftstellerin und Ärztin aus Bangladesh, * 1962; kämpft in ihrem Werk, das sich durch schonungslose Offenheit auszeichnet, gegen die Unterdrückung der Frau in der islam. Gesellschaft und zog sich so die heftige Ablehnung fundamentalistisch-islam. Kreise in ihrem Land zu. Wegen ihres Romans ›Scham‹ (1993; dt.), der muslim. Ausschreitungen gegen eine Hindu-Minderheit nach einer Moscheezerstörung im ind. Ayodhya (Uttar Pradesh) anprangert, wurde von einem ›Islam. Gericht‹ das Todesurteil gegen sie ausgesprochen. N. verfaßte 20 Romane und Gedichtbände in Bengali. Sie erhielt u. a. den Kurt-Tucholsky-Preis. Seit 1994 lebt sie in Schweden.

*****Natal 2):** Wurde 1994 mit dem ehem. Homeland KwaZulu zu der neuen Prov. →KwaZulu/Natal verschmolzen.

*****Nationales Olympisches Komitee:** 1994 waren vom Internat. Olymp. Komitee 192 NOK anerkannt. – Als Präs. des NOK für Dtl. trat W. DAUME im Dez. 1992 vorzeitig zurück, zu seinem Nachfolger wurde WALTHER TRÖGER (* 1929) gewählt.

*****Nationalitätskennzeichen:** Seit 1991 wurden folgende N. neu eingeführt bzw. neu vergeben (Stand Nov. 1995): AFG Afghanistan, ANG Angola, AZ Aserbaidschan, BF Burkina Faso, BIH Bosnien und Herzegowina, BOL Bolivien, BY Weißrußland, CZ Tschechische Republik, ER Eritrea, EST Estland, FIN Finnland (vorher SF), GE Georgien, HN Honduras, HR Kroatien, KS Kirgistan, KSA Saudi-Arabien, KZ Kasachstan, LT Litauen, LV Lettland, MD Moldawien, MK Makedonien, MOC Moçambique, MYA Birma (vorher BUR), NAM Namibia, OM Oman, Q Katar, RT Togo (vorher TG), RUS Rußland, SK Slowakische Republik, SLO Slowenien, THA Thailand (vorher T), TJ Tadschikistan, TM Turkmenistan, UA Ukraine, UAE Vereinigte Arab. Emirate, UZ Usbekistan. Die N. ADN Jemen, CL Sri Lanka, DY Benin und LAR Libyen sind nicht mehr gebräuchlich.

*****National Party,** Abk. **NP:** Unter Verfolgung des polit. Kurses des Partei-Vors. und damaligen Staatspräs. F. W. DE KLERK betrieb die N. P. seit 1990 eine Politik des Abbaus der Apartheid, die bis 1994 zu deren Abschaffung und zur Einführung einer pluralist. und gemischtrassigen Demokratie in der Rep. Südafrika führte. Bei den ersten gemischtrassigen Wahlen im April 1994 erlangte die N. P. 20,4 % der Stimmen und wurde zweitstärkste Partei. Sie stellt mit DE KLERK einen Vize-Präs. und sechs Min. in der nat. Reg.; in der Prov. Westkap errang sie die Mehrheit der Stimmen und stellt den Regierungschef.

*****NATO:** In Anknüpfung an die Ergebnisse des Londoner Gipfeltreffens vom Juli 1990 beschloß der

Nursultan
Abischewitsch
Nasarbajew

John F. Nash jr.

Natu Naturkatastrophen

NATO-Rat am 7./8. 11. 1991 ein neues strateg. Konzept. Das Bündnis zog damit endgültig die Konsequenzen aus der seit 1989 vollkommen gewandelten sicherheitspolit. Lage. Die Strategie geht davon aus, daß an die Stelle einer konkreten Bedrohung aus dem Osten vielgestaltige und schwer abschätzbare Konfliktpotentiale bzw. Risiken getreten sind. Um diesen zu begegnen, wird die Allianz im Rahmen einer vorausschauend betriebenen Friedenssicherungspolitik künftig verstärkt auf ›Dialog‹ und ›Kooperation‹ setzen. Gleichzeitig wird zur Abschreckung potentieller Aggressoren eine angemessene Fähigkeit zur kollektiven Verteidigung aufrechterhalten. Zur Umsetzung des neuen strateg. Konzepts in konkrete Vorgaben für die Planung und den Einsatz der militär. Kräfte wurde durch die Verteidigungs-Min. des Bündnisses am 13. 12. 1991 die Weisung des Militärausschusses MC 400 in Kraft gesetzt; sie löste die bis dahin gültige Weisung MC 14/3 (Flexible response) ab.

Um dem veränderten Bedrohungsbild Rechnung zu tragen, gliedert die NATO ihre in der 1. Hälfte der 1990er Jahre erheblich reduzierten Streitkräfte nun in drei Gruppen: 1) präsente Reaktionskräfte (Immediate Reaction Forces und Rapid Reaction Forces), die im Rahmen des wichtiger werdenden Krisenmanagements rasch und flexibel eingesetzt werden können; 2) Hauptverteidigungskräfte (Main Defence Forces), die aus der Masse der insgesamt verbleibenden Verbände bestehen und angesichts länger werdender Vorwarnzeiten stark mobilmachungsabhängig sein können; 3) Verstärkungskräfte (Augmentation Forces). Parallel zur Truppenverringerung wurde die Kommandostruktur der NATO insbesondere in Nord- und Mitteleuropa neu geordnet, bis Mitte 1994 waren die entsprechenden Maßnahmen durchgeführt. Auf der höchsten militär. Befehlsebene (›Major NATO Commander‹) fiel der Kommandobereich ›Ärmelkanal‹ ersatzlos weg. Auf der nächstniedrigeren Ebene (Major Subordinate Commander) wurde der Kommandobereich AFNORTH unter Zuweisung Dänemarks zum Kommandobereich AFCENT in AFNORTHWEST umbenannt (dieser umfaßt nun Norwegen und die Brit. Inseln). Im Bereich der Alliierten Streitkräfte Zentraleuropa (AFCENT) faßte man die Heeresgruppen CENTAG und NORTHAG zum neuen Kommando LANDCENT, die takt. Luftflotten (ATAFs) zum Kommando AIRCENT zusammen. Die operativ wichtige Korpsebene wurde beibehalten (v. a. um nach Wegfall dieser Ebene im niederländ. und belg. Heer auch diesen Allianzpartnern hier weiterhin Mitwirkungsmöglichkeiten zu eröffnen), jedoch angesichts der geringer gewordenen Zahl von Divisionen wie folgt gestrafft: Umwandlung des I. Brit. Korps zum multinat. ›Allied Rapid Reaction Corps‹ (ARRC) unter brit. Führung in Mönchengladbach (ihm sind Divisionen verschiedener Mitgl., darunter die übrigbleibende belg. Division, sowie die neue ›Multinational Division Central‹ zugewiesen); Verschmelzung des dt. I. Korps und des niederländ. I. Korps zum dt.-niederländ. I. Korps in Münster; Formierung zweier dt.-amerikan. ›Frame Work Corps‹: Das dt. Heer stellte eine Division für das amerikan.-dt. V. Korps in Heidelberg ab, im Gegenzug assignierten die USA dem dt.-amerikan. II. Korps in Ulm eine Division. Unverändert bleibt die einem Korps entsprechende Kommandobehörde LANDJUT des Befehlsbereichs BALTAP (Dänemark und Ostseezugänge) mit je einer dt. und dän. Division. Eine Sonderrolle kommt der →Eurokorps in Straßburg zu.

Neben den einschneidenden Veränderungen in den Bereichen Strategie und Streitkräftestruktur steht seit 1990/91 die Frage einer Erweiterung der NATO im Blickpunkt des Interesses. Um zunächst mit den ehem. Gegnern ins Gespräch zu kommen, wurde am 20. 12. 1991 der ›Nordatlant. Kooperationsrat‹ gegründet, ein Konsultationsgremium, in dem die NATO-Mitgl. sowie die balt. Staaten, Albanien, Bulgarien, Polen, Rumänien, die Tschechoslowakei (seit 1. 1. 1993 die Tschech. und die Slowak. Rep.), Ungarn und die UdSSR bzw. ab März 1992 deren Nachfolgestaaten vertreten sind. In Ergänzung des Nordatlant. Kooperationsrats wurde als weiterer Schritt in Richtung einer sicherheitspolit. Anbindung v. a. der osteurop. Staaten im Jan. 1994 vom NATO-Rat das Konzept der →Partnerschaft für den Frieden verabschiedet. Es eröffnet den einzelnen Staaten die Möglichkeit einer individuellen Kooperation mit der Allianz auf der Grundlage bilateraler Abkommen. Nachdem seit Anfang 1994 die Frage der Erweiterung des Bündnisses nach Osten im Grundsatz positiv beschieden worden ist, steht dieses Thema im Mittelpunkt sicherheitspolit. Diskussionen. Als Problem diesbezüglich erweist sich, daß Rußland eine NATO-Osterweiterung als Beeinträchtigung seiner Interessen im ›westl. Vorfeld‹ betrachtet und hierin den Beginn einer ›Einkreisung‹ bzw. Isolierung durch die NATO sieht. Die NATO ihrerseits möchte den Sicherheitsbedürfnissen insbesondere der mittelosteurop. Staaten Rechnung tragen, ohne berechtigte Interessen bzw. Empfindlichkeiten Rußlands – auch mit Blick auf die dortigen reformfeindl. Kräfte – zu verletzen und eine neue Trennungslinie in Europa zu schaffen.

Bedeutsam für Charakter und Selbstverständnis des atlant. Bündnisses waren die Ereignisse im Zusammenhang mit dem Bürgerkrieg im früheren Jugoslawien. Den bisherigen Aufgabenbereich erheblich ausweitend, sicherten die Mitgliedstaaten im Juni 1992 zu, ihre Streitkräfte bereitzustellen, falls die KSZE ein Mandat für friedenserhaltende Maßnahmen in einer europ. Region erteilen sollte; im Dez. 1992 wurde diese Bereitschaft auch auf entsprechende Ersuchen der UNO übertragen. Auf der Grundlage dieser Entschlüsse begann im Juli 1992 der Adria-Einsatz zur Überwachung der Einhaltung des von der UNO verhängten Embargos gegen die Rep. Jugoslawien (›Rest-Jugoslawien‹). Vom 12. 4. 1993 an wurde das bereits im Okt. 1992 von der UNO verhängte Flugverbot über Bosnien und Herzegowina von der NATO militärisch durchgesetzt. Am 28. 2. 1994 kam es zum ersten Kampfeinsatz der Allianz seit ihrer Gründung, als im Rahmen der Überwachung des Flugverbots über dem Bürgerkriegsgebiet zwei amerikan. F-16-Jäger vier Kampfflugzeuge der bosn. Serben abschossen. Im Sommer 1995 wurde zum Schutz von Blauhelmeinheiten im Auftrag der UNO eine ›Schnelle Eingreiftruppe‹ gebildet und in den Raum Sarajevo entsandt. Nach fortgesetzter Beschießung Sarajevos durch die bosn. Serben begann die NATO Ende Aug. 1995 mit massiven Luftangriffen auf Stellungen und Kommandozentralen der bosn. Serben. – Nach Unterzeichnung des Friedensabkommens von Dayton (Oh.) am 14. 12. 1995 begann unter Führung der NATO der Einsatz der internat. Truppe zur Umsetzung des Friedensvertrags (Implementation Force, Abk. IFor); am 20. 12. übernahm die Anfang 1996 auf 60 000 Mann angewachsene Truppe von der UNPROFOR die militär. Befehlsgewalt in Bosnien und Herzegowina.

Nach dem Tod M. Wörners im Aug. 1994 wurde der frühere belg. Außen-Min. W. Claes im Herbst 1994 neuer GenSekr. der NATO. Nach dessen Rücktritt aufgrund seiner Verwicklung in einen Schmiergeldskandal (belg. Agusta-Affäre) im Okt. 1995 wurde Anfang Dez. J. Solana Madariaga zum GenSekr. gewählt.

Naturkatastrophen, Sammel-Bez. für alle extremen Naturereignisse, die nicht nur zu großen Schäden in der Natur, sondern v. a. an vom Menschen geschaf-

Naturkatastrophen **Natu**

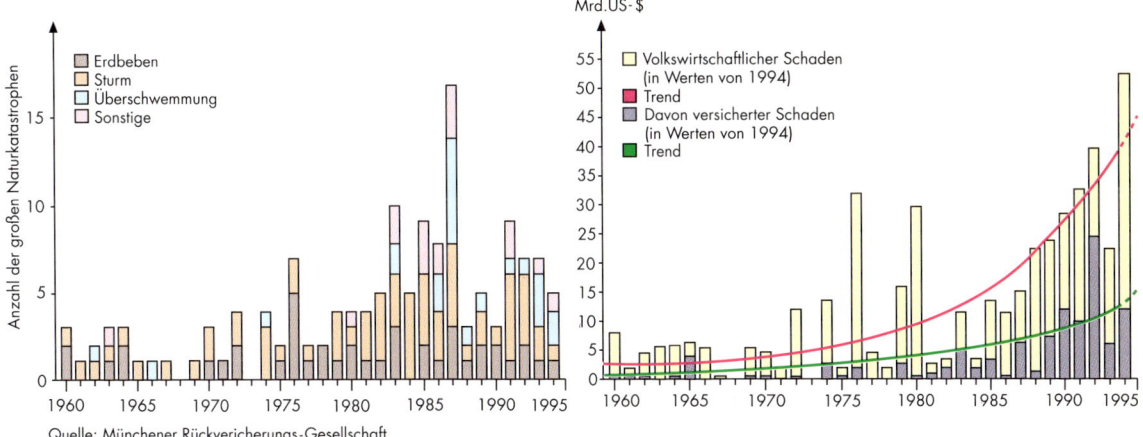

Naturkatastrophen: LINKS Weltweit aufgetretene große Naturkatastrophen 1960–94; RECHTS Durch große Naturkatastrophen bedingte volkswirtschaftliche Schäden 1960–94 (in Mrd. US-$)

fenen Bauwerken und Infrastrukturen sowie zu zahlreichen Todesopfern, Verletzten und Obdachlosen führen (›N. sind Kulturkatastrophen‹). Als ›groß‹ werden solche Katastrophenereignisse gewertet, die die Selbsthilfefähigkeit der betroffenen Region übersteigen und deshalb überregionale oder internat. Hilfe erforderlich machen. Dies ist i. d. R. dann der Fall, wenn die Zahl der Toten in die Hunderte oder Tausende, die der Obdachlosen in die Zehn- und Hunderttausende und die Gesamtschäden in die Hunderte Mio. oder Mrd. US-$ gehen. Bei Fortsetzung der steilen Trendkurve der letzten Jahrzehnte muß schon zum Ende der 1990er Jahre mit durchschnittlichen jährl. Gesamtschäden von weit über 100 Mrd. US-$ gerechnet werden. Aber auch einzelne N. wie das Erdbeben von Kōbe 1995 können diese Größenordnung erreichen. Weltweit wurden 1994 insgesamt rd. 580 N. mit einem volkswirtschaftl. Schaden von zus. 65 Mrd. US-$ erfaßt. Im Ggs. zu techn. Katastrophen werden N. von natürl. Extremereignissen ausgelöst; auf menschl. Einfluß gehen z. B. Erdbebenauslösung durch Bergbau und Stauseen, Dürrekatastrophen infolge von Überweidung und Hochwasser infolge von wasserbaul. und landwirtschaftl. Eingriffen zurück.

Nach ihrer Entstehungsursache kann man folgende Arten von N. unterscheiden: 1) meteorolog. N., hervorgerufen durch Stürme (trop. Wirbelsturm, Wintersturm, Tornado, Gewittersturm, Sandsturm), Niederschläge (Starkregen, Eisregen, Glatteis, Hagel, Schneesturm, Lawine), Nebel und Smog, Dürren, Hitze- oder Kältewellen, Blitzschlag, Wald-, Buschoder Steppenbrände; 2) hydrolog. N. durch Überschwemmungen, Sturzfluten, Hochwasser, Grundwasseranstieg, Muren, Rückstau in Gerinnen, Eisstau in Flüssen, Gletscherwasserausbrüche (isländ. Jökullhaup), Gletschervorstöße oder Gletschereisabbrüche; 3) geolog. N. infolge von Erdbeben (Bodenerschütterung, Bodenverflüssigung, Verwerfung), Vulkanausbrüchen (Lavastrom, Ascheausbruch, Glutwolke, Schlammstrom, Gasausbruch, Caldera-Einsturz), Erdrutsch, Erdabsenkung oder Bergsturz; 4) astronom. N. (Meteoriten- oder Kometeneinschlag); 5) biolog. N. durch Seuchen, Schädlingsbefall, Heuschreckenschwärme.

In den letzten Jahrzehnten wird eine starke Zunahme der Häufigkeit und Schwere von N. beobachtet. Dafür gibt es eine Reihe von Gründen, für die hauptsächlich der Mensch verantwortlich ist: die weltweite Bev.-Zunahme (v. a. in der dritten Welt), der mit steigendem Lebensstandard wachsende Sachwert, die Konzentration von Bev. und Sachwerten in Großstadträumen, die Besiedlung und Industrialisierung stark naturgefährdeter Regionen, die Schadensanfälligkeit moderner Gesellschaften und Technologien sowie die Änderung der Umweltbedingungen. V. a. in Ländern der dritten Welt treten N. immer häufiger in Erscheinung und verursachen immer größere Schäden, denn hier werden infolge des rapiden Bev.-Wachstums immer weitere katastrophengefährdete Küsten- (z. B. in Bangladesh) und Berggebiete (z. B. im Himalaya und in den Anden) besiedelt; Vorsorge- und Schutzmaßnahmen – sofern es sie überhaupt gibt – können mit diesen Entwicklungen nicht Schritt halten. Aber auch in den Industrieländern werden in zunehmendem Maße stark katastrophenanfällige Standorte wirtschaftlich genutzt (z. B. Tourismuszentren in Florida, Kernkraftwerke und Staudämme an Erdbebenverwerfungen in Kalifornien, Off-shore-Plattformen in der Nordsee und im Golf von Mexiko, Besiedlung von Überschwemmungsflächen, Bebauung steiler Hänge). Hier wächst zudem die Schadensauswirkung durch die nat. und internat. wirtschaftliche Vernetzung. Versch. große N. der letzten Jahre (z. B. Hurrikan ›Andrew‹ in Florida 1992, Erdbeben in Kōbe 1995) zeigen, daß die von ihnen ausgehenden Schäden heute Größenordnungen von 100–1 000 Mrd. DM erreichen können. Das Eintreten derartiger Extremereignisse (›Worst-case‹-Szenarien) kann zum wirtschaftl. Zusammenbruch ganzer Regionen und Länder führen, unter Umständen sogar weltweite Auswirkungen z. B. im Banken- und Versicherungssektor nach sich ziehen. Während die Industrieländer solche hohen Verluste noch bewältigen können (vom Elend der unmittelbar betroffenen Menschen abgesehen), geraten Entwicklungsländer oft schon bei wesentlich geringeren Schäden in große wirtschaftl. Schwierigkeiten.

Für eine Zunahme von Zahl und Stärke der N. selbst gibt es heute eine Reihe von Indizien, die allerdings wegen der großen natürl. Schwankungsbreite nur selten statistisch gesichert sind. Eine besondere Rolle spielt die Frage, ob die vermutete deutl. Klimaänderung bereits in Witterungserscheinungen zum Ausdruck kommt und ob oder inwieweit sie vom Menschen verursacht ist. Als Folge der Erwärmung der Atmosphäre durch den zusätzl. (anthropogenen) Treibhauseffekt können voraussichtlich in bestimmten Regionen der Erde künftig generell mehr Überschwemmungen und Sturzfluten, Hagelschläge und Unwetter, trop. Wirbelstürme und Winterstürme,

Sturmfluten und Bergstürze, Hitzewellen und Dürren auftreten. Andere Regionen würden dagegen durch die Erwärmung begünstigt. Der weitere Abbau der stratosphär. Ozonschicht (→Ozonloch) wird zu erhebl. Schädigungen der Biosphäre (v. a. in hohen Breiten) führen. Als Folge des langfristigen Meeresspiegelanstiegs (seit Anfang des 20. Jh. etwa 10 cm) fühlen sich zahlreiche Länder zunehmend in ihrer gesamten Existenz bedroht. Sie haben sich deshalb zur ›Vereinigung kleiner Inselstaaten‹ (engl. Abk. AOSIS) zusammengeschlossen und fordern mit besonderem Nachdruck globale Gegenmaßnahmen.

Die dramat. Zunahme der Auswirkungen von N. kann nur dann mit Erfolg begrenzt werden, wenn weltweit Vorsorge- und Schutzmaßnahmen ergriffen werden. Dazu gehören: Vorhersage- und Warndienste (z. B. Sturm- und Überschwemmungswarnung, ständige instrumentelle Überwachung von Vulkanen), Katastrophenhilfe (z. B. Evakuierung, Suchtrupps, Notversorgung und -unterbringung, rascher Wiederaufbau), Bauvorschriften (z. B. für erdbebensichere Konstruktion) und Bauüberwachung, Landnutzungsbeschränkungen (z. B. in Überschwemmungsgebieten), Schutzbauten (z. B. Schutzräume, Deiche und Dämme, Renaturierung von Flußläufen), Aufklärung und Ausbildung der Bev., Katastrophenmanagement (z. B. nat. und internat. Koordination, Bevorratung von Hilfsgütern), Forschung (z. B. Untersuchungen zur Katastrophenfälligkeit von Bauwerken, Infrastruktur und Gesellschaft; Hagelbekämpfung; Erdbebenvorhersage), Versicherung (vertragl. Schutz gegen finanzielle Schäden, in bestimmten Fällen staatl. Zwangsversicherungsprogramme).

Besondere Hoffnung für einen verbesserten Schutz der gefährdeten Bev. wird mit der Weiterentwicklung der Vorhersage- und Warnmethoden verknüpft. Tatsächlich haben sich die Möglichkeiten einer genaueren zeitl. und örtl. Vorhersage z. B. von trop. Wirbelstürmen, Überschwemmungen, Vulkanausbrüchen und Heuschreckenzügen in den letzten Jahrzehnten so weit verbessert, daß geeignete Vorsorge-, Schadensverhütungs- und Evakuierungsmaßnahmen i. d. R. rechtzeitig eingeleitet werden können. Jedoch gibt es nach wie vor eine Reihe von Gefahren (z. B. Erdbeben, Unwetter) und Regionen (z. B. Bangladesh), für die noch entscheidende Verbesserungen nötig sind, um die Bev. effektiv schützen zu können. Auch Sachschäden lassen sich i. d. R. durch rechtzeitige Warnungen erheblich verringern, wenngleich hier von verschärften Bau- und Landnutzungsvorschriften langfristig mehr Erfolg zu erwarten ist. Wegen des weltweiten Zunahmetrends, aber auch wegen der bes. großen N.-Probleme in der dritten Welt haben die UNO die 1990er Jahre zur ›Internat. Dekade für die Vorbeugung von N.‹ (engl. International Decade for Natural Disaster Reduction, Abk. IDNDR) erklärt. Die Industrieländer sind aufgefordert, geeignete wiss., techn. und wirtschaftl. Hilfsprojekte mit Partnerländern durchzuführen und darüber hinaus die N.-Problematik auch im eigenen Land zu erforschen.

G. Schneider: N. (1980); Weltkarte der Naturgefahren, hg. v. der Münchener Rückversicherungs-Gesellschaft (²1993); R. Geipel: Naturrisiken. Katastrophenbewältigung im sozialen Umfeld (1992); G. Berz: Die Zeichen stehen auf Sturm, in: Die Naturwissenschaften, Jg. 81 (1994); N.-Forschung, in: Geograph. Rundschau, Jg. 46 (1994), H. 7/8; K. Jacob: Entfesselte Gewalten. Stürme, Erdbeben u. andere N. (Basel 1995); H. u. G. Lamping: N. Spielt die Natur verrückt? (1995); E. Seibold: Entfesselte Erde. Vom Umgang mit N. (1995). – *Zeitschrift:* Natural hazards. An international journal of hazards research and preventation (Dordrecht 1988 ff.).

Naturkost, Bez. für Lebensmittel, die ökolog. Erzeugung entstammen und eindeutig definierte Qualitätsmerkmale besitzen, zu deren Einhaltung sich die Erzeuger verpflichten: 1) N. ist möglichst naturbelassen, d. h. möglichst wenig bearbeitet und frei von synthet. Zusatzstoffen; 2) N. ist vollwertig, sie enthält z. B. Nährstoffe und Vitamine in höchstmögl. Maß; 3) N. ist schadstoffarm; pflanzl. Lebensmittel stammen aus kontrolliert biolog. Landbau, tier. Lebensmittel aus artgerechter Haltung ohne Verwendung von Tierbehandlungsmitteln; 4) bei Erzeugung, Verarbeitung und Vertrieb von N. wird streng auf ökolog. Verträglichkeit geachtet; auf Importe von Futtermitteln aus der dritten Welt, Massenproduktion sowie Industrialisierung landwirtschaftl. Betriebe wird verzichtet. Erzeugung und Verarbeitung von N. sind durch Richtlinien festgelegt, deren Einhaltung durch eine EG-Verordnung gesetzlich geregelt ist. (→biologischer Landbau, →biologisch 2)

*Naturschutz: Das System des flächenhaften N. sieht versch. Arten von Schutzgebieten vor, deren Gebiete sich überschneiden können. 1994 gab es in Dtl. 5 171 N.-Gebiete mit einer Gesamtfläche von 659 000 ha. Dies entspricht einem Flächenanteil von 1,8 % an der Gesamtfläche Dtl.s. Hinzu kommen etwa 900 einstweilig sichergestellte N.-Gebiete mit einer Fläche von 220 000 ha. Die 6 206 Landschaftsschutzgebiete nahmen 25,3 % der Gesamtfläche Dtl.s (9 039 801 ha) ein. Die Gesamtfläche aller Nationalparks betrug 1994 717 002 ha (2 % der Gesamtfläche Dtl.s). Sieben der elf Nationalparks, die es 1994 gab, wurden erst ab 1990 ausgewiesen. Die bedeutendsten sind der Nationalpark Wattenmeer und der Nationalpark Mecklenburg-Vorpommersche Boddenlandschaft, der älteste ist der Nationalpark Bayerischer Wald (seit 1970). Die zwölf →Biosphärenreservate haben einen Flächenanteil von 3 % des Bundesgebiets (1 075 503 ha). Neun von ihnen wurden ab 1990 anerkannt. In Biosphärenreservaten gibt es drei Schutzkategorien: Kernzone, Pflegezone und Entwicklungszone. In ihnen sollen Natur- und Kulturlandschaften geschützt und ökologisch und sozioökonomisch abgestimmt N.-Konzepte entwickelt werden. Weiterhin sind 73 Naturparks mit einer Gesamtfläche von 5 569 500 ha (15,6 % der Gesamtfläche Dtl.s) ausgewiesen. Der überwiegende Teil der Naturparks sind gleichzeitig N.- oder Landschaftsschutzgebiete. Zusätzlich gibt es in Dtl. 32 Feuchtgebiete mit einer Gesamtfläche von 671 200 ha (1,9 % des Bundesgebiets). Sie dienen nach der ›Ramsar-Konvention‹ v. a. dem Schutz der Wasservögel. Diese Gebiete genießen jedoch keinen rechtsbindl. Schutzcharakter, wenn sie nicht gleichzeitig als N.-Gebiet oder Nationalpark ausgewiesen sind.

Mit der Gründung des →Bundesamts für Naturschutz 1993 wurden die Aufgaben des Bundes im Bereich des N. in einer selbständigen Bundesoberbehörde im Geschäftsbereich des Bundesumweltministeriums zusammengefaßt. Im Vergleich zu anderen Umweltbereichen hat es auf Bundesebene in den letzten Jahren keine gesetzl. Neuregelung zum N. gegeben; im Gegenteil wirken sich einige neue Gesetze wie das Investitionserleichterungs- und Wohnbaulandgesetz von 1993, das Ges. zur Beschleunigung der Planung der Verkehrswege in den neuen Bundesländern und Berlin von 1991 sowie das Planungsvereinfachungsgesetz von 1993 negativ auf den N. und v. a. auf den Landschaftsschutz aus. Sie vereinfachen Genehmigungsverfahren im Wohnungs- und Straßenbau, was durch Verkürzung des Raumordnungsverfahrens oder gar Verzicht darauf erreicht werden soll. Damit ist auch die Beschneidung von Mitwirkungsrechten Betroffener und der N.-Verbände. Der Rat von Sachverständigen für Umweltfragen fordert eine Neukonzeption des Bundesnaturschutzgesetzes. Nach seiner Auffassung sollte auf etwa 10 % der Gesamtfläche Dtl.s dem N. absolute Priorität eingeräumt werden.

Naturschutzbund Deutschland e. V., Abk. **NABU,** seit 1990 Name des 1899 als ›Bund für Vogelschutz‹ gegründeten ältesten dt. Naturschutzverbands. Schwerpunkt der Arbeit des NABU sind u. a. der Schutz und die Pflege gefährdeter Lebensräume von Pflanzen und Tieren, wobei diese Biotope – wenn nötig – gekauft oder gepachtet werden (1995 betreute der NABU mehr als 5 000 großflächige Naturschutzprojekte und über 70 Naturschutzzentren). Darüber hinaus setzt sich der NABU v. a. für eine großräumige und naturschonende Landnutzung ein sowie – außerhalb des eigentl. Naturschutzes – für die Eindämmung der Abfallflut, den Vorrang des öffentl. Verkehrsnetzes und die schnelle Sanierung von Umweltkrisengebieten v. a. in den neuen Bundesländern. Im NABU sind (bundesweit ohne Bayern) rd. 170 000 Mitgl. in bundesweit 15 Landesverbänden organisiert, in Bayern wird der NABU durch eine Partnerorganisation, den ›Landesbund für Vogelschutz‹, mit weiteren 35 000 Mitgl. vertreten.

***Nauen 2):** Der Landkreis N. in Brandenburg ging am 6. 12. 1993 im neugebildeten Landkreis Havelland auf; die Stadt Nauen ist damit nicht mehr Kreisstadt.

Naumann, Klaus Dieter, General, * München 25. 5. 1939; Eintritt in die Bundeswehr 1958; Artillerieoffizier; nach wechselweiser Verwendung in der Truppe, im Verteidigungsministerium sowie bei der NATO 1988 Stabsabteilungsleiter ›Militärpolitik‹ im Führungsstab der Streitkräfte; als Nachfolger von D. WELLERSHOFF 1991–96 Generalinspekteur der Bundeswehr, seit Febr. 1996 Vors. des NATO-Militärausschusses.

***Naumburg 1):** Der Landkreis N. ging am 1. 7. 1994 im Burgenlandkreis auf, dessen Kreisstadt die Stadt Naumburg (Saale) wurde.

***Nauru,** amtl. Name: engl. **Republic of N.,** nauruisch **Naoero,** Inselstaat im Pazif. Ozean.

Verwaltungssitz: Yaren. *Amtssprachen:* Englisch und Nauruisch. *Staatsfläche:* 21,3 km². *Einwohner (1994):* 11 000, 524 Ew. je km². *Religion:* etwa 60% Protestanten, 30% Katholiken. *Lebenserwartung der Neugeborenen (1992):* männlich 50 Jahre, weiblich 55 Jahre. *Analphabetenquote (1992):* 1%. *BSP je Ew. (1991):* 13 000 US-$. *Währung:* 1 Australischer Dollar ($A) = 100 Cents (¢). *Internationale Mitgliedschaften:* Commonwealth of Nations, South Pacific Forum.

Geschichte: Im Mai 1989 verklagte N. vor dem Internat. Gerichtshof (IGH) in Den Haag Australien auf Wiedergutmachung des Schadens, den es als Mandatsmacht auf N. beim rücksichtslosen Phosphatabbau zum Schaden der Bev. verursacht habe. Der IGH ließ im Juni 1992 die Klage N.s zu. Vor dem Hintergrund weltweiter Klimaveränderungen sieht sich N. existentiell von einem Anstieg des Meeresspiegels bedroht.

***NAVSTAR/GPS:** Im Juli 1993 wurde der 24. GPS-Satellit in seine Umlaufbahn gebracht und damit der Ausbau des Satellitennavigationssystems auf 21 Satelliten und drei Ersatzsatelliten vollendet. (→Satellitennavigation).

Naxçivan [naxtʃəˈvan], frühere Schreibung **Nachitschewan,** bis 30. 8. 1990 ▷ Nachitschewaner Autonome Sozialistische Sowjetrepublik, Teilrepublik Aserbaidschans, zw. Armenien und Iran gelegene Exklave, 5 500 km², (1991) 305 700 Ew., Hauptstadt ist Naxçivan.

NBC Super Channel [enbiːˈsi: ˈsuːpə tʃænl], →Privatfernsehen (ÜBERSICHT).

***Nebra 1):** Der Landkreis N. ging am 1. 7. 1994 im Burgenlandkreis auf; die Gem. Branderoda wurde dem Kr. Merseburg-Querfurt eingegliedert. Die Stadt Nebra ist damit nicht mehr Kreisstadt.

***Neckermann,** Josef, Unternehmer: † Dreieich 13. 1. 1992.

Aurelie Nemours: Droiterose; Tafel aus einer Serie von zehn Tafeln mit jeweils vier Variationen; 1992 (Privatbesitz)

***Needham,** Joseph, brit. Biologe und Sinologe: † Cambridge 24. 3. 1995.

***negative Einkommensteuer:** Der in der Wirtschaftswissenschaft seit langem erörterte Gedanke einer Verknüpfung von Sozialtransfers und Einkommensteuer wurde ab 1993 auch im polit. Bereich aufgegriffen (CDU-Grundsatzprogramm vom 23. 2. 1994, FDP-Wahlprogramm vom 16. 10. 1993). Ausgangspunkt war dabei die mit dem Begriff ›Armutsfalle‹ beschriebene Auffassung, daß das Sozialleistungssystem für Empfänger von Sozialhilfe oder Arbeitslosengeld kaum finanzielle Anreize bietet, erwerbstätig zu werden, da Zusatzverdienste auf die Sozialleistungen angerechnet werden, quasi einem Grenzsteuersatz von fast 100 % unterliegen.

Werden im Rahmen der n. E. die versch. Sozialleistungen zu einem nach einheitl. Sozial- und Bedürftigkeitsmerkmalen differenzierten Universaltransfer zusammengefaßt, spricht man von **Bürgergeld.** In der öffentl. Diskussion wird hierfür auch fälschlicherweise der Begriff **Bürgersteuer** verwendet. Die Bundes-Reg. hat 1995 eine Expertenkommission ›Alternative Steuer-Transfer-Systeme‹ eingesetzt, die versch. Möglichkeiten zur Integration von Einkommensbesteuerung und steuerfinanzierten Sozialleistungen einschließlich des Bürgergeldsystems prüfen soll.

Neher, Erwin, Physiker, * Landsberg a. Lech 20. 3. 1944; arbeitet seit 1972 am Max-Planck-Institut für biophysikal. Chemie in Göttingen, seit 1983 als Leiter der Abteilung Membranbiophysik. N. erhielt zus. mit B. SAKMANN für gemeinsam durchgeführte Forschungen über zelluläre Ionenkanäle, bes. für die Entwicklung einer Methode zur Messung kleinster elektrischer Ströme, die einzelne Ionenkanäle durchfließen (›Patch-clamp-Technik‹), den Nobelpreis für Physiologie oder Medizin 1991.

***Nell-Breuning,** Oswald von, kath. Theologe, Wirtschafts- und Sozialwissenschaftler: † Frankfurt am Main 21. 8. 1991.

Nemours [nəˈmuːr], Aurelie, frz. Malerin, * Paris 29. 10. 1910; fand für ihr der konkreten Kunst zuzurechnendes Werk erst seit den 1980er Jahren breitere Würdigung, die bes. mit dem Grand Prix National de Peinture 1994 und in Retrospektiven (1994, 1995) Ausdruck fand. Die machtvolle Entfaltung ihres Spätwerks (seit etwa 1974) entwächst einem Bildvokabular der geometr. Abstraktion, das sie sich, nachdem sie 1948 zu erneutem Studium in das Atelier von F. LÉGER

Erwin Neher

eingetreten war, um 1952/53 erschloß. Ausgehend von der leeren Fläche mit vertikalen und horizontalen Kräften, gelangt sie über deren gegenseitige Durchdringung zu Gitter, Kreuz und Quadrat. Formen (auch Farbformen) und Teilformen (z. B. Winkel) und ihre Anordnung sind von N. nicht mathematisch berechnet, der Rhythmus sei der Generator der Form. Auf einer philosoph. Ebene reflektiert ihre Kunst die Entstehung von Materie im leeren energet. Raum. Weitere Ebenen erschließen ihre Bildtitel: ›Orpheus‹ (1974), ein offenes Quadrat Schwarz auf Schwarz, vielleicht das Thema von Tod und Kunst, ›Der lange Weg‹ (1989, 64 Teile in 8 Folgen mit einer rhythm. Farbabfolge – eine Farbe fehlt pro Folge) den langen künstler. Lebensweg.

N., hg. v. R. W. GASSEN u. a., Ausst.-Kat. (1995).

*Nepal, amtlich Nepali **Nepal Adhirajya**, dt. **Königreich N.**, Binnenstaat in Asien.

Hauptstadt: Kathmandu. *Amtssprache:* Nepali. *Staatsfläche:* 147 181 km². *Bodennutzung (1992):* 26 590 km² Ackerland, 20 000 km² Dauergrünland, 24 800 km² Waldfläche. *Einwohner (1994):* 21,360 Mio., 152 Ew. je km². *Städtische Bevölkerung (1993):* 13 %. *Durchschnittliches Bevölkerungswachstum pro Jahr (1985-93):* 2,6 %. *Bevölkerungsprojektion für 2000:* 24,86 Mio. Ew. *Ethnische Gruppen (1991):* 53,2 % Nepali sprechende Gurkha, 18,4 % Bihari, 4,8 % Tharu, 4,7 % Tamang, 3,4 % Newar, 2,2 % Magar, 13,3 % andere. *Religion (1992):* 89,5 % Hindu (der Hinduismus ist Staatsreligion). *Altersgliederung (1995):* unter 15 Jahre 43,1 %, 15 bis unter 65 Jahre 53,7 %, 65 und mehr Jahre 3,2 %. *Lebenserwartung der Neugeborenen (1992):* männlich 54 Jahre, weiblich 53 Jahre. *Analphabetenquote (1991):* insgesamt 74,4 %, männlich 62,4 %, weiblich 86,8 %. *BSP je Ew. (1993):* 190 US-$. *BIP nach Sektoren/Produktionsstruktur (1992):* Landwirtschaft 43 %, Industrie 21 %, Dienstleistungen 36 %. *Währung:* 1 Nepalesische Rupie (NR) = 100 Paisa (P.) = 2 Mohur. *Internationale Mitgliedschaften:* UNO, Colombo-Plan.

Geschichte: Am 9. 11. 1990 verkündete König BIRENDRA BIR BIKRAM eine neue Verf., die N. in eine konstitutionelle Monarchie verwandelte und ein Mehrparteiensystem gesetzlich verankerte. Aus den Wahlen vom Mai 1991 ging der ›Nepali Congress‹ als stärkste Partei hervor und stellte mit GIRIJA PRASAD KOIRALA (* 1925) den MinPräs. Im Juli 1994 kam es zu der schwersten Flutkatastrophe in N. im 20. Jh., bei der über 1 000 Menschen ums Leben kamen. Am 10. 7. 1994 reichte MinPräs. KOIRALA seinen Rücktritt ein, nachdem das Parlament seine Zustimmung zum Jahresprogramm der Reg. verweigert hatte. Am 11. 7. verfügte der König die Auflösung der Legislativkammer. Während der letzten Jahre war es in N. wiederholt zu blutigen Unruhen gekommen, da sich nach Abschaffung der absoluten Monarchie die erhofften sozialen und wirtschaftl. Fortschritte nicht eingestellt hatten und auch der polit. Demokratisierungsprozeß kaum vorangekommen war. Nachdem die United Marxist Leninist Party (UMLP) bei den vom König verfügten Neuwahlen im Nov. 1994 die (relative) Mehrheit gewonnen hatte, übernahm ihr Vors. MANMOHAN ADHIKARY die Führung der Minderheits-Reg., die jedoch im September 1995 aufgrund eines Mißtrauensvotums zurücktreten mußte. Im Aug. 1995 war die Verfügung des Königs (Juli 1995), im Nov. 1995 Parlamentswahlen abzuhalten, am Widerspruch des Obersten Gerichts gescheitert. Im Sept. 1995 bildete SHER BAHADUR DEUBA, der Führer des bisher in Opposition stehenden Nepali Congress, die Regierung.

W. DONNER: N. Im Schatten des Himalaya (1990); K.-H. KRÄMER: N. – der lange Weg zur Demokratie (1991); A. URMONEIT u. H. NUSSER: Das Entwicklungsland N. (1991);

Mensch u. Umwelt in N., hg. v. S. VON DER HEIDE (1992); W. DONNER: Lebensraum N. Eine Entwicklungsgeographie (1994).

*Nesin, Aziz, türk. Schriftsteller: † Çeşme 6. 7. 1995. N.s Plan, S. RUSHDIES ›Satan. Verse‹ ins Türkische übersetzen zu lassen, mobilisierte den Widerstand national-religiöser Kräfte. Bei einem gegen ihn gerichteten Anschlag radikaler Islamisten kamen am 2. 7. 1993 in Sivas 37 Menschen ums Leben.

Werke (türk.): Kurzgeschichten: Heimatfilm (1987; dt.); Die Umleitung (1989; dt.).

***Neubrandenburg 2):** Der Landkreis N. ging am 12. 6. 1994 im Kr. Mecklenburg-Strelitz auf; die Stadt Neubrandenburg ist damit nicht mehr Verw.-Sitz eines Kreises.

***Neue Musik:** Der mit dem Schlagwort der Neuen Einfachheit Ende der 1970er Jahre einsetzende Rückgriff auf Tradition und Subjektivität des Ausdrucks hat einem Stilpluralismus Platz gemacht, der eine Standortbestimmung gegenwärtiger Musik zunehmend unmöglich macht. Postserielle, tonale, modale, minimalist. (JOHN ADAMS, * 1947), meditative oder Geräuschklangkompositionen (C. DELZ) stehen nebeneinander bzw. durchdringen sich wechselseitig. Hinzu kommen Anleihen bei fernöstl., afrikan. oder lateinamerikan. Musik (Kronos String Quartet) sowie Grenzüberschreitungen in Richtung Jazz, Popoder Rockmusik (P. M. DAVIES; L. LOMBARDI). Bei osteurop. Komponisten (A. PÄRT, K. PENDERECKI, H. GÓRECKI), aber auch bei manchen westeurop. Avantgardisten (z. B. K. STOCKHAUSENS Zyklus ›Licht‹) offenbart sich eine neue Religiosität, vielfach getragen von einer Vorliebe für emphat. Melodik. Vor dem Hintergrund der allgemeinen Postmoderne-Diskussion ist das Stichwort der ›Dekomposition‹ zu sehen. Musikgeschichte als universal zugängl. Fundus wird z. B. mit Hilfe von Collage- und Zitattechniken neu verfügbar gemacht und ›polystilistisch‹ umgedeutet (A. SCHNITTKE, D. SCHNEBEL). Die Ende der 1980er Jahre programmatisch auftretende ›neue Komplexität‹ (B. Ferneyhough) versucht, mit handwerklich höchst differenzierten strukturierten Kompositionen gegen die kompositor. Beliebigkeit der Postmoderne anzutreten, gerät dabei allerdings mitunter an die Grenzen von Aufführungspraxis und Durchhörbarkeit neuester Musik.

***Neuhaus 3):** Der Landkreis N. am Rennweg ging am 1. 7. 1994 in den Kreisen Saalfeld-Rudolstadt (N-Teil) und Sonneberg auf; die Stadt N. am Rennweg ist damit nicht mehr Kreisstadt.

Neuhaus, Josef, Maler und Plastiker, * Essen 30. 11. 1923; steht in der Tradition der konkreten Kunst. N. variiert in seinen Wand- und Bodenarbeiten, Reliefs und Zeichnungen die Grundlagen einer bildner. Grammatik, wobei er sich auf die Gegensatzpaare Schwarz und Weiß, Volumen und Öffnung, Raum und Fläche, graph. Element und plast. Erscheinungsbild konzentriert. Grundlage seiner Arbeiten ist immer auch der kalkulierte Einsatz von Zahlen-, Maß- und Proportionsverhältnissen.

J. N., hg. v. P. VOLKWEIN, Ausst.-Kat. (1994).

***Neumann**, Václav, tschech. Dirigent: † Wien 2. 9. 1995. War bis 1990 Chefdirigent der Tschech. Philharmonie in Prag.

***Neumarkt 3):** Der rumän. Name der Stadt wird seit der Rechtschreibreform 1992 wieder Târgu Mureş geschrieben.

Neuroinformatik, Konnektionismus, junge interdisziplinäre Forschungsrichtung im Grenzbereich der Wiss. Informatik, (Neuro-)Biologie, Mathematik, Physik und Psychologie, die sich damit befaßt, Erkenntnisse über die Arbeitsweise menschl. und tierischer Gehirne für die Konstruktion informationsverarbeitender Systeme in Form ▷ neuronaler Netze zu nutzen. Diese bestehen aus vielen gleichartigen und recht einfachen Verarbeitungseinheiten (Zellen, Neuronen), die durch gerichtete (unidirektionale) und gewichtete Verbindungen hochgradig miteinander vernetzt sind und auf diese Weise Informationen über ihren Zustand (Aktivierung genannt) austauschen.

Ihre Funktionsweise unterscheidet sich wesentlich von der herkömml. symbol. Informationsverarbeitung auf der Basis klass. Rechnerarchitekturen wie der Von-Neumann-Rechner: Während dort die Ein- und Ausgabedaten durch Symbole mit Informationsgehalt im Speicher dargestellt werden und die Verarbeitung durch ein in einer Programmiersprache abgefaßtes Programm gesteuert wird, das in einem festen Zeitrhythmus schrittweise auf einem Prozessor abgearbeitet wird, gibt es in neuronalen Netzen keine Trennung zw. Programm und Daten oder zw. Prozessor und Speicher. Jedes Neuron fungiert zugleich als Prozessor und (in Form der Gewichte an den Verbindungen) als Speicher; ferner sind die gespeicherten Informationen nicht an bestimmte Neuronen gebunden, sondern codiert in den Verbindungsgewichten über das gesamte Netz verstreut. Im Ggs. zum biolog. Vorbild wird derzeit ein neuronales Netz meist durch einen zentralen Takt gesteuert; die Gründe hierfür liegen in techn. Bedingungen und den Lernverfahren für solche Netze. – Langfristig wird mit diesen Systemen die Nachbildung menschl. Intelligenzleistungen (▷ künstliche Intelligenz) angestrebt, also die Simulation im Gehirn ablaufender Prozesse wie Lernen, Denken, Wissensrepräsentation, Assoziation usw. Kurzfristig stellen sie gewisse lernfähige, parallele Verfahren dar, die vielfältige Anwendungen in der Praxis finden.

Die Ursprünge der N. gehen auf Arbeiten von W. S. MCCULLOCH und W. PITTS (1943) zurück, die bereits künstl. Netze untersucht haben, deren Aufbau sich am menschl. Gehirn orientierte. Dabei gingen sie von der stark vereinfachenden Vorstellung aus, die Nervenzellen des Gehirns seien Boolesche Schaltelemente (▷ Schaltalgebra), die die binären Signale 0 und 1 verarbeiten, im übrigen aber ›gedächtnislos‹ sind.

Weitere Arbeiten stammen von M. MINSKY (1954), J. VON NEUMANN (1956) und F. ROSENBLATT (1958), der ein spezielles neuronales Netz, das *Perceptron,* entwickelte, das in der Lage war, zu lernen und einfache Muster zu erkennen. Leistungsfähigere neuronale Netze konnten mit den damaligen techn. Möglichkeiten nicht realisiert werden. Erst in den 1980er Jahren erhielt die N. wieder Auftrieb, einerseits durch die Tatsache, daß die von vielversprechenden Anfangserfolgen ausgehenden Prognosen der klass. Forschung zur künstl. Intelligenz nicht eingelöst wurden, andererseits durch die Entwicklung leistungsfähigerer Rechner- und Softwaresysteme, die nun in der Lage waren, neuronale Netze in größerem Umfang zu simulieren. In der Folge entstand eine Fülle neuer Modellbildungen und Realisierungen, die jeweils auf unterschiedl. Theorien über die Arbeitsweise des Gehirns basierten. Wichtige Vertreter dieses häufig **Neuerer Konnektionismus** genannten Gebiets sind in den USA u. a. JEROME ARTHUR FELDMAN (* 1938), JAMES L. MCCLELLAND (* 1948), JOHN JOSEPH HOPFIELD (* 1933) und DAVID EVERETT RUMELHART (* 1942). Die in der N. erstellten Systeme (**Neurocomputer**) mit künstl. neuronalen Netzen als Komponenten bewältigen ihre Aufgaben durch Training und Erfahrung (genauer: durch überwachtes oder unüberwachtes Lernen), also weitgehend ohne die sehr aufwendigen Softwareentwicklungsarbeiten, die bei der klass. Programmierung von Rechnersystemen erforderlich sind. Wegen der hohen Komplexität sind bisher allerdings nur für wenige Netzmodelle und Lernverfahren theoret. Aussagen über deren Verhalten hergeleitet worden. Wie neuronale Netze v. a. in Grenzbereichen reagieren, kann daher bei heutigen Systemen meist nur durch experimentelle Tests bestimmt werden. Z. Z. werden neuronale Netze u. a. in der Mustererkennung, der Klassifikation, Diagnose und Prognose, der Bildverarbeitung und -erkennung, der Sprachverarbeitung sowie bei der Steuerung und Regelung techn. Systeme eingesetzt.

Neurolinguistisches Programmieren, Abk. **NLP,** Anfang der 1970er Jahre von den amerikan. Psychotherapeuten RICHARD BANDLER und JOHN GRINDER entwickelte Interventionsverfahren zur Veränderung menschl. Verhaltens. Inzwischen wird NLP als eine eigenständige Form der Psychotherapie angesehen und findet überdies Anwendung in versch. anderen Bereichen (z. B. in Unternehmensberatung, Pädagogik, Verkauf, im medizin. Bereich), in denen es um Veränderung der Kommunikation geht. Als Methodik der Auffindung und Aneignung effektiven Denkens und Handelns stützt sich NLP auf eine Reihe von Techniken, die bestimmten Grundannahmen folgen, z. B. der Annahme, daß Geist und Körper wechselseitig sich beeinflussende Teile eines kybernet. Systems sind, und der Annahme, daß Menschen nicht auf die Realität, sondern auf ihre Abbildung, ihr inneres Modell der Realität, reagieren. Durch NLP sollen z. B. positives Empfinden und Fähigkeiten mobilisiert und negative Gefühle durch positive Erfahrungen ›wegprogrammiert‹ werden.

Kritisch eingewandt wird u. a., daß NLP eine Therapie ohne Psychodiagnostik sei, die Wirkungsweise der NLP-Techniken zu positivistisch gesehen werde, der Mensch als (fast beliebig) programmierbar gelte und die Gefahren der Manipulation durch NLP zu wenig diskutiert würden.

*Neuruppin 2):** Der Landkreis N. ging am 6. 12. 1993 im neugebildeten Landkreis Ostprignitz-Ruppin auf, dessen Kreisstadt die Stadt Neuruppin wurde.

*Neuseeland,** maorisiert **Niu Tirani,** amtl. Namen: engl. **New Zealand,** Maori **Aotearoa,** Staat im südwestl. Pazifik.

Hauptstadt: Wellington. *Amtssprachen:* Englisch und Maori. *Staatsfläche:* 270 534 km² (ohne Binnengewässer 267 990 km²). *Bodennutzung (1992):* 4 100 km² Ackerland, 137 150 km² Dauergrünland, 73 700 km² Waldfläche. *Einwohner (1994):* 3,531 Mio., 13 Ew. je km². *Städtische Bevölkerung (1993):* 86%. *Durchschnittliches Bevölkerungswachstum pro Jahr (1985-93):* 0,8%. *Bevölkerungsprojektion für 2000:* 3,710 Mio. Ew. *Ethnische Gruppen (1991):* 73,8% Europäer, 9,6% Maori, 3,6% andere Polynesier, 13% sonstige. *Religion (1992):* 21,3% Anglikaner, 14,7% Katholiken. *Altersgliederung (1993):* unter 15 Jahre 23,0%, 15 bis unter 65 Jahre 65,3%, 65 und mehr Jahre 11,7%. *Lebenserwartung der Neugeborenen (1992):* männlich 73 Jahre, weiblich 79 Jahre. *Analphabetenquote (1992):* 1%. *BSP je Ew. (1993):* 12 600 US-$. *BIP nach Sektoren/Produktionsstruktur (1992):* Landwirtschaft 9%, Industrie 26%, Dienstleistungen 65%. *Arbeitslosenquote (1994):* 7,5%. *Währung:* 1 Neuseeland-Dollar (NZ$) = 100 Cents (c). *Internationale Mitgliedschaften:* UNO, Colombo-Plan, Commonwealth of Nations, OECD, South Pacific Forum.

Geschichte: Die Reg. Bolger bemühte sich u. a. mit einer gemäßigten Auslegung des Anti-Nuklear-Ges. wieder um eine Annäherung an die USA, was in der Öffentlichkeit heftige Proteste hervorrief. Sie führte unter Verschärfung der Maßnahmen die von D. LANGE eingeführte freie Marktwirtschaft, die das Sozialgefüge des Landes erschütterte, fort. Vor dem Hintergrund wirtschaftl. Wachstums und gleichzeitig hoher Arbeitslosigkeit erreichte die regierende National Party unter J. BOLGER bei den Parlamentswah-

Neus Neustrelitz – Nicaragua

len Anfang Nov. 1993 mit 50 von 99 Sitzen knapp die absolute Mehrheit. Premier-Min. BOLGER sprach sich für den Abbau der konstitutionellen Bindungen an Großbritannien und die Umwandlung N.s in eine Rep. aus. Im Sept. 1994 verlor die Reg. infolge des Parteiaustritts eines Abg. der National Party ihre parlamentar. Mehrheit. Ende Dez. 1994 schlossen die Reg. und einer der drei großen Maoristämme N.s einen Vertrag zur Entschädigung von Landansprüchen in Höhe von 1 Mrd. Neuseeland-Dollar (zahlbar innerhalb von zehn Jahren). In einem Abkommen vom Mai 1995 gab die Reg. erstmals in der Geschichte N.s erobertes Land (15 782 ha), das sich in Staatsbesitz befand, an die Maori zurück. Ab 1996 werden die 99 Sitze des Repräsentantenhauses im Verhältniswahlsystem besetzt. – Von Mai 1994 bis Dez. 1995 war N. mit eigenen Truppen an der UN-Friedensmission in Bosnien und Herzegowina (UNPROFOR) beteiligt.

*Neustrelitz 2): Der Landkreis N. ging am 12. 6. 1994 im neugebildeten Landkreis Mecklenburg-Strelitz auf, dessen Kreisstadt die Stadt Neustrelitz wurde; die Gemeinden Lärz, Rechlin und Schwarz kamen zum Landkreis Müritz.

Neutrec-Verfahren [Neutrec Kw. aus **Neu**tralisation und **Rec**ycling], →Rauchgasentschwefelung.

Nevalı Çori [-tʃo-], Ruinenstätte in der SO-Türkei, urspr. im Seitental des Euphrat gelegen, 60 km nordöstlich von Şanlıurfa, seit 1992 vom Atatürk-Stausee überflutet; ausgegraben 1983, 1985–87 und 1989–91 (HARALD HAUPTMANN). Unter je einem Siedlungshorizont der Frühbronzezeit mit Nekropole (3000 v. Chr.) und der chalkolith. Tell-Halaf-Kultur (2. Hälfte des 6. Jahrtsd. v. Chr.) stießen die Ausgräber auf fünf Schichten des akeram. (nichtkeram.) Neolithikums B (Schicht V: etwa 8300–8200). Von der jüngsten Schicht V abgesehen, gehören die aus Stein in Lehmverband errichteten Langrechteckhäuser wegen der in die massive Steinplattform eingelassenen Unterbodenkanäle zur Trockenhaltung dem Typus der ›Kanalbauten‹ an, wie er auch in →Çayönü auftritt. Sie besitzen einen größeren, engkammerigen Magazin- und einen kleineren Wohnteil. Das flache Dach wurde bei einigen Bauten durch Pfosten vor den Längsseiten gestützt. In den Häusern sind Hocker- und Teilbestattungen nachzuweisen, es wurden auch gesondert Schädel niedergelegt. Herdstellen liegen außerhalb der Häuser. Nur ein Wohnhaus in Schicht III diente als Werkstatt zur Herstellung von Steingeräten aus Feuerstein wie Geschoßspitzen und Sichelklingen. Wie im fortgeschrittenen akeram. Neolithikum B (z. B. in Jericho) kommen geschliffene Beile, Keulen, Perlen und Armreifen aus Stein vor. Von der entwickelten Technologie zeugt eine Kupferperle, die einen ersten Hinweis auf Schmelzverfahren gibt, während Çayönü, Tell Magzalya (Irak), Tell Ramad und Aşıklı Hüyük bisher nur die Technik der Verformung des kalten oder erhitzten Metalls überliefert haben. Aus getrocknetem Lehm und gebranntem Ton sind nackte weibl. und mit Schurz bekleidete männl. Figuren geformt. Am Westrand der Siedlung bestanden in den Schichten V–III drei aufeinanderfolgende quadrat. Gebäude von 188 bzw. 155 m² (mit Terrazzoboden, Steinbänken, skulptierten Pfeilern und Skulpturen von männl. Kultstatuen, Vögeln und Mischwesen), die als älteste Sakralbauten in Vorderasien gelten können. Die 1983–91 gemachten Funde zeigen, daß in der Epoche des akeram. Neolithikums B in SW-Asien bereits auf unterschiedl. Lebensgrundlagen (wie Ackerbau, Sammelwirtschaft, Viehzucht, Jagd oder Fischfang) beruhende Gemeinschaften bestanden, in denen sich in einzelnen Regionen bereits zentrale Organisationsformen herausbildeten.

*New York Philharmonic Orchestra: Chefdirigent ist seit 1991 K. MASUR.-

Nguyen Van Linh, vietnames. Politiker: Wurde im Juni 1991 von DO MOI (1917) als GenSekr. der vietnames. KP abgelöst.

*Nicaragua, auch **Nikaragua,** amtlich span. **República de N.,** Staat in Zentralamerika, zw. Pazifik und Karib. Meer.

Hauptstadt: Managua. *Amtssprache:* Spanisch. *Staatsfläche:* 130 000 km² (ohne Binnengewässer 118 750 km²). *Bodennutzung (1992):* 12 730 km² Ackerland, 54 500 km² Dauergrünland, 32 700 km² Waldfläche. *Einwohner (1994):* 4,275 Mio., 33 Ew. je km². *Städtische Bevölkerung (1993):* 62%. *Durchschnittliches Bevölkerungswachstum pro Jahr (1985–93):* 2,6%. *Bevölkerungsprojektion für 2000:* 5,169 Mio. Ew. *Ethnische Gruppen (1991):* 69% Mestizen, 17% Weiße, 9% Schwarze, 5% Indianer. *Religion (1992):* 90,8% Katholiken. *Altersgliederung (1995):* unter 15 Jahre 45,9%, 15 bis unter 65 Jahre 51,0%, 65 und mehr Jahre 3,1%. *Lebenserwartung der Neugeborenen (1992):* männlich 65 Jahre, weiblich 69 Jahre. *Analphabetenquote (1992):* 22%. *BSP je Ew. (1993):* 340 US-$. *BIP nach Sektoren/Produktionsstruktur (1993):* Landwirtschaft 30%, Industrie 20%, Dienstleistungen 50%. *Währung:* 1 Gold-Córdoba (C$) = 100 Centavos (c, cts). *Internationale Mitgliedschaften:* UNO, CACM, OAS.

Geschichte: Zwar gelang die Reduzierung der nicaraguan. Armee auf 25% ihrer alten Stärke (seit Abschaffung der Wehrpflicht eine reine Freiwilligentruppe) und die Integration von rd. 20 000 Contras (▷ Honduras) sowie anderer Nicaraguaner, die ihr Land während des Bürgerkriegs verlassen hatten, doch ergaben sich daraus parallel zu den Auswirkungen der schweren Wirtschaftskrise erhebl. soziale Probleme: Auch nach der im Juli 1990 offiziell abgeschlossenen Entwaffnung kam es vor dem Hintergrund der mit der Rückkehr der Contras in ihre alten Dörfer (statt in die ›polos de desarrollos‹) verbundenen Besitzfrage zu bewaffneten Aktionen von Teilen der Contras (›Recontras‹). Trotz Finanzhilfen aus den USA und anderen Ländern gelang es der Reg. Chamorro nicht, mit einer auf Privatisierung und (Welt-)Marktöffnung ausgerichteten Wirtschaftspolitik nicht, die Wachstumsrate zu steigern (durchschnittl. jährl. Wachstum des Bruttosozialprodukts je Ew. 1985–93: – 6,2%).

Aus Protest gegen die Zusammenarbeit von Präsidentin VIOLETA BARRIOS DE CHAMORRO mit den Sandinisten entzog die Mehrheit des die Parlamentsmehrheit stellenden Parteienbündnisses im Jan. 1993 der Präsidentin ihre Unterstützung; daraufhin bezog diese die Sandinisten direkt in die Reg.-Arbeit mit ein. Zugleich kam es zu zunehmend gewalttätigen Konflikten sowohl mit den Recontras, die v. a. die aus Sicht zögerl. Landzuteilungen und mangelnde Wiedereingliederungshilfen der Regierung kritisierten und die Ablösung des sandinistischen Armeechefs HUMBERTO ORTEGA SAAVEDRA (* 1947) forderten, als auch mit wiederbewaffneten sandinistischen Rebellen (›Recompas‹).

Im Sept. 1994 wurde ein Militärgesetz verabschiedet (Begrenzung der Amtszeit des Oberkommandierenden der Streitkräfte auf fünf Jahre, weitere Gültigkeit der unter den Sandinisten eingeführten Militärgerichtsbarkeit u. a.), im Febr. 1995 eine Verf.-Reform beschlossen, die wegen der Kräfteverschiebung zugunsten des Parlaments und des Ausschlusses von Familienangehörigen von Präs. CHAMORRO von der Kandidatur bei den Wahlen 1996 zum Streit zw. Regierung und Parlament führte. Die neue Verf. N.s trat am 4. 7. 1995 in Kraft. Sie verfolgt das Ziel, die letzten Anklänge an die Diktatur der Sandinisten zu tilgen und die Stellung von Gesetzgebung und Justiz zu stärken.

*Nichtregierungsorganisation: Durch internat. Vernetzung und professionellere Organisationsformen haben N. weit über den Bereich der Entwicklungspolitik hinaus Einfluß auf den gesellschaftl. Meinungsbildungsprozeß gewonnen und sind als kompetente Experten zu gefragten Gesprächspartnern von Reg. und internat. Organisationen geworden. Auch bei internat. Konferenzen (z. B. Menschenrechtskonferenz 1993, Weltbevölkerungskonferenz 1994, Weltsozialgipfel, Weltfrauen- und Weltklimakonferenz 1995) erlangten die N. – teilweise auch durch die Veranstaltung von ›Gegengipfeln‹ – Einfluß auf Medien und Politik. Nach Schätzungen der Vereinten Nationen gibt es weltweit etwa 50 000 N. Beim Wirtschafts- und Sozialrat der UNO, der mit N. Konsultationsabkommen abschließen kann, besteht für die Zusammenarbeit mit N. ein eigenes ständiges Komitee.

Nickelodeon, →Privatfernsehen (ÜBERSICHT).

Nicollier [nikɔlˈje], Claude, schweizer. Astrophysiker und Astronaut. * Vevey 2. 9. 1944; 1975 Ausbildung zum Airline-Piloten ab 1976 im ESA-Weltraumforschungs- und -Technologiezentrum tätig, ab 1980 Ausbildung zum ESA-Astronauten. Vom 31. 7. bis 8. 8. 1992 nahm N. im Space-shuttle als erster Schweizer an einer Weltraummission teil (Eureca); vom 2. bis 13. 12. 1993 war er an der Reparatur des Hubble-Weltraumteleskops beteiligt.

*Niederlande, niederländ. **Nederland,** amtlich **Koninkrijk der Nederlanden,** dt. **Königreich der N.,** Staat in Westeuropa, grenzt an die Nordsee.

Hauptstadt: Amsterdam. *Regierungssitz:* Den Haag. *Amtssprache:* Niederländisch. *Staatsfläche:* 40 844 km² (ohne Binnengewässer 33 920 km²). *Bodennutzung (1992):* 9 110 km² Ackerland, 10 800 km² Dauergrünland, 3 000 km² Waldfläche. *Einwohner (1994):* 15,341 Mio., 376 Ew. je km². *Städtische Bevölkerung (1993):* 89 %. *Durchschnittliches Bevölkerungswachstum pro Jahr (1985–93):* 0,7 %. *Bevölkerungsprojektion für 2000:* 16,07 Mio. Ew. *Ausländer (1991):* Anteil an der Gesamtbevölkerung 4,8 % (203 500 Türken, 156 900 Marokkaner, 44 300 Deutsche, 39 000 Briten, 23 600 Belgier, 17 200 Spanier, 16 900 Italiener, 11 400 US-Amerikaner, 9 700 Franzosen, 8 300 Portugiesen, 162 400 sonstige Ausländer). *Religion (1992):* 36,0 % Katholiken, 26,8 % Angehörige von ref. Kirchen. *Altersgliederung (1993):* unter 15 Jahre 18,3 %, 15 bis unter 65 Jahre 68,7 %, 65 und mehr Jahre 13,0 %. *Lebenserwartung der Neugeborenen (1992):* männlich 74 Jahre, weiblich 81 Jahre. *BSP je Ew. (1993):* 20 950 US-$. *BIP nach Sektoren/Produktionsstruktur (1993):* Landwirtschaft 4 %, Industrie 28 %, Dienstleistungen 68 %. *Arbeitslosenquote (1994):* 7,5 %. *Währung:* 1 Holländischer Gulden (hfl) = 100 Cent (c, ct). *Internationale Mitgliedschaften:* UNO, EU, Europarat, NATO, OECD, OSZE, WEU.

Streitkräfte: Aufgrund der sich 1989/90 völlig verändernden sicherheitspolit. Lage in Europa wurde Anfang der 90er Jahre mit der Verringerung und Umstrukturierung der niederländ. Armee begonnen, 1998 sollen die entsprechenden Maßnahmen abgeschlossen sein. Nachdem die Grundwehrdienstdauer am 1. 1. 1994 auf neun Monate verringert worden war, wird zum 1. 1. 1998 die Wehrpflicht abgeschafft. Die dann reinen Freiwilligenstreitkräfte werden eine Gesamtstärke von etwa 60 000 Mann haben (Heer 36 000, Marine 11 000, Luftwaffe 13 000).

Geschichte: In den Wahlen vom Mai 1986 wurde die Koalition aus Christdemokraten (CDA) und Rechtsliberalen (VVD) unter Premier-Min. R. LUBBERS bestätigt. Drei Jahre später brach das Bündnis jedoch im Streit um die Einführung eines Nat. Umweltpro-

niederländische Kunst: Außenansicht des Restaurants ›Boompjes Pavillon‹ in Rotterdam, das 1990 nach Plänen des Baubüros ›Mecanoo‹ fertiggestellt wurde

gramms (NEP) auseinander. Die VVD lehnte das auf 20 Jahre angelegte Programm, das eine Einsparung von Verteidigungs- und Sozialausgaben zugunsten des Umweltschutzes vorsah, ab und zwang LUBBERS zum Rücktritt. Vorgezogene Neuwahlen im Sept. 1989 brachten der VVD erhebl. Verluste. Der CDA ging daraufhin eine Koalition mit der sozialdemokrat. PvdA ein. Im 3. Kabinett Lubbers waren beide Koalitionspartner mit gleicher Zahl vertreten; der PvdA-Vors. W. KOK wurde stellv. Premier- und Finanz-Min. Die neue Reg. verabschiedete im Aug. 1990 ein erweitertes Umweltschutzprogramm und nahm starke Einschnitte im Verteidigungshaushalt vor. Einsparungen bei den Sozialausgaben führten zu Proteststreiks im Sept. 1991 und zu einem Popularitätsverlust v. a. der Christdemokraten, die bei den Wahlen im Mai 1994 schwere Einbußen (1989: 35,3 %, 54 Sitze; 1994: 22,2 %, 34 Sitze) erlitten. Die PvdA, die trotz Verlusten als stärkste Partei aus den Wahlen hervorging (1989: 31,9 %, 49 Sitze; 1994: 24 %, 37 Sitze), bildete daraufhin eine ›lila‹ Koalition mit der rechtsliberalen VVD und den linksliberalen Demokraten '66 (D '66), die beide erhebl. Stimmen hinzugewonnen hatten; der CDA wurde erstmals seit Einführung des parlamentar. Systems in den N. in die Opposition verwiesen. Neuer Premier-Min. wurde KOK, stellv. Premier- und Außen-Min. H. VAN MIERLO (D '66). Die neue Reg. setzte den Abbau der Sozialleistungen und die Reduzierung der Streitkräfte sowie die bereits von ihrer Vorgängerin betriebene liberale Drogenpolitik fort.

Mit der Einladung zu einer internat. Umweltkonferenz in Den Haag (März 1989) und einer Klimakonferenz in Noordwijk (Nov. 1989) traten die N. mit Initiativen zu einem weltweiten Umweltschutz hervor. Des weiteren bildeten die europ. Integration (aktive Unterstützung des Schengener Abkommens, Unterzeichnung des Maastrichter Vertrags) und Bemühungen um ein gutes Verhältnis zu den Nachbarländern Belgien und Dtl. Schwerpunkte der niederländ. Außenpolitik. Seit 1993 beteiligen sich niederländ. Soldaten an den internat. Friedensmissionen (UNPROFOR, IFor) in Bosnien und Herzegowina.

M. ERBE: Belgien, N., Luxemburg. Gesch. des niederländ. Raumes (1993).

*niederländische Kunst: Die Architektur der 1980er und 1990er Jahre ruht auf einem die klass. Tradition der Moderne respektierenden Bewußtsein, Grundlage eines sehr kultivierten Standards des Bauens in den Niederlanden. Für ein Bauen, das sich den Strukturen eines vorhandenen urbanen Umfelds einfügt, stehen Bauwerke wie der von JAN BENTHEM und MELS CROUWEL projektierte Anbau an das Anne-Frank-Museum in Amsterdam (1987), ebenso das

Schauspielhaus in Breda (1995) des als Strukturalist bekanntgewordenen H. HERTZBERGER oder der Bau der NMB Bank in Amsterdam und der Bovenlanden-Bürokomplex in Amstelveen (1989–91) von TON ALBERTS und MAX VAN HUUT, die eine ›organ. Bebauung‹ anstreben. Neben R. KOOLHAAS, der in Rotterdam die Kunsthalle als komplizierten Kubus konstruierte (1987–92), und seinem Büro ›OMA‹ (Abk. für Office for Metropolitan Architecture) setzten Architekten wie WIEL ARETS (Medizin. Zentrum und Privathaus, Hapert, Prov. Nordbrabant, 1988–89; Kunstakademie, Maastricht, 1993), BERT DIRRIX und REIN VAN WYLICK (Bürohaus, Eindhoven, 1988–90), FRITS VAN DONGEN (Theater, Leeuwarden, 1990–93) und das Baubüro ›Mecanoo‹ (Botan. Institut der Univ. Wageningen, 1986–92; Restaurant Boompjes Pavillon, Rotterdam, 1990) die aus dem De-Stijl-Kreis stammende Tradition der klaren konstruktiven Bauform fort. Eine formal reduzierte, auf das Spannungsverhältnis von massiver Hülle und variablem Innenraum vertrauende Tendenz repräsentieren Architekten wie BEN VAN BERKEL (Umspannwerk, Amersfoort, 1989–93; Bürogebäude Karbouw, ebd., 1990–91), CAREL WEBER (De-Schie-Gefängnis, Rotterdam, 1986–89) und KOEN VAN VELSEN (Öffentl. Bibliothek, Zeewolde, Prov. Flevoland, 1986–89). Das neue Kunstmuseum in Groningen wurde von dem italien. Designer ALESSANDRO MENDINI, der österr. Architektengruppe Coop Himmelblau, PHILIPPE STARCK aus Paris und MICHELE DE LUCCI aus Mailand als ein auffallender dekonstruktivist. Bau 1992–94 realisiert. Dekonstruktivist. Elemente verwendet u. a. auch SJOERD SOETERS (Zirkusassoziation seines Spielzentrums in Zandvoort, 1986; Umbau des Verkehrsministeriums, Den Haag, 1990). Das Bonnefantenmuseum von A. ROSSI in Maastricht ist ein eleganter Backsteinbau von klass. Strenge mit

niederländische Kunst: Bob Bonies, ›Ohne Titel‹; 1986 (Privatbesitz)

niederländische Kunst: Rob Scholte, ›Der Schrei‹; 1985 (Privatbesitz)

zinkverkleideter Kuppel (1993–95). Unter den Neubauvierteln fällt das von ASHOK BHALOTRA geplante Kattenbroek bei Amersfoort (1987–95) durch die Phantasie des Konzepts auf.

In den Niederlanden bietet die Kunst der 80er und 90er Jahre ebenso wie die der meisten westl. Demokratien ein heterogenes Erscheinungsbild. So findet man auf der einen Seite, bes. um die Gruppe ›Art Construct‹ (1981–92) und die Stiftung IDAC (ab 1992), eine Reihe von Künstlern, die das in den 1920er Jahren entstandene Projekt einer konstruktiv-konkreten Kunst im Sinne der originären De-Stijl-Bewegung fortführen, wie es auch die Mitgl. der ›Nulgroep‹ (J. SCHOONHOVEN u. a.) seit den 60er Jahren taten. Internat. Bedeutung haben v. a. BOB BONIES (* 1937), WILLEM KLOPPERS (* 1937) und ANDRÉ VAN LIER (* 1951) erlangt, die vornehmlich in den Gattungen Malerei und Plastik ihre Bildideen realisieren. Parallel zu diesen Künstlern arbeiten MARINUS VAN BOEZEM (* 1934) und JAN VAN MUNSTER (* 1939) mit den techn. Medien Photographie und Kunstlicht, wobei sie besonderen Wert auf eine konzeptionell klare, die Wirklichkeit strukturierende Anordnung ihrer Werke legen. Auch beim international beachteten Design der Niederlande wird der Anschluß an die formalen Errungenschaften der konstruktiven Künstler unmittelbar deutlich, deren reduzierte und klare Sprache in fast architekton. Weise genutzt wird. Unter den Künstlern, die einem postmodernen Stilpluralismus zuzuordnen sind, sind neben SIERT DALLINGA (* 1954), AB VAN HANEGEM (* 1960), EDWIN JANSSEN (* 1961), JAN STARKEN (* 1956) und C. A. WERTHEIM (* 1962) R. SCHOLTE und HUGO KAAGMAN (* 1955) zu nennen, die sich in ihren Gemälden, Plastiken und Installationen ironisch-assoziativ auf kunstgeschichtl. Traditionen beziehen und die histor. Vorbilder verfremdend aktualisieren. Auf dem Gebiet der künstler. experimentellen Photographie arbeitet v. a. TOTO FRIMA (* 1954), die in systematisch und seriell angelegten Polaroid-Selbstporträts weibl. Selbstverständnis analysiert.

Modernism without dogma. Architects of a younger generation in the Netherlands, Beitr. v. H. IBELINGS u. a., Ausst.-Kat. (Rotterdam 1991); Nether Art. A Dutch response to the nineties, hg. v. I. HARDEMAN u. a., Ausst.-Kat. (Amsterdam 1993); Made in Holland. Design aus den Niederlanden, hg. v. G. LUTZ, Ausst.-Kat. (1994); Projekt 30 × 30, konkrete Kunst international, Ausst.-Kat. (1994); Niederländ. Architektur des 20. Jh., hg. v. H. IBELINGS (a. d. Niederländ., 1995).

*Niedersachsen, Land im Nordwesten Dtl.s, umfaßt 47 351 km² (13,3% der Fläche Dtl.s), Landeshauptstadt ist Hannover.

Verfassung: Die Vorläufige Verf. vom 19. 5. 1951 ist durch die neue Niedersächs. Verf. vom 19. 5. 1993 abgelöst worden, die am 1. 6. 1993 in Kraft trat. Legislativorgan ist der Landtag, der für vier Jahre vom Volk gewählt wird. An plebiszitären Elementen enthält die Verf. Volksinitiative, Volksbegehren und Volksentscheid. Durch Volksinitiative können 70 000 Wahlrechtigte verlangen, daß sich der Landtag mit einer bestimmten Frage beschäftigt. 10% der Wahlberechtigten (rd. 580 000 Personen) können durch Volksbegehren eine Gesetzesinitiative ergreifen. Folgt der Landtag der Gesetzesinitiative nicht, kann er per Volksentscheid überstimmt werden, wenn die Vorlage von der Mehrheit der Abstimmenden, wenigstens aber von einem Viertel der Wahlberechtigten gebilligt wird.

Die vollziehende Gewalt wird durch die Landes-Reg. ausgeübt, die aus dem MinPräs. und den Landes-Min. besteht. Der MinPräs. wird vom Landtag gewählt und ernennt die Min. seines Kabinetts, das der Bestätigung durch den Landtag bedarf. Die Möglichkeit eines konstruktiven Mißtrauensvotums ist gegeben. Der MinPräs. besitzt die Richtlinienkompetenz.

Aufgrund einer Volksinitiative wurde die Präambel der Verf. ergänzt und enthält nunmehr als Richtschnur der Politik ›die Verantwortung vor Gott und den Menschen‹.

Recht: Durch Kündigung des Staatsvertrags zw. N. und Schlesw.-Holst. wurde zum 1. 4. 1991 die gemeinsame Zuständigkeit des Oberverwaltungsgerichts Lüneburg aufgehoben; das Gericht ist seitdem nur noch für N. zuständig.

Bevölkerung: Die (1994) 7,680 Mio. Ew. machen 9,4% der Bev. Dtl.s aus. Der Anteil der weibl. Bev. beläuft sich auf (1994) 51,3%. Im Zuge der Binnenwanderung ließen sich 1993 insgesamt 131 592 Menschen aus anderen Bundesländern in N. nieder, gegenüber den Fortzügen ergibt sich ein Überschuß von 32 572 Zuzügen. Am 31. 12. 1993 wohnten 445 800 Ausländer in N. (5,8% der Landes-Bev.), davon waren 127 200 Türken, 66 600 Menschen aus dem früheren Jugoslawien, 25 400 Italiener, 21 100 Polen, 17 700 Griechen, 12 400 Spanier, 6 600 Portugiesen, 6 600 Österreicher, 4 800 US-Amerikaner, 157 300 sonstige Ausländer; die Staatsangehörigkeit von Ländern der EU besaßen insgesamt 97 300 Ausländer. Von den (1993) 3,353 Mio. Privathaushalten sind 33,9% Einpersonenhaushalte. – Die Geburtenrate beträgt (1993) 11,1‰, die Sterberate 11,2‰. 1994 waren 16,2% der Bev. unter 15 Jahre alt, 67,9% 15 bis unter 65 Jahre alt, 15,9% 65 Jahre und älter.

Die Bev.-Dichte lag 1994 bei 161 Ew. je km². In Großstädten (100 000 Ew. und mehr) leben (1994) 20,5% der Bev., in Gemeinden zw. 50 000 und 100 000 Ew. 9,0%, zw. 10 000 und 50 000 Ew. 43,7%, unter 10 000 Ew. 26,8%. Größte Städte (1994) sind: Hannover (526 400 Ew.), Braunschweig (255 600 Ew.), Osnabrück (167 400 Ew.), Oldenburg (Oldenburg) (148 700 Ew.), Göttingen (127 900 Ew.), Wolfsburg (127 700 Ew.), Salzgitter (117 700 Ew.), Hildesheim (106 200 Ew.) und Wilhelmshaven (91 400 Ew.).

Wirtschaft: N. hat in den vergangenen Jahren durch die Grenzöffnung nach O und durch die dt. Einheit an Standortattraktivität gewonnen und konnte seine Randlage überwinden. Durch die Norderweiterung der EU übernimmt N. auch eine Brückenfunktion nach Skandinavien.

Seit 1990 hat sich der Strukturwandel hin zum Dienstleistungssektor fortgesetzt; dessen Anteil an der Bruttowertschöpfung stieg von (1990) 58,9% auf (1994) 62,9%. Bes. dynamisch entwickelte sich dabei der Bereich der sonstigen Dienstleistungsunternehmen, darunter v. a. Banken und Versicherungsunternehmen. Demgegenüber sank die Bedeutung des Agrarsektors (von 3,6% auf 2,8% der Bruttowertschöpfung) und des produzierenden Gewerbes (von 37,5% auf 34,3% der Bruttowertschöpfung). In diesen beiden Wirtschaftssektoren ging 1994 auch die Erwerbstätigenzahl zurück: in der Land- und Forstwirtschaft um 5,4% auf 132 000 (Erwerbstätigenanteil 4,2%) und im produzierenden Gewerbe um 3,1% auf 1,04 Mio. (33,2%) gegenüber 1993. In den Dienstleistungsunternehmen stieg die Beschäftigtenzahl um 2,6% auf 1,96 Mio. (62,6%). Das produzierende Gewerbe ist durch ein schwaches Wachstum gekennzeichnet, wobei die Bauwirtschaft die in den 1990er Jahren rückläufige Entwicklung im verarbeitenden Gewerbe mehr als ausgleichen konnte. Innerhalb des verarbeitenden Gewerbes dominiert, gemessen an Beschäftigten und Umsatz, die Investitionsgüterindustrie (v. a. Straßenfahrzeug- und Maschinenbau, Elektrotechnik) mit einem Anteil an den Industriebeschäftigten von (1994) 50,3% und einem Anteil am Umsatz der Industrie von 47,0%. Weiterhin wichtig sind die Kunststoff- und die chem. Industrie.

Mit einem Bruttoinlandsprodukt (BIP) je Erwerbstätigen von (1994) 94 300 DM und einem Bruttosozialprodukt je Ew. von 38 600 DM liegt N. unter dem Durchschnitt der alten Bundesländer von 103 800 DM bzw. 44 700 DM. Das reale Wachstum des BIP entspricht mit 2,3% dem Durchschnitt der alten Bundesländer, nachdem das BIP 1991 noch um real 6,8% zugenommen hatte und 1993 um 2,0% zurückgegangen war. In N. wird ein BIP von (1994) 295,2 Mrd. DM erwirtschaftet. Dies entspricht einem Anteil von 8,9% am BIP Dtl.s. Die Zahl der Arbeitslosen hat sich nach einem Tiefpunkt von (1991) 244 300 auf (1994) 340 900 erhöht (Arbeitslosenquoten: 8,1% bzw. 10,7%). N. ist damit überdurchschnittlich von Arbeitslosigkeit betroffen (Arbeitslosenquoten der alten Bundesländer: 6,3% bzw. 9,2%).

Bei der Bewältigung des Strukturwandels und der Bekämpfung der Arbeitslosigkeit (z. B. in Schiff- und Maschinenbau, Kraftfahrzeug- und Textilindustrie) setzt die Landes-Reg. zum einen auf den Dialog von Wirtschaft, Gewerkschaften, Wissenschaft, Verbänden und Politik; zum anderen sind wichtige Elemente der Wirtschaftspolitik der Wirtschaftsförderfonds mit dem Landesdarlehensprogramm, die Landesbürgschaften sowie die regionalpolit. Förderhilfen. Der Stärkung der Wettbewerbsfähigkeit des Landes dient die Forschungs- und Technologiepolitik. Impulse für die Wirtschaft werden auch von der im Jahr 2000 stattfindenden Weltausstellung ›Expo 2000‹ in Hannover erwartet.

Geschichte: Im Zuge der dt. Vereinigung wandelte sich die Randlage N.s in eine stärker zentrale Lage innerhalb des dt. Wirtschaftsraums. Es unterstützte in der folgenden Zeit das benachbarte Bundesland Sachs.-Anh. beim Aufbau einer Landesverwaltung. 1993 trat eine neue Verf. in Kraft. Neu sind versch. direktdemokrat. Elemente und eine Erweiterung der Staatsziele (Gleichberechtigung von Frauen und Männern und Schutz der natürl. Lebensgrundlagen). Am 30. 6. 1993 wurde durch einen Staatsvertrag zw. N. und Meckl.-Vorp. dem Willen der Bürger von Neuhaus entsprochen und ihre östlich der Elbe gelegene Gemeinde nach N. eingegliedert. In Konflikt mit der Opposition (CDU) setzte die Reg. Schröder ein neues Schulgesetz durch, das die Gesamtschule zur Regelschule aufwertete. Bei den Landtagswahlen vom 13. 3. 1994 errang die SPD mit 44,3% der Stimmen die absolute Mehrheit der Sitze (81 von 161). Die CDU gewann 36,4% (67 Sitze), Bündnis 90/Die Grünen 7,4% (13), die FDP 4,4% (0), die Republikaner 3,7% (0) und andere 5,8% (0). Am 23. 6. 1994 wählte der Landtag G. SCHRÖDER erneut zum Ministerpräsidenten.

Niederschlesischer Oberlausitzkreis, Landkreis im Reg.-Bez. Dresden, Sachsen, 1 360 km², (1995) 111 800 Ew., darunter Sorben; Verw.-Sitz ist Görlitz. Das Kreisgebiet grenzt an Brandenburg, an Polen (Grenzfluß: Lausitzer Neiße) sowie an die kreisfreie Stadt Görlitz. Im Bereich der Spreezuflüsse Weißer und Schwarzer Schöps (mit Talsperre Quitzdorf, Seefläche 6,7 km²) hat der Kreis Anteil am Oberlausitzer Teichgebiet. Der N wird von Muskauer Heide (mit Truppenübungsplatz) und Lausitzer

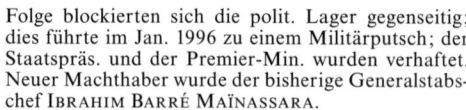

Saparmurad Atajewitsch Nijasow

Grenzwall (Drachenberge bis 162 m ü. M.) eingenommen, der S von den Lausitzer Vorbergen (Landeskrone 419 m ü. M.) und dem fruchtbaren Lausitzer Gefilde (Getreide-, Zuckerrüben- und Kartoffelanbau). Das Braunkohlenkraftwerk Boxberg (3 520 MW) wird von den Tagebauen Nochten und Reichwalde beliefert. Weißwasser (1995: 32 000 Ew.) ist Standort von Glasindustrie, Niesky (12 400 Ew.) von Waggonbau, weitere Städte sind Bad Muskau (Kurort), Reichenbach/O. L. und Rothenburg/O. L. (Flugplatz). – Der Kreis wurde am 1. 8. 1994 aus den früheren Kreisen Weißwasser, Niesky und Görlitz (mit Ausnahme der Stadt Ostritz und der Gem. Schönau-Berzdorf a. d. Eigen) gebildet; zum 1. 1. 1996 wurde auch die Gem. Uhyst (sorb. Wujězd) aus dem aufgelösten Landkreis Hoyerswerda eingegliedert.

***Nienstedt,** Gerd, Sänger: † Wien 14. 8. 1993.

***Niesky 2):** Der Landkreis N. ging am 1. 8. 1994 im Niederschlesischen Oberlausitzkreis auf; die Stadt Niesky ist damit nicht mehr Kreisstadt.

***Niger,** amtlich frz. **République du N.,** Binnenstaat in Westafrika.

Hauptstadt: Niamey. *Amtssprache:* Französisch. *Staatsfläche:* 1 267 000 km². *Bodennutzung (1992):* 36 050 km² Ackerland, 88 800 km² Dauergrünland, 19 400 km² Waldfläche. *Einwohner (1994):* 8,846 Mio., 7 Ew. je km². *Städtische Bevölkerung (1993):* 16 %. *Durchschnittliches Bevölkerungswachstum pro Jahr (1985–93):* 3,2 %. *Bevölkerungsprojektion für 2000:* 10,64 Mio. Ew. *Ethnische Gruppen (1988):* 53,6 % Hausa, 21,0 % Dyerma, 10,4 % Fulbe, 9,2 % Tuareg, 4,3 % Kanuri, 0,5 % Tubu, 0,3 % Araber, 0,7 % andere. *Religion (1992):* 79,9 % Muslime (Sunniten). *Altersgliederung (1995):* unter 15 Jahre 48,1 %, 15 bis unter 65 Jahre 49,4 %, 65 und mehr Jahre 2,5 %. *Lebenserwartung der Neugeborenen (1992):* männlich 44 Jahre, weiblich 48 Jahre. *Analphabetenquote (1991):* insgesamt 71,6 %, männlich 59,6 %, weiblich 83,2 %. *BSP je Ew. (1993):* 270 US-$. *BIP nach Sektoren/Produktionsstruktur (1993):* Landwirtschaft 39 %, Industrie 18 %, Dienstleistungen 43 %. *Währung:* 1 CFA-Franc = 100 Centimes. *Internationale Mitgliedschaften:* UNO, OAU, Wirtschaftsgemeinschaft westafrikan. Staaten.

Geschichte: Nachdem noch Ende 1989 die Einparteienherrschaft der MNSD unter Präs. ALI SAIBOU (* 1940) durch Wahlen bestätigt worden war, entbrannte bereits 1990 die Diskussion um eine weitere Demokratisierung, die zur provisor. Zulassung von Oppositionsparteien führte. Von Juli bis Nov. 1991 tagte eine Nationalkonferenz, die das polit. System völlig umgestaltete und eine Übergangs-Reg. installierte. In einem Referendum (26. 12. 1992) nahm die Bev. an. der Verf. an, der endgültig ein Mehrparteiensystem mit demokratisch gewählten Funktionsträgern einführte. Staatsoberhaupt ist der vom Volk für fünf Jahre gewählte Präs., dessen Wiederwahl einmal möglich ist. Er ernennt den Premier-Min. und auf dessen Vorschlag der übrigen Kabinetts-Mitgl, die dem Parlament verantwortlich sind. Legislative ist die Nationalversammlung mit 83 für fünf Jahre gewählten Abg. Bei den Parlamentswahlen vom 14. 2. 1993 errang die bisherige Opposition die Mehrheit. Am 27. 3. 1993 wurde der Sozialdemokrat M. OUSMANE zum Staatspräs. gewählt (Amtsantritt: 16. 4. 1993). Dem Präs. nahestehende Parteien bildeten im April 1993 eine Koalitions-Reg. Infolge der wirtschaftlich angespannten Lage des Landes kam es zu zahlreichen Streiks. Am 12. 1. 1995 fanden vorgezogene Neuwahlen statt, bei denen die ehem. Einheitspartei MNSD stärkste Partei wurde. Die neue Parlamentsmehrheit bildete im März 1995 eine Präs. feindlich gesinnte Reg. unter Premier-Min. HAMA AMADOU (* 1950). In der

Claudia Nolte

Folge blockierten sich die polit. Lager gegenseitig; dies führte im Jan. 1996 zu einem Militärputsch; der Staatspräs. und der Premier-Min. wurden verhaftet. Neuer Machthaber wurde der bisherige Generalstabschef IBRAHIM BARRÉ MAÏNASSARA.

Mit einem Waffenstillstand (19. 3. 1993) suchten die Reg. und die Aufstandsbewegung der Tuareg den Bürgerkrieg im N des Landes zu beenden. Jedoch kam es nach erneuten Kämpfen erst aufgrund internat. Vermittlung im Okt. 1994 zu einem dauerhaften Waffenstillstand; im April 1995 erfolgte ein Friedensschluß.

***Nigeria,** amtlich engl. **Federal Republic of N.,** dt. **Bundesrepublik N.,** Staat in Westafrika, grenzt an den Atlantik (Golf von Guinea).

Hauptstadt: Abuja. *Amtssprache:* Englisch. *Staatsfläche:* 923 768 km² (ohne Binnengewässer 910 770 km²). *Bodennutzung (1992):* 323 350 km² Ackerland, 400 000 km² Dauergrünland, 116 000 km² Waldfläche. *Einwohner (1994):* 108,467 Mio., 117 Ew. je km². *Städtische Bevölkerung (1993):* 38 %; in städt. Agglomerationen mit 1 Mio. und mehr Ew. leben 27 % der Stadt-, 10 % der Gesamtbevölkerung. *Durchschnittliches Bevölkerungswachstum pro Jahr (1985–93):* 2,9 %. *Bevölkerungsprojektion für 2000:* 128,00 Mio. Ew. *Ethnische Gruppen (1983):* 21,3 % Hausa, 21,3 % Yoruba, 18,0 % Ibo, 11,2 % Fulbe, 5,6 % Ibibio, 4,2 % Kanuri, 3,4 % Edo, 2,2 % Tiv, 1,8 % Ijo, 1,7 % Bura, 1,2 % Nupe, 8,1 % andere. *Religion (1992):* 45,0 % Muslime, 26,3 % Protestanten, 12,1 % Katholiken, 10,6 % afrikan. Christen. *Altersgliederung (1995):* unter 15 Jahre 47,0 %, 15 bis unter 65 Jahre 50,4 %, 65 und mehr Jahre 2,6 %. *Lebenserwartung der Neugeborenen (1992):* männlich 50 Jahre, weiblich 54 Jahre. *Analphabetenquote (1991):* insgesamt 49,3 %, männlich 37,7 %, weiblich 60,5 %. *BSP je Ew. (1993):* 300 US-$. *BIP nach Sektoren/Produktionsstruktur (1993):* Landwirtschaft 34 %, Industrie 43 %, Dienstleistungen 23 %. *Währung:* 1 Naira (₦) = 100 Kobo (k). *Internationale Mitgliedschaften:* UNO, Commonwealth of Nations, OAU, OPEC, Wirtschaftsgemeinschaft westafrikan. Staaten.

Geschichte: Zum 4. 10. 1991 erhöhte sich die Zahl der Gliedstaaten auf 30; am 12. 12. 1991 wurde Abuja offiziell zur Bundeshauptstadt proklamiert. Seit Ende der 1980er Jahre fand ein schrittweiser Übergang zu einer zivilen Reg. statt (u. a. im Juli 1992 Parlamentswahlen auf Bundesebene), der mit der Wahl eines neuen (zivilen) Staatspräs. 1993 abgeschlossen werden sollte. Mit der Annullierung (26. 6. 1993) der Präsidentschaftswahl vom 12. 6. 1993, bei der MOSCHOOD ABIOLA (* 1937; Social Democratic Party, SDP) die meisten Stimmen erhalten hatte, wurde der Demokratisierungsprozeß jedoch gestoppt. Nachdem Präs. I. BABANGIDA seine Machtbefugnisse Ende Aug. 1993 dem Industriellen ERNEST SHONEKAN (* 1936) übergeben hatte, führten Unruhen im Nov. 1993 zur erneuten Machtübernahme durch das Militär; Präs. wurde General S. ABACHA, der die demokrat. Institutionen auflöste. Die gewählten Gouverneure der Gliedstaaten wurden durch Militärs ersetzt, polit. Betätigung untersagt. Als höchstes legislatives und exekutives Gremium fungiert seither ein elfköpfiger Provisor. Regierungsrat. In der Folge kam es zu polit. Streiks und Unruhen, die eine Wiederzulassung der demokrat. Institutionen, die Einsetzung ABIOLAS als Präs. und die Fortsetzung der Demokratisierung zum Ziel hatten. Zahlreiche Oppositionspolitiker und der Politik der Militärführung ablehnend gegenüberstehende Militärs wurden verhaftet und z. T. des Hochverrats angeklagt, darunter auch ABIOLA, der sich am 12. 6. 1994 zum Präs. ausgerufen hatte. Im Juni 1995 wurde das Verbot polit. Parteien aufgehoben und der Verfassungsentwurf einer unter dem Einfluß der Reg. stehenden Verfassungskonferenz veröffentlicht. Im Juli 1995 wurden führende Kritiker des Regimes, darunter der ehem. Staatspräs. O. OBASANJO, unter dem Vorwurf eines Putschversuchs zu hohen Haftstrafen bzw. zum Tod verurteilt. Während diese Strafen auf internat. Druck hin im Okt. 1995 reduziert wurden, wurde im Nov. der Regimegegner K. SARO-WIWA trotz internat. Proteste in einem umstrittenen Verfahren mit mehreren Gesinnungsgenossen zum Tode verurteilt und hingerichtet.

Aufgrund der sich verschärfenden Repressionspolitik im Inneren geriet N. seit 1994 zunehmend unter internat. Druck (Nov. 1995 Suspendierung der Mitgliedschaft im Commonwealth of Nations). Außenpolitisch beteiligte es sich mit 660 Soldaten am UN-Einsatz in Somalia sowie maßgeblich an der von der Westafrikan. Wirtschaftsgemeinschaft entsandten Friedenstruppe in Liberia. Im Dez. 1993 flammte ein Grenzstreit mit Kamerun um die erdölreiche Region Bakassi wieder auf, der trotz internat. Schlichtungsbemühungen nicht beigelegt werden konnte.

H. BERGSTRESSER u. S. POHLY-BERGSTRESSER: N. (1991); W. GIELER: N. zw. Militär- u. Zivilherrschaft. Eine Analyse der polit. Entwicklung seit der Unabhängigkeit 1960–1990 (1993).

Nijasow, Saparmurad Atajewitsch, turkmen. Politiker, *Aschchabad 12. 2. 1940; Ingenieur, Mitgl. der KPdSU (bis 1991), 1985–91 Erster Sekretär der KP-Organisation in Turkmenistan, nach deren Verbot 1991 Vors. ihrer Nachfolgeorganisation, der Demokrat. Partei; wurde nach Einführung des Präsidialsystems 1990 zum Präs. der Rep. gewählt (1992 durch Volkswahl mit großer Mehrheit im Amt bestätigt).

*__Nikkei Dow Jones Average:__ Nach den starken Kurserhöhungen in den 1980er Jahren (Höchstwert des Index 1990: 38 712,9 Punkte) sind die 1990er Jahre bisher von kräftigen Kursrückgängen geprägt. 1995 erreichte der Nikkei-Index einen Tiefststand von 14 295,9 Punkten. Neben dem den Durchschnittskurs von 225 Aktien darstellenden Nikkei-Index (**Nikkei 225**) wird seit 1993 auch ein Index berechnet, der 300 Aktien einbezieht und analog dem Dt. Aktienindex auch deren Börsenkapitalisierung berücksichtigt (**Nikkei 300**).

*__Nikolais,__ Alwin, amerikan. Choreograph: †New York 9. 5. 1993.

*__Nipperdey,__ Thomas, Historiker: †München 14. 6. 1992.

*__Nixon,__ Richard Milhous, 37. Präs. der USA (1969–74): †New York 22. 4. 1994.

Schrift: Beyond peace (1994).

*__Nobel Industrier AB:__ 1993 fusionierte N. I. mit der AKZO N. V. zur **Akzo Nobel.**

*__Nobelium:__ In dem Prioritätenstreit um den Erstnachweis von N. kam die Transfermium Working Group (TWG) der IUPAC nach Auswertung der versch. Laborunterlagen über die Experimente 1994 zu dem Ergebnis, daß die Priorität der Entdeckung bei der Gruppe um G. N. FLJOROW am Vereinigten Institut für Kernforschung in Dubna (Rußland) liegt. Die Nomenklaturkommission der IUPAC empfahl daher im Aug. 1995, das Element 102 nicht N., sondern →Flerovium zu nennen. Endgültig soll über die Bez. auf der Generalversammlung der IUPAC 1997 in Genf entschieden werden.

*__Nobelpreis:__ Die Höhe eines (ungeteilten) Preises lag 1995 bei 7,2 Mio. skr. (etwa 1,5 Mio. DM); 1992 lag er bei 6,5, 1993 bei 6,7 und 1994 bei 7 Mio. skr.

*__Nolan,__ Sir Sidney Robert, austral. Maler und Graphiker: †London 27. 11. 1992.

Nolte, Claudia, Politikerin (CDU), *Rostock 7. 2. 1966; Diplomingenieurin, zunächst Mitarbeiterin beim Neuen Forum, seit Febr. 1990 Mitgl. der CDU, von März bis Okt. 1990 Abg. in der Volkskammer der Dt. Dem. Rep., seit der Vereinigung der beiden dt. Staaten (3. 10. 1990) MdB, wurde im Nov. 1994 Bundes-Min. für Familie, Senioren, Frauen und Jugend.

Nolte [ˈnɔltɪ], Nick, amerikan. Filmschauspieler, *Omaha (Nebr.) 8. 2. 1941; verkörpert seit 1975 vorwiegend den starken, harten (bis gewalttätigen) Mann im Film; auch Theater- und Fernsehrollen.

Filme: Die Tiefe (1977); Nur 48 Stunden (1982; Nachfolgefilm 1990); Zoff in Beverly Hills (1986); Herr der Gezeiten (1991); Kap der Angst (1992); Jefferson in Paris (1995).

*__Nonnenmann,__ Klaus, Schriftsteller: †Pforzheim 11. 12. 1993.

*__Nooteboom,__ Cees, niederländ. Schriftsteller, Journalist und Literaturkritiker: Wurde international bekannt durch seine Romane und Erzählungen, darunter v. a. durch die melancholisch-surreale Reise- und Liebesgeschichte ›Het volgende verhaal‹ (1991; dt. ›Die folgende Geschichte‹). Aus den Eindrücken, die er während eines Stipendiats in Berlin 1989/90 sammelte, entstanden 1990 die ›Berlijnse notities‹ (dt. ›Berliner Notizen‹).

Weitere Werke: Erzählung: De Boeddha achter de schutting (1986; dt. Der Buddha hinter dem Bretterzaun). – Prosa: De omweg naar Santiago (1992; dt. Der Umweg nach Santiago). – Reisebericht: Van de lente de dauw. Oosterse reizen (1995; dt. Im Frühling der Tau. Östl. Reisen).

Nordamerikanische Freihandelszone, engl. **North American Free-Trade Area** [nɔːθ əˈmerɪkən friː treɪd ˈeərɪə], Abk. **NAFTA,** die durch das Nordamerikan. Freihandelsabkommen (**North American Free-Trade Agreement,** unterzeichnet am 18. 12. 1992, in Kraft seit 1. 1. 1994) zw. den USA, Kanada und Mexiko geschaffene Freihandelszone. Die NAFTA ersetzt das am 1. 1. 1989 in Kraft getretene Freihandelsabkommen (Free-Trade Agreement, Abk. FTA) zw. den USA und Kanada. Sie ist mit (1993) 376 Mio. Ew., einem Bruttosozialprodukt von 7 288 Mrd. US-$ und einem Pro-Kopf-Einkommen von 19 403 US-$ ein

Nick Nolte

Cees Nooteboom

Nobelpreisträger (Preisträger seit 1991*)	
Physik	**Literatur**
1991 P.-G. de Gennes F	1991 Nadine Gordimer Südafrika
1992 G. Charpak F	1992 D. A. Walcott Saint Lucia
1993 J. H. Taylor USA	1993 Toni Morrison USA
R. A. Hulse USA	1994 Ōe Kenzaburō Japan
1994 B. N. Brockhouse Kanada	1995 S. J. Heaney Irland
C. G. Shull USA	
1995 M. L. Perl USA	**Erhaltung des Friedens**
F. Reines USA	1991 Aung San Suu Kyi Birma
Chemie	1992 Rigoberta Menchú Guatemala
1991 R. R. Ernst CH	1993 F. W. de Klerk Südafrika
1992 R. A. Marcus USA	N. R. Mandela Südafrika
1993 M. Smith Kanada	1994 J. M. Arafat Palästina
K. B. Mullis USA	S. Peres Israel
1994 G. A. Olah USA	I. Rabin Israel
1995 P. J. Crutzen D	1995 Internationale Pugwash-
M. J. Molina USA	Konferenz GB
F. S. Rowland USA	(J. Rotblat)
Physiologie oder Medizin	**Wirtschaftswissenschaften**
1991 E. Neher D	1991 R. H. Coase GB
B. Sakmann D	1992 G. S. Becker USA
1992 E. H. Fischer USA	1993 R. W. Fogel USA
E. G. Krebs USA	D. C. North USA
1993 P. A. Sharp USA	1994 J. C. Harsanyi USA
R. J. Roberts USA	J. F. Nash USA
1994 A. G. Gilman USA	R. Selten D
M. Rodbell USA	1995 R. E. Lucas USA
1995 Christiane Nüsslein-Volhard D	
E. F. Wieschaus USA	
E. B. Lewis USA	

*) Hinter dem Namen wird der Staat genannt, in dem der Preisträger z. Z. seiner Ehrung lebte und arbeitete (für europ. Länder werden i. d. R. die Nationalitätenkennzeichen für Kraftfahrzeuge verwendet).

Nord Nordhausen – Nordossetien

ähnlich großes Wirtschaftsgebiet wie der →Europäische Wirtschaftsraum. Die Freihandelszone für gewerbl. Güter und Dienstleistungen sowie den Kapitalverkehr soll innerhalb von 15 Jahren (bis Ende 2008) verwirklicht sein. Kennzeichnend für die NAFTA ist der hohe wirtschaftl. Verflechtungsgrad zw. USA und Kanada sowie zw. USA und Mexiko. Eine Besonderheit besteht darin, daß ein asymmetr. Zollabbau vorgesehen ist, der seinen Grund in dem starken Wirtschaftsgefälle zw. Mexiko und den beiden nordamerikan. Staaten hat. So hat im ersten Jahr seit Inkrafttreten des Abkommens Mexiko seine Einfuhrzölle für 43 % der Importe aus den USA und für 41 % der Importe aus Kanada aufgehoben, während gleichzeitig die USA 84 % und Kanada 79 % der Importe aus Mexiko von Abgaben befreit haben. Durch Schutzklauseln kann jedes Mitgl.-Land während der 15jährigen Übergangszeit den Zollabbau aussetzen bzw. sogar Abgaben aus der Zeit vor Inkrafttreten der NAFTA wiedereinführen, wenn die Importe aus zwei Vertragsstaaten einen inländ. Wirtschaftszweig in erhebl. Weise beeinträchtigen. Durch Schutzklauseln sollen außerdem die Standards im Umweltschutz und bei den Arbeitsbedingungen gesichert werden.

Nordamerikanische Freihandelszone: Wirtschaftsdaten der Mitgliedsländer

	Bruttosozialprodukt je Einwohner 1993 in US-$	durchschnittliche Wachstumsrate[1] 1980–93 in %	Inflationsrate 1994	Arbeitslosenquote 1994
Kanada	19 970	1,4	3,9	10,4
Mexiko	3 610	−0,5	57,9	k. A.
USA	24 740	1,7	3,8	6,1

[1]) Wachstumsrate des Bruttosozialprodukts je Einwohner.
Quelle: Weltbank.

***Nordhausen 2):** Der Landkreis N. blieb bei der Kreisgebietsreform in Thüringen am 1. 7. 1994 bestehen. Er umfaßt 711 km^2 und (1995) 103 600 Ew.; er grenzt an Sachs.-Anh. und Ndsachs. Das Kreisgebiet erstreckt sich von Windleite, Hainleite und den Bleicheröder Bergen über die von der Helme durchflossene, fruchtbare Goldene Aue und über den Alten Stolberg in den Südharz. Eingestellt wurde 1990/91 der Kalisalzbergbau in Bleicherode und Sollstedt. Am Harzrand werden Gips und Grauwacke abgebaut und verarbeitet. In der Kreisstadt Nordhausen (1995: 48 000 Ew.) ist Industrie angesiedelt: Bau von Baggern, Maschinen und Fernmeldeanlagen, Tabakwaren- und Spirituosenfabrik. Weitere Städte sind Bleicherode (7 400 Ew.), Ellrich (6 400 Ew.) und Heringen/Helme (2 500 Ew.); Baustoffindustrie. Ein Wirtschaftsfaktor ist der Fremdenverkehr. Nordhausen ist Ausgangspunkt der Harzquerbahn (Schmalspurbahn) nach Wernigerode.

***Nordirland:** Im Dez. 1993 legten der brit. und der irische Reg.-Chef, J. MAJOR und A. REYNOLDS, im Rahmen einer neuerl. Friedensinitiative für N. eine gemeinsame Erklärung vor, in der sie nach einem Gewaltverzicht der unionist. und republikan. Terrororganisationen und der Einhaltung eines dreimonatigen Waffenstillstands allen nordirischen Parteien – einschließlich Sinn Féin – Friedensgespräche anboten. Nach längerem Zögern erklärte sich die IRA im Aug. 1994 zu einem Waffenstillstand ab dem 1. 9. 1994 bereit, die prot. Terrorgruppen folgten am 14. 10. 1994. Daraufhin arbeiteten die brit. und die irische Reg. als Grundlage für die Allparteienverhandlungen über N. einen Rahmenplan aus, den MAJOR und der neue irische Premier-Min. J. BRUTON im Febr. 1995 vorlegten. Kernpunkte sind die Wahl eines neuen Belfaster Parlaments durch die nordirische Bev., die Errichtung einer gesamtirischen Behörde (Exekutivvollmacht für Verkehr, Kommunikation, Landwirtschaft, Schulwesen) und die Abhängigkeit jegl. Statusänderung der brit. Prov. von der Zustimmung der Mehrheit der nordirischen Bev. Sondierungsgespräche zw. der brit. Reg. und Sinn Féin ab Dez. 1994 brachten jedoch keine Einigung, da die brit. Forderung nach einer Übergabe des Waffenpotentials der IRA als Voraussetzung für die Beteiligung von Sinn Féin an den Allparteienverhandlungen von deren Vertretern abgelehnt bzw. ihre Erfüllung vom Rückzug der brit. Truppen aus N. und von der Herausgabe von der Waffen der Unionisten abhängig gemacht wurde. Am 28. 11. 1995 vereinbarten die brit. und die irische Reg. die Einsetzung einer internat. Kommission zur Klärung der Entwaffnung der nordirischen Untergrundverbände, parallel dazu polit. Vorgespräche sowie den Beginn der eigentl. N.-Verhandlungen für Febr. 1996. Nach den am 24. 1. 1996 vorgelegten Empfehlungen der internat. Kommission, die im wesentlichen von allen Konfliktparteien akzeptiert wurden, soll die Auslieferung der Waffen nun gleichzeitig mit den polit. Verhandlungen schrittweise und unter internat. Aufsicht erfolgen. Den von der brit. Reg. unterstützten Vorschlag der Unionisten, eine parlamentar. Versammlung als demokratisch legitimiertes Verhandlungsforum für N. zu wählen, wurde jedoch von den Republikanern weitgehend abgelehnt. Am 9. 2. 1996 kündigte die IRA den Waffenstillstand auf. Vor dem Hintergrund neuerl. Terrorakte legten die brit. und die irische Reg. am 28. 2. den Beginn der Verhandlungen, denen Wahlen vorausgehen sollen, auf den 10. 6. 1996 fest. Bis zu einer Erneuerung des Waffenstillstands durch die IRA bleibt Sinn Féin jedoch vom Verhandlungsprozeß ausgeschlossen.

S. WICHERT: Northern Ireland since 1945 (London ²1992).

Nordkap, Provinz im NW der Rep. Südafrika, mit einer Fläche von 363 389 km^2 größte der neuen Provinzen, dünn besiedelt, (1994) 737 000 Ew. (50,1 % Mischlinge, 30,6 % Schwarze, 19,1 % Weiße, 0,2 % Asiaten); Hauptstadt ist Kimberley. – N. entstand im Zuge der Neugliederung der Rep. Südafrika 1994 aus den nördl. Teilen der früheren ▷ Kapprovinz. Bei den ersten gemischtrass. Wahlen vom April 1994 errang der ANC die absolute Mehrheit der Sitze im Provinzparlament und stellt seither den Regierungschef.

Nordmarianen, amtlich engl. **Commonwealth of the Northern Mariana Islands** [ˈkɔmənwelθ əv ðə ˈnɔːθən meəriˈænə ˈaɪləndz], mit den USA assoziierter Staat in Ozeanien, →Marianen.

Nordossetilen, Nordossetische Republik, bis 1992 ▷ Nordossetische Autonome Sozialistische Sowjetrepublik, Teilrepublik der Russ. Föderation, reicht von der N-Abdachung des Großen Kaukasus bis zur Terekniederung, 8 000 km^2, (1991) 642 000 Ew.; Hauptstadt ist Wladikawkas. 1989 waren 53 % der Ew. Osseten, etwa ein Drittel Russen, 8 % Inguschen und Angehörige anderer kaukas. Völker. Durch die Flüchtlingswelle aus Südossetien (etwa 50 000 Flüchtlinge) und die blutigen Auseinandersetzungen mit der ingusch. Minderheit im Herbst 1992 hat sich die ethn. Zusammensetzung verändert.

Aufgrund der Teilung des osset. Siedlungsraums in separate polit. Gebietseinheiten im Rahmen der sowjet. Verfassung blieb nach dem Zerfall der Sowjetunion (Ende 1991) N. Teil der Russ. Föderation, während Südossetien als Autonomes Gebiet Teil des unabhängigen →Georgien wurde. In einer Volksabstimmung forderte die Bev. Südossetiens mehrheitlich den Anschluß ihres Gebiets an N. Nach dem Ausbruch von Kämpfen zw. südosset. Milizen und georg. Regierungstruppen (1991/92) ergoß sich ein starker Flüchtlingsstrom von Süd- nach Nordossetien.

Die jetzigen Auseinandersetzungen zw. Osseten und Inguschen in N. selbst gehen auf die Deportation der Inguschen nach Zentralasien durch STALIN im Jahre 1944 zurück. Nach ihrer Rückkehr in ihr kaukas. Siedlungsgebiet und der Wiederherstellung ihrer Gebietskörperschaft innerhalb der ASSR der Tschetschenen und Inguschen (1957) forderten die Inguschen Gebiete u. a. im Umkreis von Wladikawkas zurück, die bei ihrer Deportation dem nordosset. Territorium zugeschlagen worden waren. Mit dem Eingreifen Rußlands in diesen Konflikt im Nov. 1992 wurde N. ein zentraler Brückenkopf der russ. Streitkräfte im nördl. Kaukasus. Rußland erklärte den N-Kaukasus zu einer ›Zone der vorrangigen Staatsinteressen Rußlands‹. – Ein weiterer Konfliktherd zeichnet sich mit den Unabhängigkeitsbestrebungen der in N. lebenden Kosaken ab.

*Nordrhein-Westfalen, Land im Westen Dtl.s, umfaßt 34 070 km² (9,5% der Fläche Dtl.s), Landeshauptstadt ist Düsseldorf.

Bevölkerung: Die (1994) 17,779 Mio. Ew. machen 21,8% der Bev. Dtl.s aus. Der Anteil der weibl. Bev. beläuft sich auf (1994) 51,5%. Im Zuge der Binnenwanderung ließen sich 1993 insgesamt 134 837 Menschen aus anderen Bundesländern in NRW nieder, denen ein Überschuß von 1 279 Fortzügen gegenübersteht. Am 31. 12. 1993 wohnten 1 886 300 Ausländer in NRW (10,6% der Landes-Bev.), davon waren 660 000 Türken, 289 700 Menschen aus dem früheren Jugoslawien, 142 700 Italiener, 112 500 Griechen, 68 200 Polen, 45 200 Spanier, 36 800 Portugiesen, 25 000 Österreicher, 11 400 US-Amerikaner, 494 800 sonstige Ausländer; die Staatsangehörigkeit von Ländern der EU besaßen insgesamt 468 100 Ausländer. Von den (1993) 7,894 Mio. Privathaushalten sind 33,7% Einpersonenhaushalte. – Die Geburtenrate beträgt (1993) 11,0‰, die Sterberate 11,0‰. 1994 waren 16,1% der Bev. unter 15 Jahre alt, 68,4% 15 bis unter 65 Jahre alt, 15,5% 65 Jahre und älter.

Die Bev.-Dichte lag 1994 bei 522 Ew. je km². In Großstädten (100 000 Ew. und mehr) leben (1994) 47,3% der Bev., in Gemeinden zw. 50 000 und 100 000 Ew. 16,8%, zw. 10 000 und 50 000 Ew. 33,1%, unter 10 000 Ew. 2,8%. Größte Städte (1994) sind: Köln (963 300 Ew.), Essen (619 600 Ew.), Dortmund (601 500 Ew.), Düsseldorf (573 100 Ew.), Duisburg (536 300 Ew.), Bochum (401 100 Ew.), Wuppertal (385 000 Ew.), Bielefeld (324 200 Ew.), Bonn (295 300 Ew.), Gelsenkirchen (294 300 Ew.), Mönchengladbach (265 600 Ew.), Münster (265 500 Ew.), Krefeld (249 700 Ew.), Aachen (247 100 Ew.), Oberhausen (225 800 Ew.), Hagen (214 200 Ew.), Hamm (184 600 Ew.), Herne (180 300 Ew.), Mülheim a. d. Ruhr (177 000 Ew.), Solingen (166 000 Ew.), Leverkusen (161 800 Ew.), Neuss (148 600 Ew.), Paderborn (130 700 Ew.), Recklinghausen (127 300 Ew.), Remscheid (123 400 Ew.), Bottrop (119 700 Ew.), Siegen (111 900 Ew.), Moers (106 900 Ew.), Witten (105 500 Ew.) und Bergisch Gladbach (105 200 Ew.).

Wirtschaft: NRW zählt innerhalb der EU zu den zentralen Wirtschaftsräumen. Durch eine Diversifizierungs- und Modernisierungsstrategie hat sich das Bundesland zunehmend von seinen traditionellen Schwerpunkten (z. B. Bergbau und Stahlindustrie) gelöst und ist auch zu einem Standort für fortschrittl. Technologien und innovative Unternehmen geworden. Bezogen auf die Wirtschaftsstruktur näherte sich NRW dem Durchschnitt der alten Bundesländer an. Der vormals dominierende industrielle Sektor (bes. im Ruhrgebiet) trägt nur noch (1994) 37,0% zur Bruttowertschöpfung bei (1989: 43,3%) und beschäftigt nur noch 36,6% der 7,32 Mio. Erwerbstätigen. Zu den Hauptgewinnern des Strukturwandels zählt der Dienstleistungssektor. Sein Anteil an der Bruttowertschöpfung hat sich auf (1994) 62,3%, sein Erwerbstätigenanteil auf 61,5% erhöht. Die Zahl der in diesem Sektor Beschäftigten ist in den vergangenen 10 Jahren um 25% auf 4,5 Mio. gestiegen, insbesondere bei den produktionsorientierten Dienstleistungen. Der Anteil von Handel und Verkehr an der Bruttowertschöpfung beträgt 15,4%, der Anteil des öffentl. Sektors 13,9% und der Anteil der sonstigen Dienstleistungsunternehmen 33,0%. Im verarbeitenden Gewerbe dominiert, gemessen an Beschäftigtenzahl und Umsatz, das Investitionsgütergewerbe (48,5% der Beschäftigten, 39,8% des Umsatzes) vor der Grundstoffindustrie (25,1% bzw. 33,9%) und der Verbrauchsgüterindustrie (19,4% bzw. 16,2%). Die wichtigsten Wirtschaftszweige innerhalb des industriellen Sektors sind, gemessen an der Beschäftigtenzahl, Maschinenbau (14,9%), Elektrotechnik (10,8%), chem. Industrie (10,5%), Metallwarenindustrie (7,3%), Ernährungsgewerbe (6,9%) und Straßenfahrzeugbau (6,7%). Im Bergbau sind nur noch 102 300 Erwerbstätige beschäftigt, in der Eisen- und Stahlindustrie nur noch 85 000 Erwerbstätige.

Mit einem Bruttoinlandsprodukt (BIP) je Erwerbstätigen von (1994) 101 700 DM und einem Bruttosozialprodukt (BSP) je Ew. von 41 800 DM liegt NRW unter dem Durchschnitt der alten Bundesländer von 103 800 DM bzw. 44 700 DM. Auch das reale Wachstum des BIP war in den vergangenen Jahren unterdurchschnittlich (1994: 2,0%; Durchschnitt alte Bundesländer 2,3%), nachdem das BIP 1990 um 4,9% zugenommen hatte und 1993 um 2,2% zurückgegangen war. In NRW wird ein BIP von (1994) 744,5 Mrd. DM erwirtschaftet. Dies entspricht einem Anteil von 22,4% am BIP Dtl.s. Damit bleibt NRW das wirtschaftlich wichtigste Bundesland. Die Zahl der Arbeitslosen hat sich nach einem Tiefpunkt von (1991) 561 400 auf (1994) 784 599 erhöht (Arbeitslosenquoten: 7,0% bzw. 10,7%). NRW ist damit überdurchschnittlich von Arbeitslosigkeit betroffen (Arbeitslosenquoten alte Bundesländer: 6,3% bzw. 9,2%). Im Zeitraum 1987 bis 1994 gingen in der Landwirtschaft 36 000 Arbeitsplätze, im produzierenden Gewerbe 220 000 Arbeitsplätze verloren.

Wirtschaftspolitisch bemüht sich die Landes-Reg., u. a. die Standortqualitäten des Landes weiter zu verbessern (Ausbau der Infrastruktur, Förderung der Qualifikation der Beschäftigten, Förderung von Wiss. und Forschung) und den Strukturwandel in Krisenbranchen (z. B. Stahlindustrie) zu gestalten. Bes. wichtig ist neben der Bekämpfung der Arbeitslosigkeit (z. B. über Arbeitsmarktprogramme) die Forschungs- und Technologiepolitik. NRW bietet mit 53 Hochschulen und über 40 Forschungsinstituten ein dichtes Forschungsnetzwerk. Unterstützt wird die Wirtschaftsnähe dieser Einrichtungen u. a. durch 52 Technologiezentren sowie durch 30 Forschungs- und Entwicklungszentren. Der Förderung der mittelständ. Wirtschaft dient das ›Forum Zukunft Mittelstand‹, das eine Plattform für einen kontinuierl. Dialog zw. Wirtschaft und Politik bietet.

Geschichte: Mit dem Berlin/Bonn-Gesetz (1994) wurde festgelegt, daß auch nach dem Jahr 2000 acht Bundesministerien in Bonn bleiben sollen. Mit der kommunalen Verf.-Reform vom 6. 5. 1994 wurde die von der brit. Besatzungsmacht nach dem Zweiten Weltkrieg eingeführte ›Doppelspitze‹ (Stadtdirektor/Bürgermeister) ab 1999 in der Kommune abgeschafft, die Bürgermeister und Landräte sollen darüber hinaus von der Bev. direkt gewählt werden. Bei den Landtagswahlen vom 14. 5. 1995 verlor die SPD mit 46,0% der Wählerstimmen (108 von 221 Sitzen) die absolute Mehrheit; die CDU gewann 37,7% der Wählerstimmen (89 Sitze), Bündnis 90/Die Grünen 10,0% (24), die FDP 4,0% (0) und andere 1,8% (0). Im Juli 1995

Nord Nord-Süd-Konflikt

wählte der Landtag erneut J. RAU zum MinPräs. an der Spitze einer Reg.-Koalition aus SPD und Bündnis 90/Die Grünen.

Nord-Süd-Konflikt: Wachstum des Bruttosozialprodukts je Einwohner			
Land/Ländergruppe	durchschnittliche jährliche Wachstumsrate in %		Bruttosozialprodukt je Einwohner 1993 in US-$
	1973–80	1980–93	
Afrika südlich der Sahara	0,9	−0,8	520
Naher Osten und Nordafrika	1,7	−2,4	1 950
Südasien	1,7	3,0	310
Indien	–	3,0	300
Ostasien und Pazifik	4,8	6,4	820
VR China	–	8,2	490
Lateinamerika und Karibik	2,2	−0,1	2 950
alle Entwicklungsländer*)	2,7	0,9	1 090

*) Nach den Kriterien der Weltbank.

*Nord-Süd-Konflikt: Das Verhältnis zw. Industrieländern und Entwicklungsländern hat sich seit Ende der 1980er Jahre bes. durch das Ende des Ost-West-Konfliktes in mehrfacher Hinsicht gewandelt:
1) *Demokratischer Aufbruch im Süden:* Mit der ökonom. und polit. Krise des ›real existierenden Sozialismus‹ verschwand auch für den Süden die ›sozialist. Alternative‹, zumal ›sozialist. Entwicklungsländer‹ wie Kuba und Moçambique ebenfalls an Attraktivität einbüßten. Das Verschwinden der ›zweiten Welt‹ von der weltpolit. Landkarte hatte außerdem insofern tiefgreifende Auswirkungen auf die Nord-Süd-Beziehungen, als Entwicklungspolitik nach der Überwindung der Ost-West-Rivalität ihre strateg. Bedeutung verlor, die sie während des kalten Kriegs gehabt hatte. Nachdem der Westen die Entwicklungsländer nicht mehr daran zu hindern brauchte, sich dem ›sozialist. Lager‹ anzuschließen, drohten die Entwicklungsländer, in die ›weltpolit. Irrelevanzfalle‹ zu geraten, da sie jetzt nicht mehr zur globalen Systemkonkurrenz gehörten.

Nachdem bereits im Verlauf der 1980er Jahre überall in Lateinamerika die Militärdiktaturen von Mehrparteiensystemen abgelöst worden waren, verlor Anfang der 1990er Jahre auch in weiten Teilen Afrikas das Regelsystem des Einparteienstaates, das die ›afrikan. Demokratie‹ freilich schon länger durch Machtmißbrauch und Korruption diskreditiert worden war, an Bedeutung. Führten also hier v. a. wirtschaftspolit. Notwendigkeiten zur Demokratisierung, so scheint sich in Ost- und Südasien – von Rückschlägen wie in China abgesehen – die Lehre von der Interdependenz der Ordnungssysteme zu bewahrheiten, wonach der Erfolg wirtschaftl. Wettbewerbs auch die Entwicklung polit. Wettbewerbssysteme befördert und sich Mittelklassen als Träger demokrat. Partizipationsforderungen herausbilden.
2) *Ängste im reichen Norden:* Das alte Feindbild aus ›Osten‹ scheint in den Industrieländern von versch. Ängsten abgelöst zu werden: vor der ›Bevölkerungsexplosion‹ im Süden, die zur ›Überschwemmung‹ der Wohlstandsinseln im ›Norden‹ mit ›Völkerwanderungen‹ hungriger Menschen führen könnte; vor einer Drogenüberschwemmung, begleitet von Kriminalität, Terrorismus und v. a. AIDS; vor dem islam. Fundamentalismus; vor der globalen Umweltzerstörung und schließlich vor krisenhaften Entwicklungen in der weltpolit. Peripherie, die angesichts der wachsenden Interdependenz der Welt auch die Sicherheit und den Wohlstand der Industrieländer bedrohen könnte. Diese stark emotionale Art der Wahrnehmung verhindert rationale Problemlösungen. Die Entwicklungspolitik wurde zur ›präventiven Sicherheitspolitik‹ und zum Instrument eines globalen Krisenmanagements umgedeutet.

3) *Wachsende Armut:* Was sich als Strukturanpassung beschreiben läßt, wird von Kritikern als Rekolonialisierung durch die weltwirtschaftl. Führungsmächte dargestellt. Die Liberalisierung des Welthandels beschleunigte die Globalisierung der Produktion. Dieser Prozeß war von einem weltweiten Fragmentierungs- und Marginalisierungsprozeß begleitet, der wenige ›anpassungsfähige‹ Länder zu Gewinnern (z. B. Schwellenländer) und ganze Ländergruppen zu Verlierern machte. Der Human Development Report 1993 schätzt die Zahl der Menschen mit einem jährl. Pro-Kopf-Einkommen von weniger als 370 US-$ (Weltbank-Definition für Armut) auf 1,3 Mrd. Bes. hart betroffen ist davon der südlich der Sahara gelegene Teil Afrikas. Von den 42 Ländern, die die UNO bis 1991 zu den am wenigsten entwickelten Ländern (LLDC) zählte, lagen 37 in dieser Region. Nach neueren Berechnungen sind es 40 von 47. Im Weltentwicklungsbericht der Weltbank von 1994 wird vorausgesagt, daß in dieser Region auch unter günstigsten Bedingungen der relative Wohlstand, der dort noch vor zwei Jahrzehnten vorhanden war, in den nächsten vier Jahrzehnten nicht wiedergewonnen werden kann. Dabei ist das Bev.-Wachstum zugleich Ursache und Folge der Armut. Durch Sanierungsauflagen des Internat. Währungsfonds wird die Lage noch verschärft.

4) *Ausdifferenzierung der dritten Welt:* Die Lage in den am wenigsten entwickelten Ländern ist inzwischen so katastrophal, daß der Worldwatch Institute Report 1990/91 die Frage stellte, ob diese Länder überhaupt noch ›Entwicklungsländer‹ genannt werden dürften. Auch in der Wissenschaft entspann sich Anfang der 90er Jahre ein Streit, ob der Begriff ›dritte Welt‹ noch angemessen sei. Dabei wird allerdings auch auf die Gruppe der Schwellenländer in SO-Asien (Süd-Korea, Taiwan, Hongkong, Singapur, neuerdings auch Malaysia, Thailand, Indonesien) verwiesen, deren Pro-Kopf-Einkommen inzwischen das einiger EU-Staaten (Griechenland, Portugal) übertrifft. China und Indien müssen differenziert betrachtet werden, da es hier große regionale und soziale Unterschiede gibt. Lateinamerika hat sich großenteils vom Schock der Schuldenkrise erholt.

5) *›Neue‹ Entwicklungsländer im Osten:* Durch das Wegfallen der ›zweiten Welt‹ der sozialist. Staaten ist offenkundig geworden, daß die meisten jungen Demokratien in Mittel- und Osteuropa sowie im Bereich der ehem. Sowjetunion, gemessen an ihrem Pro-Kopf-Einkommen, ebenfalls als Entwicklungsländer anzusehen sind. Um ihnen die Chance zu geben, eines Tages in den Kreis der OECD-Länder aufgenommen zu werden (bes. in die Europ. Union), werden sie von den Industrieländern wirtschaftlich unterstützt. Fast alle OECD-Länder schichteten seit den Haushaltsjahren 1991/92 Teile der ›Südhilfe‹ zugunsten der ›Osthilfe‹ um. Im Vergleich zu der öffentl. Entwicklungshilfe (1993: 55,9 Mrd. US-$) blieben die Auszahlungen an die mittel- und osteurop. Länder mit (1993) 6,9 Mrd. US-$ jedoch niedrig und auch weit hinter den angekündigten Zusagen zurück. Für den Rückgang der öffentl. Entwicklungshilfe 1992/93 um 4,9 Mrd. US-$ wurde zudem die angespannte Finanzlage der öffentl. Haushalte verantwortlich gemacht.

6) *Veränderte Motive für Entwicklungshilfe:* Die Motive haben sich in doppelter Hinsicht verändert: Zum einen ist mit dem Zusammenbruch des ›sozialist. Modells‹ der Wettbewerb um die Gunst der Entwicklungsländer entfallen, so daß z.T. Hilfszusagen mit Forderungen nach Mehrparteiendemokratie und Verwirklichung von Menschenrechten verbunden werden. Zum anderen ist ein Trend zu einer neuen Konditionalität von Entwicklungshilfe zu beobachten, der mit den

Bemühungen um eine →nachhaltige Entwicklung zusammenhängt. Bes. bedeutsam war hierfür die UN-Konferenz über Umwelt und Entwicklung (UNCED) 1992 in Rio de Janeiro, die mit der ›Agenda 21‹ ein Aktionsprogramm für das 21. Jh. verabschiedete, in dem eine nachhaltige Entwicklung sowohl in den Industrieländern als auch in den Entwicklungsländern als einzig mögl. Weg beschrieben wird, um den zusammenwirkenden Bedrohungen durch Umweltzerstörung und soziale Disparitäten v. a. zw. Nord und Süd zu begegnen.

U. MENZEL: Das Ende der Dritten Welt u. das Scheitern der großen Theorie (1992).

Nord-Transvaal, Provinz im NO der Rep. Südafrika, 119 606 km², (1994) 5,202 Mio. Ew. (95,5 % Schwarze, 4,2 % Weiße, 0,2 % Mischlinge, 0,1 % Asiaten); Hauptstadt ist Pietersburg. – N.-T. entstand im Zuge der Neugliederung der Rep. Südafrika 1994 durch Vereinigung der nördl. Teile der früheren Prov. ▷Transvaal mit den Homelands ▷Venda, ▷Gazankulu und ▷Lebowa. Bei den ersten gemischtrass. Wahlen vom April 1994 errang der ANC die absolute Mehrheit der Sitze im Provinzparlament und stellt seither den Regierungschef.

Nordvorpommern, Landkreis in Meckl.-Vorp., 2 167 km², (1995) 117 800 Ew.; Kreisstadt ist Grimmen. Das Kreisgebiet umschließt die kreisfreie Stadt Stralsund. Charakteristisch für den Ostseeküstensaum sind die Boddengewässer. Große Teile der Halbinsel Darß-Zingst, des Bodstedter Boddens, des Saaler Boddens und des Grabow, die Inseln Großer und Kleiner Werder (zus. 1,2 km²) und Bock (3,4 km²) sowie die Prohner Wiek sind in den Nationalpark Vorpommersche Boddenlandschaft einbezogen (O-Teil im Landkreis Rügen). Im Küstenhinterland (bis 55 m ü. M.), durchzogen von den Flüssen Recknitz, Barthe und Trebel, herrschen Grundmoränenplatten der jüngsten pleistozänen Vereisung (Weichsel-Eiszeit) vor, die von schwach ausgebildeten Endmoränenzügen gequert werden. Auf Lehmböden werden Kartoffeln, Roggen und Futterpflanzen angebaut, auf Sandböden finden sich Wälder (Buchen, Kiefern). Größte Städte (mit Industrie) sind Ribnitz-Damgarten (1995: 17 700 Ew.), Grimmen (13 100 Ew.) und Barth (10 600 Ew.; kleiner Hafen); weitere Städte sind Tribsees (3 000 Ew.), Bad Sülze (Sol- und Moorbad, Rheumaheilstätte), Franzburg, Marlow und Richtenberg. Wirtschaftl. Bedeutung hat der Fremdenverkehr in den Ostseebädern Zingst, Prerow, Dierhagen, Wustrow und Ahrenshoop. – Der Kreis wurde am 12. 6. 1994 aus den früheren Kreisen Ribnitz-Damgarten, Stralsund und Grimmen gebildet.

Nordwest, Provinz im N der Rep. Südafrika, 118 710 km², (1994) 3,253 Mio. Ew. (88 % Schwarze, 10,5 % Weiße, 1,2 % Mischlinge, 0,3 % Asiaten); Hauptstädte sind Mafikeng und Mmabatho. – N. entstand im Zuge der Neugliederung der Rep. Südafrika 1994 durch Vereinigung der nordöstl. Teile der früheren ▷Kapprovinz, der westl. Teile der früheren Prov. ▷Transvaal und des größten Teils des ehem. Homelands ▷BophuthaTswana. Bei den ersten gemischtrass. Wahlen vom April 1994 errang der ANC die absolute Mehrheit der Sitze im Provinzparlament und stellt seither den Regierungschef.

Nordwestmecklenburg, Landkreis in Meckl.-Vorp., 2075 km², (1995) 111 900 Ew.; Kreisstadt ist Grevesmühlen. Das Kreisgebiet umschließt die kreisfreie Stadt Wismar, es grenzt im S an die kreisfreie Stadt Schwerin, im W an Schlesw.-Holst. (Lübeck und Ratzeburg). Das Hügelland (bis 113 m ü. M.) der Mecklenburg. Seenplatte umfaßt den N-Teil des Naturparks Schaalsee, den N-Teil des Schweriner Sees und Seen im Raum Warin und Neukloster. An der Küste der Mecklenburger Bucht liegt das Ostseebad Boltenhagen. Über Badestrände verfügt auch die durch Damm und Brücke mit dem Festland verbundene Insel Poel (34,3 km²) in der Wismarbucht. Die Landwirtschaft ist auf den Anbau von Getreide, Kartoffeln, Zuckerrüben und Gemüse sowie Schweine- und Rinderzucht konzentriert. Es gibt Betriebe der Nahrungsmittelindustrie. Die Städte des Kreises sind Grevesmühlen (1995: 10 900 Ew.), Gadebusch (6 700 Ew.), Neukloster, Schönberg, Warin, Klütz, Dassow und Rehna. – Der Kreis wurde am 12. 6. 1994 aus den früheren Kreisen Grevesmühlen, Gadebusch und Wismar sowie Gebietsteilen der bisherigen Kreise Schwerin und Sternberg gebildet.

*Noriega Morena, Manuel Antonio, panamaischer General und Politiker: Wurde im Juli 1992 in den USA wegen Drogenhandels zu 40 Jahren, im Okt. 1993 in Panama wegen Anstiftung zur Ermordung eines oppositionellen Politikers zu 20 Jahren Haft verurteilt.

Normverbrauchsabgabe, →Kraftfahrzeugsteuer.

Norrington ['nɔrɪŋtən], Roger, brit. Dirigent, * Oxford 16. 3. 1934; musikal. Leiter des Schütz Choir (seit 1962) und der London Baroque Players (seit 1978); daneben Chefdirigent der Kent Opera (1966–84) und der Bournemouth Sinfonietta (1985–89). N. hat sich v. a. mit seinen Bemühungen um die Rekonstruktion des originalen Klangbildes früherer Musik und einer an diesen Einsichten orientierten Interpretation des barocken, klass. und roman. Repertoires einen Namen gemacht.

North [nɔːθ], Douglass Cecil, amerikan. Volkswirtschaftler und Wirtschaftshistoriker, * Cambridge (Mass.) 5. 11. 1920; Prof. für Wirtschaftsgeschichte an der Washington University in Saint Louis, Mo. (seit 1960). N. erhielt 1993 gemeinsam mit R. W. FOGEL den Nobelpreis für Wirtschaftswissenschaften für seinen Beitrag zur Erneuerung der wirtschaftsgeschichtl. Forschung. Mit seinen Arbeiten wurde N. zum Mitbegründer der neuen Wirtschaftsgeschichte (›New Economic History‹, ›Chiometrie‹), die durch die Anwendung von Wirtschaftstheorie und quantitativen Methoden der Ökonometrie versucht, wirtschaftl. Entwicklungen und institutionelle Veränderungen zu erklären. Insbesondere relativierte er die Bedeutung von Erfindungen und techn. Innovationen für das wirtschaftl. Wachstum (im Ggs. zu J. A. SCHUMPETER und W. W. ROSTOW). Wachstum sei vielmehr auf eine Vielzahl von Antriebskräften zurückzuführen, v. a. auf organisator. und institutionelle Veränderungen. Damit wurde N. Mitbegründer der Institutionenökonomik.

Werke: The economic growth of the United States (1961); Institutional change and American economic growth (1971, mit L. E. DAVIS); The rise of the western world. A new economic history (1973, mit R. P. THOMAS); Structure and change in economic history (1981; dt. Theorie des institutionellen Wandels); Institutions, institutional change and economic performance (1990; dt. Institutionen, institutioneller Wandel u. Wirtschaftsleistung).

Douglass C. North

North [nɔːθ], Robert, amerikan. Tänzer, Choreograph und Ballettdirektor, * Charleston (S. C.) 1. 6. 1945; studierte u. a. bei MARTHA GRAHAM und M. CUNNINGHAM und war v. a. als Tänzer beim London Contemporary Dance Theatre tätig, für das er auch teils avantgardist., teils amüsant-populäre Choreographien schuf. 1981–86 künstler. Direktor des Ballet Rambert, arbeitete er auch für Janet Smith & Dancers, für das Stuttgarter und das Genfer Ballett. Seit 1991 ist N. Ballettdirektor in Göteborg.

Choreographien: Troy game (1974); For my daughter (1983); Entre dos aguas (1984); Romeo und Julia (1990).

*NORTHAG: Wurde im Rahmen der Veränderung der NATO-Kommandostruktur am 1. 7. 1993 aufgelöst; die Aufgaben übernahm das gleichzeitig neugeschaffene Kommando LANDCENT.

Norw Norwegen – Notendruck

*Norwegen, amtlich norweg. **Kongeriket Norge,** dt. **Königreich N.,** Staat in Nordeuropa, grenzt an das Skagerrak, die Nordsee, das Europ. Nordmeer und die Barentssee.

Hauptstadt: Oslo. *Amtssprache:* Norwegisch. *Staatsfläche:* 323 895 km^2 (ohne Binnengewässer 306 830 km^2). *Bodennutzung (1992):* 8 650 km^2 Ackerland, 1 130 km^2 Dauergrünland, 83 300 km^2 Waldfläche. *Einwohner (1994):* 4,318 Mio., 13 Ew. je km^2. *Städtische Bevölkerung (1993):* 73%. *Durchschnittliches Bevölkerungswachstum pro Jahr (1985-93):* 0,5%. *Bevölkerungsprojektion für 2000:* 4,43 Mio. Ew. *Ausländer (1993):* Anteil an der Gesamtbevölkerung 3,6%. *Religion (1992):* 87,9% Mitglieder der ev.-luther. Kirche. *Altersgliederung (1992):* unter 15 Jahre 19,0%, 15 bis unter 65 Jahre 64,7%, 65 und mehr Jahre 16,3%. *Lebenserwartung der Neugeborenen (1992):* männlich 74 Jahre, weiblich 80 Jahre. *BSP je Ew. (1993):* 25 970 US-$. *BIP nach Sektoren/Produktionsstruktur (1993):* Landwirtschaft 3%, Industrie 35%, Dienstleistungen 62%. *Arbeitslosenquote (1994):* 5,5%. *Währung:* 1 Norweg. Krone (nkr) = 100 Öre (Ø). *Internationale Mitgliedschaften:* UNO, Europarat, NATO, Nordischer Rat, OECD, OSZE.

Geschichte: Die norweg. Wirtschaft erzielte in der 1. Hälfte der 1990er Jahre, konjunkturell v. a. angetrieben von einer gesteigerten Erdöl- und Erdgasförderung, einen neuen Aufschwung. Im Zentrum der innenpolit. Diskussion standen in dieser Zeit neben der Bekämpfung der Arbeitslosigkeit Fragen der europ. Integration und der Mitgliedschaft N.s in der EG. Nachdem das norweg. Storting am 16. 10. 1992 den Vertrag über die Schaffung eines Europ. Wirtschaftsraumes (EWR) ratifiziert hatte, ersuchte die norweg. Reg. unter MinPräs. GRO HARLEM BRUNDTLAND am 25. 11. 1992 die EG formell um Aufnahme ihres Landes. Parallel zu den Beitrittsverhandlungen der Reg. bildete sich eine parteiübergreifende Bewegung ›Nein der EG‹. Aus den Wahlen zum Storting (13./14. 9. 1993) gingen die Sozialdemokraten, in der Frage des EG-Beitritts gespalten, zwar weiterhin als stärkste Partei hervor, mußten aber wie die konservative Høre, eine entschiedene Befürworterin des EG-Beitritts, Stimmeneinbußen hinnehmen. Die Zentrumspartei, einer der größten Gegner des EG-Beitritts, konnte hingegen starke Stimmengewinne erzielen. Am 16. 3. 1994 einigten sich die norweg. Reg. und die EG über die Beitrittsbedingungen. In einem Referendum am 27./28. 11. 1994 lehnte die Bev. die Mitgliedschaft in der EG, die zum 1. 1. 1995 wirksam werden sollte, jedoch mit 52,2% der Stimmen ab. Das Jahr 1995 war von einem neuerlichen wirtschaftl. Aufschwung gekennzeichnet.

Ein Schwerpunkt der Außenpolitik war die regionale Kooperation mit Rußland und den skandinav. Nachbarstaaten in der Region der Barentssee. Einen herausragenden Erfolg erzielte die norweg. Diplomatie unter Außen-Min. JOHAN JØRGEN HOLST (*1937, †1994) im Nahostkonflikt bei der Vermittlung des Gaza-Jericho-Abkommens (1994).

*norwegische Kunst: Seit den 1970er Jahren profiliert sich eine urbanen, in der Tradition des eher unspektakulären, organischen norweg. Funktionalismus stehenden Architektur das Büro von ARE TELJE (*1936), FREDERIC A. S. TORP (*1937) und KNUT AASEN (*1936); im Wohnungsbau ist z. B. auch NIELS TORP (*1940) mit Holzbauten zu nennen. Die Postmoderne vertreten Jan & Jon (JAN G. DIGERUD, *1938, und JON LUNDBERG, *1933), die rationale Architektur ARNE HENRIKSEN (*1944), THOMAS THIIS-EVENSEN (*1946), im Spätwerk HARALD HILLE (*1921) und Partner oder das Arkitektkontoret 4 B (Theater in Oslo, 1985). Konstruktive Logik ist das Ziel von JAN OLAV JENSEN (Bahngarage von Rølvsøy, 1990); sie zeichnet auch das Gletschermuseum von SVERRE FEHN am Jostedalsbre (1991) und die olymp. Skisprunganlage in Lillehammer (1994) des Büros ØKAW aus. Dekonstruktivist. Elemente zeigen die expressive Kunstgalerie des Büros Snøhetta (Lillehammer, 1994) und die Neubauten der Univ. von Tromsø (Büro Blå Strek, 1994 ff.).

In der Kunst ist bis heute eine maler. und bildhauer. Tradition lebendig, die man als Fortsetzung der existentiellen Analysen eines E. MUNCH bezeichnen kann. Stellvertretend seien die Künstler PER UNG (*1933), ARVID PETTERSEN (*1943), KJELL TORRISET (*1950), LEONARD RICKHARD (*1945), GABRIELLE KIELLAND (*1945) und JOHANNE MARIE HANSEN-KRONE (*1952) genannt. Künstler wie BJØRN SIGURD TUFTA (*1956), KRISTIAN BLYSTAD (*1946), BENTE STOKKE (*1952), JOHN AUDUN HAUGE (*1955), OLA ENSTAD (*1942) und STEINAR CHRISTENSEN (*1946) leisten in ihren Skulpturen, Gemälden und Objektinstallationen Beiträge zur Entfaltung des Kanons der modernen Ästhetik. Die jüngste Generation norweg. Künstler ironisiert sowohl die nord. Tradition als auch das Regelwerk der klass. Avantgarde. MARIT BENTHE NORHEIM (*1960), KRISTIN AARNES (*1955), ANDERS TORNREN (*1965), PER FORMO (*1952) und LARS PAALGARD (*1955) verweisen mit ihren Werken auf die Notwendigkeit, sowohl alltägliche als auch ästhetische Selbstverständlichkeiten zu hinterfragen. Als bedeutende Repräsentanten der multimedial orientierten Kunst sind v. a. die Videokünstler SVEN PÅHLSON (*1965), NILS OLAV BØE (*1958), KJELL BJØRGEENGEN (*1951) und die konzeptuellen Photographen INGRID BOOK (*1951) und KÅRE KIVILJÄRVI (*1938) zu nennen, die sich in ihren Installationen mit dem Scheincharakter abbildhafter Inszenierungen beschäftigen.

C. NORBERG-SCHULZ: Modern Norwegian architecture (Oslo 1986); Norsk kunst, Ausst.-Kat. (Oslo 1987); Norweg. Künstler. Malereien, Skulpturen, Grafiken, Ausst.-Kat. (Zürich 1987); Meer offen. Meer u. Wasser, Schiff u. Boot in der bildenden Kunst der 80er Jahre in der Dtl. u. Norwegen, hg. v. W. BROST u. a., Ausst.-Kat. (1991); Das steinerne Licht, Ostsee-Biennale 1992, hg. v. A. ETZ, Ausst.-Kat. (1992).

Notebook [ˈnəʊtbʊk; engl. ›Notizbuch‹] *das, -s/-s,* **Notizbuchrechner,** kleinere Ausführung eines tragbaren Personalcomputers in ›Notizbuchgröße‹; entspricht in Funktion und Aufbau im wesentlichen dem Laptop. Durch die zunehmende Miniaturisierung der Bauteile (v. a. Mikroprozessoren, Speicherchips, Festplatten und Batterien), verbunden mit einer gleichzeitigen Steigerung der Geschwindigkeiten und Kapazitäten, konnten Rechenleistung und Verwendungsmöglichkeiten der Laptops weiter erhöht und ihre Baugröße verringert werden. Wegen der geringeren Baugröße wird die Bez. Laptop seit etwa 1990 zunehmend zugunsten der Bez. N. aufgegeben. Die Grundfläche der N. hat die Größe DIN A 4. In geschlossenem Zustand sind sie etwa 5 cm dick; ihr Gesamtgewicht liegt zw. 1,5 und 3,5 kg. Die Speicherkapazitäten von Hauptspeichern und Festplatten reichen bis über 30 bzw. 500 Megabyte. Wichtige Qualitätskriterien sind die Rechengeschwindigkeit, die in erster Linie vom Prozessor, aber auch vom Zusammenwirken der einzelnen Systembestandteile abhängig ist, die netzunabhängige Betriebsdauer (zw. vier und acht Stunden) und die Art der Bildschirmanzeige (LCD-Bildschirm, Matrixbildschirm). – Statt einer Maus verfügen N. teilweise über einen Trackball oder ein **Joypad,** eine druckempfindl. Fläche zur Cursorsteuerung. (→Computer)

*Notendruck: Für den verlagsgerechten Computersatz gibt es aufwendige Programme (Software), die nicht nur die über Tastatur oder Bildschirm eingegebenen Daten in Notenwerte umsetzen, sondern diese auch hinsichtlich ihres musikal. Stellenwerts innerhalb des Gesamtnotensystems ausdrucken können. Ihre Anwendung setzt aber nach wie vor umfassendere Vorkenntnisse in Notenschrift bzw. -satz voraus. Daneben gibt es einfachere Systeme für den Hausgebrauch. Sie basieren i. d. R. auf einem Sequencer, der die eingegebenen Daten in vorher festgelegten Sequenzen abspeichert, interpretiert und in Notenschrift umsetzt. Mit Hilfe eines MIDI-Keyboards ist auch das unmittelbare ›Einspielen‹ von Notenwerten möglich. Je nach Kapazität bzw. vorhandenem Zeichensatz des Systems lassen sich mit einer Maus anschließend noch Korrekturen am Bildschirm vornehmen, z. B. Umgruppieren, Hinzufügen oder Löschen von Noten, Ergänzung von Dynamikzeichen. Zur neuesten Entwicklung gehören Scanner, die nicht nur vorhandenes Notenmaterial einlesen und deren nachträgl. Manipulation am Bildschirm ermöglichen (z. B. Transponieren in andere Tonarten), sondern auch umgekehrt diese Notenwerte in eine MIDI-Datei umsetzen und sie über den Computer abspielen.

Notepad [ˈnəʊtpæd; engl. ›Notizblock‹] *das, -s/-s,* kleiner Computer in ›Notizblockgröße‹ für mobile Anwendungen (Gewicht etwa 1,5–3,5 kg; Größe ungefähr DIN-A 4). Noch kleinere Ausführungen (Gewicht bis etwa 1,5 kg) sind auch unter den Bezeichnungen **Palmtop** (zu engl. palm ›Handfläche‹) und **PDA** (Abk. für **p**ersönl. **d**igitaler **A**ssistent) im Handel. Neben der Möglichkeit, Texte und Graphiken einzugeben und abzuspeichern, dienen N. in erster Linie als Adreßkartei und Terminkalender, zum Ausfüllen von Formularen u. a., können aber, ggf. durch Anbindung von Zusatzgeräten, auch zur Datenübermittlung eingesetzt werden. Die Eingabe erfolgt mit Hilfe eines speziellen Stiftes, der über einen flachen, hochauflösenden LCD-Bildschirm (▷ Flüssigkristallanzeige) geführt wird. Ein N. verfügt i. a. über eine eingeschränkte Funktion zum Erkennen von Schriftzeichen, die bedingt lernfähig ist, d. h. sich der Handschrift des Benutzers anpassen kann. Alternativ dazu läßt sich meist eine Tastatur einblenden, wobei die Auswahl der Buchstaben durch Antippen mit dem Stift erfolgt.

***Nouira,** Hédi, tunes. Politiker: †Tunis 25. 1. 1993.

Nouvel [nuˈvɛl], Jean, frz. Architekt, *Fumel (Dép. Lot-et-Garonne) 12. 8. 1945; arbeitet seit 1988 mit EMMANUEL CATTANI zusammen. N. versteht Bauen als philosoph. Herausforderung und versucht in den Bauwerken ein Gleichgewicht zw. innen und außen anschaulich zu definieren. Innerhalb der klaren, auf die wesentl. Gebäudefunktionen und urbanen Qualitäten konzentrierten Formensetzung achtet N. bes. auf das Spiel des natürl. Lichtes mit dem Baukörper und den Innenräumen. Mit dem Wechsel der Tageszeit soll sich die Architektur verändern, als lebendiger Organismus sichtbar werden und das Licht die Schwere der Materie aufheben. Daher sind N.s bevorzugte Materialien spiegelndes Glas und Metall. Das dafür notwendige technisch hochmoderne Skelett (Beton und Stahlträger) führte zur Einordnung seiner Bauwerke als High-Tech-Architektur, was seinen Ansatz aber nicht voll abdeckt.

Werke: Institut du Monde Arabe (Paris, 1983–87); Némausus-Komplex, zwei gleiche ›Wohnmaschinen‹ mit Schiffsmetaphern im Rahmen des sozialen Wohnungsbaus der Stadt Nîmes (1985–87); Wiss. Dokumentationszentrum in Nancy (1985–89); Hôtel Saint-James (Bordeaux, 1987–89); Ausstellungsgebäude der Fondation Cartier (Paris, 1991–94); neue Kuppel der Oper in Lyon (1993); Kongreßzentrum in Tours (1993); Kaufhaus ›Galeries Lafayette‹ (Berlin, 1995). – *Projekte:* Verwaltungsgebäude des Verlags DuMont, Köln; ›Tour sans Fin‹ in Paris.

O. BOISSIÈRE: J. N. J. N., Emmanuel Cattani u. Partner (a. d. Frz., Zürich 1992).

Novel food [nɔvl fuːd; engl. ›neuartige Nahrung‹] *die, - -,* **Designer food** [dɪˈzaɪnər -], Bez. für Lebensmittel, die aus gentechnisch veränderten Organismen bestehen, mit deren Hilfe hergestellt werden oder gentechnisch hergestellte Zusatzstoffe enthalten. Gentechnisch veränderte Lebensmittel sind bereits in vielen Ländern im Handel. Bekanntestes Beispiel ist die in den USA seit 1994 auf dem Markt befindl. Tomatensorte ›Flavr Savr‹ (dt. etwa ›Geschmackserhalter‹), bei der mit Hilfe gentechn. Methoden ein Reifungsgen blockiert wurde, so daß diese Tomate in reifem Zustand gepflückt werden kann und trotzdem noch etwa drei Wochen frisch bleibt. Aber auch viele andere Lebens- und Genußmittel, z. B. Hartkäse, Wodka, Bier, Brot, Milch, sind mittlerweile auch als N.-f.-Produkte erhältlich. Befürworter argumentieren v. a. damit, daß Lebensmittel, deren Gehalt an Nährstoffen, Vitaminen, Zucker, Fetten u. a. auf gentechn. Wege geregelt wird, einen wichtigen Beitrag zur gesünderen Ernährung leisten könnten. Gegner befürchten zum einen eine Zunahme an Allergien, da gerade Nahrungsmittelallergiker bei N. f. nicht mehr wissen können, ob dieses Nahrungsmittel ein spezielles Allergen enthält oder nicht; zum anderen, daß z. B. gentechnisch veränderte Pflanzen unerwartet Substanzen produzieren, über deren Wirkung beim Menschen man bislang nichts weiß, so geschehen bei einer Bohnenpflanze, die gentechnisch mit einer Herbizidresistenz versehen wurde und als (unerwünschtes) Nebenprodukt auch ein östrogenähnl. Hormon (Cumöstrol) produzierte.

Im Zuge der Marktreife von N. f. bemüht sich die Europ. Kommission in Brüssel seit 1991, die Zulassung und das Inverkehrbringen derartiger Lebensmittel europaweit zu vereinheitlichen. Die Zulassung in einem EG-Mitgliedsstaat soll dabei automatisch eine europaweite Zulassung nach sich ziehen, sofern nicht andere Mitgliedsstaaten innerhalb einer Frist Einspruch erheben. Eine seit 1992 diskutierte Vorlage zu einer EG-Verordnung zu genetisch veränderten Lebensmitteln wurde zuletzt im Juni 1995 abgelehnt. Hauptkritikpunkt war, daß die VO lediglich dann eine Kennzeichnung gentechnisch veränderter Produkte vorsah, wenn sich das Produkt in signifikanter Weise von seinem natürl. Ausgangsprodukt unterscheidet, so daß vielfältige Möglichkeiten bestanden hätten, eine Kennzeichnungspflicht zu umgehen. Die die VO ablehnenden Staaten fordern eine klare Kennzeichnung, damit der Verbraucher selbst entscheiden kann, ob er solche Produkte kauft oder nicht. Der Rat der EU hat in dieser Frage im Okt. 1995 einen ›gemein-

Jean Nouvel: Sonnenschutzelemente an der Südfassade des Institut du Monde Arabe (1983–87) in Paris; die wie Blenden eines Photoapparats gebauten Einzelelemente verändern je nach Lichteinfall ihre Öffnung

samen Standpunkt« formuliert, zu dem das Europ. Parlament im März 1996 einen Änderungsvorschlag formuliert hat, der sich im Vermittlungsverfahren befindet.

Nowakowski, Tadeusz, poln. Schriftsteller: † Bromberg (Bydgoszcz) 11. 3. 1996.

n-tv, →Privatfernsehen (ÜBERSICHT).

*Nu, U Nu, birman. Politiker: † Rangun 14. 2. 1995.

Nuklearkriminalität, in der polit. Diskussion oft gebrauchte Bez. für den illegalen Handel (Schmuggel) mit kernwaffenfähigem Material, u. a. mit angereichertem Uran, Plutonium, Cäsium. Seit Ende 1992 wurde solches Material an mehreren Orten in Europa, z. B. in Frankfurt am Main, München, Gdingen, Prag, Odessa, Istanbul, von den Behörden sichergestellt. Mit dem Zusammenbruch v. a. der Sowjetunion und dem Niedergang der staatl. Autorität in den Staaten der GUS verschlechterten sich bes. dort die Bedingungen für die Kontrolle der zivilen und militär. Nutzung der Kernenergie. Mit dieser Entwicklung – so schätzen Sicherheitsbehörden die Lage ein – erhöht sich die Gefahr der Weiterverbreitung von Nuklearmaterial an Staaten, die sich Kernwaffenbestände aufbauen möchten, oder an terrorist. Organisationen, die mit Hilfe von Kernwaffen erpresser. Aktionen durchführen wollen.

In Dtl. wurden nach der Aufdeckung (Aug. 1994) des Schmuggels von 363 g waffenfähigem Plutonium von Moskau nach München (**Plutoniumaffäre**) die Täter in einem Prozeß (Juli 1995) wegen ungenehmigter Einfuhr von Kriegswaffen zu Freiheitsstrafen verurteilt. Die Frage, ob, inwieweit oder mit welchen Zielen der Bundesnachrichtendienst und das bayer. Landeskriminalamt in diese Aktion involviert waren, beschäftigte das Parlamentar. Kontrollkommission des Bundestages und führte zur Einsetzung eines Untersuchungsausschusses des Bundestages.

Nunes ['nunɪʃ], Emmanuel, portug. Komponist, * Lissabon 31. 8. 1941; siedelte nach dem Studium der Musiktheorie sowie philosoph. Fächer in Lissabon 1964 nach Paris über, wo er sich auch theoretisch mit den Werken der zweiten Wiener Schule, v. a. A. WEBERN, auseinandersetzte. Prägend waren seine Kompositionsstudien 1965–67 in Köln u. a. bei K. STOCKHAUSEN und H. POUSSEUR. Seit 1981 lehrt er an der Gulbenkian-Stiftung in Lissabon, seit 1986 auch an der Musikhochschule in Freiburg im Breisgau. In seinen z. T. breit angelegten, ostinaten Werken spielt der Gedanke eines musikalisch genet. Stufengangs vom Einfachen zum Komplexen eine zentrale Rolle.

Werke (z. T. mit Live-Elektronik und Tonband): *Orchesterwerke:* Seuils (1967); Fermata (1973); Ruf (1977); Nachtmusik II (1981); Stretti (1984; für zwei Orchester); Tif'ereth (1985); Chessed IV (1992; mit Streichquartett solo). – *Ensemblemusik:* Degrés (1965; Streichtrio); Nachtmusik I (1978); Wandlungen. Fünf Passacaglien (1986); Lichtung (1991). – *Vokalwerke:* Minnesang (1976; nach J. BÖHME); Oedlorf Nr. 2 (1976); Vislumbre (1986); Machina mundi (1992).

*Nurejew, Rudolf Gametowitsch, österr. Tänzer und Choreograph russ. Herkunft: † Paris 6. 1. 1993.

Nurowska, Maria, poln. Schriftstellerin, * Okółek (bei Suwałki) 3. 3. 1944. Ihre Romane behandeln in knappem, direktem Stil psycholog. Probleme und Themen, meist mit einer Liebesintrige versehen und im histor. Zusammenhang mit der poln Geschichte. Häufig werden Probleme des polnisch-jüd. Zusammenlebens behandelt, so in ›Postscriptum‹ (1989; dt. ›Postscriptum für Anna und Miriam‹) und ›Listy miłości‹ (1991; dt. ›Briefe der Liebe‹). Der fünfbändige Roman ›Panny i wdowy‹ (1991–93) handelt vom Schicksal einer Familie vor dem Hintergrund der poln. Geschichte der letzten zwei Jahrhunderte.

Weitere Werke: Romane: Po tamtej stronie śmierć (1977; dt. Jenseits ist der Tod); Innego życia nie będzie (1987; dt. Ein anderes Leben gibt es nicht); Hiszpańskie oczy (1990; dt. Span. Augen).

Nüsslein-Volhard, Christiane, Entwicklungsbiologin, * Magdeburg 20. 10. 1942; leitete nach Forschungsaufenthalten u. a. am Biozentrum Basel und am Heidelberger Europ. Laboratorium für Molekularbiologie (EMBL) 1981–85 eine Arbeitsgruppe am Friedrich-Miescher-Laboratorium in Tübingen; seit 1985 ist sie Direktorin am Max-Planck-Institut für Entwicklungsbiologie in Tübingen. Im Rahmen ihrer Forschungsarbeiten an der Taufliege (Drosophila melanogaster) ist es N.-V. zus. mit E. F. WIESCHAUS gelungen, die grundlegenden genet. Steuerungsmechanismen der Embryonalentwicklung aufzuklären. Danach geht die Musterbildung in einem Embryo auf Konzentrationsgefälle bestimmter Stoffe zurück. Die asymmetr. Verteilung bestimmter Stoffe (die schon im unbefruchteten Ei der Taufliege feststellbar ist) ermöglicht die Aktivierung von Erbanlagen in räumlich und zeitlich abgegrenzter Folge, deren Produkte dann wiederum zeitlich und räumlich abgegrenzt unterschiedl. Gene aktivieren. Auf diese Weise werden im Embryo zunächst die Körperachsen festgelegt, und anschließend erfolgt eine Aufgliederung entlang der Körperlängsachse in versch. Körpersegmente, die sich im weiteren Verlauf unterschiedlich entwickeln. Die Musterbildung erfolgt bei Wirbellosen und Wirbeltieren nach sehr ähnl. Prinzipien. Für Ihre Arbeiten wurde N.-V. zus. mit WIESCHAUS und E. B. LEWIS 1995 mit dem Nobelpreis für Medizin oder Physiologie ausgezeichnet.

*Nwapa, Flora, nigerian. Schriftstellerin: † 16. 10. 1993.

Christiane Nüsslein-Volhard

O

*Obasanjo, Olusegun, nigerian. General und Politiker: Unterlag 1991 bei der Wahl zum GenSekr. der UNO dem Ägypter B. BOUTROS GHALI nur knapp. O. wurde im Juli 1995 in einem geheimen Militärgerichtsverfahren wegen des Vorwurfs, einen Putsch gegen die Militär.-Reg. unter General S. ABACHA vorbereitet zu haben, zu lebenslängl. Haft verurteilt; im Okt. 1995 erfolgte nach internat. Protesten eine Strafreduktion auf 15 Jahre Haft.

Oberhavel [-fəl], Landkreis in Brandenburg, 1 795 km², (1995) 167 900 Ew.; Verw.-Sitz ist Oranienburg. Der nördlich von Berlin gelegene Kreis reicht vom Havelland im S bis zur Mecklenburg. Seenplatte im N; im O ragen noch die Ausläufer des Barnim, der Schorfheide und der südl. Uckermark ins Kreisgebiet. Die feuchten, z. T. noch vermoorten Niederungen des Havellandes werden von einzelnen Grundmoränenplatten, z. B. Ländchen Glin, unterbrochen. Nach N schließen sich im Ruppiner Land zw. 90 und 100 m hohe, parallel und hintereinander angeordnete Hügelreihen aus Endmoränenmaterial an. Beliebte Ausflugsziele im wald- und seenreichen N sind der Große Stechlinsee und der Stolpsee bei Fürstenberg/Havel. Um Gransee wird intensiver Obst- und Gemüsebau (große Apfelbaumkulturen) betrieben; weitere Anbauprodukte sind Futtergetreide, Lupinen und Kartoffeln. Industriezentren sind die Städte Oranienburg (chem. und pharmazeut. Industrie, Maschinen- und Fahrzeugbau, Textilindustrie und Reifenwerk; das Kaltwalzwerk wurde 1993 stillgelegt), Zehdenick (Herstellung von Betonziegeln, elektron. Industrie, Werkzeugbau; Havelhafen), Hennigsdorf (Stahlwerk, Lokomotivbau, elektron. Industrie), Velten (keram., chem. Industrie, Torfwerk, Logistikzentrum) und die ehem. Kreisstadt Gransee (elektron. Industrie, Herstellung von Isoliermaterial. Zahlreiche Wasserstraßen durchziehen den S-Teil des Landkreises: Havel, Ruppiner Kanal, Oder-Havel-Kanal, Havel-Hauptkanal. – Der Landkreis O. wurde am 6. 12. 1993 aus den Landkreisen Gransee (ohne die Gem. Keller) und Oranienburg gebildet.

Oberspreewald-Lausitz, Landkreis in Brandenburg, 1 217 km², (1995) 158 500 Ew. (z. T. Sorben); Verw.-Sitz ist Senftenberg. Das Kreisgebiet wird vom Lausitzer Grenzwall, einer flachkuppigen Altmoränenlandschaft (bis 170 m ü. M.), durchzogen, der im S weite Sanderflächen vorgelagert sind. Im N schließt sich der Oberspreewald an, eine sumpfige Niederung mit mehr als 300 Wasserarmen, zw. denen die eiszeitl. Schwemmfächer der Spree kleine Sandinseln (Kampen) gebildet hat. Die Stadt Lübbenau (Spreewald) ist Ausgangspunkt für Fahrten durch dieses beliebte Ausflugsgebiet. Das im S zu beiden Seiten der Schwarzen Elster gelegene Kreisgebiet gehört zu einem kleinen Teil zur Oberlausitz. Die Landschaft der Nieder- und Oberlausitz ist vom Braunkohlentagebau und seinen Nachfolgeindustrien geprägt; Zentrum ist die Kreisstadt Senftenberg, Großkraftwerke bestehen in Lübbenau (wird stillgelegt) und Vetschau. Nach Rekultivierungsmaßnahmen sind zahlreiche Seen entstanden, so auch das Speicherbecken Niemtsch südlich von Senftenberg. Weitere städt. Zentren im hochindustrialisierten Kreis sind Lauchhammer (auch Schwermaschinenbau), Schwarzheide/N. L. (neues Chemiewerk), Großräschen, Calau, Ortrand und Ruhland. Die umweltbelastende, braunkohlenorientierte Industrie wird seit 1990 umstrukturiert. – Der Landkreis O.-L. wurde am 6. 12. 1993 aus den Landkreisen Calau und Senftenberg gebildet.

*****Obraszow,** Sergej Wladimirowitsch, sowjet. Schauspieler, Regisseur und Puppenspieler: † Moskau 1. 5. 1992.

Obst, Michael, Komponist, *Frankfurt am Main 30. 11. 1955; studierte 1977–82 Klavier bei ALFONS und ALOYS KONTARSKY in Köln und arbeitete ab 1979 an elektron. Studio. 1981–86 war er Pianist im Ensemble Modern, seit 1986 Zusammenarbeit mit K. STOCKHAUSEN als Interpret für elektron. Tasteninstrumente bei dessen Opernzyklus ›Licht‹. O. komponierte u. a. ›Kristallwelt I–III‹ (1983–86), ›Intermède‹ (1986), ›Poèmes‹ (1988; Fassung für Orchester 1993), ›Nachtstücke‹ (1991; für sieben Instrumente und Live-Elektronik), Vokal- und kammermusikal. Werke, Bühnen- und Filmmusik (u. a. zu F. LANGS ›Dr. Mabuse‹, 1991–93).

*****Obwalden:** 1989 wurde für den Kantonsrat eine feste Zahl von 55 Sitzen eingeführt. Diese werden im Verhältnis zur Wohn-Bev. auf die Ew.-Gemeinden verteilt. Über den Erlaß, die Änderung oder die Aufhebung von Verf.-Bestimmungen und Gesetzen befindet nicht mehr die Landsgemeinde, sondern die Stimmbürgerschaft im Urnenverfahren.

*****Ochoa,** Severo, amerikan. Biochemiker span. Herkunft: † Madrid 1. 11. 1993.

Odenbach, Marcel, Videokünstler, *Köln 7. 7. 1953; fertigt Videobänder und -installationen, deren zentrales Thema die assoziative Überlagerung der Gegenwart durch historisch signifikante Momente ist. So visualisiert er in seinen Filmen die Bedeutung gesellschaftlich-anonymer Prozesse und polit. Entscheidungen des Individuum. O. kontrastiert Ereignisse wie den Holocaust, den Vietnamkrieg oder die Hungerkatastrophen in Afrika mit den trivialen Verrichtungen, die der Betrachter beim Fernsehen meist unbewußt durchführt. Seit 1992 ist O. Prof. an der Hochschule für Gestaltung in Karlsruhe.

M. O. Video-Arbeiten, Installationen, Zeichnungen, 1988–1993, hg. v. R. DAMSCH-WIEHAGER, Ausst.-Kat. (1993).

Oder-Spree, Landkreis in Brandenburg, 2 243 km², (1995) 189 000 Ew.; Verw.-Sitz ist Beeskow. Das Kreisgebiet zw. Berlin und Frankfurt (Oder) wird vom landschaftsbestimmenden Warschau-Berliner Urstromtal durchzogen, einer von zahlreichen Rinnenseen (größte sind Scharmützel- und Schwielochsee) unterbrochenen Landschaft, der die Spree und der Oder-Spree-Kanal folgen. Die flachwellige, seenreiche Grundmoränenlandschaft dient vornehmlich dem Ausflugs- und Naherholungsverkehr; ein besonderer Anziehungspunkt ist das Schlaubetal. Im N reichen die Ausläufer des Barnim und die zw. Spreetalniederung und Oderbruch liegende Grundmoränenplatte von Land Lebus ins Kreisgebiet, der S wird von der Lieberoser Hochfläche eingenommen. Die Landwirtschaft ist im W auf die Versorgung Berlins mit Gemüse und Fleisch (Geflügelzucht) ausgerichtet, außerdem werden Getreide, Kartoffeln und Futterpflanzen angebaut sowie Milchvieh- und Schweinezucht betrieben. Größte Industriezentren sind die Städte Fürstenwalde/Spree (Reifenfabrik, Bau von Fahrrädern, Behältern, Wasseraufbereitungsanlagen, Herstellung von Farben u. a.) und Eisenhüttenstadt mit Stahlwerk, Textil-, Nahrungsmittel- und Elektroindustrie, Bootswerft (Hafen an der Oder im Stadtteil Fürstenberg). Die Kreisstadt Beeskow und die Städte Friedland, Müllrose und Storkow weisen mittelständ., meist landwirtschaftlich orientierte Industriebetriebe auf. Bad Saarow-Pieskow am Scharmützelsee ist Moor- und Soleheilbad. – Der Landkreis O.-S. wurde am 6. 12. 1993 aus den Kreisen Beeskow (ohne die Gem. Plattkow und Lieberose), Eisenhüttenstadt und Fürstenwalde (ohne Rüdersdorf und Wernsdorf) sowie der bis dahin kreisfreien Stadt Eisenhüttenstadt gebildet.

*****Ōe,** Kenzaburō, japan. Schriftsteller: Erhielt 1994 den Nobelpreis für Literatur.

Werke (japan.): *Romane:* Kontemporär-Spiele (1979); Verwandte des Lebens. Parientes de la vida (1989; dt.); Stille Tage (1990; dt.); Der grüne Baum in Flammen, 3 Bde. (1993–95).

Oehlen ['ø:-], Albert, Maler, *Krefeld 1954; thematisierte als einer der Neuen Wilden in großformatigen Gemälden, Collagen und Büchern den Zeitgeist seiner Generation zw. ekstat. Weltbejahung und nihilist. Endzeitstimmung. Er kombiniert in den Gemälden bewußt einen dilettant. Naturalismus mit einer abstrakten Farbgestik und erweitert auch mittels provokativer Titel den Rezeptionshorizont. Seit den 90er Jahren dominiert eine abstrahierend-metaphor. Formensprache, die Angst, Einsamkeit, Ekel und Zweifel an der Möglichkeit der Malerei, über ihre Mittel hinaus Stellung zu allgemeinen Sachverhalten zu beziehen, zum Ausdruck bringt.

A. O., hg. v. B. RIEMSCHNEIDER (1995).

*****Oelsnitz 2):** Der Landkreis ging zum 1. 1. 1996 im neugebildeten Vogtlandkreis auf. Die Stadt Oelsnitz ist damit nicht mehr Kreisstadt.

Oelze ['œltsə], Christiane, Sängerin (Sopran), *Köln 1965; Meisterschülerin von ELISABETH

Ōe Kenzaburō

Oesc   Oesch – öffentliche Schulden

SCHWARZKOPF und M. SHIRAI. Sie machte sich zunächst v. a. als Liedsängerin einen Namen, hat seit ihrem Bühnendebüt 1990 in Ottawa (Prov. Ontario) als Despina in W. A. MOZARTS ›Così fan tutte‹ aber auch als Opernsängerin großen Erfolg.

*__Oesch,__ Hans, schweizer. Musikforscher: † Basel 7. 5. 1992.

*__Oesterlen,__ Dieter, Architekt: † Hannover 5. 4. 1994.

__Offe,__ Claus, Soziologe, * Berlin 16. 3. 1940; lehrt nach Professuren in Bielefeld und Bremen (dort als Prof. für Politikwissenschaft und Soziologie und Leiter des Zentrums für Sozialpolitik) seit 1995 an der Humboldt-Univ. in Berlin. O. trat bereits während der Studentenbewegung mit Analysen zu Fragen der Industriearbeit und der sozialen Schichtung hervor. In den letzten Jahren befaßte er sich v. a. mit der Entwicklung und Zukunft der industriellen Arbeit und des Wohlfahrtsstaats sowie bes. mit der Entwicklung der osteurop. Transformationsgesellschaften.

Werke: Berufsbildungsreform (1975); Arbeitsgesellschaft (1984); Contradictions of the welfare state (1984); Die Aufgabe von staatl. Aufgaben. ›Thatcherismus‹ u. die populist. Kritik der Staatstätigkeit (1990); Akzeptanz u. Legitimität strateg. Optionen in der Sozialpolitik (1990); Der Tunnel am Ende des Lichts (1994).

Schlüsselbegriff

*__öffentliche Auftragsvergabe:__ Im Zuge der Umsetzung versch. Richtlinien der EU wurde 1993 das Haushaltsgrundsätze-Ges. um die §§ 57 a bis 57 c erweitert. Danach sind auf Bundes- und Landesebene __Vergabeprüfstellen__ und als Revisionsinstanz __Vergabeüberwachungsausschüsse__ einzurichten, die den Bewerbern um einen öffentl. Auftrag die Möglichkeit zur Beschwerde geben sollen. In das Verfahren der Überwachung der Auftragsvergabe werden auch private Unternehmen einbezogen, die im Bereich der Trinkwasser- und Energieversorgung sowie im Verkehrs- und Fernmeldewesen tätig sind. Prüfstellen und Überwachungsausschüsse sind Verwaltungsinstanzen. Während der Vergabeüberwachungsausschuß des Bundes sich Mitte 1994 konstituierte, haben bisher erst acht der 16 Länder einen solchen Ausschuß eingerichtet.

*__öffentliche Ausgaben:__ Die Entwicklung der ö. A. seit 1989 mit Zuwachsraten von 63 % bis 72 % bei den Ausgaben von Bund, Ländern und Gemeinden spiegelt die Ausweitung der öffentl. Haushalte im Zuge der dt. Vereinigung wider. Die bereinigten ö. A. erhöhten sich von (1989) 1 051,9 Mrd. DM auf (1994) 1 717,2 Mrd. DM; das Verhältnis von ö. A. zu Bruttoinlandsprodukt (Staatsquote) stieg von 45,8 % auf 50,1 %. Die finanziellen ›Altlasten‹ der Dt. Dem. Rep. schlagen sich v. a. in dem starken Anstieg der Ausgaben der Sondervermögen (+850 %) mit den neu eingerichteten Sondervermögen Fonds Dt. Einheit und Kreditabwicklungsfonds sowie der Ausgaben für die Sozialversicherung (+76 %) nieder. Die neue Finanzverfassung führt ab 1995 zu erhebl. Verschiebungen in der Struktur der ö. A.: der Fonds Dt. Einheit verliert seine Funktion als Ersatz für einen Finanzausgleich, und die Schulden der Treuhandanstalt sowie der ostdt. Wohnungsunternehmen werden über den Erblastentilgungsfonds in die öffentl. Haushalte übernommen.

*__öffentliche Einnahmen:__ Wie bei den öffentl. Ausgaben ist auch bei den ö. E. die Entwicklung seit 1989 v. a. durch ein sprunghaft gestiegenes Gewicht der Sondervermögen gekennzeichnet, was im Zusammenhang mit der dt. Vereinigung steht. Die bereinigten ö. E. der öffentl. Haushalte erhöhten sich von (1989) 1 038,2 Mrd. DM auf (1994) 1 611,5 Mrd. DM. Die Schuldenaufnahme am Kreditmarkt hat sich im selben Zeitraum auf 253,8 Mrd. DM fast verdoppelt. (→öffentliche Schulden, →Steuern)

*__öffentlicher Personennahverkehr:__ Nach einem Rückgang Anfang der 1980er Jahre nimmt die Beförderungsleistung des ÖPNV seit Ende der 80er Jahre wieder deutlich zu, wenngleich die in der Nachkriegszeit höchste Beförderungsleistung von 1974 noch nicht wieder erreicht wurde. Zu der Trendwende dürfte neben der Zunahme der Verkehrsdichte und einem gestiegenen Umweltbewußtsein auch das offensivere Marketing der ÖPNV-Unternehmen mit neuen Angebotsformen (Jobticket, Umweltticket, Semesterticket) beigetragen haben. Aufgrund der zus. mit der Bahnreform beschlossenen Regionalisierung sind seit 1996 anstelle der Dt. Bahn AG die Bundesländer, Kreise und Kommunen für den Schienenpersonennahverkehr zuständig. Von der Regionalisierung sowie der per EU-Richtlinie geforderten öffentl. Ausschreibung nicht nur im Rahmen der betriebl. Beschaffung, sondern auch bezüglich des Betriebs von ÖPNV-Linien werden kundenfreundlichere Angebote im ÖPNV erwartet. Dem steht allerdings die unsichere Finanzlage vieler Kommunen entgegen. Bei der Finanzierung des ÖPNV stehen der Erhöhung des Mineralölsteueranteils der Länder Kürzungen von Bundesmitteln aus dem Gemeindefinanzierungsgesetz in etwa derselben Höhe gegenüber.

__öffentliche Schulden, öffentliche Verschuldung,__ die Verbindlichkeiten des öffentl. Sektors (Gebietskörperschaften und Sozialversicherung) aus der öffentl. Kreditaufnahme im Inland oder im Ausland (öffentl. Auslandsschulden, ▷ Schuldenkrise) zur Finanzierung von ▷ Defiziten 3) in öffentl. Haushalten. In dieser Abgrenzung sind ö. S. identisch mit __Staatsschulden (Staatsverschuldung)__ i. w. S.; Staatsschulden i. e. S. umfassen die Schulden von Bund, Ländern und Gemeinden. Die Differenz zw. der Aufnahme öffentl. Kredite (Bruttokreditaufnahme, Bruttoneuverschuldung) und Schuldentilgungen einer Periode wird als __Nettokreditaufnahme (Nettoneuverschuldung)__ bezeichnet. Dieser Betrag muß dem jeweiligen Schuldenstand (ausstehende ö. S.) am Anfang der Periode hinzugerechnet werden.

Die Versuche, den Anstieg der ö. S. zu bremsen oder gar die ö. S. abzubauen, bildeten in den vergangenen Jahren das bestimmende Element der Finanzpolitik fast aller OECD-Länder. Im längerfristigen Vergleich vermochten indessen lediglich Irland und Luxemburg die Staatsschuldenquote (Bruttoschuld des Staates in % des Bruttoinlandsproduktes) seit 1985 zurückzuführen.

Probleme öffentlicher Kreditfinanzierung

Für den Politiker kann die Schuldenaufnahme die ›bequemere‹ Form der Finanzierung von öffentl. Ausgaben darstellen, weil sie beim Wähler möglicherweise auf geringeren Widerstand stößt als die Einführung neuer oder die Erhöhung bestehender Steuern; die Belastung wird zunächst nicht so spürbar (›Schuldenillusion‹). Öffentl. Verschuldung begünstigt insofern eine Tendenz zur Ausweitung der Staatstätigkeit, und Beschränkung der Schuldenaufnahme ist deshalb auch Instrument und Voraussetzung einer Politik der Begrenzung des Anstiegs der Staatsquote. Neben der Verdrängung privater Nachfrage durch ▷ Crowding out und der Einschränkung zukünftiger finanzpolit. Handlungsspielräume durch wachsende Zins- und Tilgungslasten wird in den Wirtschaftswissenschaften v. a. die Gefahr einer Finanzierung aktueller Ausgaben zu Lasten zukünftiger Generationen diskutiert. Die Stellungnahme zu dieser ›Lastenverschiebungsthese‹ hängt u. a. davon ab, was unter ›Last‹ zu verstehen ist: Eine reale Belastung im Sinne einer erhöhten Inanspruchnahme volkswirtschaftl. Ressourcen durch den Staat fällt in einer vollbeschäftigten Wirtschaft unabhängig von der Art der Finanzierung der öffentl. Ausgaben (Kredite oder Steuern) stets in der Gegenwart an; sie kann nicht in die Zukunft verschoben werden. Spätere Generationen (als Ganzes) haben zwar durch erhöhte Steuern den Schuldendienst zu finanzieren, sind aber zugleich Empfänger der Zins- und Tilgungsleistungen. Muß man allerdings annehmen, daß Steuerfinanzierung vorwiegend zur Verdrängung von Konsumnachfrage, Kreditfinanzierung hingegen primär zur Verdrängung privater Investitionen führt, so wird bei Kreditfinanzierung der nächsten Generation ein geringerer Kapitalstock ›übergeben‹, es kommt zu Wachstumseinbußen und somit zu einer ›Belastung‹ zukünftiger Generationen.

Die Sorge, ö. S. begünstigten eine Ausdehnung des Staatssektors und die Verdrängung privater Nachfrage, führte schon früh zur Entwicklung spezifischer haushaltsrechtl. Grundsätze zur Zulässigkeit der Schuldenaufnahme und eines Haushaltsdefizits (▷ Deckungsgrundsätze). Die durch die keynesian. Wirtschaftstheorie begründete Idee einer gezielten Konjunkturstabilisierung durch den Staat im Wege einer antizykl. Budgetpolitik veranlaßte nach dem Zweiten Weltkrieg vielfach eine Lockerung dieser Grenzen im Sinne einer Erleichterung der Kreditfinanzierung in nachfragebedingten Rezessionsphasen (▷ Defizitfinanzierung). In dem Maße, in dem in den 1980er Jahren die Kritik an der Vorstellung von der ›Machbarkeit‹ der Konjunktur wuchs und die Volkswirtschaften sich dauerhaften strukturellen, nicht allein durch vorübergehende Nachfrageschwäche zu erklärenden Problemen gegenüber sahen, nahm in vielen Industrieländern der Ruf nach ›Haushaltskonsolidierung‹ zu.

Strukturelles Defizit und Haushaltskonsolidierung

Die Konsolidierungsaufgabe besteht darin, das strukturelle Defizit im Staatshaushalt abzubauen, also jenes Defizit, das sich nicht dadurch gleichsam automatisch auflöst, daß im Aufschwung Einnahmeüberschüsse zum Abbau der Defizite der vorangegangenen Rezessionsphase zur Verfügung stehen. Denkbar sind verschiedene Strategien einer Verringerung der Nettokreditaufnahme:
1) *Begrenzung der öffentl. Ausgaben:* Versuche einer Begrenzung des Ausgabenwachstums oder gar Ausgabensenkungen setzen unmittelbar an der Höhe der jährl. Finanzierungsdefizite an. Die Höhe der Staatsschuld ist dann ein (möglicherweise weiteres) entscheidendes Argument für eine Rückführung der Staatsquote zugunsten privater Initiative durch Abbau staatl. Leistungen, Privatisierung öffentl. Tätigkeiten (z. B. private Finanzierung von Infrastrukturmaßnahmen), Straffung der öffentl. Verwaltungen (›lean administration‹) u. a. Eine Konsolidierung der öffentl. Haushalte auf diesem Weg ist nach allen Erfahrungen schwierig und politisch wenig erfolgversprechend, solange der Staatshaushalt in der Öffentlichkeit in erster Linie unter kurzfristigen Verteilungsgesichtspunkten beurteilt wird, nicht dagegen unter dem Aspekt etwaiger langfristiger negativer Wirkungen auf die volkswirtschaftl. Effizienz. Die Wähler haben dann zwar regelmäßig Vorbehalte gegen zunehmende Steuern; sie klagen zugleich aber auch über zu geringe oder ungerecht verteilte staatl. Leistungen und verurteilen eine Kürzung öffentl. Ausgaben, soweit sie selbst betroffen sind. Das Bewußtsein des Zusammenhangs zw. Ausgaben- und Einnahmenseite geht um so mehr verloren, je komplexer und je weniger transparent der öffentl. Haushalt ist. Als mögl. Ausweg aus dieser Problematik einer Ausgabenkonsolidierung wird daher verschiedentlich eine verstärkte Anwendung des Äquivalenzprinzips durch Zweckbindung von Einnahmen für bestimmte Ausgaben befürwortet.

2) *Privatisierung:* Wird aus allgemeinen ordnungspolit. Überlegungen eine Politik der Privatisierung öffentl. Unternehmen betrieben, so kann die Höhe der ö. S. ein zusätzl. Motiv und eine argumentative Hilfe bei der Durchsetzung der Privatisierungspläne bilden. Die meist beträchtl. Verkaufserlöse erlauben zwar zumindest eine zeitweilige Reduktion des Finanzierungsdefizits und der Neuverschuldung. Auf längere Sicht jedoch bleibt eine Wirkung aus, wenn nicht gleichzeitig eine dauerhafte Ausgabenkonsolidierung im Sinne des Abbaus struktureller Defizite betrieben wird. So konnte Großbritannien zwar bis zum Beginn der 90er Jahre durch eine forcierte Privatisierungspolitik eine Reduktion der Schuldenquote erzielen, inzwischen jedoch ist wieder das Niveau von 1985 erreicht.

3) *Expansive Konjunkturpolitik:* Vorgeschlagen wird ferner ein Defizitabbau durch expansive Konjunkturpolitik mit Hilfe des Staatshaushalts. Das Konzept, das darauf aufbaut, daß das dabei zunächst steigende Defizit sich schließlich durch expansive Folgewirkungen überkompensiert, muß sich grundsätzlich dieselben Einwände gefallen lassen wie das keynesian. Konzept der antizykl. Konjunktursteuerung durch Defizitfinanzierung.

4) *Begrenzung der ö. S. durch Gesetze:* Eine vierte Strategie der Begrenzung der ö. S. setzt auf die Festlegung von Grenzen der Kreditaufnahme in der Verfassung oder in besonderen Gesetzen und auf den daraus entstehenden Ausgabenkonsolidierungsdruck. Die Varianten reichen von einer Bindung des Umfangs an das Volumen der (kaum mit hinreichender Schärfe zu definierenden) öffentl. Investitionen (so in Dtl. in Art. 115 GG) über eine Orientierung an der Höhe des Bruttoinlandsproduktes (so der Vorschlag des Wiss. Beirats beim Bundesministerium der Finanzen 1994) bis zu einem Verbot der Kreditaufnahme in konjunkturellen

**öffentliche Schulden:
Staatsschuldenquote im internationalen Vergleich[1])**

Land	1985	1990	1995[2])
Belgien	124,5	130,7	138,3
Dänemark	64,1	59,7	68,8
Deutschland	41,5	43,2	57,5
Finnland	16,7	14,8	69,1
Frankreich	38,6	40,1	59,5
Griechenland	48,3	77,7	120,2
Großbritannien	53,6	35,0	53,4
Irland	102,7	96,0	83,3
Italien	84,3	100,5	122,1
Japan	68,7	69,8	88,9
Luxemburg	14,0	7,0	7,6
Niederlande	68,4	76,5	79,4
Österreich	49,6	56,2	60,4
Portugal	58,5	60,4	70,8
Schweden	67,6	44,4	84,5
Spanien	50,8	48,7	66,5
USA	48,2	55,6	63,0

[1]) Bruttoschuld des Staates in % des Bruttoinlandsprodukts. – [2]) Schätzung.

Normallagen bzw. der vorherigen Festlegung von ›automatischen‹ Kürzungsregeln für den Fall eines Ungleichgewichtes zw. Ausgaben und Einnahmen. Derartige Versuche wurden in den letzten Jahren v. a. in den USA wiederholt unternommen, blieben

Öffe öffentliche Schulden

aber wirkungslos. So konnte das Gramm-Rudman-Hollings-Gesetz von 1985 den starken seitherigen Anstieg der Schulden im amerikan. Bundeshaushalt nicht verhindern. Dieses Ges. wurde 1990 sogar entscheidend entschärft.

Das Jahr 1995 sah in vielen großen Industriestaaten Versuche, den öffentl. Haushalt v. a. durch Ausgabenkürzungen zu konsolidieren. Während es darüber z. B. in Frankreich im Dez. 1995 zu ausgedehnten Streiks kam, führte in den USA die Absicht der republikan. Kongreßmehrheit, durch ein Programm von Ausgabenbegrenzungen und radikalen Kürzungen bes. bei den Sozialleistungen innerhalb von sieben Jahren das Defizit im Bundeshaushalt zu beseitigen, zum Konflikt zw. Kongreß und Präs. W. J. CLINTON, in dessen Verlauf von Nov. 1995 bis Jan. 1996 (wie schon mehrfach in Jahren zuvor) große Teile der Bundes-Verw. bis zu drei Wochen ihre Tätigkeit einstellen mußten, da nach der Verweigerung eines Überbrückungshaushalts die gesetzl. Grundlage für Ausgaben fehlte.

Öffentliche Schulden und Europäische Währungsunion

Der Vertrag von Maastricht über die stufenweise Einführung der →Europäischen Wirtschafts- und Währungsunion (EWWU) enthält versch. Einschränkungen der Kreditaufnahme. Bereits seit dem Eintritt in die zweite Stufe der Währungsunion (1. 1. 1994) ist die Finanzierung öffentl. Defizite durch die jeweilige Notenbank verboten, und die Mitgl.-Staaten haben sich zu bemühen, ›übermäßige‹ öffentl. Defizite zu vermeiden. Die EU-Kommission überprüft die Einhaltung der Haushaltsdisziplin anhand von zwei Referenzwerten (Konvergenzkriterien) für das staatl. Finanzierungsdefizit (3 % im Verhältnis zum Bruttoinlandsprodukt) und für den Schuldenstand (60 % im Verhältnis zum Bruttoinlandsprodukt). 1994 haben unter allen EU-Ländern lediglich Luxemburg und Dtl. die beiden Kriterien erfüllt (1995 hat Dtl. die 3 %ige Defizitquote überschritten). Eine ganze Reihe von Ländern verfehlt derzeit beim Schuldenstand den Referenzwert so deutlich, daß es selbst innerhalb eines Zeitraumes von zehn Jahren schwierig sein dürfte, dieses Konvergenzkriterium zu erfüllen. Allerdings läßt der Maastrichter Vertrag bei der Beurteilung der Haushaltsdisziplin Ausnahmen zu. Ein Defizit gilt als nicht übermäßig, wenn die Defizitquote laufend zurückgegangen ist und einen Wert in der Nähe des Referenzwertes erreicht hat oder wenn der Referenzwert nur ausnahmsweise und vorübergehend überschritten wird und die Defizitquote in der Nähe des Referenzwertes bleibt. Ebenso gilt die Haushaltsdisziplin nicht als verletzt, wenn die Schuldenstandsquote hinreichend rückläufig ist und sich rasch genug dem Referenzwert nähert.

Entwicklung der öffentlichen Schulden in Deutschland seit der Vereinigung

In den 1980er Jahren hat sich in Dtl. auf allen Haushaltsebenen das Wachstum der ö. S. im Zuge eines mit Nachdruck betriebenen Konsolidierungskurses deutlich verlangsamt. Hatte die jährl. Neuverschuldung 1981 noch 70 Mrd. DM oder 4,5 % des Sozialproduktes erreicht, so lag sie in den Jahren 1985 bis 1988 zw. 40 und 56 Mrd. DM und ging 1989 sogar bis auf 34 Mrd. DM oder rd. 1,5 % des Bruttoinlandsproduktes zurück. Die Vereinigung brachte dann einen sprunghaften Anstieg der ö. S. mit sich. Allein 1990 und 1991 war die Nettokreditaufnahme ungefähr so groß wie in den vorangegangenen fünf Jahren zusammen. Ende 1990 übertraf der Schuldenstand mit rd. 1 050 Mrd. DM erstmals die Billionengrenze, Ende 1995 hat er sich auf mehr als 2 Billionen DM nahezu verdoppelt.

Kennzeichnend für die Entwicklung der Verschuldung in den ersten Jahren nach der Vereinigung war die Ausgliederung eines großen Teils der einigungsbedingten Mehrausgaben und der als ›Altlasten‹ zu übernehmenden Verbindlichkeiten in neueingerichtete Nebenhaushalte (→Fonds Deutsche Einheit, →Kreditabwicklungsfonds, →Treuhandanstalt). Auch der Schuldenstand des ERP-Sondervermögens stieg beträchtlich, seitdem der Fonds seine Leistungen zu einem wesentl. Teil durch Kreditaufnahme refinanziert (→ERP). Durch die Neuordnung des Fondswesens 1994/95 wurden die zuvor separat verbuchten Schulden der Dt. Bundesbahn und der Dt. Reichsbahn sowie der Treuhandanstalt in die neueingerichteten Tilgungsfonds Bundeseisenbahnvermögen bzw. Erblastentilgungsfonds überführt; sie werden seither im öffentl. Gesamthaushalt ausgewiesen.

Die jährl. Neuverschuldung des Bundes (ohne Nebenhaushalte und Fonds) ging von (1993) 66,2 Mrd. DM auf (1994) 50,1 Mrd. DM zurück und soll nach der Finanzplanung bis zum Beginn des Jahres 2000 auf 29 Mrd. DM sinken. Die Erreichung dieses ehrgeizigen Ziels wird davon abhängen, wie sich Konjunktur und Arbeitsmarkt entwickeln und ob die vorgesehenen Privatisierungsmaßnahmen die geplanten Erlöse erbringen. Im Bundeshaushaltsplan 1996 jedenfalls nimmt die Neuverschuldung gegenüber dem Vorjahrsansatz noch einmal um 10 Mrd. DM auf knapp 60 Mrd. DM zu. Die Zinsausgaben des Bundes sind von (1990) 34,2 Mrd. DM auf (1994) 53,1 Mrd. DM gestiegen. Der Anteil der Zinsausgaben an den Ausgaben erhöhte sich von 9,0 % auf 11,3 % und liegt damit über dem Wert für alle öffentl. Haushalte von 7,9 % bzw. 9,8 %. Die Zinsausgaben aller öffentl. Haushalte betragen (1994) 113,9 Mrd. DM.

Besondere Probleme bereitete die Übernahme der **Altschulden** der Dt. Dem. Rep.:

1) *Die Schulden des Staatshaushalts der Dt. Dem. Rep.* (1990: 27,6 Mrd. DM) und die im Zusammenhang mit der Einführung der D-Mark zum 1. 7. 1990 entstandenen Verbindlichkeiten des Staates wurden 1990 im Kreditabwicklungsfonds zusammengefaßt, dessen bis Ende 1994 aufgelaufene Verschuldung dann zum 1. 1. 1995 vom Erblastentilgungsfonds übernommen wurde. Den mit Abstand größten Posten unter diesen Altschulden bilden die aus der Währungsumstellung herrührenden Verbindlichkeiten. Während für einen Teil der Guthaben von Privatpersonen der günstigere Umstellungssatz von 1 : 1 galt, waren Bankkredite im Verhältnis 2 : 1 umzustellen. Die Bilanzlücke im ostdt. Bankensystem wurde durch Ausgleichsforderungen der Kreditinstitute an den noch von der Dt. Dem. Rep. eingerichteten ›Ausgleichsfonds Währungsumstellung‹ geschlossen, die ab 1. 7. 1990 marktmäßig zu verzinsen und vom 1. 7. 1995 an innerhalb von 40 Jahren zu tilgen sind. Der Ausgleichsfonds erwarb seinerseits zur Verlustabdeckung eine entsprechende verzinsl. Forderung gegenüber dem Haushalt der Dt. Dem. Rep., und in dieses Schuldverhältnis trat dann der Kreditabwicklungsfonds ein. Gleiches gilt für die Ausgleichsforderungen, die Geldinstituten und Außenhandelsbetrieben bei der Währungsumstellung zugeteilt werden mußten, um notwendige Wertberichtigungen auf uneinbringl. Altkredite an nicht sanierungsfähige Betriebe der Dt. Dem. Rep. zu kompensieren und das Eigenkapital auf mindestens 4 % der Bilanzsumme aufzustocken. Die Zuteilung dieser Ausgleichsforderungen ist derzeit (1996) noch nicht abgeschlossen.

öffentliche Schulden **Öffe**

öffentliche Schulden: Höhe der Schulden im öffentlichen Gesamthaushalt und in Nebenhaushalten in Deutschland
(in Mrd. DM; Stand jeweils 31. Dezember)

	1990	1991	1992	1993	1994	1995[1]
öffentlicher Gesamthaushalt[2]	1048,9	1165,5	1331,5	1499,2	1645,1	2017,5
Bund	542,2	586,0	606,7	685,3	712,5	763,0
Länder (West)	326,5	344,6	364,7	391,3	409,5	447,0
Länder (Ost)	–	3,6	19,3	37,3	51,2	67,0
Gemeinden (West)[3]	114,4	119,7	126,6	134,1	137,3	144,5
Gemeinden (Ost)[3]	–	7,6	12,3	18,3	23,2	36,0
Nebenhaushalte						
ERP/Lastenausgleichsfonds	9,3	16,3	24,3	28,1	27,9	34,0
Fonds ›Deutsche Einheit‹	19,8	50,5	74,4	87,7	89,5	87,5
Kreditabwicklungsfonds	27,6	27,5	91,7	101,2	102,6	–
Erblastentilgungsfonds	–	–	–	–	–	335,0
Treuhandanstalt	14,1	39,4	106,8	168,3	204,6	–
ostdeutsche Wohnungswirtschaft	38,5	42,3	46,7	50,5	50,5	23,0
Deutsche Bundesbahn	47,0	38,0	53,4	65,8	–	–
Deutsche Reichsbahn	3,2	5,1	5,4	7,8	–	–
Bundeseisenbahnvermögen	–	–	–	–	71,2	80,0
kommunale Altschulden	5,1	5,6	6,3	7,0	7,4	8,0
Ausgleichsfonds zur Sicherung des Steinkohleeinsatzes	4,3	4,4	4,5	5,3	5,5	5,5

[1]) Schätzung. – [2]) Bund, Länder, Gemeinden (einschließlich Zweckverbände und Krankenhäuser), Lastenausgleichsfonds, ERP-Sondervermögen, Fonds Deutsche Einheit, Kreditabwicklungsfonds, Bundeseisenbahnvermögen, Erblastentilgungsfonds; ohne Verschuldung der öffentlichen Haushalte untereinander. – [3]) Ohne Zweckverbände.

2) *Kommunale Altschulden:* Zum Zeitpunkt der Währungsreform lasteten Schulden in Höhe von rd. 4,9 Mrd. DM auf Einrichtungen wie Kindergärten, Schulen und Sportanlagen. Durch aufgelaufene Zinsen wird sich dieser Betrag bis Ende 1996 auf 8,73 Mrd. DM erhöhen. Gläubiger war zunächst die Dt. Kreditbank AG. Bei deren Verkauf durch die Treuhandanstalt gingen die Forderungen auf eine neu gegründete ›Gesellschaft für kommunale Altschulden und Sonderaufgaben der Währungsumstellung‹ über, die zu 100% dem Bund gehört. Nach Auffassung des Bundes sind die ostdt. Kommunen entsprechend dem Einigungsvertrag verpflichtet, diese Verbindlichkeiten zu bedienen. Die Gemeinden hingegen bestreiten die Rechtmäßigkeit dieser Schulden und sehen in ihnen eine von den staatl. Behörden in der Zentralverwaltungswirtschaft einseitig auferlegte Erblast, die überdies willkürlich verteilt ist; Berlin (Ost) z. B. wurden 1985 durch die Reg. der Dt. Dem. Rep. sämtl. Schulden in Höhe von 3,7 Mrd. Mark der Dt. Dem. Rep. gestrichen.

3) Auch die vor der Währungsumstellung 1990 begründeten *Verbindlichkeiten der volkseigenen Betriebe* aus Krediten, die in der Zeit der Dt. Dem. Rep. von der Staatsbank der Dt. Dem. Rep. verwaltet wurden, bestanden nach der dt. Vereinigung grundsätzlich fort. Die Treuhandanstalt entlastete die in ihr Eigentum übergegangenen Unternehmen nach Einzelfallprüfung ganz oder teilweise von deren Altschulden (insgesamt rd. 80 Mrd. DM), um im Rahmen der Privatisierung potentiellen Erwerbern den Kauf attraktiver zu machen. Gegenüber dem Bankensystem wurde die Treuhandanstalt auf diese Weise Nachfolgeschuldner der abgelösten Schulden, ohne daß sie gleichzeitig Forderungen gegenüber den ›Altschuldnern‹ erhielt. Der allergrößte Teil der übernommenen Altschulden wurde dann von der Treuhandanstalt getilgt und langfristig refinanziert. Gleiches gilt für die Verbindlichkeiten, die dadurch entstanden, daß die Treuhandanstalt sanierungsfähigen Unternehmen Ausgleichsforderungen gemäß § 24 DM-Bilanz-Ges. zur bilanziellen Sanierung gewährte (insgesamt rd. 15 Mrd. DM). Zwar waren die Verbindlichkeiten der ostdt. Unternehmen mit der Währungsumstellung 1990 halbiert worden, gleichwohl aber blieb der Wert des Anlagevermögens, wie sich erst allmählich zeigte, vielfach noch dahinter zurück, so daß eine Anzahl von Unternehmen ein negatives Eigenkapital aufwies und damit überschuldet war. Die Ablösung der Altschulden machte in der Kostenrechnung der Treuhandanstalt den größten Posten aus.

4) Für die *ostdt. Wohnungswirtschaft* gilt das Altschulden-Hilfe-Ges. vom 23. 6. 1993: Die Wohnungsunternehmen erhielten zunächst Zinsbeihilfen, die Bund und Länder gemeinsam trugen (Bund 1994: 2,35 Mrd. DM). Ab dem 1. 7. 1995 übernimmt auf Antrag der Erblastentilgungsfonds einen Teil der am 1. 1. 1994 bestehenden Altschulden. Insgesamt umfaßt diese Teilentlastung rd. 30 von 56 Mrd. DM. Die Wohnungsunternehmen haben dafür bis zum Ende des Jahres 2003 mindestens 15% ihres Wohnungsbestandes zu veräußern (d. h. zu privatisieren); dabei sind vorrangig die Mieter zu berücksichtigen. Aus dem Erlös ist ein von Jahr zu Jahr steigender Prozentsatz (bis zur Höhe des Teilentlastungsbetrages) an den Erblastentilgungsfonds abzuführen. Die restlichen rd. 26 Mrd. DM Altschulden blieben zunächst bei der 1990 aus der Staatsbank der Dt. Dem. Rep. ausgegliederten Deutschen Kreditbank AG und wurden mit neuen Verträgen umgewandelt.

5) Die *Altschulden des Unternehmenssektors* stammen wie die kommunalen Altschulden nicht selten aus Krediten, deren Aufnahme durch die staatl. Planungsbehörde angeordnet wurde. Deshalb wird dem Gesetzgeber auch vorgehalten, er habe durch die Umstellung der auf Mark der Dt. Dem. Rep. lautenden Altschulden auf D-Mark die Unternehmen willkürlich mit Verbindlichkeiten belastet, die nur als planwirtschaftl. Buchungsposten Bedeutung gehabt hätten und daher als ›Quasischulden‹ anzusehen seien.

Finanzierungsprobleme der dt. Einheit, hg. v. K.-H. HANSMEYER, 3 Bde. (1993–95); H. SCHLESINGER u. a.: Staatsverschuldung – ohne Ende? (1993); R. LAPPIN: Kreditäre Finanzierung des Staates unter dem GG (1994); Zur Bedeutung der Maastricht-Kriterien für die Verschuldungsgrenzen von Bund u. Ländern, hg. vom Wiss. Beirat beim Bundesministerium der Finanzen (1994).

George A. Olah

Ogi, Adolf, schweizer. Politiker, * Kandersteg (Kt. Bern) 18. 7. 1942; ab 1964 beim Schweizer Skiverband tätig, 1975–81 dessen Direktor, seit 1978 in der SVP politisch tätig, 1979–87 Mitgl. des Nationalrats, 1984–87 Vors. der SVP, wurde im Dez. 1987 zum Mitgl. des Bundesrats gewählt (im Amt seit 1. 1. 1988); als Leiter des Departements für Verkehr und Energiewirtschaft verhandelte O. mit der EG über die Modalitäten des Schwerlastverkehrs durch die Schweiz. Er förderte v. a. das Projekt der ›Neuen Eisenbahn-Alpentransversale‹ (NEAT). 1993 war er Bundes-Präs. Seit dem 3. 10. 1995 leitet O. das Verteidigungsdepartement.

Ohrekreis, Landkreis im Reg.-Bez. Magdeburg, Sachs.-Anh., 1 493 km², (1995) 108 200 Ew.; Kreisstadt ist Haldensleben. Das Kreisgebiet beiderseits des Mittellandkanals grenzt an die Landeshauptstadt Magdeburg, im W an Niedersachsen. Wälder finden sich in der hügeligen Colbitz-Letzlinger Heide und im Flechtlinger Höhenzug (bis 176 m ü. M.). Der O hat Anteil an der Elbtalniederung (Grünlandwirtschaft), der S an der fruchtbaren Magdeburger Börde (Weizen- und Zuckerrübenanbau). Bei Zielitz wird Kalisalz abgebaut. Industriestandort mit Binnenhafen ist Haldensleben (1995: 22 000 Ew.; keram. und Baustoffindustrie, Kartoffelverarbeitung). Weitere Städte sind Wolmirstedt und Oebisfelde. Seit 1978 existiert bei Morsleben ein Endlager für schwach- und mittelradioaktive Abfälle. – Der Kreis wurde am 1. 7. 1994 aus den früheren Kreisen Haldensleben und Wolmirstedt gebildet; eingegliedert wurden die Gemeinden Bertingen und Mahlwinkel (früher Kr. Stendal), außerdem die Stadt Oebisfelde und sechs heute in Oebisfelde eingemeindete Orte (früher Kr. Klötze).

Öko-Audit [-'ɔ:dɪt, engl.] *das, -s,* →Umweltaudit.

Öko-Controlling [-kən'trəʊlɪŋ; engl. controlling ›Steuerung‹] *das, -s,* führungsunterstützende und abteilungsübergreifende Querschnittsfunktion im Rahmen des unternehmer. Umweltmanagements. Die Kernaufgabe des Ö.-C. besteht darin, Entscheidungsträger mit den notwendigen umweltbezogenen Informationen zu den ökolog., ökonom., rechtl. und gesellschaftl. Rahmenbedingungen und Effekten der Leistungserstellung und -verwertung zu versorgen. Zum Zwecke der Erfassung und Bewertung der ökolog. und gesellschaftl. Wirkungen der stoffl. Seite des Wirtschaftens bzw. des Aufdeckens diesbezügl. Schwachstellen und Problemfelder wurden versch. Methoden entwickelt, wie ökolog. Buchhaltung, Ökobilanz (▷ Umweltbilanz), Belastungsbilanz, Produktlinienanalyse. Neben der Gewinnung und Aufbereitung von Informationen umfaßt das Ö.-C. die Abstimmung der laufenden umweltschutzbezogenen Informationsversorgungs-, Planungs- und Kontrollprozesse. Hierzu bedarf es der Einrichtung eines Ö.-C.-Systems, das die Zuständigkeiten, Entscheidungskompetenzen, Verantwortlichkeiten und Abläufe im Rahmen des Ö.-C. regelt. Effektivität und Effizienz dieser organisator. Maßnahmen werden durch das Umweltaudit überprüft.

Okri, Ben, brit. Schriftsteller nigerian. Herkunft, * Minna 1959; wuchs in Großbritannien und Nigeria auf, lebt seit 1978 in London. In seiner mehrfach preisgekrönten Prosa bricht O., der als einer der bedeutendsten Vertreter der jüngeren Generation in der afrikan. Literatur gilt, mit realist. oder naturalist. Erzählweisen und schafft mit Hilfe surrealist. Erzähltechniken eigene, imaginäre Welten, in denen Lebende und Tote, städt. und ländl. Leben, soziales Chaos und traditionelle Kosmologie aufeinanderstoßen. Die Werke O.s weisen zahlreiche Bezüge zu anderen afrikan. Autoren auf (W. SOYINKA, A. TUTUOLA u. a.) und sind von den Erfahrungen des Bürgerkrieges und der Militärdiktatur in Nigeria geprägt, die sich in seinen oft alptraumartigen Erzähllandschaften zu einer Atmosphäre der Angst und Gewalt verdichten. Mythologie, Geschichte und Politik scheinen so unheilvolle Zyklen hervorzubringen, die einzelne seiner Protagonisten zu durchbrechen suchen.

Werke: *Romane:* Flowers and shadows (1980); The landscapes within (1981); The famished road (1991; dt. Die hungrige Straße); Songs of enchantment (1993). – *Kurzgeschichten:* Incidents at the shrine (1986); Stars of the new curfew (1988). – *Lyrik:* An African elegy (1992).

Olah ['əʊlɑ:], George Andrew, amerikan. Chemiker ungar. Herkunft, * Budapest 22. 5. 1927; 1954–56 stellv. Direktor am Chem. Institut der Ungar. Akademie der Wissenschaften in Budapest, arbeitete dann in Kanada und den USA zunächst bei der Dow Chemical Company und ging 1965 als Prof. an die Case Western Reserve University in Cleveland (Oh.). 1977 wurde O. Prof. an der University of Southern California, ab 1980 für einige Jahre und seit 1991 erneut Direktor des dort für ihn eingerichteten Loker Hydrocarbon Institute. – O. gelang es, bei sehr niedrigen Temperaturen und unter Einsatz von sogenannten Supersäuren (Systeme mit bis zu 10^{18}mal so hoher Säurestärke wie Schwefelsäure) Carbokationen (positiv geladene Kohlenstoffverbindungen, die als kurzlebige Zwischenprodukte auftreten) von so langer Lebensdauer herzustellen, daß ihre Struktur und Reaktivitäten sehr genau untersucht werden konnten. Seine Arbeiten eröffnen neue Möglichkeiten bei der Herstellung höherer Alkankohlenwasserstoffe und von bleifreien, klopffesten Treibstoffen hoher Oktanzahl und leichterer biolog. Abbaubarkeit sowie bei der Kohleverflüssigung unter milden Bedingungen. Für seine Leistungen auf dem Gebiet der Carbokation-Chemie erhielt O. 1994 den Nobelpreis für Chemie.

Olęksy, Józef, poln. Politiker, * Neusandez 22. 6. 1946; trat 1968 in die kommunist. PZPR ein, arbeitete 1977–81 in der Abteilung für ideolog. Erziehungsarbeit im Apparat des ZK. 1981–86 leitete er die zentrale Revisionskommission seiner Partei. Nach Wiederzulassung der Gewerkschaftsorganisation Solidarność nahm O. als führender Ideologe der kommunist. Staatspartei an den Gesprächen des ›Runden Tisches‹ teil, der den Übergang zu einem demokrat. Reg.-System einleitete. Seit 1989 ist O. Mitgl. des Sejm. Nach dem Wahlsieg des ›Bündnisses der Demokrat. Linken‹ (Wahlbündnis zw. der postkommunist. Sozialdemokratie der Rep. Polen und des ehemals kommunist. Gewerkschaftsverbands) war O. 1993–95 Sejm-Marschall (Parlaments-Präs.). Anfang März 1995 wählte ihn der Sejm zum MinPräs. Im Dez. 1995 beschuldigte L. WAŁĘSA O., für eine ausländ. Macht geheimdienstlich tätig gewesen zu sein. Nach der Einleitung eines Untersuchungsverfahrens in dieser Sache trat er am 24. 1. 1996 zurück. Am 27. 1. 1996 wurde O. zum Vors. seiner Partei gewählt.

***Ölpest:** Im Herbst 1994 wurde ein Experiment zur Radarerkennung von Ölteppichen durchgeführt. Für das Experiment wurden ein Teppich aus Dieselöl und einer aus schwerem Heizöl sowie sechs natürl. Teppiche (z. B. Algen) auf der Nordsee aufgebracht und von der Weltraumfähre ›Endeavour‹ aufgenommen. Dafür wurde erstmals im Radargerät eingesetzt, das die Erdoberfläche mit drei Frequenzen abtastet.

Olszewski [ɔl'ʃɛfski], Jan, poln. Politiker, * Warschau 20. 8. 1930; Rechtsanwalt, verteidigte in polit. Prozessen Kritiker des kommunist. Reg.-Systems; Mitgl. des ›Komitees zur Verteidigung der Arbeiter‹ (gegr. 1976), 1980 an der Abfassung der Statuten der Solidarność beteiligt, wurde im März 1991 zum Präs. der Zentrumsallianz gewählt; war von Dez. 1991 bis Juni 1992 Ministerpräsident.

***Olympische Spiele:** Bei den Olymp. Sommerspielen 1992 in Barcelona waren 172 Nationen mit

10 517 Sportlern beteiligt, insgesamt wurden 257 Entscheidungen ausgetragen. Die Olymp. Winterspiele 1992 in Albertville sahen Mannschaften aus 64 Ländern mit 2 198 Wettkämpfern, die in 57 Disziplinen um die Medaillen stritten. Bei den Winterspielen 1994 in Lillehammer stieg die Zahl der teilnehmenden NOK weiter auf 67 und die Zahl der Entscheidungen auf 61 an, hingegen sank erstmals seit langem wieder die Zahl der Athleten auf 1 847. – Bei den Sommerspielen 1996 in Atlanta (Ga.) sind 269 Entscheidungen vorgesehen. – Die Winterspiele 1998 finden in Nagano, die Sommerspiele des Jahres 2000 in Sydney statt.

*Oman, amtlich arab. **Saltanat Oman**, dt. **Sultanat O.**, Staat in Vorderasien, im O der Arab. Halbinsel, grenzt an den Ind. Ozean (Arab. Meer und Golf von Oman).

Hauptstadt: Maskat. *Amtssprache:* Arabisch. *Staatsfläche:* 212 457 km². *Bodennutzung (1992):* rd. 430 km² Ackerland. *Einwohner (1994):* 2,077 Mio., 10 Ew. je km². *Städtische Bevölkerung (1993):* 12%. *Durchschnittliches Bevölkerungswachstum pro Jahr (1985–93):* 3,9%. *Bevölkerungsprojektion für 2000:* 2,39 Mio. Ew. *Ethnische Gruppen (1990):* 73,5% Omaner (Araber), 21,0% Pakistaner (überwiegend Belutschen), 5,5% andere. *Religion (1992):* 84,8% Muslime (der Islam ist Staatsreligion). *Altersgliederung (1995):* unter 15 Jahre 46,5%, 15 bis unter 65 Jahre 50,7%, 65 und mehr Jahre 2,8%. *Lebenserwartung der Neugeborenen (1992):* männlich 70 Jahre, weiblich 73 Jahre. *Analphabetenquote (1990):* insgesamt 59%, männlich 42%, weiblich 76%. *BSP je Ew. (1993):* 4 850 US-$. *BIP nach Sektoren/Produktionsstruktur (1993):* Landwirtschaft 3%, Industrie 53%, Dienstleistungen 44%. *Währung:* 1 Rial Omani (R. O.) = 1 000 Baizas (Bz.). *Internationale Mitgliedschaften:* UNO, Arab. Liga.

Geschichte: Angesichts des bisher nicht festgelegten Grenzverlaufs zu seinen Nachbarstaaten schloß O. im Mai 1991 einen Grenzvertrag mit Saudi-Arabien, im Okt. 1992 einen Grenzvertrag mit Jemen. Als Reaktion auf den 2. Golfkrieg wurde die Armee in den letzten Jahren um etwa 40% auf nun rd. 36 000 Mann vergrößert. Neben Iran versteht sich auch O. als ›Wächter‹ der strategisch wichtigen, am Ausgang des Pers. Golfs zum Ind. Ozean gelegenen Straße von Hormus. Aufgrund dieser geopolit. Lage bemüht sich O., einen Interessenausgleich zw. den arab. Anrainern des Pers. Golfs und Iran zu fördern. Angesichts der hohen Zahl von Ausländern in Führungspositionen des Handels und der Wirtschaft strebt Sultan Kabus Ibn Said Ibn Taimur durch eine starke Förderung des Bildungswesens (unter Einschluß der Frauen) eine ›Omanisierung‹ des mittleren und höheren Managements in den genannten Bereichen an.

Ondarza, Henning von, Generalleutnant: War von Okt. 1991 bis März 1994 NATO-Oberbefehlshaber Europa Mitte, sein Nachfolger auf diesem Posten wurde General Helge Hansen (1936).

*Onetti, Juan Carlos, uruguayischer Schriftsteller: † Madrid 30. 5. 1994.

On-line-Dienste [ˈɔnlaɪn-; engl. on-line ›in Verbindung (mit der Datenverarbeitungsanlage)‹], Telekommunikationsdienste, die Text-, Ton-, Bild- und Videoinformationen mittels digitaler Aufbereitung und Datenkompression über Datennetze, v. a. über das Telefonnetz bei dem Nutzerendgerät via Modem oder als Nutzerendgerät fungierenden (Personal-)Computern übertragen. Kommerzielle Dienste in Dtl. sind der aus dem Btx/Datex-J-Angebot der Telekom hervorgegangene Dienst T-Online, der von Bertelsmann betriebene Dienst Europe Online von America Online, AOL, sowie Europe Online von Burda. Daneben ist dem Nutzer in Dtl. auch der Zugang zu den amerikan. Diensten Compuserve, Apple eWorld und Microsoft Network gegeben. Alle diese Dienste ermöglichen seit 1995 den Übergang zum →Internet. Zu den meistgenutzten Anwendungen zählen Telebanking (v. a. über T-Online) und der Abruf von Informationsangeboten wie der Fahrplanauskunft der Dt. Bahn oder aktueller Ausgaben von Tages- und Wochenzeitungen. Daneben sind der Zugang zu Datenbanken, Teleshopping, Kundendienst und Produktinformation, Abruf von Spielen sowie Kommunikation und Datenaustausch mit anderen Teilnehmern möglich.

On-line-Publishing [ˈɔnlaɪn ˈpʌblɪʃɪŋ; engl. on-line ›in Verbindung (mit einem Datennetz)‹ und publishing ›das Publizieren‹] *das, -s,* das Publizieren von Druck-Erzeugnissen über allg. zugängl. Datennetze. Dabei wird ein Druck-Erzeugnis entweder insgesamt (Schrift und Bild) als graph. Dokument in einem entsprechenden Datenformat quasi als Faksimile übermittelt oder aber in EDV-gerechter Form in nach Schrift (alphanumer. Zeichen) und Graphik getrennten Formaten. Bei EDV-gerechter Formatierung der Texte sind Operationen wie Recherchen (Suchen nach Zeichen, Wörtern oder Passagen) und Änderungen in bzw. an diesen möglich.

*Oort, Jan Hendrik, niederländ. Astronom: † Leiden 5. 11. 1992.

*OPEC: Ecuador ist zum 31. 12. 1993 ausgetreten, bleibt aber Mitgl. im OPEC-Entwicklungshilfefonds.

Open Skies [ˈəʊpən skaɪz, engl.], **Offener Himmel,** Bez. für den bei der 4. KSZE-Folgekonferenz am 24. 3. 1992 in Helsinki von den NATO-Staaten und den Ländern des ehem. Warschauer Paktes unterzeichneten Vertrag über luftgestützte Beobachtung. Er gibt jedem Unterzeichnerstaat das Recht, eine feste Anzahl von Kontrollflügen pro Jahr über dem gesamten Territorium eines anderen Landes vorzunehmen. Die Spanne der Überflugquoten reicht von zwei Missionen für Portugal bis zu 42 Missionen für Rußland/Weißrußland (sie bilden einen gemeinsamen Luftvertragsraum) und die USA; über Dtl. dürfen jährlich zwölf Kontrollflüge durchgeführt werden, davon drei über Rußland/Weißrußland.

Das O.-S.-Abkommen, dem sich auch die neutralen und nichtgebundenen Staaten der KSZE (jetzt: OSZE) anschließen können, steht in engem Zusammenhang mit ▷ VKSE und anderen zw. den USA und Rußland geschlossenen Abrüstungsverträgen. Insgesamt dient es v. a. der Unterstützung der Verifikation von Rüstungskontrollverträgen, der Förderung der Vertrauensbildung unter den Vertragsstaaten sowie der Überwachung krisenhafter Entwicklungen.

*Opferentschädigung: Das O.-Gesetz wurde am 21. 7. 1993 dahingehend geändert, daß auch Ausländer, die sich rechtmäßig seit drei Jahren in Dtl. aufhalten, sowie im Härtefall auch Touristen in den Genuß des Ges. kommen.

Ophuls, Ophüls, Marcel, urspr. **M. Oppenheimer,** amerikanisch-frz. Filmregisseur, * Frankfurt am Main 1. 11. 1927; Sohn von Max Ophüls; drehte Spielfilme, bes. aber Dokumentarfilme für das Fernsehen, in denen er sich immer wieder den dt. Verbrechen während des Zweiten Weltkrieges zuwendet; arbeitet auch für das dt. Fernsehen.

Filme: Heißes Pflaster (1963); Nicht schuldig? (1975); Yorktown: Der Geist eines Sieges (1982); Zwei ganze Tage – Wir wollen uns ein Luftschloß bauen (1985); Hotel Terminus – Zeit u. Leben des Klaus Barbie (1988); Novembertage (1990); Veillées d'armes (1994).

Opie [ˈəʊpi], Julian, brit. Plastiker, * London 12. 12. 1958; arbeitet an einem spekulativen Gegenentwurf zum traditionellen Abbild der Dingrealität. O. eignet sich in seinen Werken bereits vorhandene Dinge (Architekturen oder Objekte) an. Er malt oder baut sie

Opiu   Opium – Organisation für Sicherheit und Zusammenarbeit in Europa

nach, wobei er das Erscheinungsbild auf die wesentl. Eigenschaften des dargestellten Gegenstands reduziert. Diese Schematisierung der Erscheinungswelt erlaubt ihm einen formalen Vergleich des ontologisch Unvergleichbaren. Seit den frühen 90er Jahren entwirft er u. a. mit Hilfe des Computers künstl. Stadtlandschaften, die in der Art eines Spiels mit Bauklötzen urbanist. Planungen simulieren.
J. O., bearb. v. L. COOKE u. a., Ausst.-Kat. (1993).

*Opium: Mit der Verbreitung des Heroinmißbrauchs in den asiat. Ländern ist der Konsum von Eß- und Rauch-O. (**Chandu, Chandoo**) zurückgegangen. V. a. die Herstellung und der Konsum von Rauch-O., das durch ein spezielles Herstellungsverfahren mehr Morphin und weniger andere Alkaloide enthält, haben in Asien eine lange Tradition. Trotz des Rückgangs wird die Anzahl der Eß- und Rauchopiumkonsumenten in Asien immer noch auf mehrere Millionen geschätzt.

Oppitz, Gerhard, Pianist, * Frauenau (Kr. Regen) 5. 2. 1953; gab sein erstes öffentl. Konzert im Alter von elf Jahren, studierte anschließend in Stuttgart und München und war Meisterschüler von W. KEMPFF (1973). Neben der klass. Konzertliteratur widmete er sich bevorzugt dem Vortrag von vollständigen Werkzyklen der Sololiteratur, so den Sonaten von L. VAN BEETHOVEN und W. A. MOZART sowie sämtl. Klavierwerken von J. BRAHMS.

optischer Isolator, opt. Bauelement, das Licht, welches aus einer Richtung einfällt, hindurchtreten läßt, Licht aus der Gegenrichtung hingegen auslöscht; in Analogie zu entsprechenden elektron. Komponenten spricht man auch von einer ›opt. Diode‹. Ein o. I. besteht aus einem Paar parallel angeordneter Polarisatoren, deren Durchlaßrichtungen um 45° relativ zueinander gedreht sind. Dazwischen befindet sich ein ferromagnet., optisch transparentes Material. Um diese Anordnung, die vom einfallenden Lichtbündel durchsetzt wird, ist ein meist ringförmiger Permanentmagnet angebracht, dessen Magnetfeld parallel zur opt. Achse liegt und das ferromagnet. Material möglichst homogen durchsetzt.

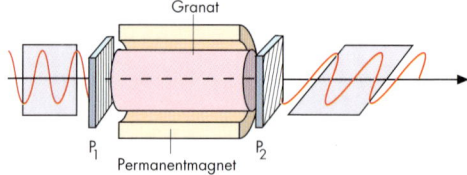

optischer Isolator: Schemazeichnung; das einfallende Licht tritt in Durchlaßrichtung durch den Polarisator P_1 ein, wird durch den Faraday-Effekt um 45° gedreht und tritt durch den Polarisator P_2 wieder aus

Die ›Diodenwirkung‹ eines o. I. beruht auf dem Faraday-Effekt (▷ Magnetooptik). Von Licht, das auf den ersten Polarisator trifft, wird nur ein linear polarisierter Anteil durchgelassen. Die Polarisationsrichtung dieses Anteils wird nun aufgrund des Faraday-Effekts gedreht, wobei der Drehwinkel Φ proportional zur Magnetisierung M des Materials und zur durchstrahlten Materialdicke x ist. Die Verdet-Konstante V ist abhängig von der Wellenlänge λ des verwendeten Lichts: $\Phi = V(\lambda) M x$.

Dicke und Magnetfeld werden so gewählt, daß für eine gewünschte Wellenlänge die Polarisation des Lichts genau um 45° gedreht wird, das Licht also durch den zweiten Polarisator hindurchtreten kann. Trifft Licht von der anderen Seite auf den o. I., tritt zwar ein linear polarisierter Anteil ein, dessen Polarisation wird jedoch um 45° in dieselbe Richtung gedreht (den Faraday-Effekt nennt man deshalb einen nichtreziproken opt. Effekt). Am Ort des zweiten Polarisators ist die Polarisation des Lichtes nun um 90° gegenüber dessen Durchlaßrichtung gedreht, so daß kein Licht hindurchgelassen wird. Als transparente opt. Materialien werden i. d. R. Granatmaterialien benutzt, die hohe Verdet-Konstanten besitzen, z. B. Yttrium-Eisen-Granat (engl. Abk. YIG) oder Wismut-Eisen-Granat (engl. Abk. BIG).

O. I. dienen dem Schutz bzw. der Stabilisierung von Lasern, da reflektiertes Licht deren Funktion stark beeinträchtigen kann. Sie werden ebenso zur definierten Einstellung der Lichtausbreitungsrichtung in opt. Meßanordnungen benötigt. Durch die hohen Verdet-Konstanten der genannten Materialien und entsprechend starke Permanentmagnete können o. I. bis auf Tablettengröße verkleinert werden und finden, versehen mit Glasfaseranschlüssen, auch in der opt. Nachrichtentechnik Verwendung.

*optische Speicherplatte: Neben den CD-ROM als Speichermedium für externe Nur-Lese-Speicher (→Compact Disc) finden auch durch den Benutzer beliebig oft beschreibbare o. S. zunehmend Verwendung, meist in Form der **magnetooptischen Platte**, bei der die Daten unter Anwendung der Temperaturabhängigkeit der Koerzitivfeldstärke aufgezeichnet und unter Anwendung des magnetoopt. Kerr-Effekts gelesen werden. Ihre Speicherkapazität liegt in der Größenordnung derjenigen der CD-ROM (einige 100 Megabyte), und sie werden – häufig zu mehreren in Wechsel-Laufwerken (Jukeboxes) – als Massenspeicher verwendet. Bei neueren Entwicklungen wurden Speicherdichten von 400 Megabit pro Quadratzentimeter und Speicherkapazitäten von 100 Gigabyte auf 3,5-Zoll-Platten erzielt.

Opus Dei: Neuer Prälat des O. D. als Nachfolger von ÁLVARO DEL PORTILLO (1914, † 1994) wurde im April 1994 JAVIER ECHEVARRÍA (* 1933); er wurde im Nov. 1994 zum Bischof ernannt.

*Oranienburg 2): Der Landkreis O. ging am 6. 12. 1993 im neugebildeten Landkreis Oberhavel auf, dessen Kreisstadt die Stadt Oranienburg wurde.

*Oranje-Freistaat: Bei der Neueinteilung der südafrikan. Provinzen 1994 blieb O.-F., unter Einbeziehung des Homelands ▷ Qwaqwa und eines kleinen Teils des Homelands ▷ BophuthaTswana, als Prov. bestehen; sie umfaßt jetzt 129 437 km² mit (1994) 2,727 Mio. Ew. (81,4 % Schwarze, 15,9 % Weiße, 2,6 % Mischlinge, 0,1 % Asiaten), Hauptstadt ist Bloemfontein. – Bei den ersten gemischtrass. Wahlen vom April 1994 errang der ANC die absolute Mehrheit der Sitze im Provinzparlament und stellt seither den Regierungschef.

*Orchester der Deutschen Oper Berlin: Chefdirigent ist seit 1992 R. FRÜHBECK DE BURGOS.

*Orchester der Württembergischen Staatstheater Stuttgart: Chefdirigent ist seit 1995 L. ZAGROSEK.

Orchester des Nationaltheaters Mannheim: Chefdirigent ist seit 1994 JUN MÄRKL (1959).

*Orchestre National de Belgique: Chefdirigent ist seit 1989 RONALD ZOLLMANN.

*Orchestre National de France: Chefdirigent ist seit 1991 C. DUTOIT.

Organisation für Sicherheit und Zusammenarbeit in Europa, Abk. **OSZE,** engl. **Organization for Security and Cooperation in Europe** [ɔːgənaɪˈzeɪʃn fə sɪˈkjuərəti ənd kəʊəpəˈreɪʃn ɪn ˈjʊərəp], Abk. **OSCE,** Staatenverbindung, hervorgegangen (mit Wirkung zum 1. 1. 1995) aus der Konferenz über Sicherheit und Zusammenarbeit in Europa (KSZE), versteht sich als ›eine Regionale Abmachung der Vereinten Nationen‹. Mit der Institutionalisierung der KSZE als OSZE änderte sich an der Aufgabenstellung nichts. Der einmal jährlich tagende KSZE-Rat der Außen-

Organisation für wirtschaftliche Zusammenarbeit und Entwicklung – organisierte Kriminalität **Orga**

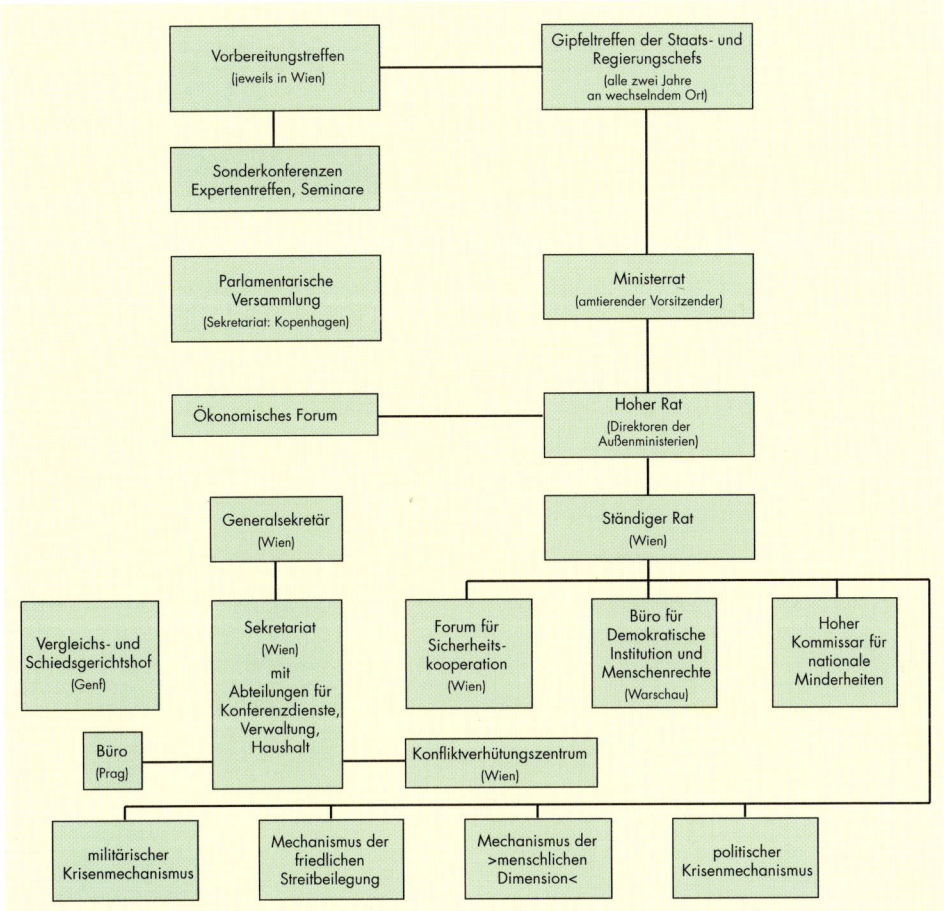

Organisation für Sicherheit und Zusammenarbeit in Europa: Aufbau ihrer Organe (Stand Dezember 1994)

Min. nennt sich nun ›Ministerrat‹, der Ausschuß hoher Beamter ›Hoher Rat‹. Dem neuen ›Ständigen Ausschuß‹, der ebenso wie der GenSekr. und das Sekretariat seinen Sitz in Wien hat, wurden Steuerungsaufgaben zugewiesen. Zum ersten GenSekr. wurde für drei Jahre der dt. Diplomat WILHELM HÖYNCK (*1933) ernannt. Das Amt des Hochkommissars für nat. Minderheiten, mit dem der frühere niederländ. Außen-Min. MAX VAN DER STOEL (*1924) betraut wurde, arbeitet eng mit dem OSZE-Büro für Demokrat. Institutionen und Menschenrechte in Warschau zusammen. Beide haben die Aufgabe, Minderheitenkonflikte, die den internat. Frieden bedrohen, frühzeitig zu erkennen und mit den anderen Institutionen dafür zu sorgen, daß die OSZE-Mechanismen zur polit. und militär. Krisenbewältigung, zur friedl. Regelung von Streitfällen und zur Problembearbeitung in der ›menschl. Dimension‹ in Gang gesetzt werden.

Nach der Auflösung der Sowjetunion, Jugoslawiens und der Tschechoslowakei hat die OSZE 53 Mitgl.-Staaten; die Mitarbeit (Rest-)Jugoslawiens in den Organen der OSZE wurde 1992 wegen seiner Verwicklung in den Krieg in Bosnien und Herzegowina ausgesetzt.

*Organisation für wirtschaftliche Zusammenarbeit und Entwicklung: Mit Mexiko wurde am 14. 4. 1994 das erste Entwicklungsland in den Kreis der Industrieländer aufgenommen. Als erster mittel- und osteurop. Reformstaat wird die Tschech. Rep. das 26. Mitglied (das Beitrittsabkommen wurde am 28. 11. 1995 unterzeichnet). Die EU-Kommission nimmt an den Beratungen der OECD teil.

*organisierte Kriminalität: Eine signifikante Zunahme der o. K. ist erkennbar; das Problem der internat. o. K. wird verstärkt auch im Rahmen der Vereinten Nationen diskutiert (Konferenzen in Neapel 1994 und Kairo 1995). In Europa entwickelte sie sich in den einzelnen Staaten unterschiedlich. Die skandinav. Länder, ferner die Schweiz und Belgien haben mit der Kontrolle geringere Probleme als Italien, die Niederlande, Großbritannien, Dtl. und Polen sowie die Nachfolgestaaten der Sowjetunion. Für die Schweiz wird angenommen, daß eine organisierte Basiskriminalität v. a. im Drogenhandel anzutreffen ist, obschon eine hochn. schweizer. Mafia nicht existiert. Bezüglich Rußlands schätzt man, daß 80% der neugegründeten russ. Banken mit der o. K. verbunden sind. Im übrigen besteht ein verstärkter Trend zur Internationalität. Als Schwerpunkte der o. K. kommen v. a. Rauschgifthandel und -schmuggel, Waffenhandel und -schmuggel sowie Nuklearkriminalität (z. B. Plutoniumschmuggel), Kfz-Diebstahl, ferner Diebstahl von und Handel mit gestohlenen Kunstgegenständen, Zuhälterei, Prostitution, Menschenhandel und illegales Glücks- und Falschspiel, Schutzgelderpressung, unerlaubte Arbeitsvermittlung und Beschäftigung, illegale

551

Einschleusung von Ausländern, illegale Entsorgung von Sonderabfall und illegaler Technologietransfer sowie Geldwäsche in Betracht. Obwohl kriminelle Organisationen in Dtl. schon seit Jahrzehnten bekannt sind (z. B. die sogenannten Ringvereine in Berlin), hat das organisierte Verbrechen erst in den letzten Jahren bes. Schubkraft erhalten.

Zur Bekämpfung der o. K. wurde nicht nur die Polizei, sondern auch der Gesetzgeber mobilisiert. Hervorzuheben sind hier das Ges. zur Bekämpfung des illegalen Rauschgifthandels und anderer Erscheinungsformen der o. K. (OrgKG) vom 15. 7. 1992 und das Verbrechensbekämpfungs-Ges. vom 28. 10. 1994. Gleichwohl bereitet die Bekämpfung der o. K. unverändert große Schwierigkeiten. Neuere Analysen haben die ausgefeilte Logistik krimineller Organisationen verdeutlicht. Zwar sind Bedeutung und Ausmaß der o. K. in Dtl. wegen der Unschärfe und Pragmatik des Begriffs sowie des bisher unerforschten Dunkelfeldes kaum abzuschätzen. Immerhin können die Berichte des Bundeskriminalamts ein Lagebild der o. K. in Dtl. zeichnen. Die Zahl der registrierten Einzeldelikte erhöhte sich danach von (1993) rd. 42 000 auf (1994) rd. 98 000. Mit 79,1 % dominieren dabei Vermögensdelikte (z. B. Betrug, Falschgeldherstellung, Kreditkartenkriminalität). Der insgesamt entstandene Schaden stieg von (1993) rd. 1,8 Mrd. DM auf (1994) über 3,4 Mrd. DM. Von den 1994 durch o. K. erzielten Gewinnen von etwa 1,2 Mrd. DM konnten die Behörden lediglich 1,4 % (rd. 17,5 Mio. DM) sicherstellen. In fast drei Vierteln aller Ermittlungsverfahren wurden von den Ermittlern geschäftsähnl. Strukturen und in 43 % die Anwendung von Gewalt zur Einschüchterung festgestellt. Da die kriminellen Organisationen nicht anders als legale Wirtschaftsunternehmen die Gewinnmaximierung anstreben und illegale Gewinne in großem Umfang in den legalen Wirtschaftskreislauf zurückschleusen müssen, lag es nahe, im OrgKG – in Umsetzung einer EG-Richtlinie – einen neuen Straftatbestand der Geldwäsche zu schaffen und die ▷ Vermögensstrafe einzuführen, um der o. K. die finanziellen Grundlagen zu entziehen. Ergänzend hierzu wurde 1993 das Ges. über das Aufspüren von Gewinnen aus schweren Straftaten (sogenanntes Geldwäsche-Ges.) erlassen, dessen Wirksamkeit, gemessen an dem mit ihm verfolgten Zweck, bezweifelt wird (→Geldwäscherei).

Internat. Zusammenarbeit ist v. a. im Bereich der grenzpolizeil. Aufgaben zur Behandlung der organisierten Schleuser- und Zuwanderungskriminalität geboten. Im Bereich der EU gibt es Bestrebungen, mobile internat. Einsatzeinheiten zu bilden und auch auf höherer Ebene durch den Austausch von Beamten Kooperationsstrukturen zu schaffen. Aber nicht nur im Exekutivbereich ist die internat. Zusammenarbeit nach Meinung von Praktikern verbesserungsbedürftig (z. B. durch ›Europol‹), sondern auch im Bereich der Rechtshilfe im Zusammenhang mit gerichtl. Verfahren fordern Praktiker eine europ. Koordinationsbehörde, um die Effektivität zu erhöhen. Weitergehender Handlungsbedarf besteht bei der Bekämpfung der →Korruption, die Experten als wesentl. Element der o. K. betrachten. OrgKG und Verbrechensbekämpfungs-Ges. sehen weder spezielle Bekämpfungsmaßnahmen für Vorteilsannahme und Bestechlichkeit vor noch lassen sie einen Korruptionsverdacht für die Einleitung ›besonderer Ermittlungsmaßnahmen‹ ausreichen. Anders ist dies z. B. in Italien, der Schweiz und den USA, wo die Bedeutung derartiger Straftaten für den Bereich der o. K. durch die Anwendung spezieller Bekämpfungsmethoden Rechnung getragen wurde. So vielschichtig das Problem der o. K. ist, so umfassend müssen auch die Maßnahmen der gesellschaftl., polizeil. und justitiellen Verbrechenskontrolle sein.

Dabei sind weder der Konflikt zw. Sicherheitsbestreben einerseits sowie Freiheits- und Grundrechten andererseits noch die Defizite der Effektivität zu verkennen. Dies gilt namentlich für Rasterfahndungen, den Einsatz techn. Mittel (z. B. Peilsender), den Einsatz verdeckter Ermittler, die Ausdehnung des Anwendungsbereichs des sogenannten Kronzeugen sowie die Erweiterung der Abhörmöglichkeiten von Verdächtigen in ▷Wohnungen.

O. K. in einem Europa durchlässiger Grenzen, hg. vom Bundeskriminalamt Wiesbaden (1991); Bes. Ermittlungsmaßnahmen zur Bekämpfung der o. K., hg. v. W. GROPP (1993); M. PIETH u. D. FREIBURGHAUS: Die Bedeutung des organisierten Verbrechens in der Schweiz (Bern 1993); U. SIEBER u. M. BÖGEL: Logistik der o. K. Wirtschaftswissenschaftl. Forschungsansatz u. Pilotstudie zur internat. Kfz-Verschiebung, zur Ausbeutung von Prostitution, zum Menschenhandel u. zum illegalen Glücksspiel (1993); O. K.: Täterlogistik u. Präventionsansätze, Beitr. v. W. VAHLENKAMP u. a. (1994).

*Organization of African Unity: Mit dem Ende der weißen Minderheitsherrschaft in der Rep. Südafrika konnte das Befreiungskomitee der OAU im Aug. 1994 aufgelöst werden. Bereits im Mai 1994 war die Rep. Südafrika der OAU als 53. Mitgl. beigetreten.

Auf der OAU-Konferenz in Abuja (Nigeria) 1991 wurde der Vertrag über die Errichtung einer **Afrikanischen Wirtschaftsgemeinschaft (African Economic Community,** Abk. **AEC)** verabschiedet. Ziel des 1994 in Kraft getretenen Vertrags ist die Schaffung einer Wirtschaftsgemeinschaft des gesamten afrikan. Kontinents bis zum Jahr 2025.

Ormocere [Kw. aus engl. **Or**ganically **mo**dified **ce**ramics], in der englischsprachigen Literatur auch als **Ceramers (Cera**mic poly**mers)** oder **Polycerams (Poly**mer **ceram**ics) bezeichnet; Materialien, die über einen chem. Syntheseprozeß durch Verknüpfung von Bausteinen, die typisch für Gläser oder keram. Materialien (z. B. SiO_2, Al_2O_3, TiO_2) sind, mit organ. Bausteinen, organ. oder organofunktionelle Gruppen, Polymerbausteine) hergestellt werden. Damit lassen sich im Ggs. zu reinen Mischprozessen Homogenitäten bis in den molekularen Bereich herab erzielen und Werkstoffe von hoher Transparenz erzeugen. Aufgrund der versch. strukturellen Möglichkeiten können zwei Haupttypen von O. unterschieden werden. Der erste Typ baut auf einem amorphen, meist auf SiO_2 basierenden anorgan. Netzwerk auf, das über SiC-Bindungen organ. Gruppen trägt (organisch modifiziertes anorgan. Netzwerk). Beim zweiten Typ sind i. d. R. ebenfalls über SiC-Gruppen gebundene Polymerketten eingelagert. Diese Polymerketten können auch während der Synthese durch einen Polymerisationsschritt erzeugt werden. Das führt zu thermisch oder photohärtbaren Ormoceren.

Die O. wurden erstmals 1989 von der Nomenklaturkommission der Amerikanischen Chem. Gesellschaft aufgrund der wiederholten Nennung des Begriffs in der wiss. Literatur als neue Werkstoffgruppe definiert. O. wurden v. a. für Beschichtungszwecke (Hartstoffe auf Kunststoffen) entwickelt. Die Herstellung erfolgt über den →Sol-Gel-Prozeß, bei dem i. d. R. Alkoxide von Netzwerkbildern (z. B. $Si(OR)_4$, $B(OR)_3$, $Ti(OR)_4$; R Alkylgruppe) in Verbindung mit Organoalkoxysilanen ($(RO)_3SiY$; Y organofunktionelle Gruppe) eingesetzt werden. Zusätzlich können noch organ. Monomere, die mit Y reagieren können, herangezogen werden.

Ortleb, Rainer, Politiker (FDP), *Gera 5. 6. 1944; lehrte ab 1984 Informatik und Schiffstechnik an der Univ. Rostock; seit 1968 Mitgl. der LDPD in der Dt. Dem. Rep., von Febr. bis Aug. 1990 ihr Vors., seitdem Mitgl. der FDP, 1990–95 stellv. Vors., 1991–94 Landes-Vors. in Meckl.-Vorp.; seit 1990 MdB, Nov. 1990 bis Jan. 1991 Bundes-Min. für besondere Aufgaben, 1991–94 für Bildung und Wissenschaft.

OS/2® [OS Abk. für engl. **o**perating **s**ystem ›Betriebssystem‹], von der Firma IBM entwickeltes Betriebssystem für IBM-kompatible Personalcomputer. Die erste OS/2-Version wurde Anfang der 1980er Jahre zus. mit der Firma Microsoft für INTEL-Prozessoren der 80286-Familie entwickelt und als reines 16-Bit-Betriebssystem implementiert. Herkömml. DOS-Programme waren mittels einer eigenen DOS-Emulation lauffähig, in der ersten Version allerdings nur jeweils ein einziger DOS-Prozeß. Im folgenden gingen die beiden Firmen wieder getrennte Wege. Während Microsoft mit der Entwicklung von →Windows NT begann, erstellte IBM 1992 die zweite OS/2-Generation, die sich ab der Version 2.0 gegenüber der Vorgängerin durch eine verbesserte DOS-Emulation auszeichnete, ein partielles 32-Bit-Betriebssystem mit graph. Benutzeroberfläche war und mindestens einen 80386-Prozessor benötigte. Die aktuelle OS/2-Version, OS/2 Warp, wurde als reines 32-Bit-Betriebssystem mit einer 16-Bit-Treiberschnittstelle und objektorientierter Benutzeroberfläche entwickelt. Besondere Merkmale von OS/2 Warp sind ›unterbrechendes‹ Multitasking (engl. preemptive multitasking), d. h., mehrere parallele Prozesse werden durch eine betriebssystemeigene Prozessorverwaltung überwacht, und Multithreading, d. h. die Möglichkeit, mehrere ›Fäden‹ eines Prozesses, die sich einen gemeinsamen Adreßraum teilen, nebeneinander führen zu können. In diesem Zusammenhang ist ein Programm als ein Prozeß anzusehen, der, um eine effiziente Ausnutzung der Prozessorrechenzeit zu erreichen, in mehrere Unterprozesse (Threads) geteilt werden kann. DOS-Programme sind in OS/2 Warp mittels einer virtuellen DOS-Maschine (VDM) voll einsatzfähig. Jede VDM wird als eigener Prozeß initiiert, so daß im Falle eines Absturzes die von ihm belegten Ressourcen wieder freigegeben werden können und andere Prozesse nicht tangiert werden.

OS/2 Warp wurde mittels objektorientierter Programmiertechniken realisiert, so daß die graph. Elemente der Benutzeroberfläche über Nachrichten gesteuert werden, aus denen hervorgeht, welche Aktionen der Benutzer durchführt; das Anklicken eines Elements mittels einer Maus erzeugt beispielsweise eine auf das betroffene Ereignis (engl. event) bezogene Nachricht, die in einer Warteschlange abgelegt wird und dort von dem zuständigen Prozeß gelesen werden kann.

***Ōsaka:** 1994 wurde in der Bucht von Ō. auf einer künstl. Insel 5 km vor der Insel der Kansai International Airport (Architekt des Terminals: R. PIANO) eröffnet; er ist mit dem Festland durch eine doppelstöckige Straßen- und Eisenbahnbrücke verbunden. Der alte Flughafen von Ō. dient jetzt dem Inlandverkehr.

***Osborne,** John James, engl. Dramatiker; † Shrewsbury 24. 12. 1994.

***Oschatz 2):** Der Landkreis O. ging am 1. 8. 1994 im Kr. Torgau-Oschatz auf; die Stadt Oschatz ist damit nicht mehr Kreisstadt.

***Oschersleben 1):** Der Landkreis O. ging am 1. 7. 1994 im Bördekreis auf, dessen Kreisstadt die Stadt Oschersleben (Bode) wurde.

***Oskar-Kokoschka-Preis:** Weitere Preisträger sind AGNES MARTIN (1992) und I. KOUNELLIS (1994); der Preis ist jetzt mit 250 000 öS dotiert.

***Osnabrück 3):** Das Bistum gehört seit Nov. 1994 zur Kirchenprovinz Hamburg; Bischof ist seit 1995 FRANZ-JOSEF BODE (* 1951). →katholische Kirche (ÜBERSICHT).

***Ostafrikanische Gemeinschaft:** Im Nov. 1994 beschlossen Kenia, Tansania und Uganda die Einrichtung einer ›dreiseitigen Kommission zur Zusammenarbeit‹ mit Sitz im tansan. Arusha als ersten Schritt zur Wiedererrichtung der Ostafrikan. Gemeinschaft.

Ōsaka: Schrägluftaufnahme des am 4. September 1994 eröffneten Kansai International Airport

Ostdeutscher Rundfunk Brandenburg, Abk. **ORB,** Rundfunkanstalt des öffentl. Rechts, Mitgl. der ARD, gegr. 1991 als Nachfolgeeinrichtung des ›Dt. Fernsehfunks‹, DFF, und des Funkhauses Berlin; Sitz: Potsdam. Der ORB nahm am 1. 1. 1992 den Sendebetrieb auf. Er verbreitet drei regionale Hörfunkprogramme sowie das Dritte Fernsehprogramm ›Fernsehen Brandenburg‹ und liefert Beiträge zum ARD-Gemeinschaftsprogramm (1,7%). Mit dem SFB strahlt er ein ARD-Programm auf einem Kanal aus und gestaltet das Vorabendprogramm; mit dem NDR kooperiert der ORB im Tagesprogramm Fernsehen.

***Osterburg 1):** Der Landkreis O. ging am 1. 7. 1994 im Kr. Stendal auf; die Stadt Arendsee (Altmark) und neun weitere Gemeinden wurden dem Altmarkkreis Salzwedel eingegliedert. Die Stadt Osterburg (Altmark) – frühere Schreibung Osterburg/Altmark – ist damit nicht mehr Kreisstadt.

***Österreich,** amtlich **Republik Ö.,** Bundesstaat im südl. Mitteleuropa.

Hauptstadt: Wien. *Amtssprache:* Deutsch. *Staatsfläche:* 83 858 km² (ohne Binnengewässer 82 730 km²). *Bodennutzung (1992):* 15 240 km² Ackerland, 19 950 km² Dauergrünland, 32 270 km² Waldfläche. *Einwohner (1994):* 8,006 Mio., 95 Ew. je km². *Städtische Bevölkerung (1993):* 55%. *Durchschnittliches Bevölkerungswachstum pro Jahr (1985-93):* 0,7%. *Bevölkerungsprojektion für 2000:* 8,18 Mio. Ew. *Minderheiten (1991):* 60 000 Kroaten, 33 000 Ungarn, 29 000 Slowenen, 19 000 Tschechen. *Religion (1992):* 84,4% Katholiken, 5,6% Protestanten. *Altersgliederung (1992):* unter 15 Jahre 17,5%, 15 bis unter 65 Jahre 67,3%, 65 und mehr Jahre 15,2%. *Lebenserwartung der Neugeborenen (1992):* männlich 73 Jahre, weiblich 80 Jahre. *BSP je Ew. (1993):* 24 600 US-$. *BIP nach Sektoren/Produktionsstruktur (1993):* Landwirtschaft 2%, Industrie 35%, Dienstleistungen 61%. *Arbeitslosenquote (1994):* 6,5%. *Währung:* 1 Schilling (S) = 100 Groschen (Gr, g). *Internationale Mitgliedschaften:* UNO, EU, Europarat, OECD, OSZE.

Verfassung: Die Bundesregierung besteht (Bundesministerien-Ges. 1986 i. d. F. v. Dez. 1994 und zwei Entschließungen des Bundes-Präs., mit denen bestimmte Angelegenheiten des Bundeskanzleramts eigenen Bundesministern übertragen werden) neben dem Bundeskanzler aus 16 Bundesministern.

Streitkräfte: Seit Anfang 1993 wurde das Bundesheer durch Verkleinerung und Modernisierung den

Öste Österreich

neuen sicherheitspolit. Erfordernissen angepaßt, bis Ende 1995 war die neue Heeresgliederung eingenommen. Den Kern der Armee bilden im Frieden nun die ›Präsenzkräfte‹ (etwa 10000 Mann) und die aktiven Milizkräfte (5000 Mann; auch als ›Grenzschutzverbände‹ bezeichnet). Zu den Präsenzkräften gehören u. a. die trotz der Auflösung des Großverbandes ›Panzergrenadierdivision‹ die fast unverändert gebliebenen drei Panzergrenadierbrigaden. Nach Aufhebung der Trennung von Ausbildungs- und Einsatzorganisation gibt es jetzt statt der Landwehrstammregimenter 12 Jäger- und vier ›Stabsregimenter‹ für die Ausbildung der jährlich 34000 Wehrpflichtigen. Durch Auffüllung mit Reservisten können aus diesen Regimentern im Kriegsfall zwölf Jägerbrigaden gebildet werden. Die Kriegsstärke der ›Einsatzorganisation‹ beträgt 120000 Mann. Alle Verbände werden von den neun ›Militärkommandos‹, diese wiederum von drei Korpskommandos geführt.

Bevölkerung: Die Einwohnerzahl Ö.s ist von (1989) 7,624 Mio. Ew. auf (1994) 8,006 Mio. Ew. gestiegen. Der Geburtenüberschuß betrug 1993 1,6‰ (0,2‰ bei österr. Staatsbürgern, 16,0‰ bei Ausländern). Die höchsten Zuwachsraten weisen die Bundesländer Vorarlberg, Tirol und Salzburg auf, Verluste hingegen Wien und Burgenland. Bevorzugte Bundesländer bei Binnenwanderungen über die Ländergrenzen hinweg sind Ober- und Niederösterreich. Der Zustrom von Asylbewerbern ging nach dem umstrittenen Ausländergesetz von 1993 von (1991) 27306 Bewerbern (v. a. aus Rumänien, dem ehem. Jugoslawien und der Türkei) auf (1993) 4744 zurück.

Wirtschaft: Ö. gehört weltweit zu den Ländern mit hohem Wohlstand. Das Bruttosozialprodukt je Ew. erreichte 1994 einen Wert von 24600 US-$. Von allen EU-Staaten rangiert Ö. gemessen an diesem Indikator im oberen Drittel der EU.

Die Erwerbs- und Produktionsstruktur wird wie bei allen Ländern vergleichbaren Entwicklungsniveaus durch den Dienstleistungssektor geprägt. 1993 arbeiteten 58,1% der Erwerbstätigen in diesem Sektor, 34,7% waren im verarbeitenden Gewerbe tätig, und 7,2% fanden Beschäftigung in der Land- und Forstwirtschaft sowie im Bergbau. Die entsprechenden Anteile an der Entstehung des Bruttoinlandsprodukts (BIP) beliefen sich für das gleiche Jahr auf 3% für den primären Sektor, 36,3% für den sekundären Sektor und 60,7% für den tertiären Sektor.

Die volkswirtschaftl. Indikatoren weisen Ö. in der 1. Hälfte der 90er Jahre als ein relativ stabiles Land aus. Nach einer leichten Rezession 1993 wuchs das BIP 1994 mit einer Rate von 2,7%, die Arbeitslosenquote lag bei 6,5%, die Inflationsrate erreichte eine Größe von 3%; die Leistungsbilanz wies allerdings einen negativen Saldo von 22 Mrd. öS (1993: –8 Mrd. öS) aus.

Die österr. Landwirtschaft ist stark differenziert. Im Ostteil des Landes dominiert die pflanzl. Erzeugung. Die westl. Bundesländer sind von der Forstwirtschaft geprägt. Die Tierproduktion hat dagegen in allen Bundesländern, mit Ausnahme von Burgenland und Wien, einen hohen Anteil am landwirtschaftl. Rohertrag. Auch die Veredelungswirtschaft, insbesondere die Milcherzeugung, hat ein bes. Gewicht im Agrarsektor Ö.s. Auf knapp 60000 ha wird Wein angebaut. Mit einem Weißweinanteil von etwa 80% ist Ö. ein typ. Weißweinerzeugerland. Fast zwei Fünftel der Staatsfläche sind waldbestanden. Für forstwirtschaftl. Maßnahmen – Neuaufforstung, Wiederaufforstung, Bestandsumbau und Meliorationen – werden jährlich beträchtl. Mittel aus dem Bundesetat bereitgestellt.

Die Bedeutung des Bergbaus geht fortlaufend zurück; 1983–93 schrumpfte der Anteil am BIP um mehr als 30%; die Beschäftigung sank im gleichen Zeitraum um 3000 auf 12000. Braunkohle, Erze, Erdöl, Dolomit, Magnesit und Feldspat gehören zu den wichtigsten Abbauprodukten.

Mangels großer Energiereserven ist Ö. überwiegend auf Energieimporte angewiesen. Hauptsächliche inländ. Energiereserven sind Wasserkraft und Braunkohle sowie in geringem Umfang Erdgas und Erdöl. Die Wasserkraft der Flüsse trägt zu etwa zwei Dritteln zur Erzeugung elektr. Energie bei. Weitere Anlagen an den großen Gewässern sollen auch zur künftigen Dominanz der Wasserkraft an der Energieerzeugung beitragen. Die Nutzung der Kernkraft ist durch Bundesgesetz verboten; das Kernkraftwerk Tullnerfeld wird daher nicht genutzt. Im Zusammenhang mit dem Bau der Donaustaustufe Nagymaros durch österr. Firmen wurden langfristige Stromimportverträge mit Ungarn abgeschlossen. Erdgas wird v. a. aus Rußland bezogen.

Das produzierende Gewerbe wird heute von den Sparten Maschinenbau (Anteil am BIP 1992: 12,3%), Chemie (4,5%), Nahrungsmittel (4,1%), Holz und Holzprodukte (2,2%) sowie Papier und Papierprodukte (2,2%) geprägt. Der Anteil der Grundstofferzeugung (wie Holz, Papier und metall. Grundstoffe) ging in den letzten Jahren deutlich zurück, während die Metallverarbeitung sowie die Fertigung von Maschinen und Ausrüstungen Anteilsgewinne an der gesamten industriellen Produktion verbuchen konnten. Vom industriellen Strukturwandel profitierte auch die chem. Industrie. Etwa 1,2 Mio. Beschäftigte arbeiteten 1993 im produzierenden Sektor.

Im Dienstleistungssektor waren 1993 mehr als 2 Mio. Personen beschäftigt. Etwa 10% davon arbeiten im Tourismusbereich; damit ist Ö. das tourismusintensivste Land der OECD. Seit einigen Jahren mehren sich infolge sinkender Marktanteile die Krisensymptome in dieser Branche. Als ursächlich dafür werden die überproportional steigenden Preise im Dienstleistungssektor, die regionale und saisonale Konzentration der Reiseaktivitäten, die große Abhängigkeit von dt. Touristen (mehr als zwei Drittel aller Übernachtungen entfallen auf dt. Gäste) und die sich verändernden Urlaubswünsche der Besucher angeführt.

Die Handelsbilanz ist traditionell defizitär (1994: –116,5 Mrd. öS); ihr negativer Saldo wird im wesentlichen durch Überschüsse der Dienstleistungsbilanz (Reisebilanz 1994: 43,7 Mrd. öS) ausgeglichen. Auf der Ausfuhrseite dominieren Produkte der Maschinenbau-, der Fahrzeug- und der chem. Industrie; auf der Importseite entfallen nahezu 40% des Gesamtimports auf Maschinen und Fahrzeuge; chem. Produkte, Energierohstoffe und Nahrungsmittel vereinigen weitere 20% des Einfuhrwerts auf sich. Zwei Drittel aller Ein- und Ausfuhren werden mit der EU abgewickelt; knapp 40% der Exporte gehen nach Dtl., und mehr als 40% der Importe stammen von dort.

Bedingt durch seine geograph. Lage muß Ö. eine wichtige Transitfunktion in Europa sowohl für den Nord-Süd- als auch für den Ost-West-Verkehr übernehmen. Entsprechend ist die Verkehrsinfrastruktur gut ausgebaut. Allerdings führt das Wachstum des emissionsintensiven Gütertransports auf der Straße infolge der fortschreitenden Integration in Europa zu kaum mehr lösbaren Problemen. Die Bereitschaft zum weiteren Ausbau der Straßeninfrastruktur für Transitzwecke ist kaum mehr vorhanden. Dies zeigt sich z. B. die Tiroler Landesregierung, einem dreispurigen Ausbau der Brennerautobahn zuzustimmen.

Die Verkehrspolitik ist bemüht, weitere Teile des Straßenschwerverkehrs auf die Schiene zu verlegen. Der Hauptteil der inländ. Transportleistungen wird bereits von den Eisenbahnen erbracht; ihre Streckenlänge beläuft sich auf rd. 6 300 km, mehr als 50 % davon sind elektrifiziert. Das überregionale Verkehrsnetz besteht aus rd. 1 700 km Autobahnen und Schnellstraßen, rd. 10 000 km Bundesstraßen. Seit einigen Jahren verfügt Ö. mit dem Rhein-Main-Donau-Großschiffahrtsweg über einen vollwertigen Anschluß an das europ. Kanalnetz bis zur Nordsee. Entsprechend stieg das Verkehrsaufkommen auf der Donau deutlich an. Wichtigster Hafen an der Donau ist Linz, hier werden jährlich mehrere Mio. t umgeschlagen. Ö. verfügte 1994 über eine Handelsflotte mit einer Gesamttonnage von 134 000 BRT; davon entfielen 85 000 BRT auf 29 Handelsschiffe für den Stückgutverkehr, die in Mittelmeerhäfen und Nordseehäfen beheimatet sind.

*Österreichische Bundesbahnen: Mit dem Bundesbahn-Ges. 1992 wurde der ›Wirtschaftskörper‹ ÖBB in eine Gesellschaft mit eigener Rechtspersönlichkeit umgewandelt. Weiter wurden damit die Eisenbahninfrastruktur und der Betrieb organisatorisch und rechnerisch getrennt. Der Bund trägt die Kosten für Bereitstellung und Ausbau der Infrastruktur gemäß einem Verkehrswegeplan. Neue Organe sind der Vorstand und der Aufsichtsrat. Der Bundes-Min. für öffentl. Wirtschaft und Verkehr hat ein Weisungsrecht, er genehmigt den Jahresabschluß und den Lagebericht.

Nationalratswahlen in Österreich 1994 und 1995 (Sitzverteilung und Stimmenanteile der Parteien)		
Parteien	9. 10. 1994	17. 12. 1995
SPÖ	65; 34,9 %	71; 38,1 %
ÖVP	52; 27,6 %	52; 28,3 %
FPÖ	42; 22,5 %	40; 21,9 %
Grüne	13; 7,3 %	9; 4,8 %
Liberales Forum	11; 5,9 %	10; 5,5 %
Andere	–; 1,6 %	–; 1,4 %

österreichische Geschichte: Am 24. 5. 1992 wählte die Bev. im zweiten Wahlgang T. KLESTIL, den Kandidaten der ÖVP, zum Bundes-Präs.; der Kandidat der SPÖ, RUDOLF STREICHER (1939), unterlag. Die von der Reg. Vranitzky eingeleitete Verschärfung des Asylrechts löste eine heftige innenpolit. Kontroverse aus; das von dem FPÖ-Politiker J. HAIDER initiierte Volksbegehren ›Österreich zuerst‹, das von der Reg. und großen Teilen der Öffentlichkeit als fremdenfeindlich abgelehnt wurde, scheiterte. Am 22. 9. 1992 billigte der Nationalrat den Vertrag über den Beitritt Österreichs zum ›Europäischen Wirtschaftsraum. Nach Verhandlungen (ab 1. 2. 1993) mit der EG (EU) schloß Österreich am 2. 3. 1994 einen Vertrag über den Beitritt zur EU. Im Vorfeld der auf den 12. 6. 1994 angesetzten Volksabstimmung konzentrierte sich die innenpolit. Diskussion auf die zukünftige Stellung Österreichs als neutraler Staat, aber auch auf eine mögl. Gefährdung des österr. Sozialstandards. Zum geplanten Zeitpunkt billigte die Bev. den Beitritt zur EU mit 66,4 % der Stimmen. Zur Zustimmung trugen bei u. a. die Einigung über die Agraranpassungshilfen, aber auch die Zustimmung der Bundes-Reg. zum Brenner-Basistunnel und zur Unterinntaltrasse zur Entlastung des Verkehrs auf der Transitstrecke in Tirol. Am 24. 6. 1994 unterzeichnete Bundeskanzler F. VRANITZKY beim EU-Gipfeltreffen in Korfu den Beitrittsvertrag, der nach Zustimmung des Nationalrats (11. 11. 1994) zum 1. 1. 1995 in Kraft trat. Am 10. 2. 1995 trat Österreich dem NATO-Programm ›Partnerschaft für den Frieden‹ bei. – Seit 1993 kam es zu rechtsextremistisch motivierten Briefbombenattentaten gegen Persönlichkeiten des öffentl. Lebens, u. a. 1993 Anschlag auf den Wiener Bürgermeister HELMUT ZILK (* 1927), und gegen Angehörige nat. Minderheiten, v. a. 1995 die Ermordung österr. Roma. Auf Initiative der Reg. beschloß die Nationalversammlung 1995 die Gründung eines Nationalfonds der Rep. Österreich für die Opfer des Nationalsozialismus. – Starke innerkirchl. Kritik an der Hierarchie der kath. Kirche führte 1995 (3.–25. 6. 1995) zu einem Kirchenvolksbegehren. – Die stark nationalkonservativen und fremdenfeindl. Tendenzen in der FPÖ hatten 1993 die Abspaltung des Liberalen Forums (LF) zur Folge. Bei den Wahlen zum Nationalrat im Okt. 1994 behauptete die SPÖ ihre führende Stellung und bildete erneut unter Bundeskanzler VRANITZKY zus. mit der ÖVP eine große Koalition; Vizekanzler blieb zunächst E. BUSEK (ÖVP), im Mai 1995 gefolgt von W. SCHÜSSEL (ÖVP). Die FPÖ konnte starke Stimmengewinne erzielen; die Grünen behaupteten sich, und das LF zog zum ersten Mal in den Nationalrat ein. Nach dem Bruch der großen Koalition fanden im Dez. 1995 vorgezogene Neuwahlen zum Nationalrat statt, bei denen die SPÖ ihre parlamentar. Position ausbaute, die ÖVP ihre Stellung stabilisierte und die FPÖ, seit Jan. 1995 unter dem Namen ›Die Freiheitlichen‹ auftretend, angesichts ihres Aufstiegs seit den 80er Jahren stagnierte; LF und Grüne erlitten Verluste.

*Österreichische Industrieholding AG: Die Bez. Austrian Industries wurde 1993 aufgegeben und das ÖIAG-Gesetz mit konkreten Privatisierungsbestimmungen novelliert. Im Mai 1994 erfolgte die Abgabe von 51 % der VA Technologie AG (vorher Austrian Industries Technologies AG) über die Börse. Mit einem Transaktionsvolumen von 6,9 Mrd. öS war das die bislang größte Börseneinführung in der österr. Kapitalmarktgeschichte. Neben weiteren Verkäufen wurde auch der Anteil an der ÖMV AG auf 50 % minus eine Aktie reduziert. – Umsatz (1994): 70,7 Mrd. öS, Beschäftigte: rd. 34 000.

*österreichische Kunst: Die österr. Architektur der 1990er Jahre wird v. a. geprägt von den Architekten, die sich auch schon in den vorangegangenen Jahrzehnten einen Namen machten, wobei festzuhalten ist, daß die international bekannten Architekten viele ihrer großen Aufträge weiterhin im Ausland erhalten, z. B. G. PEICHL (Bundeskunsthalle, Bonn) oder W. HOLZBAUER (Biozentrum der Goethe-Univ., Frankfurt am Main) oder auch H. HOLLEIN, der den Auftrag für den Kulturbezirk der niederösterr. Lan-

österreichische Kunst: Adolf Krischanitz, Einzelhäuser der ›Siedlung Pilotengasse‹ in Wien-Aspern; 1989–92

deshauptstadt Sankt Pölten (Wettbewerb 1992) erhielt; die Ausstellungshalle wird 1996 eröffnet. Das neue Festspielhaus baut KLAUS KADA (* 1940; 1993–97). HOLLEIN gewann auch den Wettbewerb (1988) für das Guggenheimmuseum in Salzburg, das

Öste österreichische Kunst

österreichische Kunst: Schule in der Köhlergasse in Wien von Hans Hollein; 1984–90

er in den Fels verlegen will. Die Entscheidung von 1990/92 für das Museumsquartier Wien zugunsten der Architekten LAURID und MANFRED ORTNER, die sich durch ihr Büro Haus-Rucker-Co. in Düsseldorf einen Namen machten, scheint wieder in Frage gestellt. Den Auftakt für integrierte, offene und flexible Museumskonzepte bildete die Neustrukturierung mit Um- und Neubauten des Österr. Museums für angewandte Kunst in Wien (1989–92), beteiligt waren u.a. W. PICHLER (Tor zum Garten), SEPP MÜLLER (*1927; Verbindungstrakt), HERMANN CZECH (*1930; Café-Restaurant), PETER NOEVER (*1941; Terrassenplateau) sowie die amerikan. Gruppe SITE (JAMES WINES u.a.; Buchladen und Tor zum Ring).

österreichische Kunst: Kurt Kocherscheidt, ›Gemälde ohne Titel‹; 1991 (Privatbesitz)

GÜNTHER DOMENIG (*1934) besticht mit seinem ›schwebenden Stollen‹ (Ausstellungszentrum Hüttenberg; 1993–95). Wichtig wurden auch die Konzepte von reinen ›Raumhüllen‹ für temporäre Ausstellungshallen, z.B. von BORIS PODRECCA (*1941; für das Techn. Museum in Wien, 1989) und von ADOLF KRISCHANITZ (*1946; Traisen-Pavillon in Sankt Pölten,

1988; Kunsthalle Karlsplatz, Wien, 1992). Der Umbau von Stadttheater und Keltenmuseum in Hallein von HEINZ TESAR (*1939) zeigt ebenso wie sein Schömer-Haus (1986–87) und die neue ev. Kirche (1995) in Klosterneuburg eine ausgeprägte Handschrift. Die 1995 eröffnete Kunsthalle in Krems an der Donau wurde durch KRISCHANITZ zurückhaltend umgebaut. Besondere Leistungen kann man im österr. Wohnungsbau erkennen, Schwerpunkte sind die Steiermark (Graz), Salzburg, Vorarlberg (Bregenz) und Wien. Bei dem städtebaul. Projekt Pilotengasse für die Wohnsiedlung Wien-Aspern (1991–94) verwirklichte KRISCHANITZ ›Durchwohnhäuser‹. Durch oft hufeisenförmige Hof- und Platzgestaltungen profilierten sich seit den 80er Jahren MICHAEL SZYSZKOWITZ (*1944) und KARLA KOWALSKI (*1941). Ferner konnten sich u.a. etablieren die Architektenbüros von WERNER W. APPELT (*1938), EBERHARD KNEISSL (*1945) und ELSA PROCHAZKA (*1948); LUIGI BLAU (*1945); RUDOLF PROHAZKA (*1947); ROLAND HAGMÜLLER (*1941); KARL BAUMSCHLAGER (*1956) und DIETMAR EBERLE (*1952); OTTO HÄUSELMAYER (*1943); HELMUT RICHTER (*1941); HEIDULF GERNGROSS (*1939); FLORIAN RIEGLER (*1954) und ROGER RIEWE (*1959), die den Flughafen Graz bauten (1984–94); GERNOT NALBACH (*1942) und JOHANNE NALBACH (*1943), MANFRED KOVATSCH (*1940), ROLAND GNAIGER (*1951); MICHAEL LOUDON (*1950); Pauhof (MICHAEL HOFSTÄTTER, *1953; WOLFGANG PAUZENBERGER, *1955) sowie KONRAD FREY (*1934) mit ökolog. Zielsetzungen.

Die österr. Kunstszene gehört in ihrer Vielfalt zu den innovativsten und prägendsten Kunstlandschaften der 1980er und 90er Jahre. Neben den international anerkannten Künstlern wie HUBERT SCHMALIX (*1952), FRANZ WEST (*1947), KURT KOCHERSCHEIDT (*1943), OSWALD OBERHUBER (*1931) arbeiten weitere Maler und Bildhauer an individuellen und konsequenten Formsprachen. Einer spezifisch österr. realistisch-expressiven, opulenten Maltradition verpflichtet sind HERBERT BRANDL (*1959), PETER KOGLER (*1959), GUNTER DAMISCH (*1958), ALFRED KLINKAN (*1950), RAINER WÖLZL (*1954), ALOIS MOSBACHER (*1954), HUBERT SCHEIBL (*1952), JOSEF KERN (*1953), OTTO ZITKO (*1959) und HEIMO ZOBERLING (*1958). Die abstrakte Richtung wird von Künstlern wie MARKUS PRACHENSKY (*1932), EVA SCHLEGEL (*1960), RUDI MOLACZEK (*1948), WALTER VOPAVA (*1948), KARL HIKADE (*1952), MICHAEL SCHUSTER (*1956) und JOSEF DANNER (*1955) repräsentiert, die die Spannbreite zw. einer expressiven Stimmungsmalerei und einer rationalen Farb- und Oberflächenanalyse ausloten. Konstruktiv-konkrete Sonderwege beschreiten FLORENTINE PAKOSTA (*1933), MARC ADRIAN (*1930), KURT INGERL (*1935), OSKAR PUTZ (*1940) und RICHARD KRIESCHE (*1940), der auf der Biennale von Venedig 1995 eine Videoinstallation zur Datenvernetzung präsentierte. Im Bereich der Bildhauerei werden die Grenzen zur multimedialen Rauminstallation oft überschritten. Skulpturale Grundbedingungen untersuchen KLAUS PINTER (*1941), JOERG BURGER (*1961), JORRIT TORNQUIST (*1938), MARTIN SCHNUR (*1964), WOLFGANG ROHRMOSER (*1966), FRANZ PICHLER (*1960) und HANNES FRANZ (*1960), die sowohl auf das Formenrepertoire des Minimalismus als auch auf das der Postmoderne zurückgreifen. Künstler wie FRANZISKA LETTNER (*1953), LOIS WEINBERGER (*1947), MANFRED ERJAUTZ (*1966), ANDREA STELZHAMMER (*1964), PIA STEIXNER (*1962), MICHAEL KIENZER (*1962) und ROSA HAUSLEITNER (*1952) berufen sich auf einen erweiterten Begriff von Plastik, der die Dimensionen Zeit und soziales Geschehen in das Werk einbezieht.

Im Umfeld der bes. durch den Theoretiker und Medienkünstler PETER WEIBEL (* 1945) geförderten multimedialen und computerunterstützten Künste sind u. a. RUDOLF MACHER (* 1960), EV KLEIN (* 1959), EVELYN EGERER (* 1955), HARALD GFADER (* 1960), LEO SCHATZL (* 1958) und ILSE GASSINGER (* 1953) zu nennen.

österreichische Kunst: Herbert Brandl, ›Ohne Titel‹; 1991 (Privatbesitz)

Austrian architecture and design beyond tradition in the 1990s, bearb. v. J. ZUKOWSKY u. a., Ausst.-Kat. (Berlin 1991); Das Jahrzehnt der Malerei. Österreich 1980 bis 1990, Samml. Schömer, hg. v. I. BRUGGER u. a., Ausst.-Kat. (Wien 1991); Sensualité, sensibilité, purisme. Aspects de l'art autrichien depuis 1980, Ausst.-Kat. (Wien 1991); Ansichten. 40 Künstler aus Österreich im Gespräch ..., hg. v. W. DRECHSLER (Salzburg 1992); Museums-Positionen. Bauten u. Projekte in Österreich, hg. v. A. SARNITZ, Ausst.-Kat. (Salzburg 1992); Transformationen. 13 Positionen österr. Skulptur einer neuen Generation, hg. v. G. HOLLER-SCHUSTER, Ausst.-Kat. (Graz 1992); Architektur im 20. Jh. Österreich, hg. v. A. BECKER u. a., Ausst.-Kat. (1995); Kunst in Österreich, hg. v. N. SMOLIK u. a. (1995); Die neue österr. Architektur, bearb. v. F. DIMSTER (a. d. Amerikan., 1995); Portraits österr. Architekten, auf mehrere Bde. ber. (Wien 1995 ff.).

*Österreichische Länderbank AG: →Bank Austria AG.

österreichische Literatur: Die Entwicklungen der ö. L. in den 1970er Jahren, die von der durch die sozialdemokrat. Kultur- und Bildungspolitik geförderten Suche nach gesellschaftl. und sprachl. Alternativen geprägt waren, setzten sich z. T. in den 80er Jahren fort. In der Romanliteratur wurden die Ausgrenzungen und Belange der Frauen u. a. von MARIE-THÉRÈSE KERSCHBAUMER (1936), INGRID PUGANIGG, LILIAN FASCHINGER (* 1950) thematisiert, gesellschaftl. Fragen von ROBERT SCHINDEL (* 1944), WALTRAUD ANNA MITGUTSCH, F. MITTERER oder ERICH HACKL (* 1954), die Sexualität etwa von J. WINKLER und die Minderheitenproblematik von dem slowenischsprachigen F. LIPUŠ oder von JANKO FERK (* 1958); in der Lyrik wurde dieses Thema z. B. von G. JANUŠ aufgegriffen. Daneben gab es im Bereich der Prosa erste krit. Distanzierungen von der sozialdemokrat. Ära Österreichs, z. B. von ROBERT MENASSE (* 1954) oder JOSEF HASLINGER (* 1955). Das Tabuthema der nat.-soz. Vergangenheit wurde verstärkt zur Diskussion gebracht; Theaterstücke von T. BERNHARD oder ELFRIEDE JELINEK führten dabei zu polit.

Skandalen. In der Nachfolge des Sprachexperiments in Prosa und Lyrik, das z. B. noch bei GERHARD JASCHKE (* 1949), BODO HELL (* 1943), FRANZ JOSEF CZERNIN (* 1952) und FERDINAND SCHMATZ (* 1953) vorherrschte, waren etwa bei ANSELM GLÜCK (* 1950), MARIANNE FRITZ, P. WATERHOUSE, WOLFGANG HERMANN (* 1961), SABINE SCHOLL (* 1959) neue Tendenzen zu verzeichnen.

Seit Beginn der 1990er Jahre knüpften Autoren an die Tradition amerikan. Unterhaltungsromane und Thriller an. MANFRED MAURER (* 1958) zeichnete die Jugend-, Kultur- und Yuppieszene nach, G. ROTH beleuchtete die Korruption in Wirtschaft und Politik, und ein Bestseller HASLINGERs entwarf die Szenerie eines Giftgasattentats auf den Opernball. W. KOFLERS Prosa der Anspielungen oder ANTONIO FIANS (* 1956) parodist. Stücke brachten Kunststücke ausgefeilter Rollenspiele und Rhetoriken, während MARLENE STREERUWITZ mit eigenwilligen, moderne Klischees und antike Mythen verbindenden Theatertexten hervortrat.

Eine große Überraschung stellte die Postmoderne dar. Bei P. HANDKE war die Wiederaufnahme traditioneller Erzählmuster zu bemerken, C. RANSMAYRS international erfolgreicher Roman ›Die letzte Welt‹ (1988) ist der Sprachartistik der antiken Versepik OVIDS nachempfunden. Überhaupt traten die stilist. Probleme einer als Sprachkunst verstandenen Literatur gegenüber ihrem gesellschaftl. und polit. Anspruch in den Vordergrund. R. SCHNEIDERS Erfolgsroman ›Schlafes Bruder‹ (1992), eine bittersüße Liebesgeschichte, ist mit Anklängen an die Sprache M. LUTHERS und des Barock geschrieben; W. SCHWAB, Sprachkünstler und Kultautor des Theaters der 1990er Jahre, zeichnete etwa mit seinen ›Fäkaliendramen‹ (1991) in kunstvoller Primitivsprache kleinbürgerl. Verhältnisse nach. FRANZOBEL (eigtl. FRANZ STEFAN GRIEBL, * 1967), Prosaist, Lyriker und Ingeborg-Bachmann-Preisträger 1995, warf der Literaturszene vor, sich mehr um das Leben als um die Sprache zu kümmern.

K. ZEYRINGER: Innerlichkeit u. Öffentlichkeit. Ö. L. der achtziger Jahre (1992); Jenseits des Diskurses. Lit. u. Sprache in der Postmoderne, hg. v. A. BERGER u. a. (Wien 1994).

österreichische Kunst: Peter Kogler, ›Ants‹; Raumgestaltung im Museum Fridericianum in Kassel während der documenta IX; 1992

*Österreichische Post- und Telegraphenverwaltung: Mit dem neuen Fernmelde-Ges. wurde 1994 eine klare Trennung zw. den hoheitl. Kompetenzen des Ministeriums und den betriebl. Funktionen der Post gesetzlich verankert und damit die Voraussetzung für die weitgehende Liberalisierung des österr. Telekommunikationsmarktes geschaffen.

*Österreichischer Staatspreis für europäische Literatur: Weitere Preisträger sind P. NÁDAS (1991), S. RUSHDIE (1992), T. AJTMATOW (1993), INGER CHRISTENSEN (1994), A. TIŠMA (1995).

*Osteuropabank: Die Zahl der Mitgl. stieg auf (1995) 59, darunter die 15 EU-Mitgl., die Europ. Investitionsbank, die EU-Kommission, 7 andere europ. Länder, 10 außereurop. Länder sowie 25 mittel- und osteurop. Länder, in denen die O. tätig ist (Albanien, Bulgarien, Kroatien, Makedonien, Polen, Rumänien, die Slowak. Rep., Slowenien, die Tschech. Rep., Ungarn sowie 15 Nachfolgestaaten der ehem. UdSSR). Auf Kritik an ihren Verfahrensweisen und den hohen Verwaltungskosten reagierte die O. 1993 mit der Ablösung ihres Präs. JACQUES ATTALI (*1943) durch J. DE LAROSIÈRE, einem Programm zur Verbesserung der Kostenwirksamkeit, der Gründung von zwei neuen Kontrollausschüssen und einer umfassenden Umstrukturierung ihrer Geschäftsbereiche. Neue Schwerpunkte sind die Förderung kleiner und mittlerer Unternehmen, verstärkte lokale Präsenz, gleichmäßigere Verteilung der Mittel auf die einzelnen Länder, höherer Anteil von Kapitalbeteiligungen gegenüber der Darlehensvergabe.
Organe sind: 1) Gouverneursrat (je Mitgl. 1 Gouverneur mit nach Kapitalanteil gewichtetem Stimmrecht) als oberstes Entscheidungsgremium, 2) Direktorium (23 Mitgl.) für die laufende Geschäftsführung, 3) Präsident (zugleich Vors. des Direktoriums), 4) Finanzprüfungsausschuß sowie seit Okt. 1993 5) Ausschuß für Haushalts- und Verwaltungsangelegenheiten und 6) Ausschuß für Finanzierungsgrundsätze und Geschäftstätigkeit.

Ostkap, Provinz im SO der Rep. Südafrika, 170 616 km², (1994) 6,437 Mio. Ew. (83,3 % Schwarze, 8,6 % Weiße, 7,8 % Mischlinge, 0,3 % Asiaten); Hauptstadt ist Bisho. O. entstand im Zuge der Neugliederung der Rep. Südafrika 1994 durch Vereinigung der südöstl. Teile der früheren ▷Kapprovinz mit den Homelands ▷Ciskei und ▷Transkei. Bei den ersten gemischtrassigen Wahlen vom April 1994 errang der ANC die absolute Mehrheit der Sitze im Provinzparlament und stellt seither den Regierungschef.

Ostner, Ilona, Soziologin, *Neunkirchen (Saarland) 13. 9. 1947; war 1983–89 Prof. an der FH in Fulda, 1984–94 in Bremen, seit 1994 in Göttingen; verbindet Arbeits- und Berufssoziologie mit Frauenforschung und der Analyse sozialer Umbruchprozesse.
Werke: Beruf u. Hausarbeit (1978); Gender and the evolution of European social politics (1994, mit J. LEWIS). – Hg.: Frauen. Soziologie der Geschlechterverhältnisse (1987); Feminist. Vernunftkritik (1992, mit K. LICHTBLAU).

Ostprignitz-Ruppin, Landkreis in Brandenburg, 2 511 km², (1995) 116 200 Ew.; Hauptstadt ist Neuruppin. Im S hat der Kreis mit dem Rhinluch Anteil am Märk. Luchgebiet, einem nach Entwässerungsmaßnahmen rekultivierten ehem. Sumpfgebiet, randlich begrenzt von der Grundmoränenplatte des Ländchen Bellin. Das nördlich anschließende Ruppiner Land, eine seen- und waldreiche Grundmoränenlandschaft (Ruppiner Schweiz um Rheinsberg), wird vom 14 km langen Ruppiner See durchzogen. Der größere westl. und nordwestl. Teil des Kreises gehört zur Prignitz, einer flachwelligen Grundmoränen- und Sanderlandschaft, überragt von einzelnen Endmoränenkuppen (Prignitzer Hügelland) und -zügen, etwa entlang der Dosseniederung. Kyritzer Seenkette, Wittstocker Heide und die Ruppiner Schweiz sind beliebte Ausflugsziele in diesem wenig bewaldeten Kreisgebiet. Auf den sandigen Böden werden Kartoffeln, Roggen, Mais und Spargel angebaut, hinzu kommt die Schweinemast; im S überwiegt die Milchwirtschaft. Die Kreisstadt Neuruppin hat Kunststoffproduktion, holz- und metallverarbeitende Industrie, in Kyritz werden Stärkemittel hergestellt, im Raum Wittstock gibt es holz- und metallverarbeitende Industrie, Fehrbellin ist Standort von Textilindustrie und Kunststoffverarbeitung, Rheinsberg (mit Steingutfabrik) und Lindow sind Erholungsorte. In Neustadt (Dosse) gibt es Pferdezucht. – Der Landkreis O.-R. wurde am 6. 12. 1993 aus den Landkreisen Kyritz (O-Teil), Neuruppin und Wittstock gebildet.

Ost-Transvaal, Provinz im NO der Rep. Südafrika, 81 816 km², (1994) 2,922 Mio. Ew. (86,7 % Schwarze, 12,2 % Weiße, 0,6 % Mischlinge, 0,5 % Asiaten); Hauptstadt ist Nelspruit. – O.-T. entstand im Zuge der Neugliederung der Rep. Südafrika 1994 durch Vereinigung der östl. Teile der früheren Prov. Transvaal mit den Homelands KwaNdebele und KaNgwane sowie einem Teil des Homelands BophuthaTswana. Bei den ersten gemischtrassigen Wahlen vom April 1994 errang der ANC die absolute Mehrheit der Sitze im Provinzparlament und stellt seither den Regierungschef.

Ostvorpommern, Landkreis in Meckl.-Vorp., 1 940 km², (1995) 115 500 Ew.; Kreisstadt ist Anklam. Das Kreisgebiet umschließt die kreisfreie Stadt Greifswald. Auf der Insel Usedom (dt. Anteil 373 km²) verläuft, kurz vor Swinemünde, die Grenze zu Polen. In den Naturpark Usedom (ohne Inselnordteil um Peenemünde) sind das Achterwasser, die Krumminer Wiek, Teile des Stettiner Haffs sowie der Peenestrom samt dem Küstenstreifen an seiner W-Seite einbezogen. Zw. dem Greifswalder Bodden und dem schmalen Niederungsstreifen an der Peene (ein Urstromtal) sowie südlich des Peenetals herrschen Grundmoränenplatten der jüngsten pleistozänen Vereisung (Weichsel-Eiszeit) vor. Auf Lehmböden werden Gemüse, Kartoffeln und Roggen angebaut, auf Sandböden finden sich Wälder (Lubminer Heide, Karbower Wald, in den Dünengebieten und an der Ostseeküste von Usedom). Einige moorige Wiesen des Peenetals stehen unter Naturschutz. Größere Städte sind Anklam (1995: 17 500 Ew.; mit Binnenhafen und Industriebetrieben) und Wolgast (15 800 Ew.; Peenewerft, Hafen); weniger als 3 000 Ew. haben die Städte Gützkow, Usedom (Fischereihafen mit Fischverarbeitung) und Lassan (Boddenfischerei). Große wirtschaftl. Bedeutung hat der Fremdenverkehr auf Usedom: in den Seebädern Ahlbeck, Heringsdorf, Bansin, Koserow, Zinnowitz, Karlshagen und Trassenheide (hier auch Industriebetriebe) sowie im Historisch-techn. Informationszentrum der Raumfahrt (Raketenbau) von Peenemünde. – Der Kreis wurde am 12. 6. 1994 aus den früheren Kreisen Greifswald, Wolgast und Anklam sowie den Gemeinden Lübz, Neuendorf A und Wietstock des bisherigen Kr. Ueckermünde gebildet.

*Ost-West-Konflikt: Mit der Unterzeichung der ›Charta von Paris für ein neues Europa‹ im Nov. 1990 sollten die bisherigen Konfliktlinien in Europa endgültig zugunsten einer Neugestaltung der internat. Beziehungen verschwinden. Ob der KSZE-Prozeß oder die Aufgabe der Weltmachtrolle seitens der Sowjetunion aufgrund ihres wirtschaftl. Niedergangs ursächlich das Ende des O.-W.-K. herbeiführte, ist in der öffentl. Diskussion und in der wiss. Analyse strittig. E.-O. CZEMPIEL vertritt die These, daß die Staatenwelt durch den O.-W.-K. zweifach diszipliniert worden sei: durch die wechselseitige Abschreckung der Allianzen und durch die Ausstrahlung der dieser

Ilona Ostner

Abschreckung zugrundeliegenden Gefahr des Nuklearkriegs auf das polit. Verhalten aller anderen Staaten. Das Ende des O.-W.-K. habe den disziplinierenden Zusammenhang aufgelöst, es setzte ›alle diejenigen Kräfte frei..., die bisher vom Konflikt verdeckt, in ihn eingebunden oder von ihm abgeschreckt worden waren‹. Als Folgen sieht CZEMPIEL eine Aufwertung regionaler Bestimmungsfaktoren gegenüber der globalen Konkurrenz der Supermächte, eine Relativierung der staatszentrierten Ordnung durch die Emanzipation der ›Gesellschaftswelt‹ und damit verbunden eine Verschiebung der Prioritätensetzung vom Bereich Sicherheit zu dem der Wohlfahrt. J. MEARSHEIMER hält die Polarisierung der Macht im O.-W.-K. für den Grund dafür, daß die Welt in der Zeitspanne seiner Dauer eine historisch einmalige Phase der Stabilität durchlaufen habe. Die nun wieder aufkommende nat. Interessenkonkurrenz führe zu einer auch die westl. Welt und selbst Europa einschließenden allgemeinen Kriegsgefahr. L. BROCK sieht bereits Brüche in der vom Umbruch 1989/90 veränderten Weltlage und in den nun stärker werdenden Prozessen der internat. Verflechtung und Entfremdung die Gefahr des Verlustes der Friedensfähigkeit der Staaten.

G. KRELL: Gesch. – Weltlage – Friedensforschung, in: Friedensgutachten, Jg. 4 (1990); J. MEARSHEIMER: Back to the future. Instability in Europe after the Cold War, in: International security, Bd. 15 (Cambridge, Mass., 1990); E.-O. CZEMPIEL: Weltpolitik im Umbruch (²1993); L. BROCK: Brüche im Umbruch der Weltpolitik, in: Frieden u. Konflikt in den internat. Beziehungen, hg. v. G. KRELL u.a. (1994); M. A. FERDOWSI: Das Ende des Kalten Krieges u. der Zerfall des Sowjetimperiums, in: Sicherheit u. Frieden nach dem Ende des O.-W.-K., hg. v. M. A. FERDOWSI.

OSZE, Abk. für die →Organisation für Sicherheit und Zusammenarbeit in Europa.

Otter, Anne-Sofie von, schwed. Sängerin (Mezzosopran), *Stockholm 9. 5. 1955; studierte u.a. bei G. PARSONS in London und E. WERBA in Wien. 1982 wurde sie Mitgl. des Basler Stadttheaters, wo sie v.a. als Interpretin von Mozart-Partien auf sich aufmerksam machte. Seitdem tritt sie an allen bedeutenden europ. und amerikan. Bühnen auf und hat sich auch als Konzertsängerin einen Namen gemacht.

Otto-Hahn-Preis der Stadt Frankfurt am Main: Preisträgerin für das Jahr 1992 ist OLGA ALEJNIKOWA (1951), Preisträger für das Jahr 1994 WILLY WÖLFLI (* 1930).

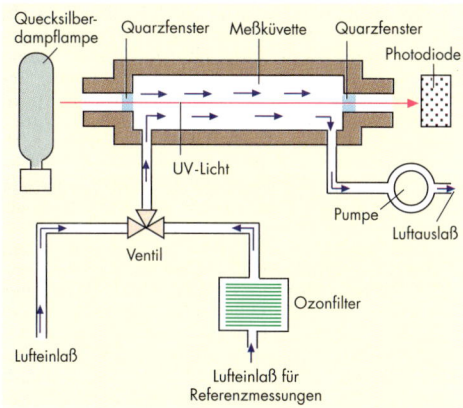

Ozon: Schematische Darstellung eines Ozonmeßgeräts

*Ottokraftstoffe: Unter dem Begriff ›Ökobenzin‹ versteht man schadstoffarme O. mit einem Benzolgehalt von ≤ 1%. In den USA sind von der Umweltbehörde EPA diese schadstoffarmen O. (engl. ›Clean fuel‹) ab 1995 gefordert. Das dort entwickelte ECX-Benzin (ECX, Abk. für Emission Controly Experimental) enthält nur noch 21,6% Aromate, wovon 0,8% Benzol ist (bleifreies Normalbenzin in Dtl. enthält 35–40% Aromate, davon 2,3% Benzol). Die Reduzierung des Gehalts an Aromaten, v.a. an Benzol, wird durch die Zugabe von Methyl-Tertiär-butylether erreicht. In Dtl. wird als benzolarmer O. nur ›Superplus-Qualität‹ mit einem Benzolgehalt von 1% angeboten. In Europa, wo die Höchstgrenze für Benzol in O. 5% beträgt, sind die ökonom. und ökolog. Vor- und Nachteile von benzolarmen O. stark umstritten.

Ousmane [usˈmaːn], Mahamane, Politiker in Niger, *Zinder 20. 1. 1950; nach Studium in Frankreich (Mathematik, Statistik, Finanzwirtschaft) und Montreal, Prov. Quebec (Handelslehre) seit 1978 im nigerian. Staatsdienst, seit 1985 Reg.-Berater; im März 1993 als Kandidat der 1991 gegründeten Oppositionspartei ›Convention Démocratique et Sociale‹ (CDS) in den ersten freien Präsidentschaftswahlen zum Staatspräs. gewählt (Amtsantritt: 16. 4. 1993); durch einen Militärputsch im Jan. 1996 entmachtet.

Outsourcing [ˈaʊtsɔːsɪŋ; Kw. aus engl. outside ›außen‹, ›außerhalb‹, resource ›Hilfsmittel‹ und -ing] das, -s, Bez. für den Übergang von der eigenen betriebl. Leistungserstellung zum Fremdbezug mit der primären Absicht, die Kosten zu senken. Urspr. bezog sich der Begriff O. auf die unternehmer. Entscheidung, eigene EDV-Aktivitäten ganz oder teilweise auf Externe zu verlagern, um EDV-Kosten besser zu kontrollieren bzw. zu senken, sich auf das eigene Kerngeschäft zu konzentrieren und von Termin- oder Etatüberschreitungen durch EDV-Abteilungen unabhängig zu werden.

Mit O. kann sowohl die Verringerung der Fertigungstiefe in bisherigen Kernbereichen gemeint sein als auch die Auslagerung von sogenannten Randaktivitäten (z.B. Erstellung von Marktprognosen). O. kann daher ganze Abteilungen oder auch einzelne Beschäftigte betreffen. – Wenn im Zuge des O. bei einem Betriebsübergang Arbeitnehmer übernommen werden, so behalten diese gemäß Rechtsprechung des Bundesarbeitsgerichts und des Europ. Gerichtshofs ihre arbeits- und tarifvertragl. Rechte auch gegenüber dem neuen Arbeitgeber. (▷ Make or buy)

Mahamane Ousmane

*Owen, David Anthony, brit. Politiker: Führte nach der Abspaltung der Mehrheit der Social Democratic Party (SDP) 1988 den verbleibenden Rest der SDP bis zu ihrer Auflösung 1990. Im Juni 1992 erhielt O. die Peerswürde und nennt sich seitdem O. of the City of Plymouth. Im Aug. 1992 wurde er Sonderbeauftragter der EG zur Vermittlung im Jugoslawienkonflikt. Über seine gemeinsam mit den UN-Vermittlern C. VANCE bzw. T. STOLTENBERG vorgelegten Friedenspläne für Bosnien und Herzegowina (Jan. bzw. Aug. 1993) wurde keine Einigung erzielt. Im Juni 1995 trat O. als Vermittler der EU zurück.

*Oz, Amos, israel. Schriftsteller: Erhielt 1992 den Friedenspreis des Börsenvereins des Dt. Buchhandels.
Werke (hebr.): *Romane:* Eine Frau erkennen (1989; dt.); Der dritte Zustand (1991; dt.); Nenn die Nacht nicht Nacht (1994; dt.). – *Essays:* Die Hügel des Libanon (1987; dt.); Das Schweigen des Himmels (1993). – Bericht zur Lage des Staates Israel (1992; dt. Sammlung).

*Özal, Turgut, türk. Politiker: † Ankara 17. 4. 1993.

*Ozon: Die in Luftmeßstationen in Bodennähe zur Messung der O.-Konzentration eingesetzten Analysegeräte beruhen auf der Absorption von UV-Licht durch das in Luftproben enthaltene Ozon. Zur Messung wird eine Quecksilberdampflampe verwendet, deren UV-Licht mit einer Wellenlänge von 254 nm bes. gut vom O. absorbiert wird. Das UV-Licht wird durch ein an den beiden Stirnseiten durch ein Quarzglasfenster verschlossenes Metallrohr mit der Luft-

Ozon Ozonloch – Paisley

probe geleitet und fällt auf eine Photodiode, deren Photostrom nach Vergleich mit ozonfreien Referenzmessungen ein Maß für die ozonabhängige Dämpfung des UV-Lichts darstellt. Um reproduzierbare Werte zu erhalten, darf die für die Referenzmessungen eingeblasene Luft kein O. enthalten. Sie wird deshalb durch ein Mangandioxidfilter geführt, in dem das O. gebunden wird. (→Smog)

*Ozonloch: In den letzten Jahren nahm der Abbau der Ozonschicht über der Antarktis dramatisch zu. Im Herbst 1993 wurde eine Reduktion um 60 % im Vergleich zum langjährigen Mittel gemessen. In der unteren Stratosphäre (zw. 12 und 20 km) ist das Ozon bis auf Restmengen vollständig zerstört. Mitte der 90er Jahre hatte das O. über der Antarktis etwa eine Ausdehnung von 32 Mio. km^2 (dies entspricht etwa der eineinhalbfachen Fläche Nordamerikas). Inzwischen wird auch über der Nordhemisphäre ein Rückgang der Ozonkonzentration (im Frühjahr 1993 um 10–20 %) beobachtet. Global haben sich die stratosphär. Ozonwerte bisher um 4 % verringert. Mit der stratosphär. Ozonschicht wird ein Filter für die von der Sonne ausgehende ultraviolette Strahlung zerstört. Davon sind vielfältige Auswirkungen auf den Menschen wie z. B. Zunahme von Sonnenbrand, Hautkrebs (Melanomen) und grauem Star (Katarakten) sowie eine Schwächung des Immunsystems zu erwarten. Auch die Tier- und Pflanzenwelt wird beeinträchtigt, z. B. durch die Verringerung des Wachstums von Plankton.

In Dtl. dürfen ab 1995 nach der FCKW-Halon-VO vom 6. 5. 1991 praktisch keine FCKW (Fluorchlorkohlenwasserstoffe) und Halone (bromhaltige Halogenkohlenwasserstoffe) mehr hergestellt oder verwendet werden (Ausnahme sind einige Medizinalsprays). Auf internat. Ebene gelten die ›VO des Rates der EU über den beschleunigten Verzicht auf Stoffe, die zu einem Abbau der Ozonschicht führen‹, sowie das bis Mai 1994 von 136 Vertragsparteien ratifizierte ›Montrealer Protokoll‹ (Abkommen zur Reduzierung von Stoffen, die zu einem Abbau der Ozonschicht führen). Dieses ist am 1. 1. 1989 in Ausführung des ›Wiener Übereinkommens zum Schutze der Ozonschicht‹ in Kraft getreten und wurde 1990 noch einmal verschärft. Die westl. Industriestaaten haben schon vorzeitig die internat. Bestimmungen weitgehend umgesetzt. Hingegen produzieren inzwischen Schwellenländer wie Brasilien, China und Indien in zunehmendem Maße FCKW. Aber selbst wenn alle Vertragsstaaten das Protokoll strikt befolgen und aus der FCKW-Produktion aussteigen, dauert es nach Modellrechnungen noch bis Mitte des 21. Jh., bis die Konzentration des FCKW und seiner schädl. Abbauprodukte in der Stratosphäre auf Werte wie vor dem Auftreten des O. abgesunken sind. Der Abbau des stratosphär. Ozons wird sich in den kommenden 10–20 Jahren weiter fortsetzen und mit größter Wahrscheinlichkeit zu einer Verdoppelung der Ausdehnung des O. über der Antarktis führen.

Klimaänderung gefährdet globale Entwicklung. Zukunft sichern – jetzt handeln, hg. v. der Enquete-Kommission ›Schutz der Erdatmosphäre‹ der Dt. Bundestages (1992); U. E. SIMONIS: Globale Umweltprobleme. Eine Einf. (1993); Dritter Bericht der Bundes-Reg. an den Dt. Bundestag über Maßnahmen zum Schutz der Ozonschicht (1994); E.-P. RÖTH: O. - Ozonsmog. Grundl. der Ozonchemie (1994).

P

Al Pacino

Pacino [pæˈtʃiːnəʊ], Al, amerikan. Schauspieler, *New York 25. 4. 1940; Bühnenstar am Broadway, der 1969 seine erfolgreiche Filmkarriere begann.
Filme: Der Pate (3 Tle., 1971–91); Serpico (1973); Hundstage (1975); ... und Gerechtigkeit für alle (1979); Frankie u. Johnny (1991); Der Duft der Frauen (1992); Carlito's way (1994); Heat (1996).

Paemel [ˈpɑːməl], Monika van, fläm. Schriftstellerin, *Poesele (Prov. Ostflandern) 4. 5. 1945; schreibt engagierte Romane, in denen Erzählung und Reflexion ineinander übergehen und die durch eine fragmentar. Struktur und eine lyrisch-assoziative Ausdrucksweise gekennzeichnet sind. In ihrem autobiograph. Roman ›De vermaledijde vaders‹ (1985; dt. ›Verfluchte Väter‹) verknüpft sie die Lebensgeschichte der Protagonistin mit der Familiengeschichte und einer Skizze der Nachkriegszeit und stellt in ›De eerste steen‹ (1992; dt. ›Der erste Stein‹) die feminist. Problematik vor dem Hintergrund der Weltgeschichte und der Geschichte des jüd. Volkes dar.
Weitere Werke: Romane: Amazone met het blauwe voorhoofd (1971); De confrontatie (1974); Marguerite (1976).

*Page, Ruth, amerikan. Tänzerin und Choreographin: † Chicago (Ill.) 7. 4. 1991.

Pager [ˈpeɪdʒə, engl.] *der, -s/-,* Telekommunikation: Funkruf-Empfangsgerät (umgangssprachlich ›Piepser‹), Endgerät der Funkrufdienste Cityruf, Cityruf international, Scall, Eurosignal und Ermes, das einen eintreffenden Ruf durch akust. und opt. (auf einem Flüssigkristalldisplay) Signale anzeigt. Alphanumer. P. können außer Ziffern auch Texte übermitteln, die zusätzlich in einen Speicher abgelegt werden und zeitlich versetzt abgerufen werden können.

Pagh-Paan, Younghi, korean. Komponistin, *Chʼŏngju (Süd-Korea) 30. 11. 1945; kam 1974 in die Bundesrep. Dtl., wo sie bis 1979 an der Musikhochschule in Freiburg im Breisgau u. a. Komposition bei K. HUBER und Klavier bei E. PICHT-AXENFELD studierte; lebt seitdem freischaffend bei Freiburg. In bewußter Rückbesinnung auf Elemente der traditionellen korean. Bauern- und Hofmusik, z. T. auf der Grundlage eigener Transkriptionen, sind zahlreiche ihrer Werke geprägt vom organ. Wechselspiel zw. Klangraumgestaltung einerseits und rhythmisch nuancierten Tonveränderungen andererseits. Sie schrieb Orchesterwerke (›Sori‹, 1980; ›Nim‹, 1987) und Werke für unterschiedl. Instrumentalensembles (›Ta-Ryong II‹, 1988, und ›Ta-Ryong III‹, 1991; ›Silberfaden‹, 1993), auch mit Stimmen (›Nun‹, 1979; ›Flammenzeichen‹, 1983, über Texte der Widerstandsbewegung ›Weiße Rose‹; ›Ma-um in memoriam Luigi Nono‹, 1990).

*Paisley, Ian, nordir. Politiker: Der im Dez. 1993 eingeleiteten britisch-irischen Friedensinitiative für Nordirland steht P. äußerst skeptisch gegenüber. Das Angebot, die republikan. Sinn Féin nach einer dreimonatigen Waffenruhe der IRA am polit. Dialog zu beteiligen, lehnte er ebenso ab wie den britisch-irischen Rahmenplan für Nordirland vom Febr. 1995, den er als Ausverkauf prot. Interessen bezeichnete.

Paket: Die P.-Karte wurde durch einen dreiteiligen P.-Schein (Durchschreibesatz mit Aufschrift, Einlieferungsbeleg und Prüfschein) abgelöst. Am Postschalter wird der P.-Schein durch ein Etikett mit Strichcode (Identcode) gekennzeichnet, das zus. mit dem im Frachtzentrum auf dem P. angebrachten Bearbeitungsetikett (Leitcode) der computergesteuerten Sortierung und Verteilung des P. dient.

Pakistan, amtlich Urdu **Islami Jumhuriya-e Pakistan,** dt. **Islamische Republik P.,** Staat in S-Asien, grenzt an das Arab. Meer (Ind. Ozean).

Hauptstadt: Islamabad. *Amtssprache:* Urdu (in der Prov. Sind auch Sindhi); als Geschäfts- und auch als Amtssprache wird vielfach Englisch gebraucht. *Staatsfläche:* 796 095 km² (ohne Binnengewässer 770 880 km²). *Bodennutzung (1992):* 211 400 km² Ackerland, 50 000 km² Dauergrünland, 34 800 km² Waldfläche. *Einwohner (1994):* 136,645 Mio., 172 Ew. je km². *Städtische Bevölkerung (1993):* 34%; in städt. Agglomerationen mit 1 Mio. und mehr Ew. leben 53% der Stadt-, 18% der Gesamtbevölkerung. *Durchschnittliches Bevölkerungswachstum pro Jahr (1985–93):* 3,1%. *Bevölkerungsprojektion für 2000:* 154,79 Mio. Ew. *Landessprachen (Sprecher in Bevölkerungsanteilen 1988):* Panjabi 50,6%, Sindhi 21,6%, Paschto 13,1%, Urdu 7,6%, Belutschi 3,0%, Brahui 1,2%, andere Sprachen 2,9%. *Religion (1992):* 96,8% Muslime (der Islam ist Staatsreligion). *Altersgliederung (1995):* unter 15 Jahre 43,6%, 15 bis unter 65 Jahre 53,6%, 65 und mehr Jahre 2,8%. *Lebenserwartung der Neugeborenen (1992):* männlich 59 Jahre, weiblich 59 Jahre. *Analphabetenquote (1991):* insgesamt 65,2%, männlich 52,7%, weiblich 78,9%. *BSP je Ew. (1993):* 430 US-$. *BIP nach Sektoren/Produktionsstruktur (1993):* Landwirtschaft 23%, Industrie 25%, Dienstleistungen 50%. *Währung:* 1 Pakistanische Rupie (pR) = 100 Paisa (Ps). *Internationale Mitgliedschaften:* UNO, Colombo-Plan, Commonwealth of Nations.

Geschichte: Die Zerstörung der Bahri-Moschee in Ayodhya (Uttar Pradesh, Indien) im Dez. 1992 durch hinduist. Fanatiker löste in P. Ausschreitungen gegen Hindu aus. Im Sommer 1993 kam es zu einem Konflikt zw. Staatspräs. GHULAM ISHAQ KHAN (*1915) und MinPräs. MIAN NAWAZ SHARIF (*1948), der zum Rücktritt beider führte. Nach dem Wahlsieg der PPP im Okt. 1993 bildete deren Vorsitzende BENAZIR BHUTTO wieder die Reg. Im Nov. 1993 wurde FARUGH AHMED LEGHARI zum Staatspräs. gewählt.

Palästina: Im Zuge schwieriger und langwieriger Verhandlungen zw. Israel und der PLO zur Lösung des Nahostkonflikts ebnete die **Grundsatzerklärung über eine Teilautonomie der Palästinenser im Gazastreifen und in der Stadt Jericho (Gaza-Jericho-Abkommen,** 13. 9. 1993) den Weg zu einer palästinens. Staatlichkeit. In einem **Rahmenabkommen** über die Wirtschaftsbeziehungen zw. Israel und den zukünftigen palästinens. Autonomiegebiet (29. 4. 1994) legten beide Seiten die Bereiche fest (Zoll, Steuern, Industrie, Landwirtschaft und Tourismus), die dem zukünftigen Autonomiegebiet übertragen werden sollen. Das **Abkommen über die palästinensische Teilautonomie** (4. 5. 1994) sowie das **Interimsabkommen** (auch **Taba-Abkommen,** 24. 9. 1995) bestimmen Umfang und Zahl der einzelnen autonomen Teilgebiete, die Kompetenzen und die Organstruktur des Autonomiegebietes. Infolge der Abkommen wurden die israel. Militär- und Zivilverwaltung in den einzelnen Autonomiegebieten abgebaut, die Kompetenzen weitgehend auf die Autonomiebehörden übertragen. Polizei, Verw., Rechtsprechung und – in bestimmten Maße – auch die Gesetzgebung obliegen den Organen der palästinens. Autonomie. Die in den Abkommen nicht auf die palästinens. Behörden übergeleiteten Zuständigkeiten (bes. Verteidigung und Außenpolitik) werden dagegen weiter von der israel. Besatzungsmacht ausgeübt.

Zur Ausübung der auf die palästinens. Autonomie übertragenen Hoheitsrechte wurde durch das Interimsabkommen ein Palestinian Council geschaffen. Dieses Repräsentationsorgan der palästinens. Bev. besteht aus 88 Mitgl., die nach dem Mehrheitswahlrecht gewählt werden. Dem Palestinian Council stehen im Prinzip alle Verwaltungs- und Rechtsetzungsbefugnisse des Autonomiegebietes zu. Während die Rechtsetzung vom Palestinian Council im Plenum ausgeübt wird, hat ein Komitee des Palestinian Council die Verwaltungsbefugnisse inne. Dieses Executive Council, d.h. die Regierung, besteht aus einem Teil der Mitgl. des Palestinian Council sowie zu einem kleineren Teil aus zusätzlich ernannten Fachministern. Der Vorsitzende der Regierung, der Rais, wird in direkter Wahl durch das Volk bestimmt, zus. mit den Wahlen zum Palestinian Council. Stellv. des Reg.-Chefs ist der Vors. des Palestinian Council. In den israelisch-palästinens. Vereinbarungen wurde auch ein eigenes palästinens. Gerichtssystem vorgesehen mit Straf- und Zivilgerichten sowie einem Palestinian Court of Justice als zweiter Instanz, der auch als Verwaltungsgericht fungiert.

Bei den ersten Wahlen zum Palestinian Council am 20. 1. 1996 erhielt die Fatah J. ARAFATS die meisten Sitze; dieser selbst wurde mit 88,1% der Stimmen zum Rais gewählt.

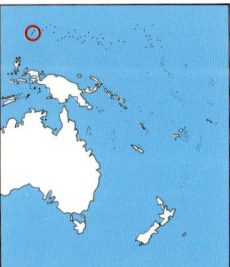

Palau
Fläche: 487 km²
Einwohner: (1994) 17 200
Hauptstadt: Koror
Amtssprachen: Palauisch und Englisch
Nationalfeiertag: 9. 7.
Währung: US-Dollar
Uhrzeit: 20⁰⁰ Koror = 12⁰⁰ MEZ

Palau, Belau, amtl. palauisch **Belu'u era Belau** und engl. **Republic of Belau** [rɪˈpʌblɪk əv -], **Republic of Palau** [pæˈloʊ], dt. **Republik P.,** aus den Palauinseln bestehender Staat im W des Pazif. Ozeans, zw. 131° und 134° ö. L. sowie 2°29' und 7°20' n. Br., 487 km² (nach anderen Angaben 508 km²), (1994) 17 200 Ew.; Hauptstadt ist Koror (auf der gleichnamigen Insel; auch Oreor genannt; eine neue Hauptstadt soll auf Babelthuap entstehen), Amtssprachen sind Palauisch (eine mikrones. Sprache) und Englisch. Währung: US-Dollar. Uhrzeit: 20⁰⁰ Koror = 12⁰⁰ MEZ.

STAAT · RECHT

Verfassung: Die Verf. trat als zunächst lokales Grundgesetz am 1. 1. 1981 in Kraft und gilt auch nach der Unabhängigkeit (1994) fort. Die Gesetzgebung ist dem Nationalkongreß von P. (›Olbiil era Kelulau‹) anvertraut, der aus zwei Kammern, dem Senat (14 Senatoren) und dem Abgeordnetenhaus (16 Mitgl.), besteht. Der Präs., Staatsoberhaupt und Reg.-Chef zugleich, wird für vier Jahre vom Volk gewählt.

Parteien bestehen nicht.

Nationalfeiertag ist der 9. 7.

Verwaltung: Der Staat setzt sich aus 16 Gliedstaaten zusammen, jeder mit einer eigenen Exekutive (Gouverneur) und einem gewählten Parlament. Auf unterer Ebene gibt es Gemeinden und Dörfer mit weitgehend traditionellen Verw.-Strukturen.

Palau
Nationalflagge

Pale Paley – Pamuk

Recht: Es gibt ein mehrstufiges Gerichtssystem mit dem Obersten Gerichtshof der Rep. an der Spitze.
Streitkräfte: Durch den ›Compact of Free Association‹ von 1982 (in einer Volksabstimmung 1993 gebilligt) sind die USA für die Verteidigung zuständig und unterhalten eine Marinebasis im Hafen von Koror, in die nach der Volksabstimmung auch Kriegsschiffe mit Kernwaffen an Bord einlaufen können.
Internat. Mitgliedschaften: UNO.

LANDESNATUR · BEVÖLKERUNG

Landesnatur: Die rd. 350 Palauinseln, die westlichste Gruppe der Karolinen, liegen fast alle innerhalb eines in N–S-Richtung über 110 km sich erstreckenden Barriereriffs, das eine Lagune von 1 267 km² Fläche einschließt; wichtigste Inseln sind Babelthuap (Babeldaob), Koror und die Chelbachee (Rock Islands; pilzförmige Kalksteinkuppen. Sie sind teils vulkan. Ursprungs (›hohe Inseln‹, Koror bis 628 m ü. M.), teils Korallenbauten; einige sind durch Dämme miteinander verbunden worden. P. hat trop. Klima mit entsprechend geringen jahreszeitl. Temperaturunterschieden (Jahresmittel auf Koror 28 °C, 3 800 mm Niederschlag). An den Küsten ist Mangrove verbreitet, im Innern der Inseln Grasland oder Regenwald.

Klimadaten von Koror (33 m ü. M.)

Monat	Mittleres tägl. Temperaturmaximum in °C	Mittlere Niederschlagsmenge in mm	Mittlere Anzahl der Tage mit Niederschlag	Mittlere tägl. Sonnenscheindauer in Stunden	Relative Luftfeuchtigkeit nachmittags in %
I	29,4	389	25	6,2	77
II	29,4	239	21	6,9	74
III	30,0	173	23	8,3	72
IV	30,6	193	19	8,5	72
V	30,0	394	25	7,0	75
VI	30,0	315	25	6,4	76
VII	29,4	505	26	6,7	77
VIII	29,4	356	29	6,7	75
IX	30,0	399	29	7,1	76
X	30,0	376	24	6,8	75
XI	30,0	300	24	7,1	75
XII	29,4	323	26	6,2	76
I–XII	30,0	3962	296	7,0	75

Bevölkerung: Nur elf Inseln sind bewohnt (1990), v. a. Babelthuap (408 km², 3 500 Ew.) und Koror (8 km², 10 500 Ew.). Die Bev. besteht v. a. aus Mikronesiern (1990: 83 %), die im 1. Jahrtsd. v. Chr. von W her einwanderten. Starke Veränderungen traten zw. den beiden Weltkriegen ein (als bis zu 30 000 Japaner auf den Inseln lebten) und nach 1945 (u. a. amerikan. Einfluß), als auch Filipinos (Anteil der heutigen Bev. 10 %) und Chinesen (1 %) einwanderten; 1 % der Bev. sind Weiße. Die traditionelle soziale Gliederung (Ständeverfassung) hat sich vielfach erhalten.
Religion: 41 % der Bev. sind Katholiken, 25 % Protestanten (1990).
Bildungswesen: Das Land besitzt (1990) 25 (darunter drei private) achtjährige Primarschulen (mit 2 494 Schülern), sechs (darunter fünf private) weiterführende allgemeinbildende Schulen (mit rd. 1 050 Schülern) und eine Schule für techn. Berufsausbildungen (1987 mit 382 Einschreibungen).
Publizistik: Presse: Zweimal wöchentlich wird von der Reg. die ›Palau Gazette‹ herausgegeben, außerdem erscheint wöchentlich die ›Palau Tribune‹. – *Rundfunk:* Die ›Palau National Communications Corp.‹, Mitgl. der Rundfunkorganisation der Pazif. Inseln, betreibt die Station ›WSZB‹, die amerikan., japan. und mikrones. Musik ausstrahlt. Der Fernsehsender heißt ›STV-TV Koro‹; daneben existiert noch das Kabelfernsehprogramm ›UMDA Cable TV‹. Es gibt 4 300 Hörfunk- und 1 700 Fernsehteilnehmer.

WIRTSCHAFT · VERKEHR

Wirtschaft: Da P. bis zur Erlangung der nat. Souveränität unter von den USA ausgeübter UN-Treuhandverwaltung stand, trugen die USA mehr als 90 % zur Finanzierung des Staatshaushalts bei. Für die weiterhin engen wirtschaftl. Bindungen zu den Vereinigten Staaten bildet der 1993 von der Bev. mehrheitlich angenommene Assoziierungsvertrag die Grundlage; dieser sieht u. a. vor, daß die USA in den kommenden 15 Jahren Strukturhilfe in einer Gesamthöhe von rd. 480 Mio. US-$ leisten. Die Auslandsschulden P.s beliefen sich (1989) auf 100 Mio. US-$. 1986 lag die Arbeitslosenquote bei 20 %, das Bruttosozialprodukt je Ew. bei 2 360 US-$. Landwirtschaft und Fischerei werden v. a. als Subsistenzwirtschaft betrieben. Wichtigste Anbauprodukte sind Kokosnüsse, Maniok, Bananen und Süßkartoffeln. Fischereilizenzen wurden an ausländ. Fangflotten vergeben, u. a. an Taiwan, die USA, Japan und die Philippinen. Der Tourismus ist eine der wichtigsten Devisenquellen (1992: 32 000 Auslandsgäste), obwohl P. nur über eine mangelhafte Verkehrsinfrastruktur verfügt und die Unterkunftsmöglichkeiten nicht dem internat. Standard entsprechen. Unzählige Felseninseln und Lagunen bieten vorzügl. Möglichkeiten zum Tauchen.
Außenwirtschaft: Mit den Exporteinnahmen kann nur ein Bruchteil des Warenimports gedeckt werden (Einfuhrwert 1986: 27,2 Mio. US-$, Ausfuhrwert: 0,5 Mio. US-$). Hauptexportgüter sind Fisch, Muscheln, Kokosnüsse und Kopra. Unter den Handelspartnern dominieren die USA und Japan.
Verkehr: Der Großteil der befestigten Straßen befindet sich auf der Insel Koror. Insgesamt ist das Straßennetz in einem schlechten Zustand. Auf Malakal (kleine westl. Nachbarinsel von Koror; Straßendamm) befindet sich der einzige Hafen des Landes. Der internat. Flughafen liegt nahe Airal im S von Babelthuap (ein neuer internat. Flughafen im Zentrum der Insel soll mit japan. Hilfe errichtet werden).

GESCHICHTE

Zum 1. 10. 1994 wurden die ▷ Palauinseln als Rep. P. unabhängig. Staatspräs. und Reg.-Chef ist KUNIWO NAKAMURA. Im Dez. 1994 wurde P. Mitgl. der UNO.

Paley [ˈpeɪlɪ], Grace, amerikan. Schriftstellerin, * New York 11. 12. 1922; schreibt subtile Kurzgeschichten, die psycholog. Konflikte präzise und häufig mit scharfer Ironie darstellen; engagierte sich in der internat. Frauenbewegung.
Werke: Erzählungen: The little disturbances of man (1959; dt. Fleischvögel, auch u. d. T. Die kleinen Störungen der Menschheit); Enormous changes at the last minute (1974; dt. Ungeheure Veränderungen in letzter Minute); Later the same day (1985; dt. Später am selben Tag).
Ausgaben: New and collected poems (1992). – Adieu u. viel Glück. Ges. Geschichten (²1987).
N. D. ISAACS: G. P. A study of the short fiction (Boston, Mass., 1990); J. TAYLOR: G. P. Illuminating the dark lives (Austin, Tex., 1990).

*Palitzsch, Peter, Theaterregisseur und -leiter: War 1992–95 Leitungs-Mitgl. des Berliner Ensembles.

*Palucca, Gret, Tänzerin und Tanzpädagogin: † Dresden 23. 3. 1993.

Pamuk, Orhan, türk. Schriftsteller, * Istanbul 7. 6. 1952; reflektiert in seinen Romanen die Frage nach der Identität des Individuums; Er steht dabei nicht in der Tradition des engagierten Realismus der türk. Republik; vielmehr ist sein Werk ironisch-distanziert, historisierend, surreal, symbolistisch und bewußt eklektisch, die Komposition polyphon und heterogen. Sein Erstlingswerk, der Familienroman ›Cevdet Bey und seine Söhne‹ (1982; türk.), ist noch Vorbildern der

Orhan Pamuk

klass. Moderne verpflichtet. Nach dem Roman ›Das stille Haus‹ (1983; frz. ›La maison du silence‹) wurde er mit dem symbolist. histor. Roman ›Die weiße Festung‹ (1985; dt.) international bekannt. In ›Das schwarze Buch‹ (1990; dt.) thematisiert er die Suche nach der verschwundenen Geliebten in einem labyrinthisch geschilderten Istanbul. Mit diesem Werk sowie mit ›Neues Leben‹ (1994; türk.) wurde P. zu einem Exponenten der türk. Postmoderne.

*Pan African Congress, Abk. **PAC:** Obwohl der PAC die auf eine multikulturelle und pluralist. Gesellschaft zielende Übergangsverfassung der Rep. Südafrika ablehnt, sprach er sich Anfang 1994 für einen Gewaltverzicht aus und nahm an der Wahl vom April 1994 teil; er erreichte jedoch nur 1,25 % der Stimmen.

*Panama, amtlich span. **República de Panamá,** Staat in Zentralamerika, zw. Pazifik und Karib. Meer.

Hauptstadt: Panama. *Amtssprache:* Spanisch. *Staatsfläche:* 78 678 km^2. *Bodennutzung (1992):* 6 540 km^2 Ackerland, 15 700 km^2 Dauergrünland, 32 600 km^2 Waldfläche. *Einwohner (1994):* 2,585 Mio., 33 Ew. je km^2. *Städtische Bevölkerung (1993):* 53 %. *Durchschnittliches Bevölkerungswachstum pro Jahr (1985–93):* 2,0 %. *Bevölkerungsprojektion für 2000:* 2,856 Mio. Ew. *Ethnische Gruppen (1992):* 64 % Mestizen, 14 % Schwarze und Mulatten, 10 % Weiße, 8 % Indianer, 4 % Chinesen u. a. Asiaten. *Religion (1992):* 83,9 % Katholiken. *Altersgliederung (1995):* unter 15 Jahre 33,2 %, 15 bis unter 65 Jahre 61,8 %, 65 und mehr Jahre 5,0 %. *Lebenserwartung der Neugeborenen (1992):* männlich 71 Jahre, weiblich 75 Jahre. *Analphabetenquote (1991):* insgesamt 11,2 %, männlich 10,6 %, weiblich 11,7 %. *BSP je Ew. (1992):* 2 600 US-$. *BIP nach Sektoren/Produktionsstruktur (1993):* Landwirtschaft 10 %, Industrie 18 %, Dienstleistungen 72 %. *Währung:* 1 Balboa (Bl.) = 100 Centésimos (c, cts). *Internationale Mitgliedschaften:* UNO, OAS, OCAS.

Geschichte: Im Okt. und Dez. 1990 behauptete sich die Reg. Endara gegen zwei Putschversuche von Anhängern M. A. NORIEGA MORENAS. Mit dem Bruch der Reg.-Koalition ADOC im April 1991 verlor jedoch der Präs. seine parlamentar. Mehrheit. Die von der Reg. geplante Verf.-Reform, die u. a. die Abschaffung der Streitkräfte und die Stärkung der Bürgerrechte vorsah, wurde in einem Referendum vom Nov. 1992 zunächst abgelehnt; am 4. 10. 1994 billigte das Parlament jedoch eine Verf.-Änderung, durch die die Armee offiziell abgeschafft wurde. Für die nat. Sicherheit sorgt die etwa 11 000 Freiwillige umfassende, von Präs. G. ENDARA in der 1. Hälfte der 90er Jahre neu organisierte Polizeitruppe. Unterstützt wird sie vom ›National Maritime Service‹ und vom ›National Air Service‹ (jeweils 400 Mann). Im Ggs. zu seinem Amtsvorgänger erklärte sich E. PÉREZ BALLADARES, der am 8. 5. 1994 als Kandidat des oppositionellen PRD die Präsidentschaftswahlen gewonnen hatte, auf Wunsch der USA bereit, in der zweiten Jahreshälfte 1994 Bootsflüchtlinge aus Haiti und Kuba aufzunehmen. – Im Juli 1991 trat P. der Organisation der zentralamerikan. Staaten (OCAS) bei.

Panow, Walerij Matwejewitsch, sowjet.-israel. Tänzer, Choreograph und Ballettdirektor, * Witebsk 12. 3. 1938; war nach seinem Studium an der Leningrader Ballettschule zunächst beim Malyj-Ballett, danach 1963–72 einer der profiliertesten Solisten des Kirow-Balletts. Nach Verlassen der Sowjetunion 1974 arbeitete er als Choreograph traditioneller Handlungsballette v. a. für die Dt. Oper Berlin. 1984–86 war er künstler. Leiter des Königl. Balletts von Flandern, seit 1992 Ballettdirektor in Bonn.

*Pantschen-Lama: Unabhängig voneinander beauftragten der Dalai-Lama und die chin. Reg. Kommissionen mit der Suche nach der Reinkarnation des P.-L. Nachdem im Mai 1995 der Dalai-Lama einen sechsjährigen Jungen als Wiederverkörperung des P.-L. anerkannt hatte, präsentierte die chin. Reg. im Nov. 1995 ihren eigenen Kandidaten. Polit. Bedeutung erlangt der Streit um die Nachfolge des P.-L. v. a. durch die Tatsache, daß dem P.-L. beim Tod des Dalai-Lama das Recht zusteht, dessen Reinkarnation – und damit dessen Nachfolger als geistiges Oberhaupt der Tibeter – zu bestätigen.

*Panufnik, Andrzej, brit. Komponist und Dirigent poln. Herkunft: † London 27. 10. 1991.

*Papandreu, Andreas, griech. Politiker: War nach dem Wahlsieg der PASOK von Okt. 1993 bis Jan. 1996 wieder MinPräs. P. trat krankheitsbedingt zurück.

*Papier: Für den Rollenrotationsdruck im Tief- und Offsetdruck wurden ultraleichte, zweiseitig glänzend gestrichene Spezial-P. (Dünndruck-P.) entwickelt, die **ULWC-P.** (ULWC Abk. für engl. Ultra light weight coated). Derartige P. haben Flächengewichte zw. 48 und 35 g/m^2. Bei **LWC-P.** (LWC Abk. für engl. Light weight coated) lag das Quadratmetergewicht noch zw. 70 und 52 g/m^2. Auf die über beide P.-Seiten gleichmäßig aufgetragene Strichmasse entfallen davon 5 g/m^2, also 2,5 g/m^2 je P.-Seite. Derartiges LWC- und ULWC-P. wird vorwiegend für den Druck umfangreicher Versandhauskataloge eingesetzt. Die geforderten Eigenschaften des ULWC-P. werden durch eine Kombination von Zellstoff und Holzschliff erzielt. Der Zellstoff gewährleistet die Festigkeit und Dehnung, und der Holzschliffanteil wirkt mit seinen kurzen Fasern als aktiver Füllstoff zur Verbesserung der Opazität. Die Streichfarbe wird in der Streichmaschine mit einer Walze im Überschuß aufgetragen. Die Dicke der Schicht wird durch die Einstellung einer Rakel gesteuert. Nach der Trocknung erfolgt die Satinage, bei der die P.-Bahn durch einen Kalander mit zwölf Walzen läuft, zw. denen die P.-Bahn verdichtet und v. a. geglättet wird.

Neben dem Kostenvorteil beim Versand von auf ULWC-P. gedruckten Katalogen entstehen auch im Druck geringere Kosten, da weniger Rollenwechsel notwendig sind. Die Bahnlänge steigt von 23 000 m bei einem 60-g/m^2-P. auf 39 300 m bei einem 35-g/m^2-P., die bedruckbare Fläche von 92 000 m^2 auf 157 200 m^2 (Rollenbreite 200 cm, Rollendurchmesser 123 cm).

*Papierkonservierung: In den USA wurde das **DEZ-Verfahren** entwickelt, das mit gasförmigem Diethylzink (Abk. DEZ), einer metallorgan. Verbindung, arbeitet. Das DEZ reagiert mit den Säurebestandteilen im Papier zu Zinksalz und gasförmigem Ethylen sowie mit dem Restwasser im Papier zur Puffersubstanz Zinkoxid. Wegen des sehr reaktiven DEZ erfordert das Verfahren einen hohen Sicherheitsstandard. Auch der ebenfalls in den USA ausgearbeitete **Booksaver-Prozeß** ist ein Gasphasenverfahren, bei dem Ethylenoxid und Ammoniak eingesetzt werden.

Das im Auftrag der Dt. Bibliothek in Frankfurt am Main konzipierte und seit 1994 in der Dt. Bücherei in Leipzig angewandte **Battelle-Verfahren,** ein Flüssigphasenverfahren, setzt als Entsäuerungsmittel Magnesiumtitanethylat ein, das in Hexamethyldisiloxan gelöst ist. Das Verfahren läuft in drei Stufen ab: Die in Körben sortierten Bücher werden in der evakuierten Bearbeitungskammer im ersten Schritt vorgetrocknet (Dauer 48 Stunden, bei 50 °C), wobei alle Luft aus den Papierporen austritt. Im zweiten Verfahrensschritt, dem Tränken, dringt die Flüssigkeit bei Unterdruck gleichmäßig in das Papier der Bücher ein. Die chem. Neutralisation der Säurebestandteile und alkal. Pufferung des Papiers laufen dabei innerhalb weniger Minuten ab. Danach wird die überschüssige Lösung abgepumpt, und Lösungsmitteldämpfe werden abgesaugt. In der abschließenden Phase lagern die Bücher

Papu   Papua-Neuguinea – Parti Québécois

etwa drei Wochen und erreichen wieder ihre normale Feuchte im Papier. Bei der Wasseraufnahme gast permanent Ethylalkohol aus, der sich von dem eingebrachten Entsäuerungsmittel abspaltet.

***Papua-Neuguinea,** Pidgin English **Papua Niugini,** amtlich engl. **Independent State of Papua New Guinea,** Staat im westl. Pazifik, in Ozeanien.

Hauptstadt: Port Moresby. *Amtssprache:* Englisch (daneben Neumelanesisch, eine Form von Pidgin English, und Hiri Motu, eine Pidginsprache auf der Basis des Motu, als Verkehrssprachen). *Staatsfläche:* 462 840 km² (ohne Binnengewässer 452 860 km²). *Bodennutzung (1992):* 4 070 km² Ackerland, 830 km² Dauergrünland, 382 200 km² Waldfläche. *Einwohner (1994):* 4,205 Mio., 9 Ew. je km². *Städtische Bevölkerung (1993):* 16%. *Durchschnittliches Bevölkerungswachstum pro Jahr (1985-93):* 2,3%. *Bevölkerungsprojektion für 2000:* 4,867 Mio. Ew. *Religion (1992):* 58,4% Protestanten, 32,9% Katholiken. *Altersgliederung (1995):* unter 15 Jahre 39,8%, 15 bis unter 65 Jahre 57,6%, 65 und mehr Jahre 2,6%. *Lebenserwartung der Neugeborenen (1992):* männlich 55 Jahre, weiblich 57 Jahre. *Analphabetenquote (1991):* insgesamt 48,0%, männlich 35,1%, weiblich 62,2%. *BSP je Ew. (1993):* 1 130 US-$. *BIP nach Sektoren/Produktionsstruktur (1993):* Landwirtschaft 26%, Industrie 43%, Dienstleistungen 31%. *Währung:* 1 Kina (K) = 100 Toea (t). *Internationale Mitgliedschaften:* UNO, Colombo-Plan, Commonwealth of Nations, South Pacific Forum.

Geschichte: Nach der Vereinbarung eines Waffenstillstandes zw. Reg.-Truppen auf Bougainville und der Bougainville Revolutionary Army (BRA) im Febr. 1990 schloß die Reg. von P.-N. im Aug. 1990 mit den Aufständischen ein Friedensabkommen. Es kam jedoch immer wieder zu Zusammenstößen. Die militär. Auseinandersetzungen um Bougainville führten auch zu Spannungen mit den Salomoninseln, da P.-N. den Nachbarstaat beschuldigte, die Aufständischen zu unterstützen.

***Paraguay,** amtlich span. **República del P.,** Staat im S Südamerikas.

Hauptstadt: Asunción. *Amtssprachen:* Spanisch und Guaraní. *Staatsfläche:* 406 752 km² (ohne Binnengewässer 397 300 km²). *Bodennutzung (1992):* 22 350 km² Ackerland, 214 000 km² Dauergrünland, 132 500 km² Waldfläche. *Einwohner (1994):* 4,830 Mio., 12 Ew. je km². *Städtische Bevölkerung (1993):* 51%. *Durchschnittliches Bevölkerungswachstum pro Jahr (1985-93):* 2,9%. *Bevölkerungsprojektion für 2000:* 5,464 Mio. Ew. *Ethnische Gruppen (1991):* 95% Mestizen, 2% Indianer, 2% Weiße, 1% Asiaten. *Religion (1992):* 96,0% Katholiken. *Altersgliederung (1995):* unter 15 Jahre 39,6%, 15 bis unter 65 Jahre 56,8%, 65 und mehr Jahre 3,6%. *Lebenserwartung der Neugeborenen (1992):* männlich 65 Jahre, weiblich 70 Jahre. *Analphabetenquote (1991):* insgesamt 9,9%, männlich 7,9%, weiblich 11,9%. *BSP je Ew. (1993):* 1 510 US-$. *BIP nach Produktionsstruktur (1993):* Landwirtschaft 26%, Industrie 21%, Dienstleistungen 53%. *Währung:* 1 Guaraní (₲) = 100 Céntimos (cts). *Internationale Mitgliedschaften:* UNO, Lateinamerikan. Integrationsvereinigung, OAS.

Geschichte: Die am 1. 12. 1991 gewählte verfassunggebende Nationalversammlung verabschiedete am 18. 6. 1992 eine neue, erstmals demokratisch zustande gekommene Verf., die am 20. 8. 1992 verkündet wurde. Sie bekennt sich zur Volkssouveränität und Gewaltenteilung und gewährleistet einen Standard von Menschenrechten einschließlich des Rechts der indian. Bev., ihre ethn. Identität zu bewahren und zu entwickeln. Die verfassungsrechtl. Vorherrschaft der kath. Kirche wurde beseitigt; die Beziehungen zw. Staat und Kirche beruhen auf ›Unabhängigkeit, Zusammenarbeit und Autonomie‹. Das Regierungssystem ist präsidial geprägt. Die Präsidentschaftswahlen am 9. 5. 1993 gewann J. C. WASMOSY MONTI (Partido Colorado; Amtsantritt: 15. 8. 1993). Die ungleiche Landverteilung führte im Frühjahr 1994 zu Unruhen der Landarbeiter und Bauern; Anfang Mai kam es zum ersten Generalstreik seit 37 Jahren. – Im März 1993 unterzeichnete P. den Vertrag über die Bildung des Mercosur.

***Paramount Communications:** Gehört seit 1994 zur Viacom Inc.

***Parchim 2):** In den Landkreis P. wurden am 1. 8. 1992 (Staatsvertrag) die bisher brandenburg. Orte Pampin und Platschow (der Gem. Berge) eingegliedert, am 12. 6. 1994 (Kreisgebietsreform in Meckl.-Vorp.) die bisherigen Kr. Lübz und Sternberg (außer 5 Gem. im NW) sowie der O-Teil des bisherigen Kr. Schwerin. – Der neugebildete Landkreis P. umfaßt 2 233 km² und (1995) 106 600 Ew. Das Kreisgebiet erstreckt sich zw. dem O-Ufer des Schweriner Sees und dem O-Ufer des Plauer Sees auf der Mecklenburg. Seenplatte und umfaßt im S-Teil wellige Grundmoränen- und Sanderflächen, über denen Stauch- und Endmoränenhügel (Ruhner Berge 178 m ü. M., Langer Berg 124 m ü. M.) aufragen. Plauer und Schweriner See sind durch die schiffbare Elde und den Störkanal verbunden. Hauptwirtschaftszweige sind Industrie, Fremdenverkehr und Landwirtschaft. Größte Stadt ist die Kreisstadt Parchim (1995: 21 100 Ew.), weitere Städte sind Lübz (7 300 Ew.), Plau am See, Sternberg, Goldberg, Crivitz und Brüel.

***Parey:** Wurde 1992 von der Mediengruppe Mittelrhein-Verlag, Koblenz, übernommen.

Parker [ˈpɑːkə], Alan, brit. Filmregisseur, *London 14. 2. 1944; 1968-78 beim Fernsehen (Werbefilme). Sein vielseitiges Spielfilmwerk (seit 1972) ist von Action, genauer psycholog. Beobachtung, Musik und Sozialkritik getragen.

Filme: Bugsy Malone (1975); 12 Uhr nachts – Midnight Express (1977); Fame – Der Weg zum Ruhm (1979); Shoot the Moon (1981); The Wall (1982); Birdy (1985); Angel Heart (1986); Mississippi Burning (1988); Komm u. sieh das Paradies (1990); Die Commitments (1990); Willkommen in Wellville (1994).

***Parkinson,** Cyril Northcote, engl. Historiker und Publizist: † Canterbury 9. 3. 1993.

***Partei des Demokratischen Sozialismus,** Abk. **PDS:** Bemüht sich, ihre Isolierung im dt. Parteienfeld als Nachfolgeorganisation der SED zu überwinden und sucht als linke sozialist. Partei die Zusammenarbeit mit SPD und Bündnis 90/Die Grünen; Ziel ist der Gewinn einer linken Mehrheit v. a. bei Land- und Bundestagswahlen. Auf der Grundlage des alten Wählerpotentials der SED und vor dem Hintergrund des gesellschaftl. Umbruchs in den neuen Bundesländern erzielte sie dort bei Landtagswahlen starke Stimmengewinne. Bei den Bundestagswahlen von 1994 konnte sie mit vier Direktmandaten und 4,4% der abgegebenen Stimmen insgesamt 30 Abg. in den Bundestag entsenden. Bundes-Vors. ist 1995 L. BISKY. Die Gruppe im Bundestag leitet G. GYSI.

***Parti Communiste Français,** Abk. **PCF:** Im Jan. 1994 beschloß der Parteitag die Umbenennung der Parteiorgane ZK, Politbüro und GenSekr. in Nat.-Komitee, Nat.-Büro und Nat.-Sekr. und erklärte im Rahmen einer Statutenänderung das Ende des ›demokrat. Zentralismus‹. Zum Nachfolger G. MARCHAIS', der als Parteichef zurücktrat, wurde ROBERT HUE (* 1946) gewählt.

***Parti Québécois:** Bei den Wahlen zum Prov.-Parlament von Quebec im Sept. 1994 errang der separatist. P. Q. mit 44,7 % der Stimmen (77 von 125 Sitzen) die Mehrheit und stellte seitdem mit JACQUES PARIZEAU (* 1930), der Quebec in die volle Unabhängigkeit von Kanada führen wollte, den Premier-Min. der Prov. Nach der knappen Niederlage im Sezessionsreferendum vom 30. 10. 1995 trat dieser Ende Dez. 1995 zurück. Sein Nachfolger als Parteichef und Premier-Min. von Quebec wurde im Jan. 1996 LUCIEN BUCHARD (* 1938).

*Parti Républicain, Abk. **PR:** Im Juni 1995 wurde F. LÉOTARD, der bereits 1988–90 der Partei vorstand, erneut zum Präs. des PR gewählt.

*Parti Socialiste, Abk. **PS:** GenSekr. waren 1988–92 P. MAUROY, 1992–93 L. FABIUS, 1993–94 M. ROCARD, 1994–95 HENRY JOSEPH EMMANUELLI (* 1945), der für einen schärferen Linkskurs der Partei eintrat. Der PS stellte ab März 1992 mit PIERRE BÉRÉGOVOY (* 1925, Selbstmord 1993) nochmals den Premier-Min., ist aber seit der schweren Niederlage bei den Parlamentswahlen im März 1993 nicht mehr Reg.-Partei. Bei den Präsidentschaftswahlen 1995 gewann der Kandidat des PS, der frühere GenSekr. L. JOSPIN, den ersten Wahlgang, unterlag dann aber in der Stichwahl seinem gaullist. Herausforderer J. CHIRAC. Im Okt. 1995 übernahm JOSPIN erneut das Amt des Generalsekretärs.

*Partito Comunista Italiano, Abk. **PCI:** Nannte sich 1991 in Partito Democratico della Sinistra (PDS; dt. ›Demokrat. Pártei der Linken‹) um.

*Partito Liberale Italiano, Abk. **PLI:** Nach dem durch eine Korruptionsaffäre erzwungenen Rücktritt von RENATO ALTISSIMO (* 1940) 1993 wählte der PLI RAFFAELE COSTA (* 1936) zu seinem Vorsitzenden.

*Partito Socialista Italiano, Abk. **PSI:** 1992/93 sah sich der PSI, bes. in seiner Hochburg Mailand, in Korruptionsaffären verwickelt. Nach dem Rücktritt des bes. belasteten B. CRAXI als GenSekr. der Partei (Febr. 1993) wählte der Parteitag zunächst GIORGIO BENVENUTO (* 1937), im Mai 1993 OTTAVIANO DEL TURCO zum Parteichef.

Partnerschaft für den Frieden, engl. **Partnership for Peace** [ˈpɑːtnəʃɪp fə piːs], Abk. **PfP** [piːefˈpiː], von den NATO-Verteidigungs-Min. im Okt. 1993 konzipiertes, auf der NATO-Gipfelkonferenz am 10./11. 1. 1994 in Brüssel verabschiedetes Programm, das den Ländern des ehem. Ostblocks (einschließlich der GUS-Staaten) sowie anderen interessierten europ. Nationen die Möglichkeit einer partnerschaftl. Zusammenarbeit mit dem Nordatlantikpakt bietet. Bis Ende 1995 hatten fast alle in Frage kommenden Länder das PfP-Rahmenabkommen unterzeichnet, mit einem Teil der Signatarstaaten konnten auch die vorgesehenen bilateralen Verträge über individuelle Kooperationsprogramme abgeschlossen werden. Absicht des urspr. von den USA initiierten Programms war es, den an einer Mitgliedschaft in der westl. Allianz interessierten und z. T. sogar darauf drängenden osteurop. Staaten zunächst einen Ersatz für den kurzfristig noch nicht bzw. wünschenswerten Eintritt in die NATO zu bieten. Die Dynamik der sicherheitspolit. Entwicklung in Europa – u. a. durch die im Rahmen des PfP-Programms erzielten Fortschritte forciert – brachte es jedoch mit sich, daß die Diskussion um eine Osterweiterung des nordatlant. Bündnisses 1994/95 weiter belebt wurde und die Aktivitäten und Bemühungen im Rahmen von PfP z. T. als Vorstufe einer Bündnismitgliedschaft gewertet werden. (→NATO)

Partnerschaftsgesellschaft, Zusammenschluß mehrerer Personen zur Ausübung eines freien Berufs in Form einer Gesellschaft des privaten Rechts. Das Ges. zur Schaffung von P. und zur Änderung anderer Ges. vom 25. 7. 1994, das zum 1. 7. 1995 in Kraft getreten ist, ermöglicht es Angehörigen freier Berufe, sich der Organisationsstrukturen gewerblich Tätiger zu bedienen und sich in einer registerfähigen personengesellschaftsrechtl. Form zusammenzuschließen. Das Ges. ist Ausdruck der in Bewegung befindl. Rechtsstrukturen der freien Berufe. Es ergänzt die Rechtsprechung zur Zulasssung überörtl. Sozietäten und des Zusammenschlusses in Form einer GmbH und erweitert die nach europ. Recht zulässige Form für die Mitgliedsstaaten der EU übergreifenden Kooperation ohne mitunternehmer. Strukturen durch eine Europ. Wirtschaftliche Interessenvereinigung (EWIV). Das Ges. schafft keinen zwingenden Gesellschaftstyp für freie Berufe, sondern stellt es den Angehörigen freier Berufe frei, von der neuen Organisationsform Gebrauch zu machen. Als Kreis der Freiberufler wählt das Ges. den des Einkommensteuerrechts (§ 18 EStG), der auch Privatschulen, Unternehmensberater oder auch Tanz- und Fahrschulen umfaßt, beschränkt den Anwendungsbereich also nicht auf die klass. freien Berufe wie Ärzte und Rechtsanwälte und läßt eine Mischung verschiedener freiberufl. Gruppen in einer P. ohne Einschränkung zu. Die Partner dürfen aber nur natürl. Personen sein, nicht andere P. oder GmbH. Der P.-Vertrag bedarf der Schriftform. Die P. wird nicht im Handelsregister, sondern in ein neu zu führendes Partnerschaftsregister eingetragen, für das die handelsrechtl. Vorschriften anwendbar sind. Die Verhältnisse innerhalb der P. können von den Vertragspartnern weitgehend im Rahmen der Vertragsfreiheit bestimmt werden. Personelle Veränderungen in der P. sind jederzeit möglich. Die Beteiligung ist grundsätzlich nicht vererblich. Der P.-Vertrag kann jedoch eine Vererbung an Dritte, die dem Personenkreis angehören, der Partner werden kann, vorsehen. Im übrigen unterstehen die Partner ihrem jeweiligen Berufsrecht, das durch das Ges. nicht berührt wird. Für Auflösung und Beendigung der P. gilt das Recht der offenen Handelsgesellschaft (OHG) aus dem HGB. Gegenüber Dritten tritt die P. organschaftlich vertreten durch ihre Partner auf. Die Regeln über die OHG sind insoweit anwendbar, jedoch kann die Partnerschaft keinen Prokuristen oder Handlungsbevollmächtigten bestellen. Die Partner haften gegenüber Dritten gesamtschuldnerisch mit der P. Ausgeschiedene Partner haften nur für Altschulden, neue nach § 130 HGB für alte und neue Verbindlichkeiten. Die Partner können aber auch unter Verwendung vorformulierter Vertragsbedingungen ihre Haftung wegen fehlerhafter Berufsausübung auf denjenigen beschränken, der innerhalb der Partnerschaft im Einzelfall die Leistung zu erbringen, zu leiten oder zu überwachen hat. Dabei genügt eine globale Haftungsbeschränkung nicht. Für einzelne Berufe, z. B. Architekten, ist in Verbindung mit einer obligator. Berufshaftpflichtversicherung eine Haftungsbeschränkung auf Höchstbeträge zulässig.

*Pasewalk 2): Die Stadt Brüssow und fünf weitere Gemeinden kamen am 1. 8. 1992 (Staatsvertrag) zu Brandenburg. Bei der Kreisgebietsreform am 12. 6. 1994 ging der Landkreis P. im Kr. Uecker-Randow auf, dessen Kreisstadt die Stadt Pasewalk wurde.

Paso, Fernando del, mexikan. Schriftsteller, * Mexiko 1. 4. 1935; Maler und Werbegraphiker, im diplomat. Dienst; trat als Autor u. a. mit den umfangreichen Romanen ›José Trigo‹ (1966) und ›Palinuro de México‹ (1977; dt. ›Palinurus von Mexiko‹) hervor, in denen er ein monumentales Panorama der Geschichte und Gesellschaft Mexikos entwirft; auch Lyriker (›Sonetos de lo diario‹, 1958). Der histor. Roman ›Noticias del Imperio‹ (1987; dt. ›Nachrichten aus dem Imperium‹) behandelt die frz. Intervention und die Herrschaft des Kaisers MAXIMILIAN in Mexiko (1864–67).

Pasqua [pasˈka], Charles, frz. Politiker, *Grasse 18. 4. 1927; Jurist; war 1968–73 Abg. der gaullist.

Pata Patassé – PCMCIA

Union des Démocrates pour la République (UDR), 1974-76 Mitgl. der Parteiführung, 1977-86, 1988-93 und seit Sept. 1995 als Mitgl. des gaullist. Rassemblement pour la République (RPR) Senator, 1981-86 und 1988-93 Präs. der RPR-Gruppe im Senat, in der Reg. Chirac 1986-88 und erneut nach dem Wahlsieg der bürgerl. Parteien im März 1993 bis Mai 1995 Innen-Min. Als konservativer Gaullist tritt P. u. a. für die Verbesserung der inneren Sicherheit und für die Verschärfung der Einwanderungs- und Asyl-Ges. ein. In der Kampagne zum Referendum über die Verträge von Maastricht (Sept. 1992) war P. ein Wortführer der Vertragsgegner.

Patassé [pata'se], Ange-Félix, zentralafrikan. Politiker, *Paoua 25. 1. 1937. Nach dem Studium in Frankreich arbeitete P. 1959-65 als Agrarwissenschaftler in Bangui. 1966-76 leitete er als Min. versch. Ressorts; 1976 wurde er Premier-Min. unter Staatspräs. bzw. Kaiser BOKASSA, der ihn 1978 entließ. Danach ging P. nach Paris ins Exil, wo er die Volksbefreiungsbewegung ›Mouvement de Libération du Peuple Centrafricain‹ (MLPC) gründete. Versuche, nach der Entmachtung BOKASSAS 1979 und erneut 1981 die Macht durch Wahlen bzw. durch einen Putsch zu erringen, scheiterten und führten ihn erneut ins Exil. 1992 zurückgekehrt, übernahm er wieder die Führung des MLPC, als dessen Kandidat er bei den Präsidentschaftswahlen vom Sept. 1993 zum Staatspräs. gewählt wurde.

Ange-Félix Patassé

*Patentamt: In der *Schweiz* wurde das als P. wirkende Bundesamt für Geistiges Eigentum per 1. 1. 1996 in ›Eidgenöss. Institut für Geistiges Eigentum‹ umbenannt und neu als öffentlich-rechtl. Anstalt des Bundes mit eigener Rechtspersönlichkeit geführt (Bundes-Ges. über Statut und Aufgaben des Instituts für Geistiges Eigentum vom 24. 3. 1995). Das Institut ist nicht mehr Bestandteil der Bundesverwaltung, sondern in Organisation und Betriebsführung selbständig und muß nach betriebswirtschaftl. Grundsätzen geleitet werden.

*Paternoster 2): Die 1974 beschlossene Verordnung, daß alle dt. P. bis zum 31. 12. 1994 stillgelegt werden sollen, ist im Okt. 1994 geändert worden. Nach einem Beschluß der Bundes-Reg. ist der Endtermin um weitere zehn Jahre verlängert worden. Das 1974 erlassene Bauverbot gilt aber nach wie vor.

Patzig, Günther, Philosoph, *Kiel 28. 9. 1926; lehrte als Prof. in Hamburg (seit 1960) und Göttingen (seit 1963). P. hat, u. a. durch Neuausgaben von Schriften G. FREGES, erheblich zur Verbreitung der analyt. Philosophie in Dtl. der Nachkriegszeit beigetragen. Neben Arbeiten zur antiken Philosophie, bes. zu ARISTOTELES, hat er sich um eine metaphysikfreie Begründung der Ethik – unter Verwendung von Ansätzen I. KANTS und des Utilitarismus – bemüht. Seit 1983 gilt sein Interesse v. a. der ökolog. und Medizinethik.

Werke: Die aristotel. Syllogistik. Logisch-philolog. Unters. über das Buch A der ›Ersten Analytiken‹ (1959); Sprache u. Logik (1970); Ethik ohne Metaphysik (1971); Tatsachen, Normen, Sätze (1980); Aristoteles ›Metaphysik Z‹. Text, Übers. u. Komm., 2 Bde. (1988, mit M. FREDE).

Ausgabe: Ges. Schr., 2 Bde. (1993-94).

*Pauer, Jiří, tschech. Komponist: Leitete bis 1989 das Prager Nationaltheater.

*Paul, Wolfgang, Physiker: † Bonn 7. 12. 1993.

*Pauling, Linus Carl, amerikan. Chemiker: † Big Sur (Calif.) 19. 8. 1994.

*Pausa/Vogtland: Heißt jetzt amtl. **Pausa/Vogtl.** Die bisher thüring. Stadt gehört seit 1. 4. 1992 (Staatsvertrag) zum Land Sachsen, und zwar (seit 1. 1. 1996) zum Vogtlandkreis.

Pawlak, Waldemar, poln. Politiker, *Model (Wwschaft Płock) 1959; Landwirt; zunächst Mitgl.

Waldemar Pawlak

der Vereinigten Volkspartei, die innerhalb des kommunistisch geführten Blocksystems bäuerl. Interessen vertrat. Im Zuge der Liberalisierung des polit. Lebens 1989 nahm P. für seine Partei an den Gesprächen des ›Runden Tisches‹ teil. 1991 wurde er Vors. der Partei, die sich seit 1989 unter dem Namen Poln. Volkspartei zu einer eigenständigen polit. Gruppierung zu entwickeln sucht. Von Okt. 1993 bis März 1995 war er MinPräs. einer Koalitionsregierung.

*Pawlow, Walentin Sergejewitsch, sowjet. Politiker: Nahm als Mitgl. des ›Staatskomitees für den Ausnahmezustand‹ am 19. 8. 1991 führend am Putsch gegen Präs. M. S. GORBATSCHOW teil. Nach dem Scheitern des Putsches (20./21. 8. 1991) wurde er aller Funktionen entbunden und inhaftiert.

Paz Zamora [pas sa-], Jaime, bolivian. Politiker, *Cochabamba 15. 4. 1939; Mitbegründer des MIR (1971). Während der Militärdiktatur von H. BANZER SUÁREZ (1971-78) anfangs im Untergrund, wurde P. Z. 1974 für einige Monate inhaftiert und lebte bis 1977 und erneut nach dem Militärputsch von 1980 im Exil. 1982 trat er sein Amt als Vize-Präs. (bis 1985) an. Am 6. 8. 1989 zum Präs. gewählt, verfolgte er während seiner Amtszeit (bis 5. 8. 1993) in der Koalition mit der ADN BANZERS eine liberale Wirtschaftspolitik.

Pazzi, Roberto, italien. Schriftsteller, *Ameglia (Prov. La Spezia) 18. 8. 1946; wurde außer durch journalist. Arbeiten als Lyriker bekannt (›L'esperienza anteriore‹, 1973; ›Versi occidentali‹, 1976; ›Il re, le parole‹, 1980; ›Calma di vento‹, 1987). Er verfaßte außerdem histor. Romane mit irrealen und phantast. Elementen. ›Cercando l'imperatore‹ (1985; dt. ›Auf der Suche nach dem Kaiser‹) und ›La principessa e il drago‹ (1986; dt. ›Der Bruder des letzten Zaren‹) sind der Endphase des russ. Kaiserreiches gewidmet. In dem experimentellen Roman ›La malattia del tempo‹ (1987; dt. ›Das Leiden der Zeit‹) werden versch. Ebenen der aus den Fugen geratenen Dimension der Zeit verschmolzen. Begebenheiten der Antike werden in den Romanen ›Vangelo di Giuda‹ (1989) und ›La stanza sull'acqua‹ (1991) ausgestaltet. In dem Roman ›Le città del dottor Malaguti‹ (1993) erzählt ein seit mehr als zwei Jahrzehnten Verstorbener Episoden aus dem Leben einer Provinzstadt.

PCI-Bus [PCI Abk. für engl. **P**eripheral **c**omponent **i**nterconnect ›Verbindung von Peripheriekomponenten‹], *Datenverarbeitung:* moderner, universeller, d. h. herstellerunabhängiger Standard für einen lokalen Hochgeschwindigkeitsbus in PC und ähnl. Computern. Der PCI-Bus ist 32 Bit breit und erlaubt Transferraten der Peripheriekomponenten (z. B. Festplatte, Graphikbildschirm, LAN-Anbindung) untereinander sowie mit der CPU von etwa 100 Megabyte pro Sekunde. Wesentl. Merkmale sind, daß er unterschiedl. Aufgaben wahrnehmen kann (Multiplexbetrieb, z. B. für Adressen und Daten) und daß er durch Pufferschaltkreise vom CPU-Bus entkoppelt ist.

PCMCIA [Abk. für engl. **P**ersonal-**C**omputer **M**emory-**C**ard **I**nternational **A**ssociation ›Internat. Vereinigung für Speicherkarten für Personalcomputer‹], *Datenverarbeitung:* Norm für Erweiterungs-Steckkarten, vorzugsweise für Notebooks u. ä. tragbare Computer, aber auch für PC u. a. Die Norm erstreckt sich sowohl auf die Schnittstelle als auch auf die Kartengröße. Die Karten messen 85,6×54 mm und können aufgrund einer bes. Auslegung der Steckverbindung bei laufendem Betrieb (ohne Neustart) von außen in die Geräte eingesteckt und wieder entnommen werden. Es gibt PCMCIA-Karten in vier versch. Stärken (3,3 mm, 5 mm, 10 mm, 18 mm) für viele versch. Funktionen. Dazu gehören u. a.: Speichererweiterung, Ersatz von Festplatten oder Diskettenlaufwerken (RAM-Disk bzw. Flash-Speicher), ROMs, EPROMs, EEPROMs (auch mit bes. Anwenderprogrammen), Adapterkarten für Daten- und Faxmodems, für Funkmodems, Netzwerke, andere Bussysteme (z. B. SCSI), Infrarotkommunikation, ISDN und für das GPS.

PCP, Abk. für Phencyclidin (→Designerdrogen).

PCR [pi:si:'a:], Abk. für engl. polymerase chain reaction, die →Polymerase-Kettenreaktion.

*****Peierls,** Sir Rudolf Ernst, brit. Physiker dt. Herkunft: † Oxford 19. 9. 1995.

*****Pekić,** Borislav, serb. Schriftsteller: † London 2. 7. 1992.

*****P. E. N.:** 1990 wurde das ›P. E. N.-Zentrum Dt. Dem. Rep.‹ in ›Dt. P. E. N.-Zentrum (Ost)‹ umbenannt; Präs. ist seit 1991 DIETER SCHLENSTEDT (* 1932). Zum Präs. des ›P. E. N.-Zentrums Bundesrep. Dtl.‹ wurde 1991 GERT HEIDENREICH (* 1944) gewählt. Aufgrund der Auseinandersetzungen um die von HEIDENREICH unterstützte Vereinigung der beiden dt. P. E. N.-Zentren trat er 1995 nicht zur Wiederwahl an; neue Präsidentin wurde INGRID BACHÉR.

People's Front for Democracy and Justice ['pi:plz frʌnt fɔ: dɪ'mɔkrəsɪ ənd 'dʒʌstɪs; engl.], seit 1994 Name der →Eritrean People's Liberation Front.

*****Peres,** Shimon, israel. Politiker: War bis Febr. 1992 Vors. der Israel. Arbeitspartei. Als Außen-Min. unter MinPräs. I. RABIN (seit 1992) maßgeblich an den Verhandlungen mit der PLO beteiligt, erhielt er für seine Bemühungen um die Lösung des Nahostkonfliktes zus. mit RABIN und J. ARAFAT den Friedensnobelpreis 1994. Nach der Ermordung RABINS wurde er im Nov. 1995 erneut zum MinPräs. gewählt.

*****Pérez,** Carlos Andrés, venezolan. Politiker: Wurde aufgrund von Korruptionsvorwürfen am 21. 5. 1993 als Staatspräs. vom Amt suspendiert, am 31. 8. 1993 endgültig abgesetzt.

Pérez Balladares ['peres -], Ernesto, panamaischer Politiker, * Panama 29. 6. 1946; studierte Wirtschafts- und Verwaltungswissenschaften; 1976–81 Finanz-Min., 1981–82 Planungs- und Wirtschafts-Min. In den 1980er Jahren außer Landes gegangen, kehrte P. B. nach der amerikan. Militärintervention 1989 und dem Sturz M. NORIEGAS nach Panama zurück und gewann als Kandidat des Partido Revolucionario Democratico (PRD), den er 1979 mitbegründet hatte, die Präsidentschaftswahlen am 8. 5. 1994 (Amtsantritt: 1. 9. 1994).

*****Pérez de Cuéllar,** Javier, peruan. Diplomat: War bis 31. 12. 1991 GenSekr. der UNO.

Peri Rossi, Cristina, uruguayische Schriftstellerin, * Montevideo 5. 10. 1941; lebt seit 1972 in Spanien; veröffentlichte Erzählungen, Lyrik und Romane, in denen ein erfindungsreicher, spieler. oder auch persiflierender Umgang mit den sprachl. Konventionen vorherrscht. Ihre Thematik des Fremdseins und der Grenzsituationen der Erkenntnis verweist auf den Existentialismus.
Werke: Erzählungen: Los museos abandonados (1969); La tarde del dinosaurio (1976; dt. Der Abend des Dinosauriers); El museo de los esfuerzos inútiles (1983). – *Romane:* La nave de los locos (1984; dt. Iks); Solitario de amor (1988; dt. Einsiedler der Liebe, auch u. d. T. Einzelgänger der Liebe); La última noche de Dostoievski (1992; dt. Die letzte Nacht Dostojewskis). – *Essays:* Fantasías eróticas (1991; dt. Fantasias eroticas).
Ausgabe: Mona Lisa u. ihr Maler. Prosa u. Lyrik (1985).

*****Perkins,** Anthony, amerikan. Schauspieler: † Los Angeles (Calif.) 12. 9. 1992.

Perl [pə:l], Martin Lewis, amerikan. Physiker, * New York 24. 6. 1927; Ausbildung zum Chemieingenieur, 1955 Promotion in Physik an der Columbia University; arbeitete an der University of Michigan, seit 1964 Prof. für Physik an der Stanford University (Calif.). 1975 gelang P. der experimentelle Nachweis des ▷Tauons. 1995 erhielt er hierfür den Nobelpreis für Physik (zus. mit F. REINES).

*Perleberg 2):** Der Gebietsaustausch (per Staatsvertrag) zw. Brandenburg und Meckl.-Vorp. zum 1. 8. 1992 betraf auch den Landkreis P.: Zu Meckl.-Vorp. kamen die Gem. Brunow und Dambeck sowie die Orte Pampin und Platschow der Gem. Berge; zum Kr. P. kamen die Stadt Lenzen und fünf weitere Gem. (sie bilden jetzt den äußersten W des Landes Brandenburg). Zum 6. 12. 1993 ging dann der Landkreis P. im neugebildeten Landkreis Prignitz auf, dessen Kreisstadt die Stadt Perleberg wurde.

Perrault [pɛ'ro], Dominique, frz. Architekt, * Clermont-Ferrand 1953. In der Tradition des architekton. Purismus stehend, beschäftigt sich P. in seinen Bauten hauptsächlich mit grundlegenden geometr. Formen. Durchgängig versucht P. seine massiv wirkenden Baukörper durch eine stadtplaner. Gestaltung, die Parks oder Wälder umfaßt, als Partner in Umgebung und

Dominique Perrault: Blick auf die vier Magazintürme der Bibliothèque Nationale de France in Paris; 1990–95

Natur einzubetten. Bei seiner neuen Bibliothèque Nationale de France in Paris bergen vier Glastürme die Magazine, während die Lesesäle unter der Erde liegen, worüber ein begrünter Freiraum liegt.
Weitere Werke: Techn. Hochschule ESIEE, Marne-la-Vallée (1987); Berliet-Verwaltungsgebäude in Paris (1989); unterirdisch angelegte Radsport- und Schwimmhallen in der Landsberger Straße in Berlin (1995 ff.).
Bibliothèque Nationale de France 1989–1995. D. P., architecte, hg. v. M. JACQUES (Basel 1995).

Perry ['pɛrɪ], William James, amerikan. Politiker, * Vandergrift (Pa.) 11. 10. 1927; Mathematiker, lehrte 1951–54 an der University of Pennsylvania, 1989–93 an der Stanford University; war 1954–77 und 1981–89 in leitenden Funktionen in der Wirtschaft (v. a. im Rüstungsbereich) tätig. Unter der Reg. Carter war er 1977–81 als stellv. Verteidigungs-Min. für Forschung und Entwicklung (bes. Stealth-Technik) zuständig. In der Reg. Clinton wurde er 1993 erneut stellv. Verteidigungs-Min., im Jan. 1994 Verteidigungsminister.

*****Personalcomputer:** Die ständig zunehmende Verbreitung und fortlaufende Weiterentwicklung des PC haben dazu geführt, daß Jahr um Jahr höhere PC-Leistungen zu geringeren Preisen zur Verfügung standen. Gängige PC mit Marktpreisen zw. etwa 2 000 und 3 000 DM verfügen heute (Anfang 1996) über Mikroprozessoren mit einer Wortlänge (Busbreite) von 32 Bit und einer Taktfrequenz zw. etwa 66 und 100 MHz sowie über einen Hauptspeicher mit einer Speicherkapazität von 8 Megabyte. Zur Standardausrüstung gehören ein Farbmonitor mit einer Bildschirmdiagonale von 14 oder 15 Zoll, eine Maus als Zeigegerät, eine Festplatte mit einer Speicherkapazität von etwa 500 bis 800 Megabyte, je ein Laufwerk für Disketten (i. d. R. 3,5 Zoll) und CD-ROM (bis zu 4fach-Speed)

Ernesto
Pérez Balladares

Martin L. Perl

Pers Persönlichkeitsforschung – Petrucciani

sowie ein Betriebssystem und Standardsoftware (Programme; u. a. Textverarbeitung, Tabellenkalkulation, Datenbank, Graphik, Spiele). PC der höchsten Preis- und Leistungsklasse (›High-end-PC‹) haben Taktfrequenzen bis 150 MHz und darüber, Hauptspeicherkapazitäten bis etwa 256 Megabyte und Festplatten mit bis zu 1,6 Gigabyte. Sie erreichen Rechengeschwindigkeiten von über 10 Mio. Befehlen je Sekunde (10 Mips) und damit die Geschwindigkeit von Workstations der unteren Leistungsklasse.

Während PC anfänglich nur separat verwendet wurden, werden sie heute häufig vernetzt eingesetzt, z. B. in →Client-Server-Systemen. Durch die Möglichkeit der Kommunikation mit anderen Computern mittels elektron. Post (E-Mail) oder über globale Datennetze wie v. a. das →Internet, durch den Übergang zu graph. →Benutzeroberflächen und durch multimediale Anwendungen (→Multimedia) hat der PC – in Verbindung mit seiner weltweiten Verbreitung – einen qualitativen Wandel in seiner Bedeutung erfahren: weg von einem Spezialgerät zur Bearbeitung großer Datenmengen oder schwieriger Rechnungen, das zu seinem Einsatz spezielle Kenntnisse erfordert, und hin zu einem universell verwendbaren Kommunikationsinstrument, das durch seine Benutzerfreundlichkeit praktisch jedem Interessierten zur Verfügung steht. – Im Ggs. zur bisherigen Entwicklung, die durch eine ständige Leistungssteigerung der PC gekennzeichnet war, gibt es Bestrebungen zum Bau einfacherer Computer, die nur etwa ein Viertel so teuer wie ein mittlerer PC sein und sich alle Daten und Programme genau in dem benötigten Umfang aus dem Internet besorgen sollen. (→Computer)

Wolfgang Petersen

***Persönlichkeitsforschung:** Das **Fünffaktorenmodell** der Persönlichkeit, das die konkurrierenden faktorenanalyt. Modelle zusammenfaßt und die Forschung damit standardisiert, wird von Forschern unterschiedl. Schulen vertreten. Die fünf Faktoren (engl. Big Five) sind Neurotizismus, Extraversion, Offenheit für Erfahrungen (Schätzen von Neuem und Abwechslung, Unabhängigkeit im Urteil, Interesse an privaten und öffentl. Ereignissen u. a.), Verträglichkeit (Altruismus, Wohlwollen, Nachgiebigkeit) und Gewissenhaftigkeit. Die Faktoren werden seit 1989 mit dem NEO Five-Factor Inventory (NEO-FFI) mit je 12 Fragen pro Faktor gemessen.

***Perthes,** Johann Georg Justus, Buchhändler und Verleger: Seit 1. 1. 1995 firmiert das Unternehmen als Klett-Perthes, Justus Perthes Verlag Gotha und gehört zur Klett-Verlagsgruppe.

***Peru,** amtlich span. **República del Perú,** Staat im W Südamerikas, am Pazifik, zw. dem Äquator und 18° 21′ s. Br.

Michel Petrucciani

Hauptstadt: Lima. *Amtssprachen:* Spanisch, Ketschua. *Staatsfläche:* 1 285 216 km² (ohne Binnengewässer 1 280 000 km²). *Bodennutzung (1992):* 37 300 km² Ackerland, 271 200 km² Dauergrünland, 681 500 km² Waldfläche. *Einwohner (1994):* 23,331 Mio., 18 Ew. je km². *Städtische Bevölkerung (1993):* 71%. *Durchschnittliches Bevölkerungswachstum pro Jahr (1985–93):* 2,1%. *Bevölkerungsprojektion für 2000:* 26,276 Mio. Ew. *Ethnische Gruppen (1981):* 47% Ketschua, 32% Mestizen, 12% Weiße, 5,4% Aimara, 1,7% andere Indianer, 1,9% sonstige (darunter 1991: etwa 100 000 Peruaner japanischer Herkunft). *Religion (1992):* 96,0% Katholiken (der Katholizismus ist Staatsreligion). *Altersgliederung (1995):* unter 15 Jahre 35,5%, 15 bis unter 65 Jahre 60,4%, 65 und mehr Jahre 4,1%. *Lebenserwartung der Neugeborenen (1992):* männlich 63 Jahre, weiblich 67 Jahre. *Analphabetenquote (1991):* insgesamt 14,9%, männlich 8,5%, weiblich 21,3%. *BSP je Ew. (1993):* 1 490 US-$. *BIP nach Sektoren/Produktionsstruktur (1993):* Landwirtschaft 11%, Industrie 43%, Dienstleistungen 46%. *Währung:* 1 Neuer Sol (S/.) = 100 Céntimos. *Internationale Mitgliedschaften:* UNO, Lateinamerikan. Integrationsvereinigung, OAS.

Geschichte: Am 5. 4. 1992 löste Präs. A. FUJIMORI mit dem Hinweis auf die Korruption und Ineffizienz in Parlament und Justiz das von der Opposition beherrschte Parlament mit Unterstützung der Streitkräfte auf und setzte die Verf. außer Kraft. Versuche der Opposition, den Ersten Vize-Präs. als Gegen-Präs. zu etablieren, scheiterten ebenso wie Gespräche zw. Reg. und Opposition über die Rückkehr zu demokrat. Verhältnissen. Ein Putschversuch am 13. 11. 1992 gegen Präs. FUJIMORI schlug fehl. Am 22. 11. 1992 ließ die Notstands-Reg. auf der Grundlage eines neuen Wahlrechts eine verfassunggebende Versammlung wählen; einige etablierte Parteien wie APRA und AP boykottierten diese Wahlen. Der Verfassunggebende Kongreß (›Congreso constituyente democrático‹) verabschiedete am 27. 8. 1993 eine neue Verf., die u. a. ein Präsidialsystem etabliert, die einmalige Wiederwahl des Präs. erlaubt und vor dem Hintergrund anhaltender Terrorakte des SL die Todesstrafe einführte. Außerdem wurde ein unabhängiges VerfGericht gebildet. Die Verf. wurde am 31. 10. 1993 von der Bev. angenommen und am 29. 12. 1993 verkündet.

Im Sept. 1992 konnte die Reg. mit der Verhaftung des Führers des SL, ABIMAEL GUZMÁN, im April 1993 mit der des Führers des MRTA Erfolge in der Guerillabekämpfung verbuchen. Der SL spaltete sich in der Folgezeit, unterstützt durch das ›Reuegesetz‹, das Tausende Guerilleros zur Aufgabe veranlaßte, in ein gemäßigteres Lager um GUZMÁN, der sich aus dem Gefängnis heraus für die Aufgabe von Kampfhandlungen einsetzte, und ein radikaleres Lager.

Vor dem Hintergrund einer Senkung der monatl. Inflationsrate von (1993) 39,5% auf (1994) 16% und einer Wachstumsrate von rd. 12% ging FUJIMORI am 9. 4. 1995 erneut als Sieger aus den Wahlen hervor. Im In- und Ausland kritisiert war im Juni 1995 verabschiedetes Amnestie-Ges. für Angehörige von Militär und Polizei. Mit dem Nachbarland →Ecuador war es im Jan. 1995 zu einem Grenzkonflikt gekommen. – Seit dem 26. 8. 1992 ruht P.s Mitgliedschaft im Andenpakt.

J. R. FISHER: P. (Oxford 1989, Bibl.).

Petersen, Wolfgang, Film- und Fernsehregisseur, * Emden 14. 3. 1941; in den 1960er Jahren Theaterregisseur in Hamburg; seit 1971 Fernsehfilme, darunter mehrere ›Tatort‹-Filme. Als Spielfilmregisseur inzwischen in Hollywood arbeitend, neigt er zu aufwendigen Produktionen, u. a. zu Action und Fantasy.

Filme: Einer von uns beiden (1973); Die Konsequenz (1977); Das Boot (1981); Die unendl. Geschichte (1983); Enemy Mine – Geliebter Feind (1985); Tod im Spiegel (1990); Die zweite Chance (1993); Outbreak – Lautlose Killer (1995).

***Petitpierre,** Max, schweizer. Politiker: † Neuenburg 25. 3. 1994.

***Petrarca-Preis:** Weitere Preisträger sind M. HAMBURGER (1992), G. N. AJGI (1993), HELMUT FÄRBER (* 1937; 1994), L. A. MURRAY (1995).

***Petrokrepost:** Stadt in Rußland, heißt seit 1992 wieder **Schlisselburg.**

***Petroni,** Guglielmo, italien. Schriftsteller: † Rom 29. 4. 1993.

Petrucciani [pɛtrut'tʃa:ni], Michel, frz. Jazzmusiker (Pianist), * Orange 28. 12. 1962; begann als 15jähriger bei K. CLARKE, übersiedelte 1981 in die USA und wurde international bekannt durch seine Auftritte u. a. bei L. KONITZ. P. verfügt über eine außerordentl. Spieltechnik, deren Virtuosität und perkussive Brillanz an die Meister des Jazzpianos wie A. TATUM und

O. PETERSON heranreicht. Sein ausdrucksvolles Balladenspiel ist von B. EVANS beeinflußt.

***Petuchowski,** Jakob Josef, jüd. Theologe: † Cincinnati (Oh.) 12. 11. 1991.

***Peyo,** belg. Comic-Künstler: † Brüssel 24. 12. 1992.

***Peyrefitte,** Alain, frz. Politiker: Ist seit Sept. 1995 Senator.

***Pfändungsschutz:** Aufgrund des 2. Ges. zur Änderung des Sozialgesetzbuchs (SGB) vom 13. 6. 1994, das stufenweise im wesentlichen bis zum 1. 1. 1995 in Kraft trat, sind die Bestimmungen über die Pfändbarkeit von Sozialleistungen teilweise neu gefaßt worden (§ 54 GBG I).

Als unpfändbar eingestuft sind nunmehr auch das Erziehungsgeld und vergleichbare Leistungen der Länder, das Mutterschaftsgeld nach § 13 Abs. 1 des Mutterschutz-Ges. mit bestimmten Einschränkungen sowie Geldleistungen, die dafür bestimmt sind, den Mehraufwand bei Körper- oder Gesundheitsschäden auszugleichen (z. B. die Grundrente der Kriegsopferversorgung, die Schwerstbeschädigtenzulage, die Pflegezulage, nicht dagegen die Sozialleistungen an Schwerbehinderte, die dem Ausgleich von Einkommensverlusten dienen). Darüber hinaus gilt der Grundsatz, daß laufende Sozialleistungen, soweit sie in Geld erbracht werden, wie Arbeitseinkommen gepfändet werden können.

Pfeiffer, Michelle, amerikan. Filmschauspielerin, *Santa Ana (Calif.) 29. 4. 1958; übernahm 1980 ihre erste Filmrolle, der ab Ende der 80er Jahre Glanzrollen folgten; auch Fernsehauftritte.

Filme: Scarface (1983); Kopfüber in die Nacht (1985); Gefährl. Liebschaften (1988); Die fabelhaften Baker Boys (1989); Das Rußland-Haus (1990); Frankie u. Johnny (1991); Love Field (1993); Wolf (1994); Dangerous Minds – Wilde Gedanken (1995).

***Pfingstbewegung:** Neben den traditionellen Pfingstkirchen und der charismat. Bewegung innerhalb der Kirchen wurden in den 1980er und 1990er Jahren verstärkt unabhängige ›neue Gemeinden‹ und Werke mit neupfingstler. oder freicharismat. Hintergrund gegründet, die die angestammten christl. Länder als ihr Missionsgebiet verstehen. Die Anzahl solcher freier charismat. Gemeinden in Dtl. mit jeweils zw. 50 und 1 000 Mitgl. hat sich zw. 1990 und 1995 von etwa 200 auf etwa 400 verdoppelt.

***Pflegebedürftigkeit:** Nach dem Pflegeversicherungs-Ges. 1994 sind Personen pflegebedürftig, die wegen einer körperl., geistigen oder seel. Krankheit oder Behinderung für die gewöhnl. und regelmäßig wiederkehrenden Verrichtungen im Ablauf des tägl. Lebens auf Dauer, voraussichtlich für mindestens sechs Monate, in erhebl. oder höherem Maße der Hilfe bedürfen. Krankheiten oder Behinderung im Sinne der Pflegeversicherung sind 1) Verluste, Lähmungen oder andere Funktionsstörungen am Stütz- und Bewegungsapparat, 2) Funktionsstörungen der inneren Organe oder der Sinnesorgane und 3) Störungen des Zentralnervensystems wie Antriebs-, Gedächtnis- oder Orientierungsstörungen sowie endogene Psychosen, Neurosen oder geistige Behinderungen (§ 14 SGB XI).

***Pflegeversicherung:** Durch das P.-Gesetz vom 26. 5. 1994 wurde zum 1. 1. 1995 das Pflegefallrisiko im Rahmen einer gesetzl. Pflichtversicherung unter dem Dach der gesetzl. Krankenversicherung (GKV) abgesichert. Von jeder Krankenkasse wird eine Pflegekasse eingerichtet. Versicherungspflichtig sind die Mitgl. der GKV; die Mitgl. privater Krankenversicherungen können zw. einer privaten P. und der gesetzl. P. wählen. Beamte sind über die beamtenrechtl. Beihilfen abgesichert und haben die Pflicht, ergänzend eine private P. abzuschließen. Beitragsfrei mitversichert sind unterhaltsberechtigte Kinder und Ehepartner, sofern deren monatl. Einkommen unter der Geringfügigkeitsgrenze liegt (1996: 590 DM, Ost-Dtl.: 500 DM).

Die P. wurde stufenweise eingeführt. Ab 1. 4. 1995 wurden die Leistungen zur →häusliche Pflege beträchtlich angehoben, ab 1. 7. 1996 kommen Leistungen für stationäre Pflege bis zu 2 800 DM monatlich (in Härtefällen bis 3 300 DM) hinzu. Die Leistungen der P. sind nach drei Pflegestufen gestaffelt: 1) ›Erheblich Pflegebedürftige‹ (ein mindestens einmal täglich anfallender Hilfebedarf und wöchentlich mehrfache Hilfe bei der hauswirtschaftl. Versorgung), 2) ›Schwerpflegebedürftige‹ (dreimal täglich Hilfe und Hilfe bei der Hauswirtschaftsversorgung) und 3) ›Schwerstpflegebedürftige‹ mit einem Pflegebedarf ›rund um die Uhr‹ (§ 15 SGB XI). Zur Finanzierung der P. wurde der Versicherungsbeitrag ab 1. 1. 1995 auf 1 %, ab 1. 7. 1996 auf 1,7 % des Bruttoeinkommens eines Arbeitnehmers bis zur Beitragsbemessungsgrenze der GKV festgesetzt. Die Beiträge werden je zur Hälfte von den Arbeitnehmern und ihren Arbeitgebern finanziert, wenn der Beschäftigungsort in einem Bundesland liegt, das zur Kostenentlastung der Arbeitgeber einen auf einen Wochentag fallenden Feiertag abgeschafft hat. In Bundesländern, in denen kein Feiertag zur Finanzierung der P. abgeschafft wurde (bislang nur in Sachsen), tragen die Arbeitnehmer den P.-Beitrag allein. Für den Auf- und Ausbau der Pflegeeinrichtungen sind die Länder und Kommunen, für die Durchführung der Pflegedienste kommunale Einrichtungen, Wohlfahrtsverbände und private Einrichtungen zuständig.

Der P. lag die als ›Pflegenotstand‹ bezeichnete unzureichende Hilfe für pflegebedürftige Personen zugrunde (1993: rd. 1,6 Mio. Pflegefälle). Mit der P. wird die – nach der Kranken-, der Renten-, der Unfall- und der Arbeitslosenversicherung – ›fünfte Säule‹ der sozialen Sicherheit errichtet. Reg. und Regierungsparteien werteten die P. als Kernstück der Sozialpolitik der 12. Legislaturperiode (1990–94). Heftig und bis zuletzt umstritten waren v. a. Form und Finanzierung der P. Die FDP und die Unternehmerverbände favorisieren ein privatwirtschaftl. Kapitaldeckungsmodell anstelle der per Umlageverfahren finanzierten Sozialversicherung. Nach dem Urteil konservativer Kritiker untergräbt die P. die Bereitschaft zur Pflege in der Familie und fördert die ›Abschiebung‹ von Pflegefällen in Versorgungseinrichtungen. Anderen zufolge wird die P. v. a. durch Alterung der Gesellschaft und steigende Löhne des Pflegepersonals finanziell überlastet. Deshalb werden beträchtl. Beitragserhöhungen mit negativen Wirkungen für Wirtschaftswachstum und Beschäftigung befürchtet. Den Wohlfahrtsverbänden zufolge sind die Leistungen des Pflegegesetzes zu niedrig angesetzt; es sei mit erhebl. Folgekosten für Versicherte und für die Sozialhilfe zu rechnen.

K. JUNG: Die neue P., Sozialgesetzb. XI (1995).

pharmazeutisch-kaufmännischer Angestellter, seit 1993 neue Bez. für den Ausbildungsberuf Apothekenhelfer.

***Philadelphia Orchestra:** Chefdirigent ist seit 1993 W. SAWALLISCH.

***Philippinen,** amtl. Namen: Filipino (Tagalog) **Republika ñg Pilipinas,** engl. **Republic of the Philippines;** dt. **Republik der P.,** Inselstaat in Südostasien, im Pazif. Ozean zw. dem Südchin. Meer und der Philippinensee.

Michelle Pfeiffer

Hauptstadt: Manila. *Amtssprachen:* Filipino (Tagalog) und Englisch. *Staatsfläche:* 300 000 km² (ohne Binnengewässer 298 170 km²). *Bodennutzung (1992):* 79 800 km² Ackerland, 12 700 km² Dauergrünland, 101 500 km² Waldfläche. *Einwohner (1994):* 66,188 Mio., 221 Ew. je km². *Städtische Bevölkerung (1993):*

52%; in städt. Agglomerationen mit 1 Mio. und mehr Ew. leben 29% der Stadt-, 15% der Gesamtbevölkerung. *Durchschnittliches Bevölkerungswachstum pro Jahr (1985-93):* 2,3%. *Bevölkerungsprojektion für 2000:* 76,09 Mio. Ew. *Landessprachen (Sprecher in Bevölkerungsanteilen 1980):* Filipino (Tagalog) 29,7%, Cebuano 24,2%, Ilokano (Iloko) 10,3%, Hiligaynon (Ilongo) 9,2%, Bikol 5,6%, Samar-Leyte 4,0%, Pampangan (Pampango) 2,8%, Pangasinan 1,8%, andere Sprachen 12,4%. *Religion (1992):* 84,1% Katholiken, 4,3% Muslime. *Altersgliederung (1995):* unter 15 Jahre 38,4%, 15 bis unter 65 Jahre 58,5%, 65 und mehr Jahre 3,1%. *Lebenserwartung der Neugeborenen (1992):* männlich 63 Jahre, weiblich 67 Jahre. *Analphabetenquote (1991):* insgesamt 10,3%, männlich 10,0%, weiblich 10,5%. *BSP je Ew. (1993):* 850 US-$. *BIP nach Sektoren/Produktionsstruktur (1993):* Landwirtschaft 22%, Industrie 33%, Dienstleistungen 45%. *Währung:* 1 Philippinischer Peso (₱) = 100 Centavos (¢). *Internationale Mitgliedschaften:* UNO, ASEAN, Colombo-Plan.

Geschichte: Am 11. 5. 1992 wählte die Bev. F. RAMOS zum Staatspräs. (Amtsantritt: 30. 6. 1992). Seither versucht die Zentral-Reg. verstärkt, die Versöhnung mit den bewaffneten, immer wieder heftige Kämpfe liefernden Gruppen der islam. Aufständischen auf Mindanao voranzutreiben. 1993 vereinbarte sie ein provisor. Waffenstillstandsabkommen mit der Moro National Liberation Front (MNLF) und beschloß eine umfassende Amnestie, um die Gespräche für eine polit. Beilegung der Konflikte zu erleichtern. Gleichzeitig wurden Dutzende von Privatarmeen prominenter Persönlichkeiten aufgelöst. Die 1987 abgeschaffte Todesstrafe war jedoch 1993 wieder eingeführt worden.
Die ›Friedensoffensive‹ bildet die Grundlage für die Pläne des Präs., P. zu einem Schwellenland zu entwickeln. Um das seit 1993 wieder positive Wirtschaftswachstum weiter anzuregen, wurde eine Verwaltungsreform vorgenommen, bei der mehrere tausend Beamte entlassen wurden, und Projekte zur Verbesserung der Energieversorgung verwirklicht. Wie vom Internat. Währungsfonds (IWF) empfohlen, wurde im Juli 1993 der Notenbank größere Unabhängigkeit gewährt. Liberalisierungen in anderen Bereichen folgten. Die Wirtschaft wird ebenso wie die Politik nach wie vor von Korruption gelähmt, die Kriminalitätsrate ist hoch, und 55% der Bev. gelten als arm.
In der Bev.-Politik verstärkte die Reg. Ramos die Anstrengungen zur Geburtenkontrolle, wodurch allerdings ein ernsthafter Konflikt mit der kath. Kirche ausgelöst wurde. Diese gewann noch an polit. Gewicht durch den Besuch des Papstes 1994, bei dem mehrere Millionen Gläubige in Manila zusammenkamen. Bei den Wahlen im Mai 1995 siegte die regierende Parteienkoalition. Außenpolitisch strebt die Reg. Ramos nach der Schließung der letzten amerikan. Stützpunkte 1992/93 eine stärkere Orientierung nach O-Asien an. V. a. Japan als größtes Geberland an Entwicklungshilfe wird umworben, während die Beziehungen zur VR China wegen des Konflikts um die Spratlyinseln belastet sind.
Economy and politics in the Philippines under Corazon Aquino, hg. v. B. DAHM (Hamburg 1991).

Phillips [ˈfɪlɪps], Caryl, engl. Schriftsteller karib. Herkunft, * Saint Kitts 13. 3. 1958; in Großbritannien aufgewachsen, studierte in Oxford. Durch seine Dramen, Romane und Essays zieht sich als dominantes Thema die Auseinandersetzung mit der Identität des schwarzen Autors, mit den Kulturbeziehungen zw. der Karibik und Großbritannien, mit Problemen der Dekolonisation, Sklaverei und Auswanderung.
Werke: *Romane:* The final passage (1985; dt. Abschied von der Tropeninsel); A state of independence (1986); Higher ground (1989); Cambridge (1991); Crossing the river (1993; dt. Jenseits des Flusses). - *Drama:* The shelter (1984). - *Reisebericht:* The European tribe (1987).

Photo-CD, spezielle Compact Disc, die 1992 zur Marktreife gelangte und auf der Kleinbilddias und -negative gespeichert werden können. Dazu werden die Bildvorlagen von einem ▷ Scanner 2) abgetastet und in Bildpunkte (Pixel) zerlegt, die mit Hilfe eines CD-Writers digital auf der P.-CD abgespeichert werden (bis zu 100 Bilder bei der **Master Disc,** 800 Bilder bei der **Portfolio** und bis zu 4 000 Bilder mit niedriger Auflösung auf der **Catalog Disc**). Bei der Erfassung der Bildvorlagen ist eine Korrektur der Farbwerte möglich. Beim Einscannen können versch. Auflösungen eingestellt werden: 192×128, 384×256, 768×512 und 1 536×1 024 Pixel. Je höher die Auflösung ist, desto niedriger ist allerdings die Bildanzahl einer P.-CD. Die auf einer P.-CD vorhandenen Bilder sind auf einem Indexblatt verkleinert zusammengestellt und mit einer Nummer verzeichnet. Über diese Nummer ist dann eine direkte Auswahl der einzelnen Bilder möglich. Mit Hilfe eines P.-CD-Players oder eines zu dem betreffenden P.-CD-System kompatiblen CD-ROM-Laufwerks können die gespeicherten Bilder auf dem Fernsehbildschirm betrachtet werden oder mit Hilfe einer Viewer-Software am Monitor eines Computers dargestellt und bearbeitet werden (Vergrößerungen, Verkleinerungen, Drehungen, Bildausschnitte, Einbau von Text- und Tonelementen). Da die Bilder auflösungs- und rasterunabhängig gespeichert sind, ist die P.-CD auch ein Speichermedium für Anwendungen z. B. in der graph. Technik, für elektron. Publishing-Systeme (▷ Desktop publishing) oder den Multimediabereich.

Photographie: Der Verbund von AgX-P. und Elektronik hat neue Dimensionen gewonnen. Ging es früher vornehmlich um die elektron. Steuerung von Kamerafunktionen (Belichtungsautomatik, Autofokus) und von Bearbeitungsgeräten, steht heute die elektron. Bildbearbeitung, das Digital Imaging (DI), im Vordergrund. Neben der →Photo-CD dienen Mini Discs (MD, Sony Konica, optomagnet. Discs (MOD, wiederbeschreibbar) und (wegen der geringen Speicherkosten) Magnetbandsysteme (Streamer, DAT-Streamer) als digitale Speichermedien. Die Entwicklung der MultiMediaCard (Siemens) bleibt abzuwarten. Digital Imaging ist ein Teilaspekt des angestrebten universellen Medienverbunds.
In die Bearbeitungssysteme (Digital Print Stations, Digital Enhancement Stations o. ä.) können neben Photo-CDs Negative, Diapositive, Papierbilder und beliebige Bildvorlagen eingegeben werden. Die Ausgabe erfolgt wieder auf CD, auf Papier, Overheadfolie, Textilien u. a. Die Bearbeitung umfaßt z. B. die Herstellung von Bild-zu-Bild-Duplikaten, die Beseitigung von Aufnahmefehlern (Unschärfe, Farbstiche, rote ›Blitzaugen‹, Kontrastfehler), Photomontagen, Änderung oder Beseitigung von Hintergründen (die bei der Maschinenretusche mit der Spritzpistole weggespritzt werden mußten), Retuschen (Beseitigung von Kratzern und Flecken), Bild-Text-Montagen, Erstellung von Grußkarten und Kalendern, das Kolorieren von Schwarzweißphotos. Von Diapositiven können durch Digitalisierung (DIGIPRINT) optimale Farbvergrößerungen angefertigt werden.
Die komplexen Systeme bestehen aus einem Scanner (Flachbettscanner für opake, Filmscanner für transparente Vorlagen), der das Bild in Millionen ▷ Pixel auflöst, einem Rechner mit geeigneter Software und einer Ausgabeeinheit (Vierfarbdrucker, als Tintenstrahldrucker oder Thermosublimationsdrucker), die die Bilder auf beliebiges Material druckt, oder Systemen, die über Laser oder Kathodenstrahlröhre photograph. Material belichten.

Daneben haben direkt digital aufzeichnende Kameras vorläufig noch eingeschränkte Bedeutung. Digitalkameras sind Kompaktkameras mit Festkörper-Bildsensoren (▷CCD) anstelle der Filmbühne. Für Mittel- und Großformat-Fachkameras gibt es ansetzbare elektron. Rückteile. Zur Bildübertragung in den Computer müssen sie über Kabel mit ihm verbunden werden. Die Auflösung (Anzahl der Pixel) entspricht etwa dem heutigen TV-Standard (ca. 500 000 Pixel), ist also gegenüber der von Scannern (24 Mio. Pixel für das Format DIN A 4 bei allerdings mehrminütiger Verarbeitung) vergleichsweise gering.

Die elektron. P. wird auf längere Zeit hinaus die AgX-P. nicht ersetzen können, die bei weitem noch nicht an ihre techn. Grenzen gelangt ist. Um alle Informationen des Fernsehbilds wiederzugeben, genügt ein Zwanzigstel der Filmfläche des Kleinbildformats 24×36 mm. Die theoret. Empfindlichkeitsgrenze liegt bei ISO 819 200/60°, d.h. fast dem 1 024fachen der heutigen Obergrenze (ISO 1 000/31° für Kleinbild-Farbnegativfilm). Farbmaterialien werden laufend verbessert hinsichtlich Schärfe, Feinkörnigkeit, Farbsättigung und -reinheit. Für Farbumkehrfilme wurde anstelle der DIR-Kuppler (▷ Farbphotographie), die hier wegen der Schwarzweißerst- und der Zweitentwicklung nicht einsetzbar sind, das **Super Aktiv Inhibitor System (SAIS**, Agfa) entwickelt. Hierbei werden Inhibitoren an die AgX-Kristalle angelagert, die bereits während der Erstentwicklung des Films wirken, die Entwicklung in weniger stark belichteten Zonen der Nachbarschichten einschränken und damit eine reinere, intensivere Farbwiedergabe durch Unterdrückung von Nebenfarbdichten erzielen. Entwicklungsprozesse wurden teilweise vereinfacht. Die Ausarbeitung von Photomaterial erfolgt nicht mehr nur in Großlabors, sondern vielfach in ›Minilabs‹, die in Photofachgeschäften installiert sind und fertige Bilder im Stundentakt oder über Nacht liefern.

Als Gehäusewerkstoff in der Kameratechnik hat sich Titan als leichtes, hochbeständiges Metall durchgesetzt. Neben die Kleinbild-Systemkamera mit Wechselobjektiven tritt der Modelltyp ›All-in-One‹, automat. Spiegelreflexkameras mit angebautem Zoomobjektiv (das sich auch bei Sucherkompaktkameras findet). Für die Belichtungssteuerung stehen außer der mittenbetonten Integralmessung und der selektiven Spotmessung die Multispotmessung mit mehreren Meßpunkten und Highlight/Shadow-Control sowie Gegenlichtkompensation mit Blitzlicht zur Verfügung. Bei Autofokussystemen unterscheidet man den Modus Schärfepriorität (der Verschluß kann erst ausgelöst werden, wenn die Scharfeinstellung die Objektebene erreicht hat, zumeist bei Kompaktkameras) und den Modus Auslösepriorität (der Verschluß kann jederzeit ausgelöst werden, da das Meßsystem einem sich bewegenden Objekt folgt; wichtig für Sportaufnahmen).

Beim **Eye-Controlled Focus** wird die Scharfeinstellung über die Augenbewegung bzw. -stellung erreicht, wobei der LCD-Farbmonitor in der Kamera individuell auf das Auge eingemessen (kalibriert) werden muß. In der Kamera befindet sich unterhalb des Sucherokulars eine Infrarotdiode, die auf das Auge strahlt. Der vom Augapfel reflektierte Infrarotstrahl wird über einen dichroit. (halbdurchlässigen) Spiegel und eine Polarisationslinse auf den Blickrichtungssensor geleitet, der aus Reflexionsgrad und -winkel vom Auge im Sucher anvisierten Punkt errechnet und dieses Motiv automatisch scharf einstellt.

Die Mikroprozessoren in einigen Kameras steuern Kamerafunktionen nicht mehr abrupt, sondern über Fuzzy Logic, d. h. eher ›weich‹ und ›verschwommen‹ an, was vielen Aufnahmesituationen entgegenkommt, allerdings erhöhten rechentechn. Aufwand erfordert.

Es ist jedoch auch die Rückkehr zum klass. ›mechan.‹ Typ der Kleinbildkamera bemerkbar, die außer für die Belichtungsmessung keinen Batteriestrom benötigt und die Bildgestaltung nicht mehr der Automatik überläßt, sondern professionelles Können beansprucht.

Unmittelbar vor der Einführung steht das von Fuji, Kodak, Nikon und Minolta gemeinsam entwickelte **Advanced Photo System (APS)**, das neben das klass. Kleinbildsystem mit 35-mm-Kleinbildfilm treten soll. Der schmalere APS-Film weist statt einer Perforation eine Magnetschicht auf, in der Filmtyp und Empfindlichkeit verzeichnet sind. Von der Kamera werden automatisch die Belichtungsdaten und Hinweise für den Photofinisher hinzugefügt. Auch das Patronenmaul enthält maschinenlesbare Angaben zur Verarbeitung, nach der der Film zur einfachen Archivierung wieder in die Patrone zurückgespult wird. Gespeichert werden die folgenden Informationen: Datum, Bildformat, Hinweise zur Verbesserung der Bildqualität, Rückseitenaufdruck (Film- und Bildnummer, individueller Text für Anzahl der Abzüge, Bildausschnitte u. a.). Ein postkartengroßer Musterbogen (Indexprint) zeigt alle Bilder eines Films farbig im Miniformat. Da die Perforationslöcher entfallen, kann fast die gesamte Filmbreite für die Aufnahmen genutzt und die Filmpatrone in den Abmessungen reduziert werden (Durchmesser 21 mm, Höhe 39 mm, dadurch sind auch kleinere Kameraabmessungen möglich). Grundlegend neu bei APS ist jedoch, daß Negative unterschiedl. Länge auf einem Filmstreifen aufgereiht werden können. Drei unterschiedl. Formate können in beliebiger Reihenfolge innerhalb eines Films gewählt werden. APS wendet sich vorwiegend an Amateure und Anfänger, da der Hauptvorteil in der einfacheren und automatisierten Handhabung liegen wird. Die herkömml. Kleinbild-P. soll durch APS nicht abgelöst werden.

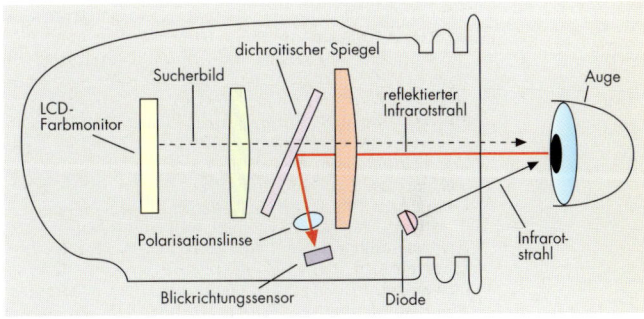

Photographie: Prinzipschema des Eye-Controlled Focus

Photonik [Kw. aus **Phot**on und Elektro**nik**] *die, -,* neuere techn. Disziplin, die sich mit der Übertragung und Speicherung von Information durch Licht befaßt und dabei die besonderen physikal. Eigenschaften von ▷ Photonen ausnutzt. Als Technologie konkurriert die P. in Teilbereichen mit der Halbleiterelektronik. Die Verbindung zw. beiden Gebieten besteht einerseits im Aufkommen miniaturisierter opt. Bauteile, andererseits in der Verwendung von Halbleiterbauelementen für opt. Zwecke. Photon. Bauelemente finden breite Anwendung in der Nachrichten- und Datentechnik, bei opt. Sensoren, bei unterschiedlichsten Formen von Anzeigen (Displays) und in der Lasertechnik selbst.

Mit dem Begriff der P. lassen sich versch. techn. Bereiche umfassen. Die funktionale Verknüpfung elektr. und opt. Effekte in Bauteilen ist Gegenstand der Optoelektronik und Elektrooptik. Die Magnetooptik befaßt sich mit der Wechselwirkung magnet.

Felder mit einem Lichtsignal (z. B. beim →optischen Isolator). Die physikal. Disziplinen, die sich der Wechselwirkung von Licht mit Materie und der theoret. Beschreibung der Lichteigenschaften widmen, sind die Quantenelektronik und die Quantenoptik. Die Beeinflussung der opt. Eigenschaften von Materie durch Licht ist das Thema der nichtlinearen Optik (NLO), die z. T. auch als ›P. i. e. S.‹ bezeichnet wird. Charakteristisch für die P. ist der Ersatz elektr. Drähte und Leiterbahnen durch Lichtwellenleiter in Form von Glasfasern (▷ Lichtleiter) oder integriert-opt. Wellenleitern (▷ integrierte Optik). Als Lichtquellen dienen Leucht- oder Laserdioden, als Detektoren Photodioden. Die Lichtsignale können durch ein elektr. Feld aufgrund der Wechselwirkung des Felds mit dem lichtdurchlässigen Material (▷ Pockels-Effekt, ▷ Kerr-Effekt 1) moduliert werden, was bis zu einem gewissen Grad ebenfalls in miniaturisierten Bauteilen möglich ist. Werden photon. Bauelemente in miniaturisierter Form auf kleinem Raum vereinigt, spricht man von integriert-opt. Schaltkreisen (engl. ›Integrated optical circuits‹, Abk. IOC).

B. E. SALEH u. M. C. TEICH: Fundamentals of photonics (New York 1991); H. FOUCKHARDT: P. (1994).

*Pi 2): 1995 wurde die Zahl der berechneten Dezimalstellen der Kreiszahl π an der Univ. Tokio auf 3,22 Mrd. Stellen vergrößert.

*Piano, Renzo, italien. Architekt: Profilierte sich mit High-Tech-Lösungen für internat. Großaufträge. Für den Kansai International Airport vor Ōsaka, für dessen Ausführung er etwa 100 Architekten um sich scharte (R. P. Building Workshop), ließ er eine künstl. Insel aus Beton (Gewicht über 200 Mio. t, Gesamtfläche 511 ha, Bauzeit: 1987–94) aufschütten, die durch eine 5 km lange doppelstöckige Brücke mit dem Festland verbunden ist; die Start-und-Lande-Bahn ist 3,5 km lang. Das 300 m breite viergeschossige Passagierterminal ist ein heller Glasskelettbau mit zwei 6,8 m langen Gebäudeflügeln (Wings) mit den Gates. Weitere Großprojekte: Fußballstadion San Nicola in Bari (1990), Altstadtrestaurierung und Stadtzirkus von Genua (1991), restauriere Erneuerung der Stadtmauern von Rhodos (1993), Umbau des Turiner FIAT-Werks ›Lingotto‹ in ein Kultur- und Wissenschaftszentrum (1994). P. gewann Wettbewerb (1992, einer der beiden ersten Preise) und Auftrag (1994) für den ›debis-Bau‹ am Potsdamer Platz, Berlin. 1995 wurde er mit dem Praemium Erasmianum ausgezeichnet.

R. P. Building Workshop. Sämtl. Werke, bearb. v. P. BUCHANAN, auf 3 Bde. ber. (a. d. Engl., 1994ff.); R. P.: Bauten u. Projekte, Beitr. v. V. MAGNAGO LAMPUGNANI (a. d. Italien., 1995).

Piazza, Frida, verh. **Prinoth,** grödner. Übersetzerin und Lyrikerin, *Sankt Ulrich 31. 1. 1922; hat durch die Übersetzung zahlreicher kleinerer Werke von Autoren der Weltliteratur (A. P. TSCHECHOW, G. VERGA, D. BUZZATI) ins Grödnerische erheblich zum Ausbau und zur Festigung der schriftsprachl. Verwendung des Dolomitenladinischen (▷ Ladinisch) beigetragen. In ihrer eigenen, formal traditionellen Lyrik (Auswahl mit italien. Übersetzung in: ›Antologia della lirica ladina dolomitica‹, hg. v. W. BELARDI, 1985) verbindet sie Liebe zur Schönheit der Heimat mit Kritik am unbedachten Raubbau an der Natur.

Piazzolla, Astor, argentin. Komponist, *Mar del Plata (Prov. Buenos Aires) 11. 3. 1921, †Buenos Aires 4. 7. 1992; begann in Tangoorchestern und studierte ab 1940 Komposition u. a. bei A. GINASTERA in Paris. Der gefeierte Virtuose des Bandoneon gilt als Erneuerer des argentin. Tangos und konfrontierte ihn mit zeitgenössisch-moderner Musik. Neben mehr als 300 Tangos komponierte er Orchesterwerke, Kammer- und Filmmusiken sowie die Oper ›María de Buenos Aires‹ (1967).

Piepser, Telekommunikation: →Pager.

Astor Piazzolla

*Pietilä, Reima Frans Ilmari, finn. Architekt: †Helsinki 26. 8. 1993.

Pietryga, Stefan, Holzbildhauer, *Ibbenbüren 26. 10. 1954; setzt sich seit den frühen 1980er Jahren mit den Grundlagen skulpturaler Zeichen in urbanen und natürl. Zusammenhängen auseinander. Bei seinen Visualisierungen bezieht er sich sowohl auf barocke, stadtplaner. Gesamtkunstwerke als auch auf romantisch-idealist. Traditionen.

Stefan Pietryga: 8 Pappeln; 1995 (Göppingen, Städtische Galerie)

*Pieyre de Mandiargues, André, frz. Schriftsteller: †Paris 13. 12. 1991.

*Pignon, Édouard, frz. Maler und Graphiker: †Couture-Boussey (Dép. Eure) 14. 5. 1993.

*Pilnjak, Boris Andrejewitsch, russ. Schriftsteller: Wurde nach neuen Erkenntnissen aus den Archiven des KGB nach einer Verhandlung vor einem Kriegsgericht am 21. 4. 1938 zum Tode verurteilt und noch am selben Tag erschossen.

V. CHENTALINSKI: La parole ressuscitée. Dans les archives littéraires du KGB (a. d. Russ., Paris 1993).

*Pinay, Antoine, frz. Politiker: †Saint-Chamond (Dép. Loire) 13. 12. 1994.

*Pineau, Christian, frz. Politiker: †Paris 5. 4. 1995.

Pinnock [ˈpɪnɔk], Trevor, brit. Cembalist und Dirigent, *Canterbury 16. 12. 1946; studierte Orgel und Cembalo am Royal College of Music in London und gründete 1973 das Ensemble ›The English Concert‹, das sich der Aufführung älterer Musik auf Originalinstrumenten widmet. Seit 1991 ist er künstler. Direktor und Chefdirigent des National Arts Center Orchestra in Ottawa (Prov. Ontario).

*Pirker, Theo, Soziologe: †München 31. 8. 1995.

*Pirna 2): Der Landkreis P. ging am 1. 8. 1994 im neugebildeten Landkreis Sächsische Schweiz auf, dessen Kreisstadt die Stadt Pirna wurde.

Pispers, Volker, Kabarettist, *Mönchengladbach 18. 1. 1958; spielte u. a. Studententheater in Münster; tritt seit 1983 in Soloprogrammen auf (›Kabarette sich, wer kann‹, 1983; ›Frisch gestrichen‹, 1994, u. a.). Erhielt 1995 den Dt. Kleinkunstpreis.

Pizzi, Pier Luigi, italien. Regisseur und Bühnenbildner, *Mailand 15. 6. 1930; seit 1952 als Bühnenbildner tätig, häufig in Zusammenarbeit mit dem Regisseur L. RONCONI; machte sich seit seinem Regiedebüt 1977 v. a. als Regisseur von Barockopern und von Werken G. ROSSINIS (u. a. in München) einen Namen; mit seiner Inszenierung von H. BERLIOZ' ›Les Troyens‹ wurde 1990 die Pariser Opéra de la Bastille eröffnet. 1995 war er als Repräsentant Italiens mit einer Installation auf der Biennale von Venedig vertreten.

Pjezuch, P'ecuch ['pjɛtsʊx], Wjatscheslaw Aleksejewitsch, russ. Schriftsteller, * Moskau 18. 11. 1946; behandelt in seiner an absurden Situationen, aber auch an Anspielungen auf die russ. Geschichte und Literatur reichen Prosa die Probleme einer orientierungslosen Generation, die jegl. Sicherheiten verloren hat (Roman ›Novaja moskovskaja filosofija‹, 1989; dt. ›Die neue Moskauer Philosophie‹).

Weitere Werke: *Roman:* Istorija goroda Glupova v novye i novejšie vremena (1989). – *Erzählungen:* Alfavit (1983); Bilet (1987; dt. Das Los, in: Die Sintflut, hg. v. A. KASAKEWITSCH); Veselye vremena (1988). – *Prosa:* Ja i pročee (1990).

*Planetoiden: Die Gesamtzahl der numerierten, d. h. durch ihre Bahndaten identifizierbaren P. ist in den vergangenen Jahren auf über 6 000 gestiegen; etwa weitere 20 000 solcher Körper wurden lediglich entdeckt. Man geht heute v. a. aufgrund von Bahndaten der P., aber auch von Untersuchungsergebnissen an Meteoriten davon aus, daß die P. durch Kollisionen aus etwa 80 Mutterkörpern entstanden sind. Diese Mutterkörper waren ›Planetesimale‹ – wie die Urkörper, aus denen sich die erdähnl. Planeten bildeten –, deren Weiterentwicklung zu einem Planeten aber durch die Gravitationswirkung des Jupiter verhindert wurde.

Die P. haben v. a. durch apparative Entwicklungen (u. a. große CCD mit Quantenausbeuten bis über 90 %, Radarastronomie) und durch die erhöhte Beobachtbarkeit wieder an Interesse gewonnen. Nach dem ersten Objekt jenseits des Pluto (▷ Transpluto) wurden inzwischen weitere 16 solcher Objekte entdeckt. Aufgrund statist. Überlegungen geht man heute davon aus, daß es im Bereich zw. 30 und 50 AE Sonnenabstand etwa 35 000 solcher Objekte mit Durchmessern von über 100 km gibt.

Die Jupitersonde Galileo übermittelte als erste Raumsonde Bilder von P., und zwar von den P. 951 Gaspra (Länge etwa 19 km) und 243 Ida (Länge etwa 52 km), die sie im Oktober 1991 bzw. im August 1993 im Vorbeiflug aufgenommen hatte. Dabei wurde mit dem Ida-Begleiter Dactyl (Durchmesser etwa 1,5 km) auch der erste P.-Mond entdeckt.

Plasmaverfahren, *Werkstofftechnik:* Sammel-Bez. für Verfahren, die zur Behandlung, Modifizierung oder Beschichtung einer Oberfläche aus beliebigem Material die Teilchen- oder Energieströme aus einem Plasma nutzen. Als Reaktionsraum werden Vakuumanlagen verwendet, in denen mit Hilfe von Plasmaquellen das jeweilige Plasma erzeugt wird. Die meisten Anlagen arbeiten im Batch-Betrieb, d. h., die zu behandelnden Teile werden in den Behandlungsraum, den Rezipienten, eingebracht und nach dem im Vakuum durchgeführten Prozeß wieder entnommen. Anschließend wird die Anlage neu befüllt. Zu den P. zählt neben ▷ Plasmaspritzen und ▷ Plasmaätzen auch das Plasmaschneiden, -schweißen und -schmelzen, bei denen die Wärmeenergie eines therm. Plasmas genutzt wird, um Werkstoffe zu bearbeiten. Mit dem **Lichtbogenplasmaschmelzen** kann neben Rohstahl auch Schrott in großen Elektroöfen mit Hilfe eines Lichtbogens zu Stahl verarbeitet werden. Die **Plasmawärmebehandlungsverfahren** werden zur thermochem. Oberflächenbehandlung von Werkstoffen wie Stahl oder NE-Metalle (Ti, Al, Mo, W usw.) eingesetzt und erhöhen Härte und Verschleißschutz des Werkstücks. Dabei wird ein Gas durch eine Gleichstromglimmladung aktiviert. Die dabei entstehenden Ionen diffundieren in die Oberfläche des Werkstücks ein und verändern diese. Es können Kohlenstoff-, Bor-, Silicium-, Stickstoff- oder auch Titanatome eindiffundiert werden. Das **Plasmanitrieren** (Eindiffundieren von Stickstoffatomen) in Stahl ist das älteste und am häufigsten genutzte Verfahren, v. a. im Bereich des Maschinen- und Automobilbaus. Beim **Plasma-CVD-Verfahren** (engl. PECVD, Abk. für Plasma enhanced chemical vapor deposition) wird eine anorgan. oder organ. Verbindung über einen Verdampfer zus. mit einem Inertgas (Argon oder Stickstoff) in einen Vakuumrezipienten eingebracht, dort durch ein Plasma in chemisch reaktive Bruchstücke umgewandelt und aus der Gasphase als dünne Schicht auf dem Werkstück abgeschieden. Im Ggs. zum ▷ CVD-Verfahren arbeitet man in Temperaturbereichen von 150 bis 500 °C, so daß auch temperaturempfindl. Werkstücke aus Metall und Kunststoffen beschichtet werden können. Von großem industriellem Interesse sind dabei Hartstoffschichten, z. B. Titannitrid, für einen verbesserten Verschleiß- und Korrosionsschutz und diamant- und diamantartige Kohlenstoffschichten. Mit der **Plasmapolymerisation,** einer Variante des PECVD-Verfahrens, kann man polymere Schichten auf Glas, Stahl, Kunststoffen u. ä. erzeugen, deren Eigenschaften von weich und hydrophob über kratzfest und transparent bis zu sehr hart und diamantartig reichen. Dabei wird eine monomere, polymerisierbare organ. oder anorgan. Verbindung im Plasma zersetzt. Geeignet sind zahlreiche organ. und anorgan. Ausgangsmaterialien, die als Basis Silicium, Sauerstoff oder Kohlenstoff und Wasserstoff enthalten. Plasmapolymerschichten sind sehr dichte, chemisch resistente Schichten, die z. B. in Autoscheinwerfern als transparente Schutzschicht für die Aluminiumreflektorschicht eingesetzt werden. Weitere Anwendungen sind Schutzschichten für Kunststoffbrillengläser, für Solarzellen oder Funktionsschichten für Membranen. Bei der **Plasmamodifizierung** wird ein Kunststoffwerkstück einem Plasma ausgesetzt, das keine ausscheidenden Gase enthält. Das Plasma erzeugt reaktive Stellen auf der Werkstückoberfläche, die in einem anschließenden Prozeß mit anderen Materialien verklebt, beschichtet oder lackiert werden können. Diese Aktivierung eignet sich bes. für Kunststoffe, die aufgrund ihrer Zusammensetzung nur schwer chemisch zu aktivieren sind, z. B. Polypropylen (PP) oder Polyethylen (PE). Bei der **Plasmareinigung** nutzt man die Möglichkeit, durch Partikelbeschuß aus einem sauerstoffhaltigen Plasma Verunreinigungen von Kunststoff- oder Metalloberflächen abtragen zu können. Dadurch können chlorierte Fluorkohlenwasserstoffe (FCKW) substituiert werden. Diese Methode eignet sich auch zur Feinreinigung von Oberflächen z. B. in der Halbleitertechnik.

R. A. HAEFER: Oberflächen- u. Dünnschicht-Technologie, 2 Tle. (1987–91); Dünnschichttechnologien, hg. vom VDI-Technologiezentrum Physikal. Technologien (1991).

*Plauen 2): Der Landkreis, der seit 1992 **Plauen-Land** hieß und in den zum 1. 4. 1992 die Städte Elsterberg, Mühltroff und Pausa/Vogtl. sowie sechs weitere Gemeinden (die jetzt Teile dieser Städte sind) aus dem Land Thüringen eingegliedert worden waren, ging zum 1. 1. 1996 im neugebildeten Vogtlandkreis auf.

Plessi, Fabrizio, italien. Medienkünstler, * Reggio nell'Emilia 3. 4. 1940; urspr. Maler; konzentriert sich seit Mitte der 70er Jahre auf die Arbeit mit Videoinstallationen. P. beschäftigt sich weniger mit medienimmanenten Problemen, sondern nutzt die moderne Technik, um humanist. und romant. Vorstellungen zu aktualisieren. In den immer ortsbezogenen Videoarbeiten visualisiert er ohne nostalg. Verklärung allgemeinmenschl. Sehnsüchte. Seit 1990 lehrt P. an der Kölner Hochschule für Medien das Gebiet ›Humanisierung der Technologie‹. BILD S. 574

F. P. Rovina elettronica, Ausst.-Kat. (Kraichtal 1995).

*Pleven, René, frz. Politiker: † Paris 13. 1. 1993.

Plutonium|affäre, → Nuklearkriminalität.

Poher, Alain, frz. Politiker: Wurde im Okt. 1992 als Senats-Präs. von dem Zentrumsdemokraten RENÉ MONORY (1923) abgelöst.

Pole Polen

Fabrizio Plessi: ›Canal d'Oro‹, Installation im Museo Correr in Venedig; 1988

*Polen, amtlich poln. **Rzeczpospolita Polska,** dt. **Republik P.,** Staat im O Mitteleuropas.

Hauptstadt: Warschau. *Amtssprache:* Polnisch. *Staatsfläche:* 312 683 km² (ohne Binnengewässer 304 420 km²). *Bodennutzung (1992):* 146 200 km² Akkerland, 40 440 km² Dauergrünland, 89 060 km² Waldfläche. *Einwohner (1994):* 38,341 Mio. Ew., 119 Ew. je km². *Städtische Bevölkerung (1993):* 64%. *Durchschnittliches Bevölkerungswachstum pro Jahr (1985–93):* 0,4%. *Bevölkerungsprojektion für 2000:* 39,508 Mio. Ew. *Religion (1992):* 97,4% Katholiken, 1,6% Russisch-Orthodoxe, 0,7% Protestanten. *Altersgliederung (1992):* unter 15 Jahre 24,1%, 15 bis unter 65 Jahre 65,3%, 65 und mehr Jahre 10,6%. *Lebenserwartung der Neugeborenen (1992):* männlich 68 Jahre, weiblich 76 Jahre. *BSP je Ew. (1993):* 2 260 US-$. *BIP nach Sektoren/Produktionsstruktur (1993):* Landwirtschaft 6%, Industrie 39%, Dienstleistungen 55%. *Arbeitslosenquote (1993):* 17%. *Währung:* 1 Złoty (Zl) = 100 Groszy (Gr, gr). *Internationale Mitgliedschaften:* UNO, Europarat, OSZE.

Verfassung: Obwohl die Arbeit an einer neuen Verf. schon Ende 1989 durch eine vom Parlament eingesetzte Kommission in Angriff genommen worden ist, ist es den maßgebenden polit. Kräften bis heute nicht gelungen, einen Verf.-Konsens herauszubilden. Es konnte bislang nur eine Interimslösung erzielt werden, indem am 17. 10. 1992 eine ›Kleine Verf.‹ verabschiedet wurde, die am 8. 12. 1992 in Kraft getreten ist und das Staatsorganisationsrecht enthält. Daneben gelten noch vielfach geänderte Teile der Verf. von 1952/76, in der außer einigen Grundsatzbestimmungen vornehmlich die Grundrechte und die Grundlagen des Justizwesens geregelt sind. Trotz der formal unbefriedigenden Verf.-Lage kann kein Zweifel daran bestehen, daß P. ein demokrat. Rechtsstaat ist. Seit Anfang 1988 kümmert sich zudem ein Parlament für vier Jahre gewählter Beauftragter für Bürgerrechte in der Art eines Ombudsmanns um die Durchsetzung der Grundrechte.

Das Reg.-System verkörpert den Typus des parlamentarisch-präsidentiellen Mischsystems. Die gesetzgebende Gewalt liegt bei der Nationalversammlung, die aus zwei Kammern, dem Sejm und dem Senat, besteht. Der Sejm setzt sich aus 460 Abg. zusammen, von denen 391 Abg. nach den Grundsätzen der Verhältniswahl gewählt werden, wobei auf Landesebene eine Sperrklausel von 5% (für Listenverbindungen 8%) besteht, während 69 Mandate als Ausgleichsmandate nach landesweiten Ergänzungslisten an die Parteien vergeben werden, die eine 7%-Sperrklausel überwunden haben. Für nat. Minderheitenparteien bestehen einige Vergünstigungen, von denen in erster Linie die dt. Minderheit profitiert. Der Senat besteht aus 100 Senatoren, die in den 49 Woiwodschaften im System der relativen Mehrheitswahl nach Listen gewählt werden (je zwei Senatoren pro Woiwodschaft, je drei Senatoren in Warschau und Kattowitz). Im Gesetzgebungsverfahren kann der Senat Gesetzentwürfe einbringen und Gesetzesbeschlüsse des Sejm ablehnen oder mit Änderungswünschen versehen, der Sejm kann die Ablehnung und die Änderungsvorschläge aber zurückweisen. Die Legislaturperiode beträgt vier Jahre. Der Sejm kann sich mit Zweidrittelmehrheit selbst auflösen und vom Staatspräs. unter bestimmten Voraussetzungen (Nichtverabschiedung des Haushaltsplans innerhalb von drei Monaten, gescheiterte Regierungsbildung, Mißtrauensvotum) aufgelöst werden. Dies hat auch die automat. Auflösung des Senats zur Folge.

Die Exekutivgewalt wird vom Staatspräs. und dem Ministerrat ausgeübt. Die Kompetenzen sind nicht klar abgegrenzt, was schon des öfteren zu Streitigkeiten Anlaß gegeben hat. Der Präs. wird vom Volk für fünf Jahre gewählt und kann nur einmal wiedergewählt werden. Im ersten Wahlgang ist die absolute Mehrheit der abgegebenen gültigen Stimmen erforderlich, während der zweite Wahlgang als eine Stichwahl ausgestaltet ist. Der Präs. verfügt namentlich auf dem Gebiet der Außen- und Sicherheitspolitik sowie im Staatsnotstand über beachtl. Leitungsbefugnisse. Er hat das Recht der Gesetzesinitiative und kann gegen Gesetzesbeschlüsse des Parlaments binnen 30 Tagen sein Veto einlegen, das vom Sejm nur mit Zweidrittelmehrheit zurückgewiesen werden kann. Außerdem kann er vor Verkündung eines Ges. im Wege der präventiven Normenkontrolle den Verf.-Gerichtshof anrufen. Der Präs. kann zu Ges. Durchführungs-VO erlassen und darüber hinaus zur selbständigen Verordnungsgebung gesetzlich ermächtigt werden. Wegen Verf.- und Ges.-Verletzungen sowie Straftaten kann der Präs. vor dem Staatsgerichtshof zur Verantwortung gezogen werden. Der Ministerrat ist unter der Leitung seines Vors. für die zentrale Verw.-Führung zuständig und hat einen schwer zu bestimmenden Anteil an der Reg.-Tätigkeit. In Angelegenheiten von besonderer Bedeutung ist auch der Staatspräs. befugt, Kabinettssitzungen einzuberufen und zu leiten. Der Ministerrat, der MinPräs. und die einzelnen Min. können – wie der Staatspräs. – zu den Ges. Durchführungs-VO erlassen und zur selbständigen VO-Gebung gesetzlich ermächtigt werden. Die Reg.-Bildung erfolgt in einem komplizierten Verfahren, dessen Regelung durch das Ziel motiviert ist, den Sejm und Staatspräs. gleichgewichtig an ihr zu beteiligen. I. d. R. werden der Reg.-Chef und auf dessen Vorschlag die Min. vom Staatspräs. ernannt, wobei der designierte Reg.-Chef vor seinem Personalvorschlag für die Ernennung des Außen-, Verteidigungs- und Innen-Min. den Staatspräs. zu hören hat. Der Reg.-Chef legt binnen 14 Tagen dem Sejm ein Programm vor und stellt die Vertrauensfrage, für deren Bejahung die absolute Mehrheit erforderlich ist. Wird diese Mehrheit nicht erreicht, so geht das Recht auf Bestellung der Reg. auf den Sejm über. Im übrigen kann der Sejm der Reg. mit absoluter Mehrheit ein destruktives oder konstruktives Mißtrauen aussprechen. Das destruktive Mißtrauensvotum verpflichtet die Reg., das Rücktrittsgesuch einzureichen, das vom Staatspräs. angenommen oder abgelehnt werden kann. Im letzten Fall wird der Sejm aufgelöst. Auch das individuelle Mißtrauensvotum gegenüber einem einzelnen Min. ist möglich und führt zu dessen Entlassung.

Verwaltung: Seit der Verwaltungsreform von 1990 gliedert sich der Verw.-Aufbau in drei Ebenen. Regionale Einheiten der Staats-Verw. sind die 49 Woiwodschaften, an deren Spitze der vom Reg.-Chef ernannte Woiwode als Vertreter der Reg. steht. Die 1990 eingeführten 267 Rayons (rejon) sind Landkreisen vergleichbar. Träger der kommunalen Selbstverwaltung sind die Gemeinden, die auch staatl. Auftragsangelegenheiten wahrnehmen. Sie sind nach dem Muster der Magistrats-Verf. organisiert. Die Gemeinderäte werden von der Bev. für vier Jahre gewählt. Vollzugsorgan ist der aus vier bis sieben Personen bestehende Vorstand, den der Gemeinderat aus seiner Mitte wählt. Sein Vors. ist der Gemeindevorsteher (in Städten: Bürgermeister oder Stadtpräsident). Die Gemeinden können sich nach eigenem Ermessen in Bezirke untergliedern und zu Kommunalverbänden zusammenschließen.

Recht: Die Justiz wurde seit 1980 mehrfach reformiert. Gegenwärtig (1995) ist die ordentl. Gerichtsbarkeit vierstufig aufgebaut und besteht aus 285 Rayongerichten, 44 Woiwodschaftsgerichten, 10 Appellationsgerichten und dem Obersten Gericht, dessen Funktionen seit Errichtung der Appellationsgerichte 1990 stark reduziert wurden und im wesentlichen auf die Wahrung der Einheitlichkeit der Rechtsprechung gerichtet sind. Eine Sonderstellung nehmen die Arbeits- und Sozialgerichtsbarkeit, die Wirtschaftsgerichtsbarkeit und – in geringem Maße – die Familiengerichtsbarkeit ein, die mit der ordentl. Gerichtsbarkeit verbunden sind. Für die Entscheidung über Rechtsmittel gegen Urteile dieser Gerichte ist letztlich das Oberste Gericht zuständig. Die Richter sind unabhängig. Sie werden vom Staatspräs. auf Vorschlag des Landesjustizrats auf Lebenszeit ernannt. Im Landesjustizrat dominieren demokratisch gewählte Repräsentanten der Richterschaft, aber auch der Justiz-Min. und Vertreter des Parlaments sowie des Staatspräs. gehören ihm an.

Streitkräfte: Seit Anfang der 90er Jahre wurde vor dem Hintergrund der veränderten sicherheitspolit. Lage in Europa die Armee bis 1995 auf 250 000 Mann erheblich reduziert; eine weitere Verringerung auf 220 000 Soldaten bis etwa zum Jahr 2000 ist im Gespräch. Die Wehrpflicht wurde auf 12 Monate Dienstzeit verringert. Während die Luftwaffe und Marine bislang nur um 10 % gekürzt wurden (72 000 bzw. 18 000 Mann), mußte das Heer tiefer greifende Einschnitte hinnehmen. Seine gegenwärtig 160 000 Soldaten dienen in sechs einheitl. mechanisierten Divisionen, drei weitere teilaktive Divisionen sind in starkem Maße mobilmachungsabhängig. Beim Großgerät mußte gemäß KSE-Vertrag ein umfangreicher Abbau vorgenommen werden. Im Dienst stehen nach Verschrottung von etwa 1 000 Kampfpanzern T-54/-55 noch die gleiche Zahl desselben Typs sowie rd. 800 modernere T-72; bei der Luftwaffe noch 420 Kampfflugzeuge (Su-20/-22, MiG-21/-23/-29).

Geschichte: Bei den ersten freien Wahlen zum Sejm am 27. 10. 1991 bewarben sich über 60 Parteien und über 7 000 Kandidaten um die 460 Sitze. Von den 29 Parteien, die ins Parlament gelangten, waren dort elf mit nur einem Abg. vertreten. Die Demokrat. Union (poln. Abk. UD) entsandte die stärkste Fraktion (62 Abg.), gefolgt vom (postkommunist.) Bündnis der Demokrat. Linken (SLD, 60 Abg.), der Kath. Wahlaktion (WAK, 49), der Poln. Bauernpartei (PSL, 48), der Konföderation für ein Unabhängiges Polen (KPN, 46), der Zentrumsallianz (PC, 44), dem Liberal-Demokrat. Kongreß (KLD, 37) u. a. Die Vertreter der dt. Minderheit erhielten sieben Sitze. Koalitionsregierungen unterschiedl. Zusammensetzung unter den Min.-Präs. J. OLSZEWSKI (PC; Dez. 1991 bis Juni 1992) und HANNA SUCHOCKA (Juli 1992 bis Okt. 1993) bemühten sich v. a. durch Einschränkung der Staatsausgaben um die Konsolidierung der Staatsfinanzen. Im Sinne der Umformung der Planwirtschaft in eine Marktwirtschaft verabschiedete der Sejm im April 1993 ein Ges. über die Privatisierung von etwa 600 großen und mittleren Staatsbetrieben. Am 22. 2. 1993 schlossen Vertreter der Reg., der Gewerkschaften und der Konföderation der Arbeitgeber einen ›Pakt über die Staatsunternehmen‹, der unter Gewährung eines Mitspracherechts des Arbeitnehmers bei der Wahl der Privatisierungsform die Umwandlung der Staatsbetriebe beschleunigen sollte. Die bes. mit wachsender Arbeitslosigkeit verbundene Spar- und Privatisierungspolitik führte zu sozialen Spannungen (Streiks der Bergleute an der Jahreswende 1992/93 u. a. für bessere Sozialleistungen und höhere Löhne). Am 28. 7. 1993 wurde ein neues Konkordat mit dem Vatikan unterzeichnet, das die Trennung von Staat und Kirche festschrieb.

Nach dem Sturz der Reg. Suchocka löste Präs. L. WAŁĘSA das Parlament auf und setzte für den 19. 9. 1993 Neuwahlen zum Sejm an, die zu einer Umkehrung der Mehrheitsverhältnisse führten. Die stärkste Fraktion stellt nunmehr das SLD (171 Sitze), gefolgt von der PSL (131), der DU (74; seit 1994 zusammengeschlossen mit dem KLD zur Union der Freiheit, UW), der KPN (22) und dem (von Präs. WAŁĘSA initiierten) Unabhängigen Reformblock (BBWR, 16). Die Vertreter der dt. Minderheit gewannen vier Sitze. Aufgrund der seit dem 1. 6. 1993 geltenden Sperrklauseln sind im Parlament nunmehr nur noch sieben Gruppierungen vertreten. Unter dem PSL-Vors. W. PAWLAK übernahm Ende Okt. 1993 eine Koalition aus SLD und PSL die Reg., die im Rahmen eines mittelfristigen Wirtschaftsprogramms für 1994–97 die Stabilisierungs- und Privatisierungspolitik fortsetzte. Umstritten ist seit 1993 die gesetzl. Regelung des Schwangerschaftsabbruchs sowohl zw. Präs. und Parlament als auch zw. den einzelnen Parteien. Unter dem Druck schwerer Differenzen mit Präs. WAŁĘSA trat MinPräs. PAWLAK im Febr. 1995 zurück; zu seinem Nachfolger wählte den Sejm am 1. 3. 1995 J. OLEKSY (SLD). Bei den Präsidentenwahlen im Nov. 1995 siegte der Kandidat der ›Linksallianz‹ A. KWAŚNIEWSKI mit 51,7 % der Stimmen im zweiten Wahlgang (19. 11.; Amtsantritt 23. 12. 1995) über den bisherigen Amtsinhaber WAŁĘSA. Nach dem Rücktritt von MinPräs. OLEKSY (Jan. 1996), gegen den ein Untersuchungsverfahren wegen Landesverrats eingeleitet worden war, trat im Febr. 1996 eine neue Reg. unter MinPräs. WŁODZIMIERZ CIMOSZEWICZ (*1950) ihr Amt an.

In der Außenpolitik gewann nach der Billigung des →Deutsch-Polnischen Grenzvertrags und des →Deutsch-Polnischen Vertrags über gute Nachbarschaft und freundschaftliche Zusammenarbeit durch den Sejm (18. 10. 1991) die Entwicklung einer frz.-dt.-poln. ›Achse‹ eine Schlüsselposition. Am 26. 11. 1991 wurde P. Mitgl. des Europarats. Dem Ziel einer vollständigen Integration in die Sicherheits- und Wirtschaftsstrukturen der westl. Staatenwelt standen nach dem 1991 vereinbarten Abzug der sowjet. (später russ.) Truppen (Sept. 1993 beendet) Bemühungen P.s um gute Beziehungen zu seinen östl. Nachbarn auf der Basis von Nachbarschaftsverträgen und bilateralen Sicherheitsvereinbarungen gegenüber. Am 1. 2. 1994 trat der Assoziationsvertrag (Europa-Abkommen) mit EG (EU) in Kraft, einen Tag später schloß sich P. dem NATO-Programm ›Partnerschaft für den Frieden‹ an. Am 8. 4. 1994 stellte es den Antrag auf Aufnahme in die EG (EU). Am 9. 5. 1994 wurde P. Assoziiertes Mitgl. der Westeurop. Union (WEU).

Political correctness [pə'lɪtɪkl kə'rektnɪs; engl. ›polit. Korrektheit‹] *die,* - -, Abk. **PC** [piː'siː], Anfang der 1990er Jahre an den Univ. der USA geprägter, umstrittener Begriff für eine ›richtige‹ Einstellung, die alle Handlungen und Ausdrucksweisen ablehnt, die Personen aufgrund ihrer Rasse, ihres Geschlechts, ihrer Zugehörigkeit zu einer bestimmten sozialen Schicht, ihrer körperl. sowie geistigen Behinderung oder sexueller Neigung diskriminieren. PC-Anhänger wenden sich auch gegen Eurozentrismus und befürworten die Erweiterung von Lehrinhalten um nichtwestl. Themen. – Im Hinblick auf die Unschärfe des Begriffs und seiner Inhalte wird PC von Kritikern als Mittel gesellschaftl. Zensur z. T. scharf abgelehnt.

V. SCHENZ: P. C . Eine Bewegung erobert Amerika (1994).

Poljakọw, Walerij Wladimirowitsch, russ. Arzt und Kosmonaut, * Tula 27. 4. 1942; ab 1971 am Institut für medizinisch-biolog. Probleme (IMBP) in Moskau tätig, ab 1972 Ausbildung zum Kosmonauten, seit 1992 stellv. Direktor des IMBP. Nachdem er bereits 1988/89 einen 241 Tage langen Aufenthalt an Bord der Raumstation →Mir absolviert hatte, erreichte P. vom 8. 1. 1994 bis 22. 3. 1995 mit 438 Tagen die bisher längste Aufenthaltsdauer eines Menschen im Weltraum. Bemerkenswert daran ist bes. die Tatsache, daß dies der kürzestmögl. Gesamtflugdauer einer bemannten Mars-Mission entspricht.

Walerij Wladimirowitsch Poljakow

polnische Kunst: Die Vielfalt der heutigen, parallel zu den westl. Strömungen verlaufenden Kunstformen spiegelt auch die relative Offenheit, die innerhalb der p. K. unter gewissen Schwankungen unter dem kommunist. Regime ab Ende der 1950er Jahre herrschte. Im Ggs. zur westl. Kunst spielt in Polen das Menschenbild nach wie vor eine besondere Rolle, wofür als wegweisende Persönlichkeit v. a. JERZY PANEK (1918) zu nennen ist. In Gemälden, Skulpturen und Installationsarbeiten setzen sich Künstler wie MIROSŁAW BAŁKA (* 1958), LUKAS KOROKIEWICZ (* 1948), JAROSŁAW MODZELEWSKI (* 1955), EDWARD DWUMIK (* 1943) und ANNA BELLER (* 1960) mit der zeitgenöss. Realität und der Befindlichkeit des Individuums angesichts einer sozialen Desorientierung auseinander. Auf einer eher symbol. Ebene arbeiten Künstler wie TOMASZ CIECIERSKI (* 1945), ANDRZEJ SZEWCZYK (* 1950), HANNA LUCZAK (* 1959), PIOTR KURKA (* 1958) und KOLO KLIPSA (* 1960) an existentiellen Chiffren und Zeichen, die metaphorisch

polnische Kunst: Mirosław Bałka, ›Schäferin‹; Installation 1990

den Zustand der Welt darstellen. Die konstruktivist. Tradition, die in Polen Ende der 1960er und in den 70er Jahren v. a. mit seriellen Untersuchungen verstärkt in Erscheinung trat (u. a. HENRYK STAŻEWSKI, * 1894, † 1988), ist noch immer sehr lebendig und wird von Künstlern wie LEON TARASEWICZ (* 1957), MAREK CHLANDA (* 1954) und ZUZANNA BARANOWSKA (* 1961), die mit geometrisierenden Verhüllungen

polnische Kunst: Jarosław Modzelewski, ›Enzephalopathie‹; 1988 (Posen, Nationalmuseum)

Räume neu definiert, spielerisch-assoziativ fortgeführt, wobei allg. festzuhalten ist, daß die Trennung zw. einer figurativen und einer abstrakten Kunst in Polen für den einzelnen Künstler kaum eine Rolle spielt, da beide Richtungen als Ausdruck einer ästhetisch-konstruktiven Haltung zur realen Umwelt gesehen werden.

Polish realities. New art from Poland, hg. v. C. CARRELL u. a., Ausst.-Kat. (Glasgow 1988); Widerstand u. Aufbruch. Von der Apokalypse zum Dekalog. P. K. 1980–1993, hg. v. M. KRAMER u. a., Ausst.-Kat. (1994); Zeitgenöss. p. K., hg. v. S. BERG, Ausst.-Kat. (1994).

polnische Literatur: Der p. L. ist nach dem Übergang Polens zur marktwirtschaftlich orientierten Demokratie durch Übersetzungen westl. Unterhaltungsliteratur ein großer Teil des Lesepublikums verlorengegangen. Gefragt blieben v. a. Publikationen der ehem. poln. Exilliteratur und andere bis dahin nicht legalisierte Bücher. Einen themat. Schwerpunkt bildeten in den letzten Jahren Prosawerke, die das komplizierte polnisch-jüd. Verhältnis und die geschichtlich belasteten dt.-poln. Beziehungen gestalten. Neben den bereits zuvor erfolgreichen Autoren MARIA NUROWSKA und A. SZCZYPIORSKI sind P. HUELLE, J. RYMKIEWICZ und PIOTR SZEWC (1961; Kurzroman ›Zagłada‹, 1987, dt. ›Vernichtung‹, über eine ostpoln. Kleinstadt kurz vor dem Ausbruch des Zweiten Weltkriegs) zu nennen. In der Lyrik gab es keine bedeutenden Debüts und keine neuen maßgebenden Autoren, sieht man von dem unter einem Kryptonym erschienenen Gedichtband ›Przyszli barbarzyńcy‹ (1991) ab. Darin sind Werke von 14 Autoren verschiedener poetolog. Auffassungen veröffentlicht, deren gemeinsamer Nenner die Zusammenarbeit mit der Mitte der 80er Jahre gegründeten Krakauer Untergrundzeitschrift ›bruLion‹ sowie die Ablehnung von Ideologien und Institutionen ist. Aus dieser Gruppe hat sich bes. MARCIN ŚWIETLICKI (* 1961) durch weitere Gedichtpublikationen profiliert.

BI-Lex. Literaturen Ost- u. Südosteuropas. Ein Sach-Wb., hg. v. L. RICHTER u. a. (Leipzig 1990); Lit. Polens. 1944 bis 1985, Einzeldarst., hg. v. A. LAM (Berlin-Ost 1990); L. M. BARTELSKI: Polscy pisarze współcześni (Warschau 1995).

*Polotsky, Hans Jakob, israel. Semitist und Ägyptologe: † Jerusalem 10. 8. 1991.

Polymerase-Kettenreaktion, engl. Abk. **PCR** [piːsiˈaː; von engl. ›**P**olymerase **c**hain **r**eaction‹], von dem amerikan. Chemiker K. B. MULLIS entwickelte molekulargenet. Methode zur Vervielfältigung von DNS-Abschnitten, mit den entscheidenden Vorteilen, daß das zu vervielfältigende Stück DNS nicht in gereinigter Form vorliegen muß und daß kleinste DNS-Mengen genügen, um ausreichende Mengen eines zu untersuchenden Abschnitts zu erzeugen. Der PCR liegt ein sehr einfaches Prinzip zugrunde: In einem ersten Schritt wird die in Doppelsträngen vorliegende DNS durch Erwärmung in Einzelstränge zerlegt (**Denaturierung**). Dann werden unter Zugabe von synthetisch hergestellten, etwa 15 bis 20 Basenpaaren langen, einsträngigen Oligonukleotiden die Temperatur wieder abgesenkt. Dabei lagern sich die zugegebenen Oligonukleotide (**Primer**) an die Enden der zu vervielfältigenden DNS an (**Annealing**). Die Spezifität der Reaktion wird dadurch erreicht, daß die Primer in ihrer Nukleotidsequenz komplementär zu den 3′-Enden der DNS, die vervielfältigt werden soll, sind. Durch ihre vorgegebene Sequenz können sich die Primer nämlich nur an die passenden DNS-Teilstücke anlagern. Nunmehr wird die Temperatur wieder auf 72 °C erhöht, und das ebenfalls im Reaktionsansatz befindl. Enzym DNS-Polymerase verlängert die angefangenen DNS-Stücke durch den Einbau jeweils komplementärer Nukleotide. Am Ende dieser Synthese sind aus einem Doppelstrang DNS zwei ident. Doppelstränge geworden. Nun werden 30–40 dieser Zyklen aneinandergereiht, wobei es jedesmal zu einer Verdopplung der zuvor durch die Primer selektierten DNS kommt, so daß im Endeffekt eine millionenfache Anreicherung resultiert. In daran anschließenden Bearbeitungsschritten wird die DNS von den Primern getrennt und steht nun für Untersuchungen zur Verfügung.

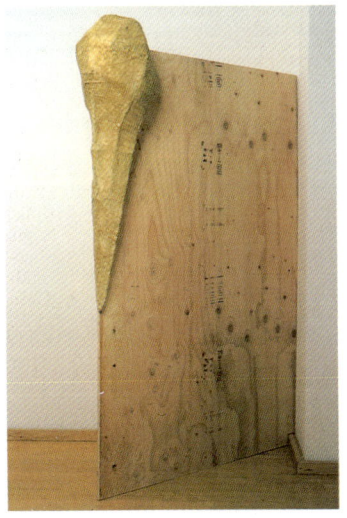

polnische Kunst: Marek Chlanda, ›Zeremoniell Nr. 1‹; 1994 (Privatbesitz)

Die PCR-Methode hat als molekularbiolog. Methode in den verschiedensten Bereichen große Bedeutung erlangt. Sie findet Anwendung in der vergleichenden Sequenzanalyse von Allelen, weiterhin in der Diagnose von Gendefekten (auch in der pränatalen Diagnostik), zur Erstellung von Genkarten z. B. in der Populationsgenetik, der Evolutionsbiologie und der Taxonomie. In der Medizin wird sie zur raschen Identifikation von Krankheitserregern genutzt; so gibt es mittlerweile PCR-Tests u. a. für HIV, Chlamydien oder das Hepatitis-C-Virus. Außerdem werden mit Hilfe der PCR-Analytik Aussagen über den Verlauf einer Virusinfektion und auch über den Therapieverlauf und -erfolg möglich. Weitere Anwendungsgebiete sind u. a. die forens. Medizin und die Archäologie.

Pont de Normandie: Blick auf die 1995 eingeweihte Schrägseilbrücke bei Honfleur

Pombo, Álvaro, span. Schriftsteller, * Santander 23. 6. 1939. Seine anspruchsvollen Romane, die erzähltechnisch neue Wege gehen, handeln von intellektueller und kindlich-homoerot. Identitätssuche sowie der Vergeblichkeit jeder Realitätserfahrung (›El héroe de las mansardas de Mansard‹, 1983, dt. ›Der Held der Mansarden von Mansard‹; ›Los delitos insignificantes‹, 1986, dt. ›Leichte Vergehen‹; ›El metro de platino iridiado‹, 1990).

Weitere Werke: Romane: El parecido (1979); El hijo adoptivo (1984); Telepena de Celia Cecilia Villalobo (1995). - *Erzählungen:* Relatos sobre la falta de sustancia (1977).

Poniatowska, Elena, mexikan. Schriftstellerin, * Paris 19. 5. 1933; mütterlicherseits mexikan., väterlicherseits poln. Abstammung; lebt seit 1942 in Mexiko; Journalistin (seit 1954); veröffentlichte mehrere ›Reportageromane‹, die wegen ihrer polit. Brisanz – wie ›La noche de Tlatelolco‹ (1971) über das Studentenmassaker von 1968 – und stilist. Qualitäten herausragen.

Weitere Werke: Romane: Lilus Kikus (1954); Hasta no verte, Jesús mío (1969; dt. Allem zum Trotz ... Das Leben der Jesusa); Querido Diego, te abraza Quiela (1978; dt. Lieber Diego); La ›flor de lis‹ (1988); Tinísima (1992).

Pont de Normandie [pɔ̃dənɔrmɑ̃ˈdi], über die Mündung der Seine führende Schrägseilbrücke (z. Z. die weltweit längste ihrer Art) bei Honfleur, Frankreich, die nach siebenjähriger Bauzeit im Jan. 1995 eingeweiht wurde und die Infrastruktur der Industrieregion von Le Havre verbessern soll; Gesamtlänge 2 141 m, zwei Pylonen (Höhe 214 m) mit 856 m Spannweite, Fahrbahnhöhe 52 m über dem Hochwasserpegel, Breite 23 m; jeder Pylon trägt 184 Stahlseile von bis zu 450 m Länge.

***Poot,** Marcel, belg. Komponist: † Brüssel 12. 6. 1988.

***Pope-Hennessy,** Sir John Wyndham, brit. Kunsthistoriker: † Florenz 31. 10. 1994.

Popow, Jewgenij Anatoljewitsch, russ. Schriftsteller, * Krasnojarsk 5. 1. 1946; urspr. Geologe; begann mit Erzählungen, die aber wegen Beteiligung an dem Samisdat-Almanach ›Metropol‹ kaum veröffentlicht wurden (1979 Publikationsverbot). P. thematisiert den russ. Alltag, v. a. in der Provinz, wobei er jedoch das Sujet ins Groteske wendet. In dem Roman ›Duša patriota‹ (1989; dt. ›Das Herz des Patrioten

oder Diverse Sendschreiben an Ferfitschkin‹) plaudert die Hauptfigur auf dem Gang zum Begräbnis L. BRESCHNEWS über das Schicksal seiner Familie während der Sowjetherrschaft. ›Prekrasnost' zizni‹ (1990; dt. ›Die Wunderschönheit des Lebens. Kapitel aus einem Roman mit Zeitung, der niemals begonnen wurde und niemals beendet wird‹) beschreibt chronologisch das Leben derselben Person zw. 1961 und 1985 und verbindet dabei Autobiographisches, Anekdotisches und Zeitgeschichtlich-Politisches miteinander.
Weitere Werke: Romane: Restoran ›Berezka‹ (1991); Nakanune nakanune (1993; dt. Vorabend ohne Ende). – Ljubov' tigra (1991; dt. Tigerliebe).

***Popp,** Lucia, österr. Sängerin: † München 16. 11. 1993.

***Popper,** Sir Karl R., brit. Philosoph und Wissenschaftstheoretiker österr. Herkunft: † London 17. 9. 1994.

***Pornographie:** Durch das 27. Strafrechtsänderungs-Ges. vom 23. 7. 1993 sowie durch das Ges. vom 28. 10. 1994 sind die Strafvorschriften über die P. (§ 184 StGB) verschärft worden. Die Kinder-P. wird nunmehr mit Freiheitsstrafe von drei Monaten bis zu fünf Jahren bestraft. Darüber hinaus wird die dt. Strafgewalt auch für die Taten begründet, die im Ausland begangen wurden und die § 184 Abs. 1 Nr. 3 und 4 verletzen; hiervon wird bes. die über den Versandhandel angebotene P. erfaßt.

***Portugal,** amtlich portug. **República Portuguesa,** dt. **Portugiesische Republik,** Staat in SW-Europa, im W der Iber. Halbinsel, grenzt an den Atlant. Ozean. Zum Staatsgebiet gehören die Azoren (etwa 1 400 km westlich des Festlandes), die Inselgruppe Madeira (500 km nordwestlich von Afrika) und die Selvagens-Inseln (südlich von Madeira).

Hauptstadt: Lissabon. *Amtssprache:* Portugiesisch. *Staatsfläche:* 92 389 km² (ohne Binnengewässer 91 950 km²). *Bodennutzung (1992):* 31 730 km² Akkerland, 8 380 km² Dauergrünland, 29 680 km² Waldfläche. *Einwohner (1994):* 9,868 Mio., 107 Ew. je km². *Städtische Bevölkerung (1993):* 35%. *Durchschnittlicher Bevölkerungsrückgang pro Jahr (1985-93):* 0,6%. *Bevölkerungsprojektion für 2000:* 9,74 Mio. Ew. *Ausländer (1992):* Anteil an der Gesamtbevölkerung 1% (8 900 Briten, 7 600 Spanier, 7 200 US-Amerikaner, 5 100 Deutsche, 3 400 Franzosen, 1 900 Niederländer, 1 200 Italiener, 1 100 Belgier, insgesamt 113 700 Ausländer). *Religion (1992):* 94,5% Katholiken. *Altersgliederung (1993):* unter 15 Jahre 18,9%, 15 bis unter 65 Jahre 67,0%, 65 und mehr Jahre 14,1%. *Lebenserwartung der Neugeborenen (1992):* männlich 70 Jahre, weiblich 78 Jahre. *Analphabetenquote (1991):* insgesamt 15,0%, männlich 11,2%, weiblich 18,5%. *BSP je Ew. (1993):* 9 130 US-$. *BIP nach Sektoren/Produktionsstruktur (1992):* Landwirtschaft 6%, Industrie 40%, Dienstleistungen 54%. *Arbeitslosenquote (1994):* 6,8%. *Währung:* 1 Escudo (Esc) = 100 Centavaos (c, ctvs). *Internationale Mitgliedschaften:* UNO, EU, Europarat, NATO, OECD, OSZE, WEU.

Geschichte: Präs. M. SOARES (PS, sozialdemokratisch) und MinPräs. A. CAVACO SILVA (PSD, liberal) vertraten trotz unterschiedl. gesellschaftspolit. Vorstellungen einen konsequent europäisch orientierten Kurs. Am 6. 4. 1992 trat P. dem Europ. Währungssystem (EWS) bei. Am 10. 12. 1992 billigte das Parlament das Vertragswerk von Maastricht. Vor dem Hintergrund der veränderten sicherheitspolit. Situation in Europa wurde die portug. Armee 1992–94 um 10 000 Mann reduziert; verbunden mit der Personalverringerung war die völlige Umstrukturierung der Landstreitkräfte. Wirtschaftspolitisch verfolgte die Reg. Cavaco Silva mit Nachdruck eine Politik der Privatisierung staatl. Unternehmen. Infolge zunehmender Kritik im Innern an dem gesellschaftspolit. Kurs der Reg. verlor die PSD bei den Parlamentswahlen am 1. 10. 1995 ihre absolute Mehrheit, stärkste Partei wurde der PS, dessen Vors. A. M. GUTÉRRES am 28. 10. 1995 zum Min.-Präs. gewählt wurde. Bei den Präsidentschaftswahlen am 14. 1. 1996 siegte der Sozialist J. F. BRANCO DE SAMPAIO über CAVACO SILVA und löste SOARES im Amt ab. – Am 10. 2. 1996 unterzeichneten sieben portugiesischsprachige Länder (neben P.: Angola, Brasilien, Guinea-Bissau, Kap Verde, Moçambique, São Tomé e Príncipe) eine Absichtserklärung zur Gründung einer ›Gemeinschaft lusophoner Staaten‹.

***Portzamparc** [pɔrza'park], Christian de, frz. Architekt, * Casablanca 9. 5. 1944; Pritzker-Preisträger von 1994; gehört zu den Vertretern der frz. Postmoderne. Er pflegt eine lebendige, die jeweilige Gebäudefunktion in der Oberflächengestaltung reflektierende Formensprache bei klaren Farb- und Formharmonien und einer gelegentlich prätentiösen Gestaltung der Innenräume, u. a. mit variablem farbigem Licht. Der Durchbruch gelang ihm mit der →Cité de la Musique in Paris (1986–90 und 1990–94).
Weitere Werke: Tanzschule der Pariser Oper in Nanterre (1983–87); Umgestaltung des Café Beaubourg in Paris (1988); Apartmenthaus in Fukuoka (1991); Erweiterungsbau für das Musée Bourdelle in Paris (1992).

***Posener,** Julius, Architekt, Architekturhistoriker und -kritiker: † Berlin 29. 1. 1996.

***Pößneck 2):** Der Landkreis P. in Thüringen ging am 1. 7. 1994 im Saale-Orla-Kreis auf; die Gem. Lausnitz b. Pößneck wurde dem Kr. Saalfeld-Rudolstadt eingegliedert. Die Stadt Pößneck ist damit nicht mehr Kreisstadt.

***POS-Systeme:** Das POS-System auf der Basis der Eurocheque-Karte (Electronic cash) wird seit 1994 unter der Bez. **European debit card** (Abk. **edc**) europaweit eingeführt. Damit kann im europ. Ausland bei zahlreichen Handels- und Dienstleistungsunternehmen bargeldlos nur mit der Eurocheque-Karte und der persönl. Identifikationsnummer (oder ggf. Unterschrift) bezahlt werden. Als Reaktion auf die Kritik des Handels an den Gebühren bieten die Banken das **POZ-System** (POS ohne Zahlungsgarantie) an, bei dem auf die persönl. Identifikationsnummer des Kunden und die sofortige Zahlungsgarantie der Bank verzichtet wird; dadurch wird die Zahlungsabwicklung für den Handel zwar billiger, aber auch risikoreicher.

***Postleitzahl:** Im Rahmen der Neuregelung des P.-Systems seit 1. 7. 1993 wurde Dtl. in 83 Briefregionen eingeteilt; diese Leitregionen sind durch die beiden ersten Ziffern der neuen fünfstelligen P. gekennzeichnet. Die Benennung einzelner Stadtteile durch Ziffern entfällt. Statt dessen erhielten 209 Orte mehr als eine P. Insgesamt wurden 26 400 neue Zahlen vergeben, davon 8 200 für die Hausadressen, 16 500 für rd. 800 000 Postfachkunden und 1 700 für Großkunden, die durchschnittlich mehr als 2 000 Sendungen pro Tag erhalten.

***Postprotestauftrag:** Der P. durch die Dt. Post AG ist 1995 entfallen.

Postreform, die seit 1989 schrittweise erfolgte Neuordnung des Post- und Fernmeldewesens in Dtl. Die mit dem Poststruktur-Ges. vom 8. 6. 1989 zum 1. 7. 1989 in Kraft getretene **Postreform I** umfaßte im organisator. Bereich die Trennung der politischhoheitl. Aufgaben von den betrieblich-unternehmer. Funktionen und im Bereich die Öffnung des Telekommunikationssektors für den Wettbewerb unter Aufhebung des Fernmeldemonopols bis auf ein eingeschränktes Netzmonopol und das Sprachtelefonmonopol, die bislang von der Dt. Bundespost (DBP) wahrgenommen unternehmer. Aufgaben wurden auf die drei als Gesellschaften neuge-

Christian de Portzamparc: Empfangsbereich in der ›Cité de la Musique‹ in La Villette in Paris; 1986–90 und 1990–94

gründeten öffentl. Unternehmen DBP Postdienst, DBP Postbank und DBP Telekom übertragen; die Hoheitsaufgaben, wie Regulierung und Wahrnehmung der Eigentümerrechte und -pflichten, verblieben beim Bundesministerium für Post- und Fernmeldewesen, das in Bundesministerium für Post und Telekommunikation (BMPT) umbenannt wurde. Das Leitmotiv der P. I, Wettbewerb als die Regel und staatl. Monopol als Ausnahme, steht im Einklang mit der von der EG verfochtenen Liberalisierung des Telekommunikationssektors. In der Folge erwies sich die Weiterführung der drei Postunternehmen in der Rechtsform der bundeseigenen Verwaltung sowie die Bindung an verwaltungsrechtl. und dienstrechtl. Grundsätze als Hemmnis für marktorientiertes unternehmer. Handeln. Mit der dt. Vereinigung mußte die DBP Telekom zusätzlich beträchtl. Mittel in die ostdt. Infrastruktur investieren, wodurch deren Eigenkapitalquote auf etwa 20 % sank. Die für ein wettbewerbsfähiges Unternehmen als nötig erachtete Aufstockung auf 40 % konnte vom Eigentümer Bund jedoch nicht geleistet werden.

Mit der im Postneuordnungs-Ges. vom 14. 9. 1994 geregelten und zum 1. 1. 1995 in Kraft getretenen **Postreform II** erhielten die drei Postunternehmen deshalb die Rechtsform einer AG. So können sie sich durch die geplante Privatisierung Eigenkapital über den Aktienverkauf an der Börse beschaffen. Seit der Änderung des Art. 87 Abs. 1 Satz 1 GG ist das Anbieten postal. und telekommunikativer Dienstleistungen keine öffentl. Aufgabe mehr, sondern eine ausschließlich private Tätigkeit, die von der →Deutschen Post AG, der →Deutschen Postbank AG, der →Deutschen Telekom AG und privaten Anbietern wahrgenommen wird. Durch staatl. Regulierungsmaßnahmen, die das BMPT zus. mit dem neu eingerichteten **Regulierungsrat** wahrnimmt, soll ein flächendeckendes Dienstleistungsangebot sichergestellt werden. Die Monopolrechte des Bundes werden bis zu ihrer Aufhebung durch EU-Recht den Nachfolgeunternehmen der DBP verliehen. Die →Bundesanstalt für Post und Telekommunikation ist eine Holding über den drei neuen Postunternehmen; sie nimmt Aufgaben wie die Regelung von Sozialverpflichtungen gegenüber den Arbeitnehmern und den Abschluß von Manteltarifverträgen wahr. Aufgrund einer weiteren Verf.-Änderung (Art. 143 b Abs. 3 GG) werden die bisherigen Postbeamten unter Wahrung ihrer Rechtsstellung und der Verantwortung des Dienstherrn bei den privaten Nachfolgeunternehmen weiterbeschäftigt (›Beleihungsmodell‹).

Wegen des von der EU-Kommission beschlossenen Wegfalls des Netz- und Sprachtelefonmonopols zum 1. 1. 1998 wird durch ein neues Telekommunikations-Ges. der ordnungspolit. Teil der Postreform I vollzogen, wofür in der öffentl. Diskussion auch die unkorrekte Bez. Postreform III benutzt wird. Sie soll die Bedingungen für den Markteintritt von privaten Netzbetreiberdiensten regeln und ein flächendeckendes Angebot an Telekommunikationsdienstleistungen, den ›Universaldienst‹, sicherstellen. Anfang 1996 waren die Regelungen über seine Finanzierung durch einen Fonds und die Regulierung des Wegerechts im noch nicht abgeschlossenen Gesetzgebungsverfahren noch strittig. Die Aufsicht über den Post- und den Telekommunikationsbereich soll eine Regulierungsbehörde übernehmen; das BMPT soll aufgelöst werden.

***Postreklame:** →Deutsche Telekom AG.

PostScript, imperative Programmiersprache für die geräteunabhängige Beschreibung von Druckseiten (**Seitenbeschreibungssprache**), wobei die Druckseiten aus einer beliebigen Kombination von Text, Bildern und Graphiken bestehen können. P. wurde etwa 1982 von dem amerikan. Unternehmen Adobe Systems entwickelt und hat sich mittlerweile zu einem Quasistandard herausgebildet. Die Ausgabe einer Druckseite mit Hilfe von P. verläuft in zwei Schritten. Zunächst erzeugt das Anwendungsprogramm auf einen Ausgabebefehl hin ein P.-Programm, das Format und Gestaltung des auszugebenden Dokuments beschreibt, und sendet es an das Ausgabegerät. Das Gerät interpretiert (▷ Interpreter) anschließend das Programm und setzt es in die gerätespezif. Steuerbefehle zur Ausgabe des Dokuments um. Voraussetzung auf der Anwenderseite ist ein entsprechendes Anwendungsprogramm, z. B. ein Desktop-publishing-System, so daß der Anwender mit der eigentl. Programmierung in P. nicht in Berührung kommt. Die Zerlegung des Ausgabevorgangs in zwei Phasen hat v. a. den Vorteil, daß druckfertige Dokumente unabhängig vom zu verwendenden Ausgabegerät abgespeichert werden können.

P. besitzt umfangreiche Sprachelemente, um 1) beliebige Figuren zu beschreiben, wobei die Umrisse ggf. mit Farbe gefüllt werden können; 2) gerasterte Bilder, die von Vorlagen eingescannt wurden, in unterschiedl. Auflösungen und Kontrastierungen darzustellen; 3) Texte mit unterschiedl. Schriftarten darstellen zu können. Ferner verfügt P. über ein kartes. Koordinatensystem, mit dem die obigen Darstellungen Transformationen unterworfen werden können, wie Verschiebung, Drehung, Vergrößerung, Verkleinerung, Streckung, Stauchung. Andererseits besitzt P. die Möglichkeiten einer universellen imperativen Programmiersprache. Sie enthält die übl. ▷ Datentypen, Kontrollstrukturen und ein einfaches Prozedurkonzept. Die Verarbeitung eines P.-Programms wird nach dem Lifo-Prinzip organisiert (▷ Keller 2).

*****Posttechnisches Zentralamt:** Wurde aufgelöst und in die Generaldirektion der Dt. Post AG eingegliedert.

*****Postzwang:** Das Monopol zur Beförderung von Briefen wurde im Rahmen der Postreform zum 1. 1. 1995 vom Bund auf die Dt. Post AG übertragen.

*****Potsdam 2):** Der Landkreis P. in Brandenburg ging am 6. 12. 1993 im neugebildeten Landkreis Potsdam-Mittelmark auf. Die Stadt Potsdam ist damit nicht mehr Verw.-Sitz eines Kreises.

Potsdam-Mittelmark, Landkreis in Brandenburg, 2 683 km², (1995) 175 800 Ew.; Hauptstadt ist Belzig. Der westlich von Berlin gelegene Kreis umschließt die beiden kreisfreien Städte Potsdam (außer im O) und Brandenburg an der Havel (außer im NW). Zw. beiden Städten erstreckt sich das Havelseengebiet mit zahlreichen Wasserläufen und Seen (größter ist der Schwielowsee). Nach S schließen sich bewaldete Moränenhügel an, durch das Nuthetal getrennt ist die flachwellige Teltowplatte im O und die Hochfläche der Zauche, ein Kiefernwaldgebiet mit eingestreuten Heideflächen, im W. Zw. diese Moränenlandschaft und den südlich anschließenden Fläming schiebt sich mit dem Fiener Bruch und den Belziger Landschaftswiesen ein Teil des Baruther Urstromtales. Aus Kies, Tonen und Sand aufgebaute pleistozäne Ablagerungen formen den mit Kiefernwäldern bestockten Fläming, sein Rückgrat (mit dem 201 m hohen Hagelberg) bilden Endmoränen (des Warthe-Stadiums). Wirtschaftl. Schwerpunktraum des Kreises ist das Havelländ. Obstanbaugebiet mit Obstbaumkulturen und Gewächshäusern; auf feuchteren Standorten wird Viehzucht betrieben, im Fläming werden Kartoffeln und Roggen angebaut. Industriestandorte sind die Städte Teltow (elektron. Industrie, Feingerätebau, Maschinenbau und Nahrungsmittelindustrie), Beelitz, Treuenbrietzen (Anhängerbau) und das Obstbauzentrum Werder (Havel) mit Obstverarbeitung, Bau von Schaltanlagen und Vulkanfiberfabrik. Die Kreisstadt Belzig bemüht sich um die Anerkennung als heilklimat. Kurort. – Der Landkreis P.-M. wurde am 6. 12. 1993 aus den Landkreisen Belzig, Brandenburg, Potsdam und sieben Gemeinden des Landkreises Jüterbog gebildet.

*****Poulet,** Georges, belg. Literaturkritiker und Essayist frz. Sprache: † Waterloo 31. 12. 1991.

Pountney [ˈpaʊntnɪ], David, brit. Opernregisseur, * Oxford 10. 9. 1947; war 1975–80 Chefregisseur der Scottish Opera in Glasgow und 1982–83 in gleicher Position an der English National Opera in London. Er hat sich v. a. mit seinen Inszenierungen von Opern L. JANÁČEKs einen Namen gemacht (u. a. ›Die Ausflüge des Herrn Brouček‹ 1995 an der Bayer. Staatsoper in München). P. inszenierte auch Uraufführungen, darunter ›The Voyage‹ von P. GLASS 1992 an der Metropolitan Opera in New York.

*****Powell,** Colin, amerikan. General: Trat 1992 als Chef der Vereinigten Stabschefs der US-Streitkräfte zurück.

*****Präfekt 3):** Im frz. Verwaltungsrecht wurde der Titel eines P. (frz. Préfet) durch Dekret vom 29. 2. 1988 wieder eingeführt.

*****Pratt,** Hugo, italien. Comic-Künstler: † bei Lausanne 20. 8. 1995.

Prégardien [pregarˈdjɛ̃], Christoph, Sänger (Tenor), * Limburg a. d. Lahn 18. 1. 1956; trat v. a. mit den lyr. Mozart-Partien an den Opernhäusern in Frankfurt am Main, Hamburg und Stuttgart auf, setzte aber bereits früh seinen Schwerpunkt auf das Gebiet des Lied- und Oratoriengesangs. Hierbei hat er sich v. a. als Interpret barocker Vokalmusik und des dt. Liedrepertoires des 19. Jh. einen Namen gemacht.

Preljocaj [-tsaɪ], Angelin, frz. Tänzer, Ballettdirektor und Choreograph alban. Abstammung, * 19. 1. 1957; war nach klass. Ballettausbildung zunächst Tänzer in versch. Kompanien; ab 1984 entwickelte er mit seinem eigenen in Châteauvallon bei Toulon ansässigen Ensemble eine energet. Bewegungssprache, die ihn rasch zu einem der gefragtesten Choreographen Frankreichs werden ließ.

*****Premio E. Balzan:** ARMAND BOREL (* 1923), GIOVANNI MACCHIA (* 1912) und EBRAHIM SAMBA (* 1932) sind die Preisträger von 1992, L. GALL, JEAN LECLANT (* 1920), WOLFGANG H. BERGER (* 1938) die Preisträger von 1993, NORBERTO BOBBIO (* 1909), Sir F. HOYLE, M. SCHWARZSCHILD, RENÉ COUTEAUX (* 1909) die Preisträger von 1994 und Y. BONNEFOY, CARLO MARIA CIPOLLA (* 1922) sowie ALAN J. HEEGER (* 1937) die Preisträger von 1995. 1996 wird außer den Wissenschaftspreisen der ›Preis für Humanität, Frieden und Brüderlichkeit unter den Völkern‹ vergeben; die Dotierung pro Einzelpreis wird von 350 000 auf 500 000 Franken angehoben.

*****Premio Miguel de Cervantes:** Weitere Preisträger sind DULCE MARÍA LOYNAZ (* 1902; 1992), M. DELIBES (1993), M. VARGAS LLOSA (1994), C. J. CELA (1995).

*****Prenzlau 2):** Der Landkreis P. in Brandenburg ging am 6. 12. 1993 im neugebildeten Landkreis Uckermark auf, dessen Kreisstadt Prenzlau wurde.

*****Preston,** Lewis Thomson, amerikan. Bankier: † Washington (D.C.) 4. 5. 1995.

Pretoria-Witwatersrand-Vereeniging [-fərˈeːnəxən], Abk. **PWV,** von April bis Dez. 1994 Name der neuen südafrikan. Prov. →Gauteng.

*****Prêtre,** Georges, frz. Dirigent: Wurde 1995 Chefdirigent des Radio-Sinfonieorchesters Stuttgart.

*****Previn,** André George, amerikan. Dirigent, Komponist und Pianist dt. Herkunft: War bis 1990 Chefdirigent des Los Angeles Philharmonic Orchestra und bis 1991 in derselben Position beim Royal Philharmonic Orchestra in London.

Prignitz, Landkreis in Brandenburg, 2 123 km², (1995) 102 700 Ew.; Hauptstadt ist Perleberg. Der im äußersten NW des Landes gelegene Kreis grenzt im N an Meckl.-Vorp., im W an Ndsachs. und im S an Sachs.-Anh. Er umfaßt den größeren W-Teil der Prignitz, einer flachwelligen, waldarmen Grundmoränenlandschaft, die v. a. landwirtschaftlich genutzt wird. Auf sandigen, nur von kleinen parkartigen Kiefernwäldern bestandenen Böden werden Kartoffeln, Roggen und in günstigen Lagen Spargel angebaut, auf guten Lehmböden gedeihen Zuckerrüben. Im Gebiet um die Stadt Perleberg gibt es zahlreiche Saatzucht- und weiterverarbeitende Betriebe. Im S geht die unfruchtbare Perleberger Heide in die Auenlandschaft der Elbniederung über. Wittenberge (Textil-, chem. und Verpackungsindustrie, Maschinenbau) mit Eisenbahnausbesserungswerk, Elbhafen und neuer Elbbrücke (1 030 m lang) ist ein wichtiger Umschlagplatz und Verkehrsknotenpunkt. Baustoffindustrie ist in Pritzwalk (außerdem Maschinenbau, Brauerei), Putlitz und Karstädt ansässig, Bad Wilsnack (Eisenmoorbad und Luftkurort) hat elektron. Industrie und eine Schreibgerätefabrik. – Der Landkreis P. wurde am 6. 12. 1993 aus den Landkreisen Kyritz (W-Teil), Perleberg und Pritzwalk (ohne die Gem. Blumenthal, Grabow bei Blumenthal und Rosenwinkel) gebildet.

Prigow, Dmitrij Aleksandrowitsch, russ. Lyriker, * Moskau 5. 11. 1940; studierte Bildhauerei in Moskau; begann Mitte der 50er Jahre mit Lyrik; schloß sich Anfang der 70er Jahre den Künstlern des Moskauer ›Underground‹ an und konnte bis 1989 in der Sowjetunion wegen Unvereinbarkeit seiner Kunst mit den Prinzipien des sozialist. Realismus nicht veröffentlichen. 1986 wurde er in eine psychiatr. Klinik zwangseingewiesen, aber nach Protesten aus dem In- und Ausland wieder entlassen. P.s Lyrik ist intellektuell und prosanah und führt mit seriellen Wiederholungen polit. Propaganda ad absurdum.

Werke: Slezy geral'dičeskoj duši (1990); Fünfzig Blutstropfchen in einem absorbierenden Milieu (1993, a. d. Ms. übers. v. G. HIRT u. a.).

Ausgaben: Poet ohne Persönlichkeit, übers. v. P. URBAN (1991); Der Milizionär u. die Anderen. Ged. u. Alphabete, hg. v. G. HIRT u. a. (1992).

Primakow, Jewgenij Maksimowitsch, russ. Orientalist und Politiker, * Kiew 29. 10. 1929; arbeitete zunächst in leitender Position beim Staatl. Rundfunkkomitee, dann als Korrespondent der ›Prawda‹ für den Nahen und Mittleren Osten. 1977–85 leitete er innerhalb der Akademie der Wissenschaften das Oriental. Institut. 1977 wurde er Voll-Mitgl. der Akademie der Wissenschaften, 1985 Direktor des Instituts für Weltwirtschaft und Internat. Beziehungen. 1959–91 war er Mitgl. der KPdSU und 1989–91 ihres ZK. P. unterstützte als Vors. der Unionssowjets (1989–90) die Reformen M. S. GORBATSCHOWS, der ihm im Okt. 1991 die Leitung des Auslandsgeheimdienstes übertrug. Nach dem Zerfall der UdSSR in dieser Funktion bestätigt, wurde er von Präs. B. JELZIN im Jan. 1996 zum russ. Außenminister ernannt.

*Primzahl: Bei der Cray Research Inc. (Minn.) wurde im Jan. 1994 als größte bekannte P. die Zahl $2^{859433}-1$ vom Typ der Mersenne-Zahlen berechnet; in Dezimalschreibweise besitzt sie 258 716 Stellen.

*Pritzker-Preis: Weitere Preisträger sind A. SIZA VIEIRA (1992), MAKI FUMIHIKO (*1928; 1993), C. DE PORTZAMPARC (1994), ANDO TADEO (*1941; 1995).

*Pritzwalk 2): Der Landkreis P. in Brandenburg ging am 6. 12. 1993 im neugebildeten Landkreis Prignitz auf; die Gem. Blumenthal, Grabow bei Blumenthal und Rosenwinkel kamen zum Kr. Ostprignitz-Ruppin. Die Stadt Pritzwalk ist damit nicht mehr Kreisstadt.

*Privatfernsehen: Mit (1995) insgesamt 15 bundesweit ausstrahlenden Sendern hat sich das P. in Dtl. etabliert. Neben den Vollprogrammen konnten sich in den letzten Jahren auch Spartenprogramme insbesondere für Nachrichten, Sport sowie Musik durchsetzen. Zusätzlich entstand auf lokaler und regionaler Ebene das ›Ballungsraumfernsehen‹. Mit der wachsenden Verbreitung des P. – und damit einhergehend der zunehmenden Konkurrenz um Einschaltquoten und

Privatfernsehen: Deutsche und ausländische Fernsehsender[1] (Stand Ende 1995)					
Sender, Sitz	Gesellschafter[2]	Sendestart	Programm[3]	Marktanteil[4]	Verbreitung, Ausstrahlungsart[5]
CNN International, London	Turner Broadcasting System Inc.-TBS 100%	10. 4. 1993	S: Nachrichten	–	Astra 1 B
DSF, Unterföhring	Rete Invest Holding S. A. (Berlusconi) 33,5%; Axel Springer Verlag 24,9%; Taurus (Kirch-Gruppe) 24,5%; Rincovision (Ringier) 17,1%	1. 1. 1993	S: Sport	1,1%	Astra 1 B; K; T
euroNEWS, Ecully	Générale Occidentale (Alcatel) 49%	1. 1. 1993	S: Nachrichten	–	EUTELSAT II F 1; K
Eurosport, Unterföhring	TF 1 34%; Canal Plus 33%; ESPN Capital Cities/ABC 33%	5. 2. 1989	S: Sport	1,2%	Astra 1 A und EUTELSAT II F 1; K
Kabel 1, Unterföhring	Pro 7 Television GmbH 45%; TEFI Handels AG (Metro-Gruppe) 45%; Dr. Georg Kofler 10%	29. 2. 1992	V	2,7%	Astra 1 D (seit 1. 1. 1995); EUTELSAT II F 1; K
MTV Europe, München	Viacom International 100%	1. 8. 1987	S: Musik	0,3%	Astra 1 A und B; EUTELSAT II F 1 (Pay-TV seit 1. 7. 1995); K
NBC Super Channel, Frankfurt am Main	NBC 75%; Virgin Group 23%	30. 1. 1987	V (Englisch)	–	EUTELSAT II F 1 und Astra 1 D
Nickelodeon, Düsseldorf	Nickelodeon Germany (Viacom) 90%; Ravensburger Film+TV GmbH 10%	13. 7. 1995	S: Kinder	–	Kopernikus 1, Astra 1 D; K NRW, Hessen
n-tv, Berlin	Time Warner 62,69% (davon CNN 32,61%); Familie Nixdorf 18%	30. 11. 1992	S: Nachrichten	0,3%	Astra 1 B; K; T Berlin
Onyx, München	Excalibur Communications 100%	1. 1. 1996	S: Musik	–	EUTELSAT; K Rheinl.-Pf., NRW, Hamburg
Premiere, Hamburg	UFA (Bertelsmann) 37,5%; Canal plus 37,5%; Teleclub (Kirch-Gruppe) 25%	28. 2. 1991	V	–	Astra 1 B (Pay-TV)
Pro 7, Unterföhring	Gerhard Ackermanns 49,5%; Thomas Kirch 47,5%; Georg Kofler 3%	1. 1. 1989	V	9,9%	Astra 1 A; K; T
RTL, Köln	WAZ/UFA (Bertelsmann) 50,1%; CLT 49,9%	2. 1. 1984	V	18,0%	Astra 1 A und EUTELSAT II F 1; K; T
RTL 2, München	Heinrich Bauer Verlag 33,1%; Tele München 33,1%; CLT 19,5%; UFA (Bertelsmann) 7,8%; FAZ 1%	6. 3. 1993	V	4,4%	Astra 1 A und EUTELSAT II F 1; K
Super RTL, Köln	CLT 50%; Disney Television Germany 50%	28. 4. 1995	S: Familie	1,2%	Astra 1 D; K Hessen
SAT 1, Berlin/Mainz	PKS Programmgesellschaft (Kirch-Gruppe) 43%; Aktuell Presse Fernsehen 20%; Axel Springer Verlag 20%; AV-Euromedia (Holtzbrinck) 15%	1. 1. 1984	V	14,8%	Astra 1 A; K; T
TM 3, München	Tele München 50%; Bauer Verlag 50%	25. 8. 1995	S: Frauen	–	EUTELSAT; K Bayern, Hessen
TRT Int., Berlin	Turkish Radio and Television Company 100%	28. 2. 1990	V (Türkisch)	–	EUTELSAT II F 1; K
VH 1, München	Viacom International 100%	10. 3. 1995	S: Musik	–	Astra 1 D; K (Pay-TV seit 1. 7. 1995)
Viva, Köln	Warner Music 19,8%; Sony Music 19,8%; THORN EMI GmbH 19,8%; PolyGram 19,8%; Frank Otto 19,8%; VIVA Medien GmbH 1%	24. 12. 1993	S: Musik	–	EUTELSAT II F 1; K
Viva 2, Köln	siehe Viva	21. 3. 1995	S: Musik	–	EUTELSAT II F 1; K
VOX, Köln	News International (R. Murdoch) 49,9%; UFA (Bertelsmann) 24,9%, Canal Plus 24,9%; DCTP (A. Kluge) 0,3%	25. 1. 1993	V	2,7%	Astra 1 A; K; T

[1] Ohne lokale Sender. – [2] Auswahl. – [3] S = Spartenprogramm, V = Vollprogramm. – [4] Zuschauermarktanteil, Stand: Okt. 1995. – [5] T= terrestrisch, K = über Kabelfernsehen (falls kein Zusatz, bundesweit; genannt ist der Satellit, über den ausgestrahlt wird (europaweit).

Priv Privatisierung – Psychoonkologie

Werbeumsätze sowohl zw. öffentlich-rechtl. Fernsehen und P. als auch unter dessen Sendern selbst – wurde das P. zunehmend Thema einer kontroversen öffentl. Diskussion. Hinsichtlich der Programminhalte wird dem P. vorgehalten, durch Sendungen wie Game-Shows, Infotainment, Reality-TV und Serien eine Verflachung des Programms und eine Zunahme der Sensationsberichterstattung bewirkt zu haben. Andererseits wird es als positiv angesehen, daß das P. ›verkrustete Strukturen‹ aufgebrochen und zu einer besseren Orientierung der öffentlich-rechtl. Sender an den Zuschauerbedürfnissen beigetragen habe. Wegen des intensiven Engagements der Medienkonzerne im P. und ihrer starken Wettbewerbspositionen in Teilmärkten (z. B. Filmbestände und -produktion sowie Senderechte) wird die Frage nach deren Auswirkung auf die pluralist. Vielfalt intensiv erörtert und über wirksamere Instrumente zur Kontrolle der Medienkonzentration nachgedacht.

Im Vergleich der Programmstruktur von ARD und ZDF mit SAT1 und RTL wurden für 1993 folgende Daten ermittelt: Bei einer gesamten tägl. Sendedauer von 1 440 Minuten bei RTL, 1 342 Minuten bei SAT 1, 1 187 Minuten bei ARD und 1 180 beim ZDF entfielen auf die Gattung Information und Bildung bei RTL 18,1%, bei SAT 1 17,7%, bei ARD 39,4% und beim ZDF 44,7%, auf Unterhaltung (Fiction, nonfiktionale Unterhaltung, Musik und Sport) bei RTL 59,2%, bei SAT 1 58,9%, bei ARD 46,2% und beim ZDF 44,6%, auf Kinder- und Jugendsendungen bei RTL 5,7%, bei SAT 1 3,1%, bei ARD 9,2% und beim ZDF 5,8%, auf Werbung bei RTL 13,3%, bei SAT 1 17,4%, bei ARD 1,3% und beim ZDF 1,2%. Bei einem Gesamtumsatz aller privaten Sender im Werbefernsehen von (1994) 5 633 Mio. DM (zum Vergleich: ARD 255,9 Mio. DM, ZDF 335,8 Mio. DM) erhielt RTL 1 881,8 Mio. DM, SAT 1 1 564,6 Mio. DM, Pro 7 1 121,8 Mio. DM und RTL 2 240,3 Mio. DM.

Jb. der Landesmedienanstalten. Privater Rundfunk in Dtl., hg. v. den Landesmedienanstalten (1994ff., früher u. a. Titel); Medien-Hb. – die Privaten. Privater Hörfunk, privates Fernsehen, hg. v. M. PAPE u. a., Losebl. (1994ff.).

*Privatisierung: Die in *Dtl.* im Zeitraum 1991–95 vorgenommenen P.-Maßnahmen des Bundes betreffen v. a. Bankbeteiligungen: Dt. Pfandbrief- und Hypothekenbank AG (1991), Berliner Industriebank AG (1992), Dt. Kreditbank AG (Verkauf an die Bayer. Landesbank 1995). Daneben brachte die Fusion der ehem. Staatsbank der Dt. Dem. Rep. mit der Kreditanstalt für Wiederaufbau (1994) dem Bund Einnahmen aus frei gewordenem Eigenkapital in Höhe von rd. 5 Mrd. DM. Nach der Veräußerung der restl. Bundesanteile an der Industrieverwaltungsgesellschaft (IVG) 1993 hält der Bund aus dem früheren umfangreichen industriellen Bundesvermögen nur noch der Saarbergwerke AG. Vollständig veräußert wurden ferner die Bundesanteile an folgenden Unternehmen: C & L Treuarbeit Dt. Revision AG (1993); Bayerischer Lloyd AG (1994); Rhein-Main-Donau AG (1995; gleichzeitig auch Verkauf der Anteile des Freistaats Bayern). Der Anteil des Bundes an der Lufthansa AG wurde 1994 weiter reduziert von 51,42% auf 35,68%. Eine (zunächst) lediglich formale P. der ehem. Sondervermögen Bahn und Post bedeutete die Schaffung der Dt. Bahn AG zum 1. 1. 1994 sowie der Dt. Post AG, der Dt. Telekom AG und der Dt. Postbank AG zum 1. 1. 1995. Anders als der Bund haben sich die Länder und Gemeinden, die nach wie vor das größte P.-Potential besitzen, bislang weiter zurückgehalten.

Die P. der ehem. volkseigenen Betriebe in den ostdt. Bundesländern, die Kernaufgabe der →Treuhandanstalt, ist Ende 1994 im wesentlichen abgeschlossen. Von Anfang an sehr umstritten waren die Regelungen zu den entschädigungslosen Enteignungen insbesondere von Grundbesitz in der ehem. Dt. Dem. Rep. Nach langwierigen Auseinandersetzungen kam 1994 das Entschädigungs- und Ausgleichsleistungs-Ges. zustande (→Vermögensgesetz).

In *Österreich* machte die P. staatl. Unternehmen nur langsame Fortschritte. In zahlreichen Fällen gingen die staatl. Anteile durch Verkauf lediglich an andere Unternehmen der öffentl. Hand über. Von dem im Budget angesetzten Erlös in Höhe von 13 Mrd. öS aus den für 1995 vorgesehenen P. (Creditanstalt-Bankverein, Bank Austria AG u. a.) konnten 1995 nur 2,1 Mrd. öS durch den Verkauf von Aktien der Flughafen Wien AG erlöst werden.

Pro 7, einer der erfolgreichsten dt. Privatfernsehsender, gegr. 1988; Sitz: Unterföhring (Kr. München). Mehrheitsgesellschafter des Unternehmens, dem auch der Sender Kabel 1 gehört, ist THOMAS KIRCH (* 1957), Sohn von LEO KIRCH (* 1926). In der Diskussion über Medienkonzentration wurde daher häufig argumentiert, P. 7 gehöre eigentlich zur →Kirch-Gruppe, die damit ihre Konzentrationsgrenzen überschreite. 1996 wurde P. 7 in eine AG umgewandelt. Hauptaktionär ist jetzt die Rewe-Gruppe (40%), T. KIRCH behält einen Anteil von 24,5%. (→Privatfernsehen, ÜBERSICHT)

*produktive Winterbauförderung: Ab 1. 1. 1994 sind die Leistungen an Arbeitgeber weggefallen; das Wintergeld für Arbeitnehmer wird nur noch für den Zeitraum 15. 12. bis 28./29. 2. bezahlt (vorher 1. 12. bis 31. 3.).

Promet, Lilli, estnische Schriftstellerin, * Petsery (heute Petschory, Rußland) 16. 2. 1922; veröffentlichte nach kürzeren Texten in Zeitschriften 1958 ihren ersten Roman (›Püha kui jüngrid‹), der im estn. Künstlermilieu angesiedelt ist. Seitdem erschienen zahlreiche Bände mit Novellen und Kurzgeschichten (›Roosa kübar‹, 1961; ›Lamav tiiger‹, 1964), Reisebücher (›3x pakitud kohver‹, 1958, mit R. PARVE; ›7 kirja Poolast‹, 1965) und ein weiterer Roman (›Primavera‹, 1971). Ihre Prosa zeichnet sich durch expressionist. Elemente (grelle, bisweilen groteske Charakterzeichnung), zahlreiche, scharf beobachtete Details, die durch eine einheitl. Stimmung zusammengehalten werden, und einen flüssigen, eleganten Stil aus. P. ist auch als Drehbuchautorin und Literaturkritikerin hervorgetreten.

*Prostitution: →Menschenhandel.

*Prozeßkostenhilfe: Durch das P.-Änderungs-Ges. vom 10. 10. 1994 sind die Einkommensgrenzen für die P. geändert worden. Die Anlagetabelle ist aufgehoben und die neue Tabelle in § 115 ZPO eingefügt worden. Außerdem sind datenschutzrechtl. Bestimmungen erlassen worden. Nach der Neuregelung sind von dem Einkommen, das die P. beantragende Partei für die Prozeßführung einzusetzen hat, abzuziehen: wie bisher die in § 76 Abs. 2, 2 a Bundessozialhilfe-Ges. (BSHG) bezeichneten Beträge (u. a. Steuern, Sozialversicherungspflichtbeiträge, Werbungskosten); ferner die der Sicherung des Existenzminimums dienenden, an die Eckwerte des BSHG anknüpfenden Beträge; zur Vereinfachung gibt hierzu das Bundes-Min. der Justiz jährlich die maßgebenden Beträge im Bundesgesetzblatt bekannt.

Psycho|onkologie, *Psychologie:* neueres Forschungsgebiet, das sowohl die psycholog. Fragen zur Krebsneigung, die psychosozialen Auswirkungen der Krebserkrankung, Fragen zur Gesundungsbereitschaft bei Krebserkrankungen wie auch Fragen zur Psychologie der Krebsvorsorge behandelt. Die eigentl. psychotherapeut. Betreuung des an Krebs erkrankten Patienten erstreckt sich auf die Phase der Diagnosestellung (Schockwirkung, Veränderung der Lebenspläne), die Erkrankungsphase (positive psych. Beeinflussung des Krankheitsverlaufs, präoperative

Betreuung) und die Überlebens- bzw. Sterbephase (emotionaler Umgang mit dem Krebsrisiko, Familienbetreuung, Sterbehilfe). Methodisch richtet sich die P. nicht nach bestimmten psychotherapeut. Schulrichtungen, sondern je nach Ausbildung werden tiefenpsycholog. (u. a. als Beruhigungshypnose), gesprächspsychotherapeut. (u. a. durch Fokussierung) und verhaltenstherapeut. Verfahren, letztere bes. durch Copingverfahren (Bewältigung depressiver Einstellungen, Einübung des Gesundheitswillens), angewendet.

G. ZIEGLER: Psychosomat. Aspekte der Onkologie (³1984); Umgang mit chronisch Kranken, bearb. v. M. BRODA u. a. (1990); Einf. in die Psycho-Onkologie, hg. v. F. MEERWEIN (Bern ⁴1991).

Public-domain-Software [ˈpʌblɪk dəˈmeɪnˈsɔftweə; engl. public domain ›öffentl. Bereich‹], Abk. **PD-Software,** frei verfügbare, nicht durch Copyright geschützte Software, im Unterschied zur →Shareware. Die Programme dürfen ohne Einschränkung kopiert, genutzt, verändert und weitergegeben werden. Die Programme selbst sind kostenlos, die Weitergabe darf lediglich zum Selbstkostenpreis (Disketten- und Versandkosten, Bearbeitungsgebühr) erfolgen. PD-Programme gibt es inzwischen für fast jede Anwendung und für fast alle Systeme. In den USA sind alle Computerprogramme, deren Entwicklung mit öffentl. Geldern, also z. B. im Rahmen staatl. Forschungsprojekte, finanziert wurde, als P.-d.-S. frei verfügbar.

*****Publizitätspflicht:** Das am 1. 7. 1992 in Kraft getretene neue *schweizer.* Aktienrecht sieht nun eine beschränkte Offenlegungspflicht für die Jahresrechnung und die Konzernrechnung vor (Art. 697h OR), so v. a. wenn die Gesellschaft Anleihenobligationen ausstehen hat oder wenn ihre Aktien an der Börse notiert sind.

Puértolas, Soledad, span. Schriftstellerin, Journalistin und Literaturdozentin, *Saragossa 3. 11. 1947. Die Protagonisten ihrer handlungsarmen Romane (›Una enfermedad moral‹, 1982) und Erzählungen bewegen sich in der Alltagswelt der Gegenwart, vermögen aber weder ihre Welt noch sich selbst zu durchschauen und zielstrebig zu handeln (Romane ›El bandido doblemente armado‹, 1980; ›Burdeos‹, 1986). Familie und Kindheit bilden bevorzugte Themen (Romane ›Todos mienten‹, 1988, dt. ›Alle lügen‹; ›Queda la noche‹, 1989, dt. ›Es bleibt die Nacht‹, Premio Planeta 1989; ›Días del arenal‹, 1992).

Weitere Werke: *Essays:* La vida oculta (1993). – *Erzählungen:* La corriente del golfo (1993). – *Roman:* Si al atardecer llegara el mensajero (1995).

*****Puerto Rico,** mit den USA assoziierter Staat im Bereich der Westind. Inseln.

Geschichte: Seit 1992 stellt der Partido Nuevo Progresista den Gouverneur. In einem Referendum im Nov. 1993 lehnte die Bev. die Eingliederung P. R.s in die USA als 51. Staat (vorbehaltlich der Zustimmung des amerikan. Kongresses) ab.

F. PICÓ: Historia general de P. R. (Puerto Rico ⁵1990).

*****Pugwash-Bewegung:** Die Internat. Pugwash-Konferenz und deren Vors. J. ROTBLAT erhielten für ihr Engagement zu einer weltweiten Abschaffung der Kernwaffen den Friedensnobelpreis für 1995.

*****Punan:** Der malays. Staat stellte 1993 den **Penan** ein Regenwaldgebiet von 657 km² als Reservat zur Verfügung, in dem sie ungehindert von der Holzindustrie nach ihren Traditionen leben können.

Purofer-Verfahren [Kw., zu lat. *purus* ›rein‹, ›unvermischt‹ und *ferrum* ›Eisen‹], ein neues Direktreduktionsverfahren zur Herstellung von Eisenschwamm. Beim P.-V. wird in einem Gasumsetzer Erdgas oder Koksofengas unter Zusatz von Luft zu einem 1 000°C heißen Gasgemisch aus Kohlenmonoxid, Wasserstoff und Stickstoff umgesetzt. Das heiße Gas wird unten in den mit stückigem Erz oder Pellets gefüllten Schachtofen geleitet und reduziert beim Aufsteigen das Erz. Über die Gicht wird das Gas abgezogen, gereinigt und zur Heizung des zweiten in einer Purofer-Anlage eingesetzten Gasumsetzers verwendet. Zur Optimierung des Energieeinsatzes werden die beiden Gasumsetzer nach dem Regeneratorprinzip abwechselnd auf Gasumsetzung und Heizung geschaltet. Mit dem P.-V. kann Eisenschwamm mit einem Eisengehalt von über 90% erzeugt werden.

Puttke, Martin, Tänzer, Tanzpädagoge und Ballettdirektor, *Breslau 30. 4. 1943; absolvierte nach seinem Engagement an der Dt. Staatsoper Berlin (Ost) ein Pädagogikstudium an der Theaterhochschule in Moskau; 1975 Lehrer, ab 1979 künstler. Leiter, 1981–91 Direktor der Staatl. Ballettschule Berlin, 1990–92 auch künstler. Leiter des Balletts der Dt. Staatsoper, seit 1995 Ballettdirektor in Essen.

Q

Qi Gong [tʃi gʊŋ], **Chi Gong** [tʃi -], eine der chin. Tradition entstammende und inzwischen vermehrt auch in westl. Ländern gelehrte und geübte Heil- und Selbstheilmethode. Atem, Bewegung und Vorstellungskraft werden dabei methodisch eingesetzt, um die subtile Lebensenergie des Qi im Körper zu stärken, anzureichern und in bestimmte Richtungen zu lenken. Die Übungen werden bes. zur Verbesserung des Stoffwechsels, zur Stärkung des Kreislaufs, des Nervensystems und der Herztätigkeit angewendet.

*****Qualitätsmanagement:** In den letzten Jahren verstärkt sich der Trend, das Q. als einen mehrdimensionalen, unternehmens- und funktionsübergreifenden Ansatz zu verstehen. D. h., daß Q. sowohl die Vermeidung von Fehlern in sämtl. Phasen der Leistungserstellung (also auch schon in der Planung und Entwicklung) umfaßt als auch bereits eine Kundenorientierung verlangt, insofern neue Produkte bzw. Dienstleistungen strikt nach Kundenanforderungen entwickelt werden sollen. Einer derartigen integrierten Q. liegt ein mehrdimensionaler Qualitätsbegriff zugrunde, der die Entwurfsqualität ebenso umfaßt wie die Qualität der Geschäftsprozesse und die Qualität des Produkts bzw. der Dienstleistung. Das aktuellste und umfassendste Konzept des Q. ist das **Total Quality Management,** das das Q. sowohl als eine unternehmensweite als auch als eine strateg. und kontinuierl. Aufgabe der Unternehmensleitung ansieht. Es wird darauf hingewiesen, daß das integrierte Q. die Schaffung eines Qualitätsbewußtseins auf allen Ebenen voraussetzt, das wiederum entsprechender Schulungsmaßnahmen bedarf.

Mit der Verabschiedung der Normenreihen **ISO 9000–9004** hat die International Organization for Standardization (ISO) 1987 angesichts eines sich ständig ausdehnenden Welthandels die Basis für die Harmonisierung der zahlreichen nat. Normungen von Qualitätssicherungssystemen geschaffen und zugleich einen Maßstab für ein systemat. Q. zur Verfügung gestellt. Damit sollte auch der Gefahr vorgebeugt werden, daß die nur in einem begrenzten geograph. Raum gültigen Qualitätsnormen sich zu Handelshemmnissen entwickeln. In Dtl. wurden 1987 durch die Normen ISO 9000 ff. und in der EG 1993 durch die Normen EN 29000–29004 die rechtl. Voraussetzungen für die Anwendung von ISO 9000–9004 geschaffen. ISO 9000 bezieht sich auf Q. und Qualitätssicherungsnormen und gibt eine Hilfestellung, welches der in ISO 9001 bis ISO 9003 beschriebenen Modelle zur Qualitätssicherung angewendet werden soll. Während die ISO 9001 das umfassendste Modell zur Darlegung der Qualitätssicherung in einem Unternehmen ist und sich dabei auf dessen sämtl. Tätigkeitsfelder bezieht, umfaßt ISO 9002 nur die Qualitätssicherung in Produktion und Montage und ISO 9003 nur die Qualitätssicherung bei der Endprüfung. ISO 9004 gibt allgemeine und branchenübergreifende Empfehlungen für den Aufbau eines normkonformen Qualitätssicherungssystems. Sämtl. in ISO 9000 ff. verwendeten Begriffe werden in der Norm ISO 8402 ›Q. und Qualitätssicherung – Begriffe‹ definiert. In Dtl. hat das Selbstverwaltungsorgan der dt. Wirtschaft, die Dt. Gesellschaft zur Zertifizierung von Qualitätssicherungssystemen mbH, Berlin, die ISO-Normen mitentwickelt und ist in der →Zertifizierung tätig.

H. SEILING: Der neue Führungsstil (1994); A. TÖPFER u. H. MEHDORN: Total-quality-Management. Anforderungen u. Umsetzung im Unternehmen (⁴1995).

*__Quarks:__ Ende April 1994 gab das Fermilab (›Fermi National Accelerator Laboratory‹) bei Chicago (Ill.) die Entdeckung des Top-Q. (Truth-Q.) bekannt, das bei Kollisionsexperimenten am Proton-Antiproton-Speicherring Tevatron erzeugt werden konnte; die ermittelte Masse betrug 174 GeV/c^2 (Ladung $+\frac{2}{3}e$, Spin $\frac{1}{2}$). Im März 1995 veröffentlichte weitere Messungen zweier Fermilab-Arbeitsgruppen ergaben eine Masse von 176 GeV/c^2 bzw. 199 GeV/c^2. Der Nachweis des bereits lange vorhergesagten Top-Q. vervollständigt als letztes Teilchen das Standardmodell der Elementarteilchen (→Hochenergiephysik).

__Quebec 2):__ Auch einen erneuten, im Aug. 1992 ausgehandelten Kompromiß zur Verf.-Reform (Charlottetown Accord) lehnte die Bev. der Prov. Q. in einem Referendum vom Okt. 1993 ab. Nach dem Rücktritt R. BOURASSAS als Führer der Liberal Party und Premier-Min. im Jan. 1994 wurde DANIEL JOHNSON (1944) neuer Partei- und Reg.-Chef. Mit dem Sieg des separatist. Parti Québécois (44,7 % der Stimmen; 77 von 125 Sitzen) bei den Wahlen zum Prov.-Parlament von Q. im Sept. 1994 übernahm dessen Parteiführer JACQUES PARIZEAU (* 1930) das Amt des Premier-Min. Im Dez. 1994 legte er einen Entwurf für ein Sezessions-Ges. vor, das die volle staatl. Unabhängigkeit Q.s mit einer Wirtschafts- und (während der Konsolidierungsphase) Währungsgemeinschaft mit Kanada verknüpfte. Im Sezessionsreferendum am 30. 10. 1995 sprachen sich jedoch 50,6 % der Bev. für einen Verbleib Q.s bei Kanada aus, woraufhin PARIZEAU seinen Rücktritt für Ende Dez. 1995 ankündigte. Sein Nachfolger als Partei- und Reg.-Chef wurde im Jan. 1996 LUCIEN BOUCHARD (* 1938), der sich weiterhin um die Unabhängigkeit Q.s bemüht.

*__Quedlinburg 1):__ Zum 1. 1. 1995 wurden Stiftskirche, Schloß und Altstadt von Q. von der UNESCO in die Liste des Weltkulturerbes aufgenommen.

*__Quedlinburg 2):__ In den Landkreis Q. wurden am 1. 7. 1994 (Kreisgebietsreform in Sachs.-Anh.) fünf Gemeinden des früheren Kr. Aschersleben eingegliedert; die Gemeinden Allrode und Timmenrode wurden in den Kr. Wernigerode umgegliedert.

*__Querfurt 2):__ Der Landkreis Q. in Sachs.-Anh. ging am 1. 7. 1994 im Kr. Merseburg-Querfurt auf; die Gem. Dornstedt wurde dem Saalkreis eingegliedert, drei Gemeinden dem Kr. Mansfelder Land. Die Stadt Querfurt ist damit nicht mehr Kreisstadt.

*__Quiroga,__ Elena de la Válgoma, span. Schriftstellerin: † La Coruña 3. 10. 1995.

*__Quix-Basic__ [kwɪks ˈbeɪsɪk, engl.], *Telekommunikation:* 1995 während der Internat. Funkausstellung in Berlin und Hannover gestarteter Funkrufdienst, der bis Ende 1996 auf ganz Dtl. ausgedehnt werden soll. Betreiber ist Miniruf, ein Gemeinschaftsunternehmen von Dt. Telekom AG, Vebacom, Thyssen und Telecom Denmark. Mit Q.-B. ist die Übertragung von max. 15 Zahlen auf das Display eines →Pagers möglich. Mit den Anrufkosten wird der Anrufer belastet. Über den Dienst **Quix-News** sendet Miniruf mehrmals täglich von dpa zur Verfügung gestellte Schlagzeilen von max. 80 Buchstaben Länge an die angeschlossenen Pager.

*__Qwaqwa:__ Das Homeland Q. ging mit dem Ende des Apartheidsystems in der Rep. Südafrika 1994 in der vergrößerten Prov. →Oranje-Freistaat auf.

R

*__Raab-Ödenburg:__ Der ungar. Bezirk heißt seit 1. 1. 1992 **Győr-Moson-Sopron,** dt. **Raab-Wieselburg-Ödenburg.**

*__Rabin,__ Itzhak, israel. General und Politiker: † (ermordet) Tel Aviv-Jaffa 4. 11. 1995; war im Febr. 1992 erneut zum Vors. der Israel. Arbeitspartei gewählt worden. Als MinPräs. (seit Juli 1992) förderte er den Ausgleich mit den PLO. Mit der Aufhebung des Kontaktsperre-Ges. legte seine Reg. die Grundlagen für die gegenseitige Anerkennung zw. Israel und der PLO und den Abschluß des Gaza-Jericho-Abkommens (1993). Auf dieser Linie setzte er seitdem seine Bemühungen um die Lösung des Nahostkonfliktes fort. Zus. mit S. PERES und J. M. ARAFAT erhielt er den Friedensnobelpreis 1994. Im Anschluß an eine Großveranstaltung in Tel Aviv-Jaffa zugunsten des Friedensprozesses im Nahostkonflikt fiel R. dem Attentat eines extremist. israel. Gegners seiner Verständigungspolitik zum Opfer.

*__Radebeul:__ In das renovierte Karl-May-Museum wurden die Bestände des aufgelösten Bamberger Museums integriert.

*Radio Free Europe/Radio Liberty: 1995 wurde der Sitz von München nach Prag verlegt.

*Raketentriebwerk: Derzeit stärkste R. sind die Feststoff-Booster des amerikan. Space-shuttle, die jeweils 12,9 MN Startschub erzeugen. Stärkstes Flüssigkeits-R. ist das ab Mitte der 1970er Jahre entwickelte russ. R. RD-170, das mit flüssigem Sauerstoff und Kerosin arbeitet. RD-170 ist ein Vierkammertriebwerk für die Erststufe der ukrain. Trägerrakete Zenit und die wiederverwendbaren Booster der russ. →Trägerrakete Energia und liefert 7,4 MN Startschub und 8,1 MN Vakuumschub. Die mit Flüssigsauerstoff und -wasserstoff arbeitenden vier R. der Energia-Zentralstufe liefern zus. 5,8 MN Start- und 7,8 MN Vakuumschub, die drei Haupttriebwerke des Space-shuttle-Orbiters zus. 5,0 bzw. 6,3 MN. Das R. Vulcain der Ariane-5-Zentralstufe erreicht 0,8 MN Start- und 1,1 MN Vakuumschub; jeder der beiden Feststoff-Booster erzeugt 5,4 MN Startschub.

Mehr als 90 übriggebliebene R. der 29 Jahre lang geheimgehaltenen (da erfolglosen) sowjet. Trägerrakete N 1 für bemannte Mondlandungen im Wettlauf mit den USA wurden ab 1993 zum Verkauf angeboten. 1995 erwarb ein amerikan. Unternehmen daraus die Einkammer-R. NK-33 der N-1-Erststufe (jeweils 30 R. mit Flüssigsauerstoff/Kerosin; Startschub zus. 46,2 MN), um die Nutzlastkapazität der amerikan. Trägerrakete Atlas zu verbessern.

RAM-Disc, *Datenverarbeitung:* Schreib-Lese-Speicher (▷ RAM), der wie der Hauptspeicher eines Computers aus Halbleiter-Speicherchips besteht, aber wie eine Festplatte organisiert ist und den gleichen Zwecken wie diese dient; er ist etwa 10^4- bis 10^6mal schneller als eine Festplatte, weil er keine bewegl. Teile enthält.

Râmnicu Sărat ['rimniku sə-], seit der Rechtschreibreform 1992 wieder Schreibung der rumän. Stadt ▷ Rîmnicu Sărat.

Râmnicu Vâlcea ['rimniku 'viltʃea], seit der Rechtschreibreform 1992 wieder Schreibung der rumän. Stadt ▷ Rîmnicu Vîlcea.

Ramos, Fidel, philippin. General und Politiker, *Lingayen 18. 3. 1928; wurde nach militär. Ausbildung u. a. in den USA und hohen Auszeichnungen in Korea und Vietnam 1984 Generalstabschef; er unterstützte nach den Präsidentenwahlen vom Febr. 1986 die Opposition und nach dem Machtwechsel die neue Präsidentin CORAZON AQUINO gegen versch. Putschversuche; ab Jan. 1988 Verteidigungs-Min. Im Mai 1992 wurde er zum Präs. gewählt, nachdem Frau AQUINO auf eine erneute Kandidatur verzichtet hatte. Mit seinem Programm ›Philippinen 2000‹ strebt er für die Philippinen den Status eines Schwellenlandes bis zum Jahr 2000 an.

Rapid prototyping ['ræpɪd 'prəʊtəʊtaɪpɪŋ, engl.], *Modellbau:* Sammelbegriff für Verfahren zur schnellen Herstellung von Prototypen, Abgußvorlagen, industriellen Mustern ohne Verwendung von Formen oder Werkzeugmaschinen. Voraussetzung für R. p. ist ein digitaler Datensatz der gewünschten Geometrie, der in einem dreidimensionalen CAD-System vorliegt. Ein Prozeßrechner formatiert diese Daten zu einzelnen Schichten des Werkstücks und steuert damit z. B. einen Laserstrahl, der die Werkstückkonturen schichtweise aus einem flüssigen lichthärtenden Polymer aufbaut (→Stereolithographie). Andere Verfahren bauen das Muster aus thermoplast. Material auf, indem eine beheizte Düse extrudiert wird, oder schmelzen mit einem Laserstrahl schichtweise granuliertes Material auf.

Rasmussen, Poul Nyrup, dän. Politiker, *Esbjerg 15. 6. 1943; stieg innerhalb der Dachorganisation der Gewerkschaften zum führenden Ökonomen auf. Politisch schloß er sich der Sozialdemokrat. Partei an, deren Vors. er im April 1992 wurde. Im Jan. 1993 wählte ihn das Folketing zum MinPräs. (bestätigt im Sept. 1994). Auf der Grundlage eines maßgeblich von ihm mitgestalteten ›nat. Kompromisses‹ nahm die dän. Bev. bei einer zweiten Abstimmung (Mai 1993) die Verträge von Maastricht an.

*Rassemblement pour la République, Abk. **RPR:** Nach dem Wahlsieg der bürgerl. Parteien bei den Parlamentswahlen im März 1993 stellte der RPR mit É. BALLADUR den Premier-Min. Entgegen der Abmachung von 1990 gab es bei der Präsidentenwahl 1995 keinen gemeinsamen Kandidaten von RPR und UDF. Statt dessen traten mit BALLADUR, der jedoch im ersten Wahlgang unterlag und als Premier-Min. zurücktrat, und J. CHIRAC, der sich bei der Stichwahl gegen den sozialist. Herausforderer L. JOSPIN durchsetzte, zwei Vertreter des RPR an. Mit der Wahl CHIRACS zum Staatspräs. und der Ernennung A. JUPPÉS zum neuen Premier-Min. im Mai 1995 verfügt der RPR über die wichtigsten Reg.-Ämter. Im Okt. 1995 wurde JUPPÉ, der die Partei seit Nov. 1994 informell führte, als neuer Präs. des RPR bestätigt.

*Rasterfahndung: Im Zuge des Ges. zur Bekämpfung der organisierten Kriminalität vom 15. 7. 1992 ist die R. in der StPO (§§ 98 a, 98 b) auf eine bundesgesetzl. Grundlage gestellt worden. Die R. als maschineller Abgleich und Übermittlung personenbezogener Daten ist demnach zulässig, wenn zureichende tatsächl. Anhaltspunkte den Schluß zulassen, daß eine Straftat von erhebl. Bedeutung auf den Gebieten des Betäubungsmittel- oder des Waffenverkehrs, der Geldfälschung, des Staatsschutzes oder der gemeingefährl. Straftaten oder gegen Leib oder Leben, die sexuelle Selbstbestimmung oder die persönl. Freiheit vorliegt oder eine ins Gewicht fallende Straftat gewerbs-, gewohnheits- oder bandenmäßig begangen worden ist. Für die (schriftlich zu treffende) Anordnung der R. ist der Richter, bei Gefahr im Verzuge die Staatsanwaltschaft zuständig, wobei im letzteren Fall unverzüglich die richterl. Bestätigung einzuholen ist, sie andernfalls binnen drei Tagen außer Kraft tritt. – Die R. ist z. T. auch in Landespolizei-Ges. verankert, so in Sachsen.

Rastermikroskope, allg. Mikroskope oder Geräte, bei denen ein Gegenstand entsprechend dem jeweiligen Verfahren Punkt für Punkt zeilenweise abgerastert wird, z. B. mit einem Elektronenstrahl (Rasterelektronenmikroskop, ▷ Elektronenmikroskop) oder mit einem Laserstrahl (Laserscan-Mikroskop, ▷ Mikroskop); i. e. S. moderne Geräte für bildgebende Verfahren, bei denen ähnlich wie beim Rastertunnelmikroskop (▷ Tunnelmikroskop) Bilder erzeugt werden (**Rastersondenmikroskop**). Diese Bilder sind nicht geometr. Abbildungen wie bei den vorgenannten Mikroskopen, sondern Darstellungen der physikal. Eigenschaften von Oberflächen, die entsprechend dem jeweiligen Verfahren abgetastet (d. h. eigtl.: gemessen) werden. Dabei können Auflösungen bis in atomare Größenordnungen erreicht werden. In Fachkreisen hat sich für solche R. die aus dem Englischen stammende Abk. **SMX** eingebürgert. Dabei steht S für scanning (›rasternd‹), M für Mikroskop und X für die jeweilige physikal. Größe oder Eigenschaft, die beim Abrastern gemessen wird, z. B. T für Tunnel. Mit den R. ähnl. Geräten können einzelne Atome manipuliert, z. B. verschoben werden. Die mit R. registrierten Daten lassen sich je nach Verfahren auch mehr oder weniger genau in geometr. Oberflächenstrukturen umrechnen.

*Rathenow 2): Der Landkreis R. in Brandenburg ging am 6. 12. 1993 im neugebildeten Landkreis Havelland auf, dessen Kreisstadt Rathenow wurde.

*Ratsiraka, Didier, madegass. Admiral und Politiker: Nachdem er sich zunächst der seit 1990 von Op-

Poul Nyrup Rasmussen

positionskreisen geforderten Demokratisierung widersetzt hatte, stimmte R. Ende 1991 unter dem Druck von monatelangen Unruhen und Generalstreiks der Erarbeitung einer neuen Verf. zu, die im Aug. 1992 per Referendum verabschiedet wurde. Bei der auf dieser Grundlage durchgeführten Präsidentschaftswahl unterlag er im Febr. 1993 A. ZAFY.

Rattle [rætl], Simon, brit. Dirigent, * Liverpool 19. 1. 1955; war 1977–80 Chefassistent des BBC Scottish Symphony Orchestra sowie des Royal Liverpool Philharmonic Orchestra, wurde 1980 Chefdirigent und 1991 Musikdirektor des City of Birmingham Symphony Orchestra. Seit 1981 ist er zudem ständiger Gastdirigent des Los Angeles Philharmonic Orchestra. R. ist v. a. mit Aufführungen zeitgenöss. Musik hervorgetreten.

Ratuschinskaja, Ratušinskaja [-'ʃɪn-], Irina Borissowna, russ. Schriftstellerin, * Odessa 4. 3. 1954; studierte Physik, wurde 1982 wegen ihres Engagements für die Menschenrechte verhaftet und 1983 zu sieben Jahren Verbannung verurteilt; 1986 Ausreise nach London; schreibt neben Lyrik (›Stichi‹, 1984, russ., engl., frz.; ›Vne limita‹, 1986; ›Ja doživu‹, 1986) auch Romane (›Seryj - svet nadeždy‹, 1989; dt. ›Grau ist die Farbe der Hoffnung. Bericht aus einem Frauenlager‹) und Erzählungen. Ihr Werk, das sich mit der Frage beschäftigt, wie man gegenüber der Verlogenheit eines totalitären Systems seine geistige Unabhängigkeit bewahren kann, ist von einer religiösen Grundhaltung geprägt.

*****Rau,** Johannes, Politiker: Unterlag bei der Wahl des Bundes-Präs. am 23. 5. 1994 im dritten Wahlgang mit 605 Stimmen R. HERZOG (696 Stimmen). Nachdem die SPD bei den Wahlen zum nordrhein-westfäl. Landtag im Mai 1995 die absolute Mehrheit verloren hat, führt R. seit Juli 1995 eine Reg.-Koalition aus SPD und Bündnis 90/Die Grünen.

*****Rauch,** Hans-Georg, Zeichner: † Worpswede 23. 12. 1993.

*****Rauchen:** In der letzten Dekade des 20. Jh. entsteht insbesondere in den Industrieländern eine zunehmende Anti-Tabak-Bewegung, die einerseits auf gesetzl. Rauchverbote am Arbeitsplatz (USA, Norwegen, Island, Frankreich) und andererseits auf Einschränkungen der Werbung für Zigaretten und Tabak abstellt. In den USA haben mit Stand vom 1. 3. 1995 48 Bundesstaaten (z. B. Kalifornien, Texas, New York) und mehr als 700 Gemeinden Gesetze zur Einschränkung des R. in öffentl. Gebäuden erlassen. Immer mehr Privatunternehmen erklären Büros, Restaurants, Sportstadien, selbst Verkehrszüge zu ›rauchfreien Zonen‹. Bereits im März 1994 hatte das US-Verteidigungsministerium den weltweit 2,6 Mio. Beschäftigten des Pentagons das R. am Arbeitsplatz untersagt bzw. weitgehend eingeschränkt; gleiches tat das US-Arbeitsministerium. Die Food and Drug Administration (FDA) hatte ebenfalls 1994 in Erwägung gezogen, Nikotin als Droge einzustufen. Eine solche Klassifizierung hätte ein Zigarettenverbot zur Folge gehabt. Der Kongreß beauftragte die FDA statt dessen mit der Regulierung der Zigarettenwerbung, des Vertriebs und der Stärke von Zigaretten. In Europa (die Weltgesundheitsorganisation schätzte 1994, daß allein in Westeuropa jährlich mehr als 500 000 Menschen an den Folgen des R. sterben) hatte bereits im Mai 1991 die EG-Kommission den Gesundheitsministern einen Richtlinienentwurf zur Vereinheitlichung der Verbote der direkten und indirekten Tabakwerbung vorgelegt, der in seiner Totalität sogar die Überlegungen in Frankreich übertraf. Hier verbietet seit 1993 die ›Loi Evin‹ jegl. Werbung. Diese Radikallösung ist in anderen EU-Mitgliedsstaaten umstritten. In Dtl. plante im Aug. 1994 Bremen als erstes Bundesland ein eigenes Ges. zum Schutz von Nichtrauchern. Auf Bundesebene wollten Hamburg, Schlesw.-Holst. und Sachs.-Anh. dieses Ges. unterstützen. In Italien kam es im März 1995, in Österreich im April 1995 zu Rauchverboten bzw. Werbeeinschränkungen für Tabak.

*****Rauchgasentschwefelung:** Mit dem v. a. in Müllverbrennungsanlagen eingesetzten **Neutrec-Verfahren** (Kw. aus **Neut**ralisation und **Rec**ycling) können in einem trockenen Prozeß saure Bestandteile des Rauchgases (Chlorwasserstoff, Schwefeldioxid) entfernt werden. In einem zwischengeschalteten Reaktor wird dem Rauchgas Natriumcarbonat zur Neutralisation der sauren Bestandteile sowie Aktivkohle zur Bindung der Dioxine, Furane und Schwermetalle zugegeben. Feststoffpartikeln werden anschließend mit einem Gewebefilter zurückgehalten. Die Feststoffpartikeln werden in Wasser gelöst und Schwermetallhydroxide, Aktivkohle und Staub abfiltriert. Die letzten Fremdstoffe werden mit Hilfe von Ionenaustauschern aus der Lösung entfernt, so daß eine konzentrierte Sole zurückbleibt, aus der Kochsalz und Natriumbicarbonat wiedergewonnen werden können.

*****Raumfahrt:** Die militär. Entspannung zw. der UdSSR und den USA ab Ende der 1980er Jahre, die späteren polit. Umwälzungen in Rußland sowie ökonom. Probleme auch in Europa und den USA blieben auf die R. nicht ohne Auswirkungen. Sparmaßnahmen durch die versch. Reg. führten zu Kürzungen der R.-Budgets, Personalabbau und zum Verzicht auf einige begonnene Programme. Die größten finanziellen Probleme hat Rußland als Haupterbe der sowjet. R. Das R.-Budget wurde drastisch reduziert, die staatl. R.-Industrie – zuvor mit 600 000 Beschäftigten die größte der Erde – zerfiel in konkurrierende privatwirtschaftl. Unternehmen mit dem Abgang insgesamt 400 000 Beschäftigter. Die Umstrukturierungen führten u. a. zur Schaffung der russ. R.-Behörde →RKA.

Auch die westl. R.-Organisationen wie die amerikan. NASA, die europ. ESA und die dt. DARA müssen mit niedrigen Budgets haushalten. 1994 kürzte die Bundes-Reg. die Ausgaben für bemannte Raumflüge um 60 %, so daß es nach D-1 und D-2 künftig keine entsprechenden dt. Spacelab-Missionen geben wird. Dagegen wächst das Budget der japan. R.-Behörde NASDA kontinuierlich und betrug 1994 schon mehr als 50 % desjenigen der ESA. Chinas R. läßt ebenfalls eine stabile Finanzierung erkennen.

R.-Programme: Gegenüber der Vergangenheit verringerte sich die Zahl der Starts russ. Militärsatelliten um ca. die Hälfte. Die traditionellen Programme der bemannten R. wurden aber im wesentlichen unverändert fortgesetzt (Mir, Sojus, Space-shuttle, Spacelab). Als weitere Folge der polit. Veränderungen und Sparmaßnahmen ergaben sich hierbei neue internat. Kooperationen mit Rußland, z. B. die Beteiligung russ. Kosmonauten an amerikan. Space-shuttle-Flügen, der Aufenthalt amerikan. und ESA-Astronauten in der russ. Raumstation →Mir sowie denn spektakuläre Kopplungen mit dem Space-shuttle ›Atlantis‹ 1995. Außerdem beteiligt sich Rußland als Partner an Planung, Errichtung und Betrieb der →Space Station. Eine mögl. bemannte Expedition zum Mars erhielt durch den Langzeitaufenthalt des Russen W. POLJAKOW 1994/95 neues Interesse.

Die Entwicklung leistungsfähigerer Raketentriebwerke und Trägerraketen wurde in den USA, Europa, Rußland, der Ukraine, Indien, China und Japan betrieben. Unvollendete Arbeiten an zwei bemannten Mondflugprogrammen 1960–74 (L-1, L-3) gab die UdSSR 1989 zu.

Neuere unbemannte Programme gibt es u. a. in den Bereichen Nachrichtensatelliten, Wettersatelliten, Satellitennavigation, Erdfernerkundung und Astrophysik (z. B. Hubble-Weltraumteleskop). Hauptsächlich

NASA und ESA führten ihre Raumsondenmissionen weiter, z. B. Giotto (Kometen), Galileo (Planetoiden, Jupiter), Magellan (Venus), Ulysses (Sonne) sowie Pioneer und Voyager jenseits der Grenze des Sonnensystems.

Raumstation: Die nach den sowjet. Saljut 6 (16 Besatzungen zw. 1977 und 1981) und Saljut 7 (10 Besatzungen zw. 1982 und 1986) am intensivsten genutzte R. ist die ebenfalls sowjet. bzw. russ., seit 1987 ständig bemannte →Mir. Als Nachfolgeprogramm ist die internat. →Space Station geplant.

Raumtransporter: Bis Ende 1995 führte die NASA insgesamt 73 Space-shuttle-Starts durch (i. d. R. sechs bis sieben Besatzungsmitglieder), davon Columbia (seit 1981) 18, Discovery (seit 1984) 21, Atlantis (seit 1985) 15, Endeavour (seit 1992) 9 Missionen; Challenger (ab 1986) war 1986 beim 10. Start explodiert, wobei alle sieben Astronauten ums Leben kamen. Neben den amerikan. Astronauten waren z. T. auch Besatzungsmitglieder aus Europa, Kanada, Japan, dem Nahen Osten, Mexiko und Rußland an Bord. Die längste Space-shuttle-Mission dauerte im März 1995 16,5 Tage.

Zu den ausgeführten Aufgaben gehörten das Aussetzen militär. und ziviler Satelliten, der Start von Raumsonden (Magellan, Galileo, Ulysses), die Reparatur defekter Satelliten in der Ladebucht (z. B. INTELSAT, Hubble-Weltraumteleskop) sowie wiss. und technolog. Experimente mit Hilfe von Weltraumlabors und Plattformen in der Ladebucht (z. B. Spacelab, Astro, ATLAS) oder von Forschungssatelliten, die ausgesetzt und wieder geborgen wurden (z. B. Eureca, Astro-SPAS). Eine erste Kopplung von Atlantis mit der russ. Raumstation →Mir fand im Juni 1995 statt. Mittels russ. Kopplungsaggregate und einer Schleuse in der Ladebucht soll Atlantis bis 1997 für Besatzungswechsel und Frachttransporte insgesamt siebenmal an Mir ankoppeln. Neben den bisherigen Aufgaben sollen alle Space-shuttles ab frühestens Dez. 1997 zum Aufbau und Betrieb der geplanten →Space Station beitragen.

Vom russ. R. Buran, der bis auf die fehlenden eigenen Starttriebwerke technisch weitgehend dem Space-shuttle-Orbiter gleicht, wurden drei Einheiten gebaut. Getragen von einer ebenfalls wiederverwendbaren Energia-Trägerrakete startete am 15. 11. 1988 erstmals ein Buran-R. zu einem unbemannten Testflug. Später wurde das Programm jedoch wegen Sparmaßnahmen eingestellt.

Rausch, Edwin, Psychologe: † Oberursel (Taunus) 4. 5. 1994.

Rauschgifte: Nach der Gründung von Landeskriminalämtern in den neuen Bundesländern und dort neu angesiedelten R.-Bekämpfungsstellen wird auch Datenmaterial von R.-Sicherstellungen in den neuen

Sicherstellung von Rauschgiften (in kg) und Drogentodesfälle in der Bundesrepublik Deutschland			
Jahr	Heroin	Kokain	Amphetamin	Anzahl der Drogentoten
1990	847	2474	85	1491
1991	1595	964	88	2125
1992	1438	1332	105	2099
1993	1075	929	114	1738
1994	1511	752	114	1624

Bundesländern ausgewiesen und an das Bundeskriminalamt gemeldet, so daß sich ab 1993 die Zahl der Sicherstellungen auf Gesamt-Dtl. bezieht, hingegen bis 1992 nur auf die alten Bundesländer. Die Zahl der Drogentoten wurde schon ab 1991 für Gesamt-Dtl. erfaßt. Bemerkenswert ist, daß die seither festgestellte Zahl der Drogentoten in den neuen Bundesländern im Vergleich extrem niedrig ist: 1 (1991); 3 (1992); 2 (1993); 6 (1994).

Rave [reɪv; engl., eigtl. ›das Toben‹] *das* oder *der, -(s)/-s,* in der Techno-Musikszene Bez. für eine große Tanzparty im Freien oder in einer leerstehenden Fabrikhalle, bei der die **Raver** die ganze Nacht über zu Techno oder House tanzen.

Raumtransporter: Der russische Raumtransporter Buran mit der Trägerrakete Energia auf einem Tiefladewaggon auf dem Startgelände Baikonur im Oktober 1988

Rawlings, John Jerry, Offizier und Politiker in Ghana: Nachdem er bereits 1988/89 im ganzen Land hatte Distriktversammlungen wählen lassen, wurde R. im Nov. 1992 in der ersten demokrat. Präsidentschaftswahl seit 1979 mit 58,3% der Stimmen im Amt des Staatspräs. bestätigt.

Ray, Satyajit, indisch-bengal. Filmregisseur: † Kalkutta 23. 4. 1992.

Raytracing [ˈreɪtreɪsɪŋ; engl. ›Strahlverfolgung‹] *das, -s, Datenverarbeitung:* computergraph. Methode zur künstl. Erzeugung photoreal. Bilder unter Anwendung der Gesetze der geometr. oder Strahlenoptik. Sie besteht im Prinzip darin, daß entsprechend den für eine Szene jeweils angenommenen Licht- oder Beleuchtungsverhältnissen sehr viele Lichtstrahlen rechnerisch von den Lichtquellen bis in die Bildebene verfolgt werden, direkt oder mittelbar über die jeweils als vorhanden angenommenen Gegenstände. Dadurch können Effekte wie Lichtreflexe, Spiegelungen und Schattenwürfe erzeugt werden, wie sie bei wirkl. Gegenständen zu beobachten sind. Voraussetzung dafür ist, daß die jeweiligen Gegenstände nicht nur in ihrer geometr. Gestalt dreidimensional rechnerintern dargestellt werden (z. B. mit den Mitteln des CAD), sondern daß auch Daten über die Strukturen der Oberflächen (z. B. rauh oder glatt), über die opt. Eigenschaften (Transparenz, Opazität, Reflektivität, Farbe) sowie über Verteilung und Intensität der Lichtquellen vorhanden sind, und zwar mit der jeweils erforderl. spektralen Verteilung. Zur Erzeugung guter photorealist. Bilder mit Hilfe des R. sind dementsprechend sehr leistungsfähige Rechner erforderlich.

RDS [Abk. für engl. **R**adio **d**ata **s**ystem ›Radiodatensystem‹], ein Verfahren für die parallel zum laufenden Programm erfolgende Übertragung von Daten zur Information oder/und Steuerung von Empfängern im UKW-Rundfunk. Die RDS-Signale werden senderseitig digital codiert, mit der Niederfrequenz der Trägerfrequenz aufmoduliert und im Empfangsgerät decodiert und ausgewertet.

RDS bietet zahlreiche Nutzungsmöglichkeiten: Bei eingestelltem Programm wird der stärkste Sender ausgewählt. Damit ist bei Bedarf die automat. Weiter-

John Jerry Rawlings

schaltung verbunden (Anwendung in Autoradios). Die Programmart kann vorgegeben werden (Musik, Sport, Information), und die Suche nach entsprechenden Stationen läuft selbsttätig ab. Ist der Empfänger mit einem Display ausgestattet, können mit dem RDS auch zusätzl. Informationen, z. B. Senderanzeige, Warn- und Suchmeldungen, Uhrzeit, Titel- und Komponistenname bei Musikstücken usw., eingeblendet werden. Programmarten, -zeiten und Sender lassen sich vorwählen und die Einschaltung automatisch steuern, z. B. der Empfang regional differenzierter Verkehrsmeldungen über den Traffic Message Channel (TMC).

***Rea**, Domenico, italien. Schriftsteller: † Neapel 26. 1. 1994. R. hatte 1993 den Premio Strega für seinen Roman ›Ninfa plebea‹ (1993) erhalten.

Reaktions|sprühverfahren, Abk. **RSV,** Herstellungsverfahren für mehrphasige Legierungen (Pseudolegierungen), v. a. für Wolframlegierungen. Dazu werden die entsprechenden Metallsalze in einer wäßrigen Lösung thermisch zu Pulver zersetzt. Bei der schnellen Verdampfung des Lösungsmittels findet die Legierungsbildung schon bei der Pulverentstehung statt, und die homogene Verteilung der Lösungskomponenten ist dadurch auch im Pulver vorhanden. Die Formgebung erfolgt anschließend durch Sinterprozesse, die – bedingt durch die Feinheit der Pulver – bei niedrigen Temperaturen durchgeführt werden können. Die Festigkeit der in RSV-Technik produzierten Sinterformkörper liegt über der von flüssigphasengesinterten.

***Real:** Seit 1994 Währungseinheit Brasiliens (Abk. R$), 1 R. = 100 Centavos.

Reality-TV [rɪˈælɪtɪ tiˈviː; engl. reality ›Realität‹], Ende der 1980er Jahre in den USA entstandene TV-Sendeform, die mit nachgestellten Aufnahmen oder Polizei-, Augenzeugen- und Amateurvideos spektakuläre Geschehen (Verkehrsunfälle, Brände, Überfälle, Geiselnahmen usw.) direkt vom Ort der Handlung vermitteln will und durch Verwendung von Elementen des Boulevardjournalismus – Sensation, Spannung, Schrecken, Tragik, Voyeurismus – hohe Einschaltquoten erzielt.

***Rechtsanwalt:** Nicht zuletzt aufgrund von zwei Entscheidungen des Bundesverfassungsgerichts zum anwaltl. Berufsrecht ist durch Ges. vom 2. 9. 1994 das Berufsrecht der R. und Patentanwälte neu geordnet worden. Die Änderungen betreffen bes. das Zulassungsrecht, die Berufspflichten, die berufl. Zusammenarbeit und die Anwaltsgerichtsbarkeit.

Im Zulassungsrecht sind die Möglichkeiten, neben dem Anwaltsberuf einen anderen Beruf auszuüben, erweitert worden. Die R.-Zulassung ist danach nur dann zu versagen, wenn der Zweitberuf mit dem Beruf des R., v. a. seiner Stellung als unabhängiges Organ der Rechtspflege, nicht zu vereinbaren ist oder das Vertrauen in seine Unabhängigkeit gefährden kann.

In Ergänzung der bisherigen Generalklausel (§ 43 Bundesrechtsanwalts-Ordnung, BRAO) sind ›weitere Grundpflichten‹ des R. kodifiziert worden: das Verbot, Bindungen einzugehen, die die berufl. Unabhängigkeit gefährden; die Verschwiegenheitspflicht ist präzisiert worden; das Verbot der Unsachlichkeit; das Tätigkeitsverbot bei Interessenkollisionen; die Verpflichtung zur Sorgfalt im Umgang mit anvertrautem Vermögen; die Verpflichtung, sich fortzubilden. Weitere Punkte beziehen sich auf die anwaltl. Eigenwerbung (die in engen Grenzen erlaubt ist, § 43 c BRAO), den Syndikusanwalt (§ 46 BRAO), den Fachanwalt (§ 43 c BRAO, durch die R.-Kammer zu erteilende Erlaubnis, auf höchstens zwei Fachgebieten, in denen der R. besondere Kenntnisse und Erfahrungen besitzt, die Bez. Fachanwalt zu führen; zulässig nur auf den Gebieten des Verwaltungs-, des Steuer-, des Arbeits- sowie des Sozialrechts). Neu geregelt wurde ferner die Verpflichtung zum Abschluß einer Berufshaftpflichtversicherung (§§ 51 f. BRAO).

***Rechtsberatung:** Nachdem der Ausschluß der Beratungshilfe in Angelegenheiten, für die die Arbeitsgerichte ausschließlich zuständig sind, vom Bundesverfassungsgericht am 2. 12. 1992 für verfassungswidrig erklärt worden war, ist durch Ges. vom 14. 9. 1994 die Beratungshilfe auch für diesen Bereich sowie die Angelegenheiten des Sozialrechts eingeführt worden.

***Rechtschreibreform:** Auf der Wiener Orthographiekonferenz vom Nov. 1994 wurden die Vorschläge zur Neuregelung der dt. Rechtschreibung von den Vertretern der zuständigen staatl. Stellen in Dtl., Österreich und der Schweiz inhaltlich bestätigt und zur Annahme empfohlen. Nachdem dies in Österreich und der Schweiz schon zuvor geschehen ist, hat die Ständige Konferenz der Kultus-Min. der dt. Bundesländer der Reform auf ihrer Sitzung vom 30. 11. bis 1. 12. 1995 zugestimmt. Am 14. 12. 1995 schlossen sich die MinPräs. der Länder dem Votum der Kultus-Min. an. Demnach kann die Neuregelung der dt. Rechtschreibung voraussichtlich im Frühjahr 1996 durch eine zwischenstaatl. Vereinbarung der an der Reform beteiligten Länder formell verabschiedet werden. Die neue amtl. Rechtschreibung soll zum 1. 8. 1998 eingeführt werden. Bis 2005 sollen Schreibungen nach dem alten Regelwerk nicht als falsch gewertet werden, bevor ab 2005 nur noch die neue Rechtschreibung gelten wird.

Die Neuregelung greift nur behutsam in die tradierte Schreibung ein und vermeidet radikale Veränderungen des gewohnten Schriftbilds. Die Schreibungen einiger weniger Wörter desselben Wortstamms werden einander angeglichen (z. B. ›platzieren‹ wegen ›Platz‹, ›Gämse‹ wegen ›Gams‹). Der Buchstabe ß soll nur noch nach einem langen Vokal stehen, nach einem kurzen jedoch durch Doppel-s ersetzt werden (z. B. ›Maß‹, aber: ›Fluss‹ wie ›Flüsse‹). Abgelehnt wurde eine forcierte Eindeutschung von Fremdwörtern, insbesondere solcher aus dem Griechischen mit ph, rh oder th. Es bleibt also bei Schreibungen wie ›Apotheke‹, ›Rhythmus‹ u. a. Bei der Worttrennung am Zeilenende darf verstärkt auch nach Sprechsilben getrennt werden (neu: ›Pä-dagoge‹, ›Helikop-ter‹, ›Wes-te‹). Weiter wird es einige Erleichterungen bei der Getrennt- und Zusammenschreibung (nur noch ›sitzen bleiben‹) und der Groß- und Kleinschreibung (nur noch ›im Dunkeln tappen‹; ›in Bezug‹ wie heute schon ›mit Bezug‹) geben. Die Zeichensetzung wurde teilweise liberalisiert. So ist z. B. das Komma in mit ›und‹/›oder‹ verbundenen vollständigen Hauptsätzen in Zukunft freigestellt (›Sie liest ein Buch[,] und er schreibt einen Brief.‹).

Durch die Neuregelung wird das Schreiben insgesamt erleichtert, ohne daß dadurch das Lesen erschwert würde. Mit dem Tag ihrer Einführung wird die neue Rechtschreibung für diejenigen Einrichtungen verbindlich sein, für die der Staat Regelungsgewalt beansprucht (Schulen, Behörden).

Dt. Rechtschreibung. Vorschläge zu ihrer Neuregelung, hg. vom Internat. Arbeitskreis für Orthographie (²1993); Dt. Rechtschreibung. Regeln u. Wörterverzeichnis. Vorlage für die amtl. Regelung, hg. vom Internat. Arbeitskreis für Orthographie (1995).

***Reed International plc:** Fusionierte 1993 mit Elsevier unter der Bez. **Reed Elsevier,** wobei sowohl R. I. als auch Elsevier als börsennotierte Firmen fortbestehen. In den letzten Jahren erwarb das Unternehmen ferner jurist. Fachverlage in Frankreich und Italien in den USA die Gesellschaft Official Airline Guides (Reisemagazine, Airline Information Service), Pergamon Press vom liquidierten Maxwell-Konzern sowie von Mead-Data die On-line-Dienste Nexis und Lexis, die juristisch-wirtschaftl. Datenbanken darstellen. Im Zuge der Konzentration auf wiss. Fachpublikationen und Datenbanken wurde im Juli 1995 der Verkauf derjenigen Tageszeitungen und Zeitschriften bekanntgegeben, die sich nicht an ein spezielles Fachpublikum richten. So wird die Dagbladunie, die die NRC Handelsblad herausgibt, an den niederländ. Zeitungsverlag Perscombinatie veräußert. Durch weitere Erwerbungen ist Reed Elsevier einer der weltgrößten Veranstalter von Messen und Ausstellungen. – Umsatz (1994): 3,035 Mrd. £., Beschäftigte: rd. 27000. (→Medienkonzerne, ÜBERSICHT)

Reengineering [riendʒɪˈnɪərɪŋ, engl.] *das, -s*, **Business reengineering** [ˈbɪznɪs-], **Restrukturierung,** neuartiges Konzept der Unternehmensführung, mit dem eine grundlegende Neugestaltung sämtl. im Unternehmen ablaufender Prozesse angestrebt wird, um die Kostensituation und die Handlungsgeschwindigkeit des Unternehmens erheblich zu verbessern. Im Mittelpunkt der Betrachtung stehen nicht die versch. organisator. Unternehmenseinheiten, sondern die Geschäftsprozesse. Insbesondere zielt R. darauf, die Kundenzufriedenheit zu verbessern und die Geschäftsprozesse flexibler zu gestalten. Begründer des R. ist der amerikan. Managementberater MICHAEL HAMMER (* 1948). R. erhebt den Anspruch, bestehende Arbeitsabläufe und Strukturen nicht nur zu optimieren, sondern diese fundamental zu hinterfragen, einen radikalen Wandel herbeizuführen und nicht nur graduelle Verbesserungen, sondern ›Qualitätssprünge‹ zu erreichen (z. B. Steigerung der Leistung eines Geschäftsprozesses nicht nur um Prozentpunkte, sondern um ein Vielfaches). R. bezweckt, die Aktivitätsfelder an den Kernkompetenzen des Unternehmens auszurichten, Qualität, Service und Produktivität drastisch zu steigern, Durchlaufzeiten und Lieferzeiten erheblich zu verkürzen, die Arbeitsteilung im Unternehmen radikal zu verringern und im Rahmen von Team- und Gruppenarbeit innovative und auf den gesamten Wertschöpfungsprozeß bezogene Problemlösungen zu entwickeln. Kritisch wird dem R. entgegengehalten, daß es für Eigenschaften wie Behutsamkeit, sukzessive Implementation oder Konsensbildung keinen Platz bietet und statt dessen harte Erfolgsfaktoren, insbesondere die Struktur- und Systemdimension, in den Vordergrund stellt. Das intensiv diskutierte R. konnte in der prakt. Anwendung häufig die in es gesetzten Erwartungen nicht erfüllen, wobei als wesentl. Grund die fehlende nachhaltige Unterstützung durch das Topmanagement angesehen wird. Weiter wird gegen R. eingewandt, daß es sich in seiner Umsetzung kaum von den zahlreichen anderen Umstrukturierungsmodellen unterscheide, da es im wesentlichen auf eine Kostenreduzierung durch Stellenabbau hinauslaufe.

H.-G. SERVATIUS: R.-Programme umsetzen. Von erstarrten Strukturen zu fließenden Prozessen (1994); J. CHAMPY: R. im Management. Die Radikalkur für die Unternehmensführung. (a. d. Engl., 1995); M. HAMMER u. J. CHAMPY: Business reengineering. Die Radikalkur für das Unternehmen (a. d. Engl., ⁵1995).

*Regelbedarf: Die ab dem 1. 1. 1996 geltenden R.-Sätze wurden erstmals mit Geltung auch für die neuen Bundesländer durch die Bundes-Reg. festgelegt, wobei allerdings für West- und Ost-Dtl. unterschiedl. Sätze gelten. Für Kinder bis zum vollendeten 6. Lebensjahr beträgt der R. 349 DM (Ost: 314 DM), bis zum vollendeten 12. Lebensjahr 424 DM (Ost: 380 DM), danach 502 DM bzw. 451 DM.

*Regenwald: Zum Schutz des trop. R. ist 1994 von rd. 50 Staaten das ›Tropenholzabkommen‹ zur Kontrolle des Handels mit Tropenhölzern beschlossen worden. Es ist vorerst auf vier Jahre ab 1995 befristet. Ziel des Abkommen ist es, daß sowohl die Exportländer (z. B. Malaysia, Brasilien) als auch die Importländer (z. B. USA, EU-Staaten) darauf achten, nur mit Holz aus forstwirtschaftlich kontrollierten Wäldern zu handeln. Auf der UN-Konferenz über Umwelt und Entwicklung (UNCED) 1992 wurde keine Einigung über eine rechtsverbindl. ›Walderklärung‹ u. a. zum Schutz des R. erzielt.

Regierungskriminalität, Bez. für die strafbaren Handlungen, die im Umfeld und unter Mißbrauch ihrer polit. Macht durch die Machtinhaber begangen werden, auch als ›Kriminalität der Mächtigen‹, ›polit. Kriminalität‹, ›Makrokriminalität‹ bekannt. Dabei werden unter dem Begriff R. ausschließlich Straftaten zusammengefaßt, die von natürl. Personen begangen werden. Deliktstypisch handelt es sich um Hoch- und Landesverrat, Mord, Freiheitsberaubung, illegale Telefonüberwachung, Untreue und Bestechung.

Das genaue Ausmaß der R. ist unbekannt. Zu ihren Merkmalen gehören 1) eine Begehungsweise unter Ausnutzung bestehender sozialer, polit. und wirtschaftl. Bindungen und Machtfunktionen, 2) eine relative Sanktionsimmunität durch komplexe Tatstrukturen, Verdeckungs- und Verdunkelungsmöglichkeiten, Beeinflussung der öffentl. Meinung, guten Rechtsschutz und geringe Stigmatisierung sowie 3) ein extremer materieller oder immaterieller Schaden bei geringer Beunruhigung der Bevölkerung.

R. ist kein neuzeitl. Phänomen, sondern drückte sich auch bereits in der Vergangenheit in Form von Kolonial- und Kriegsverbrechen, Folter, Völkermord und anderen Verbrechen von Staatsführungen aus. Obwohl Fälle der R. aus Staaten ganz verschiedener polit. Systeme bekanntgeworden sind, haben derartige Erscheinungsformen in der ehem. Dt. Dem. Rep. aktuelle Bedeutung gewonnen und dem Begriff eine für das vereinigte Dtl. eigene Prägung gegeben. So erfolgte die gezielte Ausnutzung der hierarch. Machtstrukturen nicht nur über die dort herrschende Partei und die ihr zugeordneten Organisationen, sondern auch durch Mitarbeiter und Informantenstab des Ministeriums für Staatssicherheit durch Aushorchung und Bespitzelung der Bürger. Delikte wie polit. Erpressungen, Körperverletzungen durch Mißhandlungen im Gefängnis oder in Polizeigewahrsam, Rechtsbeugungen in Gestalt exzessiver Urteile, sei es durch die Verletzung elementarer Verfahrensnormen im Wege unvertretbarer Auslegung gesetzl. Merkmale oder durch extrem hohe Strafen, sind für die R. charakteristisch. Ferner verdeutlichen die Verfügungsmöglichkeit über die Grenzsoldaten zur Sicherung der sogenannten Friedensgrenze das Machtpotential der Führungsgruppe. Etwaige rechtsstaatl. Hindernisse der Strafverfolgung, etwa gegen E. HONECKER oder ›Mauerschützen‹, beeinträchtigen die mögl. Zuordnung derartiger Taten unter den Begriff der R. nicht. Dies wird bes. daran deutlich, daß das Schießen an den Grenzen der Dt. Dem. Rep. durch das damalige Grenzgesetz gedeckt war, dessen Anstößigkeit aber heute nicht mehr bezweifelt wird. Insbesondere hatten die Regierungs- und Parteibeschlüsse für den damaligen Staats- und Verwaltungsapparat bindende Wirkung. Entsprechendes galt für Festlegungen der Parteizentrale gegenüber der Justiz und der Partei gegenüber dem Staat.

Erhebl. Schwierigkeiten bestehen in der Entdeckung und Verfolgung der fragl. Taten. Deshalb wurde zur Bewältigung der R. in Berlin die Zentrale Ermittlungsstelle Regierungs- und Vereinigungskriminalität eingerichtet. Dennoch fällt die Abgrenzung einer zulässigen Partei- und Staatspolitik vom strafrechtlich relevanten Einsatz von Gewalt bzw. Veruntreuung von Staats- und Parteivermögen noch immer schwer. Spezielle Tatbestände zur Erfassung der R. bestehen nicht. R. bildet gleichsam Rahmen und Ausgangspunkt für Machtmißbrauch und zahlreiche Amtsdelikte, aber auch für Normen des Wirtschafts- und Militärstrafrechts.

Die Verfolgung strafbaren Unrechts büßt offenbar dann ihre Selbstverständlichkeit ein, wenn Unrecht von Funktionären eines totalen Herrschaftsapparats mit staatl. Mitteln, getarnt mit dem Mantel der Legalität, begangen worden ist. Mit der Souveränitätstheorie, dem Verbot rückwirkender Gesetze und dem subjektiv-individuellen Herunterspielen der eigenen Täterverantwortlichkeit (›Rädchen-im-Getriebe-Argument‹) wird die Strafbarkeit staatl. Machtmißbrauchs stets in Zweifel gezogen. Während der Dauer des Rechtssystems können sich deren Machthaber und Funktionäre i. d. R. vor Bestrafung sicher fühlen, auf jeden Fall soweit sie staatl. Befugnisse systematisch mißbrauchen, um sich an der Macht zu halten. Erst mit dem Wechsel des polit. Systems endet die charakterist. Ohnmacht der Opfer und der Strafrechtspflege. Doch wird der nunmehr mögl. justitiellen Ahndung des Regime-Unrechts nicht selten mit dem Argument begegnet, daß ein souveräner Staat nicht über die Machthaber und Funktionäre eines anderen zu Gericht sitzen dürfe, solle es sich nicht um ›Siegerjustiz‹ handeln. Aus der Sicht der Opfer und dem Blickwinkel elementarer Gerechtigkeitsvorstellungen erscheint diese Haltung unannehmbar.

Nach der Zwischenbilanz der staatsanwaltl. Arbeitsgruppe R. sind in Dtl. unter dieser zusammenfassenden Bez. seit 1990 rd. 3 000 Ermittlungsverfahren eingeleitet und etwa zur Hälfte abgeschlossen worden. Nur etwa 100 Ermittlungsverfahren führten zu einer Anklage, dabei etwa zur Hälfte wegen der Gewalttaten an der innerdtl. Grenze und der Berliner Mauer, etwa ein Viertel der Fälle wegen Wirtschaftsstraftaten und in anderen Fällen wegen Rechtsbeugung, Freiheitsberaubung oder Totschlags. Die Bandbreite der Erscheinungsformen von R. sowie die nur schwer zu durchdringenden Verflechtungen zeigen, daß das Strafrecht wenig geeignet ist, der R. wirksam vorzubeugen. Geeigneter und aussichtsreicher erscheint vielmehr die Intensivierung innerstaatl. parlamentar. Beschränkungen und Kontrollen (einschließlich Verfassungsgerichtsbarkeit, Petitionsausschüsse und Ombudsmänner). Außerdem tragen überstaatl. Einrichtungen wie die UN-Menschenrechtskommission in Genf und die europ. Organe zum Schutz der Menschenrechte zur Vorbeugung und Kontrolle bei. (→Vereinigungskriminalität)

H.-H. JESCHECK: Die Verantwortlichkeit der Staatsorgane nach Völkerstrafrecht. Eine Studie zu den Nürnberger Prozessen (1952); K. LÜDERSSEN: Der Staat geht unter – das Unrecht bleibt? R. in der ehem. DDR (1992); Dt. Wiedervereinigung, Bd. 2: Die Verfolgung von R. der DDR nach der Wiedervereinigung, hg. v. E.-J. LAMPE (1993); Kriminolog. Opferforschung. Neue Perspektiven u. Erkenntnisse, hg. v. G. KAISER u. a., Bd. 1 (1994).

*Regionalpolitik: Als Folge der dt. Vereinigung mußte das wirtschaftl. Gefälle zw. den ostdt. und den westdt. Bundesländern in der R. berücksichtigt werden. Dies geschah dadurch, daß die neuen Bundesländer insgesamt als förderbedürftig eingestuft wurden (→Fördergebiet). Außerdem gewinnt die R. der Europ. Union ein immer größeres Gewicht. (→Europäische Strukturfonds)

Die Maßnahmen der R. in Dtl. lassen sich in drei Bereiche gliedern: 1) Aufbau der materiellen und sozialen Infrastruktur; 2) Förderung privater Investitionen, insbesondere durch die Gemeinschaftsaufgabe ›Verbesserung der regionalen Wirtschaftsstruktur‹; 3) Maßnahmen zur Sicherung der Zahlungsfähigkeit von Ländern und Gemeinden. In allen drei Bereichen wurden die ostdt. Länder massiv gefördert. Während jedoch die Notwendigkeit unbestritten ist, dort eine angemessene Infrastruktur aufzubauen und die Zahlungsfähigkeit der Gebietskörperschaften zu sichern, entzündet sich an der Investitionsförderung immer wieder Kritik: Durch die Begünstigung der Investitionen über Investitionszuschüsse oder Steuervergünstigungen (insbesondere Sonderabschreibungen) werde der Einsatz von Sachkapital verbilligt, während der Arbeitseinsatz unverändert teuer bleibt. Infolgedessen sei der Beschäftigungseffekt der Investitionsförderung sehr gering. Außerdem wird bezweifelt, daß die Investitionsförderung zusätzl. Investitionen bewirkt. Statt dessen würden nur Investitionen in die geförderten Regionen verlagert. Empir. Studien deuten jedoch darauf hin, daß auch zusätzl. Investitionen vorgenommen werden.

Der theoret. Fundierung der R. dient zunehmend die **Regionalökonomik,** die als Teilgebiet der Volkswirtschaftslehre das Ziel verfolgt, Wirtschaftsgeschehen (vorrangig Wachstum und Entwicklung) für einen Verbund von geographisch definierten Regionen eines größeren Gesamtgebiets (z. B. die Erde, Westeuropa, eine nat. Volkswirtschaft oder ein Bundesland) darzustellen, exakt zu modellieren und zu erklären. Die Regionalökonomik umfaßt insbesondere die Ansätze der Standorttheorie und der Außenwirtschaftstheorie. Zwei Gruppen von Konzeptionen werden unterschieden: Ansätze einer asymptotischen (gleichgewichtigen) Regionalentwicklung und Ansätze einer fraktalen Regionalentwicklung um verteilte Wirtschaftszentren, die im Laufe der Geschichte wechseln (je nach unternehmer. Innovationsschüben in jeweils neuen Industrien).

Rehberg, Hans Michael, Schauspieler, *Fürstenwalde/Spree 2. 4. 1938, Sohn von HANS R.; spielte ab 1960 in Schleswig, 1963–73 und 1981–84 am Bayer. Staatsschauspiel München, 1973–75 an den Münchner Kammerspielen, 1975–77 am Dt. Schauspielhaus in Hamburg. Ab 1984 übernahm er Gastrollen; seit 1971 auch Regisseur; bekannter Film- (u. a. ›Donauwalzer‹, 1985) und Fernsehdarsteller (›Das tödliche Auge‹, 2 Tle., 1993).

Reich, Jens, Mediziner und Bürgerrechtler, *Göttingen 26. 3. 1939; in der Dt. Dem. Rep. beim Zentralinstitut für Molekularbiologie der Akademie der Wissenschaften in Berlin (Ost) tätig, schrieb unter dem Pseudonym **Thomas Asperger** in westl. Publikationen krit. Beiträge über die Dt. Dem. Rep. Im Herbst 1989 beteiligte er sich an der Gründung des ›Neuen Forums‹. Von März bis Okt. 1990 war er Abg. in der Volkskammer, von Okt. bis Dez. 1990 MdB. 1993 schlug ihn eine parteiübergreifende Gruppe von Bürgern als Kandidaten für das Amt des Bundes-Präs. vor. Bei der Wahl des Bundes-Präs. am 23. 5. 1994 gewann R. im ersten Wahlgang 62 Stimmen, zog jedoch für den nächsten Wahlgang seine Kandidatur zurück.

*Reichenbach 2): Der Landkreis ging zum 1. 1. 1996 im neugebildeten Vogtlandkreis auf. Die Stadt Reichenbach/Vogtl. ist damit nicht mehr Kreisstadt.

*Reifen 1): Die Entwicklung von High-Performance- und Ultrahigh-Performance-R. für hohe Fahrzeuggeschwindigkeiten hat zu neuen Kennzeichnungen der Geschwindigkeitsklassen geführt: T (bis 190 km/h), V (bis 240 km/h), Z (pauschal über 240 km/h), W (bis 270 km/h), Y (bis 300 km/h). Bei der R. von modernen Sportwagen beträgt die Höhe des Pneus nur noch 30 % seiner Breite. Bei den neuen Silica-R. wird ein Teil der Rußbeimengungen im R.-Gummi durch Kieselsäure ersetzt. Bei dieser Mischung bleibt die Rutschfestigkeit bei Nässe erhalten, doch der Rollwiderstand und damit der Kraftstoffverbrauch werden niedriger. Durch die unterschiedl. Länge der Profilblöcke und den Ersatz des Stahlcords bei Stahlgürtel-R. durch Aramidfasern werden die Rollgeräusche und das Gewicht der R. reduziert.

*Reimann, Aribert, Komponist und Pianist: Lehrt seit 1983 an der Hochschule der Künste in Berlin. Weitere Werke, u. a. Oper ›Das Schloß‹ (1992; nach M. BRODS Dramatisierung des gleichnamigen Romans von F. KAFKA); Neun Stücke für Orchester (1994).

Reimann, Horst, Soziologe und Kommunikationswissenschaftler, *Halle (Saale) 29. 1. 1929, †Augsburg 4. 10. 1994; war seit 1970 Prof. an der Univ. Augsburg. R. verbindet Einflüsse der Kultursoziologie A. WEBERS und der ethnolog. Kulturanalyse W. E. MÜHLMANNS mit eigenen kommunikationstheoret. Ansätzen zu einer Kommunikations- und Kultursoziologie. — **Werke:** Kommunikations-Systeme (1968); Siziliens kleines Volkstheater: Opera dei pupi (1981). – **Hg.:** Soziale Probleme, 7 Bde. (1974–77, mit HELGA REIMANN); Soziologie u. Ethnologie (1986); Transkulturelle Kommunikation u. Weltgesellschaft (1992); Probleme moderner Gesellschaften (1994).

Reina Idíaquez [-kεz], Carlos Roberto, honduran. Politiker, *Comayagua 13. 3. 1926; Prof. für internat. Recht; seit Mitte der 60er Jahre in der Parteiführung des PLH, gehört zum linken Parteiflügel; war 1958–59 Staats-Sekr. im Außenministerium, dann im diplomat. Dienst, u. a. 1960–63 Botschafter in Frankreich; 1979–85 Richter (ab 1983 Vors.) am Interamerikan. Gerichtshof der OAS für Menschenrechte. Nach mehreren erfolglosen Bewerbungen gewann R. I. am 28. 11. 1993 die Präsidentschaftswahlen (Amtsantritt: 27. 1. 1994).

Reines [reɪnz], Frederick, amerikan. Physiker, *Paterson (N.J.) 16. 3. 1918; arbeitete 1944–59 in den Los Alamos Scientific Laboratories, war 1959–66 Prof. am Case Western Institute of Technology, danach Prof. an der University of California (Irvine). R. und CLYDE LORRAIN COWAN (*1919, †1974) wiesen erstmals experimentell die Existenz von ▷ Neutrinos nach, als sie 1956 das Elektron-Antineutrino entdeckten. 1995 wurde R. dafür mit dem Nobelpreis für Physik ausgezeichnet (zus. mit M. L. PERL).

*Reisevertrag: Das R.-Recht in den §§ 651 a ff. BGB wurde zum 1. 11. 1994 an die EG-Richtlinie über Pauschalreisen (90/314/EWG) angepaßt und aus der Sicht des Verbrauchers erheblich verbessert. Unter dem Begriff ›Reise‹ ist auch weiterhin eine Gesamtheit von Reiseleistungen zu verstehen. Aber auch touristr. Einzelleistungen einer Urlaubsreise fallen, wie von der Rechtsprechung herausgebildet, darunter, wenn sie gewerblich von einem Reiseunternehmen in eigener Verantwortung angeboten werden.

Wichtigste Neuerung ist der vom Reiseveranstalter zu erbringende Nachweis, daß im Falle seiner Zahlungsunfähigkeit oder eines Konkurses die von den Reisenden gezahlten Beträge und die Rückreise sichergestellt sind. Dazu muß der ›Sicherungsschein‹, der auch auf der Reisebestätigung aufgedruckt sein kann, übergeben werden. Ohne Sicherungsschein dürfen vor Beendigung der Reise nur 10 % des Reisepreises, höchstens jedoch 500 DM gefordert oder angenommen werden. Andernfalls droht dem Veranstalter die Verhängung eines Bußgeldes. Ausnahmen bestehen lediglich für Gelegenheitsveranstalter, durch jurist. Personen öffentl. Rechts organisierte Reisen sowie bei Kurzreisen:

Der Reiseveranstalter kann nach der neuen Regelung den vereinbarten Reisepreis nur dann nachträglich ändern, wenn dies aufgrund erhöhter Beförderungskosten, Abgaben (wie Hafen- oder Flughafengebühren) oder durch Wechselkursschwankungen nötig wird. Der Berechnungsmodus muß dazu bereits im Vertrag festgelegt worden sein. Eine Erhöhung ist bei Verträgen, die innerhalb von vier Monaten vor Reisebeginn geschlossen wurden, und allg. ab dem 20. Tag vor der Abreise ausgeschlossen. Preiserhöhungen nach Aushändigung der Reisebestätigung bleiben grundsätzlich unzulässig.

Der Veranstalter darf die Reise nur bei Nichterreichen der Mindestteilnehmerzahl oder bei Vorliegen höherer Gewalt absagen. Der Reisende hingegen kann bei einer Erhöhung des Reisepreises von mehr als 5 % oder erhebl. Änderung einer wesentl. Reiseleistung kostenfrei vom Vertrag zurücktreten oder, wie bei der Absage der Reise durch den Veranstalter, die Teilnahme an einer mindestens gleichwertigen Reise verlangen, wenn der Reiseveranstalter in der Lage ist, eine solche aus seinem Angebot ohne Mehrpreis anzubieten. Im Regelfall kann der Reisende verlangen, daß ein Dritter in die Rechte und Pflichten aus dem R. eintreten kann.

Hinsichtlich der Schadensersatzhaftung des Reiseveranstalters wurde klargestellt, daß nicht der Reisende ein Verschulden des Veranstalters nachweisen muß, sondern umgekehrt letzterer, daß ihn oder einen Leistungsträger kein Verschulden trifft. Des weiteren ist es nicht mehr möglich, die Haftung auf reine Körperschäden zu begrenzen.

Informationspflichten des Reiseveranstalters gegenüber den Reisenden hinsichtlich der genauen Vertragsmodalitäten und Reisebedingungen ergeben sich aus der neu zu schaffenden Verordnung über die Informationspflichten von Reiseveranstaltern.

Reiter, Thomas, Luft- und Raumfahrtingenieur, Pilot und ESA-Astronaut, *Frankfurt am Main 23. 5. 1958; Testpilot der Bundeswehr und Jagdflieger, Ausbildung ab 1992 im ESA-Astronautenzentrum in Köln, ab Aug. 1993 im Kosmonautenausbildungszentrum bei Moskau. Vom 3. 9. 1995 bis 29. 2. 1996 nahm R. an der russ.-europ. Mission Euromir '95 teil und verbrachte mit rd. 180 Tagen an Bord der russ. Raumstation →Mir den vorerst längsten Aufenthalt eines westl. Astronauten im Weltraum.

*Renaud, Madeleine, frz. Schauspielerin: † Paris 23. 9. 1994.

René [rə'ne], France Albert, Politiker auf den Seychellen, *auf Mahé 16. 11. 1935; Rechtsanwalt; gründete 1964 die ›Seychelles People's United Party‹ (SPUP), als deren Führer er für die Unabhängigkeit von Großbritannien eintrat. Nachdem diese 1976 erreicht war, wurde R. Premier-Min.; im Juni 1977 unternahm er einen Staatsstreich, setzte Staatspräs. JAMES MANCHAM (*1939) ab, übernahm selbst das Amt des Staatschefs und errichtete eine Einparteienherrschaft; 1979, 1984 und 1989 als jeweils einziger Kandidat durch Wahlen im Amt bestätigt. Ende 1991 stimmte er der Wiederzulassung polit. Parteien und der Erarbeitung einer neuen Verf. zu, die im Juni 1993 per Referendum verabschiedet wurde. Bei den folgenden freien Präsidentschaftswahlen wurde er mit 59,5 % der Stimmen wiedergewählt.

Renten|index, zusammenfassender numer. Ausdruck für die Kursentwicklung am Markt für festverzinsl. Wertpapiere (Rentenmarkt). In Dtl. wird seit 1991 der **Deutsche R.®** (Abk. **REX®**) veröffentlicht, der als Indikator für den gesamten dt. Rentenmarkt gilt. Aus 30 idealtyp. öffentl. Anleihen mit Laufzeiten von 1 bis 10 Jahren und Verzinsungen von 6 %, 7,5 % und 9 % wird ein mit dem jeweiligen Marktanteil der Anleihen gewichteter Durchschnittskurs gebildet (REX-Gesamtindex). Die einbezogenen Anleihen sind ausschließlich Schuldverschreibungen von Emittenten höchster Bonität. Der REX wird täglich auf der Basis der Schlußkurse berechnet. Außer dem Gesamtindex werden Indizes für jede Laufzeit veröffentlicht.

Ein R. kann nicht nur die Kursentwicklung, sondern auch die langfristige Wertentwicklung im Sinne eines Performanceindex zur Messung des Anlageerfolgs zum Ausdruck bringen. Dabei müssen allerdings neben der Kursentwicklung auch die Zinseinkünfte

Carlos
Reina Idíaquez

Frederick Reines

Thomas Reiter

France Albert René

Rent Rentenversicherung – Rheinland-Pfalz

berücksichtigt werden. In diesem Sinne beschreibt der **REX-Performanceindex** (Abk. **REXP**) die Wertentwicklung von 30 Anleihen des Bundes mit einer durchschnittl. Laufzeit von 5,49 Jahren und einer Durchschnittsverzinsung von 7,443 % unter der Annahme, daß Verzinsung und Kursveränderungen täglich abgerechnet werden.

*****Rentenversicherung:** Die Sozialpolitik ist dem Ziel, die Altersrenten in den neuen Bundesländern zügig denen in West-Dtl. anzugleichen, beträchtlich nähergekommen. Die Durchschnittsrente von Männern in Ost-Dtl. entsprach (am 1. 1. 1994) 86,7 % der durchschnittl. Versicherungsrente in West-Dtl. Die durchschnittl. Versicherungsrente stieg in Ost-Dtl. vom 30. 6. 1990 (475 DM) bis 1. 1. 1994 (1 151 DM) um das 2,4fache. – Jeweils zum 1. 1. entwickelten sich die Beitragssätze zur R. für Arbeiter und Angestellte folgendermaßen: 1993: 17,5 %, 1994: 19,2 %, 1995: 18,6 % und 1996: 19,2 %.

Renz, Eberhardt, ev. Theologe, * Neenstetten (Alb-Donau-Kreis) 1. 5. 1935; ab 1961 Vikar, ab 1966 Studienreferent beim Weltdienst des Luther. Weltbundes; 1968–71 Auslandsaufenthalt in Kamerun, 1976–88 Afrikareferent der Basler Mission; seit 1. 4. 1994 Bischof der Ev. Landeskirche in Württemberg.

*****Republikaner, Die:** 1994/95 stuften die Reg. der dt. Bundesländer D. R. als rechtsextremistisch ein (aggressiver Nationalismus, Fremdenfeindlichkeit, antisemit. Vorstellungen). Nach Parteiausschlußverfahren trat F. SCHÖNHUBER im Dez. 1995 aus der Partei aus; neuer Vors.: ROLF SCHLIERER (* 1956).

*****Republikanische Partei 2):** Mit einem betont konservativen Programm errang die R. P. bei den Kongreßwahlen im Nov. 1994 erstmals seit 1954 die Mehrheit in beiden Häusern (Repräsentantenhaus: 230 von 435 Sitzen, Senat: 53 von 100 Sitzen).

Rescher, Nicholas, amerikan. Philosoph und Mathematiker dt. Herkunft, * Hagen 15. 7. 1928; seit 1961 Prof. für Philosophie an der Univ. Pittsburgh (Pa.). R. gehört als Verfasser von über 60 Monographien sowie als Begründer und Herausgeber von zahlreichen Zeitschriften (u. a. ›American Philosophical Quarterly‹) und Buchreihen zu den produktivsten und universellsten philosoph. Schriftstellern und Publizisten der Gegenwart. Ein großer Teil des Werkes dient der Ausarbeitung einer eigenen systemat. Perspektive, des ›pragmat. Idealismus‹. Idealistisch ist R.s System insofern, als ein konstruktiver Beitrag des forschenden Geistes als wesentlich für die Erkenntnis erachtet wird und Kohärenz als Wahrheitskriterium gilt. Pragmatisch ist es, weil die Methoden letztlich am Erfolg und Nutzen gemessen werden müssen.

Werke: The coherence theory of truth (1973); Methodological pragmatism (1977); The limits of science (1984; dt. Die Grenzen der Wiss.); Ongoing journey (1986); Rationality (1988; dt. Rationalität. Eine philosoph. Unters. über das Wesen u. die Rechtfertigung von Vernunft); A system of pragmatic idealism, 3 Bde. (1992–94).

Restrukturierung, Wirtschaft: →Reengineering.

*****Reuchlinpreis:** Weitere Preisträger sind CHRISTIAN HABICHT (* 1926; 1991), W. BEIERWALTES (1993), A. SCHÖNE (1995).

*****Reuter,** Edzard, Jurist und Unternehmer: Wurde als Vorstands-Vors. der →Daimler-Benz AG im Mai 1995 von J. SCHREMPP abgelöst.

Rexrodt, Günter, Politiker (FDP), * Berlin 12. 9. 1941; Diplomkaufmann; 1985–89 in Berlin Senator für Finanzen, 1990–91 Vorstands-Vors. der Citibank AG, 1991–93 Mitgl. des Vorstands der Treuhandanstalt, wurde im Jan. 1993 Bundeswirtschaftsminister.

*****Rey,** Fernando, span. Schauspieler: † Madrid 9. 3. 1994.

*****Reynolds,** Albert, irischer Politiker: Wurde im Nov. 1992 durch ein Mißtrauensvotum als Premier-Min. gestürzt und im Jan. 1993 in der neuen Koalitions-Reg. zw. Fianna Fáil und Labour Party erneut Premier-Min. Er widmete sich v. a. der wirtschaftl. Stabilisierung Irlands, insbesondere der Bekämpfung der Arbeitslosigkeit (Nat. Entwicklungsplan Okt. 1993). Mit seinem brit. Amtskollegen J. MAJOR startete R. im Dez. 1993 eine Friedensinitiative für Nordirland und suchte nach Verkündung der Waffenruhe durch die IRA und der unionist. Terrorgruppen mit der Einberufung eines gesamtirischen Forums für Frieden und Aussöhnung (Okt. 1994) auch Kontakt zu den unionist. Parteien. Nach dem Bruch der Reg.-Koalition infolge einer strittigen Personalentscheidung R.' trat er Mitte Nov. 1994 als Premier-Min. und Vors. der Fianna Fáil zurück.

*****Rheinland-Pfalz,** Land im Westen Dtl.s, umfaßt 19 845 km^2 (5,6 % der Fläche Dtl.s), Landeshauptstadt ist Mainz.

Bevölkerung: Die (1995) 3,952 Mio. Ew. machen 4,8 % der Bevölkerung Dtl.s aus. Der Anteil der weibl. Bev. beläuft sich auf (1994) 51,1 %. Im Zuge der Binnenwanderung ließen sich 1992 insgesamt 82 582 Menschen aus anderen Bundesländern in R.-P. nieder, gegenüber den Fortzügen ergibt sich ein Überschuß von 26 305 Zuzügen. Am 31. 12. 1992 wohnten 258 900 Ausländer in R.-P. (6,7 % der Landes-Bev.), davon waren 68 000 Türken, 36 800 Menschen aus dem früheren Jugoslawien, 26 700 Italiener, 11 900 Polen, 8 300 Griechen, 8 200 US-Amerikaner, 5 500 Österreicher, 4 900 Portugiesen, 84 500 sonstige Ausländer; die Staatsangehörigkeit von Ländern der EU (1993) besaßen insgesamt 63 900 Ausländer. Von den (1992) 1,658 Mio. Privathaushalten sind 30,7 % Einpersonenhaushalte. - Die Geburtenrate beträgt (1992) 11,1 ‰, die Sterberate 11,0 ‰. 1993 waren 16,2 % der Bev. unter 15 Jahre alt, 67,8 % 15 bis unter 65 Jahre alt, 16,0 % 65 Jahre und älter.

Die Bev.-Dichte lag 1993 bei 199 Ew. je km^2. In Großstädten (100 000 Ew. und mehr) leben (1994) 14,3 % der Bev., in Gemeinden zw. 50 000 und 100 000 Ew. 7,6 %, zw. 10 000 und 50 000 Ew. 19,6 %, unter 10 000 Ew. 58,5 %. Größte Städte (1995) sind: Mainz (184 600 Ew.), Ludwigshafen am Rhein (167 000 Ew.), Koblenz (109 600 Ew.), Kaiserslautern (101 900 Ew.) und Trier (99 600 Ew.).

Wirtschaft: Der Strukturwandel in der rheinlandpfälz. Wirtschaft setzte sich fort. Das produzierende Gewerbe konnte seit 1985 seine Bruttowertschöpfung zwar um 16 % steigern, verzeichnete aber einen relativen Bedeutungsverlust von (1985) 43,2 % auf (1994) 39,0 % (Anteil an den Erwerbstätigen 1994: 35,7 %). Unter besonderem Anpassungsdruck standen dabei die Schuh-, lederverarbeitende, Textil-, Bekleidungs- und feinkeram. Industrie. Gemessen an Umsatz und Beschäftigung ist die chem. Industrie mit Abstand der wichtigste Industriezweig (21,3 % der 335 100 Industriebeschäftigten; 28,2 % des Industrieumsatzes), gefolgt vom Straßenfahrzeugbau (11,3 % bzw. 14,5 %), dem Maschinenbau (12,4 % bzw. 9,4 %) und dem Nahrungs- und Genußmittelgewerbe (6,4 % bzw. 10,4 %). Weiter an Bedeutung zugenommen hat der Dienstleistungssektor mit einem Anteil von (1994) 59,4 % an der Bruttowertschöpfung und 60,3 % an den 1,50 Mio. Erwerbstätigen, liegt aber noch deutlich unter dem Durchschnitt der alten Bundesländer (63,6 % der Bruttowertschöpfung). Eine bes. dynam. Entwicklung vollzieht sich im Medienbereich. Die Arbeitslosenquote liegt mit (1994) 8,4 % unter dem Durchschnitt der alten Bundesländer (9,2 %); sie bewegt sich zw. 6,8 % in Koblenz und 13,3 % in Pirmasens. Die Zahl der Arbeitslosen hat sich von (1991) 82 334 auf (1994) 132 876 erhöht.

Mit einem Bruttoinlandsprodukt (BIP) je Erwerbstätigen von (1994) 97 800 DM und einem BIP je Ew.

Günter Rexrodt

von 37 200 DM liegt R.-P. unter dem Durchschnitt der alten Bundesländer von 103 800 DM bzw. 45 220 DM. Mit (1994) 146,3 Mrd. DM werden in R.-P. 4,4 % des BIP Dtl.s erwirtschaftet. R.-P. lag 1994 mit einem Wirtschaftswachstum von 3,1 % an der Spitze der alten Bundesländer.

Die wirtschaftl. Entwicklung nach der dt. Vereinigung ist bes. dadurch geprägt, daß die jahrzehntelange Ballung militär. Einrichtungen in R.-P. inzwischen von einem massiven Truppenabbau abgelöst wurde. Abrüstung und Truppenreduzierung haben zu einer Verschärfung der strukturellen Schwierigkeiten bes. im Raum Kaiserslautern, in der Eifel und Hunsrück geführt. Bis 1994 haben rd. 13 000 Zivilbeschäftigte ihren Arbeitsplatz verloren. Von den rd. 33 700 ha unmittelbar militärisch genutzten Geländes wurden bisher 8 500 ha von den Streitkräften freigegeben (u. a. zivile Nutzung des Flughafens Hahn im Hunsrück).

Schwerpunkte der Wirtschaftspolitik sind neben der Rüstungskonversion die grenzüberschreitende Zusammenarbeit mit den Nachbarstaaten Luxemburg, Belgien und Frankreich sowie die Förderung von Forschung und Technologie (u. a. Gründung der Technologieagentur R.-P. 1995).

Geschichte: Im Sept. 1993 verabschiedete der Landtag eine neue Kommunalverfassung, die bes. die Direktwahl der Bürgermeister und Landräte ab 1994 vorsieht und plebiszitäre Elemente (Bürgerbegehren und Bürgerentscheid) zuläßt. Nach seiner Wahl zum Bundes-Vors. der SPD (Juni 1993) trat MinPräs. R. SCHARPING als Spitzenkandidat seiner Partei bei den Bundestagswahlen vom 16. 10. 1994 hervor. Nach seinem Rücktritt als MinPräs. von R.-P. am Tag der Bundestagswahl wählte der Landtag am 26. 10. 1994 K. BECK zum Ministerpräsidenten.

*Rhein-Main-Donau-Großschiffahrtsweg: Am 25. 9. 1992 wurde der Main-Donau-Kanal eingeweiht und damit die durchgehende Schiffahrt auf dem R.-M.-D.-G. eröffnet.

*RIAS Berlin: →DeutschlandRadio.

*Ribeyro, Julio Ramón, peruan. Schriftsteller: † Lima 4. 12. 1994. 1992 war der 4. Bd. seiner u. d. T. ›La palabra del mudo‹ gesammelten Erzählungen erschienen.

*Ribnitz-Damgarten 2): Der Landkreis R.-D. ging am 12. 6. 1994 im Kr. Nordvorpommern auf.

Richling, Mathias, Kabarettist, * Stuttgart 24. 3. 1953; erhielt als 16jähriger erste Engagements als Parodist bei bunten Abenden; spielte 1976 im Stuttgarter ›Renitenztheater‹ sein erstes Soloprogramm ›Köpfe u. v. a.‹; wurde populär als ›TV-Dauerglotzer‹, u. a. in zahlreichen Fernsehsendungen (u. a. ›Jetzt schlägt's Richling‹). 1987 erhielt R. für das Programm ›Wieviel Demokratie ist es bitte?‹ den Dt. Kleinkunstpreis.

Richtbohren, Horizontalbohren, das Niederbringen von Bohrungen, bei denen das Bohrgestänge absichtlich in definierter Weise von der Lotrechten abweicht. Beim R. wird der Bohrmeißel von einem am Gestängeende eingebauten und durch das Spülmittel angetriebenen Verdrängermotor bewegt. Der gewünschte Kurvenverlauf wird durch den Einbau eines Knickübergangs (gekrümmte Schwerstange) oder von Gelenken erreicht. Für die horizontalen Abschnitte der Bohrung werden leichtere Gestänge mit geringerem Durchmesser als für den senkrecht abgeteuften Bereich verwendet. Gegen die Bohrlochwand stützen sie sich mit an den Verbindungsmuffen ab. Die Positionsmessung des Bohrkopfs erfolgt mit MWD-Systemen (MWD Abk. für engl. Measurement while drilling ›Messung während des Bohrens‹), die zur Übertragung ihrer Meßwerte den Rückfluß des Spülmittels nutzen. Der Spülmittelfluß wird dazu in exakt definierter Weise unterbrochen und freigegeben. Die dadurch entstehenden, sich nach oben fortpflanzenden Pulsationen werden dann an der Oberfläche decodiert. Mit hinter dem Bohrkopf installierten Sensoren kann man auch gewährleisten, daß z. B. bei der Erdölförderung der Bohrkopf in dem ölhaltigen Förderhorizont bleibt. Dazu wird entweder die natürl. Radioaktivität der versch. Schichten oder deren elektr. Widerstand gemessen. Ändern sich die Meßwerte, wird der Bohrkopf wieder in die gewünschte Position gesteuert. Die bisher längste Strecke, die nach senkrechter Niederbringung (auf 2 750 m) horizontal gebohrt wurde, beträgt 7 290 m (erreicht 1993 in einem norweg. Erdölfeld unter der Nordsee).

Das R. (z. B. das FlowTex®-Verfahren) wird auch verstärkt bei dem Verlegen von Leitungen und bei der Dükerung von Flußläufen eingesetzt. Als Bohrkopf dient dabei eine Bohrlanze, aus deren Düsen Wasser mit Drücken bis 380 bar austritt und den Boden aufreißt. Die Richtungsänderung erfolgt mit Hilfe einer schräg an der Bohrlanze angebrachten Steuerfläche. Soll z. B. ein Hindernis im Erdreich bei der Verlegung unterfahren werden, wird die Bohrlanze so gedreht, daß die Steuerfläche direkt nach oben gerichtet ist. Wird dann das Bohrgestänge nach vorn gepreßt, schiebt sich die Bohrlanze infolge der schrägen Steuerfläche nach unten weg. Auf diese Weise kann im Verlauf einer Bohrung mehrfach die Richtung gewechselt werden. Nach dem Niederbringen einer Pilotbohrung werden Aufweitbohrungen durchgeführt und danach die Hüllrohre eingezogen, in denen an-

Mathias Richling

Richtbohren: Flußdükerung einer Pipeline mit dem FlowTex-Verfahren; Phase 1: Gesteuertes Niederbringen der Pilotbohrung; Phase 2: Das Überwaschrohr (Hüllrohr zur Bohrlochstabilisierung) wird über das Pilotrohrgestänge vorgeschoben; Phase 3: Aufweiten der Bohrung mit Überwaschrohr und Bohrlochräumer; Phase 4: Vom Zielufer aus wird mit den rotierenden Räumer das Pipeline-Gestänge über ein Drehgelenk rotationsfrei eingezogen; die Pfeilrichtung zeigt die jeweilige Arbeitsrichtung an

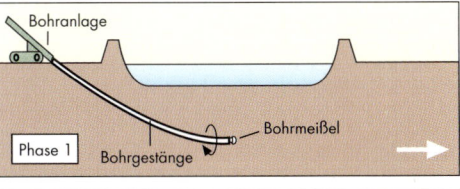
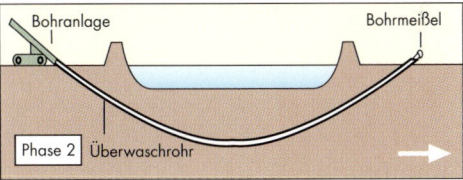
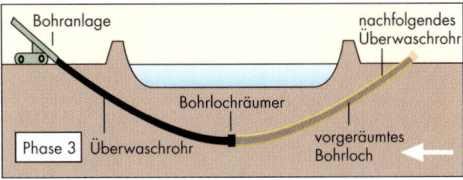
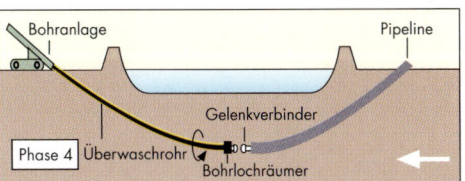

Rich Richter–Rîmnicu Vîlcea

schließend die Leitungen verlegt werden. Hinter dem Bohrkopf befindet sich die Meß- und Sendeeinheit. Aus deren Meßwerten zum Rollwinkel (Position der Steuerfläche), Azimut (tatsächl. horizontale Bohrrichtung) und Inklination (aktuelle vertikale Neigung) werden in Verbindung mit der Länge des vorgetriebenen Bohrgestängestrangs vom Computer vor Ort die exakte Position und Arbeitsrichtung des Bohrkopfs errechnet und bei Abweichungen korrigiert.

Die Vorteile dieser Technologie liegen neben den wirtschaftl. Aspekten v. a. in den geringen Eingriffen in die Umwelt und einer geringen Beeinträchtigung des fließenden Verkehrs.

*Richter, Hans Werner, Schriftsteller: † München 23. 3. 1993.

Richter de Vroe [- də ˈfroː], Nicolaus, Komponist, *Halle (Saale) 1. 2. 1955; studierte 1973–78 Violine am Tschaikowsky-Konservatorium in Moskau sowie 1980–83 Komposition bei F. GOLDMANN an der Akademie der Künste in Berlin. 1980 wurde er Mitgl. der Berliner Staatskapelle und gründete 1982 das ›Ensemble für Neue Musik Berlin‹. Nach seiner Übersiedlung in die Bundesrep. Dtl. 1987 wurde er 1988 Geiger im Symphonieorchester des Bayer. Rundfunks. 1990 gründete er das ›XSEMBLE München‹. U. a. unter dem Einfluß von J. CAGE spielen Zufallsprozesse eine wesentl. Rolle in seinen Kompositionen.

Werke: *Orchesterwerke:* Isole di rumore (Durchlässige Zonen II) (1984); Mirliton (1990; für Chor und Orchester); Shibuya movements (1992); Violinkonzert (1995). – *Ensemblemusik:* Tetra I–III (1984–91, für diverse Quartette); Durchlässige Zonen I (1984); Entfernt: Tänze (1993); Rinzai (1994); Babylon-Komplex – Kathart. Raum (1994); Blindschrift → Luftrelief (1995).

Riegler, Josef, österr. Politiker, *Möschitzgraben (heute zu Sankt Peter ob Judenburg, Steiermark) 1. 11. 1938; Landwirtschaftslehrer, 1975–83 Mitgl. des Nationalrats, leitete 1980–83 den Österr. Bauernbund (ÖAB). 1987–90 war er Bundes-Min. für Land- und Forstwirtschaft sowie 1990–91 Vizekanzler und Bundes-Min. für Föderalismus und Verw.-Reform; 1989–91 Bundesobmann der ÖVP.

Riehm, Rolf, Komponist, *Saarbrücken 15. 6. 1937; war 1961–63 Kompositionsschüler W. FORTNERS in Freiburg im Breisgau, wurde 1968 Dozent an der Rhein. Musikschule Köln und übernahm 1974 eine Professur für Komposition an der Frankfurter Musikhochschule; 1976–81 Mitgl. im ›Sogenannten Linksradikalen Blasorchester Frankfurt‹. Stellt in sinnl. Tonsprache unterschiedlichste, auch traditionelle musikal. Metaphern gegeneinander.

Werke: *Musiktheater:* Abrazzo-Oper (1980; Gemeinschaftsproduktion mit Jazzmusikern); Das Schweigen der Sirenen (1994). – *Hörstück:* Machandelboom (1981/82). – *Orchesterwerke:* Gewidmet (1976); He, tres doulz roussignol joly (1978); O Daddy (1984; mit Tonband); Die Hochzeit von Saragossa (1986); Schubert Teilelager (1989); Berceuse (1989); Odysseus aber hörte ihr Schweigen nicht (1993); Shifting (1995; Violinkonzert). – *Ensemblemusik:* Contrapunctus XI (1994; komponierte Interpretation nach J. S. BACHS Kunst der Fuge).

Riera [riˈerə], Carme, katalan. Schriftstellerin, *Palma de Mallorca 12. 1. 1949; Prof. für span. Literatur in Barcelona, auch in den Medien tätig. Ihre gesamte literar. Produktion ist oft durch autobiograph. Bezüge geprägt und evoziert die Identitätssuche der meist weibl. Protagonisten. Der lyr. Grundton, der ihre beiden ersten Erzählbände ›Te deix, amor, la mar com a penyora‹ (1975) und ›Jo pos per testimoni les gavines‹ (1977) in die Nähe von Prosagedichten rückt, wird im auch erot. Erzählungen umfassenden Band ›Epitelis tendríssims‹ (1981; dt. ›So zarte Haut‹) von einer neuen, durch Humor und Ironie charakterisierten Schreibweise abgelöst. Ihre mehrfach preisgekrönten Romane kreisen um den Grundkonflikt zw. Illusion und Realität, Schöpfung und Vernichtung, so thematisiert ›Dins el darrer blau‹ (1994) das Ende des 17. Jh. auf Mallorca und das letzte Autodafé, dem 38 zwangsbekehrte Juden (›xuetas‹) zum Opfer fielen.

Weitere Werke: *Romane:* Una primavera per a Domenico Guarini (1980; dt. Florentinischer Frühling); De miralls (1989; dt. Im Spiel der Spiegel). – *Novelle:* Qüestió d'amor propi (1987; dt. Selbstsüchtige Liebe). – *Erzählungen:* Contra l'amor en companyia, i altres relats (1991; dt. Liebe ist kein Gesellschaftsspiel).

Riesa-Großenhain, Landkreis im Reg.-Bez. Dresden, Sachsen, 823 km², (1995) 127 800 Ew.; Kreisstadt ist Großenhain. Das Kreisgebiet, das an Brandenburg grenzt, ist größtenteils sehr fruchtbar (Großenhainer Pflege, O-Teil der Lommatzscher Pflege). Nördlich von Riesa tragen die Sandflächen zw. den Talauen der Elbe und der Großen Röder (Nebenfluß der Schwarzen Elster) Kiefernwälder. Die Städte des Kreises sind Riesa (1995: 42 700 Ew.; mit Heizkörperproduktion, Stahl- und Behälterbau, Ministahlwerk, Maschinen- und Anlagenbau, Reifenproduktion, Elektronikindustrie, Ölsaatenverarbeitung, Tierfutterproduktion, Bauindustrie und Elbehafen); Großenhain (18 100 Ew.; Textilveredelung, Maschinen- und Fahrzeugbau), Gröditz (9 400 Ew.; Stahl- und Walzwerk, Umwelttechnik, Möbelherstellung), Strehla (4 400 Ew.; Kunststoffverarbeitung, Dachziegelproduktion). – Der Kreis wurde am 1. 8. 1994 aus den früheren Kreisen Großenhain und Riesa gebildet.

*Riesenhuber, Heinz, Politiker: War bis Jan. 1993 Bundes-Min. für Forschung und Technologie.

Rifaat, Alifa, ägypt. Schriftstellerin, *Kairo 1930; fängt in ihren sensiblen Erzählungen, die meist in kleinen Städten auf dem Lande spielen, Schicksale, auch traumat. Erlebnisse und Frustrationen ägypt. Mädchen und Frauen in einer extrem patriarchal. Gesellschaft, beherrscht von überlebten Traditionen und Konventionen, ein. So beschreibt sie u. a. die jahrhundertelange Geschlechtertrennung und ihre psychosozialen Folgen, die immer noch praktizierte Mädchenbeschneidung, den Jungfräulichkeitskult, erzwungene Ehen ohne Liebe und ihre zerstör. Wirkung auf die weibl. Psyche.

Ausgaben: Distant view of a minaret and other stories (Neuausg. 1987); Zeit der Jasminblüte (Neuausg. ²1991); Die zweite Nacht nach tausend Nächten (1991); Erste Liebe – letzte Liebe (Neuausg. ²1993); Die Mädchen von Burdain (1995).

Rifkin, Joshua, amerikan. Dirigent und Musikforscher, *New York 22. 4. 1944; studierte an der Juilliard School of Music sowie an den Univ. in New York, Göttingen und Princeton (N. J.). 1970–82 war er Dozent an der Brandeis University und leitete das dortige Bach-Ensemble. Sowohl als Forscher als auch als Dirigent ist er v. a. auf dem Gebiet der Renaissance- und Barockmusik hervorgetreten.

Rifkind, Malcolm Leslie, brit. Politiker, *Edinburgh 21. 6. 1946; lehrte 1967–68 in Rhodesien Politikwissenschaft; ab 1970 Anwalt sowie als Mitgl. der Konservativen im Stadtrat von Edinburgh; seit 1974 Abg. im Unterhaus, seit 1979 in versch. Ministerien tätig, war 1986–90 Schottland-, 1990–92 Verkehrs-, 1992–95 Verteidigungs-, seit Juli 1995 Außenminister; gilt als ein Mann der polit. Mitte, setzt sich bes. für eine Stärkung der Beziehungen zu den USA und zu W-Europa ein.

*Rihm, Wolfgang Michael, Komponist: Aufsehen erregte das Musiktheater ›Die Eroberung von Mexico‹ (1992; nach A. ARTAUD); weitere Werke, u. a. ›Séraphin‹ (Seine 1994); ›Raumauge‹ für Chor und sechs Schlagzeuger (1994).

*Rîmnicu Sărat: Stadt in Rumänien, wird seit der Rechtschreibreform 1992 wieder **Râmnicu Sărat** geschrieben.

*Rîmnicu Vîlcea: Stadt in Rumänien, wird seit der Rechtschreibreform 1992 wieder **Râmnicu Vâlcea** geschrieben.

Rolf Riehm

Rinderwahnsinn, umgangssprachl. Bez. für die →bovine spongiforme Enzephalopathie.

RISC [Abk. für engl. **R**educed **i**nstruction-**s**et **c**omputer ›Computer mit reduziertem Befehlssatz‹], Gattungs-Bez. für Computer, deren Maschinensprache (und die entsprechende Assemblersprache) eine vergleichsweise geringe Anzahl von Befehlen (Instruktionen) umfaßt, im Ggs. zu Computern, die unter der Gattungs-Bez. →CISC zusammengefaßt werden. Computer mit RISC-Architektur (bzw. die entsprechenden Prozessoren) haben kein ▷ Mikroprogramm und benötigen für einen Befehlszyklus i. d. R. nur einen Taktzyklus (▷ Zyklustakt). Anlaß für ihre Entwicklung waren statist. Untersuchungen der Rechenzeit, die ergaben, daß bei Computern mit CISC-Architektur etwa 80% der Rechenzeit (CPU-Zeit) auf nur etwa 20% des Befehlsvorrats der Maschinensprache entfallen. Eine wichtige Voraussetzung für die Effizienz solcher Computer ist eine genügende Größe des Befehlsworts (▷ Operation 2), verbunden mit der entsprechenden Breite von externem (▷ Mikrocomputer) und internem Datenbus (▷ Mikroprozessor) und der entsprechenden Größe des Speicherworts (▷ Speicherzelle).

Risikostruktur|ausgleich, Verfahren, mit dem die Unterschiede in den Beitragssätzen zw. den Krankenkassen aufgrund unterschiedl. Versichertenrisiken (Höhe der beitragspflichtigen Einnahmen der Mitgl., Zahl der beitragsfrei Mitversicherten, Geschlecht und Alter) verringert werden sollen. Der R. wurde 1994 durch die Gesundheitsreform eingeführt.

Rissa, eigtl. **Karin Götz,** Malerin, *Rabenstein (heute zu Chemnitz) 22. 6. 1938; studierte bei dem informellen Maler K. O. GÖTZ und gelangte 1964 zu einer eigenständigen gegenständl. Malerei, die sich bewußt im Spannungsfeld von abbildender und abstrakter Kunst situiert. Verbindendes Element dieser Pole ist die Rolle der Farbe als ästhet. Ordnungselement.

Anhand eines Realitätsfragments – meist der Darstellung einer selten beachteten, zufälligen Alltagssituation – thematisiert R. die Beziehungen der Farben zueinander in stereometr. Formen. Die kleinen farbigen Flächenformen (›Formschnipsel‹) ihrer Bilder entwickelte sie aus dem maler. Duktus. Mittels einer eigenen Symbolsprache werden existentielle Themen wie Krieg, Sexualität u. a. angesprochen. Sie lehrt seit 1969 an der Kunstakademie in Düsseldorf.

R. Gemälde 1964–1994, hg. v. S. ANNA, Ausst.-Kat. (1994).

*****Ritschl,** Hans, Finanzwissenschaftler: †Oberried (Kr. Breisgau-Hochschwarzwald) 12. 11. 1993.

RKA, Abk. für russ. **R**ossijskoje **K**osmitscheskoje **A**gentstwo, russ. staatl. Raumfahrtbehörde, gegr. am 25. 2. 1992, Sitz: Moskau; beauftragt mit der Planung und Durchführung der zivilen russ. Raumfahrtprogramme (für militär. Satelliten und Trägerraketen ist seit 1991 das Verteidigungsministerium zuständig). Die Arbeit der RKA ist durch einschneidende Kürzungen der Staatssubventionen gekennzeichnet. Ein Großteil des RKA-Budgets wird für das laufende Programm der Raumstation →Mir aufgewendet, das sich zusätzlich noch über teilweise Fremdnutzung (Frankreich, ESA, NASA) finanziert. Gegenüber sowjet. Verhältnissen wurden die jährl. Satellitenstarts deutlich verringert (1993 mit 46 Starts die niedrigste Zahl seit 27 Jahren). Unter Ersparnisgesichtspunkten gab man geplante Raumsonden zu Mond und Venus sowie als teuerstes sowjet. Programm die Trägerrakete Energia mit dem Raumtransporter Buran auf. An den Programmen für Nachrichten-, Navigations-, Wetter-, Erdfernerkundungs- und Forschungssatelliten sowie (bisher) Marssonden wurde festgehalten.

*****Roach,** Hal, amerikan. Filmregisseur und -produzent: † Beverly Hills (Calif.) 2. 11. 1992.

Road pricing [ˈrəʊd praɪsɪŋ, engl.], →Straßenverkehrsabgaben.

*****Röbel/Müritz 2):** Der Landkreis R./M. ging am 12. 6. 1994 im Kr. Müritz auf. Die Stadt Röbel/Müritz ist damit nicht mehr Kreisstadt.

Roberts [ˈrɔbəts], Julia, amerikan. Filmschauspielerin, *Smyrna (Ga.) 28. 10. 1967. R., die 1986 erstmals eine Filmrolle übernahm, gehört inzwischen zu den gefragten Hollywoodstars.

Filme: Mystic Pizza (1987); Magnolien aus Stahl (1989); Pretty Woman (1989); Flatliners (1990); Die Akte (1993); Power of Love (1995); Mary Reilly (1996).

Julia Roberts

Roberts [ˈrɔbəts], Richard John, brit. Biochemiker, * Derby 6. 9. 1943; ab 1972 am Cold Spring Harbor Laboratory in New York, dessen stellvertretender wiss. Direktor er 1986–92 war; seither ist er Forschungsdirektor der New England Biolabs in Beverly (Mass.). R. erhielt für die unabhängig von P. A. SHARP gemachte Entdeckung des mosaikartigen Aufbaus von Genen gemeinsam mit diesem 1993 den Nobelpreis für Physiologie oder Medizin.

*****Robert-Schuman-Preis:** Weitere Preisträger sind R. SCHUTZ (1992), E. JÜNGER (1993).

*****Roblès,** Emmanuel, frz. Schriftsteller span. Herkunft: †Boulogne-Billancourt 22. 2. 1995.

*****Rocard,** Michel, frz. Politiker: Löste nach der Wahlniederlage der Sozialisten (März 1993) Anfang April L. FABIUS als (amtierenden) Parteichef ab, wurde im Okt. 1993 vom Parteitag offiziell zum Ersten Sekr. gewählt. Von diesem Amt trat R. nach der Niederlage bei einer Vertrauensabstimmung im Juni 1994 zurück. Seit Sept. 1995 ist er Senator.

*****Rochlitz 2):** Der Landkreis R. ging am 1. 8. 1994 im Kr. Mittweida auf; zwei Gemeinden wurden dem Muldentalkreis eingegliedert. Die Stadt Rochlitz ist damit nicht mehr Kreisstadt.

Rockenschaub, Gerwald, österr. Maler und Plastiker, *Linz 9. 5. 1952; behandelt, nachdem er 1987 zu malen aufgehört hat, v. a. in Rauminszenierungen die gesellschaftl. und kulturellen Bedingungen, die für die Wahrnehmung einer Arbeit als Kunstwerk gegeben sein müssen; will die Ausgrenzung avantgardist. Kunst in den Kunstraum (Museum, Galerie), wo sie fast ausschließlich als solche ›gesehen‹ wird, dadurch überwinden, daß er den Kunstraum in einen nicht ge-

Richard Roberts

Rissa: Jonction; 1991 (Privatbesitz)

Martin Rodbell

Richard Rogler

Tilman Röhrig

schönten Realraum umwandelt oder einen solchen für seine Präsentationen wählt.
G. R., bearb. v. R. KAINER, Ausst.-Kat. (Luzern 1991).

Rodbell [ˈrɔdbel], Martin, amerikan. Biochemiker, * Baltimore (Md.) 1. 12. 1925; war 1956–85 in versch. Funktionen bei den Nat. Gesundheitsinstituten (NIH) in Bethesda (Md.) tätig. 1985–89 war er Direktor des Nat. Instituts für Umweltgesundheitswissenschaften in North Carolina und leitet dort heute eine Abteilung für sein Spezialgebiet. R. zeigte in den 1960er und 1970er Jahren mit einer Reihe von Versuchen, wie die Signalübertragung in Zellen durch das Zusammenwirken versch. funktioneller Einheiten bewirkt wird; mit diesen Ergebnissen bereitete er die Entdeckung der →G-Proteine vor. R. wurde 1994 zus. mit A. G. GILMAN mit dem Nobelpreis für Physiologie oder Medizin ausgezeichnet.

Rodríguez [rrɔˈðriγεθ], Claudio, span. Lyriker, * Zamora 30. 1. 1934; war Lektor für Spanisch in Großbritannien; dann Lehrtätigkeit an der Univ. Madrid; seit 1987 Mitgl. der Span. Akademie. Einer der herausragendsten und eigenwilligsten Vertreter seiner Generation. R.' schmales, mit angesehenen Literaturpreisen ausgezeichnetes Werk ist durch Landschaft und Menschen seiner kastil. Heimat sowie durch eigene Lebenserfahrungen geprägt. In scheinbar einfacher Sprache kreist seine Lyrik immer wieder um das Alltägliche und Einzigartige der menschl. Existenz.
Werke: Don de la ebriedad (1953); Conjuros (1958); Alianza y condena (1965); El vuelo de la celebración (1976); Casi una leyenda (1991).
Ausgabe: Desde mis poemas (²1984).

*****Rogers,** Ginger, amerikan. Tänzerin und Schauspielerin: † Rancho Mirage (Calif.) 25. 4. 1995.

*****Rogers,** Shorty, amerikan. Jazzmusiker: † Los Angeles (Calif.) 1. 11. 1994.

Rogler, Richard, Kabarettist und Schauspieler, * Selb 19. 9. 1949; spielte 1974–78 beim Kinder- und Jugendtheater ›Ömmes und Oimel‹ in Köln, 1978–82 mit HEINRICH PACHL (* 1943) im Kölner Kabarettduo ›Der wahre Anton‹; 1982–86 Autor und Schauspieler am Schauspielhaus Köln; 1986 erstes Soloprogramm ›Freiheit aushalten‹; Satirebeiträge für Hörfunk und Fernsehen (u. a. ›Mitternachtsspitzen‹). Für das Soloprogramm ›Finish‹ erhielt R. 1992 den Dt. Kleinkunstpreis.

Röhrig, Tilman, Schriftsteller, * Hennweiler (Kr. Bad Kreuznach) 28. 3. 1945; zunächst als Schauspieler u. a. in Köln tätig, seit 1973 freier Schriftsteller und Regisseur. R. verfaßte v. a. erfolgreiche Kinder- und Jugendbücher über Themen wie Außenseiter in der Gesellschaft und Probleme in Freundschaft und Liebe. 1993 veröffentlichte er seinen ersten Roman, ›Sand voller Freiheit eine Gasse‹, über die Ermordung A. VON KOTZEBUES durch K. L. SAND.
Weitere Werke: *Kinder- und Jugendbücher:* Thoms Bericht (1973); Langes Zwielicht (1974); Frederik Faber (1980); Dank gebührt Hannibal (1981); Der angebundene Traum (1982); In dreihundert Jahren vielleicht (1983); Stadtluft macht frei (1985); Tina, Tom u. Florian (1985); Neuschnee (1986); Kater Muck trägt keine Stiefel (1989).

*****Roh Tae Woo,** südkorean. General und Politiker: War bis Febr. 1993 Staatspräs.; im Dez. 1995 wegen Beteiligung am Militärputsch von 1979 angeklagt.

Rohwer, Jens, Komponist und Musiktheoretiker: † Lübeck 4. 6. 1994.

*****Rolf-Liebermann-Preis:** Weiterer Preisträger ist DETLEV GLANERT (* 1960; 1993).

*****Roll-on-roll-off-Schiff:** →Fähre.

*****Rolls-Royce Motor Cars Limited:** →Bayerische Motoren Werke AG.

*****Romano-Guardini-Preis:** Weitere Preisträger sind AUGUST WILHELM VON EIFF (* 1921; 1992), JOSEPH ROVAN (* 1918; 1993); nicht verliehen 1994; W. BARTOSZEWSKI (1995).

Röntgenrefraktions|topographie, *Werkstoffprüfung:* in der Bundesanstalt für Materialforschung und -prüfung entwickeltes zerstörungsfreies Prüfverfahren für anisotrope Werkstoffe. Das Verfahren beruht auf der unterschiedl. Brechung von Röntgenstrahlen an Grenzflächen von Medien mit versch. Brechungsindizes. Je größer der Dichteunterschied zw. den sich berührenden Medien ist, desto stärker ist die Refraktionsintensität. Das Verfahren ist v. a. zur Untersuchung von Faserverbundwerkstoffen von Bedeutung, darüber hinaus aber auch zur Untersuchung von Keramiken u. a. porösen Werkstoffen.

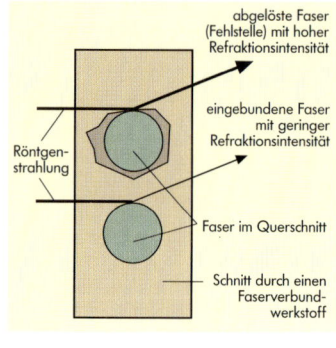
Röntgenrefraktionstopographie: Schematische Darstellung des Prüfverfahrens bei der Fehlstellendiagnose in einem Faserverbundwerkstoff

Rosa [ˈrrɔza], António **Ramos** [ˈrramuʃ], portug. Lyriker und Dichtungstheoretiker, * Faro 17. 10. 1924; Vertreter des sogenannten ontolog. Dichtung, die in der Nachfolge von Romantik, Symbolismus und Surrealismus asymbol. Strukturen im Sein sucht. Mittels Reflexivität, reduzierter Lexik und Paradoxien formuliert er Erfahrungen an den Grenzen sprachl. Ausdrucksmöglichkeiten.
Werke: *Lyrik:* O grito claro (1958); Voz inicial (1960); Ocupação do espaço (1963); A construção do corpo (1969); A pedra nua (1972); Circulo aberto (1979); O incerto exacto (1982); Matéria de amor (1982); O livro da ignorância (1988); Acordes (1989); O não e o sim (1990); A intacta ferida (1991); A rosa esquerda (1991).
Ausgabe: Obra poética (1989).

*****Rosales Camacho,** Luis, span. Schriftsteller: † Madrid 24. 10. 1992.

*****Roschdestwenskij,** Gennadij Nikolajewitsch, russ. Dirigent: Wurde Ende 1994 zum Leiter des künstler. Beirats des Bolschoi-Theaters in Moskau berufen.

*****Roschdestwenskij,** Robert Iwanowitsch, russ. Lyriker: † Moskau 20. 8. 1994.

Rossetti, Ana, span. Schriftstellerin, * San Fernando (Prov. Cádiz) 1950; verbindet in ihrem mit mehreren Literaturpreisen ausgezeichneten lyr. Werk u. a. die Sprache der Liturgie mit Bildern barocker Liebeslyrik, aber auch mit modernen Popsongs. Die von ihr gestalteten Themen des Begehrens, der Lust, des Leidens und des bis zur Selbstzerstörung reichenden Masochismus einer nicht erwiderten Liebe finden sich auch in ihren Prosawerken wieder.
Werke: *Lyrik:* Los devaneos del Erato (1980); Dioscuros (1982); Misterios de pasión (1986); Devocionario (1986); Yesterday (1988); Imago pasionis (1990); Punto umbría (1995). – *Romane:* Plumas de España (1988); Mentiras de papel (1994). – *Kurzgeschichten:* Quinteto (1989); Apuntes de ciudades (1990); Hasta mañana, Elena (1990); Alevosías (1991); Virgo potens (1994). – *Libretto:* El secreto enamorado (1993; Musik von M. BALBOA).

*****Rossi,** Mario, italien. Dirigent: † Rom 29. 6. 1992.

*****Roßlau 1):** Der Landkreis R. ging am 1. 7. 1994 im Kr. Anhalt-Zerbst auf; die Stadt Roßlau (Elbe) ist damit nicht mehr Kreisstadt.

*****Rostock 1):** Die Fährverbindungen bestehen seit Ende Sept. 1995 nicht mehr von Warnemünde, sondern vom Rostocker Überseehafen aus; seit 1993 besteht auch eine Verbindung mit Reval (Estland).

***Rostock 2):** Der Landkreis R. ging am 12. 6. 1994 im Kr. Bad Doberan auf.

***Rostropowitsch,** Mstislaw Leopoldowitsch, russ. Violoncellist und Dirigent: Wurde 1987 geadelt (Sir); beendete 1994 seine Tätigkeit am National Symphony Orchestra in Washington (D. C.).

Rotblat [ˈrɔtblæt], Joseph, brit. Physiker poln. Herkunft, *Warschau 4. 11. 1908; floh 1939 nach Großbritannien und beteiligte sich in den USA am Bau der amerikan. Atombombe. Nach der Niederlage Dtl.s verließ R. das Manhattan-Projekt und begann, sich gegen Kernwaffen einzusetzen. 1950–76 war er Prof. an der University of London. 1957 gehörte R. zu den Mitgründern der Pugwash-Konferenz (▷ Pugwash-Bewegung). 1967–73 war er GenSekr., seit 1988 ist er Präs. der Organisation. Für ihren Einsatz zur weltweiten Abschaffung von Kernwaffen erhielten R. und die Pugwash-Konferenz den Friedensnobelpreis 1995.

Roth, Friederike, Schriftstellerin, *Sindelfingen 6. 4. 1948; schreibt Gedichte, Erzählungen, Hörspiele, Theaterstücke und Essays. Bekannt wurde R. durch ›Ordnungsträume. Eine Erzählung‹ (1979). Ihr Hauptwerk ist ›Das Buch des Lebens. Ein Plagiat‹ mit den Bänden ›Liebe und Wald‹ (1983), ›Erben und Sterben‹ (1992) und ›Wiese und Macht‹ (1993), in denen sie versch. Sprachebenen, Stilformen und Gattungen montiert und so das Verhältnis von Leben und Kunst darzustellen sucht.

Weitere Werke: Lyrik: Tollkirschenhochzeit (1978); Schieres Glück (1980); Schattige Gärten (1987). - *Stücke:* Der Ritt auf die Wartburg (1981); Krötenbrunnen (1984); Das Ganze ein Stück (1986).

***Roth,** Henry, amerikan. Schriftsteller: † Albuquerque (N. Mex.) 13. 10. 1995.

Werk: Autobiographie: Mercy of a rude stream, auf 6 Bde. ber. (1994 ff., bisher 2 Bde. erschienen).

Rothenberg [ˈrɔθənbəːg], Susan, amerikan. Malerin, *Buffalo (N. Y.) 20. 1. 1945; variiert in ihren Gemälden und Zeichnungen durchgängig zwei zentrale Motive: die menschl. Figur und das Pferd, wobei sie die Bildoberfläche farblich äußerst sensibel und differenziert gestaltet. Ihr Augenmerk gilt dem Verhältnis zw. der formalen Bildkonstruktion und der gestischdynam. Farbbehandlung, existentielle Interpretationen sieht sie in der Subjektivität des Betrachters begründet.

S. R. Paintings and drawings, bearb. v. M. AUPING, Ausst.-Kat. (New York 1992).

Roubaud [ruˈbo], Jacques, frz. Schriftsteller und Mathematiker, *Caluire-et-Cuire (Dép. Rhône) 4. 12. 1932; trat unter dem Einfluß R. QUENEAUS, G. PERECS u. a. zunächst mit formalistisch ausgerichteten experimentellen, nach kombinator. Gesichtspunkten aufgebauten Werken hervor. Die Kombinatorik und das Spiel mit sprachl. Zeichen und Formen hindern R. jedoch nicht daran, persönl. und sogar autobiograph. Momente in sein Werk einzubringen, in das zugleich Textstellen aus Werken zahlreicher anderer Autoren verwoben sind. So artikuliert sich u. a. seine Vorliebe für japan. Lyrik (›Mono no aware‹, 1970) und mittelalterl. Legenden (›Graal théâtre‹, 1977–81, mit F. DELAY). Weithin bekannt wurde R. mit seinen Hortense-Romanen, in denen sich sein formales und parodist. Geschick mit der Wirklichkeit oder der Welt des Traums entlehnten Motiven verbindet (›La belle Hortense‹, 1985, dt. ›Die schöne Hortense‹; ›L'enlèvement d'Hortense‹, 1987, dt. ›Die Entführung der schönen Hortense‹; ›L'exil d'Hortense‹, 1990, dt. ›Das Exil der schönen Hortense‹).

Weitere Werke: Prosa: Le grand incendie de Londres (1989); La boucle (1993). - *Essay:* La vieillesse d'Alexandre (1978). - Autobiographie, chapitre dix. Poèmes avec des moments de repos en prose (1977).

Rourke [rəʊk], Mickey, amerikan. Schauspieler, *New York 16. 9. 1955; Darsteller des amerikan. Films (seit 1980), in seinen Rollen hart und sensibel zugleich.

Filme: Diner (1982); Rumble Fish (1984); $9^{1}/_{2}$ Wochen (1985); Angel Heart (1987); Barfly (1987); 24 Stunden in seiner Gewalt (1989); White Sands – Der große Deal (1991).

***Rover Group:** →Bayerische Motoren Werke AG.

Rowland [ˈrəʊlənd], Frank Sherwood, amerikan. Chemiker, *Delaware (Oh.) 28. 6. 1927; arbeitete 1952–56 an der Princeton University und 1956–63 an der University of Kansas. Seit 1964 ist er Prof. im Department for Chemistry der University of California (Irvine). Zus. mit M. J. MOLINA untersuchte R. die Auswirkungen von Fluorchlorkohlenwasserstoffen (FCKW) auf die Ozonschicht. Sie fanden heraus, daß die bis dahin als harmlos (weil chemisch sehr stabil) geltenden FCKW in die Stratosphäre transportiert werden, dort durch die intensive UV-Strahlung zersetzt werden und dabei Chloratome freisetzen, die wiederum den Abbau von Ozon zu Sauerstoff katalysieren und somit zur Zerstörung der Ozonschicht beitragen. Die 1974 veröffentlichten Ergebnisse hatten zwar eine gewisse Begrenzung des Einsatzes von FCKW zur Folge, aber erst mit der Entdeckung des Ozonlochs über der Antarktis Mitte der 1980er Jahre setzte die Diskussionen über ein Verbot von FCKW in Gang. Für die Untersuchungen über die Einwirkung von FCKW auf die Ozonschicht wurde R. zus. mit MOLINA und P. CRUTZEN mit dem Nobelpreis für Chemie 1995 ausgezeichnet.

***RTL:** Der Name des Fernsehsenders **RTL plus** wurde in RTL geändert, und der Gesellschafterkreis setzt sich anders zusammen (→Privatfernsehen, ÜBERSICHT). RTL gehört inzwischen zu den Sendern mit den höchsten Werbeeinnahmen und strahlt eines der in Dtl. am meisten gesehenen Programme aus.

Joseph Rotblat

F. Sherwood Rowland

Susan Rothenberg: Two-Tone; 1975 (Buffalo, N. Y., Albright-Knox Art Gallery)

RTL 2, privater Fernsehsender mit Vollprogramm; Sitz: München (bis 1994 Köln). Der überwiegend Spielfilme, Jugendserien und Kinderprogramme ausstrahlende Sender ist über Satellit europaweit und in Dtl. in 80% der Kabelhaushalte verbreitet. (→Privatfernsehen, ÜBERSICHT)

***Ruanda, Rwanda,** amtl. Namen: frz. **République Rwandaise,** Kinyaruanda **Republika y'u Rwanda,** dt. **Republik R.,** Binnenstaat in Ostafrika, am Kiwusee.

Hauptstadt: Kigali. *Amtssprachen:* Französisch und Kinyaruanda. *Staatsfläche:* 26 338 km² (ohne Binnengewässer 24 670 km²). *Bodennutzung (1992):*

11 600 km² Ackerland, 4 580 km² Dauergrünland, 5 510 km² Waldfläche. *Einwohner (1994):* 7,75 Mio., 294 Ew. je km². *Städtische Bevölkerung (1992):* 6%. *Durchschnittliches Bevölkerungswachstum pro Jahr (1985–93):* 2,9%. *Bevölkerungsprojektion für 2000:* 9,38 Mio. Ew. *Ethnische Gruppen (1983):* 90% Hutu, 9% Tutsi (Hima), 1% Twa. *Religion (1992):* 65,1% Katholiken, 9,5% Muslime, 9,0% Protestanten. *Altersgliederung (1995):* unter 15 Jahre 49,8%, 15 bis 65 Jahre 47,9%, 65 und mehr Jahre 2,3%. *Lebenserwartung der Neugeborenen (1992):* männlich 45 Jahre, weiblich 48 Jahre. *Analphabetenquote (1990):* insgesamt 49,8%, männlich 36,1%, weiblich 62,9%. *BSP je Ew. (1993):* 210 US-$. *BIP nach Sektoren/Produktionsstruktur (1993):* Landwirtschaft 41%, Industrie 21%, Dienstleistungen 38%. *Währung:* 1 Ruanda-Franc (F. Rw) = 100 Centimes. *Internationale Mitgliedschaften:* UNO, OAU.

Geschichte: Die Friedensabkommen vom 18. 8. 1992 und vom 4. 8. 1993 zw. der Reg. von R. und der Aufstandsbewegung RPF sollten den Bürgerkrieg beenden. Im Nov. 1993 entsandte die UNO eine Friedenstruppe (2500 Soldaten) sowie zivile Mitarbeiter zur Überwachung des Friedensprozesses. Dennoch kam es nach dem Tod des ruand. Staatspräs. JUVENAL HABYARIMANA (* 1937) beim Abschuß seines Flugzeuges am 6. 4. 1994 zu einem sofortigen Wiederaufflammen des Bürgerkriegs. Dabei fielen zw. 500 000 und 1 Mio. Ruander (meist Tutsi und oppositionelle Hutu) einer systemat. Ausrottungspolitik durch regierungstreue Milizen und das Militär zum Opfer, bevor sich die Truppen der RPF bis Anfang Juli durchsetzen und das ganze Land erobern konnten. Als Folge des Bürgerkriegs flohen rd. 3 Mio. Ruander in die Nachbarstaaten, was dort in den hastig eingerichteten Flüchtlingslagern trotz einer internat. Luftbrücke zu Versorgungsproblemen und Seuchen führte. Die siegreiche RPF, unter der Führung von P. KAGAME, installierte am 19. 7. 1994 eine neue Reg. mit den gemäßigten Hutu PASTEUR BIZIMUNGU als Staatspräs. und FAUSTIN TWAGIRAMUNGU (* 1945) als Premier-Min. Im Herbst 1994 wurde eine 70köpfige Nationalversammlung gewählt. Die Bemühungen um eine Rückführung der Flüchtlinge scheiterten trotz großen internat. Engagements bislang (Ende 1995) weitgehend, wofür die gegen eine Rückkehr gerichtete Terror extremist. Hutu-Milizen in den Flüchtlingslagern v. a. in Zaire ebenso verantwortlich sind wie die verbreitete Furcht vor Rachemaßnahmen durch die neue Reg. Die UNO setzte 1995 in Arusha (Tansania) ein Tribunal zur Verfolgung der im Bürgerkrieg begangenen Verbrechen ein. Im Aug. 1995 trat Premier-Min. TWAGIRAMUNGU im Konflikt mit der von der RPF gestellten Parlamentsmehrheit und dem Staatspräs. zurück. Zu seinem Nachfolger wurde abermals ein Hutu, PIERRE-CÉLESTIN RWIGEMA, ernannt, der wie sein Vorgänger dem Mouvement Démocratique Républicain (MDR) angehört.

Ein Volk verläßt sein Land. Krieg u. Völkermord in R., hg. v. H. SCHÜRINGS (1994).

Helmut Ruge

Volker Rühe

*Rubel: Die von den 15 Nachfolgestaaten der Sowjetunion zunächst gebildete **R.-Zone** hat sich durch die mehr oder weniger unmittelbare Schaffung eigener Währungen in den einzelnen Ländern in kurzer Zeit aufgelöst. Dieser Prozeß wurde von der russ. Notenbank spätestens seit Juli 1993 aktiv gefördert. Im Okt. 1995 führte Georgien als letzter Nachfolgestaat eine eigene Währung als alleiniges gesetzl. Zahlungsmittel ein, so daß der R. nur noch die Währungseinheit Rußlands ist. Allerdings haben Weißrußland (Belarus-R.) und Tadschikistan (Tadschikistan-R.) die Bez. R. für ihre eigene Währung beibehalten.

Der Wechselkurs des russ. R. wurde am 1. 7. 1992 auch aufgrund äußerst knapper Währungsreserven vollständig freigegeben. Daraufhin sank der Kurs von (Ende 1992) 100 R. für 1 US-$ auf (Ende März 1995) 4897 R. für 1 US-$; danach stieg der Kurs wieder leicht an. Im Juli 1995 vereinbarten Reg. und Notenbank, den R.-Kurs zum US-Dollar innerhalb einer Bandbreite von 4300 bis 4900 R. zu stabilisieren; im Nov. 1995 wurde die Bandbreite auf 4550 bis 5150 R. geändert. Beschränkungen beim Umtausch von R. in harte Währungen haben Mitte 1995 nicht mehr bestanden. Größere Summen können allerdings nur über Konten bei Geschäftsbanken gewechselt werden, die über eine entsprechende Lizenz der Notenbank verfügen.

*Rudolstadt 2): Der Landkreis R. ging am 1. 7. 1994 im (späteren) Kr. Saalfeld-Rudolstadt auf; die Stadt Rudolstadt ist damit nicht mehr Kreisstadt.

Ruff, Thomas, konzeptueller Photograph, *Zell am Harmersbach 10. 2. 1958. Der Schüler von B. und HILLA BECHER trat mit Serien großformatiger Farbphotographien in äußerst präziser, kühler Aufnahmetechnik hervor: Porträts, Sternenhimmelbilder (auf der Grundlage von Aufnahmen eines Observatoriums), ›Nachtbilder‹ (nächtl., menschenleere Stadtlandschaften) und ›Andere Porträts‹ (1995 auf der Biennale von Venedig präsentiert), bei denen es sich um Wiedergaben nichtexistenter oder virtueller Personen handelt, in denen er die Aufnahmen von jeweils zwei Gesichtern zusammenfließen ließ. Die Kunstwerke sprechen von der heutigen Situation und der Ungesichertheit menschl. Existenz überhaupt.

T. R., hg. v. A. GIESE, Ausst.-Kat. (1991); B. VON BRAUCHITSCH: T. R. (1992).

Ruge, Helmut, Kabarettist, *Stuttgart 7. 2. 1940; Mitbegründer des Kabaretts ›Die Hammersänger‹ (Berlin 1963–75); 1975 erstes Soloprogramm ›Ein Mann sieht schwarz‹; seither mit zahlreichen Programmen (u. a. ›Vorsicht, Volk beißt!‹) auf Tournee. R. ist Autor von satir. Hörfunk- und Fernsehsendungen. Er erhielt 1974 den Dt. Kleinkunstpreis.

Ruggiero [ruď dʒero], Renato, italien. Diplomat und Politiker (PSI), *Neapel 9. 4. 1930; Jurist, seit 1955 im diplomat. Dienst, u. a. in Washington (D. C.) und Belgrad, und im Außenministerium tätig. 1970–78 arbeitete R. bei der Europ. Kommission, 1978–84 vertrat R. Italien bei der EG (1983/84 im Rang eines Botschafters). Seit 1984 wieder im Außenministerium (u. a. als Sondergesandter Italiens bei Weltwirtschaftsgipfeln), übernahm R. 1987–91 das Amt des Min. für Außenhandel. Nach seinem Ausscheiden aus der Reg. war R. für den FIAT-Konzern tätig (u. a. als Mitgl. des Aufsichtsrats). Am 1. 5. 1995 trat er als GenSekr. an die Spitze der neugegründeten →Welthandelsorganisation.

Rühe, Volker, Politiker (CDU), *Hamburg 25. 9. 1942; Gymnasiallehrer, seit 1976 MdB, befaßte sich zunächst mit Bildungs-, später mit Sicherheitsfragen; 1989–92 GenSekr. der CDU, wurde im April 1992 Verteidigungsminister.

*Rühm, Gerhard, österr. Schriftsteller: Erhielt 1991 den Großen Österr. Staatspreis.

Werke: *Roman:* Textall (1993). – *Collage:* Bravo. Ein Sittenbild aus den fünfziger Jahren (1994).
Ausgabe: Sämtl. Wiener Dialektdichtungen (1993, Buch mit CD).

*Rühmann, Heinz, Schauspieler: †Berg (Kr. Starnberg) 3. 10. 1994.

*Rühmkorf, Peter, Schriftsteller: Erhielt 1993 den Georg-Büchner-Preis.

Werke: Komm raus! Gesänge, Märchen, Kunststücke (1992); Laß leuchten! Memos, Märchen, TaBu, Gedichte, Selbstporträt mit u. ohne Hut (1993); TABU I. Tagebücher 1989–1991 (1995).

Rumänien, amtlich rumän. **România,** Staat in Südosteuropa.

Hauptstadt: Bukarest. *Amtssprache:* Rumänisch. *Staatsfläche:* 238 391 km² (ohne Binnengewässer 230 340 km²). *Bodennutzung (1992):* 99 600 km² Akkerland, 48 300 km² Dauergrünland, 63 680 km² Waldfläche. *Einwohner (1994):* 22,922 Mio., 97 Ew. je km². *Städtische Bevölkerung (1993):* 55%. *Durchschnittliches Bevölkerungswachstum pro Jahr (1985–93):* 0%. *Bevölkerungsprojektion für 2000:* 22,65 Mio. Ew. *Ethnische Gruppen (1992):* 89,5% Rumänen, 7,1% Ungarn, 1,8% Sinti und Roma, 0,5% Deutsche, 0,3% Ukrainer, 0,2% Russen, 0,6% sonstige. *Religion (1992):* 86,8% Rumänisch-Orthodoxe, 5,1% Katholiken, 3,5% Protestanten, 4,6% sonstige. *Altersgliederung (1992):* unter 15 Jahre 22,8%, 15 bis unter 65 Jahre 66,3%, 65 und mehr Jahre 10,9%. *Lebenserwartung der Neugeborenen (1992):* männlich 67 Jahre, weiblich 73 Jahre. *Analphabetenquote (1992):* insgesamt 3,1%, männlich 1,4%, weiblich 4,8%. *BSP je Ew. (1993):* 1 140 US-$. *BIP nach Sektoren/Produktionsstruktur (1993):* Landwirtschaft 21%, Industrie 40%, Dienstleistungen 39%. *Arbeitslosenquote (1993):* 14%. *Währung:* 1 Leu (L; Plural Lei) = 100 Bani. *Internationale Mitgliedschaften:* UNO, Europarat, OSZE.

Verfassung: Die Abgeordnetenkammer (Camera Deputaților) setzt sich nach dem Wahl-Ges. vom 13. 7. 1992 aus 328 regulären Abg. zusammen, die nach den Grundsätzen der Verhältniswahl gewählt werden. Es besteht eine Sperrklausel von 3%. Die Zahl der Abg. kann sich durch Zusatzmandate für nat. Minderheitenorganisationen erhöhen, die jedenfalls ein Mandat erhalten, sofern sie nur 5% der Stimmen erringen, die im Landesdurchschnitt für die Erlangung eines Mandats benötigt werden. Der Senat besteht aus 143 Senatoren, die nach demselben Wahlsystem gewählt werden; Zusatzmandate für nat. Minderheiten gibt es hier allerdings nicht. Die Exekutivgewalt wird vom Präs. der Rep. und der Reg. ausgeübt. Von Verf. wegen ist der Präs. der überparteil. Sachwalter der nat. Interessen, der die Tätigkeit der Staatsgewalten koordiniert. Bes. ausgeprägt sind seine Leitungsbefugnisse in Angelegenheiten der Außen- und Sicherheitspolitik. Der Premier-Min. wird durch den Staatspräs. designiert. Der designierte Premier-Min. präsentiert dem Parlament binnen zehn Tagen Regierungsprogramm und Kabinettsliste. – Seit Juni 1992 ist ein Verfassungsgericht tätig.

Verwaltung: Die Verw.-Strukturen sind durch die Kommunalgesetzgebung von 1991 reformiert worden, die u. a. die örtl. Autonomie und die Dezentralisierung der öffentl. Verw. zu Grundprinzipien erklärt, ohne zw. Angelegenheiten der Staatsverwaltung und der kommunalen Selbstverwaltung klar zu unterscheiden.

Recht: Die ordentl. Gerichtsbarkeit, die neben Zivil-, Handels- und Strafsachen auch für den umfassenden gericht. Verwaltungsrechtsschutz zuständig ist, ist seit der Justizreform von 1992 vierstufig aufgebaut und besteht aus 179 Gerichten (judecătorie), 41 Gerichtshöfen (tribunal) auf der Kreisebene, 15 Appellationsgerichtshöfen (curte de apel) und dem Obersten Gerichtshof (Curte Supremă de Justiție). Die Richter sind unabhängig. Sie werden vom Staatspräs. auf Vorschlag des Obersten Justizrats ernannt. Die Staatsanwaltschaft ist hauptsächlich eine Strafverfolgungs- und Anklagebehörde, die dem Justiz-Min. unterstellt ist. Der Oberste Justizrat, der für Personal- und Disziplinarsachen der Justiz zuständig ist und das Justizministerium in Angelegenheiten der Justizverwaltung berät, besteht aus 15 Mitgl., die vom Parlament in gemeinsamer Sitzung beider Kammern für vier Jahre gewählt werden.

Geschichte: Unter Führung von Staatspräs. I. ILIESCU spaltete sich im April 1992 die Demokrat. Front der Nat. Rettung (rumän. Abk. FDSN; 1993 in Sozialdemokrat. Partei R.s umbenannt; ein Sammelbecken linkskonservativer Kräfte und Altkommunisten) von der Front der Nat. Rettung (FNS) ab. Bei den Präsidentschaftswahlen im Sept./Okt. 1992 setzte sich ILIESCU als Präs., bei den Parlamentswahlen im Sept. 1992 die von ihm geführte FDSN als stärkste polit. Kraft im Parlament und als Plattform seiner Präsidentschaft durch, mit Abstand gefolgt von der Demokrat. Konvention (CD; ein Bündnis von 17 in Opposition stehenden Parteien und Verbänden), der FNS (seit 1993 ihrerseits Demokrat. Front der Nat. Rettung/FDNS genannt), der (nationalist.) Partei der Nat. Einheit R.s (PUNR), dem Verband der Ungarn R.s (ungar. Abk. RMDSZ), der (ebenso nationalist.) Großrumänienpartei (PRM), der Sozialist. Partei der Arbeit (PSM, direkte Nachfolgeorganisation der früheren KP) u. a. Die demokratisch orientierten Kräfte, bes. die CD, kritisieren die mangelnden rechtsstaatl. Garantien und die Willkür der Verwaltung. Die Politik gegenüber den nat. Minderheiten, bes. gegenüber den Bürgern ungar. Herkunft und den Roma, trägt stark repressive Züge.

Arbeitslosigkeit und Teuerung lösten soziale Spannungen aus (Demonstrationen und Streiks der Bergarbeiter). Mit Hilfe des Internat. Währungsfonds und der Weltbank suchen Präs. ILIESCU und die Reg. unter MinPräs. NICOLAE VĂCĂROIU (* 1943; im Amt seit Nov. 1992) die Inflation zu bekämpfen und einen wirtschaftl. Aufschwung in Gang zu setzen. Die Reg. Văcăroiu verlor im Okt. 1995 ihre parlamentar. Mehrheit. – Ein zentrales Anliegen der Außenpolitik ist die polit. und militär. Integration R.s in die zwischen- und überstaatl. Organisationen der westl. Staatenwelt. Am 1. 2. 1993 unterzeichnete die rumän. Reg. ein Abkommen über die Assoziierung R.s an die EG (Europaabkommen, in Kraft seit 1. 2. 1995). Am 28. 9. 1993 wurde R. Mitgl. des Europarats; am 26. 1. 1994 trat das Land dem NATO-Programm ›Partnerschaft für den Frieden‹ bei, am 22. 6. 1995 stellte R. den formellen Antrag zur Aufnahme in die EU.

Rumänien

Staatswappen

Nationalflagge

rumänische Kunst: Țeodor Graur, ›Stern‹; 1992 (Privatbesitz)

rumänische Kunst: Neue Architektur ist in Rumänien, nicht zuletzt wegen des fehlenden öffentl. Bewußtseins für Fragen von Architektur und Städtebau, nur in ersten Ansätzen entworfen oder realisiert worden, wobei der Schwerpunkt in Temesvar liegt. Zu nennen sind das 1991 gegründete Büro Prodid (SERBAN STURZA, * 1947, DOINA STURZA und RADU MIHAILESCU, * 1959) sowie DORIN STEFAN (* 1950), IOAN ANDREESCU (* 1960) und VLAD GAIVORONSCHI (* 1960).

Rund Rundfunk

Als Kunst der Moderne war r. K. lange Zeit eine Kunst des Exils; doch neben den Künstlern, die wie CHRISTO emigrierten und im westl. Ausland bekannt wurden, besetzten auch einige Persönlichkeiten, die in Rumänien blieben, avantgardist. Positionen. So vertreten Künstler wie MIHAI BUCULEI (* 1946), HOREA FLAMANDU (* 1941) und OVIDIU MAITEC (* 1925) eine bildhauer. Richtung, die unmittelbar an die abstrahierende und zeichenhafte Kunst C. BRANCUSIS anschließt. Die koloristisch nuancierte abstrahierende Malerei, die Elemente frz. Malkultur und rumän. Volkskunst einbezieht und dabei auf das expressive Werk von ION ȚUCULESCU (* 1910, † 1962) weisen kann, mag auch Rückzug in die Innerlichkeit oder innere Emigration bedeuten. Zu ihren Vertretern gehören ION GHEORGHIU (* 1929), GHEORGHE IACOB (* 1925), ION PACEA (* 1924), GEORGETA GRIGORESCU NAPARUS (* 1930), GABRIELA DRĂGUT PĂTULEA (* 1935) und ION STENDL (* 1939). Im Umfeld versch. oppositioneller Künstlergruppen wurde seit Ende der 70er Jahre der Keim für einen Anschluß der r. K. an die aktuellen westl. Entwicklungen gelegt; zu nennen sind ALEXANDRU CHIRU (* 1947), MARILENA PREDA SANC (* 1945) und DORU COVRIG (* 1942). Die kunstkrit. Diskussion innerhalb Rumäniens scheidet streng zw. Künstlern, die ihre Werke den modernen Tendenzen des Westens zuordneten, und jenen Künstlern, die zu spezifisch rumän. Formfindungen analog zur Kunst Westeuropas gelangten.

rumänische Kunst: Aurel Vlad, ›Konflikt 1‹; 1991 (Privatbesitz)

Zur letztgenannten Gruppe werden Künstler wie TEODOR GRAUR (* 1953), IOSIF KIRALY (* 1957), DAN MIHĂLȚIANU (* 1954), DAN PERJOVSCHI (* 1961) und AUREL VLAD (* 1954) gezählt, die sich in ihren Gemälden, Skulpturen, Photographien und Installationen auf sehr individuelle Weise mit ihren Empfindungen in der postsozialist. Gesellschaft auseinandersetzen. KIRALY und MIHĂLȚIANU gründeten zus. mit dem Kunstkritiker CĂLIN DAN 1990 die einflußreiche Gruppe ›sub-REAL‹. Eine Sonderrolle innerhalb der r. K. spielen Künstler ungar. Abstammung. So wurden die inzwischen in Budapest lebenden Aktions- und Land-art-Künstler ANDRÁS BUTAK (* 1948), LÁSZLÓ JÓZSEF MOLNÁR (* 1951) und KÁROLY ELEKES (* 1951), die sich ausdrücklich auf ungar. Traditionen beriefen, immer als Gruppe eigener künstler. Prägung rezipiert.

Zeitgenöss. Kunst aus Rumänien, bearb. v. J. KRONJÄGER u. a., Ausst.-Kat. (1984); Erste Schritte. R. K. der 90er Jahre, hg. v. A. TOLNAY, Ausst.-Kat. (1993).

*__Rundfunk:__ Seit der dt. Vereinigung bildet der ›Staatsvertrag über den R. im vereinten Dtl.‹ vom 31. 8. 1991 mit zwei späteren Änderungsstaatsverträgen die Grundlage des dualen R.-Systems. Mit einem weiteren Staatsvertrag (1993) wurde →Deutschland-Radio als Zusammenschluß von Deutschlandsender, DLF und RIAS Berlin gegründet.

Im Urteil des Bundesverfassungsgerichts vom 22. 2. 1994 wurde das bisherige Verfahren zur Festsetzung der R.-Gebühren durch die Länderparlamente für teilweise verfassungswidrig erklärt, da eine polit. Einflußnahme auf die Programme von ARD und ZDF nicht auszuschließen sei und es daher gegen die in Art. 5 GG festgelegte R.-Freiheit verstöße. Bis zur nächsten Gebührenerhöhung (1997) ist vorgesehen, daß ARD und ZDF ihren Finanzbedarf anmelden und auf dieser Grundlage ein Gremium aus Vertretern der Landesrechnungshöfe und Sachverständigen aus Wirtschaft, R. und Medienwissenschaft über die Höhe der Gebühren entscheidet.

Die verstärkte Konkurrenz zw. privaten und öffentlich-rechtl. R.-Veranstaltern um attraktive Programmbestandteile, insbesondere Sportübertragungen und Unterhaltungssendungen, führte zu großen Kostensteigerungen. Andererseits gingen die Werbeeinnahmen der öffentlich-rechtl. R.-Anstalten zurück (1994: ARD Werbefernsehen 255,9 Mio. DM, ARD Werbefunk 492 Mio. DM, ZDF Werbefernsehen 335,8 Mio. DM); der Anteil des öffentlich-rechtl. R. an den gesamten R.-Umsätzen der R.-Werbung (1990: 3 625,5 Mio. DM; 1994: 6 768,1 Mio. DM) sank von 57,7 % auf 16 %. Die dadurch verursachte Verschlechterung der finanziellen Rahmenbedingungen hat eine Diskussion um die Reform des öffentlich-rechtl. R. ausgelöst. Vorstöße zu einer Beschränkung des öffentlich-rechtl. R. sind gescheitert. Lösungen des Problems werden daher in gesteigerter Effizienz (einschließlich auch personeller Sparmaßnahmen) und verbesserter Kooperation zw. den R.-Anstalten oder in deren Fusion gesucht. Im Okt. 1995 haben sich die MinPräs. der Länder auf eine Bestands- und Entwicklungsgarantie für ARD und ZDF geeinigt, die auch die Gebührenerhöhung für die Zeit vom 1. 1. 1997 bis zum 31. 12. 2000 einschließt. ARD und ZDF wurde außerdem die Ausstrahlung von Spartenprogrammen (z. B. Kinderkanal, Parlamentsfernsehen) zugestanden. Weiter soll der ARD-Staatsvertrag bezüglich Art und Umfang der einzelnen Landesrundfunkanstalten novelliert sowie der Finanzausgleich geändert werden.

Ein weiteres Problem stellt die Konzentration im R.-Bereich dar. § 21 R.-Staatsvertrag, der die Beteiligung eines Unternehmens an einem R.-Sender auf 50 % (bei Beteiligung an einem Sender) bzw. auf 25 % (bei Beteiligungen an mehreren Sendern) beschränkt, hat die in ihn gesetzten Erwartungen zur Eindämmung der Unternehmenskonzentration nicht erfüllt. Von Medienkonzernen gesteuerte Treuhänder oder sogenannte Senderfamilien (v. a. im Hinblick auf die zunehmende internat. Verflechtung) können hierdurch nicht verhindert werden. Es werden daher mehrere Lösungsansätze diskutiert. Das längere Zeit favorisierte Zuschaueranteilsmodell, bei dem der Marktanteil bzw. der Einfluß des Senders auf das Publikum als Maßstab genommen wird, hat sich nicht durchgesetzt, u. a. weil Reichweitenmessungen mit den Methoden der ▷ Zuschauerforschung keine exakten Ergebnisse liefern und eine Marktanteilsbegrenzung auch dem Grundrecht der Informationsfreiheit der Zuschauer widerspräche. Weiter wurde diskutiert, die Programmzufuhr als Einflußgröße zu berücksichtigen, um eine marktbeherrschende Stellung eines oder weniger Filmunternehmen auf dem Programmarkt zu verhindern, eine Bundesmedienanstalt anstelle der Landesmedienanstalten einzurichten oder einen zentralen Medienrat der Länder zur Beobachtung der Medienstrukturentwicklung und als objektive Kontrollinstanz zu gründen.

Die techn. Entwicklung in Gestalt der Digitalisierung wirft für den R. neue Fragen auf. Die unter dem Schlagwort Multimedia zusammengefaßte Entwicklung wird auch das R.-Organisationsrecht nicht unberührt lassen. Im Mittelpunkt steht dabei der R.-Begriff, der im R.-Staatsvertrag als ›die für die Allgemeinheit bestimmte Veranstaltung und Verbreitung von Darbietungen aller Art in Wort, in Ton und in Bild unter Benutzung elektr. Schwingungen ohne Verbindungsleiter oder längs oder mittels eines Leiters‹ definiert ist. Insbesondere bei interaktiven, sogenannten On-demand-Diensten kann jeder Zuschauer sein individuelles Programm zusammenstellen, so daß es insofern keine einheitl. Darbietung für die Allgemeinheit mehr gibt. Damit kommt der Rechtsprechung des Bundesverfassungsgerichts ausschlaggebende Bedeutung zu, die davon ausgeht, daß der R.-Begriff des Art. 5 GG nicht an eine bestimmte Übertragungstechnik, sondern an die publizist. Wirkung eines Mediums anknüpft und auch rundfunkähnl. Dienste erfaßt.

Die tägl. Sendedauer betrug 1994 für sämtl. Hörfunkprogramme der elf ARD-Sender 1220 Stunden, beim ARD-Fernsehen 20,9 und beim ZDF 20,3 Stunden. Von den zahlreichen inzwischen neu entstandenen privaten TV-Sendern (→Privatfernsehen, ÜBERSICHT) strahlen viele ein 24stündiges Vollprogramm aus. Das Satellitenprogramm Eins Plus wurde zum 1.12. 1993 eingestellt und mit 3sat zusammengelegt. (→digitaler Hörfunk)

In *Österreich* ist das bis dahin bestehende Monopol des ORF im Bereich des Hörfunks durch das Regionalradiogesetz von 1993 beendet, das privaten Regionalradios erlaubt, Programme auszustrahlen. Allerdings kann das Gesetz erst nach Abschluß der Prüfung durch den Verfassungsgerichtshof vollzogen werden. Für das Fernsehen steht ein entsprechendes Gesetz noch aus, nachdem der Europ. Gerichtshof für Menschenrechte den Status des ORF als Alleinanbieter von Fernsehsendungen durch Urteil vom 24.11. 1993 für unvereinbar mit dem in Art. 10 der Europ. Menschenrechtskonvention garantierten Recht auf freie Meinungsäußerung erklärt hat.

***Rundfunk-Sinfonieorchester Berlin:** Chefdirigent ist seit 1994 R. FRÜHBECK DE BURGOS.

***Rushdie,** Ahmed Salman, brit. Schriftsteller ind. Herkunft: Erhielt 1992 den Österr. Staatspreis für europ. Literatur. Obwohl noch immer von dem Fetwa der iran. Reg. bedroht, zeigt sich R. in letzter Zeit häufiger bei öffentl. Auftritten.

Werke: *Erzählungen:* East, West (1994; dt. Osten, Westen). – *Roman:* The moor's last sigh (1995; dt. Des Mauren letzter Seufzer).

***Rusk,** David Dean, amerikan. Politiker: †Athens (Ga.) 20.12. 1994.

***Rußfilter:** In der Praxis konnten sich weitgehend keram. Filtermonolithe durchsetzen, die gegenüber anderen Filtermaterialien einen geringeren Strömungswiderstand bei gleichzeitig höherer Beladungskapazität und Temperaturbeständigkeit bieten. Die Filtermonolithe werden von zahlreichen Abgaskanälen durchsetzt, wobei die Einlaßkanäle an der Austrittseite, die Auslaßkanäle an der Eintrittseite des Filters verschlossen sind. Dadurch wird der Abgasstrom durch die porösen Wandungen zw. den Kanälen geleitet, an denen die Rußpartikel dann zu 95% abgeschieden werden.

Da die Abgastemperatur der meisten Dieselmotoren die Zündtemperatur des Rußes (etwa 600°C) nicht erreicht, wird das Abbrennen des Rußes erforderlich, wenn die Aufnahmekapazität des Filters erschöpft ist. Diese Regeneration erfolgt bei den meisten Filtersystemen elektrisch bei stehendem Motor. Vereinzelt werden Kraftstoffadditive zur Absenkung der Reaktionstemperatur (fragwürdig wegen mögl. Umweltbelastungen) oder Brennersysteme (noch nicht völlig ausgereift) verwendet. Für Dieselmotoren, deren Abgastemperatur 450°C nicht unterschreitet, kommen mit einer Zündbeschichtung versehene Filter zum Einsatz. Dadurch brennt der Ruß selbsttätig ab; zusätzl. Regenerationsaggregate werden überflüssig. R. für große Dieselanlagen werden auch mit elektr. Dauerregeneration betrieben. Das Abgas wird dabei auf die für Filter mit Zündbeschichtung notwendige Temperatur erhitzt, so daß der gesammelte Ruß selbsttätig abbrennt.

 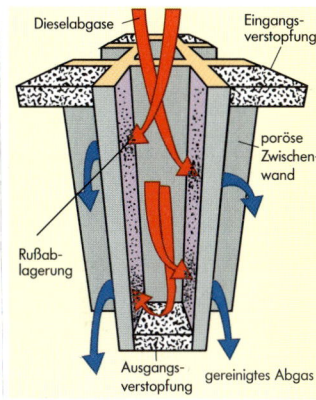

Rußfilter: LINKS Wechselfiltersystem mit externer Regeneration auf einem Gabelstapler; RECHTS Funktionsschema des keramischen Dieselfilters

Der Einsatz von R. erstreckt sich z. Z. fast ausschließlich auf Anwendungen in der Industrie. Für dieselmotorisch angetriebene Gabelstapler, deren Betrieb in Hallen nur mit R. erlaubt ist, haben sich Wechselfiltersysteme mit externer Regeneration bewährt; das Fahrzeug kann somit auch während mehrerer Arbeitsschichten gefahren werden. Bei stationären Dieselmotoren, z.B. in Blockheizkraftwerken, Schiffen und Notstromanlagen, finden R. bis zu einer Motorleistung von 2500 kW Anwendung. Im Straßenverkehr werden R. außer zu Versuchszwecken bis heute noch nicht verwendet, da die gültigen Abgasvorschriften bereits mit motor. Maßnahmen erfüllbar sind.

***russische Geschichte:** Am 27. 2. 1992 beschlossen Präs. B. JELZIN und seine Reg. ein wirtschaftspolit. Reformprogramm, das ohne Rücksicht auf die von der kommunist. Planwirtschaft geschaffenen Strukturen eine marktwirtschaftl. Kriterien orientierte Wirtschafts- und Sozialordnung radikal durchsetzen sollte. Federführend bei der Ausarbeitung und Durchführung dieses Reformprogramms war J. GAJDAR, der im Juni 1992 das Amt des MinPräs. übernahm.

Trotz dieses eingeleiteten Umbruchs verharrt die russ. Wirtschaft seither in einem weithin desolaten Zustand, der sich 1995 langsam zu bessern scheint. Das reale Bruttoinlandsprodukt (BIP) sank 1992 gegenüber dem Vorjahr um 19%, 1993 um 12% und 1994 um 14%. Das BIP wird mit (1993) 329,4 Mrd. US-$ ausgewiesen (zum Vergleich Niederlande: 309,2 Mrd. US-$; Dtl.: 1910,8 Mrd. US-$). Die nicht erfaßte Schattenwirtschaft wird allerdings auf 40% des BIP geschätzt. Das Bruttosozialprodukt je Ew. sank von (1991) 3470 US-$ auf (1993) 2340 US-$. Die Hyperinflation zu Beginn der Preisfreigabe (Inflationsrate 1992: 2520%) konnte zwar erheblich reduziert werden, erreicht aber mit einer Inflationsrate von (1994) 215% immer noch einen hohen Wert.

Weder Währungsreform (1993) noch westl. Finanzhilfen (1993 rd. 43 Mrd. US-$) konnten bisher zur Überwindung der Wirtschaftskrise beitragen. Vielmehr kam es 1994/95 zu einem Kurseinbruch des →Rubel gegenüber dem US-Dollar. Die Handelsbilanz verbesserte sich (bei stagnierenden Exporten von 43,9 Mrd. US-$ sanken die Importe 1993 auf 33,1 Mrd. US-$), die Auslandsschulden stiegen auf (1994) rd. 120 Mrd. US-$, wobei in erhebl. Umfang Güter illegal ausgeführt werden (z. B. etwa 20% des geförderten Erdöls und 45% der Buntmetalle) und die Kapitalflucht auf 30–40 Mrd. US-$ geschätzt wird.

Die anhaltende Wirtschaftskrise führte u. a. zu einer zunehmenden Verarmung breiter Bevölkerungsschichten (etwa ein Drittel der Bev. lebt unter der Armutsgrenze), versteckter Arbeitslosigkeit, Wohnungsmangel, versch. Formen von Kriminalität (bes. auch Wirtschafts- und organisierte Kriminalität, Korruption). Als Gründe für die wirtschaftl. Situation werden u. a. angeführt, daß bei weitem noch nicht die für eine Marktwirtschaft erforderlichen ordnungspolit. Rahmenbedingungen geschaffen sind und sich die Machtverhältnisse grundsätzlich nur wenig verändert haben (es herrscht noch weitgehend die alte Nomenklatura). Zwar wurden z. B. Unternehmen privatisiert; aber wesentl. Wirtschaftsbereiche bleiben von der Privatisierung ausgenommen, und der Staat ist nicht selten weiterhin größter Aktionär privatisierter Unternehmen.

Die Flucht von Millionen von Russen aus vielen von Bürgerkrieg und nat. Spannungen erschütterten früheren Rep. der UdSSR nach Rußland sowie die Entlassung von Offizieren und Soldaten aus der Armee verschärften die wirtschaftl. und soziale Notlage.

russische Geschichte: Panzer der russischen Armee eröffnen am 4. Oktober 1993 das Feuer auf das ›Weiße Haus‹ in Moskau, um dessen Erstürmung vorzubereiten

Der sich im Lauf des Jahres 1992 ausweitende Konflikt um die Wirtschaftspolitik der Reg. verband sich mit Kritik an der Machtstellung JELZINS und seinen Plänen zur Reform der Staats-Verf.; Zentrum dieser Kritik waren der von orthodox-kommunist. und nationalist. Kräften beherrschte Volksdeputiertenkongreß und der Oberste Sowjet (Vors. beider Gremien: RUSLAN CHASBULATOW, * 1942). Unter dem Druck der reformfeindl. Mehrheit sah sich JELZIN gezwungen, GAJDAR zu entlassen und am 14. 12. 1992 W. TSCHERNOMYRDIN zum MinPräs. zu ernennen.

An beiden Parlamenten vorbei billigte eine von JELZIN per Dekret einberufene Verf.-Konferenz am 17. 7. 1993 eine neue Verf. Mit der Auflösung des Obersten Sowjets und des Volksdeputiertenkongresses durch JELZIN am 21. 9. 1993 erreichten die Spannungen zw. dem Präs. und seinen Gegnern in den beiden Parlamenten einen dramat. Höhepunkt: letztere werteten ihre Auflösung als Staatsstreich, ernannten den (von JELZIN entlassenen) Vize-Präs. A. RUZKOJ zum ›amtierenden Präs.‹ und erklärten JELZIN und die Reg. Tschernomyrdin für abgesetzt. Gestützt auf die Armee, setzten Präs. JELZIN und seine Reg. mit der blutigen Erstürmung des ›Weißen Hauses‹, des Tagungsortes der beiden Parlamente, und der Verhaftung zahlreicher Gegner (u. a. RUZKOJ und CHASBULATOW) der Staatskrise ein Ende. Gemäß der von JELZIN im Juli 1993 durchgesetzten Verf. fanden am 12. 12. 1993 Wahlen zu einem neuen Zweikammerparlament statt, die mit einer Volksabstimmung über die neue Verf. verbunden waren. Mit dem Erreichen der absoluten Mehrheit der abgegebenen gültigen Stimmen (58,4%) bei einer Wahlbeteiligung von mindestens 50% (54,8%, bezogen auf das gesamte Wahlgebiet) galt die Verf. als angenommen. Bei den Wahlen selbst erreichten die JELZIN unterstützenden Reformkräfte einerseits eine (relative) Mehrheit sowohl in der Duma als auch im Föderationsrat, andererseits sah sich JELZIN in beiden Organen einer starken kommunist. und nationalist. Opposition gegenüber. Mit großruss. und antisemit. Polemik errang die von W. SCHIRINOWSKIJ geführte, unter der Bez. ›Liberaldemokrat. Partei‹ auftretende Gruppe eine starke parlamentar. Stellung. Der von JELZIN erneut mit der Führung der Reg. beauftragte TSCHERNOMYRDIN bekannte sich zu einer vorsichtigen Reformpolitik. In einem Memorandum vom 28. 4. 1994 suchte JELZIN die polit. Kräfte des Landes auf einen ›Bürgerfrieden‹ festzulegen, gemäß dem sie auf Gewalt ebenso verzichten sollten wie auf die Forderung nach Neuwahlen, stieß dabei jedoch auf die Ablehnung der Kommunisten und Nationalisten. Im Okt. 1994 überstand die Reg. Tschernomyrdin einen Mißtrauensantrag in der Duma.

Rußland steht im Brennpunkt vieler Nationalitätenkonflikte sowohl innerhalb der Föderation (z. B. in den Kaukasus-Rep. Nordossetien und Tschetschenien) als auch in seiner unmittelbaren Nachbarschaft (Armenien, Aserbaidschan, Georgien, Moldawien); es sicht sich dabei nach innen als Garant der nat. Einheit und nach außen – wie die neue Militärdoktrin zeigt – als Ordnungsmacht im ›nahen Ausland‹ (das je nach polit. Standort in Rußland unterschiedlich definiert wird: bezogen auf die Mitgl.-Staaten der GUS, die Unionsrepubliken der früheren Sowjetunion, also z. B. auch die balt. Staaten, oder auch zusätzlich auf Staaten des früheren Ostblocks). Innerhalb der Russ. Föderation oder in Staaten der GUS stationierten die russ. Reg. meist nach Vereinbarung mit den einzelnen Rep. Truppen zur Aufrechterhaltung oder Wiederherstellung der inneren Ordnung. Die (zeitweilige) Verzögerung des Abzugs der russ. Truppen aus den balt. Staaten führte dort zu Befürchtungen, die neu gewonnene Unabhängigkeit könne durch Rußland bedroht werden. Mit einer Militärintervention ab Mitte Dez. 1994 suchte die russ. Reg. unter starker in- und ausländ. Kritik das Ausscheiden Tschetscheniens aus der Russ. Föderation gewaltsam zu verhindern. Mit Verträgen bes. auf wirtschafts- und militärpolit. Gebiet sucht Rußland seine Beziehungen zu den früheren Unions-Rep. der UdSSR (z. B. Ukraine, Weißrußland und Kasachstan) neu zu gestalten.

In den weltweiten Beziehungen setzte Rußland die unter Präs. M. S. GORBATSCHOW begründete Zusammenarbeit mit den westl. Staaten fort (bes. auf den Gebieten der Abrüstung und des internat. Krisenmanagements), betont dabei jedoch in wachsendem Maße seine Sonderinteressen und seinen Großmacht-

russische Kunst **Russ**

russische Kunst: Dmitrij Wrubel, ›Himmlischer Engel und irdische Teufel‹; 1994 (Moskau, Staatliches Zarizino-Museum)

anspruch, z. B. bei der Lösung des Bosnienkonfliktes oder der Frage der Kontrolle der nordkorean. Atomanlagen. 1993 nahm Jelzin erstmals als Gast, 1994 erstmals als politisch gleichberechtigter Partner am Weltwirtschaftsgipfel der führenden Industriestaaten teil. Im Juni 1994 unterzeichnete Jelzin ein Abkommen mit der EG (EU) über Partnerschaft und Zusammenarbeit. Bei den Verhandlungen über den Beitritt zum NATO-Programm ›Partnerschaft für den Frieden‹ gelang es Rußland jedoch nicht, einen Sonderstatus durchzusetzen; am 22. 6. 1994 unterzeichnete Jelzin das Rahmendokument ohne Vorbedingungen. Am 31. 5. 1995 unterzeichnete Rußland eine Vereinbarung mit der NATO über polit. Konsultationen (auch bei Fragen der ›Osterweiterung‹ der NATO) und sicherheitspolit. Zusammenarbeit. Mit dem Abzug der letzten russ. Truppen aus Dtl. am 31. 8. 1994 endete eine fast 50jährige Epoche russ. Militärpräsenz in Dtl. Die v. a. wegen der Tschetschenienkrise verschobene Aufnahme Rußlands in den Europarat wurde am 25. 1. 1996 beschlossen. Am 28. 2. 1996 wurde Rußland formell 39. Mitgl. des Europarats.

Bei den Wahlen zur Duma am 17. 12. 1995 gelang es vier von 43 zugelassenen Parteien, die Fünfprozenthürde des Wahl-Ges. zu überwinden. Die russ. KP (unter G. Sjuganow) wurde stärkste Partei (mit 22,3 % der Stimmen und 157 Sitzen), vor der rechtsextremist. ›Liberaldemokrat. Partei‹ (11,1 %; 51), der von Tschernomyrdin geführten Gruppe ›Unser Haus Rußland‹ (9,9 %; 55) und dem Reformblock ›Jabloko‹ unter Führung von G. Jawlinskij (6,9 %; 45). Gajdars ›Rußlands Wahl‹ verfehlte knapp den Einzug ins Parlament, errang aber neun Direktmandate; die Agrarpartei kam auf 20 Sitze. Trotz des Wahlsieges der Kommunisten, die die Wiederherstellung des von Moskau regierten Staates in den Grenzen der Sowjetunion fordern, betont Präs. Jelzin die Weiterführung des Reformkurses.

J. Afanassjew: Rußland – Despotie oder Demokratie (a. d. Frz., 1993); J. Ahrens: Der russ. Systemwandel. Reform u. Transformation des (post)sowjet. Wirtschaftssystems (1994); G. Jawlinskij: Reform von unten – die neue Zukunft Rußlands (a. d. Russ., 1994); Rußlands Zukunft. Vorträge eines gemeinsamen Seminars mit der Hess. Landeszentrale für Polit. Bildung, hg. v. B. Heidenreich u. a. (1994); J. Gajdar: Entscheidung in Rußland. Die Privatisierung der Macht u. der Kampf um eine zivile Gesellschaft (a. d. Russ., 1995); A. Gurkow: Rußland hat Zukunft (Neuausg. 1995); W. Leonhard: Die Reform entläßt ihre Väter (²1995); L. Trautmann: Rußland zw. Diktatur u. Demokratie (1995); H. Wendler: Rußlands Presse zw. Unabhängigkeit u. Zensur (1995).

*****russische Kunst:** Die russ. Kunstszene der 1980er und 1990er Jahre gehört zu den interessantesten Erscheinungen der Avantgardekunst. Dank einer trotz allen staatl. Einflusses lebendigen modernen Tradition, deren Träger nie offiziell anerkannt, z. T. behindert und in eine Randexistenz gedrängt wurden, dann allerdings durch das gesellschaftl. Klima unter M. S. Gorbatschow und B. Jelzin mehr Freiraum erhielten, entwickelte sich eine breite Künstlerszene,

die sowohl das formale Experiment als auch die narrative Inszenierung in immer neuen Kontexten präsentiert (1985 wurde auch das westl. Ausland wieder auf die inoffizielle Kunst aufmerksam). Die frühe Geschichte und Situation dieser nonkonformist. Kunst bilanziert u. a. Wladimir Nemuchin (*1925), seit Mitte der 50er Jahre Mitgl. des kreativen Milieus in Moskau, zu dessen zentralen Gestalten seit den 60er Jahren Oskar Rabin (*1928) gehörte (emigrierte 1973). Künstler wie Francisco Araña Infante (*1943), Sergej Schutow (*1955), Andrej Filippow (*1959), Jurij Albert (*1959), Boris Konstantinowitsch (*1941) und Sergej Mironenko (*1959) nutzen das Formenvokabular der Konstruktivisten, um die Dynamik der gesellschaftl. und künstler. Veränderungen metaphorisch darzustellen. Unmittelbar integrieren und thematisieren Künstler wie E. Bulatow, Komar & Melamid (Witalij Komar, *1943, und Aleksandr Melamid, *1945), die 1977 emigrierten und seit 1978 in New York leben, Konstantin Swesdotschetow (*1958), Grigorij Bruskin (*1945) und Larissa Swesdotschetowa (*1958) die Konfrontation und Kombination westl. Formalismen mit charakterist. Phänomenen des sozialist. Realismus. Verbindendes Element ist hierbei oft die Monumentalität und Symbolhaftigkeit der westl. Werbung und der kommunist. Propaganda.

russische Kunst: Swen Gundlach, ›New York‹; 1990 (Moskau, Staatliches Zarizino-Museum)

Bes. politisch ist der Ansatz von Dmitrij Wrubel (*1960). Künstler wie Swen Gundlach (*1959), einer der Initiatoren des Aufbruchs Anfang der 80er Jahre (Gruppe ›Fliegenpilz‹), und Nina Iwanowna Schilinskaja (*1926) greifen u. a. auf religiöse Symbole der Orthodoxie zurück. Auch Anton Olschwang (*1965) vertritt eine Position individueller

603

Russ   russische Literatur – russische Philosophie

Mythologisierung, während sich ANATOLIJ SCHURAWLJOW (* 1963), der seit Anfang der 90er Jahre in Berlin lebt, damit nur scheinbar befaßt; sein Thema ist das Schweigen des Kunstwerks und das Problem des Transponierens von Wirklichkeit ins Kunstwerk. Im Sinne einer realist. Durchdringung der spezif. Situation Rußlands arbeiten die Künstler SERGEJ PRISENKIN (* 1959), NATALIJA NESTEROWA (* 1944), TATJANA NASARENKO (* 1944), ARKADIJ PETROW (* 1940), IRINA SATULOWSKAJA (* 1954), SEMJON FAJBUSSOWITSCH (* 1949) und ALEKSEJ SUNDUKOW (* 1952). Besondere Aufmerksamkeit in der westl. Kunstkritik genießen I. KABAKOW und WADIM SACHAROW (VADIM ZAKHAROV; * 1959); sie versuchen in ihren komplexen, Geschichte und Literatur integrierenden Rauminstallationen, die die künstler. Strategien der europäisch-amerikan. Fluxus-Bewegung aufgreifen, die eigene erlebte Wirklichkeit in die ästhetisch verfremdende Inszenierung einzubringen. Die permanente Grenzüberschreitung zw. der Abbildung und der Erzeugung von Realität ist ein verbindendes Merkmal der meisten genannten Künstler, die gelegentlich bei Performances, Aktionen oder Medienfestivals zusammenarbeiten.

russische Kunst: Konstantin Swesdotschetow, ›Roman-Kühlschrank‹; 1982 (Moskau, Staatliches Zarizino-Museum)

M. C. BOWN: Zeitgenöss. r. K. (a. d. Engl., Oxford 1989); Artisti russi contemporanei. Contemporary Russian artists, bearb. v. A. BARZEL u. a., Ausst.-Kat. (Prato 1990); Ostkunst – Westkunst, hg. v. G. UELSBERG, Ausst.-Kat. (1991); Zeitgenöss. Kunst aus Moskau. Von der Neo-Avantgarde zum Post-Stalinismus, bearb. v. B. GROYS (1991); Russ. Avantgarde im 20. Jh., hg. v. E. WEISS, Ausst.-Kat. (1993); Selbstidentifikation. Positionen St. Petersburger Kunst von 1970 bis heute, hg. v. K. BECKER u. a., Ausst.-Kat. (1994); Kunst im Verborgenen. Nonkonformisten in Rußland 1957–1995, hg. v. A. EROFEEV u. a., Ausst.-Kat. (1995).

*russische Literatur: Die 1990er Jahre sind bestimmt durch die neue Freiheit in allen Lebensbereichen als Folge der Perestroika. Wertmaßstäbe der Literatur mußten sich bei dem jahrzehntelang bevormundeten russ. Lesepublikum erst herausbilden. Die Literaturkritik vermochte keine Führung mehr zu geben, da sie ihre erzieher. Funktion eingebüßt hatte und der neuen Literatur, die sich an keine Traditionen mehr gebunden fühlte, hilflos gegenüberstand.

Nachdem in den ersten Jahren nach der polit. Wende ein freies Verlagswesen entstanden war, das die Emigrantenliteratur der Zwischenkriegszeit (u. a. V. NABOKOV, W. CHODASSEWITSCH) sowie die Werke der im Lande verbliebenen, jedoch verfemten Autoren (O. MANDELSTAM, D. CHARMS, MARINA ZWETAJEWA) erfolgreich verkaufte, zeigte sich dieser Markt schon bald gesättigt. Mit zunehmenden wirtschaftl. Schwierigkeiten infolge der Auflösung der UdSSR (gesunkene Kaufkraft der Bev., Zerfall des Vertriebsnetzes, zunehmender Konkurrenzdruck) brach der Buch- und Zeitschriftenmarkt zunächst weitgehend zusammen, seit Mitte der 90er Jahre lassen sich jedoch Stabilisierungstendenzen erkennen.

Während die Moskauer →Konzeptualisten keinen Unterschied zw. ›hoher‹ und ›niedriger‹ Sprache machen und das Zitieren polit. Losungen wie literar. Versatzstücke zu ihrem Programm gehört (wenn Sprache sich in ihren ›Happenings‹, wie bei ANDREJ MONASTYRSKIJ, * 1949, nicht überhaupt auflöst), spricht WALERIJA NARBIKOWA, geschult an der Prosa A. BITOWS, eine einfache, aber sinnl. und metaphernreiche Sprache, mit der sie Realität in verbale Fiktion auflöst. Ihre Hinwendung zum poet. Ausdruck ist ebenso ausgeprägt wie die W. SOROKINS zur Fäkalsprache oder die Neigung J. MAMLEJEWS zur Nekrophilie.

Mittlerweile haben sich um die bei aller Individualität und Absurdität des Schreibens dennoch als etabliert zu bezeichnenden Autoren wie S. KALEDIN, den ›russ. Skandalautor‹, um SOROKIN, das ›führende Ungeheuer der r. L.‹, um J. POPOW, den ›derzeit wohl fröhlichsten Anarchisten der r. L.‹, jüngere Autoren geschart, die ihr Debüt in Zeitschriften geben. Führend sind dabei ›Solo‹ (gegr. 1990), ein ›Jahrbuch für junge Schriftsteller‹, das mit seinem Titel bereits den Individualismus der Autoren und ihren Unwillen, irgendeiner Schule oder Richtung anzugehören, proklamiert (IGOR KLECH, * 1952; SUFAR GAREJEW, * 1955; ANDREJ KAWADEJEW, * 1963; ALEKSANDR SCHARYPOW, * 1959), und ›Jeschtscho‹ (›Noch‹), eine Zeitschrift, in der sich vorzugsweise die russ. ›Sexisten‹ präsentieren. Zu einer Kultfigur der russ. Homosexuellenszene hat sich J. CHARITONOW entwickelt. Unter den Lyrikern ragt I. BRODSKIJ hervor, ebensosehr Dichter wie kulturelles Phänomen, dessen Lyrik sich nach wie vor der russ. Sprache bedient, wenngleich die Prosa zum Englischen übergewechselt hat. JEWGENIJ REJN (* 1935) und A. KUSCHNER können sich neben ihm behaupten. – In der dramat. Dichtung ist W. SLAWKIN mit analyt. Gegenwartsstücken hervorgetreten, in denen Vereinsamung und Egoismus der Personen in absurden Szenen und auf satirisch-groteske Weise vorgeführt werden. LJUDMILA RASUMOWSKAJA (* 1946) zeichnet in ihren Stücken ein pessimist. Bild der zeitgenöss. russ. Gesellschaft, bes. der Jugend.

Am Ende der 90er Jahre präsentiert sich ein außerordentlich differenziertes Bild der r. L., die sich auf keinen gemeinsamen Nenner mehr bringen läßt. Eine Gesamtschau, die diese Unterschiedlichkeit abbildet, ermöglichen die Anthologien ›Die Sintflut. Literatur im Zeichen von Glasnost‹ (hg. v. A. KASAKEWITSCH, 1989), ›12 Erzähler aus Rußland‹ (hg. v. S. KALEDIN, 1992), ›Muschiks Underground‹ (hg. v. HOLT MEYER u. a., 1993) und ›Tigerliebe‹ (hg. v. V. JEROFEJEW, 1995).

Russkie pisateli. 1800–1917. Biografičeskij slovar, bearb. v. P. A. NIKOLAEV, auf mehrere Bde. (Moskau 1989 ff.); G. HIRT u. S. WONDERS: Die Einschläferung des Worts. Lit. des Moskauer Konzeptualismus, in: Literar. Moderne, hg. v. R. GRIMMINGER u. a. (1995).

*russische Philosophie: Der dialekt. Materialismus (▷ Marxismus) blieb bis zur Perestroika der 1980er Jahre Staatsphilosophie, die am Rande neue Konzepte zur Logik und Informationstheorie duldete. Erst der geistige Umbruch während der Perestroika setzte in den 1980er Jahren neue Formen des russ. Denkens frei. Die russ. Philosophen aktualisieren verschüttetes und vorher verbotenes Gedankengut, indem sie an die Blütezeit der r. P. (1860–1922) anknüpfen und ihren europ. Traditionskontext rekonstruieren. Neben der Wiederentdeckung der ›Philosophie der allgemeinen Tat‹ (›Filozofija obščego dela‹, 1913) von NIKOLAJ F. FJODOROW (*1828, †1903) und dem erneuten Interesse an V. SOLOWJOWS Philosophie der All-Einheit und seiner Idee vom Gottmenschentum wird die gegenwärtige Kontroverse ›Kommunismus – Christentum‹ in einem philosoph. Diskurs geführt, der das verdrängte Erbe der großen Religionsphilosophen aufgreift: P. A. FLORENSKIJ und sein Streben nach Synthese und Ganzheitlichkeit (Trinitätsidee), S. N. BULGAKOW und N. A. BERDJAJEW (›Russische Idee‹). Aus der Strukturalismusdiskussion entwickelte sich ein Interesse für die Husserl-Rezeption in Rußland (GUSTAW SCHPET, *1878, †1940; ALEKSIS F. LOSSEW, *1893, †1988). Die Öffnung der verstärkten Denkens bedeutet auch eine Hinwendung zu (tabuisierten) westl. Philosophen wie M. HEIDEGGER oder M. WEBER.

T. M. SEEBOHM: Ratio u. Charisma. Ansätze u. Ausbildung eines philosoph. u. wiss. Weltverständnisses im Moskauer Rußland (1977); H. DAHM: Der gescheiterte Ausbruch. Entideologisierung u. ideolog. Gegenreformation in Osteuropa 1960–1980 (1982); R. P., hg. v. W. GOERDT, 3 Bde. (¹⁻²1984–95).

*Rußland, russ. **Rossija,** amtlich **Rossijskaja Federazija,** dt. **Russische Föderation,** Republik in Osteuropa und Nordasien (mit Sibirien und dem Fernen Osten), das Gebiet Kaliningrad liegt als Exklave zw. Litauen und Polen.

Hauptstadt: Moskau. *Amtssprache:* Russisch. *Staatsfläche:* 17 075 400 km² (ohne Weißes und Asowsches Meer). *Bodennutzung (1992):* 1 339 290 km² Ackerland, 831 000 km² Dauergrünland, 7 711 000 km² Waldfläche. *Einwohner (1994):* 147,37 Mio., 9 Ew. je km². *Städtische Bevölkerung (1993):* 75%. *Durchschnittliches Bevölkerungswachstum pro Jahr (1985–93):* 0,4%. *Bevölkerungsprojektion für 2000:* 146,24 Mio. Ew. *Ethnische Gruppen (1989):* insgesamt mehr als 100 ethn. Gruppen, darunter 81,5% Russen, 3,8% Tataren, 3,0% Ukrainer, 1,2% Tschuwaschen, 0,9% Baschkiren, 0,8% Weißrussen, 0,7% Mordwinen, 0,6% Tschetschenen, 0,6% Deutsche, 6,9% sonstige. *Religion:* Die Mehrheit der Gläubigen sind Russisch-Orthodoxe. *Altersgliederung (1991):* unter 15 Jahre 23,2%, 15 bis unter 65 Jahre 65,6%, 65 und mehr Jahre 11,2%. *Lebenserwartung der Neugeborenen (1992):* männlich 64 Jahre, weiblich 75 Jahre. *BSP je Ew. (1993):* 2 340 US-$. *BIP nach Sektoren/Produktionsstruktur (1993):* Landwirtschaft 9%, Industrie 51%, Dienstleistungen 40%. *Arbeitslosenquote (1993):* 10,4%. *Währung:* 1 Rubel (Rbl) = 100 Kopeken. *Internationale Mitgliedschaften:* UNO, GUS, OSZE.

Verfassung: Nachdem der Machtkampf zw. dem demokratisch gewählten Staatspräs. und dem eher halbdemokratisch bestellten Kongreß der Volksdeputierten beendet worden war, ordnete Präs. B. JELZIN für den 12. 12. 1993 ein Verf.-Referendum an. Die Verf. wurde angenommen und trat am 25. 12. 1993 in Kraft. In ihr wird die ›Rußländ. Föderation‹ als ein demokrat., föderativer und sozialer Rechtsstaat bezeichnet. Der Grundrechtskatalog entspricht dem internat. Menschenrechtsstandard. Über seine Einhaltung soll ein parlamentar. Menschenrechtsbeauftragter wachen, dessen Aufgaben und Befugnisse aber noch nicht näher geregelt sind. R. begreift sich als ein ›multiethn.‹ Staat, in dem die Nationalitätenprobleme in erster Linie mit Mitteln des Föderalismus gelöst werden sollen.

Der Gesamtstaat setzt sich aus 89 ›Föderationssubjekten‹ zusammen. In den russ. Siedlungsgebieten bestehen sechs Regionen (kraj), 49 Gebiete (oblast) und zwei bundesunmittelbare Städte (Moskau, Sankt Petersburg). Für die nichtruss. Völker gibt es 21 Rep., ein Autonomes Gebiet und zehn Autonome Kreise (okrug), doch befindet sich in diesen ›national-territorialen Gebilden‹ die jeweilige Titularnation überwiegend in einer Minderheitenposition. An sich sollen alle Föderationssubjekte gleichberechtigt sein, aber die Staatsqualität mit den daraus folgenden Konsequenzen (eigene Verf., Staatsangehörigkeit, Staatssprache) wird nur den Rep. zugesprochen. Darüber hinaus kann durch bilateralen Staatsvertrag von der verfassungsmäßigen Kompetenzordnung abgewichen und der Weg zu einem asymmetr. Föderalismus beschritten werden, was einige Rep. schon getan haben (Tatarstan, Kabardino-Balkarien, Baschkortostan, Nordossetien, Jakutien, Burjatien). Die Aufteilung der Zuständigkeiten zw. Föderation und Föderationssubjekten ist äußerst vage. Jedenfalls liegt die Gesetzgebungshoheit schwerpunktmäßig bei der Föderation, die für enumerativ aufgezählte Materien die Kompetenz zur ausschließ. bzw. konkurrierenden Gesetzgebung besitzt, während die generelle Zuständigkeitsvermutung für die Föderationssubjekte spricht.

Das Reg.-System verkörpert den Typus des präsidial-parlamentar. Mischsystems, in dem die sehr starke Position des Präs. teilweise dem US-amerikan. Modell angenähert ist.

Die Gesetzgebung ist Aufgabe der Bundesversammlung (Federalnoje Sobranije), die aus zwei Kammern besteht. Die Staatsduma (Gossudarstwennaja Duma), deren Legislaturperiode vier Jahre beträgt, setzt sich aus 450 Abg. zusammen. Laut Wahl-Ges. vom 21. 6. 1995 werden sie zur Hälfte nach der relativen Mehrheitswahl in Einzelwahlkreisen (Mindestwahlbeteiligung 25%) bzw. nach der Verhältniswahl auf Bundesebene gewählt. Für die 225 Listenmandate besteht eine 5%-Sperrklausel. Im Föderationsrat (Sowjet Federazii) ist jedes Föderationssubjekt durch zwei Mitgl. vertreten (gesetzl. Mitgl.-Zahl also 178), von denen nach der Verf. je ein Repräsentant durch die jeweilige Volksvertretung bzw. Exekutivgewalt entsandt werden soll. Bei den ersten demokrat. Parlamentswahlen im Dez. 1993 sind allerdings beide Mitgl. durch die Bev. des jeweiligen Föderationssubjekts nach dem System der relativen Mehrheitswahl gewählt worden. Die Wahl der gesamten Bundesversammlung erfolgte bei dieser Gelegenheit ausnahmsweise für zwei Jahre. Im Gesetzgebungsverfahren kommt der Staatsduma das Übergewicht zu. Einfache Gesetze werden von der Staatsduma mit absoluter Mehrheit beschlossen und kommen dann zustande, wenn der Föderationsrat mit absoluter Mehrheit zustimmt oder sich binnen 14 Tagen nicht mit der Vorlage befaßt; eine Befassungspflicht besteht nur für Finanz-, Vertrags- und Grenzgesetze. Lehnt der Föderationsrat die Vorlage ab, wird ein Vermittlungsverfahren eingeleitet, nach dessen Scheitern die Staatsduma das Gesetz mit Zweidrittelmehrheit trotzdem beschließen kann. Bestimmte Materien müssen durch Verf.-Gesetz geregelt werden, das in der Staatsduma einer Zweidrittelmehrheit und im Föderationsrat einer Dreiviertelmehrheit bedarf. Die Verf. selbst kann in einem sehr aufwendigen Verfahren geändert werden.

Staatsoberhaupt ist der Präs. der Rep. Er wird vom Volk für vier Jahre gewählt; eine unmittelbare Wiederwahl ist nur einmal zulässig. Noch vor der Verf.-Gebung wurde JELZIN am 12. 6. 1991 für eine Amtsperiode von fünf Jahren zum ersten Präs. gewählt. Der Staatspräs. dominiert die Exekutive. Er bestimmt die Richtlinien der Politik, kann in Kabinettssitzungen jederzeit den Vorsitz übernehmen, verfügt über eine personalstarke Präsidial-Verw. und leitet die Außen- und Sicherheitspolitik, indem die einschlägigen Ressorts (Auswärtiges, Verteidigung, Inneres, Sicherheitsdienste) unmittelbar ihm – und nicht dem Reg.-Chef – unterstellt sind. Er ist Oberbefehlshaber der

Rußland
Staatswappen

Rußl Rußland

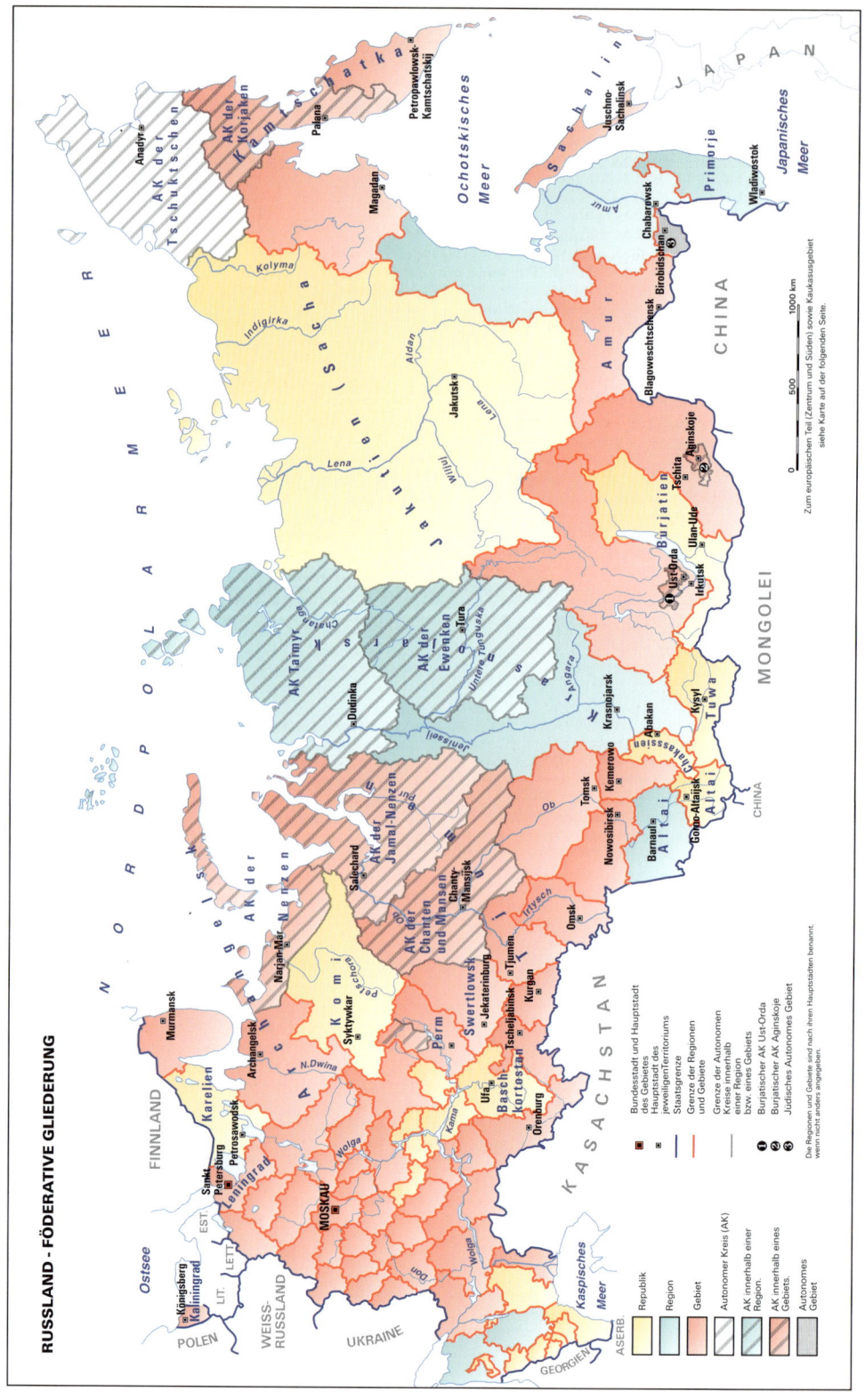

Streitkräfte und Vors. des Sicherheitsrats; er bestätigt die Militärdoktrin und übt die maßgebenden Notstandsbefugnisse aus. Auf die Gesetzgebung kann er mittels seines Initiativrechts und seiner Vetobefugnis einwirken. Zur Zurückweisung seines Vetos bedarf es einer jeweiligen Zweidrittelmehrheit in beiden Häusern des Parlaments. Praktisch noch wichtiger ist sein gegenständlich unbegrenztes Verordnungsrecht, das nur unter Gesetzesvorrang steht und folglich alle Gebiete erfaßt, die nicht schon durch Parlamentsgesetz geregelt sind. Tatsächlich wird der quantitativ größte Teil der Rechtsetzung über Präsidialerlasse (Ukas) abgewickelt. Der Reg. obliegen hauptsächlich die Wirtschafts- und Sozialpolitik sowie die Leitung der Bundesverwaltung. Der Reg.-Chef wird vom Staatspräs. mit Zustimmung der Staatsduma ernannt. Über den Vorschlag des Präs. hat die Staatsduma binnen Wochenfrist abzustimmen; die Zustimmung bedarf der absoluten Mehrheit. Wird der Vorschlag dreimal hintereinander abgelehnt, so ernennt der Staatspräs. seinen Kandidaten trotzdem und löst zugleich die Staatsduma auf. Die Min. werden auf Vorschlag des Reg.-Chefs vom Staatspräs. ernannt. Die Staatsduma kann der Reg. mit absoluter Mehrheit das Mißtrauen aussprechen, doch erst wenn dies innerhalb von drei Monaten wiederholt geschieht, muß sich der Staatspräs. entscheiden, ob er die Reg. entläßt oder die Staatsduma auflöst. Der Reg.-Chef kann jederzeit die Vertrauensfrage stellen. Wird das Vertrauensvotum nicht mit absoluter Mehrheit erteilt, so muß sich der Staatspräs. binnen sieben Tagen zw. Entlassung der Reg. und Dumaauflösung entscheiden. Im Verhältnis zum Staatspräs. äußert sich die Abhängigkeit der Reg. darin, daß sie jederzeit entlassen werden kann, ihr Rücktrittsgesuch nicht angenommen werden muß und die Wahl eines neuen Staatspräs. die Reg. zum Rücktritt verpflichtet.

In der Verf. und dem darauf beruhenden neuen Verfassungsgerichts-Ges. vom 21. 7. 1994 ist die Rechtsstellung des bereits 1991 errichteten Verfassungsgerichts neu geregelt worden. Die gesetzl. Zahl der Verfassungsrichter wurde von 15 auf 19 erhöht, die für eine Amtszeit von 12 Jahren ohne Wiederwahl bestellt werden. Die Verf.-Richter werden auf Vorschlag des Staatspräs. vom Föderationsrat gewählt. Die Kompetenzen der Verf.-Gerichts sind recht umfangreich und erstrecken sich namentlich auf abstrakte und konkrete Normenkontrollen, föderative und Organstreitigkeiten sowie Verf.-Beschwerden.

Wappen: Ende 1993 erhielt R. ein neues Staatswappen, das auf die vor der Oktoberrevolution geltenden Symbole zurückgreift. Es zeigt auf rotem Grund einen goldenen doppelköpfigen Adler, der mit den drei histor. Kronen PETERS D. GR. geschmückt ist und in den Klauen Zepter und Reichsapfel hält. Auf der Brust ist der Adler mit einem Schild belegt, auf dem der hl. GEORG als Drachentöter dargestellt ist.

Verwaltung: Die verfassungsgemäße Neuordnung der Verw. in den 89 Föderationssubjekten, in denen 1990 auf der höheren lokalen Ebene 1 846 Landkreise (rajon) und 595 kreisfreie Städte und auf der untersten lokalen Ebene 448 Städte, 352 Stadtbezirke, 2 203 Siedlungen und 23 421 Dorfsowjets bestanden, ist noch im Gange. Die Rep. haben ihre Verf. verabschiedet und dabei unterschiedl. Reg.-Systeme etabliert. Die übrigen Föderationssubjekte können ihren Verw.-Aufbau durch Satzung regeln. Die lokale Ebene muß auf dem Prinzip der Selbstverwaltung beruhen, bei deren Ausgestaltung die Föderationssubjekte einen weiteren Entscheidungsspielraum haben. Das noch 1991 verabschiedete Ges. über die örtl. Selbstverwaltung ist weitgehend überholt; Gestaltungsspielraum ergibt sich heute aus dem Bundesrahmen-Ges. über die örtl. Selbstverwaltung vom 28. 8. 1995. Hiernach muß jede

Rußland: Föderative Gliederung (europäisches Rußland und Kaukasusgebiet)

Gebietskörperschaft über ein vom Volk gewähltes Beschlußorgan und einen Verw.-Chef verfügen, der von der Bev. oder dem Beschlußorgan gewählt werden kann. An sich sollten die ›Verw.-Chefs‹ der einzelnen Ebenen von der Bev. gewählt werden. Mit Ausnahme der Rep., in denen vielfach ein Präs. gewählt worden ist, wurden die meisten Verw.-Chefs der späteren Föderationssubjekte ab 1991 durch Präs. JELZIN eingesetzt, und diese bestimmten ihrerseits die lokalen Verw.-Chefs. So hat sich de facto ein zentralist. Gouverneurssystem herausgebildet. Die Tätigkeit der Präs. und Gouv. wird in allen Föderationssubjekten durch bevollmächtigte Vertreter des Staatspräs. überwacht. Die realen Machtverhältnisse sind regional verschieden und bedürfen einer gesetzl. Klärung.

Recht: Auch die Justizorganisation befindet sich im Umbruch. Es bestehen drei Gerichtsbarkeiten, die durchweg von Bundesgerichten wahrgenommen werden sollen. Die ordentl. Gerichtsbarkeit ist dreistufig aufgebaut. Die untere Ebene bilden die Kreis-, Stadt- und Stadtbezirksgerichte; die Mittelstufe besteht aus unterschiedl. Gerichten auf der Ebene der einzelnen Föderationssubjekte; höchste Instanz ist das Oberste Gericht der Russ. Föderation. Die Organisation der

Rüst — Rüstung – Rüstungsexporte

Rüstungsexporte (in Mrd. US-$; Weltanteil in %)

	1992	1993	Durchschnitt 1989–93
Weltweit	22,806 (100)	21,975 (100)	27,324 (100)
in die dritte Welt	11,671 (51,2)	12,425 (56,5)	15,214 (55,7)
in Industriestaaten	11,135 (48,8)	9,550 (43,5)	12,110 (44,3)
Wichtige Rüstungsexporteure			
USA	11,798 (51,7)	10,526 (47,9)	11,325 (41,4)
UdSSR/Rußland	3,265 (14,3)	4,532 (20,6)	7,084 (25,9)
Deutschland	1,868 (8,2)	1,833 (8,3)	1,738 (6,4)
Frankreich	1,041 (4,6)	0,945 (4,3)	1,553 (5,7)
Großbritannien	0,910 (4,0)	0,969 (4,4)	1,311 (4,8)
VR China	1,074 (4,7)	0,427 (1,9)	1,148 (4,2)

Quelle: Jahrbuch Frieden 1995, München 1994.

Wirtschaftsgerichtsbarkeit ist mit Wirkung vom 1. 7. 1995 neu geordnet worden. Auch sie ist dreistufig aufgebaut: Arbitragegerichte der Föderationssubjekte – Bundesarbitragegerichte der 10 zu diesem Zweck gebildeten Bezirke – Höchstes Arbitragegericht der Russ. Föderation. Schließlich sind für Militärstrafsachen besondere Militärtribunale zuständig, von denen der Instanzenzug zum Obersten Gericht der Russ. Föderation führt. Die Unabhängigkeit der Richter wird zunehmend gestärkt; sie werden nunmehr auf Lebenszeit ernannt. Die Richter am Obersten Gericht und am Höchsten Arbitragegericht werden auf Vorschlag des Staatspräs. vom Föderationsrat bestellt. Die übrigen Bundesrichter werden vom Staatspräs. ernannt, und zwar auf Vorschlag des Präs. des Obersten Gerichts in der ordentl. und der Militärgerichtsbarkeit und auf Vorschlag des Präs. des Höchsten Arbitragegerichts in der Wirtschaftsgerichtsbarkeit. Die Staatsanwaltschaft ist noch nicht reorganisiert worden, aber sie soll ihre zentralist. Struktur beibehalten, neben der Strafverfolgung weiterhin die allgemeine Aufsicht über die rechtmäßige Tätigkeit der Verw. ausüben und sich an allen Gerichtsverfahren beteiligen können.

Streitkräfte: Am 7. 5. 1992 wurden durch einen Erlaß Präs. JELZINS die russ. Streitkräfte formell gegründet. Durch Übernahme der auf russ. Boden sowie in Ost-Dtl., den balt. und anderen osteurop. Staaten stehenden Verbände der ehem. Sowjetarmee belief sich die Gesamtstärke der neuen Streitmacht zunächst auf 2,8 Mio. Mann. Ende 1994 wurde die Stärke offiziell mit 1,9 Mio. angegeben, für 1995 eine Reduzierung auf 1,7 Mio. Soldaten angekündigt. Seit 1992 beträgt die Dauer des Grundwehrdienstes nur noch 18 Monate, bei der Marine zwei Jahre.

Das Heer (etwa 850 000 Mann) ist in 8 Militärbezirke aufgeteilt und umfaßt 40 Divisionen. Zur Ausstattung gehören 5 000 T-80 Kampfpanzer, 9 000 T-72, 12 000 T-62/T-64, 10 000 veraltete T-54/T-55 sowie 78 000 gepanzerte Gefechtsfahrzeuge. Die Luftwaffe (einschließlich Luftverteidigungskräften) verfügt über 200 000 Soldaten mit etwa 5 500 Kampfflugzeugen. Die Marine hat 400 000 Mann. An größeren Einheiten stehen ihr etwa 140 Kreuzer, Zerstörer und Fregatten zur Verfügung, daneben 90 U-Boote und 350 kleine Kampfschiffe. Die strateg. Streitkräfte (150 000 Mann) umfassen fast das gesamte sowjet. Potential, das sich jedoch entsprechend den START-Verträgen in einem kontinuierl. Reduzierungsprozeß befindet (→Kernwaffen). Neben den Truppen der vier Teilstreitkräfte gibt es weitere Verbände für spezielle und rückwärtige Dienste (etwa 300 000 Mann).

R.s Streitkräften ist es durch bi- und multinat. Vereinbarungen gelungen, ihre Truppenpräsenz in allen Nachfolgestaaten der Sowjetunion (›Nahes Ausland‹) bis auf das Baltikum beizubehalten bzw. sogar auszubauen. Hierdurch sowie aufgrund der personellen und materiellen Hilfe beim Aufbau der Streitkräfte der benachbarten GUS-Staaten sichert sich R. in seinem geostrateg. Umfeld weiterhin Einfluß und die Möglichkeit zur Intervention.

Zu beträchtl. Schwierigkeiten innerhalb der russ. Armee führten in der 1. Hälfte der 90er Jahre die durch den Truppenabzug aus O-Europa hervorgerufenen Unterbringungsprobleme für die Soldaten in R. sowie der nach 1989 einsetzende Verfall der Disziplin, der mit einer sich verbreitenden Korruption und Kriminalität in der Truppe einhergeht.

*Rüstung: Nach dem Ende des Ost-West-Konflikts sind – bes. infolge der Verträge zur ›Abrüstung und Rüstungskontrolle (→VKSE, →START) – die R.-Beschaffungen der unmittelbar an diesem Konflikt beteiligten Staaten sowie der dritten Welt seit 1990 zurückgegangen (mit Ausnahme v. a. der VR China: durchschnittliche jährl. R.-Steigerung um 12%). Darüber hinaus sind in Europa die Personalumfänge der Streitkräfte herabgesetzt worden. Allerdings wurden die R.-Produktionskapazitäten in mehreren Staaten (z. B. Rußland, Ukraine) noch nicht verringert; außerdem wurden Forschung und Entwicklung im Bereich der R. vorangetrieben. Die Verwirklichung des Vertrags über konventionelle Streitkräfte in Europa (KSE-Vertrag) von 1990 wie auch die Konsolidierung der Staatshaushalte und die wirtschaftl. Rezession Anfang der 90er Jahre haben auf seiten der NATO dazu geführt, daß R.-Projekte gestreckt oder gestoppt werden. So hat sich die Bundeswehr entschlossen, auf einen Nachfolgepanzer für den Leopard II zu verzichten und die Beschaffung des frz.-dt. Kampfhubschraubers zu verschieben. Demgegenüber kommt es nicht zu der noch 1992 beabsichtigten Stornierung der Beteiligung am →Jäger 90.

*Rüstungsexporte: In der Weltstatistik der Rüstungsexporteure gelangte das vereinigte Dtl. 1992 weltweit auf Platz drei und behielt diesen Rang nach Angaben des Friedensforschungsinstituts SIPRI auch 1993. Im Aug. 1993 bekanntgegebene Zahlen aus dem für 1992 erstmals erstellten UN-Waffenhandelsregister bestätigen die hervorgehobene dt. Position auf dem Weltrüstungsmarkt, bes. bei einer Reihe von wichtigen Waffenkategorien wie Raketen und gepanzerten Fahrzeugen. Die Bundes-Reg. machte darauf aufmerksam, daß es sich hierbei ähnlich wie beim Rekordjahr 1991 (Güter im Wert von 4,1 Mrd. DM) in einem hohen Maße um Exporte aus Beständen der Nat. Volksarmee (NVA) handle. Außerdem seien die SIPRI-Daten wertmäßig mit 40% des Neuwerts zu hoch angesetzt, da ein großer Teil des NVA-Materials verschenkt worden sei. Dem UN-Waffenhandelsregister werden sowohl von exportierenden als auch von importierenden Staaten Daten gemeldet, womit sich Zahlendifferenzen erklären. Obwohl die Meldungen freiwillig erfolgen, lieferten 80 Staaten Daten, darunter auch Rußland und China. Allerdings fehlten Angaben wichtiger Importeure, v. a. aus dem Nahen Osten. Es wurden nur konventionelle Großwaffen (einschließlich Kriegsschiffen) gemeldet. Es fehlen jedoch Informationen über wichtige – da am meisten in Kriegen und Bürgerkriegen eingesetzte – Kleinwaffen sowie Munition und Minen. Außerdem wird der Handel mit Herstellungsanlagen und mit Produkten, die sowohl zivil als auch militärtechnisch genutzt werden können, z. B. Lkw (›Dual-use-Güter‹), nicht erfaßt. Die in Dtl. infolge des 2. Golfkriegs 1991 vorgenommenen Verschärfungen der Exportkontrollbestimmungen für Kriegswaffen sind mit dem Übergang zum Europ. Binnenmarkt 1993 wieder hinfällig geworden, da nun die Kontrolle an die EU-Außengrenzen verlagert wurde.

Eine für die kommenden Jahre zu erwartende Stagnation oder gar ein weiterer Rückgang der R.-Summen muß kein Anzeichen für ein Sinken des Exportvolumens sein, da es infolge der Abrüstungsvereinbarungen Überschüsse an Waffen gibt, die auf dem Weltmarkt oft zu sehr niedrigen Preisen angeboten werden. Auch Rußland, dessen Rüstungsindustrie nach wie vor der noch am besten funktionierende Industriebereich ist, versucht, alte Märkte zu halten oder neue zu gewinnen.

Rüstungsmüll, im Zusammenhang mit der Umsetzung von Abrüstungsvereinbarungen anfallende große Mengen abgebauter und für zivile Zwecke unbrauchbarer militärtechn. Elemente. Ein Hauptproblem stellt die Entsorgung der Atomsprengköpfe und des darin enthaltenen hochgiftigen Plutoniums dar, v. a. in Rußland, da dieses nicht über die techn. Voraussetzungen verfügt, um es in seinen veralteten Kernreaktoren zu verwerten; Pläne, es in Dtl. (Hanau) in Form von Mischoxid-(MOX-)Brennelementen aufzubereiten, um es zivil zu nutzen, scheiterten.

*Rutherfordium: Die urspr. für das Element 104 vorgesehene Bez. R. wurde in dem Vorschlag der Nomenklaturkommission der IUPAC vom Aug. 1995 durch den Namen Dubnium ersetzt (→Transurane).

Rüttgers, Jürgen, Politiker (CDU), * Köln 26. 6. 1951; Jurist, seit 1987 MdB, 1991–94 Erster Parlamentar. Geschäftsführer der CDU/CSU-Fraktion im Bundestag, seit Nov. 1994 Bundes-Min. für Bildung, Wiss., Forschung und Technologie.

*Ruzicka, Peter, Komponist: Ist ab 1997 designierter Intendant der Münchner Biennale; weitere Werke, u. a. 3. Streichquartett ›Über ein Verschwinden‹ (1993), ›Tallis. Einstrahlungen für Orchester‹ (1993).

Ruzkoj, Ruckoj [-ts-], Aleksandr Wladimirowitsch, russ. Politiker, * Kursk 16. 9. 1947; nahm an den Kämpfen in Afghanistan teil. 1990 wurde er Mitgl. des Obersten Sowjets. In der Zeit des gesellschaftl. Umbruchs war er als Mitgl. der Gruppe ›Kommunisten für die Demokratie‹ Anhänger B. JELZINS und 1991–93 unter diesem russ. Vize-Präs. Von JELZIN im Sept. 1993 abgesetzt, trat er im Okt. 1993 zus. mit dem Präs. des Obersten Sowjets R. CHASBULATOW an die Spitze des Aufstandes gegen JELZIN. Nach der Niederschlagung des Aufstandes wurde R. verhaftet, jedoch 1994 aus dem Gefängnis entlassen.

Rymkiewicz [rimˈkjɛvitʃ], Jarosław Marek, poln. Schriftsteller, * Warschau 13. 7. 1935; als Lyriker führender Vertreter des Neoklassizismus (in Anknüpfung an T. S. ELIOT), der die gesamte kulturelle Tradition aufgreift und sie auf kunstvolle und neuartige Weise verarbeitet. Als Literaturwissenschaftler verfaßte er biograph. Prosa über poln. Romantiker (›Juliusz Słowacki pyta o godzinę‹, 1982; ›Żmut. Powieść o Mickiewiczu‹, 1987). Als Reaktion auf die Ausrufung des Ausnahmezustands entstand das Prosawerk ›Rozmowy polskie latem 1983‹ (1984; dt. ›Poln. Gespräche im Sommer 1983‹). Sein Roman ›Umschlagplatz‹ (1988; dt.), der die Haltung der Polen während des Aufstands (1943) im Warschauer Ghetto thematisiert, versteht sich als literar. Beitrag zur Diskussion des Antisemitismus in Polen.

Jürgen Rüttgers

S

Saadawi, Nawal as-S., ägypt. Schriftstellerin und Ärztin, * Kafr Tahla 1931; publizierte Sachbücher zur Sexualität von Frau und Mann und wurde auch mit Erzählungen und Romanen bekannt. Nach der Veröffentlichung ihres u. a. von amerikan. sexualwissenschaftl. Untersuchungen von W. H. MASTERS und VIRGINIA ESHELMAN JOHNSON (* 1925), dem Kinsey-Report sowie auch europ. und amerikan. soziolog. Arbeiten angeregten Buches ›Die Sexualität der Frau‹ (1972; arab.) verlor sie ihre Stelle als Direktorin des Kairoer Gesundheitsamts, weil dieses Thema im arab. Raum zumal für eine Frau tabuisiert war. Hier wie auch in ihren späteren Büchern verarbeitet sie ihre psychosozialen Erfahrungen als Ärztin in Ägypten und vergleicht sie mit europ. und amerikan. Forschungsergebnissen. Auch ihre stark sozialkrit., psychologisch tiefgründigen Erzählungen und Romane sind weibl. Schicksalen und den Geschlechterbeziehungen in einer patriarchal. Gesellschaft gewidmet. S. ist Vorsitzende einer Frauenorganisation.

Weitere Werke (arab.): *Romane:* Ringelreihen (1973; dt.); Ich spucke auf euch. Bericht einer Frau am Punkt Null (1977; dt., auch u. d. T. Firdaus – eine Frau am Punkt Null); Gott stirbt am Nil (1986; dt.); Der Sturz des Imam (1987; dt.). – *Erzählungen:* Ein moderner Liebesbrief u. andere Stories (1980; dt.). – The well of life. The thread (1993, Samml.).

Saale-Holzland-Kreis, Landkreis in Thüringen, 817 km², (1995) 91 800 Ew.; Kreisstadt ist Eisenberg. Das Kreisgebiet liegt zw. den kreisfreien Städten Jena und Gera, im N grenzt es an Sa.-Anh., im S reicht es bis an die Orlasenke. Der S.-H.-K. umfaßt damit das mittlere Saaletal um Jena, die durch Täler gegliederte Saale-Elster-Buntsandsteinplatte mit ihren Nadelwäldern (östl. Teil bekannt als das ›Holzland‹ mit Forstwirtschaft und Ausflugsverkehr; Luftkurort Bad Klosterlausnitz), im N einen Teil des Altenburg-Zeitzer Lößgebiets (fruchtbares Ackerland) und im O mit einem schmalen Zipfel das Tal der Weißen Elster (um Crossen an der Elster und Silbitz). Größte Städte sind Eisenberg (1995: 11 400 Ew.; Herstellung von Sanitärarmaturen und Baustoffen, Klavierbau), Hermsdorf (9 400 Ew.; Produktion von techn. Keramik und Elektronik), Kahla (8 300 Ew.; Porzellan-, Gebäckfabrik, Holzindustrie) und Stadtroda (6 400 Ew.; Möbelindustrie); weitere Städte sind Bürgel (Töpferei), Camburg (Großmühle), Dornburg/Saale (Ausflugsverkehr zu den Dornburger Schlössern), Orlamünde und Schkölen. Das Hermsdorfer Kreuz ist Schnittpunkt der Autobahnen Berlin–München und Dresden–Frankfurt am Main. – Der Kreis wurde am 1. 7. 1994 (zunächst mit dem Namen Holzlandkreis) aus den früheren Kreisen Eisenberg, Stadtroda und Jena (mit Ausnahme der Gem. Drößnitz und sechs in die kreisfreie Stadt Jena eingegliederten Gemeinden) gebildet.

Saale-Orla-Kreis, Landkreis in Thüringen, 1 148 km², (1995) 102 500 Ew.; Kreisstadt ist Schleiz. Das Kreisgebiet grenzt an Bayern und Sachsen. Große Teile nimmt das Vogtland (Ostthüringisch-Vogtländ. Hochflächen) ein, an das im SW das Thüringer Schiefergebirge anschließt, im N die fruchtbare Orlasenke, dann das südl. Holzland (auf der Saale-Elster-Buntsandsteinplatte am Rand des Thüringer Beckens). Nordöstlich der aufgestauten oberen Saale (durch Hohenwartetalsperre, Talsperre Burgkammer, Bleiloch-

Saal Saalfeld–Sabin

talsperre) bilden etwa 1 400 Teiche die sogenannte Schleizer Seenplatte (Plothener Teichgebiet mit Fischwirtschaft). Die Stauseen mit den Städten Saalburg und Ziegenrück, die Teiche und das Moorbad Lobenstein sind Anziehungspunkte des Fremdenverkehrs, daneben die Städte Ranis und Wurzbach (früher Schieferabbau). Hauptindustriestandort ist Pößneck (1995: 15 600 Ew.) mit Großdruckerei, Werkzeugmaschinen- und Behälterbau, Schokoladen-, Lederwaren- und Leuchtenfabrik. Weitere Industriebetriebe finden sich in den Städten Gefell (Mikrophonherstellung), Hirschberg, Neustadt an der Orla (Baustoff- und opt. Industrie), Schleiz, Tanna und Triptis (Porzellanwerk). – Der Kreis wurde am 1. 7. 1994 aus den damaligen Kreisen Schleiz, Pößneck (mit Ausnahme der Gem. Lausnitz b. Pößneck) und Lobenstein (mit Ausnahme der Stadt Lehesten und vier inzwischen aufgelöster Gemeinden) gebildet.

***Saalfeld 1):** Der Kreis S. ging am 1. 7. 1994 im Schwarzakreis (heute Kr. Saalfeld-Rudolstadt) auf.

Saalfeld-Rudolstadt, Landkreis in Thüringen, 1 042 km^2, (1995) 139 600 Ew.; Kreisstadt ist Saalfeld/Saale. Das südl. Kreisgebiet wird vom Thüringer Schiefergebirge eingenommen, das an der bayer. Grenze in den Frankenwald übergeht und im W vom teilweise engen Schwarzatal durchzogen wird. Das Schwarzatal mit seinen Nebentälern und Höhen ist eine historisch gewachsene Erholungslandschaft. Unter Naturschutz steht das ›Untere Schwarzatal‹ (17,5 km^2) zw. Schwarzburg und Bad Blankenburg. Das nördl. Kreisgebiet beiderseits der Saale umfaßt bergige Randplatten des Thüringer Beckens mit Acker- und Obstbau. Im O reicht die fruchtbare Orlasenke in das Kreisgebiet. Der See der für Hochwasserschutz und Energiegewinnung 1941 in Betrieb genommenen Hohenwartetalsperre in der oberen Saale ist ein Erholungsgebiet. Die großen Schieferbrüche bei Lehesten und Probstzella-Unterloquitz werden seit 1499 abgebaut. Die größten Städte des Kreises sind Saalfeld/Saale (1995: 32 200 Ew.; Elektronik-, opt. Industrie, Maschinenbau, Herstellung von Medizintechnik, Schokoladenfabrik) und Rudolstadt (29 000 Ew.; Chemiefaserherstellung, industrienahe und Grundlagenforschung, pharmazeut. und elektrotechn. Industrie, Porzellanfabriken, Fremdenverkehr); weitere Städte sind Bad Blankenburg (8 300 Ew.; Luftkurort; Königsee (Herstellung von Spielzeug, orthopäd. und Rehabilitationstechnik sowie pharmazeut. Industrie), Gräfenthal (Porzellanfigurenwerk, Metall- und Kunststoffverarbeitung), Lehesten, Leutenberg (Luftkurort), Oberweißbach/Thür. Wald (Erholungs- und Wintersportort), Remda und Teichel. Aus der ›Maxhütte‹ in Unterwellenborn entstand 1992 das ›Stahlwerk Thüringen‹ (1995 Inbetriebnahme eines neuen Elektrostahlwerks). – Der Kreis wurde am 1. 7. 1994 (zunächst mit dem Namen Schwarzakreis) aus den früheren Kreisen Saalfeld und Rudolstadt sowie Gebietsteilen der ehem. Kreise Neuhaus am Rennweg, Lobenstein und Pößneck gebildet.

***Saalkreis:** In den S. wurde am 1. 7. 1994 (Kreisgebietsreform in Sachs.-Anh.) die Gem. Dornstedt (früher Kr. Querfurt) eingegliedert.

***Saarland,** Land im Westen Dtl.s, umfaßt 2 570 km^2 (0,7% der Fläche Dtl.s), Landeshauptstadt ist Saarbrücken.

Bevölkerung: Die (1995) 1,083 Mio. Ew. machen 1,3% der Bevölkerung Dtl.s aus. Der Anteil der weiblichen Bev. beläuft sich auf (1994) 51,5%. Im Zuge der Binnenwanderung ließen sich 1992 insgesamt 12 709 Menschen aus anderen Bundesländern im S. nieder, den Zuzügen steht ein Überschuß von 1 266 Fortzügen gegenüber. Am 31. 12. 1992 wohnten 68 200 Ausländer im S. (6,3% der Landes-Bev.), davon waren 17 500 Italiener, 12 600 Türken, 5 700 Menschen aus dem früheren Jugoslawien, 2 100 Polen, 1 000 Österreicher, 800 Griechen, 800 US-Amerikaner, 400 Spanier, 300 Portugiesen, 27 000 sonstige Ausländer; die Staatsangehörigkeit von Ländern der EU (1993) besaßen insgesamt 27 900 Ausländer. Von den (1992) 496 000 Privathaushalten sind 36,5% Einpersonenhaushalte. – Die Geburtenrate beträgt (1992) 10,1‰, die Sterberate 11,6‰. 1993 waren 15,1% der Bev. unter 15 Jahre alt, 68,9% 15 bis unter 65 Jahre alt, 16,0% 65 Jahre und älter.

Die Bev.-Dichte lag 1995 bei 422 Ew. je km^2. In Großstädten (100 000 Ew. und mehr) leben (1995) 17,4% der Bev., in Gemeinden zw. 50 000 und 100 000 Ew. 4,8%, zw. 10 000 und 50 000 Ew. 69,9%, unter 10 000 Ew. 7,9%. Größte Städte (1995) sind Saarbrücken (188 300 Ew.) und Neunkirchen (51 800 Ew.).

Wirtschaft: Das S. bleibt eine Region im Strukturwandel. Die nachträgl. Eingliederung in die Bundesrep. Dtl. (1958) und die lange Jahre vorherrschende Montanindustrie haben zu einer etwas einseitigen Wirtschaftsstruktur geführt. Seit 1990 ist die Bedeutung des Agrarsektors weiter gesunken: 0,6% der 437 000 Erwerbstätigen erwirtschaften (1994) 0,3% der Bruttowertschöpfung. Demgegenüber wird der Dienstleistungssektor immer wichtiger (61,0% der Erwerbstätigen; 64,3% der Bruttowertschöpfung. Der industrielle Sektor liegt mittlerweile im Bundesdurchschnitt (38,4% der Erwerbstätigen; 35,4% der Bruttowertschöpfung. Diese Verschiebungen in der Produktions- und Erwerbsstruktur verdeutlichen, daß es gelungen ist, die Industriestruktur zu modernisieren und neue dienstleistungsorientierte Unternehmen anzusiedeln. Allerdings liegt die saarländ. Arbeitslosenquote mit (1994) 12,1% weiterhin über dem Durchschnitt der alten Bundesländer (9,2%). Die Zahl der Arbeitslosen erhöhte sich von (1991) 36 000 auf (1994) 51 500.

Das reale Wachstum des Bruttoinlandsprodukts (BIP) erreichte mit (1994) 2,3% wieder den Durchschnitt der alten Bundesländer, nachdem das BIP 1993 um 2,9% gegenüber dem Vorjahr gesunken war. Mit einem BIP je Erwerbstätigen von (1994) 94 700 DM und einem BIP je Ew. von 38 200 DM liegt das S. unter dem Durchschnitt der alten Bundesländer von 103 800 DM bzw. 45 200 DM. Der saarländ. Anteil am BIP Dtl.s liegt bei (1994) 1,2% (41,4 Mrd. DM).

Die Landes-Reg. ist in ihrer Wirtschaftspolitik bemüht, den Strukturwandel voranzutreiben, ihn aber sozial- und umweltverträglich zu gestalten. Zentrale Elemente sind hierbei u. a. die Forschungs- und Technologiepolitik sowie die Bildungs- und Qualifizierungspolitik (z. B. Förderung von Beschäftigten in bes. vom Strukturwandel betroffenen Branchen). Neben der direkten Technologieförderung spielt der Ausbau der Forschungsinfrastruktur (z. B. Ansiedlung von Forschungseinrichtungen, Schaffung von Technologie- und Gründerzentren) eine besondere Rolle.

Geschichte: Wirtschaftlich litt das S. unter der Montankrise, bes. an den Folgen des Konkurses der Saarstahl AG im Mai 1993. Umstritten ist das 1994 verabschiedete Pressegesetz. Mit der ›Rotlichtaffäre‹ geriet MinPräs. O. LAFONTAINE persönlich in das Zentrum öffentl. Kritik. Bei den Landtagswahlen vom 16. 10. 1994 konnte die SPD mit 49,4% der Stimmen die absolute Mehrheit der Sitze im Landtag behaupten (29 Sitze); die CDU gewann 38,6% (21), Bündnis 90/die Grünen 5,5% (3); die FDP scheiterte mit 2,1%, die Republikaner mit 1,4% an der Fünfprozentklausel des Wahl-Ges. Am 22. 11. 1994 wählte der Landtag LAFONTAINE erneut zum Ministerpräsidenten.

***SABENA:** →Swissair.

***Sabin,** Albert Bruce, amerikan. Kinderarzt und Virologe russ. Herkunft; † Washington (D. C.) 3. 3. 1993.

Sachsen: Verwaltungsgliederung

Sabri, Ali, ägypt. Offizier und Politiker: † Kairo 3. 8. 1991.

Sachsen, Freistaat im Osten Dtl.s, umfaßt 18 412 km² (5,2% der Fläche Dtl.s), Landeshauptstadt ist Dresden.

Verfassung: Die Verf. des Freistaats S. wurde am 27. 5. 1992 vom Landtag verabschiedet. Legislative ist der vom Volk auf fünf Jahre gewählte Landtag (160 Mitgl.). Gesetzesvorlagen werden von der Staats-Reg., aus der Mitte des Landtags oder durch Volksantrag eingebracht. Stimmt der Landtag dem Volksantrag (Quorum: 40 000 Unterschriften) binnen sechs Monaten nicht zu, können die Antragsteller ein Volksbegehren (Quorum: 450 000 Unterschriften, genügend aber 15% der Stimmberechtigten) mit dem Ziel eines Volksentscheids über den Antrag initiieren. Die Landes-Reg. bildet die Spitze der Exekutive, deren Chef, der mit Richtlinienkompetenz ausgestattete MinPräs., vom Landtag gewählt wird und von diesem durch konstruktives Mißtrauensvotum gestürzt werden kann. Dem MinPräs. obliegt ferner die Ernennung und Entlassung der Kabinettsmitglieder. Am 12. 7. 1993 wurde das aus neun Richtern bestehende Sächs. Verf.-Gericht in Leipzig errichtet. Die Richter werden vom Landtag für neun Jahre gewählt. – Dem Volk der Sorben werden besondere Minderheitenschutzrechte eingeräumt.

Verwaltung: S. gliedert sich in drei Reg.-Bez. (Dresden, Chemnitz und Leipzig), diese wiederum in Kreise (nach Inkrafttreten des 1. und 2. Kreisgebietsänderungs-Ges. zum 1. 1. 1996: 22) mit kreisangehörigen Gemeinden sowie in sieben kreisfreie Städte.

Recht: Nach der Neuordnung der Gerichtsorganisation verfügt S. über ein OLG (Dresden), sechs Land- und 30 Amtsgerichte, ein Landesarbeitsgericht (Chemnitz) und fünf Arbeitsgerichte, ein Oberverwaltungsgericht (Bautzen) und drei Verwaltungsgerichte, ein Landessozialgericht (Chemnitz) und drei Sozialgerichte sowie über ein Finanzgericht (Leipzig).

Bevölkerung: Die (1995) 4,584 Mio. Ew. machen 3,4% der Bevölkerung Dtl.s aus. Der Anteil der weiblichen Bev. beläuft sich auf (1993) 52,6%. Im Zuge der Binnenwanderung ließen sich 1992 insgesamt 40 232 Menschen aus anderen Bundesländern in S. nieder, den Zuzügen steht ein Überschuß von 25 227 Fortzügen gegenüber. Am 31. 12. 1992 wohnten 50 800 Ausländer in S. (1,1% der Landes-Bev.), davon waren 10 700 Polen, 1 700 Menschen aus dem früheren Jugoslawien, 600 Österreicher, 500 Türken, 400 Griechen, 300 Italiener, 300 US-Amerikaner, 100 Spanier, 36 200 sonstige Ausländer; die Staatsangehörigkeit von Ländern der EU besaßen (1993) insgesamt 1 400 Ausländer. Von den (1992) 2,035 Mio. Privathaushalten sind 29,5% Einpersonenhaushalte. – Die Geburtenrate beträgt (1992) 5,4‰, die Sterberate 13,2‰. 1993 waren 17,6% der Bev. unter 15 Jahre alt, 66,3% 15 bis unter 65 Jahre alt, 16,1% 65 Jahre und älter.

Die Bev.-Dichte lag 1994 bei 250 Ew. je km². In Großstädten (100 000 Ew. und mehr) leben (1993) 29,6% der Bev., in Gemeinden zw. 50 000 und 100 000 Ew. 4,3%, zw. 10 000 und 50 000 Ew. 24,8%, unter 10 000 Ew. 41,3%. Größte Städte (1995) sind Leipzig (481 500 Ew.), Dresden (474 400 Ew.), Chemnitz (274 200 Ew.), Zwickau (104 900 Ew.), Plauen (68 300 Ew.), Görlitz (67 800 Ew.), Hoyerswerda (60 600 Ew.).

Wirtschaft: Durch den Umbau der sozialist. Planwirtschaft zu einer sozialen Marktwirtschaft wurden die wirtschaftl. Strukturen einem radikalen Wandel ausgesetzt, der allerdings in manchen Bereichen nicht so drastisch verlief wie in anderen neuen Bundesländern. Die Zahl der Erwerbstätigen sank von (1989) 2,87 Mio. auf (1993) 1,86 Mio. um rd. 1 Mio. bzw. 35%. Erstmals seit 1989 ist 1994 die Erwerbstätigenzahl wieder leicht um rd. 42 000 auf 1,90 Mio. gestie-

Sach Sachsen

gen. Die Zahl der Arbeitslosen erhöhte sich von (1992) 316 512 auf (1994) 323 370. Dies entspricht Arbeitslosenquoten von 13,6% bzw. 15,7% (Durchschnitt der neuen Bundesländer 14,8% bzw. 16,0%). Ohne die arbeitsmarktpolit. Maßnahmen wäre die Zahl der Arbeitslosen wesentlich höher.

Seit 1992 ist die Wirtschaftsleistung durch ein stabiles überdurchschnittl. Wachstum des Bruttoinlandsprodukts (BIP) gekennzeichnet. Die realen Wachstumsraten des BIP haben sich kontinuierlich von (1992) 6,4% über (1993) 8,0% auf (1994) 10,1% erhöht (Durchschnitt neue Bundesländer 1994: 8,5%). S. ist das wirtschaftlich potenteste neue Bundesland. So leistet S. mit einem nominalen BIP von (1994) 99,3 Mrd. DM den mit Abstand höchsten Beitrag zum BIP Ost-Dtl.s (28,6%). Dies entspricht einem BIP je Ew. von 21 660 DM und einem BIP je Erwerbstätigen von 52 300 DM (Durchschnitt neue Bundesländer: 22 100 DM bzw. 55 000 DM). S. trägt (1994) 3,0% zum BIP Dtl.s bei.

Der Anteil von Land-, Forstwirtschaft und Fischerei an den Erwerbstätigen hat sich von (1989) 6,7% auf (1994) 2,9% verringert. Im Agrarsektor sank die Zahl der Erwerbstätigen um 71% auf 55 900. Der Anteil an der Bruttowertschöpfung ging von (1991) 2,4% auf (1994) 1,3% zurück. Im produzierenden Gewerbe (Industrie, Bergbau und Bauwirtschaft) verringerte sich die Zahl der Erwerbstätigen seit 1989 um rd. 810 500 auf 713 900 (−53%). Der Anteil dieses Sektors an den Erwerbstätigen sank von (1989) 53,2% auf (1994) 37,6%. Der Anteil an der Bruttowertschöpfung liegt bei (1994) 36,7% (1991: 38,9%). Im Bergbau verringerte sich die Beschäftigtenzahl um 66% auf (1994) 35 730; der Erwerbstätigenanteil sank von (1989) 3,6% auf (1994) 1,9%. Neben der Landwirtschaft war das verarbeitende Gewerbe am stärksten von der Strukturanpassung betroffen. Seit 1989 ging die Erwerbstätigenzahl um 71% auf (1994) 368 200 zurück. Der Anteil der Industriebeschäftigten an den Erwerbstätigen sank von 43,6% auf 19,4%. Die wichtigsten Industriezweige sind Maschinenbau (17,8% der Industriebeschäftigten), Elektrotechnik (12,4% bzw. 10,9%), Stahl-, Leichtmetall- und Schienenfahrzeugbau (11,1% bzw. 6,8%), Nahrungs- und Genußmittelindustrie (8,9% bzw. 17,9%), Textilindustrie (6,4% bzw. 4,0%), Steine-und-Erden-Industrie (6,0% bzw. 9,3%) sowie Straßenfahrzeugbau (5,6% bzw. 11,4%) und chem. Industrie (4,2% bzw. 5,4%). Seit 1989 hat v.a. die Bauwirtschaft an Bedeutung gewonnen; die Zahl der Erwerbstätigen stieg um 83% auf (1994) 310 000, was einem Anteil an den Erwerbstätigen von 16,3% entspricht (1989: 5,9%). Die Bauwirtschaft liegt mit einem Anteil an der Bruttowertschöpfung von (1994) 17,6% vor dem verarbeitenden Gewerbe (14,4%).

Im gesamten Dienstleistungssektor sank die Beschäftigtenzahl seit 1989 leicht um 19 000 auf 1,1 Mio. Während in den Bereichen Handel und Verkehr sowie Staat die Zahl der Erwerbstätigen zurückging (um 17,8% auf 335 400 bzw. um 22,6% auf 432 800), hat sie sich bei den sonstigen Dienstleistungsunternehmen auf knapp 360 000 verdoppelt. Im tertiären Sektor erwirtschaften (1994) 59,4% der Erwerbstätigen (1991: 47,1%) 62,0% der Bruttowertschöpfung (1991: 58,7%); im einzelnen: sonstige Dienstleistungen (1994: 17,7% der Erwerbstätigen, 28,9% der Bruttowertschöpfung), Handel und Verkehr (19,0% bzw. 12,2%), öffentl. Bereich (22,8% bzw. 20,7%).

Hauptziel der Wirtschaftspolitik ist die Stabilisierung der bisherigen wirtschaftl. Entwicklung durch Förderung von Investitionen und Ausbau der Infrastruktur, durch Unterstützung der Qualifizierung der Beschäftigten und durch Förderung von Existenzgründungen zum Aufbau einer mittelständ. Wirtschaft. Ein weiterer Schwerpunkt ist die Forschungs- und Technologiepolitik. So bestehen u.a. 42 Forschungs-GmbH als Bindeglieder zw. Industrie und Grundlagenforschung sowie 39 Technologiezentren und Beratungsagenturen für den Technologietransfer. Durch solche und andere Maßnahmen sollen die wirtschaftl. Rahmenbedingungen so gestaltet werden, daß die Unternehmen wettbewerbsfähig sind und daß damit auch die Arbeitslosigkeit abgebaut werden kann. So konnten 1995 z.B. das Logistikzentrum des Großversandhauses Quelle in Leipzig und die Chipfabrik der Siemens AG in Dresden eröffnet werden. Um aus seiner Randlage im EU-Binnenmarkt herauszutreten, beteiligt sich S. an der Bildung von Euro-Regionen, z.B. Neisse (Ost-S., Schlesien, N-Böhmen), Elbe/Labe (Region Dresden, N-Böhmen), Erzgebirge (Mittleres Erzgebirge, Mittelböhmen) und Egrensis (Vogtland, N-Bayern, W-Böhmen). 1993 beschlossen S. und Sachs.-Anh. die gemeinsame Entwicklung der Region Halle-Leipzig.

Geschichte: Mit Unterstützung Bad.-Württ.s baute die Reg. die Landes-Verw. auf. 1993 trat eine Gemeindeordnung in Kraft. Bei den Landtagswahlen vom 11. 9. 1994 gewann die CDU mit 58,1% (77 Sitze), v.a. dank des hohen Ansehens des MinPräs. K. BIEDENKOPF in der Bev., die absolute Mehrheit. Die SPD erreichte 16,5% (22 Sitze) und die PDS 16,5% (21 Sitze); Bündnis 90/Die Grünen scheiterten mit 4,1%, die FDP mit 1,7% und die Republikaner mit 1,3% an der

Verwaltungsgliederung Sachsen Größe und Bevölkerung (1995)					
Verwaltungseinheit	Größe (in km²)	Ew. (in 1 000)	Ew. je km²	Verwaltungssitz
Reg.-Bez. Chemnitz	**6 091**	**1 704,8**	**280**	**Chemnitz**
Kreisfreie Städte				
Chemnitz	141	274,2	1 938	–
Plauen	62	68,3	1 106	–
Zwickau	60	104,9	1 753	–
Landkreise				
Annaberg	438	92,6	211	Annaberg-Buchholz
Aue-Schwarzenberg	528	151,5	287	Aue
Chemnitzer Land	369	151,8	412	Glauchau
Freiberg	915	156,1	171	Freiberg
Mittlerer Erzgebirgskreis	609	99,4	163	Marienberg
Mittweida	779	143,7	184	Mittweida
Stollberg	286	99,6	348	Stollberg/Erzgeb.
Vogtlandkreis	1 350	217,2	161	Plauen
Zwickauer Land	554	145,5	263	Werdau
Reg.-Bez. Dresden	**7 932**	**1 764,0**	**222**	**Dresden**
Kreisfreie Städte				
Dresden	226	474,4	2 102	–
Görlitz	44	67,8	1 536	–
Hoyerswerda	41	60,6	1 476	–
Landkreise				
Bautzen	954	162,8	171	Bautzen
Löbau-Zittau	698	164,9	236	Zittau
Meißen-Radebeul	699	162,9	233	Meißen
Niederschlesischer Oberlausitzkreis	1 360	111,8	82	Görlitz
Riesa-Großenhain	823	128,0	156	Großenhain
Sächsische Schweiz	929	158,0	170	Pirna
Weißeritzkreis	732	113,7	155	Dippoldiswalde
Westlausitz – Dresdner Land	1 426	159,1	112	Kamenz
Reg.-Bez. Leipzig	**4 389**	**1 115,6**	**254**	**Leipzig**
Kreisfreie Stadt				
Leipzig	153	481,5	3 157	–
Landkreise				
Delitzsch	779	96,6	124	Delitzsch
Döbeln	424	82,2	194	Döbeln
Leipziger Land	991	229,4	232	Leipzig
Muldentalkreis	877	160,4	...	Grimma
Torgau-Oschatz	1 165	105,1	90	Torgau
Sachsen	**18 412**	**4 584,4**	**249**	**Dresden**

Fünfprozentklausel des Wahlgesetzes. Für andere Gruppen wurden insgesamt 1,7% der Stimmen abgegeben. Am 6. 10. 1994 wurde BIEDENKOPF vom Landtag wieder zum MinPräs. gewählt.

Sachsen-Anhalt, Land im Osten Dtl.s, umfaßt 20 445 km² (5,7% der Fläche Dtl.s), Landeshauptstadt ist Magdeburg.

Verfassung: Die Verf. von S.-A. wurde am 16. 7. 1992 verkündet. Gesetzgebendes Organ ist der auf vier Jahre gewählte Landtag (99 Mitgl.). Gesetzentwürfe können von der Landes-Reg., aus der Mitte des Landtags und durch Volksbegehren (mit mindestens 250 000 Unterzeichnern) eingebracht werden. Wird der durch Volksbegehren eingebrachte Antrag vom Landtag nicht innerhalb von vier Monaten angenommen oder wird er verworfen, findet nach drei bis sechs Monaten über den Entwurf ein Volksentscheid statt. Für einen positiven Ausgang sind die Mehrheit der Abstimmenden und mindestens ein Viertel der Abstimmungsberechtigten notwendig. Der vom Landtag gewählte MinPräs. verfügt über Richtlinienkompetenz, ernennt und entläßt die Min. und kann durch konstruktives Mißtrauensvotum gestürzt werden. In Verf.-Streitigkeiten entscheidet das Landesverfassungsgericht (sieben vom Landtag gewählte Richter).

Verwaltung: Es bestehen drei Reg.-Bez. (Dessau, Halle und Magdeburg). Durch die am 3. 6. 1993 vom Landtag verabschiedete Gebietsreform verringerte sich die Zahl der Landkreise ab dem 1. 7. 1994 von 37 auf 21; hinzugetreten sind drei kreisfreie Städte. Die Landkreise gliedern sich wiederum in Gemeinden.

Recht: Nach der Neuordnung der Gerichtsorganisation verfügt S.-A. über ein OLG in Naumburg (Saale), vier Land- und 35 Amtsgerichte, ein Landesarbeitsgericht in Halle (Saale) und sechs Arbeitsgerichte, ein Oberverwaltungsgericht in Magdeburg und drei Verw.-Gerichte, ein Landessozialgericht in Halle (Saale) und vier Sozialgerichte sowie über ein Finanzgericht in Dessau.

Bevölkerung: Die (1995) 2,759 Mio. Ew. machen 3,4% der Bevölkerung Dtl.s aus. Der Anteil der weiblichen Bev. beläuft sich auf (1993) 51,9%. Im Zuge der Binnenwanderung ließen sich 1992 insgesamt 23 564 Menschen aus anderen Bundesländern in S.-A. nieder, den Zuzügen steht ein Überschuß von 19 464 Fortzügen gegenüber. Am 31. 12. 1992 wohnten 33 900 Ausländer in S.-A. (1,2% der Landes-Bev.), davon waren 4 100 Polen, 2 000 Menschen aus dem früheren Jugoslawien, 400 Türken, 200 Österreicher, 100 Italiener, 100 Griechen, 100 US-Amerikaner, 26 900 sonstige Ausländer; die Staatsangehörigkeit von Ländern der EU (1993) besaßen insgesamt 400 Ausländer. Von den (1992) 1,180 Mio. Privathaushalten sind 26,5% Einpersonenhaushalte. – Die Geburtenrate beträgt (1992) 5,8‰, die Sterberate 12,7‰. 1993 waren 18,1% der Bev. unter 15 Jahre alt, 67,4% 15 bis unter 65 Jahre alt, 14,5% 65 Jahre und älter.

Die Bev.-Dichte lag 1995 bei 135 Ew. je km². In Großstädten (100 000 Ew. und mehr) leben (1993) 20,4% der Bev., in Gemeinden zw. 50 000 und 100 000 Ew. 3,4%, zw. 10 000 und 50 000 Ew. 31,5%, unter 10 000 Ew. 44,7%. Größte Städte (1995) sind Halle (Saale) (290 000 Ew.), Magdeburg (265 400 Ew.) und Dessau (92 500 Ew.).

Wirtschaft: Durch den Umbau der sozialist. Planwirtschaft zu einer sozialen Marktwirtschaft wurden die wirtschaftl. Strukturen einem radikalen Wandel unterworfen. Unzureichende Wettbewerbsfähigkeit durch zu hohe Produktionskosten bei geringer Produktqualität und ungeeignetem Sortiment führten zu einem schockartigen Einbruch der Produktion in Bergbau und Industrie. Ende 1990 erreichte die Industrieproduktion gerade noch 44,3% des Wertes von Ende 1989. Die Zahl der Erwerbstätigen sank von (1989) 1,73 Mio. auf (1993) 1,10 Mio. um 640 000 bzw. 37%; 1994 konsolidierte sich das Beschäftigungsniveau erstmals bei 1,11 Mio. Erwerbstätigen. Die Zahl der registrierten Arbeitslosen erhöhte sich von (1992) 217 474 auf (1994) 225 435. Dies entspricht Arbeitslosenquoten von 15,3% bzw. 17,6% (Durchschnitt der neuen Bundesländer 14,8% bzw. 16,0%). Ohne die arbeitsmarktpolit. Maßnahmen wäre die Zahl der Arbeitslosen wesentlich höher.

Sachsen-Anhalt: Verwaltungsgliederung

Das reale Wachstum des Bruttoinlandsprodukts (BIP) war 1992 und 1993 mit jeweils 8,0% überdurchschnittlich, ging aber 1994 auf 6,8% zurück (Durchschnitt Ost-Dtl.: 8,5%). S.-A. leistet mit einem nominalen BIP von (1994) 60,5 Mrd. DM den nach Sachsen zweitgrößten Beitrag zum BIP Ost-Dtl.s (17,4%). Dies entspricht einem BIP je Ew. von 22 000 DM und einem BIP je Erwerbstätigen von 54 600 DM (Durchschnitt neue Bundesländer: 22 100 DM bzw. 55 000 DM). S.-A. trägt 1,8% zum BIP Dtl.s bei.

Der Anteil von Land-, Forstwirtschaft und Fischerei an den Erwerbstätigen hat sich von (1989) 11,4% auf (1994) 3,6% verringert. Im Agrarsektor sank die Zahl der Erwerbstätigen um 80% auf (1994) 39 490. Der Anteil des Agrarsektors an der Bruttowertschöpfung liegt bei (1994) 2,0%. Im produzierenden Gewerbe (Industrie, Bergbau und Bauwirtschaft) halbierte sich die Zahl der Erwerbstätigen seit 1989 auf (1994) 399 600. Der Anteil dieses Sektors an den Erwerbstätigen sank von (1989) 47,1% auf (1994) 36,0%. Der Anteil an der Bruttowertschöpfung liegt bei (1994) 37,6%. Neben der Landwirtschaft war das ver-

Säch Sächsische Schweiz – Sacks

Verwaltungsgliederung Sachsen-Anhalt (seit 1.7.1994) Größe und Bevölkerung (1995)				
Verwaltungseinheit	Größe (in km^2)	Ew. (in 1 000)	Ew. je km^2	Verwaltungssitz
Reg.-Bez. Dessau	**4 279**	**577,3**	**135**	Dessau
Kreisfreie Stadt				
Dessau	148	92,5	625	–
Landkreise				
Anhalt-Zerbst	1 225	79,7	65	Zerbst
Bernburg	414	73,8	178	Bernburg (Saale)
Bitterfeld	504	118,4	235	Bitterfeld
Köthen/Anhalt	480	73,1	152	Köthen/Anhalt
Wittenberg	1 508	139,8	93	Wittenberg
Reg.-Bez. Halle	**4 430**	**917,2**	**207**	Halle (Saale)
Kreisfreie Stadt				
Halle (Saale)	135	290,0	2 149	–
Landkreise				
Burgenlandkreis	1 042	151,3	145	Naumburg (Saale)
Mansfelder Land	759	115,0	152	Eisleben
Merseburg-Querfurt	805	140,3	174	Merseburg (Saale)
Saalkreis	628	66,1	105	Halle (Saale)
Sangerhausen	690	72,8	105	Sangerhausen
Weißenfels	371	81,7	220	Weißenfels
Reg.-Bez. Magdeburg	**11 736**	**1 264,7**	**108**	Magdeburg
Kreisfreie Stadt				
Magdeburg	193	265,4	1 375	–
Landkreise				
Altmarkkreis Salzwedel	2 294	105,1	46	Salzwedel
Aschersleben-Staßfurt	655	110,3	168	Aschersleben
Bördekreis	881	81,1	92	Oschersleben (Bode)
Halberstadt	665	82,3	124	Halberstadt
Jerichower Land	1 336	99,5	74	Burg
Ohrekreis	1 493	108,2	72	Haldensleben
Quedlinburg	540	84,0	156	Quedlinburg
Schönebeck	460	81,1	176	Schönebeck (Elbe)
Stendal	2 423	148,7	61	Stendal
Wernigerode	796	99,0	124	Wernigerode
Sachsen-Anhalt	**20 445**	**2 759,2**	**135**	Magdeburg

arbeitende Gewerbe am stärksten von der Strukturanpassung betroffen. Die Neustrukturierung der Industrie ist mit einem deutl. Beschäftigungsabbau verbunden, v. a. den Maschinenbau und die chem. Industrie betrifft. Die Erwerbstätigenzahl sank von (1989) 639 500 auf (1994) 189 400 (−70 %). Der Umstrukturierungsprozeß ist einerseits durch Stillegungen bzw. den Abbau von Produktionsanlagen gekennzeichnet (z. T. verbunden mit Entgiftungs- und Renaturierungsmaßnahmen), andererseits aber auch (z. B. in der chem. Industrie, →Leunawerke, →Buna) durch erhebl. Investitionen international tätiger Unternehmen in hochmoderne Produktionsstätten. Weitere wichtige Industriezweige sind Schienenfahrzeugbau, Stahl- und Leichtmetallbau sowie Elektrotechnik. Umsatzstärkster Industriezweig ist allerdings die Nahrungs- und Genußmittelindustrie. Seit der dt. Vereinigung hat v. a. die Bauwirtschaft an Bedeutung gewonnen (1994: 190 527 Beschäftigte, 66 % mehr als 1990); ihr Anteil an der Bruttowertschöpfung liegt mit (1994) 17,9 % über dem Anteil des verarbeitenden Gewerbes (16,3 %). Der Dienstleistungssektor war bis 1989 unterentwickelt. In den Bereichen Handel und Verkehr sowie Staat ging die Zahl der Erwerbstätigen bis 1994 nur relativ wenig zurück (um 23 % auf 206 000 bzw. um 24 % auf 275 300), während sie sich im Bereich der sonstigen Dienstleistungsunternehmen auf 187 950 mehr als verdoppelte. 60,4 % der Erwerbstätigen arbeiten 1994 im tertiären Sektor (1989: 41,5 %), davon in Handel und Verkehr 18,6 % (15,5 %), im öffentl. Sektor 24,8 % (20,8 %) und in sonstigen Dienstleistungsunternehmen 17,0 % (5,2 %). Sie erwirtschaften (1994) 60,3 % der Bruttowertschöpfung.

In der Wirtschaftspolitik setzt S.-A. auf das Engagement in- und ausländ. Investoren, auf Existenzgründungen im Mittelstand sowie auf die Sanierung und Neuorientierung der von der Treuhandanstalt privatisierten Unternehmen. Weitere Schwerpunkte sind die Förderung der mittelständ. Wirtschaft, die Konsolidierung des industriellen Bereichs – ›Erhaltung industrieller Kerne‹, bes. der Chemiestandorte im Raum Halle (Saale), Bitterfeld, Leuna – sowie die Überwindung der Absatzschwierigkeiten der Wirtschaft (›Absatzförderung für heimische Produkte‹). Gerade von den mittelständ. Handels-, Handwerks-, Gewerbe- und Dienstleistungsbetrieben werden positive Auswirkungen auf den Arbeitsmarkt erwartet. Neben dem Mittelstand werden auch unternehmer. Investitionen, Forschung und Entwicklung sowie der Tourismus finanziell gefördert und die Infrastruktur weiter ausgebaut. 1993 beschlossen S.-A. und Sachsen die gemeinsame Entwicklung der Region Halle-Leipzig.

Geschichte: Mit der dt. Vereinigung rückte S.-A. zus. mit Thüringen und Hessen in das Zentrum Dtl.s. Nachdem MinPräs. W. MÜNCH im Zeichen der ›Gehaltsaffäre‹ (überhöhte Zahlungen an ihn und die aus West-Dtl. stammenden Min.) am 28. 11. 1993 mit seinem gesamten Kabinett zurückgetreten war und der Landtag Neuwahlen abgelehnt hatte, wählte dieser am 2. 12. 1993 C. BERGNER (CDU) zum MinPräs. Bei den vorgezogenen Landtagswahlen am 26. 6. 1994 blieb die CDU mit 34,4 % stärkste Partei (37 Sitze). Der polit. Absturz der innerparteilich gespaltenen FDP – sie fiel von (1990) 13,5 % der Stimmen auf 3,6 % (und damit unter die Fünfprozentmarke) zurück – ließ eine Erneuerung der christlichliberalen Koalition nicht zu. Die SPD gewann 34,0 % (36 Sitze), die PDS 19,9 % (21) und Bündnis 90/Die Grünen 5,1 % (5); andere erhielten 1,0 %.

Am 21. 7. 1994 wählte der Landtag R. HÖPPNER (SPD) zum MinPräs. an der Spitze einer Minderheits-Reg. aus SPD und Bündnis 90/Die Grünen, einer Koalition, die auf Unterstützung aus den Reihen der Opposition, unter Umständen auch von der PDS-Fraktion, abhängig ist.

Sächsische Schweiz, Landkreis im Reg.-Bez. Dresden, Sachsen, 929 km^2, (1995) 158 500 Ew.; Kreisstadt ist Pirna. Das Kreisgebiet grenzt im S und O an die Tschech. Republik. Beiderseits der Elbe liegt das Elbsandsteingebirge (Großer Zschirnstein 561 m ü. M.), in dem östlich der Elbe 1991 der Nationalpark Sächs. Schweiz (93 km^2) eingerichtet wurde. Außerdem hat der Kreis von Pirna bis zum Stadtrand von Dresden Anteil an der Dresdner Elbtalweitung, im SW am Osterzgebirge (Oelsener Höhe 644 m ü. M.), im N an Lausitzer Bergland und Lausitzer Platte (von der Wesenitz durchflossen). Der Fremdenverkehr im Elbsandsteingebirge konzentriert sich in Stadt Wehlen, Rathen (Kurort), Hohnstein, Königstein/Sächs. Schw., Bad Schandau und Hinterhermsdorf, im Osterzgebirge in den Kurorten Bad Gottleuba und Berggießhübel. Die Landwirtschaft ist auf Getreideanbau und Rinderhaltung ausgerichtet. Gewerbe- und Industriestandorte sind Pirna, Heidenau und Dohna im Ballungsraum Dresden sowie Sebnitz, Neustadt i. Sa. und Stolpen. – Der Kreis wurde am 1. 8. 1994 aus den früheren Kreisen Pirna und Sebnitz gebildet. Zum 1. 1. 1996 wurde die Gem. Schönfeld-Weißig aus dem aufgelösten Kr. Dresden-Land eingegliedert.

Sacks [sæks], Oliver, amerikan. Neurologe und Schriftsteller, *London 9. 7. 1933; studierte in Oxford und lebt seit 1960 in den USA, wo er an versch. Kliniken tätig war. Heute ist er Prof. für klin. Neurologie am Albert Einstein College of Medicine in New York. Bekannt ist S. v. a. durch einfühlsam und unterhaltsam erzählte Krankengeschichten, in denen er der Individualität des Patienten Rechnung trägt.

Werke: Migraine. The evolution of a common disorder (1970; dt. Migräne. Evolution eines häufigen Leidens); Awakenings (1973; dt. Awakenings. Zeit des Erwachens; verfilmt); An anthropologist on Mars. Seven paradoxical tales (1995; dt. Eine Anthropologin auf dem Mars. Sieben paradoxe Geschichten).

***Saddik al-Mahdi,** Sayed, sudanes. Politiker: Wurde im Aug. 1995 im Zuge einer Amnestie polit. Gefangener aus der Haft entlassen.

Sägebrecht, Marianne, Schauspielerin und Kabarettistin, *Starnberg 27. 8. 1945; Kleinkünstlerin; machte 1977–81 kabarettist. Revuetheater (›Opera curiosa‹). 1979 profilierte sie sich als Bühnendarstellerin; bald darauf Zusammenarbeit mit P. ADLON im Fernsehen und in Spielfilmen (seit 1983), in denen sie ihr kom. Talent unter Beweis stellte.

Filme: Zuckerbaby (1984); Out of Rosenheim (1987); Rosalie Goes Shopping (1989); Martha u. ich (1991).

Sager, Krista, Politikerin (Bündnis 90/Die Grünen), *Bremen 28. 7. 1953; Lehrerin, arbeitete zunächst in Bürgerinitiativen gegen Kernkraft, trat 1982 in Hamburg der Grün-Alternativen Liste (GAL) bei; 1989–93 Mitgl. der Hamburger Bürgerschaft; seit 1994 Sprecherin des Bundesvorstandes der Grünen.

***Sahl,** Hans, amerikan. Schriftsteller und Übersetzer dt. Herkunft: †Tübingen 27. 4. 1993.

***Saint Christopher and Nevis, Saint Kitts and Nevis,** amtlich engl. **Federation of S. C. a. N., Federation of Saint Kitts and Nevis,** Staat im Bereich der Westind. Inseln.

Hauptstadt: Basseterre. *Amtssprache:* Englisch. *Staatsfläche:* 267 km². *Bodennutzung (1991):* 100 km² Ackerland, 8 km² Dauergrünland, 40 km² Waldfläche. *Einwohner (1994):* 41 000, 157 Ew. je km². *Städtische Bevölkerung (1990):* 49%. *Durchschnittlicher Bevölkerungsrückgang pro Jahr (1985–93):* 0,4%. *Bevölkerungsprojektion für 2000:* 42 000 Ew. *Ethnische Gruppen (1991):* 95% Schwarze, 5% Mischlinge, Weiße, Inder und Pakistani. *Religion (1985):* 36,2% Anglikaner, 32,3% Methodisten, 7,9% andere Protestanten, 10,7% Katholiken. *Altersgliederung (1990):* unter 15 Jahre 32,5%, 15 bis unter 60 Jahre 54,6%, 60 und mehr Jahre 12,9%. *Lebenserwartung der Neugeborenen (1994):* männlich 63 Jahre, weiblich 69 Jahre. *Analphabetenquote (1990):* insgesamt 10,0%, männlich 10,0%, weiblich 10,0%. *BSP je Ew. (1993):* 4410 US-$. *BIP nach Sektoren/Produktionsstruktur (1991):* Landwirtschaft 7%, Industrie 28%, Dienstleistungen 65%. *Währung:* 1 Ostkaribischer Dollar (EC$) = 100 Cents. *Internationale Mitgliedschaften:* UNO, CARICOM, Commonwealth of Nations, OAS.

Geschichte: Aus den vorgezogenen Parlamentswahlen am 3. 7. 1995 ging die oppositionelle Labour Party mit sieben von elf Sitzen als Siegerin hervor; ihr Vors. DENZIL DOUGLAS löste K. A. SIMMONDS als Premier-Min. ab.

*****Saint Lucia,** Staat im Bereich der Westind. Inseln.

Hauptstadt: Castries. *Amtssprache:* Englisch. *Staatsfläche:* 616 km². *Bodennutzung (1991):* 190 km² Ackerland, 30 km² Dauergrünland, 80 km² Waldfläche. *Einwohner (1994):* 141 000, 227 Ew. je km². *Städtische Bevölkerung (1990):* 44%. *Durchschnittliches Bevölkerungswachstum pro Jahr (1985–93):* 1,8%. *Bevölkerungsprojektion für 2000:* 151 000 Ew. *Ethnische Gruppen (1990):* 90,3% Schwarze, 5,5% Mulatten, 3,2% Asiaten (Inder), 1% Weiße. *Religion (1991):* 79,0% Katholiken, 15,5% Protestanten. *Altersgliederung (1992):* unter 15 Jahre 36,7%, 15 bis unter 60 Jahre 54,5%, 60 und mehr Jahre 8,8%. *Lebenserwartung der Neugeborenen (1992):* männlich 69 Jahre, weiblich 75 Jahre. *Analphabetenquote (1990):* etwa 20%. *BSP je Ew. (1993):* 3 380 US-$. *BIP nach Sektoren/Produktionsstruktur (1993):* Landwirtschaft 12%, Industrie 21%, Dienstleistungen 67%. *Währung:* 1 Ostkaribischer Dollar (EC$) = 100 Cents. *Internationale Mitgliedschaften:* UNO, CARICOM, Commonwealth of Nations, OAS.

*****Saint Vincent and the Grenadines,** Staat im Bereich der Westind. Inseln.

Hauptstadt: Kingstown. *Amtssprache:* Englisch. *Staatsfläche:* 389 km². *Bodennutzung (1992):* 110 km² Ackerland, 20 km² Dauergrünland, 140 km² Waldfläche. *Einwohner (1994):* 111 000, 286 Ew. je km². *Städtische Bevölkerung (1991):* 25%. *Durchschnittliches Bevölkerungswachstum pro Jahr (1985–93):* 0,9%. *Bevölkerungsprojektion für 2000:* 116 000 Ew. *Ethnische Gruppen:* 66% Schwarze, 19% Mulatten, 5,5% Inder, 3,5% Weiße, 2% Zambos, 4% sonstige. *Religion (1980):* 41,6% Anglikaner, 20,9% Methodisten, 5,9% Baptisten, 4,4% Siebenten-Tags-Adventisten, 7,7% andere Protestanten, 11,6% Katholiken. *Lebenserwartung der Neugeborenen (1994):* männlich 71 Jahre, weiblich 74 Jahre. *BSP je Ew. (1993):* 2 120 US-$. *BIP nach Sektoren/Produktionsstruktur (1992):* Landwirtschaft 18%, Industrie 25%, Dienstleistungen 57%. *Arbeitslosenquote (1992):* 19%. *Währung:* 1 Ostkaribischer Dollar (EC$) = 100 Cents. *Internationale Mitgliedschaften:* UNO, CARICOM, Commonwealth of Nations, OAS.

*****Salinas de Gortari,** Carlos, mexikan. Politiker: Seine Präsidentschaft endete am 30. 11. 1994.

*****Salkey,** Andrew, jamaikan. Schriftsteller: †Hampshire (Mass.) 28. 4. 1995.

Salminen, Matti, finn. Sänger (Baß), *Turku 7. 7. 1945; debütierte 1969 an der Oper in Helsinki und war 1972–76 Ensemblemitglied der Kölner Oper. Seitdem sang er an zahlreichen großen Bühnen in Europa und den USA, u. a. an der Mailänder Scala, an der Metropolitan Opera in New York sowie bei den Bayreuther Festspielen. Er hat sich v. a. mit den großen Baßpartien der Opern von W. A. MOZART, R. WAGNER und G. VERDI einen Namen gemacht.

*****Salomoninseln, Salomonen,** amtl. engl. **Solomon Islands,** Staat im westl. Pazifik.

Hauptstadt: Honiara. *Amtssprache:* Englisch. *Staatsfläche:* 27 556 km². *Bodennutzung (1991):* 550 km² Ackerland, 400 km² Dauergrünland, 26 000 km² Waldfläche. *Einwohner (1994):* 366 000, 13 Ew. je km². *Durchschnittliches Bevölkerungswachstum pro Jahr (1985–93):* 2,9%. *Bevölkerungsprojektion für 2000:* 433 000 Ew. *Religion (1989):* 33,9% Anglikaner, 43,6% andere Protestanten, 19,2% Katholiken, 0,4% Anhänger der Bahai-Religion. *Altersgliederung (1995):* unter 15 Jahre 44,4%, 15 bis unter 65 Jahre 52,7%, 65 und mehr Jahre 2,9%. *Lebenserwartung der Neugeborenen (1993):* männlich 69 Jahre, weiblich 73 Jahre. *BSP je Ew. (1993):* 740 US-$. *BIP nach Sektoren/Produktionsstruktur (1991):* Landwirtschaft 48%, Industrie 9%, Dienstleistungen 43%. *Währung:* 1 Salomonen-Dollar (SI$) = 100 Cents (c). *Internationale Mitgliedschaften:* UNO, Commonwealth of Nations, South Pacific Forum.

Geschichte: Der Vorwurf Papua-Neuguineas gegenüber den S., die aufständ. Bougainville Revolutionary Army (BRA) zu unterstützen, führte in den 1990er Jahren zu Spannungen zw. beiden Staaten. Nach den Wahlen vom Mai 1993 trat MinPräs. SOLOMON MAMALONI (*1943) zurück, nachdem eine Mehrheit des Parlaments FRANCIS BILLY HILLY im Juni 1993 zu seinem Nachfolger gewählt hatte. Nachdem dieser im Okt. 1994 infolge des Verlustes der parlamentar. Mehrheit vom GenGouv. abgesetzt worden war, wählte das Parlament MAMALONI im Nov. 1995 wieder zum Ministerpräsidenten.

Marianne Sägebrecht

Salv   Salvo – São Tomé e Príncipe

Salvo, eigtl. **Salvatore Mangione** [manˈdʒoːne], italien. Künstler, *Leonforte (Prov. Enna) 22. 5. 1947. Mit Performances, Lichtobjekten und bildhauer. Arbeiten spiegelt S. ironisch das Verhältnis der Italiener zur Religion. In eigenwilliger themat. und formaler Bildsprache visualisiert er v. a. die Sehnsucht des modernen Menschen nach Klarheit, Ruhe und Wärme.
  S., hg. v. Johann-Karl Schmidt u. a., Ausst.-Kat. (1994).

Salvo: ›Ohne Titel‹; 1994 (Privatbesitz)

***Salzsteuer:** Die S. in Dtl. wurde im Zuge der EG-Steuerharmonisierung zum 1. 1. 1993 abgeschafft.
***Salzungen, Bad S. 2):** Der Landkreis Bad S. ging am 1. 7. 1994 im Wartburgkreis auf. Die Stadt Bad Salzungen ist damit nicht mehr Kreisstadt.
***Salzwedel 2):** Der Landkreis S. ging am 1. 7. 1994 im →Altmarkkreis Salzwedel auf.
***Sambia,** amtlich engl. **Republic of Zambia,** Binnenstaat im südl. Afrika, reicht vom Mweru- und Tanganjikasee im N bis zum Sambesi im Süden.

Hauptstadt: Lusaka. *Amtssprache:* Englisch. *Staatsfläche:* 752 614 km² (ohne Binnengewässer 743 390 km²). *Bodennutzung (1992):* 52 680 km² Ackerland, 300 000 km² Dauergrünland, 287 800 km² Waldfläche. *Einwohner (1994):* 9,196 Mio., 12 Ew. je km². *Städtische Bevölkerung (1993):* 42%. *Durchschnittliches Bevölkerungswachstum pro Jahr (1980–93):* 3,8%. *Bevölkerungsprojektion für 2000:* 10,672 Mio. Ew. *Ethnische Gruppen (1980):* 36,2% Bemba, 17,6% Nyanja (einschließlich Ngoni), 15,1% Tonga, 8,2% Lozi, 22,9% andere. *Religion (1992):* 72% Christen, 28% Anhänger von Naturreligionen. *Altersgliederung (1992):* unter 15 Jahre 48,5%, 15 bis unter 65 Jahre 49,3%, 65 und mehr Jahre 2,2%. *Lebenserwartung der Neugeborenen (1992):* männlich 46 Jahre, weiblich 49 Jahre. *Analphabetenquote (1991):* insgesamt 27,2%, männlich 19,2%, weiblich 34,7%. *BSP je Ew. (1992):* 380 US-$. *BIP nach Sektoren/Produktionsstruktur (1993):* Landwirtschaft 34%, Industrie 36%, Dienstleistungen 30%. *Währung:* 1 Kwacha (K) = 100 Ngwee (N). *Internationale Mitgliedschaften:* UNO, Commonwealth of Nations, OAU, Südafrikan. Entwicklungsgemeinschaft.

Sampaio [samˈpaju], Jorge Fernando **Branco de** [ˈbraŋku-], portug. Politiker, *Lissabon 18. 9. 1939; Rechtsanwalt, Mitgl. des Partido Socialista (PS), 1978–83 und 1985–89 Abg. im Parlament, 1979–84 Mitgl. der Europ. Kommission für Menschenrechte, 1989–92 GenSekr. des PS, wurde im Jan. 1996 zum Präs. der Republik gewählt.

Jorge Fernando Branco de Sampaio

Ernesto Samper Pizano

Samper Pizano, Ernesto, kolumbian. Politiker, *Bogotá 3. 8. 1950; studierte Rechts- und Wirtschaftspolitik; zunächst auf dem akadem. Sektor und 1974–81 als Vors. der kolumbian. Vereinigung der Banken und Finanzgesellschaften tätig; 1982 UN-Botschafter seines Landes. 1986 wurde S. P. in den Senat gewählt, 1987 zum Partei-Vors. des PL. 1990–91 Min. für wirtschaftl. Entwicklung, 1991–93 Botschafter in Spanien. Aus den Stichwahlen der Präsidentschaftswahlen am 19. 6. 1994 ging S. P. als Sieger hervor (Amtsantritt: 7. 8. 1994).

Sánchez de Lozada [ˈsantʃɛz de loˈzada], Gonzalo, bolivian. Politiker, *Cochabamba 1. 7. 1931; 1985–89 als Planungs-Min. Architekt der neoliberalen Wirtschaftspolitik. Seit Nov. 1992 Vors. des MNR, trat er nach den Wahlen vom 6. 6. 1993 am 6. 8. 1993 das Amt des Staatspräs. an.

Sandback [ˈsændbæk], Frederick, amerikan. Plastiker, *New York 9. 8. 1943; vertritt eine radikal konstruktiv argumentierende Kunst. Aufgrund der Leichtigkeit seiner Garninstallationen gelangt er zu einer ästhet. Umschreibung immaterieller Räume. S. nutzt v. a. geometr. Formen, um innerhalb eines Raumes Spannungsfelder aufzubauen.
  Fred S. Diagonal constructions, broken lines, Skulpturen u. Zeichnungen, hg. v. C. Haenlein, Ausst.-Kat. (1987); Fred S., vertical constructions, Ausst.-Kat. (1987).

***San Francisco Symphony Orchestra:** Chefdirigent ist seit 1995 Michael Tilson Thomas (*1944).

***Sanguinetti,** Julio María, uruguayischer Politiker: Nach dem Erfolg bei den Präsidentschaftswahlen am 27. 11. 1994 trat S. am 1. 3. 1995 sein Amt an.

***San Marino,** amtlich italien. **Repubblica di S. M.,** Republik auf der Apenninhalbinsel, südwestlich von Rimini.

Hauptstadt: San Marino. *Amtssprache:* Italienisch. *Staatsfläche:* 60,6 km². *Bodennutzung:* 39 km² Ackerland, 18 km² Dauergrünland. *Einwohner (1993):* 24 300, 401 Ew. je km². *Städtische Bevölkerung (1994):* 90%. *Bevölkerungsgruppen (1994):* 77,7% Sanmarinesi, 21,1% Italiener, 1,2% sonstige. *Religion:* über 90% Katholiken. *Altersgliederung (1994):* unter 15 Jahre 14,9%, 15 bis unter 60 Jahre 65,5%, 60 und mehr Jahre 19,6%. *BSP je Ew. (1992):* 8356 US-$. *Arbeitslosenquote (1994):* 4,1%. *Währung:* 1 Italienische Lira (Lit) = 100 Centesimi (Cent.). *Internationale Mitgliedschaften:* UNO, Europarat, OSZE.

Santer, Jacques, luxemburg. Politiker, *Wasserbillig (bei Grevenmacher) 18. 5. 1937; Jurist, ab 1961 im Staatsdienst tätig; ab 1972 als Staats-Sekr. im Arbeits- und Kultusministerium Mitgl. der Reg. Werner. 1972–74 war S. GenSekr. und 1974–82 Vors. des Parti Chrétien Social (PCS), 1974–79 Abg., 1975–79 Mitgl. des Europ. Parlaments, 1975–77 dessen Vize-Präs. Im 3. Kabinett Werner wurde er 1979 Arbeits- und Finanz-Min. sowie Min. für soziale Sicherheit. Ab 1984 Premier-Min., bei den Parlamentswahlen 1989 und 1994 in seinem Amt bestätigt, leitete er weiterhin zugleich das Finanzministerium; 1989 übernahm er auch das Kultusministerium. 1987–90 war S. Präs. der von ihm mitgegründeten Europ. Volkspartei (EVP). Im Jan. 1995 trat er als Nachfolger von J. Delors das Amt des Präs. der Kommission der Europ. Union an.

***São Tomé e Príncipe,** amtlich portug. **República Democrática de S. T. e P.,** dt. **Demokratische Republik São Tomé und Príncipe,** Inselstaat in Westafrika, im Golf von Guinea.

Hauptstadt: São Tomé. *Amtssprache:* Portugiesisch. *Staatsfläche:* 964 km². *Bodennutzung (1992):* 370 km² Ackerland. *Einwohner (1994):* 130 000, 135 Ew.

je km². *Städtische Bevölkerung (1992):* 44%. *Durchschnittliches Bevölkerungswachstum pro Jahr (1985–93):* 2,4%. *Bevölkerungsprojektion für 2000:* 146 000 Ew. *Ethnische Gruppen:* Bantu, außerdem Angolares, Serviçais, Ajudos, Anagos, Gregorianos. *Religion (1991):* rd. 80% Katholiken. *Altersgliederung (1990):* unter 15 Jahre etwa 48%, 15 bis unter 60 Jahre etwa 46%, 60 und mehr Jahre etwa 6%. *Lebenserwartung der Neugeborenen (1993):* männlich 63 Jahre, weiblich 61 Jahre. *Analphabetenquote (1990):* 33%. *BSP je Ew. (1993):* 350 US-$. *BIP nach Sektoren/Produktionsstruktur (1992):* Landwirtschaft 28%, Industrie 13%, Dienstleistungen 59%. *Währung:* 1 Dobra (Db) = 100 Cêntimos. *Internationale Mitgliedschaften:* UNO, OAU.

Geschichte: Nach Meinungsverschiedenheiten zw. Staatspräs. M. TROVOADA und MinPräs. NORBERTO COSTA ALEGRE (PCD-GR) über die Machtverteilung und nach Auflösung des Parlaments durch den Staatspräs. im Juli 1994 kam es am 2. 10. 1994 zu vorgezogenen Neuwahlen, in denen die aus der früheren Einheitspartei hervorgegangene MLSTP-PSD stärkste Partei (43% der Stimmen) wurde. Neuer MinPräs. wurde der Vors. der MLSTP-PSD, CARLOS DA GRAÇA, der für die Regierungstätigkeit auf die Zusammenarbeit mit der vom Staatspräs. neu gegründeten ADI (26% der Stimmen) angewiesen ist. Am 15. 8. 1995 übernahm das Militär in einem unblutigen Staatsstreich die Macht, mußte jedoch aufgrund von innenpolit. Widerstände und internat. Drucks am 22. 8. den Staatspräs. und den MinPräs. wieder in ihre Ämter einsetzen.

SAP AG, weltgrößter Anbieter von kommerzieller Standard-Anwendungssoftware für Großrechner (R/2) und Client-Server-Systeme (R3), gegr. 1972; Sitz: Walldorf. Die SAP AG ist mit Tochtergesellschaften und Niederlassungen in mehr als 40 Ländern vertreten. Umsatz (1994): 1,83 Mrd. DM, Beschäftigte: rd. 5 300.

**Sarduy,* Severo, kuban. Schriftsteller: † Paris 8. 6. 1993.

Saro-Wiwa, Ken, nigerian. Schriftsteller, * Bori 1941, † (hingerichtet) Port Harcourt 10. 11. 1995; wuchs in der Ogoniregion auf, lehrte an versch. nigerian. Univ. und war Reg.-Mitgl. Seit Ende der 70er Jahre Verleger, freier Schriftsteller und Vors. des nigerian. Schriftstellerverbandes. S.-W. engagierte sich seit Ende der 80er Jahre verstärkt für die Interessen der Ogoni-Bev. im Nigerdelta, das aufgrund der Erdölförderung schweren Umweltschäden ausgesetzt ist. 1994 wurde S.-W. wegen seiner Bürgerrechtsaktivitäten verhaftet und erhielt im selben Jahr den alternativen Nobelpreis; 1995 wurde er wegen angebl. Mordes zum Tode verurteilt und trotz internat. Proteste hingerichtet. – S.-W. gehörte zu den bekanntesten Autoren Nigerias. Er produzierte Fernsehspiele, eine populäre Fernsehserie und schrieb Kinderbücher. In seinem Erzählwerk wie in seinen Essays beschäftigte er sich, oft humorvoll-satirisch, mit Alltagsproblemen des zeitgenöss. Nigeria und experimentierte mit Pidgin English als literar. Sprache.
Werke: Kurzgeschichten: A forest of flowers (1986); Adaku & other stories (1989). – *Romane:* Sozaboy (1985); Prisoners of Jebs (1988). – *Lyrik:* Songs in a time of war (1985). – *Erzählung:* Basi and company. A modern African folktale (1987). – *Essays:* Similia. Essays on anomic Nigeria (1991).

***SAT 1:** →Privatfernsehen (ÜBERSICHT).

***Satellitennavigation:** Mitte 1995 begannen die ESA, die Europ. Kommission und die Flugsicherungsorganisation Eurocontrol das gemeinsame S.-Programm **ESN** (Abk. für Europ. Satellitennavigation). Es soll das Potential der S. für die Steuerung des Luft-, Wasser- und Landverkehrs auch für zivile Anwender voll nutzbar machen und gewährleisten, daß die Daten zuverlässig und in der erforderl. Genauigkeit zur Verfügung stehen. ESN verwendet dazu die globalen S.-Systeme NAVSTAR/GPS (USA) und GLONASS (Rußland), die für militär. Zwecke Ortsbestimmungen mit einer Genauigkeit im Zentimeterbereich ermöglichen; zivile Nutzer erhalten von beiden Systemen Daten mit geringerer Präzision (Genauigkeit etwa 100 m). ESN sieht deshalb ab 1996 zusätzl. geostationäre Satelliten vom Typ INMARSAT 3 und Indik vor, mit deren Navigationsdaten sich aktuelle Koordinaten und Geschwindigkeiten von Flugzeugen, Schiffen und Landfahrzeugen genauer bestimmen lassen als mit GPS und GLONASS allein.

Daneben sind die russ. S.-Systeme Zikada für die Handelsschiffahrt und die Fischfangflotte sowie Parus für militär. Aufgaben in Betrieb. Zusätzlich für den Empfang von Notsignalen ausgestattete Kosmos-Satelliten der Zikada-Serie sind unter dem Namen Nadeshda Teil des internat. Such- und Rettungssystems **SARSAT** (Abk. für Search and rescue Satellite) für verunglückte Schiffe und Flugzeuge. Seit 1994 werden auch mit Navigationssignalen und differentieller Positionsbestimmung arbeitende Flugzeuglandesysteme für Präzisionsanflüge (Genauigkeit 20 cm) getestet, z. B. bei der DLR und der Dasa.

M. BAUER: Vermessung u. Ortung mit Satelliten (³1994).

Satellitentelefon, *Telekommunikation:* satellitengestütztes Funktelefon, bei dem die Datenübermittlung über Satellitenverbindungen erfolgt, auf terrestr. Stationen also völlig verzichtet wird. Vorläufer der im Aufbau befindl. S.-Systeme ist das INMARSAT-Kommunikationssystem (▷ INMARSAT), das für die Schiffahrt entwickelt wurde. Für die geplanten S.-Systeme werden jedoch keine geostationären Satelliten in großer Höhe (36 000 km) wie bei INMARSAT eingesetzt, sondern auf wesentlich niedrigeren Umlaufbahnen befindl. ›Kunstmonde‹. Diese haben den Vorteil, daß sie mit der geringen Sendeleistung eines Handys zu erreichen sind. Durch ihre niedrigen Umlaufbahnen bewegen sie sich aber so schnell, daß man für eine geographisch lückenlose Überdeckung eine größere Anzahl von Satelliten benötigt. Das Projekt ›Iridium‹ soll mit 66 Satelliten arbeiten, die sich in Umlaufbahnen von 765 km Höhe befinden (Low Earth Orbit, Abk. LEO). Damit ist ein solcher Satellit von der Erde aus nur 9 min lang per Handy erreichbar. Sollte das Gespräch länger dauern, wird es automatisch an den nächsten aufgehenden Satelliten übergeben. Mit den Starts der Satelliten soll 1997 begonnen werden. Die Anbindung des terrestr. Mobilfunks ist gewährleistet.

Beim S. muß die Frequenzhoheit der Staaten respektiert werden. Bei einem Verbindungsaufbau muß daher die Position des Anrufers ermittelt und geprüft werden, ob er von einem Territorium anruft, das durch vertragl. Vereinbarungen für die S.-Verbindung zugelassen ist. In Zukunft soll mit S.-Systemen in Verbindung mit terrestr. Mobilfunk ein nicht leitungsgebundenes globales Telefonieren möglich werden. Sobald über die terrestr. Mobilfunksysteme keine Verbindung zustande kommt, wird automatisch eine Satellitenverbindung aufgebaut.

***Saudi-Arabien,** amtlich arab. **Al-Mamlaka al-Arabijja as-Saudijja,** dt. **Königreich S.-A.,** Staat in Vorderasien, auf der Arab. Halbinsel, grenzt im W an das Rote Meer und den Golf von Akaba, im O an den Pers. Golf.

Hauptstadt: Riad. *Amtssprache:* Arabisch. *Staatsfläche:* etwa 2,15 Mio. km². *Bodennutzung (1992):* 23 750 km² Ackerland, 850 000 km² Weideland, 12 000 km² Waldfläche. *Einwohner (1994):* 17,451 Mio., 8 Ew. je km². *Städtische Bevölkerung (1993):*

Gonzalo Sánchez de Lozada

Jacques Santer

Ken Saro-Wiwa

79%; in städt. Agglomerationen mit 1 Mio. und mehr Ew. leben 27% der Stadt-, 21% der Gesamtbevölkerung. *Durchschnittliches Bevölkerungswachstum pro Jahr (1985-93):* 4,4%. *Bevölkerungsprojektion für 2000:* 20,667 Mio. Ew. *Ethnische Gruppen (1983):* 82,0% Saudiaraber, 9% Jemeniten, 3,4% sonstige Araber, 5,0% andere. *Religion (1992):* 98% Muslime, meist Sunniten (der Islam ist Staatsreligion). *Altersgliederung (1995):* unter 15 Jahre 42,1%, 15 bis unter 65 Jahre 55,4%, 65 und mehr Jahre 2,5%. *Lebenserwartung der Neugeborenen (1992):* männlich 68 Jahre, weiblich 71 Jahre. *Analphabetenquote (1991):* insgesamt 37,6%, männlich 26,9%, weiblich 51,9%. *BSP je Ew. (1992):* 7940 US-$. *BIP nach Sektoren/Produktionsstruktur (1992):* Landwirtschaft 7%, Industrie 52%, Dienstleistungen 41%. *Währung:* 1 Saudi Riyal (S. RI.) = 20 Qirshes = 100 Hallalas. *Internationale Mitgliedschaften:* UNO, Arab. Liga, OPEC und OAPEC.

Geschichte: König FAHD hielt an der absolutist. Herrschaftsform und der islam. Grundorientierung des Staates fest. Angesichts der Ausrichtung der Außenpolitik v. a. seit dem 2. Golfkrieg (1991) auf die USA sieht sich das saud. Herrscherhaus innenpolitisch mit einer fundamentalistisch-islam. Opposition konfrontiert. Polit. Reformforderungen kam FAHD nur in einem sehr begrenzten Maß entgegen. In diesem Sinne trat am 28. 12. 1993 ein Konsultativrat (Madjlis asch-Schura) mit 60 vier vier Jahre vom König ernannten Mitgl. ins Leben, der das Recht hat, die Reg.-Mitgl. zu Stellungnahmen zu veranlassen. Nach dem Ende des 2. Golfkriegs wurde die Armee rasch um mehr als 40% auf nun fast 97 000 Mann vergrößert; im Bereich des Großgeräts wurden bei Heer und Luftwaffe umfangreiche Beschaffungsmaßnahmen eingeleitet. Im Frühjahr 1994 kam es zu Konflikten zw. saudiarab. und iran. Behörden um einheim. Mekkapilgern, die das Recht zu polit. Demonstrationen forderten.

Vor dem Hintergrund wachsender Kritik v. a. von fundamentalistisch-islam. Seite an der Außenpolitik verschärfte die Reg. nach dem Bombenanschlag auf die US-Militärmission im Nov. 1995 ihre Sicherheitsvorkehrungen. Am 1. 1. 1996 übertrug König FAHD die Regierungsgeschäfte an den Kronprinzen ABDALLAH IBN ABD AL-ASIS (* 1921).

*Säugetiere: Seit Anfang der 1990er Jahre wurden einige neue S.-Arten entdeckt. Eine neue Rinderart fanden Forscher 1992 in den Wäldern Vietnams; diese im Aussehen an einen Springbock (Oryx) erinnernde Art wurde **Pseudoryx nghetinhensis** genannt. In der gleichen Region wurden im Jahr 1994 die Knochen eines bes. großen Muntjakhirsches entdeckt, der deutlich von den bisher bekannten Arten abweicht. Ein lebendes Exemplar dieses Tieres, das von der einheim. Bevölkerung wegen seines Fleisches gejagt wird, konnte bislang nicht gefunden werden. Ebenfalls 1994 wurde im indones. Teil Neuguineas eine neue Baumkänguruhart gefunden; das von den einheimischen **Bondegezou** (›Mann der Gebirgswälder‹) genannte Tier nimmt eine Zwischenstellung zw. den am Boden lebenden Känguruharten und den Baumkänguruhs ein. Bereits 1991 wurde vor der peruan. Küste eine neue Art der Wale entdeckt. Diese zur Gattung der Zweizahnwale (Mesoplodon; Familie Schnabelwale) gehörende Art (**Mesoplodon peruvianus**), von der bislang etwa zehn Exemplare gefunden wurden, ist mit etwa 3,7 m (größtes bekanntes Exemplar) wahrscheinlich die kleinste Art dieser Gattung.

*Savimbi, JONAS Malheiro, angolan. Politiker: Akzeptierte seine Niederlage bei der Präsidentschaftswahlen von Sept. 1992 nicht, sondern setzte den Bürgerkrieg verstärkt fort. Ende 1994 stimmte er erneut einem Friedensabkommen zu und erkannte im Mai 1995 die Reg. Dos Santos an. Im Aug. 1995 wurde er zum Vize-Präs. mit der Zuständigkeit für die Wirtschaftspolitik ernannt.

Y. LOISEAU u. P.-G. DE ROUX: J. S. Revolutionär u. General (a. d. Frz., 1989).

*Sawallisch, Wolfgang, Dirigent und Pianist: War bis 1992 Intendant der Bayer. Staatsoper in München.

Scacchi [ˈskakki], Greta, italienisch-australische Schauspielerin, * Mailand 18. 2. 1960; lebte ab 1975 einige Jahre in Australien; international gefragte Theater-, Film- (seit 1982) und Fernsehdarstellerin.

Filme: A Man in Love (1987); Die letzten Tage in Kenya (1987); Fürchten u. Lieben (1988); Salz auf unserer Haut (1992); Jefferson in Paris (1995).

Scall [skɔːl, Kw.] *das, -s, Telekommunikation:* ▷ Funkrufdienst der Dt. Telekom AG (DeTeMobil), der seit Dez. 1994 in ganz Dtl. eingeführt ist und mit der F3-Frequenz von Cityruf arbeitet. Über S. können in Ziffernfolgen (max. 15 Ziffern sind möglich) codierte Meldungen im Radius von etwa 25 km an S.-Empfangsgeräte (Pager) übermittelt werden. Die Eingabe erfolgt über konventionelle oder Mobiltelefone per Tonwahl, d. h., die Telefonnummern werden durch Töne (nicht durch Impulse) übertragen. S. erfordert daher ein digitales Fernmeldenetz, v. a. digital arbeitende Vermittlungsstellen.

Bei S. werden die Kosten allein vom Anrufer übernommen (eine Grundgebühr wird von den Teilnehmern nicht verlangt). Der Pager wird durch Eingabe der S.-Nummer 01680 in Verbindung mit der PIN (▷ persönliche Identifikationsnummer) und der jeweiligen Postleitzahl aktiviert.

*Schaaf, Julius, Philosoph: † Landau in der Pfalz 3. 3. 1994.

Schabowski, Günter, Politiker und Journalist, * Anklam 4. 1. 1929; war 1952-89 Mitgl. der SED, 1978-85 Chefredakteur des ›Neuen Deutschland‹, 1981-89 Mitgl. des ZK, 1984-89 des Politbüros der SED, 1985-89 Erster Sekr. der Bez.-Leitung der SED in Berlin (Ost), bemühte sich in der Endphase der Dt. Dem. Rep. um das Gespräch mit der Bürgerrechtsbewegung; gab am 9. 11. 1989 die Öffnung der Grenzen der Bundesrep. Dtl. bekannt. Im März 1995 wurde er vor dem Landgericht Berlin zus. mit fünf anderen Angehörigen des früheren Politbüros der SED u. a. wegen des mehrfachen gemeinschaftl. Totschlags angeklagt.

Schachraj, Šachraj [ʃ-], Sergej Michajlowitsch, russ. Politiker und Staatsrechtler, * Simferopol 30. 4. 1956; 1988-90 Mitgl. der KPdSU, leitete zunächst das Seminar für Rechtsinformatik und Kybernetik an der Univ. Moskau. Politisch trat er für Reformen in der Wirtschaftsordnung seines Landes ein. Von Dez. 1991 bis Mai 1992 sowie von Nov. 1992 bis Jan. 1996 war er einer der stellv. MinPräs. Von Nov. 1992 bis Mai 1994 leitete er das Staatskomitee für Nationalitätenpolitik. S. ist führendes Mitgl. der Partei der russ. Einheit und Eintracht (russ. Abk. PRES).

Schädlich, Hans Joachim, Schriftsteller, * Reichenbach/Vogtl. 8. 10. 1935; studierte Germanistik, war 1959-76 an der Akademie der Wissenschaften der DDR in Berlin (Ost) tätig und verfaßte sprachwissenschaftl. Abhandlungen. Nachdem er aufgrund seines Protestes gegen die Ausbürgerung W. BIERMANNS seine Stelle verloren hatte, siedelte er im Dez. 1977 in die Bundesrep. Dtl. über. In dem Kinderbuch ›Der Sprachabschneider‹ (1980) näherte sich S. mit leichter Hand dem Thema Zensur und verfaßte 1986 den Spitzelroman ›Tallhover‹. 1992 veröffentlichte er zum einen den phantast. Schelmenroman ›Schott‹ und trat zum anderen mit dem Band ›Über Dreck, Politik und Literatur‹ und der von ihm herausgegebenen Sammlung ›Aktenkundig‹ in die aktuelle Diskussion ein. – S. erhielt 1996 den Kleist-Preis.

Hans Joachim Schädlich

Weitere Werke: *Prosa:* Versuchte Nähe (1977). - *Erzählungen:* Ostwestberlin (1987); Mal hören, was noch kommt. Jetzt, wo alles zu spät ist (1995).

*****Schaeffer,** Pierre, frz. Toningenieur und Komponist: † Aix-en-Provence 19. 8. 1995.

Schäfers, Bernhard, Soziologe, * Münster 26. 2. 1939; 1971–77 Prof. an der Erziehungswissenschaftl. Hochschule Rheinland-Pfalz in Landau in der Pfalz, ab 1977 in Göttingen, seit 1983 an der Univ. (TH) Karlsruhe. S. ist mit Handbüchern und Einführungen zur allgemeinen Soziologie, zur Stadtsoziologie und zur Sozialstrukturanalyse hervorgetreten.

Werke: Sozialstruktur u. Wandel der Bundesrep. Dtl. (1976, ab ⁵1990 u. d. T. Gesellschaftl. Wandel in Dtl.); Soziologie des Jugendalters (1982). - **Hg.:** Gesellschaftl. Planung (1973); Grundbegriffe der Soziologie (1986); Soziologie in Dtl. (1995).

*****Schäffer,** Bogusław Julien, poln. Komponist und Musiktheoretiker: Wurde 1989 Prof. für Komposition am Mozarteum in Salzburg; schrieb die Oper ›Liebesblicke‹ (1990).

Schalck-Golodkowski, Alexander, Politiker und Wirtschaftsfachmann, * Berlin 3. 7. 1932; Diplomaußenhandelslehrer, ab 1955 Mitgl. der SED, 1986–89 ihres ZK. Als Staats-Sekr. im Ministerium für Außenhandel (1975–89) leitete er den Bereich ›Kommerzielle Koordinierung‹ (KoKo, gegr. 1967). Er baute in diesem Amt außerhalb der Dt. Dem. Rep. einen Verbund von Unternehmen auf, der mit bestimmten Warensortimenten aus der Produktion der Dt. Dem. Rep. Devisen für den Staatshaushalt erwirtschaften sollte. Als ›Devisenbeschaffer‹ der Dt. Dem. Rep. unterhielt er Kontakte zu Vertretern der Bundesrep. Dtl.; 1983 vereinbarte S.-G. mit F. J. STRAUSS einen Kredit von 1 Mrd. DM für die Dt. Dem. Rep.; seit Dez. 1989 in Berlin (West); war dort bis Jan. 1990 kurzfristig in Haft. Im Hinblick auf zahlreiche KoKo-Aktivitäten wurden (inzwischen eingestellte) Ermittlungsverfahren gegen ihn angestrengt (u. a. wegen Veruntreuung und Verstoß gegen das Betäubungsmittel-Ges.). S.-G. bestreitet den Vorwurf, für das MfS, das ihn im Rang eines Obersten führte, gearbeitet zu haben.

Schami, Rafik, eigtl. **Suheil Fadél,** Schriftsteller syr. Herkunft, * Damaskus 23. 6. 1946; begann 1965, Kurzerzählungen und moderne Märchen zu veröffentlichen, leitete 1966–69 die Redaktion einer literar. Wandzeitung in Damaskus. 1971 kam S. in die Bundesrep. Dtl.; bis 1977 verfaßte er seine Werke auf Arabisch und übersetzte sie z. T. selbst, seitdem schreibt er auf Deutsch. S. setzt sich für die Migrantenliteratur in Dtl. ein.

Werke: *Märchen:* Andere Märchen (1978); Das Schaf im Wolfspelz (1982); Der erste Ritt durchs Nadelöhr (1985); Malula (1987); Erzähler der Nacht (1989); Der ehrl. Lügner (1992); Märchen aus Malula (1992); Reise zw. Nacht u. Morgen (1995). - *Erzählungen:* Die Sehnsucht fährt schwarz. Geschichten aus der Fremde (1988). - *Kinder- und Jugendbücher:* Bobo u. Susu (1986; mit E. RAPP); Eine Hand voller Sterne (1987); Der Wunderkasten (1990; mit P. KNORR); Das ist kein Papagei! (1994; mit W. ERLBRUCH).

*****Schamir,** Yitzhak, israel. Politiker: Wurde nach dem Wahlsieg der Israel. Arbeitspartei (23. 6. 1992) als MinPräs. von I. RABIN abgelöst.

*****Schapiro,** Meyer, amerikan. Kunsthistoriker litauischer Herkunft: † New York 3. 3. 1996.

*****Schaposchnikow,** Jewgenij Iwanowitsch, russ. Marschall: War bis 1993 Oberbefehlshaber über die früheren sowjet., dann über die von der GUS kontrollierten strateg. Streitkräfte.

*****Scharping,** Rudolf, Politiker: Hatte 1993 als Min.-Präs. von Rheinl.-Pf. bei den Bund-Länder-Verhandlungen erhebl. Anteil am Kompromiß beim Asylrecht und am Abschluß des ›Solidarpakts‹. Nach dem Rücktritt von B. ENGHOLM (Mai 1993) wurde S. entsprechend einem Votum der SPD-Mitgl. von einem Sonderparteitag der SPD am 25. 6. 1993 zum Bundes-Vors. gewählt. Auf ihrem Parteitag im Nov. 1993 ernannte ihn seine Partei zu ihrem Kanzlerkandidaten bei der Bundestagswahl vom Okt. 1994. Nach dem knappen Wahlausgang zuungunsten der SPD am 16. 10. 1994 wählte ihn ihre Bundestagsfraktion zu ihrem Vors., nachdem er bereits am Wahltag als Min.-Präs. zurückgetreten war. Bei der Wahl des Partei-Vors. unterlag S. im Nov. 1995 O. LAFONTAINE.

Schatalin, Šatalin [ʃ-], Stanislaw Sergejewitsch, russ. Politiker und Wirtschaftswissenschaftler, * Detskoje Selo (heute Puschkin) 1934; stieg in den 1960er Jahren zu einem der führenden Ökonomen der Sowjetunion auf. 1963 der KPdSU beigetreten, wurde er mehrfach aus der Partei ausgeschlossen. In der Zeit der Perestroika trat er als ›Chefreformer‹ und enger Mitarbeiter M. S. GORBATSCHOWS hervor. Seine Reformvorschläge, unter der Bez. ›S.-Plan‹ bekannt, enthielten kompromißlose Vorstellungen für den Übergang von der Plan- zur Marktwirtschaft.

*****Schaufuß,** Peter, dän. Tänzer, Choreograph und Ballettdirektor: War bis Ende 1993 Ballettdirektor an der Dt. Oper Berlin und übernahm 1994–95 die Leitung des Königlich Dän. Balletts in Kopenhagen.

*****Schellow,** Erich, Schauspieler: † Berlin 25. 11. 1995.

*****Schengener Abkommen:** Dem Abkommen vom 19. 6. 1990 (›Schengen II‹) sind inzwischen 10 der 15 Mitgl. der Europ. Union durch Unterzeichnung und Ratifikation beigetreten. Dies waren außer den fünf ursprüngl. Mitgliedsländern Italien, Portugal, Spanien, Griechenland und Österreich. Aufgrund techn. Schwierigkeiten bei der Errichtung des gemeinsamen Fahndungs- und Informationssystems für die Polizei, die Justiz und die Visaerteilung (SIS) in Straßburg konnte das Abkommen jedoch nicht wie vorgesehen am 1. 2. 1994 in Kraft treten. Nachdem diese Schwierigkeiten behoben waren, hat der durch ›Schengen II‹ eingerichtete Exekutivausschuß, in dem jede Vertragspartei einen Sitz hat, das Abkommen am 26. 3. 1995 in Kraft gesetzt.

Scherf, Henning, Politiker (SPD), * Bremen 31. 10. 1938; zunächst Rechtsanwalt, dann im Staatsdienst des Landes Bremen, seit 1971 Mitgl. der Bürgerschaft, engagierte sich auf dem linken Flügel seiner Partei (u. a. Gegner des NATO-Doppelbeschlusses); 1972–78 Landes-Vors. der SPD; übernahm ab 1978 als Mitgl. der brem. Landes-Reg. (Senator) versch. Ressorts (1978–79 Finanzen, 1979–90 Soziales, 1990–91 Bildung, Wissenschaft und Kunst, 1991–95 Bildung und Wissenschaft sowie Justiz und Verf.); 1985–91 stellv. Bürgermeister. Nach den Wahlen von 1995 wurde er Bürgermeister an der Spitze einer großen Koalition und Justizsenator.

Schertenleib, Hansjörg, schweizer. Schriftsteller, * Zürich 4. 11. 1957; veröffentlicht seit 1981 Gedichte, Hörspiele, Romane und Erzählungen, die sich durch phantasiereiche Bilder, atmosphär. Dichte und sprachl. Genauigkeit auszeichnen.

Werke: *Lyrik:* Der stumme Gast (1989). - *Hörspiel:* Im Herzen der Bestie (1987). - *Romane:* Die Ferienlandschaft (1983); Die Geschwister (1986). - *Erzählungen:* Grip (1982); Die Prozession der Männer (1985); Der Antiquar (1991). - *Drama:* Stoffmann u. Herz (Urauff. 1988).

Scherzer, Birgit, Tänzerin, Choreographin und Ballettdirektorin, * Stollberg/Erzgeb. 14. 7. 1954; tanzte nach ihrer Ausbildung an der Dresdner Palucca-Schule 1981–89 an der Kom. Oper in Berlin (Ost) und entdeckte sich ihr choreograph. Talent, das schon in der Zeit der Dt. Dem. Rep. große Beachtung fand. Seit 1991 am Saarländ. Staatstheater Saarbrücken, profilierte sie sich durch ein Ballett-Theater, das traditionelle Tanzformen neuen Inhalten unterordnet.

Choreographien: Keith (1988); Requiem!! (1991); Romeo & Julia (1993); Kaspar Hauser (1994).

Rafik Schami

Sche Schewardnadse – Schleswig-Holstein

*__Schewardnadse,__ Eduard Amwrossijewitsch, georg. (früher sowjet.) Politiker: War im Aug. 1995 Ziel eines Attentats, bei dem er jedoch nur leicht verletzt wurde. Am 5. 11. 1995 wählte ihn die Bev. Georgiens zum Staatspräsidenten.

*__Schickedanz,__ Grete, Unternehmerin: † Fürth 23. 7. 1994.

*__Schiffsregister:__ Die Einrichtung eines Zweiten S. (Zweitregister), das u. a. die Beschäftigung von ausländ. Schiffspersonal zu den Gehaltsbedingungen des Heimatlandes erlaubt, wurde vom Bundesverfassungsgericht 1995 als verfassungsgemäß beurteilt.

*__Schiller,__ Karl, Volkswirtschaftler und Politiker: † Hamburg 26. 12. 1994.

*__Schilling,__ Tom, Tänzer, Choreograph und Ballettdirektor: War bis 1993 Ballettdirektor der Kom. Oper Berlin.

__Schimmel,__ Annemarie, Orientalistin, * Erfurt 7. 4. 1922; wurde 1954 Prof. für vergleichende Religionsgeschichte in Ankara, 1961 für Arabistik und Islamkunde in Bonn, 1970 für indomuslim. Kultur an der Harvard University in Cambridge (Mass.). Sie setzt sich mit dem Islam und dem Phänomen seiner Begegnung mit der abendländ. Kultur auseinander; ein Forschungsschwerpunkt ist die islam. Mystik (der Sufismus). Sie betrieb zahlreichen Übersetzungen aus Sprachen der islam. Welt (Arabisch, Persisch, Türkisch, Urdu, Sindhi u. a.) hervor. 1995 erhielt sie den Friedenspreis des Börsenvereins des Dt. Buchhandels.
__Werke:__ Kalif u. Kadi im spätmittelalterl. Ägypten (1943); Vergleichende Religionsgesch. (türk. 1955); Gabriel's wing (1963); Classical Urdu literature from the beginning to Iqbal (1975); Mystical dimensions of Islam (1975; dt. Mystische Dimensionen des Islam); Rumi. Ich bin Wind u. du bist Feuer. Leben u. Werk des großen Mystikers (1978); Islam in the Indian subcontinent (1980); Und Muhammad ist Sein Prophet (1981); Calligraphy and Islamic culture (1984); Friedrich Rückert (1987); Muhammad Iqbal (1989); Der Islam (1990); Terres d'Islam (1994; dt. Die Welt des Islam). – __Hg.:__ Al-Halladsch, Märtyrer der Gottesliebe (1968); Gärten der Erkenntnis (1982); Weisheit des Islam (1994).

__Schirinowskij, Žirinovskij__ [ʒi-], Wladimir Wolfowitsch, russ. Politiker, * Alma-Ata 25. 4. 1946; 1989 Gründer und seitdem Vors. einer unter dem Namen ›Liberaldemokrat. Partei‹ auftretenden polit. Gruppierung mit einem großrussisch-nationalist. und antisemit. Programm; beteiligte sich im Juni 1991 an den Präsidentschaftswahlen. In der Folgezeit trat er immer stärker als Gegner Präs. B. JELZINS hervor; seit 1993 Mitgl. der Duma.

*__Schiwkow,__ Todor, bulgar. Politiker: Wurde in einem Prozeß (25. 2. 1991 bis 4. 9. 1992) wegen der Veruntreuung von Staatsgeldern (im Wert von 1,9 Mio. DM) zu sieben Jahren Haft verurteilt.

*__Schlechtwettergeld:__ Seit dem 1. 1. 1996 wird vom Arbeitsamt für witterungsbedingte Arbeitsausfälle in der Schlechtwetterzeit (1. 11. bis 31. 3.) ab der 151. Ausfallstunde (i. d. R. ab dem 21. Tag) __Winterausfallgeld__ in Höhe von 67% (60% bei Antragstellern ohne Kind) des Nettoarbeitsentgelts gezahlt. Voraussetzung ist, daß ein durch Tarifvertrag, Betriebsvereinbarung oder Arbeitsvertrag geregelter Anspruch auf Leistungen für die ersten 150 Stunden ausgeschöpft ist (Winterausfallgeld-Voraussetzung).

__Schlecker, Anton S.,__ größtes europ. Filialunternehmen für Drogeriewaren, gegr. von ANTON SCHLECKER (* 1944); Sitz: Ehingen (Donau). S. umfaßte 1994 neben rd. 5800 in- und ausländ. Filialbetrieben (u. a. in Frankreich, Österreich, den Niederlanden, Spanien) auch mehrere ›Schleckerland-SB Warenhäuser‹. Wegen Differenzen über die Bildung von Betriebsräten und wegen seiner restriktiven Personalpolitik geriet das Unternehmen 1995 in Konflikt mit der Gewerkschaft HBV; Umsatz (1994): 5,9 Mrd. DM, Beschäftigte: rd. 24800.

__Schleef,__ Einar, Bühnenbildner, Regisseur und Schriftsteller, * Sangerhausen 17. 1. 1944; ab 1972 Bühnenbildner und Regisseur in Berlin (Ost), bes. am Berliner Ensemble, übersiedelte 1976 nach Berlin (West). Seine Arbeiten am Frankfurter Schauspiel und seit 1993 wieder am Berliner Ensemble haben heftige Diskussionen ausgelöst. Als Autor wurde S. bekannt durch seinen Roman ›Gertrud‹ (2 Tle., 1980–84); schrieb auch Erzählungen, Theaterstücke, Hörspiele, Phototextbände.
__Weitere Werke:__ *Erzählungen:* Die Bande (1982). – *Dramen:* Wezel (1983); Berlin ein Meer des Friedens (1985); Die Schauspieler (1986); Totentrompeten (Urauff. 1995).

*__Schleiz 2):__ Aus dem Landkreis S. wurden am 1. 4. 1992 die Stadt Mühltroff und die inzwischen aufgelösten Gemeinden Langenbach und Thierbach zum Land Sachsen umgegliedert. Der Landkreis S. ging am 1. 7. 1994 im Saale-Orla-Kreis auf, dessen Kreisstadt die Stadt Schleiz wurde.

*__Schlesinger,__ Helmut, Bankfachmann: Wurde im Okt. 1993 als Präs. der Dt. Bundesbank von H. TIETMEYER abgelöst.

*__Schleswig-Holstein,__ das nördlichste Land Dtl.s, umfaßt 15 738 km² (4,4 % der Fläche Dtl.s); Landeshauptstadt ist Kiel.
Bevölkerung: Die (1994) 2,695 Mio. Ew. machen 3,3 % der Bev. Dtl.s aus, der Anteil der weiblichen Bev. beläuft sich auf (1994) 51,2 %. Im Zuge der Binnenwanderung ließen sich 1993 insgesamt 66 108 Menschen aus anderen Bundesländern nieder, gegenüber den Fortzügen ergibt sich ein Überschuß von 6073 Zuzügen. Am 31. 12. 1993 wohnten 131 500 Ausländer in S.-H. (4,9 % der Landes-Bev.), davon waren 39 800 Türken, 11 800 Menschen aus dem früheren Jugoslawien, 7200 Polen, 3900 Italiener, 3800 Griechen, 2900 Österreicher, 2300 Spanier, 2000 US-Amerikaner; die Staatsangehörigkeit von Ländern der EU (1993) besaßen insgesamt 25 700 Ausländer. Von den (1994) 1,235 Mio. Privathaushalten sind 34,3 % Einpersonenhaushalte. Den (1993) 29 000 Lebendgeborenen stehen 31 000 Gestorbene gegenüber. 1994 waren 15,4 % der Bev. unter 15 Jahre alt, 68,7 % 15 bis unter 65 Jahre, 15,9 % 65 Jahre und älter.
Die Bev.-Dichte lag 1994 bei 171 Ew. je km². In Großstädten (100 000 Ew. und mehr) leben (1994) 17,3 % der Bev., in Gemeinden zw. 50 000 und 100 000 Ew. 8,8 %, zw. 10 000 und 50 000 Ew. 30,6 %, unter 10 000 Ew. 43,3 %. Größte Städte (1994) sind: Kiel (248 900 Ew.), Lübeck (217 300 Ew.), Flensburg (88 000 Ew.), Neumünster (82 000 Ew.), Norderstedt (69 900 Ew.), Elmshorn (45 800 Ew.) und Pinneberg (38 600 Ew.).
Wirtschaft: S.-H. gilt traditionell als strukturschwaches Bundesland, konnte aber in den vergangenen Jahren seine Position leicht verbessern, da sich bes. die wirtschaftl. Aktivität im ›Speckgürtel‹ nordöstlich von Hamburg auf das Land positiv auswirkte. Die Bedeutung des Agrarsektors ist weiter zurückgegangen (Anteil an der Bruttowertschöpfung 1994: 2,0 %; Anteil an den Erwerbstätigen 1994: 4,0 %). Demgegenüber wird der Dienstleistungssektor immer wichtiger: 65,9 % der 1,09 Mio. Erwerbstätigen erwirtschaften 67,9 % der Bruttowertschöpfung (Handel und Verkehr 14,4 %, Staat 17,5 %, sonstige Dienstleistungsunternehmen 33,8 %). Während damit der tertiäre Sektor ein größeres Gewicht hat als im Durchschnitt der alten Bundesländer (63,6 %), ist die Bedeutung des produzierenden Gewerbes unterdurchschnittlich: 30,1 % der Erwerbstätigen erwirtschaften 30,1 % der Bruttowertschöpfung (Durchschnitt alte Bundesländer: 35,3 %). In der Industrie dominieren Maschinenbau (1993: 16,1 % der Industriebeschäftigten), Nahrungs- und Genußmittelindustrie (14,1 %) und Elektroindustrie (11,4 %), während der Schiffbau an Bedeutung verloren hat (4,6 %).

Annemarie Schimmel

Einar Schleef

Die Zahl der Arbeitslosen ist seit 1990 von 93 621 auf (1994) 102 287 nur relativ geringfügig gestiegen. Die Arbeitslosenquote liegt 1994 nicht mehr wie 1990 mit 8,7 % über dem Durchschnitt der alten Bundesländer (7,2 %), sondern mit 9,0 % etwas darunter (9,2 %). Auch die Rezession 1993 wirkte sich mit einem Rückgang des Bruttoinlandsprodukts (BIP) um 0,8 % weniger gravierend aus als in den alten Bundesländern insgesamt (−1,7 %). 1994 lag das reale Wachstum des BIP bei 2,6 % (Durchschnitt alte Bundesländer: 2,3 %). Mit einem BIP je Erwerbstätigen von (1994) 95 900 DM und einem BIP je Ew. von 38 900 DM erreicht S.-H. allerdings noch nicht die Durchschnittswerte der alten Bundesländer von 103 800 DM bzw. 45 200 DM. Der Beitrag S.-H.s zum BIP Dtl.s wird mit (1994) 3,2 % ausgewiesen (104,8 Mrd. DM).

Die Verschiebungen in der Produktions- und Erwerbsstruktur verdeutlichen, daß es trotz des weiteren Rückgangs der Zahl der Industriebeschäftigten gelungen ist, die Industriestruktur zu modernisieren und neue Dienstleistungsunternehmen anzusiedeln. Um Wirtschaftspolitik für die Region um Hamburg besser betreiben zu können, haben die Landes-Reg. von S.-H., Ndsachs. und Hamburg 1991 beschlossen, ein Regionales Entwicklungskonzept zu erarbeiten.

Geschichte: Unter den Nachwirkungen der ›Barschel-Pfeiffer-Affäre‹ (→Barschel, Uwe) sah sich B. ENGHOLM am 3. 5. 1993 gezwungen, von allen seinen Ämtern zurückzutreten, v. a. als MinPräs. von S.-H. und Bundes-Vors. der SPD, nachdem er entgegen früheren Aussagen hatte zugeben müssen, vor dem 13. 9. 1987, dem Tag der damaligen Landtagswahl, von der Kampagne gegen ihn gewußt zu haben. Am 19. 5. 1993 wählte der Landtag HEIDE SIMONIS (SPD) zu seiner Nachfolgerin als MinPräs.; sie tritt u. a. für eine Sparpolitik auch in der Verwaltung ein.

Schlick, Barbara, Sängerin (Sopran), * Würzburg 21. 7. 1943; studierte in Würzburg und startete ihre internat. Solistenlaufbahn anschließend überwiegend als Konzertsängerin, v. a. mit der Musik des Barock.

Schlisselburg, seit 1992 wieder Name der russ. Stadt ▷ Petrokrepost.

Schlömer, Joachim, Tänzer, Choreograph und Ballettdirektor, * Monheim (Kr. Mettmann) 27. 5. 1962; nach seiner Ausbildung an der Essener Folkwang-Schule zunächst Tänzer in Brüssel, erarbeitete dort seine eigene Compagnie Josch bereits erste Choreographien. 1991–94 in Ulm, 1994–96 in Weimar, seit 1996 in Basel; mit seiner radikalen, streng strukturierten Tanztheater-Ästhetik fand er auch internationale Anerkennung, nicht zuletzt durch die Zusammenarbeit mit M. N. BARISCHNIKOW.

Choreographien: Louisiana Mama (1992); Und in der Ferne die Nacht (1994); Kraanerg (1995); Hochland (1995).

*****Schlöndorff,** Volker, Filmregisseur: Seit 1992 Geschäftsführer der Firma ›Studio Babelsberg GmbH‹ (mit PIERRE COUVEINHES, * 1950).

Schlüssellochchirurgie, die →minimal invasive Chirurgie.

*****Schmalkalden 2):** Der Landkreis S. ging am 1. 7. 1994 im Kr. Schmalkalden-Meiningen auf; die Stadt Schmalkalden ist damit nicht mehr Kreisstadt.

Schmalkalden-Meiningen, Landkreis in Thüringen, 1 210 km^2, (1995) 147 300 Ew.; Kreisstadt ist Meiningen. Das Kreisgebiet reicht von den Höhen des Thüringer Waldes (Großer Beerberg 982 m, Sommerbachskopf 941 m ü. M.) im N über das stark zerschnittene Buntsandsteinvorland, das vom jungtertiären Basaltkegel des Dolmar (739 m ü. M.) durchbrochen wird, und das Werratal bis zur hess. und bayer. Grenze, mit Anteilen an Kuppenrhön und Hoher Rhön sowie dem fruchtbaren Grabfeld; im O grenzt es an die kreisfreie Stadt Suhl. Die Städte des Kreises sind Brotterode (Wintersportort), Meiningen, Oberhof (Wintersportzentrum), Schmalkalden (Werkzeugherstellung), Steinbach-Hallenberg (Wintersportort), Wasungen und Zella-Mehlis (Herstellung von Werkzeugen und Eisenwaren). – Der Kreis wurde am 1. 7. 1994 aus den früheren Kreisen Meiningen (mit Ausnahme der Stadt Römhild und vier weiterer Gemeinden) und Schmalkalden sowie Gebietsteilen des ehemaligen Kr. Suhl gebildet.

Schmalz-Jacobsen, Cornelia, Politikerin (FDP), * Berlin 11. 11. 1934; 1985–89 in Berlin (West) Senatorin für Jugend und Familie, 1988–91 GenSekr. der FDP, seit 1991 Ausländerbeauftragte der Bundes-Reg., seit 1995 auch stellv. Bundes-Vors. der FDP.

*****Schmaus,** Michael, kath. Theologe: † München 8. 12. 1993.

*****Schmidt,** Annie Maria Geertruida, niederländ. Schriftstellerin: † Amsterdam 21. 5. 1995.

Schmidt, Heide, österr. Politikerin, * Kempten (Allgäu) 27. 11. 1948; wuchs ab 1950 in Wien auf; Juristin, trat 1973 der FPÖ bei; 1988–90 deren Gen.-Sekr., seit 1990 Abg. zum Nationalrat und dessen Dritte Vizepräsidentin, seit 1991 Stellv. des Bundesparteiobmanns J. HAIDER, dessen rechtsgerichteten Kurs sie zunehmend kritisierte. Im Frühjahr 1992 bewarb sie sich als Kandidatin ihrer Partei um das Amt des Bundespräsidenten. Mit anderen Repräsentanten des liberalen Flügels der FPÖ trat sie 1993 aus der FPÖ aus und gründete das →Liberale Forum.

*****Schmidt,** Willi, Bühnenbildner: † Berlin 20. 2. 1994.

Schmidt-Jortzig, Edzard, Politiker (FDP), * Berlin 8. 10. 1941; Jurist, seit 1984 ordentl. Prof. für öffentl. Recht in Kiel, seit 1994 MdB, wurde im Jan. 1996 Bundes-Min. der Justiz.

*****Schmölln 2):** Der Landkreis S. ging am 1. 7. 1994 im Kr. Altenburger Land auf; die Stadt Schmölln ist damit nicht mehr Kreisstadt.

*****Schmückle,** Hans-Ulrich, Bühnenbildner: † Augsburg 2. 6. 1993.

*****Schnebel,** Dieter, Komponist: Beschäftigte sich in den letzten Jahren zunehmend mit der Realisation räumlich strukturierter Musik; neuere Werke, u. a. Musiktheater ›Vergänglichkeit‹ (1991), Sinfonie X (1992), ›Museumsstücke‹ nicht nur für Akteure (1993) und für bewegl. Stimmen und Instrumente (1995), ›Totentanz‹ für Chor, Orchester und Live-Elektronik (1995), ›Canones‹ für Orchester (1995).

Schneider, Peter, Schriftsteller, * Lübeck 21. 4. 1940; studierte Germanistik, Geschichte und Philosophie. In seinen halbdokumentar. Werken, etwa in ›... schon bist du ein Verfassungsfeind‹ (1975), verarbeitet er meist aktuelle polit. Themen, während in der Erzählung ›Vati‹ (1987) jedoch der grundsätzl. Frage an, wie der von der nat.-soz. Vergangenheit überschattete Generationenkonflikt gelöst werden kann.

Weitere Werke: Erzählungen: Lenz (1973); Die Wette (1978); Der Mauerspringer (1982). – *Essays:* Atempause (1977); Die Botschaft des Pferdekopfs u. andere Essais (1981); Dt. Ängste (1988); Extreme Mittellage (1990); Vom Ende der Gewißheit (1994). – *Roman:* Paarungen (1992). – *Stück:* Totoloque (1985).

Schneider, Robert, österr. Schriftsteller, * Bregenz 16. 6. 1961. Mit seinem Erstlingswerk ›Schlafes Bruder‹ (1992) hatte S. einen unerwarteten Erfolg. Der Roman, der in barocker Sprache das Leben eines musikal. Genies in einem Vorarlberger Bauerndorf behandelt, wurde 1995 von J. VILSMAIER verfilmt.

Weiteres Werk: Stück: Dreck (1993).

*****schneller Brüter:** →Kernkraftwerk.

*****Schnittke,** Alfred Garrijewitsch, russ. Komponist: Lehrt seit 1988 an der Hamburger Musikhochschule; seit 1990 dt. Staatsbürger. Weitere Opern ›Historia von D. Johann Fausten‹ (1995), ›Gesualdo‹ (1995).

Edzard Schmidt-Jortzig

Peter Schneider

schnurloses Telefon, →Fernsprecher.

*****Schoeck,** Helmut, österr. Soziologe: †Niedernhausen 2. 2. 1993.

*****Schöffengericht:** Die Strafgewalt der S., damit die Strafgewalt der Amtsgerichte überhaupt, wurde durch Ges. vom 11. 1. 1993 auf Freiheitsstrafen bis zu vier Jahren erweitert.

Scholte [ˈsxɔltə], Rob, niederländ. Maler und Konzeptkünstler, *Amsterdam 1. 6. 1958. Seine Werkreihen zeichnet eine humorvolle und hintergründige Auseinandersetzung mit den Mechanismen der Konsumgesellschaft aus, in der selbst Kunst ausschließlich als Ware rezipiert wird. 1994 überlebte der international renommierte Künstler schwerverletzt ein Bombenattentat, das nicht ihm galt, sondern dem Drogenmilieu zugeordnet wird.

R. S., Ausst.-Kat. (1991).

Rob Scholte: Vom Ursprung der Arten; 1988 (Rotterdam, Museum Boymans-van Beuningen)

Scholz, Uwe, Tänzer, Choreograph und Ballettdirektor, *Jugenheim a. d. Bergstraße (heute zu Seeheim-Jugenheim) 31. 12. 1958; 1985–91 Ballettdirektor in Zürich, seit 1991 in gleicher Position am Leipziger Opernhaus. Als Choreograph zieht er die klass. Technik nicht in Zweifel, ohne sich deswegen zeitgenöss. Entwicklungen zu verschließen.

Choreographien: Die Schöpfung (1985); Rot und Schwarz (1988); Siebte Sinfonie (1991).

*****Schönebeck 1):** In den Landkreis S. wurden am 1. 7. 1994 (Kreisgebietsreform in Sachs.-Anh.) drei Gemeinden des früheren Kr. Staßfurt eingegliedert; die Gemeinden Pechau und Randau-Calenberge wurden in die kreisfreie Stadt Magdeburg eingemeindet.

*****Schoonhoven,** Jan, niederländ. Künstler: †Delft 31. 7. 1994.

*****Schorlemmer,** Friedrich, ev. Theologe und Politiker: Erhielt 1993 den Friedenspreis des Börsenvereins des Dt. Buchhandels.

Werk: Zu seinem Wort stehen (1994).

Friedrich Schorlemmer

Schrempp, Jürgen, Industriemanager, *Freiburg im Breisgau 15. 9. 1944; absolvierte nach einer Lehre als Kraftfahrzeugmechaniker in der Daimler-Benz-Niederlassung ein Ingenieurstudium und arbeitete seit 1967 wieder für die Daimler-Benz AG, u. a. in der Rep. Südafrika und den USA. 1989 wurde er Vorstands-Vors. der Dasa und damit auch Mitgl. der Konzernholding Daimler-Benz; seit 1995 Nachfolger von E. REUTER als Vorstands-Vors. der Daimler-Benz AG.

*****Schriftreform:** In einer Reihe ehemaliger türksprachiger Sowjetrepubliken wurde Anfang der 1990er Jahre eine Reform der auf der kyrill. Schrift basierenden Graphie und der Übergang zur Lateinschrift diskutiert. Das von der Türkei unterstützte Projekt eines schnellen Übergangs zu einer vereinheitlichten lat. Graphie ist in Aserbaidschan am weitesten vorangeschritten; in Turkmenistan und Usbekistan sind entsprechende Beschlüsse gefaßt; allerdings ist bei deren Verwirklichung mit Verzögerung bzw. divergierender Entwicklung zu rechnen.

*****Schröder,** Ernst, Schauspieler: †Berlin 26. 7. 1994.

*****Schröder,** Gerhard, Politiker: Bewarb sich nach dem Rücktritt B. ENGHOLMS als Bundes-Vors. der SPD im Mai 1993 um dessen Nachfolge, unterlag jedoch R. SCHARPING. Nachdem die SPD bei den Landtagswahlen in Ndsachs. im März 1994 die absolute Mehrheit errungen hatte, wählte ihn der Landtag wieder zum MinPräs., nunmehr an der Spitze eines nur von der SPD getragenen Kabinetts. Im Bundestagswahlkampf 1994 gehörte S. zus. mit O. LAFONTAINE unter SCHARPING zur Führungsgruppe der SPD.

Schubert, Helga, Schriftstellerin und Psychologin, *Berlin 7. 1. 1940; studierte 1958–63 Psychologie in Berlin (Ost). S. gab mit dem Erzählband ›Lauter Leben‹ (1975) ihr literar. Debüt; in diesem wie auch in dem Band ›Das verbotene Zimmer‹ (1982), der erst 1984 unter dem Titel ›Blickwinkel‹ um drei Erzählungen gekürzt in der Dt. Dem. Rep. erschien, erzählt sie sensibel alltägl. Geschichten. In dem Band ›Judasfrauen‹ (1990), der zehn Fallgeschichten weibl. Denunzianten in der nat.-soz. Zeit enthält, spiegelt sie das System der Dt. Dem. Rep. hervorgerufenen seel. Beschädigungen der eigenen Generation.

Weiteres Werk: Prosa: Die Andersdenkende (1994).

*****Schuldbetreibung:** Das Schweizer Bundes-Ges. über S. und Konkurs vom 11. 4. 1889 ist am 16. 12. 1994 über weite Strecken revidiert worden. Die Änderungen treten am 1. 1. 1997 in Kraft.

*****Schuldenkrise:** Die Verschuldungslage der 116 Entwicklungsländer, die der Weltbank nach dem ›Debtor Reporting System‹ Bericht erstatten, hat sich nach einer gewissen Stagnation in den Jahren 1987–89 wieder spürbar verschlechtert. Die gesamte Auslandsverschuldung dieser Länder ist zw. 1990 und 1994 von 1 539,3 Mrd. US-$ auf 1 944,6 Mrd. US-$ um mehr als 26 % angestiegen. Die Zinszahlungen beliefen sich auf (1994) rd. 83,3 Mrd. US-$. Der gesamte Schuldendienst (Zins- und Tilgungsleistungen) betrug rd. 199 Mrd. US-$. Er lag damit um mehr als 31 Mrd. US-$ über seinem Wert von 1987. Die relative Schuldenlast aller berichtenden Entwicklungsländer hat seit 1987, wenn auch unter Schwankungen, allerdings durchweg abgenommen. So ist z. B. die Relation aus dem gesamten Schuldenstand und dem Export von Waren und Dienstleistungen von (1987) 193,6 % auf (1994) 167,1 % zurückgegangen. Zudem ist das Verhältnis aus dem gesamten Schuldendienst und den Exporten (Schuldendienstquote) von 23,7 % auf 17,1 % gesunken und hat damit den allg. als kritisch angesehenen Schwellenwert von 20 % wieder deutlich unterschritten. Gleichwohl erreichten die Indikatoren 1994 teilweise noch Größenordnungen, die es fraglich erscheinen lassen, bei bestimmten Ländergruppen bereits von einer Überwindung der S. auszugehen. So nahm die Relation aus Schuldendienst und Exporten bei der Gruppe der stark verschuldeten Länder mit niedrigem Einkommen 1994 einen Spitzenwert von 593 % an. Für die Gruppe der stark verschuldeten Länder mit mittlerem Einkommen ergab sich ein Wert von rd. 310 %. Zudem zeigte die Finanz- und Zahlungsbilanzkrise Mexikos 1994/95, daß es immer wieder zu prekären Situationen verschuldeter Länder kommen kann.

*Schuldnerverzeichnis: Durch das Ges. zur Änderung der Vorschriften über das S. vom 15. 7. 1994, in Kraft seit 1. 1. 1995, wurde § 915 ZPO geändert und um die §§ 915a bis 915h ergänzt. Während bis dahin jedermann die Einsicht in das S. gestattet war, ist die Einsichtnahme nunmehr einer Zweckbindung unterworfen. Personenbezogene Informationen aus dem S. dürfen nur für Zwecke der Zwangsvollstreckung verwendet werden sowie um gesetzl. Pflichten zur Prüfung der wirtschaftl. Zuverlässigkeit zu erfüllen, um Voraussetzungen für die Gewährung von öffentl. Leistungen zu prüfen oder um wirtschaftl. Nachteile abzuwenden, die daraus entstehen können, daß Schuldner ihren Zahlungsverpflichtungen nicht nachkommen, oder soweit dies zur Verfolgung von Straftaten erforderlich ist.

Schuler, Alf, Bildhauer, *Anzenbach (heute zu Berchtesgaden) 10. 7. 1945; kombiniert oft bewegl. mit stabilen Elementen und thematisiert sowohl das Kräfteverhältnis der Werkteile untereinander als auch die Balance des Werkstücks innerhalb eines vorgegebenen Ausstellungsraums. Anknüpfend an den russ. Konstruktivismus, verbindet er das rational nachvollziehbare Kalkül mit poet. Eleganz, v.a. bei den Werkreihen, die Farbe, Licht und Schatten integrieren.

A. S. – Wand- u. Bodenstücke 1974–1987, bearb. v. S. Schütz, Ausst.-Kat. (1988).

Schulte, Dieter, Gewerkschafter, *Duisburg 13. 1. 1939; arbeitete nach einer Maurerlehre als Brenner und Qualitätsbeobachter bei der Thyssen-Stahl AG, in der er Betriebsrat und Arbeitnehmervertreter im Aufsichtsrat wurde. Seit 1991 war S. im geschäftsführenden Hauptvorstand der IG Metall für die Bereiche Stahl und Mitbestimmung zuständig. S. wurde nach dem Tod von Heinz-Werner Meyer 1994 zum Vors. des DGB gewählt.

*Schulthess, Emil, schweizer. Photograph: †Maur (Kt. Zürich) 22. 1. 1996.

*Schumacher, Hans, schweizer. Schriftsteller: †Zürich 20. 3. 1993.

Schumacher, Michael, Automobilrennfahrer, *Hürth 3. 1. 1969; seit 1991 Formel-1-Pilot; errang 1994 und 1995 die Fahrerweltmeisterschaft.

*Schuman, William Howard, amerikan. Komponist: †New York 15. 2. 1992.

Schüssel, Wolfgang, österr. Politiker (ÖVP), *Wien 7. 6. 1945; Jurist, 1975–89 GenSekr. des Österr. Wirtschaftsbundes (ÖWB), gehört seit 1979 dem Nationalrat an; 1989–95 Wirtschafts-Min., seit April 1995 als Nachfolger E. Buseks Bundesobmann der ÖVP, wurde im Mai 1995 auch dessen Nachfolger als Vizekanzler und löste A. Mock als Außen-Min. ab. S. führte den Bruch der großen Koalition aus SPÖ und ÖVP und Neuwahlen herbei; die ÖVP unterlag jedoch bei den Nationalratswahlen im Dez. 1995.

Schütte, Thomas, Maler, Plastiker, Photograph und Konzeptkünstler, *Oldenburg (Oldenburg) 1954; gehört zu den Künstlern, die versuchen, in ihrem Werk ein stimmiges und umgreifendes Weltbild zu entwerfen, das sowohl die bestehende Wirklichkeit als auch den Zustand der Kunst kritisch reflektiert. Aus diesem Grund verweist das einzelne Werk immer auf die anderen Arbeiten des Künstlers, der seit Beginn der 80er Jahre an der Realisierung seines Gesamtkunstwerks arbeitet.

T. S., hg. v. U. Loock, Ausst.-Kat. (Bern 1990); T. S., hg. v. F. Barth u. a., Ausst.-Kat. (1994).

Schütz, Helga, Schriftstellerin, *Falkenhain (Schlesien) 2. 10. 1937; studierte bis 1962 an der Dt. Hochschule für Filmkunst in Potsdam, war danach als Dramaturgin tätig. Ihre frühen Erzählungen und Romane zeichnen sich durch einen spielerisch-unbefangenen Gebrauch der Sprache sowie durch humorvolle Darstellungen aus. Der Roman ›In Annas Namen‹ (1986), der den Alltag in der Dt. Dem. Rep. spiegelt, ist in einem eher lapidaren Stil gehalten.

Weitere Werke: *Erzählungen:* Vorgeschichten oder Schöne Gegend Probstein (1971); Das Erdbeben bei Sangerhausen u. andere Geschichten (1972); Festbeleuchtung (1974); Martin Luther. Eine Erz. für den Film (1983). – *Romane:* Jette in Dresden (1977, auch u. d. T. Mädchenrätsel); Julia oder Erziehung zum Chorgesang (1980); Vom Glanz der Elbe (1995).

Schütz, Stefan, Schriftsteller, *Memel 19. 4. 1944; zunächst als Schauspieler an versch. Theatern, dann als Regieassistent am Berliner Ensemble tätig; siedelte 1980 in die Bundesrep. Dtl. über. Zentrales Thema seiner Stücke ist die Konfrontation des Individuums mit äußerem Druck, sei er politisch oder gesellschaftlich bedingt. Sein Prosatext ›Medusa‹ (1986) stellt in der Art einer Traumreise durch die Dt. Dem. Rep. eine Abrechnung mit dem sozialist. System dar.

Weitere Werke: *Erzählung:* Schnitters Mall (1994). – *Roman:* Galaxas Hochzeit (1993). – *Prosa:* Katt (1988); Der vierte Dienst (1990).

Ausgaben: Odysseus' Heimkehr. Fabrik im Walde. Kohlhaas. Heloisa u. Abaelard. Stücke (1977); Monsieur X oder die Witwe des Radfahrers. Urschwejk (1988).

Schwab, Werner, österr. Schriftsteller, *Graz 4. 2. 1958, †ebd. 1. 1. 1994; wuchs in ärml. Verhältnissen auf; lebte nach dem Besuch der Kunstgewerbeschule und einem abgebrochenem Studium der Bildhauerei zunächst auf einem Bauernhof, ab 1990 in Wien und Graz. Seine ›Tetralogie der Fäkalien‹ (›Die Präsidentinnen‹, Urauff. 1990; ›Übergewicht, unwichtig: Unform‹, Urauff. 1991; ›Volksvernichtung oder Meine Leber ist sinnlos‹, Urauff. 1991; ›Mein Hundemund‹, Urauff. 1992), in der er die kleinbürgerl. Welt grotesk überzeichnet und in eigenwilliger, drast. Sprache darstellt, machte ihn international bekannt. Einige seiner Stücke, darunter ›Endlich tot endlich keine Luft mehr‹ und ›Faust – mein Brustkorb – mein Helm‹ wurden 1994 postum uraufgeführt.

Dieter Schulte

Helga Schütz

Thomas Schütte: Die Fremden; glasierte Keramik auf dem ehemaligen Roten Palais in Kassel; Installation zur documenta IX, 1992

*Schwaetzer, Irmgard, Politikerin: Schied nach der Bundestagswahl vom Okt. 1994 aus dem Kabinett aus und trat im Nov. 1994 als stellv. Vors. der FDP zurück.

*Schwangerschaftsabbruch: Nachdem durch den Einigungsvertrag vom 31. 8. 1990 eine Neuregelung des Rechts des S. für das vereinigte Dtl. vereinbart worden war, erging das Schwangeren- und Familienhilfe-Ges. vom 27. 7. 1992. Danach war der S. au-

Schw Schwangerschaftsabbruch

ßer in den Fällen der Gefahr für die Mutter oder der Schädigung des Kindes auch dann ›nicht rechtswidrig‹, wenn ein Arzt auf Verlangen der Schwangeren den Abbruch innerhalb von 12 Wochen ab Empfängnis vornahm und diese sich vorher in näher geregelter Weise hatte beraten lassen; in diesen Fällen bestand auch ein Anspruch auf Leistungen der Krankenversicherung. Darüber hinaus war der S. für die Schwangere (nicht aber für andere Beteiligte) ›nicht strafbar‹, wenn er binnen 22 Wochen und nach Beratung durch einen Arzt vorgenommen wurde. Das Gesetz regelte außerdem die Hilfe für Schwangere, Familien und Kinder durch Aufklärung, Beratung und soziale Leistungen wie Kindergartenplätze u. a.

Auf Antrag der bayer. Staats-Reg. und von 249 Bundestags-Abg. erklärte das Bundesverfassungsgericht (BVerfG) durch Urteil vom 28. 5. 1993 Teile dieses Ges. für nichtig und erließ für die Übergangszeit bis zur notwendigen Neuregelung eine Fülle von Anordnungen.

Eine wesentl. Aussage des Urteils ist, daß die Verf. dem Gesetzgeber verbietet, einen nach Beratung, aber ohne Vorliegen einer Notlage vorgenommenen Abbruch für rechtmäßig zu erklären. Gleichzeitig wird aber festgestellt, daß der Gesetzgeber eine solche Abtreibung nicht mit Strafe belegen muß; im Grundsatz hat das Gericht also das neue gesetzl. Konzept des Schutzes der Leibesfrucht gegenüber der Mutter durch sonstige rechtl. Vorkehrungen, v. a. eine bestimmt geartete Beratung unter Verzicht auf das Mittel des Strafrechts, gebilligt. Ein weiterer wesentl. Punkt liegt in der Feststellung, daß für nicht gerechtfertigte, aber straffreie S. keine Leistung der gesetzl. Krankenversicherung vorgesehen werden darf.

Das BVerfG geht in dieser Entscheidung von dem grundsätzl. Vorrang des grundrechtl. geschützten Lebensrechts des Nasciturus (Leibesfrucht) vor den Grundrechten der Mutter aus. Das Gericht sieht den Staat als verpflichtet an, das Grundrecht des Nasciturus gegen Eingriffe Dritter und auch der Mutter wirksam zu schützen. Der S. muß deshalb grundsätzlich verboten und der Schwangeren eine Rechtspflicht zum Austragen der Schwangerschaft auferlegt werden; diese Pflicht darf (und muß unter Umständen) nur in bestimmten Ausnahmelagen entfallen, in denen die Austragung der Schwangerschaft unzumutbar ist. Der Staat muß in Erfüllung seiner Schutzpflicht rechtl. und tatsächl. Maßnahmen ergreifen, die den Nasciturus angemessen und wirksam schützen; dazu gehören auch strafbewehrte Pflichten des S. vornehmenden Arztes. Für Wahl und Ausgestaltung des Schutzkonzeptes verfügt der Gesetzgeber über einen gewissen Spielraum. Das mit der Neuregelung verfolgte Beratungskonzept, das auf die Feststellung einer Ausnahmelage und auf die Strafbarkeit grundsätzlich verzichtet, ist danach verfassungsrechtlich zulässig. Wenn die Neuregelung dennoch teilweise für verfassungswidrig gehalten wurde, dann deswegen, weil in dem Fall nicht durch eine Ausnahmelage gerechtfertigten S. wenigstens das Unrechtsurteil und damit die an sich bestehende Rechtspflicht zur Austragung des Kindes – schon von Beginn der Schwangerschaft an – gesetzlich festgehalten werden muß. Da der Gesetzgeber nicht nur im Fall der Indikationen, sondern auch hier den S. als nicht rechtswidrig eingestuft hat, was nach Auffassung des BVerfG einem Rechtfertigungsgrund gleichsteht und deshalb im allgemeinen Rechtsbewußtsein dem positiven Erlaubtsein gleichgestellt wird, genügt diese Regelung nicht der Schutzpflicht und ist deshalb verfassungswidrig.

Das Gericht hat die Neufassung auch insoweit für verfassungswidrig erklärt, als sie eine der Schutzpflicht nicht gerecht werdende Beratungsregelung vorsieht. Der die Beratung regelnde §219 StGB genügte den Anforderungen deshalb nicht, weil die Beratung nicht durch ausreichende staatl. Befugnisse und Pflichten zur Organisation und Beaufsichtigung der Beratungseinrichtungen sichergestellt ist. Darüber hinaus fordert das Gericht, daß als Ziel der Beratung deutlicher der Schutz des ungeborenen Lebens und die Austragung der Schwangerschaft festgehalten werden muß. Das BVerfG hatte eine Vollstreckungsregelung für die Übergangszeit bis zum Erlaß eines neuen Gesetzes angeordnet. Für den im Zentrum des Streits stehenden S. nach Beratung, aber ohne Indikation galt danach praktisch eine Fristenlösung mit Beratungspflicht mit der Maßgabe, daß der S. straflos, aber nicht rechtmäßig war. Außerdem wurden die Anforderungen an die Beratung konkretisiert. Ein Anspruch auf Leistungen aus der gesetzl. Krankenversicherung war für diesen S. ausgeschlossen. Eine Ausnahme machte das Gericht bei kriminolog. Indikation (Vergewaltigung); obwohl die Neuregelung diesen Rechtfertigungsgrund nicht kannte, gewährte es einen Leistungsanspruch in der gesetzl. Krankenversicherung, wenn eine ärztl. Feststellung über das Vorliegen einer entsprechenden Straftat erfolgt war.

Unter dem Eindruck der vom BVerfG geschaffenen Rechtssituation verabschiedete der Dt. Bundestag am 21. 8. 1995 das Schwangeren- und Familienhilfeänderungs-Ges., das als Artikel-Ges. strukturiert ist und zahlreiche Normen weiterer Ges. betrifft. Den Kernbereich der Regelung des S. bilden das Ges. zur Vermeidung und Bewältigung von Schwangerschaftskonflikten (kurz: Schwangerschaftskonflikt-Ges., SchKG), das unter dieser Bez. das Ges. über Aufklärung, Verhütung, Familienplanung und Beratung vom 27. 7. 1992 neu überschreibt und ändert, sowie Änderungen des StGB. Nach dem SchKG hat jede Frau und jeder Mann das allgemeine Recht, sich in Fragen der Sexualaufklärung, Verhütung und Familienplanung sowie in allen eine Schwangerschaft unmittelbar oder mittelbar berührenden Fragen von einer hierfür vorgesehenen Beratungsstelle informieren und beraten zu lassen. Besondere Bedeutung kommt der Schwangerschaftskonfliktberatung zu, die im Rahmen der strafrechtl. Verantwortung notwendig ist (§§ 5 ff. SchKG in Verbindung mit § 219 StGB). Sie dient dem Schutz des ungeborenen Lebens und hat sich von dem Bemühen leiten zu lassen, die Frau zur Fortsetzung der Schwangerschaft zu ermutigen und ihr Perspektiven für ein Leben mit dem Kind zu eröffnen. Der Frau muß bewußt sein, daß das Ungeborene in jedem Stadium der Schwangerschaft auch ihr gegenüber ein eigenes Recht auf Leben hat und daß deshalb ein S. nur in Ausnahmesituationen in Betracht kommen kann, wenn der Frau durch das Austragen des Kindes eine Belastung erwächst, die so schwer und außergewöhnlich ist, daß sie die zumutbare Opfergrenze übersteigt. Ausgehend von der Verantwortung der Frau ist die Beratung ergebnisoffen zu führen. Sie soll ermutigen und Verständnis wecken, nicht belehren oder bevormunden. Die ratsuchende Schwangere ist unverzüglich zu beraten. Sie kann auf ihren Wunsch gegenüber der sie beratenden Person anonym bleiben. Im Einvernehmen mit ihr können auch andere Personen (z. B. ärztl., psycholog., jurist. Fachkräfte, Angehörige, der Erzeuger des Kindes) hinzugezogen werden. Nach Abschluß der Beratung ist der Schwangeren eine mit Namen und Datum versehene Bescheinigung über die Tatsache der Beratung auszustellen.

In strafrechtl. Hinsicht gilt weiterhin §218 StGB, der den S. unter Strafe stellt. Die §§218a ff. bestimmen jedoch, unter welchen Voraussetzungen ein strafbarer S. nicht vorliegt. In §218a Abs. 1 hat sich der Gesetzgeber für die Beibehaltung der Fristenlösung entschieden. Das heißt, *eine strafbare Handlung im*

Sinne von § 218 liegt nicht vor, wenn die Schwangere innerhalb von 12 Wochen seit der Empfängnis den S. verlangt, der Eingriff von einem Arzt durchgeführt wird und die Schwangere dem Arzt durch eine nach § 219 StGB erforderl. Bescheinigung nachgewiesen hat, daß sie sich mindestens drei Tage vor dem Eingriff hat beraten lassen.

Wie bisher ist der S. nach § 218a Abs. 2 StGB *nicht rechtswidrig,* wenn die mit Einwilligung der Schwangeren vorgenommene S. nach ärztl. Erkenntnis angezeigt ist, um eine Gefahr für das Leben oder die Gefahr einer schwerwiegenden Beeinträchtigung des körperl. oder seel. Gesundheitszustandes der Schwangeren abzuwehren und die Gefahr nicht auf andere für sie zumutbare Weise abgewendet werden kann. Dabei wurde § 218 Abs. 2 StGB als ›medizinisch-soziale Indikation‹ ausgestaltet. Die embryopath. Indikation (bei Erbkrankheiten, Mißbildungen), die bisher durch § 218a Abs. 3 anerkannt war, ist nicht ausdrücklich übernommen worden, hat aber durch die jetzige Erweiterung der medizin. Indikation in § 218a Abs. 2 Berücksichtigung gefunden.

Neu geregelt wurde die kriminolog. Indikation (§ 218a Abs. 3), die innerhalb von 12 Wochen seit Empfängnis den von einem Arzt durchgeführten S. zuläßt, wenn nach ärztl. Erkenntnis an der Schwangeren ein Sexualdelikt im Sinne der §§ 176 bis 179 StGB begangen wurde und dringende Gründe für die Annahme sprechen, daß die Schwangerschaft auf der Tat beruht. Eine Beratungspflicht ist auch für diese Indikation im Hinblick auf §§ 2 ff. SchKG nicht vorgesehen.

Beibehalten worden ist die Regelung des § 218a Abs. 4, der die Schwangere straffrei läßt, wenn sie den S. innerhalb von 22 Wochen seit Empfängnis nach erforderl. Beratung hat durchführen lassen.

Sozialversicherungsrechtlich ist die Schwangere grundsätzlich leistungsberechtigt, wenn sie sozialversichert ist und der S. nicht rechtswidrig war (§ 24 b Abs. 1 Sozialgesetzbuch, SGB, Buch V). Handelt es sich jedoch um einen Eingriff im Sinne des § 218a Abs. 1 StGB (Fristenlösung), ist der Sozialversicherungsträger für den Eingriff als solchen und die gewöhnl. Nachbehandlung nicht leistungspflichtig (§ 24 b Abs. 3 SGB V). Das bedeutet, daß zwar die Kosten für die Beratung und die Maßnahmen der Gesunderhaltung der Frau und, falls es nicht zum S. kommt, des Kindes übernommen werden, nicht aber die Kosten für die Anästhesie, den operativen Eingriff, die vaginale Behandlung, die Injektion von Medikamenten, die Assistenz durch einen anderen Arzt sowie die operationsvor- und nachbereitenden Kosten. Frauen, die die Kosten eines S. nicht tragen können, sind nach dem Ges. zur Hilfe für Frauen bei S. in besonderen Fällen so gestellt, als seien sie sozialversichert. Danach sind einer Frau die Kosten für den S. nicht zuzumuten, wenn ihre verfügbaren persönl. Einkünfte 1 700 DM monatlich nicht übersteigen und sie kein verfügbares Vermögen besitzt. Die Einkommensgrenze erhöht sich für jedes ihr gegenüber unterhaltsberechtigte minderjährige Kind um 400 DM. Die aus diesem Ges. erwachsenen Kosten haben die Länder den gesetzl. Krankenkassen zu erstatten.

In der *Schweiz* ist jeder Versuch, das Recht des S. zu ändern, bisher gescheitert. Nach dem histor. Verständnis des Schweizer StGB wäre daher ein S. nur unter den engen Voraussetzungen einer medizin. Indikation gerechtfertigt. Der Sache nach hat jedoch ein gewandeltes Verständnis des Gesundheitsbegriffs, wenn auch mit kantonalen Unterschieden, zu einer erhebl. Änderung geführt: Voraussetzung für einen gerechtfertigten S. ist nämlich das Gutachten eines patentierten Arztes. In der Realität der Gutachterpraxis ist eine wachsende Tendenz festzustellen, aufgrund eines weiten Gesundheitsbegriffs auch andere Indikationen, insbesondere die soziale Indikation, als ausreichend für den S. anzusehen.

*Schwarzenberg 1): Der Landkreis S. ging am 1. 8. 1994 im Westerzgebirgskreis auf, der dann zum 1. 1. 1995 in Landkreis Aue-Schwarzenberg umbenannt wurde.

*Schwarz-Schilling, Christian, Politiker: Trat 1992 als Bundes-Min. für Post und Telekommunikation zurück.

*Schweden, amtlich schwed. **Konungariket Sverige,** dt. **Königreich S.,** Staat in Nordeuropa, grenzt an das Skagerrak (Nordsee), das Kattegat, den Sund, die offene Ostsee und den Bottn. Meerbusen.

Hauptstadt: Stockholm. *Amtssprache:* Schwedisch. *Staatsfläche:* 450 000 km² (ohne Binnengewässer 411 000 km²). *Bodennutzung (1992):* 27 900 km² Ackerland, 5 540 km² Dauergrünland, 280 200 km² Waldfläche. *Einwohner (1994):* 8,745 Mio., 19 Ew. je km². *Städtische Bevölkerung (1993):* 83%. *Durchschnittliches Bevölkerungswachstum pro Jahr (1985–93):* 0,6%. *Bevölkerungsprojektion für 2000:* 8,98 Mio. Ew. *Ethnische Gruppen (1994):* 90,1% eigentl. Schweden, 2,4% Finnen, 7,5% andere (darunter etwa 17 000 Lappen). *Ausländer (1993):* 5,8% (darunter 174 300 aus skandinav. Ländern, 138 100 aus dem übrigen Europa, 113 500 aus Asien, 81 600 sonstige Ausländer). *Religion (1992):* 88,9% Mitglieder der Ev.-Luther. Kirche von Schweden. *Altersgliederung (1994):* unter 15 Jahre 22,1%, 15 bis unter 65 Jahre 60,3%, 65 und mehr Jahre 17,6%. *Lebenserwartung der Neugeborenen (1992):* männlich 75 Jahre, weiblich 81 Jahre. *BSP je Ew. (1993):* 24 740 US-$. *BIP nach Sektoren/Produktionsstruktur (1993):* Landwirtschaft 2%, Industrie 31%, Dienstleistungen 67%. *Arbeitslosenquote (1994):* 8,0%. *Währung:* 1 Schwedische Krone (skr) = 100 Öre. *Internationale Mitgliedschaften:* UNO, EU, Europarat, Nordischer Rat, OECD, OSZE.

Geschichte: Angesichts einer Währungskrise und einer hohen Staatsverschuldung einigte sich die Reg. unter MinPräs. C. BILDT im Sept. 1992 mit der sozialdemokrat. Opposition im Reichstag auf ein Sparprogramm, das nicht nur die finanzpolit. Probleme entschärfen, sondern auch den geplanten Beitritt zum EWR und zur EG (EU) fördern sollte. Die Zusammenarbeit von Reg. und Opposition ging jedoch 1993/94 zunehmend in eine scharfe Kontroverse über. Bei den Reichstagswahlen vom 18. 9. 1994 siegten die Sozialdemokraten und stellten mit ihrem Vors. I. CARLSSON den MinPräs. (im Amt seit dem 7. 10. 1994). Im Juni 1993 war S. bereits dem EWR beigetreten. Nach den Beitrittsverhandlungen mit der EG (EU) von Febr. 1993 bis März 1994 stimmte die Bev. in dem Referendum vom 13. 11. 1994 mit 51,2% der Stimmen dem Verhandlungsergebnis und damit dem Beitritt S.s zum 1. 1. 1995 zu.

Mit Hilfe wechselnder Mehrheiten im Reichstag suchte MinPräs. CARLSSON Einzelmaßnahmen zur Eindämmung der Finanzkrise durchzusetzen. Bei den Wahlen zum Europ. Parlament (Wahlbeteiligung: 41%) erzielten die Gegner des EU-Beitritts Erfolge. In einem Beschluß (1. 12. 1995) unterstellte die Reg. erstmals schwed. Truppen (im Rahmen der internat. Friedenstruppe für Bosnien und Herzegowina) einem NATO-Kommando. Nachdem CARLSSON im Aug. 1995 seinen Rücktritt angekündigt hatte, wurde im März 1996 GÖRAN PERSSON (* 1949) zu seinem Nachfolger im Amt des Parteivorsitzenden und des Ministerpräsidenten gewählt.

Im Aug. 1995 stimmte die Synode der Ev.-Luther. Kirche einem Vorschlag der schwed. Reg. zu, nach dem diese Kirche ab dem 1. 1. 2000 nicht mehr die

Schw   schwedische Kunst – Schweiz

Staatskirche von S. sein soll. Damit wird auch in S. die Trennung von Staat und Kirche vollzogen, wodurch die Kirche u. a. das Recht zur Eintreibung von Steuern verliert und nicht mehr jedes neugeborene Kind automatisch Mitgl. der Staatskirche ist.

schwedische Kunst: Die ›Globe Arena‹ auf dem Wallberg in Stockholm, 1986–89 nach Plänen von Svante Berg und Lasse Vredblad erbaut

*schwedische Kunst: In meist bescheidenem Rahmen bieten Gemeinden öffentl. Bauaufgaben. In den 80er Jahren profilierten sich mit vielen preisgekrönten Entwürfen die ›Berg Arkitektskontors‹ (SVANTE BERG, * 1943, LASSE VREDBLAD, * 1943; sowie seit 1984 ESBJÖRN ADAMSON, * 1940). Sie verwirklichen 1986–92 das ›Globe Stadtprojekt‹ auf dem Stockholmer Wallberg; bei der ›Globe Arena‹ (1986–89), einer 85 m hohen Kugel mit einem Durchmesser von 110 m, griffen sie auf den russ. Konstruktivismus der 1920er Jahre zurück. Nach wie vor lebendig in der Architektur Schwedens, in der die Holzbauweise v. a. im Wohnbau eine Rolle spielt, ist ein gepflegter klassizist. Funktionalismus, der in der Nachfolge von G. ASPLUND und dessen Schüler und zeitweiligem Mitarbeiter SIGURD LEWERENTZ (* 1885, † 1975) sowie, bes. im Industriebau, von O. ALMQIST steht. Zu nennen sind z.B. CARL NYRÉN (Erweiterung des Landesmuseums in Jönköping, 1991; Wohnquartier Starrbäcksängen, Stockholm, 1989–92), JOHAN CELSING (Wohnblock Princen in Motala, 1994) oder das Büro Rosenberg (Enskilda Banken, Sundbyberg-Rissne nahe Stockholm, 1992). R. ERSKINE konnte seinen engagierten, soziokulturell bestimmten Siedlungsbau v. a. noch einmal in der Siedlung Nya Bruket in Sandviken verwirklichen (1972–88); für die Univ. von Stockholm baute er Allhaus (1981) und Bibliothek (1983).

Auf dem Gebiet der Malerei treten auch in den 80er und 90er Jahren die meisten Talente in Erscheinung, die internat. Niveau erreichen. So vertreten HELENE BILLGREN (* 1952), THOMAS OLSSON (* 1951), BJÖRN ROSS (* 1957), CECILLIA EDEFALK (* 1954), THOMAS HOLM (* 1957), MELL GRAN (* 1954), CARIN CARLSSON (* 1961), MARIANNE ANDERSSON (* 1956), MARIA BACKLÖF (* 1956) und JORDI AKRÖ (* 1951) eine figurative Malerei, deren Spannbreite von photorealist. Stilleben oder Szenarien, bereits seit den 60/70er Jahren relevant (JAN HÅFSTRÖM, * 1937; OLA BILLGREN, * 1940; PETER TILLBERG, * 1946, u. a.), über die gestische Wiedergabe bis zur iron. Persiflage der Alltagsklischees reicht. Auf dem Sektor der intuitiv-abstrakten Malerei traten bes. die Künstler HÅKAN REHNBERG (* 1953) und ANN EDHOLM (* 1953) mit durchstrukturierten und stimmungs- und sinnbildhaften Arbeiten hervor. Der Zweig einer experimentell orientierten Malerei, die die Grenzen ihrer Möglichkeiten erprobt, wird repräsentiert von KERSTIN WINBERG (* 1949), TORBJÖRN LIMÉ (* 1963), MATS HOLGERSSON (* 1953), GERTRUD ALFREDSSON (* 1965), JAN SVENUNGSSON (* 1961) und ERNST BILLGREN (* 1957). Im Bereich der Skulptur hat sich der traditionelle plast. Begriff ebenso wie in den meisten westl. Ländern in der ortsbezogenen Installation aufgehoben. Bereits in den 70er Jahren gelangte LARS KLEEN (* 1941) vom Bild über das Relief zu raumfüllenden Holzinstallationen, oft mit Bootsmetaphern. ANETTE STENGÅRD (* 1965), ANDERS WIDOFF (* 1953), GUNNAR SANDIN (* 1956), PER PÅLSSON (* 1958), EVA LARSSON (* 1953), ANNIKA ERIKSSON (* 1956) und HÅKAN BERG (* 1958) problematisieren in ihren Objektreihungen und Versuchsanordnungen im Anschluß an Fluxus und Minimal art den Widerspruch zw. den Dingphänomenen und ihrem Sinn. Kommunikative Abläufe untersuchen in medienbezogenen Werken DAVID KRANTZ (* 1965), MICHAEL JOHANSSON (* 1962), ANNA BRING (* 1955), AGNETA WERNER (* 1952), JONAS THESELIUS (* 1957) und ANDERS VIRGIL DEJARV (* 1962). Herausragende Beispiele einer komplexen, die modernen Massenmedien und die künstler. Avantgarde reflektierenden Multimediakunst liefern die in ihren Werken FREDRIK WRETMAN (* 1953) und die in Norwegen lebende ANNEÈ OLOFSSON (* 1966).

Das steinerne Licht. Ostsee-Biennale 1992, hg. v. A. Etz, Ausst.-Kat. (1992); Zeitgenöss. Kunst aus Schweden, hg. v. C. RITSCHARD u.a., Ausst.-Kat. (Aarau 1993).

schwedische Kunst: Anneè Olofsson, ›Man kann lügen‹; 1992 (Privatbesitz)

*Schwedt/Oder: Die ehem. kreisfreie Stadt S./O. gehört seit 6. 12. 1993 (Verwaltungsneugliederung des Landes Brandenburg) zum Landkreis Uckermark.

*Schweinitz: Die Stadt S. in Brandenburg wurde am 1. 1. 1993 in Jessen (Elster) eingemeindet.

*Schweitzer, Pierre-Paul, frz. Wirtschafts- und Finanzfachmann; † Genf 2. 1. 1994.

*Schweiz, frz. **Suisse,** italien. **Svizzera,** bündnerroman. **Svizzra,** amtl. Namen: **Schweizerische Eidgenossenschaft, Confédération Suisse, Confederazione Svizzera,** lat. **Confoederatio Helvetica,** Abk. **CH,** Bundesstaat in Mitteleuropa.

Hauptstadt: Bern. *Amtssprachen:* Deutsch, Französisch und Italienisch, Bündnerromanisch ist vierte Landessprache. *Staatsfläche:* 41 293 km² (ohne Binnengewässer 39 770 km²). *Bodennutzung (1992):* 4 120 km² Ackerland, 16 090 km² Dauergrünland, 10 520 km² Waldfläche. *Einwohner (1994):* 7,131 Mio., 173 Ew. je km². *Städtische Bevölkerung (1993):* 60%. *Durchschnittliches Bevölkerungswachstum pro Jahr (1985–93):* 1,0%. *Bevölkerungsprojektion für 2000:* 7,16 Mio. Ew. *Religion (1992):* 47,6% Katholiken, 44,3% Protestanten. *Altersgliederung (1992):* unter 15 Jahre 17,2%, 15 bis 65 Jahre 68,2%, 65 und mehr Jahre 14,6%. *Lebenserwartung der Neugeborenen (1992):* männlich 75 Jahre, weiblich 82 Jahre. *BSP je Ew. (1993):* 35 760 US-$. *BIP nach Sektoren/Produktionsstruktur (1993):* Landwirtschaft 2%, Industrie 31%, Dienstleistungen 67%. *Arbeitslosenquote (1994):* 4,7%. *Währung:* 1 Schweizer Franken (sfr) = 100 Rappen (Rp)/Centimes (c). *Internationale Mitgliedschaften:* Europarat, OECD, OSZE.

Verfassung: Der Verf.-Entwurf der Expertengruppe für eine Totalrevision der Bundes-Verf. wurde nicht weiterverfolgt. Das Parlament hatte den Bundesrat 1987 beauftragt, einen neuen Verf.-Entwurf auszuarbeiten; dieser wurde im Sommer 1995 veröffentlicht. Im Unterschied zum Entwurf der Expertengruppe strebt der Reg.-Entwurf keine inhaltl. Änderungen an, sondern will in erster Linie das geltende geschriebene und ungeschriebene Verf.-Recht besser sichtbar machen. Daneben bestehen Absichten, einzelne Bereiche des Verf.-Rechts einer tiefergehenden Reform zu unterziehen, namentlich die Volksrechte und die Justiz-Verf. Die neue Bundes-Verf. soll noch vor dem Jahr 2000 verabschiedet werden.

Recht: Die Bestimmungen des OR über die Aktiengesellschaft sind 1992 geändert worden. Mehrere privatrechtl. Nebenerlasse haben umfassende Revisionen erfahren, so das Urheberrechts-Ges. (1993) und das Markenschutz-Ges. (1993). – Seit 1992 ist die Todesstrafe auch im Militärstrafrecht abgeschafft.

Streitkräfte: 1993/94 wurden die gesetzl. Grundlagen für die Streitkräftereform ausgestaltet, ab dem 1. 1. 1995 begann mit der formellen Auflösung von über 1 700 Einheiten die schrittweise Realisierung des Projekts ›Armee 95‹. Bis Ende 1995 waren über 200 000 Wehrmänner vorzeitig aus der Wehrpflicht entlassen worden, die neue Mobilmachungsstärke von 400 000 Soldaten ist damit in etwa erreicht. – Für die Wehrpflichtigen schließen sich an die 15wöchige Rekrutenschule jetzt i.d.R. zehn 19tägige, alle zwei Jahre stattfindende Wiederholungskurse an. Die Unteroffizierschule dauert sechs Wochen.

Bevölkerung: Die Einwohnerzahl der S. ist von (1991) 6,872 Mio. auf (1994) 7,131 Mio. gestiegen. Die Zuwachsrate betrug 1993 0,9%. Zw. 1983 und 1993 hat die Bev. um rd. 512 700 Personen zugenommen, wobei 177 900 auf den Geburtenüberschuß und 334 700 auf den Einwanderungsüberschuß zurückzuführen waren. Das Wachstum erfolgte ausschließlich bei der ausländ. Bevölkerung. Der Anteil der ausländ. Wohnbevölkerung betrug Ende 1994 19%, was einer Personenzahl von 1,322 Mio. entspricht (davon sind 911 600 erwerbstätig). Knapp 30% der ständigen ausländ. Wohnbevölkerung sind Italiener, knapp 20% Menschen aus dem ehem. Jugoslawien, etwa 7% sind Deutsche. 1990 hatten 63,6% der Wohnbevölkerung Deutsch als Muttersprache, 19,3% Französisch, 7,6% Italienisch, 0,6% Bündnerromanisch, 8,9% andere Sprachen.

Wirtschaft: Die Schweiz gehört weltweit zu den Ländern mit dem höchsten Wohlstand. Das Bruttoinlandsprodukt pro Kopf der Bev. erreichte 1993 einen Wert von 35 760 US-$; Japan (31 490 US-$) und Schweden (24 740 US-$) liegen gemessen an diesem Wert deutlich zurück.

Die Erwerbs- und Produktionsstruktur wird wie in vergleichbaren Volkswirtschaften vom Dienstleistungssektor dominiert. 1993 waren 61,2% aller Erwerbstätigen im Dienstleistungsbereich tätig. Innerhalb dieses Sektors dominieren Handel und Gastgewerbe (20,3%), Banken, Versicherungen und Immobilien (11%) sowie Verkehr und Nachrichtenübermittlung. Im produzierenden Gewerbe arbeiteten im gleichen Jahr nur noch 33,2% aller Erwerbstätigen, und 5,6% waren in der Land- und Forstwirtschaft sowie in der Fischerei tätig. Zur Entstehung des BIP tragen diese Sektoren in sehr ähnl. Relationen bei.

Nicht nur gemessen am Wohlstand, sondern auch hinsichtlich ihrer ökonom. Stabilität erreicht die S. nach wie vor sehr gute Ergebnisse. Mit einer Arbeitslosenquote von (1994) 4,5%, einer Inflationsrate von weniger als 1% (1994: 0,9%) und einer Wachstumsrate des BIP von 1,7% im gleichen Jahr konnten gravierende Ungleichgewichte im Inland bislang vermieden werden. Auch hinsichtlich ihrer außenwirtschaftl. Position kann die S. seit 1989 (8 Mrd. US-$) auf steigende Überschüsse in der Leistungsbilanz (1993: 16,7 Mrd. US-$) verweisen. Im gleichen Zeitraum nahmen auch die Währungsreserven der Schweizer. Nationalbank um mehr als 8 Mrd. US-$ zu. Der Saldo der Kapitalbilanz weist in der gleichen Periode Überschüsse in der Größenordnung zw. 10 und 20 Mrd. US-$ auf. Ende 1994 erreichten die amtl. Währungsreserven (ohne Gold) ein Volumen von 31 Mrd. US-$.

Der Strukturwandel in der Landwirtschaft ist nahezu abgeschlossen; die Abwanderung agrar. Arbeitskräfte ist auf weniger als 1% jährlich zurückgegangen. Durch Mechanisierung und Rationalisierung konnte inzwischen ein hohes Produktivitätsniveau erreicht werden. Hauptanbauprodukte sind Getreide, Kartoffeln, Zuckerrüben und Kernobst; zu den wichtigsten Anbaugebieten zählen das Schweizer Mittelland, der nördl. Jura, das Rhônetal (Wallis), das Rhein- und Tessintal sowie das S-Tessin. In den Bergregionen wird überwiegend Viehzucht betrieben. Aus den Trauben der 15 000 ha Rebflächen wird Wein vorwiegend für den inländ. Konsum gewonnen.

Mangels eigener fossiler Brennstoffe ist die S. hauptsächlich auf Importe zur Deckung des Energiebedarfs angewiesen. Eine Steigerung der Energieerzeugung soll durch konsequente Nutzung der einheim. Ressourcen wie Wasserkraft, Sonnenenergie und Biogas erreicht werden. 1990 sprach sich die Bev. gegen den weiteren Bau von Kernkraftwerken über die bestehenden fünf Anlagen mit einer installierten Leistung von knapp 3 000 MW hinaus aus. Ein Ausstieg aus der Kernenergie wurde abgelehnt.

Im verarbeitenden Gewerbe wird ein Viertel des BIP erwirtschaftet. Die ausgeprägte Exportorientierung v. a. des Maschinenbaus, der Metallverarbeitung, der chemisch-pharmazeut. Industrie sowie der Uhren- und Textilindustrie resultiert aus der Enge des Binnenmarktes und der hohen Forschungsintensität der schweizer. Industrie. Ihre internat. Wettbewerbsfähigkeit konnte in der jüngeren Vergangenheit weiter verbessert werden.

Die S. gehört zu den größten Finanzplätzen der Erde. Die intensive Verflechtung der Volkswirtschaft mit ausländ. Märkten, die hohe inländ. Kapitalbildung und der Zustrom ausländ. Gelder zu inländ. Banken und deren Niederlassungen im Ausland ermöglichen den Kreditinstituten ihre globalen Aktivitäten, die durch die traditionelle Neutralität des Landes und dank des weitgehenden Bankgeheimnisses zusätzlich gefördert werden. Anfang 1995 trat ein revidiertes Bankgesetz in Kraft, das die Aufsicht der Eidgenöss. Bankenkommission und die internat. Amtshilfe neu regelt. Mit der Rolle der S. als internat. Bankplatz nahm auch die Bedeutung der dominierenden Börsen in Basel, Genf und Zürich zu. Die dominierenden schweizer. Großbanken sind die CS Holding, die

Schw   Schweizerische Bundesbahnen – schweizerische Kunst

Schweizer. Bankgesellschaft und der Schweizer. Bankverein. (→Banken, Übersicht)

Die Tourismusbranche hat ebenfalls eine lange Tradition und erbringt heute nach der Metall- und Maschinen- sowie der chem. Industrie die größten Deviseneinnahmen. Dtl. und die USA stellen mit zusammen über 45 % aller ausländ. Gäste die größten Besucherkontingente.

schweizerische Kunst: Kirchner-Museum in Davos von Annette Gigon und Mike Guyer; 1989–92

Der Außenhandel wies 1993 ein Gesamtvolumen von 115 Mrd. US-$ aus, davon entfielen knapp 59 Mrd. auf die Exporte. Der Ausfuhrüberschuß belief sich auf 2 Mrd. US-$. Die Terms of trade haben sich seit 1980 ständig verbessert, was v. a. auf die relative Stagnation der Einfuhrpreise zurückzuführen ist. Die Exporte werden dominiert von den Warengruppen Maschinenbau- und elektrotechn. Erzeugnisse sowie Fahrzeuge; es folgen in der Bedeutung chem. Produkte sowie versch. Fertigwaren. Auf der Importseite dominieren dieselben Gruppen. Insgesamt zeigt sich die typ. Außenhandelsstruktur eines hochentwickelten Industriestaates. Die Länder der EU, die USA und Japan sind die wichtigsten Handelspartner.

Geschichte: In einer Abstimmung am 6. 12. 1992 lehnte die Bev. mit 50,3 % der Stimmen und einer Mehrheit der Kantone den Beitritt zum Europ. Wirtschaftsraum (EWR) ab. Während sich die Mehrheit der frankophonen Kantone für die Mitgliedschaft der S. im EWR entschied, wandte sich die Mehrheit der deutschsprachigen Kantone dagegen. Angesichts dieses Abstimmungsergebnisses stellte die S. den Antrag auf Aufnahme in die EG zurück. In Anbetracht der Dichte des alpenüberquerenden Schwerlastverkehrs traten die verkehrspolit. Probleme – auch unter der Perspektive des Umweltschutzes – in den Vordergrund. Am 29. 9. 1992 billigte die Bev. mit großer Mehrheit die ›Neue Eisenbahn-Alpentransversale‹ (NEAT), am 29. 9. 1994 das Volksbegehren ›zum Schutz der Alpentäler vor dem Transitverkehr‹ (Alpeninitiative; →Alpen). Die von CVP, FDP und SPS unterstützte, von der SVP bekämpfte Beteiligung der S. an Friedensmissionen der UNO wurde am 12. 6. 1994 von der Bev. (57,2 %) und der Mehrheit der Kantone abgelehnt. Weiterhin standen Verfassungs- und Wahlrechtsfragen (u. a. Ausländerwahlrecht), Ergänzungen des Strafrechts (z. B. Aufnahme eines Antirassismusartikels in das Strafgesetzbuch) und Neuerungen in der Steuergesetzgebung (Mehrwertsteuer anstelle der Warenumsatzsteuer) im Vordergrund.

Nach dem Rücktritt von Bundesrat René Felber (* 1933) wählte die Vereinigte Bundesversammlung im März 1993 Ruth Dreifuss zur Bundesrätin, im Sept.

1995 als Nachfolger des zurückgetretenen Bundesrats O. Stich den Zürcher National- und Regierungsrat Moritz Leuenberger (* 1946; SPS). Bei den Wahlen zum Nationalrat am 22. 10. 1995 löste die SPS mit 21,8 % der Stimmen und 54 Sitzen die FDP (20,2 %; 45) als stärkste Partei ab; es folgen CVP (17,0 %; 34), SVP (14,9 %; 29), GPS (5,0 %; 9), LPS (2,7 %; 7), FPS (Abk. für Freiheitspartei der S., früher Autopartei der S.; 4,0 %; 7), LdU (1,8 %; 3), SD (Abk. für Schweizer Demokraten; 3,1 %; 3), EVP (1,8 %; 2), PdA (1,2 %; 3), Lega dei Ticinese (0,9 %; 1) und Andere (5,8 %; 3).

Im März 1996 sprach sich die eidgenöss. Bev. mit 76,1 % der Stimmen für die Erhebung des Bündnerromanischen zur vierten Amtssprache der S. aus.

*Schweizerische Bundesbahnen: Die SBB haben ihren Stückguttransport zum 1. 1. 1995 in die privatrechtlich organisierte Cargo Domizil AG ausgegliedert. Die Schweizer Schiffahrt auf dem Bodensee gehört seit 1996 nicht mehr zu den SBB.

*Schweizerische Kreditanstalt: →CS Holding.

*schweizerische Kunst: Neben M. Botta prägten mit ihren Bauten und Reflexionen über Stadtgestaltung auch andere Tessiner Architekten das Bild der eidgenöss. Architektur im Ausland: Luigi Snozzi (Parlamentsgebäude, Vaduz, 1987 ff.; Casa Bernasconi, Carona, Kt. Tessin, 1988–89), Livio Vacchini (Casa rezzonico, Vogorno, Kt. Tessin, 1984–85; Strandbad Lido, Ascona, 1982–87) und Aurelio Galfetti (Tennisclub, Bellinzona, 1982–85; Casa ›Al Portone‹, Bellinzona, 1985; Casa Leonardo, Lugano, 1986; Restaurierungen Castel Grande und Postamt, Bellinzona). In der frz.-sprachigen Schweiz verbinden u. a. Pierre Cagna (Psychiatrisch-Geriatr. Abteilung des Krankenhauses in Monthey; 2. Preis 1986), Michel Voillat (Stadtentwicklungsplan für Martigny, 1. Preis 1986), Joël Chevraz (Altersheim Monthey, 1. Preis 1986), Jean-Gérard Giorla (Altersheim und Schule in Vétroz, Kt. Wallis, 1987) und Michel Zufferley (›Forum des Alpes‹ in Siders, 1985–88) in ihren Bauten die traditionellen Gebäudeformen der Region mit einer zeitgenöss. Formensprache. International unterschätzt war – abgesehen vom Atelier 5 – noch bis Anfang der 90er Jahre die nordschweizer. Architektur, die seit den 80er Jahren verstärkt auf funktionalist. und minimalist. Bauformen zurückgreift. Bes. hervorzuheben sind hier neben Jacques Herzog und Pierre De Meuron, die Architektur und Material mit Bezug zum Ort und zur Funktion entwickeln (Lagerhaus der Firma Ricola,

schweizerische Kunst: Rémy Zaugg, ›Tu constitues le tableau et le tableau te constitue‹; 1988/91 (Privatbesitz)

Laufen, 1986–87; Privatmuseum Sammlung Ingvild Goetz, München, 1989–93; Stellwerk, 1988–95, und Lokomotivdepot, 1993–96, des Güterbahnhofs Auf dem Wolf, Basel; Glasummantelung des SUVA-Hauses, Basel, 1994; Hypo-Bank, München, 1994 ff.), die

Architektenbüros von MIKE GUYER und ANNETTE GIGON (Kirchner-Museum, Davos, 1989–92; Erweiterungsbau des Kunstmuseums Winterthur, 1995), Diener & Diener (MARCUS und ROGER DIENER u. a.; Gmurzynska Galerie, Köln, 1990–92; Verwaltungsgebäude der Versicherung Bâloise am Picassoplatz, Basel, 1990–93; Bildungszentrum des Schweizer. Bankvereins, Basel, 1989–94; Centre Pasquart, Biel, 1995 ff.), MARCEL MEILI und MARKUS PETER (Holzfachschule, Biel, 1992–93; Wettbewerbssieger und Auftrag Coop-Zentrum, Muttenz, 1993) sowie PETER ZUMTHOR (Altenwohnheim Masans, Chur, 1991–93; Kunsthaus Bregenz, 1992–95; Thermalbad Vals, 1992–96), der 1993 mit dem Entwurf für ein Berliner Dokumentationszentrum ›Topographie des Schreckens‹ hervortrat. Weiter zu nennen sind MICHAEL ADLER sowie MARTIN HEINRICH BURCKHARDT (Generaldirektion des Schweizer. Bankvereins, Basel,

schweizerische Kunst: Olivier Mosset, ›Strike I‹; 1987 (Privatbesitz)

1980–88). V. a. seit Mitte der 90er Jahre schließt die Schweiz an den allgemeinen Museumsboom an, außer in Biel und Winterthur werden in Luzern (Kultur- und Kongreßzentrum; J. NOUVEL und E. CATTANI, 1993 ff.), Basel (Museum Beyeler, R. PIANO, 1993 ff.) und Zürich (Zentrum für Gegenwartskunst, CHRISTIAN KARRER und ANDREAS FUHRIMANN) neue Museen gebaut.

Die s. K. der 80er und 90er Jahre verdankt ihren Namen ›Junge Schweizer Kunst‹ einigen Künstlern, die auf der internat. Kunstszene das Interesse an der eidgenöss. Kunst weckten. Bes. zu erwähnen sind hier das Künstlerpaar Fischli & Weiss, der Konzeptkünstler und Ausstellungsmacher RÉMY ZAUGG (* 1943), der postmoderne Plastiker J. M. ARMLEDER und der abstrakte Maler H. FEDERLE. Gleichzeitig besteht weiterhin die Schule der Zürcher Konkreten, die von BEAT FELLER (* 1955), JEAN-LUC MANZ (* 1952), BARBARA HEÉ (* 1957) und LEOPOLD SCHROPP (* 1939) weiterentwickelt wird. Einen radikalen Standpunkt vertreten die Maler N. TORONI, OLIVIER MOSSET (* 1944) und ADRIAN SCHIESS (* 1959), die in ihren formal reduzierten Arbeiten Farbe an sich thematisieren. Die gestische Abstraktion wird repräsentiert von PIA FRIES (* 1955), JOSEF HERZOG (* 1939) und dem in Köln lebenden STEFAN STEINER (* 1963). Eine konzeptuell-figurative Malerei pflegen SILVIA BÄCHLI (* 1956), M. DISLER, ALEX HANIMANN (* 1955), GUIDO NUSSBAUM (* 1948) und ROLF WINNEWISSER (* 1949). M. CAHNS großformatige Arbeiten wurzeln in ihrem Körpergedächtnis. Mit existentiellen Ereignissen von Geburt bis Tod beschäftigen sich v. a. Künstler aus der dt.-sprachigen Schweiz, so ELISABETH ARPAGAUS (* 1957), URS EBERLE (* 1954), HANS THOMANN (* 1957), JOSEF FELIX MÜLLER (* 1955) und KLAUDIA SCHIFFERLE (* 1955). Auf dem Gebiet der skulpturalen Raum-

installation sind bes. THOMAS HIRSCHHORN (* 1957), PIERRE ANDRÉ FERRAND (* 1952), CARMEN PERRIN (* 1953) und der in Düsseldorf lebende CHRISTOPH RIHS (* 1957) zu erwähnen. Einen ersten Platz haben sich die konzeptuell-experimentellen Photographen wie ANITA HOHENGASSER (* 1960), HEINZ BRAND (* 1944), HANS DANUSER (* 1953) und BERNARD VOÏTA (* 1960) gesichert. Die Künstler SYLVIE FLEURY (* 1957), CÉCILE WICK (* 1954) und ERIC LANZ (* 1962) nutzen die neuen Medien, um sich mit der von ihnen bestimmten Realität auseinanderzusetzen. Auch die Videokünstler ANNA WINTELER (* 1954), MUDA MATHIS (* 1959), SIMON LAMUNIÈRE (* 1961), ALEXANDER HAHN (* 1954) und RENÉ PULFER (* 1949) reflektieren die Medienwirklichkeit.

Atelier 5. 26 ausgew. Bauten, photographiert v. B. BURKHARD (Zürich 1986); Architettura contemporanea del Vallese, Ausst.-Kat. (Maggia 1987); Ars Helvetica. Die visuelle Kultur der Schweiz, hg. v. F. DEUCHLER, 13 Bde. (Disentis 1987–93); Schweizer Kunst 1900–1990, bearb. v. M. HALDEMANN u. a., Ausst.-Kat. (Zug 1990); Architektur in der dt. Schweiz 1980–1990, hg. v. P. DISCH (Lugano ²1991); Kunst in der Schweiz, hg. v. R. FISCHER u. a. (1991); Visionäre Schweiz, hg. v. H. SZEEMANN, Ausst.-Kat. (Aarau 1991); Schweizer Architekturführer 1920–1990, hg. v. W. E. CHRISTEN, 2 Bde. (Zürich 1992–94); Tessiner Architekturschule, bearb. v. T. N. DAHLE (²1992, Bibl.); Construction, intention, detail. Five projects from five Swiss architects, hg. v. M. GILBERT u. a., Ausst.-Kat. (Zürich 1994, dt. u. engl.); Video vidim ich sehe ... Slowakische, tschechische u. schweizer. Videokunst, hg. v. E. M. JUNGO u. a., Ausst.-Kat. (Sillein 1994); C. HUMBEL: Junge Schweizer Architekten u. Architektinnen. Young Swiss architects (Zürich 1995).

*Schweizerische Volksbank: Die SVB wurde 1993 in die →CS Holding integriert.

Schwemmer, Oswald, Philosoph, * Hilden 10. 6. 1941; 1978–82 Prof. in Erlangen, 1982–87 in Marburg, 1987–93 in Düsseldorf, seit 1993 Prof. für Philosoph. Anthropologie und Kulturphilosophie in Berlin. S. beschäftigt sich mit der Philosophie des Geistes und der Kultur – v. a. in Auseinandersetzung mit der Philosophie des 20. Jh. und im Sinne einer Theorie des Handelns, des (auch interkulturellen) Verstehens und der kulturellen Symbolismen.

Werke: Philosophie der Praxis (1971); Konstruktive Logik, Ethik u. Wissenschaftstheorie (1973, mit P. LORENZEN); Theorie der rationalen Erklärung. Zu den method. Grundl. der Kulturwiss. (1976); Eth. Unters. (1986); Handlung u. Struktur. Zur Wiss.-Theorie der Kulturwiss. (1987); Die Philosophie u. die Wiss.en (1990). – Hg.: E. CASSIRER: Nachgelassene Manuskripte u. Texte, auf mehrere Bde. ber. (1995 ff., mit J. M. KROIS).

*Schwerin 2): Der Landkreis S. ging am 12. 6. 1994 in den Kreisen Ludwigslust, Nordwestmecklenburg und Parchim auf.

schweizerische Kunst: Guido Nussbaum, ›Auge‹; 1985 (St. Gallen, Kunstmuseum)

schweizerische Kunst: Klaudia Schifferle, ›Ohne Titel‹; 1995 (Privatsammlung)

Schwerin 4): Das Gebiet der ehemaligen Apostol. Administratur gehört seit Nov. 1994 zum Erzbistum Hamburg. (→ katholische Kirche, ÜBERSICHT)

Schwermetalle: Die Reinigung von mit S. belasteten Schlämmen (z. B. aus Hafenbecken, Kläranlagen und Verbrennungsanlagen) und Abwässern (z. B. aus der Rauchgasreinigung) ist technisch anspruchsvoll. In den letzten Jahren wurden versch. Verfahren entwickelt und getestet. Mit Hilfe von Säuren (Salzsäure, Schwefelsäure; Lösungsmittel für S.), Kalkmilch (Calciumhydroxid; Neutralisationsmittel) und Flockungsmitteln bzw. Kohlendioxid (Abscheidemittel, die die S. binden) werden die S. aus dem Schlamm bzw. Abwasser entfernt. In den Niederlanden wird z. Z. getestet, ob sich zur S.-Entsorgung aus Böden und Schlämmen bestimmte schwefelsäureausscheidende Bakterien (Thiobacillus ferro-oxidans) einsetzen lassen.

Schwertsik, Kurt, österr. Komponist: Ist seit 1989 Prof. für Komposition an der Musikhochschule in Wien; weitere Werke, u. a. Oper ›Café Museum – eine Erleuchtung‹ (1993); choreograph. Theater ›Nietzsche und seine Schwester‹ (1994); Musiktheater ›Der ewige Frieden‹ (1995).

Schwinger, Julian Seymour, amerikan. Physiker: † Los Angeles (Calif.) 16. 7. 1994.

Scientology®: 1995 sprach das Bundesarbeitsgericht der ›S.-Kirche Hamburg e. V.‹ den Status einer Religions- oder Weltanschauungsgemeinschaft im Sinne der Art. 4 und 140 GG ab, da ihre religiösen Lehren nur als ›Vorwand für die Verfolgung wirtschaftl. Ziele‹ dienten.

L. VON BILLERBECK u. F. NORDHAUSEN: Der Sektenkonzern. S. auf dem Vormarsch (⁵1994); Mission mit allen Mitteln. Der S.-Konzern auf Seelenfang, hg. v. J. HERRMANN (Neuausg. 1994); W. THIEDE: S. Religion oder Geistesmagie? (²1995).

Scowcroft, Brent, amerikan. Politiker: War bis Jan. 1993 Leiter des Nat. Sicherheitsrats.

SCSI [Abk. für engl. Small computer systems interface ›Schnittstelle für kleine Computersysteme‹], *Datenverarbeitung:* Bez. für eine genormte Schnittstelle an Computern (v. a. PC) und Peripheriegeräten (z. B. Festplatten, Drucker, Scanner). Die Normung umfaßt sowohl die Steckverbindung als auch einen Schnittstellenbaustein samt zugehörigem Protokoll für den Datenverkehr. Mit dieser Schnittstelle ausgerüstete Geräte können – bis zu einer Gesamtzahl von insgesamt acht (einschließlich des Computers) – durch eine 50adrige Leitung miteinander verbunden werden. Die Datenübertragung erfolgt parallel über acht Datenleitungen und mit Übertragungsgeschwindigkeiten von etwa 1,5 bis 3 Mio. Byte pro Sekunde. – Das gesamte System wird auch als **SCSI-Bus** bezeichnet.

SDI: Im Mai 1993 erklärten die USA das bereits von Präs. G. BUSH Anfang 1991 in seinen Ansprüchen und seinem Umfang reduzierte SDI-Programm für beendet. Statt dessen wurde ein neues, auf Erkenntnissen der SDI-Forschung basierendes Programm entworfen (administrativer Rahmen: ›Ballistic Missile Defence Organization‹, BMDO), in dessen Verlauf unter Verzicht auf alle Weltraumkomponenten neue erdgestützte Raketenabwehrsysteme entwickelt werden sollen. Die Abwehrsysteme richten sich zum einen gegen Kurzstreckenraketen wie z. B. die aus dem Golfkrieg bekannte sowjet. Scud, zum anderen gegen einzelne nukleare Langstreckenflugkörper.

Seaborgium [si-; nach G. T. SEABORG] *das, -s,* chem. Symbol **Sg,** bisher **Unnilhexium,** 1995 von der Nomenklaturkommission der IUPAC vorgeschlagener Name für das Element 106. Falls der Name von der IUPAC-Generalversammlung 1997 bestätigt wird, wäre es das erste Mal, daß ein chem. Element nach einem lebenden Wissenschaftler benannt wird.

Sebnitz 2): Der Landkreis S. ging am 1. 8. 1994 Kr. Sächsische Schweiz auf; die Stadt Sebnitz ist damit nicht mehr Kreisstadt.

Seelow 2): Der Landkreis S. in Brandenburg ging am 6. 12. 1993 im neuen Landkreis Märkisch-Oderland auf, dessen Kreisstadt die Stadt Seelow wurde.

Seerecht: *Völkerrecht:* Die am 10. 12. 1982 von der UNO zur Unterzeichnung aufgelegte S.-Konvention konnte zwölf Jahre lang nicht in Kraft treten, weil eine Reihe von Staaten, darunter die führenden Seemächte, sich nicht zur Ratifizierung entschließen konnten. Hauptgrund für die Ablehnung war der XI. Teil der Konvention, der die Rechtsverhältnisse des Meeresbodens und des Meeresuntergrunds betrifft. Um dieses Ratifizierungshindernis zu überwinden, begann der damalige UN-Generalsekretär J. PÉREZ DE CUÉLLAR 1990 mit informellen Konsultationen zum Zweck der Neuverhandlung dieses Teils der Konvention. 1993 entstand ein von einer Expertengruppe aus je vier Industriestaaten und Entwicklungsländern gefertigter Entwurf als Verhandlungsgrundlage (›Boat paper‹). Es wurde in ein Durchführungsübereinkommen zur S.-Konvention umgesetzt, das den XI. Teil der Konvention modifiziert und ergänzt. Das Durchführungsübereinkommen wurde von der Generalversammlung der UNO am 28. 7. 1994 verabschiedet. Es ist integrierender Bestandteil der S.-Konvention. Im Falle eines Widerspruchs zw. dem Übereinkommen und Teil XI der S.-Konvention ist das Übereinkommen maßgebend. Dtl. hat das Durchführungsübereinkommen am 29. 7. 1994 unterzeichnet und am 4. 10. 1994 ratifiziert; die Ratifikation der Konvention selbst erfolgte am 2. 9. 1994. Gemäß ihrem Art. 308 trat die S.-Konvention zwölf Monate nach Hinterlegung der 60. Ratifikationsurkunde am 16. 12. 1994 in Kraft. Bereits am 21./22. 11. 1994 fand eine Sitzung der Vertragsparteien der Konvention in New York statt, auf der die Errichtung des in der Konvention vorgesehenen →Internationalen Seegerichtshofs beschlossen wurde.

T. EITEL: Eine Konvention zur friedl. Nutzung der Meere, in: Europa-Archiv, Jg. 49 (1994); L. B. SOHN: International law implications of the 1994 agreement, in: The American journal of international law, Bd. 88 (Washington, D. C., 1994).

Segerstam, Leif Selim, finn. Dirigent: Wurde 1995 Chefdirigent des Philharmon. Orchesters Helsinki.

Séguin [se'gɛ̃], Philippe, frz. Politiker, * Tunis 21. 4. 1943; nach dem Studium der Geschichte und polit. Wiss. ab 1970 Beamter am Rechnungshof; war 1977–78 Mitarbeiter im Stab des Premier-Min. R. BARRE, 1978–86 und seit 1988 Abg. des gaullist. Rassemblement pour la République (RPR), 1979–86 Mitgl. des Regionalrats, seit 1983 Bürgermeister von Épinal, in der Reg. Chirac 1986–88 Arbeits- und Sozial-Min.; in der Kampagne zum Referendum über die Verträge von Maastricht (Sept. 1992) Wortführer der Vertragsgegner. Nach dem Wahlsieg der bürgerl. Parteien im März 1993 wurde der als Linksgaullist geltende S. Präs. der Nationalversammlung.

Seiters, Rudolf, Politiker: Trat am 4. 7. 1993 im Zusammenhang mit dem tödl. Schußwechsel bei der Ergreifung von Terroristen in Bad Kleinen (Kr. Wismar) durch GSG-9-Beamte (27. 6. 1993) als Bundesinnenminister zurück.

Seleš ['sɛlɛʃ], Monica, amerikan. Tennisspielerin jugoslaw. Herkunft; * Novi Sad 2. 12. 1973; von März 1991 bis Juli 1993 Weltranglistenerste; erlitt bei einem Anschlag Ende April 1993 in Hamburg eine schwere Stichverletzung. Im Sommer 1995 gelang S. – neben STEFANIE GRAF als Nr. 1 der Weltrangliste gesetzt – ein erfolgreiches Comeback.

Selten, Reinhard, Mathematiker und Volkswirtschaftler, * Breslau 5. 10. 1930; 1969–72 Prof. für

Volkswirtschaftslehre an der FU Berlin, 1972–84 Prof. am Institut für mathemat. Wirtschaftsforschung an der Univ. Bielefeld, seit 1984 Prof. für Volkswirtschaftslehre an der Univ. Bonn. Seine Hauptarbeitsgebiete sind die Spieltheorie und die experimentelle Wirtschaftsforschung. S. analysiert u. a. Theorien der nichtkooperativen Spiele wie Schach und Poker und zieht daraus Rückschlüsse auf das strateg. Verhalten von Marktteilnehmern (z. B. im Oligopol). Insbesondere entwickelte S. das nach J. F. NASH benannte Nash-Gleichgewicht weiter, wonach Handlungsstrategien des einzelnen rational sein können, ohne daß sie für die Gesamtheit der Spiel- oder Marktteilnehmer optimal sein müssen: Er entwickelte das Konzept des ›teilspielperfekten Gleichgewichts‹ und des ›Gleichgewichts der zitternden Hand‹. Im ersten Konzept werden alle ökonomisch sinnlosen Gleichgewichtslösungen ausgeschaltet, beim zweiten Konzept führen kleinere strateg. Fehler nicht automatisch zu einer Destabilisierung des Gleichgewichts. S. erhielt 1994 als erster Deutscher zus. mit NASH und J. C. HARSANYI den Nobelpreis für Wirtschaftswissenschaften.

Schriften: Preispolitik der Mehrproduktenunternehmung (1970); General equilibrium with price-making firms (1974, mit T. A. MARSCHAK); A general theory of equilibrium selection in games (1988); Models of strategic rationality (1988).

*Selvon, Samuel Dickson, trinidad. Schriftsteller: †in Kanada 1994.

*Semjonow, Wladimir Semjonowitsch, sowjet. Diplomat und Politiker: †Köln 18. 12. 1992.

*Semprún, Jorge, span., überwiegend französischsprachiger Schriftsteller: War bis 1991 span. Kultur-Min. Sein Leben im Spiegel der Zeitgeschichte und die Reflexion über die Bedeutung des Gedächtnisses nehmen in seinem Werk einen zentralen Platz ein. Es ist getragen vom Engagement gegen das Vergessen und von polit. und moral. Verantwortung gegenüber der Gesellschaft, akzentuiert v. a. in der Kritik an totalitären Herrschaftssystemen wie dem Nationalsozialismus und dem stalinist. Kommunismus. 1994 erhielt er den Friedenspreis des Börsenvereins des Dt. Buchhandels.

Werke: *Prosa:* Federico Sanchez vous salue bien (1993; dt. Federico Sánchez verabschiedet sich); L'écriture ou la vie (1994; dt. Schreiben oder Leben). – *Drama:* Bleiche Mutter, zarte Schwester (Urauff. 1995).

Sen *der, -(s)/-ti,* kleine Währungseinheit von Estland, 100 S. = 1 Kroon (ekr).

***Senegal,** amtlich frz. **République du Sénégal,** Staat in Westafrika, grenzt an den Atlant. Ozean.

Hauptstadt: Dakar. *Amtssprache:* Französisch (Verkehrs- und Nationalsprache ist Wolof). *Staatsfläche:* 196 192 km² (ohne Binnengewässer 192 530 km²). *Bodennutzung (1992):* 23 500 km² Ackerland, 31 000 km² Dauergrünland, 105 000 km² Waldfläche. *Einwohner (1994):* 8,102 Mio., 41 Ew. je km². *Städtische Bevölkerung (1993):* 41 %. *Durchschnittliches Bevölkerungswachstum pro Jahr (1985–93):* 3 %. *Bevölkerungsprojektion für 2000:* 9,58 Mio. Ew. *Ethnische Gruppen (1988):* 43,7 % Wolof, 23,2 % Tukulor, 14 % Serer, 5,5 % Diola, 4,6 % Malinke (Mandingo), 9 % andere. *Religion (1992):* 94,5 % Muslime (Sunniten). *Altersgliederung (1995):* unter 15 Jahre 44,6 %, 15 bis unter 65 Jahre 52,5 %, 65 und mehr Jahre 2,9 %. *Lebenserwartung der Neugeborenen (1992):* männlich 48 Jahre, weiblich 50 Jahre. *Analphabetenquote (1991):* insgesamt 61,7 %, männlich 48,1 %, weiblich 74,9 %. *BSP je Ew. (1993):* 750 US-$. *BIP nach Sektoren/Produktionsstruktur (1992):* Landwirtschaft 19 %, Industrie 19 %, Dienstleistungen 62 %. *Währung:* 1 CFA-Franc = 100 Centimes. *Internationale Mitgliedschaften:* UNO, OAU, Wirtschaftsgemeinschaft westafrikan. Staaten.

Geschichte: In dem seit Beginn der 1980er Jahre latent andauernden, ethnisch fundierten Konflikt um die Unabhängigkeit der Südprovinz Casamance kam es seit 1990 zu bürgerkriegsähnl. Unruhen. Trotz mehrerer Waffenstillstände harrt der Konflikt (Ende 1995) noch einer polit. Lösung.

Nach einer Verf.-Änderung vom Mai 1992, die die Direktwahl des Präs. für sieben Jahre vorsieht (einmalige Wiederwahl möglich), wurde Präs. A. DIOUF in der Präsidentschaftswahl vom 21. 2. 1993 in seinem Amt bestätigt; die Parlamentswahl vom 9. 5. 1993 gewann seine Sozialist. Partei trotz z. T. starker Verluste (v. a. in den Städten und in der Casamance). 1993/94 kam es, v. a. aufgrund einer Verschlechterung der wirtschaftl. Situation, zu sozialen Unruhen.

***Senftenberg 2):** Der Landkreis S. in Brandenburg ging am 6. 12. 1993 im neugebildeten Landkreis Oberspreewald-Lausitz auf, dessen Kreisstadt Senftenberg wurde.

***Sengle,** Friedrich, Germanist: †Seefeld (Kr. Starnberg) 14. 3. 1994.

Sequencer [ˈsiːkwənsə, engl.] *der, -s/-,* **Sequenzer,** eine Steuereinheit beim Synthesizer, mit der einem Tonbandgerät vergleichbar eingegebene Klangsignale bzw. Tonfolgen (Sequenzen) aufgezeichnet und gespeichert werden und sich nach einem separat festzulegenden Zeittakt (Steuerimpuls) automatisch und ständig wiederholbar abspielen lassen. Während bei früheren analogen S. sowohl jeder Ton als auch die Abfolge der Töne nacheinander mit Hilfe eines aufwendigen manuellen Einzelreglersystems Schritt für Schritt eingegeben werden mußten, erfolgt bei digitalen Systemen die Aufzeichnung unmittelbar über ein Keyboard. Durch Sampler und →MIDI ist es möglich geworden, auch mehrspurig gespeicherte Klangaufzeichnungen zu wiederholen. Die über ein Computerprogramm laufenden Software-S. gestatten inzwischen ein vielfältiges Bearbeiten der eingegebenen Sequenzen bis hin zum Erstellen eines fertigen Arrangements, das dann auch in Notenschrift ausgedruckt werden kann. S. werden v. a. von Rock- und Popmusikern zur Erzeugung wiederholbarer Background-Arrangements genutzt. Eine Spezialausführung des S. ist der Drum-Computer zur Wiedergabe durchgängiger Schlagzeugrhythmen. Ein Vorläufer des S. ist das ▷ Mellotron.

***serbische Literatur:** In den 1980er Jahren wurde die s. L. von einer nationalist. Welle erfaßt, die ihren Höhepunkt 1989 zur 500-Jahr-Feier der Schlacht auf dem Amselfeld fand. Nicht wenige serb. Autoren engagierten sich aktiv im polit. Raum (D. ĆOSIĆ, BRANA CRNČEVIĆ, *1933; V. DRAŠKOVIĆ u. a.), während andere nach Ausbruch des serbisch-kroat. Krieges den Weg ins Exil nahmen (BOGDAN BOGDANOVIĆ, *1922; B. ĆOSIĆ, M. KOVAČ, A. TIŠMA). Die Teilung der s. L. drückt sich in den Themen, der Machart und v. a. in der Bewertung des Krieges und der großserb. Ziele aus. Während die nationalist. Autoren in die traditionellen Muster der patriot. Literatur zurückfallen – bis hin zum lyr. Ausdruck im archaischen Rhythmus des folklorist. Zehnsilbers (deseterac) –, setzen die oppositionellen Autoren die für die Postmoderne typ. Verfahren der Desillusionierung und Verfremdung ein (v. a. B. ĆOSIĆ, D. VELIKIĆ).

serbische Sprache, offizielle Bez. der in (Rest-)Jugoslawien (Serbien und Montenegro) verwendeten Amts- und Standardsprache, die z. T. auch von den Serben in Bosnien und Herzegowina sowie aus Kroatien (v. a. der Krajina) gesprochen wird. Die ekavische Variante wird in Serbien, die ijekavische (nach dem Reflex für altslaw. ě als e oder ije) in Montenegro und den westl. Gebieten gesprochen. Für die in Montenegro gesprochene Sprache ist die Bez. s. S. nicht unumstritten. – In Serbien wird der historisch

Reinhard Selten

belastete Begriff ›Serbokroatisch‹ als umfassende Bez. für das Kroatische, Serbische und Bosnische beibehalten. Zugleich versucht man jedoch, eine purist. Sprachpolitik zu vermeiden.

*serbokroatische Sprache: →bosnische Sprache, →kroatische Sprache, →serbische Sprache.

*Serrano Elías, Jorge, guatemaltek. Politiker: Wurde nach seinem anfänglich vom Militär unterstützten Staatsstreich vom 25. 5. 1993 am 1. 6. 1993 als Präs. abgesetzt; S. E. erhielt in Panama polit. Asyl.

Serres [sɛːr], Michel, frz. Philosoph und Wissenschaftshistoriker, *Agen 1. 9. 1930; war Prof. für Wissenschaftsgeschichte in Clermont-Ferrand, dann an der Sorbonne und der Stanford University; seit 1990 Mitgl. der Académie française. S. entwickelt fern von Positivismus und Strukturalismus eine wissenschaftsorientierte Philosophie im Geiste von G. W. Leibniz und den Enzyklopädisten. Der Ton liegt auf einer erneuerten Ars inveniendi (Erfindungskunst) und einer alles durchdringenden Ars communicandi (Gesprächskunst), die nicht mehr wie unsere technischrationalist. Zivilisation im Zeichen des Prometheus (des griech. Helden, der den Göttern das Feuer raubte), sondern des Götterboten Hermes steht und die der Vielfalt der Sinne und einem neuen ›Vertrag‹ des Menschen mit der Natur zugute kommt. Studien zur Literatur (J. Verne, É. Zola) und zur Malerei (V. Carpaccio) unterbauen diese Epistemologie.

Werke: Hermès, 5 Bde. (1968–80; dt. Hermes); Le système de Leibniz et ses modèles mathématiques, 2 Bde. (1968). Esthétiques sur Carpaccio (1975; dt. Carpaccio); Le parasite (1980; dt. Der Parasit); Détachement (1983; dt. Ablösung); Les cinq sens (1985; dt. Die fünf Sinne); L'Hermaphrodite (1987; dt. Der Hermaphrodit); Le contrat naturel (1990; dt. Der Naturvertrag).

*Server: →Client-Server-System.

Set-Top-Box [engl.], *Telekommunikation:* Zusatzgerät, das empfängerseitig für die Teilnahme am interaktiven →Fernsehen notwendig ist. Die S.-T.-B. wirkt als Adapter, der den Empfang digitaler Programme auch mit einem analog arbeitenden Gerät ermöglicht, und als Modem, mit dem eine Verbindung zw. Telefonnetz und Fernsehgerät hergestellt wird. Eine S.-T.-B. muß folgende Funktionen realisieren: Aufhebung der senderseitig zur Übertragung vorgenommenen Datenkompression, Umwandlung der empfangenen digital verschlüsselten Signale in analoge (▷ Digital-Analog-Umsetzer) sowie die Steuerung der Programmführung und des Rückkanals. Die Bez. S.-T.-B. rührt daher, daß das Gerät einfach auf das vorhandene Fernsehgerät aufgesetzt wird.

sexuelle Belästigung. Im Rahmen des 2. Gleichberechtigungs-Ges. vom 24. 6. 1994 wurde als dessen Art. 10 das Ges. zum Schutz der Beschäftigten vor s. B. am Arbeitsplatz (Beschäftigungsschutz-Ges.) erlassen. Es verpflichtet Arbeitgeber und Dienstvorgesetzte, Beschäftigte vor s. B. am Arbeitsplatz, auch durch vorbeugende Maßnahmen, zu schützen. S. B. ist dem Ges. nach jedes vorsätzl., sexuell bestimmte Verhalten, das die Würde von Beschäftigten am Arbeitsplatz verletzt. Dazu gehören neben den nach dem Strafrecht verbotenen Handlungen auch sexuell bestimmte körperl. Berührungen, Bemerkungen sexuellen Inhalts sowie das Verbreiten von pornograph. Darstellungen, die der Betroffene erkennbar ablehnt. Der Betroffene hat u. a. ein Beschwerderecht, das Arbeitgeber und Dienstvorgesetzte zur Prüfung und zum Ergreifen geeigneter Maßnahmen (z. B. Abmahnung, Umsetzung, Versetzung, Kündigung) verpflichtet. Geschieht dies nicht oder in offensichtlich ungeeigneter Weise, haben die betroffenen Beschäftigten das Recht, ihre Tätigkeit am Arbeitsplatz ohne Verlust des Arbeitsentgelts einzustellen, soweit dies zu ihrem Schutz erforderlich ist.

sexueller Mißbrauch von Jugendlichen. Durch das 29. Strafrechtsänderungs-Ges. vom 31. 5. 1994 wurde § 182 StGB (bis dahin ▷ Verführung) unter der Bez. s. M. v. J. neu gefaßt. Gleichzeitig wurde der bestimmte Formen der Homosexualität unter Strafe stellende § 175 StGB aufgehoben und § 182 StGB geschlechtsneutral gefaßt. Danach wird mit Freiheitsstrafe bis zu fünf Jahren oder mit Geldstrafe bestraft, wer als Erwachsener an einer Person unter 16 Jahren unter Ausnutzung einer Zwangslage oder gegen Entgelt sexuelle Handlungen vornimmt oder an sich von ihr vornehmen läßt oder sie unter Ausnutzung einer Zwangslage dazu bestimmt, sexuelle Handlungen an Dritten vorzunehmen oder an sich durch Dritte vornehmen zu lassen. Mit Freiheitsstrafe bis zu drei Jahren oder mit Geldstrafe wird bestraft (Abs. 2), wer als Erwachsener von mehr als 21 Jahren eine Person unter 16 Jahren unter Ausnutzung ihrer fehlenden Fähigkeit zur sexuellen Selbstbestimmung dadurch mißbraucht, daß er sexuelle Handlungen vornimmt oder an sich von ihr vornehmen läßt oder diese dazu bestimmt, diese gegenüber Dritten vorzunehmen oder an sich durch Dritte vornehmen zu lassen. Im Falle des Abs. 2 wird die Tat nur auf Antrag oder bei öffentl. Interesse an der Strafverfolgung verfolgt. – Bei nach § 182 strafbaren Handlungen kann das Gericht bei geringer Schuld von Strafe absehen.

*Seychellen, engl. und frz. **Seychelles,** amtlich kreolisch **Repiblik Sesel,** dt. **Republik S.,** Inselstaat im Ind. Ozean, etwa 1 000 km von der Küste Ostafrikas entfernt.

Hauptstadt: Victoria. Amtssprache: Kreolisch (auf frz. Grundlage). Staatsfläche: 443 km^2 Landfläche. Bodennutzung (1991): 100 km^2 Ackerland, 80 km^2 Waldfläche. Einwohner (1994): 73 000, 160 Ew. je km^2. Städtische Bevölkerung (1990): 59%. Durchschnittliches Bevölkerungswachstum pro Jahr (1985–93): 0,9%. Bevölkerungsprojektion für 2000: 75 000 Ew. Ethnische Gruppen (1983): 89,1% Kreolen, 4,7% Inder, 3,1% Madagassen, 1,6% Chinesen, 1,5% Europäer (Briten). Religion (1987): 88,6% Katholiken, 8,5% Anglikaner und sonstige Christen, 2% Hindu. Altersgliederung (1990): unter 15 Jahre 34,5%, 15 bis unter 65 Jahre 59,3%, 65 und mehr Jahre 6,2%. Lebenserwartung der Neugeborenen (1994): männlich 66 Jahre, weiblich 73 Jahre. Analphabetenquote (1991): 15%. BSP je Ew. (1993): 6 280 US-$. BIP nach Sektoren/Produktionsstruktur (1992): Landwirtschaft 4%, Industrie 17%, Dienstleistungen 79%. Währung: 1 Seychellen-Rupie (SR) = 100 Cents (c). Internationale Mitgliedschaften: UNO, Commonwealth of Nations, OAU.

Geschichte: Am 26. 7. 1992 wurde eine verfassunggebende Versammlung gewählt, wobei die bisherige Einheitspartei SPPF eine knappe Mehrheit erreichte. Einem ersten Verfassungsentwurf versagte die Bev. in einem Referendum am 15. 11. 1992 die Zustimmung, die ein überarbeiteter Text am 18. 6. 1993 erhielt. In den folgenden Wahlen vom 23. 7. 1993 wurde der Amtsinhaber F. A. René als Staatspräs. bestätigt; bei den Parlamentswahlen errang die SPPF, begünstigt durch das Mehrheitswahlrecht, nach dem zwei Drittel der Abg. gewählt werden, einen deutl. Sieg (28 von 33 Mandaten).

*Sfîntu Gheorghe: Stadt in Rumänien, wird seit der Rechtschreibreform 1992 wieder **Sfântu Gheorghe** geschrieben.

SGML, Abk. für engl. Standard Generalized Markup Language, normierte Auszeichnungssprache zur Beschreibung strukturierter Texte. SGML basiert auf der 1969 von Charles F. Goldfarb entwickelten Generalized Markup Language (GML), deren Syntax 1986 durch die ISO-Norm 8879 standardisiert und erweitert wurde. Hintergrund für die Entwicklung von SGML war der Wunsch, Dokumente unabhängig von der Form ihres späteren Ausdrucks archivieren, weitergeben und in eine andere Dokumentstruktur umwandeln zu können. Dazu muß für jeden verwendeten Dokumenttyp eine inhaltsbezogene Struktur definiert werden (**DTD**, Abk. für **D**okument**t**yp**d**efinition), deren einzelne Elemente durch ▷Tags markiert werden. Die Verarbeitung eines SGML-Dokuments erfolgt im Prinzip in zwei Stufen. In einem ersten Schritt überprüft ein ▷Parser die syntakt. Korrektheit der Dokumentstruktur und erzeugt einen Zwischencode, auf dem aufbauend in einem zweiten Schritt ein Formatierer das eigentl. Ausgabeformat erzeugt. Layoutbeschreibungssprachen, mit deren Hilfe die formatierte Ausgabe eines Dokumenttyps festgelegt werden kann, sind z. B. **FOSI** (Abk. für **F**ormatted **O**utput **S**pecification **I**nstance) und **DSSSL** ([dɪzl], Abk. für **D**ocument **S**tyle **S**emantics **a**nd **S**pecification **L**anguage).

C. F. GOLDFARB: The SGML handbook (Oxford 1990); W. RIEGER: SGML für die Praxis (1995, mit Diskette); H. SZILLAT: SGML. Eine prakt. Einf. (1995, mit Diskette).

__Shakespeare-Preis:__ Weitere Preisträger sind J. BARNES (1993), ROBERT BURCHFIELD (1923; 1994), GEORGE CHRISTIE (* 1934; 1995), S. RATTLE (1996).

Shareholder value [ˈʃeəhəʊldəˈvælju:, engl.] *das, - -,* i. e. S. das Aktionärsvermögen, das nach der modernen Finanzierungstheorie dem auf das Eigenkapital bezogenen Barwert der erwarteten zukünftigen Einzahlungen entspricht. I. w. S. wird der Begriff in der Portfoliotheorie als Konzept der Unternehmensführung verstanden, das mittel- bis langfristig die Maximierung des Unternehmenswerts im Interesse der Aktionäre verlangt. Aus der Sicht der Aktionäre geht es bes. um eine dauerhafte Dividende und mögl. Kurssteigerungen. Die erwartete Rendite der Aktionäre für ihre Aktienanlage, die aus der Dividende und aus der aus alternativen Kapitalanlagen erzielbaren Rendite abgeleitet wird, sollte möglichst von der tatsächlich erzielten Eigenkapitalrendite übertroffen werden. Das Konzept des S. v. steht deshalb in engem Zusammenhang mit der Dividendenpolitik einer AG und zählt zu den Bemühungen der ›Aktionärspflege‹ (→Investor relations).

Shareware [ˈʃɛəwɛə, engl. ›gemeinsam genutzte Ware‹] *die, -/-s, Datenverarbeitung:* zu einem geringen Preis erhältl. (meist nicht vollständige) Version eines Computerprogramms, die für einen festgelegten Zeitraum benutzt und getestet, nicht aber weiterverwendet werden darf, im Unterschied zur →Public-domain-Software. Nach Ablauf der Testphase kann der Benutzer die S. weitergeben oder, sofern Interesse besteht, erwerben, indem er die Registrierung beim Programmersteller beantragt. Als Ausgleich für die bei der Registrierung anfallenden Gebühren erhält der Benutzer i. a. die vollständige Programmversion und ein Handbuch sowie oft weitergehende techn. Unterstützung vom Autor. Die Nutzung der Programme nach Ablauf der Testfrist ohne Registrierung ist eine Rechtsverletzung.

Sharma [ˈʃa-], Shankar Dayal, ind. Politiker, *Bhopal 19. 8. 1918; Jurist und Philologe; 1952–56 MinPräs. des Staates Bhopal, danach bis 1967 in der Reg. des Staates Madhya Pradesh; 1968–72 GenSekr. des Ind. Nationalkongresses, danach bis 1974 dessen Präs.; verschiedentlich Gouv., zeitweise im Unterhaus der Union und Min. der Bundes-Reg. Ab 1987 Vize-Präs., seit Juli 1992 Staatspräsident.

Sharp [ʃɑ:p], Phillip Allen, amerikan. Molekularbiologe, *Falmouth (Ky.) 6. 6. 1944; seit 1974 Prof. am Center for Cancer Research des Department of Biology am Massachusetts Institute of Technology in Cambridge (Mass.); erhielt für die unabhängig von R. J. ROBERTS gemachte Entdeckung des mosaikartigen Aufbaus der Gene, die aus codierenden, d. h. in Eiweiß übersetzten Bereichen (Exons) und dazwischenliegenden Bereichen, nicht codierenden Bereichen (Introns) bestehen, gemeinsam mit diesem 1993 den Nobelpreis für Physiologie oder Medizin.

*__Shiba,__ Ryōtarō, japanischer Schriftsteller: †12. 2. 1996.

Shirai [ʃ-], Mitsuko, japan. Sängerin (Mezzosopran), * 1952; kam 1972 zur Ausbildung nach Europa und spezialisierte sich auf den Bereich des Liedgesangs. Hier hat sie sich gemeinsam mit ihrem Mann, dem Pianisten HARTMUT HÖLL (* 1933), v. a. mit der Interpretation des deutschen romant. Repertoires einen Namen gemacht.

Shoemaker-Levy 9 [ˈʃuːmeɪkə-], Komet, dessen Bruchstücke in der zweiten Julihälfte 1994 auf den Planeten →Jupiter abstürzten.

Shull [ʃʌl], Clifford Glenwood, amerikan. Physiker, * Pittsburgh (Pa.) 23. 9. 1915; trat nach einer Beschäftigung im Forschungslabor der Texas Company (heute Texaco) 1946 einer Forschungsgruppe bei, die am Graphitreaktor des Oak Ridge National Laboratory Neutronenquerschnitte untersuchte. Von 1955 bis zu seiner Emeritierung 1986 war er Prof. am Massachusetts Institute of Technology. S. erhielt 1994 zus. mit B. N. BROCKHOUSE den Nobelpreis für Physik für die Entwicklung von Neutronenstreutechniken zur Untersuchung kondensierter Materie. Der Schwerpunkt seiner Forschung lag dabei auf dem Gebiet der elast. Streuung therm. Neutronen, insbesondere auch unter Berücksichtigung der magnet. Eigenschaften des Neutrons.

*__Siegert,__ Arila, Tänzerin und Choreographin: Wurde 1992 Direktorin der Ballettcompagnie am Anhaltin. Theater in Dessau.

*__Sierra Leone,__ amtlich engl. **Republic of S. L.,** Staat in Westafrika, grenzt an den Atlant. Ozean.

Hauptstadt: Freetown. *Amtssprache:* Englisch. *Staatsfläche:* 71 740 km² (ohne Binnengewässer 71 620 km²). *Bodennutzung (1992):* 6 360 km² Ackerland, 22 040 km² Dauergrünland, 20 500 km² Waldfläche. *Einwohner (1994):* 4,402 Mio., 61 Ew. je km². *Städtische Bevölkerung (1993):* 35%. *Durchschnittliches Bevölkerungswachstum pro Jahr (1985–93):* 2,6%. *Bevölkerungsprojektion für 2000:* 5,40 Mio. Ew. *Ethnische Gruppen (1983):* 34,6% Mende, 31,7% Temne, 8,4% Limba, 3,7% Sherbro, 3,7% Fulbe, 2,3% Kissi, 15,6% andere. *Religion (1993):* 60% Muslime (Sunniten), 10% Christen. *Altersgliederung (1995):* unter 15 Jahre 44,9%, 15 bis unter 65 Jahre 52,0%, 65 und mehr Jahre 3,1%. *Lebenserwartung der Neugeborenen (1992):* männlich 41 Jahre, weiblich 45 Jahre. *Analphabetenquote (1991):* insgesamt 79,3%, männlich 69,3%, weiblich 88,7%. *BSP je Ew. (1993):* 150 US-$. *BIP nach Sektoren/Produktionsstruktur (1993):* Landwirtschaft 38%, Industrie 16%, Dienstleistungen 46%. *Währung:* 1 Leone (Le) = 100 Cents (c). *Internationale Mitgliedschaften:* UNO, Commonwealth of Nations, OAU, Wirtschaftsgemeinschaft westafrikan. Staaten.

Geschichte: Im April 1992 stürzte eine Gruppe junger Militärs um den Hauptmann VALENTINE STRASSER (* 1965) Staatspräs. JOSEPH SAIDU MOMOH (* 1937); STRASSER wurde Staatschef an der Spitze eines ›National Provisional Ruling Council‹ (NPRC). Seit 1993 griff der liberian. Bürgerkrieg auf S. L. über; es bildeten sich versch., meist mit ethnisch verwandten liberian. Gruppen verbündete Widerstandsgruppierungen, die sich untereinander und den Regierungstruppen Kämpfe lieferten; die Stärke des Heeres wurde daraufhin auf 5 800 Mann angehoben und damit fast verdoppelt. Zugleich verfiel die Disziplin der

Shankar Dayal Sharma

Phillip A. Sharp

Clifford G. Shull

Siev Sievert – Singapur

Armee v. a. auch angesichts des verschwender. Lebensstils führender Offiziere. Die Zentral-Reg. verlor in der Folge 1994 die Kontrolle über weite Teile des Landes. Dies führte u. a. zum Rückzug ausländ. Experten und zum wirtschaftl. Verfall. Im Jan. 1996 wurde Staatschef STRASSER im Zuge eines Militärputsches gestürzt. Neuer Militärmachthaber wurde JULIUS MAADA BIO.

***Sievert,** Olaf, Volkswirtschaftler: War bis 1992 Prof. in Saarbrücken; seit 1993 ist er Präs. der Landeszentralbank in Sachsen und Thüringen.

***Sihanouk,** Norodom, kambodschan. Politiker: Nach Verkündigung einer neuen Verf. (24. 9. 1993) bestimmte ihn am selben Tag der Kronrat zum König.

***Šik,** Ota, schweizer. (seit 1983) Wirtschaftswissenschaftler tschechoslowak. Herkunft: Wurde 1990 von der tschech. Reg. vollständig rehabilitiert; lebt nach seiner Emeritierung (1991) weiterhin in der Schweiz.

Šiktanc [ʃiktants], Karel, tschech. Schriftsteller, *Hřebec (bei Kladno) 10. 7. 1928; war 1961–71 Chefredakteur des Verlags Mladá fronta; arbeitete auch für das Fernsehen (Fernsehspiel ›Nejkrásnější sen‹, 1960). Dem Lyrikband ›Tobě, živote!‹ (1951) folgten zahlreiche weitere Bände. Š. gehörte in der 2. Hälfte der 50er Jahre zur literar. Gruppe Květen (Mai), die zur ›Alltagsliteratur‹ tendierte. 1970 erhielt er Publikationsverbot (›Královské pohádky‹, Prosa), so daß seine Werke bis 1990 nur im Samisdat erscheinen konnten (u. a. ›Jak se trhá srdce‹, 1978, offiziell 1991; ›Český orloj‹, 1979, offiziell 1990). Š. stellt sich, unter Berufung auf K. H. MÁCHA, in die Tradition der Poetik des Widersprüchlichen (›Utopenejch voči‹, 1979, offiziell 1991). Weitere Bezugspunkte sind die existentielle Lyrik V. HOLANS, auch A. CAMUS und SHAKESPEARE. Grundlage der ästhet. Struktur ist der Vers libre, unter Verwendung umgangssprachlicher, dialog. und appellativer Elemente.

Weitere Werke: Lyrik: Vlnobití (1956); Heinovské noci (1960); Adam a Eva (1968); Horoskopy (1969); Tanec smrti aneb ještě Pámbu neumřel (1979); Ostrov štvanice. 1987–1989 (1991).

***Simbabwe,** amtlich engl. **Republic of Zimbabwe,** Binnenstaat im südl. Afrika, zw. dem Sambesi (mit dem Karibasee) im N und dem Limpopo im Süden.

Hauptstadt: Harare. *Amtssprache:* Englisch. *Staatsfläche:* 390 757 km² (ohne Binnengewässer 386 670 km²). *Bodennutzung (1992):* 28 140 km² Ackerland, 48 560 km² Dauergrünland, 190 500 km² Waldfläche. *Einwohner (1994):* 11,002 Mio., 28 Ew. je km². *Städtische Bevölkerung (1993):* 31%. *Durchschnittliches Bevölkerungswachstum pro Jahr (1985–93):* 3,1%. *Bevölkerungsprojektion für 2000:* 13,194 Mio. Ew. *Ethnische Gruppen (1982):* 70,8% Shona, 15,8% Ndebele, 11,0% andere Bantuvölker, 2,0% Weiße, 0,4% Mischlinge und Asiaten (bes. aus Indien). *Religion (1992):* 58,0% Christen. *Altersgliederung (1995):* unter 15 Jahre 44,6%, 15 bis unter 65 Jahre 52,6%, 65 und mehr Jahre 2,8%. *Lebenserwartung der Neugeborenen (1992):* männlich 58 Jahre, weiblich 61 Jahre. *Analphabetenquote (1991):* insgesamt 33,1%, männlich 26,3%, weiblich 39,7%. *BSP je Ew. (1993):* 520 US-$. *BIP nach Sektoren/Produktionsstruktur (1993):* Landwirtschaft 16%, Industrie 36%, Dienstleistungen 48%. *Währung:* 1 Simbabwe-Dollar (Z$) = 100 Cents (¢). *Internationale Mitgliedschaften:* UNO, Commonwealth of Nations, OAU, Südafrikan. Entwicklungsgemeinschaft.

Geschichte: Bei der Parlamentswahl vom 8./9. 4. 1995 errang die Reg.-Partei ZANU (PF), u. a. wegen des Fehlens einer schlagkräftigen Opposition, 118 von 120 Sitzen. Vorwürfe der Wahlfälschung konnten im Aug. 1995 zumindest in einem Fall bestätigt werden.

Konstantin Simitis

Heide Simonis

Simitis, Konstantin, griech. Politiker, *Athen 23. 6. 1936; studierte in Dtl., Rechtsanwalt, u. a. am Areopag tätig, kämpfte als Mitgl. der Gruppe Demokrat. Verteidigung gegen die Diktatur der Obristen, floh 1969 nach Dtl., lehrte 1971–74 als Prof. für Handelsrecht in Gießen, kehrte nach dem Ende der Diktatur nach Griechenland zurück und schloß sich der sozialist. PASOK an. 1981–85 war er Landwirtschafts-, 1985–87 und 1993–95 Wirtschafts-Min. Als überzeugter Europäer geriet er mehrfach in Konflikt mit Min.-Präs. A. PAPANDREU. Nach dessen Rücktritt (Jan. 1996) wurde er dessen Nachfolger.

SIM-Karte [SIM Abk. für engl. Subscriber **i**dentity **m**odule ›Kundenidentifizierungsmodul‹], spezielle →Telefonkarte für das D-Netz des Mobilfunks.

Simon, Klaus, Bildhauer, *Bad Godesberg (heute zu Bonn) 23. 12. 1949; arbeitet häufig mit Holz, aber im Ggs. zu den meisten dt. Holzbildhauern der Gegenwart nicht figurativ; Grundelemente der meist monumentalen, aus mehreren Teilen bestehenden Arbeiten sind stereometr. Formen wie Kugel, Rhombus, Quader oder metaphor. Zeichen wie Kreuz, Treppe, Boot. Abgeschlagene oder ausgehöhlte Teile der verwendeten Baumstämme bleiben in der skulpturalen Installation als eigene Formen sichtbar.

K. S. Skulpturen, bearb. v. C. BROCKHAUS u. a., Ausst.-Kat. (1993).

Simonis, Heide, Politikerin (SPD), *Bonn 4. 7. 1943; Dipl.-Volkswirtin, 1976–88 MdB, 1988–93 Finanz-Min. von Schlesw.-Holst., seit 1990 Vors. der Tarifgemeinschaft dt. Länder (TdL), seit 1992 MdL in Schlesw.-Holst. Nach dem Rücktritt B. ENGHOLMS als MinPräs. wählte sie der schleswig-holstein. Landtag sie im Mai 1993 zur Ministerpräsidentin.

***Singapur,** amtl. Namen: engl. **Republic of Singapore,** chin. **Xinjiapo Gongheguo,** malaiisch **Republik Singapura,** Tamil **Singapur Kudiyarasu,** Stadtstaat (eine Inselrepublik) in SO-Asien, vor der S-Spitze der Malaiischen Halbinsel.

Amtssprachen: Englisch, Chinesisch, Malaiisch und Tamil. *Staatsfläche:* 626 km². *Bodennutzung (1991):* 10 km² Ackerland, 30 km² Waldfläche. *Einwohner (1994):* 2,821 Mio., 4506 Ew. je km². *Städtische Bevölkerung (1994):* 100%. *Durchschnittliches Bevölkerungswachstum pro Jahr (1985–93):* 1,9%. *Bevölkerungsprojektion für 2000:* 3,317 Mio. Ew. *Ethnische Gruppen (1993):* 77,5% Chinesen, 14,2% Malaiien, 7,1% Inder, 1,2% sonstige. *Religion (1992):* 53,9% Buddhisten und Taoisten, 15,4% Muslime, 3,5% Hindu. *Altersgliederung (1992):* unter 15 Jahre 23,1%, 15 bis unter 65 Jahre 70,6%, 65 und mehr Jahre 6,3%. *Lebenserwartung der Neugeborenen (1992):* männlich 72 Jahre, weiblich 77 Jahre. *Analphabetenquote (1990):* insgesamt 9,3%, männlich 4,3%, weiblich 14,4%. *BSP je Ew. (1993):* 19850 US-$. *BIP nach Sektoren/Produktionsstruktur (1993):* Landwirtschaft 0%, Industrie 37%, Dienstleistungen 63%. *Arbeitslosenquote (1993):* 2,7%. *Währung:* 1 Singapur-Dollar (S$) = 100 Cents (c). *Internationale Mitgliedschaften:* UNO, ASEAN, Colombo-Plan, Commonwealth of Nations.

Geschichte: Nach dem Sieg bei den Parlamentswahlen von 1992 wurde MinPräs. GOH CHOK TONG auch Vors. der Reg.-Partei PAP. Trotz dieser Machtfülle steht er ebenso wie der 1993 direkt gewählte Präs. CHEE SOON JUAN weiterhin unter dem Einfluß von LEE KUAN YEW. Auch die von diesem festgelegten Grundlinien einer stark wirtschaftsorientierten Politik werden fortgeführt. Unter Berufung auf ›asiat.‹ Werte‹ wie Disziplin, Fleiß und Sparsamkeit grenzt sich S. dabei stark von dem liberalen westl. Modell ab. Um die dynam. Entwicklung der Wirtschaft zu sichern (durchschnittl. jährl. Wachstum des Bruttosozialprodukts je Ew. 1985–93: 6,1 %), sollen durch wirtschaftspolit. Maßnahmen (z. B. Ausbau des Bildungswesens) Industrie- und Dienstleistungssektor das Niveau von Industriestaaten erreichen.

*Singh, Giani Zail, ind. Politiker: † Chandigarh 25. 12. 1994.

*Sinn Féin: In der von den Premier-Min. Großbritanniens und Irlands, J. MAJOR und A. REYNOLDS, im Dez. 1993 gestarteten Friedensinitiative für Nordirland wurde S. F. nach Einhaltung einer dreimonatigen Waffenruhe durch die IRA erstmals die Beteiligung am polit. Dialog angeboten. Dem auf S.-F.-Chef G. ADAMS' Einfluß zurückgehenden Gewaltverzicht der IRA (ab 1. 9. 1994) folgten im Dez. 1994 erste Gespräche zw. S. F. und der brit. Reg. Der im Febr. 1995 von der brit. und der irischen Reg. vorgelegte Rahmenplan für Allparteienverhandlungen über Nordirland wurde von S. F. vorsichtig begrüßt. Dagegen lehnte S. F. die brit. Forderung nach Übergabe des Waffenpotentials der IRA als Voraussetzung für die Beteiligung von S. F. an den Nordirlandverhandlungen ab und brach die Sondierungsgespräche mit der brit. Reg. im Juni 1995 ab. Den Empfehlungen der von Großbritannien und Irland eingesetzten internat. Kommission zur Klärung der Waffenfrage vom Jan. 1996, die u. a. die schrittweise Auslieferung der Waffen gleichzeitig mit den polit. Verhandlungen vorsehen, stand S. F. positiv gegenüber, den Vorschlag der Unionisten zur Wahl einer nordir. Versammlung als demokratisch legitimierten Verhandlungsforums lehnte S. F. jedoch mit Hinweis auf die Unterdrückung der kath. Minderheit durch das 1921–72 existierende nordir. Prov.-Parlament strikt ab.

*Sittlichkeitsdelikte: Durch das 30. Strafrechtsänderungs-Ges. vom 23. 6. 1994 wurde § 78 b Abs. 1 StGB neu gefaßt mit der Folge, daß die Verjährung für die Straftaten der §§ 176–179 StGB ruht, bis die Opfer dieser Straftaten ihr 18. Lebensjahr vollendet haben. Mit dieser Gesetzesänderung wurde dem Umstand Rechnung getragen, daß Taten gegen kindl. und jugendl. Opfer oftmals bereits verjährt sind, bevor diese eine eigenständige Strafverfolgung veranlassen können.

Sjuganow, Gennadij, russ. Politiker, * im Bez. Orel 1944; Lehrer, zunächst im Komsomol, seit 1983 im Apparat des ZK der KPdSU tätig. Als Gegner der von M. S. GORBATSCHOW eingeleiteten Politik der Perestroika schloß er sich 1990 der neugegründeten KP Rußlands an und wurde Mitgl. ihres Politbüros. Nach deren Verbot (1991) und Neugründung (1993) unter dem Namen KP der Russ. Föderation übernahm S. deren Führung und wurde im Dez. 1993 Mitgl. der Duma. Innenpolitisch dem früheren sowjet. System stark zugeneigt, strebt er außenpolitisch die Wiedererrichtung der Sowjetunion an.

*Skubiszewski, Krzysztof, poln. Völkerrechtler und Politiker: War bis Okt. 1993 Außenminister.

Slavíček [-tʃek], Milivoj, kroat. Lyriker, * Čakovec (bei Varaždin) 24. 10. 1929; fixiert und reflektiert in seinen Gedichten in der Art eines lyr. Tagebuchs Situationen des Alltags. Sein Stil ist präzis und pointiert; häufig verwendet er die Sonettform (›Soneti, pjesme o ljubavi i ostale pjesme‹, 1967). S. lebte längere Zeit in Polen, übersetzte Gedichte K. WOJTYŁAS und war 1991–94 Botschafter Kroatiens in Polen.

Weitere Werke: Daleka pokrajina (1957); Noćni autobus, ili, Naredni dio cjeline (1964); Poglavlje (1970); Trinaesti pejzaž (1981); Izabrane pjesme (1987; Ausw.).

Sloterdijk [-daɪk], Peter, Philosoph und Schriftsteller, * Karlsruhe 1947; Prof. in Karlsruhe. Aufsehen erregte seine ›Kritik der zyn. Vernunft‹ (2 Bde., 1983), die zur zyn. Bildgeschichte Europas u. a. Polemiken, geschichtl. Berichterstattung, Poesie und theoret. Analysen vereinigt. In ›Der Denker auf der Bühne‹ (1986) setzt er der traditionellen Subjektivitätsphilosophie, die das Ich als maßgebende Größe setzt, eine Philosophie der kosmopolit. Vernunft entgegen. Seine neueren Werke sind v. a. der politisch-zeitgeschichtl. Auseinandersetzung gewidmet.

Weitere Werke: Der Zauberbaum. Die Entstehung der Psychoanalyse im Jahr 1785 (1985); Kopernikan. Mobilmachung u. Ptolemäische Abrüstung (1987); Zur Welt kommen – zur Sprache kommen. Frankfurter Vorlesungen (1988); Eurotaoismus. Zur Kritik der polit. Kinetik (1989); Im selben Boot. Versuch über die Hyperbolik (1993); Weltfremdheit (1993). – **Hg.:** Vor der Jahrtausendwende. Berichte zur Lage der Zukunft, 2 Bde. (1990).

*Slovo, Joe, südafrikan. Politiker: † Johannesburg 6. 1. 1995; war seit Mai 1994 Wohnungsbau-Min. in der ersten frei gewählten Reg. der Rep. Südafrika.

*slowakische Kunst: In der Architektur sind, z. T. im Rückgriff auf die eigenen 1920er und 30er Jahre, Ansätze einer strengen Moderne zu beobachten, bes. in Preßburg: das archäolog. Museum auf der Burg (FERDINAND MILUCKÝ, 1988) und eine Villa von JOZEF ONDRIŠ und JURAJ ZÁVODNÝ (1993) sowie in der näheren Umgebung und der O-Slowakei schlicht gehaltene kleinere Kirchenbauten.

slowakische Kunst: Viktor Hulík, ›Großes Verschiebbares Objekt‹; 1993 (Privatbesitz)

Für die Kunst der Slowakei, deren wichtigste Vertreter im intellektuellen Klima der Tschechoslowakei ihre Wurzeln haben, gilt eine grundsätzl. Offenheit und Experimentierfreude. Maler, Graphiker, Plastiker, Photo- und Videokünstler entwickeln in ihren Werken eine Kombinationslust, die alle Gattungsgrenzen überschreitet und jegl. Material als Teil eines Kunstwerks integrieren kann. ANDREJ RUDAVSKÝ (* 1933), PETER RÓNAI (* 1953), RUDOLF SIKORA (* 1946), DEZIDER TÓTH (* 1947) und ZUZANA RUDAVSKÁ (* 1941) benutzen in ihren Installationen und Werkreihen sowohl Elemente der modernen Medienproduktion als auch Dinge, die den Bereichen der Natur, des Alltagsmülls, der Volkskultur und des Kunstgewerbes entstammen. In der Malerei besteht die Tendenz, figurative Abbildung und abstrakten Malgestus zu verknüpfen, so bei RUDOLF FILA (* 1932), KLÁRA BOČKAYOVÁ (* 1948), DANIEL FISCHER (* 1950), IVAN CSUDAI (* 1959), LACO TEREN (* 1960), MARTIN KNUT (* 1964) und TOMÁŠ CÍSAŘOVSKÝ (* 1962). VIKTOR HULÍK (* 1949) löst in seinen Tableaus die Bildfläche einem Zufallsprogramm folgend in einzelne Partikel auf, die man in den realen Raum schieben kann. STANO FILKO (* 1937), MATEJ KRÉN (* 1958), OTIS LAUBERT (* 1946), die Künstlergruppe von VIKTOR ORAVEC (* 1960) und MILAN PAGÁČ (* 1960), KAROL PICHLER (* 1957) und JOZEF ŠRAMKA (* 1957) gestalten entgrenzte skulpturale Assemblagen. Aus dem traditionell wichtigen Bereich der Photographie zw. Inszenierung und Dokumentation sind u. a. ROBO KOČAN (* 1968), L'UBO STACHO (* 1953), MARTIN ŠTRBA (* 1961) und VASIL STANKO (* 1962) zu nennen. Seit Ende der 80er Jahre beschäftigen sich viele der genannten Künstler auch mit Medienkunst; hervorzuheben sind PETER MELUZIN (* 1947), der sich mit der Interaktion zw. Bild und Text befaßt, und JANA ŽELIBSKÁ (* 1941), die ihren eigenen Körper als visuelles und akust. Material einsetzt.

S. K. heute, bearb. v. A. TOLNAY u. a., Ausst.-Kat. (1990); Zw. Objekt u. Installation. S. K. der Gegenwart, hg. v. I. BARTSCH u. a., Ausst.-Kat. (1992); Zeitzeichen. S. K. u. angewandte Kunst heute, hg. v. L. DROPPOVÁ u. a., Ausst.-Kat. (1993); Video vidím ich sehe ... Slowakische, tschechische u. schweizer. Videokunst, hg. v. E. M. JUNGO u. a., Ausst.-Kat. (Sillein 1994).

slowakische Kunst: Klára Bočkayová, ›Sündhafte Leidenschaft II‹; 1993 (Privatbesitz)

slowakische Literatur: Die s. L. befindet sich nach 1989 in einer schwierigen Phase. Ein Grundproblem, das ihre Entwicklung belastet, ist die ungelöste Reintegration der Kultur. War zuvor die literar. Produktion durch Ansprüche der sozialist. Ideologie behindert, geriet sie nach dem Zusammenbruch der ČSSR zunehmend unter den Druck nat. Repräsentationserwartungen im neugegründeten Staat. Die bereits vor der ›Wende‹ begonnene akadem. Diskussion um die Konzeption der slowak. Literaturgeschichte ist noch nicht abgeschlossen. Wenn auch unter s. L. aus philolog. Gründen in erster Linie ›Literatur in slowak. Sprache‹ verstanden wird, ist trotzdem nicht zu übersehen, daß sie in histor. und zeitgeschichtl. Hinsicht in einem mitteleuropäisch-multikulturellen Kontext steht. Autoren wie der Ungarisch schreibende, am Nouveau roman orientierte ALFONZ TALAMON (1966) oder der in beiden Sprachen publizierende LAJOS GRENDEL (* 1948) sind symptomatisch für einen Teilbereich dieser kulturellen Situation.

Zum speziellen Themenbestand gehören u. a. die kulturelle Lockerung der 60er Jahre, die Repression in der ČSSR unter der ›Normalisierung‹, die innere und äußere Emigration und das Leben im geistigen Widerstand sowie der Systemzusammenbruch mit seinen Konsequenzen. Diesem Gegenstandsbereich entsprechen insbesondere dokumentar. Textgenres wie das polit. Tagebuch des Systemkritikers und zuletzt Beraters des tschech. Staatspräs. V. HAVEL, MILAN ŠIMEČKA (* 1930, † 1990) ›Konec nehybnosti‹, 1990; dt. ›Das Ende der Unbeweglichkeit‹). Im Grunde sehr ernst, doch zugleich humorvoll-kritisch legt sein Sohn MARTIN ŠIMEČKA (* 1957), ebenfalls ehem. Samisdat-Autor, das Groteske von Unterdrückungsmechanismen bloß.

Die Schwankungen zw. ästhet. und prakt. Funktionalität führen oft zu hybriden Genrekonstruktionen wie etwa dem fiktiven Tagebuch von IVAN KADLEČÍK (* 1938), Mitunterzeichner der Charta 77 (›Lunenie‹, 1993); literaturkrit. Essays und Erzählprosa sind bei ihm mit symbol. Elementen durchsetzt. Sach- und Erzählliteratur ergänzen sich im Schaffen des mit der slowak. Menschenrechtsbewegung verbundenen Soziologen MARTIN BÚTORA (* 1944). IRINA BREŽNÁ (* 1950) hatte die Erfahrung der Emigration schon vor der Wende literarisch verarbeitet. Auch die Reiseliteratur und publizist. Prosa des Exilschriftstellers DUŠAN ŠIMKO (* 1945) findet nach der Wende neue Leser in der Slowakei. Ein wichtiges Dokument der slowak. kath. Moderne liegt nun - mit über 20jähriger Verspätung - mit der Tagebuchprosa des spiritualist. Lyrikers und Priesters JANKO SILAN (* 1914, † 1989) vor (›Dom opustenosti‹, hg. 1991). Auch von D. TATARKA, neben MILAN ŠIMEČKA und KADLEČÍK eine der Leitpersönlichkeiten des geistigen Widerstands unter dem alten Regime, sind nun die autobiograph. Reflexionen zugänglich (›Sám proti noci‹, Samisdat 1979; dt. ›Allein gegen die Nacht‹). Die lyrisierte Prosa besitzt in der s. L. eine eigene Tradition; FRANTIŠEK ŠVANTNER (* 1912, † 1950) hatte diesen Typ in den 30er und 40er Jahren mit dem religiösen Existentialismus verbunden. Bei JÁN LITVÁK (* 1965) wird die lyrisch-epische Interferenz zu einer monologisch-autoreflexiven Textmontage mit experimentell gelockerter Syntax entwickelt, in der private Alltagserlebnisse komprimiert werden können (›Samorec‹, 1992).

Die Lyrik selbst ist nach 1989 trotz einer relativ hohen Produktivität von einem Prestigeverlust betroffen; ihre in der Tradition des slowak. Lyrismus verankerte moral. Kraft zur Existenzkritik läuft mitunter Gefahr, von Esoterischem verdrängt zu werden. Ästhet. Kraft und gehaltl. Dichte zeichnen die Gedichte von IVAN KUPEC (* 1922), MILÁ HAUGOVÁ (* 1942), DANA PODRACKÁ (* 1954), DANIEL HEVIER (* 1955) und JÁN STRASSER (* 1955) aus.

Bemerkenswerte Beiträge zum slowak. Drama kamen u. a. von JANA JURÁŇOÁ (* 1957) und dem v. a. durch seine biographisch fundierte Prosa bekannten RUDOLF SLOBODA (* 1931).

Eine Reihe von Autoren wie VINCENT ŠIKULA (* 1936), DUŠAN DUŠEK (* 1946), PETR PIŠŤANEK (* 1960) und ANDREJ FERKO (* 1955) ist in mehreren Genres zu Hause. Von FERKO stammen u. a. auch parabelhaft wirkende anekdot. Medaillons sowie publizist. Prosa und Erzählprosa. Im sehr vielseitigen, ebenso phantasiereichen wie intellektuell anspruchsvollen Werk von ALTA VÁŠOVÁ (* 1939) kommen zu Kinderbüchern Libretto, Kurzprosa, Roman und Science-fiction hinzu.

Erzählprosa und Roman sind weiterhin die expansivsten Genres mit Werken von JOHANIDES, ŠIKULA, SLOBODA, DUŠEK, PIŠŤANEK, JURÁŇOÁ, LADISLAV BALLEK (* 1941), STANISLAV RÁKUS (* 1940), PAVEL VILIKOVSKÝ (* 1940), DUŠAN MITANA (* 1946), JANA BODNÁROVÁ (* 1950), JOZEF PUŠKAŠ (* 1951) und IGOR OTČENÁŠ (* 1956).

Anthologie: Wie Laub von einem Baum. 29 Geschichten aus der Slowakei, hg. v. P. ZAJAC (1994).
Česká a slovenská literatura v exilu a samizdatu, hg. v. L. MACHALA (Olmütz 1991).

Slowakische Philharmonie: Chefdirigent ist seit 1991 ONDREJ LENÁRD (1942).

*Slowakische Republik, Slowakei, slowak. **Slovensko**, amtlich **Slovenská Republika**, Staat in Mitteleuropa, größtenteils in den Karpaten und ihren Ausläufern gelegen.

Hauptstadt: Preßburg (slowak. Bratislava). *Amtssprache:* Slowakisch. *Staatsfläche:* 49 036 km². *Bodennutzung (1992):* 15 640 km² Ackerland, 10 100 km² Dauergrünland, 20 940 km² Waldfläche. *Ein-*

Slowakische Republik **Slow**

wohner (1994): 5,333 Mio., 109 Ew. je km². *Städtische Bevölkerung (1993):* 58%. *Durchschnittliches Bevölkerungswachstum pro Jahr (1985–93):* 0,4%. *Bevölkerungsprojektion für 2000:* 5,51 Mio. Ew. *Ethnische Gruppen (1992):* 85,7% Slowaken, 10,7% Ungarn, 1,5% Sinti und Roma, 1,1% Tschechen, 0,3% Ruthenen, 0,3% Ukrainer, 0,1% Deutsche, 0,3% Sonstige. *Religion (1991):* 60,3% Katholiken, 7,9% Protestanten. *Altersgliederung (1993):* unter 15 Jahre 24,1%, 15 bis unter 60 Jahre 60,9%, 60 Jahre und mehr 15%. *Lebenserwartung der Neugeborenen (1992):* männlich 67 Jahre, weiblich 75 Jahre. *BSP je Ew. (1993):* 1950 US-$. *BIP nach Sektoren/Produktionsstruktur (1993):* Landwirtschaft 7%, Industrie 44%, Dienstleistungen 49%. *Arbeitslosenquote (1993):* 17%. *Währung:* 1 Slowakische Krone (Koruna, Sk) = 100 Heller (Halierov). *Internationale Mitgliedschaften:* UNO, Europarat, OSZE.

Slowakische Republik

Nationalflagge

Internationales Kfz-Kennzeichen

Verfassung: Noch vor Auflösung der Tschechoslowakei verabschiedete der im Juni 1992 gewählte Slowak. Nationalrat am 1. 9. 1992 die bereits auf die Unabhängigkeit angelegte Verf., die zum größten Teil am 1. 10. 1992 und in einigen Bestimmungen mit der Beendigung des Bundesstaates zum 1. 1. 1993 in Kraft trat. Die S. R. begreift sich als demokrat. Rechtsstaat. Die Ausgestaltung der Grundrechte genügt den Erfordernissen des internat. Menschenrechtsstandards. Gewisse Probleme bereitet aber der Minderheitenschutz, der in der Verf. zunächst in angemessener Weise gewährleistet, dann aber durch ein Verbot der Bevorzugung in seiner Tragweite abgeschwächt und in der Praxis restriktiv gehandhabt wird. Ende Nov. 1995 trat das Gesetz in Kraft, das Slowakisch zur einzigen Amtssprache bestimmt. Die in der S. R. lebenden Tschechen erhielten durch das Staatsangehörigkeits-Ges. vom 19. 1. 1993, das an die auch in tschechoslowak. Zeit bestehende slowak. Staatsangehörigkeit anknüpft, ein befristetes Optionsrecht, wobei eine sehr große Mehrheit die tschech. der slowak. Staatsangehörigkeit vorgezogen hat.

Die S. R. hat ein parlamentar. Reg.-System. Die gesetzgebende Gewalt liegt beim Nationalrat (Národná rada) mit 150 Abg. Das Wahlgesetz vom 16. 3. 1990 etabliert ein System der personalisierten Verhältniswahl mit der Möglichkeit der Präferenzstimmgebung. Die Zuteilung der Mandate erfolgt im Wahlzahlverfahren Hagenbach-Bischoff. Es gilt eine Sperrklausel (urspr. 3%, seit 1992 5%, für Listenverbindungen von zwei oder drei Parteien von 7% und für Listenverbindungen von noch mehr Parteien von 10%). Die Legislaturperiode beträgt vier Jahre. Eine vorzeitige Parlamentsauflösung kann durch den Staatspräs. im Falle einer gescheiterten Reg.-Bildung angeordnet werden.

Staatsoberhaupt ist der Präs. Er wird vom Nationalrat mit Dreifünftelmehrheit für fünf Jahre gewählt; eine unmittelbare Wiederwahl ist nur einmal zulässig. Da die Präsidialakte keiner Gegenzeichnung bedürfen, können sie durchaus ein eigenes polit. Gewicht erhalten. Hinzu kommt, daß der Präs. in Kabinettssitzungen den Vorsitz übernehmen und von den Min. Berichte anfordern kann. Gegen Gesetzesbeschlüsse steht dem Präs. ein Vetorecht zu, von dem er auf Ersuchen der Reg. Gebrauch machen muß. Beschließt der Nationalrat das Gesetz erneut mit der übl. Mehrheit, hat der Präs. es zu verkünden. Die Exekutivgewalt wird schwerpunktmäßig von der Reg. ausgeübt. Der Reg.-Chef und auf dessen Vorschlag die Min. werden vom Staatspräs. ernannt und entlassen. Innerhalb von 30 Tagen nach ihrer Ernennung hat die Reg. dem Parlament ihr Programm vorzulegen und die Vertrauensfrage zu stellen. Wenn die Vertrauensabstimmung innerhalb der ersten sechs Monate einer Legislaturperiode dreimal scheitert, kann der Staatspräs.

das Parlament auflösen. Ansonsten kann der Nationalrat sowohl der Reg. insgesamt als auch einzelnen Min. mit der absoluten Mehrheit aller Abg. das Mißtrauen aussprechen.

Das Verf.-Gericht hat im März 1993 seine Tätigkeit aufgenommen. Es besteht aus zehn Richtern, die vom Staatspräs. aus einer 20 Namen enthaltenden Vorschlagsliste des Parlaments ernannt werden. Die Amtszeit der Richter beträgt sieben Jahre; eine Wiederernennung ist zulässig. Eine Verf.-Beschwerde gegen Verw.-Akte ist nur subsidiär für den Fall vorgesehen, daß kein gerichtl. Rechtsschutz zu erlangen ist.

Parteien: Stärkste Partei ist die ›Bewegung für eine Demokrat. Slowakei‹, hervorgegangen aus der Gruppe ›Öffentlichkeit gegen Gewalt‹, die 1989/90 zus. mit dem ›Bürgerforum‹ maßgeblich am Sturz des kommunist. Regimes in der Tschechoslowakei beteiligt war. Die ›Partei der Demokrat. Linken‹, die 1994 unter dem Namen ›Gemeinsame Wahl‹ mit der ›Sozialdemokrat. Partei‹, der ›Partei der Grünen‹ und der ›Bewegung der Landwirte‹ ein Wahlbündnis einging, ist die Nachfolgeorganisation der slowak. KP. Des weiteren gibt es die ›Christlichdemokrat. Bewegung‹, die ›Demokrat. Union‹, die ›Slowak. Nationalpartei‹, die ›Arbeitervereinigung‹ und als stärkste Vertretung der ungar. Minderheit die ›Ungar. Christlich Demokrat. Bewegung – Zusammenleben‹; diese ging mit dem Ungar. Bürgerforum unter der Bez. ›Ungar. Koalition‹ eine Wahlkoalition ein.

Nationalfeiertage sind der 1. 1. (Staatsgründung 1993) und der 1. 9. (Annahme der Verfassung 1992).

Verwaltung: Mit der Verwaltungs- und Kommunalreform von 1990, die eine klare Trennung der staatl. Verw. von der kommunalen Selbstverwaltung eingeführt hat, hat die regionale Gliederung (drei Bezirke und die Hauptstadt) ihre Bedeutung verloren. Staatl. Verw.-Einheiten sind nunmehr die 37 Kreise (okres; 36 Landkreise und der Stadtkreis Kaschau, slowak. Košice), die sich in Distrikte (obvod) gliedern. Die Hauptstadt Preßburg (Bratislava) hat einen Sonderstatus. Allgemeine staatl. Verw.-Behörden sind die Kreis- und Distriktämter, die dem Innen-Min. unterstehen. Träger der kommunalen Selbstverwaltung sind die etwa 2850 Gemeinden, die im übertragenen Wirkungskreis auch staatl. Verw.-Aufgaben besorgen. Beschlußorgan ist die Gemeindevertretung, die von der Bev. nach dem System der Mehrheitswahl für vier Jahre gewählt wird und als Hilfsorgan aus ihrer Mitte einen Gemeinderat bestellen kann. Vors. beider Gremien und Vollzugsorgan der Gemeinde ist der Bürgermeister (starosta), der ebenfalls direkt von der Bev. für vier Jahre gewählt wird.

Recht: Die Justiz wurde 1990/91 noch durch Bundesgesetze reformiert. So gilt in der S. R. das tschechoslowak. Gerichtsverfassungsgesetz von 1991 mit Änderungen fort. Nach ihm besteht im wesentlichen eine Einheitsgerichtsbarkeit. Die ordentl. Gerichtsbarkeit ist neben Zivil- und Strafsachen auch für den umfassenden gerichtl. Verwaltungsrechtsschutz zuständig. Sie ist dreistufig aufgebaut und wird von 43 Kreisgerichten (in Preßburg und Kaschau Stadtbezirksgerichten), vier Bezirksgerichten (in Preßburg Stadtgericht) und dem Obersten Gericht ausgeübt. Eine Sondergerichtsbarkeit bildet die zweistufige Militärstrafgerichtsbarkeit. Die Richter sind unabhängig. Sie werden vom Parlament auf Vorschlag der Reg. zunächst für vier Jahre und nach dieser Probezeit auf Lebenszeit gewählt. Der Präs. und die Vize-Präs. des Obersten Gerichts werden für fünf Jahre gewählt und können nur einmal wiedergewählt werden.

Geschichte: Mit dem Beginn der staatl. Unabhängigkeit am 1. 1. 1993 trat auch die Verf. vom 3. 9. 1992 in Kraft. Am 15. 2. 1993 wählte der Nationalrat M. Kováč zum Staatspräs. Die wirtschaftl. Lage des neuen

637

Slow Slowenien – slowenische Kunst

Staates war durch einen mit hoher Arbeitslosigkeit verbundenen Rückgang der Wirtschaftstätigkeit gekennzeichnet. Nach dem Sturz des MinPräs. VLADIMÍR MEČIAR (* 1942) im März 1994 wählte das Parlament JOSZEV MORAVČIK (* 1945) zum MinPräs. Nach dem Sieg der von MEČIAR geführten ›Bewegung für eine demokrat. Slowakei‹ bei den Wahlen vom Sept./ Okt. 1994 wurde dieser erneut MinPräs. (seit Dez. 1994) an der Spitze einer Koalition mit der ›Slowak. Nationalpartei‹ und der ›Arbeitervereinigung‹. Die wichtigsten Staatsämter wurden neu besetzt, die Opposition im Parlament aus fast allen Ausschüssen und Kommissionen verdrängt. Jedoch konnte MEČIAR weder die Kontrolle über die Medien gewinnen noch den Staatspräs. durch ein (in der Verf. nicht vorgesehenes) Mißtrauensvotum (Mai 1995) entmachten.

Auf außenpolit. Gebiet schloß die S. R. am 4. 10. 1993 (in Kraft seit 1. 2. 1995) ein Assoziierungsabkommen (Europaabkommen) mit der EG (EU) und wurde am 30. 6. 1993 Mitgl. des Europarats. Am 9. 2. 1994 trat sie dem NATO-Programm ›Partnerschaft für den Frieden‹ bei. Im Streit mit Ungarn um das Donaukraftwerk ▷ Gabčíkovo reichten beide Staaten im Mai 1994 eine Klage beim Internat. Gerichtshof in Den Haag ein. Am 27. 6. 1995 beantragte die S. L. die Vollmitgliedschaft in der EU.

slowenische Kunst: V.S.S.D., ›The Red Sea (The Red Planet)‹; 1992–93

*Slowenien, amtlich slowen. **Republika Slovenija,** Staat im S Mitteleuropas, grenzt im SW an das Mittelmeer (Golf von Triest).

Hauptstadt: Ljubljana. *Amtssprache:* Slowenisch. *Staatsfläche:* 20 251 km². *Bodennutzung (1992):* 2 470 km² Ackerland, 5 650 km² Dauergrünland, 10 140 km² Waldfläche. *Einwohner (1994):* 1,492 Mio., 96 Ew. je km². *Städtische Bevölkerung (1993):* 62%. *Durchschnittliches Bevölkerungswachstum pro Jahr (1985–93):* 0,6%. *Bevölkerungsprojektion für 2000:* 2,00 Mio. Ew. *Ethnische Gruppen (1991):* 87,8% Slowenen, 2,8% Kroaten, 2,4% Serben, 1,4% Bosnier, 0,4% Ungarn, 5,2% Sonstige. *Religion (1991):* 83,6% Katholiken. *Altersgliederung (1993):* unter 15 Jahre 19,6%, 15 bis unter 60 Jahre 63,6%, 60 und mehr Jahre 16,8%. *Lebenserwartung der Neugeborenen (1992):* männlich 69 Jahre, weiblich 77 Jahre. *BSP je Ew. (1993):* 6 490 US-$. *BIP nach Sektoren/Produktionsstruktur (1993):* Landwirtschaft 6%, Industrie 36%, Dienstleistungen 58%. *Arbeitslosenquote (1992):* 11,5%. *Währung:* 1 Tolar (SIT) = 100 Stotinov. *Internationale Mitgliedschaften:* UNO, Europarat, OSZE.

Verwaltung: Die Vorgaben der Verf. sind zur Jahreswende 1993/94 durch eine Reformgesetzgebung in die Tat umgesetzt worden. Nunmehr wird deutlich zw. der von den Min. und ihren nachgeordneten Fachbehörden wahrgenommenen staatl. Verw. und der kommunalen Selbstverwaltung unterschieden. Träger der Selbstverwaltung sind die Gemeinden. Diese können sich zu Kreisen zusammenschließen. Beschlußorgan ist der Gemeinderat, den die Bev. für vier Jahre wählt. In den Minderheitengebieten der Ungarn und Italiener steht diesen Volksgruppen eine Mindestrepräsentation im Gemeinderat zu. Vollzugsorgan ist der Bürgermeister (župan), der ebenfalls von der Bev. für vier Jahre gewählt wird.

Recht: In Umsetzung der Vorgaben der Verf. wurde 1994 eine Justizreform durchgeführt. Das Verfassungsgericht wurde durch Gesetz vom 8. 3. 1994 reformiert, wobei die Zusammensetzung und das Prüfungsverfahren für die Richter beibehalten wurden. Hiernach werden die Aufgaben der Zivil-, Straf- und Verwaltungsgerichtsbarkeit von der ordentl. Gerichtsbarkeit erfüllt, die vierstufig aufgebaut ist. Es bestehen 44 Kreisgerichte, elf Bezirksgerichte, vier Obergerichte und das Oberste Gericht. Daneben gibt es eine zweistufige Arbeits- und Sozialgerichtsbarkeit. Die Richter sind unabhängig und werden von der Staatsversammlung auf Vorschlag des Justizrats auf Lebenszeit gewählt. Der Justizrat besteht aus elf Mitgl., von denen fünf von der Staatsversammlung aus dem Kreis der Rechtsprofessoren, Rechtsanwälte und anderer Juristen und sechs von der Richterschaft des Landes aus ihrer Mitte für fünf Jahre gewählt werden. Strafverfolgungs- und Anklagebehörde ist die Staatsanwaltschaft, die das öffentl. Interesse auch in Zivil- und Verwaltungsverfahren vertritt. Sie ist dem Justizministerium zu-, aber nicht untergeordnet. Sie wird vom Generalstaatsanwalt geleitet, der von der Staatsversammlung auf Vorschlag der Reg. für sechs Jahre gewählt wird.

Geschichte: Nach Erlangung seiner Unabhängigkeit konnte sich S. im Unterschied zu den anderen Nachfolgestaaten Jugoslawiens wirtschaftlich stärker konsolidieren. 1994 zeichnete sich erstmals seit der Unabhängigkeit wieder ein Wachstum des Bruttoinlandsprodukts ab. Am 14. 5. 1993 wurde S. Mitgl. des Europarats; am 30. 3. 1994 trat das Land dem NATO-Programm ›Partnerschaft für den Frieden‹ bei. Im Juni 1995 wurde ein Assoziierungsabkommen (Europaabkommen) mit der EU paraphiert. Ende 1995 erkannten sich S. und (Rest-)Jugoslawien gegenseitig völkerrechtlich an, und S. wurde Mitgl. der Visegrád-Gruppe (CEFTA).

slowenische Kunst: Während bis Mitte der 1970er Jahre teils die Betonung lokaler Bautradition, teils eine Orientierung an der skandinav. Architektur vorherrschten, entwickelte sich in der Folge allmählich eine architekturtheoret. Diskussion, die die Aufmerksamkeit nicht zuletzt auf Materialien und den jeweiligen Kontext lenkte; VOTJEK RAVNIKAR (1942) in Sežana (nahe Triest) lenkte sie auf die rationale Architektur Italiens (Rathausanbau, 1978; Bürogebäude, 1986). In Ljubljana gibt es Beispiele behutsamen zeitgenöss. Wohnbaus, u. a. von BOŽO PODLOGAR (* 1947), JANEZ KOŽELJ (* 1945) und JURIJ KOBE (* 1948), der auch das dortige Museum für Zeitgeschichte erweiterte (1990–91). Durchdachte Lösungen zeigt auch ALEŠ VODOPIVEC (* 1949; Seehotel in Bohinjska Bistrica in der Wochein, 1990).

Aufgrund des engen Kontaktes zur österr. Kunstszene schon immer äußerst lebendig, entfaltet die Kunst in Slowenien seit der Auflösung Jugoslawiens eine ungewöhnl. Breite, die wohl auch auf die intensive Unterstützung der Künste durch den slowen. Staat zurückzuführen ist. Wichtige Impulse gingen

slowenische Kunst: Museum für Zeitgeschichte in Ljubljana mit Erweiterungsbau (1990–91) von Jurij Kobe

von der Ende der 60er Jahre gegründeten Künstlergruppe OHO aus, deren Programm die experimentelle Erweiterung des avantgard. Kunstbegriffs war. Die Mitgl. SREČO DRAGAN (* 1949), IZTOK GEISTER (* 1945), MARKO POGAČNIK (* 1944), ANDRAŽ ŠALAMUN (* 1947) und TOMAŽ ŠALAMUN (* 1941) u. a. brachten in ihren Aktionen Literatur, Skulptur, Malerei und Theater ein, und es entwickelte sich in den 90er Jahren eine Kunstlandschaft, deren eigentümlichste Qualität eine ungebrochene Lust am ironisch-assoziativen Spiel und Regelverstoß ist. Die Künstlergruppe IRWIN (DUŠAN MANDIČ, * 1954; MIRAN MOHAR, * 1958; ANDREJ SAVSKI, * 1961; ROMAN URANJEK, * 1961; BORUT VOGELNIK, * 1959) hatte schon in den 80er Jahren Kunst, Musik und polit. Protest bei den nur geduldeten Ausstellungen verbunden, wobei die Tradition begründet wurde, daß der einzelne Künstler nicht bzw. nur als anonymes Mitgl. einer Gruppe an die Öffentlichkeit tritt. Gruppen wie ›Scipion Nasice Sisters Theater‹, ›Kozmokinetično Gledališče Rdeči Pilot‹ und ›Laibach‹ nutzen die techn. Medien Video und Computer. Einige einzeln arbeitende Künstler, so DUŠAN KIRBIŠ (* 1953), ZMAGO LENARDIČ (* 1959), TADEJ POGAČAR (* 1960) und NATAŠA PROSENC (* 1966), vertreten ökolog. Positionen. Auf der Biennale in Venedig 1995 wurde u. a. die in den USA lebende Plastikerin MARJETICA POTRČ (* 1954) vorgestellt und aus diesem Anlaß auch eine Gruppe von Malern (1984–95 aktiv unter der Bez. V. S. S. D., ›Ves sliker svoj dolg‹).

Neue S. K. (Los Angeles, Calif., 1991).

Smelser [ˈsmɛlsə], Neil Joseph, amerikan. Soziologe, * Kahoka (Mo.) 22. 7. 1930; lehrte 1961–94 an der University of California in Berkeley; hat mit T. PARSONS zusammengearbeitet und verbindet in seinen Untersuchungen Aspekte des Strukturfunktionalismus mit der besonderen Berücksichtigung wirtschaftl. Faktoren und Handlungsbereiche.

Werke: Economy and society (1956; mit T. PARSONS); Social change in the industrial revolution (1959); Theory of collective behaviour (1962; dt. Theorie des kollektiven Verhaltens); Comparative methods in the social sciences (1976); Sociological theory (1976); Sociology (1981); Social paralysis and social change (1991); Effective committee service (1993). – Hg.: The handbook of economic sociology (1994).

***Smith,** John, brit. Politiker: † London 12. 5. 1994.

Smith [smıθ], Kiki, amerikan. Plastikerin, * Nürnberg 1954; setzt sich in ihren Plastiken, Zeichnungen und Texten mit extremen Situationen auseinander, denen der Mensch. Körper ausgesetzt ist oder sein kann. Neben allgemein existentiellen Ereignissen wie Geburt, Krankheit und Tod zeigt sie in ihren äußerst realistisch gestalteten Körperfragmenten die Auswirkungen von Drogenmißbrauch, Verbrechen und Folter. Sie versucht durch Schocks Tabus aufzubrechen und verweist auf das Leiden als wesentl. Merkmal menschl. Existenz.

K. S., Ausst.-Kat. (Amsterdam 1990); K. S., bearb. v. L. SHEARER u. a., Ausst.-Kat. (Williamstown, Mass., 1992).

Smith [smıθ], Michael, kanad. Chemiker brit. Herkunft, * Blackpool 26. 4. 1932; seit 1970 Prof. für Biochemie an der University of British Columbia in Vancouver, seit 1987 dort auch Direktor des Biotechnolog. Laboratoriums. S. erforschte v. a. den Einfluß, den Änderungen der DNS-Struktur auf die Zusammensetzung der von einem Organismus gebildeten Produkte (RNS, Proteine) haben. 1978 gelang es ihm erstmals, bei einem Bakterienvirus durch gezielte Einführung einer künstl. Erbinformation in ein natürl. Gen eine Mutation herbeizuführen (ortsspezifische künstl. Mutagenese). 1982 konnte er ein durch künstl. Mutagenese verändertes Enzym in größerer Menge gewinnen. Die gezielte Mutagenese hat in der Biotechnik Bedeutung für die Konstruktion von Proteinen mit wünschenswerten Eigenschaften (›Proteindesign‹). Sie ermöglicht z. B. die Gewinnung neuer Waschmittelenzyme oder im medizin. Bereich die Herstellung spezieller Antikörper zur Krankheitsbekämpfung. Für die Entwicklung der ortsspezifischen künstl. Mutagenese erhielt S. 1993 zus. mit K. B. MULLIS den Nobelpreis für Chemie.

Michael Smith

Kiki Smith: Ohne Titel (Hängende Frau); 1992 (Privatbesitz)

***Smog:** Um die Belastung mit den beim Sommer-S. entstehenden Schadstoffen (v. a. Ozon) in der Luft zu verringern, wurde nach Kontroversen über sinnvolle Grenzwerte das ›Bundes-Ges. zur Bekämpfung des Sommer-S.‹ erlassen (in Kraft seit 26. 7. 1995), das einen **Ozonalarm** beinhaltet. Es sieht vor, daß ein Fahrverbot für Fahrzeuge ohne geregelten Katalysator gilt (ausgenommen u. a. Krankentransporte, Notfalldienste, Taxen, öffentl. Nahverkehr), wenn ein Stundenmittel der Ozonkonzentration von 240 µg / m³ Luft an drei 50 bis 250 km voneinander entfernten Meßstationen erreicht oder überschritten wird und dies auch für den folgenden Tag zu erwarten ist. Bei einer Ozonkon-

Soar Soares–Sol-Gel-Prozeß

zentration von 180 µg/m³ wird die Bev. informiert und aufgefordert, Verbrennungsmotoren im nichtgewerbl. Bereich (z. B. Motorboote, Rasenmäher) sowie v. a. Fahrzeuge ohne geregelten Katalysator möglichst nicht zu benutzen. Das Bundesgesetz muß noch von den Ländern in Verordnungen umgesetzt werden. (→Ozonloch)

*__Soares,__ Mario, portug. Politiker: War bis März 1996 Staatspräsident.

Sojus-TM-Flüge im Programm der ab 1987 ständig bemannten Raumstation Mir (seit 1993)			
Nr.	Besatzung*)	Datum des Starts bzw. Manövers	Kopplung mit	Flugdauer (Tage: Stunden: Minuten)
15	A. Solowjow (3) S. Awdejew (1) M. Tognini/ (1) Frankreich	27.7.1992 29.7.1992	Mir, Kvant 1, Kvant 2, Kristall, Sojus TM-14	188:21:40 188:21:40 13:18:52
16	G. Manakow (2) A. Poleschtschuk (1)	24.1.1993 24.5.1993	Mir, Kvant 1, Kvant 2, Kristall, Sojus TM-15 Erstmals sieben Objekte miteinander gekoppelt: Mir, Kvant 1, Kvant 2, Kristall, Progress M-17, Sojus TM-16, Progress M-18	179:00:44 179:00:44
17	W. Ziblijew (1) A. Serebrow (3) J.-P. Haigneré/ (1) Frankreich	1.7.1993	Mir, Kvant 1, Kvant 2, Kristall, Sojus TM-16, Progress M-17	196:17:44 196:17:44 20:16:08
18	W. Afanassjew (2) J. Ussatschow (1) W. Poljakow (2)	8.1.1994	Mir, Kvant 1, Kvant 2, Kristall, Sojus TM-17. Längster Weltraumaufenthalt eines Menschen	182:00:08 182:00:08 437:17:59
19	J. Malentschenko (1) T. Musabajew (1)	1.7.1994	Mir, Kvant 1, Kvant 2, Kristall, Sojus TM-18	125:22:43 125:22:43
20	A. Wiktorenko (4) Jelena Kondakowa(1) U. Merbold/ESA; (3) Deutschland	4.10.1994 6.2.1995	Mir, Kvant 1, Kvant 2, Kristall, Sojus TM-19 Erstmals Shuttle-Mir-Rendezvous bis auf 11 m Abstand	169:05:22 169:05:22 31:12:36
21	W. Deschurow (1) G. Strekalow (5) N. Thagard/USA (5) Space-shuttle Atlantis: R. Gibson (5) C. Precourt (2) G. Harbaugh (3) Bonnie Dunbar (4) Ellen Baker (3) (alle USA) A. Solowjow (4) N. Budarin (1) (beide Rußland)	14.3.1995 1.6.1995 29.6.1995	Mir, Kvant 1, Kvant 2, Kristall, Sojus TM-20. Mit Space-shuttle Atlantis gelandet. Modullabor Spektr (gestartet am 20.5.1995). Mir, Kvant 1, Kvant 2, Kristall, Sojus TM-21, Spektr. Erstmals Shuttle-Mir-Kopplung für 5 Tage, erstmals 10 Menschen an Bord eines Raumsystems (USA) Flugdauer (Shuttle)	115:08:44 115:08:44 115:08:44 9:19:23 75:10:50 75:10:50
22	J. Gidsenko (1) S. Awdejew (2) T. Reiter/ESA; (1) Deutschland Space-shuttle Atlantis: K. Cameron (3) J. Halsell (1) J. Ross (5) W. McArthur (1) (alle USA) C. Hadfield/ (1) Kanada	3.9.1995 15.11.1995	Mir, Kvant 1, Kvant 2, Kristall, Spektr, Sojus TM-21 Mir, Kvant 1, Kvant 2, Kristall, Spektr, Sojus TM-22, Progress-M-Kopplungsmodul. Zweite Shuttle-Mir-Kopplung für 3 Tage Flugdauer (Shuttle)	179:01:42 179:01:42 179:01:42 8:04:29

*) Von oben: Kommandant, Bordingenieur, Nutzlastspezialist; die Ziffern in Klammern geben die Anzahl der Raumflüge des betreffenden Kosmonauten an.

*__Söderström,__ Elisabeth Anna, schwed. Sängerin: Übernahm 1993 die Leitung des Schloßtheaters Drottningholm.

Soglo [sɔˈglo], Nicéphore, Politiker in Benin, *Lome (Togo) 29.11.1934; studierte in Paris Jura und besuchte die Eliteschule ›École Nationale d'Administration‹ (ENA); seit 1963 Prof. an der Nationaluniversität von Benin; 1963–65 Wirtschafts- und Finanz-Min. Nach dem Militärputsch des Generals KÉRÉKOU 1972 ging S. in die USA, wo er bei der Weltbank tätig war (u. a. 1979–88 Direktor für Afrika). Die im Febr. 1990 von General KÉRÉKOU unter dem Druck der wirtschaftlich katastrophalen Lage Benins einberufene Nationalkonferenz setzte S. zum interimist. Premier-Min. ein. Es gelang ihm innerhalb Jahresfrist, die Grundlagen einer wirtschaftl. Gesundung zu legen, in einem Mehrparteiensystem wiederherzustellen und eine neue Verf. per Referendum verabschieden zu lassen. Bei der Präsidentschaftswahl im März 1991 wurde er gegen seinen Vorgänger KÉRÉKOU mit 67,6 % der Stimmen zum Staatspräs. gewählt.

*__Sojus:__ Die seit 1987 für bemannte Flüge eingesetzte Sojus TM soll noch bis 1997/98 Besatzungen der russ. Raumstation →Mir transportieren und danach ab 1998 für die internat. Raumstation →Space Station als Rettungsraumschiff zur Verfügung stehen. Seit Mitte 1993 werden die erforderl. Modifikationen (kompatible Kabinenatmosphäre, Energieversorgung, Kommunikation u. ä.) für diese Version eines **ACRV** (Abk. für Assured crew return vehicle) vorgenommen, die in Notfällen jeweils drei Personen von der Space Station zur Erde bringen kann.

Solana Madariaga [-maðaˈriaɣa], Javier, span. Politiker, *Madrid 14.7.1942; Prof. für Physik an der Universidad Complutense de Madrid, seit 1964 Mitgl. der Sozialist. Partei Spaniens (span. Abk. PSOE), 1982–88 Kultur-, 1988–92 Erziehungs- und Wissenschafts- sowie 1992–95 Außen-Min.; seit 18.12.1995 (Amtsantritt) GenSekr. der NATO.

Sol-Gel-Prozeß, chem. Prozeß zur Bildung eines anorganischen Festkörpers aus einer flüssigen (Lösungs-)Phase, wobei der Reaktionsverlauf über eine kolloidale Lösung (▷ Sol) zu einer festen Phase führt, die die flüssige Phase meist noch enthält (▷ Gel). So erfolgt bei der chem. Reaktion eines Ortho-Kieselsäureesters Si(OR)$_4$ (R organ. Rest) mit Wasser zuerst die Hydrolyse unter Bildung einer SiOH-Gruppe, die dann mit einer SiOR-Gruppe zu einer netzwerkbildenden Siloxangruppe (Kondensation) weiterreagiert. Bei entsprechenden Verbindungen anderer Elemente (z. B. Al(OR)$_3$), die i. d. R. wesentlich rascher als Si(OR)$_4$ hydrolysieren, entstehen oft kristalline oder pseudokristalline Teilchen, die über die Einstellung des pH-Werts der Lösung elektrostatisch stabilisiert werden müssen, da sonst durch Agglomeration ein Niederschlag gebildet wird. Bei SiO$_2$ können neben kolloidalen Solen auch Sole mit polymerartiger (kettenförmiger oder verzweigter) Struktur entstehen. Werden organ. Komponenten eingeführt, z. B. gebunden an Silicium über eine SiC-Bindung, entstehen organisch modifizierte Sole.

Gele erhält man durch die Destabilisierung von Solen (z. B. über den pH-Wert) oder durch Weiterreaktion der Solbestandteile über eine Kondensation unter Bildung eines starren Netzwerks. Gele sind Festkörper, die aus mindestens zwei Phasen bestehen, von denen eine fest und durchgängig ist und deren Dimensionen im Nanometerbereich (< 100 nm) liegen. Gele können zu Gläsern, keram. oder Kompositwerkstoffen unter Temperatureinwirkung verdichtet werden. Für die Herstellung von kompakten Bauteilen hat dies jedoch kaum prakt. Bedeutung. Wichtig dagegen ist die Anwendung von Solen für Beschichtungen auf Glas (z. B. Sonnenschutz, Antireflexschichten,

Farbschichten), für funktionskeram. Schichten und zur Herstellung von keram. Fasern. Die größte Bedeutung für die Zukunft wird dem S.-G.-P. jedoch für die Herstellung anorganisch-organ. Kompositwerkstoffe beigemessen, z. B. Nanokomposite (→Nanotechnologie) und →Ormocere.

*Solidaritätszuschlag: Durch Ges. vom 23. 6. 1993 wurde zum 1. 1. 1995 erneut ein S. als Zuschlag zur Einkommen- und Körperschaftsteuer eingeführt. Der S. beträgt 7,5% der festgesetzten Steuer bzw. der einbehaltenen Lohn- und Kapitalertragsteuer. Der neue S. wurde v. a. begründet mit den finanziellen Lasten im Zusammenhang mit der dt. Vereinigung. Der Erhebungszeitraum ist nicht befristet, die Notwendigkeit der weiteren Erhebung soll lediglich in Abständen überprüft werden.

*Solschenizyn, Aleksandr Issajewitsch, russ. Schriftsteller: Kehrte, nachdem ihm 1990 die russ. Staatsbürgerschaft wieder zuerkannt worden war, 1994 nach Rußland zurück; lebt in Moskau.
    Werke: *Erzählungen:* Ego (1995), Na krajach (1995, beide in: Nowyj Mir). Akte 1965–1977, hg. v. A. KOROTKOW u. a. (a. d. Russ., 1994).

*Solti, Sir Georg, brit. Dirigent ungar. Herkunft: Trat 1994 von der Leitung der Salzburger Osterfestspiele zurück; wurde 1995 künstler. Berater des Schleswig-Holstein Musik-Festivals.

Som, Kirgistan-Som, Abk. K. S., Währungseinheit der Rep. Kirgistan, 1 S. = 100 Tyin.

*Somalia, amtl. Namen: Somali **Jamhuuriyadda Soomaaliya**, arab. **Al-Djumhurijja as-Somalijja**; dt. **Republik S.**, Staat in NO-Afrika, grenzt an den Ind. Ozan und den Golf von Aden.

Hauptstadt: Mogadischu. *Amtssprachen:* Somali und Arabisch. *Staatsfläche:* 637 657 km² (ohne Binnengewässer 627 340 km²). *Bodennutzung (1992):* 10 390 km² Ackerland, 430 000 km² Dauergrünland, 90 500 km² Waldfläche. *Einwohner (1994):* 9,077 Mio., 14 Ew. je km². *Städtische Bevölkerung (1992):* 25%. *Durchschnittliches Bevölkerungswachstum pro Jahr (1985–93):* 3,1%. *Bevölkerungsprojektion für 2000:* 11,864 Mio. Ew. *Ethnische Gruppen:* 90% Somali; daneben negride, arab., asiat. und europ. Minderheiten. *Religion (1992):* 99,8% Muslime, meist Sunniten (der Islam ist Staatsreligion). *Altersgliederung (1995):* unter 15 Jahre 47,5%, 15 bis unter 65 Jahre 49,8%, 65 und mehr Jahre 2,7%. *Lebenserwartung der Neugeborenen (1992):* männlich 47 Jahre, weiblich 50 Jahre. *Analphabetenquote (1991):* insgesamt 75,9%, männlich 63,9%, weiblich 86,0%. *BSP je Ew. (1990):* 150 US-$. *BIP nach Sektoren/Produktionsstruktur (1992):* Landwirtschaft 65%, Industrie 9%, Dienstleistungen 26%. *Währung:* 1 Somalia-Schilling (So. Sh.) = 100 Centesimi (Cnt.). *Internationale Mitgliedschaften:* UNO, Arab. Liga, OAU.

Geschichte: Auf Vorschlag des GenSekr. der UNO, B. BOUTROS GHALI, beschloß der UN-Sicherheitsrat am 27. 7. 1992, die unter den Folgen des Bürgerkrieges von einer Hungersnot schwer betroffene Bev. zu versorgen. Nachdem versch. Versuche, den Bürgerkrieg zu beenden, gescheitert waren, beschloß der UN-Sicherheitsrat am 3. 12. 1992, im Rahmen der Operation ›Restore Hope‹ (›Neue Hoffnung‹) den inneren Frieden in S. wiederherzustellen sowie die Versorgung der Bev. zu sichern. Zunächst unter dem Kommando der USA, später unter der Führung der UNO selbst nahmen 1993/94 30 000 Soldaten aus 20 Staaten an dem Unternehmen teil, darunter ein (bis März 1994 eingesetztes) Kontingent der Bundeswehr in Stärke von bis zu 1 700 Mann (Stationierungsort Belet Huen). Während die Stabilisierung der Ernährungslage gelang, führte die bes. von BOUTROS GHALI geforderte Entwaffnung der somal. Milizen zu blutigen Kämpfen v. a. zw. UN-Einheiten und der Miliz des Generals M. F. AIDID. Nach dem Scheitern von Friedensgesprächen Mitte Dez. begannen die USA am 17. 12. 1993 offiziell mit dem Abzug ihrer Truppen. Den US-Truppen folgten bis März 1994 die Truppen aller beteiligten westl. Staaten und im März 1995 die letzten UN-Truppen aus afrikan. und asiat. Ländern. Mehrere Anläufe zu einer friedl. Beilegung des immer wieder zw. versch. Milizen aufflammenden Bürgerkriegs blieben erfolglos; vielmehr breiteten sich die Kampfhandlungen Ende 1994/Anfang 1995 auch auf bislang ruhige Landesteile aus, woraufhin sich auch zahlreiche noch verbliebene Hilfsorganisationen zurückzogen. Im Juni 1995 wurde AIDID abgesetzt; sein Nachfolger wurde OSMAN HASSAN ALI ATTO. Auch Ende 1995 besaß das Land keine international anerkannte Reg., aber drei selbsternannte Präs. (AIDID, MAHDI MOHAMMED, MOHAMED IBRAHIM EGAL).

W. MICHLER: S. – ein Volk stirbt. Der Bürgerkrieg u. das Versagen des Auslands (1993); M. F. AIDID u. S. P. RUHELA: S. From the dawn of civilization to the modern times (Delhi 1994); The invention of S., hg. v. A. J. AHMED (Lawrenceville, N. J., 1995).

Sömmerda 2): In den Landkreis S. wurden am 1. 7. 1994 (Kreisgebietsreform in Thüringen) 19 Gemeinden (im N) des bisherigen Kr. Erfurt eingegliedert (Töttelstädt wurde zum 11. 10. 1994 in Erfurt eingemeindet), außerdem die Gem. Bilzingsleben und Kannawurf (bisher Kr. Artern). – Der vergrößerte Landkreis S., der an die Landeshauptstadt Erfurt, im O an Sachs.-Anh. grenzt, umfaßt jetzt 804 km² und (1995) 82 500 Ew. Industrie ist nur wenig vorhanden. Größte Stadt ist die Kreisstadt Sömmerda (1995: 24 700 Ew.), weitere Städte sind Buttstädt, Gebesee, Kindelbrück, Kölleda, Rastenberg und Weißensee.

Sondermüll: Trotz zahlreicher Vermeidungsmaßnahmen nahm die außerbetrieblich entsorgte S.-Menge in den letzten Jahren weiter zu und betrug 1994 8,9 Mio. t (1990: 6,8 Mio. t). 1990 wurden weitere 5,1 Mio. t in betriebseigenen Anlagen entsorgt, davon 2,0 Mio. t in Verbrennungsanlagen. 4,0 Mio. t gingen an weiterverarbeitende Betriebe oder den Altstoffhandel. S. darf mit Sondergenehmigung ins Ausland exportiert werden. 1990 wurden u. a. 176 000 t in die Niederlande, 158 000 t nach Belgien und 149 000 t nach Frankreich exportiert. Der illegale Handel mit S. hat seit der Öffnung Osteuropas in diese Region stark zugenommen. Ab 1998 ist die Ausfuhr von S. aus den OECD-Staaten verboten.

Sondershausen 2): Der Landkreis S. ging am 1. 7. 1994 im Kyffhäuserkreis auf, dessen Kreisstadt die Stadt Sondershausen wurde.

Sondervermögen: Im Zuge der dt. Vereinigung entstand eine Reihe neuer S. des Bundes: Der →Fonds Deutsche Einheit, der →Kreditabwicklungsfonds (bis 1994) bzw. (ab 1995) der →Erblastentilgungsfonds sowie (seit 1. 8. 1991) der Entschädigungsfonds zur Übernahme der Rechte und Verpflichtungen aus der Durchführung des Vermögens-Ges. vom 15. 6. 1990. Im Zuge der →Bahnreform wurde ferner ein Bundeseisenbahnvermögen geschaffen, dem die Verwaltung der bis dahin aufgelaufenen Altverbindlichkeiten der Dt. Bundesbahn und der Dt. Reichsbahn und die Verwertung der nicht bahnnotwendigen Liegenschaften obliegt.

Sonneberg 2): In den Landkreis S. wurden am 1. 7. 1994 (Kreisgebietsreform in Thüringen) die zur S-Abdachung des Thüringer Schiefergebirges gehörenden Gebietsteile des bisherigen Kr. Neuhaus am Rennweg eingegliedert. – Der vergrößerte Landkreis S. umfaßt 433 km² und (1995) 71 100 Ew. Ein Wirtschaftszweig ist der Fremdenverkehr (auch Wintersport). In der Kreisstadt Sonneberg (1995: 25 700 Ew.) gibt es Spiel-

Nicéphore Soglo

Javier Solana Madariaga

warenfabriken, elektrokeram. und elektrotechn. Industrie; aus den bis 1990 bestehenden Großbetrieben der traditionsreichen Puppenherstellung gingen durch Privatisierung kleine und mittelständ. Betriebe hervor. Standorte der Glasindustrie (v. a. Herstellung von Medizinglas und Christbaumschmuck) sind Neuhaus am Rennweg, Steinach und v. a. Lauscha.

***Sonnemann,** Ulrich, Sozialphilosoph und Gesellschaftskritiker: †Gudensberg 27. 3. 1993.

***Sonnenenergie:** Im Rahmen des ›Bund-Länder-1 000-Dächer-Photovoltaik-Programms‹ wurden 1990 bis 1995 insgesamt 2 250 netzgekoppelte Photovoltaikanlagen auf Dächern von Ein- und Zweifamilienhäusern gefördert (Förderhöhe bis zu 70 % der Investitionskosten). Die elektr. Spitzenleistung der einzelnen Anlagen liegt zw. 1 und 5 kW (durchschnittlich rd. 2,5 kW); der durchschnittl. Jahresertrag beträgt etwa 750 kWh je kW installierter Leistung. Begleitet wird das Programm von einer mehrjährigen wiss. Studie.

1994 gingen in Spanien und Italien große Photovoltaikkraftwerke in Betrieb. Die span. Anlage bei Toledo besteht aus Solarzellen mit einer Gesamtfläche von 7 954 m^2 und besitzt eine Spitzenleistung von 1 MW. Sie soll jährlich 1 700 MWh Strom erzeugen und wird in Kombination mit einem bestehenden Wasserkraftwerk von 76 MW betrieben. Das Photovoltaikkraftwerk im süditalien. Serre (Prov. Salerno) soll im Endausbau mit rd. 32 000 m^2 Zellenfläche etwa 3,3 MW leisten (z. Z. 2 MW) und jährlich 5 000 MWh Strom erzeugen.

***Sonning-Preis:** Weitere Preisträger sind K. KIEŚLOWSKI (1993) und G. GRASS (1995).

***Sony Labou Tansi,** kongoles. Schriftsteller frz. Sprache: †Brazzaville 14. 6. 1995.

Sorokin, Wladimir Georgijewitsch, russ. Schriftsteller, *Bykowo (Geb. Moskau) 1955; Vertreter der Moskauer Konzeptualisten, dessen kompromißlos-provokative Werke bis 1989 in der Sowjetunion nicht veröffentlicht wurden. Seine Figuren stehen außerhalb von Normalität, Gesetz und Vernunft und handeln zwanghaft, ohne Sinn und Motivation.

Werke: *Romane:* Tridcataja ljubov' Mariny (1984; dt. Marinas dreißigste Liebe); Očered' (1985; dt. Die Schlange); Serdca četyrech (1991; dt. Die Herzen der Vier); Norma (1994); Roman (1994; dt.). – *Erzählungen:* Mesjac v Dachau (1990; dt. Ein Monat in Dachau). – Der Obelisk (1992; Samml.).

***Southern,** Terry, amerikan. Schriftsteller: †New York 30. 10. 1995.

***Souvanna Vong,** Prinz, laot. Politiker: †Vientiane 9. 1. 1995.

***Sozialdemokratische Partei Deutschlands,** Abk. **SPD:** Nach dem Rücktritt B. ENGHOLMS von seinen Partei- und Regierungsämtern (Mai 1993) organisierte die Partei zum ersten Mal in ihrer Geschichte am 13. 6. 1993 eine Mitgliederbefragung über die Person ihres zukünftigen Vors.: Bei einer Beteiligung von 56,6 % der eingeschriebenen Mitgl. entschieden sich 40,3 % für R. SCHARPING, 33,2 % für G. SCHRÖDER und 26,5 % für HEIDEMARIE WIECZOREK-ZEUL. Entsprechend diesem Votum wählte ein Sonderparteitag am 25. 6. 1993 SCHARPING zum Bundes-Vors. der Partei. Bei der Wahl des Bundes-Präs. am 23. 5. 1994 unterlag J. RAU als Kandidat der SPD im dritten Wahlgang R. HERZOG (CDU). Als Kanzlerkandidat seiner Partei (seit Juni 1994) wurde SCHARPING in hervorgehobener Position – von SCHRÖDER (in Wirtschafts-, Energie- und Verkehrsfragen) und O. LAFONTAINE (in Finanzfragen). Bei den Bundestagswahlen vom 16. 10. 1994 erreichte die SPD 36,4 % der Stimmen (252 Sitze), verfehlte damit jedoch knapp den Gewinn der Regierungsmacht. Über die von ihr geführten Landesregierungen besitzt sie im Bundesrat eine starke Stellung und über den Vermittlungsausschuß großen Einfluß auf den Gang der Gesetzgebung. Nach Wahlerfolgen bei Landtagswahlen in den Jahren 1993 (u. a. in Ndsachs.) und 1994 (v. a. in Brandenburg) mußte sie 1995 Stimmeneinbußen (bes. in Berlin) hinnehmen. Seit der Regierungsbildung in Sachs.-Anh. (1994) gewinnt ihr Verhältnis zur PDS immer größeres öffentl. Interesse. Programmatisch steht der Aufbau einer sozialen und ökolog. Gesellschaft (Abbau der Arbeitslosigkeit, ökolog. Steuerreform) im Vordergrund. In einer überraschenden Kampfabstimmung wählte der SPD-Parteitag im Nov. 1995 O. LAFONTAINE zum Bundes-Vors. der SPD; der hierbei unterlegene SCHARPING wurde zum stellv. Vors. gewählt. Der Parteitag bestätigte auch F. MÜNTEFERING als Nachfolger des bisherigen SPD-Bundesgeschäftsführers G. VERHEUGEN.

***sozialer Wohnungsbau:** Aufgrund des zunehmenden Zuzugs von Aus- und Übersiedlern in die alten Bundesländer sowie wegen der Wohnsituation in den neuen Bundesländern hat der s. W. in den letzten Jahren wieder an Bedeutung gewonnen. Lag 1991 der Anteil der in Ost-Dtl. bewilligten Wohnungen (3 800) noch unter 5 % der in Dtl. bewilligten, so ist dieser Anteil bis 1994 auf über ein Drittel (56 000) gestiegen.

1994 wurde das ›Ges. zur Förderung des Wohnungsbaus‹ (WoBauFördG 1994) verabschiedet. Es beinhaltet v. a. eine stärkere Orientierung der Fördermaßnahmen am Einkommen der Mieter, um Fehlbelegungen zu verhindern, die Einbindung des s. W. in das Vergleichsmietensystem sowie die Flexibilisierung der Miete während der Wohnungsnutzung.

Die Förderung knüpft an der ›vereinbarten Förderung‹ (3. Förderweg) an. Hierbei wird versucht, die Förderung durch die Einbeziehung marktwirtschaftl. Wettbewerbselemente flexibel und effizient zu gestalten. Die Anbieter von Bauleistungen unterliegen einem verstärkten Ausschreibungswettbewerb. Fördermodalitäten, Mietpreis- und Belegungsbindungen können zw. der öffentl. Hand und dem Bauherrn frei ausgehandelt werden. Die im 3. Förderweg erstellten Wohnungen unterliegen damit nicht dem Kostenmietprinzip. – Die Zahl der fertiggestellten Wohnungen stieg von (1991) 314 000 (davon 25 000 in Ost-Dtl.) auf (1994) 574 000 (Ost-Dtl.: 69 000).

***Sozialgesetzbuch:** Die →Pflegeversicherung wurde dem S. als Buch XI zugeordnet.

***Sozialhilfe:** Zur Dämpfung der Kostenentwicklung wurden 1994 und 1995 die jährl. Regelsatzerhöhungen der S. auf 2 bzw. 3 % beschränkt. Dies führte zus. mit weiteren Maßnahmen, z. B. der Kürzung von S. für Asylbewerber, zu Einsparungen von etwa 1,3 Mrd. DM (1994) und 1,6 Mrd. DM (1995). Kritiker sehen hierin allerdings eine Ursache der Ausbreitung von Armut in Dtl. Deutlich verbesserte S.-Leistungen brachte das Schwangeren- und Familienhilfe-Ges. vom 27. 7. 1992 für Schwangere und Alleinerziehende. – Trotz Sparpolitik sind die S.-Ausgaben weiter gestiegen (1993: 48,9 Mrd. DM, davon rd. 12 % in den neuen Bundesländern, in denen das Bundessozialhilfe-Ges. zum 1. 1. 1991 eingeführt worden war). Ende 1993 erhielten 1,915 Mio. Personen Hilfe in besonderen Lebenslagen und 2,529 Mio. Personen laufende Hilfe zum Lebensunterhalt. Die Kommunen erwarten durch die Pflegeversicherung eine Entlastung bei den von ihnen getragenen S.-Aufwendungen. Ein von der Bundes-Reg. im Sept. 1995 vorgelegter Gesetzentwurf zur S. sieht vor, die Arbeitsaufnahme von schwer vermittelbaren S.-Empfängern durch Lohnkosten- und Einarbeitungszuschüsse an Arbeitgeber zu fördern und bei Verweigerung zumutbarer Arbeit den Regelsatz um 25 % zu kürzen (→Gemeinschaftsarbeit).

Seit dem Berichtsjahr 1994 wird die S.-Statistik nach einem inhaltlich und verfahrensmäßig neuen

Konzept (u. a. vierteljährl. Zugangs- und Abgangsstatistik) erhoben. Aufgrund des Asylbewerberleistungs-Ges. werden Leistungen an Asylbewerber seither auch nicht mehr in der S.-Statistik, sondern in der neuen Asylbewerberleistungsstatistik erfaßt.

Sozialismus: Nach dem Zusammenbruch des Kommunismus, des (in seinem Selbstverständnis) ›real existierenden S.‹, stößt eine Bestandsaufnahme des S. seit den umwälzenden Vorgängen in Ost-, Ostmittel- und Südosteuropa auf begriffl. Schwierigkeiten; der S. als Idee sowie als soziale und polit. Bewegung ist zwar von diesen Entwicklungen seit 1989/90 weniger betroffen als der Kommunismus als Ideologie und Herrschaftssystem und der Marxismus als Wirtschafts- und Gesellschaftstheorie, gleichwohl aber im Kern berührt. Es stellt sich die Frage, inwieweit der S. als Leitidee einer auf Gleichheit, Solidarität und Gerechtigkeit beruhenden Gesellschaft und einer entsprechenden polit. Ordnung weiterhin Gültigkeit besitzt. Bei dem Versuch, diese Frage zu beantworten, läßt sich sodann verdeutlichen, daß das eigentl. Problem des S. im ›postkommunist. S.‹ liegt, der vom demokrat. S. westl. Prägung zu unterscheiden ist.

Geistesgeschichtlich gesehen, verlor der in krit. Distanz zum Marxismus-Leninismus und seiner Herrschaftspraxis entstandene Neomarxismus seine Ausstrahlungskraft in den 1980er Jahren zugunsten der Ökologie- und Friedensbewegung, der Bürgerinitiativen und neuen sozialen Bewegungen. Die Grundwerte des demokrat. S. standen in den heftigen Debatten der 70er Jahre in der Zeit der ›Wende‹ 1989/90 unter keinem Veränderungsdruck. Nach dem Scheitern der staatssozialist. Regierungssysteme im östl. Europa trat die Tatsache stärker in den Vordergrund, daß Marktwirtschaft auf der einen Seite und die polit. Wunsch nach Verstärkung basisdemokrat. Elemente und direktdemokrat. Verfahren im demokrat. S. miteinander vereinbar sind. Die Frage, inwieweit die Ideen des S., Kommunismus und Marxismus noch tragfähig sind, stellt sich vornehmlich für alle Versuche, einen vom demokrat. S. unterschiedenen ›postkommunist. S.‹ zu konzipieren. Diese theoret. Versuche bestehen darin, daß überkommene sozialist. Grundsätze radikaler festgeschrieben werden, als dies der demokrat. S. tut; die Idee wird der Empirie in einer Weise gegenübergestellt, daß die Leitgedanken durch negative Erfahrungen zwar in ihrer Konkretisierung problematisiert, in ihrem Grundgehalt aber als weiterhin gültig aufgewiesen werden. In der postkommunist. Diskussion werden versch. Argumentationsmuster gepflegt:

1) Der Kapitalismus sei zwar ökonomisch effizienter als der S., der Wunsch, ihn in der Produktivität schlagen zu können, habe sich als unrealistisch erwiesen, aber um globalen Gefährdungen (Hunger in der dritten Welt, Bedrohung der Umwelt und des Weltfriedens) zu begegnen, sei der Kapitalismus ungeeignet; Fehlleistungen des ›real existierenden S.‹ in der Umweltfrage hätten sich aus der Konkurrenz zum Kapitalismus ergeben.

2) Die Vorstellung einer solidar. Gesellschaft ohne Ausbeutung und Klassengegensätze sei nicht dadurch bloßgestellt, daß diese Ziele in konkreten Situationen mit ihren Zwängen nicht erreicht wurden; nicht die Theorie sei falsch, sondern ihre prakt. Anwendung in der Vergangenheit.

3) Ökonomisch sei der S. das Korrektiv in einer nur auf Wettbewerb reduzierten kapitalist. Gesellschaft, politisch das Korrektiv in einer sich verselbständigenden Repräsentativdemokratie, in der die polit. Klasse herrsche, ungeachtet des Wechsels ihrer Eliten.

4) Ohne die Utopie des S. hätte sich der Kapitalismus nie eine soziale Komponente zu eigen gemacht; Ausbeutung, Unterdrückung und Entfremdung seien jedoch auch in der sozialen Marktwirtschaft keineswegs überwunden.

U.-J. HEUER: Marxismus u. Demokratie (Neuausg. 1990); A. GORZ: Und jetzt wohin? Zur Zukunft der Linken (1991); Marxism, hg. v. M. LEVI, 2 Bde. (Aldershot 1991); Umbruch zur Moderne?, hg. v. M. BRIE u. a. (1991); R. LAND: Evolution der Moderne u. Emanzipation, in: Berliner Debatte Initial, H. 6 (1993); G.-J. GLAESSNER: Demokratie nach dem Ende des Kommunismus. Regimewechsel, Transition u. Demokratisierung im Postkommunismus (1994); Historisch-krit. Wb. des Marxismus, hg. v. W. F. HAUG, auf mehrere Bde. ber. (1994 ff.); Die PDS. Postkommunist. Kaderorganisation, ostdt. Traditionsverein oder linke Volkspartei?, hg. v. M. BRIE u. a. (1995); Der Umbruch in Osteuropa als Herausforderung für die Philosophie, hg. v. B. HEUER u. a. (1995); Zur Kritik der dt.-dt. Ökonomie. Konzeptionen, Positionen u. Methoden wirtschaftswiss. Forschung in Ost u. West, hg. v. C. WARNKE (1996).

Sozialpolitik: Vor dem Hintergrund der dt. Vereinigung, der anhaltenden Arbeitslosigkeit, der Globalisierung des Wettbewerbs und des demograph. Umbruchs haben sich die ökonom., finanziellen und polit. Rahmenbedingungen der S. verschlechtert, und die Diskussion über einen ›Umbau des Sozialstaats‹ wurde intensiver. Insbesondere von seiten der Arbeitgeber wird die These vertreten, das gegenwärtige Sozialleistungssystem sei nicht mehr finanzierbar, gefährde die wirtschaftl. Leistungs- und Wettbewerbsfähigkeit und müsse durch Kürzungen und/oder Privatisierung auf ein erträgl. Niveau reduziert werden. Die Bundes-Reg. teilt diese Einschätzung weitgehend und plant mit den von ihr vorgelegten Gesetzentwürfen mit Leistungskürzungen verbundene Reformen bei der Arbeitslosenhilfe, der Sozialhilfe und der Krankenversicherung. Opposition und Gewerkschaften befürchten, daß aus den angestrebten Kürzungen Belastungen für den sozialen Zusammenhalt und die polit. Stabilität erwachsen, und argumentieren, daß sie als Mittel gegen Arbeitslosigkeit und Instrument zur Sicherung der wirtschaftl. Leistungskraft untauglich seien. Angesichts knapper Kassen sei eine Verständigung über eine neue Prioritätensetzung bei den Sozialleistungen nötig.

Trotz der Aufstockung des Etats des →Europäischen Sozialfonds bleibt die S. das Stiefkind der europ. Integration. Hierfür ist u. a. das Beharrungsvermögen der großen Unterschiede der sozialen Sicherungssysteme der EU-Mitgliedstaaten verantwortlich. - Die internat. S. hat mit dem ›Weltsozialgipfel‹ in Kopenhagen 1995, an dem 182 Staaten teilnahmen, einen konferenzdiplomat. Höhepunkt erreicht. Der Sozialgipfel einigte sich auf eine Erklärung und ein Aktionsprogramm, in denen die Staats- und Reg.-Chefs in zehn - rechtlich unverbindl. - Verpflichtungen ihren Willen bekundeten, u. a. Arbeitslosigkeit und Armut zu bekämpfen, die soziale Integration sowie die Gleichstellung von Mann und Frau zu fördern.

Spacelab: Nach D-1 (1985) fand als zweite S.-Mission unter dt. Leitung vom 26. 4. bis 6. 5. 1993 die D-2-Mission mit den Wissenschaftsastronauten HANS WILHELM SCHLEGEL (* 1951) und ULRICH WALTER (* 1954) statt. Eine weitere internat. Mission war IML-2 (Abk. für International Microgravity Laboratory) im Juli 1994 unter Beteiligung der Japanerin CHIAKI MUKAI. Mitte 1995 diente das S. während der ersten Ankopplung eines Space-shuttle an die russ. Raumstation →Mir zur medizin. Kontrolle der russ.-amerikan. Mir-Besatzung. S.-Paletten ohne Druckkabine trugen 1990 und 1995 das amerikan. Weltraumobservatorium →Astro sowie 1992, 1993 und 1994 das amerikan.-europ. Labor →ATLAS für die Atmosphärenforschung.

Space Station: Das Konzept der ständig bemannten S. S. mußte 1993 aufgrund von Sparmaßnahmen der amerikan. Reg. geändert werden. Um den großdimensionierten Entwurf beibehalten zu können, nah-

Spad   Spadolini – spanische Kunst

men die USA, die ESA, Japan und Kanada als weiteren Partner Rußland in das Projekt auf. Nach entsprechenden Vereinbarungen im Herbst 1993 wurde das gemeinsame Programm in **International S. S. Alpha** umbenannt. Rußlands Beitrag umfaßt mehrere Stationsmodule (z. B. den Basisblock mit 22,5 t Masse), Rettungsraumschiffe vom Typ →Sojus TM und Frachtraumschiffe vom Typ Progress. Dadurch wird die S. S. in ihren Abmessungen (rd. 120 m × 100 m) und der Gesamtmasse (etwa 440 t) größer.

Für den Zusammenbau der einzelnen Komponenten im Erdorbit sind etwa 40 Starts amerikan. Raumtransporter und russ. Trägerraketen ab frühestens Ende 1997 vorgesehen (Montagephase bis 2002). Der auf 10 Jahre angesetzte Betrieb der S. S. soll frühestens 1998 beginnen, wobei die einander ablösenden Besatzungen (anfangs drei, später sechs Personen) regulär mit dem Space-shuttle starten und landen. Zur Infrastruktur gehören Solarmodule mit 110 kW Leistung, Andockschleusen sowie weitere Module für versch. Aufgaben.

*Spadolini, Giovanni, italien. Politiker, Historiker und Journalist: † Rom 4. 8. 1994; war bis April 1994 Präs. des Senats.

spanische Kunst: Bahnhof Atocha in Madrid von Rafael Moneo; 1990 ff.

*Spanien, amtlich span. **Reino de España**, dt. **Königreich S.**, Staat im SW Europas, auf der Iber. Halbinsel (Pyrenäenhalbinsel), grenzt an den Atlant. Ozean, die Straße von Gibraltar und das Mittelmeer. Zu S. gehören die Balearen im Mittelmeer und die Kanar. Inseln im Atlant. Ozean (vor der NW-Küste Afrikas) und Spanisch-Nordafrika (die Hafenstädte Ceuta und Melilla sowie einige Inseln).

Hauptstadt: Madrid. *Amtssprache:* Spanisch; zweite Amtssprachen sind Katalanisch in Katalonien, im Land Valencia und auf den Balearen, Baskisch im Baskenland und in Teilen Navarras, Galicisch in Galicien. *Staatsfläche:* 504 782 km² (ohne Binnengewässer 499 440 km²). *Bodennutzung (1992):* 200 890 km² Ackerland, 103 000 km² Dauergrünland, 158 580 km² Waldfläche. *Einwohner (1994):* 39,168 Mio., 78 Ew. je km². *Städtische Bevölkerung (1993):* 76%; in städt. Agglomerationen mit 1 Mio. und mehr Ew. leben 31% der Stadt-, 23% der Gesamtbevölkerung. *Durchschnittliches Bevölkerungswachstum pro Jahr (1985–93):* 0,2%. *Bevölkerungsprojektion für 2000:* 39,640 Ew. *Bevölkerungsgruppen (1989):* 72,3% Spanier, 16,3% Katalanen, 8,1% Galicier, 2,3% Basken, 1,0% andere. *Ausländer (1992):* 360 700 (9% der Gesamtbevölkerung), darunter 50 100 Briten, 49 500 Marokkaner, 28 800 Deutsche, 25 400 Portugiesen, 20 000 Franzosen, 13 200 US-

Amerikaner und 11 700 Italiener. *Religion (1993):* 94,9% Katholiken, 1,2% Muslime, 0,5% Protestanten. *Altersgliederung (1993):* unter 15 Jahre 18,1%, 15 bis unter 65 Jahre 67,8%, 65 und mehr Jahre 14,1%. *Lebenserwartung der Neugeborenen (1992):* männlich 73 Jahre, weiblich 81 Jahre. *Analphabetenquote (1991):* insgesamt 4,6%, männlich 2,6%, weiblich 6,6%. *BSP je Ew. (1993):* 13 590 US-$. *BIP nach Sektoren/Produktionsstruktur (1993):* Landwirtschaft 3%, Industrie 31%, Dienstleistungen 66%. *Arbeitslosenquote (1994):* 24,1%. *Währung:* Peseta (Pta). *Internationale Mitgliedschaften:* UNO, EU, Europarat, NATO, OECD, OSZE, WEU.

***spanische Geschichte:** 1992 beging S. die 500. Wiederkehr der ›Entdeckung‹ Amerikas, eine Feier, die bes. von den Repräsentanten der Indios in Lateinamerika stark kritisiert wurde. In einem ›Autonomiepakt‹ (3. 3. 1992) gewährte die Reg. González Márquez 17 autonomen Regionen mehr Kompetenzen (v. a. auf dem Erziehungssektor). Im Sept. 1992 wurde die Peseta innerhalb des Europ. Währungssystems abgewertet; angesichts der weltweiten Rezession wurden im Staatshaushalt drast. Einsparungen vorgenommen. Am 13. 11. 1992 traten gesetzl. Bestimmungen in Kraft, die die Gleichstellung von Protestanten, Juden und Muslimen mit den Katholiken garantieren sollen. Nach der parlamentar. Billigung des Vertragswerks von Maastricht (Okt./Nov. 1992) gewährt ein Gesetz (vom 29. 3. 1993) der Bank von Spanien in ihren Entscheidungen Selbständigkeit gegenüber der Reg. Bei Neuwahlen (6. 6. 1993) verlor die regierende PSOE zwar ihre absolute Mehrheit, blieb allerdings weiterhin stärkste Fraktion. Am 9. 7. 1993 wählte das Parlament F. GONZÁLEZ MÁRQUEZ erneut zum MinPräs. Bei der Durchsetzung seiner Politik stützte er sich vielfach auf die katalan. Regionalisten; er versprach, weitere Kompetenzen, v. a. im Finanzbereich, an die autonomen Regionen zu übertragen. In diesem Sinne setzte die Reg. die bes. von Katalonien geforderte Bestimmung durch, daß jede Region ab 1994 15% der Einkommensteuer selbst erheben und verwalten darf. Korruptionsaffären beeinträchtigten seit 1993 das Ansehen der Reg. 1994 wurde der Vorwurf erhoben, die Terrorgruppe ›Grupos Antiterroristas de Liberación‹ (GAL; dt. ›Antiterrorist. Befreiungsgruppen‹) habe mit Hilfe des Polizeiapparats Attentate gegen Mitgl. der ETA verübt, um diese Organisation, deren Terroraktionen bis Ende 1994 741 Opfer forderten, zu zerschlagen. In diesem Zusammenhang wurden Ende 1994 höhere Polizeibeamte in Haft genommen; MinPräs. GONZÁLEZ MÁRQUEZ wurde der Mitwisserschaft beschuldigt. Unter Führung von J. M. AZNAR LÓPEZ gewann der Partido Popular (PP) in zahlreichen autonomen Regionen die Wahlen. Bei den vorgezogenen Neuwahlen am 3. 3. 1996 erreichte dieser 38,9% der Stimmen und 156 Mandate vor den Sozialisten (37,5%; 141).

Die Übernahme des Ratsvorsitzes in der EU durch Spanien nutzte die Regierung zu verschiedenen außenpolitischen Initiativen: Sie suchte bes. den Blick der EU auf die südlichen und östlichen Anrainerstaaten des Mittelmeeres als mögliche Partner der EU in der Zukunft zu richten (Erklärung von Madrid, 1995); darüber hinaus tritt Spanien im europäischen Rahmen als Fürsprecher der lateinamerikanischen Staaten auf.

***spanische Kunst:** Mit und im Anschluß an die zeichenhafte und organisch-assoziative Architektur von RAFAEL MONEO und den Urbanismus der Architektengruppe ORIOL BOHIGAS, DAVID MACKAY und JOSEP MARTORELL, auch ermutigt von den internat. Erfolgen span. Architekten (R. BOFILL, S. CALATRAVA) entfaltete sich eine Architekturszene, die im

spanische Kunst **Span**

Sinn eines krit. Regionalismus traditionelle mit symbolist., konstruktivist. und dekonstruktivist. Bauformen sowie solchen der rationalen Architektur frei kombiniert und zu einem Stil einer mediterranen ›Neuen Sinnlichkeit‹ findet. Die beispielgebenden Bauten von MONEO entstanden seit den 1970er Jahren: Gebäude der Bankinter, Madrid (1973–76), Museum für röm. Kunst, Mérida (1980–84), Rathaus von Logroño (1981), Gebäude der Previsión Española, Sevilla (1982–87), Hauptniederlassung der Bank von Jaén (1983–88), Fundación Miró, Palma de Mallorca (1989–91), Flughafen von Sevilla (1991), Konzerthaus in Barcelona (1988–92), Kongreßzentrum in San Sebastián (1990). BOHIGAS als persönl. Berater des Bürgermeisters für die Stadtplanung Barcelonas (seit 1984) verantwortete insbesondere auch den Bau des Olympiadorfs Nova Icaria im bis dahin maroden Stadtteil Poble Nou mit 4 km langer Strandpromenade, Jachthafen und Autobahnring (1987–92), wofür als leitende Architekten FEDERICO CORREA und ALFONS MILÀ tätig waren. Einzelaufträge erhielten u. a. JOSEP LLUÍS MATEO (Wohnblock in Poble Nou, Barcelona, 1984–90), der jüngst auch durch Projekte in Paris (Zoo) und Berlin (Lustgarten) auf sich aufmerksam machte, MACKAY und MARTORELL (Mollet-Wohnblock, 1983–87; Parc de la Creueta del Coll, 1987–92) sowie ESTEVE BONELL und FRANCESC RIUS (Olymp. Basketballhalle, Badalona, 1987–92). Bahnbrechend für die neuen Parks und Plätze Barcelonas sind die Plaça de Sants (1981–83) und das Centre Santa Monica (1988) von ALBERT VIAPLANA und HELIO PIÑÓN. JOSÉ ANTONIO MARTÍNEZ LAPEÑA und ELÍAS TORRES fügten ihr Krankenhaus in Móra d'Ebre, Prov. Tarragona, als Flachbau in die Landschaft (1982–88). Ortsbezug zeichnet bes. auch die Bauten von ANTONIO CRUZ und ANTONIO ORTIZ aus (Meeresmuseum, Cádiz, 1986–88; Bahnhof Santa Justa, Sevilla, 1989–91). GUILLERMO VÁZQUEZ CONSUEGRA baute in Sevilla das neue Schiffahrtsmuseum (1988–92); LLUÍS DOMENECH und Mitarbeiter banden den neuen Stadtteil Barrio de Canyereten zitatenreich an das histor. Zentrum von Lérida an (1982–90). Interessante architekton. Lösungen zeigen auch JUAN NAVARRO BALDEWEG (Zentrum für soziale Dienste, Madrid, 1985–89; Hydraul. Museum, Murcia, 1988; Mühlen am Segura, Murcia, Umbau 1990), JAUME BACH und GABRIEL MORA (Raventós-Kellereien, Barcelona, 1985–88), JORDI GARCÉS und ENRIC SÒRIA (Medizin. Zentrum, Tarragona, 1983–87) und die Galicier CÉSAR PORTELA (Kaianlage in Villagarcía de Arosa, Prov. Pontevedra, u. a. mit Aquarium, 1983–85) und MANUEL GALLEGA (Kulturzentrum in Chantada, Prov. Lugo, 1990). Bedeutende katalan. Architekten sind außerdem JULIA CANO LASSO und DIEGO CANO PINTOS (Auditorio de Galicia, Santiago de Compostela, 1986–89), LLUÍS CLOTET und IGNACIO PARICIO (Bank von Spanien, Girona, 1984–89), OSCAR TUSQUETS (Wohnquartier in Tarragona, 1984–88), JOSÉ LLINÁS (Umbau des archäolog. Museums von Barcelona, 1986–89, und des Teatro Jujol in Tarragona, 1991 ff.) sowie BETH GALÍ, MÀRIUS QUINTANA und ANTONI SOLANAS (Joan-Miró-Bibliothek,

spanische Kunst: Santiago Calatrava, ›Alamillo-Brücke‹ in Sevilla; 1992

Barcelona, 1988–90). In Abwendung von jegl. Monumentalität artikulieren ENRIC MIRALLES und CARME PINÓS (Kulturzentrum La Pista, Els Hostalets de Balenyà, Prov. Barcelona, 1989–91; Bogenschießanlage, Barcelona, 1989–91; Friedhof und Park Igualada, Barcelona, 1991; Park de las Estaciones, Palma de Mallorca) die spezif. Topographie eines Ortes und den Strukturwandel am Ende des 20. Jh. in scheinbar ›chaot.‹ dynamischen Strukturen.

Nach dem Tode FRANCOS entwickelte sich die künstler. Szene explosionsartig, wobei der intensive Austausch mit den USA und der Bundesrep. Dtl. eine wichtige Rolle spielte. Im Anschluß an die avantgardist. Positionen von A. TÀPIES, E. ARROYO und MANOLO MILLARES (*1926, †1972) sowie an internat. Entwicklungen neigen jüngere Maler wie MIQUEL BARCELÓ (*1957), JOSÉ MANUEL BROTO (*1949), JUAN USLÉ (*1954), JOSÉ MARIA SICILIA (*1954), VICTORIA CIVERA (*1955) und GERARDO DELGADO (*1942) v. a. zur abstrakt-gestischen, mythisch aufgeladenen Malerei; seltener werden internat. Tendenzen wie der experimentelle Konstruktivismus aufgegriffen (z. B. von FEDERICO GUZMÁN, *1964; SOLEDAD SEVILLA, *1944) oder die postmoderne Malerei (z. B. von FERRÁN GARCÍA SEVILLA, *1949; CHARO PRA-

spanische Kunst: LINKS Jaume Plensa, ›Islands‹; 1995 (Detail; Privatbesitz); RECHTS Susana Solano, ›Noah und die Götter‹; 1986 (Nîmes, Musée d'Art Contemporain)

Spar Spareinlagen – Spree-Neiße

DAS, *1960; ROGELIO LÓPEZ CUECAN, *1959). Im Bereich der Skulptur, in der Tradition span. Metallplastik, für die v. a. die Namen E. CHILLIDA und ANDREU ALFARO (*1929) stehen, dominiert in den nachrückenden Generationen die konstruktiv-konkrete Richtung, die u. a. von PELLO IRAZU (*1963), PEREJAUME (*1957), FERNANDO SINAGA (*1951), MARISA FERNÁNDEZ und TXOMIN BADIOLA (*1957) vertreten wird. Eine ähnlich reduzierte Materialsprache nutzen ÁNGELES MARCO (*1947), MIQUEL NAVARRO (*1945), RICARDO COTANDA (*1953) und SUSANA SOLANO (*1946) für ihre Arbeiten, in denen sie existentiellen Fragen (Angst, Tod, Machtverhältnisse) nachgehen. Mit Rauminstallationen überschreiten CRISTINA IGLESIAS (*1956), MONTSE RUIZ (*1959), ANNA MAURI (*1963), GABRIEL F. CORCHERO (*1958), VICTOR BLASCO (*1962) und XOAN ANLEO (*1960) die Grenzen zw. den bildkünstler. Medien.

España. Artisti spagnoli contemporanei, bearb. v. F. DEMURO, Ausst.-Kat. (Mailand 1988); E. D. COAD: Spanish design and architecture (London 1990); Span. Architektur der achtziger Jahre, hg. v. X. GÜELL (1990); Barcelona. Architektur u. Städtebau zur Olympiade 1992, Einf. v. O. BOHIGAS (1991); Kunst, Europa, hg. v. M. JOCHIMSEN u. a., Ausst.-Kat. (1991); Kunst in Spanien, hg. v. U. M. REINDL u. a. (1992, teilw. a. d. Frz. u. a. d. Span.); Die neue span. Architektur, bearb. v. A. ZABALBEASCOA (a. d. Amerikan., 1992); Span. Bilderwelten. Lit., Kunst u. Film im intermedialen Dialog, hg. v. C. STROSETZKI u. a. (1993).

*Spareinlagen: Zwar wurden mit Wirkung vom 1. 7. 1993 die Bestimmungen des Kreditwesen-Ges. über die S. aufgehoben, doch hat sich in der Praxis wenig bei dieser Anlageform geändert. Nach einer Rechts-VO sind S. unbefristete Gelder, die durch Ausfertigung einer Urkunde (Sparbuch) als S. gekennzeichnet sein müssen, nicht zur Abwicklung des Zahlungsverkehrs bestimmt sein dürfen und eine Kündigungsfrist von mindestens drei Monaten aufweisen müssen. Alle weiteren Regelungen sind als ›Sonderbedingungen für den Sparverkehr‹ Teil der allgemeinen Geschäftsbedingungen der Banken. Grundform ist die ›S. mit vereinbarter Kündigungsfrist von drei Monaten‹. Innerhalb eines Kalendermonats (30 Zinstage) darf der Kunde höchstens 3 000 DM abheben. Über höhere Beträge darf nur unter Einhaltung der Kündigungsfrist verfügt werden. Ansonsten ist die Bank berechtigt (aber nicht verpflichtet), Vorschußzinsen zu verlangen, die allerdings höchstens 25% des gewährten Habenzinses betragen dürfen.

Speicherchip [-tʃɪp], monolith. integrierte Schaltung mit Speicherfunktion auf einem dünnen Halbleiterscheibchen (meist Silicium) mit Größen bis etwa 2 cm^2 (▷ Chip); i. w. S. wird auch das gekapselte und anschlußfertige Bauteil mit einem solchen Halbleiterscheibchen als Funktionselement als S. bezeichnet (Speichermodul). Meist werden unter dieser Bez. ▷ RAM verstanden, sie umfaßt aber auch ▷ ROM (samt löschbaren Varianten). Die Speicherkapazität von S. wird in Bit angegeben, dem heute erreichten Entwicklungsstand entsprechend meist mit dem Vorsatz ›Mega‹ (Abk. M; steht für $2^{20} \approx 1$ Mio.). Solche ›Megabit-Chips‹ werden in ▷ Submikrometertechnik gefertigt. Heute (1996) werden 64-Mbit-Chips in Großserien gefertigt; vom 256-Megabit-Chip gibt es Vorserienmuster. – Die Fertigung von Megabit-Chips gilt als eine Schlüsseltechnologie.

*Spenden: Die Höchstbeträge, bis zu denen Mitgl.-Beiträge und Spenden an polit. Parteien als Sonderausgaben bei der Einkommensteuer abgesetzt werden können, wurden mit Wirkung ab 1994 von bislang 60 000 DM (Verheiratete 120 000 DM) auf 6 000 DM (12 000 DM) herabgesetzt. Der alternativ mögl. Abzug von der Steuerschuld gem. § 34g EStG wurde gleichzeitig von 600 DM (Verheiratete 1 200 DM) auf 1 500 DM (3 000 DM) erhöht.

Das S.-Aufkommen wird in Dtl. auf 10–15 Mrd. DM geschätzt (dies entspricht rd. 1,5–2% der öffentl. Sozialausgaben). Einkommensteuerlich anerkannt wurde 1994 ein S.-Aufkommen von 2,6 Mrd. DM. Überregional und langfristig bemühen sich rd. 2 000 Organisationen um Spenden; rd. 250 Organisationen verzeichnen S.-Einnahmen von über 1 Mio. DM. Um die Glaubwürdigkeit der S.-Organisationen und bes. die Effizienz ihrer Mittelverwendung überprüfen zu können, gibt es in Dtl. neben versch. Rechtsvorschriften (z. B. Gemeinnützigkeits-, Sammlungs-, Stiftungs-, Erbschaftsteuerrecht) auch Institutionen, bei denen der Schutz des Spenders im Mittelpunkt steht. Am bekanntesten ist das Dt. Zentralinstitut für soziale Fragen (Abk. DZI, gegr. 1893, Sitz: Berlin), das seit 1992 ein S.-Siegel vergibt; 1993 wurde der Dt. Spendenrat e. V. (Sitz: Bonn), 1995 das Dt. Spendeninstitut GmbH (Sitz: Krefeld) gegründet. Das DZI will den S.-Markt transparenter machen und bes. vertrauenswürdige Organisationen kennzeichnen. Hierzu werden im Unterschied zu den beiden anderen Institutionen auch die Geschäftsberichte der S.-Organisationen und deren Methoden der Mitglieder- bzw. S.-Werbung geprüft. Der Dt. Spendenrat überwacht als freiwillige Selbstkontrolle die Einhaltung selbstgestellter Richtlinien seiner (1995) 52 gemeinnützigen Mitgl.-Organisationen. Beim Dt. Spendeninstitut steht die Unterstützung des S.-Wesens durch Forschung und Öffentlichkeitsarbeit im Mittelpunkt.

*Spender, Sir Stephen Harold, engl. Schriftsteller: † London 16. 7. 1995.

*Sperrfrist 2): S. bei der Veräußerung landwirtschaftl. Grundstücke sind in der Schweiz seit dem 1. 1. 1994 im Bundes-Ges. über das bäuerl. Bodenrecht vom 4. 10. 1991 geregelt (Art. 23, 38 und 54). Die Art. 218 ff. OR sind aufgehoben.

*Sperry, Roger Wolcott, amerikan. Neurologe und Psychobiologe: † Pasadena (Calif.) 17. 4. 1994.

*Spielberg, Steven, amerikan. Filmregisseur: Sein Film ›Schindlers Liste‹ (1993), die Inszenierung des dokumentar. Romans von T. KENEALLY über den nat.-soz. Unternehmer OSKAR SCHINDLER (*1908, † 1974), der mehr als 1 100 Juden vor dem Tod bewahrte, hat die Weltöffentlichkeit tief bewegt. – Durch seinen Film ›Jurassic Park‹ (1993) kam es zu einer weltweiten ›Dino(saurier)-Manie‹.

Spree-Neiße, Landkreis in Brandenburg, 1 662 km^2, (1995) 153 000 Ew. (darunter Sorben), Verw.-Sitz ist Forst (Lausitz). Die an der Spree gelegene kreisfreie Stadt Cottbus wird allseits vom Kreisgebiet umgeben. Der im SO des Landes gelegene Kreis umfaßt große Teile der vom bis 183 m hohen Lausitzer Grenzwall durchzogenen Niederlausitz. Der N wird von Teilen des Spreewaldes (Ausflugsort Burg/Spreewald), der Laßziner Wiesen (einem Feuchtgebiet) und der Lieberoser Hochfläche eingenommen. Im O bildet das schmale Tal der Lausitzer Neiße die Grenze zu Polen; Grenzübergänge befinden sich in Guben und in Forst (Lausitz). Die sorb. Minderheit lebt überwiegend im Gebiet der ehem. Landkreise Forst und Cottbus. Forstwirtschaft, Feldfutteranbau und Grünlandwirtschaft prägen den N des Kreises; Gemüseanbau im Spreewald, Teichwirtschaft in Peitz. Die Landschaft im S ist durch den Braunkohlentagebau (Zentrum ist die Gem. Schwarze Pumpe) stark verändert. Südlich von Cottbus ist die Spree zu einem großen See aufgestaut. Die größten Städte sind Guben (Chemiefaserwerk, Textilindustrie), Forst (Lausitz) mit Textilindustrie und Spremberg (Kunststoffverarbeitung, Textilindustrie), weitere Städte sind Döbern, Drebkau, Peitz (Braunkohlenkraftwerk Jänschwalde) und Welzow (Braunkohlentagebau). Der Landkreis S.-N. wurde am 6. 12. 1993 aus den Landkreisen Cottbus, Forst, Guben und Spremberg gebildet.

Spremberg 2): Der Landkreis S. in Brandenburg ging am 6. 12. 1993 im neuen Landkreis Spree-Neiße auf; die Stadt Spremberg ist nicht mehr Kreisstadt.

Spring [sprıŋ], Richard (Dick), irischer Politiker, *Tralee 29. 8. 1950; Rechtsanwalt; seit 1981 Abg. im Repräsentantenhaus, seit 1982 Führer der irischen Labour Party. In der Koalitions-Reg. mit Fine Gael unter Premier-Min. G. FITZGERALD war S. 1982–83 Umwelt-, 1983–87 Energie-Min. und 1982–87 zugleich stellv. Premier-Min. Seit 1993 ist S. Außen-Min. und stellv. Premierminister.

*Springer-Konzern: Während der S.-K. mit ›Sprint‹, ›Big Sport‹ und der Frauenzeitschrift ›Allegra‹ neue Titel herausbrachte und sein Osteuropaengagement verstärkte, wurden andererseits Beteiligungen reduziert (z. B. an ›News‹ von 50% auf 25%) bzw. völlig gelöst (wie beim ›Standard‹). Zum 1. 1. 1996 haben der S.-K. und der Verleger H. FLEISSNER eine Realteilung der Verlagsgruppe Ullstein Langen Müller vollzogen, wobei die Berliner Buchverlage, v. a. der Ullstein Verlag, vom S.-K. und die übrigen Verlage von FLEISSNER übernommen wurden. Bei den interaktiven Medien ist der S.-K. mit der ComputTel Telefonservice GmbH Marktführer beim Audiotext; außerdem werden die Teletextprogramme SAT 1 Text, DSF Text und Hamburg 1 Text betrieben. Der Anteil der Kirch-Gruppe beträgt 35% und eine Aktie.

Sprühkompaktieren, *Werkstoff- und Verarbeitungstechnik:* in der Entwicklung befindl. Verfahren zur Herstellung von Halbzeugen und Fertigteilen. Der Werkstoff (Metall-, Glas-, Keramikschmelze) wird durch Ausflußtrichter gedrückt, die ringförmig mit Hochdruck-Gasdüsen besetzt sind. Die Werkstoffschmelze wird durch das Gas in winzige Kügelchen zerstäubt, aus denen die Werkstücke aufgebaut werden. Durch die hohe kinet. Energie der Kügelchen entstehen bei Aufprall sehr dichte und porenfreie Materialgefüge, so daß ein nachträgl. Verdichten durch Walzen oder Schmieden nicht notwendig ist. Hergestellt werden nach diesem Verfahren z. B. sehr dünne hochfeste Bleche und rotationssymmetr. Teile. Bedeutung könnte das S. auch bei der Herstellung neuartiger Legierungen und Verbundmaterialien gewinnen, da durch die Sprühtechnik auch Zusätze, z. B. zur Erhöhung der Korrosionsbeständigkeit oder zur Verschleißfestigkeit, gleichmäßig in den Werkstoff eingelagert werden können.

SRAM, *Datenverarbeitung:* Abk. für statisches ▷ RAM.

Srebrenica [-tsa], Stadt in O-Bosnien mit (1995) 44 000 mehrheitlich muslim. Ew., davon etwa 20 000 Flüchtlinge; wurde nach Ausbruch des Bürgerkrieges in Bosnien und Herzegowina im April 1993 ›Schutzzone‹ der UNO. Im Juli 1995 eroberten Truppen der bosn. Serben die Stadt und vertrieben die Bev.; mehrere tausend Menschen verschwanden spurlos; Hinweise verstärkten sich jedoch (u. a. Satellitenphotos, Zeugenaussagen, Geheimdienstberichte, Recherchen des Internat. Roten Kreuzes und der UN-Sonderberichterstatterin ELISABETH REHN), daß ein großer Teil von ihnen ermordet worden ist. Der bis zur serb. Einnahme der Stadt in S. stationierten niederländ. Blauhelmtruppe wurde vorgeworfen, die Menschen den Serben schutzlos preisgegeben zu haben.

*Sri Lanka, amtl. Namen: singhalesisch **Sri Lanka Prajatantrika Samajavadi Janarajaya,** Tamil **Ilangai Jananayaka Socialisa Kudiarasu,** dt. **Demokratische Sozialistische Republik S. L.,** Inselstaat in Südasien, im Ind. Ozean, südlich der Halbinsel Vorderindien.

Hauptstadt: Sri Jayawardanapura (Sitz des Präsidenten ist z. Z. die frühere Hauptstadt Colombo). *Amtssprachen:* Singhalesisch und Tamil. *Staatsfläche:* 65 610 km^2 (ohne Binnengewässer 64 630 km^2). *Bodennutzung (1992):* 19 030 km^2 Ackerland, 4 390 km^2 Dauergrünland, 21 000 km^2 Waldfläche. *Einwohner (1994):* 18,125 Mio., 276 Ew. je km^2. *Städtische Bevölkerung (1993):* 22%. *Durchschnittliches Bevölkerungswachstum pro Jahr (1985–93):* 1,3%. *Bevölkerungsprojektion für 2000:* 19,117 Mio. Ew. *Ethnische Gruppen (1991):* 82,7% Singhalesen, 8,9% Tamilen, 7,7% Moors (Nachkommen und Mischlinge von Arabern), 0,7% andere (darunter Burghers). *Religion (1992):* 69,1% Buddhisten, 15,5% Hindus, 7,6% Muslime, 6,9% Katholiken. *Altersgliederung (1990):* unter 15 Jahre 33,5%, 15 bis unter 65 Jahre 61,4%, 65 und mehr Jahre 5,1%. *Lebenserwartung der Neugeborenen (1992):* männlich 70 Jahre, weiblich 74 Jahre. *Analphabetenquote (1991):* insgesamt 11,6%, männlich 6,6%, weiblich 16,5%. *BSP je Ew. (1993):* 600 US-$. *BIP nach Sektoren/Produktionsstruktur (1993):* Landwirtschaft 25%, Industrie 26%, Dienstleistungen 49%. *Währung:* 1 Sri-Lanka-Rupie (S. L. Re.) = 100 Sri-Lanka-Cents (S. L. Cts.). *Internationale Mitgliedschaften:* UNO, Colombo-Plan, Commonwealth of Nations.

Geschichte: Nach der Ermordung von Staatspräs. RANASINGHE PREMADASA (*1924) in Colombo am 1. 5. 1993 wählte das Parlament den bisherigen MinPräs. DINGIRI WIJETUNGA (*1922) am 7. 5. 1993 zum neuen Staatsoberhaupt. MinPräs. wurde RANIL WICKRAMASINGHE (*1949). Sie setzten den wirtschaftl. Reformkurs fort. 1994 errang CHANDRIKA KUMARATUNGA, Tochter des früheren MinPräs. S. BANDARANAIKE und seiner Frau SIRIMAWO, die nach dessen Ermordung MinPräs. geworden war, selbst dieses Amt, nachdem ihre linksgerichtete ›People's Alliance‹ (PA) bei der Parlamentswahl am 16. 8. 1994 die ›United National Party‹ (UNP) besiegt hatte. Die Tamilrebellen hatten die Wahlen boykottiert. Während des Präsidentschaftswahlkampfes kamen am 23. 10. 1994 der Kandidat der UNP, GAMINI DISSANAYAKE, und mindestens 57 weitere Menschen bei einem Bombenanschlag in Colombo ums Leben; die Tamilrebellen lehnten die Verantwortung für diesen Anschlag jedoch ab. Die Witwe SIRIMA DISSANAYAKE wurde daraufhin von der UNP zur Präsidentschaftskandidatin ernannt, unterlag jedoch am 9. 11. CHANDRIKA KUMARATUNGA, die 62% der Stimmen erhielt. Die neue Präsidentin ernannte ihre Mutter SIRIMAWO BANDARANAIKE zur MinPräs. Nachdem Anfang 1995 Friedensbemühungen gegenüber den Tamilrebellen gescheitert waren, legte KUMARATUNGA im Aug. 1995 einen Plan vor, nach dem S. L. zu einem föderalen Staat umgestaltet werden soll, was bisher sowohl die Tamilen als auch die Singhalesen abgelehnt haben. Im Dez. 1995 eroberte die Armee die Tamilenhochburg Jaffna. Die Armee wurde im Zusammenhang mit der Eskalation des Bürgerkriegs erheblich verstärkt.

*SSC: Am 21. 10. 1994 gab die amerikan. Reg. die Einstellung des Beschleunigerprojekts SSC bekannt, nachdem der Kongreß die notwendigen Finanzmittel nicht bewilligt hatte. Als Ersatz wird eine Beteiligung am europ. LHC-Projekt (→LEP) erwogen.

*Staatsbank der Deutschen Demokratischen Republik: Die 1990 in Staatsbank Berlin umbenannte Bank wurde mit Wirkung vom 1. 10. 1994 in die →Kreditanstalt für Wiederaufbau eingegliedert.

Stabshauptmann, am 28. 3. 1993 bei der Bundeswehr neu eingeführter Dienstgrad (zw. Hauptmann und Major) für Offiziere des militärfachl. Dienstes; Dienstgradabzeichen: vier silberne Sterne.

*Stachanow, Stadt in der Ukraine, heißt seit 1992 wieder **Kadijewka,** ukrain. **Kadijiwka.**

*Stadtroda 2): Der Landkreis S. ging am 1. 7. 1994 im Holzlandkreis auf, der seit 14. 9. 1994 Saale-Holzland-Kreis heißt; die Stadt Stadtroda ist damit nicht mehr Kreisstadt.

Stallone [stəˈləʊn], Sylvester, amerikan. Filmschauspieler, -regisseur und Drehbuchautor, * New York 6. 7. 1946; Star des amerikan. Actionfilms.
Filme: Rocky (5 Tle., 1976–90; auch Regisseur der Tle. 2–4); Rambo (3 Tle., 1982–87); Cliffhanger (1992); Demolition Man (1993); Judge Dredd (1995); Assassins – Die Killer (1995).

Standardschaltkreise, *Elektronik:* →ASIC.

***Stark,** Dame Freya Madeline, engl. Schriftstellerin: † Asolo (Prov. Treviso, Italien) 9. 5. 1993.

***START:** In Anknüpfung an den START-I-Vertrag unterzeichneten die Präs. G. BUSH (USA) und B. JELZIN (Rußland) am 3. 1. 1993 den START-II-Vertrag: Bis zum 1. 1. 2003 soll die Anzahl der strateg. Gefechtsköpfe von über 10 000 auf 3 500 (USA) bzw. 3 000 (Rußland) verringert werden; dies entspricht einer Halbierung der im Rahmen von START-I erlaubten Potentiale. START-II verbietet alle landgestützten Interkontinentalraketen mit Mehrfachsprengköpfen; die USA verringern ihre atomaren Sprengköpfe auf U-Booten um etwa die Hälfte. Nach der Annahme des START-I-Vertrages durch die kernwaffenbesitzenden Nachfolgestaaten der UdSSR, d. h. durch Rußland, die Ukraine, Weißrußland und Kasachstan, ratifizierten am 26. 1. 1996 die USA den START-II-Vertrag; die Ratifizierung durch Rußland steht noch aus.

***Staßfurt 2):** Der Landkreis St. ging am 1. 7. 1994 im Landkreis Aschersleben-Staßfurt auf; die Stadt Güsten wurde dem Kr. Bernburg, die Stadt Kroppenstedt dem Bördekreis, drei Gemeinden dem Kr. Schönebeck eingegliedert. Die Stadt Staßfurt ist damit nicht mehr Kreisstadt.

Statt-Partei, seit Jan. 1994 eine Partei mit bundesweitem Anspruch, hervorgegangen aus einer gleichnamigen Wählervereinigung (gegr. 1993) in Hamburg (dort seit 1993 im Reg.-Bündnis mit der SPD); sucht unter der programmat. Perspektive ›Statt einer Partei‹ polit. Unzufriedenheit mit den etablierten Parteien aufzufangen und politisch umzusetzen.

Stein|acker, Peter, ev. Theologe, * Frankfurt am Main 12. 12. 1943; ab 1986 Prof. für Systemat. Theologie in Marburg; seit 20. 3. 1993 Kirchen-Präs. der Ev. Kirche in Hessen und Nassau.

***Steinhoff,** Johannes, General: † Bonn 21. 2. 1994.

***Steinkühler,** Franz, Gewerkschafter: Trat als Vors. der IG Metall am 25. 5. 1993 wegen umstrittener Insider-Aktiengeschäfte zurück.

***Steinway & Sons:** Wurde 1995 von dem Musikinstrumentenhersteller Selmer Company in Elkhart (Ind.) übernommen.

***Stendal 2):** Der Landkreis S. wurde am 1. 7. 1994 (Kreisgebietsreform in Sachs.-Anh.) neu gebildet, zunächst (bis 2. 8. 1994) unter dem Namen **Östliche Altmark.** Eingegliedert wurden der bisherige Kr. Havelberg (mit Ausnahme der Gem. Mangelsdorf) sowie Gebietsteile der bisherigen Kreise Osterburg und Gardelegen; die Gemeinden Bertingen und Mahlwinkel wurden zum Ohrekreis ausgegliedert. – Der neugebildete Landkreis S., der an Brandenburg und Ndsachs. grenzt, hat 2 423 km^2 und (1995) 148 700 Ew. Das Kreisgebiet umfaßt die von feuchten Niederungen an Tanger, Uchte und Biese (im Unterlauf Aland genannt) durchzogenen O-Teil der Altmark sowie im O und N die Elbtalniederung mit der Havelmündung und der nach 1950 trockengelegten, 370 km^2 großen Wische. Auf sandig-lehmigen Böden wird Ackerbau betrieben, auf sandigen Böden Forstwirtschaft (z. B. in der Colbitz-Letzlinger Heide, die in den Kreis hineinragt), in den feuchten Niederungen Grünlandwirtschaft. Die Städte sind Standorte von Bauindustrie, Maschinenbau, Metallverarbeitung und Nahrungsmittelindustrie, außerdem entwickelt sich die Kreisstadt Stendal (1995: 45 900 Ew.) zu einem Verwaltungs- und Dienstleistungszentrum. In Tangermünde (10 800 Ew.) befinden sich ein Binnenhafen und eine Werft, in Havelberg gibt es Möbelindustrie, in Tangerhütte eine Eisengießerei. Weitere Städte sind Arneburg, Bismark (Altmark), Osterburg (Altmark), Sandau (Elbe), Seehausen (Altmark) und Werben.

Stephanopulos, Konstantinos (Kostis), griech. Politiker, *Patras 15. 8. 1926; Rechtsanwalt, 1964–67 als Mitgl. der Nationalradikalen Union (griech. Abk. ERE) Abg., 1967–74 als Gegner der Militärdiktatur im Exil, trat 1974 der Neuen Demokratie (griech. Abk. ND) bei. 1974–93 gehörte er wieder dem Parlament an. 1974–76 war er Innen-Min., 1976–77 Min. für Gesundheit und Soziales, 1977–81 Min. im Amt des MinPräs. 1985 gründete er in der Opposition eine neue Partei, die Demokrat. Erneuerung (griech. Abk. DIANA, 1994 aufgelöst). 1990–93 unterstützte er die Reg. unter MinPräs. K. MITSOTAKIS. 1995 wählte ihn das Parlament zum Staatspräsidenten.

***Sterbehilfe:** In einigen Staaten hat sich die Diskussion um die S. in gesetzl. Regelungen niedergeschlagen:

Im Rahmen einer Novellierung des Bestattungs-Ges. hat das niederländ. Parlament im Dez. 1993 eine Regelung der aktiven S. gebilligt, die die bis dahin tolerierte Praxis der Euthanasie auf eine gesetzl. Grundlage stellt. Im Mittelpunkt der Regelung steht das vom Patienten gestellte Ersuchen auf Hilfe zur Selbsttötung. Das Ges. etabliert hierbei ein Meldeverfahren: Der Arzt muß den beabsichtigten Eingriff dem Leichenbeschauer melden, der seinerseits die Staatsanwaltschaft informiert. Diese sieht von der Strafverfolgung ab, wenn die Voraussetzungen gegeben sind, die die S. zulassen: Der Patient muß sich in der Schlußphase seines Lebens oder in einer ausweglosen Notlage befinden, ein zweiter Arzt muß konsultiert werden, der Patient muß wiederholt und ausdrücklich den Wunsch nach S. geäußert haben.

Auch die Frage des Behandlungsabbruchs und der indirekten S. ist in einer Reihe von Ländern Gegenstand von Reformvorschlägen (z. B. Belgien, Finnland, Italien, Kanada). – In den USA gibt es, nachdem die meisten Bundesstaaten eine eigene Gesetzgebung zu Fragen der Patientenverfügung geschaffen haben, seit Ende 1991 ein Bundesgesetz (›Patient Self-determination Act‹), das den behandelnden Einrichtung die Pflicht auferlegt, den Patienten über Patientenverfügungen zu informieren und diese zu dokumentieren. Auch in anderen europ. Ländern wurde in unterschiedl. Umfang die Handhabung der Patientenverfügung gesetzlich geregelt, z. B. in Österreich, den Niederlanden und Dänemark.

Stereolithographie, Verfahren zur automat. Anfertigung von dreidimensionalen Modellen. Das Prinzip der S. besteht darin, daß mit Hilfe eines Laserstrahls, der von einem Computer entsprechend den in diesem gespeicherten Geometriedaten des jeweiligen Modells gesteuert wird, das gewünschte Modell durch schichtweise Verfestigung einer flüssigen oder pulverförmigen Ausgangssubstanz erzeugt wird. Die ältesten, seit 1982 praktizierten Verfahren bedienen sich dazu flüssiger Photopolymere. Diese sind Kunstharze, die unter der Einwirkung ultravioletter Strahlung aushärten. Das Kunstharz befindet sich dabei in einer Wanne, in die eine Bauplattform als Träger des Modells eintaucht. Die einzelnen, nur Bruchteile eines Millimeters dicken Schichten werden dabei an der Oberfläche des flüssigen Kunstharzes ausgehärtet, und die Plattform wird Schicht um Schicht des entstehenden Modells abgesenkt. Die für die einzelnen Schichten benötigten Geometriedaten werden u. a. aus (rechnerischen) Schnitten durch Modelle, die am Computer mit Hilfe von CAD-Programmen entwor-

Konstantinos Stephanopulos

fen wurden, oder aus Computertomogrammen abgeleitet. Die Hauptanwendungsgebiete der S. sind dementsprechend die schnelle Herstellung von Prototypen in der Technik (Rapid prototyping) sowie die Herstellung von Implantaten und Prothesen in der Medizin. Die für das ›Schreiben‹ der einzelnen Schichten erforderl. Lenkung des Laserstrahls erfolgt durch computergesteuerte Scanner. Die Hauptvorzüge der S. sind geringer Zeitaufwand, hohe Genauigkeit und die Möglichkeit der Herstellung von Hohlmodellen.

*Sternberg 3): Der Landkreis S. ging am 12. 6. 1994 in den Kreisen Nordwestmecklenburg und Parchim auf; die Stadt Sternberg ist damit nicht mehr Kreisstadt.

*Sterzinsky, Georg Maximilian, kath. Theologe: Wurde im Zuge der mit der Neugliederung der kath. Bistümer in Dtl. nach der Wiedervereinigung vollzogenen Erhebung des Bistums Berlin zum Erzbistum im Juli 1994 Erzbischof von Berlin.

*Steuern: Weitreichende Steuerrechtsänderungen waren zuletzt die Einführung des ▷ Zinsabschlags (1993), die grundlegende Umformung des →Kinderlastenausgleichs, die Berücksichtigung des →Existenzminimums (1995) und die Umgestaltung der Wohneigentumsförderung ab 1996 (→Eigenheim). Noch offen sind die Konsequenzen aus dem Urteil des Bundesverfassungsgerichts zur Einheitswertbesteuerung bes. für die Erbschaft- und Vermögensteuer, eine Reform der Gemeindesteuern nach einer Abschaffung der Gewerbesteuer sowie eine weitere Verringerung der Steuerbelastung für Unternehmen. Ständigen Wandlungen unterliegt bes. die →Einkommensteuer; das EStG wurde seit 1990 45mal geändert. Der Versuch der Bundes-Reg., vielfältige Änderungen im Steuerrecht in einem Jahressteuer-Ges. zusammenzufassen, hat bisher v. a. wegen der Kompliziertheit der rechtl. Regelungen zu keinem überzeugenden Ergebnis geführt. Die Steuereinnahmen erhöhten sich 1990-94 von 549,7 Mrd. DM auf 786,2 Mrd. DM, d. h. um 43%. Die Entwicklung des Steueraufkommens zeigt im Vergleich der Jahre 1990 und 1994 einen deutl. Rückgang der veranlagten Einkommensteuer (um 30% auf 25,5 Mrd. DM) und der Körperschaftsteuer (um 35% auf 19,6 Mrd. DM, als Folge v. a. der Steuersatzsenkungen) bei starkem Wachstum der Lohnsteuer (um 50% auf 266,5 Mrd. DM), der Kapitalertragsteuer (um nach Einführung des Zinsabschlags (um 190%) auf 31,5 Mrd. DM), der Umsatzsteuer (um 60% auf 235,7 Mrd. DM), der Mineralölsteuer (um 84% auf 63,8 Mrd. DM) und der Versicherungsteuer (um 157% auf 11,4 Mrd. DM). Der Anteil der S. auf Einkommen und Vermögen ging dementsprechend von 56,3% auf 52,0% zurück, während das Gewicht der S. auf die Einkommensverwendung ungeachtet der Abschaffung verschiedener Bagatellsteuern von 42,1% auf 46,6% zunahm.

Gemessen an der Abgabenquote ist die Belastung der Volkswirtschaft durch S. und Sozialabgaben nach einem Rückgang 1988/90 bes. auch wegen der Finanzierung der dt. Einheit wieder von 39,1% auf (1994) 42,1% gestiegen (Steuerquote 23,8%, Sozialabgabenquote 18,3%). Die Forderung nach einer Senkung der Steuerbelastung ergibt sich nicht nur aus Gründen der internat. Wettbewerbsfähigkeit, sondern auch aus der allgemeinen Forderung nach Rückführung der Staatsquote; das Verhältnis von öffentl. Ausgaben und Bruttosozialprodukt hat sich von (1990) 45,8% auf (1994) 50,5% erhöht. (→öffentliche Schulden).

*Steuerreform: Während in Österreich durch die Abschaffung der Gewerbesteuer, der Vermögensteuer, des Erbschaftsteueräquivalents und der Sonderabgabe für Banken zum 1. 1. 1994 die Unternehmensbesteuerung deutlich vereinfacht und reduziert wurde, scheiterte in Dtl. der geplante Abbau der Gewerbesteuer

Mitte 1995 im Bundestag. In der Diskussion sind Konzepte einer ›ökolog. S.‹ (→Umweltabgaben). S.-Maßnahmen in der *Schweiz* sind das Bundes-Ges. über die Harmonisierung der direkten Steuern von Kantonen und Gemeinden (1993) und die Ersetzung der Warenumsatzsteuer durch die Mehrwertsteuer (1995).

*Stewart, J. I. M., schott. Schriftsteller: † in Surrey 12. 11. 1994.

Stich, Michael, Tennisspieler, * Pinneberg 18. 10. 1968; siegte 1991 im Herreneinzel-Turnier der ›All England Championships‹ in Wimbledon; errang bei den Olymp. Spielen 1992 zus. mit B. BECKER die Goldmedaille im Doppelwettbewerb; gewann mit der dt. Mannschaft 1993 den Davis-Pokal.

*Stich, Otto, schweizer. Politiker: Verfolgte als Leiter des Finanzdepartements eine konsequente Sparpolitik. Er befürwortete den Beitritt der Schweiz zum EWR, konnte sich aber bei der Mehrheit der Stimmbürger 1992 nicht durchsetzen. Ende Aug. 1995 trat er als Bundesrat zurück.

*Stiftung F. V. S.: Wurde am 22. 8. 1994 zu Ehren ihres Stifters ALFRED TOEPFER (*1894, †1993) in **Alfred Toepfer Stiftung F. V. S.** umbenannt.

Stiftung Werner-von-Siemens-Ring: EVELINE GOTTZEIN (1931) erhielt den Ring 1994.

*Stimme der DDR: →DeutschlandRadio.

*Stockhausen, Karlheinz, Komponist: 1993 fand die szen. Urauff. der Oper ›Dienstag‹ (1990-93; aus dem Zyklus ›Licht‹) statt; neuartig dabei ist die auf acht Lautsprechergruppen verteilte Raumklangbewegung (Oktophonie) der Komposition.

*Stockholmer Philharmonisches Orchester: Chefdirigent ist seit 1991 G. N. ROSCHDESTWENSKIJ.

Stoiber, Edmund, Politiker (CSU), *Oberaudorf (Kr. Rosenheim) 28. 9. 1941; Rechtsanwalt, seit 1974 MdL von Bayern, 1978-82/83 GenSekr. der CSU, leitete 1982-86 als Staatssekretär, 1986-88 als Staats-Min. die bayer. Staatskanzlei. Als bayer. Innen-Min. (1988-93) trat er bes. für die Aufrechterhaltung der inneren Sicherheit durch Ausschöpfung des staatl. Machtpotentials ein und forderte eine Verschärfung des Asylrechts. Im Mai 1993 wählte ihn der bayer. Landtag (als Nachfolger von MAX STREIBL, *1932) zum Ministerpräsidenten.

*Stollberg 1): In den Landkreis S. im Reg.-Bez. Chemnitz wurden am 1. 8. 1994 (Kreisreform in Sachsen) sechs Gemeinden des bisherigen Kr. Chemnitz eingegliedert, außerdem die Stadt Zwönitz (bisher Kr. Aue). Der Landkreis S. umfaßt jetzt 286 km² und (1995) 99 300 Einwohner.

*Stolpe, Manfred, Kirchenjurist und Politiker: Leitete an der Spitze einer Ampelkoalition (SPD, FDP, Bündnis 90/Grüne) den Aufbau einer brandenburg. Landesverwaltung und die Umstellung der Wirtschaftsordnung seines Landes auf marktwirtschaftl. Strukturen. Als entschiedener Verfechter der sozialen Belange der ostdt. Bev. gewann er eine starke Identifikationskraft. Die vielfältigen Kontakte, die S. als Vertreter der Ev. Kirche von Berlin-Brandenburg mit Partei und Staat in der Zeit der Dt. Dem. Rep. unterhalten hatte, bes. sein Zusammentreffen mit Funktionsträgern der Staatssicherheit (Stasi), waren Gegenstand eines Untersuchungsausschusses des Landtags (Febr. 1992 bis Mai 1994). Bes. aufgrund seines hohen Ansehens gewann die SPD bei den Landtagswahlen vom Sept. 1994 die absolute Mehrheit.

Stoltenberg [st-], Thorvald, norweg. Politiker, *Oslo 8. 7. 1931; Jurist; ab 1959 im diplomat. Dienst; 1979-81 Verteidigungs-, 1987 Außen-Min., danach UN-Botschafter, Jan. bis Nov. 1990 Hoher Flüchtlingskommissar der UNO, anschließend wieder Außen-Min. Im April 1993 wurde S. unter Aufgabe dieses Amtes Nachfolger des amerikan. UN-Vermittlers C. VANCE im Jugoslawienkonflikt.

Edmund Stoiber

Thorvald Stoltenberg

Lena Stolze

Stolze, Lena, österr. Schauspielerin, * Berlin (Ost) 8. 8. 1956; aufgewachsen in Wien; spielte 1976–77 in Ulm, anschließend in Berlin, 1978–80 am Wiener Burgtheater, 1980–85 am Bayer. Staatsschauspiel München, dann bis Anfang der 90er Jahre am Hamburger Thalia Theater. Mit ihren Bühnen-, Film- und Fernsehrollen erntete sie großen Beifall.
Filme: Die weiße Rose (1981); Fünf letzte Tage (1982); Das schreckl. Mädchen (1990); Struppi u. Wolf (Fernsehfilm, 1992); Die Staatsanwältin (Fernsehfilm, 3 Tle., 1995).

***Strafaussetzung zur Bewährung:** Durch das Verbrechensbekämpfungs-Ges. vom 28. 10. 1994 wurde bestimmt, daß bei der Entscheidung über die Frage, ob bei verwirkten Freiheitsstrafen von mehr als einem bis zu zwei Jahren diese zur Bewährung auszusetzen sind, auch die Bemühen des Täters, den durch die Tat verursachten Schaden wiedergutzumachen, zu berücksichtigen ist.

***Strafkammer:** Die erstinstanzl. Zuständigkeit der S. ist seit dem 1. 3. 1993 gegeben, wenn die erwartete Freiheitsstrafe vier Jahre beträgt. Die Kleine S. ist seitdem auch Berufungsinstanz gegen Urteile des Schöffengerichts, so daß dieser Spruchkörper nunmehr nur ausschließl. Berufungsinstanz für amtsgerichtl. Strafurteile geworden ist.

Straflo®-Turbine [Kw. von engl. **stra**ight **flo**w ›direkter Fluß‹], spezielle Bauform von axial durchströmten Turbinen, bei der Turbine und Generator eine Einheit bilden; Laufrad und Generator liegen unmittelbar zusammen. Die Welle hat nicht mehr die Funktion der Leistungsübertragung, sondern dient lediglich der Lagerung. Die Generatorpole befinden sich direkt auf dem Außenkranz des Laufrads, allerdings außerhalb des durchströmten Rohrs. Das stellt hohe Forderungen an die Dichtungstechnik (Kombination von Lippen- und Labyrinthdichtung) zw. Laufradmantel und Rotorkranz, denn an die elektr. Teile des Generators darf kein Wasser gelangen. Das Anbringen der Generatorpole am Außendurchmesser des Laufrads erhöht außerdem die Schwungmasse des Rotors, so daß das Laufverhalten träger wird und die Turbine deshalb nicht zum Überdrehen neigt.

***Strafprozeß:** Das S.-Recht hat in den letzten Jahren insbesondere durch das Ges. zur Bekämpfung des illegalen Rauschgifthandels und anderer Erscheinungsformen der organisierten Kriminalität (OrgKG) vom 15. 7. 1992, das Ges. zur Entlastung der Rechtspflege vom 11. 1. 1993 und das Verbrechensbekämpfungs-Ges. vom 28. 10. 1994 einschneidende Veränderungen erfahren. Das OrgKG hat u. a. Vorschriften über den Schutz gefährdeter Zeugen (§ 68 StPO), über die Rasterfahndung (§§ 98 a, 98 b StPO) und den Datenabgleich (§ 98 c StPO), über den Einsatz verdeckter Ermittler (§§ 110 a–e StPO) und den Einsatz techn. Mittel bei der Strafverfolgung (§§ 100 c, d StPO) sowie über die Ausschreibung zur polizeil. Beobachtung (§ 163 e StPO) gebracht. Das Gesetz zur Entlastung der Rechtspflege hat u. a. die Möglichkeiten der Staatsanwaltschaft erweitert, Verfahren einzustellen (§§ 153 Abs. 1 S. 2, 153 a Abs. 1 S. 1 StPO), die Möglichkeit der Berufung v. a. bei der Verurteilung zu geringeren Geldstrafen eingeschränkt (§ 313 StPO), den Strafbefehl auch bei der Verurteilung zu Freiheitsstrafen bis zu einem Jahr auf Bewährung zugelassen (§ 407 Abs. 2 StPO), die Zuständigkeit des Amtsgerichts auf Freiheitsstrafen bis zu vier Jahren und die des Strafrichters auf Freiheitsstrafen bis zu zwei Jahren erweitert (§§ 24 f. Gerichtsverfassungs-Ges., GVG), die Berufung gegen Urteile des Amtsgerichts ausschließl. in die Hand der Kleinen Strafkammer gelegt (§ 76 Abs. 1 Satz 1 GVG) und der Großen Strafkammer die Möglichkeit gegeben, mit nur noch zwei Berufsrichtern zu entscheiden (§ 76 Abs. 2 GVG). Schließlich hat das Verbrechensbekämpfungs-Ges. v. a. den Haftgrund der Schwere der Tat (§ 112 Abs. 3 StPO) auf die beabsichtigte schwere Körperverletzung (§ 225 StGB) und die bes. schwere Brandstiftung (§ 307 StGB) ausgedehnt, das beschleunigte Verfahren durch Zulassen erleichterter Beweisführungsmöglichkeiten neu geregelt (§§ 417 ff. StPO) und die StPO um ein achtes Buch (§§ 474 ff. StPO) über ein ›länderübergreifendes staatsanwaltschaftl. Verfahrensregister‹ erweitert, durch das die überregionale Strafverfolgung erleichtert werden soll. § 122 Abs. 3 GVG gestattet, daß die Strafsenate des Bundesgerichtshofs unter Umständen auch mit drei (anstatt fünf) Richtern entscheiden.

Mit dem Strafprozeßänderungs-Ges. 1993 wurde in *Österreich* ein Teil der seit langem betriebenen Reform verabschiedet. Mit ihr ist u. a. die Zuständigkeit der erstinstanzl. Bezirksgerichte von sechs Monaten Freiheitsstrafe auf ein Jahr erweitert sowie die Pflicht normiert worden, den Beschuldigten über sein Recht zur Zuziehung eines Verteidigers spätestens bei der ersten gerichtl. Vernehmung zu belehren; außerdem wurde die Verfahrensvereinfachung mit gleichzeitiger Erhöhung der Rechtsschutzgarantien für den Angeklagten im Bereich der Untersuchungshaft vorgenommen. In diesem Zusammenhang ist auch das am 1. 1. 1993 in Kraft getretene Grundrechtsbeschwerde-Ges. von Bedeutung, mit dem zugunsten des Betroffenen ›wegen Verletzung des Grundrechts auf persönl. Freiheit durch eine strafrechtl. Entscheidung oder Verfügung‹ nach Erschöpfung des Instanzenzugs die Grundrechtsbeschwerde zum OGH eröffnet wurde.

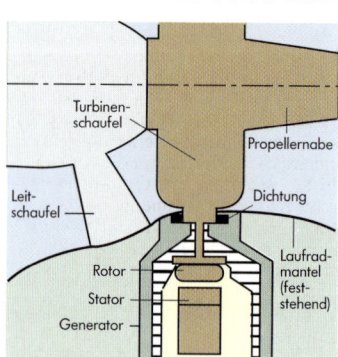

Straflo-Turbine: Schnittdarstellung von Laufrad und Generator; eine Welle zur Leistungsübertragung von der Turbine zum Generator ist nicht notwendig, weil sich die Generatorpole unmittelbar auf dem Außendurchmesser des Laufrads befinden

***Strafrecht:** Das S. hat in den letzten Jahren v. a. durch das Gesetz zur Bekämpfung der →organisierten Kriminalität (OrgKG) vom 15. 7. 1992 und das Verbrechensbekämpfungs-Ges. vom 28. 10. 1994 Änderungen erfahren. Das OrgKG führte als zusätzl. Gewinnabschöpfungsmöglichkeiten die ▷Vermögensstrafe (§ 43 a StGB) und den erweiterten ▷Verfall (§ 73 d StGB) ein. Als neue Tatbestände wurden der schwere Bandendiebstahl (§ 244 a StGB, →Diebstahl), die Bandenhehlerei (§ 260 Abs. 1 Nr. 2 StGB), die gewerbsmäßige Bandenhehlerei (§ 260 a StGB, →Hehlerei), die →Geldwäscherei (§ 261 StGB) und das gewerbsmäßige und bandenmäßige →Glücksspiel (§ 284 Abs. 3 StGB) eingefügt. Das Urteil des Bundesverfassungsgerichts vom 28. 5. 1993 erklärte § 218 a Abs. 1 und § 219 i. d. F. des Schwangeren- und Familienhilfegesetzes vom 27. 7. 1992 für nichtig und traf für die Zeit vom 16. 6. 1993 bis zur gesetzl. Neuregelung des →Schwangerschaftsabbruchs eine Übergangsregelung. Das Verbrechensbekämpfungs-Ges. verstärkte den Opferschutz und die Möglichkeiten zur Bekämpfung neuerer Erscheinungsformen der Kriminalität.

Die Entwicklung des *schweizer.* StGB ist durch die abschnittsweise Revision des Besonderen Teils sowie punktueller Änderungen gekennzeichnet. So kam es zu einer Änderung der Delikte gegen Leib und Leben sowie gegen die Familie (Ges. vom 23. 6. 1989), zu einer Neufassung des Abschnitts über die Sexualdelikte (21. 6. 1991) und zu einer Änderung des Vermögens- und Urkunden-S. (17. 6. 1994). Bei der Neufassung der Tötungsdelikte wurde der Ggs. zw. vorsätzl. Tötung und Mord insoweit abgeschwächt, als nicht mehr lebenslängl. Zuchthaus als einzige Sanktion angedroht ist, sondern daneben alternativ auch Zuchthaus nicht unter zehn Jahren. Mit Art. 135 StGB wurde eine Strafnorm geschaffen, nach welcher die grausame Gewaltdarstellungen, die die elementare Würde des Menschen in schwerer Weise verletzen, strafbar sind. Aufgehoben wurde die Strafbarkeit des Ehebruchs.

*Stralsund 2): Der Landkreis S. ging am 12. 6. 1994 im Kr. Nordvorpommern auf. Die kreisfreie Stadt Stralsund ist nicht mehr Sitz einer Kreisverwaltung.

Stranz, Ulrich, Komponist, *Neumarkt-Sankt Veit 10. 5. 1946; studierte Violine sowie Komposition bei G. BIALAS in München. Nach ersten postseriellen Werken und Experimenten mit elektron. Musik wandte er sich ab 1974 (›Tachys‹ für großes Orchester und Solostreicher) einer postmodernen, auf Klangschönheit und Faßlichkeit bedachten Tonsprache zu. S. komponierte ferner Streichquartette, Klavierkonzerte, ›Sieben Feld-, Wald- und Wiesenstücke‹ für 12 Streicher (1983), ein Klaviertrio (1986) und die Sinfonie ›Grande ballade‹ (1990; für Saxophonquartett und Orchester).

*Strasburg 2): Zum 1. 8. 1992 kamen 10 Gemeinden (im SO) des Landkreises S. zum Land Brandenburg (Staatsvertrag). Zum 12. 6. 1994 (Kreisgebietsreform) wurde der Kreis größtenteils Teil des neugebildeten Landkreises Mecklenburg-Strelitz; die Stadt Strasburg (Uckermark) – Namenszusatz seit 1995 –, die nun nicht mehr Kreisstadt ist, und drei weitere Gemeinden kamen zum Kr. Uecker-Randow.

*Straßenkinder: Der urspr. abwertende Begriff hat in der aktuellen Diskussion seine abschätzige Bedeutung weitgehend verloren und dient zur Benennung einer global in Erscheinung tretenden Form der Obdachlosigkeit, Verwahrlosung und Verelendung von Jugendlichen und Kindern, v. a. in den urbanen Zentren der dritten Welt, aber auch in den Umbruchsgesellschaften des ehem. Ostblocks und in den Metropolen westl. Industriestaaten.

Das gegenwärtige Ansteigen der Zahl der S. ist einerseits darin begründet, daß sich in vielen Staaten (bes. in Asien, Lateinamerika und Afrika) soziale Einrichtungen und Sicherheitssysteme nicht entwickeln konnten (wofür neben der demograph. Entwicklung auch andere Faktoren der Unterentwicklung sowie Verstädterung, Landflucht, Arbeitslosigkeit und Massenelend verantwortlich sind), andererseits aber auch darin, daß in Staaten der ›ersten‹ und bes. der ›zweiten‹ Welt tiefgreifende Desintegrationsprozesse stattfinden, die sich u. a. im Versagen der wohlfahrtsstaatl. Sicherungen oder auch als Folgen bewußter Eingriffe in das System der sozialen Sicherungen zeigen. Im Bereich ehemaliger kommunist. Herrschaft kommt hinzu, daß soziale Sicherungen dort i. d. R. an eine repressive Gesellschaftspolitik gekoppelt waren, so daß sich nun erwünschte Liberalisierungen in Wirtschaft und Gesellschaft hinsichtlich der sozialen Lage von Kindern und Jugendlichen destabilisierend auswirken. Da die Gelegenheiten zum Geldverdienen, die den S. ein Überleben (auf Zeit) ermöglichen können, häufig nur in kriminellen Milieus zu finden sind (Drogenhandel, Kinderprostitution, Diebstahl), ist der Verfestigung ihrer Einbindung das gesellschaftl. Abseits schwer gegenzusteuern.

Von terre des hommes wird die Zahl der S. weltweit mit etwa 80 Mio. (1992) angegeben, UNICEF nennt (1994) 100 Mio., andere Studien nennen mehrere hundert Mio., wobei etwa die Hälfte auf Entwicklungsländer entfällt. Aber auch in Dtl. wächst die Zahl der S. und wird derzeit (1995) in einer Bandbreite zw. 2 000 und 50 000 angegeben. In vielen Ländern sind S. Opfer gezielter Gewalt, wobei die Zahl ermordeter S. (beispielsweise in Brasilien) weiter gestiegen ist. Die weltweiten Hilfsprogramme von UNICEF, terre des hommes und anderen Organisationen können die Situation der S. nur punktuell und unzureichend ändern. – Mit der am 20. 11. 1989 beschlossenen UN-Konvention über die Rechte des Kindes wurde erstmals ein universaler Maßstab formuliert, dem zufolge die Lage der S. als ›Unrecht globalen Ausmaßes‹ angesprochen werden kann.

*Straßenverkehrsabgaben: Die Entwicklung der vergangenen Jahre ist gekennzeichnet durch Versuche einer stärkeren Anlastung der Wegekosten durch Orientierung der S. an der tatsächl. Straßennutzung. Nachdem Dtl. 1990 für kurze Zeit im nat. Alleingang eine ›Straßenbenutzungsgebühr‹ für schwere Lkw erhoben hatte, beschlossen die EU-Verkehrsminister 1993, zunächst in fünf EU-Staaten (Benelux, Dänemark, Dtl.) eine zeitbezogene Abgabe für die Benutzung von Autobahnen durch in- und ausländ. Nutzfahrzeuge mit einem Gesamtgewicht ab 12 t einzuführen (›Euro-Vignette‹), vorerst befristet bis zum 31. 12. 1997 (Jahresbetrag bis zu 2 500 DM; pro Tag für einen 40-Tonnen-Lkw 11,53 DM). Auf eine Klage des Europ. Parlaments hin erklärte der Europ. Gerichtshof Mitte 1995 die EU-Richtlinie von 1993 für nichtig und trug dem EU-Ministerrat auf, eine neue Regelung zu erlassen; bis dahin darf die Euro-Vignette weiter erhoben werden.

Auf der Autobahn zw. Bonn und Köln fand 1994/95 ein vom Bundesverkehrsministerium finanzierter Großversuch zur Erprobung versch. Systeme der elektron. Erhebung von Straßenbenutzungsgebühren statt. Mit diesem **Road pricing** sollen die angesichts zunehmender Fahrzeugdichte knapper werdenden Verkehrswege optimal ausgelastet, staubedingte Umweltbelastungen reduziert und die Wegekosten teilweise gedeckt werden. Die Höhe der Gebühren ist abhängig von Strecke und Verkehrsdichte. Eine Entscheidung über die Einführung eines Road-pricing-Systems ist noch nicht gefallen.

In *Österreich* trat zum 1. 1. 1995 an die Stelle des bisherigen Straßenverkehrsbeitrages eine ähnl. pauschale **Straßenbenützungsabgabe** auf Fahrzeuge des Güterkraftverkehrs mit einem zulässigen Gesamtgewicht von 12 t und mehr: Tagessatz 240 öS, Wochensatz 1 200 öS, Monatssatz 2 400 öS (4 800 öS bei mehr als 18 t), Jahressatz das Zehnfache des Monatssatzes. Bei Fahrzeugen mit ausländ. EU-Kennzeichen unterliegt nur die Benutzung von Autobahnen und Schnellstraßen der Abgabe.

*Strausberg 2): Der Landkreis S. in Brandenburg ging am 6. 12. 1993 im neugebildeten Landkreis Märkisch-Oderland auf. Die Stadt Strausberg ist damit nicht mehr Kreisstadt.

Streeruwitz, Marlene, österr. Schriftstellerin, *Baden (bei Wien) 28. 6. 1950; studierte Jura, Slawistik und Kunstgeschichte, ist auch als Journalistin und Regisseurin tätig. S. wurde schlagartig bekannt durch ihre Stücke ›Waikiki-Beach‹ (Urauff. 1992) und ›New York, New York‹ (Urauff. 1993). Sie erzählt in ihren Werken, die von der Kritik an den Zuständen in Politik und Gesellschaft getragen sind, mit provozierenden Bildern Fabeln, deren Haupthandlung oft mit Parallelszenen konfrontiert ist, in denen Theaterklassiker wie SHAKESPEARE und A. TSCHECHOW zitiert oder kolportiert werden.

Weitere Werke: *Stücke:* Sloane Square (Urauff. 1992); Elysian Park (Urauff. 1993); Ocean drive (Urauff. 1993); Tolmezzo (Urauff. 1994); Brahmsplatz (Urauff. 1995). – *Roman:* Verführungen. 3. Folge: Frauenjahre (1996).

***Strēlerte,** Veronika, lett. Lyrikerin: † Stockholm 6. 5. 1995.

***Strittmatter,** Erwin, Schriftsteller: † Schulzenhof (bei Dollgow, Kr. Oberhavel) 31. 1. 1994.

***Strittmatter,** Thomas, Schriftsteller: † Berlin 29. 8. 1995.

***Strömgren,** Bengt Georg Daniel, schwedisch-amerikan. Astronom: † Kopenhagen 4. 7. 1987.

***Stromverbund:** Im Dez. 1994 wurde der Zusammenschluß des Stromnetzes der Berliner Kraft- und Licht(Bewag)-AG mit dem Netz des ostdt. Verbundunternehmens Vereinigte Energiewerke AG (VEAG) vollzogen, der den über 40 Jahre dauernden Inselbetrieb von Berlin (West) beendete. Die bis dahin noch getrennt betriebenen Verbundnetze West- und Ost-Dtl.s wurden schließlich am 13. 9. 1995 zusammengeschaltet. Mit drei Verbindungen zw. Helmstedt (Ndsachs.) und Wolmirstedt (Sachs.-Anh.), Mecklar (Gem. Ludwigsau, Hessen) und Vieselbach (Gem. Erfurt, Thüringen) sowie Redwitz a. d. Rodach (Bayern) und Remptendorf (Thüringen) wurde das VEAG-Netz dabei an das westeurop. UCPTE-Netz angeschlossen. Zur Absicherung des neuen Verbundbetriebs wird an einer vierten Verbindung zw. Lübeck (Schlesw.-Holst.) und Görries (Gem. Schwerin, Meckl.-Vorp.) gebaut. Am 18. 10. 1995 wurden auch die sogenannten CENTREL-Länder Polen, Ungarn, die Tschech. und die Slowak. Rep. mit dem UCPTE-Netz zusammengeschlossen.

***Strukturpolitik:** Durch die 1990 geschaffene Wirtschafts-, Währungs- und Sozialunion mit der Dt. Dem. Rep. und die daraus resultierenden wirtschaftl. Probleme in den neuen Bundesländern hat die S. neue Aktualität gewonnen. Die strukturpolit. Diskussion wird bes. über den ›Erhalt industrieller Kerne‹ geführt (z. B. Chemiestandort Bitterfeld–Halle–Merseburg). Während einerseits der Erhalt von Industrieunternehmen gefordert wird, damit sich um diese herum Handwerk, Handel und produktionsbezogene Dienstleistungsunternehmen entfalten können, wird andererseits diese Forderung als den Strukturwandel verhindernde Maßnahme abgelehnt. Die größte Bedeutung haben angesichts des tiefgreifenden Strukturwandels in den neuen Bundesländern die Maßnahmen zur Strukturanpassung, u. a. die umfangreichen arbeitsmarktpolit. Maßnahmen (z. B. Umschulung), aber auch die Gründung und Förderung von Auffanggesellschaften wie Beschäftigungsgesellschaften für die nicht mehr benötigten Arbeitskräfte sowie die vielfältigen Maßnahmen der Investitionsförderung. – Auch durch die Ausweitung der →Europäischen Strukturfonds gewinnt die S. zusätzl. Bedeutung.

***Stückzinsen:** Diese beim Kauf oder Verkauf festverzinsl. Wertpapiere vom letzten Zinstermin bis zum Tag des Geschäftsabschlusses aufgelaufenen Zinsen werden dem Kaufpreis zugeschlagen, da der Käufer am nächsten Zinstermin Zinsen für den gesamten Zeitraum erhält. Seit die Banken von den Zinserträgen eine Quellensteuer abführen müssen (▷ Zinsabschlag), unterliegen auch S. dieser Steuer. Dem Verkäufer, der sie als Mehrerlös beim Verkauf erhält, werden die S. um den Zinsabschlag gekürzt, dem Käufer wird der Zinsabschlag beim nächsten Zinstermin von den Zinserträgen für den gesamten Zeitraum seit dem letzten Zinstermin abgezogen. Da der Käufer aber die Zinsen für den Zeitraum vom letzten Zinstermin bis zum Kauftag bereits an den Verkäufer gezahlt hat, darf er in seiner Einkommensteuererklärung seine Zinseinkünfte um die gezahlten S. kürzen (›negative Stückzinsen‹).

***Studentenschaft:** Im Nov. 1993 wurde wieder ein Dachverband aller Studierenden gegründet, der ›freie Zusammenschluß von StudentInnenschaften‹ (fzs) mit Sitz in Bonn.

***Substitutionstherapie,** ärztlich kontrollierte, i. d. R. ambulante Therapie mit Abhängigkeitskranken vom Opiattyp unter Verwendung sogenannter Ersatzdrogen (Substitute); S. wird vornehmlich aufgrund sozialer Indikation durchgeführt, z. B. zur Stabilisierung bzw. Verbesserung der Lebensverhältnisse. Erstmalig wurde die S. im letzten Viertel des 19. Jh. praktiziert. Morphinisten wurde in Österreich und in den USA als Substitut ▷ Kokain gegeben. Nach dem Zweiten Weltkrieg wurde die S. bei Heroinabhängigen angewandt. Mitte der 1960er Jahre wurde in New York erstmals →Methadon als Substitut eingesetzt, etwas später weltweit in vielen Großstädten mit verbreiteter Heroinproblematik, so z. B. in Amsterdam, Hongkong, Bangkok. In Dtl. versuchsweise ab Mitte der 1980er Jahre eingesetzt, stellt die S. in den 1990er Jahren in der ärztl. Arbeit mit Heroinabhängigen ein gängiges, zu anderen Therapieformen alternierendes Behandlungsmodell dar. Als Ersatzdrogen werden vornehmlich das Opiumalkaloid Codein und das vollsynthet. Opioid Methadon (Polamidon) eingesetzt.

***Subventionen:** Das im S.-Bericht 1993–96 ausgewiesene Volumen der direkten S. und Steuervergünstigungen von Bund, Ländern, Gemeinden, ERP und EU stieg von (1989) 75,2 Mrd. DM auf (1995) 116,2 Mrd. DM (darunter an neue Bundesländer 46,9 Mrd. DM). Die Zahlen umfassen u. a. nicht S. an die Eisenbahn und nicht die Tätigkeit der Treuhandanstalt. Demgegenüber errechnete das Dt. Institut für Wirtschaftsforschung (DIW) für 1993 für die direkten S. des Bundes und der Treuhandanstalt sowie für die Steuervergünstigungen aller Gebietskörperschaften ein Volumen von 150 Mrd. DM. Bei den S. des Bundes gemäß S.-Bericht stieg der Umfang von (1989) 29,6 Mrd. DM auf (1995) 36,3 Mrd. DM. Für 1996 wird nach dem Wegfall des →Kohlepfennigs durch die Übernahme der Verstromungshilfen für die Steinkohle im Bundeshaushalt mit 42,7 Mrd. DM gerechnet. Die direkten S. für den Steinkohlenbergbau (Verstromungshilfen 7,5 Mrd. DM, Kokskohlenbeihilfe 1,65 Mrd. DM) werden dann die größten direkten S. des Bundes darstellen. Bei den Erwerbstätigen stiegen die S. des Bundes im Vergleich der Jahre 1989 und 1992 im Sektor Landwirtschaft, Forsten und Fischerei von 5 422 DM auf 8 765 DM, im Steinkohlenbergbau von 26 954 DM auf 30 778 DM und im Schiffbau von 8 083 DM auf 17 343 DM. Demgegenüber sank der S.-Betrag je Erwerbstätigen bei der Luft- und Raumfahrttechnik von 17 118 DM auf 12 205 DM sowie im Durchschnitt aller Wirtschaftsbereiche in den alten Bundesländern von (1989) 1 080 DM auf (1993) 810 DM (neue Bundesländer 1993: 1 940 DM).

***Suchocka,** Hanna, poln. Politikerin und Verfassungsrechtlerin; Trat im Okt. 1993 als MinPräs. zurück.

***Suchoň,** Eugen, slowak. Komponist: † Preßburg 5. 8. 1993.

***Südafrika,** amtl. Namen: engl. **Republic of South Africa,** Afrikaans **Republiek van Suid-Afrika,** Tswana **Republiki ya Afrika Borwa,** Zulu **Iriphabliki Yaseningizimu Afrika,** Staat im S Afrikas, grenzt an den Atlant. und den Indischen Ozean. Zu S. gehören die unbesiedelten Prince Edward Islands im Indischen Ozean (1 600 km südwestlich der Küste).

Hauptstadt: Pretoria (Regierungssitz); laut Verfassung sind auch Kapstadt (Sitz des Parlaments) und Bloemfontein (Oberster Gerichtshof) Hauptstädte.
Amtssprachen: Englisch, Afrikaans, Zulu, Xhosa, Tswana, Nord-Sotho, Süd-Sotho, Tsonga, Swasi,

Südafrika **Süda**

Ndebele, Venda. *Staatsfläche:* 1 221 037 km². *Bodennutzung (1992):* 131 740 km² Ackerland, 813 780 km² Dauergrünland, 45 150 km² Waldfläche. *Einwohner (1994):* 40,555 Mio., 33 Ew. je km². *Städtische Bevölkerung (1993):* 50%. *Durchschnittliches Bevölkerungswachstum pro Jahr (1985–93):* 2,4%. *Bevölkerungsprojektion für 2000:* 47,91 Mio. Ew. *Ethnische Gruppen (1994):* 76,1% Schwarze (Zulu, Xhosa, Sotho, Tswana, Tsonga, Swasi, Ndebele, Venda), 12,8% Weiße, 8,5% Coloureds (Mischlinge, auch Farbige gen.), 2,6% Asiaten. *Religion (1992):* 45,8% Protestanten, 6,4% Katholiken, 1,1% Hindus, 0,9% Muslime. *Altersgliederung (1995):* unter 15 Jahre 37,5%, 15 bis unter 65 Jahre 58,5%, 65 und mehr Jahre 4,0%. *Lebenserwartung der Neugeborenen (1992):* männlich 60 Jahre, weiblich 66 Jahre. *Analphabetenquote (1994):* 45–50%. *BSP je Ew. (1993):* 2980 US-$. *BIP nach Sektoren/Produktionsstruktur (1993):* Landwirtschaft 5%, Industrie 39%, Dienstleistungen 56%. *Arbeitslosenquote (1993):* 40%. *Währung:* 1 Rand (R) = 100 Cents (c). *Internationale Mitgliedschaften:* UNO, Commonwealth of Nations, OAU, Südafrikan. Entwicklungsgemeinschaft.

Verfassung: Am 27. 4. 1994 trat eine als vorläufig konzipierte Verf. in Kraft. Sie sieht als Legislativorgan ein Zweikammerparlament vor: Die 400 Abg. der Nationalversammlung werden je zur Hälfte nach nat. und regionalen Listen der Parteien im Verhältniswahlsystem in allgemeinen und gleichen Wahlen gewählt; die in indirekter Wahl durch die Prov.-Parlamente im Verhältniswahlsystem bestimmten 90 Mitgl. des Senats repräsentieren die neun Prov. des Landes. An der Gesetzgebung sind beide Kammern gleichberechtigt beteiligt. Sie bilden gemeinsam eine verfassunggebende Versammlung, die innerhalb von fünf Jahren die endgültige Verf. ausarbeiten soll. Staatsoberhaupt ist ein Exekutiv-Präs.; der erste Präs. wird von der Nationalversammlung gewählt. Er hat mindestens zwei Vize-Exekutivpräsidenten, die im Grundsatz von den Parteien bestimmt werden, die in der Nationalversammlung mindestens 80 Sitze innehaben. Es wird ein Mehrparteienkabinett aus Vertretern der Parteien gebildet, die mindestens 5% der Stimmen erringen. Die Übergangs-Verf. enthält 34 bindende Prinzipien, gegen die auch die endgültige Verf. nicht verstoßen darf; dabei handelt es sich v. a. um Verpflichtungen hinsichtlich Gewaltenteilung, Souveränität, Menschenrechten, Minderheitenschutz und Rechtsstaatlichkeit.

Im Febr. 1995 wurde ein Verfassungsgerichtshof errichtet, dessen elf Mitgl. vom Staatspräs. in Abstimmung mit dem Kabinett ernannt werden. Seiner Judikatur, für die die Rechtsprechung des dt. Bundesverfassungsgerichts Vorbildcharakter besitzt, ist im Grundsatz das gesamte Staatshandeln unterworfen.

Wappen: Am 27. 4. 1994 wurde offiziell die neue Staats- und Nationalflagge eingeführt, das seit 1910 verwendete Staatswappen blieb (vorläufig) gültig.

Verwaltung: Unter Integration der bisherigen Homelands gliedert sich S. seit 1994 in neun Prov. (Ost- und Nord-Transvaal, Gauteng, Nordwest, Oranje-Freistaat, KwaZulu/Natal, Nord-, West- und Ostkap). Die Prov. können sich eigene Verf. geben, die allerdings keine der nat. Verf. widerstreitende Entscheidungen treffen dürfen und die erst in Kraft treten, nachdem ihre Vereinbarkeit mit der nat. Verf. durch den Verfassungsgerichtshof festgestellt wurde. Den Legislativen und Exekutiven der Prov. sind eigene Kompetenzen vorbehalten, z. B. in Fragen der Kommunal-Verw., der Polizei, der Kultur, der Regionalplanung u. a. Auf kommunaler Ebene entstehen, unter Zusammenlegung ehem. rein schwarzer und rein weißer Gemeinden, autonome Einheiten, die u. a. die traditionellen Führer integrieren sollen.

Streitkräfte: Im Zusammenhang mit dem grundlegenden polit. Wandel in S. wurden auch die Streitkräfte des Landes auf eine neue Grundlage gestellt. So schreibt die Übergangs-Verf. vom April 1994 die Schaffung einer ›South African National Defence Force‹ (SANDF) vor, die zunächst die Angehörigen der bisherigen Armee, die Truppen der früheren Homelands (10 000 Mann) sowie die bewaffneten Formationen von ANC und PAC (zus. etwa 35 000 Mann) integrieren soll. In einem nächsten Schritt ist die Reduzierung der Truppe bis 1999 auf den früheren Personalstand von etwa 75 000 Soldaten vorgesehen. Die im Sommer 1994 unter Beobachtung eines brit. Beratungs- und Ausbildungsteams angelaufene Assimilierung der ehem. Guerrilleros ist von zahlreichen Problemen begleitet und kommt nur relativ langsam voran, bis Mitte 1995 waren etwa 15 000 ANC- und PAC-Kämpfer eingegliedert.

Geschichte: In der zweiten Jahreshälfte 1992 setzte sich der Abbau der weißen Minderheitsherrschaft fort. Entsprechend einer Vereinbarung zw. Präs. F. DE KLERK und dem ANC-Vors. N. MANDELA nahmen am 1. 4. 1993 26 Parteien und Organisationen in Kempton Park bei Johannesburg die Verhandlungen über eine Verf. für S. wieder auf und setzten am 2. 7. 1993 den Termin für freie Wahlen auf den 27. 4. 1994 fest. Gewalttätigkeiten zw. rivalisierenden Organisationen der Schwarzen (bes. zw. Inkatha yeNkululeko yeSizwe und African National Congress) sowie zw. weißen und schwarzen Extremisten stellten den Erfolg der Verhandlungen immer wieder in Frage. Am 10. 4. 1993 wurde der GenSekr. der mit dem ANC zusammenarbeitenden KP, MARTIN THEMBISILE (›CHRIS‹) HANI (*1942), von einem Mitgl. der extremist. weißen Afrikan. Widerstandsbewegung ermordet; es kam zu Streiks und Ausschreitungen. Nachdem die Verf.-Konferenz am 22. 9. 1993 eine auf der Gleichberechtigung aller Gruppen in der Rep. S. beruhende Übergangs-Verf. paraphiert hatte, hoben die OAU (30. 9.),

Südafrika
Nationalflagge

Südafrika: Nach den Wahlen im April 1994 wurde Gatsha Mongosuthu Buthelezi (links) Innenminister in der von Nelson Mandela (rechts) gebildeten Regierung der Nationalen Einheit; Frederik Willem de Klerk (Mitte) wurde Vizepräsident

die UNO (8. 10.) und andere Organisationen (z. B. die EU) die Wirtschaftssanktionen gegen S. auf. Auf der Basis der am 18. 11. (von Präs. DE KLERK und 20 Organisationen, darunter dem ANC) unterzeichneten Übergangs-Verf. nahm am 7. 12. 1993 ein (zur Kontrolle der Reg. de Klerk beauftragter) ›Übergangsexekutivrat‹ die Arbeit auf. Radikale weiße Kräfte sowie konservativ-regionalist. schwarzafrikan. Gruppierun-

Süda Südafrikanische Entwicklungsgemeinschaft – Supercomputer

gen (bes. die Inkatha-Bewegung), in der ›Freiheitsallianz‹ zusammengeschlossen, lehnten die Übergangs-Verf. ab und erklärten sich nur unter grundsätzl. Vorbehalten bereit, an den Wahlen vom 27. 4. 1994 teilzunehmen. Die letztlich vom 26. bis 29. 4. 1994 unter Beobachtung von Vertretern der großen internat. Organisationen durchgeführten Parlamentswahlen erbrachten eine deutl. Mehrheit (62,7%) für den ANC, gefolgt von der Nat. Partei (NP; 20,4%) und der Inkatha Freedom Party (IFP; 10,5%). Der ANC gewann zudem die Wahlen zu den Provinzparlamenten und zum Senat in sieben Prov.; in der Prov. Westkap siegte die NP, in der Prov. KwaZulu/Natal die IFP. Diese drei Parteien bildeten entsprechend der Übergangs-Verf. eine Reg. der Nat. Einheit. Am 9. Mai wählte das neugewählte Parlament MANDELA zum Staatspräs., T. MBEKI (ANC) zum Ersten und DE KLERK (NP) zum Zweiten Vizepräsidenten.

Im Mittelpunkt der Regierungspolitik stand zunächst die Bekämpfung der Armut und die Aussöhnung zw. den gesellschaftl. Gruppen. Da die Reformpolitik rasch an finanzielle Grenzen stieß, kam es im Sommer 1994 zu heftigen Streiks. Die Wiedereingliederung der Homelands und die Verschmelzung der einzelnen Verw. zu neun neuen Provinz-Verw. sowie die entsprechenden Prozesse auf kommunaler Ebene (Verschmelzung ›weißer‹ und ›schwarzer‹ Gemeinden) dauerten über 1994 hinaus an.

Ein Hauptstreitpunkt der südafrikan. Politik blieb der Grad der in der zukünftigen Verf. festzuschreibenden Föderalisierung. Während v. a. der ANC auf einen relativ starken Zentralismus drängt, hält v. a. die IFP an ihrer Forderung nach einer weitgehenden Föderalisierung des Staates fest. Über die Frage einer internat. Schlichtung in diesem Streitpunkt kam es seit Frühjahr 1995 zu einem Boykott der verfassunggebenden Versammlung durch die IFP. Im Nov. 1995 wurden erste Entwürfe für die neue Verf. vorgelegt, ohne daß jedoch über die Hauptstreitpunkte Einigkeit erzielt worden war.

Mit dem friedl. polit. Umbruch konnte S. auch aus der außenpolit. Isolierung heraustreten: schrittweise Beendigung der Wirtschaftssanktionen seit Ende 1993, 23. 5. 1994 Aufnahme in die OAU, 1. 6. 1994 Aufnahme in das Commonwealth of Nations, 23. 6. 1994 Wiederaufnahme in die UNO, 30. 7. 1994 Beitritt zur Südafrikan. Entwicklungsgemeinschaft. Mittlerweile nimmt S. nach anfängl. Zögern eine seiner wirtschaftl. und polit. Potenz entsprechende Führungsrolle in Afrika ein (Vermittlungen in Angola, Lesotho, Nigeria u. a.).

Who's who in South African politics, hg. v. S. GASTROW (London [4]1993); F. ANSPRENGER: S. (1994); J. D. OMER-COOPER: History of Southern Africa (London [2]1994); S. nach der Apartheid. Aspekte des polit., sozio-ökonom. u. kulturellen Wandels in der Ära de Klerk, hg. v. M. BEHRENS u. a. (1994).

*Südafrikanische Entwicklungsgemeinschaft: Seit 30. 7. 1994 ist die Rep. Südafrika Mitgl., seit 28. 8. 1995 auch Mauritius. Als ersten völkerrechtlich verbindl. Vertrag unterzeichneten die Mitgl.-Staaten Ende Aug. 1995 ein Protokoll zur Nutzung der regionalen Flüsse. Diesem soll bald die Bildung eines Elektrizitätspools folgen. Mittelfristig strebt die S. E. die Errichtung einer Zollunion sowie eine vertiefte polit. Zusammenarbeit an. Sitz der SADC ist Gaborone (Botswana).

*Sudan, amtlich arab. **El-Djumhurijja es-Sudan,** dt. **Republik S.,** Staat in NO-Afrika, grenzt an das Rote Meer.

Hauptstadt: Khartum. *Amtssprache:* Arabisch. *Staatsfläche:* 2 505 813 km² (ohne Binnengewässer 2 376 000 km²). *Bodennutzung (1992):* 129 000 km² Ackerland, 1 100 000 km² Dauergrünland, 445 400 km² Waldfläche. *Einwohner (1994):* 27,361 Mio., 11 Ew. je km². *Städtische Bevölkerung (1992):* 23%. *Durchschnittliches Bevölkerungswachstum pro Jahr (1985–93):* 2,8%. *Bevölkerungsprojektion für 2000:* 33,166 Mio. Ew. *Ethnische Gruppen (1983):* 49,1% Sudanaraber, 11,5% Dinka, 8,1% Nuba, 6,4% Bedja, 4,9% Nuer, 2,7% Zande, 2,5% Bari, 2,1% Fur, 1,7% Shilluk, 11,0% andere (darunter 660 000 Nubier). *Religion (1992):* 73,0% Muslime (Sunniten), 9,1% Christen. *Altersgliederung (1995):* unter 15 Jahre 44,5%, 15 bis unter 65 Jahre 52,6%, 65 und mehr Jahre 2,9%. *Lebenserwartung der Neugeborenen (1992):* männlich 51 Jahre, weiblich 53 Jahre. *Analphabetenquote (1991):* insgesamt 72,9%, männlich 57,3%, weiblich 88,3%. *BSP je Ew. (1992):* 300 US-$. *BIP nach Sektoren/Produktionsstruktur (1992):* Landwirtschaft 34%, Industrie 17%, Dienstleistungen 49%. *Währung:* 1 Sudanesischer Dinar (sD) = 100 Piastres (PT.). *Internationale Mitgliedschaften:* UNO, Arab. Liga, OAU.

Geschichte: Der Bürgerkrieg im S des Landes wurde fortgesetzt, wobei es vermehrt zu Kämpfen zw. versch. Abspaltungen der SPLA kam; dies ermöglichte den Regierungstruppen, denen von zahlreichen Menschenrechtsorganisationen Völkermord vorgeworfen wird, die Rückeroberung weiter, zuvor von den Rebellen kontrollierter Landesteile. Von den Nachbarstaaten initiierte Friedenskonferenzen (1993 und 1994) und Vermittlungsversuche (1995) zw. der sudanes. Reg. und den Rebellenfraktionen des Südens führten zu keinen greifbaren Ergebnissen, da sich die Reg. weigerte, über die Selbstbestimmung der südl. Landesteile und den Säkularismus zu reden. Im Dez. 1994 kam es in Asmara erstmals zu einem Abkomen zw. versch. Oppositionsgruppen des Nordens und der SPLA, die fortan gegen die Reg. zusammenarbeiten wollen.

Die sudanes. Reg. wird seit 1993 v. a. von Ägypten und Eritrea beschuldigt, militante islamist. Gruppierungen mit dem Ziel eines Umsturzes in diesen Ländern zu unterstützen. Entsprechende Vorwürfe erhebt auch die ugand. Reg. hinsichtlich einer fundamentalist. christl. Bewegung. Im Zusammenhang mit einem Attentat auf den ägypt. Präs. M. H. MUBARAK im Juni 1995 eskalierten die Streitigkeiten zw. Ägypten und dem S. über an den Grenzverlauf (Halaib-Dreieck) und die Unterstützung islamist. Terrorgruppen in Ägypten durch den S. bis zu Grenzgefechten.

The drift to separation in the S., hg. v. B. MALWAL u. a. (London 1993); R. TETZLAFF: Staatswerdung im S. Ein Bürgerkriegsstaat zw. Demokratie, ethn. Konflikten u. Islamisierung (1993).

*Südossetisches Autonomes Gebiet: Heißt jetzt **Südossetien.** (→Georgien)

*Suez: Zur Entwicklung der Küstenregion um die Stadt S. wurden 1993 zwei freie Produktionszonen eingerichtet: östlich des Suezkanals an den Hafen von Port Taufik anschließend sowie Adabija südlich von Suez.

*Suhl 2): Der Landkreis S. ging am 1. 7. 1994 in den Kreisen Schmalkalden-Meiningen (neun Gemeinden im N und W) und Hildburghausen (S-Teil) auf; die Gem. Gehlberg wurde dem Ilmkreis eingegliedert; Albrechts, Dietzhausen und Wichtshausen wurden in die kreisfreie Stadt Suhl eingemeindet.

Sum, -/-, **Usbekistan-Sum,** Abk. **U.S.,** Währungseinheit von Usbekistan seit 1994, 1 S. = 100 Tijin.

Supercomputer [-kɔmpjuːtər], Bez., die in den frühen 1970er Jahren für die von dem amerikan. Elektroingenieur SEYMOUR CRAY (*1925) entworfenen und gebauten Höchstleistungsrechner geprägt wurde. Seither wurde diese Bez. allg. auf Rechner (Computer) der höchsten Verarbeitungsleistungsklasse ausgedehnt. Dabei wird die Verarbeitungsleistung in Flops angegeben (Abk. von engl. floating-point operations per second, ›Gleitkommaoperationen pro Sekunde‹), versehen mit dem Zusatz Mega (für 1 Mio.) oder Giga (für 1 Mrd.). Während die Verarbeitungsleistung von S. anfänglich größenordnungsmäßig bei 100 Megaflops lag, hat sie sich seither praktisch vertausendfacht. Gängige Werte liegen heute bei 10 Gigaflops, Spitzenwerte bei einigen 100 Gigaflops.

Allgemeines Merkmal aller S. ist, daß es sich bei ihnen um Mehrprozessorsysteme handelt und daß sie für versch. Formen der ▷ Parallelverarbeitung konzipiert sind. Ihrer Architektur nach waren S. anfänglich ▷ Vektorrechner. Neuerdings setzen sich ›massiv parallele S.‹ zunehmend gegen die Vektorrechner durch. Während Vektorrechner i. d. R. nur einige bis zu einigen 10 Prozessoren enthalten und als Feldrechner oder nach dem Verfahren der Pipelineverarbeitung arbeiten, enthalten massiv parallele S. einige 100 bis zu einige 1 000 Prozessoren, vornehmlich in RISC-Architektur, und arbeiten nebenläufig parallel. Man bezeichnet ihre Architektur und Arbeitsweise zusammenfassend als Massively Parallel Processing (Abk. MPP). In Zukunft ist wahrscheinlich auch mit S. zu rechnen, deren Architektur auf neuronalen Netzen basiert (erforscht von der →Neuroinformatik).

Super RTL, →Privatfernsehen (ÜBERSICHT).

*****Supraleiter:** Als neue Gruppe von Hochtemperatur-S. wurden 1993 quecksilberhaltige Keramiken des Systems Hg-Ba-Ca-Cu-O identifiziert. Dabei wurde für $HgBa_2Ca_2Cu_3O_{8+x}$ eine krit. Übergangstemperatur von 135 K (−138 °C) gefunden, die unter hydrostat. Druck auf Werte über 150 K (−123 °C) gesteigert werden konnte. Meldungen über Übergangstemperaturen von 250 K (−23 °C) bei einem Bi-Sr-Ca-Cu-Cu-O-System konnten hingegen nicht bestätigt werden.

*****Surinam,** amtlich niederländ. **Republiek van Suriname,** dt. **Republik S.,** Staat im NO Südamerikas, grenzt an den Atlant. Ozean.

Hauptstadt: Paramaribo. *Amtssprache:* Niederländisch. *Staatsfläche:* 163 820 km². *Bodennutzung (1992):* 650 km² Ackerland, 160 km² Dauergrünland, 155 000 km² Waldfläche. *Einwohner (1994):* 418 000, 3 Ew. je km². *Städtische Bevölkerung (1992):* 49 %. *Durchschnittliches Bevölkerungswachstum pro Jahr (1985–93):* 0,0 %. *Bevölkerungsprojektion für 2000:* 465 000 Ew. *Ethnische Gruppen (1991):* 35 % Kreolen, 33 % Inder, 16 % Javaner, 10 % Buschneger, 3 % Indianer, 3 % sonstige. *Religion (1983):* 26,0 % Hindus, 21,6 % Katholiken, 18,6 % Muslime, 18,0 % Protestanten. *Altersgliederung (1995):* unter 15 Jahre 34,1 %, 15 bis unter 65 Jahre 61,4 %, 65 und mehr Jahre 4,5 %. *Lebenserwartung der Neugeborenen (1993):* männlich 67 Jahre, weiblich 72 Jahre. *Analphabetenquote (1990):* insgesamt 5,1 %, männlich 4,9 %, weiblich 5,3 %. *BSP je Ew. (1993):* 1 180 US-$. *BIP nach Sektoren/Produktionsstruktur (1992):* Landwirtschaft 15 %, Industrie 24 %, Dienstleistungen 61 %. *Währung:* 1 Surinam-Gulden (Sf) = 100 Cents. *Internationale Mitgliedschaften:* UNO, OAS.

Geschichte: Eine Machtprobe zw. Reg. und Militärführung endete im Mai 1993 mit der Auswechslung letzterer. Am 20. 2. 1995 wurde S. Voll-Mitgl. der Karibischen Gemeinschaft (CARICOM).

Surmiński, A r n o Hermann, Schriftsteller, * Jäglack (heute Jegławki, Wwschaft Olsztyn) 20. 8. 1934; kam nach der Deportation seiner Eltern in die Sowjetunion 1947 nach Schlesw.-Holst., ist seit 1972 als freiberufl. Wirtschafts- und Versicherungsjournalist sowie als Schriftsteller tätig. Themen seiner Erzählungen und Romane sind die Beschreibung der Menschen in Ostpreußen und als Flüchtlinge im holstein. Raum sowie Verlauf und Entwicklung ihres weiteren Lebens auf der Suche nach ihrer durch den Verlust der ostpreuß. Heimat gestörten Identität.

Werke: *Romane:* Jokehnen oder wie lange fährt man von Ostpreußen nach Deutschland? (1974); Kudenow oder aus fremden Wassern weinen (1978); Fremdes Land oder als die Freiheit noch zu haben war (1980); Polninken oder eine dt. Liebe (1984); Am dunklen Ende des Regenbogens (1988); Malojawind (1988); Grunowen oder das vergangene Leben (1989); Kein schöner Land (1993). – *Erzählungen:* Aus dem Nest gefallen (1976); Wie Königsberg im Winter (1981); Gewitter im Januar (1986); Die Reise nach Nikolaiken u. andere Erzählungen (1991); Besuch aus Stralsund (1995). – *Kinderbuch:* Damals in Poggenwalde (1983).

Sustainable development [sə'steɪnəbl dɪ'veləpmənt, engl.], die →nachhaltige Entwicklung.

*****Sutermeister,** Heinrich, schweizer. Komponist: † Vaux-sur-Morges (Kt. Waadt) 16. 3. 1995.

*****Swasiland, Ngwane,** amtl. Namen: Swasi **Umbuso weSwatini,** engl. **Kingdom of Swaziland,** dt. **Königreich S.,** Binnenstaat im südl. Afrika, von den Rep. Südafrika und Moçambique umschlossen.

Hauptstadt: Mbabane. *Amtssprachen:* Swasi (SiSwati) und Englisch. *Staatsfläche:* 17 364 km² (ohne Binnengewässer 17 200 km²). *Bodennutzung (1992):* 2 090 km² Ackerland, 11 850 km² Dauergrünland, 1 040 km² Waldfläche. *Einwohner (1994):* 832 000, 48 Ew. je km². *Städtische Bevölkerung (1992):* 34 %. *Durchschnittliches Bevölkerungswachstum pro Jahr (1985–93):* 3,8 %. *Bevölkerungsprojektion für 2000:* 984 000 Ew. *Ethnische Gruppen (1986):* Über 90 % Swasi; daneben u. a. Zulu und Tsonga sowie 1 800 Europäer. *Religion (1992):* 77,5 % Christen. *Altersgliederung (1995):* unter 15 Jahre 42,5 %, 15 bis unter 65 Jahre 54,2 %, 65 und mehr Jahre 3,3 %. *Lebenserwartung der Neugeborenen (1992):* männlich 56 Jahre, weiblich 60 Jahre. *Analphabetenquote (1985):* insgesamt 32,1 %, männlich 29,7 %, weiblich 34,3 %. *BSP je Ew. (1993):* 1 190 US-$. *BIP nach Sektoren/Produktionsstruktur (1991):* Landwirtschaft 13 %, Industrie 32 %, Dienstleistungen 55 %. *Währung:* 1 Lilangeni (Plural: Emalangeni) = 100 Cents (c). *Internationale Mitgliedschaften:* UNO, Commonwealth of Nations, OAU, Südafrikan. Entwicklungsgemeinschaft.

Geschichte: Bei den erstmals seit mehr als 20 Jahren im Sept./Okt. 1993 abgehaltenen Parlamentswahlen verlor Premier-Min. OBED UFANYANA DLAMINI (* 1937), der als Hoffnungsträger für eine stärkere Demokratisierung galt, seinen Parlamentssitz und lehnte in der Folge eine erneute Ernennung zum Reg.-Chef ab. Daraufhin setzte der weiterhin autoritär regierende König MSWATI III. (* 1968) am 4. 11. 1993 den konservativen Prinzen JAMESON MBILINI DLAMINI zum Premier-Min. ein; Parteien blieben verboten.

Swift [swɪft], Graham, engl. Schriftsteller, * London 4. 5. 1949; zählt zu den anregendsten Erzählertalenten der 80er Jahre. Seine dem mag. Realismus nahestehenden Romane, von denen bes. ›Waterland‹ (1983; dt. ›Wasserland‹) breite Beachtung fand, setzen sich intensiv mit Verflechtungen von Geschichte, Natur und subjektiver Erinnerung auseinander.

Weitere Werke: *Romane:* The sweet shop owner (1980; dt. Ein ernstes Leben); Shuttlecock (1981; dt. Alias Federball); Ever after (1992). – *Erzählungen:* Learning to swim and other stories (1982).

*****Swissair:** An die Stelle der Kooperation mit der SAS trat 1995 eine Allianz mit der SABENA. Diese erfolgte, indem die S. nach einer Kapitalerhöhung 49,5 % der SABENA übernahm.

*****Symons,** Julian Gustave, engl. Schriftsteller: † Walme 19. 11. 1994.

*****Synge,** R i c h a r d Laurence Millington, brit. Biochemiker: † Norwich 18. 8. 1994.

Arno Surminski

synthetische Drogen, die →Designerdrogen.

*Syrien, amtlich arab. **Al-Djumhurijja al-Arabijja as-Surijja,** dt. **Arabische Republik S.,** Staat in Vorderasien, grenzt an das Mittelmeer.

Hauptstadt: Damaskus. *Amtssprache:* Arabisch. *Staatsfläche:* 185 180 km² (ohne Binnengewässer 183 920 km²). *Bodennutzung (1992):* 56 250 km² Ackerland, 77 500 km² Dauergrünland, 7 300 km² Waldfläche. *Einwohner (1994):* 14,171 Mio., 77 Ew. je km². *Städtische Bevölkerung (1992):* 51%; in städt. Agglomerationen mit 1 Mio. und mehr Ew. leben 26% der Stadt-, 28% der Gesamtbevölkerung. *Durchschnittliches Bevölkerungswachstum pro Jahr (1985–93):* 3,3%. *Bevölkerungsprojektion für 2000:* 17,55 Mio. Ew. *Ethnische Gruppen (1981):* 88,8% Araber, 6,3% Kurden, 4,9% andere (darunter Armenier). *Religion (1992):* 89,6% Muslime, 8,9% Christen. *Altersgliederung (1995):* unter 15 Jahre 47,6%, 15 bis unter 65 Jahre 49,6%, 65 und mehr Jahre 2,8%. *Lebenserwartung der Neugeborenen (1992):* männlich 65 Jahre, weiblich 69 Jahre. *Analphabetenquote (1991):* insgesamt 35,5%, männlich 21,7%, weiblich 49,2%. *BSP je Ew. (1991):* 1 170 US-$. *BIP nach Sektoren/Produktionsstruktur (1992):* Landwirtschaft 30%, Industrie 23%, Dienstleistungen 47%. *Währung:* 1 Syrisches Pfund (syr£) = 100 Piastres (PS). *Internationale Mitgliedschaften:* UNO, Arab. Liga, OAPEC.

Geschichte: Nach seiner Wiederwahl als Staatspräs. mit 99,98% der Stimmen (2. 12. 1991; einziger Kandidat) trat H. AL-ASSAD am 12. 3. 1992 eine vierte siebenjährige Amtsperiode an; gestützt auf den Baath (und die von diesem geführte Nat. Fortschrittsfront), der im Aug. 1994 bei Parlamentswahlen 167 von 250 Sitzen gewann, setzte er den sozialistisch-laizist. Kurs fort. V. a. wegen der hohen Zahl von polit. Gefangenen sah sich das Regime immer wieder mit dem Vorwurf schwerer Verstöße gegen die Menschenrechte konfrontiert (u. a. 1995 von seiten Amnesty Internationals). Seit der Teilnahme S.s am 2. Golfkrieg (Jan. bis Febr. 1991) auf seiten der antiirak. Koalition erhielt das Land internat. Finanzhilfe, bes. von Saudi-Arabien. 1995 erließ Kuwait S. die bei ihm angefallenen Schulden. Seit dem Ende des Ost-West-Konflikts beteiligte sich S. an den Bemühungen um die Lösung des Nahostkonflikts. Substantielle Vereinbarungen mit Israel scheiterten jedoch bisher daran, daß Israel eine stufenweise Räumung der Golanhöhen in Aussicht stellt, S. jedoch auf dem sofortigen und vollständigen Abzug der israel. Truppen besteht. Am 27. 4. 1994 schloß S. mit Rußland ein Abkommen über militär. Zusammenarbeit.

Szczęsny [ʃtʃ-], Stefan, Maler, *München 9. 4. 1951; wurde Anfang der 80er Jahre im Umfeld der Neuen Wilden bekannt; seine farbenfreudige figurative Malerei, die sich bewußt auf H. MATISSE und die dt. Expressionisten beruft, bezeugt ein grundlegend optimist. Weltbild. Bevorzugte Themen des Künstlers,

Stefan Szczesny: Dancing in the blue; 1993 (Linz, Neue Galerie der Stadt)

der insbesondere als Aquarellist Herausragendes leistet, sind Tanz, Erotik, Porträt, Stilleben und Landschaft. In seinen Ansichten aus der Karibik (ab 1990) formuliert S. eine dekorativ-sinnl. Bildwelt, verstanden als ›ird. Paradies‹.

S. Caribbean style. Bilder u. Papierarbeiten 1990–1993, bearb. v. P. BAUM, Ausst.-Kat. (Linz 1993); S., bearb. v. D. KUSPIT u. a. (1995).

T

*Tabakmonopol: Der Beitritt Österreichs zur EU 1995 erzwang eine Neuregelung des T. im Sinne einer rechtl. Liberalisierung des Tabakmarkts. Allerdings wurde der nunmehr ›freie‹ österr. Tabakgroßhandel von der im Bundesbesitz befindl. Austria Tabakwerke AG zu 100% aufgekauft.

*Tabori, George, Schriftsteller und Theaterleiter: Erhielt 1992 den Georg-Büchner-Preis.
    Werk: *Drama:* Requiem für einen Spion (1993).

*Tabucchi, Antonio, italien. Schriftsteller: Erhielt für seinen Roman ›Sostiene Pereira. Una testimonianza‹ (1994; dt. ›Erklärt Pereira. Eine Zeugenaussage‹) den Premio Viareggio 1994 und den Premio Campiello 1994. 1994 erschien u. d. T. ›Lissabonner Requiem. Eine Halluzination‹ auch die dt. Übersetzung seines Romans ›Requiem. Uma alucinação‹ (portug. 1991, italien. 1992 u. d. T. ›Requiem. Un'allucinazione‹).

Weitere Werke: *Essays:* Un baule pieno di gente. Scritti su Fernando Pessoa (1990; dt. Wer war Fernando Pessoa?). – *Novelle:* Gli ultimi tre giorni di Fernando Pessoa (1994).

*Tadschikistan, amtlich tadschik. **Respublikai Tadschikistan,** dt. **Republik T.,** Binnenstaat im südöstl. Mittelasien.

Hauptstadt: Duschanbe. *Amtssprache:* Tadschikisch. *Staatsfläche:* 143 100 km². *Bodennutzung (1992):* 10 020 km² Ackerland, 35 350 km² Dauergrünland, 4 150 km² Waldfläche. *Einwohner (1994):* 5,933 Mio., 41 Ew. je km². *Städtische Bevölkerung (1993):* 32%. *Durchschnittliches Bevölkerungswachstum pro Jahr (1985–93):* 2,8%. *Bevölkerungsprojektion für 2000:* 6,70 Mio. Ew. *Ethnische Gruppen (1991):* 63,8% Tadschiken, 24,0% Usbeken, 6,5% Russen, 1,4% Tataren, 1,3% Kirgisen, 0,7% Ukrainer, 0,3% Deutsche, 2,0% sonstige. *Religion:* überwiegend sunnit. Muslime. *Altersgliederung (1989):* unter 15 Jahre 42,9%, 15 bis unter 60 Jahre 50,9%, 60 und mehr Jahre 6,2%. *Lebenserwartung der Neugeborenen (1992):* männlich 67 Jahre, weiblich 72 Jahre. *BSP je Ew. (1993):* 470 US-$. *BIP nach Sektoren/ Produktionsstruktur (1993):* Landwirtschaft 33%, Industrie 35%, Dienstleistungen 32%. *Währung:* Tadschikistan-Rubel (TR). *Internationale Mitgliedschaften:* UNO, GUS, OSZE.

Verfassung: Nachdem der Bürgerkrieg Anfang 1993 abgeflaut war und in der Folgezeit das postkommunist. Regime mit russ. Unterstützung einigermaßen stabilisiert hatte, ließ der im Nov. 1992 vom Rumpfparlament zu seinem Vors. bestellte IMAMALI RACHMANOW (* 1952) durch Volksabstimmung vom 6. 11. 1994 eine Verf. verabschieden, mit der der Anschein eines demokrat. und laizist. Rechtsstaats erweckt werden soll. Der Grundsatz des Laizismus ist nicht nur in der sowjet. Tradition des Atheismus zu sehen, sondern v. a. als Absage an islamisch-fundamentalist. Strömungen zu sehen, die in der von Afghanistan aus operierenden Widerstandsbewegung eine maßgebl. Rolle spielen. Die Integration der ethnisch heterogenen Bev. zu einem Staatsvolk ist ein Hauptanliegen der Verfassung. Die liberalen und sozialen Grundrechte sind dem internat. Menschenrechtsstandard entsprechend formuliert.

Die Verf. bildet die Grundlage für ein noch nicht ganz gefestigtes, autoritäres Präsidialsystem, enthält aber auch einige Elemente des formalen Versammlungsvorrangs sowjet. Provenienz. So soll etwa das Parlament die Richtlinien der Politik bestimmen. Das Parlament (Madjlisi Oli), dessen Hauptaufgabe die Gesetzgebung ist, besteht aus 181 Abg. Sie werden in Einzelwahlkreisen nach dem System der Mehrheitswahl gewählt.

Der Präs. der Rep. wird vom Volk für fünf Jahre gewählt und kann in unmittelbarer Folge nur einmal wiedergewählt werden. Im ersten Wahlgang ist die absolute Mehrheit der abgegebenen Stimmen erforderlich. Wird diese Mehrheit von keinem Bewerber erreicht, kommt es in einem zweiten Wahlgang zu einer Stichwahl. Wählbarkeitsvoraussetzungen sind ein ständiger Aufenthalt in T. von mindestens zehn Jahren und die Beherrschung der tadschik. Sprache. Der Präs. ist Chef der zentralistisch aufgebauten Exekutive, Oberbefehlshaber der Streitkräfte, Inhaber der Notstandsgewalt und weiterer umfangreicher Befugnisse. An der Ausübung der gesetzgebenden Gewalt ist er insofern maßgeblich beteiligt, als er über das Recht der Gesetzesinitiative verfügt und gegen Gesetzesbeschlüsse sein Veto einlegen kann, das nur mit einer Zweidrittelmehrheit aller Abg. überwunden werden kann. Außerdem steht ihm ein selbständiges Verordnungsrecht zu. Die Ausübung der vollziehenden Gewalt ist Aufgabe der Reg. Der Reg.-Chef und die Min. werden vom Staatspräs. mit nachträgl. Zustimmung des Parlaments ernannt und entlassen. Mißtrauensvotum und Vertrauensfrage sind nicht vorgesehen.

Die Verf. sieht die Errichtung eines Verfassungsgerichts vor, das für Normenkontrollen und Organstreitigkeiten zuständig sein soll. Es besteht aus sieben Richtern, die auf Vorschlag des Staatspräs. vom Parlament mit absoluter Mehrheit gewählt werden. Eine Verfassungsbeschwerde ist nicht vorgesehen.

Verwaltung: T. gliedert sich auf der regionalen Ebene in drei Gebiete, die Hauptstadt Duschanbe und das autonome Gebiet Bergbadachschan, dessen Autonomie allerdings rein nomineller Natur ist und tatsächlich von den dort lebenden Pamirvölkern gewaltsam angestrebt wird. Diese regionale Gliederung ist nicht flächendeckend, weil der mittlere Teil des Staatsgebiets um die Hauptstadt nicht als Gebiet verfaßt ist. Lokale Verw.-Einheiten sind die 45 Kreise (rajon) und 14 Städte; in den Landkreisen bestehen rd. 380 Kommunen (Siedlungen, Dörfer). Die Staatsverwaltung ist nach dem Statthaltersystem strikt zentralistisch organisiert. An der Spitze des Verw.-Apparats in den regionalen und lokalen Gebietseinheiten steht als Vertreter des Staatspräs. ein Vorsteher, der vom Präs. aus dem Kreis der Mitgl. der jeweiligen Volksvertretung (Madjlis) mit deren nachträgl. Bestätigung ernannt und entlassen wird. Die Volksvertretung ist ein Beschlußorgan mit eng bemessenen Kompetenzen, das von der Bev. für fünf Jahre gewählt wird. Von einer Selbstverwaltung wird nur in bezug auf die Kommunen gesprochen.

Recht: Das Justizwesen ist Ende 1993 neu geregelt und später der Verf. angepaßt worden, beruht aber im wesentlichen auf den überkommenen Prinzipien des Sowjetsystems. Für Zivil-, Straf- und Verw.-Sachen ist die ordentl. Gerichtsbarkeit zuständig, die der allgemeinen Verw.-Gliederung entsprechend dreistufig aufgebaut ist: Kreis- und Stadtgerichte – Gebietsgerichte und Stadtgericht Duschanbe – Oberstes Gericht. In wirschafts- und verwaltungsrechtl. Streitigkeiten entscheidet das Höchste Wirtschaftsgericht. Eine Sonderstellung nimmt die Militärstrafgerichtsbarkeit ein. Die Amtszeit aller Richter ist auf fünf Jahre befristet; von einer richterl. Unabhängigkeit kann schon aus diesem Grund keine Rede sein. Die Richter am Obersten Gericht und am Höchsten Wirtschaftsgericht werden vom Parlament auf Vorschlag des Staatspräs. gewählt. Die übrigen Richter werden auf Vorschlag des Justiz-Min. vom Staatspräs. ernannt. Die strikt zentralistisch aufgebaute Staatsanwaltschaft ist im Zeichen der sowjet. Tradition nicht nur Strafverfolgungsbehörde, sondern auch für eine umfassende Rechtsaufsicht über die ganze Verw. zuständig.

Geschichte: Nach dem Sturz Präs. R. NABIJEWS († 1993) und der Wahl AKBAR ISKANDEROWS zum ›amtierenden‹ Staatspräs. (Sept. 1992) spitzte sich der Machtkampf zum Bürgerkrieg zu, an dem sich islamist., demokrat., nationalist. und kommunist. Kräfte sowie regionalistisch orientierte Clans und kriminelle Banden beteiligten. Im Nov. 1992 wählte das Parlament, das noch von der alten kommunist. Herrschaftsschicht bestimmt war, den Altkommunisten I. RACHMANOW zum Parlaments-Präs., der nach Rückkehr zum Verf.-System der früheren Tadschik. SSR auch die Funktion des Staatsoberhauptes wahrnahm. Im Rahmen eines tadschikisch-russ. ›Vertrags über Freundschaft, Zusammenarbeit und gegenseitigen Beistand‹ (25. 5. 1993) unterstützten russ. Truppen, die seit Dez. 1992 in T. stationiert sind, die militär. Verbände der Reg. Rachmanow im Kampf gegen die Aufständischen, v. a. im Gebiet von Duschanbe, Kurgan-Tjube, Kuljab und Bergbadachschan. Mit dem Verbot (21. 6. 1993) der bedeutendsten Oppositionsgruppen (u. a. der Demokrat. Partei T.s, der Islam. Partei der Wiedergeburt und der Nationalbewegung Rastoches) nahm das kommunist. Reg.-System immer deutlicher autoritäre Züge an. Nach ersten direkten Gesprächen der Reg. mit der bewaffneten Opposition (April 1994) kam es am 20. 10. 1994 unter Vermittlung Irans zum Abschluß eines Waffenstillstands. Mit der Wahl RACHMANOWS zum Präs. nahm die Bev. am 6. 11. 1994 zugleich eine neue Verf. an. 1995 eskalierte der Bürgerkrieg, in dessen Verlauf bis Ende 1995 etwa 300 000 Todesopfer zu beklagen waren, erneut; mehr als 400 000 Menschen flüchteten. Im Jan. 1996 wurde der Mufti FATCHULLA SCHARIPOW (* 1942), das Oberhaupt der Muslime in T., ermordet.

Taiji quan [taɪdʒi tʃy-; chin. taiji ›Firstbalken‹ bezeichnet das Höchste, Allerletzte, im Buch des ›Yijing‹ den Urgrund des Seins, aus dem alles entsteht,

Tadschikistan

Staatswappen

Internationales Kfz-Kennzeichen

Taiw   Taiwan – Târnava

und quan ›mit leerer Faust kämpfen‹] *das, - -,* **T'ai-chi-ch'uan, Taiji,** eine aus einer Methode der Selbstverteidigung entstandene Meditation in Bewegung, die in China beheimatet ist und in den letzten Jahren vermehrt auch in westl. Ländern Verbreitung gefunden hat. Das T. q. besteht aus einer Abfolge weicher, langsam ausgeführter, fließender Bewegungen, die durch das Koordinieren von Bewußtsein (Sammlung des Geistes), Atem und Bewegung das Wechselspiel der polaren kosm. Kräfte Yin und Yang ausdrücken und deren Harmonisierung bewirken sollen.
F. ANDERS: Tai-chi-chuan (^{3}1988); T. u. P. KOBAYASHI: T'ai-chi-ch'uan (^{12}1995); Tai-ji, Beitr. v. C. A. HUANG (a. d. Amerikan., ^{8}1995).

***Taiwan,** amtlich chin. **Chunghua Min-kuo,** dt. **Republik China,** Inselstaat in Ostasien, durch die Formosastraße vom chin. Festland getrennt. Zu T. gehören die in der Formosastraße gelegenen Pescadores (50–100 km von der Hauptinsel entfernt), mehrere kleine Inseln sowie unmittelbar vor dem Festland Quemoy mit Nebeninseln und die Matsuinseln. T. erhebt außerdem Anspruch auf die im Südchin. Meer gelegenen Spratlyinseln.

Hauptstadt: T'aipei. *Amtssprache:* Chinesisch. *Staatsfläche:* 36 000 km^2 (ohne Quemoy und die Matsuinseln). *Bodennutzung (1992):* 8950 km^2 Akkerland, 20 km^2 Dauergrünland, 18 650 km^2 Waldfläche. *Einwohner (1994):* 20,950 Mio., 582 Ew. je km^2. *Städtische Bevölkerung (1992):* 92%. *Durchschnittliches Bevölkerungswachstum pro Jahr (1990–95):* 1,04%. *Bevölkerungsprojektion für 2000:* 22,548 Mio. Ew. *Ethnische Gruppen (1986):* 84% Taiwaner, 14% Festlandchinesen, 2% Urbevölkerung (Menschen austrones. Abstammung, die Formosasprachen sprechen). *Religion (1992):* 48,5% Anhänger chin. Volksreligionen, 43,0% Buddhisten, 7,4% Christen. *Altersgliederung (1992):* unter 15 Jahre 25,7%, 15 bis unter 65 Jahre 67,5%, 65 und mehr Jahre 6,8%. *Lebenserwartung der Neugeborenen (1993):* männlich 72 Jahre, weiblich 77 Jahre. *Analphabetenquote (1992):* insgesamt 9,0%, männlich 4,0%, weiblich 14,2%. *BSP je Ew. (1993):* 10 566 US-$. *BIP nach Sektoren/Produktionsstruktur (1993):* Landwirtschaft 3%, Industrie 42%, Dienstleistungen 55%. *Arbeitslosenquote (1993):* 1,4%. *Währung:* 1 Neuer Taiwan-Dollar (NT$) = 100 Cents (¢).

Geschichte: Unter Staatspräs. LEE TENG-HUI (1990 für sechs Jahre wiedergewählt) liberalisierte die Reg. die wirtschaftl. und humanitären Beziehungen zur VR China und beendete mit Wirkung vom 30. 4. 1991 den seit 1948 bestehenden Ausnahmezustand. Bei den Wahlen zur Nationalversammlung (21. 12. 1991) und zum Legislativ-Yuan (19. 12. 1992) blieb die Kuo-mintang (KMT) die stärkste Partei, gefolgt von der Demokrat. Fortschrittspartei. Das Verhältnis zur VR China bleibt das zentrale Thema der Innen- und Außenpolitik: Angesichts wachsender wirtschaftl. Verbindungen entwickelte sich seit 1987 zw. T. und der VR China auf inoffizieller Ebene ein polit. Dialog. Unter Suspendierung dieser Kontakte, begründet mit dem Vorwurf, T. entferne sich von der ›Ein-China-Politik‹ und strebe die Unabhängigkeit mit Hilfe der USA an, führte die VR China im Vorfeld der Präsidentschaftswahlen auf T. (23. 3. 1996, Wiederwahl LEE TENG-HUIS in Direktwahl) Raketentests sowie See- und Luftmanöver in der Straße von Taiwan durch, die die USA zur Entsendung von Flottenverbänden veranlaßten.

***Takemitsu,** Tōru, japan. Komponist: † Tokio 20. 2. 1996.

***Tal-Coat,** frz. Maler: † Saint-Pierre-de-Bailleul (Dép. Eure) 12. 6. 1985.

Tamaro, Susanna, italien. Schriftstellerin und Filmregisseurin, * Triest 12. 12. 1957; setzt sich in Romanen und Erzählungen mit Problemen der Identitätssuche in einer sich ständig verändernden Gesellschaft auseinander. Häufig bedient sie sich des inneren Monologs, um Ängste und Gefährdungen aufzuzeigen, wobei sie aber durch eine distanzierte und unbeteiligte Sprache die tatsächl. Betroffenheit der dargestellten Personen zu verhüllen versucht.
Werke: *Romane:* La testa fra le nuvole (1989; dt. Kopf in den Wolken); Va' dove ti porta il cuore (1994; dt. Geh, wohin dein Herz dich trägt). – *Erzählungen:* Per voce sola (1991; dt. Love). – *Kinderbuch:* Cuore di ciccia (1992, mit T. Ross; dt. Der kugelrunde Roberto).

***Tambo,** Oliver Reginald, südafrikan. Politiker: † Johannesburg 24. 4. 1993. T. war 1991 aus gesundheitl. Gründen als ANC-Vors. zurückgetreten.

***Tanaka,** Kakuei, japan. Politiker: † Tokio 16. 12. 1993.

***Tansania,** engl. **Tanzania,** amtlich Suaheli **Jamhuri ya Muungano wa Tanzania,** dt. **Vereinigte Republik T.,** Staat in Ostafrika, zw. Indischem Ozean und Victoria-, Tanganjika- sowie Malawisee. Zu T. gehören die vor der Küste gelegenen Inseln Pemba, Sansibar und Mafia.

Hauptstadt: Dodoma (faktisch weiterhin Daressalam). *Amtssprache:* Suaheli (daneben wird auch Englisch amtlich verwendet). *Staatsfläche:* 945 087 km^2 (ohne Binnengewässer 883 749 km^2). *Bodennutzung (1992):* 33 700 km^2 Ackerland, 350 000 km^2 Dauergrünland, 408 200 km^2 Waldfläche. *Einwohner (1994):* 28,846 Mio., 33 Ew. je km^2. *Städtische Bevölkerung (1993):* 23%. *Durchschnittliches Bevölkerungswachstum pro Jahr (1985–93):* 3,0%. *Bevölkerungsprojektion für 2000:* 34,074 Mio. Ew. *Ethnische Gruppen (1987):* 26,3% Nyamweze und Sukuma, 8,8% Suaheli, 5,3% Haya, 5,0% Hehe und Bena, 4,4% Chaga, 4,4% Gogo, 3,7% Makonde, 42,1% andere (insgesamt leben in T. etwa 120 ethn. Gruppen). *Religion (1992):* 34,9% Muslime, 32,5% Christen. *Altersgliederung (1995):* unter 15 Jahre 48,0%, 15 bis unter 65 Jahre 49,5%, 65 und mehr Jahre 2,5%. *Lebenserwartung der Neugeborenen (1992):* männlich 49 Jahre, weiblich 52 Jahre. *Analphabetenquote (1987):* 15,0%. *BSP je Ew. (1993):* 90 US-$. *BIP nach Sektoren/Produktionsstruktur (1993):* Landwirtschaft 56%, Industrie 14%, Dienstleistungen 30%. *Währung:* 1 Tansania-Schilling (T. Sh.) = 100 Cents (Ct.). *Internationale Mitgliedschaften:* UNO, Commonwealth of Nations, OAU, Südafrikan. Entwicklungsgemeinschaft.

Geschichte: Im Okt. 1995 wurden unter z. T. chaot. Umständen (Wahlwiederholung in Daressalam u. a.) Parlaments- und Präsidentschaftswahlen abgehalten. Im islamisch geprägten Landesteil Sansibar wurde der Amtsinhaber nur knapp bestätigt; zum tansan. Staatspräs. wurde der von J. NYERERE protegierte Kandidat BENJAMIN MKAPA (* 1938) gewählt (Amtsantritt 23. 11. 1995). Die frühere Einheitspartei Chama Cha Mapinduzi errang 186 der 232 Sitze im Parlament.

***Tardieu,** Jean, frz. Schriftsteller: † Créteil 27. 1. 1995.

Târgoviște [tir'goviʃte], seit der Rechtschreibreform 1992 wieder Schreibung der rumän. Stadt ▷ Tîrgoviște.

Târgu Jiu ['tirgu ʒiu], seit der Rechtschreibreform 1992 wieder Schreibung der rumän. Stadt ▷ Tîrgu Jiu.

Târgu Mureș ['tirgu 'mureʃ], seit der Rechtschreibreform 1992 wieder Schreibung der rumän. Stadt Namens von ▷ Neumarkt 3).

Târnava ['tir-], seit der Rechtschreibreform 1992 wieder Schreibung des rumän. Namens des Flusses ▷ Kokel.

Târnăveni [tîrnə'venj], seit der Rechtschreibreform 1992 wieder Schreibung der rumän. Stadt ▷ Tîrnăveni.

Tatarstan, ▷ Tatarische Republik.

Täter-Opfer-Ausgleich, die im Strafrecht geschaffene Möglichkeit, daß der Straftäter nach der Tat zu einem ›Ausgleich‹ mit dem Opfer kommt. Die Idee des T.-O.-A. stellt den Strafanspruch des Staates gegen den Täter zurück, um den durch die Tat gestörten Rechtsfrieden zugunsten einer die Wiedergutmachungsbelange des Opfers betonenden Sichtweise wiederherzustellen. Durch die Konfrontation mit dem Opfer soll dem Täter sein Unrecht unmittelbar bewußt gemacht werden. Diese nach empir. Untersuchungen mit hohen Akzeptanzwerten bei Bev. und Opfern versehene Möglichkeit ist im Bereich des Jugendstrafrechts in den Katalog der Weisungen (§ 10 Abs. 1 Satz 3 Nr. 7 Jugendgerichts-Ges., →Erziehungsmaßregeln) aufgenommen und im Erwachsenenstrafrecht durch Ges. vom 28. 10. 1994 in § 46a StGB normiert worden. In letzterem Falle kann das Gericht die Strafe mildern oder bei einer Freiheitsstrafe bis zu einem Jahr oder einer Geldstrafe bis zu 360 Tagessätzen von Strafe ganz absehen, wenn der Täter seine Tat ganz oder zum überwiegenden Teil wiedergutgemacht hat oder dies ernsthaft erstrebt oder er das Opfer unter erhebl. persönl. Leistungen oder persönl. Verzicht entschädigt.

Taya, Maaouya Ould Si Ahmed, mauretan. Offizier und Politiker, *Atar 1943; leitete nach 1975/76 die mauretan. Militäraktionen in der Westsahara. Obgleich nicht am Militärputsch von 1978 beteiligt, wurde T. nacheinander Verteidigungs-Min. (1978–79), Befehlshaber der Nationalgendarmerie (1979–80) und Stabschef der Armee (1980–81). Anfang 1981 wurde er zum Premier-Min. und zugleich Verteidigungs-Min. ernannt, im März 1984 zum Armeestabschef. Am 12.12. 1984 erklärte T. sich zum Staatspräs. In den folgenden Jahren führte er eine schrittweise Demokratisierung durch und beendete schließlich das Militärregime. Bei den ersten freien Präsidentschaftswahlen am 24. 1. 1992 wurde er mit 62,65% der Stimmen bestätigt.

Taylor ['teɪlə], Charles Margrave, kanad. Philosoph und Politikwissenschaftler, *Montreal 5. 11. 1931; seit 1961 Prof. an der McGill University in Montreal. T. kritisierte in seinen früheren Arbeiten den Behaviorismus und Naturalismus in der Psychologie. Durchgängig betont er die methodolog. Sonderstellung der wertbezogenen Sozial- und Humanwissenschaften gegenüber den Naturwissenschaften. T. knüpft dabei vielfältig an Traditionen der kontinentaleurop. Philosophie an, die er auch ideengeschichtlich aufarbeitet, z. B. in einer Gesamtdarstellung der Philosophie G. W. F. HEGELS (›Hegel‹, 1975; dt.).

Weitere Werke: The explanation of behavior (1964); Hegel and modern society (1979); Social theory as practice (1983); Philosophical papers, 2 Bde. (1985; dt. Teilausg. u. d. T. Negative Freiheit? Zur Kritik des neuzeitl. Individualismus); Sources of the self. The making of the modern identity (1989; dt. Quellen des Selbst. Die Entstehung der neuzeitl. Identität); The malaise of modernity (1991, auch u. d. T. The ethics of authenticity; dt. Das Unbehagen an der Moderne); Multiculturalism and „The politics of recognition" (1992; dt. Multikulturalismus u. die Politik der Anerkennung).

Ausgabe: Erklärung u. Interpretation in den Wiss.en vom Menschen (1975).

Philosophy in an age of pluralism. The philosophy of C. T. in question, hg. v. J. TULLY u. a. (Cambridge 1994).

Taylor ['teɪlə], Joseph Hooton, jr., amerikan. Physiker und Astronom, *Philadelphia (Pa.) 29. 3. 1941; arbeitete u. a. am Harvard College Observatory, war 1974 Prof. an der Univ. von Massachusetts in Amherst und ist derzeit Prof. an der Princeton University. Mit seinem Doktoranden R. A. HULSE entdeckte T. 1974 ein Doppelsternsystem, in dem ein Pulsar in 7 h 45 min einmal um den anderen Stern kreist. Für die astrophysikal. Untersuchungen dieses Systems erhielten T. und HULSE 1993 den Nobelpreis für Physik.

*****Taylor,** Peter Hillsman, amerikan. Schriftsteller: †Charlottesville (Va.) 2. 11. 1994.

Techno ['tɛkno] der, -, bes. in Dtl. kreierter rein elektron. Stilbereich der Rockmusik, der sich v. a. als Tanzmusik (Rave) seit Beginn der 1990er Jahre zum Massenphänomen einer Jugendkultur im Computerzeitalter entwickelt hat. Im Mittelpunkt der T.-Szene steht der Diskjockey (DJ) als neuartiger Typus des ›Komponisten‹, der als Tonquellen teilweise selbst produzierte Synthesizerklänge, meist aber Ausschnitte fremder Musikaufnahmen übernimmt, im Sampler abspeichert, um sie dann am Computer bzw. Sequencer zu einer neuen Klangcollage zusammenzumischen. Der Vertrieb erfolgt i. d. R. über ein Plattenlabel (Independent Label).

Charakteristisch für den T. ist der stereotyp durchgehaltene, prägnante Viervierteltakt, auf dessen Grundlage dann im Mehrspurverfahren unterschiedl. Klangschichten (tracks) übereinandermontiert werden. Da herkömml. musikal. Kriterien wie etwa Melodik oder Harmonik hier keine Rolle spielen, werden die versch. Spielarten des T. (z. B. Ambient, Garage, House, Acid, Hardcore) nach Bpm (Beats pro Minute) unterschieden. Als Vorläufer des T. gelten die Düsseldorfer Rockgruppe ›Kraftwerk‹ sowie Punkrock und Industrial der 1980er Jahre, aber auch artifizielle Strömungen wie die Minimal music. Bekannte DJs sind u. a. SVEN VÄTH (*1964) und WESTBAM (eigtl. MAXIMILIAN LENZ, *1960).

Technologierat, Rat für Forschung, Technologie und Innovation, Beratungsgremium bei der Bundes-Reg. zur Verbesserung der Zusammenarbeit von Wiss., Wirtschaft und Politik in den Bereichen Forschung, Technologie und Innovation, um die internat. Wettbewerbsfähigkeit des ›Standorts Dtl.‹ zu erhöhen. Die Einrichtung des T. wurde bereits im März 1994 beschlossen, die Mitgl. allerdings erst im Febr. 1995 vom Bundeskanzler berufen. Dem T. gehören neben dem Bundeskanzler fünf Vertreter der Wiss., sieben Unternehmer, zwei Gewerkschafter, der Bundes-Min. für Wirtschaft und der Bundes-Min. für Bildung, Wissenschaft, Forschung und Technologie, der auch die Geschäftsführung des T. übernimmt, sowie ein Landesminister an. Der T. soll nicht nur Gesprächsforum sein, sondern auch in Zusammenarbeit mit den Fachabteilungen der zuständigen Ministerien konkrete Empfehlungen ausarbeiten. Die ersten Empfehlungen gab der T. Anfang 1996 zum Thema Informationsgesellschaft.

*****Telearbeit:** Die zunehmende Verbreitung der Informations- und Kommunikationstechnik (PC, Notebooks, intensivierter Datenaustausch über Unterseeoder Glasfaserkabel oder über Satelliten, Multimedia-Anwendung) hat die Einsatzbereiche von T. vervielfältigt. Bedeutung hat die T. heute auch in Form der Verlagerung von Tätigkeiten in Entwicklungsländer gewonnen, z. B. von Programmierungstätigkeiten in asiat. Länder, wobei das Arbeitskostengefälle und die Ausnutzung der Zeitverschiebung (längere Computernutzung) zum Tragen kommen.

*****Telebanking:** Immer größere Bedeutung erlangen elektron. Kommunikationsmittel, über die der Kunde mittels Datenfernübertragung direkt mit dem Rechenzentrum der Bank kommuniziert. So können Bankgeschäfte am Personalcomputer über ein Modem oder durch ein multifunktionales Telefon ausgeführt werden; das kontobezogenen Leistungen wie dem direkten telefon. Erteilen von Aufträgen an einen Bankmitarbeiter im Rahmen des Directbanking ist eine Legitimationsprüfung erforderlich (z. B. Geheimnummer, Kennwort).

Maaouya Ould Si Ahmed Taya

Joseph H. Taylor jr.

Tele   Telefonkarte – Tetzlaff

Levon Ter-Petrosjan

*Telefonkarte: Neben der Guthabenkarte, bei der die verbrauchten Einheiten bis zur völligen Entwertung im Kartentelefon abgezogen werden, gibt es die **Telekarte** als Dauerkarte. Sie ist mit einem PIN-Code (PIN Abk. für engl. Personal identification number) versehen, der vor jedem Telefonat am Kartentelefon eingetastet werden muß. Die Entgelte für die verbrauchten Einheiten werden über das Fernmeldekonto des Kartenbesitzers abgerechnet. Als spezielle Telekarte für das D-Netz des Mobilfunks wird die **SIM-Karte** zur Freischaltung verwendet (SIM Abk. für engl. Subscriber identity module). Auf ihr sind z. B. elektron. Gerätekennzahl, persönl. Rufnummer, Kontoverbindung und Anschrift des T.-Besitzers in elektron. Codierung verzeichnet. In einer kleineren Version ist diese T. als Plug-in-Chip fest in das Mobiltelefon (Handy) eingebaut.

1995 zeigte sich, daß die konventionellen T. nicht fälschungssicher sind. Für 1996 ist deshalb geplant, die T.-Software so zu ändern, daß nur noch mit dem **Eurochip** telefoniert werden kann. Bei diesem handelt es sich um einen speziell für die Verwendung in öffentl. Telefonen entwickelten Speicherchip mit einem 221-bit-EEPROM und einem 16-bit-maskenprogrammierten ROM. Bis zur Aushändigung an den Besitzer ist er durch einen Transportcode geschützt. Der Besitzer kann auf den Speicher der T. mit dem richtigen Code zugreifen, wofür ihm fünf Versuche erlaubt sind, beim sechsten Fehlversuch wird die T. irreversibel gesperrt. Der Eurochip verwendet für den Berechtigungsnachweis das ›Challenge-and-Response-Verfahren‹. Dabei verfügen Nutzer und Rechner über einen gemeinsamen geheimen ›Schlüssel‹. Dem Benutzer wird eine Zufallszahl angezeigt (Challenge), die jener mit dem Schlüssel kombinieren und als Antwort (Response) eingeben muß.

Teltow-Fläming [ˈtɛlto-], Landkreis in Brandenburg, 2091 km^2, (1995) 146800 Ew.; Verw.-Sitz ist Luckenwalde. Im N des Kreises erstreckt sich die flachwellige Grundmoränenplatte des Teltow; auf sandigen bis lehmigen Böden wechseln sich landwirtschaftlich genutzte Flächen (Ackerbau und Grünland) und geschlossene Waldgebiete ab. Nach SW schließt sich das seenreiche Glogau-Baruther Urstromtal an, der S wird von den mit ausgedehnten Kiefernwaldungen bestandenen Höhen (im Golmberg 178 m ü. M.) mit dazwischenliegenden Acker- und Grünflächen des Niederen Fläming eingenommen. Luckenwalde ist die größte Stadt des Kreises mit Elektronikindustrie, Maschinen- und Gerätebau sowie Kunststoffverarbeitung. Weitere Städte sind Jüterbog (Maschinenbau und Nahrungsmittelindustrie), Trebbin (Büromöbelwerk, Fahrzeugbau, Gartenbaubetriebe), Ludwigsfelde (Fahrzeugbau), Zossen (Autoindustrie, Gartenbau), Dahme und Baruth/Mark. In der früher gesperrten Militärstadt Wünsdorf sollen die ehem. Kasernen der Roten Armee, etwa 850 Gebäude, einer neuen Nutzung zugeführt werden. – Der Landkreis T.-F. wurde am 6. 12. 1993 aus den Landkreisen Luckenwalde (ohne die Gem. Niebel, Niebelhorst und Lühsdorf), Zossen (ohne Telz), der Stadt und dem Amt Dahme aus dem Kreis Luckau und dem größten Teil des Landkreises Jüterbog gebildet.

*Temin, Howard Martin, amerikanischer Biologe: † Madison (Wis.) 9. 2. 1994.

*Templin 2): Der Landkreis T. in Brandenburg ging am 6. 12. 1993 im neugebildeten Landkreis Uckermark auf; die Stadt Templin ist damit nicht mehr Kreisstadt.

*Tenbruck, Friedrich Heinrich, Soziologe: † Tübingen 9. 2. 1994.

Tenge, Währungseinheit in Kasachstan, Abk. **T**, 1 T. = 100 Tiin, und Turkmenistan, 100 T. = 1 Turkmenistan-Manat (TMM).

Ter-Petrosjan, Levon, armen. Politiker, * Aleppo 9. 1. 1945; Orientalist und Sprachwissenschaftler, gründete 1988 das Komitee Nagornij Karabach mit dem Ziel, die Zugehörigkeit Bergkarabachs zu Armenien wiederherzustellen. 1989 organisierte er die Armen. Pan-Nationale Bewegung und kandidierte Anfang Aug. 1990 erfolgreich für das Amt des Vors. des Obersten Sowjets Armeniens. Nach Ausrufung der Unabhängigkeit Armeniens (Sept. 1991) wählte ihn die Bev. im Okt. 1991 zum Staatspräsidenten.

*Territorialgewässer: →Küstenmeer.

*Terrorismus: Neben den Formen des T. gegen staatl. und gesellschaftl. Funktionsträger richtete sich der T. seit dem Ende der 1980er Jahre in immer stärkerem Maße gegen größere Menschengruppen. Im Zuge fremden- und minderheitenfeindl. Strömungen waren in Dtl. Ausländer, aber auch Obdachlose und Behinderte Ziel von Attentaten (z. B. tödl. Anschläge gegen Angehörige türk. Nationalität in Mölln und Solingen 1992/93). Seit der Gewaltverzichtserklärung der Rote-Armee-Fraktion 1992 hat sich eine neue terrorist. Vereinigung die ›antiimperialist. Zelle‹ (Abk. AIZ) gebildet, die 1995 zahlreiche Sprengstoffanschläge u. a. auf Parteibüros und Wohnhäuser von Politikern verübte. 1993 begann in Österreich von seiten rechtsextremist. Gruppen eine Serie von Briefbombenattentaten gegen bekannte Verfechter einer liberalen Ausländerpolitik oder gegen Angehörige von Minderheiten selbst. Mit terrorist. Angriffen auf türk. Einrichtungen suchen Anhänger der kurd. Autonomie- bzw. Unabhängigkeitsbewegung innerhalb und außerhalb der Türkei (bes. auch in Dtl.) ihrem Ziel mit Gewalt näherzukommen, in der Türkei selbst auch unter der bewußten Inkaufnahme der tödl. Bedrohung von Touristen.

Der T. fundamentalistisch-islam. Bewegungen, v. a. in Ägypten und Algerien, bezieht nicht nur Systemträger in seine Anschläge ein, sondern auch die Bürger, die sich durch Lebensführung oder öffentl. Stellung (als Journalisten, Schriftsteller) der Errichtung eines islam. Gottesstaates vermeintlich oder tatsächlich entgegenstellen. Der inneralger. T. bezog – vor dem Hintergrund des Kampfes zw. islam. Fundamentalismus und einem von der frz. Kultur beeinflußten Laizismus – Frankreich ein (Anschläge u. a. auf U-Bahnen in Paris). Im Nahen Osten versuchen verschiedene terrorist. Gruppen (v. a. Hamas), den israelisch-palästinens. Friedensprozeß durch Anschläge auf größere Menschengruppen in Israel zu gefährden.

Mit dem Angriff auf hochempfindl. und daher verwundbare Schaltstellen der heutigen Industriegesellschaft (Verwaltungs- und Kommunikationszentren, Drehpunkte und Einrichtungen des Verkehrswesens) erreichte der T. eine bis dahin unbekannte Dimension. Er bedroht mit seinen Anschlägen in Ballungszentren eine größtmögl. Zahl von Opfern auf engstem Raum. Mit einer hohen Zahl von Opfern verübten 1993 islam. Fundamentalisten einen Sprengstoffanschlag auf das World Trade Center in New York. Bei einem Anschlag der japan. Sekte →Aum shin-rikyō mit dem Nervengift Sarin auf die U-Bahn in Tokio sowie bei einem Attentat amerikan. Rechtsextremisten auf ein Bürogebäude in Oklahoma City wurden 1995 viele Menschen getötet oder verletzt.

*Teterow 2): Der Landkreis T. ging am 12. 6. 1994 im Kr. Güstrow auf; die Stadt Teterow ist damit nicht mehr Kreisstadt.

*Tetovo: Stadt in Makedonien. 1995 wurde in T. eine provisor. albanische Univ. gegründet.

Tetri, kleine Währungseinheit in Georgien, die bei der Währungsumstellung am 2. 10. 1995 zus. mit dem Lari eingeführt wurde, 100 T. = 1 Lari.

Tetzlaff, Christian, Violinist, * Hamburg 29. 4. 1966; debütierte mit den Münchner Philharmonikern unter S. CELIBIDACHE bei den Berliner Festwochen (1988). Seitdem ist T. als Solist mit zahlreichen führenden Orchestern der Welt aufgetreten. Neben dem klass. und romant. Repertoire hat er sich bevorzugt auch für die Konzertliteratur des 20. Jh. eingesetzt.

TEXUS, Abk. für **T**echnologische **E**xperimente **u**nter kurzzeitiger **S**chwerelosigkeit, dt. Forschungsprogramm zur Werkstofforschung, Fluidphysik und Biologie. Die Experimente werden unter den sechs bis sieben Minuten andauernden Bedingungen der Mikrogravitation während eines antriebslosen Parabelflugs (Gipfelhöhe 250 km) durchgeführt. Hierzu dienen Höhenraketen, die vom europ. Raketengelände Esrange in N-Schweden gestartet werden. Die wiederverwendbare Raketenspitze mit Experimentierkapseln bis zu 250 kg Nutzlast landet 16 Minuten nach dem Start am Fallschirm und wird mit einem Hubschrauber geborgen. Bis Ende 1995 (erstmals 1977) fanden 34 TEXUS-Flüge mit insgesamt mehr als 350 Einzelexperimenten statt, an denen sich auch die ESA und Japan beteiligten. Videoübertragungen der Versuchsabläufe in die Startzentrale, zur DLR in Köln-Porz und nach Fucino bei Neapel können seit 1989 erfolgen. Seit 1991/92 wird TEXUS durch das schwed.-dt. Programm MAXUS ergänzt, das 14 bis 15 Minuten Mikrogravitationsbedingungen (Gipfelhöhe 850 km) für 420 bis 470 kg Nutzlast bietet. Zudem werden seit 1993 kleinere Raketen für 130 kg Nutzlast und drei Minuten Mikrogravitationsbedingungen gestartet (Gipfelhöhe 150 km).

*****Thailand,** amtlich Thai **Prades Thai,** Staat in SO-Asien, in Hinterindien.

Hauptstadt: Bangkok. *Amtssprache:* Thai. *Staatsfläche:* 513 115 km^2 (ohne Binnengewässer 510 890 km^2). *Bodennutzung (1992):* 231 600 km^2 Ackerland, 8 400 km^2 Dauergrünland, 140 000 km^2 Waldfläche. *Einwohner (1995):* 59,45 Mio., 116 Ew. je km^2. *Städtische Bevölkerung (1993):* 19%. *Durchschnittliches Bevölkerungswachstum pro Jahr (1985-93):* 1,6%. *Bevölkerungsprojektion für 2000:* 61,202 Mio. Ew. *Ethnische Gruppen (1983):* 52,6% Thai, 26,9% Lao, 12,1% Chinesen, 3,7% Malaien, 2,7% Khmer, 2,0% sonstige. *Religion (1992):* 94,4% Buddhisten (der Buddhismus ist Staatsreligion), 3,9% Muslime. *Altersgliederung (1995):* unter 15 Jahre 29,2%, 15 bis unter 65 Jahre 66,2%, 65 und mehr Jahre 4,6%. *Lebenserwartung der Neugeborenen (1992):* männlich 67 Jahre, weiblich 72 Jahre. *Analphabetenquote (1991):* insgesamt 7,0%, männlich 3,9%, weiblich 10,1%. *BSP je Ew. (1993):* 2 110 US-$. *BIP nach Sektoren/Produktionsstruktur (1993):* Landwirtschaft 10%, Industrie 39%, Dienstleistungen 51%. *Arbeitslosenquote (1994):* 3,3%. *Währung:* 1 Baht (B) = 100 Stangs (St., Stg.). *Internationale Mitgliedschaften:* UNO, ASEAN, Colombo-Plan.

Geschichte: Es gelang der seit Sept. 1992 im Amt befindl. Reg. Chuan Leekpai, den Einfluß des Militärs, bislang ein Haupthindernis für die demokrat. Entwicklung, durch Pensionierungen und Versetzungen stark zu reduzieren. Am 11. 2. 1995 trat eine neue Verf. in Kraft. Nach einer Parlamentsauflösung, die letztlich durch einen Begünstigungsskandal um CHUAN LEEKPAI ausgelöst wurde, kam es am 2. 7. 1995 zu Neuwahlen, aus der die Chart Thai Party als Siegerin hervorging; ihr Vors. BANHARN SILAPA-ARCHA wurde am 13. 7. 1995 Ministerpräsident.

*****Thalheim,** Karl C., Wirtschaftswissenschaftler: †Berlin 1. 6. 1993.

*****Thamsbrück:** Die thüring. Stadt wurde zum 8. 3. 1994 in die Stadt Bad Langensalza eingemeindet.

Theobaldy [-di], Jürgen, Schriftsteller, * Straßburg 7. 3. 1944; lebte nach dem Studium u. a. der Literaturwissenschaft ab 1974 in Berlin (West), seit 1984 vorwiegend in der Schweiz. T. schreibt in nüchtern-salopper Sprache Gedichte, in denen er das Lebensgefühl seiner Generation zum Ausdruck bringt. Daneben verfaßt er Romane und ist als Herausgeber tätig.
Werke: *Lyrik:* Sperrsitz (1973); Blaue Flecken (1974); Zweiter Klasse (1976); Drinks. Gedichte aus Rom (1979); Schwere Erde, Rauch (1980); Die Sommertour (1983); In den Aufwind (1990); Der Nachtbildsammler (1992). – *Lyrik und Prosa:* Mehrstimmiges Grün (1994). – *Romane:* Sonntags Kino (1978); Spanische Wände (1981, überarb. Fassung 1984). – *Erzählungen:* Das Festival im Hof (1985).

*****Theodor-W.-Adorno-Preis:** Preisträger 1995 ist J.-L. GODARD.

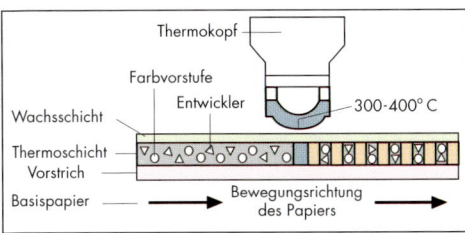

Thermopapier: Schematische Darstellung des Druckvorgangs

Thermopapier, mehrschichtig aufgebautes Spezialpapier, dessen Bedruckbarkeit auf einer wärmeempfindl. Schicht beruht. Eingesetzt wird es z. B. in Telefaxgeräten und für Aufkleber an automat. Waagen in Großmärkten. In der Thermoschicht befinden sich feinverteilt die einzelnen Komponenten Farbvorstufe, Entwickler (ein Phenol) und ein wasserlösl. Bindemittel. Damit diese Wärmereaktionsmasse bei der Beschichtung nicht in das Trägerpapier eindringt, wird dieses mit einem Vorstrich als Sperrschicht versehen. Die Geschmeidigkeit der Papieroberfläche wird durch eine Deckschicht aus Wachs hervorgerufen, die im Kalander geglättet wird. Wird das T. unter dem Thermokopf hindurchgeführt, werden die von den Signalen vorgegebenen Stellen des Thermokopfs kurzzeitig erhitzt. Der Wärmeeintrag führt dann in der Thermoschicht zum Umschlagen der Farbvorstufe in die jeweilige Farbe.

Thixoforming ['tɪksofo:mɪŋ; zu griech. thixis ›Berührung‹ und engl. to form ›formen‹] *das, -s, Umformtechnik:* Formgebungsverfahren für Leichtmetallegierungen, v. a. von Al-Mg-Si-Legierungen. Voraussetzung für das T. sind feinkörnige globulare Gefüge des Vormaterials, die z. B. durch Stranggießen unter elektromagnet. Rühren erreicht werden. Das Vormaterial wird dann derart erwärmt, daß im Rohling ein aufgeschmolzener Flüssiganteil zw. 30 und 60% vorliegt, bei dem der Rohling aber noch eine ausreichende Festigkeit aufweist, um ihn in das Gesenk einlegen zu können (T. wird daher auch als **Semi Solid Metal Forming** bezeichnet). Die bei der Formgebung auftretende Scherspannung läßt in dem Werkstück eine sehr fließfähige Suspension aus den Partikeln der festen mit der flüssigen Phase entstehen.

*****Thomas,** Jess Ford, amerikan. Sänger: †San Francisco (Calif.) 11. 10. 1993.

Thome, Rudolf, Filmregisseur, * Wallau/Lahn (heute zu Biedenkopf) 14. 11. 1939; Filmkritiker; trug nach Kurzfilmen (ab 1964) mit Spielfilmen (seit 1968) zum neuen dt. Film bei; ließ sich vom amerikan. Actionkino beeinflussen.
Filme: Detektive (1968); Rote Sonne (1969); Fremde Stadt (1972); Berlin Chamissoplatz (1980); System ohne Schatten (1983); Tarot (1986); Das Mikroskop (1988); Der Philosoph (1988); Sieben Frauen (1989); Liebe auf den ersten Blick (1991); Die Sonnengöttin (1992); Das Geheimnis (1995).

Thompson [tɔmsn], Emma, brit. Schauspielerin, * London 15. 4. 1959; arbeitete zus. mit K. BRANAGH

Emma Thompson

Thoß Thoß – Thüringen

am Theater; spielte u. a. in seinen Filmen (ab 1988); auch Fernsehrollen.
Filme: Schatten der Vergangenheit (1990); Wiedersehen in Howards End (1991); Viel Lärm um nichts (1993); Was vom Tage übrigblieb (1993); Junior (1994); Carrington (1995); Sinn und Sinnlichkeit (1995).

Thoß, Stephan, Tänzer und Choreograph, *Leipzig 15. 12. 1965; an der Dresdner Palucca-Schule ausgebildet; gehört mit Unterbrechungen seit 1982 zum Ballett der Staatsoper Dresden. Als Choreograph formulierte er eine eigenständige Bewegungssprache, die auf die Erkenntnisse von R. von Laban und K. Jooss zurückgreift und neue Ausdrucksmöglichkeiten entwickelt.
Choreographien: My way (1992); Rhapsodie über ein Thema von Paganini (1993); Romeo und Julia (1994); Les Noces (1994).

*Thurgau: 1992 wurden das Kassationsgericht und das Kriminalgericht als Organe der Strafrechtspflege aufgehoben.

*Thüringen, Bundesland (Freistaat) in der Mitte Dtl.s, umfaßt 16 171 km² (4,5% der Fläche Dtl.s), Landeshauptstadt ist Erfurt.

Thüringen: Verwaltungsgliederung

Verfassung: Die Vorläufige Landessatzung wurde durch eine Verf. für den Freistaat T. ersetzt, die am 25. 10. 1993 vom Landtag verabschiedet und vorläufig in Kraft gesetzt wurde, bevor sie gleichzeitig mit den Landtagswahlen am 16. 10. 1994 von der Bev. endgültig gebilligt wurde. Gesetzgebendes Organ ist der für fünf Jahre gewählte Landtag mit 88 Abg. Gesetzesvorlagen können durch die Landes-Reg., aus der Mitte des Landtages und durch Volksantrag (landesweites Quorum hierfür: 6% der Stimmberechtigten) eingebracht werden. Scheitert ein Volksantrag im Landtag, kann hierüber durch Volksbegehren (Quorum: 14%) der Volksentscheid erzwungen werden. An der Spitze der Exekutive steht der vom Landtag gewählte Min.-Präs., der die Min. ernennt und entläßt und den der Landtag nur im Wege eines konstruktiven Mißtrauensvotums stürzen kann. – Es besteht ein Verfassungsgerichtshof (Art. 79 f. der Verf., Ges. vom 17. 6. 1994) mit Sitz in Weimar, dessen neun Mitgl. vom Landtag auf Zeit gewählt werden.
Verwaltung: Die thüring. Verw. ist zweigliedrig geordnet, wobei sich T. anstelle von Reg.-Bez. auf der Mittelstufe für die Errichtung eines Landesverwaltungsamtes entschieden hat, das auf dieser Ebene die entsprechenden Aufgaben bündelt. Nach der am 16. 7. 1993 verabschiedeten Gebietsreform (in Kraft 1. 7. 1994) gliedert sich T. in 17 Kreise und fünf (ab 1. 1. 1998 sechs) kreisfreie Städte.
Recht: Nach Abschluß der Reform der Gerichtsorganisation gibt es in T. ein OLG (Jena), vier Land- und 30 Amtsgerichte, ein Landesarbeitsgericht (Erfurt) und sieben Arbeitsgerichte, ein Oberverwaltungsgericht (Weimar) und drei Verwaltungsgerichte, ein Landessozialgericht (Erfurt) und vier Sozialgerichte sowie ein Finanzgericht (Gotha).
Bevölkerung: Die (1995) 2,518 Mio. Ew. machen 3,1% der Bev. Dtl.s aus. Der Anteil der weibl. Bev. beläuft sich auf (1995) 51,6%. Im Zuge der Binnenwanderung ließen sich 1992 insgesamt 28 840 Menschen aus anderen Bundesländern in T. nieder, den Zuzügen steht ein Überschuß von 9 423 Fortzügen gegenüber. Am 31. 12. 1993 wohnten 22 600 Ausländer in T. (0,9 % der Landes-Bev.), davon waren 2 900 Menschen aus dem früheren Jugoslawien, 1 500 Polen; die Staatsangehörigkeit von Ländern der EU (1993) besaßen insgesamt 900 Ausländer. Von den (1992) 1,049 Mio. Privathaushalten sind 25,5% Einpersonenhaushalte. – Die Geburtenrate beträgt (1994) 5,0‰, die Sterberate 11,6‰. 1994 waren 17,9% der Bev. unter 15 Jahre alt, 67,7% 15 bis unter 65 Jahre alt, 14,4% 65 Jahre und älter.
Die Bev.-Dichte lag 1995 bei 156 Ew. je km². In Großstädten (100 000 Ew. und mehr) leben (1993) 16,9% der Bev. (1995: 17,5%), in Gemeinden zw. 50 000 und 100 000 Ew. 6,5%, zw. 10 000 und 50 000 Ew. 24,5%, unter 10 000 Ew. 52,1%. Größte Städte (1995) sind: Erfurt (213 500 Ew.), Gera (126 000 Ew.), Jena (102 200 Ew.), Weimar (62 200 Ew.), Suhl (54 400 Ew.) und Gotha (52 400 Ew.).
Wirtschaft: Die 1990 begonnene grundlegende Umstrukturierung der thüring. Wirtschaft von der sozialist. Planwirtschaft zu einer sozialen Marktwirtschaft vollzog sich schneller als in anderen neuen Bundesländern, war deshalb aber auch mit einem schnelleren Abbau von Arbeitsplätzen verbunden. Allein im industriellen Sektor gingen 1989–94 zwei Drittel der Arbeitsplätze verloren. 1994 hat sich das Beschäftigungsniveau erstmals wieder stabilisiert; die Zahl der Erwerbstätigen ist gegenüber 1993 um 20 600 auf 1,01 Mio. gestiegen (1989: 1,59 Mio.). Die Arbeitslosenquoten liegen mit (1992) 15,4% und (1994) 16,5% etwas über dem Durchschnitt in den neuen Bundesländern (14,8% bzw. 16,0%). Die Zahl der registrierten Arbeitslosen ging von (1992) 192 748 auf (1994) 190 405 leicht zurück. Ohne arbeitsmarktpolit. Maßnahmen wäre die Arbeitslosenzahl wesentlich höher.
Beim Wirtschaftswachstum erreichte T. 1992 den höchsten Wert unter den neuen Bundesländern. Die Wirtschaftsleistung gemessen am Bruttoinlandsprodukt (BIP) stieg 1992 gegenüber dem Vorjahr real um 13,5%, 1993 um 7,8% und 1994 um 9,6% und liegt (1994) bei nominal 54,6 Mrd. DM. Dies entspricht einem BIP je Ew. von 21 600 DM und einem BIP je Erwerbstätigen von 54 200 DM (Durchschnitt Ost-Dtl.: 22 100 DM bzw. 55 000 DM). Der Anteil am BIP Dtl.s liegt bei 1,6%, der Anteil am BIP Ost-Dtl.s bei 15,7%.
Weiter verändert hat sich auch die Produktions- und Erwerbsstruktur. Während die Anteile der Erwerbstätigen in Land- und Forstwirtschaft sowie im Bergbau und verarbeitenden Gewerbe weiter zurückgehen (1989–94 von 9,4% auf 3,7% bzw. von 40,8% auf 19,4%), konnten Bauwirtschaft und Dienstleistungssektor ihre relative Bedeutung erhöhen (von 6,0% auf 16,2% bzw. von 39,6% auf 59,4%). Die wichtigsten Industriezweige sind weiterhin Fahrzeug- und Maschinenbau, Elektroindustrie sowie opt. Industrie.

Gemessen an der Bruttowertschöpfung ist das produzierende Gewerbe in T. mit einem Anteil von (1994) 37,4% überdurchschnittlich stark. Auf den Agrarsektor entfallen noch 1,9% der Bruttowertschöpfung, auf den Dienstleistungssektor 60,7% (Handel und Verkehr 11,7%, öffentl. Sektor 21,8%, sonstige Dienstleistungsunternehmen 27,2%).

Schwerpunkte der Wirtschaftspolitik sind die ›Erhaltung industrieller Kerne‹, bes. der traditionellen thüring. Industrien wie Fahrzeugbau in Eisenach, opt. Industrie in Jena oder Jagdwaffenfertigung in Suhl, v. a. durch Investitionsförderung, aber auch teilweise durch direkte Beteiligung des Landes (z. B. Jenoptik GmbH), und der Aufbau einer mittelständ. Wirtschaft mit Industrie- und Handwerksbetrieben (auch hier beteiligt sich das Land T. z. T. direkt über die Industriebeteiligungsgesellschaft). Weiterhin werden Forschung und Entwicklung gefördert und der Ausbau der Infrastruktur, bes. der Verkehrsinfrastruktur, vorangetrieben, damit T. seine zentrale geograph. Lage als Standortvorteil besser nutzen kann.

Geschichte: In einem Festakt auf der Wartburg wurde am 25. 10. 1993 die Verf. des ›Freistaates T.‹ vorläufig in Kraft gesetzt. Zuvor war eine in vielen Teilen des Landes heftig umstrittene Gebietsreform sowie eine Kommunal-Verf. (angelehnt an die süddt. Rats-Verf.) verabschiedet worden. Angesichts der drohenden Schließung der Mitteldt. Kali AG (→Kali und Salz AG) besetzten Kumpel der Gruben Bischofferode und Merkers im April 1993 ihre Betriebe und traten am 1. 7. 1993 in einen (etwa acht Wochen dauernden) Hungerstreik. Im Febr. 1994 übernahm T. vom Bund (kostenfrei) mehr als 100 Liegenschaften der früheren Westgruppe der sowjet. Streitkräfte. Bei den Landtagswahlen vom 16. 10. 1994 blieb die CDU mit 42,6% der Stimmen (42 Sitze) vor der SPD (29,6%; 29) und der PDS (16,6%; 17) stärkste Partei. Bündnis 90/Die Grünen (4,5%; 0) und FDP (3,2%; 0) scheiterten an der Fünfprozentklausel des Wahlgesetzes; andere Gruppierungen erhielten zus. 3,5% der Stimmen. Mit der Landtagswahl war eine Abstimmung über die Verf. verbunden, der 70,1% der Stimmen angenommen wurde. Am 30. 11. 1994 wählte der Landtag B. VOGEL wieder zum MinPräs. an der Spitze einer großen Koalition von CDU und SPD.

*Tieftemperaturphysik: Anfang 1996 gelang an der Universität Bayreuth die Abkühlung einer mit Eisenatomen schwach dotierten Platinprobe (32 g) mittels adiabatischer Kernentmagnetisierung auf 2 μK ($2 \cdot 10^{-6}$ K); die Platinkerne selbst wurden dabei auf 0,3 μK abgekühlt.

*Tierschutz: Im Juni 1995 wurden vom EU-Agrarrat Beschlüsse zur Begrenzung der Transportdauer bei Tiertransporten verabschiedet. Diesen lag eine dt. Transportverordnung vom Herbst 1994 zugrunde. Die EU-Regelung sieht insbesondere folgendes vor: 1) Tiertransporte innerhalb der EU werden grundsätzlich auf acht Stunden beschränkt; ein Weitertransport ist frühestens nach 24 Stunden zulässig, vorher müssen die Tiere entladen, gefüttert und getränkt werden. 2) In bes. ausgestatteten Fahrzeugen kann auch eine Beförderung über einen längeren Zeitraum erfolgen; in diesem Fall sind präzise Vorschriften hinsichtlich Tränke- und Fütterungsintervallen, Fahrt- und Ruhezeiten und der Gesamttransportzeit einzuhalten. – Auf nat. Ebene dürfen darüber hinaus strengere Vorschriften erlassen werden. In Dtl. ist beabsichtigt, Schlachttiertransporte in normalen Fahrzeugen innerhalb Dtls auf absolut acht Stunden zu begrenzen.

Tietmeyer, Hans, Finanz- und Wirtschaftsfachmann, * Metelen 18. 8. 1931; nach Tätigkeit im Bundesministerium für Wirtschaft (ab 1962) sowie im Bundesministerium für Finanzen (ab 1977, u. a. als Staats-Sekr. 1982–89) seit 1990 im Direktorium der Dt. Bundesbank, ab Juli 1991 deren Vize-Präs. und seit Okt. 1993 als Nachfolger von H. SCHLESINGER deren Präs. Internat. Erfahrung erwarb T. in der OECD (Wirtschaftsausschuß 1972–82) und der EG (Wirtschafts- sowie Währungsausschuß) sowie als persönl. Berater von H. KOHL u. a. in der Vorbereitung der jährl. Wirtschaftsgipfel. Im Sept. 1988 war T. Opfer eines mißglückten Attentats.

Tighina [-ˈgi:-], seit 1990 Name der Stadt **Bendery** in Moldawien.

Tiin der, -/-, kleine Währungseinheit von Kasachstan, 100 T. = 1 Tenge (T.).

Tijin der, -/-, kleine Währungseinheit von Usbekistan, 100 T. = 1 Usbekistan-Sum.

*Tinbergen, Jan, niederländ. Volkswirtschaftler und Ökonometriker: † Den Haag 9. 6. 1994.

*Tîrgoviște: Stadt in Rumänien, wird seit der Rechtschreibreform 1992 wieder **Târgoviște** geschrieben.

*Tîrgu Jiu: Stadt in Rumänien, wird seit der Rechtschreibreform 1992 wieder **Târgu Jiu** geschrieben.

Tîrgu Mureș, Stadt in Rumänien (▷ Neumarkt 3), wird seit der Rechtschreibreform 1992 wieder **Târgu Mureș** geschrieben.

Tîrnava, Fluß in Rumänien (▷ Kokel), wird seit der Rechtschreibreform 1992 wieder **Târnava** geschrieben.

*Tîrnăveni: Stadt in Rumänien, wird seit der Rechtschreibreform 1992 wieder **Târnăveni** geschrieben.

Tišma [-ʃ-], Aleksandar, serb. Schriftsteller, * Horgoš (bei Subotica) 16. 1. 1924; stammt aus einer serbisch-jüd. Familie, war als Redakteur der Zeitschrift ›Letopis Matice Srpske‹ und als Verlagslektor in Novi Sad tätig. Hauptwerk ist der aus den Büchern ›Knjiga o Blamu‹ (1971; dt. ›Das Buch Blam‹), ›Upotreba čoveka‹ (1976; dt. ›Der Gebrauch des Menschen‹), ›Škola bezbožništva‹ (1978; dt. ›Die Schule der Gottlosigkeit‹), ›Vere i zavere‹ (1983) und ›Kapo‹ (1987) bestehende ›Pentateuch‹, der sich mit der Zeit des

Verwaltungsgliederung Thüringen
Größe und Bevölkerung (1995)

Verwaltungseinheit	Größe (in km²)	Ew. (in 1000)	Ew. je km²	Verwaltungssitz
Kreisfreie Städte				
Erfurt	269	213,5	793	–
Gera	152	126,0	829	–
Jena	114	102,2	897	–
Suhl	103	54,4	528	–
Weimar	84	62,2	741	–
Landkreise				
Altenburger Land	569	121,6	214	Altenburg
Eichsfeld	940	117,8	125	Heilbad Heiligenstadt
Gotha	936	148,4	159	Gotha
Greiz	843	127,9	152	Greiz
Hildburghausen	937	75,5	81	Hildburghausen
Ilm-Kreis	843	123,8	147	Arnstadt
Kyffhäuserkreis	1035	98,8	95	Sondershausen
Nordhausen	711	102,4	144	Nordhausen
Saale-Holzland-Kreis	817	91,8	112	Eisenberg
Saale-Orla-Kreis	1148	102,9	90	Schleiz
Saalfeld-Rudolstadt	1042	140,1	134	Saalfeld/Saale
Schmalkalden-Meiningen	1210	147,9	122	Meiningen
Sömmerda	804	82,7	103	Sömmerda
Sonneberg	433	71,5	165	Sonneberg
Unstrut-Hainich-Kreis	975	122,7	126	Mühlhausen/Thüringen
Wartburgkreis	1409	195,5	139	Bad Salzungen und Eisenach
Weimarer Land	796	88,4	101	Apolda
Thüringen	16171	2517,8*)	156	Erfurt

*) Differenzen durch Abrundung.

Hans Tietmeyer

Toca Tocantins – Toroni

Zweiten Weltkrieges beschäftigt. 1991–95 lebte T. in Paris im Exil.
Weitere Werke: *Roman:* Za crnom devojkom (1969). – *Erzählungen:* Nasilje (1965); Mrtvi ugao (1973); Povratak miru (1977). – *Lyrik:* Naseljeni svet (1956); Krčma (1961). – *Reisebeschreibung:* Drugde (1969).

***Tocantins 1):** Neue Hauptstadt des brasilian. Staates ist Palmas do Tocantins (1991: 24 300 Ew.).

***Togo,** amtlich frz. **République Togolaise,** dt. **Republik T.,** Staat in Westafrika, grenzt an den Golf von Guinea.

Hauptstadt: Lome (Lomé). *Amtssprache:* Französisch. *Staatsfläche:* 56 785 km² (ohne Binnengewässer 54 390 km²). *Bodennutzung (1992):* 6 690 km² Ackerland, 17 900 km² Dauergrünland, 15 900 km² Waldfläche. *Einwohner (1994):* 4,010 Mio., 71 Ew. je km². *Städtische Bevölkerung (1992):* 29%. *Durchschnittliches Bevölkerungswachstum pro Jahr (1985–93):* 3,6%. *Bevölkerungsprojektion für 2000:* 4,668 Mio. Ew. *Ethnische Gruppen:* rd. 40 Ethnien (Verständigungssprachen sind Hausa sowie die Sprachen der Ewe, der Fulbe, der Temba und der Mina). *Religion (1992):* 21,6% Katholiken, 12,2% Muslime (Sunniten). *Altersgliederung (1995):* unter 15 Jahre 45,7%, 15 bis unter 65 Jahre 51,2%, 65 und mehr Jahre 3,1%. *Lebenserwartung der Neugeborenen (1992):* männlich 53 Jahre, weiblich 57 Jahre. *Analphabetenquote (1991):* insgesamt 56,7%, männlich 43,6%, weiblich 69,3%. *BSP je Ew. (1993):* 340 US-$. *BIP nach Sektoren/Produktionsstruktur (1992):* Landwirtschaft 36%, Industrie 21%, Dienstleistungen 43%. *Währung:* 1 CFA-Franc = 100 Centimes. *Internationale Mitgliedschaften:* UNO, OAU, Wirtschaftsgemeinschaft westafrikan. Staaten.

Geschichte: Die offensichtlich manipulierte Präsidentschaftswahl vom Aug. 1993 gewann Präs. EYADÉMA. Bei den Parlamentswahlen vom Febr. 1994 konnte eine parlamentar. Mehrheit der vereinigten Opposition nur durch Annullierung der Ergebnisse in drei Wahlkreisen verhindert werden. Durch die Ernennung des Führers der kleineren Oppositionspartei ›Union Togolaise pour la Démocratie‹ (UTD), EDEM KODJO (* 1939), zum MinPräs. im April 1994 gelang Präs. EYADÉMA die Spaltung der Opposition und im Mai 1994 die Bildung einer von seinen Anhängern dominierten Mehrparteienregierung. Auf dieser Basis setzt das Regime seither seine z. T. gewaltsame Unterdrückung der Presse und der Opposition fort.

Tolar der, -/-, Abk. **SIT,** Währungseinheit von Slowenien, 1 T. = 100 Stotinov.

***Tonga,** amtl. Namen: tongaisch **Pule'anga Fakatu'i 'o Tonga,** engl. **Kingdom of T.,** dt. **Königreich T.,** Staat im südl. Pazifik.

Hauptstadt: Nuku'alofa. *Amtssprachen:* Tongaisch (eine polynes. Sprache) und Englisch. *Staatsfläche:* 747 km². *Bodennutzung (1991):* 500 km² Ackerland, 40 km² Dauergrünland, 80 km² Waldfläche. *Einwohner (1994):* 98 000, 131 Ew. je km². *Durchschnittlicher Bevölkerungsrückgang pro Jahr (1985–93):* 0,3%. *Bevölkerungsprojektion für 2000:* 103 000 Ew. *Religion:* 43% Methodisten, 16% Katholiken, 12% Mormonen, 18% andere Christen. *Lebenserwartung der Neugeborenen (1993):* männlich 65,5 Jahre, weiblich 70 Jahre. *BSP je Ew. (1993):* 1 530 US-$. *BIP nach Sektoren/Produktionsstruktur (1993):* Landwirtschaft 36%, Industrie 9%, Dienstleistungen 55%. *Währung:* 1 Pa'anga (T$) = 100 Seniti (s). *Internationale Mitgliedschaften:* Commonwealth of Nations, South Pacific Forum.

Geschichte: 1995 trat T. dem IWF und der Weltbank bei. König TAUFA'AHAU TUPOU IV. setzt sich in Gesprächen mit Vertretern pazif. Nachbarstaaten für die Bildung einer ›Polynes. Allianz‹ ein, der u. a. Westsamoa und Amerikanisch-Samoa, Niue, Frz.-Polynesien, Wallis und Futuna und die Cookinseln angehören sollen. In den 90er Jahren tritt in der Innenpolitik eine demokratisch orientierte Opposition hervor, die durch eine Reform der Verf. die beherrschende Stellung des Königshauses und des Adels begrenzen will.

***Tonhalle- und Theater Orchester:** Chefdirigent ist seit 1995 DAVID ZINMAN (* 1936).

Tontić [-titɕ], Stevan, bosn. Lyriker, * Sanski Most 30. 12. 1946; stammt aus einer serb. Familie, war bis zu seiner Emigration 1993 als Verlagslektor in Sarajevo tätig; lebt heute in Berlin. T. veröffentlichte mehrere Lyrikbände (›Nauka o duši i druge vesele priče‹, 1970; ›Tajna prepiska‹, 1976; ›Naše gore vuk‹, 1976; ›Hulim i posvećujem‹, 1977; ›Crna je mati nedjelja‹, 1983), Anthologien, Essays und Übersetzungen aus der dt. Literatur. Die Gedichtsammlung ›Sarajevski rukopis‹ (1993; dt. ›Handschrift aus Sarajevo‹) entstand während der Belagerung der Stadt.

***Töpfer,** Klaus, Politiker: War bis 1994 Bundes-Min. für Umwelt, Naturschutz und Reaktorsicherheit, seitdem Bundes-Min. für Raumordnung, Bauwesen und Städtebau.

***Torga,** Miguel, portug. Schriftsteller: † Coimbra 17. 1. 1995.

***Torgau 1):** Die alte Elbbrücke bei T. (Denkmal der Begegnung) wurde im Sommer 1994 abgebrochen; 1993 war eine neue Straßenbrücke eröffnet worden.

***Torgau 2):** Der Landkreis T. ging am 1. 8. 1994 im Kr. Torgau-Oschatz auf.

Torgau-Oschatz, Landkreis im Reg.-Bez. Leipzig, Sachsen, 1 165 km², (1995) 105 100 Ew.; Kreisstadt ist Torgau. Das im N von der Elbe durchflossene Kreisgebiet grenzt an Sachs.-Anh. und Brandenburg. Fruchtbare Agrargebiete und ausgedehnte Forst- und Heideflächen (Wermsdorfer Wald, Dübener, Annaburger, Dahlener Heide) mit zahlreichen Teichen und Seen (größter See ist der Große Teich bei Torgau) prägen den Landkreis. Die Elbtalkiese sind als Wasserspeicher für das Ballungsgebiet Halle/Leipzig bedeutsam. Höchste Erhebung ist der Collmberg (313 m ü. M.) bei Oschatz. Bei Graditz existiert ein Landesgestüt. Größte Städte sind Torgau (1995: 20 700 Ew.; mit Flachglaswerk und Elbhafen) und Oschatz (18 500 Ew.; Glasseidenwerk); weitere Städte sind Belgern, Dahlen (mit Kurort Schmannewitz), Dommitzsch (Nahrungsmittelindustrie), Mügeln (keram. Industrie) und Schildau (Erholungsort). – Der Kreis wurde am 1. 8. 1994 aus den bisherigen Kreisen Torgau und Oschatz gebildet; eingegliedert wurden fünf Gemeinden des bisherigen Kr. Eilenburg.

Tornatore, Giuseppe, italien. Filmregisseur, * Bagheria (Prov. Palermo) 1956; drehte 1982 einen Dokumentarfilm über ethn. Minderheiten auf Sizilien; ging später (1985) zum Spielfilm über. *Filme:* Der Professor (1985); Code Name Zebra (1986); Grotesque (1987); Cinema Paradiso (1989); Allen geht's gut (1990); Una pura formalità (1994); L'uomo delle stelle (1995).

***Toro:** Am 29. 7. 1993 wurde das 1967 liquidierte Königreich der T. mit der Krönung von PATRICK KABOYO OLIMI (* 1945) wiedererrichtet. Nach dessen Tod am 26. 8. 1995 wurde im Sept. 1995 OYO NYIMBA IGURU sein Nachfolger (→Uganda).

Toroni, Niele, schweizer. Maler, * Muralto (bei Locarno) 19. 3. 1937; lebt seit 1959 in Paris, arbeitet seit Ende der 1960er Jahre an einer einzigen konzeptuell orientierten Werkreihe, die unter dem Titel ›Pinselabdrücke Nr. 50, wiederholt in regelmäßigen Abständen von 30 cm‹ trägt. Lediglich Farbton und Pigmentträger werden als Variable behandelt und vor Ort ausgewählt.
N. T. Catalogue raisonnable 1967-1987. 20 ans d'empreintes, Ausst.-Kat. (Nizza 1987); N. T., l'album, Ausst.-Kat. Paris 1991).

Total Quality Management [ˈtəʊtl ˈkwɔlɪtɪ ˈmænɪdʒmənt, engl.], →Qualitätsmanagement.

__Tour de France:__ Zu den bisher erfolgreichsten Gewinnern kam MIGUEL INDURÁIN (1964), der 1995 zum fünften Mal hintereinander siegte.

Toussaint [tuˈsɛ̃], Jean-Philippe, belg. Schriftsteller frz. Sprache, * Brüssel 29. 11. 1957; gehört zu den in den 1980er Jahren als literar. ›Minimalisten‹ hervorgetretenen Autoren, die eine banale Alltagswirklichkeit mit großer Präzision und Detailfülle sowie gänzl. emotionaler Teilnahmslosigkeit beschreiben. In der diskreten Ironie und im subtilen Spiel mit den Erwartungen des Lesers tritt allerdings hinter der scheinbaren Indifferenz der Protagonisten die Kritik T.s an der heutigen Gesellschaft zutage.

Werke: *Romane:* La salle de bain (1985; dt. Das Badezimmer); Monsieur (1986; dt.); L'appareil-photo (1988; dt. Der Photoapparat); La réticence (1991; dt. Der Köder).

***Trägerrakete:** Die russ. T. Energija (Energia), bestehend aus einer Zentralstufe mit vier oder mehr seitl. Boosterraketen (Masse ab 2400t, Startschub ab 35,5 MN; 1 MN = 1 Meganewton = 10^6 Newton), ist als derzeit leistungsstärkste T. auf mindestens 105 t Nutzlast für niedrige Erdumlaufbahnen und 22 t für die geostationäre Bahn ausgelegt. Aufgrund wirtschaftl. Probleme, bes. nach dem Ende der UdSSR, wurden die Energija-Starts nach nur zwei Flügen (1987 Erststart, 1988 als Träger des →Raumtransporters Buran) bis auf weiteres ausgesetzt.

1989 enthüllten die russ. Medien das 1960–74 betriebene Programm der sowjet. T. N 1 (Höhe 105 m, Heckdurchmesser 17 m, Startmasse 2 700 t, 42 Triebwerke, Startschub 46,2 MN), die für bemannte Mondlandungen im Wettlauf mit den USA dienen sollte. Nach vier (unbemannten) Fehlstarts 1969–72 aufgrund von Triebwerksdefekten wurde das Projekt schließlich eingestellt.

Unter den leistungsstarken T. nach wie vor im Dienst sind der amerikan. Raumtransporter Spaceshuttle, die amerikan. Titan IV (seit 1994 Titan IV-Centaur), die russ. Proton und die ukrain. Zenit; ebenfalls zu dieser Kategorie gehört seit 1996 die europ. →Ariane-5. Die stärkste japan. T., H-II (seit 1994), kann 10 t Nutzlast in eine niedrige oder 2,0 t in die geostationäre Umlaufbahn bringen, die chin. T. CZ-3A (seit 1994) 2,4 t in die geostationäre Transferbahn. →Raketentriebwerk)

Trans|atlantische Freihandelszone, engl. **Transatlantic Free Tade Area** [trænsətˈlæntɪk friːˈtreɪd ˈeərɪə], Abk. **TAFTA,** Bez. für das Konzept einer aus den Mitgl.-Staaten der EU und der Nordamerikan. Freihandelszone (NAFTA) bestehenden Freihandelszone, das 1995 nach der Gründung der Welthandelsorganisation diskutiert wurde, um die Wirtschaftsbeziehungen zw. beiden Wirtschaftsblöcken zu intensivieren. Am 3. 12. 1995 wurde zw. EU und USA eine Transatlant. Agenda unterzeichnet, in der allerdings nicht von der TAFTA, sondern von der Schaffung eines ›transatlant. Marktplatzes‹ im Rahmen der Welthandelsorganisation die Rede ist.

Trans|europäische Netze, Abk. **TEN,** Bez. für länderübergreifende Infrastrukturvorhaben in den Bereichen Verkehr, Energietransport und Telekommunikation im Rahmen des Europ. Binnenmarktes. Ziel des TEN-Programms ist die Verringerung der Entfernungen zw. den Randgebieten und den zentral gelegenen Gebieten innerhalb der EU durch die Behebung von Netzengpässen (sowohl auf grenzüberschreitender als auch auf nat. Ebene), sofern sie eine optimale Nutzung des europ. Netzes insgesamt behindern. Für private Anbieter soll der Zugang zu den zumeist staatl. Infrastrukturnetzen verbessert werden. Das TEN-Programm ist Teil eines Konjunkturprogramms, das die Staats- und Reg.-Chefs der EU 1993 zur Belebung der Konjunktur und zum Abbau der Arbeitslosigkeit beschlossen haben. Danach sollen bis zum Jahr 2010 Investitionen in Höhe von 400 Mrd. ECU (bis 2000: 220 Mrd. ECU) getätigt werden. Ende 1994 wurden vom Europ. Rat insgesamt 14 Verkehrsprojekte und 11 Projekte der Elektrizitäts- und Erdgasversorgung als vorrangig eingestuft (u. a. mehrere Strecken für Hochgeschwindigkeitszüge, kombinierter Güterverkehr über die Alpen, Ausbau der transeurop. Strom- und Gasversorgungsleitungen). Die Telekommunikation soll durch die Schaffung eines digitalen Euro-ISDN-Netzes verbessert werden. Die TEN-Projekte werden sowohl durch private Unternehmen als auch über öffentl. Haushalte finanziert. Für den Zeitraum 1995–99 sind Zuschüsse von 2,3 Mrd. ECU vorgesehen. Kredite und Zuschüsse leisten die Europ. Investitionsbank und der Europ. Investitionsfonds.

TRANSFAIR [-fɛːr], Kurz-Bez. für **TRANSFAIR Verein zur Förderung des fairen Handels mit der ›Dritten Welt‹ e. V.,** unabhängige Organisation im Bereich des fairen Handels mit Entwicklungsländern, gegr. 1992, Sitz: Köln. Sie vergibt seit 1993 das TRANSFAIR-Siegel an Lizenznehmer (z. B. Unternehmen der Nahrungs- und Genußmittelindustrie), die sich an die mit den Produzenten erarbeiteten Richtlinien für fairen Handel halten (u. a. Einkauf direkt beim Erzeuger, garantierter Mindestpreis, langfristige Lieferverträge). Lizenznehmer können ihre Produkte mit dem TRANSFAIR-Siegel versehen in den Handel bringen (ergänzend zu traditionellen Vertriebswegen wie Dritte-Welt-Läden). Mit den Lizenzgebühren finanziert TRANSFAIR u. a. seine Bildungs- und Öffentlichkeitsarbeit über fairen Handel und ungerechte weltwirtschaftl. Strukturen. Träger des Vereins sind (1995) 33 Organisationen aus den Bereichen Entwicklungspolitik, Kirche, Verbraucherpolitik, Sozialarbeit, Bildung und Umwelt.

TRANSFAIR-Organisationen gibt es u. a. auch in Österreich, Italien, Japan, den USA und Luxemburg. Die nat. Organisationen haben sich mit der European Fair Trade Association 1994 zu TRANSFAIR International (Abk. TFI) zusammengeschlossen.

Transfer|rubelbetrug, →Vereinigungskriminalität.

Transformationsgesellschaften, sozialwissenschaftl. Begriff, der darauf zielt, Prozesse und Erscheinungsformen von im Umbruch befindl. Gesellschaften und die damit verbundenen grundlegenden sozialen, ökonom., polit. und kulturellen Veränderungen zu beschreiben und zu analysieren. Der Begriff

Trägerrakete: Sowjetische Trägerrakete N1

Niele Toroni: Aprite le finestre; Pinselabdrücke Nr. 50, wiederholt in regelmäßigen Abständen von 30 cm; 1991 (Ascona, Museo Comunale d'Arte Moderna)

geht auf den ungarisch-brit. Wirtschaftstheoretiker KARL POLANYI (* 1886, † 1964) zurück, der in seinem Hauptwerk ›The great transformation‹ (1944; dt. ›The great transformation. Polit. u. ökonom. Ursprünge von Gesellschaften und Wirtschaftssystemen‹) die Probleme und Fehlentwicklungen zeitgenöss. Wirtschaftsverfassungen und Gesellschaftsformen als Folge des histor. Übergangs von einem vormodernen ›integrierten‹ Wirtschafts- und Gesellschaftsmodell zur Marktwirtschaft im Zeitalter der Industriegesellschaften beschreibt.

Gegenwärtig werden mit T. bes. die Staaten Mittel- und Osteuropas nach dem Zusammenbruch kommunistischer bzw. staatssozialist. Planwirtschaften und Gesellschaftssysteme bezeichnet. Der Begriff findet auch Anwendung in der Entwicklungsländerforschung. Nicht zuletzt wird er zur Analyse und Beschreibung der gesellschaftl. und wirtschaftl. Entwicklungen und Anpassungsprozesse innerhalb Dtl.s nach der Vereinigung gebraucht. Anders als der Begriff des sozialen Wandels, der einen längerfristigen, vielgründigen und insgesamt ungeplanten Veränderungsgang bezeichnet, und anders auch als der Begriff der Revolution, der einen plötzl. Umbruch bezeichnet, hebt der Begriff der Transformation (auch Systemtransformation) auf ein zielgerichtetes Zusammenspiel ökonom., polit., kultureller und sozialer Faktoren ab. Die heutigen T. sind v. a. dadurch gekennzeichnet, daß als Vorbild für die Veränderungen (den geplanten Umbau) ›westl.‹ Gesellschaften und polit. Systeme dienen, in denen Leitvorstellungen der sozialen Marktwirtschaft, die bürgerl. Eigentums- und Rechtsordnung sowie intermediäre Organisationen und Öffentlichkeit üblich sind. Während sich aber das Modell westl. bürgerlicher Gesellschaften mit Marktwirtschaft und einer auf Gewaltenteilung, Menschenrechten, Pluralismus und Öffentlichkeit aufbauenden polit. Kultur in einem jahrhundertelangen, widersprüchl. und konfliktreichen Entwicklungsgang herausgebildet hat, stehen die T. vor der Aufgabe, eine Wirtschafts-, Rechts- und Verfassungsordnung und Regeln sozialer Integration gleichzeitig neu entwickeln zu müssen.

J. BATT: East Central Europe from reform to transformation (London 1991); Administrative transformation in Central and Eastern Europe, hg. v. J. J. HESSE (Oxford 1993); C. OFFE: Der Tunnel am Ende des Lichts (1994).

transgene Organismen: Schematische Darstellung der Genübertragung durch Agrobacterium tumefaciens

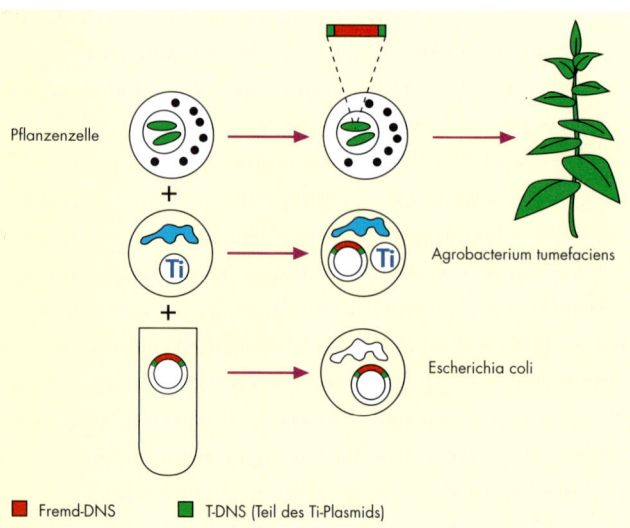

transgene Organismen, Organismen, in deren Genom Gene aus einer anderen Organismenart eingebaut wurden und die die Fremdgene (**Transgene**) stabil in ihr Erbgut integriert haben. Ein durch den Einbau von Fremdgenen verändertes Genom wird **Transgenom** genannt. Als Transgene verwendet werden normale Gene mit bekannter Funktion oder mit unbekannter Funktion sowie Allele eines bekannten Gens, die eine Mutation tragen. Durch die Erzeugung t. O. hofft man, u. a. neue Erkenntnisse zu gewinnen über die Funktion von Genen und die Mechanismen der ▷ Genexpression, der Gewebedifferenzierung und Organentwicklung, der Alterung und der Entstehung bösartiger Tumoren; weitere Ziele sind die Verbesserung gentherapeut. Methoden in der Medizin sowie die Herstellung transgener Nutzpflanzen und -tiere, die veränderte Eigenschaften zum Nutzen des Menschen aufweisen.

Zur Erzeugung t. O. werden entweder als spezielle Vektoren dienende Viren (bei Säugern z. B. Retroviren) oder Plasmide (bei Pflanzen meist sogenannte Ti-Plasmide) oder, v. a. zur Erzeugung **transgener Tiere**, die Methode der Mikroinjektion angewandt, bei der die DNS (▷ Nukleinsäuren) mit Hilfe einer feinen Glaskapillare in die Zelle eingeführt wird; meist handelt es sich dabei um eine befruchtete Eizelle, die anschließend in die Gebärmutter eines scheinträchtigen Tieres eingepflanzt wird. Die entstehenden Nachkommen sind meist Mosaike, deren Körperzellen z. T. das normale Genom, z. T. das Transgenom tragen; das Transgen kann in einer oder in vielen Kopien an beliebiger Stelle des Genoms eingebaut sein. Da die so erzeugten transgenen Tiere das Transgen immer nur auf einem der beiden homologen Chromosomen tragen, also hemizygot sind, müssen durch nachfolgende Kreuzungen solcher hemizygoter Tiere in bezug auf das Transgen reinerbige (homozygote) Tiere gezüchtet werden. Dies geht allerdings nur mit solchen Tieren, bei denen das Transgen in die Keimbahnzellen integriert ist. Die Erzeugung **transgener Pflanzen** kann z. B. mit Hilfe eines bestimmten Plasmids des Bakteriums Agrobacterium tumefaciens (▷ Agrobacterium) erfolgen oder mit Hilfe von Viren als DNS-Übertragern (beides sind Mechanismen, die auch in der Natur vorkommen).

An der Verbesserung der Verfahren zur Herstellung von t. O. wird intensiv gearbeitet, v. a. zur Erzeugung transgener Nutztiere und Nutzpflanzen, wobei sich insbesondere die Genübertragung bei Nutztieren noch im experimentellen Stadium befindet. Hauptproblem ist, daß nicht bestimmt werden kann, an welcher Stelle das Fremdgen eingebaut wird, und daß als unerwünschte Folgen Unwirksamkeit des Gens, Lebensunfähigkeit des Tieres oder Anfälligkeit für Krankheiten auftreten (→Gentherapie). Kritiker befürchten, daß t. O. bei Verbreitung das ökolog. Gleichgewicht empfindlich stören könnten (→Freilandversuch); darüber hinaus könnte die gentechnolog. Herstellung effizienter Nutztiere und Nutzpflanzen dazu führen, daß sich Züchtung und Anbau nur noch auf wenige ertragreiche Sorten konzentrieren und die Artenvielfalt leidet. Sehr kontrovers diskutiert wird die Frage der Patentierbarkeit transgener Organismen. (→Gentechnologie)

*Transkei: Mit dem Ende des Apartheidsystems in der Rep. Südafrika ging die T. 1994 in der neuen Prov. Ostkap auf.

*Transplantation 1): Bislang gelten die T.-Kriterien nach der Gewebetypisierung (▷ HLA-System) nur für die Verpflanzung von Nieren, allenfalls noch für die Bauchspeicheldrüse, da für die übrigen Organe der Vorteil guter Gewebeübereinstimmung bislang nicht bewiesen und die zur Verfügung stehende Zeit zur Vermittlung nach Typisierung zu kurz ist. Herz,

Lunge und Leber werden deshalb entsprechend der Blutgruppenzugehörigkeit und den Größenverhältnissen beim Empfänger sowie nach Dringlichkeit der T. zugeordnet.

Verbesserungen der T.-Ergebnisse gehen auf die Weiterentwicklung von Immunsuppressiva zurück. Neben der Infektanfälligkeit in den ersten Monaten nach der T. bleibt als Nachteil der dauernden Immunsuppression die gegenüber der Normalbevölkerung um das 3- bis 4fache erhöhte Gefahr, daß sich bösartige Tumoren entwickeln. In manchen Ländern liegen die Werte noch höher (mit einem großen Anteil an Hauttumoren). Bei des. intensiver immunsuppressiver Behandlung werden früh bösartige Lympherkrankungen beobachtet.

Wegen der Organknappheit insbesondere für Kinder sind inzwischen auch Teile von Lungen, Leber und Bauchspeicheldrüse vom lebenden Menschen entnommen und meist auf nahe Verwandte übertragen worden. Während der operative Eingriff bei der Nierenentnahme von einem Lebendspender relativ ungefährlich ist, bedeuten die anderen Organentnahmen ein größeres Operationsrisiko. Die Methoden können aber insbesondere für die Leber auch beim Verstorbenen angewandt werden, d. h., daß dann eine Leber so geteilt wird, daß der kleinere linke Lappen einem Kind und der rechte größere einem Erwachsenen eingepflanzt wird. Dank der großen Regenerationskraft der Leber reichen die Hälften jeweils für den Empfänger in ihrer Funktion aus. Als Weiterentwicklung für bestimmte Situationen mit akutem Leberversagen kann eine Teilleber zusätzlich zu der vorhandenen, aber erkrankten Leber eingepflanzt werden. Erholt sich die eigene Leber, kann die Immunsuppression abgesetzt und die verpflanzte Leber dann wieder entfernt werden.

Das T.-Gesetz (Anfang 1996 noch in Vorbereitung) wird die Voraussetzungen der Organentnahme beim Verstorbenen so regeln, daß der völlige und nicht behebbare Ausfall aller Hirnfunktionen als Tod des Menschen akzeptiert wird. Dieser Zustand muß von zwei Ärzten beurteilt werden, die nicht in Abhängigkeit zu den organentnehmenden bzw. transplantierenden Ärzten stehen. Liegt eine ausdrückl. Zustimmung des Verstorbenen nicht vor, sollen die Angehörigen nach dem mutmaßl. Willen des Verstorbenen befragt und dementsprechend gehandelt werden (erweiterte Zustimmungslösung). Bei der Lebendspende wird die Bindung an Blutsverwandte zugunsten auch sonst sich Nahestehender, insbesondere von Eheleuten, aufgehoben werden.

Die Organspende soll in Zukunft mehr als bisher nicht allein von den T.-Zentren, sondern übergeordnet in Regionen organisiert werden. Für Dtl. bleibt bei der Organzuordnung EUROTRANSPLANT in Leiden, Niederlande, zuständig. Ein Bundesgremium soll über Dokumentation und Regeleinhaltung wachen.

*Transurane:** Nach Überprüfung von z. T. jahrzehntealten Laborprotokollen durch die Transfermium Working Group der IUPAC hat deren Nomenklaturkommission 1994 für die Elemente 102 bis 109 Namen vorgeschlagen, die für die Elemente 107, 108 und 109 von den 1992 durch die Gesellschaft für Schwerionenforschung (GSI) vergebenen abweichen. Im Aug. 1995 empfahl die Nomenklaturkommission der IUPAC auf ihrer Tagung in Guildford (England) die neuen Namen. Die GSI ist mit einigen dieser Namensgebungen nicht einverstanden. Eine endgültige Klärung wird 1997 von der Generalversammlung der IUPAC in Genf erwartet. Sollte die Namensgebung bestätigt werden, würde ein Element (Seaborgium) erstmals nach einem lebenden Wissenschaftler benannt (nach G. T. SEABORG). Im Nov. und Dez. 1994 wurden durch die GSI in Darmstadt unter Leitung von P. ARMBRUSTER (* 1931) und G. MÜNZENBERG (* 1940) die Elemente 110 und 111 nachgewiesen, für die es noch keine Namensvorschläge gibt. Element 110 hat eine Lebensdauer von 270 Mikrosekunden und zerfällt unter Aussendung von Heliumkernen (Alphastrahlen). Am 9. 2. 1996 konnte die GSI das Element 112 eindeutig nachweisen. Es hat das Atomgewicht 277 und eine Zerfallszeit zw. 0,1 und 0,5 Millisekunden.

Element	neuer Name (Abk.)	bisheriger Name (Abk.)
102	Flerovium (Fl)	Nobelium (No)
103	Lawrencium (Lr)	Lawrencium (Lr)
104	Dubnium (Db)	Rutherfordium (Rf)
105	Joliotium (Jl)	Hahnium (Ha)
106	Seaborgium (Sg)	Rutherfordium[1] (Rf)
107	Bohrium (Bh)	Nielsbohrium (Ns)
108	Hahnium (Ha)	Hassium[2] (Hs)
109	Meitnerium (Mt)	Meitnerium (Mt)

[1]) Ab 1994. – [2]) Ab 1992.

Transurane: Benennungen der Elemente 102 bis 109

*Transvaal:** Das Gebiet von T. fiel bei der Neugliederung der Rep. Südafrika 1994 an die Prov. Nordwest, Nord-Transvaal, Ost-Transvaal und Gauteng.

Tremain [trɪˈmeɪn], Rose, geb. **Thomson** [tɔmsn], engl. Schriftstellerin, * London 2. 8. 1943; behandelt in ihren formal flexiblen Romanen Alter und Einsamkeit (›Sadler's birthday‹, 1976), soziale Verflechtungen (›Letter to Sister Benedicta‹, 1978), außerdem Liebe, Liebesverlust und Mitleid, in ›Restoration‹ (1989; dt. ›Des Königs Narr‹) in ein imaginatives Geschichtsbild der Zeit des engl. Königs KARL II. eingebettet. T. schreibt auch Hör- und Fernsehspiele.

Weitere Werke: *Romane:* The swimming pool season (1985); Sacred country (1992; dt. Die Umwandlung). – *Erzählungen:* Evangelista's fan and other stories (1994).

*Treuhandanstalt:** Die T. beendete ihre Tätigkeit am 31. 12. 1994. Bis dahin hatte sie 15 100 Unternehmen und Betriebsteile veräußert (darunter rd. 3 000 Management buyouts). Hinzu kamen im Rahmen der ›kleinen Privatisierung‹ bereits bis 1991 der Verkauf von 25 000 Handelsgeschäften, Gaststätten, Hotels u. ä., ferner 4 350 Reprivatisierungen (Rückgabe von Unternehmen an Alteigentümer nach dem Vermögensgesetz) sowie der Verkauf von rd. 46 000 Liegenschaften und rd. 62 000 ha land- und forstwirtschaftl. Fläche. Aus ihrem Finanzengagement für Sanierung, Privatisierung und Abwicklung hinterließ die T. Ende 1994 rd. 205 Mrd. DM aufgelaufene Schulden, die zum 1. 1. 1995 auf den →Erblastentilgungsfonds übertragen wurden. Die ab 1995 entstehenden Defizite der Nachfolgeeinrichtungen der T. (erwartet werden rd. 52 Mrd. DM) werden direkt aus dem Bundeshaushalt finanziert.

Die verbleibenden Aufgaben der T. obliegen seit dem 1. 1. 1995 vier Nachfolgeorganisationen: Die 47 verbliebenen sanierbaren Treuhandunternehmen wurden unter dem Dach der **Beteiligungs-Managementgesellschaft (BMG)** zusammengefaßt. Die zur Besitzgesellschaft umgewandelte **Treuhand Liegenschaftsgesellschaft mbH (TLG)** führt als unmittelbare Bundesbeteiligung die Privatisierung der Grundstücke außerhalb der Land- und Forstwirtschaft fort, und die **Bodenverwertungs- und -verwaltungs GmbH (BVVG)** ist für die Verpachtung und Privatisierung der land- und forstwirtschaftl. Flächen zuständig. Der Verkauf von 1,2 Mio. ha Fläche begann am 2. 1. 1996. Die **Bundesanstalt für vereinigungsbedingte Sonderaufgaben (BVS)** übernahm die übrigen Aufgaben der T.: Überwachung der noch rd. 27 000 Privatisierungs-Verträge auf die Einhaltung von Arbeitsplatz- und Investitionszusagen, Bearbeitung von rd. 7 000 vermögensrechtl.

Tria Triaden – Tschad

Reprivatisierungsansprüchen und Abwicklung von rd. 2600 Unternehmen (Stand Aug. 1995). Ab 1.1.1997 sollen die dann noch verbliebenen hoheitl. Aufgaben auf das →Bundesamt zur Regelung offener Vermögensfragen übertragen werden. Mitte 1995 war die BVS mit Investoren, Alteigentümern und Kommunen in rd. 1000 Zivilprozesse (meist wegen Kaufpreisforderungen) und rd. 4700 hoheitl. Verfahren verwickelt, in denen es um Investitionsvorrang, Grundstücksverkehrsgenehmigungen und Vermögenszuordnung ging. In rd. 4000 Fällen wurden Nachverhandlungen über die Investorenpflichten geführt.

Treuhand intern, hg. v. B. BREUEL (1993); C. FREESE: Die Privatisierungstätigkeit der T. (1995); ROBERT MAYR: Die Privatisierungspolitik der T. (1995).

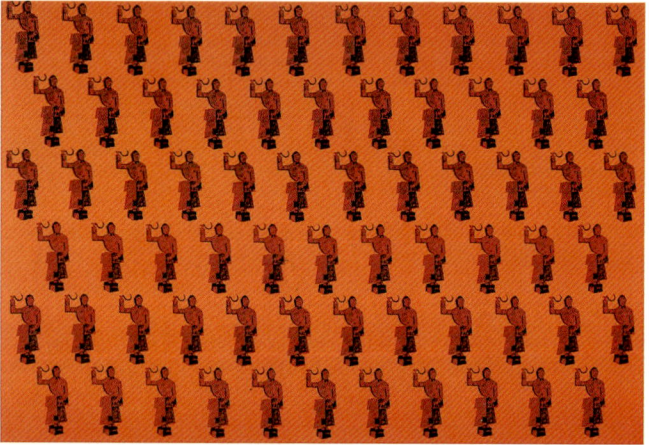

Rosemarie Trockel: Ohne Titel; Siebdruck auf Stoff, 1987 (Köln, Museum Ludwig)

Triaden, nach ihrem Symbol, dem Dreieck Himmel–Erde–Menschheit, bezeichnete chin. Gruppen der organisierten Kriminalität. Zentren der T. sind Mitte der 1990er Jahre Hongkong, Macao und Taiwan. Allein in Hongkong wird die Anzahl der T. auf rd. 50 (z. B. Sun Yee On, Wo Group, 14 K) mit rd. 100 000 Mitgl. (›Drachen‹) geschätzt. Außerhalb Asiens sind T. i. d. R. in den Chinatowns großer Städte in Australien, Nordamerika (Kanada, USA) und Europa (Großbritannien, Niederlande, Frankreich, seit den 1990er Jahren zunehmend auch Spanien, Italien, Dtl. und Ungarn) in versch. Kriminalitätsbereichen (Heroinhandel, Schutzgelderpressung, Menschenschmuggel, Geldwäscherei) tätig.

Miguel Trovoada

***Trillhaas,** Wolfgang, ev. Theologe: † Göttingen 24. 4. 1995.

***Trinidad und Tobago,** amtlich engl. **Republic of Trinidad and Tobago,** Staat vor der NO-Küste Südamerikas.

Hauptstadt: Port of Spain. *Amtssprache:* Englisch. *Staatsfläche:* 5128 km². *Bodennutzung (1992):* 1200 km² Ackerland, 110 km² Dauergrünland, 2190 km² Waldfläche. *Einwohner (1994):* 1,292 Mio., 252 Ew. je km². *Städtische Bevölkerung (1993):* 71%. *Durchschnittliches Bevölkerungswachstum pro Jahr (1985–93):* 1,3%. *Bevölkerungsprojektion für 2000:* 1,337 Mio. Ew. *Ethnische Gruppen (1990):* 40,3% Inder, 39,6% Schwarze, 18,4% Mischlinge, 0,6% Weiße, 0,4% Chinesen, 0,7% andere. *Religion (1990):* 29,4% Katholiken, 23,8% Hindus, 10,9% Anglikaner, 5,8% Muslime. *Altersgliederung (1995):* unter 15 Jahre 33,8%, 15 bis unter 65 Jahre 60,5%, 65 und mehr Jahre 5,7%. *Lebenserwartung der Neu-*

geborenen (1992): männlich 69 Jahre, weiblich 74 Jahre. *BSP je Ew. (1993):* 3830 US-$. *BIP nach Sektoren/Produktionsstruktur (1993):* Landwirtschaft 2%, Industrie 41%, Dienstleistungen 57%. *Währung:* 1 Trinidad-und-Tobago-Dollar (TT$) = 100 Cents (cts). *Internationale Mitgliedschaften:* UNO, CARICOM, Commonwealth of Nations, OAS.

Geschichte: Am 9.11.1995 wurde P. MANNING (People's National Movement) von PASDEO PANDAY (United National Congress) als Premier-Min. abgelöst.

Trio Fontenay [fɔ̃tɔˈnɛ], 1980 in Hamburg gegründetes Klaviertrio; errang binnen weniger Jahre den Ruf eines der führenden Kammermusikensembles Dtl.s und gastierte in allen bedeutenden Musikzentren Europas sowie bei zahlreichen Festivals. Es spielen WOLF HARDEN (*1962, Klavier), MICHAEL MÜCKE (*1962, Violine) und NIKLAS SCHMIDT (*1958, Violoncello).

Trittin, Jürgen, Politiker (Bündnis 90/Die Grünen), *Bremen 25.7.1954; Diplom-Sozialwirt, zunächst journalistisch tätig, seit 1985 MdL von Niedersachsen, 1990–94 dort Min. für Bundes- und Europaangelegenheiten; wurde 1994 Sprecher des Bundesvorstandes von Bündnis 90/Die Grünen.

Trockel, Rosemarie, Objektkünstlerin, *Schwerte 13.11.1952; gestaltet in ihren Arbeiten kritisch-iron. Stellungnahmen zu den Unterschieden männl. und weibl. Verhaltens- und Sichtweisen, die als Ausdruck gesellschaftl. Machtverhältnisse charakterisiert werden. Dabei benutzt T. auch als typisch weiblich angesehene handwerkl. Techniken wie Stricken und Häkeln. Sie bringt ihre hintergründigen Werke immer auch in einen kunsthistor. Kontext, indem sie sich formal auf tradierte Konstruktionen und Kompositionen der klass. Avantgarde bezieht.

R. T., hg. v. W. DICKHOFF, Ausst.-Kat. (Basel 1988); R. T., hg. v. S. STICH, Ausst.-Kat. (München 1991).

Trovoada [truvuˈaða], Miguel Anjos da Cunha Lisboa, Politiker in São Tomé e Príncipe, *auf São Tomé im April 1936; Jurist; gehörte ab 1960 zu den führenden Köpfen der später in ›Movimento de Libertação de São Tomé e Príncipe‹ (MLSTP) umbenannten Befreiungsbewegung seiner Heimatinseln; als deren außenpolit. Sprecher hatte er maßgebl. Einfluß auf die Erlangung der Unabhängigkeit 1975. 1975–78 war er der erste Premier-Min. des neuen Staates, daneben bis 1979 Min. in mehreren Ressorts. Infolge von Richtungskämpfen innerhalb der zunehmend sozialistisch ausgerichteten nunmehrigen Einheitspartei MLSTP wurde er 1979 entmachtet und inhaftiert. 1981 begnadigt, ging er ins Exil. Nachdem der 1987 unter dem Druck wirtschaftl. Probleme eingeleitete Reformprozeß 1990 zu einer Verf.-Änderung (Mehrparteiensystem, Grundrechte) geführt hatte, kehrte T. zurück. Bei den ersten freien Präsidentschaftswahlen am 3.3.1991 wurde er als unabhängiger Kandidat mit 82% der Stimmen zum Staatspräs. gewählt. Am 15.8.1995 durch einen Militärputsch gestürzt, wurde er am 22.8. auf internat. Druck hin wieder in sein Amt eingesetzt.

***Troyanos,** Tatjana, amerikan. Sängerin: † New York 21.8.1993.

TRT Int., →Privatfernsehen (ÜBERSICHT).

***Tschad,** amtl. Namen: arab. **Djumhurijjat Taschat,** frz. **République du Tchad,** Binnenstaat in Zentralafrika, hat im W Anteil am Tschadsee.

Hauptstadt: N'Djamena. *Amtssprachen:* Arabisch und Französisch. *Staatsfläche:* 1 284 000 km² (ohne Binnengewässer 1 259 200 km²). *Bodennutzung (1992):* 32 050 km² Ackerland, 450 000 km² Dauergrünland, 126 500 km² Waldfläche. *Einwohner (1994):* 6,183 Mio., 5 Ew. je km². *Städtische Bevölke-*

rung (1993): 21%. *Durchschnittliches Bevölkerungswachstum pro Jahr (1985–93):* 2,5%. *Bevölkerungsprojektion für 2000:* 7,307 Mio. Ew. *Ethnische Gruppen:* 18% Sudanaraber, rd. 38% machen andere islam., z. T. arabische Gruppen aus, darunter Baka, Kanembu, Tubu und Tama, etwa 34% gehören zu den Ethnien des S (u. a. Sara, Mbum und Massa), die übrigen gehören benachbarten (Zuwanderer in den Städten) oder kleineren einheimischen Völkern an. *Religion (1992):* 44,1% Muslime, 32,5% Christen. *Altersgliederung (1995):* unter 15 Jahre 43,4%, 15 bis unter 65 Jahre 53,0%, 65 und mehr Jahre 3,6%. *Lebenserwartung der Neugeborenen (1992):* männlich 46 Jahre, weiblich 49 Jahre. *Analphabetenquote (1985):* insgesamt 74,3%, männlich 59,5%, weiblich 89,1%. *BSP je Ew. (1993):* 210 US-$. *BIP nach Sektoren/Produktionsstruktur (1993):* Landwirtschaft 41%, Industrie 21%, Dienstleistungen 38%. *Währung:* 1 CFA-Franc = 100 Centimes. *Internationale Mitgliedschaften:* UNO, OAU.

Geschichte: Anfang 1993 begann mit der Bildung eines Übergangsparlaments ein Demokratisierungsprozeß, der jedoch immer wieder von wirtschaftlich und ethnisch bedingten Unruhen begleitet war, obwohl einzelne Guerillabewegungen den bewaffneten Kampf aufgaben und sich als Parteien registrieren ließen. Die für 1994 vorgesehene Verabschiedung einer neuen Verf. sowie die für April 1995 angekündigten freien Wahlen wurden angesichts anhaltender Kämpfe im O und S des Landes sowie organisator. Mängeln verschoben.

Im Febr. 1994 bestätigte der Internat. Gerichtshof in Den Haag die tschad. Souveränität über den Aouzou-Streifen, das Gebiet (114 000 km²) entlang der libyschen Grenze, das von Libyen beansprucht und besetzt gehalten wurde. Anfang März 1994 erkannte Libyen den Schiedsspruch an und räumte das Gebiet bis Ende Mai.

*Tschakowskij, Aleksandr Borissowitsch, russ. Schriftsteller: † Moskau 17. 2. 1994.

*tschechische Kunst: In den 1990er Jahren wurde in der Tschech. Rep. die Besinnung auf die eigenen Traditionen der Moderne in den 1920er und 30er Jahren möglich, wenn auch dieses Anknüpfen gegenüber Bauspekulationen oft nicht realisierbar sein dürfte, was sich schon bes. in Prag erwiesen hat. Beispiele eines solchen Rückgriffs sind die kleineren Hallenbauten für unterschiedl. Zwecke u. a. von JOSEF

tschechische Kunst: Stanislav Kolíbal, ›Projekt mit T-Form‹; Messing und Eisen, 1992–94 (Privatbesitz)

PLESKOT (* 1951) in der Umgebung von Prag, von JIŘÍ ADAM und MARTIN PÁNEK in Brünn, oder differenzierte Bürohäuser und -umbauten von JAROSLAV ŠAFER (* 1946) und OMICRON K (MARTIN KOTÍK, VÁCLAV KRÁLÍČEK, VLADIMÍR KRÁTKÝ) in Prag sowie der tschech. Pavillon auf der Expo '92 in Sevilla von MARTIN NÉMEČ und JÁN STEMPEL. Brünn öffnet sich am stärksten auch den jüngeren Architekten (ALEŠ BURIAN, PETR PELČAK, JIŘÍ HRUŠA, JAN SAPÁK, PETR KŘIVICA). Das neomoderne ›tanzende Haus‹ (F. O. GEHRY, VLADO MILUNIČ) am Prager Moldauufer jedoch ist dem Stadtbild Prags nicht angepaßt.

Auch in den anderen Bereichen der bildenden Kunst berufen sich tschech. Künstler sowohl auf die konstruktivist. als auch auf die realist. Traditionen jener Jahre. KAREL MALICH (* 1924), STANISLAV KOLÍBAL (* 1925), ZDENĚK SÝKORA (* 1920) und VÁCLAV BOSTÍK (* 1913) verfolgen weiterhin konkrete, rational-systemat. Bildkonzepte. Künstler der Nová figurace (Neue Figürlichkeit) führen das in den 1960er Jahren entwickelte Konzept einer verfremdenden Darstellung realer Gegenstände und Situationen fort. Hier sind v. a. JAROSLAVA SEVEROVÁ (* 1942), IVAN THEIMER (* 1944), JAROSLAV HLADKÝ (* 1942) und JAN MERTA (* 1952) zu nennen. Der Fluxuskünstler MILAN KNIŽAK (* 1940) kann als Protagonist einer Kunstrichtung gelten, die in ihren Objektassemblagen, Performances und Installationen sowohl emotionale Zustände und synästhet. Empfindungen als auch soziale Verhältnisse reflektiert. JIŘÍ DAVID (* 1956),

tschechische Kunst: IBC-Gebäude (International Business Center) in Prag nach Plänen von Václav Králíček und Martin Kotík; 1990–93

MILENA DOPITOVÁ (* 1963), PAVEL HUMHAL (* 1965), VLADIMÍR KOKOLIA (* 1956), JIŘÍ KOVANDA (* 1953) und PETR PÍSAŘÍK (* 1968) thematisieren in ihren Werkgruppen unter Verwendung alltägl. Materialien das Spannungsverhältnis zw. Kunst und Leben. Die Videokünstler TOMÁŠ RULLER (* 1956) und TOMÁŠ MAŠÍN (* 1964) untersuchen sowohl den Wahrheitsgehalt des mechanisch hergestellten Bildes als auch das menschl. Verhalten zw. konstruktivem Handeln und destruktivem Verharren.

Zweiter Ausgang. Tschech. u. slowak. Künstler, hg. v. J. Ševčíková, Ausst.-Kat. (1993); Video vidím ich sehe ... Slowakische, tschechische u. schweizer. Videokunst, hg. v. E. M. Jungo u. a., Ausst.-Kat. (Sillein 1994).

*tschechische Literatur: Nach der Öffnung der t. L. im Zuge der ›sanften Revolution‹ 1989 geht es nun darum, die Parameter für eine neue Bewertung zu finden. War vor der ›Wende‹ die freie Entfaltung der Ästhetik des Strukturalismus der Prager Schule (J. MUKAŘOVSKÝ, FELIX VODIČKA, * 1909, † 1974; OLEG SUS, * 1924, † 1982; JIŘÍ VELTRUSKÝ, * 1919; MIROSLAV ČERVENKA, * 1932; MILAN JANKOVIČ, * 1929; LUBOMIR DOLEŽEL, * 1922; KVĚTOSLAV CHVATÍK, * 1930, u. a.) im Lande zwei Jahrzehnte unterdrückt, so ergeben sich jetzt neue Möglichkeiten zur krit. Neubewertung und Weiterentwicklung.

Tsch Tschechische Republik

Wiederentdeckt wurde u. a. das Erbe des tschech. Existenzialismus seit den 40er Jahren, mit Beiträgen des renommierten Komparatisten und Literaturkritikers VÁCLAV ČERNÝ (* 1905, † 1987) sowie mit der Lyrik von JIŘÍ ORTEN (* 1919, † 1941) und der ihm verpflichteten Gruppe ›Ohnice‹ (Wildrettich) um KAMIL BEDNÁŘ (* 1912, † 1972). In dieser Entwicklungslinie verdient auch die Leistung der ›Skupina 42‹ (Gruppe 42) Beachtung, u. a. IVAN BLATNÝ (* 1919, † 1990), JIŘINA HAUKOVÁ (* 1919), JOSEF KAINAR (* 1917, † 1971), J. KOLÁŘ. Die Neuentdeckung des lyr. Frühwerks von B. HRABAL, in dem lokale Verankerung, der Gestus der künstler. Dekadenz sowie Elemente der poetist. Avantgarde, des Surrealismus und der existentiellen Dichtung von F. HALAS zusammentreffen, gehört ebenso in diesen Zusammenhang wie die bei K. H. MÁCHA anknüpfende Tradition der Poetik des Widersprüchlichen, auf die sich K. ŠIKTANC beruft. Entwicklungsvarianten dieser bis ins Barock zurückreichenden Poetik lassen sich im lyr. Schaffen von HALAS, V. HOLAN, J. SKÁCEL und v. a. im Spätwerk des Nobelpreisträgers J. SEIFERT nachweisen.

Die Entwicklungsdynamik der t. L. nach 1989 ist von einem funktionalen Wandel geprägt. Hatte zuvor die dichter. Freiheit v. a. in der Poetizität der Lyrik eine Nische gefunden, in der sie sich der dogmat. Repression am ehesten entziehen konnte, zeichnet sich in den letzten Jahren eine Verlagerung des Schwerpunktes zur Prosa ab. Hinzu kommt eine Funktionsverschiebung: Gegenüber der prakt. Funktionalität (Literatur als Residuum der unterdrückten polit. Opposition) kommt nun wieder verstärkt die ästhet. Funktion zur Geltung. Der Autor ist wieder in erster Linie Künstler; das moral. Gewissen, dessen Hauptträger vor 1989 die Literatur geworden war, kann sich in anderen gesellschaftl. Strukturen offen artikulieren.

Existentialist. Züge, z. T. verbunden mit intensiv autoreflexivem Gestus, finden sich häufig in der im inoffiziellen Umlauf entstandenen Literatur, z. B. bei ZUZANA BRABCOVÁ. Multimedialität und kreativer Einsatz von Montageverfahren kommen bes. bei Dichtern wie KOLÁŘ oder IVAN WERNISCH (* 1942) hinzu. Ironie und schwarzer Humor prägen die Erzählweise von TERÉZA BOUČKOVÁ (* 1957), die autobiograph. Szenen in einer Anekdotenmontage verbindet (›Indiánský běh‹, 1991; dt. ›Indianerlauf‹). Autobiographisch motiviert ist auch der Roman ›Proměny mladého muže‹ (1993) von JAROSLAV PUTÍK (* 1923), der die Problematik seiner ›verlorenen Generation‹ verarbeitet. JAN ZÁBRANA (* 1931) lotet in ›Celý život‹ (2 Bde., 1992) den schmalen Raum der eigenen Existenz zw. der offiziellen und inoffiziellen Literatur aus und setzt damit die produktive Reihe der metaliterar. Werke und der Memoirenliteratur fort.

Die Phase der ›Normalisierung‹ nach 1968 wird u. a. von JIŘÍ KRATOCHVÍL (* 1940) parabelhaft verarbeitet (›Medvědí román‹, 1990), der in der Kunst des Fabulierens (›Uprostřed noci zpěv‹, 1992, Roman) mit V. VANČURA und M. KUNDERA zu vergleichen ist. Literarisch weniger anspruchsvoll, dafür aber einem breiteren Lesepublikum zugänglich, behandelt MICHAL VIEWEGH (* 1962) diese Zeit in ›Báječná léta pod psa‹ (1992) mit humorvoller Ironie und Selbstironie. Gegenüber der Suche nach zeitgemäßen Ausdrucksmitteln bei der Mehrzahl der Autorinnen und Autoren hebt sich die Wiederbelebung des im 19. Jh. entfalteten Genres der Familienchronik bei JOSEF JEDLIČKA (* 1927, † 1990) konservativ ab (›Krev není voda‹, 1991). Mit dem Erscheinen von ›Dřevěná lžíce‹ (1992, entstanden 1938, Samisdat 1977) von J. WEIL konnte mit über 50jähriger Verspätung eine Fehlstelle in der Geschichte des tschech. journalist. Romans und zugleich eine Lücke in der Aufarbeitung der frühen Stalinismuskritik geschlossen werden.

Literarästhet. Reflexion und Romankunst gelangen bei DANIELA HODROVÁ und V. MACURA zu intellektuell anspruchsvollen Synthesen, in denen einerseits Meta- und Intertextualität, andererseits histor. und gegenwartskrit. Kultursemiotik zur Geltung kommen. Bei HODROVÁ, in der intellektuellen Prosa von KAREL MILOTA (* 1937; ›Sud‹, 1993), im labyrinth. Diskurs auf der Grenze von Realität und Traum vor der Kulisse Prags bei MICHAL AJVAZ (* 1949; ›Druhé město‹, 1993) und im antiutopist. Reiseroman von EVA PETROVÁ (* 1928; ›Týden cesty‹, 1993) sind Elemente einer Phantastik präsent, die im Kontext ihrer bis zu J. A. COMENIUS zurückreichenden Tradition einen besonderen Entwicklungswert erhält.

Einzeldarstellungen: M. POHORSKÝ: Zlomky analýzy. K poválečné české literatuře (Prag 1990); K. CHVATÍK: Pohledy na českou literaturu z ptačí perspektivy (Prag 1991); S. RICHTEROVÁ: Slova a ticho (Neuausg. Prag 1991); Z. ROTREKL: Skrytá tvář české literatury (Neuausg. Brünn 1991); K. CHVATÍK: Melancholie a vzdor. Eseje o moderní české literatuře (Prag 1992); Český Parnas. Literatura 1970–1990, Texte v. J. HOLÝ u. a. (Prag 1993). – *Nachschlagewerke:* J. PEJSKAR: Poslední pocta. Památník na zemřelé československé exulanty v letech 1948–1981, 3 Bde. (Zürich 1982–89); D. PERSTIČKA: Ludvík Aškenazy a ti druzí. Informace o umlčované a zamlčované literatuře (Brünn 1990); Česká a slovenská literatura v exilu a samizdatu, bearb. v. L. MACHALA (Olmütz 1991); Slovník zakázaných autorů: 1948–1980, Beitr. v. J. BRABEC u. a. (Prag 1991); Slovník českého románu 1945–1991, bearb. v. B. DOKOUPIL (Ostrau 1992). – *Bibliographie:* J. POSSET: Česká samizdatová periodika 1968–1989 (Brünn 1991).

Tschechische Republik, Tschechien, tschech. **Česko,** amtlich **Česká Republika,** Abk. **ČR,** Binnenstaat im östl. Mitteleuropa.

Hauptstadt: Prag. *Amtssprache:* Tschechisch. *Staatsfläche:* 78 864 km². *Bodennutzung (1992):* 32 020 km² Ackerland, 8 720 km² Dauergrünland, 26 290 km² Waldfläche. *Einwohner (1994):* 10,295 Mio., 131 Ew. je km². *Städtische Bevölkerung (1993):* 65%. *Durchschnittliches Bevölkerungswachstum pro Jahr (1985–93):* 0%. *Bevölkerungsprojektion für 2000:* 10,45 Mio. Ew. *Ethnische Gruppen (1992):* 93,5% Tschechen, 4,1% Slowaken, 0,7% Polen, 0,5% Deutsche, 0,2% Ungarn, 1% sonstige. *Religion (1991):* 39% Katholiken, 4,3% Protestanten, 40% Konfessionslose. *Altersgliederung (1991):* unter 15 Jahre 21,2%, 15 bis unter 65 Jahre 61,1%, 65 und mehr Jahre 17,7%. *Lebenserwartung der Neugeborenen (1992):* männlich 69 Jahre, weiblich 76 Jahre. *BSP je Ew. (1993):* 2 710 US-$. *BIP nach Sektoren/Produktionsstruktur (1993):* Landwirtschaft 6%, Industrie 40%, Dienstleistungen 54%. *Arbeitslosenquote (1993):* 6%. *Währung:* 1 Tschech. Krone (Koruna, Kč) = 100 Heller (Haléřů, h). *Internationale Mitgliedschaften:* UNO, Europarat, OECD, OSZE.

Geschichte: Nach der Stagnation der Wirtschaftsentwicklung 1993 setzte 1994 ein Aufschwung ein, der sich 1995 verstärkte. Die Privatisierung der verstaatlichten Betriebe gelang ohne Massenentlassungen; die Arbeitslosenquote (Jahresdurchschnitt 1995: 3,5%) gehörte zu den niedrigsten im gesamten früheren Ostblock. Als Wachstumsträger erwies sich die Exportwirtschaft. Seit Erlangung ihrer Eigenstaatlichkeit erwies sich die T. R. als derjenige postkommunist. Staat, dem die Transformation am schnellsten gelang. Außenpolitisch bemühte sich die Reg. der zur Visegrád-Gruppe zählenden T. R. unter MinPräs. V. KLAUS um eine möglichst rasche Integration in die Europ. Union (EU) und in die NATO: Am 4. 10. 1993 unterzeichnete die Reg. einen Assoziationsvertrag (Europaabkommen) mit der EU (seit 1. 2. 1995 in Kraft), am 10. 3. 1994 das NATO-Programm ›Partnerschaft für den Frieden‹; am 23. 1. 1996 beantragte die T. R. die Vollmitgliedschaft in der EU. Seit 30. 6. 1993 ist die T. R. Mitgl. des Europarats. Die sudetendt. Besitzansprüche belasten das dt.-tschech. Verhältnis ebenso wie die Entscheidung (März 1995) des tschech. Verfassungsgerichts, daß die Beneš-Dekrete – 1945 die Grundlage für die Enteignung und Vertreibung der dt. und ungar. Volksgruppen aus der Tschechoslowakei – unanfechtbar sind.

*Tscherenkow, Pawel Aleksejewitsch, sowjet. Physiker: † Moskau 6. 1. 1990.

*Tschernobyl: Neue Erkenntnisse über die Folgen des Reaktorunglücks im Kernkraftwerk T. bestätigen frühere Befürchtungen über das Ausmaß der Katastrophe. Von 1986 bis 1994 starben in der Ukraine lt. Reg.-Angaben 125 000 Menschen an Strahlenkrankheiten, darunter rd. 6 000 der Helfer, die an den Lösch- und Bergungsarbeiten beteiligt waren. Bei Kindern in der Ukraine und Weißrußland kam es zu einer Häufung von Schilddrüsenkrebs und einer deutl. Zunahme von Blut-, Nerven-, Darm- und Atemwegserkrankungen. Die Internat. Atomenergie-Behörde IAEA geht davon aus, daß 160 000 Kinder unter sieben Jahren radioaktiver Strahlung ausgesetzt waren.

Nach heutiger Schätzung wurden am 26. 4. 1986 und in den folgenden Tagen radioaktive Partikel mit einer Gesamtaktivität von rd. $6,5 \cdot 10^{15}$ kBq freigesetzt (entspricht dem Dreifachen der damaligen offiziellen Angaben). Neben der Verstrahlung größerer Teile der Bev. entstanden auch große Schäden an Flora und Fauna der näheren Umgebung: Bis 1991 gingen Wälder auf einer Fläche von 38 km^2 ein. Die Zahl der Nagetiere z. B. verringerte sich in den am stärksten verseuchten Gebieten drastisch, die überlebenden Tiere wiesen Abnormitäten der inneren Organe auf. Selbst bei den wenig strahlenempfindl. Insekten äußerten sich Folgeschäden u. a. in stark erhöhten Mutationsraten. Schwere Schäden an der Fauna von Gewässern wurden hingegen nicht beobachtet.

Trotz internat. Proteste sind zwei der vier Reaktorblöcke des Kraftwerks noch in Betrieb. Experten warnen vor einem mögl. Erdbeben in der Region T., dem die Anlage nicht standhalten könne. Außerdem weist der ›Sarkophag‹ um den Unglücksreaktor zahlreiche Schäden auf, u. a. Risse und Lücken im Dach und in den Wänden, aus denen radioaktiver Staub austreten kann; um dieses zu verhindern, wird ständig eine staubbindende Flüssigkeit aufgesprüht. Außerdem schreiten die Korrosion des Metalls und die Zersetzung der Betonoberfläche an der Innenseite fort, so daß neue Freisetzung von Radioaktivität u. a. ins Grundwasser befürchtet wird. Ob bald der lange geplante zweite, sicherere Sarkophag gebaut wird, bleibt fraglich. Initiativen zur Stillegung des gesamten Kraftwerks stießen bisher auf heftigen Widerstand der ukrain. Reg., u. a. weil die Anlage noch 5 % des ukrain. Elektrizitätsbedarfs deckt. Im Mai 1995 wurde jedoch zw. der ukrain. Reg. und einem westl. Firmenkonsortium ein Memorandum über den Bau eines Gaskraftwerks nahe der Stadt Slawutitsch innerhalb von zwei bis drei Jahren getroffen. Ein konkurrierendes Angebot sieht als Ersatz den Ausbau und die Modernisierung der vorhandenen ukrain. Kohlekraftwerke vor. Bei beiden Varianten ist die Ukraine allerdings auf massive westl. Finanzierungshilfen angewiesen.

*Tschernomyrdin, Wiktor Stepanowitsch, russ. Politiker: In der Auseinandersetzung zw. Präs. B. JELZIN und seinen Gegnern im Parlament stellte sich T. im Herbst 1993 entschieden auf die Seite des Präs. Als MinPräs. (nach den Wahlen vom 12. 12. 1993 im Amt bestätigt) setzte er den Kurs des wirtschaftl. Umbaus auf einer gemäßigten Linie fort. Er erwarb sich den Ruf eines stabilisierenden Faktors in der Innenpolitik. Das von ihm im Mai 1995 gegründete und seitdem geführte Wahlbündnis ›Unser Haus Rußland‹ gewann bei den Wahlen vom 17. 12. 1995 (durch 9,9 % der abgegebenen Stimmen) 55 Mandate.

Tschetscheni|en, Teilrepublik in der Russ. Föderation, im östl. Kaukasien, 1992 von der Republik (bis 1991: ASSR) der ▷ Tschetschenen und Inguschen abgespalten (zw. T. und der Rep. Inguschien ist ein Gebiet am Fluß Sunscha umstritten; etwa 16 000 km^2, rd. 1 Mio. Ew., die Hauptstadt ist Grosnyj. T. erstreckt sich von der N-Abdachung des Kaukasus (höchste Erhebung ist der 4 493 m ü. M. der Tebulosmta) über die fruchtbare Tscheschen. Ebene bis zur nördlich des Terek liegenden Trockensteppe des Terek-Kuma-Tieflandes. Neben der Hauptstadt gibt es vier weitere Städte: Gudermes, Schali, Argun und Urus-Martan. 1992 waren 75 % der Ew. Tschetschenen, 20 % Russen, 1 % Armenier, 1 % Ukrainer, außerdem leben noch Angehörige weiterer kaukas. Völker im Land. Viele Tschetschenen sind während des Bürgerkrieges in die Rep. Dagestan geflohen; die Grenze im S wurde von Georgien geschlossen. T. spielt als Transitland eine wichtige Rolle. Die Fernstraße und die Bahnlinie, die Aserbaidschan und Dagestan mit Rußland verbinden, führen über Tschetschenien. Gebiet, ebenso eine Erdgasleitung vom aserbaidschan. Baku und eine Erdölleitung aus Machatschkala zu den russ. Schwarzmeerhäfen Tuapse und Noworossijsk.

Geschichte: Die Tschetschenen, die bes. in der Verbannung unter STALIN ihr religiöses und nat. Bewußtsein bewahrt und gefestigt hatten, waren eine der am geringsten in das sowjet. System integrierten Nationen. Vor dem Hintergrund der zusammenbrechenden kommunist. Herrschaftsordnung in der Sowjetunion erzwang der ›Pan-Nationale Kongreß‹ der Tschetschenen im Sept. 1991 den Rücktritt der kommunist. Führung der ASSR der Tschetschenen und Inguschen und organisierte im Siedlungsgebiet der Tschetschenen im Okt. Präsidentschaftswahlen. Bei diesen von der russ. Regierung für illegal erklärten Wahlen wurde D. M. DUDAJEW zum Präs. der Rep. gewählt. Im Nov. 1991 erklärte die Rep. ihre Unabhängigkeit. Gestützt auf eine Nationalgarde, konnte DUDAJEW im März 1992 den Putsch innenpolit. Gegner niederschlagen und erklärte den von Tschetschenen bewohnten Landesteil der Rep. T. 1993 erreichten die innertschetschen. Auseinandersetzungen mit der Auflösung des Parlaments durch DUDAJEW ihren Höhepunkt. Am 11. 12. 1994 entsandte die russ. Reg., die die Unabhängigkeitserklärung T.s nicht anerkannt hatte, Truppen nach T., um die ›verfassungsgemäße Ordnung‹ mit Waffengewalt wiederherzustellen. Unterstützt von Luftangriffen auf militär. und zivile Ziele, drangen russ. Truppen gegen entschlossenen Widerstand tschetschen. Einheiten vor und eroberten im Jan. 1995 den Präs.-Palast in der weitgehend zerstörten Hauptstadt, aus der die meisten Ew. flohen. Ohne den polit. Status T.s einvernehmlich zu klären, vereinbarten beide Seiten im Rahmen des Militärabkommens vom 30. 7. 1995 eine Waffenruhe, die Entwaffnung der tschetschen. Kämpfer und den Rückzug der russ. Truppen. Im Dez. 1995 brachen jedoch erneut Kämpfe aus; sie setzten sich Anfang 1996 fort. Die am 17. 12. 1995 durchgeführten Präs.-Wahlen wurden von den nach Unabhängigkeit strebenden Kräften um DUDAJEW nicht anerkannt.

*Tschukowskaja, Lidija Kornejewna, russ. Schriftstellerin: † Moskau 7. 2. 1996.

Tschuwaschi|en, ▷ Tschuwaschische Republik.

*Tuberkulose: Bei AIDS-Patienten u. a. Patienten mit Immunabwehrschwäche spielt die Infektion mit atyp. Mykobakterien (Geflügel-T.) eine zunehmende Rolle. Die Erkrankung verläuft meist unter dem Bild der Miliar-T., d. h. mit hohem Fieber, schwerer Störung des Allgemeinbefindens und unklarem Krankheitsbild.

*Tudjman, Franjo, kroat. Politiker: Wurde auf der Grundlage der im Dez. 1990 verabschiedeten Verf. im

Tuku Tukur – Turkmenistan

Aug. 1992 mit 56,73% der abgegebenen Stimmen zum Präs. der seit Juni 1991 unabhängigen Rep. Kroatien gewählt. Im Okt. 1993 wurde er als Vors. der HZD bestätigt. Begünstigt durch den Bürgerkrieg zw. den Nationalitäten des früheren Jugoslawien, übt T. in seinem Land einen autoritären Regierungsstil aus.

Tukur, Ulrich, Schauspieler, *Viernheim 29. 7. 1957; Schauspieler mit musikal. Talent, debütierte 1983 in Heidelberg und kam über Berlin und Zürich 1985 an das Dt. Schauspielhaus Hamburg, wo er unter P. ZADEK (wie schon 1984 in Berlin) und M. BOGDANOV spielte; übernahm auch Film- und Fernsehrollen.
Filme: Die weiße Rose (1982); Die Schaukel (1983); Stammheim (1985); Wehner – Die unerzählte Geschichte (Fernsehfilm, 2 Tle., 1993); Geschäfte (Fernsehfilm, 1995); Nikolaikirche (Fernsehfilm, 2 Tle., 1995).

Ulrich Tukur

*****Tunesien,** amtlich arab. **Al-Djumhurijja at-Tunisijja,** dt. **Tunesische Republik,** Staat in Nordafrika, grenzt an das Mittelmeer.

Hauptstadt: Tunis. *Amtssprache:* Arabisch (wichtig als Bildungs- und Handelssprache ist Französisch). *Staatsfläche:* 163 610 km^2 (ohne Binnengewässer 154 530 km^2). *Bodennutzung (1992):* 48 750 km^2 Ackerland, 43 350 km^2 Dauergrünland, 6 680 km^2 Waldfläche. *Einwohner (1994):* 8,733 Mio., 56 Ew. je km^2. *Städtische Bevölkerung (1993):* 56%. *Durchschnittliches Bevölkerungswachstum pro Jahr (1985-93):* 2,1%. *Bevölkerungsprojektion für 2000:* 9,781 Mio. Ew. *Ethnische Gruppen:* rd. 98% Araber und arabisierte Berber, 1,2% Berber mit eigenen Dialekten. *Religion (1992):* 99,4% sunnit. Muslime (der Islam ist Staatsreligion). *Altersgliederung (1995):* unter 15 Jahre 35,2%, 15 bis unter 65 Jahre 60,4%, 65 und mehr Jahre 4,4%. *Lebenserwartung der Neugeborenen (1992):* männlich 67 Jahre, weiblich 69 Jahre. *Analphabetenquote (1991):* insgesamt 34,7%, männlich 25,8%, weiblich 43,7%. *BSP je Ew. (1993):* 1 720 US-$. *BIP nach Sektoren/Produktionsstruktur (1993):* Landwirtschaft 18%, Industrie 31%, Dienstleistungen 51%. *Währung:* 1 Tunesischer Dinar (tD) = 1 000 Millimes (M). *Internationale Mitgliedschaften:* UNO, Arab. Liga, OAU.

Geschichte: Bei der Präsidentschaftswahl vom 20. 3. 1994 wurde Präs. BEN ALI, der als einziger Kandidat zur Wahl stand, mit 99,9% der Stimmen im Amt bestätigt. Bei den gleichzeitigen Parlamentswahlen gewann die Reg.-Partei RCD alle 144 zur Wahl stehenden Sitze; aufgrund einer zuvor erfolgten Wahlrechtsreform erhielten erstmals seit der Unabhängigkeit jedoch auch die sechs Oppositionsparteien entsprechend ihrem jeweiligen Stimmenanteil 19 für sie reservierte Sitze im Parlament.

Turabi, Hasan Abdallah at-T., sudanes. Politiker, *Wad at-Turabi (Zentralsudan) um 1932; Jurist, 1963 Prof. an der Univ. Khartum; übernahm 1964 die Führung der Muslimbruderschaft, aus der später die ›National Islamic Front‹ (NIF) hervorging, als deren Führer T. seither für die Durchsetzung des islam. Rechts in allen Lebensbereichen und allen Teilen des Sudans kämpft. Seit dem Staatsstreich von 1989 prägt er wesentlich die Politik des Sudans.

*****Türkei,** amtlich türk. **Türkiye Cumhuriyeti,** dt. **Republik T.,** Staat in Vorderasien (Anatolien) und Südosteuropa (Türkisch-Thrakien), grenzt an das Mittelmeer, das Ägäische und das Schwarze Meer.

Hauptstadt: Ankara. *Amtssprache:* Türkisch. *Staatsfläche:* 779 452 km^2 (ohne Binnengewässer 769 630 km^2). *Bodennutzung (1992):* 276 890 km^2 Ackerland, 85 000 km^2 Dauergrünland, 201 990 km^2 Waldfläche. *Einwohner (1994):* 60,771 Mio., 78 Ew. je km^2. *Städtische Bevölkerung (1993):* 66%; in städt. Agglomerationen mit 1 Mio. und mehr Ew. leben 35% der Stadt-, 23% der Gesamtbevölkerung. *Durchschnittliches Bevölkerungswachstum pro Jahr (1985-93):* 2,1%. *Bevölkerungsprojektion für 2000:* 68,17 Mio. Ew. *Ethnische Gruppen:* etwa 80% Türken, etwa 20% Kurden. *Religion (1992):* 99,2% Muslime. *Altersgliederung (1995):* unter 15 Jahre 33,7%, 15 bis unter 65 Jahre 61,5%, 65 und mehr Jahre 4,8%. *Lebenserwartung der Neugeborenen (1992):* männlich 65 Jahre, weiblich 70 Jahre. *Analphabetenquote (1991):* insgesamt 19,6%, männlich 10,3%, weiblich 28,9%. *BSP je Ew. (1993):* 2 970 US-$. *BIP nach Sektoren/Produktionsstruktur (1993):* Landwirtschaft 15%, Industrie 30%, Dienstleistungen 55%. *Arbeitslosenquote (1994):* 10,9%. *Währung:* 1 Türkisches Pfund/Türkische Lira (TL.) = 100 Kuruş (krş.). *Internationale Mitgliedschaften:* UNO, Europarat, NATO, OECD, OSZE.

Geschichte: Als Maßnahmen zur Reduzierung des hohen Defizits im Staatshaushalt setzte MinPräs. TANSU ÇILLER im April 1994 u. a. Ausgabenkürzungen, Steuererhöhungen, die Schließung unrentabler Staatsbetriebe und die (zw. den Koalitionspartnern Sozialdemokrat. Volkspartei, SHP, und Republikan. Volkspartei, CHP, umstrittene) Privatisierung von Staatsbetrieben in Gang. Bei Kommunalwahlen im März 1994 erzielte die fundamentalistisch-islamisch ausgerichtete Wohlfahrtspartei (RP) hohe Stimmengewinne und stellt seitdem den Bürgermeister in Ankara und Istanbul. Die kurd. PKK sucht mit Verhandlungsangeboten ihres Vors. ABDULLAH ÖCALAN einerseits und Guerillaaktionen andererseits die Errichtung eines eigenständigen kurd. Staates durchzusetzen. Im Frühjahr und Sommer 1995 griffen türk. Truppen Rückzugspositionen der PKK in N-Irak an (→Kurden). In den beiderseits mit großer Brutalität geführten Auseinandersetzungen werden den türk. Sicherheitskräften (Armee und Polizei) Staatsterror (u. a. Folter) angelastet, der PKK Morde an loyal zum türk. Staat stehenden Kurden. Die Verhandlungen von der T. angestrebte Zollunion mit der EG wurden von seiten der europ. Institutionen unterbrochen. Die türk. Reg. suchte 1994/95 die Zusammenarbeit mit den türksprachigen Staaten (u. a. Aserbaidschan, Kasachstan, Kirgistan) zu intensivieren. Am 13. 12. 1995 billigte das Europ. Parlament die Zollunion mit der T. (in Kraft seit 1. 1. 1996). Bei den Parlamentswahlen vom 24. 12. 1995 wurde die RP unter NECMETTIN ERBAKAN (*1926) stärkste Partei (21,3% der Wählerstimmen, 158 Sitze), gefolgt von der Mutterlandspartei (ANAP; 19,7%; 132), der Partei des rechten Weges (DYP; 19,2%; 135) und der Demokrat. Linkspartei (DSP; 14,6%; 75). Anfang März 1996 einigten sich ÇILLER (DYP) und M. YILMAZ (ANAP) auf eine Reg.-Koalition, wobei sich beide als MinPräs. abwechseln wollen.

Turkmenbaschi, Stadt in Turkmenistan, hieß bis Okt. 1993 ▷ Krasnowodsk.

*****Turkmenistan,** amtlich turkmen. **Türkmenistan Jumhuriyati,** dt. **Republik T.,** Staat im südwestl. Mittelasien, grenzt im W ans Kasp. Meer.

Hauptstadt: Aschchabad (turkmen. Aşgabat). *Amtssprache:* Turkmenisch. *Staatsfläche:* 488 100 km^2. *Bodennutzung (1992):* 11 110 km^2 Ackerland, 304 000 km^2 Dauergrünland, 172 790 km^2 Waldfläche. *Einwohner (1994):* 4,010 Mio., 8 Ew. je km^2. *Städtische Bevölkerung (1993):* 45%. *Durchschnittliches Bevölkerungswachstum pro Jahr (1985-93):* 2,5%. *Bevölkerungsprojektion für 2000:* 4,69 Mio. Ew. *Ethnische Gruppen (1992):* 73,3% Turkmenen, 9,8% Russen, 9,0% Usbeken, 2,0% Kasachen, 0,9% Tataren, 5,0% sonstige. *Religion:* überwiegend sunnit. Muslime. *Altersgliederung (1991):* unter 15 Jahre 41,3%, 15 bis

(TM) **Turkmenistan** Internationales Kfz-Kennzeichen

unter 65 Jahre 54,2%, 65 und mehr Jahre 4,5%. *Lebenserwartung der Neugeborenen (1992):* männlich 63 Jahre, weiblich 70 Jahre. *BSP je Ew. (1993):* 1 270 US-$. *BIP nach Sektoren/Produktionsstruktur (1993):* Landwirtschaft 32%, Industrie 31%, Dienstleistungen 37%. *Währung:* 1 Turkmenistan-Manat (TMM) = 100 Tenge. *Internationale Mitgliedschaften:* UNO, GUS, OSZE.

Geschichte: Mit Wirkung vom 1. 11. 1993 führte die Reg. eine eigene Währung, den Manat, ein. In einem Abkommen mit Rußland (23. 12. 1993) vereinbarte sie die Stationierung russ. Truppen an den Grenzen zu Afghanistan und Iran. Ende Aug. 1994 schlossen Präs. S. A. Nijasow und Präs. A. A. H. Rafsandjani einen Vertrag über den Bau einer Erdgaspipeline durch Iran. Ziel ist es, turkmen. Erdgaslieferungen nach Europa von den bisher ausschließlich genutzten Pipelines durch Rußland und die Ukraine unabhängiger zu machen. In einer Volksabstimmung (15. 1. 1995) ließ sich Präs. Nijasow, der sein Land als ›Turkmenbaschi‹ (›Führer aller Turkmenen‹) autokratisch regiert, in seinem Amt bis zum Jahr 2002 bestätigen.

Turkmenistan-Manat, Abk. **TMM,** Währungseinheit von Turkmenistan seit 1993, 1 T. = 100 Tenge.

Tusquets [ˈtuskets], Esther, span. Schriftstellerin und Verlegerin, * Barcelona 30. 8. 1936; leitet den Literaturverlag ›Lumen‹; beschäftigt sich in ihren Romanen mit den Problemen der Frauen ihrer Generation, die in einer histor. und sozialen Umbruchphase den Weg in ein selbstbestimmtes, Konventionen sprengendes Leben suchen. Sprachlich wie kompositorisch suggestiv behandelt sie dabei die Mutter-Tochter-Beziehung sowie als mögl. Lebensentwurf die gleichgeschlechtl. Liebe und reflektiert behutsam die Fremdbestimmung der Frau in einer männlich geprägten Welt.

Werke: Romane: Trilogie: El mismo mar de todos los veranos (1978; dt. Aller Sommer Meer), El amor es un juego solitario (1979; dt. Die Liebe ein einsames Spiel), Varada tras el último naufragio (1980); Para no volver (1985). – *Erzählungen:* Siete miradas en un mismo paisaje (1981). – *Kinderbücher:* La conejita Marcela (1980); La reina de los gatos (1993).

Tuvalu, Staat im südwestl. Pazifik, umfaßt die Ellice-Inseln.

Hauptstadt: Fongafale (auf Funafuti). *Amtssprachen:* Englisch und Tuvalu (eine polynes. Sprache). *Staatsfläche:* 26 km². *Bodennutzung (1992):* 19 km² Ackerland. *Einwohner (1994):* 9 000, 346 Ew. je km². *Bevölkerungsprojektion für 2000:* 11 000 Ew. *Altersgliederung (1991):* unter 15 Jahre 34,7%, 15 bis unter 65 Jahre 59,4%, 65 und mehr Jahre 5,9%. *Lebenserwartung der Neugeborenen (1990):* männlich 60 Jahre, weiblich 63 Jahre. *Analphabetenquote (1990):* 5,0%. *BSP je Ew. (1990):* 967 US-$. *BIP nach Sektoren/Produktionsstruktur (1990):* Landwirtschaft 24%, Industrie 23%, Dienstleistungen 53%. *Währung:* 1 Tuvalu-Dollar = 100 Cents (c); gesetzl. Zahlungsmittel ist auch der Australische Dollar. *Internationale Mitgliedschaften:* Commonwealth of Nations, South Pacific Forum.

T. hat seit 2. 10. 1995 eine neue Nationalflagge.

TV-Sat: Aufgrund seiner geringen Übertragungskapazität (vier Fernseh-, 16 Hörfunkprogramme) und der anderen Übertragungsnorm (D2-Mac) konnte sich das TV-Sat-System kommerziell nicht gegen das luxemburg. Astra-Satellitendirektempfangssystem durchsetzen. Seit 1995 wird TV Sat 2 von der norweg. Televerket zur Ausstrahlung skandinav. Rundfunkprogramme genutzt.

Tyin *der, -/-,* kleine Währungseinheit von Kirgistan, 100 T. = 1 Som (Kirgistan-Som, Abk. K.S.).

Tuvalu
Nationalflagge

U

Uckermark, Landkreis in Brandenburg, 3 058 km², (1995) 162 000 Ew.; Kreisstadt ist Prenzlau; grenzt im NO, N und NW an Meckl.-Vorp., im SO an Polen (Grenze ist die Oder). Der Kreis nimmt den größten Teil der Landschaft Uckermark ein. Die fruchtbare Grundmoränenlandschaft mit ihren Lehmböden ist deutlich von der Landwirtschaft geprägt (Anbau von Weizen, Gerste und Zuckerrüben, auch intensive Viehzucht). Um Schwedt/Oder finden sich ausgedehnte Waldgebiete. Das wannenartige Tal der Uecker ist über weite Teile vermoort; hier haben sich eiszeitl. Rinnenseen (Unter- und Oberueckersee) gebildet. Sie sind beliebte Naherholungsgebiete, ebenso der im NW gelegene Übergangsbereich von der Uckermark zur Mecklenburg. Seenplatte mit dem Erholungsort Templin. Industriezentrum ist die Stadt Schwedt/Oder mit Erdölraffinerie, chem. Industrie und Oderhafen. Den Städten Angermünde, Prenzlau und Templin mit vielfältig strukturierter Industrie stehen die vorwiegend landwirtschaftlich orientierten Kleinstädte Brüssow, Gartz (Oder), Greiffenberg und Vierraden gegenüber. Lychen am gleichnamigen See ist Luftkurort. – Der Landkreis U. wurde am 6. 12. 1993 aus den Landkreisen Angermünde, Prenzlau und Templin sowie der kreisfreien Stadt Schwedt/Oder gebildet.

Ueckermünde 2): Der Landkreis U. ging am 12. 6. 1994 im Kreis Uecker-Randow auf; die Gemeinden Lübs, Neuendorf A und Wietstock kamen zum Kreis Ostvorpommern. Die Stadt Ueckermünde ist damit nicht mehr Kreisstadt.

Uecker-Randow [ˈykər ˈrando], Landkreis in Meckl.-Vorp., 1 594 km², (1995) 90 600 Ew.; Kreisstadt ist Pasewalk. Das von der bis Pasewalk kanalisierten Uecker und ihrem Nebenfluß Randow durchflossene Kreisgebiet grenzt an Brandenburg, im O an Polen. Der N-Teil wird von den Kiefernforsten der Ueckermünder Heide (Sanderflächen) eingenommen. Im W-Teil schließen das 1958–65 weitgehend meliorierte Moorgebiet der Friedländer Großen Wiese, dann als Ausläufer der Mecklenburg. Seenplatte ein meist bewaldeter Endmoränenstreifen (bis 133 m ü. M.) an, im O-Teil das sumpf- und seenreiche Randowbruch mit Grün- und Ackerland. Die fruchtbaren Grundmoränenflächen im S mit Anbau von Weizen, Gerste und Zuckerrüben sind Ausläufer der Uckermark. Industrie findet sich in den Städten Pasewalk (1995: 14 300 Ew.), Torgelow (12 600 Ew.), Ueckermünde (mit Jachthafen und Strandbädern am Stettiner Haff), Eggesin und Strasburg (Uckermark); kleinste Stadt ist Penkun (1 300 Ew.). – Der Kreis wurde am 12. 6. 1994 aus den bisherigen Kreisen Pasewalk und

Ueckermünde (ausgenommen Lübs, Neuendorf A und Wietstock) sowie der Stadt Strausberg und drei weiteren Gem. des bisherigen Kr. Strausberg gebildet.

***Uganda,** amtl. Namen: engl. **Republic of U.,** Suaheli **Jamhuri ya Uganda,** Binnenstaat in Ostafrika, hat im SO Anteil am Victoriasee.

Hauptstadt: Kampala. *Amtssprachen:* Englisch und Suaheli. *Staatsfläche:* 241 038 km^2 (ohne Binnengewässer 197 100 km^2). *Bodennutzung (1992):* 67 500 km^2 Ackerland, 18 000 km^2 Dauergrünland, 55 100 km^2 Waldfläche. *Einwohner (1994):* 20,621 Mio., 86 Ew. je km^2. *Städtische Bevölkerung (1993):* 12%. *Durchschnittliches Bevölkerungswachstum pro Jahr (1985–93):* 3,2%. *Bevölkerungsprojektion für 2000:* 23,40 Mio. Ew. *Ethnische Gruppen:* 18% Ganda, 8% Nkole (Bayankore), 8% Soga (Basoga), etwa 30% andere Bantugruppen, 15% Lango, Acholi und andere Niloten, 8% Teso und andere Hamito-Niloten; außerdem u. a. Karamojong und Hima. *Religion (1992):* 49,6% Katholiken, 26,2% Protestanten (Anglikaner), 6,6% Muslime. *Altersgliederung (1995):* unter 15 Jahre 48,7%, 15 bis unter 65 Jahre 48,9%, 65 und mehr Jahre 2,4%. *Lebenserwartung der Neugeborenen (1992):* männlich 43 Jahre, weiblich 44 Jahre. *Analphabetenquote (1991):* insgesamt 51,7%, männlich 37,8%, weiblich 65,1%. *BSP je Ew. (1993):* 180 US-$. *BIP nach Sektoren/Produktionsstruktur (1993):* Landwirtschaft 53%, Industrie 12%, Dienstleistungen 35%. *Währung:* 1 Uganda-Schilling (U. Sh.) = 100 Cents. *Internationale Mitgliedschaften:* UNO, Commonwealth of Nations, OAU.

Landesnatur: 1991 wurde das Gebiet um die Virungavulkane, in dem die letzten Berggorillas leben, zum Nationalpark erklärt (Mgahinga-Gorilla-Nationalpark).

Geschichte: Mitte 1993 wurden außer in Buganda auch in den Königreichen Toro und Bunyoro die 1967 entmachteten Dynastien wiedereingesetzt, ohne jedoch polit. Macht zu erhalten. Zugleich erhielten sie die verstaatlichten Vermögenswerte und Kulturgüter zurückerstattet.

Nachdem sich die im März 1994 gewählte und von Anhängern Präs. Y. MUSEVENIS dominierte verfassunggebende Versammlung Ende März 1995 auf das Konzept eines Einheitsstaates festgelegt hatte, kam es, v. a. in Buganda, zu Anschlägen durch Guerillagruppen, die eine weitgehende Föderalisierung des Landes erzwingen wollen. Am 8. 10. 1995 trat die neue Verf. in Kraft. Sie schränkt die Macht des Präs. durch Gewaltenteilung und Dezentralisierung zwar ein, läßt ihm jedoch große Befugnisse. Starkes Gewicht wird auf die Garantie der als unveräußerlich erachteten Menschenrechte gelegt. Hinsichtlich des polit. Systems wurde für zumindest fünf Jahre (danach Referendum) das ›Movement System‹ festgeschrieben; dieses erlaubt zwar polit. Parteien, verbietet ihnen jedoch die polit. Betätigung; diese ist nur Einzelpersonen innerhalb des das Land überziehenden ›Movement‹, dem alle Ugander angehören, erlaubt.

Seit Anfang 1995 kam es zu verstärkten Spannungen mit der Rep. Sudan, nachdem offenbar geworden war, daß diese die seit Jahren in Nord-U. operierende christlich-fundamentalistische Guerillatruppe ›Lord's Resistance Army‹ (LRA) unterstützt.

M. TWADDLE: Kakungulu & the creation of U., 1868–1928 (London 1993).

Ugrešić [-ʃitɕ], Dubravka, kroat. Schriftstellerin, *Kutina (Slawonien) 27. 3. 1949; stellt in ihren Romanen ›Štefica Cvek u raljama života‹ (1981; dt. ›Des Alleinseins müde‹) und ›Forsiranje romana reke‹ (1988; dt. ›Der goldene Finger‹) mit spieler. Ironie und Verfremdungseffekten Frauenschicksale bzw. die Welt des Schriftstellers dar. Nach Ausbruch des serbischkroat. Krieges lebte sie zeitweilig im Ausland.

Weitere Werke: Erzählungen: Poza za prozu (1978); Život je bajka (1983); Američki fikcionar (1993).

***Ukraine,** amtlich ukrain. **Ukrajina, Ukraïna,** Staat im SW Osteuropas, grenzt im S an das Schwarze Meer.

Hauptstadt: Kiew (ukrain. Kijiw). *Amtssprache:* Ukrainisch. *Staatsfläche:* 603 700 km^2. *Bodennutzung (1992):* 342 070 km^2 Ackerland, 66 000 km^2 Dauergrünland, 102 630 km^2 Waldfläche. *Einwohner (1994):* 51,465 Mio., 85 Ew. je km^2. *Städtische Bevölkerung (1993):* 68%. *Durchschnittliches Bevölkerungswachstum pro Jahr (1985–93):* 0,3%. *Bevölkerungsprojektion für 2000:* 52,97 Mio. Ew. *Ethnische Gruppen (1991):* 72,6% Ukrainer, 22,2% Russen, 0,9% Weißrussen, 0,7% Juden, 0,6% Moldawier, 0,4% Tataren, 2,6% sonstige. *Altersgliederung (1991):* unter 15 Jahre 21,2%, 15 bis unter 65 Jahre 65,6%, 65 und mehr Jahre 13,2%. *Lebenserwartung der Neugeborenen (1992):* männlich 66 Jahre, weiblich 75 Jahre. *BSP je Ew. (1993):* 2210 US-$. *BIP nach Sektoren/Produktionsstruktur (1993):* Landwirtschaft 35%, Industrie 47%, Dienstleistungen 18%. *Währung:* 1 Karbowanez (URK) = 100 Kopeken. *Internationale Mitgliedschaften:* UNO, GUS, OSZE, Europarat.

Geschichte: Seit der Erlangung der staatl. Unabhängigkeit (1991) bemühte sich Präs. L. M. KRAWTSCHUK, mit Reformen die wirtschaftl. Krise seines Landes, die sich u. a. durch Energie- und Warenknappheit sowie durch Inflation zeigt und ihre Ursachen im Verlust der früheren Absatzmärkte und verteuerten Energieimporten hat, zu beheben, scheiterte jedoch mit seinen Initiativen oft an der reformfeindl. Mehrheit des Obersten Rates. In Wechselwirkung mit dieser wirtschaftspolit. Konstellation führte das Ausbleiben der Modernisierung und der Privatisierung der Wirtschaft zu einem Rückgang der gesamten Industrieproduktion. Kennzeichnend für die reformfeindl. Stimmung im Obersten Rat war die Wiederzulassung der KP im Mai 1993. Ein Ausdruck der zunehmenden Unzufriedenheit in der Bev. war der Bergarbeiterstreik im Juni 1993. Vor dem Hintergrund der schweren Wirtschaftskrise machte der Oberste Rat im Okt. 1993 seine frühere Entscheidung rückgängig, die letzten beiden Blöcke des Kernkraftwerks →Tschernobyl stillzulegen. Bei den Wahlen zum Obersten Rat, die über mehrere Etappen zw. März und Nov. 1994 erstreckten, behielten die reformfeindl. Kräfte das Übergewicht. Im Juli 1994 wählte die Bev. KUTSCHMA zum Staatspräs., der im Hinblick auf die Verbesserung der wirtschaftl. Lage eine stärkere Zusammenarbeit mit Rußland anstrebt.

Mit dem Zerfall der Sowjetunion entwickelte die Frage der staatl. Zugehörigkeit der →Krim sowie die Aufteilung der sowjet. Schwarzmeerflotte zw. der U. und Rußland polit. Sprengkraft. Im Juni 1992 erhielt die Krim ein Autonomiestatut. Der Umfang ihrer Territorialautonomie und ihre Staatsorganisation sind heftig umstritten. Präs. KRAWTSCHUK vereinbarte im Sept. 1993 mit dem russ. Präs. B. JELZIN die Teilung der Schwarzmeerflotte. Im Nov. 1993 stimmte der Oberste Rat unter Vorbehalten, im Febr. 1994 unter Verzicht auf diese dem START-I-Vertrag zu. Im selben Monat trat die U. dem NATO-Programm ›Partnerschaft für den Frieden‹ bei. Als erstes Mitgl. der Gemeinschaft Unabhängiger Staaten (GUS) vereinbarte die U. mit der EU am 14. 6. 1994 ein Partnerschafts- und Kooperationsabkommen. Am 9. 11. 1995 wurde die U. in den Europarat aufgenommen.

Ullmann, Viktor, österr. Komponist, *Teschen 1. 1. 1898, †Auschwitz 18. 10. 1944; besuchte 1918–19 in

Wien A. SCHÖNBERGS Kompositionsseminar und begann mit Klavierstudien bei E. STEUERMANN. 1920 wurde er unter A. VON ZEMLINSKY Kapellmeister am Dt. Theater in Prag. Über Stationen in Aussig (1927-28) und Zürich (1929-31) kam er 1931 nach Stuttgart. In diese Zeit fällt eine intensive Auseinandersetzung mit der Anthroposophie R. STEINERS. Ab 1933 erneut in Prag, betrieb er 1935-37 weitere Kompositionsstudien bei A. HÁBA. 1942 wurde U. in das Konzentrationslager Theresienstadt verbracht, wo er, von der Lagerarbeit ausgenommen, als Organisator von Musikveranstaltungen wirkte. Bis dahin entstanden etwa 50 Kompositionen (18 erhalten), u. a. die Oper ›Der Sturz des Antichrist‹ (1936; Urauff. 1995), ein Klavierkonzert (1939) und vier Klaviersonaten. In Theresienstadt schrieb U. weitere 23 Kompositionen, die alle erhalten sind, u. a. zwei Sinfonien (1943-44), ›Die Weise von Liebe und Tod des Cornets C. Rilke‹ für Sprecher und Orchester (1944) und drei weitere Klaviersonaten. Anfangs noch stark von der Atonalität der Schönbergschule geprägt, sind die Werke aus Theresienstadt in einer faßlicheren, an G. MAHLER und ZEMLINSKY orientierten Tonsprache gehalten. Die Uraufführung seiner zweiten Oper, ›Der Kaiser von Atlantis oder die Todverweigerung‹ (1943; Urauff. 1975), wurde wegen Anspielungen auf HITLER und den Krieg von der SS-Lagerleitung unterbunden. Am 16. 10. 1944 wurde U. nach Auschwitz deportiert.

Ulmanis, Guntis, lett. Politiker, *Riga 13. 8. 1939; zunächst bei der Lett. Bank tätig, 1965-89 Mitgl. der KPdSU, seitdem Mitgl. der Bauernunion, wurde am 7. 7. 1993 vom Parlament zum Staatspräs. gewählt.

***Ulysses:** Von Juni bis Nov. 1994 überflog die Raumsonde in 190 bis 350 Mio. km Entfernung zur Sonne deren Südhemisphäre und erreichte am 13. 9. 1994 bei 80,2° südl. heliograph. Breite ihre südlichste Position außerhalb der Ebene der Ekliptik. Am 13. 3. 1995 kreuzte U. die Ebene der Ekliptik von Süden nach Norden, überflog von Juni bis Sept. die Nordhemisphäre der Sonne und gelangte dabei am 31. 7. 1995 bei 80,2° nördl. heliograph. Breite an ihren nördlichsten Bahnpunkt. Hauptaufgabe der ESA-Sonde (Startmasse 370 kg) waren dreidimensionale Messungen der Heliosphäre sowie erstmals Untersuchungen der Polgebiete der Sonne. Ihre polare Bahn um die Sonne (Umlaufzeit sechs Jahre) führt U. bis April 1998 zur Jupiterbahn zurück, um dann wieder unterhalb der Ekliptik die Südhemisphäre der Sonne für eine weitere Meßperiode im Jahr 2000 anzusteuern.

***Umsatzsteuer:** In der *Schweiz* wurde zum 1. 1. 1995 nach vorangegangener Volksabstimmung vom 28. 11. 1993 anstelle der bisherigen einstufigen Waren-U. eine Mehrwertsteuer mit einem Steuersatz von 6,5% eingeführt. Steuerpflichtig sind nunmehr auch Dienstleistungen. - In *Österreich* wurde im Zusammenhang mit dem Beitritt zur EU zum 1. 1. 1995 die Umsatzbesteuerung des Handels mit den EU-Mitgliedsstaaten der (auch in Dtl. geltenden) Binnenmarktregelung angepaßt. Für Gebrauchtgegenstände, Antiquitäten u. ä. wurde wie in Dtl. eine →Differenzbesteuerung eingeführt.

***Umwandlung 1):** Am 1. 1. 1995 ist eine tiefgreifende Novelle zum U.-Recht in Kraft getreten (Ges. zur Bereinigung des U.-Rechts vom 28. 10. 1994). Ziel der Novelle ist, die rechtl. Strukturierung von Unternehmen zu systematisieren und weiterzuentwickeln. Bis zum Inkrafttreten der Novelle waren U.-Vorgänge in verschiedenen Ges. (v. a. U.-Ges. von 1969, Versicherungsaufsichts-Ges.) unübersichtlich normiert. Das Ges. sieht als U.-Arten die Verschmelzung, die Spaltung (als Auf- oder Abspaltung sowie als Ausgliederung) und den Rechtsformwechsel vor. Zur Vermeidung von Steuernachteilen wurde zeitgleich das Ges. zur Änderung des U.-Steuerrechts verabschiedet.

***Umweltabgaben:** Unter dem Eindruck der verstärkten Diskussion zukünftiger Klimaänderungen (z. B. durch den zusätzl. Treibhauseffekt) wurde 1995 eine Reihe von Konzepten einer ›ökolog. Steuerreform‹ vorgelegt. Gemeinsames Merkmal aller Vorschläge speziellerer **Ökosteuern** (zuweilen auch **Klimasteuern, Klimaschutzsteuern** genannt) ist die Forderung nach Aufkommensneutralität durch gleichzeitige Senkung anderer Steuern oder Abgaben; zuweilen wird auch eine pro Kopf gleich große Rückgabe der erzielten Einnahmen (›Öko-Bonus‹) befürwortet.
Bereits 1992 hatte die Europ. Kommission eine Richtlinie zur Einführung einer **Energiesteuer** auf alle nicht erneuerbaren Energien entworfen. Der Vorschlag fand im Ministerrat der EU jedoch nicht die erforderl. einstimmige Annahme, so daß die Kommission am 10. 5. 1995 ein modifiziertes Konzept vorlegte, dem zufolge die Einführung einer solchen Steuer und die Festlegung der Steuersätze den Mitgl.-Staaten nunmehr für eine Übergangszeit bis zum Jahr 2000 freigestellt werden. Danach sollen bestimmte Zielsteuersätze gelten. Die Bemessungsgrundlage orientiert sich je zur Hälfte am Kohlendioxid- und am Energiegehalt der versch. Energieträger.

Umwelt|audit [-auditt; engl. audit ›(Rechnungs)-Prüfung‹] *das, -s,* **Öko-Auditing,** externes Verfahrenskontrollsystem, mit dessen Hilfe die Wirksamkeit unternehmer. Umweltschutzaktivitäten überprüft und sichergestellt werden soll. Rechtl. Grundlage des U. ist die VO 1836/93 des Rats der EG zur freiwilligen Beteiligung gewerbl. Unternehmen an einem Gemeinschaftssystem für das Umweltmanagement und die Umweltbetriebsprüfung. Gegenstand dieser EG-VO, die durch das U.-Gesetz vom 7. 12. 1995 in dt. Recht überführt und inhaltlich konkretisiert wurde, sind die einzelwirtschaftl. Methoden des Umweltmanagements. Sie sieht jedoch keine dirigistischen staatl. Eingriffe in den Wirtschaftsprozeß vor. Den Unternehmen werden vielmehr Anreize geboten, freiwillig und eigenständig ihre Umweltpolitik festzulegen sowie an die spezif. Unternehmenssituation angepaßte Umweltziele und -programme zu definieren. Nach der EG-VO haben Unternehmen die Möglichkeit, ihr Umweltmanagementsystem durch zugelassene Umweltgutachter prüfen zu lassen; bei erfolgreicher Überprüfung wird eine ›Teilnahmeerklärung‹ erteilt.

Umweltgipfel, →UNCED.

Umwelt|indikatoren, Größen, die den Ist-Zustand einer Umweltsituation mit dem Soll-Zustand (Umweltqualitätsstandard) vergleichen. Der Soll-Zustand ergibt sich meistens aus einem zeitlich zurückliegenden, weitgehend unbelasteten Referenzzustand der betrachteten Umweltsituation, kann aber auch ein von der Gesellschaft festgesetztes Umweltqualitätsziel sein. U. können z. B. für die Bereiche Ressourcenverbrauch, Umweltverschmutzung oder Beeinträchtigung von Ökosystemen ausgewiesen werden. Auf nat. und internat. Ebene gibt es viele Modelle und Ansätze für U., wobei Belastungs-, Zustands- und Reaktionsindikatoren unterschieden werden. Die Indikatorenansätze berücksichtigen dabei die jeweils betrachtete Umweltsituation, z. B. Klimaänderung oder Versauerung von Böden. Einer dieser Ansätze ist der ›Amöbe‹-Ansatz (Amöbe Abk. für Allgemeine Methode zur Ökosystembeschreibung und Bewertung), der im Rahmen der Anstrengungen zum Gewässerschutz in den Niederlanden entwickelt wurde. In ihm dienen als U. versch. Tiere und Pflanzen des Meeres und der Flüsse. (▷ Bioindikatoren)

UNCED, Abk. für **United Nations Conference on Environment and Development** [juːˈnaɪtɪd neɪʃnz ˈkɔnfərəns ɔn ɪnˈvaɪərənmənt ənd dɪˈveləpmənt, engl.], **UN-Konferenz über Umwelt und Entwicklung, Umweltgipfel,** internat. Konferenz, die

Viktor Ullmann

Unga ungarische Kunst – Ungarn

den globalen Umweltschutz zum Thema hat. Bei Verhandlungen und Abschlüssen wird beachtet, daß Umweltschutz und Entwicklung untrennbar miteinander verknüpft sind und daß eine →nachhaltige Entwicklung ökonom. und ökolog. Gesichtspunkte gleichermaßen berücksichtigen muß. Die erste UNCED fand 1972 in Stockholm statt. An der UNCED 1992 in Rio de Janeiro nahmen 178 Staaten teil. Auf ihr wurden wichtige (substantielle und prozedurale) Vereinbarungen für den Umweltschutz (Klimarahmenkonvention, Artenschutzkonvention, Walderklärung) sowie solche für die Umwelt- und Entwicklungszusammenarbeit (Rio-Deklaration, ›Agenda 21‹) getroffen. In der Rio-Deklaration sind die wesentl. Grundsätze für das Verhalten der Staaten untereinander im Bereich Umwelt und Entwicklung festgelegt. Die ›Agenda 21‹ ist das dazugehörende Aktionsprogramm, das Festlegungen u. a. zur Bevölkerungspolitik, zu Handel und Umwelt, zur Abfall- und Energiepolitik sowie zu Finanzen enthält. Sie gilt für Industrie- und Entwicklungsländer, die auf dieser Basis nat. Programme erstellen sollen. Die UN-Kommission für nachhaltige Entwicklung überprüft die Umsetzung der ›Agenda 21‹ und entwickelt weiterführende Vorschläge. Die Klimarahmenkonvention befaßt sich mit Schutzmaßnahmen gegen den zusätzl. Treibhauseffekt. Die Artenschutzkonvention verfolgt das Ziel, gefährdete Tier- und Pflanzenarten sowie deren oftmals bedrohte Lebensräume in aller Welt zu schützen. Die Walderklärung ist ein Kompromiß, in dem Grundsätze zur Waldbewirtschaftung und zur Walderhaltung festgelegt sind.

ungarische Kunst: Die neuere Architektur von IMRE MAKOVECZ – die Kirche von Paks (1990), der ungar. Pavillon auf der Expo '92 in Sevilla – wurde interpretiert als fast trag. Beschwörung einer organischen ungar. Gesellschaft, die es jedoch weder vor der Wende gab noch heute gibt. Gegen jeden falschen Schein von Perfektion wendet sich die Architektur von ISTVÁN JANÁKY (Bürogebäude in Budapest, 1993; Projekt für die Fußgängerachse der – nicht durchgesetzten – Expo '96 in Budapest). GÁBOR TURÁNI sucht Kontinuität in der durchdachten Anknüpfung an die moderne ungar. Architektur der 1930er Jahre.

Neben den Vertretern der ungar. Avantgarde wie ENDRE BÁLINT (*1914, †1986), ILONA KESERÜ (*1933) und ISTVÁN NÁDLER (*1938) und der Transavantgarde wie IMRE BAK (*1939) und ÁKOS BIRKÁS (*1941), die die unterschiedl. Linien der reichen Tradition der modernen u. K. weiterentwickelten, treten in den 80er und 90er Jahren in Ungarn bes. auch Künstler hervor, die die pluralist. Tendenzen der zeitgenöss. westl. Kunst aufgreifen. In der Malerei wurde eine Vielfalt der Individualstile entfaltet. Die gestisch-kolorist. Tradition führen TAMÁS SOÓS (*1955) und ZOLTAN SEBESTYÉN (*1954) fort. So unterschiedl. Künstler wie ANDRÁS KONCZ (*1953), KÁROLY KELEMEN (*1948), LÁSZLÓ FÉHER (*1953), SÁNDOR PINCZEHELYI (*1946), ISTVÁN MAZZAG (*1958), ÁRON GÁBOR (*1954) und ISTVÁN EF ZÁMBÓ (*1950) repräsentieren in ihren Werken die Spannbreite von der realist. Abbildung bis zum postmodernen Zitat. Internat. Rang behaupten die Skulpturen von ATTILA MATA (*1953), ILDIKÓ VÁRNAGY (*1944), LÁSZLÓ FE LUGOSSY (*1947), GYÖRGY CSESZLAI (*1957), LAJOS KLICSU (*1957), EL KAZOVSZKIJ (*1948), KLÁRA BORBÁS (*1955) u. a.; die Grenze zur Rauminstallation überschreiten GÉZA SAMU (*1947) und IMRE BUKTA (*1952).

Ungar. Malerei der 80er Jahre, bearb. v. L. HEGYI u. a., Ausst.-Kat. (1987); Kunst heute in Ungarn, bearb. v. G. UELSBERG, Ausst.-Kat. (1989); Acht Ungarn. Zeitgenöss. Kunst aus Ungarn, Ausst.-Kat. (Szombathely 1992).

***Ungarn**, ungar. **Magyarország**, amtlich **Magyar Köztársaság**, dt. **Ungarische Republik, Republik U.**, Binnenstaat im SO Mitteleuropas.

Hauptstadt: Budapest. *Amtssprache:* Ungarisch. *Staatsfläche:* 93 032 km² (ohne Binnengewässer 92 340 km²). *Bodennutzung (1992):* 52 870 km² Ackerland, 11 730 km² Dauergrünland, 17 010 km² Waldfläche. *Einwohner (1994):* 10,161 Ew., 109 Ew. je km². *Städtische Bevölkerung (1993):* 63%. *Durchschnittlicher Bevölkerungsrückgang pro Jahr (1985–93):* 0,5%. *Bevölkerungsprojektion für 2000:* 10,17 Mio. Ew. *Religion (1992):* 64,1% Katholiken, 23,4% Protestanten. *Altersgliederung (1995):* unter 15 Jahre 18,6%, 15 bis unter 65 Jahre 67,5%, 65 und mehr Jahre 13,9%. *Lebenserwartung der Neugeborenen (1992):* männlich 65 Jahre, weiblich 74 Jahre. *BSP je Ew. (1993):* 3 350 US-$. *BIP nach Sektoren/Produktionsstruktur (1993):* Landwirtschaft 6%, Industrie 28%, Dienstleistungen 66%. *Arbeitslosenquote (1993):* 17%. *Währung:* 1 Forint (Ft) = 100 Filler (f). *Internationale Mitgliedschaften:* UNO, Europarat, OSZE.

Geschichte: Im Zuge der marktwirtschaftl. Reformen richtete die Notenbank den Kurs des Forint nach einem je zur Hälfte aus US-Dollar und D-Mark bestehenden Währungskorb aus. Der Rückgang der Agrarproduktion und die damit verbundene Krise in der Landwirtschaft lösten im Sept. 1993 Demonstrationen der Bauern aus. Nach dem Tod von MinPräs. J. ANTALL wählte das Parlament am 21. 12. 1993 PÉTER BOROSS zum neuen MinPräs. Im April 1994 billigte es ein Boden-Ges., dem gemäß sogar U. Staatsbürger maximal 300 ha Land erwerben können. Im Gefolge der Kommunalwahlen von 1994 wurde auf kommunaler und gesamtstaatl. Ebene ein System der Selbstverwaltung nat. und ethn. Minderheiten errichtet. Bei den Parlamentswahlen vom Mai 1994 gewann die bisher in Opposition stehende Ungar. Sozialist. Partei (ungar. Abk. MSZP) die absolute Mehrheit; zweitstärkste Partei wurde der liberale Bund Freier Demokraten (SZDSZ); das bisher regierende Ungar. Forum (MDF) fiel auf den dritten Platz zurück. An der Spitze einer Koalitions-Reg. aus MSZP und SZDSZ wurde G. HORN (MSZP) am 15. 7. 1994 Min.-Präs. Am 19. 6. 1995 wurde Staatspräs. A. GÖNCZ vom Parlament für weitere fünf Jahre im Amt bestätigt.

In der Außenpolitik bemühte sich das zur Visegrád-Gruppe zählende U., die von Minderheitenproblemen

ungarische Kunst: LINKS Attila Mata, ›Die Büste‹, 1988 (Privatbesitz); RECHTS Imre Makovecz, Turm mit Haupteingang der katholischen Kirche in Paks, 1990

Die nach Umsatz größten Industrie- und Transportunternehmen sowie Handelsunternehmen in Deutschland 1994

Rang[1], Firma, Sitz	zum Konzern[1]	Branche	Umsatz (in Mio. DM[2])	Jahresüberschuß (in Mio. DM)	Beschäftigte (in 1000)
Industrie- und Transportunternehmen					
1 Daimler-Benz AG, Stuttgart	–	Straßenfahrzeuge, Luft- und Raumfahrt	104 075	(K) 895,0	330,6
2 Siemens, Berlin und München	–	Elektrotechnik, Elektronik	84 598	(K) 1993,0	382,0
3 Volkswagen, Wolfsburg	–	Straßenfahrzeuge	80 041	(K) 150,0	238,0
4 Veba AG, Düsseldorf	–	Energie, Chemie	71 044	(K) 1529,0	126,9
– Mercedes Benz AG, Stuttgart	1	Straßenfahrzeuge	70 715	(E) 1849,0	197,6
5 Deutsche Telekom AG, Bonn	–	Telekommunikation	61 200	(K) 1288,1	225,0
– Siemens AG, München	2	Elektrotechnik, Elektronik	55 500	(E) 800,0	180,6
6 Hoechst, Frankfurt am Main	–	Chemie	49 637	(K) 1363,0	165,7
7 RWE AG, Essen	–	Bergbau, Elektrizität	46 057	(K) 1114,0	118,0
8 BASF, Ludwigshafen am Rhein	–	Chemie	43 674	(So) 1170,2	106,3
9 Bayer, Leverkusen	–	Chemie	43 420	(K) 2012,0	146,7
10 Bayerische Motoren Werke, München	–	Straßenfahrzeuge, Triebwerke	42 125	(K) 697,0	109,3
– Volkswagen AG, Wolfsburg	3	Straßenfahrzeuge	41 886	(E) 165,0	109,0
11 Thyssen AG, Düsseldorf	–	Maschinenbau, Stahlindustrie	34 949	(K) 90,0	129,4
12 Robert Bosch, Stuttgart	–	Elektrotechnik	34 478	(K) 512,0	156,5
13 Mannesmann AG, Düsseldorf	–	Maschinenbau, Anlagenbau, Fahrzeugbau	30 397	(K) 340,0	124,9
14 Viag AG, München	–	Metalle, Chemie, Energie	28 957	(K) 1120,0	86,0
15 Deutsche Bahn AG, Berlin	–	Transport, Verkehr	28 933	(K) 181,0	331,1
16 Deutsche Post AG, Bonn	–	Post, Transport	28 100	(K) −2900,0	340,0
– Bayerische Motoren Werke AG, München	10	Straßenfahrzeuge	27 448	(E) 553,0	58,4
17 Adam Opel AG, Rüsselsheim	–	Straßenfahrzeuge	25 620	(K) 307,1	47,3
18 Ruhrkohle, Essen	–	Bergbau, Elektrizität	25 500	(K) 127,5	107,4
19 Ford-Werke AG, Köln	–	Straßenfahrzeuge	23 398	(K) 676,2	44,0
20 Preussag AG, Hannover	–	Maschinenbau, Energieversorgung	23 210	(K) 245,3	69,7
21 Metallgesellschaft, Frankfurt am Main	–	Maschinenbau, Anlagenbau	20 493	(K) −2626,8	26,3
22 Fried. Krupp AG Hoesch-Krupp, Essen	–	Maschinenbau, Anlagenbau	20 386	(K) 40,0	66,1
– BASF AG, Ludwigshafen am Rhein	8	Chemie	19 257	(E) 909,8	46,5
23 Deutsche Lufthansa, Köln	–	Luftfahrt	18 836	(K) 302,0	58,0
24 MAN AG, München	–	Maschinenbau, Anlagenbau	18 144	(K) 160,0	57,0
– Daimler-Benz Aerospace (Dasa), Hamburg	1	Luft- und Raumfahrt	17 394	(K) −438,0	75,6
– Bayer AG, Leverkusen	9	Chemie	17 135	(E) 931,0	52,9
– RWE Energie AG, Essen	7	Energie- und Wasserversorgung	16 617	(E) 380,5	23,4
– Veba Oel AG, Gelsenkirchen	4	Mineralölverarbeitung	16 148	(K) 98,0	6,8
25 Walter Holding GmbH, Augsburg	–	Bauindustrie	16 000[3]	(K) –	39,0
– PreussenElektra AG, Hannover	4	Energieversorgung	15 645	(K) 314,3	25,7
– Hoechst AG, Frankfurt am Main	6	Chemie	14 296	(E) 1142,0	47,1
26 Henkel, Düsseldorf	–	Chemie	14 069	(K) 464,0	39,9
27 Degussa, Frankfurt am Main	–	Edelmetalle, Chemie	13 816	(K) 174,0	27,2
– Audi AG, Ingolstadt	3	Straßenfahrzeuge	13 476	(E) 30,0	31,6
– RWE-DEA AG, Hamburg	7	Mineralölverarbeitung, Chemie	13 227	(E) 204,6	8,1
– Ruhrkohle AG, Essen	18	Bergbau, Elektrizität	13 133	(E) 58,0	70,4
28 Philipp Holzmann, Frankfurt am Main	–	Bauindustrie	13 090	(W) 120,0	44,9
29 IBM Deutschland GmbH, Stuttgart	–	Computer	12 918	(K) 898,0	22,6
– Siemens-Nixdorf Informationssysteme, München	2	Computer	11 700	(K) −350,0	39,2
– Thyssen Stahl AG Welt, Duisburg	11	Stahlindustrie	10 976	(So) −448,4	44,9
– Daimler-Benz InterServices (debis) AG, Berlin	1	Datenverarbeitung	10 804	(K) 86,0	9,2
30 Deutsche Shell AG, Hamburg	–	Mineralölverarbeitung	10 647	(E) 531,4	2,9
Handelsunternehmen					
1 Metro-Gruppe, Düsseldorf	–	Groß- und Einzelhandel	76 595	(W)	–
2 Edeka-Gruppe, Hamburg	–	Groß- und Einzelhandel	52 500	(K)	0,8
3 Tengelmann (Welt), Mülheim a. d. Ruhr	–	Einzelhandel	48 999	(So)	196,7
4 Rewe-Gruppe, Köln	–	Großhandel	45 980	(So)	161,0
5 Aldi Einkauf GmbH & Co. oHG, Mülheim	–	Einzelhandel	30 650[3]	–	–
– Edeka Zentrale AG, Hamburg	2	Groß- und Einzelhandel	26 700	(So)	0,8
– Tengelmann (Inland), Mülheim a. d. Ruhr	3	Einzelhandel	24 795	(So)	89,0
6 Otto-Versand International GmbH, Hamburg	–	Versandhandel	24 400	(So)	48,0
7 Karstadt, Essen	–	Warenhaus	24 182	(K)	108,3
– Kaufhof Konzern, Köln	1	Warenhaus	22 087	(K)	69,1
8 Stinnes AG, Mülheim a. d. Ruhr	4[4]	Handel, Transport, Verkehr	22 018	(K)	33,1
9 Spar Gruppe, Schenefeld	–	Groß- und Einzelhandel	21 700	(So)	–
10 Franz Haniel & Cie. GmbH, Duisburg	–	Handel, Verkehr, Transport	19 720	(K)	24,7
– Asko Deutsche Kaufhaus AG, Saarbrücken	1	Einzelhandel	18 918	(K)	65,9
– Metro Deutschland, Düsseldorf	1	Groß- und Einzelhandel	18 218	(So)	–
11 Thyssen Handelsunion, Düsseldorf	10[5]	Außenhandel, Großhandel	15 504	(K)	27,7
– Gehe AG, Stuttgart	10	Pharmagroßhandel	15 201	(K)	11,3
12 Schickedanz Unternehmensgruppe, Fürth	–	Versandhandel	15 200	(So)	–
13 Lidl & Schwarz Stiftung & Co. KG, Neckarsulm	–	Einzelhandel	15 130	(So)	–

[1] Unternehmen ohne Rangzahl sind Teil des übergeordneten Konzerns, dessen Rangzahl in der Spalte ›zum Konzern‹ angegeben ist. – [2] In Klammern Art des Umsatzes: W=Weltumsatz, K=Konzernumsatz, E=Einzelabschluß, So=sonstiger Umsatz. – [3] Schätzung. – [4] Zu Rang 4 der Industrie- und Transportunternehmen. – [5] Zu Rang 11 der Industrie- und Transportunternehmen.
Quellen: Frankfurter Allgemeine Zeitung 7. 7. 1995. – Die großen 500 auf einen Blick, hg. von Ernst Schmacke (1995).

belasteten Beziehungen zu den Nachbarstaaten zu verbessern: 1993 Abschluß eines ›Grundlagenvertrages‹ mit der Ukraine, 1995 eines solchen mit der Slowak. Rep. Die Inbetriebnahme des Donaukraftwerks Gabčíkovo durch die Slowak. Rep. führte neben der Frage der ungar. Minderheit dort zu Spannungen zw. beiden Ländern. Am 8. 2. 1994 trat U. dem NATO-Programm ›Partnerschaft für den Frieden‹ bei und stellte am 1. 4. 1994 den Antrag auf Vollmitgliedschaft in der Europ. Union (EU).

*__Unger,__ Carl, österr. Maler und Zeichner: † Wien 21. 12. 1995.

*__Unionisten:__ Im Zuge der von der brit. und der irischen Reg. ab Dez. 1993 angestrengten Friedensinitiative für Nordirland erklärten die unionist. Terrororganisationen zum 14. 10. 1994 den Waffenstillstand. Eine Teilnahme an dem von der irischen Reg. im Okt. 1994 einberufenen gesamtirischen Gesprächsforum für Frieden und Versöhnung lehnten die unionist. Parteien jedoch ab. Im Jan. 1996 billigte die Ulster Unionist Party, die größte U.-Partei, die Empfehlungen der von Großbritannien und Irland eingesetzten internat. Kommission, die u. a. die schrittweise Auslieferung der Waffen gleichzeitig mit den politischen Verhandlungen vorsehen. Zugleich bekräftigten die U., unterstützt von der brit. Regierung, ihren Vorschlag vom Sept. 1995 zur Wahl einer nordirischen Versammlung als demokratisch legitimierten Verhandlungsforums.

__Unstrut-Hainich-Kreis,__ Landkreis in Thüringen, 975 km², (1995) 122 700 Ew.; Kreisstadt ist Mühlhausen/Thüringen. Das Kreisgebiet grenzt an Hessen. Das fruchtbare Thüringer Becken wird im W bogenförmig von den bewaldeten Höhenzügen Hainich (bis 494 m ü. M.) und Dün umgeben. Hauptfluß ist die Unstrut. Die Städte des Kreises sind Mühlhausen/Thüringen (1995: 40 300 Ew.; mit elektrotechn. und elektron. Industrie, Baugewerbe, Metallverarbeitung, Möbelproduktion und Textilindustrie), Bad Langensalza (21 100 Ew., Schwefelbad; Textil-, Nahrungsmittelindustrie, Druckerei, Travertinabbau), Schlotheim (4 600 Ew.; Textilindustrie, v. a. Herstellung von Seilerwaren sowie Lederindustrie) und Bad Tennstedt (2 900 Ew.; Kurort und Schwefelbad). – Der Kreis wurde am 1. 7. 1994 aus den bisherigen Kreisen Mühlhausen und Langensalza (mit Ausnahme von sechs Gemeinden) gebildet.

*__Unternehmen:__ Das größte dt. Industrie-U., die Daimler-Benz AG, übersprang 1995 erstmals die 100-Mrd.-DM-Umsatzgrenze. Der Volkswagen-Konzern, der 1960–73 das größte dt. Industrie-U. gewesen war, erreichte 1995 den dritthöchsten Umsatz. Seit Jahrzehnten gehört auch der Siemens-Konzern (u. a. 1959–62 und 1985 auf Rang 1) zu den umsatzstärksten U. Die umsatzstärksten Handels-U. bildeten in den letzten Jahren neben der Metro-Gruppe Tengelmann und die Stinnes AG. Übersicht S. 677

*__Urlaub:__ Durch Änderung des Bundesurlaubs-Ges. vom 6. 6. 1994 beträgt der gesetzl. jährl. Mindest-U. mit Wirkung vom 1. 1. 1995 24 Werktage; dieser Anspruch gilt auch für die Arbeitnehmer in den neuen Bundesländern. Durch Ges. vom 26. 5. 1994 (in Kraft seit 1. 6. 1994) war bereits § 7 Abs. 1 Satz 2 angefügt worden, der Arbeitnehmern den Anspruch einräumt, unabhängig von betriebl. Belangen U. im Anschluß an eine Maßnahme der medizin. Vorsorge oder Rehabilitation zu erhalten; ferner war § 10 neu gefaßt worden, der im Falle medizin. Rehabilitation ein Anrechnungsverbot auf den U. festlegt.

*__Uruguay,__ amtlich span. __República Oriental del Uruguay,__ dt. __Republik östlich des Uruguay, Republik U.,__ Staat in Südamerika, zw. dem Atlantik im SO, dem Río de la Plata im S und dem Uruguay im W, grenzt im N an Brasilien, im W an Argentinien.

Hauptstadt: Montevideo. *Amtssprache:* Spanisch. *Staatsfläche:* 176 215 km² (ohne Binnengewässer 175 016 km²). *Bodennutzung (1992):* 13 040 km² Ackerland, 135 200 km² Dauergrünland, 6 690 km² Waldfläche. *Einwohner (1994):* 3,167 Mio., 18 Ew. je km². *Städtische Bevölkerung (1993):* 90%; in städt. Agglomerationen mit 1 Mio. Ew. und mehr leben 46% der Stadt-, 42% der Gesamtbevölkerung. *Durchschnittliches Bevölkerungswachstum pro Jahr (1985–93):* 0,6%. *Bevölkerungsprojektion für 2000:* 3,274 Mio. Ew. *Religion (1992):* 58,5% Katholiken. *Altersgliederung (1995):* unter 15 Jahre 24,4%, 15 bis unter 65 Jahre 63,3%, 65 und mehr Jahre 12,3%. *Lebenserwartung der Neugeborenen (1992):* männlich 69 Jahre, weiblich 75 Jahre. *BSP je Ew. (1993):* 3 830 US-$. *BIP nach Sektoren/Produktionsstruktur (1993):* Landwirtschaft 9%, Industrie 27%, Dienstleistungen 64%. *Währung:* 1 Uruguayischer Peso (urug$) = 100 Centésimos (cts). *Internationale Mitgliedschaften:* UNO, Lateinamerikan. Integrationsvereinigung, OAS.

Geschichte: Aus den Parlaments- und Präsidentschaftswahlen am 27. 11. 1994 gingen die oppositionelle Colorado-Partei und ihr Kandidat J. M. SANGUINETTI als Gewinner hervor (Amtsantritt: 1. 3. 1995). – U. ist Mitgl. des →Mercosur.

__Uruguay-Runde__ [ˈuːrugvaɪ-, uruˈgvaːi-], Bez. für die im Sept. 1986 in Punta del Este (Uruguay) begonnene und im Dez. 1993 abgeschlossene 8. Verhandlungsrunde des GATT, die zur Schaffung der →Welthandelsorganisation führte.

*__Usbekistan,__ amtlich usbek. __Ŭzbekiston Jumhuriyati,__ dt. __Republik U.,__ Staat im nördl. und mittleren Teil Mittelasiens.

Hauptstadt: Taschkent. *Amtssprache:* Usbekisch (1993 Umstellung auf das lat. Alphabet). *Staatsfläche:* 447 400 km². *Bodennutzung (1992):* 44 090 km² Ackerland, 216 000 km² Dauergrünland, 13 420 km² Waldfläche. *Einwohner (1994):* 22,349 Mio., 50 Ew. je km². *Städtische Bevölkerung (1993):* 41%. *Durchschnittliches Bevölkerungswachstum pro Jahr (1985–93):* 2,4%. *Bevölkerungsprojektion für 2000:* 25,27 Mio. Ew. *Ethnische Gruppen (1993):* 73,7% Usbeken, 5,5% Russen, 5,1% Tadschiken, 4,2% Kasachen, 2,0% Tataren, 9,5% sonstige. *Religion:* etwa 80% sunnit. Muslime. *Altersgliederung (1991):* unter 15 Jahre 41%, 15 bis unter 65 Jahre 53,9%, 65 und mehr Jahre 4,5%. *Lebenserwartung der Neugeborenen (1992):* männlich 66 Jahre, weiblich 72 Jahre. *BSP je Ew. (1993):* 970 US-$. *BIP nach Sektoren/Produktionsstruktur (1993):* Landwirtschaft 23%, Industrie 36%, Dienstleistungen 41%. *Währung:* 1 Usbekistan-Sum (U.S.) = 100 Tijin. *Internationale Mitgliedschaften:* UNO, GUS, OSZE.

Geschichte: Am 8. 12. 1992 trat eine neue Verf. in Kraft (Errichtung eines Präsidialsystems). Den Transformationsprozeß von der Plan- zur Marktwirtschaft suchte die Reg. sozial abzufedern. Die international als undemokratisch eingeschätzten Parlamentswahlen vom 25. 12. 1994 waren von der postkommunist. Regierungspartei PPD dominiert. Mit der durch Referendum (27. 3. 1995) bestätigten Verlängerung seiner Amtszeit bis zum Jahr 2000 baute Präs. I. A. KARIMOW das autoritäre Präsidialsystem weiter aus.

Am 4. 1. 1993 schloß die Reg. mit Tadschikistan einen ›Vertrag über Freundschaft und gute Zusammenarbeit‹ und bat die UNO um die Entsendung von Beobachtern. Am 13. 7. 1994 schloß sich U. dem NATO-Programm ›Partnerschaft für den Frieden‹ an.

__Ust-Orda, Burjatischer Autonomer Kreis U.-O.,__ seit 1993 Name des Burjat. Autonomen Kreises ▷ Ust-Ordynskij, Hauptstadt ist Ust-Orda.

__UZ__
Usbekistan
Internationales
Kfz-Kennzeichen

V

Vaičiūnaitė [vaiˈtʃuːnaite], Judita, litauische Lyrikerin, * Kaunas 12. 7. 1937; ist mit ihren seit 1962 veröffentlichten Gedichtbänden (›Kaip žalias vynas‹, 1962; ›Per saulėtą gaublį‹, 1964; ›Smuikas‹, 1984; ›Žiemos lietus‹, 1987) die bedeutendste zeitgenöss. Lyrikerin Litauens. Ihre weitgespannte Thematik reicht von der Natur über den Menschen mit seinen Freuden und Leiden bis zu Figuren der antiken Literatur, denen sie in neuer Sicht Aktualität verleiht. Schon früh verwendete sie fast ausschließlich modernist. Verfahrensweisen und gelangte bes. in der Verwendung unreiner Reime zu großer Virtuosität.

Valga [v-], Stadt in Estland, ▷ Walk.

Valka [v-], Stadt in Lettland, ▷ Walk.

Vance-Owen-Plan [væns ˈəʊɪn -], Vorschläge zur Beilegung des Bürgerkrieges in Bosnien und Herzegowina (→ Genfer Jugoslawienkonferenz).

*****Vanuatu**, amtl. Namen: Bislama **Ripablik blong Vanuatu**, engl. **Republic of V.**, frz. **République de V.**, Inselstaat im südwestl. Pazifik.

Hauptstadt: Vila (auf Efate). *Amtssprachen:* Bislama, Englisch und Französisch. *Staatsfläche:* 12 189 km². *Bodennutzung (1992):* 1 440 km² Ackerland, 240 km² Dauergrünland, 9 140 km² Waldfläche. *Einwohner (1994):* 165 000, 14 Ew. je km². Städtische Bevölkerung *(1990):* 18,4%. *Durchschnittliches Bevölkerungswachstum pro Jahr (1985–93):* 2,8%. *Bevölkerungsprojektion für 2000:* 189 000 Ew. *Altersgliederung (1989):* unter 15 Jahre 45,5%, 15 bis unter 60 Jahre 49,8%, 60 und mehr Jahre 4,7%. *Lebenserwartung der Neugeborenen (1994):* männlich 64 Jahre, weiblich 68 Jahre. *BSP je Ew. (1993):* 1 230 US-$. *BIP nach Sektoren/Produktionsstruktur (1990):* Landwirtschaft 20%, Industrie 21%, Dienstleistungen 59%. *Währung:* Vatu (VT). *Internationale Mitgliedschaften:* UNO, Commonwealth of Nations, South Pacific Forum.

*****Vargas Llosa**, Mario, peruan. Schriftsteller: Wurde 1994 Mitgl. der Span. Akademie; 1994 erhielt er den Premio Miguel de Cervantes, 1995 den Jerusalem-Preis. 1995 erschien u. d. T. ›Der Fisch im Wasser‹ die dt. Übersetzung seiner Erinnerungen ›El pez en el agua‹ (1993), 1996 ›Tod in den Anden‹, die Übersetzung seines Romans ›Lituma en los Andes‹ (1993).

*****Vatikanstadt**, amtlich italien. **Stato della Città del Vaticano**, dt. **Staat der V.**, selbständiges päpstl. Staatsgebiet im Bereich von Rom, rechts des Tibers.

Amtssprache: Italienisch. *Staatsfläche:* 0,44 km². *Einwohner (1989):* 750 (davon 450 Staatsbürger). *Währung:* 1 Italienische Lira (Lit) = 100 Centesimi (Cent.). *Internationale Mitgliedschaften:* OSZE.

Vattimo [v-], Gianni, italien. Philosoph, * Turin 1936; 1963–64 Schüler von H.-G. GADAMER und K. LÖWITH in Heidelberg; 1964–82 Prof. für Ästhetik, seitdem für theoret. Philosophie in Turin; gehört zu den führenden Denkern der Postmoderne. In Auseinandersetzung u. a. mit F. NIETZSCHE, M. HEIDEGGER und GADAMER sieht er die abendländ. Ontologie (Metaphysik, mit Werten wie Ewigkeit, Autorität, Herrschaft) als eine untergehende an; an deren Stelle trete eine ›schwache‹, auf Geschichte in ihren sprachl. Überlieferungen (›hermeneut. Vernunft‹) und Sterblichkeit basierende Ontologie und ein ›schwaches Denken‹ (›pensiero debole‹), das sich am Ereignischarakter der Erscheinungen orientiere. In ›La fine della modernità‹ (1985; dt. ›Das Ende der Moderne‹) negiert er die geschichtsphilosoph. Vorstellungen eines objektiven gesellschaftl. oder wiss. Fortschritts.

Weitere Werke: Le avventure della differenza (1980); Al di là del soggetto. Nietzsche, Heidegger e l'ermeneutica (1981; dt. Jenseits vom Subjekt. Nietzsche, Heidegger u. die Hermeneutik).

*****Velásquez,** Ramón José, venezolan. Politiker und Publizist: Mit dem Amtsantritt von R. CALDERA RODRÍGUEZ am 2. 2. 1994 endete V.' Präsidentschaft.

Velikić [ˈvelikitɕ], Dragan, serb. Schriftsteller, * Belgrad 3. 7. 1953; begann mit Erzählungen (›Pogrešan pokret‹, 1983; ›Staklena bašta‹, 1985). Beachtung fanden seine Romane ›Via Pula‹ (1988; dt.), ›Severni zid‹ (1994) und ›Hamsin 52‹ (1995).

*****Venda:** Mit dem Ende des Apartheidsystems 1994 in der Rep. Südafrika ging das Gebiet V. in der neuen Prov. Nord-Transvaal auf.

*****Venezuela,** amtlich span. **República de V.,** Staat im N Südamerikas.

Hauptstadt: Caracas. *Amtssprache:* Spanisch. *Staatsfläche:* 912 050 km² (ohne Binnengewässer 882 050 km²). *Bodennutzung (1992):* 39 050 km² Ackerland, 177 500 km² Dauergrünland, 298 850 km² Waldfläche. *Einwohner (1994):* 21,378 Mio., 23 Ew. je km². Städtische Bevölkerung *(1993):* 92%; in städt. Agglomerationen mit 1 Mio. und mehr Ew. leben 33% der Stadt-, 30% der Gesamtbevölkerung. *Durchschnittliches Bevölkerungswachstum pro Jahr (1985–93):* 2,5%. *Bevölkerungsprojektion für 2000:* 23,622 Mio. Ew. *Ethnische Gruppen (1993):* 67% Mestizen, 21% Weiße, 10% Schwarze, 2% Indianer. *Religion (1992):* 91,6% Katholiken. *Altersgliederung (1995):* unter 15 Jahre 34,7%, 15 bis unter 65 Jahre 61,2%, 65 und mehr Jahre 4,1%. *Lebenserwartung der Neugeborenen (1992):* männlich 67 Jahre, weiblich 73 Jahre. *Analphabetenquote (1991):* insgesamt 11,9%, männlich 13,3%, weiblich 10,4%. *BSP je Ew. (1993):* 2 840 US-$. *BIP nach Sektoren/Produktionsstruktur (1993):* Landwirtschaft 5%, Industrie 42%, Dienstleistungen 53%. *Arbeitslosenquote (1994):* 8,9%. *Währung:* 1 Bolivar (Bs.) = 100 Céntimos (c, cts). *Internationale Mitgliedschaften:* UNO, Andenpakt, Lateinamerikan. Integrationsvereinigung, OAS, OPEC.

Geschichte: Am 31. 8. 1993 enthob der venezolan. Kongreß den von seinem Amt suspendierten Präs. C. A. PÉREZ RODRÍGUEZ endgültig seines Amtes. Bei den Präsidentschaftswahlen am 5. 12. 1993 gewann der Kandidat des 17 Parteien umfassenden Oppositionsbündnisses ›Convergencia Nacional‹ (CN), der Unabhängige R. CALDERA RODRÍGUEZ. Der sich im Gefolge des seit 1983 fallenden Erdölpreises verschärfenden Wirtschaftskrise suchte die Reg. mit Programmen zur Reduzierung des Haushaltsdefizits (u. a. durch Privatisierung des Erdölsektors) zu begegnen. Im Zusammenhang mit einer Liquiditätskrise des Bankensystems (1994) stiegen Inflation und Arbeits-

Venu Venus – Vereinigte Staaten von Amerika

losigkeit an. – Im Aug. 1993 kam es im Grenzgebiet von V. und Brasilien zu einem Massaker an Yanomami-Indianern.

*Venus: Wichtige neue Erkenntnisse über die V. brachte die Auswertung der von der V.-Sonde →Magellan bis zum Zeitpunkt ihres Verglühens in der V.-Atmosphäre am 12. 10. 1994 gelieferten Radarbilder und Meßdaten. Nach ihnen ist die V.-Topographie unimodal, d. h., etwa 80% der Oberfläche liegen innerhalb einer Kugel mit dem mittleren V.-Radius von 6051,8±0,7 km, und nur 20% ragen darüber hinaus (im Ggs. zur bimodalen Erde, deren Oberfläche in Kontinente und Ozeane geteilt ist). Die Oberfläche der V. ist wesentlich durch Vulkanismus geprägt. Etwa 85% entfallen auf vulkan. Ebenen, deren Alter aufgrund der Auswertung von Oberflächenstrukturen auf nur etwa 500 Mio. Jahre geschätzt wird.

Verbrechensbekämpfungsgesetz, Bez. für das am 28. 10. 1994 verabschiedete, am 1. 12. 1994 in Kraft getretene Ges., das v. a. der Bekämpfung der →organisierten Kriminalität sowie politisch motivierter Kriminalität dient. Es ist strukturell ein Artikel-Ges., das zu zahlreichen Änderungen bestehender Ges. führte. So wurde das StGB (→Strafrecht) an einigen Stellen ebenso geändert (bes. Täter-Opfer-Ausgleich, Auschwitz-Lüge, Volksverhetzung, Körperverletzung) wie die StPO (→Strafprozeß), das Ausländer-Ges. oder das Betäubungsmittel-Ges. Im Ges. zur Beschränkung des Brief-, Post- und Fernmeldegeheimnisses (G 10) werden die Befugnisse des Bundesnachrichtendienstes (BND) im Rahmen seiner internat. Fernmeldeüberwachung erweitert. Der BND kann beim Abhören internat. Telefonate Suchbegriffe eingeben (z. B. ›terrorist. Anschläge‹, ›Waffenhandel‹, ›Geldwäsche‹), bei deren Nennung sich die Abhöranlagen des BND automatisch einschalten. Die gewonnenen Erkenntnisse über internat. Tätigkeiten in den Bereichen Terrorismus, illegaler Waffen- und Drogenhandel sowie Geldfälschung können an die Strafverfolgungsbehörden weitergegeben werden.

Durch Änderung der Gewerbeordnung kann das private Sicherheitsgewerbe strenger kontrolliert werden. – Über die Auswirkungen des V. soll 1996 ein Erfahrungsbericht vorgelegt werden.

*Vereinigte Arabische Emirate, Abk. **VAE,** amtlich arab. **Al-Imarat al-Arabijja al-Muttahida,** engl. **United Arab Emirates,** Abk. **U. A. E.,** Föderation der sieben Scheichtümer (Emirate) Abu Dhabi, Dubai, Sharja, Ras al-Khaima, Fujaira, Umm al-Kaiwain und Ajman auf der Arab. Halbinsel; am Pers. Golf und am Golf von Oman.

Hauptstadt: Abu Dhabi. *Amtssprache:* Arabisch. *Staatsfläche:* 83 600 km². *Bodennutzung (1992):* 400 km² Ackerland, 2 000 km² Dauergrünland. *Einwohner (1994):* 1,861 Mio., 22 Ew. je km². *Städtische Bevölkerung (1993):* 83%. *Durchschnittliches Bevölkerungswachstum pro Jahr (1985–93):* 3,2%. *Bevölkerungsprojektion für 2000:* 2,39 Mio. Ew. *Bevölkerungsgruppen:* knapp 25% einheim. Araber, rd. 75% Ausländer (Pakistaner, Inder, Philippiner, Jemeniten, Palästinenser, Iraner, Ägypter, US-Amerikaner, Europäer, Japaner). *Religion (1992):* 96% Muslime (der Islam ist Staatsreligion). *Altersgliederung (1995):* unter 15 Jahre 28,9%, 15 bis unter 65 Jahre 68,8%, 65 und mehr Jahre 2,3%. *Lebenserwartung der Neugeborenen (1992):* männlich 70 Jahre, weiblich 74 Jahre. *Analphabetenquote (1986):* insgesamt 27,0%, männlich 25,5%, weiblich 31,6%. *BSP je Ew. (1993):* 22 470 US-$. *BIP nach Sektoren/Produktionsstruktur (1993):* Landwirtschaft 2%, Industrie 58%, Dienstleistungen 40%. *Währung:* 1 Dirham (DH) = 100 Fils. *Internationale Mitgliedschaften:* UNO, Arab. Liga, OPEC und OAPEC.

Geschichte: Im Okt. 1991 wurde Scheich SAID IBN SULTAN-NAHAJAN zum vierten Mal zum Staatspräs. gewählt. Im Juli 1994 schlossen die VAE ein Verteidigungsabkommen mit den USA.

*Vereinigte Staaten von Amerika, amtlich engl. **United States of America,** Abk. **USA,** Staat in Nordamerika und im Pazifik; umfaßt den südl. Teil des nordamerikan. Festlands (vom Atlant. Ozean und Golf von Mexiko bis zum Pazif. Ozean), Alaska im NW Nordamerikas (vom Pazif. Ozean bis zum Nordpolarmeer) und die Hawaii-Inseln im zentralen Nordpazifik.

Hauptstadt: Washington (D. C.). *Amtssprache:* Englisch. *Staatsfläche:* 9 372 614 km² (ohne Binnengewässer 9 166 600 km²), außerdem 156 492 km² Anteil an den Großen Seen. *Bodennutzung (1992):* 1 877 760 km² Ackerland, 2 391 720 km² Dauergrünland, 2 868 000 km² Waldfläche. *Einwohner (1994):* 260,631 Mio., 28 Ew. je km². *Städtische Bevölkerung (1993):* 76%; in städt. Agglomerationen mit 1 Mio. und mehr Ew. leben 55% der Stadt-, 42% der Gesamtbevölkerung. *Durchschnittliches Bevölkerungswachstum pro Jahr (1985–93):* 0,9%. *Bevölkerungsprojektion für 2000:* 275,324 Mio. Ew. *Bevölkerungsgruppen (1992):* 74,8% Weiße, 11,9% Schwarze, 9,5% Hispanos (Hispanics), 3,1% Asiaten und Hawaiianer, 0,7% Indianer, Eskimo und Aleuten. *Religion (1992):* 50,9% Protestanten, 26,2% Katholiken, 1,9% Muslime, 1,8% Juden, 0,3% orth. Christen. *Altersgliederung (1992):* unter 15 Jahre 21,9%, 15 bis unter 65 Jahre 65,4%, 65 und mehr Jahre 12,7%. *Lebenserwartung der Neugeborenen (1992):* männlich 73 Jahre, weiblich 80 Jahre. *BSP je Ew. (1993):* 24 740 US-$. *BIP nach Sektoren/Produktionsstruktur (1991):* Landwirtschaft 2%, Industrie 26%, Dienstleistungen 72%. *Arbeitslosenquote (1994):* 6,1%. *Währung:* 1 Dollar (US-$) = 100 Cents (c, ¢). *Internationale Mitgliedschaften:* UNO, Colombo-Plan, NAFTA, NATO, OAS, OECD, OSZE.

Geschichte: Der Amtsantritt des demokrat. Präs. W. J. CLINTON im Jan. 1993, mit dem die Lösung wirtschaftl. und sozialer Probleme in den Mittelpunkt der amerikan. Politik rückte, schien die neokonservative Ära zu beenden und eine pragmatisch-liberale Erneuerung von Staat und Gesellschaft der USA einzuleiten. Der Stimmenanteil von 20% für den unabhängigen Präsidentschaftskandidaten HENRY ROSS PEROT (*1930) war jedoch ein Symptom für die verbreitete Unzufriedenheit der Amerikaner mit der Politik beider großer Parteien. Obwohl sich die konjunkturelle Lage seit Ende 1992 günstig entwickelte, nahm diese Stimmung noch zu, und der allg. konservative, religiös-fundamentalist. Trend in der amerikan. Gesellschaft setzte sich weiter fort. Ungeschicklichkeiten CLINTONS bei Stellenbesetzungen, private Affären und Koordinationsmängel mit der demokrat. Mehrheit im Kongreß vermittelten, von der republikan. Opposition nachhaltig gefördert, bald das Bild eines im Führungsschwachen, von seinem Amt überforderten Präs. Innenpolit. Erfolge der Reg. Clinton wie die Verringerung des Haushaltsdefizits und im Rahmen der Verbrechensbekämpfung das Verbot bestimmter halbautomat. Schußwaffen wurden durch das Scheitern des zentralen Reformvorhabens, der Einführung einer allgemeinen Krankenversicherung bei gleichzeitiger Senkung der Kosten des Gesundheitswesens, völlig in den Schatten gestellt.

Die Außenpolitik der Reg. Clinton folgte – wenn auch unter Betonung eines wieder etwas stärkeren Einsatzes für Demokratie und Menschenrechte – im wesentlichen dem Kurs ihrer republikan. Vorgängerinnen. Zugleich zeigte die Reg. Bestrebungen zum Aufbau engerer Beziehungen zu pazif. Staaten. Im Bereich der Rüstungskontrolle engagierte sie sich verstärkt für ein umfassendes Teststoppabkommen. Außenpolit. Erfolge stellten u. a. die Friedensvermittlung zw. Israel und der PLO (Sommer/Herbst 1993 und Sept. 1995) bzw. Jordanien (Okt. 1994), die Intervention in Haiti zur Wiedereinsetzung des demokratisch gewählten Präs. J.-B. ARISTIDE (Sept. 1994 bis März 1995) und die Einigung mit Nord-Korea über die internat. Kontrolle nordkorean. Atomanlagen (Okt. 1994) dar; in der Außenwirtschaftspolitik gelangen 1993 die Ratifizierung des in der Öffentlichkeit umstrittenen Vertrags mit Mexiko und Kanada über die Bildung der ›Nordamerikanischen Freihandelszone (NAFTA) und 1993/94 eine Einigung bei der Neufassung des GATT. Jedoch verblaßten diese Erfolge angesichts der insgesamt vorsichtigen, oft schwankenden Reaktion auf internat. Konflikte, wie sie insbesondere im Zögern der Reg., zur Beendigung des Bürgerkriegs in Bosnien und Herzegowina eine Führungsrolle zu übernehmen, sichtbar wurde, wobei die Zurückhaltung einerseits in der Furcht vor einer Verwicklung der USA in die Auseinandersetzung wie im Vietnamkrieg und andererseits im Widerstand v. a. der europ. Verbündeten gegen ein direktes Eingreifen begründet war. Nach Rückschlägen bei der UN-Intervention in Somalia und heftigen Diskussionen über die Ziele des Einsatzes, in deren Folge die amerikan. Truppen bis Ende März 1994 aus Somalia abgezogen wurden, machten die USA ihr weiteres Engagement im Rahmen von UN-Friedensmissionen u. a. von einer klaren Zieldefinition, realist. Erfolgsaussichten, hinreichendem innenpolit. Rückhalt für eine amerikan. Beteiligung und zeitl. Begrenzung des Einsatzes abhängig. Mit der Aufhebung des seit 1964 bestehenden Handelsembargos gegen Vietnam im Febr. 1994 und der Aufnahme diplomat. Beziehungen im Juli 1995 bemühten sich die USA um eine Normalisierung des Verhältnisses zum ehem. Kriegsgegner.

Die Folge des oft diffusen Erscheinungsbildes der Reg., des Vertrauensverlustes in die Person des Präs. und der trotz wirtschaftl. Erholung wachsenden Frustration v. a. der weißen Mittelschicht war eine schwere Niederlage der Demokraten bei den Kongreßwahlen im Nov. 1994. Erstmals seit 1954 verlor die Partei sowohl im Repräsentantenhaus als auch im Senat die Mehrheit an die Republikaner, die mit ihrem populist. ›Contract with America‹ den drast. Abbau sozialstaatl. Leistungen und die Wiederbelebung der traditionellen amerikan. Tugenden von Sparsamkeit und harter Arbeit versprachen und den Präs. in der Folgezeit zu etl. Kompromissen zwangen. Einen Höhepunkt der Auseinandersetzung bildete Ende 1995/Anfang 1996 der Streit um die Beseitigung des Budgetdefizits bis zum Jahr 2002, der zeitweilig zur Zahlungsunfähigkeit der Reg. führte, aber keine Einigung brachte.

Auch die Außenpolitik, die eigentl. Domäne des Präs., suchte der republikanisch dominierte Kongreß verstärkt mitzubestimmen (z. B. Kürzungen der Auslandshilfe, Resolutionen zur Aufhebung des Waffenembargos gegen die bosn. Muslime). Widerstand leistete der Kongreß zunächst gegen die Entsendung amerikan. Truppen zur Durchsetzung des Friedensabkommens für Bosnien und Herzegowina, das im Nov. 1995 auf Vermittlung der Reg. Clinton paraphiert worden war.

B. WOODWARD: The agenda. Inside the Clinton White House (New York 1994); C. M. WESTON: Die US-Außenpolitik zw. Kontinuität u. Neubestimmung, in: Aus Politik u. Zeitgesch., Jg. 45 (1995), H. 2.

Vereinigung karibischer Staaten, engl. **Association of Caribbean States** [əsəʊsɪˈeɪʃn əv kæˈrɪbjən steɪts], Abk. **ACS,** regionale Wirtschaftsgemeinschaft der karib. Inselstaaten (einschließlich Kuba) und abhängiger Territorien sowie der Anrainerstaaten der Karibik (zentralamerikan. Staaten sowie Kolumbien, Venezuela und Mexiko), gegr. am 24. 7. 1994 in Cartagena de Indias (Kolumbien). Neben der Intensivierung der außenwirtschaftl. Beziehungen zielt die ACS auch auf eine engere Zusammenarbeit in den Bereichen Kultur, Wiss., Technologie und Umweltschutz. Die ACS umfaßt einen Wirtschaftsraum von etwa 200 Mio. Menschen und einer Wirtschaftsleistung von rd. 500 Mrd. US-$.

Vereinigungskriminalität, Bez. für die Straftaten, die im Zusammenhang mit der dt. Vereinigung begangen wurden. Hierunter fallen v. a. Betrugshandlungen aus Anlaß der Währungsumstellung, der Transferrubelbetrug und Betrugsdelikte zum Nachteil der Treuhandanstalt sowie Untreuedelikte. Im wesentlichen handelt es sich um all jene Straftaten, bei denen sich die Täter die rechtl. Grauzone in der Zeit vom Fall der Mauer (1989) bis zu Währungsumstellung und Wiedervereinigung (1990) zunutze gemacht haben.

Das urspr. angenommene Schadensvolumen zu Lasten der öffentl. Hand, das von der Zentralen Ermittlungsstelle Regierungs- und V. (ZERV) zeitweise mit bis zu 50 Mrd. DM angegeben wurde, ist nach neueren Ermittlungen geringer. Betrachtet man die mögl. Straftaten wegen Mißbrauchs der unterschiedl. Umstellungssätze 1:1, 1:2 und 1:3 von Mark der Dt. Dem. Rep. gegen D-Mark, so liegt nicht in jedem Fall einer objektiv rechtswidrigen Umstellung von Bankkonten eine strafbare Handlung vor. Es ist nämlich nicht zu übersehen, daß die Bestimmungen, nach denen die Währungsumstellung erfolgte, wegen der Verwendung unbestimmter Rechtsbegriffe nicht hinreichend klar formuliert worden waren.

Aufgrund des Ges. gegen rechtswidrige Handlungen bei der Währungsumstellung vom 24. 8. 1993 können Konten überprüft werden, deren Guthaben bei der Umstellung mindestens 250 000 Mark der Dt. Dem. Rep. betrugen oder auf denen Zu- und Abgänge von mindestens 200 000 Mark der Dt. Dem. Rep. festzustellen waren. Insgesamt liegen dem für die Rückforderungsverfahren zuständigen Bundesamt für Finanzen rd. 350 000 von den Banken gemeldete Konten vor. Im Rahmen der Überprüfung, die bis zum Herbst 1995 bei etwa 9000 Konten vorgenommen wurde, wurden über 202 Mio. DM zugunsten des ›Ausgleichsfonds Währungsumstellung‹ zurückgefordert. Würden die sich aus den bisher durchgeführten Verwaltungsverfahren ermittelten Summen auf noch ausstehende Prüfungen hochgerechnet, so muß davon ausgegangen werden, daß nicht mehr als 1 Mrd. Mark der Dt. Dem. Rep. rechtswidrig umgestellt wurden.

Erhebl. Gewinne konnten auch beim Eintausch von Transferrubel erzielt werden. Hierbei handelt es sich um eine künstlich geschaffene Währungseinheit. Mangels konvertierbarer Währungen hatten die Mitgliedstaaten des Rates für gegenseitige Wirtschaftshilfe (RGW) ihre gegenseitigen Im- und Exporte verrechnet. Der Kurs für einen Transferrubel war langfristig auf 4,67 Mark der Dt. Dem. Rep. festgelegt worden. Im Rahmen der Währungs-, Wirtschafts- und Sozialunion zw. den beiden dt. Staaten wurde ein Vertrauensschutz für die RGW-Staaten garantiert, mit der Folge, daß alle Im- und Exporte zw. der Dt. Dem. Rep. und den RGW-Staaten bis zur dt. Vereinigung mit dem Kurs 2:1 ›umgerubelt‹ wurden, es also für einen Transferrubel 2,34 DM gab. Bei dieser Regelung hatte man übersehen, daß der Transferrubel durch den Zusammenbruch des gesamten Ostblocks aber praktisch wertlos geworden war und zuletzt nur noch mit 0,08 DM valutierte. Dieser große Unterschiedsbetrag reizte u. a. zu vielen Scheinlieferungen und anderen Machenschaften, so daß schließlich das urspr. angenommene Defizit von 18 Mrd. DM auf 24 Mrd. DM stieg, die wegen ihrer Uneinbringlichkeit bei den Staaten des Ostens von öffentl. Haushalten getragen werden mußten.

Außerdem geht es bei der V. um die Verschleuderung von Vermögenswerten sowie um Vorgänge bei der Versorgung der GUS-Truppen, die Schiebereien mit Versorgungsgütern der früheren Nat. Volksarmee sowie Fälle von Untreue im ehem. Ministerium für Staatssicherheit (MfS). Schließlich ermöglichte auch die anfängl. Überlastung der Treuhandanstalt kriminelles Verhalten. Präventionsmaßnahmen wie z. B. Bonitätsprüfungen von Schuldnern wurden unterlassen. Daneben fehlte es an einer internen und externen Kontrolle bei Privatisierungen. V. stellt sich damit als ein kurzzeitiges Phänomen strafbaren Verhaltens mit allerdings beachtl. Schäden dar.

J. LIMBACH: Die strafrechtl. Bewältigung der dt. Vereinigung, in: Standortbestimmung u. Perspektiven der polizeil. Verbrechensbekämpfung (1993).

*Vereinte Nationen: Die UNO, deren Mitgl.-Zahl 1995 185 betrug, steht im letzten Jahrzehnt des 20. Jh. vor Aufgaben, denen sie nach Auffassung vieler Beobachter mit ihrer bisherigen Struktur kaum gewachsen ist. Trotzdem werden die Chancen, die UN-Charta zu revidieren, gering eingeschätzt. Gerade die hohe Mitgl.-Zahl erschwert jede Änderung und Ergänzung der Charta. Deshalb erklärte GenSekr. B. BOUTROS GHALI, sein Ziel sei ›die Reform der Organisation sowie des umfassenderen Systems der Sondereinrichtungen von innen heraus‹. Schwerpunkte sind die Verbesserung der Finanzsituation, die Beschleunigung der Zeitabläufe im Entscheidungsprozeß der UN-Gremien und die Bereitstellung einer UN-Verfügungstruppe zur Durchführung friedenschaffender und friedenerhaltender Maßnahmen auf der Grundlage von Beschlüssen des Sicherheitsrats. Letzterer soll durch die Erweiterung seiner Mitgl., darunter auch der Ständigen Mitgl., eine breitere Macht- und Vertrauensbasis innerhalb der UNO erhalten.

Mit der Durchführung der immer häufigeren und umfangreicheren Blauhelmeinsätze (1993: 13, 1995: 17 Friedensmissionen) mit etwa 80 000 Blauhelmsoldaten gelangte die UNO technisch und finanziell an ihre Grenzen. Die spürbare Reduzierung ihrer Mission in Somalia (UNOSOM) sowie die begrenzte Wirkung von UNPROFOR, die im Bürgerkrieg im früheren Jugoslawien das Vorgehen der versch. Kriegsparteien nicht stoppen konnte und im Dez. 1995 zugunsten einer NATO-Friedensstreitmacht zurückgezogen wurde, offenbare auch die Schwäche dieser Organisation, in jedem Falle friedensstiftend wirksam werden zu können. Nach dem Fall der UN-Schutzzonen von Srebrenica und Žepa trat der Sonderbeauftragte der UNO für Menschenrechtsfragen, T. MAZOWIECKI, enttäuscht über die mangelnde Fähigkeit der Weltorganisation, Menschen in diesen von ihr eingerichteten Schutzzonen wirksam zu schützen, zurück; Nachfolgerin wurde die frühere finn. Verteidigungs-Min. ELISABETH REHN (* 1935).

Am 25. 5. 1993 verabschiedete der UN-Sicherheitsrat das Statut eines internat. →Kriegsverbrechertribunals für die Verfolgung von Verbrechen gegen die Menschlichkeit im früheren Jugoslawien (Sitz: Den Haag). Am 25. 7. 1995 erhob das Tribunal Anklage gegen den bosn. Serbenführer R. KARADŽIĆ und den bosn. General RATHO MLADIĆ (* 1943). Am 27. 6. 1995 nahm im Auftrag der UNO ein internat. Sondertribunal für die Kriegsverbrechen in Ruanda seine Arbeit in Arusha (Tansania) auf.

Am 11. 5. 1995 verlängerte die 5. Überprüfungskonferenz in New York den Vertrag zur Nichtweiterverbreitung nuklearer Waffen (→Kernwaffensperrvertrag) auf unbegrenzte Zeit. 1994/95 hielt die Weltorganisation bedeutsame Konferenzen ab: 1994 in Kairo die →Weltbevölkerungskonferenz, 1995 in Kopenhagen den Weltsozialgipfel (→Sozialpolitik), in Berlin die →Weltklimakonferenz und in Peking die →Weltfrauenkonferenz.

Die Reform der V. N., hg. v. K. HÜFNER (1994); H. VOLGER: Die V. N. (1994).

Vererbung, *Informatik:* Konzept in objektorientierten ▷ Programmiersprachen, das darauf beruht, daß ein Objekt seine Eigenschaften auf ein anderes Objekt übertragen kann.

*Vergleichsverfahren: Mit der Verkündung der Insolvenzordnung und ihres Einführungs-Ges. (EG) am 18. 10. 1994 wurde das Gesetzgebungsverfahren zur Insolvenzrechtsreform abgeschlossen. Die Insolvenzordnung und das EG werden das gesamte geltende Konkurs-, Vergleichs- und Gesamtvollstreckungsrecht ersetzen (→Konkurs).

Die Bestimmungen über das in der *Schweiz* Nachlaßverfahren genannte V. wurden im Rahmen einer Teilrevision des SchKG am 16. 12. 1994 (ab 1. 1. 1997 in Kraft) geändert. Das Nachlaßverfahren ist nunmehr als eigentl. Sanierungsverfahren für Unternehmen aufgebaut.

*Verheugen, Günter, Politiker: War bis Sept. 1995 Bundesgeschäftsführer der SPD.

*Verkehrsleitsystem: Von der Industrie werden seit 1995 Zielführungssysteme angeboten, mit deren Hilfe dem Autofahrer nach der Eingabe des Ziels in den Bordcomputer (Navigationsrechner) die optimale Streckenführung angesagt oder auf einem Monitor angezeigt wird. Bei dem von der Daimler-Benz AG und der Robert Bosch GmbH entwickelten **Autopilotsystem** (Abk. **APS**) ist das Navigationssystem mit dem Autoradio kombiniert, der GPS-Empfänger (▷ NAVSTAR/GPS) ist im Kofferraum deponiert. Das Ziel wird mit dem Lautstärkeknopf und einem Cursor eingegeben. Der Bordrechner vergleicht die über GPS, elektron. Kompaß und Radsensoren ermittelten Standortdaten mit den auf einer CD-ROM gespeicherten Informationen einer digitalen Landkarte. Auch das von der Philips Electronics N. V. angebotene System **Carin** (Abk. für **Car in**formation) arbeitet nach diesem Prinzip.

Das von der Siemens AG entwickelte System **Copilot** für den Stadtverkehr stützt sich auf stationäre Infrarotsender, die in Baken an Kreuzungen angebracht sind. Sobald das Fahrzeug die erste Bake passiert, verfügt der Zentralrechner über dessen aktuellen Standort. Positionsänderungen werden als Koppelnavigation berechnet: Die zurückgelegte Strecke wird anhand der Radumdrehungen erfaßt, Richtungsänderungen registriert ein Magnetfeldkompaß. Die einzuhaltende Richtung wird nach Vergleich mit der über die Infrarotbaken übermittelten digitalisierten Straßenkarte durch Pfeile auf einem Display angezeigt (eine akust. Führung ist möglich). Auch Angaben über Baustellen und Streckensperrungen werden in die Routenplanung einbezogen. Der Zentralrechner ermittelt über die Baken die Streckenbelastung; danach werden alternative Routen angegeben.

1994/95 wurde der Modellversuch **Rhapit** (Abk. für **Rh**ein/**M**ain **A**rea **P**roject for **I**ntegrated **T**raffic Management) mit 30 Testfahrzeugen durchgeführt. Die aktuellen Verkehrsinformationen wurden dabei automatisch über das Mobilfunknetz D1 an den Bordrechner der Fahrzeuge übermittelt, der daraus für das betreffende Fahrzeug die optimale Route berechnete.

Zu den V. zählen auch die **Wechselverkehrszeichen** zur Verkehrsbeeinflussung z. B. an Fernstraßen, Autobahnen und in Tunneln. Das Pilotprojekt auf 13 km Länge an der A 5 bei Frankfurt am Main arbeitet z. B. mit 174 faseropt. Wechselverkehrszeichen des Schott-Systems, mit denen Autofahrern verkehrsbedingte

Höchstgeschwindigkeiten u. a. Informationen (z. B. Staumeldungen, Nebelwarnungen, Fahrbahnsperrungen) nur bei Bedarf signalisiert werden. In die Fahrbahn eingelassene Induktionsschleifen, die die Zahl der Überrollungen an den Zentralrechner des Systems übermitteln, liefern dabei die erforderl. Meßwerte über das Verkehrsaufkommen. Die Beleuchtungselemente der Wechselverkehrszeichen bestehen aus Halogenlampen, Lichtteilern (halbdurchlässige Spiegel) und Glasfaser-Lichtleitern. Jeder Einzelarm eines mehrarmigen Lichtleiters enthält ein Bündel von rund 300 Einzelfasern. Verwendet werden hochreine Rohstoffe, die die Dämpfung in den Lichtleitfasern auf 200 dB/km reduzieren. An den Enden der Lichtleiterarme befinden sich Endhülsen mit Vorsatzoptiken, durch die Abstrahlwinkel und Leuchtdichte den jeweiligen örtl. Erfordernissen angepaßt werden können. Die Einzelarme werden mit der Vorsatzoptik in die Matrixplatte gesteckt, auf der die gewünschten Zeichen (auch alphanumer.) dargestellt werden. Normalerweise können bis zu zwölf Signale auf einer Matrix untergebracht werden.

Die vorliegenden Erfahrungen mit Wechselverkehrszeichen bestätigen die Erwartung, daß damit die Zahl der Unfälle mit Personenschaden oder schwerem Sachschaden deutlich gesenkt werden kann. Auch die Durchlaßfähigkeit stark befahrener Streckenabschnitte kann durch derartige V. erhöht werden.

*Vermögensbildung: Seit 1994 erfolgt die Auszahlung der Sparzulage nicht mehr jährlich, sondern einmalig nach Ablauf der jeweiligen Sperrfrist. Seit 1995 können vermögenswirksame Leistungen nicht mehr verwendet werden zum Erwerb von Anteilen an Verwertungs- oder Warengenossenschaften, einer GmbH oder von Aktien, die weder an einer dt. Börse noch im Freiverkehr gehandelt werden, weil sich diese Anlageformen für Arbeitnehmer häufig als unvorteilhaft erwiesen haben.

*Vermögensgesetz: Von Anfang an sehr umstritten waren die Regelungen zu den entschädigungslosen Enteignungen, insbesondere von Grundbesitz, in der ehem. Dt. Dem. Rep. Nach langwierigen Auseinandersetzungen kam das Entschädigungs- und Ausgleichsleistungs-Ges. vom 23. 9. 1994 zustande: Sofern eine Rückgabe des in Ost-Dtl. enteigneten Vermögens nach dem V. ausgeschlossen ist, erhalten die Alteigentümer Entschädigung, deren Höhe sich bei Grundstücken nach dem Einheitswert von 1935 richtet; der erhaltene Lastenausgleich wird angerechnet. Die Entschädigungsansprüche werden durch die Übertragung von Schuldverschreibungen erfüllt, die ab dem Jahre 2004 mit 6% verzinst und in fünf Jahresraten eingelöst werden. Die Schuldverschreibungen sind handelbar, d. h., sie können unter Zinsverlust sofort nach Zuteilung verkauft werden. Die ursprüngl. Idee, zur Finanzierung der Entschädigungen eine Vermögensabgabe bei denen zu erheben, die ihr Vermögen zurückerhalten, wurde fallengelassen. Die Entschädigungen werden aus einem neu eingerichteten Entschädigungsfonds (nicht rechtsfähiges Sondervermögen des Bundes) bestritten, dessen Einnahmen aus Beiträgen der Treuhandanstalt bzw. der Bundesanstalt für vereinigungsbedingte Sonderaufgaben, dem Finanzvermögen der ehem. Dt. Dem. Rep., aus Rückflüssen aus dem Lastenausgleich und ab 2004 aus Bundeszuschüssen stammen; das geplante Ausgabevolumen beträgt (1995) rd. 1,6 Mrd. DM.

*Vermögensteuer: Die Aussetzung der Erhebung der betriebl. V. in den neuen Bundesländern wurde durch das Jahressteuer-Ges. 1996 bis Ende 1998 verlängert. In seinen Entscheidungen vom 21. 6. 1995 zur Besteuerung von Immobilien nach Einheitswerten hat das Bundesverfassungsgericht zugleich Schranken für den Zugriff durch Einkommensteuer und V. formuliert. Danach darf die V. als Soll-Ertragsteuer zu den übrigen Steuern auf den Vermögensertrag nur hinzutreten, soweit die steuerl. Belastung des erzielbaren (Soll-)Ertrages bei typisierender Betrachtung von Einnahmen, Betriebsausgaben bzw. Werbungskosten und sonstigen Entlastungen nicht 50% überschreitet. Im Hinblick auf diese Entscheidungen wird u. a. vom Sachverständigenrat zur Begutachtung der gesamtwirtschaftl. Entwicklung eine Abschaffung der V. gefordert. – In *Österreich* wurde die V. zum 1. 1. 1994 abgeschafft.

Verpackungsteuer, eine erstmals in Kassel 1992 eingeführte kommunale Abgabe, die von Restaurants, Imbißbuden usw. auf Einweggeschirr und -besteck für den Verzehr an Ort und Stelle zu entrichten ist. Nach den zustimmenden Entscheidungen des Bundesverwaltungsgerichts (1994) und des Hess. Verwaltungsgerichtshofes (1995) steht eine Stellungnahme des Bundesverfassungsgerichts, das von betroffenen Unternehmen angerufen wurde, noch aus. Mitte 1995 hatten bereits rd. ein Dutzend Kommunen, darunter Frankfurt am Main, Kiel und Dresden, ähnl. V. eingeführt. Nach Einschätzungen des Dt. Städte- und Gemeindebundes, der eine V.-Mustersatzung ausgearbeitet hat, planten 1995 mehr als 500 Städte die Einführung der V. Die Kommunen haben wiederholt betont, die V. solle nicht der Erzielung von Einnahmen dienen, sondern als Lenkungsabgabe das Ausmaß an Einwegverpackungen verringern. Die Kritiker der V. sehen in einer kommunalen steuerl. Regelung zur Verpackungs-VO des Bundes eine Kollision mit der abfallwirtschaftl. Regelungskompetenz des Bundes.

*Versicherung: Dem V.-Wesen kommt, ähnlich wie der Kreditwirtschaft, eine herausgehobene volkswirtschaftl. Bedeutung zu. Dennoch scheint das Thema ›Macht der Versicherungsunternehmen‹ von vergleichsweise geringem öffentl. Interesse zu sein. Die V.-Branche ist durch ein hohes Maß an Konzentration gekennzeichnet. So vereinigen im Bereich der Lebens-V. 1992 die fünf (zehn) größten Anbieter 31,1% (45,9%) der verdienten Bruttobeiträge auf sich. Für die Kranken-V. betragen die entsprechenden Werte 52,6% bzw. 71,6%, und im Bereich der Schaden-/Unfall-V. liegen die Quoten bei 22,9% bzw. 35,3%. Sowohl innerhalb der V.-Branche als auch zw. V.-Unternehmen und anderen Anbietern des Finanzdienstleistungssektors bestehen z. T. enge personelle und finanzielle Verflechtungen sowie Kooperationsvereinbarungen, die zu einer Beschränkung des Wettbewerbs führen könnten. Allerdings hat die Monopolkommission im Jahre 1994 keinen Eingriffsbedarf gesehen und damit ein branchenspezif. Kooperationsbedürfnis z. B. in den Bereichen Risikoforschung, Statistik, Risikotragung (Mit- und Rückversicherung) bestätigt.

Neben der als nicht wettbewerbsschädlich erkannten Entwicklung der Konzentration im V.-Gewerbe ergeben sich fakt. Einflußmöglichkeiten aufgrund der Bedeutung der V. als Kapitalsammelstelle. Die V.-Wirtschaft verwaltete 1994 ein Vermögensvolumen von rd. 1 000 Mrd. DM. Von besonderer Bedeutung sind dabei der Beteiligungsbesitz an Industrie- und Bankunternehmen mit entsprechenden personellen Verflechtungen in den Kontrollorganen dieser Unternehmen. Darüber hinaus ist sie ein bedeutender Fremdkapitalgeber und damit auch Gläubiger der öffentl. Hand, der Kreditwirtschaft und der Großunternehmen.

Die fakt. Macht der privaten V.-Wirtschaft resultiert auch aus ihrem Kerngeschäft, der Gewährung von V.-Schutz. Durch die im Rahmen der Risikoforschung erzielten Erkenntnisse, die in der Gestaltung der V.-Bedingungen und -tarife zum Ausdruck kommen, nehmen die Versicherer erhebl. Einfluß auf die

Vers Versicherungsaufsicht – Vietnam

ökonomisch-techn. Entwicklung in sämtl. Lebensbereichen (industrielle Produktionstechnologie, Lebensformen, Vorsorge, Entlastung des Staates). Mit ihren rd. 250 000 fest angestellten Mitarbeitern und 300 000 haupt- und nebenberufl. Vermittlern sind die Versicherer ein bedeutender Arbeitgeber. – Die nach Beitragseinnahmen (in Mrd. DM) größten V.-Konzerne in Dtl. waren 1994 Allianz AG Holding (61,10; Beschäftigte: rd. 68 000), Münchener Rückversicherungs-Gesellschaft (25,49; 17 000), AMB Aachener und Münchener Beteiligungs-AG (18,54; 20 000), Gerling Konzern (14,03; 9 500) sowie CKAG Colonia Konzern AG (9,50; 10 000).

***Versicherungsaufsicht:** →Bundesaufsichtsamt für das Versicherungswesen.

***Versicherungsteuer:** Der zuletzt im Juni 1993 angehobene Steuersatz wurde zum 1. 1. 1995 erneut erhöht auf allgemein 15 % des Versicherungsentgeltes (10 % bei Feuerversicherungen; 13,75 % bei Gebäude- und 14 % bei Hausratversicherungen jeweils mit Feueranteil; 3 % bei Unfallversicherungen mit Prämienrückgewähr).

***Verwertungsgesellschaften:** In der *Schweiz* besteht als neue V. die SWISSPERFORM in Zürich als V. für die verwandten Schutzrechte, v. a. der Interpreten.

***Very Large Telescope:** Die voraussichtl. Gesamtkosten des Observatoriums haben sich von urspr. 400 Mio. DM auf nahezu 600 Mio. DM erhöht. Um dieser Veränderung Rechnung zu tragen, hat der Rat der Europ. Südsternwarte (ESO) beschlossen, das gesamte Projekt zeitlich zu strecken, die adaptive Optik vom Coudé- zum Nasmyth-Fokus (seitl. Cassegrain-Fokus) zu verlagern und den Bau des Interferometers, das zur kohärenten opt. Kopplung der Teleskope vorgesehen ist, vorerst auszusetzen. Die ESO geht aber davon aus, daß das erste Teleskop Ende 1997 einsatzbereit sein wird (›first light‹) und daß etwa ein Jahr später der reguläre wiss. Betrieb mit ihm beginnen kann.

Ende 1995 wurde beim italien. Hersteller der mechan. Teil des ersten Teleskops (Tubus, Montierung und Hilfsaggregate) zu Prüf- und Testzwecken zusammengebaut.

Verzetnitsch [f-], Friedrich, österr. Gewerkschafter, *Wien 22. 5. 1945; Installateur; seit 1970 Funktionär im Österr. Gewerkschaftsbund (ÖGB) und dessen Präs. seit 1987, daneben seit Dez. 1993 Präs. des Europ. Gewerkschaftsbunds (EGB); seit 1986 Abg. für die SPÖ im Nationalrat.

Vetemaa [ˈvɛtɛma:], Enn, estn. Schriftsteller, *Reval 20. 6. 1936; war nach einem Studium der Chemie und Musik 1965–69 als Redakteur beim estn. Fernsehen tätig. Von besonderer Bedeutung für die Entwicklung der modernen estn. Prosa sind ihre Emanzipation von der sowjet. Doktrin des sozialist. Realismus waren seine stilistisch vielschichtigen Kurzromane, in denen Intertextualität und Ironie eine große Rolle spielen (›Väike romaaniraamat‹, 2 Bde., 1968–72); auch Verfasser von Textbüchern zu Oratorien und Filmen.

Vetter [f-], Michael, Komponist, *Oberstdorf 18. 9. 1943; wurde bekannt als Interpret vorklass. sowie zeitgenöss. Blockflötenmusik, auch mit eigenen experimentellen, z. T. graphisch notierten Kompositionen für sein Instrument, und war zeitweise Mitgl. des Ensembles von K. STOCKHAUSEN (u. a. bei ›Alphabet pour Liège‹, 1972); lebte danach 12 Jahre in Japan, wo er sich mit dem Zen-Buddhismus auseinandersetzte und die Kunst des Obertonsingens erlernte, bei dem zu einer gesungenen Grundtonsilbe durch schrittweises lautmal. Umfärben der Vokale in mehrstimmiger Gesamtklang im Munde des Sängers entsteht. Seit Mitte der 1980er Jahre (Obertonmesse ›Missa universalis‹, 1985) entstanden eine Reihe von ihm selbst gesungener sogenannter Zen-Musiken.

VH 1, →Privatfernsehen (ÜBERSICHT).

Viacom Inc. [ˈvaɪəkɔm ɪnˈkɔ:pəreɪtɪd], →Medienkonzerne (ÜBERSICHT).

***VIAG:** Das Unternehmen hat in der letzten Zeit durch gezielten Beteiligungserwerb stark expandiert und u. a. die Bayernwerk AG 1994 übernommen. Mit British Telecomunications plc. (BT) wurde 1995 das Gemeinschaftsunternehmen VIAG INTERKOM gegründet, um den Bereich Telekommunikation auszubauen. Der Sitz wurde 1994 nach München verlegt. Großaktionäre sind der Freistaat Bayern (25,28 %) und die Isar Amperwerke AG (15,06 %). Umsatz (1994): 28,96 Mrd. DM, Beschäftigte: 86 000.

Video-CD [v-], →Compact Disc.

***Videokamerarecorder:** Im Herbst 1995 wurde der **DVC-V.** vorgestellt, mit dem die digitale Videokassette (engl. Digital video cassette) bespielt werden kann. Das erfolgt mit einer kleinen rotierenden Kopftrommel von etwa 20 mm Durchmesser mit einer Datenübertragungsrate von 25 Mbit/s. Möglich wird das durch ein spezielles Datenreduktionsverfahren. Dies ist erforderlich, weil die Datenreduktion nach den MPEG-Verfahren (MPEG Abk. für Moving Picture Expert Group) auf der Speicherung lediglich der Veränderungen zw. zwei Bildsequenzen beruhen. Damit wäre jedoch ein Schnitt der Videobänder nicht möglich, weil dann die Bildinformationen nicht vollständig reproduzierbar wären.

Der DVC-V. verfügt über ein Farbdisplay mit einer Auflösung von 180 000 Pixel, das eine Kontrolle der Scharfeinstellung und teilweise auch des Weißabgleichs erlaubt. Im Ggs. zu analogen V., bei denen die Farben um zwei Zeilen versetzt in die Bildkonturen eingetragen werden, stimmen Farben und Bildkonturen beim DVC-V. exakt überein. Neben konventionellen Schnittstellen z. B. für Schnitt, Ton, Zeitcode ist auch eine P1394-Schnittstelle für eine zukünftige digitale Geräteperipherie vorhanden.

Video-on-demand [ˈvɪdɪəʊ ɔn dɪˈmaːnd; engl. ›Video auf Anforderung‹], →Multimedia.

Viehböck [f-], Franz, österr. Ingenieur und Astronaut, *Wien 24. 8. 1960; ab 1985 Assistent am Institut für Elektr. Meßtechnik der TU Wien, ab 1990 Ausbildung im sowjet. Kosmonautenzentrum bei Moskau. Als erster Österreicher ist im Weltraum vom V. vom 2. bis 10. 10. 1991 an der russ.-österr. Mission Austromir zur Raumstation →Mir teil; seit 1994 beim Luft- und Raumfahrtkonzern Rockwell International Corp. in den USA tätig.

Vieira [v-], João Bernardo, Politiker in Guinea-Bissau, *Bissau 27. 4. 1939; Elektriker. Seit 1960 Mitgl. in der Unabhängigkeitsbewegung (PAIGC) seiner Heimat, stieg V. bis 1973 in polit. und militär. Führungspositionen des PAIGC auf. In der ersten Reg. des 1974 unabhängig gewordenen Guinea-Bissau war er Verteidigungs-Min.; am 28. 9. 1978 wurde er MinPräs. Als solcher putschte er am 14. 11. 1980 gegen Staatspräs. L. CABRAL. An der Spitze eines Revolutionsrats (bis 1984 Staatsrats) stehend, fungiert er seither als Staatsoberhaupt. Bei den auf internat. Druck hin im Juli/Aug. 1994 durchgeführten Präsidentschaftswahlen konnte sich V. trotz massiver Behinderung der Opposition nur knapp behaupten.

***Vietnam,** amtlich vietnames. **nước Cộng hòa Xã hội chủ nghĩa Việt Nam,** dt. **Sozialistische Republik V.,** Staat in SO-Asien, an der O-Küste der Halbinsel Hinterindien.

Hauptstadt: Hanoi. *Amtssprache:* Vietnamesisch. *Staatsfläche:* 329 566 km² (ohne Binnengewässer 325 490 km²). *Bodennutzung (1992):* 63 800 km² Ackerland, 3 450 km² Dauergrünland, 93 400 km²

Franz Viehböck

Waldfläche. *Einwohner (1994):* 72,931 Mio., 220 Ew. je km². *Städtische Bevölkerung (1993):* 20%. *Durchschnittliches Bevölkerungswachstum pro Jahr (1985–93):* 2,4%. *Bevölkerungsprojektion für 2000:* 81,516 Mio. Ew. *Ethnische Gruppen (1989):* 87,1% Vietnamesen, 1,8% Tay, 1,5% Chinesen, 1,5% Thai, 1,4% Khmer, 1,4% Muong, 1,1% Nung, 4,2% sonstige. *Religion (1992):* 55,3% Buddhisten, 7,0% Katholiken. *Altersgliederung (1995):* unter 15 Jahre 37,0%, 15 bis unter 65 Jahre 58,1%, 65 und mehr Jahre 4,9%. *Lebenserwartung der Neugeborenen (1994):* männlich 63 Jahre, weiblich 68 Jahre. *Analphabetenquote (1991):* insgesamt 12,4%, männlich 8,0%, weiblich 16,4%. *BSP je Ew. (1993):* 170 US-$. *BIP nach Sektoren/Produktionsstruktur (1993):* Landwirtschaft 30%, Industrie 28%, Dienstleistungen 42%. *Währung:* 1 Dong (D) = 10 Hào = 100 Xu. *Internationale Mitgliedschaften:* UNO, ASEAN.

Geschichte: Unter KP-GenSekr. Do Muoi und MinPräs. Vo Van Kiet (* 1923) suchte V. bes. unter dem Eindruck der weltpolit. Veränderungen seit 1989/90 den Weg von der sozialist. Planwirtschaft zur ›sozialist. Marktwirtschaft‹, hielt allerdings politisch am unbedingten Herrschaftsmonopol der KP fest (Verf. vom 15. 4. 1992). Trotz hohen Wirtschaftswachstums (1994 etwa 8%) und relativ niedriger Inflationsrate (1994 etwa 7%) blieb V. eines der ärmsten Länder der Erde; schwerfällige Bürokratie, hohe Arbeitslosigkeit, Korruption und wachsende Kriminalität behinderten die Liberalisierung der Wirtschaft. Im Febr. 1994 hob der amerikan. Präs. W. J. Clinton das seit 1964 bestehende Wirtschaftsembargo gegen V. auf und nahm im Juli 1995 die diplomat. Beziehungen seines Landes zu V. wieder auf. Im Juli desselben Jahres trat V. der ASEAN-Staatengruppe bei; ein mit der EU im selben Monat abgeschlossenes Handels- und Kooperationsabkommen enthält Vereinbarungen u. a. über Flüchtlingsfragen und Umweltschutz, über Investitionsförderung, Marktzugang, wirtschaftl. Zusammenarbeit und Menschenrechte.

O. Weggel: Indochina. V., Kambodscha, Laos (²1990).

Viiding [ˈviː-], Juhan, Pseudonym (bis 1977) **Jüri Üdi**, estn. Lyriker und Schauspieler, * Reval 1. 6. 1948. Seine Lyrik (u. a. ›Detsember‹, 1971; ›Tänan ja palun‹, 1983) ist durch eine modernist. Experimentierfreudigkeit und eine sich in Widersprüchen ausdrückende, ins Groteske gesteigerte Weltsicht sowie durch überraschende Bilder und Lautungen gekennzeichnet. In den späteren Werken fügt er die Widersprüchlichkeiten in einer ambivalenten Einheit zusammen.

Vila-Matas [ˈβila ˈmatas], Enrique, span. Schriftsteller, * Barcelona 31. 3. 1948; Kritiker; gehört zus. mit J. Marías und J. Tomeo zu den experimentierfreudigsten span. Romanautoren der Gegenwart. Hauptthemen seiner Romane mit vielen intertextuellen Bezügen sind Echtheit, Komplexität und das Vortäuschen von Identitäten der Person (›Mujer en el espejo contemplando el paisaje‹, 1973; ›Impostura‹, 1984) sowie der Vorrang der Fiktion vor der Wirklichkeit (›Una casa para siempre‹, 1988, dt. ›Ein Haus für immer‹; ›Suicidios ejemplares‹, 1991).

Weiteres Werk: *Roman:* Lejos de Veracruz (1995).

Vilsmaier [f-], Joseph, Filmregisseur, * München 24. 1. 1939; Kameramann der Bavaria Film GmbH, ab 1978 freischaffend; seit 1988 auch erfolgreicher Regisseur, der in seinen Filmen dt. Schicksale nachzeichnet.

Filme: Herbstmilch (1988); Rama dama (1990); Stalingrad (1992); Schlafes Bruder (1995); Und keiner weint mir nach (1996).

***Vinay,** Ramón, chilen. Sänger: † Puebla de Zaragoza 4. 1. 1996.

Viola [vaɪˈəʊlə], Bill, amerikan. Videokünstler, * New York 25. 1. 1951; konzentriert sich nach anfänglich medienkritisch-didaktisch orientierten Fernseharbeiten auf eigenständige Tapes und komplexe Videoinstallationen, bei denen er computerunterstützte Montagetechniken nutzt, später auch interaktive Techniken, um den Betrachter als Handelnden in die Installation einzubeziehen. Er vertieft seine Auseinandersetzung mit medienimmanenten Strukturen um eine allg. philosophisch-existentielle Dimension.

B. V., Unseen images, Nie gesehene Bilder, Images jamais vues, hg. v. M. L. Syring, Ausst.-Kat. (1992); B. V., hg. v. A. Pühringer, Ausst.-Kat. (Klagenfurt 1994).

***Viola,** Roberto Eduardo, argentin. General und Politiker: † Buenos Aires 30. 9. 1994.

Virilio [viriˈljo], Paul, frz. Architekt, Urbanist und Essayist, * Paris 1932; Leiter der École Spéciale d'Architecture in Paris. Ausgehend von der kriegstechn. Mobilisierung, entwickelte V. eine Geschwindigkeitslehre (›Dromologie‹), in der Technikgeschichte, Kriegs- und Konfliktforschung, Informatik, Urbanistik, Ästhetik und Physik sich mit philosoph. Reflexion und polit. Prognostik verbinden. ›Vollständiger Stillstand‹ als Endpunkt einer Übermobilisierung, ›Ästhetik des Verschwindens‹, ›Tyrannei des Bildes‹ oder ›Militarisierung der Information‹ lauten die Stichworte einer ebenso faszinierenden wie widerständischen Zeitanalyse.

Werke: Vitesse et politique (1977; dt. Geschwindigkeit u. Politik); Esthétique de la disparition (1980; dt. Ästhetik des Verschwindens); Guerre et cinéma, Bd. 1: Logistique de la perception (1984; dt. Krieg u. Kino, Logistik der Wahrnehmung, Bd. 2 noch nicht erschienen); L'horizon négatif (1984; dt. Der negative Horizont); La machine de vision (1988; dt. Die Sehmaschine); L'inertie polaire (1990; dt. Rasender Stillstand); Bunker archéologie (1991; dt. Bunker ... Archäologie); L'écran du désert (1991; dt. Krieg u. Fernsehen).

Joseph Vilsmaier

Bill Viola: Raum für den hl. Johannes vom Kreuz; Video-Ton-Installation, 1983 (Los Angeles, Museum of Contemporary Art)

virtuelle Organisation [v-], **virtuelles Unternehmen,** Bez. für Organisationskonzepte, die die Frage beantworten, wie die aufgabenabhängig wechselnde Zusammenarbeit verschiedener räumlich getrennter Mitarbeiter unter Einsatz von modernen Telekommunikationsgeräten optimal gestaltet werden kann. Je nach Projekt oder Kundenauftrag werden in einer v. O. die Mitarbeiter versch. Niederlassungen bzw. an versch. Telearbeitsplätzen (›virtuelle Arbeitsgruppen‹) so zusammengefaßt (›virtuelles Büro‹), wie es für die Auftragserledigung am günstigsten scheint. Als Vorteile einer v. O. gelten u. a. ihre Flexibilität, die größere Entscheidungskompetenz der Mitarbeiter sowie Kosteneinsparungen (Raumkosten, Personalkosten durch flachere Hierarchien). Andererseits wird

Vise   Visegrád-Gruppe – Vranitzky

die Gestaltung der sozialen Kommunikation zw. den Gruppen-Mitgl. als schwierig angesehen.

Visegrád-Gruppe [ˈviʃɛgraːd-], Bez. für die am 15. 2. 1991 in Visegrád (Ungarn) begründete wirtschaftl. und polit. Kooperation zw. Polen, Ungarn und der Tschechoslowakei (seit 1993 Slowak. Rep. und Tschech. Rep.). Ziel der V.-G. ist die Koordination der wirtschaftl., militär. und polit. Einbeziehung der ehem. kommunist. Staaten Ostmitteleuropas in den europ. Integrationsprozeß (Europ. Union, NATO). Im wirtschaftl. Bereich haben die Mitgl.-Länder am 21. 12. 1992 in Krakau das **Central European Free Trade Agreement** (Abk. **CEFTA**) unterzeichnet (in Kraft seit 1. 3. 1993). Durch schrittweisen Abbau von Zöllen und nichttarifären Handelshemmnissen und in Anlehnung an die Bestimmungen in den Assoziierungsabkommen mit der EU (EG) bzw. den Freihandelsabkommen mit der EFTA soll bis zum Jahr 2001 eine **Mitteleuropäische Freihandelszone (Zentraleuropäische Freihandelszone)** geschaffen werden. Slowenien wurde zum 31. 12. 1995 aufgenommen.

Viva [v-], →Privatfernsehen (ÜBERSICHT).

*****VKSE:** Während mit Ausnahme Rußlands alle übrigen Unterzeichnerstaaten des KSE-Vertrages die vereinbarten regionalen Höchstgrenzen für schwere Waffen noch vor dem vereinbarten Zeitpunkt (15. 11. 1995) erreicht hatten, versucht Rußland – bezogen auf das obige Zieldatum – höhere Stückzahlen v. a. im Bereich seiner Südflanke (Kaukasusregion) in seiner Verfügung zu behalten. Die russ. Reg. möchte mit den Partnern des KSE-Vertrages neue Obergrenzen vereinbaren, die auf die in diesem Raum v. a. durch Nationalitätenkonflikte entstandene neue Lage Rücksicht nehmen. Während russ. Politiker mit dem Bruch des KSE-Vertrages drohen, falls die NATO ihre Erweiterung nach O beschließen würde, betont die NATO, daß ihre Erweiterung nach O Rußland nicht bedrohe. Um den Vertrag zu retten, willigte die NATO in Nachverhandlungen ein.

*****Vlad,** Roman, italien. Komponist und Musikschriftsteller rumän. Herkunft: Wurde 1995 künstler. Direktor der Mailänder Scala.

*****Vögel:** 1988 wurden in Papua-Neuguinea erstmals giftige V. entdeckt. Es handelt sich um drei Arten der Gattung **Pitohui**, die zur Familie der Dickköpfe (Pachycephalidae) gehören (mit insgesamt sieben Arten auf Neuguinea und den benachbarten Inseln verbreitet). Bei dem Gift handelt es sich um das Steroidalkaloid Homobatrachotoxin, das bisher nur von einigen Farbfröschen bekannt war. Das Gift kommt in höheren Konzentrationen nur bei dem Zweifarbenpitohui vor, und es scheint regionale Unterschiede in der Konzentration zu geben. Es findet sich in den Federn, der Haut und der Muskulatur der Vögel.

Vogtlandkreis [f-], Landkreis im Reg.-Bez. Chemnitz, Sachsen, 1350 km², (1995) 217 200 Ew., Verw.-Sitz ist Plauen; grenzt an Thüringen, Bayern sowie im S an die Tschech. Republik und umschließt allseitig die kreisfreie Stadt Plauen. Das Kreisgebiet umfaßt den größten Teil (den NO) des ▷ Vogtlands, das nach S zum oberen Westerzgebirge (Großer Rammelsberg 963 m ü. M.) und dem südlich anschließenden Elstergebirge (Kapellenberg 759 m ü. M.) ansteigt. Auf den Hochflächen des Mittelvogtländ. Kuppenlandes dominieren auf ertragsarmen Böden Kartoffel-, Roggen-, Hafer- und Futterpflanzenanbau, im rauheren S überwiegt Grünlandwirtschaft mit Viehhaltung. Die Bergkuppen und die Hänge der z. T. tief eingeschnittenen Täler der Weißen Elster und ihrer Nebenflüsse (v. a. Göltzsch und Trieb) tragen Fichtenwälder; mancherorts wurden Stauseen angelegt (durch die Talsperren Pöhl und Pirk u. a.); an der oberen Zwickauer Mulde besteht der Muldenberger Stausee (seit 1925). Im Gebirge sind Forstwirtschaft und Fremdenverkehr wichtige Wirtschaftszweige (Naturpark Erzgebirge-Vogtland; Wintersport; Kurorte Bad Elster und Bad Brambach, Höhenluftkurort Grünbach), sonst ist es die Industrie. Tradition hat die Textil- und Bekleidungsindustrie, außerdem sind Maschinenbau und elektrotechn. Industrie von Bedeutung; wichtigste Standorte sind die Städte Reichenbach/Vogtl. (1995: 23 900 Ew.), Auerbach/Vogtl. (21 000 Ew.), Oelsnitz (13 000 Ew.; auch Brauerei), Mylau (in der Industriegasse Plauen–Zwickau), Falkenstein/Vogtl., Rodewisch, Treuen, Lengenfeld, Adorf, Elsterberg, Netzschkau (auch Nahrungsmittelindustrie), Pausa/Vogtl. (auch Gummi- und Aluminiumwarenherstellung) und Mühltroff. Zentren des bedeutenden Musikinstrumentenbaus sind die Städte Klingenthal/Sa. (11 300 Ew.; Erholungs- und Wintersportort), Markneukirchen (auch Kisten- und Lederwarenfabrik), Schöneck/Vogtl. (auch Lederwarenfabrik) und Adorf. – Der Landkreis wurde zum 1. 1. 1996 aus den bisherigen Landkreisen Auerbach, Klingenthal, Oelsnitz, Plauen-Land (bis 1992 Plauen) und Reichenbach gebildet.

*****Völklingen:** Die als Industriemuseum eingerichtete Völklinger Hütte wurde zum 1. 1. 1995 von der UNESCO in die Liste des Weltkulturerbes aufgenommen.

*****Volksverhetzung:** Durch das Verbrechensbekämpfungs-Ges. vom 28. 10. 1994 wurde der Tatbestand der V. geändert und erweitert. V. nach § 130 Abs. 1 StGB begeht danach, wer in einer Weise, die geeignet ist, den öffentl. Frieden zu stören, 1) zum Haß gegen Teile der Bev. aufstachelt oder zu Gewalt- oder Willkürmaßnahmen gegen sie auffordert oder 2) die Menschenwürde anderer dadurch angreift, daß er Teile der Bev. beschimpft, böswillig verächtlich macht oder verleumdet. Das Verbreiten bzw. öffentl. Zugänglichmachen volksverhetzender Schriften wird in § 130 Abs. 2 StGB mit Freiheitsstrafe bis zu drei Jahren oder Geldstrafe geahndet. Mit § 130 Abs. 3 StGB wurde jetzt auch die →Auschwitz-Lüge dem Tatbestand der V. unterstellt.

In der *Schweiz* ist der Tatbestand der Rassendiskriminierung (Art. 261bis StGB) durch Bundes-Ges. vom 18. 6. 1994 neu geschaffen worden.

*****Volljährigkeit:** →Alter.

*****Vollmer,** Antje, Theologin und Politikerin: Ist seit Okt. 1994 erneut MdB, wurde im Nov. 1994 eine der Vize-Präs. des Bundestages.

*****Vollstreckungsgegenklage:** Im Rahmen der Teilrevision der *schweizer.* SchKG vom 16. 12. 1994 (in Kraft ab 1. 1. 1997) wurde die Frist für die Erhebung der Aberkennungsklage von 10 auf 20 Tage verlängert.

*****Volponi,** Paolo, italien. Schriftsteller: †Ancona 23. 8. 1994. Sein Roman ›La strada per Roma‹ (1991) wurde 1994 u. d. T. ›Ich seh dich unter den Arkaden‹ ins Deutsche übersetzt.

Voss [f-], Gert, Schauspieler, * Schanghai 10. 10. 1941. V. der 1947 nach Dtl. kam, spielte in Konstanz, Braunschweig (1968–71), am Residenztheater München (1971/72) und in Stuttgart (ab 1972), wo 1974 seine Zusammenarbeit mit C. PEYMANN begann. Mit diesem ging er 1979 nach Bochum und 1986 an das Wiener Burgtheater. Ab 1993 wirkte er mit P. ZADEK am Berliner Ensemble.

*****VOX:** Nachdem durch das Ausscheiden von Gesellschaftern 1994 die Einstellung gedroht hat, wird der Sendebetrieb seither mit neuen Gesellschaftern weitergeführt (→Privatfernsehen, ÜBERSICHT).

*****Vranitzky,** Franz, österr. Politiker: Erhielt am 25. 5. 1995 den Internat. Karlspreis zu Aachen. Nach dem Bruch der von ihm geführten Reg.-Koalition aus SPÖ und ÖVP und den vorgezogenen Neuwahlen im Dez. 1995 trat V. am 12. 3. 1996 erneut als Bundeskanzler an die Spitze einer großen Koalition.

Antje Vollmer

Gert Voss

W

*Waadt: Seit 1990 entscheidet ein kantonales Verwaltungsgericht (Tribunal administratif) letztinstanzlich über Streitigkeiten öffentlich-rechtl. Natur.

*Waerden, Bartel Leendert van der, niederländ. Mathematiker: † Zürich 12. 1. 1996.

Wag̓inow, Vag̓inov, K o n s t a n t i n Konstantinowitsch, eigtl. **K. K. Wagingejm,** russ. Schriftsteller: *Petersburg 16. 4. 1899, † Leningrad 26. 4. 1934; Mitgl. der Oberiuten; formbewußter und experimentierfreudiger Autor mit einem Hang zum schwarzen Humor. Seine Werke, die sich mit der künstler. und geistigen Freiheit des Individuums auseinandersetzen, wurden von der offiziellen Kritik abgelehnt und in der Sowjetunion bis 1989 nicht gedruckt (in den 90er Jahren z. T. ins Deutsche übersetzt). Der Roman ›Trudy i dni Svistonova‹ (1929; dt. ›Werke und Tage des Svistonov‹) behandelt die Entstehung des Romans ›Kozlinaja pesn'‹ (1928).
Weitere Werke: *Romane:* Bambočada (1931; dt. Bambocciade); Garpagoniada (1932; dt. Auf der Suche nach dem Gesang der Nachtigall). – *Lyrik:* Putešestvie v chaos (1922).
Ausgabe: Der Stern von Bethlehem. Zwei Erzählungen (1992).

Wagner, Christian, Filmregisseur, *Immenstadt i. Allgäu 1959; betreut seine Arbeiten (seit 1980) auch als Drehbuchautor und Produzent. Sein Film ›Wallers letzter Gang‹ (1988) wurde mit großem Beifall aufgenommen.
Weiterer Film: Transatlantis (1995).

*Währung: Die internat. währungspolit. Situation ist Mitte der 1990er Jahre gekennzeichnet durch den Kursverfall des US-Dollars gegenüber den wichtigsten anderen W., DM, Yen und Schweizer Franken. Zunehmend werden auch die Probleme der Stabilisierung von Wechselkursen, wie die des US-Dollars, durch die nat. Notenbanken deutlich. So konnte durch Stützungskäufe versch. Notenbanken an den Devisenmärkten das Kursniveau des US-Dollars nicht grundlegend erhöht werden. Da an den internat. Devisenmärkten täglich etwa 2 000 Mrd. US-$ gehandelt werden (nicht selten unter spekulativen Aspekten), die Währungsreserven der Industrieländer aber nur etwa 700 Mrd. US-$ betragen, bleiben die währungspolit. Möglichkeiten der Notenbanken begrenzt. Um insbesondere die Devisenspekulation einzudämmen, wurde die Einführung einer Umsatzsteuer auf Devisengeschäfte vorgeschlagen. Dadurch würden die äußerst kurzfristigen spekulativen Geschäfte unattraktiver.

Die Reform der wichtigsten währungspolit. Institution, des Internat. Währungsfonds, ist noch nicht entscheidend vorangekommen. Beabsichtigt sind u. a. eine Ausweitung des währungspolit. Handlungsraums und die Einrichtung eines Frühwarnsystems, um Krisen im Weltwährungssystem besser begegnen zu können. Die W.-Krise Mexikos 1994/95 hat die Notwendigkeit von Reformen verdeutlicht und auch klar gemacht, daß die Schuldenkrise noch nicht überwunden ist.

Durch den Umbruch in Osteuropa und der ehem. Sowjetunion kam es zu zahlreichen W.-Reformen, teilweise verbunden mit der Einführung neuer bzw. eigener W. Die währungspolit. Situation in der EG ist widersprüchlich. Zum einen wird an dem Plan zur Schaffung einer →Europäischen Wirtschafts- und Währungsunion festgehalten, zum anderen wurden 1993 die Bandbreiten im →Europäischen Währungssystem erheblich ausgeweitet und damit das System fester Wechselkurse aufgeweicht.

*Wain, J o h n Barrington, engl. Schriftsteller: † Oxford 24. 5. 1994.

Waits [weits], Tom, eigtl. **Thomas Akan W.,** amerikan. Rocksänger, Pianist und Filmschauspieler, *Pomona (Calif.) 7. 12. 1949; der ›Charles Bukowski der Rockmusik‹, seit Ende der 1970er Jahre international erfolgreich als eindrucksvoller Rock'n'Roll-Poet mit unverwechselbar kehliger, von Alkohol- und Zigarettenkonsum geprägter Antistimme und dem Image des letzten Vertreters einer von J. KEROUAC und A. GINSBERG herkommenden Beatgeneration. Schrieb in enger Zusammenarbeit mit F. F. COPPOLA und J. JARMUSCH Filmmusiken (u. a. zu ›Night on Earth‹, 1991) und wirkte als Schauspieler u. a. in ›The Cotton Club‹ (1984), ›Down by Law‹ (1986), ›Wolfsmilch‹ (1987), ›Short Cuts‹ (1993).

Tom Waits

Wajner, Vajner, A r k a d i j Aleksandrowitsch, *Moskau 13. 1. 1931, und G e o r g i j Aleksandrowitsch, *Moskau 10. 3. 1938, Brüder, russ. Autoren von Kriminalromanen. Ihre psychologisch vertieften Romane gehören zu den meistgelesenen der Gattung in Rußland. Als Hauptwerk gilt ›Èra miloserdija‹ (1976; dt. ›Die schwarze Katze‹; auch als Fernsehfilm, 1979, mit W. WYSSOZKIJ in der Hauptrolle). Der schon Mitte der 70er Jahre entstandene Roman ›Petlja i kamen' v zelenoj trave‹ (1990; dt. ›Im Zeichen von

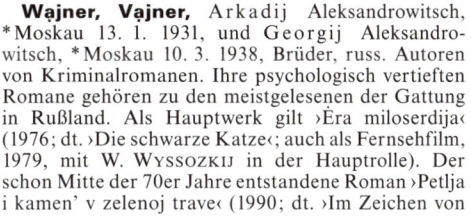

Währungen (Stand Okt. 1995)		
Staat	Währungseinheit (Abk.)	Untereinheiten (Abk.)
Andorra	Diner (D.[1])	100 Centims
Armenien	Dram (ARD)	100 Luma (Lm)
Aserbaidschan	Aserbaidschan-Manat (A.M.)	100 Gepik (G)
Brasilien	Real (R$)	100 Centavos
Eritrea	Birr (Br[2])	100 Cents (ct.)
Georgien	Lari	100 Tetri
Jugoslawien (Serbien und Montenegro)	Jugoslaw. Neuer Dinar (N. Din)	100 Para (p)
Kambodscha	Riel (CR)	10 Kak = 100 Sen
Kasachstan	Tenge (T)	100 Tiin
Kirgistan	Kirgistan-Som (K.S.)	100 Tyin
Kroatien	Kuna (K)	100 Lipa (lp)
Lettland	Lats (Ls)	100 Santimu (s)
Litauen	Litas (LTL)	100 Centai (ct; Singular Centas)
Makedonien	Denar (Den)	100 Deni
Marshallinseln	US-Dollar (US-$)	100 Cents (c, ¢)
Mexiko	Mexikan. Peso (mex. $)	100 Centavos (C, cts)
Mikronesien	US-Dollar (US-$)	100 Cents (c, ¢)
Moldawien	Moldau-Leu (MDL; Plural Lei)	100 Bani
Palau	US-Dollar (US-$)	100 Cents (c, ¢)
Tadschikistan	Tadschikistan-Rubel (TR)	
Turkmenistan	Turkmenistan-Manat (TMM)	100 Tenge
Usbekistan	Usbekistan-Sum (U.S.)	100 Tijin
Weißrußland	Belarus-Rubel (BYR)	100 Kopeken
Zaire	Neuer Zaire (NZ)	100 Makuta (K; Singular Likuta)

[1]) Die span. Peseta und der frz. Franc sind ebenfalls gesetzl. Zahlungsmittel. –
[2]) Es ist der äthiop. Birr.

Wald — Warner

Arkadij Aleksandrowitsch Wajner

Georgij Aleksandrowitsch Wajner

Schlinge und Stein‹ behandelt KGB-Terror und Judenverfolgung in der Sowjetunion nach 1948.
Weiteres Werk: *Roman:* Vizit k Minotavro (1972; dt. Besuch beim Minotaurus).
B. GÖBLER: A. Adamov u. A. u. G. Vajner. Aspekte des sowjet. Kriminalromans (1987).

Wald, Stephan, Kabarettist und Parodist, * Gau-Algesheim 14. 4. 1951; als Schauspieler an Theatern in Luzern und Koblenz; 1981–83 literar. Kabarett auf dem Kulturdampfer ›Das Schiff‹ in Hamburg; ab 1984 als Parodist populär; seit 1986 Soloprogramme (u. a. ›Hungergala‹, 1986; ›Schizofritz‹, 1993).

*****Waldsterben:** Neueste Untersuchungen führen zu der Hypothese, daß das W. auf den sehr hohen Eintrag von anorgan. Stickstoff in Form von Nitraten und Ammoniumverbindungen zurückzuführen ist. Durch das große Angebot an Stickstoff wird das Wachstum der Bäume angeregt. Dem entgegen wirkt der Mangel an Mineralstoffen (durch die Bodenversauerung verursacht) und Wasser (unzureichende Niederschläge). V. a. die jungen Nadeln oder Blätter vergilben und werden abgeworfen. Die Waldschadenssituation in Dtl. hat sich in den letzten Jahren nicht wesentlich verändert, d. h., ein Viertel aller Bäume ist mittel oder stark geschädigt, nur ein Drittel ist ohne Schadensmerkmale.

*****Wałęsa,** Leszek, poln. Gewerkschafter und Politiker: War bis 1991 Vors. der Gewerkschaftsorganisation Solidarność, setzte sich in den innenpolit. Auseinandersetzungen um die Struktur der Verf. für ein starkes Präsidentenamt nach frz. Vorbild ein. Er wandte sich mit Erfolg gegen die Einführung der sozialen Indikation beim Schwangerschaftsabbruch. Außenpolitisch setzte er sich für den Beitritt seines Landes zur EU und zur NATO ein. Bei den Wahlen zum Amt des Staatspräs. unterlag W. am 19. 11. 1995 im zweiten Wahlgang (Stichwahl) A. KWAŚNIEWSKI.

*****Walfang:** Seit Dez. 1994 ist auf einer Fläche von 8 Mio. km² rund um die Antarktis ein Walschutzgebiet eingerichtet, in dem bedeutende Bestände an großen Walen und Zwergwalen leben. Ein entsprechendes Abkommen wurde von der Internat. W.-Kommission (IWC), der 37 Küstenstaaten angehören, initiiert und beschlossen. Dennoch fing Japan auch 1995 Wale in der Schutzzone.

*****Walfischbai:** Am 1. 3. 1994 ging die südafrikan. Exklave W. (Siedlung und Hafen W. sowie 12 kleine unbewohnte Inseln vor der Küste) in die Souveränität Namibias über, das damit den einzigen Tiefwasserhafen an seiner Küste erhielt.

Wall [wɔːl], Jeff, kanad. Medienkünstler und Photograph, * Vancouver 29. 9. 1946. Nach einem Studium der Kunstgeschichte und der freien Kunst begann W., scheinbar banale Alltagsszenen abzubilden. Seit den 1980er Jahren fertigt er Panoramen und Großphotos histor. Ereignisse, wobei er in Komposition und dramat. Beleuchtung auf bildner. Traditionen des 19. Jh. zurückgreift. Seine Photoarbeiten, in denen er Sichtbares für die Kamera arrangiert und inszeniert und in der Nachbearbeitung der Negative die Computertechnik nutzt, sind wichtige Beiträge zur Diskussion um Realitätsabbildung und Schaffung virtueller Welten, wobei W. den Kunstwerkcharakter betont.
J. W., bearb. v. G. DUFOUR, Ausst.-Kat. (Vancouver 1990); J. W., Restoration, Ausst.-Kat. (Basel 1994).

*****Wallis:** 1993 stimmten die Stimmberechtigten des Kantons W. einer weitreichenden Revision ihrer Verf. zu. Eine der Neuerungen betrifft den Wechsel vom obligator. zum fakultativen Gesetzes- und Finanzreferendum, wofür die Unterschriften von 3 000 Stimmberechtigten erforderlich sind. Zudem wurde eine Einheitsinitiative in Form der allgemeinen Anregung eingeführt. Wie bei der Gesetzesinitiative sind dafür 4 000 Unterschriften nötig. Eine Initiative auf Teil- oder Totalrevision der Verf. erfordert dagegen 6 000 Unterschriften. Der Kanton W. kennt nur noch ein oberstes Gericht. Dieses Kantonsgericht besorgt mit mehreren Abteilungen die Zivil-, Straf-, Sozialversicherungs- und Verwaltungsrechtspflege.

*****Walter,** Otto Friedrich, schweizer. Schriftsteller: † Solothurn 24. 9. 1994.

*****Walther Herwig:** Das Forschungsschiff W. H. II wurde durch die 1994 in Dienst gestellte W. H. III ersetzt.

*****Walton,** Ernest Thomas Sinton, irischer Physiker: † Belfast 25. 6. 1995.

*****Wanzleben 2):** Der Landkreis W. ging am 1. 7. 1994 im Bördekreis auf; die Stadt Wanzleben ist damit nicht mehr Kreisstadt.

*****Warburg,** Aby Moritz, Kunsthistoriker und Kulturwissenschaftler: Das 1926 von GERHARD LANGMAACK erbaute Gebäude für die Kulturwissenschaftl. Bibliothek W. wurde von der Stadt Hamburg 1993 erworben, wiederhergestellt (vom Sohn des Architekten, DIETER LANGMAACK) und 1995 als W.-Haus, Forschungs-, Dokumentations- und Veranstaltungsstätte der A.-W.-Stiftung und der Univ. Hamburg, wiedereröffnet. Das Projekt W. Electronic Library Hamburg (WEL) erfaßt ein Archiv zur polit. Ikonographie.

*****Waren 1):** Der Landkreis W. ging am 12. 6. 1994 im Kr. Müritz auf, dessen Kreisstadt die Stadt Waren (Müritz) wurde.

*****Warenzeichen:** Mit dem am 1. 1. 1995 in Kraft getretenen Markengesetz (MarkenG) hat der Gesetzgeber den seit über 100 Jahren im Geschäftsverkehr gebräuchl. Begriff W. aufgegeben (→Marken).

Jeff Wall: Das Rohr; Cibachromtransparent, Leuchtstoffröhre, Vorführkasten, 1989 (Privatbesitz)

Warner [ˈwɔːnə], Marina, engl. Schriftstellerin, * London 9. 11. 1946. Ihre Romane stellen Verflechtungen zw. Geschichte und Gegenwart sowie zw. auseinanderliegenden Kulturen dar, etwa zw. dem heutigen England und dem histor. China in ›In a dark wood‹ (1977) oder der Karibik z. Z. der Kolonisation in dem von SHAKESPEARES Drama ›The tempest‹ (1611; dt. ›Der Sturm‹) inspirierten ›Indigo, or, Mapping the waters‹ (1992; dt. ›Indigo oder die Vermessung der Wasser‹). In die Erzählwerke fließen auch die kulturgeschichtl. Studien der Autorin ein, die sich bes. mit Mythen und Bildern der Weiblichkeit befassen. W. schreibt auch Kinderbücher.
Weitere Werke: *Roman:* The lost father (1988; dt. Der verlorene Vater). – *Erzählungen:* The mermaids in the basement (1993). – *Studien:* Alone of all her sex. The myth and cult of the Virgin Mary (1976; dt. Maria. Geburt, Triumph, Niedergang – Rückkehr eines Mythos?); Joan of Arc. The image of female heroism (1981); Monuments and maidens (1985; dt. In weibl. Gestalt. Die Verkörperung des Wahren, Guten u. Schönen).

Wartburgkreis, Landkreis in Thüringen, 1409 km², (1995) 195500 Ew.; Kreisstädte sind Eisenach und Bad Salzungen. Das an Hessen grenzende Kreisgebiet wird im S und W von der Werra durchflossen. Im Zentrum liegt das NW-Ende des Thüringer Waldes. Im N gehören die Hörselberge, der S-Abfall des Hainich und der östl. Ringgau zur Gebirgsumrahmung des Thüringer Beckens, den S durchziehen Werratal mit Werrabergland und die Rhön. In dem industriell orientierten Kreis spielt die Landwirtschaft (Anbau von Getreide, Kartoffeln und Futterpflanzen, im Werratal auch von Tabak und Gemüse) eine untergeordnete Rolle. Kalisalzbergbau erfolgt nur noch in Unterbreizbach, stillgelegt wurden nach 1990 die Gruben in Dorndorf und Merkers (heute Schaubergwerk). Bekanntester Industriebetrieb ist das 1992 eröffnete Automobilwerk (Opel) in Eisenach. In den anderen Städten und Gemeinden sind vorzugsweise metall- und kunststoffverarbeitende, elektrotechn. und elektron. Industrie, Maschinenbau sowie Holzverarbeitung vertreten. Die größten Städte sind Eisenach (1995: 46700 Ew.) und Bad Salzungen (19600 Ew.), es folgen Ruhla, Treffurt, Berka/Werra, Vacha, Bad Liebenstein, Geisa, Creuzburg, Stadtlengsfeld und Kaltennordheim (Brauerei). – Der Kreis wurde am 1. 7. 1994 aus den bisherigen Kreisen Eisenach und Bad Salzungen sowie fünf Gemeinden (im S) des bisherigen Kr. Langensalza gebildet.

***Wartime Host Nation Support:** Im Frühjahr 1995 teilte das Oberkommando der amerikan. Streitkräfte in Europa dem Bundesverteidigungs-Min. mit, daß es die techn. Vereinbarung zu dem 1982 geschlossenen HNS-Abkommen kündigen wird. Aufgrund dieser Entscheidung werden im Herbst 1996 die noch bestehenden drei (von urspr. sechs) WHNS-Unterstützungskommandos der Bundeswehr aufgelöst.

Washington [ˈwɔʃɪŋtən], Denzel, amerikanischer Schauspieler, *Mount Vernon (N. Y.) 28. 12. 1954; mit großer Intensität agierender Bühnen- und Filmdarsteller (seit 1981); auch Fernsehrollen.
Filme: Schrei nach Freiheit (1987); Glory (1989); Mo' Better Blues (1989); Ricochet – Der Aufprall (1992); Malcolm X (1993); Philadelphia (1994); Crimson Tide – In tiefster Gefahr (1995).

Wasserhydraulik, hydrostat. Antriebstechnik, die statt mit Hydrauliköl mit Klarwasser als Hydraulikflüssigkeit arbeitet. Vorteile der W. liegen im wirkungsvollen Schutz vor Brandgefahr und Umweltverschmutzungen; zudem werden damit neue Einsatzfelder für Hydraulik bes. in der Umformtechnik, dem Bergbau und der Nahrungsmitteltechnik erschlossen. Voraussetzung für den Einsatz der W. war die Entwicklung neuartiger konstruktiver Lösungen wie hydrostat. Lagerungen und beständiger Werkstoffe (v. a. Hochleistungskeramiken), um die im Vergleich mit Öl schlechten Schmiereigenschaften von Wasser (geringe Viskosität), die schlechte Schutzwirkung gegen Korrosion, das ungünstige Erosionsverhalten und Kavitationsprobleme auszugleichen. Als jüngste Anwendung sind z. B. wasserhydraul. Proportionalventile verfügbar.

Wassiljew, Vasil'ev [-'siljef], Anatolij, russ. Regisseur, *bei Pensa 4. 5. 1942; arbeitete seit den 60er Jahren in Rostow am Don, Moskau und Ufa; eröffnete 1987 die ›Schule für dramat. Kunst‹ in Moskau, eine Stätte der Theaterforschung und -ausbildung, in der er strenges, asket. Theater (Improvisation, karge Szene, weiße Räume) – das ›natürl. Theater‹ – pflegt. W. hatte mit seinen Inszenierungen auch große Erfolge im Westen (seit 1987).
R. WYNEKEN-GALIBIN: A. W. Regie im Theater (1993).

***Wassiljew,** Wladimir Wiktorowitsch, russ. Tänzer und Choreograph: Wurde 1995 künstler. Direktor des Moskauer Bolschoi-Theaters.

Weaver [ˈwiːvə], Sigourney (Susan), amerikan. Schauspielerin, *New York 8. 10. 1949; Darstellerin des (experimentellen) Theaters, die 1977 zum Film kam und inzwischen zu den Großen Hollywoods gehört.
Filme: Alien(s) (3 Tle., 1979–91); Ghostbusters (2 Tle., 1984–89); Gorillas im Nebel (1988); Die Waffen der Frauen (1988); Dave (1992); Der Tod u. das Mädchen (1995); Copykill (1995).

***Weber,** Vincent, Maler und Graphiker: † Frankfurt am Main 6. 3. 1995.

Wechselverkehrszeichen, →Verkehrsleitsystem.

***Wehrpflicht:** Durch das 2. Ges. zur Änderung des W.-Gesetzes und des Zivildienst-Ges. vom 21. 6. 1994 wurde die Altersgrenze, bis zu der Wehrpflichtige zum Grundwehrdienst eingezogen werden können, vom 28. auf das 25. Lebensjahr herabgesetzt. Abweichend hiervon gilt eine besondere Altersgrenze von 28 Jahren für Wehrpflichtige, 1) die vom Grundwehrdienst zurückgestellt waren, wenn der Zurückstellungsgrund entfällt, 2) die sich vor dem 25. Lebensjahr ohne die erforderl. Erlaubnis im Ausland aufgehalten haben, 3) die wegen schuldhafter Abwesenheit nachzudienen haben, 4) die nach Vollendung des 24. Lebensjahres auf ihre Anerkennung als Kriegsdienstverweigerer verzichtet haben, es sei denn, daß sie beim Verzicht 25 Jahre oder älter sind und sich nicht im Zivildienstverhältnis befinden. Die Altersgrenze von 32 Jahren für den militärfachl. Dienst sowie für Personen, die ihren Dienst als Helfer im Zivil- oder Katastrophenschutz u. ä. abgebrochen haben, gilt fort. Durch das Ges. wurde die Wehrdienstfähigkeit ausgedehnt. Die bisherige Ausrichtung der Tauglichkeitseinstufung an der Grundausbildung (die bewirkte, daß etwa jeder fünfte Wehrpflichtige als nicht wehrdienstfähig eingestuft wurde), wurde zugunsten einer Prüfung ersetzt, durch die festgestellt wird, ob die Verwendungsfähigkeit für bestimmte Tätigkeiten des Grundwehrdienstes unter Freistellung von der Grundausbildung gegeben ist. Neu aufgenommen wurde die Regelung, daß Wehrpflichtige, von deren Brüdern zwei bereits den vollen Grundwehr- oder Zivildienst oder bis zu zwei Jahren Dienst als Zeitsoldat geleistet haben, auf Antrag vom Wehrdienst befreit werden können. Zum 1. 1. 1996 wurden der Grundwehrdienst auf 10, der Zivildienst auf 13 Monate verkürzt.

***Weimar 1):** Die kreisfreie Stadt ist seit 1994 Sitz des Verfassungsgerichtshofes des Landes Thüringen; seit der Kreisgebietsreform ist sie nicht mehr Sitz einer Kreisverwaltung. Die Hochschule für Architektur und Bauwesen wird in Bauhaus-Univ. umbenannt.

***Weimar 2):** Der Landkreis W. ging am 1. 7. 1994 im Kr. Weimarer Land auf; acht Gemeinden wurden in die kreisfreie Stadt Weimar eingemeindet.

Weimarer Land, Landkreis in Thüringen, 796 km², (1995) 88400 Ew.; Kreisstadt ist Apolda. Das von der Ilm durchflossene Kreisgebiet umschließt die kreisfreie Stadt Weimar, grenzt an die kreisfreien Städte Erfurt und Jena sowie im N an Sachs.-Anh. Von den bewaldeten Höhen der Ilm-Saale-Muschelkalkplatte im O und S (bis 500 m ü. M.) senkt sich das Land zum fruchtbaren Thüringer Keuperbecken. Größte Stadt und Hauptindustriestandort ist Apolda (1995: 27800 Ew.; Herstellung von Strick- und Wirkwaren, Chemikalien, Möbeln, Präzisionsteilen, Maschinen und Geräten); weitere Städte sind Bad Berka (Kurort mit Schwefel- und Eisenquellen), Bad Sulza (Solbad; Strickwarenfabrik), Blankenhain (Porzellanfabrik), Buttelstedt, Kranichfeld, Magdala und Neumark. – Der Kreis wurde am 1. 7. 1994 aus den bisherigen Kreisen Apolda und Weimar (mit Ausnahme der Eingemeindungen in die kreisfreie Stadt Weimar) gebildet; eingegliedert wurden die Gemeinden Klett-

Denzel Washington

Anatolij Wassiljew

Sigourney (Susan) Weaver

Weiß   Weißenfels – Weißrußland

bach und Mönchenholzhausen (bisher Kr. Erfurt) sowie Drößnitz (bisher Kreis Jena).

*Weißenfels 2): In den Landkreis W. wurde am 1. 7. 1994 der bisherige Kr. Hohenmölsen (mit Ausnahme der Stadt Stößen und drei weiterer Gemeinden) eingegliedert; der Ortsteil Schmerdorf der Gem. Gröbitz wurde in den Burgenlandkreis umgegliedert. – Der neugebildete Landkreis W. im Reg.-Bez. Halle von Sachs.-Anh., der an Sachsen grenzt, umfaßt 371 km² und (1995) 81 700 Ew. Die waldarme Lößebene am SW-Rand der Leipziger Tieflandsbucht wird von der Saale durchflossen. Angebaut werden Getreide, Kartoffeln, Zuckerrüben und Futterpflanzen. Braunkohlentagebau findet östlich von Hohenmölsen statt. Hauptindustriestandort ist die Kreisstadt Weißenfels (1995: 34 200 Ew.; mit Metallverarbeitung, Bauindustrie und Backwarenherstellung). Weitere Städte sind Hohenmölsen, Lützen und Teuchern.

Weißeritzkreis, Landkreis im Reg.-Bez. Dresden, Sachsen, 732 km², (1995) 113 700 Ew.; Kreisstadt ist Dippoldiswalde. Von der klimatisch begünstigten Dresdner Elbtalweitung steigt das Kreisgebiet allmählich bis zum Kamm des Osterzgebirges (Kahleberg 905 m ü. M.), auf dem die Grenze zur Tschech. Rep. verläuft, an. Hauptflüsse sind Wilde Weißeritz (mit den Talsperren Lehnmühle und Klingenberg) und Rote Weißeritz (Talsperre Malter), die sich in Freital vereinigen, sowie die Müglitz. Im oberen Osterzgebirge sind die Städte Altenberg (Zinnerzbergbau am 31. 3. 1991 eingestellt), Bärenstein und Geising Erholungsorte (auch Wintersport); dicht benachbart liegen die Kurorte Bärenfels, Kipsdorf und Bärenburg. Das untere Osterzgebirge (400–500 m ü. M.) wird zumeist landwirtschaftlich genutzt, im Tharandter Wald am N-Rand blieben Laubmischwälder erhalten; hier liegt der Kurort Hartha. In Dippoldiswalde (1995: 8 600 Ew.) werden Hydraulikanlagen gebaut, in Glashütte gibt es Uhrmacherei; der Hauptindustriestandort Freital (37 700 Ew.; mit Edelstahlwerk) sowie die Städte Rabenau (Erholungsort) und Tharandt werden zum Ballungsraum Dresden gerechnet. – Der Kreis wurde am 1. 8. 1994 aus den bisherigen Kreisen Dippoldiswalde und Freital (mit Ausnahme der Stadt Wilsdruff und der Gem. Helbigsdorf) gebildet.

Weißflog, Jens, Skispringer, *Erlabrunn (Kr. Schwarzenberg) 21. 7. 1964; mehrfacher Olympiasieger (Normalschanze 1984, Großschanze 1994, Mannschaftswettbewerb 1994), zweifacher Weltmeister auf der Normalschanze (1985 und 1989) sowie vierfacher Sieger der Vierschanzentournee (1984, 1985, 1991, 1996).

*Weißrußland, weißruss. **Belarus,** amtlich weißruss. **Respublika Belarus,** dt. **Republik W.,** Binnenstaat in O-Europa.

Weißrußland Nationalflagge

Hauptstadt: Minsk. *Amtssprache:* Weißrussisch. *Staatsfläche:* 207 600 km². *Bodennutzung (1992):* 62 680 km² Ackerland, 31 300 km² Dauergrünland, 74 150 km² Waldfläche. *Einwohner (1994):* 10,163 Mio., 49 Ew. je km². *Städtische Bevölkerung (1993):* 68%. *Durchschnittliches Bevölkerungswachstum pro Jahr (1985–93):* 0,4%. *Bevölkerungsprojektion für 2000:* 10,63 Mio. Ew. *Altersgliederung (1992):* unter 15 Jahre 22,9%, 15 bis unter 65 Jahre 66,0%, 65 und mehr Jahre 11,1%. *Lebenserwartung der Neugeborenen (1992):* männlich 67 Jahre, weiblich 76 Jahre. *BSP je Ew. (1993):* 2870 US-$. *BIP nach Sektoren/Produktionsstruktur (1993):* Landwirtschaft 17%, Industrie 54%, Dienstleistungen 29%. *Währung:* 1 Belarus-Rubel (BYR) = 100 Kopeken. *Internationale Mitgliedschaften:* UNO, GUS, OSZE.

Geschichte: Der noch in vordemokrat. Zeit gewählte und kommunistisch dominierte Oberste Sowjet verabschiedete am 15. 3. 1994 eine neue, am 30. 3. 1994 in Kraft getretene Verf. Sie enthält einen dem internat. Menschenrechtsstandard entsprechenden Katalog liberaler und sozialer Grundrechte. Durch die Verf. ist ein Präsidialsystem eingeführt worden, das auch gewisse Elemente des aus sowjet. Zeit stammenden Versammlungsvorrangs enthält, was darin zum Ausdruck kommt, daß das Parlament nicht nur Legislative ist, sondern auch die Richtlinien der Politik bestimmt. Der Oberste Sowjet, das Parlament, besteht aus 260 im Mehrheitswahlsystem gewählten Abg., die, falls der erste Wahlgang nicht erforderl. absolute Mehrheit nicht erbringt, durch Stichwahl im zweiten Wahlgang gewählt werden. Da für die Gültigkeit der Wahl eines Kandidaten eine mindestens 50%ige Wahlbeteiligung im Wahlkreis erforderlich ist, dieses Quorum aber nicht überall erreicht wurde, konnten bei den Wahlen im Mai 1995 nur 120 Abg. gewählt werden. Für die Arbeitsfähigkeit des Parlaments wären aber zwei Drittel der gesetzl. Mitgliederzahl des Parlaments erforderlich. Dies hatte zur Folge, daß der Oberste Sowjet weiter amtierte. Der Präs. der Rep. ist Staatsoberhaupt und Chef der Exekutive. Er wird für fünf Jahre vom Volk gewählt. Er ist Oberbefehlshaber der Streitkräfte und besitzt weitreichende Befugnisse auf den Gebieten der Außen- und Sicherheitspolitik und im Notstand sowie ein selbständiges Verordnungsrecht. Er verfügt über ein Gesetzesinitiativrecht; gegen Gesetzesbeschlüsse des Parlaments hat er ein Vetorecht. Das Kabinett, dessen Amtszeit an die des Präsidenten gekoppelt ist, wird von diesem ernannt und entlassen und ist diesem allein verantwortlich. Die Ernennung des MinPräs. und anderer Amtsinhaber herausgehobener Posten bedarf allerdings der Zustimmung des Parlaments. Im Sommer 1994 wurde ein Verfassungsgericht errichtet, dessen 11 Mitglieder vom Parlament gewählt werden.

Trotz zahlreicher Verordnungen und Gesetze zur Privatisierung kommt der Transformationsprozeß der Wirtschaftsordnung kaum voran, vielmehr setzte sich der wirtschaftl. Rückgang auf allen Sektoren fort. Ursachen waren v. a. der Verlust von Märkten und (wegen Zahlungsunfähigkeit W.s) reduzierte Energielieferungen aus Rußland. Um die Wiedereinordnung in die Wirtschaft Rußlands, des Haupthandelspartners W.s, zu fördern, unterzeichneten die Vertreter beider Staaten am 13. 4. 1993 ein Abkommen zur Bildung einer Währungsunion. Das nach wie vor von der kommunist. Nomenklatura bestimmte polit. Klima war immer stärker vom Gedanken der Wiederannäherung an Rußland bestimmt. Im Januar 1994 stürzte das Parlament den reformorientierten, als Staatsoberhaupt fungierenden Parlaments-Präs. S. SCHUSCHKEWITSCH wegen angeblicher Korruption durch ein Mißtrauensvotum. Nach Verabschiedung der neuen Verfassung wählte die Bevölkerung am 10. 7. 1994 A. LUKASCHENKA, einen Verfechter der Rußlandorientierung, zum Staatspräs. Am 11. 1. 1995 trat W. dem NATO-Programm ›Partnerschaft für den Frieden‹ bei.

Unter starker Behinderung und Einschüchterung der Opposition errang die KP im Bund mit der Agrarpartei bei den Parlamentswahlen vom 29. 11. und 10. 12. 1995 die absolute Mehrheit. In den mit dem ersten Wahlgang gleichzeitig durchgeführten Referenden sprachen sich die Wähler mehrheitlich für die wirtschaftl. Vereinigung mit Rußland, für Russisch als zweite Amtssprache, für die Einführung der Staatsembleme aus sowjet. Zeit und für erweiterte Rechte des Präs. bei der Auflösung des Parlaments aus. Auf einem GUS-Treffen im Mai 1995 wurde die Aufhebung der Grenze mit Rußland sowie die Koordination der Steuergesetzgebung und der Rüstungsausgaben beider Staaten beschlossen.

Weißwasser 2): Der Landkreis W. ging am 1. 8. 1994 im Niederschles. Oberlausitzkreis auf; die Stadt Weißwasser ist damit nicht mehr Kreisstadt.

Weizenbaum, Joseph, amerikan. Mathematiker und Computerwissenschaftler dt. Herkunft, *Berlin 8. 1. 1923; emigrierte 1936 mit seinen Eltern in die USA; seit 1963 Prof. für Informatik am Massachusetts Institute of Technology. W. wurde bekannt durch sein Programm ELIZA (1966), das ein Therapeut-Patient-Gespräch simulieren soll, sowie als Kritiker der künstl. Intelligenz.

*****Weizsäcker,** Richard Freiherr von, Politiker: Seine Amtszeit als Bundes-Präs. endete am 30. 6. 1995.

*****Wellek,** René, amerikanischer Literaturkritiker: † Hamden (Conn.) 10. 11. 1995.

*****Weller,** Walter, österr. Dirigent und Violinist: Wurde 1992 Chefdirigent des Royal Scottish Orchestra in Glasgow und übernahm 1994 in Personalunion die Leitung der drei Basler Orchester (Allgemeine Musikgesellschaft, Theater, Sinfonie-Orchester).

*****Weltausstellung:** Im Jahr 2000 findet vom 1. 6. bis 31. 10. in Hannover die erste W. auf dt. Boden statt. Die Expo 2000 steht unter dem Motto ›Mensch–Natur–Technik‹. Es sollen zukunftweisende Wege aufgezeigt werden, wie die Lebensbedingungen der Menschen unter Nutzung der Technik im Einklang mit der natürl. Umwelt verbessert werden können. Die Bundesrep. Dtl. ist offizieller Gastgeber. Als Veranstalter fungiert die ›Gesellschaft zur Vorbereitung und Durchführung der W. Expo 2000 Hannover mbH‹, an der Bund (40%), Land Ndsachs. (30%), Stadt, Landkreis und Kommunalverband Hannover (zus. 10%) sowie die dt. Wirtschaft (20%) beteiligt sind. Beauftragte der Bundes-Reg. für die Expo 2000 ist BIRGIT BREUEL. Für die Ausstellung werden 90 ha Gelände der Deutschen Messe AG und 70 ha angrenzendes Gelände genutzt.

*****Weltbank:** Seit 1993 versucht die W., durch versch. Maßnahmen die Effizienz der Mittelverwendung zu erhöhen. So werden entwicklungspolit. Nichtregierungsorganisationen an der Projektplanung beteiligt, eine Beschwerdekommission wurde eingerichtet (die Ende 1994 erstmals ein Entwicklungsprojekt der W. stoppte) und ein Verfahren zur Überwachung aller für in einem Staat laufenden Kreditprogramme eingeführt. Der neue W.-Präs. J. WOLFENSOHN hat 1995 mit seiner Organisationsreform begonnen, die bisher u. a. zur Errichtung eines Exekutivausschusses führte. Seit 1995 verwaltet die W. die ›Konsultativgruppe zur Hilfe für die Ärmsten‹ und gewährt Institutionen zweckgebundene Darlehen, die dann Kleinkredite an Arme vergeben. – Zur Berechnung des →Wohlstands hat die W. ein neues Konzept entwickelt.

*****Weltbevölkerungskonferenz:** Im Sept. 1994 fand in Kairo die 3. Internat. Konferenz über Bev. und Entwicklung statt, die vom Bevölkerungsfonds der UNO (UNFPA) ausgerichtet wurde. Die W. verabschiedete am 13. 9. ein Programm zur Eindämmung des globalen Bev.-Wachstums (Weltbevölkerung 1994: 5,67 Mrd.; angestrebte Stabilisierung bis zum Jahr 2050 mit 7,8 bis 8 Mrd.). Das für die Teilnehmerstaaten nicht bindende Maßnahmenpaket umfaßt Maßnahmen der Familienplanung wie die Verteilung von empfängnisverhütenden Mitteln, Sexualerziehung, Unterweisung in Gesundheitskunde und die stärkere Einbeziehung von Frauen in das Berufsleben. Mit der W. wurde auch deutlich gemacht, daß Erfolge bei der Reduzierung des Bev.-Wachstums in starkem Maße von Fortschritten bei der Überwindung der Unterentwicklung abhängig sind.

*****Welterbe:** Zum 1. 1. 1995 wurden Stiftskirche, Schloß und Altstadt von Quedlinburg und die inzwischen als Industriemuseum eingerichtete Völklinger Hütte, zum 1. 1. 1996 die Grube Messel in die Liste des W. aufgenommen.

Weltfrauenkonferenz, von den Vereinten Nationen organisierte Konferenz; nach Mexiko (1975), Kopenhagen (1980) und Nairobi (1985) fand vom 4. bis 15. 9. 1995 die 4. W. in Peking statt. Sie war wie die früheren W. von einer gleichzeitig tagenden Versammlung der nicht staatlich verfaßten bzw. repräsentierten Frauenorganisationen begleitet. Wegen der gravierenden Menschenrechtsverstöße im Gastgeberland China gab es weltweit Proteste gegen den Tagungsort Peking. Im Mittelpunkt der W. standen Fragen der Gewalt gegenüber Frauen, die im Rahmen der Vereinten Nationen erstmals 1993 auf der UN-Menschenrechtskonferenz in Wien angesprochen worden waren, und (als Fortsetzung der Debatten auf der Weltbevölkerungskonferenz 1994 in Kairo) das Thema der Geburtenkontrolle und Empfängnisverhütung. Im Rahmen einer von der W. erarbeiteten ›Aktionsplattform‹ zur Realisierung der Menschenrechte für Frauen wurde das Recht der sexuellen Selbstbestimmung von Frauen gegen Widerstände, die sowohl von islamisch-fundamentalist. Reg. als auch vom Vatikan formuliert worden waren, als Grundsatz festgelegt. Angesichts der im Laufe der letzten Jahrzehnte kaum veränderten sozialen und polit. Fakten (70% der Armen der Erde sind Frauen; zwei Drittel der Analphabeten sind Frauen; weltweit sind nur 14% der höheren Posten in Management und Verwaltung mit Frauen besetzt) fand die bereits 1985 in Nairobi aufgeworfene Frage der Machtbeteiligung und der Erweiterung polit. Macht für Frauen (›Empowerment‹) eine breite Resonanz.

C. WICHTERICH: Frauen der Welt. Der Fortschritt der Ungleichheit (1995).

Welthandels|organisation, engl. **World Trade Organization** [wɔːld treɪd ɔːgənaɪˈzeɪʃn], Abk. **WTO,** Sonderorganisation der UNO für den Bereich des Welthandels, gegr. am 15. 4. 1994 auf der Ministerkonferenz in Marrakesch (Marokko) durch die Unterzeichnung des am 15. 12. 1993 vereinbarten GATT-Abkommens der Uruguay-Runde. Sitz: Genf. Die WTO trat am 1. 1. 1995 in Kraft (nachdem 81 Staaten bis Ende 1994 das WTO-Vertragswerk ratifiziert hatten) und löste zum 1. 1. 1996 das GATT endgültig ab. Mit ihrer Gründung wurde der seit 1947 provisor. Status des GATT beendet und eine völkerrechtlich selbständige Organisation geschaffen, die als dritter Pfeiler der Weltwirtschaftsordnung neben Internat. Währungsfonds und Weltbank tritt. Die WTO bildet erstmals einen umfassenden vertragl. und institutionellen Rahmen für die Gestaltung der weltweiten Handelsbeziehungen.

Ziele: Vertragl. Grundlagen der WTO sind das GATT mit seinen Unterabkommen und Entscheidungen sowie die Ergebnisse der Uruguay-Runde. Die Ziele und Aufgaben stimmen daher weitgehend mit denen des GATT überein. Wichtigste Prinzipien für die Gewährleistung eines freien Welthandels sind danach: Reziprozität (Prinzip der Gegenseitigkeit), Liberalisierung (Abbau von Zöllen und nichttarifären Handelshemmnissen), Nichtdiskriminierung (insbesondere Meistbegünstigung). Unterschiede zum GATT bestehen in der strikteren Anwendung des Prinzips der Meistbegünstigung und in der Einführung eines institutionalisierten und für alle Mitgl. verbindl. Streitschlichtungsverfahrens. Besitzstandsklauseln, nach denen von den GATT-Regeln abweichende, aber bereits vorher in Kraft getretene Handelsregelungen beibehalten werden konnten, sind ebenfalls nicht mehr zulässig. Voraussetzung für die WTO-Mitgliedschaft ist die uneingeschränkte Annahme sämtl. Ergebnisse der Uruguay-Runde. Ausnahmen für Teilbereiche sind unzulässig.

Welt Weltklimakonferenz – Wendisch

Die wichtigsten Ergebnisse der Uruguay-Runde waren die Verpflichtung zum weiteren Abbau von Zöllen (Industrieländer auf durchschnittlich 3,1% bis 1999; Entwicklungsländer beschränken die Zollsätze auf höchstens 35–40%), die Einbeziehung des Agrarhandels (u. a. soll der Handel mit Agrarerzeugnissen innerhalb von 6–10 Jahren schrittweise dem Handel mit Industrieprodukten gleichgestellt werden), die Rückführung des Textilhandels in das Welthandelsabkommen (u. a. schrittweise Einarbeitung des Multifaserabkommens in das WTO-Abkommen, Aufhebung bestehender Handelsschranken bis 2005), die erstmalige Einbeziehung des Dienstleistungshandels (General Agreement on Trade in Services, Abk. GATS) sowie die erstmalige Einbeziehung des Schutzes geistiger Eigentumsrechte in ein Welthandelsabkommen (Agreement on Trade-related Aspects of Intellectual Property Rights, Abk. TRIPS). Die Einigung über andere Themen (z. B. Finanzdienstleistungen, Grunddienste der Telekommunikation, Investitionsschutz, Wettbewerbsrecht) steht noch aus.

Organe: Die Ministerkonferenz als oberstes Organ tagt mindestens alle zwei Jahre und bestimmt die zum Funktionieren der WTO notwendigen Handlungen. Zw. diesen Tagungen übernimmt der Allgemeine Rat deren Funktion. Dem Allgemeinen Rat sind das Streitschlichtungsorgan und das Organ für den handelspolit. Überprüfungsmechanismus zugeordnet. Weiterhin besteht ein Sekretariat, das von einem von der Ministerkonferenz ernannten GenSekr. geleitet wird (ab 1. 5. 1995: R. Ruggiero). Unter der Leitung des Allgemeinen Rats überprüfen der Rat für Warenhandel, der Rat für Dienstleistungen und der Rat für handelsbezogene Aspekte von Schutzrechten für geistiges Eigentum die Einhaltung der GATT-Regeln und der Ergebnisse der Uruguay-Runde. Als Ausschüsse der Ministerkonferenz bzw. des Allgemeinen Rats arbeiten der Ausschuß für Handel und Entwicklung, der Haushaltsausschuß und der Ausschuß für Finanzen und Verwaltung.

Das bisherige lose System der Verhandlungen (GATT-Runden) wurde durch eine feste Struktur ersetzt; nunmehr finden regelmäßige Verhandlungen auf versch. Ebenen statt. Die Entscheidungen basieren weiterhin wie beim GATT grundsätzlich auf dem Konsensprinzip. Wird allerdings kein Konsens erreicht, gilt das Prinzip der einfachen Mehrheit, wobei jedes Mitgl.-Land über eine Stimme verfügt. Einstimmigkeit ist bei einer Änderung der Prinzipien und bei Fragen der Meistbegünstigung erforderlich. Andere grundsätzl. Änderungen benötigen eine Zweidrittelmehrheit. Der WTO gehören derzeit 112 stimmberechtigte Voll-Mitgl. und sechs weitere GATT-Mitgl. an, die noch nicht offiziell beigetreten sind, weil die Ratifizierung durch die nat. Parlamente noch aussteht (Stand Anfang Dez. 1995). Mehr als 30 weitere Staaten, die nicht Mitgl. im GATT waren, wollen der WTO ebenfalls beitreten.

Weltklimakonferenz, Weltklimagipfel, Klimarahmenkonvention der Vereinten Nationen, während der UN-Konferenz über Umwelt und Entwicklung 1992 in Rio de Janeiro vereinbarte Vertragsstaatenkonferenz, die vom 28. 3. bis 7. 4. 1995 in Berlin stattfand. Vertreten waren 170 Staaten sowie als Beobachter 165 Nichtregierungsorganisationen (NGO). Ziele der W. waren Maßnahmen zur Reduzierung klimaschädigender Treibhausgase und zur Eindämmung des globalen Treibhauseffekts. Auf ein ›Klimaprotokoll‹, das den Staaten Maßnahmen und Ziele zum Schutz des Klimas vorgibt, konnte sich die W. nicht einigen. Dabei sollten die Emissionen von Treibhausgasen bis zum Jahr 2000 auf den Stand von 1990 zurückgeführt werden. Verabschiedet wurde lediglich das ›Berliner Mandat‹, eine Vorstufe eines verbindl. Klimaprotokolls. Letzteres soll jedoch bis 1997 vorliegen und auf der Folgekonferenz 1997 in Kyōto verabschiedet werden. Die Verantwortung für den Klimaschutz wurde als gemeinsame und doch unterschiedl. Aufgabe definiert, an der sich die Entwicklungsländer im Rahmen ihrer Möglichkeiten beteiligen sollen; die Hauptlast müßten jedoch die Industriestaaten als Hauptverursacher tragen. Die Allianz von 36 kleinen Inselstaaten (Alliance of Small Island States, AOSIS), von denen einige bei einer Verstärkung des Treibhauseffekts mit einem Anstieg des Meeresspiegels rechnen müssen, legte einen Entwurf vor, der von den Industrieländern eine Reduzierung der Kohlendioxidemissionen von 20% bis zum Jahr 2005 verlangt.

*Weltraumrecht: Durch Resolution vom 10. 12. 1993 legte die Generalversammlung der Vereinten Nationen das Arbeitsprogramm des Ausschusses für die friedl. Nutzung des Weltraums (United Nations Committee on the Peaceful Uses of Outer Space, UN-COPUOS) fest. Im Mittelpunkt steht das Problem des Weltraummülls, d. h. der bis zu (geschätzt) 150 000 nicht mehr funktionsfähigen Objekte (darunter rd. 7 000, die größer als 10 cm sind und von der Erde aus beobachtet werden können), die die Erde umkreisen; es handelt sich zumeist um steuerlose Satelliten und Trümmer von Raketenoberstufen. Eine Säuberung des Weltraums ist nicht möglich, doch ist wegen der Gefährdung, die für die Raumfahrt von diesen Partikeln ausgeht, der Abschluß einer Konvention vordringlich geworden, um die Vermehrung des Mülls zu hemmen. Ein weiteres Problem stellt die Teilnahme von Entwicklungsländern an der Raumfahrt dar. Diesem Thema soll die 3. Weltraumkonferenz (1996 oder 1997) gewidmet sein.

Durch Resolution vom 14. 12. 1992 verkündete die UN-Generalversammlung Prinzipien für die Nutzung nuklearer Energiequellen im Weltraum.

Hb. des W., hg. v. K.-H. Böckstiegel (1991); S. Hobe: Die rechtl. Rahmenbedingungen der wirtschaftl. Nutzung des Weltraums (1992).

Weltsozialgipfel, →Sozialpolitik.

*Weltwirtschaftsgipfel: Seit 1993 nimmt auch der Präs. Rußlands als Gast, seit 1994 als politisch gleichberechtigter Partner am W. teil, weshalb diese für die Siebenergruppe (G 7) auch als ›polit. G 8‹ bezeichnet wird.

*Wendelstein 2): Das geplante Fusionsexperiment W. 7-X soll nach derzeitigem Stand Anfang des nächsten Jahrzehnts in Angriff genommen werden; die Anlage dafür wird voraussichtlich in Greifswald gebaut. Das Experiment benutzt Stellaratoren (▷ Kernfusion), deren spezielle toroidale magnet. Konfiguration im Vergleich zur konkurrierenden Klasse der Tokamaks den Vorteil der inhärenten Stationarität bietet. Während der Tokamak einen wesentl. Teil des Magnetfelds durch den Plasmastrom erzeugt, der auf der Sekundärseite eines Transformators induziert wird und deshalb nicht stationär über hinreichend lange Zeiten fließen kann, benötigt der Stellarator im Ggs. hierzu keinen Plasmastrom, sondern nur äußere (stationäre) Magnetfelder, die durch Gleichströme in geeigneten Spulen erzeugt werden und daher beliebig lange aufrechterhalten werden können. Daß die zweite Funktion des Plasmastroms (nämlich das Plasma erst zu erzeugen und mittels ohmscher Heizung aufzuheizen) im Stellarator durch andere Heizmethoden übernommen werden kann, wurde bereits 1980 im Experiment W. 7-A demonstriert.

Wendisch, Trak, Maler und Bildhauer, *Berlin 1958; thematisiert in seinen Materialgemälden und farbig gefaßten Holzskulpturen, bes. eindrücklich in vielteiligen Skulpturengruppen wie ›Babel‹ (1991) und

›Die Straße‹ (1992/93), die Entfremdung des einzelnen, seine Reduktion auf elementare und gleichzeitig anonyme Bedürfnisse. Nicht zuletzt durch die Gestaltung der Einzelfiguren als zeitlose Akte und den Verzicht auf Sockel gelingt es, den Betrachter in die Aura der Trauer seiner Figurengruppen unmittelbar einzubeziehen.

T. W., Skulpturen & Bilder, hg. v. I. FEHLE, Ausst.-Kat. (1994).

Trak Wendisch: Frauenträger II; 1991 (Privatbesitz)

*****Werdau 2):** Der Landkreis W. ging am 1. 8. 1994 im Kr. Zwickauer Land auf, dessen Kreisstadt die Stadt Werdau wurde.

Wernicke, Herbert, Regisseur und Bühnenbildner, * Auggen (Kr. Breisgau-Hochschwarzwald) 24. 3. 1946; profilierte sich seit seinem Regiedebüt 1978 zunächst mit Inszenierungen von Werken der Barockzeit. W. inszenierte u. a. 1983 A. VON ZEMLINSKYS ›Der Kreidekreis‹ an der Hamburg. Staatsoper, 1989 A. SCHÖNBERGS ›Moses und Aron‹ in Frankfurt am Main, 1991 R. WAGNERS ›Der Ring des Nibelungen‹ in Brüssel (auch 1994 in Frankfurt), 1994 M. P. MUSSORGSKIJS ›Boris Godunow‹ bei den Salzburger Osterfestspielen, 1995 B. BRECHTS und K. WEILLS ›Die Dreigroschenoper‹ am Schauspielhaus Zürich und R. STRAUSS' ›Der Rosenkavalier‹ bei den Salzburger Festspielen.

*****Wernigerode 2):** In den Landkreis W. wurden am 1. 7. 1994 (Kreisgebietsreform in Sachs.-Anh.) die Gemeinden Allrode und Timmenrode aus dem Kr. Quedlinburg eingegliedert; er umfaßt jetzt 796 km² und (1995) 99 000 Einwohner.

*****Westafrikanische Wirtschaftsgemeinschaft:** Wurde 1994 aufgelöst.

Westerwelle, Guido, Politiker (FDP), * Bad Honnef 27. 12. 1961; Rechtsanwalt, 1983–88 Bundesvors. der Jungen Liberalen, wurde im Dez. 1994 FDP-Generalsekretär, im Febr. 1996 MdB.

West|erzgebirgskreis, vom 1. 8. bis 31. 12. 1994 Name des Landkreises →Aue-Schwarzenberg.

*****Westeuropäische Union:** Mit dem Maastrichter Vertrag über die Europäische Union (7. 2. 1992) wurde die WEU zum ›integralen Bestandteil‹ der EU; sie soll Entscheidungen und Aktionen der EU, die verteidigungspolitische Bezüge haben, ausarbeiten und durchführen. Damit trat die WEU erstmals aus dem Schatten der NATO. Die Bildung des dt.-frz.-span. Korps sowie des dt.-niederländ. Eurokorps sind erste Ansätze zum Aufbau einer europ. Armee. Die WEU war außerdem an der Überwachung des UN-Embargos gegenüber den Staaten des früheren Jugoslawien beteiligt. Mit der ›Kirchbergerklärung‹ wurde am 9. 5. 1994 auf einer Konferenz in Luxemburg den Ländern Bulgarien, Estland, Lettland, Litauen, Polen, Rumänien, der Slowak. Rep., der Tschech. Rep. und Ungarn eine ›assoziierte Partnerschaft‹ gewährt, die zwar nicht die von diesen Staaten gewünschten Sicherheitsgarantien bietet, ihnen aber ermöglicht, an den sicherheitspolit. Beratungen der WEU teilzunehmen; eine spätere Vollmitgliedschaft wurde ihnen in Aussicht gestellt.

Westkap, Provinz im SW der Rep. Südafrika, 129 386 km², (1994) 3,633 Mio. Ew. (53,1% Mischlinge, 27,6% Weiße, 18,4% Schwarze, 0,9% Asiaten); Hauptstadt ist Kapstadt; entstand im Zuge der Neugliederung der Rep. Südafrika 1994 aus den südwestl. Teilen der früheren Kapprovinz. Bei den Wahlen vom April 1994 errang die National Party die absolute Mehrheit der Sitze im Prov.-Parlament und stellt seither den Regierungschef.

Westlausitz – Dresdner Land, Landkreis im Reg.-Bez. Dresden, Sachsen, 1 426 km², (1995) 159 100 Ew. (darunter Sorben), Kreisstadt ist Kamenz (sorb. Kamjenc); grenzt im N an Brandenburg, im SW an die Landeshauptstadt Dresden und umschließt allseitig die kreisfreie Stadt Hoyerswerda. Das größtenteils in der Oberlausitz gelegene Kreisgebiet wird im Norden vom nordsächs. Tiefland der Oberlausitzer Heide (mit ausgedehnten Kiefernwäldern) und dem Oberlausitzer Teichgebiet (beiderseits der Schwarzen Elster) eingenommen, im Süden von der Laußnitzer Heide, den nordwestl. Ausläufern des Lausitzer Berglands (Lausitzer Hügelland, im Hochstein 448 m ü. M.) mit der nördlich vorgelagerten, sehr fruchtbaren Kamenzer Pflege und der südlich anschließenden Lausitzer Platte (überwiegend Ackerbau). Teilweise tiefgreifend verändert wurde die Landschaft im Norden durch den Braunkohlentagebau (nach 1990 endgültig aufgegeben); einige Gruben wurden geflutet (z. B. Knappen- und Silbersee, die Speicherbecken Lohsa und Koschen), weitere Seen sind im Entstehen. Industriestandorte (Keramikherstellung, Textilindustrie) sind die Kreisstadt Kamenz (1995: 17 000 Ew.), Elstra, Großröhrsdorf und Königsbrück (ehem. Truppenübungsplatz), Radeberg (15 500 Ew.; Nahrungs- und Genußmittelindustrie, Brauerei) und Pulsnitz (Backwaren-, speziell Pfefferkuchenherstellung) sowie die Gem. Ottendorf-Okrilla (Gewerbegebiet mit Postverteilzentrum für Ost-Dtl., Fleischfabrik, Möbelwerk u. a.). Weitere Städte sind Lauta, Bernsdorf und Wittichenau (sorb. Kulow). – Der Landkreis wurde zum 1. 1. 1996 aus den bisherigen Landkreisen Kamenz und Hoyerswerda (außer der Stadt Hoyerswerda und der Gemeinde Uhyst) sowie dem Nordostteil von Dresden-Land (bis 1992 Dresden) gebildet.

*****Westsahara:** Im Nov. 1994 wurde das seit langem geplante Referendum über die staatl. Zukunft der W. erneut verschoben, da die Wählerregistrierung aufgrund mangelnder Finanzmittel der UNO und der marokkan. Obstruktionspolitik nicht abgeschlossen werden konnte.

*****Westsamoa,** amtl. Namen: samoanisch **Malo Tuto'atasi o Samoa i Sisifo,** engl. **Independent State of Western Samoa,** Staat im südwestl. Pazifik.

Hauptstadt: Apia. *Amtssprachen:* Samoanisch und Englisch. *Staatsfläche:* 2 831 km². *Bodennutzung (1992):* 1 220 km² Ackerland, 10 km² Dauergrünland, 1 340 km² Waldfläche. *Einwohner (1994):* 169 000, 60 Ew. je km². *Städtische Bevölkerung (1993):* 23%. *Durchschnittliches Bevölkerungswachstum pro Jahr (1985–93):* 0,5%. *Bevölkerungsprojektion für 2000:* 174 000 Ew. *Ethnische Gruppen (1991):* 88% Polynesier, 10% Euronesier (Mischlinge zw.

Polynesiern und Europäern), 2% Europäer u. a. *Religion:* 47% Kongregationalisten, 15% Methodisten, 9% Mormonen, 22% Katholiken. *Altersgliederung (1986):* unter 15 Jahre 41,2%, 15 bis unter 60 Jahre 53,2%, 60 und mehr Jahre 5,6%. *Lebenserwartung der Neugeborenen (1992):* männlich 64 Jahre, weiblich 70 Jahre. *Analphabetenquote:* fast 0%. *BSP je Ew. (1993):* 950 US-$. *BIP nach Sektoren/Produktionsstruktur (1989):* Landwirtschaft 47%, Industrie 21%, Dienstleistungen 32%. *Währung:* 1 Tala (WS$) = 100 Sene (s). *Internationale Mitgliedschaften:* UNO, Commonwealth of Nations, South Pacific Forum.

***Wettersatelliten:** Am 31. 10. 1994 wurde der erste geostationäre russ. W., Elektro-1 (Masse 2,5 t, davon 700 kg Nutzlast, Funktionsdauer drei Jahre), gestartet; der Start dieses W. (unter der Bez. GOMS) war urspr. bereits für 1978 geplant. Als Nachfolger für das System Meteor 3, bestehend aus jeweils drei Satelliten mit zwei Jahren Funktionsdauer, soll ab frühestens 1996 der Typ Meteor 3M (2,5 t Masse, davon 800 kg Nutzlast, Bahnneigung 98°, Höhe 950 km) mit drei Jahren Funktionsdauer eingesetzt werden.

Neben der Nutzung der europ. Meteosat-W. liegt auch der Betrieb seit 1995 bei der Organisation →EUMETSAT. Zus. mit der ESA bereitet sie für die Zeit nach 2001 geostationäre W. des Typs MSG (Abk. für Meteosat second generation) und eigene europ. polare W. (Metop, Bahnhöhe 800 km) vor.

***Wiedergutmachung:** Das 2. SED-Unrechtsbereinigungs-Ges. (2. SED-UnBerG), das u. a. das Verwaltungsrechtl. Rehabilitierungs-Ges. (VwRehaG) und das Berufl. Rehabilitierungs-Ges. (BerRehaG) enthält, ist am 23. 6. 1994 verabschiedet worden und am 1. 7. 1994 in Kraft getreten. Seine Regelungen entsprechen inhaltlich im wesentlichen dem Anfang 1994 vorliegenden Entwurf. Die Antragsfrist für die gerichtl. Aufhebung rechtsstaatswidriger Verurteilungen nach dem Strafrechtl. Rehabilitierungs-Ges. (StrRehaG) ist bis zum 31. 12. 1995 verlängert worden. Bis zu diesem Zeitpunkt kann auch im Verwaltungsverfahren die Aufhebung grob rechtsstaatswidriger Verwaltungsmaßnahmen nach dem VwRehaG beantragt werden. Berufl. Benachteiligungen werden nach dem BerRehaG unter bestimmten Voraussetzungen durch bevorzugte berufl. Fortbildung und Umschulung, monatl. Ausgleichsleistungen in Höhe von 150 DM und v. a. durch Anrechnung der Verfolgungszeiten in der Rentenversicherung ausgeglichen.

***Wien 2):** Nach dem Rücktritt von HANS HERMANN Kardinal GRÖER im Sept. 1995 wurde CHRISTOPH SCHÖNBORN (* 1945) zum Erzbischof von W. ernannt.

***Wiener,** Oswald, österr. Schriftsteller: Erhielt 1989 den Großen Österr. Staatspreis.

Wieschaus, Eric F., amerikan. Entwicklungsbiologe, * 7. 6. 1947; arbeitete nach dem Studium an der University of Notre Dame in South Bend (Ind.) und Promotion an der Yale University 1975–87 an verschiedenen europ. Forschungsinstituten. Seit 1987 ist er Prof. an der Princeton University (N. J.). W. konnte – zus. mit CHRISTIANE NÜSSLEIN-VOLHARD – die lange Zeit umstrittene Gradientenhypothese bestätigen, nach der die differentielle Steuerung gestaltbildender Gene durch ein Konzentrationsgefälle bestimmter Stoffe in den Zellen des Embryos ein durchgängiges Prinzip der frühen Embryonalentwicklung von Wirbellosen und Wirbeltieren bis hin zum Menschen ist. W. wurde 1995 zus. mit CHRISTIANE NÜSSLEIN-VOLHARD und E. B. LEWIS für seine Entdeckungen im Bereich der genet. Kontrolle der frühen Embryonalentwicklung mit dem Nobelpreis für Medizin oder Physiologie ausgezeichnet. Ein wichtiger Teil sei-

Eric F. Wieschaus

Robin Williams

ner Arbeiten entstand 1979–81 am Heidelberger Europäischen Molekularbiologischen Labor (EMBL).

***Wigner,** Eugene Paul, amerikan. Physiker ungar. Herkunft: † Princeton (N. J.) 1. 1. 1995.

Williams [ˈwɪljəmz], Robin, amerikan. Schauspieler, * Chicago (Ill.) 21. 7. 1952; Meister der improvisierten Komik, dargeboten im Fernsehen und auf der Bühne. Beim Film (seit 1977) erwies er sich auch als ausgezeichneter ernster Darsteller.

Filme: Garp oder wie er die Welt sah (1982); Good Morning, Vietnam (1987); Der Club der toten Dichter (1989); Cadillac Man (1989); Zeit des Erwachens (1989); Hook (1991); König der Fischer (1991); Toys (1993); Jumanji (1995).

***Wilson,** Sir James Harold, brit. Politiker: † London 24. 5. 1995.

***Wimmer,** Maria, Schauspielerin: * 1911 (nicht 1914), † Bühl 4. 1. 1996.

***Windkraftwerk:** Die Nutzung der Windenergie in Dtl. verzeichnete deutl. Steigerungsraten. Ende 1994 waren von privaten W.-Betreibern und den Unternehmen der öffentl. Elektrizitätsversorgung 2 580 Anlagen mit einer Gesamtleistung von 632 MW in Be-

Windkraftwerk: Dreiblattrotoranlagen im Windpark auf Fehmarn

trieb. Gegenüber 1992 entspricht dies einem Anstieg von 1 450 Anlagen (228 %) bzw. 449 MW (345 %). Führend sind Schlesw.-Holst. und Ndsachs. So wurde 1994 auf Fehmarn der größte dt. Windpark in Betrieb genommen (z. Z. 44 Dreiblattrotoranlagen mit insgesamt 22 MW Leistung). Mit einem Anteil von 0,2%, gemessen am Gesamtstromverbrauch aus dem öffentl. Netz, ist der Beitrag der Windenergie jedoch noch sehr gering.

W. an guten Standorten, z. B. in den Küstengebieten, erreichen heute Ausnutzungsdauern von etwa 2 500 Stunden pro Jahr, Anlagen im Binnenland wegen der schlechteren klimat. Bedingungen nur etwa 1 500 Stunden pro Jahr. Bei der Entwicklung der Anlagengröße setzte sich der Trend zu immer größeren Anlagen weiter fort, da sich aufgrund der geringeren spezif. Investitionskosten günstigere Stromgestehungskosten erzielen lassen. 1995 konnten W. mit einer Leistung von 500–600 kW bereits als Standardanlagen angesehen werden. Die Serienentwicklung geht hin zu Anlagengrößen von 1 000 kW; Prototypanlagen werden in Deutschland schon bis zu einer Leistung von 3 000 kW erprobt.

Windows® [ˈwɪndəʊz; engl. ›Fenster‹], *Datenverarbeitung:* weitverbreitete graph. Benutzeroberfläche bzw. Betriebssystem der Microsoft Corp. für IBM-Personalcomputer und dazu kompatible Rechner (PC), das dem Betriebssystem →MacOS der Apple Computer Inc. nachempfunden ist.

W. verwendet die Fenstertechnik (▷ Window-Technik), bietet →Multitasking und eine Reihe von benutzerfreundl. Grundfunktionen wie Notizblock, Uhr, Kalender usw. Ferner lassen sich Daten leicht zw. unterschiedl. Programmen austauschen oder Dokumente so verbinden (object linking and embedding), daß die Änderung z. B. einer Graphik automatisch die Aktualisierung aller Dokumente bewirkt, in denen diese Graphik vorkommt. Des weiteren sorgt W. für eine gewisse Bedienungsähnlichkeit (›look and feel‹) aller Programme, die unter W. laufen.

W. kann mit Tastatur und Maus bedient werden. Aktionen werden durch Kommandos, die aus Pulldown-Menüs ausgewählt werden, durch Anklicken mit einer Maustaste oder durch die **Drag-and-drop-Technik** gestartet. Hierbei wird das Piktogramm eines Dokuments mit der Maus ›ergriffen‹, auf das Piktogramm eines Anwendungsprogramms ›gezogen‹ (drag) und dort ›losgelassen‹ (drop), wodurch das Anwendungsprogramm mit dem Dokument als Eingabe aufgerufen wird.

Die 1995 erschienene Version Windows 95 mit modifizierter Benutzeroberfläche gestattet den vollen Mehrprogrammbetrieb und vereinfacht durch weitgehende Kompatibilität und Selbstkonfiguration (›plug and play‹) den Anschluß von externen Geräten, wie Druckern, Modems, Magnetplattenspeichern u. a. Ferner sind umfangreiche Anschlußmöglichkeiten an globale Netze vorgesehen.

W. wurde 1985 entwickelt. Zu dieser Zeit besaß es nicht die volle Funktionalität eines Betriebssystems, vielmehr setzte es, auch um die Kompatibilität zu MS-DOS zu gewährleisten, als Anwendungsprogramm auf der Oberfläche von MS-DOS auf und nutzte viele der dort bereits vorhandenen Betriebssystemfunktionen. Im Zuge der Weiterentwicklungen wurden mehr und mehr Betriebssystemfunktionen integriert; jedoch kann W. erst mit den Versionen →Windows NT und Windows 95 als autonomes Betriebssystem aufgefaßt werden.

K. HAMANN u. W. WIRTH: Microsoft W. '95 auf einen Blick (1995); W. 95, hg. v. R. KOST u. a. (1995, Buch mit Diskette).

Windows NT® [ˈwɪndəʊz -; engl. ›Fenster‹, NT Abk. für New Technology], *Datenverarbeitung:* Weiterentwicklung der Benutzeroberfläche →Windows der Microsoft Corp. zu einem Betriebssystem seit Ende 1993. Gegenüber Windows, das in seinen meisten Versionen auf dem Betriebssystem MS-DOS aufsetzt und wesentl. Teile von MS-DOS mitbenutzt, handelt es sich bei W. NT um ein autonomes System, das vollständig neu entwickelt wurde und die volle Funktionalität eines Betriebssystems besitzt. Es nutzt daher die vorhandene Rechenleistung wesentlich besser aus. W. NT besitzt eine ähnl. Benutzeroberfläche wie Windows. Hinzu kommt die Möglichkeit zum Mehrprogrammbetrieb (Multitasking) und zum vollen Mehrbenutzerbetrieb (Multiuser) sowie die erweiterte Netzfähigkeit, z. B. die Unterstützung der weitverbreiteten Client-Server-Anwendungen.

Wegen der relativ hohen Anforderungen an Prozessorleistung und verfügbaren Haupt- und Externspeicher wird es eher im kommerziellen Bereich eingesetzt. (→OS/2)

Winger [ˈwɪŋə], Debra, amerikan. Filmschauspielerin, * Cleveland (Oh.) 17. 5. 1955; zunächst bei Theater und Fernsehen. Im Film überzeugt sie (seit 1977) durch eindrucksvolle Schauspielkunst.

Filme: Ein Offizier u. Gentleman (1982); Zeit der Zärtlichkeit (1983); Die schwarze Witwe (1987); Der Himmel über der Wüste (1990); Shadowlands (1994); Forget Paris (1995).

Winter, Leon de, niederländ. Schriftsteller und Filmregisseur, * Herzogenbusch 24. 2. 1954; seine frühe Prosa, darunter der Erzählband ›Over de leegte in de wereld‹ (1976) und der Roman ›De (ver)wording van de jongere Dürer‹ (1978; dt. ›Die (Ver)Bildung des jüngeren Dürer‹, auch u. d. T. ›Nur weg hier! Die Abenteuer eines neuen Taugenichts‹), ist von F. KAFKA und P. HANDKE beeinflußt. Seine Figuren sind Menschen auf der Suche nach der eigenen, oft jüdischen Identität in einer verfremdeten Welt, in ›Zoeken naar Eileen W.‹ (1981) sind sie bewegt von politisch-religiösen Gegensätzen, in ›La Place de la Bastille‹ (1981) von historischen Gegebenheiten, in ›Hoffman's honger‹ (1990; dt. ›Hoffmans Hunger‹) von philosophisch-existentiellen Fragen. Viele seiner Romane wurden, z. T. unter seiner Mitwirkung, verfilmt.

Weitere Werke: Romane: Vertraagde roman (1982); Kaplan (1986); SuperTex (1991; dt); De ruimte van Sokolov (1992); Serenade (1995; dt.).

Winterausfallgeld, →Schlechtwettergeld.

Winterson [ˈwɪntəsn], Jeanette, engl. Schriftstellerin, * Manchester 27. 8. 1959; wurde bekannt mit ihrem autobiographisch gefärbten Erstlingsroman ›Oranges are not the only fruit‹ (1985; dt. ›Orangen sind nicht die einzige Frucht‹), der in komplexer und kom. Erzählweise Erfahrungen emotionalen Verlangens in einer von religiösem Fanatismus und gesellschaftlicher Erwartungsdruck bestimmten Umgebung schildert. Seither erschienene Werke, darunter ›Sexing the cherry‹ (1989; dt. ›Das Geschlecht der Kirsche‹), beziehen in formal experimentelleren Darstellungen der Geschlechterdifferenz auch histor. und phantast. Elemente ein.

Weitere Werke: Romane: The passion (1987; dt. Verlangen); Written on the body (1992; dt. Auf den Körper geschrieben); Art and lies (1994).

Wirtschafts- und Währungsunion, →Europäische Wirtschafts- und Währungsunion.

*****Wismar 2):** Der Landkreis W. ging am 12. 6. 1994 im Kr. Nordwestmecklenburg auf; die Stadt Wismar ist damit nicht mehr Sitz einer Kreisverwaltung.

Wissenschaftsgemeinschaft Blaue Liste e. V., seit 1995 vollständiger Name der Forschungsförderungsgesellschaft →Blaue Liste.

*****Wittenberg 2):** In den Landkreis W. wurden am 1. 7. 1994 (Kreisgebietsreform in Sachs.-Anh.) der bisherige Kr. Jessen sowie Gebietsteile des bisherigen Kr. Gräfenhainichen eingegliedert. – Der neugebildete Landkreis Wittenberg im Reg.-Bez. Dessau, der an die kreisfreie Stadt Dessau, an Brandenburg und Sachsen grenzt, umfaßt 1 508 km^2 und (1995) 139 800 Ew. An das Elbe-Elster-Tiefland schließt im N der Fläming an, im SW die Dübener Heide, im SO die Annaburger Heide. Neben Ackerbau wird auch Rinder- und Schafhaltung betrieben, um Jessen (Elster) Obstbau. Hauptindustriestandort ist die Kreisstadt Wittenberg (1995: 52 600 Ew.; mit Stickstoffwerk). Weitere Städte im Landkreis sind Gräfenhainichen (9 400 Ew.; stillgelegte Braunkohlentagebaue), Annaburg (keram. und Porzellanindustrie), Jessen (Elster) (Eisen- und Blechwarenindustrie), Kemberg, Prettin, Seyda, Zahna sowie die Eisenmoorbäder Bad Schmiedeberg (Herstellung von Kosmetika) und Pretzsch (Elbe).

*****Wittlinger,** Karl, Schriftsteller: † Lippertsreute (heute zu Überlingen) 22. 11. 1994.

*****Wohlstand:** Die Weltbank hat 1995 ein neues Konzept zur Berechnung des W. eines Landes vorgestellt. Die Indikatoren Pro-Kopf-Einkommen (Bruttosozialprodukt je Ew.) und Wirtschaftsleistung (Bruttoinlandsprodukt) werden ergänzt durch geschätzte Werte für das Produktivkapital (gesamtwirtschaftl. Produktionspotential einschließlich Infra-

Debra Winger

Wohn Wohngeld – Zadek

struktur), Humankapital (Arbeitsvermögen der Bev. unter Einbeziehung von Bildung, Ernährung und Gesundheit) und natürl. Ressourcen (Boden, Wasser, Wald, Bodenschätze). Nach dieser Berechnungsmethode ist Australien mit einem geschätzten W. je Ew. von 835 000 US-$ das reichste Land der Erde; die Schweiz rangiert mit 647 000 US-$ an 4. Stelle, Dtl. mit 399 000 US-$ an 15. Stelle und Österreich mit 394 000 US-$ an 16. Stelle.

Während beim Konzept der Weltbank der wirtschaftliche W. weiterhin im Mittelpunkt steht, geht das Weltentwicklungsprogramm UNDP mit seinem →Human Development Index weiter. Dieser Indikator soll den wirtschaftlich-sozialen Fortschritt eines Landes im Sinne von Lebensqualität abbilden.

***Wohngeld:** Seit 1991 vollzieht sich die Gewährung des Mietzuschusses in drei Formen. Neben dem ursprüngl. Tabellen-W. wurde das pauschalierte W. eingeführt, das an Mieterhaushalte gewährt wird, deren Familien-Mitgl. Empfänger von Sozialhilfe oder von Leistungen der Kriegsopferfürsorge sind. Als Übergangsrecht wurde W. in Ost-Dtl. in vereinfachter Form nach dem W.-Sondergesetz gewährt, das bis Ende 1996 den Übergang zu marktmäßigen Mieten sozial abfedern sollte. Hierbei wird der Zuschuß nicht nur für den Wohnraum (Kaltmiete), sondern auch zu den Heiz- und Warmwasserkosten gewährt.

Der Lastenzuschuß, die Wohngeldzahlung an Eigentümerhaushalte, hat in Ost-Dtl. eine größere Bedeutung als in West-Dtl. erlangt. Er ist insbesondere auch als Beihilfe zur privaten Vermögensbildung zu würdigen, die im sozialistischen System vernachlässigt wurde. Die Ausgaben von Bund und Ländern für Wohngeld, die rd. 3,8 Mio. Haushalten (davon 2 Mio. in Ost-Dtl.) zugute kamen, betrugen (1992) 6,8 Mrd. DM.

***Wohnungsbauförderung:** →Eigenheim.

***Wohnungsbauprämie:** Die Einkommensgrenzen für die W. wurden zum 1. 1. 1996 für Ledige auf 50 000 DM und Verheiratete auf 100 000 (bisher 27 000 DM bzw. 54 000 DM) und die Höchstbeträge der Förderung auf 1 000 DM bzw. 2 000 (bisher 800 DM bzw. 1 600 DM) erhöht.

Wo̱lfensohn, James D., amerikan. Jurist und Investmentbanker austral. Herkunft, *Sydney 1. 12. 1933; geschäftsführender Gesellschafter beim Wertpapierhaus Salomon Brothers, New York; gründete 1981 die Investmentbank James D. Wolfensohn Inc., New York; seit 1. 6. 1995 ist W. Präs. der Weltbank.

***Wolgast 2):** Der Landkreis W. ging am 12. 6. 1994 im Kr. Ostvorpommern auf; die Stadt Wolgast ist damit nicht mehr Kreisstadt.

***Wolmirstedt 2):** Der Landkreis W. ging am 1. 7. 1994 im Ohrekreis auf; die Stadt Wolmirstedt ist damit nicht mehr Kreisstadt.

***Worbis 2):** Der Landkreis W. ging am 1. 7. 1994 im Kr. Eichsfeld auf; die Stadt Worbis ist damit nicht mehr Kreisstadt.

Workgroup computing [ˈwəːkgruːp kəmˈpjuːtɪŋ, engl.], **Cooperative computing** [kəʊˈɔpərətɪv-], **Groupware** [ˈgruːpweə], Bez. für eine Art des Einsatzes von Datenverarbeitungsgeräten, die es den bislang mit eigener Hardware und Standardsoftware ausgestatteten, aber nicht vernetzt arbeitenden Mitgl. einer Arbeitsgruppe erlaubt, ihre Computer, Programme und Dateien gemeinsam zu nutzen, sofern ihre Geräte über ein PC-Netz oder über eine Großrechenanlage verbunden wurden und eine spezielle Software (Workgroup-Software) den Datenaustausch ermöglicht.

***Wörner,** Manfred, Politiker: † Brüssel 13. 8. 1994; war bis zu seinem Tod GenSekr. der NATO.

Wo̱rtmann, Sönke, Filmregisseur, *Marl 25. 8. 1959; drehte die erfolgreiche Komödie ›Der bewegte Mann‹ (1994).

Weitere Filme: Eine Wahnsinnsehe (1990); Allein unter Frauen (1991); Kleine Haie (1992); Das Superweib (1996).

WTO, Abk. für World Trade Organization, die →Welthandelsorganisation.

***Wulf-Mathies,** Monika, Gewerkschaftin: Ist seit 1. 1. 1995 Mitgl. der Europ. Kommission, zuständig für Regionalpolitik.

***Württembergisches Staatsorchester:** Chefdirigent ist seit 1995 L. Zagrosek.

***Wurzen 2):** Der Landkreis W. ging am 1. 8. 1994 im Muldentalkreis auf; die Stadt Wurzen ist damit nicht mehr Kreisstadt.

XYZ

Xankändi [x-], eigentl. **Xankəndi, Chankendi,** in russ. Schreibung **Chankendy,** von Aserbaidschan verwendeter Name für die Hauptstadt von Bergkarabach, ▷ Stepanakert.

***Yangshaokultur:** Die Vorstellung, daß die Y. in einem einzigen Zentrum entstanden ist und sich von dort aus über den ganzen N Chinas verbreitete, ist aufgrund neuerer Forschungsergebnisse nicht haltbar. Die Funde der letzten Jahre weisen eine so große Variationsbreite von Kulturelementen an den versch. Flußabschnitten auf, daß man von einem gleichzeitigen Existieren mehrerer Kulturzentren mit vielgestaltigen Interaktionen ausgehen muß und eine Zusammenfassung unter einem Kulturbegriff nicht mehr gerechtfertigt ist, außer zu einer allgemeinen Bez. der mittleren, bemalte Keramik führenden Jungsteinzeit (5000–2000 v. Chr.) im Einzugsbereich des Hwangho. Die Kulturen, die früher unter Y. zusammengefaßt wurden, sind heute u. a. zu trennen in Banpo-, Miao-digou-, Dawenkou-, Majiayao- und Banshan-Machang-Kultur.

***Yilmaz,** Mesut, türk. Politiker: Im März 1996 einigte er sich mit Tansu Çiller auf die Bildung einer Koalitions-Reg.; beide wollen sich in der Führung der Reg. abwechseln.

Yoshimoto [jɔʃi-], Banana, eigtl. **Y. Mahoko,** japan. Schriftstellerin, *Tokio 24. 7. 1964; beschreibt in ihren zu Bestsellern gewordenen Erzählungen das Leben junger Frauen außerhalb konventioneller Paar- und Familienbeziehungen.

Werke (japan.): Kitchen (1988; dt.); Vollmond (Kitchen 2) (1988; dt.); Tsugumi (1989; dt.); N.P. (1990; dt.).

***Yoshiyuki,** Junnosuke, japan. Schriftsteller: † bei Tokio 26. 7. 1994.

***Yun,** Isang, Komponist korean. Herkunft: † Berlin 3. 11. 1995.

***Zadek,** Peter, Regisseur: Verließ 1995 das Direktorium des Berliner Ensembles, um in Wien zu arbeiten.

Zafy [zaːfi], Albert, madagass. Politiker, *Betsiaka-Antsiranana (Region Antsiranana) 1. 5. 1928; arbeitete zunächst in Frankreich als Arzt und kehrte 1971 nach Madagaskar zurück. Z. wurde Leiter des Zentralkrankenhauses von Antananarivo sowie Prof. an der dortigen Univ.; daneben war er von 1972 bis zur Machtergreifung D. RATSIRAKAS 1975 Gesundheits-Min. Seit 1988 wieder politisch tätig, wurde Z. Ende 1990 Führer der oppositionellen Sammlungsbewegung gegen die Diktatur RATSIRAKAS. Mit monatelangen Streiks und Massendemonstrationen setzte die Opposition schließlich eine neue Verfassung durch (in Kraft seit dem 19. 8. 1992). Aus den auf dieser Grundlage durchgeführten Präsidentschaftswahlen ging Z. am 10. 2. 1993 mit 66,74% der Stimmen als Sieger hervor.

*__Zagrosek__, Lothar, Dirigent: Beendete 1992 seine Tätigkeit an der Leipziger Oper und wurde 1995 Chefdirigent des Württemberg. Staatsorchesters in Stuttgart.

*__Zahlungsbilanz__: Ende 1993 haben sich die Mitgl. des Internat. Währungsfonds auf zahlreiche Neuerungen bei der Aufstellung der Z. verständigt. Auf dieser Basis hat die Dt. Bundesbank im März 1995 konzeptionelle Änderungen an der dt. Z. vorgenommen. Danach wurde nun eine von einer Leistungsbilanz abgegrenzt. Sie enthält nunmehr neben den Waren und Dienstleistungen explizit die bis dahin in der Dienstleistungsbilanz erfaßten Erwerbs- und Vermögenseinkommen zw. Inländern und der übrigen Welt sowie nur noch die laufenden Übertragungen (z. B. Zahlungen an und von der EG, Beiträge an internat. Organisationen, Entwicklungshilfe, Renten- und Pensionszahlungen, Heimatüberweisungen ausländ. Arbeitnehmer); Vermögensübertragungen (Schuldenerlasse, Erbschaft- und Schenkungsteuern, bestimmte Investitionszuschüsse) sind als jeweils einmalige Transfers ausgegliedert. Die laufenden Übertragungen enthalten jetzt auch erhebl. Teile der bisher in der Dienstleistungsbilanz erfaßten Versicherungsleistungen (v. a. Prämienzahlungen).

Wichtige Änderungen ergaben sich darüber hinaus bei der Zuordnung von Transaktionen zum Waren- und zum Dienstleistungsverkehr. Die mit der Lohnveredelung einhergehende Wertschöpfung, aber auch bestimmte Reparaturarbeiten sowie die Lieferung von Schiffs- und Flugbedarf, die bislang in der Dienstleistungsbilanz erfaßt wurden, werden nunmehr der Warenbilanz zugeschlagen. Aus- und Einfuhr zur und nach Lohnveredelung verbleiben im Warenwert und werden nicht mehr in den ›Ergänzungen zum Warenverkehr‹ ausgewiesen. Der Transithandel wurde dagegen aus dem Warenverkehr herausgenommen; er wird den Dienstleistungen zugerechnet.

In der Kapitalbilanz wurde die Unterteilung in langfristigen und kurzfristigen Kapitalverkehr weitgehend aufgehoben. Statt dessen wurde eine Unterteilung der Kapitalbewegungen in Direktinvestitionen, Wertpapieranlagen, Kreditverkehr – dieser wird weiterhin in kurz- und langfristige Transaktionen aufgeteilt – und sonstige Transaktionen vorgenommen.

Während die quantitativen Auswirkungen der konzeptionellen Änderungen in der Z. zumeist vergleichsweise gering bleiben, werden die Bruttogrößen z. T. merklich beeinflußt.

*__Zaire__, amtlich frz. __République du Zaïre__, Staat in Zentralafrika, zw. Indischem Ozean und Tanganjikasee.

Hauptstadt: Kinshasa. *Amtssprache*: Französisch. *Staatsfläche*: 2 344 885 km² (ohne Binnengewässer 2 267 600 km²). *Bodennutzung (1992)*: 78 800 km² Ackerland, 150 000 km² Dauergrünland, 1 739 800 km² Waldfläche. *Einwohner (1994)*: 42,55 Mio., 18 Ew. je km². *Städtische Bevölkerung (1995)*: 29%. *Durchschnittliches Bevölkerungswachstum pro Jahr (1985–93)*: 3,3%. *Bevölkerungsprojektion für 2000*: 50,97 Mio. Ew. *Ethnische Gruppen*: Mehr als 70% der Ew. gehören zu Bantuvölkern (Luba, Kongo, Mongo, Ngala, Teke, Chokwe u. a.); außerdem leben in Z. Zande, Mangbetu, Niloten, Pygmäen und Hima. *Religion (1992)*: 42,1% Katholiken, 25,2% Protestanten, 14,9% Anhänger anderer christl. Religionsgemeinschaften, v. a. der unabhängigen Kirche der Kimbangisten. *Altersgliederung (1995)*: unter 15 Jahre 48,1%, 15 bis unter 65 Jahre 49,0%, 65 und mehr Jahre 2,9%. *Lebenserwartung der Neugeborenen (1990–95)*: männlich 50 Jahre, weiblich 53 Jahre. *Analphabetenquote (1991)*: insgesamt 28,2%, männlich 16,4%, weiblich 39,3%. *BSP je Ew. (1990)*: 220 US-$. *BIP nach Sektoren/Produktionsstruktur (1991)*: Landwirtschaft 31%, Industrie 31%, Dienstleistungen 38%. *Währung*: 1 Neuer Zaïre (NZ) = 100 Makuta (K; Singular Likuta). *Internationale Mitgliedschaften*: UNO, OAU.

Geschichte: Der Konflikt zw. Staatspräs. MOBUTU SESE-SEKO und der Opposition um MinPräs. TSHISÉKÉDI WA MULUMBA (*1932) um die Macht führte dazu, daß es in Z. seit März 1993 (Einsetzung einer von der Opposition nicht anerkannten Reg. unter FAUSTIN BIRINDWA durch den Staatspräs.) zwei Reg. und zwei Parlamente gab. Im Jan. 1994 wurden die beiden Parlamente zum ›Hohen Rat der Rep.‹ vereinigt; BIRINDWA trat zurück. Im April 1994 verabschiedete der ›Hohe Rat der Rep.‹ eine provisor. Verf., die innerhalb von 15 Monaten ein Referendum über eine endgültige Verf. und danach Parlaments- und Präsidentschaftswahlen vorsah. Im Juni 1994 wählte der Rat den als moderat geltenden Politiker JOSEPH KENGO WA DONDO (*1935) zum neuen, auch von den westl. Geberländern unterstützten und von Präs. MOBUTU SESE-SEKO anerkannten Regierungschef. Mitte 1995 verlängerte der Rat im Einvernehmen mit dem Staatspräs. die seit 1990 andauernde Übergangsperiode um weitere zwei Jahre; Wahlen sind nun erst für Juli 1997 vorgesehen. Weiterhin wird Z. von Sezessionsbewegungen (u. a. in Shaba), ethn. Konflikten bis hin zu Massenvertreibungen (v. a. in Shaba und Kivu), weitverbreiteter offener Korruption und Übergriffen der Sicherheitskräfte geprägt, was einen zunehmenden Verfall der Wirtschaft dieses potentiell reichen Landes zur Folge hat.

Im Gefolge des Bürgerkrieges in Ruanda (Flüchtlingsstrom nach Z.) gelang es MOBUTU SESE-SEKO, seine internat. Isolation zu durchbrechen und so auch seine innenpolit. Stellung zu festigen. In den Lagern der ruand. Flüchtlinge im O des Landes konnte – dank Duldung durch die zair. Behörden – die im ruand. Bürgerkrieg vertriebene Reg. ihre geschlagenen Truppen sammeln und neu aufrüsten.

__Zālīte__ [ˈzaːliːtɛ], Māra, lett. Lyrikerin, *Krasnojarsk 18. 2. 1952; lebt seit der Rückkehr (1956) ihrer Familie aus der sibir. Verbannung in Lettland; seit 1989 Chefredakteurin der lett. literar. Zeitschrift ›Karogs‹; veröffentlichte zahlreiche Lyrikbände und Theaterstücke in Versen. Das 1986 von ihr verfaßte Libretto zu der Rockoper ›Lāčplēsis‹ (Musik von Z. LIEPIŅŠ) nach Motiven des gleichnamigen lettischen volkstüml. Epos (1888) von A. PUMPURS spielte eine bedeutende Rolle während der Zeit der friedl. lett. ›Lieder- und Blumenrevolution‹, die 1990 zur Wiedererlangung der nationalen Selbständigkeit Lettlands führte.

__Zanella__, Renato, italien. Tänzer, Choreograph und Ballettdirektor, *Verona 6. 6. 1961; arbeitete nach der Ausbildung bei ROSELLA HIGHTOWER 1981–85 erst in Basel, dann zehn Jahre mit dem Stuttgarter Ballett;

Māra Zālīte

Zedi Zedillo Ponce de León – Zimmer

Ernesto Zedillo Ponce de León

seit 1995 ist er Ballettdirektor der Wiener Staatsoper. Schon mit seinen ersten Choreographien (›Die andere Seite‹, ›Distanz‹, 1989) ungewöhnlich erfolgreich, entwickelte Z. auf der Basis des klass. Balletts eine zeitgenössisch strukturierte Bewegungssprache, die die Tradition H. VAN MANENS und J. KYLIÁNS auf eine eigene Art weiterführt.
Choreographien: Stati d'animo (1991); Empty place (1992); Black angels (1993); Mata Hari (1993); La chambre (1994).

Zedillo Ponce de León, [se'di:jo 'pɔnse -], Ernesto, mexikan. Politiker, * Mexiko 27. 12. 1951; Wirtschaftswissenschaftler. Als Planungs-Min. (1988–92) bereitete er Mexikos Beitritt zur Nordamerikan. Freihandelszone vor; 1992–94 war er Erziehungs-Min. Nach dem tödl. Attentat auf den designierten Präsidentschaftskandidaten wurde Z. P. de L. als Kandidat des PRI (seit 1971 Mitgl.) aufgestellt; er gewann die Wahlen am 21. 8. 1994. Als neuer Präs. Mexikos (Amtsantritt: 1. 2. 1994) stellte sich Z. P. de L. im März 1995 gegen die traditionell unantastbaren Strukturen von Staat und Partei, indem er RAÚL SALINAS, den Bruder seines Amtsvorgängers, wegen des Verdachts, an dem im Sept. 1994 verübten Mord an dem PRI-Gen.-Sekr. beteiligt gewesen zu sein, verhaften ließ.

*Zeitz 2): Der Landkreis Z. ging am 1. 7. 1994 im Burgenlandkreis auf; die Stadt Zeitz ist damit nicht mehr Kreisstadt.

Zenawi, Meles, eigtl. **Legesse Z.,** äthiop. Politiker, * Adua 9. 5. 1955; schloß sich 1971 als Medizinstudent in Addis Abeba marxist. Zirkeln an und war 1974 an Sturz von Kaiser HAILE SELASSIE beteiligt. Bereits 1975 wendete er sich jedoch vom Regime MENGISTU HAILE MARIAMS ab und schloß sich der Tigre-Volksbefreiungsfront an. 1989 wurde er GenSekr. der als Dachorganisation der meisten Widerstandsgruppen gegründeten ›Ethiopian People's Revolutionary Democratic Front‹ (EPRDF; dt. ›Äthiop. Revolutionäre Demokrat. Volksfront‹), deren Truppen im Mai 1991 Addis Abeba besetzten. Am 22. 7. 1991 wurde Z. von einer neugebildeten Nationalkonferenz zum Übergangs-Präs. gewählt. Nach Inkrafttreten der neuen Verfassung, die die Leitung der Exekutive dem MinPräs. zuordnet, wurde er am 23. 8. 1995 in dieses Amt gewählt.

Meles Zenawi

*Zentralafrikanische Republik, amtlich frz. **République Centrafricaine,** Binnenstaat in Zentralafrika.

Hauptstadt: Bangui. *Amtssprache:* Französisch (Nationalsprache ist Sango). *Staatsfläche:* 622 984 km². *Bodennutzung (1992):* 20 060 km² Ackerland, 30 000 km² Dauergrünland, 357 900 km² Waldfläche. *Einwohner (1994):* 3,235 Mio., 5 Ew. je km². *Städtische Bevölkerung (1993):* 39%. *Durchschnittliches Bevölkerungswachstum pro Jahr (1985–93):* 2,7%. *Bevölkerungsprojektion für 2000:* 3,53 Mio. Ew. *Ethnische Gruppen:* Sudangruppen (Banda, Mandja, Mbaya), außerdem u. a. Zande, Bantu, Sara, einige tausend Pygmäen. *Religion (1992):* 49,1% Protestanten, 33,1% Katholiken. *Altersgliederung (1995):* unter 15 Jahre 45,2%, 15 bis unter 65 Jahre 51,0%, 65 und mehr Jahre 3,8%. *Lebenserwartung der Neugeborenen (1992):* männlich 45 Jahre, weiblich 49 Jahre. *Analphabetenquote (1991):* insgesamt 62,3%, männlich 48,2%, weiblich 75,1%. *BSP je Ew. (1993):* 400 US-$. *BIP nach Sektoren/Produktionsstruktur (1993):* Landwirtschaft 50%, Industrie 14%, Dienstleistungen 36%. *Währung:* 1 CFA-Franc = 100 Centimes. *Internationale Mitgliedschaften:* UNO, OAU.

Liamine Zéroual

Geschichte: Am 28. 12. 1994 nahm die Bev. in einem Referendum mit 82,06% der abgegebenen Stimmen eine neue Verf. an, die u. a. die Befugnisse des Staatspräs. erweitert, seine Amtsdauer aber auf höchstens zweimal sechs Jahre begrenzt; zudem soll ein Verf.-Gerichtshof eingerichtet und das Land durch Bildung lokaler Volksversammlungen dezentralisiert werden.

*Zerbst 2): Der Landkreis Z. ging am 1. 7. 1994 im Kr. Anhalt-Zerbst auf, dessen Kreisstadt die Stadt Zerbst wurde.

Zéroual [zer'u̯al], Liamine, alger. General und Politiker, * Batna 3. 7. 1941; trat 1957 während des Unabhängigkeitskrieges in die alger. Streitkräfte ein, in denen er bis 1989 zum Heereschef aufstieg. Nach seinem Ausscheiden infolge Meinungsverschiedenheiten mit Präs. B. CHADLI über eine geplante Militärreform war er 1990/91 Botschafter in Rumänien. Von Sept. 1993 bis Febr. 1994 war Z. Verteidigungs-Min. für die staatl. Repression gegenüber dem islamist. Widerstand verantwortlich. Im Febr. 1994 wurde er durch das mit diesem Akt zurücktretende (von der Verf. nicht legitimierte) ›Hohe Staatskomitee‹ für drei Jahre zum Staatspräs. mit umfassenden Vollmachten ernannt. Seither bemühte er sich (vergeblich) um eine polit. Lösung der alger. Staatskrise, setzte jedoch auch den Kampf gegen die im Untergrund wirkenden, bewaffneten Islamisten fort. Im Nov. 1995 wurde er durch freie Direktwahl im Amt bestätigt.

Zertifizierung [aus spätlat. certificare, zu lat. certus ›sicher‹ und facere ›machen‹], die Beurteilung des Qualitäts- oder Umweltmanagements eines Unternehmens oder seiner Produkte durch seine Kunden (**interne Z.**, Kundenaudit, engl. Second party assessment) oder durch eine unabhängige, bei einer nat. Akkreditierungsstelle eingetragene Z.-Gesellschaft (**externe Z.**, engl. Third party assessment). Die Überprüfung von Umweltmanagementsystemen durch unabhängige Prüfungsstellen wird auch als Verifizierung bezeichnet. Bei der Produkt-Z. wird durch Qualitätsprüfungen bzw. anhand techn. Unterlagen festgestellt, ob ein Erzeugnis den vorab definierten Qualitätsanforderungen genügt. Unabhängige Z.-Stellen bestätigen die Erfüllung von Qualitätsanforderungen i. d. R. mit einem Produktzertifikat (z. B. VDE-Zeichen). Beim Systemzertifikat handelt es sich um ein Zeugnis über das ordnungsgemäße Funktionieren eines unternehmensbezogenen Managementsystems. Bei der Beurteilung von Qualitätsmanagementsystemen wird überprüft, ob die Normen nach der DIN ISO 9000 erfüllt werden. Zertifizierte Umweltmanagementsysteme müssen die Normen nach DIN ISO 1400 einhalten.

*Zeulenroda 2): Aus dem Landkreis Z. in Thüringen wurden am 1. 4. 1992 die Stadt Pausa/Vogtl. und die inzwischen in sie eingemeindeten Gem. Ebersgrün, Unterreichenau und Ranspach in das Land Sachsen umgegliedert. Am 1. 7. 1994 ging der Landkreis Z. im Kr. Greiz auf; die Stadt Zeulenroda ist damit nicht mehr Kreisstadt.

*Zhou Libo, chin. Schriftsteller: † Peking 25. 9. 1979.

Zia [zia], Khaleda, Politikerin in Bangladesh, * Noakhali 15. 8. 1945 (1942?); ∞ mit dem späteren General und Staatspräs. ZIA UR-RAHMAN. Nach der Ermordung ihres Mannes wurde sie 1984 Vors. der Bangladesh Nationalist Party (BNP), die bei den Wahlen im Febr. 1991 die absolute Mehrheit errang; so wurde Z. als erste Frau im islam. Bangladesh Ministerpräsidentin.

Khaleda Zia

Zimmer, Hans, brit. Komponist dt. Herkunft, * Frankfurt am Main 12. 9. 1957; als Komponist Autodidakt; war Rockgitarrist und produzierte mit dem engl. Rock-Duo ›The Buggles‹ 1979 den Welthit ›Video killed the radio star‹. Mitte der 1980er Jahre begann seine Karriere als Filmkomponist, die ihm nach erfolgreichen Soundtracks, u. a. zu ›Rain man‹ (1989), ›Green card‹ (1991) und ›Das Geisterhaus‹ (1993), 1995 den Oscar für den Disney-Film ›König der Löwen‹ einbrachte.

Zimmermann, Mac, Maler und Graphiker: † Wasserburg a. Inn 11.6. 1995.

Zimmermann, Tabea, Bratschistin, * Lahr (Schwarzwald) 8. 10. 1966; studierte an der Musikhochschule in Saarbrücken und bei S. VÉGH am Mozarteum in Salzburg. Als Preisträgerin internat. Wettbewerbe in Genf (1982), Paris (1983) und Budapest (1984) erzielte sie ihren Durchbruch. Sie ist v. a. als Kammermusikerin und Interpretin zeitgenöss. Musik hervorgetreten.

*__Zimmermann__, Udo, Komponist: Ist seit 1990 Intendant der Oper in Leipzig; unter seinen neueren Werken ist v. a. ›Danse la marche‹ für Orchester (1994) zu nennen.

*__Zinner__, Hedda, Schriftstellerin: † Berlin 1. 7. 1994.

Zirconocene, →Metallocene.

*__Zittau 1)__: Im Dez. 1993 wurde bei Z. ein deutschpoln. Straßengrenzübergang eröffnet.

*__Zittau 2)__: Der Landkreis Z. ging am 1. 8. 1994 im Sächs. Oberlausitzkreis auf, der zum 1. 1. 1995 in Landkreis Löbau-Zittau umbenannt wurde, und dessen Kreisstadt die Stadt Zittau wurde.

*__Zivildienst__: Zum 1. 1. 1996 wurde die Dauer des Z. in Dtl. von 15 auf 13 Monate verkürzt.

*__Z-Länderbank Bank Austria AG__: →Bank Austria AG.

Zorn, John, amerikan. Komponist und Multiinstrumentalist (Saxophon, Klarinette, Keyboards), * New York 2. 9. 1953; entwickelte – im Grenzbereich zw. Neuer Musik, Minimal art, Jazz, Rock, Cartoon-Filmmusiken, asiat. und E-Musik beständig hin- und herwandernd – ab Mitte der 1970er Jahre eine Reihe von Regelsystemen für kollektive Improvisationsabfolgen, bei denen die Musik einer blitzschnellen Abfolge ständig wechselnder klangl., rhythm. und instrumentaler oder geräuschhafter Strukturen unterliegt. Diese ›Game pieces‹ machten ihn zu einem zentralen Vertreter der Noise Music bzw. des No Wave im Avantgarde-Jazz der 1980er Jahre.

*__Zschopau 2)__: Der Landkreis Z. ging am 1. 8. 1994 im Mittleren Erzgebirgskreis auf; die Städte Ehrenfriedersdorf und Thum sowie drei weitere Gemeinden wurden dem Kr. Annaberg eingegliedert; die Stadt Zschopau ist damit nicht mehr Kreisstadt.

*__Zug 2)__: Die Bestimmungen über das Referendums- und Initiativrecht im Kt. Z. wurden 1990 revidiert. Seither sind für Gesetzes- und Verfassungsinitiativen 2 000 Unterschriften und für Gesetzes- und Finanzreferenden 1 500 Unterschriften erforderlich. Der Grenzbetrag für die dem Referendum unterstehenden Ausgabenbeschlüsse liegt nun bei 500 000 sfr.

*__Zugbeeinflussung__: Im Rahmen des Projekts **CIR – ELKE** (Abk. für **C**omputer **i**ntegrated **r**ailroading – **E**rhöhung der **L**eistungsfähigkeit im **K**ernnetz) soll in den nächsten Jahren das Schienennetz der Dt. Bahn AG auf rd. 4 500 km mit einem neuen Linien-Z.-System ausgerüstet werden, um die jeweiligen Streckenkapazitäten zu erhöhen. Dabei werden die starren Blockabschnitte mit ihren zwangsläufig großen Sicherheitsabständen durch computergesteuerte, verkürzte Hochleistungsblocks ersetzt; Daten über die aktuelle Streckenbelegung werden über einen Linienleiter im Gleis ausgetauscht. Gleichzeitig werden die Fahrzeuge entsprechend umgerüstet. Ein Probebetrieb ist auf der Strecke Offenburg–Basel vorgesehen.

*__Zuse__, Konrad Ernst Otto, Ingenieur und Unternehmer: † Hünfeld 18. 12. 1995.

*__Zwangsvollstreckung__: Die Teilrevision des *schweizer*. Bundes-Ges. über Schuldbetreibung und Konkurs (SchKG) vom 16. 12. 1994 (in Kraft ab 1. 1. 1997) bezieht sich v. a. auf das Arrestrecht (Stärkung der Stellung des Arrestschuldners, Erschwerung des ›Ausländerarrests‹) und das Nachlaßvertragsrecht (→Vergleichsverfahren).

*__Zweigert__, Konrad, Jurist: † Wedel (Holstein) 12. 2. 1996.

*__Zwickau 2)__: Der Landkreis Z.-Land ging am 1. 8. 1994 im Kr. Zwickauer Land auf; die Stadt Zwickau ist damit nicht mehr Sitz einer Kreisverwaltung.

Zwickauer Land, Landkreis im Reg.-Bez. Chemnitz, Sachsen, 554 km², (1995) 145 500 Ew.; Kreisstadt ist Werdau. Das an Thüringen grenzende Kreisgebiet, das die kreisfreie Stadt Zwickau umschließt, erstreckt sich vom Erzgebirg. Becken (Landwirtschaft) bis ins Westerzgebirge (Hirschenstein 610 m ü. M.). Hauptflüsse sind Zwickauer Mulde und Pleiße, die hier entspringt. Vorhanden sind Textilindustrie und Maschinenbau; in Mosel, wo seit 1990 VW-Fahrzeuge montiert wurden, lief am 23. 9. 1993 die Serienproduktion an. Die Städte des Kreises sind Crimmitschau (1995: 24 000 Ew.), Werdau (17 600 Ew.), Hartenstein (der Uranerzbergbau wurde am 31. 12. 1990 eingestellt), Kirchberg, Wildenfels und Wilkau-Haßlau. – Der Kreis wurde am 1. 8. 1994 aus den bisherigen Kreisen Werdau und Zwickau-Land gebildet; eingegliedert wurden die Gemeinden Dennheritz und Schlunzig (bisher Kr. Glauchau).

Zwickel, Klaus, Gewerkschafter, * Heilbronn 31. 5. 1939; Werkzeugmacher, seit 1959 Mitglied der SPD; ab 1965 hauptamtl. Mitarbeiter beim DGB und 1968 bei der IG Metall. Deren Vorstand gehört er seit 1986 an; 1989–93 als zweiter Vorsitzender und seit 1993 als erster Vorsitzender. Mit seinem Vorschlag, Tarifabschlüsse in Höhe der Inflationsrate zu akzeptieren, wenn dafür 300 000 neue Arbeitsplätze geschaffen werden (›Bündnis für Arbeit‹), belebte Z. die Diskussion um neue Wege zur Bekämpfung der Arbeitslosigkeit.

*__Zwischenlagerung__: →Entsorgung, →Gorleben.

*__Zwölfmeilenzone__: Tritt als vom geltenden Seerecht zugelassene Maximalausdehnung des Küstenmeeres an die Stelle der traditionellen Dreimeilenzone.

*__Zypern__, amtl. Namen: neugriech. **Kypriaki Dimokratia**, türk. **Kıbrıs Cumhuriyeti**; engl. **Republic of Cyprus**, Insel im östl. Mittelmeer, die 1960 als Rep. selbständig wurde und seit der Besetzung des N-Teils durch türk. Truppen 1974 zweigeteilt ist.

Klaus Zwickel

Hauptstadt: Nikosia. *Amtssprachen:* Neugriechisch und Türkisch. *Staatsfläche:* 9 251 km². *Bodennutzung (1992):* 1 560 km² Ackerland, 50 km² Dauergrünland, 1 230 km² Waldfläche. *Einwohner (1994):* 734 000, 79 Ew. je km². *Städtische Bevölkerung (1990):* 53 %. *Durchschnittliches Bevölkerungswachstum pro Jahr (1985–91):* 1,1 %. *Ethnische Gruppen (1988):* 80,1 % Griechen, 18 % Türken, 1,3 % andere. *Religion:* rd. 77 % Anhänger der orth. Kirche von Z., etwa 18 % sunnit. Muslime; außerdem Minderheiten von Juden sowie armen., maronit., anglikan. und kathol. Christen. *Altersgliederung (1995):* unter 15 Jahre 25,5 %, 15 bis unter 65 Jahre 64,3 %, 65 und mehr Jahre 10,2 %. *Lebenserwartung der Neugeborenen (1992):* 77 Jahre. *Analphabetenquote (1987):* insgesamt 6 %, männlich 2 %, weiblich 9 %. *BSP je Ew. (1993):* 10 380 US-$. *Währung:* 1 Zypern-Pfund (Z£) = 100 Cents (c). *Internationale Mitgliedschaften:* UNO, Commonwealth of Nations, Europarat, OSZE.

Geschichte: Vermittlungsbemühungen der UNO sowie weitere Initiativen zur Überwindung der Teilung Z.s scheiterten. Die Rep. Z. mit Präs. G. KLERIDES an der Spitze wird nach wie vor von der Völkergemeinschaft als alleiniger zypr. Staat anerkannt. Nur die Türkei unterhält diplomat. Beziehungen zur ›Türk. Republik Nord-Z.‹ (Wiederwahl von R. DENKTASCH zum Präs. am 22. 4. 1995). 1993 bejahte die Brüsseler Kommission grundsätzlich den Beitritt Z.s zur EU.

Mitarbeiterinnen und Mitarbeiter

Redaktion:
Dipl.-Geogr. Ellen Astor
Gerhard Baum
Gudrun Berger
Dipl.-Phys. Martin Bergmann
Vera Buller
Roger Bussian
Ursula Butzek
Ulrike Emrich M. A.
Martin Fruhstorfer
Gabriele Gassen M. A.
Marianne Goppelt
Ines Groh
Dr. Gernot Gruber
Dipl.-Geogr. Ursula Hehlgans

Hildegard Hogen M. A.
Dipl.-Bibl. Sascha Höning
Jürgen Hotz M. A.
Rainer Jakob
Dipl.-Ing. Helmut Kahnt
Wolfhard Keimer
Ellen Kromphardt
Heike Krüger
Dipl.-Inform. Veronika Licher
Dipl.-Biol. Franziska Liebisch
Peter Neulen
Ingo Platz
Otto Reger
Dr. Renate Schmitt-Fiack
Beatrix Schneider-Nicolay
Maria Schuster-Kraemer M. A.

Dr. Petra Seeker
Birgit Staude M. A.
Christa-Maria Storck M. A.
Dipl.-Ing. Birgit Strackenbrock
Marianne Strzysch
Dipl.-Biol. Elke Thuy
Dr. Reiner Weick
Johannes-Ulrich Wening
Dr. Karl Henning Wolf
Eleonore Zimmer

Redaktionelle Leitung:
Dipl.-Volkswirt Michael Bauer-Emmerichs
Heinrich Kordecki M. A.
Jutta Wedemeyer M. A.

Autorinnen und Autoren

Dr. Reiner Albert, Mannheim
Dr. Gerd Albrecht, Frankfurt am Main
Prof. Dr. Meta Alexander, Berlin
Prof. Dr. Werner Arens, Regenstauf
Gero Arnscheidt, Bochum
Dr. Regina Aul, Rodgau
Prof. Dr.-Ing. Hans-Jörg Barth, Clausthal-Zellerfeld
Dr. Eberhard Bauer, Freiburg im Breisgau
Dr. Hans-Dieter Bauer, Mainz
Prof. Dr. Wolfgang Bauer, München
Vera Baur, Münden
Prof. Dr. Hellmuth Benesch, Wackernheim
Friedhelm Bertulies M. A., Kingston (Ontario)
Dr. Gerhard Berz, München
Dr. Muna Bittner, Würselen
Prof. Dr. Hans Boldt, Düsseldorf
Dr. Uwe Brinkmann, Bovenden
Dipl.-Kaufm. Dietmar Brodel, Stuttgart
Prof. Dr. Georg Brunner, Köln
Prof. Dr. Hans Peter Bull, Kiel
Dr. Anne Conrad, Hamburg
Walter Conrad, Eisenach
Jutta Croll M. A., Bremen
Carmen Del Solar, Mannheim
Dipl.-Ing. Björn Draack, Stuhr
Prof. Dr. F. W. Eigler, Essen
Prof. Dr. Wolfgang Eismann, Graz
Prof. Dr. Annelore Engel, Kiel
Dr. Rainer Erb, Potsdam
Prof. Dr. Wilfried Fiedler, Saarbrücken
Annette Fink, Berlin
Dr. Rainer Forst, Idstein
Marc Frey M. A., Köln
Dr. Gérald Froidevaux, Hofstetten (Kt. Solothurn)
Dipl.-Geogr. Brigitte Gartenmayer, Hanau
Dr. Lisette Gebhardt, Tokio

Prof. Dr. Ute Gerhard, Frankfurt am Main
Marlies Glaser, Frankfurt am Main
Dr. Elisabeth Glaser-Schmidt, Washington (D.C.)
Prof. Dr. Gerhard Göhler, Berlin
Prof. Dr. Hilaria Gössmann, Trier
Arndt Graf, Hamburg
Dr. Martina Graf, Seeheim-Jugenheim
Dr. Ruedi Graf, Allschwil
Dr. Ilina Gregori, Berlin
Karl Groß M. A., Dresden
Dr. Burkhard Gusy, Berlin
Kyra Gutmann, Heidelberg
Dr. Manon Haccius, Darmstadt
Prof. Dr. Kay Hailbronner, Konstanz
Ralf Harnisch, Bonn
Prof. Dr. Harald Hauptmann, Istanbul
Dr. Wolfgang Haus, Berlin
Prof. Dr. Jürgen Heideking, Köln
Prof. Dr. Manfred Hein, Berlin
Dipl.-Ing. Uta Helkenberg, Karlsruhe
Dr. Gyula Hellenbart, Hamburg
Prof. Dr. Peter Hennicke, Wuppertal
Prof. Dr. Dieter Henrich, Regensburg
Dr. Albrecht Hesse, München
Reinhard Hippen, Mainz
Dipl.-Phys. Paul Hochstein, Bretten
Prof. Dr. Michael Hoenisch, Berlin
Rudolf Hofstätter, Salzburg
Prof. Dr. Günter Holtus, Trier
Dipl.-Psych. Wolfgang Holzapfel, Passau
Joachim Hörr, Heiligkreuzsteinach
Dr. Helmut C. Jacobs, Bonn
Friedrich Jasper, Bochum
Prof. Dr. Christian Jentsch, Lübeck
Prof. Dr. Günther Kaiser, Freiburg im Breisgau
Prof. Dr. Hans Kaufmann, Berlin

Ruth Keddy, Bochum
Regina Keil, Heidelberg
Dipl.-Geogr. Alexander Kieren, Gau-Algesheim
Prof. Dr. Otto Kimminich, Regensburg
Dr. Mark Kirchner, Frankfurt am Main
Prof. Dr. Dieter Kleiber, Berlin
Prof. Dr. Wolfgang Klooß, Trier
Antje Kober, Mannheim
Prof. Dr. Thomas Koller, Bern
Dipl.-Kfm. Alexander König, Mannheim
Prof. Dr. Witold Kośny, Rostock
Dr. Walter Kroll, Göttingen
Prof. Dr. Jürgen Kromphardt, Berlin
Prof. Dr. Klaus-Peter Kruber, Kiel
Prof. Dr. Wolf-Dieter Lange, Bonn
Prof. Dr. Reinhard Lauer, Göttingen
Prof. Dr. Wolf Lauterbach, Frankfurt am Main
Dr. Theodor Leiber, Augsburg
Hans Peter Liederbach, Tübingen
Dipl.-Psych. Wolfgang Lindner, Passau
Denise Lorenz, Wiesbaden
Dr. Uwe Lorenzen, Hamburg
Prof. Dr. Wilfried Loth, Essen
Prof. Dr. P. Luigi Luisi, Zürich
Dipl.-Inform. Joachim Machate, Stuttgart
Dr. Berthold Meyer, Rodenbach
Prof. Dr. Thomas Meyer, Bonn
Dr. Susanne Milberg, Essen
Dr. Gerda Elisabeth Moser, Klagenfurt
Dr. Christoph Müller-Foell, Mannheim
Prof. Dr. Anne Marie Musschoot, Gent
Dr. habil. Werner Nell, Mainz
Jürgen Neumann, Berlin
Prof. Dr. Günter Nimtz, Köln

Heike Nottebaum M. A., Bochum
Dr. Vera Nünning, Köln
Prof. Dr. Franz Nuscheler, Duisburg
Prof. Dr. Peter Oberndorfer, Auhof (Oberösterreich)
Dr. Stefan Oeter, Heidelberg
Dipl. rer. soc. Andreas Pastowski, Wuppertal
Dipl.-Ing. Matthias Peter, Schwalbach am Taunus
Prof. Dr. Jost Pietzcker, Bonn
Dr. habil. Werner Raith, Reinheim
Hartmut Regitz, Stuttgart
Lucie Renner, Berlin
Clemens Risi, Mainz
Dr. Armin Rohde, Hannover
Prof. Dr. Isidora Rosenthal-Kamarinea, Bochum
Dr. Walter Rösler, Berlin
Prof. Dr. Dietmar Rothermund, Dossenheim
Prof. Dr. Claus Roxin, München
Dr. Lutz Rühling, Göttingen
Dr. Liisa Rumohr-Norio, Kiel
Dr. Hans-Jürgen Ruppert, Stuttgart
Dr. Peter Rütters, Berlin
Wolfram Sauer, Nufringen
Dr. h. c. Günter Schaub, Schauenburg
Prof. Dr. Christian Scheer, Hamburg
Prof. Dr. Thomas Michael Scheerer, Augsburg
Dipl.-Phys. Wolfgang Schiel, Stuttgart
Prof. Dr. Eberhard Schilken, Rheinbreitbach
Prof. Dr. Helmut Schmidt, Saarbrücken
Prof. Dr. Manfred G. Schmidt, Heidelberg
Prof. Dr. Gerd Schmidt-Eichstaedt, Berlin
Dr. Walter Schmitt, Mainz
Sebastian Schmitt-Köppler, Heidelberg
Prof. Dr. Friedrich Scholz, Münster
Dr. Oliver Scholz, Berlin
Dr. Heinrich Schradin, Mannheim
Frank Schreckenberger-Haas, Mannheim
Prof. Dr. Martin Schubarth, Lausanne
Dr. Gunter Schubert, Heidelberg
Ferdinand F. Schulz, Essen
Dr. Frank Schulze-Engler, Frankfurt am Main
Prof. Dr. Wolfgang Schwarz, Leipzig
Dr. Andreas Schwill, Paderborn
Dr. Roland Scotti, Köln
Kurt Dieter Solf, Heddesheim
Dr. Eckehart Speth, Garching b. München
Dr. Bernd Sprenger, Köln
Prof. Dr. Torsten Stein, Saarbrücken
Dr. Bernd Steinbauer, Graz
Dr. Petra Stoerig, München
Prof. Dr. Hans Strohner, Bielefeld
Viola Tegethoff, Paderborn
Dipl.-Sozialpäd. Berndt Georg Thamm, Berlin
Dr. Beate Thiemer, Köln
Prof. Dr. Manfred Tietz, Bochum
Dipl.-Kfm. Hans-Joachim Timm, Hamburg
Dr. Pere Joan i Tous, Paderborn
Prof. Dr. Otto Triffterer, Salzburg
Priv.-Doz. Dr. Pierre Tschannen, Bern
Prof. Dr. Winfried von Urff, München
Prof. Dr. Adolf Wagner, Tübingen
Dr. Mayke Wagner, Berlin
Prof. Dr. Bernhard Waldenfels, Bochum
Prof. Dr. Rolf Walter, Jena
Priv.-Doz. Dr. Wiebke Walther, Tübingen
Dr. Oskar Weggel, Hamburg
Prof. Dr. Werner Weidenfeld, München
Thomas Welke, Freiburg im Breisgau
Dr. Matthias Wermke, Mannheim
Prof. Dr. Andreas Johannes Wiesand, Bonn
Dipl.-Geogr. Roger Wolf, Hanau

Bildquellen

APN, Wien – ARCHITEKTON, D. Leistner, Mainz – Archiv Dr. Karkosch, Inh. M. Kube, Gilching – argus FOTOARCHIV, Hamburg – Arnold Schönberg Institut, Los Angeles – ARTECHNIQUE, Seyssins – ASIA VISUALS, T'aipei – Y. Asisi, Berlin – The Associated Press, Frankfurt am Main – ATELIER SZCZESNY, Köln – Aufbau-Verlag, Berlin – R. Avedon, New York – B. Becher, Düsseldorf – Berlinische Galerie, Berlin – Bibliographisches Institut & F. A. Brockhaus, Mannheim – G. Bijl, Antwerpen – Bilderberg, Archiv der Fotografen, Hamburg – B. Bonies, Den Haag – C. Borchert, Berlin – Dr. E. M. Brugger, Heidelberg – Bundesministerium der Verteidigung, Bonn – Camera Press Deutschland, Hamburg – DARA, Deutsche Agentur für Raumfahrtangelegenheiten, Bonn – DAS FOTOARCHIV, Essen – DESSA, Ljubljana – DESY – Deutsches Elektronen-Synchroton, Hamburg – Deutsche Aerospace, München – Deutsche Bahn, Bildarchiv, Berlin, München und Nürnberg – Deutsche Bundesbank, Frankfurt am Main – Deutsche Forschungsanstalt für Luft- und Raumfahrt e. V., Köln – Deutsche Forschungsanstalt für Luft- und Raumfahrt e. V., Berlin – Deutsches Archäologisches Institut Berlin, Kairo und Rom – Deutsches Institut für Filmkunde, Frankfurt am Main – Deutsches Rotes Kreuz, Bonn – Donald Young Gallery, Seattle – dpa Bildarchiv, Frankfurt am Main und Stuttgart – B. Draak, Stuhr – U. Emrich, Mannheim – ESOC – European Space Operations Centre, Darmstadt – EUROPEAN SYNCHROTRON RADIATION FACILITY, Grenoble – K.-H. Eyermann, Berlin – B. Fairfax, London – E. Fernschild, München – Fischli & Weiss, Zürich – FORSCHUNGSZENTRUM JÜLICH – B. Friedrich, Köln – Galerie Knoll, Wien – Dr. K. Gallas, München – Studio X, Gamma, Limours – Dr. G. Gerster, Zumikon, Schweiz – GIGON & GUYER, Zürich – C. Gretter, Frankfurt am Main – H. D. Habbe, Flintbek – Hahn-Meitner-Institut, Berlin – H. Helfenstein, Zürich – A. A. M. van der Heyden, Naarden, Niederlande – A. Hien, München – H. Hodgkin, London – Hoechst, Frankfurt am Main – Interfoto Friedrich Rauch, München – Jürgens, Ost + Europa/ Photo, Berlin – Kaesebier, Leipzig – Institut für wissenschaftliche Fotografie, M. Kage, Weißenstein – K. Kazuo, Kassel – Kernforschungszentrum Karlsruhe – Kernkraftwerk Philippsburg – Keystone Pressedienst, Hamburg und Zürich – K. Kneffel, Düsseldorf – Kohte & Klewes, Q A Photos, Düsseldorf – A. Kukulies, Düsseldorf – Kunsthaus Zürich – Helga Lade Fotoagentur, Frankfurt am Main – Landesmedienzentrum Rheinland-Pfalz – S. Lauterwasser, Überlingen – R. Leeb, Kirchheimbolanden – I. Limmer, Bamberg – Lisson Gallery, London – MAI 36 GALERIE, Zürich – G. Mangold, Ottobrunn – Arxiu Mas, Barcelona – Bildagentur Mauritius, Mittenwald – Mercedes-Benz, Stuttgart – Mitteldeutscher Rundfunk, Leipzig – Moderna galerija, Ljubljana – U. Montan, Stockholm – J. Morgan, Vancouver – Museo Correr e Quadreria Correr, Venedig – Museum Ludwig, Köln – NASA, Washington D. C. – National Gallery of Ireland, Dublin – W. Neumeister, München – Nobelstiftelsen, The Nobel Foundation, Stockholm – I. Ohlbaum, München – OPC OEKOMAR-POLARMAR Consulting, Bremerhaven – PICTURE PRESS Bild- und Textagentur, Hamburg – S. Pietryga, Gelsenkirchen – Polytec, Waldbronn – Rheinisches Landesmuseum, Bonn – M. Rinderspacher, Mannheim – Prof. Rissa, Niederbreitbach – L. Schnepf, Köln – Senatsverwaltung für Stadtentwicklung und Umweltschutz, Berlin – Siemens, Erlangen und Mannheim – Sven Simon Fotoagentur, Bonn und Essen – Verkehrsamt, Solnhofen – Städtische Galerie, Göppingen – Städtisches Kunstmuseum, Bonn – P. Stecha, Černošice – Studio Libeskind, Berlin – Süddeutscher Verlag-Bilderdienst, München – Suhrkamp Verlag, Frankfurt am Main – H. Tappe, Montreux – Technischer Überwachungs-Verein Rheinland e. V., Köln – Foto Felicitas Timpe, München – A. Tüllmann, Frankfurt am Main – Ullstein Bilderdienst, Berlin – Universität Trier – VIENNASLIDE, Wien – VOLVO Deutschland, Dietzenbach – W. Volz, Essen – Internationale Pressebildagentur VOTAVA, Wien – Waddington Galleries, London – C. Whiten, Toronto – WOSTOK Verlagsgesellschaft, Köln – Zentrum für Kunst und Medientechnologie, Karlsruhe.

Reproduktionsgenehmigungen für Abbildungen künstlerischer Werke von Mitgliedern und Wahrnehmungsberechtigten wurden erteilt durch die Verwertungsgesellschaft BILD-KUNST/ Bonn.

Hinweise für den Benutzer

Reihenfolge der Stichwörter

Die Stichwörter sind in alphabetischer Reihenfolge angeordnet, sie stehen in der ersten Zeile am Anfang eines Artikels. Alphabetisiert werden alle fettgedruckten Buchstaben des Hauptstichworts, auch wenn es aus mehreren Wörtern besteht. Umlaute (ä, ö, ü) werden wie einfache Vokale eingeordnet, z. B. folgen aufeinander: **Abkühlungsgröße, abkupfern, Abkürzungen.** Buchstaben mit diakritischen Zeichen (z. B. mit einem Akzent) werden behandelt wie die Buchstaben ohne dieses Zeichen, z. B. folgen aufeinander: **Acinetobacter, Ačinsk, Acinus.** Unterscheiden sich mehrere Stichwörter nur durch ein diakritisches Zeichen oder durch einen Umlaut, so wird das Stichwort mit Zusatzzeichen nachgestellt; so folgen z. B. aufeinander: **Abbe, Abbé.** Unterscheiden sich mehrere Stichwörter nur durch Groß- und Kleinschreibung, so steht das kleingeschriebene Stichwort voran.

Gleichlautende Hauptstichwörter werden in der Reihenfolge: Sachstichwörter, geographische Namen, Personennamen angeordnet. Abweichend von den Bänden 1–24 werden gleichlautende Stichwörter nicht zu einem Artikel zusammengefaßt. Für aktualisierte Artikel des Grundwerks (gekennzeichnet mit einem * vor dem Stichwort) gilt: Bei Personennamen entfällt die im Grundwerk mitgeführte Leitziffer; neuaufgenommene Personen desselben Namens sind in alphabetischer Reihenfolge der Vornamen hinzugefügt, z. B.: *****Schmidt,** Annie Maria Geertruida, **Schmidt,** Heide, *****Schmidt,** Willi. Bei Sachstichwörtern und geographischen Namen mit * bleibt die Ziffer bestehen; gleichlautende neue Stichwörter erhalten jedoch keine Ziffer. So folgen aufeinander: **Dresden,** Reg.-Bez. in Sachsen, *****Dresden 1), *Dresden 2), *Dresden 3).** Zweitstichwörter und Abkürzungen aus dem Grundwerk werden im allgemeinen nicht wiederholt; Ausnahmen sind v. a. Abkürzungen von Parteinamen, Namen von Staaten und Namenszusätze bei sonstigen geographischen Objekten, z. B.: *****Doberan, Bad D. 2).**

Angaben zur Betonung und Aussprache

Bei aktualisierten Stichwörtern werden die im Grundwerk enthaltenen Betonungs- und Ausspracheangaben nicht wiederholt. Neuaufgenommene fremdwörtliche und fremdsprachliche Stichwörter erhalten als Betonungshilfe einen Punkt (Kürze) oder einen Strich (Länge) unter dem betonten Laut. Weiterhin wird bei Personennamen sowie bei geographischen Namen die Betonung angegeben.

Die getrennte Aussprache von üblicherweise zusammen gesprochenen Lauten wird durch einen Trennstrich angezeigt, z. B. **Ais|chylos, Lili|e.**

Weicht die Aussprache eines Stichwortes von der deutschen ab, so wird in der dem Stichwort folgenden eckigen Klammer die korrekte Aussprache in phonetischer Umschrift angegeben. Diese folgt dem Internationalen Lautschriftsystem der Association Phonétique Internationale. Die Zeichen bedeuten:

a = helles a, dt. Blatt, frz. patte
ɑ = dunkles a, dt. war, engl. rather
ã = nasales a, frz. blanc
ʌ = dumpfes a, engl. but
β = halboffener Reibelaut b, span. Habanera
ç = deutscher Ich-Laut, dt. mich
ɕ = sj-Laut (stimmlos), serbokroat. Andrić
ð = stimmhaftes engl. th, engl. the
æ = breites ä, engl. hat
ɛ = offenes e, dt. fett
e = geschlossenes e, engl. egg, dt. Beet
ə = dumpfes e, dt. alle
ɛ̃ = nasales e, frz. fin
γ = geriebenes g, span. Tarragona, niederländ. Gogh
i = geschlossenes i, dt. Wiese
ɪ = offenes i, dt. bin, Ei
ĩ = nasales i, portug. Infante
ʎ = lj, italien. egli
ŋ = deutscher ng-Laut, dt. lange
ɲ = nj-Laut, Champagner
ɔ = offenes o, dt. Kopf
o = geschlossenes o, dt. Tor
õ = nasales o, frz. on
ø = geschlossenes ö, dt. Höhle
œ = offenes ö, dt. Hölle
œ̃ = nasales ö, frz. un
s = stimmloses s, dt. was
z = stimmhaftes s, dt. singen
ź = zj-Laut (stimmhaft), poln. Zielona Gora
ʃ = stimmloses sch, dt. Schuh
ʒ = stimmhaftes sch, frz. jour
θ = stimmloses th, engl. thing
u = geschlossenes u, dt. Kuh
ʊ = offenes u. dt. bunt, Haus
ū = nasales u, portug. Atum
v = deutsches stimmhaftes w, dt. Wald
w = halbvokalisches w, engl. well
x = deutscher Ach-Laut, dt. Krach
y = deutsches ü
ɥ = konsonantisches y, frz. huile, Suisse
: = bezeichnet Länge des vorhergehenden Vokals
' = bezeichnet Betonung und steht vor der betonten Silbe, z. B. 'ætlı = Attlee
‿ = unter Vokalen, gibt an, daß der Vokal unsilbisch ist

b d f g h j k l m n p r t geben in den meisten Sprachen etwa den Lautwert wieder, den sie im Deutschen haben. Im Englischen wird ›r‹ weder wie ein deutsches Zäpfchen-r noch wie ein gerolltes Zungenspitzen-r gesprochen, sondern mit der Zungenspitze an den oberen Vorderzähnen oder am Gaumen gebildet.

Abkürzungen

Außer den im Abkürzungsverzeichnis aufgeführten Abkürzungen werden die Adjektivendungen ...lich und ...isch abgekürzt sowie allgemein gebräuchliche Einheiten mit bekannten Einheitenzeichen (wie km für Kilometer, s für Sekunde).

Das Hauptstichwort wird im Text des jeweiligen Artikels mit seinem Anfangsbuchstaben wiedergegeben. Bei Stichwörtern, die aus mehreren Wörtern bestehen, wird jedes Wort mit dem jeweils ersten Buchstaben abgekürzt. Dies gilt auch für Stichwörter, die mit Bindestrich gekoppelt sind.

Alle Abkürzungen und Anfangsbuchstaben der Hauptstichwörter gelten auch für flektierte Formen (z. B. auch für Pluralformen) des abgekürzten Wortes. Bei abgekürzten Hauptstichwörtern, die aus Personennamen oder Namen von geographischen Objekten bestehen, wird die Genitivendung nach dem Abkürzungspunkt wiedergegeben.

Abg.	Abgeordneter	
ABGB	Allgemeines Bürgerliches Gesetzbuch (Österreich)	
Abh.	Abhandlung	
Abk.	Abkürzung	
Abs.	Absatz	
a. d.	aus dem	
AG	Aktiengesellschaft	
ags.	angelsächsisch	
ahd.	althochdeutsch	
Ala.	Alabama	
Alas.	Alaska	
allg.	allgemein	
AO	Abgabenordnung	
Apg.	Apostelgeschichte	
Apk.	Apokalypse des Johannes, Offenbarung des Johannes	
Arb.	Arbeit	
Ariz.	Arizona	
Ark.	Arkansas	
Art.	Artikel	
ASSR	Autonome Sozialistische Sowjetrepublik	
A. T.	Altes Testament	
Aufl.	Auflage	
Aufs.	Aufsatz	
Aug.	August	
Ausg.	Ausgabe	
ausgew.	ausgewählt	
Ausst.	Ausstellung	
Ausw.	Auswahl	
...b.	...buch	
Bad.-Württ.	Baden-Württemberg	
Bd., Bde.	Band, Bände	
bearb.	bearbeitet	
Beitr.	Beitrag	
ber.	berechnet	
bes.	besonders, besonderer	
Bev.	Bevölkerung	
Bez.	Bezeichnung; Bezirk	
BezGer.	Bezirksgericht	
BGB	Bürgerliches Gesetzbuch	
BGH	Bundesgerichtshof	
Bibl.	Bibliographie	
Biogr.	Biographie	
Bl.	Blatt	
Bull.	Bulletin	
Bundesrep. Dtl.	Bundesrepublik Deutschland	
BWV	Bach-Werke-Verzeichnis	
bzw.	beziehungsweise	
Calif.	Kalifornien	
chin.	chinesisch	
Chron.	Buch der Chronik	
Colo.	Colorado	
Conn.	Connecticut	
Cty.	County	
D	Deutsch-Verzeichnis	
d. Ä.	der (die) Ältere	
Dan.	Daniel	
Darst.	Darstellung	
D. C.	District of Columbia	
Del.	Delaware	
Dep.	Departamento	
Dép.	Département	
ders.	derselbe	
Dez.	Dezember	
dgl.	dergleichen, desgleichen	
d. Gr.	der (die) Große	
d. h.	das heißt	
d. i.	das ist	
dies.	dieselbe	
Diss.	Dissertation	
Distr.	Distrikt	
d. J.	der (die) Jüngere	
dt.	deutsch	
Dt. Dem. Rep.	Deutsche Demokratische Republik	
Dtl.	Deutschland	
ebd.	ebenda	
EG	Europäische Gemeinschaft; Europäische Gemeinschaften	
ehem.	ehemalig, ehemals	
eigtl.	eigentlich	
Einf.	Einführung	
Enc. Islam	The Encyclopaedia of Islam, Leiden	
Enzykl.	Enzyklopädie	
Eph.	Epheserbrief	
Erg.	Ergänzung	
Erl.	Erläuterung	
Erstausg.	Erstausgabe	
Erz.	Erzählung	
Est.	Esther	
EStG	Einkommensteuergesetz	
europ.	europäisch	
ev.	evangelisch	
e. V.	eingetragener Verein	
Ew.	Einwohner	
Ez.	Ezechiel	
f., ff.	folgend..., folgende	
Febr.	Februar	
FH	Fachhochschule	
Fla.	Florida	
Forsch.	Forschungen	
fortgef.	fortgeführt	
frz.	französisch	
Ga.	Georgia	
Gal.	Galaterbrief	
geb.	geborene(r)	
gegr.	gegründet	
Gem.	Gemeinde	
gen.	genannt	
GenSekr.	Generalsekretär	
Ger.	Gericht	
ges.	gesammelt	
Ges.	Gesetz	
...gesch.	...geschichte	
Gesch.	Geschichte	
Gew.-%	Gewichtsprozent	
GG	Grundgesetz	
ggf.	gegebenenfalls	
Ggs.	Gegensatz	
gleichbed.	gleichbedeutend	
GmbH	Gesellschaft mit beschränkter Haftung	
Gouv.	Gouverneur, Gouvernement	
Gramm.	Grammatik	
Grundl.	Grundlage	
Grundr.	Grundriß	
H.	Heft	
...h.	...heft	
Ha.	Hawaii	
Hab.	Habakuk	
Habil.	Habilitationsschrift	
Hag.	Haggai	
Hb.	Handbuch	
hebr.	hebräisch	
Hg.	Herausgeber(in)	
HGB	Handelsgesetzbuch	
hg. v.	herausgegeben von	
hl., Hl.	heilig, Heilige(r)	
Hld.	Hohelied	
Hob.	Hoboken-Verzeichnis	
Hss.	Handschriften	
Hwb.	Handwörterbuch	
Ia.	Iowa	
i. a.	im allgemeinen	
Id.	Idaho	
i. d. F. v.	in der Fassung vom	
idg.	indogermanisch	
i. d. R.	in der Regel	
Ill.	Illinois	
i. e. S.	im engeren Sinn	
Ind.	Indiana	
Inst.	Institut	
internat.	international	
i. w. S.	im weiteren Sinn	
Jahrtsd.	Jahrtausend	
Jak.	Jakobusbrief	
Jan.	Januar	
Jb.	Jahrbuch	
Jdt.	Judith	
Jer.	Jeremia	
Jes.	Jesaia	
Jg.	Jahrgang	
Jh.	Jahrhundert	
Joh.	Johannesevangelium, Johannesbrief	
jr.	junior	
Jud.	Judasbrief	
Kans.	Kansas	
Kap.	Kapitel	
Kat.	Katalog	
kath.	katholisch	
Kfz	Kraftfahrzeug	
KG	Kommanditgesellschaft	
Klgl.	Klagelieder des Jeremia	
Koh.	Kohelet, Prediger	
Kol.	Kolosserbrief	
Komm.	Kommentar	
Kön.	Buch der Könige	
Kor.	Korintherbrief	
Kr.	Kreis	
Kt.	Kanton	
KV	Köchelverzeichnis	
Kw.	Kunstwort; Kurzwort	
Ky.	Kentucky	
l	Liter	
La.	Louisiana	
lat.	lateinisch	
Lb.	Lehrbuch	
Leitf.	Leitfaden	
Lex.	Lexikon	
Lfg.	Lieferung	
LG	Landgericht	
Lit.	Literatur	
Lk.	Lukasevangelium	
Losebl.	Loseblattausgabe, -sammlung	
Lw.	Lehnwort	
MA.	Mittelalter	
magy.	magyarisch	
Makk.	Buch der Makkabäer	
Mal.	Maleachi	
Masch.	Maschinenschrift	
Mass.	Massachusetts	
max.	maximal	
Md.	Maryland	
MdB	Mitglied des Bundestags	
MdEP	Mitglied des Europäischen Parlaments	
MdL	Mitglied des Landtags	
MdR	Mitglied des Reichstags	
Me.	Maine	
Meckl.-Vorp.	Mecklenburg-Vorpommern	
Metrop. Area	Metropolitan Area	
Metrop. Cty.	Metropolitan County	
MGG	Die Musik in Geschichte und Gegenwart, hg. v. F. Blume	
mhd.	mittelhochdeutsch	
Mi.	Micha	

Mich.	Michigan	Pauly-Wissowa	Pauly Realencyclopädie der classischen Altertumswissenschaft, neu bearb. v. G. Wissowa u. a.
min.	minimal		
Min.	Minister		
Minn.	Minnesota		
MinPräs.	Ministerpräsident		
Mio.	Million		
Miss.	Mississippi	Petr.	Petrusbrief
Mitgl.	Mitglied	PH	Pädagogische Hochschule
Mitt.	Mitteilung		
Mk.	Markusevangelium	Phil.	Philipperbrief
mlat.	mittellateinisch	Phlm.	Philemonbrief
mnd.	mittelniederdeutsch	Pl.	Plural
		portug.	portugiesisch
Mo.	Missouri	Präs.	Präsident
Mont.	Montana	Prof.	Professor
Mos.	Buch des Mose	prot.	protestantisch
Mrd.	Milliarde	Prov.	Provinz
Mschr.	Monatsschrift	Ps.	Psalm
Mt.	Matthäusevangelium	R.	Reihe
		rd.	rund
N	Nord(en)	ref.	reformiert
Nachdr.	Nachdruck	Reg.	Regierung
Nachr.	Nachrichten	Reg.-Bez.	Regierungsbezirk
nat.	national	Reg.Präs.	Regierungspräsident
nat.-soz.	nationalsozialistisch		
		Rep.	Republik
n. Br.	nördliche Breite	Rheinl.-Pf.	Rheinland-Pfalz
N. C.	North Carolina	Ri.	Richter
n. Chr.	nach Christi Geburt	R. I.	Rhode Island
		Röm.	Römerbrief
N. D.	North Dakota	Russ. SFSR	Russische Sozialistische Föderative Sowjetrepublik
NDB	Neue Deutsche Biographie, herausgegeben von der Histor. Kommission bei der Bayer. Akademie der Wissenschaften, Berlin		
		S	Süd(en)
		S.	Seite; Spalte
		Sach.	Sacharja
		Sachs.-Anh.	Sachsen-Anhalt
		Sam.	Buch Samuel
Ndsachs.	Niedersachsen	Samml.	Sammlung
Nebr.	Nebraska	Sb.	Sitzungsberichte
Neh.	Nehemia	s. Br.	südliche Breite
Neuaufl.	Neuauflage	S. C.	South Carolina
Neuausg.	Neuausgabe	Schlesw.-Holst.	Schleswig-Holstein
Nev.	Nevada	Schr.	Schrift
N. F.	Neue Folge	S. D.	South Dakota
N. H.	New Hampshire	Sekr.	Sekretär
nhd.	neuhochdeutsch	Sept.	September
niederdt.	niederdeutsch	Sg.	Singular
N. J.	New Jersey	Sir.	Jesus Sirach
nlat.	neulateinisch	SO	Südost(en)
N. Mex.	New Mexiko	Spr.	Sprüche
NO	Nordost(en)	SSR	Sozialistische Sowjetrepublik
Nov.	November		
Nr.	Nummer	St.	Sankt
NRW	Nordrhein-Westfalen	Staatspräs.	Staatspräsident
		stellv.	stellvertretende(r)
N.T.	Neues Testament	Stellv.	Stellvertreter(in)
NW	Nordwest(en)	StGB	Strafgesetzbuch
N. Y.	New York	StPO	Strafprozeßordnung
O	Ost(en)		
o. ä.	oder ähnlich	Suppl.	Supplement
Ob.	Obadja	svw.	soviel wie
oberdt.	oberdeutsch	SW	Südwest(en)
Oh.	Ohio	Tb.	Taschenbuch
OHG	offene Handelsgesellschaft	Tenn.	Tennessee
		Tex.	Texas
		TH	Technische Hochschule
o. J.	ohne Jahr		
Okla.	Oklahoma	Thess.	Thessalonicherbrief
Okt.	Oktober		
ö. L.	östliche Länge	Tim.	Timotheusbrief
OLG	Oberlandesgericht	Tit.	Titusbrief
op.	Opus	Tl., Tle.	Teil, Teile
OR	Obligationenrecht (Schweiz)	Tob.	Tobias
		TRE	Theologische Realenzyklopädie, hg. v. G. Krause u. a.
Ordn.	Ordnung		
Oreg.	Oregon		
orth.	orthodox	Tsd.	Tausend
österr.	österreichisch	TU	Technische Universität
Pa.	Pennsylvania		

u.	und		
u. a.	und andere; unter anderem		
u. ä.	und ähnlich		
übers.	übersetzt		
Übers.	Übersetzung		
UdSSR	Sowjetunion		
u. d. T.	unter dem Titel		
u. M.	unter dem Meeresspiegel		
ü. M.	über dem Meeresspiegel		
Univ.	Universität		
Unters.	Untersuchung		
Urauff.	Uraufführung		
urspr.	ursprünglich		
USA	Vereinigte Staaten von Amerika		
usw.	und so weiter		
Ut.	Utah		
u. v. a.	und viele(s) andere		
v.	von		
Va.	Virginia		
v. a.	vor allem		
v. Chr.	vor Christi Geburt		
Verf.	Verfasser; Verfassung		
verh.	verheiratete		
Verh.	Verhandlung		
Veröff.	Veröffentlichung		
versch.	verschieden		
Verw.	Verwaltung		
Verz.	Verzeichnis		
vgl.	vergleiche		
Vjbll.	Vierteljahr(e)sblätter		
Vjh.	Vierteljahresheft		
Vjschr.	Vierteljahr(e)sschrift		
VO	Verordnung		
Vol.-%	Volumenprozent		
Vors.	Vorsitzende(r)		
VR	Volksrepublik		
Vt.	Vermont		
W	West(en)		
Wash.	Washington		
Wb.	Wörterbuch		
Weish.	Buch der Weisheit		
Wis.	Wisconsin		
wiss.	wissenschaftlich		
...wiss.(en)	...wissenschaft(en)		
Wiss.(en)	Wissenschaft(en)		
w. L.	westliche Länge		
W. Va.	West Virginia		
Wwschaft	Woiwodschaft		
Wyo.	Wyoming		
z. B.	zum Beispiel		
Zbl.	Zentralblatt		
Zeph.	Zephania		
ZGB	Zivilgesetzbuch		
ZK	Zentralkomitee		
ZPO	Zivilprozeßordnung		
z. T.	zum Teil		
Ztschr.	Zeitschrift		
zus.	zusammen		
zw.	zwischen		
z. Z.	zur Zeit		

*	geboren
†	gestorben
∞	verheiratet
→	siehe (Verweis auf Artikel innerhalb des Nachtragsbands)
▷	siehe (Verweis auf Artikel in der Brockhaus-Enzyklopädie Band 1–24)
®	Warenzeichen (steht bei fett und halbfett gesetzten Wörtern. – Siehe auch Impressum)

122.25

OCT 1 1 1996

YOUNGSTOWN STATE UNIVERSITY
3 1217 00726 6755

WILLIAM F. MAAG LIBRARY
YOUNGSTOWN STATE UNIVERSITY